Anonymus

Wegweiser durch die Chorgesangliteratur

Ratgeber für Männer, Frauen und gemischte Gesangvereine und

Gesangvereinsdirigenten

Anonymus

Wegweiser durch die Chorgesangliteratur
Ratgeber für Männer, Frauen und gemischte Gesangvereine und Gesangvereinsdirigenten

ISBN/EAN: 9783743315808

Hergestellt in Europa, USA, Kanada, Australien, Japan

Cover: Foto ©Lupo / pixelio.de

Manufactured and distributed by brebook publishing software (www.brebook.com)

Anonymus

Wegweiser durch die Chorgesangliteratur

Wegweiser

durch die

Chorgesanglitteratur.

Ratgeber für **Männer-, Frauen-** und **gemischte Gesangvereine**
und **Gesangvereinsdirigenten.**

Herausgegeben und redigiert von **H. vom Ende. Köln am Rhein.** Beethovenstrasse 6. — Erscheint monatlich einmal. — Bezugspreis für 1 Expl. 15 Pfg. Jahresabonnement 1,50 Mk. incl. Porto. Inserate kosten pro 4 mal gespaltene Petitzeile 25 Pfg.

№ 1. **Köln am Rhein,** den 26. Oktober 1899. **1. Jahrgang.**

Inhalt:

Der **Wegweiser durch die Chorgesanglitteratur** verfolgt den Zweck, den verehrl. Gesangvereinen und deren Dirigenten ein zuverlässiges und bequemes Nachschlagewerk an die Hand zu geben, welches aus der Flut der Neuerscheinungen auf dem Gebiete des Chorgesanges das Wirkungsvolle, edel Empfundene und gut Gearbeitete, und dabei von der Gunst des Publikums und der Sänger Getragene heraushebt und dessen Verbreitung anstrebt.

Dieser Zweck soll erreicht werden:

1. Durch ein fortlaufendes Verzeichnis der in den Konzerten durch besonderen Beifall ausgezeichneten oder Da Capo verlangten, sowie der preisgekrönten Chorwerke, nebst Angabe der ausführenden Vereine und deren Dirigenten.

2. Durch ein Verzeichnis sämtlicher Neuerscheinungen für Männer-, Frauen- und gem. Chor (auch litterarischer Werke über Gesang) mit Angabe des Titels, Komponisten (Autors), Schwierigkeitsgrades und Preises.

3. Durch eingehende Besprechungen (eventl. mit Notenbeispielen) solcher Werke, welche allgemeiner Beachtung würdig sind.

Indem wir es als unsere Aufgabe betrachten, nur solche Werke zu bevorzugen, welche durch Gediegenheit und inneren Wert allgemeines Interesse beanspruchen können und sich fern halten von den seichten Tendenzen einer untergeordneten Tagesmode, hoffen wir, die Unterstützung aller Sangesgenossen zu erlangen und bitten die verehrl. Vereinsvorstände und Dirigenten freundlichst um **Zusendung der Konzertprogramme,** in denen die mit grossem Beifall aufgenommenen Chorwerke einmal, mit sehr grossem Beifall zweimal unterstrichen sind. Zusatz von D C oder Z bedeutet Da Capo oder Zugabe. Bei Werken, mit denen ein Preis errungen ist, bitten wir um Angabe des Preises und der Klasse. Ebenso bitten wir um gefl. Mitteilung der für die laufende oder kommende Saison in Aussicht genommenen, allgemeines Interesse beanspruchenden Chorwerke.

Aufführungen.

(Nachdruck verboten.) **Männerchöre a cappella.** Abkürzungen: gr.-gross, s.-sehr.

Titel	Komponist	Stadt	Verein	Dirigent	Erfolg	Preis
Totenvolk	Fr. Hegar	Köln	Männer-G.-V.	J. Schwartz		Kais.-Pr. (Cassel)
do.	do.	Bremen	Lehrer-G.-V.	Hobbing		II.
Die Elfe	Fr. Curti	Aachen	Concordia	R. Kube		III.
Das Meer.	de Haan	Berlin	Lehrer-G.-V.	Fel. Schmidt	Cassel	IV.
Den Toten vom Iltis.	Curti	Essen a. d. Ruhr	Concordia	Rebbert		V.

Männerchöre a cappella.

Titel	Komponist	Stadt	Verein	Dirigent	Erfolg
Mein Thüringen	M. Eichhorn	Gotha (Cassel)	Liedertafel	Rabich	D. C.
Es muss ein Wunderbares sein	Ad. Kirchl	Prag	Deutscher Männer-G.-V.	Fr. Hessler	D. C.
Aus der steir. Heimat	Rud. Wagner	Karlsbad	Männer-G.-V.	Wirkner	D. C.
Vanitas, vanitatum vanitas	J. Reiter	Wien	Schubertbund	Kirchl	s. gr.
Das Herz am Rhein	J. Machanek	Graz	Akad. G.-V.	V. Zak	D. C.
An die Sommernacht	E. Burgstaller	Eger	Deutscher Sängerbund	E. Burgstaller	D. C.
Auf dein Wohl, du rheinische Maid	Wlad. Labler	Leipzig	Blüthner'scher G.-V.	P. Michael	s. gr.
Lacrimae Christi op. 48 No. 2	O. Neubner	Innsbruck	Tyroler Sängerbund	J. Pembaur	s. gr.
Heute	do.	Bonn	M.-G.-V.	O. Neubner	s. gr.
Wanderlust	O. Urban	Dessau	Liedertafel	Urban	gr.
Männerchor mit Begleitung.					
Die Allmacht	Schubert-Liszt	Augsburg	Liedertafel	Eggert	s. gr.
Johanna von Orleans	H. Hofmann	Altenburg	Männer-G.-V.	Kohlbund	s. gr.
Im deutschen Geist u. Herzen	Kremser	Stuttgart	Liederkranz	Förstler	s. gr.
Deutscher Heerbann	Fel. Woyrsch	Krefeld	Sängerbund	R. Laugs	s. gr.
Der Tänzer unserer lieben Frau	H. Hutter	München	Lehrer-G.-V.	Sturm	s. gr.
Frühlingsnacht	M. Filke	Glatz	Liedertafel	Heinze	gr.
Des Sängers Fluch	G. Grunewald	Magdeburg	Lehrer-G.-V.	Schaper	gr.
Der Pilot	M. Oesten	Danzig	Prov. Sängerfest	Oesten	D. C.
Persergebet	L. C. Wolf	Rawitsch	Pos. Prov. Sängerfest	K. Erbe	s. gr.
Bretagne	W. Nolopp	Prag	Tauwitz-Verein	J. Freier	gr.
Fest-Ouverture op. 218	C. Reinecke	Leipzig	Lehrer-G.-V.	H. Sitt	s. gr.
Frauenchor mit Begleitung.					
Das blinde Elflein	M. Meyer-Olbersleben	Ellwangen	Damenchor des Sängerbund	Alt	s. gr.
Sommernacht	H. J. Hoffmann	Leipzig	Damenchor	Wohlgemuth	s. gr.
Athenischer Frühlingsreigen	Jos. Frischen	Köln	Konzertgesellschaft	Fr. Wüllner	s. gr.
Elfenlied	H. Wolf	do.	do.	do.	s. gr.
Gemischter Chor mit Begleitung.					
Acis und Galathea	Händel-Chrysander	Köln	Konzertgesellschaft	Fr. Wüllner	gr.
do.	do.	Düsseldorf	Musik-Verein	Buths	gr.
Deborah	do.	Dresden	Singakademie	von Baussnern	gr.
do.	do.	Leipzig	Liszt-Verein	Kretschmar	gr.
Esther	do.	do.	Riedelverein	Gohler	gr.
Herakles	do.	Hamburg	Cäcilien-Verein	Spengel	gr.
Messias	do.	Augsburg	Oratorien-Verein	Weber	s. gr.
Deborah	do.	Mainz	Liederkranz, Damen-G.-V.	Fr. Volbach	s. gr.
Samson	do.	Nürnberg	Verein für klass. Chorgesang	Bingler	gr.
Messias	do.	Frankfurt a. M.	Cäcilien-Verein	A. Grüters	s. gr.
Te deum	Fr. Wüllner	Berlin	Singakademie	Blumner	s. gr.
Passions-Oratorium	F. Woyrsch	Frankfurt a. M.	Rühl'scher G.-V.	B. Scholz	s. gr.
Zerstörung Jerusalems	A. Klughardt	Solingen	Orpheus	Fr. Binder	s. gr.
Deutsche Messe	O. Taubmann	Dortmund	Tonkünstler-Vers.	Taubmann	gr.
Vom Pagen u. d. Königstochter	Fr. Volbach	Köln	Konzert-Gesellschaft	Fr. Wüllner	s. gr.
Die Seeligkeiten	C. Franck	Wien	Ges. d. Musikfreunde	R. von Perger	gr.
Jungfrau von Orleans	C. A. Lorenz	Essen a. d. Ruhr	Musik-Verein	G. H. Witte	gr.
Raub der Sabinerinnen	G. Vierling	Glogau	Singakademie	Niessen	gr.
Polyxena	Th. Gouvy	Fulda	Liedertafel	Leber	gr.
Unvollend. Orator.	J. Haydn	Annaberg	Mus. Gesellschaft	U. Afferni	gr.

In Aussicht genommen

Gemischte Chöre mit Begleitung.

Titel	Komponist	Stadt	Verein	Dirigent
Die Jungfrau von Orleans	K. Ad. Lorenz	Düsseldorf	Gesangverein	Steinbauer
Die Zerstörung Jerusalems	A. Klughardt	Köln	Konzert-Gesellschaft	Fr. Wüllner
Jubilate	Händel	do.	do.	do.
Opferlied	Beethoven	do.	do.	do.
Mohameds Gesang	Kahn	do.	do.	do.
Bacchus-Chor	Ernst Heuser	do.	do.	do.
Sonnenlied	Koch	do.	do.	do.

Abkürzungen: l=leicht, sch=schwer, s=sehr, z=ziemlich, m=mittel:

Neuigkeiten.

Für die Aufnahme in diese Rubrik genügt die Zusendung eines Frei-Expl.

Schwierigkeits-Grad	Vierstimmige Volkslieder und volkstümliche Männerchöre a capp.	Part. Mark	Stimmen Mark
l	**Bauer, Oskar,** op. 48. Im stillen Kämmerlein. „Zum Abend sinkt die Helle"	— 60	— 15
l	**Brambach, C. J.,** Bergisches Heimatslied. „Wo die Wälder noch rauschen" . .	— 40	— 15
l	**Hagemann, Jul.,** op. 1.		
	No. 1. Pfauenart. „Leucht't heller denn die Sonne"	— 40	— 15
	No. 2. Schlehenblüt und wilde Rose. .	— 40	— 15
l	do. op. 5.		
	No. 1. Strampelchen. „Still, wie still"	— 60	— 15
	No. 2. Ein geistlich' Abendlied. „Es ist so still geworden"	— 60	— 15
	No. 3. Soldatenliebe. „Schätzelein, sag mir"	— 60	— 15
l	**Hermann, E.,** op. 18. Hab' oft im Kreise der Lieben	— 20	— 10
zl	**Hilpert, Bruno,** Volkslieder-Konzert, in- und ausländische Volkslieder für Männerchor gesetzt. netto	netto 2 —	— 30
	Elsässisches, Lothringisches, Böhmisches, Schweizerisches, Schottisches, Dänisches, Dalekarlisches, Ungarisches, Italienisches, Französisches, Spanisches Volkslied		
	daraus einzeln:		
	No. 1. Elsässisches Volkslied: Das Liedelein vom Lieschen fein. . .	— 40	— 15
	No. 4. Schweizer Volkslied: Zu Strassburg auf der langen Brück'. .	— 40	— 15
zl	**Hof, Heinrich,** op. 20. Kriegers Abendlied. „Brüder, gute Nacht"	— 20	— 10
l	do. op. 4. Aennchen lieb. Böhm. Volkslied.	— 60	— 15
	Hoffmann, H. L., op. 10. Das Lied, das meine Mutter sang. „Früh von der Heimat muss ich wandern", bearbeitet für Männerchor von E. Becker .	— 60	— 15
l	**Jüngst, Hugo,** Spinn! spinn! „Mägdlein hielt Tag und Nacht"	— 60	— 15
	Kirchhoff, op. 22.		
zl	No. 7. Vögleins Abschied. „Lass mich nur fliegen hin"	— 20	— 15
l	No. 10. Blau Veilchen	— 20	— 15
zl	**Kissling, Gust.,** op. 3. Haidenröslein. „Sie gleicht wohl einem Rosenstock"	— 60	— 20
l	**Kutschera, Aloys,** Weisst du, Muatterl, was i träumt hab'?	— 60	— 15
l	**Munkelt, Traugott,** „O Deutschland, hoch in Ehren"	— 30	— 15
l	**Pittrich, G.,** Fürst Bismarck. „All Deutschland ist auf Gott gestellt"	— 50	— 15
l	**Schwartz, Jos.,** Die Königskinder. Altdeutsches Volkslied. „Es waren zwei Königskinder"	— 40	— 15
zl	do. Hans und Liesel. „Und der Hans schleicht umher"	— 40	— 15
zl	do. Sandmännchen. Rhein. Volkslied. „Die Blümlein, sie schlafen"	— 40	— 15
zl	do. Das stille Thal. Volkslied. „Im schönst. Wiesengrunde"	— 40	— 15
zl	do. Spinn! spinn! „Mägdlein von früh bis spät". Schwedische Volksweise . .	— 40	15
zl	**Spangenberg, H.,** op. 16. 15 deutsche Volkslieder. Heft I, II u. III à . . .	— 80	— 20
zl	**Spiller, A.,** op. 210. Scheiden. „Herzlieb, ich muss dich lassen"	— 40	— 15
l	**Zerlett, J. B.,** Altdeutsche Liebeslieder. . Wie schön blüht uns der Maien. Es steht eine Lind in jenem Thal. Schein uns, du liebe Sonne. Mein Herz hat	1 —	30 —

Schwierigkeits-Grad	Vierstimmige Volkslieder und volkstümliche Männerchöre a capp.	Part. Mark	Stimmen Mark
l	**Zerlett, J. B.,** op. 166.		
	No. 1. Mein Heimatthal. „So viel ich fremde Lande sah"	— 40	— 15
	No. 2. Vorbei. „O sei mir gegrüsset".	— 40	— 15

Vierstimmige Männerchöre a capp.

z. l. bis z. sch.

Schwierigkeits-Grad	Titel	Part. Mark	Stimmen Mark
msch	**Altmann, Arthur,** op. 49. Jägerlust. „Halloh, halloh, zum Waidwerk" . .	— 60	— 20
zl	**Bauer, Oskar,** op. 46. Jägerlied. „Des Morgens, wenn die Nebel"	1 —	— 15
zl	**Brendel, Fel.,** 4 Männerchöre. „Deutsches Trinklied", „Herzschlag", „Mondnacht" und „Zecherweisheit"	1 25	— 25
	Ende, H. vom, op. 9.		
msch	No. 1. Mein Herz ist am Rheine . .	— 60	— 15
msch	No. 2. Ade, mein Lieb, ade	— 60	— 15
msch	No. 3. Mein herzliebstes Schatzerl . .	— 60	— 15
zl	do. op. 14. Heimgang aus dem Walde. „So scheiden wir mit Sang u. Klang"	— 60	— 20
	Friedrich, P.,		
msch	No. 1. Loblied der Schöpfung. „Hörst du den Zephir?"	1 —	— 20
msch	No. 2. Unterm Machandelbaum . . .	— 60	— 15
msch	**Göhring, Joh.,** op. 58. Ahnung. „Ich weiss, einst kommt die Zeit" . . .	— 40	— 15
zl	do. op. 65. Heimkehr. „In meine Heimat kam ich wieder	— 50	— 20
msch	**Heinze, G. A.,** op. 32. Sonntag am Meere. „das Meer liegt glatt"	1 —	— 15
zl	**Hering, Georg,** „Das ist der wohlvertraute Flieder"	40 —	— 20
zl	**Hof, Heinrich,** op. 1.		
	No. 1. Dem Vaterland. „Schwing dich auf"	— —	— —
	No. 2. Patriotischer Festgruss. „Wir grüssen dich"	50 —	— 15
zl	**Hofmann, Carl,** op. 22. Was wir lieben. „Füllet den Becher"	— 50	— 15
zsch	**Hunger, Carl,** op. 42. Zigeunermusik. „Wie lausch ich Dir gern"	— 40	— 15
zl	**Jahn, Aug.,** op. 11c. Lob des Weins. op. 7a. Alle Zeit gedenk' ich dein.	— 40	— 20
zl	do. op. 43. . . . . Nun blüht die Liebe wieder. Mein Stern. op. 47. Champagnerlied.	1 —	— 25
zl	do. op. 48 Liebesaufruf. Zuversicht. Zechlied	1 —	— 25
msch	**Janson, Ferd.,** op. 20.		
	No. 1. Rastlose Liebe. „Dich suchen meines Geist's Gedanken" . .	— 40	— 20
	No. 2. „Die Brünnlein, die da fliessen"	— 40	— 20
zl	**Labler, Wlad.,** „Auf dein Wohl, du rheinische Maid	— 60	— 15
msch	**Pache, Joh.,** op. 11. Der Lenz ist da. Das höchste Glück hat keine Lieder. Margreth am Thore.	1 50	— 30
msch	do. op. 30. Rühr mich nicht an. „Plaudernd mit Müllers Töchterlein" . . .	— 50	— 15
msch	do. Fahnenlied. „Nun schmettert Drommeten"	1 —	15 —
zl	do. Waldfrieden. „Waldesruhe, Waldesfrieden"	1 —	20 —
msch	**Peuchel, M.,** op. 52a. Wanderlust. „Fröhliche Sänger, hinaus"	1 —	20 —
zl	**Schenk-Badewitz, Alb.**	60 —	15 —
	Im Walde. „Wie durch des Waldes Räume." „Wirt, hast du noch ein volles Fass"	— 60	— 15

Schwierigkeits-Grad	Vierstimmige Männerchöre a capp.	Part. Mark	Stimme Mark
	Schindler, Fritz, op. 8.		
msch	No. 2. Ein Röslein rot. „Mein Lieb, das ist ein Röslein"	— 80	— 20
	do. op. 9.		
msch	No. 1. Frühlingswunsch. „O, dass so kurz die schöne Zeit" . . .	— 80	— 20
msch	No. 2. Beim Weine. „Hell schäumt im Becher"	— 80	— 20
msch	do. op. 10.		
	No. 1. Nach Jahren. „Die Mutter lehnt am schattigen Thor"	1 —	— 40
msch	No. 2. Sonnenuntergang. „Das ist die sanfte, heilige Stunde" . . .	1 —	— 40
msch	do. op. 11. Ein teuerwertes Erbe, „Wandre ich einsam durch den Garten" . . .	— 80	— 20
msch	**Schwartz, Heinr.,**		
	No. 1. „Nun klinge mein Lied" . .	1 —	— 15
msch	No. 2. Abendbild. „Im Abendrot der Himmel glüht"	— 80	— 15
zsch	do. No. 1. Altdeutsches Liebeslied. „Die Sonne und der Mondenschein"	1 —	— 15
zsch	No. 2. Abendsonnenstrahl	1 —	— 15
	Siegert, Ferd., op. 1. Morgenwanderung. „Wer recht in Freuden wandern will"	1 —	— 20
msch	**Wickenhausser, Rich.,** Das grosse Kind. „Ich hört' ein Fräulein klagen" . . .	1 —	— 15

Zweistimmige Frauenchöre a capp.

Schwierigkeits-Grad	Titel	Part. Mark	Stimme Mark
zl	**Holländer, Alexis,** Weihnachtslied, von C. M. von Weber, op. 80, Nr. 2 „Judäa, hochgelobtes Land", netto	— 20	— —
msch	**Parlow, Edm.,** op. 48 Stille Nacht Auf dem Berge. Mädchenlied. Wiegenlied. Im Spätherbst. Es geht ein lindes Weben.	1 50	— 50
msch	**Vierling, Georg,** op. 84 Mädchenlieder. Morgenwind. Wanderlied. Im Herbst. Kling! Klang! Frühlingslied. Blümlein im Garten. Von dem Rosenbusch. Wohl dem.	1 25	— —

Dreistimmige Frauenchöre a capp.

Schwierigkeits-Grad	Titel	Part. Mark	Stimme Mark
	Cursch-Bühren, op. 130.		
zl	No. 1. Frühlingszauber. „Im Frühlingszauber liegt die Welt" . . .	— 60	— 20
zl	No. 2. Waldweben. „Es träumt sich so süss"	— 60	— 20
zl	No. 3. Lenz. „Kommt, o kommt" . .	— 60	— 20
l	**Esthländ.** Volksweise. „Spinn, Spinn!" „Mägdlein in stiller Nacht."	— 60	— 15
zl	**Holländer, Alexis,** Weihnachtslied von C. M. von Weber, op. 80, No. 2. „Judäa, hochgelobtes Land" netto	— 20	— —
zl	**Liebe, Ludw.,** Rosenzeit. „Am Rain und in den Hecken"	— 60	— 15

Schwierigkeits-Grad	Dreistimmige Frauenchöre a capp.	Part. Mark	Stimme Mark
	Lorenz, C. Ad., op. 51.		
msch	No. 3. Die goldne Zeit. „Ihr Blumen auf Wiesen und Weiden!" . .	1 —	— 20
	Meyer-Olbersleben, Max, op. 36.		
msch	No. 1. Viel Träume. „Viel Vöglein sind geflogen"	— 60	— 15
msch	No. 2. Glaube, Liebe, Hoffnung. „Es blühen im menschl. Herzen"	— 60	— 15
msch	No. 3. Frühlingsgruss. „Der Amsel süsses Locken"	— 60	— 15
msch	No. 4. Wie ist doch die Erde so schön	— 60	— 15
msch	**Mertens, Jos.,** Sechs norwegische Nationalgesänge. Text französisch und deutsch. Sonnenuntergang. Brautfahrt im Hardanger. Frühling. Ruf an die Waldgeister. Der Rosenhain. Dem Vaterlande.	netto 2 —	— 30
l	**Mücke, Franz,** Gott grüsse dich! . . .	— 60	— 15
	Parlow, Edmund, op. 45.		
msch	No. 1. Abendlied. „O Zauberlicht" .	— 60	— 20
msch	No. 2. Orakel. „Ein Mägdlein ging zum grünen Wald"	— 60	— 20
msch	No. 3. Frühlingsmärchen. „Es stand eine Blume allein	— 60	— 20
msch	No. 4. „Waldvögelein, wie singst du"	— 60	— 20
	Reinecke, Karl, op. 214b.		
msch	No. 1. Sonnenuntergang. „Fahr wohl, gold'ne Sonne"	— 40	— 20
msch	No. 2. 's Wiederseh'n. „Dass i gar nix mehr gehört hab'"	— 40	— 20
msch	No. 3. Liebesahnen. „Es singt ein Vöglein auf dem Dach"	— 40	— 20
l	**Schauroth, M. von,** 4 Lieder im Volkston. Im Wald. Der Abschied. Gondelfahrt. Abendlied.	— 80	— —
zl	**Schmidt, C. Jul.,** Ligurisches Lied. „Mein Liebster keck ist ein Matros" . . .	— 60	— 15
zl	**Schwartz, Jos.,** op. 3, No. 3. Weihnachtsglocken. „Der schönste Klang" . . .	— 60	— 15
	Sinigaglia, Leone, op. 10. Zwölf Canons zum Gebrauche in Gesangschulen und kleinen Chorvereinen netto	1 50	— 75
	Södermann, Aug., Bröllops-Marsch. „Vom Himmel leuchtet nieder"	1 20	— 30

Vierstimmige Frauenchöre a capp.

Schwierigkeits-Grad	Titel	Part. Mark	Stimme Mark
zl	**Goepfart, K.,** op. 35. Lied der Nixen. „Ewige Schönheit, ewige Jugend." . .	— 60	— 15
	Grünberger, L., op. 64.		
zl	No. 1. „Es war ein Kind so jung u. rot"	— 80	— 20
msch	No. 2. „Wand'rer, lass die Blümlein steh'n"	— 80	— 20
msch	No. 3. „Ein höchstes Glück, das uns versagt hienieden"	— 80	— 20
msch	No. 4. Schnick, schnack, Dudelsack"	— 80	— 20

...wie-...keits-...rad	Vierstimmige Frauenchöre a capp.	Part. Mark	Stimme Mark
:l	**Kruesch, Albert,** op. 90. Der Stern. „Es stand ein Stern am Himmel"	— 40	— 15
:l	do. op. 91. Juchhe! „Wie ist doch die Erde so schön"	— 40	— 15
:l	**Pache, Joh.,** op. 61, No. 1. Waldeinsamkeit. „Deine süssen Schauer"	— 80	— 20
:l	do. Elslein von Caub. „Es liegt ein Städtchen an dem Rhein	— 80	— 20
...ch	**Prohaska, Karl,** op. 2, Heft II Abschiedslied eines Mädchens. Lied des Mädchens um ihren Garten. Lied der Morgenröthe. Sehnsucht. Wend', o wende diesen Blick.	2 —	— 60
	Scherer, Heinr.,		
...sch	No. 1. „Thu' dich auf!"	— 80	— 20
...sch	No. 2. Frühling und Friede. „Der Lenz weckt seine Kinder auf"	— 80	— 20
	Schmidt, C. Jul.,		
:l	No. 2. Lenzlied „Buntbeblumte Wiesen dehnen"	— 60	— 15
:l	No. 3. Abendgebet. „Der Tag ist um"	60	— 15
	Schumacher, Rich.,		
l	op. 23. Mutterliebe. „Ach, wie warm ist Mutterarm"	— 50	— 15
l	op. 25. Abendfeier. „Schweigsam treibt"	— 50	— 15
l	op. 26. „Juchhe! Wie ist doch die Erde so schön"	— 50	— 15
l	op. 27. Christnacht. „Heil'ge Nacht, auf Engelschwingen"	— 50	— 15
:l	op. 29. Frühlings-Einzug. „Die Fenster auf, die Herzen auf"	— 50	— 15
:l	op. 32. Sommernacht. „Wenn lau und lind"	— —	— —
	Wendl, Karl, op. 12		
...ch	No. 1. Wintermai. „Was ist das für ein heller Schein"	— 70	— 20
...ch	No. 2. Weihnachtsgeläute. „Wieder tönt mit Zaubermacht"	— 70	— 20
...ch	No. 3. Christnacht. „Heil'ge Nacht"	— 70	— 20
...ch	No. 4. Krippengruss. „Wir grüssen dich"	— 70	— 20
...ch	**Wolff, Ernst,** op. 5, Heft I Tanzweise, Abendlied, Der träumende See,	— 80	— 25
...ch	Heft II Spielmannsweise, Liebesglück	— 80	— 25

Die folgende Nummer wird ein Verzeichnis neuer ...erke für Frauenchor mit Begleitung und gemischten Chor ...cappella enthalten.

Gedanken bei dem Erscheinen dieser Blätter.

Vom Kammergerichtsrate E. T. A. (W.) Hoffmann.

Wie heisst doch jene Beschwörungsformel, mit der die Autoren ihre Vorreden zu beschliessen pflegen? — „Und nun gehe hin, du mein liebes Kind, das ich so sorglich gehegt und gepflegt" etc — Es ist auch nichts natürlicher, und eben deshalb gang und gäbe geworden, als die Geistesgeburt zu vergleichen der leiblichen.

Auf beiden ruht der Fluch der Erbsünde, nämlich Qual und Schmerzen des Gebärens, aufgewiegt durch Vaterfreuden und hinlängliche Affenliebe für das geborene Wesen. —

Eigentlich ist es ja aber niemals ein Kind, das der Autor eines vollständigen Buchs in die Welt schickt, sondern ein völlig ausgewachsener Mensch, dessen ganze Gestaltung im Innern und Aeusseren zu Tage liegt.

Anders, ganz anders verhält es sich mit einem Werke, wie dasjenige, was hier soeben beginnt. —

Der Verleger baut nach Kräften eine hübsche Wiege, der Redakteur legt einen Embryo hinein und bittet, so wie das kleine Ding sich nur regen mag, die gehörigen Paten, die denn nun eben als echte Paten für das Lebensbedürfnis, für Pflege und Erziehung des Täuflings sorgen. Recht unter den Augen der geladenen Gäste mag nun das Wesen emporwachsen und gedeihen nach seiner Art; es giebt einen fortwährenden Gevatterschmaus, und die Sache der gastgeberischen Paten ist es, dahin zu trachten, dass die Gerichte fein schmackhaft bleiben und es dem Getränke nie an wackrem Feuer und Geist mangle, damit die Gäste nicht fortbleiben und auch das Kleine, das oben ansitzt und mitisst und mittrinkt, Nahrhaftes und Verdauliches geniesse und sich immer mehr erkräftige zum stammhaften Menschen. —

Warum dies bittersaure Gesicht, geliebtester Komponist? — „Schon wieder ein neuer anatomischer Tisch errichtet, auf dem man unsere Werke mit gewaltsam ausgespreizten Gliedern festschrauben und mit rücksichtsloser Grausamkeit zerlegen wird. Ha! — ich sehe schon verdeckte Quintenfolgen, unharmonische Querstände entblösst von dem Fleisch der vollen Harmonie, unter dem funkelnden Messer des Prosektors emporzittern!" —

Daher dein Unmut? — Ueberzeugt, o mein Komponist! bin ich, dass du schreiben wirst oder schon geschrieben hast ein Werk, das so recht ganz und gar hervorging aus deinem innersten Wesen. — — —

War es vielleicht eine Oper, die du schriebst, so nahmst du den poetischen Gedanken, der dem Ganzen zu Grunde lag, mit allen seinen tiefsten Motiven in dir auf; der Genius der Tonkunst rührte seine mächtigen Schwingen, und selbst die Fesseln, die ihm hin und wieder schlechte Worte des Gedichts anlegen wollten, vermochten nicht, seinen kühnen Flug zu hemmen, indem er alles, was jenem an poetischen Gedanken entstrahlte, emportrug in höhere Regionen. Alle Liebe, alle Sehnsucht, alles Verlangen, Wonne, Hass, Entzücken, Verzweiflung erschien, aber verklärt in dem Glanze des höhern Reichs der Töne, und das menschliche Herz, auf seltsame Weise gerührt, fühlte selbst in dem Irdischen das Ueberirdische. —

Ich meine, in den Weihestunden der Begeisterung war es dir vergönnt, die Musik so zu denken, wie sie der richtende, ordnende Verstand als wahrhaft anerkennen musste.

Ja, den Verstand! — Diesen zuweilen etwas sauertöpfischen Schulmeister können wir nun einmal nicht entbehren. Er untersucht mit scharfem Blick die Stützen unseres Gebäudes, und findet er sie zu dünn oder zu morsch, so stösst er sie um mit dem Fuss und spricht, wenn der ganze Bau nachstürzt: „Es war nicht !" — Besser, so etwas thut Freund Sauertopf in unserm Innern, als es geschieht von Andern äusserlich! —

Genug, o mein Komponist, du hast, ich weiss es, ein wackres Werk gemacht und bist dir, wie es sich von selbst versteht, der Motive, so und so und nicht anders deine Musik gedichtet zu haben, vollkommen bewusst. Nun findest du dein Werk wieder, nicht auf dem anatomischen Tisch unter den mordbewaffneten Händen eines barbarischen Prosektors, sondern aufgestellt vor einem dir befreundeten Geiste, der es mit scharfem Blicke durchschaut und, statt dass jener es unerbittlich zerschnitten hätte, nur alles, was er darin entdeckt, den ganzen wunderbaren Bau mit all seinen Verschlingungen, in lauten Worten verkündet. — Sage nicht, o Komponist! dass es eben keine Freude sei, sich alles das, was man gedacht, empfunden, wie ein Exempel vorrechnen zu lassen. Die Freude, von einem verwandten Geiste ganz verstanden zu sein, ist es, die den Gedanken an jenes pedantische Vorrechnen nicht aufkommen lässt. —

Zudem stelle dir, mein Komponist, dein Werk vor als einen schönen, herrlichen Baum, der, aus einem kleinen Kern entsprossen, nun die blütenreichen Aeste hoch emporstreckt in den blauen Himmel. Nun stehen wissbegierige Leute umher, und können das Wunder nicht begreifen, wie der Baum so gedeihen konnte. — Da kommt aber jener verwandte Geist gegangen und vermag mittelst eines geheimnisvollen Zaubers es zu bewirken, dass die Leute in die Tiefe der Erde wie durch Krystall schauen, den Kern entdecken und sich überzeugen können, dass eben aus diesem Kern der ganze schöne Baum entspross. Ja, sie werden einsehen, dass Baum, Blatt, Blüte und Frucht so und nicht anders gestaltet und gefärbt sein konnten. —

Du siehst ein, mein Komponist, dass ich eben daran dachte, wie Beurteilungen musikalischer Werke beschaffen sein müssten, und dass ich nur recht in die Tiefe des Werkes eindringende und dieselben in ihren tiefsten Motiven entwickelnde Abhandlungen dafür gelten lassen mag, die den Komponisten, sollte auch nicht immer des Lobes Posaune erschallen, so wie seine verwandten Kollegen, erfreuen, andere Leute aber verständigen über manches, das ihnen sonst entgangen.

Es ist gewiss, dass Beurteilungen dieser Art dazu führen können, dass man gut hört. — Gut hören ist nämlich, wenn Anlage dazu da, allerdings zu erlernen; selbst gut machen freilich nicht, da dieses eine Kleinigkeit voraussetzt, die ein alter tüchtiger Meister geradezu aussprach in einem höflichen Schreiben an einen jungen Herrn von Stande, der in grosser Herzensangst anfragte: wie um tausend Himmelswillen er es nur anfangen soll, die Welt mit einer meisterhaften Komposition zu entzücken. Der Meister antwortete: Wollten Ew. Hochgeboren nur die Gewogenheit haben, Genie zu besitzen, so würde alles etc. etc. (Aus E. T. A. Hoffmann's musikalische Schriften. Herausgegeben von H. vom Ende. Preis gebunden Mk. 2,10.)

* * * * * *

Besprechungen.

(Nachdruck verboten).

Zur Besprechung gelangen nur Werke, welche des Lobes würdig sind.

Kaiser Karl in der Johannisnacht. op. 28.
Walpurga. Op. 30, für Männerchor a capp.
von Friedrich Hegar.

Wenn schon das Erscheinen neuer Werke Hegars, dieses Meisters des deutschen Männergesanges, stets als Ereignisse von weittragender Bedeutung für den letzteren anzusehen sind, so verdanken wir dem Jahre 1899 insbesondere zwei Schöpfungen auf diesem Gebiete, welche unser ganz besonderes Interesse in Anspruch nehmen. Das Ansehen dieses Komponisten gründet sich vor allem auf die treffende, packende Charakteristik, mit der er dem Inhalte der vertonten Dichtungen gerecht zu werden vermag. In dieser Kunst hinreissender Schilderung verschiedenartigster Stimmungen und Gedanken, namentlich aber eigenartiger, absonderlicher Vorgänge, verbunden mit einer eminenten Kenntnis der Männerchorwirkungen und der polyphonen Satzweise, überhaupt des gesamten Rüstzeugs moderner Kunst, steht Hegar auf dem Gebiete der Männerchorkomposition unerreicht da. Das beweisen wieder einmal diese beiden Schöpfungen, von denen die erste: op. 28, Kaiser Karl in der Johannisnacht, zum Vornehmsten gehört, was wir von ihm besitzen.

Die Bildsäule Karls des Grossen, aus einer Nische des Münsterturms zu Zürich ernst und hoheitvoll auf die Lande blickend, gab dem Leibdichter Hegars, Dr. F. Rohrer, die Idee zu einer Vision, in der Kaiser Karl, umgeben von seinen Reisigen, zum brausenden Limmatstrom herabsteigt und dessen Wogen segnet, sie auffordernd, vereint mit dem Rhein auf ihrem Zuge durch die deutschen Lande anzustimmen den ewigen Sang von deutscher Treue und deutscher Ehre. Gleichsam umrahmt wird diese Schilderung von einem in hochpoetische Stimmung getauchten Landschaftsbilde.

Die Einleitung versetzt uns mit weichen, getragenen Akkorden und sanftem Stimmengewoge in die schwüle Mittsommernacht, unsere Sinne gefangen nehmend und empfänglich machend für die sagenhaften Geheimnisse, die ihrer harren. Auch der Vers: »Im funkelnden Glanze durch Busch und Au« wird noch von dieser Stimmung beherrscht, obschon er doch dem Sinne nach bereits zu dem nun folgenden Elfenspuk gehört. Infolge dessen huscht dieser, übrigens köstlich veranschaulichte, luftige und duftige Elfenspuk im pp. Amoll-dur, mit seinen kapriziösen Tupfern auf Tonika und Sekunde, etwas zu schnell an uns vorüber und reisst uns aus der auch weiterhin noch herrschenden Sommernachtstimmung, ohne vollwertigen Ersatz zu bieten.

In den beiden letzten Takten dieser Scene bei den Worten: »in Tann' und Tau« scheint das ♮ vor b im II. Tenor vergessen zu sein.

Es erscheint jetzt, als sanftwiegendes Motiv im Anfangzeitmass imitatorisch durch die Stimmen gehend: »Des Mondes magischer Silberglanz, einen leuchtenden Blütenkranz über Thäler und Höhen flechtend.« Immer ruhiger und getragener werden die Tonwellen, bis der Satz mit den Worten „über Stadt und Fluss und See" in F-dur (Ganzschluss in der Quintlage und Generalpause) schliesst; wenigstens musikalisch. Den Intentionen des Dichters gemäss hätte dieser Schluss erst mit den Worten: „schaut Kaiser Karl auf die Lande hin" eintreten dürfen; jedoch scheint diese Verschiebung dadurch veranlasst zu sein, dass die Worte, welche die Vision einleiten, wieder auf die Anfang-Stimmung zurückgreifen und dadurch die Wiederverwendung der beiden Motive des blütenkranzflechtenden Mondes und damit den mangelnden Abschluss an dieser Stelle erklärlich machen.

Es folgt nun die Schilderung des kaiserlichen Zuges: die wispernden Stimmen, die durch die Strassen klirrenden und dröhnenden Schritte der Reisigen und Rosse, dann nach längerer Modulation durch A-, E- und Fis-dur das Schimmern von Krone, Schwert und Schild im hellen, wohlthuenden Desdur, und endlich als Gipfelpunkt dieser Entwickelung, in massiven 6—8 stimmigen Akkorden unvermittelt in B-dur auftretend „des einigen Deutschlands gewaltiger Sohn", — eine Schilderung, so charakteristisch, so lebensvoll, wie sie eben nur ein Hegar zu stande bringt. Das Herabsteigen zum Strome ist etwas konventionell geraten, wohl zum Teil infolge einer von Hegar sehr geliebten Manier, bei kontrapunktischer Stimmführung vollere Harmonien bequem herzustellen, die man im Kunstjargon „Austerzen" (mit Terzen versehen) nennt.

Das Brausen des Stromes wird angedeutet durch eine etwas bedenklich ausschauende melismatische Figur*), über die eine sehr leichte Tongebung hinweg täuschen muss. Das Glockenmotiv: D-dur—A-moll-Akkord, muss aufgefasst

*) 

werden als G-dur V. und II. Stufe. Dann folgt E-moll; die Akkorde der unsichtbaren Geisterhand

(übrigens scheint beim Tarnhelmzauber im Rheingold dieselbe Hand im Spiele zu sein) H-dur—A-mollakkord stammen aus E-moll, V. und IV. Stufe mit Uebergreifen von A-moll nach dem terzverwandten F-moll, bis endlich diese etwas verzwickte Modulation in einen längeren H-dur Satz ausläuft. Der D-durakkord auf „Hände"

ist als terzverwandt mit H-dur und Fis-dur leicht zu verstehen.

Die ganze Partie wird inbezug auf Tonhalten noch manch' harte Nuss zu knacken geben und nur gründliches Einprägen des harmonischen Gerippes kann hier einige Hülfe gewähren.

Die Apostrophe des Kaisers: „Zieht hinaus . . .", in H-dur, der Höhepunkt der Dichtung, scheint mir musikalisch nicht hinreichend erschöpft zu sein. Soll sie sich eindrucksvoll aus dem Ganzen herausheben und von mächtiger Wirkung sein, so muss durch ein grosses Crescendo von: „Zieht hinaus in's schöne" bis „von Treu' und Ehre", und innerhalb dieses Crescendos durch lebendige Nuancierung (z. B. Abstufung des dreimaligen „Zieht hinaus") eine interessante Gestaltung herbeigeführt werden, die Worte „von Treu und Ehre dem ewigen Sang" aber, die leider nur durch eine nakte Wiederholung der vorhergehenden Phrase illustriert werden, müssen mit aussergewöhnlicher Wucht, namentlich im II. Basse, im breitesten Zeitmasse hervortreten.

Der Schlussteil, das Emporsteigen des Kaisers und die Rückkehr in die Anfangsstimmung, wirkt ausserordentlich reizvoll. Eine schnelle Modulation über A-moll (Akkorde der unsichtbaren Geisterhand) bringt uns wieder nach F-dur zurück und es erscheint wieder das Anfangsthema, am Schlusse mit einem wahrhaft „golden" klingenden Uebergreifen in das terzverwandte Des-dur auf „golden ruht", wobei das pp. sempre zu beachten ist;

je zarter derartige ausweichende Konsonanzen gesungen werden, um so eindringlicher wirken sie; es giebt auch ein Hervorheben durch pp.

Wenn auch nach Form und Inhalt nicht so bedeutungsvoll, wie der mehr dem pathetischen Stile angehörende oben besprochene Chor, so doch immerhin als ein in seiner Phantastik hochinteressantes Tongemälde voller Schwung und Leidenschaft tritt uns die **Ballade op. 30, Walpurga** (Ged. von Karl Spitteler) entgegen.

Auch hier unterscheiden wir drei grössere Teile, von denen der erste die Aufforderung zum Kampfe (C-moll-Tonalität), der zweite Kampf und Siechtum (A-moll-Tonalität), der dritte die Pagenwahl (in C-dur) schildert.

Bereits die lebendige Charakteristik der Einleitung, das Heransprengen des Knappen, seine jauchzende und durch den Wald gellende Aufforderung zum Strausse, versetzt uns gleich in die dem Werke eigentümliche Grundstimmung; zuckert, um, in Erinnerung an den Eid, nochmals emporzulodern und schliesslich im Vorgefühl des baldigen Besitzes der Walpurga, bei den Worten: „mir zum Scherz und minniglicher Kurzweil" den Ausdruck schwüler Sinnlichkeit anzunehmen,

dadurch allerdings einen wirksamen Gegensatz herstellend zwischen dem aufbrausenden Charakter der Aufforderung und der nicht minder stürmischen Haltung der „minniglichen Maid". Das ganze Sätzchen steht in der C-moll-Tonalität; die getragene Stelle des Anrufs erscheint zuerst in As, dann in G-dur. Die Akkorde zu „Mir zum Scherz etc." greifen in's terzverwandte H-System über; zunächst der H-dur-Akkord, dann G-H-D-F, aufzufassen als eis-g-h-d aus dem H-moll-System, übergreifend nach der Ob. Dom. Seite:

E|-g-H-d-Fis-ais-Cis eis

eis-g-H-d

bei „uns" verwandelt sich eis wieder enharmonisch in F behufs Modulation nach C-dur.

Als höchst resolute Dame, die ihre bedrohte Ehre zu verteidigen weiss, fährt nunmehr Walpurga zischend aus dem Busche und richtet den beherzten Knappen so übel zu, dass er sieben Monate lang krank darniederliegt, um sich dann mit grauen Haaren und hohlen Wangen wieder zu erheben. Der Angriff der zischenden und kreischenden Walpurga ist musikalisch mit so dramatischer Lebendigkeit und so anschaulicher Tonmalerei geschildert, dass man das Zurückprallen und die Wehrlosigkeit des also Angegriffenen sehr wohl begreift; in solchen Szenen fühlt sich Hegar's Charakterisierungs-Genie immer am wohlsten.

Selbstredend „zischt" auch die Modulation in diesem Teile ziemlich wild zwischen C-G-D-A-moll-C-dur und C-moll umher und geht dann „kreischend" nach E-moll über, sodass beim Einüben ein festes Einprägen dieser Harmoniefolgen unumgänglich ist.

In schauerlichen Harmonien wird das Dahinsiechen des Knappen geschildert. Die Akkorde der Stelle „war ihm weiss entfärbt die Scheitellocke" stammen sämtlich aus dem F-Tonart-System:

F-moll; G-h-d: F-dur, übergreifend nach der Ob. Dom. Seite:

B|-e-Fa-C-e-G|h

G-h-d-F

dann folgt B-des-F: F-moll; d-F-a: F-dur; e-G-B-des: F-moll-dur; sodann Ausweichung nach D-moll vermittelst enharmonischer Verwechselung der Des in Cis: cis-E-G-h VII. Stufe von D-moll.

„Seine Lippen schwach und klanglos" soll im pppp. gesungen werden; nach meiner Ansicht kann man doch eigentlich nicht noch leiser als äusserst leise singen. Ueberhaupt scheinen mir die Vortragbezeichnungen bei Hegar übertrieben reichhaltig zu sein; im „Kaiser Karl" z. B. wechselt in 21 Takten siebenmal die Metronomangabe. Wenn ein Dirigent eine derartige Metronomisierung genau beachten, oder gar sich ängstlich daran klammern will, so ist das Resultat anstatt einer lebensvollen Aufführung eine Karikatur. Schindler machte einst seinen Meister Beethoven darauf aufmerksam, dass er einen Symphoniesatz trotz vorgeschriebener Metronomisierung in anderem Tempo habe spielen lassen. „Ach was", erwiderte Beethoven, „fort mit allen Metronom-

noch so umfangreiche deutsche Redewendungen, namentlich im Interesse der internationalen Verständigung über die Kunstwerke sehr zu bedauern ist.

Um den Hohn, mit dem die Ballade getränkt ist, vollzumachen, wählt schliesslich die Herzogin noch den „geschundenen Raubritter“ zu ihrem einzigen Pagen. Im freundlichen C-dur, „heiter und frühlingswarm“, ein wahres Herzenslabsal nach all' den traurigen Mollklängen, bringt eine warme, schwungvolle Melodie das farbenreiche Gemälde zum Abschluss.

Eine Aufführung dieser beiden Chorwerke, die allerdings sehr sorgfältig vorbereitet sein will, wird sich für jeden bessern Verein als lohnend und dankbar erweisen.

Leichte Frauenchöre a capp.

Im Gegensatze zu dem obenbesprochenen Hegar, der dramatische Entwickelungen liebt und innerhalb dieser das Pathetische, Gewaltige, Wilde, Furchtbare, ja das Grausige mit Vorliebe schildert, bevorzugt **Ernst Wolff**, der bekannte Gesanglehrer am Kölner Konservatorium, in seinen Kompositionen das Graziöse und Anmutige Alles ist bei diesem Ausdruck eines rein lyrischen Empfindens, jedoch keine süssliche weichliche Kost, sondern mit einer gewissen jungfräulich-herben Beimischung.

Wie wir demnach Hegar als einen geborenen Meister des Männergesanges bereits seit langem kennen gelernt haben, so möchte uns Wolff als prädestiniert erscheinen, unsern Damengesangvereinen sang- und dankbares Material für ihre künstlerischen Bestrebungen zu liefern.

Schon die Auswahl der Texte seiner: **Fünf Lieder für 4stimmigen Frauenchor a capp. op. 5** bekundet feinen Sinn für gesunde Lyrik. Es sind anschauliche, empfindungdurchwehte Bilder des äusseren und inneren Lebens, die er der Vertonung würdig gefunden hat, kleine Lieder, wie M. von Ebner-Eschenbach sie einst schilderte:

„Es liegt darin ein wenig Klang,
Ein wenig Wohllaut und Gesang
Und eine ganze Seele“.

Gleich in Nr. 1, einem allerliebsten „Neidhart“, (diese kleinen Tanzweisen wurden nach dem Minnesänger N. von Reuenthal, der sie zuerst einführte, später allgemein „Neidharte“ genannt) begrüsst uns der Lenz mit freudigen Klängen und

Worten. „Wohlauf zum Maientanze, wohlauf zur Maienfahrt! Nun hat uns Kinden ein End' all Wintersleid".

Der alten Sitte und auch dem Sinne gemäss haben die beiden Stollen gleiche, der Abgesang abweichende Melodie erhalten. Die Modulation bewegt sich in den ersten beiden Strophen zwischen D, h, fis, A, D, und im Abgesang zwischen A-G-h-fis D, namentlich im letzteren sind die Ausweichungen sehr wirkungvoll und originell. In der schwungvollen Melodik, an der alle Stimmen gleichmässig partizipieren, ist die Frühlingsstimmung sehr wirkungvoll wiedergegeben. Auch rhythmisch weist dieselbe feine Züge auf, so in den Stollenanfängen: wenn mir auch das: „wie ihr sie nur begehrt" nicht ganz sinngemäss deklamiert erscheint; besser wäre:

In dem idyllischen „Abendlied" giebt ein harmonisch reizvolles Gemisch von A-dur und fis-moll den leisen Hauch der Wehmut wieder, der über der abendlichen Einsamkeit ruht und des Hirten frohe Weise beeinflusst, bis in der letzten Strophe die Hoffnung auf den morgigen, schönen Tag in einer herzerquickenden Modulation von H durch E-e nach A-dur hervorbricht und das Lied zu Ende führt. Wolff ist ein Meister in der musikalischen Schilderung träumerischer Stimmungen, das beweist uns Nr. 3, „Der träumende See". Auch unter seinen Sololiedern op. 6 scheint mir das mildschwärmerische, herzinnige Stimmungbildchen „Die Nacht" am besten gelungen. Ein solches Stimmungbildchen ist auch „Der träumende See", noch ruhiger, andachtvoller; dieses langsame Ausklingen in leise verhallenden Melismen regt geradezu zum Träumen an. Heft II bringt dann noch ein ungekünsteltes, fröhliches Frühlingliedchen, von ursprünglicher Frische und natürlichem Flusse der Melodie und zum Schluss einen längeren Erguss über das „Liebesglück", der infolge seiner rhythmischen Monotonie weniger interessant erscheint, aber durch innige, gefühlwarme Melodik namentlich bei den Damen wohl Beifall finden dürfte.

Alles in allem sind es edelempfundene, gutgearbeitete Lieder, welche keine hohen Anforderungen in technischer Beziehung stellen und Damengesangvereinen, die einer besseren Geschmacksrichtung huldigen, Freude machen werden.

Einfacher in der Diktion und noch leichter ausführbar und sechs Lieder für 4stimmigen Frauen- oder Knabenchor von **Rich. Schumacher**, op. 23, 25, 26, 27, 29, 32. Dieselben sind namentlich Schulchören sehr zu empfehlen, und man kann ihnen ansprechende Melodik, gesundes Empfinden, sinngetreue Deklamation und gute Stimmführung nachrühmen. Besonders hervorzuheben sind op. 25 „Abendfeier", dessen Refrain eine sehr wirksame Sopranmelodie auf den Text: „sempiterni fons amoris" aufweist, zu welcher die anderen Stimmen im ppp. die Orgelbegleitung imitieren.

Op. 27, „Christnacht" mit dem bekannten Text: „Heilige Nacht, auf Engelschwingen, nahst du leise dich der Welt", ist zu Weihnachtaufführungen sehr zu empfehlen.

Op. 32. „Sommernacht", ist eine allerliebste Vertonung des Gedichtes von Güll: „Wenn lau und lind die Nachtluft weht, ein Engel schwebt von Beet zu Beet".

Einen sehr vornehmen Eindruck machen **„Vier deutsche Weihnachtslieder" von Karl Wendl, op. 12.** Es sind formvollendete, ausserordentlich anmutige und tief empfundene Kompositionen, deren Bekanntschaft zu machen jedem Damengesangverein gerade jetzt vor Weihnachten nur dringend empfohlen werden kann. Schlicht in der Harmonik und insofern keine besonderen Intonationsschwierigkeiten bietend, ist der Tonsatz inbezug auf Stimmführung infolge reicher Anwendung von Kreuzungen der Stimmen trotz der durch die Tonlage der Frauenstimmen bedingten engen Grenzen ein ungewöhnlich plastischer, die Deklamation in allen Stimmen eine ausdrucksvolle.

Gleich Nr. 1, „Wintermär" (Ged. von C. Wöhler), eine schwärmerische Verherrlichung der Weihnachtzeit, ist als eine Perle der Frauenchor-Litteratur zu bezeichnen. Die Antithesen des Textes durch reizvollen Wechsel von A-dur und A-moll illustrierend, zeichnet sich das Tonstück besonders durch energische, schwungvolle Melodik aus. Auch Nr. 2, „Weihnachtsgeläute" von H. Roth erregt namentlich durch interessante harmonische Wendungen unser Interesse.

Stellen wie:

Weihnachtsge-läu-te | Weihnachtsgeläute | durch die stil-le
hell' ge Nacht hin in al-le al-le Wel-te.

sind jedenfalls wirkungvoll. Dieselben vortrefflichen Eigenschaften zeichnet auch Nr. 3, „Christnacht" von Rob. Ed. Prutz und Nr. 4, „Krippengruss" aus, sodass den Liedern weiteste Verbreitung gewünscht werden muss.

vom Ende.

Durch Massenaufführungen erprobte hervorragende Männerchorwerke,

mit und ohne Begleitung.

sämtlich auf grossen Sängerbundesfesten mit glänzendem Erfolg ausgeführt!

Ernst Böttcher, Op. 121. „O mein Herz, gieb dich zufrieden", für vierst. Männerchor a cappella. Part. 40 Pfg. Jede St. 15 Pfg. (Auf dem Sängerfest des vogtl. Sängerbundes 1896 aufgeführt!)

Ottomar Neubner, Op. 45. „Lacrimae Christi", für vierst. Männer-Chor a cappella. Part. 80 Pfg. Jede Chorstimme 30 Pfg. (Auf dem Sängerfest des Tiroler Sängerbundes 1895 aufgeführt!)

Max Oesten, Op. 102 „Der Pilot", für einst. Männerchor und Baritonsolo mit Orchester. Orch.-Part. Mk. 4,50 netto, Orch.-St. Mk. 4,50 netto. Klavierauszug Mk. 1,50. Chorstimmen (Tenor und Bass) à 30 Pfg.
(Auf mehreren grossen Sängerfesten aufgeführt!)

— Op. 208. „Sphärenklänge" für einst. Männerchor und Baritonsolo mit Orchester. Orch.-Part. Mk. 4,50 netto. Orch.-Stimmen Mk. 4,50 netto. Klavier-Auszug Mk. 1,50. Chorst. (Tenor u. Bass) à 30 Pfg.
(Auf dem Gausängerfest Juni 1899 zu Pillkallen aufgeführt und für das Preuss. Provincial-Sängerfest 1900 in Tilsit zur Aufführung angenommen!)

Carl Reinecke, Op. 218. „Fest-Ouverture" für Orchester und Männerchor. Orch.-Part. Mk. 6,— netto. Orch.-St. Mk. 10,— netto. Chorst. (Tenor u. Bass) à 30 Pfg. Klav.-Auszug des Schlusschors Mk. 1.—.
(Auf dem Sängerfest der vereinigt. norddeutschen Liedertafeln 1899 in Göttingen aufgeführt!)

Leopold Carl Wolf, Op. 26. „Persergebet" für Männerchor und Tenorsolo mit Begleitung von 17 Blasinstrumenten. Orch.-Part. Mk. 5, netto. Instrumental-Stimmen Mk. 5.— netto. Jede Chorstimme 25 Pfg. Klavier-Auszug Mk. 1,50.
(Auf dem Posen'schen Provincial-Sängerfest 1897 aufgeführt!)

Verlag von GEBRÜDER REINECKE,
Hofmusikalienhandlung, LEIPZIG, Felixstrasse 4.

P. J. TONGER, Köln a. Rh.

Sämtliche im Druck erschienene

Gesangvereins-Litteratur

stets am Lager.

Schnellste Bedienung. ▪ Günstige Bedingungen.

Kataloge kostenfrei.

Verlag von A. Sauerwald, Köln a. Rh.

Weihnachts-Album

enthaltend: **16 der beliebtesten Weihnachtslieder**

für Klavier leicht bearbeitet, mit unterlegtem Text, sowie

3 zweihändige u. 6 vierhändige Fantasieen

von **A. SARTORIO.**

Prachtvolle Ausstattung **Preis 1 Mk. netto.** Ueber 4000 Expl. abgesetzt.

Neu erschienen:

Büsten von Brahms.

Preise von

	[illegible]	Gips	[illegible]
Originalgrösse lebensgross 65 cm hoch	36	18	4.—
I. Kopie 41 cm hoch	12	8	1 50
II. Kopie 22 cm hoch	4	—	— 60

Aufträge erbitten:

Gebrüder Micheli,
Berlin NW., Unter den Linden 76a.

Im Rosengärtlein,
(H. Stieler).
Lied für Tenor von
H. vom Ende op. 15.

Bernh. Tormann,

Musikverlag
Münster i. W.

Soeben erschienen:

Wesseler, „Mein Stern" 0.75 M.
Schlichting, „Im stillen Friedhof . . . . 0.75 M.
Brüggemann, „Reiterlied" 1.50 M.
Nimphius, „Warum sind denn die Rosen so blass?" 0.75 M.

Vier neue, ansprechende Lieder mit hübscher charakteristischer Klavierbegleitung. Zu haben in jeder Buch- und Musikalienhandlung.

Ansichtssendungen stehen unter den günstigsten Bedingungen bereitwilligst zu Verfügung.

Bernh. Tormann, Musikverlag,
Münster i. W.

Neue Bücher über Musik.

Cherubini-Jensen. Theorie des Kontrapunktes u. d. Fuge. In neuer Uebersetzung. Bearbeitet und mit einem Anhang über die alten Kirchentonarten versehen von Prof. G. Jensen. Mk. 4,—, geb. Mk. 5,—.

Franke, F. W. Harmonielehre. Theorie und Praxis des harmonischen Tonsatzes. Hand- und Lehrbuch für den Unterricht und das Studium der Theorie der Musik. Mk. 3,—, geb. Mk. 4,—.

Ende, H. vom. Dynamik des Klavierspiels. Ein Lehrbuch zur Vertiefung des Studiums unserer Klassiker, speziell der Sonaten Beethovens Mk. 1,—, geb. Mk. 1,50.

Klauwell, Prof. Dr. O. Formen der Instrumental-Musik. Kurz, klar und fasslich. Mk. 1,—, geb. Mk. 1,50.

Klauwell, Prof. Dr. O. Geschichte der Sonate von ihren Anfängen bis zur Gegenwart Mk. 1,50, geb. Mk. 2,—.

E. T. A. Hoffmann's musikalische Schriften. Mit Einschluss der nicht in die gesammelten Werke aufgenommenen Aufsätze über Beethoven, Kirchenmusik etc. Mit zahlreichen Notenbeispielen, herausgegeben von H. vom Ende. Mk. 1,50, geb. Mk. 2,10.

Neues Album für

Violine

m. leichter Klavierbegleitung

14 klassische Stücke, bearbeitet und mit Fingersatz versehen von H. Wehle.

Fr. Schubert, Mozart, Gluck, Chopin, Beethoven, Mendelssohn, Händel, Schumann, Boccherini, Haydn, Bach, Spohr.

Grosses Konzert
für
Klavier u. Orchester
von
Ewald Strässer.
Op. 8

Ausgabe für 2 Klaviere Mk. 8,—.

Breslaur's Klavierlehrer schreibt:

Das Werk gehört unstreitig zu den beachtenswertesten Erscheinungen der Neuzeit auf dem Gebiete der [illegible]

Brambach, C. Jos., Op. 100. Caesar am Rubikon.

Für Männer-Chor, Tenor-Solo und Orchester . . . . Klav.-Auszug n. Mk. 4,50.
Chorstimmen à Mk. 1.–. Textbuch „ –.10.

Das „Centralblatt für Instrumentalmusik, Solo- und Chorgesang“ schreibt:

„Der Meister Brambach zeigt sich auch hier in seiner ganzen Grösse. Für grössere Chöre eine effektvolle Programmnummer, mit der man neben ganz wenigen Solovorträgen einen Abend ausfüllen kann“.

„Kartellztg. dtsch. Std.-Gesang-Vereine“:

„Alles in Allem: das Werk Brambachs muss als eine sehr gelungene Komposition bezeichnet werden und reiht sich den besten, welche für Männerchor geschrieben sind, würdig an die Seite.“

„Sängerhalle“:

„. . . Man kann das vorliegende Opus als einen der **glücklichsten Würfe** aus Brambachs neuerer Schaffensperiode bezeichnen. Das Werk ist auch mittleren Vereinen schon bequem zugänglich.“

O. Jänisch, G.-V.-Dirigent in Aschersleben:

„. . . Es ist mir eine unverhohlene Freude, Ihnen mitteilen zu können, dass Brambachs Caesar **eine begeisterte Aufnahme bei unserem Publikum** gefunden hat. Diese frischaugige, schwungvolle Komposition ist eine überaus wertvolle Bereicherung der Männerchor-Litteratur; je mehr man sich mit dem Werke beschäftigt, je tiefer man eindringt in den Geist dieser Musik, desto mehr Schönheiten entdeckt man. **Auch die Sänger haben sich mit wahrer Begeisterung** den oft anstrengenden Uebungen gewidmet. Es ist kein Zweifel: Brambachs Werk wird sich immer mehr Freunde erwerben.“

„Bonner Zeitung“:

„Brambachs Jubel-Opus 100 „Caesar am Rubikon“ ist eine äusserst wertvolle, gross angelegte, in Chor- wie Solosätzen **geradezu sieghafte Komposition.**“

Als Weihnachts-Geschenk

für die reifere Jugend von zahlreichen Zeitschriften etc. warm empfohlen.

Prachtvolle Ausstattung.
Zahlreiche Abbildungen.

Rätsel und Erzählungen
musikalischen Inhalts
für die reifere Jugend
von JULIE ROTHENBERGER.

Preis geb. Mk. 2,–.

5 Vortragsstücke
für
Violine u. Klavier
von
Gustav Jensen, Op. 41.

1) Gavotte . . . . . Mk. 1,50
2) Bolero . . . . . . „ 1,50
3) Fröhl. Intermezzo „ 1,50
4) Serenata . . . . „ 1,50
5) Romanza . . . . . „ 1,50

komplett netto Mk. 5,–.

Woyrsch, Felix von, Op. 32.

Deutscher Heerbann.

Kantate für Männerchor, Solo und Orchester.

Klavier-Auszug n. Mk. 4,50. Chorstimmen à Mk. –,75.

„Bonner General-Anzeiger“:

„Unter allen Männer-Chorwerken der Neuzeit ist der „Heerbann“ **wohl am genialsten gestaltet.** Chor und Orchester werden in einer Weise gehandhabt, wie wir es gerade in Männerchorwerken nicht zu finden gewohnt sind.“

Konzert des Braunschweiger Lehrer-Gesangvereins:

„. . . Die Kantate „Deutscher Heerbann“, deren heroischer Charakter mit hinreissendem Feuer und dramatischer Wucht zur Geltung gebracht wurde. Der Schluss mit dem schmetternden Siegesruf „Hie deutsches Reich für immer!“ hinterlässt einen **mächtigen, tiefen Eindruck.**“
Braunschw. Landeszeitung.

„Kölnische Zeitung“:

„Das Gedicht Em. Geibels hat der zeitgenössische Tondichter F. v. W. zu einem kraftstrotzenden Tongemälde benutzt. Der geschichtliche Stoff giebt von selbst die natürliche Grundlage für ein mit Schattierungen packenden Chören und gefühlreichen Soli gesättigtes Tonbild, das . . .

Für patriotische Feiern
an höheren Lehranstalten.

Festspiel in 4 Bildern

von

Dr. Christoph Stephan,

Oberlehrer am Königl. Apostel-Gymnasium zu Köln.

von

Hermann Kipper.

Zuerst aufgeführt am 26. Jan. 1895 am Aposteln-Gymnasium zu Köln.

Preis Mk. —,50.

Sängerhalle:

Das vom Oberlehrer Dr. Stephan gedichtete und von Hermann Kipper komponierte Festspiel „Dem Kaiser Heil" ist insonderheit für die Bedürfnisse und Hilfsmittel höherer Schulen zugeschnitten und wird von diesen (besonders in den Rheinlanden) auch späterhin bei patriotischen Anlässen noch mit guter Aussicht auf Erfolg sich verwenden lassen. Die Dichtung führt in vier, der Geschichte Kölns entnommenen Bildern den Werdeprozess des deutschen Nationalitäts- und Einheitsgedankens durch. Das erste Bild spielt in der Zeit der Teutoburgerwald-Schlacht, das zweite Bild führt uns die Gründung des Kölner Domes vor; im dritten Bilde erleben wir Episoden aus dem Jahre 1814 und das letzte Bild endlich spielt in der Neuzeit. Reiferen Schülern ist Gelegenheit geboten, in dem dialogisierten Teil der Dichtung (historische und frei erfundene Personen treten auf), der sich dem Empfindungs- und Denkkreise der heranwachsenden Jugend sinnvoll anpasst und im dritten Bilde auch dem Humor Raum giebt, ihr deklamatorisches Geschick zu entwickeln, während der Chor teils gemischtstimmig (4 stimmig) auftritt, teils (im letzten Bilde) auch den „Kleineren" die Absingung zweistimmiger bekannter Schullieder ermöglicht. Die Begleitung ist dem Klavier übertragen; in dem Melodram des zweiten Bildes jedoch vertritt die Orgel (oder das Harmonium) die Instrumentalbegleitung. Die Dichtung ist in flüssigen Versen geschrieben und von echt patriotischem Geiste getragen; die Komposition Kippers zeigt durchweg saubere und korrekte Arbeit, verständnisvolle Textauffassung und den erfahrenen Schulgesanglehrer verratende praktische Einrichtung des Chorsatzes (in der Notierung auch sehr sorgfältige Phrasierung), aus welcher leichte Singbarkeit und gute Klangwirkung resultieren. Beiläufig sei noch erwähnt, dass die einzelnen Bilder auch jedes für sich allein aufführbar sind.

Litteraturblatt für Kath. Erzieher:

„Dem Kaiser Heil" ist ein Schulfestspiel und enthält drei Bilder aus Köln's Vergangenheit und ein viertes aus der Gegenwart. Das erste Bild spielt an der Ara Ubiorum i. J. 9 nach Chr. und schildert die

Der briefliche Unterricht in der Theorie der Musik

verfolgt den Zweck, allen Freunden der Tonkunst: Dilettanten, welche Beruf und Neigung zur Komposition in sich spüren und in Geist und Wesen der musikalischen Kunstwerke einzudringen wünschen, und Tonkünstlern, denen die für den Lehr- und Dirigentenberuf notwendigen theoretischen Kenntnisse fehlen, Gelegenheit zur Aneignung derselben zu bieten.

Die erforderlichen Lehrmittel sind eigens für diesen Zweck in klarer, übersichtlicher, leichtfasslicher Weise von den Herren Prof. G. JENSEN, F. W. FRANKE, Prof. Dr. O. KLAUWELL und H. VOM ENDE verfasst worden.

Ueber den Lehrgang im allgemeinen ist folgendes zu bemerken.

Es wird von jedem Schüler vorausgesetzt, dass er entweder singt oder irgend ein Instrument spiele. Wünschenswert ist es, dass derselbe während der Studienzeit stets Gelegenheit zum Klavier- oder Orgelspiel habe, denn die Musiklehre lässt sich nicht trennen von den praktischen Uebungen. In der sofortigen Anwendung des theoretisch Erlernten in der Praxis liegt aber das eigentlich Fördernde des Studiums. Die theoretisch-musikalische Erziehung ist aber immer dieselbe, ob nun Gesang, Klavier, Violine oder Orgel das Hauptfach bilde.

Der Lehrgang beginnt mit Studien in der Harmonielehre, Kontrapunkt und Formenlehre mit entsprechenden Uebungen im strengen Satz sowie Kompositionsversuchen in kleinen Formen (Liedform). Nach Bedürfnis gehen nebenher besondere Studien mit Aufgaben in der Akustik, Instrumentenlehre, Vortragslehre etc. Der Umfang des Lehrstoffes wird sich vor allen Dingen nach den Absichten des Studierenden zu richten haben und ist in dieser Hinsicht von vornherein eine Erklärung nötig, ob eine allgemeine fachmännische Vorbildung erstrebt wird, wie sie für jeden Musiklehrer und Dirigenten notwendig ist, ebenso für jeden gebildeten Dilettanten, der die Darbietungen unserer besseren Konzerte mit Verständnis verfolgen zu können wünscht, oder ob die Befähigung zur Komposition gründlichere Studien und namentlich zahlreichere Uebungen in Harmonik, Kontrapunktik etc. zweckentsprechend erscheinen lässt.

Zur Erläuterung, Vertiefung des Gelernten, wissenschaftlichen Begründung der Regeln etc. werden den Aufgaben Briefe beigefügt. Die Aufgaben sowohl, wie die Briefe selbst sind der Individualität, der Bildungsstufe und dem jeweiligen Standpunkte des Schülers angepasst.

Der Hauptwert ist überall gelegt worden auf anschauliche und übersichtliche Darstellung des Materials; namentlich sind die in Benutzung gezogenen theoretischen Werke in ihrer Anschaulichkeit und Prägnanz speziell für diesen Unterricht gearbeitet worden.

Unverstandenes wird brieflich erklärt, die Arbeiten werden von anerkannt tüchtigen Theoretikern (Lehrern des Konservatoriums, Organisten etc. nachgesehen, die Fehler angestrichen oder durch gewisse Zeichen kenntlich gemacht und den Studierenden wieder zugesandt. Nach geschehener Korrektur bezw. Neubearbeitung gehen die Arbeiten wieder an die Anstalt zurück, um einer nochmaligen Korrektur unterzogen zu werden. Das Verfahren wird solange fortgesetzt, bis die Aufgaben tadellos gelöst sind. Die Kompositionen werden auf Wunsch instrumentiert und, falls sie geeignet sind, auch in Verlag genommen und in vornehmer Aus-

Wegweiser

durch die

Chorgesanglitteratur.

Ratgeber für Männer-, Frauen- und gemischte Gesangvereine und Gesangvereinsdirigenten.

Herausgegeben und redigiert von **H. vom Ende, Köln am Rhein,** Beethovenstrasse 6. — Erscheint monatlich einmal.
Bezugspreis für 1 Expl. 10 Pfg. Jahresabonnement 1,— Mk. incl. Porto. Inserate kosten pro 4 mal gespaltene Petitzeile 25 Pfg.

№ 2. **Köln am Rhein,** den 26. November 1899. **I. Jahrgang.**

Inhalt:

Der **Wegweiser durch die Chorgesanglitteratur** verfolgt den Zweck, den verehrl. Gesangvereinen und deren Dirigenten ein zuverlässiges und bequemes Nachschlagewerk an die Hand zu geben, welches aus der Flut der Neuerscheinungen auf dem Gebiete des Chorgesanges das Wirkungsvolle, edel Empfundene und gut Gearbeitete, und dabei von der Gunst des Publikums und der Sänger Getragene heraushebt und dessen Verbreitung anstrebt.

Dieser Zweck soll erreicht werden:

1. Durch ein fortlaufendes Verzeichnis der in den Konzerten durch besonderen Beifall ausgezeichneten oder Da Capo verlangten, sowie der preisgekrönten Chorwerke, nebst Angabe der ausführenden Vereine und deren Dirigenten.

2. Durch ein Verzeichnis sämtlicher Neuerscheinungen für Männer-, Frauen- und gem. Chor (auch litterarischer Werke über Gesang) mit Angabe des Titels, Komponisten (Autors), Schwierigkeitgrades und Preises.

3. Durch eingehende Besprechungen (eventl. mit Notenbeispielen) solcher Werke, welche allgemeiner Beachtung würdig sind.

Indem wir es als unsere Aufgabe betrachten, nur solche Werke zu bevorzugen, welche durch Gediegenheit und inneren Wert allgemeines Interesse beanspruchen können und sich fern halten von den seichten Tendenzen einer untergeordneten Tagesmode, hoffen wir, die Unterstützung aller Sangesgenossen zu erlangen und bitten die verehrl. Vereinsvorstände und Dirigenten freundlichst um **Zusendung der Konzertprogramme,** in denen die mit grossem Beifall aufgenommenen Chorwerke einmal, mit sehr grossem Beifall zweimal unterstrichen sind. Zusatz von D C oder Z bedeutet Da Capo oder Zugabe. Bei Werken, mit denen ein Preis errungen ist, bitten wir um Angabe des Preises und der Klasse. Ebenso bitten wir um gefl. Mitteilung der für die laufende oder kommende Saison in Aussicht genommenen, allgemeines Interesse beanspruchenden Chorwerke.

Aufführungen.

(Nachdruck verboten.)

Männerchöre a cappella.

Abkürzungen: gr.=gross, s.=sehr.

Titel	Komponist	Stadt	Verein	Dirigent	Erfolg	Preis
Das Liebchen im Grabe	Spangenberg	Biebrich	Eintracht	K. Schauss	s. gr.	
Grosse Wanderschaft	C. Zöllner	do.	do.	do.	s. gr.	
Sie liebten sich beide	H. Sitt	Olmütz	M. G. V.	Wlad. Labler	gr.	
Schön Rothraut	W. H. Veit	do.	do.	do.	s. gr.	
Soldatenlied aus Faust	Fr. Liszt	Dresden	Jul. Ottobund	H. Jüngst	s. gr.	
Goldne Sonne	H. Jüngst	do.	Phönix	Osk. Hinke	s. gr.	
Entsagung	do.	do.	Orpheus	A. Kluge	s. gr.	
Fahrende Leut'	do.	do.	Jul. Ottobund	H. Jüngst	s. gr.	
Die Sintflut	J. Reiter	Wien	M. G. V.	Kremser	s. gr.	
Das Schwedengrab	M. Plüddemann	do.	do.	do.	s. gr.	
Nicht rasten u. nicht rosten	Goldmark	do.	do.	do.	s. gr.	
Volkers Schwanenlied	E. Meyer-Olbersleben	Ellwangen	Sängerbund	Alt		I. Pr.
Deutschböhmerland, Du herrliches	E. Tauwitz	Prag	Dtsch. M. G. V.	Fr. Hessler	D. C.	
Weihnachten	Arn. Krögel	Köln	M. G. V.	Jos. Schwarz	s. gr.	

Männerchöre a cappella.

Titel	Komponist	Stadt	Verein	Dirigent	Erfolg	Preis
Preis der Wahrheit	Fr. Wüllner	Köln	M. G. V.	Jos. Schwartz	s. gr.	
Wach auf, du schöne Träumerin	Gericke	Heidelberg	Liederkranz	Kühnbold	D. C.	
Der alte Soldat	P. Cornelius	München	Lehrer G. V.	Sturm	s. gr.	
Sei gegrüsst, mein Vaterland	A. Reiser	Graz	Akad. G. V.	V. Zak	D. C.	
Mein Lieben	Türk	Fürth	Fränk. Sängerbund	Türk	s. gr.	
Heilung	O. Taubmann	Berlin	Sängerbund des Lehrerv.	F. Schmidt	s. gr.	
Deutsches Lied u. dtsch. Wort	Rud. Wagner	Marburg /Dr.	M. G. V.	R. Wagner	D. C.	
Heimathlied aus Steirische Hochlands-Klänge	do.	do.	do.	do.	2 mal D. C.	
Der deutsche Rhein	C. H. Döring	Dresden	G. V. d. Eisenb.-Beamten	M. Funger	s. gr.	
Am Rhein	do.	Teplitz	Liedertafel	E. Tausche	D. C.	
Sir Aethelbert	C. Pieper	Krefeld	Sängervereinigung	G. Pielken	s. gr.	
Der Feuerreiter	M. Neumann	Krefeld	Rheingold	do.	D. C.	
Glaube, Liebe, Hoffnung	W. Handwerg	Berlin	Liederkranz	W. Handwerg	gr.	
Ueber's Jahr, mein Schatz	do.	do.	do.	do.	s. gr.	
Vom Tannenbaum	Ludw. Keller	Karlsruhe	Maschinenbauer	E. Hunkler	gr.	
Rheinsage	A. M. Storch	Olmütz	M. G. V.	Wlad. Labler	s. gr.	
Gott schütze die Reben	C. H. Döring	Dresden	Orpheus	Alb. Kluge	s. gr.	
Im Gebirge	Jos. Schwartz	Chemnitz	Gv. der Fleischer-Innung	Schneider	s. gr.	
Waldbilder	do.	Freiburg i. B.	M. G. V.	Adam	s. gr.	
Nero	Math. Neumann	Krefeld	Sängervereinigung	G. Pielken	s. gr.	

Männerchöre mit Begleitung.

Titel	Komponist	Stadt	Verein	Dirigent	Erfolg	Preis
Rinaldo	J. Brahms	Frankfurt a/M.	Lehrer G. V.	M. Fleisch	s. gr.	
Deutscher Heerbann	Fel. Woyrsch	Braunschweig	do.	Jos. Frischen	s. gr.	
Der Vandalen Auszug	do.	Erfurt	Gesangfreunde	Schüler	gr.	
Tanzlied „Aus alter Zeit"	Kremser	Leipzig	Glocke Luscinia	E. A. Richter	gr.	
Hymne an das Feuer	Zenger	Frankfurt a/M.	Edelstein	Fr. Baselt	gr.	
Gelöbnis	H. Meyer-Olbersleben	Fürth „	Fränk. Sängerbund	H. Meyer-Olbersleben	s. gr.	
Deutsch ohne Scheu	Hans Schneider	Prag	G. V. Dtsch. Stud.	Schneider	s. gr.	
Caesar am Rubikon	C. Js. Brambach	Aschersleben	Arion	O. Jänisch	s. gr.	
Sphärenklänge	Max Oesten	Pillkallen	Gausängerfest		s. gr.	
Waldestraum	Türk	Coburg	Sängerkranz	Türk	gr.	
Reiterlied	W. Sturm	Biel	Liedertafel	Sturm		I. Pr.
Ueber dem Busch der Rose	W. Prantner	—	Preisausschreiben	—		100 M.
Der Tänzer unserer lieb. Frau	H. Hutter	München	Lehrer G. V.	Alb. Sturm	s. gr.	
Donausage	M. v. Weinzierl	Olmütz	M. G. V.	Wlad. Labler	s. gr.	

Gemischte Chöre a cappella.

Titel	Komponist	Stadt	Verein	Dirigent	Erfolg	Preis
Keine Freude	Ew. Strässer	Leipzig	Cantate	O. Zapff	gr.	
Anna Kathrin	Fr. v. Holstein	Chemnitz	Seminar	Höpner	D. C.	
Herz, mein Herz, warum	Gust. Schaper	Magdeburg	Lehrer G.-V.	Gust. Schaper	s. gr.	
Zwei Diebe	O. Zapff	Leipzig	Harmonie	O. Zapff	s. gr.	
An die Sterne	L. Spohr	Wismar	Musik-Verein	Raspe	gr.	
Hänsel und Gretel	F. Hummel	Altenburg	Orphelia	R. Geyer	gr.	
Lockung	J. Rheinberger	do.	do.	do.	gr.	
Abschied hat der Tag genommen	V. E. Nessler	Olmütz	M.-G.-V. u. Damensing-V.	Wlad. Labler	s. gr.	

Gemischte Chöre mit Begleitung.

Titel	Komponist	Stadt	Verein	Dirigent	Erfolg	Preis
L'Allegro	Händel	Marburg	Akademie K. Ch.	Jenner	gr.	
Ecce quomodo	do.	Düsseldorf	Gesang-Verein	Steinhauer	gr.	
Saul	do.	Leipzig	Gewandhaus	Nikisch	s. gr.	
Judas Maccabaeus	do.	Aachen	Abonn. Konz.	Schwickerath	gr.	
Israel in Aegypten	do.	Posen	Gesang-Verein	Hennig	gr.	
Belsazar	do.	Berlin	Sing-Akademie	M. Blumner	gr.	
Utrechter Jubilate	do.	Leipzig	Riedel-Verein	Kretzschmar	gr.	
Jephtha	do.	Neustadt a. H.	Cäcilien-Verein	Friedrich	gr.	
Josua	do.	Berlin	Sing-Akademie	Blumner	gr.	
do.	do.	Hof	Liederkranz	Scharschmidt	gr.	
Xerxes	do.	Breslau	Oratorien-Verein	Maszkowski	gr.	
Gustav Adolph	Max Bruch	Magdeburg	Brandtscher G.-V.	Bruch	gr.	
Die Seligkeiten	C. Franck	Stuttgart	N. Sing-Verein	Seyffardt	gr.	
Frithjofs Heimkehr	Stehle	Konstanz	Gemischter Chor	Stehle	gr.	
Feuerreiter	Hugo Wolff	Berlin	Philharm. Chor	S. Ochs	gr.	
Dornröschen	Rudnick	Liegnitz	Gemischter Chor	Rudnick	gr.	
Matthäus-Passion	Bach-Franz	Essen a. d. Ruhr	Musik-Verein	Witte	s. gr.	
Faust's Verdammung	H. Berlioz	Mainz	Liedertafel u. Damen G.-V.	Fr. Volbach	s. gr.	

Gemischte Chöre mit Begleitung.

Titel	Komponist	Stadt	Verein	Dirigent	Erfolg	Preis
Mors et vita	Ch. Gounod	Düsseldorf	Gesang-Verein	C. Steinhauer	gr.	
Prometheus	H. Hofmann	Leipzig	Sing-Akademie	P. Klengel	gr.	
Manasse	Fr. Hegar	Barmen	Quartett-Verein	Steinbruch	gr.	
Lancelot	H. Hutter	Pforzheim	Musik-Verein	Mohr	s. gr.	
Vom Pagen und der Königstochter	Fr. Volbach	Dortmund	Tonkünstlervers.	Volbach	s. gr.	
Stille Nacht	J. Brahms	Chemnitz	Musik-Verein	Mayerhoff	gr.	
Die Grenzen der Menschheit	J. Frischen	Dessau	do.	Klughardt	gr.	
Die Wallfahrt nach Kevlaer	Humperdinck	Hannover	Musik-Akademie	J. Frischen	s. gr.	
Christus	Fr. Liszt	München	Chor-Verein	Porges	s. gr.	
D-moll Messe	A. Bruckner	Wien	Ges. der Musik-Freunde	von Perger	gr.	
Ave Maria	C. Reinecke	Wismar	Musik-Verein	Raspe	gr.	
Gustav Adolf	Max Bruch	Bautzen	Heringscher G.-V.	Grundmann	s. gr.	
Die Zigeuner	Jul. Becker	Neukloster i. Meckl.	Liedertafel	K. Hahn	gr.	
Jungfrau von Orleans	C. Ad. Lorenz	Köln	Konzert-Gesellschaft	Fr. Wüllner	s. gr.	
do.	do.	Altenburg	Sing-Akademie	H. Sitt	gr.	
do.	do.	Görlitz	do.	Fleischer	s. gr.	

In Aussicht genommen:

Männerchöre.

Titel	Komponist	Stadt	Verein	Dirigent	Erfolg	Preis
Kaiser Karl in der Johannisnacht	Hegar	Baden-Baden	Sängerbund	L. Roothaan		
Der Gottesdienst des Waldes	Angerer	do.	do.	do.		
Seesturm	Zerlett	do.	do.	do.		
Sphärenklänge	Max Osten	Tilsit	Ost- u. Westpreuss. Sängerfest			
Die tausendjährige Linde	Th. Podbertsky	Würzburg	Liedertafel	E. Meyer-Olbersleben		
Liebe, Altdeutsches Schlachtlied	Rich. Strauss	Wien	Schubertbund	A. Kirchl		
do.	do.	Berlin	Lehrer G. V.	F. Schmidt		

Gemischte Chöre.

Titel	Komponist	Stadt	Verein	Dirigent	Erfolg	Preis
Jungfau von Orleans	C. Ad. Lorenz	Münster i/W.	Cäcilienverein	J. O. Grimm		
do.	do.	Stralsund	Singakad.	Wilk		
do.	do.	Stettin	Musikverein	Lorenz		
Die Liebesquelle von Spangenberg	K. Goepfart	Liegnitz	gem. Chor	Rudnick		
Ein Sommerabend	R. Kahn	Berlin	Ad. Schulze Chor	Ad. Schulze		

Man abonniert für ein Jahr auf die Zeitschrift durch Einsendung von 1,— Mk. an H. vom Ende's Verlag, Köln, Beethovenstrasse 6.

Neuigkeiten.

Anmerkungen: l-leicht, sch-schwer, msch-mehr, z-ziemlich, m-mittel:

Neujahrs- u. Weihnachts-Chöre.

Für die Aufnahme in diese Rubrik genügt die Zusendung eines Frei-Expl.

Schwierigkeits-Grad	Frauen- oder Kinderchöre.	Part. Mark	Stimmen Mark
zl	**Bünte, Aug.,** Weihnachtslied. „Der heil'ge Christ ist kommen"	— —	— 15
zl	**Cantor, A.,** op. 10. Weihnachtsglocken. „Es hallen helle Glocken". 3 st. . . .	— 40	— 20
msch	**Greith, Carl,** op. 60, Weihnachtskantate. 3 st. mit Klavier	1 50	— 20
zl	**Holländer, Al.,** Weihnachtslied. von C. M. von Weber. „Judäa, hochgelobtes Land",	20	
msch	**Hunger, Karl,** op. 16. „Heil'ge Nacht, auf Engelsschwingen"	— 40	— —
l	**Müller, Edm.,** Unter'm Christbaum. „Da stehst du", 3 st.		
zl	**Michaelis, Alfr.,** op. 31. Vier Weihnachtslieder. 2 st. mit Violine u. Orgel. Es ist ein Ros entsprungen. Stille Nacht. Vom Himmel hoch. Fröhlich soll mein Herze springen	1 50	— —
zl	**Paul, E.,** op. 9, No. 1. Neujahrslied. „Das liebe, neue Jahr geht an", 3 st. . . .	1 —	— 15
l	**Rosenmund, J.,** Unter dem Christbaum! Weihnachtsbilder mit Deklamation, 2 st.	2 —	— 12
l	**Schildknecht, J.,** op. 30. Weihnachten. 2stimmige Lieder u. Deklamation . .	2 —	— 12
zl	**Schnyder, Christoph,** Christbaumfeier! 2 u. 3 stimm. Lieder mit Deklamation	2 —	— 12
l	**Schumacher, Rich.,** op. 27. Christnacht. „Heil'ge Nacht, auf Engelsschwingen",	— 50	— 15
zl	**Schwartz, Jos.,** op. 3, No. 3. Weihnachtsglocken. „Der schönste Klang", 3 st. .	— 40	— 15

Neujahrs- u. Weihnachts-Chöre.

Frauen- oder Kinderchöre.

Schwierigkeits-Grad	Frauen- oder Kinderchöre	Part. Mark	Stimme Mark
zl	**Spahr, Arn.,** Weihnachtsfeier. Kleine Kantate 2-3stimmig	2 —	— 12
msch	**Tottmann, Alb.,** op. 19. „Heil'ge Nacht, auf Engelsschwingen", 3 st. mit Klavier	1 25	— 20
	Wendl, Carl, op. 12. Weihnachtslieder.		
msch	No. 1. Wintermai: „Was ist das für ein heller Schein". No 2. Weihnachtsgeläute: „Wieder tönt mit Zaubermacht". No. 3. Christnacht: „Heilige Nacht." No. 4. Krippengruss: „Wir grüssen dich" à	— 70	— 20
zl	**Winter, G.,** op. 14. „O du fröhliche, selige Weihnachtszeit". Kinderchor, Soli, Deklamat., Klavier u. Kinderinstrum.	5 —	— 50
zl	do. op. 13. Die Heinzelmännchen. Soli u. Kl.	5 —	— 50

Männerchöre.

Schwierigkeits-Grad	Männerchöre	Part. Mark	Stimme Mark
zl	**Gast, F. W.,** „Nehmt sie hin"	— 30	— 15
l	**Gruber, Fr.,** Stille Nacht, bearbeitet von O. Neubner	— 40	— 10
zl	**Kammerlander, Carl,** op. 65b. Weihnachtslied. „Sei willkommen, Nacht voll Segen". Tenorsolo u. Pianoforte	— 80	— —
msch	do. op. 82. Am Sylvesterabend. Soli u. Kl.	2 —	— —
msch	do. op. 81. Der Christbaum. Soli u. Pianoforte. „Verborgen stand ich"	2 —	— —
	Keller, Ludwig, op. 44.		
msch	No. 1. „Heil'ge Nacht, auf Engelsschwingen"	— 40	— 10
l	**Kromser, Ed.,** o. 112. Weihnachtslied. Mit Klav., Orgel od. Instr. ad libit.	1 50	— 20
msch	**Nolopp, W.,** op. 76. Christnacht	— 40	— 15
zl	**Riccius, C.,** „Lieber, deutsch. Tannenbaum"	— 30	— 15
msch	**Schwartz, Jos.,** op. 3 No. 3. Weihnachtsglocken. „Der schönste Klang"	— 40	— 15

Gemischte Chöre.

Schwierigkeits-Grad	Gemischte Chöre	Part. Mark	Stimme Mark
msch	**Demnitz, Gustav,** Drei altschles. Christgesänge. „Singt, ihr heil'gen Himmelschöre. Schönster Herr Jesu. Die Nacht ist hin"	— 80	— 20
msch	**Dregert, Alfr.,** op. 117 Nr. 1. Weihnacht	— 40	— 15
zl	**Gast, F. W.,** „Nehmt sie hin" und **Riccius, C.,** „Tannenbaum"	— 30	— 15
zl	**Gartz, F.,** op. 108 No. 1. Hirtenlied	— 40	— 20
„	No. 2. O Jesulein süss	— 40	— 20
„	No. 3. Gloria	— 40	— 20
msch	do. op. 9. „Stille Nacht! heilige Nacht!" Blasinstr. ad lib.	— 60	— 15
zl	**Kammerlander, Carl,** op. 55a. „Sei willkommen, Nacht". Sopransolo u. Orgel oder Aeolicon	— 80	— —
msch	**Köllner, E.,** op. 109. Weihnachtskantate. Soli u. Orgel	4 —	— 50
	Kühnhold, C., op. 22. Geistliche Lieder.		
zl	No. 4. Weihnachten. 5. Weihnachtslied, n.	— 50	— —
msch	**Moosmair, Martin,** Weihnachts-Gesang. „Du Heiland Aller, Jesus Christ". Sopransolo, Harmonium oder Orgel	1 30	— —
msch	**Nolopp, Werner,** op. 76. Christnacht. „Heil'ge Nacht! auf Engelsschwingen"	— 40	— 15
msch	**Reinecke, Carl,** op. 231. Weihnachtslied. „Erklinge Lied, und werde Schall". Text deutsch u. englisch	1 —	— 15
msch	**Schultz, Edwin,** op. 208. Die Christnacht. Eine Weihnachtskantate. Soli, Deklamation u. Harmonium ad lib.	2 —	— 30
msch	**Schwartz, Jos.,** op. 3, No. 3. Weihnachtsglocken. „Der schönste Klang"	— 40	— 15
msch	**Stunicke, Joh.,** op. 19, No. 2. Weihnachtszeit, mit Orgel „Hört, es schallen"	— 60	— 15
msch	**Weber, Anton,** op. 19. Weihnachtsgebet	— 80	— 15
	Woyrsch, Fel., op. 46. Drei geistliche Volksl., op. 46. No. 1. Weihnachtslied	2 —	— 15

(Schluss der Neujahrs- u. Weihnachtschöre).

Männerchöre mit Begleitung.

Männerchöre mit Begleitung einzelner Instrumente.

Schwierigkeits-Grad	Männerchöre mit Begleitung	Part. Mark	Stimme Mark
msch	**Bohl, H.,** op. 6. Turnerfestlied. „Schmückt den Hut". mit Blechinstrumenten	1 50	— 15
zl	**Döring, C. H.,** op. 148. Deutscher Hochgesang. „Kennt ihr ein Lied", mit Blasorchester	1 50	— 15
msch	**Freyer, Jos.,** op. 71. Beim Tanze. „Spielleut' auf grünem Rain", mit Streichquartett	2 —	— 30
l	**Hofmann, Curt,** op. 21. Romanze für Violine mit Brummstimmen	— 60	— 15
msch	**Mittmann, Paul,** op. 101. „Wach' auf, mein Lieb", mit Waldhornsolo	— 60	— 15
msch	**Mohr, Herm.,** op. 11. Am Altare der Wahrheit. „Weihevoll rauschend". Blasinstr.	1 80	— 30
msch	**Mühldorfer, W.,** Jagdlied. „Es girrt und schwirrt", mit 3 Hörnern	1 —	— [illegible]
msch	**Pache, Joh.,** op. 16. Schlummerlied Streichquartett	1 —	— 30
	Pache, Joh., op. 165.		
msch	No. 1. Abendgruss	2 —	— 25
	No. 2. Einsame Fahrt. mit Streichquart	2 —	— 25
msch	**Pache, Joh.,** op. 125. Mondaufgang. Klavier und Streichinstrumente	2 —	— [illegible]
zsch	**Schwartz, Heinr.,** Der Jäger Heimkehr. „Nun klingen die Fanfaren". 4 Hörner	2 —	— [illegible]
msch	**Vogel, Ferd.,** op. 3a. Hymne u. Bardengesang. Blasinstrumente	1 20	— [illegible]
msch	**Wolf, L. C.,** op. 26. Persergebet. „Du hast gestützt". Mit Blasinstrumenten	1 80	— [illegible]
msch	**Zech, J.,** op. 39. Die fränkische Braut, Blasinstr. netto	3 —	— [illegible]
msch	**Zapff, O.,** op. 5. Wanderlied. Hornquartett und Posaune	— 60	— [illegible]

Männerchöre mit Klavierbegleitung.

Die mit * bezeichneten sind auch mit Orchesterbegleitung erschienen.

Schwierigkeits-Grad	Männerchöre mit Klavierbegleitung	Part. Mark	Stimme Mark
zl	**Bauer, Oscar,** op. 90. Gondoliera. „O komm zu mir", mit Tenorsolo	1 20	[illegible]
zsch	* **Brambach, C. Jos.,** op. 100. Cäsar am Rubikon. Tenorsolo, netto	4 60	[illegible]
zsch	**Cursch-Bühren, Fr. Th.,** Nachts im Walde. 4 Hörner, Tenor- u. Baritonsolo	2 —	[illegible]
msch	* **Hawerkamp, Gottfried,** op. 109. Blücher bei Caub am Rhein. Tenor- u. Basssolo	1 60	[illegible]
msch	**Hecht, Gustav,** op. 35. Soldatenliebe. Tenorsolo	2 —	[illegible]
msch	* **Hendrich-Mertz, Marie,** op. 41, König Lenz. Frühlingshymnus, netto	3 —	[illegible]
msch	**John, Friedr.,** op. 118. Fidele Burschen. Heiterer Gesangswalzer	2 60	[illegible]
zl	* **Kreutzer, Conradin,** Schweigen d. Nacht, aus der Oper: Der Schwur. Bassolo	2 —	[illegible]
zl	* **Kurth, Otto,** Altdeutsche Kriegslieder. Tenor- u. Baritonsolo, netto	2 50	[illegible]
zl	* do. Preussische Kriegslieder, aus der Zeit Friedrichs d. Gr. Tenor- u. Baritonsolo	3 —	[illegible]

Schwierigkeits-Grad	Männerchöre mit Begleitung.	Part. Mark	Stimmen Mark
msch	* **Michaelis, Alfr.**, op. 38. Der Soldat. (Silcher) nur Orchester . . . . netto	3 —	— 10
	Mohr, Hermann, op. 32. Zwei Weinphantasien.		
msch	No. 1. Das Meer. Baritonsolo	1 50	— 20
msch	No. 2. Lerchen und Blumen. „Warum ist wohl die Lerche". Tenorsolo . .	1 20	— 15
msch	* do. op. 34. Dem Genius der Töne. Cantate. Sopran-Solo	3 60	— 40
msch	* **Nolopp, Werner**, op. 27. Bretagne. Ballade.	4 —	— 50
msch	* **Oesten, Max**, op. 192. Der Pilot. Einstimmig. Baritonsolo.	1 50	— 30
msch	* do. op. 208. Sphärenklänge. Baritonsolo .	1 50	— 30
msch	**Pache, Joh.**, op. 174. Abendstimmung. Heimlich Lieben. Cello ad lib. . . .	2 —	— 30
msch	do. op. 176. Musikantenstücklein. Violine und Cello ad lib.	2 —	— 30
msch	**Pache, Joh.**, op. 159. Maienreigen. Walzercyklus	2 50	— 50
	do. op. 179. Aus dem Sängerleben. No. 2. Beim Reigen.	1 20	— 20
zl	**Poenitz, Franz**, op. 34. Lied der Pilger. Sopran- oder Tenorsolo. Harmonium .	1 20	— 20
msch	* **Reiser**, op. 103. Deutsche Kriegsscene aus d. 17. Jahrhundert. Baritonsolo .	2 —	— 40
msch	* **Reinecke, Carl**, op. 218. Fest-Ouverture mit Schlusschor „An die Künstler". Klavier-Auszug 4hdg.	3 —	— 30
msch	* **Richter, H. Ernst**, op. 30. Aufforderung zum Tanz. Walzer-Rondo	1 80	— 30
msch	**Sabathil, Ferdinand**, op. 71. Frühlingssymphonie. Walzer	1 —	— 25
msch	**Schotte, Carl**, op. 30. Minnetreue. Volkstümliches Liederspiel. Soli, netto . .	7 50	— 45
zl	**Spielter, Herm.**, op. 4. Vineta. Baritonsolo.	— 80	— 10
msch	**Willemsen, H.**, Es gilt dem Lied, netto .	1 25	— 20
	* **Woyrsch, Felix**, op. 32. Deutscher Heerbann. Kantate. Tenorsolo, netto . . .	4 50	— 75

Gemischte Chöre a cappella.

Schwierigkeits-Grad	Gemischte Chöre a cappella.	Part. Mark	Stimmen Mark
	Abt, Fr., op. 607.		
zl	No. 5. „Soviel ich fremde Länder sah" .	— 40	15
	Berger, Wilh., op. 44.		
msch	No. 1. „Ach in diesen blauen Tagen" .	— 60	— 15
msch	No. 2. Lenzfahrt. „Gesang auf den Lippen"	— 50	— 25
msch	No. 3. Niss Puk. „Da schlage denn doch"	1 00	— 30
msch	**Bülow, H. von**, Abend am Meer. „O Meer im Abendstrahl", netto	— 90	— 20
zl	**Cole, John**, Engl. Jagdlied. „Blase Jäger, dein Horn", bearbeitet von C. Thiel .	— 60	— 20
zl	**Conradi, J. G.**, Sonnenuntergang „Es neigt sich", einger. von Fr. Trost	— 40	— 20
msch	**Deigendesch, Karl**, 7 Originalgesänge. op. 10. Das Schneeglöckchen. Mein Herz, thu dich auf. Im Maien. Drossel und Fink. Ihr lieben Vöglein. Waldvögelein. Es fliegt manch Vöglein	1 40	— 40
msch	do op. 30. O, der Frühling ist so schön. Morgenwanderung. Der Lockvogel. Am Allerseelentag	1 20	— 25
msch	do. op. 31. Hätt' es nimmer gedacht. Weisst du es noch, o Valentin? Ständchen .	— 60	— 25
zl	**Ende, H. vom**, op. 3. Die Liebe blüht wie Rosen. Ein geistlich Abendlied. Altes Wiegenlied. Nachtgebet. Versöhnung .	— 80	— 30
msch	**Engels, Hubert**, op. 9. Lenzklänge . .	— 60	— 25
msch	**Epp, Heinr.**, op. 3. Fünf Chöre. Ueber Nacht. Rosenzeit. Der Rose Begräbnis. Der Bote Wind. Maiglöckchen u. die Blümch.	1 40	— 40
msch	**Eyken, H. van**, op. 9. Altdeutsche Liebeslieder. Zyklus nach Originalmelodien und Texten	1 —	— 25
zl	**Filke, Max**, op. 17, No. 1. Elslein von Caub. „Es liegt ein Städtlein" . . .	— 40	— 15
msch	**Hammer, Rich.**, op. 8. Waldvöglein. „Wenn ich ein Waldvöglein wär". Doppelchor .	— 70	— 20
msch	**Hecht, Gustav**, op. 26. Heft I. Wanderlied. Nimmer gedacht. Gesang im Grünen .	1 —	— 30
msch	Heft II. Ach über die falschen Zungen. Das zerbrochene Krüglein. Unter blühenden Bäumen.	1 —	— 30
	Hirsch, Carl, op. 124.		
zl	No. 1. Darf i's Diandl liab'n?	— 40	— 15
msch	No. 2. In der Fremde. „Es hat mein Herz"	— 40	— 15
zl	No. 3. Kinderwache. „Wenn fromme Kindlein"	— 40	— 15
msch	**Hoffmann, Ludw.**, op. 35. Lutherlied. „Es spross aus kleinem Samen"	— 40	— 20
zl	**Hunger, Karl**, op. 41. „Hab' ein Röslein Dir gebrochen"	— 40	— 15
msch	do. 35 „Es schleicht um Busch und Halde"	— 80	— 15
msch	do. op. 40. Sangeskunst. „Wir üben eine schöne Pflicht"	— 40	— 15
	Kirchhof, F. F. G. op. 22.		
zl	No. 7. Vögleins Abschied „Lass mich nur fliegen hin"	— 20	— 15
msch	**Kissling, Gustav**, op. 3. „In diesem grünen Wald". Das waren mir selige Tage. Der Wandersmann. In den grünen Zweigen. Es steht ein Lind. Heidenröslein . . .	1 50	— 50
msch	**Kjerulf, H.**, Die Brautfahrt in Hardanger. „Es wohnt" einger. von C. Hauer . .	— 80	— 20
	Kruesch, H., op 92. Ein Gebirgsliedchen.		
zl	„Zwa Sternlan am Himmel"	— 40	— 15
msch	do. op. 93. Wohin? „Ich hört ein Bächlein"	— 40	— 15
	Kullack, Ernst, op. 28.		
zl	No. 1. Am Abend. „Holder Abendfrieden"	— 40	— 15
zl	No. 2. Im Herbst „Herbstesluft" . . .	— 40	— 15
	Lammers, Jul., op. 18.		
	No. 1. Frühlingsfeier. „Süsser, gold'ner Frühlingstag"	— 40	— 15
	No. 2. Im Wald. „Wo Büsche stehn" .	— 40	— 15
	No. 3. Herbstklage. „Holder Lenz" . . .	— 40	— 15
	No. 4. „Du junges Grün"	— 40	— 15
	No. 5. Wanderers Nachtlied. „Der du von dem Himmel bist"	— 40	— 15
msch	**Lorenz, C. Ad.**, op. 21. Der stille Grund. Käferlied	1 —	— 30
zl	**Meister, R.**, op. 32. Fahr wohl, mein Lieb. Es brausen die Wogen	1 —	— 20
msch	**Mohr, Herm.**, op. 27. Der Wanderer im Walde. Ewiger Frühling, Frohsinn u. Freude.	— 60	— 50
zl	do. op. 38. Hirtengesang. Das gestörte Glück. Mailüfterl	— 60	— 40
zl	**Niemetz, Joh.**, Lied der Schnitterin. „Lass deine Sichel rauschen", einger. v. H. Riva	— 40	— 15
msch msch	**Oehme, Rob.**, op. 4. No. 1. Waldmeister und Maienwein. No. 2. Lockung. „Hörst Du nicht die Bäume rauschen" à . .	— 50	— 25
msch	No. 3. „Bald vergilbt das grüne Gras" .	— 50	— 15
msch	No. 4. „Lieber Mai, scheide nicht" . . .	— 25	— 15
	Oehlschläger, F., op. 9.		
msch	No. 1. Hoho! Du stolzes Mädel	— 40	— 10
msch	No. 2. Ständchen. „Zwei Musikanten zieh'n daher"	— 40	— 10
msch	do. op. 9. Heft I und II cpl. Hoho du stolzes Mädel. Mondschein am See. Maidli's Gruss. Die Nixen. Zu einem Bilde . .	1 —	— 50

Schwierigkeits Grad	Gemischte Chöre a cappella.	Part. Mark	Stimmen Mark
msch	**Pittrich, Georg,** op. 31. Rosenlied. „Die Rose ist die Königin“	—50	—15
msch	**Prayon, Rud.,** op. 7. „Hei, wie die Lerchen singen“	—40	—15
msch	**Rohbaum, Theobald,** op. 18. „So wahr die Sonne scheinet“. „Wer in der Liebsten Augen blickt“. Hüttelein“	1 —	—25
	do. op. 10. Drei ital. Ritornelle	1 —	—25
	Rudorff, Ernst, op. Heft I. Sehnsucht. „Es scheint so golden“. Wie fern, o Vaterland. Juchhe! In die Ferne. „Will ruhen unter den Bäumen“	1 50	—50
	do. Heft II. „Wenn die Vögel aufwärts“. Lustig Blut. „Herzlich thut mich erfreuen, dein Herz so mild“	1 50	—50
	do. Heft III. „Horch! es ist ein Klang“. „Wie schön hier zu verträumen“. „An jedem Abend geh ich aus“. „Läuten kaum die Maienglocken“	2 25	—50
msch	**Röttgers, W.,** op. 1. Frühlingsglaube. „Die linden Lüfte“	1 —	—30
zsch	**Schletterer, H. M.,** op. 72. La régine Avrillouse. Die Aprilkönigin. Frühlingstanzreigen	1 —	—30
msch	**Schultz, Edw.,** op. 103. Elfenwirtschaft. „Wo sind sie nur alle“	1 40	—40
	Schumann, Alwin, op. 2.		
msch	No. 1. Waldkonzert. „Konzert ist heute angesagt“	—40	—15
msch	No. 2. In der Fremde. „Hab ich doch Tag und Nacht“	—60	—20
zl	**Schwartz, Jos.,** „Ja, schön ist mein Schatz nicht“	—40	—15
msch	**Soedermann, Aug.,** op. 13b. Bröllopsmarsch. „Vom Himmel leuchtet“	1 —	—25
	Triest, Heinr., op. 33.		
msch	Heft I. Spurlos. Der Trotzige. Wiedersehen	1 —	—25
msch	Heft II. „Komm, Trost der Nacht“. Wanderlust. Herbstlied	1 —	—25
	Vierling, Georg, op. 36.		
zsch	No. 1. Wanderlust. „Heraus“	—40	—15
zsch	No. 2. Gute Nacht. „Welche Nebelschleier“	—45	—20
zsch	No. 3. Neues Leben. „Mein Herz“	—40	—15
zsch	No. 4. „Ein Fichtenbaum steht einsam“	—40	—15
msch	**Vogel, Bernh.,** op. 64. Der Wille Gottes. „Der Sämann säet“	1 80	—30
zl	**Vogel, Mor.,** „Zu Strassburg auf der langen Brück!“ nach Hilpert	—40	—15
	Weinzierl, Max von, op. 95.		
msch	No. 1. Sehnsucht. „Ich blicke in mein Herz“	—50	—15
msch	No. 2. „Auf der Haid viel Röslein stehn“	—50	—15
msch	No. 3. Erster Schnee	—50	—15
l	**Wolff, Pet., W.,** op. 32. „Wenn eine Blume still verblüht“	—80	—20
msch	**Wülfing, Pet.,** „Frühling wird es doch einmal“	—40	—15
msch	**Zapff, Oskar,** op. 6. „Mein Herz, thu dich auf“	—60	—20

Was will der Wegweiser?

Es seien hier in Kürze nochmals die leitenden Gesichtspunkte dargelegt, deren Befolgung der Wegweiser sich angelegen sein lassen wird.

Im Voraus sei bemerkt, dass wir **nur durch die Beschränkung auf ein Spezialgebiet der Musiklitteratur etwas Gediegenes und Brauchbares schaffen zu können glauben.** Fast auf keinem Gebiete der Wissenschaften und Künste wird soviel Litteratur zu Tage gefördert, als auf demjenigen der musikalischen Komposition. Welche Unmengen von Tonwerken allmonatlich auf den Markt geschleudert werden, davon kann sich einen schwachen Begriff nur machen, wer von Berufs wegen sich mit den Neuerscheinungen auf diesem Gebiete zu beschäftigen hat. Weitaus den grössten Anteil an dieser Überproduktion aber hat die Chorgesanglitteratur. Allein die Veröffentlichungen für Männerchor nehmen einen enorm breiten Raum ein in der Flut dieser Erscheinungen; das Erscheinen eines stimmungsvollen, lyrischen Gedichtchens setzt tausende von fleissigen Komponistenherzen in freudigste Erregung und ohne Zweifel führt vielen darunter heilige Begeisterung die Feder, schaffen viele aus wahrstem, innersten Herzensdrange; aber für gar manche passt der Spruch eines westfälischen Dichters:

„Apollo, hilf!“ fleht er inbrünstig,
„Bin einem Verslein auf der Spur“. —
Der Gott erwies dem Schelm sich günstig,
Jetzt ruft er flehend: „Hilf, Merkur“!

Indessen die enorme Schaffensfreudigkeit auf diesem Gebiete — einerlei aus welchem Grunde — wäre immerhin als ein erfreuliches Zeichen des Interesses für unsere Kunst zu betrachten, wenn nicht ein grosser, vielleicht der opferfreudigste Teil unsrer musikalischen Welt schwer darunter zu leiden hätte: die Konzertdirektionen, Vereinsvorstände und vor allem unsere Dirigenten, denen neben ihrer eigentlichen Beschäftigung im Dienste Polyhymnias noch das zweifelhafte Vergnügen obliegt, sich durch diesen Wust von mehr oder weniger guten Tonwerken hindurch zu winden, um schliesslich nichts zu finden, was ihren Zwecken entspricht.

Diesen Herren sind die vorliegenden Blätter in erster Linie gewidmet. Ein Blick in den Wegweiser wird genügen, sich Klarheit zu verschaffen über die Tonsetzer, welchen die geheimnisvolle und vielbeneidete Krone des Erfolges verliehen ist, über die Tonwerke, welche lebens- und triebkräftig, die Gräber der musikalischen Fehlgeburten hinter sich lassend, die Welt mit ihrem Ruhm erfüllen.

Aber auch ein Blick wird genügen, um solche Meister und ihre Werke kennen zu lernen, denen ungerechterweise die Anerkennung bisher versagt wurde. Wie schwer es dem tüchtigen Musiker ist, die Aufmerksamkeit der grossen Menge auf sich zu lenken, wie oft er zurücktreten muss mit Werken, die er mit seinem Herzblut geschrieben, hinter die fadesten Ergüsse irgend eines seichten Massenfabrikanten, das lässt sich mit wenigen Worten nicht schildern. Solchen Meistern Anerkennung zu erringen, sei der weitere Zweck dieser Blätter.

Allerdings sind die Ansichten über gut und schlecht, geeignet und ungeeignet in manchen Punkten verschieden, je nach den Gewohnheiten, Kenntnissen und dem musikalischen Verständnis des betr. Konzertpublikums. Unsere Volksvereine verlangen andere Kost, als unsere grösseren Konzertinstitute und man soll den Spruch nicht vergessen:

„Das Widrigste von allen Dingen,
Womit der Mensch den Menschen plagt,
Ist, das als Glück ihm aufzudringen,
Was seiner Neigung nicht behagt.“

Unterschiede müssen da also gemacht werden; aber Eines ist es, was Alle vereinigen sollte: Die Liebe zum Volkstümlichen, Vaterländischen, und zu allem edel, wahr und tief Empfundenen, und der Hass gegen alles Triviale, Gesuchte, Krankhafte und Hypersentimentale. Eine gewisse Dosis Sentimentalität ist unserm deutschen Charakter derartig immanent, dass wir nach dieser Richtung unsere Grenzen etwas weiter ziehen łrfen. Wo blieben sonst unsere beliebtesten Volkslieder, sser viel gesungener Conr. Kreutzer u. v. a.? Jede Austung des Sentimentalen aber, Unnatur und Unwahrheit der mpfindung und des Ausdrucks ist zu bekämpfen.

Aber auch dem grösseren musikliebenden Publikum, amentlich den Gesangvereinsmitgliedern, soll der Wegweiser n nie versagender Ratgeber sein in allen Fällen, welche esondere Findigkeit erheischen. Wie oft suchen kleinere ereinigungen nach humoristischen Ensemble-Stücken für bemmte Zwecke und besondere Festlichkeiten. Der Wegweiser ird im Laufe der Zeit das Material für alle diese Gelegeneiten sammeln, klassifizieren und dem Leser in übersichtlicher nordnung und Form darbieten.

Es werden demnächst erscheinen (ausser den allgeeinen Neuigkeiten-Verzeichnissen) besondere Verzeichnisse ber Neuigkeiten für:

Weihnachten und Neujahr,
Humoristica,
Patriotische Festlichkeiten,
Schulfeiern,
Geistliche Musik,
Geburts- und Namenstagsfeier,
Hochzeit und Polterabend,
Trauerfeierlichkeiten,
Dramatische Aufführungen u. s. w.,

eordnet nach den Gruppen Männer- Frauen- gem. Chöre.

Besonders gute und zur Aufführung geeignete Werke sollen durch Besprechungen im redaktionellen Teile hervorgehoben werden, in denen nach Möglichkeit ine eingehende Betrachtung der besprochenen Werke anestrebt wird.

Dass uns in diesen Bestrebungen jeder Einzelne nach einen Kräften unterstützen wird, das glauben wir im Interesse nserer Kunst, der Künstler und der Gesangvereine erhoffen u dürfen, und so bitten wir freundlichst **um Zusendung les gesamten diesbezüglichen Materials,** besonders von

Neuigkeiten für Männer- Frauen- und gem. Chor,
Chorsammlungen und Liederbücher,
Bücher und Studienwerke für Gesang,
Kataloge und Prospecte,
Vereinsberichte, Festbücher und Berichte über Wettstreite, Bundesfeste, Musikfeste etc.

Programme, in denen die mit grossem Erfolge aufgeführten Chorwerke einmal, mit sehr grossem Erfolge zweimal unterstrichen sind. Zusatz von D C oder Z bedeutet Da Capo oder Zugabe. Gewissenhafte Benutzung jeder Einsendung wird zugesichert. H. vom Ende.

Besprechungen.

(Nachdruck verboten)

Zur Besprechung gelangen nur Werke, welche des Lobes würdig sind.

C. H. Döring, op. 148. **Deutscher Hochgesang.**

Jul. O. Grimm, op. 27. **Zum Geburtsfeste des Kaisers.**

Carl Reinecke, op. 218. **Festouvertüre für Männerchor und Orchester.**

Unter den neueren Erscheinungen für Männerchor treten uns drei sehr bemerkenswerte Werke machtvollen, imposanten Charakters entgegen als eine erfreuliche Abwechselung nach all den in weichlichen, süssen Stimmungen sich bewegenden Chörchen, welche in vielen Kreisen bevorzugt werden.

Döring's Werk, ein Hymnus auf den deutschen Sang, in wuchtigen Akkorden einherschreitend, ist gesanglich leicht zu bewältigen; die Stimmen gehen unisono bis auf eine kleine vierstimmige Stelle am Schluss. Die Modulation ist reizvoll, birgt aber keine Schwierigkeiten, da nur die nächstverwandten Tonarten berührt werden. Die Begleitung von Blech- und Schlaginstrumenten verleiht dem Werke einen festlichen Charakter, weshalb es sich namentlich für Massenchöre auf Sängerfesten etc. als sehr geeignet erweisen dürfte.

Jul. O. Grimm hat mit seinem op. 27 willkommenen und gediegenen Beitrag zu dem durchaus nicht sehr umfangreichen Material für das Geburtsfest des Kaisers geliefert. Der Chor kann mit Begleitung des Blasorchesters, aber auch a capp. gesungen werden, er wird stets tiefen Eindruck und Begeisterung hinterlassen. Die erste Strophe, festlich bewegt, steht in C-dur, am Schluss mit sehr wirksamer Ausweichung nach F und As.

Die zweite, dem Friedensfürsten und milden Herrscher geltend und die dritte Strophe, den Segen des Höchsten erflehend, bewegen sich im milderen As-dur, nur von Hornquartett und Bassposaune begleitet; bei den Worten: „schwört von Neuem" übernehmen die Holzbläser die Führung zu einem breit und machtvoll ausklingenden Schluss. Den Abschluss des Ganzen bildet eine Wiederholung der ersten Strophe mit kleinem Anhang, in welchem der Segen des Herrn erfleht wird, und musikalisch die Unter-Dom. der Tonart zu schönster Geltung gelangt.

Einen höchst gediegenen Eindruck macht **Reinecke's Festouvertüre mit Männerchor;** Text deutsch und englisch. Massvoll in der Ausdehnung, rhythmisch reizvoll und mannigfaltig, meisterhaft in der motivischen und thematischen Arbeit und das Ganze gekrönt mit einer schwungvollen Vertonung der Schiller'schen Ode: „An die Künstler", ist das Werk für jede festliche Gelegenheit, als einleitende Nummer für grössere Konzerte, warm zu empfehlen.

Die Einleitung setzt sofort mit dem Hauptthema in der Verkleinerung ein: Etwas verändert erscheint dasselbe im 7. Takte und im 21. Takte in seiner breitesten Form:

Nach einer Modulation von A-dur durch Fis-moll erscheint jetzt das schwärmerisch-sehnsuchtvolle Seitenthema in E-dur

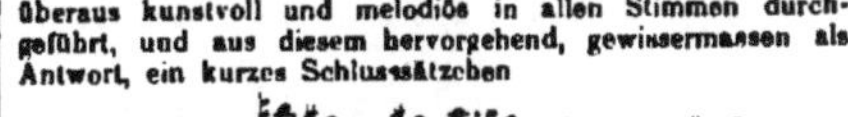

überaus kunstvoll und melodiös in allen Stimmen durchgeführt, und aus diesem hervorgehend, gewissermassen als Antwort, ein kurzes Schlusssätzchen

In der nun folgenden harmonisch reizvollen Durchführung tritt dann das Hauptthema zuerst in der Gestalt auf, in welcher es beim Choreintritt benutzt wird

Die Wiederholung des 1. Teils in A-dur schliesst mit einem Orgelpunkt auf E, worauf die Ode für zweistimmigen Männerchor ebenfalls in A-dur in grandioser Weise das Werk abschliesst. Das Werk ist bereits in Genf, Dresden, Leipzig, Prag, Wien etc. aufgeführt und überall begeistert aufgenommen worden.

Weihnachtchöre und Aufführungen.

Unsere Weihnachtlitteratur ist ziemlich umfangreich und man kann im Allgemeinen von ihr behaupten, dass sie musikalisch einen nicht ungünstigen Eindruck macht. Trivialitäten sind hier seltener zu finden, die Texte sind durchweg glücklich gewählt und die Chöre sang- und dankbar geschrieben.

Unter den Männerchören ragt vor allen hervor **Joseph Schwartz's** op. 3 Nr. 3. **Weihnachtsglocken** (Der schönste Klang). Das Liedchen ist trotz seines geringen Umfanges von einer Macht des Ausdrucks, wie wir sie nicht häufig finden und macht die Ansicht derer völlig zu Schanden, welche kleineren Formen die Möglichkeit absprechen wollen, tieferen Eindruck zu hinterlassen. Der Chor ist leicht ausführbar.

Seines Wohlklanges wegen ist ebenfalls zu empfehlen: **Dregert,** op. 147 Nr. 1. „Wunderbare, heil'ge Nacht".

Von **Carl Kammerlander** ist ein sehr stimmungvolles Werkchen für vier Solostimmen erschienen, op. 84. Der Christbaum. „Verborgen stand ich, von Schnee bedeckt", das tüchtigen Solisten empfohlen werden kann.

Zu Aufführungen für Knaben oder Mädchen eignen sich ganz besonders zwei grössere Werke von **Georg Winter:** op. 13. „Die Heinzelmännchen" und op. 14. „O du fröhliche, selige Weihnachtszeit", Vertonungen zweier Dichtungen von Eres mit verbindender Deklamation, welche zum heiligen Abend in enger Beziehung stehen. Die Musik ist von süssem Klangreiz und reich an lieblichen Melodien, so dass die Jugend sich gern der Mühe des Einstudirens unterziehen wird. Das letztere Werk enthält unter Anderem ein effektvolles Weihnachtkonzert für Chor, Klavier und Kinderinstrumente.

Für **3 Frauenstimmen** ist eine ältere, bisher noch nicht zu verdientem Ansehen gelangte Vertonung des Liedes „Heil'ge Nacht auf Engelsschwingen" von **Albert Tottmann,** op. 19 mit Klavierbegleitung ad libit. recht geeignet; kleinere Damenvereinigungen seien auf diese liebenswürdige Komposition aufmerksam gemacht.

Hübsche Weihnachtlieder für **gemischten Chor** sind diejenigen von **F. Gartz,** op. 108 Nr. 1. Hirtenlied. „Schlaf wohl, du Himmelsknabe du! **Johann Lander,** (Volkslied) „Auf, Sion! Dein Verlangen", und **W. Nelopp,** op. 76. „Heil'ge Nacht! auf Engelsschwingen". (Es wäre interessant, die Anzahl der Vertonungen dieses Gedichtes zu ermitteln.) Auch ein Werkchen im Motettenstil gehört hierhin: **Rob. Schwalm,** op. 91 Nr. 1. Weihnachten. „Also hat Gott die Welt geliebt", welch' letzterem schöne Stimmführung und tiefe Empfindung nachzurühmen ist. „Der schönste Klang" von **Jos. Schwartz** ist auch in der Bearbeitung für gemischten Chor wohlklingend und wirksam. Höchst eigenartig und interessant in der Auffassung ist die Christnacht, „Heil'ge Nacht, auf Engelsschwingen" von **Andréas Hallén,** op. 41. Text deutsch und schwedisch. Das Werkchen beginnt mit einem Sopransolo, begleitet von charakteristischen, flimmernden Figuren; mit der zweiten Strophe setzt der Frauenchor ein und zum Schluss in ausserordentlich wirkungvoller Steigerung der Männerchor mit einer Strophe des Chorals: „Vom Himmel hoch". Allerdings wird mancher Kantor sich bekreuzigen angesichts dieser seltsamen harmonischen Wendungen, dieser chromatischen Durchgänge und Wechselnoten; das ist Geschmacksache — mich hat das Werk sehr erbaut.

Von **E. Köllner** ist noch eine Weihnachtkantate, op. 109 für kirchliche Zwecke hervorzuheben, für gemischten Chor, Soli und Orgel mit eingelegten Chorälen für die Gemeinde. Ausgeschmückt mit allen Finessen kontrapunktischer Gelehrsamkeit ist das Werk doch nicht allzuschwer ausführbar, da die Stimmführung überall gesanglich und angemessen ist.

„Wir kommen gezogen selbander daher".

Aus Jul. Wolffs Lurlei; für **Frauenchor** komponiert von **Th. Müller-Reuter,** op. 15 und **C. Ad. Lorenz,** op. 36.

Schon in den Ueberschriften giebt sich ein kleiner Unterschied in der Auffassung kund; **M. Reuter** nennt die Stelle „Wellengeflüster", **Lorenz:** „Wellensingen"; der erstere berücksichtigt mehr die in den vorhergehenden Versen angedeutete Charakteristik:

„Ertönt mit gleichmasshallendem Klang
Geflüster nun wie Nixensang".

Er betont mehr das „Biegen und Schmiegen wonnig im Wiegen". Wie geheimnisvolles Geflüster der gleichmässig sich hebenden und neigenden Wellen erklingen über dem Gesange die Triller mit angehängten Schleifern auf dem Klavier. Dieser knappen Form, den glatten, gefälligen Rhythmen, der graziösen, schmiegsamen Begleitung, steht **Lorenz** gegenüber mit einer etwas komplizierteren Ausführung. Der Tonsatz ist unruhiger, aber auch interessanter, die Form schmiegt sich mehr dem poetischen Inhalt in seinen Einzelheiten an, die Harmonik ist kapriziöser, die Begleitung mehr orchestral gedacht, mit ihren Vorhalten, Wechsel- und Durchgangsnoten, kurz, es wird mehr der unbeständige, wetterwendische, der kecken Ironie und dem Spotte zugeneigte Charakter der personifizierten Wellen hervorgehoben:

Wir leichten entschlüpfen, und halten nicht Stand,
Was heute versprochen, wird morgen gebrochen,
Wir lassen mit Schwören uns nimmer bethören etc.

Ein höchst eigenartiger Charakter tritt uns in **Carl Prohaska** entgegen; in seinem op. 2, drei Hefte Gesänge für Frauenchor mit und ohne Begleitung finden sich originelle Züge, im allgemeinen tragen die Gesänge slavischen Charakter.

---

die Kompositionstechnik ist stark von Brahms beeinflusst, überall aber ist der poetische Inhalt tief erfasst und will im Vortrage sehr fein nuanciert wiedergegeben werden. Auf den 6stimmigen Chor in Canonform „süsser Tod“ im III. Heft sei besonders aufmerksam gemacht, das satztechnische Geschick des Komponisten zeigt sich hier, wie auch in den übrigen Gesängen dieses Heftes von der besten Seite.

Grössere Aufführungen u. Märchenopern für Kinderchor.

Den obengenannten Werkchen von Georg Winter schliessen sich zwei neue derselben Gattung von **Carl Bohm** an. Es ist op. 353, „**Das Geigerlein**“, eine Märchendichtung von Johanna Siedler und op. 354, „**Worulf, der Rattenfänger**“, frei nach der Sage bearbeitet von E. Michael. Zwei Zyklen von Gesängen mit verbindender Deklamation.

Das kleine Geigerlein erwirbt sich mit seinem gemütvollen Geigenspiel im unterirdischen Reiche der Zwerge einen grossen Schatz und vermag damit nicht nur die kranke Mutter und Schwester zu heilen und zu unterhalten, sondern auch seinen leidenschaftlich erstrebten Musikstudien in der Hauptstadt bei einem grossem Meister sich hinzugeben. Gedanken und sprachliche Einkleidung sind hochpoetisch und die lyrischen Stellen der Vertonung durchaus würdig, das ganze dem Gefühlsleben unsrer Jugend angemessen.

Worulf, der Rattenfänger, bearbeitet von E. Michael, schliesst sich eng an die alte Hamelener Sage, nur mit einer für den obwaltenden Zweck ganz passenden Aenderung des Schlusses, indem die Rückkehr der Kinder vom Rattenfänger bewilligt wird, wenn es dem jungen Reginald, der den Zauber durch sein Lauschen vernichtet hatte, gelingt, durch seine Sangeskunst den Spielmannstand wieder zu Ehren zu bringen. Also auch hier ist die Tendenz eine Verherrlichung der Musik. Die Musik Bohm's ist, wie nicht anders zu erwarten, überall gefällig und wohlklingend, stellt dabei an die Ausführenden keine allzuhohen Anforderungen. Einige Nummern, z. B. gleich der Eingangchor im „Geigerlein“, „Heil dir, Frau Musika“ sind recht wirkungvoll und gut gearbeitet; als Schlusschor dient das bekannte Gebet aus den altniederländischen Volksliedern.

Auch im **Rattenfänger** sind verschiedene Nummern Worulfs und Reginalds recht dankbar zu nennen, so ein allerliebstes Schlummerliedchen. Einige Druckfehler in letzterem Werke sind allerdings noch auszumerzen.

Noch einen Schritt weiter geht **Carl Reinecke** in seinen „**Märchenopern für Kinder**“; er verlangt szenische Darstellung. Es ist nicht zu leugnen, dass derartige Werke einem thatsächlichen Bedürfnisse unserer Pensionate und zahlreicher anderer musikalischer Vereinigungen entsprechen. Der Drang, sich auf der Bühne zu versuchen, ist in unserer Jugend nicht zu unterdrücken und seine Bethätigung übt den wohlthätigsten Einfluss aus, nicht nur auf Auftreten, Haltung und Manieren der ausführenden Kinder, sondern auch auf ihr Gemüt, solange auf zweckmässige Auswahl der Dichtungen Wert gelegt wird.

Reinecke stellt in jeder Beziehung höhere Ansprüche an die Mitwirkenden in seinem op. 245, „**Die Teufelchen auf der Himmelswiese**“. Schon aus dem Textbuch, nach dem gleichnamigen Märchen von R. Baumbach bearbeitet, weht uns ein köstlicher, herzerfrischender Humor entgegen; es ist die Geschichte vom Teufelchen Sapperlot, das aus Versehen in die Hölle spediert wurde und nach kurzer Prüfung durch Petrus in den Himmel befördert wird. Die Bühnengewandtheit der kleinen Schar wird auf eine ziemlich harte Probe gestellt; ist aber die Leitung einem gewandten Regisseur anvertraut, so kann ein grosser Erfolg nicht ausbleiben.

Die Musik ist überall feinsinnig, der poetischen Unterlage sich innig anschmiegend und die Situationen mit köstlichem Humor illustrierend. Auch an dankbaren Nummern fehlt es nicht.

H. vom Ende.

vom Ende's „Schatzkästlein“

enthaltend die

Meisterwerke der Lied- und Tanzform für Klavier

in 120 Beispielen unserer berühmtesten Meister,

unter Berücksichtigung der Form und Schwierigkeit geordnet und erläutert von H. vom Ende. Op. 10.

Preis für jedes Heft Mk. 2,— netto.

compl. in 1 Bde. netto Mk. 4.50, fein geb. netto Mk. 6.—

Inhalts-Verzeichnis:

Heft Ia. Leichtere Ausgabe.

Die einfache Liedform.

76 Beispiele. Satz. Periode. Ein-, zwei- und dreiteilige Liedform.
Präludien von **C. Czerny, H. vom Ende, J. N. Hummel.**
R. Schumann, Thema mit Var. Op. 118¹.
— Bunte Blätter, Op. 99 No. 3, 4, 5, 8.
— Jugendalbum, Op. 68 No. 1, 7, 8, 9, 18, 17, 22, 24, 26, 28, 38.
— Op. 15. Erinnerung; Träumerei; Am Kamin.
— Wiegenliedchen, Op. 124.
— Warum? Op. 12 No. 3.
J. N. Hummel, Allegretto; Tyrolienne var.
C. Czerny, Etuden; Andantino.
Fr. Kalkbrenner, Thema mit Var.
W. Mozart, Allegretto; Ah! vous dirai-je? mit Var.
Fr. Kuhlau, Oest. Volkslied mit Var.; Allegro aus Op. 40.
Fr. Schubert, Walzer Op. 9a.
J. Haydn, Zwei Lieder. Vivace.
J. Schmitt, Allegro mod. Gondellied. Moderato. Molto mod.
L. van Beethoven, Bagatelle. Op. 119⁹ Une fièvre brûl. Thema m. Var.
M. Clementi, Allegretto.
E. Strässer, Stimmungsbilder, Op. 7 No. 3, 5.
F. Mendelssohn-Barth., Kinderstückchen, Op. 72⁶.

Heft Ib. Für Vorgerücktere.

Die einfache Liedform.

71 Beispiele.

F. Kuhlau, Oest. Volkslied mit Var. Thema mit Var.
— Adagio. Volkslieder.
C. Czerny, Etuden. Andantino con dolc. Andantino.
G. F. Händel, Chaconne. Passecaille. Air. Siegesmarsch aus Judas Macc., Gigue.
W. A. Mozart, Menuett. Thema mit Var. Thema a. d. D-Sonate. Thema a. d. A-Sonate mit Var. Allegretto. Priestermarsch a. d. Zauberflöte.
H. vom Ende, Andante. Tranquillo. Volkslied, altfränkisch.
J. N. Hummel, Air russe.
Fr. Schubert, Walzer. Deutscher Tanz. Op. 33.
R. Schumann, Bittendes Kind, Op. 15. Fröhlicher Landmann, Kleine Romanze a. Op. 68. Kuriose Geschichte; Frühlingsgesang Op. 68. Ländliches Lied, Op. 68.
L. van Beethoven, Thema mit Var. Contratanz. Thema G-dur mit Var. Adagio, Op. 34. Thema a. d. Son. Op. 26. Schweizerlied mit Var. Russ. Tanz mit Var.
Jos. Haydn, Arietta mit Var. Finale a. d. G-Sonate.
P. Tschaikowsky, Andante a. Op. 196.
A. L. Krebs, Bourrée.
F. Mendelssohn-Barth., Lied ohne Worte, F-dur. Kinderstückchen, D-dur.
C. M. v. Weber, Der Holdseligen.
Jos. Rheinberger, Lied.
Das Harmoniesystem nach **M. Hauptmann.** — Schemata.

Heft II.

Die zusammengesetzte Liedform.

— 30 Beispiele. —

L. van Beethoven, Romanze. Bagatellen, Op. 119¹, 33⁶. Menuett, Allemande. Menuett aus Op. 31³. Türk. Marsch, Trauermarsch aus Op. 26.
W. A. Mozart, Andante cantab. aus Son. C. Rondo alla turca.
Fr. Kuhlau, Larghetto. Op. 20 No. 3.
J. L. Dussek, Andantino
A. Rubinstein, Melodie Op. 3 No. 1.
Fr. Schubert, Mom. Mus. Op. 94³. Menuett aus Op. 122.
C. M. von Weber, Marsch aus „Oberon“. Walzer.
Chr. Gluck, Ballet aus „Orpheus“. Gavotte.
Jos. Haydn, Menuetto al Rovescio.
J. Schmitt, Allegretto. Allegro.
J. Ph. Rameau, Gavotte.
Fr. Chopin, Trauermarsch.
L. Meinardus, Invention, Op. 29 No. 5.
Air de Louis XIII.
J. S. Bach, Gavotte D.
R. Schumann, Jagdlied

Heft III.

Zusammengesetzte und erweiterte Liedform.

— 19 Beispiele —

Fr. Chopin, Mazurka, Op. 7 No. 4. Walzer, Op. 34 No. 2.
L. van Beethoven, Menuett aus Op. 10 No. 3. Scherzo Op. 2. No. 3.
Fr. Schubert, Scherzo. Impromptu, Op. 142 No. 2.
W. A. Mozart, Menuett a. d. Symph. in Es.
F. Mendelssohn-Barth., III Satz a. d. A-Symph. Kriegsmarsch der Priester. Hochzeitsmarsch. Lied ohne Worte, Op. 53. Notturno a. d. „Sommernachtstraum“.
G. Meyerbeer, Krönungsmarsch.
J. L. Dussek, La consolation.
J. Field, Notturno.
Fr. Kuhlau, Allegro burlesco.
J. B. Cramer, Scherzo und Gigue.

Neue Musikzeitung, Stuttgart:
„Die wertvolle Sammlung kann nicht warm genug empfohlen werden . . . .“
Corn. Rübner, Direktor der Karlsruher Musikschule:
„Ich finde das Werk nach jeder Richtung hin trefflich angelegt und durchgeführt . . . .“
Prof. M. Meyer-Olbersleben, Würzburg:
„Das „Schatzkästlein“ kann seines gutgeordneten und geschickt bearbeiteten Inhalts wegen aufs wärmste empfohlen werden.“
Prof. W. Speidel, Stuttgart:
„Denjenigen, welche es mit der Kunst redlich meinen, wird es unbedingt ein Führer sein, um in den Formgehalt der Musik einzudringen.“

Wegweiser
durch die
Chorgesanglitteratur.

Ratgeber für Männer-, Frauen- und gemischte Gesangvereine und Gesangvereinsdirigenten.

Herausgegeben und redigiert von **H. vom Ende, Köln am Rhein,** Beethovenstrasse 6. — Erscheint monatlich einmal. — Bezugspreis für 1 Expl. 10 Pfg. Jahresabonnement 1,50 Mk. incl. Porto. Inserate kosten pro 4 mal gespaltene Petitzeile 25 Pfg.

№ 3. Köln am Rhein, den 26. Dezember 1899. I. Jahrgang.

Aufführungen.

(Nachdruck verboten.) **Männerchöre a cappella.** Abkürzungen: gr.-gross, s.-sehr.

Titel	Komponist	Stadt	Verein	Dirigent	Erfolg	Preis
Morgenständchen op. 38 Nr. 2	M. Meyer-Olbersleben	Göppingen	Liederkranz	Feyhl	s. gr.	
Am Brünnelein	H. Bungart	Köln	Gutenberg	de la Motte	gr.	
Braun Maidelein	H. Jüngst	do.	do.	do.	z.	
Der Hut im Meer	E. G. Engelsberg	do.	M.-G.-V.	Jos. Schwartz	D. C.	
Dornröschen	Jos. Rheinberger	Düsseldorf	Städt. M.-G.-V.	G. Kramm	s. gr.	
Die Liebe	L. Cherubini	do.	do.	do.	gr.	
Gebt mir vom Becher	E. Kramm	do.	do.	do.	gr.	
Komm, o komm Niederländ. Volkslied	G. Kremser	Leipzig	Concordia	do.	2 mal D. C.	
Sängers Frühlingslied	Ad. Jäckel	Ehrenberg	Verb. Altenb. G.-V.	Meinicke	s. gr.	
Sonnenuntergang	Fr. Schindler	Dresden	Lehrer G.-V.	Fr. Brandes	s. gr.	
Morgenwanderung	F. Siegert	Leipzig	do.	Hans Sitt	s. gr.	
Unterm Machandelbaum	P. Friedrich	do.	do.	do.	gr.	
Morgenständchen	M. Meyer-Olbersleben	Würzburg	Liedertafel	M. Meyer-Olbersleben	s. gr.	
Der Löwe von Aspern	M. Neumann	Köln	M.-G.-V. Nippes	Fed. Berger	gr.	
Am Rhein	C. H. Döring	Dresden	M.-G.-V.	H. Jüngst	D. C.	
Mutterliebe	W. Handwerg	Berlin	Liederkranz	W. Handwerg	D. C.	
Zwei weisse Tauben	A. Kirchl	do.	do.	do.	D. C.	
In den Alpen	Fr. Hegar	Dresden	Liederkreis-Harmonie	W. Borrmann	s. gr.	
Das erste Lied	A. Schaffer	Eger	Dtsch. Sängerbund	A. Schaffer	D. C.	
Reiterlied	W. Sturm	Bern	Liedertafel Biel	Sturm		
Die Spielleute	Rich. Müller	Leipzig	Arion	A. Richter	D. C.	
Humoristica.						
Das Herzklopfen	E. Kremser	Wien	Udel-Quartett	Udel	s. gr.	
Das schwarze Haar	J. Piber	do.	do.	do.	s. gr.	
Schatzerl klein	Fr. Blümel	do	do.	do.	s. gr.	
Dort drunt'n im Schwabaland	do.	do.	do.	do.	s. gr.	
Rhinozeros-Ballade	Ch. Verney	do.	do.	do.	s. gr.	
Die da		do.	do.	do.	s. gr.	
Der Schreiber im Korb	H. Zöllner	Leipzig	Pauliner	H. Zöllner	D. C.	
Der Liederfex	Mengewein	Naumburg a. S.	Sang und Klang	E. Kuntze	gr.	
Der Pfropfenzieher	Weinzierl	Heidelberg	Liederkranz		D. C.	
Schmetterlingspolka	Rud. Wagner	Königsberg i. Pr.	Melodia	M. Oesten	D. C.	
Wie's kummt	G. Meyer-Gregor	Leipzig	Concordia	M. Geidel	s. gr.	
Marsch der Bürgergarde	H. Brückler	Wien	Schubertbund	A. Kirchl	D. C.	
Tanz und Gesang	A. Zander	Meissen	Hippokrene	Stahl	s. gr.	
A Schlosser hot an G'sellen g'habt	Zelter	do.	do.	do.	s. gr.	

Titel	Komponist	Stadt	Verein	Dirigent	Erfolg	Preis
Männerchöre mit Begleitung.						
Des Liedes Heimat	Joh. Pache	Köln	Gutenberg	de la Motte	s. gr.	
Waldharfen	Edw. Schultz	do.	M.-G.-V.	Jos. Schwartz	gr.	
An die Kunst	Rich. Wagner	Düsseldorf	Städt. M.-G.-V.	Georg Kramm	gr.	
Frühlingsnetz	K. Goldmark	do.	do.	do.	s. gr.	
Deutscher Heerbann	F. Woyrsch	Bonn	Vereinigte M.-G.-Vereine	Lorscheidt	s. gr.	
Kaisers Reitersleut	K. Hässler	Lübeck	Konz.-Verein für M.-Ges.	Hässler	s. gr.	
Thürmerlied	J. A. van Eyken	do.	do.	do.	gr.	
Cäsar am Rubikon	C. Jos. Brambach	Bonn	Macaria	Strömer	s. gr.	
Caesar am Rubikon	C. Jos. Brambach	Wiesbaden	Concordia	Jul. Oertling	s. gr.	
Herman der Befreier	C. Zuschneid	Erfurt	Sollerscher M.-V. d. M.-G.-V.	Zuschneid	s. gr.	
Türmer-Lied	J. A. Eyken	Dresden	Orpheus	A. Kluge	s. gr.	
Frauenchöre mit Begleitung.						
An d. Baches still. Weiden	A. v. Othegraven	Köln	Konzert-Ges.	Fr. Wüllner	gr.	
Athenischer Frühlingsreigen	Jos. Frischen	Krefeld	do.	Th. Müller-Reuter	s. gr.	
Der Neck	C. Türk	Würzburg	Liedertafel	[illegible]	gr.	
Altdeutsches Liebeslied	R. Wickenhauser	Leipzig	Concordia	M. Geidel	s. gr.	
Die Spinnerin	K. Schauss	do.	do.	do.	s. gr.	
Humoreske	Fr. Curti	do.	Liederhain	Schmalzried	gr.	
Athenischer Frühlingsreigen	Jos. Frischen	Dortmund	Musikverein	Janssen	s. gr.	
do.	do.	Hannover	Musikakademie	Jos. Frischen	s. gr.	
Maitag	J. Rheinberger	Berlin	Freie musikal. Vereinigung	Ad. Göttmann	s. gr.	
Philomele, die Elfe d. Nacht	Th. Hentschel	Braunschweig	Chorschule	Marg. Oehlmann	s. gr.	
Gemischte Chöre mit Begleitung.						
Gustav Adolf	M. Bruch	Barmen	Städt. G.-V.	M. Bruch	s. gr.	
do.	do.	Mühlhausen i. Th.	Musik-Verein	J. Möller	s. gr.	
do.	do.	Gotha	do.	H. Tietz	s. gr.	
do.	do.	Halberstadt	Gesang Verein	M. Bruch	s. gr.	
do.	do.	Königsberg	Musik-Akademie	Schwalm	s. gr.	
do.	do.	Dresden	Kirchen-Chor d. Luther-Gem.	Römhild	s. gr.	
do.	do.	Hamburg	Singakademie	R. Barth	s. gr.	
do.	do.	Nürnberg	Verein für klass. Chorges. und Lehrer-G.-V.	E. Ringler	s. gr.	
do.	do.	Kassel	Musikalische Vereinigung	M. Bruch	s. gr.	
do.	do.	Lüdenscheid	Gesang-Verein	Louwerse	s. gr.	
do.	do.	Braunschweig	Singakademie	Riedel	s. gr.	
do.	do.	Remscheid	Gesang-Verein	Schwager	s. gr.	
do.	do.	Lübeck	do.	Stiebl	s. gr.	
Das Lied von der Glocke	do.	Salzburg	Musik-Verein		s. gr.	
do.	do.	Innsbruck	do.	Pembaur	s. gr.	
Odysseus	do.	Breslau	Singakademie	Dr. Schäffer	s. gr.	
do.	do.	Berg-Gladbach	Cäcilien-Verein	M. Bruch	s. gr.	
do.	do.	Bromberg	Gesang-Verein	Schattschneider	s. gr.	
do.	do.	Solingen	do.	Hoffmann	s. gr.	
Godoleva	Edg. Tinel	Krefeld	Conzert-Ges.	Th. Müller-Reuter	s. gr.	
Bacchuszug	Ernst Heuser	Köln	do.	Fr. Wüllner	s. gr.	
Zerstörung Jerusalems	C. A. Lorenz	Berlin	Opernhaus	Klughardt	s. gr.	
do.	do.	Düsseldorf	Gesang-Verein	Steinbauerr	s. gr.	
do.	do.	Münster i. W.	Cäcilien-Verein	J. O. Grimm	s. gr.	
Abend auf Golgatha	A. v. Othegraven	Dresden	Kirchen-Chor	Römhild	s. gr.	
Editha	H. Hofmann	Aussig	Orpheus	F. Dressler	s. gr.	
Raub der Sabinerinnen	G. Vierling	Quedlinburg	Allgem. M.-V.	G. Baumfelder	s. gr.	

Man abonniert für ein Jahr auf die Zeitschrift durch Einsendung von 1,— Mk. an H. vom Ende's Verlag, Köln, Beethovenstrasse 6.

In Aussicht genommen:

Männerchöre:

Titel	Komponist	Stadt	Verein	Dirigent	Erfolg	Preis
Liebe u. altdtsch. Schlachtlied	R. Strauss	Zürich	M.-Ch.	C. Attenhofer		
do.	do.	Wien	M.-G.-V.	R. von Perger		
do.	do.	Leipzig	Paulus.	H. Zöllner		
Kais. Karl in d. Johannisnacht	Fr. Hegar	Köln	M.-G.-V.	J. Schwartz		
Sturmwind	M. Gülbins	Tilsit	Ostpr.-Sängerfest			

Gemischter Chor.

Titel	Komponist	Stadt	Verein	Dirigent	Erfolg	Preis
Gustav Adolf	M. Bruch	Breslau	Flügel'scher Verein	Flügel		
do.	do.	Eisleben	Gesang-Verein	O. Richter		
do.	do.	Neu-Brandenburg	Gesang-Verein	Maschke		
do.	do.	Leipzig	Singakademie	Winderstein		

Neuigkeiten.

Humoristica.

Abkürzungen: l-leicht, sch-schwer, s-sehr, z-ziemlich, m-mittel:

Zur die Aufnahme in diese Rubrik genügt die Zusendung eines Frei-Expl.

Schwierigkeits-Grad	Duette.	Part. Mark	Stimmen Mark
msch	**Grabe, Franz,** op. 91. Der Geburtstagkuchen. 2 Damen	1 50	— —
sl	do. op. 92. Jette und Mine, oder: Die Dienstboten. 2 Damen	1 50	— —
zl	**Keller, C.,** Vier Tage später, oder: Wie haben S e geschlafen? 2 mittl. Stimmen.	1 50	— —
zl	**Kron, Louis,** op. 359. An die falsche Adresse geraten. Sopr. u. Bar.	3 —	— —
zl	do. op. 361. Schwarz u. Weiss, oder Liebe kann Alles. Sopr. u. Bar.	3 —	— —
msch	do. op. 367. Maler und Bauer, oder: Die unverhoffte Verlobung. Ten. u. Bar.	4 —	— —
	Rupp, J., op. 44. Die Braut Ten. Bar.	—	— —
	Simon, Ernst, op. 111. Die musikalische Speisekarte f. 2 mittlere Männerstimmen.	1 20	— —
	Schild, Th. F., Schneider'eins Liebeswerbung. Ten., Sopr.	1 50	
sl	**Schönfeld, Georg,** op. 14. „Wir vom Donaustrand". Wiener Wäschermadl-Walzer. 2stimm. Damen-Chor	2 —	— 30
msch	**Weweler, Aug.,** op. 7. Das Salz der Ehe, mittl. Männer- u. Frauenstimme	2 —	— —
msch	do. op. 9. Ein Briefduett. 1 mittl. Männer- und Frauenstimme	3 —	— —

Terzette

Schwierigkeits-Grad	Terzette	Part. Mark	Stimmen Mark
zl	**Kron, Louis,** op. 181. Amor im Atelier. Sopr. (Ten). Ten. u. Bar.	4 —	
zl	do. op. 187. Der Katzenjammer vor Gericht. für 3 Herren	4 —	— —
zl	**Henschel, Fritz,** op. 4. Der bekehrte Ehemann, oder: Gestörte Nachtvisite. 1 Dame u. 2 Herren	3 —	— —
zl	**Busch, Carl,** op. 14. Tolle Burschenstreiche. 1 Dame, 2 Herren	3 —	— —
zl	do. op. 15 Nette Künstler. 3 Herren.	4 —	— —
zl	do. op. 21. Rieke als Knecht Ruprecht, oder: Des Soldaten Weihnachtsengel. 1 Dame, 2 Herren.	3 —	— —
msch	**Grabe, Franz,** op. 90. Das unterbrochene Schachspiel. 3 Herren.	2 —	— —

Soloquartette.

Schwierigkeits-Grad	Soloquartette.	Part. Mark	Stimmen Mark
zl	**Bauer, O.,** op. 61. Ambospolka, auch für Männerchor	1 20	— 15
msch	**Grabe, Franz,** op. 93. Die drei lustigen Dorfmusikanten, oder: Der geprellte Wirt. 4 Herren	2 —	— —
zl	**Pfeiffer, Tony,** op. 80. Eine Verlobung mit Taufe. Männerstimme	4 —	— —
msch	**Piber, Josef,** op. 32. Kabale und Liebe (Travestie), Singspiel in 1 Akt, für 4 Männerstimmen	5 —	1 —
l	**Schild, Th. F.,** Solon Kakala, oder: Der trauernde Neger. Männerstimme	1 20	— —
zl	**Simon, Ernst,** op. 306. Die zärtlichen Verwandten. 3 Herren u. 1 Dame (4 Herren). Ensembleszene	3 —	— —

Ensemble-Szenen
mit 5 und mehr Personen.

Schwierigkeits-Grad	Ensemble-Szenen mit 5 und mehr Personen.	Part. Mark	Stimmen Mark
sl	**Busch, Carl,** op. 17. Die vier lustigen Turner, oder: Im Wirtshaus „Zum zahmen Affen". 6 Herren	5 —	— —
sl	do. op. 18. Im Patent-Bureau. 5 Herren.	4 —	— —
zl	**Busch, Carl,** op. 19. Die verhängnisvolle Jubiläumsrede, od.: Kleine Ursachen! — Grosse Wirkungen. 3 Herren u. 3 Damen	4 —	— —
zl	do. op. 24. Manöverfreuden. 4 Herren 2 Damen	5 —	— —
msch	**Böhme, E. E. H.,** op. 8. Ein Schmuggler-Abenteuer in der Waldschenke. 5 Herren. netto	6 —	— —
msch	**Drath, Th.,** op. 71. Nervös. Singspiel in 1 Akt. Mezzo-Sopr. Alt, Ten., Bass.	4 —	— —
	Faust, Paul, Im Biwack. Singspiel. Soli u. Männerchor	2 —	— 50
msch	**Grabe, Franz,** op. 95. Die lustigen Studenten. Quodlibet. Soli u. Chor.	2 50	— —
msch	**Graessner, A.,** Der Impresario und das erste Auftreten seines weltberühmten Männer-Quartetts. 5 Herren	2 50	— 50
zl	**Jäckel, Ad.,** op. 103. Der Nimrod als Othello. Singspiel, Männerchor, u. Soli mit Klav. od. Streichorch.	3 —	— 30
	Kron, Louis, op. 263. Der Hausfrauen-Verein. 5 Damen	3 —	— 60
msch	**Lumpacius,** Bremer Stadtmusikanten. Höchst komischestheatralisches Konzert. 9 Mitwirkende. (Herren)	4 —	— —
msch	**Meister, Rob.,** op. 60. Kapellmeister Brüllow u. seine internationale Kapelle. Grosse humor. Sinfonie für Klav. u. versch. Instrumente	4 —	2 50
	Piber, Jos., op. 51. Eine Wählerversammlung, oder: Die neue Brücke. 2 Herren u. Männerchor	5 —	1 50
zsch	**Simon, Ernst,** op 60b. Eine ländliche Concertprobe. (F. von Suppé) Solo u. 3stimm. Damenchor	2 —	— 30
zsch	do. Dasselbe für Solo u. gem. Chor	2 —	— 30
msch	do. op. 114. Zur grünen Hochzeitsfeier. 5 Damen netto	2 —	— 30
msch	**Weweler, A.,** op. 1. Ein Preisgericht. 3 Frauen- und 3 Männerstimmen, mit Klav. netto	3 —	2 50

Männerchöre.

Tanz- und Marschlieder.

Schwierigkeits-Grad	Tanz- und Marschlieder.	Part. Mark	Stimmen Mark
sl	**Bauer, Oscar,** op. 44. Sänger-Marsch. Bar.-Solo	1 —	— 20
msch	**Brückler, Hugo,** Marsch der Bürgergarde, kl. Trommel und Piccoloß.	1 30	— 30
sl	**Cursch-Bühren, F. Th.,** Hans und Liese, Polka	— 60	— 20
	Frei-Beck, Jos., Japanesen-Marsch	1 50	— 20
msch	**Graf, O.** Tante Anastasia. Polka mit Klav.	1 60	— 25
msch	**Hartmann, C.,** op. 14. Müllers Gretchen. Polka	1 50	— 30
msch	**Ivanovici, J.,** Donauwellen. Walzer, bearb. von Fr. Aug Kern, mit Klavier	1 50	— 30
sl	**John, Friedr.** op. 118. Fidele Burschen! Gesangswalzer mit Klavier	2 50	— 40
msch	**Léfebure-Wély** op. 200. No. 2. Böhmische Kirmes-Polka	— 50	— 25
zl	**Pache, Joh.,** Bier-Polka. Klavier oder Orchester	1 20	— 20
msch	**Pilland, Jos.,** op. 75. Narren-Marsch, Klav.	1 —	— 20
msch	**Schild, Th. F.,** op. 650. Humoristisches A-B-C- Marsch-Polka mit Klavier	— 90	— 15

Humoristica. Männerchöre. Tanz- und Marschlieder.

Schwierigkeits-Grad	Humoristica. Männerchöre. Tanz- und Marschlieder.	Part. Mark	Stimmen Mark
msch	**Voigt, Herm.**, op. 71. Das liebe Schmeichelkätzchen, Kuss-Polka	— 60	— 20
msch	**Wagner, Rudolf**, op. 130. Schmetterling-Polka mit Klavier	1 80	— 30
sl	**Weinzierl, M. von**, op. 150. Winterfreuden. Auf der Eisenbahn. Der Ball. Schlittenfahrt. Heiteres Tanzpoëm, mit Klavier oder Orch.	2 60	— 60
msch	**Ziehrer, C. M.**, No. 1 Wienerisch. Walzer,	3 —	— 30
msch	No. 2 Ballblume. Polka franç., arrang. von G. Kremser, mit Klavier	2 —	— 25

Heitere Männerchöre.

Schwierigkeits-Grad	Heitere Männerchöre.	Part. Mark	Stimmen Mark
sl	**Aletter, Wilh.**, Mondscheinständchen. Neuer Wein . . . netto	— 50	— 10
msch	do. Der Propfenzieher. Das erzürnte Liebchen . . . netto	— 50	— 10
msch	**Bungard-Wasem**, op. 33. Lacrimae Christi	— 60	— 15
	Drane, Herm., op. 28.		
msch	No. 1. Margret am Thore	— 45	— 10
msch	**Detsch C.** Hast du mich lieb, mein Nuckelchen?	— 60	— 15
msch	**Dregert, Alfr.**, op. 134a. Der einzige Fehler. Mit Klav.	— 40	— 15
msch	do. op. 136 No. 2. Das Strumpfbanderl	— 40	— 15
sch	**Ellmenreich, Alb.**, Die Bicycler	1 20	— 30
msch	**Ende, H. vom**, op. 9. No. 3. „Mein herzliebstes Schatzerl"	— 60	— 15
msch	**Filke, M.**, op. 17 Nr. 2. Weinkur	— 40	— 20
l	**Hebert, M.**, Die Frösche . . . netto	— 50	— 10
msch	**Herrmann, J. A.**, op. 22. Der Graf von Walporzheim	— 60	— 20
sl	**Jäckel, Ad.**, op. 46. Die Schlittenfahrt mit Klavier	1 —	— 20
sl	**John, Fr.**, Der erste Kuss	— 60	— 20
msch	**Keller, Ludw.**, op. 17. Der Dackl	— 40	— 10
	do. op. 36		
sl	No. 1. Das arme Fräulein	— 40	— 10
sl	No. 2. Fräulein Doctor	— 40	— 10
sl	**König, G.**, Storchlied. Als ich noch ein Knabe war"	— 60	— 20
	Krug, Arnold, op. 67. Allotria. Drei Scherzlieder.		
msch	No. 1) Diogenes, 2) Spottlied à	— 60	— 15
msch	„ 3) Schottische Ballade	— 80	— 30
msch	**Krüger, Karl**, op. 37. Die Loreley	1 —	— 30
msch	do. op. 28. Dagdeef . . . netto	— 50	— 15
	do. op. 42. No. 1. Es war einmal ein König		
msch	No. 2. „Es war eine Ratt'" à	— 80	— 20
	Kuntze, C., op. 133. „Hätt' ich nur einen."	1 —	— 35
	do. op. 135. Nur nicht kitzeln, Louis.	1 —	— 60
	Léfebure-Wély Ch., op. 200.		
msch	No. 1) Medicin contra Liebesleid	— 50	— 25
msch	„ 2) Postillon d'amour	— 60	— 25
msch	do. op. 191. Der Grobian im Damenkreise. Bass-Solo mit Brummst.	— —	— —
	Liebeskind, Jos., op. 10. Zwei Trinklieder		
msch	No. 1) Das Regenwetter	— 60	— 15
msch	„ 2) Trinklied „Was ist das für ein durstig Jahr"	— 60	— 15
msch	**Linnarz, R.**, op. 61. Lieschen	— 50	— 15
	Metzger, J. C., op. 58.		
sl	No. 1. Wasser und Wein	— 60	— 15
sl	No. 2. Gesungen muss sein	— 60	— 15
msch	**Meyer-Helmund E.**, Im schwarzen Wallfisch zu Askalon	1 —	— 90
msch	**Mühldorfer, Wilh.** Das Lied vom Schneiderlein	— 50	— 25

Humoristica. Heitere Männerchöre.

Schwierigkeits-Grad	Humoristica. Heitere Männerchöre.	Part. Mark	Stimmen Mark
msch	**Negerlieder** Nigger Songs. Heft I. II. Text dtsch. und engl. Solo à	3 —	— —
sl	**Neubner, O.**, op. 46. Con amore. Bar.-Solo	— 60	— 30
sl	**Neumann, Mathieu**, op. 17 Nr. 2. Die passen zusammen	— 40	— 15
msch	do. op. 22. No. 3. Küssen	— 40	— 15
sch	do. op. 40. Die Katzen und der Hausherr	1 20	— 30
msch	**Paffendorf, W.**, „Deandl, wie du willst"	— 40	— 10
msch	**Piber, Jos.** op. 48. Zeitrechnung in der Schlafstube. Mit Klavier	1 20	— 20
msch	do. op. 47 No. 1. Das schwarze Haar	1 —	— 20
msch	„ 2. „Männer taugen alle nit"	1 —	— 20
msch	**Rudnick, W.**, op. 47. Der Rechte! Ein mehr lustiger als ernster Gesang. Klav.	1 20	— 20
msch	**Schäffer, Aug.**, op. 130a. Der verliebte Häring	— 80	— 25
msch	**Schlemann, Anton**, humorist. Potpourri über beliebte Volkslieder	— 60	— 15
sl	**Scholtz, S.**, Hoho, du stolzes Mädel. Mit Klav.	— 80	— 20
msch	**Schreiner, A.**, Bruder Liederlich. Quodlibet	1 20	— 40
msch	do. Die grösste Lüge	— 80	— 30
msch	do. Die Weiber und der Wein	— 80	— 30
	Simon, Ernst, op., 113. Die Stillvergnügten, Potpourri		
	do. op. 113. Eine fidele Auction. Soli und Pforte		
msch	**Töpfer, Dr. J. G.**, Lach-Chor	— 60	— 13
	Tyson-Wolff, G., op. 21.		
msch	No. 1. Käferlied	— 80	— 25
msch	„ 2. O weh, Schneider	— 60	— 15
msch	„ 3. Ach, wie kühle	— 60	— 15
msch	„ 4. Orakel	— 80	— 25
l	**Waldmeister, Otto**, op. 123. Mei' Schatzerl	— 40	— 20
msch	**Wohlgemuth, G.**, op. 40. Wanderlied	— 60	— 15
msch	„ 3. Die Landsknechtsweise	— 30	— 15
msch	**Zöllner, Heinr.**, Der Schreiber im Korbe	1 —	— 25
sch	**Zuschneid, Karl**, op. 21. Der Friedel und die Nachtigall	— 80	— 20

Gemischte Chöre.

Schwierigkeits-Grad	Gemischte Chöre.	Part. Mark	Stimmen Mark
sch	**Lorenz, C. A.**, op. 21. Käferlied	1 —	— 30
msch	**Pache, Joh.**, op. 14. Herzchen mein Schätzchen m. Klavier	2 —	— 15
	Pache, Joh., op. 60. Kirmes. Ein ländlicher Sang in Tanzweisen, m. Klav.		
sl	No. 1. Polka, 2. Walzer, 3. Ländler, 4. Finale à	1 —	— 15
msch	do. op. 89. Aufforderung zum Tanz. In Walzerform, m. Klav.	2 40	— 40
sl	do. op. 176. Musikantenstücklein. Zwei heitre Gesänge, mit Klav. und Violine, Cello ad lib.	2 —	— 80
msch	**Riegler, Franz**, op. 42. Tyroler Hochzeitsbilder. Walzer. Idyllen mit Klav.	3 —	— —
sl	**Weinzierl, M. von**, op. 151. Winterfreuden. Heit'res Tanzpoëm	2 60	— 60
msch	**Werthemann, Eugen**, Die Spröde	— —	— —
msch	**Wohlgemuth, G. A.**, A Busserl is a schnuckrig Ding	— 60	— 15
sl	**Zehngraf J.**, op. 1. Darf ich's Dirndl liab'n !?	— 50	— 20
msch	**Zapff, O.**, op. 10. Zwei Diebe	— 80	— 30

H. vom Ende's Verlag, Köln a. Rh. — Leipzig.

Neue, empfehlenswerte Werke

für

Männer-, Frauen- und gemischten Chor.

I. Für Männerchor ohne Begleitung.

Altmann, Arthur, Op. 40. Jägerlust . . . Partitur M. —.60
Stimmen à „ —.20

vom Ende, H., Op. 11. Heimgang aus dem Walde:
„So scheiden wir mit Sang und Klang" Partitur „ —.60
Stimmen à „ —.20

Hagemann, Jul., Op. 1. **Zwei Lieder im Volkston.**
No. 1. Strampelchen.
No. 2. Ein geistlich Abendlied . . . . . Partitur à „ —.40
Stimmen à „ —.15

— Op. 5. **Drei Lieder im Volkston.**
No. 1. Soldatenliebe.
No. 2. Pfauenart.
No. 3. Schlehenblüte . . . . Partitur à „ —.40
Stimmen à „ —.15

Janson, Ferd., Op. 20.
No. 1 Rastlose Liebe.
No. 2. Die Brünnlein, die da fliessen . . Partitur à „ —.40
Stimmen à „ —.20

Kissling, Gust., Op. 3. Haidenröslein . Partitur „ —.60
Stimmen à „ —.20

Labler, Wlad. Auf dein Wohl, du rheinische Maid . Part. „ —.60
Stimmen à „ —.15

II. Männerchöre mit Begleitung.

Brambach, C. Jos., Op. 100. Caesar am Rubikon.

Für Männer-Chor, Tenor-Solo und Orchester . . . . . Klav.-Auszug n. „ 4,50
Chorstimmen à „ 1,—. Textbuch „ —,10

Das „Centralblatt für Instrumentalmusik, Solo- und Chorgesang“ schreibt:

„Der Meister Brambach zeigt sich auch hier in seiner ganzen Grösse. Für grössere Chöre eine effektvolle Programmnummer, mit der man neben ganz wenigen Solovorträgen einen Abend ausfüllen kann“.

„Kartellztg. dtsch. Std.-Gesang-Vereine“:

„Alles in Allem: das Werk Brambachs muss als eine sehr gelungene Komposition bezeichnet werden und reiht sich den besten, welche für Männerchor geschrieben sind, würdig an die Seite.“

„Sängerhalle“:

„. . . Man kann das vorliegende Opus als einen der **glücklichsten Würfe** aus Brambachs neuerer Schaffensperiode bezeichnen. Das Werk ist auch mittleren Vereinen schon bequem zugänglich.“

O. Jänisch, G.-V.-Dirigent in Aschersleben:

„. . . Es ist mir eine unverhohlene Freude, Ihnen mitteilen zu können, dass Brambachs Caesar **eine begeisterte Aufnahme bei unserm Publikum** gefunden hat. Diese frischzügige, schwungvolle Komposition ist eine überaus wertvolle Bereicherung der Männerchor-Litteratur; je mehr man sich mit dem Werke beschäftigt, je tiefer man eindringt in den Geist dieser Musik, desto mehr Schönheiten entdeckt man. **Auch die Sänger haben sich mit wahrer Begeisterung** den oft anstrengenden Übungen gewidmet. Es ist kein Zweifel: Brambachs Werk wird sich immer mehr Freunde erwerben.“

„Bonner Zeitung“:

„Brambach's Jubel-Opus 100 „Caesar am Rubikon“ ist eine äusserst wertvolle, gross angelegte, in Chor- wie Solosätzen **geradezu sieghafte Komposition.**“

Woyrsch, Felix von, Op 32.

Deutscher Heerbann.

Kantate für Männerchor, Solo und Orchester.

Klav.-Auszug n. M. 4,50. Chorstimmen à M. —,75

„Bonner General-Anzeiger“:

„Unter allen Männer-Chorwerken der Neuzeit ist der „Heerbann“ **wohl am genialsten gestaltet.** Chor und Orchester werden in einer Weise gehandhabt, wie wir es gerade in Männerchorwerken nicht zu finden gewohnt sind.“

Konzert des Braunschweiger Lehrer-Gesangvereins:

„. . . Die Kantate „Deutscher Heerbann“, deren heroischer Charakter mit hinreissendem Feuer und dramatischer Wucht zur Geltung gebracht wurde. Der Schluss mit dem schmetternden Siegesruf „Hie deutsches Reich für immer!“ hinterlässt einen **mächtigen, tiefen Eindruck.**“ *Braunschw. Landeszeitung.*

„Kölnische Zeitung“:

„Das Gedicht Em. Geibels hat der zeitgenössische Tondichter F. v. W. zu einem kraftstrotzenden Tongemälde benutzt. Der geschichtliche Stoff giebt von selbst die natürliche Grundlage für ein mit Schattierungen, packenden Chören und gefühlreichen Soli gesättigtes Tonbild, das besonders vom Chor mit begeisterter Hingabe wiedergegeben wurde.“

Das Werk gelangte im letzten Jahre u. a. zur Aufführung in Braunschweig, Köln, Krefeld, Bonn etc.

III. Für Frauen-Chor ohne Begleitung.

Schumacher, Rich., 6 leichte Chöre für Frauen- oder Kinderchor

Op. 23. **Mutterliebe.** Op. 27. **Christnacht.**
„ 25. **Abendfeier.** „ 29. **Frühlingseinzug.**
„ 26. **Juchhe.** „ 32. **Sommernacht.**

Partitur à M. —,50. Stimmen à M. —,15

„Sängerhalle“:

„Die Durchsicht dieser 6 Chorlieder hat mir aufrichtige Freude bereitet. Es spricht sich in ihnen ein anspruchloses, natürliches Empfinden in einer melodisch sehr gefälligen Weise aus. Die Harmonisierung ist einfach, ungesucht und doch ausdrucksvoll; die Textdeklamation ist sinngemäss behandelt und der Chorsatz, der nur vereinzelt ein paarmal das hohe a vom I. Sopran verlangt, im übrigen sich aber in bescheidenem Tonumfang hält, ist durchweg sehr klangvoll.

Wolff, Ernst, Op. 5. **Fünf Lieder für 4stimmigen Frauen-Chor a cappella.**

Heft I. **Tanzweise. Abendlied. Der träumende See.**
„ II. **Spielmannsweise. Liebesglück** . . Partitur M. —,80. Stimmen à M. —,25

„Kölnische Zeitung“:

„E. Wolff war mit Liedern für Frauenchor vertreten, die das Beste sind, was wir bis jetzt von ihm gehört, sehr stimmungsvoll und durch Eigenart der Erfindung wie durch Klangreiz ausgezeichnete Chöre, die dem herrlichen Stimmenmaterial der Soprane Gelegenheit boten, zu glänzen.“

IV. Frauenchor mit Begleitung.

Frischen, Jos., Op. 11. **Athenischer Frühlingsreigen.**

Für 4stimm. Frauenchor u. Orchester. Klav.-Ausz. n. M. 2,50. Chorstimmen à M. —,30

Aufgeführt in Berlin, Hannover, Braunschweig, Krefeld, Chemnitz, Dortmund, Köln etc.

„Dortmunder Zeitung“:

„. . . Keine der früheren Vokalkompositionen dieses begabten, aufstrebenden Talentes hat uns wie diese den Stimmungsgehalt seiner Tonromantik treuer vermittelt . . . **Ein bestrickender Klangreiz, in südliche Farbenpracht getauchte Harmonie** sind die besonderen Eigenschaften der von milder Innigkeit gesättigten Chöre, zu denen eine ungemein wohllautende und berauschende Instrumentation sich gesellt.“

„Kölnische Zeitung“:

„Es ist feine, klangschöne Musik, die völlig im Charakter des Textes gehalten ist; der erste und zweite Teil sind nicht gewöhnliche Labung für Herz und Sinne. Der Chorsatz ist äusserst wirksam behandelt und unser Gürzenichchor hatte Gelegenheit, seine strahlendsten Vorzüge zu entfalten.“

„Musik- und Theaterwelt“:

„**Das ist eine schwungvolle, grosszügige Melodie, um die eine prächtige Instrumentation wie ein Purpurmantel wogt und wallt.**“

Rheinberger, Jos., Op. 64. **Der Maitag.**

Ein lyrisches Intermezzo für 3stimmigen Frauenchor mit Klavier-Begleitung.

Klavier-Auszug kompl. M. 5,—
Chorstimmen . . . à „ —,80
Stimmen der einz. No. à „ —,30

Wohl kein anderes Frauenchorwerk erfreut sich einer solchen Beliebtheit, wie dieses; es wird jährlich in ca. 30 grösseren Städten aufgeführt.

„Musikwelt“:

„. . . Eine äusserst lebensprühende, frische und melodische Komposition.“

„Hamburger Korrespondent“. (J. Sittard.)

. . . Im Vordergrunde des Konzertes stand „Der Maitag“ von Rheinberger, ein Cyklus von Gedichten, welche die verschiedenen Stimmungen wiederspiegeln, die durch die schöne Maienzeit in der Menschen Brust erweckt werden. Warme Stimmung atmet der erste Chor „Früh Morgens“, welcher uns durch frühlingshelle Auen und waldigen Hain auf die Berge führt, wo wir den alten deutschen Strom erschauen, dessen Sagen uns von Lieb' und Sturm erzählen. Das einzig alte und doch immer neue Lied stimmt die Ballade von einem Knab' und Mägdlein an, die sich liebten und doch nicht fanden. Hier wusste der Komponist jene einfachen und schlichten Töne zu finden, die zu Herzen gehen. Ein Tonbild von stimmungsvollem Colorit ist „Mittagsruhe“, originell der Schluss. Einen frischen, ausgelassen heiteren Charakter trägt der vierte Chor: „Reimspiel“. Frauenchören ist hier eine sehr dankbare Aufgabe gestellt.“

Hentschel, Th. Philomele. Die Elfe der Nacht. Für Sopransolo und Frauenchor mit Orch. oder Klavier und Violine. . . Klavier-Auszug no. M. 2,—. Chorstimmen à M. —,30.

V. Für gemischten Chor ohne Begleitung.

Chor-Album, Band I. u. II. 42 ausgewählte Lieder von **Abt, Brahms, F. Hiller, Rudorff, Wüllner, M. Bruch** etc. . . . . . Partitur n. M. 3,—
Stimmen à „ —,80

In zahlreiche Gesangvereine eingeführt.

vom Ende, H., Op. 12. **Ich will dich lieben, meine Stärke** . . . . . Partitur „ —,80
Stimmen à „ —,20

Wüllner, Franz, Op. 26. **Miserere. 50. Psalm für Doppelchor und Soli.**
Partitur M. 3,—. Stimmen „ 3,—

„Kölnische Zeitung“:

. . . Die Behandlung des Textes schliesst sich den Gewohnheiten der katholischen Kirche, wie sie durch die altitalienischen Meister sich herausgebildet haben, an, widerspiegelt jedoch und erweitert vom gläubig-modernen Geiste. Abgerundete, reich und kunstvoll ausgeführte Sätze werden von der Stimme des Psalmodisten abgelöst. Die Hilfsquellen des Doppelchors sind ihrem ganzen Umfange nach mit feinstem Sinn für Wohlklang, für vielstimmige Zusammenklänge und für regste Stimmenbewegung ausgenutzt. Von besonderm Reiz ist das Zusammensingen einer diskreten Chor und zweier Solostimmen. Die Grundstimmung des Textes bezeugt eine so grosse Hingabe und Vertiefung, dass der musikalische Ausdruck uns stets als selbständig empfunden, mit einer dem Text abgelauschten Eigenartigkeit entgegentritt. Die einzelnen Phrasen werden in massvoller Weise treffend und eingehend charakterisiert. Auch in rhythmischer Hinsicht stechen die einzelnen Sätze genügend von einander ab, um unter Beibehaltung der einheitlichen Grundstimmung ein wechselvolles Ganzes zu ergeben. Das Ganze ist von einer Höhe der Anschauung getragen und mit einer Geschicklichkeit gearbeitet, **dass es zu den wertvollsten und bleibenden Schätzen der Chorlitteratur zu zählen und allen Vereinen jedes Glaubens als herrliches Erbauungsstück zu empfehlen ist.** Besonders hervorragend in Modulation, Stimmenanordnung und Ausdruck ist die Stelle: Sacrificium Deo spiritus contribulatus.

Zapff, O., Op. 10. **Zwei Diebe** . . . . Partitur M. —,80
Stimmen à „ —,30

Oberlehrer Engler, Chorrektor an St. Peter, Bautzen:

„Mit den Zwei Dieben habe ich wirklich **einen Treffer 1. Klasse** gezogen; geben Sie mir gef. die Adresse des Komponisten, damit ich mich bei ihm für diese prächtige Gabe seiner kompos. Thätigkeit bedanken kann. . . .“

VI. Für gemischten Chor mit Begleitung.

Brambach, C. Jos., Op. 99. Der späte Winter.

Klav.-Auszug n. M. 3,—
Stimmen à „ —,50

„Centralblatt“:

Wer seinem Chor und seinen Zuhörern ein exquisites Musikstück bieten will, der wird in diesem Konzertstück ein prächtiges, vorzügliches Stück finden.

„Deutsche Kunst- und Musikzeitung“:

„Brambachs Konzertstück ist aus einem Gusse, ein organisch gebildeter Bau, die Erfindung von wohlthuender Frische und Natürlichkeit. Trefflich ist die Behandlung des Chors, die Führung der Stimmen und die dadurch erzielte Klangwirkung, dabei unschwer zu singen und dankbar für die Interpreten.

Brambach, C. Jos., Op. 101. Der 21. Psalm (Königspsalm)

a cappella oder mit Begleitung . . . . Klav.-Auszug n. M. 3,—
Stimmen à „ 1,—

„Neue Musikalische Presse“:

„Die Anlage ist sehr schön . . . Als Vokalsatz eine ungemein tüchtige Arbeit und von bester Wirkung.“

„Urania“:

„Die fragl. Bibelworte sind meisterhaft tonlich illustriert, so dass das Werk besondere Beachtung verdient. Der majestätische Eingangschor ist fünfstimmig behandelt, der zweite Satz sogar sechsstimmig, ein sehr wirkungsvoller Satz für Solostimmen. Hierauf wird die Bewegung immer kraftvoller und gipfelt in einer vierstimmigen feurigen Fuge.“

Die Werke sind in allen Buch- und Musikalienhandlungen zur Ansicht zu haben.

Druck von C. G. Röder in Leipzig

Besprechungen.

(Nachdruck verboten)

Zur Besprechung gelangen nur Werke, welche des Lobes würdig sind.

Humoristica.

Unter dem Titel „Humoristica" versteht man in musikalischen Kreisen gar Verschiedenartiges und darunter so Manches, über dessen Zugehörigkeit zu dieser Rubrik sich sehr wohl streiten liesse. Ein Unterschied zwischen komischen und humoristischen Werken wird nicht gemacht, und doch, welch eine Welt trennt den Komiker, der den Thoren lediglich dem Gelächter preisgiebt, vom Humoristen, der allerdings auch die Thorheit verlacht, aber blutenden Herzens, den Thoren bemitleidend; ein Spott, der dem Spötter das Herz zerreisst. Auf der einen Seite wieherndes, zwerchfellerschütterndes Gelächter hervorrufende Komik, auf der anderen jener unter Thränen lächelnde Humor, der gerade durch die Tonkunst seine lebendigste, ergreifendste Wiedergabe findet — von dem schalkhaften, kindlich-heitern Lächeln Haydn's bis zu dem Wetterleuchten des bebenden, überschwänglichen Blickes Beethovens. —

Und dennoch müssen wir das Alles im wirrsten Durcheinander in die Rubrik „Humoristica" einreihen, denn eine scharfe Trennung dieser Gebiete ist im gegebenen Rahmen nicht möglich; es giebt ja schliesslich auch possenhafte Humoresken und humoristische Possen. So möge uns denn eine Aufzählung der besseren und wirkungvolleren Neuigkeiten dieses ganzen Gebietes gestattet sein.

Zunächst seien die **Männergesangvereine** auf einige feinhumoristische Chöre aufmerksam gemacht. **E. S. Engelsberg**, unter welchem Pseudonym sich der 1878 verstorbene Wiener Ministerialrat Dr. Ed. Schön verbirgt, ist unstreitig einer der sympathischsten und vornehmsten Humoristen, die wir besitzen; seine köstlichen Gaben, besonders die „Narrenquadrille", „das allerliebste Mäuschen" und „der Hut im Meer" (ein sogen. Da Capo-Liedchen) erfreuen sich überall grosser Beliebtheit. Aus den Programmen des berühmten Udelquartetts erwähnen wir als besonders wirkungvoll „Das schwarze Haar", von **Jos. Piber** und „Männer taugen alle nit", die allerdings vollendeten Vortrag verlangen. Nicht minder komisch wirkt der Scherz desselben Autors: „Zeitrechnung in der Schlafstube"; die Werke zeichnen sich durch gutgearbeiteten, klangvollen Satz aus. **Heinr. Zöllner**, dessen humoristische Ader sich bereits in einer älteren, derbkomischen Vertonung eines Speisezettels für Männerchor (Seitenstück zu op. 111 von E. Simon, „die musikalische Speisekarte" als Duett) geäussert hatte, bescheert uns diesmal mit einer humoristischen Schelmengeschichte aus dem 17. Jahrh., „Der Schreiber im Korbe". Ein gelehrter Liebhaber wird von der treulosen Schönen in einen Korb gelockt und bis unter's Dach hinaufgezogen. Das Liedchen ist köstlich gearbeitet und hat bei Aufführung durch die Pauliner in Leipzig berechtigten Triumph gefeiert.

Ein nachgelassenes Werk des bekannten Liederkomponisten **Hugo Brückler** verdient Erwähnung: „Marsch der Bürgergarde", für Männerchor, kleine Trommel und Piccoloflöte, der sich durch prickelnde Rhythmen und gesunden Humor auszeichnet. Gut getroffen ist der Ton zweier Balladen aus Goethe's Faust: 1. „Es war einmal ein König"; 2. „Es war gorie gehört: **Vom Ende**, op. 9 Nr. 3 „Mein herzliebstes Schatzerl", alles ziemlich leicht zu bewältigende Aufgaben. Für Soloquartett empfehlenswert ist ein „mehr lustiger als ernster Sang" von **W. Rudnick**, op. 47: „Der Rechte", mit hübscher Pointe. Ein ausserordentlich klangschönes Liedchen mit witziger Schlusswendung tritt uns entgegen in **K. Zuschneids** op. 21 „Der Friedel und die Nachtigall". Zuschneid weiss die Eigenart und die Vorzüge des Männerchorgesangs trefflich auszunutzen.

Dass das altbekannte und vielgesungene **Storchlied von König** neuerdings auch für Männerchor gesetzt ist, sei hier erwähnt.

Von **Potpourris** für Männerchor sind hervorzuheben eine höchst drollige Verarbeitung der „Loreley" von **Carl Krüger**, „Bruder Liederlich" von **Ad. Schreiner** und „Die Stillvergnügten" von **E. Simon** op. 105, sehr beliebt und viel gesungen.

Von **Trinkliedern** sind uns in letzter Zeit bescheert: „Im schwarzen Walfisch zu Askalon", das alte Studentenlied, von **E. Meyer-Helmund**; ferner v. **Jos. Liebeskind** op. 10. Das „Regenwetter" und „Trinklied: „Was ist das für ein durstig Jahr". Wegen ihrer Sangbarkeit sind ebenfalls für heitere Gelegenheiten zu empfehlen: **Ludwig Keller** op. 28 Rheinweinlied, op. 37: Trinklied, op. 48: Beim Fass.

Unter den letztjährigen **Tanzliedern** befinden sich einige ganz reizende Sachen, voll echten Wiener Humors. Durch kecke Grazie zeichnet sich besonders aus: **Robert Handke**, op. 14 „Ländliche Tanzszene". **C. Hartmann**, op. 14 „Müllers Gretchen" (Polka), ferner eine „Schmetterlings-Polka" von **Rudolf Wagner**, zwei graziöse Tänze von **C. M. Ziehrer** 1. „Wienerisch" (Walzer) und „Ballblume" (Polka fr.) für Männerchor bearbeitet von **G. Kremser**, der berühmte „Donau-Wellen-Walzer" von **Jvanovici**, bearbeitet von **Fr. Aug. Kern.**

Auch unsern

gemischten Chören

können wir einige heitere Werke leichten Genres empfehlen. So vier Tanzliedchen von **Joh. Pache**, op. 60, „Kirmes" betitelt, recht muntere, neckische Bagatellen.

Ebenso desselben Komponisten op. 89 „Aufforderung zum Tanz" und op. 176 „Musikantenstücklein". Pache's Chorwerke haben sich nicht mit Unrecht viel Freunde erworben; sind sie auch nicht allzutief gegründet, so kann man ihnen doch wirkungsvollen Satz, warme Melodik und Wohlklang nicht absprechen. Ein allerliebstes Chorliedchen von **O. Zapff**, op. 10 „Die zwei Diebe" hat bereits mehrfach grosse Erfolge erzielt, nicht zum wenigsten durch seinen zierlichen, kunstvoll gearbeiteten Satz.

Ensembleszenen.

Obschon auf diesem Gebiete mit Recht von einer Ueberschwemmung des Marktes geredet werden könnte, findet man doch des Brauchbaren nicht allzuviel. Die komischen Adern fliessen entweder nicht reichlich genug, oder unsere Humoristen stellen ihr Talent zu sehr in den Dienst bestimmter Gelegenheiten und Vergnügungen kleinerer Kreise und der ganze, nur für diese verständliche Witz geht für die Allgemeinheit verloren. In Köln z. B. werden die Humoristen schier gezüchtet: ein Sprühfeuer von guten und schlechten Witzen

Stücke von **Aug. Weweler,** op. 7, das Salz der Ehe und op. 9, ein Briefduett. Sind auch die Sujets nicht neu zu nennen, so entschädigt doch die hübsche, musikalische Arbeit. Von Weweler ist auch noch das „Preisgericht" für 3 Frauen- und 3 Männerstimmen bemerkenswert. Tüchtige Spieler werden in einer humoristischen Szene für 3 Herrn von **Karl Busch:** „Nette Künstler" eine dankbare Aufgabe finden.

Ein Terzett von **L. Kron,** op. 187, „Der Katzenjammer vor Gericht," nach einer Humoreske von Lothar Meggendorfer, erfreut sich bereits grosser Beliebtheit; es behandelt die Blamage eines Gensdarmen, der einen Maler wegen verbotenen Angelns arretiert, während dieser doch nur für seinen Kater einen zu stark gesalzenen Häring wässern wollte.

Von hochkomischer Wirkung bei guter Wiedergabe sind dann noch zwei Konzertstücke für eine grössere Anzahl von Herren. Eine leicht zu bewältigende, grosse humoristische Sinfonie von **Rob. Meister,** für Klavier, 3 Bigotphones und Kinderinstrumente, aufgeführt von Kapellmeister Brüllow mit seiner internationalen Kapelle, und die **„Bremer Stadtmusikanten."** Theatralisches Konzert von Lumpacius Basilius Asinus, ausgeführt von 10 Herren in komischen Tiermasken und dem Dirigenten. Sämtliche Tierstimmen vereinigen sich hier zu einem urgelungenen, drastisch wirkenden Konzert.

Von grösseren Singspielen für Soli und Chor sind hervorzuheben: Der Nimrod als Othello von **Ad. Jäckel** op. 103; „Eine Wählerversammlung oder die neue Brücke" von **Jos. Piber** op. 51 und eine Travestie von „Kabale und Liebe" desselben Autors. Ein zeitgemässes Singspiel von **Th. Drath,** op. 74 „Nervös" betitelt, und ein ganz köstliches Werkchen von **Fr. von Suppé:** „Eine ländliche Konzertprobe", von **E. Simon** für gemischten und für Frauenchor bearbeitet. Auf letztere humoristische Szene seien Damen-Vereinigungen ganz besonders aufmerksam gemacht. Für letztere sind ausserdem noch geeignet: Der „Hausfrauen-Verein", humoristische Szene für fünf Frauenstimmen von **L. Kron** und der Wiener Wäschermadl-Walzer: „Wir vom Donaustrand" von **G. Schönfeld.** Schliesslich sei noch eine humoristische Soloszene erwähnt: „Die feindlichen Brüder", von **G. von Gizycki.**

Dietrich Schäfer, „Das Lied der Maid von Astolat", „Tanzlied im Mai" für gem. Chor mit Klav. oder Orchester.

In diesem opus tritt uns eine warmfühlende, temperamentvolle Künstlerseele entgegen. Die süsse Wehmut, die das Lied der Maid von Astolat durchzittert, die Ergebung in ihr Geschick spiegelt sich in den breiten Rhythmen, dem gesättigten Wohlklang, der getragenen, sanft dahinfliessenden Melodie vortrefflich wieder und gestaltet das Ganze zu einem seelenvollen Erguss eines liebenden Herzens, welchem der Tod Wonne ist. Eine weiche, überaus wohlklingende Instrumentation umfliesst den Gesang.

Nach diesem getragenen Gesange wirkt das zweite Lied „Tanzlied im Mai", mit seinem lebendigen Tempo, seinen kecken Rhythmen, seiner rauschenden Instrumentierung um so erheiternder. Auch hier ist der Sinn für edle Stimmführung und Wohlklang besonders hervorzuheben. Da die Lieder technisch keine grossen Anforderungen stellen, auch nur kleines Orchester verlangen, so ist eine Aufführung auch kleineren Vereinen möglich.

Von **C. Attenhofer** liegt uns ein leicht ausführbares Konzertstück für gemischten Chor, Sopran- und Baritonsolo

worden ist; mag das freie Metrum Manchen zurückgeschreckt haben, einem Fr. Schubert oder J. Brahms wäre das sicherlich kein Hindernis gewesen. Der Wechsel der Stimmungen, der ganze Aufbau, die gewaltige Steigerung, die blühende Sprache, alles drängt nach einer Vertonung, kommt dem Tonsetzer auf halbem Wege entgegen, und eine Meisterhand musste ein Meisterwerk aus diesem Stoffe schaffen. In wechselreichen Bildern rollt sich vor uns der Lebenslauf eines Gewässers auf, vom freudehellen Felsenquell, der jünglingfrisch durch die Ebene dahineilt, bis zum stolzen Flusse, dem die Gebirgsbäche sich anschmiegen und ihm zurufen: Bruder nimm die Brüder mit! Er wird zum rauschenden Strom, „in rollendem Triumphe giebt er Ländern Namen, Städte werden unter seinem Fuss". Sausend wehen über seinem Haupte tausend Flaggen durch die Lüfte, Zeugen seiner Herrlichkeit". Und so „legt er seine Brüder, seine Schätze, dem erwartenden Erzeuger freudebrausend an das Herz". Diese begeisternde, gedankentiefe Dichtung, aufzufassen im übertragenen Sinne als ein Hymnus auf einen erhabenen Menschen, hat in R. Kahn einen durchaus kongenialen Geist gefunden; seinem Werke eignet eine grosszügige, fortreissende Entwicklung. In flüssigen Triolen (D-dur) eilt der Felsenquell dahin, bunten Kieseln nachjagend. Blumen werden unter seinem Fusstritt und suchen seine Knie zu umschlingen. Doch ihn hält nichts in seinem Laufe (D-moll); er tritt in die Ebene silberglänzend (B-dur); die Rhythmen werden schwerer und breiter und es beginnt nun eine Steigerung, die in ihrer Entwickelung höchst interessante Momente bietet.

An den Helden tritt jetzt der Ernst des Lebens, seine Brüder flehen ihn um Hilfe an: „Denn uns frisst in öder Wüste gierger Sand". Dem leidenschaftlichen Charakter dieser Stelle entsprechend ist die Modulation eine sehr charakteristische; unheimlich schleicht sich der Bass in chromatischen Schritten in die Tiefe und dann wieder hinauf, die Musik kriecht gleichsam über Leichen. Auf dem Gipfelpunkt dieser Entwickelung bei dem Aufruf: „Kommt, ihr Alle", moduliert die Musik wieder nach D-dur zurück und in feierlichen Rhythmen braust der Lobgesang bis zum Schluss.

Der Sommerabend, op. 28, besteht aus einem Cyklus von Solo- und Chorgesängen nach Art des „Spanischen Liederspiels" von R. Schumann. Das Programm des Ganzen ist im ersten Gesange niedergelegt; es handelt sich um eine Vereinigung sangeslustiger Leutchen am Sommerabend.

„Junges Volk will Gesang, Fiedelspiel und kecke Reigen:
Säume heut' Keiner lang' sich zu Ehr' und uns zu Dank
seine Kunst zu zeigen".

Dann folgt in buntem Wechsel eine humoristische Ballade für Tenor, ein Volksliedchen für Frauenchor, Wechselgesang zwischen Bursche und Mädchen, der sich um die wichtige Frage dreht, ob das Küssen bei Tage oder bei Nacht besser schmeckt.

Es folgen noch einige Sologesänge mit Chor und zum Schluss eine breiter ausgeführte Komposition, eine beseeligende Verherrlichung des Friedens, welcher durch eine weiche Instrumentation mit Streichorchester, Holzbläsern und Hörnern noch eine schöne Zukunft beschieden sein möchte. Unter den anderen Gesängen sind als besonders gut gelungen hervorzuheben das gemütvolle Volkslied und der neckisch pikante Wechselgesang. Das Werk bietet keine Schwierigkeiten und ist daher auch kleineren Vereinen zugänglich.

Institut für brieflichen Unterricht in der Theorie der Musik.

Gründlicher Unterricht in allen theoretischen Disziplinen

unter Mitwirkung hervorragender Theoretiker und Komponisten.

Der **briefliche Unterricht** verfolgt den Zweck, allen Freunden der Tonkunst, welche Beruf und Neigung zur Komposition ı sich spüren, und in Geist und Wesen der musikalischen Kunstwerke einzudringen wünschen, sowie Tonkünstlern, denen die für den ehr- und Dirigentenberuf notwendigen theoretischen Kenntnisse fehlen, Gelegenheit zur Aneignung derselben zu bieten. Der Unterricht ann zu jeder Zeit aufgenommen und abgebrochen werden, er ist überhaupt nicht an bestimmte Stunden oder Zeiten gebunden. Die reise für Korrekturen und briefl. Erörterungen sind sehr billig bemessen*).

Bitte Prospekt gratis und franko zu verlangen.

H. vom Ende, Köln, Beethovenstr. 6.

*) **Auch werden Bearbeitungen jeder Art übernommen, Arrangements, Instrumentationen, Korrektur einzelner Kompositionen.**

Bernh. Tormann,

Musikverlag

Münster i. W.

Soeben erschienen:

'esseler, „Mein Stern" 0.75 M.
ohlichting, „Im stillen Friedhof . . . . 0.75 M.
rüggemann, „Reiterlied" 1.50 M.
impeius, „Warum sind denn die Rosen so blass?" 0.75 M.

Vier neue, ansprechende Lieder it hübscher charakteristischer iavierbegleitung. Zu haben in jeder ich- und Musikalienhandlung.

Ansichtssendungen stehen ıter den günstigsten Bedingungen reitwilligst zu Verfügung.

ernh. Tormann, Musikverlag, Münster i. W.

Neue Bücher über Musik.

Cherubini-Jensen. Theorie des Kontrapunktes u. d. Fuge. In neuer Uebersetzung. Bearbeitet und mit einem Anhang über die alten Kirchentonarten versehen von Prof. G. Jensen. Mk. 4,—, geb. Mk. 5,—.

Franke, F. W. Harmonielehre. Theorie und Praxis des harmonischen Tonsatzes. Hand- und Lehrbuch für den Unterricht und das Studium der Theorie der Musik. Mk. 3,—, geb. Mk. 4,—.

Ende, H. vom. Dynamik des Klavierspiels. Ein Lehrbuch zur Vertiefung des Studiums unserer Klassiker, speziell der Sonaten Beethovens. Mk. 1,—, geb. Mk. 1,50.

Klauwell, Prof. Dr. O. Formen der Instrumental-Musik. Kurz, klar und fasslich. Mk. 1,—, geb. Mk. 1,50.

Klauwell, Prof. Dr. O. Geschichte der Sonate von ihren Anfängen bis zur Gegenwart Mk. 1,50, geb. Mk. 2,—.

E. T. A. Hoffmann's musikalische Schriften. Mit Einschluss der nicht in die gesammelten Werke aufgenommenen Aufsätze über Beethoven, Kirchenmusik etc. Mit zahlreichen Notenbeispielen, herausgegeben von H. vom Ende Mk. 1,50, geb. Mk. 2,10.

H. vom Ende's Verlag,

Köln a. Rh.,

bitte gratis zu verlangen:

Verlags-Kataloge.

Für Sologesang.
- Chorgesang.
- Klavier.
- Streichinstrumente und Orchester.

Vollständige Kataloge.

Grosses Konzert

für

Klavier u. Orchester

von

Ewald Strässer.

Op. 8.

Ausgabe für 2 Klaviere Mk. 8,—

Breslaur's Klavierlehrer schreibt:

Das Werk gehört unstreitig zu den beachtenswertesten Erscheinungen der Neuzeit auf dem Gebiete der Konzertlitteratur, und verfehlen wir nicht auf dasselbe die Aufmerksamkeit der Pianisten zu lenken.

Neues Album für

Violine

m. leichter Klavierbegleitung

14 klassische Stücke, bearbeitet und mit Fingersatz versehen von H. Wahls

Fr. Schubert, Mozart, Gluck, Chopin, Beethoven, Mendelssohn, Händel, Schumann, Boccherini, Haydn, Bach, Spohr.

Preis netto Mk. 1,50.

Neu erschienen:

Büsten von Brahms.

Preise von

Originalgrösse lebensgross	[illegible]	Gips	Lack
65 cm hoch	36	18	4.—
I. Kopie 41 cm hoch	12	8	1.50
II. Kopie 22 cm hoch	4	—	.60

Aufträge erbitten:

Gebrüder Micheli,

Berlin NW., Unter den Linden 76a.

Im Rosengärtlein,

(K. Stieler).

Lied für Tenor von

H. vom Ende op. 15.

Köln am Rhein. **H. vom Ende's Verlag** Beethovenstr. 6.

Central-Versand für Chorgesanglitteratur.

Grosses Lager der neuesten Erscheinungen für

Männer-, Frauen- und gemischten Chor.

Prompte und sorgfältige Lieferung

von Musikalien jeder Art, sowie der **gesamten musiktheoretischen Litteratur.**

Ansichtssendungen, auch der neuesten Erscheinungen, stehen bereitwilligst zur Verfügung.

Im Verlage von

Rob. Forberg in Leipzig

erschienen soeben folgende

Neuen Gesangwerke

und sind durch alle Buch- und Musikalien-Handlungen zu beziehen:

I. Lieder:

FISCHHOF, Robert. Op. 70 No. 3. »Komm' herziges Kind«. Gedicht von H. Probst. Für eine Singstimme mit Begleitung des Pianoforte . . . . . Mk. 1,–

RIEMENSCHNEIDER, Georg. Op. 21 »Drei plattdeutsche Lieder« für eine Singstimme mit Begleitung des Pianoforte.
No. 1. »Plattdeutsches Wiegenliedchen«. Gedicht von B. P. Förster 1,–
No. 2 »Wat sick de Kauhstall vertellt«. Aus »Läuschen und Rimels« von Fritz Reuter 1,–
No. 3. »Watt wull de Kirl«. Aus »Läuschen und Rimmels« von F. Reuter 1,–

STRAUSS, Richard. Op. 30. »Fünf Lieder« für eine Singstimme mit Klavierbegl. (Five songs with pianoaccompaniment. With german and english words). Ausgabe für tiefe Stimme.
No. 1. »Leises Lied«. (Silent longing.) Gedicht v. Richard Dehmel 1,–
No. 2. »Jung Hexenlied«. (Home). Gedicht von O. J. Bierbaum 1,–
No. 3. »Der Arbeitsmann«. (The workman.) Gedicht von Richard Dehmel 1,–
No. 4. »Befreit«. (Dent the Releaser.) Gedicht v. Richard Dehmel 1,–
No. 5. »Lied an meinen Sohn«. (Tomyson). Gedicht von Richard Dehmel 1,50

II. Chorwerke:

GRIEG, Eduard. »Psalm f. d. Vaterland«. Gedicht v. V. Rolfsen.
Für Männerchor gesetzt von R. Weinwurm. Partitur u. Stimmen –,75
Für gemischten Chor gesetzt von R. Weinwurm. Part. u. Stimmen –,75

HAMMER, Fr. Rich. Op. 8. »Waldvöglein«. Volkslied. Doppelchor f. vier Frauen- und vier Männerstimmen. Partitur und Stimmen 1,50
Op. 12. »Waldfrieden«. Gedicht v. Otto Hausmann. Für Männerchor. Partitur und Stimmen 1,50

HEUSER, Ernst. Op. 32. »Beim Rheinwein«. Gedicht von Arthur Thielert. Für Männerchor. Partitur und Stimmen 1,–

HIRSCH, Karl. Op. 132. »Zwei vierstimmige Männerchöre«.
No. 1. »Mein Lied«. Gedicht v. Hans Eschelbach. Part. u. Stimmen 1,50
No. 2. »Verrauscht und Verronnen«. Gedicht von F. W. Weber. 1,50

HUTTER, Hermann. Op. 21. Dorf-Idyllen«. Zwei Gesänge für Männerchor.
No. 1. »Im Winter«. Text von Obern. Partitur und Stimmen . . 1,–
No. 2. »Im Sommer«. Text von A. Jüngst. Partitur u. Stimmen 1,75

JÜNGST, Hugo. Op. 170. Zwei Gesänge für Männerchor.
No. 1. »Wanderers Abschied«. Gedicht von Fr. Winkel. Partitur und Stimmen . . . . . –,75
No. 2. »Frühlingsgesang«. Gedicht von F. A. Muth. Partitur und Stimmen . . . . . –,75
Op. 71. »Sei gegrüsst, du Land der Reben«. Gedicht von P. Baehr. Fur Männerchor. Partitur und Stimmen . . . . . –,75

KEMPTER, Lothar. Op. 27. »Mein Moselland«. Gedicht von E. Riedea von Spilliser. Partitur und Stimmen 2,–

PORTNER, L. Op. 6. »Es liegt so still im Abendfrieden«. Gedicht von P. Böll. Für Männerchor. Partitur und Stimmen . . 1,–

REITER, Josef. Zwei vierstimmige Männerchöre. Gedichte von J. von Eichendorff.
No. 1. »Trost«. Partitur und Stimmen 1,–
No. 2. »Die Nachtblume«. Partitur und Stimmen 1,–

RINGLER, Franz. Op. 42. »Tyroler Hochzeitsbilder«. Walzer-Idyllen für gemischten Chor mit Begleitung des Pianoforte. Klavierauszug und Chorstimmen 3,–

SCHWARTZ, Josef. Op. 14. »Seemann's Heimfahrt«. Gedicht von Rud. Keller. Für Männerchor. Partitur und Stimmen 3,–

SEIBERT, Louis. Op. 132. »Ein Todesritt«. Gedicht von N. Diedrichsen. Partitur und Stimmen 1.50

STEINBRUCH, Hugo. Op. 21. »Da drüben«. Gedicht von J. Mosen. Partitur und Stimmen . . . . . –,75

VIERLING, Georg. Op. 86. Vier gemischte Chöre.
No. 1. »Wanderlust«. Gedicht von F. Oser. Partitur und Stimmen 1,–
No. 2. »Gute Nacht«. Gedicht v. St. Andersen. Part. u. Stimmen 1,25
No. 3. »Neues Leben«. Gedicht von A. Becker. Part. u. Stimmen 1,–
No. 4. »Ein Fichtenbaum«. Gedicht v. H. Heine. Part. u. Stimmen 1,–

VOLLHARDT, Reinhard. Op. 6. »Im Walde«. Gedicht von P. Heyse. Partitur und Stimmen 1.–

Im Verlage von F. E. C. Leuckart in Leipzig erscheint soeben:

Balkanbilder

für

Männerchor, Sopran- und Bariton-Solo
mit Orchester oder Pianoforte
unter theilweiser Benutzung bulgarischer Volksweisen
componirt von

Eduard Kremser.

Op. 144.

Clavier-Partitur netto ℳ 5,—. Chor- und Solostimmen à ℳ 1,20. Vollständige Orchester-Partitur netto ℳ 25,—. Orchesterstimmen netto ℳ 32,—. Textbuch netto 25 Pf.

Eduard Kremser veröffentlicht hier einen neuen Liedercyklus für Männerchor, der voraussichtlich überall mit derselben Freude gesungen werden wird, wie seine weit verbreiteten „Altniederländischen Volkslieder“.

Das Werk entrollt eine Reihe interessanter Bilder aus dem südslavischen Leben in reicher Abwechselung. Die Musik, theilweise dem bisher verborgenen Schatze bulgarischer Volkslieder entnommen, ist höchst charakteristisch. Das Feurige, sowie anderseits das Tiefempfundene gelangen zu vortrefflichem Ausdruck und zu herrlichen Wirkungen, die durch die meisterliche, farbenreiche Instrumentation noch wesentlich erhöht werden.

Clavier-Partitur steht zur Ansicht zu Diensten.

P. J. TONGER, Köln a. Rh.
Sämtliche im Druck erschienene
Gesangvereins-Litteratur
stets am Lager.
Schnellste Bedienung. ■ Günstige Bedingungen.
Kataloge kostenfrei.

Arnold Steiger
Köln, Breitestrasse.
Prospekte gratis und franco.

Wegweiser

durch die

Chorgesanglitteratur.

Ratgeber für Männer-, Frauen- und gemischte Gesangvereine
und Gesangvereinsdirigenten.

Herausgegeben und redigiert von H. vom Ende, Köln am Rhein, Beethovenstrasse 6. — Erscheint monatlich einmal. — Bezugspreis für 1 Expl. 15 Pfg. Jahresabonnement 1,50 Mk. incl. Porto. Inserate kosten pro 4 mal gespaltene Petitzeile 25 Pfg.

№ 4. Köln am Rhein, den 26. Januar 1900. I. Jahrgang.

Inhalt:

Aufführungen.

(Nachdruck verboten.)

Männerchöre a cappella.

Abkürzungen: gr.-gross, s.-sehr.

Titel	Komponist	Stadt	Verein	Dirigent	Erfolg	Preis
Komm, o komm. (Altniederl. Volkslied)	bearbeitet von Kremser	Leipzig	Concordia		2 mal D. C.	
Sangers Frühlingslied	G. Ad. Jäckel	Ehrenberg	Verb. Altenburger G. V.	Meinecke	s. gr.	
Die Schwalbe von Lacroma	C. H. Döring	Annaberg	Liedergruss Dresden	K. Hösel	s. gr.	
Begegnung	do.	do.	do.	do.	s. gr.	
Hoch das Banner, deutsches Lied	do.	Dresden	Jul. Ottobund	W. Borrmann	s. gr.	
Schloss Geroldseck	do.	do.	Staatseisenbahnbeamten	M. Funger	s. gr.	
Juble, mein Herz	do.	do.	Tannhäuser	O. Heil	s. gr.	
Mein Lieb ist schön	do.	do.	do.	do.	s. gr.	
Abend	do.	do.	Liedergruss Harmonie	W. Borrmann	s. gr.	
Vineta	do.	do.	do.	do.	s. gr.	
Maiennacht	do.	do.	Germania	W. Pretsch	s. gr.	
Sandmännchen	H. Sitt	Haspe	Gem. Chor	A. Becker	s. gr.	
Es zog der Maienwind	W. Sturm	do.	do.	do.	s. gr.	
Wie die Reb' im Safte schwillt	C. H. Döring	Dresden	Liederhain	G. Schöne	s. gr.	
Schwinge dich, mein Frühlingslied	do.	do.	do.	do.	s. gr.	
Frühling	Alb. Kruesch	Hohenlimburg	Kath. M. G. V.	Steinkühler		I. Preis
An die Freude	Greger	do.	do.	do.		I. Ehr.-preis
Das liebe teure Vaterhaus	W. H. Steinkühler	Hagen	Eintracht	do.		Haupt-Ehr.-Pr.
Weihnachtsabend	Mayer	Barmen	Männerchor	do.	D. C.	
Weihnachtsglocken	Jos. Schwartz	Bonn	M. G. V.	Krakamp	s. gr.	
Gothentreue	Angerer	Ellwangen	Sängerbund	Alt	s. gr.	
Reiter und sein Lieb	E. Schulz	Krefeld	Liedertafel	L. Brünning	gr.	
Die beiden Särge	Hegar	do.	do.	do.	s. gr.	
Deutschlands Trost	H. Zöllner	do.	do.	do.	s. gr.	
Volkers Schwanenlied	Meyer-Olbersleben	Sigmaringen	Männerchor	Ruoff	s. gr.	
Das Heldengrab	J. B. Zerlett	Hannover	M. G. V.	Zerlett	s. gr.	
Volkslied a. Oberösterreich	E. Kremser	do.	do.	do.	D. C.	
Kriegslied der Buren	bearbeitet von R. Seidel	Stettin	Schütz'scher M. G. V.	R. Seidel	s. gr.	
Totenvolk	Hegar	Dessau	Liedertafel	Urban	D. C.	
Villanella, Madrigal	B. Donati	do.	do.	do.	s. gr.	
In den Alpen	Hegar	do.	do.	do.	s. gr.	
Auf dein Wohl, du rheinische Maid	Wl. Labler	St. Pölten	M. G. V.	H. Rippel	D. C.	

Die Red. bittet um frdl. Zusendung sämtlicher Programme, Festbücher etc. mit 1- oder 2 maliger Unter-

Titel	Komponist	Stadt	Verein	Dirigent	Erfolg	Preis
		Männerchöre a cappella.				
Wanderlust	W. Hülser	Düsseldorf	Sängerbund	W. Hülser	D. C.	
Kann ich naschen	Fr. Ullrich	do.	do.	do.	s. gr.	
Der Verschmähte	Ed. Kremser	Krefeld	Liedertafel	L. Brünsing	D. C.	
Germanengesang	do.	Oschersleben	Liedertafel	E. Quedenfeld	s. gr.	
Abschied	F. Neuert	Pforzheim	Liederhalle	Fr. Neuert	D. C.	
Mein Lieben	C. Fink	do.	do.	do.	s. gr.	
Die Mühle im Walde	Fr. Neuert	Düsseldorf	Liedertafel	W. Hülser	s. gr.	
Heute ist heut'	M. v. Weinzierl	Laibach	Deutscher Turnverein	S. Rauth	D. C.	
Dorfmusik	C. Kühnhold	Stuttgart	Liederkranz	Förstler	s. gr.	
Daheim ist doch daheim	do.	Gotha	Lehrer G. V.	Zuschneid	D. C.	
Die Blütenfee	Hegar	Coblenz	Concordia	O. Falckenberg	s. gr.	
Mein Schätzelein	Attenhofer	Frankenthal	Liederkranz	J. Schmitt	s. gr.	
Oberösterreich. Volkslied	E. Kremser	do.	do.	do.	s. gr.	
Dörperlanzweise	M. Zenger	Krefeld	Liedertafel	L. Brünsing	s. gr.	
Waldmorgen	Steinhauer	Köln	Germania	Schreiber	s. gr.	
XXIX. Psalm	Edg. Tinel	Zürich	Harmonie	Gottfr. Angerer	s. gr.	
Des Geigers Heimkehr	Gottfr. Angerer	Stuttgart	Liederkranz	W. Förstler	s. gr.	
Zieh' mit	do.	Zürich	Harmonie	G. Angerer	D. C.	
		Männerchöre mit Begleitung.				
Der Deutsche Heerbann	Fel. Woyrsch	Köln	Liederkranz	Lorscheidt	s. gr.	
Heinrich der Finkler	Fr. Wüllner	Bonn	M. G. V.	Wüllner	s. gr.	
Mahomet's Gesang	L. Kempter	Frankfurt a. M.	Lehrer G. V.	M. Fleisch	s. gr.	
Winzerchor	E. Stahl	Meissen	G. V. d. Porzellan-Manuf.	E. Stahl	s. gr.	
Zur Kirchweih	do.	do.	do.	do.	s. gr.	
Landerkennung	E. Grieg	Sigmaringen	Männerchor	Ruoff	s. gr.	
Schlittenfahrt	G. A. Jäckel	Meissen	Turnverein	K. Hunger	gr.	
Becher-Musik	K. Hunger	do.	Liedergruss	do.	s. gr.	
Johanna von Orleans	H. Hofmann	Nordhausen	Liedertafel	Rektor Scheer	s. gr.	
Hildebrandlied	Ad. Jensen	Stettin	Schötz'scher Mus. V.	R. Seidel	D. C.	
Drei Wünsche Rätsellied	bearb. von A. v. Othegraven	Stettin	Schötz'scher Mus. V.	R. Seidel	gr.	
Völkerfreiheit	Attenhofer	Meissen	Vereinigte M. G. V.	K. Hunger	s. gr.	
An den Nordsturm	Th. Podbertsky	Laibach	Deutscher Turnverein	V. Rauth	s. gr.	
Des Kaisers Reitersleut'	Fr. Mair	do.	do.	do.	D. C.	
Gothenzug	R. Schwalm	do.	do.	do.	s. gr.	
Columbus' letzte Nacht	W. Sturm	Frankenthal	Liederkranz	J. Schmitt	s. gr.	
Harald	Grunewald	Magdeburg	Verbündete Gesang Vereine	Grunewald	s. gr.	
Des Liedes Heimat	J. Pache	Pforzheim	Liederhalle	F. Neuert	s. gr.	
Soldatenlied	E. Kremser	Laibach	Deutscher Turnverein	V. Rauth	D. C.	
Frithjof	M. Bruch	Frankenthal	Liederkranz	J. Schmitt	s. gr.	
Kaiser Karl in der Johannisnacht	Th. Podbertsky	Zürich	Harmonie	G. Angerer	s. gr.	
Prinz Eugen	Ed. Kremser	do.	do.	do.	s. gr.	
		Humoristica.				
Ein Ständchen. M. Ch.	V. Keldorfer	Wien	M. G. V.	E. Kremser	D. C.	
Nimrod als Othello (Singsp.)	Ad. Jäckel	Erfurt	Liedertafel	A. Jäckel	s. gr.	
'Naus aus dem Haus M. Ch.	J. Pembaur	Pforzheim	do.	Th. Röhmeyer	s. gr.	
Dorfmusikanten M. Ch.	J. Pache	Laibach	Deutscher Turnverein	V. Rauth	s. gr.	
Dorfidylle M. Ch.	do.	do.	do.	do.	D. C.	
Die neuen Herrschaften gem. Quartett	Krause	Wien	Helios		s. gr.	
Die drei Karlsbader Kurgäste gem. Terzett	E. Winter	Schönebeck a. E.	Felk'scher G. V.	Felk	D. C.	
Im Gasthof z. schlanken Karl Ensemble-Scene	do.	do.	do.	do.	s. gr.	
Kurierte Freier. Terzett	Heintze	Düsseldorf	Männer Quartett	W. Hülser	s. gr.	
Opernschwärmer.	do.	do.	do.	do.	gr.	
		Geistliche Musik.				
		Gemischte Chöre a cappella.				
Nimm mir alles	M. Hauptmann	Zwickau	Kirchen-Chor St. Marien	Vollhardt	s. gr.	
O teures Gotteswort	do.	do.	do.	do.		
103. Psalm	E. Flügel	do.	do.	do.		
Die Geburt des Erlösers	L. Perosi	Como			gr.	
Die Nacht ist gekommen	M. Hauptmann	Leipzig	Kirch. Chor Johanniskirche	Röthig	s. gr.	
Osterlied	Alb. Becker	Haspe	Geistl. Konz.	Aug. Becker	gr.	
Wie liebl. sind d. Wohnungen	Fr. Volbach	Dortmund	Palästrina-Verein		s. gr.	
Adoramus te	E. Fr. Richter	Chemnitz	Kirchen-Konz.	Hemmann	gr.	

Titel	Komponist	Stadt	Verein	Dirigent	Erfolg	Preis
Benedictus es	E. Kretschmar	Chemnitz	Kirchen Konz.	Bemmann	gr.	
Psalm 150	A. Bruckner	do.	Musik-Verein	Mayerhoff	gr.	
Er ist gewaltig und stark	R. Volkmann	Leipzig	Thomaskirche		gr.	
Herr bleib' bei uns	B. Vogel	do.	do.		gr.	
*) Zerstörung Jerusalems	Klughardt	Berlin	Opernhaus	Klughardt	s. gr.	
Lucifer	P. Benoit	Wien	Gesellsch. Conc.		gr.	
Gemischte Chöre mit Begleitung.						
Ave maris stella	Anton Urspruch	Köln	Konz. Ges.	Fr. Wüllner	gr.	
Requiem	Jomelli	Kassel	Kirchenchor St. Martin	Klein	gr.	
Grablegung Christi	A. Klughardt	Chemnitz	Kirch. Konz.	Rein	gr.	
Christus	Liszt	Wien	Singakademie Schubertbund	F. Löwe	s. gr.	
Psalm 150	A. Bruckner	Chemnitz	Musikverein	Mayerhoff	gr.	
B-moll Messe	Alb. Becker	Altenburg	Kirchen-Chor	Scherr	gr.	
Der Stern von Bethlehem	v. Rheinberger	Ellwangen	Cäcilienverein	Alt	s. gr.	
Weihe der Nacht	v. Herzogenberg	Leipzig	Bachverein	H. Sitt	gr.	
Passions-Orator.	F. Woyrsch	Frankfurt a. M.	Rühl'scher G. V.	F. Woyrsch	s. gr.	

*) Als Berichtigung des Druckfehlers in Nr. 8. An derselben Stelle beziehen sich die beiden folgenden Aufführungen auf: Die Jungfrau von Orleans von C. Ad. Lorenz; Aufführungen in Düsseldorf und Münster i. W. mit s. gr. Erfolge.

Alle hier angeführten Werke sind zur Ansicht zu beziehen durch H. vom Ende's Verlag Köln a. Rh., Beethovenstrasse 6.

Abkürzungen: l leicht, sch schwer, s sehr, z ziemlich, m mittel.

Neuigkeiten.

Für die Aufnahme in diese Rubrik genügt die Zusendung eines Frei-Expl.

Frauenchöre mit Klavierbegleitung

2 stimmig

Schwierigkeits-Grad	Titel	Part. Mark	Stimme Mark
l	**Bieber, Karl,** op. 57 Treue Liebe „Schlehenblüt' und wilde Rose" . .	1 50	— 25
zl	**Ebner, Ludw.,** op. 37. Quell im Wald. Abend am See	1 20	— 20
msch	**Kretschmann, Th.,** op. 12 No. 1. Nächtliche Regung. „Horch der Tanne Wipfel"	1 —	— 30
zl	**Roscher, Jos.,** op. 110. Pfingsten. „Im zartesten Grün"	1 50	15
msch	**Röhrer, Jos.,** op. 37		
	No. 1. So ganz allein.		
	No. 2. „Wenn ich nur ein Knabe wäre".	1	30
zl	**Schönfeld, Georg,** op. 14. „Wir vom Donaustrand" . . . . netto	2 —	— 30

3 stimmig.

Schwierigkeits-Grad	Titel	Part. Mark	Stimme Mark
msch	**Berger, Wilh.,** op. 60. Erinnerung Verrat. Ein kleines Lied: Trost . .	3 —	— 60
	do. op. 82. Vier Gesänge		
	Heft I. Sommerabend. Bauernregel . . .	1 80	— 30
	„ II. Haidebild. Frau Musika . . .	1 80	30
msch	***Cherubini, L.,** „Schlaf, schlafe in Ruh" aus „Blanche de Provence", bearb. von C. Reinecke	1 50	— 15
	Dorn, Otto, op. 42,		
msch	No. 1. Frühlingslied. „Lieblich vor den Bäumen allen"	1 20	— 20
msch	No. 2. Frühlingslied. „Es streckt sich über dem Wege"	— 90	— 20
msch	No. 3. Frühlingslied. „Nun schau' ich wieder"	1 20	— 20
zl	**Dressler, Fr. Aug.,** Venet. Gondellied v. Mendelssohn-B. „Wo weilest du" .	1 —	— 20
zsch	**Enna, August,** Spinnlied. „Schnell, ihr Mädchen" aus „die Hexe"	3 —	— —
msch	do. Brautchor. „Mit Blumen schön", aus „die Hexe"	2 —	— —
msch	**Brambach, C. J.,** op. 98. Im Mai. Abend am Rhein. Wohin	4 50	— 80
	Fielitz, A. von, op. 45		
zl	No. 1. April. „Weine, junger Frühling"	— 90	— 20
msch	No. 2. Die Nachtigall. „Das macht, es hat die Nachtigall"	— 90	— 20
msch	No. 3. „Schönster Tag, nun gute Nacht"	— 90	— 20

Frauenchöre mit Klavierbegleitung

3 stimmig.

Schwierigkeits-Grad	Titel	Part. Mark	Stimme Mark
msch	**Fischer, Jacob,** op. 10. Ag'es Totenfeier	1 50	— 30
msch	**Grell, Ed.,** „Danket dem Herrn"	— 60	— 20
	Heffner, Karl, op. 21.		
msch	No. 1. Frühlingsnetz. „Im hohen Gras"	1 —	— 15
msch	No. 2. Wegewart. „Es wartet ein bleiches"	— 80	— 15
zl	No. 3. „Blaublümelein spiegelten sich" .	— 80	— 15
msch	No. 4. Mädchenlied. „Auf die Nacht"	1 20	— 20
msch	No. 5. Im Mondschein. „Die Abendglocken sind verhallt"	1 —	— 20
msch	No. 6. Im Herbste. „Die Blumen schauern"	1 —	— 15
msch	No. 7. Maienlied. „Der Frühling ist ein lust'ger Fant"	1 20	— 20
msch	**Hirsch, Carl,** La Paloma von Yradier .	1 75	— —
	Krug, Arnold, op. 78.		
msch	No. 1. Nun gute Nacht"	— 90	— 20
msch	No. 2. Schreckliche Geschichte. „Der Jakob fiel in's Wasserfass" . .	— 90	— 20
msch	No. 3. Schneckenlied. „Schneck, schneck, Mäuschen"	— 90	20
msch	No. 4. Der Traum. „Das war ein niedlich Zeiselein"	— 90	— 20
	No. 5. Mailied. „Dudeldumdei"	— 90	— 20
	Kulenkampff, G., op. 8.		
msch	Heft I. Der Mädchen Frühlingslied. Abschiedslied.	1 50	— 90
msch	Heft II. Schön Aennchen. Tanzlied. . .	1 80	— 40
zsch	do op. 13. No. 1. Kauft den Amor . .	1 20	— 15
zsch	No 2. Elfentanz	1 80	— 30
msch	**Ladendorff, Otto,** op. 9.		
	No. 1. Heidenröslein: „Sah ein Knab"	1 —	— 20
msch	No. 2. „Ach wie ist's möglich dann" . .	— 60	— 20
msch	No. 3. „Die Lotosblume ängstigt sich"	1 —	— 20
	Lazarus Gustav, op. 40.		
msch	No. 1. Wiegenlied. „Die Aehren nur noch nicken"	1 —	— 20
msch	No. 2. Spaziergang. „Ich möchte gern"	— 80	— 15
msch	No. 3 Wanderers Nachtlied. „Wenn sich ein junger"	80	[illegible]
	Lorenz, Carl Ad., op. 36.		
msch	No. 1. Am Waldrande. „Sonne ist dahin geschieden"	1 [illegible]	
msch	No. 2 Wellensingen	1 [illegible]	

Schwierigkeits-Grad	Frauenchöre mit Klavierbegleitung 3 stimmig.	Part. Mark	Stimme Mark
msch	**Mohr, Herm.**, op. 40. Nun lasst es ruhn. Zum Tanz	1 10	— 30
l	**Müller, Otto**, Abend. Nacht und Morgen mit verb. Dekl.	3 —	— 20
	Othegraven, Aug. von, op. 11. No. 1. „An des Baches stillen Weiden"	1 50	— 20
zl	**Pache, Joh.**, op. 160. No. 1. Des Kindes Nachtgesang. Mit Kl. oder Streichorch.	1 —	— 20
zl	**Peuschel, M.**, op. 55. Rosenwalzer. „Wo Rosen blühn"	2 40	— 30
msch	**Poenitz, Franz**, op. 35. Die Sperlinge. „Altes Haus mit deinen Löchern" . .	1 —	— 60
	Prohaska, Carl, op. 2. Heft I	2 50	— 50
msch	An einen Kuss. Sah jemand die Liebste mein? Grablied eines Landmannes Uta.		
zl	**Rebling, G.**, op. 52. No. 8. „Wo der Stern ist aufgegangen" . . . . . netto	— 15	— —
	Reinecke, Carl, op. 233.		
msch	No. 1. Junikäfer. „Wenn die Junikäfer fliegen"	1 50	— 30
msch	No. 2. Am Abend. „Sinkt der Tag" . .	1 20	— 20
msch	No. 3. Fortunat. „Frau Fortuna kommt von oben"	1 20	— 20
msch	No. 4. Die Kinder im Schnee. „Ein Winterabend still und kalt"	1 50	— 30
msch	No. 5. Sommerzeit. „Der Kuckuck mit seinem Schreien"	1 50	— 30
zl	**Riedel, Aug.**, op. 24 a. Trauungslied m. Org.	1 25	— 25
msch	**Riga, François**, La voix des Blés. „Jour radieux et pur" . . . . . . netto	2 40	— 40
zl	**Salzmann, Theod.**, op. 16. Frühlingswunder. „Sieh der Winter ist vergangen"	— 80	— 20
	Schultz, Edwin, op. 178.		
msch	No. 1. Frühlingszeit. „Wie herrlich ist"	— 80	— 15
msch	No. 2. Sommernacht. „Nun breitet" . .	1 20	— 20
msch	No. 3. Waldmorgen. „Noch liegt alles rings"	1 20	— 20
msch	do. op. 170. No. 1. Morgenlied „Die Sterne sind verblichen"	1 50	— 25
msch	No. 2. „Schneeglöckchen läuten immerzu"	1 50	— 30
msch	No. 3. Die schöne Welt. „Der Himmel so heiter"	1 50	— 30
	No. 4. Maiglöckchens Tod. „Maiglöckchen läutet"	1 10	— 30
msch	**Schubert, Franz**, Deutsche Tänze, bearb. von Charles North	2 50	— 50
msch	**Sekles, Bernh.**, op. 6. Aus Hafis. Esthnisches Lied. Elfen-Intermezzo. Tanzen, Singen, Lieben	3 25	— —
msch	do. op. 30. Heft II. Zur Ruhe. „Abendruh".	2 —	— 30
	Vierling, G., op. 80		
msch	No. 1. Frühlingslied. „Lächelnd blühen"	1 —	— —
msch	No. 2. Abendlied. „Abend wird es wieder"	1 75	—
msch	No. 3. Hüte dich! „Nachtigall, hüte Dich"	1 50	—
	Vogel, Moritz, Klassische Chorstücke.		
l	No. 1. Joh. Wolfg. Franck. „Die Welt singt Gottes Preis"	— 60	— 15
msch	No. 4. F. Mendelssohn-B. „Ein Herz voll Frieden"	1 —	— 15
msch	No. 5. W. A. Mozart. Hymne. „Preis dir, Gottheit"	1 80	— 30
zl	**Wandelt, Am.**, op. 11. Wiegenlied . .	1 50	— 30
msch	**Westphal, Erich**, op. 94. Maienglöcklein, Maybells Song.	1 20	— 30

Dasselbe mit Solo.

Schwierigkeits-Grad		Part. Mark	Stimme Mark
	Attenhofer, C., op. 41. Spinnerlied.		
msch	„Spinnt, liebe Kinder"	1 60	— 35
msch	do. 59. Beim Rattenfänger im Zauberberg. Märchendichtung mit Deklamation. netto	5 —	— 90

Schwierigkeits-Grad	Dasselbe mit Solo.	Part. Mark
zl	**Bohm, Carl**, op. 353. Das Geigerlein. Ein Cyklus von Gesängen mit Deklam.	6 —
zl	**Bohm, Carl**, op. 354. Worulf der Rattenfänger. Ein Cyklus von Gesängen mit Deklamation . . . . netto	1 5[illegible]
msch	**Jadassohn, S.**, op. 141. Ein Frühlingslied. A Song to spring. „Mir ist, als sollte die Brust zerspringen"	1 [illegible]
msch	**Lazarus, Gustav**, op. 37. Die gefangenen Frauen. „Müde Hände, rührt die Saiten"	2 —
msch	**Lampe, W.**, Vom Büblein, das überall mitgenommen hat sein wollen. Fr. od. Kinderchor 2 stimm.	2
msch	**Meyer-Olbersleben, Max**, op. 51. Das blinde Elflein. Märchendichtung. netto	5 —
msch	**Reinecke, Carl**, op. 208. Schneeweisschen und Rosenrot. Märchendichtung. Mit Deklamat. Text dtsch. und franz. . .	7 —
	Riga, François, Der Friede. „O Tag des Heils". Text. dtsch. u. franz. netto	2 [illegible]
msch	**Schmidt, C. Jul.**, op. 25 Dorf-Idyllen. Ein Cyklus von Gesängen mit Deklamat. netto	3 —
msch	do. op. 28. Des Kindes Engel. Ein Traumbild. Zweistimmig . . . . . netto	3 —
	Schultz, Edw., op. 178.	
zl	No. 1. Frühlingszeit. „Wie herrlich ist die Frühlingszeit"	[illegible]
zl	No. 2. Sommernacht. „Nun breitet" . .	1 2[illegible]
zl	No. 3. Waldmorgen. „Noch liegt alles rings im Schweigen"	1 [illegible]
msch	**Simon, Ernst**, op. 50 b. Eine ländliche Concertprobe. Humorist. Scene von Fr. von Suppé	2 —
zl	**Sinnicke, Johanna**, op. 7. Im Thal. obl. Violine	2 [illegible]
	Vogel, Moritz, Klass. Chorstücke.	
msch	No. 2. Jos. Haydn. „Von deiner Güt', o Herr". (Schöpfung)	1 —
msch	No. 3. F. Mendelssohn-B. O, wie selig ist das Kind. (Athalia)	1 —
msch	**Volbach, Fritz**, op. 14. Reigen. „Die Zeit der Violen"	

4 stimmig.

Schwierigkeits-Grad		Part. Mark
	Erlanger, Gust., op. 48 No. 1. Blätterfall.	
msch	„Leise, windverwehte Lieder" . . .	1 2[illegible]
msch	No. 2. „Unser Herz ist eine Harfe" . .	1 2[illegible]
msch	No. 3. „Es ist das Glück", Text dtsch., engl.	1 2[illegible]
msch	**Kaun, Hugo**, op. 4. Mondnacht. „Es war, als hätte der Himmel" . . . . . . Text deutsch und englisch.	1 [illegible]
msch	* **Kristinus, C. R.**, op. 52a. Gnomenleben.	2 —
	Lorenz, C. Ad., op. 36.	
esch	No. 2. Wellensingen. „Wir kommen gezogen"	1 [illegible]
esch	**Müller-Reuter, Th.**, op. 15. Wellengeflüster. „Wir kommen gezogen"	1 [illegible]
zsch	* **Othegraven, Aug. von**, op. 11. „Frühling währt nicht immer"	2 —
msch	**Prohaska, Carl**, op. 2. Heft III . . . . Blumen, die ich mit Thränen. Wie die Sonne ihr Haupt. Glühende Sonne. Süsser Tod. Letzteres 6 stimmig.	3 —
zl	**Staudacher, C.**, Hymne an die Musik. Mit Orgel oder Klavier	2 —
msch	**Tottmann, Alb.**, op. 39. No. 1. Abschiedsgesang. „Nimm den Gruss" . . .	1 5[illegible]
msch	**Zerlett, J. B.**, op. 218. Wiegenlied. „Schlaf ein"	— [illegible]

Besprechungen.

(Nachdruck verboten)

Zur Besprechung gelangen nur Werke, welche des Lobes würdig sind.

Sammlungen für Kirchenchöre.

Das Entstehen und Gedeihen zahlreicher Kirchenchöre in neuerer Zeit und der Zusammenschluss derselben zu grösseren Verbänden deutet darauf hin, dass auch in protestantischen Kreisen das Verständnis für regere Beteiligung geschulter Chöre beim Gottesdienste, überhaupt für die erhebende, weihevoll stimmende Wirkung edler Chormusik, im Wachsen begriffen ist. Gutes und nicht zu teures Material an Sammlungen für diese Vereine ist nicht zu viel vorhanden, weshalb ich auf einige billigere Sammlungen zweckmässiger Gesänge hier aufmerksam machen möchte.

Von dem bekannten Sorauer Kantor **Hermann Franke** liegt mir op. 74, eine **Sammlung von 32 Motetten und Sprüchen** für die Gottesdienste des ganzen Kirchenjahres vor, verteilt in 3 Hefte à 90 Pfg. Den klangvollen, in allen Stimmen sangbar gehaltenen und stimmungvollen Kompositionen liegen nur solche, zur Vertonung wirklich geeignete Worte der heiligen Schrift unter, zum Zwecke besseren Verständnisses ist jeder Komposition als Überschrift der ihr zugrunde liegende Text vorangestellt. Stimmen sind nicht erschienen, jedoch ermöglicht der Preis der Part. auch kleineren Vereinen die Anschaffung derselben.

Eine Sammlung, welche neben eigenen Kompositionen auch die schönsten und beliebtesten Kirchengesänge aller Zeiten mit aufgenommen hat, ist diejenige von **C. Stein**, op. 29, 32 und 34 **„Sursum Corda"**, zu deutsch: „Erhebet die Herzen" betitelt. Es sind 3 Ausgaben erschienen, I. für Männerchor, II. für gemischten und III. für 3 stimmigen Kinder- oder auch Männerchor. Auswahl und Bearbeitung der aufgenommenen, im allgemeinen ziemlich leicht zu bewältigenden Lieder und Motetten ist eine vorzügliche, auch die eigenen Kompositionen Stein's gereichen der Sammlung zur Ehre. Die Ausgabe für Männerchor ist bereits in 8 Aufl. erschienen. Preis pro Heft 1.— Mk.

Zionsblumen nennt **Paul Hassenstein** eine Sammlung von 12 geistlichen Liedern für gemischten Chor a capp. ad lib. mit Harmon.- oder Orgel-Begleitung zu singen, op. 98 Preis pro Heft netto Mk. 1,20, 100 Stück netto 75.— Mk. Es sind schlichte, aber von Herzen kommende Weisen, die gewiss gern gesungen und dankbar aufgenommen werden. Meinem persönlichen Geschmack behagten nur in No. 4 „die grüne Aue", die mehrfach sich wiederholenden Septimen-Parallelen zwischen Tenor und Bass nicht, wenn auch das II nur Vorhaltbedeutung hat. Die Begleitung dient lediglich zur Unterstützung der Singstimmen und kann ev. fortbleiben.

P. Piel, op. 95. Gelobt sei Jesus Christus!

Kantate für Soli und Chor mit Klavierbegleitung.

Nach Worten der hl. Schrift ist hier ein Werk zur Verherrlichung Jesu Christi geschaffen worden, welches der Mannigfaltigkeit seines Inhalts, der poetischen Schönheiten des Textes und des klangvollen, leicht zu bewältigenden Tonsatzes wegen für Vereinsfestlichkeiten sehr willkommen zu heissen ist. Das Werk bietet nirgends Schwierigkeiten und ein weiterer Vorzug ist der Umstand, dass jedes Vereinsmitglied seiner Liebe zur Kunst thätigen Ausdruck geben kann, indem es seine Kräfte entweder als Deklamator, als Sänger oder als Darsteller in den lebenden Bildern zur Verfügung stellt. Das Werk ist auch in einer Ausgabe für 3 stimmigen Frauenchor erschienen und kann auch in dieser Bearbeitung allen Damengesangvereinigungen bestens empfohlen werden.

C. Jos. Brambach, op. 101. Der 21. Psalm. (Königspsalm.)

Eine der meisterhaftesten Vertonungen dieses vielkomponierten Psalms, sodass das Werk besondere Beachtung verdient. Die ganze Anlage ist äusserst wirksam, nach dem 5 stimmigen majestätischen Eingangchor ein sehr wirkungsvoller 6 stimmiger Satz, mit prächtigen Steigerungen, auslaufend in die feurige Schlussfuge mit einem kräftigen Thema auf: „Herr, erhebe dich". Vor allem zeichnet sich das Werk aus durch edle, schwungvolle Melodik und formvollendete kontrapunktische Führung der Stimmen. Das Werk wird einen erhebenden Eindruck hinterlassen. Stimmenschwache Vereine können sich der beigefügten Orgelbegleitung bedienen.

Der jetzige Kantor an der Thomasschule **G. Schreck**, giebt unter dem Titel: **„Ausgewählte Gesänge des Thomanerchors"** eine dankenswerte Auswahl von Kompositionen seiner Amtsvorgänger und eigener Arbeit heraus, 4 bis 8 stimmige durchkomponierte Choräle und Motetten, welchen die Berücksichtigung strebsamer und tüchtiger Kirchenchöre gebührt. Es finden sich Namen darunter, die zu den klangvollsten ihrer Zeit gehörten, und die es verdienen, der Vergessenheit entrissen zu werden, so J. Fr. Doles, der Schüler und Nachfolger J. S. Bachs, S. Calvisius, einer der bedeutendsten Musikgelehrten seiner Zeit, J. Kuhnau, der Begründer der Klavier-Sonate etc. Aus der Sammlung ist besonders hervorzuheben, abgesehen von der Bach'schen Motette „Brich entzwei, mein armes Herze", welche mir nicht vorliegt, „Tristis est anima mea" von J. Kuhnau, als aus erordentlich klangschön und stimmungvoll, und G. Schreck's Advents-Motette, op. 32. Letzteres Werk, in modernerem Gewande sich präsentierend, in Kontrapunktik und Harmonik von hervorragender Schönheit, wird die Herzen der Zuhörer sehr bald erobern. Namentlich No. II, „Hosianna" gehört zum wirkungvollsten der diesbezüglichen Litteratur.

Felix Woyrsch op. 45. Passions-Oratorium.

Eine hochbedeutsame Erscheinung tritt uns in Fel. Woyrsch, dem Dirigenten der Altonaer Singakademie, entgegen, einem Tondichter, der auf autodidaktischem Wege sich eine so umfassende Kenntnis der Ausdruckmittel unserer Meister, von Palästrina und Bach bis auf Wagner und Brahms angeeignet hat, der diese Ausdruckmittel der Kontrapunktik, Harmonik und Instrumentation in seinem Passions-Oratorium in so eigenartiger, harmonisch abgerundeter und wirkungvoller Weise zu handhaben weiss, dass man mit Recht von einem neuen, ihm eigenen Stil sprechen kann.

Ernsten Musikern ist seine bisherige Wirksamkeit nicht unbekannt geblieben; seine Opern: **Der Weiberkrieg** op. 27 und die **Wikkingerfahrt** gelangten in Hamburg, Berlin und Nürnberg mit grossem Erfolge zur Aufführung, von seinen Chorwerken sind die fein gearbeiteten, gehaltvollen **Männerchöre** op. 24, 28 und 37, die **gem. Chöre** op. 25 und die **Motette** op. 20: **„Sei getreu bis in den Tod"** als ausserordentlich klangvoll und innig empfunden, hervorzuheben. Von seinen grösseren Chorwerken hat op. 32 **Deutscher Heerbann,** für **Männerchor, Solo und Orchester** den grössten Erfolg aufzuweisen. Das Werk ist in vielen Städten mit dem grössten Enthusiasmus aufgenommen und sei der Beachtung aller besseren Männergesangvereine dringend empfohlen.

Für religiöse Zwecke ist von seinen neueren Gesängen besonders gut gelungen der **Ostergesang** aus op. 46, für Doppelchor, in archaistischem Stile gehalten. Aber all' diese Werke, so gehaltvoll, vornehm und ausdruckvoll sie sich präsentieren, haben noch nicht vermocht, den Namen ihres Schöpfers populär zu machen; ob das seinem neuesten und bedeutendsten Werke, dem **Passions-Oratorium,** gelingt, sei dahingestellt, jedenfalls aber muss von jedem strebsamen Musiker, von jedem Dirigenten, der gewohnt ist, seine eigenen künstlerischen Wege zu wandeln, unabhängig von der Tagesmode und der Gunst des Publikums, verlangt werden, dass er sich mit den Erzeugnissen dieses Tonsetzers eingehend beschäftige: und seine Arbeit wird reichlich belohnt werden, es wird ihm das Bild eines vornehmen, gemütreichen Geistes entgegenstrahlen, dem kein Effekt unbekannt ist, der aber niemals in Effekthascherei verfällt, sondern alle in arbeitreichem Ringen erworbenen Kunstmittel stets in den Dienst einer keuschen, idealen Begeisterung stellt.

Das Passions-Oratorium charakterisiert sich, wie das Wort „Oratorium" schon andeutet, durch das Fehlen der Choräle und die Zusammenstellung des Textes als für den Konzertsaal, nicht für die Kirche bestimmt. Es schildert in

4 Vorgängen, welche den vier Evangelien entnommen sind, die Leidensgeschichte Christi: 1. Das Abendmahl, 2. die Gefangennahme, 3. Christus vor Kaiphas und Pilatus, 4. die Kreuzigung. Die in die Handlung eingeflochtenen lyrischen Betrachtungen sind dem alten und neuen Testament entnommen. Die Form nähert sich also, abgesehen von dem Fehlen der Choräle (nur an einigen Stellen treten Choralmelodien im Orchester auf) derjenigen der alten Bach'schen Passionen, mit deren Geist sie auch in rein musikalischer Beziehung durchtränkt ist; so namentlich in der kontrapunktischen Führung der Stimmen in den Chören, in dem ganzen Aufbau derselben. Wenn auch in den eine Handlung illustrierenden Chören die dramatische Wucht Bachs nicht erreicht ist, so sind dafür diejenigen betrachtenden Inhalts um so inniger und wärmer empfunden; so gleich der Eingangsdoppelchor „Siehe, wir gehen hinauf," der in seiner abgeschlossenen und abgerundeten Form jedem Kirchenkonzert zur Zierde gereichen würde. Ebenso das „Vater unser" und die Schlusschöre der einzelnen Abteilungen. Von mächtiger Wirkung ist namentlich der Chor nach dem Verscheiden Jesu, das Eintreten der Naturereignisse schildernd und zu einer gewaltigen dramatischen Wucht sich erhebend. Sehr wirksam sind auch die Chöre mit Soli, die wir in dieser Form und in diesem Umfange in den älteren Passionen nicht finden.

Eigentliche Sologesänge sind dem gegenüber weniger vorhanden, darunter das einfach edle, tief empfundene Sopran-Solo „Sei getreu bis in den Tod" mit obl. sehr zarter Violinbegleitung.

Mit wahrhaft ergreifendem Ernste tritt uns die Gestalt Christi entgegen, fromme Innigkeit liegt in seinen ausdrucksvollen Rezitativen namentlich in der Einsetzung des Abendmahls und der Mahnung, sich untereinander zu lieben, letztere mit einem unendlich rührenden Nachspiel: überhaupt gehören diese kleinen Instrumental-Intermezzi zu den Glanzpunkten des Werks, ganz besonders gehört hierher das Nachspiel zu Christi Tod, in welchem nach einer kurzen Einleitung durch die Orgel in den siebenfach geteilten Violinen die Choralmelodie „Wachet auf, ruft uns die Stimme" ertönt. Fromm und schlicht werden die erzählenden Partien vom Evangelisten vorgetragen, manche Stellen lassen aber das warme Mitgefühl so innig durchleuchten, dass sie den ergreifendsten des ganzen Werkes beizuzählen sind.

Das Werk gehört unstreitig zu den bedeutendsten, welche auf diesem Gebiete erschienen sind, und es ist die unabweisbare Pflicht jedes besseren Konzertvereins, dasselbe sobald wie möglich dem grösseren Publikum darzubieten.

Rich. Strauss, op. 42. No. 1. **Die Liebe.** No. 2. **Altdeutscher Schlachtgesang.**

Einer Anregung unseres Kaisers bei Gelegenheit des Kasseler Wettstreites folgend, ist nun auch Rich. Strauss unter die Männerchorkomponisten gegangen und hat unsere Litteratur mit zwei Tonschöpfungen bereichert, welche die Beachtung aller strebsamen und tüchtigen Vereine verdienen. Der Wunsch Sr. Majestät nach volkstümlichen Werken ist damit allerdings keineswegs in Erfüllung gegangen, im Gegenteil, das, was vielfach in Verkennung der künstlerischen Ideen und der zu ihrer Darstellung erforderlichen Mittel als Künstelei und als orchestrale Behandlung und Wirkung hingestellt wurde, finden wir im Schlachtgesang in reichem Masse wieder, und ich möchte sagen: Gott sei Dank. Denn ein Eingehen auf die Wünsche, die Darbietungen unserer Männergesangvereine noch volkstümlicher zu machen, als sie schon sind (auch wenn wir das Wort „volkstümlich" im edelsten Sinne anwenden), wäre gleichbedeutend mit dem Ende jedes künstlerischen Strebens sowohl seitens der Vereine als auch der Komponisten. Gewiss sollen wir mit Uhland singen von: „Lenz und Liebe, von sel'ger gold'ner Zeit, von Freiheit, Männerwürde, von Treu' und Heiligkeit". Aber damit sind dem Männergesange die Grenzen keineswegs gesteckt. So könnte man z. B. das Heroische, das Majestätische geradezu als das ureigenste Element desselben betrachten; unerreichbar ist dem Männergesange überhaupt nichts, was sich musikalisch ausdrücken lässt, vom leisesten Hauch der Empfindung bis zum äussersten Gipfel leidenschaftlicher Erregung, vom zartesten Sehnen bis zur kraftvollsten Entfaltung der Willensenergie. Dass es dabei nicht ohne Schwierigkeiten abgehen kann, wird jedem klar sein, der sich des ersten Kunstgesetzes bewusst ist, gemäss welchem mit der geistigen Grösse und Tiefe der Idee auch die Kompliziertheit der Ausdrucksmittel wachsen muss. Wer aber die Schwierigkeiten in den Hegarschen Chören beispielsweise als Künsteleien hinstellt, d. h. als Schwierigkeiten, die nur um ihrer selbst willen vorhanden sind und nicht um der Idee Ausdruck zu verleihen, der hat die Bedeutung Hegars für den Männerchorgesang noch nicht erfasst, und wer derartige Schwierigkeiten aus dem Chorgesang ausrotten will, der muss anfangen bei J. S. Bach und aufhören bei Rich. Strauss, op. 42, No. 2, Altdeutscher Schlachtgesang.

Die echten, schätzenswerten und originellen Künstlereigenschaften dieses Komponisten kommen in den vorliegenden Chorwerken zu weit edlerer und reinerer Geltung als in seinen Orchesterwerken. Strauss zeigt sich hier von seiner vornehmsten Seite. Massvoll in der Anwendung der Mittel, d. h. trotz aller Schwierigkeiten doch dem Gesange nichts zumutend, was er nicht leisten kann, ist es ihm überall gelungen, dem Inhalte der Poesien, die den altdeutschen Volksliedern aus Herders „Stimmen der Völker" entnommen sind, in trefflicher Weise gerecht zu werden. In **No. 1, „die Liebe"**, prägt sich bei aller Wärme der Empfindung eine höchst vornehme und würdevolle Auffassung aus. In meisterhafter Weise hat er den Ton der altdeutschen Poesie zu fassen und treu zu halten gewusst, so dass uns auch die Vertonung wie ein altes Madrigal anmutet. Die Stimmführung ist in allen Stimmen weich und melodiös, die Harmonik verschmäht alle in Männerchören vielfach üblichen Mittelchen, interessant zu erscheinen, geht sogar in diesem Bestreben manchmal etwas zu weit, indem sie an manchen Stellen zugunsten einer möglichst korrekten Stimmführung den Wohlklang beiseite setzt. Eine schöne, wahrhaft erhebende Wirkung kann mit diesem Chor erzielt werden, aber nur durch zarteste, in süssesten Wohllaut getauchte Stimmentfaltung und namentlich durch Verwendung der grössten Sorgfalt auf die dynamischen Schattierungen.

Im schroffsten Gegensatze zu diesem weichen, getragenen Gesange steht das **„altdeutsche Schlachtlied"** mit seinen etwas hahnebüchenen Charaktereigentümlichkeiten. Nach einem in knapper Form gehaltenen Aufruf zum Kampfe gegen die Tyrannen beginnt in der 2. Strophe mit den Worten „Zerbrechet Joch und Band" eine Entwicklung von so stürmischer Energie und fortreissender Wirkung, wie sie bisher nur in einigen Hegar'schen Chören mit ähnlicher Anschaulichkeit gelungen ist. Manche harmonische Härten sind allerdings noch mehr als im ersten Chor in den Kauf zu nehmen, entsprechen hier freilich wohl auch dem Charakter der Dichtung. Mit einem feierlichen Satze in breiten Rhythmen findet das aufregende Tongemälde wirkungsvollen und beruhigenden Abschluss.

Wegweiser

durch die

Chorgesanglitteratur.

Ratgeber für **Männer-, Frauen- und gemischte Gesangvereine und Gesangvereinsdirigenten.**

Herausgegeben und redigiert von **H. vom Ende, Köln am Rhein,** Beethovenstrasse 6. — Erscheint monatlich einmal. — Bezugspreis für 1 Expl. 15 Pfg. Jahresabonnement 1,50 Mk. incl. Porto. Inserate kosten pro 4 mal gespaltene Petitzeile 25 Pfg.

№ 5. **Köln am Rhein,** den 26. Februar 1900. **I. Jahrgang.**

Inhalt: **Aufführungen:** Männerchöre a capp. u. mit Begl. Frauenchöre a capp. u. mit Begl. Gemischte Chöre a capp. u. mit Begl. **Neuigkeiten:** Geistliche Chorwerke. — Sämtliche Männerchöre von C. H. Döring. **Besprechungen:** C. H. Döring, F. Clausnitzer, op. 6. Wi. Labler, H. Bungart, E. Büchner, M. Zenger op. 66, M. Filke op. 74, L. Ebner op. 58, C. Zöllner, Soldatenlied, M. Gulbins op. 18, L. Schwitz op. 30, Lothar Kempter, Mahomets Gesang, Friedr. Heinbrecht op. 18, H. Franke op. 60, W. Köhler op. 6, K. Deigendesch op. 10, 20, 31, J. Strasser op. 6, Arion H. Pfeil, Opern-Chöre

Vielfach geäusserten Wünschen entsprechend, bitte ich die geehrten Einsender der Programme um gefällige Angabe der Mitgliederzahl des Vereins und des Schwierigkeitsgrades der erfolgreichen Kompositionen. Einmalige Unterstreichung bedeutet grossen, zweimalige sehr grossen Erfolg. Zusatz von D C (Da Capo) oder des Preises.

Aufführungen.

(Nachdruck verboten.) **Männerchöre a cappella.** Abkürzungen: gr.-gross, s.-sehr.

Titel	Komponist	Stadt	Verein	Dirigent	Erfolg	Preis
Daheim ist doch daheim	C. Kühnbold	Gotha	Sängerkranz	Kühnbold	D. C.	
Den Todten vom Iltis	Fr. Curti	Teplitz	M. G. V.	E. Seling	D. C.	
Komm, o komm	E. Kremser	do.	do.	do.	s. gr.	
Schwed. Bauern-Hochzeits-Marsch	A. Södermann	Remscheid	Euphonia	G. Christiansen	D. C.	
O liebes, teures Mutterherz	J. Loy	Eythra	Liedertafel	Ad. Jäckel	D. C.	
Auf uns're lieben Frauen	W. Kienzl	Graz	M. G. V.	Fr. Weiss	s. gr.	
Schliess auf	F. Ullrich	Düsseldorf-Bilk	Männer-Quartett	W. Hülser	s. gr.	
Lieb's G'schau	Al. Strasky	Wien	M. G. V.	E. Kremser	D. C.	
Tief ist die Mühle verschneit	Th. Podbertsky	Nördlingen	Liederkranz	Zimmermann	s. gr.	
Die Spinnerin	C. Schauss	Essen a. d. R.	Teutonia	G. Meyer	D. C.	
Gruss an den Rhein	K. Goepfart	Weimar	Germania	Saal	D. C.	
do.	do.	Gotha	Sängerkreis	C. Kühnbold	D. C.	
Hünengräber	E. Heuser	Brooklyn	Sängerbund	L. Koemmenich	gr.	
Wer weiss wo?	L. Koemmenich	do.	do.	do.	s. gr.	
Abschied	E. Meyer-Helmund	Wien	M. G. V.	E. Kremser	s. gr.	
Das Volkslied	M. Plüddemann	Ohligs	Merscheider M. G. V.	Fr. de la Motte	D. C.	
Männerchöre mit Begleitung.						
Des Kaisers Reitersleut	Fr. Mair	Laibach	Deutscher Turnverein	V. Rauth	D. C.	
Friedrich Rotbart	Th. Podbertsky	do.	do.	do.	s. gr.	
Landerkennung	Ed. Grieg	Frankenthal	Liederkranz	J. Schmitt	s. gr.	
Schmiedelied	L. Kempter	Essen a. R.	Teutonia	G. Meyer	D. C.	
Am Chiemsee	K. Goepfart	Freiburg i. B.	Cäcilia	Diebold	D. C.	
Das Glück von Edenhall	Schumann	Fürth i. B.	Lehrer G. V.	Loschky	s. gr.	
Kaiserlied	G. Angerer	Konstanz		G. Angerer	s. gr.	
do.	do.	Dresden	M. G. V.	H. Jüngst	s. gr.	
Bilder aus der alten Reichsstadt mit Knabenchor	K. Hirsch	Frankenthal	Liederkranz	J. Schmitt	s. gr.	
Am Wörther See, Walzer	Th. Koschat	Remscheid	Euphonia	G. Christiansen	s. gr.	
Festgesang an die Künstler	Mendelssohn-B.	Weiden	Liederkranz	D. Reinhardt	s. gr.	
Der Tänzer unserer lieben Frau	H. Hutter	do	do.	do.	s. gr.	
Ständchen	Ed. Kremser	Graz	M. G. V.	Fr. Weiss	s. gr.	
Der Deutsche Sang	F. Draeseke	Pforzheim	Liedertafel	Th. Röhmeyer	s. gr.	

Titel	Komponist	Stadt	Verein	Dirigent	Erfolg
Frauenchöre a cappella.					
Im Wald möcht' ich ein Vöglein sein	Th. Cursch-Bühren	Leipzig	Fr. Ch. der Arionen	Hoffmann	gr.
Der Gärtner	J. Brahms	Braunschweig	Chorschule	Marg. Oehlmann	gr.
Alle die tiefen Qualen	A. Lotti	do.	do.	do.	gr.
Die Libellen	W. Bargiel	Stralsund	Wilk'scher Singverein	Wilk	s. gr.
Frauenchöre mit Begleitung.					
Chor aus Blanche de Prov.	Cherubini	Oschersleben	Damen G. V.	E. Quedenfeld	gr.
Traumkönig und sein Lieb	Erdmannsdörfer	do.	do.	do.	gr.
Spinnlied	Beer	do.	do.	do.	s. gr.
Vor der Klosterpforte	Ed. Grieg	do.	do.	do.	s. gr.
Beim Rattenfänger im Zauberberge	C. Attenhofer	Dannenberg	Damen G. V.	E. Dieckmann	s. gr.
Schneeweisschen u. Rosenrot	C. Reinecke	Altenburg	Carolineum Schulchor	Eismann	s. gr.
Aschenbrödel	do.	Leipzig	Fr. Ch. der Arionen	Hoffmann	s. gr.
Psalm 23	Fr. Schubert	Bremen	N. Singakademie	Ed. Nössler	gr.
Morgenständchen	Arn. Krug.	Brooklyn	Sängerbund	L. Koemmenich	gr.
Gemischte Chöre a cappella.					
Wanderlied. „Wohlauf du Gottes"	K. Isenmann	Laibach	Deutscher Turnverein	V. Rauth	D. C.
Wir kommen vom Gebirg	Dr. J. Pommer	do.	do.	do.	D. C.
Barcarole	J. Stritzko	Wien	M. G. V.	E. Kremser	D. C.
Vineta, 6 stimmig,	J. Brahms	Neuwied	Gesang V.	O. Theiss	gr.
Sie gleicht wohl einem Rosenstock	Aug. Bungert	do.	do.	do.	s. gr.
Gemischte Chöre mit Begleitung.					
Odysseus	M. Bruch	Cleve	Städt. G.-V.	H. Briess	s. gr.
Josua	Händel	Wiesbaden	Cäcilien-Verein	Leistner	s. gr.
Die Glocke	M. Bruch	Rheydt	Singverein	G. Kramm	s. gr.
Friedr. Rotbart	Th. Podbertsky	Haspe	Gem. Chor	Aug. Becker	gr.
Vom Pagen und der Königstochter	Fr. Volbach	Brooklyn	Sängerbund	Koemmenich	s. gr.
do.	do.	Luckenwalde		Fr. E. Koch	s. gr.
do.	do.	Witten		Kreuzhage	s. gr.
do.	do	Bingen	Cäcilien-Verein	Dr. Krome	s. gr.
Columbus	Jul. Becker	Haspe	Gem. Chor	Aug. Becker	s. gr.
Siegesgesang der Deutschen	Abt	do.	do.	do.	s. gr.
Prometheus	H. Hofmann	Erfurt	Soller'scher M. V.	K. Zuschneid	s. gr.
Musikantenstücklein	J. Pache	Laibach	Dtsch. Turn Verein	Slavec	D. C.
Dornröschen	K. Perfall	Bautzen	Liederkranz	B. Banda	s. gr.
Alexanderfest	Händel	Sigmaringen	Männerchor	Ruoff	s. gr.
König Erich	N. v. Wilm	Oschersleben	Liedertafel	E. Quedenfeld	s. gr.
Meeresstille und glückliche Fahrt	v. Beethoven	Marburg	Gem. Chor	H. Dörbecker	s. gr.
Comala	N. W. Gade	do.	do.	do.	s. gr.
Deutsche Tänze	Schubert-Fischer	Ibbenbüren	Musik-Verein	R. Prenzler	s. gr.
Nixenreigen	W. Berger	Bremen	N. Singakademie	Ed. Nössler	s. gr.
Messias	Händel	Paris	Kirche St. Eustache	de Bertiez	s. gr.
Jungfrau von Orleans	C. Ad. Lorenz	Stralsund	Wilk's G.-V.	Wilk	s. gr.
do.	do.	Stettin	Musik-Verein	Prof. Lorenz	s. gr.
Erlkönigs Tochter	N. W. Gade	Kamenz	Societäts G. V.	Org. Falcke	s. gr.
do.	do.	Kirchen a. S.	Gem. G. V.	H. Dörlemann	s. gr.
Liebesgrüsse	J. Pache	Kamenz	Societäts G. V.	Falcke	s. gr.

Alle hier angeführten Werke sind zur Ansicht zu beziehen durch H. vom Ende's Verlag Köln a. Rh., Beethovenstrasse 6.

Neuigkeiten.

Abkürzungen: l-leicht, sch-schwer, s-sehr, z-ziemlich, m-mittel:

Geistliche Chorwerke.

Für die Aufnahme in diese Rubrik genügt die Zusendung eines Frei-Exp

Schwierigkeits-Grad	Männerchöre.	Part. Mark	Stimme Mark
msch	**Fink, Chr.,** op. 20. No. 1. O Vaterhand. No. 2. Gottesruhe. No. 3. Ja Tag des Herrn. No. 4. Weine nicht	1 50	— 25
msch	do. op. 22. Des Herrn Fürsorge. Mein Wunsch. Grablied. Mein Vater segne mich. Selig, ja selig ist	1 50	— 25
msch	do. op. 31. Der 67te Psalm mit Orgel ad lib.	2 —	— 25
msch	do. op. 33. Gott sei mir gnädig . .	2 —	— 25

Schwierigkeits-Grad	Männerchöre.	Part. Mark	Stimme Mark
zl	**Geyer, C.,** op. 6b. Zum Erntefeste. (Ps. 107)	1 —	— 20
zl	do. op. 9. Jehova, deinen Namen . . .	— 75	— 20
zl	**Hagemann, J.,** op. 5. No. 2. Ein geistlich Abendlied	— 40	— 15
msch	**Hecht, Gust.,** op. 40. Hosianna in der Höhe! Advents-Hymnus, mit Orgel . .	2 50	— 30
msch	***Hellmann, C.,** Sonntags-Cantate. Orgel oder Klavier. Orch.	—	—

Schwierigkeits-Grad	Männerchöre.	Part. Mark		Stimme Mark	
msch	**Jüngst, H.**, Weihnachtsgesang	—	30	—	15
msch	**Kirchl, Ad.**, op. 5. Te Deum mit Blechinstr. oder mit Orgel . . . . . netto	3	—	—	30
zl	**Kugler, Ad.**, op. 72. No. 1. Vor der Trauung. No. 2. Nach der Trauung. No. 3. Am Grabe . . . . à	—	40	—	15
zl	**Linnarz, R.**, op. 25. Wenn der Herr ein Kreuze schickt. Klav. . . . . . netto	—	30	—	—
msch	**Pütz, Ludw.**, Hymne: Lobt den Herrn!	—	40	—	10
msch	**Stange, Max**, op. 22. Königspsalm . .	1	20	—	45
msch	**Wüllner, Fr.**, op. 51. Drei Motetten. cpl.	1	30	—	—
	No. 1. Jesu dulcis memoria	—	—	—	20
	No. 2. Adoramus te	—	—	—	20
	No. 3. Jubilate Deo	—	—	—	80
	Die mit * versehenen Nummern sind auch mit Orchester-Begleitung erschienen.				

Frauenchöre.

Schwierigkeits-Grad	Frauenchöre.	Part. Mark		Stimme Mark	
zl	**Fink, Wilh.**, op. 245. Motette „Wohl dem der nicht wandelt"	—	60	—	15
msch	**Fink, Chr.**, op. 52. No. 1. Ob auch deine Sonne sinket. No. 2. Müd' vom Sehnen. No. 3. Ich folge Jesu nach . . . à	—	90	—	15
zl	**Geyer, Carl**, op. 5. Der Herr ist mein Hirte.	1	—	—	20
zl	do. op. 6a. Zum Erntefeste. Ps. 107 .	1	—	—	20
zl	do. op. 7. Christus ist erstanden. Osterg.	—	75	—	20
zl	do. op. 8 Dies ist der Tag. Weihnachtsgesang.	1	—	—	20
msch	**Griesbacher, P.**, op. 13. Singt dem Herrn. Soli, Klav. oder Harm. . . . . netto	1	50	—	30
msch	**Hermann, J. Ad.**, Gebet. „Oculi omni in te sperant" mit Harm. oder Orgel. Streichquartett ad libit.	1	80	—	15
msch	**Jungmann, L.**, 5 geistl. Lieder mit Klav.	1	—	—	40
zl	**Kugler, Ad.**, op. 58. Trostlied. „Wenn der Herr ein Kreuze"	1	—	—	10
zl	**Jäckel, Ad.**, op. 47. Danket dem Herrn.	1	25	—	25
zl	do. op. 48. Gott sei uns gnädig	1	—	—	20
zl	do. 49. Wie lieblich sind deine Wohnungen.				
zl	**Keycher, O.**, op. 20. Sechs 3 st. Motetten.	—	50	—	—
msch	**Kulenkampf, G.**, op. 6. Die mit Thränen säen. No. 2. Nox beata gratia . . à	1	20	—	40
msch	**Lorenz, C. Ad.**, op. 42. No. 1. „Licht und Finsternis". No. 2. „Dein Rat, o Gott". No. 3. Du hast Dich verborgen à	1	—	—	20
msch	**Nikel, W.**, op. 10. „Dem höchsten Herrn erkling"	—	40	—	15
zl	**Paul, E.**, op. 9. No. 2. Pfingstlied: „O, komm du Geist der Wahrheit". 3 stimm.				
msch	m. Klav. No. 3. „Gott sei uns gnädig". à	1	—	—	15
msch	do. Trauungslied von Mendelssohn-B. bearb.	1	—	—	10
msch	**Rebling, G.**, op. 52. No. 1. Ruth netto	—	15	—	15
	No. 2. Sende Dein Licht . . . . . netto	—	20	—	20
	No. 3. O selig Haus . . . . . . netto	—	20	—	20
msch	**Richter, Otto**, „Ehre sei Gott in der Höhe".	—	80	—	20

Gemischte Chöre.

Schwierigkeits-Grad	Gemischte Chöre.	Part. Mark		Stimme Mark	
msch	No. 2. Geheiligt ist die Feierstunde . .	—	60	—	15
msch	No. 3. Gesegnet ist der Liebe Band . .	—	60	—	15
	Becker, Alb., op. 36.				
msch	No. 1. Gebet. 2. Bleibe, es will Abend werden. 3. Abendmahlslied . . . à	1	—	—	30
zl	**Bibl, Rud.**, Vier Messgesänge mit Orgel für den Schulgottesdienst . . . netto	2	25	—	75
msch	**Brambach, C. Jos.**, op. 101. Der 21. Psalm (Königspsalm), mit Klav. oder Orgel ad lib. . . . . netto	3	—	1	—
msch	**Calvisius, B.**, Unser Leben währet 70 Jahre, 8 stimmig, ... netto	1	—	—	30
zsch	**Doles, J. Fr.**, Ein' feste Burg, netto . .	1	—	—	30
zl	**Ende, H. vom**, op. 3 No. 2. Ein geistlich Abendlied, 6 stimmig	—	60	—	90
msch	do. op. 12. Ich will dich lieben, meine Stärke	—	80	—	20
msch	**Fink, Chr.**, op. 6. Fünf geistl. Lieder. Heft I	1	50	—	65
msch	do. op. 10. Heft II	1	50	—	50
msch	do. op. 30. Gebet. Herr, wir liegen vor dir, mit Org. u. Streichinstr. . .	3	—	—	90
msch	**Freudenberg, W.**, op. 40. Lass sich freuen Alle. Was betrübst du dich .	1	—	—	30
msch	**Grabert, Martin**, op. 8. Jubilate Deo. Christus factus est pro nobis . . .	1	—	—	90
msch	**Hassenstein, Paul**, op. 98. Zionsblumen. 12 Chöre mit Orgel . . . . . netto	1	20	—	—
	Heidler, H., Choralgesänge. Heft I, II, à	1	—	—	—
l	**Janke, Gustav**, Choralbuch für höhere Schulen	—	40	—	—
zl	**Jüngst, H.**, Weihnachtsgesang aus dem 17. Jahrhundert	—	60	—	15
msch	**Kittan, G.**, Herr, nun lässest du deinen Diener	1	—	—	30
msch	**Köhler, W.**, op. 1. O Haupt voll Blut .	1	—	—	15
msch	**Krienke, P.**, op. 9. Ostermotette . . .	—	90	—	20
zl	**Kugler, Ad.**, op. 58. Wenn der Herr ein Kreuze schickt	1	—	—	10
msch	**Kuhnau, J.**, Tristis est anima mea . .	1	—	—	30
zl	**Kühnhold, C.**, op. 22. Sieben leicht ausführbare geistliche Lieder	—	50	—	—
msch	**Lyra, J. W.**, Selig sind des Himmels Erben	1	—	—	30
	Nürnberg, H., op. 295 mit Harm.				
msch	No. 1. Beim Eintritt in das Gotteshaus	1	—	—	15
msch	No. 2. Das Vater unser	1	—	—	15
msch	**Pache, Joh.**, Herr bleibe bei mir, mit Orgel oder Klav.	1	—	—	30
zsch	**Paul, Em.**, Trauungslied von F. Mendelssohn-B. mit Orgel	1	—	—	10
msch	do. op. 8. Das Gebet des Herrn, mit Dekl., Org., Harm. . . . . netto	2	50	—	20
msch	do. op. 9 Nr. 3 „Gott sei uns gnädig" .	1	—	—	15

Schwierigkeits-Grad	Gemischte Chöre.	Part. Mark	Stimme Mark
msch	**Schaefer, Dietr.**, op. 2. O Herre Gott, in meiner Not. Agnus Dei	— 80	— 15
msch	**Schreck, G.**, op. 32. Adventsmotette .	1 —	— 30
msch	**Schwalm, Rob.**, op. 97. Zehn geistliche Gesänge. Heft I und II . . . . netto à	1 50	— 30
msch	**Strube, E.**, Charfreitagsgesang	— 80	— 15
zl	**Thiel, Carl**, Messe von Fr. Commer, leicht und kurz	1 20	— 20
sl	**Todt, Aug.**, op. 9. Sechs Psalme, netto	1 —	— 30
msch	**Vignau, von H.**, op. 4. O salutaris hostia. Salve regina	1 —	— 40
msch	**Vogel, Bernh.**, op. 64. Der Wille Gottes	1 80	— 30
msch	**Weinlig, Chr.**, Laudate Dominum, 2chör., netto	1 —	— 30
msch	**Woyrsch, Felix**, op. 29. Motette. Sei getreu bis in den Tod	— 45	— 15
	do. op. 45. Passions-Oratorium für Soli und Orchester	12 —	2 —
msch	do. op. 45. No. 3. Vater unser	1 20	— 15
zl	do. op. 46. Drei geistl. Volkslieder. Weihnachtslied. Passionslied. Osterglanz .	2 —	— 15
msch	**Wüllner, Fr.**, op. 26. Miserere. 50. Ps. für Doppelchor und Soli	3 —	— 75
msch	**Zehrfeld, O.**, op. 3. Machet die Thore weit	— 60	— 15
	do. op. 18. Drei Motetten.		
msch	1. Danket dem Herrn	— 80	— 15
	2. Aus der Tiefe rufe ich	— 80	— 15
	3. Kommet her	— 60	— 15
msch	do. op. 19. Geistl. Gesänge für 2 Stimmen und Orgel . . . . à	— 40	— 05
msch	do. op. 26. Geistl. Gesänge für 2 Stimmen und Orgel . . . . à	— 60	— 10
	do. op. 27.		
msch	1. Reformationsfest. Kirchweih. . . .	1 20	— 20
	2. Totenfest	— 60	— 10

Verzeichnis
sämtlicher im Druck erschienenen Männerchöre von

C. H. Döring,

Hofrat und Professor am Kgl. Conservatorium zu Dresden, geb. am 4. 6. 1834 zu Dresden.

Schwierigkeits-Grad	Titel	Part. Mark	Stimme Mark
msch	op. 65. No. 1. Die Sonne geht zur Ruh . . .	— 30	— 15
zl	No. 2. Ueber's Jahr, mein Schatz	— 40	— 15
zl, zl	op. 71. No. 1. Zu meinen Füssen die schlummernde Welt. No. 2. Frühling, sel'ge Zeit à	— 60	— 15
msch, msch	op. 72. No. 1. Gebet auf den Wassern. No. 2. Heimat und Liebe à	— 80	— 20
msch, msch	op. 73. No. 1. Abendlied, „Längst schon flog zu Rast". No. 2. Schlummerlied, „Die Wipfel säuseln" à	— 80	— 20
msch	op. 77. No. 1. Der schönste Bursch am ganzen Rhein	— 30	— 30
zl	No. 2. Frühlings-Ankunft	— 10	— 15
msch, msch	op. 78. No. 1. Nacht und Träume, „Heil'ge Nacht". No. 2. O du Frühlingszeit à . . .	— 80	— 20
msch, msch	op. 79. No. 1. Im Maien, „Nun bricht aus allen". No. 2. Das Mädchen spricht, „Mond hast du nicht gesehen à	— 80	— 20
zl, msch	op. 81. No. 1. Im Wald. No. 2. Wenn die Reb im Safte schwillt à	— 40	— 15
zl, msch	op. 82. No. 1. Habe Acht, Germania! „Ringsum droht". No. 2. Herrlich auferstanden! à	— 80	— 20
msch, msch	op. 84. No. 1. Das letzte Kännchen, „Gieb mir". No. 2. Biterolf, „Kampfmüd" à . .	— 80	— 20
msch, zl	op. 85. No. 1. „Im wonnigen, sonnigen Mai". No. 2. Je länger, je lieber, sitz ich beim Wein à	— 80	— 20
msch	op. 87. Seerose. „Rote Rosen"	— 40	— 15
msch	op. 89. No. 1. „Durch den Wald kam ein fröhlich Lied"	— 90	— 15
	No. 2. Schwälblein komm wieder	— 40	— 15
msch	op. 93. No. 1. „Die Wellen flüstern und klagen". No. 2. Schön Elschen, „Es webte" à . . .	— 80	— 20
msch	op. 100. „Nun wird bald der Frühling kommen"	— 60	— 20
z	op. 101. Wegewart. „Es wartet"	— 60	— 20
zl	op. 102. „Lieber Schatz, sei wieder gut" . .	— 60	— 20
zl	op. 103. „Und bötet ihr ein Bistum mir" .	— 60	— 20
zl	op. 104. „Als ich Abschied nahm"	— 60	— 20
zl	op. 105. „Ich ging im Wald"	— 60	— 20
zl	op. 106. Abschied, „Wie schienen"	— 60	— 20
zl	op. 107. „Der Lenz ist gekommen"	— 60	— 20
zl	op. 108. No. 1 Die Linde. „Die Wipfel rauschen"	— 40	— 15
zl	No. 2. Der junge Rhein, „Was rauschest du"	— 50	— 30
zl, zl	op. 110. No. 1. „Wie ist mir weh geschehen" No. 2. Ständchen, „Wache auf" à	— 80	— 20
msch	op. 122. Die Nacht „Sei gegrüsset, schöne, sternenhelle Nacht"	— 40	— 15
zl, zl	op. 129. No. 1. In Hochheim. No. 2. Auf dem Heimweg. „Es dreht sich" à	— 40	— 15
msch	op. 130. No. 1. Im Maien. „Mit Veilchen blau".	2 —	— 30
zl	No. 2. Der Liebesschmied, „Im Mädchenherzen" à	2 —	— 30
zl	No. 3. Abendlied, „Nun hüllen"	1 —	— 20
zl	op. 131. Am Rhein, „Dunkle Wälder, Eichenforste"	— 40	— 15
zl	op. 133. No. 1. Frisch auf, mein Herz . . .	— 60	— 20
zl	No. 2. Goldene Zeit, „Zieh'n Sterne" . . .	— 60	— 20
zl	op. 134. No. 1. „Juble, mein Herz"	— 60	— 20
zl	No. 2. Liebchen, süss Liebchen mein . .	— 60	— 20
zl	op. 136. No. 1. „Hell Äuglein wunderhold".	— 80	— 20
zl	No. 2. Die Mühle im Walde à	— 80	— 20
zl, zl, zl	op. 137. No. 1. „Grüsse die Rose". No. 2. Drei Kronen und kein Heller. No. 3. „Es verrauschet Lieb und Glück" à	— 80	— 20
zl, zl	op. 140. No. 1. Treu bis in den Tod. No. 2. Mein u. Rhein. „Die herrlichsten Männer" à	— 80	— 20
zl, zl, zl	op. 141. No. 1. In der Heimat. No. 2. Waldkonzert. „Was nur die Vöglein". No. 3. O ewig schöne Maienzeit" à	— 80	— 15
zl	op. 142. No. 1. Waldweben	— 40	— 15
zl	No. 2. Junikäfer, „Es träumt sich"	— 40	— 15
zl	No. 3. „Du schöne Welt"	— 60	— 15
zl	op. 144. Mädle, wie schön bist du!	1 —	— 15
zl	op. 145. Im Hain, „Vöglein"	— 80	— 20
zl	op. 146. „Lasst stolz die deutsch. Banner wehn"	— 40	15
zl	op. 148. Deutscher Hochgesang. „Kennt ihr ein Lied"	1 50	— 15
msch	op. 150. „Nimm ein Schlüsselein"	— 40	— 15
zl	op. 152. O, Maienwonne	— 80	— 20
zl	op. 153. Wach auf, mein Herz	— 40	15
zl	op. 154. Der deutsche Rhein, „Es birgt" . .	— 40	— 15
msch	op. 155. Gott schütze die Reben	60	— 20
zl	op. 156. Der Wein am Rhein	— 60	20
zl	op. 157. Am Rheine, am herrlichen Rheine .	— 60	— 20
zl	op. 158. Für dich, mein Lieber	— 60	— 20
zl	op. 161. No. 1. „Der lust'ge Musikante" . .	— 40	— 15
zl	No. 2. Hoch auf den Bergen	15	— 15
msch	op. 162. In Frühlingsnächten	— 50	— 15
zl	op. 163. Im Walde: „Wenn frohen Finkenlocken"	— 50	— 15
msch	op. 164. Geheimnis: „Mein Lieb ist wie am"	— 50	— 15
msch	op. 165. Schloss Geroldseck	— 50	— 15
zl	op. 169. Hoch das Banner, deutsches Lied .	— 40	— 15
zl	op. 170. Abend. „Die Sonne"	1 —	— 20
zl	op. 172. Wo in dem Thal	1 —	— 20
zl, zl, msch	op. 176. No. 1. Beim Abschied, „Die Wellen rauschen". No. 2. Morgengebet, „Allmächt. Gott". No. 3. In der Hafenschenke, „Holla, lustig" à	— 60	— 20
zl	op. 178. O, freu' dich des Gesanges Blume .	1 —	— 20
msch	op. 181. Herbstleuchten, „Im Frührot" . . .	— 60	— 15
zl	op. 182. Waldkönig, „Im grünen Wald" . .	— 60	— 15
zl	op. 183. In der Fremde „Wie sahn die Blumen"	60	— 15
z	op. 184. „Schwinge dich, mein Frühlinglied"	— 60	— 20
msch	op. 185. Abendliches Sehnen, „Man nimmt die Pracht"	— 60	— 20
zl	op. 187. Maiennacht, „Die Wälder ruhn" . .	— 80	— 20
zl	op. 189. O Frühling. „Noch rauschen" . . .	— 90	— 15
zl	op. 193. Mein Lieb ist schön, wie der Maienglz"	— 90	— 15
zl	op. 196. Ueber stillen Wassern	— 60	— 15
zl	op. 197. Sommerabend „Die Sterne blitzen"	— 10	— 05
zl	op. 198. „Jubelnd steige auf zur Sonne" . .	— 10	— 05
zl	op. 199. Horch, Lerchensang	— 10	— 05
zl	op. 200. No. 1. Die Schwalbe von Lacroma	— 40	— 15
l	No. 2. Begegnung. „Ein Schifflein zog".	— 40	— 12
zl	No. 3. Deutsche Männer, deutscher Wein à	— 40	— 15
zl	op. 202. Die Reben blühen	— 40	— 15
zl	op. 203. Nur einmal blüht. „Schliess auf" .	— 10	— 05

Besprechungen.

:hdruck verboten)
ur Besprechung gelangen nur Werke, welche des Lobes würdig sind.

Neue Werke für Männerchor a capp.

Der Wegweiser hat sich u. A. die Aufgabe gestellt, durch fortlaufendes Verzeichnis sämtlicher im Druck ereinender Neuigkeiten für Chorgesang ein möglichst getreues übersichtliches Abbild der gesamten Produktion auf diesem iete den Interessenten darzubieten. Dieser Zweck würde r nur halb erfüllt werden, wenn nicht die Möglichkeit vorden ist, das Gesuchte in der Menge des Dargebotenen nell aufzufinden oder das Nichtvorhandensein eines anlich erschienenen Werkes zu konstatieren. Zum Teil wird lieses Ziel schon erreicht durch die bisher durchgeführte aueste Spezialisierung des Stoffes, sodass z. B. die eine nmer unter „Neuigkeiten" nur Frauenchöre a capp., die lere nur solche mit Begleitung bringt; einen weiteren Schritt h dieser Richtung hin thut die Redaktion, indem sie in ser Nummer unter obiger Rubrik ein Verzeichnis sämtlicher Druck erschienener Männerchorwerke eines Komponisten ıgt und verspricht, derartige Verzeichnisse auch weiterhin :heinen zu lassen, sobald irgendwie Platz vorhanden ist solange ihr die Unterstützung der Interessenten zu teil wird.

Wir beginnen diese Serie mit **einem Verzeichnisse Werke für Männerchor des Kgl. Hofrats C. H. ring,** Prof. am Kgl. Konservatorium zu Dresden. Wenn h das Hauptgewicht auf die klavierpädagogischen Arbeiten ıes rastlos schaffenden Meisters sowie auf seine persönliche tigkeit auf diesem Gebiete zu legen ist, so hat doch, ıentlich im letzten Jahrzehnt die Liebe zum Männergege so zahl- und erfolgreiche Blüten seiner Kunst entspriessen en, dass er heute zu den „meistgesungenen" Komponisten ört und, als Beweise seiner Beliebtheit, sich der Ehrenliedschaft zahlreicher Männer-Gesangvereine zu erfreuen Seine Männerchöre kommen dem Geschmack unsrer angvereine und deren Publikum sehr entgegen, ohne der timentalität oder Trivialität zu verfallen. Sie sind melodiös schönsten Sinne des Wortes und harmonisch reizvoll, die :hen und stets interessanten Modulationen bilden ein chaeristisches Merkmal für fast sämtliche Chöre Dörings, er ıs hauszuhalten mit diesem Mittel, um zur rechten Zeit 'tige Wirkungen damit zu erzeugen.

Der Inhalt der Dichtungen ist überall wahrhaft, tief ofunden und anschaulich wiedergegeben, wenn auch der is der seinem Empfinden zusagenden Stimmungen nicht sehr ıs ist. Vorwiegend sind es kleinere reinlyrische Stimmungser, welche ihm am besten gelingen, so die ruhigen, frieden ausserordentlich weich und süss modulierenden Nachter, op. 65 Die Sonne geht zur Ruh'; op. 72 Gebet auf ı Wasser. op 73 Schlummerlied; op. 78 Nacht und Träume; 71 Zu meinen Füssen die schlummernde Welt und vor n op. 122 Die Nacht „Sei gegrüsset, sternenhelle Nacht", leres von ausserordentlich süssem Wohlklang. Den Volkstreffen einige Liedchen sehr glücklich, so „Im Hain" op. , Lieber Schatz, sei wieder gut mir; op. 102, sowie seine :on Lieder, op. 200 bis 203. Die Rheinlieder, namentlich 131 „Am Rhein", zeichnen sich durch Schwung und Feuer ebenso diejenigen patriotischen Inhalts: Auf einen sehr htigen und schwungvollen „Hymnus auf den Deutschen ngesang", op. 148 haben wir bereits in No. 2 dieser ter hingewiesen.

Es würde zu weit führen, auf einzelne Chöre hier näher ugehen, ich möchte nur noch besonders aufmerksam machen op. 165, Schloss Geroldseck, mit welchem Opus Döring ein z neues Gebiet betreten hat, u. zwar mit glücklichstem Geen, — dasjenige der Ballade. Es sei hiermit angelegentst aufmerksam gemacht auf die Produkte dieses regsamen fruchtbaren Komponisten, jeder wird etwas nach seinem chmack darunter finden.

Einen sehr vorteilhaften Eindruck machen: **Fünf Abendlier** für 4st. Männerchor, von **P. Claussnitzer,** op. 8. tritt uns aus denselben ein Tondichter entgegen, der es verschmäht, mit effekthaschenden Mittelchen billige Wirkungen zu erzielen, der aber auf der Grundlage einer sicheren Beherrschung der harmonischen und kontrapunktischen Mittel des Satzes es verstanden hat, diesen Abendstimmungen in tiefempfundenen Tongebilden gerecht zu werden. Eine oberflächliche Kenntnisnahme dieser Gesänge wird nicht genügen, ihren Wert zu erfassen, ich empfehle namentlich No. 2 „Die Nacht ist kommen" und No. 5 Die Nacht: „Wie schön, hier zu verträumen" der Aufmerksamkeit aller dem Gediegenen geneigten Dirigenten.

Für kleinere Gesangvereine besonders geeignet sind: **Wlad. Labler, „Auf dein Wohl, du rheinische Maid",** und **„Glück in den Bergen".** Namentlich das erstere melodiöse Liedchen hat in weiten Kreisen bereits grosse Beliebtheit sich errungen und dürfte auch in Zukunft noch manches Programm schmücken, nicht zum wenigsten wegen des dankbaren Tenorsolos. Das „Glück in den Bergen" ist im allermelodiösesten Koschat-Stile gehalten und dementsprechend zu empfehlen.

In Bezug auf Melodik und Wohlklang durch dieselben Eigenschaften ausgezeichnet sind die Männerchöre von **H. Bungart** op. 76 **„Die schwarzbraunen Augen"** und von W. H. Steinkühler op. 32. **„In der Fremde, „Wie seh'n die Blumen fremd mich an".** All diese Chöre zeichnen sich noch dadurch aus, dass sie leicht zu bewältigen sind und daher vorzugsweise weniger leistungsfähigen Vereinen empfohlen werden können.

Zwei geistliche Männerchöre von **Emil Büchner,** op. 43 verdienen besondere Erwähnung wegen ihres tief empfundenen Inhalts, **No. 1, Gebet, 2. Lobgesang.** Besonders hervorzuheben ist das erstere, beginnend mit den Worten: „Andachtvolles, tiefes Schweigen breitet sich auf Wald und Flur".

Männerchor mit Begleitung.

Max Zenger op. 88. **Die deutsche Flotte,** für M. Ch. mit Orch. Ein bedeutsames Werk des bekannten Münchener Meisters, auf das hiermit besonders hingewiesen sei, weil auch sein Inhalt von grossem aktuellem Interesse ist. Die grosszügig angelegte Komposition entwickelt sich mit seinen fortreissenden Rhythmen, seiner flotten Stimmführung, seiner interessanten, wenn auch etwas herben Harmonik und seiner energischen Melodik zu einem überaus begeisternden Bilde. Der Text von G. Herwegh ist von echt patriotischem Geiste getragen und dürfte geeignet sein, durch schwungvolle Aufführungen etwa noch schwankende Gemüter der Flottenbewegung günstig zu stimmen. Warum soll Frau Musika nicht auch einmal ein Wörtchen in der hohen Politik mitreden dürfen?

Ein ebenfalls in jeder Beziehung durch gute Eigenschaften sich auszeichnendes Werk tritt uns in **Max Filke's** op. 74 **„Das deutsche Lied",** entgegen. Markante Themen, kraftvolle Rhythmen, unterstützt durch eine imposante Entfaltung der orchestralen Mittel sichern dem Werke guten Erfolg. Die kräftige Begleitung wird auch dazu beitragen, den Chor über die mannigfachen harmonischen Klippen hinwegzubringen und ihn zu bewahren vor dem verschiedentlich drohenden „enharmonischen Wechselfieber".

In etwas sittsamerem Gewande präsentiert sich der **„Sänger-Gruss an den Frühling", von Ludwig Ebner,** op. 38. Die Rhythmen sind einfacher, fliessender, die Modulation nicht soweit ausgeholt, aber der Frühling wird mit lieblichen Melodien und angenehmen Harmonien eingeläutet und hoffentlich wird im kommenden Frühling manches Menschen Herz sich erfreuen können an den Lust erweckenden Klängen dieses Sängergrusses.

Anlässlich der bevorstehenden (17. März 1900) hundertjährigen Geburtsfeier **Carl Zöllner's** veröffentlicht **Heinrich Zöllner** ein nachgelassenes Werk seines Vaters: **Das Soldatenlied** „Burgen mit hohen Mauern und Zinnen", aus Goethes Faust in 2 Ausgaben, für Männerchor a capp. oder mit kleinem Blasorchester. Die Herausgabe dieses kecken, frischen Chors ist dankbar zu begrüssen, namentlich in der neuen Bearbeitung mit Blasorchester. Solche natürlich und ungesucht sich gebende Tonsätze gehören zur gesündesten

Kost für unser Publikum, werden aber leider immer seltener, wie überhaupt die Naivetät im Schaffen unseren modernen Tondichtern immer mehr abhanden kommt. Die musikalische Thätigkeit Carl Zöllners in Leipzig zu Beginn dieses Jahrhunderts war für den deutschen Männergesang eine derart segensreiche, dass es als eine Ehrenpflicht unserer Männergesangvereine anzusehen ist, der 100. Wiederkehr seines Geburtstages zu gedenken. Dazu würde sich das Soldatenlied sehr gut eignen, aber auch der Müllerliederzyklus verdient Berücksichtigung. Schliesslich seien noch zwei umfangreichere Arbeiten für Männerchor und Orchester erwähnt, **Sturmlied** von **Max Gulbins** op. 13 und **Minnetreue** von **Carl Schotte** op. 30. Ersterer weiss den Aufbau des Werkes recht wirkungsvoll zu gestalten, die Musik schmiegt sich dem Texte überall innig an und weist infolgedessen recht packende Gegensätze auf. Die Ausarbeitung ist eine überaus gediegene, trotzdem aber dem Chor keine unüberwindliche Schwierigkeiten bietende. Grössere Ausdehnung hat das zweitgenannte Werk Schotte's die Minnetreue. Volkstümliches Liederspiel in 2 Abteilungen, gedichtet von F. A. Muth. In duftigen, poetisch-schönen Schilderungen ziehen die Schicksale zweier Liebenden an uns vorüber, wie sie sich finden zur Blütezeit und sich trennen müssen, als mit dem Herbst der Kaiser zur Fahne ruft, um den Türken abzuwehren. Doch auch getrennt halten sie die versprochene Treue und erst nach sieben Jahren finden sie ihr Glück in der Wiedervereinigung. Sowohl Dichtung, wie Vertonung dieser gerade nicht sehr neuen Geschichte ist überall mit duftigster Poesie getränkt und dabei von einer vornehmen Volkstümlichkeit. In buntem Wechsel lösen einander Lieder und Duette für Sopran, Tenor oder Bariton-Solo und Männerchöre ab, sodass für die nötige Mannigfaltigkeit mehr wie ausreichend gesorgt ist. Auf leichteste Ausführbarkeit ist überall Bedacht genommen, sodass das Werk namentlich kleineren Vereinen empfohlen werden kann.

Ein nicht ganz leichtes Problem hatte sich **Lothar Kempter** mit seiner Vertonung des Goethe'schen Hymnus **„Mahomets Gesang"** gewählt, für Männerchor unseres Wissens zum ersten Male in Musik gesetzt. Die Fülle und Tiefe der Gedanken, die stets wechselnden Rhythmen des Textes erfordern einen geistig und kompositions-technisch hochstehenden Tonsetzer; ein solcher wird aber auch seine helle Freude an der Dichtung haben. Wie gewaltig werden da die Saiten der menschlichen Seele zum Erklingen gebracht, welche Steigerungen im Aufbau; die Gegensätze in den Bildern und Stimmungen, die blühende Sprache, Alles vereinigt sich, dem Komponisten die innigsten Töne zu entlocken und ihm Gelegenheit zu einem Meisterwerk zu verschaffen. Kempters Vertonung ist eine sehr würdige. Wenn uns auch nicht überall der Inhalt erschöpfend wiedergegeben zu sein scheint, (so hätten wir uns das Flehen: „Bruder nimm uns Brüder mit . . . " „denn uns frisst in öder Wüste gieriger Sand . . . ." leidenschaftlicher gedacht), so sind doch die beschränkteren Mittel des Männerchors in Betracht zu ziehen und man kann trotzdem hier von einem wohlgelungenen Meisterwerke sprechen. Gleich der ausgezeichnet gearbeitete Eingangschor sorgt dafür, dass der Zuhörer in die richtige Stimmung komme. Die Themen stehen wie aus Erz gemeisselt da, treffend in Charakter und Ausdruck, die einzelnen Stimmen treten überall markant und charakteristisch hervor, die Steigerung gegen den Schluss hin übt eine machtvolle Wirkung aus. Das Werk sei allen grösseren Vereinen dringend empfohlen.

Der weisse Hirsch, für gemischten Chor und Orchester komponiert von **Friedrich Reinbrecht** op. 18.

Ein Werk von grösseren Dimensionen welches eine Hälfte des Konzerts ausfüllt. Die Dichtung von B. Abelmann behandelt die Sage von einem jungen Grafen, der auf der Jagd in einen Hirsch verwandelt wird, nachdem er der Waldfee den Wunsch, ihren Lieblingshirsch am Leben zu lassen, abgeschlagen hat. Im Vordergrunde stehen die beiden Gestalten; der Graf nach langem Jagen endlich seine Beute erhaschend, im Begriff, sie zu töten, und die Waldfee zum Schutze ihres Lieblings dazwischen tretend. Der sich hieraus entwickelnde Zwiegesang ist stellenweise von grosser dramatischer Wirkung, welche sich steigert bis zu ihrem Fluch, der, begleitet vom Eintritt des Chors der Geister und Elfen, den Höhepunkt des ersten Teiles bildet, damit ist dann auch das Interesse an der Handlung erschöpft; was noch folgt ist zum grösten Teil betrachtender Natur und zieht sich etwas lang hin, obschon musikalisch noch einzelne grosse Schönheiten aufzuzählen wären. Ueberhaupt birgt das Werk manche melodische Perle, auch der Chor wird eine dankbare Aufgabe finden, deshalb sei es der Beachtung empfohlen.

Werke für gem. Chor.

Von neueren geistlichen Werken für gem. Chor sind hervorzuheben **2 Motetten** von **Herm. Franke** op. 83 von vorzüglicher, klangvoller Arbeit, wie bei diesem Meister nicht anders zu erwarten: No. 1 **„Richte mich Gott"** und No. 2 **„Schaffe in mir Gott ein reines Herz"**. Und ferner der 100. Psalm **„Jauchzet dem Herrn alle Welt"** von **Wilh. Köhler,** op. 6. Letzteres zwar noch etwas kurzatmig in der Durchführung der Themen, aber diese sind ausdrucksvoll und gut erfunden, der Satz überall klangvoll.

Ein Liederkomponist so recht dem Herzen des deutschen Volkes ist uns in **Karl Deigendesch** erstanden. Seine Liederhefte op. 10, 30 und 31 enthalten wahre Perlen deutscher Sangeskunst. Ueber seinen melidiösem Weisen lagert der sonnige, frühlingswarme Duft eines heitern Gemüts, es kommt alles aus übervollem Herzen und dringt deshalb auch zum Herzen.

Etwas schwermütiger, aber ebenso tiefempfindend giebt sich **Ewald Strässer** in seinen **4 Liedern für gem. Chor;** op. 6. Besonders hervorzuheben von diesen ist das **Knabenlied, „Ich hatt' ein Blümlein gefunden"**. Die herrliche, echt volktümliche Melodie kann eines tiefen Eindrucks nicht verfehlen, wenn sie gut vorgetragen wird, namentlich der rührende Schluss: „O Mutter, süsse Mutter, nun denk ich weinend dein", mit seiner herzinnigen Weise hebt das Lied ausserordentlich.

Chorsammlungen.

Heinrich Pfeil. Opern-Chöre. Band I für Männer-Chor. Bd. II für gem. Chor à N. 2,— m. Chorst. à N. 75 Pfg. Zwei ausgezeichnet redigierte Sammlungen, jede 25 Chöre mit Klavierbegleitung aus den beliebtesten Opern enthaltend. So finden wir in Bd. I. u. A. den Gefangenenchor aus Fidelio, Trinklied a. d. Vampyr, Priesterchor a. d. Zauberflöte, Jagdchor aus Tell, Jägerchor aus Euryanthe und Freischötz. In Bd. II Abendgebet a. d. Nachtlager, Jägerlied aus H. Heiling, Morgengebet aus Joseph in Egypten, Bauernchor a. d. Propheten. Notturno „O süsser Mond" aus den lustigen Weibern, Hirten- u. Jägerchor aus „Rosamunde". Zigeunerchor aus „Preciosa" und noch viele andere allgemein bekannte und beliebte Nummern. Kleineren Vereinigungen ist die Anschaffung der hübsch und gediegen ausgestatteten Sammlung zu empfehlen.

Arion. A Collection of Madrigals, Glees Part-Songs etc. by Ancient Composers, Edited by C. Hub. Parry, Lionel S. Benson W. Barclay Squire. 2 Bde.

Eine interessante Sammlung alter Madrigale aus dem 16. und Anfang des 17 Jhrhs., sehr sorgfältig redigiert, mit Vorzeichung moderner Schlüssel und Unterlegung der Klavierpartitur zum Zwecke des Einstudierens. Die Texte sind englisch und z. t. deutsch, franz. oder ital. Band I 88 Seiten. Bd. II 103 Seiten. Druck und Ausstattung sind vorzüglich, sodass die Sammlungen, welche auch für uns deutsche manch' unbekannte Perle bieten, dringend empfohlen werden können. H. vom Ende.

Wegweiser
durch die
Chorgesanglitteratur.

Ratgeber für Männer-, Frauen- und gemischte Gesangvereine und Gesangvereinsdirigenten.

Herausgegeben und redigiert von **H. vom Ende, Köln am Rhein,** Beethovenstrasse 6. — Erscheint monatlich einmal. — Bezugspreis für 1 Expl. 15 Pfg. Jahresabonnement 1,50 Mk. incl. Porto. Inserate kosten pro 4 mal gespaltene Petitzeile 25 Pfg.

№ 6. **Köln am Rhein,** den 26. März 1900. **I. Jahrgang.**

Was will der Wegweiser?

Es seien hier in Kürze nochmals die leitenden Gesichtspunkte dargelegt, deren Befolgung der Wegweiser sich angelegen sein lassen wird.

Im Voraus sei bemerkt, dass wir **nur durch die Beschränkung auf ein Spezialgebiet der Musiklitteratur etwas Gediegenes und Brauchbares schaffen zu können glauben.** Fast auf keinem Gebiete der Wissenschaften und Künste wird soviel Litteratur zu Tage gefördert, als auf demjenigen der musikalischen Komposition. Welche Unmengen von Tonwerken allmonatlich auf den Markt geschleudert werden, davon kann sich einen schwachen Begriff nur machen, wer von Berufs wegen sich mit den Neuerscheinungen auf diesem Gebiete zu beschäftigen hat. Weitaus den grössten Anteil an dieser Überproduktion aber hat die Chorgesanglitteratur.

Indessen die enorme Schaffensfreudigkeit auf diesem Gebiete — einerlei aus welchem Grunde — wäre immerhin als ein erfreuliches Zeichen des Interesses für unsere Kunst zu betrachten, wenn nicht ein grosser, vielleicht der opferfreudigste Teil unsrer musikalischen Welt schwer darunter zu leiden hätte: die Konzertdirektionen, Vereinsvorstände und vor allem unsere Dirigenten, denen neben ihrer eigentlichen Beschäftigung im Dienste Polyhymnias noch das zweifelhafte Vergnügen obliegt, sich durch diesen Wust von mehr oder weniger guten Tonwerken hindurch zu winden, um schliesslich nichts zu finden, was ihren Zwecken entspricht.

Diesen Herren sind die vorliegenden Blätter in erster Linie gewidmet. Ein Blick in den Wegweiser wird genügen, sich Klarheit zu verschaffen über die Tonsetzer, welchen die geheimnisvolle und vielbeneidete Krone des Erfolges verliehen ist, über die Tonwerke, welche lebens- und triebkräftig, die Gräber der musikalischen Fehlgeburten hinter sich lassend, die Welt mit ihrem Ruhm erfüllen.

Aber auch ein Blick wird genügen, um solche Meister und ihre Werke kennen zu lernen, denen ungerechterweise die Anerkennung bisher versagt wurde. Wie schwer es dem tüchtigen Musiker ist, die Aufmerksamkeit der grossen Menge auf sich zu lenken, wie oft er zurücktreten muss mit Werken, die er mit seinem Herzblut geschrieben, hinter die fadesten Ergüsse irgend eines seichten Massenfabrikanten, das lässt sich mit wenigen Worten nicht schildern. Solchen Meistern Anerkennung zu erringen, sei der weitere Zweck dieser Blätter.

Aber auch dem grösseren musikliebenden Publikum, namentlich den Gesangvereinsmitgliedern, soll der Wegweiser ein nie versagender Ratgeber sein in allen Fällen, welche besondere Findigkeit erheischen. Wie oft suchen kleinere Vereinigungen nach humoristischen Ensemble-Stücken für bestimmte Zwecke und besondere Festlichkeiten. Der Wegweiser wird im Laufe der Zeit das Material für alle diese Gelegenheiten sammeln, klassifizieren und dem Leser in übersichtlicher Anordnung und Form darbieten.

Besonders gute und zur Aufführung geeignete Werke sollen durch Besprechungen im redaktionellen Teile hervorgehoben werden, in denen nach Möglichkeit eine eingehende Betrachtung der besprochenen Werke angestrebt wird.

Dass uns in diesen Bestrebungen jeder Einzelne nach seinen Kräften unterstützen wird, das glauben wir im Interesse unserer Kunst, der Künstler und der Gesangvereine erhoffen zu dürfen, und so bitten wir freundlichst **um Zusendung des gesamten diesbezüglichen Materials,** besonders der

Neuigkeiten für Männer-, Frauen- und gem. Chor,
Chorsammlungen und Liederbücher,
Bücher und Studienwerke für Gesang,
Kataloge und Prospekte,
Vereinsberichte, Festbücher und Berichte über Wettstreite, Bundesfeste, Musikfeste etc.

Konzertprogramme, in denen die mit grossem Erfolge aufgeführten Chorwerke einmal, mit sehr grossem Erfolge zweimal unterstrichen sind. Zusatz von D C oder Z bedeutet Da Capo oder Zugabe. Gewissenhafte Benutzung jeder Einsendung wird zugesichert.

Vielfach geäusserten Wünschen entsprechend, bitte ich die geehrten Einsender der Programme um gefällige Angabe der Mitgliederzahl des Vereins und des Schwierigkeitsgrades der erfolgreichen Kompositionen. Einmalige Unterstreichung bedeutet grossen, zweimalige sehr grossen Erfolg. Zusatz von D C (Da Capo) oder des Preises. D. Red.

Man abonniert für ein Jahr auf diese Zeitschrift durch Einsendung von 1,50 Mk. an H. vom Ende's Verlag.

Aufführungen.

Männerchöre a cappella.

Abkürzungen: gr.-gross, s.-sehr.

Titel	Komponist	Stadt	Verein	Dirigent	Erfolg	Preis
Abschied (*l.*)	Fr. Neuert	Düsseldorf	Friedrichst. Liedertafel	W. Hülser	s. gr.	
Schlafwandel (*sch.*)	Fr. Hegar	Pforzheim	Liedertafel	Th. Röhmeyer	s. gr.	
Liebchen, wach auf (*l.*)	E. Meyer-Helmund	Frankenthal	Liederkranz	J. Schmitt	s. gr.	
Liebchens Bote (*msch.*)	M. Reger	Weiden	do.	Dr. Reinhard	s. gr.	
Trutze nicht (*msch.*)	do.	do.	do.	do.	s. gr.	
In Strassburg auf der langen Brück (*l.*)	B. Hilpert	Frankenthal	do.	J. Schmitt	s. gr.	
Sabbatruhe (*l.*)	Loschky	Fürth	Liederverein	Loschky	s. gr.	
Rosenzeit	F. Debois	Kitzingen a. M.	Sängerverein	Weber	s. gr.	
Singvöglein, sing	Rheinberger	do.	do.	do.	s. gr.	
Ständchen	W. Kienzl	Wien	M. G. V.	E. Kremser	s. gr.	
Die Fischermaid	Loschky	Fürth	Cäcilia	Loschky	s. gr.	
Das allerliebste Mäuschen (*msch.*)	Engelsberg	Leipzig	M. G. V.	O. Kirmse	s. gr.	
Waldeinsamkeit	Wesseler	Münster	Aegid. Kirchen-Chor	J. Viegener	gr.	
Mein Stern aus „Gretchen"	do.	do.	do.	do.	D. C.	
Hüte dich (*msch.*)	Girschner	Frankenthal	Liederkranz	J. Schmitt	s. gr.	
Der erste Ball	A. Kirchl	Hof	do.	K. Seitz	s. gr.	
Ach, wie ist's möglich dann	arr. v. Schreiber	Leipzig	Soloq. Mendelssohn	C. Schiebold	s. gr.	
Phyllis u. die Mutter	arr. v. [illegible]	do.	do.	do.	s. gr.	
Wie schön ist es im Maien (*sl.*)	R. Wagner	Leoben	M. G. V.	A. Menacher	D. C.	
Waldesrub. „Horch, es rauscht!"	Schmidt	Altena	Landwehr-G. V.	—	s. gr.	
Mondlicht (*msch.*)	F. Woyrsch	Münster i. W.	Liedertafel	Dr. Preising	s. gr.	
Sängers Frühlingslied (*l.*)	Ad. Jäckel	Mülheim a. Rh.	Sängerbund	Clasen	s. gr.	
Auf d. Wohl, du rheinische Maid (*l.*)	Wlad. Labler	Karlsbad	M. G. V.	Wirkner	s. gr.	
Das Glück in den Bergen (*l.*)	do.	Teschen	do.	J. Rudel	s. gr.	
Komm, o komm (*l.*)	E. Kremser	Langendiebach	Sängerlust	J. Brodt	D. C.	
Birebaum (*zl.*)	Fr. Wüllner	Köln	M. G. V.	J. Schwartz	D. C.	
Rudolf von Werdenberg (*sch.*)	Fr. Hegar	Gütersloh	Seminar-Chor	Schoppe	s. gr.	

Männerchöre mit Begleitung.

Titel	Komponist	Stadt	Verein	Dirigent	Erfolg	Preis
Am Chiemsee	K. Goepfart	Stuttgart	Liederkr.	Foerster	s. gr.	
Der Pilot	Oesten	Oschersleben	Liedertafel	Quedenfeld	s. gr.	
Landerkennung	Grieg	do.	do.	do.	s. gr.	
Kaiser Karl in der Johannisnacht	Th. Podbertsky	Forst i. L.	M. G. V.	A. Prenzel	s. gr.	
Das Thal des Espingo	Rheinberger	Rheydt	Städt. M. G. V.	G. Kramm	s. gr.	
Heinrich der Finkler	Fr. Wüllner	do.	do.	do.	s. gr.	
Froher Sinn	Fr. Mair	Wien	Schubertbund	A. Kirchl	D. C.	
An die Madonna	Ed. Kremser	do.	Gersthofer Liedertafel	A. Schkach	D. C.	
Wacht auf, es taget	Ad. Kirchl	do.	Schubertbund	A. Kirchl	s. gr.	
Landerkennung	E. Grieg	Olmütz	M.G.V.u.Damensing-V.	W. Labler	s. gr.	
Rinaldo	J. Brahms	Köln	M. G. V.	J. Schwartz	s. gr.	
Am Wörther See	Koschat	Gütersloh	Lehrer-Seminar	Schoppe	s. gr.	

Gemischte Chöre a cappella.

Titel	Komponist	Stadt	Verein	Dirigent	Erfolg	Preis
Der Frühling im Winter (*l*)	A. Jäckel	Schönebeck a. E.	Felk'scher G. V.	A. Felk	s. gr.	
Eine Bauernhochzeit (*zl*)	A. Södermann	Nördlingen	Chor-Verein	Fr. W. Trautner	s. gr.	
Brautfahrt in Hardanger (*zl*)	H. Kjerulf	do.	do.	do.	s. gr.	
Wanderers Sturmlied (*sch*)	R. Strauss	Elberfeld	Casino-Ges.	Dr. H. Haym	gr.	
Die Wollust in dem Maien	Joh. Brahms	Brünn	Musik-Verein	Fr. Ochs	gr.	
Herr Gott, du bist unsre Zuflucht	C. Reinecke	Leipzig	Thomaskirche	G. Schreck	s. gr.	

Gemischte Chöre mit Begleitung.

Titel	Komponist	Stadt	Verein	Dirigent	Erfolg	Preis
Jubilate	Händel-Chrysander	Köln	Konzert-Ges.	Fr. Wüllner	s. gr.	
Finale a. Loreley, I. Akt	Mendelssohn-B.	Teplitz	M. G. V. u. Damenchor	E. Soling	s. gr.	
Schlittenfahrt	A. Jäckel	Culm	Cäcilien-Ver.		s. gr.	
Tantum ergo	Fr. Schubert	Köln	Concert-Ges.	F. Wüllner	gr.	
Liebesquelle von Spangenberg	K. Goepfart	Metz	Liederkranz	Schönfeld	s. gr.	
Zigeunerleben	R. Schumann	Ibbenbüren	Gem. Chor	R. Prensler	gr.	
do.	do.	Marburg	do.	H. Dörbecker	s. gr.	
Sommerabend	R. Kahn	Speyer	Cäcilien-Ver. u. Lt.	R. Schefter	s. gr.	
Das Märchen v. d. sch. Melusine	H. Hofmann	Esslingen	Orator. Verein	Prof. Fink	s. gr.	
Deutsche Tänze	Schubert-[illegible]	Teschen	M. G. V. u. Damenchor	J. Rudel	s. gr.	
Eiland	F. Debois	Olmütz	M.G.V. u. Dam.Sing.-V.	W. Labler	s. gr.	
Dorfmusikanten	J. Pache	Laibach	Turnverein	Rauth	D. C.	
Winterfreuden	M. v. Weinzierl	Witkowitz	M.G.V. u. Frauen-Chor	—	s. gr.	

Alle hier angeführten Werke sind zur Ansicht zu beziehen durch H. vom Ende's Verlag Köln a. Rh., Beethovenstrasse 6

…zeichnungen: l leicht, sch schwer, …ehr, z ziemlich, m mittel:

Neuigkeiten.

Für die Aufnahme in diese Rubrik genügt die Zusendung eines Frei-Expl.

Schwierigkeits-Grad	Gemischte Chöre a cappella.	Part. Mark	Stimme Mark
l	**Abt, Franz,** op. 256. Fünf Lieder	— 90	— 40
	Schneeglöckchen, Abschied vom Walde. Auf die Berge, Maiwanderung, O wie herrlich . . . einzeln	— 10	— 15
l	do. op. 532. Fünf Lieder	1 —	— 50
	Hinaus, Abend ist es, Ein Sträusschen am Hute, Im Grünen, Heimwärts, einzeln	— 40	— 15
l	do. op. 539. Fünf Lieder	1 —	— 60
	Auf dem Meere. Morgenwanderung. Abendfrieden. Maiennacht. O du wonnige, sonnige Maienzeit . . . einzeln	— 40	— 15
sch	**Alexander, J.,** Morgenstimmung. „Rings ist es stumm"	1 50	— 30
sch	**Berger, Wilh.,** op. 48b. No. 1. „Wenn eine Blume still verblüht"	— 60	— 15
	No. 2. Die erwachte Rose. „Die Knospe träumt"	— 90	— 15
	No. 3. Wiegenlied. „Die Aehren nur noch"	— 60	— 15
sch	**Brambach, C. Jos.,** op. 101. Der 21. Psalm (Königspsalm) a capp. od. mit Orgel netto	3 —	— 25
sch	**Chor-Album.** Band I. 21 Lieder von Abt, Brahms, Hiller, Bruch, Kreutzer etc.		
sch	Band II. 21 Lieder von Abt, Engels, Kissling, Hiller, M. Bruch, Brahms etc. Jeder Band netto	3 —	— 80
l	**Decker, Wilh.,** „Trost im Leiden" von Stolberg	— 60	— 20
zl	**vom Ende, Heinr.,** op. 9. Fünf Lieder. Die Liebe blüht wie Rosen. Ein geistlich Abendlied. Altes Wiegenlied. Nachtgebet. Versöhnung	— 80	— 30
	Daraus einzeln: 2. Ein geistlich Abendlied. 5. Versöhnung. „Mein herzliebstes Schatzerl" à	— 60	— 20
	Grabert, Martin, op. 7.		
sch	No. 1. „Lasst mich ruhen"	1 —	— 30
sch	No. 2 „Es muss doch Frühling werden"	1 —	— 20
sch	No. 3. „Hüte dich"	— 60	— 15
sch	No. 4. An den Maienwind	— 60	— 20
zl	**Hirsch, Carl,** op. 127. Es war mein „Duftet die Lindenblüt"	— 40	— 15
sch	do. La Paloma (Die Taube) von Yradier	— 80	— 25
zl	**Jäckel, Adolf,** op. 1. Liebes Schatzerl klein Gedicht von K. Rosegger	— 50	— 15
	op. 32. Die Mühle	— 60	— 15
	op. 33b. Waldesrauschen	— 60	— 20
	op. 44. „Es ist die Lieb' wie arm sie sei" mit Altsolo. Gedicht v. Fr. Frenzel	— 60	— 20
	op. 45. Frühlingserwachen. Ein Maienlied. (Walzer mit Pianoforte-Begleit.) Gedicht von Thomas Frantz	1 —	— 20
	op. 46. Schlittenfahrt, mit Pianof.-Begl. (12-st. Streichorch. ad. lib.)	1 —	— 20
	op. 80. Frau Nachtigall Liebeszauber. Polka-Mazurka mit Pianof.-Begl. oder (12-st. Streichorchester ad lib.) Streichorchesterstimmen Mk. 1,50).	2 50	— 25
	op. 81. Waldmorgen, mit Sopransolo. Gedicht von Thomas Frantz	— 60	— 20
	op. 82. Liebst du mich? Mit Sopran- und Tenorsolo. op. 83. Du Holde, du bist mein. op. 84. Jägerleben. op. 85. Schlaf wohl, mein Lieb. Mit Sopr.-Sol. à	— 60	— 20

Schwierigkeits-Grad	Gemischte Chöre a capella.	Part. Mark	Stimme Mark
zl	**Jäckel, Adolf,** op. 86. Frühling im Winter. op. 87. Von dir, da lernt ich Sang und Lieb. op. 88. Abschied. op. 89. Mutterliebe, treuste Liebe à	— 60	— 15
	op. 90. Im Wald. m. Sopr.- u. Bar.-Solo	— 75	— 20
	op. 91 O ewig schöne Maienzeit, mit Sopr. u. Tenor-Solo	— 80	— 20
msch	**Kremser, Ed.,** Altniederl. Lied. „Komm', o komm"	— 60	— 15
msch	**Kreymann, L.,** op. 91. Abschied. „So wie ich dich lieb"	— 10	— 15
msch	**Lange, O. H.,** op. 40. „Mein Herz, thu dich auf"	— 80	— 15
zl	Masurenlied. „Wild flutet der See"	— 40	— 15
zl	**Meienreis, R.,** Mein Heimatland „Sie sassen all"	— 40	— 10
l-msch	**Mestenhauser, Dr. Ed.,** 9 Gesänge von Frz. Schubert. Heft I. Nacht und Träume. Du bist die Ruh. Pax vobiscum	— 75	— 25
	Heft II. Allerseelen. Himmelsfunken. Das Weinen	— 50	— 25
msch	Heft III. Abendstern. Die Berge. Aus Heliopolis	— 75	— 35
	Einzeln	— 40	— 15
msch	**Mittmann, Paul,** op. 50. Mein Schlesierland. „Wer die Welt"	— 60	— 10
zl	**Pfeil, Heinr.,** op. 19. Sehnsucht nach der Jugendzeit. „Aus fernem"	— 60	— 15
msch	**Radecke, Robert,** Weihnachtslied. „Es scheinet"	— 60	— 20
	Raphael, G., op. 4.		
msch	No. 1. „Der Himmel wird so dunkel"	1 —	— 20
msch	No. 2. „Im Wald, im hellen Sonnenschein	1 —	— 20
msch	No. 3 Leb' wohl du schöner Wald	— 80	— 15
msch	No. 4. Komm, o Nacht	— 80	— 15
msch	No. 5. Wiegenlied	— 80	— 15
msch	No. 6. Im Walde möcht ich leben	1 —	— 20
msch	**Rhode, Wilh.,** op. 7. 6 Irische Volkslieder. No. 1. Des Elfen Versuchung. No. 2. Das grüne, kleine Dreiblatt. No. 3. Norah. No. 4. Schön Ellen. No. 5. Komm heim nach Erin. No. 6. Irische Hochzeit à	— 60	— 15
msch	**Squire, W. Barclay,** Madrigale u. Gesänge berühmter Meister des 16. u. 17. Jhrhdts. No. 13. J. Wilbye. Drunten im Thale n.	1 —	— —
	No. 14. H. Waelrant. An die Musikant. n.	— 50	— —
msch	**Stange, Max,** op. 23. „Vor jeglichem Glück"	1 —	— 30
msch	do. op. 25, No. 1. „Licht athmend, steigt"	— 80	— 20
msch	No. 2. Waldrast. „Hier in des Waldes"	— 60	— 20
msch	No. 3. Mailied. „Es kommt ein wundersamer Knab"	1 50	— 25
	Strässer, Ew., op. 6.		
zl	No. 1. Knabenlied. No. 2. Frau Nach-		
zl	tigall als Botin. No. 3. Keine Freude à	— 60	— 15
msch	No. 4. Unwetter	— 40	— 15
msch	**Scholz, Bernh.,** Abendlied an die Natur. „Hüll' ein mich"	— 60	— 20
zl	**Voigt, Herm.,** op. 148. Mutterliebe. „In der Erinnerung"	— 40	— 15
zl	**von Walden, Otto,** op. 110. „Dort, wo mein Mütterchen"	— 40	— 15

Schwierigkeits-Grad	Gemischte Chöre a cappella.	Part. Mark	Stimme Mark
	von Walden, Otto,		
zl	op. 112. Der liebe Herrgott. „Wenn nach langer"	— 10	— 15
zl	do. op. 122. „Schau in deines Kindes Augen"	— 40	— 15
zl	do. op. 125. „O schönstes Glück, daheim zu sein"	— 40	— 15
zl	**Wermann, Oskar,** aus op. 19. Die neue Loreley. „Nun weiss ich"	— 60	— 15
zsch	**Werthemann, E.,** Die Spröde. „An dem reinsten Frühlingsmorgen"	— 60	15
msch	**Wolf, Leop. Carl,** op. 22. No. 1. Beim Wandern. „Nun fort"	— 50	— 20
msch	No. 2. Gottes Segen. „Das Kind ruht aus"		
msch	No. 3. Trauungslied. „Vor dich, o Herr"		
msch	No. 4. Sangestraum. „Wenn schon alle"		
msch	No. 5. Chorgesang. „Hoch wohnen Götter"	— 40	15
msch	**Wüllner, Fr.,** Nachtgruss. „Weil jetzo alles stille"	— 60	— 15
msch	**Zapff, O.,** op. 10. Zwei Diebe. „Sind es nicht"	— 80	— 30
msch	**Zeitler, Jos.,** Zuflucht. „Armes Wild" n.	— 40	— 15
msch	do. Glückliche Liebe. „Sonnenlicht"	— 10	— 15

Männerchöre

von

Karl Schauss, Wiesbaden.

Leicht.

Titel	Part. Mark	Stimme Mark
Lebewohl. Volkslied. „Alle Leute"	— 50	— 15
Trennung. „Ich muss reisen"	— 50	— 15
Mägdlein hab' Acht. „Hörst du den Finkenschlag"	— 50	— 15
Die Spinnerin. „Spinn, spinn"	— 50	— 15
Verschwundenes Glück. „Einst war ich so glücklich	— 40	— 15
Blühen und Welken. „Von hellem Hoffen"	— 60	— 20
Das schönste Schätzelein. „Wenn alle Bächlein"	— 60	— 15
Hinaus. „Lenzeswehen, Frühlingsklingen"	— 50	— 15
„Es ist ein Brünnlein geflossen"	— 50	— 15
Soldaten-Abschied. „Die Reise nach Jütland"	— 50	— 15

Schwierigkeits-Grad	Männerchöre von Karl Schauss, Wiesbaden.	Part. Mark	Stimme Mark
	Die Auserwählte. „Mädel ruck"	— 60	— 20
	Meine Heimat. „Was willst du"	— 50	— 15
	Liebesglück. „Es liegt dicht"	— 50	— 15
	Dem Vaterland. „O du deutsches Land"	— 50	— 15
	Ziemlich leicht.		
	Waldruf. „Schmettert im Walde"	50	15
	Serenade. „Schwebet auf Fittigen"	— 60	— 15
	O, süsse Heimat. „In der Jugend"	— 50	— 15
	Hoffe nur	— 60	— 15
	Vergissmeinnicht. „Wenn ich ein Waldvöglein wär"	— 50	— 15
	Die Herzen auf. „Ein gar so eigen"	— 60	— 15
	Röslein vom Rhein. „Am fernen, feindlichen"	— 40	— 15
	Drei Augenblicke. „Noch einen Blick"	— 60	— 20
	Abschied. „Ich soll Lebewohl"	— 60	— 15
	Heimweh. „Waldgrün der Heimat"	— 50	— 15
	Heiters Lieb. „Im maigrünen Walde"	— 60	— 15
	Die Lore vom Rhein. „Ich kenne ein Häuschen"	— 50	— 15
	O, ewig schöne Maienzeit	— 50	— 15
	Frauenlob. „Lasst fluten"	— 60	— 20
	Ständchen. „Leise, leise"	— 50	— 15
	In der Maiennacht. „Der jungen Liebe"	60	— 15
	Ich hört ein Vöglein pfeifen	— 50	— 15
	Röslein. „Mir träumte"	— 60	— 15
	Mein Lied. „Es ist mir nichts so eigen"	— 50	— 15
	Waldträume. „O wundersam. Blätterrauschen"	— 50	— 15
	Minnelied. „Liebchen, Liebchen	— 50	— 15
	O Frühling komm	— 50	— 15
	Der Lenz ist da. „Es schmilzt"	— 40	— 15
	Mittelschwer.		
	Meereszauber. „O Waldeszauber"	— 40	— 15
	Frühlingsklänge. „Wenn die blauen"	— 60	— 20
	Frühlingserwachen. „Nun floss der letzte"	— 80	— 25
	Abendstimmung. „Es senkt sich"	— 80	— 20
	Rheingold. „Es geht eine Sage"	— 80	— 20
	Mondnacht. „Im Grase taut's	— 50	— 15
	Leicht — ziemlich leicht.		
	Volkstümliche Männerchöre und Volkslieder, herausgegeben von K. Schauss, 3 Hefte à	50	— —

Besprechungen.

(Nachdruck verboten)

Zur Besprechung gelangen nur Werke, welche des Lobes würdig sind.

Karl Schauss, Wiesbaden.

Im Neuigkeitenverzeichnis dieser Nummer bringen wir das Verzeichnis sämtlicher Männerchöre eines Komponisten, der sich in den Kreisen kleiner Männergesangvereine durch seine frischen, volkstümlichen Weisen grosser Beliebtheit zu erfreuen hat; und nicht mit Unrecht. Namentlich in den drei Heften volkstümlicher Männerchöre, die K. Schauss herausgegeben hat, trifft er den Volkston sehr glücklich. Auch die Bearbeitungen der Volkslieder sind vortrefflich zu nennen; allerdings wird vielfach grosser Umfang der Stimmen vorausgesetzt, die rheinischen Komponisten sind eben etwas verwöhnt. Als wirkungsvolle Nummern hebe ich aus dieser Sammlung hervor das schwungvoll-melodiöse: „Knospen, brecht auf" und „Wie glüht er im Glase".

Auch seine einzeln erschienenen Männerchöre legen überall Zeugnis davon ab, dass er mit einfachen Mitteln sehr schöne melodische und harmonische Wirkungen zu erzielen versteht; so in den volkstümlichen Chören: „Mägdlein, hab' Acht", „Blühen und Welken", „Die Lore vom Rhein", „Die Herzen auf" mit ihren frischen, natürlichen Melodien und ihrer ungesuchten Harmonik. Aber auch anspruchsvollere Zuhörer weiss er zu befriedigen durch trefflich gearbeitete und schön empfundene Werke, wie z. B. „Abendstimmung". Das Ertönen der Abendglocken in der Ferne, das leise Rauschen der Wellen ist hier tonmalerisch sehr gut gelungen wiedergegeben, und der Jubel zum Schluss sorgt für begeisternde Wirkung. Ebenso „Frühlingserwachen", welches sich durch flüssige und interessante Stimmführung auszeichnet. Auch die schönen Klangwirkungen in „Frühlingsklänge" und „Meereszauber" sind hervorzuheben, ebenso die reizende Melodie im „Ständchen".

Alles in Allem haben wir es hier mit Kompositionen zu thun, denen gesundes, volkstümliches Empfinden nachgerühmt werden kann. Der eigentliche Liedertafelstil bricht nur selten hervor, dann aber in einer Weise, dass unser Gesangvereinspublikum gewiss vor Rührung zerschmilzt, so in: „O ewig schöne Maienzeit", und „O süsse Heimat" mit seinem melodiösen Refrain. Die Chöre sind sämtlich leicht ausführbar, nur einige sind mittelschwer, sodass sie namentlich kleineren Vereinen warm empfohlen werden können.

Neue Bücher und Lehrmittel für den Musikunterricht.

Aus Berlin schreibt man uns:

„Einem neuen Berufszweig für Musiker, nämlich dem des Primavista-Lehrers, redete Herr Max Battke (Direktor des Bülow-Konservatoriums in Berlin) das Wort in einem Vortrage, welchen er im Verein Berliner Musiklehrer und Lehrerinnen über seine neue Methode des Primavista-Singens hielt. Er führte aus, dass es durchaus nicht Aufgabe des Gesanglehrers sei, seinen Zöglingen erst eine musikalische Vorbildung zu geben. Vielmehr müssten eigene Kurse eingerichtet werden, in denen Sänger — und auch Komponisten, Pianisten usw. — die Noten lesen lernten, wie sie etwa ein Buch lesen und in denen ihr musikalisches Vorstellungsvermögen ausgebildet werde. Was die Chöre anbetrifft, so regte Redner die Einrichtung von Vorklassen an, in denen jeder einen Kursus im Primavista-Singen zu absolvieren habe, ehe er in einem Chor Aufnahme finden könne. Redner entwickelte dann seine Methode, die er in mehrfachen Kursen und auch in der Schule bereits erprobt hatte. Dieselbe war so übersichtlich und einfach aufgebaut, dass sie den ungeteilten Beifall sämtlicher anwesenden Sachverständigen fand und der Vorsitzende des Vereins, Herr Siegfried Ochs (Dirigent des Berliner philharmonischen Chors) dem Vortragenden in warmen Worten für seine Ausführungen dankte".

Diese Methode wird demnächst M. Battke, um sie allen ernst strebenden Sängern und Fachmusikern zugänglich zu machen, in Buchform herausgeben.

Von dem unbestreitbar richtigen Grundsatze ausgehend, dass der musik-theoretische Unterricht zugleich mit dem praktischen beginnen und ununterbrochen mit letzterem Hand in Hand gehen müsse, verbindet Battke in seiner soeben erschienenen **„Elementarlehre der Musik mit 462 Beispielen zum Diktat"** die Einführung in die elementaren Faktoren des musikalischen Kunstwerkes mit einer methodischen Schulung des Gehörs und des Tongedächtnisses durch das Musikdiktat nach dem Vorgange H. Riemanns.

Intensive Ausnutzung der Zeit, scharfe Anspannung der Aufmerksamkeit, Steigerung des Interesses an den formalen Faktoren des Kunstwerks, Weckung des Verständnisses und in dessen Gefolge lebhaftere Anteilnahme an den eigentlichen Musikübungen ist der Zweck dieser Methode. Der Lehrgang erstreckt sich auf rhythmische, melodische und harmonische Uebungen und befähigt den Schüler nach Absolvierung des Pensums nicht nur, sich von jeder gehörten Melodie und Harmonie das Notenbild vorzustellen, sondern auch von den Notenbildern, die er sieht, sich eine genaue Klangvorstellung zu machen. Die praktische und gründliche Anlage dieses aus der pädagogischen Praxis hervorgegangenen Werkchens verdient die Aufmerksamkeit unserer Musikschulen in hohem Masse.

Einen löblichen Zweck verfolgt die **Gesanglehre von E. Röder op. 17,** für protest. Volkschulen und höhere Lehranstalten. Dieselbe ist erschienen in einer Lehrer- und einer Schüler-Ausgabe, in welch' letzterer die zahlreichen pädagogischen Anweisungen sowie einige tiefer in die betreffende Materie eindringende Erläuterungen fortgelassen sind.

Nach allgemeinen Erörterungen über Bedeutung und Ziel des Gesangunterrichts und über die anatomischen und physiologischen Grundlagen der Tonerzeugung wird ein Abriss der allgemeinen Musiklehre in knapper, präziser Form geboten. Der praktische Teil enthält vortrefflich zusammengestellte Gehör- und Stimmübungen, geeignet, das in Volkschulen vielfach übliche „Schreien" zu verhindern. Ferner eine grosse Anzahl auserlesener Gesänge für 1-3 Stimmen. Der billige Preis von 80 Pfg. pro Exemplar ermöglicht den Volksschulen und sonstigen Lehranstalten die Anschaffung des gediegenen Werkchens.

Die Praxis des Schulgesanges von Karl Süss.

In gedrängter Darstellung hat K. Süss hier die Erfahrungen seiner Thätigkeit als Gesanglehrer einer höheren Schule in einer kurzen, methodischen, für Lehrer bestimmten Anleitung niedergelegt.

Das 44 Seiten starke Heftchen giebt eine kurze Uebersicht des Wissenswertesten aus dem Gebiete der Sangeskunst in durchaus korrekter und sachverständiger Weise und bietet den Gesanglehrern eine Fülle belehrender Hinweise in gesangtechnischer Hinsicht, die Zeugnis ablegen von den verständigen, geläuterten Ansichten des Verfassers in manchen, vielumstrittenen Fragen der Stimmbildung. Der praktische Teil des Werkchens ist als **„Notenfibel"** selbständig erschienen und soll nur da in Gebrauch genommen werden, wo der Lehrer oben genannte methodische Anleitung zu ihrer Anwendung besitzt. Die Fibel enthält die notwendigsten Uebungen zur Erlernung der Intervalle, Rhythmik und des Tonartensystems. Preis 15 Pfg.

Theorie und Praxis des harmonischen Tonsatzes von F. W. Franke. Preis Mk. 3,—, geb. 4.—.

Wenn im allgemeinen in den musiktheoret. Disziplinen durchaus nicht von einem Ueberfluss an guten Lehrbüchern die Rede sein kann, so macht doch das Gebiet der Harmonielehre, insoweit es sich um die Behandlung dieses Stoffes nach den älteren, bewährten Prinzipien handelt, hiervon eine rühmliche Ausnahme. Wenn dadurch der Beweis geliefert ist für die Wichtigkeit, welche mit Recht dieser Disziplin im musikalischen Unterrichte beigelegt wird, so ist andrerseits sehr zu bedauern, dass diese Erkenntnis bezüglich anderer, ebenso wichtiger Lehrgegenstände, wie Rhythmik, Metrik, Phrasierung, Dynamik, Agogik nicht im mindesten Platz gegriffen hat, obschon auch in dieser Beziehung methodisches und gründliches Studium auf der Grundlage geeigneter Lehrbücher eine unendliche Erleichterung für jeden Musiklehrer bedeuten würde. Die in Musiklehrerkreisen verbreitete Ansicht, derartige Disziplinen liessen sich auch ohne Lehrbuch traktieren, ist als eine gänzlich unpädagogische und für die Schüler bedauerliche zu verwerfen; weder an unseren Volksschulen noch an den höheren Lehranstalten würde eine solche Ansicht Erhörung finden.

Wenn nun auch in den neueren Lehrbüchern der Harmonik der Lehrstoff im Grossen und Ganzen keine wesentliche Erweiterung oder Neuerung aufweisen kann (abgesehen von den Riemann'schen Spekulationen, welche für gewöhnliche Unterrichtszwecke unbrauchbar sind, übrigens auch die Materie keineswegs einfacher gestalten), so ist es dem weithin bekannten Kölner Orgelvirtuosen Franke in seiner „Theorie des harmonischen Tonsatzes" doch gelungen, dem Gegenstande manche neue Seite abzugewinnen bezüglich der Anlage und Anordnung des Stoffes, des Uebungsmaterials und des tieferen Eindringens in die Prinzipien der Modulation.

Das Werk zeichnet sich auch im übrigen aus durch die knappe, klare Fassung des Textes, scharfe Folgerichtigkeit im Aufbau, übersichtliche Darstellung, gut gewählte Beispiele und namentlich durch seine zahlreichen Uebungen und Beispiele.

In richtiger Erkenntnis der Notwendigkeit, dem Schüler die Fähigkeit der intensiven Ausnutzung der vorhandenen harmonischen Mittel bei allen eigenen Arbeiten oder Bearbeitungen anzuerziehen, hat Franke in Bezug auf Anordnung und Verteilung des Stoffes sich Normen gesetzt, die von den bisher geübten wesentlich verschieden sind. Das Hauptgewicht legt er zunächst auf möglichst vielseitige und gründliche Uebungen in den Dreiklangverbindungen, an denen er das Wesen der wohlklingenden Akkordverbindung, der Lagen und Umkehrungen, der Tonartenverwandtschaft und der Modulation doziert. Dem Schüler stehen bis hierhin bereits 64 Beispiele, 13 Uebungen und 374 Aufgaben zu Gebote. Es folgt die Erklärung des Dom. Sept.-Akkordes und seiner Umkehrungen, worauf das Wesen der Ausweichung auseinandergesetzt wird, nebst Aufgaben in dieser sowie in der Modulation durch den Dom. Sept.-Akkord.

Bei der Beschreibung der alterierten Akkorde findet sich dann Gelegenheit, das übergreifende System kennen zu lernen und auf Grund desselben zu einer natürlichen Erklärung moderner, harmonischer Bildungen von Wagner, St. Saëns etc. zu gelangen. Diese Berücksichtigung des übergreifenden Systems ist sehr zu begrüssen angesichts des Misskredits, in welchen diese geistreiche Definition M. Hauptmanns infolge seiner geschraubten und unverständlichen Auseinandersetzungen geraten war. Was früher künstlich als durch Hinauf- oder Herabschrauben einer Stufe entstanden betrachtet wurde, findet hier in der natürlichsten Weise seine Erklärung durch das Hinübergreifen in ein anderes Tonartsystem und Einbeziehung der für letzteres charakteristischen Töne in das ursprüngliche ohne Modulation oder Ausweichung. Es zeigt sich hier, dass auch die moderne Harmonik vom älteren Standpunkte aus bei entsprechender Erweiterung sehr wohl zu verstehen ist.

Nach einer lichtvollen Darstellung der zufälligen Akkordverbindungen folgt dann zum Schluss noch ein Kapitel über erweiterte Modulation (durch verm. Sept.-Akk., enharmonische Verwechselung etc.) wodurch auch über die modernsten harmonischen Wendungen Aufklärung gegeben wird.

Wie man sieht, ist überall das Prinzip innegehalten, die harmonischen Mittel, welche der Schüler kennen lernt, sofort in Beziehung zu setzen zu den Hauptaufgaben, welche sie zu erfüllen haben und ihr Wesen durch zahlreiche Beispiele und Aufgaben in allen Tonarten der Erkenntnis des Schülers näher zu bringen. Namentlich findet die Modulationslehre Darstellung nach ganz neuen Gesichtspunkten. Es genügt nicht, am Schlusse der Harmonielehre eine beliebige Anzahl von Modulationsmitteln durchzupeitschen um eine oberflächliche Bekanntschaft damit zu vermitteln, sondern die Modulationslehre ist eng zu verknüpfen mit den Akkordgruppen, welche vorzugsweise zur Modulation herangezogen werden und mit den Uebungen, welche die Erkenntnis der Tonartenverwandtschaft vermitteln. Das ziel- und planlose Modulieren unserer Modernen ist eigentlich eine Folge des mangelnden Begriffs von der Verwandtschaft der Tonarten, welche in manchen Lehrbüchern nur ganz nebensächlich oder überhaupt nicht behandelt wird. Diese Verwandschaftslehre schwebt aber in der Luft, wenn nicht gleichzeitig dem Schüler das Mittel an die Hand gegeben wird, eine Verbindung der verwandten Tonarten herzustellen, sie ist daher notwendig zu verknüpfen mit der Lehre von der Ausweichung und Modulation. Kurz, es wird überall hingearbeitet auf eine intensive, aber auch rationelle, konsequente und zielbewusste Ausnützung der harmonischen Mittel. Franke's Lehrbuch erweist sich also überall als das Ergebnis reicher, musikpädagogischer Erfahrung.

Auch für den musikalischen Laien, der ohne Lehrer über die elementaren Begriffe der Harmonik Aufklärung wünscht, wird es von grossem Nutzen sein.

H. vom Ende.

F. Bosse, Musik-Verlag, Leipzig.

 **„HANNE“.** 

Hunger, op. 63. „Deutscher Frauenhymnus“. „Uricht mir Gott aus deutschen Ueberu“ . . .

Jerg. op. 10 No. 1. „Abweil lacht“. „Das Sträuß.e will i dir jetzt grabe . . .“

— op. 10 No. 2. „Schnadahüpferl“. „Schön muß mein Dirndel sein . . .“

Miethling, K. F., op. 38. „Gott schütze dich lieb' Mütterlein“.
„Von allem, was ein Gott mir gab', dank ich ihm's Mütterlein —
Ihm will ich bis zum kühlen Grab, voll Dankbarkeit mich weihn.
Wie oftmals hab' aus tiefer Brust zum Herrgott ich gefleht:
„Ich will ja alles tragen gern, wo n's wohl der Mutter geht . .“

Kästner, G., op. 38. „O selige, selige Zeit“. „Als ich ein Kind war“ . . .

Burkowitz, op. 21, No. 1. „Abschied“. „Leb wohl, du lieben Vater Haus, muß fort, muß fort von hier . . .“

Partitur Mk. 1,20 netto. Stimme Mk. 1,35 netto.
Ausgabe der Einzelnummer: Stimmen Mk. 0,40.

„BERNHARDI“.

Burkowitz, op. 20 No. 1. „O Welt, du bist so wunderschön“. „Nun bricht aus allen Zweigen das liebe maienselige Grün . . .“

Schildbach, op. 66. „Der schönste Klang“. „Von all den tausend Klängen“.

Jerg, J., op. 12.
„Im Walde geh' ich wohlgemut, mir graut vor Räubern nicht.
Ein liebend Herz ist all' mein Gut, das sucht kein Bösewicht.
Was rauscht, was raschelt durch den Busch? Ein Mörder der mir droht?
Nein! Mein Liebchen kommt gesprungen husch und herzt mich fast zu Tod“.

Schönste Vertonung dieses Gedichtchens.

Kästner, G. „Sted, o Gott, der allen giebt, eine Seele, die mich liebt“.
Göring, J., op. 61. „Lebe wohl, mein Vaterhaus“. (Wanderlied.)
„Leise Lüfte, Frühlingswehen! Da der Frühling kehrt zurück! . .“

Partitur Mk. 1,20 netto. Stimme Mk. 1,35 netto.
Ausgabe der Einzelnummer: Stimmen Mk. 0,40.

Ueberzeugung führt zur Wahrheit!
Obige Werke sind im wahren Sinne des Wortes

= Liederperlen. =

Die Komponisten bieten in diesen Werken — einzig Schönes. —

Partituren bitte zur Ansicht zu verlangen.

Sämtliche erschienenen

Buren-

Märsche, Couplets etc. versende zur Ansicht und Auswahl!

!!!!! Reichhaltigste !!!!!

Auswahl- u. Ansichtssendungen all. Arten

von Musikalien

— bitte zu verlangen! —

Verlag von C. Hoffarth in Dresden.

Mehrstimmige geistliche Musik

mit und ohne Begleitung.

Baumfelder, Fr.,

Motette: „Warum betrübst du dich“ für gemischten Chor, Sopran-Solo. Partitur und Stimmen M 2.50.
— Zwei kleine Motetten: „Barmherzig und gnädig“ — „Danket dem Herrn“, für gemischten Chor. Partitur und Stimmen M 2.—.

Döring, C. H.,

op. 80. Gebet zur Trauung, für gemischten Chor. Partitur und Stimmen M 1.—.

Draeseke, Felix,

op. 59. Psalm 23: „Der Herr ist mein Hirte“, für dreistimmigen Frauen- oder Knabenchor. Partitur und Stimmen M 1.—.

Gleich, Ferd.,

op. 25. Hymne nach Worten der Offenbarung St. Johannis für Chor, Soli u. Orgel ad libit 2 Trompeten, 3 Posaunen u. Pauken. Partitur M 3.—, Singstimmen M 2.—, Instrumentalstimmen M 2.50.
op. 31. Salvum fac regem für gemischten Chor. Partitur u. Stimmen M 1.20.
— op. 41. Vater unser. Für gemischten Chor mit Harmonium od. Pianoforte. Part. u. Stimmen M 1.70.
— op. 41. Vater unser. Für 3-stimm. hohen Chor mit Harmonium od. Pianoforte. Partitur u. Stimmen M —.70.

Grammann, Carl,

Op. 24. Trauer-Cantate für Bariton-Solo, Chor und Orchester. Partitur n. M 7.—, Orchesterstimmen M 6.—, Chorstimmen M 2.40.

Hoffmaly, Carl,

Ernteslied: „Es ist ein Schnitter, der heißt Tod“. Altes Kirchenlied für gemischten Chor. Partitur und Stimmen M 1.20.
— Salvum fac regem für dreistimmigen Männerchor mit 3 Posaunen od. Orgel, od. Harmonium. Partitur und Stimmen M 1.70.

Kretschmer, Edmund.

op. 17. Zwei Motetten: „Laudate Dominum —“, „Haec dies, quam fecit Dominus —“ Oster-Motette, für achtstimmigen gemischten Chor. Partitur und Stimmen M 5,75.
op. 18. Vier Hymnen für gemischten Chor. „Veni creator Spiritus —“. „Justorum animae —“. „Alma Redemptoris —“. „Pange lingua“. Partitur und Stimmen M 3.—.

Merkel, Gust.,

op. 106. Drei Motetten für gemischten Chor. Partitur und Stimmen: No. 1. „Barmherzig und gnädig“ M 1.—. No. 2. „Ich hebe meine Augen auf“ M 1.20. No. 3. „Wenn ich rufe zu Dir, Herr“ M 1.80.

Müller, Joh. Val.,

op. 30. Drei Fest-Motetten für gemischten Chor. Partitur und Stimmen. No. 1. Fürs Neujahrs-, Reformations-, Bußtag- u. Missionsfest M 1.—. No. 2. Für's Konfirmations- u. Pfingstfest auch zur Amtseinführung M .70. No. 3. Für's Totenfest M —.70.

Reichel, Fr.,

op. 30. Zwei Motetten: „Vertrau' dem Herrn“ — „Dem Herrn sei Lob und Ehr'“, für gemischten Chor. Partitur und Stimmen M 2.—.
op. 31. Zwei Motetten: „Sorge nicht“. — „Auf Gott allein“, für gemischten Chor. Partitur und Stimmen M 2.—.

Schurig, G. A.,

Sechs geistliche Lieder: „Wenn alle untreu werden“ — Zur Konfirmation. — „Nur treuen und treu“ — Trostlied. — Kirchweih'n. — Zur Schulweihe, für gemischten Chor. Partitur und Stimmen M 2.—.

Schurig, Vollmar,

op. 8. Vier geistliche Lieder: Osterlied. — Gebet zu Pfingsten. — Zuversicht in Gottes Führung. — Reformationsfest, für gemischten Chor. Part. u. Stimm. M 2.—.
op. 9. Sechs geistliche Lieder: Weihnachtslied. — Passion. — Ostergesang. — Pfingstlied. — Auf Gott allein! — Konfirmationsgesang), für gemischten Chor. Partitur und Stimmen M 2.—.
— op. 10. Motette Psalm 90,2, für gemischten Chor. Partitur u. Stimmen M 1.—.
— op. 16. Zwei Motetten für gemischten Chor. No. 1. Choral-Motette. Partitur und Stimmen M 1.—. No. 2. „Sei getreu bis in den Tod“. Part. u. Stimm. M 1.—.
— op. 17. Sechs geistliche Lieder: Weihnachtslied. — Epiphaniasfest. — Osterlied. Pfingsthymne. — Johannisfest. — „Ach bleib bei uns“), für gemischten Chor. Partitur und Stimmen M 2.—.
— op. 27. Sechs geistliche Lieder: „Gott grüße dich!“ — Abendlied. — „O Jesu Christ, du wahres Licht“. — Christi Himmelfahrt. — Am Erntedankfest. — „Der Herr ist Schild und Sonne“, für gemischten Chor. Partitur und Stimmen M 2.50.
op. 4. Sechs geistliche Lieder: Ostergesang. — „Gott ist mein Lied“. Sonntag. — „Seele, was ermüd'st du dich“. — „Zu dich hab' ich gehoffet“. — „O selig, ihr Toten“, für gemischten Chor. Partitur und Stimmen M 2.—.

Wermann, Oskar,

op. 27. Acht geistliche Lieder für gemischten Chor. Partitur und Stimmen.
Heft 1: Abendlied. — Weihnachtslied. — Jahresschluß. — Trauungslied. M 3.
Heft 2: Osterlied. — Zu Pfingsten. — Johannis- oder Totenfest I. II. M 2.50.
op. 95. Achtzehn leichte geistliche Lieder für gemischten Chor. Part. u. Stimm.
Heft 1: Abendsegen. — Zu Weihnachten. — Jahresschluß. — Am Neujahrstage. — Palmsonntag. — Am Charfreitag. — Zu Ostern. — Zu Pfingsten. — Am Trinitatisfest. M 4.50.
Heft 2: Johannisfest. — Zum Missionsfest. — Zum Erntefest. — Reformationsfest. — Totenfest. — Trauungsgesang. — Sonntäglich. — Tischgebet. — Am Grabe. M 5.—.
— op. 77. Zwei Psalmen für 2 Chöre und Solostimmen. No. 1. Psalm 8. Partitur und Stimmen M 4.60. No. 2. Psalm 65. Partitur und Stimmen M 6.—.

Zehrfeld, Oskar,

op. 1. Vier Motetten für gemischten Chor. Partitur und Stimmen. No. 1. „Barmherzig und gnädig“. M —.70. No. 2. „Lobet den Herrn, alle Heiden“. M 1.—. No. 3. „Sei getreu bis in den Tod“. M 1.—. No. 4. „In deine Hände empfehl' ich“. M —.80.
op. 18. Zwei Motetten („Wo du hingehst“ — „Herr, wohin sollen wir gehen“), für gemischten Chor. Partitur und Stimmen M 1.—.

Institut für brieflichen Unterricht in der Theorie der Musik.

Gründlicher Unterricht in allen theoretischen Disziplinen

unter Mitwirkung hervorragender Theoretiker und Komponisten.

Der **briefliche Unterricht** verfolgt den Zweck, allen Freunden der Tonkunst, welche Beruf und Neigung zur Komposition in sich spüren, und in Geist und Wesen der musikalischen Kunstwerke einzudringen wünschen, sowie Tonkünstlern, denen die für den Lehr- und Dirigentenberuf notwendigen theoretischen Kenntnisse fehlen, Gelegenheit zur Aneignung derselben zu bieten. Der Unterricht kann zu jeder Zeit aufgenommen und abgebrochen werden, er ist überhaupt nicht an bestimmte Stunden oder Zeiten gebunden. Die Preise für Korrekturen und briefl. Erörterungen sind sehr billig bemessen*).

Bitte Prospekt gratis und franko zu verlangen.

H. vom Ende, Köln, Beethovenstr. 6.

*) **Auch werden Bearbeitungen jeder Art übernommen, Arrangements, Instrumentationen, Korrektur einzelner Kompositionen.**

H. vom Ende's Verlag, Köln a. Rh.

Wlad. Labler, „Auf dein Wohl, du rheinische Maid".

Männerchor mit Tenorsolo.

Partitur Mk. 0,60, Stimme Mk. 0,20.

Wird überall Da Capo verlangt. Leicht, melodiös, wohlklingend.

Männerchöre nur Neuheiten versendet unter den günstigsten Bedingungen auch zur Ansicht

Bernh. Tormann Musikverlag Münster i. W.

Bernh. Tormann,

Musikverlag

Münster i. W.

Soeben erschienen:

Wesseler, „Mein Stern" 0.75 M

Schlichting, „Im stillen Friedhof . . . . 0.75 M

Brüggemann, „Reiterlied" 1.50 M

Nimphius, „Warum sind denn die Rosen so blass?" 0.75 M.

Vier neue, ansprechende Lieder mit hübscher charakteristischer Klavierbegleitung. Zu haben in jeder Buch- und Musikalienhandlung.

Ansichtssendungen stehen unter den günstigsten Bedingungen bereitwilligst zu Verfügung.

Bernh. Tormann, Musikverlag

Münster i. W.

Westdeutsche Konzert-Direktion

Köln a. Rh., Beethovenstr. 6.

Vertretung hervorragender Künstler. Vermittelung sämtlicher Arrangements. – Veranstaltung von Konzerten und Tournées.

— H. vom Ende. —

Dynamik des Klavierspiels.

Preis: Mk. 1,--.

Jedem Klavierspieler, dem an einer klaren Belehrung über einen geschmackvollen und sinngemässen Vortrag liegt, ist das Büchlein warm zu empfehlen. Der Vf. mutet ihm keine langen Deduktionen zu, sondern überzeugt unmittelbar durch eine grosse Fülle geschickt ausgewählter und sorgsam bezeichneter Beispiele. Der Notendruck ist vorzüglich.

Deutsche Litteraturzeitung.

Woyrsch, Felix von, Op. 32.

Deutscher Heerbann.

Kantate für Männerchor, Solo und Orchester.

Klavier-Auszug n. Mk. 4,50. Chorstimmen à Mk. —,75.

„Bonner General-Anzeiger":

„Unter allen Männer-Chorwerken der Neuzeit ist der „Heerbann" **wohl am genialsten gestaltet.** Chor und Orchester werden in einer Weise gehandhabt, wie wir es gerade in Männerchorwerken nicht zu finden gewohnt sind."

Konzert des Braunschweiger Lehrer-Gesangvereins:

„. . . Die Kantate „Deutscher Heerbann", deren heroischer Charakter mit hinreissendem Feuer und dramatischer Wucht zur Geltung gebracht wurde. Der Schluss mit dem schmetternden Siegesruf „Hie deutsches Reich für immer!" hinterliess einen **mächtigen, tiefen Eindruck.**"

Braunschw. Landeszeitung.

„Kölnische Zeitung":

„Das Gedicht Em. Geibels hat der zeitgenössische Tondichter F. v. W. zu einem kraftstrotzenden Tongemälde benutzt. Der geschichtliche Stoff giebt von selbst die natürliche Grundlage für ein mit Schattierungen packenden Chören und gefühlreichen Soli gestaltetes Tonbild, das besonders vom Chor mit begeisterter Hingabe wiedergegeben wurde."

Das Werk gelangte im letzten Jahre u. a. zur Aufführung in Braunschweig, Köln, Krefeld, Bonn etc.

Wegweiser

durch die

Chorgesanglitteratur

nebst Beiblatt: „Konzertbericht".

Ratgeber für Männer-, Frauen- und gemischte Gesangvereine und Gesangvereinsdirigenten.

Herausgegeben und redigiert von **H. vom Ende, Köln am Rhein,** Beethovenstrasse 6. — Erscheint monatlich einmal. — Bezugspreis für 1 Expl. 15 Pfg. Jahresabonnement 1.50 Mk. incl. Porto. Inserate kosten pro 4 mal gespaltene Petitzeile 25 Pfg.

№ 7. **Köln am Rhein,** den 26. April 1900. **I. Jahrgang.**

Inhalt:

Die vielen Freunde, welche sich unser Blatt in der kurzen Zeit seines Bestehens nah und fern erworben hat, sind ein Beweis dafür, dass die Grundsätze desselben als richtig und nutzbringend anerkannt werden. Der Wegweiser will vor allen Dingen den Vereinsvorständen und Dirigenten in allen Konzertangelegenheiten mit seinem Rat zur Seite stehen, er will alles darauf bezügliche sammeln, sichten und in übersichtlicher Weise zur Darstellung bringen. In dem eifrigen Bestreben, das Blatt nach dieser Richtung hin zu vervollkommnen, seinen Freunden ein wirklicher, zuverlässiger und nie versagender Ratgeber in allen Konzertangelegenheiten zu werden, hat sich die Redaktion entschlossen, von heute ab jeder Nummer eine Beilage unter dem Titel: **„Konzertbericht"** beizugeben, welche sich hauptsächlich mit den Persönlichkeiten der ausübenden Künstler beschäftigen wird, mit dem Repertoire, den Gastspielen und den Erfolgen derselben, um auch auf diesem Gebiete den Interessenten reichhaltiges, unparteiisch und nach künstlerischen Prinzipien redigiertes Material behufs Beurteilung und Auswahl jeweilig geeigneter Solisten zu bieten.

Es entspricht diese Erweiterung unseres Programms zahlreichen, an die Redaktion herangetretenen Wünschen und wird letztere nichts versäumen, ihre Aufgabe gewissenhaft zu erfüllen, welche darin besteht, ein übersichtliches, umfassendes und getreues Abbild des öffentlichen musikalischen Lebens zu bieten, sowie ein treuer Gefährte und Förderer jeder ernsthaft strebenden künstlerischen Kraft zu sein, gleichviel, ob sich dieselbe produktiv oder reproduktiv bethätige.

Der Abonnementspreis bleibt derselbe (Mk. 1,50 jährlich) und nimmt Anmeldungen auf Abonnements entgegen jede Buch- und Musikalienhandlung, sowie H. vom Ende's Verlag, Köln a. Rh.

Aufführungen.

Es können unter dieser Rubrik nur solche Werke aufgenommen werden, welche bereits im Druck erschienen sind.

(Nachdruck verboten.)

Männerchöre a cappella.

Abkürzungen: gr.-gross, s-sehr.

Titel	Komponist	Stadt	Verein	Dirigent	Erfolg	Preis
Volkers Schwanenlied (*sch*)	Meyer-Olbersl.	Göppingen	Sängerbund	—	s. gr.	
Röslein im Wald	C. L. Fischer	Kitzingen a. M.	Sänger Verein.	Weeber	s. gr.	
Der Huf im Meer (*msch.*)	E. S. Engelsberg	Wien	M. G. V.	von Perger	s. gr.	
Roms Fall	K. Goepfart	Mühlhausen i. E.	Liedertafel	Weiss	s. gr.	
Trinklied v. d. Schlacht	do.	Gotha	Sängerkranz	Kühnhold	s. gr.	
Waldeinsamkeit (*sl*)	Wesseler	Münster i. W.	Bonifac. Sammel V.	Viegener	gr.	
Mahnruf v. Schlachtfeld zu Näfels	C. Meister	Glarus	Frohsinn	C. Meister	DC.	
Der erste Ball (*l.*)	A. Kirchl	Hof	Liederkranz	K. Seitz	s. gr.	
Es muss ein Wunderbares sein	A. Kirchl	Prag	Dtsch. M. G. V.	Fr. Hessler	DC.	
Meeresleuchten	L. Kempter	München	Neu-Bavaria	—	s. gr.	
Der Löwe von Aspern	M. Neumann	Saarlouis	M. G. V.	—	—	1 Pr.
Das allerliebste Mäuschen	Engelsberg	Wien	Schubertbund	A. Kirchl	DC.	
Spielmannsfahrt	M. Plüddemann	Ohligs	M. G. V.	de la Motte	s. gr.	
Das Heldengrab	Zerlett	Wiesbaden	M. G. V.	Zerlett	s. gr.	
Altdeutsches Schlachtlied (*sch*)	R. Strauss	Wien	Schubertbund	A. Kirchl	s. gr.	
Liebe (*sch*)	do.	do.	do.	do.	gr.	
Kaiser Karl i. d. Johannisnacht (*sch*)	Hegar	Bremen	Lehrer G. V.	Hobbing	s. gr.	

*) b deutet Orchesterbegleitung.

Titel	Komponist	Stadt	Verein	Dirigent	Erfolg	Preis
Männerchöre a cappella.						
Der fahrende Musikant (*msch*)	F. Wöyrsch	Münster	Liedertafel	Dr. Preising	s. gr	
Meine Sonne	Loschky	Fürth	do.	Loschky	DC.	
Schliess auf (*zl*)	Nelrich	do.	do.	do.	DC.	
Seemanns Heimfahrt (*sch*)	Jos. Schwartz	Leipzig	Lehrer G. V.	H. Sitt	s. gr.	
Hünengräber	E. Heuser	Düsseldorf	Quartett V.	Steinhauer	s. gr.	
Wie schön ist es im Maien	Rud. Wagner	Leuben	M. G. V.	A. Menacher	DC.	
Waldesruh	Schmidt	Altena	Landwehr G. V	—	s. gr.	
Marietta (*zl*)	Gall	Bonn	Macaria	Strömer	DC.	
Auf das Wohl der rhein. Maid (*l*)	Wl. Labler	Znaim	Liedertafel	—	s. gr	
Gute Nacht	Stern	Langendiebach	Sängerlust	J. Brodt	—	I Pr
Vorwurf	Schulz-Weida	do.	do.	do.	—	I Pr.
Sängers Frühlingslied (*l*)	Jäckel	Salzwedel	Liederkranz	Hecelmann	s. gr.	
O du sonnige, wonnige Welt (*msch*)	J. Rheinberger	Sprottau	Constantia 80	C. Baier	s. gr.	
Oberösterr. Volkslied (*l*)	E. Kremser	Wiesbaden	Turnverein	K. Schauss	DC.	
Die Nacht (*msch*)	H. Döring	Dresden	Liedertafel	von Baussnern	s. gr.	
Altniederl. Lied (*zl*)	E. Kremser	Münster	do.	Dr. Preising	DC.	
Männerchöre mit Begleitung.						
Wach auf!	G. Baldamus	Forst i. L.	M. G. V.	A. Prenzel	s. gr.	
Der 23. Psalm	Fr. Schubert	Aschaffenburg	Liedertafel	Lindenlaub	gr.	
Der Heini von Steier	Engelsberg	Wien	Ottakr. Liedertafel	K. Lehner	s. gr.	
Es rauscht ein stolzer Strom	Franz Mayr	do.	do.	do.	s. gr.	
*) Wanda	J. B. Zerlett	Hannover	M. G. V.	Zerlett	s. gr.	
*) Der Morgen	A. Rubinstein	do.	do.	do.	gr.	
*) Das Thal des Espingo	J. Rheinberger	Graz	Dtsch. akad. G. V.	Zack	s. gr.	
Am Wörther See	Th. Koschat	Saalfeld	Cäcilien V.	Köhler	s. gr.	
Gemischte Chöre a cappella.						
Engelspiel	M. Plüddemann	Wien	Deutsch. Volksges.-V.	K. Liebleitner	s. gr.	
Almlied	Dr. J. Pommer	do.	do.	do.	s. gr.	
Gebet (Largo)	Händel-Demnitz	Oldenburg	Lamberti-Kirch.-Chor	Kuhlmann	s. gr.	
Selig sind des Himmels Erben	Chr. Rink	do.	do.	do.	s. gr.	
Die drei Kameraden	Meyer	Leipzig	Soloq. Mendelssohn	C. Schiebold	s. gr.	
Abend auf Golgatha	A. v. Othegraven	Berlin	Philharm. Chor	S. Ochs	s. gr.	
Wanderlied	K. Isenmann	Laibach	Deutsch. Turnverein	V. Rauth	D. C.	
Am Schwarzenstein	Wilh. Köhler	Saalfeld	Cäcilien-Verein	Köhler	s. gr.	
Gemischte Chöre mit Begleitung.						
Schlittenfahrt (*l*)	A. Jäckel	Culm	Cäcilien-Verein	—	s. gr.	
Sonntag Abends	Jos. Schwammel	Olmütz	M. G. V. u. Dam.-Sing-V.	Wld. Labler	s. gr.	
Comala	N. W. Gade	Alfeld a. L.	Gemischter Chor	R. Linnarz	gr.	
Salve, Caesar Germanorum	R. Linnarz	Neuwied	Gymnasium	—	s. gr.	
Der Raub der Sabinerinnen *)	G. Vierling	Frankfurt a. O.	Singakademie	J. Zingel	s. gr.	
Die Liebe auf Reisen	Weinzierl	Bautzen	Liederkranz	B. Banda	s. gr.	
Maria Magdalena	J. Massenet	Berlin	Cäcilien-Verein	Al. Holländer	gr.	
Orpheus und Eurydike	Gluck	Rendsburg	Segeberger G. V.	O. Stamm	s. gr.	
Der Geiger von Gemünd	R. L. Hermann	Berlin	Singakademie	R. L. Hermann	gr.	
Giselhers Brautfahrt	P. Gläser	Auerbach i. V.	Chor-Gesangverein	Krause	s. gr.	
Deutsche Tänze	Fr. Schubert-Pittner	Lüdenscheid	Städt. G. V.	Louwerse	s. gr.	
Erntefestreigen (*l*)	[illegible]	Reichenbach i. V.	Cäcilia	Th. Goldberg	s. gr.	

Alle hier angeführten Werke sind zur Ansicht zu beziehen durch H. vom Ende's Verlag Köln a. Rh., Beethovenstrasse 6.

Abkürzungen: l leicht, sch schwer, s sehr, z ziemlich, m mittel.

Neuigkeiten.

Für die Aufnahme in diese Rubrik genügt die Zusendung eines Frei-Exp.

Die mit * versehenen Werke sind mit Klavier- oder Orchesterbegleitung.

Gemischte Chöre mit Begleitung.

msch **Attenhofer, C.**, op 90. In des Gesanges Inselreich Festgruss. Soh.

zl **Bauer, Mich.**, op. 48a. Märchenbilder in Walzerform . . . . P. 2,50 St. 0,30

msch **Beer, M Jos.**, op. 44. Die Wallfahrt nach Kevelaer. Melodram mit Harm. u. Klav. . . . . P. 1,50 St. 0,15

zl * **Blümel, Fr.**, op. 83. D' Lieb auf der Alm. Walzer-Idylle . . . . P. 3,— St. 0,60

zsch * **Brambach, C. Jos.**, op. 99. Der späte Winter . . . . P. n. 3,— St. 0,30

zsch **Brambach, C. Jos**, op. 101. Der 21. Psalm (Königspsalm) mit Orgel P. n. 3,— St. 0,25

msch **Curschmann, Fr**, Ditirambo. Text ital. für gem. Chor bearb. von H. Stöckert . . . . P. 2,— St. 0,30

msch **Handke, Rob.**, op. 14. Ländliche Tanzszene. Pf. u. Violine . . . P. 1,50 St. 0,20
msch **Handke, Rob.**, op. 14. Ländliche Tanzszene mit Pf. u. Violine . . P. 1,50 St. 0,20
msch *** Haydn, Jos.**, Unvollend. Oratorium. Bass, Solo u. Chor . . . . . P. 2,50 St. 0,30
zl **Jäckel, Ad.**, op. 46. Schlittenfahrt P. 1,— St. 0,20
msch do. op. 80. Frau Nachtigall Liebeszauber. Polka-Maz. mit Streichorch. od. Klav. . . . . . . P. 2,50 St. 0,25
zsch *** Kahn, Rob.**, op. 24. Mahomets Gesang . . . . P. n. 3,— St. 0,60
msch **Kipper, Herm.**, op. 124. Dem Kaiser Heil! für Schülerchor m. Deklamat. P. n. 3,— St. 0,50
zl **Kipper, Herm.**, Zwei Chöre aus op. 124. 1. Des Reiches Wiedergeburt. 2. Kaiserhymne . . . . . . P. 1,50 St. 0,15
msch **Kissling, G.**, Barbarossa's Erwachen P. 1,50 St. 0,25
l-msch **Lipp, Alban.** 8 Begräbnisgesänge von Goller, Niedhammer, Conze, Leitner, Löhle, Thaller u. Lipp. mit 4 Blechinstr. . . . . P. u. St. 4,–
msch **Mozart, A. W.**, Ave verum mit Orgel (Harm.) . . . . P. 0,60 St. 0,15
msch **Pache, Joh.**, op. 14. Herzchen, mein Schätzchen, in Walzerform . . . P. 2,— St. 0,15
do. op. 60. Kirmes. Ein ländlicher Sang in Tanzweisen.
msch 1. Polka . . . . P. 1,— St. 0,15
msch 2. Ländler . . . . P. 1,— St. 0,15
msch 3. Walzer . . . . P. 1,— St. 0,15
msch 4. Finale . . . . P. 1,— St. 0,15
msch do. op. 89. Aufforderung zum Tanz in Walzerform . . . . . . P. 2,40 St. 0,40
do. op. 176. Musikantenstücklein. Zwei heitere Gesänge. Klav., Violine u. Cello . . . . . . P. 2,— St. 0,30
msch **Pfeil, Heinr.**, Opern-Chöre Bd. II f. gem. Chor mit Klav. 25 Chöre P. n. 3,— St. 0,75
zsch ***Reinbrecht, Fried.**, op. 18. Der weisse Hirsch. Soli . . . . n. P. 5,— St. 0,50
zl **Ringler, Franz**, op. 42. Tyroler Hochzeitsbilder. Walzer Idyllen . P. 2,— St. 0,25
zl **Ringler, Franz**, op. 43. Aus dem oberen Pusterthal. Marsch . . . P. 1,80 St. 0,30
zsch *** Schäfer, Dietr.**, op. 1. Das Lied der Maid von Astolat. Tanzlied im Mai . . . . n. P. 1,80 St. 0,25
msch **Thierlot, Ferd.**, op. 49. 1. Melusine. Sopr. Solo. Klav. u. 2 Hörner . . P. 1,50 St. 0,25
msch 2. Ital. Hochzeitslied . . . . . P. 2,— St. 0,30
msch *** Vogel, Ferd.**, op. 3 b. Hymne und Bardengesang, mit Harmonium oder Klav. oder Harmoniebegl. . . . P. 1,50 St. 0,25
msch *** Winter, Georg**, op. 12. Zum Reien im Mai n. Cyklus von Gesängen . P. 4,50 St. 0,40
zl **Zernial, Dr. H.**, op. 18. Deutsches Volksliederspiel. 4 Soli gem. Chor P. 3,— St. 0,50

Sämtliche im Druck erschienenen Chorwerke von Musikdirektor

Prof. Jos. Schwartz,

Dirigent des Kölner Männergesangvereins.

Männerchöre

msch op. 3. Nr. 1. Abendlied. „Abend wird es wieder" . . . . P. 0,40 St. 0,15
zl No. 2. Abschied von der Heimat . P. 0,40 St. 0,15
zl No. 3. Der schönste Klang. (Weihnachtslied) für M.-, Fr.- u. gem. Chor P. 0,40 St. 0,15
complett . . . . P. 0,60 St. 0,30
msch op. 4. Zecherlust. „Mädchen, lass mich dich doch küssen" . . . P. 0,40 St. 0,20

msch Ave Maria. „Einsam treibt ein morscher Einbaum" . . . . P. 0,40 St. 0,15
zl Treue Liebe. „Ach wie ist's möglich dann" . . . . P. 0,40 St. 0,15
msch „Ja, schön ist mein Schatz nicht" für Männer- und gem. Chor . . P. 0,40 St. 0,15
zsch Frühling. „Ueber Nacht" . . . . P. 1,— St. 0,30
msch „Lind duftig hält die Maiennacht" . P. 0,60 St. 0,15
zsch Dem Vaterlande. „Wie bist du schön" P. 1,80 St. 0,30
zsch Waldbilder „Was ist das für Sehnen" P. 1,80 St. 0,40
zsch Im Gebirge. „Durch Morgennebel" . P. 1,80 St. 0,40
zsch Im Herbst. „Juchheissa, Juchhei!" . P. 2,— St. 0,50
zsch Deutscher Sang.
msch Feierklang.
zsch Seemanns Heimfahrt. „Hoiho, dort oben im Mast" . . . . P. 1,40 St. 0,40

Bearbeitungen von Volksliedern für

Männerchor.

zl **Mozart**, Wiegenlied. „Schlafe mein Prinzchen" . . . . P. 0,40 St. 0,10
zl **André, J.**, Rheinweinlied. „Bekränzt mit Laub" . . . . P. 0,40 St. 0,10
zl Siebenbürg. Jägerlied. „Ich schiess' den Hirsch . . . . P. 0,40 St. 0,10
zl Der rote Sarafan. „Näh' nicht, liebes Mütterlein" . . . . P. 0,40 St. 0,10
l **Weber, C. M. v.**, „Schlaf' Herzenssöhnchen" . . . . P. 0,40 St. 0,10
zl Sehnsucht nah dem Rhein. „Dort wo der alte Rhein" . . . . . . P. 0,40 St. 0,10
l Hans und Liesel. „Und der Hans schleicht umher" . . . . . . P. 0,40 St. 0,15
l Die Königskinder. „Es waren zwei" . P. 0,40 St. 0,15
msch Sandmännchen. „Die Blümlein, sie schlafen" . . . . P. 0,40 St. 0,15
zl Spinn, spinn! „Mägdlein von früh bis spat" . . . . P. 0,40 St. 0,15
zl Das stille Thal. „Im schönsten Wiesengrunde" . . . . P. 0,40 St. 0,15

Männerchor-Album.

144 der beliebtesten Männerchöre, durchgesehen und teilweise neu bearb. von J. Schwartz.

In demselben sind von Schwartz neu bearbeitet:

msch **Beethoven.**, Die Ehre Gottes.
zl **Mendelssohn-Barth.**, „Es ist bestimmt in Gottes Rat".
msch **Beethoven.** Hymne an die Nacht.
zl **Bortniansky, D.** „Ich bete an die Macht der Liebe".
zl Heimliche Liebe. „Kein Feuer, keine Kohle".
zl „Mir ist ein schön braun's Maidelein".
zl Lang ist es her. „Sag' mir das Wort".
zl **Kreutzer, C.**, Gebet. „Schon die Abendglocken".
zl Santa Lucia. „Schon fängt".
l Die Heimat. „Wenn ich den Wandrer frage".
zl „Zwa Sterndlan am Himmel".

Besprechungen.

Zur Besprechung gelangen nur Werke, welche des Lobes würdig sind.

Joseph Schwartz.

Der rühmliche Erfolg des Kölner Männergesangvereins in Kassel hat den Namen seines Dirigenten, des Kgl. Musikdirektors Prof. Joseph Schwartz, schnell in aller Mund gebracht. Die Eigenschaften, welche den Verein zum Siege führten, sind zu suchen in dem abgerundeten, schlackenfreien, blühenden Chorklange, in der Präzision und technisch feinen Ausfeilung der Leistungen, sowie vor allen Dingen in der charakteristischen, begeisterten und Begeisterung erweckenden Vortragskunst. Und diese Eigenschaften sind dem Vereine in langer, zielbewusster Arbeit durch seinen jetzigen Dirigenten eingeimpft worden. Zugegeben, dass die bekannte Schönheit der rheinischen Stimmen, besonders in der mittleren und höheren Lage, mit dem ganzen Gewicht ihrer sieghaften Natur in die Wagschale fällt; es scheint dieses Phänomen in territorialen (geologischen oder klimatischen) Verhältnissen seine Begründung zu finden, denn merkwürdiger Weise beschränkt sich dasselbe hauptsächlich auf die niederrheinische Tiefebene zwischen Rhein und Maass; zugegeben auch, dass der Rheinländer infolge einer gewissen angeborenen geistigen, Gelenkigkeit die Gabe besitzt, sich schnell in extreme Stimmungen hineinzufühlen und sie zum Ausdruck zu bringen, so ist doch die künstlerische Höhe der Chorleistungen genannten Vereins lediglich bedingt durch die Dirigententugenden seines Leiters Schwartz, durch seine Umsicht, Ruhe, Entschiedenheit, seine Chordisziplin, die ebensoweit entfernt ist von Pedanterie als von der Nachlässigkeit und Sorglosigkeit, welche bei genialen Musikern häufig zu finden ist. Was ihn vor Allem zum Dirigenten befähigt, ist die Routine und Schulung, die er sich als langjähriges Mitglied des berühmten Gürzenich-Quartetts erworben hat. So fusst seine ausserordentlich feinsinnige, dynamische Schattierungskunst auf den Erfahrungen, die er aus dem Quartettspiel geschöpft hat. Ich hebe gerade diese Dynamik absichtlich besonders hervor, angesichts der z. T. höchst plumpen Angriffe, welche Schwartz nach den Kasseler Leistungen von unberufener Seite zu erfahren hatte. Gewiss will jedes Tonwerk bezüglich der Tonstärke je nach der vorherrschenden Grundstimmung individuell erfasst sein, so zwar, dass die gleichen Vorzeichnungen nicht überall genau dieselbe Bedeutung haben; ein ff in einem kleinen Volksliedchen wird z. B. nicht so kräftig sein dürfen als in einem stürmischen Werke. In Tondichtungen aber, welche die Skala unserer tiefsten und extremsten Empfindungen und Gefühle zum Ausdruck bringen, in denen Entzücken und Jauchzen abwechseln mit Verzweiflung und Jammer, wird auch die dynamische Schattierung sich in den weitesten Grenzen zu bewegen haben und vor keinem Extrem zurückschrecken dürfen, wenn das in den Tonwerken unserer Meister so warm pulsierende Leben vollkommen zur sinnlichen Anschauung gebracht werden soll. Kein musikalisch gebildeter Mensch wird bezweifeln, dass dann ein vorgeschriebenes pp die denkbar geringste Tonstärke erfordert und bei einem ff herausgeholt werden muss, was die physischen Eigenschaften des tonerzeugenden Körpers nur irgend hergeben wollen, wobei selbstredend das „Tönen" Haupterfordernis bleibt und der Gesang weder in tonloses Gesäusel noch in rohes Gebrüll ausarten darf; beides kann man aber dem Kölner Verein am allerwenigsten vorwerfen. Wer diese Forderungen nicht anerkennen will, der hat die Schattierungskünste unserer berühmtesten Quartettgenossenschaften (eines Joachim, der Böhmen Rosé's und Hess) noch nicht genügend verfolgt. Freilich steht mit diesen Grundsätzen die neuerdings beliebte Anwendung von Vortragsbezeichnungen wie fff und pppp nicht im Einklang. Aber derartigen Bezeichnungen kann nur sehr beschränkte Berechtigung zuerkannt werden, ihre übertriebene Anwendung ist sogar verwerflich, da diese bei Dilettanten nur Verwirrung anzurichten und die Bedeutung der Begriffe zu verschieben geeignet ist.

Wenn wir beim Dirigenten Schwartz die Fähigkeit schätzen gelernt haben, die in den Kunstwerken geborgenen Schätze ans Licht zu fördern und zu blühendstem Leben zu gestalten, so haben die Erscheinungen der letzten Jahre bewiesen, dass er andererseits als Komponist fähig ist, seine Gedanken in farbenreichen und fesselnden Tongemälden niederzulegen. Nirgend mehr wie hier macht sich die Wahrheit des Satzes geltend: „Es wächst der Mensch mit seinen höheren Zielen". Welch ein Abstand zwischen seinen Erstlingswerken, dem melodiösen Abendlied, dem stimmungsvollen „Ave Maria", dem treuherzig-neckischen „Ja schön ist mein Schatz nicht", letzteres im Volkston und doch kunstvoll gearbeitet, und den imposanten Werken der jüngeren Periode „Waldbilder", „Im Gebirge", „Im Herbst", und seinem jüngsten Musenkinde: „Seemanns Heimfahrt". Nur eins seiner Erstlinge liess ahnen, dass etwas anderes in dem Schöpfer derselben steckt, das genial hingeworfene, höchst wirksame „Der schönste Klang". Es wäre nicht uninteressant, die Ursachen dieses grossen Umschwunges kennen zu lernen; vielleicht war es das intimere Eindringen in die Werke Hegars, vielleicht auch die Erkenntnis der Leistungsfähigkeit in gesangtechnischer Beziehung eines aus musikalischen Elementen zusammengesetzten Gesangvereins, sicher aber die Bekanntschaft mit einem Dichter, der es trefflich versteht, in seinen Dichtungen formal und inhaltlich den Bedingungen gerecht zu werden, welche die Tonkunst nun einmal an die Texte notwendigerweise stellen muss, wenn sie ihre Ausdrucksmittel intensiv verwerten will. Rudolf Keller betreibt zwar die Dichtkunst nicht als Profession, aber nichtsdestoweniger sind seine Musenkinder tadellos in der Form, die Rhythmen sind fliessend, gleichsam aus der Musik und für sie geboren; schwungvolle Gedanken, poetische Bilder und vor Allem, ein Hauptmoment für die Wirkung der Musik, packende Gegensätzlichkeit der grösseren Teile zeichnen seine Dichtungen aus. Und dann diese pathetischen Schlüsse, die jedes Komponistenherz entzücken müssen, z. B. in „Waldbilder", „Seemanns Heimfahrt" etc. Wessen Herz schlägt nicht höher bei der Erinnerung an den Seemann in der Ferne, dessen Gedanken auf stürmischer See bei dem Vaterlande weilen, dem er Liebe und Treue geschworen bis in den Tod:

„Nun rase und tobe, du wildes Meer,
Fest stehet die Hoffnung der Wiederkehr.
Bald knie' ich nieder an deinem Strand
Und grüsse dich segnend, mein Heimatland!"

Mit welcher Farbenglut und welchen kompositionstechnischen Finessen das alles von Meister Schwartz musikalisch geschildert ist, das bitte ich in den Werken selbst zu studieren; sie verdienen die Beachtung jedes leistungsfähigen Vereins in höchstem Masse.

Prima vista.

Eine Methode, vom Blatt singen zu lernen. **Max Battke.**

Wie bereits oben bemerkt, kennt auch Schwartz in seinen Männerchorkompositionen keine „Subordination", wie Zöllner von Rich. Strauss behauptet. Wir wollen beileibe nicht dem volkstümlichen Liede das Recht auf weitgehende Rücksichtnahme streitig machen; im Gegenteil, wir befürworten so energisch wie möglich die Nachahmung des edlen Beispiels, welches uns der „Deutsche Volksgesangverein in Wien" mit seinen Volksliederkonzerten giebt, wir bestreiten auch durchaus nicht den breiteren Schichten unseres musikliebenden Publikums das Recht des Anspruchs auf ein gewisses Entgegenkommen seitens der konzertierenden Vereine, aber alles an seinem Ort und zu seiner Zeit. Unsere guten, leistungsfähigen Gesangvereine sollen jedenfalls ihr ganzes Können in den Dienst einer nach den höchsten Zielen strebenden Kunst stellen, und wenn hervorragende Komponisten scheinbar Unmögliches (wirklich Unmögliches verlangt ein Meister seiner Kunst niemals) fordert, so müssen Mittel und Wege ersonnen werden, die Leistungen unserer Vereine in technischer Beziehung zu vervollkommen. Bis zu welch' hohem Grade das auch bei musikalischen Laien möglich ist, haben die Vorträge des Essener Arbeiter-Vereins in Kassel gezeigt.

Ein solches Mittel ist soeben in Form einer Methode, vom Blatt singen zu lernen, erschienen und von **Max Battke**, dem Direktor des Bülow Conservatoriums in Berlin verfasst. Wir gehen unzweifelhaft einer Zeit entgegen, in der der Eintritt in einen besseren Männerchor abhängig gemacht wird von einem vorhergegangenen Kursus im Prima vista-Singen. Der Einwurf, man habe „keine Zeit" dazu, erinnert an den dummen Teufel in der bekannten Fabel, der während des Mähens keine Zeit hatte, seine Sense zu schärfen. Die Methode erstreckt sich im Anschluss an die in der vorigen Nummer dieses Blattes besprochene Elementarlehre desselben Verfassers auf Singeübungen mit der sog. Wandernote, rhythmische Uebungen und Diktat und erstrebt hauptsächlich Treffsicherheit. Die Darstellung ist klar und übersichtlich, die Uebungen ausserordentlich praktisch und zweckentsprechend, weshalb wir nicht zweifeln, dass die Methode schnell Eingang finden wird. Für Musiker hat dieselbe insofern noch besondere Wichtigkeit, als sie einen ganz neuen Zweig der Lehrthätigkeit zeitigen wird, denjenigen des Prima vista-Lehrers.

Neue Frauenchöre.

Eine Verfeinerung der Ausführungsorgane hat stets eine Vermehrung der für diese bestimmten Litteratur, häufig auch eine Verbesserung derselben im Gefolge. Das zeigt sich neuerdings in der Frauenchorlitteratur, welche auf Veranlassung des Auftretens verschiedener ausgezeichneter Damen-Terzette und -Quartette (so des schwedischen, holländischen etc.) in die Erscheinung getreten ist. U. A. hat **W. Berger** sein op. 60 dem bekannten holländischen Damen-Terzett zugeeignet: Vier sehr melodiöse und stimmungvolle Lieder für 3 Frauenstimmen mit Klavierbegleitung. Stimmführung ist, wie bei Berger nicht anders zu erwarten, selbständig und ausdrucksvoll, überhaupt tragen die Lieder sämtlich ein sehr vornehmes Gepräge. Auch den drei Frauenterzetten op. 45 von **Alex. von Fielitz**, „April", Die Nachtigall", „Schönster Tag, nun gute Nacht!" mit Klavierbegleitung lässt sich angenehme Melodik und Wohlklang nachrühmen. Für den Solovortrag sind dann noch sehr geeignet **G. Vierling** op. 80, „Frühlingslied", „Abendlied" und „Hüte dich" für 2 Soprane und Alt. Vierling steht unter unsern Chorkomponisten in allererster Reihe, und op. 80 reiht sich seinen Vorgängern würdig an, verlangt allerdings gereiftes musikalisches Verständnis und durchgeistigten Vortrag. Ganz allerliebste Nippsächelchen hat uns **Arnold Krug** mit seinem op. 78 beschert. Fünf reizende Kinderlieder von Victor Blüthgen, so herzig vertont, wie wir es bisher nur von Taubert, Reinecke und Rheinberger gewohnt waren. Fein pointierter, witziger Vortrag wird ohne Zweifel manche Da Capo-Salve verursachen, wir empfehlen diese Liedchen ganz besonders Solo-Terzetten.

Für grössere Vereinigungen liegt ein sehr melodiöses Wiegenlied für Frauenchor mit Alt-Solo von **Amadeus Wandelt**, op. 11 vor. Der Satz ist klangvoll und leicht zu bewältigen. Ferner ein grösseres Werk von **Richard Wiesner**, op. 30. Bergmärchen für Soli und weiblichen Chor mit Pianoforte, ein anmutiges Werk grösseren Umfangs, ohne besondere Schwierigkeiten.

Für kirchliche Zwecke eignen sich ganz besonders die geistlichen Lieder und Motetten v. **Louis Jungmann** für dreistimmigen Frauenchor. Dieselben zeichnen sich aus durch natürliche, ungezwungene Stimmführung und melodischen Fluss, die Stimmung findet überall angemessenen Ausdruck. Bedeutender in der ganzen Anlage und Durchführung ist ein Werk für Solo u. Frauenchor von **Bernhard Vogel**, op. 18. „Erinnerung". Die Melodik weist originelle Züge auf und wird von straffer Rhythmik unterstützt.

Ein bestrickender Klangreiz, namentlich was die Instrumentation anlangt ist dem **Athenischen Frühlingsreigen** von **Josef Frischen**, op. 11 eigen. Eine schwungvolle, grosszügige Melodie, um die eine prächtige Instrumentation wie ein Purpurmantel wogt und wallt, schreibt sehr richtig ein Kritiker nach der letzten Aufführung im Gürzenich zu Köln. Wie wir erfahren, soll die Komposition gelegentlich des im Mai stattfindenden 50-jährigen Jubiläums des Kölner Conservatoriums wiederholt werden.

Aus der **„Frühlingsnacht"** v. **Th. Hentschel** ist neuerdings eine Nummer für Frauenchor u. Solo einzeln erschienen, welche sehr empfohlen werden kann **„Philomele, die Elfe der Nacht"**. Das Werk besteht aus einem kurzen Rezitativ u d Solo für Sopran, Violine und Klavier, dem sich ein reizender, duftiger Elfenchor anschliesst, ebenfalls mit Sopran-Solo; er ist nicht gerade sehr leicht, aber äusserst effektvoll und dankbar; er sei allen Damengesangvereinen dringend empfohlen. H. vom Ende.

Aufführungen von Chorwerken, die noch nicht im Druck erschienen sind.

Im Oktober vor. J. hat der Chor der Christuskirche in Bromberg unter Leitung des Herrn Org. Rahtz das Oratorium „Die Geburt Christi" von C. H. Rud. Groth zum ersten Male mit sehr grossem Erfolge aufgeführt. Das Werk besteht aus einem Vorspiel, den Chören: „Mache dich auf", „Ehre sei Gott in der Höhe", Hirtenchor, den Liedern: „Es ist ein Ros' entsprungen", „Stille Nacht"; den Chorälen: „Vom Himmel hoch", „Lobt Gott, ihr Christen"; dem Duett: „Ich steh' an deiner Krippe" und einem entzückenden Pastorale für Streichquartett, Oboe und Klarinette. Das Werk zeichnet sich aus durch schöne Melodien und vorzügliche Stimmführung. Der Komponist hat damit seinem hochverehrten Lehrer Grell alle Ehre gemacht.

In Reichenbach i. V. wurde auf dem Stiftungsfeste der dortigen Caecilia der „Erntefestreigen" nach Robert Schumanns Jugendalbum für Soli, gem. Chor und kl. Orchester, eingerichtet von Th. Goldberg, aufgeführt und mit grosser Begeisterung von Publikum und Kritik aufgenommen. Die Dichtung stammt von O. Thörner und ist mit grossem Geschick und Verständnis abgefasst.

Verlag von C. Hoffarth in Dresden.

Mehrstimmige geistliche Musik

mit und ohne Begleitung.

Baumfelder, Fr.,

Motette: „Warum betrübst du dich" für gemischten Chor, Sopran-Solo. Partitur und Stimmen ℳ 2.50.

— Zwei kleine Motetten: „Barmherzig und gnädig" — „Danket dem Herrn", für gemischten Chor. Partitur und Stimmen ℳ 2.—.

Döring, C. H.,

op. 80. Gebet zur Trauung, für gemischten Chor. Partitur und Stimmen ℳ 1.—.

Draeseke, Felix,

op. 50. Psalm 23: „Der Herr ist mein Hirte", für dreistimmigen Frauen- oder Knabenchor. Partitur und Stimmen ℳ 1.—.

Gleich, Ferd.,

op. 31. Hymne nach Worten der Offenbarung St. Johannis für Chor, Soli u. Orgel ad libit. 2 Trompeten, 3 Posaunen u. Pauken. Partitur ℳ 3.—, Singstimmen ℳ 2.—, Instrumentalstimmen ℳ 2.50.

op. 39. Salvum fac regem für gemischten Chor. Partitur u. Stimmen ℳ 1.20.

op. 41. Vater unser. Für gemischten Chor mit Harmonium ob. Pianoforte. Part. u. Stimmen ℳ 1.70.

op. 41. Vater unser. Für 2-stimm. hohen Chor mit Harmonium ob. Pianoforte. Partitur u. Stimmen ℳ —.7[illegible].

Grammann, Carl,

op. 2[illegible]. Trauer-Cantate für Bariton-Solo, Chor und Orchester. Partitur n. ℳ 7.—. Orchesterstimmen ℳ 8.—. Chorstimmen ℳ 2.40.

Kossmaly, Carl,

Erntelied: „Es ist ein Schnitter, der heißt Tod". Altes Kirchenlied für gemischten Chor. Partitur u. 4 Stimmen ℳ 1.30.

Salvum fac regem für dreistimmigen Männerchor mit 3 Posaunen ob. Orgel, ob. Harmonium. Partitur und Stimmen ℳ —.70.

Kretschmer, Edmund,

op. 17. Zwei Motetten: „Laudate Dominum —", „Haec dies, quam fecit Dominus —" (Oster-Motette), für achtstimmigen gemischten Chor. Partitur und Stimmen ℳ 2.75.

op. 18. Vier Hymnen für gemischten Chor. „Veni creator Spiritus —", „Justorum animae —", „Alma Redemptoris —", „Pange lingua". Partitur und Stimmen ℳ 2.—.

Merkel, Gust.,

op. 116. Drei Motetten für gemischten Chor. Partitur und Stimmen: No. 1. „Barmherzig und gnädig" ℳ 1.—. No. 2. „Ich hebe meine Augen auf" ℳ 1.20. No. 3. „Wenn ich rufe zu dir, Herr" ℳ 1.80.

Müller, Joh. Val.,

op. [illegible]. Drei Fest-Motetten für gemischten Chor. Partitur und Stimmen. No. 1. Fürs Neujahrs-, Reformations-, Sieges- u. Missionsfest ℳ 1.—. No. 2. Für's Konfirmations- u. Pfingstfest (auch zur Kantoreinführung) ℳ —.70. No. 3. Für's Totenfest ℳ —.70.

Reichel, Fr.,

op. 3[illegible]. Zwei Motetten („Vertrau' dem Herrn" — „Dem Herrn sei Lob und Ehr'"), für gemischten Chor. Partitur und Stimmen ℳ 2.—.

op. 41. Zwei Motetten („Sorge nicht" — „Auf Gott allein!"), für gemischten Chor. Partitur und Stimmen ℳ 2.—.

Schurig, G. A.,

Sechs geistliche Lieder („Wenn alle untreu werden" — Zur Konfirmation. „Sei fromm und treu!" — Festlied. — Wiedersehn. — Zur Schulweihe), für gemischten Chor. Partitur und Stimmen ℳ 2.—.

Schurig, Volkmar,

op. 9. Vier geistliche Lieder (Osterlied. — Gebet zu Pfingsten. — Zuversicht in Gottes Führung. — Reformationsfest), für gemischten Chor. Part. u. Stimm. ℳ 2.—.

op. 8. Sechs geistliche Lieder (Weihnachtslied. — Passion. — Ostergesang. — Pfingstlied. — Auf Gott allein! — Konfirmationsgesang), für gemischten Chor. Partitur und Stimmen ℳ 2.—.

op. 10. Motette (Psalm 90,2), für gemischten Chor. Partitur u. Stimmen ℳ 1.—.

op. 14. Zwei Motetten für gemischten Chor. No. 1. Choral-Motette. Partitur und Stimmen ℳ 1.—. No. 2. „Sei getreu bis in den Tod". Part. u. Stimm. ℳ 1.—.

op. 12. Sechs geistliche Lieder (Weihnachtslied. — Epiphaniaszeit. — Osterlied. — Pfingststimmung. — Johannisfest. — „Ach bleib bei uns"), für gemischten Chor. Partitur und Stimmen ℳ 2.—.

op. 17. Sechs geistliche Lieder. („Gott grüße dich!" — Abendlied. — „O Jesu Christ, du wahres Licht". — Christi Himmelfahrt. — Am Erntedankfest. — „Der Herr ist Schild und Sonne"), für gemischten Chor. Partitur und Stimmen ℳ 2.50.

op. 4. Sechs geistliche Lieder (Ostergesang. — „Gott ist mein Lied". — Sonntag. — „Seele, was ermüdst du dich". — „Zu dir hab' ich gehoffet". — „O selig, ihr Toten"), für gemischten Chor. Partitur und Stimmen ℳ 2.—.

Wermann, Oskar,

op. 27. Acht geistliche Lieder für gemischten Chor. Partitur und Stimmen.
Heft 1: Adventlied. — Weihnachtslied. — Jahresschluß. — Trauungslied. ℳ 2.—.
Heft 2: Osterlied. — Zu Pfingsten. — Johannis- oder [illegible]fest [illegible] ℳ 2.50.

op. [illegible]. Achtzehn leichte geistliche Lieder für gemischten Chor. Part. u. Stimm.
Heft 1: Adventsgesang. — Zu Weihnachten. — Jahresschluß. — Am Neujahrstage. — Passionszeit. — Am Charfreitag. — Zu Ostern. — Zu Pfingsten. — Am Trinitatisfest. ℳ 2.50.
Heft 2: Johannisfest. — Zum Missionsfest. — Zum Erntefest. — Reformationsfest. — Totenfest. — Trauungsgesang. — Sonntäglich. — Nachtgebet. — Am Grabe. ℳ 2.50.

op. 77. Zwei Psalmen für 2 Chöre und Solostimmen. No. 1. Psalm 3. Partitur und Stimmen ℳ 4.50. No. 2. Psalm 46. Partitur und Stimmen ℳ 6.—.

Zehrfeld, Oskar,

op. 1. Vier Motetten für gemischten Chor. Partitur und Stimmen. No. 1. „Barmherzig und gnädig". ℳ —.70. No. 2. „Lobet den Herrn, alle Heiden". ℳ 1.—. No. 3. „Sei getreu bis in den Tod". ℳ 1.—. No. 4. „In deine Hände empfehl' ich". ℳ —.[illegible]

Der briefliche Unterricht in der Theorie der Musik

verfolgt den Zweck, allen Freunden der Tonkunst: Dilettanten, welche Beruf und Neigung zur Komposition in sich spüren und in Geist und Wesen der musikalischen Kunstwerke einzudringen wünschen, und Tonkünstlern, denen die für den Lehr- und Dirigentenberuf notwendigen theoretischen Kenntnisse fehlen, Gelegenheit zur Aneignung derselben zu bieten.

Die erforderlichen Lehrmittel sind eigens für diesen Zweck in klarer, übersichtlicher, leichtfasslicher Weise von den Herren Prof. G. JENSEN, F. W. FRANKE, Prof. Dr. O. KLAUWELL und H. VOM ENDE verfasst worden.

Ueber den Lehrgang im allgemeinen ist folgendes zu bemerken:

Es wird von jedem Schüler vorausgesetzt, dass er entweder singe, oder irgend ein Instrument spiele. Wünschenswert ist es, dass derselbe während der Studienzeit stets Gelegenheit zum Klavier- oder Orgelspiel habe, denn die Musiklehre lässt sich nicht trennen von den praktischen Uebungen. In der sofortigen Anwendung des theoretisch Erlernten in der Praxis liegt aber das eigentlich Fördernde des Studiums. Die theoretisch-musikalische Erziehung ist aber immer dieselbe, ob nun Gesang, Klavier, Violine oder Orgel das Hauptfach bilde.

Der Lehrgang beginnt mit Studien in der Harmonielehre, Kontrapunkt und Formenlehre mit entsprechenden Uebungen im strengen Satz, sowie Kompositionsversuchen in kleinen Formen (Liedform). Nach Bedürfnis gehen nebenher besondere Studien mit Aufgaben in der Akustik, Instrumentenlehre, Vortragslehre etc. Der Umfang des Lehrstoffes wird sich vor allen Dingen nach den Absichten des Studierenden zu richten haben und ist in dieser Hinsicht von vornherein eine Erklärung nötig, ob eine allgemeine fachmännische Vorbildung erstrebt wird, wie sie für jeden Musiklehrer und Dirigenten notwendig ist, ebenso für jeden gebildeten Dilettanten, der die Darbietungen unserer besseren Konzerte mit Verständnis verfolgen zu können wünscht, oder ob die Befähigung zur Komposition gründlichere Studien und namentlich zahlreichere Uebungen in Harmonik, Kontrapunktik etc. zweckentsprechend erscheinen lässt.

Zur Erläuterung, Vertiefung des Gelernten, wissenschaftlichen Begründung der Regeln etc. werden den Aufgaben Briefe beigefügt. Die Aufgaben sowohl, wie die Briefe selbst sind der Individualität, der Bildungsstufe und dem jeweiligen Standpunkte des Schülers angepasst.

Der Hauptwert ist überall gelegt worden auf anschauliche und übersichtliche Darstellung des Materials; namentlich sind die in Benutzung gezogenen theoretischen Werke in ihrer Anschaulichkeit und Prägnanz speziell für diesen Unterricht gearbeitet worden.

Unverstandenes wird brieflich erklärt, die Arbeiten werden von anerkannt tüchtigen Theoretikern (Lehrern des Konservatoriums, Organisten etc.) nachgesehen, die Fehler angestrichen oder durch gewisse Zeichen kenntlich gemacht und den Studierenden wieder zugesandt. Nach geschehener Korrektur bezw. Neubearbeitung gehen die Arbeiten wieder an die Anstalt zurück, um einer nochmaligen Korrektur unterzogen zu werden. Das Verfahren wird solange fortgesetzt, bis die Aufgaben tadellos gelöst sind. Die Kompositionen werden auf Wunsch instrumentiert und, falls sie geeignet sind, auch in Verlag genommen und in vornehmer Ausstattung herausgegeben.

Der briefliche Unterricht wird allen denen hochwillkommen sein, welche aus örtlichem Mangel an gründlich vorgebildeten Lehrern keine Gelegenheit dazu haben, ferner solchen, die sich für den Besuch eines Konservatoriums vorbereiten wollen oder deren Beruf ein regelmässiges Studium und die Einhaltung bestimmter Stunden nicht zulässt und endlich allen denjenigen, welche die teueren Honorare unserer besseren Lehrer und Konservatorien nicht erschwingen können.

J. G. Boessenecker Verlag Adolph Stender, Regensburg.

Kirchenmusikalische Werke für den

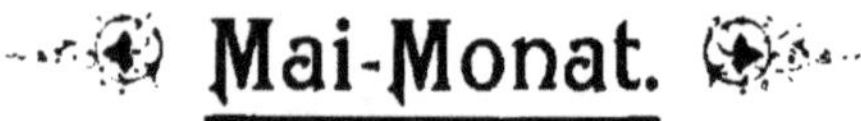

Mai-Monat.

Sämtliche Musikalien stehen durch Herrn H. vom Ende, Köln, Beethovenstr. Nr. 6 auf Wunsch gern zur Ansicht zu Diensten.

Allmendinger, Karl, Op. VIII. *Sehr leichte laurel. Litanei* für gem. Chor (auch für eine Singst. mit Orgelbegl. ausführbar.) *II. Aufl.* Part. n. M. 0,80. St. à n. 0,20.

Deschermeier, Jos., Op. XI. *Litaniae laurel. et Tantum ergo,* für gem. Chor und Orgel leicht ausführbar. Part. n. M. 1,—. St. à n. M. 0,20.

— Op. XXXVII. *Marien-Blüten.* 10 Lieder zur Verehrung Mariens für *eine mittl. Singstimme* m. Orgel- oder Klavierbegleitung. Part. n. M. 1,20. Stück n. M. 0,30. *(Novität.)*

Ebner, Ludwig, Op. II. *Laurel. Litanei* für *drei Oberstimmen* (Sopran I. II u. Alt mit Begleitung der Orgel. Part. n. M. 1,20. Stück à n. M. 0,20. *(Novität.)*

— Op. I. *Vier Marianische Antiphonen* für *vereinigte Ober- und Unterstimmen* mit Begleitung der Orgel. Part. n. M. 1,—. St. à n. M. 0,20. *(Novität.)*

— Op. LX. *Sequentia „Stabat mater"* für 4stimmig. gem. Chor u. Orgel. Part. n. M. 1,20. St. à n. M. 0,25. *(Novität.)*

Engelhart, F. X. (-Witt). *Laurel. Litanei C-dur* für gemischten Chor mit Orgel. Part. n. M. 1,50. St. à n. M. 0,20. *(Novität.)*

Graf, Bonifaz. P., Op. VIII. *Die Muttergottes-Vesper* in verschiedenen Gesangsformen: a) für Choral (einstimmig mit Orgel; b) für gemischten Chor mit Orgel; c) für dreistimmigen Frauen- und Knabenchor mit Orgel. n. M. 1,20. von 10 Exemplaren ab à n. M. 0,80. *(Novität.)*

— Op. IX. *Die vier Marianischen Schlussantiphonen* in verschiedenen Gesangsformen: a) für Choral (einstimmig mit Orgel); b) für gemischten Chor mit Orgel; b) für dreistimmigen Frauen- oder Knabenchor mit Orgel. Part. n. M. 1,—. St. à n. M. 0,15. *(Novität.)*

Greith, Carol., Op. X. *Ave Maria.* Ad 4 voces inaequales et Organum, sive comitantibus Violinis, Viola, Bassis, Flauto, Clarinettis et Cornibus. III. Aufl. Part. und St. n. M. 2,—.

— Op. XIX. *Ave Maria* für 3 gleiche Stimmen und Orgel. *IV. Aufl.* Part. und St. n. M. 1,20.

— — Op. XXX. *Zehn Marienlieder* aus J. H. Fr. Schlossers „Kirche in ihren Liedern". Für Sopran- und Altstimmen mit Begleitung der Orgel oder des Harmoniums. *III. Aufl.* Part. n. M. 1,50. St. à n. M. 0,50.

— *Ave Maria* et *Adeste fideles.* Ad 4 voces inaequales, comitantibus 2 Violinis, Viola, Violoncello, Basso. 2 Cornibus, Organo. Part. und St. n. M. 2,10.

— *Ave Maria* et *Litaniae Lauretanae* ad 2 Sopr. et 1 Alt., comit. Organo. Part. n. M. 1,20. St. à n. M. 0,30.

Heuberger, Jos. P. *Ave Maria.* Zwölf Marienlieder für 4 gemischte oder für 2 gleiche Singstimmen. *IV. Aufl.* Part. n. M. 1,—. St. à n. M. 0,30.

Jennewein, A. R., Opus XI. *Zwei Marienlieder* (Fr. Schaller) für vierstimmigen gemischten Chor und Orgel. Part. n. M. 0,80. St. à n. M. 0,20.

Joos, Oswald, Op. XIX. *Vier Votiv-Vespern* zu Ehren der allerseligsten Jungfrau Maria, für alle Sonn- und Festtage des Kirchenjahres (Indulgenz des römischen Stuhles vom 29. XII. 1884). Nach dem römischen Vesperale für Sopran, Alt, Tenor. Bass und Orgel. Part. n. M. 1,60. St. à n. M. 0,35.

Krawutschke, Rob., *Antiphonae quatuor B. M. V.* Breviarii Romani. Ad 4 voces, comit. Organo aut Harmonio. Opus I. II. Aufl. Part. n. M. 1,— (in alten Schlüsseln). St. à n. M. 0,25.

Kretschmer, Edm., Op. XXXIII. *Quatuor Antiphonae B. M. V.* ad 4 et 5 voces compositae. Part. n. M. 1,—. St. à n. M. 0,15.

Mayer, J. G., *Zwei Marienlieder zu Ehren unserer Lieben Frau von Lourdes.*
Ausgabe für 2 gleiche Stimmen n. M. 0,50.
Ausgabe für 3 gleiche St. Part. n. M. 0,50. St. à n. M. 0,15.
Ausgab. für 4 gem. St. Part. n. M. 0,50. St. à n. M. 0,15.

Pearsall, R. L., *Salve Regina.* I Toni ad 4 voces inaequales. Secundum Cantuarium St. Galli. Part. n. M. 0,30.

Pilland, Jos., Op. XXVIII. *Leichte laurel. Litanei* für Sopran, Alt, Tenor u. Bass. Part. n. M. 1,—. St. n. à M. 0,2[illegible].

Rathgeber, Georg, Op. XX. *Maienrosen.* Sieben Marienlieder zum kirchlichen Gebrauch für vierstimmigen gemischten Chor. Part. n. M. 1,20. St. à n. M. 0,20. *(Novität).*

Schrel, Ignaz, *Zehn Marienlieder* für gemischte Stimmen. Vom Hochw. Ordinariate Rottenburg gutgeheissen und für den Gebrauch bei Mai-Andachten empfohlen. *II. Auflage.* Part. n. M. 1,—. St. n. M. 0,30.

— *Sechs Marienlieder* für vier Männerstimmen. Part. n. M. 1,—. St. à n. M. 0,30.

Eine Auslese der obig. bewährten Marienlieder im Arrangement.

Schubiger, P. Anselm, *Marienrosen.* Eine Sammlung von 30 mehrstimmigen Liedern ohne Begleitung zur Verehrung der seligsten Jungfrau Maria in Kirche und Haus. 29. *Aufl.* n. M. 1,40, in ganz Leinwand geb. n. M. 1,75.

Witt, Fr. X., Dr., O. XIII. *Laurel. Litanei* (A-moll) für gem. Chor und Orgel. *IV. Aufl.* Part. n. M. 1,60. St. à n. M. 0,30.

— *Laurel. Litanei in F* für gem. Chor und Orgel. Herausgegeben von Frz. X. Engelhart. Part. n. M. 1,00. St. à n. M. 0,30.

— *Laurel. Litanei in C* (siehe „Engelhart, Fr. X.").

Wurm, J., Op. I. *Kurze und leichte Lauretanische Litanei* für 2 gleiche Stimmen u. Orgel. Part. n. M. 1,—. St. à n. M. 0,20. *(Novität.)*

Zoller, G., *Leichte Lauretanische Litanei* für vierstimmigen Männerchor. Part. n. M. 1,—. St. à n. M. 0,20. *(Novität.)*

Konzertbericht.

Beilage zum „Wegweiser durch die Chorgesanglitteratur“.

Nr. 7. **Köln a. Rh., den 26. April 1900.** I. Jahrgang.

Redakteur und Herausgeber: H. vom Ende, Köln a. Rh., Beethovenstrasse 6.

Henriette Schelle.

Ueber die Künstlerin, deren Bild wir hierneben bringen, schrieb die „Neue Musikzeitung“ im Januar 1898: Aus der im letzten Konzertwinter beobachteten Flut nachschaffender Künstler tauchte eine besonders anmutige wie erfreuliche Erscheinung empor, um dann bei verschiedenen musikalischen Anlässen das einmal erregte ungewöhnliche Interesse in hiesigen wie in zahlreichen auswärtigen Konzertsälen durchaus zu rechtfertigen. Freilich war Henriette Schelle in Köln nicht unbekannt, da sie bis zum Herbst vorigen Jahres unser Konservatorium besuchte, insbesondere die Unterweisung des ausgezeichneten Klavierpädagogen, Virtuosen und feinsinnigen Musikers Prof. Seiss genossen und das Institut als Abiturientin mit grösster Auszeichnung verlassen hatte. Aber mit dem Augenblick, wo die junge Pianistin flügge geworden, entwickelte sich die Selbständigkeit ihres Empfindens so sehr, trat an Stelle der sonst sich geltend machenden Individualität des peinlich genauen Lehrers die eigene so stark hervor, dass die Leistungen auf einem völlig veränderten künstlerischen Niveau erschienen. Eine ganz ungewöhnlich musikalische Gediegenheit bildet den Grundzug der Vorträge der jungen Dame, ihre Technik ist gross und völlig ausgeglichen, der Anschlag markig und im piano der zartesten und reizvollsten Klangabschattierungen fähig. Ein in solchem Alter selten anzutreffender fast männlicher Ernst der Auffassung lässt sie in ihrer Virtuosität im wahrsten Sinne immer nur das Mittel zum Zweck erblicken und deshalb dürfte sie einmal eine wirklich bedeutende Beethovenspielerin werden. Die grosse spezifisch musikalische Begabung machte sich auf der Musikschule auch insofern bei ihr gekend, als sie bei den rein theoretischen Studien Ungewöhnliches leistete und tiefer in die Geheimnisse des Contrapunktes eindrang als mancher männliche Pianist und Virtuose. Henriette Schelle zählt heute zwanzig Jahre und sie ist in Köln geboren; doch lebten ihre Eltern früher eine Zeit in Koblenz, wo sie die Tochter durch den so talentvollen und musikalisch anregungsfähigen Musikdirektor Heubner in Klavierspiel und Theorie unterrichten liessen, bis diese dann eine der meistversprechendsten Schülerinnen des Conservatoriums wurde.

Die damaligen Voraussagen über die Laufbahn unserer Künstlerin haben sich in glänzendster Weise erfüllt, denn heute, nach zwei Jahren, steht dieselbe als bedeutendste der jüngeren Klaviervirtuosinnen da; auf ihren zahlreichen Konzertreisen wurden ihr von Seiten des Publikums und der Kritik die schmeichelhaftesten Anerkennungen zuteil, die sich sowohl auf die technische Vollkommenheit ihres Spieles als auch auf die selten tiefe musikalische Auffassung der Vorträge erstrecken. Einige Referate über Konzerte der Künstlerin aus der letzten Zeit lauten:

Schumann-Klavierabend in Koblenz.

Koblenzer Zeitung. Einen künstlerischen Genuss auserlesener Art bereitete uns Frl. Schelle aus Köln mit ihrem Vortrage Schumannscher Klavierwerke. Wer den Werdegang der jugendlichen Pianistin zu verfolgen Gelegenheit hatte, musste geradezu staunen über die künstlerische Reife, die sie in so kurzer Zeit sich zu eigen gemacht hat. Nicht nur die siegreiche, tadellose Technik, nicht nur der modulationsfähige, farbenreiche Anschlag, nicht nur die wunderbar klangvolle Tongebung, die allein schon hohe Begabung und sorgfältige künstlerische Schulung verraten und ihren pianistischen Leistungen den Wert des Aussergewöhnlichen beimessen, sondern vor allem die poetische Auffassung, die geistige Durchdringung des musikalischen Inhalts und dessen klare und verklärte Reproduktion beweisen, dass wir es mit einer Künstlerin von urwüchsiger Kraft, von lebhaftem Musikempfinden und reifem Kunstverstand zu thun haben. Frl. Schelle spielte die Fis-moll-Sonate, die 8 Kreisleriana-Fantasien, einige Stücke aus den Waldszenen, den Albumblättern und den Kinderszenen und endlich die C-dur-Fantasie. Wie sie besonders die Stücke zarter Empfindung vortrug, das war nun zum Entzücken schön. Ich erinnere nur an den wundervoll duftigen und poetischen Vortrag des Stückes aus den Waldszenen „Vogel als Prophet“. Ebenso kamen die im ruhigeren Zeitmass gehaltenen Teile der „Kreisleriana“ zur schönsten und sinnigsten Wiedergabe, während sie die Stücke leidenschaftlichen Inhalts mit jugendlichem Feuer und hinreissendem Schwunge spielte, ja sogar oft mit solch stürmischer, überquellender Leidenschaft, dass es im Interesse der rhythmischen Prägnanz ratsam erscheint, dass die junge Dame es sich angelegen sein lässt, ihrer feurigen Kraft zarte Fesseln anzulegen. Eine hochbedeutende Leistung war der Vortrag der C-dur-Fantasie. Dieselbe hat Friedrich von Hausegger einer sehr interessanten kritischen Analyse unterworfen, um an ihr die Verwandtschaft der Künste, die Beziehungen zwischen Tonausdruck und Bild zu erläutern. Er erwähnt dabei, dass Schumann anfangs anstatt des Schlegelschen Mottos den drei Sätzen die Jean Paul'sch anklingenden Aufschriften „Ruinen, Triumphbogen, Sternenkranz" geben wollte. Diese letztere Bezeichnung scheint in der That für den Inhalt der Phantasie prägnanter als die Schlegelschen Worte. Die in den ersten Satz eingestreute Legenden-Episode, deren Thema schon gleich im Anfang heimlich durchklingt, vermag die Aufschrift „Ruinen" gewiss zu rechtfertigen. Frl. Schelle spielte diesen Satz mit grosser Leidenschaft, während sie den in transcendentaler Schönheit erstrahlenden letzten Satz mit wunderbarer Innigkeit vortrug. Die Fis-moll-Sonate war mir leider nicht zu hören vergönnt. Ein gar mächtiger Mand'scher Flügel unterstützte die Künstlerin aufs vorteilhafteste. Derselbe zeigte sich von einer solchen Klangfülle und Tonschönheit, wie man sie nur bei den besten Fabrikaten zu hören bekommt. Wie uns mitgeteilt wird, war derselbe mit „Klangstäben", dem neuesten patentirten Verfahren, versehen.

Chopin Klavierabend in Köln.

Kölnische Zeitung, 9. Februar 1900. Der zweite Sonderabend der Musikalischen Gesellschaft, Abteilung Kammermusik, brachte am 30. Januar einen Chopin-Abend der Pianistin Henriette Schelle. Entweder liegt Chopin der Künstlerin ganz besonders gut oder sie war noch mehr in Form, oder beides war der Fall, kurz sie brachte auf ihre aufmerksamen und erkenntlichen Zuhörer einen noch vorteilhafteren Eindruck hervor, als neulich mit dem gemischten Programm. Fräulein Schelle gehört, wie schon früher gesagt, zu den wenigen Künstlerinnen, welche Individualität besitzen. Sie hat zudem die Gabe, ihre Leistung als ein Erzeugnis augenblicklicher Inspiration erscheinen zu lassen. Augenscheinlich steht dies längere Verweilen auf einer Note, jene Beschleunigung oder ein Crescendo, ein Accent, nicht eigentlich auf dem Vortragsplan ihres Studierzimmers; viele ihrer Spielmanieren machen den Eindruck, als verdankten sie der augenblicklichen Stimmung ihre Entstehung. Dergleichen verträgt natürlich Chopin besser als Beethoven, ja er erfordert es eigentlich und wenn Frl. Schelle durch den eigenartigen schöpferischen Funken, der sich in ihren Vorträgen regt, über ihr Geschlecht und nicht wenige des andern hinausragt, so kommt diese Eigenschaft dem überromantischen Chopin besonders zugute. Durch duftigen Anschlag zeichneten sich die Variationen über ein deutsches Volkslied, das Largo der H-moll-Sonate, das G-dur-Nocturne aus; technisch gelangen das Scherzo der genannten Sonate, die G-dur-Ballade und die F-dur-Etude besonders gut. Der Beifall war nach dem Nocturne ein begeisterter und liess auch sonst nichts an Wärme zu wünschen.

Klavierabend in Amsterdam.

De Telegraaf (J. Brugmann). 17. Januar 1900. Schon zu Anfang des Praeludiums in A moll — der ersten der 6 von Liszt für Klavier arrangierten grossen Fugen für Orgel von Bach — zeigte es sich, dass diese junge Dame ihrem Instrument sehr schöne Töne zu entlocken versteht und dass sie — obschon ihre kräftige Gestalt dies nicht ohne weiteres vermuten lässt — auch im piano und pianissimo Spiele ganz besondere Klangwirkungen zu erzielen vermag. In der Fuga bemerkte man bald, dass sie eine Virtuosin von echtem Stempel ist und dass sie über soviel Kraft verfügt, wie man von einer Dame kaum erwarten kann. Selten hat man die Sonate pathétique so meisterlich und mit soviel Auffassung vortragen hören wie von ihr. Auch bei Schumanns C-dur-Fantasie und bei den anderen Piecen zeigte es sich, dass sie von der Natur mit grosser Begabung ausgestattet wurde und dass sie im stande ist, ihre Gefühle auf andere zu übertragen. Alles war meisterhaft und so natürlich und frei, als ob es nicht nachgespielt sei, sondern als ob ein Genie am Klavier gesessen hätte; das inspiriert, offenbarte, was solch ein bevorzugter Sterblicher in glücklichen Augenblicken erschaut und offenbart.

Konzert des Instrumental-Vereins Aachen.

Politisches Tageblatt, 6. Februar 1900. Nach mehreren aus reinen Orchestersachen bestehender Konzerte hätte der Instrumentalverein gestern als willkommene Abwechslung wieder einmal eine solistische Kraft verpflichtet und in Fräulein Henriette Schelle in Köln eine solche ersten Ranges gewonnen. Die Künstlerin spielte zuerst Mozarts Es-dur Klavierkonzert im ersten Satze recht schwungvoll, das in den vielen lebhaften Motiven gekennzeichnete Dahinstürmen gut charakterisierend, im zweiten dann ernst gehalten und mit weichem, sangbarem Anschlag die elegische Gemütsstimmung ausprägend. Im Schlusssatz kam die ihr nachgerühmte Glätte und Genauigkeit des Passagenspieles zum Ausdruck, jede Phrase trat plastisch deutlich hervor, und die Auffassung an sich war frisch und brachte die sprühende Lebensfreude, in der das Konzert ausklingt, sinnvoll zum Ausdruck. Ein Intermezzo von Brahms und eine Humoreske von Tschaikowsky waren um der Vortragsfeinheiten willen zu loben, die Rigoletto-Paraphrase von Liszt zeigte brillante, jeder Schwierigkeit spottende Technik, und ein auf Beifall und mehrfachen Hervorruf zugegebener Chopinwalzer erfreute durch seine graziöse Leichtflüssigkeit. Fräulein Schelle beherrscht vor allem die Schattierungen ganz meisterlich und suchte dem Mand'schen Flügel alle schönsten Seiten abzugewinnen.

Ordens- und Titelverleihungen.

Regiss. Widnay, Weimar, grosse goldene Medaille für Kunst und Wissenschaft. André Wormser, Komp., Paris, Orden der Ehrenlegion. Dr. Muck, Hofkap.-M., Berlin, Off.-Kreuz des Ordens von Oranienburg-Nassau. Cloth. Kleeberg, Pian., Paris Officier de l'instruction publique. Helene Dratanitsch Sängerin, goldene Medaille für Kunst und Wissenschaft von Sachsen-Meiningen. Zander, Dirigent der Liedertafel, Berlin, Ritterkreuz des sächsischen Albrechtsordens. Jos. Pembaur, M.-D. Innsbruck, Ritterkreuz des kaiserlich österreichischen Franz-Joseph-Ordens. Gisela Staudigl, Kammersängerin Berlin, goldene Medaille für Kunst und Wissenschaft von Fürst von Schwarzburg-Sondershausen. Siegfried Ochs, Dirigent des Philharmonischen Chors zum Professor ernannt. G. Verdi österreich-ungarisches Ehrenzeichen für Kunst und Wissenschaft. Prof. Xav. Scharwenka, Berlin u. C. St. Saëns, Paris zu Mitgliedern der Akademie der Künste in Berlin gewählt. Karl Storbeck, Organist, Potsdam, Adler der Inhaber des k. Hausordens von Hohenzollern.

Anstellungen.

Hermine Gesolle, Sängerin, Dresden, Hofoper. Hans Mohwinkel Bariton, ebendaselbst. Karl Gleitz, Berlin, Dirigent des Esmann'schen Chors. Paula Santa, dramatische Sängerin, Nürnberg. Franz Zörnig, Tenorbuffo, Mainz. M. D. Heynsen, Leipzig, Organist an der Nicolaikirche. Hofopernsängerin Gutheil-Schoder, Wien, Hofoper. Dr. Hein. Rietsch, Prag a. o. Professor der Musikwissensch. an der deutschen Universität. Richard Bottorr, Dirigent des Liederkranz, Pirna. Jakob Böhm, Lehrer am Conservatorium, Athen. Karl Pohlig, Hofkapellmeister, Stuttgart. Thienemann, Kapellmeister am Herzoglichen Hoftheater, Gotha. G. Wohlgemuth, Dirigent der Singakademie Leipzig.

Jubiläen und Gedenktage.

Musikdirektor Rob. Radecke, Berlin, 50jähriges Künstlerjubiläum, 31. Oktober 1900. Conservatorium in Köln, 50jähriges Jubiläum, 10. 14. Mai. Cäcilien-Verein Aarau 1 April goldenes Jubiläum.

Gastspielreisen und Tournées.

General-Musikdirektor von Schuch, März New-York Theater-Aufführung und Konzert. Hans Richter, April Konzert-Tournée durch Deutschland und Italien mit dem Berliner Philharmonischen Orchester. Symphonieorchester von Helsingfors, Juni Konzerte in Stockholm, Kopenhagen, Hamburg, Berlin, Köln, Brussel, Paris Dirigent Rob. Kajonus. Hans Wiederstein mit Orchester in Skandinavien, April.

Rücktritte.

Professor Rabich, Gotha, Direktor der Liedertafel. Dr. Obrist, Hofkapellmeister, Stuttgart. Dr. Hans Richter, Hofkapellmeister, Wien. Musikdirektor Gust. Albrecht, Org., Zittau. Professor Dr. M. Blumner, Direktor der Singakademie, Berlin

Gestorben.

Jules Armingaud, Violinist, Komp., Paris. Hofrat Hesselbarth, Leiter der Hofkapelle Rudolstadt. Franz von Gernerth, Komponist, Wien. Ottokar Novacek, Geiger, New-York. Jos. Bartsch, Chordirigent, Rorschach 18. Februar. H. O. Gumprecht, Referent der National-Ztg., Berlin 6. Februar. Karl Doppler, Hofkapellmeister, Stuttgart. J. P. Emil Hartmann, Komponist, Kopenhagen 10. März. K. Bechstein, Geh. Kommerzienrat, Hofpianofortefabrik, Berlin 6. März. Viktor Schmidt, Hofopernsänger, Frankfurt a. M. Leop. Grützmacher, Professor, Cello-Virtuos, Weimar. Eugène Vivier, Hornist, Nizza. Carlo Ducci, Komponist, London. Vincenzo Brutti, Komponist, San Ginerio. J. Ch Hess, Komponist, Paris. Sébastien Ronconi, Bariton, Mailand. H. A. Meijroos, Musikdirektor, Komponist, Arnheim. Louis Marie E. Jancourt, Fagottist, Boulogne s. S. Amandus Kaps, Tenor Polzin 6. März. Dr. E. G. Monk, Organist und Theoret. Oxford. John Boje in Hamburg, Violinist, 19. März. Lady John Scott, Komponistin, Spottiswoode. Samuel L. Boyer, Organist and Violinist, Amityville. Dav. Wallis Reves, Konzertmeister in Providence. Frau A. H. Sherman (Acton Horton, Musikschriftstellerin. Minneapolis. Giuseppe Villani Ten. Chieti. Jacob Bauer, Lehrer des Chorgesanges an der Musikschule Zürich. August Werner, Professor am Conservatorium Genf. Kammersänger Heinr. Vogl, München.

Der Cellovirtuose Friedr. Grützmacher jun. erhielt einen Ruf an das Konservatorium zu Weimar an Stelle seines verstorbenen Vaters Leop. Grützmacher.

Musikfeste.

Das 77. Niederrheinische Musikfest findet in **Aachen** findet den 3., 4. u. 5. Juni 1900 statt. Dirig. Schwickerath und Rich. Strauss. Programm: 1. Tag Christus, Orator. v. Liszt. 2. Tag 3 Orchestersätze aus „Romeo u. Julie" von H. Berlioz. Szene a. d. Oper „Cid" von P. Cornelius. „Also sprach Zarathustra" v. Rich. Strauss. IX. Sinf. von Beethoven. 3. Tag „Nun ist das Heil" von J. S. Bach. Violinconcert von Mozart. Frühling und Herbst aus den Jahreszeiten v. Haydn. Vorspiel zum 2. Akt aus „Ingwelde" v. M. Schillings. 2 Gesänge mit Orch. (neu) v. Rich. Strauss. Schlussszene aus „Siegfried" von R. Wagner. Solisten: K. Fleischer-Edel, Hamburg; Fr. Wedekind Dresden; Amanuela Frank, München; Wilh. Grüning, Berlin; Baptist Hoffmann, Berlin; R. von Milde, Dessau; C. Halir, Berlin.

Das VI. Westfälische Musikfest in Dortmund, Dr. M.-D. Janssen, wird bringen: 1) Missa sol. Beethoven; Symphonie Cdur (mit der Schlussfuge) Mozart; 2) IX. Symph. Beethoven; Orpheus v. Fr. Liszt, Kaisermarsch von R. Wagner. Gesangvorträge der Solisten: Fr. Noordewier-Reddingius, Fr. L. Geller-Wolter. H. Hofoperns. Ejar Forchhammer, H. Joh. Messchaert.

Händel-Fest in Bonn a. Rh. am 24., 25. und 26. Mai Dirigent H. Hugo Grüters, städtischer Musikdirektor. Programm: 1. Tag Saul. 2. Tag Acis und Galathea, sowie Vorträge des Orchesters und der Solisten. 3. Tag Judas Maccabäus. Solisten: Frl. M. Katzmayr. Wien; Fr. Rückbeil-Hiller, Stuttgart; Fr. L. Geller-Wolter, Berlin; H. Dr. Felix Kraus, Wien; H. Joh. Messchaert, Amsterdam; H. Prof. Dr. J. Joachim, Berlin; H. W. Franke, Köln.

Tonkünstler-Versammlung in Bremen am 24. bis 27. Mai 1900. Dirigent Panzner, Bremen. Symph. v. Weingartner und W. Berger, Oratorien-Tetralogie „Christus" von F. Draeseke.

Das Conservatorium der Musik zu Köln a. Rh. feiert den 10. bis 13. Mai das Fest seines 50jährigen Bestehens. 1. Abend: Chöre von Bölsche und Kleffel. Solovorträge der Herren Franke, Grützmacher, Haase, Hess, van de Sandt, Seibert, Sens, Staub, Frau Hasse, Hoevelmann, Rösche, H. Metzmacher, Moers, Dr. Ludwig Wüllner u. A. 2. Abend: Tedeum von Fr. Wüllner Motette von Sittard, Hymne von Andreae, Phantasie mit Chor v. Beethoven. 3. Kammermusikabend, Solo-Vorträge früherer Schüler: Frl. Ch. Huhn. Fr. Anna Haasters, Frl. R. Andriesse, Toni Tholfuss, H. Prof. Messchaert, H. Scheuten, Bromberger (Bremen), Corbach (Sondershausen), Fr. Keller, Jacobs (Mannheim), Körner, Stauffer, Prof. Schwartz, Georg Keller, Thalau, Baldner. 4. Tag. Der späte Winter, gem. Chor mit Orchester von C. Jos. Brambach, op. 99. Frauenchöre von Ernst Wolff op. 6. Athenischer Frühlingsreigen, Frauenchor mit Orchester von J. Frischen, op. 11. Vorträge früherer Schüler, u. A. Frl. Th. Behr, Jos. Gerwing, Musikdirektor J. Buths (eigenes Klavier-Konzert), Willi Birrenkoven, W. Fenten, H. Giesswein, Peter Heidkamp, Dietr. Schäfer.

Bergisches Musikfest in Elberfeld. 6—8. Juli 1900. Dirigent Dr. Hans Heym und Hofkapellmeister Rich. Strauss. Solisten: Sopran Frl. M. Geyer, Frau R. Strauss. Alt: Fr. Geller-Wolter. Tenor: Herr F. Naval, Bass: Prof. Messchaert und van Rooy. Violine: Prof. Halir, Orgel: F. W. Franke, Köln. Programm: 1. Tag: Händel, Orgelkonzert. Bach, Cantaten, Beethoven Sinfonia eroica. Haydn, Sommer und Herbst a. d. Jahreszeiten. 2. Tag: Brahms II. Sinfonie, Schubert Lieder, Schumann, Faust II. u. III. T. 3. Tag: Strauss, Sinfon. Dichtung und Lieder. Bruch, Schön Ellen, Liszt, Dante, Wagner Schlussszene der Meistersänger.

Musikfest in Trier. Unter dem Protektorat Seiner Königlichen Hoheit, des Erbgrossherzogs von Baden findet in Trier vom **20.-22. Mai** das erste Musikfest der vereinigten Städte **Trier, Koblenz** und **St. Johann-Saarbrücken** statt; das unter dem Vorsitze des Reg.-Präsidenten zur Nedden in Trier stehende Komité hat folgendes Programm aufgestellt:

20. Mai. Matinée im Stadttheater: „Der zerbrochene Krug" (Darmstädter Hoftheater-Ensemble).

20. Mai, abends: 1. Konzert. Cantate von Bach. Symphonie, Es-dur von Mozart. III. Teil Faust von Schumann. IX. Symphonie von Beethoven.

21. Mai. 2. Konzert. Ouvertüre „Im Frühling v. Goldmark. Cello-Konzert von Dvorack. Symphonie pathétique von Tschaikowsky. Rhapsodie für Altsolo und Männerchor von Brahms. Finale aus: „Die Meistersinger" von Wagner. Mazeppa von Liszt.

22. Mai, abends: Vorstellung im Stadttheater, „Damenkrieg" von Scribe. (Darmstädter Hoftheater-Ensemble).

Festdirigenten sind:

Professor Konrad Heubner aus Koblenz und Josef Lomba aus Trier, während der Stamm des Orchesters das gesamte Personal des Darmstädter Hoftheaters bildet.

Als Solisten sind gewonnen:

Professor Hugo Becker aus Frankfurt (Cello). — Hofopernsängerin Frl. J. Hiedler, Berlin. — Konzertsängerin Frl. Bratanitsch. — Kammersänger Knote, München. — Kammersänger Perron, Dresden.

Von weiteren Festlichkeiten ist ein Frühschoppen am 22. Mai in der neuerbauten Treviris-Halle — in dieser finden auch die Konzerte statt — zu erwähnen, sowie am gleichen Tage nachmittags ein Fest der Stadt Trier auf dem Weisshaus und abends Beleuchtung der Porta nigra.

Nürnberg. Fränkischer Courier.

Konzert des Privatmusikvereins unter Mitwirkung der **Berliner Kammermusikvereinigung.**

Nürnberg, 31. März. Der Erfolg, den genau vor einem Jahre das Konzert der Münchener Bläservereinigung errungen hat, ist wohl der Grund gewesen, auch in dieser Saison durch Herbeiziehung der Berliner Kammermusikvereinigung einige unserer Kammermusikwerke für Klavier und Blasinstrumente zu Gehör bringen zu lassen.

Es ist in der Kunst stets ein unfruchtbares und kurzsichtiges Beginnen, Vergleiche anstellen zu wollen. So erlasse ich mir auch ein Abwägen der Leistungen der Münchener Herren gegen die ihrer norddeutschen Kunstgenossen und stelle nur fest, dass die Berliner Bläser nach allen Richtungen hin die Eigenschaften in sich vereinigen, um durch selbstloses Zusammenwirken ihres Könnens den Hörern den klangschönen Genuss intimer Kammermusik zu verschaffen. Am Klavier sass Herr Ernst Ferrier aus Charlottenburg, den das Programm als „Klaviervirtuosen" bezeichnete. Glücklicher Weise aber entpuppte sich Herr Ferrier nicht als Virtuose, sondern als ebenso feinfühliger wie bescheidener Künstler, der den Klavierpart der drei vorgeführten Werke in ganz ausgezeichneter Weise beherrschte. Es war ein eigenes Vergnügen, das feine Stilgefühl zu bewundern, mit dem die Sprache Mozarts, Beethovens und des modernen Thuille charakterisiert wurde, wie fein und liebevoll der weiche und geschmeidige Anschlag gepflegt wurde.

Selbstverständlich möchte ich mit diesem Herausheben einer Einzelleistung der trefflichen Künstlerschaft der übrigen Herren nicht zu nahe treten. Das Programm enthielt ein selten gehörtes „Konzertantes Quartett" für Oboe, Klarinette, Horn und Fagott mit Begleitung des Klaviers von Mozart. Das war nur eitel Schönheit und Wohlklang; ich hatte die Empfindung, als wenn das ganze Werk nur so überquelle von herrlichster Musik. In dem ewigen Strahl des Mozartschen Allgenies leuchten selbst die einfachsten Tongänge, agreggierte Akkorde, ja sogar typische Phrasen mit dem echten Goldglanz wahrer, nur um ihrer selbst schaffenden Kunst auf. Ueber Beethovens bekanntes Es-dur-Quintett für Klavier und Bläser, das noch in der Mozart-Epoche des Meisters geschaffen worden ist, könnte ich n… Bekanntes wiederholen. In der Mitte zwischen diesen Werk… stand Thuille's Sextett, in dem zu den genannten In-strumenten sich noch die Flöte gesellt. Wie alle Kompositionen Thuille's spricht das Sextett die natürliche, ungezierte Sprache eines Künstlers, der etwas zu sagen hat, ohne dass er sich quält, in jedem Takt mit einer hypergeistreichen Wendung zu blenden. Die musikalischen Gedanken sind nicht ungewöhn-lich, aber gesund, vollblütig und mit imponierendem Kön… in die kunstreichen Formen des Kammermusikstils verwob…

Die Durchführung aller drei Werke war ganz vortreffl…, besonders die langsamen Sätze waren in ein Meer von Wo…laut und Wärme getaucht. Aus dem Thuille'schen We… sprachen das Larghetto, die graziöse Gavotte mit der hum…ristischen und mit Verve gespielten Musette und das feu… Finale am meisten an. Die Aufnahme der Berliner Künst… entsprach vollkommen ihren herrlichen Leistungen; der …gespendete Beifall rauschte immer und immer wieder auf.

In Paris werden im Juni die Wiener Philharmoniker … dem Wiener Männergesangverein 3 gemeinsame Konzerte ve…anstalten. Ebenfalls im Juni konzertiert dort der Kölner Sä…kreis unter Leitung Fedor Bergers und im Juli der We… Schubertbund unter Ad. Kirchl.

Wegweiser

durch die

Chorgesanglitteratur

nebst „Konzertbericht".

Ratgeber für Männer-, Frauen- und gemischte Gesangvereine und Gesangvereinsdirigenten.

Herausgegeben und redigiert von **H. vom Ende, Köln am Rhein,** Beethovenstrasse 6. — Erscheint monatlich einmal. — Bezugspreis für 1 Expl. 15 Pfg. Jahresabonnement 1,50 Mk. incl. Porto. Inserate kosten pro 4 mal gespaltene Petitzeile 25 Pfg.

№ 8. **Köln am Rhein,** den 26. Mai 1900. **I. Jahrgang.**

Vielfach geäusserten Wünschen entsprechend, bitte ich die geehrten Einsender der Programme um gefällige Angabe der Mitgliederzahl des Vereins und des Schwierigkeitsgrades der erfolgreichen Kompositionen. Einmalige Unterstreichung bedeutet grossen, zweimalige sehr grossen Erfolg. Zusatz von D C (Da Capo) oder des Preises. D. Red.

Aufführungen.

Es können unter dieser Rubrik nur solche Werke aufgenommen werden, welche bereits im Druck erschienen sind.

Männerchöre a cappella.

Abkürzungen: gr.-gross, s.-sehr.

Titel	Komponist	Stadt	Verein	Dirigent	Erfolg	Preis
Hünengräber (*msch*)	B. Heuser	Brooklyn	Sängerbund 70	L. Koemmenich	s. gr.	
O blühende Jugend (*msch*)	R. Linnarz	Alfeld	Liedertafel	H. Linnarz	DC.	
Heil, deutscher Kaiser! (*l*)	do.	Oeynhausen	Quartett-Verein	Grossjohann	gr.	
Botschaft	H. Jüngst	Dresden	M. G. V.	H. Jüngst	s. gr.	
König Sigurds Brautfahrt	G. Angerer	do.	do.	do.	DC.	
Die wilde Rose	H. Jüngst	Meissen	Liedertafel	Th. Vaupel	s. gr.	
In den Alpen (*sch*)	F. Hegar	Thorn	do. 80	Fr. Char	s. gr.	
In der Fremde (*sl*)	W. Steinkühler	Hagen	G. V. Funcke & Hueck	Steinkübler	s. gr.	
In den Alpen	F. Hegar	Langendiebach	Sängerlust	J. Brodt (Hanau)		1 Pr.
Auf dein Wohl, du rheinische Maid (*sl*)	W. Labler	Leipzig	Männer-Quartett	G. Hering	s. gr.	
Die Spinnerin (*l*)	K. Schauss	Leipzig-Gohlis	Germania 56	A. Ringer	s. gr.	
Deutsch-Oesterreichs Schwur	H. Jüngst	Wien	Ottakr. Liedertafel	K. Lehner	DC.	
Hoffnung	C. J. Brambach	Münster	Liedertafel	A. Preising	s. gr.	
Die stille Wasserrose	F. Abt	Pforzheim	Liederhalle	Fr. Neuert	D. C.	
Frühling am Rhein	S. Breu	do.	do.	do	s. gr.	
Im Winter	E. Kremser	Wien	Kaufm. Verein	A. V. Henriquez	s. gr.	
Käfer und Blume (*msch*)	H. Veit	do.	do.	do.	s. gr.	
Wenn nur der Rhein nicht wär	Ed. Nössler	Bingen	M. G. V.	Dr. F. Krome	s. gr.	
Deutschland, mein Vaterland	H. Jüngst	Karlsruhe	Liederkranz	S. Scheidt	s. gr.	
Mein Stern (*l*)	H. Wesseler	Warendorf	Lyra	Ruland	DC.	
Engel und Lilien (*l*)	do.	do.	do.	do.	s. gr.	
Mein Stern (*l*)	do.	Münster	Bonif. Sammel-Ver.	Zurhausen	s. gr.	
D' Leiblknöpf (*l*)	F. Blümel	Frankenthal	Liederkranz 88	J. Schmitt	s. gr.	
Pfälzerlied (*l*)	Jul. Schmitt	do.	do.	do.	s. gr.	
Wenn alle Brünnlein fliessen (*l*)	M. Plüddemann	do.	do.	do.	s. gr.	
Sänger's Frühlingslied (*l*)	Ad. Jäckel	Kettwig	Liedertafel	Clasen	s. gr.	
Suomi's Sang	Fr. Mair	Asch	M. G. V.	J. Schaller	DC.	

Männerchöre mit Begleitung.

Titel	Komponist	Stadt	Verein	Dirigent	Erfolg	Pr
Deutscher Hochgesang	C. H. Döring	Dresden	Liederhain	G. Schöne	s. gr.	
Das Gewitter	H. Mohr	Thorn	Liedertafel	Fr. Char	s. gr.	
Der 23. Psalm	Fr. Schubert	Aschaffenburg	do.	Chr. Lindenlaub	gr.	
Die Wettertanne	J. Pembaur	Lübeck	Konzert-Verein	K. Häusler	s. gr.	
Zollern und Stauffen	Th. Podbertsky	do.	do.	do.	s. gr.	
Haralds Brautfahrt	H. Hoffmann	Bingen	M. G. V.	Dr. F. Krome	s. gr.	
Hymnus an die Tonkunst (*msch*)	J. Rheinberger	Frankenthal	Liederkranz 88	J. Schmitt	s. gr.	
Die tausendjährige Linde (*msch*)	Th. Podbertsky	do.	do.	do.	s. gr.	
Die Ehre Gottes	Beethoven	do.	do.	do.	s. gr.	
Am Chiemsee	K. Goepfart	Asch	M. G. V.	J. Schaller	s. gr.	

Gemischte Chöre a cappella.

Titel	Komponist	Stadt	Verein	Dirigent	Erfolg	Pr
Der blöde Hans	C. Reuther	Köln	Lehrer-Verband	C. Reuther	s. gr.	
Ueber's Jahr, mein Schatz	A. Kieffel	do.	Conservatorium	Fr. Wüllner	s. gr.	
Abend auf Golgatha (*sch*)	[illegible]	Berlin	Kirchen-Konzert	H. Reimann	s. gr.	
Quaerens me a. d. Grande Messe des morts (*msch*)	H. Berlioz	do.	do.	do.	gr.	
Preis und Ehre ihm	Spohr	Haspe	Kirchen-Chor 100	A. Becker	s. gr.	
Ueber Nacht (*zl*)	Fr. Wüllner	Köln	Schreinerkränzchen	[illegible]	s. gr.	
Komm mit (*zl*)	do.	do.	do.	do.	s. gr.	
Wia lusti is's im Winter	Dr. J. Pommer	Wien	Deutsch. Volks-G.-V.	K. Liebleitner	s. gr.	
Niederösterr. Weihnachtslied (*l*)	do.	do.	do.	do.	gr.	
Die Bergstimme (*msch*)	G. Lazarus	Köln	Conservatorium	Fr. Wüllner	gr.	
Der Reiter zu Braunschweig (*msch*)	Jul. Spengel	do.	do.	do.	s. gr.	

Gemischte Chöre mit Begleitung.

Titel	Komponist	Stadt	Verein	Dirigent	Erfolg	Pr
Zerstörung Jerusalems	A. Klughardt	Hannover	Musik-Akademie	Jos. Frischer	s. gr.	
do.	do.	Halle a. S.	Sing-Akademie	M.-D. Reubke	s. gr.	
do.	do.	Brandenburg a. H.	do.	Dr. Wiegandt	s. gr.	
do.	do.	Neuhaldensleben	Zernial'scher G.-V.	Lenz	s. gr.	
do.	do.	Stolp i. P.	Gemischter Chor	Boenig	s. gr.	
do.	do.	St. Gallen	Frohsinn	P. Müller	s. gr.	
Lobgesang	A. Köckert	Köln	Lehrer-Verband	C. Reuther	s. gr.	
Frühlingsdithyrambe	G. Baldamus	do.	do.	do.	s. gr.	
Paulus	Mendelssohn-B.	Stralsund	Wilk'scher Sing-Ver.	A. Wilk	s. gr.	
Der Jüngling zu Nain	R. Schwalm	Haspe	Kirchen-Chor 100	A. Becker	s. gr.	
Maienwonne (*zl*)	M. v. Weinzierl	Köln	Schreinerkränzchen	[illegible]	s. gr.	
Die Liebe auf Reisen	do.	Bautzen	Liederkranz	B. Banda	s. gr.	
Der späte Winter (*msch*)	C. J. Brambach	Köln	Conservatorium	Fr. Wüllner	s. gr.	
Passions-Oratorium	F. Woyrsch	Augsburg	Orator. Verein	W. Weber	s. gr.	
do.	do.	Zürich	Gemischter Chor	Fr. Hegar	s. gr.	
Manasse	Fr. Hegar	Bochum	Musik-Verein	Krüger	s. gr.	
Wallfahrt nach Kevelaer (*msch*)	E. Humperdinck	Köln	Conservatorium	Fr. Wüllner	s. gr.	

Aufführungen aus dem Manuskript.

Titel	Komponist	Stadt	Verein	Dirigent	Erfolg	Pr
Deutsches Aufgebot für M.-Chor mit Orch. (*msch*)	Chr. Delfs	Leipzig-Gohlis	Germania 56	A. Ringer	s. gr.	
Das Göttliche f. gem. Chor (*msch*)	Volkm. Andreae	Köln	Conservatorium	Fr. Wüllner	s. gr.	
Der 1. Psalm f. gem. Chor	Alfred Sittard	do.	do.	do.	s. gr	
Motette: Darüber danke ich Dir! für gem. Chor.	F. Bölsche	do.	do.	do.	s. gr.	

Abkürzungen: l-leicht, sch-schwer, s-sehr, z-ziemlich, m-mittel:

Neuigkeiten.

Für die Aufnahme in diese Rub... genügt die Zusendung eines Frei...

Die mit * versehenen Werke sind mit Klavier- oder Orchesterbegleitung.

Männerchöre mit Klavierbegleitung.

zl ***Beer, M. Jos.,** op. 56. Das deutsche Lied in Oesterreich . . . . . . P. 1,50 St. 0,30

zl ***Blümel, Fr.,** op. 88. D'Liab auf der Alm. Walzer-Idyll . . . . P. 3,— St. 0,60

msch ***C. Jos. Brambach,** op. 100. Caesar am Rubicon. Konzertepos. mit Tenor-Solo . . . . netto P. 4,50 St. 1,—

msch ***Ebner, Ludw.,** op. 38. Sängergruss an den Frühling . . . . netto P. 2,50 St 0,15

zl **Feldigl, Ferd.,** op. 5. Waldlieder. Mazurka-Idylle . . . . P. 1,20 St. 0,30

msch ***Filke, Max,** op. 74. Das deutsche Lied . . . . P. 3,00 S[illegible]

msch **Fink, Christian,** op. 48. Trompeter blas! An den Rhein! . . . . P. 0,70 S[illegible]

msch **Goepfart, K.,** op. 65. Gefunden. Bar.-Solo . . . . P. 3,— S[illegible]

msch ***Gulbins, Max,** op. 13. Sturmlied. P. 3, S[illegible]

zl **Jäckel, Ad.,** op. 46b. Schlittenfahrt. auch mit Streichorch. . . . . . P. 1,— S[illegible]

msch **Lindblad, O.,** op. 152. Schifferlied. mit Blasorch. . . . . P. 1,— S[illegible]

***Maurice, Alph.,** op. 41. Deutscher Weihegruss . . . . . . netto P. 2,50 S[illegible]

Der Soldat.
. . . netto P. 3,— St. 0,10
). 115. Der
. . . . . P. 3,— St. 0,30
). 17. Be-
. . . . . P. 1,50 St. 0,10
Glöckchen
. . . . . P. 2,— St. 0,25
mit Viola . P. 0,80 St. 0,20
. Psalm 23.
. . . . . P. 0,40 St. 0,10
die Musik.
. . . . . P. 2,— St. 0,20
Barcarole.
. . . . . P. 1,50 St. 0,15
eichtsinnige
. . . . . P. 2,50 St. 0,30
Deutscher
. . . netto P. 4,50 St. 0,75
it Blasinstr. P. 0,60 St. 0,20
ie deutsche
. . . . . P. 4,— St. 0,50

..minar-Musiklehrers

..hmidt

Osnabrück.

..nerchor

r Soli und
r's Gedicht
Klavierausz. 3,— St. 0,30
Abschrift.
Musikanten-
g. Kopisch P. 0,50 St. 0,15
16, 1." . P. 0,50 St. 0,00
mphmarsch
rbegl. 1,— P. 0,60 St. 0,30
oder Orchestermusik in
sten zu beziehen.
as mit Begl
auszug mit P. 1,50 St. 0,30
n Abschrift
de Krieger.
ano. Für
. . . . . P. 0,30 St. 0,00
inder . . P. 0,30 St. 0,00
„Markgraf
. Kopisch,
. . . . . P. 1,50 St. 0,30
d" in Hoerde und seinem
schaftlichst gewidmet.)
meinnicht".
on Fallers-
. . . . . P. 0,40 St. 0,00
" und seinem Dirigenten
ndlichst gewidmet.)
heraus!"
ye . . . P. 0,20 St. 0,00

..ten Chor.

unter Mit-
uges unter
vierauszug 1,50 St. 0,20
n Abschrift.
rieger" für
16b (Siehe
. . . . . P. 0,20 St. 0,00
6a, für 2-
. . . . . P. 0,30 St. 0,00
", Gedicht
- und 4 st.
. . . . . P. 0,20 St. 0,00
. 91, 1—3;
Partitur-
ach . . . P. 1,00 St. 0,00

Sämtliche im Druck erschienenen Chorwerke des

Herrn Ottomar Neubner

Gymnasial-Gesanglehrer zu Köln a. Rhein.

A. Männerchöre.

zl	op. 24. Heimkehr. O trink dich müd.	P. 0,50	St. 0,15
zl	op. 25. Schlehenblüte. Fröhliche Armut	P. 0,50	St. 0,15
msch	op. 27. Die Liebe macht ja weinen. „Es mag die Lieb"	P. 0,80	St. 0,30
zl	op. 28. Im Walde. „Was hör' ich"	P 0,80	St. 0,30
	op. 29. I. Fischers Abendlied	P. 0,60	St. 0,15
	do. II. Herbst	P. 0,60	St. 0,15
zl	do. III. Wanderlied. „Feinliebchen nun"	P. 0,60	St. 0,15
	op. 31. Die versunkene Stadt	P. 0,80	St. 0,30
zsch	do. Willekum. „Und habe ich gestern"	P. 1,50	St. 0,60
msch	op. 33. I. Gretelein. „Sag, warum".	P. 0,60	St. 0,15
zl	do. II. Der Frühling wird wach. „Es steigen"	P. 0,80	St. 0,15
msch	op. 34. Mensch, hüte dich. „Und blinkt"	P. 0,70	St. 0,20
zl	op. 35. Herzeleid. „Glückliche Lieb"	P. 0,50	St. 0,15
msch	op. 38. Der schönste Becher	P. 0,50	St. 0,15
msch	op. 40. Frühlings Einkehr. „Des jungen Frühlings"	P. 0,80	St. 0,25
msch	op. 41. I. Saurer Wein. „O weh"	P. 0,15	St. 0,15
msch	do. II. „Lass mich Dir sagen"	P. 0,15	St. 0,15
zl	do. III. Das Veilchen. „Ging ein Mägdlein"	P. 0,15	St. 0,15
l	op. 42. I. „Nun pfeif' ich noch ein zweites Stück"	P. 0,40	St. 0,15
l	do. II. Das erste Lied. „Wer hat das erste Lied erdacht"	P. 0,40	St. 0,15
l	do. III. Warnung. „Ich denke zurück"	P. 0,40	St. 0,15
zl	op. 43. I. Die dunkeln Linden. Waldesrauschen	P. 0,40	St. 0,15
zl	do. II. Abschied. Gute Nacht	P. 0,40	St. 0,15
zl	op. 44. I. Im Dorfe blüht die Linde.	P. 0,40	St. 0,15
	do. II. Röslein, wann blühst du auf."	P. 0,40	St. 0,15
msch	op 45. Lacrimae Christi. „Es war in alten Zeiten"	P. 0,80	St. 0,30
zl	op. 46. Con amore, mit Bar.-Solo	P. 0,60	St. 0,20
zl	op. 47. Trüber Sang. „Was sitzt dort."	P. 0,80	St. 0,25
msch	op. 48. I. Am Brünnelein. „War hold und jung"	P. 0,40	St. 0,15
msch	do. II. Heut' ist der Mond"	P. 0,40	St. 0,15
msch	op. 49. Der Liebesbrief. „Wie lieb' Du mir"	P. 0,40	St. 0,15
zl	op. 50. I. Polnische Weise. „Minka, arger Schelm"	P. 0,60	St. 0,15
msch	do. II. Minnerlein. „Es war ein."	P. 0,60	St. 0,15
zl	do. III. In die Welt. „Frühmorgens"	P. 0,60	St. 0,15
zl	op. 54. I. Kleine Diebin	P. 0,60	St. 0,15
msch	do. II. Im Mai	P. 0,60	St. 0,15
msch	op. 64. Am Rhein. „Nun kommt die Nacht"	P. 0,80	St. 0,30
msch	op. 67. An die ferne Geliebte. „Mein Vöglein" mit Ten.-Solo	P. 0,80	St. 0,15
msch	op. 68. I. Aufträge. „Nicht so schnelle"	P. 0,80	St. 0,30
zl	do. II Lustige Buab'n. „Und d' Resel"	P. 0,80	St. 0,30
msch	op. 69. I. Lenzentraum. „Wie neigten sich"	P. 0,80	St. 0,30
msch	do. II. Glück gefunden. „Durch stille Fluren"	P. 0,80	St. 0,15
zl	op. 70. Des Kaisers Admiral. „Wer entert"		
zsch	op. 71. Im Wellengrab. „Das Schiff liegt"	P. 2,—	St. 0,30
msch	op. 74. I. Lord Gregory	P. 0,40	St. 0,10
msch	do. II. „Bringt den allergrössten Krug"	P. 0,40	St. 0,10
msch	op. 75. Beim Scheiden. „Was nahmt ihr schon"	P. 0,60	St. 0,15
zl	do. II. Mariandel. „Die Blüten lässt"	P. 0,40	St. 0,15

msch op. 75. III. Sturm auf See . . . . P. 0,40 St. 0,20
zl op. 76. I. Abendlied. „Leise athmen" P. 0,40 St. 0,15
msch do. II. Fröhliche Fahrt. „O glücklich" P. 0,60 St. 0,25
zl do. III. Kriegsrosen. „Im Laubgang dort" . . . . P. 0,40 St. 0,20
msch op. 77. I. Abendlied. „Nun schlafen" P. 0,40 St. 0,10
zl do. II. Schön Aennchen . . . . P. 0,40 St. 0,10
zl do. III. Mädel, wirst zwanzig alt. . P. 0,40 St. 0,10
msch op. 78. I. Ständchen. „Im Grase thaut's" . . . . P. 0,60 St. 0,20
msch do. II. Waldfrieden. „Im Walde abgeschieden" . . . . P. 0,80 St. 0,30
msch do. III. Spielmannssold. „Die Kehle so trocken" . . . . P. 0,80 St. 0,30
zl op. 79. I. Heimliche Liebe „Vöglein" P. 0,40 St. 0,15
msch op. 80. Volkers Nachtgesang. „Die lichten Sterne". . . . . P. 1,— St. 0,30
zl op. 81. I. Vorbei. „O sei mir gegrüsst" P. 0,40 St. 0,10
msch do. II. „Ich wollt, ich wär ein Vögelein" P. 0,40 St. 0,10
zl do. III. „Hast Du ein Herz gefunden" P. 0,40 St. 0,10
zl op. 82. I. Falsch. „Was schaust Du" P. 0,60 St. 0,15
l do. II. Abschied. „Ich soll Lebwohl" P. 0,60 St. 0,15
zl op. 83. I. Trinkt Wein! „Lasst uns nicht" P. 0,60 St. 0,15
zl do. II. Tändelei. „Kleines, holdes" P. 0,60 St. 0,15
zl do. III. Kreuzfidel. „Wir wandern" P. 0,60 St. 0,15
zl op. 84. Der Schooner . . . . . P. 0,60 St. 0,15
l op. 63. In der Ferne. . . . . . P. 0,40 St. 0,15
l op. 72. I. Im schiefen Doktorhaus . P. 0,40 St. 0,60
l do. II. Trinket, trinket gold'nen Wein P. 0,40 St. 0,60

B. Bearbeitungen für Männerchor.

l Ständchen. „Komm, feines Liebchen. P. 0,40 St. 0,10
zl An den Mond. „Du blickst so hell" P. 0,40 St. 0,10
zl „Verstohlen geht der Mond auf" . . P. 0,40 St. 0,10
zl Abschied von Köln. „Köln am Rhein, du schönes" . . . . P. 0,40 St. 0,10
zl „Zu Strassburg auf der langen Brück" P. 0,40 St. 0,10
zl Die schöne Schäferin. „Dort, wo die klaren". . . . . P. 0,40 St. 0,10
zl Das Mailüfterl. Wenn's Mailüfterl weht" P. 0,40 St. 0,10
zl Das stille Thal. „Im schönsten Wiesengrunde" . . . . P. 0,40 St. 0,10
zl Die Heimat. „Wenn ich den Wandrer" P. 0,40 St. 0,10
l Maria zu lieben . . . . P. 0,40 St. 0,10
l Ade, mein Lieb. „Es scheinen die Sternlein". . . . . P. 0,40 St. 0,10
zl Soviel der Mai auch . . . . . . P. 0,40 St. 0,10
zl Herbstlied. „Feldeinwärts flog" . . P. 0,40 St. 0,10
zl Klage. „Es steht eine Lind" . . . P. 0,40 St. 0,10
zl Sandmännchen. „Die Blümelein sie" P. 0,40 St. 0,10
zl Hans u. Liesel. „Und der Hans schleicht" P. 0,40 St. 0,10
zl Lang, lang ist's her. „Sag mir das Wort" P. 0,40 St. 0,10
zl Der schwere Traum. „Ich hab' die Nacht" . . . . P. 0,40 St. 0,10
zl Abschied. „Leb' wohl, du liebes" . P. 0,40 St. 0,10
zl Der Zigeunerbub. „Fern im Süd'" . P. 0,40 St. 0,10
l Mein Herzlein thut mir . . . . . P. 0,40 St. 0,10
l Waldeslust . . . . P. 0,40 St. 0,10
l Heimat, ade. „Heut muss" . . . . P. 0,40 St. 0,10
l „Die Gedanken sind frei" . . . . P. 0,40 St. 0,10
zl „Kein Feuer, keine Kohle" . . . . P. 0,40 St. 0,10
zl „Und schau' ich hin" . . . . . . P. 0,40 St. 0,10
l „Es steht ein Fels" . . . . P. 0,40 St. 0,10
l Soldatenliebe „Schätzchen sag" . . P. 0,40 St. 0,10
l Ritter und Nonne. „Es welken" . . P. 0,40 St. 0,10
zl „Spinn, Mägdlein, spinn". . . . . P. 0,40 St. 0,10
zl Wiegenlied. (Schubert) „Schlafe" . P. 0,40 St. 0,10
zl Treue Liebe. „Warum bist Du denn" P. 0,40 St. 0,10
zl „Im Dorfe ist Hochzeit" . . . . . P. 0,40 St. 0,10
zl „Schwesterlein! wann gehen wir" . . P. 0,40 St. 0,10
l „Der Holdseligen sonder Wank" . . P. 0,40 St. 0,10
zl „Ade zur guten Nacht" . . . . . P. 0,40 St. 0,10
zl Phillis. „Ihren Schäfer zu erwarten" P. 0,40 St. 0,10
zl Frühlingsliebe. „Wenn der Frühling kommt" . . . . P. 0,40 St. 0,10

zl op. 66. I. „Marlbrouk zieht hin zum Kriege" Französisch. . . . . P. 0,40 St. 0,15
msch do. II. Der Geächtete. „Sang ein kleines Vöglein" Griechisch . . . P. 0,60 St. 0,15
msch do. III. Einsam. „Draussen geht der Wind." Russisch. . . . . . . P. 0,40 St. 0,15
zl do. IV. „Jung Karl, der ist mein Liebling." Schottisch . . . . . P. 0,40 St. 0,15
msch do. V. „Lauf, mein prächtiges Pferdchen." Spanisch . . . . . . P. 0,60 St. 0,15

C. Gemischte Chöre.

zl op. 36. I. Der Schwur. „Es sprach zu Hänschen" . . . . P. 0,40 St. 0,10
zl do. II. „Wenn der Vogel naschen will" P. 0,40 St. 0,10
msch op. 57. I. „Was singt und sagt ihr nun" P. 0,40 St. 0,15
msch do. II. Zum Erntekranz. „Jetzt fröhlich" P. 0,40 St. 0,15
msch op. 58. I. Röslein. „Im Wald geht" P. 0,60 St. 0,30
msch do. II. Marienwürmchen . . . . P. 0,60 St. 0,15
msch do. III. Zigeunerlied. „Der Zigeuner kennt" . . . . P. 0,40 St. 0,15
msch op. 59. Frühling. „Schneeglöckchen läutet" . . . . P. 1,— St. 0,25
msch op. 60. An blauer See . . . . . P. 1,— St. 0,15
msch op. 62. I. In der Mitternacht . . . P. 1,— St. 0,15
msch do. II. Maiwanderung. „Bei dem Klange" . . . . P. 1,— St. 0,15
msch do. III. „Singe, singe, kleines Vöglein" P. 1,— St. 0,15
msch do. IV. Liebesahnen. „Es singt ein" P. 1,— St. 0,15
msch do. V. „Vöglein sass auf dem Ast" P. 1,— St. 0,15
msch op. 65. Heraus all' ihr Blüten . . P. 0,80 St. 0,30

Besprechungen.

Zur Besprechung gelangen nur Werke, welche des Lobes würdig sind.

Albert Schmidt, Nordhausen.

Die Werke dieses Komponisten zeichnen sich aus durch glatten Fluss in der Stimmführung und angenehme Melodik, überall weht uns der Geist seines Lehrers, des Prof Grell, entgegen, der harmonischen und melodischen Wohlklang an die Spitze seines künstlerischen Programms gesetzt hatte. Geeignet zu Aufführungen an höheren Schulen etc. sind namentlich seine patriotischen Werke: Kaiserhymnus, Flaggenlied und Kronenlied, welche sich durch Schwung, Wohlklang und leichte Ausführbarkeit auszeichnen. Auch die Motette, Psalm 91, deren Partitur bisher nur im Manuskript vorliegt, kann Kirchenchören zu Konzerten, Sylvester- und Neujahrsaufführungen, sowie höheren Lehranstalten zu patriotischen und sonstigen Festakten empfohlen werden.

Ottomar Neubner.

Wir glauben im Sinne unserer Bestrebungen zu handeln, wenn wir auch weiterhin auf dankbares und vornehmes Vortragsmaterial aufmerksam machen, welches auch von weniger leistungsfähigen Gesangvereinen bewältigt werden kann, und wir freuen uns, heute auf einen Komponisten hinweisen zu können, der die künstlerische Arbeit eines langen Lebens ganz in den Dienst dieser Sache gestellt hat. Mit welchem Erfolge, das beweisen zahlreiche ehrende Anerkennungen und Ehrenmitgliedschaften seitens der Gesangvereine und namentlich die grosse Menge von Aufführungen, welche seine Gesänge erfahren. Es ist der langjährige Leiter des Bonner Männer-Gesangvereins, Herr **Ottomar Neubner**, Gymnas.-Gesanglehrer in Köln. Die Liebe zum Gesange ist dem Deutschen jedes Standes angeboren; im Liede findet das Volk ein Mittel, seinen Empfindungen und Stimmungen, kurz allen Regungen seiner Seele Ausdruck zu geben, das Lied ist sogar die einzigste künstlerische Form, welche ihm zu diesem Zwecke geläufig ist, daher denn auch das deutsche Volkslied besser wie irgend ein anderes Werk der Kunst oder Wissenschaft Kunde giebt von den intimsten Regungen der deutschen Volksseele, von seiner Liebe zur Natur, zum

Walde und Vogelgesang, von der ganzen Stufenleiter seines Liebeslebens, von dem sinnig-fröhlichen, mit einer ziemlichen Dosis Keckheit untermischten Grundzuge seines Charakters. Und diese Charakterzüge finden wir auch in den Neubner'schen Liedern wieder. Nichts Ungewöhnliches tritt uns in ihnen entgegen, keine Hascherei nach Originalität, aber um so mehr Natürlichkeit, Ungezwungenheit und Gemütstiefe. Bei aller Schlichtheit im Ausdrucke doch überall das Streben, höheren künstlerischen Ansprüchen gerecht zu werden; nicht selten zeichnet sich sogar die Ausführung durch sehr gewandte Stimmführung aus und ermangelt nicht harmonischer und rhythmischer Pikanterien. Wir finden als hervorstechenden Charakterzug seines Wesens den Sinn für das Gefällige, Anmutige und Graziöse, so in den Männerchören: „Im Dorfe blüht die Linde", „Falsch", „Wie schaust du beim Tanze", „Minnerlein", „Ich wollt', ich wär ein Vögelein", „Heimliche Liebe", „Untreue", „Gretelein", ferner in op. 42, „Nun pfeif' ich noch ein zweites Stück", „Das erste Lied", „Warnung", „Schön Aennchen", in den gemischten Chören: „Singe, singe, kleines Vöglein", Vöglein sass auf dem Ast", „Der Schwur", „Wenn der Vogel naschen will" u. s. w. Ein echt deutscher, sinniger und inniger Volkston weht uns entgegen aus: „Lass mich dir sagen", „In der Ferne", „Die Liebe macht ja weinen", „Abschied", „Hast Du ein Herz gefunden", „Nachtlied", „Herzeleid", „Ständchen", Im Grase thaut's". Feuchtfröhlichen, hier und da sogar etwas grobkörnigen Humor besitzen die Lieder: „Heute", „Mensch, hüte dich", „Kreuzfidel", „Trinkt Wein", „Saurer Wein", „Trinket, trinket goldenen Wein", „Bringt den allergrössten Krug", „Spielmannssold". Auch in op. 40, „Frühlings Einkehr" bricht eine warme Lebensfreude sich Bahn, ebenso in „Willekum". Grössere Ansprüche an die Ausführenden stellen der gem. Chor: „Heraus all ihr Blüten", sowie die Männerchöre: „Am Rhein", „Volkers Nachtgesang" und „Sturm auf See". Wir machen dann noch besonders aufmerksam auf Neubners zahlreiche Bearbeitungen von Volksliedern und volkstümlichen Gesängen, wofür eine geeignetere Kraft wohl kaum gefunden werden könnte und auf die wir in einem anderen Aufsatze zurückkommen werden.

Das deutsche Volkslied im Männergesang.

Es ist uns Deutschen lange Zeit hindurch der Vorwurf nicht erspart geblieben, dass wir die uns stammeseigentümliche Gedankenfülle und Gedankentiefe nicht anders zu verwerten gewusst haben, als indem wir sie in den Dienst fremder Stammeseigenart setzten und dadurch den Anschein erweckten, als wenn ureigengeborenes Selbstgut nur die Frucht fremder Eigenart und fremder Einwirkung wäre. Nichts ist falscher, als diese auf jahrhundertelanger innerer und äusserer Misshandlung sich aufbauende schiefe Ansicht. Im Gegenteil hat sich deutsches Empfinden, deutsche Innerlichkeit und geschichtlich geschulter Formensinn in langem geistigen Kampfe um so formensicherer und stärker durchgeschwungen in dem ehrlichen Kunststreben, die spröde Form in jeder Beziehung dem nach Klarheit und Wahrheit ringenden Sinnen dienstbar zu machen.

Dem Volke ist nur eine künstlerische Form geläufig, in der es sein tiefstes Geheimnis, das Rätsel seines Daseins sich selber unbewusst, offenbaren kann, es ist das Volkslied, diese urwüchsige Pflanze heimatlichen Bodens, die so manche Sorge gebannt, so manche Thräne getrocknet, so manche Freude vervielfacht hat: die in Tagen, da deutsches Volkstum in fremdem Lande, in fremdem Dienst und fremder Zucht misshandelt wurde, die Seelen unserer der Heimat entrissenen Landsleute stärkte und sie in der Hoffnung auf bessere Zeiten ihrer deutschen Art erhielt. Die Thränen, die durch die Macht unserer Lieder in manchem Auge, dass sich ihrer entwöhnt zu haben glaubte, aufgestiegen, sollen nicht vergebens geflossen sein; die Lieder voller Innigkeit und Gemütstiefe, die so manchen Deutschen in der Heimat geistig erhoben und in der Fremde an seine deutsche Pflicht erinnert haben, sollen nicht verloren gehen, dafür wird jeder nach seinen Kräften sorgen, dem noch nicht der Sinn abhanden gekommen ist für Vaterland und Muttersprache, für Heimat und Stammesbrüderschaft. Wir haben die Pflicht, der Menschheit zu verkünden, was wir im Herzen und im Liede menschlich empfunden und durchdacht haben: unser geistiger Schatz ist so gross, dass wir der übrigen Menschheit genug davon mitteilen können.

Das deutsche Lied! wer denkt es durch, und empfindet es durch! Lasst es erschallen, wo auf Erden deutsche Zungen sich regen, dass wir im Liede den Menschen fremder Zungen vermitteln können, was unser ureigenstes deutsches Empfinden, was unser kostbarstes geistiges Gut ist: Treue! Ehre! Gewissenhaftigkeit!

Leider hat in den letzten 30 Jahren zugleich mit den Segnungen erhöhter Wohlhabenheit auch die materialistische Weltanschauung immer mehr Platz gegriffen. Immer seltener werden ideale Regungen in den unteren Volksklassen: das Volkslied gerät in Vergessenheit und macht den fadesten Gassenhauern Berliner Herkunft Platz; die Tradition hat aufgehört und das Volk lernt seine Lieder gar nicht mehr kennen. Wer wäre da, neben der Schule, berufener die Kenntnis dieser Lieder dem Volke wieder zu vermitteln, als unsere Gesangvereine. Den Männergesangvereinen die Pflege dieses Schatzes besonders an's Herz zu legen, ist weniger vonnöten, durch diese geschieht bereits soviel in ihren Kräften steht.

Anders liegt die Sache bei unseren gemischten und Frauen-Gesangvereinen; für diese wäre die Mahnung des Kaisers in Kassel mehr am Platze gewesen, denn für sie existiert das Volkslied so gut wie gar nicht; doch davon ein anderes Mal, heute beschäftigen uns nur die Männergesangvereine oder vielmehr das Volksliedermaterial für diese Vereine. Die Liebe zum Volksliede und der Wunsch, sie zu bethätigen, ist ja hier vorhanden, aber die Not ist gross, sobald es heisst, ein neues Volkslied einzuüben. Volksliederbearbeitungen für Männerchor giebt es in Hülle und Fülle, aber wer hat sie bearbeitet und welche Bearbeitung ist die beste? Wo sind sie erschienen? Wer hat sie vorrätig? Die fachliche Ausbildung unserer Musikalienhändler genügt leider nicht zur Beantwortung derartiger Fragen, sich eine einigermassen genügende Auswahl auf Lager zu legen, gestattet in den meisten Fällen ihre Engherzigkeit nicht: da ist dann für manchen Dirigenten guter Rat teuer. Wir glauben daher eine fühlbare Lücke auszufüllen, wenn wir im Anschluss an diese Zeilen eine umfassende Uebersicht über die ganze diesbezügliche Litteratur bringen, u. zwar 1. **ein Verzeichnis sämtlicher für mehrstimmigen Männerchor gesetzten deutschen Volkslieder; 2. ein Verzeichnis aller Männerchorsammlungen, in denen Volkslieder enthalten sind, nebst Angabe der letzteren. 3. ein Verzeichnis der Bearbeiter von Volksliedern nebst Angabe der von ihnen gesetzten Liedern. 4. Kritische Vergleichung der in mehrfachen Bearbeitungen vorliegenden Lieder.**

Wenn ich mich im Interesse des deutschen Volksliedes und des deutschen Männergesanges dieser nicht gerade mühelosen Arbeit unterziehe, so gebe ich mich andererseits der Hoffnung hin, die Unterstützung aller Gleichgesinnten und Gleichstrebenden zu gewinnen und bitte, mir das benötigte Material gütigst zur Verfügung zu stellen. **Die nächste Nummer dieses Blattes wird das Verzeichnis sämtlicher für Männerchor gesetzten deutschen Volkslieder enthalten.**

H. vom Ende.

Vermischtes.

Köln a. Rhein. In wahrhaft glänzender Weise beging in den Tagen vom 10. bis 15. Mai das hiesige **Konservatorium** das Fest seines 50jährigen Bestehens. Im Jahre 1850 von Dr. Ferdinand Hiller mit 17 Schülern eröffnet, hat dasselbe namentlich unter Leitung Prof. Dr. Franz Wüllner's seit 1884 einen derartigen Aufschwung genommen, dass im letzten Jahre eine Gesamtschülerzahl von 475 verzeichnet werden konnte. Wie sehr diese Anstalt stets auf der Höhe ihrer Aufgabe gestanden hat, davon legen beredtes Zeugnis ab die zahlreichen Künstler und Künstlerinnen, welche ihre Ausbildung derselben zu verdanken haben. Nicht wenige darunter erfreuen sich eines Weltrufes, wie z. B. auf dem Gebiete der Sangeskunst Willy Birrenkoven, Charlotte Huhn, Prof. Messchaert, Cäcilie Rüsche, auf demjenigen der Komposition August Bungart, Engelbert Humperdink, Dr. Fr. Volbach, Ernst Seyffardt und als Dirigenten W Mengelberg, P. Fassbänder, Prof. Jul. Buths, Jul. Janssen u. v. a. Die eigentliche Bedeutung der Anstalt beruht aber weniger in der Ausbildung zur Virtuosität als solcher, sondern ihren eigentlichen Zweck erblickt sie vielmehr in einer möglichsten Verallgemeinerung gediegenen musikalischen Könnens und Wissens und in der Erziehung eines diesem Zwecke dienenden tüchtigen Lehrerstandes, und nach dieser Richtung hin kann sich die Anstalt rühmen, eine ausserordentlich segensreiche Wirksamkeit entfaltet zu haben.

Unterstützt durch eine Reihe vorzüglicher Lehrkräfte, von denen ich nur Prof. Dr. O. Klauwell, Prof. J. Seiss, Prof. Jos. Schwartz, Prof. Willy Hess und Konzertmeister Willy Seibert, Pianist M. van de Sandt und Fr. Grützmacher nenne, hat Wüllner es verstanden, die Leistungen der Anstalt auf eine Höhe zu heben, welche selbst von den Dirigenten der Schwesteranstalten als in erster Reihe stehend anerkannt wird. Die der Initiative Wüllners entsprungenen Neueinrichtungen, Lehrer-Seminar, Opern- u. Schauspielschule, das Chorklassensystem, Orchesterklasse etc. haben infolge ihres hohen pädagogischen Wertes die Hoffnungen, welche man auf sie gesetzt, durchaus gerechtfertigt.

Die vier Jubiläumskonzerte verliefen ausserordentlich glänzend und anregend. Als Solisten traten besonders hervor, Frau Cäcilie Rüsche, Herr Prof. Joh. Messchaert und Herr Prof. W. Hess, und von den Kompositionen früherer und jetziger Schüler und Lehrer der Anstalt interessierten am meisten „Das Göttliche“ (Goethe) für gemischten Chor mit Begleitung von Volkmar Andreae, ferner der 1. Satz eines Klavierkonzertes von Dietrich Schäfer, vom Komponisten brillant vorgetragen, ein Streich-Sextett von Bernhard Köhler, „Neuer Frühling“ für Tenorsolo und Orchester von A. von Othegraven, „Die Wallfahrt nach Kevelaer“ von Engelbert Humperdinck, „Albanischer Frühlingsreigen“ für Frauenchor mit Orchester von Jos. Frischen und „Der späte Winter“ für gemischten Chor und Orchester von C. Jos. Brambach.

Der Männergesangverein **Sängerkreis in Köln** wird im Juni eine Reise nach Paris unternehmen und dort unter Leitung **Fedor Bergers** unter anderem eine doppelchörige Komposition desselben: **„Belsazar (Heine)“** zum Vortrage bringen.

In Krefeld feiert der M.-G.-V. Cäcilia (Dir. C. Pieper) zu Pfingsten das goldene Jubelfest verbunden mit grossem Gesang-Wettstreit. Als Preischöre sind ausersehen worden neue Werke von Math. Neumann, C. Pieper, H. vom Ende. Der Reinertrag soll zur Errichtung eine Kaiser Friedrich-Denkmals in Krefeld verwandt werden.

In Ueberlingen (am Bodensee) wird demnächst ein Gesangfest stattfinden, zu welchem sich bisher rund 2300 Sänger angemeldelt haben. 54 Vereine mit etwa 1500 Sängern sollen sich am Wettgesang beteiligen. Als Preisrichter fungieren die Herren Mohr-Pforzheim, Angerer-Zürich u. Pfeiffer-Offenburg. Als Gesamtchöre werden gesungen: „Trittst du im Morgenrot daher“. Dürrner, „Sturmbeschwörung“. Kalliwoda. „Der deutsche Baum“ und J. Kinkel, „Weh, dass wir scheiden müssen.

Ostermontag fand zu Neunkirchen a. d. Saar die Delegierten-Versamml. des **Mosel-Saar-Nahe-Sängerbundes** statt unter Vorsitz des Herrn Gross, Trier. Herr Drouin, Saarlouis gab bekannt, dass ein Bundessingen in diesem Jahr nicht stattfinde, der Vorstand aber wünsche, die Vereine möchten sich in grösseren Gruppen verbinden zu Sängerfesten, wobei namentlich den Gesamtchören Rechnung zu tragen sei.

Köln a. Rh. Ueberraschend schöne Leistungen bot das „Schreinerkränzchen“ in der Philharmonie seinen zahlreichen Gästen. Prof. Willy Hess feierte mit der vollendeten Wiedergabe eines Spohr'schen Adagio, und Frau Louise Hövelmann mit Liedern von Brahms und A. von Othegraven grosse Triumphe und unter der feinfühligen Leitung des Herrn A. von Othegraven, namentlich die Wüllnerschen Lieder: „Ueber Nacht“ und „Komm mit“ zu hervorragend schöner Geltung. In der „Maienwonne“ von M. von Weinzierl, einem sehr dankbaren Chorwerke heiteren Genres, trat die liebliche Sopranstimme von Frl. Klara Wulf in einer kleinen Solopartie sehr wirkungsvoll hervor.

Zum Zwecke der Begrüssung der **Deutschen Lehrer-Versammlung**, die Pfingsten ds. Js. in Köln tagt, bildete sich vor ungefähr einem halben Jahre ein gemischter Chor, der jetzt 200 Sänger und Sängerinnen zählt. Unter der sachkundigen Leitung des Herrn Karl Reuther, des Gesanglehrers an der städtischen Mittleren Mädchenschule, hat der junge Chor bereits einen hohen Grad der Vollendung erreicht, wie er dies auf seiner Liedertafel im grossen Saale der „Lese“ am 28. April zeigte. Pfingsten tritt der Chor des Morgens bei der Eröffnung der Hauptversammlung, dann in einem Konzerte in der „Lese“ sowie bei einem Volksgartenfeste in Thätigkeit. Ausserdem gedenkt er die Teilnehmer der Deutschen Lehrerversammlung bei einer Festfahrt auf dem Rheine durch Lieder zu erfreuen. Neben kleineren a capella Chören werden auch grössere Chorwerke mit Orchester- bezw. Orgelbegleitung zur Aufführung gelangen, so z. B. die Frühlingsdithyrambe von G. Baldamus und der Lobgesang von Ad. Köckert, dem in Genf lebenden angesehenen Schweizer Komponisten. Eine reizende Neuheit „Rheinfahrt“ von Heinr. Bungart, dem Deutschen Lehrer-Verein zu seiner Pfingst-Versammlung in Köln gewidmet (Verlag von H. vom Ende, Köln) soll ausser beim Sommerfeste auch auf der Rheinfahrt vom Chore gesungen werden.

Der heutigen Nummer liegt als Beilage der Firma F. Bosse, Musik-Verlag, Leipzig, eine Bestellkarte für Auswahlsendungen bei. Wir empfehlen dieselbe allen Vereinen angelegentlichst zur Benutzung.

Konzertbericht.

Konzertmeister Willy Seibert, Köln.

Eine hervorragende Stellung unter den modernen Violinvirtuosen nimmt ohne Zweifel der Konzertmeister Willy Seibert, Lehrer am Kölner Konservatorium, ein. Er hat es in kurzer Zeit verstanden, sich namentlich in den Rheinlanden durch feingeschliffene Technik, süssen Ton und geschmackvolle Vortragskunst einen Namen zu machen.

Geboren am 4. Januar 1870 zu Altstad bei Hachenburg, besuchte er das Gymnasium zu Montabaur und kam von dort 1885 zu Professor Joachim nach Berlin, ohne vorher anderen Violin-Unterricht, als den seines Vaters in den Anfangsgründen gehabt zu haben. Nach vierjährigen eifrigen Studien bei Joachim besuchte er zur Vervollkommnung seiner allgemeinen Bildung noch ein Jahr lang als stud. phil. die Berliner Universität, konzertierte Winter 91—92 in Wien und nahm 1893 eine Lehrerstellung am Konservatorium in Mainz an und von da die Konzertmeisterstelle im städtischen Orchester zu Wiesbaden. 1895 trat er in das Lehrerkollegium des Kölner Konservatoriums ein und erhielt zugleich die Konzertmeisterstelle im Gürzenichorchester. Nachdem er nunmehr letztere eines Augenleidens wegen aufgeben musste, freuen wir uns, mitteilen zu können, dass diese hervorragende Kraft dem Konservatorium als Lehrer einer I. Violin-Klasse erhalten bleibt und sich auch weiterhin dem Solospiel widmen wird.

Hof-Konzert in Arolsen.

Arolsener Zeitung. 6. Dezember 1898. In jeder Beziehung vorzüglich waren die Vorträge des Herrn Konzertmeisters W. Seibert. Er hatte den 2. und 4. Satz des wegen seiner dankbaren Motive und seines leicht verständlichen Aufbaues oft gespielten E-dur-Konzertes von Vieuxtemps gewählt; namentlich die ausserordentliche Sauberkeit in den Terzenpassagen des ersten von ihm gespielten Satzes zeigten ihn als einen Künstler ersten Ranges. Mit der fabelhaft schwierigen, brillant gespielten Faustfantasie von Sarasate hat er uns eine ganz angenehme Abwechslung geboten. Hoffentlich wird es nicht das einzige und letzte Mal gewesen sein, dass wir ihn als Gast hierselbst begrüssen konnten.

Arolsener Nachrichten. 7. Dezember 1898. Herr Konzertmeister Seibert ist ein Violinvirtuos in des Wortes bester Bedeutung. Einfach und ruhig in seinem Auftreten, beherrscht er sein herrliches Instrument vollständig. Ohne jegliche Effekthascherei führt er die schwierigsten Stakkatos, die halsbrechendsten Passagen, die schnellsten diatonischen, chromatischen, oktavischen und akkordischen Läufe mit unfehlbarer Sicherheit und reinster Intonation aus; dabei merkt man ihm keine Anstrengung an und der Vortrag scheint nichts fremd angeeignetes, sondern die Wiedergabe des eigensten Empfindens zu sein. Wir hörten den letzten Satz aus dem E-dur-Konzert von Vieuxtemps und die Faustfantasie für Violine mit Klavierbegleitung von Sarasate. Der ausserordentliche Beifall des Publikums bewies die volle Befriedigung über seine vollendeten Darbietungen.

Klavier- und Geigenabend im Stern zu Bonn.

Bonner Zeitung. 30. Januar 1900. Konzermeister Willy Seibert spielte zwei beliebte Konzertstücke von Wieniawski und Godard und liess dabei das von ihm beherrschte Instrument nach seinem künstlerischen Willen singen und jubeln, lachen und trällern und schmelzend klagen, Läufe und Triller in diamantener Klarheit und Reinheit und ein Gesang von bezaubernder Innigkeit entzückten von Satz zu Satz mehr, und nicht endenwollender Jubel rief den Künstler nach seinem Abgang immer und immer wieder hervor. Die Begleitung der Violin-Konzerte führte Herr A. von Othegraven sehr geschickt und dezent durch.

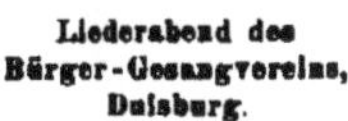

Liederabend des Bürger-Gesangvereins, Duisburg.

Duisburger Zeitung. 19. April 1900. Abwechselung in das Programm brachten die Geigen-Soli des Herrn Professor Seibert-Köln, über dessen Künstlerschaft man vorgestern Abend nur eine Stimme des Lobes hörte.

Duisburger Nachrichten. 18. April 1900. Herr Professor Seibert aus Köln hat es verstanden, durch brillante Technik, sowie durch Feinheit der Auffassung der eigenartigen, oft schwermütigen, oft leidenschaftlichen Musik des Polen Wieniawski eine glänzende Wiedergabe des Tonwerkes dieses Meisters zu erzielen. Hoffentlich haben wir auch einmal Gelegenheit, den bewährten Künstler in dem Vortrage eines rein klassischen Werkes bewundern zu können.

Duisburger General-Anzeiger. 17. April 1900. Mit dem Violin-Konzert von Wieniawski und dem Konzert von Godard stellte sich, wie vorauszusehen war, Herr Professor Seibert aus Köln nicht nur als hervorragender Meister seines Instrumentes, sondern auch als gereifter Künstler vor, der die getragenen und gesangvollen Teile der Werke besonders warm und innig spielte. Die Zugabe, mit welcher er dankend über den stürmischen Beifall der Zuhörer quittierte, enthielt die raffiniertesten Schwierigkeiten, welche der Professor aber mit graziöser Leichtigkeit überwand.

Konzert des Kölner Männer-Gesangvereins.

Kölnische Zeitung. 17. Juni 1899. Herr Seibert spielte mehrfach Gehörtes in ausgezeichnetem, durch die Hitze nicht beeinträchtigtem Stile und brachte in Sarasates Zigeunerweisen solche Wunder, dass er noch eine Zugabe spenden musste.

III. Volks-Symphonie-Konzert im Gürzenich zu Köln.

Kölnische Zeitung. 2. Juli 1899. Konzertmeister Seibert bot eine nicht oft gehörte Gabe in Godards romantischem Konzert. Wie viel schwerer haben es doch unsere einheimischen, als Lehrer wirkenden Künstler gegenüber den Reisevirtuosen, die ihre Paradepferde vorreiten und fast jeden Abend im Feuer stehen! Von einem Gewöhnungsmangel war trotzdem bei Seibert nichts zu spüren, und die glänzende Technik, die die Schwierigkeiten spielend meisterte, die bekannte Auffassung, der Schwung des Vortrags liessen den Künstler zu reichen Ehren gelangen.

Jubiläums-Konzert des Konservatoriums zu Köln.

Kölnische Zeitung. 12. Mai 1900. In dem Andante und Finale aus Sindings Violinkonzert legte Konzertmeister Seibert seine beträchtlichen Vorzüge, rhythmische Straffheit und Verve, feingeschliffene Technik, geschmackvolle Phrasierung an den Tag.

Kölner Tageblatt. 12. Mai 1900. Von Herrn Willy Seibert hätten wir lieber ein anderes Konzert gehört, als das Sindingsche, das geistvoll, aber auch bizarr ist, und das in seiner geschraubten Rhythmik ein besonneres Orchester voraussetzt, als dieses von seinem Temperament leicht entführte, wenn alles präcise zusammen gehen soll. Freilich die grosse Kunst, den vollendeten Geschmack und das scharf ausgeprägte rhythmische Gefühl des Künstlers konnte man ja auch oder gerade in dieser Aufgabe bewundern.

Konzertsänger Albert Jungblut,

Frankfurt a. M.

Künstlerkonzert in Neunkirchen.

Saar- und Blieszeitung. Reichlich befriedigt fühlte man sich auch von den Leistungen des Herrn Jungblut; sein schönes, fein ausgearbeitetes Organ, in welches die Natur ein gutes Stück Kapital edlen Metalles gelegt hat, konnte beispielsweise „Am stillen Herd“ aus Wagner's „Die Meistersinger von Nürnberg“ nur tadellos zum Vortrag bringen. Von den übrigen Darbietungen des Herrn Jungblut erwähnen wir noch das neue „Was treibst du, Wind“, ein Tonstück, in welchem Innigkeit mit dramatischer Wucht sich paaren, und zur Interpretation einen Künstler verlangen, wie es Herr Jungblut ist, den zudem auch noch eine sehr deutliche, überall verständliche Aussprache auszeichnet. Die sämtlichen Künstler wurden nach jeder Nummer vom Publikum durch begeisterten Beifall ausgezeichnet.

III. Abonnements-Konzert des städtischen Gesangvereins Hagen.

Hagener Zeitung. 30. März 1900. Das dritte und letzte Abonnements-Konzert des „Städtischen Gesangvereins,“ in dieser Saison war ein Künstler-Abend, zu welchem der Verein ausser seinem verdienten Leiter Musikdirektor Kayser, die bestens bekannte Pianistin Fräulein Henriette Schelle aus Köln und den Tenoristen Herrn Albert Jungblut aus Frankfurt am Main gewonnen hatte. Die erste Nr. des sehr exquisiten Programms bildete Rob. Schumanns Fantasie C-dur op 17 für Pianoforte, zuerst vom Komponisten zum Besten des Beethoven-Denkmals unter dem Titel „Ruinen, Trophäen, Palmen“, als op. 12 geschrieben, später aber als Fantasie op. 17 veröffentlicht. Fräulein Henriette Schelle stellte sich mit der seelenvollen Wiedergabe dieses Werkes dem Publikum als eine ausgezeichnete Pianistin vor, welche die Fantasie mit echt musikalischem Empfinden und entzückender Klangschöne zu Gehör brachte. Ihre makellose Technik und ihr Reichtum an Anschlagsnüancen traten neben echt poetischem Empfinden in schönster Weise in die Erscheinung, sodass die Künstlerin gleich mit diesem Vortrage sich den stürmischen Beifall des Publikums eroberte. Im weiteren Verlaufe des Konzertes, in welchem die Künstlerin mit Chopins Nocturno G-dur, Etude As-dur, Walzer As-dur, sowie kleineren Schöpfungen von Beethoven, Brahms, Liszt etc. brillierte, war der Applaus für die Künstlerin ein wenn möglich noch intensiverer, sodass diese sich zu einer ebenso dankbar aufgenommenen Zugabe verstehen musste. In Herrn Albert Jungblut hatte der Verein einen ebenso hervorragenden Vertreter des vokalen Teiles des Programms gewonnen. Herr Jungblut, ein Schüler Stockhausens, verfügt über eine wunderbare Tenorstimme, die in jedem Tone plastisch wirkt. Beethovens „Adelaide“, Schuberts „Ihr Bild“ und namentlich Beethovens Liedercyklus „An die ferne Geliebte“ liessen die grossen Vorzüge des Organs prächtig hervortreten. Wie dem Künstler ein Piano von seltener Zartheit zu Gebote steht, so bewirkt er auch die Anschwellungen bis zum klangvollsten Pianissimo mit fast instrumentaler Gleichmässigkeit. Dabei weiss der Künstler durch seine Art zu singen, das Publikum für sich einzunehmen. Letzteres spendete denn auch dem Künstler, den wir noch öfter hier zu hören hoffen, reichen Beifall, wofür der Sänger durch eine Zugabe quittierte. Am Mand'schen Konzertflügel, ein prächtiges Instrument, das die Firma Aug. Roth bereitwilligst zur Verfügung gestellt hatte, begleitete Herr Musikdirektor Kayser mit altgewohnter Meisterschaft den Sänger. Durch grösste Schmiegsamkeit und Sichanpassen, doch in den pianistisch wichtigen Momenten durch Selbständigkeit wusste Herr Musikdirektor Kayser seine Leistung der des Sängers volständig ebenbürtig zu machen. So hatte der Abend einen vollen künstlerischen Erfolg, was das sehr gut besetzte Haus durch oft stürmischen Beifall bezeugte. Mit diesem Konzert schloss der „Städtische Gesangverein“ in würdigster Weise seine diesjährige Konzertsaison, die uns Werke von hohem künstlerischen Werte brachte. Hoffentlich bleiben dem Vereine auch in Zukunft die Sympathien des Publikums bewahrt, sodass er in der Lage bleibt, seinen Zweck, die edle Kunst zu pflegen, wie bisher in bester Weise zu erfüllen.

Konzertmeister Franz Sagebiel.

II. Abonnements-Konzert, Coblenz.

Coblenzer Zeitung. Unser neuer Konzertmeister, Herr Franz Sagebiel, führte sich mit dem Vortrage des „Adagio und Finale aus dem 9. Konzert von Spohr“ aufs vorteilhafteste ein. Der junge Violinkünstler, ein Schüler Wilhelmjs und Rappoldis, verfügt über eine gut ausgebildete Technik, seine Tonbildung ist edel, mehr von weich schwellendem Charakter als von grossem Klangvolumen, seine Phrasierung erweist sich als korrekt und feinsinnig, seine Auffassung verrät Geschmack und tiefe musikalische Bildung. Allem Anscheine nach beruht seine Stärke weniger in einer verblüffenden technischen Sicherheit als in dem stimmungsvollen Vortrag der breithinfliessenden Cantilene. Deshalb erzielte er auch in dem Spohrschen Adagio, dessen keuscher Lyrik er einen angemessenen, aber doch herzerfreuenden und überzeugenden Ausdruck zu geben verstand, als in dem von Passagen, Harpeggien und Doppelgriffen überwucherten Finale, das doch wohl nicht mehr ganz dem heutigen Zeitgeschmacke entsprechen will. Herr Sagebiel fand beim Publikum eine warme Aufnahme, der sich auch die Kritik mit gleicher Herzlichkeit anschliessen darf.

Künstlerkonzert in Neunkirchen.

Saar- und Blieszeitung: In Herrn Sagebiel lernte man einen Meister der Geige kennen; das Adagio aus dem 9. Konzert für Violine von Spohr wurde mit herzerfreuender Wärme wiedergegeben und Leclair's eigenartige „Sarabande und Tambourin“ spielte er mit schöner, reinfarbiger Politur, welche durch keinen virtuosenhaften Reif getrübt wurde.

Emilie Müller, Konzertsängerin,

Frankfurt a. M.

Konzert in Saarbrücken.

Neue Saarbrücker Zeitung, 20. Oktober 1899. Fräulein E. Müller, Konzertsängerin in Frankfurt a. M. — eine geborene Saarbrückerin — hatte gestern hier ihr erstes

Debut und hat sich durch ihre wohltuende biegsame Stimme, die eine vortreffliche Schulung verrät, in die Herzen ihrer Landsleute hineingesungen. In der vorgetragenen Arie aus Haydn's „Schöpfung“ bewies Fräulein M. aufs glänzendste, dass sie mit grossem musikalischem Verständnis und tiefempfundener Natürlichkeit vorzutragen versteht und dass ihrer ziemlich umfangreichen Stimme alle Vortragsschattierungen willig zu Gebote stehen. Der samtweiche, edle Klang ihrer Stimme war in „Traum durch die Dämmerung“ von R. Strauss und in „Per la gloria“ von Buononcini von entzückender Schönheit und reizender Vornehmheit. Rubensteins „Wanderschwalbe“ und Brahms „Der Jäger“, welche sich beide durch grosse melodische Frische auszeichnen, sang unsere verehrte Landsmännin mithin reizender Bravour. Der rauschende Beifall veranlasste sie zu der Zugabe eines allerliebsten Schlummerliedchens. Hoffentlich haben wir noch öfter Gelegenheit, die junge talentvolle Künstlerin in unseren Konzertsälen auftreten zu sehen.

Alte Saarbrücker Zeitung, 20. Oktober 1899. Als Solistin trat, wie wir vorweg bemerken wollen, eine Saarbrückerin, Fräulein Emilie Müller, mit durchschlagendem Erfolg auf. Die Sängerin hat ihre Ausbildung zuerst auf dem Konservatorium zu Köln am Rhein erhalten; von dort ging sie nach Frankfurt und studierte weiter unter Stockhausen und Belleville. Was Frl. Müller bei reicher natürlicher Anlage erreicht hat, überraschte gestern allgemein, obwohl man wusste, dass die Stimme der Dame zu den besten Hoffnungen berechtigte. Die Sängerin brachte zunächst die Arie „Nun beut die Flur das schöne Grün“ aus der „Schöpfung“ zu Gehör, um dann einige Lieder zu singen, die einen feinsinnigen Geschmack verrieten. „Traum durch die Dämmerung“ war köstlich. „Per la gloria“ von Buononcini bewies die glänzende Behandlung des bel canto und ein entzückendes pianissimo. Nicht weniger gelang das balladenartige Kolorit von „Die Wanderschwalbe“ Rubinsteins und der heitere Charakter von Brahms „Jäger.“ Frl. Müller, die wertvolles Material besitzt und sich um eine sorgfältige Schulung desselben mit bestem Erfolge bemüht hat, wurde in ganz ungewöhnlicher Weise von den begeisterten Zuhörern ausgezeichnet. Sie wurde dreimal hervorgerufen und entzückte sodann noch durch den reizenden Vortrag des Wiegenliedes von Petri: „Schlafe nur ein, mein Kindlein“.

Konzert des Metzer Männergesangvereins.

Metzer Zeitung, 10. Januar 1900. Die Reihenfolge der gesanglichen Vorträge konnte wohl nicht würdiger und stimmungsvoller eröffnet werden als durch die von einem kurzen Recitativ eingeleitete Arie aus des Altmeisters Haydn „Schöpfung“, die ein sehr geschätzter Gast, die Konzertsängerin Frl. Emilie Müller von Frankfurt a. M. mit der ganzen, anspruchslosen, aber doch so wirksamen Innigkeit vortrug, welche dieses Tonstück als eine der glänzendsten Perlen auf dem Gebiete der Konzertsäle erscheinen lässt. Die mit einer Stimme von ausserordentlichem Wohlklang und tadelloser Schulung begabte junge Dame erfreute im weiteren Verlaufe des Konzerts noch durch eine Reihe von Liedern, die, wie die vorerwähnte Arie, alle mit grossem Beifall aufgenommen wurden. Der Raum gestattet uns leider nicht, auf Einzelheiten einzugehen, aber die Bemerkung möchten wir nicht unterdrücken, dass das Gefühl des Dankes an den festgebenden Verein für die Vermittlung dieser ungetrübten Kunstgenüsse allgemein empfunden wurde: Sicher wäre auch der liebe Gast nicht ohne Zugabe davon gekommen, wenn die Reichhaltigkeit der Darbietungen nicht von der Forderung einer solchen abgehalten hätte.

Jubiläen.

Ole Olsen, norweg. Komp. u. Armee-Musikinsp., 24. März, 25jahr. Dirig.-Jub. Freiherr Ad. von Gilsa, Kassel, 25 Jahre Intendant des Kgl. Theaters. General-M.-D. Alex. Erkel, I. Kapellm. der Kgl. Oper in Budapest; 40jahr. Dienstjub. Musikver. Kaiserslautern (Dir. H. Damian), 50jahr. Bestehen. Ebenso M.-G.-V. in Wurzen (Dir. Org. Graeff), M.-G.-V. in Feldkirch (Steiermark) und M.-G.-V. Cäcilia in Krefeld.

Rücktritte.

M.-D. Fritz Kauffmann in Magdeburg. Städt. M.-D. Zöphel in Plauen. Konzertmstr. E. Feigerl in Dresden. General-M.-D. Alexander Erkel in Budapest.

Gestorben.

Kapellm. Armand Reynaud, Toulouse. Divisions-General Guatelli Pascha, 27. März, Chef der Kapelle des Sultans in Konstantinopel. Nicolau de Medina, Ribas, Viol. in Oporto. Wilhelm Jahn, ehem. Dir. der Wiener Hofoper. Ernest Boulanger, Komp. in Paris, 14. April, Gesangl. am Conservat. Ladisl. Zimay, Klav.-Prof. am Landesconservat. in Budapest, 10. April. Léon Gresse, Bass an der Gr. Oper, Paris, 12. April. Aug. Werner, Pian. Prof. am Conservat. Genf. Annunziato Vitcioli, Komp. in Reggio di Calabria, 11. März. William Witt, Musikalienhdlr. (Fa. J. S. Ewer & Co.), London. Louis Marck, Hornvirt., Lehrer am Brüsseler Conservat. Mad. Murio-Celli, Gesanglehrerin, New-York. Dr. S. Austen-Pearce, Organ., Jersey. Ernesto Baldanza, Ten., San Francisco. M.-D. Carl Jul. Abt, früher Bassist in Coburg. Georg Hartmann, Musikverleger, Paris. Franz Czerny, Prof. am Conservat. u. Org., Dir. der Dtsch. Liedertafel in St. Petersburg. Jules Sachs, Konzert-Agent in Berlin, 16. April. Gotthold Ettlinger, ehem. Ten., Basel. Frl. Carlström, Sängerin, Stockholm. C. O. Alwin Forssbohm, Schulgesangpädagoge, 10. März in Borsdorf b. Leipzig. Gottfried Preyer, Org. u. Komp., Wien. Hermann Levy, General-M.-D. in München.

Musikfeste.

Stuttgart, 27.–30. Mai. 6. Kammermusikfest unter Leitung Joachims. Joachim-Quartett, Halir-Quartett, Sistermanns Vokal-Quartett, Max Pauer etc. im Königsbau. 4 Streichquartette und Septett von Beethoven, Vokalquartette von Haydn, Schumann, Mendelssohn, Brahms; Konzert für 3 Klaviere und Streichinstr. von J. S. Bach; Quintett C-dur von Schubert und Es-dur von Schumann. Görlitz. Niederschles. Musikfest, unter Leitung Dr. Mucks im Juni. Posen, Musikfest im Juni unter Prof. Hennig. Hauptwerk H-moll Messe von J. S. Bach.

Ordens- und Titelverleihungen.

Philipp Rüfer, Komp., Berlin, Professor-Titel. Franz Woldert in Bad Elster und Kantor Schöne, Dresden, Kgl. Musikdirektor. Kantor u. Org. Fritz Lubrich, Neisse, Kgl. Musikdirektor. Dr. C. V. Lampe-Vischer, Verlagsbuchh. und Vors. der Gewandhauskonzert-Direktion in Leipzig, Geh. Hofrat. César Galoso, Viol., officier de l'instruction publ. in Frankreich. Frau Erika Oschwald, geb. Wedekind, Kgl. Kammersängerin. Jacques Weintraub, Gera, Praed. Hofkonzertmeister. Rud. von Milde, Friedrich Caliga in Dessau, Kammersänger vom Herzog von Anhalt. Frau Dora Burmeister-Petersen, Kammervirt., Altenburgische silb. Med. für Kunst und W. mit der Krone am grünen Bande. Hofpianist Lutter, Hannover, gr. gold. Medaille für Kunst und W. v. Fürsten v. Waldeck. Emil Feigerl, 2. Konzertmstr. der kgl. Kap. in Dresden, Ritterkreuz I. Kl. des Albrechtsordens. Dr. Wilh. Kienzl, Kapellmstr. in Graz, gold. Med. f. K. u. W. am Bande des Friedrichsordens. Graf von Hochberg, Generalintendant Berlin, Grosskreuz des österr. Leopoldordens. Intendantur-Dir. H. Pierson, Berlin, Geh. Reg.-Rat, die österr. eiserne Krone 2. Kl. Ober-Regisseur Karl Tetzlaff und Kapellmstr. Rich. Strauss, Berlin, die österr. eiserne Krone 3. Kl. Hofopernsänger Perron und Anthes in Dresden, Ritterkreuz I. Kl. des Albrechtsordens. Prof. Dr. Fr. Wüllner, Köln, den Kronenorden 3. Kl. Professor J. Seiss, Köln, Roten Adlerorden 4. Kl. Professor Dr. O. Klauwell, Köln, Kronenorden 4. Kl. L. Hess, Viol., Köln, Professor, F. W. Franke, Org., Köln, Professortitel.

Engagements.

Ferd. Löwe, z. Konzert-Dirig. der Ges. d. Musikfreunde, Wien. Emil Gerhäuser, Heldentenor, Hoftheater in München 1901. Jos. Hellmesberger, 1. April, Dirig. der Hofburgtheaterkapelle Wien. Fr. Binder, Dirig. des G.-V. Düren (Rhnl.). Alfr. Reisenauer, Pian., Lehrer des Conservat. i. Leipzig. Prof. A. Patzig, Dirig. der Gothaer Liedertafel. Jul. Laska, Direktor des Stadttheaters in Innsbruck. M.-D. Werner, Stadtmusik-Direktor in Plauen. Henschling, Barit., Direktor des Ostender Kurtheaters. Kammersängerin Emanuela Frank, 1. August Stadttheater zu Leipzig. Thila Plaichinger, dramat. Sängerin, Kgl. Oper Berlin. Augusta Doria, Sängerin am Théâtre de la Monnaie, Brüssel. Marie Seiffert, 1901, Bremer Stadttheater. Karl Wagenknecht, Violine. Arth. Zenker, Cellist an der Kgl. Kapelle, Dresden.

Vakanzen.

Glarus (Schweiz), Dirig. des Cäcilien-Vereins und Gesanglehrers an der höheren Stadtschule. Breslau, Dirig. der Konzerthauskapelle. Aschaffenburg, Dir. der städt. Musikschule. Magdeburg, städt. Musikdir. Davos, Dirig. der Kurkapelle. Heidenheim a. Brenz, Stadtmusikdir.

Unübertroffen

sind die **günstigen Bezugsbedingungen** der Firma F. Bosse, Musik-Verlag, Leipzig. **Jeder Verein lasse sich dieselben vor Ankauf von Musikalien übersenden.**

Violine. H. vom Ende's Verlag, Köln a. Rh., Beethovenstr. 6. **Violoncello.**

Für Violine. Die Kunst der Bogenführung.

August Casorti: op. 50. Kunst der Bogenführung.

Preis 2 Mk. Technics of the Bow. ⌯ Technique de l'archet. ⌯ Técnica del arco. **Preis 2 Mk.**

Inhaltsübersicht: *Stricharten: Gebundener, gehämmerter, gestossener, gemischter, singender, wellenförmiger, zusammengesetzter, springender, geworfener Bogenstrich. Staccato. Der gesponnene Ton. Nebst zahlreichen Uebungen und Etuden.*

C. Witting schreibt in seiner **„Entwickelungsgeschichte des Violinspiels" (Universalbibliothek für Musiklitteratur Nr. 23-25,** Preis Mk. 1.50) folgendes:

Tartini schrieb einer Schülerin: »Ihre vornehmste Uebung muss den Gebrauch des Bogens betreffen. . . .« Diese grundlegende Bestimmung des grossen Violinmeisters findet in einem neueren Werke von **August Casorti,** einem Brüsseler Violinprofessor, **„Die Technik des Bogens,"** einen zielbewussten Ausdruck. Alle, durch die Anregung Viottis nach Tartini, in der französischen Schule entwickelten Bogenstricharten werden hier durch Wort und Ton verständlich gemacht. Das Werk, das in H. vom Ende's Verlag in Köln am Rhein erschienen ist, sei hiermit als ein wirklich nützliches für den Violinunterricht willkommen geheissen.

Eingeführt an den grössten Unterrichtsanstalten Englands, Frankreichs, Spaniens, Nordamerikas etc.

Tivadar Nachez: In Leeds »Quarterly News« veröffentlicht der berühmte Geiger **Tivadar Nachez** bei Gelegenheit einer Besprechung über Studienwerke für Violine folgendes: . . . . . Betrachten wir die grosse Zahl der Uebungshefte für die Ausbildung der linken Hand, so muss es Wunder nehmen, dass es an Werken über die Kunst der Bogenführung thatsächlich mangelt. Es ist mir deshalb eine besondere Freude, meinen jungen Freunden ein Werk empfehlen zu können, welches diesen Mangel aufhebt und zum täglichen Gebrauch unentbehrlich ist. Es ist dies ein Werk des betagten Meisters belgischer Schule. August Casorti, »Die Kunst der Bogenführung.« — **Ich habe selten ein so vorzügliches, für den täglichen Gebrauch geeignetes Uebungsmaterial in so klarer Anordnung gefunden.** Seine Ratschläge für die verschiedenen Arten der Bogenführung sind mir aus der Seele gesprochen, sie werden den strebsamen Geiger bei ernstem Studium zu ungeahntem Erfolg führen. In meiner öffentlichen Wirksamkeit, welche sich über den Zeitraum eines Viertel-Jahrhunderts erstreckt, lassen mich meine eigenen täglichen Erfahrungen die Richtigkeit dessen erkennen, was Casorti über das Spinnen des Tones sagt. Für alle diejenigen, die, wie leider auch ich, bei öffentlichem Spielen mit Befangenheit zu kämpfen haben, sind die Uebungen geradezu unentbehrlich, sie beruhigen die Nerven, indem sie der Bogenführung Festigkeit und Sicherheit verleihen.«

Violin-Album

für 1 Violine mit leichter Klavierbegleitung,
bearbeitet von **Heinrich Wahls.** netto. **Mk. 1,50.**

Inhalt. Nr. 1—8: I.—III. Lage. Nr. 9—14: I.—V. Lage.

Nr. 1. **Franz Schubert,** Pax vobiscum.
„ 2. **W. A. Mozart,** Das Veilchen.
„ 3. **Chr. W. Gluck,** Ballet aus Orpheus.
„ 4. **Fr. Chopin,** Mazurka, Op. 7, Nr. 2.
„ 5. **L. van Beethoven,** Menuetto aus der Sonatine Op. 49, Nr. 2.
„ 6. **F. Mendelssohn-Bartholdy,** Lied ohne Worte. Nr. 9.
„ 7. **G. F. Händel,** Air aus der Oper Xerxes.
„ 8. **Fr. Chopin,** Mazurka, Op. 68, Nr. 2.
„ 9. **Schumann,** Träumerei.
„ 10. **L. Boccherini,** Menuett.
„ 11. **Mendelssohn-Bartholdy,** Frühlingslied.
„ 12. **Jos. Haydn,** Serenade.
„ 13. **J. S. Bach,** Air.
„ 14. **Louis Spohr,** Barcarole.

Hugo Rückbeil, op. 4 Fantasiestück

für Violine mit Orchester- oder Klavierbegleitung,

netto M. 3,—; Principalstimme Mk. 1,50.

Allgemeine Musikzeitung: H. R., der selbst ein guter Geiger ist, versteht es, recht wirkungsvoll für sein Instrument zu schreiben, ohne übermässige Anforderungen an die Technik des Ausführenden zu stellen. Sein Fantasiestück, op. 4, ist ein Bravourstück, mit dem auch ein Geiger, der über keine eigentlich virtuose Technik verfügt, brillieren kann. P. Raabe.

Georg Naumann, kgl. sächs. Kammermusiker: Man hat es hier mit einem Komponisten ernster Richtung zu thun, der es verschmäht, uns mit leeren musikalischen Phrasen aufzuwarten. Die Art und Weise, wie der Komponist das schlichte Thema musikalisch gehaltvoll und doch so lieblich variiert und das Ganze mit einer kadenzartigen, sehr gut klingenden und ebenso gut spielbaren Einleitung versehen hat, ist so wohlthuend und nachahmenswert, dass ich nicht genug empfehlen kann, solche Stücke öffentlich zu spielen.

Moritz Schoen. Studienwerke für Violine.

		Mk
op. 75.	Drei kleine Fantasiestücke. »Der Geburtstag« für 2 Violinen und Bratsche . . .	1,80
op. 60.	Sechs leichte Tonstücke f. 1 Violine . . .	1,20
op. 61.	„ „ „ „ „ 2 Pos.	1,50
op. 63.	Drei grössere Uebungsstücke in Sonatenform, für 2 Violinen	2,—
Eberhardt, G.	op. 98. Fünf Vortragstücke; die 1. Lage nicht überschreitend, à 1 Mk., compl. n.	3,—
Gelbke, Hans	»Albumblatt.« leicht	1,—
Jensen, Gustav.	op. 41. Fünf Vortragstücke, mittelschwer, à 1,50, compl. . . . . n.	6,—
Keller, Ludw.	op. 45. Vier Stücke für Violine und Klavier, leicht	2,—
Kreutzer, Conradin.	Violinsolo a. »Nachtlager« II. Akt	0,50
Simon, A.	op. 28. Nr. 1. »Berceuse«, sehr bel., mschw.	1,—
von Vignau, Hans.	»Barcarole.« Fantasiestück für Violine und Klavier, sehr melodiös, z. l.	1,50

Jeder Verein

bestelle auf der dieser Zeitung beiliegenden Bestellkarte eine Auswahlsendung der Firma F. Bosse, Musik-Verlag, Leipzig. Ein Versuch macht **jeden Verein zum steten Kunden dieser Firma.**

Lassen Sie sich eine Auswahlsendung solcher Chöre (leicht — mittelschwer) kommen von

H. vom Ende's Verlag,

Köln a. Rh., Beethovenstr. 6.

Versandgeschäft für Chorgesanglitteratur.

Ueberall zur Wiederholung begehrt wird der neueste Chor

Adolf Kirchl's:

Es war einst eine schöne Zeit

Lieder-Album der Lyra Nr. 103.

Der Chor ist soeben in II. Auflage erschienen und können Bestellungen auf denselben wieder sofort ausgeführt werden.

„Lyra"-Verlag, WIEN XVIII/2.

H. vom Ende, op. 3,

Fünf Lieder für gemischten Chor.

Partitur und Stimmen 3,00 Mk. — Stimmen je 50 Pfg.

Verlag H. vom Ende, Köln a. Rhein.

Litteraturblatt der deutschen Lehrerzeitung:

Ein bedeutsames op. 3! Man weiss nicht, welchem von den fünf Liedern man die Palme zuerkennen soll; sie sind alle gleich gut. Es ist schlichte, ungekünstelte Musik, die zu Herzen geht — weil sie von Herzen kommt. Von grosser Wirkung ist das 6 stimmige Nr. 2 „Es ist so still geworden." Ueberaus lieblich klingt Nr. 3 „Nun schliess die lieben Aeuglein lind, liebes Herzenskind." Nr. 5 „Mein herzliebstes Schatzerl, komm', reich mir dei Tatzerl" ist ein wahres Kabinettstückchen humoristischer Musik. Die Lieder sind übrigens sehr leicht einzuüben, und bei gutem Vortrag wird die Wirkung nicht ausbleiben.

H. vom Ende's Verlag, Köln a. Rh., Beethovenstr. 6.

Bitte zur Ansicht zu verlangen!

Das Orgelspiel.

Für den Unterricht und das Studium verfasst u. dargestellt von

Prof. F. W. Franke,

Lehrer am Konservatorium zu Köln a. Rh.

Preis M. 2,— netto.

Der vorliegende Lehrgang für die Kunst des Orgelspiels verfolgt den Zweck, dem angehenden Organisten eine sichere Grundlage für seine technische Ausbildung zu bieten; ihn zum Verständnis der Eigenart des Orgelstiles anzuleiten und ihn namentlich für die Werke Joh. Seb. Bach's vorzubilden.

Der briefliche Unterricht in der Theorie der Musik

verfolgt den Zweck, allen Freunden der Tonkunst: Dilettanten, welche Beruf und Neigung zur Komposition in sich spüren und in Geist und Wesen der musikalischen Kunstwerke einzudringen wünschen, und Tonkünstlern, denen die für den Lehr- und Dirigentenberuf notwendigen theoretischen Kenntnisse fehlen, Gelegenheit zur Aneignung derselben zu bieten.

Die erforderlichen Lehrmittel sind eigens für diesen Zweck in klarer, übersichtlicher, leichtfasslicher Weise von den Herren Prof. G. JENSEN, F. W. FRANKE, Prof. Dr. O. KLAUWELL und H. VOM ENDE verfasst worden.

Ueber den Lehrgang im allgemeinen ist folgendes zu bemerken:

Es wird von jedem Schüler vorausgesetzt, dass er entweder singe oder irgend ein Instrument spiele. Wünschenswert ist es, dass derselbe während der Studienzeit stets Gelegenheit zum Klavier- oder Orgelspiel habe, denn die Musiklehre lässt sich nicht trennen von den praktischen Uebungen. In der sofortigen Anwendung des theoretisch Erlernten in der Praxis liegt aber das eigentlich Fördernde des Studiums. Die theoretisch-musikalische Erziehung ist aber immer dieselbe, ob nun Gesang, Klavier, Violine oder Orgel das Hauptfach bilde.

Der Lehrgang beginnt mit Studien in der Harmonielehre, Kontrapunkt und Formenlehre mit entsprechenden Uebungen im strengen Satz, sowie Kompositionsversuchen in kleinen Formen (Liedform). Nach Bedürfnis gehen nebenher besondere Studien mit Aufgaben in der Akustik, Instrumentenlehre, Vortragslehre etc. Der Umfang des Lehrstoffes wird sich vor allen Dingen nach den Absichten des Studierenden zu richten haben und ist in dieser Hinsicht von vornherein eine Erklärung nötig, ob eine allgemeine fachmännische Vorbildung erstrebt wird, wie sie für jeden Musiklehrer und Dirigenten notwendig ist, ebenso für jeden gebildeten Dilettanten, der die Darbietungen unserer besseren Konzerte mit Verständnis verfolgen zu können wünscht, oder ob die Befähigung zur Komposition gründlichere Studien und namentlich zahlreichere Uebungen in Harmonik, Kontrapunktik etc. zweckentsprechend erscheinen lässt.

Zur Erläuterung, Vertiefung des Gelernten, wissenschaftlichen Begründung der Regeln etc. werden den Aufgaben Briefe beigefügt. Die Aufgaben sowohl, wie die Briefe selbst sind der Individualität, der Bildungsstufe und dem jeweiligen Standpunkte des Schülers angepasst.

Der Hauptwert ist überall gelegt worden auf anschauliche und übersichtliche Darstellung des Materials; namentlich sind die in Benutzung gezogenen theoretischen Werke in ihrer Anschaulichkeit und Prägnanz speziell für diesen Unterricht gearbeitet worden.

Unverstandenes wird brieflich erklärt, die Arbeiten werden von anerkannt tüchtigen Theoretikern (Lehrern des Konservatoriums, Organisten etc.) nachgesehen, die Fehler angestrichen oder durch gewisse Zeichen kenntlich gemacht und den Studierenden wieder zugesandt. Nach geschehener Korrektur bezw. Neubearbeitung gehen die Arbeiten wieder an die Anstalt zurück, um einer nochmaligen Korrektur unterzogen zu werden. Das Verfahren wird solange fortgesetzt, bis die Aufgaben tadellos gelöst sind. Die Kompositionen werden auf Wunsch instrumentiert und, falls sie geeignet sind, auch in Verlag genommen und in vornehmer Ausstattung herausgegeben.

Der briefliche Unterricht wird allen denen hochwillkommen sein, welche aus örtlichem Mangel an gründlich vorgebildeten Lehrern keine Gelegenheit dazu haben, ferner solchen, die sich für den Besuch eines Konservatoriums vorbereiten wollen oder deren Beruf ein regelmässiges Studium und die Einhaltung bestimmter Stunden nicht zulässt und endlich allen denjenigen, welche die teueren Honorare unserer besseren Lehrer und Konservatorien nicht erschwingen können.

H. vom Ende, Köln a. Rhein, Beethovenstr. 6.

Prospekt bitte gratis und franko zu verlangen!

1900

Wegweiser

durch die

Chorgesanglitteratur

nebst „Konzertbericht".

Ratgeber für Männer-, Frauen- und gemischte Gesangvereine und Gesangvereinsdirigenten.

Herausgegeben und redigiert von **H. vom Ende, Köln am Rhein,** Beethovenstrasse 6. — Erscheint monatlich einmal. — Bezugspreis für 1 Expl. 15 Pfg. Jahresabonnement 1,50 Mk. incl. Porto. Inserate kosten pro 4 mal gespaltene Petitzeile 25 Pfg.

№ 9. **Köln am Rhein,** den 26. Juni 1900. **I. Jahrgang.**

Vielfach geäusserten Wünschen entsprechend, bitte ich die geehrten Einsender der Programme um gefällige Angabe der Mitgliederzahl des Vereins und des Schwierigkeitsgrades der erfolgreichen Kompositionen. Einmalige Unterstreichung bedeutet grossen, zweimalige sehr grossen Erfolg. Zusatz von D C (Da Capo) oder des Preises. D. Red.

Aufführungen.

Es können unter dieser Rubrik nur solche Werke aufgenommen werden, welche bereits im Druck erschienen sind.

Männerchöre a cappella.

Abkürzungen: gr.-gross, s.-sehr.

Titel	Komponist	Stadt	Verein	Dirigent	Erfolg	Preis
Wo in dem Thal (*msch*)	C. H. Döring	Radeberg	M. G. V. M. Hirsch	Kant. Lübeck	gr.	
Das Herz am Rhein	Edw. Schulz	Gotha	Harmonie	M. Menniel	D. C.	
Nimm ein Schlüsselein (*msch*)	C. H. Döring	Wien	Holzendorf. Sangesfr.	M. Stiasny	D. C.	
Königsfelden (Ballade)	G. Angerer	Basel	Liedertafel	Dr. A. Volkland	s. gr.	
Am Chiemsee	K. Goepfart	Cassel	do.	Ellenberg	gr.	
Blau Blümelein (*zl*)	Dregert	Jever	Liederkranz	Kufferath	D. C.	
Wenn Zwei sich gut sind (*zl*)	E. Kremser	do.	do.	do.	s. gr.	
Früh morgens	H. Wesseler	Münster	Eintracht	H. Förste	D. C.	
Abschied hat der Tag genommen	V. E. Nessler	Osnabrück	N. Liedertafel 75	Rud. Prenzler	s. gr.	
Im Feld des Morgens früh	Chr. Burckhardt	do.	do.	do.	s. gr.	
Frühling am Rhein (*msch*)	S. Breu	Köln	M. G. V. 235	J. Schwartz	s. gr.	
Es war einst eine schöne Zeit (*msch*)	A. Kirchl	do.	do.	do.	s. gr.	
Im Winter (*msch*)	E. Kremser	do.	do.	do.	s. gr.	
Mein Stern (*zl*)	Wesseler	Münster	Ludgeri	Kuhlmann	D. C.	
Träumerei am Waldbach	W. Schlichting	do.	Cäcilia	Schlichting	s. gr.	
Die Spinnerin (*zl*)	K. Schauss	Nürnberg	Sänger-Klause	M. Mayerhöfer	gr.	
Ich hört' ein Vöglein pfeifen	do.	Wiesbaden	Turnverein	Schauss	D. C.	
Kaiser Karl in der Johannisnacht	Th. Podbertsky	München	Lehrer G. V.	Podbertsky	s. gr.	
Rheingauer Wein	Jahn	Wien	M.-Chor Donaustadt	Ad. Schwarz	D. C.	
Unbegehrt (*msch*)	H. vom Ende	Krefeld	Quartett-V. Neuwerk	H. Hoppenkamp		1. Pr.
Germanen-Markung (*msch*)	C. Pieper	Köln-Ehrenfeld	Quartett-Verein	H. Pütz		1. Pr.
Im silbernen Mondlicht	W. M. Loschky	Fürth	Lieder V.	Loschky	D. C.	
Schlafwandel (*sch*)	Fr. Hegar	do.	Lehrer G. V.	do.	s. gr.	
Volkers Schwanenlied (*sch*)	Meyer-Olbersleben	Sigmaringen	M. Ch.	Rooff	s. gr.	
Sängers Frühlingslied (*l*)	A. Jäckel	Stiedra	M. G. V.	A. Nowak	s. gr.	
Der fahrende Scolar	Fr. Hegar	München	Liederhort	Prof. Thuille	s. gr.	
In den Alpen (*sch*)	do.	Marburg a. D.	M. G. V.	Rud. Wagner	gr.	
Jung Werner (*zl*)	Jos. Rheinberger	Düsseldorf	Quartett-V.	C. Steinhauer	s. gr.	

Titel	Komponist	Stadt	Verein	Dirigent	Erfolg	Preis
			Männerchöre mit Begleitung.			
Haralds Brautfahrt *	H. Hofmann	Jever	Liederkranz	Kufferath	gr.	
Landkennung	E. Grieg	Osnabrück	N. Liedertafel 75	R. Prenzler	s. gr.	
Frühlingsnetz	C. Goldmark	do.	do.	do.	s. gr.	
Sommernacht (msch) Kl. u. Waldh.	Ernst Heuser	Köln	M. G. V.	Prof. Schwartz	s. gr.	
Sturmlied * (msch)	M. Gulbins	Nürnberg	Sänger-Klause	Lehr. [illegible]	D. C.	
Landkennung *	E. Grieg	do.	do.	do.	gr.	
Ostermorgen *	Edw. Schultz	Asch	M. G. V.	Jul. Schaller	s. gr.	
Siegesgesang *	Fr. Abt	do.	do.	do.	s. gr.	
Festouverture mit Schlusschor *	C. Reinecke	Luzern	Liedertafel	P. Fassbender	s. gr.	
Frithjof *	M. Bruch	London	Sängerbund	M. Laistner	gr.	
Soldatenchor (msch)	C. Zöllner	Leipzig	Zöllner-Konzert	H. Zöllner	s. gr.	
Petrus Forschegrund	Fr. Schuchardt	do.	M.-Chor		gr.	
Wach auf *	G. Baldamus	Asch	M. G. V.	Jul. Schaller	s. gr.	
			Frauenchöre a cappella.			
Beim Gewitter	Arn. Krug	Leipzig	Damen-Quartett		D. C.	
Bröllops-Marsch	A. [illegible]	Bremen	N. Singakademie	E. Nössler	s. gr.	
Da stehest Du, herrlicher (l)	Edm. Müller	Zeitz		E. Albrecht	s. gr.	
Wanderers Nachtlied	Al. Holländer	do.		do.	s. gr.	
Waldandacht (l)	Fr. Abt	Sprottau	Constantia	C. Baier	gr.	
Viele Grüsse	F. Hiller	Köln	Gesangschule	Frl. L. Kelbling	gr.	
Frühlingsgeläut	do.	do.	do.	do.	s. gr.	
Die Sonne scheint nicht mehr	Brahms	Stuttgart	Liederkranz	Prof. Förstler	gr.	
Der träumende See	E. Wolff	Köln	Konservatorium	Fr. Wüllner	gr.	
Spielmannsweise	do.	do.	do.	do.	s. gr.	
Flatterrose	Hans Wagner	Wien	Lehrerinnenchor	Th. Zechner	D. C.	
Dornröschen	Karl Lafite	do.	do.	do.	s. gr.	
Es fing ein Knab' ein Vöglein (zl)	J. Pache	Köln	Lehrer-Vers.	C. Reuther	s. gr.	
			Frauenchöre mit Begleitung.			
Athenischer Frühlingsreigen * (msch)	J. Frischen	Köln	Konservatorium	Fr. Wüllner	s. gr.	
Im Frühling	W. Bargiel	Oschersleben	Liedertafel	E. Quedenfeld	D. C.	
Wiener Wäschermadel-Walzer	G. Schönfeld	Hof	Liederkranz	K. Seitz	gr.	
Donauwellen	Ivanovici (Kron)	Znaim	Musik-Verein		s. gr.	
Elfenlied *	H. Wolf	Stuttgart	Liederkranz	Förstler	gr.	
Des Kindes Nachtgesang mit Streichquintett	J. Pache	Limbach	Caecilia	P. Schenk	s. gr.	
Deutsche Tänze (zl)	H. Schubert-Flitner	Chemnitz	Frauen-Chor	Frau Prof. [illegible]	s. gr.	
Das blinde Elflein *	Meyer-Olbersl.	Ellwangen	Sängerbund	Alt	gr.	
Athenischer Frühlingsreigen *	J. Frischen	Braunschweig	Lehrer G. V.	Frischen	s. gr.	
Morgenstunde	M. Bruch	Jena	Musik-Verein	Machts	s. gr.	
Chor a. Blanche de Prov.	Cherubini	do.	do.	do.	s. gr.	
Tanzlied	G. Vierling	do.	do.	do.	gr.	
Sommernacht	Ed. Schultz	Alstätten	Frauen-Chor	Fr. Stirnimann	s. gr.	
Weihnachten m. Org.	Alb. Becker	Haspe	Geistl. Konzert	Aug. Becker	gr.	
Neujahr m. Org.	J. Raff	do.	do.	do.	gr.	

Die mit * versehenen Werke wurden mit Orchester aufgeführt.

Alle hier angeführten Werke sind zur Ansicht zu beziehen durch H. vom Ende's Verlag, Köln a. Rh., Beethovenstrasse 6.

Abkürzungen: l-leicht, sch-schwer, s-sehr, z-ziemlich, m-mittel;

Neuigkeiten.

Für die Aufnahme in diese Rubrik genügt die Zusendung eines Frei-Expl.

Die mit * versehenen Werke sind auch mit deutschem Text erschienen.

Neuere Männerchöre Belgischer Komponisten.

Frcs.

msch **Jos. Delsemme,** *L'Angelus. Le soir vient . . . . n. P. 2,— St. 0,30

zsch do. *Nuit Fantastique (Les Gnômes) n. P. 3,— St. 0,60

zsch **Silvain Dupuis,** *Les cloches . . n. P. 2,— St. 0,60

zsch **Edm. Pallemaerts,** Soir d'Été . . n. P. 1,50 St. 0,25

Mk.

zsch **L. Jouret,** *Chanson Espagnole, Spanisches Lied . . . . P. 1,25 St. 0,25

zsch do. *Invocation à la Patrie An das Vaterland . . . . P. 1,25 St. 0,25

msch **L. Jouret,** *Le soir. Der Abend . . P. 1,25 St. 0.25

msch do. *Invocation. Gebet . . . . . . P. 1,00 St. 0.10

sch ***Fr. Riga,** Les Esprits de la Nuit. Die Geister der Nacht . . . . P. 2,— St. 0.40

msch do. *Germinal. Der Bergmann . netto P. 2,— St. 0.40

msch do. Magnificat lat. . . . . P. 2.— St. 0.40

zsch **A. Tilmann,** *Les Eburons. Die Eburonen . . . . P. 2,— St. 0.40

msch do. *Jeunesse. Hymnus an die Jugend P. 2,— St. 0.40

ssch **Th. Radoux,** *Le Chant des Matelots. Matrosengesang . . . . . netto P. 2,— St. 0.40

zsch **Ch. Hanssens,** *Hymne du Matin. Morgenhymne . . . . P. 2,— St. 0,40

Das deutsche Volkslied im Männergesang.

II.

In unserem Bestreben, dem deutschen Liede den Boden zu ebnen zu einer möglichst weiten Verbreitung und unsern Gesangvereinen das gesamte einschlägige Material in lückenloser und übersichtlicher Darstellung zu bieten, bringen wir in Folgendem zunächst ein Verzeichnis der Textanfänge sämtlicher Volks- und volkstümlicher Lieder, welche für Männerchor gesetzt sind. Letztere der besseren Unterscheidung wegen mit * versehen. In einem weiteren Verzeichnis werden wir dann die Bearbeiter kennen lernen, sowie die Sammlungen, in denen solche Lieder enthalten sind u. die besseren Einzelausgaben.

Die genaue Feststellung, ob ein vorliegendes Lied ein Volkslied ist oder ein volkstümliches, ist nicht immer ganz leicht, ich möchte daher ausdrücklich betonen, dass ich meine Arbeit in diesem Punkte nicht als eine kritische angesehen wissen möchte. Ich verfolgte vielmehr lediglich praktische Zwecke und glaubte daher das Verzeichnis nicht vollständig genug machen zu können, daher die Aufnahme mancher Kunstlieder, deren Autoren bekannt sind und die sich einen hohen Grad von Volkstümlichkeit erworben haben. Uebrigens lassen uns unsere besten Sammelwerke, wie diejenigen von Böhme, Erk, Silcher, Challiers grosser Männerchor-Katalog in dieser Frage häufig im Stich; der Eine nennt volkstümlich, was der Andere als echtes Volkslied betrachtet, und viele echte Volkslieder sind selbst im Liederhort von Erk und Böhme nicht enthalten, so z. B. die meisten aus Tyrol, Kärnten, Steiermark, aus dem sangesfreudigen Appenzell u. s. w.

Das deutsche Volkslied, eine der liebenswürdigsten und anziehendsten Erscheinungen der ganzen Kunstgeschichte, unterscheidet sich formell von den Kunstgesängen durch seine in den einfachsten Intervallen sich bewegende Melodik, seine natürliche, dem Sprachrhythmus sich eng anschliessende Rhythmik und die fast gänzlich fehlende Modulation. Die Melodie ist unmittelbar aus der Sprache hervorgegangen und erscheint als eine zur Selbständigkeit gesteigerte und erweiterte Sprachmelodie ohne irgendwelche instrumentalen Elemente, wie man sie z. B. wohl in ungarischen und italienischen Volksliedern beobachtet. Als Satzform ist sie dem einfach-strophischen Liede nachgebildet und erscheint so als einfache ein-, zwei- oder dreiteilige Liedform, wie sie weiterhin auch in die reine Instrumentalmusik übergegangen ist und hier namentlich in der Klavierlitteratur eine grosse Rolle spielt. (Siehe vom Ende's Schatzkästlein, enthaltend die Meisterwerke der Liedform, nach Form und Schwierigkeit geordnet und erläutert, 4 Hefte à 2,— Mark netto.)

Auf den Namen „Volkslied" haben nur diejenigen Lieder Anspruch, welche im Volke entstanden und von ihm umgebildet und mundgerecht gemacht sind. Sie müssen im Volke gelebt, in ihm Wurzel gefasst und sich nur durch mündliche Ueberlieferung und den Volksgesang erhalten haben. Gewiss sind die Lieder in den meisten Fällen von Einzelnen gedichtet und komponiert, aber deren Namen sind verloren gegangen. Das Volk kümmert sich nicht um den Ursprung seiner Lieblingsweisen, es verlangt auch nicht die charakteristischen Merkmale, das individuelle Gepräge eines Einzelnen im Liede wiederzufinden, im Gegenteil, es nimmt nur das an, und lässt nur das fortleben, was nicht das Empfinden eines Einzelnen, sondern die allgemeine Denkart und die Darstellungsweise der grossen Masse wiedergiebt, was den Ton trifft, der im Herzen des Volkes wiederklingt. Gerade aus diesem allgemeinen objektiven Inhalt entspringt auch der eminent nationale Charakter des Volksliedes und dieser von jedem subjektiven Element freie Inhalt unterscheidet das Volkslied von den Produkten der Kunst.

Tief in der menschlichen Natur begründet ist das Bedürfnis, den Geist mit Gedanken, das Gemüt mit Empfindungen und Gefühlen zu sättigen; und was dann unser Inneres bewegt, was uns begeistert und beseelt, das wollen wir unsern Mitmenschen mitteilen. Wir freuen uns mit ihnen und wir teilen ihr Leid, erwarten aber auch dieselben Gefühle uns gegenüber; darin beruht das Wesen alles Kunstschaffens, besonders aber des Musikalischen. Diesem Quell inbrünstiger Begeisterung entspringen denn auch unsere Volkslieder. Das Leben mit all seinen Geschehnissen drückt ihnen seinen Stempel auf und ihr Inhalt ist ebenso reichhaltig wie jenes. Die hieraus entspringende Mannigfaltigkeit ist der grosse Vorzug unseres deutschen Liedes. Während bei den Slaven fast nur melancholische Weisen ertönen und bei den Franzosen und Italienern das sinnlich-heitere Element vorwiegt, singt das deutsche Volk:

„Von allem Süssen, was Menschenherz durchbebt,
Von allem Hohen, was Menschenherz erhebt."

Herbst und Winter, Jagd und Krieg, Gewerbe und Amt, Alles muss den Stoff hergeben zu diesen Kindern seiner Muse, das Hauptthema aber, welches in unzähligen Abstufungen und Formen wiederkehrt, ist die Liebe in all ihren Stadien, in Lust und Schmerz, in Freude und Trauer. Der Schatz, das Schätzchen, Schätzle, die Maid, das Maidelein, das Diandle „tief drunt' im Thal" und wo es sonst noch zu finden ist, das ist und bleibt die Haupttriebfeder all' unseres Schaffens, all' unserer Gedanken, und solange der deutsche „Bua" noch mit keuscher, reiner, wahrhafter Liebe und Treue an der Auserwählten seines Herzens zu hängen vermag, so lange wird das Volkslied nicht aussterben, so lange wird es den Gassenhauern nicht Platz machen, die weiter nichts sind, als Ausflüsse sinnlicher Begierde. Wir haben in unseren Liedern eine erziehliche Macht ersten Ranges, denn in ihnen spiegeln sich zwei Eigenschaften vor Allem wieder, um die uns alle fremden Völker beneiden: Wahrhaftigkeit und Treue; benutzen wir diese Macht, halten wir sie dem Volke recht oft vor, es geschieht zu seinem und unserem Besten.

Sämtliche deutschen Volkslieder und volkstümlichen Lieder, welche für Männerchor gesetzt sind.

Texte, welche mit dem Artikel beginnen, siehe unter dem Anfangsbuchstaben des zweiten Wortes.

1 Aba Diandl, wenn's di freut.
2 Aba's Wildschiassn, das is mei Freud.
3 (Die) Abendglocken klingen. (Abt.)
4 * Abend ist's.
5 * Abend wird es wieder (Rink).
6 * A Bixerl au'm Rücken.
7 Aber i fahr' mit der Post.
8 Ach, Bäumchen, du stehst grüne.
9 * Ach, du klarblauer Himmel (Silcher).
10 * Ach, du Rose, schöne Rose.
11 Ach, Elslein, liebes Elslein mein.
12 Ach, Gott, es drückt das Herz mir ab.
13 Ach, Gott, was Meiden thut.
14 Ach, Gott, wem soll ich's klagen
15 Ach Gott, wie weh thut Scheiden.
16 Ach, Himmel, es ist verspielt.
17 * Ach, ich arm. Klosterfrl. (Silcher).
18 Ach, in Trauern muss ich.
19 * Ach könnt ich diesen Abend (Brahms).
20 * Ach, könnt' ich Kätchen kaufen.
21 Ach, Lieb, ich muss dich lassen.
22 * Ach, Mägdlein, liebes M.
23 Ach, schlaft denn Alles schon.
24 Ach, schönster Schatz, m. Augentrost.
25 * Ach, so schön ist meine Maid.
26 Ach, was wird m. Schätzlein denken.
27 * Ach, Wermeland, du schönes.
28 * Ach, wie churzen jetzt die Tage.
29 Ach, wie ist's möglich dann.
30 * Ach, wo ich gerne bin
31 (Der) Adam und d' Eva.
32 Ade, du lieber Tannenwald. (Esser.)
33 Ade, du liebes Städtchen.
34 * Ade, es muss geschieden sein.
35 Ade! jetzt muss ich scheiden.
36 Ade, zur guten Nacht.
37 * Aennchen lieb, Aennchen traut.
38 * Aennchen schön, Aennchen fein.
39 * Aennchen von Tharau (Silcher).
40 A Göschle musset habn.
41 A Herz wia Vogrl.
42 A Liadel, a g'spassigs.
43 * Alle Lust hat Leid.
44 Allerschönster Engel.
45 * Alles schweige, Jeder neige.
46 * Alles, was uns lieb ist, lebe.
47 * Alles, was wir lieben, lebe.
48 Alleweil kann ma net lusti sein.
49 * Allerschönster Engel, allersch. Kind.
50 Alma-Wasserl, schöne Wasserl.
51 All' meine Gedanken, die ich hab'.
52 (Die) Almhütte is mei Häusal.
53 (Der) Almsee is trüab, und mei Schatz.
54 Als die Preussen marschierten vor.
55 * Als ich dich sah zum erstenmal.
56 Als ich ein Junggeselle war.
57 * Als ich noch ein Knabe war (König).

ıgen.

—

velche das Loben würdig sind.

r Komponisten.

ıcher Männergesangvereine
ıen sein ob der Virtuosität.
hwierigkeiten überwunden
ısagen, verwickelte rhyth-
ıssen, von denen wir uns
ın diesen, zum Teil aus
t einer Leichtigkeit zum
ıgt, jeden mit Erstaunen
ten des Einstudierens zu

einander zu überbieten in
rigkeiten, bleibt natürlich
Art des Tonsatzes der
uch in den vorliegenden
ne Menge von Schwierig-
r grossen, leistungsfähigen

ıs derartige von Schwierig-
mit ihren Instrumental-
'iguren und Passagen in
Mission zu erfüllen ver-
e Leistung hat zur Vor-
theit und Kunstfertigkeit,
stlerischen Anforderungen
ımäss kann beim Vortrage
stmöglichen Wirkung nur
rag den Eindruck hervor-
Schwierigkeiten für den
vorhanden sind. Schon
ung der Schwierigkeiten,
Kunst zu betrachten ist,
es Sicherlebens über die

kannt wird, dann müssen
ı Zeit nach einem Material
ıen entsprechende grösst-
allein aus pägadogischen
Fleiss, welcher auf das
wendet wird, geht nicht
auf das Studium und
Es ist daher grundsäch-
ıine immer nur die leich-
jede Modulation zu ver-
mmen rächt sich immer
ı zeigen kann und soll,
. hat: beim Prima-vista-
ı man seinen Verein sorg-
ım eine übermässige Se-
stet, so wird man niemals
ta-Singen auch nur den
msen. Möge doch jeder
hr sich die Mühe geben,
Treffübungen, die zwar
l, einen Chor einzuüben,
lerten Intervallen strotzt.
icht ausbleiben und der
laille des nächsten Wett-
ıreier zur Ruhe bringen.
„Matrosengesang" von
Die darin angehäuften
ıreibung. Eine zwischen
pppp) fortwährend und
amik, von Takt zu Takt
: machen das Werk zu
ıangtechnischen Tugenden
u kommt noch der Um-
Männerchor, sondern für
ng geschrieben ist, wobei
Männer als Instrumente

benutzt werden. „La bouche fermée" (der geschlossene Mund), spielt dabei eine Hauptrolle. Geigenpizzicati und Geigenpassagen in mehreren Stimmen zugleich, Cellopizzicati auf poum, poum, ja sogar ein Solo für Streichquartett à la bouche fermée finden sich darin. Andere Instrumente werden durch à, la, la, la nachgeahmt, oder durch tou, tou, tou, letzteres ebenfalls mit geschlossenem Munde, wozu nach meiner Ansicht ganz besonders vorgebildete Virtuosen gehören.

Das Werk ist unstreitig interessant und eine Aufführung der Kuriosität halber herbeizuwünschen: unser Publikum würde bei vorzüglicher Wiedergabe begeistert sein; allerdings — je höher die Kreise, desto geringer die Begeisterung.

Technisch nicht minder schwierig, aber ohne diese raffinierten Finessen und musikalisch höher stehend, präsentieren sich die Männerchöre von **Fr. Riga.** Auch er schreckt nicht zurück vor Figuren, die man hier als instrumental gedacht perhorreszieren würde, die aber jeder Sangeskundige als durchaus gesangmässig bezeichnen muss und die von einigermassen gut geschulten Chören auch glatt erledigt werden können. Ohne bouche fermée geht's allerdings auch hier nicht ab. Die beiden Männerchöre dieses Komponisten: **„Die Geister der Nacht"** und **„Der Bergmann"** haben in der vorliegenden Ausgabe nur deutschen Text, welcher, wenn er Uebersetzung ist, seiner poetischen Diktion wegen sehr zu loben ist. Das „Magnificat" desselben Komponisten, (Text lateinisch) ist ein edles, von mildem, ernstem Geist erfülltes Werk. Die Kraft und Schönheit des melodischen Ausdrucks sind sehr zu loben; die Form ist einfach, aber wirksam und wird niemals trivial.

Dem deutschen Geiste noch näher verwandt scheint mir **Léon Jouret**, namentlich in seinen Männerchören: **„An das Vaterland"** und **„Der Abend"** Das **„Spanische Lied"** mutet etwas fremdartiger an, birgt aber entzückende Melodien. Namentlich „Der Abend" mit seinen weichen Harmonien und seiner edlen Stimmführung wird überall gefallen.

Alfr. Tilmann hat besonders in seinen **„Eburonen"** ein kraftvolles, farbenreiches Werk geschaffen.

Als klanglich sehr hübsch gelungen und die weiche, ruhevolle Abendstimmung sehr zutreffend schildernde Werke sind noch besonders zu erwähnen: **„L'Angelus"** von **Jos. Delsemme** und **„Soir d'Eté"** von **Edm. Pallemaerts**, beide Chöre von nicht sehr hohem Schwierigkeitsgrade.

vom Ende.

Vermischtes.

In den Gürzenich-Konzerten des Winters 1899/1900 sind nachstehende Werke unter Leitung Franz Wüllners zur Aufführung gekommen:

a) Oratorien und grössere Chorwerke:

Bach: Die hohe Messe in H-moll. Matthäus-Passion. — Berlioz: „Romeo und Julie", dramatische Sinfonie mit Chören und Soli. — Brahms: „Rinaldo" Cantate für Tenorsolo, Männerchor und Orchester, zum 1. mal — Haydn: Die Jahreszeiten. — Klughardt: Die Zerstörung Jerusalems, zum 1. mal.

b) Kleinere Chorwerke:

Händel: Jubilate (der 100. Psalm) für Soli, Chor, Orchester, Cembalo und Orgel, zum 1. mal. — Heuser, E.: „Bacchuszug" für Chor und Orchester, zum 1. mal. — Kahn, R.: „Mahomets Gesang" für Chor und Orchester, zum 1. mal. — Koch, F. E.: „Das Sonnenlied" für Chor, Soli und Orchester, zum 1. mal. — Schubert: „Tantum ergo" für Quartettsolo, Chor und Orchester. — Schumann: „Ritornell" und „Die Minnesänger", für Männerchor. — Urspruch: „Ave maris stella", Hymne für Chor, Orchester und Orgel, zum 1. mal. — Wüllner: Zwei altdeutsche Volkslieder für Männerchor, zum 1. mal.

In **Osnabrück** fand am 7. Juni eine wohlgelungene Aufführung des **„Gustav-Adolf-Spiels"** von **Prof. Dr. A. Thoma** unter Leitung des Herrn **Rudolf Prenzler** statt.

Das Werk besteht aus den 5 Bildern: Fahrt nach Deutschland, das Magdeburger Trauerspiel, die Breitenfelder Schlacht, in der Kaiserstadt und des Königs Tod, wirksam eingeleitet und durchzogen von Chorälen, Männer- und gem. Chören.

In **Aarau** findet vom 7. bis 9. Juli das grosse Eidgenössische Musikfest statt, verbunden mit zwei grossen Wettkonzerten.

Im August veranstaltet der M.-G.-V. **Laetitia** in **Düsseldorf** (Dirig. R. Delhaes), einen nationalen Wettstreit, zu welchem sich ca. 61 auswärtige Vereine, zusammen über 100 Vereine mit über 3800 Sängern angemeldet haben.

In **Bad Pyrmont** wird am 30. Juni und 1. Juli ein Musikfest zu Ehren **Lortzings** veranstaltet, der in den Jahren 1826—33 als Mitglied des Detmolder Hoftheaters dort häufig weilte. Es gelangen nur Tonwerke dieses Meisters zur Aufführung, die z. T. nur im Manuskript vorhanden sind, unter der Leitung des Kapellm. Ferd. Meister und Oberl. M. Sonnemann aus Pyrmont. Die Theaterregie führte Reg. Hans Lortzing aus Berlin, der einzige noch lebende Sohn des Komponisten.

Der neue Leiter des **Kölner Liederkranz**, Herr Dr. M. Burckhardt, hat mit seinem vor Jahresfrist eingeführten Vorbereitungskursus für Chorgesang bemerkenswerthe Erfolge erzielt; namentlich die Treffübungen konnten bis zu ziemlich schwierigen Experimenten erweitert werden. An dem Kursus beteiligten sich 52 Sänger, welche nunmehr sämtlich dem Vereine activ beigetreten sind und jedenfalls eine nicht unwillkommene Ergänzung bilden werden.

Der M.-G.-V. **Polyhymnia** in **Köln** (Leiter **Ernst Wolff**) veranstaltet zu seinem goldenen Jubelfeste im Sommer 1901 einen internationalen Gesangwettstreit, der in einer deutschen, einer ausländischen Abteilung, einer deutschen, einer internationalen Ehrenklasse, sowie einer höchsten internationalen Ehrenklasse zum Austrag gebracht werden soll. Wegen der näheren Bedingungen wende man sich an Herrn Fr. Marx, Köln, Mittelstrasse 38.

Die musikalischen Darbietungen des gem. Chors bei Gelegenheit der grossen **Lehrerversammlung** in Köln, unter Leitung des Herrn C. Reuther, waren ganz vorzügliche. Besonders gefielen die „Frühlings-dithyrambe" von Baldamus und „Grossmütterchen" von Kühnel. Die „Rheinfahrt", ein neuer gem. Chor von H. Bungart entfesselte begeisterte Beifallsstürme und musste an allen drei Abenden gesungen werden, z. T. da Capo.

❦

Gesangdirektorenkurs in St. Gallen.

Eine hochbedeutsame Anregung in gesangpädagogischer Beziehung empfangen wir aus der Schweiz, und verfehlen wir nicht, dieselbe denjenigen zu vermitteln, in deren idealem wie auch realem Interesse die Verwirklichung derselben liegt. In St. Gallen fand vom 22. bis 28. April der I. interkantonale Gesangdirektorenkurs statt. Es erschienen dazu über 100 Vereinsdirigenten aus den Kantonen St. Gallen, Appenzell, Glarus und Thurgau, während zahlreiche Meldungen aus anderen Kantonen auf einen bereits jetzt in Aussicht genommenen II. Kurs verwiesen werden mussten. Es handelt sich hier um einen achttägigen Kursus, abgehalten und geleitet von tüchtigen, mitten im musikalischen Leben stehenden Musikdirektoren, in welchem die für die Gesangvereinsleitung in Betracht kommenden Disziplinen theoretisch und praktisch durchgenommen wurden; die Hörer hatten also Gelegenheit, auf den verschiedenen Gebieten nicht nur die Thatsachen, die Gesetze, sondern auch deren klare Begründung und Anwendung an mannigfachen Beispielen zu sehen und zu hören. Die Vorträge und Uebungen erstreckten sich auf: elementare Theorie (Melodik, Rhythmik, Dynamik), Akkordlehre, Modulation etc., ferner Stimm- und Tonbildung nebst Uebungen, Aussprache, Vokalisationsübungen, Chorübungen; Taktieren und Dirigieren, Vortragsstudien etc. Wie man sieht, ein überreiches Programm, hinreichend genug für einige Jahre angestrengten Studiums. Aber man darf nicht vergessen, dass es sich in diesem Falle gar nicht um ein eingehendes Studium dieser Materien handelt, sondern lediglich darum, einen allgemeinen Ueberblick über den Stoff zu geben mit Hervorhebung dessen, was für den vorliegenden Zweck besonders wichtig ist und vor allen Dingen eine Grundlage zu bieten, auf der Jeder zu Hause in seinem Kämmerlein selbständig weiter arbeiten kann. Man wende nicht ein, dass das Interesse für derartige Studien fehlt; das ist nicht der Fall, denn ich habe in meinem brieflichen Unterricht in der Musik die Erfahrung gemacht, dass gerade die Leiter kleiner Gesangvereine das eifrigste Bestreben zeigen, sich theoretisch weiter fortzubilden und diese Studien trotz aller Berufsarbeit mit der grössten Energie verfolgen. Manche Disziplin lässt sich übrigens, wenn in übersichtlicher Weise dargestellt, recht gut in einigen Tagen hinreichend veranschaulichen, z. B. die Kapitel über Aussprache, Atmung etc. oder Metrik in Verbindung mit Taktierübungen.

Mit welcher Einhelligkeit die Angelegenheit betrieben und gefördert wurde, das beweisen die z. Z. ziemlich bedeutenden Subventionen, welche sowohl dem allgemeinen Fonds als auch den einzelnen Teilnehmern von seiten der Regierung, der Gemeinden, vieler Vereine u. s. w. bereitwilligst bewilligt wurden. Wir empfehlen dieses Vorgehen allseitiger Beachtung.

❦

Neue Chorwerke.

Von dem Kgl. Musikdir. **Carl Steinhauer** in **Düsseldorf**, dessen **Männerchorwerke** sich grosser Verbreitung und Beliebtheit erfreuen, erscheinen demnächst eine Anzahl neuer, wirksamer Männerchöre in H. vom Ende's Verlag, Köln a. Rh. Es sind die Chöre: op. 31 Westfalen, op. 55 Die Bergmannsbraut, op. 62 Vier Lieder zu Gedichten von Fr. W. Grimme, welche bereits zum Vortrag durch den Chor des Kgl. Seminars zu Rüthen bei der bevorstehenden Enthüllungsfeier des Denkmals des gefeierten Dichters in dessen Heimatsort Assinghofen gewählt wurden. I. Mein Sauerland. II. Volkslied. III. Sturm. IV. Heimkehr. Ausserdem ist in denselben Verlag übergegangen das im Selbstverlag erschienene op. 27 „Abschied von der Heimat", ein Männerchor, welcher auf dem Gesangwettstreit in M.-Gladbach **viermal** preisgekrönt wurde. Auch auf zahlreichen anderen Wettstreiten wurde er mit Preisen und Ehrenpreisen bedacht, desgleichen als Massenchor sehr oft erfolgreich in Konzerten aufgeführt.

August Klughardt, op. 75. **„Die Zerstörung Jerusalems".**

Seit dem Erscheinen des hlg. Franciskus von Edgar Tinel war es auf dem Gebiete der Oratorienkomposition still geworden; erst neuerdings sind zwei deutsche Komponisten mit solchen Werken auf den Plan getreten und zwar mit Erfolgen, welche zu den besten Hoffnungen für die Zukunft berechtigen. **August Klughardt** mit seinem Oratorium **„Die Zerstörung Jerusalems"** und **Felix Woyrsch** mit dem **„Passions-Oratorium"**. Während Letzterer zunächst nur an einigen Orten (Frankfurt a. M., Nürnberg und Zürich) seine wohlverdienten Lorbeeren pflücken durfte, ist dem Ersteren dies Glück seit Mai **1899** bereits in 30 verschiedenen Aufführungen vergönnt gewesen. Wie wir hören, sind auch für nächsten Winter bereits vielfach Aufführungen beider Werke geplant und verfehlen wir nicht, die Aufmerksamkeit der Konzertvereine auf diese beiden von echt deutscher Tiefe und Innigkeit durchtränkten Werke zu lenken.

Von **C. Jos. Brambach** liegt uns op. 111 **„Auferstehung"** für 2teiligen Männerchor a capp. vor. Das Werk ist, wie von einem solchen Meister nicht anders zu erwarten, frisch und schön empfunden, melodiös und von vornehmer Faktur. Es eignet sich besonders für grössere Vereine und soll, wie wir erfahren, im Oktober anlässlich des 50jährigen Bestehens des Krefelder Sängerbundes vom Rheinischen Sängerbund als Massenchor vorgetragen werden.

Von dem bekannten Komponisten **Ernst Heuser** erscheint demnächst ein grösseres Werk für Männerchor, Soli und Orchester: **Die Deutschen am Missouri,** welches bereits von dem Brooklyn-Sängerbund (Dirig. L. Koemmenich) zur Aufführung im Herbst angenommen ist.

Neue Werke für Gesang.

In der Kollektion Litolff ist neuerdings ein Werkchen von **Mathilde Marchesi**, op. 35, erschienen, welches Sängern von nicht genügender musikalischer Bildung zur fleissigen Benutzung empfohlen werden kann. Es ist betitelt „Marchesi-Schule" und behandelt lediglich Uebungen im Treffen der verschiedenen Intervalle. Die Uebungen sind in der Mittellage geschrieben und recht zweckentsprechend ausgewählt. Preis Mk. 1.50.

Ferner erschien im selben Verlage eine Ausgabe der Balladen u. Lieder v. **Carl Loewe** für Mittelstimme unter dem Titel **„Loewe, Balladen-Album", 2 Bde. à Mk. 2.—**. Die Ausstattung ist, wie man es neuerdings bei den Erscheinungen dieser Firma gewohnt ist, vorzüglich, das Format handlich, der Druck klar und übersichtlich. Die Albums enthalten die wichtigsten Balladen und Lieder (53 an der Zahl) des Meisters in fast erschöpfender Auswahl.

Ausserdem liegt uns noch ein **„Loewe-Album"** vor, enthaltend 17 ausgewählte Lieder und Balladen für hohe Stimme Preis Mk. 1,—. Auch in diesem befinden sich die bekannteren Gesänge: „Die Uhr", „Der Mönch zu Pisa", „Der Nöck" etc.

Von **Karl Schauss**, Wiesbaden, sind neu erschienen „Wiegenlied", „O Frühling", und „Gefunden", in ihrer Faktur dem grösseren Publikum entgegenkommend; besonders dürfte „O Frühling" mit seinem Aufschwunge am Schluss sich als wirksam erweisen.

Die Lieder Elilands, Dichtungen von Karl Stieler, haben in letzter Zeit verschiedentlich recht wirksame und vornehme Vertonungen erfahren, so von Kindscher, W. Berger und A. von Fielitz. Nicht an letzter Stelle stehen die kürzlich erschienenen von Musikdirektor **Karl Hirsch, op. 115.** Mit lebhaften Farben, reichen harmonischen und rhythmischen Mitteln schildert der Komponist den unausgleichbaren Zwiespalt in der Brust des Mönches zwischen seinem Ordensgelübde und einer heimlichen Liebe. Die Wiedergabe dieser warmherzig aufgefassten und geschriebenen Gesänge verlangt Künstler von gediegenem Können, auch auf Seiten der Begleitung, und ein musikalisch reiferes Publikum, wird dann aber auch von schönster Wirkung begleitet sein. *vom Ende.*

☞ Dieser Nummer liegt ein Prospekt der Firma Chr. Fr. Vieweg's Verlag, Quedlinburg bei, welchen wir der Aufmerksamkeit unserer Leser bestens empfehlen.

☞ Der heutigen Nummer liegt als Beilage der Firma F. Bosse, Musik-Verlag, Leipzig, eine Bestellkarte für Auswahlsendungen bei. Wir empfehlen dieselbe allen Vereinen angelegentlichst zur Benutzung.

Konzertbericht.

Konzertsängerin Frau Louise Hövelmann

aus Köln.

Die „Neue Musikzeitung" schreibt: Wirkliche Altistinnen sind heute so selten, daß es eine besondere Freude ist, einer echten, dunkelgefärbten Altstimme von üppigem Klange und jenem eigenen Glanze zu begegnen, der den Ausdruck des Elegischen ebenso begünstigt, wie den des geheimnisvollen Mystischen. Altsängerinnen mit vollen, tiefen Brusttönen giebt es ja genug, aber in der Regel gliedert sich nicht eine vollwertige, lückenlose Mittelstimme an, und wenn hier die Defekte gering sind, so macht sich nach oben zu bei gar vielen eine anders geartete Klangfarbe geltend, indem das höchste Register fast Soprantimbre aufweist. Eine nach beiden Richtungen hin sehr ausgiebige und einheitlich schattierte Altstimme besitzt die Kölner Konzertsängerin Frau **Louise Hövelmann**. Die junge, schöne Frau, welche trotz ihrer prächtigen, für die Bühne geradezu prädestinierten Erscheinung Anträge für die weltbedeutenden Bretter verschmäht hat, ist Rheinländerin und verdankt ihre Ausbildung dem Kölner Konservatorium. Ursprünglich zur Klavierlehrerin bestimmt, wurde sie auf die Schönheit ihrer Stimmmittel aufmerksam gemacht und durch Charlotte Huhn in der Absicht umzusatteln bestärkt. Die wertvollsten Töne stehen ihr in dem Umfang vom kleinen F bis zum zweigestrichenen G zur Verfügung, doch erhebt sich die Stimme ohne Mühe auch noch bis zum B. Daß ihre Schule vortrefflich ist, bedarf nach dem Vorhergesagten kaum der Erwähnung, und wie musikalisch sie ist, hat die Künstlerin u. a. dadurch bewiesen, daß sie bei der Aufführung eines Oratoriums die Altpartie von einem auf den anderen Tag übernahm und mit glänzendem Erfolge sang.

Karl Wolff.

Künstlerkonzert in Düsseldorf.
12. Juni 1898.

Generalanzeiger für Düsseldorf. Fräul. **Hövelmann** besitzt eine große dunkle, an Fräulein Ch. Huhn erinnernde Altstimme, die sie in der bekannten Arie aus Glucks „Orpheus" und besonders auch in den Liedern „Mainacht" und „Wiegenlied" von Brahms vortrefflich zu verwerten wußte. Die beiden Lieder waren der reinste Wohlklang, und das „Wiegenlied" mußte wiederholt werden.

II. Abonnementskonzert des Barmer Quartett-Vereins.
15. Januar 1899. (Odysseus von Bruch.)

Barmer Zeitung. Hohes Verständnis für den ideal großen Zug der Penelope-Partie bewies Fräulein **Louise Hövelmann** aus Köln. Diese noch junge, aber neben Odysseus auffallend stattliche Sängerin gehört zweifelsohne zu den wirklich Berufenen ihres Faches, die mit einer wunderbar klanggesättigten, dunkel timbrierten Stimme aus voller Brust und aus vollem Herzen singen. Geradezu bestrickend wirkt der Wohllaut einzelner Töne, wie z. B. des warm ausstrahlenden hohen E, oder des üppig quellenden tiefen B. Unter solch' günstigen Vorbedingungen gewährten die beiden großen Salonnummern Penelopes einen vollbefriedigenden Kunstgenuß.

Anzeiger für Barmen-Elberfeld. Die Partie der Penelopeia sowie der Antikleia sang Fräulein **Louise Hövelmann** aus Köln. Dieselbe verfügt über einen überaus prächtigen Alt; die Stimme ist brillant geschult. Schon die kleine Partie der Antikleia gelang ihr vorzüglich. Voll entfalten konnte sich der Glanz ihrer Stimme aber erst in der großen Arie: „Hellstrahlender Tag" ꝛc. Hier kam ihr wunderschöner pastoser Alt mit all' seinen Vorzügen zur Geltung. In dieser Arie traten auch die Celli bedeutend hervor. Und was soll ich nun erst zu der Wiedergabe der berühmten und viel gesungenen Arie sagen: „Ich wob dies Gewand mit Thränen am Tage ꝛc." Sie war einzig, so schön haben wir diese Arie noch nicht gehört.

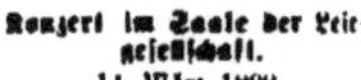

Konzert im Saale der Lesegesellschaft.
14. März 1899.

Kölner Tageblatt. Denselben starken Erfolg hatte Frl. **Louise Hövelmann** zu verzeichnen, dank der seltenen Gottesgabe, die ihr in Gestalt eines ungewöhnlich volltönenden, sympatischen Alts verliehen ist, dank aber auch ihrer ständig wachsenden Künstlerschaft und ihrem ausdrucksreichen, geschmackvollen Vortrage. Gleich in der Bruch'schen Arie konnte sich der Wohl- und Vollklang ihrer Mittel, aber auch ihrer Fähigkeit, den jeweiligen Stimmungsgehalt zu erschöpfen, ganz offenbaren, zumal sie sich jedes Forcierens enthielt. Daß sie das mächtige Organ aber auch dem kleineren Style des Liedes anzupassen weiß, zeigte sie später in Gesängen von **Wagner** und **Brahms**, die ihr stürmischen Beifall eintrugen.

Kölnische Zeitung. Eine Altistin, die alles besitzt, um im Konzertgesang bald eine der ersten Stellen einzunehmen, lernten wir in **Louise Hövelmann** kennen. Ihre Stimme ist, trotzdem ihr die echte dunkle Alt-Klangfarbe zu eigen ist, doch von großem Wohllaut und geschmeidigster Weichheit, ihr Vortrag verriet Innerlichkeit und Charakterisierungskunst. Sie eignet sich sicher trefflich für die großen Aufgaben des Oratoriengesanges.

Abonnementskonzert in Lüttich. Januar 1899. (Messias v. Händel.)

Gazette de Liége. Nouvelle venue, Mlle. Hoevelmann, de Cologne, émeut par un organe puissant, dont les notes graves sonnent comme un violoncelle. La jeune cantatrice dit avec enthousiasme religieux l'air: "O toi qui promets des délices à Sion," dont le délicieux accompagnement constitue, avec la gravité de la voix, une admirable page. Sur un ensemble, où soprani et ténors se distinguent ferme.

III. Abonnementskonzert des Barmer Quartett-Vereins.
19. März 1899. (Messias v. Händel.)

General-Anzeiger für Barmen-Elberfeld. Bei Frau **Hövelmann**, die von der Odysseusaufführung im vorigen Jahre her noch in bestem Andenken steht, bewunderten wir wieder um das prächtige Material, wie es recht selten eine Altistin ihr ngen nennt; die Tongebung kann kaum schöner sein, als sie z. B. in dem durch Wärme der Empfindung sich auszeichnenden Vortrag der Arie: „O Du, die Wonne verkündet in Zion“, bemerkt wurde.

Volks-Symphonie-Konzert im Gürzenich. Juni 1899.

Kölnische Volkszeitung. Das Gesangssolo hatte an diesem ersten Abend Frau **Louise Hövelmann** übernommen, die ihre Ausbildung auf dem hiesigen Konservatorium erhalten hat. Sie besitzt einen außergewöhnlich schönen gut ausgeglichenen Alt, von ebenmäßiger Tonstärke und gleichartiger Färbung, den sie mit künstlerischem Geschmack behandelt. Die Arie: Er ward verschmähet und verachtet, aus dem Messias von Händel, mit der sie begann, sang sie mit Ausdruck und Stilgefühl, auch dynamisch genug abgestuft. Eine noch reichere Abschattierung machte sich bei dem Vortrag der Lieder: Wie bist du, meine Königin von Brahms, Der arme Peter von Schumann und Wiegenlied von W. Taubert, die A. v. Othegraven begleitete, vorteilhaft bemerkbar.

I. Gürzenich-Konzert in Köln. Oktober 1899. (Zerstörung Jerusalems von Klughardt.)

Kölnische Volkszeitung. In der Besetzung der Soli mußten in letzter Stunde, infolge der Erkrankung von Frau Cäcilie Colli-Kloppenburg, Aenderungen vorgenommen werden. Frau **Louise Hövelmann** übernahm außer der dritten Stimme in den Engelterzetten auch die Altsoli und Helene Schemmel die zweite Stimme in den Terzetten. Die erste Stimme sang Cäcilie Rüsche. Diese Engelterzette, die Friedr. Schneider zuerst in seinen Absalon eingelegt, klangen, wenn die Reinheit anfänglich auch nicht ganz engelhaft war, sehr schön. Von großer Wirkung war hierbei **Louise Hövelmanns** prachtvolle Tiefe. Sie entledigte sich ihrer schnell übernommenen Obliegenheiten mit großer Sicherheit. Ihre Arie, „Jerusalem, ach, wenn du es doch wüßtest“, gelang ihr sehr gut und der reiche Beifall war ein wohlverdienter.

Konzert des Kölner Männer-Gesangvereins. 27. November 1899.

Kölnische Zeitung. **Louise Hövelmann** besitzt eine der schönsten Altstimmen, die wir kennen; ihr nicht geringster Reiz besteht in der Keuschheit des Klanges. Dabei ist ihre Tongebung sicher, ihre Phrasierung musikalisch, ihr Vortrag innerlich und edel, sie ist eine Erwählte unter den Berufenen.

Emilie Müller, Konzertsängerin.

Frankfurt a. M.

Konzert des Metzer Männergesangvereins.

Lothringer Zeitung, 10. Januar 1900. Das Festkonzert zur Feier des 17. Stiftungsfestes verlief vorgestern Abend in hervorragend schöner Weise. Dem Vorstande des Vereins war es gelungen, eine vorzügliche Solistin, Fräulein F. Müller aus Frankfurt, zu gewinnen, deren künstlerische Vorträge mit grösster ungekünstelter Wärme aufgenommen wurden. Der seelenvolle Ton, mit dem die bekannte Arie „Nun beut die Flur“ (aus der Haydn'schen Schöpfung) vorgetragen wurde, nahm von vornherein die Herzen der Hörer gefangen. Aber auch unter den Liedern am Klavier, die fein ausgewählt erschienen, wusste man nicht, ob und welchem man den Vorzug einräumen sollte. Frl. Müller besitzt eine herrliche hohe Sopranstimme und verbindet mit feinstem, angenehmstem Wohlklang eine köstliche Reinheit des Tones. Ausserdem ist die bescheidene Art des Auftretens der jungen talentierten Künstlerin ungemein anmutend. Wie wir hören, ist Frl. Müller Schülerin Stockhausen's und neuerdings des Professors Bellwille in Frankfurt. Wir werden uns immer freuen, diese wirklich tüchtige Gesangssolistin zu hören.

Metzer Presse, 11. Januar 1900. Zu ganz besonderem Glanze des schönen Festes trugen auch die Vorträge der Konzert-Sängerin Fräulein Emilie Müller aus Frankfurt bei. Es ist dem Vereine hoch anzurechnen, dass er in neuerer Zeit zu seinen grösseren Festen gute Solisten heranzieht. Die Wahl war diesmal eine besonders glückliche gewesen. Mit der reizenden Schöpfungsarie: „Nun beut die Flur“ führte sich die Künstlerin auf's Beste ein und sang sich sofort in die Herzen der Zuhörenden. Der Wohlklang der herrlichen hohen Sopranstimme war in seiner Reinheit geradezu von bestrickendem Reize. Dasselbe Urteil hörte man einstimmig auch von dem Vortrage der feinsinnig gewählten Lieder am Klavier. Sie wurden alle schön vorgetragen. Das Schubert'sche „An meiner Wiege“ wirkte ergreifend; auch der Vortrag der 2 Schumann'schen Lieder war ein vorzüglicher. Mit vollendet schöner Aussprache kam auch ein französisches Lied, „Ouvre tes yeux bleus“, von Mozart zur besten Geltung. Wir danken der Künstlerin aufrichtig für den Genuss, den sie uns gewährt, und hoffen, ihr bald wieder zu begegnen.

Klavier- und Liederabend in Boppard.

Bopparder Zeitung, 0. Februar 1900. Frl. Müller, die sich mit Frl. Schelle in die Darbietungen des Abends teilte, gebietet über eine Stimme von grossem Umfang. Ihr stehen nicht nur die Töne eines Sopran zu Gebote, sondern ihre tiefen Töne haben den Klang einer gut gebildeten Altstimme. Die Stimme ist überdies in allen Lagen eine recht angenehme. Mit ihren stimmlichen Vorzügen weiss die Sängerin noch eine recht schöne Deklamation zu verbinden. Dass die Künstlerin, ausgerüstet mit diesen günstigen Eigentümlichkeiten, Schönes zu bieten vermag, ist selbstverständlich. Sie errang denn auch, wie ihre Partnerin, rauschenden Applaus. Wenn wir von dem Vortrag der Sängerin noch sagen, dass sie in der Anwendung des Vibrato sehr massvoll zu Werke ging, so möchten wir damit betonen, dass die Anwendung dieses Ausdrucksmittels bei ihrem Vortrag seinen eigenartigen Reiz behielt, ohne die Schönheitslinie zu überschreiten, was wir bei bedeutenden Sängerinnen so häufig bemerken mussten.

Konzert des Vereines „Concordia“, Saarbrücken
(u. a. Frithjof v. Bruch.)

Neue Saarbrücker Zeitung, 1. April 1900. Fräulein Emilie Müller aus Frankfurt am Main, die sich durch ihre gesanglichen Leistungen bei einem frühern Konzert der „Eintracht“ bereits recht vorteilhaft hier eingeführt hat, war eine vorzügliche Interpretin der Partie der Ingeborg und hatte sich mit ganzer Seele in ihre nicht gerade leichte aber dankbare Aufgabe vertieft. Die sanften Klagen der leiderfüllten Ingeborg können im Gesang kaum gefühlsinniger und ergreifender zum Ausdruck kommen, wie wir sie gestern gehört haben. Fräulein Müller verfügt über eine eigenartig sinnige und fein nuancirte Vortragsweise, die dabei allem süsslich Sentimentalen abhold ist und erhebend und herzerfrischend wirkt. Es gilt dies insbesondere von den drei von ihr selbst gewählten Liedern „Von meiner Wiege“ von Franz Schubert und den beiden Brahms'schen „Feins Liebchen“ und „Wiegenlied“, durch deren warmherzigen und tief empfundenen Vortrag die talentierte Sängerin begeisterungsvollen Applaus erntete.

Phil. Gretscher u. K. Gretscher-Sebaldt,

Aachen.

Symphonie-Konzert in Aachen.

Echo der Gegenwart, 14. Oktober 1899. Herr Konzertsänger Gretscher von hier vervollständigte das Programm durch Lieder, die er mit der bei ihm bekannten Sorgfalt im Ausdruck und verständnisvoller Charakterisierung zur Wiedergabe brachte. Am besten lagen der Eigenart seines dunkel gefärbten Organs wohl die tragischen Accente in Hermanns „Drei Wanderer" und Schuberts „Lindenbaum". Die Sachen von Franz, Jensen und Löwe fielen aber auch alle sinnentsprechend aus, und in einer eigenen Komposition „Frau Sorge" bekundete der mit lebhaftem Beifall bedachte Künstler temperamentvolle Auffassung und Geschick in der Kennzeichnung des Gemütsempfindens.

Aufführung des „Messias", Saarbrücken.

Neue Saarbrücker Zeitung, 10. Nov. 1899. Grossen Beifall fand auch Herr Gretscher aus Aachen. Derselbe besitzt einen herrlichen Bass. Frei von allen künstlerischen Effekten entquoll seinem Munde eine edle, kernige, trefflich geschulte, ausdrucksfähige Stimmme; sein Vortrag und das feine musikalische Verständnis in der Wiedergabe seiner Partie ist nicht hoch genug anzuerkennen. Wir erinnern hier nur an die Arie Nummer 34: „Warum entbrennen die Heiden und toben im Zorne?", welche zu den gewaltigsten und dankbarsten, aber auch schwersten Arien gehört, die Händel für den Bass geschrieben hat. In leidenschaftlich auf- und abflutenden Sechzenteln bewegen sich die Geigen und Bratschen. Wie Sturmwind jagen sie daher, in dem die Bassstimme wie ein unerschütterlicher Fels dasteht.

Die Vertreterin der Sopranpartie war Frau Gretscher aus Aachen. Die Dame besitzt eine Stimme von sympatischem, süssem Wohllaut. Der Toneinsatz ist sicher und die Atemökonomie ausgezeichnet. In diesem liegt ja der Grund der feinen Vortragnuancen im Stile des bel canto. Dass ihre Stimme sich besonders auch für kolorierten Gesang eignet, bewies sie in der sich zu Jubeltönen aufschwingenden Arie: „Erwach, erwach zu Liedern der Wonne", die sonst aber mit Unrecht meist vom Solo-Tenor gesungen wird, während sie ursprünglich für Sopran gedacht ist und als solche auch von grösserer Wirkung ist.

Eine Glanzleistung war die rührend schöne Arie zu Anfang des zweiten Teils: „Ich weiss, dass mein Erlöser lebt". Ueber die Mitwirkung des Sängerpaares Herrn Phil. Gretscher und Frau Käthe Gretscher-Sebaldt gelegentlich der Messias-Aufführung in Saarbrücken lesen wir in der ‚Alte Saarbrücker Zeitung': „Herr Gretscher hat hier sehr gefallen, sein Bariton ist ausgiebig, seine Deklamation hervorragend, er erzielte eine nachhaltige Wirkung auch durch seine verständnisvolle Auffassung." — „Als Sopranistin lernten wir Frau Käthe Gretscher-Sebaldt kennen, die über ein sorgfältig geschultes Organ verfügt, dessen Klang stets lieblich und in allen Lagen sicher bleibt. Der seelenvolle Vortrag ist vor allem hervorzuheben, er entzückte durch die künstlerisch massvolle Art, deren sich die Sängerin stets befleissigte.

Liederabend in Aachen.

Politisches Tageblatt. Frau K. Gretscher, die den eigentlichen Abschluss ihrer musikalischen Bildung ihrem Gatten dankt, sang Lieder von Franz, Jensen, Schubert, Taubert und Gretscher korrekt und fein, ihre sympathische Stimme sicher entfaltend und nach der Gefühlsseite hin die erforderlichen Nuancen stets sorglich wahrend. Besonders glücklich war sie in dem Vortrag des kleinen Liedes „Vögleins Frage" von Ph. Gretscher, welches, an sich ansprechend, mit bestrickender Anmut gesungen, stürmisch da capo verlangt wurde.

Aufführung des „Samson" in Siegen.

Siegener Zeitung, 12. Februar 1900. Herr Ph. Gretscher aus Aachen, der Vertreter der beiden Basspartieen, erfreute mit seiner sonor klingenden Stimme und durch die Wärme des Vortrags. Herr Gretscher ist ein routinierter Oratoriensänger; die Behandlung der Passagen z. B. in der Arie „Dein Heldenarm" zeugte von einer ausserordentlichen Kehlfertigkeit. Das Duett Harapha's mit Samson erzielte einen dramatischen Effekt, der die Zuhörer in Bann schlug.

Echo der Gegenwart, Aachen. Das Künstler-Ehepaar Gretscher hat in jüngster Zeit wieder mehrere Erfolge erzielt. So schreibt über eine, am 18. ds. Mts. in Siegen stattgefundene Samson-Aufführung die ‚Sieg-Lahn-Zeitung': „Herr Oratoriensänger Gretscher aus Aachen führte mit seinem wohlklingenden Basse die Partieen des Manoah und Harapha trefflich durch, sowohl gesanglich wie auch hinsichtlich charakteristischer Ausprägung und kraftvoller Deklamation. Während er sich in der Arie „Dein Heldenarm" als tüchtiger Koloratursänger erwies, legte er in der ergreifenden Arie „Wie willig trägt des Freundes Herz" von seinem tiefen Empfinden Zeugnis ab." In einer Messias-Aufführung zu Saarbrücken wirkten, laut ‚Köln. Ztg.', Herr und Frau Gretscher verdienstlich mit, und über eine, am 11. ds. Mts. in Arnsberg vom dortigen Musikverein veranstaltete Aufführung der Schöpfung sagt die ‚Arnsberger Ztg.': „Frau Gretscher gefiel besonders in den hohen Stimmlagen und als Koloratursängerin und Herr Gretscher durch sympathischen Vortrag und melodische Tonführung."

Jubiläen.

Oberschl. Sängerbund, 30. Juni bis 1. Juli in Gross-Strelitz 14. Bundesfest. Deutsche Liedertafel in St. Petersburg, 13. Mai 60jähriges Bestehen. Liedertafel zu Vöcklabruck, 24. Mai gold. Jub. M.-G.-V. Görkau im Aug. 40jähriges Bestehen. Prof. Fr. Grützmacher, Cellist, Dresden 40 Jahre Mitgl. d. Kgl. Kap. J. Bapt. Sigler, Kontrabassist, München, 50 Jahre Mitgl. der Kgl. Hofkap.

Rücktritte.

Alfred Richter, Leipzig, Dir. des Akad. G.-V. Arion. Carl Herner Kapellm., Hannover.

Gestorben.

Joh. Wagner, Org., Basel. Gust. Schlemüller, Musikl. und Musikref., Leipzig. 25. Mai. Frl. Maria Proksch, Vorsteherin eines M.-Inst., Prag. 17. Mai. José Dupuis, Operntenor, Noyent sur Marne. Alfr. Colombani, Musikkrit., Mailand. Attilio Luzzati, Musikkrit., Rom. Bernard, ehem. Bassbuffo und Reg. a. d. Op. com. Paris. Emil Keller, Musikdir. in Frauenfeld, Schweiz. Graben-Hoffmann, Komp., Potsdam. Louis Deffès, Dir. d. Conserv., Toulouse. Dr. Ch. Swinnerton Heap, Org. u. Dir. in London.

Engagements.

Richard, Kapellm. a. d. Hofoper Weimar. Franz Guth, Dir. des Stadttheaters Stettin. Fritz Rémond, Heldentenor am Hoftheater Karlsruhe. Gutheil, Kapellm. d. Kgl. Oper Wien. Adolf Gröbke, Tenor, Köln, in Bayreuth.

Vakanzen.

Organist a. d. Schloss-Stadtkirche in Eutin. Domorg. Verden in Hannover.

Orden.

Jos. Reiter, Dir. des M.G.-V. zu Kärnthen, Oest. gold. Verdienstkreuz. Erdmann Hartmann, Musikdir., Leipzig Sächs. Verdienstkreuz. Dr. Kienzl in Graz, Württemb. gold. Med. f. K. u. W. am Bande des Friedrichordens. Heinrich Lutter, Hofpian., Hannover, Waldeck-Pyrmontsche Med. f. K. u. W. Prof. Friedr. Grützmacher, Dresden, Ritterkreuz I. Kl. des Sächs. Verdienstordens. Gustav Lyon, Chef des Hauses Pleyel, Wolff & Co., Paris. Off. der Ehrenlegion J. Bapt. Sigler, Kontrabassist München. Ehrenmünze des Ludwigsordens. Karl Herner, Kapellm. Hannover, R. Adler-Orden IV. Kl.

Titel.

Eugen Robert, Berlin, Herzogl. Anhalt. Kammersänger. Reinold Koch, Halle a. S., Herzogl. Anhalt. Hofmusikalienhdlr. Jan Gerardy, Cellist, Off. der franz. Akademie. Kapellm. Jos. Schlar, Wiesbaden u. Dr. Fr. Volbach, Mainz. Professortitel.

Wegweiser

durch die

Chorgesanglitteratur

nebst „Konzertbericht“.

Ratgeber für Männer-, Frauen- und gemischte Gesangvereine und Gesangvereinsdirigenten.

Herausgegeben und redigiert von **H. vom Ende, Köln am Rhein,** Beethovenstrasse 6. — Erscheint monatlich einmal. — Bezugspreis für 1 Expl. 15 Pfg. Jahresabonnement 1,50 Mk. incl. Porto. Inserate kosten pro 4 mal gespaltene Petitzeile 25 Pfg.

№ 10. **Köln am Rhein,** den 26. Juli 1900. **I. Jahrgang.**

Inhalt: **Aufführungen:** Männerchöre a capp. und mit Begl. Gemischte Chöre a capp. und mit Begl. — **Neuigkeiten:** Männerchöre s.-l. bis z.-l. — **Besprechungen:** Männerchöre. Sammlungen für Kinder- oder Frauenchor. Volkslieder-Verzeichnis Neue Chorwerke von E. Heuser, C. Steinhauer, M. Galbins, C. H. Döring. — **Konzertbericht:** Frl. Joh. Diets. Rich. Geyer. Neue Gesänge von H. Gelbke u. C. Hirsch. — Personalia.

Aufführungen.

Es können unter dieser Rubrik nur solche Werke aufgenommen werden, welche bereits im Druck erschienen sind.

(Nachdruck verboten.) **Männerchöre a cappella.** Abkürzungen: gr.-gross, s.-sehr.

Titel	Komponist	Stadt	Verein	Dirigent	Erfolg	Preis
Es war einst eine schöne Zeit (*zl*)	A. Kirchl	Wien	Gersth. Liedertafel	A. Schkach	DC.	
Altherrlicher Lindenbaum	K. Lafite	do.	Schubertbund	A. Kirchl	DC.	
Wach auf (*l*)	M. Loschky	Fürth	Lieder-Verein	Loschky	DC.	
Das stille Thal (*l*)	O. Neubner	do.	do.	do.	s. gr.	
Volkers Schwanenlied (*sch*)	Meyer-Olbersleben	Dortmund	Concordia u. Polyhymnia 170	Kenkmann	s. gr.	
Die Bergmannsbraut	C. Steinhauer	Düsseldorf	Quartett-Verein	Steinhauer	DC.	
Der Pfeifer (*zsch*)	A. v. Othegraven	Königsberg i. Pr.	Sänger-Verein	R. Schwalm	s. gr.	
Maiennacht mit Tenorsolo (*l*)	Fr. Abt	Bielefeld	Arion	M. D. Lamping	s. gr.	
Winterfrühling (*l*)	H. Jüngst	Meissen	Hippokrene 70	Stahl	s. gr.	
Liebe (*sch*)	R. Strauss	do.	do.	do.	gr.	
Es muss doch Frühling (*sch*)	J. Brambach	Düsseldorf	Quartett-Verein	C. Steinhauer	s. gr.	
Meeresstimmen (*sch*)	L. Kempter	Gelsenkirchen	Lehrer-G. V.	do.	s. gr.	
Beim Rheinwein (*zsch*)	E. Heuser	do.	do.	do.	gr.	
Auf'n Heubodn	C. Weidt	Heidelberg	Liederkranz	C. Weidt	DC.	
Wüchsen mir Flügel	v. Weinzierl	do.	do.	do.	s. gr.	
Komm, o komm (*zl*)	E. Kremser	Saarlouis	G. V.	L. Zech	gr.	
Hüte dich	Girschner	Köln	Liederkreis	A. Krögel	D. C.	
Die Elfe (*sch*)	F. Curti	Stuttgart	Lehrer G. V.	C. Weidt	s. gr.	
Wach auf, du schöne	F. Gericke	do.	do.	do.	D. C.	
Trinklied v. d. Schlacht	K. Goepfart	Jena	Paulus	Hartung	s. gr.	
Schiffers Sehnsucht	K. Becker	Neuwied	Liedertafel	C. Becker	s. gr.	
Uebers Jahr, m. Schatz	do.	do.	do.	do.	s. gr.	
Der Rhein	C. Steinhauer	M.-Gladbach	Rhein. Sängerbund	Knittel	D. C.	
Altdeutsches Schlachtlied	R. Strauss	Aachen	Concordia	R. Kube	gr.	
Liebe	do.	do.	do.	do.	s. gr.	
Abschied v. d. Heimat	C. Steinhauer	Moers	M. G. V. Jacobiny	Ferd. Kreyer		I Pr.
Gewitternacht (*msch*)	F. Hegar	Meiderich	Rheingold	J. Quast.		I. Pr.
Reiterlied (*zsch*)	Zerlett	Mainz	Liederkreis	W. Graf.	s. gr.	[illegible]

Titel	Komponist	Stadt	Verein	Dirigent	Erfolg	Preis
Männerchöre mit Begleitung.						
Roms Fall *	K. Goepfart.	Toledo (Amerika)	Teutonia	Wylli	s. gr.	
Germanenzug *	A. Bruckner	München	Bürger Sängerzunft	H. Schwartz	s. gr.	
Rinaldo *	Brahms	Kassel	Lehrer G. V.	Dr. Fr. Beier	s. gr.	
Rhapsodie *	do.	do.	do.	do.	s. gr.	
Sturmlied *	M. Gulbins	Königsberg i. Pr.	Melodia	M. Oesten	s. gr.	
Das Meer *	Nicodé	Stuttgart	Liederkranz	Prof. Förstler	s. gr.	
Die Hunnenschlacht *	H. Zöllner	Bern	M.-Chor	Henzmann	gr.	
Das Grab im Busento *	Gernsheim	Braunschweig	Lehrer G. V.	Jos. Frischen	s. gr.	
Waldeinsamkeit (m. 4 Hörnern) (*l*)	C. Steinhauer	Düsseldorf	G. V.	C. Steinhauer	D. C.	
Gemischte Chöre a cappella.						
Zur Nacht (*sch*)	St. Saëns	Düsseldorf	G. V.	C. Steinhauer	gr.	
Niederrhein. Volkslied (*zl*)	C. Steinhauer	do.	G. V.	do.	D. C.	
Rheinfahrt	H. Bungart	Köln	Lehrer G. V.	C. Reuther	D. C.	
Därf i's Diandl lieben	C. Hirsch	Ellwangen	Sängerbund	Alt	D. C.	
In der Fremde	do.	do.	do.	do.	s. gr.	
O Jesulein zart	do.	Elberfeld	Kirchenchor	Chr. Kölbel	s. gr.	
Sprüche des älteren Spervogel	do.	Gotha	Kirchen G. V.	Prof. Rabich	gr.	
Gemischte Chöre mit Begleitung.						
Armin (*msch*)	F. Kriegeskotten	Wernigerode	Gymnasialchor	Kriegeskotten	gr.	
Erlkönigs Tochter * (*msch*)	N. W. Gade	Saarlouis	G. V.	L. Zerh	s. gr.	
Barbarossas Erwachen * (*zl*)	Kissling	do.	do.	do.	s. gr.	
Waldeinsamkeit *	E. Seling	Karlsbad	Mus. V.	Janetschek	s. gr.	
Germanenzug *	J. Tausch	do.	do.	do.	gr.	
Türkisches Liederspiel	J. Rheinberger	Berlin	Mus. Ges.	W. Berger	s. gr.	
C-moll Requiem *	Cherubini	Kassel	Kirchen Chor	M. D. Spengler	s. gr.	
Frühlingsdithyrambe (*msch*)	Baldamus	Köln	Lehrer G. V.	C. Reuther	s. gr.	
Mahomets Gesang * (*sch*)	R. Kahn	Düsseldorf	G. V.	C. Steinhauer	gr.	
Legende v. d. hlg. Elisabeth *	Fr. Liszt	Elberfeld	Liedertafel	C. Hirsch	s. gr.	
Frühlingszauber	v. Weinzierl	Wülfrath	Gem. Chor	C. Hirsch	s. gr.	
Schöpfung *	J. Haydn	Aschaffenburg	Allg. M. V.	Ch. Lindenlaub	s. gr.	

Die mit * versehenen Werke wurden mit Orchester aufgeführt.

Alle hier angeführten Werke sind zur Ansicht zu beziehen durch H. vom Ende's Verlag, Köln a. Rh., Beethovenstrasse 6.

Abkürzungen: l=leicht, sch=schwer, s=sehr, z=ziemlich, m=mittel:

Neuigkeiten.

Für die Aufnahme in diese Rubrik genügt die Zusendung eines Frei-Expl.

Männerchöre

sehr leicht — ziemlich leicht.

Abt, Franz, op. 532 II. So weit in die Ferne P. 0,40 St. 0,15
do. op. 532 V. Ein Sträusschen am Hute P. 0,40 St. 0,15
do. op. 258 VII. Auf die Berge steigt . . P. 0,40 St. 0,15
Allmers, Herm., Friesensang. „Ihr Freunde stimmt an" . . . . P. 0,50 St. 0,15
Räcker, F., Erinnerung. „Du standst vor deinem" . . . . P. 0,40 St. 0,15
Becker, Aug., op. 11. Mägdlein, hab' Acht. P. 0,60 St. 0,15
Beschnitt, J., op. 41. Die Frühlingszeit. Der goldne Sonnenschein. Reiselied . . P. 0,60 St. 0,40
Blasser, G., op. 98 I. Mary von Perth . P. 0,40 St. 0,15
Bungard-Wasem. Im Feld des Morgens früh P. 0,40 St. 0,10
Bungart, H., op. 28. Frühling. „Was rauscht" P. 0,40 St. 0,15
Bungart, H., op. 34. „Im Wald" . . . P. 0,40 St. 0,15
Diehl, J., op. 29. Selige Nacht. „Leise vorüber am hohen" . . . . P. 0,20 St. 0,15
Dregert, Alfr., „Liebchen ade!" „Ade, mein Schatz" . . . . P. 0,50 St. 0,25
Eichhorn, Max, Thüringer Lied. „Da wo die Tanne" . . . . P. 0,40 St. 0,15
do. Käferlied. „Es waren mal" . . . . P. 0,40 St. 0,15
do. Mein Thüringen . . . . P. 0,40 St. 0,15
vom Ende, Heinrich, op. 9 III. Versöhnung. „Mein herzliebstes Schatzerl" . . . . . P. 0,60 St. 0,15
do. op. 16 II. „Ach Elslein, liebes Elslein" P. 0,60 St. 0,20
do. op. 16 III. „Ist die holde Rosenzeit" . P. 0,60 St. 0,20
Franke, Max, op. 48a. Beim Scheiden. „Leb wohl" . . . . P. 0,40 St. 0,15

Göbel, Wilh., op. 1. Maienglöcklein . . . P. 0,60 St. 0,15
Goepfart, K, Schwarzwälder Abschied. „So nimm den Wanderstab" . . . . . P. 0,50 St. 0,15
Haas, P., op. 12. Getröstet. „Da fliegt sie" P. 0,40 St. 0,10
Hagemann, Jul., op. 1 I. Pfauenart. Leucht't heller denn. II. Schlehenblüt' und wilde Rose . . . . à P. 0,40 St. 0,15
do. op. 5 I. Strampelchen. „Still, wie still." II. Ein geistlich Abendlied. III. Soldatenliebe. „Schätzlein, sag mir" . . . . à P. 0,60 St. 0,15
Herzog, Wilh., Sag mir warum. „Vöglein im stillen" . . . . P. 0,40 St. 0,15
Hirsch, Carl, op. 27. Es war mein. „Duftet die" P. 0,40 St. 0,15
do. op. 137. Am Brünnelein. „War hold und jung" . . . . P. 0,40 St. 0,15
Hoft, Norbert, Buren-Schlachtgebet. „Nun lasst uns" . . . . P. 1,— St. 0,15
Jordan, Aug., op. 19b. Mei Kummer. „I woass net" . . . . P. 0,40 St. 0,15
Keller, Ludwig, op. 35 II. Der Frühling wird wach. „Es steigen die" . . . . . P. 0,40 St. 0,10
do. op. 36 I. Es war einmal ein Fräulein P. 0,40 St. 0,10
do. op. 42 I. „Mein Schätzlein." II. Vom Tannenbaum. „Dort oben auf dem Berge" P. 0,40 St. 0,10
do. op. 46 I. Mon cher Papa. „Zu Wörth auf blut'gem" . . . . P. 0,40 St. 0,10
Kettenhofen, A., op. 8. Waldesweise. „Ein heimlich, süsses" . . . . P. 0,60 St. 0,15
Kirchhoff, Fr., op. 205. Wiegenlied. „Schlaf mein Kind . . . . P. 0,40 St. 0,15
do. op. 206. Vergissmeinnicht. „Es blüht ein" P. 0,40 St. 0,15

Kirchhoff, Fr., op. 219 III. Rückkehr. „Das ist gewiss" . . . . P. 0,40 St. 0,15
do. op. 218 II. Trost. „Wie ist sie mir" P. 0,40 St. 0,15
do. op. 219 II. Vorsatz. „Ich will's dir" P. 0,40 St. 0,15
Kissling, G., op. 3. Haidenröslein. „Sie gleicht wohl einem" . . . . P. 0,60 St. 0,15
König, G., Storchlied. „Als ich noch ein Knabe war" . . . . P. 0,80 St. 0,20
Krakamp, Fel., op. 19. Festgesang. „Froh soll unser Lied" . . . . P. 0,40 St. 0,15
Kraus, Paul, op. 61. Ausgeflogen . . . P. 0,30 St. 0,15
Kreymann, Louis, op. 91. Abschied. „Liebster Schatz, es thut" . . . . P. 0,40 St. 0,15
Kreutzer, Conr., Schon d. Abendglocken . P. 0,40 St. 0,10
Kruesch, Alb., op. 95. „Ein Veilchen in dem Wiesengrund" . . . . P. 0,40 St. 0,10
Kühnhold, C., op. 30. „Wär ich ein Brünnlein klar" . . . . P. 0,80 St. 0,20
Küsel, Carl, Landwehrmannslied. „Kampfgenossen" . . . . P. 0,40 St. 0,15
Kühnhold, C., op. 65. Ich lass von meiner Heimat nicht . . . . P. 0,60 St. 0,20
Kugler, Ad., op. 74 II. „Wenn nicht die Liebe wär" . . . . P. 0,40 St. 0,15
do. op. 74 I. „Ruhe sinkt zur Erde nieder" P. 0,40 St. 0,15
Leu, Franz, op. 36. „Vor des Liebchens kleinem Fenster" . . . . P. 0,40 St. 0,15
Ley, Jos., op. 11. Mariele vom Neckar . P. 0,60 St. 0,15
Mayer, Theod., Das Badner-Land. „Vom schönen, blauen" . . . . P. 1,— St. 0,15
do. Winterstürme. „Es brausen" . . . . P. 1,— St. 0,15
do. Das Hegaulied. „Seid mir gegrüsst" . P. 0,60 St. 0,15
Müller, Rich., op. 95. „Gottes Werk ist's" P. 0,40 St. 0,15
Neubner, Ott., op. 42 I. „Nun pfeif' ich noch ein zweites Stück" . . . . . . P. 0,40 St. 0,15
do. III. Warnung. „Ich denke zurück" . . P. 0,40 St. 0,15
Neuert, Fr., op. 9 II. Das Mühlrad. „Da drunten in jenem Thale" . . . . . . P. 0,40 St. 0,10
do. op. 10 I. Abschied. „Lebewohl, es naht die Stunde" II. „Was Heimat ist" à P. 0,40 St. 0,10
Orth, Phil., op. 116. Weihegesang. „Licht entsprossen" . . . . P. 0,60 St. 0,15
Pauschel, Hor., op. 64. Am Rhein! „Wie glüht er im Glase" . . . . P. 0,50 St. 0,15
Rohde, Heinr., op. 24. Mütterlein. „Fern der Heimat" . . . . P. 0,30 St. 0,10
do. op. 25. „Hab manchmal hier gerastet" P. 0,25 St. —
Roth, J., op. 10 II. „Du bist wie eine Blume" P. 0,40 St. 0,15
Schmitt, G., Mosellied. „Im weiten, deutschen Lande" . . . . P. 0,15 St. 0,15
Schmidt-Wetzlar, W., Dem Westerwald. „Sucht meine Heimat nicht" . . . . P. 0,40 St. 0,15
Schwarzlose, Otto, op. 29. „Und hätt' ich des Frühlings" . . . . P. 0,40 St. 0,15
Seibert, Louis, op. 132 I. Abend im Walde. „Wunderschön ist es" . . . . P. 0,40 St. 0,10
Simon, Ernst, op. 89 I. Gute Nacht! „Lasst das letzte Lied erklingen" . . . P. 0,30 St. 0,15
do. II. Der Sennerin Heimkehr. „Horch, was erklingt" . . . . P. 0,40 St. 0,15
Stange, Max, op. 7 I. Zum Abschied. „Schätzchen, reich mir" . . . . P. 0,40 St. 0,15
Ullrich, Fr., op. 62. Mein schönster Kirchengang. „Es ist mein Lied" . . . . . P. 0,40 St. 0,10
Veigt, Herm., op. 88 I. Abendglocken. „Wandrer zieht" II. Entsagung. „Ich will's Dir nimmer" . . . . à P. 0,40 St. 0,15
do. op. 112 I. Stilles Weh. „An einem kleinen Fenster." II. An des Baches Felsenmauern" . . . . à P. 0,40 St. 0,15
do. op. 138. Abschieds-Ständchen. „Morgen Schatz" . . . . P. 0,40 St. 0,15
do. op. 148. Mutterliebe. „In der Erinnrung" P. 0,40 St. 0,15
do. op. 158. Lieb Aennchen, schön Aennchen P. 0,40 St. 0,15

Veigt, Herm., op. 169. Mein Schatzerl. „Schön rundlich und fein" . . . . . P. 0,40 St. 0,15
do. op. 176. Sängergruss . . . . P. 0,80 St. 0,25
von Walden, Otto, op. 110. Dort, wo mein Mütterchen. „Nach meinem Heimatsorte" P. 0,40 St. 0,15
do. op. 112. Der liebe Herrgott. „Wenn nach langer" . . . . P. 0,40 St. 0,15
Waldmeister, O., op. 121. Heute ist heut. „Was die Welt" . . . . P. 0,40 St. 0,10
do. op. 122. O Dirndel tief drunt . . . . P. 0,40 St. 0,10
Walter, Aug., op. 6 I. „Gott grüsse dich!" II. „Es steht in meinem Garten" . . . P. 0,60 St. 0,30
Wendel, J., op. 7. „All Freud' ist mir verdorb." P. 0,10 St. 0,05
Wesseler, H., Im Herbste „O nützet die herrlichen" . . . . P. 0,40 St. 0,10
Winter, Georg, Mailiedchen. „Kein schön're Zeit". Schneeglöckchen. „Ich kenne ein Blümchen" . . . . à P. 0,50 St. 0,15
Wohlgemuth, G., op. 17. „Mondschein am Himmel" . . . . P. 0,60 St. 0,15
do. op. 19 I. Sommer und Winter. „Im Sommer des Lebens" . . . . P. 0,40 St. 0,15
do. op. 24 I. Abendlied. „Nun schlafen" II. „Viel tausend Vöglein" . . . . à P. 0,40 St. 0,15
Zeitler, Jos., op 11. III. „Wo die Linde auf der Heide" . . . . P. 0,40 St. 0,15
Zerlett, J. B., Mädel, wie blüht's. „Mädel im Rosenhag" . . . . P. 0,40 St. 0,15

Leichte Männerchöre.

Ein Verzeichnis der neuen Erscheinungen auf dem Gebiete des Männergesanges (Vielmannsang ist der modernste Ausdruck) würde seinen Zweck verfehlen, wenn es nicht nach einem Prinzip geordnet wäre, welches als allererstes bei der Auswahl von Männerchören zu berücksichtigen ist — demjenigen der Anordnung nach dem Schwierigkeitsgrade. Ich bringe daher aus der beängstigenden Menge dieser Neuerscheinungen (wurden mir doch innerhalb eines Jahres ca. 800 Männerchöre à capp. zur Besprechung zugesandt) mit Ausschluss der Humoristica, der Volksgesänge und der geistlichen und patriotischen Werke, welche besonderen Besprechungen vorbehalten sind, nur die mit „sehr leicht bis ziemlich leicht" zensierten in dem heutigen Neuigkeitenverzeichnis.

Bei dieser Sonderung liess ich mich leiten von dem Grundsatz, zu den leichten Chören nur solche zu zählen, welche sich in einfacher Liedform von geringem Umfang präsentieren. Es gehören also dazu einfache syllabische Gesänge ohne besondere melodische und harmonische Schwierigkeiten und ohne jede kontrapunktische Stimmenbehandlung, abgesehen von kleineren Silbendehnungen und melismatischen Ausschmückungen.

Der neueren Chorwerke, welche diese Bedingungen erfüllen, sind verhältnismässig nicht sehr viele, woraus hervorgeht, dass der eigentliche Volkston auch in rein formaler Beziehung nicht so leicht zu treffen ist. Ohne Modulationen oder doch wenigstens Ausweichungen geht es überhaupt niemals ab, wenngleich zugegeben werden muss, dass die neuerdings von einigen Volksliedbearbeitern beliebte, mehr wie magere und harmlose Harmonisierung wohl kaum zur Hebung des Volksliedes viel beitragen kann.

In Folgendem sei aus der Reihe dieser Lieder auf eine Anzahl besonders aufmerksam gemacht, welche sich durch schätzenswerte Eigenschaften, anmutige Melodik, gefällige Bearbeitung, wohlgetroffene Stimmung etc. besonders auszeichnen.

Schlichte, ungezwungene Natürlichkeit mit vornehmer Melodik und gefälligem, wohlklingendem Satz finden wir bei **Mittmann**, op. 103 I: „Wenn nicht die Liebe wär", wenn auch der kecke, neckische Ton der beiden ersten Strophen nicht so ganz getroffen ist; ferner bei **G. Wohlgemuth**, op. 24 II: „Vieltausend Vöglein fliegen", **Ottomar Neubner**, op. 42 I: „Nun pfeif ich noch ein zweites Stück" und op. 42 III: „Warnung", mit dem reizend-schelmischen Schluss: „Wenn Buben dich locken, so folg' ihnen nicht" und der schlagfertigen Antwort. „Ich war nur vor Buben, nicht Mädeln gewarnt!“ **Phil. Orth,** op. 118: „Weihegesang“, eine würdige, weihevolle Vertonung des begeisternden Textes. **Gustav Merk,** op. 34: „Sternenwacht“ und **K. Goepfart** „Schwarzwälder Abschied“. Den einfachen, treuherzigen, sinnigen Volkston treffen sehr glücklich **G. Kissling,** op. 3: „Haidenröslein“, „Sie gleicht wohl einem Rosenstock“, **G. Winter:** „Schneeglöckchen“, **H. Necke,** op. 365: „Des Liedes Heimat“, und **Fr. Neuert** in seinen Vertonungen älterer Volkslieder, so in op. 101: „Lebewohl, es naht die Stunde“ und op. 9 II: „Da drunten in jenem Thale“. Edel empfunden und von vornehmer Faktur sind die Vertonungen der bekannten Volkslieder: „Wenn ich ein Vöglein wär“ und „Schätzchen, reich mir deine Hand“ von **Max Stange;** rhythmisch sind dieselben doch wohl etwas zu kompliziert für den einfachen Text. Auch **Ludwig Keller** bietet sehr hübsche volkstümliche Weisen in seinem op. 35 II: „Es steigen die Glöckchen“, op. 421: „Mein Schätzlein“ und op. 421: „Dort oben auf dem Berge“. Klangvoll im Satz, melodisch und stimmungsvoll sind von **Jul. Hagemann** op. 11: „Leucht't heller denn die Sonne“, II „Schlehenblüt und wilde Rose“ und ganz besonders op. 5 III: „Soldatenliebe“, „Schätzlein, sag mir für gewiss“; letzteres sehr empfehlenswert.

Zwar nicht als zur Kategorie der eigentlichen Humoristika gehörend, aber doch einen recht heiteren, herzgewinnenden Grundton anschlagend, sind erwähnenswert von **Jos. Loy,** op. 11: „Mariele vom Neckar“, **H. Bungart,** op. 28: „Frühling“, **Aug. Becker,** op. 11: „Mägdlein hab Acht“, letzteres mit sehr melodischer Stimmführung, **Max Eichhorn,** „Käferlied, **G. König,** „Storchlied“, eine höchst wirksame Bearbeitung des bekannten und beliebten Liedes: „Als ich noch ein Knabe war“ für Männerchor. **Otto Waldmeister,** op. 121: „Heute ist heut“, dürfte geeignet sein, der bekannten Becker'schen Komposition Konkurrenz zu machen, da eigentümlicher Weise von letzterer noch keine Bearbeitung für Männerchor vorhanden ist. Auch „Mei Schatzerl“ von **Herm. Voigt** und „Mein herzliebstes Schatzerl“ von **vom Ende,** op. 9 III sind recht scherzhafte, erfreuliche Sächelchen. Wir finden in vielen Männerchören einen etwas zur Überschwänglichkeit neigenden wärmeren Gefühlsausdruck, dessen Bethätigung häufig dem ersten Bass zugeteilt wird. Derartige Gesänge sind bei unserem Publikum ausserordentlich beliebt und ihr Vortrag wird gewöhnlich mit reichlichen Thränengüssen und darauf folgendem da-capo-Verlangen belohnt. Hierzu gehören u. a. **Paul Kraus,** op. 61: „Ausgeflogen“, **Aug. Jordan,** op. 19 b: „Mei Kummer“, **Otto von Walden,** op. 112: „Der liebe Herrgott nur ist schuld daran“, **Herm. Voigt,** op. 118 „Mutterliebe“, **Max Eichhorn,** „Mein Thüringen“ und **C. Kühnhold,** op. 65: „Ich lass von meiner Heimat nicht“. Zeuge einer begeisterten Liebe zum Heimatlande ist „Das Badnerland“ von **Theod. Mayer** und „Mein Heimatland“ von **Meienreis.** Als sehr innig empfunden und schön gearbeitet sind schliesslich noch zu empfehlen von **Jos. Zeitler,** op. 11 III: „Wo die Linde auf der Heide steht“, **Gust. Merk,** op. 36: „Was tönt so wundersamer Klang“, **Ad. Kugler,** op. 74: „Ruhe sinkt zur Erde nieder“, **Max Franke,** op. 48: „Beim Scheiden“, **J. Wendel,** op. 7 II: „All Freud ist mir verdorben“, **Ernst Richter,** op. 35: „Wann wird's Frühling sein“, **Wilh. Göbel,** op. 2: „Wiegenlied“ und **A. Kettenhofen,** op. 8: „Waldesweise“.

H. vom Ende.

Sämtliche deutschen Volkslieder und volkstümlichen Lieder, welche für Männerchor gesetzt sind.

II. Fortsetzung.

Texte, welche mit dem Artikel beginnen, siehe unter dem Anfangsbuchstaben des zweiten Wortes.

291 * Ein Spielmann hat gelegen.
292 * Ein Sternlein stand am Himmel.
293 * Einst hat mir mein Leibarzt.
294 * Ein Sträussel am Hute.
295 Einst war ich so glücklich.
296 * Ein Täublein, kirr und traut.
297 * Ein wandernder Geselle zieht.
298 * Ein Wand'rer zieht auf fernen Wegen.
299 Ei Schatz, was fehlet dir.
300 Endarn Bachal steht.
301 Entern Büchl, übern Ruan.
302 Entlaubt ist der Wald.
303 (Die) Erde braucht Regen.
304 * Erhebt euch von der Erde.
305 * Erlaube mir, fein's Mädchen.
306 * Erschalle laut, mein Jubelsang. (D. Schubert).
307 * Es blickt so still der Mond (Braun).
308 Es blies ein Jäger wohl in.
309 * do. do. (Pohlentz).
310 * Es blinken drei freundliche Sterne
311 * Es blüht ein schönes Blümchen.
312 * Es braust ein Ruf (Wilhelm).
313 Es, es, es und es, es ist ein harter.
314 Es fiel ein Reif in der Frühlingsnacht.
315 Es fliegt gar manches Vögelein
316 Es freut wenig mi, als das Fahrn.
317 Es fuhr ein Fuhrknecht über'n Rhein.
318 * Es geht bei gedämpfter Trommel (Silcher).
319 Es geht eine dunkle Wolk' herein.
320 Es g'fallt mer nummen eini.
321 Es geht mit ihrem Trutzen.
322 Es geht wohl gen der Sommerzeit.
323 Es gibt e schön's Achli.
324 Es ging ein Landsknecht über Feld.
325 Es gräbt ein Bergmann in dem Schacht.
326 * Es graut der Morgen.
327 * Es grüne die Tanne, es wachse das Erz
328 * Es haben zwei Blümlein geblühet. do. do. (Schrader).
329 * Es hatten drei Gesellen (Brissewitz).
330 * Es ist bestimmt in Gottes (Mendels.).
331 * Es ist ein Ros' entsprungen. (M. Praetorius).
332 Es ist ein Schnee gefallen.
333 Es ist ein Schnitter, der heisst Tod.
334 Es ist nichts Lust'gers auf der Welt.
335 * Es ist so still geworden.
336 * Es ist so windig geworden.
337 Es jagt ka Hund, hinz schleich i.
338 Es kam der Lenz im Sonnenschein.
339 * Es kann ja nicht immer so bleiben (Himmel).
340 Es kann mich nichts Schön'res.
341 * Es klingt ein heller Klang (Nägeli).
342 * Es liegt eine Krone (Idil).
343 * Es lischt das Meer die Sonne aus.
344 Es ritt ein Jägersmann über die Flur.
345 Es ritt ein Jäger wohlgemut.
346 Es ritten drei Reiter zum Thore.
347 * Es scheinen die Sternlein so hell.
348 * Es sprudelt im Waldesschatten.
349 Es stehen drei Sterne am Himmel.
350 * Es stehn zwei Freunde Hand.
351 Es steht ein Baum im Odenwald.
352 Es steht ein Fels im Meere.
353 Es steht eine Lind' in jenem Thal.
354 * Es stiess ein junger Jäger.
355 Es taget aus dem Osten.
356 Es trieb ein Mägdlein Lämmer aus.
357 * Es war ein König in Thule.
358 Es war ein Markgraf über'm Rhein.
359 Es waren einmal drei Reiter gefangen.
360 * Es waren mal drei Gesellen.
361 Es waren zwei Königskinder.
362 Es waren zwei verliebte Herzen.
363 Es wearn die Wiesn grüen.
364 * Es weht durch euren Frieden (Otto).
365 Es welken alle Blätter.
366 * Es wird ein Lied gesungen.
367 Es wohnt ein Fiedler.
368 Es wollt' ein Jäger jagen.
369 Es wollt ein Mädchen in der Frühe.
370 Es wollt ein Schneider wandern.
371 * Es zogen drei Burschen wohl über.
372 Fahret hin, fahret hin, Grillen.
373 Fahrn mar auffi auf d' Hochalm.
374 * Fahr wohl, o goldene Sonne.
375 Fein sein, beinander bleiben.
376 Feinsliebchen, du sollst mir nicht barfuss.
377 * Feldeinwärts flog ein Vögelein.
378 * Fenster auf, die Herzen auf.
379 * Ferne vom Heimatland bin ich.
380 Fern im Süd, das schöne Spanien. (Reissiger).
381 * Finken des Waldes, die Nachtigall ruft.
382 * (Die) Flamme lodert, milder Schein (Beethoven
383 * Flieg aus, mein Lied.
384 * Fliege Schifflein, durch die Rosen (K. Becker).
385 * Fort mit der Not.
386 Frauchen komm zu Hause rasch.
387 * Frau Nachtigall, lass klingen nun.
388 * Freiheit die ich meine (Gross).
389 * Frei wie des Adlers (Marschner).
390 * Freude, schöner Götterfunken.
391 * Freund, ich bin zufrieden.
392 * Freundin, ich komme mit der Zither
393 * Freut euch des Lebens (Nägeli).
394 * Frisch auf, der Bergmann kommt.
395 Frisch auf, Soldatenblut.
396 * Frisch auf, zum fröhlichen Jagen.
397 Frisch, ihr Burschen vom Gelage.
398 * Froh ziehn wir in den Wald hinein
399 * Fröhlich und wohlgemut.
400 * Frühmorgens, wenn die Hähne (Abt
401 Fuhrmann sein ist meine Freud
402 's Gamserlschiessn.
403 Gaudeamus igitur.
404 Gar heimlich geht der Mond auf.
405 Geh steh mar auf.
406 * Gedanken sind frei.
407 * Gegrüsst du Land der Treue.
408 Geh i ba der Planken.
409 Geh ich's zu der Stube hinein.
410 Geh i über d' Alm.

411 Geh, Dirndle, geh' her.
412 Geh mit mir, verliebte Schäterin.
413 Gehn i drei-viermal um dos Haus.
414 Geht der Steg übern Bach.
415 Geliebten zu erwarten.
416 Gelt Diandl :,: dei Bua thuat nix.
417 Gestern Abend in der stillen Ruh'.
418 * Gestern Abend späte macht' ich.
419 * Gestern Abend war Vetter Michel da.
420 Gestern auf die Nacht.
421 * Gesundheit, Herr Nachbar.
422 Gift und Zorn hab' ich getrunken.
423 Gilt's die Wälder zu durchstreifen.
424 * Glocke, du klingst fröhlich.
425 Glück auf, Glück auf, der Steiger.
426 * Glück auf :,: ihr Knappen all.
427 * Glück auf, ihr Bergleut', jung und alt.
428 * Glück auf ist unser Bergmannsgruss.
429 * Gold und Silber hab' ich gern.
430 Gos gruags, Habichtskralln.
431 * Gott b'hüte Dich, desgleichen mich (Lechner).
432 * Gott, der Eisen wachsen liess. (Methfessel)
433 * Gott erhalte Franz den Kaiser (Haydn).
434 * Gott grüsse dich, kein anderer (Mücke).
435 * Gott ist getreu, der auch nicht lasset.
436 * Gott sei des Kaisers Schutz (Lvoff).
437 Greane Fensterl, blaue Gatter.
438 * Grosser Gott, wir loben Dich (Ritter).
439 Grüass die Gott, liaba Bua.
450 * Grün an der Schützenfahn.
451 Grün is die Hollerstaude.
452 * Gute Nacht, allen Muden sei's gebracht
453 Gute Nacht, mein feines Lieb'.
454 Guten Morgen (Abend) Spielmann.
455 (Der) Gutzgauch auf dem Baume sass.
456 Hab a Gamsale geschossen.
457 * Hab i amol blos (Koschat)
458 Hab' oft die ganze Nacht.
459 * Hab' oft im Kreise der Lieben
460 (Kleber).
461 Haib und haib Ilabat's mi.
462 Ham die Leut so a Gschra mit di.
463 Ham, ham, ham sollt i gehn.
464 Han an em Ort e Blümli.
465 Han a scheana Diandle ghat.
466 Han i nit a guate Wetzstan.
467 Han i nit a schianes Schusohele.
468 Hans, Hans hat a schöne Hütle auf.
469 * Hast du viel Sorgen (Stolberg).
470 Hat mir's mei Vater vierzig Gulden.
471 * Hat uns nicht Mahomet.
472 * Hehr und heilig ist die Stunde.
473 * Heil Dir im Siegerkranz (Carey).
474 * Heil'ge Nacht, o giesse du.
475 * Heimt ein Haus zum Schweizerdegen.
476 He, Juchhe! Geh ma zan Moizalan.
477 Heunt is die Samstag Nacht
478 Heunt scheint der Man so schai.
479 * HeuteFröhlichkeit, morgen Herzeleid.
480 * Heute muss geschieden sein.
481 * Heut' geh'n wir's auf die Alma.
482 * Heute scheid' ich (Feara).
483 Heut hab ich die Wacht allhier
484 Heut nix ham, murgn nix ham.
485 Heut sein mer kreuzfidel.
486 Heut noch sind wir hier zu Haus.
487 * Herr, der du in deiner ew'gen Gnade.
488 * Herr Gott, dich loben wir.
489 Herr, sieh' die Not.
490 Herzel, was kränkt dich (Silcher).
491 Herzig Schatzela, sag mirs gwiss.
492 Herzigs Schatzerl, lass dich herzen.
493 Herzlich thut mich erfreuen.
494 * Herz, mein Herz, warum so traurig.
495 Herz, mya Herz, warum so truri.
496 Hiaz fangt das schöane Fruajahr an.
497 Hiaz giahn ma aussn in Gamberg.
498 * Hier sind wir versammelt.
499 Hier steh ich am Berge.
500 Hiez gien mar af die Alma.
501 (Dem) Himmel will ich klagen.
502 * (Die) Himmel rühmen des ewigen (Beethoven).
503 * Hinaus, ach hinaus zog des Nordlands.
504 * Hinaus, hinaus, es ruft das Vaterland.
505 * Hinaus in die Ferne (Methfessel).
506 * Hinaus zog Deutschlands kühner Sohn.
507 Hinter der Himmelsthür.
508 Hin über d' Alm, hear über.
509 * Hob i nit a schön's Dianal.
510 * Hoch vom Dachstein her (Seydler)
511 * Hoch vom Säntis an.
512 Hört, ihr junge Bursch und seht.
513 Hört ihr nicht das Hörnlein blasen.
514 * Hört ihr den schwäbischen Wirbeltanz.
515 Holde Nacht, dein dunkler Schleier.
516 (Der) Holdseligen sonder Wank.
517 * Hopp, hopp, Pferdchen lauf Galopp
518 * Horch die Wellen tragen bebend.
519 * Horch wie brauset d. Sturm (Volksw.)
520 * do. do. (Kreutzer).
521 * Hui auf, schreit man durch's Land.
522 Hui lustig! mia Schmiedler.
523 Hon i nid a schöanes Dianal
524 * Hussiten zogen vor Naumburg.
525 * I bin a Gamsenjager in Tyrol.
526 I bin a kloaner Baual.
527 I bin da Hüttabua.
528 I bin der Alt-Ausseer Postillon.
529 I bin der Turnhofer.
530 * I bin jüngst verwich'n.
531 * Ich bin ein Preusse, (Neithardt).
532 Ich bin schon manch. Weg gegangen.
533 * Ich bin so gern hier oben.
534 * Ich bin so sehr betrübet.
535 * Ich bete an die Macht der Liebe (Bortniansky).
536 Ich fahr dahin, wenn es muss sein.
537 Ich fuhr einmal auf Sitt.
538 Ich fuhr wohl über See
539 Ich ging durch einen grasgrünen.
540 * Ich ging in einer, gebt wohl Acht.
541 Ich gung eenmal spaziere.
542 * Ich hab die ganze Nacht geträumet.
543 Ich hab die Nacht geträumet.
544 Ich habe den Frühling gesehen.
545 Ich hab ein Schätzchen in der Näh.
546 Ich habe mir eins erwählet.
547 Ich hab mich einstmal unterschriebn.
548 * Ich hab mich ergeben, mit Herz.
549 Ich hab schon drei Sommer.
550 * Ich hätte dein vergessen.
551 * Ich hatt' einen Kameraden.
552 Ich hört ein Sichlein rauschen.
553 Ich kann und mag nicht fröhlich sein.
554 Ich klag es dem Wald.
555 Ich nehm mein Gläschen.
556 * Ich sah dem Glanz der Sonne nach.
557 Ich sah ein Röschen (Weber).
558 * Ich schiess den Hirsch im wilden Forst.
559 * Ich sehne mich nach dir.
560 * Ich stand auf Berges Halde.
561 Ich steh auf einem hohen Berg.
562 Ich stund auf hohem Berge.
563 * Ich war noch ein Kind.
564 * Ich weiss ein Blümlein hübsch und.
565 * Ich weiss Ein', der blies in's Horn.
566 * Ich weiss eine Mühle im Thale.
567 * Ich weiss ein Mädchen hübsch und (Girschner).
568 * Ich weiss mir ein Maidlein.
569 * Ich weiss nicht, was soll es (Silcher).
570 Ich wollt', dass ich ein Jäger wär.
571 * Ich wollt' ein Sträusschen binden.
572 Ich wollt' ein Bäumlein steigen.
573 Ich wollte wünschen, 's wäre Nacht.
574 Id's Elsis abe wott e Floh.
575 I hab a Diendle biaz.
576 * I ha daheim e Maidli.
577 * I hab dir in d' Aeuglan gschaut.
578 I hab halt mei Hausle.
579 Ihr Hirten erwacht.
580 * Ihr Berge, lebt wohl.
581 Ihr lustigen Soldaten.
582 * Ihr Trauernden, stillet die Thränen.
583 Ihren Schäfer zu erwarten.
584 Im Aargäu sind zwei Liebi.
585 I mag ha't nit heiraten.
586 Im Dorfe ist Hochzeit.
587 Im Feld singt die Lerche.
588 * Im Grab ist Ruh.
589 * Im Herbst, da muss man trinken. (Marschner)
590 * Im Krug zum grünen (C. Zöllner).
591 * Im Maien :,: blühn süsse Blümelein.
592 Im Schatten grüner Bäume.
593 * Im schönsten Wiesengrunde.
594 Im schönsten Wiesengrunde.
595 Im Wald bin i gwesen.
596 Im Wald :,: im frischen (Weber).
597 * Im Wald und auf der Heide.
598 Im Wald is a Wasserln.
599 * In dem Boot beim Abendscheine.
600 * In dem Himmel ruht die Erde. (Otto)
601 * In der Heimat ist es schön (A. Zöllner).
602 * In der Hoamath ist's lustig.
603 * In einem kühlen Grunde (Glück).
604 do (Silcher).
605 In die Berg bin i gern.
606 In Dux, an schian Thal.
607 In Klagnfurter Thal, wo die Glan.
608 In Klagnfurta Thal, wo.
609 In Klagnfurt und Sankt Veit.
610 In Lemachthal auf und ab.
611 In Lölingergrabn.
612 In meines Buhlen Garten.
613 Innsbruck, ich muss dich lassen (Isaac).
614 In Polen steht ein Haus.
615 In Tirolerlande is das Zillathal.
616 In's Tirol bin i einiganga.
617 * Integer vitae (Flemming).
618 In Zillerthal und Pinsgau.
619 Is da kalt in die Finger.
620 I sig es wohl ein.
621 I sig schon, i wass schon.
622 Is ka Freud ohne Leid.
623 Is kaner no gewesen.
624 Is ka Strassn ohne Stan.
625 Is nix mehr wia imma.
626 Is nix mit'n Kerschbam.
627 Is schon aus, is schon gar.
628 Iss an Knödl, magst an Ku.
629 Ist Alles dunkel, ist Alles trübe.
630 Ist das nicht ein feines Leben.
631 * Ist ein Leben auf der Welt (Silcher)
632 I thua wohl :,: als wann ma nix war.
633 I thua wohl, als wann mar.
634 I und mein Gspan.
635 I wass a schönes Glöckle.
636 I wass nit, glangast die Glocka.
637 I wass nit, soll i aufi.
638 I wass nit, is war.
639 I woass no ganz guul.
640 I wunsch dir viel Glück.
641 Ja, ja! hat er gsagt.
642 * (Die) Jäger, die hab'n halt a Leb'n.
643 Jäger in dem grünen Wald.
644 * Jägerlauf ist voller Lust.
645 (Der) Jäger längs dem Weiher zog
646 * Jaga, die hob'n halt a Leb'n.
647 Ja gruane Strumpf.
648 (Des) Jahres letzte Stunde (Schulz).
649 Ja, is denn nit schad um mi.
650 Ja neuli da grata mir.
651 * Ja Wermeland, du schönes.
652 Jatz, Bua, jatz senn mah.
653 Jaz muass ma gschwind en Feind.
654 * Ja, springt der Hirsch uber'n Graben.
655 * Isch der di Herzli voll Freud
657 Ja, wann i hoamkum.

Fortsetzung des Verzeichnisses deutscher Volkslieder folgt in nächster Nummer.

Besprechungen.

Zur Besprechung gelangen nur Werke, welche des Lobes würdig sind.

Sammlungen für Kinder- oder Frauenchor.

In Folgendem sei auf einige empfehlenswerte Werke für Mädchenschulen, Pensionate und Damengesangvereine aufmerksam gemacht.

Zunächst freuen wir uns, konstatieren zu können, dass das 1. Heft des **„Liederkranz" von Erk & Greef**, eines Schulbuches von grösster Wichtigkeit in der 100sten Auflage erschienen ist. Die Neubearbeitung ist in sorgsamster Weise ausgeführt worden durch die Berliner Pädagogen **J. Wiedemann** und **L. Krämer** und erstreckte sich auf eine sorgfältige Revision der Texte und Melodien, der Vortrags- und Atmungszeichen, Ausmerzung veralteter und Aufnahme zahlreicher volkstümlich gewordener ansprechender Lieder. Zu begrüssen ist auch die Neueinrichtung, dass die Textworte sämtlich den Noten untergesetzt wurden. Die Vermehrung des Stoffes machte eine Teilung dieses Heftes notwendig in der Weise, dass Heft 1a für Kinder von 6—8 und 1b für solche von 9—11 Jahren bestimmt wurde. Beide Hefte enthalten also das Material der ersten fünf Schuljahre, sowohl für höhere, als auch für Volksschulen. In richtiger Erkenntnis der pädagogischen Bedeutung der Singespiele sind der Sammlung noch 41 Spiellieder einverleibt worden. Das 2. Heft (42. Auflage) ist für Schüler von 11—14 Jahren bestimmt und enthält 171 zwei- und dreistimmig gesetzte Lieder volkstümlichen, patriotischen und religiösen Inhalts. Auswahl und harmonischer Tonsatz sowohl, wie Druck und Format sind sehr lobenswert.

In kleinen, handlichen Heften in Oktav-Format erschienen bei Zweifel-Weber in St. Gallen eine Reihe von **Neuen Chor- und Wettgesängen** bekannter Liedermeister in zwangloser Folge. Während Heft 1, 2, 5 und 6 für Männerchor und Heft 3 für gem. Chor a capp. bestimmt sind, enthält Heft 4 zwölf leichte und volkstümliche Lieder für Frauen- und Töchterchöre, durchweg Kompositionen von anerkannt hervorragenden und beliebten, hauptsächlich Schweizer Komponisten, wie Stehle, Fassbender, Wiesner, Baldamus, W. Sturm, H. Kling u. s. w. Der anmutig-volkstümliche Charakter der Lieder macht das Heftchen für den Gebrauch in Pensionaten, kleineren Vereinigungen etc. auch wegen ihrer leichten Singbarkeit sehr geeignet.

Grösseren Ansprüchen gerecht werdend und allen Damen-Singvereinen sehr zu empfehlen ist die von **Carl Heffner** in Regensburg redigierte **Sammlung 3- und 4stimmiger Frauenchöre a capp.**, welche bereits in 2. Auflage in G. Boesseneckers Verlag erschienen ist. Die Sammlung enthält Originalkompositionen von Al. Hollaender, Fr. Sander, Heffner, H. Hofmann, W. Tschirch, Fr. Lachner, Jos. Rheinberger, Ferd. Hiller etc. und ausserdem noch eine Anzahl schöner Lieder von Mendelssohn, Mozart, Kreutzer und Fr. Schubert in guten Bearbeitungen. Im Allgemeinen ist auch in dieser Sammlung der mittlere Schwierigkeitsgrad nicht überschritten und selbständigeren Stimmführungen ist für jede Stimme ein besonderes System eingeräumt, sodass bequem aus den Partituren gesungen werden kann.

Eine schöne Sammlung klassischer Frauenchöre z. T. mit Klavierbegleitung ist das **„Frauenchor-Album"**, herausgegeben von **Jul. Stern** bei C. F. Peters in sehr schönem, klarem und übersichtlichem Stich und Druck. Dankbare und nicht zu schwere Aufgaben bieten den Vereinen die herrlichen Werke Pergoleses (Stabat mater), Fr. Schubert's (Gott meine Zuversicht; Gott in der Natur), Cherubini's (Blanche de Provence) u. s. w. Aber auch Solovereinigungen finden Passendes, wie Mendelssohn (Hebe deine Augen auf), Hauptmann (Gott, deine Güte) u. a. Wie der Bröllopsmarsch unter diese Propheten geraten ist, erscheint mir allerdings rätselhaft.

H. vom Ende.

Neue Chorwerke.

In dem Hauptkonzerte des XX. Preuss. Sängerfestes zu Tilsit am 1. Juli gestaltete sich die Aufführung von **Max Gulbins „Sturmlied"** zu einem wahren Triumph für den dirigierenden Komponisten. Das interessante Werk errang sehr grossen Beifall seitens des Publikums, welchem Orchestertusch und Lorbeerkranz folgte.

Soeben ist von dem auch in Männergesangvereinskreisen durch seine „Hünengräber", „Sommernacht" etc. beliebt gewordenen Komponisten **Ernst Heuser** ein neues Männerchorwerk mit Orchester: **„Die Deutschen am Missouri"** erschienen, welchem bedeutende Fachleute äusserst anerkennende Worte mit auf den Weg gegeben haben. So schreibt Prof. Jos. Schwartz, Köln: „Ich habe mir Ihr Werk genau durchgesehen und muss ich gestehen, dass ich demselben eine grosse Zukunft verspreche . . . . ." Musikdirektor Karl Hirsch, Elberfeld: „Ich beglückwünsche Sie aufrichtig zu diesem neuesten Kinde Ihrer Muse. Das Sujet ist interessant, die musikalische Arbeit gediegen, die Wirkung des Werkes ungemein eindringlich. Da der Chorsatz keine nennenswerten Schwierigkeiten bietet und die Soli ganz gut von Vereinsmitgliedern ausgeführt werden können, so bin ich sicher, dass das Werk, zumal bei der patriotischen Wärme, die es belebt, den Wünschen der Männergesangvereine ganz und gar entgegenkommt und es ist für mich zweifellos, dass dasselbe einen grossen Weg machen und Repertoirstück aller besseren M.-G.-Vereine werden wird.

Einem Bericht der Dresdener „Deutsche Wacht" entnehmen wir Folgendes: In dem Konzert des Orpheus war dem überaus volkstümlich, man möchte sagen jugendlich-naiv gehaltenen Chor **„Waldkönig" von C. H. Döring** ein starker Erfolg beschieden; die Wiederholung dieser prächtigen Komposition war durchaus berechtigt; ferner: Konzert des Gesangvereins der Staatseisenbahnbeamten unter Leitung des Herrn M. Funger. „Als besonders gelungen seien die Chorlieder **„Abendfeier"** von **Attenhofer** und **„Herbstleuchten"** von **C. H. Döring**, eine in ihrer tiefen Empfindung und schlichten Formengleiche eindringliche Komposition zunächst hervorgehoben". Der Dresdener Anzeiger schreibt: „Stürmischen Beifall erweckte der zweimal verlangte **„Waldkönig"** von **C. H. Döring**. Das ist der echte und rechte Volkston, wie er zum Herzen spricht. Als Massenchor muss dieser Döring'sche Chor ausserordentlich wirken."

Von dem Königl. Musikdirektor **C. Steinhauer** ist eine Anzahl neuer Männerchöre erschienen, deren echt volkstümlicher Charakter geeignet ist, sie zum Allgemeingut unserer Gesangvereine zu machen. Es ist ein Cyklus von Gesängen, deren Texte sich zwar vorzugsweise auf Westfalen beziehen, aber ihres hochpoetischen, von wahrhaft deutschem Empfinden zeugenden Textes wegen auch das lebhafte Interesse der Sangesgenossen aller anderen deutschen Stämme erwecken werden. Das **Westfalenlied, op. 34** z. B. dürfte gar bald allgemein bekannt sein. In einer Fussnote erfahren wir, dass der Komponist, als er sich zur Vertonung des Gedichtes (von F. Heitemeyer) begeisterte, der Charaktereigenschaften des Kernig-festen, Bestimmten, Feierlich-ernsten, dabei doch Stolzfrohen des Westfalen gedachte. Diesen Charaktereigenschaften in Tönen Ausdruck zu verleihen, ist dem Tondichter ohne Zweifel vortrefflich geglückt. Auch den **Vier Liedern zu Gedichten von Fr. W. Grimme op. 62** ist lebendiges, tiefes Empfinden und schöner, klangvoller Satz nachzurühmen, so namentlich dem gemütstiefen Volkslied **„Stehn zwei Röslein gar so schön**, dem begeisterten Hymnus auf die Heimat „Mein Sauerland". Durch sehr energische und wirkungsvolle Charakteristik zeichnet sich aus **Nr. 3 „Der Sturm"**: der Gegensatz zwischen dem Wüten des Sturmes und dem beruhigenden Trost, den wir in Glaube, Liebe und Hoffnung finden, kommt hier zu ergreifendem Ausdruck. Auch die Dichtungen Grimmes zeugen von einem Geiste, der tief hineingeschaut hat in die Seele des deutschen Volkes. Die Lieder sind zur Aufführung bestimmt bei der Enthüllungsfeier des Denkmals des Dichters in seinem Geburtsorte Assinghausen durch den Seminarchor zu Rüthen unter Leitung des Königl. Seminarlehrers L. Simon.

Anlässlich des 500. Geburtstages Gutenbergs in **Mainz** fand eine zu diesem Zwecke komponierte Cantate von **Prof. Fr. Volbach** grossen Beifall. Unter Anderem wurde ein **Te deum von Neukomm** mit 600 Knaben- und ebensoviel Männerstimmen aufgeführt.

Konzertbericht.

Konzertsängerin Frl. Johanna Dietz.

III. Konzert der Kgl. Musikschule in Würzburg. Dez. 1898.
(Faust's Verdammung von Berlioz).

Würzburger Journal. In Fräulein **Dietz** aus Frankfurt stand ihm eine ebenso tüchtige Interpretin „Margaretens" gegenüber, welche die reichen Schönheiten, die Berlioz' lyrische Muse in ihre Partie gestreut, in feinsinnigster, tiefinnigster Weise herauszuheben verstand, da sie nicht nur über einen prächtigen, sympathischen Sopran

verfügte, sondern in ihrem seelenvollen Vortrag auch ein bedeutendes technisches und musikalisches Können uns bewundern ließ. Kein Wunder, daß ihr schwermütiges Lied vom König in Thule und das Liebes-Duett, wo sie die ganze Leiter der Gefühle, vom süßesten Entzücken bis zur glühendsten Leidenschaft durchmaß, einen bezaubernden Reiz ausüben mußte; und wahrhaft erschüttert wurde man, als sie „Meine Ruh ist hin", das Lied voll Schmerz und Sehnsucht und von quälender Gewissensangst durchbebt, begann und in ersterbenden Tönen Margaretens Jammer verhauchte.

Letztes Gewandhauskonzert in Leipzig. März 1899.
(IX. Symphonie von Beethoven).

Leipziger Neueste Nachrichten. Fräulein **Johanna Dietz**, als vortreffliche Liedersängerin von einem Lisztvereins-Konzert, als bedeutende Oratoriensängerin vom Riedelverein her bekannt, zeigte sich als eine der besten Vertreterinnen der gefürchteten Sopranpartie. Die Künstlerin gab der ganzen Leistung den Charakter künstlerischer Freiheit. Man fühlt nicht mehr beim Erklingen der gefährlichen Stellen jenes Unbehagen, welches so oft den Genuß verleidete, sondern kann sich der kühnen Stimmführung ungestört erfreuen. Fräulein **Dietz** war völlig Meisterin derselben.

Konzert des Riedelvereines in Leipzig. Mai 1899.
(„Christus", von Liszt).

Leipziger Neueste Nachrichten. Die schöne Stimme des Fräulein **Dietz** schwang sich oft zu sieghaftem hinreißenden Ausdrucke empor, auch Fräulein **Dietz** muß zu den ersten Künstlern ihres Faches gezählt werden.

Konzert des Cäcilienvereins Speyer. 11. Mai 1899.
(„Alarich" von Vierling.)

Speyerer Zeitung. Fräulein **Johanna Dietz** aus Frankfurt (Sopran) vertrat die hochdramatische Partie der Elvira; sie gilt mit Recht als eine der besten Konzertsängerinnen unserer Zeit. In Bezug auf Kraft und Größe der Stimme, in Bezug auf musikalische Bildung und Routine wird Fräulein **Dietz** von einer Kollegin wohl kaum überboten.

Konzert des Winderstein-Orchesters in Magdeburg.
19. Oktober 1899.

Magdeburgische Zeitung. In Fräulein **Johanna Dietz** aus Frankfurt a. M. konnten wir eine stets gern gesehene und gehörte Bekannte begrüßen. Sie errang sich mit Beethoven's großer Konzert-Arie: „Ah perfido" und neuen Liedern verschiedener Komponisten wieder Erfolge schönster Art. Ihre Auffassung erschien namentlich in der schwierigen Beethoven'schen Komposition bedeutend.

Konzert des Stadtsängervereins Frohsinn St. Gallen.
25. November 1899. (Loreley-Finale von Mendelssohn.)

Die Ostschweiz. Fräulein **Dietz** aus Frankfurt ist eine Sopranistin, die auf voller Kunsthöhe steht, Virtuosin des Gesanges ist und über eine mächtige Stimme von großem Wohlklang und vollendeter Schulung verfügt, für die es keine Schwierigkeiten mehr giebt; wären Stimmen Blumen, würde ich die ihre mit der Centifolie vergleichen. Und doch, es war, als hörte man zwischen hinein andere Töne klingen, jene wunderbaren Töne der Rosa Ettinger.

Kirchenkonzert in Braunschweig. 6. Dezember 1899.

Braunschweigische Anzeigen. Der Oratoriensängerin Fräulein **Johanna Dietz** (Frankfurt a. M.) ging bereits ein guter Ruf vorher, der sich voll bewahrheitet hat. Mit ihrem klangvollen, weittragenden Organ, das auch in der Höhe sehr ausgiebig ist, sang Fräulein **Dietz** eine Arie von Bach, der sie Lieder von Cornelius, Becker und César Frank folgen ließ. Verdient die große Klarheit und Reinheit in der Tonbildung rühmend hervorgehoben zu werden, so wußte die Künstlerin auch dem Ausdrucke, namentlich in den letzten Liedern, eine weichere und innigere Tonfärbung zu geben.

Konzert des Cäcilienvereins Ludwigshafen. 15. Dezember 1899.
(Manasse von Hegar.)

Pfälzische Rundschau. Fräulein **Dietz** besitzt einen dramatischen Sopran voll Kraft und Mark, die Tonbildung, Gesangsvortrag und musikalische Sicherheit sind bemerkenswert. Im Schlusse des Werkes vermochte die Dame eine hinreißende Wirkung auszuüben.

Konzert des Riedelvereines in Leipzig. 15. März 1900.
(Das hohe Lied von Bossi.)

Leipziger Zeitung. Ebenbürtig standen dem Chor die Solisten zur Seite: Fräulein **Johanna Dietz** aus Frankfurt a. M. und Herr Kammersänger Karl Scheidemantel aus Dresden. Der wunderschöne klare und saubere Sopran von Fräulein **Dietz** labte Ohr und Herz des Hörers.

Konzert der Kirchenmusikgesellschaft Schwyz. 8. Februar 1900.

Bote der Urschweiz. Der Schwerpunkt und der eigentliche Glanzpunkt des Konzertes lag natürlich in den Liedervorträgen der Solistin des Abends, Fräulein **Johanna Dietz**, Konzertsängerin aus Frankfurt. Sie sang nach Programm 13 Lieder verschiedener Komponisten. Unsere Erwartungen sind ganz erfüllt, ja vielfach weit übertroffen worden. Fräulein **Dietz** ist eine echte Künstlernatur, die stets in selbstlosester Weise den Intentionen des Komponisten folgt, die als Werkstatt der Kunst ganz die Sphäre des menschlichen Gemütes gewählt hat. Nicht Reflexionen begegnen wir, geht sie doch beim Studium auch nicht vom Worte aus zur Musik, sondern von der Musik aus zum Worte. Mit ihrer reichen Fantasie sucht sie die Komposition nochmals zu erleben. Welch' mächtigen Wiederhall in ihrem Gemüt fand z. B. die Feldeinsamkeit von Brahms, eine erhabene Komposition, bei deren

Anhören wir stets das Gefühl haben, als lägen zwei Atmosphären zwischen uns und dem Komponisten. Fräulein **Dietz** besitzt eine sehr kräftige Stimme, auch in der Tiefe klingt sie sonor; gar oft war ihre Tongebung von bestrickender Schönheit. Das Publikum, das mit großem Interesse den Vorträgen lauschte, spendete ihr reichen Beifall, den sie durch zwei Beigaben belohnte: „Wiegenlied" von Brahms und „es muß ein Wunderbares sein" von Liszt.

Palmsonntagkonzert zu St. Gallen 1900.
(Zerstörung Jerusalems von Klughardt.)

Die Ostschweiz. In zweiter Linie seien die Solisten genannt, und hier zuerst die Damen **Dietz** (Stuttgart), Leipheimer (Frankfurt) und Bäusermann (Zürich). Sie haben Engelpartien gesungen; der Komponist hat sie wie für Engel komponiert, und sie haben dieselben gesungen, wie Engel. Die Stimme von Fräulein **Dietz** hat uns nie schöner geschienen; das war nur mehr Ton und Klang, losgelöst von allem, was irdisch ist. Das Organ von Fräulein Leipheimer wiederum ist Seele, eitel Seele.

Tagblatt der Stadt St. Gallen. Die Solopartien waren in den besten Händen. Fräulein **Johanna Dietz** legte wiederum ein glänzendes Zeugnis ihrer Meisterschaft als Oratoriensängerin ab. Ihr Sopran klang schmeichelnd, entzückend hell, und die Dame fand vollkommen treffenden Ausdruck für die wechselnde Rolle, die der Sopran zu vertreten hat.

Konzert in Landau." 16. Mai 1900. (Messias von Händel.)

Pfälzische Presse. Fräulein **Johanna Dietz** aus Frankfurt, dem pfälzischen Musikpublikum bereits rühmlichst bekannt, hatte die ebenso große als dankbare Sopranpartie übernommen. Durch die liebliche Hirtenmusik des Pastorale war ihr Auftreten aufs denkbar beste vorbereitet. Ihr Sopran, der im Rezitativ über der Sphärenmusik der Geigen schwebte, war von himmlischer Lieblichkeit. Wie leicht beschwingt sang sie die frohlockende Arie: Erwach zu Liedern der Wonne; wie innig, wie rein menschlich wußte sie in der Passion zu klagen. Wohl jedem Zuhörer wird es unvergeßlich bleiben, wie sie ihre Hauptarie sang: „Ich weiß, daß mein Erlöser lebt". Dieser zuversichtliche, himmlisch tröstende Gesang feierte durch die ferngesunde, echte Sopranstimme eine würdige Auferstehung.

Richard Geyer

Konzert- und Oratoriensänger.

„Leipziger Tageblatt". (Kammermusik-Aufführung im Riedel'schen Verein.) Herr **Richard Geyer** sang mit vielem Beifall zwei Weihnachtslieder von Peter Cornelius, sowie „Halt" und „Frühlingstraum" von Schubert und „Widmung" von Franz mit angenehmer, sehr klangvoller Stimme, guter Deklamation und verständiger Vortragsweise.

„Königsberger Allgemeine Zeitung". „Königsberger Hartung'sche Zeitung". (Musikalische Akademie.) Am 28. Oktober 1886 wurde durch die Musikalische Akademie in der Domkirche zu Königsberg i. Pr. das Haydn'sche Oratorium „Die Schöpfung" aufgeführt, bei welcher Herr **Geyer**, ein Schüler F. Götze's in Leipzig, die Tenorpartie inne hatte.

Der jugendliche Tenorist, Herr **Richard Geyer**, zeigte eine kräftige, metallreiche Stimme, besonders in der Höhe von intensivem Glanz; in der Tiefe, bei der zwar sehr tief liegenden Arie „Nun schwanden vor dem heiligen Strahle" wurde sie etwas matter.

„Crimmitschauer Anzeiger". (Oeffentliches Konzert.) Herr **Geyer**, dessen vortrefflicher Tenor uns schon bekannt war, erntete den lebhaftesten Beifall, und fanden die Arie „Vaterland, ich muss dich jung verlassen" von Méhul, sowie die Lieder „Vergiss mein nicht" von Hoffmann und „Mein" von Curschmann eine vorzügliche Wiedergabe.

„Altenburger Zeitung". (Singakademie.) Bei Aufführung des „Samson" Folgendes: Gehen wir nun näher auf das gestrige Konzert ein, so ist zunächst hervorzuheben die Hauptpartie des „Samson", welche in den Händen des Herrn Konzertsängers **Geyer** lag. Es war ein Genuss, zu hören, wie schön er die Arie „Nacht ist umher" zum Vortrag brachte. Der tiefe Schmerz Samsons, und ferner die sich mächtig steigernde Leidenschaft, die in dem Duett mit Delila auflodert, sie kamen vorzüglich zur Geltung. Die weiche Stimme dieses Herrn ist sehr sympathisch und die Behandlung der Passagen zeugte von einer vorzüglichen Schule.

„Chemnitzer Tageblatt". (Kirchenkonzert.) Herr Konzertsänger **Geyer**, Schüler von Herrn Professor Götze in Leipzig, führte sich mit einer Arie für Tenor aus Händels „Messias" ein, in welcher er die schwierige Figurierung zwang- und mühelos mit schönem Ton zum Vortrag brachte. Rühmend wäre noch zu erwähnen die Reinheit der Intonation und die gute Textaussprache. Ausserdem sang er noch drei Gesänge von Lux, Stade und Albert mit warmer Empfindung und edlem Ton.

„Leipziger Tageblatt". (Gemischt. Chorverein „Orphelia".) Ueber den gemischten Chorverein „Orphelia" in Altenburg und den zeitherigen Leiter und Gründer desselben, Herrn Konzertsänger **Geyer**, schreibt obengenanntes Blatt bei der 14. Musikaufführung: Als alleiniger Schöpfer des genannten Vereins ist Herr **Geyer** zu nennen, der als Schüler des berühmten Leipziger Gesangmeisters Professor Götze in unsere Stadt zurückkehrte, ausgestattet mit achtenswertem Können und mit Lust und Liebe zur Kunst. Ihm allein ist es zu danken, dass sich die Orphelia zu dieser Höhe erhoben, indem er die passenden Kräfte vereinigte und mit wahrer Freude an allem Hohen und Edlen zu beseelen verstand. In der diesmaligen Aufführung, wobei er sich mit Herrn Musikdirektor Schulz in die Direktion teilte, sang er zugleich das Tenorsolo im „Lobgesang" von Mendelssohn und fand damit wegen der prächtigen Reproduktion grossen Beifall.

„Generalanzeiger für Leipzig und Umgebung". (Geistliches Konzert.) Als sehr gediegener Kirchensänger empfahl sich Herr **Richard Geyer**, dessen hoher, angenehm klingender Tenor in der Paulus-Arie von Mendelssohn: „Sei getreu bis in den Tod" zur vollen Geltung kam. Reine Intonation, gute, besonders in der Vokalisation rühmliche Aussprache und Wärme im Ausdruck bekundeten tüchtige Ausbildung und vortreffliche Anlagen des Sängers. Das gemütvolle „Abendgebet" von W. Stade hätte kaum einen besseren Interpreten finden können.

„Würzburger Presse". (Würzburger Liedertafel.) Am 27. und 28. November 1886 wurde in Würzburg unter Direktion des Prof. Meyer-Olbersleben die Haydn'sche Schöpfung aufgeführt.

Herr Tenorist **Richard Geyer** führte sich als begabten, verständnisvollen Vertreter der Kunst ein. Der wohlakkreditierte Sänger, welcher in Königsberg i. Pr. diese Partie mit gutem Erfolg gesungen hat, zeigte sich als ebenbürtige Kraft neben der Frau Schubert-Tiedemann-Frankfurt und dem Münchener Hofopernsänger Lier, sowohl was Schule, als auch geschmackund seelenvollen von Manieren freien Vortrag anlangt; insbesondere war seine klare, verständige Rezitation allen Lobes würdig, und nach der trefflich gesungenen Arie des Uriel „Im vollen Glanze", sowie der Arie des II. Teiles „Mit Würde und Hoheit", seinen dankbaren Nummern, ward ihm wohlverdienter Applaus zu Teil. Wir glauben in Herrn **Geyer** einen gründlich musikalisch gebildeten, stimmbegabten, sehr schätzbaren Konzertsänger mit entschiedener Begabung gerade für das Oratorienfach kennen gelernt zu haben, und wird derselbe einer freundlichen Aufnahme bei Konzertvereinen schon um seines soliden, anspruchslosen Auftretens willen gewiss sein dürfen.

Eisenberg. (Künstlerkonzert.) Den Namen „Künstlerkonzert" verdiente es in hohem Masse, denn jeder der Mitwirkenden ist eben ein Künstler im besten Sinne. Herr **Geyer**, der uns von früher schon bekannt ist, überraschte uns aufs angenehmste durch die unverkennbare Vervollkommnung in seiner Kunst. Wie zart fasste er die Pianostellen an, welche Kraft entwickelte er aber wieder in dem „Sie sagen, es wäre die Liebe" von Kirchner, und vor allem, wie singt er doch mit ganzer Seele! Auch Herr **Geyer** konnte dem Beifallssturme nicht anders ein Ende machen, als dass er sich zu einer Zugabe herbeiliess.

Chemnitz." Paulus, "von" Mendelssohn. Jacobikirche. (Chemnitzer Journ. und Anz.) Die Soli waren den Konzertsängern — u. A. Herrn Tenorist **Geyer** — anvertraut. Einiges Gute war diesen Künstlern gemeinsam: reine, deutliche Textaussprache, klare, mässig kräftige Stimme, richtiges Erfassen und Festhalten der Tonhöhe ohne Tremolieren; Herr **Geyer** ist uns von früher her lieb und wert, und sei ihm für die geschmackvolle Durchführung der Arie „Sei getreu" besonders gedankt.

Schuldirektor Gessl.

Konzerte.

Köln. Einer der letzten Abende der musikalischen Gesellschaft galt lediglich dem künstlerischen Wirken **Otto Neitzels**. Der treffliche Kölner Künstler übergab hier zum ersten Male sein **neues Klavierkonzert** der Oeffentlichkeit, welches in Bremen ausfallen musste. Die Frankfurter Zeitung giebt dem Werk folgenden Geleitbrief: „Das Werk ist kraftvoll und echt in der Empfindung und sehr wirksam im Aufbau. Die Behandlung des Klaviers wie des Orchesters zeigt durchweg die Hand des gewiegten und geistvollen Musikers.“ Vom 26. Juni entnehmen wir die folgende Charakterisierung: „Das Klavierkonzert zählt zu den wertvollsten Arbeiten der einschlägigen Litteratur. Die ausgesprochene Selbständigkeit, die reiche und melodisch reizvolle, thematisch sehr bedeutende Erfindung, ferner die den souveränen modernen Meister nie verleugnende Orchestierung, die viele Feinheiten von auserlesenem Geschmack aufweist, rechtfertigen dieses Urteil. Dem Orchester ist eine nicht leichte, aber sehr interessante Aufgabe gestellt, und dass der treffliche Pianist für die Kollegen vom Fach fachmännisch gesorgt hat, ist selbstverständlich.“

Ueber den weiteren Verlauf des anregenden Abends, an welchem ausser Neitzel auch die Konzertsängerin Frau **Louise Hövelmann** mitwirkte, teilt die Köln. Zeit. noch folgendes mit:

An warmem Beifall, der durch Lorbeerspenden bekräftigt wurde, fehlte es dem Künstler nicht. Eine Humoreske für Klavier, „Gavotte-Caprice“, die sich ebenfalls lebhafter Anerkennung erfreute, unterbrach die Gesänge der Frau **Hövelmann**, die zuerst Neitzels Halligmatrosen, und später vier Lieder gleichfalls von Neitzel aus den Acht Gesängen Werk 11 sang. Wir haben sie schon bei ihrem ersten Auftreten als eine unserer aussichtsvollsten Altistinnen bezeichnet, und ihre herrliche Stimme, ihr eindringender und charakteristisch ausgestaltender Vortrag, der sowohl die naiv liebenswürdige Stimmung der „Heimstätte“, wie die Naturpoesie im „Sonnenblick“, endlich die Tragik des Halligmatrosen fesselnd ausprägte, der hohe Grad künstlerischer Reife und Glätte endlich, der ihren Darbietungen zu eigen war, haben unsern Erwartungen durchaus Recht gegeben. Sie musste die Heimstätte wiederholen und fand auch nach den übrigen Nummern stürmischen Beifall. Herr **Krögel**, der an beiden Abenden das Orchester leitete, machte sich um das Neitzelsche Konzert, in das er sich völlig eingelebt hatte und das er mit schätzenswerter, bei der bekannten Zusammensetzung des Orchesters oft benötigter Ruhe leitete, besonders verdient.

Neuenahrer Zeitung. Neuenahr, 28. Juni. Im Saale des Hôtels zum Stern fand Freitag Abend eine Veranstaltung der Westdeutschen Konzertdirektion, ein Konzert von Fräulein **Schelle**, Pianistin, Herrn **Konzertmeister Willy Seibert**, Violinist, und Herrn **Bronsgeest**, Konzertsänger aus Amsterdam, statt, dessen Genüsse von den Besuchern Neuenahrs sicher nicht geahnt wurden, da das Konzert sonst reicher besucht gewesen wäre. Das Konzert trug durchweg den Stempel der Vollendung. Es waren künstlerische Leistungen, wie man sie sonst nur in den Konzertsälen der Grossstädte hört. Fräulein Schelle spielte eine Anzahl Stücke von Haydn, Schumann, Chopin, Brahms, Wüllner und Liszt und zeigte hier alle Nüancen der Anschlagskunst sowie eine nie versagende Technik. Die Künstlerin wurde durch reichen Beifall ausgezeichnet. Derselbe Beifall wurde auch ihren Mitwirkenden, Herrn Seibert und Herrn Bronsgeest zu teil. Herr Seibert spielte mit grosser Tonschönheit und brillanter Technik das Konzert von Wieniawski und die Zigeunerweisen von Sarasate. Herr Bronsgeest verfügt über einen mächtigen Bass-Bariton, der auch eine ausgezeichnete Schule durchgemacht. Herr Bronsgeest wusste den Stimmungen, die in den wundervollen Liedern von Brahms, Schubert und Schumann enthalten sind, völlig gerecht zu werden. Zu erwähnen ist noch der wundervolle Flügel von Mand aus Koblenz, der Fräulein Schelle zur Verfügung stand und dessen grosse Weichheit in allen Lagen wohlthuend auffiel. Es war eine selten schöne Veranstaltung voll von künstlerischen Genüssen.

Ueber die künstlerischen Eigenschaften des Konzertsängers Bronsgeest wird auch anderweitig sehr Günstiges berichtet. So schreibt das Kölner Tageblatt anlässlich des letzten Volksunterhaltungsabends in Köln:

. . . . In den darauffolgenden Liedern von Schubert-Rubinstein und Löwe stellte sich Herr C. Bronsgeest als ein musikalisch fein empfindender Baritonist mit selten schöner ausgiebiger und umfangreicher Stimme vor. Bei weiteren in strenger Arbeit zu entwickelnder Entfaltung seiner künstlerischen Individualität dürfte von ihm Grosses zu erwarten sein.

Konzert des deutschen Gesangvereins in Brüssel.

(Paradies und die Peri.)

Deutsche Zeitung. Herr **C. Bronsgeest**, der noch im Anfang seiner Laufbahn steht, besitzt eine wunderschöne sympathische Bassstimme und zeigte sich als vortrefflicher Musiker. Man kann ihm eine schöne Zukunft vorhersagen.

Neue Gesänge für eine Singstimme.

Unter den jüngeren Liederkomponisten tritt besonders **Hans Gelbke** als eine liebenswürdige, fein organisierte Künstlernatur hervor. Seine Lieder für tiefe Stimme op. 4, 6 und 7 zeugen von einem tiefen, erschöpfenden Erfassen der poetischen Unterlage und bieten sich in künstlerisch vollendeter Form dar. Am dankbarsten haben sich in einer Reihe von Konzerten unter seinen Kompositionen seine 4 Mädchenlieder für Sopran erwiesen; es sind duftige Blüten einer tief in die Geheimnisse des Mädchenherzens eindringenden Phantasie. „Wenn op. 1 so anfängt, schreibt das Centralblatt für Instrumentalmusik etc., kann uns aus dem Herzen dieses Komponisten noch manch wonniglich Liedlein erstehen“. Unter den Liedern für tiefe Stimme ist als besonders stimmungsvoll und geeignet für den öffentlichen Vortrag zu nennen: op. 4 Nr. 1 „Oft sah ich deinen süssen Blick“, op. 6 Nr. 1 „Wer weiss, was da noch werden mag“, Nr. 3 „Ich möchte wohl als leiser Traum“ und op. 7 Nr. 2, Purpurrote Rosen.

Unsere Baritonisten seien hingewiesen auf op. 115 von **Karl Hirsch, Die Lieder Ellinands** (K. Stiehler). So poetisch der wundervolle Text, so poetisch die Musik. Mit der ganzen Glut eines tiefen Empfindens wird hier die junge Liebe des Mönches zum Grafenkinde Irmingard geschildert, das bei den Nonnen in Frauenwörth Kränzlein und Schleier mit Bangen genommen. Ihm gilt sein Dichten und Trachten, bis der Abt mit rauher Hand eingreift und die Liebenden verflucht. Wie rührend klingt des Mönches letzte Klage: „Euch Lieder aber trag ich zum Wald in stiller Fahrt und letzte Grüsse send' ich auch dir, Frau Irmingard“. — —

Orden. Gustav Leinhos, Kammer-Virt., Sachsen-Mein. Verd.-Kreuz für K. u. W. Den Kammermus. Chr. Reibestein; Wilh. Petzold, Alphons Abbass, A. Funk, Karl Boas goldene Verd.-Med. für K. u. W., sämtlich in Meiningen. Fr. von Reichenberg, Hofopernsänger Wien; Aug. Stoll, Hofopernsänger, Wien; Dr. Raoul Walter, Kammersänger, München; Oest. Ritterkreuz des Franz-Joseph-Ordens. Anton Schittenhelm, Hofopernsänger, Wien; Oest. gold. Verd.-Kreuz mit der Krone. Musikdir. Erdmann Hartmann, Leipzig-Sächs. Verd.-Kreuz. Prof. Chr. Fink, Org., Komp., Esslingen; Ritter-Kreuz I. Kl. des Württemb. Friedr.-Ordens.

Titel. F. G. Jansen, Org., Verden a. A.; Prof. Otto Seidel, Sem.-Lehr., Neuruppin, Kgl. Musikdir. Prof. Heinr. Schwartz, München, Hofpianist des Prinz-Reg. von Bayern. Friedr. Kriegeskotten, Gymn.-Gesangl., Wernigerode, Kgl. Musikdir. Dr. L. Strecker, Inh. der Firma B. Schott's Söhne, Mainz, Geh. Kommerzienrat.

Vak. Liedertafel Frohsinn in Linz a. D., Chormeisterstelle. Saarbrücken, Chordirig. Liedertafel Elberfeld, Dirigent. Hofkap. Stuttgart, Konservator. Krefeld, Städt. Orch., Duisburg, I. Geiger, Musik-Verein Linz a. D., Konzertmeister. Mediasch, Siebenbürgen, Musikdir. Wolkenstein i. S., Stadt-Musikdir. Hofkap. Stuttgart, Cellist. Liederhain Elbing, Dirig.

Gest. Barnolt, Mitgl. der Oper. com., Paris. Claudius Blanc, ehem. Chordir. der Pariser Oper. Barthold Senff, Musikverl., Leipzig. Mary Krebs-Brenning, Pianistin, Dresden.

Westdeutsche Konzert-Direktion,

Köln a. Rh., Beethovenstrasse 6.

Mehrere **Dirigenten,** *bestens empfohlen von hervorragenden Fachautoritäten, suchen anderweitige Positionen bei leistungsfähigen Gesangvereinen oder Orchestern. Auskunft erteilt die Westd. Konzertdirektion, Köln.*

Das **Streichquartett Soldat-Röger**
konzertirt im Monat November in West- und Norddeutsch[illegible]
Anfragen erbeten an die Westd. Konzertdirektion, Köln.

Künstler-Tafel der Westdeutschen Konzertdirektion, Köln.

Bläservereinigung des Gürzenichorchesters
für Kammermusik.
E. Wehsener (Flöte) K. Erkert (Oboe) R. Friede (Clarinette) P. Sadony (Fagott) E. Ketz (Horn).

Kölner Gürzenichquartett
Prof. Willy Hess, Concertm. K. Körner, Prof. Jos. Schw[illegible] Concertm. Friedr. Grützmacher.

Alice Rau,
Mainz.
Konzertsängerin. Mezzosopran.

Willy Seibert,
Köln.
Lehrer am Conservatorium.
Violin-Virtuose.

Henriette Schelle,
Köln.
Pianistin.

Georg Christiansen,
Remscheid.
Pianist.

Adolf Groebke,
Köln.
Opern- und Konzertsänger. Tenor.

Johanna Dietz,
Frankfurt a. M.
Oratoriensängerin. Sopran.

Selma Deutzmann,
Konzertsängerin. — Remscheid.
Hoher Sopran. Coloratur-Partien.

Paul Stoye,
Krefeld.
Klavier-Virtuose.

Mary Münter-Quint,
Bonn.
Konzert- und Oratoriensängerin.
Sopran.

Luise Hövelmann,
Köln.
Lieder- und Oratoriensängerin. Alt.

Cornel. J. Bronsgeest,
den Haag.
Konzertsänger. Bass-Bariton.

Lina Goldenberg,
Köln
Konzertsängerin. Hoher Sopran

Dietrich Schäfer,
den Haag.
Pianist.

H. Lützeler,
Köln.
Konzertsänger. Tenor.

Emilie Müller,
Frankfurt.
Lieder- und Oratoriensängerin. Sop[illegible]

Albert Jungblut,
Frankfurt a. M.
Lieder- und Konzertsänger. Te[illegible]

Clara Schwartz,
Köln.
Violin-Virtuosin.

Bertha Weiler,
Mülheim a. Rh.
Konzertsängerin. Alt.

Franz Sagebiel,
Coblenz.
I. Konzertmeister.
Violin-Virtuose.

Anna Schwarte,
Solingen.
Konzertsängerin. Sopran.

Kölner gemischtes Quartett, Köln.
Die Damen: Wulff, Weiler, die Herren: Lützeler, Bronsgeest.
Quartette, Terzette, Duette, Sololieder.

R. Neumann-Hodit,
Köln.
Rezitator.

Clara Wulff,
Köln.
Konzertsängerin. Sopran.

Jaques van Lier, Berlin.
Cellovirtuose.

Lina van Lier-Coën,
Klaviervirtuosin (aus Paris.)

Richard Geyer,
Altenburg.
Konzertsänger. Tenor.

Phil. Gretscher u. K. Gretscher-Sebaldt, Aachen
Bass-Bariton, Sopran.
Oratorien, Lieder, Balladen, Duette.

Benno Walter,
München.
Violinvirtuose.

Ernst Ketz,
Köln am Rhein. Waldhorn-Virtuose.
Lehrer am Conservatorium.

Konzertm. Alfred Stauffe[illegible]
Köln.
Violinvirtuose.

Elise Ketz,
Köln am Rhein. — Konzertsän[illegible]
Alt.

H. vom Ende's Verlag, Köln am Rhein.

Universal-Bibliothek für Musik-Litteratur.

Wichtig für Musiker und Dilettanten!

1-3. **Dr. Emil Kneschke. Die hundertfünfzigjährige Geschichte der Leipziger Gewandhauskonzerte.** Mit Illustrat. M. 1,50.

4-5. **Das Königliche Konservatorium der Musik zu Leipzig. 1843–1893.** Mit Illustrationen. M. 1,–.

6-7. **Dr. Oskar Fleischer. Die Bedeutung der internationalen Musik- und Theater-Ausstellung in Wien für Kunst und Wissenschaft der Musik.** Mit Illustrationen. M. 1,–.

8. **Rudolf Kleinecke. Johann Strauss.** Ein Lebensbild. M. –,50.

9-10. **Dr. O. Klauwell. Formen der Instrumentalmusik.** Mit vielen Notenbeispielen. M. 1,–.

Inhaltsübersicht: I. Die allgemeinen Prinzipien musikalischer Formbildung. Form und Inhalt. Motivbildung. Fortspinnung des Motivs. Das Thema. Fortbau desselben. II. Fuge. III. Suite. IV. Liedform. V. Variationenform. VI. Sonatenform. VII. Rondoform. VIII. Sonatine, Concert, Phantasie, Capriccio, Toccata, Duo, Trio, Quartett, Quintett etc. Ouverture, Sinfonie, sinfonische Dichtung.

11-12. **Dr. Aug. Reissmann. Dichtkunst und Tonkunst** in ihrem Verhältnis zu einander. M. 1,–.

Inhaltsübersicht: I. Wort und Ton. – Sprache und Gesang. II. Metrum und Versbau und ihre Gestaltung in Tönen. III. Dichter und Vokalkomponisten. IV. Dichtung und Instrumentalmusik. V. Neue Aufgaben für die Tonkünstler der Gegenwart.

13-14. do. **Dichtungen für Musik,** gesammelt, geordnet und mit Anweisungen versehen. M. 1,–.

„... Unter den Dichtungen der früheren Jahrhunderte ist noch manch eine zu finden, welche durch den Gesang zum Gemeingut der Nation gemacht werden müsste, während sie jetzt vorwiegend nur für den Litterarhistoriker vorhanden sind. Diese Dichtungen den Tondichtern in Erinnerung zu bringen, ist vornehmster Zweck dieser Sammlung."

Inhaltsübersicht: Singen und Sagen. Sprachmelodie und Gesangmelodie. I. Deutsche Volkslieder aus frühester Zeit. II. Deutsche Dichter bis zum 19. Jahrh.

15-17. **E. T. A. Hoffmanns musikalische Schriften.** M. 1,50. Mit Einschluss der nicht in die ges. Werke aufgenommenen Aufsätze über Beethoven, Kirchenmusik etc. Mit zahlreichen Notenbeispielen. Herausgegeben und mit einer Biographie versehen von **H. vom Ende.** M. 1,50.

Inhaltsübersicht: Biographie. Gedanken bei dem Erscheinen dieser Blätter. Phantasiestücke in Callots Manier (in die „Kreisleriana" sind sämtl. Aufsätze nebst Notenbeispielen über Beethoven aufgenommen). Die Fermate. Der Dichter und der Komponist. Verschiedene Aufsätze über „alte und neue Kirchenmusik", Oratorium, Dichtkunst und Tonkunst etc.

18-20. **Prof. Dr. O. Klauwell. Geschichte der Sonate,** von ihren Anfängen bis zur Gegenwart. M. 1,50.

Inhalt: I. die ältere ital. Sonate von Gabrieli bis Corelli. II. Die Klaviersonate und die Ausbildung der eigentlichen Sonatenform. Kuhnau, D. Scarlatti, Ph. E. Bach. III. Die Sonate in ihrer Vollendung. Haydn, Mozart, Beethoven. IV. Die nachklassische Sonate. Hummel, Schubert, Weber, Schumann, Chopin, Liszt, Brahms.

21-22. **H. vom Ende. Dynamik des Klavierspiels** mit 125 Beispielen. M. 1,–.

Inhalt: Vortragsbezeichnungen. I. Nuancierung, allmählicher plötzlicher Wechsel der Klangstärke. Die dynamischen Abstufungen in den gleichzeitig erklingenden Stimmen. II. Accentuation. Rhythmischer, melodischer harmonischer Accent.

23-25. **C. Witting. Geschichte des Violinspiels.** Mit zahlreichen Notenbeispielen. M. 1,50.

Inhalt: I. Die Sonate. Corelli bis Beethoven. II. Etuden, Capricen. Locatelli bis Paganini. III. Schulen. Leop. Mozart bis L. Spohr. IV. Konzerte. Viotti bis Spohr.

Andere empfehlenswerte musikalische Schriften:

Cherubini-Jensen. Theorie des Kontrapunktes und der Fuge, in neuer Uebersetzung. Bearbeitet und mit Anhang über die alten Kirchentonarten versehen von Prof. Gustav Jensen. M. 4,–, geb. M. 5,–.

Das Hamburger Fremdenblatt schreibt: „Aus den Händen des in der Kunstwelt als Theoretiker und Komponist geschätzten Verlegers empfängt die Musikwelt Cherubinis berühmten „Cours de Contrepoint et de la Fugue" in zeitgemässer Bearbeitung. Letztere verleiht dem hoch interessanten Werke einen erneuten Wert und nicht zu verkennende praktische Bedeutung. ... Die Einführung dieses Werkes an höheren Lehranstalten ist dringend zu empfehlen; in einigen Konservatorien ist dies bereits geschehen." Prof. Krause.

F. W. Franke. Harmonielehre. Theorie und Praxis des harmonischen Tonsatzes. Hand- und Lehrbuch für den Unterricht und das Studium der Theorie der Musik. M. 3,–, geb. M. 4,–.

Deutsche Kunst- und Musik-Ztg.: F. W. Franke, Lehrer am Kölner Conservatorium, hat mit seiner „Theorie und Praxis des harmonischen Tonsatzes", Köln und Leipzig, H. v. Ende's Verlag ein Lehrbuch von bleibendem Werte geschaffen. Er führt den Schüler mit sicherer Hand dem Ziele zu, dabei ist die Darstellung so klar, dass auch der Musikliebende, welcher nicht berufsmässige Ausbildung anstrebt, leicht folgen kann.

Aus dem Wuste der Harmonielehren, welche in den letzten Jahren die Presse verlassen haben, leuchtet dieses, den begabten Pädagogen verratende Werk höchst vorteilhaft hervor. Dabei hält sich der Verfasser, trotz aller Gründlichkeit von dem Vorwurfe der Trockenheit frei; wo es nur angeht, schüttelt er den Schulstaub ab und weist, durch glücklich eingestreute Beispiele aus hervorragenden Meisterwerken, den Lernenden auf die lichten Höhen der Tonkunst hin.

Ich kann mit gutem Gewissen dieses treffliche Werk nicht nur jedem ernst Strebenden, sondern auch jedem Laien, der Belehrung sucht, auf's Wärmste empfehlen. Eduard Kremser.

Das Harmonie-System nach M. Hauptmann. Uebersichtlich dargestellt von H. vom Ende. M. –,20.

Julie Rothenberger. Rätsel und Erzählungen musikalischen Inhalts. Schöne Ausstattung; mit vielen Abbildungen, geb. M. 2,–.

Dr. Christoph Stephan. Dem Kaiser Heil! Festspiel in 4 Bildern. Bilder aus Kölns Vergangenheit und Gegenwart. M. –,50.

Prof. Dr. O. Klauwell. Formen der Instrumental-Musik. – Geschichte der Sonate.

Allgemeine Musikzeitung, Charlottenburg:

Vorliegende Schrift des bewährten Kölner Tonkünstlers und Pädagogen bildet das 9. und 10. Doppelbändchen der im obengenannten Verlage erscheinenden „Universalbibliothek für Musiklitteratur", eines neuen buchhändlerischen Unternehmens, welches bezweckt, für einen sehr mässigen Preis in allgemein verständlich gehaltenen, aber sachlich geschriebenen Abhandlungen sowohl dem Laien, „welcher sich auf dem Gebiete der Tonkunst näher umsehen will", aber nicht bloss durch Musikhören, sondern auch, indem er darüber liest, als dem fachlich Gebildeten, „der rasch und übersichtlich sich über eine musikalische Epoche, eine in den Vordergrund der Ereignisse getretene künstlerische Individualität oder dieses und jenes verschollene Werk aus vergangenen Zeiten unterrichten will, das dafür nötige Material an die Hand zu geben." Entsprechen die übrigen Bändchen nach Inhalt, Gründlichkeit bei aller nötigen Kürze der Behandlung desselben, Ausstattung u. s. w. u. s. w. dem mir vorliegenden, so dürfte kein Zweifel darüber sein, dass das Unternehmen sich zu einem segensreichen für die Leser und gewinnbringend für den Verleger auswachsen wird. *Otto Taubmann.*

Bitte zur Ansicht zu verlangen.

H. vom Ende's Verlag, Köln a. Rh.

Orchesterwerke

zur Aufführung für die nächste Saison empfohlen.

☞ Bitte zur Ansicht zu verlangen! ☜

Gustav Jensen, op. 35.

Symphonie B-dur.

Part. netto Mk. 12,—. Orch.-Stimmen netto Mk. 20,—.

Kölnische Zeitung. Der allgemeine Eindruck dieser Symphonie, dem auch wir uns nicht entziehen, war der einer lebhaften Ueberraschung. Wir hatten bisher von manchem sauber gearbeiteten und gefälligen Tonstücke Jensens Kenntnis genommen; diese Symphonie läßt eine Folgerichtigkeit in der Form und einen Fluß in der Stimmung erkennen, die uns mehr als einmal das Beispiel des größten modernen Symphonikers Brahms zu angenehmem Vergleich vor Augen riefen. In der Schönheit der Instrumentierung ist er diesem sogar überlegen; seine Erfindung ist schlichter, aber auch natürlicher als bei Brahms. Aber wie er seine Themen behandelt, entwickelt, ausbaut, darin giebt er ein Zielbewußtsein und eine Formgewandtheit kund, der wir außer bei Brahms in einem modernen Werke kaum noch begegnet sind.

Berliner Neueste Nachrichten. Die im 7. Bayreuth-Konzert als Manuskript aufgeführte Symphonie (B-dur) von Professor Gustav Jensen erzielte einen sensationellen Erfolg. Es ist eine Schöpfung von wirklich klassischer Schönheit der Erfindung und Vollendung der Ausführung, die unzweifelhaft bald die Runde durch die größeren Konzertsäle machen wird und jedenfalls zu den bedeutendsten symphonischen Werken der modernen Orchester-Litteratur zählt.

Ewald Strässer, op. 4.

Eine Tragödien-Ouverture für grosses Orchester.

Part. netto Mk. 5,—. Orch.-Stimmen netto Mk. 6,—.

Rheinisch-Westfälische Zeitung. Köln. Die im vorletzten „Philharmonischen Konzert" zur Aufführung gelangte Tragödien-Ouverture von Ewald Strässer, ein originell angelegtes, tief empfundenes und in der Form durchweg edel gehaltenes Tonwerk, hat einen Erfolg davongetragen, der unsere wahrlich nicht geringen Erwartungen noch ganz bedeutend übertroffen hat. Das Publikum war von dieser ergreifenden Musik offenbar sehr bewegt und gab dies in spontaner Weise zu erkennen.

Luzerner Vaterland. Den glanzvollen Schluß des Konzertes bildete die Tragödien-Ouverture von E. Strässer, vom Komponisten und Musikprofessor in Köln selbst mit viel Feuer und dramatischer Energie dirigiert. Das Tonstück, im wagnerischen Geiste mit wirkungsvoller Instrumentierung komponiert, ist wirklich im kleinen eine Tragödie in Tönen, mit stellenweise wundervollen Motiven und erschütternder Tragik.

Kölnische Zeitung. Den Anfang des Konzerts bildete Ew. Strässer's Tragödien-Ouverture, die sich durch tief empfundene Motive, fortreißende Steigerungen, schwungvolle Rhythmen und eine machtvolle Schlußwirkung empfahl.

Krefeld, den 17. November 1898.

Herrn Ew. Strässer, Köln.

Es interessiert Sie vielleicht die Mitteilung, daß für ein sogen. Wunschkonzert der sehr zahlreich besuchten Abonnementskonzerte (Philharmon. Konzerte) des hiesigen Städt.-Orchest. Ihre Tragödien-Ouverture die weitaus am meisten gewünschte Komposition war. Robert Laugs, Musikdirektor.

„Corona", mein schönstes farbenprächtigstes, bestes u. beliebtestes **Hyazinthen-Sortiment** von 12 Prachtsorten mit Namen u. Farbenbeschreibung à 1 Stck. versende zu Mk. 3,50 für Topfkultur, zu Mk. 4,50 für Gläserkultur. Meine wunderhübsche, bunte **Hyazinthen-Broschüre** lege gratis bei, sonst gegen Einsendung von 30 Pfg.

FRIEDR. HUCK, Erfurt 30 U.

Telegramm-Adresse: Hyazinthenhuck.

Neu!

Jerg, Joh., op. 22. „Frühlingsgruß"

Für gemischten Chor mit Klavier und Harmonium ad lib.

Partitur Mk. 4,50. Einzelstimme 60 Pfg.

Die Werke dieses Meisters sind tadellos. Hier, sowie in seiner „Festkantate" o. „Wo Becher winken" o. „Kling, Klang, Gloria" o. „All' weil lustig" u. „Schnadahüpferl" — schenken wir ihm den ersten Preis. Bin überzeugt, daß diese Werke die Runde machen.

F. Bosse, Musik-Verlag, Leipzig.

Vorliegende Komposition Jerg op. 22, „Frühlingsgruß" ist eine gelungene, empfehlenswerte Arbeit. Ein frischer, echte Frühlingsstimmung erweckender Zug weht durch das Ganze, welches in fünf Sätzen gegliedert ist. Der erste Satz Allegretto con moto (B-dur 4/4 Takt) mit Allegro montanto (Es-dur 3/4 Takt) schildert die erwachende, heitere Lebenslust atmende Natur. Die übrigen Sätze Andante Es-dur, 3/4 Takt mit Scherzando (B-dur), dann Adagio (g-moll 3/4 Takt), Andantino (Es-dur 3/4 Takt) und Andante (B-dur 4/4 Takt) leiten das von Sorge gequälte Menschenherz zum fröhlichen Genießen des Frühlingszaubers ein. Sie führen zum Scherzando des zweiten und Allegro montanto des ersten Satzes zurück. Dadurch erhalten die einzelnen Teile eine hübsche Abrundung und das Ganze bekommt einen der Rondoform ähnlichen Charakter. Der Satz der Chorstimmen ist einfach und leicht ausführbar, die Begleitung durch Klavier und Harmonium dient nicht nur zur Stütze des Chores, sondern verleiht demselben eine eindringliche erhöhte Wirkung.

Fr. W. Sträter, Musikdirektor.

Ich habe mit Vergnügen das vorliegende neue Werk von J. Jerg durchgesehen. Es ist eine Frühlings-Kantate für gemischten Chor mit Pianof. und Harmoniumbegl. ad libitum, welche den Ausführenden mit Ausnahme der Triolenfiguren im ersten Satz nirgends nennenswerte Schwierigkeiten bietet. Es ist gemütvolle und ansprechende, nur wo es der Text erfordert, heitere, frühlingverkündende Musik, die uns der Komponist in seinem neuesten Werke darbietet.

Hermann Mattmacher, Lehrer am Kgl. Konservatorium in Stuttgart.

Diese gelungene, nicht sehr schwierige Komposition für vierstimmigen gemischten Chor, Pianoforte und Harmonium finde ich sehr empfehlenswert. Wer sie singt und wer sie hört, dem bereitet sie, dessen sind wir überzeugt, große Freude, da es dem Komponisten gelungen ist, das froh bewegte Leben in der neu erwachten Natur, den Frühlingsjubel in lebhaften Farben zu schildern. Das Tonstück zeichnet sich aus durch Melodienreichtum, durch lebhafte rhythmische Bewegung, durch schöne Stimmführung und durch effektvolle Verwendung der beiden Begleitungsinstrumente. — Es wäre zu wünschen, die lebensfrische Komposition möchte durch den Druck allen Chören zugänglich gemacht werden. Namentlich Kirchenchören, die nebenbei auch das weltliche Lied pflegen, würden sicher gerne nach ihr greifen.

J. G. Mayer, Oberlehrer, Gmünd.

Verlag v. H. vom Ende, Köln a. Rh.

Neue Chorwerke

von

C. Steinhauer, Kgl. Musikdirektor in Düsseldorf.

„Abschied von der Heimat", op. 27. Partitur 60 Pfg., Stimmen à 15 Pfg.

Schon ausserordentlich verbreitet; auf zahlreichen Gesangwettstreiten preisgekrönt, u. a. in M.-Gladbach 1899 4 mal.

„Westfalen", op. 34. (In Volksliedweise). Partitur 60 Pfg. Stimme 15 Pfg. Kernig, echt westfälischen Charakters.

„Die Bergmannsbraut", op. [illegible] (In Volksliedweise). Part. 60 Pfg., Stimme 15 Pfg.

Dieses Lied, dessen poet. Text [illegible] Interesse, musste nach seiner ersten Aufführung in [illegible] wiederholt werden.

„Meine Göttin", für Sopransolo, gemischten Chor und Orchester. Op. 59. Klavierauszug Mk. 5,—. Chorstimmen à 60 Pfg., Partitur und Orchesterstimmen in Abschrift.

Sr. Excell. dem Staatsminister Herrn Freiherrn Georg von Rheinbaben, Vorsitzender des Rhein. Goethevereins verehrungsvoll zugeeignet.

Das Werk wurde erstmalig auf dem 1. Festkonzerte der Rheinischen Goethefeier am 6. Aug. 1899 in Düsseldorf mit glänzendem Erfolge aufgeführt und erfuhr von Männern, wie Beckmann, Prof. Buths, Droste, K. Kipper, Müller-Reuter, Dr. Neitzel u. a. die günstigste Beurteilung.

4 Lieder zu Gedichten von Fr. Wilh. Grimme, op. 62. Jede Partitur 60 Pfg., jede Stimme 15 Pfg. 1. „Mein Sauerland". 2. Volkslied: „Steh'n zwei Röslein gar so schön". 3. „Sturm". 4. „Heimkehr".

Vorstehende Chöre wurden bereits zum Vortrage durch den Chor des Kgl. Seminars zu Rüthen bei der bevorstehenden Enthüllungsfeier des Denkmals des gefeierten westfälischen Dichters in dessen Heimatsort Assinghausen gewählt.

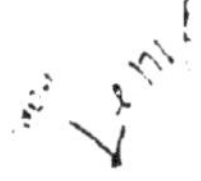

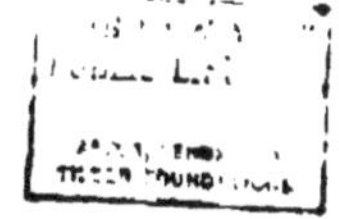

Wegweiser

durch die

Chorgesanglitteratur

nebst „Konzertbericht".

Ratgeber für **Männer-, Frauen- und gemischte Gesangvereine und Gesangvereinsdirigenten.**

Herausgegeben und redigiert von **H. vom Ende, Köln am Rhein,** Beethovenstrasse 6. — Erscheint monatlich einmal. — Bezugspreis für 1 Expl. 15 Pfg. Jahresabonnement 1,50 Mk. incl. Porto. Inserate kosten pro 4 mal gespaltene Petitzeile 25 Pfg.

№ 11. Köln am Rhein, den 26. August 1900. **I. Jahrgang.**

Inhalt:

Aufführungen.

Es können unter dieser Rubrik nur solche Werke aufgenommen werden, welche bereits im Druck erschienen sind.

Männerchöre a cappella.

Abkürzungen: gr.-gross, s.-sehr. D. C.-Da Capo.

Titel	Komponist	Stadt	Verein	Dirigent	Erfolg	Preis
Schön teutsch Reiterlied *msch.*	H. Rietsch	Heidelberg	Liederkranz	C. Weidt	s. gr.	
Mohnblümchen	G. Baldamus	St. Gallen	do.	Baldamus	D. C.	
s' Kübele rinnt *msch.*	Chr. Braun	Wien	Fr. Typograph.	Scheu	s. gr.	
Waldbilder *sch.*	Jos. Schwartz	Plauen i. V.	Lehrer G. V.	Rascher	s. gr.	
Maiennacht *l.*	Fr. Abt	Teplitz	Liedertafel	H. Tausche	s. gr.	
Ich fahr dahin *l.*	bearb. H. Becker	Gelsenkirchen	Lehrer G. V.	Steinhauer	gr.	
Abschied von der Heimat *l.*	C. Steinhauer	Düsseldorf	Quartett-Verein	do.	D. C.	
Mein Schifflein treibt *sl.*	Beschnitt	do.	do.	do.	D. C	
Abendliches Sehnen *msch.*	C. H. Döring	Berlin	Lehrer G. V.	F. Schmidt	s. gr.	
Schloss Geroldseck *zsch.*	do.	Wien	G. V. d. Eisenb.-Beamt.	E. Reim	s. gr.	
Waldkönig	do.	Dresden	Orpheus	A. Kluge	D. C.	
Rosenfrühling	H. Jüngst	Mannheim	Wagner'sches Quartett Frankfurt a. M. 50	Jac. Wagner		I. Pr.
Braun Maidelein	do.	Paris	Wiener M. G. V.	E. Kremser	D. C.	
Das erste Lied	do.	Mannheim	Eintracht-Schiltach	C. Trautwein		VI. Pr.
Sungrüss dich Gott, Frau Minne *sch.*	B. Beyer-Oberleben	Essen a. d. R.	Eintracht-Bonifacius	G. Meyer		I. Pr.
Die drei Zigeuner	Zedtler	do.	do.	do.		I. Ehrp
Rosenfrühling	H. Jüngst	Kalk	Männer-Quartett	Alw. Horn	s. gr.	
Dich grüsst der Mai	Sturm	Münster	Sängerlust	Fr. Teeke		I. Pr.
Heldengrab	Zerlett	do.	do.	do.		I. Ehrp
Liebe *sch.*	R. Strauss	Stettin	Schütz. Musik-Verein	R. Seidel	s. gr.	
Die Spinnerin	K. Schauss	do	do.	do.	D. C.	
Abschied von der Heimat *l.*	C. Steinhauer	Oberhausen	Viktoria-Frohsinn	Kircholtes		I. Pr.
Die drei Zigeuner	Zedtler	Krefeld	M. G. V. Jacobiny	F. Kreyer		I. Pr.
Am Wörther See	Koschat	Limburg a. d. Lahn	Eintracht	P. Jos. Keul	D. C.	
Den Toten vom Iltis *sch.*	F. Curti	Stolp i. P.	M. G. V.	G. Boenig		I. Pr.
Sonntagsfrühe	Weinhardt	Godesberg	do.	A. Horn	s. gr.	
Johannisnacht am Rhein *zsch.*	H. Meyer-Olbersleben	Sonneberg	G. V.	R. Roth	s. gr.	
Das deutsche Lied *msch*	F. Fassbaender	Leipzig	Lehrer G. V.	H. Sitt	gr.	
Kaiser Karl i. d. Johannisnacht *s.sch.*	Fr. Hegar	Barmen	Sängerhain	K. Hirsch	s. gr.	

Männerchöre mit Begleitung.

Titel	Komponist	Stadt	Verein	Dirigent	Erfolg	Preis
Rinaldo * *sch.*	Brahms	Bayreuth	Liederkranz	Aumüller	gr.	
Allmacht *	Schubert-Liszt	do.	do.	do.	s. gr.	
Rheinfahrt * *msch.*	S. Tausch	Gelsenkirchen	Lehrer G. V.	C. Steinhauer	s. gr.	
Gotenzug * *msch.*	A. Becker	Gross-Strehlitz	Oberschl. Sängerbund	Irmer	s. gr.	
Der deutschen Sänger Bundeslied *	K. F. Weinberger	Augsburg	Schwäb.-bayr. Sängerbund	Eggert	s. gr.	

Titel	Komponist	Stadt	Verein	Dirigent	Erfolg	[illegible]
Männerchöre mit Begleitung.						
Gelöbnis	[illegible] Meyer-Olbersleben	Sonneberg	G. V.	B. Roth	s. gr.	
Waldharfen	Edw. Schulz	do.	do.	do.	s. gr.	
Friedrich Rotbart *	Podbertsky	do.	do.	do.	s. gr.	
Trompeter von Säckkingen *	K. Hirsch	Solingen	Sängerbund	K. Hirsch	s. gr.	
Frühlingsnetz	C. Goldmark	do.	do.	do.	gr.	
Gemischte Chöre a cappella.						
Klage	Gluck	Wülfrath	Gem. Chor	K. Hirsch	gr.	
Därf i's Deandl lieben *z/.*	C. Hirsch	do.	do.	do.	D. C.	
Abendlied	C. Kreutzer	do.	do.	do.	gr.	
Jauchzet dem Herrn Ps. 100	Mendelssohn	Sonneberg	Kirchen-Chor	B. Roth	gr.	
Ruhethal *msch.*	do.	do.	do.	do.	gr.	
Frühling am Rhein *msch*	S. Breu	Asch	Harmonia	G. Reinl	gr.	
Im Wald *z/.*	Ad. Jäckel	do.	do.	do.	gr.	
Das erste Lied	G. Jansen	Elberfeld	Liedertafel	K. Hirsch	s. gr.	
Frühlingsahnung	Mendelssohn	Wülfrath	Gem. Chor	do.	s. gr.	
In der Marienkirche	C. Löwe	do.	do.	do.	s. gr.	
Erstes Wanderlied *z/.*	J. Rheinberger	Düsseldorf	G. V.	Steinhauer	s. gr.	
Gemischte Chöre mit Begleitung.						
Lenz und Liebe	H. Hofmann	Altstätten	Concordia	Sternimann	gr.	
Achilleus *	M. Bruch	Düsseldorf	G. V.	Steinbauer	s. gr.	
Ländl. Chor aus Mataswintha	X. Scharwenka	do.	do.	do.	gr.	
Lockung	J. Rheinberger	Köln	do.	A. Horn	D. C.	
Die Nacht	do.	do.	do.	do.	gr.	
Brautchor aus Lohengrin	R. Wagner	Sonneberg	do.	B. Roth	D. C.	
Frühlingszauber	Weinzierl	Solingen	Sängerbund	K. Hirsch	s. gr.	
Lockung	J. Rheinberger	Wülfrath	Gem. Chor	do.	s. gr.	
Loreley	F. Hiller	do.	do.	do.	s. gr.	
Armin *msch.*	F. Kriegeskotten	Wernigerode	Gymnasialchor	Kriegeskotten	gr.	

Die mit * versehenen Werke wurden mit Orchester aufgeführt.

Abkürzungen: l-leicht, sch-schwer, s-sehr, z-ziemlich, m-mittel:

Neuigkeiten.

Für die Aufnahme in diese Rubrik genügt die Zusendung eines Frei-Expl.

Männerchöre a capp.

Ziemlich leicht bis mittelschwer.

Abt, Franz, op. 447. Nr. 2b. „Schau mir nur in's Gesicht . . . . P. 0,25 St. 0,15

do. op. 505. I. Ständchen „Die Sterne glühn" II. „Und wenn es Gott nicht anders will". III. Dem deutschen Heimatland. „Nach allen deinen". IV. Mai und Liebe. „Es streuet Blüten" . . . . à P. 0,40 St. 0,15 — P. 0,80 St. 0,25

do. op. 524. I. Von wonniger, sonniger Zeit. „Wenn du willst" . . . . P. 0,60 St. 0,20

do. op. 607. V. Mein Heimatthal. „So viel ich" P. 0,40 St. 0,15

Afferni, Ugo, Die Jugendzeit. „Das Herz so voll" . . . . P. 0,40 St. 0,15

Attenhofer, C., op. 93. II. Drum muss ich wandern. „Schatz, wenn ich" . . . P. 0,40 St. 0,10

Auslager, Otto, I. Zu Bacharach am Rhein. „Nun geht die Fahrt". II. Einsame Liebe. „Es blühet ein Veilchen". IV. „Mei Mutterl, das verlasst mich nicht" à P. 0,40 St. 0,15

Beschnitt, J., op. 42. Die Verlassene. Nachtlied P. 0,80 St. 0,20

do. op. 32. Heft I. „Noch ist die blühende, goldne Zeit." „Schwebt, ihr Töne." „Hüttelein, still und klein." Heft II. „Neuer Frühling ist gekommen." „O Wald, wie ewig schön bist du." „Lebe wohl, mein süsses Liebchen." „Von hoher Bergeshalde" . . . . à P. 0,80 St. 0,40

do. op. 35. „Auf den Bergen möcht ich leben". „Müde senkt die Nacht." „Mein Herz ist im Hochland." „Wenn du im Traum wirst fragen." „Der goldne Sonnenschein." „Sonnenlicht ist schlafen" P. 1,30 St. 0,45

Bicherl, H., Nr. 12. „Mein Liebster ist ein Hammerschmied" . . . . P. 0,80 St. 0,20

Bieber, Carl, op. 68. I. „Vom Wald bin i füra". II. „Ein Bursch u. ein Mägdelein" à P. 0,40 St. 0,10

Beck, L., op. 3. Das Mutterherz. „O glücklich, wer ein Herz gefunden" . . . . P. 0,60 St. 0,25

Böttcher, Ernst, op. 121. „O mein Herz, gieb dich zufrieden" . . . . P. 0,40 St. 0,15

Bicherl, H., Waldlied. „Wo Büsche stehn" P. 1,00 St. 0,25

do. Schnaderhüpfeln. Gruss an die Nacht. à P. 0,80 St. 0,20

Brandmüller, E., op. 3. Frühlingslied. „O schaut dies volle" . . . . P. 0,60 St. 0,15

Büste, W., op. 25. I. Deutsch und furchtlos. „Die ganze Welt." II. „Willst du mein eigen sein" . . . . à P. 0,50 St. 0,10

do. op. 27. I. Deutsches Reiterlied. . . P. 0,50 St. 0,10

Bungard-Wasem, op. 24. „Ach Elslein" P. 0,20 St. 0,15

Bungart, Heinr., op. 26. „Wenn nicht die Liebe wär." op. 32. Am Brünnelein. „War hold und jung." 53. I. „Willkommen tausend mal." „Es kommt mit." II. Wiegenlied. „Schlaf, du holdes Lieb. à P. 0,40 St. 0,15

do. op. 61. „Ist unser Häuschen auch noch. P. 0,60 St. 0,15

do. 76. „Die schwarzbraunen Augen" . . P. 0,60 St. 0,20

do. 70. Ein Städtel am Rhein. „Ei, sagt." 71. „Feinsliebchen, nun dich Gott behüt" à P. 0,40 St. 0,15

Burgstaller, op. 41. II. Gesellen-Wanderlied. „O Meister" . . . . P. 0,40 St. 0,15

Burkowitz, F., op. 20. IV. „O Welt, du bist so wunderschön . . . . P. 0,80 St. 0,20

Busch, Heinr., „Mein deutsches Land, mein P. 0,50 St. 0,10

Conradi, J. G., Sonnenuntergang. „Es neigt P. 0,40 St. 0,15

Cursch-Bühren, F. Th., op. 161. Das Kämmerlein. Waldkönig. Am Waldweg steht ein Buchenbaum . . . . P. 0,60 St. 0,25

Claussnitzer, Paul, op. 2. Melancholie. „Rasch, eh du gedacht." „Heut noch sind wir hier." „Warte, warte." Serenade. „Mein Herz ist im Hochland." „Lieb Liebchen, leg's Händchen" . . P. 1,20 St. 0,30

Deschermeier, J., „Grüss Gott, du lieber P. 0,80 St. 0,20

do. „Im Thalesgrunde" . . . . P. 0,60 St. 0,15

Dregert, Alfr., op. 80. „Am vollen Fasse" P. 0,40 St. 0,20

Eichhorn, Max, op. 16. Ein deutsches Lied. „Was ist des Deutschen" . . . . . P. 0,60 St. 0,15

Eschmann, K., op. 7. Trinklied. „Kommt, P. 0,60 St. 0,15

Fink, Christ., op. 41. II. Sängergruss. „Lasst P. 0,30 St. 0,15

Filke, Max, op. 17, I. Elslein von Caub . P. 0,40 St. 0,15

Fink, W., op. 249. II. Sängerfahrt. „Durch Feld und" . . . . P. 0,60 St. 0,25

Franke, Max, op. 46. I. Im Mai. „O komm" P. 0,40 St. 0,15

Freyer, Jos., op. 61. I. Heimkehr. „Ein Knab hat einst geschrieben." II. Abschied. „Grüss di Gott" . . . . à P. 0,30 St. 0,15

Friedrich, P., op. 2. III. Weinlied. „Komm, P. 0,60 St. 0,15

Frischen, Jos., op. 4. I. Blaublümlein . P. 0,60 St. 0,15

Gast, G., op. 57. In stiller Nacht. „Schimmernde Sterne" . . . . P. 0,40 St. 0,15

do. 81. Mai. „Mit Sturmwind" . . . . P. 0,50 St. 0,20

do. 84. Vogelfang. „Man fängt." 66. Mein Mütterlein. „Ich hab doch nichts" à P. 0,40 St. 0,15

Gartz, Friedr., op. 128. Thränenblümlein. Helgoland . . . . P. 0,40 St. 0,15

Geis, W., Seemanns Abschied. „Fahr wohl". P. 1,00 St. 0,20

do. Die einsame Rose. „Das Röslein steht" P. 1,00 St. 0,20

Geller, L., „Im Gebete" . . . . P. 0,40 St. 0,15

Göring, J., op. 81. „Lebe wohl, mein Vaterhaus" . . . . P. 0,80 St. 0,20

Harthan, H., op. 52. I. Seelentrost. „Gräme dich." II. „Es fuhr ein Fischer" . . P. 0,40 St. 0,15

Heiser, W., op. 409. „Grüsst mir das blonde P. 0,20 St. 0,15

do. 442. Am Rheine. „Bei Bingen steht" P. 0,40 St. 0,15

Herzog, W., „Ich geh' in den Wald" . . P. 0,40 St. 0,15

Henschel, Fr., op. 45. Das Lied vom Kahlkopf. „Ein Männlein" . . . . . n P. 0,10 St. 0,05

van Heffs, Fr., „Es wohnt mal ein reicher P. 0,60 St. 0,15

Hoppe, P., op. 44. II. Vale carissima. „Ich bin der Mönch." 46. II. „Es blies ein Jäger à P. 0,40 St. 0,15

Hülser, W., op. 4. „Wie glüht er im Glase" P. 0,40 St. 0,10

Jerg, Joh., op. 12. Waldlied . . . . . P. 0,80 St. 0,20

Jüngst, H., op. 70. II. Frühlingsgang. „Über die Haide". 71. „Sei gegrüsst, du Land" P. 0,40 St. 0,15

Kästner, G., „Gieb, o Gott, der alles giebt" P. 0,80 St. 0,20

Keiser, C., op. 30. Deutschland. „Erschalle, mein Lied" . . . . P. 0,40 St. 0,15

Keller, G., „Hab dich so lieb" . . . . . P. 0,40 St. 0,15

Keller, Ludw., op. 28. II. „Nun pfeif ich noch ein zweites." 32. I. „Dort an des Hauses Schwelle." 32. II. „Ach Gott, nun muss ich scheiden." 35. I. „Weint auch einst kein Liebchen." 37. II. „Die Dämmerung webt." 46. II. „Ruhe sanft." 44. II. „Der Deutsche darf mit freudig" 48. I. „Schlagt derb auf's Fass." 48. II. „Der Mai ist à P. 0,40 St. 0,10

Ketter, R., op. 20. „Die Mutter sagt: Heirat" P. 0,40 St. 0,15

Kirchhof, Fr. G., op. 217. I. „In einem dunklen Thal." II. „Manch' Bild vergessener Zeiten." 218. I. „Nun ist dein kleines Fensterlein." 220. „Wie eine trübe Wolke." 222. „Mein Lieb' ist eine à P. 0,40 St. 0,15

Kirchl, Ad., op. 51. III. Scheiden. „Was weinest du." IV. Heimkehr. „Beim Lindenwirt' à P. 0,60 St. 0,15

Kirchner, Fritz, op. 736. I. „Auf Regen folgt Sonnenschein" . . . . P. 0,60 St. 0,20

do. II. „Wie weh thut scheiden" . . . . P. 0,40 St. 0,15

Köemmenich, op. 29. „Wer weiss wo?" . P. 0,80 St. 0,20

Krakamp, Fel., op. 12. II. „Volle Taschen" P. 0,30 St. 0,15

Kraus, P., op. 51. „Aus des Sängers Tagebuch" P. 0,60 St. 0,15

do. 60. „Wenn sich zwei Herzen scheiden" 62. „Bhüet di Gott." 64. „Das Lied, das meine Mutter sang" . . . . à P. 0,30 St. 0,15

Kremser, Ed., Volkslied. „Dass d' Kuhln dischkrirn" . . . . P. 0,40 St. 0,20

Kruesch, A., op. 96. „Bist du einsam und allein." 97. „Im Eimer das Wasser" P. 0,40 St. 0,10

Krüger, C., op. 28. Dagdeef . . . . . P. 0,50 St. 0,15

Kühnhold, C., op. 20. „Sonnengold, Frühlingsduft". . . . . P. 0,60 St. 0,15

do. 64. „Daheim, daheim ist doch daheim" P. 0,40 St. 0,15

do. 72. „Meine Mutter hat gesungen" . . P. 0,50 St. 0,15

do. 7. „Ich lass von meiner Heimat nicht" P. 0,60 St. 0,20

Lange, O. H., Abschied. Sabbath-Abend . P. 0,40 St. 0,15

do. op. 54. III. „Schlaf wohl, mein Lieb" P. 0,50 St. 0,25

do. IV. „Heute ist heut" . . . . P. 0,50 St. 0,20

Lewin, G., Wandervogel. „Leb wohl, ich à P. 0,30 St. 0,15

Liebeskind, op. 8. I. Der Tyroler Nachtwache. „In stiller Bucht." II. „Lebe wohl, mein Lieb". . . . . à P. 0,60 St. 0,15

Lindlar, Fr. C., op. 35. „Und zieh ich in die Welt hinaus" . . . . P. 0,40 St. 0,10

do. 36. „Heute beim vollen Glas" . . . P. 0,40 St. 0,15

do. 41. „Im schönen Mai" . . . . . . P. 0,40 St. 0,10

Loschky, W. M., op. 42. I. Unter'm Thor. „Es glänzt." 44. I. „Die Lilien in dem à P. 0,40 St. 0,10

Merck, G., op. 31. „Verzage nicht, du P. 0,20 St. 0,10

Mittmann, P., Schön Rottraut . . . . n P. 0,50 St. 0,10

Müller, Ew., „Ach wär's nur nicht zur Maienzeit." „Mein Schatz zog in die weite Welt." „Trägt man um Liebe Leid" à P. 0,20 St. 0,10

Müller-Jessen, op. 8. „Muttersprache, Mutterlaut" . . . . P. 0,40 St. 0,15

Necke, H., op. 365. „Wenn die Andern tanzen gehn" . . . . P. 0,40 St. 0,15

Neuert, Fr., op. 10. II. „Was Heimat ist" P. 0,40 St. 0,10

Neumann, M., op. 26. I. Begegnung. „Und als ich durch das Dörfchen." II. „Schläfst du schon, mein Holdes" . . . . à P. 0,60 St. 0,15

do. op. 21. II. „Mein Liebster keck ist ein P. 0,40 St. 0,15

do. 24. I. „Schreite durch das dunkle Thor" P. 0,60 St. 0,15

do. 30. I. „Ein Dirnlein sah ich" . . . P. 0,40 St. 0,15

do. 31. I. „Du hast so stille Augen." 32. „O Tannenwald." 37. I. „Auf der Haid." II. „Sah mein Lieb in der Kirche" à P. 0,40 St. 0,10

Niemetz, Joh., Abend. „Die Sonne ist gesunk." P. 0,40 St. 0,15

Opladen, A., „Im Heimatthale" . . . . . P. 0,40 St. 0,10

Orth, Phil., op. 117. „Zum Abschied gab P. 0,60 St. 0,15

Panzer, Fr., op. 22 b. „Mondschein am Himmel." 11 c. „Ein Glöcklein schallt" . à P. 0,40 St. 0,10

Plag, Joh., op. 10. Es gilt dem Vater Rhein. P. 0,60 St. 0,15

Pieper, Carl, op. 21. „Frühling, du bist wieder P. 0,60 St. 0,20

Rakemann, L., op. 22. I. Abendlied. „Der laute Tag ist" . . . . P. 0,40 St. 0,15

Reiser, Aug., „Am Himmel gehn die Wolken" P. 0,40 St. 0,15

Richter, E., op. 31. „Auch ich hab die Rosen so gern." 32. „Rosig wie das Morgenlicht." 33. „Und ist ihr Gärtchen P. 0,60 St. 0,15

Schwarzlose, Otto, „Die ganze Welt." 1. Weihnachtslied. 2. „Wohl ein einsam P. 0,60 St. 0,15

Simon, E., op. 103. „Schon fängt es an zu P. 0,40 St. 0,15

Sitt, H., op. 60. II. „Altdeutsches Liebeslied" P. 0,80 St. 0,20

Stange, M., Mein Thüringerland. „Ich kenn ein Fleckchen" . . . . P. 0,40 St. 0,15

do. op. 7. Heft II. Volkslied. Liebesgruss . P. 0,40 St. 0,30

do. op. 7. Heft III. Da droben auf jenem Berge. Tanzliedchen . . . . P. 0,60 St. 0,30

Steinkühler W. H., „Lehn nur an meine“ P. 0,40 St. 0,15
Sturm, J. B., op. 49. Die Prager Musikantenbraut. „Und wisst ihr“ . . . P. 0,60 St. 0,15
Thelen, A., op. 3. „Still ist's im engen“ P. 0,40 St. 0,10
Vogel, Ferd., op. 8. „Tausend Sternenheere“ P. 0,40 St. 0,20
Voigt, H., op. 113. „Heimat, du süsse“ . P. 0,60 St. 0,20
do. 154. Frühling. „Der Lenz ist kommen.“ 164. Sänger-Testament. „Wenn ich dereinst.“ 165. Aus der Ferne. „Im stillen“ P. 0,40 St. 0,15
von Walden, O., op. 111. „Alles ruht im nächt'gen.“ 120. „Der liebe Herrgott hält die Wacht.“ 121. „Unter Blumen schlummerst du.“ 122. „Schau in deines Kindes Augen.“ 123. „Frühmorgens, wenn der Tag erwacht.“ 124. „Wie schnell ist oft das Wort.“ 125. „O schönstes Glück, daheim zu sein“ . . P. 0,40 St. 0,15
Waldmeister, O., op. 124. Abschied. „Nun, da ich fort“. . . . . P. 0,40 St. 0,10
Wendel, J., op. 7. III. Gretel vom See. „Auf Bergesgefilde“ . . . . P. 0,10 St. 0,05
Werth, Jos., op. 10. II. Im Lager vor Akkon P. 0,60 St. 0,20
Wesseler, H., Mein Stern. „Mir ist am Heimathimmel.“ Waldeinsamkeit! Engel und Lilien. „Schlafe Kindlein“ . . à P. 0,40 St. 0,10
Wiltberger, Aug., op. 73. I. „Es war einst ein Waldvögelein“ . . . . P. 0,40 St. 0,10
v. Wickede, Fr., „In des Waldes stillen“ P. 0,40 St. 0,15
Winter, G., „Ja müsste die Lieb' nicht scheiden.“ Schneeglöckchen „Ich kenne ein Blümchen“ . . . . à P. 0,50 St. 0,15
Wipperfürth, Fr., op. 30. „Du süsses Kind“ P. 0,40 St. 0,10
Wohlgemuth, G., op. 18. Es war mein. „Duftet die Lindenblüt.“ op. 31. Schwäbische Klänge. „Welch ein wunderbarer“ P. 0,40 St. 0,15
Wolff, Pet. W., op. 34. I. „Wenn in stiller, dunkler Nacht“ . . . . P. 0,60 St. 0,20
Wolf, A., Allerseelen. „Stell auf den Tisch“ P. 0,45 St. 0,15
Wülfing, Peter, op. 24. „O Heimat mein“ P. 0,40 St. 0,15
Wüsthoff, Ferd., op. 20. Mein Sonnenschein. „Mein Schatzel“ . . . . P. 0,40 St. 0,15
Woyrsch, Fel.; op. 24. II. Mondlicht. „Wie liegt im Mondenlichte.“ 28. II. „Es duftet lind die Frühlingsnacht.“ 28. IV. Gute Nacht . . . . à P. 0,45 St. 0,15

Das Verzeichnis der Volkslieder wird in nächster Nummer fortgesetzt.

Besprechungen.

Zur Besprechung gelangen nur Werke, welche des Lobes würdig sind.

Leichte Männerchöre.

Auch die im vorstehenden Verzeichnis aufgeführten Männerchöre gehören noch der Klasse der leichteren Werke an, nur beginnt es hier und da auch in den Mittelstimmen sich zu regen. Die Stimmführung wird etwas selbständiger, häufig übernimmt der 1. Bass die Führung, oder es treten auch kleinere Gegenmelodien in anderen Stimmen auf. Nur wenige der Werke sind mittelschwer zu nennen. Untersuchen wir dieselben auf ihren künstlerischen Wert, so müssen wir uns darüber wundern, wie wenig Echtes, Originelles in dieser unendlichen Fülle der Produktion uns begegnet. Wie sehr das Durchschnittstalent das gewandte Mittelmass überwiegt, wieviel eitel Mache, eitel Phrase ist, deklamiert statt gesungen, reflektiert statt empfunden, gearbeitet statt erschaffen. Das Lied, wie das Glück, lässt sich nun einmal nicht erjagen, gleich einem Jägerlein; soll es anschaulich, empfunden und Empfindung weckend, soll das Sinnliche mit dem Seelischen zu harmonischer Einheit verschmolzen sein, so ist unser deutsches Lied ein Kunstwerk, das auch dem Genius nur in geweihter Stunde gelingt. Indessen, wir haben hier mit den gegebenen Verhältnissen zu rechnen, unsere Gesangvereine schreien nach Brot (alle Tage Mastochsenfleisch kann ja schliesslich auch Keiner vertragen), und so ist es denn des Berichterstatters Pflicht, auch die bescheideneren, im Verborgenen blühenden Blümchen dem Tageslichte wiederzugeben und zur Entfaltung ihrer Blüte und Verbreitung ihres Duftes sein Scherflein beizutragen. Sehen wir, was denn das heutige Verzeichnis Anerkennenswertes birgt.

Bei Aufstellung eines Konzertprogrammes ist vor allem Bedacht zu nehmen auf Wahl und Stellung der einzelnen Vorträge. Eine vernünftige Folge erleichtert das Verständnis, hebt die Stimmung, steigert die Teilnahme. So kann die Wahl der Tonarten, die Gegensätzlichkeit bezüglich des Tongeschlechts von grosser Wirkung sein; es klingt ermattend, wenn zwei Lieder derselben Tonart, empörend, wenn zwei gar nicht miteinander verwandte sich folgen. Ferner muss die Länge der Vorträge die richtigen Verhältnisse aufweisen, die dynamische Wirkung verlangt Berücksichtigung, hauptsächlich aber ist festzuhalten, dass Verschiedenheit in der Stimmung herrscht, dass Ernst mit Scherz, Wonne mit Schmerz wechseln, wie unsere grossen Symphoniker in ihren Werken es uns gelehrt haben. Also Mannigfaltigkeit im Charakter der Vorträge ist es, was wir bei der Auswahl der Chöre im Auge zu behalten haben, und dass diese Mannigfaltigkeit selbst im engen Rahmen des lyrischen Liedes erreicht werden kann, möchte ich in Folgendem durch die Einteilung der Chöre nach Inhalt und Charakter darthun.

Beginnen wir mit den ruhigen, getragenen Gesängen, in denen mit weichen, wohlklingenden Akkorden die Ruhe des Herzens, friedlich-freudige Stimmung des Gemütes zum Ausdruck gelangt. Es sind zumeist Abend- und Nachtgesänge, Wiegen- und Schlummerlieder, Gebete, Grablieder, Loblieder der Sabbatruhe und des Waldesfriedens u. s. w. und sie zeichnen sich zumeist durch besonderen, gesättigten Wohlklang der Harmonien, weiche Modulationen, sanfte Melodik und wenig ausgeprägte Rhythmik aus. Hier sind besonders hervorzuheben einige Werke eines gediegenen Komponisten, der bei weitem nicht die ihm gebührende Wertschätzung gefunden hat, einer der wenigen Auserwählten, deren Werke gewinnen, je länger wir sie kennen, je tiefer wir eindringen in ihren Geist. Es sind von **Felix Woyrsch**, op. 24 II. „Mondlicht“, op. 28 II, „Es duftet lind die Frühlingsnacht“ und IV, „Gute Nacht“. Die beiden ersteren gehören zur Kategorie der mittelschweren Chöre, indem die Stimmführung bereits selbständigere Gestaltung zeigt. Wesentlich einfacher in der Faktur, aber auch warm empfunden ist **Georg Gast's** op. 57, „In stiller Nacht“ und „Sonnenuntergang“ von **J. G. Conradi**, irrtümlich dem schwedischen Komponisten H. Kjerulf zugeschrieben. **Otto von Walden** versteht es, in seinem op. 111, „Nachtgruss“, 121, „Have pia anima“ und op. 122. „Schau in deines Kindes Augen“ mit geringen, leicht ausführbaren Mitteln recht gefällig und dankbar zu schreiben: die Werke werden unzweifelhaft ihren Weg machen. Sehr glücklich wird die friedliche Abendstimmung getroffen in dem sehr melodiösen Chor „Abend“ von **Johann Niemetz**, sowie in „In des Waldes stillen Räumen“ von **Fr. von Wickede** und in „Gruss an die Nacht“ von **H. Bicherl**, in welch' letzterem mir allerdings die Notwendigkeit der metrischen Verkürzung im ersten Vordersatze nicht einleuchten will. Auch ein süsses Liedchen von **P. W. Wolff**, op. 34, „Wenn in stiller, dunkler Nacht“ gehört hierher und ist seiner melodiösen Stimmführung wegen bemerkenswert. Einige Schlummer- und Wiegenlieder sind aus demselben Grunde zu empfehlen, so: **O. H. Lange**, op. 54 III, „Schlaf wohl, mein Lieb“, **Heinr. Bungart**, op. 53 II, „Schlaf, du holdes Bübchen“ und **Herm. Wesseler**, „Engel und Lilien“ (Wiegenlied).

Den schlichten, innigen Ton unsres Volksliedes treffen sehr glücklich **Max Stange**, „Mein Thüringland“, **C. Kühhold**, op. 64, „Daheim, ist doch Daheim“ und besonders in op. 65. „Ich lass' von meiner Heimat nicht“, ebenso **O. von Walden**, op. 125, „O schönstes Glück, daheim zu sein“. Wirklich volkstümlich im edelsten Sinne des Wortes zu werden, verdient das „Altdeutsche Liebeslied“ von **Hans Sitt**, op. 60, der wunderbar keusche Text wetteifert mit unsern schönsten

; es, wenn nicht in der
s nicht ganz motivierte
nde Wendung nach Moll
das „Weihnachtslied" von
tigen, schlichten Melodie
n Caub" von **M. Filke,**
ligkeit jedes 1. Basses,
r Empfehlung, das Lied
andere Elslein, aus dem
fe Wasser von „ihm"
von **Bungard-Wassen**
ss reichlich Gelegenheit
zu schwelgen.

ten geht uns Deutschen
nen auch die Abschieds-
en so breiten Raum ein,
nste, was der Volksmund
omponisten haben recht
m Thema geliefert; so
uss ich wandern", **Adolf**
ein Schätzelein" mit echt
rg Winter („Scheiden")
Vom Scheiden") sind mit
eisen vertreten. **Ewald**
dern: „Mein Schatz zog
um Liebe Leid", nament-
ein vielgesungener Mann
prechend und gemütvoll.
hlenswert zu erwähnen:
p. 32 II und „Abschied"

esänge, in denen Liebes-
en, Trauer um die Ent-
. Als solche, aus denen
und deutlich hervorquillt,
op. 52 II. „Es fuhr ein
r. **Wolf,** „Allerseelen",
die Lindenblüt" und von
L. **Koemmenich** hat mit
iedchen geschaffen von
ner Einfachheit originell
so weiss **Adolf Kirchl**
nnigen Herzenston anzu-

den Werken zu, welche
tragen, so sind zunächst
r zu erwähnen, u. zwar
sellen-Wanderlied", **O. v.**
H. Bicherl, „Waldlied"
fahrt". Ferner eine An-
jubilierend in den Mai
tz, op. 20 IV, „O Welt,
olgt, op. 154, „Frühling",
bist wieder da", **Heinr.**
sendmal", **Max Franke,**
st, op. 70 II, „Frühlings-
Vollständigkeit Anspruch
ieder fehlten? So seien
willkommen geheissen:
Fass", **Otto Auzinger,**
Friedrich, op. 2 III,
Mosellied „Sei gegrüsst,
o **Jüngst,** op. 71, ein
Vein und deutsches Land.
zu erwähnen, in denen
Lebensfreude herrscht.
r Musikantenbraut" trifft
ebenso **Ferd. Wüsthoff,**
van Hoffs, „Das Grafen-
„Serenade". Im übrigen
hrten Gebiete nur gering.
ung von „Acht Singsangs
aul Kraus, op. 61 zu
bei besonderen Gelegen-

heiten den Sängern ganz gute Dienste zu leisten vermögen, so z. B. ein Toast auf die Frauen, vielleicht zum Schluss der Damenrede, oder „Hollah, Kellner mit dem Bier", wenn dieser notwendige Stoff zu lange auf sich warten lässt.

H. vom Ende.

Neue Werke.

Der deutsche Kaiser, bekanntlich einer der eifrigsten Förderer des Männergesanges, hatte auch aus Anlass des 19. Deutschen Sängerfestes in Brooklyn, verbunden mit der 50jährigen Jubelfeier des nordöstlichen Sängerbundes, einen wertvollen Preis gestiftet für die beste, volkstümlich gehaltene Komposition eines Gedichtes von A. Hachtmann, „Das deutsche Lied" betitelt. Dieser Preis ist unter 309 Bewerbern dem Dirigenten des Konzert-Vereins und des M. G. V. Liedertafel in Luzern, Herrn **P. Fassbaender** zuerkannt worden, dessen Bildnis wir nachstehend bringen. Herr **Fassbaender,** der als Dirigent zuerst in Saarbrücken und seit einigen Jahren in Luzern zu hohem Ansehen gelangt ist, hatte bereits als Schüler des Konservator. zu Kö'n durch seine geistvollen und formschönen Kompositionen (u. a. durch seine formvollendete Symphonie in A-dur) allgemeine Aufmerksamkeit erregt und steht nach dieser Richtung hin für die Zukunft noch das Beste von ihm zu erwarten.

Auch der vorliegende Preischor „Das deutsche Lied" legt wiederum Zeugnis ab von seiner vornehmen, geistvollen Gestaltungskraft und darf als wertvolle und beachtenswerte Bereicherung unserer Männerchorlitteratur betrachtet werden. Selbständige, melodische Stimmführung und gesättigter Wohlklang zeichnet das Werk besonders aus und eine schöne Wirkung wird gesichert sein, wenn ein weiches, klangvolles Stimmmaterial (etwa der Wiener M.G.V.) den Hauch träumerischer Glückseligkeit über das Ganze zu verbreiten, dabei aber doch auch die Sehnsucht, welche namentlich der ersten Strophe eignet, durch feinste dynamische Schattierungskunst zum Ausdruck zu bringen weiss.

„Meine Göttin" (Goethe)
für gem. Chor, Solo und Orchester von **C. Steinhauer.**

Von dem Kgl. Musikdirektor **C. Steinhauer** ist soeben ein Werk für gem. Chor erschienen, welches bereits im vorigen Jahr gelegentlich der Goethefeier in Düsseldorf mit grossem Erfolg zur Aufführung gelangte und demnächst vom städtischen Musik-Verein in Düsseldorf unter Leitung des Prof. Jul. Buths wiederholt werden soll. Das Werk wurde damals von der gesamten Kritik äusserst günstig besprochen und dürfte allgemeine Aufmerksamkeit erregen. So schrieben die Düsseldorfer Neueste Nachrichten:

„Ein besonderes Interesse durfte das neue Steinhauer'sche Werk beanspruchen, das reich an musikalischen Schönheiten, sich durch edle Melodienbildung, charakteristische Orchestrierung und äusserst wirkungsvolle Steigerungen auszeichnet. Die Ausführung stand bis auf einige kleine Schwankungen sowohl im Chore wie im Orchester, die aber bei Erstaufführungen selten gänzlich vermieden werden, auf einer sehr achtunggebietenden Höhe, und trug nicht wenig zu dem durchschlagenden Erfolg bei, den sich das Werk beim Publikum errang, und dem Komponisten die wärmsten Beifallsbezeugungen und mehrmaligen Hervorruf einbrachte. Wir hoffen nach dieser glänzenden Aufnahme dem schönen Werke bald wieder einmal zu begegnen".

Auf das interessante Werk hoffen wir noch zurückzukommen.

Liedersammlung für die Schule.

Liederheft für die Volksschulen der Provinz Westfalen. Dortmund, bei W. Crüwell.

Lehrer-Ausgabe geb. Mk. 1,—. Schüler-Ausgabe 30 Pfg.

Der Gesangunterricht in der Volksschule hat als vornehmstes Ziel in's Auge zu fassen neben der Fähigkeit, die einfacheren Tonzeichen geläufig lesen, und unsre beliebtesten Volksgesänge mit korrekter Aussprache und ohne auffallende Mängel der Tonbildung singen zu können, Bildung des Geschmackes und Weckung des Sinnes für das Einfach-Natürliche, Deutsch-Volkstümliche, Veredelung und Erwärmung des Gemüts. Die Gesangstunde soll den Kindern eine Freude sein, die Erinnerung daran sie in's Leben begleiten, die Gesänge sollen ihnen Trost bringen in traurigen, reine, edle Freude in fröhlichen Stunden. Die Erreichung dieses Zieles hat sich offenbar der Verfasser obigen Liederheftes zum Grundsatz gemacht. Die einleitende Einführung in die elementare Musiklehre ist knapp und verständlich geschrieben, die Übungen zweckmässig gewählt. Vor allen Dingen aber ist die Auswahl der Lieder sehr zu loben. Wenn es auch nicht nur „Volkslieder" sind, wie der Titel verspricht, so sind sie doch alle im schönsten Sinne des Wortes volkstümlich und im höchsten Grade geeignet, den Sinn für das Schöne zu wecken und Abscheu gegen alles Gemeine und Triviale hervorzurufen. Es genügt zu bemerken, dass unsre schönsten Kinderlieder und Volksweisen Platz in dem Heftchen gefunden haben. Die dynamische, Athmungs- und sonstigen Vortragszeichen sind korrekt und sinngemäss, ausserdem sind die Melodien in der Lehrer-Ausgabe noch mit Bogenstrichbezeichnung etc. für das Violinspiel versehen.

H. vom Ende.

❦

Aufführungen.

Die **Deutsche Liedertafel** in **Bukarest** unter Leitung des Chorm. Jaksch hatte am 8. Februar einen interessanten, historischen **Musikvortragsabend** zu verzeichnen. Eingeleitet wurde derselbe durch einen Vortrag über mittelalterliche Musik (300—1600), welchem eine Reihe von älteren Chorwerken in Bearbeitungen folgten; u. A. O vos omnes von Palestrina; Chöre von Senffl (Es tagdet), Orl. Lassus (bringt uns ein gut's Glas Wein), Adam de la Hale-Zander (Minnelied), Hasler (Feinslieb, du hast mich gefangen) und Lully (Tanzchor). Ohne Zweifel tragen derartige Veranstaltungen sehr zum Verständnisse älterer Musik bei, da jedes Kunstwerk doch nur aus dem Geiste seiner Zeit richtig verstanden und gewürdigt werden kann und es wäre zu wünschen, dass seitens unserer tonangebenden Gesangvereine öfter desgleichen inszeniert würde, damit auch unsre alten Meister wieder zu ihrem Rechte kommen.

Gelegentlich einer Aufführung des neuen Konzertepos **„Caesar am Rubikon"** von Jos. Brambach, op. 100 schrieb der Leiter des aufführenden Vereins, Herr O. Jänisch, Aschersleben: „Es ist mir eine unverhohlene Freude, Ihnen mitteilen zu können, dass Brambachs Caesar eine begeisterte Aufnahme bei unserem Publikum gefunden hat. Diese frischzügige, schwungvolle Komposition ist eine überaus wertvolle Bereicherung der Männerchorlitteratur, je mehr man sich mit dem Werke beschäftigt, je tiefer man eindringt in den Geist dieser Musik, desto mehr Schönheiten entdeckt Auge und Ohr. Auch die Sänger haben sich mit wahrerer Begeisterung den oft anstrengenden Übungen gewidmet. Es ist kein Zweifel: Brambachs Werk wird sich immer mehr Freunde erwerben".

Tüchtige Gesangvereinsdirigenten sind nicht gerade dicht gesät und für ihr Schaffen gilt mehr wie irgendwo anders das Wort: „An ihren Früchten sollt ihr sie erkennen." Zwar sprechen bei den Leistungen und Erfolgen eines Vereins noch zwei andere Faktoren mit, nämlich das Stimmmaterial und die Auswahl der Gesänge, aber schliesslich laufen doch alle Fäden bei dem Dirigenten zusammen, der Erfolg führt ihm gutes Material zu, das vorhandene weiss er zu behandeln und auszunutzen und die Auswahl der Lieder liegt ihm auch ob. Da die Saison der Wettstreite nunmehr beendet ist, mögen einige erfolggekrönte Namen hier Platz finden. Auf dem Wettstreite in Krefed zeichnete sich Herr W. Pütz mit dem Quartettverein Köln-Ehrenfeld besonders aus; er erzielte mit dem Chor: Germanen-Markung von C. Pieper und Rudolf v. Werdenberg von Hegar den I. Preis, mit „Die Heimat" von Jos. Schwartz den I. Ehrenpreis und ausserdem noch den I. Hauptehrenpreis. Herr Friedr. Teske mit der „Sängerlust"-Münster i. W. errang in Wetter a. d. Ruhr mit „Die Sängerlust" von Sturm den I. Preis, mit „Heldengrab" von Zeriett den I. Ehrenpreis und mit „Es haben zwei Blümlein geblühet" (Volkslied) den I. Hauptehrenpreis. Herr G. Meyer, Leiter des Essener Doppelquartetts, hatte bereits vor zwei Jahren mit „Volkers Schwanenlied" von M. Meyer-Olbersleben (Männergesang-Verein Teutonia-Essen) den I. Preis errungen. Heuer verzeichnet er denselben Erfolg mit dem wirkungsvollen Chor „Nun grüsse dich Gott, Frau Minne", ebenfalls von M. Meyer-Olbersleben (Gesangverein Eintracht-Essen-Kray), ausserdem trug er noch den I. Ehrenpreis und den I. Hauptehrenpreis davon.

Am 27. Juni feierte das **Fürstliche Gymnasium** zu **Wernigerode** das 350jährige Jubiläum. In dem vorangehenden Konzerte wurden 4 grössere Chorwerke für gemischten Chor aufgeführt: Gesang der Athener; Gesang der römischen Legionen; Armin und Luther in Worms von **Fr. Kriegeskotten.** Der Gymnasialchor bestand aus 120 Schülern, welche mit Begeisterung und glänzendem Erfolge die Werke ihres Gesanglehrers zur Aufführung brachten.

Ende Juni beging in **Esslingen** der weithin bekannte Komponist, Herr **Prof. Chr. Fink,** sein 40jähriges Amtsjubiläum als Haupt-Musiklehrer am dortigen Seminar. Er wurde bei dieser Gelegenheit durch das Ritterkreuz I. Klasse des Württembergischen Friedrichsordens ausgezeichnet. Als Komponist von Chorwerken hat der Jubilar grosse Erfolge errungen; sehr oft aufgeführt wurde u. a. ein Kirchenstück mit Streichinstrumenten und Orgel: „Herr wir liegen vor dir" op. 90, ebenso die 4 weltlichen Chorlieder op. 29 und die geistlichen Männerchorlieder op. 20 und 22. In einem, ihm zu Ehren veranstalteten Kirchenkonzert erwiesen sich als besonders wirkungsvoll die gem. Chöre: „Jesu, meiner Seele Leben", „O selig Haus", „Ob auch deine Sonne sinket" und „Ich folge Jesu nach."

Der **Fränkische Sängertag in Bamberg** am 1. Juli verlief in glänzender Weise. Anwesend waren vollzählig: Singverein-Nürnberg (65), Liederkranz-Schweinfurt (60), Liedertafel-Würzburg (110), Bamberger Liederkranz (80) und Deputationen der grösseren Thüringer Gesangvereine. Wohl die mächtigste Wirkung und freudigste Anerkennung seitens des Auditoriums erzielte der mit grossen Schwierigkeiten ausgestattete Chor **Max Meyer-Olbersleben's: Volker's Schwanenlied.** Auch desselben Komponisten beliebtem Werke **„Johannisnacht"** wurde lebhafter Applaus entgegengebracht.

❦

Konzertbericht.

Kölner Bläservereinigung für Kammermusik.

E. Wehsener (Flöte), **K. Eckert** (Oboe), **R. Friede** (Klarinette), **P. Sadony** (Fagott), **E. Ketz** (Horn).

Soloblåser des Gürzenich-Orchesters und Lehrer am Konservatorium in Köln.

Konzert des Musikvereins in Trier. 18. Oktober 1898.

Trierische Zeitung. Für den ersten Abend war das Kölner Bläser-Quintett gewonnen worden. . . . Es ist keine Frage, dass für die Besetzung sämtlicher Instrumente infolge der virtuosen Behandlung derselben nur hervorragende Künstler in Betracht kommen, und als solche haben sich die Herren des Kölner Quintetts auch gestern Abend hier eingeführt. Besonders angenehm trat dies natürlich an solchen Stellen hervor, wo die verschiedenen Instrumente mehr als Solostimmen behandelt waren und der aliquote Toncharakter derselben infolgedessen mehr zurücktreten musste. Denn wer hätte sich nicht gefreut über die Rundung und Fülle der Tongebung bei dem elegischen Gesang von Oboe und Klarinette in dem Andante des Onslowschen Quintettes, über die Noblesse der Intonation beim Horn und Fagott, über die staunenswerte Reinheit, welche das Spiel dieser Herren auszeichnete! Wenn man bedenkt, dass die Ausdrucksfähigkeit dieser Instrumente ohnehin viel enger begrenzt ist, wie beim Streichquartett, so verdient wohl das Können der Spieler, durch ihre ausserordentliche Technik diesem Mangel wirksam zu begegnen, alle Anerkennung.

Konzert in Solingen. 17. Januar 1899.

Solinger Zeitung. Bevor wir auf den vokalen Teil des Konzerts eingehen, wollen wir den instrumentalen vorwegnehmen, nicht nur, weil er den Reigen der musikalischen Genüsse einleitete, sondern wir seither hier in Solingen überhaupt noch nicht Gelegenheit hatten, Kammermusik für Blasinstrumente zu hören. Von diesem Standpunkte betrachtet, bedeutete daher das Mitwirken der Herren **Exner** (Oboe), **Friede** (Klarinette), **Sadony** (Fagott) und **Ketz** (Horn), sämtlich Lehrer am Kölner Konservatorium, viel mehr als eine blosse Bereicherung des Programms. Dass die Kölner Künstler ihre Instrumente mit Meisterschaft behandelten und mustergültige Leistungen, wie sie hier seither noch nicht gehört wurden, boten, stellen wir gern fest, ebenso, dass Herr Musikdirektor **Binder**, der in den Quintetten den besonders bei dem letzteren recht schwierigen Klavierpart übernommen hatte, sich wiederum durch seine glänzende Technik und gediegene künstlerische Durcharbeitung seiner Aufgabe auf's Beste bewährte. Vollendet schön führte sodann Herr **Ketz** des Lachner'schen Liedes „Laute Liebe“ obligate Hornbegleitung durch. Wir würden es freudig begrüssen, wenn die Kölner Künstler demnächst in weiteren hiesigen Konzerten mitwirkten; eingeführt haben sie sich wenigstens gestern ganz unübertrefflich.

Aufführung des Gürzenich-Quartetts in Köln. November 1899.

Kölner Tageblatt. Zum Schluss des Abends vereinigte sich unser Meisterklarinettist **R. Friede**, der dem Meininger Mühlfeldt nichts nachgiebt, ihm an Poesie des Tones sogar vielleicht noch überlegen ist, mit den Künstlern zu einer ganz ausgezeichneten Wiedergabe von Mozarts A-dur-Quintett, dessen Melodien- und Klangeswonnen den Hörer gefangen hielten bis zum letzten Akkord. Stürmischer Beifall lohnte die Vortragenden.

Kammermusik-Abend in Bonn. Januar 1900.

Bonner Generalanzeiger. Man kann es zumal im Hinblick auf die im Titel ausgedrückte Bestimmung unserer „Populären Kammermusik-Konzerte" nur beifällig begrüssen, dass die Herren Kammer-Virtuos **Max Pauer**, Professor **L. Wolff** und Professor Jacques **E. Rensburg** nicht strenger dachten als die grossen Tonsetzer und auch die Klarinette an den Triumphen eines ihrer Konzerte — des vierten, am vorigen Samstag — teilnehmen liessen, zumal sich ihnen als Meister dieses Instruments in Herrn **Richard Friede** aus Köln ein so durchaus würdiger Kunstgenosse darbot. Weich ohne Weichlichkeit, voll ohne Härte, von grösster Reinheit und erfüllt von tiefer Empfindung ist das Spiel **Richard Friede's** geeignet, den hohen Rang seines Instrumentes unter den Bläsern zur ganzen Anerkennung zu bringen. — **Max Pauer** und Jacques **E. Rensburg** sorgten mit bewährter Meisterschaft dafür, dass die beiden unter Mitwirkung von Herrn **Friede** aufgeführten Werke: Johannes Brahms' Sonate in F-moll (op. 120 Nr. 1) für Klarinette und Pianoforte, und zumal Beethoven's Trio op. 11 für Pianoforte, Klarinette und Cello zum köstlichen, die Hörer entzückenden Gesamtvortrag gelangten.

Aufführung des Gürzenich-Quartetts in Krefeld. 3. Jan. 1900.

Krefelder Zeitung. Als zweite Gabe brachte der Abend das Klarinettenquintett H-moll von Brahms. Der Ausführung fühlte man die Wärme und Hingabe nach, mit welcher die Herren vom Quartett, denen sich, wie in der vorigjährigen Aufführung, wiederum Herr **Richard Friede** zugesellt hatte, an das schöne Werk herangetreten waren. Der Klarinettist handhabte sein Instrument mit wahrer Virtuosität und bewährte seine Künstlerschaft sowohl in der Kantilene wie in den Passagen. Das Publikum dankte für den schönen Genuss durch reiche Beifallsbezeugungen und Hervorrufen der Mitwirkenden.

Clara Wulff

Konzertsängerin (Sopran).

Konzert des Kammermusik-Vereins. 2. Oktober 1898.

Leipziger Tageblatt. ... Es folgte darauf, von Frl. **Klara Wulff** aus Köln a. Rh. vorgetragen, das Lied von Franz Schubert: „Der Hirt auf dem Felsen"; die obligate Klarinetten-Partie befand sich wiederum bei Herrn Schmidt in besten Händen. Die Pianoforte-Begleitung hatte Herr B. Kiesse übernommen. Frl. **Wulff** ist keine ganz Fremde hier; zu Anfang dieses Jahres bereits lernten wir sie als eine Sängerin mit hübscher Stimmbegabung kennen. Ihr gestriges Auftreten bestärkte den damals gewonnenen guten Eindruck: Frl. **Wulff** behandelt ihr Organ mit künstlerischer Vorsicht und zeigte sich den Anforderungen an die Koloratur ebenfalls gewachsen, ein recht hübscher Vortrag kommt ihr im übrigen noch zu Statten. Diese Vorzüge machten sich auch in den später folgenden Liedern geltend; die Sängerin, die dabei von Herrn Roesger begleitet wurde, hatte gewählt: „Es weiß und rät es doch Keiner" von Mendelssohn, „Murmelndes Lüftchen" von Ad. Jensen und „Der Vogel im Walde" von W. Taubert. Ihre Darbietungen fanden allgemeinen und lebhaften Beifall.

Konzert des Barmer Quartettvereins. 7. Februar 1898.
(Jahreszeiten von Haydn.)

Barmer Zeitung. ... Auch das zu dieser Aufführung gewonnene Künstlerkleeblatt des Frl. **K. Wulff** aus Köln, sowie der Herren Plücker vom hiesigen Stadttheater und Fr. Wasmuth aus Hanau entsprach den gehegten Erwartungen, indem es bei guten stimmlichen Mitteln und angemessener Auffassung den charakteristischen Stimmungsgehalt der Solopartien erschöpfend zur Darstellung brachte. Namentlich das Duett im 2. Teil gab Frl. **Wulff** treffliche Gelegenheit zur Entfaltung ihrer schönen Stimmmittel und Koloraturkünste, und der Beifall, den sie hier im Verein mit Herrn Plücker erzielte, war so stürmisch, wie er selten in einem Oratorium gehört worden sein dürfte.

---

14. **Konzert des Instrumental-Vereins zu Aachen.** 2. Mai 1898.

Echo der Gegenwart. ... Nach Beendigung der Ouvertüre betrat die Konzertsängerin Frl **K. Wulff**-Köln das Orchesterpodium. Sie sang Lieder von Schubert, Hildach, Mendelssohn und anderen Komponisten. Sie verfügt über einen ziemlich umfangreichen Mezzo-Sopran mit Sopranfärbung. Ihre Stimme ist hell, klar und ansprechend. Sie legt bei ihren Vorträgen viel Gewicht auf deutliche Aussprache. Den Text der Zugabe, Bergers reizendes „Kinderlied", konnte man gut verstehen. Was die Interpretation betrifft, so gelingen ihr am besten Lieder heiteren Charakters. Darum sprachen Jensens „Murmelndes Lüftchen" und Hildachs „Frühlingslied" besonders gut an. Auch das Lied von Taubert „Der Vogel im Walde" brachte sie sinnentsprechend zur Wiedergabe.

Konzert des Musikvereins in Trier. 13. Juni 1898.
(Jahreszeiten von Haydn.)

Trierische Zeitung. ... Frl. **Klara Wulff** wußte als „Hannchen" stets den rechten Ton bei liebenswürdiger Naivität zu finden und alles Sentimentale zu vermeiden. Die junge Künstlerin beherrscht ihr Gebiet mit innigem Verständnis, mit Bravour. Wir erinnern nur an den wunderbar schönen Vortrag der B-dur-Arie „Welche Labung für die Sinne", an das köstliche Freudenlied mit Chor „O, wie lieblich ist der Anblick" im fröhlichen A-dur und ganz besonders an die Kavatine „Licht und Leben sind geschwächet". Rauschender Beifall folgte allen ihren Vorträgen.

Symphoniekonzert im Gürzenich. 24. Mai 1900.

Kölnische Zeitung. Frl. **Wulff** zeigte sich mit einer lieblichen frischen Stimme, wie mit der Kunst ausgestattet, diese Stimme auch im kolorierten Gesange mit bedeutender Fertigkeit zu gebrauchen. In Schuberts „Der Hirt auf dem Felsen" wetteiferte sie an Tonschönheit mit dem Klarinettisten des Orchesters Herrn Friede.

Kölner Tageblatt. ... Frl. **Klara Wulff** stimmte dann mit ihrem frischen, hellen Sopran das Zwiegespräch mit der Klarinette des Herrn R. Friede in Schubert's „Der Hirt auf dem Felsen" an. Es war eine überaus anmutige Darbietung. In dem späteren Wiegenliede von Berger, „Ich rath euch, ihr Winde," das die Sängerin mit süßem, zärtlichen Tone vortrug, bewies sie eine große Kehlfertigkeit und im letzten der beiden von Othegraven'schen Lieder, dem „Hochzeitslied im Maien" entfaltete sich ihre Stimme zu strahlender Kraft und Wärme.

Konzert des Kölner Männergesang-Vereins. 3. Juni 1900.

Kölnische Volkszeitung. Großen Erfolg hatte die Konzertsängerin Frl. **Klara Wulff** mit ihren gutgewählten Liedervorträgen. Bei Schuberts „Hirt auf dem Felsen" sekundierte ihr Herr **Richard Friede**, Soloklarinettist des städtischen Orchesters und Lehrer am Konservatorium, der die obligate Klarinettstimme mit feinster Tongebung und nobelstem Geschmack vortrug. Weiter gewann sie sich die Gunst der Hörer mit neuzeitlichen Gesängen von Hugo Wolff, Wilh. Berger, Aug. v. Othegraven (der die gesamte Begleitung übernommen hatte) und Taubert. In dem neuen Liedchen „'s Lerchle" des alten Berliner Hofkapellmeisters trillerte sie so lieblich wie eine Lerche und kam an einer Zugabe nicht vorbei.

Schriften über Musik.

Karl Reinecke, Aphorismen über die Kunst, zum Ge-unge zu begleiten. Preis 60 Pfg., Leipzig, Gebr. Reinecke. n leichten Plaudertone teilt der berühmte Pianist, selbst ner der grössten Meister obiger Kunst, einige Gedanken über ieselbe mit. An der Hand gut gewählter Beispiele von :hubert, Schumann und Löwe, spricht er über das Trans-)nieren sowie über Auffassung und Vortrag der Begleitunge anregender Weise. Grössere Vollständigkeit der Materie wäre eilich wünschenswert.

F. Seidl. Kurze praktische Gesangschule für Gesang-reine und Singschulen. Regensburg bei B. Fritz 80 Pfg. e Richtigkeit der beiden Epitheta „kurz und praktisch" nn bestätigt werden. Die notwendigen theoretischen Er-iterungen dem Lehrer überlassend, stellt Seidl lediglich das iterial für die praktischen Uebungen im Treffen der ein-:hen Intervalle zusammen; übermässige und verminderte ervalle sind noch nicht berücksichtigt. Am Schluss findet h eine kurze Uebersicht musikalischer Bezeichnungen. Das erkchen ist in einer Ausgabe mit Bass- und einer mit)linschlüssel erschienen.

Vermischtes.

Jacques van Lier.

Wie wir erfahren, wird der bekannte Cellovirtuose van Lier aus Berlin im Dezember d. J. in Westdeutschland izertieren und dürfte derselbe die Aufmerksamkeit der sikalischen Kreise in hohem Grade erregen.

Geboren am 26. April 1875 zu Haag in Holland zeigte ı van Liers Talent schon frühzeitig, sodass er schon mit Jahren ein Goltermann'sches Konzert mit grosser Bravour ntlich spielen konnte. Die weitere Ausbildung übernahm n die königliche Musikschule seiner Vaterstadt und als letzter :te sein Studium der berühmte Cellopädagoge Oskar Eberle, ihn zum fertigen Cellisten ausbildete; die „Maatschappy bevordernig der Toonkunst" verlieh dem jungen Künstler rend seiner vierjährigen Studienzeit drei erste Preise und n Ehrenpreis. Die Zeit seiner Selbständigkeit begann van Lier Solist im Amsterdamer Palastorchester, um dann in Basel, Elsass und auf Tournéen mit immer wachsendem Erfolg itlerisch thätig zu sein. Hierauf erfolgte seine Berufung Solo-Cellist an das Berliner Philharmonische Orchester, veitere Kreise auf seine ungewöhnlich vornehme Künstler-ft aufmerksam wurden.

Mit Nikisch, Weingartner und anderen Künstlern kon-erte van Lier auf Kunstreisen in Schweden, Norwegen, :mark, Frankreich, Belgien, sowie in Deutschland und Schweiz, überall durch sein Spiel Bewunderung erregend; n Kunstfahrten machte seine Berufung als erster Lehrer Violoncellspieles an das Klindworth-Scharwenka-Konser-ium in Berlin ein vorläufiges Ende. Die bedeutendsten dischen und ausländischen Blätter spenden dem Spiel ünstlers das höchste Lob, rühmen seinen grossen schönen sein gediegenes Können, seinen feinen Geschmack in Auswahl der Kompositionen und seine sorgsame und ıde Technik. Gelegentlich eines Berliner Konzertes, :r 1898/99 schreibt u. a. die „National-Zeitung": Cellovorträge des Herrn van Lier lehrten uns einen virtuosen erster Ordnung kennen, der mit einem vollendet en, seelenvollen Ton, eine staunenerregende Technik ıdet. Goltermann's Konzert in A-moll mit Orchester-tung, wurde von Herrn van Lier mit tiefempfundener ergabe der innigen und zarten Kantilene, und spielender windung des schwierigen Allegros wiedergegeben. — In der letzten Saison hat van Lier als Solist des „Holländischen Trios" allenthalben Triumphe gefeiert, so schreibt die „Königsberger Zeitung" am 12. September 1899: Wundervoll erklang das Cello unter den Händen des Herrn van Lier, der neben einer respektablen Technik über einen vollen weichen Strich und seelenvollen Vortrag verfügt.

Die „Hamburger Nachrichten" berichten am 27. November 1899: Der bedeutendste Künstler des holländischen Trios dürfte der Cellist Herr van Lier sein, der seinem Instrument, das er wie wenige seiner Kollegen beherrscht, herrliche Töne zu entlocken vermag. Der Ton ist gross, voll, er besitzt einen warmen Timbre und ist frei von jedem störenden Nebengeräusch.

Neuerdings hat sich van Lier auch als Pädagoge einen Namen gemacht durch die Herausgabe eines vortrefflichen Werkes für den Cello-Unterricht: Violoncell-Bogentechnik, frei bearbeitet nach A. Casorti's Violin-Bogentechnik. Mit zahlreichen Uebungen und Etuden.

Einem unserer grössten Liederkomponisten, dessen Musenkinder jedoch unserm deutschen Volke, zur Schande unserer Sängerwelt sei es gesagt, bis auf wenige nicht einmal zu seinen besten gehörende, noch immer vorenthalten werden, **Robert Franz** soll jetzt in **Halle a. S.** ein Denkmal errichtet werden. In einem Aufrufe des geschäftsführenden Ausschusses werden Alle, die sich durch diesen Meister begeistert, belehrt und gehoben wissen, aufgefordert, zusammen zu arbeiten, um der unruhigen Welt darzuthun, dass die Liebe zum Ideal unsterblich ist und immer neue Frucht bringt. Herr Kommerzienrat Emil Steckner, Halle a. S., Marktplatz 19, ist bereit, Beiträge in Empfang zu nehmen.

Am 31. Oktober 1900 feiert der Musikdirektor Rob. Radecke, Direktor des Kgl. akad. Instituts für Kirchenmusik in Berlin seinen 70. Geburtstag und damit zugleich das 50jährige Künstlerjubiläum seiner öffentlichen Wirksamkeit. Aus diesem Anlass wollen frühere und jetzige Schüler des um die Musik hochverdienten Meisters an der Stätte seiner jetzigen gesegneten Lehrthätigkeit seine Marmorbüste aufstellen. Beiträge sind zu richten an H. Gust. Beckmann, Organist, Essen a. d. Ruhr, Huttropstr. 45.

Dr. Hugo Riemanns Musik-Lexikon, 5. Auflage, bei Max Hesse in Leipzig, das Dank der Gründlichkeit, Uebersichtlichkeit und handlichen Form dergestalt in den Vordergrund tritt, dass die Möglichkeit eines Vergleiches mit Werken ähnlicher Art vollständig hinfällig wird, soll nun auch in russischer Uebersetzung bei P. Jurgenson in Moskau herauskommen. Sie wird redigiert von Julius Engel, der bereits Riemann's „Vereinfachte Harmonielehre" ins Russische übersetzt hat und durch seine Musikreferate in „Russkye Wjedomosti" rühmlichst bekannt ist.

Orden. Hofkap.-M. Rud. Bibl, Wien, gr. gld. Salvator Med. Kirsch M. L., Eupen, Kr.-O. IV. Kl. Prof. J. Siegler, München, Ehrenmünze des Ludwigsordens. O. Junne, Verl. Leipzig, Belg. Leopoldsorden.

Titel. Fel. Woyrsch, Altona, Prof. Sem. M. L. Otto Seidel, Neuruppin, Kgl. M.-D. Frl. A. aus der Ohe, Berlin, Grossh. Sächs. Hofpianistin.

Vakanzen. Ludwigshafen a. Rh., Dir. des gem. Ch. Cäcilienver. Chemnitz, Cantor u. Org. a. d. Ludwigsk. Cleve, Dir. der Liedertafel Concordia. Münster i. W., Dirig. des Cäcilien-Ver. gem. Ch.

Engagements. Max Werner, Stadt M.-D. in Plauen i. V. Herm. Zumpe, Hof-K.-M. in München. Fritz Binder, M.-D. in Zweibrücken. H. Möskes, M.-D. in Düren in Rhld. Franz Güldner, Dirig. des M.-G.-V. Liedertafel, Elberfeld.

Gestorben. Frau Am. Gmür-Harloff, 28. Juni, Weimar. J. B. Molitor, Domorg. in Leitmeritz, 25. Mai. Gust. Erhardt, M.-D. in Wernigerode, 26. Juni. Ludwig Liebe, M.-D. in Chur, Anf. Juli.

Künstlertafel der Westdeutschen Konzert-Direktion.

Köln a. Rh., Beethovenstrasse 6.

Streichquartett Rosé,
Wien.
Professor A. Rosé, A. Bachrich, von Steiner, Prf., R. Hummer.

Das **Streichquartett Soldat-Röger**
konzertirt im Monat November in West- und Norddeutschland
Anfragen erbeten an die Westd. Konzertdirektion, Köln.

Bläservereinigung des Gürzenichorchesters
für Kammermusik.
E. Wehsener (Flöte) K. Erkert (Oboe) R. Friede (Clarinette)
P. Sadony (Fagott) E. Ketz (Horn).

Kölner Gürzenichquartett
Prof. Willy Hess, Concertm. K. Körner, Prof. Jos. Schwartz,
Concertm. Friedr. Grützmacher.

Alice Rau,
Mainz.
Konzertsängerin. Mezzosopran.

Paul Stoye,
Krefeld.
Klavier-Virtuose.

Emilie Müller,
Frankfurt.
Lieder- und Oratoriensängerin. Sopran.

Willy Seibert,
Köln.
Lehrer am Conservatorium.
Violin-Virtuose.

Mary Münter-Quint,
Bonn.
Konzert- und Oratoriensängerin.
Sopran.

Albert Jungblut,
Frankfurt a. M.
Lieder- und Konzertsänger. Tenor.

Clara Schwartz,
Köln. Violin-Virtuosin.

Henriette Schelle,
Köln.
Pianistin.

Luise Hövelmann,
Köln.
Lieder- und Oratoriensängerin. Alt.

Bertha Weiler,
Mülheim a. Rh.
Konzertsängerin. Alt.

Georg Christiansen,
Remscheid.
Pianist.

Cornel. J. Bronsgeest,
den Haag.
Konzertsänger. Bass-Bariton.

Franz Sagebiel.
Coblenz. I. Konzertmeister.
Violin-Virtuose.

Adolf Groebke,
Köln.
Opern- und Konzertsänger. Tenor.

Tina Goldenberg,
Köln.
Konzertsängerin. Hoher Sopran.

Anna Schwarte,
Solingen.
Konzertsängerin. Sopran.

Johanna Dietz,
Frankfurt a. M.
Oratoriensängerin. Sopran.

Dietrich Schäfer,
den Haag.
Pianist.

K. Neumann-Hodit,
Köln. Rezitator.

Selma Deutzmann,
Konzertsängerin. — Remscheid.
Hoher Sopran. Coloratur-Partien.

H. Lützeler,
Köln.
Konzertsänger. Tenor.

Margarethe Behmer,
Köln. Pianistin.

Kölner gemischtes Quartett, Köln.
Die Damen: Wulff, Weiler, die Herren: Lützeler, Bronsgeest.
Quartette, Terzette, Duette. Sololieder.

Adele Stöcker,
Köln. Violin-Virtuosin.

Clara Wulff,
Köln.
Konzertsängerin. Sopran.

Phil. Gretscher u. K. Gretscher-Sebaldt, Aachen.
Bass-Bariton, Sopran.
Oratorien, Lieder, Balladen, Duette.

Jaques van Lier, Berlin.
Cellovirtuose.
Lina van Lier-Coën,
Klaviervirtuosin (aus Paris.)

Benno Walter
München.
Violinvirtuose.

Konzertm. Alfred Stauffer,
Köln.
Violinvirtuose.

Richard Geyer,
Altenburg.
Konzertsänger. Tenor.

Ernst Ketz.
Köln am Rhein. Waldhorn-Virtuose.
Lehrer am Conservatorium.

Elise Ketz,
Köln am Rhein. — Konzertsängerin
Alt.

Alwin Horn,
Köln. Chordirigent.
Konzertsänger. Bariton.

Carolina Kaiser,
Düsseldorf.
Konzertsängerin. Sopran.

Alice Lützeler-Beermann,
Düsseldorf.
Konzertsängerin. Mezzosopran. Alt.

Neuigkeiten für gemischten Chor

im Verlage von **F. E. C. Leuckart** in Leipzig:

Der Milchbrunnen

für gemischten Chor und Orchester von

A. von Othegraven.

Op. 15. Clavierauszug ℳ 3,60. Singstimmen (à 30 ₰) ℳ 1,20.
Orchester-Partitur und Orchesterstimmen in Abschrift oder leihweise.

Ferner erschienen:

Berger, Wilhelm, Op. 48b. Lieder für gemischten Chor a capella (nach den Liedern für vierstimmigen Frauenchor bearbeitet).

No. 1. **„Wenn eine Blume still verblüht"** von Engelb. Albrecht.
Partitur und Stimmen (à 15 ₰) . . . . ℳ 1,20

No. 2. **Die erwachte Rose:** „Die Knospe träumte vom Sonnenschein" von Friedrich von Sallet.
Partitur und Stimmen (à 15 ₰) . . . . ℳ 1,50

No. 3. **Wiegenlied:** „Die Aehren nur noch nicken" von Hoffmann von Fallersleben.
Partitur und Stimmen (à 15 ₰) . . . . ℳ 1,20

Kahn, Robert, Op. 32. **Fünf Gesänge** für Sopran, Alt, Tenor und Bass (Solostimmen oder Chor) mit Clavierbegleitung.

Partitur aller fünf Nummern in einem Hefte netto ℳ 3,—.

Einzeln:

No. 1. **Abend:** „Friedlicher Abend" von Nic. Lenau.
Clavier-Partitur ℳ 1,—. Singstimmen 80 ₰.

No. 2. **Zu spät:** „Aus bangen Träumen" von W. Osterwald.
Clavier-Partitur ℳ 1,80. Singstimmen 80 ₰.

No. 3. **Hütet Euch!:** „Ein Stündlein sind sie" von P. Heyse. [1412.]
Clavier-Partitur ℳ 1,—. Singstimmen 80 ₰.

No. 4. **„Schönster Tag, nun gute Nacht"** von P. Heyse.
Clavier-Partitur ℳ 1,50. Singstimmen 80 ₰.

No. 5. **Wanderlied:** „Lustig Blut" von P. Heyse.
Clavier-Partitur ℳ 1,50. Singstimmen 80 ₰.

[J]osef Rheinberger nennt diese neuen Gesänge Robert Kahn's „ein ganz treff[l]iches Werk" und rühmt deren gesättigten vocalen Vollklang bei glücklicher Vermeidung grosser Schwierigkeit der Ausführung.

Auswahlsendungen stehen zu Diensten.

Antiquarisch.

Joh. Seb. Bachs

sämtl. Werke (grosse Bach-Ausgabe),

G. F. Händels

sämtl. Werke (grosse Händel-Ausgabe), gut erhalten, werden billig abgegeben.

Gef. Anfragen zu richten an

H. vom Ende's Verlag Köln, Beethovenstr. 6

Liedertafel Concordia, Cleve

Männer-Gesangverein von 40 akt. Mitgl. sucht auf baldigst einen

erfahrenen Dirigenten.

Nähere Auskunft erteilt die

Westdeutsche Konzertdirektion Köln, Beethovenstr. 6.

In 5. Auflage erschien soeben die beliebte Sammlung:

22 Neue Gesänge

für

gemischten Chor

komp. von Ferdinand Kamm, op. 8.

Preis nur 40 Rp. netto!

Inhalt: 1. Mein Ländchen. 2. Sängerlust. 3. Alpenleben. 4. Heimkehr. 5. Sommermorgen. 6. Heimweh. 7. Schwur an das Vaterland. 8. Leb' wohl! Leb wohl! 9. Mein Heimatland. 10. Neuer Frühling. 11. Meine traute Heimat. 12. Schön Anna von Ortrand. 13. Scheiden. 14. Des Schweizers Heimkehr. 15. Am Ammersee. 16. Waldlied. 17 Der Gondolier. 18 In der Fremde. 19 Im Walde. 20 Ade. 21. Abendgebet. 22. Morgenwanderung.

Einsichtssendungen bereitwilligst.

Musikverlag ZWEIFEL-WEBER, St. Gallen.

Der „Ostara"-Verlag

in

Trebitsch, Mähren,

[...]en von Theodor Wranitzky in der [O]stara" gebdj. Pr. Mk. 2.50 ausser [...]len Liedern bisher folgende

10 Männerchöre:

[...]ra Bismarcks Einzug in Odhins [...]al, (Hartmann); Unsere Berge, [...]lm); Hör du dich! (Wunderhorn); [...]nearenlied! Lenau); Rosmarin, [W]underh.); Das Meer erstrahlt im [So]nnenschein, (Heine); Bivouack [W]underh.); Primula veris, (Lenau), [Da]s Lied von der Nachtigall (unbek.); [La]ss rauschen, Lieb, lass rauschen, [W]underh.); sodann die

[1]0 gemischten Chöre:

[...]te Nacht, (Stim); Volk weise, [...]asengraber); Die einsame Rose, [...]hndrich); Sommerlied, (Wunderhorn); Beschluss, (Wunderh.); Schilfl[ie]d, 2 (Lenau); „Ob sie von sonderhem Brod esse", (Wunderh.); [...]verhöh, (dänisch); Schilflied 2 [Le]nau); Der Wassermann, (dän.) [...]chlenen.

Lieblichkeit, Anmuth, Schönheit, [...]habenheit, ergreifende drama[tisc]he Kraft, Seele und Melodie, [ge]paart mit deutscher Art — wer [su]cht sie? Hier sind sie!

Neue

Lieder u. Gesänge

von

J. Rheinberger, Ludw. Meinardus, Hans Gelbke, R. Lauge, H. vom Ende, J. Hagemann, W. Mauke, G. Jensen, E. Wolff, H. Nowak, H. Möskes, K. Hirsch, E. Nössler,

liefere ich an Sänger, Gesanglehrer, Gesangschulen etc. zur Einführung 1 Exemplar

gratis

und bitte ich gefl., zur Auswahl eine Ansichtssendung verlangen zu wollen.

H. vom Ende's Verlag
Köln,
Berthovenstrasse 6.

Alpenrosen

Neues Liederbuch für Jugend- und Frauenchöre

I. Heft, 85 drei- u. vierstimm. Originalkomp., II. Aufl., Fr. 1.20, ist allen Töchter- und Frauenchören als vorzügliches Liederbuch zu empfehlen. Einsichtssendungen bereitwilligst

vom Verlag: **Zweifel-Weber, St. Gallen.**

Chor- u. Wettgesänge

bekannter Liedermeister.

8. Heft.

12 neue volkstümliche Lieder

für Frauen- und Töchterchor.

Preis 70 Cts. Bei Partienbezug Rab tt.

Inhalt: Angerer, „Liebesbote"; Vogler, „Tiefer See"; Frei, „Bächlein im Waldesgrund"; Fehrmann, „'s schönst Plätzli"; Haug, „Es zog der Maienwind"; Feyhl, „Weine nicht"; Krenger, „Frühling willkomm!"; Schell, „Winterlaunen"; Jüngst, „Frühlingswonne"; Surläuly, „Wandern im Wald"; Rüst, „Ave Maria"; Sturm, „Rosenzeit".

Einsichtssendungen bereitwilligst.

Zweifel-Weber, Musikverlag, St. Gallen.

Wegweiser

durch die

Chorgesanglitteratur

nebst „Konzertbericht".

Ratgeber für **Männer-, Frauen-** und **gemischte Gesangvereine** und **Gesangvereinsdirigenten.**

Herausgegeben und redigiert von **H. vom Ende, Köln am Rhein,** Beethovenstrasse 6. — Erscheint monatlich einmal. — Bezugspreis für 1 Expl. 15 Pfg. Jahresabonnement 1,50 Mk. incl. Porto. Inserate kosten pro 4 mal gespaltene Petitzeile 25 Pfg.

№ 12. Köln am Rhein, den 26. September 1900. I. Jahrgang.

Inhalt:

Mit dieser Nummer hat der „Wegweiser" seinen ersten Jahrgang vollendet. Zahlreiche anerkennende Zuschriften liefern den Beweis, dass unsere Bestrebungen nicht auf unfruchtbaren Boden gefallen sind und verfehlen wir nicht, allen unsern verehrten Mitarbeitern für ihre Bemühungen herzlichen Dank auszusprechen. Noch wertvoller als Zeichen lebendigen Interesses waren uns die Anregungen und Verbesserungsvorschläge aus der Mitte unserer Leserwelt, welche wir stets in dankbarer Gesinnung eingehender Erwägung unterworfen haben. Auch in Zukunft werden wir derartige Vorschläge nach Möglichkeit berücksichtigen, nur an Einem Grundsatz wir festhalten, so oft auch die Versuchung an uns herantritt, die selbstgelegten Ketten zu sprengen: wir wollen sein nicht weniger und mehr, als unseren Dirigenten und Vereinsvorständen ein Ratgeber bei der Auf- und Zusammenstellung der Konzertprogramme. Lediglich diesen einen praktischen Zweck ins Auge fassend, antworten wir auf die Fragen:

Was soll gesungen werden?
Welche Künstler engagiren wir?

An diesem Grundsatze festzuhalten, sind wir schon aus dem Grunde gezwungen, weil selbst bei dieser Einschränkung das Material in herzbeklemmender Weise anschwillt: der Neuerscheinungen und Konzerte sind so viele, dass eine umfassende Berichterstattung sonst unmöglich gemacht wird.

Ferner bitten wir die freundlichen Einsender von Berichten, gütigst unsern Grundsatz zur Kenntnis zu nehmen, dass wir nur solche Werke gediegener Richtung in den Kreis unserer Betrachtungen ziehen können, welche noch nicht nach Gebühr Würdigung und Verbreitung gefunden haben, einerlei, ob jüngeren oder älteren Datums. Aber allseitig anerkannte und gepriesene Werke, wie Mathäuspassion, Messias, Jahreszeiten, Schöpfung etc. glauben wir unberücksichtigt lassen zu dürfen. Dagegen sind Mitteilungen über neuere Bearbeitungen solcher Werke, wie diejenigen von **R. Franz, Chrysander** etc. willkommen. Innerhalb dieser Grenzen aber suchen wir das möglichst Vollkommene zu bringen und bitten daher bei Einsendung von Konzertprogrammen und Berichten freundlichst folgende Punkte besonders ins Auge zu fassen, damit wir auch auf diesen Gebieten grössere Uebersichten und Material bieten können:

1. **Solo-Quartette;**
2. **Männerchor a capp. mit Sopran- oder Alt-Solo;**
3. **Chöre mit Orgel und Bariton-Solo;**
4. „ „ „ „ **Harfe;**
5. **Frauenchor a capp. und mit Begleitung;**
6. **Lieder und Aufführungen für Kinderchor;**
7. **Schulchor;**
8. **Geistliche Chorwerke;**
9. **Humoristica aller Art.**

Ganz besonders möchten wir die Gesanglehrer an höheren Lehranstalten um Einsendung ihrer Programme und Mitteilungen ihrer Erfahrungen bitten, da auf diesem Gebiete noch manches im Argen liegt.

Wenn wir trotz des grossen Umfanges unserer Mitteilungen den Abonnementspreis für das ganze Jahr auf nur 1 Mk. 50 Pfg. festgesetzt haben, so geschah das in der Zuversicht, dass jeder Verein und Dirigent uns durch Abonniren unterstützen wird, denn ein solches Unternehmen bei einem kaum nennenswerten Preise durchzuführen, ist nur bei einer Massenauflage möglich. Wir richten daher an jeden Dirigenten und jeden Vereinsvorstand die Bitte: Vereinigen Sie sich mit uns in dem Bestreben

Aus dem Schönen das Schönste,
Aus dem Wirkungsvollen das Wirkungsvollste

ausfindig zu machen und zu fördern, benachrichtigen Sie mich von Ihren Erfolgen und

abonnieren Sie für Mk. 1,50

auf den **„Wegweiser durch die Chorgesanglitteratur".**

Jahrgang I No. 1—12 compl. ist zu beziehen für Mk. 1,50 durch
H. vom Ende's Verlag, Köln a. Rh., Beethovenstrasse 6.

Mitteilung von Adressen (Dirigenten, Gesangvereine etc.) sind uns jederzeit willkommen. Auch bitten wir uns von jedem Dirigenten-Wechsel sowie von jeder Vakanz und Neubesetzung gütigst in Kenntnis zu setzen. (D. Red.)

Aufführungen.

(Nachdruck verboten.)

Männerchöre a cappella.

Abkürzungen: gr.-gross, s.-sehr. D. C. Da Capo

Titel	Komponist	Stadt	Verein	Dirigent	Erfolg	Preis
Einig und treu (*msch*)	C. H. Döring	Dresden	Elbgausängerbund	G. Schöne	s. gr.	
Volkers Schwanenlied (*sch*)	Meyer-Olbersleben	Würzburg	Liedertafel	Meyer-Olbersleben	s. gr.	
Rudolf v. Werdenberg (*sch*)	Fr. Hegar	Nürnberg	Singverein	H. Dorner	s. gr.	
Rheingauer Gruss	Möhring	Thorn	Liedertafel	Fr. Char	s. gr.	
Schlafwandel (*sch*)	Hegar	Stettin	Schütz'scher M. V.	R. Seidel	s. gr.	
Es steht eine Lind'	Brahms-Hegar	do.	do.	do.	D. C.	
Heute ist heut (*st*)	Weinzierl	Düsseldorf	Quartett-V.	Steinhauer	D. C.	
Waldmorgen	C. Steinhauer	Aachen	Männer-Quart.	R. Geyr		I. Pr.
An die Sonne	do.	Kalk	M. G. V.	P. Haas	D. C.	I. Pr.
Braun Maidelein	H. Jüngst	München	M. G. V	W. Bach	s. gr.	
Im Mai	do.	Asch	Lyra		s. gr.	
Winterfrühling	do.	Dresden	Staats-Eisenb.-Beamt.	M. Funger	s. gr.	
Fröhliche Armut	E. Kremser	Barmen	Sängerhain	K. Hirsch	D. C.	
Wenn nicht die Liebe	Fr. Ullrich	do.	do.	do.	s. gr.	
Das allerliebste Mäuschen	Engelsberg	Aachen	Concordia	R. Kube	s. gr.	
Vöglein im Walde	Möhring	Bielefeld	Germania 1	H. Obrok	D. C.	
Gute Nacht	do.	do.	do.	do.	D. C	
Frühlingszeit	H. Wesseler	Münster	Constantia 42	H. Grein	D. C.	
Lasst hoch das stolze	Zeitler	Siegen	Eintracht	L. Kreutzer		I. Pr.
Treue Liebe	Jos. Schwartz	Essen	Teutonia	G. Meyer		I. Ehrp.
Geistliche Chorwerke						
Oratorien.						
Bekehrung des Augustus	G. Boenig	Stolp i. P.	Oratorien V.	Boenig	s. gr.	
Weihnachtsmysterium	Ph. Wolfrum	Düsseldorf	Städt. M. V.	Buths	s. gr.	
*Zerstörung Jerusalems	A. Klughardt	Stolp i. P.	Oratorien V.	Boenig	s. gr.	
Christus	Fr. Liszt	München	Chorverein	Porges	s. gr.	z. 3 m.
Der Tod Jesu	Graun	Danzig	M. G. V. u. Melodia	Kisielnicki	gr.	
Franciscus	E. Tinel	Annaberg i. S.	Arion	M. Böthig	gr.	
Manasse	Hegar	Lausanne	Kirchen Ch.	Troyon	s. gr.	
Geistliche gemischte Chöre a cappella.						
O Heiland, reiss die Himmel auf	Brahms	Essen	M. V.	Witte	gr.	
Gebet	Chr. Fink	Stuttgart	Stifts-Kirchen-Ch.	H. Lang	s. gr.	
Maria bracht ihr Kindelein	Joh. Eccard	Hof	Ver. f. kirchl. M.	K. Seitz	gr.	
Legende des hl. Bonifacius	J. Diebold	Freiburg	Cäcilien V.	Diebold	s. gr.	
O crux ave	Palestrina	Sonneberg	K. Ch.	B. Roth	s. gr.	
Jesu, dein Seel	Melch. Frank	Sonneberg	Kirchen Chor	B. Roth	s. gr.	
Führe mich	G. Schreck	do.	do.	do.	DC.	
Crucifixus 8 st. (*msch*)	A. Lotti	Düsseldorf	Gesang-Verein	C. Steinhauer	s. gr.	
Adoramus te	Palestrina	do.	do.	do.	gr.	
Passionsgesang 5 st.	G. Schreck	Sonneberg	Kirchen-Chor	B. Roth	DC.	
Gloria in excelsis 16 st.	E. Grell	do.	do.	do.	s. gr.	
Ich weiss, dass mein Erlöser	J. M. Bach	do. 250	do.	do.	gr.	
Geistliche gemischte Chöre mit Begleitung.						
Deutsches Requiem	Brahms	Bielitz-Biala	Kirchen-Chor	G. Bock	gr.	
Jüngling zu Nain	R. Schwalm	Haspe	do.	A. Becker	s. gr.	
Halt im Gedächtnis Jesu Christ	J. S. Bach	Sonneberg	Kirchen-Chor	B. Roth	D. C.	
Der Hirte Israel	do.	do.	do.	do.	D. C.	
42. Psalm	Mendelssohn	Wülfrath	Gem. Chor	K. Hirsch	gr.	
Weihnachts-Cantate m. Kind.-Ch.	Haine	Worms	Kirchen G.-V.	Haine	s. gr.	
Weihnachtslied 6 st. m. Streichinstr.	Alb. Becker	Hof	Ver. f. Pflege kirchl. M.	K. Seitz	gr.	
B-moll-Messe	Alb. Becker	Dresden	Kirchen-Chor	Römhild	s. gr.	
F-moll-Messe	Anton Bruckner	Tübingen	Akad. M. V.	Kauffmann	s. gr.	
*Also hat Gott die Welt, mit Kinder-Chor	v. Herzogenberg	Essen a. d. R.	Kirchen-Chor	G. Beckmann	s. gr.	
*Christ lag in Todesbanden	J. S. Bach	do.	do.	do.	s. gr.	
Kinderchor.						
Lieber Gott, wir danken. Mit O.	Jul. Otto	Sonneberg	Kirchen-Chor	B. Roth	gr.	
Pfingstfest	M. Schletterer	do.	do.	do.	gr.	
Hoch thut auch auf	Uso Seiffert	do.	do.	do.	gr.	
Macht hoch die Thür	Freylinghausen	Reichenbrand b. Ch.	Kirchen-Chor	Krausse	gr.	
Mache mich selig, o Jesu,	Alb. Becker	Haspe	do.	A. Becker	s. gr.	
do.	do.	Hof	Ver. f. Pflege kirchl. M.	K. Seitz	s. gr.	
Himmel und Erde vergeh'n	B. Klein	Sonneberg	Kirchen-Chor	B. Roth	gr.	
*Kommt und lasst uns	v. Herzogenberg	Essen a. d. R.	do	G. Beckmann	gr.	

Die mit * versehenen Werke wurden mit Orchester aufgeführt.

Abkürzungen: l-leicht, sch-schwer, s-sehr, z-ziemlich, m-mittel:

Neuigkeiten.

Für die Aufnahme in diese Rubrik genügt die Zusendung eines Frei-Expl.

Geistliche Chorwerke.

Frauen- od. Kinderchor.

l **Gleich, Ferd.**, op. 41. „Vater unser" 2 st. mit Harm. . . . . P. 0.40 St. 0.15
zl **Hummel, Ferd.**, op. 40. 1. „Die Himmel erzählen." 2. „Wer kann Dir, Vater, danken". 3 st. . . . . P. 0.90 St. 0.30
zsch **Klughardt, Aug.**, op. 66 I. Motette. Wirf dein Anliegen. 5 st. . . . . P. 0.50 St. 0.10
zsch II. Kanon 4 st. . . . . P. 0.40 St. 0.10
msch **Nickel, Wilh.**, op. 10. „Dem höchsten Herrn erklinge". 4 st. . . . . P. 0.40 St. 0.15
msch **Rheinberger, Jos.**, op. 155. Missa Reginae Sancti Rosarii, 3 st. . . . . P. 3.50 St. 0.50
zsch do. op. 187. Missa (sincere in Memoriam) 3 st. P. 3.50 St. 0.50
msch **Schmidt, Alb.**, (Nordh.) op. 19, Psalm 91. „Wer unter dem Schirm" . . . . P. 0.60 St. 0.00
l **Thoma, Rud.**, „O geh' zum Heiland". 2 st. mit Solo und Org. . . . . P. 0.60 St. 0.00

Für Männerchor.

msch **Blumenthal, Paul**, op. 94. Drei Motetten. Der Herr ist mein Licht. Christus hat uns're Sünden. Der Herr hat ein Gedächtnis . . . . P. 0.60 St. 0.15
msch **Merk, Gust.**, op. 35. „Befiehl dem Herrn" P. 0.20 St. 0.10
msch **Müller, Rich.**, op. 95. 1. „Wie die Lilien" P. 0.40 St. 0.15
zl 2. „Gottes Werk ist's" . . . . P. 0.40 St. 0.15
zsch **Rheinberger, Jos.**, op. 190. Messe 4 st. . P. 4.75 St. 0.50
msch **Riedel, Fritz**, op. 5. Gebet. „Lass Dich Herr Jesu" . . . . P. 0.30 St. 0.15
msch **Richter, E. Fr.**, op. 39. 1. „Du bist ja doch der Herr". 2. „Gross sind die Wogen" à P. 0.40 St. 0.15
msch **Stange, Max**, Jubiläumsgesang. „Jauchzet, ihr Himmel" . . . . P. 1.— St. 0.25
sch do. op. 22. Königs Psalm. „Herr, der König" P. 1.20 St. 0.45
zl **Volkmann, W.**, op. 62. „Dein Wille geschehe" P. 0.40 St. 0.15
zl **Köhler, J.**, Drei Grablieder. 1. Die letzten Worte. 2. Selig sind die Toten! 3. Weinet nicht! . . . . P. 0.90 St. 0.25
ssch **Zuschneid, K.**, op. 40. Psalm 29. „Gebt Gewaltige" . . . . P. 1.50 St. 0.50

Für gemischten Chor.

sch **Bartmuss, Rich.**, op. 14. Der Tag der Pfingsten. Oratorium. Soli, Org., Blasinstr. P. 4.50 St. 0.50
zsch **Blumenthal, Paul**, op. 93. 1. Der Herr ist meine Kraft. 2. Die auf den Herrn hoffen 8 st. . . . . netto P. 1.50 St. 0.20
zl **Böhmer, F.**, op. 3. „Sabbathliche Stille" . P. 0.40 St. 0.15
msch do. op. 4. Sonntag. „Der Woche unruhvoll" P. 0.80 St. 0.20
msch **Brathoch, Carl**, Psalm 121. „Ich hebe meine Augen auf" . . . . P. 0.60 St. 0.15
sch **Dierich, H.**, Hymne zum Empfang eines Seelsorgers (mit Kinderchor) . . . . . P. 0.90 St. 0.15
sch **Dutichius, Phil.** Weihnachts-Gesang, 6 st. Also hat Gott . . . . P. 0.45 St. 0.15
l-msch **Engelhart, F. H.**, Marienlob. 14 Lieder zu Ehren der seligsten Jungfrau Maria Heft I a capp. und mit Orgel . . . . . netto P. 1.00 St. 0.50
msch **Flügel, Ernst**, op. 50. 1. „Selig sind, die reinen Herzens sind" . . . . P. 0.60 St. 0.15
msch 2. Trauungsgesang. „Zwei Hände" . .
msch 3. „Unter tausend frohen Stunden" mit P. 0.40 St. 0.15
Sopr.-Solo . . . . P. 1.— St. 0.20
zsch do. op. 51, Psalm 103. „Lobe den Herrn" P. 1.50 St. 0.50
zl **Gleich, Ferd.**, op. 41. Vater unser, m. Harm. P. 0.60 St. 0.15
zsch **Hahn, Karl**, Osterbitte. „Osterlicht, voll Glanz" P. 0.80 St. 0.20
msch **Klughardt, A.**, op. 66 III. Motette „Gott ist unsre Zuversicht" . . . . P. 0.40 St. 0.05
msch **Köchert, Ad.**, op. 25. Lobgesang m. O. . P. 2.50 St. 0.00
msch **Kühn, Karl**, op. 33. Wo Du hingehst. Anbetung. „Wie lieblich." „Frohlocket, netto P. 0.60 St. 0.15
zl-msch **Loewe, Carl**, 4 Weihnachts-Responsorien P. 0.45 St. 0.15
msch **Merck, G.**, op. 42. 1. „Singet dem Herrn P. 0.40 St. 0.15
msch 2. „Wenn nur das Herz am Hoffen hält" P. 0.40 St. 0.15
msch do. op. 37, Psalm 27. „Der Herr ist mein Licht" P. 0.20 St. 0.10

zl **Müller, H. Fidelis**, op. 5. Weihnachtsoratorium, Soli und Klav., nach Worten der heil. Schrift . . . . P. 3.— St. 0.40
zl do. op. 12. Die heilige Elisabeth. Geistl. Festspiel in 7 Bildern. Soli und Klavier mit verbind. Text und lebenden Bildern P. 5.— St. 0.50
msch do. op. 16. Die Passion in 7 Bildern. Soli, Klav. oder Harm. mit leb. Bildern netto P. 6.— St. 0.60
zl do. op. 21. Heliand. Ein Weihnachts-Festspiel. Soli. Klav. oder Orch. mit 6 leb. Bildern netto . . . . P. 3.— St. 0.50
zl **Müller, Otto**, op. 23. 1. „Gehe hin in Gottes P. 0.40 St. 0.15
msch 2. „Ich hebe meine Augen auf" . . . P. 0.50 St. 0.15
sch **von Othegraven A.**, Abend auf Golgatha; mit kl. Orch. ad lib. . . . . P. 3.— St. 0.30
sch **Rheinberger, Jos.**, op. 192. Messe (misericordias Domini) mit Orch. . . . . . . P. 5.— St. 0.50
Schmidt, (Nordh.) **Alb.**, op. 19. Psalm 91.
msch „Wer unter dem Schirm des Höchsten" P. 0.60 St. 0.00
msch **Thoma, Rud.**, Psalm 121. „Ich hebe meine Augen auf" . . . . P. 0.80 St. 0.20
msch do. Hymnus. „Zu Dir, o Herr" . . . . P. 0.80 St. 0.20
zl **Scherig, Volkm.**, op. 47. Drei Weihnachtslieder P. 0.60 St. 0.15
msch **Zimmermann, Jos.**, op. 12. Der heilige Petrus. Cantate Soli. Klav. oder Harm. n. P. .— St. 0.50
msch **Ziegel, R. Ew.**, 121. Psalm. „Hebe Deine Augen auf". Mit Orch. u. Streichquart. P. 1. - St. 0.40
sch **Zuschneid, K.**, op. 39. 1. Mein Teil ist nicht von dieser Welt. Streichquart. . P. 1.— St. 0.15
sch 2. „Der Herr, unser Gott, sei uns freundlich" . . . . P. 1.— St. 0.15

Besprechungen.

Zur Besprechung gelangen nur Werke, welche des Lobes würdig sind.

Geistliche Chorwerke.

Von den neueren Werken für **Frauen- oder Kinderchor** möchte ich als besonders wirkungsvoll zwei kleinere Chöre mit Klavierbegl. von **Ferd. Hummel**, op. 40 erwähnen. No. 1 „Die Himmel erzählen deine Ehre" verbindet mit einfachen, aber wohlklingenden harmonischen Mitteln pathetischen Schwung und ist von erhebender Wirkung. No. 2 „Wer kann dir, Vater, danken" zeichnet sich durch natürliche Grazie und liebliche Melodie aus. Die Vertonung des Trostliedes „Wenn der Herr ein Kreuze schickt" (eines Lieblingsgedichtes Kaiser Friedrichs) für Frauen- oder gem. Chor von **Ad. Kugler**, op. 58 ist sehr melodiös und innig empfunden, dabei leicht ausführbar. Etwas schwieriger aber ganz meisterhaft gesetzt und von schönster Klangwirkung sind 3 geistl. Terzette von **C. Ad. Lorenz**, op. 42. 1. „Licht und Finsternis". 2. „Dein Rat, o Gott, ist wunderbar". 3. „Du hast dich verborgen". Besonders dem letzteren eignet eine ganz eigenartige und eindringliche Wucht. Sehr hübsch und wohlklingend gearbeit ist auch eine Motette für 5 stimm. Frauenchor (2 chörig) von **A. Klughardt**, op. 66 I, „Wirf dein Anliegen".

Auch für **Männerchor** kann Einiges empfohlen werden, wenn auch die Nachfrage sehr gering ist. Es berührt eigentümlich, wenn man immer wieder die Erfahrung machen muss, wie wenig geistliche Musik auf den Programmen unserer Liedertafeln eine Stätte findet, und doch sollte die Mannigfaltigkeit umsomehr im Inhalte des Dargebotenen gesucht werden, als sie ja dem Männergesang in Bezug auf Klangfarbe nur in geringerem Masse beschieden ist. Das ganze Repertoire beschränkt sich auf „O bone Jesu", „Das ist der Tag des Herrn" und einige Grabgesänge, während doch von Schubert, Liszt, Grell, B. Klein etc. schönes Material vorhanden ist. Von den angeführten Werken würden diejenigen von **Max Stange** eine Zierde jedes Konzertes bilden

Der Jubiläumsgesang besteht aus erfrischendem Anfangs- und Schlussteil, während der Mittelsatz etwas grämlich dahinschleicht. Der Königspsalm, op. 22 ist ein edles, gediegenes Werk, voller Schwung und Kraft. Der Aufbau der ersten Strophe von fast dramatischer Wucht und Steigerung und ebenso wie das Fugato der Schlussstrophe mit seinen zwei plastisch hervortretenden Themen von ausgezeichneter Arbeit. **Paul Blumenthal** erzielt in seinen Drei Motetten op. 94 mit einem gediegenen, wohlklingenden Männerchorsatz schöne Chorwirkungen und dürfte mit denselben, da sie sich ausserdem leichter Ausführbarkeit erfreuen, Erfolg haben. **Karl Zuschneid** erweist sich in seinen Werken als ein Tonsetzer von gediegener, künstlerisch dem Höchsten zustrebender Bildung und Gesinnung. Sein Psalm 29 „Gebt, Gewalt'ge, Ehre dem Herrn", op. 40 ist von einer packenden Charakteristik und giebt nach dieser Richtung hin den gelungensten Werken Hegars nichts nach. Namentlich die vorletzte Strophe „Blitze sprühen" und die erste Hälfte der letzten „Auf! und gebt nun Ehre" wirken mit dramatischer Wucht und bereiten die Schlussfuge in ausserordentlich wirksamer Weise vor. Das Werk sei Vereinen, die vor Schwierigkeiten nicht zurückschrecken, dringend empfohlen. Auch die beiden Motetten op. 30 I und II für gem. Chor beweisen das satztechnische Geschick des Verfassers. **Rich. Müller,** op. 95 I „Wie die Lilien an der Quelle" und II „Gottes Werk ist's" zeichnen sich durch hübsche melodische Erfindung, namentlich No. 2 durch wirksame Steigerung aus. Recht ansprechend und volkstümlich ist das geistliche Abendlied „Es ist so still geworden" von **Jul. Hagemann,** op. 5 II vertont worden.

Auch unter den **gemischten Chören** befinden sich einige empfehlenswerte. So hat **R. Schwartz** den bereits früher erschienenen 4 achtstimmigen Chören aus der „Centuriae 7 et 8 vocum etc." des alten Organisten Dulich, der seinen Namen nach der Sitte der damaligen Zeit in Dulichius latinisirte (er war Anfang des 17. Jahrhunderts Professor am Stettiner Gymnasium, also ein Vorgänger C. Loewes) einen sechsstimmigen Chor aus dem Jahre 1630 folgen lassen. Ohne Zweifel ist die Herausgabe dieser Werke eine verdienstvolle und jedem auf höherer künstlerischer Stufe stehenden Chorverein oder Kirchenchor wird das Studium des Weihnachtsgesanges Freude und Andacht bringen; unseren Schulchören aber seien dieselben als leuchtende Beispiele vorgehalten der hohen Stufe, auf welche ihrer Vorgänger im 17. und 18. Jahrhundert sich befanden, denn für die damaligen Gymnasialchöre wurden solchschwierige Werke geschrieben.

Von **Carl Loewe** erschienen 4 Weihnachts-Responsorien recht frisch und anmutend geschrieben und wohlklingend gesetzt. Eine empfehlenswerte, vorzügliche Arbeit ist op. 93 von **P. Blumenthal.** Zwei Motetten für achtstimmigen Chor a capp.; edle Auffassung und meisterhafte Stimmführung kennzeichnen das Werk. Eigenartiger nach der harmonischen Seite hin ist **F. Böhmer's** op. 4 „Sonntag". In einem Mittelsätzchen für Soloquartett wirkt die mit prägnanten Motiven durchgeführte Modulation von Gis-moll über Cis-moll und E-moll und dann nach enharmonischer Verwechselung der Eintritt des hellen, freudigen H-dur auf „Sonntag" recht frisch und erquickend.

Eine köstliche Gabe ist die Sammlung neuer Marienlieder von **F. X. Engelhart,** unter dem Titel „Marienlob" erschienen. Es sind Originalkompositionen leichten und durchgängig sehr melodischen Charakters von unseren besten Kirchenkomponisten, wie **Rheinberger, Wiltberger, Cohen, Ebner, Piel, Renner** u. a. Da das Heft mit I bezeichnet ist, so haben wir deren noch mehr zu erwarten und dürfen mit Dank diese Bereicherung unserer Marienlitteratur begrüssen. Als schöne, von echt volkstümlichem und doch künstlerischem Geiste erfüllte Weisen seien besonders hervorgehoben die Lieder von **Gruber, Haller, Piel, Cohen, Reger** und **Renner** jun. **Ernst Flügel** hat eine Anzahl geistlicher Werke herausgegeben, die sich durch klangvollen Satz auszeichnen. U. a. sei op. 50 III „Unter tausend frohen Stunden" hervorgehoben, für 4 Stimmen mit einem tiefempfundenen Sopran-Solo auf den Text: Wenn alle untreu werden. Ein abwechselungreiches, Interesse weckendes Werk ist op. 61 desselben Tonsetzers, eine würdige Vertonung des 103. Psalm „Lobe den Herrn". Dem kraftvollen 1. Teile (Vers 1—5) folgt die düstre, schwermütig gehaltene Strophe „Ein Mensch ist in seinem Leben wie Gras", wodurch die Frische des Schlusses nur noch mehr gehoben wird.

Von **G. Merk** sind einige frische, lebendige Motetten erschienen mit natürlicher, ungesuchter Melodie und wohlklingendem Satze, op. 42 I „Singet dem Herrn lautes Lob" und II „Wenn nur das Herz am Hoffen hält" und besonders op. 37 „Der Herr ist mein Licht", von echt religiösem Geiste getragen.

Der 121. Psalm von **C. Bratfisch** zeichnet sich durch gediegene Arbeit, leichte Harmonien und vornehmes Gepräge aus. Ebenso op. 19, Psalm 91 von **Alb. Schmidt,** Nordhausen. Im Werkverzeichnis dieses Komponisten wurde das Werk irrtümlich mit op. 20 bezeichnet. Dann sei noch aufmerksam gemacht auf zwei geistl. Gesänge von **H. von Vigneau,** op. 4 I „O salutaris hostia", II „Salve Regina", höchst bemerkenswerte Arbeiten, tief empfunden; über die letztere namentlich ist ein Wohlklang ausgegossen, der mit dem besten wetteifert, was auf diesem Gebiete geschaffen wurde. Ein bereits vor einigen Jahren erschienenes, aber bei weitem nicht nach Gebühr gewürdigtes Werk ist der „Abend auf Golgatha" von **A. von Othegraven.** Achtstimmig, mit kl. Orch. ad lib. So anschaulich, so echt und warm empfunden die Dichtung G. Keller's, so ergreifend, die Stimmung völlig erschöpfend, die Tonsprache Othegraven's. Wir stehen in der

Kreuze, verlassen von
eufzer verhauchte. Selbst
f seiner Schulter geruht,
ach der Auferstehung, ent-
ur ein Herz vermag sich
da man ihr Alles geraubt,
azes — das Weib, das er
ne Welt von Empfindungen
s- und Seelenbild in eins
at es der Tondichter ver-
liers Welt des Schmerzes
r Hoffnung. Othegraven's
rken steht durchaus auf
ohne aber der Selbstän-
Wen nicht die leiden-
u begeistern, Stellen wie
rgreifen vermag, für den
geschrieben, alle Anderen
n gemacht, sie mögen nur
machen, flüchtige Durch-
Wenn dieses Werk an
sere Anforderungen stellt,
Eckert, op. 25 für gem.
für gelten, dass man eine
en auch mit verhältnis-
Mitteln zum Ausdruck zu
n allerdings mehr kontra-
Vordergrund. Das Werk
sigen Kraft des Schöpfers
Arbeit wetteifert mit den
Charakters des Altmeisters
hlussfugato: „Dich preist,
er Wirkung. Ab und zu
onnenstrahl auf den Weg
litteratur". Der 121. Psalm
willkommen sein. Ent-
en Charakter des Textes:
über der Vertonung ein
n, der sich kundgiebt in
nd Instrumentation (Orgel
en bietet das Werk nicht.
anmutige, leicht singbare
Scharig op. 47 erwähnt.
leinere Kirchenchöre und
, mit dem herrlichen Text
voll Glanz und Gnaden".
icht der formvollendete,
II. vom Ende.

tes.

nter seinem thatkräftigen
der Reichskommissar in
r erfolgreichen Reise nach
schen Kunst beigetragen".
dem Dirigenten wie auch
ter der bekannte Kölner
gebracht, wie man sie in
Vorträgen errangen den
n F. Berger, „Wir sassen
Sturm, Brahms-Zanders
ch" von E. Kremser und
r. Der Sängerkreis wird
neues Werk seines Diri-
„Belsazar" (Frl. Heine),
Flügel in Breslau (s. Z.
werte Erfindung, Charak-
teigerungen, Beherrschung
üge, die dem opus zur

Die Allg. Musikal. Rundschau schreibt über das Werk folgendes:

Fedor Berger, der Kölner Musikprofessor, welcher jüngst auf der Pariser Weltausstellung den Kölner „Sängerkreis" dirigirte, ist mit einem zweichörigen a capella-Gesang für Männerstimmen: „Belsazar" von H. Heine an die Oeffentlichkeit getreten. In der Anlage dieser grossgedachten und kontrapunktisch vollendet durchgeführten Komposition begegnet uns ein bedeutendes Talent. Die düstere Stimmung zeichnet Berger ebenso geschickt wie das majestätische Moment, nicht minder gelingt ihm der Ausdruck des frechen Hohnes, sehr packend schildert er die Stelle: Da sieh, da sieh, an weisser Wand, da kams hervor wie Menschenhand. So gewaltig dramatisch der Text, die Komposition wird jeder Stimmung gerecht und verhilft dem überaus fesselnden Werke zu durchschlagender Wirkung. Allerdings ist es nur für erste Vereine geschrieben, denn jedes ihm zur Verfügung stehende Mittel benutzt der Komponist. Der Chor ist durchgehends geteilt, der I. Tenor und II. Bass muss an Stimmumfang hergeben, was er nur besitzt; auch an polyphone Wirren gilt es sich gewöhnen. Das Alles kommt aber dem Ganzen zu gut; deshalb sollte kein Verein erster Grösse sich die Mühe an diesem Doppelchore verdriessen lassen, denn sie lohnet sich.

Fedor Berger ist geboren 1865 zu Troppau in Oest.-Schlesien. Neben besonderen Studien bei Bernh. Kothe und Hans von Bülow erhielt er seine musikalische Ausbildung am Schles. Konservatorium zu Breslau, an welchem er später als Lehrer und stellvertretender Direktor wirkte bis zu seiner Berufung an das Kölner Konservatorium im Jahre 1896.

Sammlungen geistlicher Chorwerke.

Eine Uebersicht derartiger Sammlungen wird am besten eine Einteilung derselben ihrem Inhalte nach in solche, die nur neue Kompositionen bringen und solche, die sich zur

Aufgabe machen, ältere Werke nach gewissen Gesichtspunkten neu zu ordnen, erfolgen.

1. Sammlungen neuer Kompositionen.

a) eines Komponisten.

Adolf Cebrian. op. 28, Vier Grab- und Trauergesänge. Partitur 50 Pfg., einzelne Nummern 15 Pfg. netto. Sehr stimmungsvolle, leicht ausführbare Gesänge für gem. Chor, von denen 2. Der „Nachruf an einen verstorbenen Seelsorger oder Lehrer" und 3. „Am Grabe eines Mitschülers" als besonders wohlgelungen hervorzuheben sind. Es ist überall Rücksicht auf den Umfang der Schülerstimmen genommen.

Das Kirchenjahr. 52 Motetten und Sprüche. Komp. von Herm. Franke. op. 74, Heft I, II, III, à 90 Pfg. netto. No. I behandelt die grossen Feste Advent bis Exaudi, No. II Pfingsten, Trinitatis und die kleinen Feste, No. III ist für die festlose Zeit bestimmt. Die musikalische Fassung der Texte ist in melodischer, wie harmonischer Beziehung einfach und sangbar gehalten, entbehrt an vielen Stellen nicht einer gewissen anmutenden Volkstümlichkeit; die Stimmführung ist überall selbständig. Das Werk kann Kirchen- und Schulchören bestens empfohlen werden. Ein älteres Werk 33 vierst. Chorgesänge für die kirchlichen Feste und Handlungen, komp. von Dr. J. G. Herzog op. 66, Preis Mk. 2.—, verfolgt denselben Zweck, ist aber in Bezug auf Leichtigkeit der Ausführung noch entgegenkommender, durch Aufnahme vieler choralartiger Gesänge. Auch sonst ist die Stimmführung nicht so selbständig, wie bei Franke.

Das Lob uns'rer hohen Feste wird dann noch gesungen von Robert Schwalm. Zehn geistliche Gesänge, op. 97, Heft I und II à Mk. 1.50. Die Motetten des ersten Heftes machen auf mich den Eindruck frischerer, ursprünglicherer Erfindung. So ist das Gloria in excelsis von wahrhaft erhebender Wirkung. Auch das Adventlied: „Das Volk, das im Finstern wandelt", weist eine wohlgelungene Steigerung auf. Vollendete Faktur und innige Empfindung ist sämtlichen Gesängen eigen. Dieselben Vorzüge können den 6 Motetten Paul Blumenthals op. 80, zwei Hefte à 60 Pfg. netto nachgerühmt werden, deren Satz als sehr klangvoll bezeichnet werden muss. Auch eine Motettensammlung des bekannten Kirchenkomponisten E. Röder, op. 19, „Das Kirchenjahr", 2 Hefte à Mk. 2.40, Stimmen Mk. 1.60 netto, ist wegen der gediegenen Arbeit der darin enthaltenen Kompositionen bestens zu empfehlen. Die Kirchenchor-Dirigenten finden hier eine reiche und sorgfältige Auswahl schöner Texte in entsprechendem musikalischen Gewande.

b) Sammlungen neuerer Werke von verschiedenen Komponisten.

Es liegen uns mehrere derartiger neuerer Sammlungen vor, die einen sehr gediegenen, nach Inhalt und Ausstattung gleich empfehlenswerten Eindruck machen. Da sind zunächst die Fest- und Feierklänge von E. Röder; 70 Gesänge für gemischten Chor a capp., den Stimmen jugendlicher Sänger angemessen bearbeitet. Brosch. Mk. 1.20, geb. 1.50. Der in schönem, klarem Stich sich präsentierende Inhalt des handlichen Werkchens bezieht sich auf gewöhnliche und aussergewöhnliche Vorkommnisse im Schulleben, entspricht daher einem thatsächlichen Bedürfnisse. Es sind lediglich Originalbeiträge angesehener Komponisten wie Bartmuss, Wermann, Schletterer, Rheinberger, Rheinthaler, H. Franke etc. aufgenommen und zwar nur solche, welche in anderen Sammlungen nicht vertreten sind, das Werkchen entbehrt demnach nicht einer wertvollen Eigenart.

Ein soeben erschienenes Werk von W. Herrmann u. F. Wagner: Halleluja, eine Sammlung von 45 nach dem Kirchenjahre geordneten Originalkompositionen für 1- oder 2 stimmigen Kinder- oder Frauenchor mit Orgelbegleitung entspricht im Uebrigen den Tendenzen obigen Werkes. Auch hier ist Ausstattung und graphische Darstellung des Inhaltes sehr lobenswert. Es ist in 2 Abteilungen erschienen in Partitur (Mk. 4.50) und Stimmenheften (à 75 Pfg.), mit 22 bezw. 23 Gesängen. Meines Wissens war ein derartiges Werk, welches auch auf die kleinsten Landchöre (auch Männerchöre können es benutzen) Rücksicht nimmt, dabei aber auch schätzbares und interessantes Material für geistliche Aufführungen seitens der Frauen- und Kinderchöre bietet, bisher noch gar nicht vorhanden, und da die Namen der Mitarbeiter (u. a. M.-D. Fleischer-Görlitz, Gust. Flügel, F. Wagner, Drath, Prof. Fel. Woyrsch, Röder-Lauban, Rudnick-Liegnitz, G. Schreck etc.) den besten Klang haben und Gediegenheit des Inhalts gewährleisten, so ist die Sammlung mit Freuden zu begrüssen. In der That finden wir denn auch unter den Kompositionen kleine Meisterstückchen an Erfindung und Arbeit; voller Eigenart, wie stets ist F. Woyrsch in seinem Weihnachtslied; Radecke hat ebenfalls formvollendete Beiträge für das Weihnachtsfest geliefert. Das Osterfest findet in Moritz Vogel trefflichen Verkünder durch eine schwungvolle und charaktervolle Motette: „Christus ist auferstanden". Die beiden Motetten „Komm heil'ger Geist" von Gustav Schreck und „Es ist erschienen die heilsame Gnade Gottes" von Reinhold Fleischer können nur mit höchstem künstlerischem Massstabe gemessen werden und dürften jedem Kirchenkonzert zur Ehre gereichen.

Alban Lipp hat eine Sammlung von 8 Begräbnisgesängen für gem. Chor mit willkürlicher Begleitung von 4 Blechinstrumenten der Tondichter Goller, Niedhammer, Conze, C. A. Leitner, Löhle, Thaller und Lipp herausgegeben. (Preis Mk. 4.—) welche für den angegebenen Zweck sehr wohl verwendbar sind. Die Vertonungen der schönen Fr. X. Lehnerschen Dichtungen sind sehr würdig und stimmungsvoll und dürften geeignet sein, den Leidtragenden am Grabe Trost zu spenden.

2. Sammlungen älterer Kompositionen.

Ein Werk, dessen einzelne Teile bereits durch hohe Auflagen seine Existenzberechtigung nachgewiesen hat, ist die Sammlung geistlicher Chorwerke, welche Carl Stein unter dem Titel „Sursum corda" (Erhebet die Herzen op. 29, 32, 34 und 58 herausgegeben hat. Die Sammlung bringt neben eigenen Kompositionen auch die schönsten und beliebtesten Kirchengesänge aller Zeiten in den verschiedensten Bearbeitungen; so enthält Heft I 4 stimmige Männerchöre, Heft II 4 stimmige gemischte Chöre, ebenso eine neue Folge dieses Heftes, Heft III 3 stimmige Kinderchöre, auch von Männerstimmen ausführbar. Besondere Rücksicht ist überall genommen auf leichte Ausführbarkeit und auf die Anforderungen, welche das geistliche Leben in Kirche und Haus stellt. Die Auswahl ist eine ausgezeichnete und tragen dazu bei, Verständnis und Freude am guten geistlichen Chorgesang zu wecken und zu verbreiten.

Lorenz Spengler hat sich der dankenswerten Aufgabe unterzogen, eine Anzahl herrlicher 3—8 stimmiger Gesänge aus der Blütezeit der altklassischen Kirchenmusik für geistliche Musikaufführungen auf das sorgfältigste zu bearbeiten. Die Gesänge sind in der Mehrzahl aus dem 16. und 17. Jahrhundert, zumeist mit deutschem Text, in Violin- und Bassschlüssel, die dynamischen und agogischen Bezeichnungen sind reichlich und genau, somit darf die Sammlung guten Vereinen, Konservatoriumschören etc. warm empfohlen werden.

Schliesslich sei noch auf ein neueres Werk von Dr. J. G. Herzog aufmerksam gemacht: 170 Kirchengesänge für gemischten Chor, op. 70, Preis geh. Mk. 6.—, geeignetes Material enthaltend für alle evangelisch-kirchlichen Feste und Handlungen, Tonsätze in reichster Auswahl vom 16. Jahrhundert bis in die neueste Zeit, auch zahlreiche Beiträge noch lebender Meister. Die Ausführbarkeit ist zumeist keine schwierige. Wem es auf Reichhaltigkeit des Inhalts und gute Auswahl ankommt, der wird in diesem Bande das Gewünschte finden.

H. vom Ende.

Die im Inseratenteile der heutigen Nummer aufgeführten geistlichen Chorwerke werden hiermit besonderer Beachtung empfohlen.

Sämtliche deutschen Volkslieder und volkstümlichen Lieder, welche für Männerchor gesetzt sind. III. Fortsetzung.

Texte, welche mit dem Artikel beginnen, siehe unter dem Anfangsbuchstaben des zweiten Wortes.

658 Jatz gien miar auf die Alma.
659 Jatz hats ons die tirolischn.
660 Jatz soll i oans singa.
661 Jatzt geh i gehn in d' Kircha.
662 Jatz wolln mar oans singen.
663 Jedar Bauernschwanz.
664 Jedar Halterbua.
665 Je höher der Kirchthurm.
666 * Jesus meine Zuversicht (Crüger).
667 Jetzt fangt des schöne Fruajahr an.
668 Jetzt gang i ans Brunnele.
669 * Jetzt kommt die schöne Frühlingszeit.
670 Jetzt reisen wir zum Thor hinaus.
671 Jetzt wird der Beschluss gemacht.
672 * Jüngst hat mir mei Herzel.
673 * Juchhe, der Wald ist grün.
674 Juhe, frisch auf, wenn's Schiassa.
675 Juhe! Gehn ma zan Moizalan.
676 Juhe, heut is da Herr nit z' Haus.
677 * Juhe, Tyroler Bua, di, didi.
678 * Juhe, Tyrolerland Jodl di.
679 Ka Bergle so hoch.
680 Kalt kalt und kalt.
681 Kamerad, ich bin geschossen.
682 Kann nit eine.
683 Kann nix lesan, nix schreibn.
684 Kann schean singan.
685 Kan Schatz und ka Geld.
686 Kathrina bist drina.
687 Keglscheibn thua i nit.
688 Kein Becher voll Wonne.
689 Kein besser Leben ist auf dieser Welt.
690 * Keine Rose keine Nelke kann blühen.
691 Kein Feuer, keine Kohle.
692 * do. (Dürrner).
693 * Kein Herz ist so enge.
694 Kein schön'rer Tod auf dieser Welt.
695 * Kennt ihr das Land, so (Nägeli)
696 Kennt ihr nicht den Herrn v. Falkenst.
697 * Klagenfurtner G'läut, das hört man.
698 Klagen urter seimer mir.
699 Klagenfurt, schöne Stadt.
700 Kleine Kugeln giassn.
701 Klippen, Felsen, hohe Berge.
702 Kloani Kugai, muass ma giassn.
703 Köln am Rhein, du schönes
704 Koan feineres Leben auf der Welt.
705 Komm feins Liebchen, komm an's.
706 * Kommt Brüder trinket froh (Binzer).
707 * do. (C. Zöllner).
708 * La, la, la komm du liebes Madchen.
709 Länga allan sein.
710 * Lasst Lieder erschallen.
711 Lass mi schaun :| deine Aeuglan.
712 Lass mi schaun.
713 * Laue Lüfte fühl ich wehen.
714 Lavutlial, Paradies
715 Laventhal, scheans Thal.
716 * Lebe, liebe, trinke, schwärme.
717 * Lebe wohl, du teures Vaterland.
718 Lei liabn linhan.
719 Leise zieht durch mein (Mendelss.)
720 Liab na lei mi.

737 * Mag auch die Liebe weinen (Schneider).
738 * Maidlein wollt ein Liebsten han.
739 * Maidle lass dir was verzähle (Silcher).
740 * Mai ist da, der liebe Mai.
741 * (Der) Mai ist gekommen (Lyra).
742 * (Der) Mai tritt ein mit Freuden.
743 Mariann die reine Magd.
744 Marlbrouk zieht hin zum Kriege.
745 (Der) Mautner steht auf.
746 Mei Ackel is kräuderig.
747 Mei Bua is a schlimma Bua.
748 Mei Büable hat gheirat.
749 Mei Büable hat mi g'halsen.
750 Mei Büable is gwandert.
751 Mei Buable thut wandern.
752 * Mei Deandl is a Becherl.
753 Mei Diendle hasst Resale.
754 Mei Diendle hat an Tuck.
755 Mei Diendle is jung und schön.
756 Mei Diendle is weit von hier.
757 Mei Diendle hat frischen Muath.
758 Mei Diendle is droben.
759 Mei Diendle is in Grabnbach.
760 Mei Diendle is klan.
761 Mei Diendle is sauber.
762 Mei Diendle is schean.
763 Mei Dirndl ist harb auf mi.
764 Mei Dirndle, was fehlt dir.
765 Mei Hansle steht draussn.
766 Mei Herz u. m. Sinn, is in Zillathal.
767 Mei Herzle is schwer.
768 * Mei Maidle hot e Gesichtle (Silcher).
769 Mei Muatta sogat's gern
770 Mei Mutter mag mi net.
771 Mei Schatz hat zwa Aeuglein.
772 Mei Schatz is a Jagar.
773 Mei Schatz is a Reiter.
774 Mei Schatz is nit da er ischt.
775 Mei Schätzele is weiss
776 Mei Vata, der is.
777 Mei Vata hat gesagt.
778 Mei Vatar is a graukopfats Mandl.
779 Mei Vatr, mei Muattr.
780 Mei Votr hat gesag: „Ei du.
781 Mein Baam seine Aeuglan.
782 * Mein Dianderl tief drunt im Thal.
783 Mein Diandl hat gesagt.
784 * Mein Freud möcht sich wohl mehren.
785 * Mein Herz ist im Hochland.
786 * Mein Herzlein thut mir gar so weh.
787 * Mein Lebenslauf ist Lieb und Lust.
788 * Mein Lieb ist eine Alpnerin.
789 * Mein Mädchen hat einen Rosenmund.
790 * Mein Mädchen, heute musst du mir.
791 Mein Schätzchen will wandern.
792 Mein Schätzle ist fein.
793 Mein Schatz der will wandern.
794 * Mein Schatz hat mich verlassen.
795 Mein Schatz ist auf die Wanderschaft hin.
796 * do. (v. Weber).
797 Mein Schatzerl ist wandern.
798 Mein Schatzerl ist hubsch.

815 Mita Wagn fahrn thua i nit.
816 * Möcht ich Dein begehren.
817 * Mond, du mein Freund.
818 Morgen marschieren wir.
819 Morgen muss ich fort von (Silcher).
820 * Morgen müssen wir verreisen.
821 * Morgenrot :|, leuchtest mir zum.
822 Muass zu mein Diandlan gehn.
823 Mussat halt a wengl schleichen.
824 Müde bin ich, geh zur Ruh.
825 Muss i denn :|: zum Städtle hinaus.
826 Mut gefasst ihr Kölsche Jungen.
827 Mutter, 's Kind will a Ding
828 Nach Ostland woll'n wir fahren.
829 Nachst han i mar d' Schneid.
830 Nachtigall ich hör dich singen.
831 Nachtigall, sag, was für Gruss.
832 * Näh nicht, liebes Mütterlein.
833 Ned'n nid'n, nid'n, ned'n.
834 Neulich hob mar Hoazat g'habt.
835 Nicht weit von Württemberg und
836 Nichts lustiger, als in der Zeit.
837 * Nicht wünsch ich meine Wonne.
838 Nichts Schön'res kann mich erfreuen.
839 Nix Freier's kan's baid.
840 n' Monta hat's gregnt.
841 * Noch ist die blühende. (Volksw.)
842 * do. (Baumgartner).
843 * Noch ist die Freiheit nicht verloren.
844 * Noch ist Polen nicht verloren.
845 * Nun ade, du mein lieb Heimatland.
846 Nun ade, du teures Heimatland.
847 Nun ade, jetzt reis ich fort.
848 * Nun danket alle Gott (Krüger).
849 * Nun fangen die Weiden zu blühen an.
850 * Nun ist die schöne Frühlingszeit.
851 * Nun leb wohl, du kleine Gasse (Silcher).
852 * Nun trinken wir alle.
853 Nun will der Lenz uns grüssen.
854 * Nur einmal noch in meinem Leben.
855 * Nur ein Gesicht auf Erden.
856 * Nur noch eine kleine Strecke.
857 * O bone Jesu (Palastrina).
858 * O Diandle tief drunt im Thal.
859 O du Deutschland, ich muss marsch.
860 * O du fröhliche, o du selige.
861 O du herzigs schöns Diandla.
862 * O du lieber Schatz, wir müssen
863 do. (Marschner).
864 * O du mein heiss Verlangen.
865 O du schlaucher Guggu.
866 O du tausendscheans Dianal.
867 * O du zarte Purpurrose.
868 O Engel, allerschönstes Kind.
869 Ofen hamt se a no kan.
870 * Oft in der stillen Nacht.
871 Oft man i schon glei.
872 * O herzensschöne Schätzchen.
873 * O komm zu mir, wenn durch die.
874 O lieber, guter Frühling komm.
875 * O Maidle, du bist mei Morgenstern (Silcher).

Konzertbericht.

Alice Beermann-Lützeler.

Von Sängerinnen, die in den letzten Jahren mit bedeutendem Erfolg im Konzertsaal aufgetreten sind, ist Alice Beermann-Lützeler eine der bemerkenswertesten. In der Rheinischen Kunststadt Düsseldorf stand ihre Wiege und im Hause ihrer Eltern — sie entstammt einer angesehenen Juristenfamilie — fand ihre musikalische Neigung verständnisvollste Förderung. Franz Litzinger wurde ihr erster Lehrer und seine Interpretation des Oratoriengesanges wurde für sie massgebend; nach einer längeren Studienzeit bei diesem Meister übernahm Pauline Viardot de Garcia in Paris die weitere stimmliche Ausbildung und sie wandte der jungen Sängerin ihr Interesse in dem Maasse zu, dass der Unterricht auch während des Aufenthaltes in St. Cergues — dem Besitztum der berühmten Gesangspädagogin — fortgesetzt wurde. Das Urteil über ihre Schülerin fasste Pauline Viardot-Garcia in folgendem Zeugnis zusammen: Alice Beermann-Lützeler, mon élève, est une jeune cantatrice de grand talent doué d'une très belle voix de contralto une acquisition précieuse pour les concerts.

In einer Reihe von bedeutenden Städten trat die junge Künstlerin während der letzten Saison auf, und überall war der Erfolg ein bedeutender. So schreibt in der Kölner Zeitung Dr. Otto Neitzel:

Im letzten Symphonie-Konzerte des Kölner städtischen Orchesters liess sich mit bestem Erfolg Alice Beermann-Lützeler aus Düsseldorf hören. Ihr Mezzo-Sopran ist ausgiebig, von höchst angenehmer Klangfarbe, trefflich geschult, wie beispielsweise ihr Piano in der Höhe bewies; im Vortrag zeigte sie an mehreren Stellen, wie am Schluss der Wagner'schen „Träume“, in Brahm's „Feldeinsamkeit“ eine überraschende Tiefe und Kraft des Ausdrucks. Die Künstlerin wurde mit lebhaftem Beifall ausgezeichnet.

Im „Echo der Gegenwart“, Aachen, wird berichtet:

Eine vorzügliche Acquisition hatte der Verein in Alice Beermann-Lützeler aus Düsseldorf gemacht, welche sich als eine Liedersängerin allerersten Ranges dokumentirte. Ihre Liedervorträge zeichneten sich durch feines Verständnis, sinnige Auffassung und vorzügliche Deklamation aus, unterstützt von einer ungemein sympathischen Altstimme und der Kunst, die Stimme vollständig zu beherrschen; wie gesagt, Frl. Lützeler hat einen glänzenden Sieg davongetragen.

Ihr Auftreten im Deutschen Gesangverein in Brüssel, wo sie u. a. die Altpartie in der „Wallfahrt nach Kevelaer“ v. Humperdink sang, wird recensirt:

Mlle. Lützeler a obtenu beaucoup de succès: Organe généreux et brillant, grande justesse, de sentiment; chez elle l'emission est claire et facile, l'attaque franche et sûre.

Die „Casseler Zeitung“ urteilt: Alice Beermann-Lützeler erinnert in ihrer sympathischen Erscheinung und der Art ihres Vortrags ungemein an die berühmte Lilian Sanderson; ihre Stimme vereinigt dabei eine seltene Kraft und Weichheit mit grossem Wohllaut und reicher Schattirungsfähigkeit.

Liederabend in Düsseldorf. November 1898.

Düsseldorfer General-Anzeiger. Ein zahlreiches und andächtig lauschendes Publikum hatte sich gestern Abend im Rittersaal der Tonhalle eingefunden, um den Vorträgen zu lauschen mit denen die Konzertgeberin sich nach ihrer Wiederherstellung zuerst ihren Düsseldorfer Freunden und Verehrern vorstellte. Wenn die Erwartungen mit Rücksicht auf den künstlerischen Ruf Frau Beermanns hochgespannte waren, so gereicht es der Kritik zur Genugthuung, konstatieren zu können, dass diese Erwartungen nicht nur erfüllt, sondern noch übertroffen wurden. Die Stimme der sympathischen Dame hat an Umfang und Ausgiebigkeit um ein Erhebliches gewonnen, die Tonbildung ist eine musterhafte, die Oekonomie des Atemholens eine vorzügliche. Was Frau Beermann-Lützeler an Beherrschung und spielender Ueberwältigung technischer Schwierigkeiten leistet, dafür lieferte ihre vollendete Wiedergabe der figurierten Semiramis-Arie von Rossini den besten Beweis. Welcher Kraft ihr Organ fähig ist, das kam den Hörern in Brahms tiefempfundenem „Von ewiger Liebe“ wohl am schlagendsten zum Bewusstsein. Zartheit und Innigkeit des Vortrags zeichnete das erste der drei Lieder aus Tiecks Magelone aus, ein entzückendes, leise verhallendes piano die Schubert'sche „Forelle“ und das Somborn'sche „Gute Nacht“. Voll tiefer Empfindung klang Berlioz „La captive“ und Jensens „O lass dich halten, goldne Stunde!“ Es herrschte denn auch im Publikum jene Stille, die auf jeden noch so leisen Ton lauscht und so edle Gaben mit aufrichtigem Wohlgefallen und herzlichem Dank entgegennimmt. Schon bei ihrem Erscheinen warm begrüsst, durfte die Künstlerin nach jedem Vortrag für den gespendeten Beifall danken. Ausserdem bekundeten zahlreiche kostbare Blumenspenden die grosse und verdiente Beliebtheit, deren sich Frau Beermann-Lützeler hier in den besten Kreisen erfreut. Möge der Erfolg dieses Abends von guter Vorbedeutung für ihre neu aufgenommene Lehr- und Konzertthätigkeit sein!

Konzert der Kasseler Liedertafel. 24. November 1899.

Kasseler Zeitung. Während die Kasseler Liedertafel in früheren Jahren regelmässig im Monat November ein Konzert grösseren Stils veranstaltete, hatte sie gestern die Angehörigen und Freunde des Chores in den Stadtparksaal zu einem Liederabend eingeladen, für welchen sie ein ebenso umfang- als inhaltreiches Programm in Bereitschaft hielt, in dessen Durchführung sich mit ihr noch Herr Pianist Fischer und die hiesige Altistin Frau Alice Beermann-Lützeler teilten. Letztere erinnert in mehr als einer Beziehung an die berühmte Sängerin Lillian Sanderson, und zwar nicht nur hinsichtlich ihrer vorteilhaften äusseren Erscheinung und des charakteristischen Mienenspiels, mit dem sie ihre gesanglichen Gaben wirksam zu unterstützen weiss, sondern auch hinsichtlich ihres Stimmcharakters, doch unterscheidet sie sich von jener durch einen grösseren Umfang und eine intensivere Modulationsfähigkeit ihres Organes. Ansatz und Tonbildung vollziehen sich bei ihr tadellos, und dementsprechend sind die Uebergänge aus einem Register in das andere, wie im Crescendo und Decrescendo künstlerisch korrekt und einwandfrei, dass sie auch die verwöhntesten Hörer zufriedenstellen wird. Eine Musterleitung nach dieser Richtung bot sie in dem Refrain des Liedes „Vorsatz“: „So ist's ein Traum gewesen, dem Träumer zürne nicht“, einer Komposition von ergreifender Innigkeit aus der Feder des Düsseldorfer Musikschriftstellers Masse.

Mary Münter-Quint

Konzertsängerin (Sopran)

wurde in New-York als Tochter des ersten Tenores der dortigen deutschen und italienischen Oper Louis Quint (Luigi Quinto) geboren. Sehr früh verlor sie ihren als genialen Sänger bekannten Vater, der ihr als Erbteil eine große Liebe zur Kunst im allgemeinen und zum Gesang im speziellen, hinterließ. So wurde **Mary Quint** — die nach Deutschland übersiedelte — Schülerin des vorzüglichen Gesangmeisters Kammersänger Josef Hauser in Karlsruhe, um nach vierjährigem eifrigem Studium vorerst als Koloratursängerin auf der Bühne thätig zu sein. Neben ihrer Bühnenthätigkeit fand sie Gelegenheit, dem Konzertgesang obzuliegen, und auch auf diesem Gebiete, das sie schon als Schülerin mit großem Erfolge gepflegt, weitere künstlerische Lorbeeren zu ernten.

So schreibt das Rigaer Tageblatt 24. Mai 1896 gelegentlich einer Aufführung des Messias v. Händel: Was die Soli anbetrifft, so lag die Sopran-Partie in den bewährten Händen von Fräulein **Quint**. Sie wurde ihrer schwierigen Aufgabe in vorzüglicher Weise gerecht. Mit Maß und Feinfühligkeit wußte sie sich in die Tiefen seelischer Zustände und Stimmungen zu versenken und sowohl dem klanglichen Teil, als auch dem ethischen ein abwechselungsreiches Kolorit zu geben. So waren namentlich die Arie: „Er weidet seine Herde", wie das Recitativ: „Die Schmach bricht ihm sein Herz", im Ausdruck fein gezeichnet und ausgefeilt und verfehlten so nicht, tiefe und nachhaltige Eindrücke zu hinterlassen.

Die Verlobung der Künstlerin brachte es dann mit sich, daß sie der Bühnenlaufbahn entsagte, um sich nur noch dem Konzertfach zu widmen; die vorzügliche musikalische Begabung und die vollendete Schulung des schönen Stimmmaterials brachten ihr — die ihre Kunst gern in den Dienst der Wohlthätigkeit stellte — die schmeichelhaftesten Kritiken des Publikums und der Presse ein.

Die Bonner Zeitung berichtete v. 6. Nov. 1897: Fräulein **Mary Quint**, die zum erstenmal vor das Bonner Publikum trat, entwickelte in der Agathen-Arie aus dem Freischütz so glockenreine, edel gebildete Töne, wie sie nur eine vorzüglich geschulte Stimme hervorbringen kann. Auch der Vortrag verdient die größte Anerkennung: klare Aussprache der Worte wie der einzelnen Laute verbindet sich mit mimischer Belebung des Gesanges. Dieselben Vorzüge zeigte die Sängerin in dem Cornelius'schen Brautlied „Nun, Liebster, geh' und scheide" und dem Förster'schen „Ich liebe dich", und weiter am 15. Sept. 1898:

Eine Kunstleistung ersten Ranges war die Arie „Blute nur, du liebes Herz", in der Orgelspieler und Sängerin den schönsten Einklang fanden in dem Zusammenstreben nach reinster wahrer Verkörperung der unvergleichlichen Musik der Matthäus-Passion. Die Sängerin Frau **Mary Münter-Quint** ist hier seit ihrem ersten Auftreten im Herbst 1896 schnell zu erfreulichem Ansehen gelangt und hat die gebührende Wertschätzung und Anerkennung ihrer Kunst gefunden. Man möchte aber behaupten, daß sie in diesem Konzert ihren besten, ja einen geradezu glänzenden Abend gehabt. Die Stimme hat an Kraft und Klangfülle ungeheuer gewonnen, selbst die Töne der erstaunlichen Höhe funkelten rein und edel wie Brillanten; die Koloraturen erschienen so zart und leicht und die Triller so weich und lieblich, daß das Entzücken der Zuhörer sich fortgesetzt steigerte und auf stürmisches Verlangen das Taubert'sche Waldvöglein wiederholt werden mußte. Ob diesem, ob dem Saint-Saën'schen Mon coeur s'ouvre à ta voix oder dem Per la gloria von Bononcini der Vorzug zu geben ist, sei dahin gestellt; ich möchte aber behaupten, daß die Sängerin an diesem Abend ihr Höchstes gab, als sie mit voller Seele die Arie aus der Matthäus-Passion sang.

Anschauungsmittel für den Musikunterricht.

Während in anderen Disziplinen schon längst die Ueberzeugung sich durchgerungen hat, dass anschauliche Darstellung des Unterrichtsstoffes, überhaupt unmittelbare Anschauung ein vorzügliches Mittel ist, um zur Erkenntnis zu gelangen, glaubt man im Musikunterricht immer noch, ohne dieses Mittel auskommen zu können. Schon beim ersten Unterricht in der allgemeinen Musiklehre beginnt es, an unsern Schulen zu hapern; warum? weil es an einer übersichtlichen, anschaulichen Darstellung des Stoffes mangelt. Dieses Problem hat in empfehlenswerter Weise **J. Sum**, Gesanglehrer in St. Gallen, gelöst, indem er auf einer Anzahl **Vorlegeblätter** die Anfangsgründe der Notenschrift, Intervallenlehre, Rhythmik etc. deutlich und übersichtlich zusammengestellt und mit Anweisungen und Aufgaben versehen hat. Auch der Unbegabteste wird mit Hülfe dieser Blätter in kurzer Zeit soweit gebracht werden können, dass er schnell und sicher liest, korrekt rhythmisiert und sauber Noten schreibt. Die Tabellen seien unseren Lehrern empfohlen. Ein Anschauungsmittel für den Unterricht bei Vorgerückteren, namentlich bei der Behandlung der Formen der Instrumentalmusik nach ganz neuen Prinzipien ist ein Werkchen von **Robert Hövker**, **„Die graphische Darstellung"** als Mittel der Erziehung zum musikalischen Hören. Nachdem in ausserordentlich klarer und präziser Weise die Notwendigkeit formaler Studien nachgewiesen ist, folgen die Analysen einer Anzahl von Fugen und Sonatensätzen, welche an der Hand von übersichtlichen, ein anschauliches Bild der äusseren Form gewährenden, graphischen Skizzen studiert werden sollen. Unbegreiflicher Weise hält ein grosser Teil unserer Musiklehrer das Studium der Formen immer noch für überflüssig; ist es da zu verwundern, wenn der grössere Teil unseres heutigen Konzertpublikums, auch des gebildeten, den besseren Darbietungen wenn nicht ablehnend, so doch mindestens gleichgültig gegenübersteht. Gutzkow sagt nicht mit Unrecht: Unter den Musikern giebt es Leute, welche, obgleich sie immer mit Schlüsseln zu thun haben, doch meistens über ihre Kunst keinen oder wenig Aufschluss geben können.

H. vom Ende.

Die Pianistin **Lina van Lier-Coën** wird in der kommenden Saison wiederholt in Westdeutschland konzertieren. Die Künstlerin, deren Namen in Norddeutschland, Belgien, Holland ein im Konzertsaal wohlbekannter ist, ist hier noch wenig aufgetreten; um so mehr Interesse werden die musikalischen Kreise dieser hier fremden Erscheinung entgegenbringen, über deren erfolgreiches Auftreten die Blätter wie folgt berichten:

Vossische Zeitung. 6. Juni 1898. Am selben Abend spielte im Sinfoniekonzert des Philharmonischen Orchesters Lina van Lier-Coën aus Paris. Mit kleineren Darbietungen ist uns die Pianistin bereits früher entgegengetreten; diesmal spielte sie das Schumann'sche Konzert das sie sinngemäss im zweiten Satz mit poetischer Belebung, zudem mit vorzüglichem Tonanschlag und technisch vollendet wiedergab.

Danziger Zeitung. 4. November 1898. Die Vorträge der Pianistin Lina van Lier-Coën zeugten von echtem Temperament und perfekter technischer Gewandtheit neben manchen Zeichen von jugendlich weiblichem Subjektivismus die namentlich in dem B moll Scherzo von Chopin hervortraten; namentlich den Schluss spielte sie mit veritablem Feuer.

Wilhelmshavener Tageblatt. 22. Nov. 1898. Die Vorträge eröffnete Lina van Lier-Coën aus Paris mit dem Scherzo B-moll von Chopin. Die Dame wusste für ihre bedeutende Kunst sofort allseitiges Interesse zu erwecken. Im Forte von fast männlicher Kraft, im Piano von zarter Gefühlstiefe, ordnete sie selbst die schwierigste Technik mit spielender Leichtigkeit ihren künstlerischen Gedanken unter. Nach dem unterhaltsamen „Etincelle" von Moszkowski brachte sie eine ausserordentlich liebliche „Idylle" von Gallotti, deren ansprechende Melodie im Bass frohes Blätterrauschen und Wellengeflüster im Discant begleitete, und endete ihren Vortrag durch Liszt's „elfte Rhapsodie" die wir hier schon öfter, aber selten mit so künstlerischer Prägnanz in der Ausführung und mit solcher Gedankenklarheit gehört haben.

In dem Artikel über den Cellovirtuosen J. van Lier in No. 11 dieses Blattes hat der Druckfehlerteufel aus dem holländischen Trio einen Tric gemacht; der betreffende Setzer scheint nicht zu wissen, dass trica soviel wie Verwirrung heisst, sonst würde er diese nicht in den Artikel hinein gebracht haben.

Vermischtes.

Die Gürzenich-Konzerte in Köln werden in kommender Saison an grösseren Chorwerken folgendes bringen: Berlioz Requiem (6. November), Wolfrum, Weihnachtsoratorium (18. Dezember), Woyrsch, Passions-Oratorium (31. März), Bach, Johannis-Passion (5. April).

Der Bürgergesangverein in Duisburg unter Leitung W. Helmichs, veranstaltet am 21. November eine Aufführung der heil. Elisabeth von Fr. Liszt, Solisten: Phil. Gretscher, Aachen, Joh. Bischoff, Köln, Alice Bermann-Lützeler, Düsseldorf; ferner der Innsbrucker Musikverein ein neues Oratorium des Münchener Hofkapellmeisters Hugo Röhr „Ekkehard", unter seiner eigenen Leitung. Solisten: Frau Röhr-Brajnin, Dr. Raoul Walter.

Die herzogl. Hofkapelle aus Meiningen unter General-Musikdirektor Steinbach konzertirt am 10. November im grossen Rococcosaal der Philharmonie in Köln a. Rh., welche neuerdings durch vorzügliche Akustik und glänzende Ausstattung in Künstlerkreisen sich stets wachsender Beliebtheit erfreut. Der Saal fasst bei Stuhlkonzerten 1800 Personen und ist im Besitze der grössten Konzertorgel Deutschlands. Ebendort ist ein Cyklus von populären Künstler- und Kammermusik-Konzerten geplant, denen im Interesse unserer musikliebenden Kreise reichster Erfolg beschieden sein möge; war es doch bisher eins der grössten Hemmnisse für die Entwickelung unseres Kammermusikwesens, dass der Besuch der Kammermusik-Soiréen nur dem mit Glücksgütern gesegneten Teile unserer Musikwelt möglich war. Hier wird zuerst der Versuch gemacht, für billige Preise (Mk. 1.— bis 1.50) edle Musik und gediegene Künstler zu geniessen, was vielleicht weniger dem Interesse der sogenannten „Europäischen Berühmtheiten", umsomehr aber demjenigen der Musikkenner und gediegenen Künstler entspricht.

Die „Liedertafel", Essen a. d. Ruhr unter W. Helmich hat am 4. Nov. ein bemerkenswertes Programm. U. a. gelangen zur Aufführung „Kaiser Karl in der Johannisnacht" von Fr. Hegar und „Seemanns Heimfahrt" von Jos. Schwartz. Zwei schwierige, aber dankbare Aufgaben.

In Krefeld wird am 6.—8. Okt. das 20. Bundesfest des Rheinischen Sängerbundes zugleich mit der 50jährigen Jubelfeier des „Krefelder Sängerbundes" gefeiert. Als Massenchöre, unter Direktion des Herrn Rob. Laugs sind in Aussicht genommen: „Auferstehung", achtstimmig, von C. Jos. Brambach, der 93. Psalm von F. Hiller und „Römischer Triumphgesang" von M. Bruch.

Der Gesangverein „Düsseldorf" unter Leitung C. Steinhauers wird in dieser Saison zur Aufführung bringen 30. Oktober „Achilleus", M. Bruch mit Frl. Felser und Else Diergart; 4. Dezember „Judas Maccabaeus" mit Carol. Kaiser, Fenten, H. Zeller; 29. Januar 1901 „Missa solemnis" von Beethoven.

Geistliche Lieder für 1 Singstimme.

Rud. Ew. Zingel. „Wenn dich ein tiefes Leid umfangen".
do. „Nach dir, o Herr, verlanget meine Seele".

O. Thomas. Vier geistliche Lieder; mit Orgel oder Harm. 1. Gott ist und bleibt getreu. 2. Was ist der Seelen Loos? 3. Ach Gott, verlass mich nicht! 4. Wie geht der Tag so sanft zur Neige.

Die Gesänge tragen durchweg vornehmen Charakter, und wenn sie auch weniger dazu angethan sind, das grössere Publikum mit sich fortzureissen, so dürften sie im engeren Kreise religiös Gesinnter erbaulicher Wirkung sicher sein. Durch eine überaus liebliche Melodie nimmt namentlich das erste Lied Zingels für sich ein, während No. 2 von Thomas „Was ist der Seelen Loos?" vermöge seiner ergreifenden Tonsprache in jedem empfänglichen Gemüt tiefen und nachhaltigen Eindruck hinterlassen wird; die interessante Begleitung trägt sehr zur Hebung der Wirksamkeit bei. „Nach Dir, o Herr," von Zingel, dürfte ebenfalls seiner wohlklingenden Begleitung wegen (Orgel, Violine und Cello) Freunde finden.

Orden. Häring, Sem.-Musikl., Cöslin K. Kr.-O. IV. Kl. Musikl. Gröbe, Schneidemühl, K. Kr.-O. IV. Kl. Prof. Georg Vierling, Komp., K. Kr.-O. III. Kl.

Titel. Kgl. M.-D. Paul Schnöpf, Berlin, Prof. Edm. Kretschmer, Dresden, Kgl Sächs. Hofrat. Dr. phil. Johann Haym, Elberfeld, Kgl. Musikdir.

Rücktritte. Prof. Jul. O. Grimm, Dir. des Cäcilien-Ver., Münster. M.-D. Fritz Kauffmann, Magdeburg. Prof. Wilh. Rischbieter, Conservator., Dresden. Prof. Jul. Schaeffer, Dir. der Singak. Breslau, zum 1. Jan. 1901.

Engagements. Paul Prill, Hofkap.-M., Schweriner Hofoper. Ed. Rosé, Wien, Cellist. Weimar. Hoftheaterorch. Bruno Walter, Kap.-M., Hofoper, Berlin. Prof. Dr. Vogt, Dir des ak. Inst. für Kirchenm., Breslau. Dr. Wilh. Zemanek K.-M. am Stadttheater, Elberfeld. Andr. Hofmeier, Org. u. Gesangl., Eutin.

Gestorben. Kgl. M.-D. Gust. Flügel, Stettin, 15./8. Hof-Km. Em. Faltis, Breslau, 15./8. Prof. Dr. Otto Kade, Schwerin, 19./7. Jul. Zellner, Komp., Wien. Konrad Wusching, Chorm., Komp., Lugos, 24./8. Armah Senkrah, Violinistin, Weimar.

Inhalts-Verzeichnis

des I. Jahrganges des Wegweisers durch die Chorgesanglitteratur nebst Konzertbericht.

A. Aufführungen.

B. Neuigkeiten.

Sämtliche Chorwerke einzelner Komponisten.

C. Besprechungen.

D. Konzertbericht.

E. Abbildungen.

F. Personalia 7—12.

G. Verschiedenes.

Für Kirchenchöre, Gesangvereine!

C. Stein, Sursum corda.

Geistliche Lieder und Motetten.

Heft I für 4 stimmigen Männerchor.
Heft II für gemischten Chor.
Heft III für 3 stimmigen Kinder- u. auch Männerchor (jedes Heft 1 Mk. [illegible]) ist durch alle Buchhandlungen, sowie direkt v. R. Herrosé's Verlag, Wittenberg zur Ansicht beziehbar. Prospekt gratis u. fr.

Georg Bratfisch, Musik-Verlag Frankfurt Oder.

Erprobte dankbare Kirchenmusik.

Thomas, O., Geistliche Lieder für eine Singstimme mit Orgel (oder Harmonium oder Klavier).

No. 1.	**„Gott ist getreu"**	0,80
No. 2.	**„Was ist der Seelen Loos"**	0,80
No 3.	**„Ach Gott, verlass mich nicht"**	0,80
No. 4.	**„Abendlied"**	1,—

Zingel, Rud. Ewald, „Wenn Dich ein tiefes Leid umfangen". Lied für eine Singstimme 0,80

do. **„Nach Dir, o Herr, verlanget meine Seele"**. Für eine Singstimme, Violine, Cello und Orgel 1,50

do. **Psalm 121** für gemischten Chor, Streichquartett und Orgel 2,40
Partitur 1 Mk., jede Chorstimme 15 Pfg., jede Streichquartettstimme 20 Pfg.

Blumenthal, P., op. 80. **Sechs Motetten nach Worten der heiligen Schrift** für gemischten Chor.

Heft I No. 1. **„Weihnachten"**, No. 2. **„Ostern"**, No. 3. **„Pfingsten"** — Partitur 0,60 M. netto, jede Singstimme à 15 Pfg. netto.
Heft II No. 4. **„Reformationsfest"**, No. 5. **„Busstag"**, No. 6. **„Totenfest"** — Part. 0,60 M. netto, jede Singstimme à 15 Pfg. netto.

Stimmungsvoll, glaubensstark klingen die so meisterhaft vertonten Worte der heiligen Schrift auf die andächtig versammelte Gemeinde herab, jeden Einzelnen in weihevolle Stimmung versetzend.

Scharig, V., op. 47. **3 Weihnachtslieder** für gemischten Chor:
„Euch ist heute der Heiland"
„Fröhlich soll mein Herze"
„Auf, Christen, auf! Erwacht!"
Part. Mk. 0,60. Stimmen Mk. 0,60.

Auswahlsendungen gern überallhin.

Messen

mit Orgelbegleitung

von

Josef Rheinberger.

Op. 155. **Messe.** (Reginae Sancti Rosarii). Für **dreistimmigen Frauenchor** mit Orgelbegleitung. Partitur und Stimmen (jede 50 Pfg.) M. 5.—.

Op. 187. **Missa.** (Sincere in memoriam). Für **dreistimmigen Frauenchor** mit Orgelbegleitung. Partitur und Stimmen (jede 50 Pfg.) M. 5.—.

Op. 190. **Messe.** Für **vierstimmigen Männerchor** mit Orgelbegleitung. Partitur u. Stimmen (jede 50 Pfg.) M. 6.75.

Op. 192. **Messe.** (Misericordias Domini). Für **vierstimmigen gemischten Chor** mit Orgelbegleitung. Partitur und Stimmen (jede 50 Pfg.) M. 7.—.

Verlag von

Otto Forberg in Leipzig.

WER volkstümliche, melodiöse u. ansprechende Männerchöre **liebt**, verlange die Werke von dem Männerchor-Komponisten

Herm. Wesseler.

Partituren stehen als Probe gern zur Verfügung und bitte gefl. zu verlangen.

Männerchor-Verlag
Bernh. Tormann, Münster i. W.

Sämmtliche Werke der Verlagshandlung **Tormann** halte ich vorrätig und sind selbe auch schnellstens durch mich zu beziehen.

H. vom Ende, Köln a. Rh.

Drei geistliche Volkslieder

für gemischten Chor komponiert von

Felix Woyrsch, op. 46.

No. 1. **Weihnachtslied.** No. 2. **Passionslied.** No. 3. **Ostergesang.**

Partitur 2 Mark. Jede Chorstimme zu No. 1 und No. 2 je 15 Pfg., zu No. 3 je 30 Pfg.

Monatsschrift für Gottesdienst u. kirchl. Kunst. Der durch sein Passions-Oratorium berühmt gewordene Komponist bietet hier geistliche Volkslieder für Weihnachten, Passion und Ostern, die kleineren Chören, welche jenes Werk nicht aufführen können, den Meister nahe bringen werden. Und er verdient es. Den [illegible] Duft, den jene Blüten der Volkspoesie ausströmen, weiß er durch seine keusche Musik so zu entbinden, daß er einem jedem spürbar werden muß.
Fr. Spitta.

Musica sacra. Die drei Kompositionen sind meisterlich geschaffen, für geistliche Konzerte sehr zu empfehlen und von tief religiöser Wirkung. In No. 3 leiten 3 Oberst., denen 3 Unterst. folgen, den ersten vierstimmigen Satz ein, dann folgen 4 Oberst., an welche sich der achtstimmige Schlußchor über den Choral: „Früh morgens, wenn die Sonn' aufgeht" mächtig anschließt. Diese Kompositionen Woyrsch's sind musikalisch ausgereift und von tief religiöser Empfindung durchströmt.

Ansichtssendungen werden überallhin versandt.

Verlag von Chr. Friedr. Vieweg's Buchhandlung in Quedlinburg.

Zu Aufführungen in Mädchenschulen, Pensionaten, Damengesangvereinen geeignet.

Werke für dreistimmigen Frauenchor,

Soli, Deklamation und Pianoforte!

Verlag von

JULIUS HAINAUER in BRESLAU.

BOHM, op. 295. **Hänsel und Gretel.**
Klavier-Auszug Mk. 6.–, Textbuch netto –.20.
— op. 329. **Schneekönigin.**
Klavier-Auszug Mk. 6.50, Textbuch netto –.30.
— op. 343. **Seeröslein, die Meerjungfrau.**
Klavier-Auszug Mk. 6.—, Textbuch netto –.30.
— op. 350. **Des Kaisers Ahnfrau.**
Klavier-Auszug Mk. 3.75, Textbuch netto –.30.
— op. 353. **Das Geigerlein.**
Klavier-Auszug Mk. 6.—, Textbuch netto –.30.
— op. 354. **Wornlf, der Rattenfänger.**
Klav.-Ausz. netto Mk. 4.50, Textbuch netto –.20.
MÜLLER, op. 20. **Das Vater Unser.**
Klavier-Auszug Mk. 3.25, Textbuch netto –.20.

Liedertafel Concordia, Cleve

Männer-Gesangverein von 40 aktiven Mitgliedern sucht auf baldigst einen

erfahrenen Dirigenten.

Nähere Auskunft erteilt die

Westdeutsche Konzertdirektion Köln, Beethovenstr. 6.

Antiquarisch.

Joh. Seb. Bachs

sämtliche Werke (grosse Bach-Ausgabe),

G. F. Händels

sämtliche Werke (grosse Händel-Ausgabe), gut erhalten, werden billig abgegeben. Gefl. Anfragen zu richten an

H. vom Ende's Verlag, Köln, Beethovenstrasse 6.

Neu!

Halleluja!

Sammlung von 45 nach dem Kirchenjahre geordneten Original-Kompositionen für ein- und zweistimmigen

Kinder- (oder Frauen-) Chor

mit Orgelbegleitung.

Herausgegeben von

W. Herrmann und F. Wagner.

Partitur Abteilung I und II je 4.50 Mk. — Stimmheft Abteilung I und II je 75 Pf.

Verzeichnis

der Komponisten welche zu diesem Werke Beiträge geliefert haben.

...cert, Kgl. Musikdir. in Liegnitz.
...cer, Organist in Breslau.
...th, Kgl. Musikdir. i. Schweidnitz.
..., Kgl. Musikdir. in Bunzlau.
...ber, Kgl. Musikdir. in Görlitz.
..., † Kgl. Musikdir. in Stettin.
..., Musiklehrer in Herford.
...rt, Organist in Berlin.
...mann, Organist in Berlin.
..., Seminarmusiklehr. in Bunzlau.
...ke, Kgl. Professor in Berlin.
...nef, Organist in Berlin.
Röder, Kgl. Musikdir. in Lauban.
Rudnick, Kgl. Musikdir. in Liegnitz.
Schreck, Kgl. Professor in Leipzig.
Stamm, Seminarmusiklehrer in Segeberg.
Steinert, Seminarmusikl. in Aurich.
Tschirch, Kantor und Musikdirigent in Waldenburg.
Vogel, Musikdirektor in Leipzig.
Wagner, Organist in Guben.
Wonrich, Kgl. Professor in Altona.
Zieran, Organist in Gr. Salze.

Ansichtssendungen werden überallhin versandt.

Friedr. Vieweg's Buchhandlung in Quedlinburg.

Pianoforte Magazin

von

Eduard Schneider,

Köln, Berlich Nr. 14.

Specialität:

(vorrätig in allen Grössen)
deutsche, engl., amerikanische

HARMONIUMS

von Schiedmayer, Estey, Mason & Hamlin, Doherty, Farrand & Votey.

Uebernahme von Reparaturen und Stimmungen.

Gewerbeschule für Töchter aus besseren Ständen,

Köln, Hohenzollernring 79.

Nähere Auskunft über die einzelnen Unterrichtsfächer durch Prospekte.

Eintritt jederzeit.

Praktische Lehrfächer:

Kursus für praktische **Handarbeiten,** welche dem häuslichen Bedarf entsprechen.
Wäschezuschneiden und Nähen.
Schneidern mit dem damit verbundenen Musterzeichnen und Zuschneiden.
Maschinen-Nähen und Sticken auf der Maschine.
Putzmachen,
Vorbereitungs-Kurse für Handarbeits- und Industr.-Lehrerinnen.

Kursus für einfache u. doppelte **Buchführung** und die damit verbund. kaufmänn. Arbeiten.

Kunstgewerbliche Fächer:

Kunststickereien, Kunstarbeiten, Paramenten Spitzenklöppeln, Lederschnitt- u. Punzarbeiten, Brandmalereien, Holzschnitzereien in verschiedenen Ausführungen. — Uebertragen v. Mustern auf Stoffe.
Freihandzeichnen und Malen.

Frl. Ida Ulmann.

Wegweiser

durch die

Chorgesanglitteratur

nebst „Konzertbericht".

Ratgeber für **Männer-, Frauen-** und **gemischte Gesangvereine** und **Gesangvereinsdirigenten.**

Herausgegeben und redigiert von **H. vom Ende, Köln am Rhein,** Beethovenstrasse 6. — Erscheint monatlich einmal. — Bezugspreis für 1 Expl. 15 Pfg. Jahresabonnement 1,50 Mk. incl. Porto. Inserate kosten pro 4 mal gespaltene Petitzeile 25 Pfg.

№ 1. **Köln am Rhein,** den 26. Oktober 1900. **II. Jahrgang.**

Inhalt:

Aufführungen.

(Nachdruck verboten.)

Männerchöre a cappella.

Abkürzungen: gr. = gross, s. = sehr. D. C. = Da Capo.

Titel	Komponist	Stadt	Verein	Dirigent	Erfolg	Preis
Rudolph v. Werdenberg *sch*	Hegar	Solingen	Liedertafel	Cl. Lemacher	s. gr.	
Die Wasserrose *msch.*	Lemacher	do	do.	do.	DC.	
Kaiser Karl *zsch.*	M. Zenger	do	do.	do.	DC.	
Schneeglöckchen *l.*	L. Zeech	Fraulautern	M. G. V. 35	L. Zeeh	gr.	
Frühlingszeit *l*	Wesseler	Münster i. W.	Constantia	Grein	s. gr.	
Wo ist Gott?	R. Becker	Elster	Vogtl. Sängerbund	R. Becker	s. gr.	
Reiter und sein Lieb *l.*	E. Schultz	Saarbrücken	Eintracht	Krause	s. gr.	
Dem Rhein mein Lied.	Jos. Schwartz	Solingen	M.-Chor	P. Wülfing		I. Ehrp
Im schönsten Wiesengrunde *l.*	Böhme	Cronenberg	Concordia	do.		I. Hpt-Ehrpr.
Drei Worte des Glaubens.	Zöllner	Hückeswagen	Eintracht	do.		II. Pr.
Nachtgruss vom Rhein *zl.*	Steinhauer	Essen	Teutonia	G. Meyer		I. Pr.
Ja schön ist mein Schatz nicht *zl.*	Jos. Schwartz	Erfurt	M. G. V.	Zuschneid	s. gr.	
Daheim *zl.*	C. Kühnhold	do.	do.	do.	s. gr.	
Morgen im Walde.	Fr. Hegar	do.	Lehrer G. V.	do.	s. gr.	
Das Mühlenrad *zl.*	Spangenberg (bearb.)	Gelsenkirchen	do.	Steinhauer	s. gr.	
Abschied von der Heimat *l.*	C. Steinhauer	Düsseldorf	Quartett-Verein	do.		I. Pr.
Sonntagmorgen *msch.*	do.	Duisburg	M. G. V.	H. Claasen	s. gr.	
Mein Stern *l.*	Wesseler	Münster	Constantia	Grein	D. C.	
Blütenfee.	Hegar	Stettin	Schütz'scher M. G. V.	R. Seidel	gr.	
Bunte Blumen.	H. Jüngst	Mannheim	Lehrer G. V.	C. Weidt	D. C.	
Sei gegrüsst, du Land.	do.	Dresden	M. G. V.	H. Jüngst	D. C.	
Zu Vallendar.	O. Hieke	do.	do.	O. Hieke	D. C.	
Ich will dir's nimmer sagen.	H. Jüngst	Bielefeld	Germania I	H. Obrock	s. gr.	
Reiterlied.	S. Breu	Sonneberg	G. V.	B. Roth	s. gr.	
Nun grüss dich Gott, Frau *sch.*	Meyer-Olbersleben	Kray	Eintracht-Bonif.			I. Pr.
Abschied von der Heimat.	Steinhauer	Düsseldorf	Fa. Senff & Co.			I. Ehrp

*) mit Orchester

Männerchöre mit Begleitung.

Titel	Komponist	Stadt	Verein	Dirigent	Erfolg
Dankgebet *l*	E. Kremser	Fraulautern	M. G. V. 35	L. Zeeh	gr.
Itha von Toggenburg *)	E. Fromm	Forbach	Concordia	Krause	s. gr.
Frithjof	M. Bruch	St. Johann	Eintracht	do.	s. gr.
Das glückhafte Schiff *)	K. Zuschneid	Erfurt	Männer- u. Lehrer G. V.	Zuschneid	s. gr.
Des Rheinstroms Schirmherr *)	Ed. Nössler	do.	M. G. V. 100	do.	s. gr.
Festgruss *)	Meyer-Olbersleben	Mannheim	Sänger-Einheit	L. Popp	s. gr.
Velleda *)	C. Jos. Brambach	do.	do.	do.	s. gr.
Deutscher Hochgesang *)	C. H. Döring	Dresden	Elbgau-Sängerbund	G. Schöne	s. gr.
Hymne an die Tonkunst *)	J. Rheinberger	Thorn	Liedertafel 85	Fr. Char	gr.

Titel	Komponist	Stadt	Verein	Dirigent	Erfolg	Preis
		Männerchöre mit Begleitung.				
Thal des Espingo *)	J. Rheinberger	Sonneberg	G. V.	B. Roth	gr.	
Allmacht *)	Schubert-Liszt	Düsseldorf	Quartett-Verein	Steinhauer	s. gr.	
Maienwonne *)	Weinzierl	Münster	Sängerbund 80	Grein	s. gr.	
Trompeter von Säkkingen *)	C. Hirsch	Viersen	Quartett-Verein	H. Honfer	s. gr.	
Eine Nacht auf dem Meere *)	W. Tschirch	Kolberg	Vereinigte M. G. V.	J. Springer	s. gr.	
		Gemischte Chöre a cappella.				
Hell ins Fenster	M. Hauptmann	Saargemünd	G. V.	Krause	s. gr.	
Sonntag	F. Hiller	do.	do.	do.	D. C.	
O komm, mein Kind	Reinecke	do.	do.	do.	D. C.	
Schönste Griselidis	do.	do.	do.	do.	D. C.	
Därf i's Diandl liebn	C. Hirsch	Asch	Harmonia	G. Reinl	D. C	
Das Mühlrad geht	Rheinberger	Düsseldorf	G. V.	Steinhauer	gr.	
		Gemischte Chöre mit Begleitung.				
Adonisfeier	A. Jensen	Saargemünd	G. V.	Krause	s. gr.	
Frühlingszauber	Weinzierl	Elberfeld	Liedertafel	Hirsch	s. gr.	
Zigeunerleben	R. Schumann	Wülfrath	Gem. Chor	do.	s. gr.	
Meeresstille u. glückliche Fahrt *)	Beethoven	Düsseldorf	G. V.	Steinhauer	s. gr.	
König Thamos *)	Mozart	do.	do.	do.	gr.	
Schnitterchor aus Prometheus *)	Fr. Liszt	do.	do.	do.	gr.	
Der Rose Pilgerfahrt *)	R. Schumann	Kolberg	St. Marien-Dom-Chor	J. Springer	gr.	
Gustav Adolf *)	M. Bruch	Stuttgart	N. Sing-Verein	H. Seyffarth	s. gr.	
Maienwonne	Weinzierl	Sonneberg	Sing-V. u. Liedert.	Heisel	s. gr.	
Abschied	Schaper	do.	do.	do.	s. gr.	

Die mit * versehenen Werke wurden mit Orchester aufgeführt.

Alle hier angeführten Werke sind zur Ansicht zu beziehen durch H. vom Ende's Versandgeschäft, Köln a. Rh., Beethovenstrasse 6.

Auswahlsendungen werden genau nach Wunsch sorgfältig zusammengestellt. Günstigste Lieferungsbedingungen.

Neuigkeiten.

Abkürzungen: l-leicht, sch-schwer, s-sehr, z-ziemlich, m-mittel:

Für die Aufnahme in diese Rubrik genügt die Zusendung eines Frei-Expl.

Für den Wettstreit geeignete neue Männerchöre.

msch **Brambach, C. Jos.**, op. 97. Rheingruss . . P. 1.20 St. 0.30
lzsch **Brückler, Hugo.** Nordmännerlied (Doppelch.) P. 1.50 St. 0.60
msch **Burger, J. J.** Der Lenz erwacht . . . . . P. 1.— St. 0.30
msch **Burgstaller, Emil.** Deutsches Kriegslied . P. 1.— St. 0.20
zsch **Cassimir, H.** Abendstimmung. „Lautl. Stille" P. 1.— St. 0.25
zsch **Curti, Franz** 1. Frühlingsstürme . . . . P. 1.— St. 0.50
msch 2. Mein ist die Welt . . . . P. 0.20 St. 0.20
zsch **Filke, Max**, op. 71. I. Andacht im Walde P. 0.60 St. 0.30
zsch II. Abendglöcklein . . P. 0.40 St. 0.15
msch do. op. 73. Isôt la Blonde, mit Solo . . P. 0.60 St. 0.30
zsch do. op. 75 Eine Tageweise . . . . . . P. 0.80 St. 0.30
msch do. op. 77. I. Am Rheine nur . . . . . P. 0.40 St. 0.15
msch IV. Soldatenlied . . . . . . P. 0.4 St. 0.15
zsch **Friedrich, P.**, op. 3. Die Rosse v. Mars la Tour P. 1.20 St. 0.30
msch **Geopfart, K.**, op. 60. Mummelsee . . . . P. 1.20 St. 0.30
Göth, Jos. Ludw., op. 45. Willkommen, du duft'ge Maiennacht . . . . P. 1.— St. 0.25
sch **Hammer, R.**, op. 12. Waldfrieden . . . . P. 0.90 St. 0.15
msch **Hirsch, Carl**, op. 132 I. Mein Lied. „Im silb." P. 0.90 St. 0.15
msch II. Verrauscht und verronnen P. 0.90 St. 0.15
zsch do. La Paloma „Herzlieb, wie ein holdes" P. 0.60 St. 0.20
zsch **Hutter, Herm.**, op. 20. In memoriam . . P. 0.60 St. 0.20
zsch do. op. 22. Fahrende Schüler . . . . . . P. 0.80 St. 0.30
zsch **Kempter, Lothar**, op. 27. Mein Moselland . P. 1.— St. 0.25
zsch **Kirchl, Ad.**, op. 51 I. Und stünde der Himmel mir offen . . . . P. 0.60 St. 0.15
zsch II. Glückselige Fahrt P. 0.80 St. 0.30
msch **Küsel, Carl.** Des Sohnes Heimkehr . . . P. 1.40 St. 0.60
msch **Liedl r, Fr. C.**, op. 42. Festgesang. . . . P. 1.— St. 0.25
sch **Mühldorfer W.** Die Waldesfei . . . . . . P. 0.50 St. 0.25
sch do. Aphrodite . . . . P. 1.— St. 0.40
sch **Neumann, M.**, op. 18 I. Die beiden Schmiede P. 0.80 St. 0.20
msch do. op. 20. Die Heinzelmännchen . . . P. 1.40 St. 0.40
msch do. op. 23. Die Wallfahrt nach Kevelaar P. 1.— St. 0.25
sch **Neumann, M.**, op. 25. Belsazar . . . . . P. 1.— St. 0.30
zsch do. op. 27. Abschied, „Es geht der Sturm" P. 0.60 St. 0.15
sch do. op. 32. Feldwacht . . . . P. 1.20 St. 0.30
sch do. op. 38. Der Löwe von Aspern . . . P. 1.— St. 0.30
sch do. op. 44. Germanenzug . . . . P. 1.— St. 0.30
msch do. op. 45. Kaiser Friedrich III. . . . . P. 2.— St. 0.50
zsch **Neuhoff, Ludw.**, op. 18. Der Föhn . . . . P. 1.— St. 0.30
zsch **Reiter, Jos.**, op. 44 I. „Es haben viel Dichter" P. 0.40 St. 0.15
sch II. „Nacht ist wie ein stilles Meer" . . P. 0.40 St. 0.15
msch do. op. 47 I. Heiliges Gelöbnis . . . . . P. 0.40 St. 0.15
sch II. Winterwanderung . . . . P. 0.40 St. 0.15
msch III. Frisch gesungen . . . . . P. 0.40 St. 0.15
msch **Reiter, Jos.**, op. 49 b. Studenten-Wanderlied P. 1.— St. 0.25
msch c. Gruss an Deutsch-Oesterreich . . . P. 1.20 St. 0.25
msch do. op. 51. Im Herbste . . . . P. 0.50 St. 0.15
msch **Schmid, Jos.** Abendlied . . . . P. 0.60 St. 0.15
msch **Seibert, Louis**, op. 133. Ein Todesritt . . P. 0.90 St. 0.15
sch **Seiffhardt, Wilh.**, op. 9. Türkengesang . . P. 1.— St. 0.40
zsch **Souquet, Fritz.** Das Erkennen . . . . . P. 1.— St. 0.30
sch **Stange, Max**, op. 44 II. Die Nacht . . . . P. 0.80 St. 0.20
msch III. Sphärenklänge . . P. 0.60 St. 0.20
msch **Steinhauer, Carl**, op. 24 I. Alt Heidelberg P. 0.75 St. 0.15
zsch do. op. 38. Waldmorgen . . . . P. 1.80 St. 0.45
sch **Strauss, Rich.** Soldatenlied . . . . P. 2.50 St. 0.50
msch **Theisen, Aug.**, op. 4. Das Märchen v. Glück P. 1.20 St. 0.15
msch **Ullrich, Friedr.**, op. 78. Des Sängers Morgenwanderung . . . . P. 0.60 St. 0.30
sch **Voigt, Herm.**, op. 177. Der Morgen, m. Solo P. 0.80 St. 0.25
sch **Wagner, Hans**, op. 25. Werden . . . . . P. 0.60 St. 0.15
msch **Weinzierl, M. von**, op. 152 I. Lenzfahrt. . P. 0.40 St. 0.20
sch **Winterberger, Alex**, op. 117 I. Der Ring . P. 1.20 St. 0.35
sch II. König Richard P. 0.80 St. 0.20
sch **Wohlgemuth, Gust.**, op. 20. Gedenke . . P. 0.80 St. 0.15
zsch **Zuschneid, Karl**, op. 48. Schwanenlied . . P. 1.60 St. 0.10
msch III. Frauenlob . . . . P. 1.60 St. 0.25
sch do. op. 44. Der deutsche Michel . . . . P. 0.60 St. 0.20

Besprechungen.

Zur Besprechung gelangen nur Werke, welche des Lobes würdig sind.

Für den Wettstreit geeignete Männerchöre.

Was ist denn geeignet für den Wettgesang? könnte mit Recht gefragt werden, nachdem neuerdings von vielen Seiten ein Kampf gegen alle Schwierigkeiten im Männergesang eröffnet ist und nur noch das „Volkstümliche" Gnade findet. Gewiss lässt sich unter Umständen auch an einem einfachen Liedchen die Qualität eines Vereins messen und thatsächlich werden bei Wettstreiten ja sehr häufig Volksliedchen mit ersten Preisen bedacht, für die geringeren Klassen sogar solche vorgeschrieben. Jedoch, es ist bei diesem Modus die Möglichkeit nicht ausgeschlossen, dass man sich über den künstlerischen Wert eines Vereines gründlich täuscht, denn es soll doch bei der Wertschätzung nicht nur einseitig die hauptsächlich vom Geschmack des Dirigenten abhängige Vortragsweise in Bezug auf Auffassung, Nüancierung in Betracht gezogen werden, sondern daneben auch die dem Verein eigene Stufe technischer Fertigkeit, wozu Treffsicherheit, Tonreinheit, Exaktheit im Rhythmus, in Läufen und Figuren etc. gehören; inwieweit ein Verein darin grösseren Ansprüchen genügt, lässt sich nur nach dem Vortrage schwieriger Chöre von längerer Dauer beurteilen und solche mögen denn auch unserer heutigen Besprechung als Material dienen.

Gilt es, einem Vereine harmonische Schwierigkeiten in den Weg zu legen, so muss man zu Josef Reiters Werken greifen. Das ist einer der wenigen modernen Männerchorkomponisten, die beherzt hineingreifen in das unendliche Meer der Harmonien und gelegentlich auch Perlen von auserlesenem Glanz hervorholen. Er scheut auch nicht vor recht grellen Dissonanzen zurück, aber stets nur, wo der Gedanke es erfordert, er stellt seine Mittel streng in den Dienst der Idee. Von seinen neueren Chorwerken erwähnen wir op. 41 I. „Es haben viel Dichter gesungen" als besonderes melodiös und ansprechend, ebenso Nr. II „Die Nachtblume", ein in gesättigten Wohlklang getauchtes Stimmungsbildchen. „Winterwanderung" op. 47 II dürfte seiner fortwährenden Modulationen wegen erhebliche Intonationsschwierigkeiten bereiten; während die „Nachtblume" durch E-dur Vorzeichnung unzweifelhaft an Klarheit und Uebersichtlichkeit gewonnen hätte, ist das Fortlassen der Generalvorzeichnung nach moderner Sitte in diesem Liedchen wirklich vorzuziehen, da die Tonart fast von Takt zu Takt wechselt, manchmal sogar in etwas rabiater Weise, wie in Takt 4 von B-moll nach H-moll durch chromatische Veränderung von B in Ais, worauf nach einigen G-dur-Akkorden plötzlich G-moll, As-dur, As-moll etc folgt. Die Stimmung welche uns aus der fahlen, öden, nebelgeschwängerten Winterlandschaft entgegentritt, findet allerdings dadurch treffenden Ausdruck. Wesentlich freundlicher schaut uns op. 47 III „Frisch gesungen" an, der Satz ist melodiös, wohlklingend und nicht zu schwer. Ganz besonders aber möchte ich hervorheben op. 49 b „Studenten-Wanderlied" eine frische, fröhliche Weise, ungesucht und doch voll geistreicher Wendungen. Von Karl Zuschneid können wir heute zwei herrliche Werke empfehlen: op. 44 „Der deutsche Michel", eine kräftige, kernig-deutsche Weise, im Charakter an das „schön teutsche Reiterlied" von Rietsch steigerung. Auch op. 22 „Fahrende Schüler" ist wohlklingend und melodiös, wenn auch rhythmisch nicht lebendig genug.

Zwei nachgelassene Werke von Franz Curti, „Frühlingsstürme" und „Mein ist die Welt" verdienen Beachtung wegen ihres schönen Satzes, der überall genaue Kenntnis der Männerchorwirkungen verrät. Ziemlich schwierig, aber die Mühe lohnend, ist „Der Föhn", von L. Neuhoff op. 18. Auch Max Filke hat mehrere, für den Wettstreit geeignete Werke geliefert, von denen ich als besonders wirkungsvoll „Eine Tageweise", op. 75, „Am Rheine nur", op. 77 I, „Abendglöcklein" op. 77 II und „Isöt la Blonde op. 73 empfehle, letzteres wegen seiner hübschen Solostellen. In Stimmung und Satz vorzüglich getroffen ist „Werden" von Hans Wagner, op. 25, die Stimmführung ist ausgezeichnet. Ferner op. 51 von Adolf Kirchl I „Gelöbnis" und II „Glückselige Fahrt"; ersteres in kanonischer Form; „Der Morgen" von Herm. Voigt op. 177, durch seine Tonmalereien recht ansprechend. Eine interessante Erscheinung tritt uns in Heinrich Cassimir entgegen; in eigner formvollendeter Dichtung, „Abendstimmung" betitelt und eigener Vertonung giebt er ein Stimmungsbildchen, welchem gewählte, edle Wort- und Tonsprache und tiefgehende Wirkung eignet; durch die Wahl des 4/4 Taktes oder vielmehr des Wechsels zwischen 3/4 und 4/4 Takt hat sich die Deklamation sehr ausdrucksvoll gestaltet. Schliesslich erwähne ich noch als wohlklingend und wirkungsvoll „Des Sängers Morgenwanderung" von Friedrich Ullrich op. 78, „Der Lenz erwacht" von J. J. Burger und seines ergreifenden Inhalts wegen: „Kaiser Friedrich III." vor M. Neumann, op. 45.

vom Ende.

Geistliche Chorwerke.

Unter den neuen Kirchenkomponisten nimmt Jos. Rheinberger unzweifelhaft die erste Stelle ein. Wenn er nicht überall nach Gebühr gewürdigt wird, so liegt dies einerseits an dem herben, vornehmen Charakter, der seinem Stile eigen ist, anderseits daran, dass er es verschmäht, sein Heil im starren Nachbilden älterer Formen zu suchen, sondern einem massvollen, auch im streng lithurgischen Sinne unanfechtbaren Fortschritte huldigt. Neuerdings hat sein Schaffenstrieb sich mehr der geistlichen Vokalmusik zugewandt und in dieser eine Reihe von Werken geschaffen, welche dem Besten unserer ganzen diesbezüglichen Litteratur beizuzählen sind. Zeugt es schon von einer ganz ungewöhnlichen Fülle der Phantasie, wenn er in seinen zahlreichen Messen denselben Inhalt in stets wechselnden Formen immer wieder mit derselben überzeugendsten Eindringlichkeit darzustellen weiss, so müssen wir staunen über die Elastizität seines Geistes, wie sie sich kundgiebt in der Beherrschung der heterogensten Gattungen der Tonkunst. Als Zeugen erwähne ich nur seine komischen Opern, Männerchöre, Kinderlieder, seine reizenden Werke für Frauenchor etc.

Heute möchte ich auf einige seiner neueren Messen hinweisen, welche, in der Ausführung nicht allzugrosse Schwierigkeiten bietend, an weihevoller Erfassung und Vertiefung des Textes miteinander wetteifern und ausserdem die satztechnische Meisterschaft ihres Schöpfers in's hellste Licht stellen. Es sind dies die Messen op. 155 und 187 für dreistimmigen Frauenchor, op. 190 für vierstimmigen Männer- und op. 192 für gem. Chor, sämtlich mit Orgelbegleitung.

Gelegenheitsgesänge vor, op. 76, für katholische Landkirchenchöre bestimmt und demgemäss in leichtem Satze geschrieben; ferner 7 Weihnachtslieder op. 63, zwei- bis vierstimmig, für Kirche, Schule und Haus. Durchweg Liedchen von einfacher, natürlicher Melodik, sangbar und klangvoll, daher bestens zu empfehlen.

Schliesslich seien noch die „Sprüche des älteren Spervogel", für gem. Chor, komp. von K. Hirsch op. 112, erwähnt. Der durch zahlreiche Chorwerke gut eingeführte Komponist zeichnet sich hier durch eigenartige, an ältere Vorbilder sich anlehnende Rhythmik und Harmonik aus, besonders dem Weihnachtsliede eignet eine kraftvolle, majestätische Auffassung.

Grössere Werke für geistliche Aufführungen.

Es ist eine erfreuliche Thatsache, dass neuerdings das Bestreben immer mehr Platz greift, durch religiöse Darstellungen im Stile der mittelalterlichen Volksspiele, das Sinnen und Trachten unseres Volkes auf edlere Bahnen zu leiten. Als einziges Ueberbleibsel dieser einst so beliebten Spiele ragen noch in unsere Tage die Oberammergauer Passionspiele hinein, dem Herzen des Volkes weihevollen und erhebenden Genuss gewährend. Ein Wiederaufleben und eine allgemeinere Verbreitung derartiger Spiele in volkstümlich-künstlerischem Geiste kann jeden echten Freund deutscher Art und deutscher Kunst nur mit Freude erfüllen und ihn veranlassen, solche Bestrebungen mit allen Kräften zu unterstützen. Es sei daher aufmerksam gemacht auf eine Reihe von geistlichen Festspielen solcher Art des Herrn Domkapitulars Fidelis Müller, welche bereits in einer grossen Anzahl von Aufführungen allerorts tiefgehende Wirkung ausgeübt haben. Es sind: op. 5, „Weihnachtsoratorium", op. 12 „Die heilige Elisabeth", op. 16 „Die Passion", op. 21, „Heliand", ein Weihnachtsfestspiel, kleine Oratorien z. T. mit Deklamation und Darstellung lebender Bilder. Die Musik ist einfach, aber immer edel und ergreifend, der ganze Aufbau ausserordentlich wirkungsvoll; die Werke werden stets weihevolle und andächtige Stimmung hervorrufen. Auch eine Kantate von Jos. Zimmermann, „Der heilige Petrus", der äusseren Anlage nach obigen Festspielen ähnelnd, sei hier empfohlen. Die Musik erhebt sich hier stellenweise zu ergreifender Höhe und hinterlässt eine tief-religiös begeisternde Wirkung.

Ebenfalls ein Oratorium kleineren Umfangs, aber musikalisch grössere Anforderungen an die Ausführenden stellend, ist „Der Tag der Pfingsten", von Rich. Bartmuss, op. 14, passend zur Feier kirchlicher Gedächnistage. Die Musik ist gehaltvoll und vornehm, der Satz schön gearbeitet.

Leichte Chorlieder für gemischten Chor.

Es erschienen kürzlich eine Anzahl neuer Chöre für Männer- und gemischten Chor von Theodor Mayer, welche als Eingebungen eines schlichten, volkstümlichen und dabei edlen und wahrhaften Geistes den Stempel echt deutschnationaler Kunst an der Stirne tragen. Die Liedchen sind leicht ausführbar, und daher kleineren Vereinen zu empfehlen. Als besonders melodiös hebe ich hervor op. 8a, „Den Manen Kreutzer's", dessen Schluss eine sehr wirksame Reminiszenz an ein bekanntes Lied von Conr. Kreutzer enthält. Auch op. 10a, „Das Badner Land", ist sehr melodiös. Namentlich aber zeichnet sich op. 11, „Wiedersehen", durch edle Melodik aus. Auch Joh. Jerg macht sich neuerdings durch eine Anzahl kleinerer Chorwerke bekannt, die durch liebliche Melodik für sich einnehmen. Heute liegt mir von ihm eine kleine Kantate für gem. Chor mit Klavierbegleitung vor, „Frühlingsgruss" betitelt, op. 22, welche kleineren Vereinen eine willkommene Gabe sein wird. Der heitere Inhalt bietet sich in klangvollem Satze, die Stimmen sind fliessend geschrieben; die Begleitung ist auch für Harmonium arrangirt. Dann seien noch fünf ziemlich leichte Chöre von Heinrich Epp op. 3 erwähnt, ansprechende Kompositionen, welche den Stimmungsgehalt der Texte zu innigem Ausdruck bringen und sehr hübsch gearbeitet sind, ohne grosse Anforderungen an die Ausführenden zu stellen.

Sänger-Kompass.

Unter obigem Titel sind kürzlich zwei verschiedene Heftchen erschienen, welche den kleineren Männergesangvereinen und deren Dirigenten recht beherzigenswerte Winke bieten, in Bezug auf das gesellschaftliche und künstlerische Vereinsleben, auf die Thätigkeit des Dirigenten und sein Verhältnis zu den Sängern u. s. w. Der eine „Sänger-Kompass" ist anonym in Weimar bei Sernau erschienen und vermutlich von einem Weimaraner Fachmanne verfasst, der andere bei Auer in Stuttgart hat den Chordirektor Ernst Förderer zum Verfasser. Letzterer ist zwar nicht so ausführlich wie jener, enthält aber das Wissenswerte in knapper, gemeinverständlicher Darstellung und ist daher mehr geeignet, den Vereinsmitgliedern als Ratgeber und Mahner zu dienen, während ersterer den Dirigenten manchen praktischen und zuverlässigen Rat erteilt. Beide Schriftchen sind offenbar aus der Praxis heraus entstanden und dienen der Praxis; in den Händen unserer Sänger- und Vereinsdirigenten können sie viel Gutes stiften.

Die bekannte Chorverlagsfirma Gebr. Hug & Comp. in Leipzig versendet ein Taschenbuch für Gesangvereine in sehr hübscher Ausstattung, welches in übersichtlicher Darstellung sämtliche Chorwerke des Verlags nach Komponisten geordnet nebst zahlreichen Liedanfängen und Erläuterungen enthält. Das Büchlein wird den Vereinen ein willkommener Ratgeber sein; es ist gratis erhältlich. vom Ende.

„Meine Göttin". C. Steinhauer.

Im 1. Abonnements-Konzert in Düsseldorf gelangte unter Leitung des Kgl. Musikdir. J. Buths ein neues Werk des Kgl. Musikdir. C. Steinhauer zu erfolgreicher Aufführung. Eine Reihe vorzüglicher Besprechungen der letzten Aufführung sowohl, als auch der vorigjährigen gelegentlich der Goethefeier liegt uns vor, von denen einige hier Platz finden mögen:

Düsseld. Neueste Nachr.

Auf die Rhapsodie folgte „Meine Göttin" für Sopransolo, gemischten Chor und Orchester von Carl Steinhauer. Haben wir es in der Rhapsodie mit einem durch vielfache Ausnutzung eines Themas einheitlichen, nur aus zwei Hauptabschnitten (C-moll und C-dur) bestehenden Ganzen zu thun,

so brachte es in der Steinhauer'schen Komposition der Textinhalt mit sich, dass das Ganze in eine grössere Anzahl verschiedenartiger Abschnitte gegliedert werden musste. Herr Steinhauer hat es verstanden, die einzelnen Textabschnitte in charakteristischer Weise musikalisch zu illustrieren. Das neue Werk ist vielleicht das beste, was wir von Herrn Steinhauer in grösserer Form gehört haben. Das Werk zeichnet sich durch eine gewisse Frische und Unmittelbarkeit (Natürlichkeit) und Volkstümlichkeit des Ausdrucks in den einzelnen Teilen aus. Recht liebenswürdig berührt besonders das Sopransolo ($^{12}/_{8}$ Takt) mit den hübschen Figuren der Flöte im Orchester. Auch der Abschnitt „Alle die andern armen Geschlechter“, in dem die imitierende Schreibweise in der ziemlich umfangreichen Komposition zur rechten Zeit eintritt, ist von nicht gewöhnlicher Schönheit. Hier ist es nach unserer Ansicht dem Komponisten trefflich gelungen, „Diejenigen, die da wandeln und weiden im dunklen Genuss“ u. s. w., in wirksamen Gegensatz zu denen zu bringen, die sich in das Reich der Phantasie zu flüchten vermögen.

Düsseld. Zeitung.

An das Ende des ersten Teiles war die Komposition zu Goethe's Dichtung „Meine Göttin“ für Sopransolo, Chor und Orchester von C. Steinhauer gesetzt. Frau Fleischer-Edel war die Vertreterin des Sopransolo's. Die Steinhauer'she Komposition ist eine im höchsten Grade wertvolle Bereicherung der Konzertlitteratur. In ihr ist der klassische Ton, der die Dichtung durchklingt, mit vollem Verständnisse angeschlagen. Die Chorgesänge sind feierlich, weihevoll und wieder harmonisch dem Ohre begegnend. Steinhauer's feine thematische und instrumentale Kunst bethätigt sich in jedem Satze.

Düsseld. Volkszeitung.

Das schöne, gross angelegte, bereits am 6. August 1899 auf dem 1. Festkonzerte der rheinischen Goethefeier durch die vereinigten Chöre des Städtischen Musik- und Gesangvereins zu Gehör gebrachte Werk Steinhaner's hatte gestern wie damals einen vollen Erfolg. Unsere bei jener Gelegenheit ausgesprochene Ansicht fanden wir gestern bestätigt. Das Werk ist eine sehr wertvolle Bereicherung der Chorwerklitteratur, erfreut durch grosszügige Faktur, breit und voll ausladende poetische Stimmung und meisterhaften Choraufbau.

Vermischtes.

In der Vorstandssitzung des **Mosel-Saar-Nahe-Sängerbundes** zu Trier wurde beschlossen, den Bund in 5 Gruppen (1. Trier, 2. Saarlouis, 3. Saarbrücken, 4. Neunkirchen, 5. Birkenfeld) einzuteilen. Als Verbandsorgan soll der in Köln erscheinende „Wegweiser durch die Chorgesanglitteratur“ der nächsten Abgeordneten-Versammlung vorgeschlagen werden. Der engere Vorstand in Trier soll die Frage über das Protektorat und Ehrenmitgliedschaft des Bundes erledigen.— Von Bundeswegen sollen den Sängern für 15- resp. 25jährige Thätigkeit in ihren Vereinen Auszeichnungen verliehen werden. — Der Schriftführer Drouin verlas das Protokoll der Sitzung vom 16. April zu Neunkirchen. — Abends fand ein von ca. 4000 Personen besuchtes Konzert der Gruppe Trier statt, unter Mitwirkung der 29er Kapelle und von ca. 300 Sängern. Gesungen wurde unter Leitung des Herrn Lehrer Müller, Trier, vorzüglich. D. D.

Bei dem Sängerfest in Brooklyn in diesem Jahre wurde eine Komposition des Herrn Ernst Heuser, betitelt „Hünengräber“, (Text von Otto Hausmann, Elberfeld) in der ersten Klasse als Preischor gesungen. Es liegen uns hierüber einige Urteile amerikanischer Zeitungen vor, die wir gern zur Kenntnis unserer Leser bringen. So schreibt „Die New-Yorker Staatszeitung“ vom 3. Juli 1900: Zehnmal erklang das an schwierigen Passagen so reiche Preislied „Hünengräber“, aber bis zum letzten Male lauschte das Publikum mit Spannung und applaudierte kräftig. Als letzter Verein kam die „Harmonie“ von Philadelphia; dem Vortrage der Sänger aber lauschte man mit einem Interesse, als höre man die „Hünengräber“ zum erstenmale und nicht zum zehntenmale; das spricht für sich selbst. — Wie dasselbe Blatt schreibt, errang der „Schubert Männerchor“ aus New-York den zweiten Preis der ersten Klasse, ein grosses Reliefporträt von Ernst Heuser, in Bronze gegossen. — „Das New-Yorker Morgenjournal“ sagt: Das Preislied der ersten Klasse war das äusserst schwierige, aber mächtigen Eindruck machende „Hünengräber“ von Ernst Heuser.

Im Verlage von F. E. C. Leuckart erscheint demnächst eine Messa solenne von Emilio Pizzi, die in Bergamo Aufsehen erregte und von der Presse Mailands sehr günstig besprochen wurde.

In nächster Nummer wird es endlich möglich sein, mit der längst versprochenen Uebersicht über die Volksliedersammlungen beginnen zu können.

Jahrgang I ist komplett zu beziehen für Mk. 1,50 durch H. vom Ende's Verlag, Köln a. Rh.

Dieser Nummer sind Beilagen der Firma F. E. C. Leuckart, Leipzig, Fr. Ullrich, Godesberg und des Wiener Musik-Verlagshauses beigegeben, welche ich besonderer Beachtung empfehle.

Sämtliche deutschen Volkslieder und volktümlichen Lieder, welche für Männerchor gesetzt sind. IV. Fortsetzung.

Texte, welche mit dem Artikel beginnen, siehe unter dem Anfangsbuchstaben des zweiten Wortes.

891 Pfiat die Gott, liaber Bua.
892 Pfiat die Gott, :| was dir nit a so roth.
893 (Die) Pinzgauer wollten wallfahrten.
894 • Preisend mit viel schönen Reden.
895 Prinz Eugen, der edle Ritter.
896 • Reiter spreitet seinen Mantel.
897 Rosenstock, Holderblüth.
898 • Roten Röslein gleicht mein Lieb.
899 Rothe Bäckli, blau Aeugli.
900 Ruef de Brunne, ruef de Geola.
901 Rüstet euch zum Sang.
902 • Sag mir das Wort.
903 Sag mir, o schönste Schäfrin mein.
904 • Sag, ob es Berge giebt im Himmel.
905 • Sah ein Knab ein Röslein stehn (Werner).
906 • Sanft soll und gut ich sein.
907 Sankt Michael hat sich gebauet.
908 • S' ehan of de Wilt.
909 • Schatz, mein Schatz, warum so traur.
910 Schatz, wo fehlt es dir.
911 Schätzchen, sag, was fehlt denn dir.
912 Schätzelein, was machest du.
913 Schätzlein sag, wie wird das werden.
914 Schaut der Jäger in das Thal.
915 • Schaut der Jäger in das Thal.
916 Schaut's aussi, wie's regnet.
917 Schau, wie schön scheint die Sunna.
918 Scheint der Mond und die Sterne.
919 • Schier dreissig Jahre bist du alt.
920 • Schiff streicht durch die Wellen.
921 • (Das) Schiff streicht durch die Wellen.
922 • Schlacht ist us, die Hoffs. schwand.
923 Schlafe, :| holder, süsser Knabe (Schubert).
924 Schlaf, Kindlein schlaf.
925 • Schlafe, mein Prinzchen (Mozart).
926 Schleich i zan Kohlahuttlan.
927 Schneidri, schneidra, schneidrum.
928 • Schön blau ist der See.
929 Schöan blau is der Morgn.
930 • Schon die Abendglocken (Kreutzer).
931 Schöans Dienal mach auf.
932 • Schon glänzt des Mondes Licht.
933 • Schon glänzt das Mondenlicht.
934 Schönstes Kind, zu deinen Füssen.
935 • Schöne Minka, ich muss scheiden.
936 Schönster Schatz, mein Augentrost.
937 Schönstes Schätzchen, liebes Mädch.
938 Schön ist die Jugend.
939 Schöne Schwoagrin, steh auf.
940 Schwarze Augen blonde Haare.
941 Schwefelhölzle mum ma ha.
942 Schwesterlein, wann gehen wir nach Haus.
943 Schwimm hin, Ringelein.
944 S' Diandle hat schwarzbraune.
945 S' Dianal is Jungfrau u i bin.
946 S' Dianai is gspöttig.
947 S' Diandl hat i gfragt.
948 S' Diandle hat Seufzer gewant.
949 S' Diandle hat gsagt.
950 S' Diendle is weit.
951 S' Dianderl wachst auf.
952 • S' gohd nåbe mit richtige Dinga.
953 S' Herz is mir freili.
954 S' is alles dunkel, s' ist alles trübe.
955 • S'ist das letzte Sommerröslein.
956 • S'ist die letzte Rose, die einsam.
957 S ist no net lang, dass gregnet hot.
958 • 'S isch mit Lu-tigers uf Erde.
959 S' Klagenfurter Thal hat a gar.
960 Seh i a schöns Vögelein.
961 • Seht Freunde, wie der Becher blinkt.
962 • Seht ihr drei Rosse vor dem Wagen.
963 • Seht, wie die Sonne schon sinket.
964 Seht, welche Macht.
965 Seit i die hab derbliokt.
966 Sein ma alle guate Brüder.
967 Seint viel schöne Wasser.
968 Seint wohl viel schöne Wasser.
969 • Sei still, sei still mein banges Herz.
970 • Sennerin schau, wenns will grann.
97 (Die) Seandrin auf der Alm.
972 Sie gleicht wohl einem Rosenstock.
973 • Siehst du dort die Wolken eilen.
974 • Sind wir vereint zur guten (Hanitsch).
975 Sind wir geschieden, und ich muss.
976 • Singe, liebe Nachtigall.
977 • Singt, ja singt aus tiefem Herzensgr.
978 Sie sagt, mei Buable.
979 • Sie sollen ihn nicht haben (Schumann).
980 So glacht hun i ma.
981 Sollt ich einem Bauer dienen.
982 Soll ich leben, soll ich sterben.
983 • So leb denn wohl, du stilles (W. Müller).
984 (Die) Sonne erwacht (Weber).
985 Sonnenlicht, Sonnenschein (Liebe).
986 (Die) Sonne scheint nicht mehr.
987 • (Des) Sonntags in der Morgenstund.
988 • So nimm denn meine Hände (Silcher).
989 • So oft i das Lied.
990 Soo sibe Buebe.
991 • So viel der Mai auch Blümlein beut.
992 • So viel Stern am Himmel stehen.
993 So weit als i aufschau.
994 So will ich frisch und fröhlich sein
995 • Spielend mit des Lichtes Glanz.
996 Spinn, Mägdlein, spinn.
997 Sprein'n thua i mi nit.
998 S' rinnt nid an iede Wassel.
999 S' Sanstallthurl.
1000 Steh ich an meinem Fensterlein.
1001 Steh ich in finstrer Mitternacht.
1002 Stehn zwei Stern am hohen Himmel.
1003 • (Der) Sternenhimmel lacht.
1004 Stets in Trauern muss ich leben.
1005 • Stille Nacht, heilge Nacht (Gruber).
1006 • Stimmt an mit hellem, hohem (Methfessel).
1007 • Stosset an, dem Weine gilt's.
1008 • Strahle uns, du lichte Sonne.
1009 • Strömt herbei, ihr Völkerscharen (Peters).
1010 • Studio auf einer Reis'.
1011 • Stumm schläft der Sänger (Silcher).
1012 (Der) Summer ischt ummer.
1013 • Süsse Düfte, milde Düfte.
1014 • Süsser Hauch der Frühlingsluft (Kreutzer).
1015 • Thale dampfen, die Höhen (Weber).
1016 Thal ruht still im Dunkel.
1017 Täari nöd e bitzeli.
1018 (Der) Tag, der is umma.
1019 (Der) Tanzbod'n is lockert.
1020 • Thränen hab ich viele vergossen.
1021 Thua nar mi liabn.
1022 Thua nar stiller liegen.
1023 Thua nit so umablickn.
1024 Thua nix gern betn.
1025 Tief im Böhmerwald, da ist mein.
1026 Tief im Herzen iuua.
1027 Tiroler u. Steirer sein kreuzbrave.
1028 • Tochter Zion freue dich (Händel).
1029 • Tra, ri ra, der Sommer (v. Weber).
1030 • Traute Heimat meiner Lieben.
1031 • Treue Liebe bis zum Grabe.
1032 • Treu und herzinniglich (Robin Adair).
1033 • Turner ziehn froh dahin.
1034 Ueber all. Wipfeln ist Ruh (Kuhlau).
1035 • Ueber Berg und Thal is a Wasserfall.
1036 • Ueber'm Bacherl steht a Hütta.
1037 • Uebers Jahr mein Schatz (H. Hecker).
1035 • Uf'm Bergli bin i g'sässe.
1036 • Uf i d' Hand de Bergstock.
1037 Und a Büchserl auf'm Rücken.
1038 Und als die Schneider Jahrtag hatten
1039 Und a Hakal für d' Schneid.
1040 Und an Klopfer han Herzl.
1041 Und a Kohlbauernbua, der bin i.
1042 Und auf der Welt, da is mei Freud.
1043 Und bald i aufs Dianal denk.
1044 Und bei uns dahoam.
1045 • Und der Hans schleicht umher (v. Weyrau
1046 Und Diandl, dei Treu.
1047 Und die Apflan.
1048 Und die Lass sitzrtschen Diandlan
1049 Und die Pecherabuaba müssn.
1050 Und du bist die anzige.
1051 Untr dr Linda bin i gsöen.
1052 Und d' Stubacher Buabmen.
1053 Und en Thaleuta z'propar.
1054 Und glei lusti.
1055 Und gheirat hat s'as.
1056 Und grüass die Gott.
1057 • Und hörst du das mächtige (Marschner.
1058 Und in Berglan drinn.
1059 Und i bun a hübsch Kreuz.
1060 Und in Karnta is a Pracht.
1061 Und i wass no wia heunt.
1062 Und länger allan san.
1063 • Und lustige Leut giebt's.
1064 • Und lustige Leute giebt's uberall.
1065 Und mei Vater.
1066 Und mid mein Dianai hun i.
1067 Und mir sein halt lebfrische.
1068 Und wann du mi nit magst.
1069 Und wann ma's a wieder.
1070 Und wann's a Weil dauert.
1071 Und wann's d mi nit magst.
1072 Und wann's regnt.
1073 Und wanne wöttert.
1074 Und wenn ich mal heirat.
1075 Und schau ich bin so schanst da her.
1076 Und uba's Berg üfl.
1077 Und zwa schneeweisse TauPalm.
1078 Ueber d' Alma, übers Halma.
1079 Ueberall bin ich zu Hause.
1080 Ueberfahren: schreit die kloan.
1081 Uebern Grabnbah: auf die
1082 Umers Haus:| geht ka Plankenbreu
1083 • Unsre Wiesen grünen wieder.
1084 Us de Berge liebi Frundi.
1085 Valamm, valasen :| bin i.
1086 Vater, gebt's über.
1087 Vaterland, ich muss marschieren.
1088 • Vater ich rufe dich (Himmel).
1089 (Das) Vaterland ruft mich zum.
1090 Vater, wann gebts ma denn.
1091 Verdenk mir's nicht, dass ich dich.
1092 Vergnügt und einsam wollen wir.
1093 • Verlassen, verlassen bin i. (Volksw.)
1094 • " " (Koschat.
1095 Verstohlen geht der Mond auf.
1096 • Vögel singen, Blumen blühen.
1097 Vöglein im Tannenwald.
1098 • Vöglein sass auf dem Ast.
1099 • Vöglein, was singst du im Walde (Dürrner).
1100 • Vöglein in den Lüften singet.
1101 Voll der Einsamkeit.
1102 Völle aus is mit mir.
1103 • Volk steht auf, der Sturm bricht los (Weber).
1104 Vom Gamsbock die Kricklan.
1105 • Vom hoh'n Olymp herab. (Schneor)
1106 • Von allen den Mädchen so blink.
1107 • Von der Alma ragt a Hans.
1108 • Von der Alpe ragt ein Hans.
1109 Von der Kappler Alm.

Schluss des Verzeichnisses deutscher Volkslieder folgt in nächster Nummer.

Konzertbericht.

Kölner Gürzenich-Quartett.

Professor Willy Hess, Konzertmeister Karl Körner, Professor Josef Schwartz, Konzertmeister Friedrich Grützmacher.

Englische Tournée. Januar 1898.

The Yorkshire Daily Post. Den Namen „Kölner Gürzenich-Quartett" haben nun auch die Engländer aussprechen gelernt, und begeistert sangen die hervorragendsten Blätter der Kölner Künstler Loblied. Es war ein großer Triumphzug, den die Herren gelegentlich eines nur neuntägigen Urlaubes, vom 22. bis 30. Januar, von Stadt zu Stadt eilend, machten. In dieser kurzen Spanne Zeit haben die ausgezeichneten Quartettisten acht Konzerte gegeben, und zwar in Manchester deren zwei und je eins in Colwyn Bay (Wals), Chester, Newcastle (Tyne), Blackburn und Southport. Die Leistungen des Quartetts, ob man nun Beethoven, Schumann, Schubert, Tschaikowsky oder Smetana spielte — namentlich Schubert brachte man mit Rücksicht auf die Zeit der Schubertfeiern überall zu Ehren — bildeten überall den Gegenstand uneingeschränkter Bewunderung und die Künstler sahen sich stets begeistert gefeiert. Freilich war ihnen auch der beste Fürsprecher in ihrem Führer **Heß** beschieden, der wahrhaft überschwänglich vom englischen Publikum geliebt wird, was seine Genossen aus diesem Anlaß so recht zu erkennen Gelegenheit hatten. Verstrichen doch bei einzelnen Konzerten vier, fünf volle Minuten, ehe das zum erstenmale dort auftretende Quartett beginnen konnte, da die stürmischen Begrüßungen für **Heß** kein Ende nehmen wollten! Natürlich spielten in jedem Konzert **Heß** sowie **Grützmacher** auch Solo, wofür ihnen ebenfalls der denkbar lebhafteste Beifall und von seiten der maßgebenden Presse die schmeichelhafteste Beurteilung zu teil wurde. Das Quartett wird im nächsten Mai wieder nach England gehen, um in London eine Anzahl Konzerte zu geben. Auch die drei Kunstgenossen Heß' finden ihren Namen dann dort schon bekannt.

Kammermusikabend in Göttingen. 7. November 1899.

Göttinger Zeitung. Das erste Konzert des Vereins für Kammermusik hat Sonnabend, den 4. November in dem fast überfüllten Saale der Union stattgefunden. Das „Kölner Gürzenich-Quartett" (die Herren **Heß, Körner, Schwartz, Grützmacher**) bot uns einen auserlesenen Genuß mit dem Vortrag der Quartette in D-moll von Schubert, D-dur op. 20 Nr. 4 von Haydn und B-dur op. 130 von Beethoven. Drei Meister und drei Stile des Streichquartetts waren vertreten, verschieden in den künstlerischen Persönlichkeiten und in den Zeitgewohnheiten.

— — — — — — — — — — — — — — — — —

Den Kölner Künstlern ist nicht genug zu danken, daß sie uns diese Herrlichkeiten erschlossen haben. Ihr Erfolg war ein vollkommener. Mit unvergleichlicher Spielfreudigkeit gaben sie aus vollen Händen ihr Bestes, ihre Leistungen vom Beginne bis zum Ende steigernd. Es lag über ihrem warmblütigen, jugendfrischen Spiele ein Abglanz der rheinischen Lebens- und Sangesfreude, der erwärmend in die Herzen der Hörer drang. Klangwirkung und Disziplin des ganzen Quartettkörpers waren hervorragend. Einzelheiten hervorzuheben ist schwer: am glänzendsten wirkte wohl das virtuos gespielte Finale von Haydn, am tiefsten die Beethoven'sche Cavatine, die mit wahrer Andacht aufgenommen wurde. Schade war es in mancher Hinsicht, daß sich im Saale eine übermäßige Hitze entwickelte. Um so höher dürfen die Kölner Herren es veranschlagen, daß es ihnen gelang, unser Publikum bis zuletzt nicht nur zu fesseln, sondern auch zu lebhaften Beifallsbezeugungen hinzureißen.

Kammermusikabend in Bonn. 12. Dezember 1899.

Bonner Zeitung. Der gestern stattgehabte zweite Kammermusikabend des „Kölner Gürzenichquartetts" begann mit

Mozart's herrlichem C-dur-Quartett (Nr. 465 des Köchel'schen Verzeichnisses), das oft zwar, aber nie zu oft gehört wird und auch jetzt wieder durch seine Frische und unbedingte Lust an der Musik die Herzen der Zuhörer gewann.

Schumann's ewig jugendfrisches A-dur-Quartett erstrahlte als Schlußnummer in voller Schönheit und wirkte um so nachhaltiger, als die Vortragenden jedem der vier Sätze den Zauber des Wohllautes auf die Stirne geschrieben hatten. Reifer, gesunder kann ein Streichquartett gar nicht klingen, als es hier der Fall war. Außerdem ist uns das Schumann'sche Quartett selten so klar und durchsichtig wie gestern entgegengetreten. Dafür gebührt den Vortragenden besondere Anerkennung, namentlich Herrn **Heß**, der die Primstimme mit ganz unvergleichlicher Fülle und Reinheit durchführte.

Lina Goldenberg

Konzertsängerin (Sopran).

Konzert des Remscheider Gesangvereins. 15. Juni 1897.

Remscheider Zeitung. Den Glanzpunkt des Abends bildeten unstreitig die Gesangsvorträge von Fräulein **Lina Goldenberg**, deren erstem Auftreten mit großer Spannung entgegengesehen wurde. Wir glauben, daß Publikum und Künstlerin an dem Ergebnis dieses ersten Debuts in gleicher Weise befriedigt sein durften. Wenn die Beifalls-Äußerungen, die der Auftretenden entgegengebracht wurden, wohl vom Lokalpatriotismus eingegeben waren, so galt der lebhafte Beifall, der sich nach dem ersten Lied erhob und der mit jedem weiteren Vortrag an Wärme und Begeisterung zunahm, in erster Linie der Künstlerin. Fräulein **Goldenberg** verfügt über eine vorzüglich geschulte Stimme von großem Umfang und bemerkenswerter Höhe, die sich durch frischen Wohlklang auszeichnet. Ihr Vortrag überraschte uns durch die verständnisvolle Auffassung, die Feinheit der Wiedergabe und das echte musikalische Gefühl; Eigenschaften, die gleich beim ersten Lied, der schwierigen „Loreley" von Liszt, voll zum Ausdruck kamen. Auch die weiteren fünf Lieder gaben ihr Gelegenheit, die Ausdrucksfähigkeit ihrer Stimme zur Geltung zu bringen. Die „Wanderschwalbe" und „Solveig's Lied" mit ihrer trüben melancholischen Stimmung, das neckische „Haidenröslein", „Die Quelle" von Goldmark mit ihrem frischen Humor und das begeisterte „Er ist's" von Schumann gelangen ihr gleich gut und rissen die Zuhörer zu stürmischer Anerkennung hin. Mit einer reizenden Zugabe dankte die Künstlerin. Wir glauben ihr beim ernsten Weiterstreben eine Zukunft vorhersagen zu dürfen.

Vokal-Quartett-Soirée in Köln. November 1897.

Lina Goldenberg, Therese Bela, Hermann Lützeler, Rich. Schulz-Dornburg.

Kölnische Zeitung. Fräulein **Goldenberg** und Herr Lützeler sangen drei Duette geschmackvoll und mit sorgfältiger Betonung; der frische und weiche Sopran der Dame, deren impulsivem Temperament ein nobles Beachten der Form stets ästhetische Zügel anlegte, die in fast intimen Kreise eines kleinen Konzertsaales so wohlthun, verschmolz sich angenehm u. s. w.

Kölner Tageblatt. Fräulein **Goldenberg's** hoher lieblicher Sopran hat, seitdem wir ihn zuletzt gehört, noch entschieden gewonnen an Gleichwertigkeit der Tongebung; reizvoll schwebte die Stimme oft über dem Ensemble, und verschmolzen mit denjenigen der Partner, wie die Vertonung es verlangte.

Konzertverein in Recklinghausen. 12. Mai 1899.

(Schöpfung von Haydn.)

Recklinghauser Volksblatt. Die Sopranistin Frl. **Lina Goldenberg**, schon von dem Novemberkonzert dem hiesigen Publikum bestens bekannt, erfreute bei ihren Darbietungen das Ohr durch stimmlichen Wohllaut und warmblütigen intelligenten Vortrag. Ihre Register sind gut ausgeglichen, die Mittellage angenehm, die Tiefe hinreichend, die Höhe von hervorragender Trag- und Leuchtkraft. Den großen Mitteln steht eine tadellos durchgebildete Schulung zur Seite, zwei Dinge, welche der jungen Sängerin Gewähr dafür leisten, daß sie einstens als großer Stern am Kunsthimmel glänzen wird. Mit der Arie: „Nun beut die Flur" und noch mehr mit derjenigen zu Anfang des zweiten Teiles: „Auf starkem Fittig schwinget sich" entfesselte die Künstlerin wahre Beifallsstürme, sowohl durch die glockenreinen, quellfrisch perlenden Kadenzen und Triller, als auch durch die innige, gefühlswarme tief lyrische Vortragsweise.

Konzert des Vereines Concordia, Düren. 29. Mai 1899.

Dürener Zeitung. In Fräulein **Goldenberg** präsentierte sich eine Künstlerin von ausgezeichneten Stimmmitteln und trefflicher Schulung. Mit steigendem Erfolg trug sie H. Seyffardts „O lieb auch du", das Märchenzauber atmende Wüllner'sche „Dornröschen" und Raff's „Keine Sorge um den Weg" vor. Rein und klar waren die Töne bis in die höchsten Lagen und in der Wiedergabe bewährte sie sich auch als Interpretin des musikalischen Gedankens. Anhaltender lauter Beifall ließ sie zu einer ebenso wirkungsvollen Zugabe sich bereit finden.

Liederabend von Karoline Kaiser in Düsseldorf.

Der Düsseldorfer General-Anzeiger schreibt über einen Liederabend von Frau Caroline Kaiser am 8. Oktober:

Unsere beliebte einheimische Sopranistin, Fr. Caroline Kaiser, veranstaltete gestern Abend im Rittersaale der städtischen Tonhalle unter gütiger Mitwirkung des Herrn Konzertmeisters Eugen Adorján (Violine) und Frau Martha Jäger (Klavier) einen Lieder-Abend, der, wenn er auch hinsichtlich des Besuches nicht alle Erwartungen erfüllte, doch einen vollen künstlerischen Erfolg für die Konzertgeberin bedeutete. Immerhin mochte ein dreihundert Köpfe zählendes Auditorium eingefunden haben, das den Darbietungen mit frohem Geniessen folgte. Die Aufgabe, welche sich die Sängerin gestellt hatte, war umfangreich und anstrengend, denn sie stand mit nicht weniger als 15 Liedern auf dem Programm, eine Zahl, die noch durch eine Zugabe vermehrt wurde. Dieser gesangliche Aufwand wurde von der Künstlerin mit einer sich bis zum letzten Tone gleichbleibenden Vollendung und ohne jede Spur von Ermüdung bestritten. Ihr Organ zeigte am Schlusse noch dieselbe Festigkeit, denselben Wohlklang und dieselbe Frische, wie bei der ersten Nummer, und vermochte das Publikum nach jeder Pièce zu solcher Bewunderung fortzureissen, dass es in der nicht unbedeutenden Arbeit einer 16-maligen Applausspende nicht erlahmte. Es ist gewiss keine Kleinigkeit, eine solche Anzahl von Liedern aus den verschiedensten Stimmungsgebieten, reich an Schwierigkeiten, mit kurzen Pausen vorzutragen und dabei den Schönheiten der Kompositionen, wie der Eigenart der einzenen Tondichter gerecht zu werden. Das Gleiche gilt auch von der Begleitung am Klavier, die sich bei Frau Martha Jäger in bewährten Händen befand. (U. a. war der charakteristische Klavierpart sowohl bei dem Liede „Abschied" von Schubert, als auch bei dem niedlichen Stückchen „Der Gärtner" von Kahn, ein wahres Kabinetstückchen einer meisterhaften Begleitungskunst.) Die Sängerin war vorzüglich bei Stimme. Über die letztere haben wir uns bereits wiederholt in jeder Weise lobend ausgesprochen, so dass wir unserem Urteil kaum noch etwas hinzufügen können.

1. Künstlerabend in der „Philharmonie".

Köln a. Rh., den 19. Oktober 1900.

Die Kölnische Zeitung schreibt:

In der Philharmonie ging am 19. Oktober der erste der sechs von der **hiesigen Westdeutschen Konzertdirektion** ins Leben gerufenen Kammermusikabende von statten. Das Unternehmen erfreute sich eines für einen ersten Schritt überraschend guten Besuchs, nicht minder überraschend war die vorzügliche Akustik des Saales, die die Künstler in hohem Grade unterstützte. Von diesen war als auswärtiger Gast der königl. sächsische Hofkonzertmeister Henri Petri aus Dresden erschienen. Er hat sich in der langen Zeit, seit wir ihn nicht mehr in Köln gehört haben, namentlich in Bezug auf Tonfülle und Reife der Auffassung sehr entwickelt, ohne dabei die bestrickende Weichheit seines Tones zu vernachlässigen. Seine erstaunliche technische Sicherheit, seine elegante und geschmeidige Bogenführung kommen hinzu, um ihn zu einem der berufensten Meister seines Fachs zu machen, der dieses mit ebensoviel Schönheitsgefühl wie Gründlichkeit ausfüllt. Bachs Chaconne, die er schneller spielte, als man sie sonst hört, und die er ihrer altväterischen Würde ein wenig entkleidete, um aus ihr ein lebendiges Gestaltungsspiel zu machen, in einzelnen Variationen sogar bis zur Entfaltung einer glänzenden Virtuosität, trug ihm so warme Huldigungen ein, dass er noch eine Zugabe, vermutlich ein Wiegenlied eigener Komposition, folgen liess. Seine Partnerin in der Kreutzer-Sonate, deren gewissenhaft beobachtete, obschon unseres Erachtens entbehrliche Wiederholungen die überlange Dauer des Abends verschuldeten, war Fräulein Henriette Schelle, die sich hier als gewissenhafte und den geistigen Inhalt der Sonate völlig erfassende Kammermusikspielerin offenbarte. Ihre sonstigen bekannten Vorzüge, virtuose Fertigkeit, fortreissender Schwung, daneben auch (wie in Schuberts D-dur-Rondo) eine ins feinste ausgestaltende Anmut, legte sie in ihren Solostücken auf einem ausgiebigen Mand'schen Konzertflügel von neuem an den Tag. Mit ihrer prächtigen Altstimme, die in Schuberts Kreuzzug (in D-dur) den fesselndsten Klangzauber ihrer tiefen Noten entfaltete, und mit ebensoviel Empfindungswärme wie Charakterisierungskunst lieferte Frau Hövelmann die gesangliche Mitwirkung zum Konzert. Sie gehört zu den wenigen Sängerinnen, bei denen sich die blühende Klangschönheit des Organs mit der vollen geistigen Durchdringung des Kunstwerkes harmonisch ergänzen. Die Begleitung besorgte Herr Tornauer in genauer und diskreter Weise. Der Hausorganist der Philharmonie, Herr Sattler, spielte zum Schluss mit bekannter Meisterschaft zwei Sätze aus Widors vierter Symphonie.

Liederabend von Frau Alice Beermann-Lützeler.

Düsseldorf, den 16. Oktober 1900.

Ein voller künstlerischer Erfolg krönte das Konzert, welches Frau Alice Beermann-Lützeler in dem etwas düsteren, unfreundlichen Verbindungssaale der Tonhalle gab. Die überreiche Blumenspende erinnerte an die intimen Beziehungen, welche noch heute die Künstlerin mit ihrer Vaterstadt verbinden.

Nicht nur in ihrer stattlichen Erscheinung erinnert Frau Beermann an ihre grosse Kollegin, die unlängst verschiedene Amalie Joachim. Auch die Klangfarbe ihrer Stimme ist derjenigen der Fürstin im Reiche des Liedervortrages verwandt. Frau Beermann besitzt ein selten klangvolles Organ, und sie versteht es zu beherrschen. Eine vollkommene Ausgeglichenheit in allen Lagen, ein reiner, runder Tonansatz, vollendete Atemgymnastik zeigen die vorzügliche Schulung. Der verständnisvolle Vortrag verrät guten künstlerischen Geschmack, allgemeine und musikalische Bildung.

Mit drei neuen Liedern von Weingartner stellte sich die Konzertgeberin ihrem Auditorium vor: „Am Allerseelentag", „Reue", „Ueber ein Stündchen". Das erstgenannte Lied erwies sich als das gelungenste. Am wenigsten sagt uns die Vertonung des zweiten Textes zu. Mendelssohn's bekanntes „Auf Flügeln des Gesanges" wurde sehr schön vorgetragen. Von den drei Gesängen Robert Schumann's „Mondnacht", „Schöne Fremde", „Marienwürmchen" liegt der geschätzten Künstlerin besonders das erste Lied „Mondnacht" gut. Das „Marienwürmchen wirkt in duftigerer, etwas bewegterer Interpretation entschieden besser. Herrlich vorgetragen wurden Johannes Brahms' „An eine Aeolsharfe" und Franz Liszt's unberühmtes „Ich liebe Dich". Richard Strauss' „Cäcilia", sehr schön gesungen, hat uns nicht interessiert. Entzückend war die Interpretation des „Pastorale" von George Bizet, welches, französisch gesungen, den ganzen Wohlklang des prächtigen Organes aufs neue zur Geltung brachte.

❦

Neue Werke für den Klavierunterricht.

Das Musikalische Wochenblatt schreibt über H. vom Ende's „Schatzkästlein". Eine Sammlung instruktiver Klavierstücke. Köln u. Leipzig, H. vom Ende.

Unter obiger und vielen anderen ähnlichen Bezeichnungen sind so oft schon Veröffentlichungen gemacht worden, dass man aus der Menge der Schatzkästen wohl ein paar Dutzend Geldschränke zusammensetzen könnte. Indessen verdient das vorliegende, fleissig ausgearbeitete Heft von H. vom Ende durchaus vor jenen eine Sonderstellung. Der Verfasser geht von dem einzig richtigen Standpunkte aus, dass der Vortragende die von ihm technisch beherrschten Werke auch geistig beherrsche, d. h., dass er über das Formelle, Rhythmische, Harmonische und Melodische sich völlig klar sei. So ist diese Sammlung zu einer thatsächlich praktischen Formenlehre geworden. Der Schüler wird bekannt gemacht mit der motivischen Entwickelung, mit der einfachen Liedform bis zu den grösseren 3 teiligen Gebilden. Es ist dem Verfasser vollkommen beizupflichten in seiner Anschauung, dass dieses der einzig rechte Weg sei, von den ersten Anfängen an den Sinn für Formenschönheit zu wecken und zu pflegen und damit zugleich wirklich gebildete Dilettanten zu erziehen. Der Uebungsstoff ist Volksliedern und den Werken der besten älteren wie neueren Meister entnommen, die sich notwendig machenden Erklärungen sind den betr. Stücken in kurzer, fest umrissener Form beigefügt. Eine kurz, aber präcis gefasste, sowie durch zahlreiche Notenbeispiele trefflich erläuterte Darstellung des Harmoniesystems (nach Moritz Hauptmann) beschliesst das ausgezeichnete Werkchen, welches in allen seinen Teilen als ungemein brauchbar erkannt werden wird. Es ist eine Waffe gegen den grossen Haufen der Musikphilister, der, wie Verfasser auch hervorhebt, stets nach Melodie schreit und doch eigentlich niemals hat richtig hören lernen.

Eugen Segnitz.

Streichquartett Rosé, Wien.
Professor A. Rosé, A. Bachrich, von Steiner, Prof. R. Hummer.

Bläservereinigung des Gürzenichorchesters
für Kammermusik.
E. Wehsener (Flöte) K. Eckert (Oboe) B. Friede (Clarinette)
P. Sadony (Fagott) E. Ketz (Horn)

Kölner Gürzenichquartett
Prof. Willy Hess, Concertm. K. Körner, Prof. Jos. Schwartz,
Concertm. Friedr. Grützmacher.

Anfragen sind zu richten an die
Westdeutsche Konzertdirektion
Köln a. Rhein, Beethovenstrasse 6.

Alice Rau,
Mainz.
Konzertsängerin. Mezzosopran.

Willy Seibert,
Köln.
Lehrer am Conservatorium.
Violin-Virtuose.

Henriette Schelle,
Köln.
Pianistin.

Georg Christiansen,
Remscheid.
Pianist.

Adolf Groebke,
Köln.
Opern- und Konzertsänger. Tenor.

Johanna Dietz,
Frankfurt a. M.
Oratoriensängerin. Sopran.

Selma Deutzmann,
Konzertsängerin. — Remscheid.
Hoher Sopran. Coloratur-Partien.

H. Lützeler,
Köln.
Konzertsänger. Tenor.

Clara Wulff,
Köln.
Konzertsängerin. Sopran.

Jaques van Lier, Berlin.
Cellovirtuose.

Lina van Lier-Coën,
Klaviervirtuosin (aus Paris.)

Richard Geyer,
Altenburg.
Konzertsänger. Tenor.

Therese Hattingen
Köln.
Konzertsängerin. Hoher Sopran.

Ella Herrmann,
Köln. Konzertsängerin. Sopran.

Else Kettling,
Köln. Konzertsängerin. Sopran.

Paul Stoye,
Krefeld. Klavier-Virtuose.

Mary Münter-Quint,
Bonn.
Konzert- und Oratoriensängerin.
Sopran.

Luise Böcclmann,
Köln.
Lieder- und Oratoriensängerin. Alt.

PAUL HAASE,
Köln.
Konzertsänger. Bariton.

Cornel. J. Bronsgeest,
den Haag.
Konzertsänger. Bass-Bariton.

Tina Goldenberg,
Köln.
Konzertsängerin. Hoher Sopran

Dietrich Schäfer,
den Haag. Pianist.

Peter Heidkamp,
Köln. Opern- u. Konzertsänger. Bass.

Emilie Müller,
Frankfurt.
Lieder- und Oratoriensängerin. Sopran.

Albert Jungblut,
Frankfurt a. M.
Lieder- und Konzertsänger. Tenor.

Clara Schwartz,
Köln. Violin-Virtuosin.

Bertha Weiler,
Mülheim a. Rh.
Konzertsängerin. Alt.

Franz Sagebiel,
Coblenz. I. Konzertmeister.
Violin-Virtuose.

Anna Schwarte,
Solingen.
Konzertsängerin. Sopran.

A. Neumann-Hodit,
Köln. Rezitator.

Margarethe Behmer,
Köln. Pianistin.

Adele Stöcker,
Köln. Violin-Virtuosin.

Phil. Gretscher u. K. Gretscher-Sebaldt, Aachen.
Bass-Bariton, Sopran.
Oratorien, Lieder, Balladen, Duette.

Benno Walter,
München.
Violinvirtuose.

Ernst Ketz,
Köln am Rhein. Waldhorn-Virtuose.
Lehrer am Conservatorium.

Carolina Kaiser,
Düsseldorf.
Konzertsängerin. Sopran.

Johannes Bischoff
Köln. Opern- u. Konzertsänger, Bariton.

O. Lamborg,
Klavierhumorist.

Konzertm. Alfred Stauffer,
Köln.
Violinvirtuose.

Elise Ketz.
Köln am Rhein. — Konzertsängerin
Alt.

Alice Lützeler-Beermann,
Düsseldorf.
Konzertsängerin. Mezzosopran. Alt.

Alwin Horn,
Köln. Chordirigent. Konzertsäng. Bariton.

Willem Willeke,
Krefeld. Cellovirtuose.

Wegweiser

durch die

Chorgesanglitteratur

nebst „Konzertbericht".

Ratgeber für Männer-, Frauen- und gemischte Gesangvereine und Gesangvereinsdirigenten.

Herausgegeben und redigiert von **H. vom Ende, Köln am Rhein,** Beethovenstrasse 6. — Erscheint monatlich einmal. — Bezugspreis für 1 Expl. 15 Pfg. Jahresabonnement 1,50 Mk. incl. Porto. Inserate kosten pro 4 mal gespaltene Petitzeile 25 Pfg.

№ 2. **Köln am Rhein,** den 26. November 1900. **II. Jahrgang.**

Aufführungen.

Humoristica

für Männerchöre a cappella.

(Nachdruck verboten.)

Abhörsangen: gr.-gross, s.-sehr. D. C.-Da Capo.

Titel	Komponist	Stadt	Verein	Dirigent	Erfolg	Preis
Das A-B-C	Carl Zöllner	Leipzig	Zöllner-Jubiläum	H. Zöllner	s. gr.	
Es brandelt	Blümel	Wien	Udel-Quartett		s. gr.	
Der Genügsame	Keldorfer	do.	do.		s. gr.	
Storchlied	G. König	Troppau	Solo-Quart. d. M. G. V.	Koitel	s. gr.	
Leute von heute	Kreymann	Culm	Cäcilien-Verein		gr.	
Eine gestörte Maskerade	Joh. Pache	Hof	Liederkranz		gr.	
Czárdás	Lorenz	Sonneberg	Gesang-Verein	B. Roth	s. gr.	
Balladerl vom Ritterl	Ad. Kirchl	Wien	Udel-Quartett		D. C.	
Der sakrische Bass	Thom. Koschat	do.	do.		D. C.	
Der Michel af der Eisenbahn	do.	do.	do.		s. gr.	
Glückliche Leute	do.	do.	do.		s. gr.	
Die Besserung	Ad. Kirchl	do.	do.		D. C.	
A Busserl von Diandlan	Thom. Koschat	do.	do.		s. gr.	
Der Käfer und die Blume	Veit	Biebrich	Eintracht	K. Schauss	D. C.	
Für Männerchöre, Ensembleszenen, Singspiele.						
Im Bremerkeller	Leop. Schulz	Wien	M. G. V. Stephenson	J. Hanschka	gr.	
Prinzessin von Kannibalien	Rich. Genée	Glatz	Liedertafel	J. Heinze	s. gr.	
Ein Studentenstreich	Hugo Pollack	Berlin	Akad. Liedertafel		s. gr.	
Nadel der Cleopatra	Rud. Wagner	Marburg a. D.	M. G. V.	B. Wagner	s. gr.	
Pfändung erfolglos	Repker	Langendiebach	M. G. V.		s. gr.	
Kandidat Jobs	Schulz-Weida	Stuttgart	Schwäb. Sängerbund		s. gr.	
Im goldenen Fass	M. Legov	Sonneberg		B. Roth	gr.	
Die Schmiede im Walde	Cursch-Bühren	Solingen	Sängerbund	C. Hirsch	gr.	
Der Landtag von Wolkenkukuksheim	Engelsberg	Wien	Akad. G. V.	Dr. Jos. Neubauer	s. gr.	
Humoristische Singspiele, Operetten.						
Ländliche Konzertprobe	von Suppé	Hof	Liederkranz	K. Seitz	s. gr.	
Wiedersehen auf der Alm	E. Simon	Leipzig	Phönix	Radefeld	s. gr.	
Picknik im Walde	H. Riva	Sonneberg	G. V.	B. Roth	s. gr.	
Neptun	Rich. Thiele	Bautzen	Liederkranz	B. Banda	gr.	
Incognito oder der Fürst wider Willen	H. Kipper	Münster	Liedertafel	Dr. Preising	s. gr.	
Die Nibelungen	Piber	Bamberg	Liederkranz	Drausnick	s. gr.	
Kochstudien und Musterküche	Rich. Thiele	Bayreuth	do.	Aumüller	s. gr.	
Der Schatzgräber	F. Lorenz	do.	do.	do.	s. gr.	
Die Wilddiebe	Cursch-Bühren	Brüx	G. V.	F. Ohlhanus	s. gr.	
Die Werber	Paulmen	Bukarest	Deutsche Liedertafel		gr.	
Martha, oder auf diesem nicht mehr ungewöhnlichen Wege	H. Kipper	Köln	Lehrer-Versammlung		s. gr.	

Humoristische Männerchöre mit Begleitung.

In der Sommerfrische	Rud. Wagner	Marburg a. D.	M. G. V.	R. Wagner	D. C.
Wein, Weib und Gesang	Joh. Strauss	Wien	Udel-Quartett		s. gr.
Die Sängerspritze	Waldmeister	Sonneberg	G. V.	B. Roth	s. gr.
Marsch der Bürgergarde	H. Brückler	Dresden	Lehrer G. V.	Fr. Brandes	s. gr.
Rosel vom Schwarzwald	Cursch-Bühren	Leipzig	Sängerb. Volkmarsdorf	G. Sattelmair	s. gr.

Ernste Männerchöre a cappella.

Das deutsche Lied (*msch.*)	O. Fassbender	Aachen	Concordia	R. Kube	s. gr.
Ja schön ist mein Schatz nicht (*el.*)	Jos. Schwartz	do.	do.	do.	s. gr.
Das allerliebste Mäuschen (*msch*)	Engelsberg	Frankenthal	Liederkranz	J. Schmidt	s. gr.
Der sakriche Bass (*msch.*)	Koerbat	do.	do.	do.	s. gr.
Herr, den ich tief im Herzen	K. F. Weinberger	Würzburg	Seminar-Chor	K. F. Weinberger	s. gr
Totenvolk (*sch.*)	Hegar	Mülheim Ruhr	Sängerbund	H. Clasen	s. gr.
Kaiser Friedrich III. letzte Begegn. (*sch.*)	M. Neumann	do.	do.	do.	D. C.
Treue Liebe	Jos. Schwartz	do.	do.	do.	D. C.
Ich lass von meiner Heimat nicht (*l.*)	Kühnhold	Gotha	Sängerkranz	C. Kühnhold	s. gr
Die Auserwählte (*l*)	. . Schauss	Biebrich	Eintracht	Schauss	D. C.
In den Alpen (*sch.*)	Hegar	do.	do.	do.	s. gr.
Rothhaarig ist mein Schätzelein (*l.*)	C. Attenhofer	Düren	Sängerkreis	H. Bilstein	D. C.
Schatzerl klein (*l.*)	F. Zant	do.	do.	do.	s. gr.
Im Rosengärtlein	A. Hartlaub,	Regensburg	Liederkranz	G. Distler	s. gr.
Blume Wunderhold	A. Epp	Pforzheim	Liedertafel		s. gr.
Das stille Thal (*l*)	Böhme	Neviges	Harmonie	P. Wülfing	II. fr
Sommerabend	C. H. Döring	Dresden	Stradella	N. Stranzky	D. C.
Stehn zwei Röslein (*l*	C. Steinhauer	Düsseldorf	Quartettverein	Steinhauer	D. C.
Geweihte Liebe	L. Keller	Karlsruhe	Maschinenbauer 32	Hunkler	s. gr.
Träume ich von der Kindheit	J. Werth	Düren	Sängerkreis 20	H. Bilstein	s. gr.

Verlangen Sie Ansichtssendung von H. vom Ende's Musikalien-Versand, Köln, Beethovenstrasse 6.

Abkürzungen: *l*-leicht, *sch*-schwer, *s*-sehr, *z*-ziemlich, *m*-mittel.

Neuigkeiten

für

Patriotische Feste.

Für die Aufnahme in diese Rubrik genügt die Zusendung eines Frei-Expl.

Die mit * versehenen Chöre sind auch mit Orchester erschienen.

Männerchöre.

zl * **Arndt, C.,** Deutsche Kaiserhymne . . . P. 0.50 St. 0.15
zl **Arnemann, Ludw.,** op. 35. Mein Deutschland. Volkshymne . . . . P. 1.— St. 0.15
msch **Bauer, Oskar,** op. 40. Für Kaiser u. Reich N. P. 1.20 St. 0.10
msch **Becker, Alb.,** op. 76. Siegeshymnus . . . P. 1.50 St. 0.20
msch **Berlt, A.,** op. 7. Deutsches Matrosenlied . P. 0.60 St. 0.15
zl **Boscholtt, J.,** op. 36a. Hurrah Germania P. 0.80 St. 0.15
msch **Brambach, C. Jos.,** op. 107 I. Hoch deutsches Banner, deutsches Lied . . . . . .
msch do. op. 109. I. Deutsche Hymne, II. Dem Vaterland . . . . P. 0.40 St. 0.10
l **Braun, Ed.,** Deutsche Volkshymne . . . P. 0.50 St. 0.15
msch **Bünte, Wilh.,** op. 20. Deutsche Kaiserhymne P. 1.— St. 0.30
zl **Beolz, O.,** op. 23 Nr. 1. Dem Kaiser . . P. 0.80 St. 0.10
msch **Fink, Chr.,** op. 38. Nr. 2. Dem Vaterland P. 0.40 St. 0.15
msch **Fritsch, Emil,** op. 67. Deutsches Weihelied N. P. 0.50 St. 0.25
zl **Gartz, F.,** Kaiserlied . . . . N. P. 0.50 St. 0.15
msch **Göring, Joh.,** op. 33. Siegesjubel der Deutschen P. 1.30 St. 0.40
msch **Häser, Joh.,** op. 85 II. Mein Deutschland, wie bist du so schön . . . . P. 0.40 St. 0.15
zl **Hartmann, Hugo,** Deutsche Nationalhymne P. 0.60 St. 0.15
msch * **Hecht, Gust.,** op. 28. Deutscher Schwur P. 5.— St. 0.30
msch * do. op. 46. Festgesang (18. 1. 1901) . P. 8.— St. 0.40
zl **Heft, Herbert,** Deutsche Reichshymne . . P. 0.50 St. 0.15
msch **Jerg, Joh.,** op. 5. Wo Becher winken . . P. 1.40 St. 0.45
zl **Kaiser, C.,** op. 30. Deutschland . . . . P. 0.40 St. 0.15
msch **Koller, Ludw.,** op. 44 II. Vaterlandslied . P. 0.40 St. 0.10
sch **Kretschmer,** op. 77 Patriot. Liederklänge. Potp. P. 1.80 St. 0.55
zl **Kötzing, A.,** Deutsche Kaiserhymne . . P. 0.40 St. 0.15
zl * **Kurth, Otto,** Preuss. Kriegslieder aus der Zeit Friedr. d. Gr., mit Solo. Kl. od. Orch. P. 3.— St. 0.40
zl do. Alldeutsche Kriegslieder. Soli. Klav. od. Orch. . . . . P. 2.50 St. 0.30
zl * **Lubrich, Fritz,** op. 53. Deutschlands Friedensgebet . . . . P. 1.— St. 0.20
zl **Marx, Jul.,** Für Kaiser und Reich . . . . P. 1.— St. 0.20
msch * **Maurice, Alph.,** op. 41. Deutsch. Weihegruss P. 0.60 St. 0.20
msch **Mittmann, Paul,** op. 100. Vaterlandslied m. Kl. od. Blasorch. . . . . P. 1.20 St. 0.10
sch **Messler, H.,** Deutscher Sang . . . . . . P. 0.60 St. 0.15
msch * **Nössler, Ed.,** op. 33. Des Rheinstroms Schirmherr . . . . P. 1.80 St. 0.40
zl **Pfeiffer, Wilh.,** op. 24. Ein Gebet für den Kaiser . . . . P. 0.40 St. 0.15
zl **Pohl, Jul.,** Gruss an Kaiser Wilhelm II. . P. 0.80 St. 0.10
zl **Popig, G.,** Dem Kaiser . . . . P. 0.30 St. 0.15
msch **Richter, Arno,** Festgruss an Königs Geburtstag P. 0.60 St. 0.15
zl * **Schwalm, Rob.,** Für Kaiser und Reich . P. 0.50 St. 0.15
msch **Schwartz, Heinr.,** Dem Vaterland. Militair-Orch. od. Kl. . . . . P. 0.60 St. 0.30
msch **Sitt, Hans,** Nun brich von deiner höchsten Eiche . . . . P. 0.80 St. 0.30
zl **Sonnenberg, R.,** op. 3. Gruss an das Vaterland P. 0.60 St. 0.15
zl * **Sturm, Wilh.,** op. 100. Bittgesang für's Vaterland . . . . P. 2.— St. 0.25
msch **Teichfischer, P.,** op. 31. Mein Vaterland . P. 0.60 St. 0.10
msch **Voigt, Herm.,** op. 103. Ganz Deutschland hält die Wacht . . . . P. 0.60 St. 0.15
l **Weinwurm, Rud.,** Psalm für das Vaterland von E. Grieg . . . . P. 0.35 St. 0.10
msch **Zanger, G.,** op. 43. Gruss an Kaiser Wilhelm II. P. 0.60 St. 0.10
msch **Zuschneid, K.,** op. 26. Deutsche Hymne . P. 0.6 St. 0.10
msch do. Kaiserhymnus . . . . P. 0.80 St. 0.15

Gemischte Chöre.

l **Arnemann, L.,** op. 35. Mein Deutschland Volkshymne . . . . P. 1.— St. 0.15
msch * **Bartmuss, R.,** op. 22. Allweg gut Zollern! P. 4.— St. 0.30
zl **Boscholtt, J.,** op. 36. Hurrah Germania P. 0.30 St. 0.15
msch **Gartz, F.,** op. 131. Salvum fac regem . . P. 0.80 St. 0.25
zl **Grieg, Edw.,** op. 61 Nr. 7. Psalm für das Vaterland . . . . P. 0.35 St. 0.10
zl **Keycher, Otto,** Kaiserlied . . . . N. P. 0.30
msch **Koch, Fr. E.,** op. 5. Heil Dir auf dem Kaiserthron . . . . P. 1.50 St. 0.10
msch do. op. 7. König Wilhelms Waffenweihe Kantate . . . . P. 3.— St. 0.30
zl * **Kossmann, C.,** Das deutsche Kaiserlied. Mit Kl. . . . . P. 1.— St. 0.15

mch * **Kriegeskotten, Friedr.**, op. 20. Wilhelm der Siegreiche . . . . P. 3.— St. 0.40
mch * do. Barbarossa . . . . P. 3.— St. 0.30
mch * do. op. 8. Armin . . . . P. 4.— St. 0.50
mch * do. op. 18. Kaiser-Hymnus . . . . . P. 1.50 St. 0.15
zl **Machts**, op. 6. Zu Kaisers Geburtstag . . P. 0.80 St. 0.10
mch * **Maier, Ant.**, op. 80. Otto von Wittelsbach P. 3.50 St. 0.40
mch **Pfeiffer, W.**, op. 24. Ein Gebet für den Kaiser P. 0.40 St. 0.16
l **Salzmann, Th.**, op. 22. Heil unserm Kaiser P. 1.— St. 0.15
mch ***Steinhäuser, C.**, Die Schlacht bei Sedan., Melodram . . . . P. 3.— St. 0.30
mch **Zuschneid, K.**, op. 41. Deutschlands Erwachen . . . . P. 3.— St. 0.30
mch do. op. 47. Das glückhafte Schiff . . . . P. 0.80 St. 0.16
l do op. 49. Kaiserhymnus . . . . P. 0.80 St. 0.16
mch * do. op. 50. Die Zollern und das Reich P. 6.— St. 1.–

Frauen- oder Knabenchöre.

l **Müller, Edm.**, Zum Geburtstage des Kaisers „Dem Kaiser erschalle mein Lied" . N. P. 0.30
zl **Keycher, O.**, Kaiserlied . . . . N. P. 0.30
zl **Pfeiffer, W.**, op. 24. Ein Gebet für den Kaiser, zweist. od. dreist. mit Klav., Harm. od. Orgel P. 0.40 St. 0.15
zl **Rebling, G.**, op. 62 No. 4 Gruss dem Kaiser. N.. P. 0.15
zl **Berit, A.**, Deutsches Matrosenlied . . . . P. 0.20
mch **Hecht, Gust.**, op. 47. Preussens Gebet (18. Jan. 1901) . . . . P. 0.60 St. 0.10
mch * **Hoebel, Ernst**, op. 8. Aus Deutschlands grosser Zeit. Festspiel mit Dekl. und leb. Bildern . . . . N. P. 7.50 St. 0.90

❦

Besprechungen.

Zur Besprechung gelangen nur Werke, welche des Lobes würdig sind.

Patriotische Chorwerke.

Es naht der 18. Januar und damit die Erinnerung an zwei Ereignisse, welche für die geschichtliche Entwickelung Preussens und Deutschlands von grösster Bedeutung sind; die Erhebung Preussens zum Königreiche 1701 und diejenige Deutschlands zum Kaiserreiche 1871. Dass diese Gelegenheit nicht vorübergehen wird, ohne grössere oder kleinere Festlichkeiten, namentlich in den Schulen, ist selbstverständlich und ebenso gewiss wird an diesem Tage unsere Kunst die Hauptrolle spielen; der Wegweiser meldet sich daher mit einer Anzahl geeigneter Werke pflichtschuldigst zur Stelle.

Unsere Männergesangvereine werden gewiss nicht zurückstehen wollen, schon aus dem Grunde nicht, weil so manches alte Mitglied vor 30 Jahren „mit dabei war" und sein Blut dafür eingesetzt hat, die Ehre des Vaterlandes zu retten und seinen Ruhm zu begründen. Sie seien aufmerksam gemacht auf eine Anzahl kleiner, leichter Lieder, welche zum Teil des patriotischen Schwunges nicht entbehren; so sind im Volkston gehalten: R. Sonnenberg, op. 3 „Gruss an das Vaterland", mit sangbarem Tenor-Solo, Norbert Hoft, „Deutsche Reichshymne", Karl Zuschneid, op. 49 „Kaiserhymnus" und C. Kainer, op. 30 „Deutschland", kernige Weisen, a cappella und leicht ausführbar. Im Charakter ähnlich, nur mit Begleitung sind: G. Popig, „Dem Kaiser", deutsche Volkshymne (d. h. sie will es werden), und Robert Schwalm, „Für Kaiser und Reich". Etwas grössere Ansprüche an die Ausführenden machen: P. Teichfischer, op. 31, „Mein Vaterland", sehr wohlklingend, Alph. Maurice, op. 41 „Deutscher Weihegruss", schon ziemlich schwierig, Carl Pieper, op. 23 „Deutschland", ein schön gearbeiteter, schwungvoller Chor und Hermann Voigt, op. 103 „Ganz Deutschland hält die Wacht". Voigt verleugnet auch hier nicht seine bekannte Meisterschaft im Männerchorsatz. Endlich gehört hierhin noch K. Zuschneid, op. 44 „Der deutsche Michel". Die kraftvolle, durch und durch deutsche Natur dieses Chormeisters scheint sich in der Darstellung derartiger erhabener und erhebender Stimmungen am wohlsten zu fühlen. Das zeigt sich namentlich in seinem grösseren Chorwerk „Die Zollern und das Reich", Festkantate mit verbindender Deklamation für gemischten Chor mit Orchesterbegleitung, speziell für das 200jährige Jubiläum des Königreichs Preussen bestimmt und daher besonders willkommen. Die Dichtung giebt einen kurzen Abriss der Geschichte des Reichs und stammt von H. Winkler; namentlich Schulchören sei das Werk empfohlen. Auch die kleineren Chöre Zuschneids: op. 44 „Der deutsche Michel" für Männerchor, op. 47 „Das glückhafte Schiff" etc

Für Männerchor mit Orchester ist dann noch ein grösseres Werk von Gustav Hecht erwähnenswert: „Festgesang" op. 46 „zu Preussens Jubeltage" mit Blasinstrumenten und Pauken, dem Schwung und Feuer nachzurühmen ist.

Einige Werke von Fr. Kriegeskotten erschienen besonders geeignet für Schulfestlichkeiten, so konnten wir bereits mehrfach von den Erfolgen des Chorwerks „Armin" berichten; auch die anderen Chorwerke: „Barbarossa", „Wilhelm der Siegreiche" und „Kaiserhymnus" haben bei ihren Erstaufführungen schöne Erfolge erzielt. Auch ein Chor von L. Machts, op. 6 „Zu Kaisers Geburtstag" und von Alb. Becker „Siegeshymnus" sind empfehlenswert.

Zur Erinnerung an die Kaiser-Proklamation 1871 hat Ernst Hoebel ein Festspiel für vierstimmigen Schülerchor mit Orch. und Harmonium, Deklamation und lebenden Bildern nach vaterländischen Dichtungen zusammengestellt und komponiert; es betitelt sich: „Aus Deutschlands grosser Zeit" und schildert lebendig und anschaulich die Hauptmomente des letzten Krieges. Die Musik ist einfach und natürlich, nirgends besondere Schwierigkeiten bietend, nur in dem umfangreichen 4händig gesetzten Vorspiel können zwei fingergewandte Sekundaner ihre Künste zeigen.

Grosse Erfolge hat bereits H. Kippers „Dem Kaiser Heil", Dichtung von Dr. Chr. Stephan, gefunden. Die Sprache ist schwungvoll und poetisch, die Dichtung von warmer, vaterländischer Gesinnung durchweht und geeignet, den Sinn und das Verständnis für die grosse vaterländische Vergangenheit bei der heranreifenden Jugend zu wecken und zu befestigen. Die einzelnen Bilder sind so farbenreich, dass eine Aufführung äusserst lohnend ist. Die Musik Kippers schmiegt sich dem Text überall innig an und bietet keine Schwierigkeiten.

❦

Die Bearbeitung des deutschen Volksliedes.

H. vom Ende.

I.

Es gab eine Zeit, da unsre Schriftgelehrten das deutsche Volkslied mit Hohn und Spott überschütten zu dürfen glaubten, während das Volk — nicht der Strassenjanhagel, sondern die arbeits- und genussfrohe Jugend unseres Bürger-, Handwerker- und Bauernstandes — nicht müde wurde, seine Weisen, die sein eigenes Denken und Empfinden wiedergaben, die es liebte, wie seine Heimat, sein Vaterhaus, seine Muttersprache, die es hegte und pflegte als teuerstes und wertvollstes Gut, hinauszuschmettern.

Es war in der zweiten Hälfte des 18. Jahrhunderts, als der Berliner Schriftsteller Nicolai seinen „feynen kleynen ALMANACH Vol schönerr echterr liblicherr Volckslieder" herausgab, in der Absicht, das Volkslied lächerlich zu machen; eine Sammlung aller möglichen Volks- und Pöbellieder, von der Herder sagte: „Eine Schüssel voll Schlamm, öffentlich aufgetragen". Auch Lessing schalt über die Pöbellieder, die sich zwischen die Volkslieder hineingemengt hatten. Das alte, schöne Volkslied hatte seine Blütezeit gegen Ende des 16. Jahrhunderts vollendet; dann begann der Rückschritt, die Lieder fingen an, kunstvoller zu werden, aber zugleich auch nüchterner und trockener. Im 17. Jahrhundert kam der Verfall des Liedes, es wurde missachtet und an seine Stelle trat eine trockene, prosaische Zeitungspoesie. Erst gegen Ende des 17. Jahrhunderts tauchte das neuere Volkslied auf und begann sich langsam Bahn zu brechen; aber noch hatten Herder und Goethe nicht mit kunstsinniger Hand hineingegriffen in diese reichen Schätze völkischen Geistes und Empfindens, noch hatten Arnim und Brentano nicht ihr Wunderhorn gefüllt, noch musste ein Beethoven zu schottischen Volksliedern greifen, weil ihm das Schatzkästlein des eigenen Volkes nicht erschlossen war; nur unser Volk, die Burschen und Mägdlein in den Spinnstuben, Gesellen und Soldaten auf dem Marsche, Studenten beim Zechgelage waren die Hüter und Mehrer dieses Schatzes. — Und dann kam eine Zeit, da wars umgekehrt. Die Spinnstuben gingen ein, wurden von kurzsichtigen Behörden wohl gar verboten; immer breiter machte sich in den Städten mit der Ausdehnung der Industrie und des Fabrikwesens die materialistische Anschauungsweise, die Sucht nach materiellen Genüssen; edlere Regungen machten grober Sinnlichkeit Platz — das Volkslied verschwand aus den Regionen, welche es vorzugsweise gepflegt und gefördert hatten, wurde dafür aber ein Objekt der Bewunderung und

Und nun, nachdem dank der fleissigen Mitarbeit so vieler Sangesfreunde dieser Hort gehoben und geborgen ist, nun gilt es, ihn zu säubern von entstellenden Beigaben, ihm ein schmuckes Gewand anzulegen und ihn dann wiederum dem Volke zu schenken, als ein Symbol seiner Seele, als ein Spiegel, welchem sein eigenes, tiefes Empfinden entstrahlt, deutsche Treue und Gewissenhaftigkeit, Ehre und Wahrhaftigkeit.

Unser Volkslied entbehrt der Pikanterien der französischen, der sinnlichen Glut der italienischen, des rhythmischen Feuers der slavischen Brüder, aber um so mehr birgt es den unendlich innigen Zauber der Wehmut, das bange Mitleiden mit der Herzgeliebten beim Scheiden und echte, kernige, himmelhochjauchzende Freude über seine Heimat oder über den beseligenden Besitz eines Dirndls.

Und diese Schätze wiederum dem Volke zugänglich zu machen, für ihre Verbreitung zu sorgen, es dahin zu bringen, dass unser Volk seine Lieder wieder liebgewinne, das sei unser eifrigstes Bestreben. Dazu kann aber gerade der Musiker am allermeisten beitragen, denn er ist vor allem befähigt, diese Weisen in ihrer ganzen Innigkeit aufzunehmen und zu erfassen. Die Beschäftigung mit diesen Offenbarungen der Volksseele ist ja zugleich auch die schönste und dankbarste Aufgabe für ihn, und von höchster Bedeutung für seine künstlerische Weiterentwickelung; denn in ihnen findet er, was dem Künstler am meisten Not thut: Wahrheit und ernstes, natürliches, tiefes Empfinden.

Der Musiker soll also diesen Liedern ein schönes Gewand bereiten, damit sie dem Volke liebenswert erscheinen und es nach ihnen verlangt. Und dann sollen diese Werke in denkbar vollkommenster Aufführung dargeboten werden: mit schönstem Stimmenmaterial, Vollendung der technischen Ausfeilung, feinster Schattierung, Wärme der Empfindung — mit einem Worte: das Volkslied, das ja eigentlich kunstlos gefügt ist, in vielen Fällen sogar gegen die Regeln der Kunst verstösst, es soll in die Sphäre der Kunst emporgehoben werden. Das ist das Amt, welches Musiker, Gesangvereine und Schulen zu übernehmen haben. Daneben soll natürlich auch dafür Sorge getragen werden, dass diese Thätigkeit nun auch ihre Früchte trage, dass, was die Kunst geboten, sich einniste in das Herz des Volkes und lebendig bleibe, damit es in kunstloser Weise wieder ans Tageslicht trete, wenn sangesfrohe Geister sich treffen und in Feierstunden den Drang in sich spüren, ihre Lust hinauszujubeln in Gottes schöne Welt, sich und anderen zu Trost und Freude, in dem Gedanken:

> Ich singe, wie der Vogel singt,
> Der in den Zweigen wohnet;
> Das Lied, das aus der Kehle dringt,
> Ist Lohn, der reichlich lohnet.

II.

Es traf sich glücklich, dass um dieselbe Zeit, als durch fleissige Forschung und Sammlung unser Sangeshort von berufener Seite gehoben und geborgen wurde, in den Männergesangvereinen eine Institution sich zu entwickeln begann, welcher vor allen anderen die Aufgabe zufallen sollte, das Volkslied zu pflegen und die dieselbe in einer Weise erfüllt hat, dass man sich das Volkslied kaum anders vorstellen kann, denn als Männerquartett. Unsere gemischten Chöre haben sich dieser Aufgabe bisher viel zu wenig gewidmet, obschon einige gediegene Sammlungen dafür existieren; freilich soll nicht geleugnet werden, dass Sammlungen, welche nur Volkslieder enthalten, fast gar nicht vorhanden sind: stets nehmen volkstümliche Lieder oder solche im Volkston, manche recht zweifelhafter Güte, einen breiten Raum ein, aber ein tüchtiger Dirigent wird da schon die Spreu vom Weizen zu scheiden wissen und dazu sollen auch die nachfolgenden Auseinandersetzungen beitragen. Um für diese eine Unterlage zu bekommen, folgt zunächst eine kurze Übersicht über die diesbezügliche Litteratur mit Bezugnahme auf die in No. 8, 9, 10, 12 Jahrg. I und 1, 2 Jahrgang II des Wegweisers veröffentlichten Verzeichnisse der Textanfänge. Die betr. Nummern sind einzeln à 15 Pfg. durch die Verlagshandlung käuflich, Jahrgang I komplett für Mk. 1,50. (Fortsetzung folgt.)

Das Studium der Musiktheorie. In Berlin ist eine Hochschule für angewandte Musikwissenschaft (Direktor Max Battke), verbunden mit einem Seminar für Chordirigenten, Gesanglehrer und Lehrerinnen gegründet und damit der Weg beschritten worden, welcher allein zu dem Ziele führt, die ausübenden Künstler zum Verständnis der wiederzugebenden Tonschöpfungen anzuleiten und die Hörer zum Genuss vornehmer Kunst mit eignem, reifem Urteil. Das eifrigste Musizieren bleibt unfruchtbar, wenn nicht zugleich durch theoretische Schulung die Einsicht in das innere Wesen der Kunst, die Entwickelung des musikalischen Auffassungsvermögens und die Ausbildung des musikalischen Geschmackes gefördert wird. Wer aber einigermassen das melodische, rhythmische und harmonische Material der Tonsprache beherrscht, wer das Wesen der musikalischen Form in sich aufgenommen hat, bei dem sind auch die Grundbedingungen erfüllt für das musikalische Verständnis; der wird auch die Kunst lernen, zu hören, nicht allein mit dem Ohre, sondern auch mit seelischem Mitgefühl und Verständnis. Die Erkenntnis der Notwendigkeit solcher Studien ist leider auch in unserer Künstlerwelt durchaus noch nicht genügend vorhanden. unsere Konservatorien müssen das Hauptgewicht auf die praktische Ausbildung des Schülers legen, da die übliche zwei- bis dreijährige Studienzeit nicht im entferntesten ausreicht, den Schüler so weit zu bringen, dass er mit Erfolg theoretisch selbständig weiter arbeiten kann, und den Privatmusiklehrern fehlt gewöhnlich die Übung oder das Wissen für den höheren theoretischen Unterricht. Dazu kommt noch, dass der persönliche Unterricht sehr kostspielig und auch nur in grösseren Städten zu haben ist, so dass bei weitem der grösste Teil unserer Dirigenten die Segnungen desselben gänzlich entbehren muss. Dieser Umstand bewog den Unterzeichneten, das „Institut für brieflichen Unterricht in der Theorie der Musik" zu gründen, welches im wesentlichen denselben Zweck verfolgt, als die obengenannte Hochschule. Obschon das Unternehmen seiner Neuheit wegen noch manch' zweifelhaftes Lächeln vielerorts hervorruft, hat es doch bereits eine sehr grosse Zahl von Schülern und Anhängern gefunden und Unterzeichneter kann hiermit seiner Freude darüber Ausdruck geben, dass aus jedem Briefe eine der Gewissheit des Erfolges entspriessende Dankbarkeit hervorleuchtet; eine Anzahl gediegener Chorkompositionen von Schülern der Anstalt liefern ebenfalls den Beweis, dass erspriesslicher Unterricht auch auf diesem Wege möglich ist.

Dieselben Ziele verfolgt die Hochschule in Berlin, welche unter der Leitung des Herrn Direktors Max Battke steht und der wir aufrichtig bestes Gedeihen wünschen, weil wir von der Notwendigkeit derselben überzeugt sind.

H. vom Ende.

Neue Weihnachtschöre.

Für gem. Chor hat P. Stöbe drei Altdeutsche Weihnachtslieder sehr klangvoll gesetzt; darunter das älteste bekannte aus dem 14. Jahrhundert; ferner das Engellied von Laufenberg (1430) und Weihnachts-Nachtigall (1700). Die stimmungsvollen Liedchen sind bestens zu empfehlen.

»Weihnacht im Walde« von F. Rebay jr., für Männerchor ist ein ausserordentlich klangschönes, sauber gearbeitetes Werk, und bringt die unendlich zarte, beinahe mystisch zu nennende, Poesie der Fr. Schanz'schen Dichtung zu wirkungsvoller Darstellung.

Vermischtes.

Der Kölner Männer-Gesangverein errang im letzten Konzert unter der genialen Leitung seines Chormeisters Prof. Jos. Schwartz einen ganz aussergewöhnlichen Erfolg mit dem Altdeutschen Schlachtliede von Rich. Strauss. Wenn schon im I. Teil, der Aufforderung zum Kampfe, mit deutscher Faust und kühnem Mut die Tyrannen niederzuwerfen, der furor teutonicus zu wirksamstem Ausdruck gelangt, so birgt der meisterhaft gearbeitete Mittelsatz: »Ha fallet in sie,« ein dramatisches Leben, das unwiderstehlich mit sich fortreisst. Tiefsten Eindruck hinterlässt auch der Schlusssatz mit seinem Erlösungsgedanken, namentlich die letzten Takte mit dem sanften Abschwellen am Schluss. Das sieghafte Ungestüm des Werkes wurde in plastischer Wiedergabe von dem, technische Schwierigkeiten gar nicht mehr kennenden, Chore meisterhaft zur Geltung gebracht. Auch der an Klangschönheiten reiche Chor von Hegar, Kaiser Karl in der Johannisnacht, errang lebhaften Beifall.

Die Elberfelder Liedertafel trat anfangs November zum ersten Male unter Leitung ihres neuen Dirigenten Güldner auf und bewies durch die errungenen Erfolge, dass die Wahl des Dirigenten eine glückliche war. Der Gen.-Anz. für Elberfeld-Barmen schreibt über die Aufführung: Der Chor der „Liedertafel" betrat dann das Podium zum Vortrag zweier Männerchöre, einer Motette „Gross sind die Wogen" von Richter, und des Waldliedes aus „Der Rose Pilgerfahrt" von Schumann. Liess die Festigkeit der Tongebung in der ersten Nummer stellenweise noch zu wünschen übrig, so war dieses Manko in der Schumannschen Komposition mit Hornbegleitung — nebenbei bemerkt eine Perle in der Männerchorlitteratur — schon ausgeglichen, wie denn überhaupt die Leistungen sich erfreulicher Weise von Chor zu Chor in Bezug auf Exaktheit und Schönheit steigerten, um ihren Höhepunkt in der Schlussnummer zu erreichen. Als solche war das neueste Werk von Ernst Heuser — bekanntlich einem geborenen Elberfelder, der auch zur persönlichen Leitung seines Werkes von Köln herüber gekommen war — gewählt worden: „Deutsche Sänger am Missouri", mit Orchester und Orgel. Es ist dem Brooklyner Sängerbunde gewidmet und imponiert sowohl durch den Schwung, der durch das Ganze geht, wie durch manche intime Schönheit, sei es instrumentaler, sei es vokaler Natur. Sehr glücklich fügen sich ein paar Soli für Tenor bezw. Bass ein, die von Chormitgliedern gesungen wurden. Als ein hübscher Gedanke muss die Verwendung des Motivs von „Deutschland, Deutschland über Alles" bezeichnet werden, das erst ganz leise während des letzten Solos, wo von „Deutschlands Glück und Segen" die Rede ist, im Orchester auftaucht, um in der vom Chor gesungenen Schlussstrophe unter Hinzutritt der vollen Orgel zum Orchester noch einmal zu erklingen und zur Herstellung des pompösen Schlusses mit verwandt zu werden. Die Aufführung gestaltete sich zu einem vollen und verdienten Erfolge für den Autor, was um so lieber konstatiert werden soll, als der Komponist in Heuser bei jedem seiner uns bis jetzt bekannt gewordenen grösseren Werke erfreulicher Weise noch gewachsen ist und man somit noch manches Schöne erwarten darf.

Die Liedertafel Würzburg unter Prof. Max Meyer-Olbersleben bot in ihrem letzten Konzert den Besuchern eine reizende Neuheit: „Die tausendjährige Linde" von Th. Podbertsky, in welcher die tiefgefühlte Dichtung Stieblers in prächtigen Farben wiederstrahlt. Das Werk wurde vom Publikum sehr beifällig aufgenommen.

Stettin. Mit schönstem Gelingen feierte Direktor Hermann Kabisch das 25jährige überaus erfolgreiche Bestehen seiner Akademie für Kunstgesang durch ein Festkonzert. Zu diesem Zwecke hatte sich ein Damenchor aus ca. 200 jetzigen und früheren Schülerinnen gebildet, welcher unter anderem „Ave Maria" von Brahms, Die Nixe von Rubinstein, „Erntetanz" von Hamerik, Szenen aus der Frithjof-Sage von M. Bruch und als Neuheit für Stettin „Athenischer Frühlingsreigen" von Jos. Frischen mit Orchesterbegleitung zum Vortrag brachte. Frischens Frühlingsreigen gefiel, wie der Stett. Gen.-Anz. schreibt, ganz besonders durch die Pracht der Orchesterfarben, mit der sich eine empfindungsreiche Melodik verbindet; zu wundervollen Effekten steigert sich das Finale. Das ausserordentlich dankbare Werk gelangt auch im Leipziger Gewandhaus noch in dieser Saison unter Nikisch zur Aufführung.

Das neue Passions-Oratorium von Felix Woyrsch wird am 6. Dezember im 1. Konzert der Altonaer Singakademie unter Leitung des Komponisten in Hamburg zur Aufführung gelangen. Das Oratorium wird in diesem Winter u. A. auch in Köln, Göttingen, Rudolstadt aufgeführt werden.

Dieser Nummer liegt ein Prospekt der Firma Phil. F[illegible]s, Zürich, bei, welche der Beachtung empfohlen sei.

Sämtliche deutschen Volkslieder und volkstümlichen Lieder, welche für Männerchor gesetzt sind. Schluss.

1110 * Von des Rheines Strand, wo die.
1111 Von dir geschieden.
1112 Von Luzzern uft Weggis zur.
1113 * Von meinen Bergen muss ich.
1114 Vou Spielhahn die Federn.
1115 * Vor ein Jahr bin i ganga.
1116 Vota, wann geist ma denn s'Honmatle.
1117 Vor Zeiten war ich lieb und wert.
1118 Wach auf, mein Herzensschöne.
1119 Wahre Freundschaft soll nicht.
1120 Waldeslust; I O wie einsam.
1121 * (Das) Wandern ist des Müllers Lust (C. Zöllner).
1122 Wann dei Herzle so war.
1123 Wann der Auerhahn balzt
1124 Wann die Karnthnerbaum.
1125 Wann die Nachtigall.
1126 Wann du durchgehst durchs Thal.
1127 Wann du mi nit magst.
1128 Wann du mit dein Herzlan.
1129 Wann i a Musi hör.
1130 Wann i a arisan.
1131 Wann i aufdenk auf mein junges Leben.
1132 Wann i an Jaga war.
1133 Wann i auf d' Alma geh.
1134 Wann i auf'n Hammetsberg.
1135 Wann i das gar erst wüsst.
1136 Wann i das saggrische Diandle.
1137 Wann i di nit bekimm.
1138 Wann i do nar a liabs.
1139 Wann i geah auf die Birsch.
1140 Wann i geh in die Gewänd.
1141 Wann i geh auf die Pürsch.
1142 Wann i mein Diandle halsen.
1143 Wann i meine Diandlan.
1144 Wann i so amol aff d' Welt.
1145 Wann i von der Alma geh.
1146 Wann i wischpl.
1147 Wann i wissen that.
1148 Wann i's Stündle nar wüsst.
1149 Wann mei Diandle.
1150 Wann uns're zwa Herzlan.
1151 Wanns Diandle i halsen.
1152 Wann's Glöckle hell klingt.
1153 Wann's im Winter schneit.
1154 Wann's Liabn a Sünd war.
1155 Wann's nar beim Teuxel.
1156 Wann's nur glei regnen thuat.
1157 Wanns wottert und donnert.
1158 * Wär' ich ein Vöglein.
1159 Wär ich ein wilder Falke.
1160 Warn unsre zwa Herzlan.
1161 * Wart, i will der, wart.
1162 * Warum bist du so ferne (Marschner).
1163 Warum bist du denn so traurig.
1164 Warum gehst du so früh ins Grass.
1165 Warum will's ein Jeder wissen.
1166 Warst nit affigstiegn.
1167 * Was blasen die Trompeten.
1168 Was braucht denn a Stalldiarn.
1169 Was bleibt denn da draussn.
1170 Was denn das is.
1171 * Was glänzt dort vom Walde (v. Web.)
1172 * Was gleicht wohl auf Erden. (v. Web.)
1173 Was geits wohl auf Earden.
1174 as hab ich denn m. Feinsl. geth.
1175 Was hat der Schneider zum Frühstück.
1176 Was hat denn mei Vaser gedacht.
1177 W s helfen mir tausend Dukaten.
1178 * Was ist das für ein durstig Jahr (Kreutzer).
1179 Was ist doch au das.
1180 * Was ist des Deutschen Vaterland (Reichard).
1181 Was flagst denn.
1182 * Was frag ich viel nach Geld u. Gut.
1183 * Was freut einen alten Soldaten.
1184 * Was macht den Lenz. die Blumen (F. Lachner).
1185 * Wa macht ihr, dass ihr weinet.
1186 * Was schimmert dort auf dem Berge (Kreutzer).
1187 * Was soll ich in der Fremde thun.
1188 * Was steht denn junge Mädle.
1189 Was thuat denn der Jagerbua.
1190 * Was uns eint als deutsche Brüder (Mendelssohn).
1191 * Weg mit den Grillen und Sorgen.
1192 Wegn koan Kuah u. koan Kalm.
1193 Wegn an Buam trauri sein.
1194 * Weh, dass wir scheiden mussen. (Kinkel).
1195 Weib, du sollst gar wind amel gehn.
1196 Weidet ein Mägdlein.
1197 Weil man jung sein.
1198 (Das) Weinle ist guat.
1199 Weine nicht, feines Mägdelein.
1200 * Weiss ich ein schönes Blümelein.
1201 * Weisst du wohl noch, was du einst.
1202 * Wem Gott ein braves Lieb bescheert.
1203 * Wem Gott will rechte Gunst (Men-
1204 do. (Frohlich) delssohn).
1205 Wenn auch die Hähne krähen
1206 Wenn alle Brunnlein fliessen
1207 * Wenn alles wieder sich belebt.
1208 * Wenn der Frühling kommt.
1209 * Wenn der Lenz erwacht.
1210 * Wenn der Mond so schön scheint.
1211 * Wenn der Morgen erglanzt.
1212 Wenn der Schnee v. d. Alpen wegageht
1213 Wenn (du) zu mein Schatzel kommst.
1214 Wenn's Diandl sauber ist.
1215 Wenn ich an den letzten Abend gedenk.
1216 Wenn ich auf Amerbach geh.
1217 * Wenn ich den Wandrer frage.
1218 * Wenn ich ein Brünnlein wär.
1219 Wenn ich ein Waldvöglein wär.
1220 Wenn ich ein Vöglein wär.
1221 * Wenn ich einst das Ziel erru gen (Silcher).
1222 Wenn i halt fruah afsteh.
1223 Wenn i me Diandle halsen th a.
1224 Wenn mi s' Diansl nid mag.
1225 * Wenn mien Scha s gefus'tern gohd.
1226 Wenn i Morgens früh aufsteh.
1227 * Wenn i zum Brünnele geh.
1228 * Wenn mein Pfeifchen dampft und.
1229 * Wenns Mai ifserl webt.
1230 * Wenn sich der Geist auf Andachtschwingen (Kalliwoda).
1231 * Wenn sich zwei Herzen scheiden.
1232 Wenn scho die frischn Buabn.
1233 * Wenn weit in den Landen.
1234 * Wenn wir durch die Strassen ziehen.
1235 Wer jagen will, muss früh.
1236 * Wer hat dich, du schöner Wald (Mendelssohn).
1237 * Wer seine Hände falten kann.
1238 * Wer sich recht zu freuen weiss.
1239 Wer sie am Gamsberg.
1240 * Wer singet im Walde so heimlich.
1241 Wer steht da droben.
1242 * Wer will unter die Soldaten (Kücken).
1243 Wia ma druckt.
1244 Wia ma nechten sein geschieden.
1245 Wia mei Diendle, mei kleine.
1246 Wia soll i denn schiassn.
1247 Wie hass isch mer du.
1248 Wie die Blumlein draussen zittern.
1249 Wie freut mi mein Bix.
1250 Wiegerle, Wälgerle.
1251 * Wie heisst König Ringangs Töchter.
1252 * dito. (Vei.
1253 * Wie ist's i Sumpf so nass.
1254 Wie kommts, dass ich so traurig bin.
1255 Wie komm ich zu deins Vater.
1256 Wie liebl. tönts I Berg.
1257 * Wie mein Deandl, mein kloans.
1258 * Wie mir deine Freuden winken.
1259 * Wie mit grimmigem Unverstand.
1260 * dito. (Dürrner
1261 * Wie sie so sanft ruhn (Hesecken
1262 Wie weachd's mar denn giaha.
1263 * Wilhelmus von Nassauen bin ich.
1264 * Willkommen, o seliger Abend.
1265 * Willkommen, werte Gäste.
1266 Willst du an Hosenlupf.
1267 * Winde wehen, das Ruder knarrt.
1268 * Wir hatten gebauet.
1269 * Wir treten zum Beten vor Gott.
1270 Wo a kleins Hüttle steht.
1271 Wo das klare Wasser fliesst.
1272 Wo die kla en Wasser fliessen.
1273 Wo gehst du hin, du Stolze.
1274 * Wo geh wo I steh (Koschat).
1275 * Wohlauf Gottes schöne Welt.
1276 * Wohlauf in Gottes weite Welt.
1277 * Wohlauf noch getrunken.
1278 * Wohlauf, Kameraden, aufs Pferd (J. Zahn).
1279 Wohl heute auch und morgen.
1280 * Wo i geh und steh.
1281 Wohl sehr glücklich ist.
1282 * Wo lebt mein süsses, herziges Lieb.
1283 * Woll'n wir auf die Berge eilen
1284 * Wollt's öpper an Hosnlupf wagn
1185 * Wo Mut und Kraft in deutscher Seele
1286 * Wo schlanke Nixen tanzen.
1287 * Wo solch ein Feuer noch gedeiht (Mendelssohn)
1288 * Wo weilest du, lieb Freundchen mein
1289 * Würziger Hauch durchweht die Blüten.
1290 * Wo zur frohen Feierstunde.
1291 Zu Ostern das Ei.
1292 Zu mein Diandl ihrn Fenster.
1293 Zu Mautbruckn is a.
1294 Zwa Fischlan im Wasser.
1295 Zwa schneeweisse Täubalan.
1296 Zwischen Klagnfurt u. St. Veit.
1297 Zwöge meiner, zwöge deiner.
1298 * Zwei Särge einsam stehen.
1299 Zillerthal, du bist mei Freud.
1300 Zillerthal is a schöues Landl.
1301 * Ziel von meinen Tagen.
1302 * Zillerthal, du bist mei Freud.
1303 * Z'nachst bin i halt gange.
1304 * Zu Augsburg steht ein hohes Haus
1305 Zu Koblenz auf der Brücken.
1306 * Zu dir bin i ganga.
1307 Zu dir zieht's mi hin.
1308 * Zu ehren und preisen.
1309 * Zu Mantua in Banden.
1310 * Zum Walde musst du wandern gehn
1311 * Zur Heimat lenk ich.
1312 * Zur Schmiede ging ein junger Held
1313 Zu Strassburg auf der langen Brück
1314 Zu Strassburg auf der Schanz (Silcher)
1315 * Zwa Sterndlan am Himmel.
1316 Zwischen Berg und tiefem, tiefem Thal
1317 * Zwischen Frankreich u. d. Böhmer Wald.
1318 do. (Dürrner

Konzertbericht.

Georg Christiansen.

Herr **Christiansen**, ein Schüler Max Pauers und Leschetizkys, der sich bereits als Direktor des Konservatoriums zu Braunschweig und Musikdirektor in Remscheid einen Namen gemacht hat, ist vor Kurzem als Hauptlehrer für höheres Klavierspiel an das Konservatorium zu Münster berufen worden und nimmt nunmehr seine pianistische Thätigkeit in weiterem Umfange wieder auf. Über seine Fähigkeiten als Klaviervirtuose mögen nachstehende Kritiken Aufschluß geben:

Konzert des Männer-Gesang-Vereins „Euphonia“.

Remscheid, 26. November 1898.

Remschelder Zeitung: Allseitiges Interesse erregte die vortreffliche pianistische Leistung des Herrn Dir. **Georg Christiansen,** wodurch er sich selbst ein beredtes Zeugnis der Reife auf seinem Gebiete ausgestellt hat. Er brachte den schwierigen „Faschingsschwank aus Wien“, op. 26 von Schumann mit dem kraftvoll erfundenen Allegro, der melodieerfüllten Romanze, dem frischen und humorvollen Scherzino, dem burlesken Intermezzo und flotten Finale temperamentvoll zu Gehör. Herr Dir. **Christiansen** ist kein Blender, sondern eine Künstlernatur, die hält, was sie verspricht und die stets das innerliche Kunstinteresse über den äußerlichen Erfolg stellt. Ein musikalisches Spiel, hochentwickelte Technik, Schwung, tadelloser, allen modulatorischen Feinheiten zugänglicher Anschlag, rhythmische Klarheit und zuverlässiges musikalisches Gedächtnis bilden sein musikalisches Rüstzeug; er wurde verdientermaßen mit stürmischem Beifall ausgezeichnet.

Lieder- und Klavierabend in Braunschweig. 6. Februar 1899.

Braunschweiger Tageblatt. Herr Dir. **Christiansen** wußte zu fesseln durch seine vortrefflichen Darbietungen auf dem Klavier. Sowohl in den Variationen über das russische Lied „Die Lerche“ von Liszt als auch in dem Chopin'schen Impromptu traten Klarheit in Vereinigung mit vornehmer Auffassung, Wahrung des Stiles und der Eigenart, sicherste Technik und kongeniales Empfinden im Geiste des Tondichters in wohlthuender Weise in die Erscheinung.

Klavier-Abend in Remscheid. 18. März 1899.

Remschelder Generalanzeiger. Der Veranstalter des Konzertes fand in einer Reihe vorzüglicher Vorträge Gelegenheit, sein tüchtiges Können im Klavierspiel zu zeigen; ein hohes Maß technischer Fertigkeit als auch verständnisvolle Wiedergabe der Kompositionen ernsteren und heiteren Genres mit feiner Bearbeitung jeder Nuancierung sind ihm eigen, wie dies alsbald bei der Bach-Liszt'schen „Toccata und Fuge“ zu Tage trat. Als besonders schöne Gaben möchten wir aus der Zahl der Vorträge dann noch Chopin's „Valse brillante“ und das „Frühlingsrauschen“ von Sinding erwähnen.

Konzert des Männer-Gesang-Vereins „Euphonia“.

Remscheid, 14. Oktober 1899.

Remscheider Zeitung. Herr Klaviervirtuose **Georg Christiansen** hatte mit seinen Programmnummern eine glückliche Wahl getroffen; er spielte das Chopin'sche Nokturno G-dur und nahm besonders in der berückenden „Berceuse“ desselben Komponisten und in dem Schubert'schen „Moment musikal“ (F-moll) durch weichen Anschlag und vornehm poetische Auffassung bei technisch solider Wiedergabe für sich ein. Mit feinsinniger Schattierung und warmem Gefühl wußte er den Stimmungsgehalt der einzelnen Kabinettstückchen zu treffen. — Alle drei Solisten fanden so reichen und herzlichen Beifall, daß sie sich zu je einer Zugabe verstehen mußten.

Alice Rau.

Eine junge Künstlerin, welche glänzende Stimmmittel mit anmutigem Aeusseren verbindet, ist aus der trefflichen Schule des bekannten Mainzer Musikdirektors Prof. Fr. Volbach hervorgegangen. Die Beurteilungen, welche namentlich Grösse und Umfang ihres Organs hervorheben, sind überall sehr günstig ausgefallen und sei deshalb auf die Künsterin aufmerksam gemacht.

Trierer Landeszeitung, 6. November 1899. In den beiden Quartetten mit Sopran-Solo lernten wir in Fräulein Alice Rau aus Mainz eine Sopranistin mit starker und umfangreicher Stimme kennen, welche auch mit Geschick und Sicherheit ihre Partie durchführt.. Allein sang Fräulein Rau aus dem hohen Liede von Cornelius, Mignon-Lied von Liszt und „Im Schauer der

Wonne" von Volbach. Ihr Mignon-Lied, ein trefflicher Prüfstein, war eine künstlerische Musterleistung. Herr Lomba, der geschickte und geschätzte Dirigent der Musikvereins-Konzerte, hatte die Klavierbegleitung der Lieder übernommen und hat durch die Ausführung sehr zu Dank verpflichtet. Fräulein Rau musste auf allgemeines Verlangen noch eine Zugabe spenden, als welche sie der Liebe Lohn aus den Brautliedern von Cornelius sang und wiederum verdienterweise reichlich Beifall erntete. Die mächtig wirkende Schubert'sche „Allmacht", von Liszt für Männerchor, Orchester, Harfe und Orgel bearbeitet, bildete als Schlusschor einen künstlerisch wohlthuenden befriedigenden Abschluss.

Bochum, 14. Januar 1900. Märkischer Sprecher. Fräulein Alice Rau sang „Isoldens Liebestod", ferner eine Arie aus der Oper „Cinq Mars" von Gounod und gab auf wiederholtes Hervorrufen noch ein Lied des Grafen Bernstorff mit Text aus dem wilden Jäger zu. Fräulein Rau verfügt über eine mächtige und herrlich schöne Sopranstimme mit seltener Frische und Abrundung in allen Tonlagen und vollendeter Sicherheit beim Einsatz hoher Pianissimi. Zu einer vortrefflichen Stimme gesellte sich ein meisterhafter Vortrag, welcher auch gerade wegen der bedeutenden Stimmmittel in dem Tonstück Wagners Begeisterung erweckte.

Rheinisch-Westfälisches Tageblatt. Fräulein Alice Rau erwies sich als eine mit vortrefflichen Stimmmitteln begabte, wohlgeschulte Sängerin. Ihr Ton ist von einer Fülle, Kraft und Eindringlichkeit, wie man das sehr selten findet. Sie weiss ihn auch recht künstlerisch zu behandeln und sowohl Kraft als auch Atem in fein abgewogener Weise zu verwerten. Die Vertiefung und Beseelung des Ausdrucks, die Klarheit und Deutlichkeit der Aussprache drücken ihren Leistungen den Stempel des Bedeutsamen auf. Ihre Darbietungen fanden wohlverdienten Beifall. Derselbe gestaltete sich nach dem Vortrage der herrlichen Arie aus der Oper „Cinq Mars" von Gounod so stürmisch und andauernd, dass die gefeierte Künstlerin in liebenswürdiger Bereitwilligkeit durch eine Zugabe — Ballade von Graf Bernstorff — das begeisterte Auditorium erfreute.

Kölner Bläservereinigung.

Zweibrücker Zeitung, 27. Okt. Das gestrige Konzert des Cäcilienvereins, das die diesjährige Saison eröffnete, darf auch für den neuen Direktor des Vereins, Herrn Binder, als vorzügliche Einführung, noch mehr als das, als ein glänzender Erfolg gelten. Die Kammermusik für Streichorchester war uns durch das Kölner Gürzenich-, sowie das Walter-Quartett zur Genüge bekannt. Für Blasinstrumente war sie uns neu. Das Neue interessiert nun wohl, ohne (in den meisten Fällen wenigstens) allseits zu gefallen. Das war indess gestern der Fall und darin lag neben der durchschlagenden Aufnahme, welche das Pianofortesolo des Herrn Binder fand, der schöne Erfolg des Abends. Es ist selbstredend, dass die Kölner Künstler, die Herren Erkert (Oboe), R. Friede (Klarinette), P. Sadony (Fagott) und last not least F. Ketz (Waldhorn), Meister ihrer Instrumente sind, dass sie ein seltenes Zusammenspiel, eine hier nie dagewesene Vollendung an den Tag legten. Die Musik der Quintette, insbesondere des Beethoven'schen (Es-dur op. 16) in seinem Andante cantabile und Rondo, ferner das interessante Verhey'sche Es-dur-Quintett op. 20 in seinem Allegro u. Andante con moto hat etwas ungemein bestrickendes. Sie schien als ein feines Gewebe von Tönen von überirdischer Schönheit. Von tiefster Wirkung erwies sich die Es-dur-Sonate für Horn und Pianoforte von Rheinberger op. 178, sowie die Sonate für Klarinette und Pianoforte op. 120 F-moll von Brahms. Wie Waldhorn und Klarinette zu berücken vermögen, das zeigten uns die Herren Ketz und Friede. Herr Musikdirektor Binder präsentierte sich uns in allen Nummern als ein Pianist von brillanter Technik, tiefem Verständnis und seltener Ausdauer. Eine hohe Vollendung offenbarte seine Interpretation der, so grosse Anforderungen an das künstlerische Vermögen stellenden Sonate für Pianoforte op. 57 F-moll von Beethoven. Dem Zweibrücker Cäcilienverein darf man zu dieser Acquisition von Herzen gratulieren. Zweimal wurde der Künstler durch den reichen Beifall des Auditoriums vor die Rampe gerufen. Der Besuch war trotz der ungünstigen Witterung ein guter.

Neue Zeitschrift für Musik, Leipzig, 14. Nov. Auch in der „Philharmonie" hat man beim zweiten Kammermusikabend wieder recht gut musiciert und bedauerlich war dabei nur der kleine Zuhörerkreis. Die Bläservereinigung des städtischen Orchesters, die Herren Wehsener, Erkert, Friede, Sadony und Ketz, hatten in teilweiser Unterstützung durch den Pianisten Binder aus Zweibrücken den Hauptteil des Programms übernommen und erbrachten auf's neue den Beweis, dass man es hier mit einer Gruppe von wirklichen Meistern in der Behandlung der schwierigen Instrumente nicht minder als nach Seiten der künstlerischen Auffassung zu thun hat. So bereitete zunächst die Aufführung von Lefebvres allerliebster Suite einen reinen Genuss und das weniger originelle als hübsch gearbeitete Quintett von Verhey (Klavier) fand das Zusammenspiel nicht minder auf bedeutender Höhe. Die solistische Bravour der Herren Ketz und Friede kam in Ernst Heusers stimmungsreichem Andante für Horn mit Klavier, dann in dem Adagio aus Webers Klarinetten-Konzert F-moll unter Assistenz des Herrn Binder zu beredtem Ausdrucke. Der Hausorganist der Philharmonie, Herr Sattler, stand mit der einzig schönen Orgel wieder im erfolgreichen Dienste Johann Sebastian Bachs, und um einige Abwechslung in das instrumentale Programm zu bringen, kamen durch ein Fräulein Emilie Müller aus Frankfurt a. M. einige Gesänge zu künstlerisch gefälliger Geltung. Alles in allem genommen, hat sich das neue Unternehmen der Philharmonie mit den beiden ersten Abenden vortrefflich eingeführt, und das, was über demnächstige Darbietungen in diesem prächtigen Konzertsaale verlautet, ist geeignet, die schönsten Hoffnungen zu erwecken.

Vermischtes.

Anzeiger der Kölnischen Zeitung, 17. November. Das dritte Künstler-Konzert in der Philharmonie am Freitag bot wieder eine Fülle des Interessanten. Dass man die Bekanntschaft der Frau Karoline Kaiser aus Düsseldorf erneuern konnte, wird von jedem Konzertteilnehmer als ein angenehmer Gewinn empfunden worden sein. Sie sang zunächst Mozarts Arie „Frühlingslüfte leis und linde" aus Idomeneo und setzte damit sofort ihren prachtvollen, in sich gefestigten und in allen Registern ausserordentlich schön ausgeglichenen Sopran ein, verbunden mit einer so köstlich schwellenden Tonbildung und solch warmer Beseelung, dass gerade diese Arie zu einem besonderen Kabinetstückchen wurde. Später sang sie mit edlem Schwung Brahms „Wehe, so willst du" und mehrere Lieder von Schubert, Schumann usw., wobei indessen zu bemerken war, dass ihrer künstlerischen Individualität die getragenen und Temperament heischenden Sachen gemässer sein durften, als der zierliche, tändelnde Genre, den sie unseres Erachtens nicht mit der ganzen Grazie und Leichtigkeit zu bringen vermag, die bei solchen Nippsächelchen nicht gern entbehrt werden. Ungetrübten Genuss bereitete auch Herr Benno Walter jr. aus München, der zu den Besten unter den Geigern zählt. Gleich mit der D-moll-Sonate von Rust nötigte er uns mit seinem so recht aus vollem Können erblühenden, innig zusammenhängenden Spiel, seinem gesättigten, voll ausgesponnenen Ton und der geistreichen Färbung seines temperamentvollen, doch stets künstlerisch abgewogenen Vortrags lebhafte Anerkennung ab. Seine Technik ist bewundernswert, doch so viel er auch in dieser Beziehung leistet, so entschieden zeigt sich in ihm der Künstler darin, dass er sein technisches Vermögen nie als Selbstzweck in den Vordergrund treten lässt, sondern ihm nur die Rolle eines allerdings hervorragenden und darum auch ganz von selbst wirkungsvoll hervortretenden Ausdrucksmittels aufweist. Gehört Herr Walter auch zu den Geigern, deren Spiel ihr männliches, gesundes Gepräge nie verleugnet, so bot er doch auch wiederholt, namentlich in Wieniawskis glänzender Faustphantasie, eine von zartester Poesie durchhauchte Kantilene, deren überaus inniger Gefühlsausdruck von seinem Schmerz dadurch nichts einbüsste, dass ihm jegliche schmachtende Weichlichkeit fernlieb. Leider litt die Wiedergabe der Sonate unter der all zu diskreten Behandlung des Klavierparts, sodass das thematische Geflecht nur ziemlich roh, d. h. fast nur durch die Violinstimme vermittelt, zum Vorschein kam, ein Mangel der bei der Faustphantasie erfreulicherweise wegfiel. Herr Paul Stoye aus Krefeld, der auf einem klangschönen Blüthner mehrere Sachen von Chopin, u. a. das nicht grade anspruchslose Scherzo in H-moll spielte, liess vor allem seine bedeutende Virtuosität bewundern, die hemmende Klippen nicht zu kennen scheint, wenigstens überwindet er auch die gehäuftesten Schwierigkeiten, die er sich zum Ueberfluss noch selbst in seinem Concertwalzer fast über alles Mass bereitet, mit vollkommener Sicherheit. Immerhin fehlt es seinem Vortrage noch an künstlerischer Oekonomie, an Schliff und Rundung. Sehr bemerkenswerte Zeichen eines ernsten Strebens nach tieferer Charakteristik zeigen sich oft und oft auch in glücklicher Weise, doch überwiegt noch eine gewisse unvermittelte, grell und lebhaft färbende Subjektivität, sei es in dynamischer Hinsicht, sei es in der scharf kontrastierenden Wahl der Tempi. Seine wohlberechnende Vorliebe für starke Wirkungen beherrscht auch seinen im Thema reizvoll erfundenen und im Chopinschen Stile gehaltenen, dessen oft kühne, doch stets geschmackvolle Effekte aber weit überschäumenden Konzertwalzer. Jedenfalls ist eins gewiss: Gelingt es, was wir aus guten Gründen annehmen, Herrn Stoye, die Meisterschaft der Beschränkung in der angedeuteten Richtung zu erreichen, so wird er mit unsern befähigtesten Klaviervirtuosen in die Schranken treten dürfen.

Kölner Tageblatt 3. Nov. Die Damen Goldenberg und Weiler, jene Sopranistin, diese Altistin, zwei ebenso anmutige wie stimmbegabte und durch Schulz-Dornburg trefflich gebildete Konzertsängerinnen, gaben im Isabellensaale des Gürzenich vor zahlreichem Publikum einen Lieder- und Duett-Abend. Namentlich die Ensemble-Vorträge konnten hohe künstlerische Anforderungen, sowohl was Ausgeglichenheit des Klanges, wie was Technik, Sauberkeit und vor allem auch, was Charakterisierungskunst anbelangt, vollauf befriedigen. Brahms' entzückendes „Wir Schwesterlein" hatten wir noch nicht so reizvoll gehört. Doch auch die Soloieistungen, dort der silberhelle, durch glockenreine Kopftöne gekrönte Sopran, hier die weiche, sympathische Altstimme, fanden mit Recht lebhaftesten Beifall. Der mitwirkende Violoncellvirtuose Willeke, Lehrer am Krefelder Konservatorium, fiel durch seinen grossen Ton und seine ungewöhnliche Technik auf und erzielte einen ausserordentlichen Erfolg. Die Begleitung sämtlicher Vorträge besorgte unermüdlich und mit überlegener Fertigkeit, wenn auch nicht immer ganz diskret genug, die treffliche Pianistin Frau Dr. Orthmann aus Ohligs.

Für A. Sistermann trat am 4. November in einem Konzert des Trierer Musikvereins der Baritonist Ph. Gretscher aus Aachen auf und errang ebenso wie Frau Gretscher-Sebaldt einen vollen Erfolg. Wir lesen darüber: Trierische Zeitung 5. Nov.: Der liebliche, biegsame und leicht quellende Sopran der Frau Gretscher-Sebaldt kam in den von ihr gesungenen Liedern vorteilhaft zu Gehör; in ihren Vortrag legt die Sängerin ungesuchtes Empfinden, welches erwärmend wirken muss. — Der Bariton des Hrn. Gretscher ist von sympathischer Färbung und trägt weit genug, um den grossen Raum zu füllen. Den Löwe'schen Balladen kam die edle Vortragsweise des Sängers sehr zu statten. Vier hübsche Duette trug das Künstlerpaar zwischendurch vor; am gelungensten das duftig-neckische und darum doppeltschwierige „Im blühenden Garten" von Hildach. Beide Sänger fanden den verdienten Beifall und wurden wiederholt hervorgerufen.

Ueber den Cellisten **Jacques van Lier**, der demnächst auch im Rheinland gastieren wird, schreibt der Berliner Börsen-Courr. Im Beethovensaal machte in einem Konzert der Altistin Willy Arendts die fein künstlerische Wiedergabe einer Boccherinischen Sonate (A-dur) seitens des mitwirkenden Cellisten J. van Lier einen vorzüglichen Eindruck; er erfreute wahrhaft durch seinen in allen Lagen gleich schönen und edlen Ton und den Geschmack und die Delikatesse seines Spiels. Herrn P. Bos sah man, wie immer, mit Vergnügen als Begleiter am Flügel.

Ueber das neueste Werk **van Lier's: Violoncell-Bogentechnik**, frei bearbeitet nach Casorti's Violin-Bogentechnik, schreibt die Wiener Neue Musikal. Presse folgendes:

Leider kenne ich Casorti's „Violin-Bogentechnik" nicht, werde sie jedoch sofort aufsuchen und studieren, denn sie muss ausgezeichnet sein, das sieht man an der Uebertragung van Lier's. So viel auch komponiert, auf den Markt geworfen wird, selten stösst man auf ein Werk, das uns seiner Neuheit, seiner Eigenart wegen glücklich macht, ein Gefühl erweckt, als wäre die Welt ärmer ohne dasselbe, und fast noch seltener stösst man auf ein neuartiges, geniales Studienwerk. Hier liegt eines! Es werden so gute didaktische Schulbücher geschrieben, man hat es so bequem und kann gar nicht mehr schlecht schreiben, wenn man nur das Abschreiben versteht. Und doch stellt sich das gleiche Frohgefühl ein, wenn einem ein durch und durch gutes Unterrichtswerk in die Hand fällt. Die Strichübungen entwickeln sich, folgerecht vom Leichten zu Schwierigerem fortschreitend vornehmlich an einer Hauptetude, welche zweckmässig verändert, melodischen und rhythmischen Umbildungen unterzogen, auch eine Quinte höher oder tiefer gelegt wird. So kann der Spieler das Augenmerk immer auf den technischen Spezialzweck richten. Klare und ausreichende theoretisch-praktische Erläuterungen geben dem Lehrer und Schüler die Richtschnur (Text in drei Sprachen: deutsch, französisch, englisch) für Behandlung und Ausbildung des Mechanismus, verlieren dabei niemals das Musikalische aus dem Auge, die Qualität des durch den Mechanismus hervorgebrachten Tones. Besondere Beachtung verdient der Abschnitt vom „gesponnenen Tone" mit zurückgehaltenem Bogen, wobei die Dauer eines jeden Bogenstriches eine Minute ist — eine der notwendigsten, selten, planmässig gepflegten Uebungen zur Erreichung eines langen Bogens. Jeder Geiger wird sogleich verstehen, was damit gemeint ist, wenn er sich erinnert, warum er die erste Kreuzer-Etude überschlagen musste. Sein Bogen hatte nicht gelangt. — Jacques van Lier ist Hauptlehrer des Klindworth-Scharwenka-Konservatoriums in Berlin.

Der bekannte in seiner Art unerreichte Klavierhumorist O. Lamborg wird in der ersten Hälfte Januar in Westdeutschland konzertieren. Eventuelle weitere Engagements-Anträge bittet derselbe an die „Westdeutsche Konzertdirektion" Köln, zu richten.

Das Streichquartett Rosé wird im Dezember Rheinland und Westfalen bereisen und u. a. in folgenden Städten Kammermusik-Soiréen veranstalten: Aachen, Bonn, Dortmund, Düsseldorf, Duisburg, Köln, Landau und Neunkirchen.

Ueber den in diesen Blättern bereits verschiedentlich lobend erwähnten jungen Kölner Baritonisten Cornelius Bronsgeest wird auch aus Holland sehr günstiges berichtet. So schreibt „Het Algemeen Handelsblad" über das dem 80jährigen Komponisten G. A. Heinze gewidmete Festkonzert folgendes:

„Herr Bronsgeest war ein für uns noch Unbekannter. Seine wunderschöne Stimme, sein durchaus gebildeter Vortrag und klare Aussprache müssen ohne Zweifel jeden der Anwesenden getroffen haben. Im zart Gefühlvollen war er am glücklichsten. Sicher darf man von dem jungen Sänger Grosses erwarten, sein erstes Auftreten bei uns machte einen sehr sympathischen Eindruck."

In Holland ist Herr Bronsgeest daraufhin sofort in Rotterdam und Amsterdam von Verhey bezw. Mengelberg engagiert worden für die „Zerstörung von Jerusalem" und den „Barbier von Bagdad". Aus dem Kölner Solisten-Quartett, welchem er kurze Zeit angehörte, ist er mit Rücksicht auf seine solistische Thätigkeit ausgetreten.

Volkslieder

für

vierstimmigen Männerchor

durchgesehen und teilweise neu bearbeitet

vom

Königl. Musikdirektor Professor

JOS. SCHWARTZ.

Dirigent des Kölner Männergesangvereins.

No. 1. Ach, du klarblauer Himmel.
„ 2. Am Brunnen vor dem Thore.
„ 3. An einem Bächlein.
„ 4. Die Blümlein, sie schlafen.
„ 5. Es geht bei gedämpfter Trommel Klang.
„ 6. Es waren zwei Königskinder.
„ 7. Jetzt gang i ans Brünnele.
„ 8. Im schönsten Wiesengrunde.
„ 9. In einem kühlen Grunde.
„ 10. Kein Feuer, keine Kohle.
„ 11. Mägdlein von früh bis spät.
„ 12. Mir ist ein schön's braun Maidelein.
„ 13. Morgen muss ich fort von hier.
„ 14. Nun leb wohl, du kleine Gasse.
„ 15. Sag mir das Wort.
„ 16. Sah ein Knab' ein Röslein stehn.
„ 17. Schon glänzt des Mondes Licht.
„ 18. Und der Haus schleicht umher.
„ 19. Was glänzt dort vom Walde.
„ 20. Weh', dass wir scheiden müssen.
„ 21. Wenn ich den Wandrer frage.
„ 22. Wenn's Mailüfter'l weht.
„ 23. Zu Augsburg steht ein hohes Haus.
„ 24. Zu Strassburg auf der Schanz.
„ 25. Zwa Sterndlan am Himmel.

Preis jeder Nummer Partitur 40 Pfg.
jeder Satz Stimmen 60 „

Sämtliche Chöre sind in dem von Schwartz herausgegebenen Männerchor-Album (Tongers Taschen-Album Bd. XII. 144 Männerchöre schön kart. Mk. 1.—), welches bis jetzt in 35000 Exemplaren abgesetzt ist, enthalten und hat die **riesige Nachfrage** nach den Einzelchören mich bestimmt, obige Perlen des deutschen Volksliedes einzeln zu drucken.

Ansichtsendungen stehen gerne zu Diensten.

Köln a. Rh. P. J. Tonger.
Hoflieferant Sr. Majestät des Kaisers und Königs Wilhelm II.

Louis Heuser's Verlag Neuwied & Leipzig.

Soeben erschien:

Karl Becker's

Volkslieder-Album.

Reichhaltigste und billigste Sammlung für vierstimmigen Männerchor.

Eine Sammlung, in welcher zum ersten Mal nach genauesten Forschungen streng auseinandergehalten wurden: wirkliche Volkslieder, volkstümliche Lieder und Lieder im Volkstone, und somit dem Allerhöchsten Wunsche des Kaisers bei Gelegenheit des Kasseler Gesangwettstreites nachzukommen sucht, daß nämlich in erster Linie in unseren großen und kleinen Männergesangvereinen Volks- und volkstümliche Lieder geübt werden möchten.

In Taschenformat eleg. und dauerhaft geb. 1.— Mk.
In Partien billiger.

Den Herren Dirigenten von Gesangvereinen steht zur gefl. Einführung auf Verlangen ein Exemplar gratis zur Verfügung.

Ueberall zur Wiederholung begehrt wird der neueste Chor

→ Adolf Kirchl's: ←

Es war einst eine schöne Zeit

Lieder-Album der Lyra Nr. 103.

Der Chor ist soeben in II. Auflage erschienen und können Bestellungen auf denselben wieder sofort ausgeführt werden.

„Lyra"-Verlag, WIEN XVIII 2.

Verlag von **F. E. C. Leuckart** in Leipzig.

Zwei Kaiserlieder,

gedichtet von Paul Baehr,

für Männerchor im Volkston

componirt von

Carl Steinhauer.

Op. 40.

Nr. 1. **Kaiserhymne** (Gebet für den Kaiser): *„Gott, Allmächt'ger und Allweiser."* Partitur und Stimmen (à 15 ₰) ℳ 1,—.
Nr. 2. **Sängergruss an den Kaiser:** *„Kaiser von Deutschland, dich grüsst unser Lied."* Partitur und Stimmen (à 15 ₰) ℳ 1,—.

Zur preussischen Jubelfeier 1901.

Spontini, Borussia.

A. **Für Soli, Chor und Orchester.** Part. Mk. 3.— n., Orchesterst. Mk. 11.—, Solost. Mk. 0.80, Chorst. Mk 0.80.
B. **Für Männerchor allein.** Part. u. Stimmen Mk. 0.80.
C. **Für gem. Chor allein.** Part. u. Stimmen Mk. 0.80.
D. **Zweistimmig mit Klavier** Mk. 0.75
E. **Einstimmig mit Klavier** (hoch oder tief) Mk. 0.75.

Berlin, Schlesinger'sche Musikhandlung.
Französische Strasse 23.

Wegweiser durch die Chorgesanglitteratur

nebst

„Konzertbericht“ und Beiblatt:

Der Sänger.

Amtliches Organ des westdeutschen Sängerverbandes.
Ratgeber für Gesangvereine und Dirigenten.

Redaktion und Verlag: H. vom Ende, Köln a. Rh., Beethovenstrasse 6.

Erscheint monatlich einmal. — Bezugspreis für 1 Expl. 15 Pfg. Jahresabonnement 1,50 Mk. und 40 Pfg. Porto.
Inserate kosten pro 4 mal gespaltene Petitzeile 30 Pfg.

Exped.: H. vom Ende's Musikalien-Versandgeschäft.

№ 5. | **Köln am Rhein,** den 26. Februar 1901. | **II. Jahrgang.**

Die verehrl. Abonnenten werden gebeten, den Abonnementspreis für 1901 zuzügl. 40 Pfg. Porto per Postanweisung direkt an den Verlag senden zu wollen. Die Postabonnements sind aufgehoben; es wird nur noch durch die Expedition direkt od durch die Buch- u. Musikalienhandlungen geliefert.

Bearbeitung des deutschen Volksliedes.

H. vom Ende.

III.

Die Dichtungen.

Und nun vergleiche man damit das ältere, wirkliche Volkslied:

1. Ach, wie ist's möglich dann,
Dass ich dich lassen kann!
Hab dich von Herzen lieb,
Das glaube mir.
Du hast das Herze mein
So sehr genommen ein,
Dass ich kein Andern lieb,
Lieb' so sehr.

2. Obschon das Glück nicht wollt,
Dass ich dein werden sollt,
So lieb ich dennoch dich,
Glaub's sicherlich!
Es soll kein Andrer sein,
Der mich soll nehmen ein,
Als du, o lieber Schatz.
Dir bleib ich treu!

3. Stoss mir das Herz entzwei,
Wenn du ein falsche Treu
Oder nur falsche Lieb
Spürest an mir!
Dir will ich jederzeit
Zu Diensten sein bereit,
Bis dass ich kommen werd'
Unter die Erd.

4. Nach meinem Tod alsdann,
Auf dass du denkst daran,
Nimm an der Todtenbahr
Dies Reimlein wahr:
Hier liegt begraben drein,
Die dich geliebt allein,
Die dich geliebet hat
Bis in das Grab.

Dieses starke, echt deutsche Empfinden, dieses Konzentrieren auf das Eine, dessen ihr Herz übervoll ist. Eine der wenigen **r e i n** lyrischen Blüten unserer Volksliedlitteratur; sie vermag keinen anderen Gedanken zu fassen, sie ist nur von der einen Empfindung beseelt: Treue bis in das Grab.

Obige Fassung halte ich für besser, als diejenige Uhlands, der nach der 1. Hälfte der 2. Str. zur 2. Hälfte der 3. Str. springt. Aber gerade der Anfang der 3. Str. scheint mir zu charateristisch, um übergangen zu werden. Nur hat sich am Schluss der 2. Str. ein sinnstörender Zusatz eingeschlichen, der geändert werden muss; es heisst dort: „Als du, o schönstes Kind“, während doch nur ein Mann gemeint sein kann: mir fällt nichts Bessres ein, als „O lieber Schatz“ und ich rufe unsre Poeten zur Hülfe. Auch die sonstigen Aenderungen Uhlands behagen mir nicht, z. B. „Inschrift“ statt „Reimlein“, letzteres ist doch poetischer, „bis a n“ statt „bis i n das Grab“.

Und nun zur Melodie. Die Tonweise Kückens ist teils durch Silcher, teils durch den Volksmund sehr zu ihrem Vorteil umgearbeitet worden und in ihrer jetzigen schlichten, melodischen Form sehr ansprechend, bei näherer Vergleichung mit der älteren Form aber verliert sie sehr. Schon die häufige Wiederkehr des rhythmischen Motivs — ◡ ◡ | ◡ ◡ — wirkt ermüdend; der Vordersatz ist recht melodiös gehalten, dann aber hält mit der Verflachung des Gedichtes auch diejenige der Melodie gleichen Schritt; wie sehnsuchtsvoll hebt sich in dem älteren Liede die Stelle: „Du hast das Herze mein“ heraus, und wenn auch bei Kücken rein formell der Anfang melodiöser erscheint, so tritt jenes doch den sinnigen, etwas düstern Ton des Gedichtes weit prägnanter, überhaupt ist die Form der Melodie vornehmer und lässt sich infolgedessen auch viel mannigfaltiger harmonisieren, man möge selbst urteilen:

Ach, wie ist's möglich dann.

Volkslied aus dem 18. Jahrh. Aeltere Volksweise

Satz für gemischten Chor von H. vom Ende.

Ach, wie ist's möglich dann, daß ich dich lassen kann,

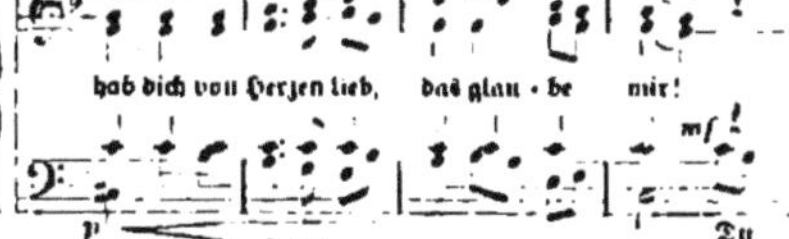

mf
f
Du hast das Herze mein so ganz ge - nommen ein,
hast
daß ich kein An - dern lieb, lie - be so sehr.

Ein anderes Beispiel, wie das Volk sich vorübergehend täuschen lässt, Gutes vergisst, um dafür Schlechteres einzutauschen, bietet das jetzt meist nach der trivialen Melodie des Pfarrers Glück gesungene „Schweizers Heimweh; Herz, mein Herz, warum so traurig“. Es ist zwar streng genommen kein Volksliedchen, Dichter und Komponist sind bekannt, aber seine ausserordentliche Popularität rechtfertigt doch die Anführung an dieser Stelle, auch verdient das Gedicht wirklich diese Volkstümlichkeit; aber warum lebt nun just die schlechteste Tonweise im Volksmunde? warum nicht die im „Deutschen Liederkranz“ (L. Heusers Verlag, Neuwied) untergelegte Volksweise, oder aber die wahrhaft ergreifende, edle, aber gänzlich unbekannte Weise Fr. Messners aus dem Jahre 1812? sie verdient wahrlich ihre Wiederauferstehung wie keine andere, weshalb ich sie meinen Lesern mitteile: satztechnische Gründe zwingen mich leider, diese Bearbeitung erst in der nächsten Nummer zu bringen.

Was bisher an einigen Tonweisen nachgewiesen wurde, gilt in noch stärkerem Masse von den Dichtungen. Man möge, wenn verschiedene Lesarten handschriftlich, gedruckt oder im Volksmunde vorhanden sind, doch nicht ohne weiteres vorlieb nehmen mit der ersten besten, sondern auch die andern, namentlich die ältesten Formen berücksichtigen; denn wenn auch, wie bereits erwähnt, das Volk in der Regel nur wirkliche Verbesserungen berücksichtigt, so macht sich doch auch bei manchen Liedern ein merkliches Nachlassen der poetischen Kraft bemerkbar. Um das zu beweisen, möchte ich ein Beispiel herausgreifen und etwas ausführlicher behandeln, welches in allmählicher Abstufung die verschiedensten Stadien von einem ergreifenden Gemälde bis zu einem fast läppisch zu nennenden Bildchen durchlaufen hat. Die Umgestaltungen veranschaulichen recht deutlich den Werdegang eines Liedes, die Arbeit des Volkes. Gemeinsam ist denselben die Liebe des Reitersmannes zu einem Jungfräulein und eine Erzählung der Geschehnisse bei seiner Wiederkehr nach kurzer oder längerer Abwesenheit. Aus Val. Holls Handschrift (um 1521) teilt Uhland die älteste Form mit.

Tagelied.

1. „Ich sach den liechten Morgen
   daran sein werden schein,
   ich weck sie mit Gesange
   die allerliebste mein.“

2. „Ja, wer ist dann der Sorger
   der mir kain ru will lan?
   der soll sein singen lassen,
   das sei im undersait!“

3. „Das bin ich, zart schön frawe,
   sprecht ain gut wort zu mir
   aus eurem rosenvarben munde,
   ob ir wolt lonen mir!“

4. „So kum, du held, herwider,
   Wann der Tag ain ende hat!
   Ich will dir, held, schon lonen,
   ich lonen dir ob ich mag.“

5. „Der Held der kam herwider,
   er kam alss tails zu irn:
   „sagt mir, mein schöne frawe,
   wa ich mein pfert hin tu?“

6. „Dein pfert bind an ain linden
   da stät es, Helde, bei!
   leg dich an meinen arme,
   ru, held, ain klaine weil!“

7. „Nein ich, zart schöne frawe,
   ich mag nit haben ruo,
   ich bin so sehr verhawen,
   rat, schöne fraw, wie ich im tu.“

8. „Nun muss es Gott erbarmen
   dass ich nit bin der schilte dein'
   so wären dir, held, deine wunden
   nit so gross und nit so weh.“

9. „Nain ich, zart schöne frawe!
   das muost ich immer klagen;
   ich will sie noch vil lieber
   in meinem leib selbs tragen.“

10. „Was zoch sie ab irem hambet?
    ain guldin umbehang;
    sie band dem held seine wunden,
    wie pald er ru empfand!“

11. „Was zoch er ab seiner hende?
    von gold ain vingerlein:
    „nemt hin, mein schöne frawe,
    tragts durch den willen mein!“

12. „Was sol mir das rote gold,
    so ichs nit tragen soll
    vor rittern und vor knechten?
    mein herz ist traurens voll.“

13. „Er nam das selbig vingerlein,
    warfs in des möres grund
    „als wenig du wirst gefunden
    so wenig wird mein herz gesund.“

14. „Was zoch si aus irer scheid?
    ain messer von gold so rot;
    sie stach ira durch ir herz,
    auss grosser lieb ist si tod.“

15. „Nun fleuss, nun fleuss, du ...
    fleuss in des möres grund:
    es leben nimmermere
    zwen rosenvarbe mund.“

16. „Gott tet sich ir erbarmen
    in söllicher grossen not,
    er tet die zwai erquicken,
    er weckt si balde von dem tod.

17. „Dar uns die tagweis new gesang,
    von newen hat gemacht,
    das hat getan ain helde
    schöne fraw, mit tausend guter nacht!“

Das Lied scheint den Zeiten des Rittertums, des 12. oder 13. Jahrh. zu entstammen, bis auf die letzten einer späteren Zeit angehörenden Strophen, da im Mittelalter der Selbstmord sehr selten vorkam. Die Tiefe der Empfindung, die Treue der Liebenden bis zum Tode verleihen dem Liede ein tief innerliches, poetisches Gepräge.

Es folgt eine spätere Umgestaltung, entnommen einem fliegenden Blatt von 1564 mit wesentlich matterem Inhalt.

1. Er ist der Morgensterne,
   er leucht mit hellem schein,
   er weckt uns mit seinem gesange
   von dem allerliebsten mein.

2. „Wer ist der da singet?
   er mag sein singen wol lan;
   ob im etwas widerfüre,
   er must ims warlich han.“

3. „Ob mir etwas widerfüre,
   feins lieb, was hilft dich das?
   hab ich durch deinen willen
   gesungen ein lange nacht.“

4. „Hast du durch meinen willen
   gesungen ein lange nacht,
   ich will dirs wol verlonen,
   du edler jüngling zart.“

5. „Alde! ich sol mich scheiden
   von der allerliebsten mein,
   mein rösslein will nimmer ...
   wo sol ich mein ross hin ...“

6. „So bind das auch wol an
   Wol an den grünen zweig
   so leg dich an mein bettlein
   der knab was sonderleich.“

7. „Ich kan und mag nicht ...
   ich kan nicht frölich sein
   bin ichs verwundet sere
   wol durch den willen dein.“

8. „Bist du verwundet sere
   wol durch den willen mein
   ich will dirs lassen heilen,
   du edler jüngling fein.“

9. „Alde! ich sol mich scheiden
   von der allerliebsten mein,
   mein rösslein will nimmer bleiben,
   alde! ich reit von dir.“

Tod und Selbstmord sind hier fallen gelassen, er verlässt sie aus Unmut über ihre Hartherzigkeit ohne ein Wort der Liebe, die innigen Herzenstöne der ersten Fassung fehlen gänzlich und das Gedicht schliesst mit dem Abschied.

Uhland teilt dann noch eine holländische Version mit, in welcher gar noch der Kampf, also auch die Verwundung und deren Folge, die Trennung, fortfallen.

Es folgen nun zwei auch heute noch viel gesungene Fassungen, in deren ersterer die Untreue des Fräuleins, welche bereits in dem zuletzt angeführten Liede leise durchschimmert, im Vordergrunde steht.

Uhland hat das Lied der Zeitschrift Iris (1776) entnommen, in welcher J. G. Jacobi es mit den Worten veröffentlichte: „Das war ein Lieblingsstück unserer Vorfahren und meine Freunde und Freundinnen und ich haben öfters, wenn wir in die vergangenen Jahre hineinträumen wollten, die Sterne damit bewillkommt.“

1. Es leuchten drei stern am himmel,
   die geben der lieb einen schein;
   Gott grüss dich, schönes
   jungfräulein,
   wo bind ich mein rösslein hin?

2. „Nimm du dein Rösslein am zügel,
   am zaum,
   binds an den feigenbaum,
   setz dich eine kleine weil nider
   und mach mir ein kleine kurzweil!“

3. „Ich kan und mag nicht sitzen,
   mag auch nicht lustig sein,
   mein Herz mocht mir zerspringen,
   feins lieb, von wegen dein.“

4. Was zog er aus der tasche?
   ein messer, war scharf und ...
   er stachs seiner liebsten in ...
   das rote blut gegen ihn spritzt.

5. Und da ers wider heraus...
   von blut war es so rot,
   „ach reicher gott im himmel,
   wie bitter wird mir der tod.“

6. Was zog er ihr abe vom ...
   ein rot goldringelein:
   er warf es in fliessig wasser,
   es gab seinen hellen schein.

7. „Schwimm hin, schwimm her, goldringelein,
   bis in die tiefe see!
   mein feinslieb ist mir gestorben,
   nun hab ich kein feinslieb me.“

(Forts. folgt.)

Aufführungen.

(Nachdruck verboten.)

Abkürzungen: gr.-gross, s.-sehr. D. C. Da Capo

Komposition und Komponist	Stadt und Verein	Dirigent	Erfolg
Männerchöre a cappella mit Solo für Frauenstimme.			
Noch ist die blühende — Möhring	Meissen a. S. Hippokrene	Stahl	D. C.
Bitte — Möhring	Krefeld Liedertafel	Brünsing	s. gr.
...ort ist so tiefer Schatten — Möhring	do.	do.	D. C.
Wanderers Nachtlied — F. Hiller	Düsseldorf M. G. V.	C. Steinhauer	gr.
Nachthelle — Fr. Schubert	Speyer Cäcilia V. u. Lt.	R. Schefter	gr.
Möchte wohl ein Vöglein — Abt	Viersen Liedertafel	Davidts	gr.
...ockentürmers Töchterl. — Reinthaler	do.	do.	gr.
Ein Fichtenbaum steht — Zenger	Pforzheim Liedertafel	Röhmeyer	s. gr.
Wie liegt so abendstill — Götz	Wien Schubertbund	A. Kirchl	gr.
Waldnacht — F. Möhring	Godesberg M. G. V.	A. Horn	s. gr.
Die Lerchen — F. Hiller	Meissen a. S. Hippokrene	Stahl	gr.
Waldandacht — Möhring	Paris (Köln) Sängerkreis	F. Berger	s. gr.
Ave Maria — Reinh. Becker	Stuttgart Akad. Liederkr.	Ruckheil	s. gr.
Männerchöre a cappella.			
Braun Maidelein — H. Jungst	Brünn Akad. G. V.	Wickenhauser	gr.
Entsagung — H. Jüngst	Kamenz Sängerbund	Hirsche	D. C.
...l. Vergissmeinnicht — Rheinberger	Düsseldorf Städt. G. V.	Kramm	s. gr.
Winternacht — F. Woyrsch	Münster Liedertafel	Dr. Preising	s. gr.
Der Liebesbote — Angerer	Zürich Harmonie	Angerer	D. C.
...ch. Die Nacht ist kommen Claussnitzer	Nossen Seminar-Chor	Sturm	s. gr.
Waldeinsamkeit — C. Steinhauer	Baden-Baden Aurelia	C. Beines	s. gr.
...ch. Morgen im Walde — Hegar	Altena i. W. Landwehr G. V.	F. Göbel	s. gr.
Der Spielmann ist da — F. Ulrich	Oberstein Edelweiss 46	R. Molter	s. gr.
Unterm Lindenbaum — Sturm	Algenrodt M. G. V. 29	do.	D. C.
Frühlingsahnung — Speiser	Aachen Germania	W. Speiser	s. gr.
...l. Mein Stern — Wesseler	Münster Mar. Congreg.	Wesseler	D. C.
...zl. Storchlied — König	Köln Gutenberg	de la Motte	s. gr.
Abendlied — Jos. Schwartz	Asch Harmonia	G. Reinl	s. gr.
Stehn zwei Röslein — C. Steinhauer	Mainz Liederkranz	Jos. Knettel	s. gr.
Wanderlied — Loschky	Fürth Westl. Sängerkreis	M. Loschky	D. C.
...ch. Auf dem Wasser — W. Speiser	Aachen Harmonia	Mai	s. gr.
Männerchöre mit Begleitung.			
mit Orchester Schmiedelied — L. Kempter	Stuttgart Akad. Liederkr.	Rückbeil	gr.
Deutsche Sänger am Missouri — Heuser	Köln Polyhymnia	Kessel	D. C.
Hermann der Befreier — K. Zuschneid	Kaiserslautern Musik Verein	W. Damian	s. gr.
Der fremde Gesell — W. Schlichting	Münster Cäcilia	W. Schlichting	D. C.
Deutsches Bannerlied — W. Rudnick	Münster Sängerbund 90	Grein	gr.
Des Liedes Heimat — J. Pache	Baden-Baden Aurelia	C. Beines	gr.
Normannenzug — M. Bruch	Nossen Gemischter Chor	Sturm	gr.
* Wach auf! — Baldamus	Zürich Harmonie	Angerer	s. gr.
Heinrich der Finkler — Fr. Wullner	Plauen i. V. Lehrer G. V.	P. Pascher	s. gr.
* Frithjof — M. Bruch	Asch M. G. V.	J. Schaller	gr.
* Landerkennung — Grieg	Münster Concordia	Grein	s. gr.
* Festhymnus — Zöllner	Altena i. W. Landwehr G. V.	F. Göbel	s. gr.
Geistliche Werke.			
Männerchöre.			
...zl. O bone Jesu — Palestrina	Remscheid Euphonia	K. Hirsch	s. gr.
...ch. Popule meus — T. L. Vittoria	do.	do.	gr.
Lobgesang — F. Rungenhagen	do.	do.	gr.
Jauchzet dem Herrn — Ch. Fink	Esslingen Seminar Chor	Prof. Fink	s. gr.
Messe — F. R. Volkmann	Plauen i. V. Lehrer G. V.	P. Rascher	gr.
Herr, hilf tragen — Wermann	do.	do.	gr.
...ch. Weihnachtsglocken — J. Schwartz	Baden-Baden Sängerbund	L. Roothaan	s. gr.
Israel — Tilman	do.	do.	gr.
...ch. Christnacht — Ludw. Keller	Karlsruhe Eisenbahnbeamten	Fr. Huzek	s. gr.
Ave Maria — R. Becker	Stuttgart Akad. Liederkr.	H. Ruckbeil	gr.
Ave verum (Str.-Orch. u. Org. — Mozart	Remscheid Euphonia	K. Hirsch	s. gr.
Gemischte Chöre a cappella.			
Vom Himmel hoch — Eccard	Kassel Musica sacra	L. Spengler	gr.
Improperia — T. da Vittoria	do.	do.	gr.
Christnacht — Nolopp	Neukloster Blindenanstalt	Hahn	gr.
Passionsgesang — G. Schreck	Sonneberg Kirchenchor	R. Roth	s. gr.
Osterlied — G. Vierling	do.	do.	gr.
Führe mich — G. Schreck	do.	do.	s. gr.
Gemischte Chöre mit Begleitung.			
* Wanderung der hlg. 3 Könige aus Heliand — von H. Fid. Müller	Münster Realgymnasium	Dr. Preising	gr.
Schlusschor aus „Schildhorn" — Rohde	do.	do	s. gr.
* Weihnachtsmysterium — Ph. Wolfrum	Köln Concert-Gesellschaft	Fr. Wüllner	gr.
do.	Strassburg Conservatorium	Prf. Stockhausen	gr.
* Requiem — W. Berlioz	Köln Concert-Gesellschaft	Fr. Wüllner	gr.
Krönungsmesse — F. Liszt	Wien Hofburgkapelle	Hellmesberger	s. gr.
Cantate. Ein Lied im höheren Chor — J. Diebold	Freiburg Cäcilien Verein	Diebold	s. gr.
Legende des hlg. Bonifatius — Diebold	Würzburg Cäcilien Verein	A. Reuss	s. gr.
Der Jüngling zu Naim (Orgel) — Sauer	Altena i. W. Ev. Kirchenchor	F. Göbel	s. gr.
Cantate für das Osterfest — Bartmuss	do.	do.	s. gr.

Westdeutscher Sängerverband.

Eine bedeutsame Bereicherung seines Inhalts erfährt der Wegweiser durch die Vereinigung mit dem amtl. Organ des Westdeutschen Sängerverbandes, „Der Sänger." Die vortrefflichen, auf Beseitigung der bei den Wettstreiten zu Tage getretenen Auswüchse, Pflege des deutschen Edelvolksliedes, Besserung der wirtschaftlichen Lage der Dirigenten, überhaupt auf eine Hebung des Männergesangvereinswesens gerichteten Bestrebungen dieses Verbandes haben trotz der kurzen Zeit seines Bestehens bereits so festen Fuss gefasst, dass auch die höheren Behörden ihrem lebhaften Interesse an ihnen und ihrer Billigung derselben jüngst in einem amtlichen Schreiben Ausdruck verliehen haben. Die Errichtung einer Dirigenten-Unterstützungskasse steht unmittelbar bevor, über weitere interessante Pläne wird demnächst berichtet werden und somit kann schon jetzt jedem Vereine, der seinen Idealen mit warmem Herzen zu dienen gesonnen ist, der Beitritt zum Verbande dringend angeraten werden. Die Redaktion dieses Blattes, sowie der Vorsitzende, Lehrer A. Gau in Hilden, sind zu jeder Auskunft gern bereit.

Mosel-Saar-Nahebund.

Der Delegiertentag findet nicht am Palmsonntag (wie in Neunkirchen beschlossen), sondern neuerer Bestimmung gemäss, da viele Lehrer am genannten Tage verhindert sind, am Sonntag, den 24. März in Berncastel statt. D.

Neuigkeiten

Abkürzungen: l-leicht, sch-schwer, s-sehr, z-ziemlich, m-mittel. Für die Aufnahme in diese Rubrik genügt die Zusendung eines Frei-Expl.

Männerchöre mit Begleitung.

*) mit Orch.

mch. *Attenhofer, Carl, op. 74. Der Barde Lenz Sopr.-Solo. Kl.-A. 3 M, St. à 45 ₰. — *Op. 88. zl. Sonntagsmorgen. Kl.-A. 2 M, St. à 30 ₰.

zl. *Baldamus, G., op. 14. Weihe des Liedes, P. 1.20 M, St. à 15 ₰.

zl. *Bohl, Heinr., op. 10. Sommerabend. Streichorch., Hörner und Harfe. P. netto 30 ₰. St. à 20 ₰.

mch. Filke, Max, op. 76. Ständchen. P. 40 ₰, St. 15 ₰.

mch. *Hesse, Friedr., op. 21. Herzog Ernst von Schwaben, Soli. Kl.-A. 4 M, St. à 50 ₰.

mch. *Hirsch, Carl, op. 45. Krone im Rhein. Kl.-A. 4 M, St. à 30 ₰.

mch. *Hoppe, Paul, op. 56. Blondels Lied. Kl.-A. 2 M, St. à 30 ₰.

zl. *Breu, S.-Löwe, Friederic. Rex, Blasorch. P. no. 3 M, St. à 25 ₰.

mch. *Jerg. Joh., op. 1. Festkantate. Kl.-A. 3 M, St. à 45 ₰.

mch. *Koemmenich, Louis, op. 25. Der zauberische Spielmann. Sopr.-Solo. Kl.-A. 2.50 M, St. à 30 ₰.

l. Kretschmer, P., op. 76. Sängermarsch, Streichorch. P. 1.40 M, St. à 25 ₰.

zl. *Mair, Franz, op. 59. Es rauscht ein stolzer Strom. P. 80 ₰. St. 15 ₰.

l. Pache, Joh., op. 165. Einsame Fahrt, Strchinstr. P. 2 M, St. à 50 ₰.

zl. Rein, Edm., Sphärenklänge. Walzer von Jos. Strauss. Kl.-A. 2.50 M, St. à 25 ₰.

mch. Sipek, Karl, op. 29. Wächterfrühgruss. Blasinstr. P. 2 M, St. à 30 ₰.

mch. *Spicker, Max, op. 90. Der Pilot, mit Barit.-Solo. Kl.-A. 4.80 M, St. à 30 ₰.

mchl. *Sturm, J. B., op. 48. Heimkehr. Kl.-A. 3 M, St. à 30 ₰.

mch. *Sturm, Wilh., Waldfreude. P. 7 M, St. à 80 ₰.

sch. *Sturm, Wilh., op. 74. Hegelingenfahrt. Soli. Kl.-A. 7.50 M, St. à 30 ₰.

mch. *Woyrsch, Fel., op. 39. Der Vandalen Auszug. Kl.-A. 2.40 M, St. à 30 ₰.

Neue Männerchöre a capp. von Ludwig Keller.

Op. 17. Der Dackl. Humoristisch.
Op. 28. I. Rheinweinlied. II. Nun pfeif ich noch ein zweites Stück.
Op. 32. I. Geweihte Liebe. II. Scheiden.
Op. 35. I. Sängers Trost. II. Der Frühling wird wach.
Op. 36. I. Das arme Fräulein. II. Fräulein Doktor.
Op. 37. I. Trinklied. II. Am Abend.
Op. 42. I. Mein Schätzlein. II. Vom Tannenbaum.
Op. 44. I. Christnacht. II. Vaterlandslied.
Op. 46. I. Mon cher papa. II. Ruhe sanft.
Op. 48. I. Beim Fass. II. Mai. — Op. 50. Deutsches Sterben.
Op. 53. I. Fernes Lieb. II. Im heimatlichen Thale.
Op. 56. I. Nun ist es stiller Abend. II. Ins Auge deinem Kinde.
Op. 68. Die Trompete von Gravelotte.

Jede Partitur 40 ₰, jede Stimme 20 ₰.

Ludwig Keller ist einer jener Komponisten, denen das grössere Publikum gern Gehör schenkt, die aber auch dem höher Strebenden etwas zu sagen haben. Seine Kompositionen sind volkstümlich im guten Sinne, einige, wie „Vom Tannenbaum", „Nun ist es stiller Abend wieder", „Im heimatlichen Thale" sind dem innigen Tone unserer besten Volkslieder abgelauscht. Auch eine derbhumoristische Ader fehlt ihm nicht, wie namentlich die modernen Balladen und „Beim Fass" beweisen. Andrerseits weiss er auch ernsten Stimmungen ergreifenden Ausdruck zu verleihen und hebe ich in dieser Beziehung das edel empfundene und schön gearbeitete „Christnacht" hervor, besonders aber „Die Trompete von Gravelotte", dessen dramatische Tendenz es für den Wettstreit zweckmässig erscheinen lässt. Von seinen sonstigen Kompositionen ist als sehr wohlklingend und stimmungsvoll ein Duett für Sopran und Alt, op. 49 „Gute Nacht" zu erwähnen.

Besprechungen.

Bernhard Kothe, Abriss der Musikgeschichte.

Eine Musikgeschichte in 7. Auflage, das bedeutet gewiss an und für sich schon einen einzig dastehenden Erfolg, und in diesem Falle einen durchaus berechtigten; die Gunst der grossen Menge hat sich diesmal gewiss nicht etwas Unwürdigem zugewandt; denn der Menge ist das Werk gewidmet, der grossen Zahl der Musikfreunde, welche sich schnell orientieren wollen, die einen Lieblingskomponisten, über eine Epoche oder die Entwickelung einer Kunstform, namentlich aber den Kunstjüngern, welche einen orientierenden Ueberblick gewinnen wollen über das ganze Gebiet, dessen Höhenzüge ihnen nur zum geringsten Teile in der Praxis der Schulstube und des Konzertsaales veranschaulicht werden. Das für diese Zwecke wohl geeignete Werkchen führt in knapper, fasslicher Form die Meister der Tonkunst in ihrer Bedeutung, mit ihren Hauptwerken und im Bilde vor, ohne doch den inneren Zusammenhang, die kausalen Beziehungen der Erscheinungen ganz bei Seite zu setzen, wenngleich letztere naturgemäss bei so knapper Darstellung gegenüber dem biographischen Teil etwas zu kurz kommen mussten. Für diejenigen, welche über einzelne Fragen gründlichere Belehrung wünschen, sorgen sehr umfangreiche Litteraturübersichten, doppelt wertvoll, weil gerade der bibliographische Teil der Musiklitteratur noch sehr im Argen liegt. In der Beethoven-Litteratur hätte die geistvollen Analysen Beethoven'scher Werke von E. Th. A. Hoffmann (Universalbibliothek für Musiklitteratur Bd. 15 17, Preis Mk. 1.50) Erwähnung finden dürfen. Rühmenswert ist die durchaus objektive Stellungnahme gegenüber den modernen Musikern, von denen F. Draeseke, Saint Saëns, Verdi u. a. meines Erachtens allerdings etwas zu kurz kommen; immerhin wird uns ein anschauliches Bild der neuzeitlichen Produktion gegeben.

Deutsche Eiche.

E. Eulenburgs Verlag fährt fort, in dankenswerter Weise halbvergessene Schätze früherer Epochen und Meister an's Tageslicht zu fördern und dem Männergesange dienstbar zu machen. Dank diesem planmässigen Vorgehen im Bunde mit einer Anzahl tüchtiger Bearbeiter arbeitet sich die „Deutsche Eiche" allmählich zu einem Unternehmen heraus, welches berufen ist, den Geschmack und die Geistesrichtung unserer Liedertafeln in wohlthätiger Weise zu beeinflussen. Es bedarf wohl für alle Einsichtigen keines Beweises, dass das Wort „volkstümlich" in ganz anderem Sinne zu fassen ist, wie es gewöhnlich geschieht, dass unsere Volkslieder einen andern Kern haben und infolgedessen auch eine andere Schale als die modernen Lutschbeutel mit ihrem herz- und hirnerweichenden Inhalt. Die „Eiche" macht ihrem Namen Ehre, sie hält sich im allgemeinen fern von süsslichen „Mutterherzen" und „Vaterhäusern" etc., sondern berücksichtigt mehr das Naturkernhafte, Stämmige, so auch in den letzten Ausgaben. Wir finden darunter manch alte Perle von Mendelssohn, Fr. Schneider, Fr. Otto, Fr. Schubert, Bearbeitungen für M.-Ch. von Liedern Mozarts, Webers, Mendelssohns u. s. w., besonders aber sei eine reiche Auswahl von echten Volksliedern erwähnt, darunter „Innsbruck, ich muss dich lassen", „Zwischen Frankreich und dem Böhmerwald", „Du mein einzig Licht", „Es ging ein Landsknecht über Feld", „Spinn, spinn, liebe Tochter" u. a. Das ist gesundes Material, man greife nur hinein. vom Ende.

Dieser Nummer liegen Prospekte der Verlagsfirmen: G. A. Jäckel, Arno Spitzner und Ernst Eulenburg in Leipzig bei, welche der Beachtung empfohlen werden.

Der Sänger.

Amtliches Organ des westdeutschen Sängerverbandes.

Das Volkslied ist die Unsterblichkeit der Musik.
Marx.

Verbunden werden auch die Schwachen mächtig.
Schiller.

Vorsitzender: Lehrer A. Gau, Hilden bei Düsseldorf.

Redaktion und Verlag: H. vom Ende, Köln am Rhein, Beethovenstraße 6.

Amtliche Bekanntmachungen.

1. Kassenbeiträge.

Die noch rückständigen Beiträge bitte ich an unseren Kassierer Herrn Fabrikant Nimroth-Wermelskirchen einzusenden, damit die aus Remscheid gewählten Revisoren ihres Amtes walten und Bericht in diesem Blatte erstatten können.

2. Unterstützungs-, Wittwen- u. Sterbekasse betr.

(Obmann: Herr Lehrer Berger-Gerresheim.)

Da für die nächste Zeit die unerläßliche Vorbedingung zur definitiven Gründung der geplanten Kasse in Erfüllung geht, nämlich die Bereitstellung eines Fonds, sei es, daß selbiger als Sicherheitsfonds oder anders angelegt wird, so ersuche ich die betreffende Kommission wieder, mit ihren Vorberatungen zu beginnen und über den Verlauf derselben Bericht zu erstatten.

3. Bibliothekskommission.

(Obmann: Herr Königl. Musikdirektor Steinhauer-Düsseldorf.)

Dieser Kommission gehören nunmehr, nachdem sie sich — laut Beschluß des 1. Verbandstages — zweckentsprechend ergänzt hat, folgende Herren an: 1. Königl. Musikdirektor Steinhauer-Düsseldorf, 2. Dirigent Schauenburg-Düsseldorf, 3. Musikdirektor Müldner-Elberfeld, 4. Redakteur u. Komponist vom Ende-Köln, 5. Vorsitzender Gau-Hilden.

An alle Verleger und Komponisten ergeht hiermit die Bitte, 2 Exemplare ihrer Kompositionen mit der Bezeichnung — Bibliotheksexemplare — an Herrn vom Ende-Köln a. Rh. einzusenden. Finden die Werke nach textlicher und musikalischer Hinsicht den Beifall der fünfgliedrigen Kommission, so werden sie in dem Verbandskatalog, zur Anschaffung empfohlen, aufgeführt.

Ich bitte, die Kommission in ihrer mühsamen und zeitraubenden Arbeit durch fortgesetzte Einsendungen und Mitteilungen auf dem Laufenden zu halten.

Um über die Zwecke und Ziele der Kommission etwas Licht zu verbreiten und dafür zu interessieren, bemerke ich, daß in dem Katalog, welcher veröffentlicht wird, die Schwierigkeitsgrade der Lieder, ihre Zweckmäßigkeit für die verschiedensten Veranlassungen, ob lang oder kurz, Volkston oder Kunstchor x. enthalten sein wird. Die angenommenen Sachen werden in die Bibliothek des Verbandes aufgenommen.

4. Bildung des Festausschusses

(Obmann: Herr Heinr. Hornfeld-Düsseldorf) für das 2. Verbandsfest findet am Sonntag, den 3. März, statt. Die Vertreter der nahe wohnenden Vereine werden über Ort und Zeit vom Vereine Orphea-Düsseldorf frühzeitig benachrichtigt.

Hilden, den 18. Februar 1901. Der Verbandsvorsitzende:
A. Gau.

Westdeutscher Sängerverband. Zu Ehrenmitgliedern wurden ernannt: Rektor Kerper-Bochum, Musikdir., Große-Weischede-Bochum.

Zur Pflege des Volksliedes im Verbande

von Ant. Gulden.

IV.

Der Bedeutung und dem sittlichen Werte des Volksliedes entspricht es wohl, daß man wiederholt und dringend von ihm redet und schreibt. Die Veranlassung ist um so mehr gegeben, als weite Kreise der Sängerwelt dieses Kleinod nicht so würdigen, wie es sein sollte. Man glaubt sich vielfach etwas zu vergeben, wenn man von der strahlenden Höhe des Kunstgesanges herabsteigt zu dem in schlichtem Gewande einherschreitenden Volksliede. Nur Unkenntnis und oberflächliche Bekanntschaft mit diesem kann die Ablehnung und Zurückweisung desselben diktieren.

> „Wie oft hat der Ton eines Gesanges, der simple Gang einiger himmlischen Töne einen Menschen aus dem tiefsten Abgrund der Traurigkeit bis in den Himmel erhoben?
> Herder.

Für heute wollen wir als Fortsetzung zu unseren früheren Abhandlungen einige praktische Gesichtspunkte hervorheben, die vielleicht dazu dienen können, die Thätigkeit von verbandswegen für diese im Statut vorgesehene Materie zu einer systematisch geordneten zu machen.

Gewiß werden diese Blätter durch Belehrung zunächst große Bedeutung für die Verbreitung, Vertiefung und Veredelung des Volksgesanges gewinnen; das mündliche, unmittelbar wirkende aus einem begeisterten Herzen entströmende und sich an die Herzen der Zuhörer wendende Wort spielt ebenfalls eine nicht zu unterschätzende Rolle. Der Verband möge durch geeignete Kräfte über die Bedeutung des Volksliedes in den einzelnen Bezirken Vorträge halten lassen. In denselben in populärer Form die Schönheiten der Volksgesänge vor den Sängern entrollend und besonders auch der textlichen wie musikalischen Seite gerecht werdend, wird eine lebendig wirkende Anregung geschaffen, welche durch instruktive Proben im Anschlusse an den Vortrag in ihrer Wirkung noch erhöht werden könnten. Wir hoffen, daß sich mit der Materie wohl vertraute Herren zu solchen Vorträgen finden lassen. Als fruchtbringend ist eine anschließende Diskussion über die durch die Darlegung des Redners geschaffenen Thesen anzusehen. Das letztere hat wohl mehr Bedeutung für die Dirigenten als die Sänger.

Ein weiter nicht zu unterschätzendes Mittel bilden Volksliederkonzerte mit entsprechenden Erläuterungen. So ein Volksliederabend muß aber, soll seine Wirkung resp. sein Zweck kein fehlschlagendes Ergebnis haben, gut, ja sehr gut vorbereitet sein. Viele mittelalterlichen Volksweisen sind für das moderne Konzertpublikum nicht so geläufig, als man vielfach annimmt. Eine Belehrung über die Zeit der Entstehung, die ungewohnten Redewendungen, die Beziehungen, die Ausdrücke und das dichterische Gewand, ferner eine kurze Inhaltsangabe bereiten im Zuhörer die Stimmung und das Interesse, was ihn zur verständnisvollen Aufnahme der musikalischen Darbietung erst befähigt.

Das Volkslied ist es wert, eine fortlaufend fürsorgliche, liebevolle Pflege zu erfahren. Wie wäre zu dem Ende die Wahl einer besonderen Kommission, deren Aufgaben sich 1. mit der Sammlung, Gruppierung und Zusammenstellung a) der Volkslieder, b) der Lieder im Volkston und c) der volkstümlichen Lieder befaßte; 2. eine Besprechung derselben nach ihrer Bedeutung abfaßte und im Verbandsorgan veröffentlichte; 3. eine Volksliederbibliothek anlegte und auf jeder Jahresversammlung einen Bericht über ihre Thätigkeit erstattete. Diese Aufgaben der Kommission lassen sich leicht noch erweitern. So denke ich gerade an die Herausgabe einer gediegenen Sammlung von Volksliedern. Demnach wären es vier Mittel zur Erreichung des Zweckes: 1. Belehrende Aufsätze im „Sänger"; 2. öffentliche Vorträge mit instruktiven Proben und Diskussion; 3. Veranstaltung von Volksliederabenden mit Erläuterungen; 4. Einsetzung einer Volksliedercommission.

Im Anschlusse an die praktische Seite der Pflege des Volksliedes noch ein Wort über das Volkslied in der Schule!

Daß der Grund zum Gesange im allgemeinen daselbst gelegt wird, bedarf keiner weitern Erörterung. Die Auswahl der Lieder weist von selbst auf einfache, leichte Stoffe hin, die zum Teil den Zweck haben, die Technik des Singens in stufenmäßiger Folge klar zu machen und zum andern eine Reihe einprägungswerter Lieder für's Leben zu vermitteln. Es ist deshalb vor allem notwendig, daß diese auch so geartet sind, daß sie auch fernerhin gern gesungen werden. Sie müssen mit dem Leben des Volkes in Beziehung stehen, d. i. Volkslieder sein. Erfreulicher Weise bilden die von der Düsseldorfer Königl. Regierung f. Zt. vorgeschriebenen 58 Lieder nicht den einzigen Einprägungsstoff. Es mehren sich die Stimmen, welche den Gesichtskreis, der darin gezogen, als viel zu beengt betrachten. Zudem treffen manche derselben gar nicht den Volkston und werden rasch der Vergessenheit anheimfallen. Auch die neueren Schulliedersammlungen nehmen darauf Rücksicht und bringen außer den vorgeschriebenen noch eine hübsche Anzahl anderer längst im Volke eingesungener Lieder (f. z. B. Liederbuch für Volksschulen, Verlag: Schwann-Düsseldorf), dasselbe enthält noch 46 Lieder außer den angeordneten. Von den Heimatliedern sind bisheran sehr wenig geeignete, welche die Vorzüge der engeren Heimat besingen und im Volkston stehen. Das Brambach'sche „Bergische Heimatlied" zeigt vom Volkston keine Spur und wird sich deshalb niemals einbürgern. Es hat damit seinen Zweck verfehlt, der doch dahin gehen soll, die Liebe und Anhänglichkeit zur heimischen Scholle zu vermehren! Dem Gebiete der Schullieder dürfte daher auch wohl ein eingehendes Studium zugewandt werden. Zum Schlusse die beherzigenswerte Mahnung Kothe's:

„Der Singstoff der Schule soll sowohl in poetischer, als auch in musikalischer Beziehung ein wirklich auserlesener, tadelloser sein. Dies gilt auch von den Kinder- und sogenannten Gelegenheitsliedern. Es ist verwerflich, armselige, fade Melodien in die Schule zu bringen, frommer, moralisierender Texte willen, oder umgekehrt magere Moraltexte an Stelle der ursprünglichen Volksliedertexte zu setzen."

Die Dirigenten-Unterstützungskasse.

Die letzte Nummer des Sängers brachte eine Anregung seitens des Vorsitzenden, welche einer näheren Beleuchtung wert erscheint, da sie geeignet ist, dem idealen Wirken des Verbandes eine neue Richtung von hervorragendster Bedeutung für seine Stellung nach innen und außen zu geben. Das Mittel, welches hierfür in Vorschlag gebracht wird, heißt: Aufbesserung der wirtschaftlichen Lage unserer Vereinsdirigenten.

Unsre Bestrebungen gelten in erster Linie der Hebung des Gesangvereinswesens, der Ausmerzung überhandnehmender Uebelstände; zu diesen letzteren gehört aber unstreitig die, allerdings weniger der Opferfreudigkeit der Gesangvereine, als vielmehr der mißlichen Finanzierung derselben zur Last fallende, ungenügende Honorierung der Dirigenten. Ein Honorar in der Höhe von 200 bis 300 Mk. jährlich, oder in Ermangelung vorhandener Kapitalien ein Sorgenstuhl als Geschenk steht ungefähr auf gleicher Höhe mit dem Honorar mancher heutigen Kassenärzte, welche für 25 Pfg. häufig genug bei Schwerkranken noch über Berg und Thal pilgern müssen — bei beiden ist dann vielfach auch die Behandlung darnach. Ein Gesangverein, der geachtete, soziale Stellung, Ehre und Ansehen, sichere Fundierung erringen will, der vor allen Dingen darnach strebt, durch seine künstlerischen Leistungen diejenigen ethischen und ästhetischen Wirkungen auf Sinnen und Trachten des Volkes auszuüben, welche mit Recht der Macht des Gesanges zugeschrieben werden, wird sich zunächst umsehen müssen nach einem erfahrenen, leistungsfähigen Dirigenten. Denn die künstlerische Leistungsfähigkeit eines Vereins ist zum größten Teil abhängig von den Fähigkeiten und Kenntnissen, von der Geschmacksbildung und dem Auftreten, kurzum von der Persönlichkeit des künstlerischen Leiters, sodaß man daher mit Recht behaupten kann, daß die Blüte unsres Verbandes stets Hand in Hand gehen wird mit dem künstlerischen und sittlichen Wert seiner Dirigenten. Ein

den sonstigen Opfern, welche doch schließlich überall notwendig gebracht werden müssen, auch noch besondere Beiträge für diesen Zweck unmöglich auferlegt werden können; es muß daher ein anderer Modus gesucht werden und hier ist dem Verbande Gelegenheit geboten, einzusetzen. Um den Fonds auf die erforderliche Höhe zu bringen, kämen verschiedene Mittel der Erwägung wert, so könnte man von allen Wohltätigkeitsveranstaltungen 10% der Bruttoeinnahme in die Kasse fließen lassen, oder auch besondere Konzerte für den Zweck veranstalten. Auch die Herausgabe eines Verbandsliederbuches könnte nutzbar gemacht werden, indem man die Ueberschüsse aus dem Verkaufe desselben der Kasse zuwiese. Mit dieser Frage wird sich die demnächst tagende Kommission zu beschäftigen haben, ebenso mit der Art und Weise der Unterstützung; es wird sich wohl hauptsächlich um eine solche für Fälle der Not handeln; Krankheiten, Sterbefälle, Alters- und Witwenversorgung sind zu berücksichtigen; vielleicht wären auch Ehrenhonorare für hervorragende künstlerische Leistungen als ein mächtiger Ansporn vorzusehen. Wir hoffen bald Günstiges darüber berichten zu können.

vom Ende.

Liederbücher für besondere Zwecke.

In heiteren, sangesfrohen Kreisen und geselligen Vereinigungen einzelner Stände ꝛc. empfindet man häufig das Fehlen eines kleinen Liederbuches, welches die Interessen des jeweiligen Kreises besonders berücksichtigt, als Mißstand. Es seien hier einige empfehlenswerte Sammlungen angeführt.

Für Lehrer: Liederbuch für die geselligen Vereinigungen deutscher Lehrer; herausgegeben von L. Sturm. (Verlag von Chr. Vieweg, Quedlinburg), geb. Mk. 1.50. Zweihundert, alle möglichen festlichen Gelegenheiten berücksichtigende, Liedertexte, darunter sehr viel neue mit Melodie, einzelne mehrstimmig.

Für höhere Lehranstalten: Frisch gesungen. 50 Volkslieder und volkstümliche Lieder zum Gebrauche in fröhlichen Feierstunden, herausgegeben von Gustav Hecht, geb. Mk. 1.—. (Chr. Vieweg, Quedlinburg). Bearbeitungen für 4 st. Männerchor.

Für Gesangvereine: Hoch deutsches Lied! Eine Auswahl von 300 Texten allgemein beliebter Männerchöre von erprobter Wirkung. Zusammengestellt von Bernh. Pompecki, gebunden Mk. 1.—. (Chr. Vieweg, Quedlinburg). Nebst Angabe der Tonart, des Verlegers und Komponisten.

Für Kriegervereine: Soldatenlieder für Kriegervereine und das deutsche Reichsheer. Gesammelt von Rob. Linnarz, Werk 85. Preis 60 Pfg. (C. F. M. Pfeffer, Leipzig). 306 Lieder, größtenteils mit Melodien.

Für Turnvereine: Liederbuch für die deutschen Turnvereine, enthaltend 128 Turner- Volks- und Vaterlandslieder, in 1—4 stimmiger Bearbeitung von Ludwig Stahl. (Joh. André, Offenbach a. M.). Heft I und II à 60 Pfg.

— Turner- und Wanderlieder für 4 Männerstimmen bearb. von Eckhardt und A. Franke. Partitur 1.50, Stimmen 2.40 Mk. (Joh. André, Offenbach).

— Liederbuch für Turner, bearbeitet für 4 stimmigen Männerchor von C. A. Kern, M. Legow und R. Mustol. Preis geb. 60 Pfg. (Leipzig, C. Klinner).

Bergmannslieder: Glück auf! bearb. für 4 st. Männerchor von Rob. Linnarz, op. 51. (Leipzig, C. F. M. Pfeffer.)

Neue Männerchöre.

Fridericus Rex von Carl Löwe; für Männerchor mit Blasmusik bearbeitet von Sim. Breu. Das bekannte Sololied eignet sich ohne Zweifel sehr gut für diese Besetzung, und da der volkstümliche Charakter desselben in dieser Bearbeitung durchaus gewahrt ist, so wird sie ohne Zweifel schnell beliebt werden. Von Männerchören a capp. liegen eine ganze Anzahl neuer von K. Fr. Appel vor: op. 9 Zwei Wiegenlieder, op. 10 „Der Blumen Tod" und

Hervorragende Novitäten für Männerchor

von

Arnold Krug.

Op. 100. **Der Zug des Todes.**

Partitur Mk. 1.—, jede Stimme 30 Pfg.

Op. 108. **Herr Adelhart.** Troubadour-Romanze.

Partitur Mk. 1.50, jede Stimme 40 Pfg.

☞ **An grösseren, wirkungsvollen Konzertpiècen für Männerchor ist fühlbarer Mangel. Bessere Vereine werden daher diese köstlichen Werke des rühmlichst bekannten Komponisten hochwillkommen sein. Auf Wunsch zur Ansicht.**

Verlag v. Louis Oertel, Hannov.

Neu!

HALLELUJA!

Eine Sammlung von 45 nach dem Kirchenjahre geordneten **Original-Kompositionen** für ein- und zweistimmigen

Kinder- (oder Frauen-) Chor

mit Orgelbegleitung.

Herausgegeben von

W. Herrmann und **F. Wagner.**

Partitur Abteilung I und II je 4.50 Mk. — Stimmheft Abteilung I und II je 75 Pf.

Verzeichnis der Komponisten welche zu diesem Werke Beiträge geliefert haben.

Baumert, Kgl. Musikdir. in Liegnitz.
Böhmer, Organist in Breslau.
Demnitz, Kgl. Musikdir. i. Schweidnitz.
Drath, Kgl. Musikdir. in Bunzlau.
Fleischer, Kgl. Musikdir. in Görlitz.
Flügel, † Kgl. Musikdir. in Stettin.
Fricke, Musiklehrer in Herford.
Grabert, Organist in Berlin.
Herrmann, Organist in Berlin.
Merk, Seminarmusiklehr. in Bunzlau.
Radecke, Kgl. Professor in Berlin.
Raphael, Organist in Berlin.
Röder, Kgl. Musikdir. in Lauban.
Rudnick, Kgl. Musikdir. in Liegnitz.
Schreck, Kgl. Professor in Leipzig.
Stamm, Seminarmusiklehrer in Segeberg.
Steinert, Seminarmusikl. in Aurich.
Tschirch, Kantor und Musikdirigent in Waldenburg.
Vogel, Musikdirektor in Leipzig.
Wagner, Organist in Guben.
Woyrsch, Kgl. Professor in Altona.
Zieran, Organist in Gr. Salze.

Ansichtssendungen werden überallhin versandt.

Chr. Friedr. Vieweg's Buchhandlung in Quedlinburg.

Kein deutscher Männergesangverein

sollte es versäumen, einen der durchweg wirkungsvollen Chöre

von **Karl Fr. Appel**

in sein Repertoire aufzunehmen.

Die neuesten Kompositionen des so rasch beliebt gewordenen Komponisten sind soeben in meinem Verlage erschienen.

Auswahlsendungen gerne zu Diensten.

J. D. Bauer, Musikverlag, Hanau a. Main.

Leipzig: Friedrich Hofmeister.

Franz Blümel

op. 83.

D' Liab auf der Alm

Walzer-Idylle.

Leicht sangbar und ungemein schwungvoll. Eine nützliche Bereicherung der einschlägig. Litteratur.

Ausgabe für Männerchor:

Klavier-Partitur Mk. 3.—.
Chorstimmen à „ —.60.
Orchesterstimmen „ 10.—.

Ausgabe für Gem. Chor:

Klavier-Partitur Mk. 3.—.
Chorstimmen à „ —.60.
Orchesterstimmen „ 10.—.

Zu beziehen durch:

H. vom Ende in Köln.

Heinrich Pfeil.

Beliebte Opernchöre.

Bd. I. Männerchor.

25 Chöre v. Beethoven, Mozart, Gluck, Lortzing, Marschner, Weber etc.

Beliebte Opernchöre.

Bd. II. Gem. Chor.

25 Chöre v. Adam, Boieldieu, Kreutzer, Lortzing, Nicolai etc.
Klav.-Auszug à Bd. Mk. 2.—.
Chorstimmen à 75 Pfg.

Zu beziehen durch:

H. vom Ende in Köln.

Pianoforte Magazin

von

Eduard Schneider,

Köln, Berlich Nr. 14.

Specialität:

(vorrätig in allen Grössen)
deutsche, engl., amerikanische

HARMONIUMS

von Schiedmayer, Estey, Mason & Hamlin, Doberty, Farrant & Votey.

Uebernahme von Reparaturen und Stimmungen.

Gratis und franco

versende ich die Partitur der neuesten **Männerchöre**

von **Haug, Rudnick, Wesseler.**

Bitte selbe gefl. zu verlangen.

Bernh. Tormann.
Musikverlag, Münster i. W.

Bergisches Heimatlied

für 1 Singstimme mit Klavierbegleitung
von Rektor **C. Ph. Prybill.**

Preis Mk. 1.—

H. vom Ende's Verlag, Köln a. Rh.

Nössler, Eduard. Op. 9. *Mailied.* (Theodor Storm) Mk. 1.—. — Köln am Rhein, H. vom Ende.

Die liebenswürdigen Verse Storm's ergänzt der Komponist durch seine Musik zu einem frischen, maigrünen Liedchen, das in seiner musikalischen und poetischen Klarheit einem duftigen Frühlingsgruss zu vergleichen ist.

Die Preisrichter

auf den Gesangwettstreiten habe ich niemals beneidet! Es ist zumeist ein recht saures und undankbares Geschäft, was sie zu verrichten haben. Wenn auch der Dichter tröstend und beschwichtigend sagt: „Vielen gefallen ist schlimm!", so würde dieser poetische Spruch doch passender für die Preisrichter nicht der nackten Wahrheit Schrecken haben. Den wenigsten Vereinen und Dirigenten wird es recht gemacht. Ich gebe zu, daß es keine Kunst ist, die modernen Wettstreite scharf zu kritisieren und ihre offenbaren Mängel und Schwächen aufzudecken. Daß darunter auch die bestgemeinten Absichten der zu Preisrichtern berufenen Autoritäten leiden und in schlechter Beleuchtung erscheinen, ist die harte Konsequenz der Thatsachen und leider unvermeidlich. Von meinen seit Jahren geübten Besuchen und Beobachtungen auf den „Concoursen" möchte ich zu Nutz und Frommen der Sänger und Preisrichter Mitteilung machen und einige Rezepte offerieren, welche die kranken Zustände zu bessern in der Lage sein könnten!

Es herrschen zwei Systeme der Berufung zu diesem Amte. Nach dem einen werden die Berufenen geheim gehalten bis zu dem Tage des Wettstreites; nach dem andern pflegt man die Preisrichter vorher (in den Festbüchern) bekannt zu geben. Beides hat seine Licht- und Schattenseiten! Die vorherrschende Meinung hält es mit der Geheimhaltung bis zum Termine des Singens. Es spricht hierfür der Umstand, daß der Berufene, wenn er nicht selbst Veranlassung dazu giebt, nicht der Versuchung um „Aufklärung", „Instruktion" rc. seitens der auftretenden Vereine und Dirigenten ausgesetzt ist. „Wer stehe, der sehe zu, daß er nicht falle." Das gilt auch vom Amte eines Preisrichters. Auch der Schein wird vermieden, als ob nicht nach objektiven, sondern sehr subjektiv angehauchten Gesichtspunkten die Beurteilung ausfiele. Man mag ja vielfach in den Kreisen der Gesangsautoritäten über diese Weise der Berufung als „Geheimniskrämerei" witzeln und sich mehr für die Bekanntgabe der zu Preisrichtern auserlesenen Herren erwärmen, indem man darauf hinweist, daß gerade die Geheimhaltung dem „Festkomitee" Gelegenheit zu geheimnisvollen Zugeständnissen an sich erkenntlich zeigende Vereine geben kann und die Offenheit allein der Ehre des so wichtigen Preisrichteramtes entspricht! Diese beiden Ansichten lassen sich treffend vergleichen mit der geheimen und der öffentlichen Wahl! Im Prinzip muß man sich für letztere erklären; denn sie allein entspricht der Würde des frei seine Ueberzeugung zum Ausdruck gebenden Mannes. Und doch steht in Wirklichkeit diese freie Bekundung eigener Ueberzeugung ganz anders aus! Das Abhängigkeitssystem unter den Menschen bedingt in vielen Fällen eine Verleugnung der Selbstansicht, um sich zum Knechte fremder Einfälle zu machen. Deshalb bringt unter diesen Umständen die geheime Abstimmung ein viel zutreffenderes Bild der freieren Ueberzeugung als die öffentliche. Aehnlich liegen die Verhältnisse mit der geheimen und öffentlichen Berufung zum Amte eines Preisrichters. Die letztere Art bedingt ein Abhängigwerden mit befreundeten Dirigenten u. s. f., die den betr. Wettstreit besuchen, sobald die Namen bekannt gegeben sind, während das Geheimhalten bis zum Augenblicke der Entscheidung beeinflussende Beziehungen und Einwirkungen verhütet. In Solingen wird man in diesem Jahre die „Geheimthuerei" soweit treiben, daß man die Preisrichter während der Wertung so setzt, daß sie von den auftretenden Vereinen nichts sehen. Die Reihenfolge der Vereine wird erst kurz vor dem Auftreten durch das Los festgestellt, so daß die zur Beurteilung berufenen keine Ahnung haben, welchen Verein sie bewerten. Wenn das so, wie es sich liest, durchgeführt wird, kann eine unparteiische Beurteilung zweifellos sein. Für welche Art der Berufung sich der Verband s. Zt. entscheiden wird, steht noch aus! Jedenfalls wird diese Angelegenheit reiflich erwogen.

Für viel wichtiger als diese Frage halte ich die Einrichtung, daß jeder Preisrichter von seiner Wertung dadurch Rechenschaft resp. Beweis liefert, daß er genau die Fehler vermerkt, d. i. eine Begründung seines Urteils beifügt. So souverän ist die Kunst und Wissenschaft nicht, daß sie es unter ihrer Würde halten muß, die erfüllte zeugnissen der jungen Dirigenten, die von Musikschulen herangebildet werden, zu verlangen. In denselben würde passend ein Vermerk enthalten sein über die Befähigung des Betreffenden zur Beurteilung eines mehrstimmigen Vokalsatzes. Zum Schlusse fasse ich die Anforderungen, welche an einen Preisrichter zu stellen sind, kurz zusammen. Er muß moralisch und künstlerisch, theoretisch und praktisch befähigt und sein Ansehen in der Sängerwelt ohne Zweifel sein!

In dem Liede gilt's zu preisen
Hoch die Richter allezeit.
Die sich als gerecht erweisen,
Ueben Unparteilichkeit!

Hoch die Kunst, die solche Männer,
Deutsche Männer uns entsandt.
Die als sangeskund'ge Kenner
Zur „Reform" sich gern bekannt!

Hoch die Männer, die berufen.
Meister in der Töne Kunst,
Die uns Liederperlen schufen —
Bleiben stets in Sängers Gunst!

Die „auri sacra fames"

ist es, welche die schönsten Gesangwettstreite verdorben hat! Die verfluchte Geldgier, die auf so vielen Gebieten edlen Strebens und Fleißes ihr Unheil anrichtet. Die Geschichte der Wettstreite lehrt, daß sie ihren ursprünglichen Reiz eingebüßt. Es genügt nicht mehr das lobende Wort, das Ehrenzeichen an der Fahne und ein solches an der Wand das Vereinszimmers, es muß Geld sein, viel Geld, was zum Wettkampf anspornen soll. Wenn von Herbst bis Januar die Einladungen zu den Wettstreiten eintreffen, dann wird kalkuliert, welcher bietet die günstigsten Chancen! Als ich im vorigen Jahre mit einem Kollegen den Unwert der heutigen Wettstreitseinrichtungen besprach, meinte er: „Es wird schwer halten, die Vereine von dem Haschen nach Geldpreisen abzubringen. Der große Kölner Wettstreit der Polyhymnia pro 1901, der alle seine Vorgänger an äußerem Glanz überbieten soll, wird viele Vereine von dem Beitritte zum Verbande vorläufig abhalten!" Die Vereine welche an einem solchen Wettbewerbe teilnehmen, werden aber einstweilen überhaupt nicht für die „Entsagung' zu gewinnen sein. Es müßten denn Dinge auf dem besagten Feste vor sich gehen, die selbst dem Blödesten die Augen öffneten. Im allgemeinen wird der Stimmungswechsel einem langsamen Werdegang unterworfen sein. Mit dem Beweise von der Nichtigkeit der Geldpreise und ihren üblen Folgen ist noch nichts gewonnen! Was der Verstand begreift, muß auch das Herz erfassen. Beim Volke ist alles Herzens- und Gemütssache. Gefühle nicht Ideen leiten die breite Masse! Darum wirkt das gesprochene, temperierte Wort viel mächtiger und wirksamer als das geschriebene. Ich halte daher das systematische Vorgehen durch Bezirksversammlungen für sehr wichtig. In denselben kommen Freunde unserer Verbandssache zu Wort, welchen vor allem die Gabe gegeben, auf das Gemüt einzuwirken, ohne dabei in wohldisponierter Weise die wichtigen Argumente gegen die Geldpreise außer Betracht zu lassen. Der Stoff selbst möge fortgesetzt in diesen Blättern mit Bienenfleiß zusammengetragen werden.

Wenn Wettbewerbe um zeichnerische Entwürfe für Bauten, Denkmäler und Anlagen ausgeschrieben werden, wenn es sich um Gewinnung einer wichtigen Komposition oder Dichtung handelt, so wird ein freier Preisbewerb unter den Künstlern veranstaltet. Fast immer stehen namhafte Geldbeträge als Preise aus. Warum, so sagt man, sollte es nicht auch auf dem Gebiete der Gesangwettstreite ebenso sein! Was bei Pferdewettrennen, beim Preisschießen und Preiskegeln in Schwung steht, könnte doch auch den Sängern vergönnt sein. Man vergißt bei diesem Einwande ganz, daß die Künstler, welche sich bewerben, in der Kunst gleichzeitig ihr Handwerk ausüben. Es ist ihr Brot! Die Anfertigung von künstlerischen Entwürfen, von Kompositionen und Dichtungen erfordert Zeit und Arbeit, die sie ihrem regelmäßigen Berufe abgewinnen müssen. Zudem hängt häufig ihre Zukunft davon ab, kurz es ist ihr Geschäft. Ganz andere

Traukosgeben. Ist der Zufall günstig, mag es zeitweise gut geben, will aber das Schicksal hart sein, so ruiniert es die Vereine finanziell und stellt dadurch die eigentliche Aufgabe des Gesangvereins „die Pflege und Förderung der Kunst durch und im Gesange" in Frage. Zweifellos wurden die Verbandswettstreite von einer derartig verwüstenden Wirkung nicht sein, weil alle Vorbedingungen fehlen: Nicht zufällige wilde Konkurrenz, sondern Anerkennung einer Minimalleistung, keine Festbeiträge, keine eingedrillten Chöre mit endlosen Proben, keine Geldpreise.

Als Dirigent vieler Gesangvereine habe ich es immer schmerzlich empfunden, daß auch Kollegen mit einem wahren Heißhunger nach Geldpreisen trachteten. Ja, kein Wunder, der Verein zahlte die Hälfte der Errungenschaft als Dankesvotum und Anerkennungsblatt an ihn aus. Von 1000 Mk. so mit einem Schlage 500 Reichsmark einzuheimsen, Potztausend! Das ist auch keine Kleinigkeit. Aber wenn's fehl geht, so ist erstlich außer den lästigen Vorwürfen der Sänger kein „Treffer" da und zum zweiten steht er in Gefahr, sein Renommee und damit seine Stelle als Dirigent zu verlieren. Es besteht thatsächlich keine größere Thorheit, als daß die musikalischen Leiter zu solchem Haschen nach Geldgewinnen reizen. Es ist ihr eigner Ruin!

Wer einmal Geschmack an dem „Geldbewerb" bekommen, dem geht es wie den Goldsuchern. Es ergreift ihn eine unersättliche Gier, selbst wenn er dabei zugrunde geht. O, diese „auri sacra fames!"

G.

Konzertbericht.

Alfred Stauffer

Violin-Virtuos. Lehrer am Konservatorium in Köln.

Konzert des Ges.-Vereins Sängerbund. Solingen, 20. Nov. 1899.

Solinger Zeitung. Lebhafte Würdigung fanden auch drei Vorträge für Violine, welche Herr Konzertmeister **Alfr. Stauffer**, Lehrer am Konservatorium in Köln, zu Gehör brachte. Auch die Leistungen dieses Künstlers gingen entschieden über das Maß dessen hinaus, was selbst in besseren Konzerten geboten wird. Namentlich in den „Zigeunerweisen" von Sarasate entwickelte derselbe eine verblüffende Technik, z. B. bei der gelungenen Ausführung des Pizzicato mit der linken Hand. Es war das Bravourstück eines Virtuosen; nicht minder aber die Wiedergabe des „Adagio" von Spohr und des 2. Satzes aus dem D-moll Konzert von Vieuxtemps, der die große Zuhörerschaft mit verhaltenem Atem lauschte. Auch hier reicher Beifall und ein stürmisches Verlangen eine Zugabe, in der Herr **Stauffer** mit Flageolettönen brillierte.

Solinger Kreisblatt. In Herrn Konzertmeister **Alfred Stauffer** von Köln, Lehrer am dortigen Konservatorium, stellte sich uns ein Geiger ersten Ranges vor, dessen großartige Technik und voller Ton allgemeine Bewunderung fand und das Publikum zu geradezu begeisterten Kundgebungen für den Künstler hinriß, sodaß er sich im zweiten Teil, nach dem unübertrefflichen Spiel von Sarasate's „Zigeunerweisen", zu einer Zugabe verstehen mußte. Man darf dem „Sängerbund" aufrichtig dankbar dafür sein, daß er uns die Bekanntschaft dieses hervorragenden Violinisten vermittelte.

ebenso sicher als schwungvoll und edel vor und brachte die Schönheit des allerdings nicht in allen Teilen gleichwertigen Werkes zu imponierender Wirkung. Noch mehr Freude bereitete uns das Adagio des G-moll-Konzertes von Bruch, dessen seelenvoller Gesang aus innerstem Herzen sprach, und auch die mehr auf virtuosen Effekt zugespitzten „Zigeunerweisen" von Sarasate läßt man sich gern gefallen, wenn sie mit so siegessicherer Bravour bewältigt werden, wie es hier der Fall war.

Schaumburg-Lippische Landeszeitung. In Herrn **Alfred Stauffer** aus Köln lernten wir einen Künstler von hervorragender Bedeutung und Begabung kennen, der mit staunenswerter Technik und Sicherheit die größten Schwierigkeiten leicht überwand. In dem Violinkonzert von Vieuxtemps fand derselbe Gelegenheit, alle Geigenkünste und Vortragsarten zu glänzender Ausführung zu bringen; im glissando staccato, besonders auch in den sehr häufigen Doppelgriffen erschien überall sein Spiel ungezwungen und sicher; dasselbe gilt auch von dem Vortrag des Rondo von Saint Saëns. In dem darauffolgenden Adagio des Bruchkonzertes hatten wir dann Gelegenheit, die Ausdrucksfähigkeit seines schönen und warmen Tones zu bewundern.

❦

Krefeld. Zum Klavierabend von **Paul Stoye** erhalten wir von einem Musikfreunde noch folgenden Bericht: „Verhiess schon das Programm einen hochinteressanten Abend, so übertraf doch die Ausführung der einzelnen Nummern das Erwartete. Reicher Beifall der zahlreich erschienenen Zuhörerschaft lohnte die Darbietungen des Künstlers. Herr **Stoye** verfügt über einen markigen kraftvollen Anschlag; die Technik, das unbedingt erforderliche Rüstzeug der modernen Virtuosen, beherrscht er in vollkommener Weise. Die glänzendste Aeusserung seines Talentes war wohl die Wiedergabe der chromatischen Fantasie und Fuge von Bach, eines der schwierigsten Klavierwerke, die je geschrieben. Hier beherrschte der Künstler mit grösster Sicherheit auch die feinste Nüance des Ausdrucks. Ein vollkommen abgeklärtes, in jeder Beziehung abgerundetes Spiel, absolute Klarheit der Stimmführung fügte hier Ton an Ton zu dem prächtigen Aufbau der glanzvollen Fuge. Die Steigerung des Kraftausdrucks vom feinsten Piano zu Beginn der Fuge bis zum klangvollen Fortissimo der Schlusstakte war in feinsinnigster Weise ausgeführt, und es wird uns wohl nicht häufig die Gelegenheit werden, dieses Monumentalwerk der Klavierlitteratur in solch meisterhafter Vollendung zu hören.

❦

Strassburg, 7. Januar. In diesen kalten Wintertagen thut dem Gemüte eine musikalische Erwärmung doppelt wohl. Deshalb war es ein glücklicher Gedanke des Strassburger Tonkünstlervereins, sich für sein gestriges drittes Konzert die Mitwirkung des Münchener Streichquartetts der Herren Professor Benno Walter, Benno Walter junior, Ludwig Vollnhals und Franz Bennat zu verschreiben, die hier im vorigen Jahre eine so verdiente herzliche Aufnahme gefunden haben, dass ihr Wiederkommen stets gern begrüsst werden wird. Die warmblütige Schönheit ihres künstlerisch durchgearbeiteten Spiels liess man mit besonderer Freude auf sich wirken in dem Dvórakschen Klavierquintett in A-dur (Werk 81), in dem sich als Vertreter des Klavierparts Herr Blumer vom städtischen Konservatorium den Streichern mit blühender Tongabe verband. Die Zuhörer waren vom Werk wie von dessen Wiedergabe gleichermassen entzückt und ehrten die Künstler durch lauten Beifall wie durch Hervorruf. Dem in den städtischen Kammermusikabenden häufig gehörten Beethovenschen Streichquartett

noch eine persönliche Anerkennung, indem er das zweite Geigenkonzert (D-moll) von Wieniawski mit tadellos sauberer, glatter Technik und musikalisch inspiriertem Vortrage spielte.

Strassburger Post.

Die Kölner Bläservereinigung für Kammermusik konzertierte im Monat Januar (9.--16.) in Holland und trat auf dieser Tournée in Amsterdam (2 mal), Rotterdam, Haag, Utrecht und Arnheim auf. Die gesamten Pressäusserungen über die Erfolge des Quartetts und der Pianistin Frl. Henriette Schelle, die bei den Konzerten mitwirkte, wiederzugeben, würde zu weit führen, allenthalben war die Aufnahme eine sehr beifällige und neben den Ensemblestücken -- Blasquintett von Onslow, kleinere Stücke von Lefèbvre und Pierné, Beethoven op. 16 und Verhey Quintett für Blasinstrumente und Klavier -- fanden die Sololeistungen der Herren in der Presse hervorragende Würdigung. So schreibt D. de Lange in „Het Nieuws van den Dag", Amsterdam: Die Ausführung (Verhey, Quintett) machte einen vorzüglichen Eindruck und verschaffte den verschiedenen Ausführenden Gelegenheit, sich im besten Lichte zu zeigen. Dies war ebenfalls der Fall mit dem Pastorale von Pierné. Insbesondere fiel mir der Ton der Oboe auf; er erinnerte sehr an denjenigen der früher gebräuchlichen Schalmei, ein Beweis, dass das Instrument meisterlich gehandhabt wurde. — „De Telegraph" (J. Brugmann) schreibt: „Auch das Adagio von Schumann für Horn nötigte uns Bewunderung ab für Herrn Kotz, der sich durch die übergrossen Schwierigkeiten wie ein echter Künstler durchschlug." — Der „Haag'sche Nieuwe Courant" urteilt: Die Wiedergabe des Beethoven'schen Meisterwerkes gefiel uns am besten; hier waren Momente von wunderbarer Klangschönheit; vor allem hoben sich hier Oboe und Klarinette vorteilhaft ab. — Ueber die Ausführung der Brahms'schen Klarinettensonate (F-moll) am zweiten Abend in Amsterdam referiert J. Brugmann: Frl. Schelle ist den Lesern bereits genügend vorgestellt; von ihr konnten wir wohl nichts anderes als eine bedeutende Ausführung erwarten. Dem Herrn Friede besonders unser Kompliment für seinen schönen, innigen Ton und für seinen warmen Vortrag; nicht am wenigsten durch die reine Intonation zeigte er sich als ein Klarinettist, den man neben Mühlfeld nennen darf. — „Het Centrum," Utrecht, schreibt: Was das Ensemble selbst betrifft, so kann man sagen, dass es sich würdig zusammensetzt: jeder Spieler ist ein Meister auf seinem Instrumente, und das Zusammenspiel lässt beim Zuhören der Werke von Bedeutung (wie das Beethoven'sche Werk) einen vollen und nachhaltigen Genuss aufkommen. — Im „Rotterdam'schen Nieuwsblatt" wird Frl. Schelle beurteilt: Frl. Schelle spielte die Pianopartien und unterhielt ihre Zuhörer noch durch das Rondo D-dur von Schubert, Barcarole von Wüllner und Rigoletto-Paraphrase von Liszt. Sie ist eine Pianistin nach unserem Wohlgefallen vom ersten Augenblick an (beim Quartett von Verhey); mit grosser Bravour verbindet sie perlende Geläufigkeit. Sie gleitet über die Tastenreihe mit zarten Händen, so dass es uns wundert, dass der Flügel keinen Buckel macht, wie ein gestreichelter Kater, und greift andernteils das Instrument mit männlicher Kraft an.

Vermischtes.

Mainzer Anzeiger. Einen recht genussreichen Abend verschaffte uns das gestrige siebente Vereins-Konzert der Mainzer Liedertafel, in welchem wieder unsere einheimischen Künstler auf dem Podium erschienen. Sie gaben ihr Bestes nach jeder Hinsicht und dies trat fast durchgängig so wirksam zu Tage, dass der jeweiligen That die Quittung des leider nicht sehr zahlreichen Publikums in Form von lebhaftem Applaus auf dem Fusse folgte.

Mit lebhaftem, verdientem Erfolg trat Frl. Alice Rau von hier als Gesangssolistin auf. Die junge Dame, die vor einiger Zeit der hiesigen Bühne angehörte hat sich künstlerisch prächtig entwickelt. Ihr Organ hat, abgesehen von der obersten Höhenlage, an Rundung und Fullung ganz erheblich zugenommen, es ist ungemein warmblütig und sympathisch geworden und wird in Dienste eines geläuterten Geschmacks verwendet, und ausserdem versteht Frl. Rau mit einer schön gehaltenen Charakteristik des Ausdrucks und der Empfindung für sich Stimmung zu machen. Das sind schon Eigenschaften genug, um sich im Konzertsaal die gebührende Position zu sichern. Von den sechs Liedergaben unter denen auch eine von Herrn Kapellmeister Volbach („Im Schauer der Wonne") figurierte, gefielen uns Schubert's „Rastlose Liebe", Schumann's „Waldesgespräch" und „Sommerabend" von Lassen am besten.

Brüssel. Der Deutsche Gesangverein hielt am Sonnabend den 1. Dezember sein erstes diesjähriges Konzert ab, welchem u. a. Seine Excellenz Graf Alvensleben, Legationsrat von Bülow, Hofrat Lenter, sowie Vize-Konsul Bobrick als Ehrengäste beiwohnten. Das reichhaltige Programm enthielt als Chorvorträge Lieder von Mendelssohn, Frauenchöre mit Hörnerbegleitung von Brahms, die wunderschönen „Deutschen Tänze" von Schubert und einige Volkslieder für Männerchor von Silcher. Aus allen diesen Chorgesängen hörte man die sorgfältige, bis in die Einzelheiten verfolgte Einstudierung und das künstlerische Verständnis sowohl von seiten des Dirigenten, Herrn F. Welcker, als auch der Sänger heraus, und war es nur ein Tribut wohlverdienter Anerkennung, wenn nach jeder einzelnen Nummer die andächtig lauschenden Zuhörer in lebhaften Applaus ausbrachen. Als Künstlerinnen traten auf Frl. Johanna Rothschild, Konzertsängerin aus Köln, und Frl. Margarete Bekmer, Pianistin, ebenfalls aus Köln. Frl. Rothschild ist den Brüsseler deutschen Musikfreunden keine Unbekannte; hat sie doch schon im Monat Mai ds. Js. in dem Konzert, welches der „Deutsche Gesangverein" zusammen mit der Antwerpener „Liedertafel" zum Besten der Kasse des Deutschen Schulvereins veranstaltete, mit grossem Erfolg gesungen. Frl. Bekmer, welche soeben erst ihre Studien in Köln beendet hat, spielte eine „Berceuse" und eine Ballade in G-moll von Chopin, ferner „La Source" von v. Leschetizky, sowie die „Valsecaprice" von Saint-Saëns. Die junge, sympathische Künstlerin hat in jeder Hinsicht einen sehr günstigen Eindruck gemacht; ihre Technik zeugte von guter Schulung und fleissigem Studium, während andrerseits ihr Spiel die natürliche Anlage für seelischen Ausdruck und richtiges Nachfühlen der Intentionen des Komponisten verriet. Bei fleissigem Weiterstudium können wir ihr noch mehr schöne Erfolge voraussagen. Der wohlverdiente Applaus nach dem Vortrag der beiden letztgenannten Nummern veranlasste sie zu einer Zugabe.

Dtsch. Blatt f. Belg.

Bei dem zweitägigen Musikfest in Düren zum fünfzigjährigen Bestehen des Gesangvereins Concordia, wirkte die Altistin Frau Louise Hövelmann mit; von Dürener Blättern berichtet hierüber:

Ruhr-Zeitung, 7. Januar 1901. (Zerstörung Jerusalems von Klughardt.) Ohne Frage am tiefsten in die Herzen hat sich gestern gesungen die Altistin Frau Louise Hövelmann. Den Terzetten schaffte ihre voluminöse, ungemein weiche und wohllautende Stimme die feste Grundlage, welche die entzückenden Schönheiten dieser Stellen der Tondichtung zur denkbar höchsten Entfaltung brachte und bezüglich der Solovorträge brauchen wir nur auf die herrliche Arie hinzuweisen: „Jerusalem, ach wenn du es doch wüßtest", um den Besuchern des Konzertes unvergeßliche Augenblicke des Tages zu vergegenwärtigen.

Ruhr-Zeitung, 8. Januar 1901. Mit besonderer Spannung wurden die Liedervorträge der Altistin Frau Louise Hövelmann aus Köln erwartet, die bei der großen Aufführung am Sonntag so großes und berechtigtes Aufsehen erregte. Die Dame sang auch gestern wieder entzückend. Feinsinnige Wahl der Lieder ließ alle Vorzüge des so ungemein wohllautenden Organs in denkbar hellster Weise hervortreten. Der Beifall wurde wärmer und wärmer und steigerte sich zu anhaltendem Verlangen nach einer Zugabe, die freundlichst gewährt wurde.

Dürener Zeitung, 8. Januar 1901. Ein Hauptpunkt des Konzertes waren die dann folgenden Lieder von Frau Louise Hövelmann aus Köln. Programmmäßig waren vier Lieder vorgesehen, ein fünftes gab die Sängerin freigebig zu, alle fünf waren jedes in seiner Art so unvergleichlich schön, daß einem derselben der Vorzug einzuräumen unmöglich ist. Mit wahrer Andacht wurde zugehört dem „Kreuzzug" von Schubert voll ergreifender Elegie, dem leichtfüßigen „Ständchen" von Brahms, dem „Jasminenstrauch" von Othegraven, einem herzigen „Schlafliedchen" von Taubert und „Unbefangenheit" von Weber. Besonders über den drei letzten Liedern lag ein Liebreiz ausgebreitet, der bestrickender kaum gedacht werden kann. Geradezu bewundernswerten geheimnisvollen Zauber atmete die kleine Komposition von Othegraven, die solch stürmischen Beifall entfesselte, daß sie da capo gesungen werden mußte.

Das IV. Abonnements-Konzert fand unter Mitwirkung der Pianistin Frl. Henriette Schelle und des Baritonisten Herrn J. Bischoff statt.

Die Koblenzer Zeitung schreibt über die Künstler:

Solistisch beteiligt waren Frl. Henriette Schelle und Herr Hans Bischoff aus Köln. Frl. Schelle, eine ehemalige Schülerin Heubners, hat sich zu einer der bedeutendsten Klaviervirtuosinnen emporgearbeitet. Ihre Technik ist hochentwickelt und brillant, sieghaft über alle Schwierigkeiten triumphierend. Nicht nur die glanzvolle Ausführung der Läufe und perlende Brillanz der auf- und abwogenden Tonleiter, sondern auch die Sicherheit im vielgriffenden Spiel legten hiervon beredtes Zeugnis ab. Aber die Künstlerin begnügt sich nicht mit dem äußerlichen Glanze virtuoser Fertigkeit, sondern ist bestrebt, das technische Können in den Dienst höherer künstlerischer Prinzipien, der bewußten musikalischen Durchgeistigung und des seelischen Mit- und Nachempfindens zu stellen. Mit der Fülle und Rundung des Tones verbindet sie eine reiche Modulationsfähigkeit des Anschlags. Ihr Vortrag läßt Intelligenz der Empfindung nicht vermissen. Bei solch hervorragenden Eigenschaften konnte der Erfolg nicht ausbleiben, und die Sängerin darf mit dem ihr gespendeten Beifall, der durch Ueberreichung von Blumen und Lorberkranz einen besonderen Nachdruck erhielt, zufrieden sein. Frl. Schelle, der ein hervorragend schöner Mand'scher Flügel zur Verfügung stand, ein Instrument, daß sich gleichmäßig durch Fülle und Weichheit des Tones auszeichnete und sich der Künstlerin für die verschiedensten Ausdrucksnüancen in allen Tonlagen dienstfertig erwies, spielte das B-moll-Konzert von Tschaikowski und Stücke von Heubner, Chopin, Liszt und Godard. Das sehr interessante Konzert des genialen Russen ist nach der Seite der thematischen Erfindung nicht besonders hervorragend. Die Melodien sind nicht immer mit vornehmem Geschmacke ausgewählt und streifen manchmal das Maß des gerade noch Zulässigen. Der Klavierpart ist reichlich bedacht und sehr interessant ausgestattet, hebt sich aber doch nicht glanzvoll genug aus der oft gar zu dicken Orchestermasse hervor. Unser Dirigent, Herr Prof. Heubner, war mit einem neuen Klavierwerke, einer Polonaise, auf dem Programm vertreten. Das geistvolle Stück, das sehr fein gearbeitet ist und auch auf die moderne Klaviertechnik besonders Bedacht nimmt, fand warmen Beifall.

Herr Hans Bischoff aus Köln eroberte sich mit seinen hervorragend schönen Stimmmitteln und seiner frischen Sangesart die Herzen der Zuhörer im Sturm. Der volle und ausgiebige Ton mit dem echt baritonalen Klangcharakter kam wohl auch schon in den Schubert'schen Liedern („Nachtstück", „Stadt", „Ständchen") zu schöner Geltung, doch in voller Entfaltung erstrahlte die herrliche Stimme des Sängers erst in dem auch seelisch tief erfaßten Vortrag des Schlusses aus der „Walküre". Dieser wundervolle Abschiedsgesang Wotans machte einen tiefen Eindruck auf die Zuhörer und wirkte trotz der Länge des Konzertes doch frisch und erquickend wie Morgenthau. Die Schubert'schen Lieder sang Herr Bischoff mit warmer Empfindung und eindrucksvoll. Obschon die ganze Art der gesanglichen Darstellung auf die Bühnenthätigkeit des Künstlers hinweist, scheint er doch auch im Konzertsaal zu einem der hervorragendsten Vertreter seines Faches berufen zu sein.

Ueber Ida Junkers, die bei einer Aufführung des „Elias" durch die Leipziger Singakademie, im letzten Augenblick einsprang, wird in den Leipziger Neuesten Nachrichten geschrieben:

Eine im „Elias" wohlbewanderte Sängerin ist Fräulein Ida Junkers, die trotz mangelnder Proben, sie war die ganze Nacht auf der Reise von Düsseldorf nach Leipzig in ihrer Aufgabe auch die feineren Regungen zur Geltung brachte. Die Stimme der Dame ist außergewöhnlich groß und umfangreich. Wenn in Zukunft die Anstrengungen der Reise nicht durchklingen, muß sie bedeutend wirken.

Ebenso urteilt das Leipziger Tageblatt. An Stelle von Frau Alten-Minor sang Frl. Ida Junkers die Altsoli ganz vorzüglich. Das will schon etwas bedeuten, bedenkt man, daß Frl. Junkers gewissermaßen aus dem Eisenbahnwagen auf das Podium der Alberthalle getreten war.

Paul Stoye,
Krefeld. Klavier-Virtuose.

Mary Münter-Quint,
Bonn. Konzert- und Oratorien-sängerin. Sopran.

Alice Rau,
Mainz.
Konzertsängerin. Mezzosopran.

Willy Seibert,
Köln. Lehrer am Conservatorium. Violin-Virtuose.

Streichquartett Rosé, Wien.
Prof. A. Rosé, A. Bachrich, von Steiner, Prof. R. Hummer.

Kölner Gürzenichquartett
Prof. Willy Hess, Konzertm. K. Korner, Prof. Jos. Schwartz, Konzertm. Friedr. Grützmacher.

Henriette Schelle,
Köln. Pianistin.

Georg Christiansen,
Klaviervirtuose, Lehrer für höheres Klavierspiel a. Conservat. d. Musik in **Münster i. W.**

Adolf Groebke,
Köln. Opern- u. Konzertsänger. Tenor.

Johanna Dietz,
Frankfurt a. M.
Oratoriensängerin. Sopran.

Selma Deutzmann,
Konzertsängerin. **Remscheid.**
Hoher Sopran. Coloratur-Partien.

H. Lützeler,
Köln. Konzertsänger. Tenor.

Clara Wulff,
Köln. Konzertsängerin. Sopran.

Jacques van Lier, Berlin.
Cellovirtuose.

Lina van Lier-Coën,
Klaviervirtuosin (aus Paris).

Richard Geyer,
Altenburg. Konzertsänger. Tenor.

Therese Hattingen,
Köln. Konzertsängerin. Hoher Sopran.

Ella Herrmann,
Köln. Konzertsängerin. Sopran.

Else Hettling,
Köln. Konzertsängerin. Sopran.

Chr. Jansen,
Köln. Konzertsänger. Bass.

Westdeutsche
Konzertdirektion
Köln a. Rh.
Beethovenstrasse 6.
Vermittelung sämtlicher
Konzert-engagements.
Arrangement von Konzerten und Tournées.
Auskunft über Konzert-angelegenheiten bereitwilligst.

Luise Börcelmann,
Köln.
Lieder- und Oratoriensängerin.

PAUL HAASE,
Köln. Konzertsänger. Bariton.

Emilie Müller,
Frankfurt.
Lieder- u. Oratoriensängerin. Sopran.

Albert Jungblut,
Frankfurt a. M.
Lieder- und Konzertsänger. Tenor.

Bläservereinigung des Gürzenich-Orchesters **für Kammermusik.**
E. Wehsener (Flöte), K. Eckert (Oboe), R. Friede (Clarinette), P. Sadony (Fagott), E. Ketz (Horn).

Clara Schwartz,
Köln. Violin-Virtuosin.

Bertha Weiler,
Mülheim a. Rh. Konzertsängerin. Alt.

Franz Sagebiel,
Coblenz. I. Konzertmeister. Violin-Virtuose.

Cornel. J. Bronsgeest,
den Haag. Konzertsänger. Bass-Barit.

Lina Goldenberg,
Köln. Konzertsängerin. Hoher Sopran.

Dietrich Schäfer,
den Haag. Pianist.

Peter Heidkamp,
Köln. Opern- und Konzertsänger. Bass.

Anna Schwarte,
Solingen. Konzertsängerin. Sopran.

Benno Walter,
München. Violin-Virtuose.

Margarethe Behmer,
Köln. Pianistin.

Adele Stöcker,
Köln. Violin-Virtuosin.

Phil. Gretscher u. K. Gretscher-Sebaldt, Aachen.
Bass-Bariton. Sopran.
Oratorien, Lieder, Balladen, Duette.

Ernst Ketz,
Köln a. Rh. Waldhornvirtuose. Lehrer am Conservatorium.

Elise Ketz,
Köln a. Rh. Konzertsängerin. Alt.

Carolina Kaiser,
Düsseldorf. Konzertsängerin. Sopran.

Konzertm. Alfred Stauffer.
Köln. Violin-Virtuose.

Alice Lützeler-Beermann,
Düsseld. Konzertsäng. Mezzosop. Alt.

Johannes Bischoff,
Köln. Opern- u. Konzertsänger. Bariton.

Willem Willeke,
Krefeld. Cello-Virtuose.

Alwin Horn,
Köln. Chordirig., Konzertsäng. Bariton.

Ida Junkers,
Düsseldorf. Konzertsängerin. Alt.

O. Lamborg,
Klavierhumorist.

Kölner gemischtes Solo-Quartett:
Frl. **Clara Wulff.** Frl. **Else Schrauff.** Herren: **H. Lützeler, Chr. Jansen.**

Wegweiser durch die Chorgesanglitteratur

Amtliches Organ des westdeutschen Sängerverbandes.

Ratgeber für Gesangvereine und Dirigenten.

Redaktion und Verlag: H. vom Ende, Köln a. Rh., Beethovenstrasse 6.

nebst

„KONZERTBERICHT“

und Beiblatt:

Der Sänger.

Erscheint monatlich einmal.
Bezugspreis für 1 Expl. 15 Pfg.
Jahresabonnement Mk. 1.50 und 40 Pfg. Porto.
Inserate kosten pro 4 mal gespaltene Petitzeile 30 Pfg.

Expedition: H. vom Ende's Musikalien-Versandgeschäft.

Nr. 6.	Köln a. Rhein, den 26. März 1901.	II. Jahrg.

Inhalt:

Historische Konzerte.

H. vom Ende.

In unserem heutigen Kunstleben machen sich vielfach Zeichen der Reaktion geltend. In der Malerei sind die naturalistischen und veristischen Strömungen erheblich zurückgedrängt worden durch eine Richtung, welche auf alte Vorbilder zurückgreift, den „Jugendstil“ nicht ausgenommen. Die Architekten suchen ihr Heil in den Schöpfungen der Renaissance, und in dem Musikleben erblicken wir überall das Bestreben, durch Herausgabe und Aufführungen die verschollenen Werke unserer Altvorderen zur verdienten Würdigung zu verhelfen.

In mehrfacher Beziehung ist diesen letzteren Bestrebungen volle Berechtigung nicht abzustreiten; schon das rein historische Interesse an dem Kunstleben vergangener Zeiten und dem damaligen Standpunkt der Musik giebt uns Veranlassung dazu. Wir möchten wissen wie und was vor 400 Jahren musiziert wurde, um dann Vergleiche anzustellen zwischen damals und heute und je nach Geschmack und Bildung zu trauern über den Niedergang der Kunst, oder stolz das Haupt zu erheben ob des gewaltigen Aufschwungs derselben.

Keine Kunst ist ja so sehr geeignet, vergangene Zeiten und Menschen vor unseren geistigen Blicken wieder hervorzuzaubern, als gerade die Musik. Was uns das Kunstwerk interessant und liebenswert macht, das ist die persönliche Eigenart des Schöpfers, die sich in ihm offenbart, und indem wir es geniessen, treten wir in engste Beziehung zu einer eigenartigen Individualität, wie sie nur einmal erscheint; darin beruht das Geheimnis der grossen Macht, welche das Kunstwerk auf uns ausübt, aber auch das Wesen und Recht des ewigen Fortschritts. Mit der neuen Künstlerindividualität entstehen neue Ideale und neue Formen, der Genius kennt keinen Stillstand, keine Rücksichten, er ist souverän. Und wie die Gesamtheit der Werke eines Künstlers ein Bild seines Charakters, seines Strebens und Empfindens, seines ganzen Lebens, so bietet uns das Kunstschaffen einer bestimmten Zeit ein geistiges Abbild derselben, vollkommener und deutlicher, als die ausführlichste wissenschaftliche Abhandlung.

Dann aber möchten wir die älteren Kunstwerke aus ihrem Geiste und ihrer Zeit heraus verstehen und würdigen. wir erwarten nach den begeisterten Schilderungen unserer Kunsthistoriker ungeahnte Genüsse und haben nun berechtigtes Verlangen nach denselben. Wer aber mit vollem Verständnis eindringen will in dieses Kunstschaffen und mit künstlerischem Genuss den Aufführungen folgen will, der muss die Bedingungen kennen, unter denen die Werke geschaffen sind, das Material, aus welchem sie aufgebaut, die Formen, welche zur Aufnahme des neuen Inhalts vorhanden waren, kurzum, er muss imstande sein, mit den Ohren seiner Vorfahren zu hören, mit ihrer Seele zu fühlen und zu denken.

Aber auch eine volle Würdigung unserer heutigen Kunst ist nur möglich, wenn wir ihr Werden, ihre Vorstufen, ihr allmähliches Herankommen begriffen haben. Wir müssen im Geiste die Brandungen des Kunstschaffens miterleben; diese plötzlichen Sturzwellen, das langsame Zurückweichen und Verflachen, dann wieder die hoch aufbäumende, stolze Woge mit dem inneren Blicke sehen; dieses ewige Werden, ohne Stillstand, ohne Rast, ein getreues Abbild der Geschichte der Menschheit, des Sinnens und Trachtens eines Volkes. Unser Streben muss zielen auf Erkenntnis der Ursachen und Gesetze, die den inneren Zusammenhang in der Erscheinungen Flucht bedingen; nur aus dem Verständnis derselben heraus wird die scheinbare Willkür zur wohlgestalteten Ordnung, erfassen wir in der Reihenfolge der Erscheinungen und ihrer Formen die fortschreitende Entwickelung der Idee, des geistigen Gehaltes derselben. Dann wird uns auch die Gesetzmässigkeit in den einzelnen Kunsterscheinungen, die Zweckmässigkeit und innere Notwendigkeit unserer heutigen Formen, ihr Wesen und ihre Schönheit klar.

Leider hat unsere Pädagogik für den erziehlichen Wert der Kunstgeschichte noch kein Verständnis an den Tag gelegt; nach wie vor wird das Geschnatter der Gänse auf dem Kapitol, das Leben Martin Opitzens u. a. mit rührender Sorgfalt behandelt, während man von J. S. Bach nur zufällig erfährt, dass er lange vor Mozart gelebt und, ausgenommen die Mathaeus-Passion, furchtbar langweilige „Sachen gemacht“ hat. Selbst unsere Musikschulen behandeln die Geschichte ihrer eigenen Kunst in durchaus unzulänglichem Masse, sodass an ein lebendiges Hineinleben in den Geist der einzelnen Epochen gar nicht zu denken ist. Auch die bisher seitens unserer Konzertinstitute beliebte Art der sogenannten historischen Konzerte, in denen einige wahllos zusammengeschweisste alte Schmöker gewissermassen als Raritäten aufgetischt wurden, verfehlte nicht nur ihren Zweck, sondern ist eher geeignet, das Misstrauen in Abneigung zu verwandeln. Rühmend hervorzuheben sind im Gegensatze hierzu die Bestrebungen einiger Vereine, u. a. der Vereinigung „Madrigal“ unter Mengewein und des „Kotzold'schen Gesangvereins“ unter Leo Zellner in Berlin, welche in umfassenderer Weise der älteren Chormusik gerecht werden.

Wollen wir also unserm Konzertpublikum die Möglichkeit bieten zu tieferem Verständnis und reinerem Genuss unserer Kunstwerke, alter wie neuer zu gelangen, so kann das nur durch systematisch zusammengestellte, die Hauptschulen und Meister im Zusammenhang darbietende Aufführungen geschehen, deren Programme ein getreues Abbild gewähren von der Entwickelung der einzelnen Gattungen in formaler und inhaltlicher Beziehung. Als selbstverständlich ist dabei zu beachten, dass nur das Schönste und Vollkommenste auszuwählen ist; man möge nicht vergessen, dass früher genau soviel Schund produziert wurde, wie heutzutage.

Allerdings stossen wir hierbei auf ein Hindernis, dessen Dasein gar wunderlich anmutet: Wir besitzen nur sehr wenige für unsere Zwecke brauchbare Ausgaben der schönsten Werke unserer alten Meister. Die bekannten grossen Gesamtausgaben sind leider nur für die Gelehrtenstube eingerichtet, denn Bände à 20 Mark kann man nicht für Gesangvereine anschaffen; ganze Epochen mit den herrlichsten Werken, die unsre Kunst geschaffen, sind überhaupt nicht im Druck vorhanden, wir werden daher etwas Vollständiges vorläufig überhaupt nicht zu stande bringen können.

Versuchen wir es, im Folgenden eine kleine Zusammenstellung des Vorhandenen an der Hand einer geschichtlichen Uebersicht zu bringen; sie wird manche Lücke aufweisen aber auch manche verborgene Ausgabe ans Tageslicht fördern, hoffentlich auch Anregung zu neuen Ausgaben geben. Selbstverständlich können nur Ausgaben berücksichtigt werden, deren Anschaffung von den Vereinen zu erschwingen ist und die für Konzertzwecke zugeschnitten sind, die Gesamtausgaben bleiben also ausser Betracht.

Es handelt sich für uns um die Zeit vom Auftreten des mehrstimmigen Gesanges bis zum Begründer der modernen Musik, J. S. Bach, also etwa um den Zeitraum von 1200 bis 1700. Die Wiege des mehrstimmigen Gesanges haben wir in Nordfrankreich, England und den Niederlanden zu suchen; bereits vor 1300 sangen die Trouvères dreistimmige Liedsätze und Motetten. 1364 komponierte Wilhelm von Michaut zur Krönungsfeier Karls V. von Frankreich eine Messe und in der 1. Hälfte des 15. Jahrhunderts bahnte Dunstaple in England die Kontrapunktik an, welche im selben Jahrhundert in den Niederlanden unter Dufay und Joh. Okeghem ihre Blütezeit erreichen sollte. Sehr gross ist die Ausbeute aus dieser trotz ihrer Wichtigkeit für die in ihr wurzelnden und aus ihr emporblühenden italienischen Tonkunst, deren Werke in ihrer unvergänglichen Schönheit für ewige Zeiten bestehen bleiben, nicht. Moderne Bearbeitungen führe ich der Vollständigkeit halber mit an, obschon ich zugeben muss, dass sie unter Umständen den Gegenstand in einem falschen Lichte erscheinen lassen.

Unter den Trouvères ist Adam de la Halle (1240—1286) als Verfasser dreistimmiger Lieder und hübscher Liederspiele der bekannteste. Erschienen ist nur wenig von ihm, u. a. ein Chanson: „Komm, o komm, Geselle mein" (Heim Volksg. II für M.-Ch. neben einer andern Troubadourmelodie: „Lai mortal de Tristan"). Der „Arion" (Laudy & Co. London,) enthält einen 4 stimmig gesetzten Spruch von Spervogel (um 1170), sowie einen ebensolchen von Prince Wislav (1290). Eine englische Rota aus dem Jahre 1226 (6 st. Doppelkanon) „Frühlingszeit" teilt Riemann in seinen „Illustrationen zur Musikgeschichte" mit; ebenso einen Chor von John Dunstable (1390—1453), einige 3 stimmige Chansons von dessen Schüler Gilles Binchois (1400—1460), sowie solche von Okeghem (1430—1515), A. Busnois (1430—1481), J. Hobrecht (1430—1506), Josquin de Prés (1440—1517). Von letzterem ist noch ein 6 stimmiger Chor: „Petite camusette" im „Arion" (Laudy & Co., London) erschienen und ein Männerchor: „Selig, wer gut und gross" in Heim Volksgesang, Bd. II. Eine Anzahl Originalweisen Neidhardts von Reuenthal, Mailieder und Winterklagen (um 1225) hat H. Riemann für gem. Chor und Männerchor gesetzt und bei Steingräber herausgegeben. Die „Männerquartette a. d. Donau (Regensburg Coppenrath) enthalten einige Minnesingerlieder aus der Zeit von 1350—1450.

Mit Adrian Willaert aus Brügge (1490—1562), dem Begründer der venetianischen Schule, beginnt die Blütezeit italienischer Musik; er ist der Schöpfer des Madrigals und der Satzweise für Doppelchor. Ausgaben seiner zahlreichen Werke habe ich nicht finden können, dahingegen mehren sich die Ausgaben des letzten und grössten Meisters, den die Niederlande hervorbrachten und nach Deutschland entsandten: Orlandus Lassus oder Roland Lass (1532—1594). Männerchöre von ihm finden sich in „Männerquartette von der Donau", „Liederkranz aus Schwaben" (Bringt uns ein gut Glas Wein), das „Echolied" bei Steil & Thomas Fr., dasselbe für gem. Chor in verschiedenen Ausgaben. Ferner sind erschienen: Sieben Gesänge für gemischten Chor bei Br. & H. Zwei in Heft IV der „Heitere und ernste Chöre" aus der Blütezeit des a capp. Gesanges bei Br. & H., sechs in „Musica sacra", Sammlung von B. Kothe bei Leuckart, zwei im Arion Band I bei Laudy & Co., London und ein Madrigal „Kommt mein Gespons", eine Vilanelle und ein Chanson „Je l'aime bien" bei Br. & H., auch die treffliche Chorschule von Fr. Wüllner enthält eine Anzahl Chöre von Orl. Lassus.

Eine Nachblüte erlebte diese kontrapunktische Kompositionsweise in England und den Niederlanden im 16. und 17. Jahrhundert; aus demselben sind hervorzuheben: H. Waelrant 1517—1595 Madrigal für Männer-Chor in Heim N. Volksges. II. Männerquartett von der Donau. Madrigale bei Br. & H.: Englische Madrigale aus dieser Zeit sind herausgegeben von J. J. Maier bei F. E. C. Leuckart (J. Dowland 1597, Thomas Tallis † 1585, Thomas Morley 1594 John Bennet 1599, John Ward 1608, Thomas Weelkes 1600, John Wilbye 1609). Ferner nenne ich die Sammlung „Ausgewählte Madrigale, herausg. von W. Barclay Squire bei Br. & H., in derselben befinden sich in Einzelausgaben: J. P. Sweelinck 1610, J. Dowland, J. Ward 1613, G. Gastoldi 1592, Th. Bateson 1618, H. Chr. Haiden 1601, Claude le Jeune 1586, Th. Lomkins 1622, L. Hassler den wir bei den deutschen Meistern kennen lernen, W. Byrd, J. Wilbye, Th. Morley. Auch im Arion (Laudy & Co., London) befinden sich eine Anzahl Gesänge aus dieser Periode in vortrefflicher Bearbeitung, u. a. von J. P. Sweelinck, H. Lichfild 1613, O. Gibbons 1624, Th. Weelkes 16.., C. Tessier 1603, J. Wilbye, Text teils englisch, französisch, teils deutsch und englisch.

Bearbeitung des deutschen Volksliedes.

H. vom Ende.

III.

Die Dichtungen.

Als ein Beispiel, dass eine gehaltvolle und schöne Weise verdrängt werden kann, möge hier die ältere Komposition eines Schweizerliedes folgen.

Wenn auch die Melodie harmonisch zu reich gedacht ist, um ein wirkliches Volkslied zu werden, so verdient sie doch unsere Aufmerksamkeit in weit höherem Grade, als die Glück'sche Komposition.

Herz, mein Herz, warum so traurig.

Melodie von Fr. Meissner, 1812. (Nachdruck verboten). Für Männerchor gesetzt von H. vom Ende.

Von dem zuletzt erwähnten Liede: „Es leuchten drei Sterne" hat Herder noch eine, jedenfalls jüngere Strophe mehr

So echts, wenn ein Maidel zwei Knaben lieb hat,
Thut wunderselten gut;
Das haben wir beid' erfahren,
Was falsche Liebe thut.

nebst folgender Bemerkung: „Der Inhalt des Liedes ist kühn und schrecklich fortgehende Handlung, ein kleines lyrisches Gemälde, wie etwa Othello ein gewaltiges grosses Freskobild ist". Indessen trifft das ja beim ersten Liede in viel grösserem Masse zu; die Färbung mag ja durch die Ermordung des ungetreuen Fräuleins eine grellere werden, aber an poetischem Gehalt hat es viel verloren. Der Charakter eines Tagelieds, welcher den ersteren, ausserdem auch eine historische Färbung tragenden, Liedern einen freundlicheren Ton verleiht, ist hier nur noch durch die drei Sterne angedeutet.

Eine fünfte, am Rhein viel gesungene, von Vilmar als eine Entstellung gekennzeichnete Umgestaltung ist das Lied vom eifersüchtigen Knaben:

1. Es kann uns nichts Schöneres erfreuen,
Als wenn es der Sommer angeht.
Dann blühen die Rosen im Garten,
Soldaten marschieren ins Feld.

2. Da kam ich nun weit in die Fremde,
Da sehnt ich mich wieder nach Haus:
„Ach wär ich zu Hause geblieben
Und hätte gehalten mein Wort!"

3. Und als ich nun wiedrum kam heim,
Feins Liebchen stand hinter der Thür:
„Gott grüss dich, du Hübsche, du Feine,
Von Herzen gefallest du mir!

4. „Was brauch ich dir denn zu gefallen?
Ich hab schon längst einen Mann,
Dazu einen hübschen und feinen,
Der mich beschützen kann."

5. Was zog er aus seiner Taschen?
Ein Messer war blank und war spitz
Er stach's seiner Liebsten ins Herze
Das rote Blut gegen ihn spritzt.

6. Und als er es wieder herauser zog,
Vom Blute war es so rot;
„Ach grosser Gott im Himmel,
Wie bitter wird mir der Tod!"

Das ist weiter nichts als eine prosaische Mordgeschichte, zudem ist der Mord ganz unmotiviert, da ja beide untreu geworden sind. An dieses Lied schliessen sich noch mehrere ähnliche Umgestaltungen an, welche wir hier übergehen müssen, da der Raum nicht reicht. Nur eine ins Harmlose gezogene Umdichtung aus der Schweiz sei noch erwähnt, in welcher der arme, verlassene Junge heulend zu Muttern läuft und ihr sein Leid klagt; diese weiss indess keinen andern Trost zu spenden, als den in der letzten Strophe mitgeteilten.

1. Im Aergäu sind zwee Liebi,
Die hättid enandere gern.

2. Und der jung Chnab zog zu Chriege;
Wann chommt er wiederum hei?

3. Ueber's Jahr im andere Summer,
Wenn d' Stüdeli trägit Laub.

4. Und's Jahr und das wär umme,
Und der jung Chnab ist wiederum hei.

5. Er zog durchs Gässeli ufe,
Wo d's schön Anneli verborgen lag.

6. „Gott grüess di du Hübschi, du Feini,
Vo Herze gefallst du mir wol!"

7. Wie cha-n-i denn dir no g'falle?
Ha scho längst en andere Ma;

8. En hübschen un en richen,
Und der mir erhalte cha."

9. Er zog dur's Gässeli ab,
Und weinet und truret so sehr.

10. Do begegnet ihm seini Frau Mueter:
„Und weinist und trurist so sehr?"

11. „Was söll i nit weine und trure?
I ha jo kein Schätzeli meh!"

12. Wärist du deheime bliebe,
So hättist dys Schätzeli no!

Wir haben bereits oben gesehen, dass das Volk häufig Bestandteile verschiedener Lesarten vermengt, Strophen auslässt oder hinzufügt, auch einzelne Teile aus älteren Liedern benutzt. In solchen Fällen handelt es sich darum, diejenige Fassung zu finden im Interesse des Liedes selbst, welche für den Konzertvortrag die geeignetste ist, wobei das Hauptaugenmerk gerichtet sein muss auf unverfälschte Echtheit und volksmässig-poetische Auffassung. Endlos lange Lieder lassen sich im Konzert nicht vortragen, ebensowenig solche, von denen nur eine Strophe übermittelt ist. Letzteres ist vielfach der Fall, da die alten Kontrapunktisten wenig Wert auf den Text legten und häufig nur eine Strophe hinzufügten. Da müssen wir notgedrungen zu Kürzungen oder Verlängerungen schreiten.

Welche Strophen fortfallen können, hängt natürlich ganz von dem allgemeinen Inhalt ab und lässt sich darüber keine Norm aufstellen. Solche poetisch undankbaren und schmutzigen Inhalts hat Uhland mehrfach gestrichen, einige Rücksicht muss ja auch auf prüde Zuhörer genommen werden. Karl Becker lässt in: „Ach schönster Schatz, mein Augentrost" die ganz gleichgültigen, prosaischen Strophen 4 und 6 fort. Andererseits aber ist das alte Lied: „Der Gutzgauch auf dem Baum sass" auf drei nichtssagende Strophen zusammengeschmolzen, in denen der Kuckuck vom Regen nass, vom Sonnenschein getrocknet wird und dann davonfliegt. Das Kuckuckslied, welches mit diesen Strophen beginnt, ist aber ein uralter Hochzeitsgesang mit Wünschen an das Brautpaar; der Kuckuck fliegt zum Goldschmied und lässt sich ein Ringlein schmieden und von Perlen einen Kranz für seinen Schatz. Den Text in dieser unverkürzten Fassung giebt nur Dr. J. Pommer in seiner vortrefflich redigierten Flugschrift Nr. 7 für den deutschen Volksgesangverein in Wien, wieder.

In Pommers Flugschrift Nr. 4 finden wir auch das schöne Lied, „Es waren zwei Königskinder" in wesentlich besserer Fassung, als in allen anderen Ausgaben. Eine Kürzung des 20 Strophen umfassenden Gedichtes ist unumgänglich, es fragt sich nur, welche Momente als unwesentlich fallen gelassen werden können. Zunächst gehört dazu die übrigens sehr poetische Motivierung des Spazierengehens ohne Begleitung, also das Zwiegespräch zwischen Mutter und Tochter. Dagegen ist die Gestalt des Fischers, welche bei Erk ebenfalls gestrichen ist, doch sehr wesentlich für das Verständnis. Auch der Schluss ist bei Pommer wirksamer als bei dem Texte des Wunderhorns.

Man sieht aus diesen Beispielen, dass auch bei Kürzungen Vorsicht geraten ist, dass falsche Striche den Charakter ändern, die Wirkung tilgen können. Neue Strophen hinzuzudichten, ist in den seltensten Fällen nötig; eigentlich nur dann, wenn nur die Anfangsstrophe überliefert ist. In einzelnen Texten ist dieses Hinzudichten durchaus geglückt. Selbst der vielgeschmähte von Zuccalmaglio lieferte sehr schätzenswerte Beiträge, so in dem bergischen Liedchen: „Verstohlen geht der Mond auf", von welchem nur die erste Strophe vorhanden war. Ferner in dem Liedchen: „Es fiel ein Reif in der Frühlingsnacht", dessen Autorschaft Z. selbst allerdings leugnete, und in „Die Blümelein, sie schlafen", dessen Text er gedichtet hat und dessen Melodie nach Erk einer Volksweise von 1678 nachgebildet ist. Auch von anderen Dichtern sind derartige Um- oder Neudichtungen ins Volk gedrungen, z. B. Goethes „Sah ein Knab ein Röslein stehn". Silcher hat zu dem Liedchen: „Muss i denn" die 2. und 3. Strophe von einem jungen Schwaben, Heinrich Wagner, 1824 hinzudichten lassen und nur dadurch die Verbreitung des herzigen Liedchens ermöglicht. Von demselben Dichter stammen Strophe 2 und 3 des Liedes „Mädle ruck, ruck, ruck". Die 2. Strophe von „Mein Herzlein thut mir gar so weh" hat Herm. Kurz auf Drängen Silchers gedichtet, ohne allerdings einen besonders glücklichen Wurf gethan zu haben; ich mache unsere Dichter auf dieses Liedchen aufmerksam; von der 2. Strophe sind nur die Worte: „Ich kann nicht allzeit bei dir sein" bekannt, vermutlich wurde der Trennungsgedanke weiter ausgesponnen. Dass derartige Neudichtungen nur von gottbegnadeten Dichtern ausgeführt werden können, braucht wohl kaum besonders erwähnt zu werden, jedenfalls aber ist es unstatthaft, solche Neubildungen unter der Flagge des Volksliedes segeln zu lassen, wie Zuccalmaglio das mit Vorliebe that, vielmehr ist stets ihre Herkunft bekannt zu geben.

Durchaus Unverständliches ist, wenn nicht zu ändern, wenigstens in einer Einleitung zu erklären. Manches, namentlich viele Kehrreime, spottet allerdings jedem Erklärungsversuch, ist aber meistens als Einschiebsel, z. B. der Melodie zu Liebe, sofort kenntlich.

Man hüte sich, scheinbare Lücken ausfüllen zu wollen; das Volkslied liebt kühne Sprünge, es birgt oft hinter wenig schlechten Worten tiefe Empfindung und fordert den Hörer gleichsam zum Mitdichten auf, indem es die Motive der Geschehnisse nicht anführt, sondern erraten lässt; Sinn muss vorhanden sein, er braucht aber nicht gerade auf der Oberfläche zu liegen.

Fortsetzung folgt.

(Nachdruck verboten.)

Aufführungen.

Abkürzungen: gr.-gross, s.-sehr. D. C Da Capo

Komposition und Komponist	Stadt und Verein	Dirigent	Erfolg
Männerchöre a cappella.			
Wie ein Vöglein möc t ich — J. Witt	Bielefeld — Unteroff. Ver.	Obrock	s. gr.
Dem Rhein mein Lied — Jos. Schwartz	Langendiebach — Liederkranz	W. Ruth	s. gr.
Wach auf — Fr. Eckell	do.	do.	D. C.
mch. Deutschland — K. Pieper	Hilden — Städt. M. G. V.	K. Pieper	s. gr.
Sir Aethelbert — K. Pieper	do.	do.	gr.
ch. Volkers Schwanenlied — Meyer-Olb.	Würzburg — Liedertafel	Meyer-Olbersl.	s. gr.
Dort liegt die Heimat — Attenhofer	Erfurt — M. G. V.	K. Zuschneid	s. gr.
l. Ja, schön ist mein Schatz nicht — Jos. Schwartz	do.	do.	s. gr.
sch. Liebe — Rich. Strauss	Berlin — Lehrer G. V.	F. Schmidt	gr.
sch. Altd. Schlachtges. — Rich. Strauss	do.	do.	s. gr.
sch. Kaiser Karl i. d. Johanniss. — Hegar	do.	do.	s. gr.
Bunte Blumen — Hugo Jüngst	Heidelberg — Liederkranz	C. Weidt	gr.
l. Marlbrouck — O. Neubner	Erfurt — M. G. V.	K. Zuschneid	s. gr.
mch. Der Pfeiffer — A. von Othegraven	do.	do.	s. gr.
sch. Totenvolk — Hegar	Kaiserslautern — Musik V.	W. Damian	s. gr.
mch. Deutschland — C. Pieper	Düsseldorf — Lehrerchor	Bloemertz	s. gr.
mch. Heimkehr — C. Steinhauer	Suhl — Vereinigung	H. Volk	s. gr.
mch. Muttersprache — Engelsberg	do.	do.	D. C.
sch. Schlafwandel — Hegar	Dessau — Lehrer G. V.	O. Urban	s. gr.
mch. Schön teutsch Reiterlied — Rietsch	do.	do.	s. gr.
Ueber den Wassern — E. Kremser	do.	do.	s. gr.
l. Volkslied a. Ober-Oest. — E. Kremser	do.	do.	s. gr.
Weihnachtsglocken — Ad. Kirchl	Asch — M. G. V.	J. Schallen	s. gr.
O gönne mir — C. Kern	Oberstein — Edelweiss 46	R. Molter	s. gr.
l Sieh, dort blüht — Weseler	Münster — Sängerbund	Greiu	s. gr.
l. Spinnerin — C. Schauss	Köln — Gutenberg	de la Motte	s. gr.
sch. Lied u. Land d. Vaterl. — Attenhofer	Altena — Landwehr G. V.	F. Göbel	s. gr.
Wanderlied — Loschky	Fürth — Westl. Sängerkr.	M. Loschky	D. C.
sch. Morgen im Wald — Hegar	do.	do.	s. gr.
Jung Volker — K. Hirsch	do.	do.	s. gr.
Es ist ein Schnee gefallen — Zenger	Godesberg — Fidelio	Bungard-Wasem	D. C.
mch. Jagdmorgen — Rheinberger	Magdeburg — Privatbeamten	P. Hirte	s. gr.
Winterfrühling — H. Jüngst	Wien — Hernalser S. Verband	L. Patzel	s. gr.
Männerchöre mit Begleitung. (* mit Orchester.)			
„Hymne“* — Herzog Ernst zu Sachsen	Bielefeld — Unteroff. Ver.	Obrock	s. gr.
Altdeutscher Schlachtgesang — Rietz	do.	do.	s. gr.
Frühlingsnahen — C. Hirsch	Barmen — M. G. V. Firma Bemberg	G. Peltzer	gr.
Abschied vom Schätzel — C. Hirsch	do.	do	s. gr.
Des Liedes Geburt — K. F. Weinberger	Heidelberg — Liederhalle	Mann	s. gr.
* Der alte Barbarossa — Jakobs	Altena — Landwehr G. V.	F. Göbel	s. gr.
Gemischte Chöre a cappella.			
mch. Osterbitte — Karl Hahn	Neukloster — Liedertafel	K. Hahn	gr.
Gesellschaftslied — D. Friederici 1590	Berlin — Madrigal	C. Mengewein	gr.
Fliesset dahin — J. Bennett 1580	do.	do.	gr.
Gott behüte dich — L. Lechner 1570	do.	do.	gr.
Hochzeitlied — J. Eccard 1553	do.	do.	gr.
Abendlied — C. Mengewein	do.	do.	gr.
Die Abendglocken — O. Urban	Dessau — Lehrer G. V.	O. Urban	s. gr.
mch. Komm mit — Fr. Wüllner	Köln — Solo Quart.	vom Ende	s. gr.
mch. Sind wir geschieden — Fr. Wüllner	do.	do.	s. gr.
mch. Liebe blüht wie Rosen — vom Ende	do.	do.	s. gr.
Achenseem. Sopr. Solo — A. Blumenstengel	Asch — Harmonia	G. Heinl	s. gr.
el. Braun Maidelein — H. Jüngst	Mügeln — M. G. V.	S. Steurl	gr.
mch. Müller, hab Acht — F. Woyrsch	Köln — Solo Quart.	vom Ende	s. gr.
mch. Knabenlied — Ew. Strässer	do.	do.	s. gr.
Führe mich — G. Schreck	Hof — V. f. kirchl. M.	K. Seitz	gr.
l. Ach, Elslein — Volkslied	Berlin — Madrigal	C. Mengewein	gr.
Sei getreu — Neithard-Spengler	Kassel — Kath. Kirch. Ch.	Spengler	gr.
Wo du hingehst — E. Hildach	den Haag — Kirch. Ch.	Spoel	s. gr.
Gemischte Chöre mit Begleitung. (* mit Orchester)			
Zwölfj. Jesus im Tempel — J. Springer	Kolberg — Gymnas. Chor	J. Springer	gr.
Halleluja (Messias) — Händel	Neukloster — Liedertafel	K. Hahn	s. gr.
* Schön Ellen — M. Bruch	Hagenau — Garnison M. V.	Roothaan	s. gr.
do.	Kirchen — Liederkr.	H. Dörlemann	s. gr.
Frühlingsbotschaft — N. W. Gade	do.	do.	gr.
6 Niederl. Volkslieder — E. Kremser	Dessau — Lehrer G. V.	O. Urban	gr.
Gesang der Geister — K. Löwe	Köln — Soloquart.	vom Ende	s. gr.
Erlkönigs Tochter — N. W. Gade	Ibbenbüren — M. V.	R. Prenzler	s. gr.
Kreuzfahrer — N. W. Gade	Esslingen — Oratorien V.	Prof. Fink	gr.
* Ave verum — Mozart	Hagenau — Garnison M. V.	Roothaan	gr.

Alle hier angegebenen Werke sind zur Ansicht zu beziehen durch H. vom Ende's Musikalienhandlung, Köln a. Rh.

Der Sänger.

Amtliches Organ des westdeutschen Sängerverbandes.

Das Volkslied ist die Unsterblichkeit der Musik. *Marx.*

Verbunden werden auch die Schwachen mächtig. *Schiller.*

Vorsitzender: Lehrer A. Gau, Hilden bei Düsseldorf.

Redaktion und Verlag: H. vom Ende, Köln am Rhein, Beethovenstrasse 6.

Amtliche Nachrichten.

Am Sonntag, den 3. März, fand für die Düsseldorf zunächst liegenden Vereine eine Vertreterversammlung in Düsseldorf statt, zu welcher „Orphea"-Düsseldorf, „Städt. M.-Gesang-Verein"-Hilden, M.-Gesang.-Verein Eller, Liederkranz-Gerresheim, „Einigkeit"-Gerresheim, Frohsinn-Lohhausen, Liederkranz-Ratingen, Liedertafel-Büttgen b. Neuss und Germania-Duisburg erschienen waren, um über die näheren Vorbereitungen zum 2. Verbandsfeste zu beraten. Die Versammlung wurde durch Anwesenheit der Herren Königl. Musikdir. Steinhauer, Düsseldorf; Verleger vom Ende, Köln; Musikdirektor Güldner, Elberfeld, und verschiedener Dirigenten beehrt.

Beschlossen wurde 1., den 2. Verbandstag Anfang August abzuhalten, und zwar bestehend in Delegiertenversammlung und Festkonzert in der städtischen Tonhalle; 2. in dem Konzerte sollen zwei Massenchöre (gesungen von den benachbarten Vereinen) zur Aufführung gelangen, über deren Wahl sich die Dirigenten verständigen; 2 weitere Chöre werden von 4 Vereinen gemeinsam gesungen; 3. am Vorabende des Verbandstages findet eine von diesem unabhängige Dirigentenversammlung statt, in welcher über die W a h r u n g w i c h t i g e r S t a n d e s - i n t e r e s s e n Erörterungen gepflogen werden. (1. Befähigungsnachweis; 2 Unterstützungskasse; 3. die erzieherische Aufgabe eines Dirigenten). 4. Die „Orphea"-Düsseldorf, welche fast vollzählig erschienen war, übernimmt die näheren Vorbereitungen und erlässt eine Einladung an die Verbandsvereine zur Mitwirkung. — „Orphea" sang am Schlusse der sehr anregenden Versammlung einige recht hübsche im Volkston gehaltene Lieder. Nach der Versammlung tagte die B i b l i o t h e k k o m m i s s i o n, welche den zu befolgenden Modus bei Beurteilung der Chorwerke und die Hauptgrundsätze für die Herausgabe eines Katalogs und eines Liederbuches feststellte.

Nach § 9 des Statuts sind die Verbandsvereine gehalten, ihre Mitgliederzahl (nicht Namensverzeichnis) bis 20. März der Verbandsleitung zu melden. Auch müssen bis zu diesem Datum die Beiträge fürs laufende Jahr entrichtet werden.

H i l d e n, den 15. März 1901.

Der 1. Vorsitzende: A. Gau.

Die **Bibliothek-Kommission** des Verbandes hat nunmehr mit ihren Arbeiten für den Verbandskatalog begonnen und hofft in nicht allzu ferner Zeit das Resultat seiner, nicht gerade mühelosen Arbeit vorlegen zu können. Gilt es doch, ein Werk herzustellen, welches für jeden Gesangverein und Dirigenten als geradezu unentbehrlich bezeichnet werden muss, einen Führer durch die Männerchorlitteratur, der nur die besten und beachtenswertesten Erscheinungen berücksichtigt, und zwar in so übersichtlicher Anordnung, dass jedes vergebliche Suchen ausgeschlossen ist. Um ein Bild von dem Plane, nach welchem gearbeitet werden soll, zu gewähren, möge hier ein Teil des Entwurfes Platz finden.

A. Weltliche Chöre in Einzelausgaben.

I. E r n s t e W e r k e a c a p p. o h n e S o l o:

a. Allgemeinen Inhalts.

1. Aeltere Werke bis zu den Klassikern:

a) das alte Volkslied bis zum 17. Jahrhundert;
b) ältere kontrapunktische Kompositionen (Canons, Chorfugen etc.);
c) Balladen, Chansons, Canzonetten, Frottolen, Vilanellen oder Villoten, Tanzstückchen, Madrigale, Trällerliedchen (Fa—la);
d) Minnesinger — Troubadourlieder.

2. Moderne Chorgesänge und Chorlieder:

a) Persönliches: Liebe (Liebeslieder, Ständchen etc.), Freundschaft; Tod (Grabgesänge) Gedächtnis Verstorbener;
b) allgemeine Empfindungen, lyrische, epische und dramatische Gesänge, das neuere Volkslied.
c) Natur: Tages-, Jahreszeiten.

b. Gelegenheitsgesänge.

1. Familie:

Häusliche Feste: Geburts-, Namenstag, Polterabend, Hochzeit (grüne, silberne und goldene), Kinder-, Schlummer- und Wiegenlieder.

2. Beruf, Stand:

Gewerbe, Handel, Industrie, Technik (Seemanns- Bergmanns- Müller- etc. Lieder). Kriegerstand;
Gelehrtenstände (Pädagogen, Mediciner, Juristen, Theologen);
Kunst u. Litteratur (Lieder f. Maler, Bildhauer, Tonkünstler etc.).

3. Geselligkeit:

Turner-, Jäger-, Wander-, Schützen-, Wald- etc. Lieder;
Vereinsfestlichkeiten (Begrüssungschöre, Stiftungsfest, Fahnenweihe, Jubelfeier, Sängersprüche, Abschiede. — Freimaurerlieder.

4. Stammesgenossenschaft:

a) Vaterland, Heimat, Lob der Flüsse, Gegenden, Gebirge, Städte, Dialektgesänge;
b) Politische, historische, patriotische Gesänge, Fürstenlieder, Deutsche im Ausland.

Eine Mitteilung des ganzen Programms an dieser Stelle ist unthunlich, aber man wird auch an diesem Bruchstück erkennen können, dass die Kommission gewillt ist, etwas Vollkommenes und vor allen Dingen in der Praxis Brauchbares zu stande zu bringen. Bei der Auswahl des Aufzunehmenden ist das Hervortreten eines einseitigen Standpunktes ausgeschlossen, da die Mitglieder getrennt arbeiten und ihre Resultate erst nach geschehener Zirkulation mitteilen. Den einzelnen Liedern wird dann noch Schwierigkeitsgrad, Preis und, wenn möglich, auch Länge hinzugefügt.

Zur Pflege des Volksliedes.

Von A n t o n G u l d e n.

V.

Soeben geht mir von Herrn Professor Dr. Pommer, Wien, eine Zusammenstellung der von ihm seit Jahren betriebenen Forschungen auf dem Gebiete des echten deutschen Volksliedes zu. Dieselben finden einen trefflichen Konzentrationspunkt in dem deutschen Volksgesangverein in Wien, dessen Zweck die Pflege des echten deutschen Volksliedes ist. Unternehmungen, welche der Pflege desselben gewidmet sind:

1. „Deutsche Volksliederabende", deren jährlich in der Regel zwei stattfinden, und Sängerfahrten; bei denselben kommen nur echte deutsche Volkslieder zum Vortrage.
2. Sammlung, Herausgabe und Vertrieb von deutschen Volksliedern oder Schriften über das deutsche Volkslied.
3. Unterstützung von Personen, welche sich um das deutsche Volkslied verdient gemacht haben; ferner Errichtung eines Uhland-Denkmals in Wien (Uhland-Abend). Bildung von

Zweigverbänden zum Zwecke der Kenntnis und Pflege des deutschen Volksliedes aus seinen Mitgliedern an Orten ausserhalb Wiens.

§ 68. Der musikalische Beirat besteht aus drei deutschen Männern, welche mit dem deutschen Volksliede genau vertraut sein müssen; sollte einer von ihnen ausscheiden, so bestimmen die übrig bleibenden seinen Nachfolger.

Wenn etwas geeignet ist, die Bestrebungen zu Gunsten des Volksliedes innerhalb des Verbandes zu heben und zu fordern, so ist es gewiss die Kenntnis von den gleichgearteten Zielen des Wiener deutschen Volksgesangvereins und den unermüdlichen fachmännischen Volksliedforschungen Dr. Pommer's. Diese letzteren auch in unseren Verbandskreisen recht zu würdigen, muss man eine Idee von den Flugblättern und den Volksliederversammlungen gewinnen, die dieser ausgezeichnete Mann im Interesse der edlen Sache herausgegeben hat. Vor mir liegt „Das deutsche Volkslied" 8 Jahrg. Marzheft Zeitschrift für seine Kenntnis und Pflege „Flugblätter 4, 5 und 6" ferner Wegweiser durch die Litteratur des deutschen Volksliedes von genanntem Verfasser, aus welchem ich einen Begriff von der ganz immensen Bedeutung erhalten, welche dieser Mann für die Förderung der Volksliedforschung und Pflege hat.

Für heute noch kurz ein Ausspruch Dr. Pommer's welcher diesen treffend charakterisiert: „Das deutsche Volkslied ist nicht der Gassenhauer, den der Pöbel in den Strassen johlt, es ist auch nicht das Volkssängerlied, das im Tingl-Tangl von den Brettern, welche die Welt — nicht bedeuten, erklingt aus heiseren Kehlen, es ist aber auch nicht das glatte, geist- und gemütlose, mit falscher Sentimentalität oder seichten Witzen herausgeputzte Surrogat, das sogenannte Lied im Volkston."

Anm. der Schriftl. Nachdem der Wegweiser nebst Sänger an die Spitze seines Programms die Pflege des echten deutschen, des „Edel"-Volksliedes gestellt hat, werden wir nicht verfehlen, fortlaufend über die Veranstaltungen und Erfolge des Wiener Volksgesangvereins und seiner Leiter Bericht zu erstatten.

Stuhlreihenkonzerte!

In vielen Männergesangvereinen besteht unverkennbar das Bestreben, den Konzerten einen würdigen Charakter zu geben. Es dokumentiert sich das durch die Hinzuziehung tüchtiger, solistischer Kräfte, durch die Wahl der Lieder und durch Ausschliessung der Restauration aus dem Konzertsaal. In Bezug auf den letzteren Punkt bieten sich den Vereinen manchmal nicht geahnte Schwierigkeiten seitens der in ihrem Geschäfte benachteiligt sich dünkenden Wirte. Es giebt Orte, an welchen diese geschlossen gegen die Hergabe ihrer Säle ohne Restauration vorgehen und es in Ermangelung städtischer Säle zur Unmöglichkeit machen, sogen. Stuhlreihenkonzerte zu veranstalten! Ein geschlossenes Vorgehen der Vereine würde dem gegenüber nicht ohne Erfolg sein. Aber solange nur einzelne Vereine für die Stuhlreihenkonzerte eintreten, während die überwiegende Zahl für einen Liederabend bei Gersten- und Rebensaft schwärmt, sind die Schwierigkeiten nicht gering. Man muss sich verwundern, dass es nicht einleuchten will, wie störend die Bedienung durch Kellner, das Gläser- und Flaschengeklirr und die allmählich hervortretende gehobene Stimmung ist, welche in lautem Stimmgewirr sich äussert. Von jenem ungetrübten Genuss, wie er bei einem Stuhlreihenkonzerte zu Tage tritt ist nichts zu verspüren. Welche Rücksichtslosigkeit nun erst gegen die gastierenden Künstler vorliegt, wird gewiss jedem klar, der des öfteren vor versammeltem Publikum seine Stimme ertönen liess — und doch nicht beachtet wurde. In welcher Weise der Wirt für Hergabe des Saales, für Licht und Heizung schadlos gehalten wird, richtet sich nach den örtlichen Verhältnissen, in unserem Vereine regeln wir die Sache mit dem Restaurateur folgendermassen: Derselbe hat keinerlei Abgaben an den Verein und an Lustbarkeitssteuern zu entrichten. Zwischen dem 1. und 2. Teile des Konzerts ist eine 30 Minuten lange Pause, während welcher der Wirt ein abgabenfreies Geschäft machen kann. Nach dem Konzerte ist Reunion, in welcher ebenfalls Durst und Hunger gelöscht und gestillt werden können. Die anderen hiesigen Gesangvereine sind bis dato nicht für Stuhlreihenkonzerte zu begeistern sie erhalten vom Wirte 60 Mk. bei Bierausschank und bis 100 Mk., wenn „geweint" wird. Ob der Wirt bei der Unsicherheit der Besucherziffer dabei besser fährt, möchten wir sehr bezweifeln.

Im übrigen werden die Gesangvereine bestrebt sein, den Konzerten jene Bedeutung zu geben, welche für eine gedeihliche Pflege der Gesangespflege und der Liebe zur Kunst unentbehrlich ist.

Neuigkeiten

Abkürzungen: l-leicht, sch-schwer, s-sehr, z-ziemlich, m-mittel.

Für die Aufnahme in diese Rubrik genügt die Zusendung eines Frei-Ex.

Männerchöre a capp.

Albert Auer's Verlag, Stuttgart.

zl. **G. Flessel**, op. 16. Frühlingsladung. P. 60 ₰, St. à 15 ₰
zl do. op. 17. Dein gedenken. P. 60 ₰, St. à 15 ₰
zl. do. op. 18. Jauchze, Herz. P. 60 ₰, St. à 15 ₰.
l. **M. Hämig**, op. 9. Mein Schätzelein. P. 60 ₰, St. à 15 ₰
l. do op. 10. Waldesandacht. P. 60 ₰. St. à 15 ₰.
msch **M. Koch**, op. 24 I. Am Genfer See. P. 80 ₰. St. à 30 ₰
zl. do. II III. Abschied. „Wenn d' Veigerla". P. 60 ₰. St. à 15 ₰
zl. **Otto Löffler**, op. 12. Sang der Landsknechte. P. 60 ₰, St. à 15 ₰
zl. **J. Ottenwälder**, op. 3. Dass i han 's Grethle kosst. P. 60 ₰ St. à 15 ₰.
msch do. op. 4. Der rechte Arzt. P. 60 ₰. St. à 15 ₰.
zl. **Jul. Wengert**, op. 10 Die Tafelrunde. P. 60 ₰. St à 15 ₰
zl do. op. 12. Burschenwiederkehr. P. 60 ₰. St. à 15 ₰
msch. do. op. 15. Abendreigen. P. 80 ₰. St. 20 ₰.

Recht frische, kecke Weisen sind diejenigen von **Otto Löffler**, op. 12, **J. Ottenwälder**, op. 3 und **Jul. Wengert**, op. 15, der naive, heitere Ton ist recht glücklich in ihnen getroffen, und es dürfte ihnen manches Da Capo bescheert sein.

F. E. C. Leuckart's Verlag, Leipzig.

Max Geibler, op. 15.
msch. I. Es wachst ein Kraut im Kühlen P. 60 ₰. St. à 15 ₰
msch. II. Es fand im Wald ein Jägersmann. P. 60 ₰. St. à 15 ₰
msch. III. Glockenblumen, was läutet ihr? P. 60 ₰. St. à 15 ₰
msch. IV Wohlauf, ihr Wandgesellen. P. 60 ₰. St. à 15 ₰
msch. **Gustav Haug**, op. 4. Friede der Nacht. P. 60 ₰. St. à 15 ₰
zsch **Carl Munzinger**, op. 12. Cito mors ruit P. 80 ₰. St. à 30 ₰
Th. Podbertsky, op. 119.
msch. I. Horch! die Vesperglocke klingt. P. 80 ₰. St. à 15 ₰.
msch. II Donnil Dhu's Kriegsgesang. P. 40 ₰. St. à 15 ₰
msch. III. Der alte Ziethen. P. 60 ₰. St. à 15 ₰

Von **Max Geibler** ist noch Gutes zu erwarten, seine Satzweise ist frei und natürlich, Stimmführung fliessend, seine Melodik vornehm. Namentlich Nr. 4, „Wohlauf, wohlauf" im „übermüt'gen Wandgesell'n-Ton" ist eine herzerfrischende, keck hingeworfene Weise. **Gustav Haugs** „Friede der Nacht" ist ein klangschönes, polyphon gesetztes Stimmungsbild. **Th. Podbertsky** bringt mit seinem „Donnil Dhu's Kriegsgesang" einen eigenartigen, feurigen und begeisternden Schlachtruf von leichter Ausführbarkeit.

Otto Forberg's Verlag, Leipzig.

Max Filke, op. 75. Eine Tagesweise. P. 80. ₰. St. à 30 ₰
do. op. 76. Ständchen. P. 40 ₰. St. à 15 ₰.
do. op. 77 I. Am Rhein nur. P. 40 ₰, St. à 15 ₰.
II. Abendglöcklein. P. 40 ₰, St. à 15 ₰.
III. Röslein, wann blühst du auf? P. 40 ₰, St. à 15 ₰.
IV. Soldatenlied P. 40 ₰. St. à 15 ₰.
Otto von Walden.
op. 129. Träume, mein Liebchen. P. 40 ₰. St. à 15 ₰
do. op. 130. In fremdem Land. P. 40 ₰, St. à 15 ₰.
do. op. 131 Die Zeit zum Freien. P. 40 ₰, St. à 15 ₰
do. op. 132. Das Lied aus m. Heimaththal. P. 40 ₰. St. à 15 ₰
do. op. 133. Strahlt dir die Welt. P. 40 ₰, St à 15 ₰.

Max Filke nimmt in seinen Männerchören für sich ein durch ausgezeichnete Kenntnis der Klangwirkungen des Chorsatzes. Als besonders gut gelungen sind hervorzuheben op. 75, 77 II und IV. Auch **von Walden** kennt genau die Liebhabereien der kleineren Gesangvereine und des grösseren Publikums. Hübsche Melodien im ersten Bass, dazwischen ein kleines Solo oder Soloquartett, weiche Stimmführung, keinerlei technische Schwierigkeiten, das sind die charakteristischen Seiten seines Schaffens, sie finden sich am besten vereinigt in op. 133, „Strahlt dir die Welt." Frisch empfunden ist op. 131, „Die Zeit zum Freien."

Neue Männerchöre.

Albert Becker, op. 93. Fünf ernste Gesänge für Männerchor. (Br. & H.) Part. 1·60, St. —.60. Eine hochgesinnte, vornehme Künstlernatur spricht aus diesen ernsten, weihevollen Tönen, ein Mann, der in seiner Lebensphilosophie sich durchgerungen hat zu innerer Harmonie, der von der Höhe eines gesegneten Alters die menschliche Seele durchschaut und ihren grössten Leiden durch die Macht des Tones noch tröstliche Seiten abzugewinnen vermag. Von besonders tiefer Wirkung sind die Chöre: „Weil auf mir, du dunkles Auge" und „Ich wollt, es gäb keine Sonne". Nur leistungsfähige Vereine können die Interpretation unternehmen

„Mein Glück" von **Fr. Hanemann** verdient in hohem Grade die Beachtung auch kleinerer Vereine, der Charakter der Dichtung ist gut getroffen, und ein zarter, melodiöser Refrain sorgt für die Wirkung auf empfängliche Gemüter.

„Maiennacht" von **Alwin Schumann**, op. 8 ist angesichts der kommenden Maienzeit als ein frischer, melodiöser Frühlingssang zu empfehlen. Gutenberghymne von **Paul Hirte**, op. 14, wird den Buchdrucker-Vereinen willkommen sein, sie besitzt vornehmen, feierlichen Charakter und bietet keine besonderen Schwierigkeiten.

Fritz Volbach hat ein herrliches Lied: „Im Rosenduft", komponiert vom Prinzen Gustav von Schweden, ausserordentlich wirksam für Männerchor gesetzt, dass die gemütvolle, echt volkstümlich gehaltene, übrigens bekannte Melodie in dieser Form nicht schon weitere Verbreitung gefunden hat, ist unbegreiflich.

Aus einer Auswahl einstimmiger Negerlieder (M. Brockhaus, Leipzig) hat **Fr. Basel** zwei für Männerchor gesetzt, welche in ihrer sinnigen Einfachheit und Treuherzigkeit auch dem deutschen Empfinden nahe stehen, es sind: „Heimweh" und „Leb wohl, Kentucky-Land". Von **Karl Schauss** sind wiederum eine Anzahl neuer Chöre erschienen, von denen namentlich die Volkslieder, „Das schönste Schätzelein" und „Blümlein blau, verdorre nicht" erwähnenswert sind. Der Tonsatz ist bei diesem Komponisten stets wohlklingend und wirkungsvoll, besonders im „Maienabend", einem frischen Maiensang.

Lieder für eine Singstimme.

Seit den Erfolgen Reineckes und Tauberts mit ihren Kinderliedern, d. h. mit Liedern, deren poetischer Inhalt dem Kinderleben entnommen ist, im Uebrigen aber zum Vortrage recht ausgewachsene und geübte Kehlen voraussetzen, ist auf diesem Gebiete manches Brauch- und Unbrauchbare zu Tage gefördert worden. Auch unsere grössten Komponisten wie **Jos. Rheinberger**, (op. 152, Dreissig neue Kinderlieder) haben dieses Genre nicht verschmäht und reizende Beiträge geliefert. Neuerdings hat **W. Heinemann** im Verlage von W. Heinrichshofen, Magdeburg einige Hefte Volkslieder erscheinen lassen, welche zu den beachtenswerten gehören. 3 Hefte, op. 6, 8 und 9 mit je 6 Liedern, jedes Heft kostet Mk. 2.50. Die Melodien sind reizvoll, sanglich und treffen den naiven Ton allerliebst. Die Begleitung ist nicht immer leicht, aber doch spielbar, und so dürften die Sammlungen namentlich unsern sangeslustigen Damen empfohlen werden.

Auch Drei Kinderlieder von Paul Beandorf, komp. von **August Horn** (Leipzig, F. Bosse) sind als muntere, graziöse Vortragsstücke geeignet, die Begleitung ist einfacher. Preis Mk. 2.—. Recht eigentlich für Kinder geschaffen, leicht zu singen und zu begleiten sind: Fünfzehn Kinderlieder von **Jul Hagemann**, op. 10, Preis Mk. 1,65 (Köln, vom Ende's Verlag). Es befinden sich köstliche, naive und humoristische Liedchen darunter.

Vermischtes.

Eine staatliche Prüfung der Musiklehrer und Lehrerinnen einzuführen ist seit langem das Bestreben der massgebenden musikpädagogischen Kreise. Die Frage ist zur Zeit wieder aktuell geworden, da sie im soeben beginnenden 24. Jahrgang der musikalischen Zeitschrift „Der Klavierlehrer" von der Redaktion dieses Blattes (Anna Morsch) von neuem angeregt wird. In der betreffenden Zeitschrift sind im Anschluss an einen diesbezüglichen Aufsatz von Frl. Morsch eine Serie von Artikeln über dasselbe Thema aus den Federn unserer ersten Professoren und Pädagogen, Professor O. Klauwell-Köln u. a. erschienen. Wir kommen demnächst auf dieses Thema zurück.

Die **Würzburger** Bürgerschaft veranstaltete zur Prinzregentenfeier ein grosses Festkonzert, in dessen Mittelpunkt „Volkers Schwanenlied" von M. Meyer-Olbersleben, gesungen von der Liedertafel, stand.

Bei der Hochzeitsfeierlichkeit der Königin Wilhelmine von Holland wurde in der Kirche zu Haag der bekannte Trauungsgesang „Wo du hingehst" von Eugen Hildach von einem sechsstimmigen Chor a capella gesungen. Unter Leitung von Arnold Spoel machte dieser schöne Chor einen feierlichen, tiefen Eindruck.

In der am 12. ds. stattgehabten Lehrerkonferenz in Düsseldorf hat Herr Schulrat Kreutz den Verband und seine Bestrebungen aufs wärmste empfohlen und diejenigen Lehrer, welche einen Männergesangverein leiten, aufgefordert, sich mit den Ideen des Verbandes vertraut zu machen und in ihren Vereinen Stellung dazu zu nehmen.

Aufführungen.

In Altenbochum wurde vom dortigen Kirchenchor ein neues Oratorium „**Johannes der Täufer**" für Soli, Chor, Gemeinde und Orgel von Grosse-Weischede, Ehrenmitglied des Verbandes, zum erstem Mal zur Aufführung gebracht. Der Text ist aus Bibelstellen vom Komponisten zusammengestellt, beginnt mit dem Auftreten Johannes' am Jordan und endet mit seiner Enthauptung. Das Werk eignet sich zur Aufführung in der Passionszeit und am Totenfest und dürfte seiner einfachen Struktur wegen namentlich kleineren Kirchenchören mit bescheidenen Mitteln willkommen sein. In den Sopran-Solis zeichnete sich Frl. Kolebens aus Düsseldorf, in den übrigen Soli namentlich Frl. Grosse-Weischede aus. Die Chöre brachte Herr Rummelt zu bestem Gelingen. An der Orgel sass der Komponist und entledigte sich seiner Aufgabe mit bekanntem Geschick.

Leipzig, 18. Jan. Neues Gewandhaus. Von dem erspriesslichen Gedeihen und fröhlichen weiteren Fortschreiten unseres Gewandhauschores auf der zur Vollendung führenden Bahn gab das gestrige 13. Abonnements-Konzert einen neuen erfreulichen Beweis. Der erste Teil machte die Besucher mit zwei Neuheiten bekannt: einer Trauer-Kantate (nach Worten der heiligen Schrift) für Bariton-Solo, Chor und Orchester (op. 23) von Karl Grammann, und einem Werke für **Sopran-Solo, vierstimmig. Frauenchor und Orch.** „Athenischer Frühlingsreigen beim Dionysosfeste" (op. 11) von **Jos. Frischen**, einem talentvollen in Braunschweig lebenden Komponisten. Beide Werke fanden vielen Beifall. Der Grammann'schen Kantate ist würdiger Ausdruck und einheitliche Haltung nachzurühmen; im Detail ist sie fein und anziehend, sangbar für den Chor und klangschön für das Orchester geschrieben. Schade nur, dass sie an dem Mangel allzugrosser Länge krankt. Weniger wäre hier mehr! Frischen's Frühlingsreigen hat den Vorzug der Kürze und wirkt interessant und anziehend. Farbenglänzend ist das Orchester behandelt, ein Beweis, dass Frischen (der tüchtige Dirigent des Braunschweiger Lehrergesangvereins) nicht blos mit dem Chore zu hantieren versteht, sondern auch vollständig vertraut mit dem Orchester ist. Beide Neuheiten waren von Herrn Kapellmeister Nikisch mit grösster Sorgfalt vorbereitet worden und die Ausführung der Kantate sowohl, in welcher der gemischte Chor vortrefflich bestand, wie des Frühlingsreigens, der den Frauenstimmen Gelegenheit genug gab, zu zeigen, was sie gelernt, war so erfüllt von Geist und Leben, so abgerundet in allen technischen Einzelheiten, dass man als Hörer in der That von einem Genusse reden konnte.

Leipziger Ztg.

In Carl Pirpers op. 21. „Frühling, du bist wieder da" ist ein feuriger Sang erstanden, der durch op. 23, „Deutschland" (Gedicht von Jul. Sturm) an Frische des Ausdrucks noch überboten wird.

C. Kühnhold hat als op. 65 ein Lied der Volksdichterin Johanna Ambrosius als Chorgesang für 4 Männerstimmen komponiert, das wir wegen der leichten Sangbarkeit und durchaus korrekten Stimmung angelegentlichst empfehlen können. „Ich lass von meiner Heimat nicht" dürfte bald zu dem ständigen Repertoire solcher Vereine gehören, deren Tendenz die Pflege des Volksliedes ist.

Konzertbericht.

Kritiken über Aufführungen und Künstler.

Dem Künstler, dessen Bild wir hier bringen, widmet Karl Wolf in der „Neuen Musikzeitung" folgende Zeilen:

„Ein glücklicher Zufall war es, der Direktor Hofmann in Berlin die Bekanntschaft eines jungen Juristen Johannes Bischoff machen ließ. Der Kandidat wünschte sich schon längst nichts sehnlicher, als dem römischen Recht „der größten der Plagen", Valet sagen zu können, um mit seiner schönen Stimme, die im Familien- und geselligen Kreise so oft Bewunderung erregt hatte, die freie Künstlerlaufbahn einzuschlagen. Bei Hans Weinbach hatte er Tonbildung studiert und ein zuverlässiges Stimmfundament legen können, auf dem sein späterer Lehrmeister Franz Betz weiter baute. Da kam ihm denn die Aufforderung Hofmanns, einen Versuch am Kölner Stadttheater zu machen, sehr gelegen. Sehr viel mußte Hofmann von ihm halten, hätte er sonst doch nicht als erste Rolle für ihn den Fliegenden Holländer wählen können. Und Bischoff erzielte einen glänzenden Erfolg, da er nicht nur einen ganz ungewöhnlich vollen und wohllautreichen Baßbariton vernehmen ließ, sondern auch mit vielem Geschmack sang und im Ausdruck, wie in der Darstellung echtes Theaterblut verriet."

Johannes Bischoff.

In der zweiten Saison wirkt Hans Bischoff jetzt an der Kölner Bühne und seine Erfolge haben das Interesse weiter Kreise auf den Künstler gelenkt. Seine musikalische Intelligenz und die hervorragende Ausbildung der selten schönen Stimmmittel waren Veranlassung, daß die Westdeutsche Konzertdirektion ihn für die Mitwirkung im Konzertsaal empfahl und wie sehr das Auftreten des Künstlers bei Publikum und Kritik gefiel, zeigen die folgenden Berichte:

Duisburg. (Heilige Elisabeth von Liszt.) Am besten wurde Herr Johannes Bischoff mit seinem sonoren Organ der ihm gestellten Aufgabe gerecht; er sang mit großer Wärme und Empfindung und verriet gute Schule. (Rhein.-Westf. Bürgerzeitung 24. Nov. 1900.)

Was die Leistungen der Solisten betraf, so gebührt unstreitig der Preis dem Vertreter der Baritonpartie, Herrn Bischoff aus Köln, der den Landgrafen sang und vollauf die Erwartungen rechtfertigte, welche man nach der „Köln. Ztg." von ihm erwartete. Die Stimme ist umfangreich und sonor, dabei ist die Vokalisation äußerst deutlich, so daß der Eindruck ein durchaus sympathischer war. Ergreifend war namentlich die Abschiedsszene, wo sich der Landgraf von Elisabeth losreißt, um sich den Kreuzfahrern anzuschließen.

(Rhein- und Ruhrzeitung. 23. Nov. 1901).

Bonn. Unter den Sängern erntete den größten Beifall Herr Johannes Bischoff als Heinrich Ashton. Der Künstler, der hier zum erstenmal auftrat, entfaltete Stimmmittel von einer Größe und Kraft und von einer so blendenden Fülle tiefen Wohllauts, wie wir sie hier selten genossen haben, dabei weiß er seinen klanggesättigten Bariton in sorgsam geschultem Gesang köstlich auszugeben, und wohlverdient war der rauschende Beifall, der ihm nach der Cavatine der ersten Szene entgegenscholl und sich von Akt zu Akt steigerte.

(Bonner General-Anzeiger).

Koblenz. 4. Abonnementskonzert. Als Gesangssolist führte sich Herr Hans Bischoff durch den Vortrag dreier Schubertlieder ein. Am besten gelangen die beiden ersten „Nachtstück" und „Die Stadt", die zu machtvoller Wirkung kamen. Herr Bischoff gebietet über einen großen, dabei klangschönen und sympathischen Bariton. Seine reichen Stimmmittel sind durch treffliche Schulung zu hoher Vollkommenheit gebildet. Eine vortreffliche Aussprache tritt dazu, und da die Beherrschung des Technischen mit warmem Empfinden gepaart ist, darf sich der Sänger an die größten Aufgaben wagen. Mehr noch als in den Schubertliedern zeigte sich sein künstlerisches Können in der Schlußnummer, in „Wotans Abschied" und „Feuerzauber" von Richard Wagner. Hier konnte er die ganze Macht seines Organs entfalten, und thatsächlich ließ er sich von den Tonmassen des Orchesters nicht unterkriegen. (Koblenzer Nachrichten, 26. Januar 1901).

Aachen. (Konzert von Prof. Schwickerath „Die Schöpfung"). Am besten gefiel uns Herr Opernsänger Hans Bischoff aus Köln. Sein wundervolles kerniges Organ, ein warm timbrierter Bariton, muß jedes musikalische Ohr entzücken. An dieser Stimme ist noch Alles gesund und voller Schmelz, dazu kommt eine musikalische Schulung, der man die Anerkennung nicht versagen darf. Wenn man bedenkt, daß Herr Bischoff sowohl der Bühne, wie ganz besonders dem Konzertsaal erst seit einiger Zeit angehört — erst vor Kurzem hat er dem corpus juris Valet gesagt — da muß man staunen über die Ruhe und Sicherheit, mit der er sich behauptet, und mit welcher bewundernswerten künstlerischen Reife und Gründlichkeit dieser Künstler seine Aufgabe zu erfassen vermag.

(Echo der Gegenwart, 20. März 1901).

Jedenfalls dürfte in Hans Bischoff dem Konzertsaale ein Interpret der Baß- und Bariton-Partien gewonnen sein, der den besten deutschen Konzertsängern — davon ja nicht viele sind — an die Seite gestellt werden kann; seinen allseitigen bedeutenden Erfolge geben Gewähr hierfür.

Saarbrücken. Die Sopranistin, Frl. Emilie Müller aus Berlin, trat gestern in der „Gesellschaft der Musikfreunde" zum erstenmale auf, und sowohl Künstlerin als Auditorium dürfen von diesem Debut in gleicher Weise befriedigt sein. Der sammetweiche, edle Klang ihres Organs eignete sich vortrefflich zu dem Vortrage des reizenden Schubert'schen Liedchens „Vor meiner Wiege", und daß sie das durch seine strophische Bearbeitung leicht ermüdend auf den Zuhörer wirkende „Wohin?" von Schubert doch interessant und ansprechend zu gestalten wußte, ist ein Beweis künstlerischer Auffassung und Begabung. Einen vornehmen Zug musikalischer Bildung offenbart Frl. M. darin, daß sie bei Auswahl ihrer Vorträge die Kraft und Größe ihrer Stimme nicht überschätzt. Daher vermochte sich auch der Wohllaut ihres Organs in „Trennung" von Brahms und „Abendreih'n" von Reinecke in vollem Glanze zu entfalten. Für den reichen Beifall dankte die Künstlerin mit einer Zugabe, bestehend in einem Wiegenliedchen. (St. Johanner Zeitung, 7. März 1901.)

Barmen. In dem Konzert zum Besten des Vereines für Ferien-Colonien traten drei Kölner Künstler auf. St. Caecilia insbesonders zu ehren, trat die Orgel in Aktion. Herr Professor Franke aus Köln ließ in einer Sonate von Ritter und einem Konzertstück von Guilmant ganz vornehmlich die feinen zarten Gebilde ihres Klangwesens wahrhaft ideal in Erscheinung treten. Die seltene Registrierungs- und Phrasierungskunst dieses Meisters zeigte sich bei Verschmelzung der Klänge des Orgelwerks mit den überaus weichen goldreinen Tönen, die Herr R. Friede vom Kölner Gürzenich-Orchester seiner Klarinette entlockte. Frei von allem Gaukelspiel des vordringlichen Virtuosentums excellierte der blasende Künstler in einer Choral-Phantasie von Tod und Mozarts berühmtem Larghetto aus dem Quintett lediglich mit weich gerundeten, ruhig dahinfließenden Cantilenen von einer Abklärung, wie man sie vielleicht noch nie beobachtete. Zum milden Charakter des Programms paßte der liebliche Klangreiz des zarten Soprans des Fräulein Therese Battingen aus Köln ausgezeichnet. Auf die gelehrige Schülerin scheinen die hohen Vorzüge ihrer Lehrerin Etelka Gerster-Gardini übergegangen zu sein, namentlich was Schliff der Coloratur betrifft. Unter geschickter Verwendung ihrer leicht ansprechenden Kopfstimme kam die Sängerin in einer Arie vom alten Graun der Aufforderung „Singt dem göttlichen Propheten Dank" kunstgerecht nach. Sehr gut eignete sich der lichtvolle Timbre ihres Organs zu drei idyllischen Gesängen von Spohr mit der höchst seltenen, wunderschönen Begleitung von Klarinette und Orgel. Klangfülle und Feinschattierung entfaltete der Volkschor in zwei Händel-Nummern, sowie in a capella-Gesängen von Attenhofer, Furrer und North, wobei Herr Richard Bammer als sachverständiger Chormeister fungierte, da Herr Musikdirektor Hopfe von dem erlittenen Absturz am Toelleturm noch nicht völlig wieder hergestellt war. (Barmer Zeitung, 8. Februar 1901.)

Wien. Der dritte Rosé-Abend begann mit einer Absage; Herr Eduard Reuss, der in Rubinsteins B-dur-Trio die Klavier-Partie hätte interpretieren sollen, war erkrankt. Die Pièce wurde durch Mozarts Es-dur-Quartett (Köchel 428) substituiert. Diesem folgte als Novität ein Quartett in E-moll, op. 12, Nr. 1, von Ewald Straesser. Es ist nicht möglich, die Komposition nach einmaligem Hören völlig richtig zu beurteilen und zu bewerten, denn ihre Factur ist viel zu kompliziert dazu. Wenn wir dem ersten Eindruck trauen dürfen, so stellt sich der neue Mann als starke Individualität dar, die teils nach originellem Ausdruck ringt, teils denselben schon glücklich gefunden hat. Der erste Satz einigt leidenschaftliche Belebtheit mit gediegener thematischer Arbeit. Brahms und Wagner, auch Schubert, führen dem Komponisten zuweilen die Feder, ohne seine eigene Handschrift unkenntlich zu machen. Das Largo in C-moll ist durch einen Zug ins Dramatische gekennzeichnet, das Scherzo voll charakteristischer Eigenart, das Finale bringt ein Thema mit schönen, kunstreichen Variationen. Die Neuheit fand durch das Quartett Rosé die denkbar vollkommenste Wiedergabe. Eine baldige Reprise wäre empfehlenswert; jedenfalls muß man Ewald Straesser wohl im Auge behalten. Als Novität wirkte auch das C-dur-Quartett, op. 61, von Dvorák. Ich erinnere mich nicht, dieses Tonstück schon im Konzertsaale gehört zu haben. Dasselbe unterscheidet sich von anderen Quartetten Dvorák's durch die melancholisch-schwärmerische Stimmung, die nicht nur über den beiden ersten Sätzen, sondern auch über dem Scherzo lagert. Erst im Finale brechen sich fröhliche Lebensgeister ungezügelt Bahn. (Neue musikalische Presse, 20. Jan. 1901.)

Baden-Baden. Fräulein Johanna Dietz, die mitwirkende Sängerin im 4. Abonnements-Konzert der Kurdirektion, betrat unseres Wissens zum erstenmal das hiesige Podium. Sie ist eine jener wenigen Künstlerinnen, welche Mut und Begeisterung genug besitzen, um neue Werke einzuführen — selbst wenn dieselben nicht durchaus dankbar sind. Dieser echte, überzeugungstreue Künstlersinn wurde vom Publikum auch anerkannt. Fräulein Dietz sang zuerst zwei Lieder von Alexander Ritter: „Nun hält Frau Minne Liebeswacht" op. 4 (schön instrumentiert von Richard Strauß) und Gebet op. 5 (instrumentiert vom Komponisten). Alex Ritter ist nicht nur durch seine Heirat mit einer Nichte Rich. Wagner's diesem verwandt, sondern auch seiner musikalischen Richtung nach von demselben beeinflußt. Seine Kompositionen sind nobel und poetisch empfunden. Fräulein Dietz sang sie mit voller Hingabe und überwand auch die, ihrer oft unvermittelten Sprünge wegen gesanglich recht unbequeme Schreibweise ausgezeichnet. Daß das Publikum durch die Kompositionen, von welchen wir die erstere bei weitem vorziehen, nicht sehr erwärmt wurde, hat seinen Grund in der bei allen direkten Epigonen Wagner's so oft beobachteten Thatsache, daß man lieber den Meister selbst hört, als seine Schüler. Ritter hat auch zwei Opern auf die Bühne gebracht: „Der faule Hans" und „Wem die Krone?", welche in München und Weimar zur Aufführung kamen.

Die Wahl der Lieder war ebenfalls eine durchaus moderne. „Hoffen und wieder verzagen" von R. Strauß, ein schönes Lied, welches die Künstlerin sehr dramatisch sang — „Wo weilt er" von Liszt und das beliebte „Ständchen" op. 17 von R. Strauß als erste, sehr beifällig aufgenommene Nummer. Später noch „Hier laß mich ruhen" von Karl Beines „Tempora mutantur" von Herm. Erler und „Wenn die Wolken wieder so rosig zieh'n" von Ernst H. Seyffardt. Das mittlere Lied wirkt mehr durch den Text von Rud. Baumbach als durch die Musik, wenn eine Sängerin so gut ausspricht wie Fräulein Dietz; das Lied von Beines dagegen erfreut durch innige Empfindung und dasjenige von Seyffardt durch frischen Zug. Wiederholt gerufen, spendete die Sängerin noch eine Zugabe. (Bad. Zeitung, 6. Jan. 1901.)

Wien. Die Pianistin Frl. Henriette Schelle, welche bereits im Ernst Kraus-Konzerte sich die gute Meinung des Wiener Konzert-Publikums gewonnen, bekräftigte diese gute Meinung nur noch mehr in ihrem eigenen Klavierabend am 24. November. Sie spielte unter Anderem Brahms Sonate F-moll, op. 5, Schumann's Phantasie C-dur, op. 17 und einige Nummern aus Schumann's „Waldscenen", „Albumblätter" und „Kinderszenen". Die Hauptstärke der Kölner Pianistin liegt im Lyrischen und demgemäß spielte sie auch am schönsten die lyrischen Teile der Brahms'schen Sonate und der Schumann'schen Phantasie, sowie die Nummern aus den „Albumblättern" („Elfe") und aus den „Kinderscenen" („Betendes Kind" und „Glückes genug"), deren erste sie auch wiederholen mußte. Es liegt in ihrem Spiele lyrischer Kompositionen eine innige und warme Beseelung, wobei besonders der Anschlag in allen Abstumpfungen außerordentlich weich und klangschön wirkt, während bei dramatisch bewegten Momenten der Anschlag und das ganze Spiel der Pianistin etwas herb und metallisch hart klingt. Als treffliche Interpretin Mozart's erwies sich dann Frl. Schelle noch im ersten Abonnements-Abende des Quartett Rosé, an welchem sie den Klavierpart in Mozarts Klavier-Quartett in G-moll (Köchel 478) in künstlerisch vornehmster Weise spielte. (Wiener Extrapost, 3. Dezember 1900.)

Hamburg. Als Vokalsolistin hatte Herr Kleinpaul die Konzertsängerin Frl. Ida Junkers zugezogen. Die Dame besitzt eine recht gut geschulte und besonders in der Tiefe mächtig klingende Altstimme; die Künstlerin sang „Der Tod und das Mädchen" von Schubert, „Komm, wir wandeln" von Cornelius, ein reizendes Wiegenlied von Barthan und ein Lied von Caldara (der übrigens im 18. Jahrhundert lebte) und zeigte in sämtlichen Liedern die besten künstlerischen Eigenschaften. Frl. Junkers, die zum erstenmal sich dem Hamburger Publikum vorstellte, wurde mit dem rauschendsten Beifall ausgezeichnet und spendete auf Begehren noch eine Zugabe. (Hamburger Korrespondent.)

Düsseldorf. 5. Konzert des Musikvereins. Frau Caroline Kaiser sang an Stelle der erkrankten Frl. Mary Münchhoff, sie brachte zuerst das Ave Maria aus dem Feuerkreuz v. Bruch zum Vortrag. Die in Intonation und Atmung sehr schwierige Arie liegt der sich allgemeiner Beliebtheit erfreuenden Künstlerin vortrefflich, und sie wußte derselben mit ihrer glockenreinen, fein gebildeten Stimme eine höchst anerkennenswerte tadellose Darbietung, wobei im Ausdruck die Frömmigkeit der Beterin in den Vordergrund trat. Mit vier fein gewählten Liedern erfreute die gleich bei ihrem Auftreten warm begrüßte Sängerin noch im Verlauf des Abends, und zwar Schumann „Ihre Stimme", Brahms „Minnelied", „Ständchen", „Wehe, so willst du", die die reizende Art des Gesanges, ihr ganz hervorragendes Können, sowie besonders ihr Pianissimo beispielsweise in dem schelmischen Ständchen meisterhaft dokumentierten. Herzlicher, langanhaltender Beifall wurde der heimischen, ungemein bescheidenen Künstlerin zu teil. (Düsseldorfer Zeitung, 20. Jan. 1901.)

Hagen. In dem Konzert der Königl. Hofopernsängerin Frl. Branning wirkte der Konzertsänger Herr Engelbert Haas mit; der Künstler bot die besten Leistungen des Abends. Wir lernten in ihm einen Sänger kennen, der einen ungemein wohllautenden Bariton besitzt. Diese prächtige, sympathische Stimme wird unterstützt von einem musiksinnigen, durchdachten, fein nuancierten Vortrag, voll Verständnis eingehend auf die Intentionen des Komponisten. Das ging besonders hervor aus den beiden Löwe'schen Balladen, von denen namentlich die köstliche „Archibald Douglas" mit Recht einen Sturm des Beifalls entfesselte. Auch die Hans Heiling-Arie, die allerdings im Konzertsaal weniger wirkungsvoll als auf der Bühne, wurde von dem Künstler tadellos gesungen, und der Schlußgesang Hans Sachsens aus den „Meistersingern" trug dem Sänger wiederum wohlverdienten stürmischen Beifall ein. (Hagener Zeitung, 2. Februar 1901.)

Kassel. Als Instrumentalsolist trat im 1. Abonnementskonzert des Königl. Theater-Orchesters der Cello-Virtuos, Herr Friedrich Grützmacher, auf. Derselbe spielte zunächst ein Konzert für Violoncello mit Begleitung des Orchester von Dvorák. Der bekannte Komponist, dessen Werke in letzter Zeit in der Musikwelt Aufsehen erregen, hat hier ein Werk geschaffen, das wohl von theoretischem Standpunkt aus edel gehalten und kontrapunktistisch vorzüglich gearbeitet, jedoch für die Solopartie wenig dankbar ist. Man merkt eben den Orchester-Komponisten zu sehr heraus, der den Schwerpunkt in das Orchester verlegt hat, vielfach auf Kosten des Solo-Instrumentes. Herr Grützmacher spielte das höchst schwierige Konzert mit einer Leichtigkeit, Eleganz und Weichheit in der Bogenführung, die den Zuhörer in Staunen versetzte. Seinem berühmten Namensvetter und Lehrer macht Herr Grützmacher alle Ehre und ist auf dem besten Wege, dessen Weltruhm in nicht allzu ferner Zeit zu erreichen. Unter den Solovorträgen mit Klavierbegleitung waren Air v. Bach und Serenade v. Sitt die hervorragendsten. Hier zeigte der Künstler, wie er mit seinem edlen Strich dem kostbaren Instrumente Töne ergreifenden Gesanges herauszulocken vermochte. Reichen Beifall wurde Herrn Grützmacher für sein meisterhaftes Spiel zu teil, so daß er sich noch entschloß „Träumerei" v. Schramm zuzugeben. (Hessische Post, 20. November 1900.)

Straßburg. In dem Pianisten, Herrn Henry Stennebruggen, der im 2. Abonnementskonzert auftrat, lernten wir einen Künstler kennen, der neben einem elastischen Anschlag eine leichtflüssige Technik besitzt und der durch die poetisch-musikalische Auffassung und harmonische Ausgeglichenheit bei der Interpretation des Schumann'schen Konzertes den vollen Dank der Hörer sich erspielte; sie vergalten die höchste Anerkennung werte Leistung des jungen Künstlers mit Beifall und Hervorruf. (Straßburger Post, November 1900.)

Leipzig. Das Programm des 13. Gewandhauskonzertes verzeichnete in seinem ersten Teile zwei Neuheiten chorischer Art: eine „Trauercantate" (nach Worten der heiligen Schrift) für Baritonsolo, Chor und Orchester (op. 23) von Karl Grammann und eine für Sopransolo, vierstimmigen Frauenchor und Orchester geschriebene Komposition, „Athenischer Frühlingsreigen beim Dionysosfeste" (op. 11), von Josef Frischen. Die Cantate hat zwar einige Längen, zeigt aber trotzdem das, was ihr Autor Eigenes zu geben hatte, in stärker konzentrierter und deshalb vielleicht auch längeres Bestehen verbürgender Form, als manches andere Werk Grammann's. Der vornehme Ernst, der das Ganze durchzieht, die gute, sehr eindrucksvoll wirkende Gegenüberstellung der einzelnen Sätze, wie nicht am wenigsten die geschickte Gliederung derselben, machen die Schöpfung sehr wohl der Aufführung und Kenntnisnahme würdig. Frischen's eine nur mäßige Zeitdauer beanspruchender „Frühlingsreigen" darf als recht glückliche Vertonung der antiken Unterlage, an die sich die Musik allenthalben eng anschließt, willkommen geheißen werden. Anmutig geschwungene melodische Linien, wohlklingender, die ersten Soprane allerdings ziemlich hoch führender Chorsatz und ein schmuckes orchestrales Gewand muten den Hörer recht erfreulich an. Die Wiedergabe der beiden Neuheiten war unter Leitung des Herrn Kapellmeisters Nikisch, der Chor und Orchester in ungetrübter Harmonie mit einander zu verschmelzen wußte, äußerst rühmenswert. Zudem konnte man sich für den solistischen Teil der Grammann'schen

Cantate gar keinen besseren Vertreter wünschen, als Herrn Kammersänger Karl Scheidemantel aus Dresden, wie auch Fräulein Anna Münch aus Gera, die dem kleinen Solo im „Frühlingsreigen" völlig gerecht wurde. (Leipziger Tageblatt.)

Die Geigenvirtuosin Fräulein **Adele Stöcker**, aus Köln, hatte im letzten Konzerte des städt. Männergesang-Vereins ausserordentliche Erfolge zu verzeichnen. Es wird uns darüber geschrieben:

Ueber die gottbegnadete Künstlerin herrscht in den hiesigen musikinteressierten Kreisen nur eine Stimme des Lobes. Man weiss nicht, ob man ihre Technik oder ihren seelenvollen Ton mehr bewundern soll. Sie spielte den 2. und 3. Satz aus dem Dmoll-Konzerte von Vieuxtemps, Romanze von M. Bruch und Springquell von F. David; ausserdem musste sie sich zu einer Zugabe verstehen. Den Verbandsvereinen kann ich Fräulein Stöcker als Geigenkünstlerin nur empfehlen und möchte bei dieser Gelegenheit bemerken, dass die Vereine entschieden besser fahren, wenn sie anstatt mit bedeutenden Summen, aber in der Regel ohne den gehofften Erfolg, ein Orchester zu engagieren, das gleiche Geld für einen Meister seines Instruments anlegen, sie gewinnen dadurch ein ausserordentliches Anziehungsmittel für ihr Konzert und haben selbst einen bildenden, hochkünstlerischen Genuss. A. Gau.

❦

Ernst Heuser

Heuser hat sich neuerdings einen Namen gemacht durch einige recht wirkungsvolle Männerchorwerke. Die Hünengräber op. 30 wurde bekanntlich als Preischor der 1. Klasse beim Brooklyner Sängerfest gewählt, bei welcher Gelegenheit der Schubert-Männerchor aus New-York ein grosses Bronce-Reliefportrait des Komponisten als Preis sich ersang. Die „Sommernacht" für Männerchor, Bariton-Solo, Klavier und Horn ist ein Repertoirestück des Kölner Männergesangvereins und sein neuestes Werk **„Deutsche Sänger am Missouri"** errang in dem Weihnachtskonzert des Kölner Männergesangvereins Polyhymnia einen Erfolg, wie er hier kaum dagewesen sein dürfte. Die Köln. Ztg. schreibt darüber: Von besonderem Interesse war das Konzert durch die Aufführung des Werkes von Ernst Heuser: Deutsche Sänger am Missouri, Chor mit Solo, Orchester und Orgel. Es war die erste Aufführung des Werkes in Deutschland. Die Solisten, der Chor und das Orchester wirkten unter der Leitung des Dirigenten der Polyhymnia, Musikdirektors Kessel, meisterhaft zusammen, um das feinsinnige und doch ergreifende Werk vollendet vorzuführen. Besonders wirkungsvoll war das Fortissimo des Schlusses. Der anwesende Komponist wurde nach der Aufführung jubelnd begrüsst. Ihm wurde ein mächtiger Lorbeerkranz, dem Dirigenten Musikdirektor Kessel eine ebenso grosse Blumenlyra überreicht. Auf allgemeines Verlangen musste dann das Werk wiederholt werden. Der Erfolg, den die Komposition mit Recht gefunden hat, lässt wünschen, dass sie noch öfters in Köln aufgeführt wird.

❦

Verschiedenes.

Die **Wiener Reise des Kölner Männer-Gesangvereins** wird in der Zeit vom 8.—21. April stattfinden. Die Sieger im Kasseler Wettsingen veranstalten unter ihrem Leiter, Kgl. Musikdir. Professor Jos. Schwartz bei dieser Gelegenheit 5 Konzerte, und zwar auf der Hinreise in Neustadt a. d. Hardt und Nürnberg, dann in Wien selbst, und auf der Rückreise in München und Heidelberg. Bei dem grossen Interesse, das an höchster Stelle den idealen Bestrebungen des deutschen Männergesanges entgegengebracht wird, und bei dem besonderen Wohlwollen, das S. M. der Kaiser dem Kölner Männer-Gesangverein — der seinem Protektorate untersteht — auch bei den früheren grossen Reisen stets gezeigt hat, ist es natürlich, dass auch dieser Künstlerfahrt die weitgehendste behördliche Unterstützung zu Teil wird und dass der Verein ausser den Konzerten in den Residenzstädten den Monarchen dase bst seine Huldigung darbringen wird. In Wien selbst wetteifern die befreundeten Sangesbrüder mit Aufmerksamkeiten für die Kölner, und die Stadt Wien schliesst sich den vielfachen Veranstaltungen mit einem grossen Fest im Rathaussaale an. Das Konzertprogramm ist verschieden, doch werden in der Hauptsache neben den berühmten Leistungen des Vereins auf dem Gebiete des volkstümlichen Liedes und Schubert-Schumann'scher Kompositionen grössere Chöre von Rheinberger (Jagdmorgen), Hegar (Totenvolk), Strauss (Schlachtlied) und Wüllner zum Vortrag gebracht werden. Sehr anerkennenswert ist es, dass der Verein in der Wahl der mitreisenden Solisten ebenfalls auf Kölner Künstler zurückgekommen ist und nicht (wie dies so häufig geschieht) „das Gute draussen suchte, während Besseres in der Nähe liegende" übergangen wird. Die Herren Prof. Willy Hess (Violine) und Max van de Sandt (Klavier) werden jedenfalls mit dem Vereine der Kölner Kunst ein neues Ruhmesblatt auf dieser Fahrt pflücken.

Die Pianistin **Frl. Henriette Schelle** ist im nächsten Jahre für eine grosse Tournée durch Russland verpflichtet worden; die Künstlerin erhielt diesen Antrag infolge ihrer bedeutenden Wiener Erfolge. Die Reise umfasst 8 Städte, in denen sie 12 mal auftreten wird.

Das **Streichquartett Rosé** konzertiert augenblicklich in Italien und wird von da nach Südfrankreich und Spanien weiter ziehen. Der Erfolg dieser eigenartigen Vereinigung ist, wie überall, ein sensationeller. Aus Venedig wird darüber geschrieben:

„In dem grossen Konzertsaale des Palazzo Pisani gab das Wiener Quartett Rosé ein Konzert, das von dem vornehmen venezianischen Publikum sehr zahlreich besucht und von grossem Erfolge begleitet war. Das kunstverständige Auditorium folgte den vortrefflichen musikalischen Darbietungen der Wiener Künstler mit grosser Aufmerksamkeit und zollte ihnen nach jedem Musikstücke und namentlich am Schlusse enthusiastischen Beifall".

Mit dem Frühjahr kommt die Zeit der grossen Konzerte, die von namhaften Orchestern auf längeren Tourneen veranstaltet werden. Mit Ausnahme der Meininger Hofkapelle unter Fritz Steinbach, die während des Winters Zeit findet, ausserhalb zu konzertieren — und die dieses Prae im letzten Jahre in nicht weniger wie 70 Konzerten mit grösstem Erfolg ausgenutzt hat — sind die bedeutenden Orchester zu sehr an ihr Domizil gebunden, um während der Saison reisen zu können; doch nun wäre eine Nachsaison da! Die Berliner Philharmoniker unter Arthur Nikisch treten demnächst eine Rundreise an, die, von Wien und anderen österreichischen Städten ausgehend, über Italien, Spanien, Frankreich fortgesetzt wird und in Paris ihren Abschluss findet. Hans Winderstein mit dem nach ihm benannten Leipziger Orchester konzertiert in Nordamerika mit bedeutendem Erfolg. Deutschland und Holland wird von dem Münchener Kaimorchester besucht werden, und auch **Köln wird am 22. April** diese berühmte Schar unter seinem genialen Dirigenten **Felix Weingartner** im Gürzenich hören. Wenn man in Vergleich zieht, was andere bedeutend kleinere Städte wie Köln an Solisten und Orchesterkonzerten sowie an Theater-Vorstellungen zu hören bekommen, so ist Köln in dieser Beziehung eigentlich stiefmütterlich behandelt, besonders was die erwähnten grösseren Orchesterkonzerte angeht; wir hörten hier in diesem Jahre in einem Konzert die Meininger und sonst waren wir — von erstklassigen Veranstaltungen zu reden — nur auf die Gürzenich-Konzerte angewiesen. Wenn Köln ja auch in diesen Abonnementskonzerten unter der Leitung Meister Wüllners die hervorragendsten musikalischen Genüsse beschieden werden, so dürfte doch damit die Aufnahmefähigkeit der musikliebenden Kölner Kreise nicht erschöpft sein; und doch hat es den Anschein, denn sonst hätte doch eine Veranstaltung wie das Konzert der Meininger besser besucht sein müssen. Es wäre zu wünschen, dass diesmal Weingartner und die Seinen einen besseren Begriff von Köln mitnehmen, damit ihm das Wiederkommen nicht verleidet wird.

Wegweiser durch die Chorgesanglitteratur

Amtliches Organ des westdeutschen Sängerverbandes.

Ratgeber für Gesangvereine und Dirigenten.

Redaktion und Verlag: H. vom Ende, Köln a. Rh., Beethovenstrasse 6.

nebst

„KONZERTBERICHT“

und Beiblatt:

Der Sänger.

Erscheint monatlich einmal
Bezugspreis für 1 Expl. 15 Pfg.
Jahresabonnement Mk. 1.50 und 10 Pfg. Porto.
Inserate kosten pro 1 mal gespaltene Petitzeile 30 Pfg.

Expedition: H. vom Ende's Musikalien-Versandgeschäft.

Nr. 7. | Köln a. Rhein, den 26. April 1901. | II. Jahrg.

Inhalt:

Mosel-Saar- und Nahe-Sängerbund.

In der Abgeordneten-Versammlung am 24. März zu Bernkastel wurden an Stelle der ausgeschiedenen Vorstandsmitglieder die Herren Schunck-Oberstein und Engel-Mettlach gewählt. Für Sänger, die einem Bundesverein 15 Jahre ununterbrochen angehören, sollen silberne, für die 25jährige Thätigkeit als Sänger goldene Medaillen von Bundeswegen verliehen werden. Der Bund soll in 6 Ortsgruppen eingeteilt werden. Einstimmig wurde beschlossen, dem Antrage des Männerquartetts Bernkastel, im Jahre 1902 ein Bundessingen dort abzuhalten, stattzugeben. Der nächste Sängertag findet in Mettlach statt und soll demselben eine neue Wettgesangsordnung vorgelegt werden. Die Frage eines Bundesorgans wurde vertagt, jedoch den Bundesvereinen empfohlen, auf den in Köln a. Rh. erscheinenden „Wegweiser“ zu abonnieren. Das Protokoll des Neunkirchener Sängertags wurde verlesen und der Kassenbericht erstattet.

Bearbeitung des deutschen Volksliedes.

H. vom Ende.

III.

Die Dichtungen.

Und nun noch Einiges über Form und Wortlaut des Volksliedes. An seiner Sprache sollen wir erkennen, ob ein Volkslied vorliegt, oder ein Kunstlied! Aber allein hieraus eine Entscheidung zu treffen, ist schwer; dazu gehört ein tiefes Eindringen in den jeweiligen Zeitgeist, in die Litteratur und Kultur der betr. Periode, in die Denk- und Ausdrucksweise des Volkes.

V o l k s t ü m l i c h muss es sein, was das Volk sich zu dauerndem Besitz erkiesen soll, d. h. nicht nur gemeinverständlich und allbeliebt, das ist auch mancher Gassenhauer und Bänkelsang, sondern auch „völkisch“, der Volksart gemäss, wie sie zu der betreffenden Zeit sich darstellte. Das Wesen dieses Volkstümlichen ist nicht zu allen Zeiten dasselbe gewesen, wenn es auch an einer stammhaften, unverrückbaren G r u n d l a g e festhält.

Einerseits ist das Wort „V o l k“ zweideutig. in früheren Zeiten beteiligten sich breitere Schichten der Nation an der Pflege des Volksliedes. Nicht nur im niederen Volke, unter den Landsknechten, fahrenden Gesellen waren die Verfasser zu suchen, sondern auch unter den kunsterfahrenen Dichtern. Finden wir doch nicht selten im Gedichte selbst den Verfasser als einen „S c h r e i b e r“ genannt, worunter damals vorzugsweise Juristen, jedenfalls studierte Leute verstanden wurden. Das lebende Volkslied hat wohl auch gebildete Dichter und Komponisten zu Verfassern, aber das Interesse an ihm ist in gebildeten Kreisen völlig erlahmt: selbst diejenigen unter ihnen, welche am längsten daran festhielten. unsere Studenten auf den Kneipen, haben sich von ihm ab- und einer Kunstpoesie zugewandt, welche neben vollendeter Form und frischer, flotter Empfindung Geist und Witz zeigt, dem aber das treuherzige deutsche Gemüt, das „V ö l k i s c h e“ bis zu einem gewissen Grade mangelt.

Andrerseits sind aber auch die Gesittungsstufen und Anschauungen andere geworden. Charakter, Gemütseigenschaften, Art des Volkes bleiben sich im Grunde durch alle Zeiten gleich; es kann wohl durch grosse Geister und Ereignisse nach einer gwissen Richtung gedrängt werden, wie durch die Kreuzzüge, den 30jährigen Krieg, Goethes Werther, besinnt sich indessen immer bald wieder auf seine angestammten Eigenschaften. Dagegen hat sich der Stoff- und Gedankenkreis verengert, die künstlerische Form vervollkommt, die Ausdrucksweise ist steten Aenderungen unterworfen. Wir dürfen daher nicht an alle Lieder einen Massstab anlegen, den wir den Erzeugnissen einer Blütezeit entnommen haben, sondern wir müssen jedes aus seiner Zeit zu erfassen suchen. Ein Moment scheint mir heute zu wenig gewürdigt zu werden, es ist das Alter oder vielmehr die Lebensdauer des Liedes. Ein volkstümliches Lied muss lange Zeit hindurch vom Volke gesungen werden, bevor ihm der Ehrentitel „Volkslied“ zukommt. Das ist eben der Vorzug des Volksliedes vor dem Bänkelsang und Gassenhauer, vor dem volkstümlichen und dem Liede im Volkston, dass es sich fortpflanzt von Stamm zu Stamm, von Geschlecht zu Geschlecht, und unbewusst, bescheiden dem Herzen noch entquillt, wenn manches hochgepriesene Lied unserer beliebtesten Vereinsbarden längst der Vergessenheit anheimgefallen ist. Wohin sind Abt, Gumbert, die heiss geliebten, entschwunden? Silcher, Methfessel, Lyra u. a. sind dagegen siegreich hervorgegangen aus 70jährigen Kämpfen mit vielen Rivalen und man kann ihnen noch ein langes Leben verheissen. Ob die Namen der Verfasser bekannt sind oder nicht, ist gleichgültig, die Hauptsache ist, dass das Volk die Lieder seiner Liebe würdigt, und sie im Herzen und auf der Lippe behält in Freud und Leid, durch viele Geschlechter hindurch.

Die Bestimmung, ob ein Volkslied vorliegt, ist also nicht leicht; man kann nicht wissen, ob es sich hält, auch nicht immer, ob es lange im Volke gelebt hat; so sind denn Missgriffe auf diesem Gebiete nicht zu vermeiden, übrigens auch nicht von Belang, solange man nur vornehmen Geschmack walten lässt und alles Triviale, Sentimentale und Banale fernhält.

Unsere Volkslieder sind selbstverständlich alle in deutscher Sprache abgefasst; aber der Mundarten sind allsoviel und manche entfernen sich so weit vom gebräuchlichen Idiom, dass an gegenseitige Verständigung und Verständlichkeit nicht zu denken ist. Eigentliche Dialektgesänge können von den Genossen anderer Stämme weder richtig gesprochen noch verstanden werden, die Revision und Herausgabe solcher muss also den Landsleuten des Verfassers überlassen bleiben. Die Oberdeutschen haben in Dr. I. Pommer, Fr. Fr. Kohl, E. Kremser, Neckheim u. a. ausgezeichnete Forscher und Bearbeiter gefunden, für die mittel- und niederdeutschen Weisen stehen solche noch dahin. Ein Anderes ist es mit den hochdeutschen Liedern, in welche sich auf ihrer Wanderung von Stamm zu Stamme dialektische Formen eingeschlichen haben oder umgekehrt mit den Dialektliedern, in denen manche Stellen der Umformung ins Hochdeutsche Trotz geboten haben. Wenn die Sprache des Gedichts dem Munde zu unbequem, dem Ohre zu fremd, dem Herzen zu kalt lautet, dann spricht das Volk, wie ihm der Schnabel gewachsen, aus dem Herzen und ohne Falsch. Gerade in diesen dialektischen Färbungen thut sich die aus dem Herzen kommende Gemütlichkeit kund, über ihnen liegt ein Hauch seelenvoller Innigkeit und Treuherzigkeit, sie verleihen dem Liede oft den ihm eigentümlichen Klang, der zu seinem Wesen gehört und sie zu erhalten, sei unser Bestreben. Freilich müssen diese Sonderheiten wirklich im Volke entstanden und nicht von aussen hinzugethan sein. So ist das Liedchen: „Kimmt a Vogerl geflogen" ein niederösterreichisches, daher die Form „Chimmt" falsch, da die österreichische Mundart, wenn ich recht unterrichtet bin, dieses Ch nicht kennt. Im Lahrer Kommersbuch finde ich alle K geändert: „Und der Summer is chimma" statt „kumma", „und es fragt halt chein Chatzerl, chein Hunderl nacher mir". Aus solchen Aenderungen entsteht schliesslich ein Sprachmischmasch, der unter Umständen abstossend wirken kann. „Kommt a Vogerl geflogen" z. B. klingt affektiert.

Zu diesen dialektischen Eigentümlichkeiten gehören eine Menge überflüssig erscheinender Zuthaten, die keineswegs ohne weiteres beseitigt werden dürfen; z. B. die pleonastischen es oder 's in süddeutschen Liedern:

„Geh ich's zu der Stuben herein."

„Gestern Abend in der stillen Ruh
Sah ich's im Walde einer Amsel zu".

„Ein Landsknecht ist er's wohlbekannt".

„Es kann mich nichts Schöneres erfreuen,
Als wenn es der Sommer angeht".

„Ach Schätzchen, was hab ich erfahren,
Dass du es willst scheiden von mir".

Hier wahrscheinlich der Melodie zu Liebe in Str. 1 u. 2 hinzugefügt.

„Es sin es mal zwo Gspiele gsin".

Auch die euphonistischen „n", eingeschoben, um das unschöne Zusammenstossen zweier Vokale zu verhindern, lasse man stehen.

„Du bist — n — i mein herztausige Schatz".

„Das Gässle, das i gange bi,
Das Gässle gah - n — i — no".

„Wo — n — i geh und steh".

Im übrigen liebt das Volk nicht überflüssige Einschiebsel und Verlängerungen, sondern im Gegenteil möglichst knappe, sprunghafte Ausdrucksweise; daher die vielen Verschleifungen, z. B. wenn zwei Vokale nebeneinander stehen: „Es stund eine Lind' in jenem Thal" und Kürzungen: s statt das, e' oder a' statt ein, und was sonst noch durch ' ausgedrückt werden kann. „Wo a kleins Häusle steht." „Es zogen drei Bursche" nicht „Burschen". „Das Hauptwort bekommt dadurch, wie Herder sagt, mehr poetische Substantialität und Persönlichkeit: „Knabe sprach; s' Röslein sprach", in den Liedern mit mehr Accent. In schnell rollenden, komischen Liedern, in den stärksten, heftigsten Stellen der tragischen Leidenschaft ist es schädlich, keine Elisionen zu machen, und quälen diese schleppenden Artikel, Partikeln u. s. w. und hindern den Gang des Sinns und der Leidenschaft."

„Kein schönrer Tod auf dieser Welt" und nicht „…ist auf der Welt" i statt ei (min), u statt au (Hus), fründ, nit statt nicht (Blümlein Vergissnitmein, „Das kann und mag doch nit gesein"), überhaupt alle die abgekürzten süddeutschen Wortformen do, uf, bi, gsi, zit (Es git e schöns Aelpli). Es würde zu weit führen, auf dieses Thema näher einzugehen. In solchen Fällen müssen überhaupt die mundartlichen und alten Wortformen mehr beibehalten werden. Das „Schwabeliedle" „Muss i denn" dürfte nur in der Fassung H. Wagners, statt der bäurisch-groben des ursprünglichen Textes, gesungen werden, das wird auch niederdeutschen Zungen nicht allzu schwer fallen; darnach lautet die 1. Str.:

Muss i denn zum Städtele naus
Und du mein Schatz bleibst hier!
Wenn i komm, wenn i wiedrum komm,
Kehr i ein, mein Schatz, bei dir.

Kann i gleich net allweil bei dir sein,
han i doch mein Freud an dir; u. s. w.

Im Liederkranz aus Schwaben (Stuttgart, W. Nitzschke) steht übrigens „nit" statt „net". Was richtiger ist, weiss ich nicht. Es heisst: Ach Gott, es druckt (statt drückt) das Herz mir ab. „Vögelen im Tannawald".

„Ein Sträussel (statt Sträusschen) am Hute."

„Es ist ein Schnee gefallen, wan (mhd. statt „nur") es ist noch nicht Zeit." (zur Minnelust, die erst im Mai kommt). „Au hertem (statt hartem) Weh". In vielen Fällen sind prosaische oder gar unrichtige Worte an Stelle der besseren getreten, es muss heissen: „Morgen muss ich fort (statt weg) von hier." Eh (statt weh) dass wir scheiden müssen." „Gespielen" statt „Gesellen." Der alte Streit, ob es heissen muss „Es ist ein Reis entsprungen", statt des üblichen „Ros" ist schwer zu entscheiden. Die Vernunft spricht für „Reis" aber Fr. Spitta beweist in der Monatsschr. für Gottesdienst und Kirchl. Kunst, 5. Jg. Nr. 1 mit einem enormen Aufwand von Gelehrsamkeit und Beweismaterial, dass „Ros" das ursprüngliche und einzig Richtige sei. Habeat sibi.

In dem Liedchen „Das Schiff streicht durch die Wellen" heisst es „Fidelin", nicht Fridolin; die Weise stammt aus dem Italienischen und das Wörtchen hat keine andere Bedeutung wie tralala u. a. Das österreichische Liedchen: „Bald gras' ich am Acker, bald gras' ich am Rain" haben die Schwaben annektiert und „am Neckar und Rhein" daraus gemacht; aber das sei ihnen verziehen, das Liedchen hat dadurch gewonnen.

Ueberhaupt dürfen historische Ueberlieferungen nicht immer für uns massgebend sein; wir schreiben nicht für Philologen, sondern für deutsche Sänger und mit Recht sagt das Lahrer Kommersbuch in seiner Einleitung: „Keine Pedanterie oder philologische Gelehrtthuerei. Man soll nicht grundsätzlich beseitigen wollen, was ein flotter und guter Einfall mit Erfolg an die Stelle einer flauen Richtigkeit gesetzt hat und was der Dichter hätte wünschen können gesagt zu haben". Es heisst bei Goethe weder „Ueber" noch „unter allen „Wipfeln" sondern „Ueber allen Gipfeln ist Ruh". „Hoch vom Dachstein her" (nicht „an"]. „Ach wie ist möglich dann" [nicht „O"]. Wie mit grimmigem [nicht „wildem"] Unverstand". „Mir ist ein schöns Braunmaidelein" [letzteres in einem Wort, wie „Braunaugen"] nicht aber schön braun, oder schön brauns oder schöns brauns'. „Es leuchten [nicht „stehen"] drei Sterne". Es blüht ein schönes Blümelein" [statt Blümchen]. „Wie schienen" statt „Es scheinen die Sterne so hell". „Innsbruck, ich muss dich lassen" [nicht „Ach Lieb". „Engelland [L. der Engel, nicht England [der Engländer]. Knaster den gelben hat uns „Apolda" [ein Ort bei Jena] präpariert." „Apollo" ist ganz unschuldig an dem miserablen Kraut.

Schlimmer sind die Verballhornungen, welche unsere Lieder angeblich im Interesse unserer Schuljugend sich gefallen lassen müssen. Unter einer Liebschaft scheinen diese ahnungslosen Hüter der Sittlichkeit sich nur noch ein sogenanntes schmutziges Verhältnis vorstellen zu können. Dem entsprechend muss das Wort Liebchen radikal ausgemerzt werden:

„Mein Onkel ist verschwunden
Der dortgewohnet hat."

„Kimmt a Vogerl geflogen“ und bringt
Von der Mama einen Gruss“.

„Wenn auch die liebe Tante
So bitter um mich weint“.

„Ade herzliebster Neffe
Wir sehn uns nimmermehr“.

Ich empfehle zur Aufnahme in unsre Schul-Liederbücher h folgende Variante:

in Feuer, keine Kohle kann brennen so heiss,
ein heimlicher Glimmstengel, von dem Niemand nichts weiss“.

ieisst hier übrigens nicht: „was weiss“; gerade die doppelte ation anstatt der einfachen findet sich in Volksliedern ig.

Die unbekleideten Bürschchen auf unsern Denkmälern Kassenscheinen erscheinen diesen Herren bekanntlich ıfalls als eine Gefahr für die Sittlichkeit. Behufs Abstel- derselben verweise ich auf die Münchener Pinakothek, welcher die betr. anstössigen Partien durch mächtige ıllene Futterale in Form von Akanthus- und Feigenblättern heimlicht“ werden. Engherzigkeit sollte in jeder Beziehung bleiben von diesem Volksgut, dann wird man auch nicht r Stellen wie: „Nicht Ross und Reisige sichern die steile ‘ als zu demokratisch zurückweisen, oder Volkslieder- ıer wie die von J. Heim in Zürich herausgegebenen als ıutsch bezeichnen. Wir mögen ruhig schweizerische ›nallieder singen lassen, wenn sie edel und deutsch-volkstüm- gehalten sind. Andrerseits können wir aber auch verlangen, man dort unsere deutschen Texte unangetastet lässt und singt: s uns eint als deutsche [nicht „treue“] Brüder“.

Schliesslich sei noch erwähnt, dass wir nicht den Text rn dürfen zu Gunsten der Melodie, wenn die Silbenzahl t in allen Strophen die gleiche ist. In solchen Fällen man lieber die Noten vermehren und die Texttreue auf- : erhalten.

Fortsetzung folgt.

Der deutsche Volksgesangverein in Wien.

In ihrer Art einzig dastehend, hat sich diese, 1889 gegrün- Vereinigung Wiener Sangesfreunde die Pflege des tschen Volksliedes zur Aufgabe gemacht. Die Bedeu- dieses Vorgehens, der Einfluss, den eine weitere Verbreitung r Idee im Gefolge haben könnte, lässt sich nur ermessen, man sich vertraut gemacht hat mit der erziehlichen Macht, ethischen und ästhetischen Werte, der in dieser Litteratur ›rgen liegt. — „Verborgen“ — muss man leider sagen, denn r That haben zur Zeit weder unsere Pädagogen noch unsere diktatoren, weder Schule noch Staat den Beweis dafür ert, dass es ihnen ernstlich darum zu thun ist, den Samen, as deutsche Volk mit freigebiger Hand ausgestreut, zu hegen cu pflegen, auf dass er aufgehe und heranreife zu einer welche die Welt mit ihrem süssen Dufte erfüllen, aus der :aubertränklein bereitet werden könnte, welches unserer -nen Tonkunst Genesung brächte von mancherlei Gebresten.

Die grosse Kluft, welche den Nieder- vom Obersachsen lgemeinen trennt, gähnt uns auch entgegen aus den Werken - unserer edelsten Tondichter: J. Brahms und Rob. ı z. Aber wie in einem Brennpunkt vereinigt sich das orische Schaffen, die Sehnsucht beider in dem einen Ziele: Schöpfungen zu verschmelzen mit dem Geiste, den das Volk geheimnist hat, sich selber unbewusst, in seines Geistes r. „Seid echt und tief im Empfinden, wahr im Ausdruck, ımäht welschen Tand und Firlefanz“, rufen sie uns zu mit anzen Macht, welche einer unbewussten, naiven Verkünderin /ahrheit verliehen ist — wenn sie gehört wird.

„Ja, wird man mir entgegnen, wir hören sie ja, überall n Volkslieder gesungen, auf jedem Wettstreit ist eine lere Klasse dafür eingerichtet; wir haben nun schon in drei ırten hintereinander „In einem kühlen Grunde“ und „Ich nicht, was soll es bedeuten“ und „Schlafe, mein Prinzchen, ein“ „Das berühmte Wiegenlied“ gesungen und jetzt stehen nit Erlaubnis zu sagen, die Volkslieder zum Halse heraus.“ ich gern, Mühlrad und Loreley gehen mir auch bereits zur e im Kopf herum, und ein „Wiegenlied“, vorgetragen von ıusgewachsenen Männern, ist an und für sich schon eine itat. Ahnt ihr denn nicht, dass ihr noch gar nicht einmal was man unter einem Volkslied zu verstehen hat? Hörtet hon einmal etwas von „Innsbruck, ich muss dich lassen!“, sein einzig Licht“, „Es ist ein Schnee gefallen“, „Ich fahr wenn es muss sein“, „Ich hört ein Sichlein rauschen“, ler Welt mir nichts gefällt“, „Kein schönrer Tod auf dieser Welt“, „Mariann, die reine Magd“, „Schätzelein, was machest du?“, „Schönster Schatz, mein Augentrost“, „Sind wir geschieden“, „Von dir geschieden“, „Wachauf, meine Herzensschöne“, „Wie die Blümlein draussen zittern“, „Wo gehst du hin, du Stolze“ und noch viele Andere? Dasliegt daran, weil euch das Gefühl für echte deutsche Volkstümlichkeit abhanden gekommen ist, weil ihr nur das für volkstümlich haltet, was empfindsame Weiberseelen zu Thränen reizt; ein Hurrah, Bravo, Da Capo ist auch unendlich mehr wert, als jene innere, tiefe Ergriffenheit eines Mannes, die sich weniger in lautem Beifall äussert, als stille Einkehr, geistige Verarbeitung des Empfundenen nach sich zieht.

Also der „Deutsche Volksgesangverein in Wien“ hat sich ausschliesslich die Pflege solcher echten Volksgesänge zum Zweck gesetzt; er singt nur Lieder, die wir — Reichsdeutsche — kaum dem Namen nach kennen, und er erzielt mit diesen Liedern stürmische Erfolge. Sehen wir uns einmal eins der Programme näher an: Zunächst eine Ansprache des Herrn Prof. Dr. J. Pommer, des geistigen Führers der ganzen Bewegung, über das Thema: „Was ist ein Volkslied?“ Sodann in buntem Wechsel: Männerchöre, ältere Volkslieder in der Bearbeitung von Joh. Brahms für Sopran, Gemischte Chöre, zwei- und dreistimmige Jodler aus den Alpen, Gemischte Chöre (süddeutsche), Aelplerische Volkslieder für Frauenstimme, solo, und schliesslich Männerchöre (steirisch, tirolerisch, kärntnerisch). Und wie heissen diese Volkslieder, „Burschen heraus, Lasst es schallen von Haus zu Haus!“ (ein Studentenlied), „Gestern Abend in der stillen Ruh, sah ich's im Walde einer Amsel zu“, „All mein Gedanken, die ich han“, „Wach auf mein Herzensschöne“, „Die Sonne scheint nicht mehr, so schön als wie vorher,“ „Brüder, uns ist alles gleich, ist Frankreich gleich ein Kaiserreich!“ u. s. w. Wer kennt sie? wer hat sie je gehört in unsern Volksliedertafeln? In den dortigen Kreisen wird die Liebe zur Mutter ebenso stark sein wie hier, aber dieses ewige Getratsch von Mutterherz, Mutterhaus, Mutterlieb und Mutterbild sucht man dort vergebens, und doch weiss man zu bewegen und zu rühren. — — — — Gehet hin und thuet desgleichen.

vom Ende.

Aufführungen.

Max Bruch, Gustav Adolf in Stuttgart (Seyffardt), Hannover (B. Hilpert), Sondershausen (Liese), Forst i. L. (Serabach), Remscheid (Schwager), Erfurt (Rosenmayer), Görlitz (Stiehler), Treptow (Thielscher), Chemnitz (Meinel);

Felix Woyrsch, Deutscher Heerbann für M.-Ch. u. Orch.: Mannheim (Weidt), München, Krefeld (Lange), Ludwigshafen (Lehrer-G.-V.), Mülheim (Möskes), Braunschweig (Frischen), i. Köln (Liederkranz).

A. Klughardt, Zerstörung Jerusalems, Solingen (Binder), Zweibrücken (Möskes), Gera (Kleemann), Köln (Wüllner), Middelburg (Cleuver), Pirmasens (Köhler), Dordrecht (Erdelmann), Plauen (Nostiz).

Dieser Nummer liegt ein Prospekt der Verlagsfirma Fr. Kistner, Leipzig bei, welche wir besonderer Beachtung empfehlen.

(Nachdruck verboten.)

Aufführungen.

Abkürzungen: gr.-gross, s.-sehr. D. C. Da Capo.

Komposition und Komponist	Stadt und Verein	Dirigent	Erfolg
Männerchöre a cappella.			
sch. Die Blutentee — F. Hegar	Baden-Baden Aurelia	C. Beines	s. gr.
Schelm von Bergen — N. Meyer-Olbersl.	Zürich — Harmonie	Angerer	s. gr.
msch. Frühling, du bist wieder da — Pieper	Hilden Stadt. M. G. V.	Pieper	gr.
msch. Germanen-Markung — Pieper	do	do.	s. gr.
Rosenfrühling — H. Jüngst	Frkf. a. M. — Wagnercher. Quart. V	J. Wagner	s. gr.
O hätt ich ein Männchen — H. Jüngst	Wien Ottakringer M. Ch.	J. Seidel	s. gr.
Es war einmal ein Kupferschm. — K. Seitz	Hof — Liederkranz	K. Seitz	s. gr.
l. Mein Stern — Wessler	Münster — Cäcilia	Schlichting	s. gr.
l. Es haben zwei Blümlein Schrader	Düsseldorf — Städt. M. G. V.	G. Kramm	s. gr.
msch. Sonntags am Rhein — Tausch	do.	do.	s. gr.
Abendreihn — M. Reger	Plauen — Lehrer G. V	P. Rascher	gr.
Frühlingsstürme F. Curti	do.	do.	gr.
Altdeutsches Liebeslied — Wohlgemuth	do.	do	gr.
Der Speisezettel — C. Zöllner	Münster Liedertafel	Preising	gr.
zl. Auf d. Wohl, du rhein. Maid — Labler	Meissen M. G. V.	Hungar	s. gr.
sch. Volkers Schwanenl. — Meyer-Olberl.	Sigmaringen M. Ch.	Ruoff	s. gr.
zl. Auf d. Wohl, du rhein. Maid — Labler	Kettwig — Liedertafel	Clasen	s. gr.
Meine Heimat — Attenhofer	Solingen Liedertafel	Ch. Lemacher	s. gr.
zl. Rosenfrühling — H. Jüngst	do.	do.	gr.
sch. Totenvolk — Fr. Hegar			s. gr.
msch. Frühling am Rhein — S. Breu	do.	do.	gr.
zl. Ja' schön ist mein Schatz nicht — J. Schwartz	Wien — M. G. V.	G. Kremser	D. C.
msch. Frühling am Rhein — S. Breu	Düsseldorf — Städt. M. G. V.	G. Kramm	s. gr.
zl. Ein Wörtlein — Keuerleber	Dortmund — Typograph.	F. Merkert	s. gr.
l. Ein Mütterlein — Neumann	do.	do.	s. gr.
* mit Orchester. **Männerchöre mit Begleitung.**			
msch. Sommernacht — E. Heuser	Stuttgart Akad. Liederkr.	H. Rückbeil	gr.
l. * Der fahrende Ges. II — Schlichting	Münster — Cäcilia	Schlichting	s. gr.
* Frithjofs Abschied — M. Bruch	Königsberg — Melodia	M. Oesten	D. C.
* Germanenzug — A. Bruckner	München Burgersängerzunft	H. Schwartz	s. gr.
l. Schweigen der Nacht — C. Kreutzer	Sigmaringen — M. Ch.	Ruoff	s. gr.
msch. Sommernacht — E. Heuser	Köln — M. G. V.	J. Schwartz	s. gr.
sch. Liebesmahl d. Apostel — R. Wagner	Bonn — M. G. V.	Krakamp	gr.
sch. Die Wüste F. David	Düsseldorf — Städt. M. G. V.	G. Kramm	s. gr.
sch. Liebesmahl d. Apostel — R. Wagner	München — Lehrer G. V.	Schwartz	s. gr
* mit Orchester **Frauenchöre a cappella.**			
Beati omnes — Mendelsohn-Bartholdy	Kassel — Musica sacra	L. Spengler	gr.
Kyrie, Canon für 5 Sopran — Mozart	do.	do.	gr.
s. Spinn, spinn — H. Jüngst	Wien — Post- u. Telegr. Beamtinn.	H. Gartenberg	s. gr.
Zu Zweien — E. Schmidt	do.	do.	gr.
O salutaris hostia — P. de la Rue	Wien — Bösend. Saal	Dr. Sandyczewski	gr.
Jetzt, o Frühling — Madrigal Fabricius	Hagenau — Garnis. M. V.	Roothaan	gr.
Bitte — H. Jüngst	St. Pölten — Ges.- u. M. V.	A. Gruber	s. gr.
Beim Abschied — H. Jüngst	do.	do.	D. C.
Frühling währt nicht immer — R. Kahn	Brooklyn — Arion	A. Claassen	gr.
Minnelied — R. Kahn	do.	do.	gr.
Elfenlied — H. Wolf	Stuttgart — Liederkranz	Prof. Förstler	gr.
Schreckliche Geschichte — A. Krug	Köln — G. V.	A. Horn	D. C.
Frühlingslied — Graf Hochberg	do.	do.	gr.
Psalm 126 — C. Reinecke	Köln — Garnison-Kirch. Ch.	Pfarrer Wiebe	s. gr.
* mit Orchester **Frauenchöre mit Begleitung.**			
* Ave Maria — H. Gelbke	Münster — Conservatorium		
m. ch. * Athen. Frühlingsreigen — J. Frischen	Leipzig — Gewandhaus	A. Nikisch	s. gr.
l. Mache mich selig, Sopransolo Knabenchor — Alb. Becker	Hof — Verein f. Pfl. kirchl. Kunst	K. Seitz	s. gr.
msch. Spinnchor a. d. Holländer — R. Wagner	Ibbenbüren — M. V.	R. Prenzler	s. gr.
	Wien — Post- u. Telegr. Beamtinn.	H. Gartenberg	s. gr.
msch. * Donauwellen — Ivanovici			
Letzter Wille — Rob. Fuchs	Wien — Bösendorfer Saal	Dr. Sandyczewski	gr.
Winterlied Rob. Fuchs	do.	do	s. gr.
Elfen und Zwerge — Rob. Fuchs	do.	do.	s. gr.
Gesang aus Fingal — J. Brahms	Hagenau — Garius M. V.	Roothaan	gr.
Der Gärtner, Horn und Harfe J. Brahms	do.	do.	gr.
msch. * Brautl. a. Lohengrin — R. Wagner	do.	do.	s. gr.
msch. * Athen. Frühlingsreigen — J. Frischen	Aachen — M. V.	Schwickerath	s. gr.
		H. Roth	s. gr.
sch. * Das blinde Elflein — Meyer-Olb.	Sonneberg — G. V.		
msch. * Dtsch. Tänze — Schubert-Flitner	Chemnitz — Fr. Ch.	Frau Prof. Frohberger	s. gr.
Wiener Wäschermadlwalzer — Schönfeld	Hof — Chor. V. Liederkranz	Kantor Seitz	s. gr.
Die Maus — Legor	do.	do.	gr.

Alle hier angegebenen Werke sind zur Ansicht zu beziehen durch H. vom Ende's Musikalienhandlung, Köln a. Rh.

Der Sänger.

Amtliches Organ des westdeutschen Sängerverbandes.

Das Volkslied ist die Unsterblichkeit der Musik.
Marx.

Verbunden werden auch die Schwachen mächtig.
Schiller.

Vorsitzender: Lehrer A. Gau, Hilden bei Düsseldorf.

Redaktion und Verlag: H. vom Ende, Köln am Rhein, Beethovenstrasse 6.

Aufruf

an die Chordirigenten Rheinlands und Westfalens!

Das unterzeichnete Komitee ladet die musikalischen Leiter der Gesangvereine zum Besuche des **1. westdeutschen Dirigententages** ebenso höflichst wie dringend ein.

Mit der zunehmenden Zahl und dem fortschreitenden Ausbau der Gesangvereine in Stadt und Land treten unverkennbar eine Reihe der Verständigung harrender Interessen für die mit dem Werdegang derselben so eng verflochtenen Geschicke der Chorleiter auf!

Eine wilde Konkurrenz hat sich zum Schaden des Berufes und der Gesangeskunst herausgebildet. Dieselbe in ruhige, massvolle Formen zu leiten, Ansehen und Autorität des Dirigentenstandes zu heben, seiner materiellen Lage eine gesunde Grundlage und Zukunft zu sichern und den erziehlichen Einfluss der Musikleiter auf die Sänger zu vermehren, erstrebt neben anderen reformerischen Aufgaben der „Westdeutsche Sängerverband". Diese Bestrebungen praktisch zu bethätigen, wird am Vorabende des 2. Verbandstages, am **10. August** in der rheinischen Kunstmetropole **Düsseldorf** Gelegenheit genommen. Der Verband wendet sich an die sämtlichen Chordirigenten Rheinlands und Westfalens mit dem dringenden Ersuchen, im Standesinteresse und aus Liebe zur schönen Sangeskunst, deren Pflege ihren Händen und Herzen anvertraut ist, das Opfer an Zeit und Mühe zu bringen.

Die Tagesordnung zu den Beratungen lautet:

1. **Berechtigung und Befähigung zum Dirigenten eines Gesangvereins** (Referent: Königl. Musikdirektor Steinhauer-Düsseldorf).
2. **die materielle Lage des Dirigentenstandes; Entwurf einer Unterstützungs- und Sterbekasse** (Referent: Redakteur vom Ende-Köln).
3. **Erziehliche Aufgaben des Dirigenten** (Referent: Musikdirektor Güldner-Elberfeld).

Die Versammlung nimmt zu den Referaten Stellung und fasst Beschlüsse. Nach der Versammlung findet eine musikalische Abendunterhaltung statt, in welcher ganz hervorragende Instrumental- und Vokalsolisten auftreten werden. Programm am Festtage.

Anmeldungen zur Beteiligung an dieser Versammlung, besonders bezüglich gewünschten Nachtlogis, sind bis zum 15. Juli cr. an den mitunterzeichneten Verbandsvorsitzenden **A. Gau, Hilden bei Düsseldorf**, zu richten. Daselbst sind auch die notwendigen Angaben über den Beginn der Versammlung und das Lokal, in welchem selbige stattfindet, zu erfahren. Gleichzeitig wird alles diesbezügliche in unserem Verbandsorgan „Der Sänger" (vom Ende-Köln, Ecke Bismarck- und Kamekestrasse) veröffentlicht.

Im Anschlusse an die Dirigentenversammlung findet am 11. August der 2. Verbandstag des westdeutschen Sängerverbandes statt. Sowohl zur Delegiertenversammlung als zum Festkonzerte haben die Teilnehmer des Dirigententages Zutritt. Legitimation: Verbandsabzeichen!

Karl Becker, Königl. Seminar- u. Musiklehrer, Neuwied; H. Berger, Chordirektor, Gerresheim; Jos. Bernards, Königl. Seminar- u. Musiklehrer, Kempen; H. Benewitz, II. Verbandsvorsitzende, Bochum i. W.; Ludw. Bonekamp, Chordirektor, Emmerich; vom Ende, Redakteur, Köln a. Rhein; Frech, Königl. Seminar- u. Musiklehrer, Rheydt; A. Gau, I. Verbandsvorsitzende, Hilden; Gehlen, Chordirektor, Mintard; J. Gorke, Chordirektor, M.-Gladbach; Fr. Güldner, Musikdirektor, Elberfeld; H. Hammel, Musikdirektor, Bochum i. W.; J. Heffels, Chordirektor, Gelsenkirchen; A. Iseke, Chordirektor Ratingen; W. van de Kamp, Chordirektor, Remscheid; Jhs. Kniese, Königl. Seminar-Musiklehrer, Mörs; G. Mobius, Chordirektor, Emmerich; Theod. Muller-Reuter, Königl. Musikdirektor, Krefeld; W. Pallast, Chordirektor, Düsseldorf; K. Pieper, Lehrer am Konservatorium, Krefeld; Jos. Pung, Hof-Organist u. Chordirektor, Düsseldorf; Jos. Quast, Chordirektor, Meiderich; Roesler, Königl. Seminar-Musiklehrer, Hilchenbach i. W.; Scharbach, Königl. Seminar-Musiklehrer, Prüm; R. Schanenburg, Chordirektor, Düsseldorf; L. Schleuter, Chordirektor, Ratingen; Theod. Schlomer, Direktor d. Konservatoriums, Duisburg; Schoppe, Königl. Seminar-Musiklehrer, Gütersloh i. W.; R. Sondermann, Chordirektor, Barmen; Anton Stehle, Redakteur, Düsseldorf; C. Steinhauer, Königl. Musikdirektor, Düsseldorf; P. Welfing, Chordirigent, Solingen.

Amtliche Nachrichten.

Vereine, welche für den Verbandstag in Düsseldorf Anträge stellen wollen, sind gehalten, solche laut § 14 des Statuts wenigstens 4 Wochen vorher — also bis 13. Juli cr. — bei dem Vorsitzenden einzureichen. Am zweckmässigsten ist es, die Anträge bis 14. Juni zu stellen, damit die Tagesordnung schon in der Julinummer des „Sänger" erscheinen kann und die Vereine rechtzeitig dazu Stellung nehmen können.

Der Verbandsvorsitzende.

Der Männergesangverein Orpheus Düsseldorf macht bekannt, dass auf dem am 11. August ebendort stattfindenden 2. Verbandstage als Massenchöre „Der Sturm" von C. Steinhauer und „Sonntags am Rhein" von Tausch gesungen werden sollen und bittet alle Vereine, welche an dem Fest teilnehmen wollen, diese Chöre einzustudieren. Anmeldungen etc. sind zu richten an H. Wilb. Linden, Düsseldorf, Degenstrasse 26.

Zur Erziehung des Volkes in den Gesangvereinen!

Von Anton Gulden.

Der pädagogischen Zeitschrift für Erziehung und Unterricht (Verlag L. Schwann, Düsseldorf) entnehmen wir folgenden, die Bestrebungen des „Westdeutschen Sängerverbandes" präzisierenden Aufsatz:

In der Kulturgeschichte der Völker giebt es zu jeder Zeit bedenkliche Erscheinungen, die aus an und für sich guten Grundlagen hervorgegangen sind. „Alles artet aus unter der Hand des Menschen!" Dieselbe Erfahrung hat auch die edle Sangeskunst im Laufe der Jahrhunderte wiederholt machen müssen. Der Minnesänger des Mittelalters verlor nach und nach den poetischen Schimmer, mit dem er umgeben war, und sank zum Bänkelsänger herab, so wie der Inhalt seiner Lieder an edlen „Motiven" einbüsste. Mit unseren modernen Gesangvereinen, wie sie vor hundert Jahren (Die Zelterschen Männergesangvereine galten bislang als die ältesten in deutschen Landen; doch feiert in diesem Jahre der Meigener Männergesangverein bei Solingen sein 100jähriges Jubiläum [aus den Urkunden zu ersehen!]) auftauchten, machen wir dieselbe Erfahrung. Die Männergesangvereine bilden ein gut Stück deutscher Geschichte, haben an den Geschicken des engeren und weiteren Vaterlandes innigen Anteil gehabt. In ihren Liedern klang das Sehnen nach Deutschlands Einheit; in den Schlachtengesängen reifte die Begeisterung für Deutschlands Ruhm und Sieg; in Jubeltönen wurde der Krieger Heimkehr und das Erwachen „Barbarossas" gefeiert! Dann kam die Zeit, in welcher der eigentliche Kunstgesang gepflegt und geschulte Sänger herangebildet wurden; es kam die Zeit des friedlichen Wettbewerbes auf den Gesangwettstreiten. Es ist nicht zu leugnen, dass grosse Leistungen und eine achtungswerte Höhe im Kunstgesang erzielt worden sind! Von dieser Höhe herabzusinken und einer Zeit des Verfalles entgegen zu gehen, stehen wir im Begriffe. Seitdem es Mode geworden ist, durch unlauteren Wettbewerb, durch unerhörte Geldpreise und sogen. „Kunstgegenstände", durch Einrichtung von Ehrenklassen, höchsten und allerhöchsten Ehrenklassen, durch Ausdehnung des Festrummels auf 2 bis 3 Tage, und wie die Dinge alle heissen mögen, die Wettstreite anziehend zu machen, geht es mit dem Idealismus in der Sängerschaft gewaltig rückwärts! Die Lehrerschaft ist auf das lebhafteste an der Frage interessiert, ob es so weiter bergab gehen soll; stellt dieselbe doch eine grosse Zahl von Dirigenten, welche vorzüglich berufen erscheinen, den Vereinen einen besseren Geist anzuerziehen! Soeben hat der höchste Chef der Unterrichtsverwaltung, der Herr Minister der geistl. und etc. Angelegenheiten den auf die Pflege des Volksliedes gerichteten Bestrebungen des Westdeutschen Sängerverbandes seine Anerkennung und Billigung ausgesprochen. Ebenso erkannten der Herr Oberpräsident der Rheinprovinz und der Herr Regierungspräsident von Düsseldorf, viele Behörden und Musikautoritäten die berechtigten Bestrebungen genannten Verbandes an. Somit erscheint es wohl angezeigt, bei dem Interesse, welches die Lehrerwelt am Gesange im allgemeinen und in ihrer Stellung zu den Gesangvereinen im besonderen einnimmt, die Bestrebungen des Westdeutschen Sängerverbandes auch in diesem Blatte näher darzulegen.

Um dem unlauteren Wettbewerb auf den Gesangwettstreiten ein Ende zu machen, dürfen die Verbandsvereine nur vom Verbande veranstaltete Gesangwettstreite besuchen. Die Mitgliederverzeichnisse unterliegen fortgesetzter Kontrolle durch die Verbandsleitung. Der etwaige Versuch, mit anderen als eigenen Sängern aufzutreten, würde mit sofortigem Ausschluss aus dem Verbande gesühnt werden. Dass eine gleiche Absicht von einem nicht organisierten Vereine undurchführbar ist, beweisen die zahllosen Wettstreite derselben fortgesetzt aufs neue. Die Preisrichter sind gehalten nach ein und demselben Punktiersystem zu werten. Dieses vollzieht sich in folgenden Rubriken: Toureinheit, Rhythmus, Dynamik, Aussprache, Auffassung, Schwierigkeit des Chores und Klangwirkung. Höchstzahl der Punkte in jeder dieser Rubriken ist 5, so dass von einem Preisrichter im günstigsten Falle einem tadellosem Vortrage(!) $7 \times 5 = 35$ Punkte gewertet werden können. Es spielt keine Rolle mehr, wieviel Vereine in einer Klasse zusammen singen, da eine Minimalpunktzahl erreicht sein muss, um überhaupt ein Anrecht auf einen Preis haben zu können. Bei gleicher Punktzahl entscheidet nicht mehr das Los, sondern wird den Vereinen der gleiche Preis zugebilligt.

Wer im Verbande einen 1. oder 2. Preis erringt, kann auch wirklich Anspruch auf Anerkennung seiner Leistungen erheben. Was bedeutet dagegen das bis heute sich vollziehende Preissingen? Nur Zufall! Kam ein Verein glücklicherweise mit sehr schwachen Leistungen in Vergleich, so konnte er mühelos einen 1. Preis holen, selbst wenn seine Leistung unter dem Durchschnittsmass blieb. Auch darin steigert der Verband erheblich die Forderungen, indem er eingepaukte sogen. „Schlager" zurückweist und beim Wettbewerb gleiche, aufgegebene Chöre erteilt (Vierwochen-Stundenchor!) Die Preise selbst sind sehr einfacher Natur, bestehend aus gleichen Medaillen und Diplomen. Der Unterschied besteht in der „Ehre", den 1., 2. oder 3. u. s. f. Preis errungen zu haben. Geldpreise sind ganz verbannt. Sie sind nur geeignet, die schöne Sangeskunst herabzuwürdigen und „Motive" in Betrieb zu setzen, die nicht ganz lauterer Art sind. Gerade seit die unglückselige Idee der Geldpreise auf den Gesangwettstreiten in Schwung gekommen ist, haben sich die auf Gewinne spekulierenden Elemente unter Sängern und Dirigenten zum Schaden der Sangeskunst des Wettstreitwesens bemächtigt. Wer den Wettstreiten seit Jahren ein aufmerksames Auge geschenkt hat, wird das bestätigen. Wo grosse Geldpreise als Lockvögel ausgeboten werden, müssen auch hohe Einsätze von den teilnehmenden Vereinen entnommen werden, wenn nicht das Komitee von vorn herein mit einem tüchtigen „Defizit" in der Kasse rechnen will. So wird der Besuch ein kostspieliger Luxus für viele Vereine, die doch zumeist aus der Arbeiterbevölkerung sich rekrutieren.

Und nun erst die Ausdehnung, welche diese modernen „Sängerfeste" genommen haben! Unter 2 bis 3 Tagen geht es fast auf den kleinsten Wettstreiten nicht mehr. Ausser den baren Ausgaben büsst der Sänger noch den Verlust eines oder zweier Arbeitstage gerät in Schwierigkeiten wegen seines Arbeitsverhältnisses und kommt, wenn sich das verschiedene Male wiederholt, vielleicht ausser Stellung. Der Verband beschränkt den Wettstreit auf einen Tag und trägt Sorge durch Bezirksvereinigungen, dass derselbe nicht erst durch stundenlange Fahrten auf der Bahn zu erreichen ist. Ferner wird die Beschränkung des Umfanges durch Fortfall der „Ehren-" und „höchsten Ehrenklassen"! erzielt. Was man von diesem „Ehren-" und „höchsten Ehrensingen" gewöhnlich prahlend hört, ist nichts als eitel Täuschung. Die Sänger bringen die beste Disposition mit ins Klassensingen. Es schwächt sich aber natürlich infolge der ungewohnten Lebensweise, der Anstrengungen, vielfach auch der in dulci jubilo verbrachten Nacht die Disposition gewaltig ab, so dass das mit entzückenden Ehrenpreisen ausgestattete „Ehrensingen" durchschnittlich schlechte Leistungen aufweist.

> „Ein Festtag soll dich stärken
> Zu deines Werktags Werken,
> Dass du an dein Geschäfte
> Mitbringest neue Kräfte.
> Du darfst nicht in den Freuden
> Die Kräfte selbst vergeuden,
> Neu sollen sie erspriessen
> Aus mässigem Geniessen." (Rückert.)

(Fortsetzung folgt.)

Neue Litteratur über das deutsche Lied.

In meinem in Nr. 3 u. 4 dieses Jahrgs. erschienenem Verzeichnis der Volksliedsammlungen für M. Ch. fehlt ein Heftchen enthaltend 10 deutsche Volkslieder, bearbeitet von Johann Lewalter, erschienen bei A. Baier & Co in Kassel. Die Auswahl ist eine treffliche, der Satz gut, somit kann das Heftchen empfohlen werden.

„Rettet das Volkslied!" von Hans Eschelbach (Berlin, Boll u. Pickardt). Auf 30 Seiten kl. 8° veröffentlicht hier der bekannte kölner Lyriker einen warm gehaltenen Aufruf an Alle, die es angeht, das deutsche Volkslied wieder in seine Rechte einzusetzen und Sorge zu tragen, dass es nicht noch mehr verdrängt werde durch Gassenhauer mehr oder weniger blödsinnigen Inhalts. Wenn Verf. glaubt, die Schule in Schutz nehmen zu dürfen gegen den Vorwurf der Lässigkeit in dieser Sache, so muss ich dem entgegentreten. Unser Volksliederschatz ist zum grossen Teile noch unbekannt, kann also schon aus diesem Grunde nicht in der Schule gepflegt werden; dann aber sind die paar Stunden wöchentlich, welche dem Gesange überhaupt gewidmet sind, nicht genügend, den Kindern die Volkslieder so einzuprägen, dass sie ihnen in Fleisch und Blut übergehen. Möchten die Mahnungen Eschelbachs namentlich bei unseren Vereinen und Obrigkeiten Beachtung finden.

Das deutsche Studentenlied, von Dr. Prahl (Berlin, Carl Heymann, Pr. Mk. 0,60.) Das Schriftchen bringt in grossen Zügen die geschichtliche Entwickelung des deutschen Studentenliedes von den lateinischen Liedern der alten Vaganten bis zu den Lieblingen unserer heutigen studierenden Jugend und der Alten, die sich trotz der Tücken des Philisteriums noch ein jugendfrisches Herz bewahrt haben: Baumbach, Scheffel u. a. Ueberall weist Verf. hin auf den Zusammenhang zwischen Sitte und Charakter der Studentenschaft und ihrem Liederschatz: Sage mir, was du singst, und ich will dir sagen, wer du bist.

Die **Wiener „Musikalische Presse"** begleitet eine Mitteilung über die vom W. S. V. geplante Dirigenten-Unterstützungskasse mit folgender Nachschrift: „Eine Regelung des Honorierungsmodus sollte allenthalben von Verbandswegen eingeleitet werden, denn viele der kleineren Gesangvereine sind nicht in der Lage, ihrem Chormeister ein halbwegs angemessenes Honorar auszuwerfen. Daher die oft zweifelhafte Qualität mitunter zweifellose Disqualifikation und weiterhin der ewige Wechsel ihrer Chormeister. Haben doch die grossen und finanziell sicherstehenden Vereine die besten und ständigen Chormeister und verdanken sie doch eben der Beständigkeit zu gutem Teile ihre künstlerische Leistungsfähigkeit. Das System, mit „Ehre" zu bezahlen, sollte nachgerade als unpraktisch und zweckwidrig erkannt und fallen gelassen werden.

Gesang in der Volksschule.

Es wird heutzutage viel über Vernachlässigung der Gemütsbildung und Bevorzugung der Bildung des Verstandes bei unserer heranwachsenden Jugend geklagt. Und dies mit Recht. Ueberall hört man nur noch die Fragen: „Was hat das Kind gelernt?" „Wie weit ist es in dem oder dem Unterrichtsfache gekommen?" Gemüt und Herz müssen bei diesem Jagen nach Kenntnissen und Fertigkeiten unbedingt zu kurz kommen. Einseitige Verstandesbildung zeitigt aber Nörgler und lieblose Kritiker, die in unserem Volksleben augenblicklich eine so grosse Rolle spielen.

Wie kann dem abgeholfen und eine bessere Gemütsbildung für unsere Jugend neu erzielt werden? Zwei Unterrichtsfächer sind es vor allem, welche hier fördernd helfen können: Religion und Gesang. Dem Unterrichte in der Religion ist seit langer Zeit eine erste Stelle in der Volksschule eingeräumt worden, der Unterricht im Gesange wird aber noch in vielen Schulen nebensächlich betrieben. Die Lieder werden oft noch auf ganz mechanische Art eingeübt, und die Auswahl der Lieder, die das Kind mit aus der Schule hinausnimmt, ist meist noch eine dürftige und kaum zeitgemässe.

Heimatslieder: „Im schönsten Wiesengrunde ist meiner Heimat Haus", „Nach der Heimat möcht' ich wieder", „Wenn ich den Wandrer frage, wo kommst du her?" etc.

Wanderlieder: „Die Luft ist so blau, und das Thal ist so grün", „So scheiden wir mit Sang und Klang" etc.

Neue deutsche Reichslieder: „Herrlich auferstanden bist du, deutsches Reich", „Auf, mein Deutschland, schirm dein Haus", „Bei Sedan auf den Höhen" etc.

Kaiserlieder: „Wer ist der greise Siegesheld" (Kaiser Wilhelm I.) „Wer ist der fromme, starke Held" (Kaiser Wilhelm II.) etc. erklingen noch in wenig Schulen. Und warum werden diese herrlichen Lieder, die Liebe zur Heimat und zum Vaterland, Treue zu Kaiser und Reich fördern und Begeisterung schaffen helfen, nicht geübt? Einfach aus dem Grunde, weil die meisten Liederbücher in ihrem Gesangstoffe um fünfzig Jahre zurückgeblieben sind, diese Lieder also nicht enthalten, und die Pensenverteilungen für den Gesangunterricht der Volksschulen dieselben auch nicht aufweisen. Es ist die höchste Zeit, dass hier eine baldige Umgestaltung in die Wege geleitet wird.

Karl Becker, Königl. Seminar-Musiklehrer.

Neuigkeiten.

Abkürzungen: l-leicht, sch-schwer, s-sehr, z-ziemlich, m-mittel. — Für die Aufnahme in diese Rubrik genügt die Zusendung eines Frei-Expl.

Männerchöre a capp.

Verlag J. Schuberth & Co., Leipzig.

l. **Bion, Franz von,** op. 73. Lachender Rosenmund. P. 40 ₰, St. à 10 ₰.
zl. **Hieke, Oscar.** Ich hatt' wohl einen braunen Schatz. P. 40 ₰, St. à 10 ₰.
zl. **Hieke, Oscar.** Zu Vallendar am Rheine. P. 40 ₰, St. à 10 ₰.
l. **Orth, Ph.,** op. 134. Sängermarsch. P. 40 ₰, St. à 10 ₰.
l. do. op. 135. Treue Liebe bis zum Grabe. P. 40 ₰, St. à 10 ₰.
l. do. op. 140. Fahr wohl, mein Stern. P. 40 ₰, St. à 10 ₰.
l. **Steinert, Ludw.,** op. 14. A Lied'l, a g'spassigs. P. 40 ₰, St. à 10 ₰.
l. **Steinwendner, K.,** op. 11 I. Von den Bergen muss ich scheiden. P. 40 ₰, St. à 10 ₰.
l. **Steinwendner, K.** Wie traut in deinen Hallen. P. 40 ₰, St. à 10 ₰.
zl. do. op. 18. O Vöglein schön. P. 40 ₰, St. à 10 ₰.
mch. **Wagner, Rud.,** op. 142. Nun steigt der Rebenblüte Duft. P. 40 ₰, St. à 10 ₰.
mch. **Wagner, Rud.,** op. 144. Junger Wein und junge Mädchen. P. 40 ₰, St. à 10 ₰.

Ein ganz allerliebstes Liedchen ist op. 73 von Fr. v. Bion, im echtesten Volkstone. Leider begegnen wir auch hier wieder der Unsitte, solche Kompositionen mit „Volkslied" zu bezeichnen. L. Steinert trifft den Kärntner Volkston in seinem „g'spassigen Lied'l" ganz vortrefflich. Auch K. Steinwendners Weisen sind in anmutigem Volkston geschrieben, richtiger Weise auch so bezeichnet. R. Wagners humorvolles op. 144 weist denselben Ton recht glücklich getroffen auf, dagegen macht 142 „In der Fremde" etwas grössere Ansprüche an Vortrag und Auffassung.

Friedrich Ullrichs Verlag, Godesberg.

mch. **Ullrich, Fr.,** op. 72. Kann ich naschen! P. 40 ₰, St. à 10 ₰.
mch. do. op. 73. Es blühet ein Blümelein. P. 40 ₰, St. à 10 ₰.
mch do. op. 75. Scheiden. „Fahr wohl." P. 40 ₰, St. à 10 ₰.
mch. do. op. 79. Der Spielmann ist da. P. 40 ₰, St. à 20 ₰.
zl. do. op. 81 I. Es war ein Traum. P. 40 ₰, St. à 20 ₰.
zl. do. Wenn zu stillem Waldesgrunde. P. 40 ₰, St. à 10 ₰.
mch. **Oertling, Jul.,** op. 49. Es hat mein Herz sich dir gesellt. P. 60 ₰, St. à 14 ₰.
mch. **Oertling, Jul.,** op. 51. Haideroesn. P. 60 ₰, St. à 15 ₰.
mch. **Panzer, Fr.,** op 36a. Der Lenz ist angek. P. 40 ₰, St. à 20 ₰.
mch. **Reinl, Georg.** Im Maien. P. 40 ₰, St. à 20 ₰.
mch. **Wipperfürth, Fr.,** op. 34. Willkommen! P. 40 ₰, St. à 20 ₰.

Ullrichs Liedern ist flüssige, in die Ohren fallende Melodik nachzurühmen. Als recht stimmungsvoll ist op. 72 „Kann ich naschen" und op. 73 „Wildröslein" zu empfehlen. Auch op. 79 „Der Spielmann ist da" trifft den munteren Ton der Dichtung glücklich. Auch die Lieder von Jul. Oertling, G. Reinl und Fritz Panzer sind melodiös, frisch empfunden und leicht auszuführen.

Verlag von Gebr. Hug & Comp. in Leipzig.

sch **Angerer, Gottfr.,** op. 88. Gothentreue (Ball.) P. 1,20 ℳ, St. à 30 ₰.
msch. do. op. 87. Kleinbertel von Clärn P. 60 ₰, St. à 15 ₰.
mch. do. op. 93 Der Sonne entgegen. P. 1 ℳ, St. à 20 ₰.
mch. do. op. 96. Der Liebesbote. P. 1 ℳ, St. à 20 ₰.
msch. **Koemmenich, L.,** op. 30. Eine Tageweise. P. 80 ₰, St. à 20 ₰.
zl. do. op. 31 I. Frühlingsständchen. P. 60 ₰, St. à 15 ₰.
mch. II. Ade! P. 60 ₰, St. à 15 ₰.
Saar, Louis V., op. 30 I. Morgen müssen wir verreisen. P. 80 ₰, St. à 20 ₰.
II. Ach, was ist die Liebe, P. 80 ₰, St. à 20 ₰.
III Wär ich ein Vögelein. P. 80 ₰, St. à 15 ₰.
IV. Ein Heller und ein Batzen. P. 80 ₰, St. à 20 ₰.
V. Dort unten im Thale. P. 1 ℳ, St. à 20 ₰.

Die Lieder machen durchweg einen überaus gediegenen Eindruck. Angerer ist bekannt als ein Komponist, der bei allem Entgegenkommen für das grössere Publikum doch überall seine Eigenart zu wahren weiss. Die „Gothentreue", bekannt durch M. Meyer-Olberslebens stimmungsvolle Bearbeitung für 1stimmigen Männerchor mit Orchester, hat ihn zu einer Komposition a capp. gereizt. Ob das Werk in diesem Gewande wirkungsvoll ist, wage ich nicht zu entscheiden, das Interesse am Stoff wird doch erst am Schlusse erweckt, alles andere ist Staffage; den Schluss aber hätte ich mir im Satz etwas sieghafter gewünscht. Indessen wird ein stimmgewaltiger Chor auch aus dem vorliegenden vieles herausholen können. Im übrigen ist die Auffassung eine durchaus charakteristische, in der Harmonik zuweilen an Hegar erinnernd, aber doch selbständige. Das reizend-neckische „Kleinbertel", sowie das schwungvolle „Der Sonne entgegen" werden sicher manchen Liebhaber finden. L. Koemmenich hat namentlich in „Eine Tageweise" einen Treffer gezogen; es geht ein frischer Zug durch dieselbe, ebenso wie durch das „Frühlingsständchen". Louis V. Saar konkurriert mit einer Anzahl längst eingebürgerter volkstümlicher Liedchen; in einigen mit Erfolg, wenigstens künstlerisch. So ist Nr. 4 „Ein Heller und ein Batzen", ein ganz reizendes, munteres Liedchen, welches alle Aussicht hat, sich überall einzubürgern, wo gesunder, naiver, volkstümlicher Humor noch eine Stätte hat. Das Schlummerliedchen zeigt ausserordentlich klangvollen Satz unter einem reizenden Tenorsolo. Dagegen ist in No. 3 „Wünsche" manches nicht nach unserm Geschmack; so die gequälte Harmonisierung der 3. Strophe; auch die Dichtung ist am Schluss nicht gerade volkstümlich zu nennen: „Nahte dein Mund sich mir, quöll ich zur Lippe dir, weich wie ein Kuss"! Der Mann wird dabei hoffentlich nicht zu Schaden kommen. Auch No. 2 „Ach, was ist die Liebe" trifft den Ton sehr glücklich. Ich empfehle diese Werke den Gesangvereinen angelegentlichst.

Die musikalische Gehörbildung. Ein unentbehrliches Handbuch. Leichtfassliche und gründliche Anleitung zur Ausbildung des musikalischen Gehörs, von A. Eccarius-Sieber. (Berlin N. Simrock). Die musikpädagogischen Werke Eccarius-Sieber's zeichnen sich vor anderen namentlich durch prägnante, fassliche, knappe und übersichtliche Darstellung des Stoffes aus. Inhaltlich ist das Werkchen wohl hauptsächlich für strebsame Dilettanten berechnet, und wird es in diesen Kreisen, einmal aufgenommen, auch von ausgezeichneter Wirkung sein. Verfasser bemerkt mit Recht, dass die Ausbildung des musikalischen Gehörs durch Treff- und Diktierübungen nicht Privileg der Musikinstitute mit grösserer Schülerzahl bleiben darf. Für Kunstlerschulen greift der Lehrstoff etwas zu weit aus, auch würde er rhythmische Uebungen mehr kultivieren müssen. vom Ende.

Rud. Jbach Sohn,

Hof-Pianofortefabrikant Sr. Maj. [illegible] Könige und Kaisers,

Geschäft 1794 vom Urgrossvater gegründet.

BARMEN • KÖLN • BERLIN • HAMBURG • LONDON

Flügel und Pianinos.

Gebrauchte restaurirte Flügel in allen Preislagen.

Neue Männerchöre und -Quartette

im Kärntner Volkston. Text und Musik von

Thomas Koschat

im Verlag von **F. E. C. Leuckart** in Leipzig.

Soeben erschien:

Der Stöfelbauer

„[illegible] von Seebach“

Heiteres Männerquartett im Volkston.

Text und Musik von

Thomas Koschat.

Op. 12[illegible]. Partitur und Stimmen (à 30 ₰) ℳ 2,—.

Vorher erschienen von demselben Dichter-Componisten:

Op. 97.	**Jager und Seandrin:** „Mei Buable ho[illegible] mi au“	ℳ 1,—
Op. 99.	**D' Liab in Himmel:** „In Himmel is amol“	„ 1,20
Op. 103.	**'s Slemandle:** „Was gabst, Hasel“	„ 1,—
Op. 104	**Bauernsprüch':** „Wann z' Ostern noch Schnee“. Mit obligatem Fagott	„ 1,40
Op. 105.	**Der grantige Bua:** „Sagt neulich der Vater“	„ 1,—
Op. 106.	**Zwei Männerchöre:**	
	Nr. 1. **Der brave Bua:** „Gott lob bist wieder Haus“	„ 1,20
	Nr. 2. **Die Prodig:** „Das Leben das mirkt's“	„ 1,20
Op. 108.	**Geknickte Bleamerlu:** „Die Sonn' lacht so freundlich“	„ 1,—
Op. 109.	**Aus der Schualstuben:** „Der Schualmaster Maier“	„ 2,20
Op. 112.	**Der Michel af der Eisenbähn.** Kärntnerisches Soloquartett	„ 2,20
Op. 120.	**'s letzte Busserl:** „Der Winter is kumen“	„ 1,20
Op. 121.	**'s g'sunde Pflasterl.** „Die Mizi von Fuxenwirth“	„ 1,20

Stimmen sind in jeder beliebigen Anzahl einzeln zu haben.

Auswahlsendungen stehen überallhin zu Diensten.

Zur Damenschneiderei.

Die Viktoria-Schnitt-Muster-Mappe

[illegible] **ausführende Damen und Mäd**[illegible] allen Damen bestens empfohlen [illegible] **Viktoria-Schnitt-Muster-Mappe** [illegible]

[illegible] **Damen-Garderobe,** enthaltend [illegible] Modebilder. Preis Mk. [illegible]

[illegible] **Kinder-Garderobe,** enthaltend [illegible] Modebilder. Preis Mk. [illegible]

[illegible] **Damen-Wäsche,** enthaltend [illegible] Preis Mk. [illegible]

[illegible] **Erstlings-Wäsche** enthaltend [illegible] Preis Mk. [illegible]

[illegible] **Puppen-Garderobe,** [illegible] Kleider, Mäntel [illegible] Preis Mk. [illegible]

Schnitte nach Maass [illegible]

Preisliste auf Wunsch gratis.

Der Universal-Taillenschnitt (D. R. G. M.)

[illegible] **ohne Vorkenntnisse im Schn**[illegible] **anpassend selbst** [illegible] Preis Mk. [illegible]

Lehrbuch der Damenschneiderei,

[illegible] **selbst** [illegible] mit [illegible] Tabellen von Paula Held. Preis Mk. 1

Bestellungen werden gegen Voreinsendung des Betrages und 10 Pfg. Porto (auch in Briefmarken) oder Nachnahme (35 Pfg. theurer) umgehend erledigt [illegible]

Herm. Thom's Verlag in Leipzig.

Meister-

haft gearbeitete Musikinstrumente jeder Art direkt vom Herstellungsorte **Wilh. Herwig** in **Markneukirchen i. S.** Illustr. Preisliste umsonst u. portofrei.

Bitte anzugeben, welches Instrument gekauft werden soll.

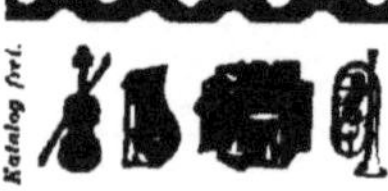

Katalog frei.

Streich-, Blas-, Schlag-Instrumente, Saiten u. Zubehör, Zug- und Mundharmonikas, Spielwerke, aus erster Hand bei **L. P. Schuster,** *Markneukirchen Nr. 171.*

Neu! Neu!

Harfen-Konzert-Mundharmonika!

ist ein allerliebstes Instrument von eleganter **Ausstattung** und wundervoller [illegible], 2 [illegible] Nickelbecken, in **dauerhaftem Holz-Etuis** mit [illegible] 24 Seiten starke **Schule** [illegible] ich **gratis** bei. [illegible] jedermann ohne Notenkenntnisse das Instrument sofort spielen. Preis bei vorheriger Einsendung in Briefmarken **2 Mk. 25 Pfg.** Nachnahme teurer. Preisliste gratis und franko.

Heinrich Drabert, Hannover,

Musik-Versand.

Konzertbericht.

Kritiken über Aufführungen und Künstler.

Theaterdirektor Hofmann hat einen Tenoristen ganz besonderer rt, ein zukunftssicheres Talent ausfindig gemacht und gleich auf Jahre mans mit Beschlag belegt. Hans Siewert heißt der jugendliche änger, der im Jahre 1873 in Cordova (Argentinien) als Sohn deutscher ltern geboren wurde, wo sein Vater als rofessor der Chemie wirkte. Früh nach eutschland gekommen, widmete er sich dem harmazeutischen Beruf und war zuletzt potheker in Breslau, wo er Unterricht bei m Gesanglehrer Paul, einem Schüler rofessor Heys, nahm. Trägt seine Stimme ch ein so ausgesprochen lyrisches Klang- präge, daß sie sich kaum für Heldenpartien ignen dürfte, und wirkt sie auch weniger rch einen außergewöhnlichen Klangzauber, s durch quellende Frische und Natürlich- it des makellosen Tonansatzes, so stellt e sich doch in ihrer leichten Höhe als eine nz außerordentliche Erscheinung dar. In r höchsten Quinte der männlichen Stimme ewegt sich sein Tenor mit einer Mühelosig- it, wie wenn es dem Sänger beim ein- rindenen g erst wohl würde. Von da s zum sogenannten hohen c schreitet er it verblüffender Leichtigkeit, und auch ein nd d klingen nicht im mindesten gequält.

Karl Wolf. (Neue Musikzeitung)

Bonn. (Aufführung des Postillon lonjumeau.) Herr Siewert hat eine var nicht übermäßig große, aber kräftige angefüllte Stimme mit einer erstaunlichen öhe und von reizvoller Tonfrische. Er ließ sein hohes C so natürlich nd zwanglos anschwellen und schmetterte es dann so frei und ungequält rvor, daß man die Ueberzeugung gewann, hier sei die Höhe der timme noch nicht erreicht, und das Publikum mehrfach in die Scene nein Beifall spendete. Dazu kommt, daß der Sänger singen gelernt it und offenbar noch weiter an sich fortarbeitet, um seine schönen Mittel i erhalten. (Bonner Ztg. 21 Jan. 1900.)

Köln. (Aufführung der Jüdin). Herr Siewert ist der beste tnor den unsere Bühne besessen hat, er singt diese gehaßte und viel- schmähte Rolle offenbar sogar mit Passion, denn seinetwegen war n Strich aufgemacht, unter welchem die Serenade im ersten Akt seit ecennien geschlafen. Sie bewegt sich in der höchsten Lage der männ- hen Stimme, verlangt hohe C's nicht als Ausrufungszeichen, sondern tten im Satze, wie wenn das garnichts wäre und mutet dem Sänger hließlich sogar vom g einen Aufschwung zum hohen d zu und Herr ewert machte das alles mit Leichtigkeit. (Kölner Tagebl. 17. Sept. 1900.)

Koblenz. Die gestrige Wiederholung des „Postillon" brachte nen seltenen, großartigen musikalischen Genuß. Für die Titelrolle ar als Gast Herr Hans Siewert vom Kölner Stadttheater ge- onnen. Der jugendliche, gottbegnadete Sänger verfügt über eine seltene öhe in seiner äußerst sympathischen lyrischen Tenorstimme. Sein mezza ce ist von duftigem, berückenden Wohlklang, die Aussprache überall t verständlich, die Vokalisierung frei und gedeckten Klanges, die Technik llendet und dabei geizt der Sänger nicht mit seinem Materiale, giebt mer aus dem Vollen, ohne daß ihm die durch die entfesselten Beifalls- ürme gegebenen Wiederholungen anstrengen.

(Koblenzer Zeitung 25. Oktober 1900.)

Im Konzertsaal trat Hans Siewert verschiedentlich auf und war im Gürzenich-Konzert 6. Nov. 1900 (Requiem v. Berlioz), im bonnements-Konzert in Aachen 13. Nov. 1900 und im Frankfurter useums-Konzert 8. März 1901; in den beiden letztgenannten Städten terpretierte der Sänger das äußerst schwierige Tenorsolo in „Die Früh- ngsfeier" v. Urspruch. Es liegen darüber folgende Kritiken vor:

Köln. (Requiem.) Was wirklich mystisch berührt, das ist der ang des Sanktus mit dem eigenen, durch geteilte Sologeigen und ratichen erzielten Orchesterkolorit, und da hier die vorsingende Tenor- imme des Herrn Siewert bis zur höchsten Höhe mit vogelartiger richtigkeit emporschwebte, war der Eindruck ein berückender.

(Köln. Zeitung 7. Nov. 1900.)

Aachen. (Frühlingsfeier.) Das Tenorsolo war Herrn Siewert s Köln anvertraut worden und wurde von ihm in hervorragender eise durchgeführt. Die Partie umfaßt zwei volle Oktaven, doch wußte r Sänger auch in den tieferen Lagen genugsam durchzudringen.

(Echo der Gegenwart 15. Dez. 1900.)

Hans Siewert. (Tenor.)

Barmen. In dem Konzert des „Oberbarmer Sängerhain", der unter seinem berühmten und vortrefflichen Dirigenten, Musikdirektor Karl Hirsch gestern in der Stadthalle konzertierte und der bei dem zahlreichen Publikum für seine ausgereiften Leistungen einen stürmischen Erfolg hatte, traten als Solisten Frl. Ida Junkers aus Düsseldorf und der Cellist Willem Willeke aus Krefeld auf. Die Barmer Zeitung vom 1. April 1901 schreibt über die Künstler: Die Altpartie in den erwähnten Chören von Möhring sang Frl. Ida Junkers aus Düsseldorf, die bei dieser Gelegenheit merkwürdiger Weise zum ersten Male in den Wupperstädten auftrat. Die als tüchtige Künstlerin anderwärts schon längst geschätzte Sängerin hat sich hier aufs glücklichste eingeführt. Schon mit dem Vortrage der unter dem Titel Largo celebre in unzähligen Arrangements verbreiteten Arie aus der Oper „Xerres" von Händel gewann sie sofort das ganze Auditorium für sich. Hier konnte die klangvolle Stimme von Frl. Junkers einem mächtigen Strome gleich sich ausbreiten und sowohl ihre treffliche Schulung in den mannigfachsten Schattierungen vom sanft gehauchten Pianissimo bis zum eindrucksvollen Forte, als auch im besonderen ihre geschmackvolle, warmblütige Auffassung zu bester Geltung bringen. Ihre höchsten Trümpfe spielte die Künstlerin mit dem Vortrage von Liedern von Schubert („Am Lindenbaum"), R. Strauß („Ruhe meine Seele"), Schumann („Allnächtlich im Traume") und Weingartner („Lied der Ghawâze") aus. Der Eindruck, den sie damit hinterließ, spiegelte der langanhaltende Beifall wider, der sich erst legte, als sie sich zu einer Zugabe („Niemand hats geseh'n" von C. Löwe) entschloß. Wir würden uns freuen, die Künstlerin bald einmal wieder hier zu hören. — Eine recht angenehme musikalische Bekanntschaft machten wir mit dem zweiten Solisten des Abends, dem Cellovirtuosen Willem Willeke aus Krefeld. Wie er in dem 2. und 3. Satze aus dem E-moll-Konzerte von A. Lindner, in J. S. Bach's stets gern gespieltem und gehörtem „Air", in einer Berceuse von Gottlieb-Noren und einem Bravour-Scherzo von D. van Goens das „kleine Bäßlein" handhabte, war in technischer Beziehung ebenso einwandfrei, wie hinsichtlich des Vortrags eine gesunde, zu Herzen sprechende Empfindung dem Spieler nachgerühmt werden darf. Auch bei ihm gings ohne Dreingabe nicht ab. Die Begleitung der Solonummern am Flügel führte Musikdirektor Hirsch präzis und dezent durch, sich damit ein weiteres Verdienst um den schönen Abend erwerbend.

Wien. In dem Konzerte von Ernst Krauß begegneten wir der Pianistin Fräulein Henriette Schelle aus Köln, welche in der Wiedergabe des B-moll-Klavierkonzertes von Tschaikowsky und Klavierstücken von Liszt und Chopin nebst einer tadellosen Technik hervorragendes Verständnis und Intelligenz bekundete. Diese Eigenschaften gelangten in dem, von Fräulein Schelle den 24. November gegebenen Konzerte noch mehr zum Bewußtsein der Zuhörerschaft. Die Künstlerin, welche ihre Vorträge mit der Brahms'schen Sonate op. 5 eröffnete, deren Tongefüge unter den Fingern dieser Pianistin plastisch hervortrat, diesem Werke Schumann's C-dur-Phantasie op. 17 folgen ließ, in welcher wieder das Träumerische der Schumann'schen Romantik zum richtigen Ausdrucke kam, spielte außerdem noch Schubert's Rondo, Chopin's G-dur-Notturne und eine Anzahl der kleineren Klavierstücke Schumann's mit ungewöhnlicher Grazie und Innigkeit; es war, als ob sie diese Tonstücke im Geiste nach eigener Auffassung umforme und mit neuer Poesie belebt, reproduziere. So war es bei dem aus Schumann's „Waldszenen" entnommenen „Der Vogel als Prophet", welches Tonstück bei seiner Wiedergabe so eigentümlich klang, daß es unter allgemeinem Beifall wiederholt werden mußte. So hätten wir in Fräulein Henriette Schelle eine Meisterin des Individualisierens kennen gelernt, der wir unter den in Wien konzertierenden Künstlerinnen recht oft zu begegnen wünschen. (Leipzig, Neue Zeitschrift f. Mus. 13. März 1901.)

Düsseldorf. Den Palmsonntag hat der „Gesang-Verein" mit der Aufführung von Beethovens Missa „solemnis" gefeiert. Was die Solopartien betrifft, so waren dieselben auf das vorzüglichste besetzt. Frau Beermann-Lützeler, Düsseldorf fand mit ihrer wohllautenden

Altstimme die richtige und ergreifende Ausdrucksweise; so namentlich in dem „miserere nobis“ und dem „Et incarnatus“. Die ganze Aufführung zeigte die gute Schulung des Chores und die Tüchtigkeit des Leiters, Musikdirektors K. Steinhauer im besten Lichte und hinterließ den außerordentlich zahlreich erschienenen Zuhörern den nachhaltigsten Eindruck. (Düsseld. N. N. 1. April 1901.)

In dem Abonnements-Konzert des städt. Musikvereines vom 13. Dez. 1900 sang Frl. Maria Romaneck die Partie des „Idamantes“ in Mozarts Idomeneo. Der Düsseldorfer Gen. Anz. schreibt darüber: Weniger dankbar ist die Rolle des Idamantes, welche Fräulein Maria Romaneck übernommen hatte. Es gehört eine hervorragende Vortragskünstlerin dazu, die langgesponnenen Rezitative so zu singen, daß sie nicht ermüden. Und Fräulein Romaneck brachte das Kunststück fertig. Mit ihrem wohllautgesättigten, bis in's Feinste ausgeglichenen Sopran, mit ihrem temperamentvollen, fein pointierten Vortrag von großer Innerlichkeit und erquickender Wärme löste sie die schwere Aufgabe in vollendeter Weise. Sie ist eine ganz eminente Künstlerin, die ihren Weg schon finden wird. Wie wir zufällig erfahren haben, ist Fräulein Romaneck Schülerin der Madame Marchesi in Paris.

Luxemburg. Beethovens Geburtstag, an welchem gestern im Stadttheater das dritte Konzert der Philharmonischen Gesellschaft stattgefunden hat, gestaltete sich für diese zu einem hohen Ehrentage. Professor Willy Heß aus Köln, der bei seinem Erscheinen sympathisch vom Publikum begrüßt wurde, konnte in Beethoven's Violin-Konzert den größten Triumph feiern, weil das Orchester seiner schweren Aufgabe gewachsen war. Die Wechselwirkung zwischen Solisten und Orchester war eine wunderbare, das feine Gefüge der Instrumentation verbreitete sich liebevoll um die Perlentöne der Violine, während diese ihrerseits zarte Arabesken um die im Orchester aufsteigenden Thema's schlang. Mit Fug kann behauptet werden, es ist zum ersten mal, daß ein solch gewaltiges Werk hier in solch idealer Weise zur Aufführung gelangt ist; alles war zum Entzücken hingerissen, ein Beifallssturm erhob sich, auch das Orchester ließ es sich nicht nehmen, seinerseits dem Virtuosen durch einen Tusch Dank zu zollen. Willy Heß ist ein wahrhaft vornehmer Künstler von feinstem musikalischen Geschmack, ein Geiger großen Stils, von einer seltenen Tiefe der Empfindung, dabei einfach, natürlich, schlicht. Die Solostücke Präludium, Gavotte (Bach), Capriccio (Paganini) und zum Schluß Mazurka mit Orchesterbegleitung (Zarzycki) gaben dem Künstler Gelegenheit, dem Publikum ein Bild seiner vollendeten Technik zu bieten, seiner Sicherheit in Ueberwindung aller Schwierigkeiten, Terzengänge, chromatische Oktavenreihen, Arpeggien, und auch, seines unvergleichlichen silberhellen Trillers.

(Luxemburger Zeit. 18. Dez. 1901.)

Dortmund. Einen Klaus-Groth-Abend hatten wir gestern Herrn Hornung, dem Veranstalter der wissenschaftlichen Vorträge zu verdanken; Prof. Litzmann aus Bonn sprach über den Dichter; gespannt lauschte das Publikum den gemüt- und lebensvollen Schilderungen und spendete den Vortragenden warmen und dankbaren Beifall. Viele der stimmungsvollen Lieder Klaus-Groths haben durch die Schwesterkunst der Musik eine Vertonung erfahren. Fräulein Hattingen aus Köln sang als Ergänzung des Vortrages eine Reihe derselben, von Jahn, Hinrichs, Brahms u. a. komponiert. Der klare Wohllaut ihrer Stimme, die freundliche Anmut derselben und die makellose Reinheit in Verbindung mit einem ausdrucksvollen Vortrage, begegneten in bester Weise der jeweiligen Grundstimmung, welcher der Dichter Worte verliehen. Die Sängerin erzielte mit der meisterhaften Interpretation verdienten Beifall. (Dortmunder Zeit. 24. März 1901.)

Bonn. Die musikalischen Genüsse der heurigen Saison gehen allgemach zu Ende. Nachdem am Samstag der letzte populäre Kammermusikabend stattfand, beschloß gestern das Kölner Gürzenich-Quartett den Cyklus seiner dieswinterlichen Darbietungen. Aus Anlaß des am 27. Januar d. J. heimgegangenen Altmeisters Verdi stand dessen einziges Kammermusikwerk, ein Streichquartett in E-moll, auf dem Programm. Diese Pietät gegen den italienischen Maestro verdient um so mehr Anerkennung, weil, abgesehen vom Theater, in der Geburtsstadt Beethovens bisher des großen Todten nicht mit einer Note gedacht worden ist. Verdi schrieb das Quartett Anfang 1873, am 1. April 1873 wurde es in Neapel zuerst vorgetragen. Nicht nur auf dem Gebiete der Kammermusik, sondern auch auf dem der Instrumentalmusik überhaupt ist dieses Quartett der einzige Versuch des Komponisten. Es hat in den Jahren 1876 und 1877 wie eine Eintagsfliege die deutschen Konzertsäle durchzogen und ist dann fast ganz vergessen worden. Und doch ist es eine geistvolle, ernste, charaktervolle, wenn auch nicht immer selbständige Komposition, der es zum besonderen Lobe gereicht, daß sie dem reinen Kammerstil in einem Maße gerecht wird, wie man es von dem Schöpfer des Trovatore nicht hätte erwarten sollen. Ist auch darin nicht alles Gold, was glänzt, so verdient das Ganze nicht blos Beachtung, sondern aufrichtige Sympathie. Der erste Satz, eine gediegene, keineswegs trockene, sondern von durchaus musikalischen Schwung getragene Arbeit verrät den Kenner der Quartettkomposition und klingt wie in einem Zuge geschaffen. Er ist zweifellos der bedeutendste des Quartetts. Das weich und träumerisch empfundene Andantino stellt sich als zweiter Satz besänftigend daneben. Im Scherzo herrscht, so unverkennbar auch Mendelssohn's Vorbild ist, Geist und Leben. Selbst die etwas allzu weibliche Cantilene des Trios kann uns die Freude daran nicht beeinträchtigen. Weniger befriedigt trotz seiner Einzelheiten und kunstvoller Arbeit das Finale, dessen unausgesetzt klopfendes Thema auf die Dauer monoton wirkt, dem in der gestrigen Aufführung auch ein etwas lebhafteres Zeitmaß zu wünschen gewesen wäre. Im übrigen erfreute sich das Quartett, das an die Ausführenden sehr hohe Anforderungen stellt, einer ganz tadellosen Wiedergabe. Die Herren Heß, Körner, Schwartz und Grützmacher hatten es mit ersichtlichem Eifer studiert und es im ganzen wie im einzelnen sich vollkommen zu eigen gemacht.

Eine hervorragende Leistung wurde in der Schlußnummer, dem Cis moll-Quartett von Beethoven geboten. Dieses in der gesammten Quartettlitteratur einzig dastehende Werk ist im letzten Jahre durch die Joachim'sche Quartettvereinigung in der Geburtsstadt Beethoven's wiederholt zu Gehör gebracht worden, so daß man nach dieser unvergleichlichen Darbietungen jede andere mit Vorsicht entgegen nimmt. Die Herren Heß und Genossen haben es gestern Abend gleichwohl verstanden, das verwirrende Geflecht dieser Polyphonie mit einer ganz beispiellosen Klarheit zu entziffern und den gigantischen Schwung der Gedanken so groß und von Innen heraus zu gestalten, daß kein billiger Wunsch unerfüllt blieb. — Ein wahres Kabinetstück der Vortragskunst war die Wiedergabe des den Abend eröffnenden Haydn'schen G moll-Quartetts, dessen Finale von Humor und Laune förmlich glänzt. (Bonner Gen.-Anz. 5. März 1901.)

Wetzlar. Einen ausgezeichneten Genuß bot den hiesigen Musikfreunden der für gestern Abend angekündigte Klavier- und Liederabend von Frl. Henriette Schelle aus Köln und Frau Mary Münter-Quint aus Bonn. Von Fräulein Schelle mit dem vollendeten Vortrag der Schubert'schen Sonate A-dur op. 120 eingeleitet, boten sich den Hörer zunächst drei Liederperlen von Schumann, Brahm und Strauß gesungen von Frau Münter-Quint, hierauf eine weitere Konzertstück darunter ein Nokturne, in G-dur von Chopin. Der Cavatine aus Rossinis „Barbier von Sevilla“ (Frau Münter-Quint) schlossen sich abermals mehrere Konzertpiecen an, woran drei weitere Lieder den Schluß bildeten. Um Fräulein Schelle vorweg zu erwähnen, so kann nur eine Stimme des Lobes über ihr Spiel sein, sowohl die Wiedergabe der Konzertstücke, wie auch die Begleitung der Lieder zeugte von meisterhaften Können. Der Besucher ist im Zweifel, was er an Fräulein Schelle mehr bewundern soll, die eminente Fingerfertigkeit, oder die seelenvolle Auffassung des Inhalts der Tonstücke. Für die volle Stimme der Sängerin reichte der doch ziemlich große Saal bei weitem nicht aus; es kamen dementsprechend auch besser zur Geltung diejenigen Lieder, in welchen es nicht auf die Fülle der Stimme besonders ankam. Einzelne Lieder sonst hervorzuheben, ist nicht angängig, die Ausführung des einen stand der des anderen nicht nach. Der Konzertflügel von Mand in Koblenz leistete bei dem Konzert ausgezeichnete Dienste. (Wetzlarer Anzeiger 25. März 1901.)

Mülheim a. Ruhr. Das zweitägige Musikfest des Gesangvereines brachte am ersten Tage die Schumann'schen Faustscenen, während am zweiten Tage nur Wagner'sche Werke geboten wurden. Am glänzendsten gestaltete sich die Ovation, welche Frau Hövelmann für den mit ausgereifter Künstlerschaft gebotenen Vortrag der drei Wagnerlieder dargebracht wurde. Das entzückende „Schlaf“ mein holdes Kind mußte die Künstlerin, um das begeisterte Publikum zu beruhigen, wiederholen. Unser Urteil über ihr Organ fassen wir dahin zusammen, daß wir in fünfzehn Jahren ein besseres und wohllautenderes in unserm Konzertsaale nicht gehört haben. Der Gesangverein und sein umsichtiger Dirigent, Herr Dr. Steinitzer, aber dürfen mit Stolz und Genugthuung auf die beiden Tage zurückblicken, an denen sie uns so viel des Schönen und Erhebenden geboten haben. Würdiger konnte die diesjährige Saison nicht abgeschlossen werden. (Mülh.-Zeitg. 2. März 1901.)

Köln. Am Palmsonntag fand im Saale der Lesegesellschaft das jährliche Konzert zum Besten des Schriftsteller-Verbandes statt, unter Mitwirkung erster Gesangskräfte der Kölner-Bühne; als Instrumental-Solist glänzte besonders Willy Seibert. Neben den Quartetten (Zigeunerlieder v. Brahms) riefen die Solonummern des beliebten Künstlers begeisterte Begeisterung hervor. Die prachtvolle Stimme des Herrn Bischoff kam vielleicht mehr noch als in der stimmungsvoll dargebotenen Arie aus Jessonda in seinen Liedern von Hugo Wolf zur Geltung. Zeigte er mit der Wahl der letztern schon den Sänger von hohem musikalischem Streben, so ehrte noch mehr die charakteristische und von vollem Versenken in den musikalisch-poetischen Gehalt zeugende Wiedergabe eine ständig fortschreitende Künstlerschaft. Herr Gröbke, der den Vorzug genoß im ersten Teile Lieder singen zu können, erwies sich desselben durch seine geschmackvolle Vortragsart durchaus wert, während er später mit überströmender Empfindung und überwältigendem Sangeswohllaut Siegmunds Liebeslied in den Saal schmetterte. Willy Seibert übertraf sich selbst an diesem Abend; immer ein großer Künstler und als solcher längst geschätzt, bestrickte er die Hörer diesmal geradezu durch den süßen Reiz seines Spiels. Es war, als ob er versucht hätte, den Klangzauber eines Petschnikoff mit der Sauberkeit und leichten Bogentechnik eines Sarasates zu verbinden, und wie wenn die Göttin der Musik ihm zu diesem Unternehmen ihren vollen Segen gegeben hätte.

ohne ihm von den angeborenen echt musikalischen und besonderen Eigenschaften seiner Natur etwas zu nehmen. Man hat ihn nie so schön spielen hören, und das begeisterte Publikum hätte ihn ohne eine Zugabe, wofür er eine Etude von Wieniawski wählte, nicht losgelassen. (Kölner Tageblatt 1. April 1901.)

Braunschweig. Das gestrige Konzert der „Euterpe" hatte inhaltlich viel Aehnlichkeit mit dem des Männergesangvereins, beide Programme wiesen sogar drei gleiche Komponisten von Chorwerken auf. Unsere Mitbürgerin Frau Keßler-Arndt bestätigte das Wort, daß man auch auf künstlerischem Gebiete nicht in die Weite zu schweifen braucht, weil das Gute so nahe liegt. Der Sopran ist ziemlich groß, frisch quellend, glockenrein, sympathisch, vorzüglich geschult und spricht auch im bildlichen Sinne leicht an. Er klingt in allen Schattierungen, besonders schön im mezza voce und piano, das den großen Raum vollständig füllte. Die Technik kommt, wie das eingelegte staccato bis zum 3 gestrichenen e in der Zugabe bewies, derjenigen einer Koloratursängerin nahe. Weit wichtiger ist aber der warmblütige Vortrag, der vom Notenblatt unabhängig, jedem Werke stilistisch gerecht wurde. Anfangs war die Sängerin sichtlich befangen, wurde aber mit jeder Nummer sicherer; infolgedessen machten die Lieder von Koß, Hildach, Ries, Berger, Anderson und Raff einen so günstigen Eindruck, daß eine Zugabe („Der Vogel im Walde" von Edw. Schulz) erfolgen mußte. (Braunschw. Landeszeitung 28. März 1901.)

Pforzheim. Der gestrige Konzertabend wurde eingeleitet durch die E-moll Violoncell-Sonate von Brahms (op. 38), gespielt von den Herren W. Willeke und Th. Röhmeyer. Herr Willeke ist kein Fremder hier; schon einmal hatte man Gelegenheit, seiner herrlichen Kunst zu lauschen; heute glauben wir sagen zu können, daß der Künstler sich gegen früher noch weiter vervollkommnet hat. Seine ganze Spielart hat etwas Entschiedeneres, Ausgereifteres und Männlicheres bekommen. Es war eine Lust, zu hören, mit welcher Leichtigkeit Herr Willeke die technische Seite der Sonate behandelte, sodaß es ihm ermöglicht wurde die ganze Sorgfalt auf die geistige Interpretation und Vertiefung zu verwenden. Hierbei gelang es ihm, in ganz hervorragender Weise den Hörer zu fesseln und in die wunderbaren tiefen Schönheiten des Werkes einzuführen; in nachhaltigster Weise wurde er hierbei unterstützt durch Herrn Röhmeyer, der den Klavierpart in trefflicher Weise durchführte. Interessant war die Gegenüberstellung von Brahms und Saint-Saëns und es sei gleich gesagt, daß der letztere seinen Platz recht mit Ehren behaupten konnte, die Suite von ihm (op. 16) weist ganz besondere Schönheiten auf und ist auch kontrapunktisch eine hervorragende Arbeit. Wiederum war die Wiedergabe einer vorzügliche. Herr Willeke spielte dann noch „Air" von Bach sowie „Sarabande u. Allemande" v. Corelli; ganz besonders kam ihm bei diesen Stücken der wunderbare sangliche Ton, dem er seinem Instrument zu entlocken weiß zu statten. (Pforzheimer Beobachter 4. März 1901.)

Bonn. In dem letzten populären Kammermusik-Abend der Herren Musikdirektor Grüters, Professor Wolff und Hannemann, brachten erwünschte Abwechslung hinsichtlich der sonst üblichen Solo-Gesangsvorträge die Duette der Damen Lina Goldenberg und Bertha Weller aus Köln. Frl. Goldenberg sang im ersten dieswinterlichen Abonnements-Konzert die Sopransoli in Bruch's Odysseus mit gutem Erfolge. Sie und ihre Partnerin, die Altistin Frl. Bertha Weller, sind in der Gesangsschule des Herrn Schulz-Dornburg in Köln gebildet. Ihren Duettvorträgen ist uneingeschränktes Lob zu spenden. Schon der äußere Eindruck der beiden Gestalten mit den schön geformten charaktervollen Zügen hat etwas Bestechendes. Wenn dann die Stimmen haarscharf einsetzen und in jeder dynamischen Schattierung als ein Herz und eine Seele sich erweisen, so muß man gestehen, daß dies nur das Resultat einer durchaus musikalischen Erziehung und einer lang fortgesetzten Uebung sein kann. Besonderen Genuß bereiteten uns die Duette von C. Frank durch die Einfachheit und Natürlichkeit des musikalischen Ausdrucks. Die aufdringlicheren Duette von Hildach fielen gegen sie entschieden ab. Brahm's „Weg der Liebe" (op. 20 Nr. 1) erglänzte in voller Schönheit, ebenso die Zugabe „Wir Schwestern zwei", op. 61 Nr. 1 von Brahms, eines der entzückendsten Duette des Meisters.

Schuberts herrliches B-dur-Trio beschloß den Abend und damit die dieswinterlichen Aufführungen überhaupt, deren letzte man jedenfalls eine der schönsten, wenn nicht die schönste überhaupt wird nennen dürfen. (Bonner General-Anzeiger 5. März 1901.)

Verschiedenes.

Der Lehrer des Krefelder Konservatoriums, **Pianist Steenebrugg n** hat in **Paris** in einem von Eduard Tonrey veranstalteten grossen Orchester- und Chor-Konzert mit Saint-Saëns' viertem Konzert seine bedeutende musikalische und pianistische Begabung zur bester Geltung gebracht.

Dr. **Georg Dohrn**, ein früherer Schüler des Kölner Konservatoriums und bis jetzt Dirigent beim Kaim-Orchester in München, ist als Nachfolger **Maszkowsky's** an die Spitze des Orchestervereins in Breslau berufen worden; gleichzeitig soll Herr Dohrn die Leitung der Breslauer Singakademie übernehmen.

Das **Prinz-Regenttheater** in München wird im August-September mit einer Serie von Mustervorstellungen Wagner'scher Opern eröffnet; Tannhäuser, Tristan, Meistersinger und Lohengrin werden mit ersten Kräften der Münchener Oper und mit Gästen auf der neuen Bühne in Scene gehen.

Die Sängerfahrt des Kölner Männer-Gesang-Vereins.

Der K.-M.-G.-V. kehrt soeben von einer Reise zurück, welche mit goldenen Lettern in den Annalen seiner Geschichte Platz zu finden verdient. Was ursprünglich als eine Erwiderung des Besuches des Wiener Männer-Gesang-Vereins in Köln vor zwei Jahren gedacht war, gestaltete sich zu einem Triumphzuge durch die süddeutschen und österreichischen Lande, wie er seinesgleichen wohl noch niemals einer ähnlichen Korporation vergönnt war. War der Empfang der Kölner in Neustadt a. H. und Nürnberg schon ein überaus herzlicher und weit über die bei solchen Gelegenheiten geübte Gastfreundschaft hinausgehender, so übertrafen die Huldigungen, welchen den Sängern in Wien, München und Heidelberg dargebracht wurden, an Glanz und Herzlichkeit alle denkbaren Erwartungen. Es hatte den Anschein, als hätten die Stammesgenossen in Süddeutschland u. Oesterreich nach einer Gelegenheit gelechzt, ihren norddeutschen Brüdern persönlich zu beweisen, dass das Gefühl der engsten Zusammengehörigkeit, der Gemeinschaft durch die Bande der Sprache, der Gesinnung und des Gemüts tief in ihren Herzen eingegraben sei, und wesentlich erleichtert wurde ihnen dieses Bekenntnis dadurch, dass gerade die Söhne des heiligen Köln es waren, welche ihnen als Repräsentanten Norddeutschlands gegenübertraten; wurden doch die Rheinländer überhaupt von jeher gewissermassen als Vermittler zwischen Nord und Süd von beiden Seiten geliebt und beneidet, und treten doch gerade zwischen Köln, Wien und München ganz besonders wichtige Berührungspunkte zu Tage. Hier wie dort die Liebe zur Kunst und zum herzerfrischenden, feuchtfröhlichen Humor, hier wie dort der leichte Sinn

„Die Männer so frank und die Frauen so frei
Als wär es ein adlig Geschlecht".

Dem Besuch der Kölner in Oesterreich und im Süden ist weittragende politische Bedeutung nicht abzusprechen und offenbar dort auch beigelegt worden. Möge er segensreiche Folgen tragen und weitere Annäherung und innigere Verschmelzung der verschiedenen deutschen Volksstämme im Gefolge haben.

Selbstverständlich war man überall auf das Äusserste gespannt, was der Kölner Verein in künstlerischer Beziehung leisten würde, ging ihm doch der Ruf voraus, als Sieger im Kasseler Wettstreit unter den reichsdeutschen Vereinen einer der ersten und leistungsfähigsten zu sein. Und man fand sich nicht enttäuscht, im Gegenteil, nach dem frenetischen Beifallsjubel, den die Leistungen in Wien und München fanden, zu urteilen, wurden auch auf seiten der den Besuch Empfangenden alle Erwartungen übertroffen. Eine solche Begeisterung lässt sich nicht mit Worten schildern, man würde sie in Norddeutschland für unmöglich halten. In der That steht der Verein augenblicklich auf einer Höhe künstlerischer Leistungsfähigkeit, welche in manchen Punkten gar nicht mehr zu übertreffen ist. Diese Präzision in der Rhythmik und Intonation, diese ausdrucksvolle, den poetischen Inhalt völlig erschöpfende Vortragsweise, dieser glanzvolle in allen Stimmen und Lagen sauber ausgeglichene Chorklang, namentlich in den Tenören, ist dem sezirenden Messer einer tadelnden Kritik fast unnahbar. In letzterer Beziehung ist seit dem Kasseler Siege sogar noch ein bedeutender Fortschritt bemerkbar und man kann den Chormeister Professor Joseph Schwartz nur beglückwünschen, dass sein peinlich gewissenhaftes Bestreben und seine geniale, musikalische Begabung in den Dienst eines Vereins gestellt ist, dessen Mitglieder auf dem besten Wege sind, Zweck und Bedeutung der Musik zu ergründen.

Dass von dem künstlerisch wertvollen Teile des Programms Hegar's Totenvolk den begeistertsten Beifall fand, war vorauszusehen. Der grausige Inhalt des Gedichtes, die charakteristische Vertonung und der unübertrefflich schöne Vortrag desselben vereinigten sich hier in jedem Konzerte zu einem musikalischen Ereignis, welches unauslöschbar jedem Herzen eingeprägt bleibt. Auch das altdeutsche Schlachtlied von Richard Strauss, dessen hochbedeutsamer musikalischer Wert sich bis zur Anerkennung beim grössern Publikum noch durch eine Wolke von Misstrauen und Verständnislosigkeit hindurchringen muss, fand vor dem aus den vornehmsten musikalischen Kreisen Wiens zusammengesetzten Publikum begeisterte Aufnahme. Von den kleineren Chören wurden namentlich „Der Winter", von E. Kremser und „Das „Wandern", von Zöllner unermüdlich da capo verlangt. Sehr beifällig aufgenommen wurde auch eine vornehme Komposition des Chormeist. Jos. Schwartz: „Ave Maria". Den würdigsten Abschluss fand die Fahrt in Heidelberg durch eine bedeutsame Rede des Prorektors, Professor Bassermann in der Aula der Universität, auf die wir in nächster Nummer zurückkommen werden.

Wegweiser durch die Chorgesanglitteratur

Amtliches Organ des westdeutschen Sängerverbandes.
Ratgeber für Gesangvereine und Dirigenten.
Redaktion und Verlag: H. vom Ende, Köln a. Rh., Ecke Bismarck- und Kamekestrasse.

nebst
„KONZERTBERICHT“
und Beiblatt:
Der Sänger.

Erscheint monatlich einmal.
Bezugspreis für 1 Expl. 15 Pfg.
Jahresabonnement Mk. 1.50 und 40 Pfg. Porto.
Inserate kosten pro 4 mal gespaltene Petitzeile 30 Pfg.

Expedition: H. vom Ende's Musikalien-Versandgeschäft.

Nr. 8. | Köln a. Rhein, den 26. Mai 1901. | II. Jahrg.

Inhalt:

Nr. 4 des Wegweisers, Jahrg. II ist infolge der zahlreichen Nachbestellungen völlig vergriffen und bitte ich alle Besitzer überflüssiger Exemplare dieser Nummer freundlichst um Rücksendung.

Die Expedition.

An die Chordirigenten Westdeutschlands.

Im Anschluss an den in voriger Nummer veröffentlichten Aufruf zur Teilnahme am 1. westdeutschen Dirigenten-Tage seien die Herren Chordirigenten Westdeutschlands nochmals dringend hingewiesen auf die ausserordentliche Wichtigkeit der dort zur Verhandlung gelangenden Themen. Es handelt sich um die Wahrung der künstlerischen und materiellen Interessen eines Standes, dessen ganzes Wirken und Schaffen bisher in den massgebenden Kreisen viel zu wenig Beachtung gefunden hat. Es gilt einen Mittelpunkt zu schaffen, der allen strebsamen Elementen dieses Standes die Möglichkeit bietet, in regen, bildenden und fördernden Verkehr mit Gleichgesinnten und Gleichstrebenden zu treten, seine Kenntnisse und Fähigkeiten zu verwerten und Fürsorge zu treffen für Not- und Krankheitsfälle. Nur einmütiges Zusammenhalten kann hier Gutes und Dauerndes zu Stande bringen. Anmeldungen

Vorlage des Buches Judith verfasst, enthält die bekannte Geschichte des mächtigen Heerführers der Assyrer, Holofernes, der auf seinem siegreichen Heerzuge auch die Grenzen Judas bedroht, dort aber unerwarteten Widerstand findet. Trotz der Warnung Achiors, des heerespflichtigen Obersten der Ammoniter, der von der Unbezwinglichkeit der Juden überzeugt ist solange sie in ihrer Glaubenstreue beharren, beschliesst Holofernes, die Juden zu vernichten und überliefert ihnen zur Strafe den Achior.

Die Juden sind entschlossen, den Assyrern Trotz zu bieten, befestigen Stadt und Land, verzagen aber, als Holofernes ihre Wasserleitungsrohren zerstört und sie den Qualen des Durstes in glühender Sonnenhitze preisgiebt. Da erscheint in der höchsten Not Judith, eine schöne Wittwe, und verheisst ihnen Rettung. Judith begiebt sich schön geschmückt mit ihrer Magd Abra in das Lager des Holofernes und verspricht ihm, die heimlichen Beschlüsse ihres Volkes zu verraten, da dasselbe die Gesetze Gottes nicht beachtet habe. Holofernes lässt sich durch die Schönheit und Anmut Judiths bethören, und wird von ihr nach einem Gastmahl im Schlafe getötet. Sie trennt sein Haupt vom Rumpfe und erscheint mit ihrer Trophäe in Bethulien, mit begeisternden Reden zum Kampfe auffordernd. Die Assyrier werden bezwungen, und mit grossem Dankeshymnus auf den Herrn schliesst das Werk.

Der reiche Wechsel in der Darstellung des dramatisch belebten Stoffes, die zweckmässige Verteilung der Chor- und Soloscenen, der dramatischen und lyrischen Partien sind an sich schon geeignet, die Wirksamkeit des Dramas erheblich zu steigern, namentlich da eine treffende musikalische Illustration hinzutritt, die mir gegenüber der Zerstörung Jerusalems eine energische Vorwärtsbewegung nach der Seite des Charakteristischen, Individuellen zu bedeuten scheint. Diese markanten Themen, in ihrer packenden Charakteristik den R. Wagnerschen vergleichbar, das reich gestaltete rhythmische Leben, die eigenartige weitgespannte Melodik und vor allem die den Vorgängen sich eng anschmiegende, im Affekt auch vor den kühnsten Modulationen nicht zurückschreckende Harmonik beweisst, dass der Tondichter sich aus den Banden Mendelssohns, welche in der Zerstörung Jerusalems noch

Judengottes anerkennt, und schliesslich als rettende Idee Judith mit ihren Verführungskünsten, das sind die Momente, welche in der Einleitung sich zusammendrängen. Kühn, trotzig, etwas bombastisch und prahlerisch, aber sonst als achtunggebietende Gestalt tritt uns zunächst Holofernes entgegen:

Sein Urteil ist bereits gesprochen durch das:

Todesmotiv.

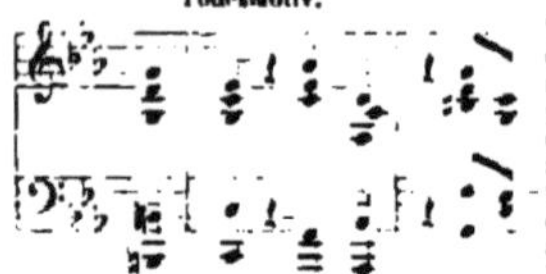

Ihm antwortet ein weiches, klagendes, zunächst an Achiors sympathischere Erscheinung erinnerndes und auch zuerst mit dieser auftretendes Thema wie eine ernste Mahnung, als ein Symbol der Trauer Judas und seines Sehnens nach Rettung.

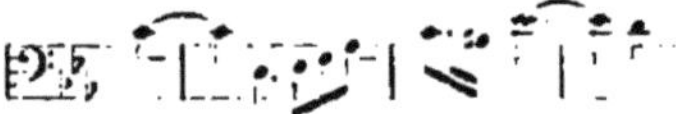

Nach einer Wiederholung dieser Themen mit Schluss in As-moll erscheint unvermittelt in A-dur über dem Quartsextakkord die wunderbar liebliche Figur Judiths, wie sie auftritt, um Holofernes zu berücken,

worauf dann den Uebergang zum Eingangschor eine Fanfare nebst kurzer Einleitung bildet. Der breit angelegte, schön aufgebaute Chor in C-moll preist den Holofernes und seine Thaten und schliesst auf „Assyriens König sei Herr und Gebieter und Gott“ in triumphierendem C-dur, kehrt aber dann sofort zurück nach C-moll in das Holofernes-Thema. Die Verwendung des letzteren, überhaupt die motivische Verarbeitung der Themen lässt sich hier unmöglich bis ins Einzelne verfolgen, wir können die Schicksale der Hauptthemen nur in ihren Höhepunkten hervorheben; es genüge die Bemerkung, dass der Stimmungsgehalt jeder Situation in ihnen charakteristischen musikalischen Ausdruck findet.

Auf die Frage des Holofernes nach den Abgesandten der Juden tritt Achior für letzteren ein und warnt vor dem Angriff. Bei der Stelle: „In Sack und Asche trauern ihre Priester“ erscheint sein Thema, welchem jedoch wohl allgemeinere Bedeutung beizumessen ist. Achior steht ein für die gerechte Sache der Juden, nicht nur für seinen eigenen Standpunkt; das Thema vertritt also das trauernde, zu Gott um Gnade flehende Israel und erscheint als solches später bei Abras Gebet in hervorragender Weise. So gestaltet sich Achiors Mahnung zu einer tiefempfundenen Bitte um Erbarmen, die auch musikalisch z. B. bei den Worten: „Im Staube flehen einmütig sie“ ergreifenden Ausdruck findet. Achior findet kein Gehör, er wird ergriffen und begleitet vom Hohn der Menge den Juden ausgeliefert. Im Orchester wird diese Szene durch eine rythmisch-charakteristische Episode geschildert, während die Verhöhnung seitens der Soldaten gleichfalls im Orchester durch den Schlachtmotiv das Herannahen der feindlichen Heeresmacht. In einer dieser Szene folgenden marschähnlichen Instrumentalepisode wird dieses Herannahen anschaulich geschildert; dumpf rollende Figuren wechseln ab mit dem Schlachtmotiv und dem Holofernes-Thema in greller harmonischer Beleuchtung.

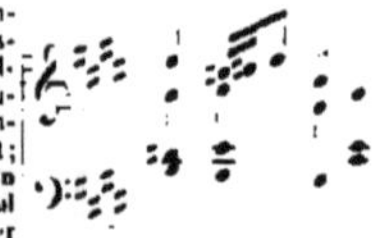

Da beginnen die Juden zu verzweifeln: Der Feind hat die Wasserröhren zerschnitten, die Brunnen sind versiegt; ein genial aufgebauter Klagegesang, der in einen mächtigen Orgelpunkt auslautt, giebt dieser Verzweiflung Ausdruck. Ein Gebet Judiths, welche Rettung verheisst und ein Doppelchor von grossen Dimensionen beschliesst den I. Teil. (Forts. folgt.)

✱

Bearbeitung des deutschen Volksliedes.

H. vom Ende.

IV.

Die Tonweisen.

Nachdem wir in unseren bisherigen Betrachtungen das Volkslied von der dichterischen Seite beleuchtet, wenden wir uns nunmehr der musikalischen Ausdrucksweise des Volkes zu und beginnen unsere Untersuchungen mit einer Erläuterung der rein melodischen Faktur des Volksliedes, wie sie sich zeigt als rhythmisch und metrisch geformte Tonfolge. Erst damit würden wir eine Unterlage gewinnen, auf der wir die eigentliche Lehre der Bearbeitung, d. h. diejenige des „Tonsatzes“ füglich aufbauen können.

Die Tonweisen unserer Lieder sind in gewissem Sinne kunstgerechter geformt, als die Wortweisen, namentlich seitdem sich die Musik von dem Banne der alten Kirchentonarten befreit hat. Wenn wir die mancherlei rhythmischen Verzerrungen und metrischen Verschiebungen auf Rechnung der kontrapunktierenden Bearbeiter des 16. Jahrh. oder falscher Aufzeichnungen setzen, wozu in den meisten Fällen hinreichender Grund vorhanden ist, so erhalten wir das Bild einer die höheren musikalischen Kunstgesetze ziemlich genau befolgenden Ausdrucksweise, welche, rein musikalisch betrachtet, auch modernen künstlerischen Ansprüchen genügt.

Die metrische Gestaltung der Melodien schliesst sich im allgemeinen derjenigen der Dichtungen an, die Gliederung des Gedichtes in Strophen veranlasst die Bildung einer geschlossenen Form für jede Strophe, welche sich infolge der inhaltlichen Aehnlichkeit der Strophen für jede wiederholt. Diese sog. „einfache Liedform“ besteht, analog der Einteilung der Strophe in Kola (Glieder) und Metra (Verse) bezw. des „Bar“ in Stollen und Abgesang, aus einzelnen Sätzen, welche sich zu höheren Einheiten, den Perioden, zusammenschliessen. Wie also die Verszeile in der Volksdichtung gewöhnlich einen sprachlichen Satz darstellt, so nennt man den dazu gehörigen Teil der Melodie einen musikalischen Satz.

Eine lückenlose, übersichtliche und nach der Form geordnete Zusammenstellung aller in der Klavierlitteratur vorkommenden Arten der Liedform bietet vom Ende's „Schatzkästlein“, 3 Hefte à Mk. 2,—, Heft I, II, III in 1 Bd. geb. Mk. 6,—.

Die hauptsächlichsten Formen sind die aus einfachen

zwar nicht selten, aber doch mit Vorsicht aufzunehmen; es kann sich bei alten Liedern auch um willkürliche Dehnungen durch ungeübte Abschreiber oder Kontrapunktiker handeln. Die Alten notierten nämlich ohne Taktstriche und mit grösseren Notenwerten, sodass eine Reduktion derselben stattfinden muss, um ein Zulangsamsingen zu verhüten.

Originell und durchaus natürlich muten die 3 taktigen Rhythmen an in einem Tanzliedchen aus Westfalen: („Wenn ich nach Wappushof geh") und aus Schlesien: („Wenn ich zum Thürel naus geh").

Grundform des Liedes ist 6 - 4 - 6. Das schwäbische Tanzliedchen „Alleweil kann ma net lustig sei" hat zwei 3 taktige und zwei 4 taktige Rhythmen. Mehrfach finden sich Fünftakter durch Verlängerung des Auftaktes, so im 2. Teil von „Jetzt gang i ans Brünnele:

sowie in dem schweizerischen „Mys Lieb, we do zur Chilche thuest ga".

In beiden durchaus motiviert und stehen zu lassen. Auch die Verlängerung des Auftaktes auf „d a b l ü h e n" in „Es kann mich nichts Schönres erfreuen" erwähne ich hier als charakteristisch, wenn auch das Metrum unberührt bleibt. Im Mittelsatz des Liedchens „Wenn zu mein Schätzel kommst" entstehen durch Verlängerung der Schlussnoten 6 Takte:

was im Effekt einem starken Ritardando gleichkommt. Bei den, wie bereits bemerkt, häufig in ganz unklarer Form notierten älteren Liedern ist die metrische Einteilung nicht immer ganz leicht, daher die vielen Lieder mit Taktwechsel. Ob letzterer wirklich überall intendiert war, erscheint doch zweifelhaft, jedenfalls sind in manchen Melodien rhythmische Aenderungen der überlieferten Form nicht zu umgehen, damit Deklamation und Periodenbau unserm modernen Empfinden einigermassen angepasst wird. In Folgendem stelle ich die ursprüngliche Notation der süddeutschen Melodie von: „Es liegt ein Schloss in Oesterreich" mit derjenigen von Fr. M. Böhme zusammen

Forster 1549.

etc. Fr. M. Böhme.

Es liegt ein Schloss in Oester - reich, das ist so wohl er - bau - et.

Letztere deckt sich offenbar besser mit dem Sprachrhythmus, der Fünftakter ist durch die melismatische Figur motiviert. Auch die Verbreiterung des Schlusses im Nachsatz, durch den geraden Takt finde ich wegen ihrer den Schluss hervorhebenden Wirkung gerechtfertigt:

von Zimmet und von Nä - ge - lein wo find't man solche

Mau - ren ja Mau - - - - ren.

Den drittletzten Takt:

Mau-ren ja Mau -

glaubte ich ändern zu dürfen.

Die älteste Melodie aus dem 15. Jahrh. ist im Berliner handschriftlichen Liederbuch folgendermassen notiert:

etc., darnach würde folgender Rhythmus richtiger sein. etc.

Tanzliedchen mit Taktwechsel sollen sich in der Oberpfalz bis in die neuere Zeit erhalten haben; in der alten Melodie des „Blaustorchenliedes" wechselt 6 4 mit 3 2.

Ich sach mir ei - nen blau-en Storchen auf ei-ner Wiese

gehn - ; ich meint e - sei mein Buh - le und bliess ihn stille

stehn.

Die synkopierten Rhythmen geben der Weise ein etwas fremdes Gepräge. Interessant ist der Taktwechsel in dem in formaler Hinsicht bemerkenswerten „Es war ein stolze Jüdin". Die beiden ersten Verszeilen bilden ein abgeschlossenes Sätzchen. 2 - 2 in 3 4 Takt; der Vordersatz des 2. Teils steht im (nach Erks taktischer Berichtigung) 2 4 und der Schluss durch Verlängerung einzelner Noten wieder im 3 4 Takt. Grundform: 3 4 / 2 - 2 ‖: 2 4 3 4 / 4 - 2 :‖ (In einer anderen Lesart fehlt diese Gegensätzlichkeit; auch die Dichtung hat in derselben einen tragischen Charakter. Der versöhnliche Ausgang der obigen scheint somit auf die Tonweise eingewirkt und den etwas kapriziösen Ton derselben veranlasst zu haben.) (Fortsetzung folgt.)

Dieser Nummer liegen Prospekte über „Patriotische Chöre" (Otto Forbergs Verlag, Leipzig) und „Virgil-Klavier-Schule" (Berlin, Potsdamerstr. 119) bei, welche der Beachtung empfohlen werden.

(Nachdruck verboten.)

Aufführungen.

Abkürzungen: gr. = gross, s. = sehr. D. C. Da Capo.

Männerchöre a cappella.

Komposition und Komponist	Stadt und Verein	Dirigent	Erfolg
l. Engel und Lilien — Wesseler	Münster — Sängerbund (90)	—	s. gr.
msch. Oybin — A. Epp	Heidelberg — Liederkranz	C. Weidt	gr.
msch. Es war einst eine schöne Zeit — A. Kirchl	do	do.	s. gr.
z. l. Finken Frühlingslied — Steinkühler	Schwerte — Sängerbund	Steinkühler	s. gr.
sch. In den Alpen — Hegar	do.	do.	gr.
sch. Belsazar — F. Berger	Köln — Sängerkreis	F. Berger	s. gr.
Der Pfeifer — v. Othegraven	do.	do.	s. gr.
zl. Zwei Röslein — Steinhauer	Köln — Polyhymnia	F. Kessel	s. gr.
msch. Der Sturm — Steinhauer	do.	do.	s. gr.
sch. Volkers Schwanenlied — Meyer-Olb.	do.	do.	s. gr.
sch. Der Rhein — C. Steinhauer	do.	do.	s. gr.
msch. Der Sturm — C. Steinhauer	Düsseldorf — Quartett-Verein	Steinhauer	D. C.
zl. Auf dein Wohl, du rheinische Maid — W. Labler	Brooklyn — Heinebund	Koemmenich	s. gr.
War einst ein kl. Käferlein — Schrader	do.	do.	gr.
l. Ach, wie ist's möglich dann (ältere Lesart).	Gotha — Sängerkr.	—	gr.
Bundeslied — Fr. Hegar	Graz — akad. Gesang-Verein	S. Zack	gr.
Der Papagei — K. Löwe	do.	do.	D. C.
Frühlingsnahen — L. Thuille	do.	do.	D. C.
msch. Tief ist die Mühle verschneit — Podbertsky	Frankenthal — Liederkr.	J. Schmitt	s. gr.
zl. Frühling am Rhein — S. Breu	do.	do.	s. gr.
Wenn die Lerchen wiederkommen — Eckell	Langendiebach — Liederkr.	W. Ruth	s. gr.
Blumen im Thale — Reitzing	do.	do.	s. gr.
msch. Wenig begehr ich im Leben — Podbertsky	Frankenthal — Liederkr.	—	s. gr.
msch. Im Winter — E. Kremser	Köln — Männer-Gesang-Verein	J. Schwartz	D. C.
msch. Ave Maria — J. Schwartz	—	do	s. gr.
sch. Altdeutsches Schlachtlied — Rich. Strauss	—	do.	s. gr.

Männerchöre mit Begleitung.

* mit Orchester.

Komposition und Komponist	Stadt und Verein	Dirigent	Erfolg
msch. Morgenwanderung — H. Esser	Heidelberg — Liederkr.	C. Weidt	s. gr.
sch. Frühlingsnetz — Goldmark	do.	do.	gr.
msch. Allmacht — Schubert-Liszt	Halle — Lehrer G. V.	Reubke	gr.
* Meine Göttin — W. Berger	do.	do.	gr.
* Fritjof — M. Bruch	do.	do.	r. gr.
* Friedrich Rotbart — Th. Podbertsky	Sonneberg — Ges. Verein	B. Roth	s. gr
* Hegelingenfahrt — W. Sturm	do.	do.	s. gr.
msch. * Das deutsche Lied — Steinkühler	Schwerte — Sängerbund	Steinkühler	s. gr.
* Kürassire bei Mars-la-Tour — Klepzig	do.	do.	s. gr.
l. Schweigen der Nacht — Conr. Kreutzer	Asch — M. G. V.	J. Schaller	s. gr.
Festgesang an die Künstler — Mendelssohn-Bartholdy	do.	do.	s. gr.
msch. * Deutsche Sänger am Missouri — E. Heuser	Köln — Polyhymnia	Kessel	D. C.

Gemischte Chöre a cappella.

Komposition und Komponist	Stadt und Verein	Dirigent	Erfolg
Ostermorgen — G. Reinl	Asch — Harmonie	G. Reinl	s. gr.
l. O, ewig schöne Maienzeit — G. A. Jäckel	do.	do.	gr.
zl. Mei Diandel is sauber — Th. Koschat	do.	do.	gr.
mschl. Bröllops-marsch — A. Södermann	Sonneberg — G. V.	B. Roth	D. C.
Frühlingszeit — Angerer	Ohligs — Gem. Chor	Cl. Lemacher	s. gr.
Das Fräulein a. d. Himmelsthür — Finsterbusch	Köln — Lehrer G. V.	C. Reuther	D. C.
Treue Liebe — L. Keller	do.	do.	s. gr.
Hütet Euch — Rob. Kahn	do.	do.	s. gr.
Der verratene Freier — C. Reinecke	Haspe — Gem. Chor	A. Becker	s. gr.
Ei, fahret Wasser — C. Reinecke	do.	do.	s. gr.

Gemischte Chöre mit Begleitung.

* mit Orchester

Komposition und Komponist	Stadt und Verein	Dirigent	Erfolg
Adonisfeier — A. Jensen	Asch — Harmonie	G. Reinl	gr.
sch. * Manasse — Fr. Hegar	Bingen — Cäcilien Verein	Dr. F. Krome	s. gr.
* Trauer-Ode — J. S. Bach	Köln — Concert Gesellschaft	Fr. Wüllner	gr.
* Requiem — G. Verdi	do.	do.	s. gr.
* Gustav Adolf — M. Bruch	Stralsund — Wilkscher Sing Ver.	A. Wilk	s. gr.
An die Hoffnung — Cleuver	Ohligs — Gemischter Chor	Cl. Lehmacher	s. gr.
* Loreley Finale — Mendelssohn-B.	do.	do.	s. gr.
* Das begrabene Lied — Meyer-Olbersl.	Burscheid — Musik Ges.	F. Ris	s. gr.
* Schöpfung — J. Haydn	Heilbronn — Class. Musik Ver.	J. Jerg	s. gr.
Blondels Lied — R. Schumann	Haspe — Gemischter Chor	A. Becker	s. gr.

Alle hier angegebenen Werke sind zur Ansicht zu beziehen durch H. vom Ende's Musikalienhandlung, Köln a. Rh.

Der Sänger.

ımtliches Organ des westdeutschen Sängerverbandes.

Das Volkslied ist die Unsterblichkeit der Musik.
Marx.

Verbunden werden auch die Schwachen mächtig.
Schiller.

Vorsitzender: Lehrer A. Gau, Hilden bei Düsseldorf.

laktion u. Verlag: H. vom Ende. Köln a. Rh., Ecke Bismarck- u. Kamekestr.

Amtliche Nachrichten.

Als Massenchöre werden am zweiten Verbandsfeste in dorf von allen sich beteiligenden Vereinen: „Der Sturm" C. Steinhauer (neue Auflage) und „Deutschland" ieper gesungen. Ausserdem wird vom Gesamtchore der dorfer mitwirkenden Vereine „Sonntags am Rhein" von ch gesungen und können auswärtige hierbei mitwirken, sie an der Hauptprobe teilnehmen.

Stellenvermittelung.

Der Verband glaubt im Interesse der Gesangvereine und rigenten zu handeln, wenn er eine unentgeltliche Stellen-elung einrichtet. Nur die Portokosten sind zu ersetzen. gen an den Verbandsvorsitzenden A. Gau, Hilden bei lorf.

Angebote:

Ein Chormeister mit glänzenden Zeugnissen und erfolgreicher n grösseren Vereinen sucht eine Dirigentenstelle, am liebsten Grossstadt. Meldungen unter f. g. e.

Curse

horleiter sind für einzelne Bezirke projektiert. So ist ort und Umgegend zunächst in Aussicht genommen, weil r eine genügende Anzahl Teilnehmer dafür bereit erklärt Es wird Unterricht (wöchentlich 1 bis 2 mal) erteilt über d Methode in den Gesangvereinen; das Volkslied (Text ık); praktische Proben; Harmonielehre; Kontrapunktlehre; ht im Klavierspiel (nach Wunsch!) etc. Beitrag pro Mitbr mässig. Als Lehrer sind für die einzelnen Fächer aus-ete Kräfte vorhanden. Nach Beendigung des Cursus kann dium nach fortgesetzter schriftlicher Anleitung weiter worden. Ich bitte die Vertrauensmänner in den einzelnen bei den Interessenten Nachfrage anzustellen, ob ein solcher ewünscht wird und mir darüber gefl. bis zum 14. Juli cr. ugehen zu lassen. Der Verbandsvorsitzende.

ziehung des Volkes in den Gesangvereinen!

Von Anton Gulden. (Schluss.)

ch die Zahl der Wettstreite darf eine Einschränkung Deshalb bestimmt die Satzung des Verbandes: „Die e müssen seltener werden. Der Verband heisst einen ur gut und unterstützt denselben: a) wenn von dem enden Vereine seit 25 Jahren kein Wettstreit arrangiert t; b) wenn der betreffende Verein die Garantie für eine Ausführung der vorgeschriebenen Bedingungen gewähr-

n socialen Standpunkte aus ist die Einengung und Ver-der Festlichkeiten eine gute That. In Anbetracht der ie auf gesanglichem Gebiete erstrebt werden, erst recht n gediegener, ja lieber gar kein Wettstreit, als zehn faule. Parole in den Gesangvereinen laute: Regelmässig roben, aber wenig feiern. Diese angeführten Proben Grundsätze des Verbandes bei den Wettstreiten mögen m zu zeigen, wie ernst es mit der Reform auf diesem meint ist.

nicht die Lehrer des „Volkes" besonders geeignet n als Dirigenten in den von ihnen geleiteten Vereinen dsätze des Verbandes einzuführen? Jedenfalls mutet eigenartig an, wenn Lehrer, die doch in der Schule ganz andere Grundsätze vertreten sollen, in den Gesangvereinen dem modernen Wettstreitsport huldigen und vielleicht noch Veranlassung zum Besuch der mit Geld- und Kunstpreisen reich ausgestatteten Gesangkonkurse geben! Verschiedene Kollegen, mit denen Schreiber dieser Zeilen die löblichen Bestrebungen des Verbandes besprach, konnten im Princip zwar nicht anders als beipflichten. Aber sie waren von der Stimmung in ihren Vereinen abhängig, deren Kurs auf „hohe Geldpreise" stand. Ein solches Eingeständnis ist wirklich beschämend! Darnach diktiert der Verein die Grundsätze, die der „Dirigent" zu beobachten hat. Doch ist es nicht ganz so schlimm! Der Dirigent pflegt nämlich von dem event. zu erringenden Geldpreise die Hälfte oder einen anderen guten Bruchteil einzuernten, und da lässt man schöne Grundsätze fahren! Es ist die auri sacra fames!

In unserer Zeit ist so viel und so innig von der Bedeutung des Volksliedes geschrieben und gesprochen und schöne Volksliedersammlungen — vor allem die von Seminarlehrer Karl Becker-Neuwied herausgegebene sind veranstaltet worden — und doch bleibt noch unendlich mehr zu thun, als schon geschehen ist! Es herrscht eine grosse Regellosigkeit und Unsicherheit hier, was ein Vergleich von verschiedenen Volksliedersammlungen leicht ergiebt. Was schliesslich unter dem Titel „Lied im Volkston" alles verbrochen wird, lässt sich nicht aufzählen. Hier Wandel zu schaffen und die Vereine auf bessere Bahnen zu führen, hat der Verband ebenfalls zu seiner Aufgabe gemacht. Durch sein Verbandsorgan „Der Sänger" (vom Ende, Köln, Bismarckstr. 25) werden die angeschlossenen Vereine fortlaufend über diese Materien unterrichtet. Den „Heimatliedern im Volkston" wird ein besonderes Augenmerk geschenkt, woran die Volksschule auch ein direktes Interesse hat.

Entstanden aus Volksschullehrerkreisen, hat der Verband auch seine Hauptanwälte im Lehrerstande gefunden. Möge es fernerhin so bleiben. Es kann dem Lehrerstande nur zur Ehre gereichen.

„Der Gesang kommt aus dem Herzen und dringt wieder zu dem Herzen, und die Veredelung des Herzens zu erstreben, ist ja der höchste Preis, den der Lehrer erringen kann."

(Schäfer.)

Neue Litteratur.

Deutsche Aussprache und Stimmbildung.

Vortrag von **Wilhelm Grimm.**

Die Erläuterungen, welche Grimms Vortrag über dieses Thema bietet, verschaffen dem Leser, insbesondere dem Redner und Sänger, einen sicheren Standpunkt, von dem das vielbesprochene Gebiet der deutschen Aussprache und deren erforderlichen Stimmbildung zu übersehen ist und in dessen Studium einführt. (Verlag von P. Meidi, Schaffhausen.)

Neue Übungen in Melodie-Bildung.

Von **Henry Schwing** (Dresden, J. Günther, Mk. 1.50).

Das Werkchen führt in knapper und leicht verständlicher Weise in den motivischen Aufbau und die Satzkonstruktion der einfachen Liedform ein und dürfte für Dilettanten ein bequemes Hülfsmittel sein, sich Klarheit über das formelle Wesen derselben zu verschaffen. Wenn auch zahlreiche Beispiele zum Verständnis des theoretisch Erörterten beitragen, so sind dieselben doch ohne künstlerischen Wert; es dürfte sich daher nebenher die Benutzung des „vom Ende's Schatzkästlein" (Heft Ia u. b II u. II) à Mk. 2.—) empfehlen, welches die schönsten Perlen unserer Klavierlitteratur nach der in Rede stehenden Form geordnet und erläutert bringt.

Volksschul-Liederbuch.

Nach Quellen bearbeitet von **K. Becker, K. Reeder, E. Zeh.**
(Neuwied, Heusers Verlag, geb. 50 Pfg.).

Ein Schulbuch, welches bereits in 17 Auflagen erschienen ist, bedarf wohl kaum noch einer Empfehlung. Wer von dem Grundsatze ausgeht, dass ganz besonders auf musikalischem Gebiete für unsere Jugend das Beste in schönster Form gerade gut genug ist, der greife getrost nach diesem Werkchen. Auswahl, Bearbeitung in 2 bis 3 stimmigem Satz, Anordnung des Stoffes sowie Vortragsbezeichnungen sind tadellos, auch die Ausstattung lässt trotz des billigen Preises nichts zu wünschen übrig. Dass unsern schönsten Volksliedern eine hervorragende Stelle eingeräumt ist, liess sich von einem Mitarbeiter wie K. Becker-Neuwied nicht anders erwarten. Aber auch neuere vaterländische Lieder, wie „Joachim Hans von Zieten“, „Sie sollen ihn nicht haben“, „Wer ist der fromme, starke Held“, „Herrlich auferstanden“, „Bei Sedan auf den Höhen“ u. a. kommen hier zu ihrem Recht. Bezüglich der viel umstrittenen Frage, ob nach Ziffern oder Noten zu singen sei, nimmt das Werkchen eine vermittelnde Stellung ein, indem für die Unterklassen Elementarübungen nach Ziffern beigefügt sind.

Persönliches.

Der Königl. Musikdirektor C. Steinhauer, langjähriger Leiter des Düsseldorfer Gesangvereins, ist zum städtischen Musikdirektor in Oberhausen ernannt worden. Wir freuen uns aufrichtig, dass eines der hervorragendsten Mitglieder unseres Verbandes, einer der weitblickendsten und eifrigsten Förderer unserer Verbandsideen durch diese Wahl uns erhalten bleibt und im Herzen unseres Bezirks seinen Wohnsitz behält. Dem mächtig aufblühenden Gemeinwesen Oberhausen, dessen Geschicke bekanntlich ein musikalisch feingebildeter Bürgermeister lenkt, wird nunmehr die geniale und impulsive Künstlernatur Steinhauers in musikalischer Beziehung ohne Zweifel seinen eigenartigen Stempel aufdrücken und damit der vornehmen Kunst ein neues Gebiet erschliessen zum Segen der Kunst und der Stadt.

Wie sehr der Verlust in den Kreisen der Düsseldorfer selbst empfunden wird, davon giebt „Ohme Jan“ im Düsseldorfer Volksblatt ein „kräftiges“ Zeugnis. Es lautet:

„Mit grosser Betrübnis habe ich die Nachricht vernommen, dass Herr Musikdirektor Steinhauer unserer Stadt verloren gehen wird. Dieser Weggang ist kein Verlust, sondern ein Schlag für Düsseldorf. Wir haben in unserer Stadt so wenig Männer von idealem Streben und echt künstlerischem Geist, dass wir alle Veranlassung hätten, sie zu hüten wie unseren Augapfel. Unsere Maler, die dieses Kaliber besitzen, verlassen uns leider mit betrübender Regelmässigkeit, und nun auch derjenige unserer Musiker, dessen Verdienste um die unteren Hunderttausend ebenso gross wie unerreicht dastehen. Und dazu noch ein guter, echter, alter Düsseldorfer, die ohnedies in erschreckender Weise rar werden. Ich kann nicht umhin, zu sagen, dass in meinen Augen die Stadt sich geradezu versündigt hat, die diesen Mann nicht zu halten gewusst hat. Ich sage, mit gutem Grunde versündigt, denn versündigt hat sich Düsseldorf sowohl an Steinhauer, wie an seinen Bestrebungen. Unsere Stadt hat heidenmässig viel Geld für viele gute und für viele fragwürdige Vereine, Gesellschaften und Bestrebungen, aber gegenüber den vornehmsten, den kostbarsten Zielen hat sie eine Verständnislosigkeit und eine Knickerigkeit an den Tag gelegt, die tief zu beklagen ist. Das muss ihr bei dieser Gelegenheit einmal klar und gerade aus „vor die Schwaat“ gesagt werden. Als der „Gesangverein“ zum erstenmale für eine Mark und später in seinen Volksmusikfesten sogar für fünfzig Pfennig dem Mann aus dem Volke einen „Paulus“, eine „Schöpfung“ in mustergültiger Aufführung zugänglich machte, da war das eine That, die mit Jubel und Begeisterung aufgenommen wurde, eine That, deren Bedeutung für die Volkserziehung und Volksveredelung wohl erst von kommenden Zeiten voll gewürdigt werden wird, aber leider auch eine That, an der die officielle Stadt mit kalter Verständnislosigkeit und ohne Anteilnahme vorbei ging. Hätten die einigen, die es angeht, ihre Pflicht gegenüber den edelsten Bildungsbestrebungen der weniger mit Glücksgütern gesegneten Mitbürger erkannt, so hätte die Stadt den Gesangverein und seine Volksmusikfeste auf den Händen tragen und unseren Karl Steinhauer wie einen Schatz hegen müssen. Statt dessen unterstützte man Reiter- und Rennvereine und alle anderen möglichen und unmöglichen Vereine — nur den Gesangverein stiess man in seinem harten Kampf ums Dasein kalt zurück, nur den Volksmusikfesten gegenüber zeigte man keine begeisterte Hülfsbereitschaft, und nun lässt man es auch geschehen, dass ein Steinhauer uns fortgeholt wird von — Oberhausen! Na, meine Herren, wenn Sie das nicht empfinden, dann können Sie mir aufrichtig leid thun. Deutlicher kann ich nicht werden.“ Soweit „Ohme Jan“. Von der Bedeutung als Komponist, besonders in Männerchören, weiss jeder rheinische Sänger zu singen und zu sagen. Sein „Rhein“ und „Alt-Heidelberg, du feine“, „Stehn zwei Röslein“, „Abschied von der Heimat“ haben ihm eine populäre Bedeutung verliehen. Unsere besten Wünsche begleiten ihn nach Oberhausen.

Die Leitung der Concordia in Aachen ist Herrn Sem.-Musiklehrer Peltzer in Cornelimünster übertragen.

Dr. J. Pommer, Vorstand des Wiener Volks-Gesangvereins, ist zum Ehrenmitgliede des Westdeutschen Sängerverbandes ernannt worden.

Musikdirektor, Hof- und Domorganist Heinrich Schrader in Braunschweig wurde von Sr. Kgl. Hoheit dem Prinz-Regenten Albrecht mit dem Titel „Professor“ ausgezeichnet.

Rheinische Volkslieder.

Keine Gegend ist reicher an Volksliedern, wie die Rheinlande. Aus der grossen Zahl von Aufzeichnungen des Seminarlehrer Karl Becker in Neuwied hat derselbe im Jahre 189[illegible] einen Band rheinischer Volkslieder veröffentlicht, der die wohlwollendste Aufnahme in allen Kreisen fand. Seit dieser Zeit hat nun Karl Becker seine Aufzeichnungen um das Doppelte vermehrt und ist eifrigst damit beschäftigt, einen neuen Band rheinischer Volkslieder aus Volksmund zu veröffentlichen. Derselbe wird auch in Louis Heuser's Verlag in Neuwied erscheinen.

Aus der Krefelder Gemarkung werden mir zwei Volksweisen mitgeteilt, welche ich meinen Lesern nicht vorenthalten möchte, da sie in mancher Beziehung charakteristisch sind. Veröffentlicht werden sie hier meines Wissens zum ersten Mal.

Süchteln bei Krefeld.

„Süchtelner Festkantate“.

Wird angestimmt, wenn eine lustige Herren-, Jagd- oder Kneipgesellschaft in Süchteln auf der vollen Höhe guter Laune angelangt ist.

Doa koam ene Pereng (Warm) ut der Erd on fong
Dat öm de Dreck dat Lier erop spreng.
Aha! u. s. w.

Räplied.

(Text nicht zu ermitteln.)

Wechselgesang beim Brechen des Flachses, jetzt verschwindend.

Räpen = Flachsbrechen.

Neuigkeiten.

Abkürzungen: l-leicht, sch-schwer, s-sehr, z-ziemlich, m-mittel. — Für die Aufnahme in diese Rubrik genügt die Zusendung eines Frei-Expl.

Neue Männerchöre a capp.

Verlag von **F. E. C. Leuckart, Leipzig.**

l. Billig, F., op. 4. Reiterlied. P. 40 ₰. St. à 15 ₰.
m-sch. Becker, Reinhold, op. 105. Bannerlied. P. 70 ₰. St. à 20.
m-sch. Koschat, Thom., op. 123. Der Stöfelbauer. P. 80 ₰. St. à 30 ₰.
sch. Munzinger, Karl, op. 12. Cito mors ruit. P. 80 ₰. St. à 30 ₰.
m-sch. Wendl, Karl, op. 17 Pfingstglocken. P. 60 ₰. St. à 15 ₰.

Beachtenswerte Werke. Koschat bringt in bekannter Manier, sauber, wohlklingend und anspruchslos, ein heiteres Geschichtchen vom trunkfesten Stöfelbauer, der nach der Mahnung des Pfarrers, nur an Freudenfesten sich ein paar „Krügla̅n" zu leisten, sich nun alle Tage ein Schwipschen holt, da ihm eben an jedem Tage irgend etwas nach seiner Ansicht Freudiges passirt; sogar das Ende seiner Schwiegermutter wird ihm zum Fest. Ein bedeutungvolles Werk ist K. Munzinger op. 17. Das sich ausgezeichnet zur Vertonung für Männerchor eignende Gedicht von E. Geibel hat hier in vortrefflichem Satze eine den Stimmungsgehalt erschöpfende musikalische Illustration gefunden. Karl Wendls „Pfingstglocken" bauen sich in vornehmer, gehaltvoller Form auf einer Intonation auf.

Verlag von **C. F. W. Siegel, Leipzig.**

sch. Meyer-Olbersleben, Max, op. 61 I. Nebelkampf. P. 1 ℳ St. à 30 ₰.
z-sch. Meyer-Olbersleben, Max, „ 61 II. Schelm von Bergen. P. 1 ℳ, St. à 30 ₰.
z-sch. Unglaub, C., op. 11. Die Mühle im Walde. P. 60 ₰, St. à 15 ₰.
m-sch. Zürn, Willy, op. 17 I. O Maienlust. P. 40 ₰. St. à 15 ₰.
m-sch. „ „ „ „ II. Frühlingsjubel. P. 40 ₰, St. à 15 ₰.

Auch das sind höchst erfreuliche Erscheinungen in unserer im Uebrigen nicht viel Geist absorbierenden Männerchorlitteratur. Das ewige Geschrei nach leichter Ausführbarkeit, nach missverstandener „Volkstümlichkeit", das Stöhnen über jede Modulation und jeden übermässigen Sekundenschritt muss ja schliesslich unsere besten Tonsetzer vor diesem Gebiete zurückschrecken. Meyer-Olbersleben gehört nicht zu denjenigen, welche sich dadurch beirren lassen; er umgeht Schwierigkeiten im Satze nicht, wenn der Text sie erfordert, aber er bringt sie nie um ihrer selbst willen. Seine beiden Chöre sind nicht leicht, aber in guter Ausführung dankbar, daher grösseren Vereinen für den Wettstreit zu empfehlen. Ein köstliches Liedchen ist die „Mühle im Wald" von Unglaub; originell empfunden und sauber gearbeitet. Mancher wird auch hier wieder Instrumentalgeruch wittern, Klavierpassagen, und sich über die Summstimmen am Schluss aufregen; ich gehöre nicht zu denjenigen, welche derartige Summ- (oder Brumm-) stimmen prinzipiell in Grund und Boden verdonnern. Auch die beiden Frühlingsgesänge von W. Zürn sind tief empfunden und präsentieren sich in schönem Gewande; besonders No. 1 „O Maienlust" dürfte sich seiner sangbaren Melodie und seines harmonischen Wohlklangs wegen viele Verehrer erwerben.

Verlag von **J. Günther, Dresden.**

l. Berlt, A., op. 10. Im Walde. P. 40 ₰, St. à 15 ₰.
m-sch. Hunger, Karl, op. 111. Märzveilchen. P. 40 ₰, St. à 15 ₰.
m-sch. do. op. 150. An das Lied. „ 40 „ „ à 15 „
m-sch. do. op. 163. Blumentraum. „ 40 „ „ à 15 „
l. Kluge, Alb. Voigtländisches Volkslied „ 60 „ „ à 15 „
m-sch. Scheu, Josef, op. 56 I. Leichter Sinn. „ 80 „ „ à 20 „
m-sch. do. II. Nachtwandler. „ 80 „ „ à 20 „
m-sch. Schöne, Paul, op. 81 I. Bei dem Hüttchen. „ 40 „ „ à 15 „
m-sch. do. II. Selige Nacht. „ 40 „ „ à 15 „
m-sch. do. III. In Sonne. „ 80 „ „ à 20 „

Von den Hunger'schen Chören ist das „Märzveilchen" als ein melodiöses, volksthümlich gehaltenes Liedchen zu empfehlen. Auch das von Kluge gesetzte Voigtländische Volksliedchen ist ganz allerliebst. Josef Scheu trifft im „Nachtwandler" ganz prächtig den jovialen Ton des G. Falke'schen Mondscheinidylls, ein drolliger, aber feiner Zug durchweht das Liedchen. „In Sonne" von P. Schöne sei dann noch als wertvolle Gabe erwähnt.

Neue Lieder für Einzelstimme
Heinrichshofens Verlag, Magdeburg.

Francke Rich. op. 59.

Es'-as" I „Wie du doch so leise kamst". d'-g" II Allabendlich. e'-g" III Mutter o sing mich zur Ruh. d'-g" IV Deine Liebe ist flüchtig. Je ℳ 1.—.

Gerlach, Theod. op. 15.

C'-as" I „Bitt ihn, o Mutter" ℳ 1.80. C'-es II „Ein kluges Veilchen" 80 ₰. Cis'-e" III „In tiefer Stille ruht der Wald 80 ₰. D'-e" IV „Ich ging im Wald" ℳ 1.30.

Hermann, Hans. Spanische Lieder.

Dis-fis' I Deine Augen klagt ich. Gis-gis' II „Die Sterne am Himmel". Fis-a' III „Fliege hin zu meiner Schönen". G-a' IV „Nicht schlaf mehr, Mädchen". Fis-fis' V „Wenn es meine Augen sind". G-g' VI „Ohne Blumen ist der Frühling". Je ℳ 1.80.

Kauffmann, Fritz, op. 81.

Ais-e" I Kennst du das Leid? E'-gis" II „Ich sah einen Adler". D'-e" III 2 Lieder im Volkston. C'-es" IV Vision „Beim grossen Gott". G-es" V „Ich gehe den engern Pfad". Je ℳ 1.20.

Kauffmann, Fritz, op. 84.

C'-f" I Die Sultanin. G'-fis" II „Wenn die Linde blüht". C-e' III „Der Italiener kam". Dis-fis' IV Selige Nacht. Je ℳ 1.20. E-a' V „Ach hätt ich doch Gold" ℳ 1.80.

Masse, W., op. 22.

F'-f' I „Mein zitternd Herz, verrat mich nicht". Es'-as" II Ach wenn es meine Mutter wüsst. Es'-as" III „Es glänzt in stiller Nacht". Je ℳ 1.—.

Masse W., op. 23.

C-d' I Still wie unterm warmen Dach. C-e' II Und immer Du, dies dunkle „Du"? C-d' III „Wir haben oft beim Wein gesessen". Je ℳ 1.—

Zehn Lieder komp. von **C. H. Richter** (Verlag von W. Sandoz, Neufchâtel). Dieselben bilden neben einer Anzahl Dichtungen, einem Porträt und einer kurzen Biographie des Dichters **J. G. von Salis-Seewis** den Inhalt eines hübsch ausgestatteten Heftes, welches gelegentlich der Erinnerungsfeier an diesen Dichter von der literarischen Union „Arkadia", München und Basel herausgegeben wurde. Die Lieder sind teils für gemischten und Männerchor, teils für Einzelstimme komponiert und machen im ganzen einen günstigen Eindruck. Unter den Sololiedern zeichnet sich das erste „Ins stille Land" durch tiefe Empfindung und reiche Harmonik aus, während mir der Chorsatz nicht überall frei genug erscheint. Die schöne Erinnerungsgabe an diesen volkstümlichen Dichter sei hiermit der Beachtung empfohlen.

In **Kiel** besteht seit dem 12. April 1899 ein plattdeutscher Gesangverein, „Jungs holt fast", der soeben ein „Verzeichnis ein- und mehrstimmiger plattdeutscher Lieder nebst plattdeutschem Begleitwort" herausgab (Preis 25 Pfg). Das voranstehende Motto:

> Wat? Ji willt plattdütsch Versen sin
> Un könt nich plattdütsch singen?
>
> F. Reuter, „Hanne Nüte."

lässt sich leider noch auf weiteste Kreise anwenden. Zweifellos wird auch dieses Idiom in der Kunst seine Wiederauferstehung feiern.

Die weiteste Anerkennung der Pianistenwelt geniessen folgende *10 mittelschwere Klavierstücke.*

A. Arensky,	F. B. Busoni,	Ed. Schütt,	G. Karganoff,	Th. Leschetizky,
Prélude.	Kleine Balletscene.	Cantique d'amour.	Valse.	La Source.
Op. 42 No. 2. ℳ 1.—.	Op. 30 No. 2. ℳ 1.—.	Op. 36 No. 3. ℳ 1.—.	Op. 20 No. 3. ℳ 1.20.	Op. 36 No. 4. ℳ 1.80
F. Meyer-Helmund,	A. v. Fielitz,	A. Longo,	P. Tschaikowsky,	N. v. Wilm,
Arabeske.	Spanischer Tanz.	Capriccio.	Romance.	Alla Marcia.
Op. 40 No. 1. ℳ 1.20.	Op. 5 No. 3. ℳ 1.20.	Op. 13 No. 3. ℳ 1.—.	Op. 51 No. 5. ℳ 1.20.	Op. 14 No. 6. ℳ 1.—.

Verlag von D. Rahter, Leipzig.

Wilhelm Hansen, Musik-Verlag, Leipzig.

Novität! **Joh. Bartholdy.**

Strophe

für Streichinstrumente u. Klavier

(mit Orgelharmonium und Harfe ad lib.), op. 30.
Partitur und Stimmen ℳ 3,50, Dublierstimmen à ℳ —,25.
Für Violine, Harmonium und Klavier ℳ 2,—. Für Violine und Klavier ℳ ,50. Für Klavier solo ℳ 1,—.

„Gute melodiöse Unterhaltungsmusik, die ihres Erfolges beim Laienpublikum immer sicher sein kann. Für festliche Gelegenheiten und kleinere Musikveranstaltungen leichteren Genres ist das Werk wie geschaffen". *Allgem. Musikzeit., 1. März 1901.*

Dankbar

werden Sie mir sein für die Uebersendung meiner neuesten illustrierten Preisliste frko. gegen 10-Pfg.-Marke. **G. Engel, Berlin 146** Potsdamerstr. 131.

Katalog frei.

Streich-, Blas-, Schlag-Instrumente, Saiten u. Zubehör, Zug- und Mundharmonikas, Spielwerke, aus erster Hand bei **L. P. Schuster,** *Markneukirchen Nr. 171.*

Zur Damenschneiderei.

Die Viktoria-Schnitt-Muster-Mappe

mit deren Hülfe jede Dame im Stande ist, **gutsitzende** Damen- und Kindergarderobe und auch Wäsche anzufertigen, sei allen Damen bestens empfohlen.

Die **Viktoria-Schnitt-Muster-Mappe** erscheint zu jeder Saison neu mit den allermodernsten Schnitten ausgestattet in folgenden Ausgaben:

Ausgabe A für **Damen-Garderobe,** enthaltend: Taille, Bluse, Rock, Schlafrock, Matinée Jaquet und 5 dazu gehörige Modebilder. Preis Mk. 2.—.
Ausgabe B für **Kinder-Garderobe,** enthaltend: zwei Mädchenkleider, Jaquet, Knabenanzug und 4 dazu gehörige Modebilder. Preis Mk. 1.50.
Ausgabe C für **Damen-Wäsche,** enthaltend: Taghemd, Nachthemd, Beinkleid, Unterrock, Untertaille, Nachtjacke und Frisiermantel. Preis Mk. 2.—.
Ausgabe D für **Erstlings-Wäsche,** enthaltend: Steckkissen, Kopfkissen, Hemdchen, Jäckchen, Windelhose, Leibchen, zwei Läppchen und Erstlingskleidchen. Preis Mk. —.75.
Ausgabe E für **Puppen-Garderobe,** enthaltend: Kleider, Mäntel, Jaquets und Leibwäsche in drei Größen. Preis. Mk. —.50.

Schnitte nach Maaß werden einzeln für ein Schneiderkleid oder einen Schlafrock à 1.— Mk., für sonstige Damengarderobe 60 Pfg., für Kindergarderobe à 30—60 Pfg. geliefert.

Preisliste auf Wunsch gratis.

Der Universal-Taillenschnitt (D. R. G. M.)

eine Vorrichtung, vermöge deren Jedermann **ohne Vorkenntnisse** im Schnittzeichnen im Stande ist, Taillen jeder Größe **gutpassend selbst** zuzuschneiden. Handhabung kinderleicht. Mißlingen vollständig ausgeschlossen. Preis Mk. 4,50.

Lehrbuch der Damenschneiderei,

Praktische Anleitung zu gründlichem **Selbst**unterricht mit einem Original-Zuschneide-Tableau von Paula Zell. Preis Mk. 1.—.

Bestellungen werden gegen Voreinsendung des Betrages und 10 Pfg. Porto (auch in Briefmarken) oder Nachnahme (35 Pfg. theurer) umgehend erledigt von

Herm. Thom's Verlag in Leipzig.

Neue Lieder

in populärer Form von

Oscar Klose:

Gambrinuslied
mit Clavierbegleitung.
Pr. 1 Mk.

Deutsches Flottenlied
mit Clavierbegleitung.
Pr. 1 Mk.

Zündende Texte. Stimmungsvolle Musik.
Für Sänger in Vereinen, sowie ausübende Künstler.

Zur Einsicht franco

vom Musikverlag
Julius Hainauer
in
Breslau.

Antiquarisch
wird sehr billig abgegeben, tadellos erhalten:

G. F. Händel's Werke

(Breitkopf & Härtel. — D. Händel-Gesellschaft), 94 Bände. Subscriptions-Preis **Mk. 1041.—**, **für Mk. 400.— gegen bar.**

H. vom Ende's Musikalien-Versand, Köln a. Rh.

... gearbeitete Musikinstrumente jeder Art direkt von ... **Wilh. Herwig in Markneukirchen i. S.** Illustr. Preisliste umsonst u. portofrei.

SONDER-KATALOGE

von

Johann André, Musikalien-Verlag, Offenbach am Main

über nachstehende Musikalien-Gattungen.

Orchester- und Militär-Musik	Abteilung	1
Violine und Viola	„	2
Violoncello und Contrabaß	„	3
Flöte	„	4
Piano-Musik (mehrstimmige)	„	5
Guitarre, Zither, Mandoline Harfe, sowie **Ziehharmonika**	„	6
Mobilelle- und Bogenausgaben	„	7
Piano à 2 mains	„	8
Piano-Instrumente (außer Flöte)	„	9
Piano à 6 mains und à 4 mains	„	10
Männerchor	„	11
Orgel und Harmonium	„	12
Singspiele, Liederspiele, Operetten, Dramatische Aufführungen ic.	„	13
Frauen-, Jugend- und gemischter Chor	„	14
Gesangs-Terzette und Duette	„	15
1 Singstimme mit **Instrumental-** oder **Piano-** oder **Orgel-** oder **Harmonium-Begl.**	„	16
Kirchen-Musik	„	17
Gesang-Schulen und Liederbücher für Schulen und Vereine	„	18
Werke für besondere Gelegenheiten	„	19
Musikalische Scherze aller Art	„	20

Spezifizierte Verzeichnisse vorgenannter Kataloge sowohl als auch die Sonderkataloge selbst, werden auf Verlangen **kostenlos und portofrei** zugesandt.
Ansichts- & Auswahl-Sendungen von Musikalien bereitwilligst durch jede Musikalienhandlung, wo durch solche nicht erhältlich, auch direkt.

Die Musikalien-Verlagshandlung

Johann André, Offenbach am Main.

Konzertbericht.

Kritiken über Aufführungen und Künstler.

Eine Künstlerin, deren Name in Frankreich bereits einen vorzüglichen Klang hat und die durch ihre selten schöne Stimme und die vollendete Ausbildung derselben während der letzten Saison auch in Berlin Aufsehen erregte, ist Fräulein Marie Romaneck. Die „Moderne Kunst“ berichtet über die Sängerin: Fräulein Marie Romaneck, die in Paris so bekannte und beliebte Konzertsängerin, geht aus der berühmten Schule der Madame Marchesi in Paris hervor; seit einigen Jahren feiert sie in den ersten Pariser Gesellschaften die größten Triumphe. Für den deutschen Quartettverein sowie für die ganze deutsche Kolonie von Paris ist diese begabte Künstlerin ein wahrer Juwel und es vergeht keine Festlichkeit in diesen Gesellschaften, wo Fräulein Maria Romaneck nicht mit den süßen Klängen ihrer herrlichen Stimme jeden Zuhörer berauschte. Am 27. Januar zur Feier des Geburtstages S. M. des deutschen Kaisers, bei den Eröffnungsfeierlichkeiten des deutschen Reichshauses auf der Weltausstellung lieferte sie Beweise von ihrer hohen Begabung. Der deutsche Botschafter Fürst Münster, der Generalkommissar der Pariser Weltausstellung sowie viele andere hohe Personen machten ihr die größten Elogen ob ihres herrlichen Vortrages. Den besten Beweis der großen Beliebtheit der gottbegnadeten Sängerin lieferte das im letzten Frühjahr von ihr in einem der größten Säle von Paris arrangierte Konzert, wo die zuletzt kommenden Zuhörer keinen Sitzplatz mehr fanden. In diesem Winter wird Frl. Romaneck eine größere Konzertreise durch Deutschland machen, um auch ihre Landsleute in der Heimat mit ihrem herrlichen Gesang zu erfreuen.

Marie Romaneck.

Weitere Recensionen besagen folgendes:

Berlin. Ueberraschender Weise gab gestern die Qualität der Gesangleistungen ihrer Quantität wenig nach, was nur selten der Fall zu sein pflegt. Da war zuerst im Bechsteinsaal die junge Sängerin Frl. M. Romaneck aus Paris, deren Darbietungen einen durchaus günstigen Eindruck machten. Ihre jugendlich frische Sopranstimme, besonders in der Höhe von schönem Klang, ist von hübscher Gleichmäßigkeit der Ausbildung, ihr Vortrag zeigt schon eine anerkennenswerte Gestaltungsgabe und beweist zugleich, daß die Sängerin auch im Innersten Anteil nimmt an dem, was sie singt. Das ließ z. B. ihre warm empfundene Wiedergabe des Brahms'schen „Von ewiger Liebe“ unschwer erkennen. Ein besonderes Lob verdient die tadellos deutliche Aussprache der Sängerin. (Börsen-Courier.)

Frl. Maria Romaneck aus Paris veranstaltete einen Liederabend, dessen Programm sich aus Werken von Schumann, Franz, Brahms, sowie verschiedener anderer Komponisten zusammensetzte. Die Sängerin verfügt über einen sympathischen Sopran, und führte ihr klug zusammengesetztes Programm mit bestem Gelingen durch. Was den Vortrag anbetrifft, so verstand es Frl. Romaneck, das Interesse während des ganzen Abends rege zu halten. Sie singt mit viel Empfindung und auch musikalisch sehr gut, und fand für jedes der gewählten Lieder den rechten Ton. (Musik-Zeitung.)

Paris. Zum Schluß sang der Quartettverein zwei kraftvolle Chöre, und die deutsche Konzertsängerin Maria Romaneck (Württembergerin), ein neuer Stern, trug 3 beifallumrauschte, reizende Lieder vor, „Frühlingstraum“ von Schubert, „Rote Rose“ von Steinbach, „Alte Weise“ von Bachet (mit Chorbegleitung) und „Vogel im Walde“ von Taubert, letzteres erfreute sich eines besonderen Anklangs. Für die talentvolle, prächtige Durchführung sprach Fürst Münster der beliebten Künstlerin in warmen Worten seinen Dank aus. (Schwäbischer Merkur).

Von den musikalischen Darbietungen verdienen besonders die Vorträge von Frl. Romaneck hervorgehoben zu werden; unter dem Namen versteckt sich eine junge Württembergerin, eine Schülerin der Marchesi, die mit ganz hervorragenden Stimmmitteln eine so frische und natürliche Vortragsweise verbindet, daß sie namentlich den Mitgliedern der deutschen Kolonie für alle Feste fast unentbehrlich geworden ist.
(Münchener N. N. 1. April 1900.)

Une jeune et brillante cantatrice, Mlle. Maria Romaneck, dont le talent a déjà été apprécié aux auditions musicales de son professeur, Mme. Marchesi, donnait avant-hier soir un concert avec le gracieux concours de Mlle. Juliette Toulain et de Mme. Rosa Boerl. Mlle. Romaneck a obtenu un grand succès en interprétant de sa voix chaude et vibrante plusieurs mélodies de Brahms, de Tosti, de Ferrari et de Schumann. (Figaro 28 avril 1900.)

Antwerpen. La partie vocale, côté solistes, avait d'ailleurs été particulièrement soignée cette fois car à côté d'un bon ténor, nous avons entendu une chanteuse de réel talent, douée d'une voix fort agréable émise avec autant de franchise que de correction. Mlle. Romaneck — tel est le nom de cette cantatrice — a elle aussi, obtenu un succès aussi vif que mérité.
(Le Matin, 2 decembre 1900.)

Strassburg. Mlle. Marie Romaneck a donné l'autre soir à la salle des agriculteurs de France un concert fort intéressant avec le gracieux concours de Mr. Charles Forster et de Mlle. Elise Playfair. L'éminente cantatrice, dont on a admiré la voix chaude, sonore et bien timbrée a dit avec un goût exquis et une méthode parfaite le grand air d'Iphigénie en Tauride de Gluck, plusieurs romances de Franz, Brahms, Gounod, Gorligioni, Tosti et Massenet.
(Journal d'Alsace 5 mai 1901.)

Die „Neue Zeitschrift für Musik“ schreibt:

Köln. Die Westdeutsche Konzertdirektion, welche in unserer Stadt eine zweifellos sehr ersprießliche Thätigkeit entwickelt, hat uns wieder einmal einen hohen Kunstgenuß vermittelt. So wie sie uns vor einigen Monaten in der „Philharmonie“ das Meininger Orchester unter Fritz Steinbach (erstmalig in Köln!) zuführte, so verdankten wir ihren Bemühungen am 22. d. M. ein Konzert des Münchener Kaim-Orchesters im Gürzenich unter der Leitung von Felix Weingartner. Es gehört meiner Ansicht nach heute zu den vornehmsten Aufgaben der einschlägigen Faktoren einer großen Stadt, die in Dingen der Musik Rang behaupten will, dem Publikum im Konzertsaale nicht nur die in allen kleinen wie großen Städten mit Rundreisebillet immer wieder erscheinenden bekannten Sänger und die gewissen Instrumentalsolisten zu bringen, bei denen die landesübliche „glänzende Technik“ nachgerade Grundbedingung geworden ist, wie im sonstigen Leben das Zeugnis zum einjährigen Dienste, sondern auch durch das Gast-Engagement auswärtiger Dirigenten von Ruf willkommene Abwechslung und Anregung zu bieten, ferner aber berühmte fremde Orchester nicht zu ignorieren, wenn sie unter der Führung ebensolcher Dirigenten große Reisen unternehmen und so dem Publikum anderer Städte die bequeme Chance entgegenbringen, sich ohne weitere Mühe an Ort und Stelle mit ihren künstlerischen Darbietungen bekannt zu machen. Verhält man sich in solchen Fragen bei uns auf zunächst beteiligter Seite allzu engherzig und monopolistisch, so ist es freudig zu begrüßen, wenn von anderer Seite aus solche Förderungen an unser Kunstleben, die, wie die Dinge in Deutschland derzeit liegen, nun einmal zu den „billigen“ zählen, erfüllt werden, und darum verdient das thatkräftige Vorgehen der „Westdeutschen Konzertdirektion“ alle Anerkennung und Unterstützung.

Weingartner's Programm begann mit Gluck's Ouverture zu „Iphigenie in Aulis“ (mit dem Schluß von Richard Wagner), brachte dann die Ouverturen zur „Zauberflöte“ und zum „Freischütz“, Wagner's „Siegfried-Idyll“ und Pariser Bearbeitung des „Venusberg“, später als Hauptwerk, Beethovens fünfte Symphonie. Die auserlesene Schaar von Musikverständigen, welche das in Anbetracht eben dieser Qualität leider nicht zahlreiche Auditorium des Konzerts bildete, brach des öfteren und speziell nach der einzig schön gespielten Freischütz-Ouverture in stürmischen Jubel aus, wie er bei ähnlichen Anlässen auch im Gürzenich noch nicht allzuoft erklungen sein mag, und nach Beendigung der Symphonie, deren Wirkung eine monumentale war, wollten Beifall und Zurufe schier kein Ende nehmen. Man machte durchaus keine Miene, den Saal zu verlassen; alle Hörer waren sich darüber einig, daß die soeben genossenen Aufführungen ein Ereignis seltenster Art in unserem Musikleben bildeten, man hätte am liebsten diese zwei Stunden edelsten Kunstgenusses verlängert gesehen, alles blieb wie gebannt stehen, und die herzliche Ovation, welche die Elite der Kölner Leute vom Fach und ihre musikalischen Gesinnungsgenossen Meister Weingartner darbrachten, wird ihm (den man nur vor Jahren einmal in einem Konzerte sah) und seiner eminenten Künstlerschar deutlich genug gesagt, wie sehr man sich freuen würde, den auserlesenen Gästen bald wieder einen ähnlichen Abend zu danken. Neben der Freischütz-Ouverture und der Symphonie war es das Siegfried-Idyll, welches in seiner entzückenden Wiedergabe die größte Bewunderung verdiente. Ueber das herrlich geschulte Kaim-Orchester und über Weingartner brauche ich unseren Lesern nichts mehr zu sagen; sie wissen, welche ehrenvolle Sonderstellung der geniale Meister als **ein Moderner** einnimmt, dessen neuzeitliche Empfindungen und Errungenschaften ihn nicht hindern, der Romantik und den Klassikern sein ganzes Herz zu erschließen und seine glänzenden Musiker- und Kapellmeister-Eigenschaften voll edelster Begeisterung in ihren Dienst zu stellen. Was er mit diesem Orchester in Aufgaben, wie die genannten, erreicht, heißt eben **Vollendung**!

Eine „geschäftliche" Basis (ich muß mit Widerstreben doch davon reden) hat für diesmal der Sache gefehlt. Das geldbringende Konzertpublikum war fern geblieben, denn man geht hier in der „Musikmetropole", besonders, wenn es schon nicht mehr Winter ist, nicht gern in Nichtabonniertes, zu Dingen, deren Genuß ein gewisses gediegenes Musikverständnis erfordert, zumal, wenn für das Eintrittsgeld keine leicht erfreuliche Singerei dabei ist. In die Gürzenich-Abonnements-Abende geht die Mehrzahl der ständigen Besucher und Besucherinnen ja auch nur, weil es einmal Mode ist dort abonniert zu sein, oder auch um Toilette zu zeigen. Diese Leutchen dürfen das nächste Mal ohne Bedenken erscheinen, denn ich kann hiermit aufs Wort versichern, daß auch die schönsten Toiletten die Künstler nicht genieren, daß es aber unbedingt allerorten Mode ist, sich bei Weingartner und seinem Orchester zu zeigen. (Neue Zeitschrift für Musik. 3. Mai 1901.)

Krefeld. Zum V. Musikabend des Konservatoriums traten als Instrumentalisten die Herren **Willem Willeke** und **Paul Stoye** in den Vordergrund des Interesses. Ersterer interpretierte das Violoncell-Konzert in E-moll von Lindner und bewährte sich wieder als ein ganz hervorragender Cellist. Das Werk bietet gerade nichts Neues, hat aber hübsche Klangeffekte und ist mit großer Kenntnis der instrumentalen Wirkungen komponiert. Am besten gefiel uns der zweite Satz, dessen reizvolles melodisches Element der Künstler in ausgezeichneter Weise zur Geltung brachte. Der letzte Teil, die Tarantella, gab ihm sodann Gelegenheit, seine Virtuosität in der Ueberwindung technischer Schwierigkeiten zu zeigen, dabei gab aber sein Instrument den musikalischen Gedanken immer den richtigen Ausdruck. Das Auditorium lohnte die geniale Darbietung mit großen Beifallsbezeugungen und Hervorruf. Wie der Cellist, so gab auch der Pianist Herr **Paul Stoye** der Kritik die dankbare Aufgabe, einer wirklich guten Leistung lobende Anerkennung zu zollen. Aus dem bekannten Es-dur-Konzert von Liszt, das man immer wieder gerne hört, blitzen die glänzendsten Funken des Genies auf. Herr Stoye wußte diese zu wecken und leuchten zu lassen. Der ihm gezollte reiche Beifall galt zunächst der technisch vollendeten Ausführung, der leichten und geschmeidigen Ueberwindung der großen Schwierigkeit, der Kraft der Durchführung, der Durchsichtigkeit des Passagenwerkes und der Klarheit des rhythmischen Elements; den wärmsten Widerhall aber fand die in der Ausführung vibrierende Resonanz eines gesunden Gefühles, namentlich kamen die großen poetischen Züge am Schlusse zu prächtiger Darstellung. Rauschender Beifall ehrte den Künstler.

(Niederrh. Volkszeitung 29. April 1901.)

Hagen. Das von Herrn Albert Menn hierselbst im Weidenhof am Freitag arrangierte Konzert war leider nicht so gut besucht, als man gegenüber den vollendeten Leistungen, die geboten wurden, erwarten durfte. Der künstlerische Erfolg war ein desto größerer und nachhaltigerer; jede der mitwirkenden Kräfte hat mehr geboten, als selbst hochgespannte Erwartungen gehofft hatten. Eingeleitet wurde das Konzert durch das, dem Andenken eines großen Künstlers (A. Rubinstein) gewidmete Trio für Klavier, Violine und Cello von Tschakowsky in A-moll ein Werk, das zu den feinsinnigsten seiner Art gehört und namentlich im ersten und zweiten Satze wunderbare Schönheiten enthält. Das Publikum lauschte denn auch dem reichlich ausgedehnten Werke mit einer wahren Andacht. Die Ausführung war eine, bis in allen Einzelheiten fein abgetönte und bis zur äußersten Präzision ausgearbeitete; alle drei Künstler standen völlig auf der Höhe ihres Könnens und im Banne des prachtvollen Kunstwerkes, daß sie mit Wärme, tiefer Empfindung und vollendeter Technik zu Gehör brachten. Jeder der 3 Künstler brachte im Laufe des ebenso reichhaltigen wie feinsinnigen Programms eine Anzahl Solo-Piecen zum Vortrag. Herr **Heß** excellierte in dem Präludium, Gavotte und Rondo aus der E-dur Sonate von Bach, sowie in einer Paganinischen Etüde; nur Geiger allerersten Ranges dürfen es unternehmen, diese ohne Klavierbegleitung geschriebenen und gespielten Stücke vorzuführen und es genügt an dieser Stelle zu konstatieren, daß Herr **Heß** mit Recht allseitig als ein würdiger Nachfolger seines großen Lehrers Joachim anerkannt wird. Ganz meisterhaft gespielt war die wunderbare schöne Legende von Wieniawsky und die vollendeste Technik entwickelte der Künstler in dem von Schwierigkeiten geradezu wimmelnden und dabei doch hochmelodiösen Moto perpetuum von Ries. Der Erfolg des ausgezeichneten Geigers war ein durchschlagender und kann Herr **Heß** bei einem späteren Konzert zweifellos auf die weitgehendsten Sympathien des Hagener Publikums rechnen. Nicht minder groß war der Beifall, der Herrn **Grützmacher** zu teil wurde. Herr **Grützmacher** bewies, daß er sein Instrument mit großer Meisterschaft zu beherrschen und demselben warmes Leben einzuhauchen versteht. Waren schon die Piecen des ersten Teiles, die im Schumannschen Stile gehaltene Romanze und der Davidoffsche Springbrunnen derartig gespielt, daß das Publikum mit seinem Beifall nicht kargte, so entfesselten die drei letzten Piecen, jede eigenartig und verschiedenartig in ihrer Technik, wahre Beifallsstürme. Unser heimischer Künstler, Herr **Alb. Menn**, war ausgezeichnet disponiert und leistete so hervorragendes, daß ihm der stürmische Beifall des Publikums zuteil wurde. Die sehr dankbare Klavierpartie des Trios, die aber auch bedeutende Schwierigkeiten bietet, wußte Herr **Menn** mit vielem künstlerischem Geschmack und feinsinniger, verständnisvoller Auffassung zur Geltung zu bringen. Last not least das Leipziger Damen-Vokal-Quartett. Dieses rechtfertigte den ihm vorangegangenen Ruf vollständig. Die sämtlichen zum Vortrag gelangten Quartette zeichneten sich durch ihren Wohlklang und ihre bis in alle Einzelheiten fein herausgearbeiteten Nüancen aus. Lieder wie „Die Nonne" von Brahms, die Schumannsche „Soldatenbraut" und „Waldmärchen", vor allem die Zugabe des Volksliedes „In einem kühlen Grunde", werden den Zuhörern unvergeßlich bleiben.

(Hagener Zeitung, 6. Mai 1901.)

Barmen. Ein Concordia-Konzert zur Aufbesserung der Kasse des Städtischen Orchesters bereitete am Samstag den leider nicht allzu zahlreich erschienenen Zuhörern einige Stunden großen Musikgenusses. Hierzu trugen zwei vielversprechende Töchter des höheren Kunstgesanges nicht unwesentlich bei, die unsere findige Konzertgesellschaft aus den Gauen unserer sangesfrohen Berge entboten hatte. Nicht oft trifft man wohl zwei Stimmen, deren Klangfarbe in ihrer Mischung so glücklich zusammen harmoniert, wie die der Damen **Lina Goldenberg** und **Bertha Weiler**. Ohne Zuhülfenahme von Noten beherrschen beide Sängerinnen ihr Material nicht blos mit absoluter Unfehlbarkeit, sondern offenbaren ihre seltene Eintracht gleichgestimmter Seelen auch bis zu den intimsten Regungen des musikalischen Ausdruckes. Von Brahms sangen sie drei Duette, angeblich ernst, doch vom Standpunkt dieses Komponisten aus höchst vergnügt, wenigstens ohne komplizierte Gefühlsäußerungen. Trafen die „Schwestern zwei, die schönen" hier den verstohlen durchblitzenden Ton lieblicher Anmut und neckischer Schelmerei vortrefflich, so versenken sie sich mit nicht minderem Glück in den exotischen Reiz einiger czechisch national heiter gefärbter Duette, in denen Dvoraks Klangbildnertalent auf der Grundierung poetisch verwegener Dichtungen wuchert. Viel Süßes spendeten die Duettistinnen schließlich mit Zwiegesängen von Ernst Frank, gar lecker erzählend von einem „süßen Herzenskindchen mit rotem Zuckermündchen", sowie von „drei süßen kleinen Dirnen", die „saßen auf dem Zaun", endlich vom „Mariechen", das unter einem Baum sehnsüchtig auf den „Prinz" wartet, den bekannten Helden aller Mädchenträume. Weiter brachte der Abend dann neben den Orchesterwerken — Beethovens Leonoren-Ouverture und der G-moll-Sinfonie von Mozart — Erlkönigs Tochter von Gade. Herr **Julius vom Scheidt** sang hier den Herrn Olaf ebenso vortrefflich wie vorher seine Lieder und daß dessen besorgte Mutter sowie die schlagfertige Tochter des Erlkönigs bei den vorgenannten Solisten dieses Konzertes bestens aufgehoben waren, bedarf kaum der Erwähnung. Die Begleitung der Soli am Ibach durch Herrn Musikdirektor **Rich. Stronck** verriet die gereifte Objektivität des durchgebildeten Musikers wie auch die Routine des seiner Mittel bewußten und z. B. im Hungerlichen Lied mit leuchtender Virtuosität bethätigenden Tonkoloristen.

(Barmer Zeitung, 7. Mai 1901.)

Cleve. Das gestrige **Konzert des Städtischen Singvereins**, zu welchem sich von Nah und Fern die Musikfreunde im Schwanensaale eingefunden hatten, verlief in künstlerischer Hinsicht nach Wunsch und Erwarten und gereichte den Mitwirkenden ebenso sehr zur Ehre wie der Zuhörerschaft zur Freude. Aeußerst vorteilhaft führte sich der zweite Solist des Abends, Herr **Hans Bischoff**, Opernsänger am Kölner Stadttheater, ein mit „Wotans Abschied", einer Szene, entnommen aus Wagner's Musikdrama: „Die Walküre". Wagner's dramatische Musik bildet zwar mit der Szene ein unzertrennbares Ganzes, nichtsdestoweniger vermögen die eigentlichen Absichten des Komponisten auch im Konzertvortrage zur vollen Geltung zu gelangen, wenn der Künstler sich der ihm dargebotenen Grenzen nur bewußt bleibt. Herr Bischoff verstand es, durch die maßvolle, aber den Intentionen der Komposition meisterhaft folgende Interpretation einen durchschlagenden Erfolg zu erringen. Sein Vortrag atmete Kraft und Leben, der glanzvolle Ton und die Macht des Ausdrucks rissen die Zuhörer zur Begeisterung hin. Als Dritte im Bunde der Solisten debütierte sodann **Frau Münter-Quint**, Konzertsängerin aus Bonn. Gleich ihrem Kollegen rechtfertigt sie in hohem Maße den ihr vorausgehenden Ruf. Ihr Organ ist von sympathischem Klanggepräge und kristallheller Klarheit, die Tonbildung meisterhaft und die Tongebung bewundernswert. Eine wahre Glanzleistung, wie wir sie selten in unserm Konzertsaale zu hören Gelegenheit hatten, war der Vortrag der „Cavatine" aus Rossini's „Der Barbier von Sevilla", einer Perle des bel canto, welche einen wahren Beifallssturm entfesselte. In zwei größeren Kompositionen „Das Glück von Edenhall" und „Athenischer Frühlingsreigen beim Dionysosfeste" war dem Chore Gelegenheit geboten.

eine Probe seines Könnens abzulegen. Die erstgenannte Humperdinck'sche Komposition ist von prächtiger dramatischer Wirkung, stellt aber an die ausführenden Chöre hohe Anforderungen. Im Großen und Ganzen zeigte sich die Sängerschar derselben gewachsen; der Eindruck der musikalischen Sprache würde allerdings durch weit stärkere Stimmenbesetzung bedeutend gewonnen haben. Eine angenehme Gabe bot der Frauenchor in der Schluß-Nummer des ersten Teiles, in deren prächtiger Ausführung der „Frühlingsreigen" als ein herrliches Bild aus attischen Gefilden erglänzte.

Die Hauptaufmerksamkeit des Auditoriums richtete sich im zweiten Teile des Konzertes auf die berühmte Bruch'sche Komposition „Das Feuerkreuz". Unzweifelhaft gehört dieses Tonwerk zu den besten, wenigstens den ansprechendsten Schöpfungen des genannten Komponisten. Die kühne und geniale Realistik der Gestaltung, das frisch pulsirende dramatische Leben und die glanzvollen Chöre haben das „Feuerkreuz" zu einem oft und gern gehörten Chorwerke gemacht, dessen Aufführung allerdings neben einem trefflichen Orchester und einer guten Besetzung der Soli einen durchaus geschulten Chor voraussetzt. Die beiden ersten Vorbedingungen waren diesmal glücklich erfüllt, aber auch die letztgenannte hat unsere Erwartungen nicht getäuscht. Die Chöre waren gut einstudiert, dem Wollen entsprach auch das Gelingen. Da war fast kein Schwanken, alles wurde mit seltener, bis zum Schlusse andauernder Frische und Lebendigkeit zu Gehör gebracht. Schön und abgerundet erklang schon gleich der Einleitungschor: „O thauige Frühe", ergreifend die Stelle: „Süß ist's, für die Freiheit zu sterben". Das „Aufgebot", der „Kriegsgesang", und Schlußchor stellten der Leistungsfähigkeit des Chores wahrlich kein schlechtes Zeugnis aus. Die dankbarsten Rollen waren unter den Solisten der Sopranistin (Mary) und dem Baritonisten (Norman) zugewiesen. Gleichsam spielend verstanden dieselben, alle Klippen zu überwinden; als besonders unvergeßliche Darbietungen wollen wir nur Nr. 4 „Norman in den Bergen" und das bis zur Rührung entsprechende „Ave Maria" hervorheben. Fügen wir noch hinzu, daß der Harfenvirtuose Herr Katona aus Köln sein melodiöses Instrument ebenso gerecht wie seelenvoll dem Ganzen wirkungsvoll anzuschmiegen wußte und ferner das Orchester mit Künstlerfeuer auf dem Posten stand, so konnte es nicht fehlen, daß das schöne figurenreiche Tongemälde glänzend in die Erscheinung trat.

Neben den vorgenannten Faktoren verdient besonders der Leiter des „Städtischen Singvereins", Herr Musikdirektor Briefs, volle Anerkennung für die umsichtige Art, wie er den Abend zu einem ungetrübten Kunstgenuß gestaltete.

(Clevischer Volksfreund 30. April 1901.)

München. Die treffliche Konzertsängerin Johanna Dietz errang kürzlich mit einem Liszt-Abend ausserordentlichen Erfolg. Die „M. N. N." schreiben u. A.: „Das war eine künstlerische Leistung ersten Ranges! Das glänzende, volle Organ blieb bis zum letzten Ton siegbaft stark. Die vorzügliche Schulung der Sängerin zeigte sich hauptsächlich in der schönen fast vollkommenen Ausgeglichenheit der Stimmenregister, in der mustergültigen Atemführung und Aussprache, vor allem auch in dem herrlichen Pianissimo, von dem die Künstlerin übrigens nur da Gebrauch macht, wo es wirklich am Platze ist. Sind demnach die technischen Vorzüge schon außergewöhnlich groß, so ist die Auffassungskraft und die Kunst des Vortrags bei Frl. Dietz einfach bewunderungswürdig.

Köln. In der Musikalischen Gesellschaft spielte die einheimische Pianistin Margarete Behmer das Es-dur-Konzert von Liszt mit soviel Energie, Schwung und technischer Bravour und mit so rauschendem Beifall, daß man der jungen, bisher durch Professor Seiß unterwiesenen Künstlerin wohl eine aussichtsvolle Zukunft voraussagen darf. Das Orchester bot unter Kögels Leitung die Ouvertüre zur Melusine von Mendelssohn und Symphonie B-dur von Volkmann. (Kölnische Zeitung 24. März 1901.)

Emmerich. In dem Musikleben unserer Stadt bilden die Konzerte des „Städtischen Gesangvereins" stets ein Ereignis. Das bewies wiederum der vergangene Sonntag, der uns die Aufführung eines der großartigsten Tonschöpfungen aller Zeiten brachte, nämlich Händel's Oratorium „Der Messias". Daß der Verein überhaupt es wagen konnte, sich die Aufführung eines so schwierigen Werkes zur Aufgabe zu stellen, zeigt schon, daß er über tüchtige Kräfte verfügt und unter einer Leitung steht, die diese Aufgabe sich stellen konnte und durfte. Das Konzert selbst aber erbrachte erst recht diesen Beweis; es hat wiederum zur Evidenz gezeigt, daß thatsächlich der Verein Großes zu leisten im stande ist und einen Dirigenten besitzt, der jeder Aufgabe gewachsen ist und sich jeder Aufgabe nicht nur mit Geschick, sondern auch mit Geist entledigt. Die Sopranpartie lag in den Händen der Frau Mary Münter-Quint aus Bonn. Die Künstlerin, die hier zum erstenmale auftrat, verfügt über ein bedeutendes Organ von feiner Schulung; ihre Vortragsweise ist voller Seele und Empfindung. Bedeutend ist ihre Kunst in der Bewältigung der höchst schwierigen Cadenzen und Triller, an denen ja grade die Händel'schen Arien so reich sind. Der hohe Eindruck, den der Vortrag ihrer Arien: „Erwach zu Liedern der Wonne", der seelenvollen: „Er weidet seine Heerde" und vor allem: Ich weiß, daß mein Erlöser lebt", hervorriefen, wird, das ist sicher, so leicht nicht verwischt werden. In Herrn Hans Siewert aus Köln lernten wir einen hervorragenden Künstler kennen, der über ein bedeutendes Organ verfügt, welches ganz besonders auch in den hohen Lagen überaus weich, zart und angenehm erklingt. Sämtliche Arien trug Herr Siewert mit Meisterschaft und tiefem Empfinden vor und errang den lebhaftesten Beifall. Alles in allem genommen, war die Aufführung ein Meisterstück, auf das unser Emmerich mit Fug und Recht stolz sein kann. Das wollen wir uns überhaupt gesagt sein lassen: Nicht jede Stadt besitzt einen Verein, der solches zu leisten im stande wäre und daß der Eindruck der Aufführung auf alle, die von Nah und Fern herbeigeeilt waren, ein ganz gewaltiger war, ist wohl unleugbar. Kein Wunder, daß der gute Ruf der Emmericher Oratorienaufführungen in immer weitere Kreise dringt, und der Besuch derselben selbst aus solchen Städten, die früher kaum jemals an Emmerich dachten, von Jahr zu Jahr zunimmt! Es verdient daher der Verein und vor allem sein bewährter, umsichtiger und nach jeder Hinsicht tüchtiger Dirigent Herr Musikdirektor Poppe Dank und vollste Anerkennung. Der Lorbeerkranz, der Herrn Poppe überreicht wurde, war vollauf verdient. (Bürgerblatt, 16. Mai 1901).

Die Herren Ch. Wilke (Tenor), Gust. Dramsch (Bar.) und Frau Becker-Marston (Sopran) veranstalteten in Lemgo am 30. März ein in allen Teilen wohlgelungenes Vokal-Konzert, in welchem einige Lieder Jul. Hagemanns, vorgetragen von Herrn Wilke, tonschön und stimmungsvoll, ganz besondere Beachtung verdienten. Es waren: „Noch stand der West", „Sommernacht" und „Es war ein alter König". Es sind schön empfundene lyrische Perlen, welche auf jedes empfängliche Gemüt tiefe Wirkung ausüben.

Verschiedenes.

In Sonnenberg veranstaltet Cantor B. Roth alljährlich mit seinen verschiedenen Vereinen eine Anzahl von Aufführungen, die wegen der vorzüglichen Wahl des Programms und der hervorragenden Ausführung verdienen, hervorgehoben zu werden. Dem für seine Kunst begeisterten Dirigenten stehen für die Konzerte ein gemischter Gesangverein, ein Männerchor und ein Knabenchor zur Verfügung und neben den Unterhaltungs-Konzerten sind es die geistlichen Aufführungen, in welchen die drei Körperschaften zur Verwendung kommen. Eine ganz besondere Aufgabe hatte sich der Leiter und seine 90 Chorknaben mit dem Konzert am 31. März gestellt, in dem neben den verschiedenen Chören die Märchenoper von Karl Reinecke: „Die Teufelchen auf der Himmelswiese" zur Aufführung gelangte. Dieses reizende Werk fand jubelnde Aufnahme und musste bei ausverkauftem Hause wiederholt werden, sodass noch weitere Aufführungen in Aussicht genommen sind. Es ist eine vorzügliche Idee seitens der Chorleitung, die Einnahme nun auch für die kleine Sängerschar zu verwenden und die Lust zur Sangeskunst und die Pflege derselben zu fördern; so werden die Ueberschüsse zu einer Konzertreise verwandt, wobei geistliche und weltliche Aufführungen veranstaltet werden; der jungen Schar wird bei dieser Gelegenheit die Anerkennung für das freudige Streben im Dienste der Frau Musika nicht fehlen.

Der Franz Schubert-Verein (Berlin) stellt, um der Ausbeutung der in Berlin konzertierenden auswärtigen Künstler (Solisten wie Ensembles) heilsam zu steuern, den bereits ausserhalb öffentlich genügend erprobten Konzertisten einen Konzertsaal in bester Lage Berlins (W.) zur Verfügung, in dem sie vor geladenem, kunstverständigem Publikum und Kritik ihre Kunst in der Reichshauptstadt wirksam erproben können gegen eine Unkosten-Vergütung von 50 Mk. für einmalige Mitwirkung. Anmeldungen (mit Empfehlungsmaterial) sowie event. Anfragen sind zu richten an den musikalischen Leiter des Vereins Aug. Ludwig (Gross-Lichterfelde-Ost, Schillerstrasse 27.)

Zur Tonkünstler-Versammlung des allgemeinen deutschen Musikvereins, welche wie wir schon mitteilten, in den Tagen vom 1. bis 4. Juni in Heidelberg stattfindet, wird das Heidelberger Orchester durch Künstler der Hofkapellen in Karlsruhe, Dresden und Meiningen bedeutend verstärkt werden. Festdirigent ist Prof. Dr. Wolfrum-Heidelberg. Als mitwirkende Solisten sind für die 5 stattfindenden Konzerte gewonnen worden: Frau Noordewier-Reddingius, Frau Henriette Mottl, Frau Iduna Walter-Choinanus, Fräulein Martha Heines, Fräulein Jeanne Blyenburg, Fräulein Marie Berg aus Berlin, Herr Ejnar Forchhammer, Prof. Jos. Meschaert aus Amsterdam und Musikdirektor Karl Weidt; ferner als Violinsolisten Jacques Thibaut und Hofkonzertmeister Karl Wendling; am Klavier werden Herr F. Scharwenka und an der Orgel Musikdirektor Karl Straube aus Wesel erscheinen. Ausserdem wird das Böhmische Streich-Quartett mitwirken. Der Festchor besteht aus dem dortigen Bachverein und dem akademischen Gesangverein, sowie dem Heidelberger Liederkranz.

Wegweiser durch die Chorgesanglitteratur

nebst

„KONZERTBERICHT“

und Beiblatt:

Der Sänger.

Amtliches Organ des westdeutschen Sängerverbandes.

Ratgeber für Gesangvereine und Dirigenten.

Redaktion und Verlag: H. vom Ende, Köln a. Rh., Ecke Bismarck- und Kamekestrasse.

Erscheint monatlich einmal.
Bezugspreis für 1 Expl. 15 Pfg.
Jahresabonnement Mk. 1.50 und 40 Pfg. Porto.
Inserate kosten pro 4mal gespaltene Petitzeile 30 Pfg.

Expedition: H. vom Ende's Musikalien-Versandgeschäft.

Nr. 9. | Köln a. Rhein, den 26. Juni 1901. | II. Jahrg.

Inhalt:

Bearbeitung des deutschen Volksliedes.

H. vom Ende.

IV.

Die Tonweisen.

Eines unserer schönsten Lieder „La rauschen, Lieb, la rauschen“ findet man in modernen Liederbüchern oft bis zur Unkenntlichkeit entstellt. Nach Schmeltzel, 1544, besteht dasselbe aus einem Vortanz in 4/4 Takt, VS 4-4 NS 6-4, und einem Nachtanz, dieselbe Tonfolge im 3/2 Takt, VS 4-4 NS 6-6 (Verlängerung durch Schlussbekräftigung). Während sonst die Trippeltakte mehr dem Ausdruck leichter, heiterer, frischer Gemütsbewegungen dienen, bewirkt hier die Aenderung von 4/4 in den 3/2 Takt einen Umschlag der Stimmung ins Wehmütige, hauptsächlich hervorgerufen durch den Längenaccent, der den grösseren Notenwerten der Hebungen zukommt. Ich kann leider nur die Anfangstakte hierhersetzen.

Vortanz.

frisch.

La rauschen, Lieb, la rau - - - schen,

Nachtanz.

wehmütig.

Hast du ein Ringlein ver - lo - - - - ren

„Es kann kaum etwas Schöneres geben, als den Gegensatz und zugleich die Uebereinstimmung zwischen der vertieften stillen Liebestrauer — und dem heitern, aber eintönigen und doch leise wehmütigen Klingen der Sichel im reifen Korn, was hier so ganz ohne Emphase in wirklich rührender Einfall ausgesprochen wird“, sagt Vilmar.

Bei diesen taktischen Einsperrungen alter Lieder ist darauf zu achten, dass der Periodenbau nicht gestört werde und Sprach- und metrischer Accent nach Möglichkeit zusammenfallen. Ist das nicht möglich, so hat die Bezeichnung dafür zu sorgen, dass der Sprachaccent als der bedeutungsvollere ausgeführt wird und der Taktaccent unberücksichtigt bleibt. Die Alten kannten eben unsere metrische Taktordnung nicht, sondern nur Hebung und Senkung, es finden sich daher häufig verschobene Rhythmen, welche durch kleine Aenderungen in der Takteinteilung den Sängern mundgerecht gemacht werden können. Mustergültig redigiert sind in dieser Beziehung die „Chorübungen“, Heft III von Fr. Wüllner (Th. Ackermann München), denen ich folgendes Beispiel entnehme:

Mein Gemüth ist mir ver - wirret, das macht ein Jung-frau zart.

Dieselbe Weise nach Wüllner:

Jedoch, wenn auch hierdurch in vielen Fällen eine anmutige rhythmische Mannigfaltigkeit erzielt wird, vorzuziehen ist immer, wenn angängig, unsere heutige gleichartige Metrik; das Volk wird sich nur schwer an solche Feinheiten gewöhnen können. Auch verweise ich auf Wüllners Bearbeitung des alten Abschiedliedes: „Ich stund an einem Morgen, heimlich an einem Ort“. Das Lied ist nur in Verzerrungen (durch die Kontrapunktiker) erhalten und hat eine bessernde Hand nötig. Wüllner hat in seiner Bearbeitung (Deutsche Volkslieder, Heft IV, Berlin, Ries & Erler) durch Aenderung des Rhythmus ◡◡◡◡ in —◡—◡ an einigen Stellen eine sangbare Form geschaffen, durchweg im 6/4 Takt. Den äolischen Charakter verliert allerdings das Liedchen durch den phrygischen Schluss.

In ähnlicher Weise wie oben bei „La rauschen, Lieb“ verkehrt in dem Schwarzwälder Liedchen: „Ach Gott, es druckt das Herz mir ab“ mit dem Nachtanz: „Druck nit so“ der Takt- und Tempowechsel die Stimmung in ihr gerades Gegenteil. Der wehmütige Vortanz, in mässigem Tempo Solo zu singen, steht im 3/4 Takt, dann folgt mit ganz ähnlicher Melodie der lustige Nachtanz im 2/4 Takt, der übrigens richtiger: „Trutz nit so“ heisst.

In vielen Fällen finden wir auch bei Fr. M. Böhme noch ein gänzliches Verkennen des Wesens der Taktstriche; so in dem Liede: „Ach Gott, wie weh thut Scheiden“

u. s. w., während es doch heissen müsste:

Dieser Taktwechsel entsteht in der Regel im Volksgesange durch agogisches Nichttakthalten seitens der Sänger, durch Beschleunigen und Zögern an den geeigneten Stellen. Als ein lehrreiches Beispiel dafür ist das bekannte: „Prinz Eugen, der edle Ritter" anzuführen. Das handschr. Original lautet folgendermassen:

Prinz Eu - ge - ni - us der ed - le Rit - ter

usw. im 3/4 Takt

Diese, offenbar etwas schleppende Weise hatte im Volksmunde einen frischeren Zug bekommen durch Verkleinerung der Notenwerte an den mit * bezeichneten Stellen. Daraus war dann nach der Notation von Erk ein 5/4 taktiges Gebilde geworden:

Mit Recht zogen gegen diese Notation, die übrigens durch ihre Aufnahme in Schulliederbüchern etc. allgemein bekannt ist, C. F. Decker und Fr. Silcher zu Felde. Erstens ist für den Anfangsauftakt der folgenden Strophen gar kein Raum vorhanden, da das Lied nach dieser Notation mit dem vollen Takte schliesst, und dann fallen die Auftakte innerhalb der Strophe sämtlich auf den Niederschlag, verursachen also ganz falsche Dynamik. Besser ist die Silcher'sche, auch von Kremser angenommene Notation mit Taktwechsel in 3/4 2/4 Takt:

Takt 2 würde besser lauten:

Auch das schwäbische Liedchen „Mädle ruck, ruck, ruck an meine grüne Seite" hat metrische Schwierigkeiten. Silcher notiert durchweg im 4/4 Takt und macht dadurch die Melodie schleppend; ausserdem wird sie so nie im Volke gesungen. Sie stand ursprünglich, wie alle altschwäbischen Tanzweisen, im 3/4 Takt und ist dem Liedchen „Unter meines Vaters seinem Fenster, gehn die Mädel wie Gespenster" nachgebildet:

u. s. w.

Durch die 3malige Wiederholung des „ruck" entstand eine Takterweiterung zu einem 4/4 Takt. Böhme notiert richtig:

Karl Becker in seinem Volkslieder-Album (L. Heuser, Neuwied) nimmt eine vermittelnde Stellung ein:

und das scheint mir die annehmbarste Lösung zu sein.

Noch eine rhythmische Eigentümlichkeit der alten Lieder möchte ich hier erwähnen, ohne einer Modernisierung das Wort reden zu wollen. Es ist die häufige Anwendung längerer Noten auf kurzen Silben:

Mar - jam die rei - ne Maid
Kein Hirt sie uns ver - soll
sie that uns gnä - dig sein.

sie nar - ret dich

(Forts. folgt.)

Judith.

Oratorium von Aug. Klughardt.

II. Teil.

Stand bisher der mächtige, kriegerisch rohe, etwas barbarische Holofernes im Vordergrunde des Interesses, so beherrscht die sinnlich berückende, aber immer edle und vornehme Gestalt Judiths den zweiten Teil des Werkes. Nach all den aufregenden Scenen ist die nun in breiter Ausladung folgende lyrischen Charakters mit ihrer lieblichen Melodik von wohlthuendster Wirkung. Wiederum umschmeicheln die Quartsextakkorde mit dem engelhaft darüber schwebenden Thema Judiths in mannigfacher Beleuchtung unsere Sinne, unterbrochen von der früher geschilderten Bassfigur und kurzen Andeutungen des Holofernes-Themas. Da Judith bereits früher ohne ihr Thema aufgetreten ist, so darf dem letzteren wohl auch die allgemeinere Bedeutung eines Gnadenthemas zuerkannt werden, welches sich an Judith, als der Vermittlerin der göttlichen Hülfe knüpft. Aus diesem Thema entwickelt sich dann eine kleine Perle musikalischer Lyrik, ein Intermezzo von lieblicher Melodik und einschmeichelndem Wohllaut mit nachfolgendem 3stimmigen Frauenchor, welcher die Meisterschaft Klughardts auf diesem Gebiete wiederum im hellsten Lichte erscheinen lässt.

Ein eigentümlich tappendes Thema knüpft sich jetzt an die zögernd in das feindliche Lager eintretende Judith

Mässig bewegt (Fluchtmotiv)

und erscheint auch später wieder vor und nach ihrer Bluthat. Die nun folgende Scene zwischen Holofernes, Judith und Abra bildet musikalisch wohl den Höhepunkt des Werkes und zeigt uns die geistige Natur Klughardts in einem unerwartet neuen Gesicht. In schönem Aufbau spinnt sich die Liebescene unter Heranziehung der Abra (wohl nur aus musikalisch-technischen Gründen) ab bis zu dem überaus zart empfundenen Duett „Schon verlöschen der Sonne lebenspendende Strahlen", vergleichbar einer der schönsten Stellen in der Liebesnacht Tristan und Isoldes und rhythmisch auch mit dieser verwandt. Im Laufe des Gesprächs tritt ein aus dem Judith-Thema entstandenes neues Motiv

auf als Symbol der unberückenden Eigenschaft Judiths, mit den Worten „Schön bist du", „Ja selig bin ich". Im Orchester erklingt es vor den Worten: „Er geht dahin, bethört von Liebe", ebenso vor der Ermordung, da Holofernes sich zum Schlaf niederlegt; man könnte es demnach auch als Schicksalsmotiv bezeichnen.

Nachdem sich Holofernes und Judith zurückgezogen haben, ertönt nach einem Gebet Abras in einem kurzen aber stimmungsvollen Orchesterzwischenspiel zunächst Achior's und Holofernes Thema, letzteres nur angedeutet im Bass, verbunden durch das Schicksalsmotiv. Immer drückender lagert sich schwüle, unheilschwangere Luft über der Scene, bis plötzlich nach dem in fliegender Hast dahinjagenden, tappenden Motiv der Judith (Fluchtmotiv) und einem kurzen Lauf jäh die schweren Schläge des Todesmotivs in greller Harmonisierung herniedersausen und das Ende des Feldherrn verkünden. Noch einmal erscheint Judiths berückende Gestalt im Orchester, einige begeisterte Worte melden das Gelingen der That, und dann wendet Judith ihre Schritte eilends zurück zu den Ihrigen, begleitet von einem interessant gearbeiteten Zwischenspiel, in welchem das Fluchtmotiv mit dem zweiten Judithmotiv und dem Achior-Thema abwechselt. Die Schlussscene gestaltet sich in mächtiger Steigerung wieder zu einer dramatisch belebten. Ein kühn und trotzig ansteigendes

Fanfarenmotiv

verwandt mit der 2. Hälfte des Holofernes-Themas ruft die Juden herbei; der Anblick des abgeschlagenen Hauptes giebt ihnen den verlorenen Mut wieder und nach einem wuchtigen Chor, der ihrer Siegeszuversicht Ausdruck verleiht, eilen sie kampfesmutig dem Feinde entgegen. Der Sieg ist ihnen. Ein wirkungsvolles Jubellied der Judith in altoratorischem Stil und ein Hymnus der Juden von kolossalen Dimensionen beschliesst das farbenprächtige Werk.

Ein von der ersten bis zur letzten Note spannendes, mit echt dramatischem Leben und modernem Geist erfülltes Werk, und doch nicht aus dem Rahmen des Oratoriums heraustretend. Schade, dass der Klavierauszug keine Andeutungen der Instrumentation enthält, sie vermitteln häufig ein besseres Verständnis und erschliessen manche Schönheiten.

vom Ende.

Verzeichnis der in letzter Zeit häufiger aufgeführten neueren Werke für gemischten, Männer- und Frauen-Chor, Solo und Orchester mit Angabe der Soli, Preise, Dauer etc.

A. Gemischter Chor mit Solo und Orchester.

Baldamus, G., op. 26. Frühlingsdithyrambe (Bariton). Part. Mk. 6,—, Orchesterst. Mk. 7,—, Klavier-Ausz. Mk. 3,—, Solost. 30 Pfg., Chorst. je 30 Pfg.

Bartmuss, Rich., op. 14. Der Tag der Pfingsten. Oratorium. (Sopran, Bariton) Orgel-Ausz. Mk. 4,50, Solost. Mk. 1,50, Chorst. Mk. 2,—, Posaunenst. 50 Pfg. Text 10 Pfg. Orch.-Part. und Stimmen in Abschrift leihweise.

Brambach, C. J., op. 73. Salve Regina (Sopran-Solo). Part. Mk. 8,—, Klavier-Ausz. Mk. 4,—, Orchesterst. Mk. 8,—, Solost. 60 Pfg., Chorst. je 30 Pfg.

do. op. 99. Der späte Winter für gem. Chor und Orchester. Part. M. 15,—, Klavier-Ausz. Mk. 3,—, Orchesterst. Mk. 20,—, Chorst. je 30 Pfg. Dauer 20 Minuten.

do. op. 101. Der 21. Psalm (Königspsalm) für gem. Chor mit Orgel od. Pianof. Klavier-Ausz. netto Mk. 3,—, Stimme je Mk. 1,—. Dauer 15 Minuten.

Becker, Alb., op. 16. Messe B-moll (Sopran-, Alt-, Tenor-, Bass.) Part. Mk. 24,—, Kl.-A. Mk. 8,—, Orchesterst. 20 Hefte à 60 Pfg., Orgelst. Mk. 1,50, Chorst. je 60 Pfg. Text 10 Pfg. Kl. Konzertführer 10 Pfg. Dauer 1½ Stunden.

Berlioz, H., op. 5. Requiem. Part. Mk. 15,—, Klavier-Ausz. Mk. 3,—, Orchesterst. Mk. 21,—, Chorst. je 60 Pfg.

do. op. 25 II. Flucht nach Egypten. (Solo Tenor). Part. Mk. 5,—, Orchesterst. Mk. 4,—, Chorst. Mk. 1,—, Klavier-Ausz. Mk. 2,50. Dauer 10 Minuten.

Bruch, Max, op. 45. Das Lied von der Glocke. (Sopran-, Alt-, Tenor-, Bass-Solo). Orch. und Org.-Part. Mk. 54,—, Klavier-Ausz. Mk. 8,—, Orchesterst. Mk. 61,—, Chorst. je Mk. 3,—.

do. op. 50. Achilleus. (Sopran, Alt, Tenor, Bariton, Bass-Solo). Part. Mk. 60,—, Klavier-Ausz. Mk. 12,—, Orchesterst. Mk. 90,—, Chorst. je Mk. 4,—. Dauer 3 Stunden.

do. op. 52. Feuerkreuz. (Sopran, Bariton, Bass). Part. Mk. 48,—, Klavier-Ausz. Mk. 8,—, Orchesterst. Mk. 54,—, Chorst. je Mk. 2,—. Dauer 1½ Stunde.

do. op. 73. Gustav Adolf. (Alt, Tenor, Bariton.) Part. Mk. 60,—, Klavier-Ausz. Mk. 8,—, Orchesterst. Mk. 75,—, Chorst. à Mk. 3,—. Dauer 2½ Stunden.

Bruckner, A., Messe D-moll. Part. Mk. 20,—, Klav.-Ausz. Mk. 5,—, Orchesterst. Mk. 25,—, Chorst. Mk. 5,—.

do. Te Deum. Part. Mk. 10,—, Klavier-Ausz. Mk. 4,—, Orchesterst. Mk. 15,—, Chorst. je 75 Pfg.

Diebold, Joh., Legende des heil. Bonifacius. (Sopr., Ten., Bar.) Klavier-Ausz. netto Mk. 6,—, Chorst. je Mk. 1,—. Aufführung 2 Std. Orch.-Part. u. -Stimmen leihweise.

Draeseke, F., op. 39. Osterscene. (Bariton). Part. und Orch.-St. leihweise, Klav.-Ausz. Mk. 3,—, Chorst. je 25 Pfg., Dauer 15 Minuten.

Frischen, Jos., Grenzen der Menschheit. Kl.-A. Mk. 4,—, Chorst. je Mk. 60,—, Part. Mk. 12,—, Orchesterst. Mk. 9,—, Doublierst. 50 Pfg.

Gade, N. W., op. 12. Comala. (2 Sopran, Mezzosopran-, Bariton) Part. Mk. 21,—, Klav.-Ausz. Mk. 6,—, Orchesterst. 20 Hefte je 10 Pfg. 8 Chorst. je 30 Pfg. Kl. Konzertführer 10 Pfg. Dauer 45 Minuten.

do. op. 30. Erlkönigs Tochter. (Sopran-, Alt-, Bass-Solo.) Part. Mk. 27,—, Klavier-Ausz. Mk. 4,50, Orchesterst. Mk. 18,50, Solost. Mk. 1,50, Chorst. Sopran und Alt je 75 Pfg., Tenor und Bass je 50 Pfg. Textbuch 10 Pfg. Dauer 45 Minuten.

do. op. 50. Die Kreuzfahrer. (Sopran-, Tenor-, Bass-Solo.) Part. Mk. 18,—, Klavier-Ausz. Mk. 4,—, Orchesterst. 28 Hefte je 60 Pfg., Chorst. je 60 Pfg. Dauer 1 Stunde.

Gouvy, Th., op. 88. Polyxena. (Sopr.-, Alt-, Bariton.) Part. Mk. 24,—, Klavier-Ausz. Mk. 9,—, Orchesterst., 28 Hefte, je 90 Pfg., Chorst. je 60 Pfg., Text 20 Pfg.

Goepfart, K., Liebesquelle zu Spangenberg. (Sopran, Tenor, Bass). Klavier-Ausz. netto Mk. 7,50, Chorst. je Mk. 1,50. Orchester-Part. und Stimmen leihweise. Aufführung 2¼ Stunden.

Haydn, Jos., Unvollendetes Oratorium. (Bass.) Part. Mk. 4,—, Klavier-Ausz. Mk. 2,50, Orchesterst. Mk. 5,—, Streichst. je 40 Pfg. Chorst. je 30 Pfg.

Heubner, K., op. 5. Psalm 1. (Sopran). Klavier-Ausz. Mk. 3,—, Chorst. je 40 Pfg. Dauer 20 Minuten.

Hegar, Fr., op. 16. Manasse. (Sopran, Tenor, Bariton, Bass). Part. Mk. 60,— Klavier-Ausz. Mk. 8,—, Orchesterst. Mk. 75,—, Chorst. je Mk. 1,50. Textbuch 25 Pfg., themat. Führer 50 Pfg.

Herzogenberg, H., von, op. 56. Die Weihe der Nacht. (Alt). Klavier-Ausz. Mk. 4,50. Chorst. je 30 Pfg.

Hofmann, H., op. 30. Märchen von der schönen Melusine. (Sopran, Alt, Tenor, Bass). Part. Mk. 32,—, Klavier-Ausz. Mk. 8,—, Orchesterst. Mk. 33,—, Solost. je Mk. 6,—, Chorst. je Mk. 2,—. Dauer 30 Minuten.

do. op. 45. Aschenbrödel. (Sopran, Alt, Bariton.) Part. Mk. 40,—, Klavier-Ausz. Mk. 14,—, Orchesterst. Mk. 40,—, Solost. je Mk. 4,—, Chorst. je Mk. 3,—. Dauer 2 Stunden.

do. op. 100. Editha. (Sopran, Alt, Bariton, Bass). Part. Mk. 24,—, Klavier-Ausz. Mk. 10,—, Orchesterst. à 80 Pfg., Chorst. je 90 Pfg. Text 20 Pfg. Dauer 1¼ Stunden.

Hofmann, H., op. 110. Prometheus. Part. Mk. 40,—, Klav.-Ausz. Mk. 12,—, Orchesterst. Mk. 50,—, Chorst. je Mk. 3,—. Text 20 Pfg.

Humperdinck, Glück von Edenhall. Part. Mk. 9,—, Klavier-Ausz. Mk. 5,—, Orchesterst. Mk. 12,50, Chorst. je Mk. 1,—, Dauer 30 Minuten.

do. Wallfahrt nach Kevelaar. (Sopran, Tenor). Part. Mk. 12,—, Klavier-Ausz. Mk. 2,50, Orchesterst. Mk. 12,—, Chorst. Mk. 1,25.

Hutter, N., op. 13. Lanzelot. (Sopran, 2 Tenöre, Bariton, Bass.) Klavier-Ausz. Mk. 8,—, Chorst. à 50 Pfg., Orch.-Part. Mk. 60,—, Orch.-St. Mk. 75,—. Textbuch 25 Pfg.

Jensen, Ad., Adonisfeier. (Tenor od. Sopran) Klavier-Ausz. Mk. 3,—, Solost. 75 Pfg., Chorst. je 50 Pfg. Dauer 30 Minuten.

Kahn, Rob., op. 28. Sommerabend. (Sopran, Tenor, Bass). Kl.-A. Mk. 5,—, Chorst. je 60 Pfg. nur mit Klavier. Dauer 40 Min.

Kessel, Fr., Belsazar (Heine). Klavier-Ausz. Mk. 2,50, Chorst. je 40 Pfg., Orchestermaterial leihweise. Dauer 15 Min.

Klughardt, A., op. 75. Zerstörung Jerusalems. (Sopran, Alt, Tenor, Bass). Part. Mk. 50,—, Klavier-Ausz. Mk. 8,—, Orchesterst. Mk. 45,—, Chorst. je Mk. 1,—.

do. op. 85. Judith. (Sopran, Mezzo-Sopran, 2 Tenöre, Bass). Part. Mk. 60,—, Orchesterst. Mk. 75,—, Klavier-Ausz. Mk. 8,—, Chorst. je Mk. 1,80, Textbuch 30 Pfg., themat. Führer 20 Pfg.

Kremser, E., Sechs altniederländische Volkslieder. (Tenor, Bariton). Part. Mk. 10,—, Klavier-Ausz. Mk. 1,80, Orchesterst. Mk. 15,—, Streichst. je 60 Pfg., Solost. je 15 Pfg., Chorst. je 30 Pfg. Dauer 20 Minuten.

Kriegeskotten, F., op. 7. Barbarossa. (Tenor). Part. u. Stimmen Mk. 12,—, Klavier-Ausz. Mk. 3,—, Chorst. je 30 Pfg.

Krug-Waldsee, J., op. 8. Harald. (Bariton). Part. und Orchesterst. in Abschrift. Klavier-Ausz. Mk. 2,50, Chorst. je 30 Pfg. Dauer 25 Minuten.

Mayer, J. A., op. 17. Der Geiger von Gmünd. (Tenor). Orchester-Part. und Stimmen leihweise. Klavier-Ausz. Mk. 7,50, Chorst. je 90 Pfg. Aufführung 2 Stunden.

do. op. 18. Jephta. (Sopran, Mezzosopran, Bariton.) Klavier-Ausz. Mk. 6,—, Chorst. je Mk. 1,—, Sopran und Alt je Mk. 1,20, Textbuch 20 Pfg. Orchestermaterial leihweise.

Mendelssohn, A., Der Hagestolz. Partitur Mk. 8,—, Orch.-St. Mk. 5,75, Klavier-Ausz. Mk. 2,—, Chorst. Mk. 1,—.

Meyer-Olbersleben, M., op. 40. Das begrabene Lied. (Sopran, Bariton). Klavier-Ausz. Mk. 5,—, Solost. Mk. 1,60, Chorst. je 60 Pfg. Orch.-Part. Mk. 15,—, Orch.-St. Mk. 20,—.

Meinardus, Ludw., op. 22 I. Rolands Schwanenlied. (Klav. m. Horn, Bass). Kl.-A. Mk. 1,50, Part. Mk. 4,50, Chorst. je 15 Pfg.

do. op. 22 II. Frau Hitt (Tyroler Volkssage von E. Ebert). (Sopran- und Alt-Solo). Part. Mk. 4,50, Orchesterst. Mk. 5,50, Klavier-Ausz. Mk. 2,75. Chorst. je 25 Pfg.

do. op. 46. Emmaus (Oratorium). (Sopran, Alt, Tenor, Bariton, 2. Bass). Klavier-Ausz. Mk. 7,—, Chorst. je 30 Pfg.

Othegraven, A. von op. 15. Der Milchbrunnen. Klavier-Ausz. Mk. 3,60, Chorst. je 80 Pfg. Part. leihweise. Orchesterst. Mk. 10,—. Dauer 20 Min.

Pizzl, E., Hohe Messe (Sopran, Tenor, Bass.) Kl. Ausgabe Mk. 5,—, Chorst. je Mk. 1,—. Orch. Mater. leihweise. Dauer 1 Stunde.

Röhr, H., Ekkehardt. Orch.-Part. und Stimmen leihweise. Klavier-Ausz. Mk. 10,—, Chorst. je Mk. 1,50, Tenor, Bass je Mk. 2,—. Aufführung 2½ Stunden.

Rheinberger, Jos., op. 145. Montfort. (Sopran, Alt, Tenor, Bass.) Part. Mk. 30,—, Klavier-Ausz. Mk. 7,50, Orchesterst. Mk. 30,—, Streichst. je Mk. 2,50, Chorst. je Mk. 1,25.

do. op. 164. Stern von Bethlehem. Part. Mk. 24,—, Klav.-Ausz. Mk. 7,50, Orchesterst. Mk. 24,—, Chorst. je Mk. 1,25.

Schäfer, D., 1. Das Lied der Maid von Astolat. 2. Tanzlied im Mai. Part. Mk. 6,—, Klavier-Ausz. Mk. 1,80, Orchesterst. Mk. 8,—, Chorst. je 25 Pfg. Dauer 15 Min.

Schubert, Fr., Deutsche Tänze, bearbeitet von C. Flitner. Klavier-Ausz. Mk. 2,50, Chorst. à 30 Pfg., Orch.-Part. Mk. 7,50, Orchesterst. Mk. 10,—, Text 10 Pfg.

Schulz-Beuthen, H., op. 46. (Bariton.) Kl. Ausg. Mk. 1,50, Chorst. je 60 Pfg. Solost. Mk. 1,50.

Schwalm, A., op. 65. Der Jüngling zu Nain. Klavier-Ausz. Mk. 3,—, Chorst. je 30 Pfg. Text 10 Pfg. Dauer 30 Minuten.

Seyffardt, E. H., op. 21. Trauerfeier für eine Frühentschlafene. (Alt.) Part. und Orchesterst. leihweise. Kl. Ausg. Mk. 3,—, Chorst. je 40 Pfg. Sopran 50 Pfg.).

Stehle, J. C. Ed., op. 43. Legende der hl. Cäcilia. (Sopran, Alt, Tenor, Bariton, Bass). Klavier-Ausz. Mk. 6,—, Chorst. je 70 Pfg. Dauer 1½ Stunde.

Steinbauer, Carl, op. 59. Meine Göttin (Göthe). (Sopran. Kl.-A. Mk. 5,—, Chorst. je 60 Pfg., Part. Mk. 2?,—, Orchesterst. Mk. 34,—, (Orchestermaterial auch leihweise.) Dauer 12 Minuten.

Thierfelder, op. 21. Edelweiss (Sopran, Tenor.) Klavier-Ausz. Mk. 3,—, Chorst. à 40 Pfg., Orch.-Part. und Stimmen leihweise.

Tinel, Edgar, op. 36. Franziskus. Sopran, Mezzo-Sopran, Tenor, Bariton, Bass. Part. Mk. 60,—, 5 Streichst. je Mk. 6,—, Harmoniest. leihweise. Klav.-Ausz. Mk. 10,—, Chorst. je Mk. 1,50. Dauer 2 Stunden.

do. **Godoleva.** (2. Sopran-, Alt-, Tenor-, Bariton-, Bass-Solo.) Part. Mk. 120,—, 5 Streichst. je Mk. 9,—, Harmoniest. leihweise. Klavier-Ausz. Mk. 16,—, Chorst. je Mk. 1,50.

Urspruch, Ant., op. 26. Frühlingsfeier. (Tenor.) Part. Mk. 12,—, Klavier-Ausz. Mk. 6,—, Orchesterst. Mk. 20,—, Streichst. je Mk. 1,50, Chorst. je 80 Pfg.

Vierling, G., op. 50. Raub der Sabinerinnen. (Sopran). Part. Mk. 75,—, Klavier-Ausz. Mk. 10,—, Orchesterst. Mk. 100, Chorst. je Mk. 2,—. Dauer fast 2 Stunden.

do. **op. 64. Constantin.** Part. netto Mk. 80,—, Orchesterst. netto Mk. 89,—, Singst. netto Mk. 6,—, Klavier-Ausz. netto Mk. 8,—. (Auch leihweise.)

Volbach, Fr., Vom Pagen und der Königstochter. Part. u. Orchesterst. in Abschrift. Klavier-Ausz. Mk. 4,—, Chorst. je 60 Pfg.

Winter, Georg, op. 12. Zum Reien im Maien. Klavier-Ausz. Mk. 4,50, Chorst. je 40 Pfg.

Woyrsch, Fel., op. 18. Geburt Jesu. Part. Mk. 12,—, Klav.-Ausz. Mk. 4,80, Orchesterst. Mk. 20,—, Chorst. je 80 Pfg.

do. **op. 45. Passions-Oratorium.** (Sopran, Alt, Tenor, Bariton.) Part. Mk. 70,—, Orchesterst. Mk. 75,—, Klavier-Ausz. Mk. 12,—, Chorst. je Mk. 2,—. Dauer 3 Stunden.

Zuschneid, K., op. 50. Die Zollern und das Reich. (Sopran.) Klavier-Ausz. Mk. 6,—, Sopran und Alt je Mk. 1,—, Tenor u. Bass je Mk. 1,20.

B. Männerchor mit Solo und Orchester.

Attenhofer, C., op. 57. In einer Sturmnacht. (Bariton.) Klavier-Auszug Mk. 3,—, Chorst. à 30 Pfg., Orch.-Part. Mk. 4,—, Orchesterst. Mk. 6,—.

do. **op. 74. Der Barde Lenz.** (Sopran-Solo.) Klavier-Ausz. Mk. 3,—, Chorst. à 30 Pfg., Orch.-Part. netto Mk. 9,30, Orchesterst. netto Mk. 10,60.

do. **op. 110. Der deutsche Michel.** (Bariton.) Klavier-Ausz. Mk. 1,80, Chorst. à 60 Pfg. Orch.-Part. Mk. 4,50 Orchesterst. Mk. 3,—.

Baldamus, G., op. 14. Weihe des Liedes. (Bariton.) Klavier-Ausz. Mk. 1,20, Chorst. à 15 Pfg., Orch.-Part. netto Mk. 6,—, Orchesterst. netto Mk. 7,50.

Brambach, C. Jos., op. 6. Macht des Gesanges. Klav.-Ausz. Mk. 3,25, Chorst. je 60 Pfg.

do. **op. 100. Caesar am Rubikon.** (Tenor). Part. Mk. 30,—, Klavier-Ausz. Mk. 4,50, Orchesterst. Mk. 45,—, Chorst. je Mk. 1,—. Dauer 1 Stunde.

Bruch, M., op. 23. Frithjof. (Sopran, Bariton.) Part. Mk. 22,50, Klavier-Ausz. Mk. 7,50, Orchesterst. Mk. 24,—, Solost. Mk. 1,—, Chorst. je 80 Pfg.

do. **op. 25. Salamis.** (Tenor, Bass.) Part. Mk. 7,50, Klavier-Ausz. Mk. 5,—, Orchesterst. Mk. 10,—, Solost. je 25 Pfg., Chorst. je 50 Pfg.

do. **op. 24. Schön Ellen.** (Sopran, Bariton.) Part. Mk. 8,—, Klavier-Ausz. Mk. 3,50, Orch.-St. Mk. 10,—, Solost. Mk. 1,60, Chorst. je 50 Pfg.

do. **op. 32. Normannenzug.** (Bariton). Part. Mk. 4,—, Klavier-Ausz. Mk. 2,50, Orchesterst. 23 Hefte je 30 Pfg., Chorst. je 30 Pfg. Dauer 10 Minuten.

David, F., Die Wüste. (Tenor) Part. Mk. 28,25, Klav.-Ausz. Mk. 4,—, Orchesterst. Mk. 19,—, Chorst. je 75 Pfg. Singst. Mk. 3,60.

Fromm, E., op. 9. Iiha von Toggenburg. (Sopran, Bariton). Orch.-Part. und Orchesterst. (in Abschrift leihweise) Klavier-Ausz. netto Mk. 7,50, Chorst. je Mk. 1,20. Dauer 1½ Stunden.

Grieg, E., op. 31. Landerkennung. (Bariton). Part. Mk. 3,—, Klavier-Ausz. Mk. 1,50, Orchesterst. Mk. 7,80, Chorst. je 30 Pfg.

Goepfart, K., op. 50. Rom's Fall. (Sopran, Tenor, Bass). Part. und Orch.-St. (leihweise) Mk. 10,—, Kl.-A. Mk. 6,—, Chorst. je 60 Pfg.

Heuser, Ernst, op. 33. Deutsche Sänger am Missouri. (Tenor, Bariton). Part. Mk. 20,—, Klavier-Ausz. Mk. 3,—, Orchesterst. Mk. 18,60, Chorst. je 50 Pfg. Dauer 20 Minuten.

Hirsch, C., op. 101. Trompeter von Säkkingen. (Sopran, Bariton, Bass.) Part. Mk. 24,—, Klavier-Ausz. Mk. 10,—, Orchesterst. Mk. 42,—, Solost. Mk. 10,—, Chorst. je Mk. 2,—. Dauer 1½ Stunden.

do. **op. 106. Reitersleben.** (Tenor, Bariton, Sopran.) Klavier-Ausz. Mk. 6,—, Chorst. à Mk. 1,—, Orch.-Part. Mk. 20,—, Orchesterst. Mk. 30,—, Verbind.-Dichtung Mk. 1,—. Textbuch 15 Pfg.

do. **op. 120. Aus der alten Reichsstadt.** (Sopran, 4 Tenöre, 4 Baritons, 7 Bässe). Part. leihweise. Klavier-Ausz. Mk. 10,—, Orchesterst. Mk. 50,—, Solost. Mk. 6,—, Chorst. je Mk. 1,50.

Hutter, Herm., op. 17. Der Tänzer unsrer lieben Frau. (Bariton). Orch.-Part. und Orchesterst. leihweise. Klavier-Ausz. netto Mk. 5,—, Chorst. je 60 Pfg. Dauer 25 Minuten.

Kempter, op. 16a. Schmiedelied. Klavier-Ausz. Mk. 1,80, Chorst. à 30 Pfg. Orch.-Part. Mk. 5,—, Orchesterst. Mk. 8,—.

Koemmenich, op. 28. Der zaubrische Spielmann. (Sopran.) Klavier-Ausz. Mk. 2,50, Chorst. à 30 Pfg., Orch.-Part. und Stimmen leihweise.

Kremser, E., op. 144. Balkanbilder. (Sopran, Bariton.) Klavier-Ausz. Mk. 5,—, Chorst. je Mk. 1,20, Solost. je Mk. 1,20, Part. Mk. 25,—, Orchesterst. Mk. 32,—, Klavier-Begl. 4hdg., Mk. 6,—. Textb. 20 Pfg.

Kreutzer, Conr., Schweigen der Nacht. (Bass oder Bariton). Klavier- oder Parlser Besetzung Part. Mk. 0,75, Orchesterst. Mk. 1,40 Klavier-Ausz. Mk. 2,—, Chorst. je 15 Pfg.

Meyer-Olbersleben, M., op. 45. Gothen-Treue. (Einstimmiger Männerchor.) Klavier-Ausz. Mk. 2,—, Chorst. je 30 Pfg. Orch.-Part. Mk. 4,—, Orchesterst. Mk. 6,—, Part. für Blasmusik Mk. 4,—, Stimmen für Blasmusik Mk. 6,—.

Meyer-Olbersleben, M., op. 47. Festgruss. Klav.-A. Mk. 2,—, Chorst. à 30 Pfg., Orch.-Part. Mk. 4,—, Orchesterst. Mk. 6,—.

do. **op. 56. Tanzreigen.** Klavier-Ausz. Mk. 3,—, Chorst. à 40 Pfg. Orch.-Part. Mk. 7,20, Orchesterst. Mk. 8.

Michaelis, Alfr., op. 38. Der Soldat (nach Silcher). Part. Mk. 3,—, Orchesterst. Mk. 5,—, Chorst. je 10 Pfg.

Nicodé, J. L., op. 31. Das Meer. (Mezzo-Sopran, Tenor.) Part. Mk. 24,—, Klavier-Ausz. Mk. 6,—, Orchesterst. 37 Hefte je 30 Pfg. Orgel Mk. 1,50, Chorst. je 60 Pfg. Dauer 1 Stunde.

Oesten, M., op. 192. Der Pilot. (Bariton). Part. 6,—, Klavier-Ausz. Mk. 1,50, Orchesterst. Mk. 6,—, Chorst. à je 30 Pfg.

Podbertsky, Th., op. 114. Die tausendjährige Linde. (Sopran, Bariton.) Orch.-Part. Mk. 12,—, Orchesterst. Mk. 15,—, Klavier-Ausz. Mk. 2,50 Chorst. je 60 Pfg. Dauer 1 Stunde.

do. **op. 108. Kaiser Karl in der Johannisnacht.** Klav.-Ausz. Mk. 3,—, Chorst. à 40 Pfg., Orch.-Part. Mk. 7,50, Orch.-St. Mk. 12.

Reinecke, C., op. 237. Der deutsche Sang. (Einstimmiger Männerchor.) Klavier-Ausz. Mk. 2,—, Chorst. à 20 Pfg., Orch.-Part. Mk. 4,—, Orchesterst. M. 6,—.

Saar, L. V., op. 35. Schlachtgebet. (Tenor.) Klavier-Ausz. Mk. 3,—, Chorst. 40 Pfg. Orch.-Part. Mk. 7,50, Orchesterst. Mk. 8.

do. **op. 36. Die Vätergruft.** (Bariton.) Klavier-Ausz. Mk. 3, Chorst. à 30 Pfg., Orch.-Part. Mk. 7,50, Orchesterst. Mk. 8.

Schotte, C., op. 30. Minnetreue. (Sopran-Tenor) nur Klavier Klavier-Ausz. Mk. 7,50, Chorst. je 30 Pfg., 1. Bass 45 Pfg.

Seyffart, E. H., op. 28. Durch Kampf zu Fried. Orch.-Part. Mk. 9,—, Orchesterst. Mk. 12,—, Klavier-Ausz. Mk. 3,—, Chorst. je 60 Pfg. Dauer 15 Minuten.

Spielter, H., op. 4. Vineta. (Bariton) nur Klavier. Klavier-Ausz. 80 Pfg., Chorst. je 10 Pfg.

do. **op. 51. Wallfahrt nach Kevelaer.** (Mezzo-Sopran, Tenor.) Orch.-Part. und Stimme leihweise. Klavier-Ausz. netto Mk. 4,50. Chorst. je 60 Pfg. Dauer 8 Minuten.

Stehle, J. G. C., Abendfeier. (Sopran). Klavier-Ausz. Mk. 1,—. Chorst. je 10 Pfg. Dauer 6 Minuten.

do. **Oybin.** (Alt) Part., Orchesterst. in Abschrift. Klavier-Ausz. Mk. 2,—, Chorst. je 10 Pfg. Dauer 10 Minuten.

Sturm, W., op. 74. Hegelingenfahrt. (Sopran, Tenor, Bariton, Bass.) Orch.-Part., Orchesterst. Abschrift leihweise. Klavier-Ausz. Mk. 10,—, Solost. Mk. 1,20, Chorst. Mk. 1,80. Dauer 1 Stunde.

Thierfelder, A., op. 21b. Edelweiss. (Sopran, Tenor.) Klavier-Ausz. Mk. 3,—, Chorst. à 40 Pfg., Orch.-Part. u. Stimmen leihweise.

Woyrsch, Fel., op. 32. Deutscher Heerbann. (Tenor, Bariton.) Part. Mk. 18,—, Klavier-Ausz. Mk. 4,50, Orchesterst. Mk. 40,—, Chorst. je 35 Pfg. Dauer 40 Minuten.

Wüllner, Fr., op. 15. Heinrich der Finkler. (Bariton.) Part. Mk. 15,—, Kl.-A. Mk. 4,50, Orch.-St. Mk. 22,10, Chorst. je 60 Pfg.

Zöllner, H., op. 12. Die Hunnenschlacht. (Sopran, Bariton.) Part. Mk. 18,—, Klavier-Ausz. Mk. 7,50, Orchesterst. Mk. 19,—, Solost. Mk. 1,—, Chorst. je 60 Pfg.

do. **op. 30. Kolumbus.** (Sopran, Tenor, Bariton.) Part. Mk. 30,—, Klavier-Ausz. Mk. 7,50, Orchesterst. Mk. 50,—, Solost. Mk. 2,—, Chorst. je Mk. 1,—.

Zuschneid, K., Hermann der Befreier. (Sopran, Bariton, Bass.) Part. u. Orchesterst. leihweise. Kl.-A. Mk. 8,—, Chorst. je Mk. 1,50.

C. Frauenchor mit Solo und Orchester.

Attenhofer, C., op. 59. Beim Rattenfänger im Zauberberge. (Sopran, Mezzosopran oder Alt.) Klavier-Ausz. Mk. 5,—, Chorst. je 90 Pfg. Text und Deklamation 6. Pfg. Text der Gesänge 15 Pfg.

Becker, Alb., op. 64 III. Mache mich selig, o Jesu. (Sopran). 4 Knabenst., Orgel und Harfe. Part. Mk. 1,50, Solost. je 90 Pfg., Chorst. je 30 Pfg.

Bruch, Max, op. 31. Flucht nach Egypten. (Sopran). Part. Mk. 3,—, Klavier-Ausz. Mk. 2,50, Orchesterst. Mk. 8,—, Chorst. je 15 Pfg.

Frischen, Jos., op. 11. Athenischer Frühlingsreigen. (Sopran). Part. Mk. 9,—, Klavier-Ausz. Mk. 2,50, Orchesterst. Mk. 15,—, Chorst. je 30 Pfg.

Hentschel, Th., Philomele. Die Elfe der Nacht. (Sopran). Part. Mk. 9,—, Kl.-Ausz. Mk. 2,—, Orchesterst. Mk. 14,—, Chorst. je 30 Pfg.

Heuser, Ernst, op. 23. Der Blumen Rache. (Sopran). Part. Mk. 7,50, Klavier-Ausz. Mk. 2,50, Orchesterst. Mk. 9,—, Streichst. je 60 Pfg. Chorst. à je 30 Pfg.

Meyer-Olbersleben, M., op. 51. Das blinde Elflein. (Sopran, Alt.) Klavier-Ausz. Mk. 5,—, Chorst. je 60 Pfg. Orch.-Part. Mk. 10,—, Orchesterst. Mk. 14,—, Text 15 Pfg.

Reinecke, C., op. 139. Dornröschen. (Sopran, Alt, Bariton). Part. 30,—, Klavier-Ausz. Mk. 11,—, Orchesterst. Mk. 15,—, Chorst. je 80 Pfg. Textbuch Mk. 1,—.

do. **op. 133. Schneewittchen.** (Sopran und Alt) nur Klavier. Klavier-Ausz. Mk. 6,50, Chorst. je 80 Pfg. Textbuch 60 Pfg.

do. **op. 170. Weihnachtskantate.** (Sopran, Alt). Klavier-Ausz. Mk. 5,—, Chorst. je 30 Pfg.

Rheinberger, Jos., op. 32. Maitag. (Frauenchor mit Klavier). Klavier-Ausz. Mk. 5,—, Chorst. je 60 Pfg.

Schubert, Fr., Deutsche Tänze, bearbeitet von Chr. North. Klavier-Ausz. Mk. 2,20, Chorst. à 30 Pfg., Orch.-Part. Mk. 4,—, Orchesterst. Mk. 8,—, Text 10 Pfg.

Wolf, H., Elfenlied. (Sopran). Part. Mk. 6,—, Klavier-Ausz. Mk. 2,—, Chorst. je Mk. 1,20.

Woyrsch, Fel., op. 49. Sapphische Ode an Aphrodite. (Sopran) mit Klavier oder Orchester. Part. Mk. 10,50, Orchesterst. Mk. 20,—, Klavier-Ausz. Mk. 3,—, Chorst. je 30 Pfg.

Der Sänger.

Amtliches Organ des westdeutschen Sängerverbandes.

Das Volkslied ist die Unsterblichkeit der Musik.
Marx.

Verbunden werden auch die Schwachen mächtig.
Schiller.

Vorsitzender: Lehrer A. Gau, Hilden bei Düsseldorf.

Redaktion u. Verlag: H. vom Ende, Köln a. Rh., Ecke Bismarck- u. Kamekestr.

Aufruf

an die Chordirigenten Rheinlands und Westfalens!

Das unterzeichnete Komitee ladet die musikalischen Leiter der Gesangvereine zum Besuche des

1. westdeutschen Dirigententages

ebenso höflichst wie dringend ein.

Mit der zunehmenden Zahl und dem fortschreitenden Ausbau der Gesangvereine in Stadt und Land treten unverkennbar eine Reihe der Verständigung harrender Interessen für die mit dem Werdegang derselben so eng verflochtenen Geschicke der Chorleiter auf!

Eine wilde Konkurrenz hat sich zum Schaden des Berufes und der Gesangeskunst herausgebildet. Dieselbe in ruhige, massvolle Formen zu leiten, Ansehen und Autorität des Dirigentenstandes zu heben, seiner materiellen Lage eine gesunde Grundlage und Zukunft zu sichern und den erziehlichen Einfluss der Musikleiter auf die Sänger zu vermehren, erstrebt neben anderen reformerischen Aufgaben der „Westdeutsche Sängerverband". Diese Bestrebungen praktisch zu bethätigen, wird am Vorabende des 2. Verbandstages, am **10. August** in der rheinischen Kunstmetropole **Düsseldorf** Gelegenheit genommen. Der Verband wendet sich an die sämtlichen Chordirigenten Rheinlands und Westfalens mit dem dringenden Ersuchen, im Standesinteresse und aus Liebe zur schönen Sangeskunst, deren Pflege ihren Händen und Herzen anvertraut ist, das Opfer an Zeit und Mühe zu bringen.

Die Tagesordnung zu den Beratungen lautet:

1. **Berechtigung und Befähigung zum Dirigenten eines Gesangvereins** (Referent: Königl. Musikdirektor Steinhauer-Düsseldorf).
2. **die materielle Lage des Dirigentenstandes: Entwurf einer Unterstützungs- und Sterbekasse** (Referent: Redakteur vom Ende-Köln).
3. **Erziehliche Aufgaben des Dirigenten** (Referent: Musikdirektor Gübner-Elberfeld).

Die Versammlung nimmt zu den Referaten Stellung und fasst Beschlüsse. Nach der Versammlung findet eine musikalische Abendunterhaltung statt, in welcher ganz hervorragende Instrumental- und Vokalsolisten auftreten werden. Programm am Festtage.

Die Versammlung findet im Saale der Bürgergesellschaft, Düsseldorf, Schadowstrasse statt. In den Räumen derselben ist auch eine Ausstellung der Männerchorlitteratur mit besonderder Berücksichtigung des **echten deutschen Volksliedes.**

Im Anschlusse an die Dirigentenversammlung findet am 11. August der 2. Verbandstag des westdeutschen Sängerverbandes statt. Sowohl zur Delegiertenversammlung als zum Festkonzerte haben die Teilnehmer des Dirigententages Zutritt.

J. Alers, Kgl. Seminar-Musiklehrer, Elten; Karl Becker, Königl. Seminar- u. Musiklehrer, Neuwied; H. Berger, Chordirektor, Gerresheim; Jos. Bernards, Königl. Seminar- u. Musiklehrer, Kempen; H. Benettz, II. Verbandsvorsitzende, Bochum i. W.; Ludw. Bonekamp, Chordirektor, Emmerich; vom Ende, Redakteur, Köln a. Rhein; Frech, Königl. Seminar- u. Musiklehrer, Rheydt; Johs. Gardiella, Dirigent, Altendorf b. Essen; A. Gau, I. Verbandsvorsitzende, Hilden; Gehlen, Chordirektor, Minard; J. Goche, Chordirektor, M.-Gladbach; Chr. Gottlieb, Dirigent, Rees; Fr. Güldner, Musikdirektor, Elberfeld; H. Hammer, Musikdirektor, Bochum i. W.; J. Heffels, Chordirektor, Gelsenkirchen; Aug. Henser, Dirigent, Köln-Merheim; A. Iseke, Chordirektor, Ratingen; W. van de Kamp, Chordirektor, Remscheid; Jhs. Kniese, Königl. Seminar-Musiklehrer, Mors; G. Mobius, Chordirektor, Emmerich; Theodor Müller-Reuter, Königl. Musikdirektor, Krefeld; W. Pallast, Chordirektor, Düsseldorf; K. Pieper, Lehrer am Konservatorium, Krefeld; Jos. Piag, Hof-Organist u. Chordirektor Düsseldorf; Jos. Quast, Chordirektor, Meiderich; Roeder, Königl. Seminar-Musiklehrer, Hilchenbach i. W.; Scharbach, Königl. Seminar-Musiklehrer, Prüm; H. Schauenburg, Chordirektor, Düsseldorf; L. Schleuter, Chordirektor, Ratingen; Theod. Schlömer, Direktor d. Konservatoriums, Duisburg; Schoppe, Königl. Seminar-Musiklehrer, Gütersloh i. W.; F. Schröter, Gymn.-Oberlehrer, Düsseldorf; H. Sondermann, Chordirektor, Barmen; Anton Stehle, Redakteur, Düsseldorf; C. Steinhauer, Königl. Musikdirektor, Düsseldorf; W. H. Steinkuhler, Musikdirektor, Hagen i. W.; P. Wulting, Chordirigent, Sollingen.

Amtliche Nachrichten.

Programm für das 2. Verbandfest am 11. August in Düsseldorf.

Morgens von 11 bis 1 Uhr Delegiertenversammlung, darauf zwangloses Mittagessen,
event. 3 Uhr Fortsetzung der Delegiertenversammlung.
3½ Uhr Probe der Gesamtchöre.
5 Uhr Vortrag über das echte Volkslied mit Aufführung solcher.

Darnach **Festkonzert**, dessen Programm in nächster Nummer bekannt gegeben wird.

Die Delegiertenversammlung tagt im Saale der Bürgergesellschaft, Schadowstrasse. Daselbst ist auch eine umfangreiche Ausstellung der Männerchorlitteratur, welche insbesondere eine Sektion für **echtes Volkslied** enthält und der Beachtung dringend empfohlen wird. Diese Ausstellung beginnt am Samstag, den 10. August mit dem alsdann stattfindenden Dirigententag.

Die Tagesordnung für den Delegiertentag lautet:

1. Jahresbericht (der Vorsitzende).

2. Kassenbericht (die Revisoren).

3. Bericht der Katalog- und Bibliothekskommission (vom Ende, Köln).

4. Abänderung der §§. 7. 8. 9. 10 und 11. Es handelt sich um Einführung der persönlichen Mitgliedschaft neben der Vereinsmitgliedschaft mit festem Jahresbeitrag, um Fortfall der Berichte bis 20. März und 20. September jedes Jahres und um Verlängerung der Zahlungsfrist für Beiträge bis zum Delegiertentage. Die Abstimmung soll sich in Zukunft nach der Zahl der aktiven Sänger in den angeschlossenen Vereinen regeln.

5. Antrag der Germania-Duisburg: „Der 2. Verbandstag wolle beschliessen, den nachstjährigen Verbandstag in Verbindung mit dem 50jährigen Jubiläum der Germania-Duisburg zu begehen.

6. Festsetzung der Gesamtchöre für das nächstjährige Verbandsfest.

7. Vorstandswahl.

Weitere Anträge sind statutengemäss bis spätestens zum 13. Juli cr. einschliesslich an den Vorsitzenden einzureichen. Das vollständige Programm resp. die Tagesordnung wird in nächster Nummer der Zeitung bekannt gemacht.

Die Satzungen des Verbandes nach den neuen Vorschlägen.

C. Mitgliedschaft und Leitung.

§. 7.

Mitglied kann jeder deutsche Männergesangverein werden, welcher durch seine sämtlichen Vorstandsmitglieder die Statuten des Verbandes schriftlich anerkennt.

Auch ist eine persönliche Mitgliedschaft für jene Sänger, Dirigenten etc. zulässig, welche einem angeschlossenen Vereine nicht angehören. Dieselben erkennen ebenfalls schriftlich die Verbandssatzungen an.

§. 8.

Das Aufnahmegesuch ist an den Verbandsvorsitzenden oder dessen Stellvertreter zu richten. Nach Anerkennung der Satzungen erfolgt die Aufnahme durch denselben. Mitglieder, welche zur Zeit aus dem Verbande austreten und die Aufnahme wieder nachsuchen, haben sich der Ballotage der nächsten Delegiertenversammlung zu unterziehen.

§. 9.

Halbjährlich sind die berichtigten Namensverzeichnisse der angeschlossenen Vereine der Verbandsleitung einzureichen. Sind keine Veränderungen vorhanden, so gelten die früheren und werden stillschweigend als massgebend weiter geführt. Die Termine der Einsendung werden im „Sänger“ frühzeitig bekannt gegeben.

§. 10.

Der jährliche Beitrag pro Sänger beträgt 10 Pfg. in den angeschlossenen Vereinen incl. Dirigent. Ein Sänger, der mehreren angeschlossenen Vereinen angehört, zahlt den Verbandsbeitrag nur einmal und wird auch nur in einem Vereine verbandsseitig gebucht.

Die persönlichen Mitglieder zahlen pro Jahr 1 Mark.

Die Zahlung der Beiträge für das laufende Jahr muss vor dem Delegiertentage erfolgen.

§. 11.

Die persönlichen Mitglieder haben je eine Stimme und die angeschlossenen Vereine für je 10 Mitglieder 1 Stimme in der Delegiertenversammlung.

Bemerkung: Etwaige Wünsche bitte bis spätestens 13. Juli bekannt zu geben.

Der Verbandsvorsitzende.

--

Vereinsmeierei.

Ein Umstand, der im Gesangvereinswesen mancherlei Missstände im Gefolge hat, ist die Vereinsmeierei, das heisst, die Sucht mancher Mitglieder, mehreren Vereinen zu gleicher Zeit anzugehören. Stellen diese Vereine nur geringe Anforderungen in Bezug auf das persönliche Erscheinen der Mitglieder bei den Vereinsveranstaltungen, so lässt sich ja gegen die Mitgliedschaft nicht viel einwenden; wie z. B. bei den Verschönerungs-, politischen-, Krieger- etc. Vereinen. Anders aber wird die Sache, wenn diese Vereine ebenso wie die Gesangvereine das persönliche Erscheinen an jedem Vereinsabend und die regste Mitarbeit jedes einzelnen Mitgliedes beanspruchen müssen. Gehört ein Sänger, der zwei Abende in der Woche seinem Vereine widmen muss, ausserdem dem Turnerbund und dann noch dem Rauch-, Schach- oder Kegelklub an, so hat unter dieser Zersplitterung der Kräfte der Gesangverein entschieden am meisten zu leiden. Abgesehen davon, dass derartige Verhältnisse für die wirthschaftliche Lage unseres Arbeiters und Mittelstandes eine Ursache des Ruins bilden, wirken dieselben auch sehr unangenehm auf den Probenbesuch, auf die Stimmmittel ein, sie fordern das Mitglied zu ganz ungerechtfertigten Vergleichen auf, da solche Vereine gar nicht mit Gesangvereinen zu vergleichen sind, die aber doch ihren Stachel zurücklassen.

Dagegen ist nur eine Hilfe möglich, das ist die Durchführung des Grundsatzes unserer studentischen Korporationen, keinerlei derartige Mitgliedschaft zu anderen Vereinen zu dulden. Wer einem Gesangvereine angehören will, der muss auch mit seiner ganzen Persönlichkeit bei der Sache sein, der kann unmöglich noch zwei anderen Vereinen aktiv angehören, welche die gleichen Anforderungen an seine Person, seine Arbeitskraft und seine Vergnügungssucht stellen, andernfalls leidet entweder er selbst, oder der Verein Schaden, jedenfalls aber seine Familie.

Besteht der Klub nur aus Mitgliedern des Gesangvereins so lassen sich seine Veranstaltungen schon eher so arrangieren, dass der Verein nicht darunter leidet, ganz unstatthaft aber ist die Zugehörigkeit zu zwei verschiedenen Gesangvereinen. *E.*

Die Zukunft des deutschen Männergesanges.

Der Wiener „Deutschen Kunst- und Musikzeitung“ entnehmen wir die Kunde, „dass die Gründung eines Bundes deutscher Männergesangvereine geplant sei zum Zwecke der Förderung vaterländischer Tondichtung; mit der Aufgabe, gemäss der Anregung unseres Kaisers, doch weniger auf die Ueberwindung der in den meisten modernen Kompositionen möglichst gehäuften technischen Schwierigkeiten, als auf die vollendete künstlerische Wiedergabe einfacher, volkstümlicher Gesänge zu sehen. Eine grosse Anzahl der angesehensten Männergesangvereine in allen Gauen Deutschlands hatten bereits Schritte zur Erreichung des gesteckten Zieles gethan. Auch die Vereine der Deutschen im Ausland sollen in den Bund aufgenommen werden. Die besondere Aufgabe des Bundes soll sein, durch Aufbringung eines Prämienfonds für Aussetzung von Preisen für die besten volkstümlichen Kompositionen von deutschen Tonkünstlern Anregung zu fruchtbringendem Schaffen zu geben und die vaterländische Tondichtung zu bereichern“. Das scheint uns nun allerdings das Verkehrteste zu sein, was in dieser Sache geschehen kann. Ein solches Preisausschreiben hätte doch nur Zweck, wenn Mangel an guten, volkstümlichen Liedern herrschte. Das ist aber thatsächlich gar nicht der Fall: hunderte unserer schönsten Volksweisen sind vergessen; Melodien, welche Mozart und Bach zum herrlichsten zählten, was die Tonkunst hervorgebracht, sie bleiben unbeachtet, während sentimentaler Singsang allerorten ertönt und bejubelt wird. Unsere sogen. volkstümliche Männerchorlitteratur wächst lawinenartig an, sie trieft von treuen Mutteraugen und Vaterherzen, die verbrauchtesten Motive werden mit neuen Fähnchen behängt und dann als neue Kompositionen hinausposaunt — und derartige Litteratur will man nun noch durch Preisausschreiben hervorlocken? Mit Gewalt will man reizen zu weiteren Attentaten auf die Thränendrüsen weichgestimmter Seelen? „Da bleibt ja wirklich keen Ooge mehr trocken!“ Wenn hier etwas geschehen soll, so kann es einzig und allein das Bestreben sein, den Geschmack des deutschen Volkes zu veredeln, ihn zurückzuschrauben auf die Höhe des 16. Jahrhunderts, da Vornehm und Gering im deutschen Liede noch *eines* Herzens war, da von Hoch und Niedrig dieselben Weisen gesungen wurden. Weisen, die sich neben den heute beliebten ausnehmen wie Veilchen neben Butterblumen. Wenn ihr in diesem Blumengärtlein kein Pflänzchen mehr findet, das eurem Herzen zusagt, dann Ade, deutscher Männersang — dann mag man ruhig weiterwinseln — dann soll man aber unsre *vornehmen* Tondichter verschonen mit der Vorspiegelung kaiserlicher Huld und grosser Ehrenpreise, denn *ihre* Weisen werden doch nicht gesungen.

An Stoff mangelt es also keineswegs, wohl aber an Kenntnis der vorhandenen volkstümlichen Weisen, an brauchbaren Bearbeitungen und Ausgaben und vor allem an einer fein ausgefeilten, stilgerechten, stimmungerweckenden Vortragsweise. Auffassung und Vortrag, das sind die veredelungsfähigen und -bedürftigen Faktoren unserer Sangeskunst und diese will unser Kaiser in den Vordergrund gestellt wissen und fördern durch seine Veranstaltungen und mit den Mitteln, welche ihm dafür zu Gebote stehen.

Der Schriftleiter dieser Blätter hat in einem in Nr. 3 und 4 des Wegweisers erschienenen Artikel über den „Wettstreit um den Wanderpreis des Kaisers“ nachgewiesen und begründet, was in dieser Beziehung seitens der massgebenden Stellen zu geschehen hat, seine Anregung scheint aber bei letzteren noch nicht diejenige Berücksichtigung gefunden zu haben, welche ihr in den beteiligten Kreisen in reichem Masse gezollt wird. So schreibt der Vorstand des Berliner Lehrer Gesangvereins folgendes: „Unser Dirigent hat in der letzten Vorstandssitzung Ihren vortrefflichen Artikel betreffend Ausgestaltung der ferneren Gesangwettstreite aus dem „Wegweiser durch die Chorgesanglitteratur“ vorgelesen. Wir sind alle der Meinung, dass Sie mit Ihren Forderungen das Richtige getroffen haben. Hoffentlich wird Ihre vorzügliche Arbeit auch an der massgebenden Stelle gelesen und beachtet. Dankerfüllt drücken wir Ihnen im Geiste die Hand“. An jene Forderungen kann ich hier noch die eine knüpfen, dem echten Volksliede eine Stelle auf dem nächsten Gesangwettstreite einzuräumen. v. Ende.

Rud. Jbach Sohn,

Geschäft 1794 vom Urgrossvater gegründet.

BARMEN • KÖLN • BERLIN • HAMBURG • LONDON

Flügel und Pianinos.

Gebrauchte restaurirte Flügel in allen Preislagen.

Mitteilungen aus dem

Institut für brieflichen Unterricht in der Theorie der Musik.

Gründlicher Unterricht in allen theoretischen Disziplinen

unter Mitwirkung hervorragender Theoretiker u. Komponisten.

Leitung: H. vom Ende, Köln am Rhein, Beethovenstrasse 6.

Der **briefliche Unterricht** verfolgt den Zweck, allen Freunden der Tonkunst, welche Beruf und Neigung zur Komposition in sich spüren und in Geist und Wesen der musikalischen Kunstwerke einzudringen wünschen, sowie Tonkünstlern, denen die für den Lehr- und Dirigentenberuf notwendigen theoretischen Kenntnisse fehlen, Gelegenheit zur Aneignung derselben zu bieten. Der Unterricht kann zu jeder Zeit aufgenommen und abgebrochen werden, er ist überhaupt nicht an bestimmte Stunden oder Zeiten gebunden. Die Preise für Korrekturen und briefliche Erörterungen sind sehr billig bemessen *).

Bitte Prospekt gratis und franko zu verlangen.

*) Auch werden Bearbeitungen jed. Art übernommen, Arrangements, **Instrumentationen,** Korrektur einzelner Kompositionen.

Folgendes Schreiben möge den Charakter der Anstalt illustrieren:

Sehr geehrter Herr!

Nachdem ich nun bereits ein Jahr lang unter Ihrer Leitung musiktheoretische Studien getrieben und genügenden Einblick in Ihre Methode und Grundsätze genommen habe, fühle ich mich verpflichtet, Ihnen meinen besten Dank auszusprechen.

Ich muss Ihnen offen gestehen, dass ich bei der Wahl des Institutes nicht blind zugegriffen, sondern unter mehreren mir vorliegenden Angeboten nach längerer Prüfung das mir am vorteilhaftesten scheinende, nämlich das Ihrige gewählt habe.

Einen nicht geringen Vorzug Ihres Unterrichtes glaubte ich darin zu finden, dass derselbe **alle Gebiete** der Musik umfasst, sich der Vorbildung jedes einzelnen Schülers genau anschliesst und auch auf den Zweck des Studiums, Befähigung zum Musiklehrer, allgem. musik. Bildung, Komposition etc.) die genaueste Rücksicht nimmt.

Ich sehe mich darin nicht getäuscht. An der Hand zweckmässig ausgearbeiteter Lehrmittel führen Sie den Schüler von Stufe zu Stufe, mit dem Wachsen der Kenntnisse wächst auch das Interesse, die Korrektur der Arbeiten geschieht in einer durchaus gründlichen Weise: der Hinweis auf die Fehler ist stets so schonend wie möglich. Dabei halten Sie den Schüler nicht unnötig auf, sodass ich z. B schon nach ³/₄ Jahren mit dem Kontrapunkt beginnen konnte.

Ich hoffe auch die übrigen Zweige der Musik mit gleicher Gründlichkeit und gleich gutem Erfolge zu studieren und unter Ihrer bewährten Leitung mein selbst gestecktes Ziel zu erreichen.

Joh. Winkler,

Lehrer in Radewell bei Halle an der Saale.

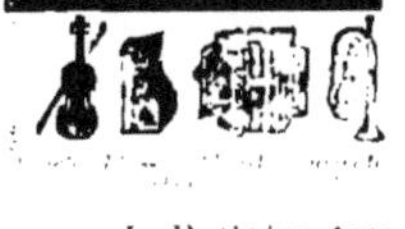

L. P. Schuster.

Meister: ... Wilh. Herwig in Markneukirchen i. S. ...

Dankbar

werden Sie mir sein für die Uebersendung meiner neuesten illustrierten Preisliste frko. gegen 10 Pfg.-Marke **G. Engel, Berlin 146** Potsdamerstr. 131.

Lieferung sämtlicher Musikalien besorgt prompt und billigst

H. vom Ende's Musikalienversand.

Zur Damenschneiderei.

Die Viktoria-Schnitt-Muster-Mappe

mit deren Hülfe jede Dame im Stande ist, **passende** Damen- und Kindergarderobe und auch Wäsche anzufertigen, ist allen Damen bestens empfohlen.

Die **Viktoria-Schnitt-Muster-Mappe** erscheint zu jeder Saison neu mit den allermodernsten Schnitten ausgestattet in folgenden Ausgaben:

Ausgabe A für **Damen-Garderobe**, enthaltend Taille, Bluse, Rock, Schlafrock, Matinée, Jaquet und 5 dazu gehörige Modebilder. Preis Mk. 2.–.

Ausgabe B für **Kinder-Garderobe**, enthaltend zwei Mädchenkleider, Jaquet, Knabenanzug und 4 dazu gehörige Modebilder. Preis Mk. 1.20.

Ausgabe C für **Damen-Wäsche**, enthaltend Taghemd, Nachthemd, Beinkleid, Unterrock, Untertaille, Nachtjacke und Frisiermantel. Preis Mk. 1.–.

Ausgabe D für **Erstlings-Wäsche**, enthaltend: Steckkissen, Kopfkissen, Hemdchen, Jäckchen, Windelhose, Leibchen, zwei Häubchen und Erstlingskleidchen. Preis Mk. –.75.

Ausgabe E für **Puppen-Garderobe**, enthaltend: Kleider, Mäntel, Jaquets u. Puppenwäsche in drei Grössen. Preis Mk. –.50.

Schnitte nach Maass werden einzeln für ein Schneiderkleid oder einen Schlafrock à 1.– Mk., für sonstige Damengarderobe 80 Pfg., für Kindergarderobe à 40–60 Pfg. geliefert.

Preisliste auf Wunsch gratis.

Der Universal-Taillenschnitt (D. R. G. M.)

eine Novität, vermöge deren Jedermann **ohne Vorkenntnisse** im Schnittzeichnen im Stande ist, Taillen jeder Grösse **passend selbst** zuzuschneiden. Handhabung kinderleicht. Misserfolge vollständig ausgeschlossen. Preis Mk. 3.50.

Lehrbuch der Damenschneiderei,

Praktische Anleitung zu gründlichem **Selbst**unterricht mit einem Original-Zuschneide-Tableau von Paula Zell. Preis Mk. 1.–.

Bestellungen werden gegen Voreinsendung des Betrages und 10 Pfg. Porto (auch in Briefmarken) oder Nachnahme (25 Pfg. teurer) umgehend erledigt von

Herm. Thom's Verlag in Leipzig.

Der Chorgesang.

Das deutsche Volk hat von jeher eine besondere Vorliebe für den Chorgesang an den Tag gelegt. Schon bei den alten Germanen stellten nach Tacitus Lieder die einzige Art geschichtlicher Ueberlieferung dar, wie denn Held Arminius noch lange Jahrhunderte im Liede fortlebte und gefeiert wurde.

Ursprünglich diente der Gesang, wie alle Künste, den Göttern; beim Umwandeln oder Umtanzen des Altars erschollen geistliche Gesänge, verzückte Anrufungen der Gottheit, Preislieder auf Donar und Ziu, bis die Dichtung aus dem Banne des Gottesdienstes heraustritt und dem Heldensange weicht, in welchem das Volk die Helden seines Stammes feierte. Aber auch bei seinen profanen Tänzen vergisst das Volk des Sanges nicht und daraus entstehen denn eine Menge Tanz-, Spott- und Liebeslieder, die z. T. noch heute im Schwange sind und von unseren Vereinen gern gesungen werden. Demnach ist unser Volkslied stets ein Chorlied gewesen und nur solche Lieder können wir Volkslied nennen, welche in einem von der Sitte zusammengeführten Chore erklangen und noch erklingen.

Die Natur hat die Gabe in unser Herz gesenkt, uns zu freuen über das Wohl unserer Mitmenschen, mit zu erleiden ihr Wehe. Und was wir im Herzen menschlich empfinden, das wollen wir der Welt verkünden, damit sie teilnehme an unserer Freude, unserm Leid und dieser Teilnahme Ausdruck verleihe, uns wiederum zur Freude und zum Trost. Darauf beruht das Wesen alles Kunstschaffens, besonders aber des musikalischen. Und was läge da dem schaffenden Tondichter näher als die menschliche Stimme: sie bietet nicht allein das ursprünglichste und am leichtesten anwendbare, weil überall vorhandene Mittel, um das Kunstwerk zur sinnlichen Darstellung zu bringen, sondern in ihr finden wir auch, losgelöst von allen sinnlichen Elementen, den höchsten Adel des Materials, mit ihr können wir am eindringlichsten zur Darstellung bringen, was unser Innerstes bewegt.

Wie schon oben angedeutet, gilt auch für die Kunst das Sprichwort: Geteilte Freude ist doppelte Freude
Geteilter Schmerz ist halber Schmerz.

So hat sich von jeher in Kirche und Schule, in der Spinnstube und auf dem Marsche das Volk zusammengefunden zu gemeinschaftlichem Singen, so finden sich seit etwa 100 Jahren unsere sangesfreudigen Städtebewohner zusammen, um das deutsche Lied und deutsche Singekunst zu Ehren zu bringen, um in vielstimmigen Weisen zu verkünden, was unsre Tondichter, was das deutsche Volk im Liede menschlich empfunden und durchdacht, damit auch ihre musenfreundlichen Mitbürger einen Hauch der Freude empfinden, welche das Herz des Sängers bewegt, der sich mit seinem ganzen Gemüt versenkt hat in den Gefühlsinhalt des Kunstwerkes.

Unter allen Gattungen der Sangeskunst ist der gemischte Chorgesang die künstlerisch wertvollste, denn er repräsentiert die vier Hauptgattungen der menschlichen Stimme, verfügt über den grössten tonischen Umfang und den grössten Reichtum an Klangfarben, den reichsten Wechsel von Klangmischungen, und versetzt dadurch den Komponisten in die Lage, Erfindung und Fantasie uneingeschränkt walten zu lassen. Die Freude an den umfangreichen Meisterwerken unserer grossen Geister hat leider unsere Chorvereine vergessen lassen, dass auch unter den kleineren Liedern viele Perlen sich befinden, mögen auch diese endlich mehr ans Tageslicht gezogen werden, solche Bestrebungen wären mit Freuden zu begrüssen.

Der unter der Leitung **Julius Spengels** stehende **Hamburger Cäcilienverein** hat sich noch soviel musikalisches Feingefühl bewahrt, ab und zu in besonderen „Liederabenden" aus dem reichen Schatze unserer Kleinkunst dem Publikum eine Perlenreihe vorzuführen. Unsere übrigen grossen Chorvereine können das mit ihrer Würde nicht vereinbaren, oder, nennen wir das Kind doch beim rechten Namen: sie scheuen das Studieren, welches der a cappella-Gesang in weit höherem Masse erfordert, als irgend eine andere Musikgattung. Der letzte Abend brachte u. A. drei sehr ansprechende Gesänge von **Ernst Rudorff**, für gemischten Chor: „Klang um Klang", „Die Nacht" und „Der Schalk" aus seinem neulich in neuer, verbesserter Auflage erschienenen op. 13. Die Lieder ernteten grossen Beifall; Der Schalk musste sogar wiederholt werden.

Verschiedenes.

Der **Dresdner Männergesangverein** begeht in diesem Jahre die 25jährige Jubelfeier seiner am 10. Oktober 1876 erfolgten Begründung, zugleich verbindet damit der mit dem Jubelverein so innig verwachsene Dirigent desselben, Herr Königl. Musikdirektor Professor **Hugo Jüngst**, das 25jährige Jubiläum seiner verdienstvollen Thätigkeit im Verein und damit auf dem Gebiete des Männergesanges überhaupt. Die Feier ist auf drei Tage verlegt und zwar findet das Fest-Konzert unter Mitwirkung künstlerischer Kräfte am 12. Oktober statt, dem sich am 13. Mittags Aktus und Abends Sänger-Kommers, sowie am 14. Tafel und Ball anschliessen werden; die Veranstaltungen finden im Gewerbehause statt.

In **Bremerhaven** findet am 5. bis 8. Juli das 53. Sängerfest der **Vereinigten Norddeutschen Liedertafeln** statt. Das Fest beansprucht besondere Beachtung, da dem Bunde 66 Gesangvereine aus Hannover, Braunschweig, Bremen, Oldenburg u. s. w. angehören. Den Schluss des Festes bildet eine Lustfahrt in See bis Helgoland, zu welcher dem Festausschusse in anerkennenswerter Liberalität seitens des Norddeutschen Lloyd ein Dampfer gratis zur Verfügung gestellt wurde.

Ernst Heusers „Sommernacht" für Männerchor, Klavier und Horn, mit welchem noch jüngst der Kölner Männergesangverein auf seiner Wiener Reise lebhaften Erfolg erntete, ist in neuer, veränderter Auflage erschienen, in welcher namentlich der Schluss effektvoller ausgestaltet wurde.

Edgar Tinels grossangelegtes Musikdrama „**Godoleva**", das bisher in Brüssel, Milwaukee und Krefeld erfolgreich aufgeführt wurde, gelangte am 13. Juni in **Löwen** unter Leitung des Komponisten zu erneuter Aufführung.

Der **Städtische Männergesangverein** in **Düsseldorf** brachte die symphonische Ode „Die Wüste" von Felicien David mit eindringlicher und den wechselnden Stimmungen des Werkes durchaus gerecht werdender Wirkung zu Gehör. In demselben Konzert gelangte eine Fest-Ouverture des Vereinsdirigenten **G. Kramm** für großes Orchester und Schlußchor zur erstmaligen Aufführung aus dem Manuskript, welcher weihevolle Stimmung und glänzende Orchesterwirkung nachgerühmt wird.

Die Gassenhauer.

Einer der besten Kenner des echten deutschen Edelvolksliedes und der emsigste Vorkämpfer für dasselbe leitete eine Studie über den Gassenhauer (Centralblatt für Instrumental-Musik 1896 No. 1) folgendermassen ein:

Indem ich mich anschicke, über diesen Gegenstand etwas zur Unterhaltung und Erheiterung meiner musikalischen Freunde niederzuschreiben und Einiges zur Klarstellung dieser niederen Volkspoesie beibringen möchte, seh ich im Geiste schon meine kritischen Gegner darüber lächeln, dass man diese nichtigen, oft albernen Dinge nur der Rede wert hielt; andere werden die Stirne in düstere Falten ziehen, schon wenn sie das Wort Gassenhauer hören und möchten alles Dahingehörende als moralisch bedenklich und staatsgefährlich verurteilen. Das kann mich keineswegs von meinem Vorhaben abhalten. Für einseitig gebildete oder überbildete und eifernde Moralisten, welche doch nicht bekehrt werden, sind meine Zeilen nicht bestimmt. Ich schrieb für Leute, die für Volkstümliches, und wären es auch dessen Auswüchse, sich interessieren. Giebt es doch noch gebildete Leute, die gern über diesen oder jenen Gassenreim, den sie in ihrer Jugend hörten, Aufschluss haben möchten. Herrscht doch in gar vielen Köpfen über diese niedere Volksdichtung noch manche unklare Ansicht, die einer Berichtigung bedarf, dass man sie nicht mit dem wirklichen Volksliede verwechsle oder für gar zu bedenklich hält und aus der Welt schaffen möchte. Letzteres wird niemals gelingen, denn der Volkshumor ist mit der Menschennatur zu sehr verwachsen und lässt sich nicht umbringen. Uebrigens sind die Produkte der gern scherzenden und parodierenden Volksmuse, mit wenig Ausnahmen, doch für Moral nicht so bedenklich, wie man oft angiebt. Wären es wirklich Giftpflanzen, so denke ich mit Uhland, der da sagte, als ein Freund die im Volkslied vielfach vorkommenden schlüpfrigen Stellen bemerkbar machte: „Giftpflanzen muss es auch geben, sonst wäre eine Lücke in der Natur".

Und wenn uns auch zuweilen ein in Kurs gekommener Strassengesang auf Weg und Steg verfolgt, die Nerven reizt und im stillen Beruf uns stört, so ist das fatal. Aber was hilft's? Ruhig abwarten muss man, bis das dumme Zeug aus Volksmund das uns unbequem ist, von selbst verschwindet und lachen soll man mit dem Philosophen, der uns zurief: „Mensch, ärgere dich nicht".

Bis hierhin Böhme. Dem ist nur noch hinzuzufügen, dass Erk-Böhme manches Liedchen im Deutschen Liederhort aufgenommen haben, welches nicht allzuweit vom Gassenhauer entfernt ist. — — Mit Recht; wenn auch das einzelne Beispiel (wie die in voriger Nummer des Wegweisers aufgeführte „Süchtelner Festkantate") ohne selbständigen Wert ist, so ergiebt doch die Gesamtheit derartiger Erscheinungen ein kulturhistorisches Bild der betr. Epoche und Gegend, welches an Wichtigkeit und Deutlichkeit von nichts Anderem übertroffen werden kann.

Der „Pierlala", d. h. „Peter hier und Peter dort" scheint vlämischen Ursprungs zu sein, wenigstens hat ein vlämisches Volkslied, mitgeteilt in Böhmes Liederhort einen ganz ähnlichen Schluss und ist überhaupt musikalisch verwandt damit. *E.*

Besprechungen.

Frauenchor mit Begleitung.

M. Meyer-Olbersleben, op. 51. Das blinde Elflein.

Das reizende Werk hatte in letzter Zeit sich vieler Aufführungen zu erfreuen und kann als recht wirkungsvoll und dankbar empfohlen werden. Die dreistimmigen Chöre sind leicht zu bewältigen, nur für die Sopranpartie ist eine tüchtige Vertreterin nötig. Der anmutige Charakter des Werkchens, die duftigen Elfenchöre, die wehmütige Klage des plötzlich unter die Kobolde im dumpfen Erdenschacht geratenen blinden Elfleins, die heiteren Klänge nach seiner Befreiung, das gestaltet sich zu einem so reizvollen Gesammtbilde, dass eine Aufführung Mitwirkenden wie Zuhörern gleicherweiser Genuss bereiten wird.

H. Fiby, op. 23. „Libellentanz" für 3stimmigen Frauenchor mit Orch. (Wiener Musik-Verlagshaus). Gleich den Elfen, den holden Geistern der Luft, sind auch die leichtbeschwingten Libellen vorzüglich geeignet, von Frauenlippen besungen zu werden. Die leichten, luftigen Erscheinungen haben köstliche Verwertung in der Musik gefunden, seitdem Beethoven in seinen Scherzi und vor allen Dingen Mendelssohn im Sommernachtstraum uns das Gebiet derselben erschlossen hat. Ob nun durch dieses Gekribbel und Gewimmel in unserer Vorstellung die Erscheinung tanzender Elfen, oder wie bei R. Wagner, eines Mückenschwarms, ausgelöst wird, kommt nicht in Betracht, Hauptsache ist, dass wir durch dieses Geflimmer, dieses äthergleiche Dahinschweben des Tones auch unsere Seele entlastet fühlen von dem Druck der Erdensorgen, dass auch wir uns leichtbeschwingt glauben und mitschweben hinauf in die glücklicheren Regionen ewiger Heiterkeit und sorgenfreier Freude. — — — Auch Fiby lässt seine Libellen recht wacker tanzen „in die Kreuz und Quer, hin und her. Schwirrend schweben wir dahin im Sonnenglanz". Die Begleitung, auch für Klavier 4 hdg. eingerichtet, beteiligt sich mit leichten Figuren und prickelnden Akkördchen nach Kräften an diesem luftigen Geistertanz und ich rate unseren Frauenchören, den Reigen fleissig mitzutanzen, sie werdens nicht bereuen.

Von **Felix Weyrech** erscheint demnächst in H. vom Ende's Verlag Köln, ein neuer Frauenchor mit Sopran-Solo u. Orchester, „Ode an Aphrodite", op. 49. Wir machen schon jetzt unsere Sopranistinnen auf dieses vornehme Werk eines Künstlers aufmerksam, der als Vokalkomponist augenblicklich an erster Stelle genannt werden muss.

Friedrich Hegar, op. 31. Pfingstlied. Morgen. Abend. 3 Lieder für 4stimm. Frauenchor mit Klavierbegleitung. (Gebr. Hug & Co., Leipzig). Frauenchöre von Hegar! — seltene, aber gern gesehene Gäste. Hegar gehört zu den wenigen Komponisten, denen ihr künstlerisches Gewissen gebietet, in Ruhe die weihevolle Stunde der Inspiration abzuwarten, anstatt ihre Kunst als melkende Kuh zu betrachten und demgemäss zu behandeln. Kein Werk von ihm, welches nicht die Kennzeichen an der Stirn trüge, dass es aus der Tiefe seines Geistesschachtes gefördert, aus warmer Begeisterung und innerer Notwendigkeit geschaffen wurde. Auch sein op. 31 macht keine Ausnahme davon. Sind auch die in den 3 Chören zum Ausdruck gelangenden Stimmungen nicht so ergreifender Natur, wie in manchen seiner Männerchöre, so vermögen sie doch unser ganzes Interesse zu wecken durch den warmen Hauch, der ihnen entströmt, durch die innige Freude an Gottes schöner Natur, die sich in ihnen wiederspiegelt. Ueber den Tonsatz etwas zu sagen, erscheint bei solchem Meister überflüssig.

Gemischter Chor, Soli und Orchester.

Jos. Frischen, „Grenzen der Menschheit für gem. Chor und Orch. (Berlin, O. Wernthal). Frischen hat sich neuerdings einen Namen gemacht durch seinen Frauenchor „Athenischer Frühlingsreigen", der vermöge einer blühenden Melodik und geradezu faszinierenden Instrumentation im Kölner Gürzenich, Leipziger Gewandhaus, in Berlin, Braunschweig, Aachen, Hannover etc. glänzende Erfolge errungen hat. Die „Grenzen der Menschheit" ist entschieden ein tiefer angelegtes Werk; die erhabenen, der Musik ohnehin nur schwer zugänglichen Gedanken der Dichtung verlangen ein ernstes, dem geistigen Gehalte derselben entsprechendes Gewand; diesen vertiefen, oder auch nur völlig erschöpfen, vermag die Musik kaum, dazu gehören erhabene Geister. Immerhin ist die Tonsprache Frischens eine vornehme, der Poesie würdige und wird bei guter Aufführung zweifellos dazu beitragen, uns die Tiefe der poetischen Gedanken näher zu bringen.

Ekkehard. Dramat. Dichtung von W. Schulte vom Brühl, für gem. Chor, Soli und Orch. von **Hugo Röhr.**

Wir können heute nur kurz darauf hinweisen, dass das Werk der höchsten Beachtung wert ist; eine nähere Besprechung behalten wir uns vor. Die zahlreichen Berichte heben die Grossartigkeit des Entwurfs, das überall pulsierende hochdramatische Empfinden, die prägnante Charakteristik der Chorsätze in den einzelnen dramatischen Entwickelungsphasen der Handlung und die wohltuende Natürlichkeit und gefällige Anmut in musikalischer Erfindung und Melodik der lyrischen Gesänge hervor.

„Legende des heiligen Bonifacius" von Joh. Diebold, op. 75. Dem dreiteiligen, in grösserem Stile angelegten Werk eignet geschickter und wirkungsvoller Aufbau. Die Königin findet auf der Jagd ihren Bruder Winfried als Einsiedler in der Nähe eines Klosters und bemüht sich, ihn der Welt und ihren Freuden zurückzugeben. Winfried aber verschmäht alle Weltlust und fasst den Entschluss, hinauszuziehen und zu künden das Wort des Herrn denen, die darnach schmachten. Im 2. Teil finden wir ihn als Apostel Bonifacius auf einem Wodansfeste, indem er gegen den heidnischen Kult eifert und schliesslich vor den Augen des entsetzten Volkes die Wodanseiche fällt; mit ihr fällt auch der Heidenglaube, das Volk bekehrt sich zum Christentume. Den „Tod des Lichtbringers" behandelt der 3. Teil. Während Bonifacius in Friesland eine Anzahl Frauen tauft, überfallen ihn die Heiden und töten ihn. Mit grösseren Klagechören und Gebeten schliesst das Werk. Auch musikalisch ist das Werk sehr beachtenswert. Die Chorsätze sind geschickt gearbeitet und vermöge ihrer prägnanten Charakteristik nicht selten von packender Wirkung. Auch die Solopartieen, namentlich diejenige des Bonifacius, sind würdig durchgeführt und zeichnen sich durch vornehme Diktion aus. Das Werk, welches auch mit Klavierbegleitung aufgeführt werden kann, birgt keine unüberwindlichen Schwierigkeiten und ist somit auch kleineren Chören zugänglich.

Männerchor mit Begleitung.

Rolands Tod, für Männerchor, Tenor-, Bariton- und Bass-Solo und Orch. komponiert von E. Walter Choinanus, op. 16. Kl.-Ausg. Mk. 5.—, Chorst. je Mk. —.60. (C. Giessel jun., Bayreuth.

Die Dichtung schildert in wechselreichen Bildern die bekannte Sage vom Ritter Roland, der als Nachhut im Thale von Ronceval zurückblieb, um den Abzug des Königlichen Heeres zu decken, und dort von den Feinden erschlagen wurde. In grösster Todesnot bläst er so mächtig in sein Horn, dass König Karl in weiter Ferne es hört, und, das Unglück ahnend, zurückeilt, dem Helden Hülfe zu bringen, den er bereits entseelt findet. Die Vertonung ist eine durchaus würdige und entbehrt nicht eines stimmungsvollen Eingehens in den Gefühlsgehalt der Situationen. Namentlich ist die Partie Rolands sehr dankbar und unseren Konzertbaritonisten zur Beachtung zu empfehlen. Die Aufgabe des Chors ist keine schwierige und auch kleineren Vereinen zugänglich. Zu rühmen ist die interessante, wechselreiche Begleitung und im Klavier-Auszuge deren schönes, echt klaviermässig gestaltetes Arrangement.

Tanzreigen von Max Meyer-Olbersleben, op. 56 für Männerchor, Orchester oder Klavier. (Gebr. Hug & Co., Leipzig).

Wie warmer Frühlingshauch weht es uns entgegen aus diesem lebensfrischen, herzerquickenden Sang von Maienlust und Maienliebe. Und selbst wenn er im Dezember gesungen wird, mit ihm muss der Mai einkehren in unsere Herzen und uns zwingen mitzujubeln: Der Mai ist gekommen; Juchheia, Tanderadei!

Am Ilsenstein, Ged. von Jul. Sturm, für Männerchor, Sopran-Solo und Harfe oder Klavier komponiert von **Th. Podbertsky,** op. 118. Part. u. St. Mk. 3.30. (Leipzig, Otto Forberg).

Ein trotz des verhältnismässig kleinen Umfangs viel Abwechselung bietendes Stimmungsbildchen. Nach einem kleinen Eingangschor a capp. in einfach erzählender Form erklingen die präludierenden Arpeggien der Harfe und dann beginnt eine in seiner weichen Melodik und wirkungsvollen Steigerung recht ansprechende Solostelle für Sopran, in der Prinzessin Ilse Abschied nimmt vom Ilsenstein, um zum Kaiser Heinrich zurückzukehren und ihm zu erzählen von den Ruhmesthaten der Deutschen und ihres Kaisers; das Gedicht ist nämlich 1871 entstanden. Der Gesang wird unterbrochen und begleitet vom Männerchor. Dass die Vertonung eine vornehme ist, dafür bürgt der Name des Komponisten. Die Wiederholung des „seinem" in „Erzähl ich von Kaiser Wilhelm und seinem, seinem, seinem Finkenschlag" erscheint mir allerdings nicht gerechtfertigt.

Liebesleben, Walzer für Männerchor und Orch. oder Klavier von Paul Kretschmer, (F. Bosse, Leipzig). Klavier-Ausz. Mk. 3.—. Stimme je Mk. —.80.

Ein Walzer, schlecht und recht, der gar nicht übel klingt und am Schluss einer Liedertafel als Vorbereitung zu den kommenden Tanzgenüssen am Platze ist. Einige Druckfehlerchen müssen noch ausgemerzt werden, deren einer mir nicht ganz klar geworden ist: Ein Unmensch flüstert „ihr" ins Ohr, „liebe mich, nicht nur dies einz'ge Mal, nein! ohne Zahl". Soll das vielleicht heissen „ohne zu zahlen"? Das würde mancher liebeglühenden Köchin, die ihren Dragoner freihalten muss, wohl behagen, oder ist „küssen ohne Zahl" gemeint? hoffentlich das Letztere.

(Nachdruck verboten.)

Aufführungen.

Abkürzungen: gr.-gross, s.-sehr, D. C Da Capo.

Zusendung von Programmen, Festschriften, Jahresberichten etc. erwünscht. Unterstreichen bedeutet großer Erfolg, Zusatz von D C.: Da Capo oder Zugabe.

Männerchöre a cappella.

Komposition und Komponist	Stadt und Verein	Dirigent	Erfolg
l. Mutterlein — M. Neumann	Remscheid — Liederkranz	Kopff	gr.
Lied u. Hand dem Vaterl. — Attenhofer	do.	do.	gr.
sch. Der Rhein — C. Steinhauer	Köln-Sürth Cäcilia	J. Esch	I. Pr.
zl. Abschied v. d. Heimat — do.	Cronenberg — Sängerhain		III. Pr.
Rosenfrühling — H. Jüngst	Esslingen — Amicitia	W. Nagel	D. C.
Frühlingseinzug — H. Jüngst	Hagsfeld — Frohsinn		I. Pr.
Ich kenn ein Thal — C. Füllig	Bielefeld — Germania I	H. Obrock	D. C.
l. Rekers Lieb — C. Schauss	do.	do.	gr.
l. Grossmutterchen unt. dem Lindenbaum R. Kühnel	do.	do.	D. C.
l. Lust überall — A. Jächel	do.	do.	D. C.
sch. Volkers Schwanenlied — Meyer-Olbersleben.	Köln — Polyhymnia	Kessel	gr.
l. Och Moder, ich well en Ding. — Cl. Lehmacher	Köln — M. G. V.	Schwartz	D. C.
sch. Landsknechtlied — Thuille.	München — Liederhort	Thuille	gr.
sch. Jugend — Thuille	do.	do.	gr.
msch. Liedesgruss — Fr. Wüllner	Köln — M. G. V.	Schwartz	gr.
zl. Im Winter — Kremser	do.	do.	D. C.
sch. Die Fahndung — H. Hutter	Nürnberg — M. G. V.		gr.
msch. Der schnellste Reiter ist der Tod Weinzierl	Gütersloh — Lehrer Sem.	Schmidt	gr.
msch. Nun wird bald der Frühling kommen — Döring	do.	do.	gr.
Weihnachten — M. Neumann	New-York — Arion	G. Lorenz	gr.
Mein Mütterlein — K. Wendel	do.	do.	gr.
sch. Liebe R. Strauss	do.	do.	gr.

Männerchöre mit Begleitung.

* mit Orchester.

Komposition und Komponist	Stadt und Verein	Dirigent	Erfolg
Sängerfahrt ins Riesengebirge - Tschirch	Schleswig — M. G. V.	C. Lorenzen	gr.
*Jägers Morgensang — C. Krause.	St. Johann — Eintracht	Krause	gr.
*Velleda Brambach	do.	do.	gr.
*Des Rheinstroms Schirmherr - Nössler	Braunschweig — M. G. V.	Nössler	gr.
*Prinzessin Ilse — A. Schulz	do.	do.	gr.
*Am Chiemsee — K. Goepfart	do.	do.	gr.
Deutscher Heerbann — Fel. Woyrsch	Mülheim — Quartett-Verein	Möskes	gr.
*Hymne an die Madonna — Ed. Kremser	New-York — Arion	J. Lorenz	gr.
*Sturmlied — M. Gulbins	do.	do.	gr.
*Normannenzug — M. Bruch	do.	do.	gr.
*Hymnus a. d. Tonkunst — Rheinberger	Göppingen — Liederkranz	R. Back	gr.
*Landsknechtleben — K. Hirsch	do.	do.	gr.
*Fingal — A. Krug	Lüneburg — M. G. V.		gr.

Gemischte Chöre a cappella.

Komposition und Komponist	Stadt und Verein	Dirigent	Erfolg
. Das Lieben bringt gross' Freud Volksl.	Köln — Harmonie	Dr. Burckhardt	D. C.
Wenn alle Brunnlein fliessen - Neumann	do.	do.	gr.
msch. Klang um Klang — Ernst Rudorff	Hamburg — Cäcilienverein	J. Spengler	gr.
msch. Die Nacht — do.	do.	do.	gr.
msch. Der Schalk — do.	do.	do.	D. C.

Gemischte Chöre mit Begleitung.

* mit Orchester

Komposition und Komponist	Stadt und Verein	Dirigent	Erfolg
*Das begrabene Lied — Meyer-Olbersl.	Burg — Chorgesang-Verein	Engel	gr.
Psalm 11 — W. Bargiel	Saargemünd G. V.	Krause	gr.
*Samson — Händel	Friedeberg — Ver. f. gem. Chorg.	Süssmann	gr.
*Te Deum — A. Bruckner	Steyr — Gesel'sch. d. M.-Freunde	Fr. Bayer	gr.
*Christus — Liszt	Dortmund — Musikverein	Jansen	gr.
*Das hohe Lied — E. Bossi	Frankfurt a. M. — Cäcilien-Ver.	Gruters	gr.

Singspiele, heitere Liederspiele.

Komposition und Komponist	Stadt und Verein	Dirigent	Erfolg
Die Zillerthaler — J. F. Nessmüller	Asch — Harmonie	G. Reinl	s. gr.
Der schönste Mann im Rgt. — R. Linderer	do.	do.	gr.
Ein Theekränzchen vor 100 Jahren — R. Thiele	Hof — Liederkr.	K. Seitz	gr.
Teufelchen a. d. Himmelswiese Reinecke	Sonneberg — Knabenchor	R. Roth	D. C.
In der Damen-Conditorei — Kron	Ohligs — Gem. Chor	Lehmacher	gr.
Bay von Marocco — V. Holländer	Bautzen — Liederkranz	B. Banda	gr.

Alle hier angegebenen Werke sind zur Ansicht zu beziehen durch H. vom Ende's Musikalienhandlung, Köln a. Rh.

Konzertbericht.

Kritiken über Aufführungen und Künstler.

Zu den Lieblingen der Kölner — im Theater und Konzertsaal — gehört heute in erster Linie Cäcilie Rüsche-Endorf; diese Anhänglichkeit findet zum großen Teile ihre Ursache darin, daß die musikliebenden Kölner den Werdegang der Künstlerin von den ersten Anfängen an bis zur völligen Ausreifung verfolgen konnten und sich des Besitzes dieser vorzüglichen Kraft noch auf Jahre hinaus erfreuen werden. In Dortmund wurde Cäcilie Rüsche geboren. Im jugendlichen Alter trieb sie — ihrer Liebe zur Musik entsprechend — musikalische Studien und genoß bei tüchtigen Lehrern Klavierunterricht. Bei der Mitwirkung in dem Musikverein ihrer Vaterstadt unter Musikdirektor Janßen kam dann ihre außergewöhnlich schöne Stimme derart zur Geltung, daß sie bereits damals von diesem kundigen Konzertleiter mit der Uebernahme von Solopartien in größeren Aufführungen betraut wurde und ihre Aufgabe unter dem Beifall von Kritik und Publikum durchführte.

Cäcilie Rüsche-Endorf (Sopran).

Konzertvertretung:
„Westdeutsche Konzertdirektion, Köln."

Ermutigt durch diese Erfolge und ihrer Lust zur Bühne folgend, ließ sie sich dann — nach einer erfolgreichen Prüfung durch Professor Dr. Franz Wüllner — als Schülerin des Kölner Konservatoriums aufnehmen, und 2½ Jahre währte ihr Studium daselbst. Mit dem Preiszeugnis der Anstalt wurde sie entlassen, um als jugendlich-dramatische Sängerin an das Stadttheater in Zürich engagiert zu werden. Das erfolgreiche Wirken in dieser Stadt hatte zur Folge, daß Direktor Hofmann die junge Sängerin für seine Bühne nach Köln gewann, und hier fand ihr Talent eine derartig rasche und glänzende Entwicklung, daß sie heute in der Reihe der ersten deutschen Bühnensängerinnen steht. Das markanteste an der musikalischen Interpretation der Künstlerin ist die vollendete gesangstechnische Ausführung aller ihrer Rollen; das herrliche, weiche, in allen Registern gleichmäßig durchgebildete Organ steht bei allem dramatischen Ausdruck und bei allen Freiheiten, welche die Bühne den Sängern erlaubt oder sogar vorschreibt, immer im Dienste der Gesangskünstlerin, und diese höchste Schulung der Stimme ist es, welche Frau Rüsche es gelingen ließ, neben ihrer Stellung als Bühnensängerin unter den Konzertsängerinnen mit den vornehmsten Platz einzunehmen. Die Ausführung der Sopranpartien in den Haydn'schen Oratorien, in der Matthäuspassion sowie in allen bedeutenden Werken des Konzertsaales, die sie u. a. in den Kölner Gürzenichkonzerten sang, waren stets mustergültig und wurden von der gesamten Kritik denjenigen einer Pia von Sicherer gleichgestellt; überall blieb ihr Erfolg ein großartiger, wovon die nachstehenden Kritiken ein Bild geben.

Düren. (Zerstörung Jerusalems von Klughardt.) In Frau Endorf-Rüsche aus Köln war der Sopranpartie eine tüchtige Kraft gewonnen. Sie löste ihre ziemlich umfangreiche, aber wohl durchweg recht dankbare Aufgabe in vortrefflicher Weise. Die Stimme, die bei feinster Schulung über eine bedeutende Höhe mühelos verfügt, brachte manche markante Stelle der Partitur zu schönster Geltung; besonders gilt die von dem erhebenden As-dur-Solo „Leg ab dein Trauergewand, Jerusalem", wobei die Künstlerin auch eine sehr beachtenswerte Fertigkeit im verzierten Gesang an den Tag legte.

(Dürener Zeitung, 7. Januar 1901.)

Köln. (Feuerkreuz von Bruch). An diesem Beifall nahmen auch die Solisten verdienten Anteil, in erster Linie Frau Cäcilie Rüsche, die das Sopransolo mit ergreifendem poetischen Ausdruck, dem auch die nötige dramatische Färbung nicht fehlte, und mit einschmeichelndster Schönheit des Stimmklanges sang.

(Kölnische Zeitung, 22. Januar 1901.)

Barmen. (Barbier von Bagdad von Cornelius.) Eine wahrhaft klangliche Freude bereitete Frau Rüsche dem Auditorium durch ihren weichen und doch voll ersprossenen Tonreiz bei hingebungsvoller Interpretation der lieblichen Cavatine „Glöcklein im Thale" aus der Weberschen Oper und durch die korrekte und stimmungsvolle Ausführung der Sopranpartie in dem Werke von Cornelius.

(Barmer Zeitung, 17. Februar 1901.)

Witten. (Messias von Händel.) Frau Opern- und Konzertsängerin Cäcilie Rüsche macht ihrer Namensgenossin und Schutzpatronin, der hl. Cäcilia, alle Ehre. Die Künstlerin besitzt ein herrliches Organ, das trotz aller Anstrengung kein Ermatten kennt, klar wie Sonnenschein, von bestrickendem Wohllaut und prächtiger Klangfarbe wird es ihr leicht, die Zuhörer zu fesseln und jegliche Saite im Gefühlsleben, jede seelische Regung in Tönen wiederzugeben. Daß sie auf allen Gebieten zu Hause ist, bewies die Dame durch die unübertreffliche Wiedergabe der schwierigen Bravourarie „Erwach zu Liedern", wie Perlen reihten sich die Töne beim Koloraturgesang aneinander, und welch innige, rührende Töne wußte sie bei der Arie „Ich weiß, daß mein Erlöser lebt" anzuschlagen, das war ein Genuß, den wohl niemand des zahlreichen Auditoriums so bald vergessen wird.

(Wittener Zeitung, 31. März 1901.)

Solingen. (Jahreszeiten von Haydn.) Das Solistenkleeblatt zeigte sich stets auf der Höhe seiner Aufgabe: Fräulein Rüsche gab die Hanne in schöner Natürlichkeit der Auffassung und mit der graziösen Kunst des Gesanges, wie der Komponist sie verlangt.

(Solinger Zeitung, 31. Mai 1897.)

Köln. (Matthäuspassion von Bach.) Frau Cäcilie Rüsche entfaltete in der Sopranpartie eine überraschende Sicherheit, sie besitzt sicher die speziellste Voranlage für die Aufgabe in ihrem schönen, in der Höhe sicher geführten und nach Erfordern etwas sentimental süßen Stimme, wie sie der Glaubensüberschwang der Poesie erfordert, sie war seit Fräulein von Sicherer jedenfalls die geeignetste, der wir wieder begegneten. Ihr Schönstes gab sie gar in ihrer mit schmelzender Innigkeit vorgetragenen Schlußarie „Aus Liebe will mein Heiland sterben".

(Kölnische Zeitung, 31. März 1899.)

Krefeld. (Godoleva von Tinel.) Besonders verdient machte sich neben dem Dirigenten, Herrn Kgl. Musikdirektor Theodor Müller-Reuter Frau Cäcilie Rüsche vom Stadttheater in Köln, deren Organ an Lieblichkeit an das der Frau Stavenhagen erinnert. Unsere Wupperthaler Konzertgesellschaften möchten wir an dieser Stelle auf die bedeutende Künstlerin aus unserer Nachbarstadt aufmerksam machen. Lyrische Partien, wie sie die Oratorien Schumanns sowie Liszts „Legende von der heiligen Elisabeth" u. a. bieten, dürften ihr am besten liegen. Vielleicht hören wir Frau Rüsche demnächst einmal im Wupperthal, wir brauchen ja nicht immer so weit zu gehen, um gute Kräfte zu suchen.

(Barmer Zeitung, 22. November 1899.)

Schaffhausen. Geradezu zum Entzücken rissen vollends das Publikum die Gesänge hin, mit welchen Fräulein Cäcilie Rüsche aus Köln sich einführte. Daß der Schnee draußen nicht zerschmolzen ist, und nicht die linden Frühlingslüfte wirklich erwacht, hätte man drinnen kaum geahnt, als die schönen Frühlingslieder aus Haydns Schöpfung und von Schubert so hell ertönten, als fielen Sonnenstrahlen in den Saal. Und der „Lindenbaum" und „Es muß was Wunderbares sein", wen freute es nicht, wenn eine Künstlerin ersten Ranges uns abermals beweist, daß das Volkslied, schön vorgetragen, der Gipfel aller sanglichen Kunst ist; allerdings, das gehört auch dazu, auch schön und vollkommen begleitet, wie es nur Meister Flitner versteht. Der dreimal anstürmende Applaus war der deutlichste Ausspruch des allgemeinen Dankes.

(Schaffhauser Zeitung.)

Hermann Endorf (Tenor).

Konzertvertretung: „Westdeutsche Konzertdirektion, Köln".

Hamburg. Herr Endorf zeigte sich gestern in der anstrengenden Partie des Aucassin als ein vortrefflicher Sänger. Er besitzt den warmen Timbre eines echten lyrischen Tenors, das Organ spricht in jeder Lage leicht an, und niemals erscheint der Ton gepreßt; besonders schön ist die Kopfstimme entwickelt. So gestaltete sich die Leistung zu einer durchaus sympathischen und zwar um so mehr, als Herrn Endorf's Gesang von natürlicher Empfindung belebt ist.

(Hamburger Nachrichten.)

Frankfurt. Unter den mitwirkenden Herren trat zweifellos Herr Endorf am bedeutendsten hervor, welcher den „Tamino" mit schöner Stimme, angemessener Auffassung und großer Sicherheit sang; am besten gelang dem talentvollen, jugendlichen Sänger die erste Arie, deren geschmackvoller Vortrag ihm mit reichem Beifall gelohnt wurde.

(Frankfurter Zeitung.)

Gummersbach. Herr Endorf, den wir schon im ersten Konzert des „Gemischten Chores" zu hören Gelegenheit hatten, überraschte uns durch den herrlichen Klang seiner hohen Tenorstimme, die s. Zt. in der undankbaren Partie des „Uriel" in der Schöpfung nicht zur vollen Geltung kommen konnte. Seine Stimme ist namentlich in der Höhe von eigenartigem Klangreiz, und seine Auffassung sowohl als sein Vortrag sind gediegen und edel. Besonders ergreifend wirkte das einfache Lied „Die Thrän' ist längst versiegt" von Graben-Hoffmann, während „Das Frühroт leuchtet ins Thal hinein" von Franz Behr, so recht den Glanz des wundervollen Organs zeigte. Auch er erntete stürmischen Beifall des immer begeisterter werdenden Publikums.

(Gummersbacher Zeitung.)

Düren. Herr Endorf wußte die Zuhörerschaft für seine Vorträge ebenfalls lebhaft zu interessieren, besonders in den beiden Liedern von Richard Strauß „Morgen" und „Allerseelen"; an der warmen Anerkennung, welche dem Duett mit Frau Rüsche folgte (aus den Jahreszeiten), hatte Herr Endorf wohlverdienten Anteil.

(Dürener Zeitung.)

Köln. (Matthäus-Passion von Schütz.) Herr Endorf sang die Tenor-Partie mit außerordentlich leicht ansprechender, sympathischer Stimme, musikalisch geschmackvoll und unter sicherer und doch diskreter Hervorhebung jedes wichtigeren Abschnitts. (Kölner Tageblatt.)

Köln. (Goethefeier.) Den zweiten Teil füllte eine durchaus gürzenichkonzertreife Aufführung der „Ersten Walpurgisnacht" von Mendelssohn aus mit Frau Höcelmann und den Herren Endorf, Paul Haase und Breitenfeld als musterhaften Vertretern der Solopartieen.

(Kölnische Zeitung.)

Krefeld. Der Tenorist, Herr Konzertsänger Endorf aus Köln, gab sein Bestes in dem von sonniger Liebe erfüllten Duett des dritten Teiles, und in dem Recitativ: „In grauem Schleier", welch letzteres er in wahrhaft künstlerischer Weise zu gestalten wußte.

(Krefelder Zeitung.)

Adele Stöcker (Violin-Virtuosin).

Konzertvertretung: „Westdeutsche Konzertdirektion, Köln."

Köln. In der 9. Prüfungsaufführung des Konservatoriums entwickelte Adele Stöcker im ersten Satz des Brahm'schen Violinkonzerts eine Fertigkeit im Violinspiel, die ihrer pianistischen Beschlagenheit, über die wir neulich berichteten, nicht nachstand. Sie darf, wenn wir beides zusammenfassen, als durch und durch musikalische Natur bezeichnet werden, die auf beiden Gebieten einen hohen Grad erworben.

(Kölnische Zeitung, 21. Juli 1897.)

Den künstlerisch vollendetsten Eindruck hinterließ Adele Stöcker mit Bachs überaus schwieriger Chaconne für die Violine allein. Die auch im Klavierspiel gleich ausgezeichnete Dame darf ihre Thätigkeit getrost in den Konzertsaal verlegen, die Reife dazu hat sie erlangt. (Kölnische Zeitung, 21. Juli 1898.)

Langenberg. Am Dienstag, den 13. d. M., fand im Saale der Vereinigten Gesellschaft ein Kammermusik-Abend statt, bei welchem die Violinistin Fräulein Adele Stöcker aus Köln, Herr Cellist Reiche aus Elberfeld und unser Musikdirektor Herr Haase ihre Kunst bewundern ließen. Das Programm zeigte uns Werke von Titanengröße, wie Beethoven op. 97, Schubert op. 100 und Chopin op. 35, zugleich auch Werke von bedeutender Länge, die also an das Aufnahmevermögen der Zuhörer die größten Anforderungen stellten. Es waren tadellose Leistungen, wo die Künstler als Solisten auftraten. Der große warme Ton des Herrn Reiche, die ungeheure Technik und zugleich der süße Vortrag der Violinistin, sowie die glanzvolle und tiefempfundene Ausführung der H-moll-Sonate Chopins seitens des Herrn Musikdirektors Haase fanden reiche Anerkennung.

(Langenberger Zeitung.)

Siegen. Die dem hiesigen Publikum schon bekannte Violin-Virtuosin Fräulein Adele Stöcker aus Köln rief schon bei ihrem Erscheinen stürmische Begeisterung hervor, die sich nach ihrem meisterhaften Vortrage so steigerte, daß sie sich zu einer Zugabe entschließen mußte. (Siegener Zeitung.)

Hilden. Die Geigenvirtuosin Fräulein Adele Stöcker aus Köln, hatte im letzten Konzerte des städt. Männergesang-Vereins außerordentliche Erfolge zu verzeichnen. Es wird uns darüber geschrieben:

Ueber die gottbegnadete Künstlerin herrscht in den hiesigen musikinteressierten Kreisen nur eine Stimme des Lobes. Man weiß nicht, ob man ihre Technik oder ihren seelenvollen Ton mehr bewundern soll. Sie spielte den 2. und 3. Satz aus dem D-moll-Konzerte von Vieuxtemps, Romanze von M. Bruch und Springquell von F. David; außerdem mußte sie sich zu einer Zugabe verstehen.

(Verbandsorgan des Westdeutschen Sängerbundes.)

Kempen. Für den erkrankten Herrn Konzertmeister Lambinon war in letzter Stunde Fräulein Adele Stöcker aus Köln eingesprungen. Die junge Dame ist eine ehemalige Schülerin von Professor Schwarz und Professor Heß und verfügt über einen edlen Ton und eine elegante Bogenführung. Die Sauberkeit des Passagenwerkes ließ nichts zu wünschen übrig, ebenso die Energie und Kraft in der Tongebung. Sehr zu loben ist die absolute Tonreinheit und die gediegene und geschmackvolle musikalische Auffassung der Dame. Sie spielte zwei Andante-Sätze aus den Konzerten von Saint-Saëns und Vieuxtemps, eine Konzertetüde von David und Romanze von Ries mit feinem, durchgeistigtem Vortrag.

(Kempener Zeitung, 17. April 1901).

Köln. Am 20. April brachte die Musikalischen Gesellschaft das von Adele Stöcker mit einem Aufwand beträchtlicher Vorzüge des Vortrags und der Technik anziehend gespielte 3. Violin-Konzert von Saint-Saëns und E. Sträßers Tragödien-Ouvertüre sowie den ersten Satz seiner F-dur-Symphonie, aus denen der tiefe Ernst, die reiche Fantasie und die aparte Instrumentierung des begabten Komponisten hervorleuchtete. (Kölnische Zeitung, 23. April 1901.)

Witten. Das dritte Konzert des Musikvereines, welches am vergangenen Freitag im großen Saale des Hotel Voß stattfand wurde mit einem guten alten Bekannten eröffnet. Die „Hebriden-Ouverture" von Mendelssohn mit ihrer stimmungsvollen Musik kam sehr gut zur Geltung und wurde vom Publikum lebhaft acclamiert. Sodann konnten wir den Baritonisten Herrn Siebel begrüßen der sich in zwei Liedern in anerkennenswerter Weise offenbarte. Die Stimme ist besonders in den oberen Lagen von gutem Klang und einschmeichelndem Timbre, in den tieferen Tönen gebricht es ihr an Kraft, sie wirkt farblos und weiß nicht zu packen; dagegen wirkte der Sopran von Frl. Lina Goldenberg wahrhaft erfrischend. Mühelos erreichte diese Silberstimme die höchsten Töne und man muß sich wundern wie hier selbst im leisesten Pianissimo die Intonation tadellos rein bleibt; wie stimmungsvoll erklang Schumann's „Mondnacht", so oft gehört und allbekannt, so entzückend haben wir dieses reizende Lied selten gehört; auch die „Forelle", dieses prächtige Schubert'sche Lied, gelang der Dame ausgezeichnet, da war alles neckisches Leben, und mit tiefem Verständnis wußte sie die ansprechende Komposition von Bungert, „Mädchentraum", zur Geltung zu bringen. Wir freuen uns, der Dame für ihre Liedervorträge unsere volle Anerkennung aussprechen zu können und der starke Beifall kam, da wohlverdient, aus vollem Herzen der Anwesenden. Die Begleitung der Lieder am Klavier hatte Herr Musikdirektor Kreuzhage mit gewohnter Meisterschaft übernommen; mit feinem Geschmack ging er auf die Intentionen der Vortragenden ein, auch ließ er es nicht an der nötigen Zurückhaltung fehlen; es war ein Genuß, diesen fein durchgearbeiteten Darbietungen zu folgen. Kaum ein zweites Werk der neueren französischen Orchesterkompositionen ist in Deutschland so außerordentlich verbreitet und aus dem Kreis der Abonnementskonzerte hinaus in die Volksmusik gedrungen wie Bizet's „L'Arlésienne". Das ist nur natürlich, denn sie ist eine so reizende Arbeit, wie sie nur wenige haben.

(Wittener Zeitung, 9. Mai 1901).

Jeder **Abonnent** des „Wegweisers und Sängers" erhält nach Einsendung einer 10 Pfg. Marke für Porto als **Gratis-Zugabe** eines der folgenden Lieder:

a. für hohe Stimme:
G. König, Storchlied. (humorist.) „Als ich noch ein Knabe war."
Alban Förster, op. 140. „Der Lenz ist da."
H. vom Ende, op. 4. „Unter blühenden Bäumen".
E. Meyer-Helmund, op. 75 II. „Piccolo Serenata."

b. für mittlere und tiefe Stimme:
G. König, Storchlied. „Als ich noch ein Knabe war."
E. Meyer-Helmund, op. 75 II „Piccolo Serenata".
E. Nössler, op. 9, Mailied, „Keine schönre Zeit."
Arthur Altmann. „Vater Unser."
Jul. Hagemann, op. 6 II. „Der Abt von Walporzheim."

Wegweiser durch die  Chorgesanglitteratur

Amtliches Organ des westdeutschen Sängerverbandes.

Ratgeber für Gesangvereine und Dirigenten.

Redaktion und Verlag: H. vom Ende, Köln a. Rh., Ecke Bismarck- und Kamekestrasse.

nebst

„KONZERTBERICHT“

und Beiblatt:

Der Sänger.

Erscheint monatlich einmal. Bezugspreis für 1 Expl. 15 Pfg. Jahresabonnement Mk. 1.50 und 40 Pfg. Porto. Inserate kosten pro 4 mal gespaltene Petitzeile 30 Pfg.

Expedition: H. vom Ende's Musikalien-Versandgeschäft.

Nr. 10. | Köln a. Rhein, den 26. Juli 1901. | II. Jahrg.

Inhalt:

Chordirigenten Westdeutschlands!

Der **Dirigententag** findet statt am Sonnabend, den 10. August, in **Düsseldorf** in der Bürgergesellschaft, Schadowstraße.

Beginn der Beratungen 3½ Uhr.

Abends 7½ Uhr **Künstler-Konzert.**

Im Interesse der wirtschaftlichen und künstlerischen Hebung des Dirigentenstandes werden alle Gesangvereinsleiter freundlichst zu reger Teilnahme an den Verhandlungen aufgefordert.

Der Wettstreit um den Wanderpreis des Kaisers.

Wenngleich meine Ausführungen über diesen Gegenstand in Nr. 4 und 5 des Wegweisers in den beteiligten Sängerkreisen als durchaus berechtigte und zutreffende anerkannt wurden, so ist doch von massgebender amtlicher Stelle aus noch keine Meinungsäusserung erfolgt, welche darauf schliessen lässt, dass eine Aenderung der bisherigen Praxis geplant sei; es bleibt daher nichts anderes übrig, als schonungslos die offenbaren Mängel und Ungerechtigkeiten aufzudecken, welche dem Kasseler Wettstreit den Stempel eines in wettstreittechnischer Beziehung mangelhaft vorbereiteten Unternehmens aufdrücken sollten. Es dürfte nur wenigen bekannt sein, dass in Kassel der selbstgewählte Chor lediglich nach seinem Schwierigkeitsgrade zensiert wurde u. zw. als leicht mit 27, mschw. 18, schwer 9; dass also eine Bewertung der gesanglichen Leistungen bei diesem Chor gar nicht stattfand. Man hätte erwarten können, dass derartige einschneidende Anordnungen vorher zur öffentlichen Kenntnis gebracht würden, damit die Vereine darnach ihre Massnahmen treffen konnten. In diesem Falle brauchten sie ja nur die denkbar schwierigste Tondichtung zu wählen, um eines Vorsprunges von 18 Punkten sicher zu sein. Zu welchen Konsequenzen solche Massnahmen führen können, wenn einzelne Vereine höheren Wünschen gemäss durch volkstümliche Liedchen ihre Lorbeeren erringen zu können wähnen, ist gar nicht abzusehen. Wenn dann noch eine Schwierigkeitsbewertung, wie diejenige des de Haanschen Chores „Das Meer“ als mittelschwer hinzutritt, dann ist die Konfusion eine vollkommene und man thäte besser, das Los entscheiden zu lassen.

Die Bedeutung und gute Absicht der Kommissionsmitglieder in Ehren, aber man kann ein tüchtiger General-Intendant, Liedervater, Verleger oder Komponist sein und doch von diesen Dingen wenig verstehen; davon nehme ich auch den grösseren Teil unser besten Musiker nicht aus, sie haben sich angewöhnt, auf das Männergesangwesen mit einer Missachtung hinabzublicken, welcher man deutlich den „durch keinerlei Sachkenntnis getrübten Blick“ anmerkt. An diese Stelle gehören Musiker, welche als Dirigenten mitten im Gesangvereinsleben stehen, das Wesen des Männergesanges speziell kennen, ebenso die Schliche und Kniffe mancher wettstreitsüchtigen Vereine u. s. w.

Andererseits aber ziehen wir auch daraus wiederum die Schlussfolgerung, dass lediglich a u f g e g e b e n e Chöre gestattet sein sollen, u. zw. ein 6 Wochen-, ein 3 Wochen- und ein Prima vista-Chor.

Will man aber diese Gelegenheit benutzen „zur Förderung vaterländischer Tondichtung“, so ist es die höchste Zeit, eine Konkurrenz auszuschreiben, an welcher alle Tondichter deutscher Zunge sich beteiligen können. Wenn irgendwo unsere Tondichter das Recht und die Pflicht haben, ihre besten Kräfte einzusetzen zur Erreichung des unserm Kaiser vorschwebenden Ideals, dann ist es hier der Fall. Der Gesang verschönt nicht nur das Leben, er veredelt auch die Gemüter, er ist im eminentesten Masse ein Erziehungsmittel für unser Volk. Eine Nation e r z i e h e n kann aber nur ein grosser Geist, der tief hineingeschaut hat in die Abgründe des menschlichen Lebens und der menschlichen Seele, ein Geist, der im stande ist, seine Mitmenschen aufzurütteln aus der Lethargie des täglichen Lebens, der sie näher zu bringen vermag dem jenseits unseres Horizontes thronenden, allwaltenden Geiste der Unendlichkeit und Ewigkeit. Die höchsten Aufgaben, die menschlicher Geist ersinnen und schaffen kann, sind für diesen Zweck gerade gut genug. Den Männergesang aber auf eine bestimmte Richtung festnageln, ihm ein kleines, engumgrenztes Gebiet zuzuschreiben und ihm die weiten, unendlichen Räume menschlicher Leidenschaften vorenthalten, ihm die Fähigkeit zu deren Ausdruck absprechen zu wollen, ist eine Blasphemie, welche durch die That bereits hinlänglich Lügen gestraft wurde. Man wolle mich nicht missverstehen. Ich stehe gewiss nicht im Verdachte Wesen und Würde des volkstümlichen Liedes zu verkennen oder zu missachten; der Wert des deutschen Volksliedes beruht ja gerade auf seinem echt volkstümlichen Gepräge, aber hier ist die einzig richtige Devise: „Alles an seinem Ort“. Wer uns erheben und rühren, wer in ein Leben voll Liebe und Seligkeit, voll süssen Schmerzes und wehmutigen Verlangens blicken will, wer uns den Zauberspiegel vorhalten will, aus dem unser eigenes Ich uns entgegenstrahlt, umwoben vom idealen Schimmer deutschen Gemütes und Temperaments, der greife zu unsern Volks- und volkstümlichen Liedern. Wer aber als entzückter Geisterseher in die Tiefen des Geisterreichs dringen möchte, wem sich das Reich des Ungeheuren und Unermesslichen öffnen soll, in dessen Gefilden die unendliche Sehnsucht nach dem Höchsten und Erhabensten seine Brust zu zersprengen droht, der verlangt nach einer Nahrung, welche ihm nur einzelne auserwählte Geister seines Stammes und Glaubens bieten können und diese müssen vor allen anderen bei solchen Gelegenheiten zum Worte gelangen.

Wann kommt die Aufforderung dazu? vom Ende.

Bearbeitung des deutschen Volksliedes.

R. vom Ende.

IV.

Die Tonweisen.

Das Wesen der Melodie beruht auf dem Zusammenwirken verschiedener Faktoren, von denen der Laie gewöhnlich nur den am meisten in die Sinne fallenden berücksichtigt und demgemäss eine nach Höhe und Tiefe geordnete Folge von Tönen für eine Melodie hält; selbst bekannte Musikschriftsteller, wie der Wiener Kritiker Hanslik fassen den Begriff Melodie zu eng, um dadurch zu falschen Schlüssen zu kommen, welche sie für ihre einseitigen Philosopheme dann nach Kräften ausnutzen. Demgegenüber muss betont werden, dass zu den wesentlichen Merkmalen einer Melodie nicht nur die rhythmisch und metrisch geordnete Tonfolge, sondern auch mit derselben Wichtigkeit die aus musikalischen und textlichen Gründen derselben zukommende Tonstärke, das Zeitmass und die Klangfarbe nebst ihren Abstufungen gehört. Letzteres sind notwendige Korrelate, deren Aenderung (abgesehen von einem kleinem Spielraum) auch der Melodie eine vollkommen andere Bedeutung beilegt. Es verschlägt daher nichts, wenn Gluck oder Händel dieselbe Tonfolge für verschiedene Texte benutzten, den eigentlichen Charakter erhält die Tonfolge erst durch Hinzutreten der anderen oben angeführten Faktoren, wozu dann noch die Harmonie tritt.

Wir haben bisher nur die rhythmisch-metrische Faktur des Volksliedes erwähnt, betrachten wir jetzt einmal lediglich die nackte Tonfolge.

Das Volk wählt nur sangbare Weisen zu seinen Lieblingen, d. h. solche, in denen leicht in die Ohren fallende und zu singende Intervalle zur Anwendung gelangen. Nun ist aber die Ansicht über Sangbarkeit der Intervalle nicht immer und überall dieselbe gewesen; die alten strengen Kirchenkomponisten vermieden den Sprung in die Sexte als unsangbar, während das Volk ihnen zu gleicher Zeit das Gegenteil bewies; unsere Tyroler jodeln sogar mit grosser Vorliebe in Sexten und kleinen Septimen. So kommen in dem Liedchen: „Steh ich an meinem Fensterlein“ Sexten-, Septimen- und Oktavensprünge vor, ebenso in „Mei Diandel is harb auf mi“; überhaupt zeichnen sich die süddeutschen Volkslieder mehr durch sprunghaftes Melos, Akkordzerlegung, Anwendung harmonischer Nebennoten aus, hervorgerufen durch die kecken, scherzhaften, frischen Gefühle, welche in ihnen zum Ausdruck gelangen, während die wehmütigen, träumerischen norddeutschen Weisen mehr die kleineren Intervalle bevorzugen, sogar chromatische Schritte nicht vermeiden.

Der Sprung in die kl. Septime ist durchaus nicht selten (Ich fahr' dahin, wenn es muss sein, vor 1400); besonders beliebt und einen wehmütig-sehnsuchtsvollen Eindruck hervorrufend war er mit Unterbrechung durch die Quinte: So in „Ach Gott vom Himmelreiche (1561)

„Ach Gott, was meiden thut (1452)

„Ach Töchterlein, mein Seel gemeit (ist freudig gestimmt), willst du der Höll entrinnen“ (1421)

„Aus hartem Weh klagt menschlichs Geschlecht“ (1584)

Ähnlich beginnt auch der sog. Schüttenstamton, welcher sich in einem geistlichen Liede „Ach Gott im höchsten Throne“ wiederfindet. Man sieht also, dass die wehmütige Grundstimmung der Lieder, welche sich schon in den Anfangsworten (Ach Gott etc.) kundgiebt, gewissermassen die Entstehung eines Leit- (in diesem Falle auch Leid-)motives verursacht hat. Auch das früher bereits mitgeteilte „La rauschen, Lieb, la rauschen“ hat denselben Anfang; es ist das wehmütige Klagelied zweier Jungfrauen; der Verlassenen bedeutet das Rauschen der Sichel eine Erinnerung an geschwundenes Glück, der glücklichen Geliebten an den Frühling und ihr Liebesglück. Diesen Gegensatz und zugleich die Uebereinstimmung zwischen der stillen Liebestrauer und dem heiteren, aber eintönigen und doch leise wehmütigen Klingen der Sichel im reifen Korn aussprechend. Eine kleine Verminderung des Zeitmasses und der Tonstärke und eine dunklere Vokalfärbung im Nachtanz wird den Gegensatz zur Genüge zum Ausdruck bringen.

Im Uebrigen beschränkt sich das Volk auf die diatonischen Stufen, übermässige und verminderte Intervalle finden sich selten, soweit sie nicht in der Tonart begründet sind. Der Umfang der Melodieen bewegt sich in der Regel innerhalb einer Quinte bis zur Oktave, nicht selten erstreckt er sich über den Raum einer Undezime (Die Sonne scheint nicht mehr), Terzdezime (Wenn i zum Brünnele geh), zu welcher Ausdehnung der beliebte Aufschwung zu einer besonders hohen Note gegen den Schluss hin viel beiträgt, z. B. in „Morgen muss ich fort von hier“, „In einem kühlen Grunde“, „Wenn ich den Wandrer frage“ etc.

Tonwiederholungen liebt das Volkslied nicht sonderlich, dagegen ergeht sich das ältere gern in einer reichen Melismatik auf einzelnen Silben, in eigenartiger Weise die Metren verlängernd und den Ausdruck vertiefend. So in:

Erwähnt sei noch die reizende Melismatik in „Schabab“, „Gut Gsell und du musst wandern, das Mägdlein liebt ein Andern“ (bearbeitet für Männerchor von C. Steinhauer), den Frohmut des verabschiedeten Jünglings köstlich schildernd. Vielfach bezwecken diese Melismen auch nur eine Erweiterung der Schlussformel, z. B. in: „Kein Feuer, keine Kohle etc.

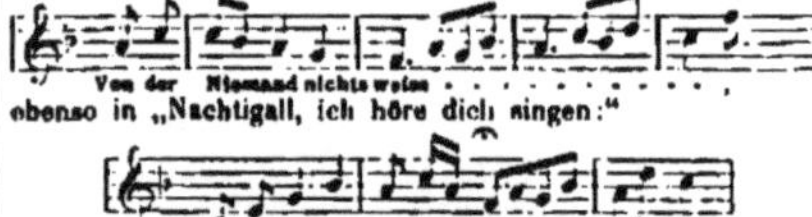

ebenso in „Nachtigall, ich höre dich singen:“

beide Lieder sind ungefähr um dieselbe Zeit bekannt geworden (um 1806) und ist ihre Verwandtschaft augenscheinlich; derartige Melismen wurden häufig auf andere Lieder übertragen, wie die Jodler der süddeutschen Lieder.

Auch sonstige Verzierungen verschmäht das Volkslied nicht, z. B. sind Vorschläge, harmonieeigne und -fremde nicht selten, erstere jedoch mit Vorsicht zu gebrauchen, da sie gewöhnlich aus einem falsch angebrachten Portamento hervorgegangen sind:

Herzliges Schä - tzerl, lass dich her-zen, . ich ver - geh -

so notiert bei Fr. M. Böhme, was natürlich bei unfeinem Vortrage ergötzlich wirken könnte. Ueberhaupt erfordern diese Verzierungen, wenn man sie anbringen will, sorgfältige Behandlung, nötig sind sie nicht, namentlich im Männerchor ist ihre Wirkung häufig eine fragliche, auch sind sie im Chor häufig kaum ausführbar.

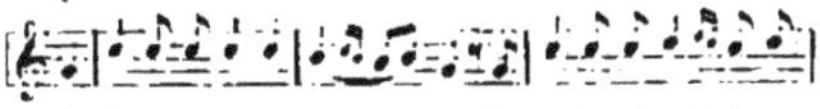

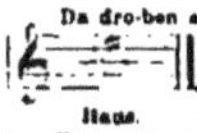

Da dro-ben auf je-nem Ber - - ge da ste-het ein gol - denes Haus.

Ferner ist die Form der Schlusswendungen wohl zu beachten, auf deren harmonische Behandlung wir später noch zu sprechen kommen. Vorherrschend ist natürlich der Schluss auf dem Grundton, sehr häufig findet sich aber der Schluss auf der Oberterz, z. B. in „So viel Stern am Himmel stehen". Sogar in alten Liedern kommt er vor: „Ach Karle, grossmächtigster Mann" (1546) „Dennmarcker Ton" genannt. Unter den ca. 80 Liedern des Liebesleides in Böhme haben 20 Terzenschluss. Zwei derselben modulieren nach der Oberdominante und endigen auf der Quinte: „Ich lebte sonst so froh und frei" und „Ein schön'n guten Abend, mein liebes Kind". Dieselbe Modulation zeigt „Mein Feinslieb ist von Flandern". Sehr feine Schlusswendungen findet man in den älteren Liedern, z. B. in „Es leit ein Schloss in Oesterreich: also ohne Leitton. Auf die Schlusswendungen sowie die sonstigen Eigentümlichkeiten der alten Tonarten kommen wir später zu sprechen. Seltsam mutet uns z. B. der Beginn mit der Untersekunde in dem Dorischen „Die Brünnlein, die da fliessen" an. Unser Gesichtskreis in harmonischer Beziehung hat sich im Liede verengert; während wir uns auf Dur und Moll beschränken, hatte bei den Alten jedes Geschlecht noch besondere Nuancen.

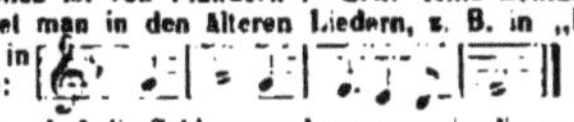

Als ein wichtiger Faktor der Melodie, gewissermassen als Träger der Stimmung und nur ihrethalben eingeschoben, ist der Kehrreim zu betrachten, der teils als eigene Melodie, teils als Wiederholung der letzten Verszeilen oder Phrasen auftritt. In ersterem Falle versteht sich seine Anwendung von selbst, dagegen stehen die Gewohnheiten des Volkes häufig im Gegensatz zu den Ausgaben der Lieder, indem es Refrain verlangt, wo der Druck keinen aufweist. Man könnte daher namentlich in modernen Liedern etwas freigebiger damit sein, z. B. in: „Der Mai ist gekommen". Allerdings alles an seinem Ort: mir gefällt z. B. in dem wehmütigen Liede „Drei Lilien, die pflanzt ich auf ein Grab" der fidele Kehrreim „Juvifeirasasasa", wie er in Thüringen, Sachsen und am Rhein bekannt ist, absolut nicht.

Nun unterliegen, wie bereits früher ausgeführt wurde, diese Tonweisen einer fortwährenden Aenderung. Das Volk singt sie sich nach seinem Geschmack, der fast immer gut genannt werden muss, zurecht, ändert an der Tonfolge, am Rhythmus, sodass das Lied schliesslich in verschiedenen Gegenden verschiedene Gestalt hat. Die schönste Lesart auszuwählen, bleibt natürlich dem Bearbeiter überlassen und würde ich es in manchen Fällen durchaus gerechtfertigt finden, wenn schönere Wendungen sonst nicht benutzter Varianten eingestellt werden. Silcher hat vielfach kleine Aenderungen in der Notenfolge vorgenommen, die von Geschmack zeugen, ist aber in der Auswahl der Varianten nicht immer glücklich gewesen, so ist die Melodie von „In einem kühlen Grunde" bei Erck musikalisch besser, als bei ihm. Auch wäre die Aufnahme des alten, schönen Volksliedes „Ach, wie ist's möglich dann", statt des Chezy-Küken'schen entschieden vorzuziehen gewesen. Wie eine Karikatur erscheint bei Silcher die schöne Melodie Fescas zu: „Heute scheid ich, heute wandre ich", noch gräulicher ist die Entstellung bei Erck zu dem Texte: „An der Saale hellem Strande". Also auch hier gilt der Spruch: „Das Neueste ist nicht immer das Beste". So einschneidende Aenderungen, wie wir sie bei Brahms zuweilen finden, sind allerdings nur solchen Meistern erlaubt. Man vergleiche den Schluss des Liedes „Schöne Augen, schöne Strahlen". (Forts. folgt.)

Besprechungen.

Unter den badischen Komponisten, welche das Gebiet des volkstümlichen Männergesanges pflegen, ist Fritz Neuert ohne Zweifel einer der Beachtenswertesten. Die im Verlage von R. Neumann, Pforzheim und Fr. Ullrich, Godesberg erschienenen Volksliederbearbeitungen beweisen nicht nur das satztechnische Geschick des Bearbeiters, sondern vor allen Dingen auch eine feine Spurnase für die vornehmeren und wirksameren Weisen unseres Volksliederschatzes. Das kann nicht genug hervorgehoben in einer Zeit, wo zwar das Wort „Volkslied" in aller Munde ist, aber zumeist leider als falsch verstandener Begriff; in der That sind nur wenige wirkliche Volkslieder bekannt und verbreitet, alles Andere, was unter dieser Flagge mitsegelt, ist untergeschobenes, unechtes Gut, echt ist dabei nur der Wunsch und die Absicht, das im „Volkstone" geschriebene Lied zum Volksliede zu machen.

Dass unter diesen Kompositionen sich manche befinden, welche sich dem Volkstone nähern, und Anspruch auf Volkstümlichkeit machen können, soll nicht bezweifelt werden und zu diesen gehören die Männerchöre Fr. Neuerts, welche bisher erschienen sind. Als melodiöse und echt volkstümlich empfunden hebe ich hervor op. 9 „Die Muhle im Wald" und das keck humoristische op. 27. „Der Würfelbecher". (Verlag von Fr. Ullrich, Godesberg). Besonders hingewiesen sei auf sein „Reiterlied" op. 26, als auf eine kernige, schwungvolle Weise. Das herrliche Gedicht von O. von Redwitz „Aufs Ross, aufs Ross, und das Schwert heraus" hat hier eine den Empfindungsgehalt durchaus erschöpfende musikalische Illustration erfahren. „Frisch wie der Morgenwind" erklingen am Anfang die Reiterfanfaren in hellem B-dur, um dann bei den Worten „Du gabst mir ja das Kreuzlein mit, das trag ich fromm bei jedem Ritt" einer weichen Ges-dur-Weise Platz zu machen, bis dann am Schluss die Begeisterung sich Geltung verschafft: „O frische Reiterlust, das Kreuz auf Reiterbrust, das Kreuz wird mich beschützen". Neuert steht anscheinend noch am Anfang seiner musikalischen Laufbahn, aber es weht ein frischer, deutscher Wind durch seine Weisen, er wird seinen Weg schon machen.

Männerchöre von P. Wülfing.

Die melodiösen Lieder dieses bergischen Komponisten sind in weiteren Kreisen weniger bekannt, als sie es verdienen; es sind schlichte, einfach gehaltene Chöre, denen es aber nicht an volkstümlichen Melodien und gutem, klangvollem Chorsatze mangelt. Besonders hervorgehoben seien op. 8 „Gott grüsse dich, mein Heimatthal", op. 16 „Am alten Platz", op. 15 „Mein Engel hüte dein", op. 18 „Frühlingsruf", op. 20 „Das erste Lied" und op. 27 „Ein geistlich Abendlied".

Es sei hiermit auf eine neue Märchendichtung „Das graue Entlein", Musik von O. v. Radecki, aufmerksam gemacht (Verlag von C. F. W. Siegel, Leipzig) für Solo und vierstimmigen gemischten, oder dreistimmigen Frauenchor. Der Text schildert das Leben auf einem Geflügelhof. Die Ente brütet ein fremdes, untergelegtes Ei aus, welchem zum Entsetzen des ganzen Hofes ein hässliches Entlein von einer ganz unmöglichen, grauen Farbe entschlüpft. Das Entlein wird solange gehänselt und bei Seite geschoben, bis es voller Wehmut das Weite sucht. Es schwimmt den Fluss hinab in die See, wird von einer Frau für eine Gans gehalten und den Winter über verpflegt. Aber mit der Frühlingssonne erwacht auch die Liebe zur kühlenden Flut, das Entlein entläuft, spiegelt sich in den Wellen und — siehe da — aus dem grauen Entlein ist ein schneeweisser Schwan geworden, der nun natürlich mit Freuden im Hühnerhof Aufnahme findet. Die Musik schmiegt sich dem Text überall innig an und findet stets den dem Vorwurf angemessenen Ton. Eigentliche Schwierigkeiten finden sich keine, sodass dass Werk auch von Kinderchören gemeistert werden kann. E.

Deutsche Volkslieder.

Zehn gänzlich unbekannte, sehr schöne deutsche Volkslieder, sind in neuer Bearbeitung für Männerchor vom Kgl. Musikdirektor Steinhauer und H. vom Ende in vom Ende's Verlag, Köln, erschienen. Man versäume nicht, die herrlichen Gaben zur Ansicht kommen zu lassen.

Wiener Deutsche Kunst- und Musik-Zeitung:

„Ferner möchte ich auch ein kleines Heft von H. vom Ende: Zehn deutsche Volkslieder für Klavier bearbeitet (Köln a. Rh. und Leipzig, H. vom Ende's Verlag) in empfehlende Erinnerung bringen. Die alten, wohlbekannten Volkslieder hat H. vom Ende für das Klavier auf eine so geschmackvolle und feinsinnige Art in Form kleiner, reizender Fantasien bearbeitet, dass Lehrer wie Schüler an denselben helle Freude haben werden. Die Arbeit zeugt durchgängig von ausgezeichnet musikalischem Sinn, sowie von einer genauen Kenntnis des thatsächlich Guten und Brauchbaren für die Zwecke eines ernstgemeinten Klavierunterrichtes.

(Nachdruck verboten.)

Aufführungen.

Abkürzungen: gr.-gross, s.-sehr. D. C. Da Capo.

Zusendung von Programmen, Festschriften, Jahresberichten etc. erwünscht. Unterstreichen bedeutet grosser Erfolg, Zusatz von D. C.: Da Capo oder Zugabe.

Geistliche Chorwerke

Komposition und Komponist	Stadt und Verein	Dirigent	Erfolg
für gemischten Chor.			
Stabat Mater (Streichorch. u. Org.) — Kleinberger	Aussig — Orpheus	Dressler	gr.
Wenn du noch eine Mutter hast — W. Köhler	Sonneberg — Kirchen-Chor	B. Roth	D. C.
Singet dem Herrn — Müller-Hartung	do.	do.	D. C.
Heilig ist Gott — Mendelssohn-Barth.	Hof — Verein für kirchl. Musik	K. Seitz	gr.
Führe mich — G. Schreck	do.	do.	gr.
Heilig ist Gott — C. L. Drobisch	Cassel — Kirchen-Chor	L. Spengler	gr.
Schau hin nach Golgatha — Silcher	do.	do.	gr.
Kommt, lasst uns gehn — B. Roth	Sonneberg Kirchen-Chor	B. Roth	gr.
Requiem — Verdi	Wien — Sing-Ver.	P. Mascagni	gr.
Te Deum — Fr. Wullner	Dusseldorf — Städt. M. G. V.	Buths	gr.
Psalm 88 (Alt Solo u. Org.) — A. Becker	Freiberg — Kirchen-Chor	H. Nickol	gr.
Te Deum — H. Berlioz	Köln — Musikfest	Wüllner	gr.
Messe Es-dur Fr. Schubert	Wien — Gesellsch. Concordia	F. Löwe	gr.
Requiem Dvorak	do.	do.	gr.
Für Männerchor.			
Sei du mit mir (mit Org.) — Münch	Aussig — Orpheus	Heller	gr.
Die Allmacht (mit Org.) V. Lachner	Hof — Verein für kirchl. Kunst	K. Seitz	gr.
Selig sind. die reinen Herzens - M. Vogel	Annaberg — Erzgeb. Sängerbund	E. Winkler	gr.
28. Psalm — M. Schuricht	do.	do.	gr.
Das Abendmahl — Fr. Hegar	Freiberg — Lehrer G. V.	H. Nickol	gr.
Liebesmahl der Apostel — R. Wagner	Hannover — M. G. V.	J. B. Zerlett	gr.
Für Knabenchor.			
Christkindleins Bergfahrt — C. Riedel	Hof — Kirchen-Chor	B. Roth	gr.
Harre des Herrn — J. C. Malan	do.	do.	gr.
Christus ist erstanden — Arn. Früh	do.	do	gr.
Weihnachtsgesang (Sopran-Solo u. Org.) K. Hätzel	do.	do.	gr.
Vergänglichkeit (Org. u. Harfe) - G. Jansen	do.	do.	gr.
Mache mich selig (Tenor-Solo) - A. Becker	Annaberg — Kirchen-Chor	E. Winkler	gr.

Alle hier angegebenen Werke sind zur Ansicht zu beziehen durch H. vom Ende's Musikalienhandlung, Köln a. Rh.

Neuigkeiten.

Gem. Chor mit Orchester.

Fr. Kessel, Belsazar (H. Heine) für gem. Chor u. Orch. Klav. Auszug ℳ 2.50, Chorstimmen je ℳ —.40. (H. vom Ende's Verlag, Köln.) Die Tondichtung schildert mit glühenden Farben die packenden Momente der dramatischen Scenen. In breiten Akkorden und wuchtigen Rhythmen wird der lärmende Tross, der prahlende König charakterisiert. Die geheimnisvolle Erscheinung übt in diesem Gewande ihre grausige Wirkung mit unheimlicher Verstärkung aus. Ohne Zweifel wird die Aufführung des Werkes von grossem Erfolge begleitet sein.

Georg Vierling, op. 50. Der Raub der Sabinerinnen. Anlässlich des Todes dieses Altmeisters deutscher Tonkunst möchten wir auf dieses hervorragendste und ursprünglichste Werk seines Geistes besonders hinweisen. Ein Vierteljahrhundert sind mit diesem Jahre über dasselbe dahingegangen, ohne ihm von seiner Frische, seiner Originalität auch nur das Geringste zu rauben. In unzähligen Aufführungen hat der dem Werke eignende melodische Reichtum, der schöne Satz, die effektvolle Behandlung des Orchesters verdiente Triumphe gefeiert, somit sei das Werk denjenigen dringend empfohlen, welche es noch nicht kennen gelernt haben.

M. Meyer-Olbersleben, op. 46. Das begrabene Lied. (Gebr. Hug & Co., Leipzig.) Ein sehr wirkungsvolles Chorwerk namentlich durch die reiche Abwechslung in der Verwendung der Vokalmittel. Gemischte, Männer- und Frauenchöre in Verbindung mit melodiösen Soli alternieren in reizvollster Weise mit dankbaren Solopartien voll lyrischer Schönheit. Ein gross angelegtes Finale mit effektvollen Steigerungen beschliesst das empfehlenswerte Werk.

Carl Grammann, op 23. Trauer-Cantate für gem. Chor Bariton-Solo u. Orch. (Verlag von L. Hoffarth in Dresden. Part. mit untergel. Klavier-Ausz. ℳ 7.—, Chorst. je ℳ —.60.) Das Werk besteht aus zwei schön gestalteten 8stimmigen Chorsätzen, eingeleitet durch charakteristische Orchestersätze und einem wirkungsvollen Bariton-Solo. Das stimmungsvolle Werk verdient häufiger aufgeführt zu werden.

Männerchor und Orchester.

H. Schulz-Beuthen, op. 46. Harald. (Ball. v. W. von Müller-Königswinter.) F. E. C. Leuckarts Verlag Leipzig. Ein grösseres Werk von etwa ½ Stunde Dauer, heroischen Charakters, welches in einem grösseren Bariton-Solo gipfelt. Letzteres liegt etwas unbequem und kann nur von einem hohen Bariton bewältigt werden. Im übrigen hat der Tondichter die Eigenart der Ballade sehr charakteristisch aufgefasst und nicht nur den düstern Stimmungsgehalt der ersten Hälfte (Ende der Schlacht, Meeresfahrt des Helden and sein Tod in den Wellen) meisterlich zu malen verstanden, sondern auch dessen Auferstehung in einer imposanten Schlusssteigerung. Das Werk gelangte bereits durch den Dresdener Lehrer-Gesangverein unter Fr. Brandes zweimal zu erfolgreicher Aufführung.

Der Sänger.

.mtliches Organ des westdeutschen Sängerverbandes.

Das Volkslied ist die Unsterblichkeit der Musik.
Marx.

Verbunden werden auch die Schwachen mächtig.
Schiller.

Vorsitzender: Lehrer A. Gau, Hilden bei Düsseldorf.

laktion u. Verlag: H. vom Ende. Köln a. Rh., Ecke Bismarck- u. Kamekestr.

Zum Dirigententage

). **August in Düsseldorf** liegen so wichtige, den ganzen
interessierende Fragen vor, dass man mit Recht auf die
;ung derselben gespannt sein kann. Das vorbereitende
-e hat in rechter Würdigung des Umstandes, dass weder
seitige Hervorkehrung der materiellen, noch die alleinige
ng der idealen Interessen dem Dirigentenstande zum Vorteile
en kann, auf eine gleichzeitige Behandlung der beide
berührenden Fragen Rücksicht genommen.
)ie Qualität eines Standes hängt zum grössten Teile ab
m Grade der Vorbildung, deren er teilhaftig wird. Die
ıngen dieser Art sind für den in Rede stehenden Beruf
he: Fachwissenschaftliche und pädagogische. Wissenschaft
thode sind die zwei unentbehrlichen Eckpfeiler, auf denen
Qualität eines Dirigenten aufbaut. In Anbetracht des
des, dass die Gesangvereine wie Pilze aus der Erde
n, und dadurch eine Unmenge kleiner Vereine dürftig
ein fristen, ist auch die Wahl der Dirigenten häufig eine
luckliche. Man greift zu Autodidakten, die etwas Klavier
oline spielen und ebenso leidlich die Noten vorspielen
welche in den einzelnen Stimmen gegeben sind. Von
·ündlichen Vorbildung kann bei ihnen keine Rede sein,
ere Urteil über die zur Auswahl auf sie anstürmenden
fehlt. Von Methode keine Spur. Wie soll ein solcher
·rn erzieblichen Aufgaben, welche im Liede und durch
l gegeben werden, gerecht werden! Wir wollen dadurch
icht den Stab über jeden Dirigenten im Nebenamte brechen,
·bt gewiss recht tüchtige und erfolgreich wirkende Leute
. Auch wollen wir den Massstab für die Befähigung des
:n nicht so hoch anlegen, und Forderungen stellen, welche
durchführbar sind. Aber es muss doch als ein Unglück
schöne Sangeskunst bezeichnet werden, wenn unfähige
n des Amtes walten.
och trauriger ist es, wenn sie nicht von den höheren
erfüllt sind, welche die Sache des Männergesanges im
der Erziehung des Volkes und der Kunst an sie stellen.
irigentschaft nur Broterwerbssache und wird sie auf Kosten
Grundsatze in diesem Sinne betrieben, dann darf man
·üchte gewärtigen, wie sie auf den Gesangwettstreiten
fort in die Erscheinung treten. Da giebts hohe Geld-
d um dieser und anderen Flitters willen werden sog.
singedrillt. Den Sängern werden infolge missverstandenen
's die unlautersten Mittel wie, Zuziehung fremder Sänger
zahl der besten Sänger — des Extraktes! — aus einem
Vereine so nur als selbstverständlich im Interesse der
rettung" des Gesangvereins beigebracht!
: dürfen indessen das Vertrauen zu dem ehrenwerten
r Dirigenten nicht verlieren und hoffen, dass sie am
t Mann für Mann erscheinen, um begeisterten Herzens
›zulegen für die Ideale der schönen Sangeskunst!
ı Idealen jedoch allein kann kein Mensch, keine Kunst
Gesangverein leben und wirken. Wir stehen auf dem
ss tüchtige Leistungen auch entsprechend entlohnt werden
ie materielle Hebung bildet zudem eine Gewähr für
fen auf dem Gesanggebiete. Ein Dirigent, der nicht
terieller Sorgen gezwungen ist, in vielen Vereinen die
stelle anzunehmen, kann mit mehr Vorbereitung in die
ıen und mit frischerer Kraft arbeiten, als ein allzuviel
Chorleiter. Die Leistungen werden dementsprechend
das Weiterstudium muss auch Zeit und Lust bleiben, — alles im Interesse der Gesangeskunst und nicht in letzter Linie des Dirigenten selbst.

Die Erkenntnis dieser Dinge setzen wir in den interessierten Kreisen voraus. Möge sie den Weg ebnen, auf dem wir am 10. August zu bestimmten programmatischen Zielen gelangen.

Die wiederholt angekündigten Vorträge sind:

1. **Berechtigung und Befähigung zum Dirigenten eines Gesangvereins.**
   Referent: Königl. Musikdirektor Steinhauer, Düsseldorf.
2. **Die materielle Lage des Dirigentenstandes: Entwurf einer Unterstützungs- und Sterbekasse.**
   Referent: Redakteur vom Ende, Köln.
3. **Erziehliche Aufgaben des Dirigenten.**
   Referent: Musikdirektor Goldner, Elberfeld.

Diese drei Vorträge kristallisieren die Fragen, welche zur Zeit die Berufsgenossen erfüllen.

Dem Referate folgt jedesmal eine Diskussion an der Hand der vorzulegenden Thesen. So dürfen wir hoffen, dass der 10. August die Kollegen zu gemeinsamer, erspriesslicher Arbeit in Düsseldorf vereinigen wird zum Segen für die Zukunft.

Die Beratung findet in der Bürgergesellschaft Schadowstrasse statt und beginnt $3^1/_2$ Uhr nachm.

Im Anschlusse daran ist **von $7^1/_2$ Uhr ein Künstlerkonzert.** Mitwirken werden Frl. Adele Stöcker-Köln (Violine); Herr Dressel-London (Cello); Herr P. Stoye-Krefeld (Klavier); Frl. Ther. Hattingen-Köln (Gesang) und die Rhein. Volksliedertafel. — Mit dem Dirigententage ist eine Ausstellung der Volksliedlitteratur verbunden. Das unterzeichnete Komitee giebt sich der angenehmen Hoffnung auf zahlreiche Beteiligung hin.

J. Alers, Kgl. Seminar-Musiklehrer, Elten; Karl Becker, Kgl. Seminar- und Musiklehrer, Neuwied; H. Berger, Chordirektor, Gerresheim; Jos. Bernards, Kgl. Seminar- und Musiklehrer, Kempen; H. Benewitz, II. Verbandsvorsitzende, Bochum i. W.; Ludw. Bonekamp, Chordirektor, Emmerich; vom Ende, Redakteur, Köln a. Rh.; Frech, Kgl. Seminar- und Musiklehrer, Rheydt; Jos. Gardziella, Dirigent, Allendorf b. Essen; A. Gau, I. Verbandsvorsitzende, Hilden; Geblen, Chordirektor, Mintard; J. Gocke, Chordirektor, M.-Gladbach; Chr. Gottlieb, Dirigent, Rees; Fr. Goldner, Musikdirektor, Elberfeld; H. Hammer, Musikdirektor, Bochum i. W.; J. Heffels, Chordirektor, Giesenkirchen; Aug. Heuser, Dirigent, Köln-Merheim; C. Holtschneider, Direktor des Konserv. der Musik, Dortmund; A. Iseke, Chordirektor, Ratingen; W. van de Kamp, Chordirektor, Remscheid; Jhs. Kniese, Kgl. Seminar-Musiklehrer, Mörs; G. Möbius, Chordirektor, Emmerich; Theodor Müller-Reuter, Kgl. Musikdirektor, Krefeld; W. Pallast, Chordirektor, Düsseldorf; K. Pieper, Lehrer am Konservatorium, Krefeld; Jos. Plag, Hof-Organist u. Chordirektor, Düsseldorf; Jos. Quast, Chordirektor, Meiderich; Roeder, Kgl. Seminar-Musiklehrer, Hilchenbach i. W.; Scharbach, Kgl. Seminar-Musiklehrer, Prüm; H. Schaaenburg, Chordirektor, Düsseldorf; L. Schleuter, Chordirektor, Ratingen; Theod. Schlömer, Direktor des Konservatoriums, Duisburg; Schoppe, Kgl. Seminar-Musiklehrer, Gütersloh i. W.; F. Schröter, Gymn.-Oberlehrer, Düsseldorf; G. Sondermann, Chordirektor, Barmen; Anton Stehle, Redakteur, Düsseldorf; C. Steinhauer, Kgl. Musikdirektor, Düsseldorf, W. H. Steinkühler, Musikdirektor, Hagen i. W.; P. Wülfing, Chordirigent, Solingen.

Auf Verbandsgenossen

zur diesjährigen Tagung am 11. August in Düsseldorf!

Zeiget durch Euer Erscheinen und durch lebhafte Teilnahme an den Verhandlungen der Deligiertenversammlung, dass unsere Sache nicht hoffnungslos ist. Von der Notwendigkeit der Reform durchdrungen sind zweifellos weite Kreise. Die Unhaltbarkeit der heutigen Zustände beweisen neuerdings wieder die bekannten Vorgänge auf dem Gesangwettstreite in Coblenz. Wer wollte zweifeln, dass immer mehr Vereine von der Reformbedürftigkeit überzeugt resp. überführt werden, wie sehr sie sich auch zur Zeit noch dagegen sträuben. Die Erkenntnis wird sich Bahn brechen, aber nur dann dem deutschen Männergesang zum Vorteil gereichen, wenn ein Verband die von der Unhaltbarkeit der gegenwärtigen Zustände Ueberzeugten aufnehmen wird und zu positiven „Gesundungsmitteln" Handhabe bietet.

Ohne Gegner der Wettstreite im Prinzip zu sein, halten wir doch vor wie nach fest an der Forderung der Einschränkung derselben nach Zahl und Umfang. Abschaffung der Geldpreise, Feststellung einer einheitlichen Wertung, Anerkennung einer Mindestleistung und Bekämpfung jeder Art unlauteren Wettbewerbes auf den Gesangwettstreiten. Ueberzeugt davon, dass die Pflege des echten deutschen Volksliedes trotz mancher Anregungen noch nicht in dem Masse erstarkt ist, wie es dieses Juwel deutscher Poesie und Musik mit Recht für sich beanspruchen kann, richtet der Verband an seinem 2. Verbandstage sein besonderes Augenmerk auf dasselbe. Die „rhein. Volksliedertafel" wird durch Vorträge von „Edelvolksliedern" aus entschwundenen Jahrhunderten (1400 bis Gegenwart) in historischer Folge ein Bild von der praktischen Ausführbarkeit, dem Edelgehalte derselben und dem Stande der Forschung zur Zeit geben. Durch Vortrag eines auf diesem Gebiete hochverdienten Fachgelehrten soll das Interesse der Festteilnehmer für dasselbe geweckt werden. Endlich wird eine sorgsam zusammengestellte Ausstellung der Volksliedlitteratur die Besucher des Dirigenten- und des Delegiertentages anregen zu weiterem Studium und zur praktischen Verwendung des Volksliedes in den Gesangvereinen. Diese Thätigkeit des Verbandes hat bei der Königl. Regierung Anerkennung gefunden und wird es auch bei allen jenen, welche es mit der Zukunft des deutschen Männergesanges wirklich ernst und aufrichtig meinen. Möge deshalb kein Verbandsverein unvertreten sein. Insbesondere werden die neu aufgenommenen Vereine und Mitglieder in der Lage sein, sich in Düsseldorf von dem Streben und Werden, der praktischen Bethätigung unserer Verbandsziele ein Bild zu machen, das befruchtend auf den Kreis ihres Vereins nachwirken wird.

Sängerbund Hamme bei Bochum, Rheingold-Düsseldorf, Eintracht-Beyenburg, Concordia-Bismarck i Westfalen, Rheinklänge-Rees, Liederkranz-Dahlhausen a. d. W., Constantia-Urdenbach a. Rh. Bilker Liederkranz-Düsseldorf, Erholung-Huckingen, Polyhymnia-Düsseldorf-Neustadt, Rhein. Volksliedertafel, M.-G.-V. Köln-Merheim und als einzeln stehende Mitglieder Herr Redakteur vom Ende-Köln, Herr C. Holtschneider, Direktor des Konservatoriums der Musik in Dortmund, Chordir. Zey jr. Krefeld und W. Kistermann-Stuttgart sind seit dem vorigjährigen Berichte Mitglieder geworden. Die Ehrenmitgliedschaft wurde — kraft eines früheren Beschlusses — dem Herrn Bürgermeister Pütz-Meiderich, Herrn Zechendirektor Thate-Meiderich, Herrn Bürgermeister Heitland Hilden Herrn Kgl. Musikdirektor Steinhauer-Düsseldorf, Herrn Gymnasialoberlehrer Fr. Schöter-Düsseldorf, Herrn Kgl. Seminarmusiklehrer Becker-Neuwied, Herrn Rektor Kerper-Bochum i. W., Herrn Musikdirektor Grosse-Weischede-Bochum und Herrn Professor Dr. Pommer-Wien angetragen und von den Herren angenommen.

Die Abhaltung des 1. westdeutschen Dirigententages, welcher von Verbandswegen angeregt wurde, wird den Verbandsvereinen den Beweis erbringen, wie das Samenkorn, gepflanzt im März 19 0 nun schon überallhin in Westdeutschland, als prächtiger, jugendfrischer Baum hineinragt, der im Verlaufe der nächsten Jahre die herrlichsten Früchte zeitigen wird. Die Namen unter dem mehrmals veröffentlichten „Aufruf an die Chordirigenten Rheinlands und Westfalens" lassen das unschwer erkennen. Die Zusammenkunft der Chorleiter im Zusammenhange mit unserem Verbandstage wird die Bedeutung der diesjährigen Tagung noch besonders erhöhen. Es giebt so viele wackere Dirigenten, welche die Prinzipien des Verbandes zu den ihrigen gemacht, jedoch die Gefolgschaft ihrer Vereine bisher vergebens versucht haben. In ihren Bemühungen um die gute Sache sie zu stärken, wird die Gemeinsamkeit am 10. und 11. August nicht unwesentlich fördern und durch die Einführung der persönlichen Mitgliedschaft sie dauernd an unsere Bestrebungen knüpfen.

Zudem ist nicht zu verkennen, dass eine Gesundung der Männergesangvereins-Verhältnisse im wesentlichen an die Geschicke der Chorleiter geknüpft ist. Je nachdem sich deren materiellen Verhältnisse und ihre Heranbildung in fachwissenschaftlicher wie methodischer Beziehung gestaltet, je nachdem wird auch das Männergesangwesen entweder dem Verfalle oder einer Blüteperiode entgegen gehen.

Die Vorbereitungen für eine Unterstützungs-Hilfskasse sind so weit gediehen, dass am Verbandstage auch dazu Stellung genommen werden kann.

Verbandsgenossen! Bedarf es noch mehr der Worte zur Einladung nach Düsseldorf!

„Sei treu Dir selbst, halt fest mit Mut!
Kämpf', siege für das schöne Gut!"

Programm

zum 2. Verbandstage am 11. August in Düsseldorf.

Morgens 11 Uhr bis 1 Uhr Delegiertenversammlung.

Tagesordnung:

1. Jahresbericht (Vorsitzende). — 2. Kassenbericht.
3. Bericht durch Katalog und Bibliothekskommission.
4. Bericht über den Verlauf des 1. westd. Dirigententages. Unterstützungs Zuschusskasse.
5. Abänderung der §§ 7, 8, 9, 10 und 11. Es handelt sich um Einführung der persönlichen Mitgliedschaft neben d. Vereinsmitgliedschaft mit festem Jahresbeitrag, um Fortfall der Berichte bis 20. März und 20. September jeden Jahres und um Verlängerung der Zahlungsfrist für Beiträge bis zum Delegiertentage. Die Abstimmung regelt sich in Zukunft nach der Zahl der akt. Sänger in den angeschlossenen Vereinen.
6. Antrag der Germania-Duisburg: der 2. Verbandstag wolle beschliessen, den nächstjähr. Verbandstag in Verbindung mit dem 50jährigen Jubiläum der Germania-Duisburg zu begehen.
7. Festsetzung der Gesammtchöre für das nächstjährige Verbandsfest. — 8. Vorstandswahl.

Die Satzungen des Verbandes nach den neuen Vorschlägen.

C. Mitgliedschaft und Leitung.

§. 7.

Mitglied kann jeder deutsche Männergesangverein werden welcher durch seine sämtlichen Vorstandsmitglieder die Statuten des Verbandes schriftlich anerkennt.

Auch ist eine persönliche Mitgliedschaft für jene Sänger, Dirigenten etc. zulässig, welche einem angeschlossenen Vereine nicht angehören. Dieselben erkennen ebenfalls schriftlich die Verbandssatzungen an.

§. 8.

Das Aufnahmegesuch ist an den Verbandsvorsitzenden oder dessen Stellvertreter zu richten. Nach Anerkennung der Satzungen erfolgt die Aufnahme durch denselben. Mitglieder, welche zur Zeit aus dem Verbande austreten und die Aufnahme wieder nachsuchen, haben sich der Ballotage der nächsten Delegiertenversammlung zu unterziehen.

§. 9.

Halbjährlich sind die berichtigten Namensverzeichnisse der angeschlossenen Vereine der Verbandsleitung einzureichen. Sind keine Veränderungen vorhanden, so gelten die früheren und werden stillschweigend als massgebend weiter geführt. Die Termine der Einsendung werden im „Sänger" frühzeitig bekannt gegeben.

§. 10.

Der jährliche Beitrag pro Sänger beträgt 10 Pfg. in den angeschlossenen Vereinen incl. Dirigent. Ein Sänger, der mehreren angeschlossenen Vereinen angehört, zahlt den Verbandsbeitrag nur einmal und wird auch nur in einem Vereine verbandsseitig gebucht.

Die persönlichen Mitglieder zahlen pro Jahr 1 Mark.

Die Zahlung der Beiträge für das laufende Jahr muss vor dem Delegiertentage erfolgen.

§. 11.

Die persönlichen Mitglieder haben je eine Stimme und die angeschlossenen Vereine für je 10 Mitglieder 1 Stimme in der Delegiertenversammlung.

Nach der Delegiertenversammlung zwangloses Mittagessen.

Nachmittags 3 Uhr: Probe der Gesamtchöre im Becker'schen Lokale, Lindenstrasse, Düsseldorf-Flingern.

Punkt 4 Uhr: Festzug.

5½ Uhr: Festkonzert, veranstalt. von „Orpheus"-Düsseldorf, ebenda unter Leitung des Herrn Schauenburg und Mitwirkung der M. Gesangvereine Liedertafel-Ratingen, Bruderliebe-Meiderich, Germania-Duisburg, Bilker Liederkranz-Düsseldorf, Städt. M.-Gesangverein Hilden u. Polyhymnia-Düsseldorf, verbunden mit Vortrag über echtes Volkslied mit Aufführung solcher durch die Rhein. Volksliedertafel, ebenda.

Näheres Programm am Festtage. (Der Verbandsvorsitzende.)

Auf zum II. Verbandstage!

Düsseldorf, Ende Juli.

Nur noch wenige Tage trennen uns von der Zusammenkunft, in der über das Wohl und die ferneren Schritte, unser junges Unternehmen in immer gesundere Bahnen zu lenken, beraten werden soll. Sind auch die Hoffnungen, die wir an die Gründung und zuletzt noch auf dem vorigjährigen Verbandstage in Meiderich geknüpft, bis jetzt nur zum kleinsten Teil erfüllt und in dem abgelaufenen Jahr die Anschlüsse der Vereine nicht unseren Erwartungen gemäss erfolgt, so dürfen wir immerhin mit den Erfolgen zufrieden sein und neuen Mut zu frischen Thaten schöpfen. Gewiss bleibt uns noch recht viel zu thun übrig und es bedarf der ganzen Willenskraft und grosser Anstrengung aller Verbandsangehörigen, unseren Ideen, die leider noch vielfach verkannt werden, überall Eingang zu verschaffen. Hoffen wir, dass Besuch und Betheiligung an den Beratungen des 2. Delegiertentages überaus rege sein wird.

Unserer im herrlichsten Blütenschmuck prangenden Gartenstadt allein zu liebe dürfte sich schon ein Besuch lohnen. Für Denjenigen, der einige Jahre Düsseldorf nicht besucht, wird es so viel Neues und Sehenswertes bieten, dass er sich kaum noch auskennt. Im Vordergrunde des Interesses stehen natürlich die Vorarbeiten für die nächstjährige Industrie- und Gewerbe-Ausstellung, die zusehends voraugehen und wenn nicht unvorhergesehene und grosse Hindernisse eintreten, in allen Teilen rechtzeitig fertiggestellt sein werden. Die Ausstellung verdient in der That ein grosses Interesse, sowohl an Rauminhalt wie Reichhaltigkeit wird sie die 1880er Ausstellung weit überflügeln, denn während damals 33000 qm benutzt wurden, umfasst die jetzige 57000 qm, die vielleicht kaum noch reichen werden. Hand in Hand mit diesen Vorarbeiten geht die Rheinufer-Regulierung, die städtischerseits mit einem Aufwande von über 4 Millionen Mk. bewerkstelligt wird, und die Asphaltierung und Verschönerung der Hauptstrassen, elektrische Beleuchtung, Niederlegung alter und Errichtung neuer Prachtgebäude. Ein Rundgang durch die Stadt allein wird sich schon lohnen und möchten wir deshalb allen Beteiligten dringend raten, schon Morgens hier einzutreffen. Der Gesang-Verein „Orphea“ wird es sich zur Ehre rechnen, aus seinen Reihen eine hinreichende Zahl von Führern zur Verfügung stellen zu dürfen.

Genannter Verein hat auch die Vorbereitungen zum Delegiertentage, speziell zum Festkonzert übernommen und wird es sich angelegen sein lassen, den Teilnehmern einige genussreiche Stunden in seinem Kreise zu verschaffen. Wenn es auch in einer Grossstadt nicht möglich ist, weitere Kreise ähnlich wie in Meiderich für unsere Sache zu interessieren und zum Schmücken ihrer Häuser zu veranlassen, da man sonst hier alle Sonntage in die Lage kommen könnte, so wird der Empfang darum nicht minder herzlich sein. Haben wir doch auch seit unserem etwa 20jährigen Bestehen in vielen Städten und Ortschaften Gastfreundschaft genossen, die wir nun einigermassen wiederzuvergelten in der Lage sein werden.

Als ein Abzweig des jetzt noch bestehenden Männer-Gesangvereins „Concordia“ im Jahre 1880 gegründet, führte der Verein „Orphea“ zunächst den Namen „Männer-Gesangverein Flingern“ und stand unter der Leitung des Herrn Rob. Schmidt, dann unter der des Herrn Prause, Lehrer an der kath. Volksschule in Flingern, bis zu dessen Tode. Der nun folgende Dirigent, Herr Musikdirektor Alb. Kruesch, brachte den Verein quantitativ und qualitativ zu grossem Ansehen, bis vor nunmehr 8 Jahren Herr H. Schauenburg, der heutige Leiter, ihn durch seinen Fleiss und seine Energie den angesehenen Vereinen der Stadt ebenbürtig machte. Die errungenen Preise hier alle nach Datum anzugeben, würde den Raum unnötig in Anspruch nehmen und sich auch nicht mit den Tendenzen unseres Verbandes in Einklang bringen lassen, doch darf ohne Ueberhebung gesagt werden, dass er auf allen Wettstreiten mit Ehren bestanden hat.

Zum Schlusse sei der Hoffnung Ausdruck gegeben, dass die Verhandlungen des bevorstehenden Delegirtentages für unsern jungen Verband recht fruchtbringend werden mögen und in diesem Sinne rufen wir allen Verbandsmitgliedern ein herzliches Willkommen in Düsseldorf zu.

H. H.

—

Den Teilnehmern des Dirigententages am 10. August wird in einer den Verhandlungen sich anschliessenden musikalischen Abendunterhaltung eine Reihe auserlesener Genüsse geboten werden. Die Wahl der auftretenden Solisten kann als eine recht glückliche bezeichnet werden, ebenso darf man auf das erstmalige Auftreten der rheinischen Volksliedertafel, welche nur aus musikalisch gebildeten, stimmbegabten Kräften zusammengesetzt ist, gespannt sein. Dieselbe hat sich die Pflege des echten deutschen Volksliedes zur alleinigen Aufgabe gestellt.

Die Ausstellung der Volkslieditteratur wird unter anderem enthalten:

Altdeutsches Liederbuch von Fr. M. Böhme. — Deutscher Liederhort von Erk-Böhme. — Deutscher Liederhort von L. Erk. — Volkstümliche Lieder der Deutschen von Fr. M. Böhme. — Schriften über das Volkslied, Sammlungen von K. Becker, Dr. J. Pommer, Erk, Silcher etc. Sämmtliche einzeln erschienenen Bearbeitungen.

Neue Männerchöre a capp.

Verlag von Raabe & Plothow, Berlin

mch. Heimann, Heinr. op. 181 I. Lieblich geseliet. P. —.80 St. je —.15.
mch. do. II. Die Diebin. P. —.80 St. je —.15.
mch. do. III. Beständigkeit. P. —.80 St. je —.15.
mch. Voigt, Hermann, op. 175. Der Waldkönig. P. —.80 St. je —.15.
mch. do. op. 176. Sängergrüsse. P. 1.— St. je —.20.
mch. do. op. 177. Der Morgen. P. 1.— St. je —.20.
mch. do. op. 178. Abendlied. P. —.80 St. je —.15.
mch. do. op. 179. Liebeslust u. Leid. P. —.60 St. je —.10.
mch. do. op. 180. Waldliebchen. P. —.60 St. je —.15.
mch. do. op. 181. Wandermarsch. P. —.60 St. je —.15.
zl. do. op. 182. Vorgessen. P. —.60 St. je —.10.
zl. do. op. 183. Das herzige Liesel. P. —.90 St. je —.15.
mch. do. op. 184. Familie Lehmann. (netto) P. 1.20 St. je —.30.
zl. do. op. 185. Gefunden. P. —.60 St. je —.15.
zl. do. op. 186. Abschied. P. —.60 St. je —.15.

Die Werke Heimanns zeichnen sich durch schöne Polyphonie und vornehmen Charakter aus, während H. Voigt mehr dem volkstümlichen Stil huldigt und, wenn auch nicht immer neu, so doch melodiös und wohlklingend schreibt.

Verlag von Joh. André, Offenbach a. M.

mch. Bungart Heinr. op. 58. Der Wandrer i. Herbst. P. —.60 St. je —.15.
mch. Eschmann K. op. 8. Die Heimat. P. —.60 St. je —.25.
mch. do. op. 9. Wenn die Rosen blühn. P. —.60 St. je —.15.
mch. Füllekruss, Emil. Gondellied. P. —.80 St. je —.20.
mch. Hartel, A. Ich grüsse dich. P. —.40 St. je —.10.
mch. Kern, Carl., op. 81. Geburtstagslied. P. —.60 St. je —.15.

Melodiöse Spenden für kleinere Liedertafeln.

Verlag von Bernh. Termann, Münster i. W.

zl. Opladen, A., op. 18. Muttersegen. P. —.60 St. je —.15.
l. Riese, K. Das stille Thal. P. —.40 St. je —.10.
l. Rudnick, W. Deutsches Bannerlied. P. 1.— St. je —.15.
l do. Ständchen. P. —.60 St. je —.15.
mch. Schmeiser, op. 16. Treue. P. —.60 St. je —.15.
mch. Speiser, W. Die wilde Ros. P. —.60 St. je —.15.
mch. Wesseler, H. Frühlingszeit. P. —.75 St. je —.15.
mch. Schlichting, W. Träumerei am Waldbach. P. —.40 St. je —.10.
zl Wesseler, H. Früh morgens. P. —.75 St. je —.15.
mch do. Sieh dort blüht noch eine Rose. P. —.60 St. je —.15.
mch. do. Frühe Knospe. P. —.75 St. je —.15.
mch. do. Rotes Röslein. P. —.40 St. je —.10.
mch. Zerlett, J. B. Herbststurm. P. 2.50 St. je —.50.

Sämtlich kleine, gefällige Liedchen mit Ausnahme des letzten Chors von Zerlett, welcher als Preischor für einen Wettstreit grössere Anforderungen stellt.

Verlag von F. Bosse, Leipzig.

mch. Burkowitz, F., op. 20 III. Wach auf! P. 1.— St. je —.30.
mch. Seitz, K. op. 68 I. Morgenständch. Scheiden. P. —.80 St. je —.20.
mch. do. II. Am Rhein und am Main. P. —.80 St. je —.20.
mch. do. op. 75. Bei heurigem Wein. Bin ein fahrender Gesell. P. 1.80 St. je —.40.
mch. do. op. 82. Mein Mütterlein. P. —.80 St. je —.20.

Burkowitz' Wach auf zeichnet sich durch ein melodisches Tenor- u. Bariton-Solo aus. Auch bei den Seitz'schen Liedern lässt sich das oben Gesagte wiederholen.

Rud. Jbach Sohn,

Hof-Pianofortefabrikant Sr. Maj. des Königs und Kaisers.

Geschäft 1794 vom Urgrossvater gegründet.

BARMEN • KÖLN • BERLIN • HAMBURG • LONDON

Flügel und **Pianinos.**

Gebrauchte restaurirte Flügel in allen Preislagen.

Streich-, Blas-, Schlag-Instrumente, Saiten u. Zubehör, Zug- und Mund-harmonikas, Spielwerke ... Hand bei **L. P. Schuster**, Markneukirchen Nr. 272

Meister- ... hat geprüfte ... Musikinstrumente ... **Wilh. Herwig in Markneukirchen i. S.** ... Preisliste umsonst u. portofrei.

Dankbar

werden Sie mir sein für die Uebersendung meiner neuesten illustrirten Preisliste frko. gegen 10-Pfg.-Marke. **G. Engel, Berlin 146** Potsdamerstr. 131.

Lieferung sämtlicher Musikalien besorgt prompt und billigst

H. vom Ende's Musikalienversand.

Zur Damenschneiderei.

Die Viktoria-Schnitt-Muster-Mappe

mit deren Hülfe jede Dame im Stande ist, gutsitzende Damen- und Kindergarderobe und auch Wäsche anzufertigen, sei allen Damen bestens empfohlen.

Die Viktoria-Schnitt-Muster-Mappe erscheint zu jeder Saison neu mit den allermodernsten Schnitten ausgestattet in folgenden Ausgaben:

Ausgabe A für **Damen-Garderobe**, enthaltend: Taille, Blouse, Rock, Schlafrock, Mantel-Jaquet und 5 dazu gehörige Modebilder. Preis Mk. 2.

Ausgabe B für **Kinder-Garderobe**, enthaltend: zwei Mädchenkleider, Jaquet, Knabenanzug und 4 dazu gehörige Modebilder. Preis Mk. 1.20.

Ausgabe C für **Damen-Wäsche**, enthaltend: Taghemd, Nachthemd, Beinkleid, Unterrock, Untertaille, Nachtjacke und Frisirmantel. Preis Mk. 1.–.

Ausgabe D für **Erstlings-Wäsche**, enthaltend: Steckkissen, Kopfkissen, Hemdchen, Jäckchen, Windelhose, Leibchen, zwei Käppchen und Erstlingskleidchen. Preis Mk. –.75.

Ausgabe E für **Puppen-Garderobe**, enthaltend: Kleider, Mäntel, Jaquets und Leibwäsche in drei Grössen. Preis. Mk –.50.

Schnitte nach Maass werden einzeln für ein Schneiderkleid oder einen Schlafrock à 1.– Mk., für sonstige Damengarderobe 60 Pfg., für Kindergarderobe à 40–80 Pfg. geliefert.

Preisliste auf Wunsch gratis.

Der Universal-Taillenschnitt (D. R. G. M.)

eine Vorrichtung, vermöge deren Jedermann **ohne Vorkenntnisse** im Schnittzeichnen im Stande ist, Taillen jeder Grösse **gutpassend selbst** zuzuschneiden. Handhabung kinderleicht. Misslingen vollständig ausgeschlossen. Preis Mk. 3,50.

Lehrbuch der Damenschneiderei,

Praktische Anleitung zu gründlichem **Selbst-Unterricht** mit einem Original-Zuschneide-Tableau von Paula Zell. Preis Mk. 1.–.

Bestellungen werden gegen Voreinsendung des Betrages und 10 Pfg. Porto (auch in Briefmarken) oder Nachnahme (30 Pfg theurer) umgehend erledigt von

Herm. Thom's Verlag in Leipzig.

Ueberall zur Wiederholung begehrt wird der neueste Chor

Adolf Kirchl's:

Es war einst eine schöne Zeit

Lieder-Album der Lyra Nr. 103.

Der Chor ist soeben in II. Auflage erschienen und können Bestellungen auf denselben wieder sofort ausgeführt werden.

„Lyra"-Verlag, WIEN XVIII/2.

Verlag von **F. E. C. Leuckart** in Leipzig.

Soeben erschien:

Harald.

Ballade von Wolfgang Müller von Königswinter,

für Männerchor, Bariton-Solo, Orchester und Pianoforte

componirt von

Heinrich Schulz-Beuthen.

Op. 46. Clavier-Partitur netto ℳ 4,50.
Chorstimmen je 60 ₰. Solostimme netto ℳ 1,50.
(Vollständige Partitur und Orchesterstimmen in Abschrift.)

„Die Composition fesselt vom Anfang bis zum Schluss, ihre Wirkung steigert sich von Scene zu Scene; man bewundert den grossen poetischen Zug und freut sich der eigenartigen musikalischen Schönheiten, mit denen Schulz-Beuthen die Gedanken und Bilder des Dichters illustrirt". . . . „Der Erfolg des begeisternden Werkes war ein durchschlagender."

Dresdner Anzeiger.

Vorher erschien:

Gulbins, Max, Op. 13. Sturmlied: „Ha, wie der Sturm in's Segel pfeift" von Edgar Steiger, für Männerchor mit Orchester oder Pianoforte.

Vollständige Partitur netto ℳ 10,–. Clavier-Auszug ℳ 3.–. Singstimmen je 30 ₰. Orchesterstimmen netto ℳ 10,–.

Ein ebenso interessantes als dankbares Concertstück von mächtiger Wirkung. Der vocale Theil ist sehr sangbar, die Instrumentation glänzend.

Auswahlsendungen stehen zu Diensten.

Gratis und franko versende ich die Partitur der neuesten **Männerchöre**

von **Haug, Rudnick, Wesseler.**

Bitte selbe gefl. zu verlangen. **Bernh. Tormann.**

Musikverlag, Münster i. W.

Soeben erschien:

Frühlingsfreude.

Gedicht von E. Blömme.

Für Männerchor komponiert von **Franz Leu,** op. 52.

Leipzig. Partitur und Stimmen Mk. 1.50. **Rob. Forberg.**

Konzertbericht.

Kritiken über Aufführungen und Künstler.

Das **Quartett Rosé**

konzertierte auf seiner deutschen Tournee 1900 in folgenden Städten: Aachen, Bonn (2 mal), Brüssel, Düren, Düsseldorf (2 mal), Duisburg, Frankfurt, M.-Gladbach, Köln (2 mal), Lüttich, Landau, Iserlohn (2 mal), Mülheim a. d. Ruhr, München, Neunkirchen, Saarbrücken, Trier.

In der kommenden Saison wird das Quartett vom 15. Oktober bis 15. November und Mitte Januar 1902 in Deutschland und Holland spielen. Anfragen sind erbeten an die **alleinige Vertretung, Westdeutsche Konzertdirektion, Köln.**

Einige Kritiken vom IV. Kammermusikfest in Bonn 7. bis 11. Mai 1899.

Die wertvollste künstlerische Leistung auf dem Gebiete eigentlicher Kammermusik bot an diesem Tage aber wohl das Rosé'sche Quartett aus Wien, die Herren Rosé, Bachrich, von Steiner und Hammer mit der Wiedergabe des Es-dur-Quartettes von Dittersdorf. Etwas Vollendeteres als die Ausführung, welche hier das ganz in Haydn'schem Stile gehaltene, von entzückender Frohlaune und Naivetät erfüllte Quartett fand, ist nicht zu denken, wie man denn auch von dieser Leistung kein anschauliches Bild geben kann, sie will selbst erlebt, gehört und bewundert worden sein. (Kölner Tageblatt, 8. Mai 1899.)

Das allbekannte D-moll-Quartett mit den wunderbaren Variationen über des Meisters Lied „Der Tod und das Mädchen" eröffnete den Abend, und indem es von der in ihrer Art unvergleichlichen Quartettvereinigung Rosé aus Wien gespielt wurde, ließ es natürlich seinen ganzen hehren Zauber auf den Hörer überströmen. (Kölner Tageblatt, 9. Mai 1899.)

Den zweiten Teil des Konzertes bildete Dittersdorf's schon erwähntes Quartett, von den Wiener Künstlern (Rosé, Bachrich, v. Steiner, Hammer) mit berückender Grazie und feinsinnigster Pointierung gespielt. (Berliner Tageblatt, 9. Mai 1899.)

Oftmals ist das Meisterwerk Schubert's an uns vorübergezogen. Aber so durchsichtig und klar haben wir es noch nie gehört, wie in der gestrigen Ausführung der Wiener. Die Klarheit des Vortrages war nicht weniger zu bewundern, wie die absolute Schönheit der Tonbildung, die jedem der vier Sätze von der ersten bis zur letzten Note das Geleite gab. Die Wiener haben sich durch den gestrigen Vortrag des Schubert'schen D-moll-Quartettes das Anrecht auf eine in der formalen Schönheit ohnegleichen dastehende Quartettvereinigung erworben. (Bonner General-Anzeiger, 9. Mai 1899.)

Die Ausführung des Schubert'schen D-moll-Quartettes der Quartettvereinigung Rosé übertrifft in Bezug auf Klangschönheit alles, was ich je an Produktionen dieses Genres gehört habe. Wenn man die verschiedenen Quartettvereine Deutschlands, das böhmische Quartett etc. vernommen hat, und ist dann noch in der Lage, von einer, was den Klang in absoluter Schönheit betrifft, größeren Vollkommenheit zu berichten, dann muß diese so einzig dastehen, daß nicht die geringste Schwebung in der Intonation vernehmbar ist. . . . . Von dem Enthusiasmus, der dieser Schubert-Reproduktion folgte, macht sich nur der eine Vorstellung, der sie miterlebte. Emil Krause.
(Hamburger Fremdenblatt, 10. Mai 1899.)

Einen Schubert-Abend bescherte uns der zweite Tag. Den Beginn machten die „Rosé's" mit dem D-moll-Quartett, den Schluß die „Joachim's" mit dem C-dur-Streichquintett. Nun braucht man nicht mit Donauwasser getauft zu sein, um sogleich herauszufinden, daß die Rosés der unerschöpflichen Melodien-Kalospinthechromokrene, deren Fleischwerdung Schubert war, noch um einige Gran näher kommen als die Berliner Künstler. Ueberaus zarte Empfindung, gewinnendste Grazie, ein Pianissimo, das noch bis in die letzte Saalecke dringt, geschmeidigste Phrasierung, dabei ein Ensemble, das alles wie aus einem Guß geformt erscheinen läßt, im Klang eine Abgeklärtheit, die jenen Erdenrest gar völlig hinweggetilgt hat, das waren die Vorzüge der Wiener, und wir meinen, es waren genau diejenigen, deren Schubert in seiner lichten, unergrübelten Naivetät bedarf. (Kölnische Zeitung, 11. Mai 1899.)

Die Ausführung des Klarinetten-Quintettes war so unsäglich schön, daß sie schlechterdings nicht besser gedacht werden kann; der Eindruck wird gewiß allen Zuhörern unvergeßlich bleiben. Sehr viele Zuhörer vermochten ihre Thränen nicht zurückzuhalten, überwältigt von der himmlischen Schönheit des Werkes und der wunderbaren Ausführung. Hoffentlich kommen die Wiener das nächste Mal wieder; sie sind uns allen liebe Freunde geworden. (Kölnische Zeitung, 11. Mai 1899.)

Der zweite Festabend (Montag) war Franz Schubert gewidmet und brachte eine herrliche Auswahl. Das Rosé-Quartett machte mit dem tiefsinnigen Quartett in D-moll den Anfang und bezauberte wie schon am ersten Tage das Publikum. Man kann nicht genug in sich aufnehmen von diesem entzückenden, ideal schönen Klangreiz; dabei ist der Vortrag von einer Plastik, so durchsichtig, daß man oft ganz erstaunt ist, in einem Werke, das man so gut zu kennen glaubt, neue Schönheiten zu entdecken. Die Wiener sind aber auch ein ganz ungewöhnliches Ensemble. Nicht vier Männer scheinen zu spielen, sondern ein einziger. Alle vier sind von dem Gedanken beseelt, nur dem Ganzen zu dienen, wie überhaupt bei diesen Gästen dies Moment es ist, das ihnen eine besondere Weihe verleiht, daß die einzelne Künstlerpersönlichkeit vollständig hinter das Kunstwerk zurücktritt. Künstler und Publikum sind sich bewußt, nur einem höheren Geiste zu dienen, und alles Persönliche erscheint abgestreift. (Musik- und Theaterwelt, 11. Mai 1899.)

❦

Barmen. Das Konzert des Herrn Musikdirektors Karl Hirsch lieferte am Himmelfahrtstage hochwertige Kunstproben von der Leistungsfähigkeit der unter Leitung dieses erfahrenen Gesangspädagogen stehenden Männergesangvereine. Es sangen die Vereine: „Euphonia“ aus Remscheid, „Sängerbund“ Solingen, „Oberbarmer Sangeshaus“ und „Lehrergesangverein aus Solingen. Alle Chöre — unter diesen „Kaiser Karl“ von Hegar, „Thurmwächterlied“ von Gade, „Waldweben“ von Weber wurden mit feinausgeführten Klangwirkungen, höchster technischer Finesse ausgeführt; wahren Enthusiasmus entfachte das „Bergische Heimatlied“ von Brambach und in den Volksliedern konnte man das treffliche Erfassen der Stimmung, die lebensvolle Gestaltung im feineren Detail bewundern. Als Solistin war Frau Mary Münter-Quint aus Bonn gekommen, um uns in Boieldieus' stark antiquierter Auffassung zu verkünden, welche Lust das Reisen gewähre und einige Lieder von Schumann, Kleffel und Taubert darzubieten. Recht hübsch war „Liedchen“ von Taubert und das Duftige der Stimme, kam besonders in dem Tiuritchack durili der Melodie voll zur Geltung. In Herrn Konzertmeister Alfred Stauffer aus Köln begrüßten wir gern einen Geiger wieder, der im heiteren, frischen Zugreifen bei Interpretation der Faust-Fantasie Wieniawskys virtuos entschieden gewachsen ist. Geschmack im Vortrag des Adagios von Bruch bewies und die etwas banalen Czardasscenen Hubays glanzvoll aufleuchten ließ. Herr Hirsch sprang auch für das refrainbildende Solo in Koschats „Heimkehr“ mit einem klangschönen hohen Bariton höchst erfolgreich ein und weckte damit auch seinerseits bei dem animierten Publikum Dacapogelüste, denen nur in beschränkterem Maße Folge gegeben werden konnte.

(Barmer Zeitung, 18. Mai 1901.)

Lüdenscheid. Der großen Mühe der Einstudierung eines so umfangreichen Werkes, wie Haydn's „Jahreszeiten“, war unserem Städtischen Gesangverein als Lohn ein großer Erfolg beschieden, an dem alle Mitwirkenden teil haben. Herr Musikdirektor Louwerse stand an der Spitze seiner getreuen Schar, die ihm in dem vorhergegangenen mühsamen Kampfe wacker zur Seite gestanden, als Sieger. Der Chor sang mit Begeisterung und im allgemeinen tadellos, auch das städtische Orchester, verstärkt durch Mitglieder des Bochumer Philharmonischen Orchesters, hielt sich recht wacker; kleine Unebenheiten, die so oft vom Zufall abhängen, lediglich aus Lust zum Kritisieren aufzuzählen, erscheint uns angesichts des guten Gesamteindrucks wenig am Platze. — In der Wahl der Solisten war man diesmal sehr glücklich. Der Sopran Fräulein Lina Goldenberg's aus Köln sang und jubelte in den Liedern, Duetten und Terzetten oft wie ein Vogel in der Luft. Großartig war, um nur einiges herauszugreifen, das Recitativ „Willkommen jetzt, o dunkler Hain“ mit der folgenden Arie „Welche Labung für die Sinne!“, reizend die Erzählung des Mädchens „Ein Mädchen, das auf Ehre hielt!“. Herr Nicola Doerter-Mainz sang die Tenorpartie. Er hat einen großen, freien, glänzenden Ton, der den weiten Raum vollständig beherrschte. Herrlich klangen die beiden Stimmen zusammen und beinah noch schöner im Terzett mit Herrn Ernst Hungar-Leipzig, dessen klarer, mächtiger Baß mit bewundernswerter Sicherheit und Ruhe die schwierige Partie zu Ende führte. (Lüdenscheider Zeitung, 20. Mai 1901.)

Weimar Der zweite Kammermusik-Abend der Herren Stavenhagen, Walter und Genossen aus München, welcher Montag, den 15. April, Abends, im Erholungssaale stattfand, ist in glänzender Weise verlaufen. Brahms stimmungsschweres Klavier-Quintett mit seinem tiefdurchgeistigten Inhalt bildete den Anfang und machte auf alle Anwesende einen gewaltigen Eindruck. Die Ausführung war durchweg meisterhaft, der Beifall dementsprechend. Das darauffolgende C-dur-Streichquartett von Beethoven, op. 59 Nr. 3 ist wohl das bedeutendste dieser drei Quartette gleicher Opus-Zahl. Die kleine Einleitung (Andante con moto) von 28 Takten mit den langen Vorhalten und durchgehenden Noten mahnt die Zuhörer sofort zur größten Aufmerksamkeit; der sich daranschließende, lustige, oftmals in lautem Jubel ausbrechende Allegro-Satz weckt freudige Stimmung. Von ganz bestrickender Schönheit ist auch das breit angelegte Menuett mit seiner gleich darauffolgenden grandiosen Fuge! Die vornehme Tonfülle und Schönheit des musikalischen Ausdrucks bei allen Mitwirkenden war so auffallend, daß auch ein weniger empfänglicher Zuhörer mit fortgerissen werden mußte. Als dritte Nummer brachte das Programm das Klavier-Trio G-dur von Haydn. Obgleich die meisten Trios dieses Meisters in den engeren Familienkreis gehören, ist dieses einer Wiedergabe im Konzertsaal wohl würdig. Wenn wir nicht irren, hat Joachim den ersten Versuch damit gemacht, und zwar mit dem größten Erfolg. Der erste Satz ist so kindlich naiv, daß man jeden einzelnen Takt und jeder Phrase freundlich zunicken möchte; das Adagio ist tief empfunden und das Rondo alla Zingarese von nachhaltig, köstlichem Humor. Am Schlusse geht es wie im Wirbeltanz daher. Gespielt wurde dieser Satz in ganz übermütiger Laune. Das Publikum ruhte nicht eher mit seinem Beifall, bis der Satz wiederholt wurde. Wir sehen der nächsten, dritten Soiree mit Vergnügen entgegen.

(Weimarer Neueste Nachrichten, 16. April 1901.)

Düren. Das große Sommerkonzert des Männergesangvereins Concordia und des Damenchors hat einen glänzenden künstlerischen Erfolg gehabt, allen Mitwirkenden hohe Ehren eingebracht. Das Konzert wurde eingeleitet durch die Sinfonie in D-dur von Haydn. Die Wiedergabe bedeutete einen Triumph des Orchesters, welches von der allerdings wesentlich verstärkten städtischen Kapelle gestellt war, und des Dirigenten, des Herrn Musikdirektors Carl Möskes. In der Ouverture zu „Rosamunde“ offenbarte das Orchester bei künstlerisch vollendeter Präzision eine ganz überraschende Klangfülle und Klangschönheit, in der Begleitung der Chöre und des Weberschen Konzertstücks in F moll feinste Anschmiegungsfähigkeit und wohlthuende Decenz. In der Vermittelung des Konzertstücks erwies sich Herr Musikdirektor Möskes wieder als der vorzügliche Pianist, als den wir ihn schon mehrfach zu bewundern Gelegenheit hatten. Unter seiner Hand schien das Instrument Leben zu gewinnen, schien sich in vollendeter Weise all das zu erschöpfen, was der Komponist in dem anmutigen, reizvollen Tongebilde niederlegen und sagen wollte. Frau Louise Hoevelmann, die bei dem Festkonzerte im Januar so reiche Lorbeeren geerntet, sang aus Glucks „Orpheus“ das bekannte Recitativ „Weh mir, Götter“ und die große Arie „Ach, ich habe sie verloren“ unter Begleitung des Orchesters und später Lieder von Heuser, Möskes, Löwe und Brahms, die Herr Möskes am Klavier begleitete. Wir müßten früher mehrfach Gesagtes wiederholen, wollten wir hier erneut eine Schilderung der Vorzüge des wunderschönen Organs und der vollendeten Vortragsweise der geschätzten Künstlerin zu geben suchen; auch diesmal stand das Publikum vollständig im Banne dieser herrlichen Stimme und wußte auch diesmal nicht genug zu geben des Dankes und der freudigsten Anerkennung. Mit einer Zugabe „Der Jasminenstrauch“ von Othegraven erzielte die Sängerin nochmals eine stürmische Kundgebung. — Der gemischte Chor vermittelte zunächst die Bekanntschaft mit einer sehr interessanten Komposition von Otto Klauwell, der ein stimmungsvoller Text von Stine Andresen „Abendfrieden“, unterlegt ist. Wir haben bereits Gelegenheit gehabt, das Urteil eines Kritikers von Beruf über dieses Tonwerk unseren Lesern zu unterbreiten. Wir glauben, daß der gemischte Chor den Intentionen des Komponisten in allen Teilen gerecht geworden ist, was um so höher anzuschlagen, als dies in technischer Beziehung die Ueberwindung ganz bedeutender Schwierigkeiten voraussetzt. Leicht zu verstehen ist die musikalische Illustrierung der tiefgründigen Dichtung nicht; sie fordert ein gespanntes Folgen und stellt hohe Anforderungen an die musikalische Aufnahmefähigkeit des Zuhörers; beim Schluß: „wie sanft sich's ruht in der Gottheit Arm“, der meisterlich gesungen wurde, tritt das Tonbild in hehrer Klarheit hervor und erzeugt hier wunderbar erhebenden Eindruck. Diesen lohnte das Auditorium durch anhaltenden Beifall, der sich wiederholte, als der Komponist durch einen Lorbeerkranz noch besonders ausgezeichnet wurde. Herr Ernst Heuser hatte die Liebenswürdigkeit, seinen großen Chor: „Deutsche Sänger an Missouri“ (nach einer Dichtung von Conrad Nies) selbst zu dirigieren. — Für Männerchor dürfte in letzter Zeit Weniges geschrieben worden sein, was so geeignet erscheint, die Begeisterung deutscher Sänger wachzurufen, Weniges, wo so glücklich und so überzeugend schön der Ton des deutschen Liedes getroffen ist. Mit sichtlicher Begeisterung war auch die Concordia an die Einstudierung des Chors herangetreten und diese, gestützt durch das ausgiebige Stimmenmaterial, das sich heute in der Concordia vereinigt, gestützt durch zielbewußte Führerthätigkeit, sicherte dem Werke die vollste Wirkung. Die Soli wurden von den Herren Heggen, Deußen und vom Scheidt ganz vortrefflich gesungen. Unter freudigster Anteilnahme aller Anwesenden wurde auch Herrn Heuser der wohlverdiente Lorbeer gereicht. Das berühmte „Halleluja“ aus „Messias“ von Händel zeigte den gemischten Chor und das Orchester nochmals auf voller Höhe und gab dem diesmaligen Sommerkonzert der Concordia einen Abschluß, wie er weihevoller nicht gedacht werden kann. Mit hoher Befriedigung wird das Gedenken an den genußreichen Tag Mitwirkende wie Zuhörer erfüllen.

(Ruhr-Zeitung, 20. Mai 1901.)

Frankfurt. Der Sängerchor des Lehrervereins Frankfurt a. M. gab gestern Abend im großen Saale des Saalbaues ein zweites Abonnementskonzert. Dies hatte dem künstlerischen Rufe des Chores entsprechend einen sehr starken Besuch aufzuweisen. In der That rechtfertigten die musikalischen Darbietungen auch diesmal die warme Teilnahme des musikliebenden Publikums. — Dem männlichen Gaste des Abends, dem Herrn Jacques van Lier, dem wir, irren wir uns nicht, vor wenigen Jahren im Philharmonischen Saale zu Berlin begegnet sind, sind ebenso technische Durchbildung als feinsinnige Auffassung nachzurühmen. Mit diesen Mitteln vermag der Künstler mit seinen geschickten Händen auf einem klangvollen Violoncello die schönste Wirkung zu erzielen. Er fand daher auch mit allen seinen Darbietungen wie Boccherinis Adagio- u. Allegro-Sätzen, in Godard's „Premier Chagrin", in Hans Hermanns „Hummoresque" und in David Popper's „Papillons", dem er freiwillig eine sehr stimmungsvolle Zugabe beifügte, reiche Anerkennung. Diesem Urteile des Publikums schließt sich unsere Kritik gern vollständig an. — Jedenfalls wird aus allen Einzelheiten hervorgehen, daß der Genuß des gestrigen Abends, den uns der Sängerchor des Lehrervereins geboten hat, einer von denjenigen gewesen, welchen die Teilnehmer gerne in der Erinnerung behalten.

(Frankfurter Journal, 1. März 1901.)

Kreuznach. (Ein Klavier- und Liederabend) wurde gestern Abend im Kursaale von zwei reichbegabten jungen Künstlerinnen veranstaltet. Frl. Henriette Schelle aus Köln entsprach den hohen Erwartungen, mit denen wir ihrem Auftreten als Klavierkünstlerin entgegengesehen in vollstem Maße. Sie ist nicht nur eine Virtuosin großen Stiles, deren bis ins kleinste ausgebildete Technik alle Schwierigkeiten in Griffen, Läufen und Verzierungen mit Leichtigkeit und unfehlbarer Sicherheit überwindet, sondern sie ist auch eine Klavierkünstlerin im weitesten Sinne, deren Spiel man es anmerkt, daß die Spielerin tief in das Verständnis der zu Gehör gebrachten Werke eingedrungen ist und dem Instrumente alle Klangwirkungen zu entlocken versteht, die der Komponist hineinzulegen bestrebt war. Orchesterlich fluteten unter Frl. Schelle's Händen die vollen Tonwellen des volltönigen Rand-Flügels von Fritz Brans durch den Saal, um gleich darauf von einem weichen Piano oder einem dem Hauche ähnlichen Pianissimo abgelöst zu werden. Entsprechend der hochentwickelten Fertigkeit des Frl. Schelle waren auch ihre Vorträge ausgewählt: Franz Schuberts großartige A-dur-Sonate, desselben Meisters entzückendes D-dur-Rondo, Chopins unendlich schwieriges Prélude in Des-dur und Nocturne in G-dur, Tschaikowskys wundervolle Romanze in F-dur, das graziöse „Wiegenlied" von Kjerulf, das ansprechende Charakterstück „Ja, ja!" von Ludwig und Franz Liszts mit technischen Schwierigkeiten und Kunststücken gespickte Rhapsodie espagnole — alle diese Werke führte Frl. Schelle mit unfehlbarer technischer Meisterschaft und unter Entfaltung einer künstlerischen Vollreife den Zuhörern vor, die mit hohem Interesse und mit wirklichem Kunstgenusse den Darbietungen der begnadeten jungen Künstlerin folgten und letzterer ihre Huldigung durch lebhafte Beifallspenden zum Ausdrucke brachten. Als Künstlerin mit schönen Mitteln und von guter Schulung bewährte sich weiter die Konzertsängerin Frl Marie Romaneck aus Paris, die sich von vornherein die Gunst der Zuhörerschaft durch den schönen und kraftvollen Klang ihrer Mezzosopran-Stimme und ihre ausdrucksvolle Vortragsweise sicherte. Welcher Nationalität die Dame eigentlich ist, war an ihren Vorträgen nicht zu erraten: sie trug eine Anzahl deutscher Lieder („Herbstlied" von Franz, „An ein Veilchen" und „Vergebliches Ständchen" von Johannes Brahms, „Mailied" von Kretzschmar und die „Die Ungläubige" von Heinß) in zwar etwas fremdartig klingender, aber durchaus korrekter Aussprache vor, ferner in tadellosem Italienisch und französisch drei fremdsprachliche Lieder („Fiore che langue" von Rotoli, „Mattinata" von Tosti und „Les sceslets" von Massenet.) Auch Frl. Romaneck durfte sich einer sehr dankbaren Aufnahme ihrer Vorträge erfreuen. Um das Konzert machte sich in dritter Linie Frl. Agathe Korbach von hier durch die Ausführung der Klavierbegleitungen zu den Gesängen des Frl. Romaneck verdient.

(General-Anzeiger für Kreuznach, 16. Juli 1901.)

Duisburg. Bei dem gestrigen zweiten Orgel-Volkskonzert des Duisburger Gesangvereins, das mit löblicher Kürze von vormittags 11½ Uhr ab etwas über eine Stunde dauerte, wirkte außer Herrn Prof. Franke die Konzertsängerin Fräulein Therese Hattingen aus Köln (Sopran) mit. Ueber Herrn Frankes herrliches Orgelspiel läßt sich füglich Neues nichts mehr sagen. Es war eben bei allen seinen Vorträgen gleich vollendet.

In Fräulein Therese Hattingen lernten wir eine Sopranistin von vorzüglicher Schulung, weichem und dabei doch besonders in der Mittel- und Oberlage klangvollen Organ, innigem und den Gedanken des Dichters und Komponisten bis ins kleinste gerecht werdenden, häufig dramatisch belebten Vortrage kennen. Ich weiß nicht, welchem ihrer Lieder ich den Vorzug geben soll, der herrlichen Mendelssohn'schen Hymne: „Hör mein Bitten, Herr, neige Dich zu mir", oder Schuberts „Nachtstück" oder dem wohligen Frieden und Ergebung atmenden: „Du bist die Ruh". In allen kam ihre ungemein sympathische Stimme, sowie die Reinheit ihrer Tongebung (besonders in der schwierigen Stelle des letzten Liedes: „Dies Augenlicht, von deinem Glanz allein erhellt"), endlich die große Kunst des Vortrages in gleicher Weise zur Geltung. Reicher, wiederholter Beifall ward ihr mit Recht für ihre Darbietungen, ebenso Herrn Prof. Franke für die seinen.

(Rhein- und Ruhrzeitung, 8. Juli 1901.)

Ueber ein Konzert, dessen Programm eine **einheitliche Idee** zum Ausdruck bringt, schreibt das „Kölner Tageblatt" folgendes:

Eine geistliche Musikaufführung fand, wie auch in früheren Jahren in diesem Zeitpunkt, am Sonntag in der St. Pantaleonskirche statt. Nach dem von Herrn Divisionspfarrer Wiehe außerordentlich sinnig gewählten Programm sollte die Veranstaltung offenbar eine musikalische Passionsbetrachtung darstellen. Die Orgel leitete mit dem Präludium und der Fuge in C-moll von Bach ein, worauf der Chor mit dem 43. Psalm von Mendelssohn den Sonntag charakterisierte; denn Psalm 43, 1 ist der altkirchliche Eingangsspruch des Sonntags Judica, an dem das Konzert stattfand. Die so für die religiös-musikalische Passionsbetrachtung vorbereitete Stimmung wurde durch das „Vaterunser" von Bangert vertieft. Die nun folgende Arie aus der Bach-schen Matthäuspassion „Blute nur" führte mitten in die Passion hinein, hinweisend auf die Schwere des Seelenleidens des Heilands, worauf dann das Dedekindsche, dem 119. Psalm entnommene Duett „Herr, zeige mir deinen Weg" den freiwilligen Leidensgehorsam Jesu zum Ausdruck brachte. Der folgende Chor von Schicht „Wir drücken dir die Augen zu" berichtete die Thatsache des Todes und Begräbnisses des Heilandes und beschloß damit den geschichtlichen Gang der Passion. Ein Adagio für Violine von Tartini gewährte den Ruhepunkt und mahnte zum stillen Nachdenken über die Passion. Die Arie aus dem Passionsoratorium von Woyrsch „Sei getreu" eröffnete den zweiten Hauptgedanken: Die in der Passion sich offenbarende Treue des Heilandes bis in den Tod, mahnt zu gewissenhafter Nachfolge. Solche kann aber nur geschehen durch aufrichtige Buße und brennenden Eifer für den Herrn (Mendelssohn, Arie aus Paulus: Gott sei mir gnädig), sowie durch stille, gläubige Ergebung in Gottes Willen (Raff „Sei still" und Raphael „Wenn alles eben käme"). Solches Verhalten aber hat die göttliche Verheißung des Trostes und des ewigen Lebens (Reinecke: Psalm 126). Diesen zweiten Hauptgedanken schloß das Adagio für Geige von Ries ab. Gläubige Erfahrung der verheißenen Gnade eröffnete den dritten Hauptgedanken mit dem Duett aus dem Lobgesang von Mendelssohn „Ich harrete des Herrn" und mahnte zu demütiger Bitte (Guilmant „Bitte" für Orgel) und zu frohem Dank der erlösten Welt. Die Natur opfert Gott Dank (Beethoven „Die Himmel rühmen") und jubelnd stimmt die erlöste Menschheit ein (Chor, Mendelssohn: Psalm 100). Der gemischte Chor der evangelischen Garnisongemeinde leistete unter des kunstbegeisterten und kunstverständigen Divisionspfarrers Wiehe Leitung in den verschiedenen ihm zufallenden Aufgaben wieder durchaus treffliches. Alles war sauber, klangschön, rhythmisch genau und weihevoll warm im Ausdruck.

Aufführungen.

Der Damen-Chor des städtischen Sing-Vereins in Cleve brachte im letzten Konzert unter Musikdirektor Briefs Leitung den „Athenischen Frühlingsreigen" von J. Frischen für Frauenchor, Sopransolo und Orchester, mit Frau Münter-Quint als Solistin. Der Clevische Volksfreund schreibt über die prächtige Aufführung, dass in derselben der Frühlingsreigen als ein „herrliches Bild aus attischen Gefilden erglänzte." Das Cl. Kreisblatt nennt den Frühlingsreigen „eine melodische, schwunghafte und reizend instrumentierte Komposition", die mit grosser Verve vorgetragen wurde und ungemein ansprechend wirkte. Ueber die letzte Aufführung des Werkchens im Leipziger Gewandhaus-Konzert unter A. Nikisch schreibt das L. Tageblatt: Frischen's eine nur mässige Zeitdauer beanspruchender „Frühlingsreigen" darf als recht glückliche Vertonung der textlichen Unterlage, an die sich die Musik allenthalben eng anschliesst, willkommen geheissen werden. Anmutig geschwungene melodische Linien, wohlklingender Chorsatz und ein schmuckes orchestrales Gewand muten den Hörer recht erfreulich an. Die Wiedergabe der beiden Neuheiten war unter Leitung des Herrn Kapellmeisters Nikisch, der Chor und Orchester in ungetrübter Harmonie mit einander zu verschmelzen wusste, äusserst rühmenswert.

Der Sängerkranz Gotha sang unter Leitung Kühnholds u. a. das Volksliedchen „Ach, wie ist's möglich dann" nach der ältesten kürzlich im „Wegweiser" veröffentlichten Lesart aus der Liederhandschrift der Universitätsbibliothek zu Strassburg. Die Darbietungen hatten wie immer schönsten Erfolg. Herr Blindenlehrer K. Hahn in Neukloster i. Mecklenburg schreibt Folgendes: Das „Geistliche Abendlied" von H. vom Ende op. 3 Nr. 2: „Es ist so still geworden" hat mein Chor in der Blindenanstalt mit sehr grossem Erfolg vorgetragen. Ich stellte das Lied zur Vergleichung mit einer anderen Volksweise zusammen, die sich in Palmes Sangeslust findet; das Urteil fiel mit grosser Einhelligkeit zu Gunsten des stimmungsvollen vom Ende'schen Liedes aus.

Wilh. Rudnicks neues Passionsoratorium „Judas Ischarioth" erlebte in Regensburg am 15. März seine Erstaufführung, in Steglitz bei Berlin die zweite und gelangte am Charfreitag in der Peter- und Paulkirche zu Liegnitz zur Wiederholung und zwar mit Herrn Hansen-Müller aus Berlin in der Titelrolle.

Wegweiser durch die Chorgesanglitteratur

Amtliches Organ des westdeutschen Sängerverbandes.

Ratgeber für Gesangvereine und Dirigenten.

Redaktion und Verlag: H. vom Ende, Köln a. Rh., Ecke Bismarck- und Kamekestrasse.

nebst

„KONZERTBERICHT“

und Beiblatt:

Der Sänger.

Erscheint monatlich einmal. Bezugspreis für 1 Expl. 15 Pfg. Jahresabonnement Mk. 1.50 und 40 Pfg. Porto. Inserate kosten pro 4 mal gespaltene Petitzeile 30 Pfg.

Expedition: H. vom Ende's Musikalien-Versandgeschäft.

Nr. 11. | Köln a. Rhein, den 26. August 1901. | II. Jahrg.

Inhalt:

Der Dirigententag, welcher am 10. August der Landestrauer wegen ausfallen musste, findet am 14. September, nachmittags 3½ Uhr in Düsseldorf, Bürgergesellschaft, Schadowstrasse, statt. Alle Dirigenten sind willkommen!

Der internationale Wettstreit der Polyhymnia in Köln.

Das 50jährige Jubelfest der Polyhmnia hatte nach allen Seiten hin einen glänzenden Verlauf aufzuweisen, bis auf den Schluss und Gipfelpunkt des Festes, den internationalen Wettstreit. Da erschien plötzlich wieder einmal in greller Beleuchtung die Unzuverlässigkeit unserer ganzen heutigen Wettstreitordnung, die Demoralisation, welche eingerissen ist in den Reihen der Beteiligten. Es giebt Vereine, welche anscheinend gar keine anderen Ziele mehr kennen, als dasjenige, Geschäfte zu machen mit ihrer Kunst, richtiger Künstelei, und es giebt Preisrichter (nicht unter den deutschen), welche, gelinde gesagt, mit allen ihnen zu Gebote stehenden Mitteln diese Thätigkeit der ihnen nahestehenden Vereine zu unterstützen wagen. Wer jetzt noch nicht die innere Hohlheit und Fäulnis dieses Treibens eingesehen hat, dem ist nicht zu helfen; alle anderen aber, welche den Fortbestand der Gesangwettstreite für notwendig erachten, haben die Pflicht, wer Wert darauf legt, dass wiederum idealere Anschauungen auf diesem Gebiete Platz greifen, der hat die Pflicht, diesem Verbande beizutreten, auf dass mit Kräften dem immer mehr um sich greifenden Unwesen gesteuert werden kann.

Aber es handelt sich ja nicht allein um unsere westlichen Verhältnisse, sondern überall, wo im deutschen Reiche Wettstreite stattfinden, wiederholt sich dieselbe Erscheinung. Das Publikum nimmt gegen die Preisrichter Partei, die Vereine stützen sich auf die Stimmung des Publikums und verweigern die Annahme des Preises. So war's in Stuttgart, so jetzt kürzlich in Dresden, so in Köln und so wird's bleiben, wenn nichts Energisches dagegen gethan wird. An eine Gesundung dieser Verhältnisse ist nicht eher zu denken, als bis eine allgemein gültige Wettstreitordnung geschaffen ist, welche die Verhältnisse, die Vorbedingungen und den ganzen Verlauf eines Wettstreites genau regelt. Diese Ordnung wird sich zunächst zu befassen haben mit den inneren Verhältnissen der Vereine. Nur solche Vereine dürfen zugelassen werden, welche eine bestimmte Zeit vor dem Wettstreite ihre Mitgliederliste schliessen, oder doch wenigstens die später Eintretenden nicht mit singen lassen, die jeden Berufssänger zu Hause lassen und deren Mitglieder keinem anderen Gesangvereine angehören. Letztere Bedingung halte ich für sehr wichtig angesichts der Thatsache, dass in einigen Städten verschiedene Vereine ihre besten Kräfte dem gerade konkurrierenden Vereine überweisen und zu diesem Zwecke die betr. Mitglieder in beide Vereinslisten aufnehmen lassen.

Ferner hat sich die Revision zu befassen mit der Abfassung einer Norm, welche für die Auswahl der Preisrichter gelten muss. Auf den Preisrichterstuhl gehören nur Leute, welche mitten im Männergesangvereinswesen stehen und den Nachweis höherer musikalischer Bildung erbringen

meiner Eindruck“ grössere Bedeutung beizumessen, weil in dieser ein Fehler wieder gutgemacht werden kann, der der gleichmässigen Bewertung rein formaler und geistiger Elemente anhaftet. Auch die Bewertung der Schwierigkeit hat seine Nachteile, indem ein Verein von vornherein um mehrere Punkte zurückbleibt, weil er zufällig einen leichteren Chor gewählt hat, dagegen könnte die geistige Bedeutung des Chores in Betracht gezogen werden, obwohl ich nicht verkenne, dass die Meinungen diesbezüglich sehr auseinander gehen können.

Schliesslich ist das „Wie“ der Bewertung zu überlegen. Im Kölner Wettstreit hatten die holländischen Preisrichter ihrem zuerst auftretenden Haarlemer Verein ohne weiteres die höchst möglichen Punkte notiert, ohne zu wissen, was hinterher kam. Welcher Unsinn aus diesem Verfahren resultieren kann, leuchtet jedem Kinde ein. Diese Zahlen können doch nur als relative aufgefasst werden, daher denn auch die sittliche Entrüstung mancher Biederleute über etwaige Differenz in der Punktierung verschiedener Preisrichter ganz unangebracht ist. Ob ich eine Leistung mit gut oder genügend bezeichne, ist in diesem Falle ganz einerlei, es kommt nur darauf an, dass die Bewertung der folgenden Leistungen sich auf die erste bezieht und mit ihr im richtigen Verhältnis steht. Gebe ich aber dem zuerst auftretenden Vereine gleich das äusserste Prädikat und ein späterer übertrifft ihn, dann bin ich zu Ende mit meiner Weisheit und der letztere Verein ist um seinen Preis betrogen.

Dass der Haarlemer Verein in allen Punkten der beste war, kann nicht zugegeben werden. Seine Wiedergabe des Zöllner'schen Requiems war vom gesangtechnischen Standpunkte aus eine bravouröse zu nennen; diese schwellenden Klänge und fein abgetönten Decrescendos, diese weitausholende Phrasierung, alles war bewundernswert. Aber trotz Zöllner, der sich darüber lobend aussprach, halte ich diese neurasthenische Auffassung für eine gänzlich verfehlte. Das Zöllner'sche Requiem gehört zu den bedeutendsten Erscheinungen der ganzen Männerchorlitteratur; in seiner grandiosen Exposition, seiner durchsichtigen Struktur, seiner vornehmen, wirkungsvollen Harmonik und seinen kühnen Steigerungen gehört es zu den schwierigsten aber auch tiefgründigsten Werken, welche wir auf diesem Gebiete besitzen. Was den Charakter des Ganzen anbelangt, so liegt über dem Werke eine so wahrhaft religiös empfundene kirchliche Weihe, dass es mich trotz des modernen Gewandes lebhaft an die alten italienischen Meister erinnerte. Das macht, es ist einem wahrhaftigen, lauteren Gemüt entsprungen, aus heiliger Sehnsucht nach der Heimat, im einsamen Kämmerlein in Amerikas grösster Handelsstadt entstanden und es erweckt auch in uns wieder die Hoffnungen, denen E. Th. A. Hoffmann in Hinsicht auf die alten italienischen Kirchenkompositionen einst Ausdruck gab: „Immer weiter fort und fort treibt der waltende Weltgeist; nie kehren die verschwundenen Gestalten, so wie sie sich in der Luft des Körperlebens bewegten, wieder; aber ewig, unvergänglich ist das Wahrhaftige, und eine wunderbare Geistergemeinschaft schlingt ihr geheimnisvolles Band um Vergangenheit, Gegenwart und Zukunft. Noch leben geistig die alten, hohen Meister; nicht verklungen sind ihre Gesänge; nur nicht vernommen wurden sie im brausenden, tobenden Geräusch des ausgelassenen, wilden Treibens, das über uns einbrach. Mag die Zeit der Erfüllung unseres Hoffens nicht mehr fern sein, mag ein frommes Leben in Friede und Freudigkeit beginnen und die Musik frei und kräftig ihre Seraphsschwingen regen, um aufs neue den Flug zu dem Jenseits zu beginnen, das ihre Heimat ist, und von dem Trost und Heil in die unruhvolle Brust des Menschen hinabstrahlt.“

Das Zöllner'sche Requiem aber verträgt nur eine Auffassung und Wiedergabe, und das ist die kirchliche, weder zu viel Nuancen, wie die Haarlemer, noch zu monoton, wie die Mannheimer, sondern vornehm und würdig, aber innig und tief empfunden, wie die Aachener Orphea ihn herausbrachte, dann wirkt er wahrhaft erhebend, nachhaltig, und wir werden ihn immer mehr liebgewinnen, je häufiger wir ihn hören. Möge unseren Gesangvereinen endlich einmal ein Licht aufgehen, dass ihr Programm sich auch eines religiösen Werkes nicht zu schämen braucht, dann hat dieses Requiem seine Mission erfüllt. Auch an Schönheit und Glanz des Chorklanges konnten sich die Haarlemer nicht mit den anderen Vereinen messen, Aachen stand auch in dieser Beziehung obenan. Namentlich aber der Vortrag des 46. Psalms von Brandts Buys war von mancherlei Unreinheiten durchsetzt und keineswegs eine vollkommene Leistung.

Was aber den Aachener Verein veranlasste, mit der Praetension aufzutreten, einen höheren Preis beanspruchen zu können, ist unerfindlich. Im Totenvolk zeigten sich ganz erhebliche Mängel. Abgesehen von Deklamationsfehlern wie

und wandelte Blut in Eis statt: und wandelte Blut in Eis,

ferner: Endlos ihr Zug statt: Endlos ihr Zug,

war trotz sorgsamster Ausfeilung an den entscheidenden Stellen von einer Vertiefung der Stimmung nichts zu spüren. Die sonst so packende, grausige Stelle „tappt eine Riesenfaust“ kam wegen mangelnder Kraftentfaltung nicht zur Geltung. Namentlich aber war der ganze Schluss von: O Himmel der Heimat, wie hart bist du! an nicht poetisch und zart genug aufgefasst, auch hier ging die Wirkung verloren.

Den grössten äusseren Erfolg beim Publikum hatte der Krefelder Sängerbund unter Laugs. Die Leistungen dieses, mit einem gewaltigen Stimmmaterial gerüsteten Vereins waren unter der temperamentvollen Leitung seines jugendlichen Dirigenten überraschend schöne. Leider ging mit seinem Feuereifer das Tempo hier und da etwas durch. Auch auf die Stimmenausgleichung müsste der Krefelder sowohl wie der Mannheimer Verein noch mehr Wert legen; man hört noch zu sehr einige Quetscher und Knödler durch. In dieser Beziehung können die deutschen Vereine viel von den ausländischen lernen. Eine Süsse des Klanges, wie ihn La Concorde aus Verviers in den Tenören und im 1. Bass bisweilen produzierte, habe ich in einem Chor überhaupt noch nicht angetroffen; thatsächlich hätte man manchmal glauben können, einen gemischten Chor vor sich zu haben.

War somit keine einzige Leistung einwandfrei und standen die Vereine künstlerisch alle auf gleicher Höhe, so wäre es richtiger gewesen, den 1. Preis überhaupt nicht zu vergeben, sondern die Geldpreise zu verteilen und die Wertgegenstände zu verlosen. Und das ist die Lehre, welche wir hieraus ziehen: Der 1. Preis darf nur dann erteilt werden, wenn eine gewisse Punktzahl erreicht ist, denn dazu ist die Uebereinstimmung sämtlicher Preisrichter notwendig. Andrerseits ist an die Erringung eines Preises auch die Forderung eines gewissen Mindestmasses der Leistung zu knüpfen, damit man nicht in die Verlegenheit kommt, auch den minderwertigen Verein preiskrönen zu müssen.

Eine Aussprache über diese Punkte zwischen den in Betracht kommenden Preisrichtern und Dirigenten ist unbedingt notwendig; der Dirigententag am 14. und 15. September in Düsseldorf bietet günstige Gelegenheit dazu. vom Ende.

Bearbeitung des deutschen Volksliedes.

H. vom Ende.

V.

Die Satzform.

Im Liede vereinigen sich Wort und Ton. Beide Elemente durchdringen sich so innig, dass man nicht ohne weiteres eines dem andern unterordnen kann. Der Text wird ja in der Regel zuerst geschaffen und diesem dann die Weise untergelegt; aber halb unbewusst wirkt eine bestimmte Liedform auf den Strophenbau ein; es zeigt sich überhaupt in der ganzen Entwickelung der Strophenform als Motiv deutlich das Bedürfnis einer reicheren Ausgestaltung der melodischen Satzform. Die Musik hat breitere Formen, grössere Entwickelungen nötig als die Dichtkunst, daher denn auch die Wiederholungen einzelner Worte oder Sätze, die Einschiebsel und Kehrreime. Die Liedform des neueren Volksliedes hat ihre festumrissene Gestalt eigentlich erst durch die Einführung der modernen Tongeschlechter erhalten. Erst unsere heutigen Ganz- und Halbschlüsse, unsere Dominantharmonien bewirken die den Gesetzen der Periodicität entsprechende Gliederung der Form, die Gegensätzlichkeit zwischen Satz und Gegensatz, Vorder- und Nachsatz, die deutliche Abgrenzung der Glieder ohne den inneren Zusammenhang zu stören.

Naturgemäss zeigen die ältesten Lieder den Einfluss des Strophenbaues weit mehr und können wir bei der Klassifizierung der Liedform von ihnen absehen; die spätere Entwickelung lässt deutlich 3 verschiedene Formen erkennen, welche dann auch von der reinen Instrumentalmusik aufgenommen wurden und in dieser ein blühendes Reich üppigster Formentfaltung geschaffen haben. Eine Uebersicht über diese Formen, wie sie unsere vornehmste Klavierlitteratur birgt, findet man in „vom Ende's Schatzkästlein", enthaltend die Meisterwerke der Lied- und Tanzform, 4 Hefte à Mk. 2.—. Das Hauptmerkmal dieser Form ist die symmetrische Gliederung seiner Teile, die sogenannte Periodicität. Das kleinste, selbstständig und abgeschlossen auftretende musikalische Gebilde nennen wir einen selbständigen Satz; derselbe besteht in der Regel aus 4 oder 8 Takten, enthält einen abgeschlossenen Gedankeninhalt und schliesst mit vollkommener Kadenz. Unselbständig nennen wir den Satz, wenn er zwar einen eigenen Gedanken vollkommen ausdrückt, aber nicht abgeschlossen ist durch eine Kadenz, sodass eine Fortsetzung erwartet wird. Wesentliches Merkmal eines Satzes ist die enge Zusammengehörigkeit seiner Teile. Die einfache, getreue Wiederholung ergiebt keine neue Form, durch Wiederholung mit kleinen, figurativen Veränderungen entsteht der Doppelsatz. Die Aneinanderreihung einzelner Sätze verschiedenen Inhalts ergiebt eine Satzreihe oder Satzkette. Tritt aber ein unselbständiger 4- oder 8 taktiger Satz einem selbstständigen gegenüber, gewissermassen als Satz und Gegensatz, Frage und Antwort, Vorder- und Nachsatz, so haben wir eine Periode vor uns. Innerhalb der Periode können auch verschiedene Vordersätze einem Nachsatz gegenüberstehen, oder ein Mittelsatz kann den Zusammenhang zwischen Vorder- und Schlusssatz vermitteln, erforderlich ist aber immer der innere Zusammenhang der Teile und der befriedigende Abschluss des Ganzen. Aus solchen kleinen und grossen Sätzen, kleinen und grossen (8- und 16 taktigen, bezw. 12- und 24- etc. taktigen) Perioden sehen wir die Form des einfachen Liedes gestaltet und zwar in folgenden Bildungen:

1. Als kleine oder grosse Periode: Einteiliges Lied.
2. Als Zusammenstellung von 2 Perioden verschiedenen Inhaltes: Zweiteiliges Lied.
3. Als Zusammenstellung von 3 Sätzen oder Perioden, deren letzter Teil dem ersten gleich oder ähnlich ist: Dreiteiliges Lied.

Diese Sätze und Perioden erscheinen dann häufig verändert, entweder verkürzt durch Auslassung einzelner Motive oder Abschnitte, oder erweitert durch Dehnungen, Wiederholungen, Einschiebsel, Anhängsel u. s. w., wobei jedoch stets der 4- oder 8 taktige Satz bzw. die 8- oder 16 taktige Periode deutlich erkennbar bleibt. So finden sich nicht selten 3- oder 5 taktige Rhythmen, namentlich in den älteren Liedern, manche der letzteren bestehen nur aus Satzreihen. Unter den Schweizer Kuhreigen trifft man lange Sätze ohne Gliederung, aber das sind Ergüsse sangeslustiger Gebirgler, die mit der eigentlichen Liedform nichts zu thun haben. (Forts. folgt.)

Neue Werke für gemischten Chor mit Begleitung.

Judas Ischarioth. Eine Passionsmusik für gemischten Chor, Soli und Orgel (oder Streichorch. und Trompeten ad. lib.), komp von **Wilh. Rudnick**, op. 81. (Regensburg, Fritz Gleichauf)

Es scheint, als ob wir nach einer langen Zeit öder Dürre auf dem Gebiete geistlicher Musik wiederum in einer Blüteperiode des Oratoriums uns befänden. Die letzten Jahre haben uns eine ganze Reihe höchst beachtenswerter Messen, Oratorien und Passionsmusik geschenkt, von denen gar manche durchaus eigenartigen Charakter zeigen und einen Sprung nach vorwärts bedeuten. Während Woyrsch, Wolfrum und Klughardt (Judith) alle Mittel moderner Harmonik, Polyphonie und Instrumentation in den Dienst ihrer Sache stellen und umfangreiche Mittel der Ausführung voraussetzen, geben andere, z. B. Perosi, Pizzi, H. Fid. Müller auch kleineren Chören Gelegenheit zur Aufführung solcher Werke, welche weniger grosse Anforderungen an die Mitwirkenden stellen. Zu den letzteren gehört W. Rudnick mit seinem Judas Ischarioth. Das Werk bietet in seiner Faktur nichts eigentlich Neues, es weicht nicht ab von dem Pfade, den seine grossen Vorgänger gezeigt haben, aber es ist auch erfüllt von dem erhabenen Geiste, der dem besten derselben innewohnt und übt mit verhältnismässig geringen Mitteln eine tiefe, nachhaltige Wirkung aus, steht auch im Uebrigen in thematischer und satztechnischer Beziehung durchaus auf eigenen Füssen.

Die Handlung ist von Pastor Dr. Bogan aus der Bibel in kurzen Zügen geschickt zusammengestellt unter Hinzufügung einiger Choräle; um die Gestalt des Judas mehr herauszuheben, sind diesem einige Monologe in den Mund gelegt.

Das Werk stellt auch an die solistischen Kräfte keine grossen Ansprüche und kann somit kleineren Vereinen, Kirchenchören, Schulen etc. ganz besonders empfohlen werden.

Dornröschen, Märchendichtung von Gensichen, komp. für gem. Chor, Soli und Orch. von **W. Rudnick**, op. 80. (Regensburg, Fr. Gleichauf). Auch dieses Werk bedeutet eine glückliche Bereicherung unserer Litteratur auf dem Gebiete der Märchenkantaten. Es ist eine erfreuliche Erscheinung, dass auch unsre deutsche Märchenwelt dem Reiche der Tonkunst immer mehr dienstbar gemacht wird; vom Zauber der Töne umflossen, wirken diese holdesten Kinder deutscher Fantasie und Poesie mit verdoppelter Macht auf uns. Ebenso erfreulich ist es, dass auch unsre vornehmeren Tondichter, wie Humperdinck, Reinecke, Rudnick dieses Gebiet nicht verschmähen. Des letzteren Tonsprache im Dornröschen schmiegt sich dem poetisch erfassten und dramatisch gestalteten Text recht innig und verständnisvoll an; sie hebt die lyrischen sowohl, wie die dramatischen Partieen des Werkes wirkungsvoll heraus und weiss jedem mitwirkenden Faktor dankbare Momente zu sichern. Der das Ganze beherrschende jugendfrische, gemütvolle Ton sichert dem Werke überall schönen Erfolg, besondere Schwierigkeiten sind nicht darin enthalten.

Förderung vaterländischer Tondichtung.

Wir berichteten bereits im Wegweiser über einen Aufruf an die Männergesangvereine zur Gründung eines Bundes, der sich als Hauptzweck die Förderung vaterländischer Tondichtung gesetzt hatte. Die Motive gehen aus von der leider nicht wegzuleugnenden Thatsache, dass bisher die Arbeit auf dem Gebiete der Konzertmusik für den Tondichter nur in den seltensten Fällen von einem materiellen Erfolg begleitet gewesen ist. Diesem notorischen Uebelstande abzuhelfen, hatte sich bereits im vorigen Jahre eine Gesellschaft gebildet, welche jede Aufführung neuerer Werke zu Gunsten der Autoren mit einer Abgabe belasten wollte. Der Plan scheiterte an der Uneinigkeit der Gesellschaft, aber auch insbesondere an dem Widerstande seitens der Gesangvereine, welche schliesslich allein diese Abgaben hätten tragen müssen. Also derjenige Faktor, der sein Geld für Anschaffung des Aufführungsmaterials, für Solisten etc. ausgiebt, der sein Können, seinen Fleiss und seine Zeit einsetzt, um das Werk und den Komponisten bekannt zu machen, soll demselben auch noch obendrein eine Tantième zahlen für die Gnade, welche ihm zu teil geworden ist durch Ueberlassung des Aufführungsrechts. Ohne Zweifel wirkt es geradezu lächerlich, wenn man die Honorare unserer Tonsetzer vergleicht mit den enormen Summen, welche den reproduzierenden Künstlern, den bedeutenden Malern, Bildhauern etc. zufliessen; das hat seinen Grund lediglich in der auf musikalischem Gebiete herrschenden Ueberproduktion, daran ist nun einmal nichts zu ändern und damit muss, wenigstens in Deutschland, gerechnet werden. Eine Unmenge guter, edler Tonschöpfungen harren noch der Auferstehung, sie liegen wie Blei in den Fächern der Verleger und kommen nicht ans Tageslicht, weil sie erdrückt werden durch seichte Modeware, Eintagsfliegen, denen vorübergehender Erfolg beschieden ist und die dann verschwinden, wie sie gekommen sind, spurlos und unbeachtet.

Nun kommt der „Bund zur Förderung vaterländischer Tondichtung" und greift denselben Gedanken wiederum auf. Die Gesangvereine sollen sich zu Abgaben an die Tondichter verpflichten, aber nicht für die vorhandenen Tondichtungen, sondern für die künftig erscheinenden. Also die Ueberproduktion soll künstlich vergrössert werden mit Hülfe der Einnahmen der Vereine. Das scheint uns nicht der richtige Weg zur Gesundung dieser Verhältnisse zu sein, namentlich nicht, wenn es sich um eine Honorierung von Preiskompositionen für den Kasseler Wettstreit handelt. Es ist zweifellos Sache der diesen Wettstreit veranstaltenden Behörden, für eine ausreichende Honorierung der preisgekrönten Tondichter zu sorgen. Es müssen für diesen Zweck von vornherein Preise von 1000 bis 3000 Mark für die besten Chöre ausgesetzt werden, dafür können dann die Werke mit Verlagsrecht in den Besitz der Veranstalterin übergehen. Die Einkünfte beim Wettstreit durch Eintrittsgelder, Verkauf des Notenmaterials, Verpachtung der Restauration etc. werden keine geringen sein, sofern die Leitung in sachverständigen Händen ruht; dem stehen aber ganz bedeutende Ausgaben seitens der mitwirkenden Vereine gegenüber, die nicht noch vermehrt werden dürfen. *E.*

Einführung in das Studium der Musik.

H. vom Ende.

Wenn der Musiker das neuerdings so überreich entwickelte musikalische Leben und Treiben in den grösseren Städten Deutschlands beobachtet, so möchte wohl ein Gefühl des Stolzes seine Brust beschleichen ob der hohen Gunst, in der seine Kunst bei Hoch und Niedrig steht.

In der That wird dem Musikfreunde ausserordentlich viel Gelegenheit geboten, gute Musik in gediegener Aufführung zu geniessen.

In Schule und Kirche, Konzertsaal und Theater, auf der Strasse und im Hause ist die Musik zu einer Macht geworden, mit der keine der anderen Künste sich messen kann. Mehrtägige Musikfeste selbst in kleineren Städten, Festspiele und Festaufführungen allerorten unter Mitwirkung der hervorragendsten Instrumental-, Vokal- und Dirigir-Virtuosen, musikalische und unmusikalische Kränzchen, Quartett- und andere Soireen besorgen die Stillung des musikalischen Heisshungers der oberen Zehntausend. In gewaltigen, drei- bis vierstündigen Volkskonzerten wird der Rest gegen ein Eintrittsgeld von 10 bis 50 Reichspfennigen mit den Schöpfungen unserer edelsten Tonheroen getränkt — — — —, und da wage noch Einer zu behaupten, es fehle dem Publikum das Verständnis für die erhabenen Schöpfungen unserer Kunst!

Und doch drängt sich dem aufmerksamen Beobachter die Wahrheit einer solchen Behauptung auf Schritt und Tritt auf, so paradox sie auch klingen mag.

Dass diese gewaltige Steigerung unseres öffentlichen Konzertlebens durchaus nicht Hand in Hand geht mit einer Vertiefung des musikalischen Verständnisses bei unserem Publikum, beweist schon die geringe Teilnahme, welche heute denjenigen Vorführungen entgegengebracht wird, die am meisten musikalische Bildung und eindringenden Sinn für die edelsten Schöpfungen unserer Kunst zur Voraussetzung haben, den Kammermusikveranstaltungen. Wenn in einer Stadt von 300000 Einwohnern nur 1 — 200 Abonnenten zu haben sind für diese intimste und reizvollste aller Musikgattungen, so ist das wahrlich ein beschämendes Zeichen für die Kultur unserer Periode, einer Kultur des Gewerbes und der gelehrten Bildung, in der die Musik lediglich zu einer Magd der Unterhaltung seitens der sogenannten Gebildeten herabgewürdigt wird. Das ist so eine der Perioden, über die S c h l o s s e r ein bitteres, aber gerechtes Urteil fällt. „Der erschlaffte Geist des Menschen ist dann zu seiner eigenen Qual mit Wissen und Bildung angefüllt, er kann zwar neben den sinnlichen Genüssen geistige Beschäftigungen nicht entbehren, ist aber zu kraftlos, zu sehr der Sinnlichkeit ergeben, zu sehr der Natur entfremdet, als dass er Wahrheit und Schönheit um i h r e r s e l b s t w i l l e n lieben könnte".

In der That ist diese Steigerung des Musiklebens viel mehr ein Produkt des Luxus und der Mode. Prunkhaft ausgestattete Musikhallen, womöglich mit schlechter Akustik, glänzende Toiletten, angenehme Unterhaltung während der Orchester-Tuttis und grossen Pausen, Aussicht auf neue Bekanntschaften, Flirten, das ist es, was die Menge hinzieht —, Musik wird als unentbehrliche Zugabe nebenbei geschlürft. Und nicht einmal das: — Ohne irgendwelche nennenswerte musikalische Vorbildung ist das Publikum gezwungen, stundenlang Produktionen über sich ergehen zu lassen, die in den meisten Fällen Langeweile, in vielen sogar geradezu Unbehagen hervorrufen —, soll das Publikum Werke geniessen, deren Verständnis und demzufolge auch Genuss ein intensives Studium allgemein und fachmännisch gebildeter, kunstempfänglicher Menschen erfordert.

Ist es denn zu verwundern, dass ein grosser Teil des Publikums den besseren Darbietungen gleichgültig, oder sogar ablehnend gegenübersteht, wenn selbst von den Berufsmusikern manche es nicht für notwendig erachten, tiefer einzudringen in Wesen und Geist ihrer Kunst, in die geschichtliche Entwickelung derselben, wenn selbst diese sich begnügen mit dem Flittergolde äusseren Erfolges? Gutzkow sagt nicht mit Unrecht: „Unter den Musikern giebt es Leute, welche, obgleich sie immer mit Schlüsseln zu thun haben, doch meistens über ihre Kunst keine oder wenig Auskunft geben können".

Damit haben wir bereits angedeutet, worin der Grund der Gleichgültigkeit des Publikums gegen bedeutende Erscheinungen zu suchen ist. Es mag allerdings zu dieser oberflächlichen Anschauungsweise nicht wenig die verflachende, materielle Weltanschauung beitragen, jene Unrast, die der heutigen Zeit ihren Stempel aufdrückt, und in ihrem Gefolge die Sinnenüberreizung, das Hasten nach Abwechslung, das Raffinement des Geniessens. Den Menschen ist dadurch die innere Ruhe verloren gegangen, welche sie befähigt, die Gedanken und Empfindungen in aller Ruhe zu pflegen und ausreifen zu lassen, und sich in das Heiligtum der Offenbarungen unserer Meister in weihevoller Sammlung zu versenken. Grösstenteils aber ist sie die Frucht durchaus u n z u l ä n g l i c h e r V o r b e r e i t u n g in dem heute üblichen Musikunterricht, namentlich insoweit es sich um grossangelegte Instrumentalmusik handelt.

In der Oper verbinden sich andere Elemente und Künste mit der Musik und verhelfen manchem Werke zu einem Erfolge, der in rein musikalischer Hinsicht nicht immer zu rechtfertigen und zu erwarten ist. In der Vokalmusik überhaupt, der P r o g r a m m u s i k kat'exochen wird das Verständnis der Musik durch den Text so sehr vermittelt, dass bei musikalisch fühlenden Menschen Missverständnis sozusagen ausgeschlossen ist. Auch der blühende, üppig-sinnliche Wohlklang der Streichinstrumente, ihre Fähigkeit, grösseren Gefühlsinhalt in den Einzelton zu legen, der meist einfache, homophone Stil, der hierfür geschriebenen Solowerke gestattet ein grösseres Schwelgen in Einzelmomenten, rein sinnliche Anregung und Gefühlsschwelgerei.

Anders bei Klavier- und Orgelwerken. Hier tritt die Form mehr in den Vordergrund, der empfindungsvolle weicht mehr dem charakteristischen Ausdruck, die harmonisch-polyphone Arbeit erschwert das Verständnis, kurz, es werden grössere Anforderungen an den Geist gestellt.

(Fortsetzung folgt).

Der Sänger.

Amtliches Organ des westdeutschen Sängerverbandes.

Das Volkslied ist die Unsterblichkeit der Musik.
Marx.

Verbunden werden auch die Schwachen mächtig.
Schiller.

26. August 1901. || Vorsitzender: Lehrer A. Gau, Hilden bei Düsseldorf. || Nr. 11.

Redaktion u. Verlag: H. vom Ende, Köln a. Rh., Ecke Bismarck- u. Kamekestr.

Amtliche Nachrichten.

Verbandskasse.

In Zukunft werden die eingelaufenen Beiträge quartaliter im Verbandsorgane quittiert. Die noch rückständigen Vereine konnen am 15. September den Beitrag entrichten. Es müssen bis dahin auch die Beiträge für bezogene Lieder von verbandswegen bezahlt wegen.

Persönliche Mitgliedschaft.

Diejenigen Herren, welche als persönliche Mitglieder mit einem Jahresbeitrag von 1 Mk. beizutreten gedenken, bitte ich, ihre Anmeldungen vor dem Dirigenten- und Verbandstage an mich zu richten.

Hilden, den 16. August 1901.

Der Verbandsvorsitzende.

Dirigententag und Verbandsfest!

Am 14. und 15. September

wird nunmehr die Doppeltagung der **Dirigenten** und **Verbands-Gesangvereine** in **Düsseldorf** stattfinden.

Infolge des Verbotes aller Festlichkeiten bis einschl. des Beisetzungstages Ihrer Majestät der Kaiserin Friedrich, mussten der Dirigenten- und Verbandstag vom 10. und 11. August bis 14. und **15. September** verlegt werden. Die Herren aus Stuttgart, Paderborn, Krefeld u. a., welche am 10. August die Reise vergeblich nach Düsseldorf unternommen haben, werden sich in dem Gedanken trösten, einer guten und grossen Sache ein Opfer gebracht zu haben. Verständigt über unsere Bestrebungen, werden sie in Zukunft treue Mitkämpen für die Erneuerung der ungesunden Zustände im Männergesangvereinswesen sein. Wenn etwas dazu angethan ist, unsere Ansichten zu bestätigen, so sind es die skandalösen Vorgänge auf dem Kölner internationalen Wettstreite, der im Punkte der Geldpreise mit jeder Rennbahn konkurrieren konnte. Daher fort mit allen „Geldpreisen"! Wir kämpfen nur um die „Ehre"! Ein einheitliches Punktsystem mit sachlicher Begründung! Für gleiche Punktzahl gleiche Preise! Keine relativen Werte, sondern absolute Leistungen, also Bedingung: eine Mindestleistung! Fort mit allen Wettstreiten nicht organisierter Vereine, die den Beteiligten keine Gewähr für konsequente Durchführung und gesunde, ja gerechte Beurteilung bieten. Wird nach den Kölner Erfahrungen endlich — endlich die Einsicht Platz greifen, dass ohne Verband keine durchgreifende Reform möglich ist?!

Vor allen Dingen müssen die berufenen Leiter der Gesangvereine eine Verbindung behufs Aussprache über die Aufgaben in den Vereinen, ihre Stellung in der vielbewegten, unter der Signatur der wirtschaftlichen Kämpfe stehenden modernen Zeitrichtung suchen, auf dass sie nicht getrieben vom falschen Zeitstrome, vielmehr treibend neue gesunde Bahnen diktieren, die dem Stande und der deutschen Sangeskunst Heil und Segen bringen!

Unter den vielen Fragen, die der Erörterung und was noch mehr bedeuten will, des gemeinsamen Handelns harren, skizzieren wir folgende: 1. Befähigungsnachweis als Chorleiter. 2. Mindesthonorar. 3. Unterstützung in Krankheit und Not. 4. Stellenvermittelung. 5. Bekämpfung des unlauteren Wettbewerbes auf den Gesangwettstreiten. 6. Beseitigung der Geldpreise. 7. Einschränkung des Wettsingens. 8. Pflege des echten Volksliedes. 9. Anbahnung einer gesunderen Richtung in der Männerchorlitteratur (Katalog, Bibliothek). Ein gut Teil dieser Aufgaben werden ja schon am 14. und 15. September zur Beratung und Beschlussfassung stehen. Es kommt nur allein darauf an, dass eine allseitige Beteiligung alsdann zu verzeichnen ist.

Seit der in voriger Nummer erschienenen Liste der neu angeschlossenen Vereine sind noch zwei Anmeldungen zu verzeichnen, nämlich: „Euterpe"-Remscheid und „Leimbacher Männerchor"-Barmen.

Im folgenden lassen wir noch einmal zur Orientierung das Programm beider Tage folgen.

Am 14. September in Düsseldorf, Bürgergesellschaft, Schadowstrasse, nachmittags 3½ Uhr:

Westdeutscher Dirigententag.

Die wiederholt angekündigten Vorträge sind:

1. **Berechtigung und Befähigung zum Dirigenten eines Gesangvereins.**
   Referent: Königl. Musikdirektor Steinhauer, Düsseldorf.
2. **Die materielle Lage des Dirigentenstandes: Entwurf einer Unterstützungs- und Sterbekasse.**
   Referent: Redakteur vom Ende, Köln.
3. **Erziehliche Aufgaben des Dirigenten.**
   Referent: Musikdirektor Goldner, Elberfeld.

Diese drei Vorträge kristallisieren die Fragen, welche zur Zeit die Berufsgenossen erfüllen.

Dem Referate folgt jedesmal eine Diskussion an der Hand der vorzulegenden Thesen. So dürfen wir hoffen, dass der 14. September die Kollegen zu gemeinsamer, erspriesslicher Arbeit in Düsseldorf vereinigen wird zum Segen für die Zukunft.

Die Beratung findet in der Bürgergesellschaft, Schadowstrasse statt und beginnt 3½ Uhr nachm.

Im Anschlusse daran ist **von 7½ Uhr ein Künstlerkonzert.** Mitwirken werden Frl. Adele Stöcker-Köln (Violine; Herr P. Stoye-Krefeld (Klavier); Frl. Ther. Hattingen-Köln (Gesang) und die Rhein. Volksliedertafel. Leitung: H. vom Ende-Köln. — Mit dem Dirigententage ist eine Ausstellung der Volksliedlitteratur verbunden. Das unterzeichnete Komitee giebt sich der angenehmen Hoffnung auf zahlreiche Beteiligung hin.

Programm

zum 2. Verbandstage am 14. September in Düsseldorf.

Morgens 11 Uhr bis 1 Uhr: Delegiertenversammlung.

Tagesordnung:

1. Jahresbericht (Vorsitzende). — 2. Kassenbericht.
3. Bericht der Katalog- und Bibliothekskommission.
4. Bericht über den Verlauf des 1. westdeutschen Dirigententages. Unterstützungs-Zuschusskasse.
5. Abänderung der § 7, 8, 9, 10 und 11. Es handelt sich um Einführung der persönlichen Mitgliedschaft neben der Vereinsmitgliedschaft mit festem Jahresbeitrag, um Fortfall der Berichte bis 20. März und 20. September jeden Jahres und um Verlängerung der Zahlungsfrist für Beiträge bis zum Delegiertentage. Die Abstimmung regelt sich in Zukunft nach der Zahl der akt. Sänger in den angeschlossenen Vereinen.
6. Antrag der Germania-Duisburg: der 2. Verbandstag wolle beschliessen, den nächstjähr. Verbandstag in Verbindung mit dem 50jährigen Jubiläum der Germania-Duisburg zu begehen.

7. Festsetzung der Gesamtchöre für das nächstjährige Verbandsfest. — 8. Vorstandswahl.

Nach der Delegiertenversammlung zwangloses Mittagessen.

Nachmittags 3½ Uhr: Probe der Gesamtchöre im Becker'schen Lokale, Lindenstrasse, Düsseldorf-Flingern.

5 Uhr: Festkonzert, veranstaltet von „Orphea“-Düsseldorf, ebenda unter Leitung des Herrn Schauenburg und Mitwirkung der Männergesangvereine Liedertafel-Ratingen, Bruderliebe-Meiderich, Germania-Duisburg, Bilker Liederkranz-Düsseldorf, Städt. M.-Gesangverein-Hilden u. Polyhymnia-Düsseldorf, verbunden mit Vortrag über echtes Volkslied mit Aufführung solcher durch die Rhein. Volksliedertafel, ebenda. Näheres Programm am Festtage. (Der Verbandsvorsitzende.)

Verschiedenes.

Herr **Dr. Max Burckhardt** in Köln a. Rh. ist zum Dirigenten der Liedertafel in Elberfeld gewählt worden. Herr **Karl Diehl** in Lennep zum Dirigenten des Gesangvereins zu Mülheim a. d. Ruhr. Herr **Fritz Binder**-Zweibrücken zum Dirigenten der Danziger Singakademie.

Epigramme von Alfred Brandt-Caspari, Kreuznach.

Volkslied.

Vom Volkslied faseln sie mit Macht.
Da hat ein Narr ein „Volkslied“ (?!) gemacht,
Ein andrer es schnell zu Markte gebracht, —
Von vorn bis hinten Modulation:
Das Volk lief vor dem „Lied“ davon.
Nun ward's ein Lied? — Das ward es nicht!
Gedicht? — Nein! — Was denn, was?
Ja, wüsst' ich das! — — — — — —
Das Volkslied sass auf seinem Thron,
Unsichtbar hörte es den Hohn
Und sprach zum Narren: „Lieber Sohn, —
Dein Liedlein pfeift im Strassenton, —
Das „Volkslied“ trifft kein Komponist,
Der nur ein Gassenbube ist!“

Gott behüte jeden davor,
Zu dirigier'n einen Männerchor!
„Ihn hoch zu heben, sei meine Pflicht!“
Der neu erwählte Meister spricht?
O, du ganz naiver Thor!
Du dirigierst ihn nicht, —
Doch dich — der Chor!

Du, Komponist, vermagst nur das Fühlen der Helden zu schildern, Niemals die Handelnden selbst, niemals Beweggrund und That! Aber will ich es denn? Was macht denn die Menschen zu Helden? Ihre zufällige Form — oder die seelische Kraft?

In **New-York** und Umgegend hat sich ein Dirigenten-Verband gebildet, dessen Zweck ist: 1. Förderung und Hebung des deutschen Gesanges. 2. Reform des Sängerwesens. 3. Gegenseitige Belehrung. 4. Förderung geschäftlicher Interessen. 5. Finanzielle Unterstützung hilfsbedürftiger Mitglieder. 6. Pflege der Geselligkeit. Also auch „drüben“ sind die Bestrebungen des Westdeutschen Sänger-Verbandes auf fruchtbaren Boden gefallen. In den Publikationen des dortigen Verbandes wird ausdrücklich darauf hingewiesen, dass „die Sängerfeste und Wettstreite von Philadelphia und Brooklyn förmlich nach Hilfe, Gerechtigkeit und Reorganisation schreien“, dass alle Schichten der Gesellschaft, alle Berufsarten ihre Kranken-Unterstützungskassen etc. haben, nur die Dirigenten nicht. Ein grosses, wohlvorbereitetes Monstre-Konzert in New-York hat dem Verbande ausser dem klingenden Erfolge sehr viel Freunde und Gönner zugeführt. Dem Verbande gehören allein aus New-York und Umgegend 79 Gesangvereinsdirigenten an.

Aus Sängerverbänden.

Das für den 11. August in Düsseldorf geplante **Verbandsfest des Westdeutschen Sängerverbandes** musste der Landestrauer wegen auf den 15. September verlegt werden.

53. Bundes-Sängerfest der **vereinigten Norddeutschen Liedertafeln in Bremerhaven** vom 5. bis 8. Juli. Die Teilnehmer dieses glänzend verlaufenen Festes haben sich eingestehen müssen, dass man auch dort oben an der Waterkant Feste zu feiern und Gastfreundschaft zu üben versteht. Wir Gäste vom Rhein, ihrer wohl an die hundert, waren freudig überrascht statt der erwarteten steifleinenen und förmlichen Festgesellschaft eine Schar in Sanges- und Lebensfreude übersprudelnder Genossen zu finden, welche herbeigeeilt waren, weniger um ihre Liebe zur Kunst in wohlabgefeilten Sangesleistungen zu dokumentieren, als vielmehr um einmal wieder in herzlicher Sangesbrüderschaft das alles umschlingende Freundschaftsband Polyhymnias fester zu schliessen und die künstlerischen Leistungen mehr als herzerquickende Zugabe auf sich „wirken zu lassen. So festesfroh wir sonst am Rheine sind derartige Sängerfeste vermissen wir hier doch, nur der im Aufblühen begriffene Westdeutsche Sängerverband hat die Pflege der Sängergemeinschaft auf seine Fahne geschrieben, im übrigen feiert man die Sängerfeste durch Abhaltung bitterernster Wettstreite, bei denen jeder seinen geschätzten Nächsten am liebsten aufspiessen möchte. Nun, jeder nach seinem chacun, aber diese Wettstreite nehmen noch einmal ein Ende mit Schrecken, ganz besonders die internationalen.

Wenn nun auch die Sänger der norddeutschen Tiefebene im allgemeinen nicht mit den auf einem solchen Wettstreite zu Tage geförderten Leistungen zu konkurrieren vermögen, so muss doch hervorgehoben werden, dass einzelne Vereine auf sehr achtbarer künstlerischer Höhe standen und fein schattierte, klangvolle Leistungen boten. Ich nenne nur die Euterpe, Braunschweig unter Prof. Schrader, Bremerhavener Männergesangverein unter Fr. Hartmann, die Osnabrücker Liedertafel unter R. Prenzler. Die Massenchöre im Hauptkonzert erfreuten sich lebhaften Beifalls, sodass Schraders reizend inniges „Mein Liesel“, das vom Komponisten selbst dirigiert wurde, ebenso wie „Kriegers Abschied“ von Clarus, eine charakteristische, packende Tondichtung (ebenfalls unter Leitung des Komponisten) auf stürmisches Verlangen wiederholt werden mussten. Erhebend klang auch Nösslers „Salve regina“, wobei gleichfalls der Komponist selbst den Taktstock führte, sowie das „Deutscher Frühling,“ des Braunschweiger Symphonie-Direktors A. Schulz, der mit jugendlichem Feuer die Sängerschar anführte. Auch „Beim Wein“, eine stimmungsvolle Komposition des Dirigenten des festgebenden Bremerhavener Männergesangvereins, Herrn F. Hartmann, erntete verdientermassen den lautesten Applaus. Eine interessante Arbeit von Tonmalerei lernten wir in Schotte's „Verfallene Mühle“ kennen, deren Vortrag, gleichfalls vom Komponisten selbst geleitet, ebenfalls brausender Beifall folgte. Unvergessen seien übrigens die durch ihre schlichte Einfachheit und sorgsame, liebevoll vertiefte Wiedergabe prächtig wirkenden Volkslieder „Lieben bringt gross Freud“ und „Zu Strassburg auf der Schanz“ (Dirigenten die Herren Prof. Schrader und Schotte).

Die glänzendste und packendste Leistung des Abends war unstreitig Prof. Meyer-Olbersleben's jugendfrischer Männerchor mit Orchester „Gelöbnis“. Nicht vergessen wollen wir den prächtigen Vortrag von Hegar's „In den Alpen“ durch 60 Mitglieder des Wiesbadener Männergesangvereins.

Der vierte Tag vereinte die ganze Gesellschaft zu einer unvergesslich schönen Seefahrt auf dem Dampfer „Weimar“, der in lobenswertem Entgegenkommen vom Norddeutschen Lloyd kostenlos gestellt worden war. Den schönsten Dank aber haben sich die Bremerhavener Stadtverwaltung sowohl wie Bürgerschaft — und nicht zuletzt die holden Bürgerstöchterlein — verdient durch ihre herzerquickende Gastfreundschaft, die ihnen unvergessen bleiben wird. E.

Schwäbischer Sängerbund.

An dem 26. Liederfeste des Schwäbischen Sängerbundes, das am 30. Juni und 1. Juli in Schwäbisch Hall stattfand, beteiligten sich 84 württembergische Männergesangvereine. Als Gesamtchöre kamen, von ca. 3000 Sängern gesungen, zum Vortrage: 1. Wohin soll ich mich wenden (Eingangschor aus der deutschen Messe) von Franz Schubert. 2. Kriegers Gebet (mit Orchesterbegleitung) von Franz Lachner. 3 a. Drei Salven ins Grab (nach dem Soldatenliederbuch) von Chr. Burkhardt. 3 b. Der treue Kamerad von C. Attenhofer. 4. Festgesang an die Künstler von Mendelssohn. 5 a. Das verlassene Mägdlein von W. Speidel. 5 b. Rosenzeit von L. Liebe. 5 c. Vom Frühjahr von Fr. Silcher. 6. Winzerchor aus Loreley (mit Orchesterbegleitung) von Mendelssohn. 7. Das ganze Herz dem Vaterland von C. Wilhelm. 8. Das Gewitter (mit Orchesterbegleitung u. Baritonsolo) von Herm. Mohr. Es verdienen hervorgehoben zu werden: Gelöbnis, ein prächtiger Begrüssungschor mit Orchesterbegleitung von M. Meyer-Olbersleben, ferner Chor Nr. 2, von welchem Spötter behaupten, dass man erst den Staub von der Partitur blasen müsse. Die im vornehmen Maestoso einherschreitende Lachner'sche Komposition hinterliess einen wohlthuenden Eindruck und hat sich viele neue Freunde erworben. Nr. 8, ein neuer tonmalerischer Chor in modernem Genre. Nr. 5 a, b u. c volkstümliche Kompositionen, die mit Interesse geübt waren und allgemein ansprachen. Nr. 4 u. 8 wurden der straffen Rhythmik wegen nur von den grösseren, im Kunstgesange geübten Vereinen gesungen. Das Preisrichteramt lag in den bewährten Händen der Herren: Musikdirektor Prof. Hugo Jüngst-Dresden, Prof. Förstler-Stuttgart, Hofkapellmeister F. Langer-Mannheim, Musikdirektor Aug. Glück-Frankfurt a. M., Prof. Wörz-Tübingen. K.

Neue Männerchöre.

Verlag von R. Neumann, Pforzheim.

r. Hutter, Herm., op. 26 I Serenade (Kernstock) P. 1. St. je —.25.
zl. do. do. II Auf der Wacht (Stieler). P. 1.— St. je —.25.
mch. Kron, Louis, op. 368. Hoffnung P. —.40 St. je —.15.
zl. Lentz, Fr., Das Vaterhaus am Rhein. P. .60 St. je —.15.
zl. Sonnet, Herm., Mei Annerl. P. —.60 St. je —.15.
zl. Schwarzlose, O., Sängerwillkomm. P. —.50 St. je —.15.
mch. Thiessen, K., op. 21 I. In der Fremde. P. —.60 St. je —.15.
mch. do. II. Das ist wohl eine alte Lehr. P. —.60 St. je —.15.
mch. do. III. Ungeduld. P. —.60 St. je —.15.

Das zweite Liedchen von Hutter „Auf der Wacht" trifft den Ton recht glücklich; es sind anspruchslose, aber hübsche Gaben. Die Verteilung der Stimmen auf 4 Systeme hat bei so einfachem Satz doch wohl keinen Zweck.

Ganz allerliebst sind Thiessen's Liedchen Nr. II und III, sie geben sich natürlich, frisch und weisen schönen Satz auf.

Verlag von Friedr. Ullrich in Godesberg.

zch. Bungard-Wasem, op. 10. Der Tod Christi. P. 1.20 St. je —.30.
mch. Lindlar, Fr. C., op. 59. Abschied. P. —.40 St. je —.20.
zch. Neumann, M., op. 46. Die Siegesbotschaft. P. 1.20 St. je .30.
zch. do. op. 47 Die Toten der Haide. P. 1.20 St. je —.30.
mch. Ullrich, Fr., op. 82. Maienzauber. P. —.40 St. je —.20.
Wipperfürth, Fr., op. 35. Blauäugelein. P. —.40 St. je —.20.

Bungard-Wasem hat sich einen wertvollen Vorwurf erwählt. Die stimmungsvolle Dichtung birgt schöne lyrische und dramatische Momente, von denen die ersteren stellenweise sehr fein empfunden und vertont sind. Die dramatischen Momente hätten meines Erachtens wirkungsvolleren Satz vertragen können. Im Ganzen ist das Werk sehr beachtenswert. Die „Siegesbotschaft" von Neumann ist ein dramatisch recht belebter Chor, der bei temperamentvoller Wiedergabe seine Wirkung nicht verfehlen wird. Ullrich's „Maienzauber" zeichnet sich aus durch Wohlklang und sanglich und volkstümlich gehaltene Melodie, volkstümlich im besten Sinne des Wortes. Am Schluss tritt der I. Bass recht wirkungsvoll heraus, es muss aber vor dem beliebten Drucker auf der Sexte gewarnt werden, den man von „Doch alles war nur ein Traum" her so gewohnt ist.

Verlag von J. Günther, Dresden.

mch. Döring, C. H., op. 223. Mach's Fenster auf P. —.60 St. je —.15.
mch. do. op. 226. Die Welt ist so sonnig. P. —.80 St. je —.20.
mch. Offner, Jos., Der letzte Krieg. P. .40 St. je —.20.
zl. Walden, O. von, op. 89. Der Musikant von Hammerstädt P. —.60 St. je —.15.
mch. do. do. op. 90. Serenade. P. —.40 St. je —.15.

Dankbar, mit frischer Melodie und gewählter Harmonik präsentieren sich wie immer Döring's Lieder. O. von Walden schreibt routiniert; auch die heutigen Lieder werden manche Freunde finden.

Verlag von Georg Bratfisch, Frankfurt a. d. Oder.

zl. Paul Kraus, op. 70. Vögleins Abschied. P. —.30 St. je —.15.
zl. do. op. 71. Waldabendschein. P. —.30 St. je —.15.
mch. do. op. 72. Herbstlied. P. —.30 St. je —.15.
zl. do. op. 73. Wach auf, mein Herz. P. —.30 St. je —.15.
mch. do. op. 74 Der Mai ist da. P. .30 St. je .15.
mch. do. op. 89. Abschied. P. .30 St. je .15.
zl. do. op. 91. Zieh hinaus. P. .30 St. je —.15.
mch. do. op. 92. Im Frühling zu singen. P. —.30 St. je —.15.
mch. do. op. 93. Wanderlied. P. —.30 St. je —.15.

Die Chöre von Kraus sind schlichter, freundlich anmutender Natur. Hervorzuheben sind „Waldabendschein" und „Zieh hinaus".

Verlag von Ernst Eulenburg, Leipzig.

mch. Baldamus, Gust., op. 64 I. Blumengeplauder P. —.60 St. je —.15.
mch. do. II. In der Schänk zum alten Drachen. P. —.80 St. je —.20.
mch. do. III. Im Walde. P. —.80 St. je —.20.
mch. do. IV. Von der Spielmannsfahrt. P. .60 St. je .15.
mch. Demmler, K., Heimweh. P. —.60 St. je .15.
mch. Friedrich, P., op. 2. I. Wanderlust. P. 1. — St. je —.15.
mch. do. II. Heimkehr. P. —.60 St. je .15.
mch. do. III. Weinlied. P. —.60 St. je —.15.
zch. do. op. 3. Die Rose von Mars la Tour. P. 1.20 St. je —.30.
zl. Kühnhold, C., op. 78. Wenn Röslein blühet. P. —.60 St. je —.15.
zl. do. op. 78. Ein Vöglein wohnt im Laube. P. —.60 St. je .15.
zl. do. op. 79. Mein Liesel. P. .60 St. je .15.
mch. Sitt, Hans, Zwei deutsche Madrigale.
I. Gott behüte dich. P. —.60 St. je —.15.
mch. II. Herzlieb, zu dir allein. P. .60 St. je —.15.
mch. do. op. 60. I. Es ist ein Traumlicht über dir. P. 1.20 St. je —.20.
mch. do. II. Altdeutsches Liebeslied. P. .80 St. je —.20.
mch. do. III. Heute ist heut. P. 1.20 St. je —.20.

Baldamus, op. 64: Endlich einmal wieder etwas den Durchschnitt überragendes. Seine weitgespannte Melodik und reiche Rhythmik lassen die Saiten der menschlichen Seele doch etwas voller erklingen. Die Chöre sind sehr zu empfehlen. Auch Friedrich's 3 Gesänge, op. 2, sind beachtenswerte Erscheinungen. Kühnhold trifft den Volkston ganz vortrefflich; wer kennt nicht sein „Daheim ist doch daheim", „Ich lass' von meiner Heimat nicht". Auch die Lieder op. 78 werden bald populär werden. Die Lieder Sitt's sind namentlich grösseren, vornehmen Chören dringend zu empfehlen; ihre noble Faktur und ihr harmonischer Reichtum setzen Verständnis voraus für tiefer liegende Stimmungen und deren Ausdruck.

Dieser Nummer liegt ein Prospekt des Verlages L. Hoffarth, Dresden bei, welcher der Aufmerksamkeit der Herren Dirigenten empfohlen sei.

Neue geistliche Vokalmusik.

Für Männerchor.

msch. **Brambach, C. Jos., op. 112. Benedictus.** P. 1,50 St. je —,40

Hagemann, Jul., op. 5, II. Ein geistliches Abendlied. „Es ist so still geworden." P. —.40, St. je —.15.

vom Ende, H., Zwei deutsche Volkslieder.
l. Morgengebet. „O wunderbares, tiefes Schweigen."
l. Abendgebet. „Meinen Heiland im Herzen."
P. je —.40, St. je —.15.

Für Frauenchor.

l. **Schumacher, Rich., op. 27. Christnacht.** „Heil'ge Nacht, auf Engelsschwingen." P. —.50, St. je —.15.
Sehr gefällig und ansprechend; leicht.

Für gemischten Chor.

msch. **Brambach, C. Jos., op. 101. Der 21. Psalm** (Königspsalm) a capella oder mit Begleitung des Pianoforte oder der Orgel ad. libit. Klav.-Auszug n. M. 3.—, Stimmen à M. 1.—.

„Urania":
„Die fragl. Bibelworte sind meisterhaft tonlich illustriert, so dass das Werk besondere Beachtung verdient. Der majestätische Eingangschor ist fünfstimmig behandelt, der zweite Satz sogar sechsstimmig, ein sehr wirkungsvoller Satz für Solostimmen. Hierauf wird die Bewegung immer kraftvoller und gipfelt in einer vierstimmigen feurigen Fuge."

„Hamburger Fremdenblatt":
Die Komposition des hehren „Königspsalm", „Herr, der König freuet sich in Deiner Kraft", wie sie hier vorliegt, erweckt ungeteiltes Interesse. Die vier in einander geführten Sätze Andante maestoso, Quasi Allegretto, Un poco più mosso und Allegro sind einheitlich erfunden und geben in prägnanter Charakteristik ein imposantes Bild des bedeutungsreichen Inhaltes der Schriftworte. Brambach's Geschicklichkeit, seine Routine und gediegene Tonsprache vereinen sich auch in diesem ebenso wirkungsvollen, wie vornehmen Opus zu schönem Ganzen. Recht hübsch klingt der mit Frauenchor beginnende Satz „Er hat grosse Ehre von Deiner Hülfe" und dessen sechsstimmige weitere Durchführung. Dies op. 101, ein Königs-Anthem gediegener Qualität, gipfelt in dem fugierten Schlusssatze „Herr, erhebe Dich in Deiner Kraft."

msch. **Donath, H. Motette.** „Herr, schicke, was du willt." P. 1.—, St. je—.20.

vom Ende, H., op. 3 III. Ein geistlich Abendlied. „Es ist so still geworden." P. —.60, St. je —.20.

„Litteraturblatt der deutschen Lehrerzeitung":
Ein bedeutsames op. 3. Man weiss nicht, welchem von den fünf Liedern man die Palme zuerkennen soll; sie sind alle gleich gut. Es ist schlichte, ungekünstelte Musik, die zu Herzen geht — weil sie von Herzen kommt. Von grosser Wirkung ist das sechsstimmige Nr. 2 „Es ist so still geworden." Ueberaus lieblich klingt Nr. 3 „Nun schliess die lieben Aeuglein lind, liebes Herzenskind." Nr. 5 „Mein herzliebstes Schatzerl, komm', reich mir dei Tatzerl" ist ein wahres Nippsächelchen humoristischer Musik. Die Lieder sind übrigens leicht einzuüben, und bei gutem Vortrag kann die Wirkung nicht ausbleiben.

„Flieg. Blätter des ev. K.-Musik-V.," Schlesien:
Das geistliche Abendlied ist sehr innig und zart, und dürfte trotz des sechsstimmigen Satzes auch einfachen Chören nur mittelmässige Schwierigkeiten bereiten.

„Hamburger Fremdenblatt":
Von diesen dankbar und fliessend musikalisch geschriebenen Tonstücken dürfte das sechsstimmige „Es ist so still geworden" den meisten Anspruch auf Bedeutung erheben; auch die anderen werden bei gediegener Darbietung ihre günstige Wirkung nicht verfehlen, denn auch diese sind melodisch und harmonisch anziehend. vom Ende kennt die Wirkung eines gut geführten Stimmenganges genau, sein Prinzip ist dahin gerichtet, jeder Stimme das gleich Melodische zuzuerteilen. Dem Inhalte der hübschen und dabei gemütvollen Texte, wie sie hier gewählt wurden, konnte am geeignetsten in einer Musik entsprochen werden, die sich im Charakter des Volksliedes hielt, und dies ist erfreulich gelungen. Man kann diese Kompositionen besonders den kleinen Chorvereinen warm empfehlen. Zum Vortrage in a capella-Konzerten sind sie recht geeignet. *Prof. E. Krause.*

msch. **vom Ende, op. 12. Motette.** „Ich will dich lieben, meine Stärke." P. —.80, St. je —.20.

msch. **Hahn, Karl, Osterbitte.** „Osterlicht, voll Glanz und Gnaden." (E. von Maltzahn). P. —.80, St. je —.20.
Schwungvolle, edle, formvollendete Komposition.

„Mecklenburg. Schulblatt":
Dem Komponisten ist es gelungen, den Inhalt des Textes mit warmer Empfindung in Tönen wiederzugeben. Der Satz ist sowohl im ersten als auch im zweiten (polyphonen) Teile sanglich, fliessend. Dies Strophenlied sei daher gemischten Chören, welche gern das geistliche Lied pflegen, bestens zur Anschaffung und zum fleissigen Gebrauch empfohlen. *Winter.*

„Deutsche Kunst- u. Musikzeitung," Wien:
Einfach und doch des schönsten Klangreizes nicht entbehrend. Allen gem. Chorvereinen bestens empfohlen.

msch. **Reinthaler, Carl, op. 40. Lobet den Herrn.** (Psalm 147) für 8stimmigen Chor mit Kl. P. 1.—, St. je —.15.

msch. **— op. 41. Aus der Tiefe ruf' ich, Herr, zu dir.** (Psalm 130) 6st. Chor mit Kl. P. 1.—, St. je —.15.

msch. **— op. 42. So hoch der Himmel über der Erde ist.** Psalm 103) 4st. Chor m. Kl. P. —.40, St. je —.15.

Schaefer, Dietr. op. 2. 1. O Herre Gott in meiner Not. 2. Agnus Dei. P. —.80, St. je —.15.

von Vignau, Hans, op. 4. 1. O salutaris hostia. 2. Salve Regina. P. 1.— St. je —.40.

Kart. Ztg. dtsch. St. Ges.-Ver.
Ist die erste der beiden Kompositionen (O salutaris hostia) besonders wirkungsvoll durch die edle Kunst der Kontrapunktik, die mit echter Künstlerschaft gehandhabt wird, so wirkt der zweite Gesang (Salve regina) mehr durch die zarte Innigkeit der Empfindung.

Woyrsch, Felix, op. 29. Motette. „Sei getreu bis in den Tod." P. —.45, St. je —.15.

Wüllner, Franz, op. 26. Miserere. 50. Psalm für Doppelchor und Soli. P. 3.—, St. 3.—.

„Kölnische Zeitung:"
. . . Die Behandlung des Textes schliesst sich den Gewohnheiten der katholischen Kirche, wie sie durch die altitalienischen Meister sich herausgebildet haben, an, widerspiegelt jedoch und erweitert vom gläubig-modernen Geiste. Abgerundete, reich und kunstvoll ausgeführte Sätze werden von der Stimme des Psalmodisten abgelöst. Die Hülfsquellen des Doppelchors sind ihrem ganzen Umfange nach mit feinstem Sinn für Wohlklang, für vielstimmige Zusammenklänge und für regste Stimmbewegung ausgenutzt. Von besonderem Reiz ist das Zusammensingen einer diskreten Chor- und zweier Solostimmen. Die Grundstimmung des Textes bezeugt eine so grosse Hingabe und Vertiefung, dass der musikalische Ausdruck uns stets als selbständig empfunden, mit einer dem Text abgelauschten Eigenart entgegentritt. Die einzelnen Phrasen werden in massvoller Weise treffend und eingehend charakterisiert. Auch in rhythmischer Hinsicht stechen die einzelnen Sätze genügend von einander ab, um unter Beibehaltung der einheitlichen Grundstimmung ein wechselvolles Ganzes zu ergeben. Das Ganze ist von einer Höhe der Anschauung getragen und mit einer Geschicklichkeit gearbeitet, **dass es zu den wertvollsten und bleibenden Schätzen der Chorlitteratur zu zählen und allen Vereinen jedes Glaubens als herrliches Erbauungsstück zu empfehlen ist.** Besonders hervorragend in Modulation, Stimmenanordnung und Ausdruck ist die Stelle: Sacrificium Deo spiritus contribulatus.

„Flieg. Blätter des ev. K.-Musik-Ver." in Schlesien:
Hut ab, vor dem in Lapidarstil geschriebenen op. 26 **Miserere Meister Wüllners,** das dem Andenken seines kongenialen Tondichters Joh. Brahms gewidmet ist! Es besteht aus Chören und Doppelchören mit Solis und behandelt den Text des 50. Psalms in der Weise, dass immer abwechselnd ein Psalmvers von irgend einer Stimme im Choralton (Tonus I Finalis I) vorgetragen wird, worauf den folgenden Vers der ganze Chor meist in wunderbarer Weise, polyphon durchgearbeitet, vorträgt. Das mächtige und ergreifende Werk verlangt sehr sattelfeste Sänger und Sängerinnen, denn es ist durchaus vokal gedacht und stellt an die Kräfte und Ausdauer der Ausführer ganz ungeheure Anforderungen. Aber von unvergleichlicher Erhabenheit und Würde! Für Künstlerchöre, welche notabene die a l t e n Meister zu singen verstehen, eine wahre Perle neuerer Kirchenmusik.

Für Sologesang.

Altmann, Arthur. Vater unser. Mk. 1.—.

„Münst. Volksztg.:"
Eine würdige Vertonung des erhabenen Textes; für geistl. Konzerte zu empfehlen.

m. **vom Ende, H. Begrüssungslied an das Brautpaar.** Mk. —.60.

m. **Jensen, Gust.** (Nachgel. Werk.) **Grablied.** „Geht nun hin, und grabt mein Grab" Mk. 1.—

„Kölner Tageblatt:"
Ein „weihevolles, stimmungsreiches und wiederum sehr einfach gehaltenes Lied", das seinen Eindruck nicht verfehlen kann. Die Dichtung von Ernst Moritz Arndt spiegelt sich in den Tönen ergreifend wieder. Hat es der allzufrüh verstorbene edle Tondichter in Vorahnung seines Scheidens aus der Welt geschrieben, die ihm nicht allzuviel Glück gebracht? Ewald Straesser hat das schöne Lied mit feinem Sinn instrumentiert, die ruhige Begleitung mit ihren schlichten Modulationen passt vortrefflich zu der Melodie.

„Schweizer Musik-Zeitung":
Eine edelempfundene As-Dur-Weise, die in ihrer wehmütigen Zartheit und dem feinen Klangkolorit an den als Liederkomponist berühmten Bruder des unlängst gleichfalls zu den Toten gegangenen Autors, Adolf Jensen, erinnert.

m. **Keller Ludw.**, op. 47, **2 geistl. Lieder.** 1. Golgatha, 2. Die Brieftaube. Mk. 1.50.

m. **Meinardus Ludw.**, op. 27 VIII. **Weihnachtslied.** Mk. —.50.

m. **— op. 28. Schönster Herr Jesu.** Mk. 1.—.

m. **— op. 28. Je grösser Kreuz.** Mk. 1.50.

m. **Rheinberger, Jos.**, aus den Kinderliedern, op. 152. **Weihnachtslied.** „Wir freuen uns, Herr Jesu Christ". Mk. —.80.

m. **Kurth, H.**, op. 5. **Weihnachtslieder.** Heft I und II, je Mk. 1.50.

Für Klavier oder Harmonium.

Rheinthaler, Carl. Choralbuch, enth. 200 Choräle, 4stimmig gesetzt, n. Mk. 3.—, schön geb., n. Mk. 4.50.

Für Orgel.

Franke, F. W., Prof., Lehrer am Konservatorium zu Köln a. Rh. **Das Orgelspiel.** Für den Unterricht und das Studium verfasst und dargestellt. Preis 2.— netto.

Der vorliegende Lehrgang für die Kunst des Orgelspiels verfolgt den Zweck, dem angehenden Organisten eine sichere Grundlage für seine technische Ausbildung zu bieten; ihn zum Verständnis der Eigenart des Orgelstiles anzuleiten und ihn namentlich für die Werke Joh. Seb. Bach's vorzubilden.

Neuere Männerchöre,

welche besonders zu empfehlen sind.

1. Deutsche Volkslieder.

Bearb. von Kgl. Musikdir. K. Steinhauer und H. vom Ende.
Part. 40 Pfg. Stimmen je 10 Pfg.

1. Ach, wie ist's möglich dann. (Aeltere Volksweise.)
2. Traumlied: „In meines Vaters Garten." (Reizend melodiös.)
3. Schabab: „Gut G'sell und du musst wandern." (Charakteristisch.)
4. „Tanz, Liebchen, tanz." (Humoristisch.)
5. „Soll sich der Mund nicht heller scheinen." (Rhein Volkslied.)
6. Morgengebet: „O wunderbares, tiefes Schweigen."
7. Abendgebet: „Meinen Heiland im Herzen."
8. „Sind wir geschieden, und ich muss leben ohne dich."
9. „Herzigs Mariandel, wo gehst du denn hin?" (Humoristisch.)
10. „Von dir geschieden, bin ich bei dir. (Herrliche Weise, tief empfunden.)

2. Leichte Chöre im Volkston, melodiös, wohlklingend.

Bungart, H., op. 76. Die schwarzbraunen Augen. P. —.60, St. —.20.
Eilers, A., Mein Glück, wo bist du hin? P. —.60, St. —.20.
vom Ende, H, op. 9. Mein herzliebstes Schatzerl. P. —.60, St. —.15 (Neckisch.)
vom Ende, H., op. 16 II. Ach Elslein, liebes Els- [...]
— op. 14. „So scheiden wir mit Sang und Klang." (Munter.) P. —
Gottlieb-Noren, H. Madrigal. P. —
Hagemann, Jul., op. 1 I. Pfauenart. P. —
— op. 1 II. „Schlehenblüt und wilde Rose." P. —
— op. 5 I. Strampelchen. P. —
— op. 5 II. Ein geistlich Abendlied. P. —
— op. 5 III. Soldatenliebe. „Schätzlein, sag' mir für gewiss. P. —
Jäckel, A., op. 4. Sängers Frühlingslied. (Marschlied mit Bariton-Solo.) P. —
Kissling, Gust., op. 3. Heidenröslein. P. —
König, G. „Als ich noch ein Knabe war." (Humor.) P. —
Kühnhold, C., op. 65. „Ich lass' von meiner Heimat nicht." P. —
Labler, W., „Auf dein Wohl, du rheinische Maid." (mit sch. Tenorsolo.) P. —
— Das Glück in den Bergen. (Sehr gefällig.) P. —
Neubner, O., op. 42 I. Nun pfeif' ich noch ein zweites Stück. P. —
— op. 42 II. Das erste Lied. P. —
— op. 42 III. Warnung. Refr.: Wenn Buben dich locken, so folg' ihnen nicht. (Neckisch.) P. —
Neuert, Fr., op. 26. Reiterlied. (Frisch, feurig.) P. —
Pieper, C., op. 21. „Frühling, du bist wieder da" P. —
Steinhauer, Carl, op. 27. Abschied v. der Heimat. (Gemütvoll.) P. —
— op. 31. Westfalen. (Kernige Volksweise.) P. —
— op. 55. Die Bergmannsbraut. P. —
— op. 62 I. Mein Sauerland. (Grimme.) P. —
— op. 62 II. „Steh'n zwei Röslein." P. —

3. Gehaltvolle, tiefempfundene, schön[...] Männerchöre getragenen Charakters, mittel[...]

Döring, C. H., op. 122. Die Nacht. P. —
vom Ende, H., op. 16. Unbegehrt. (Anna Ritter.) P. —
— op. 16. Der traurige Jäger. P. —
Steinhauer, C., op. 63. Heimatslied. P. —
Steinkübler, W. H., op. 32. In der Fremde. P. —
Woyrsch, Felix, op. 24 II. Mondlicht. P. —
— op. 28 II. „Es duftet lind die Frühlingsnacht." P. —
— op. 28 IV. Gute Nacht. P. —

4. Feurige und charakteristische Werke, m[...]

Berger, Fedor. Belsazar. (Heine.) P. —
Döring, C. H., op. 131. Am Rhein. (Schwungvoll.) P. —
vom Ende, H., op. 9 I. Mein Herz ist am Rheine. P. —
Förster, Alb., op. 142 II. Im Singen. P. —
Gottlieb-Noren, H., op. 13 II. Neuweinlied. P. —
— Des Ritters Heimkehr. P. —
Meyer-Olbersleben, H., op. 38 I. Nun grüsse dich Gott, Frau Minne. P. —
— op. 38 II. Morgenständchen. P. —
— op. 38 III. Volkers Schwanenlied (Sehr beliebt.) P. —
Pieper, Carl, op. 20. Germanen Markung. P. —
— op. 30. Sir Aethelbert. (F. Dahn.) P. —
Reinthaler, C., op. 15 V. Morgen wird's. (Wirkungsvoll.) P. —
Steinhauer, C., op. 62 III. Sturm. P. —
Weinreis, H. Cito mors ruit. P. —
Woyrsch, Fel., op. 24 I. Es jagt ein Jäger früh am Tag. P. —
— op. 24 III. Herbst. P. —
— op. 28 I. Der fahrende Musikant. P. —
— op. 28 III. Jägerlied. P. —

Männerchöre mit Begleitung.

Brambach, C. J., op. 100. Caesar am Rubicon. Kl.-A. n. 4.50, [...]
Heuser, Ernst, op. 33. Deutsche Sänger am M[...] Kl.-A. 3.—, [...]
Michaelis, Alfr. op. 38. Der Soldat (Silcher) m[...] Part. n. 3.—, [...]
Spielter, H., op. 4. Vineta, Männer-Chor, Bariton[...] O[...]
Woyrsch, Fel., op. 32. Deutscher Heerbann, Männerchor, Tenor-Solo u. Orch. Klav.-A. n. 4.5[...]

·ührungen.

Abkürzungen: gr.-gross, s.-sehr. D. C Da Capo.

Stadt und Verein	Dirigent	Erfolg
·schriften, Jahresberichten etc. erwünscht ·lg, Zusatz von D. C.: Da Capo oder Zugabe.		
·rchöre a capp.		
Barmen — M.-Chor	Steinkühler	gr.
do.	do.	gr.
do.	do.	gr.
Pforzheim — Liedertafel	Neuert	D. C.
do.	do.	D. C.
·ien — Eisenbahn-Beamten	Reims	gr.
Halle — Lehrer G.-V.	Reubke	gr.
do.	do.	gr.
Hagen — Lehrer G. V.	Kayser	D. C.
Münster — Constantia	Grein	gr.
do.	do.	gr.
Heidelberg — Liederkranz	C. Weydt	D. C.
do.	do.	D. C.
·litz — MA k. Centr.-S.-Bund	O. Schaler	gr.
·nnaberg — Erzgeb. S.-Bund	E. Winkler	gr.
Saarl·ms — M. G. V.	Blätte mann	gr.
do.	do.	D. C.
·ünster — Sangerbund (40)	Teeke	D. C.
do.	do.	gr.
do.	do.	gr.
Leipzig Lehrer G. V.	Sitt	gr.
·ünster — Sängerbund (100)	B. Grein	gr.
Münster — Constantia	do.	gr.
·r. Saulheim — Liederkranz	J. Köhler	I. Pr.
do.	do.	Ehrenpr.
Usingen — Eintracht	Teichfischer	gr.
do.	do.	gr.
do.	do.	gr.
Berkheim — Auro a	Schlauch	II. Pr
·chöre mit Begl		
Heidelberg Liederkranz	C. Weidt	gr.
do.	do.	gr.
do.	do.	D. C.
Annaberg — Liederkranz	Mobius	gr.
·eustadt Pfälz. Sangerfest	Zuschneid	gr.
do.	R. Schefter	gr.
Usingen — Eintracht	Teichfischer	gr.
Sonneberg — G. V.	B. Roth	gr.

·rke sind zur Ansicht zu beziehen ·usikalienhandlung, Köln a. Rh.

·uigkeiten.

·werke für die Schule.

·lchulgebrauch in 2. Aufl. herausgegeben von **Alers und** ·n und Kempen, bei Jos. Mathes, Stolberg. Die 2. Aufl. · Bereicherung an Stoff, besonders an Volksliedern und ·thaltende Werkchen führt den jungen Sänger und künf·n der Männerchorlitteratur ein und ist geordnet in die Frühlingslieder, 3. Wander- und Marschlieder. 4. Wald·andslieder, 7. Religiöse Gesänge. 8. Gesänge für Lehrer·nhalts. Die Sammlung, welche in Partitursatz für Tenor ·dient als eine gute empfohlen zu werden Druck und

· Sammlung **dreistimmiger Chöre für den Gesangunterricht ·enschulen** auf. herausgeg. von **Th. Quelling**, Kgl. Seminar- J. Esser, Paderborn). Das in gediegener und schöner ·bietet in 3 Teilen 1. Lieder religiösen Inhalts: Motetten; ·atur-, Wander-, Morgen- und Abendlieder: 3. Patriotische ·nnung ist tadellos, namentlich ist hervorzuheben, dass ·n begegnen. Der Satz ist vielfach so eingerichtet, dass wird sich bald Eingang verschaffen in unsere Anstalten. **·er Volksschule** (Verlag von M. Woywod, Breslau), geb. ·sse Chorgesangschule bereits einen geachteten Namen · wir die notwendige Ergänzung zu der oben genannten gesunden, als bis jeder Einzelne, nicht allein der Hernis- Grundbedingungen einer gesunden, natürlichen Tonbil·en Schulen, auch in den höheren, mehr in den Vorder·heinungen, welche darauf hinarbeiten sind freudig zu ·zen, trefflichen Ausführungen alles, was hierauf Bezug ·her die Unterrichtsstoffe, Hülfsmittel für den Unterricht, ·ressierenden Fragen.

Konzertbericht.

Kritiken über Aufführungen und Künstler.

Henriette Schelle konzertierte während der Saison 1900 und 1901 in Aachen, Amsterdam (3 mal), Arnheim, Antwerpen, Bonn, Brüssel, Den Haag, Duisburg, Düren, Ems, Eupen, Godesberg, Gladbach, Hagen, Iserlohn, Koblenz (2 mal), Köln (3 mal), Köslin, Kreuznach, Luxemburg, Landau, Montabaue, Münster, Neunkirchen, Rotterdam, Saarbrücken, Stolp, Trier (2 mal), Utrecht, Wien (3 mal), Wetzlar sowie in einer großen Anzahl von Privatsoireen.

„St. Johann-Saarbrücker Zeitung", 14. April 1899. . . . Die C-dur-Fantasie von Schumann war die wertvollste und großartigste Leistung des Abends, ein Seelengemälde von ergreifender Wirkung.

„Allgemeine musikalische Rundschau", 13. August 1899. Den größten Erfolg des Abends und sogar der ganzen Saison erzielte Henriette Schelle mit dem Vortrag des Es-dur-Konzertes von Mozart; sinngemäße Phrasierung, klare und unendlich liebevoll behandelte Technik in Verbindung mit äußerst graziösem und schattierungsreichem Anschlag boten dem Hörer Gelegenheit, das entzückende Konzertstück in seiner ganzen Schönheit zu genießen; stürmischer Beifall dankte der Künstlerin für diese Meisterleistung.

Amsterdam: „Het Nieuws van den Dag", den 30. Oktober 1899. . . . Besonders in den kleineren Stücken wußte Frl. Schelle durch ihre Wiedergabe zu entzücken; es ging dann von ihrem Spiel ein ganzer Zauber auf die Zuhörer über. . . .

„De Telegraph", 30. Oktober 1899. . . . Alles war meisterhaft und so natürlich und frei, als ob es nicht nachgespielt sei, sondern als ob ein Genie am Klavier gesessen hätte, das inspiriert offenbarte, was solch ein bevorzugter Sterblicher in glücklichen Augenblicken erschaut und offenbart. J. Brugmann.

„Münsterischer Anzeiger", den 15. Dezember 1899. Frl. Henriette Schelle aus Köln gab mit dem Konzerte Es-dur von Mozart unstreitig die beste Nummer des Abends. Ganz entzückend klang vor allem dann die Barcarole von Wüllner.

„Hagener Zeitung", den 30. April 1900. . . . Fräulein Henriette Schelle stellte sich mit der seelenvollen Wiedergabe dieses Werkes dem Publikum als eine ausgezeichnete Pianistin vor, welche die Fantasie mit echt musikalischem Empfinden und entzückender Klangschöne zu Gehör brachte. Ihre makellose Technik und ihr Reichtum an Anschlagsnuancen traten neben echt poetischem Empfinden in schöner Weise in die Erscheinung, sodaß die Künstlerin gleich mit diesem Vortrage sich den stürmischen Beifall des Publikums eroberte.

„Kölnische Zeitung", 2. September 1900. . . . Fräulein Schelle spielte die Sonate (5. Werk) von Brahms und u. a. Polonaise von Heubner, Barcarole von Wüllner, und bewährte auch hier ihre glänzende Technik, eine männliche Kraft; ihre ganze Spielweise verrät die denkende, auf Verinnerlichung hinarbeitende Künstlerin, die ihr Publikum in ungewöhnlicher Weise zu fesseln versteht; ihr Erfolg war ein großartiger.

„Wiener Extrapost", den 3. Dezember 1900. Es liegt in ihrem Spiele lyrischer Kompositionen eine innige und warme Beseelung, wobei besonders der Anschlag in allen Abstufungen außerordentlich weich und klangschön wirkt.

„Musikalische Presse", Wien, den 1. Dezember 1900. Endlich einmal eine, die aus der großen Schar der unsere Konzertsäle überflutenden Klavierspielerinnen herausragt, mit individuellem Können! Wenn Frl. Schelle noch ein wenig Einkehr bei sich hält, dürfte sie sicher bald würdig einer Sofie Menter, einer Therese Carenno an die Seite treten. Wer so Brahms spielt, wie Frl. Schelle, von dem läßt sich viel, ja alles erwarten. Altbekannte Schumannsche kleine Klavierstücke wußte sie mit einer solchen Fülle zauberischer Poesie zu umgeben, daß sie fast wie neu erschienen. Eine Reihe anderer Stücke, darunter Chopins G-dur-Nocturne und Schuberts D-dur-Rondo spielte sie in dankenswerter Weise und mit großer Wirkung.

„Wiener Fremdenblatt", den 30. November 1900. Viel Schönes wäre auch über Henriette Schelle aus Köln zu sagen. Wir haben die Eigenschaften dieser geistig so reich bemittelten Pianistin bereits gelegentlich ihrer Mitwirkung im Konzerte des Berliner Tenors Ernst Kraus gewürdigt und haben nun über ihren eigenen Abend nur beizufügen, daß Fräulein Schelle insbesondere in kleineren Tonstücken eines Schumann und verwandter Klangdichter wahre Klavierpoesie treibt.

Henriette Schelle.

Geschäftsleitung:

Westdeutsche Konzertdirektion, Köln.

„Die Zeit", den 1. Dezember 1900. . . . Die unerwartete Vielseitigkeit war begreiflicherweise nicht weniger willkommen und das zahlreiche Publikum gab seiner Befriedigung über das Gebotene stürmischen Ausdruck. Fräulein Schelle mußte — nachdem „Vogel als Prophet" schon vorher wiederholt worden war — zum Schlusse drei Zugaben spenden, um für den Applaus zu quittieren.

„Neue Zeitschrift für Musik", den 23. März 1901. . . . Es war, als ob sie diese Tonstücke im Geiste nach eigener Auffassung umforme und mit neuer Poesie belebt, reproduzierte. So war es bei dem aus Schumanns „Waldscenen" entnommenen „Der Vogel als Prophet", welches Tonstück bei seiner Wiedergabe so eigentümlich klang, daß es unter allgemeinem Beifall wiederholt werden mußte. So hätten wir in Fräulein Henriette Schelle eine Meisterin des Individualisierens kennen gelernt, die wir unter den in Wien konzertierenden Künstlerinnen recht oft zu begegnen wünschen.

„Den Haag'sche Courant", den 10. Januar 1901. . . . War die Künstlerin schon in den Ensemblestücken aufgefallen, so kam sie durch den tadellosen Vortrag der Solostücke noch ganz besonders in Gunst beim Publikum, das ihr für den Genuß lebhaft dankte. Hoffen wir, daß wir sie noch häufiger in unserem Land hören.

„Nieuwe Rotterdam'sche Courant", den 12. Januar 1901. . . . Besonders ist die Schönheit ihres Anschlages zu rühmen, die man in der feinen Nuancierung des Rondo-Charakters bewundern konnte, und daß sie auch als Virtuosin zu glänzen weiß, bewies die brillante Ausführung von Liszts Paraphrase.

„Koblenzer Volkszeitung", den 28. Januar 1901. . . . Schon die ersten Takte ihres Spiels ließen erkennen, daß man es hier mit einer künstlerischen Kraft von ganz hervorragender Bedeutung zu thun habe. Ihre Technik ist groß, der Anschlag ist markig und kraftvoll, aber auch im Piano der zartesten und reizvollsten Klangabstufungen fähig. Neben diesen mehr äußerlichen Vorzügen besitzt sie das Vermögen, eine Komposition dem darin wohnenden Geiste nach zu erfassen und bei der Wiedergabe hinwiederum mit eigenem Inhalte zu erfüllen in ganz hervorragendem Maße.

„Wetzlarer Nachrichten", den 24. März 1901. Um Frl. Schelle vorweg zu erwähnen, so kann nur eine Stimme des Lobes über ihr Spiel sein, sowohl die Wiedergabe der Konzertstücke, wie auch die Begleitung der Lieder zeugte von meisterhaftem Können. Der Besucher ist im Zweifel, was er an Frl. Schelle mehr bewundern soll, die eminente Fingerfertigkeit oder die seelenvolle Auffassung des Inhalts der Tonstücke.

„Musikalisches Wochenblatt", den 25. Juli 1901. (Bericht aus Wien.) Als eine mehr in sich gekehrte, aber fein poetisch empfindende Natur, welcher musikalisches Filigran (wie Schumanns „Vogel als Prophet" und ähnliches) am besten liegt, gab sich Frl. H. Schelle, welche auch an einem Rosé'schen Quartettabend sehr verdienstlich als Interpretin des Mozart'schen Klavierquartettes in G-moll mitwirkte. Technisch für heutige Ansprüche ein kinderleichtes Stück, in Bezug auf den rechten Mozart-Vortrag — den Frl. Schelle mustergültig traf — heikler, als manche glauben.

Else Widen,

(Alt, Mezzosopran).

Konzertvertretung: Westdeutsche Konzertdirektion, Köln.

Die Zeitschrift „High Life“ schreibt über die Künstlerin:

Else Widen ist der nom de guerre, mit welchem Fräulein Else Widenmayer vor wenigen Jahren als Sängerin zum erstenmale vor die Oeffentlichkeit getreten ist, und den sie auch heute noch beibehalten hat, nachdem sie in der Musikwelt sich eine hervorragende Stelle errungen hat. Damals, als sie im großen Museumssaale ihren ersten Liederabend ankündigte, wußten nur wenige Eingeweihte, daß sich hinter dem kurzen Pseudonym die Tochter des Mannes dem Publikum vorstellte, der als erster Bürgermeister der bayerischen Residenzstadt seine ganze Kraft geopfert hat. Fräulein Else Widen widmete sich schon frühzeitig ernsten Klavierstudien, ihr Wunsch, sich ganz dem Gesange hingeben zu dürfen, erfüllte sich indeß erst, als kein geringerer, denn Hermann Levy ein autoratives Wort sprach. Seinen überzeugenden Worten gelang es, durchzusetzen, daß Frau Jos. Vogel und Frau Professor Schimon-Regan ihr als Lehrerin beigegeben wurden. Bald nachdem sie ihre Gesangsstudien beendet hatte, begannen schon für sie die Tourneen durch Deutschland, Schweiz und nach Paris, wo sie überall im Sturm die Herzen ihres Publikums errang. Erst vor wenigen Wochen brachte der „Figaro“ einen Bericht über das Erscheinen der jugendlichen Sängerin in der französischen Kapitale, aus dem der Jubel über den stürmischen Empfang der Münchener Künstlerin in der Seinestadt in begeisterter Kritik wiederhallte, und ihr letztes Wiederauftreten in einem hiesigen Kirchenkonzert hat gezeigt, zu welcher Kraft sich inzwischen ihre glockenreine Stimme entwickelt hat.

„Neues Tageblatt“, Stuttgart. Einen künstlerischen Vollgenuß bot die Konzertsängerin Else Widen aus München. Ein voller, breit ausladender, klangfülliger und von warmem Empfinden getragener Mezzosopran, ein überaus feinfühliger, geschmackvoller, beseelter Vortrag und jenes kostbare Gut, das man Intelligenz nennt, das sind die Mittel, mit denen Frl. Widen den Weg zu den Herzen ihrer Hörer zu finden weiß. Alles, was sie sang, war schön und edel. Sollten wir Einer unter ihren prächtigen Gaben den Preis zuerkennen, so wäre es wohl das schlichte geistliche Volkslied: „Die arme Seele“ von Becker. Aber auch die Arie von Eckert, die 3 Weihnachtslieder von Cornelius, die Arie „Jerusalem“ aus „Paulus“ von Mendelssohn &c. waren Darbietungen von echt künstlerischem Gepräge, wert, in der Erinnerung fortzuleben.

„Le Figaro“, Paris. Mde. Elsa Widen est la fille de Mr. von Widenmayer, ancien premier bourgmestre de Munich. Son magnifique mezzo, servi par un art parfait et un grand tempérament, a émerveillé le public qui assistait au concert du „Monde musical“, et elle a été acclamée d'enthousiasme dans les plus belles pages de Brahms, Wagner, Schumann, Scarlatti, Giordani et Cornelius.

„Augsburger Abendzeitung“. Zu den erlesensten Genüssen, welche die Direktion der Augsburger Musikschule ihren Hörern seit Jahren bereitete, rechnen wir das gestrige Konzert. Für uns bildete es wahre Stunden der Andacht. Wenn wir fünfzig Jahre zurückblättern im Buche unserer Kunsterinnerungen: reinere, von so intimem Reiz umleuchtete Eindrücke haben wir nur selten empfangen. Fräulein Else Widen ist in der That eine wahre Priesterin der Kunst, deren Dienst sie fromm und keusch verrichtet. Was sie bietet und wie sie es bietet, ist echt weiblich und dabei von jeder weiblichen Sentimentalität frei. Fräulein Else Widen sang nur getragene Lieder von den ersten Meistern: Schubert, Brahms, Schumann. Wir verstehen ihre Meinung: „Das kann ich und kann es vollkommen!“ Die Kirchenarie von Stradella sang sie mit einer Weihe und Macht des Tones, welche die höchste Achtung vor ihrem Können einflößten. Wir möchten den Direktor bitten, die vorbildliche Leistung bald wieder vorzuführen.

„La Suisse“, Genf. A l'un des derniers concerts d'orgues, donné à la cathédrale, se présentait, pour la première fois à Genève, Mde. Elsa Widen, cantatrice de Munich. Précédée de la réputation la plus flatteuse, Mde. Widen n'a pas laissé trouver exagérée la bonne opinion qu'on avait d'elle ailleurs. La beauté de sa voix chaude et pleine la science et le charme de sa méthode, l'intensité de son expression qu'on fait à merveille valoir des oeuvres de Bach, Becker, Cornélius etc. n'ont rencontré ici que des admirateurs. La distinguée cantatrice munichoise est de celles que l'on souhaite réentendre.

„Münchener Neueste Nachrichten“, Konzert der kgl. musikalischen Akademie. Die Sängerin des Abends war Fräulein Else Widen. Sie brachte zuerst die Arie „Pietà Signore“ von Alessandro Stradella und dann mehrere Lieder zu Gehör. Das Organ der auf dem Gebiete des Konzertgesanges bestrenommierten Künstlerin ist ein schöner, sympathischer und modulationsfähiger Mezzosopran. Die Arie machte durch die dabei stets gewahrte Ruhe des Tones und edle Art des Vortrags einen vortrefflichen Eindruck. Das Beste bot aber Else Widen in den Liedern. Ihre Wiedergabe des schwermütig-tragischen „Im Herbst“ von Rob. Franz verdient hohes Lob. Ton und Wort, Empfindung und das poetische Bild waren da ganz und gar Eins geworden. Sehr graziös interpretierte sie die Lieder von Cornelius „Im Lenz“ und das reizende „Wiegenlied“. Dem letzteren, als Zugabe gespendeten, ging die mit großer Emphase vorgetragene „Allmacht“ von Schubert voran. Else Widen hatte bedeutenden Erfolg.

❧

Aachen. In dem Benefizkonzert des Herrn Konzertmeisters Diehl wirkte die Sopranistin Frl. Therese Hattingen aus Köln mit außerordentlichem Erfolge mit; von Aachener Blättern wird darüber berichtet:

„Politisches Tageblatt“, den 24. Juli 1901. Fräulein Therese Hattingen, Konzertsängerin aus Köln, führte sich mit ihren Solis recht vorteilhaft hier ein. Die junge Dame besitzt eine frische, wohllautende Sopranstimme, die für den großen Saal hinreichend ausgiebig klang. Reiner, sicherer Ansatz und deutliche Textaussprache müssen ferner rühmend hervorgehoben werden, ebenso Koloraturgeschick, und so kamen denn die beiden Arien aus dem „Messias“ und der „Schöpfung“ zu guter Geltung. Vortragsgeschmack und Ausdrucksbeseelung einten sich mit dem technischen Können der ebenfalls mit vielen Beifallsäußerungen bedachten jungen Künstlerin.

„Echo der Gegenwart“, den 24. Juli 1901. In Frl. Therese Hattingen, Konzertsängerin aus Köln, lernten wir eine Künstlerin kennen, die über hervorragende Stimmmittel verfügt und eine vorzügliche Schule genossen hat. Wir hörten von ihr die Arie aus „Der Messias“: „Erwach' zu Liedern der Wonne“ von Händel und aus der „Schöpfung“ von Haydn: „Nun beut die Flur“. Ihr Vortrag zeugte von vornehmer Auffassung und sicherte ihr demgemäß einen schönen, künstlerischen Erfolg.

„Aachener Post“, den 24. Juli 1901. Als weitere Solistin des Abends war Frl. Therese Hattingen, Konzertsängerin aus Köln, gewonnen worden. Dieselbe bethätigte den ihr vorausgegangenen Ruf in zwei Arien: „Erwach zu Liedern der Wonne“, aus dem Messias, und „Nun beut die Flur“ aus der Schöpfung, die sie mit schöner, wohlgebildeter Stimme sang. Es ist für eine Sängerin nicht leicht, sich in einem Saale von dem Umfange der Glashalle des Zoologischen Gartens Geltung zu verschaffen; Frl. Hattingen gelang dies in jeder Beziehung vollständig, und sie hatte dementsprechend einen bedeutenden künstlerischen Erfolg.

❧

Mitteilungen der Westdeutschen Konzertdirektion, Köln.

Die **Meininger Hofkapelle unter General-Musikdirektor Fritz Steinbach** wird im Monat November in Rheinland und Westfalen konzertieren und zwar in der Zeit vom 6. bis 11. Es wurden bis jetzt Konzerte festgelegt in Köln, Bonn, Koblenz, Düsseldorf, Krefeld und Elberfeld.

Im Anschluß an seine Abonnements-Konzerte in Frankfurt a. M. beabsichtigt **Felix Weingarten mit dem Münchener Kaim-Orchester** im Monat Dezember Rheinland zu besuchen, sodaß außer Köln und Bonn — wo die Münchener bereits im April konzertierten — auch die anderen großen rheinischen Städte dieses Orchester und seinen Leiter hören werden.

Die Konzertsängerinnen Frl. **Lina Goldenberg** und **Bertha Weiler**, die in der verflossenen Saison mit ihren Duett- und Liederabenden in Köln, Remscheid, Barmen, Bonn und anderen Orten große Erfolge erzielten, werden im Dezember d. J. in Berlin einen eigenen Abend veranstalten.

Das **Streichquartett Rosé aus Wien** konzertiert in der kommenden Saison während der Monate Oktober und November und Januar 1902 in Deutschland und Holland und zwar an folgenden Plätzen: Trier, Straßburg, Koblenz, Iserlohn, Köln, Wiesbaden, Düsseldorf, Barmen, Aachen, Krefeld, Göttingen, Magdeburg, Halle, Amsterdam, Rotterdam, Den Haag, Arnheim, Utrecht, Groningen, Nymegen, Düren, Bonn.

In **Düren** sollen nach Art der Kölner Kammermusik- und Künstlerkonzerte (die leider eingehen werden) eine Anzahl von Konzerten im Laufe des Winters veranstaltet werden, die der intimen Kammermusik eine Heimstätte bieten werden. Hoffentlich finden diese Veranstaltungen denselben Anklang wie in Aachen, Neuwied, Hagen &c.

Das **Udel-Quartett**, das seit einigen Jahren in Westdeutschland nicht mehr konzertierte, wird in diesem Jahre eine Tournée nach dem Rhein unternehmen. Die einzigartige Wiener Vereinigung mit einem großen Repertoire von neuen humoristischen Vorträgen wird am Rheine jedenfalls gerne wiedergesehen werden.

Westdeutsche Konzertdirektion Köln a. Rhein.

Briefadr.: Westdeutsche Konzertdirektion, Köln, Bismarckstrasse 25. — Telegr.-Adr.: Konzertdirektion Köln.

Vermittelung sämtlicher Konzert-Engagements. — **Künstlertafel.** — Arrangements eigener Konzerte und Tournees.

Auskunft über Konzertangelegenheiten bereitwilligst.

Vokalsolisten.

Sopran:
Johanna Dietz.
Lina Goldenberg.
K. Gretscher-Sebaldt.
Therese Hattingen.
Ella Herrmann.
Karoline Kaiser.
Antonie Kölchens.
Emilie Müller.
Mary Münter-Quint.
Alice Rau.
Cäcilie Rüsche.
E. Leffler-Arndt.
Marie Romaneck.
Clara Wulff.

Alt:
AliceBeermann-Lützeler.
Jeanne Bijjenburg.
Luise Hövelmann.
Ida Junkers.
Therese Mengelbier.
Else Schrauff.
Bertha Weiler.
Else Widen.

Tenor:
Richard Geyer.
Adolf Gröbke.
Albert Jungblut.
Hermann Endorf.
Hermann Lützeler.
Hans Siewert.

Bariton u. Bass:
Hans Bischoff.
Corn. J. Bronsgeest.
Phil. Gretscher.
Paul Haase.
Engelbert Haas.
Baptist Hofmann, Kgl. Hofopernsänger.
Chr. Jansen.
Wilh. Fricke, Hofsänger.
Alwin Horn.
Hans Roleff.

Duette für Sopran und Bass:
Käthe Gretscher-Sebaldt u. Phil. Gretscher.

Duette für 2 Frauenstimmen:
Lina Goldenberg u. Bertha Weiler.

Instrumentalsolisten.

Klavier:
Margarethe Behmer.
Georg Christiansen.
Henriette Schelle.
Dietrich Schäfer.
Henry Stennebruggen.
Therese Pott.
Selma Orthmann.
Paul Stoye.
Lina van Lier-Coën.

Violine:
Professor Willy Hess.
Henry Petry, Hofkonzertmstr.
Professor Arnold Rosé.
Franz Sagebiel.
Clara Schwartz.
Alfred Stauffer.
Adele Stöcker.
Benno Walter jr.
Blanche Hubbard.

Cello:
Jacques van Lier.
W. Willeke.
Prof. R. Hummer.

Klavierhumorist:
O. Lamborg.

Kammermusik:
Kölner Gürzen.-Quartett (Herren: W. Hess, C. Körner, J. Schwartz, Fr. Grützmacher).
Streichquartett Rosé (Herren: A. Rosé, A. Bachrich, v. Steiner, R. Hummer).
KölnerBläservereinigung für Kammermusik (Herren: Websener, Erkel, Friedr. Sadony).

Wegweiser durch die Chorgesanglitteratur

Amtliches Organ des westdeutschen Sängerverbandes.
Ratgeber für Gesangvereine und Dirigenten.
Redaktion und Verlag: H. vom Ende, Köln a. Rh., Ecke Bismarck- und Kamekestrasse.

nebst „KONZERTBERICHT“ und Beiblatt: **Der Sänger.**

Erscheint monatlich einmal.
Bezugspreis für 1 Expl. 15 Pfg.
Jahresabonnement Mk. 1.50 und 40 Pfg. Porto.
Inserate kosten pro 4 mal gespaltene Petitzeile 30 Pfg.

Expedition: H. vom Ende's Musikalien-Versandgeschäft.

Nr. 12. | Köln a. Rhein, den 26. September 1901. | II. Jahrg.

Inhalt:

Auf den Entwurf einer Wettstreitordnung, Seite 9 dieser Nummer sei besonders aufmerksam gemacht.

Das deutsche Volkslied

Vortrag gehalten von H. vom Ende auf dem Verbandsfest des Westdeutschen Sängerverbandes am 15. September in Düsseldorf.

Es springt ein güldener Bronnen
Am heissem Herzen auf,
Er spiegelt in der Sonnen
Des Menschen Lebenslauf.

Es steigt ein ewiges Klingen
Zu Gottes Himmel an.
Das Höchste muss man singen
Weil mans nicht sagen kann.

So sang ein deutscher Dichter, der aus dem Volke hervorgegangene Peter Rosegger, und als Ueberschrift gab er seinen Versen das Wort „Das Volkslied“.

Unser deutsches Volkslied, diese urwüchsigste und köstlichste Pflanze heimatlichen Bodens, wer denkt es durch und empfindet es durch! Diese schönste Blüte deutscher Gemütstiefe und Innigkeit, die so manche Sorge gebannt, so manche Thräne getrocknet, so manche Freude vervielfacht hat; die in Tagen, da deutsches Volkstum in fremdem Lande, in fremdem Dienst und fremder Zucht misshandelt wurde, die Seelen unserer, der Heimat entrissenen Landsleute stärkte und sie in der Hoffnung auf bessere Zeiten ihrer deutschen Art erhielt, wer kennt ihren Duft und ihre Schönheit? Wer ahnt denn, welchen Zauber der Geist unseres Volkes hineingeheimnist hat in diese Kinder seiner Träume, welche Reichtümer hier noch verborgen liegen, unbeachtet von denen, deren Leben es zu erheitern und verschönen, deren Gemüt es zu veredeln, deren Geist es zu erheben bestimmt ist.

„Es steigt ein güldener Bronnen aus heissem Herzen auf.“ Das ist des Volksliedes Ursprung. Es entsteht nicht auf des Kunstgönners Machtwort, nicht auf der Könige Geheiss, auch nicht durch den Willen des Dichters; es erblüht in geheimnisvollem Dunkel; es wächst und fällt aus der Luft, es fliegt über Land wie Mariengarn, hierhin und dorthin und wird an tausend Stellen zugleich gesungen. „Der volle Becher schäumt über, das Ueberssprudeln des Lebens schafft das Lied. Das ist der Ursprung und die Erklärung der Lyrik des Volkes“ sagt Ludwig Uhland. Woher es gekommen, niemand weiss es, eines Tages ist es da. Ein Wanderbursch singt es am Raine, er hat einer blühenden Maid ins Auge geschaut, die Brust dehnt sich ihm so wonnesam, sein Herz ist übervoll zum Zerspringen, und um ihn klingt es und singt es, er muss sein Geheimnis den Lüften anvertrauen, den Vöglein, dass sie der Geliebten künden, was ihn bewegt, den Winden, dass sie einen Gruss tragen zu ihr, von der er sich wenden musste; in jedem Blümlein, in jedem Stern sieht er die Augen seiner Auserwählten und da entquillen seiner Seele leise und zaghaft einige Worte, die innigsten und schönsten, die er finden kann, er will ja seinen tiefsten Gefühlen Ausdruck verleihen. Und Wort reiht sich an Wort und Ton an Ton, vielleicht ruhte bereits etwas ähnliches tief verborgen in seiner Brust, und nun wird's wachgeküsst von schön Erlebtem. Treue, deutsche, fromme Art als Schatz im Herzen wohnend wird ausgehaucht, hat Wort und Ton gefunden. Und nun ist das Gebilde fertig, kunstlos, frei gefügt, nicht überall die Regeln beobachtend, nach welchen Dicht- und Tonkunst zu verfahren pflegen, denn wer brächte den Giessbach in ein wohlgeformtes Bette, aber ein echtes, getreues und wahres Bild eines tiefen, reinen Gefühls, ein treues Spiegelbild seiner Seele.

Und nun es da ist, gefällts ihm, es schaut ihn aus der kleinen Weise an so wehmütig und sehnsüchtig und doch so frei und froh, mit den Augen der Wahrhaftigkeit und Treue, dass er sich ihrer freuen muss; er singt sie auf fröhlicher Landstreife, seine Kameraden wiederholen den Schluss oder singen den Kehrreim mit. Einer oder der Andere hat auch das ganze Liedchen im Gedächtnis behalten, es hat den Ton, der in aller Herzen nachzittern muss, glücklich getroffen, und er trägts in die Welt hinaus; in dem Liede erkennen sie den Sänger mit dem Mannesten, dem religiösen Ton und dem Volkston, in dem Sänger finden sie Wahlverwandtschaft, Seelengemeinschaft, darum wie ein eigenes Lied wirds aufgenommen, das geboren ist und immer wieder geboren wird; darum vermählt sich Stimme mit Stimme, was man längst gefühlt, das hat der Gefährte ausgesprochen, darum geht das Liedlein von Mund zu Mund, folgende Geschlechter nehmen den Ton auf und geben ihn weiter, bis Berg und Thal ein Lied wissen — das Volkslied. — Bei dieser Wanderung bekommt es wunderbare Färbung und Gewandung. Mehr tastend als bewusst giebt das Volksgefühl ihm schöne, liebliche Form und schleift es zum Edelsteine, kurz, man singt sich in Sangeslust und Sangeskraft das Lied zurecht, bis es morgenfrisch wie aus Thau geboren, ewig jung und ewig schön vor der Seele des Volkes als Volkslied und Lieblingslied dasteht.

Mögen im Laufe der Zeiten die Sitten und Anschauungen wechseln, mag manch neues Lied mit neuen Zungen gesungen werden, mag manch ein Tonmeister die Herzen entzücken mit wundersamen Melodien, das Volkslied wird keine Zeit und kein Mensch verdrängen. Es steht und fällt mit deutscher Sprache und deutschem Gemüt. Hat unser deutsches Volkslied Herzblut, innerstes deutsches gemütvolles Wesen, so bleibts bestehen, so lange deutsche Herzen schlagen.

Das ist kurz angedeutet die Geschichte des Volksliedes. Solcher Lieder erblühten uns zahllose. Es sind ihrer über 2000 bereits gesammelt, und viele harren noch der Auferstehung. Sie sind nicht vergessen, nicht untergegangen, nur blühen sie wie Veilchen im Verborgenen. Gelehrte und Forscher sind ihre Wächter und Hüter und haben sie sorgsam notiert, um sie aufzusparen dem Volke für sangeslustigere Zeiten. Hier harren sie im dornumrankten Verschluss mächtiger Sammelbände wie Dornröschen des Prinzen, der sie aus dem Schlafe erweckt zu frischem Leben, andern wiederum Leben spendend und Jugend; denn sie sind das Brünnlein von dem es heisst:

„Und wer das Brünnlein trinken thut
Der jüngt und wird nit alt."

Andere Volkslieder können den hellen und grellen Tag der modernen Zeit nicht vertragen, sie weichen scheu, schüchtern zurück vor der Ueberkultur und dem raffiniert ausgeklügelten Leben. Zuviel Künste verderben die Kunst, das Ohr hört nicht mehr recht, auf andere Genüsse sehen die Augen. Das Volkslied ist ein Mädchen ohne Prunk und Geschmeide, es gedeiht auch nur auf einfach natürlichem Boden, was will es in der Städte Lärm und wildem Treiben! Darum sucht es weitab von der grossen Heerstrasse stillen Ort, es will Sänger haben, die ihre Kindlichkeit und Einfachheit sich bewahrten, denen der Geschmack noch nicht verdorben ist durch sentimentalen Singsang; es sucht Menschen mit der Treue im Herzen, und der Wahrheit im Auge, der Freiheit auf der Stirn.

Hat das Volk diesen Sinn, dann hat es auch sein Lied, indem es singt vom Höchsten und Tiefsten, was das Herz bewegt, von des Menschen Lieb' und Leben.

Der Begriff, den wir dem Volksliede gegeben haben, kann jedoch auch weiter gefasst werden. Nicht immer ist das Volkslied aus dem Volke hervorgegangen, manche sind von akademisch gebildeten Leuten (Schreiber nannten sie sich im Liede selbst), verfasst worden. Und gottlob giebt es auch heute noch unter den Gebildeten grosse Kinder, die ihre ganze Wissenschaft vergessen, wenn das Herz spricht, die sich ihre ursprüngliche Natur in köstlicher Frische und Reinheit bewahrt haben; warum sollten diese nicht im stande sein, auch einmal „zu singen, was sie nicht sagen können!", zu singen aus einfältigem aber heissem Herzen, ohne Wissenschaft und Kunst, aber innig und treu.

Anderseits aber sehen unsere Wort- und Tondichter mit Staunen, wie das kleine Liedchen den Erzeugnissen ihrer Muse den Rang abläuft; sie möchten auch gern so populär werden; und sie studieren das Volk, wie es sich im Liede giebt und machen's dann auch so. Hier und da gelingt ihnen auch der Wurf; das Liedchen ist sangbar, es gefällt dem Volke und wird gesungen, und allerorten ertönt das Lob des Urhebers, er hat ein volkstümliches Lied geschaffen.

Aber die Gunst des Volkes ist wandelbar. Der Ton des Liedes, sein Charakter ist doch nicht so lauter, so echt, so dem Volksempfinden angepasst, dass es auch nach häufigerem Anhören noch den schönen Eindruck des Echten, Kernigen, Wahrhaftigen behält, dann verschwindet's; das Volk lässt sich für kurze Zeit wohl täuschen, aber nicht auf die Dauer; solche Lieder werden anfangs mit Begeisterung gesungen, sie halten 20, auch wohl 30 Jahre aus, dann ist ihre Zeit abgelaufen, sie sinken in's Grab der Vergessenheit. Das Volk weiss ganz genau, dass es in diesem Falle auch durch Änderungen sich das Lied nicht zu Dank singen kann, es fehlen eben die Grundbedingungen, welche ein langes Leben im Volksmunde ermöglichen, die Ursprünglichkeit, die Einfachheit, das Männliche, deutsch Gemutete und Volkstümliche.

Nur wenigen dieser volkstümlichen Lieder ist es geglückt, die gefährliche Majorsecke zu passieren, es befinden sich herrliche Weisen darunter, wie: „Draus ist Alles so prächtig", „Drunten im Unterland", „Der Mai ist gekommen" u. v. a. Einige derselben zählen zu den schönsten Liedern, welche wir besitzen und ich stehe nicht an, sie unsern Volksliedern zuzurechnen, sie sind nach Anlage, Inhalt und Form durchaus nicht von ihnen unterschieden.

Vergessen wir aber nicht, dass wir vorsichtig sein müssen mit diesem Ehrentitel; es ist nicht alles Gold, was glänzt. Abt, Gumbert, wie wurden sie bejubelt, wie fest sassen sie im Herzen, und wie leicht flatterten sie in die Lüfte, nachdem sie kurze Zeit alles berauscht hatten mit ihrem sinnbethörenden Dufte. Das macht, sie sind nicht echt und wahr empfunden, ihre Einfachheit ist eine gesuchte, ihre Natürlichkeit eine falsche.

Und fragt man, worin der Unterschied von Volkslied und volkstümlichen Weisen besteht, so sind genaue Grenzen sehr schwer zu stecken. Vieles an Ton, Inhalt, Ausdruck läuft da durcheinander. Der beste Prüfstein ist das Volksgemüt. Mit tiefem ursprünglichem Empfinden ist das Volk über sein Lied auch sein bester Richter.

Wer aber darf dem Volk die Harfe spielen und die Laute schlagen, wer ist der beste Sänger, der Töne Meister, wenn es gilt unserm Volke Lieder zu singen, Mund für viele, viele zu sein? Das kann nur ein getreuer Sohn seines Volkes sein, der einen Blick hat für die Volksseele, Gefühl für des Volkes Leid und Freud, der männlich kühn, frei und rein mitten im Volke lebt und aus dem Volke heraus redet und singt von gemeinsamem Kampf, Sieg, Not und Sorge, Entsagung und Genuss, der Volksart verkörpert, wie sie durch eine lange Vergangenheit geworden ist, der mit dem natürlichen Sinn einen tief frommen Sinn verbindet und dadurch die heiligsten und reinsten Töne, die das Volk beseligen und ewig erheben, anzuschlagen im stande ist. Daher kommt's denn auch, dass in ihrer Hand die Volksseele liegt wie eine Leier in der Hand des Künstlers, daher kommt's, dass, wenn sie den Ton anschlagen, alle Uebrigen einfallen und mitsingen, dass ihr Lied ein Echo weckt in den Herzen der Stammesbrüder.

Ich habe bereits angedeutet, dass ein echtes Volkslied zwar stets seinen Wert behalten wird und als wahre, lautere Äusserung der Volksseele auf den Kunstgebildeten und -empfänglichen auch die ursprüngliche Wirkung ausüben muss, aber als Eigentum des Volkes selbst, d. h. derjenigen Schichten des Volkes, aus denen es hervorgegangen, muss auch sein Stündlein einmal schlagen, es ist Kind seiner Zeit und verschwindet mit seiner Zeit. Charakter, Gemütseigenschaften, Art des Volkes bleiben sich im Grunde durch alle Zeiten gleich, aber der Gedankenkreis ändert sich und die Form, die Ausdrucksweise. Man kann nicht erwarten, dass die herrlichen Volkslieder des 15. und 16. Jahrhunderts noch heute sich im Volke ihrer früheren Beliebtheit erfreuen, dafür mutet uns ihre Ausdrucksform zu fremdartig an, die heute beliebten Weisen stammen alle aus der Zeit nach 1700, aber das ändert an dem inneren Werte dieser alten Lieder nichts, sie vermögen durch ihren herrlichen Inhalt auch heute noch unsere Herzen gefangen zu nehmen wie ehedem, das hängt nur davon ab, in welchem Gewande und mit welchen Mitteln sie uns vorgeführt werden. Sie stehen sogar, was Innigkeit und Gemütstiefe, Adel des Ausdrucks anbelangt, hoch über den modernen Liedern, einzelne zählen sogar zum herrlichsten, was die Kunst überhaupt hervorgebracht hat: so veranlasste das Lied „Innsbruck, ich muss dich lassen", Mozart zu dem Ausspruch: „Ich gäbe mein bestes Werk darum, wenn ich dieses Lied komponiert hätte."

Und diese herrlichen Werke dem kunstempfänglichen Publikum wieder zugänglich zu machen, das soll unser eifrigstes Bestreben sein; dazu ist aber nötig, dass sie in denkbar schönster Form dargeboten werden, nicht allein die Bearbeitung muss die vollkommenste sein, sondern auch der Vortrag, erst dann können diese Lieder die ihnen innewohnende Wirkung vollkommen ausüben. Sie muten uns an, wie die weihevollen Kirchengesänge der alten Italiener und sind mit diesen auch insofern verwandt, als sie in der Mehrzahl denselben ernsten Charakter haben und in den alten Kirchentonarten ursprünglich gedacht sind. Von den damaligen Komponisten wurden sie auch benutzt als Cantus firmus, als melodische Unterlage für ihre Kirchenkompositionen, wodurch sie allerdings rhythmisch verzerrt wurden, derartig, dass ihr volkstümlicher Charakter vollständig verloren ging. Für uns hat das aber doch den Vorteil, dass wenigstens die Tonweisen uns erhalten blieben und wiederhergestellt werden können.

Das sind also die Gesänge, welche grösstenteils in der ersten Blüteperiode des Volksliedes um 1400 und 1500 entstanden sind. Bis gegen 1600 dauerte diese Glanzperiode deutscher Volkskunst. Dann kommt eine Zeit trostloser Dürre, veranlasst durch die verheerenden Religionskriege und das Emporwuchern einer gelehrten, trockenen Dichtungsart.

Erst um 1750 regt unser Volksgeist wiederum seine Schwingen, um mit kurzer Unterbrechung während der Freiheitskriege bis gegen 1850 eine Reihe der schönsten Volkslieder hervorzubringen, die in allen Schichten unseres Volkes festen Fuss gefasst hatten und gern gesungen wurden.

In den letzten 60 Jahren hat leider die Sangeslust in den unteren Schichten des Volkes erheblich nachgelassen; die Erwerbsverhältnisse sind derartige geworden, dass für ideale Regungen nicht viel Zeit übrig bleibt, es fehlt die innere und äussere Ruhe, welche nötig ist, um sich in die intimen Stimmungen dieser Seelenbildchen zu versetzen. Die Sangeslust beschränkt sich immer mehr auf den Kreis, welchen die Männergesangvereine repräsentieren und unsere heilige Pflicht ist es nunmehr, den Schatz zu heben und zu pflegen, den unsere Altvordern in idealer Begeisterung geschaffen und uns zur Freude hinterlassen haben. In unseren Männergesangvereinen, und vor allen Dingen im Westdeutschen Sängerverband, der auf seine Fahne geschrieben das treffliche Wort: „Das Volkslied ist die Unsterblichkeit in der Musik", in ihnen ist der Ort, wo das deutsche Volkslied noch einmal erstehen soll, wie ein Phönix aus seiner Asche, um seinen Triumphzug anzutreten durch die deutschen Lande, um seine edelste Mission zu erfüllen und den deutschen Stämmen zu zeigen, dass wir in Gemüt und Charakter, im Herzen eins sind, ein Volk von Brüdern.

So möge denn das Volkslied aus der Nacht der Vergessenheit hineinfliegen in ein Meer von Licht und Sonnenschein, wie die jubelnde Lerche und dem Volke singen:

„Von allem Süssen, was Menschenherz durchbebt,
Von allem Hohen, was Menschenherz erhebt."

---

lit dem Vortrage verbunden war die Aufführung de: ler:

lir ist ein schöns braues Mägdelein, } bearbeitet von
msbruck, ich muss dich lassen } K. Becker.
raumlied: „In meines Vaters Garten" } bearbeitet von
on dir geschieden } K. Steinhauer.
anz, Liebchen, Tanz } bearbeitet von H. vom Ende.
erzigs Mariandel }

urch die „Rheinische Volksliedertafel" unter Leitung des . vom Ende, Köln a. Rh.

Gemischte Chöre a. capp.

Verlag von M. P. Bellaieff, Leipzig.

Alpheraky, op. 24 Die Birke, P. —.60 St. je —.20.
ar Lul, op. 53, Sechs Gesänge,
Breitet euer leicht Gefieder. P. —.60 St. je —.20.
Zwei Rosen. P. —.80 St. je —.30.
Frühlingswonne. P. —.60 St. je —.20.
Nocturno. P. —.80 St. je —.50.
Das Leben. P. 2.— St. je —.50.
Die Wetterwolken. P. 1.40 St. je —.40.
komplett Part. 11.—, St. je 1.50.
. Gretschaninow, op. 11. Zwei Gesänge.
Herbst. II. Flachs. Jed. P. —.80 St. je —.30.

g von Georg Bratfisch, Frankfurt a. d. Oder.

win G. I. Gott grüss euch. P. —.30 St. je —.15.
II. O Frühling. P. —.30 St. je —.15.
III. Wenn im Wald die Blätter singen. P. —.30 St. je —.15.
IV. Ich weiss i. Thal ein Röslein. P. —.30 St. je —.15.
;ner Franz, op. 15. Dirnderl mei, mei
aderl mit d' schwarzen Mieder. P. —.60 St. je —.15.

Verlag von Gebr. Hug & Co., Leipzig.

endelssohn Arnold
I. Im Holz. P. —.80 St. je —.15.
. In der Fremde. P. —.60 St. je —.15.
. Ein getreues Herze wissen. P. —.60 St. je —.15.
. Müllerbursche flink und froh. P. —.60 St. je —.15.
. Mein Vater hat gesagt. P. —.60 St. je —.15.
. Hast gesagt, du willst mich nehmen. P. —.80 St. je —.15.
llner Heinr., op. 72.
. Mein Herz das ist betrübet sehr. P. —.60 St. je —.15.
. Reihentanz ums erste Veilchen. P. 1.— St. je —.20.
. Das Taubenhaus. P. —.60 St. je —.20.
. Weihnacht, Geborn ist uns. P. —.80 St. je —.15.

Verlag von Otto Junne, Leipzig.

einrich XXIV, j. L. Prinz Reuss, op. 9.
Drei geistliche Lieder, netto P. 2.50 St. je —.40.
dto. op. 13. I. Somne levis P. 2.— St. je —.25.
dto. II. Crux fidelis P. 2.— St. je —.25.

Linkhardts Musikverlag, Leipzig.

ebe Ludw., op. 183.
I. Osterlied. P. —.60 St. je —.15.
II. Das erste Lerchenlied. P. —.40 St. je —.15.
I. Frühlingsliederlust. P. —.40 St. je —.15.
V. Sonntagsmorgen. P. —.40 St. je —.15.
V. Zwei Blumlein blau. P. —.40 St. je —.15.
I. Diebstahl. P. —.40 St. je —.15.

Verlag von J. Günther, Dresden.

heu Jos., op. 55. I. Was ist das Leben P. —.30 St. je —.20.
II. Tanzlied. P. —.80 St. je —.20.
Walden, Otto, op. 90. Serenade. P. —.40 St. je —.15.

rlag von Anton Böhm & Sohn, Augsburg.

acker F., I. Mein Lieb ist schön. P. —.40 St. je —.15.
II. Heimliche Liebe. P. —.40 St. je —.15.
III. Wiegenliedchen. P. —.40 St. je —.15.

Martin Cohens Verlag, Regensburg.

önig Heinr., op. 72. Johannisnacht
Rhein. P. —.60 St. je —.20.
iger Carl, op. 12. Hochzeitslied. P. —.60 St. je —.15.

Karl Fritzsche's Verlag, Leipzig.

errmann W., op. 52. Frühlingswonne P. —.60 St. je —.15.

Verlag von F. Bosse, Leipzig.

tschmer P. Des Sängers Sonntagsfeier P. —.80 St. je —.40.

Verlag von R. Fritz, Regensburg.

arzlose O. Die ganze Welt. P. —.60 St. je —.15.

Verlag von Rud. Dietrich, Leipzig.

errmann Oscar, op. 19. Nachtlied. P. —.60 St. je —.20.

Verlag von Ad. Robitschek, Leipzig.

remser Ed. Altniederländ. Lied.
Komm, o komm. P. —.60 St. je —.15.

Eine grössere Anzahl der vorstehend angekündigten gemischten Chöre machen einen erfreulich gediegenen und vornehmen Eindruck. Als ausserordentlich stimmungsvoll und schön gearbeitet, kann ich die Werke von C. Cui empfehlen. „Zwei Rosen" z. B. und Nr. 5 „Das Leben", sind Meisterstückchen im polyphonen Stil und nur von sehr guten Vereinen zu bewältigen. Jeder Takt legt Zeugnis ab von dem ernsten, gediegenen Geiste, der die Feder des Tonsetzers geleitet hat. Auch Gretschaninow ist beachtenswert, besonders in Nr. 2 „Flachs", in welchem slavisch-volkstümliche Motive reizend verarbeitet sind. Von den deutschen Tonmeistern haben Heinr. Zöllner und Arnold Mendelssohn das Beachtenswerteste beigesteuert. Zöllner verwendet altdeutsche Volkslieder als Texte für seine Kompositionen; ein Hinweis darauf unter den Ueberschriften wäre wünschenswert gewesen. Die Liedchen sind reizend und treffen den volkstümlichen Charakter der Dichtungen ganz vorzüglich, ohne der Eigenart zu entraten. Auch unter den 6 Liedern Mendelssohns befinden sich köstliche Perlen, so das seelenvolle „In der Fremde", das neckische „Hast gesagt, du willst mich nehmen". Die ernsten Gesänge des Prinzen Reuss zeugen von bedeutender künstlerischer Kraft, sowohl was geistiges Erfassen des Stoffes, als auch was seine Umsetzung in den musikalischen Ausdruck anbelangt. Die alten Schlüssel sollten aber doch aus solchen Partituren verschwinden, man schreibt doch nicht nur für Konservatorien. Populärer giebt sich Ludwig Liebe. Seine Liedchen sind z. T. von einer reizenden Melodik, so namentlich „Das erste Lerchenlied" und „Zwei Blümlein blau". Die Liedchen sind auch kleineren Vereinen sehr zu empfehlen. Josef Schen's „Tanzlied" gefällt durch seinen humoristischen Inhalt. Dann haben noch Anspruch auf Beachtung W. Herrmann „Frühlingswonne" und die drei Gesänge von F. Hacker, von denen namentlich Nr. 2. „Heimliche Liebe" sehr ansprechend vertont ist. Ein älterer Bekannter begegnet uns noch in dem Altniederländischen Volksliedchen „Komm, o komm", von Ed. Kremser, jetzt auch für gem. Chor reizend gesetzt.

Gem. Chöre mit Begl.

Gebr. Hug & Comp. Leipzig.

mch Mendelssohn, Arnold. Büble, wir wollen ausse gehn. Kl.-A. 1.—. St. je —.15.

Luckhardt's Verlag, Stuttgart.

mch. *Beer, M. Jos. op. 43. Durch Wald und Flur. Kl.-A. 2.—. St. je —.60.
mch. *Sturm, Wilh., op. 107. Leogair (mit Ten.-Solo.) Kl.-A. 5.—. St. je —.60.

Verlag von F. E. C. Leuckart, Leipzig.

mch. Haug, Gust., op. 5 I. Abend. Kl.-A. 1.—. St. je —.15.
mch. dto. II. Stille wird's im Walde. Kl.-A. 1.20. St. je —.15.
Kahn, Robert, op. 32. Fünf Gesänge. I. Abend. II. Zu spät. III. Hütet euch! IV. Schönster Tag, nun gute Nacht. V. Wanderlied. Kl.-A. 1.— bis 1.50. St. je —.20.

Sturms Ballade Leogair ist ein schön und dramatisch wirksam angelegtes Werk, welches auch grösseren Chören Befriedigung gewährt; es sei bestens empfohlen. Robert Kahn weiss in seinen Liedern zu fesseln durch vornehme Faktur sowohl, wie durch tiefe Empfindung.

Verschiedenes.

Neheim a. d. R. Vorigen Donnerstag Abend hielt im Saale des Gesellenhauses Herr Königl. Musikdirektor Carl Steinhauer aus Oberhausen den sämtlichen Gesangvereinen von Neheim einen sehr lehrreichen Vortrag über das Volkslied. Auf mehrseitigen Wunsch wurde auch das von Herrn Steinhauer komponierte „Westfalenlied" durch denselben eingeübt. Dieser äußerst packende und schwungvolle Chor wurde von den Sängern sehr lebhaft aufgenommen, so daß der Komponist denselben seine volle Befriedigung über die Begeisterung und Auffassung des Liedes ausdrückte. Herr Steinhauer, welcher im Juni d. J. bei dem von dem Gesangverein Cäcilia veranstalteten Gesangwettstreit als Preisrichter fungierte, hat es in Neheim so gut gefallen, daß er sich entschloß, seine diesjährigen Ferien hier zu verbringen, da die herrlichen Waldungen von Neheim sowie Umgebung ihm für die nötige Erholung geeignet schienen. Wenngleich auch diese Erholungstour dazu bestimmt war, Herrn Steinhauer eine Ausspannung zu gewähren, so machte es ihm doch sehr viel Vergnügen, seine Komposition von den Söhnen des Westfalenlandes singen zu hören und unter denselben zu verweilen. Bemerkt sei noch, daß das Westfalenlied im Volkston gehalten, außer für Männerchor auch für 1 bis 2 Stimmen als Solo oder Chorgesang mit Klavierbegleitung zu haben ist und besonders des Textes wegen den Westfälischen Gesangvereinen recht warm empfohlen werden kann.

Der Bremer Lehrergesangverein, der sich vor zwei Jahren in Kassel als kleinster Verein den 1. Preis nach dem altberühmten Kölner Männergesangverein errang, gedenkt in diesem Herbst seine dritte größere Konzertreise zu unternehmen. Die erste Fahrt (1895) ging nach den Nordseeinseln Norderney und Borkum; die zweite (1897) brachte den Verein an den sagenumwobenen Rhein und fanden Konzerte in Köln (Gürzenich) und in Bonn (Beethovenhalle) statt. Die nun geplante Reise ist nach dem Oberrhein und dem Schwarzwald gerichtet und beabsichtigt der Verein, in Mannheim und Karlsruhe ein Konzert zu veranstalten.

Vereinsfahnen.

Zwei Zeugnisse über hervorragende Leistungen.

Um unseren verehrten Abonnenten für den Fall, daß sie in die Lage kommen, eine Vereinsfahne anzuschaffen, mit einer guten Adresse zum Bezuge einer solchen zu dienen, bringen wir folgende Zeugnisse zum Abdruck:

Der Männergesangverein Sängerbund Germania in Kaarst schreibt unterm 19. August 1901.

Dem Herrn A. Steiger, Köln, Breitestraße 41, sprechen das Festkomité und der Vorstand des hiesigen M.-G.-V. Sängerbund Germania für die so kunstvoll gefertigte Fahne den aufrichtigsten Dank aus. Die Vereinsfahne ist ein wahres Meisterstück deutscher Kunst- und Handstickerei. Die wahrhaft künstlerische Auffassung der Motive und überaus sorgfältige, feine Ausführung bis in die kleinsten Teile, haben nicht nur unsere kühnsten Erwartungen übertroffen, sondern nötigten auch den vielen auswärtigen Vereinen und Gästen, welche zum Feste der Weihe erschienen waren, allgemeine Bewunderung ab und sind somit einerseits das beste Zeugnis für die Leistungsfähigkeit der Firma, wie sie auch anderseits zu dem Schlusse berechtigen, daß die Fahne betreffs Dauerhaftigkeit nichts zu wünschen übrig läßt. Wir wollen hiermit die Firma A. Steiger, Köln, allen Vereinen aus Dankbarkeit für diese gute Bedienung nur bestens empfohlen haben. **M.-G.-V. Sängerbund Germania.**

Der Männergesangverein Concordia Mülheim a. Rhein schreibt:

Herr Arnold Steiger in Köln, Kölner Fahnenfabrik, lieferte uns anläßlich unserer silbernen Jubelfeier eine neue Vereinsfahne. Wir nehmen gern Gelegenheit der Wahrheit gemäß zu bestätigen, daß diese Fahne ein wirkliches Kunstwerk zu nennen ist, dessen geschmackvolle und solide Ausführung allseitig die lebhafteste Anerkennung findet und verdient. — Die von Herrn Steiger entworfene Zeichnung und die Zusammenstellung der Farben wirken ungemein harmonisch. Das zur Verwendung gekommene Material ist nach sachverständiger Beurteilung von durchaus tadelloser Güte und sind die Stickereien in großer Vollendung und sehr sauber zur Ausführung gebracht. Das Gleiche gilt auch von der auf Veranlassung der Damen des Vereins gestifteten herrlichen Fahnenschleife. Wir können nicht umhin, Herrn Steiger unseren besten Dank für die wirklich großartige Leistung hierdurch auszusprechen, ermächtigen denselben auch von diesem Zeugnis nach Belieben Gebrauch zu machen und wünschen von Herzen, daß es Veranlassung sein möge, demselben bald weitere Aufträge zu sichern.

Männergesangverein Concordia, Mülheim a. Rh.
Der Vorstand: P. Weber, I. Vorsitzender. F. Kißner, II. Vorsitzender.

Neuigkeiten.

Männerchöre a capp.

Verlag Fr. Ullrich, Godesberg.

mach. Eicheler, M. Wenn in bangen, truben Stund. P. —.40 St. je —.30
mach. Loschky, W. M., op. 67. Maienrose. P. —.40 St. je —.30
zl. Neumann, M., op. 19 II. Glocken d. Heimat. P. —.40 St. je —.30
mach. do. III. Des Sohnes Heimkehr. P. —.40 St. je —.30

Verlag von R. Neumann, Pforzheim.

Beliebte Volksweisen für Männerchor, arrang. von Neuert, Fritz
mach. Nr. 21. Treue Liebe. P. —.40 St. —.15
zl. 22. Am Aarensee. P. —.40 St. —.15
zl. 23. Verstohlen geht der Mond auf. P. —.40 St. —.15
zl. 24. Der schwere Traum. P. —.40 St. —.15
zl. 25. Süddeutsches Tanzlied. P. —.40 St. —.25
zl. 26. Argwohn. P. —.40 St. —.15
zl. 27. Spinnerin. P. —.40 St. —.15
zl. 28. Der Lumpenmann. P. —.40 St. —.15

Verlag von Karl Fritzsche, Leipzig.

mach. Böhme, F. M., op. 46 I. Herzeleid,
zl. do. II. Das Finkenrätsel,
bearbeitet von W. Herrmann.
mach. Rohner, Jos., op. 87. Vom Fels zum Meeresstrand. P. —.80 St. je —.30

Verlag von Rob. Forberg, Leipzig.

mach. Heuser, Ernst, op. 32. Beim Rheinwein. P. —.40 St. je —.15
mach. Hutter, Herm., op. 21 I. Im Winter. P. —.40 St. je —.15
mach. do. II. Im Sommer. P. 1.— St. je —.30
mach. Portner, L., op. 6. Es liegt so still. P. —.40 St. je —.15

Verlag von Jos. Günther, Dresden.

mach. Cizek, Karl, op. 11. In die Berge. P. —.60 St. je —.30
mach. Hottinger, A. Der Lindenbaum. P. —.60 St. je —.15
mach. Riva, Heinr., op. 106. Wach auf mein Lied. P. —.60 St. je —.30
mach. Schöne, Heinr., op. 22. Willkommengruss. P. —.40 St. je —.15

Verlag von Jul. Hainauer, Breslau.

mach. Poldini, Ed., op. 31 I. Mein süsses Lieb. P. —.75 St. je —.30
mach. II. Freund Urban. P. —.75 St. je —.30
mach. III. An ein Veilchen.

Auf die Volksliederbearbeitungen Neuerts sei hier besonders aufmerksam gemacht, Auswahl und Bearbeitung ist eine treffliche. Herrmann hat zwei allerliebste Liedchen F. M. Böhme's in volkstümlichem Stile hübsch gesetzt, die anmutigen Weisen werden kleineren Vereinen Freude machen. Heuser's Chor „Beim Rheinwein" reisst durch feurigen Schwung mit sich fort, wuchtiger Vortrag sichert ihm den Erfolg jederzeit. Hottingers „Lindenbaum" hat alle Aussicht populär zu werden; die Melodie ist sangbar, der Text sehr poetisch. Schwungvoll ist auch Cizek's „In die Berge" und dabei ohne besondere Schwierigkeiten.

Der heutigen Nummer liegt ein Prospekt der Firma O. Junne, Leipzig bei, welchen wir der Aufmerksamkeit der Herren Dirigenten empfehlen.

Der Sänger.

Amtliches Organ des westdeutschen Sängerverbandes.

Das Volkslied ist die Unsterblichkeit der Musik.
Marx.

Verbunden werden auch die Schwachen mächtig.
Schiller.

26. August 1901. | Vorsitzender: Lehrer A. Gau, Hilden bei Düsseldorf. | Nr. 11.

Redaktion u. Verlag: H. vom Ende, Köln a. Rh., Ecke Bismarck- u. Kamekestr.

Verzeichnis der persönlichen Verbandsmitglieder.

(Dasselbe wird in nächster Nummer fortgesetzt.)

A. Ehrenmitglieder:

Bürgermeister Pütz-Meiderich. Zechendirektor Thale-Meiderich. Bürgermeister Heitland-Hilden. Stadtverordn. G. Buren-Hilden. Königl. Musikdirektor Steinhauer-Oberhausen. Gymnasialoberlehrer Schröter-Düsseldorf. Königl. Seminar-Musiklehrer Becker-Neuwied. Rektor Kerper-Bochum i. W. Musikdirektor Grosse Weischede-Bochum. Reichsratsabg. Professor Dr. Pommer-Wien. Schriftsteller A. Marquard-Berlin. Königl. Seminar Musiklehrer Kniese-Mörs.

B. Mitglieder:

Musikdirektor Fr. Göldner-Elberfeld. Kauffmann Wilhelm Kistermann-Stuttgart. Direktor des Konservatoriums d. Musik C. Holtschneider-Dortmund. Redakteur vom Ende-Köln. Chordirektor J. Zey jr.-Krefeld. Musikverleger Ullrich-Godesberg. Chordirigent Bloemertz-Gerresheim. Chordirigent R. Sondermann-Barmen. Friedrich Söhngen-Beyenburg. Organist u. Chordirigent Alfr. Kraus-Ratingen. Musiklehrer Gerhard Thoma-M.-Gladbach. Musik- und Gesanglehrer H. Bourgier-Düsseldorf. Chordirigent G. Willms-Schalke i. W. Chordirigent Morschhäuser-Schalke i. W. Chordirigent Chr. Gottlieb-Rees. Musikdirektor Ludwig Kreutzer-Siegen. Musikdirektor W. H. Steinkühler-Hagen. Musiklehrer Rud. Hütten-Reydt. Chordirigent Fritz Panzer-Krefeld. Musikdirektor. K. Pieper-Krefeld. Lehrer am Konservatorium Chordirigent H. Schauenburg-Düsseldorf. Chordirigent K. Linden-Benrath. Musikdir. Joh. Steube-Westig b. Iserlohn. Chordirigent P. Wülfing-Solingen. Königl. Seminar- u. Musiklehrer Alers-Elten.

Zweiter Verbandstag und erster Dirigententag des westdeutschen Sängerverbandes.

Düsseldorf, den 16. Sept. 1901.

I. Teil.

Der westdeutsche Sängerverband, gegründet in unserer Kunststadt Düsseldorf im März vorigen Jahres, vertritt die Reform der Gesangwettstreite unter Ausscheidung alles Nebensächlichen und Aeusserlichen, die Zurückführung der Wettstreite auf ihren wahren und eigentlichen Wert. Die Pflege des „Edelvolksliedes" ist ein weiterer Gesichtspunkt der Bestrebungen und die Förderung der materiellen und geistigen Berufsinteressen der Chordirigenten.

Die Tagung begann am 14. Sept. mit einer in der Bürgergesellschaft aus 80 Chordirigenten Rheinlands und Westfalens zählenden Versammlung. Es waren Vertreter aus Düsseldorf, Krefeld, M.-Gladbach, Köln, Oberhausen, Mörs, Solingen, Remscheid, Gerresheim, Emmerich, Rees, Huckingen, Ratingen, Duisburg, Meiderich, Lohausen, Elberfeld, Barmen, Siegen, Iserlohn, (Westig), Hagen, Bochum, Schalke etc. erschienen. Eröffnet durch den Verbandsvorsitzenden Herrn Lehrer Gau-Hilden, trat die Versammlung sofort in die vorgesehene Tagesordnung ein. Herr Referent Musikdirektor Göldner-Elberfeld schilderte in einem geistreichen Vortrage die erzieblichen Aufgaben des deutschen Männergesanges. Er zeigte den Einfluss des Liedes auf den einzelnen Menschen, seine ausgleichende Bedeutung auf die socialen Verhältnisse und die Pflege des nationalen Bewusstseins. Den Schluss bildete der Hinweis auf die heutigen Missstände im Männergesangvereinswesen, insbesondere im Hinblick auf die Wettstreite, welche nur hemmend den erziehlichen Aufgaben des Dirigenten entgegentreten. Nach dem Vortrage gelangten die Reformbestrebungen des Verbandes zur Erörterung und schlossen mit der einstimmig angenommenen Resolution:

„Die Anwesenden des ersten westdeutschen Dirigententages erklären ihre Zustimmung zu den Satzungen des westdeutschen Sängerverbandes und drücken den Wunsch aus, dass sie möglichst bald in allen Männergesangvereinen Annahme finden mögen."

Der zweite Vortrag des Herrn Redakteurs und Chordirigenten vom Ende-Köln beschäftigte sich mit der Prüfung der materiellen Lage des Chordirigentenstandes. Seine lichtvollen und trefflich erwogenen Darlegungen gipfelten in dem Vorschlage, nach dem Beispiele vieler anderer Berufsklassen auf dem Wege der Selbsthülfe voranzugehen und mit der Gründung einer eingeschriebenen Hilfskasse zur Unterstützung in Krankheits- und Sterbefällen den Anfang zu machen. Redner glaubt bei einer Mitgliederzahl von 500 an die Rentabilität der Kasse und weist dieselbe im weiteren ziffernmässig nach. Die Versammlung bekundete ihre Zustimmung zu den Ausführungen nach kurzer Diskussion durch Annahme folgender Resolution:

„Der erste westdeutsche Dirigententag beschliesst die Gründung einer Krankenunterstützungs- und Sterbekasse (eingeschr. Hilfskasse) für Chordirigenten im Anschlusse an den westdeutschen Sängerverband und für dessen Mitglieder."

In die Kommission zur Vorberatung der Satzungen wurden die Herren vom Ende-Köln, Königl. Seminarmusikl. Kniese-Mörs und Chordirigent P. Wülfing-Solingen gewählt. Diese Kommission wird dem nächsten zweiten westdeutschen Dirigententage, welcher wahrscheinlich zu Ostern nächsten Jahres in Westfalen tagen wird, Bericht erstatten.

Herr Königl. Musikdirektor C. Steinhauer-Oberhausen hielt zum Schlusse einen herrlichen Vortrag über die Eigenschaften eines Gesangvereinsdirigenten. Er stellte besonders das Minimum der theoretischen und praktischen Begabung und Vorbildung eines Chorleiters fest unter Berücksichtigung der Qualität und Quantität der Chorwerke. Der Vortrag war für jeden Dirigenten, der es ernst mit den Aufgaben in den Gesangvereinen meint, ein Gewissensspiegel.

Alle drei Vorträge wurden mit reichem Beifall ausgezeichnet, und werden, wie wir vernehmen, im Druck erscheinen.

Mit der Tagung war eine Ausstellung von Männerchorwerken von vielen hervorragenden Firmen mit Gaben bedacht und von der Bibliothek des Verbandes veranstaltet, verbunden. Sehr reichhaltig war namentlich die Abteilung „Volkslied" beschickt. Die Verbandsbibliothek verfügt in der kurzen Zeit ihres Bestehens über einen reichen Schatz von Liedesperlen (über 1000 Werke mit einem Versicherungswerte von 1600 Mk.)

An die Verhandlungen schloss sich ein Künstlerkonzert, welches unter der Ungunst der Witterung, des unaufhörlich herniederströmenden Regens, sehr zu leiden hatte. 150 Personen lauschten den wirklich künstlerischen Leistungen der „Rhein. Volksliedertafel" unter der vortrefflichen Direktion des Herrn vom Ende-Köln. Sie erschloss den Zuhörern den ganzen Edelgehalt der im Volksliede verborgen ist und übte durch den Wohllaut der Stimmen, die schöne Nüancierung des Vortrages, dem Wohllaut in der Aussprache eine fascinierende Wirkung auf die Kunstgemeinde aus. Unter den Liedern befinden sich längst vergessene alte Klänge, die im Auftrage des Verbandes neu herausgegeben und nun ihren Siegeszug durch Deutschland antreten werden.

Von Frl. Adele Stöcker-Köln (Violine) kamen Romanze v. Max Bruch und Adagio von W. Vieuxtemps und Spanischer Tanz von P. de Sarasate zu glänzender Wirkung. Der saubere, kräftige, dabei seelenvolle Vortrag und die virtuose Beherrschung des Instrumentes verfehlen bei der gottbegnadeten Künstlerin niemals ihren Eindruck.

Frl. Hattingen-Köln (Sopran) hatte sich gleichfalls gern bereitwillig in den Dienst der guten Sache gestellt und erfreute durch die frische, klare Tongebung und den natürlich innigen Vortrag so sehr, dass sie sich zu einer Zugabe verstehen musste. Frl. Hattingen sang im 1. Teile „Nun beut die Flur" (Schöpfung) von Jos. Haydn und im 2. Teile a) „Auf dem Kirchhof" von Joh. Brahms; b) „Murmelndes Lüftchen" von Jensen und c) „Hochzeitslied im Maien" von A. von Othegraphen. Die Klaviervorträge des Herrn P. Stoye aus Krefeld Lehrer am Konservatorium daselbst, auf einem herrlichen Blüthner zeichneten sich besonders nach der technischen Seite hin aus. Es trat das am wirkungsvollsten in dem Konzertwalzer Ges-dur op. 7 von ihm selbst komponiert, in Erscheinung. Auch die beiden Liszt'schen Sachen „Liebestraum" und Ungarische Rhapsodie" trugen ihm reichen wohlverdienten Beifall ein. Herr Königl. Musikdirektor Steinhauer-Oberhausen begleitete in der ihm eigenen feinfühligen und anschmiegenden Weise.

Nur schade, dass das sehr ungünstige Wetter so manche Interessenten von dieser überaus künstlerisch geeigenschafteten Veranstaltung abgehalten hatte. Zum Schlusse vereinigten sich die Kollegen in einzelnen Zirkeln um nähere Bekanntschaft mit einander anzuknüpfen, ihre Berufserlebnisse und Fragen ähnlicher Art mit einander auszutauschen.

II.

An die Verhandlungen der Chorleiter am 14. September schlossen sich am 15. September die der Delegierten in der Burgergesellschaft. Vertreter waren erschienen aus Emmerich (Concordia und Frohsinn); Rees (Rheinklänge); Meiderich (Bruderliebe; Gerresheim (Einigkeit); Düsseldorf (Orphea); Dahlhausen (Wupper) (Liederkranz); Bismarck (Concordia); Remscheid (Liedertafel); Urdenbach (Constantia); Barmen (Leimbacher Männerchor); Ratingen (Liederkranz); Huckingen (Erholung); Wermelskirchen (M.-Gesang-Verein); Hilden (Städt. M.-Gesang-Verein); Benrath-Köln (Rhein. Volksliedertafel); Hamme b. Bochum (Sängerbund); Westig b. Iserlohn (Eintracht); Siegen Herr Musikd. Ludwig Kreutzer); Oberhausen (Herr Königl. Musikd. Steinhauer); Köln (Herr Chordirigent und Redakteur vom Ende); Mörs (Herr Seminar-Musiklehrer Kniese); Solingen (Herr Chordirektor Wülfing); Schalke i. W. (Herr Chordirigent Morschhäuser und Herr Chordirigent Gust. Willms.) Ausserdem bemerkten wir am Vorabend und im Festkonzerte Vertreter von Liedertafel Büttgen, Frohsinn Lohhausen; Bilker Liederkranz-Düsseldorf; Frohsinn-Heiligenhaus; Polyhymnia-Düsseldorf; Rheingold-Düsseldorf; Kameradschaftlicher Sängerbund-Krefeld und Germania-Duisburg.) Die Delegiertenversammlung nahm Kenntnis von dem Jahresbericht durch den Vorsitzenden. Danach sind 14 Vereine im letzten Verbandsjahre beigetreten, 23 Herren haben sich zur persönlichen Mitgliedschaft angemeldet und ausserdem zählt der Verband 18 Ehrenmitglieder. Das Verbandsorgan ist durch Uebergang in den Verlag des Herrn vom Ende-Köln in eine neue Phase getreten und hat durch die sach- und fachkundige Redaktion des genannten Verlegers einen bedeutend erweiterten Inhalt erhalten. Der Herr Vorsitzende brachte noch einige Wünsche betr. die Anordnung des Stoffes im „Sänger" vor. Die bedeutsamste Förderung erhielt der Verband durch die hohe Anerkennung, welche ihm seitens des Ministers der geistl. und pp. Angelegenheiten, sowie durch den Herrn Oberpräsidenten und den Herrn Regierungspräsidenten ausgesprochen wurde. Die Bekämpfung der Wettstreite nicht organisierter Vereine bleibt vor wie nach eine Hauptaufgabe des Verbandes; daneben Pflege des „Edelvolksliedes" nach dem Beispiele der „Rhein. Volksliedertafel"; die Vereine müssen Farbe bekennen und entsprechend dem Beschlusse des vorigjährigen Verbandstages ihrem Titel das Atribut „Mitglied des westdeutschen Sängerverbandes" auf den Briefumschlägen, Briefbögen, bei Konzertannoncen etc. beifügen. In Vorschlag brachte der Vorsitzende in seinem Berichte noch allgemeine Einführung der Verbandsabzeichen und gemeinsame Bezüge von Vereinsutensilien.

Die im Dezember 1900 in Düsseldorf stattgehabte Vorstandssitzung hatte die persönliche Mitgliedschaft zuerst in Vorschlag gebracht. Gestern Abend wurde selbige von der Dirigentenversammlung gutgeheissen.

In der heutigen Delegiertensitzung fand sie ebenfalls Annahme und die damit in Verbindung stehende Erweiterung und Abänderung des Statuts. Danach zahlt jedes persönliche Mitglied pro Jahr 1 Mark und hat 1 Stimme in der Delegiertenversammlung. Sämtliche Dirigenten und die Sänger nicht angeschlossener Vereine können die persönl. Mitgliedschaft erwerben. Jeder angegliederte Verein hat 2 Stimmen in der Delegiertenversammlung und zahlt pro Sänger 10 Pfg. an die Verbandskasse. Der Anhang zum Statut resp. die beschlossene Veränderung wird den sämtlichen Mitgliedern in Balde zugeschickt. Es bestand eine grosse Neigung in der Delegiertenversammlung, den Verbandsbeitrag zu erhöhen, da die Verwaltungskosten bei der ganz immensen Korrespondenz und Agitation nicht geringe sind. Jedoch wurde auf Rat des Herrn Vorsitzenden davon abgesehen. Mit der steigernden Zahl der Vereine und persönl. Mitglieder wird ein Ausgleich in Einnahme und Ausgabe zu erzielen sein. Es wurde die Veranstaltung von Konzerten der benachbarten Verbandsvereine zu Gunsten der Kasse empfohlen.

Seitens der Katalogkommission, welcher die Herren Redakteur vom Ende-Köln; Königl. Musikdirektor Steinhauer-Oberhausen und Musikdirektor Guldner-Elberfeld angehören, berichtete der Erstere über die bisherigen Vorarbeiten. Es wird eine Sichtung der grossen Männerchorlitteratur vorgenommen und ist binnen Jahresfrist eine Fertigstellung des Kataloges zu erwarten. Bruchstücke besonders über „Volkslied" werden früher schon im Verbandsorgane zum Abdrucke gelangen. Das nächstjährige Verbandsfest wird in Verbindung mit dem 50jährigen Jubiläum der Germania-Duisburg daselbst begangen. Wenn ein Wettstreit nach den Verbandsnormen dort eingerichtet werden kann, soll derselbe stattfinden. Alle Vereine, welche event. teilnehmen wollen, sollen dies baldigst dem Vorsitzenden melden.

Der zweite westdeutsche Dirigententag wird im nächsten Jahre wahrscheinlich zu Ostern in Westfalen stattfinden.

Aus dem Vorstande schieden durch Los aus: Gau-Hilden Götschenberg-Düsseldorf und Schoeller-Meiderich. Es wurden gewählt: Gau-Hilden, Mathieu-Itter und Schoeller-Meiderich für 1901 bis 1904 einschl.

Aus der Ergänzungswahl ging Morschhäuser-Schalke i. W. für die Zeit von 1901 bis 1903 hervor. Der Vorstand ist demnach wie folgt zusammengesetzt:

1. Vorsitzender: Gau-Hilden (1901 bis 1904),
2. „ Benewitz-Bochum (1900 bis 1903),
1. Schriftführer: Breuer-Hilden (1900 bis 1903),
2. „ Berger-Gerresheim (bis 1902),
Kassierer: E. Rimroth-Wermelskirchen (bis 1902),
Bibliothekar: P. Mathieu-Itter b. Düsseld. (1901 bis 1904),
Beisitzer: H. Schoeller-Meiderich (1901 bis 1904),
„ W. Henkel-Remscheid (bis 1902),
„ Morschhäuser-Schalke i. W. (bis 1903).

Zum Schlusse wurde noch die baldige Einrichtung der Bezirksvereine in Anregung gebracht.

Unterdessen strömte der Regen unaufhaltsam nieder und machte es den Verbandsmitgliedern unmöglich, sich die Garten- und Kunststadt Düsseldorf näher in Augenschein zu nehmen. Der Weg bis zum Becker'schen Lokale, das versteckt, von manchen kaum zu entdecken war, wurde unter der Ungunst der Witterung erst recht als viel zu weit gelegen betrachtet. Erst der Beginn des Konzertes nach 6 Uhr gab das Signal zum Durchbruch einer gehobeneren Stimmung. Den Mittelpunkt der Aufführungen, die auch wohl den Höhepunkt der Begeisterung bildeten, waren die Vorträge der „Rhein. Volksliedertafel" unter der bewährten Leitung des Herrn vom Ende-Köln. War schon am gestrigen Tage der Beifall ein grosser und die Darbietung eine schöne, so waren selbige heute Abend wahre Meisterstücke der Vortragskunst „Duftige Frühlingskinder". Ein Sturm der Begeisterung brach im Saale los! Möge er ein Zeichen der zunehmenden Liebe zum Volksliede im Verbande sein. Die höchste Leistung unter den Kunstchören bot das von den Männergesangvereinen Orphea und Bilker Liederkranz-Düsseldorf vorgetragene „Sanctus" von Zerlett (Verlag v. Rebbert-Bochum) unter der umsichtsvollen Leitung des Herrn Schauenburg-Düsseldorf. Die von den beiden Komponisten selbstgeleiteten Chöre: Sturm von Steinhauer und Deutschland von Pieper kamen, was Vortrag angeht, sehr gut zur Darbietung. Hier möchte nur bemerkt sein, dass manche Vereine nicht den genügenden Wert auf das Studium der gemeinschaftl. Chöre gelegt hatten. Eine sehr gute Leistung war auch „Kaiser Friedrich III." von Neumann, vorgetr. vom Bilker Liederkranz-Düsseldorf; recht schön und stimmungsvoll war „An einem Bächlein" von Waelrent vom Städt. Männergesangverein Hilden gesungen. Leider haben wir den Schluss des Konzertes nicht mehr gehört. Germania-Duisburg, die im nächsten Jahre sich schmückende goldene Jubelbraut, hat ein ganz gutes Material, das besonders nach der Seite der Ton- und Vokalbildung noch auf eine höhere Stufe der Vollkommenheit gebracht werden kann. Der neu dem Verbande beigetretene M.-Ges.-Verein Polyhymnia-Düsseldorf, welcher mit dem Liede „Im Walde" von Kuntze auf dem Programme stand, konnte leider von uns nicht mehr angehört werden, weil die Zeit schon zu sehr vorgerückt war. Herr Schauenburg vereinigt in seinen drei Düsseldorfer Gesangvereinen ein ganz respektables Stimmenmaterial, womit er mit grossem Erfolge sich an grössere Tonwerke wagen kann. Während des Konzertes wurden einige Ansprachen gehalten von Herrn H. Hornfeld, Vors. d. Orphea-Düsseldorf zur Begrüssung vom Verbandsvorsitzenden Gau, welcher dem Verein Bruderliebe-Meiderich als Ausdruck für die vorigjähr. gelungene Veranstaltung eine „Ehren-Urkunde" überreichte, und vom Herrn Komponisten und Chordirektor K. Pieper, welcher die Verdienste des festveranstaltenden Vereins „Orphea", besonders seines Vorsitzenden Herrn Hornfeld und seines unermüdlichen und tüchtigen Dirigenten Herrn Schauenburg hervorhob. Auch des Vorsitzenden und aller mitwirkenden Faktoren wurde durch ein urkräftiges „Hoch" gedacht.

Am Ende unseres Berichtes fühlen wir uns verpflichtet, noch ganz besonders auf den herrlichen Vortrag des unermüdlichen Freundes und Anwaltes unserer guten Sache Herrn vom Ende-Köln hinzuweisen. Alle Leser unserer Verbandszeitung kennen ihn als den gelehrten Forscher des Volksliedes; seine praktische Befähigung als Darbieter der hübschen Volkslieder durch die „Rheinische Volksliedertafel" ist zweifellos glänzend nachgewiesen; der Satz seiner Volkslieder hat sich als „packend" und zutreffend erwiesen. Es konnte daher kein Besserer gefunden werden, über das „Volkslied", seine Abstammung, seine Schönheit und seine Bedeutung für unsere Männerchöre zu sprechen, als gerade er. Um allen Dirigenten und Sängern denselben zugänglich zu machen, wird derselbe, nebst den andern Vorträgen in Flugschriftformat von Verbandswegen und zum Besten der Verbandskasse herausgegeben werden.

Alles in allem: der Verbands- und Dirigententag hat ein schönes Bild von der zunehmenden Kräftigung der Reformideen nach Innen und Aussen gegeben.

❦

Befähigung und Berechtigung zum Dirigenten eines Gesangvereins.

Von C. Steinhauer.

Als vor längerer Zeit seitens des Vorstandes des „Westdeutschen Sängerverbandes", beziehentlich seines überaus rührigen und opferwilligen 1 Vorsitzenden, Herrn Lehrer Gaulhden die Anfrage an mich erging, ob ich bereit sei, in der gelegentlich des 2. Verbandstages des genannten Bundes im schönen Düsseldorf stattfindenden Dirigentenversammlung das Thema „Befähigung und Berechtigung zum Dirigenten eines Gesangvereins" zum Gegenstande eines Vortrages zu ersehen, habe ich um so schneller und freudiger meine Zusage gegeben, als die ja auch schon von höchster Stelle anerkannten Bestrebungen des Westdeutschen Sängerverbandes nach jeder Richtung hin die Billigung und Förderung aller gut und ernst gesinnten Fachleute, denen es insbesonders um eine wahre Pflege des Männergesangs durch hierzu berufene Dirigenten zu thun ist, in grösstem Masse verdienen. Dazu stehe ich seit vielen Jahren mitten in der Praxis als Dirigent grösserer Männer- und gemischten Chöre und habe seit 1890 als Preisrichter bei zahlreichen Gesangwettstreiten, sowie vor etwa 4 Jahren als Leiter eines von über 80 Dirigenten aus Rheinland-Westfalen besuchten Dirigentenkursus des „Westdeutschen Verbandes des Christlichen Sängerbundes" auch genugsam erfahren, bei wie vielen Dirigenten es hapert, wie viele Dirigenten eben — keine Dirigenten sind. Erscheint hiernach eine genau sachliche Behandlung des mir gegebenen heiklen Themas als durchaus am Platze, so dürfte ich auch wohl berechtigt sein, mich über dasselbe in einigen bedeutsamen Wörtlein, die aber den Stoff weder erschöpfen können noch sollen, zu ergehen. Die folgenden „Eigenschaften" sind es nun, die einem Gesangvereins-Dirigenten mehr oder minder anhaften und innewohnen müssen, falls er zu seinem Amte befähigt und berechtigt befunden werden soll.

Der Dirigent eines Gesangvereins muss 1. „genügendes musikalisches Talent und eine wirklich ausgesprochene Lust und Liebe zur Tonkunst und speziell zum Gesange besitzen". Es ist nun aber nicht wegzuleugnen, dass gar Manchen, die da den Taktstock schwingen, sowohl die erforderliche musikalische Begabung als die ausgesprochene Neigung für ihre Thätigkeit fehlt, und sie deshalb ihrer Aufgabe nur „handwerksmässig" nachkommen. Vielfach, oder meist ist es nur der „Kampf ums Dasein", die „Existenzfrage", die solchen Dirigenten den Taktierstab in die Hand drückt: das von den Vereinen aufgebrachte Honorar bietet ihnen eben eine willkommene „Nebeneinnahme". Die gesanglichen Leistungen sind natürlich, vom musikalischen Standpunkte aus betrachtet, gleich Null!

2. Muss der Dirigent eines Gesangvereins über ein „gutes Gehör" verfügen. Ein „absolutes" Gehör, d. h. ein Gehör, welches seinen Besitzer befähigt, jeden vorgespielten oder vorgesungenen Ton, oder die Tonart eines ihm bis dahin unbekannten Werkes sofort zu bestimmen oder jeden gewünschten Ton unvermittelt vorzusingen, ist dabei nicht erforderlich; einen so wohlthuenden Eindruck es auch hinterlässt, wenn ein Dirigent die Anfangstöne eines Gesangstückes ohne Benutzung der Stimmgabel anzugeben versteht. Es hat zu allen Zeiten hervorragende Musiker, Komponisten und Dirigenten gegeben und finden sich noch solche (es schweben mir dabei sehr bekannte Namen vor), welche ein derartiges Gehör nicht ihr eigen nennen, während es wiederum Musiker von feinstem absolutem Gehör giebt, denen eine Anzahl der Eigenschaften mangelt, welche sie erst zu wirklich musikalischen Musikern und Dirigenten stempeln würden. Wohl aber muss der Dirigent in der Lage sein, bei gegebenem Ton oder gegebener Tonart jedes Intervall der einzelnen Stimmen einer Komposition an Hand der Partitur genau zu verfolgen, wie auch jede Stimme, wenn die Partitur nicht gar zu modern kompliziert, zu sehr gespickt mit enharmonischen Verwechselungen und unsanglichen Intervallensprüngen ist, sofort vom Blatte zu singen. Bei vorhandenem gutem Gehör ist letztere Kunst auf Grund entsprechender Studien, Treffübungen und den Erfahrungen der Praxis doch vielen Solo- und sogar manchen Chorsängern eigen, da ist sie dem Dirigenten wahrlich erst recht abzuverlangen. Ist das gute Gehör an und für sich eine Gabe der Natur, so bedarf es doch, um dem Dirigenten ein allzeit zuverlässiger Faktor zu sein, der besonderen Ausbildung. Dass es genugsam Dirigenten mit mangelhaftem, unausgebildetem Gehör giebt, habe ich oft genug zu beobachten Gelegenheit gehabt.

3. Muss der Dirigent eine gesunde, wahre und tiefe musikalische Empfindung und dementsprechendes Temperament besitzen, denn der Kernpunkt aller Musik- uud Gesangpflege ist doch die **innere Beseelung**, der echte unmanirierte Ausdruck, welcher den seelischen Gehalt der Komposition wiedergiebt, dabei doch der persönlichen, sachlich-begründeten Auffassung des Dirigenten Rechnung trägt und somit so recht von Herzen kommt und zu Herzen geht. Wie viele Dirigenten aber von den Vortragsstücken nur die „Schale", d. h. eine technisch glatte, höchstens mit einigen unmotivierten und manirierten sogenannten „Vortragsfinessen", welche die wirklich „musikalisch" Empfindenden aber nur verletzen, versehene Wiedergabe zu bieten pflegen, beweisen besonders die zahlreichen alljährlichen Gesangwettstreite.

Mit der rechten Empfindung Hand in Hand gehen muss 4. ein „guter Geschmack", der einerseits es versteht, ohne viel Mühe aus der vorhandenen übergrossen Chorlitteratur nur das in Dichtung, Melodie, Harmonie, Form und Durcharbeitung wirklich Wertvolle auszuwählen, sei es das kleinste Opus in Volksliederweise, sei es das kunstreichste Oratorium, und der andererseits das „Gemeinplätzliche", „Seichte", „Gewöhnliche", „Weichliche" und „Süssliche" leicht zu erkennen und auszuscheiden im stande ist. Dass aber noch viele Dirigenten nicht über einen guten Geschmack zu verfügen scheinen, besagen besonders die Programme unserer Männergesangvereins-Konzerte und Gesangwettstreite, in welchen musikalische Schmachtlappen, wie „Mutterliebe", „Heimatsrosen" und viele andere mehr noch immer an der Tagesordnung sind und welche teilweise nicht einmal orthographisch und harmonisch einwandfrei gesetzt sind. Dass der musikalische Geschmack auch auf die Empfindung läuternd einwirkt, ist selbstverständlich.

(Schluss folgt.)

N

Rud. Jbach Sohn,

Hof-Pianofortefabrikant Sr. Maj. des Königs und Kaisers.

Geschäft 1794 vom Urgrossvater gegründet.

BARMEN • KÖLN • BERLIN • HAMBURG • LONDON

Flügel und Pianinos.

Gebrauchte restaurirte Flügel in allen Preislagen.

Zur Damenschneiderei.

Die Viktoria-Schnitt-Muster-Mappe

mit deren Hülfe jede Dame im Stande ist, **gutsitzende** Damen- und Kindergarderobe und auch Wäsche anzufertigen, ist allen Damen bestens empfohlen.

Die **Viktoria-Schnitt-Muster-Mappe** erscheint in jeder Saison neu mit den allermodernsten Schnitten ausgestattet in folgenden Ausgaben:

Ausgabe A für **Damen-Garderobe**, enthaltend: Taille, Blouse, Rock, Schlafrock, Matinee-Jaquet und 5 dazu gehörige Modebilder. Preis Mk. 2.–.

Ausgabe B für **Kinder-Garderobe**, enthaltend: zwei Mädchenkleider, Jaquet, Knabenanzug und 4 dazu gehörige Modebilder. Preis Mk. 1.50.

Ausgabe C für **Damen-Wäsche**, enthaltend: Taghemd, Nachthemd, Beinkleid, Unterrock, Untertaille, Nachtjacke und Frisiermantel. Preis Mk. 2.–.

Ausgabe D für **Säuglings-Wäsche**, enthaltend: Steckkissen, Kopfkissen, Hemdchen, Jäckchen, Windelhose, Lätzchen, zwei Läppchen und Taufkleidchen. Preis Mk. –.75.

Ausgabe E für **Puppen-Garderobe**, enthaltend: Kleider, Mäntel, Jaquets und Leibwäsche in drei Größen. Preis Mk. –.50.

Schnitte nach Maaß werden einzeln für ein Schneiderkleid oder einen Schlafrock à 1.– Mk., für sonstige Damengarderobe 50 Pfg., für Kindergarderobe à 40–50 Pfg. geliefert.

Preisliste auf Wunsch gratis.

Der Universal-Taillenschnitt (D. R. G. M.)

eine Vorrichtung, vermöge deren Jedermann **ohne Vorkenntnisse** im Schnittzeichnen im Stande ist, Taillen jeder Größe **gutpassend selbst** zuzuschneiden. Handhabung kinderleicht. Mißlingen vollständig ausgeschlossen. Preis Mk. 3.50.

Lehrbuch der Damenschneiderei,

Praktische Anleitung zu gründlichem **Selbst**-Unterricht mit einem Original-Zuschneide-Tableau von Paula Zell. Preis Mk. 1.–.

Bestellungen werden gegen Voreinsendung des Betrages und 10 Pfg. Porto (auch in Briefmarken) oder Nachnahme (20 Pfg. theurer) umgehend erledigt von

Herm. Thom's Verlag in Leipzig.

Musikalien-Verlags- u. Versandt-Geschäft

Friedr. Ullrich

Godesberg a. Rh.

Specialgeschäft der Chorgesang-Litteratur.

Grosse Auswahl in ernsten und heiteren Männerchören.

Umfangreiches Lager in Humoristika, als in Duetten, Terzetten, Quartetten u. Ensemblescenen.

Mit Auswahlsendungen stehe ich geehrten Vereinen und Dirigenten gern zu Diensten.

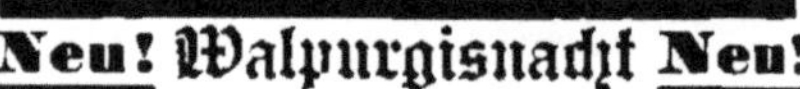

von A. Jäckel op. 94.

Grosses Walzeridyll für Männerchor, gemischten Chor, Frauenchor u. Soli, mit Klavier- od. Streichorchesterbegl.

Klavierauszug *M* 3.–. Stimmen *M* 1.20.
Orchesterpartitur „ 3.–. Orchesterstimmen „ 3.–.

Die Walpurgisnacht ist ein lang vorbereitetes mit grösster Sorgfalt ausgearbeitetes Werk im Stile der „Koschat-Walzer". Von Autoritäten vor Herausgabe geprüft und allgemein äusserst günstig beurteilt. Texte stehen den verehrlichen Vereinen bei Aufführung in beliebiger Anzahl **in Kommission** zur Verfügung.

Grosser Beliebtheit erfreuen sich Jäckels volkstümliche Männer- und gemischte Chöre. Katalog gratis. Partituren z. Ansicht.

G. Adolf Jäckel,

Musikverlag, Leipzig, Poststr. 4.

Gratis und franko

sende ich den Herren Dirigenten und Gesanglehrern gerne einzelne Partituren von **Johannes Schondorf's Männer- und gemischten (auch Schul-) Chören** (Lose Blätter, Vaterländische Gesänge etc. zur Ansicht.

Schondorf's Verlag in Güstrow.

Für Dirigenten und Sänger unentbehrlich!

Der Chor-Dirigent.

Bearbeitet von J. Wolff.

Preis 1 Mark.

Der Chordirigent führt die Anfangs-Accorde und Tonarten von 1000 der bel. Männerchöre an. Er ermöglicht ohne Partituren bei Ausflügen in gesellsch. Kreisen etc. ein genaues Einsetzen von Männerchören. In Musikzeitungen bestens empfohlen.

Verlag von Otto Kreyer, Krefeld.

Dankbar

werden Sie mir sein für die Uebersendung meiner neuesten illustrirten Preisliste frco. gegen 10-Pfg.-Marke. **G. Engel, Berlin 146** Potsdamerstr. 131.

Lieferung sämtlicher Musikalien besorgt prompt und billigst

H. vom Ende's Musikalienversand.

Ueberall zur Wiederholung begehrt wird der neueste Chor

Adolf Kirchl's:

Es war einst eine schöne Zeit

Lieder-Album der Lyra Nr. 103.

Der Chor ist soeben in II. Auflage erschienen und können Bestellungen auf denselben wieder sofort ausgeführt werden.

„Lyra"-Verlag, WIEN XVIII/2.

Wettstreitordnung.*)

In Nachstehendem erlaube ich mir, den Vereinen den Entwurf einer Wettstreitordnung zu unterbreiten, deren Daseinsberechtigung nach all den haarsträubenden Vorkommnissen der letzten grösseren Wettstreite wohl nicht mehr begründet zu werden braucht. Ich bitte alle Preisrichter, Dirigenten und Vereinsvorstände, denen eine Gesundung dieser Verhältnisse am Herzen liegt, mir umgehend mitzuteilen, welche Paragraphen sie für verbesserungsbedürftig halten; jeder Vorschlag wird dankbar angenommen und reiflich erwogen. Wenn nicht schnell etwas geschieht, werden die Zustände immer unhaltbarer, die demoralisierenden Wirkungen immer verheerender. Möge daher Jeder sein Scherflein dazu beitragen. Wem einige Bestimmungen zu scharf erscheinen, der möge bedenken, dass es gilt, Missstände zu bessern und das gelingt nicht, wenn man sie mit Rosenfingern anfasst. Etwas ordentliches, oder gar nichts. vom Ende.

A. Allgemeines.

1. Gesangwettstreite sind Veranstaltungen, welche den Zweck haben, den Männergesang und seine Litteratur zu heben und zu fördern und den ernststrebenden Vereinen äussere Beweise allgemeiner Anerkennung zu verschaffen.

2. Wettstreite können nur von einzelnen Gesangvereinen für sich oder im Auftrage eines Verbandes oder einer Person veranstaltet werden.

3. Zu diesem Zwecke vereinigen sich die Gesangvereine an einem bestimmten Tage und Ort, um durch Vorführung gesanglicher Leistungen vor berufenen Meistern des Männergesanges ihren künstlerischen Standpunkt nachweisen und sich demgemäss bewerten zu lassen.

4. Die siegenden Vereine erhalten als Auszeichnung Preise in Gestalt von barem Geld, Wertgegenstände, Denkmünzen und Ehrenketten; bei Verbandswettstreiten können letztere als Wanderpreise auf bestimmte Zeit verliehen werden.

5. Die Wettstreite können sein:

a) Nationale: Zu denselben werden nur in deutscher Sprache singende Vereine deutscher Nation, sowie aus deutschredenden Mitgliedern bestehende Vereine fremder Nationalität zugelassen.

b) Internationale: Hierbei konkurrieren deutsche Vereine mit Vereinen aller anderen Nationen.

Anm.: Mir persönlich scheinen die Geldpreise der Hauptgrund alles Uebels zu sein; daher fort mit den Geld- und wertvollen Ehrenpreisen! Aber das wird vorläufig wohl noch für Viele ein frommer Wunsch bleiben.

B. Bedingungen für die Zulassung zum Wettstreit.

1. Zu Wettstreiten dürfen nur Vereine zugelassen werden, welche seit mindestens drei Jahren bestehen und die als einziges Princip dasjenige des Gesanges anerkennen.

2. Die auf dem Wettstreit mitwirkenden Sänger müssen am Tage der Anmeldung zum Wettstreit wenigstens 1 Jahr dem Vereine als ausübende Mitglieder angehören und dürfen nicht gleichzeitig ausübende Mitglieder eines anderen Gesangvereins sein.

3. Die Gesangvereine der Stadt, in welcher der Wettstreit stattfindet, werden von der Teilnahme an demselben ausgeschlossen.

4. Die Anmeldung zum Wettstreit hat schriftlich in eingeschriebener Postsendung bis zu dem Tage zu erfolgen, der von dem Veranstalter als Schlusstermin in den Publikationen genannt ist; dieses Schriftstück ist namens des Vereins von sämtlichen Vorstandsmitgliedern zu unterzeichnen.

In der Anmeldung sind unter ehrenwörtlicher Versicherung der Wahrheit folgende Angaben zu machen und Verpflichtungen einzugehen:

a) Name, Tag der Gründung, Wohnsitz des Vereins.
b) Mitgliederliste nach dem Stande 1 Jahr vor dem Datum des Schlusstermines.
c) Anerkennung der Wettstreitordnung.
d) Antrag um Zulassung zu einer bestimmten Klasse.
e) Nennung von zwei Delegierten in der sub C 2 genannten Versammlung.
f) Verpflichtung zur pünktlichen Zahlung der als Vereins- oder Personalbeiträge festgesetzten Zahlungen.

*) Nachdruck verboten. Alle Rechte vorbehalten.

C. Pflichten und Rechte des Veranstalters.

1. Der veranstaltende Verein trägt die Verantwortung für die gewissenhafte und pünktliche Ausführung der vorbereitenden Arbeiten; dahin gehören:

a) Bekanntmachung des Wettstreites mit Angabe eines Anmelde-Schlusstermins in den Fachblättern (Sängerhalle, Wegweiser durch die Chorgesanglitteratur).
b) Festsetzung der Klassen (siehe D) und Verteilung der Preise für jede einzelne Klasse.
c) Wahl der Preisrichter.
d) Ausschreibung eines Wettbewerbes für die Preischöre. (Siehe G).

2. Einberufung und Leitung einer Delegiertenversammlung, 12 Wochen vor dem Wettstreit, zu welcher von jedem Vereine 2 Delegierte stimmberechtigt sind. (Siehe B 4. e). Diese Versammlung hat zu beschliessen:

a) über den etwaigen Ausschluss einzelner Vereine,
b) über Aenderungen in der Verteilung der Preise, falls solche beantragt werden gegen die Bestimmungen der Veranstalter,
c) über die Reihenfolge des Auftretens der Vereine beim Wettstreit durch Auslosung.

3. Pünktlicher Versand des Stimmenmaterials für die Zeitchöre unter Nachnahme des Betrages.

4. Herausgabe eines Festbuches. Der Veranstalter kann sich zur Besorgung der unter 3 u. 4 angeführten Punkte einer Musikalienhandlung bedienen.

5. Leitung und Besorgung der geschäftlichen Angelegenheiten während des Wettstreites.

6. Auslosung der Preisrichter für die verschiedenen Klassen und Uebermittelung eines Exemplares der Preischöre (Partitur) an jeden Preisrichter mindestens 14 Tage vor dem Wettstreit.

7. Die Beaufsichtigung und Sorge für die Innehaltung der Wettstreitordnung.

8. Preisverteilung.

9. Der veranstaltende Verein oder Verband hat als Sicherheit für die gegen Bezahlung mitwirkenden Kräfte sowie für die ordnungsgemässe Durchführung der Veranstaltung eine dem Umfange derselben angemessene Summe bei der Sparkasse zu hinterlegen.

10. Der Veranstalter hat das Recht, Vereine oder Personen vom Wettstreit auszuschliessen, welche die Bedingungen dieser Wettstreitordnung übertreten.

D. Bestimmungen über die Klasseneinteilung.

1. Für die Einteilung in Klassen wird die Anzahl der den Vereinen angehörenden ausübenden Mitgliedern zu Grunde gelegt, dagegen nicht die Anzahl der teilnehmenden Sänger.

2. Anzahl und Art der Klassen, sowie die Verteilung der Vereine bestimmt der Veranstalter; mehr wie 10 Vereine in einer Klasse sind nicht gestattet.

3. Ausser der Klassen-Einteilung nach Massgabe der Sängerzahl können noch besondere Klassen gebildet werden, wofür dann spezielle Bedingungen, bezw. Aufgaben gestellt werden, z. B.: für ländliche Vereine mit geringer Sängerzahl, für Arbeitervereine, dann Ehrenklassen für Prima Vista-Gesang, Klassen für das deutsche Volkslied etc.

4. Vereine, welche während der vorhergehenden 3 Jahre einen I. Preis oder Ehrenpreis errungen haben, können zu einer Klasse, in der sie einen dieser Preise erhielten, nicht zugelassen werden, sondern müssen in einer höheren Klasse mitstreiten.

Anm.: Durch diese Bestimmung soll nach Möglichkeit der Preisjägerei seitens solcher Vereine vorgebeugt werden, welche das Wettsingen als Geschäft betrachten und von einem Wettstreit zum anderen ziehen.

E. Bestimmungen über die Wahl der Preisrichter und deren Verpflichtungen.

1. Die Preisrichter werden von dem Veranstalter gewählt. Das Preisrichteramt erfordert Erfahrung im Männergesangwesen, Kenntnis der Litteratur und Gesangstechnik, geläuterten Geschmack und vornehme Gesinnung. Es sind daher für

dieses Amt nur Musiker ins Auge zu fassen, welche längere Zeit im Männergesangwesen gestanden, sich als Dirigenten bewährt haben und den Nachweis höherer künstlerischer Bildung erbringen können.

2. Die Namen der erwählten Preisrichter (auch der zur Wahl vorgeschlagenen) bleiben geheim bis zum Wettstreit; diejenigen Preisrichter, deren Name vorzeitig in die Oeffentlichkeit dringt, sind vom Wettstreit auszuschliessen.

3. Die Preisrichter müssen sich verpflichten, sich jeder schriftlichen oder persönlichen Verbindung in Fragen des Wettstreites mit einem teilnehmenden Vereine zu enthalten.

4. Die Preisrichter haben 14 Tage vor dem Wettstreit die Preischöre genau zu studieren.

5. Die Preisrichter werden nicht für eine bestimmte Klasse gewählt, sondern die Zuteilung geschieht 1 Tag vor dem Wettstreit durch das Los.

F. Bestimmungen für die teilnehmenden Vereine.

1. Es ist den am Wettstreit teilnehmenden Vereinen unbenommen, alle Mittel anzuwenden, welche ihnen bezügl. der Uebungen zur Erreichung ihres Zieles zweckmässig erscheinen. Die Anzahl der Proben ist also unbeschränkt, ebenso die Anzahl der mitwirkenden Dirigenten oder sonstiger mit Rat und That helfender Personen.

Anm.: Diese Konzession scheint etwas weit zu gehen, aber sie entspringt der Erwägung, dass die Durchführung strengerer Grundsätze in dieser Frage ganz unmöglich ist, da eine Kontrolle nicht stattfinden kann. Bedingung ist nur, dass kein Preisrichter mitwirkt.

G. Bestimmungen bezgl. der Preischöre.

1. Als Grundprinzip ist aufzustellen, dass gar keine selbstgewählten Chöre zum Vortrag kommen, sondern nur aufgegebene.

2. Der Veranstalter schreibt einen Wettbewerb für die erforderliche Anzahl von Preischören aus, an dem sich jeder Deutsche beteiligen kann, bei internationalen Wettstreiten für die internationalen Klassen auch jeder Ausländer.

3. Die Festsetzung der Preise für die Konkurrenz bleibt dem Vereine überlassen; Bestimmung ist nur, dass dieselben für alle Chöre gleich sind.

4. Die Auswahl geschieht durch die Preisrichter und ist mit einfacher Stimmenmehrheit massgebend.

5. Es sind für jede Klasse drei Chöre erforderlich u. z.:
a) ein Achtwochenchor,
b) ein Vierwochenchor,
c) ein 2 Stunden- bezw. Vomblattchor.

Für die internationalen Klassen sind Chöre mit lateinischem Text zu wählen.

6. Ueber die Verteilung der Chöre auf die verschiedenen Klassen haben die Preisrichter zu entscheiden u. z. sind hierbei bezgl. der Schwierigkeit folgende Normen massgebend:
a) Die Chöre für Vereine von weniger als 40 Mitgliedern dürfen den mittleren Schwierigkeitsgrad nicht überschreiten.
b) Die 2 Stundenchöre sind im leichten Volkston zu halten; schwierige Modulationen, (verwandte Tonarten 2. Grades) sind nicht gestattet; die Melodie darf nur in einer Stimme liegen.
c) Bei dem Vomblattchor gilt dasselbe, nur dass er keinerlei Modulation, Ausweichung oder Uebergreifen enthalten darf.
d) Soli, oder Soloquartette, Terzette, Duette etc. dürfen in den Chören nicht vorgeschrieben sein.

7. Um ein vollständig objektives Urteil bezgl. der Preischöre herbeizuführen und jede Verbindung zwischen den beteiligten Vereinen und anderen Faktoren zu vermeiden, gelten folgende Bestimmungen:
a) Die Preischöre sind nicht unter dem Namen des Komponisten einzureichen, sondern mit einem Kennwort zu versehen; ein geschlossenes Kouvert, das erst nach der Entscheidung der Preisrichter geöffnet wird, enthält das gleiche Kennwort und den Namen des Komponisten.
b) Die Partituren und Stimmen, welche den wettsingenden Vereinen zugestellt werden, dürfen den Namen des Komponisten und Verlegers nicht tragen.
c) Das Verlagsrecht geht auf den Veranstalter des Wettsingens über.

H. Wertungssystem und Anordnungen für das Preisrichterkollegium

1. Gewertet wird:

a) Aussprache,	e) Tempo,
b) Tonreinheit,	f) Dynamik,
c) Klangschönheit,	g) Allgemeiner Eindruck.
d) Rhythmik,	

2. Folgende Zahlen drücken den Wert aus:

I sehr gut,	IV genügend.
II gut,	V mangelhaft.
III ziemlich gut,	VI ungenügend.

Eine besondere Bedeutung hat die Rubrik: Allgemeiner Eindruck zu beanspruchen; aus diesem Grunde werden hierfür die Zahlen verdoppelt, sodass sehr gut = 2, gut = 4, ziemlich gut 6 ist u. s. f. Die Rubrik Allgemeiner Eindruck darf erst nach dem Auftreten sämtlicher Vereine ausgefüllt werden.

3. Für die Zuerkennung des 1. Preises ist erforderlich, dass von jedem Preisrichter jede Leistung durchschnittlich mit 2 bewertet ist, (Allgemeiner Eindruck 4), sodass also bei 5 Preisrichtern und bei 3 Preischören der Verein höchstens 240 Punkte bekommen darf.

4. Für die Zuerkennung eines Preises überhaupt ist der Durchschnittswert 4 (Allgemeiner Eindruck 8) erforderlich, sodass ein Verein, der (bei 5 Preisrichtern und 3 Chören) 481 Punkte erhält, keinen Preis beanspruchen kann.

5. Uebrig bleibende Preise werden der Reihe nach, vom ersten angefangen, unter die siegenden Vereine verteilt.

6. Jedes Preisgericht hat aus wenigstens 5 Richtern zu bestehen.

7. Das Preisrichterkollegium jeder Klasse wählt am Tage vor dem Wettstreit nach der Auslosung aus seiner Mitte einen Vorsitzenden, der die Verantwortung trägt für die pünktliche Innehaltung der den Wettstreit in Bezug auf die gesanglichen Darbietungen und der Bewertung derselben betreffenden Bestimmungen. In seinen Händen ruht die Leitung des Wettsingens und der Verhandlungen des Preisgerichts.

8. Die Preisrichter nehmen ihren Platz in der Mitte des Saales ein, getrennt durch Mitglieder des veranstaltenden Vereins.

9. Die Preisrichter haben alle bemerkten Fehler in den Partituren zu verzeichnen u. z. mit folgenden Zeichen:

— Aussprache,	o Rhythmik,
| Tonreinheit,	ɔ Tempo,
+ Klangschönheit,	e Dynamik.

10. Dem Preisrichterkollegium ist seitens des Veranstalters ein Vertrauensmann zur Führung der Liste II beigegeben, der jedesmal sofort nach dem Abtreten eines Vereins das Resultat der Bewertung aus den Listen der Preisrichter (siehe Liste I) in Liste II überträgt. (Schema der Listen siehe unten.)

11. Nachdem der letzte Verein abgetreten ist, haben sich die Preisrichter zunächst über die Ausfüllung der Rubrik 7 (Allgemeiner Eindruck) nach ihren Notizen schlüssig zu machen; darauf ziehen sie sich zur Beratung in einen abgeschlossenen Raum zurück.

Der Vorsitzende verliest zunächst zur Vergleichung sämtliche Zensuren, welche von den Preisrichtern in ihre Formulare einzutragen sind; die Berechnung macht dann ein jeder für sich, worauf das Endresultat nochmals verglichen wird. Eine Beratung über die Einzelbewertung ist erlaubt, Aenderungen jedoch nur mit Zustimmung sämtlicher Preisrichter.

Gehen die Meinungen weit auseinander, so kann das Gericht nochmaligen Vortrag des betreffenden Chores beschliessen.

J. Geschäftsordnung beim Wettstreit.

1. Jeder Klasse werden vom Veranstalter 2 Obmänner zugeteilt, welchen die Sorge für den ordnungsgemässen Verlauf des Wettstreites in allen aussergesanglichen Angelegenheiten obliegt, u. a. auch das Abzählen der Sänger des auftretenden Vereins.

2. Die Vereine treten in der Reihenfolge auf, wie sie ausgelost wurden. Nach der Aufstellung verkündet zunächst der Sprecher des Vereins Namen, Jahr der Gründung und Mitgliederzahl, Name des Vorstandes und des Dirigenten.

3. Die Chöre werden in der Reihenfolge gesungen, in der sie verteilt wurden.

4. Fehlt ein Verein zur richtigen Zeit, so entscheidet über seine spätere Zulassung das Preisrichterkollegium.

5. Das Resultat des Wettsingens wird durch den Vertrauensmann des Veranstalters verkündet.

6. Formular 1 und die Partituren bleiben Eigentum des Preisrichters.

K. Formular für die Preisrichter.

Formular 1.

Für die Preisrichter.

Vereine		Aussprache	Tonreinheit	Klangschönheit	Rhythmik	Tempo	Dynamyk	Allgemeiner Eindruck	Endsumme	Bemerkungen
1 Männergesangverein Aachen	8 Wochen-									
	4 Wochen-									
	2 Stunden-Chor									
2 Liedertafel Bonn	8 Wochen-									
	4 Wochen-									
	2 Stunden-Chor									
3 Sängerkranz Düren	8 Wochen-									
	4 Wochen-									
	2 Stunden-Chor									
	Endsumme:									

Zensuren:

1 = sehr gut.
2 = gut.
3 = ziemlich gut.
4 = genügend.
5 = mangelhaft.
6 = ungenügend.

Für die Rubrik: Allgemeiner Eindruck:

2 = sehr gut.
4 = gut.
6 = ziemlich gut.
8 = genügend.
10 = mangelhaft.
12 = ungenügend

Preisrichter	VEREINE: 1 (8 W. 4 W. 2 St.)	2 (8 W. 4 W. 2 St.)	3 (8 W. 4 W. 2 St.)	4 (8 W. 4 W. 2 St.)	5 (8 W. 4 W. 2 St.)	6 (8 W. 4 W. 2 St.)	7 (8 W. 4 W. 2 St.)	8 (8 W. 4 W. 2 St.)	9 (8 W. 4 W. 2 St.)	10 (8 W. 4 W. 2 St.)	Endsumme	Bemerkungen
1.												
2.												
Endsumme:												

Dieses Formular ist Eigentum des Preisrichters.

Formular II.

Für den veranstaltenden Verein.

Preisrichter		Männergesangverein Aachen								
	Vereine	Männergesangverein Aachen								
[illegible]	Aussprache									
	Tonreinheit									
	Klangschönheit									
	Rhythmik									
	Tempo									
	Dynamik									
	Allgemeiner Eindruck									
	Endsumme									
Brock	Aussprache									
	Tonreinheit									
	Klangschönheit									
	Rhythmik									
	Tempo									
	Dynamik									
	Allgemeiner Eindruck									
	Endsumme									

Inhalts-Verzeichnis

des 2. Jahrganges des Wegweisers durch die Chorgesanglitteratur nebst Konzertbericht u. Beiblatt: „Der Sänger".

Wegweiser durch die Chorgesanglitteratur

Amtliches Organ des westdeutschen Sängerverbandes.

Ratgeber für Gesangvereine und Dirigenten.

Redaktion und Verlag: H. vom Ende, Köln a. Rh., Ecke Bismarck- und Kamekestrasse.

nebst „KONZERTBERICHT“ und Beiblatt: Der Sänger.

Erscheint monatlich einmal. Bezugspreis für 1 Expl. 20 Pfg. Jahresabonnement Mk. 1.50 und 40 Pfg. Porto. Inserate kosten pro 4 mal gespaltene Petitzeile 80 Pfg.

Expedition: H. vom Ende's Musikalien-Versandgeschäft.

Nr. 1. | Köln a. Rhein, den 26. Oktober 1901. | III. Jahrg.

Inhalt:

Der dritte Jahrgang.

Mit dieser Nummer tritt der Wegweiser in den dritten Jahrgang ein mit dem festen Vorsatze, in der bisherigen Weise weiterzuwirken für die geistigen und wirtschaftlichen Interessen unserer Gesangvereine und deren Leiter. Ein Blick in unsere Blätter genügt, um zu erkennen, dass wir unser Glück und unsre Zukunft nicht auf dem Monde suchen, sondern dass wir nur die vitalsten Interessen unsres Standes im Auge haben. Man betrachte die Themen unserer Aufsätze: Das deutsche Volkslied, Gesang in der Volksschule, Historische Konzerte, Studium der Musiktheorie, Zukunft des deutschen Männergesanges, Zur Erziehung des Volkes in den Männergesangvereinen, Der Chorgesang, Die materielle Lage der Dirigenten, Wettstreitordnung, Berechtigung und Befähigung zum Dirigenten, Der Wettstreit um den Wanderpreis des Kaisers u. s. w. und man möge versichert sein, dass wir auch in Zukunft es uns angelegen sein lassen, in erster Linie die täglichen Bedürfnisse unserer Dirigenten in künstlerischer und wissenschaftlicher Beziehung zu befriedigen.

Die Abonnentenzahl ist in stetem Wachsen begriffen, das sei uns ein Beweis dafür, dass wir uns auf dem richtigen Wege befinden. Unsre zahlreichen Leser aber bitten wir, für das Blatt in ihren Kreisen zu werben; für die Mitteilung von Adressen sind wir jederzeit dankbar, auch stellen wir Probeexemplare gern zur Verfügung. Die Red.

Befähigung und Berechtigung zum Dirigenten eines Gesangvereins.

Von C. Steinhauer. (Schluss)

5. Der Gesangvereins-Dirigent muss vor allem selbst über so viel Stimme und gesangliche Kenntnis gebieten, dass er seinen Sängern nicht blos korrekt, sondern auch nach sanglichen Gesetzen vorzusingen vermag. Es kommt dabei weniger auf die Schönheit und Kraft der Stimme, als auf das Beispiel eines bezüglich des Tonansatzes, der Atmung, der Betonung, der Registerbehandlung, des gleichmässig-geschmeidigen Flusses „sachgemässen“ Vorsingens. Der Einfluss der Dirigenten mit wirklich schönen Stimmen (welche aber unter den Standesgenossen nur selten zu finden) auf die Sänger ist natürlich der grössere.

6. Der Dirigent muss die Technik des Taktierens vollkommen beherrschen. Bezüglich dieses hochwichtigen Punktes liegt es bei vielen Dirigenten noch sehr im Argen. Viele beschreiben, wie der Taschenspieler mit seinem Zauberstäbchen, nur anscheinend eigens erfundene seltsame Figuren in der Luft. Andere, deren Taktieren sich sonst schon etwas sinngemässer darstellt, wissen noch nicht, dass jeder volle Takt mit einem Niederschlage beginnt. Auf dem von mir z. Z. geleiteten, bereits erwähnten Dirigentenkursus war eine ganze Anzahl Teilnehmer, die keine Ahnung von der Taktierweise auch der einfachsten Taktarten hatte, und bei den vielfach so leidigen Gesangwettstreiten kann man dieselbe Beobachtung machen. Andere Dirigenten, und es sind deren auch nicht wenige, fallen wieder in den schweren Fehler, den Takt ganz ungerechtfertigt zu zerkleinern, selbst bei bewegteren Zeitmassen und geben z. B im Viervierteltakt fast ständig die Achtel, oder gar Sechszehntel an oder punktierten Achtel an, wodurch die deklamatorisch-musikalische Phrasierung zerrissen, der Fluss und Schwung der Wiedergabe oft vollständig gehemmt und zerstört werden. Bei sehr langsamen Tempi erscheint freilich eine Halbierung der Viertel nicht selten geboten.

Um die Keime der vorbenannten Eigenschaften „Talent“, „Liebe und Begeisterung für Musik“, „Gehör“, „Empfindung“, „Geschmack“, „gesangliche Fähigkeit“ und „Direktionsbegabung“ nun zur richtigen Entfaltung, zur schönsten Blüte zu bringen und dadurch die „Befähigung und Berechtigung zum Dirigenten eines Gesangvereins zu erwerben“, ist notwendig in erster Linie: „Ein gründliches Studium der Musik“, sei es an einem Konservatorium, sei es an einem Seminar, wo Musik und Gesang die ihnen gebührende Stelle zugewiesen, sei es durch einen guten Privatunterricht, sei es an Hand eines besonderen Dirigentenkursus. Ausser der Elementarmusiklehre soll auch der Dirigent des kleinsten Männerchors „das Klavier oder Geigenspiel, falls er mit der Geige einübt, genügend beherrschen, das notwendige Gesangstudium durchgemacht und im Chore selbst mit thätig gewesen sein.“ Ferner soll er „die einfache Harmonielehre vollständig studiert und die Kenntnis der Lied- und sonstigen wichtigsten Gesangsformen sich angeeignet haben, damit er sowohl den harmonischen Bau der Chöre zu beurteilen, das harmonisch Gute von dem harmonisch Einförmigen, Ungeschickten oder gar schlecht Zusammengefügten zu trennen und harmonische Fehler (oft nur Druckfehler) zu verbessern in der Lage ist, als auch die vorhandenen Schwierigkeiten genau zu erkennen, die musikalischen Steigerungen, Schwer- und Ruhepunkte herauszuholen und geschickt zu verteilen vermag." Ein Dirigent, der seine bezügliche Begabung nicht gründlich ausgebildet hat, wird zwar in vorbenannter Richtung kraft seines Talent-Instinktes auch oft das Richtige treffen, aber ebenso oft, oder noch häufiger auch daneben greifen.

Nur das bewusste Wissen und Können hat Wert!

Dirigenten umfangreicher, stilgrosser Werke ohne, besonders aber mit Orchester müssen unbedingt auch „den einfachen und doppelten Kontrapunkt, Kanon und Fuge, die höheren musikalischen Formen und die Instrumentationslehre durchgenommen, sowie Uebung in der Direktion, der Recitative und im Lesen grösserer Partituren erlangt haben." Denn wie vermöchten sie als Einstudierer und Leiter den in ihren Rhythmen, in ihrer Stimmenführung und Modulationsordnung oft so ausserordentlich kunstvoll und kompliziert gearbeiteten Werken eines Händel, Haydn, Bach, Beethoven, Schumann, Brahms bis zu unseren „Modernen" sonst gerecht zu werden?! Sie würden allenthalben nur im Dunkeln tappen! Das häufige Anhören guter „Vokal- und Instrumentalkonzerte" darf auch nimmer vernachlässigt werden, da es den Geschmack und die Empfindung und Auffassung vertieft, das Urteil schärft, den Gesichtskreis erweitert und die Litteraturkenntnis vermehrt.

Neben der musikalischen darf der Dirigent auch seine allgemeine Bildung nicht vernachlässigt haben. Speciell muss der Chordirigent eine solche Schul- und wissenschaftliche Bildung genossen haben, dass er in erster Linie, wie den Wert der Musik, so auch den Wert der der Komposition zu Grunde liegenden Dichtung abschätzen kann, ferner den poetisch-geistigen Gehalt derselben versteht und seinem Chore zu vermitteln vermag, auch, wenn erwünscht, den Sängern ein ganzes Gedicht oder einzelne Strophen desselben mit richtiger ausdrucksvoller Betonung hersusagen im stande ist. Nur auf Grund solcher Vorbedingungen ist es möglich, eine überzeugungstreue, textentsprechend-ausdrucksvolle Ausführung der Gesangskompositionen zu erzielen!

Dass ein grosser Teil unserer Gesangvereins-Dirigenten sich nicht in den „poetisch-geistigen Inhalt" der Chorwerke zu vertiefen pflegt (ob auch nicht zu vertiefen vermag?), beweist die oft nicht blos herzlos-kühle, sondern geradezu textwidersprechende Wiedergabe mancher Chöre und sogar unserer herzigen und leicht verständlichen Volkslieder in Konzerten und bei Gesangwettstreiten. Man sage nicht, das liege an den Sängern, nein, das liegt fast stets nur an den Dirigenten! Denn auch der ungebildetste Sänger hat doch Gemüt, weil eben gemütlose Menschen überhaupt keinem Gesangverein aktiv beitreten (geschieht es wohl mal aus „Geschäftstaktik", so hat das doch keinen langen Stand, das aktive Mitglied wandelt sich bald in das passive), und einem solchen „ungebildeten" Sänger vermag deshalb der befähigte Dirigent wohl, wenn auch mit viel grösserer Mühe wie dem gebildeten, einen guten und textentsprechend-beseelten Vortrag beizubringen. Nur müssen die technischen Schwierigkeiten dem Leistungsvermögen der Sänger, das sich natürlich mit der Zeit methodisch steigern lässt, angepasst sein. Die Erfahrung hat das in reichlichem Masse gelehrt! — Besitzt nun der Dirigent eines Gesangvereins in mehr oder minderem Grade die erforderlichen künstlerischen Eigenschaften, welchen sich als wertvolle Beigabe ein gutes Gedächtnis des öfteren beigesellt, so sind für ihn doch auch noch einige besondere Charaktereigenschaften von ausserordentlicher Wichtigkeit, ja sie sind ihm Bedürfnis, wenn er mit andauerndem Erfolge seinem Berufe obliegen will. Es sind das vor allem die „Energie," die ihn befähigt, strenge Disciplin in seinem Chore zu üben; sodann die Menschenfreundlichkeit und Herzlichkeit, die ihm bei allem Ernste des Studiums die Herzen seiner Sänger gewinnen lassen. Dazu ein gross Mass von Begeisterung, Geduld und Ausdauer und auch kluger Besonnenheit, um manchen im Laufe der Zeit in den Vereinen vorkommenden Schwierigkeiten, Meinungsverschiedenheiten u. dgl. in Ruhe begegnen, etwaige Zwistigkeiten beilegen zu können.

Wenngleich die Musiker von Beruf in der Regel auch als die berufensten Dirigenten zu gelten haben, so sind doch bei weitem nicht alle Berufsmusiker, Geiger, Pianisten, Gesanglehrer u. s. w. auch als Dirigenten befähigt und berechtigt, indem ihnen bei aller Tüchtigkeit in ihren Specialfächern doch oft diese oder jene notwendigen Dirigenteneigenschaften fehlen, viele auch gar keine Neigung zum Dirigentenfache besitzen. Auf der anderen Seite giebt es unter den Herren, welche neben ihrer eigentlichen Berufsthätigkeit als Lehrer, Kaufmann, Beamter und selbst Handwerker die Leitung speciell von Männerchören betreiben, manchmal durchaus musikalische Naturen, welche durch Privat- und Selbstunterricht und vieles Hören und Absehen sich zu ganz routinierten Dirigenten von a capella Chören aufgeschwungen haben. In manchen sehr kleinen Städten und auf den Dörfern giebt es ja auch kaum geeignete Berufsmusiker und da ist es ein wahrer Segen, wenn dort neben den Organisten hierzu berufene Lehrer, oder Mitglieder anderer Stände die Leitung der Gesangvereine in die Hand nehmen. Zur vollwertigen Direktion der Gesangwerke grosser und grösster Form, besonders solcher mit Orchesterbegleitung gehört allerdings wegen der bereits angedeuteten Unsumme der erforderlichen Kenntnisse und Erfahrungen das Lebensstudium des Fachmusikers und eine fortlaufende ungehemmte Beschäftigung in und mit diesem Fache! — Dirigenten, welche auf Grund gewissenhafter Selbstprüfung (leider giebt es auch solche, die an „Selbstüberschätzung" kranken) sich nach Kenntnisnahme dieser Ausführungen noch nicht als gediegene Vertreter dieses Standes befinden können, mögen nur unentwegt an ihrer Weiterentwickelung arbeiten, damit sie zu Nutz und Frommen ihrer Vereine sich dem Ideal eines Dirigenten immer mehr nähern. Nur ein Gesangvereins-Dirigent, der die hier angeführten Eigenschaften, wenn auch nicht alle in gleicher Vollkommenheit (denn das findet sich nur selten) sein eigen nennt, erscheint mir für seine verantwortliche Thätigkeit befähigt und berechtigt, und nur ein solcher vermag auch seiner herrlichen, erziehlichen Aufgabe als Ausdeuter, Pfleger und Verbreiter wahrer Sangesweisen und Sangeskunst vorbildlich gerecht zu werden!

Einführung in das Studium der Musik.

H. vom Ende. (Fortsetz.)

In noch weit höherem Grade wie bei Klavier und Orgel stellen sich die Anforderungen an den Geist der Zuhörer bei der Orchestermusik. Schon die Menge und Verschiedenheit der auf uns einstürmenden Klangwirkungen erfordert ein geübtes Ohr, der Umfang der Werke musikalisches Gedächtnis, vor allem aber verlangt das gewaltige Gebiet seelischer Erlebnisse, welche von der Orchestermusik zum Ausdruck gebracht werden können, einen so komplizierten Apparat von Ausdrucksmitteln, dass genaueste Kenntnis derselben für das Verständnis derartiger Werke unbedingt erforderlich ist. Die absolute Instrumentalmusik hat im Verlaufe weniger Jahrhunderte eine so rapide Entwickelung von den minimalsten Anfängen bis zu den erhabenen und tiefsinnigen Schöpfungen eines Beethoven und den formell komplizierten eines Strauss durchgemacht, wie sie ganz beispiellos dasteht in der Geschichte aller Künste und Wissenschaften. Das Wesen dieser Kunst, Form und Inhalt seiner Werke hat sich in dieser Zeit so ausserordentlich vertieft und erweitert, dass ein müheloses Geniessen der Meisterwerke nur demjenigen vergönnt ist, der neben einem für den musikalischen Ausdruck empfindlichen Gemüt mit feingebildetem Geschmack ausgerüstet ist und gründliche Vorstudien gemacht hat über das Wesen dieser Kunstwerke, über Ziele, Aufgaben und Darstellungsmittel dieser Kunst. Zwar behauptet ein kunstverständiger Herr, der alte Thomaskantor M. Hauptmann: „Die Musik ist in ihrem Ausdruck allgemein verständlich. Sie ist es nicht für den Musiker allein, sie ist es für den menschlichen Gemeinsinn". Gewiss ist sie das, aber doch nur, wenn gewisse Vorbedingungen erfüllt sind. Auch Christus sprach: „Kommet Alle her zu mir, die ihr mühselig und beladen seid, ich will euch erretten". Und doch sind die erhabenen Lehren unseres Erlösers noch nicht weit vorgedrungen; er verlangt, dass man zu ihm komme; aber der Weg ist steil und steinigt, er verlangt Aufopferung, Selbstverleugnung, er verlangt Arbeit; erst, wenn wir diese geleistet haben, winkt uns der Lohn, der alle Mühe segnet. — So auch in der Tonkunst; soll sie die weltüberwindende Kraft, die welterlösende Wirkung, welche ihr gleichwie der christlichen Religion eignet, auf die Gemüter wirklich ausüben, so heisst es ringen, arbeiten:

„Nur dem Ernst, den keine Mühe bleichet,
Rauscht der Wahrheit tiefversteckter Born,
Nur des Meissels schwerem Schlag erweichet
Sich des Marmors sprödes Korn".

Dann winkt uns als Lohn reines, müheloses Geniessen.

Das Zeitalter der Musik ist noch nicht gekommen, es beginnt erst, wenn die höhere Kunst zum Gemeingut des Volkes geworden ist. Mag auch die Verwirklichung eines solchen Ideals undenkbar sein, das darf uns nicht hindern, daran zu arbeiten.

II.

Das Kunstwerk.

Bevor wir in die Erörterung der Frage eintreten, welcher Art denn diese für den vollkommenen Genuss eines Kunstwerkes erforderliche Vorarbeit sein soll, müssen wir uns über die bei diesem Akt zusammenwirkenden Faktoren Klarheit verschaffen. Es sei daher in kurzen Zügen das Wesen der Kunst und ihrer Schöpfungen, die Thätigkeit des Schöpfers, des Ausführenden und des Zuhörers geschildert.

„Nil est in intellectu, quod non erat in sensu". Es ist nichts in unserem Geiste, was nicht durch das Thor der Sinnen hineingekommen wäre. Wir empfinden, d. h. unsere Sinne erhalten Eindrücke von der Aussenwelt und übermitteln diese dem Bewusstsein. Hier treffen sie mit bereits vorhandenen Wahrnehmungen zusammen, und nun beginnt der Denkprozess; die verschiedenen Wahrnehmungen werden in Beziehung zu einander gesetzt, es werden Schlüsse gezogen, und das Resultat sind Folgerungen, welche in unserem Bewusstsein gewisse Spannungen hervorrufen, Gefühle der Lust oder Unlust. Unser ganzes seelisches Leben gerät durch ihr Vorherrschen in Mitleidenschaft, je nach dem Grade und der Dauer des auftretenden Gefühls geraten wir in Aufregung, welche wir „Affekt" nennen, unsere Gemütsstimmung wird nach einer bestimmten Seite hingelenkt, das Begehrungsvermögen wird rege, je nachdem wir die Ursachen unseres Zustandes als das Allgemeingefühl fördernde oder hemmende erkannt haben, kurz, wir befinden uns in einem Zustande, in welchem ein dunkler Trieb uns zwingt, die Gefühle nach aussen hin bemerkbar zu machen, ihnen Ausdruck zu verleihen. Denn das Bedürfnis der Mitteilung unserer seelischen Erlebnisse ist uns angeboren, das Gefühl der Geselligkeit, der Gemeinschaft, der Einheit des Menschen mit dem Menschen zwingt uns, unsern Mitmenschen mitzuteilen, was uns bewegt, ihre Teilnahme zu erregen, so wie wir uns mit ihnen freuen, ihr Leid teilen. Darin beruht das Wesen alles künstlerischen Schaffens, insbesondere aber des musikalischen.

Es ist das menschliche Herz, welches hier seine eindringliche Sprache redet, d. h. diejenigen Eigenschaften unserer Seele, welche man als die höchsten, als göttlichen Ursprungs, dem Herzen zuschreibt, und „des Herzens Organ ist der Ton, seine künstlerisch bewusste Sprache: Die Tonkunst Sie ist die volle, wallende Herzensliebe, die das sinnliche Lustempfinden adelt und den nur sinnlichen Gedanken vermenschlicht. Ich kann den Geist der Musik nicht anders fassen, als in der Liebe", sagt R. Wagner.

Alles, was seine Seele bewegt, sein ganzes Empfinden und Fühlen, Denken und Wollen sucht der Künstler in seinem Werke zu offenbaren; im Tonwerke giebt er vor allen Dingen sich selbst, es ist eine künstlerische Erweiterung seiner Persönlichkeit, denn von aussen wird dem Tondichter nicht allzuviel beigebracht, er findet in der Natur keine Vorbilder, keine „Sujets", er muss frei aus seinem Eignen schöpfen. Deshalb spiegelt auch nichts so treu die Seele des Künstlers wieder, als gerade das musikalische Kunstwerk.

„Uroffenbarung nenn ich Musik.
In keiner der Künste
Strömt der verschlossene Mensch
Also krystallen heraus". G. Kinkel.

Es sind also neue, schöpferische Gedanken, Ideen, welche der Phantasie des Künstlers entspringen und ihn zur Produktion treiben. Um für uns Existenz zu erlangen, müssen diese Ideen irgend eine sinnlich wahrnehmbare Gestalt annehmen, sie müssen in einer gewissen, ihren Gehalt völlig erschöpfenden Form in die Erscheinung treten. Als Stoff benutzt der Tonkünstler hierfür die durch den Gehörsinn wahrnehmbaren Töne; diese vermögen das Wesen der zu versinnlichenden Gedanken getreu wiederzuspiegeln, sie sind wegen ihrer vielseitigen Anwendbarkeit, ihrer Geschmeidigkeit, Ausdrucksfähigkeit, ihres sinnlichen Glanzes am meisten dazu geeignet und — „der Weg des Ohrs ist der gangbarste und nächste zu unserm Herzen — Musik hat den rauhen Eroberer Bagdads bezwungen, wo Mengs, Corregio alle Malerkraft vergebens erschöpft hätten". (Schiller).

Der Ton verschafft uns zunächst eine rein sinnliche Genussanregung, eine angenehme Erregung des Gehörsinnes. Es ist die Freude an allem Glänzenden, Wohlgestalteten, unsern Sinnen Angenehmen, welche uns begleitet vom ersten Lächeln der Kindheit bis zum letzten Aufflackern der Lebensgeister im Alter, weil sie uns eine gewisse Befriedigung gewährt, ohne die Gedanken erheblich in Anspruch zu nehmen. Die Tonkunst soll aber nicht allein sinnlich ergötzen, sie soll vor allen Dingen die innere Bewegung der Seele schildern, und dazu muss sie ihrem Stoffe Beweglichkeit verleihen. Wie unser Herzblut emporwallt und fällt, wie unser Fühlen und Denken auflodert in heiliger Begeisterung und dann wieder versinkt in die eisige Erstarrung stumpfer Trostlosigkeit, so müssen auch die Töne das ewige Lied des Menschengeschlechts: „himmelhochjauchzend, zu Tode betrübt" in ihrer äusseren Erscheinung wiederzuspiegeln, und zu dem Zwecke hat der künstlerische Geist des Menschen im Verlauf weniger Jahrhunderte ein System ersonnen, welches an Reichtum der Formen alle menschlichen Erfindungen, die Sprachen nicht ausgenommen, weit hinter sich zurücklässt.

(Forts. folgt.)

Humoristika

für Männerchor.

Koschat, Thom., op. 123. **Der Stöfelbauer** P. u. St. M. 2.—
(Leipzig, Leuckart).

Ein fideles Liedchen in österr. Mundart und im Koschatton. Dem Stöfelbauer wird alles zum Feste, nachdem ihm der Pfarrer nur an Festtagen einen Trunk über den Durst erlaubt hat; schliesslich giebt ihm sogar der Tod seiner Schwiegermutter Veranlassung zur Feier.

Zuschneid, Hugo, op. 5. **Sechs launige Lieder.** P. M. 1.20
(Leipzig, C. F. Leede). St. je M. —.30

Kleine Schnurren, welche Soloquartetten zu empfehlen sind. Die Texte sind zum Teil ergötzlich, so das moderne Wiegenlied:

Schlaf mein Kind sei stad!
Denn draussen schneit es grad;
Mama läuft Eis, Papa läuft Ski,
Dazwischen aber tanzen sie.
Schlaf mein Kind, sei stad.

Paul, Emil, op. 15. **Zwei heitere Männerchöre.**
1. Hausrecht P. u. St. M. 1.80
2. Der grobe Wirt P. u. St. M. 1.80

Die beiden humorvollen Dichtungen von Baumbach sind höchst wirkungsvoll vertont, dabei nicht schwer.

Piber, Josef, op. 38. **Stelldichein** mit Klav. P. M. 2.—
(Leipzig, Fr. Kistner). St. je M. —.20

Im Mazurka-Tempo wird hier das Benehmen eines Mädels vor ihrem ersten Stelldichein köstlich geschildert. Der Satz ist gewandt und effektvoll.

Bei L. Doblinger, Wien sind 3 neue „Udel-Widmungen" erschienen von

Vernay, Chr., op. 36. Ballade von Ritter Drachenstein Kl.-A. M. 1.60
St. „ 1.30
op. 49. Der Portemonnaie-Kalender Kl.-A. „ 2.—
St. „ 1.20
op. 59. Telefonstörungen Kl.-A. „ 2.50
St. „ 2.50

Drei köstliche Vorträge im reizendsten Wiener Stil. Wer je das berühmte Udel-Quartett mit seinen Glanznummern gehört hat, wird sich die überaus komische Wirkung dieser fein ziselierten Quartette vorstellen können. Es gehören aber gute Vortragskünstler dazu, sollen all die kleinen und grossen Effekte wirklich herausgeholt werden, es gehört Wiener Witz dazu. Wir machen Quartettvereinigungen auf diese Werke ganz besonders aufmerksam.

Wagenblass, W. Der Rheinfall bei Schaffhausen mit Klav.
(Dresden, J. Günther). P. u. St. M. 2.20

In launiger Weise wird der Rheinfall im Gasthause auf einer Sängerfahrt nach dem Rheinfall geschildert.

Mendelssohn, Arnold. Der Schneider in der Hölle. Humoristische Ballade mit Tenor-Solo u. Orch. Kl.-A. M. 2.2
(Rob. Forberg, Leipzig). St. je „ —.15

In überaus charakteristischer Vertonung erscheint hier die alte Mär von den Heldenthaten des tapferen Schneiderleins in der Hölle, welche dem Herren Satanas so imponierten, dass seitdem kein Zunftgenosse mehr in die Hölle kommt. Die Begleitung schliesst sich den Situationen enge an und verleiht dem ganzen ein pikantes Gepräge. Ein schönes Seitenstück zu H. Zöllners: „Der Schreiber im Korbe".

Oskar Strauss. „Die Musik kommt" P. u. St. M. 3.40
(Berlin, C. A. Challier & Co.).

Wem klingen nicht die dröhnenden Lachsalven in's Ohr, welche der Vortrag dieses Couplets in Wolzogens Ueberbrettl hervorrief. Jetzt liegt dasselbe in einer Ausgabe für Männerchor mit Klav. vor, und wenn auch wegen der Schwerfälligkeit der Produktion die einzelnen Pointen nicht so wirksam hervortreten als bei der Solo-Darstellung, so birgt das Stückchen immer noch Humor genug, um auch in dieser Form zu wirken.

Für gemischten Chor und Begleitung.

Adolf Jäckel, op. 94. **Walpurgisnacht.** Kl.-A. M. 3.—, St. M. 1.20.

Ein launiges, flott im Walzerstil geschriebenes Werkchen grösseren Umfanges, welches durch seine reizenden Melodien, elegante Bearbeitung und seinen wechselreichen Aufbau das Interesse bis zum Schluss wach hält. Es kann kleineren gemischten Chören bestens empfohlen werden.

Ensembleszenen.

Nohnerlein, Max, op. 23. **Das gestörte Mittagsschläfchen.** In Form eines Potpourri für 4 Männerstimmen mit Klav.
do. op. 22. **In die Falle gegangen** Kom. Duett für 1 mittl. Männerstimmen mit Klav. Kl.-A. u. St. M. 4.—
(Regensburg, Fr. Gleichauf).

Als komische Vorträge in kleineren Kreisen sehr geeignet.

Kaisers Geburtstag an den höheren Lehranstalten.

Dem Kaiser Heil! von H. Kipper.

Bekanntlich werden seit einigen Jahren von den höheren Lehranstalten bei der Feier des Kaisersgeburtstages statt der früher üblichen zusammenhangslosen Deklamationen und Gesangvorträge einheitlich organisierte Schulspiele zur Aufführung gebracht. Um diese Aufführungen hat sich in Köln besonders der auch sonst in musikalischen Kreisen rühmlichst bekannte Gesanglehrer des Marzellen- und Apostelngymnasiums, Herr Hermann Kipper verdient gemacht, indem er, von seinen langjährigen Erfahrungen sicher geleitet, eine Reihe von Schulspielen abfaßte oder arrangierte, die eingelegten Gesänge in einer für Schülerchöre recht wirksamen Weise komponierte und die Aufführungen selbst leitete. Das hiesige Apostelngymnasium brachte bei der Vorfeier des Geburtsfestes Sr. Majestät wiederholt ein solches Festspiel zur Aufführung, welches geeignet ist, auch das Interesse weiterer Kreise zu erregen. Die Dichtung, welche nach einer von Herrn H. Kipper gegebenen Anregung von einem Oberlehrer der Anstalt, Dr. Christoph Stephan, verfaßt ist und den Titel trägt: „Dem Kaiser Heil! Bilder aus Kölns Vergangenheit und Gegenwart", ist von warmer vaterländischer und kaisertreuer Gesinnung getragen; daneben bezweckt sie auch die Liebe zur engeren Heimat in den Herzen der Schüler zu befestigen und durch die dramatische Veranschaulichung bedeutsamer Punkte aus der Geschichte der Vaterstadt bei den Zöglingen das Verständnis für deren große Vergangenheit zu heben, und zu befestigen. Das 1. der drei Bilder veranschaulicht den Eindruck, den die Nachricht von der Hermannsschlacht in dem damaligen oppidum Ubiorum machte, indem es eine wenig bekannte Notiz des Tacitus dramatisch verwertet, nach der der Sohn des Cheruskerfürsten Segestes, Segimund, der damals Priester an der ara Ubiorum war, auf die Kunde von dem Siege seiner Landsleute im Teutoburger Walde auf das römische Ehrenamt verzichtete und in seine Heimat an der Weser zurückkehrte. Der Dichter läßt aus den ihren alten Göttern treuen Ubiern an der ara Ubiorum selbst eine Gefolgschaft sich bilden, die mit dem Cherusker über den Rhein zu Armin zu ziehen schwört. Das 2. Bild spielt im Jahre 1248 auf der Baustätte des neuen Kölner Doms und führt uns den Gründer desselben, den Erzbischof Konrad von Hochstaden im Zwiegespräch mit dem 1. Dombaumeister Gerhard von Ryle vor. Dieser berichtet in einer sinnig erfundenen, legendenartigen Erzählung, wie der großartige Plan des neuen Domes in seiner Seele zuerst Gestalt gewonnen; es folgt dann eine geschickt durchgeführte Vision des Erzbischofs, die die Geschichte des Doms bis zur Vollendung in poetisch verklärtem Bilde skizziert. Das 3. Bild bringt eine auf historischer Grundlage beruhende, ergötzliche kleine Scene, die sich am Tage des Abzugs der Franzosen aus Köln im Jahre 1814 auf dem Schulhofe der damaligen école secondaire, des heutigen Marzellengymnasiums, zwischen Schülern dieser Anstalt und einem französischen Gendarmen abspielt. Das 4. Bild endlich spielt in der Gegenwart und veranschaulicht die Segnungen der staatlichen Fürsorge für die Invaliden des Krieges und der Arbeit durch ein längeres Gespräch zwischen einem alten Krieger, der in der Schlacht bei St.-Quentin das eine Bein verloren, und zwei Arbeitern, von denen der eine die Altersrente, der andere eine Rente auf Grund des Unfallversicherungsgesetzes bezieht. Die einzelnen Bilder sind durch Prologe verbunden, die zusammen einen kurzen aber interessanten Ueberblick über den Gang der deutschen und insbesondere der Kölner Geschichte in edler, poesiereicher Sprache bieten. Die prächtigen Chöre sind sämtlich (mit Ausnahme eines aus der Sammlung von Erk entnommenen Orginalliedes aus dem Jahre 1814) von Herrn H. Kipper komponiert. Derselbe hat wieder einmal, wie schon so oft seit Decennien, seine reiche Erfahrung auf dem Gebiete des vierstimmigen Chorgesanges, seine reiche Phantasie und sein hervorragendes musikalisches Gestaltungstalent in den Dienst der Heranbildung der Jugend zu echter Vaterlandsliebe gestellt und diesmal ganz Hervorragendes geleistet. Die sämtlichen 9 Chöre stehen durch ihre charakteristische Tongebung, die oft geradezu zur Tonmalerei wird, durch ihre packenden Rhythmen, die dem jedesmaligen Sujet aufs trefflichste angepaßt sind, durch ihre wechselvolle, den Charakter der Musik der einzelnen Epochen wiederspiegelnden Kompositionsweise hoch über dem Niveau von Gelegenheitsschöpfungen und dürften einen dauernden musikalischen Wert haben.

Der heutigen Nummer liegt ein Prospekt der Firma Aloys Maier, Fulda bei, welchen wir der Aufmerksamkeit der Herren Dirigenten empfehlen.

Der Sänger.

Amtliches Organ des westdeutschen Sängerverbandes.

Das Volkslied ist die Unsterblichkeit der Musik.
Marx.

Verbunden werden auch die Schwachen mächtig.
Schiller.

26. Oktob. 1901. || Vorsitzender: Lehrer A. Gau, Hilden bei Düsseldorf. || Nr. 1.

Redaktion u. Verlag: H. vom Ende, Köln a. Rhein, Ecke Bismarckstrasse 25.

Amtliche Nachrichten.

Als persönliche Mitglieder sind beigetreten:
38. Paul Stoye, Lehrer am Konservatorium in Krefeld. 39. Musikdir. Rasch-Wermelskirchen. 40. Schriftsteller Hans Eschelbach-Köln a. Rh. 41. Chordirig. Moders-Rees. 42. Chordir. von der Beek-Duisburg. 43. Musikl. W. Pallast-Düsseldorf. 44. Chordir. Berger-Gerresheim. 45. Chordir. Quast-Meiderich. 46. Chordir. Schleuter-Hattingen. Fortsetz. nächste Nummer.

Die Veröffentlichung des Kassenberichtes erfolgt in nächster Nummer. Ebenso die Abrechnung vom Feste.

Etwaige Wünsche betr. Mitwirkung der Rhein. Volksliedertafel sind recht frühzeitig an den Verbandsvorsitzenden zu richten. Arrangement bleibt vorbehalten.

Eine Reihe Flugschriften wird demnächst erscheinen, welche besonders geeignet sind zur Werbung neuer Mitglieder. Die Verbreitung zum Besten der Verbandskasse wird den Vereinen und Mitgliedern empfohlen.

Der in letzter Nummer des Wegweisers enthaltene Entwurf einer Wettstreitordnung ist nicht für den Verband berechnet. Ein vollständig detaillierter Entwurf erfolgt baldigst in einer Flugschrift und im „Sänger“. Der Verbandsvorsitzende.

Unterstützungs-, Kranken- und Sterbekasse für Gesangvereinsleiter Westdeutschlands

Vortrag, gehalten von H. vom Ende auf der Dirigenten-Versammlung in Düsseldorf.

Es ist die wichtigste soziale Errungenschaft der Neuzeit namentlich in unserm Vaterlande, durch gemeinsames Vorgehen innerhalb der durch Beruf und Erwerbsverhältnisse geschaffenen Genossenschaften, den Hülfsbedürftigen grössere Sicherheit und Ergiebigkeit des Beistandes in Fällen der Not zu gewährleisten. Es hiesse Wasser in den Rhein giessen, wollten wir hier die Notwendigkeit und Nützlichkeit dieses Vorgehens zu ergründen und beweisen versuchen, wir können uns mit der Thatsache begnügen, dass die diesbezüglichen Einrichtungen in unserem Vaterlande zu den grössten Thaten des vergangenen Jahrhunderts gezählt werden müssen.

Wohin wir blicken, jeder Stand, jeder Beruf, jede Erwerbsgenossenschaft, welche nicht bereits durch das Gesetz zwangsweise dazu veranlasst wurde, ist eifrig bemüht, dieses Segens teilhaftig zu werden, durch Anwendung und Anpassung der staatlichen Einrichtungen auf ihre Verhältnisse. Aerztevereine, Privatbeamtenvereine, Kaufmännische Genossenschaften, Techniker, Ingenieure, Journalisten, alle Berufsarten, welche abhängig sind von wechselnden Einnahmen und Erwerbsverhältnissen, haben sich zusammengethan zur Gründung von Kassen, denen die Verbesserung der materiellen Lage ihrer Angehörigen obliegt. Ueberall handelt es sich vornehmlich um Abwendung der wirtschaftlichen Folgen von Krankheiten und Erwerbslosigkeit, handelt es sich darum, der Not thunlichst vorzubeugen, in welche jeder Ernährer einer Familie geraten kann, der nicht ein festes gesichertes Einkommen sein eigen nennt. Welcher Stand aber hat ungleichmässigere und unsicherere Erwerbs- und Einkommenverhältnisse aufzuweisen, als derjenige der Chordirigenten, der sich doch in der Hauptsache aus Musiklehrern rekrutiert? Von seinen Einnahmen als Chordirigent kann kein einziger leben; jeder ist angewiesen auf Nebeneinkommen, er befindet sich alle Tage vor der Möglichkeit, der bittern Not gegenüberzustehen, davon werden viele dieser Herren ein Liedchen singen können.

Der Staat rührt im Interesse des Standes keine Hand, der interessiert sich bekanntlich nur für solche Stände, welche im Abgeordnetenhause vertreten sind, also bleibt nur eins übrig, das ist — Selbsthülfe.

Der Westdeutsche Sängerbund hat sich u. A. die Aufgabe gestellt, die wirtschaftliche Lage seiner Vereinsleiter zu heben. Sollen unsere Vereine künstlerisch und wirtschaftlich gedeihen, dann haben wir Dirigenten nötig, welche ihre Aufgabe in vollem Umfange erfassen, die im stande und Willens sind, sich selbst mit aller Energie künstlerisch und wissenschaftlich weiter zu bilden, aber auch keine Mühe scheuen, die Vereine auf eine höhere Stufe zu bringen, methodisch vorzugehen in den Uebungen und Studien, erziehlich einzuwirken auf die ihrer Obhut Anvertrauten.

Welche Gegenleistungen aber stehen solchen Leistungen der Chorleiter gegenüber? Gar viele mussen sich begnügen mit einem kleinen Geschenk, andere werden nach jedem anstrengenden Uebungsabend mit 2 Mark bar entlohnt; ein Honorar von 4 bis 6 Mark pro Uebungsabend gehört schon zu den goldenen Fischen und darüber hinaus gehen nur wenige Vereine.

Dass unter solchen Verhältnissen keine grossen Reservefonds angehäuft werden können, liegt auf der Hand. Dazu kommt noch, dass die Erwerbsverhältnisse sich immer ungünstiger gestalten; auch unter den Chorleitern macht sich eine Konkurrenz bemerkbar, die zu ungesunden Verhältnissen führen muss; die wilde Jagd nach Gewinn und äusseren Ehren zeitigt Zustände, die immer unhaltbarer werden. Der fortwährende Wechsel in den Dirigentenstellen ist ein Zeichen dafür; keine Seltenheit, dass ein Verein im Laufe eines Jahres drei verschiedene Dirigenten hat. Das liegt nur zum geringsten Teil an der Unfähigkeit mancher Dirigenten, zum grössten Teil aber an der mangelnden Erkenntnis der Vereine bezüglich der Aufgaben und der Bedeutung eines tüchtigen Dirigentenstandes, an der unsoliden und mangelhaften Honorierung dieser Thätigkeit.

Diese unsichere pekuniäre Stellung erheblich aufzubessern, mehr Stabilität in die Einkünfte zu bringen, den Fällen der Not thunlichst vorzubeugen, liegt in der Hand der Dirigenten indem sie sich den vom Westdeutschen Sängerverbande geplanten Einrichtungen anschliessen.

Wir unterbreiten Ihnen heute einen Vorschlag, welcher bezweckt, ausgiebige Fürsorge in Fällen der Not herbeizuführen; es soll eine zu diesem Zwecke auf freier Uebereinkunft beruhende Hülfskasse für die Chordirigenten Westdeutschlands gegründet werden, welche in Krankheits- und Sterbefällen, sowie bei plötzlich ohne eignes Verschulden eintretende Erwerbslosigkeit für eine gewisse Zeit lang ausreichende Hülfe leistet.

Bevor ich auf diese Kasse näher eingehe, möchte ich noch ausdrücklich darauf hinweisen, dass die Verhältnisse wohl auf keinem anderen Gebiete günstiger liegen, als bei uns, indem wir auf die Unterstützung zahlreicher Vereine wohl mit Sicherheit rechnen können.

Wenn wir nur einen engeren Kreis von Berufsgenossen berücksichtigen wollen, so findet das in der Thatsache seine Begründung, dass möglichste Gleichartigkeit der Lebens- und Erwerbsverhältnisse die grösste Gewähr bietet für Rentabilität und sichere

Fundierung des Unternehmens. Auch das Gesetz begünstigt die Bildung kleinerer Kassen eines Gewerbezweiges innerhalb gewisser lokaler Bezirke als das rationellste, nicht nur wegen der relativen Gleichheit der Krankheitsgefahr, sondern auch wegen der allgemein ethischen und fachwissenschaftlichen Vorteile, welche den nahen Beziehungen der Kassenmitglieder zu einander entspringen.

Aus diesem Grunde können auch andere bereits vorhandene Kassen für uns nicht in Frage kommen. Abgesehen von den grossen Kassen des Deutschen Privat-Beamten-Vereins und der Augusta, welche die verschiedenartigsten Elemente in sich bergen, dürfen auch die Einrichtungen des Allg. Deutschen Musiker-Verbandes nicht in Betracht gezogen werden. Diesem Verbande gehören fast ausschliesslich Orchestermusiker an, deren Wirkungskreis und Erwerbsverhältnisse man mit denjenigen der Chordirigenten gar nicht vergleichen kann.

Die Kassenberichte erbringen alljährlich den unumstösslichen statistischen Nachweis, dass gerade die kleineren Betriebs- und Fabrikkrankenkassen den grossen zentralisierten Ortskrankenkassen gegenüber am rationellsten wirtschaften, am besten fundiert sind und die grössten Unterstützungen gewähren. Die Neugründung der kleineren Raiffeisenschen Genossenschaften hier in der Rheinprovinz ist ein Beweis dafür.

Es ist also von Wichtigkeit, dass nur ein engerer Kreis von Berufsgenossen sich zusammenfindet, wobei hauptsächlich Privat-, Seminar- und Hochschul-Musiklehrer und Leiter von Gesangvereinen in Betracht kommen. Eine Beschränkung lediglich auf Dirigenten ist natürlich ausgeschlossen; wer heute noch Dirigent ist, kann morgen schon sein Amt verlieren; die Hauptsache ist doch, dass diejenigen Kreise sich zu gemeinsamem Vorgehen zusammenfügen, aus denen sich der Dirigentenstand rekrutiert und das sind die eben genannten.

Es entsteht dann noch die Frage, welcher Art die Unterstützungen sein sollen. Die Höhe derselben hängt natürlich ab von den Einzahlungen und sonstigen Zuwendungen. Aber wann sollen diese Unterstützungen eintreten? Hauptsächlich natürlich in Krankheitsfällen; für Unterstützung in Sterbefällen wird häufig eine besondere Kasse gebildet. Ferner ist zu erwägen, ob auch augenblickliche Stellunglosigkeit Berechtigung gewähren kann zur Unterstützung. Ich möchte das verneinen, da die Dirigentenstellung ja doch nur als Nebenamt angenommen wird. Es würde sich vorläufig also hauptsächlich um Unterstützung in Krankheits- und Sterbefällen handeln. Dass diese schon sehr bald zu ermöglichen ist, sehen wir an verschiedenen Beispielen. So gewährt die Krankenkasse des deutschen Weber-Verbandes, gegründet 1899, bei einem Monatsbeitrag von 60 Pfg. pro Mitglied:

1. Unterstützungen bei unverschuldeter Arbeitslosigkeit bis zu 21 Mark pro Woche.
2. In Krankheitsfällen bis zu 6 Mark pro Tag und zwar 13 Wochen lang.
3. Bei Sterbefällen für Mitglieder und deren Frauen ein Sterbegeld. Dasselbe richtet sich nach der jeweiligen Mitgliederzahl. (Die Kasse zählt 500 Mitglieder.)

Die Krankenunterstützungs- und Sterbekasse der Droschkenbesitzer Kölns hatte 1900 eine Einnahme von 3068 Mark. Die Gesamtausgaben beliefen sich auf 1321 Mark. Ueberschuss 1747 Mark, welcher zinsbar angelegt wurde. Monatsbeitrag Mark 1.50. An Krankenunterstützung wird gewährt pro Woche 14,— Mark. Sterbegeld 60.— Mk.

Bezüglich der Stellenlosenunterstützung hat der Verein Deutscher Kaufleute, (5500 Mitglieder) in Verbindung mit seinem Stellenvermittlungsbureau sehr schöne Resultate aufzuweisen. Die Kasse zahlte im letzten Jahre für Krankheits- und Sterbefälle 68 000 Mark, an Stellenlose 10000 Mark; letztere Summe hatte sich dem Vorjahre gegenüber ganz erheblich verringert durch die intensivere Stellenvermittelung des Vereins.

Ein solches Stellenvermittelungsbureau würde auch in unserm Fache sehr segensreiche Folgen zeitigen, indem die Vermittlung sich nicht nur auf Dirigentenstellen beschränkte, sondern in grossen Städten auch auf Sorge für Musikunterricht ausdehnte. Da der Westdeutsche Sängerverband die Einrichtung von Bildungskursen für seine Dirigenten plant, so ist dadurch auch eine gewisse Gewähr geboten für eine gründliche künstlerische und fachwissenschaftliche Aus- und Weiterbildung derselben, welche Ersatz bietet für die mangelnde Fürsorge seitens des Staates. Ein Umstand, der die Vermittlung wesentlich erleichtert.

Ueber die Fundierung der Kasse kann ich mich kurz fassen. Ich habe bereits erklärt, dass die Verhältnisse für ein Prosperieren des Unternehmens nirgendwo günstiger erscheinen, als bei uns. Ich rechne mit einem Eintrittsgeld von 10 Mark. Da wir den Beitritt von 500 Mitgliedern wohl als bestimmt voraussetzen können, so wurden wir an Eintrittsgeldern Mark 5000 einnehmen. Den monatlichen Beitrag pro Mitglied nehme ich mit 1 Mark an, macht jährlich ebenfalls 5000 Mark. Nun haben wir aber noch andere Mittel in der Hand, die Kasse zu kräftigen. Ich nenne nur die Veranstaltung von Konzerten, deren Reinerträge in die Kasse fliesst, das werden sich die Vereine ihren Dirigenten gegenüber ganz gewiss nicht nehmen lassen. Es könnte ja auch von vornherein vertragsmässig abgemacht werden, dass ein bestimmter Prozentsatz aus den Konzerteinnahmen in diese Kasse fliesst.

Unsere Vereine haben doch ein ganz erhebliches Interesse an der Gesundung der Verhältnisse ihrer Leiter, und mit ihnen alle die Freunde und Gönner, welche unser emporblühendes Gesangvereinswesen sich erworben hat.

Auch die reproduzierenden Künstler würden gern ihre Kunst in den Dienst dieser guten Sache stellen, sie sind ja doch angewiesen auf die Thätigkeit in den Vereinskonzerten.

Schliesslich erwähne ich noch ein Mittel, dessen Ausführung der Westdeutsche Sängerverband zu diesem Zweck bereits ins Auge gefasst hat: Die gemeinsame Herausgabe von Chorkompositionen. Wenn z. B. sämtliche Dirigenten die Herausgabe eines Werkes befürworten, so ist mit Sicherheit anzunehmen, dass deren Vereine dasselbe auch anschaffen, es würden daher von vornherein nicht nur die Unkosten gedeckt, sondern bei jedem Werke noch ein hübsches Sümmchen erübrigt.

Aus alledem geht hervor, dass die Vorbedingungen für eine günstige Durchführung des Unternehmens durchaus erfüllt sind und es eine Unterlassungssünde gröbster Art wäre, wenn wir jetzt nicht die Gelegenheit wahrnähmen, eine so segensreiche Veranstaltung ins Leben zu rufen.

Die Bedingungen sind ja die denkbar günstigsten. Der Beitrag wird die Summe von 1 Mark monatlich nicht zu übersteigen brauchen.

Die Gründung anderer Kassen wie

Alters- und Invalidenkasse,
Witwen- und Waisenkasse,

würde man ja auch in Erwägung ziehen können.

Falls Sie nun einverstanden sind mit der Bildung einer solchen Kasse, würde zunächst eine Kommission zu wählen sein, welche in Verbindung mit Versicherungstechnikern die erforderlichen Berechnungen derartig machte, dass der Kasse weitgehendste Lebensfähigkeit für alle Zeiten gesichert ist.

Ich bitte Sie daher, folgende Thesen zur Beratung zu stellen.

1. Der Dirigententag beschliesst die Gründung einer Krankenunterstützungs- und Sterbekasse (eingeschriebene Hülfskasse) für die Gesangvereinsdirigenten Westdeutschlands im Anschluss an den Westdeutschen Sänger-Verband und für die Mitglieder desselben.

2. Der Dirigententag wählt eine aus 3 Mitgliedern bestehende Kommission, welche mit den Vorarbeiten, Ausarbeitung der Satzungen etc. betraut wird und einer zu diesem Zwecke zu berufenden Generalversammlung den Entwurf zur Beschlussfassung zu unterbreiten hat.

Die Versammlung bekundete ihre Zustimmung zu den Ausführungen nach kurzer Diskussion durch Annahme folgender Resolution.

„Der erste westdeutsche Dirigententag beschliesst die Gründung einer Krankenunterstützungs- und Sterbekasse (eingeschr. Hilfskasse) für Chordirigenten im Anschlusse an den westdeutschen Sängerverband und für dessen Mitglieder."

In die Kommission zur Vorberatung der Satzungen wurden die Herren vom Ende-Köln, Königl. Seminarmusikl. Kniese-Mörs und Chordirigent P. Wülfing-Solingen gewählt. Diese Kommission wird dem nächsten zweiten westdeutschen Dirigententage, welcher wahrscheinlich zu Ostern nächsten Jahres in Westfalen tagen wird, Bericht erstatten.

Musikalische Schriften.

Max Hesse's illustrierte Katechismen.

Hugo Riemann. Katechismus der Musikgeschichte. I. Teil. Geschichte der Musikinstrumente, der Tonsysteme und der Notenschrift. II. Teil. Geschichte der Tonformen.

Vorliegendes Werkchen erscheint in einer wohlverdienten neuen Auflage. Es ist wohl kaum möglich, in einen so knappen Raum mehr Wissensstoff zusammenzudrängen und dabei doch immer so deutlich und verständlich zu bleiben, wie das hier geschehen ist. In übersichtlicher Form bringt der I. Teil das Wissenswerteste über die geschichtliche Entwickelung des Instrumententums von den ältesten Zeiten an, sowie der Tonsysteme und Notenschrift, während der II. Teil, entgegen der in Geschichtswerken vielfach üblichen Bevorzugung biographischer Skizzierung, mehr die Entwickelung und Entstehung der musikalischen Formen berücksichtigt. Offenbar ist letztere Manier entschieden vorzuziehen für denjenigen, dem es weniger auf die Befriedigung einer gewissen Alteweiber-Neugier ankommt, als darauf, ernsten Sinnes im Wesen, Form und Gehalt der Meisterwerke unserer Kunst einzudringen.

Hugo Riemann. Orgellehre. (Leipzig, M. Hesse's Verlag.)

Auch dieses Bändchen ist in neuerer Auflage erschienen. Eine willkommene Neuerung ist das Fallenlassen der Frage- und Antwortform; kurze, deutliche Ueberschriften statt der weitläufigen Fragen haben jedenfalls den Vorzug der Deutlichkeit und Uebersichtlichkeit. Irgend welcher Vorteil kann der Frageform nicht beigemessen werden. Der Inhalt ist derselbe geblieben und dürfte das Werkchen immer noch allen Organisten, deren Orgeln noch nicht von der pneumatischen und elektrischen Kultur der Neuzeit beleckt sind, willkommen sein.

Ebenfalls in 2. Aufl. ist erschienen der

Katechismus des Violinspiels von Prof. Carl Schröder. Das Werkchen behandelt in 3 Abschnitten den Ursprung und Bau de Instruments, die Technik des Violinspiels und den Vortrag und bietet somit eine willkommene Ergänzung zu dem neuerdings in der „Universalbibliothek der Musiklitteratur“ erschienenen Werkchen:

C. Witting. Geschichte des Violinspiels, Preis M. 1.50, welches mit zahlreichen Notenbeispielen im 1. Teil die Sonate von Corelli bis Beethoven, im 2. Teile die Etuden und Capricen von Locatelli bis Paganini, im 3. Teil die Schulen von Leopold Mozart bis L. Spohr und im 4. Teil die Konzerte von Viotti bis Spohr behandelt. Das sind Unterrichtswerkchen welche in der Bibliothek keines Violinspielers fehlen dürfen.

Moritz Vogel. Geschichte der Musik. (Leipzig, Gebr. Hug & Co.)

Ein wesentlicher Vorzug dieses Werkes ist die übersichtliche und zusammenhängende Anordnung des Stoffes, welcher in die 4 grösseren Gruppen Vokalmusik geistlichen Inhalts, weltliche Vokalmusik, Instrumentalmusik und Geschichte des Tonsystems und der Notenschrift gegliedert ist. Wenn dadurch auch manches zeitlich Zusammengehörende auseinandergerissen wird, so ist doch diese Zusammensetzung zu einem genetischen Bilde dem Verständnisse förderlicher. Wenn auch einzelne Epochen, z. B. die moderne Instrumentalmusik, überhaupt die neuromantischen Richtungen etwas zu kurz kommen, so mutet wiederum die liebevolle Versenkung in andere Gattungen, z. B. in den Volksgesang, um so freundlicher an.

Das Musikdiktat. Leitfaden für den Unterricht von R. Johne. (Hildburghausen, Gadow u. Sohn.) Preis 1 M.

Auf diesem, früher arg vernachlässigten Gebiete beginnt es jetzt zu dämmern. Wenn doch erst einmal unsere Pädagogen einsähen, welch köstliches Bildungsmittel in bezug auf Konzentration der Gedanken, der Aufmerksamkeit, auf die Thätigkeit unserer Sinnesorgane, des Vorstellungsvermögens in diesen Uebungen steckt. Das vorliegende Werkchen geht sehr langsam vorwärts, ist daher für Schulen und Dilettanten ausserordentlich geeignet. Die harmonischen Uebungen, sowie die rhythmischen werden allerdings etwas kurz behandelt, für den Musiker würde hier das eigentliche Studium erst beginnen. Für Schulen und den Privatunterricht ist da Werkchen bestens zu empfehlen.

Verschiedenes.

Zuschrift.

Mit Bezug auf Ihre Veröffentlichung zweier Zeugnisse über hervorragende Leistungen der Fahnenfabrik A. Steiger in Köln gestatten wir uns, einen weiteren Beitrag hierzu zu liefern. Die genannte Firma lieferte auch uns eine Vereinsfahne, welche zu unserer vollen Zufriedenheit ausgefallen ist und sind unsere Erwartungen nicht blos erfüllt, sondern übertroffen worden. Die Stickereien sind bis in's Kleinste recht sorgfältig durchgeführt, die hl. Cäcilia sowie die Engel von wahrhaft prachtvoller Wirkung. Für die Haltbarkeit bürgt uns ein Garantieschein von 15 Jahren. Wir halten es für unsere Pflicht obige Firma hierdurch bestens zu empfehlen.

Achtungsvoll
Pfarr-Cäcilien-Gesangverein Niedercassel.

Der „Dresdner Männergesangverein“ beging vom 12. bis 14. Oktober durch eine Reihe trefflich gelungener Festlichkeiten die Feier seines 25 jährigen Bestehens. Der Verein ist unter der trefflichen Leitung seines feinsinnigen Dirigenten, Kgl. Musikdir. Prof. Hugo Jüngst weit über Sachsens Grenzen hinaus bekannt und war infolgedessen die Beteiligung der Sängerwelt eine recht stattliche.

Das neue Konservatorium in Dortmund unter Direktion der Herren C. Holtschneider und G. Hüttner ist am 7. Oktober mit einem größeren Festkonzert eröffnet worden. Dasselbe fand vor vollbesetztem Hause statt. Sowohl die Kgl. wie die Städt. Behörden waren zahlreich vertreten und sämtliche Darbietungen müssen als höchst gelungen bezeichnet werden. Die Anstalt beginnt mit 102 Schülern.

Zu einem größeren Vokalkonzert hatte Chordirigent Steinkühler Hagen sieben unter seiner Leitung stehende Gesangvereine vereinigt. In den Berichten wird den Leistungen großer Schwung und treffliche Ausarbeitung des Gebotenen nachgerühmt. Es wurde u. a. vorgetragen, „der Choral von Leuthen“ von Becker, „des Finken Frühlingslied“ von Steinkühler, „Sängers Frühlingslied“ von Jäckel. Dem Dirigenten wurde zum Schluß vom kath. M.-G.-V. Hohenlimburg in Anerkennung seiner Verdienste ein hübsches Angebinde feierlichst überreicht.

In Emmerich im großen Saale des Bürgervereins sang am 25. August in einem Vokal- und Instrumental-Konzert Fräulein M. Weber Köln einige Lieder Thema u. Variationen von Proch (ital.), „Echolied“ von Eckert, „Vöglein mein Bote“ von Grell und als Zugabe eine Arie aus dem „Barbier von Sevilla“ unter stürmischem Beifall. Die gehaltvolle Stimme (Sopran) ist ganz besonders für Koloraturen geeignet; die Vortragsweise zeugt von Vornehmheit in der Auffassung.

Steirer Lieder

für 4 stimmigen Männerchor von Dr. J. Pommer.

1. „Greane Fensterl.“ 2. „Wenn der Auerhahn balzt.“ 3. „Mein junges Lebe.“ 4. „Wann i geh auf d' Pürsch.“ 5. „Diandl bist launig.“ 6. „Der Jagerbua.“ 7. „Diendel, wo hast denn dei Liegestatt.“ 8. „Kleine Kugeln giassn.“ 9. „Der Almaspitz.“ 10. „Bin nachtn spät ausiganga.“ 11. „Der Alt-Ausseer Postillon.“ 12. „Im grünen Klee.“ 13. „D' Samstagnacht.“ 14. Der „steirische Wullaza.“ 15. „S' Groamatlied.“ 16. Die zwa Pfeiferlbuam vom Grundlsee.

Sechzehn urwüchsig frische Volksweisen aus dem Lande der Jodler, voller Liebeslust und Lebensfreude; wie herzerquickend erklingen diese muntere Melodien unserm sonst mehr dem wehmütig ernsten Volkstone zugewandten norddeutschen Ohre. Warum verschliessen unsre Männergesangvereine immer noch ihre Pforten dem österreichisch-bayrischen Volkslied? Hier ruht noch ein Schatz echter Herzensfröhlichkeit und deutschen Gemüts. Die Weisen sind ihrem Charakter gemäss von dem bekannten Volksliedforscher Dr. J. Pommer trefflich gesetzt und können bestens empfohlen werden.

Max Hesse's Deutscher Musiker-Kalender für 1902 ist soeben wieder in bekannter gediegener Ausstattung und mit reichem Inhalt erschienen. Preis Mk. 1.50. Der erste Teil bringt ausser den zahlreichen Tabellen, dem Kalendarium, Stundenkalender etc. noch einen Aufsatz Hugo Riemann's über die Aufgaben der Musikphilologie, namentlich in Bezug auf die wissenschaftliche Untersuchung der schriftlichen Aufzeichnungen der Musikwerke. Der 2. Teil des Kalenders enthält wiederum das auch diesmal wieder wesentlich erweiterte Adressbuch.

Briefkasten.

Fragen von allgemeinerem Interesse werden unentgeltlich beantwortet.

Herrn P. T. in Uedingen. Wenn auch der Westd. Sänger-Verband in der Hauptsache eine Vereinigung der Gesangvereine der Rheinprovinz und Westfalens anstrebt, so sind ihm doch als persönliche Mitglieder Gesinnungsfreunde aus allen Teilen Deutschlands willkommen. Anmeldungen sind zu richten an Lehrer A. Gau, Hilden bei Düsseldorf.

Poenitz, Fr., op. 34. Lied der Pilger. *mch.* 2.40
Für Sopr.- od. Ten.-Solo, M.-Ch. u. Harmon. (Org., Kl.).

Für Gemischten Chor. Part. u. St.

Dotlichius, Neujahrs-Gesang. Tonsatz a. d. J. 1630, herausgeg. von Rud. Schwartz. (Leipzig, Breitkopf & Härtel) „Das alte Jahr vergangen ist.“ *mch.* . . . . — —

Kirsch, Carl, op. 118. Sprüche des älteren Spervogel (um 1160). 1. Dem Unendlichen. 2. Weihnachten. 3. Charfreitag. 4. Ostern. 5. Das Himmelreich. *mch.* . . . . . . 3.—
(Verlag von F. E. C. Leuckart, Leipzig.)

Keller, Ludw., op. 54 I. Weihnachts-Motette. II. Psalm 62. „Meine Seele ist stille zu Gott.“ *mch.* III. „Selig sind die reinen Herzens sind“ . . . 2.50

Schwalm, Robert, op. 91. Zehn geistliche Gesänge für Kirchenchöre und höhere Schulen komponiert. *mch.*
1. Weihnachten. „Also hat Gott die Welt“ 1.20
2. Neujahr. „Herr Gott, du bist unsre Zuflucht“ . 1.20
3. Ostern. „Christ ist erstanden“ 1.40
4. Pfingsten. „Schaff in mir Gott“ 1.20
5. Bei der Kommunion. „Kommt her zu mir“ . . 1.20
6. Trauungsgesang. „Wo du hingehst“ 1.20
7. Zum Missionsfeste. „Erhalt uns Herr“ . . . 1.40
8. Zur Kirchweih. „Wie lieblich ist“ 1.40
9. Erntedankfest. „Dank't dem Herrn“ 1.40
10. Totenfest. „Selig sind“ 1.80
(Verlag von Gebr. Hug & Co., Leipzig.)

Kühler, Wilh., op. 1. O Haupt voll Blut u. Wunden, Motette. 1.75
(C. Simons Verlag, Berlin.) *mch.*

Für Frauen- oder Kinderchor. Par. u. St.

Casler, A., op. 10. Weihnachtsglocken. *st.* Terzett für Schulen, Musikinst. u. Pensionate besonders geeignet, (mit Harm. od. Klav.) . . . . —.80

Berger, Wilh., op. 4vc. *mch.*
1. Wenn unser Herz der Liebe denkt. 3st. . . . 1.60
2. Selig sind des Himmels Erben. 4st. mit Orgel od. Harmonium 1.40

Müller, Edm., Unterm Christbaum. *l.* Weihnachtslied für 2 Soprane und Alt. (Harm. od. Klav.) . . . . . —.30
do. ohne Begl. . . . . —.10

Poenitz, Fr., op. 34 B. *st.* Lied der Pilger, für Sopran- od. Tenor-Solo, 4st. Frauenchor. (Harm., Org. od. Kl. 2.40

Schultz-Heynartz, R., op. 10. *st.* Weihnachts-Cantate, für Kinderst. (Soli u. 2st. Chor), Deklam. Klav. u. Harm. 5.—
(Verlag von C. Simon, Berlin.)

Geistliche Lieder für Sologesang.

Bach, J. S., Arie a. d. Pfingst-Cantate: „Mein gläubiges Herze“ von A. Reinhardt übertr. für 1 Singst. mit Harm. od. Orgel . . . . 1.—

Mendelssohn-Barth., F., Rec. u. Arie a. d. 42. Psalm „Mein Gott, betrübt ist meine Seele“ für Sopran u. Klav. oder Harm. . . . . 2.—

Schulz, J. A. P., Des Jahres letzte Stunde, für Klav. od. Harm. einger. von F. Friedrich 1.20
dasselbe für Gesang u. Kl. od. Harm. v. A. Reinhardt —.80
(Verlag von C. Simon, Berlin.)

Sammlungen geistlicher Chöre.

Bartmuss, Rich., op. 23. 14 leicht ausführbare Motetten für gem. Kirchenchöre. (Advent, Weihnacht, Epiphanias, Passion, Taufe und Konfirmat., Ostern, Himmelfahrt, Pfingsten, Erntefest, Reformation, Busstag, Geburtstag des Landesherrn, Totenfest.) (Verlag von Gebr. Hug & Co., Leipzig. Preis Mk. 1.—.) Schön und stimmungsvoll gearbeitete Motetten von mittlerer Schwierigkeit.

Bühler u. Bölker. Kirchliche Männerchöre und Choräle für alle Festtage des Kirchenjahrs, sowie für besondere Gelegenheiten (Trauungen etc.). (Stuttgart, Alb. Auer's Musik.-Handlung.) herausgegeben von Fr. Bölker. 2. Aufl., enthält 118 Chöre.

Paul Fehrmann, Motetten und Lieder für gem. Kirchenchöre von C. Brambach, R. Wiesner, Eichhorn, Rudnick, G. Harz, C. Attenhofer etc. (Verlag von Zweifel-Weber, St. Gallen. Preis Part. 90 Pfg.

Quelling, Theodor. Weihnachts-Album, enthält. 24 der beliebtesten Weihnachtslieder für 1 oder 2 Singstimmen mit leichter Klavier- oder Harmoniumbegleitung. Volks- und kirchl. Gesänge. (Paderborn, Verlag von J. Esser). Preis Mk. 1.50, geb. Mk. 2.50. Wohl die umfangreichste und für praktische Zwecke wegen ihrer klangvollen und schönen Bearbeitungen geeignetste Sammlung, welche wir besitzen. Für Pensionate, Lehrerinnen-Seminare, Töchterschulen etc. warm empfohlen.

Das Kirchenjahr. Motetten nach Psalmensprüchen für gem. Chor komponiert von E. Höller, op. 19. 2 Hefte. Preis pro Heft Part. Mk. 2.40, Stimmen Mk. 1.60. Vorzügliche Arbeiten, welche den guten Klang, den der Name ihres Autors bereits besitzt, weiter tragen werden. Besonders geeignet für Kirchen und Schulchöre.

Hassenstein, Paul, op. 98. Zionsblumen. 12 geistl. Gesänge für gem. Chor a capp. oder mit Harmon.-(Orgel)-Begleitung. Preis Mk. 1.20. (Verlag von C. Simon, Berlin.) Auch für 1 Singstimme mit Harmon.-Begl.

Sämtliche Chöre sind zur Ansicht zu beziehen durch H. vom Ende's Musikalienhandlung, Köln a. Rh.

(…chdruck verboten.)

Aufführungen.

Abkürzungen: gr.-gross, D. C. Da Capo

Komposition und Komponist	Stadt und Verein	Dirigent	Erfolg

Zusendung von Programmen, Festschriften, Jahresberichten etc. erwünscht.
…nterstreichen bedeutet grosser Erfolg, Zusatz von D. C.: Da Capo oder Zugabe.

Männerchöre a capp.

Komposition und Komponist	Stadt und Verein	Dirigent	Erfolg
…l. Nun pfeif' ich noch ein zweites Stück — O. Neubner	Elsterwerda Lt.	Schöne	gr.
…rl. Frühlingseinzug — H. Jüngst	Ulm — Sängerklub	Rensch	I. Pr.
Die Fahndung — H. Hutter	Weiden — Lkr.	Dr. Reinhard	gr.
Gott schütze dich — K. Friedrichs	Altenessen — Sangeslust	Friedrichs	gr.
…rl. Reiters Lieb — K. Schauss	Sonneberg — G. V.	H. Roth	gr.
…sch. Der Vorwurf — Schulz-Weida	Langendiebach Lkr.	W. Roth	I. Pr.
…ch. Drei Augenblicke — K. Schauss	do.	do.	[illegible]
Wilde Rose — W. Speiser	Aachen — M. Quartett	Speiser	gr.
Mein Schätzelein — Attenhofer	do.	do.	gr.
…ch. Auf dein Wohl, du rheinische Maid — Wl. Labler	Karlsbad — M. G. V.	K. Wirkner	gr.
Glück in den Bergen — Wl. Labler	do.	do.	gr.
…rl. Elslein v. Caub — M. Filke	Aachen — M. Quartett	W. Speiser	gr.
…sch In den Alpen — Hegar	Grünberg — Frohsinn	Baudass	D. C.
Des Kindes Klage — Rebbert	do.	do.	D. C.
Tanz Liebchen, tanz — Volkslied (vom Ende)	Dusseldorf — Volksliedertafel	vom Ende	D. C.
… Von dir geschieden — Steinhauer	do.	do.	gr.
…sch. Deutschland — K. Pieper	do. M. G. V. Hilden	Pieper	gr.
…sch. Sturm — Steinhauer	do.	Steinhauer	gr.
Frauenlob — P. Elsner	Neurode — M. G. V.	Elsner	gr.
Maienseligkeit — P. Elsner	do.		
…ch. Auf dein Wohl, du rheinische Maid — Wl. Labler	Brünn — Akad. M. G. V.	do. Wickenhauser	gr. D. C.
…elkers Nachtgesang — O. Neubner	Stuttgart — Beamten Singch.	C. Hess	I. Pr.
Das deutsche Lied — Attenhofer	Oehringen M. G. V.	Prof. Fladt	II. Pr.
…ch. Allerliebst Mäuschen - Engelsberg	Kalk-Merheim — M. G. V.	Aug. Henser	D. C.
…nn Zwei sich gut sind — Kremser	do.	do.	gr.
König Ring — Mair	do.	do.	gr.
Sängers Frühlingslied — A. Jäckel	Hagen — Funke Huck	Steinkuhler	gr.
…sch. Den Toten vom Iltis — Curti	Hasperbach — M. G. V.	do.	gr.

Frauenchöre a capp.

Komposition und Komponist	Stadt und Verein	Dirigent	Erfolg
…glöckchen u. Blümelein — Albrecht	Zeitz — Frauenchor	Albrecht	gr.
…. Laudi alla Verg. Maria — Verdi	Mannheim — Hochsch. f. Mus.	Bopp	gr.
do.	Frankfurt a/M. — Frauenchor	Rigutini	
Naenia Heloisae — F. Hiller	do.	do.	
…ed des Mädchens — C. Prohaska	Leipzig — Damenquartett		
Kroatentanz — Kienzl	do.		gr.
…r Tod, das ist die kühle Nacht — G. Lazarus	do.		gr.
Tarantella — A. Krug	do.		gr.
Heimlicher Liebe Pein — A. Krug	do.		gr.

Frauenchöre mit Begl.

Komposition und Komponist	Stadt und Verein	Dirigent	Erfolg
…hen Frühlingsreigen. - Jos. Frischen	Düsseldorf — Mus.-Ver.	Prof. Buths	gr.
…m Rattenfänger im Zauberberge — Attenhofer	Dannenberg — Damen G. V.	E. Dieckmann	gr.
König Goldner — H. Müller	Gotha - höh. Töchtersch.	Kuhnhold	gr.
Schneekönigin — C. Bohm	Sonneberg — Chorknaben	B. Roth	gr.
Athen. Frühlingsreigen - Jos. Frischen	Münster — Conservator.		gr.
Spinnlied — M. J. Beer.	Zeitz — Frauenchor	E. Albrecht	gr.
…Elfenchor a. d. Sommernachtstraum — Mendelssohn-B.	do.	do.	gr.
Frau Holle — Meyer-Olbersl.	Sonneberg — G. V.	B. Roth	gr.
…sch. * Athen. Frühlingsreigen — J. Frischen	Cleve — Städt. Singver.	Briefs	gr.
…ulhedchen im Mai — Meyers-Olbersl.	Brooklyn — Heinebund	L. Koemmenick	gr.
…m Bäumlein, das andere Blätter haben wollt — Reinecke	Saargemünd — G. V.	Krause	gr.
…r der Engel (heil. Elisabeth) — Liszt	Mannheim — Hochsch. f. Musik	Bopp	gr.
Wogensang — Chr. Sinding	Frankfurt a/M. — Fr. Ch	Rigutini	
…nglied aus Raub d. Sab. — Vierling	do.	do.	

…lle hier angegebenen Werke sind zur Ansicht zu beziehen durch H. vom Ende's Musikalienhandlung, Köln a. Rh.

In Aussicht genommen: Frankfurter Frauenchor, Leitung S. Rigutini, für 1901/1902: …uenchöre: Brahms 23. Psalm Cherubini Agnus Dei, Hans Huber 4 Frauenchöre aus op. 88: … 1 die Wäscherin, 2. Serenade, 6. Die Verlassene (Altsolo), 7. Ligurisches Volkslied (Sopran …d Altsolo). G. Lazarus, Wanderers Nachtlied, Spaziergang. Ad. Jensen, Gesang der Nonnen. J. Klein Psalm 84. B. Noskowsky, 5 Polnische Volkslieder op. 10 A. Urspruch, Maria …egenlied. Die Nachtigall. N. von Wilm, Abendlied: Der Schmetterling op. 80.

Bezugsquellenregister.

Weihnachtsstücke

für Schulen und Frauenchöre.

1. **Rosenmund J.** *Unter dem Christbaum!* Weihnachtsbilder zum Vortrag in Schule, Haus und Vereinen; enthaltend neue leichte 2stimm. Weihnachtslieder mit und ohne Pianobegleitung und 4 Deklamationen. Part. 2 M. Stimmen 12 Pfg. Dekl. 40 Pfg.
2. **Schildknecht J.** Op. 30. *Weihnachten!* Lieder und Deklamationen für die Christbaumfeier. Text von J. Kuoni für 2stimm. Kinderchor und Piano- oder Harmoniumbegleitung. 2 Auflage. Part. 2 M. Stimmen 12 Pf. Deklamation 40 Pf.
3. **Schnyder Christoph.** *Christbaumfeier!* Lieder und Deklamationen für 2- und 3stimmigen Schul- oder Frauenchor mit und ohne Pianobegleitung. Gedicht von Dieffenbacher. Deklamation von Pfarrer Dr. Weber in Hongg. Part. M. Deklamation 30 Pf. Stimmen: 2stimmig 12 Pf.; 3stimm. 15 Pf.
4. **Spahr Arnold.** *Weihnachtsfeier!* Lieder und Deklamationen für 2- oder 3stimmigen Schul- und Frauenchor mit Pianobegleitung. Deklamation von Jakob Niord. Part. 2 M. Stimmen 12 Pf. Deklamation 40 Pf.

Die vier Werke von *Rosenmund*, *Schildknecht*, *Schnyder*, *Spahr* erfreuen sich überall in Schulen und Vereinen grösster Beliebtheit.

Neu 1900.

5. **Schnyder Kasimir.** *Weihnachts-Cantate!* Lieder und Deklamationen für 2stimm. Kinder- und Frauenchor und Orgel-, Harmonium- oder Pianobegleitung. Preis 2 Mk. (Fr. 2.70), Stimmen 12 Pf. (15 Cts.). Deklamationen 40 Pf. (50 Rp.).

Die Werklein stehen zur Einsicht bereit.

Zweifel-Weber, Musikverlag. St. Gallen.

Institut für
brieflichen Unterricht
in der
Musiktheorie.
Leiter:
H. vom Ende.
Verlangen Sie gratis und franko Prospekt.

Erschienen ist:

Max Hesse's

Deutscher Musiker-Kalender

XVII. Jahrg. **für 1902.** XVII. Jahrg.

Mit Stahlstich-Porträt des Prof. Dr. Hugo Riemann – einem Vortrag „Die Aufgaben der Musikphilologie“, gehalten zum Antritt der Professur f. Musikwissenschaft an der Univers. Leipzig von Dr. Hugo Riemann – einem umfassenden Musiker-Geburts- und Sterbekalender – einem Konzert-Bericht aus Deutschland Juni 1900–1901 – einem Verzeichnisse der Musik-Zeitschriften und der Musikalien-Verleger – einem ca. 24000 Adressen enthaltenden Adressbuche etc. etc.

31 Bogen kl. 8°, elegant gebunden 1,50 Mk.

Grosse Reichhaltigkeit des Inhalts – peinlichste Genauigkeit des Adressenmaterials – schöne Ausstattung – dauerhafter Einband und sehr billiger Preis sind die Vorzüge dieses Kalenders.

Zu beziehen durch jede Buch- und Musikalienhandlung, sowie direkt von

Max Hesse's Verlag in Leipzig.

Neu! Walpurgisnacht Neu!

von **A. Jäckel** op. [illegible].

Grosses Walzeridyll für Männerchor, gemischten Chor, Frauenchor u. Soli, mit Klavier- od. Streichorchesterbegl.

Klavierauszug ℳ 3.–. Stimmen ℳ 1.20.
Orchesterpartitur „ 3.–. Orchesterstimmen „ 3.–.

Die Walpurgisnacht ist ein lang vorbereitetes mit grösster Sorgfalt ausgearbeitetes Werk im Stile der „Koschat-Walzer“. Von Autoritäten vor Herausgabe geprüft und allgemein äusserst günstig beurteilt. Texte stehen den verehrlichen Vereinen bei Aufführung in beliebiger Anzahl **in Kommission** zur Verfügung.

Grosser Beliebtheit erfreuen sich Jäckels volkstümliche Männer- und gemischte Chöre. Katalog gratis. Partituren z. Ansicht.

G. Adolf Jäckel,
Musikverlag, Leipzig, Poststr. 4

Musikalien-Verlags- u. Versandt-Geschäft

Friedr. Ullrich

Godesberg a. Rh.

Specialgeschäft der Chorgesang-Litteratur.

Grosse Auswahl in ernsten und heiteren Männerchören.

Umfangreiches Lager in Humoristika, als in Duetten, Terzetten, Quartetten u. Ensemblescenen

Auswahlsendungen stehe ich geehrten Vereinen und Dirigenten gern zu Diensten.

Neue Festspiele

für Schulen und christliche Vereine.

Die Geschichte Bethlehems. · Die Salbung in Bethanien.

Dichtung von Dr. theol. P. Kaiser,
Pfarrer an St. Matthäi in Leipzig.

Für Deklamation, ein- und dreistimmigen Gesang (Chor oder Soli) und Klavier oder Harmonium

eingerichtet und komponiert von *Moritz Vogel*, Op. 71.

No. 1. Partitur M. 2.–, Singstimme M. –.30, Textbuch M. –.05.
No. 2. Partitur M. 1.30, Singstimme M. –.15, Textbuch M. –.05.

— Von der Fachpresse günstigst besprochen! —

Zu beziehen, auch zur Einsicht durch jede Musikalienhandlung.

Verlag von **Otto Junne, Leipzig.**

Ueberall zur Wiederholung begehrt wird der neueste Chor

Adolf Kirchl's:

Es war einst eine schöne Zeit

Lieder-Album der Lyra Nr. 103.

Der Chor ist soeben in II. Auflage erschienen und können Bestellungen auf denselben wieder sofort ausgeführt werden.

„Lyra“-Verlag, WIEN XVIII/2

Probeexemplare
des
„Wegweiser“ und
„Sänger“
versende gratis und franko.

Adressen von Gesangvereinen und Dirigenten, welche nicht im Musikerkalender enthalten sind, werden dankbar entgegengenommen.

H. vom Ende's Verlag.
Köln am Rhein.

Ieue Werke für Klavier aus H. vom Ende's Verlag, Köln a. Rh

Sträßer, op. 7. Stimmungsbilder.
delt netto Mk. 1,50. Heft I. leicht 0,50
II. mittelschwer. Heft III. ziemlich schwer . je 1,—

ier **Münsterische Anz. und Volkszeitung** schreibt da-
'n den Stimmungsbildern bietet uns der Komponist xans reizende,
ie Klavierstücke, im Geist und Sinne Schumanns gehalten. Die
iha Scala des Gefühlslebens ist hier vertreten: es finden sich Klänge
ader Innigkeit, neu der-tabilcher Anmut, schalkhaftem Humor und
vm Schmerze. Das klingt alles so natürlich und ungekünstelt und
so reich an überraschenden Harmoniefolgen; wie üppige Ranken
die ansp schenden und sich einschmeichelnden Melodien hervor,
ist alles in Erfindung und Verarbeitung edel und vornehm. Man
as kommt vom He zen. und darum geht es auch zu Herzen. Und
die technischen Schwierigkeiten nicht gross sind, zweifeln wir
a diese „Stimmungsbilder" in allen musikalischen Kreisen eine
ene Aufnahme finden werden, wie sie es mit Fug und Recht
." Dr. P.

Sta. Tageblatt: „Man merkt es den sehr hübschen Klavier-
n, dass der Komponist Erfindung besitzt und vielen Sinn für
e. Auch offenbart sich viel Mannigfaltigkeit. Frische und Ge-
durchziehen alle diese Bilder, die durchaus spielbar sind. Für
sung hat der Komponist durch reiche Zeichenangabe bestens
Diese gleichwertigen Bilder werden Klavierspielern von einiger
aseinden Reiz gewähren. Sie zu studieren lohnt sich reichlich,
ganz hinein zu leben und so den Charakter der einzelnen Ton-
ederzugeben."

Sträßer, op. 8. Grosses Konzert für Pianoforte und
ster. Ausgabe für 2 Pianoforte . . . n. 8,—

er **Klavierlehrer:** „Der Bezeichnung des Werkes nach stellt
asselbe als eine symphonisch gearbeitete Musik vor, bei welcher
r dem Orchester als gleichberechtigten Teil einverleibt und dem-
ehandelt ist. Mehr oder minder ist dieser Standpunkt der all-
erkannte und allein richtige, wenn schon nicht verhehlt werden
i dem Soloinstrumente die Hauptrolle zugeschrieben werden und
orgt werden muss, dass seine wie des Spielers Vorzüge sich
dem Hörer präsentieren, ohne das Ganze zu sehr zu dominieren.
muss dafür Sorge getragen werden, dass nicht die technische
zu starke Berücksichtigung erfährt, und die Solopartie sich genau
nischen Auf- und Ausbaue des Ganzen anschliesse, den eine im
chen Stile gehaltene Komposition erfordert. Ein Blick in das
e Werk zeugt davon, dass sein Schöpfer sich nicht nur dieser
gabe bewusst war, sondern auch die Kraft und das Geschick
selbe lobenswert zu bewältigen. In 4 Sätzen, Moderato, ziemlich
Presto, Moderato energico, stellt das Werk gehaltvolle, meist
r s t e, und empfindungs- und ausdrucksvolle z w e i t e Themen
ch gut zur Verarbeitung eigne. Die Harmonisierung zeigt sich
ort höchst originell, die Melodik ist angenehm und weder weich-
trivial, die Arbeit ist geschickt und sachgemäss, d. h. sie ist
Selbstzweck ausser vielleicht in dem Orchesterfugato im letzten
cher aber auch der Bestimmung des Komponisten selbst weg-
un. Dem Spieler ist nach jeder Seite hin Gelegenheit gegeben,
ige und sein Können nach technischer und geistiger Seite hin
. Das Werk gehört unstreitig zu den be-
wertesten Erscheinungen der Neuzeit auf
biete der Konzertlitteratur und verfehlen wir nicht,
e die Aufmerksamkeit der Pianisten zu lenken."

Anmt. Anz.: „Als Neuheit führte uns Herr F. Sträßer
ein Klavierkonzert vor. Der Komponist zeigt in diesem Werke
endes Talent, er offenbart ein reiches Gefühlsleben und bringt
iedensten Stimmungen zu stets charakteristischem Ausdrucke.
n Motive sind von hohem musikalischen Inhalt, zum grossen
nsprechend: seine Klavier-Effekte und deren Kombination mit
ester sind häufig originell. Wenn auch noch nicht alles abge-
lern manches in brausender Gärung begriffen erscheint, so
h gerade der stürmische Jugenddrang und die strotzende Kraft
und letzten Satzes und hauptsächlich der ganz eigentümlich
Geist, welcher das Ganze durchströmt, unmittelbar mit sich fort.
und wonnig klang das erste Thema des zweiten Satzes; von
Wirkung ist das frisch und fröhlich dahinströmende Scherzo.
e Technik feiert in dem Konzerte wahre Orgien, die An-
n an Schnelligkeit und Ausdauer scheinen bis an die äussersten
gesteigert in diesen vollgriffigen Accorden, diesen stürmischen
ngen, diesen bizarrartigen Sprüngen."

ar Musikzeitung. Stuttgart: „Köln. In glücklicher
steht Sträßer die Stilarten des eleganten Saint-Saëns, sowie
tentiefen Brahms für sein neues Werk zu verwerten, ohne dass
ihm denselben Mangel an Selbständigkeit in der Erfindung zum
achen könnte. Namentlich das geistreiche, pikant wirkende
d grossen Beifall."

mische Zeitung: „Von dem im hochmodernen Stile ge-
Werke gefielen am besten die beiden Mittelsätze, ein inniges,
undenes Andante und ein köstliches von Lust und Freude
Scherzo. Ein Werk voll hohen Schwunges und
er Eigenart."

es, Drei lyrische Klavierstücke. Intermezzo,
Schlummerlied, Capriccietto 1,50

es. Tageblatt: „Der Komponist lässt sich in allem den gut-
Musiker durchblicken. Im ersten offenbart sich so viel Anmut,
ten schöne Ausdrucksweise. Das dritte, trotz seiner graziösen
gt scharfes Markieren. Es ist viel sprühendes Leben in dem
gen Tonstück. Die Komposition erheischt an einzelnen Stellen
wung zu erhöhter Wirkung. Die Erstarbeit des talentvollen
einem Lehrer Professor Dr. Kiauwell gewidmet, begrüssen
e

W., Valse noble. mach. 1,50
au, H., op. 8. Drei Phantasiestücke 1. Romanze.
rie 3 Capriccio . . . . je 1 —
Arthur, op. 6. Arm in Arm-Gavotte 1,25
Arn., op. 187. Scherzo. Op. 191. Waldidylle.
22. Sylphide . . . . je 1,50
7. Zwei Charakterstücke.
a) Leid Mk. 1,— b) Lust 1,50

elegant und reizend klingende Salonstücke mittlerer Schwierig-
se sich besonders durch frische, natürliche Melodik empfehlen.

Sartorio, Arn., op. 229. Sartorio-Album. 20 leichte und melodiöse
Unterhaltungsstücke ohne Oktavenspannung. Heft 1 und 2 à n. 1,50

— op. 242. All Heil! Radfahrer-Marsch mit Gesang 1,—

Der Klavierlehrer: Das Beste unter seinen neuen Musen-
kindern ist op. 187 „Scherzo", ein mit leichter Eleganz sicher und
glücklich entworfenes Stückchen.

Arn. Sartorio, op. 247. Deutscher Reichsmarsch . . . 1,—

„Der herrliche Marsch wird sich ganz pompös machen. Die Komposition ist so recht angethan, die volle Kraft der Instrumente zu entwickeln,
zu verwerten." E. Lottich, Kg. Musikdirigent.

do. op. 252. Phantasie über Schumanns Wanderlied
„Wohlauf noch getrunken" 1,50

Münst. Volkszeitung: „Diese nicht schwer spielbare effektvolle Phantasie sei allen Freunden des herrlichen Schumannschen Liedes,
denen die Natur die Stimme versagt hat, empfohlen."

Hamb. Fremdenblatt: „Interessante wertvolle
Salonmusik für Pianoforte. Der noch junge, aber rührige Verlag H. vom Ende, Köln-Leipzig, versendet soeben eine Anzahl Kompositionen von Arnold Sartorio. Es liegen zur Besprechung vor das Scherzo
op. 187, das brillante Salonstück „Sylphide", op. 222 und ein Sartorio-Album,
op. 229, bestehend aus 20 leichten melodischen Unterhaltungsstücken. Die
beiden erstgenannten Werke sind all' Denjenigen warm zu empfehlen,
deren technisches Können erspriesslich fortgeschritten, bereits grösseren
pianistischen Aufgaben gewachsen ist. Beide Salonstücke klingen reizend
und sind elegant.

Dietr. Schaefer. Prälud. und Fuge 1,50
do. Barkarole 1,50

In unserer Zeit Fugen zu schreiben und zu veröffentlichen, nimmt
günstig ein, sowohl für die Komponisten wie auch nicht minder für ihre
Verleger. Die vorliegende ist knapp gehalten, melodiös und flüssig in der
Stimmführung, ohne indessen durch Charakteristik des Themas besonders
zu fesseln. Interessanter ist in dieser Beziehung das Präludium; ein
wirkungsvolles Stückchen. **Neue Mus.-Ztg.**

Pianoforte zu 4 Händen.

Beethoven, Ludwig van, Alexander-Marsch . . . . . —,50
Behr, François, Bunte Schmetterlinge. (Die Primo
Partie im Umfange von fünf Tönen)
No. 1. Puppen-Gravotte (C-dur) 1,50
„ 2. Eislauf-Galopp (G-dur) 1,50
„ 3. Alpenröslein-Ländler (C-dur) 1,50
„ 4. Gratulations-Marsch (C-dur) 1,50
„ 5. Blumenlied-Walzer (G-dur) 1,50
— Turteltäubchen. Gavotte . . . . 2,—
Biehl, Albert, op. 125. Sechs Rondinos über beliebte
Weisen . . . . komplett n. 3,—
No 1. Fuchs du hast . . . . 1,—
„ 2. Des Kindes Engel . . . . 1,—
„ 3. Leise, leise . . . . 1,—
No 4. Heil dir im Siegerkranz . . . . 1,—
„ 5. Es wird auf Zephirs Schwingen . . . . . 1,—
„ 6. Freund verbann (aus Lucrezia Borgia) . . . 1,—
Engels, Hubert, op. 6. Zwei Märsche. No. 1 u. à 1,30
Förster, Alban, Drei Sonatinen zum Gebrauch für
den Unterricht.
1. C-dur 2. F-dur 3. G-dur . . . . je 1,50

Der „Klavierlehrer" (Prof. E. Breslaur) schreibt: Förster schreibt
einen guten Klaviersatz, seine Stücke, speziell seine Sonatinen, sind
sehr verwendbar für instruktive Zwecke, es fehlt ihnen aber auch
der Reiz ansprechender Melodie nicht, seine neuen vierhändigen
Sonatinen zeichnen sich nach dieser Richtung insbesondere aus, sie
können zu fleissiger Benutzung empfohlen werden.

Fritze, W., op. 8. Zwei Märsche No. 1 und 2 à . . . 1,30
Hagen, Adolf, Festmarsch 1,50
Hentschel, Theodor, Drei Scenen aus der Oper:
„Die schöne Melusine".
No. 1. Melusine in ihrem Reiche 1,50
„ 2. Festmarsch 1,20
„ 3. Raimunds Wanderung . . . . 1,—
— Hochzeitsreigen aus der Oper: „Lancelot" . . . 1,50
Kreutzer, Conradin, Ouverture zu: „Das Nachtlager
zu Granada" . . . . n. 1,—
Nürnberg, Herm., op. 354. Vier Charakterstücke.
1. Auf den Wellen. 2. Winzerlied. 3. Theatralischer
Marsch. 4. Sporentanz . . . . je 1,—
Ramann, Bruno, Vier Charaktermärsche.
— Op. 24. (Heft I) . . . . 2,—
— Op. 28. (Heft II) . . . . 2,—
Sartorio, Arn., op. 354. Zehn Volkslieder. Phantasien
Primo-Partie im Umfange von 5 Tönen. Heft I, II je 1,—
Scholz, Bernhard, op. 24. Walzer.
Grosse Ausgabe No. 1 . . . . 2,—
„ „ „ 2 2,50
Kleine Ausgabe . . . . 2 —
Schubert, Franz, Märsche. Op. 27, 40 und 51 . . . n. 3,—

[W]egweiser durch die Chorgesanglitteratur

Amtliches Organ des westdeutschen Sängerverbandes.
Ratgeber für Gesangvereine und Dirigenten.
Redaktion und Verlag: H. vom Ende, Köln a. Rh., Ecke Bismarck- und Kamekestrasse.

nebst

„KONZERTBERICHT"

und Beiblatt:

Der Sänger.

Erscheint monatlich einmal.
Bezugspreis für 1 Expl. 20 Pfg.
Jahresabonnement Mk. 1.50 und 40 Pfg. Porto.
Inserate kosten pro 4 mal gespaltene Petitzeile 30 Pfg.

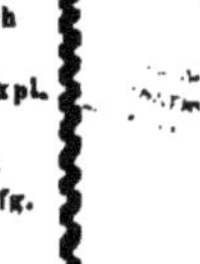

[Ex]pedition: H. vom Ende's Musikalien-Versandgeschäft.

[No.] 2. | Köln a. Rhein, den 26. November 1901. | III. Jahrg.

Inhalt:

[K]ünstlerische Jugenderziehung.

beginnt zu tagen. Auch unsere Pädagogen gelangen allzu der Erkenntnis, dass jede einseitige Bevorzugung der
[Verstand]sbildung unfruchtbar bleiben muss, solange nicht das
[G]es Kindes im stande ist, sein entscheidendes Wort mit-
[zureden]n. Also nicht einseitige Verstandesbildung, sondern har-
[monische] Ausbildung aller dem Menschen innewohnenden körper-
[lichen und] seelischen Kräfte sei das vornehmste Ziel aller Erziehung
[im wei]ten Sinne des Wortes, und als Grundlage aller Ent-
[wicklung] ist die Ausbildung und Verfeinerung unserer Sinnes-
[organe] anzusehen, denn es ist nichts in unserem Geiste, das
[nicht durc]h das Thor der Sinne eingezogen wäre.
[Vor] kurzem tagte in Dresden eine Versammlung angesehener
[Pädagog]her, welche sich mit dem Thema der künstlerischen
[Erz]iehung beschäftigte und namentlich darauf aufmerksam
[d]ass die Meisterwerke der Kunst das beste Erziehungs-
[mittel] arböten, dass dieses aber bisher noch völlig unausgenutzt
sei. Wenn man die Musik als erziehliche Macht
[nich]t in den Kreis der Beratungen zog, so liegt das wohl
[we]il man ihr eine besondere Versammlung im nächsten
[Jahre ein]geräumt hat, diesmal bewegte man sich nur auf dem
[Gebiete d]er bildenden Künste. Es seien hier nur die wesent-
[lichen P]unkte der Beratungen wiedergegeben.
[Erz]iehung des Kindes zu ästhetischer Genussfähigkeit und
der Gesamtheit unserer Nation zu stärkerer Kunstliebe
[und] Kunstverständnis, das waren die beiden Fragen, um
[die sich die] Erörterungen sich drehten. Das erste Problem behan-
[delte] Dr. Konr. Lange. Nicht etwa sollen alle Kinder
[zu Künstle]rn erzogen werden. Im Sinne des guten Dilettantismus,
[der den Me]nschen bescheiden macht, wollen wir unserem Volke
[Dilett]anten, unserer Kunst ein dankbares und begeisterungs-
[fähiges Pu]blikum erziehen. Kunstgeschichte oder Aesthetik als
[Unte]rrichtsfach in unseren Schulen soll als unzweckmässig
[fe]rn gehalten, ebensowenig soll etwa die ethische oder
[E]rziehung verdrängt oder schliesslich der Glaube ver-
[bre]iten, die Kunst könne die sociale Frage lösen. Dagegen
[Lange hervo]r, dass die Kunst eine unentbehrliche Ergänzung des
[d. h.] heisst der ernsten Pflichterfüllung ist, eine Ergänzung,
[deren der Mensch] nach deshalb braucht, weil sie allein ihm die harmo-
[nische Aus]bildung seiner Kräfte ermöglicht und ihn damit dem
[Ide]al alter humanistischer Bildung näher führt. Unsere
[Aufgabe ge]ht deshalb dahin, den bei allen Menschen im Keime
[vorhandene]n Kunstsinn derart zu wecken und auszubilden, wie
[es innerha]lb der bescheidenen Grenzen des Nichtkünstlertums,
des Dilettantismus, möglich ist.

Noch immer werden alljährlich eine Menge miserabler Bilderbücher auf den Markt geworfen, die das künstlerische Gefühl des Kindes verwüsten, und die meisten Eltern halten es gar nicht für der Mühe wert, darüber nachzudenken, dass für Kinder auch auf diesem Gebiete das Beste gerade gut genug ist. Und die Idee, dass man auch in Bezug auf das Kinderspielzeug, die Ausstattung des Kinderzimmers, das Schulhaus, kurz in Bezug auf die ganze Atmosphäre, in der das Kind lebt, die Grundsätze des Einfachen und Natürlichen, des Echten und Wahren, die unsere gute moderne Kunst beherrschen, durchführen könne, ist den meisten Eltern und Lehrern noch gar nicht gekommen. Deshalb wurde auf dem Kunsterziehungstage das nun schon so oft in Rede und Schrift Gesagte erneut laut ausgesprochen. Die ganze kunstpädagogische Reform geht dahin, die künstlerische Erziehung der Jugend einmal wieder in engere Verbindung mit der Natur, dann aber auch in engere Verbindung mit der lebenden Kunst zu bringen. Es handelt sich nicht um Verstandeserziehung, nicht um Abrichten zu technischer Geschicklichkeit (äusserliche Routine), nicht um bestimmtes theoretisches Wissen, es handelt sich vielmehr darum, das künstlerische Gefühl auszubilden, die Hand dem Auge und dem Gefühl dienstbar zu machen. Das Wort ist natürlich dabei nicht zu entbehren, die theoretische Unterweisung soll sich aber nicht vordrängen. Der öde Drill, die Uniformierung soll aus dem Kunstunterricht verschwinden. Ohne Methode geht es in der Erziehung allerdings nicht. Aber alle Methoden, die das Kind langweilen, die einen vorwiegend mathematischen oder historischen Charakter haben oder bei denen das Kind zu leerer Schönrederei verführt wird, verwerfen wir. Wir wollen nicht, dass das Kind die Natur zuerst durch die Brille der Vergangenheit, durch die Vermittelung bestimmter historischer Stilarten sehe.

Die erste Kunstschule ist das Haus. Lehrer R. Ross-Hamburg sprach über Kinderzimmer und Spiele, v. Seidlitz-Dresden über Wandschmuck. Aus dem Vortrage von Dr. Pauli-Bremen über das Bilderbuch wäre hervorzuheben, dass man beim Kinde anfragen müsse, um das Richtige zu treffen. Das Kind will zunächst das Spiegelbild seines eigenen Lebens sehen (Ludwig Richter); seine Schaulust und Phantastik (Walther Crane) verlangt Befriedigung. Es will mit seinem Buche lustig sein (L. Richter, Busch, Oberlander, Hengeler). Dem Kinde gefällt die Knappheit und Scharfumrissenheit der Zeichnung, denn es ist gewöhnt, aus ein paar Strichen ein Bild der Welt zu entnehmen. Sorgfältig vertiefte Perspektive und feine Abschattierung machen das Kind müde; es wünscht lebhaft leuchtende, ungebrochene Lokalfarben und kräftige Umrisse. In jeder Stadt werden sich an Stelle der Bilderbuchfabrikanten Künstler finden, die gute Bilderbücher schaffen, und auch die Verleger werden zu der Einsicht kommen, dass sich die geschäftlichen Zwecke mit den künstlerischen decken. Nicht soll man an das Bilderbuch ästhetische Belehrungen des Kindes knüpfen. In der Stille wird sich aus guten Bilderbüchern entwickeln, was wir guten Geschmack nennen.

Ueber die künstlerische Schulerziehung spricht Lehrer Götze-Hamburg. Unser Schulunterricht scheint vom ersten

Schreib- und Leseunterricht an nur ein Ziel zu kennen: Kenntnisse zu vermitteln und den Verstand zu schärfen. Man übersieht die eminente Bedeutung anderer Faktoren fürs Leben. Man vergisst, dass ihre Berücksichtigung die unabweisbare Voraussetzung für eine allseitige und befriedigende Ausbildung der geistigen Kräfte des heranwachsenden Menschen ist. Man beginnt die Schüler mehr als bisher mit der Natur vertraut zu machen, und man hat den Anschauungsunterricht eingeführt, der das früher alleinherrschende Wort ergänzen soll. Aber diese Versuche müssen Stückwerke bleiben, wenn ihnen nicht eine künstlerische Erziehung zu Hilfe kommt. Referent stellt dem abstrakten, begrifflichen Denken, das die Schule vom ersten Schreib- und Leseunterricht an zu entwickeln trachtet, eine Art anschaulichen Denkens gegenüber, das im Gegensatz zu jenem erst eigentlich befähige, die Dinge in ihrer concreten Erscheinung zu begreifen. Ist für jenes die Sprache das adäquate Ausdrucksmittel, so für dieses das Zeichnen. Dem blossen „Wissen“ wird unter Anwendung eines von Helmholtz geprägten Terminus das „Kennen“ gegenübergestellt und aus diesem letzten werden auch alle die ästhetischen Vorstellungen abgeleitet, die aus dem Umgang mit Natur und Kunst dem Gemüt zufliessen, also die poetische Ideenwelt.

Mit der Vorbildung der Lehrer, speciell in den Seminarien beschäftigte sich Seminarlehrer Muthesius-Weimar. Die künstlerische Erziehung sei zunächst und vor allen Dingen ein Problem der Erziehung der Volksschullehrer. Zeichenunterricht durch künstlerisch gebildete Lehrer fordert Dr. Lange auch für die Universitäten.

Es sprach Direktor Prof. Lichtwark-Hamburg über: „Die Anleitung zum Genuss der Kunstwerke und über rationellen Museumsbesuch“. Der Redner fordert an Stelle der Lektionen über Kunst und Kunstgeschichte das Betrachten der Kunstwerke. Man müsse bei den Kunstwerken der Heimat beginnen und dann auf diejenigen anderer Länder übergehen. Hierbei müssten sowohl die antiken als auch die modernen Werke gleichmässig berücksichtigt werden. Ferner forderte der Redner noch den Wegfall der kostspieligen Kataloge in den Museen und Ausstellungen und wünscht die Anbringung der erläuternden Bemerkungen direkt an den Kunstwerken. Auch Führungen durch die Museen und Ausstellungen würden zur Hebung des Kunstverständnisses viel beitragen.

Auch den Schlussvortrag hielt Prof. Lichtwark über das Thema: „Der Deutsche der Zukunft“. Die Lebensmächte, aus denen sich der Deutsche der Zukunft entwickeln werde, seien die Schule, die Universität und das Heer. Die Aufgabe, den neuen Mannestypus zu formen, falle dem deutschen Lehrer, dem deutschen Professor und dem deutschen Offizier zu.

Dieses energische Eintreten für eine freie, harmonische Ausbildung aller seelischen Kräfte gegenüber der üblichen einseitigen Verstandesbildung ist ohne Zweifel von unschätzbarem Werte und verdient namentlich Beachtung seitens der Kunstfreunde. Nun könnte man aber aus den in der Versammlung zu Tage getretenen Anschauungen einen Widerspruch konstruieren mit den in meinem Aufsatze: „Einführung in das Studium der Musik“ vertretenen. Während dort gewarnt wird vor allzu tiefem Eindringen in das Wesen und die Form der Kunstwerke, in das Schaffen des Künstlers, in die Technik der Künste, bemühe ich mich hier, nachzuweisen, dass eindringendes Verständnis echter, gross und tief angelegter Kunstwerke nicht möglich ist ohne energisches Studium der einschlägigen Fachdisziplinen. Aber wir wollen nicht vergessen, dass es sich bei diesen Bestrebungen zunächst gar nicht so sehr um die „Kunst“, im engeren Sinne des Wortes, handelt, um den charakteristischen Ausdruck tiefsten menschlichen Empfindens in denkbar schönster Form, sondern dass wir den Begriff hier viel weiter fassen müssen, überhaupt als charakteristischen Ausdruck jeden Empfindens in sinnenfälliger Form. Kunst in diesem Sinne zeigt sich überall, wo innerlich Erlebtes, in unser Gemüt Getauchtes, ins Leben und in die Erscheinung tritt. „Kunst ist ein Stück Leben, geschaut durch die Brille eines Temperaments“.

In diesem Sinne gehört auch unser Volkslied zur Kunst. Mag es kunstlos gefügt sein, es ist doch das ehrliche Spiegelbild einer wahrhaft und warm empfindenden Seele. Und den Sinn für diese Ehrlichkeit, die Fähigkeit dieses Empfindens in unserer Jugend zu wecken und auszubilden, das liegt in den Händen unserer Jugendbildner.

Wir erwarten mit Spannung die nächstjährigen Verhandlungen, welche sich mit der musikalischen Jugenderziehung beschäftigen sollen, und werden nicht verfehlen, im Laufe des Jahres unsre Anschauungen und Vorschläge in diesen Blättern niederzulegen.

vom Ende.

Bearbeitung des deutschen Volksliedes.

B. vom Ende.

VI.

Der Tonsatz.

Wir gelangen nun zum Kernpunkt der ganzen Auseinandersetzung, zu der Frage: Wie soll sich der mehrstimmige Satz gestalten? Denn dass die Bearbeitung mehrstimmig, u. zwar in der Regel 4stimmig sein müsse, sollen die Lieder sich in unseren Gesangvereinen einbürgern, darüber kann wohl kein Zweifel herrschen. Mögen die Naturalisten über solche Bearbeitungen denken, wie sie wollen, für uns kann nur das Bedürfnis der Gesangvereine und höheren Schulen, Seminare etc. massgebend sein und für diese ist 2stimmiger Gesang a capp. ein Unding, Dreistimmigkeit mit wenigen Ausnahmen eine unnütze Beschränkung. Unsern Liedern ist ebensowenig damit gedient, wenn man sie mit einigen nichtssagenden simpeln Fransen behängt, als wenn man sie aufputzt mit prunk- und protzenhaftem Geschmeide und Goldflitter, aber dass derartigen Gestalten vornehmer, gewählter Schmuck zur Zierde gereichen kann, das beweist zur Genüge die holde Erscheinung unsres märchenhaften Aschenbrödels im Ballsaal. Gläserne Pantoffeln und güldene Krönchen sind dazu nicht nötig, wohl aber ein anmutendes, der schönen Form entsprechendes Gewand.

Diese mehrstimmige Behandlung des Volksliedes ist durchaus keine Forderung der Neuzeit. Schon gegen 1500 hatte sich dieselbe in denkbar künstlichster kontrapunktischer Form in Deutschland eingebürgert und an der Ausführung dieser Kompositionen beteiligte sich das kunsttreibende Volk in weitestem Umfange, die Schuljugend nicht am wenigsten, welche sehr sorgfältig im Gesange herangebildet wurde.

In diesen Bearbeitungen lag die Melodie in der Regel im Tenor, während die begleitenden Stimmen gewissermassen einen arabeskenartigen Hintergrund bildeten. Dabei aber ging es niemals ohne rhythmische Verzerrungen des Liedes ab, da der Kontrapunkt stets im 4/4 Takt stand, ohne Rücksicht auf den Rhythmus des Liedes. Mit berechneter Kunst erscheinen diese Rhythmen dem 4/4 Takt enthoben, um frei als Melodie über ihm zu schweben. Die Arabesken des Hintergrundes sind also wie auf einem Teppich in gleichgemessene Felder verteilt, während die Melodie darauf steht wie ein individuell geformtes Gebilde. Eine Schilderung dieser Musik finden wir in Martin Luthers Lobrede auf die Musik:

> — Denn wo die natürliche Musik durch die Kunst geschärft und poliert wird, da siehet und erkennet man erst zum Teil (denn gänzlich kann's nicht begriffen noch verstanden werden) mit grosser Verwunderung die grosse und vollkommene Weisheit Gottes in seinem wunderbarlichen Werk der Musika, in welchem vor allem das seltsam und zu verwundern ist, dass einer eine schlichte Weise oder Tenor (wie es die Musici heissen) hersinget, neben welcher drei, vier oder fünf andere Stimmen auch gesungen werden, die um solche schlichte einfältige Weise oder Tenor gleich als mit Jauchzen gerings herum her spielen und springen, und mit mancherlei Art und Klang dieselbige Weise wunderbarlich zieren und schmücken, und gleich wie einen himmlischen Tonreihen führen, freundlich einander begegnen und sich gleich herzen und lieblich umfangen. Also dass diejenigen, so solches ein wenig verstehen, und dadurch bewegt werden, sich des heftig wundern müssen und meinen, dass nichts Seltsameres in der Welt sei, denn ein solcher Gesang mit vielen Stimmen geschmückt. Wer aber dazu keine Lust und Liebe hat, und durch solch' lieblich Wunderwerk nicht bewegt wird, das muss wahrlich ein grober Klotz sein, der nicht wert ist, dass er solche liebliche Musik, sondern das wüste Eselsgeschrei des Chorals (gemeint ist der zu Luthers Zeit in Verfall befindliche römische Choral), oder der Hunde oder Säue Gesang und Musik höre.

Allein, schon 60 Jahre später finden wir in der Liedersammlung des Scandilli eine neue Art des Satzes aufgekommen, welche dem italienischen Madrigal nachgebildet war und auf den Inhalt mehr einging, die Strenge des Kontrapunktes zur Anmut milderte. Nach 1600 verschwand das Volkslied aus dem Bereiche der Kunstübung, nur in den

Choralen noch seine Spuren zurücklassend, bis gegen 1800 mit der Gründung der Gesangvereine auch das Verlangen nach volkstümlichem Gesangstoffe wieder zur Geltung kam und die herrlichen Sammlungen von Silcher, Erk, Rietz etc. zeitigte. Diese Bearbeiter haben unstreitig Vorzügliches geleistet, ihre Satzweise kann im allgemeinen als mustergültig anerkannt werden; das schliesst aber nicht aus, dass im Einzelnen doch manche Aenderungen sich als wirksamer herausgestellt haben, manche Schönheit besser beleuchtet werden kann; auch sind zahlreiche Lieder entweder in unbrauchbarem Satze oder noch gar nicht erschienen, sodass dem Freunde und Kenner des Volksliedes noch manches zu thun übrig bleibt.

Ueber die Art des Satzes im allgemeinen lässt sich nur sagen, dass er s c h ö n, v o r n e h m und w a h r sein soll. Formvollendete Schönheit ist die erste Anforderung, welche wir an jeden Volksliedsatz zu stellen haben. Der Inhalt unserer Volksdichtungen ist nirgends dazu angethan, dass ein Operieren mit brutal wirkenden Dissonanzen erforderlich erschiene. Leidenschaftliche Affekte sollen nicht in uns erregt werden, daher sind die Grenzen einer massvollen, milden Schönheit nicht zu überschreiten. Der Satz sei ferner vornehm, er halte sich frei von allen unedlen, geschraubten, schwülstigen Phrasen, trivialen Floskeln und rührseligen Wendungen und mache einen gediegenen, würdigen Eindruck. Vor allen Dingen aber, und hierin fassen sich alle übrigen Anforderungen zusammen, er sei w a h r, er bringe nur das zum Ausdruck, was in der Volksweise verborgen liegt, nichts mehr und nichts weniger. Man soll dem Liede keine bunten Flitter umhängen, nur um die Wirkung zu erhöhen, man soll sich hüten vor Uebertreibung oder gar Verkehrtheiten, kein Mensch schickt sein Kind den Sommer im Pelz und den Winter in der Badehose ins Freie, aber man soll andererseits jede Trockenheit und Einseitigkeit vermeiden; zünftige Pedanterie ist in diesem Falle viel verderblicher als übertriebene Sentimentalität, denn nichts hasst das Volk mehr als Langeweile. Man darf der Weise keine Gewalt anthun, aber den Stimmungsgehalt, den das Volk hineingelegt hat, darf man auch nicht unterdrücken, sondern soll ihn herausholen bis auf den letzten Rest. Dazu ist aber nötig, dass der Bearbeiter sich hineinfühle in die poetische Situation, dass er miterlebe in vollem Masse, was die Seele des Dichters erfüllte. In wessen Herz das Weh der Trennung mit all seinen Bitternissen nicht nachzuzittern vermag, der wird uns auch nicht den poetischen Gehalt eines Abschiedliedchens näher, geschweige denn ihn erschöpfend zum Ausdruck bringen können.

Niemals aber wird dauernder Erfolg demjenigen zu teil, der nur geschäftsmässig den Weisen ohne ihren Wert in Herz und Sinn zu erfassen, lediglich ein harmonisches Mäntelchen umhängt. Der Satz soll sich also dem Charakter der Weise anpassen, im Texte müssen wir die Richtschnur suchen, in ihn uns versenken, aus ihm die Mittel holen. Dass für Kinderlieder nur die einfachsten Verhältnisse tanzen, versteht sich von selbst, aber auch Tanzliedchen, Jäger- und Soldatenlieder wollen anders behandelt sein, als die sehnsuchtsvollen Weisen der glücklichen und unglücklichen Liebe, geistliche anders als Scherz- und Spottlieder; da ist dem Bearbeiter reichlich Gelegenheit gegeben, trotz aller eng gezogenen Grenzen seiner Subjektivität bis zu einem gewissen Grade Geltung zu verschaffen, aus seinem eignen Innern hinzuzuthun, was ihm notwendig erscheint, um den Ausdruck des Liedes zu verstärken und ergänzen, ohne ihn zu ändern.

Manche Stämme, wie z. B. die Steyrer, Kärntner, Tiroler, formen ihre Weisen von vornherein so, dass sozusagen nur eine Begleitung möglich ist an der kaum zu deuteln ist; allerdings entspriessen diese Lieder auch meistens einer Grundstimmung und ähneln sich infolgedessen sehr. Das fröhliche, naturwüchsige Tirolerlied bewegt sich hauptsächlich zwischen Stufe I und V, während Stufe IV dem getrageneren Kärtnerlied ein weichlicheres Gepräge giebt. Für die süddeutschen Weisen hat Dr. Pommer den richtigen Satz gefunden. Wie weit wir in harmonischer Beziehung bei den Volksliedern gehen dürfen, lässt sich nicht so leicht feststellen, einzelne Kategorien der gebräuchlichen Dissonanzen ohne weiteres auszuschliessen, geht doch wohl nicht an; sogar der im allgemeinen recht zahme Silcher gebraucht an hervorragender Stelle in „Ach, du klarblauer Himmel“ z. B. den verminderten Septimenakkord; der Nonenakkord ist durchaus nichts Ungewöhnliches und, z. B. in „Wie schienen die Sternlein“ bei dem Worte „Himmel“ von hervorragend schöner Wirkung. Dass wir trotz vieler Dissonanzen dennoch gesättigten Wohlklang erzielen können, ersehen wir aus den Brahm'schen Bearbeitungen für gem. Chor. Auch vom übergreifenden System macht dieser reichlichen und schönen Gebrauch, so greift er in „Der tote Knabe“, über in das Molldurgeschlecht:

später ins Emoll-System: das „h e r b e“ Leid charakterisierend:

Den nach der Ober-Dom. übergreifenden Akkord in den „Zwei Königskindern“ möchte ich nicht missen.

Fortsetz. folgt.

Einführung in das Studium der Musik.

H. vom Ende. (Fortsetzung)

Die Form, welche der Künstler aus diesem Stoffe bildet, als Bild der äusseren Erscheinung betrachtet, kann sich also nur als eine Bewegung innerhalb wechselnder Tonhöhe und Tonstärke darbieten. Sie erscheint als eine zeitliche Aufeinanderfolge von einzelnen oder mehreren gleichzeitig erklingenden Tönen, welche, um sinnvoll zu erscheinen, innerlich zusammenhängen und in Beziehung zu einander stehen müssen, denn das Zusammenhanglose kann keinen Sinn bergen. Ausserdem verlangen wir von jedem Geistesprodukt Deutlichkeit und Bestimmtheit der Form, wogegen alles Verschwommene, Molluskenhafte unserm ästhetischen Empfinden unangenehm ist.

Halb unbewusst erfand nun das singende Volk, um das unendliche Tonmeer, welches uns in fortlaufendem Uebergange von der Tiefe bis zur Höhe zur Verfügung steht, künstlerisch verwertbar zu machen, ein aus dem Phänomen der sogenannten O b e r t ö n e hervorgehendes T o n s y s t e m, in welchem sich die einzelnen Töne nach einem bestimmten, wenn auch nicht von vornherein theoretisch erkannten, Prinzip geordnet folgen, von der Höhe nach der Tiefe in festbegrenzten, kleinen Zwischenräumen (Intervallen), den Stufen einer Leiter ähnlich (Tonleiter). Diese Töne weisen in der Gruppierung, wie sie als Obertöne in der Natur erscheinen, eine innere Verwandtschaft auf, welche es ermöglicht, dass nicht nur die A u f e i n a n d e r f o l g e e i n z e l n e r T ö n e in einer aus den Gesetzen der Verwandtschaft sich ergebenden Ordnung **(Melodie)** sinnvoll erscheint, sondern auch das g l e i c h z e i t i g e E r k l i n g e n gewisser nächstverwandter Töne **(Harmonie)**.

Daraus geht hervor, dass die melodische und harmonische Verwendung dieser Töne sich nach Normen zu richten hat, welche aus dem Wesen ihrer verwandtschaftlichen Zusammengehörigkeit hervorgehen.

Da sich die Bewegung in der Zeit vollzieht, so wird ein gewisses Z e i t m a s s oder **Tempo** die Schnelligkeit dieser Bewegung, die Bestimmung der Zeit, in welcher sich die Töne oder Akkorde auf einander folgen, regeln müssen.

Wenn im Kunstwerk alle inneren und äusseren Erlebnisse des Künstlers sich widerspiegeln sollen, so leuchtet ein, dass ein Element nicht unbenutzt bleiben darf, welches in unserem physischen Leben eine so grosse Rolle spielt, wie der **Rhythmus**, die Mannigfaltigkeit in der Bewegung. Nichts verrät die innere Bewegung unserer Seele besser, als der rhythmische Wechsel unserer Lebensäusserungen. In der Erregung atmet der Mensch schneller, die Pulse fliegen, die Worte überstürzen sich, der Gang wird beschleunigt, kurz, die Anzahl der Bewegungsmomente in einer gewissen Zeit vergrössert sich. Umgekehrt bewirkt die Seelenruhe eine Verringerung dieser Momente in Rede, Gang, Gesten etc. Dieser mannigfaltige Wechsel zwischen länger und kürzer andauernden Bewegungen findet sich in der musikalischen Ausdrucksform wieder als Wechsel des Dauerwertes der Töne. Auch diese Mannigfaltigkeit der Bewegung muss sich, soll sie für uns verständlich sein, einer Ordnung fügen, sie muss sich auf Masse beziehen, die nach einheitlichen Gesichtspunkten festgelegt sind, und diese Masseinheit nennt man **Metrum**. Auf letzterem oder dessen regelmässiger Wiederkehr beruht die Einteilung der Tonstücke in Takte, welche ebenfalls dazu dient, das Gehörte übersichtlicher und leichter verständlich zu machen, indem sie die einzelnen Gedanken oder Motive, aus denen das Werk zusammengesetzt ist, von einander abhebt durch ein der Taktordnung innewohnendes Mittel, welches auch im allgemeinen in der Musik eine grosse Rolle spielt, durch die Abstufungen der Tonstärke, deren Lehre **„Dynamik"** genannt wird. Diese Verteilung von Licht und Schatten dient also einerseits zur Klärung der metrisch-rhythmischen Gestaltung des Tonstückes, also als Phrasierungsmittel, andererseits aber auch zur Charakterisierung des musikalischen Gehaltes, also als Ausdrucksmittel und macht sich geltend als Nuancierung, d. h. allmähliches Zu- und Abnehmen oder plötzlicher Wechsel der Klangstärke und als Accentuierung d. h. plötzliche Hervorhebung einzelner Töne oder Klänge. (Näheres siehe in H. vom Ende's Dynamik des Klavierspiels Universalbibliothek für Musiklitteratur Nr. 21/22, Mk. 1,—).

Ein weiteres Mittel, die Ausdrucksfähigkeit der Musik intensiver zu gestalten, ist das willkürliche Zögern oder Eilen an den geeigneten Stellen, das sogenannte Tempo rubato. Derartige agogische Modifikationen des Tempos durchbrechen die metrisch-rhythmische Ordnung und rufen dadurch ganz eigenartige Wirkungen hervor. Schliesslich gesellt sich hierzu noch eine Eigenschaft des sinnlichen Mediums, in welchem das Kunstwerk lebt und wirkt, die **Klangfarbe.** Jedes Instrument hat seinen ihm eigentümlichen Charakter, welcher es von allen anderen scharf unterscheidet. Hervorgerufen ist diese Verschiedenheit durch das Material, die Verarbeitung desselben, seine Form mit ihren Resonanzverhältnissen und die Art der Klangerzeugung. Auch die Behandlungsweise seitens des Künstlers ist von grossem Einfluss auf den Klang-Charakter. Feinere Unterschiede innerhalb derselben Gattung bezeichnet man mit Timbre. Der tiefere Grund für alle diese Unterschiede liegt in der verschiedenartigen Zusammensetzung der Obertonreihen.

Das ist der Rahmen, in welchem das eigentliche Kunstwerk sich aufbaut und Gestalt annimmt. Diese Gestalt, die eigentliche Satzform, kann überaus verschiedenartig sein, sie ist von unbegrenzter Entwickelungsfähigkeit und hängt so eng mit der künstlerischen Idee, welche der Phantasie des Komponisten entsprang, zusammen, dass sie mit ihr gewissermassen identisch ist. Wie die Persönlichkeit sich darstellt als Einheit des Leibes und der Seele, als leibgewordener Geist oder als geistgewordener Leib, so durchdringen sich auch in der Musik Inhalt und Form, jener geht in diesen vollkommen auf, „der Inhalt muss die Form vertilgen" sagt Schiller.

Der Charakter des Tonbildes aber ist um so eigenartiger, anziehender, je inniger das Verhältnis der Form zur Individualität des Schöpfers ist, wer also diese auf sich wirken lassen will, von dem muss erwartet werden, dass er die Formen bis in ihre Einzelheiten beherrscht, in denen sich die Werke der Tonkunst darbieten, denn ohne diese Erkenntnis wird ihm die Eigenart eines charakteristischen Kunstwerks nicht zum Bewusstsein kommen können.

Entwurf einer Wettstreitordnung

In Sachen der Wettstreitordnung sind mir eine Reihe dankenswerter Zuschriften zugegangen, in denen verschiedene Aenderungen in Vorschlag gebracht werden. Ich bitte nochmals alle beteiligten Kreise um Kundgabe ihrer Meinung, da nur so etwas Allgemeingültiges zustande kommen kann. Es werden von beachtenswerter Seite folgende Vorschläge gemacht:

ad B 2: „Ein Jahr ist eine zu lange Frist, da es heisst „vom Tage der Anmeldung" und hierdurch die Aufnahme neuer Mitglieder mindestens 1½ Jahre vorher zur Unmöglichkeit wird und Lücken, die durch Austritt etc. entstehen, nicht ergänzt werden können. Es genügt: „Die Sänger müssen am Tage der Anmeldung wenigstens ½ Jahr dem Vereine angehören". Es handelt sich darum, zu verhüten, dass Mitglieder anderer Vereine nur für die Dauer des Wettstreites dem konkurrierenden Vereine beitreten."

ad D 3: Es können auch besondere Klassen gebildet werden für Vereine, welche überhaupt noch keinen Preis errungen haben, oder für diejenigen, welche während des Wettstreites leer ausgegangen sind.

ad D 4: Es wird als Härte empfunden, dass ein Verein der in den 3 vorhergehenden Jahren einen 1. oder Ehrenpreis errungen, in der nächsthöheren Klasse singen soll. — (Sehr gross ist diese Härte übrigens nicht, denn wenn in einer Klasse die Anzahl der Sänger 30—50 betragen darf und in der nächstfolgenden 50—80, so ist der Unterschied kein so grosser, wenn man den Durchschnitt nimmt; ein Verein mit 40 Sängern kann recht gut mit einem von 60 Sängern konkurrieren; in Kassel hat der kleinste Verein den 1. Preis bekommen. Der Paragraph ist nicht gegen Vereine gerichtet, welche auf unrechtmässige Weise den Preis errungen haben, sondern welche vorhandene günstige Umstände in rein geschäftlicher Weise ausbeuten wollen.)

Es soll noch hinzugefügt werden: Die Vereine sollen für jeden unberechtigter Weise mitwirkenden Sänger bestraft werden mit einer Konventionalstrafe und Rückgabe der Preise.

ad E 1. Mit Bezugnahme auf die Kasseler Preisrichter wird vorgeschlagen, von dem Verlangen, „Die Preisrichter müssen sich als Dirigenten eines Männergesangvereins bewährt haben", abzusehen; jeder hervorragende Musiker sei imstande, die Leistungen von hoher, künstlerischer Warte zu beurteilen. Es soll an der betr. Stelle eingeschoben werden: „in erster Linie".

ad F 1. Der ganze Satz von „die Anzahl der Proben an" soll gestrichen werden. Der Hinweis auf die Mitwirkung fremder Dirigenten stösst auf Widerstand. Die Vereine sollen nur mit ihren eigenen Kräften arbeiten und jedes fremde Element den Uebungen fern halten. (Wer kann das aber kontrollieren?)

ad G b c. Die Vorbereitungszeit soll nur 1 Stunde dauern (Also Stundenchor). (Fortsetzung folgt.)

Frau Holde.

Dramatische Cantate für Soli, Chor und Orchester komponiert von **Alb. Thierfelder**, Dichtung v. Rud. Baumbach. (Al. Maier, Fulda.)

Während auf dem Felde des grosseren Oratorienstils in letzter Zeit die Ernte wieder etwas reichlicher ausfiel, macht sich ein Mangel an Cantaten mittleren Umfanges fühlbar; das Erscheinen einer solchen aus der Feder eines musikwissenschaftlich und künstlerisch hochstehenden und feingebildeten Komponisten ist deshalb doppelt freudig zu begrüssen. Die poetische Unterlage Rud. Baumbachs eignet sich wegen ihres echt romantischen Kolorits, ihrer dramatischen Gestaltung und des lyrischen Ausdrucks der Empfindungen trefflich zur musikalischen Illustration, daher denn auch letztere sich auszeichnet durch packende Charakteristik, Natürlichkeit und Wahrheit des Ausdrucks und temperamentvolles Eindringen in den poetischen Gehalt der Dichtung. Der Bergknappe Frieder, verlobt mit der Schäfertochter Ilse, lässt auf der Heimkehr vom Tanze muntere Weisen zum Lobe Frau Holdes im Walde erklingen und wird im Schlafe von Frau Holde reich mit Gold beschenkt. Der abgewiesene Freier Conrad, Stadtschreiber im nahen Städtchen, verrät aus Rache den Frieder wegen unrechtmässiger Aneignung des Goldes aus dem Bergwerk, nachdem Ilse auf sein Verlangen, sich ihm hinzugeben, nicht eingegangen ist, und Frieder wird zur Strafe seines Augenlichts beraubt. In der Sonnenwendnacht aber erweist sich Frau Holde wiederum als die Segenspendende und weist der Ilse im Traum das Blümlein, welches dem Frieder das Augenlicht wiederzubringen vermag. Zum Schluss Jubel und Hochzeit. Der romantische Geist, der die Dichtung durchweht, hat seinen Zauber auch über die Musik ergossen, dessen durchaus eigenartige Gestaltung einen Vergleich mit den besten Vorbildern nicht zu scheuen braucht. Namentlich lassen die lebenswarmen Harmonien und die charakteristischen Rhythmen in ihrer Mannigfaltigkeit nirgends ein Erlahmen des Interesses aufkommen. Manche Weisen haben eine innige volkstümliche Färbung und dürften bald überall bekannt sein.

Der Sänger.

ntliches Organ des westdeutschen Sängerverbandes.

Das Volkslied ist die Unsterblichkeit der Musik.
Marx.

Verbunden werden auch die Schwachen mächtig.
Schiller.

Nov. 1901. || Vorsitzender: Lehrer A. Gau, Hilden bei Düsseldorf. || Nr. 2.

ıktion u. Verlag: H. vom Ende, Köln a. Rhein, Ecke Bismarckstrasse 25.

Amtliche Nachrichten.

egen Krankheitsfall und anderer Ursachen konnten in eit die Korrespondenzen der Verbandsleitung nicht korrekt werden. Wir werden Betreffendes jetzt nachholen und n geneigte Rücksicht. Aus selbigem Grunde erscheint der haftsbericht erst in nächster Nummer.

ıs diesjährige Verbandsfest resp. der 1. westdeutsche ntag hat seitens der Düsseldorfer städtischen Behörde enige Berücksichtigung gefunden, welche wir dort erwartet ıd unserer an hoher Stelle anerkannten sehr wichtigen ıgen wegen, hätten erwarten sollen. Die Abendunter- welche am 14. September in der Bürgergesellschaft statt- l doch einen ausgesprochen kunstlerischen Charakter die Stadt Dusseldorf mit einer Steuer zu belasten befunden! Der festveranstaltende Verein Orphea-Düssel- ı zu dem anfänglich im August geplanten Feste für den ezirk Flingern einen Festzug ins Programm aufgenommen. Behörde fand darin ein Verkehrshindernis und wurde lso vom Programm gestrichen. Einige Sonntage darauf em andern Gesangvereine, nicht dem Verbande ange- egentlich einer Fahnenweihe, ein Festzug erlaubt und cher Vertreter zur Begrüssung der Sänger entsandt. erhaupt sind uns in diesem Jahre derart befremdende eiten in Düsseldorf bereitet worden, die zum Protest herausfordern! Erst die langwierigen Verhandlungen Direktorium des zoologischen Gartens wegen Gewinnung dann die nutzlosen Versuche mit der städtischen Ton- ltung aus gleichem Grunde; schliesslich die wegen des Festes durch die Landestrauer hervorgerufenen ı mit den Zeitungsexpeditionen u. s. f.! Die Kosten des sind nicht geringe gewesen, wiewohl die mitwirkenden ıen und Kunstler sich unentgeltlich in den Dienst der ıc gestellt hatten. Dank der Opferwilligkeit treu dem ienender Herren ist es ja gelungen, selbige zu decken — rf nicht wieder vorkommen. Die Düsseldorfer ange- ı Vereine, welche die Sache besonders nahe angeht, lotz mancher Hindernisse, mutvoll und unbeirrt für ·lichen Ziele weiter zu arbeiten!

persönliche Mitglider sind weiter angemeldet: ·ektor Hanemann sen.-Iserlohn. 48. Chordirektor Hane- ıerlohn. 49 Chordir. Ernst Kirsten-Duisburg. 50 Walter :l. Kammermus. und Musikdir. in Clausthal.

~~~~~~

ıs dato noch keinerlei Anmeldungen zu einem event. Jahre in Duisburg zu veranstaltenden Gesangwett- cgen, so gebe ich gerne einem Vorschlage des Herrn ten Quast-Meiderich Raum. Derselbe geht dahin, auf ine Wertung durch Preisrichter nach unserem System ı lassen, auch wenn kein Preisingen vulgo Wett- ıde kommt. Wie stellen sich die Verbandsvereine zu ıchlage?

Stadt und Land Düsseldorf wird in der nächsten Zeit licher Beginn Januar 1902) ein Kursus für Chor- ı m, Lehrer etc. stattfinden. Etwaige Beteiligung rbandsvorsitzenden baldigst anzuzeigen.

Der Verbandsvorsitzende.

Berichte über die Thätigkeit einzelner Vereine für den Verband.

Die Rheinische Volksliedertafel, vom Verbandsfeste her bekannt, ist nach Kräften bestrebt, durch ihre Volksliedpflege dem Verbandsgedanken Verbreitung zu verschaffen. Dahin ist auch die Mitwirkung genannten Vereins unter Leitung des Herrn vom Ende-Köln a. Rh. am 27. Oktober auf dem Konzerte der Constantia-Urdenbach zu rechnen. Wir entnehmen dem Berichte des „Rheinlander“-Benrath darüber das Folgende:

Urdenbach, 28. Okt. Das gestrige Konzert der „Constantia“ zeichnete sich durch eine besondere Mannigfaltigkeit aus. Chöre, Solis, Duett und das Auftreten der rhein. Volksliedertafel verliehen dem Ganzen ein wechselvolles Bild, welches die Zuhörer bis zum Schluss fesselte. Wenn schon die Darbietungen der „Constantia“ im ersten Teil des Programms mit verdientem Beifall beantwortet wurden, ebenso einige recht hübsche Solis vielen Anklang fanden, so steigerte sich das Interesse des Publikums bei dem zweiten Teile erheblich, da derselbe hauptsächlich der rheinischen Volksliedertafel reserviert war. Dieser neue Verein setzt sich aus musikalisch gebildeten Herren zusammen, welche eine gute Stimme besitzen und einem Gesangverein angehören, der sich dem westdeutschen Sängerverband angeschlossen hat. Die Zwecke und Ziele des letzteren legte der Vorsitzende desselben, Herr Gau aus Hilden in einer längeren Rede dar, der Redner führte ungefähr aus: Der Gesang soll um seiner selbst willen gepflegt werden, die hohen Geld- und Wertpreise auf den Wettstreiten sind abzuschaffen, da diese nur zu einer einseitigen Ausbildung führen, die Sucht, durch Erlernung sogenannter Schlager die ersten Preise, Ehrenpreise und höchste Ehrenpreise zu erringen verdrängt das einfache, melodiöse deutsche Volkslied durch diese Kunstgesänge immer mehr. Die Auszeichnungen für bestes Singen sollen nur in Medaillen bestehen, die Ehre, eine solche Medaille errungen zu haben, ist höher einzuschätzen als hohe Geldpreise oder Kunstgegenstände. Die Preisrichter sollen die Leistungen der Vereine bei einem Wettstreit nach einer einheitlichen Wertung bemessen, kein Verein dürfe innerhalb 25 Jahren mehr wie einen Wettstreit veranstalten, damit diese sogen. Singpest eingeschränkt werde, auch genüge vollständig ein Tag zur Abhaltung. Schaffung einer Bibliothek, Errichtung einer Versorgungskasse für Dirigenten seien weitere Aufgaben des westdeutschen Sängerverbandes. Alle diese angedeuteten Ziele fanden wiederholten Beifall bei den Zuhörern, ebenso ungeteilten Beifall errangen aber auch die gesanglichen Leistungen der rhein. Volksliedertafel unter ihrem Dirigenten H. vom Ende, Köln. Wir sind dem Verein dankbar für den Vortrag dieser einfachen und doch so zu Herzen gehenden Volksweisen, welche nicht allein durch ihre meisterhafte Wiedergabe als auch ihren Inhalt manche langst verklungene Saite in unserem Herzen wieder tönen liessen. Die unvergängliche Schönheit der alten deutschen Volksweisen trat von neuem lebendig aus unserer Jugendzeit hervor, umwob uns mit seinem Zauber und liess all die inzwischen vernommenen Kunstgesänge verblassen. Wie die einfache deutsche Hausmannskost immer noch die beste ist, so geht es auch mit unsren alten Liedern, von denen wir ja einen reichen Schatz besitzen und die noch tönen werden, wenn längst sämtliche Berliner Tingeltangel-Lieder vergessen sind. Hoffentlich treten weitere Vereine dem westd. Sängerverband bei, damit wir der rhein. Volksliedertafel noch recht oft bei Vokalkonzerten begegnen.

Aus Rees geht uns folgender Bericht zu, welcher von der begeisterten Hingebung des Herrn Chordirigenten Gottlieb an die Verbandssache rühmliches Zeugnis ablegt.
~~~~~~

Rees, den 3. Nov. 1901. Am Sonntag, den 27. Oktober feierte der Männergesangverein „Rheinklänge", Mitglied des Westdeutschen Sängerverbandes, seine Fahnenweihe. Ausser „Concordia" und „Frohsinn" von Emmerich, die ebenfalls beide dem Verbande angeschlossen sind, nahmen an der Feier teil: Germania-Cleve; Handwerker-Gesangverein-Wesel; Rheinklänge-Emmerich und Germania-Rees. Es liegt nicht in unserer Absicht, ein Bild von dem wohlgelungenen Verlauf des Festes zu geben, das seinen Höhepunkt in einem Konzert fand, welches zum Teil wahre Musterleistungen bot; vielmehr scheint uns der Umstand von allgemeinerem Interesse, dass sich anschliessend an den Akt der Weihe für den Dirigenten des festgebenden Vereines Gelegenheit bot, auf die Bestrebungen des Westdeutschen Sängerverbandes hinzuweisen. Der Beifall, der ihm nach seinen Worten wurde und besonders der Aufforderung zum engeren Zusammenschluss der teilnehmenden sowie sonst benachbarten Vereine möglichst im Rahmen des Westdeutschen Sängerverbandes folgte, bewies, dass ein Bedürfnis dazu auch hier am Niederrhein in weiteren Kreisen vorhanden ist. Möge diesen Worten gar bald die That folgen und das Fest der Ansporn gewesen sein zu einer weiteren Kräftigung des „Westdeutschen Sängerverbandes".

Deutsche Volkslieder in Einzelausgaben.

Ausgewählt und empfohlen von der Liederkommission des **Westdeutschen Sängerverbandes.**

Dem Beschlusse des vorletzten Verbandstages gemäss hat die aus den Herren Kgl. Musikdirektor C. Steinhauer, F. Güldner und H. vom Ende bestehende Liederkommission zunächst sämtliche in **Einzel-Ausgaben** erschienenen **echten** deutschen Volkslieder einer genauen Prüfung und Vergleichung unterzogen und giebt in Folgendem das Resultat seiner Untersuchungen bekannt. Die Arbeit gestaltete sich nicht allein durch die Fülle des Materials zu einer mühevollen, sondern auch dadurch, dass von manchen Liedern 4 und mehr verschiedene Bearbeitungen vorlagen, welche genau zu vergleichen waren. Unsern Vereinen aber glauben wir hiermit ein Material nachgewiesen zu haben, in welchem manch köstliche Perle zu finden ist, wert, der Nachwelt überliefert zu werden.

A Büchsel aufm Rücken ..... Simon
A Busserl ..... André
Ach Blümlein blau, verdorre . Schauss
Ach, du klarblauer Himmel .. Silcher
Ach Elslein, liebes Elslein mein .... Cursch-Bühren
Ach Gott, es drückt das Herz . Böhme
Ach Gott, wem soll ichs klagen Jüngst
Ach Gott, wie weh thut .... Wermann
Ach könnt ich diesen Abend . Neubner
Ach schönster Schatz, mein Augentrost ..... André
Ach wie ists möglich dann . vom Ende
Ade zur guten Nacht ..... Isenmann
Aennchen lieb, Aennchen traut ..... André, Jüngst, Langer, Sitt
All meine Gedanken die ich .. Hirsch
Am Sarensee, da rauschet . Herrmann
Am Santa g'schwind ..... Isenmann
Auf der Alm, da gieb's koa Sünd .. E. Simon
Bin Nachts-pei aussigange . Pommer
(Die) Blümelein, sie schlafen ..... Schwartz, H. Sitt, Isenmann, Schmid
Buama, wollts a Gansl .. ... Kremser
Bua, wann d' willst af d Habupfalz
Bua, willst auf d' Alma fahrn Kremser
Da droben auf jenen Bergen . Cursch-Bühren
Da steh i hier oben... .... Isenmann
Da unten im Thale laufts Wasser André
Diandl, wo hast denn die Liegastatt Pommer
Des Sonntags, des Montags ... André
Des Abends kann ich nicht schlafen gehn ..... Neubner
Diandel, bist launig .... Pommer
Dort liegt der See da drunt .. Jürgens
Draus ist alles so prächtig . Jürgens
Drei Lilien, die pflanz ich .... Neuert
Du mein einzig Licht ... ... Ihmge
Ein Maidlein an dem Laden lag ... Wüllner
Es blies ein Jäger wohl in sein Horn G. Weber
Es ist ein Schnee gefallen Fr. M. Böhme
Es ist ein Schnitter, der heisst Tod. Wermann
Es scheinen die Sternlein vom Ende, Röhmer
Es stehn zwei Freunde Hand .. Neuert
Es steht ein Baum i. Odenwald Neuert
Es steht eine Lind in jenem Thal ... (Deutsche Liedertafel) Neubner, Jüngst, Langer
Es taget vor dem Walde .... Jüngst
Es waren zwei Königskinder Cursch-Bühren, Siegert
Es welken alle Blätter ..... Neubner
Frisch, lustig und fröhlich . Pommer
Fort zog die Liebste ..... Isenmann
Gestern auf die Nacht ..... Pommer
Greane Fensterl, blaue Gatter do.
Grün ist die Holderstaude .. Kremser
Gut Gsell und du must wandern ... C. Steinhauer
(Der) Gutzgauch auf dem Baume sass ..... Böhme
Hab oft die ganze Nacht .. Isenmann
Hab i kein Häuserl nit ..... Pommer
Herzallerliebste, lebe wohl ... Weber
Herzigs Mariandel, wo gehst du denn hin ..... vom Ende
Herzigs Schatzerl .... Freyer
Heunt is die Samstag Nacht . Pommer
Heut hab ich die Wacht ... Jüngst
I bin der Alt-Ausseer Postillion .. Pommer
Ich fahr dahin, wenn es muss sein. Silcher, André
Ich hab die Nacht geträumet Neubner
Ich habe den Frühling gesehen ..... Spangenberg, Fr. M. Böhme
Ich hab schon drei Sommer . Neubner
Ich hört ein Sichlein rauschen .... Isenmann
Ich weiss mir ein Maidlein ... André
Ich wollt gern singen ..... Wüllner
Ich will mich umschauen ..... André
I hab schon drei Sommer .. Neubner
Ihren Schäfer zu erwarten . Schwalm
Im Dorfe ist Hochzeit ..... Neubner
Im Krug zum grünen ... Baldamus
Im schönsten Wiesengrunde ... . Munsinger
Im Frühling, wo die Veilchen ... ... Isenmann
Im Sommer geht mein Trauern zu. Neubner
In meines Vaters Gart. C. Steinhauer
Innsbruck, ich muss dich lassen .... Jüngst, Weber
Ja grüane Strümpf .... Pommer
Jetz gang i ans Brünnele . Silcher
Jetzt kommt das schöne Frühjahr an Pommer
Juchheisa, m. Dirndl ...... Kremser
Kein Feuer, keine Kohle .... Jos. Schwartz, Wermann
Komm Feinsliebchen, komm ans Fenster .... Neubner
Kleine Kugeln glassen ...... Pommer
Köln am Rhein .... Neubner
Liebchen, lass dich küssen .. Cursch-Bühren
(Das) Lieben bringt gross Freud ... Wermann, Langer
Mädchen m. den blauen Augen . Reger
(Den) liebsten Buhlen, den ich hab, André
Lustig ists Gesellenleben ... Pommer
(Das) Maidlein wollt ihren Liebsten han Wüllner
Maidle lass dir was verzähle . Silcher
(Der) Mai tritt ein mit Freuden ... Jüngst, Wermann
Mei Mutter mag mi net .. Wohlgemuth
Mein Dirndl tief drunt im Thal . Reger
Mein Diandl hat gesagt .... Pommer
Mein Herz hat sich gesellet .. Jüngst
Mein Herz ist im Hochland .. Cursch-Bühren
Mein Herzlein thut mir gar so weh Neubner
Mein Schatz ist auf die Wanderschaft hin .... Wüllner
Meinen Heiland im Herzen .. vom Ende
Mir ist ein schöns Braunmaidelein .. Jüngst
Mir san die zwa Pfeiferbuam Pommer
Mit Lust thu ich ausreiten .. Wermann
(Der) Morgenstern ist aufgegangen .. Wüllner
Morgen muss ich fort von hier . Reger
Muss i denn .... Silcher
Nachtigall ich hör dich singen .. .. Isenmann
Nun ade, jetzt reis ich fort Isenmann
Nun kommt die fröhliche Nacht .... Wüllner
O Strassburg du wunderschöne Stadt Hirsch
O wie herbe ist d. Scheiden . Isenmann
O wunderbares tiefes Schweigen .... vom Ende
(Die) Reise nach Jütland ... Schauss
Rosenstock, Holderblüt ..... André
Sag mir das Wort .... Schwartz
S' Diandl wachst auf .... Pommer
Schatz, mein Schatz, warum Isenmann
Sapperment, wenn i mein Diandl sieh Pommer
Schön ist die Jugend .. Cursch-Bühren
Sind wir geschieden ...... vom Ende
Schwesterlein, wann gehn wir nach Haus, Wüllner
Soll sich der Mond nicht heller scheinen .... vom Ende
Schönster Schatz, mein Augentrost .., André
So viel der Mai auch Blümlein beut W. Hoderke, E. Becker
Spinn, spinn meine liebe Tochter Baldamus
Spinn, Mägdlein, spinn ...
Tief im Böhmerwald, da ist mein
Tanz, Liebchen, tanz .... vom Ende
Ueber Berg und Thal .....
Uebern Bacherl steht a Häuserl
Und als die Schneider Jahrtag
Und der Hans schleicht ..
Und schau ich hin, so schau her ....
Unsre Freundschaft zu erneuern
Verstohlen geht d. Mond auf.
Von der Kappler Alm ....
Von dir geschieden, bin ich
Vorerst so wollen wir loben
Waldeslust, o wie einsam.
Wann der Auerhahn balzt.
Wann d' Ausseer sagen ...
War ich ein Brünnlein .
Wann i aufdenk auf mein junges
Wann i geh auf die Bloch.
Warum bist d denn so traurig
Was willst du in der Fremde
(Das) Weib zum Biere ging
Wenn der Schnee von den Alpen
Wenn zu mein Schatzel kommt
Wenn ich d. Wandrer frage
Wenn ich ein Vöglein wär
Wenn's Mailüfterl weht ..
Wenn wir durch die Strassen ziehen
Wer singet im Walde so heimlich
Wer steht da droben ......
Wie die Blümlein draussen zittern
Wo a kleins Hüttle steht ...
Wo gehst du hin, du Stolze.
Zu Augsburg steht ein hohes Haus
Zu dir ziehts mi hin .. Pache, Kremser
Zu Strassburg auf der langen Brück
Zu Strassburg auf der Schanz Jos. Schwartz
Zwa Sterndlan am Himmel. Kremser, Schwartz

Zur Ansicht zu beziehen durch H. vom Ende's Musikalienhandlung, Köln am Rhein.

Neue Werke für Kinderchor.

W. Lampe. Vom Büblein, das überall mitgenommen hat sein wollen. 2 stimmig mit Solo und Klavier. (Leipzig, Max Brockhaus). Schüler und Zuhörer werden sich an dem allerliebsten Inhalt weidlich ergötzen, der ebenso ansprechend wie charakteristisch vertont ist. Klav.-Ausz. Mk. 2.—, Stimmen je 40 Pfg.

W. Radnick, op. 14. **Muttersprache, Mutterlaut.** 3stimmig. (Striegau, A. Hoffmanns Verlag). Part. und St. Mk. —.80. Ansprechendes, schön empfundenes Liedchen.

Simon Breu. Der Dezember. Allegorisches Festspiel in 1 Akt von A. Dreyer, für Sopran- und Altstimmen (Soli und Chor) mit Klav. Klav.-Part. Mk. 1.50, Stimmen 15 Pfg. (Regensburg, J. G. Boessneckers Verlag). Eine reizende Weihnachtsaufführung für Schulen, Pensionate etc., leicht zu bewerkstelligen und keine allzugrossen Anforderungen an die Ausführenden stellend. Die charakteristisch kostumierten Monate sind im Begriff, ihr jüngstes und bescheidenstes Brüderchen, den Dezember, als unbrauchbar und unnütz zu verstossen, da erscheint in letzter Stunde der Weihnachtsengel und führt ihnen die Bedeutung des „Christmonats" so zu Gemüte, dass sie den Bruder in Gnaden wieder aufnehmen. Der musikalische Anteil beschränkt sich auf Eingangs- und Schlusschor und ein Liedchen, recht ansprechende und sinnige Beiträge von S. Breu. Das Festspiel ist sehr empfehlenswert.

Ruland Ayselinger, op. 21. **Oster-Cantate.** 2 stimmig, Soli, Harmon. oder Orgel, mit verbindender Deklamation. Klav.-Ausz. Mk. 3.—, St. Mk. 2.—. (Offenbach, Joh. Andrés Verlag). Ein von der bekannten Verlagshandlung sehr schön ausgestattetes Werk, welches an die Ausführenden keine grossen Anforderungen stellt und überall wohlklingenden Satz und einfache, natürliche Melodik aufweist. Der Versuch, die Leiden und Auferstehung Christi in einer Cantate für Kinderchor auszunutzen, hat immerhin etwas Missliches, da der ergreifende Inhalt überhaupt nicht in so einfacher Form wiederzugeben ist. Der Dichtung von Gersdorf haftet zudem eine gewisse rhythmische Monotonie an, welche auch durch die musikalische Interpretation nicht beseitigt ist. Im übrigen ist die Darstellung eine durchaus würdige und auch einer erbaulichen Wirkung fähige.

Moritz Vogel, op. 71 I. **Die Geschichte Bethlehems,** für Deklamation, Chor und Soli mit Klav. u. Harmon. Part Mk. 2.—, Stimme 30 Pfg. (Leipzig, O. Junne). Der Text ist in etwas lehrhaftem Tone geschrieben, steht aber dennoch dem jugendlichen Empfinden nahe genug, um Interesse zu erwecken. Jedenfalls bedeutet auch dieses Werk eine wesentliche Bereicherung unserer nicht gerade übermässig reichen musikalischen Literatur gediegenerer Richtung für die Jugend, es sei namentlich unseren Kirchenchören bestens empfohlen.

Neue Humoristika.

A. Für Sologesang.

Verlag von Louis Oertel, Hannover.

Rud. Fink. Das glückliche Thier . . . . Mk. 1.—
R. Lovesky. O Barbara, du süsse Zuckerschnute . . . . . 1.—
R. Weldt, op. 126. Kuriose Geschichte . . . . 1.—
Couplet-Album Eine Sammlung humoristischer Couplets und Vorträge.

Band 49. Couplets von Gaspary, Jacobson, Homann (Quodlibet), Graf, Essig, Samson . . . . Mk. 1.—
Band 50. 7 Coupl. aus der Operette „Capricciosa“ Von C. A. Raida . . . . Mk. 1.—
Band 51. Couplets von Rosenzweig, O. H. Lange, Ellmenreich (Humoreske mit Dialog), Eisfeld, v. Flotow (Champagnerlied) Ellmenreich (Ober aber? hum. Szene), Mensel, F. Meister (schauerliche Ballade) . . . . Mk. 1.—
„Kusslied“ und „Nippsachen“ aus der Operette „Das Jungfernstift“ je . . . . Mk. 1.—

Verlag von G. Bratfisch, Frankfurt a. d. Oder.

Fel. Püschel. Rentier Tühlbecke, kom. Szene . . . . . Mk. 1.60
do. Der gute Onkel, kom. Szene. Musik von R. Hanke Mk. 1.60
do. Der gebildete Johann. Musik von Hanke . . . . Mk. 1.50
Bernhard Böhmer. Onkel Heminchen. Sächsische Original-Humoreske . . . . Mk. 1.60
do. op. 31 I. Lemke aus Zinten. Humoreske . . . . . Mk. 1.50
do. Bemmchen in Arawien . . . . Mk. 1.60
do. Bemmchens Baul aus Härne. Musik von Wilh. Wolff Mk. 1.60
Humoristische Szene für 2 Frauenstimmen.
Fr. Cursch-Bühren, op. 71. Der anonyme Brief . . . Mk. 4.
Komisches Terzett für 3 Herren.
Jul. Klump. Der Schwur der Sabiner, für Tenor, Bariton, Bass Text von R. Löhr . . . . Mk. 4.—

B. Für Männerchor.

Part. u. St.

A. Lichter. Mischmasch, heiteres Potpourri . . . . Mk. 1.50
do. Heiteres Lieder-Potpourri . . . . Mk. 1.50
Otto Winkler. Sechse, Sieben oder Acht! . . . . . Mk. —.90
A. Lichter. s' Schatzla. Soloquart. mit Bariton-Solo . . Mk. 1.20

Verlag von Louis Oertel, Hannover.

Ellmenreich, Alb. Die Bicycler 2.40
M. Hebert. Die Frosch . . . . —.90
A. Lefébure-Wely, op. 19. Der Grobian im Damenkreise. Böhmische Kirmes-Polka je . . . . Mk. 1.20
Carl Krüger, op. 28. Dagdeef . . . . Mk. 1.10
W. Rudnick, op. 47. Der Rechte, mit Klavier . . . . Mk. 2.—
Karl Zuschneid, op. 21. Der Friedel und die Nachtigall Mk. 1.60

Vermischtes.

Dort hängt der Himmel voller Geigen! So könnte man fast von **Markneukirchen i. S. sagen,** denn diese Stadt ist der Hauptort der deutschen Musikinstrumentenfabrikation, von dem aus alljährlich viele Tausend Geigen und Instrumente jeder anderen Art nach allen Ländern der Erde gehen. Da es sicher grossen Vorzug hat, direkt vom Herstellungsort zu beziehen, so können wir unseren Lesern nur anraten, beim Bedarf irgend eines Musikinstrumentes darüber Preisliste von dem Versandhause Wilhelm Herwig in Markneukirchen in Sa. zu verlangen; man wird dann schon aus dem Inhalte ersehen, dass die genannte Firma weitgehendste Garantien für beste Ausführung der ihr zugehenden Aufträge bietet.

Ein neuer **internationaler** Wettstreit in Köln.

Wie vorauszusehen war, hat sich auch der Kölner Karneval, der bekanntlich am 11. im XI. jedes Jahres beginnt, der Wettstreitangelegenheit bemächtigt. Die „Kuventsmöhne“ inauguriert denselben wie folgt

Sonntag, den 10. November, findet im Colosseum zur Feier des 25jährigen Namenstages unseres Vereinsdieners ein grosser, internationaler Gesang-Wettstreit statt. Zulässig sind nur Vereine mit mindestens 200 Sängern. Teilnehmende Vereine: Sänger-Gesang-Verein-Buxtehude; Mannen-Koor Zang en Hammer-Haarlem, Société Carambolage-Verviers etc.

Das Preisrichter-Kollegium besteht aus Herren, deren Namen dafür bürgt, dass richtig punktiert wird. Folgende Preise wurden gestiftet:

1. Erster Ehrenpreis. 3 goldene Bücklinge. Geschenk des Prinzen Tschun aus China.
2. Erster Ehrenpreis: 1 goldene Wiege. Ueberflüssiges Geschenk des Königs Alex. aus Serbien.
3. Erster Ehrenpreis: Geschenk der Stadt Zöllen: 2511 Mk. bar in Gold. Ueberschuss vom Stapelhaus.
4. Erster Ehrenpreis: Taktirstock, geschnitzt aus elfenbein. Stockfisch. Geschenk vom Kolonialwaren-Minister Chamberlain.
5. Erster Ehrenpreis: Ehrenbecher. Geschenk der Damen aus der Bechergasse. Mehrmals verweigerter Preis von früheren Wettstreiten.

Briefkasten der Verbandsleitung.

Fragen von allgemeinerem Interesse werden unentgeltlich beantwortet.

Herrn H. H.-Gerresheim besten Dank für Ihr warmes Interesse. Weitere Anregung von hier erfolgt. Gruss! G.

Herrn W. K.-Stuttgart. Für die Zusendung der Gutachten des Preisgerichtes sehr dankbar. Schicke Ihnen eine ähnliche Arbeit als Gegenstück. Gruss! G.

Alle Zahlungen sind an unsern Verbandskassierer Herrn Fabrikant Elmroth, Wermelskirchen zu richten, nicht nach Hilden. Gleichzeitig muss der Zahlende und Zweck der Zahlung genau vermerkt sein.

Nach Elberfeld. Dr. Neitzel's Ausspruch von der Unzweckmässigkeit der Palmzweige und des Eichenkranzes ist mir bekannt. Sie werden baldigst eine Erwiderung darauf lesen. Gruss! G.

Evangelischer M.-Gesangverein Uedenbach, Männerquartett-Vohwinkel, Sängerkranz-Erkrath, Gesangverein der Firma Herminghaus & Co., Vohwinkel gehen Aufnahmegesuche zur gefl. Ausfüllung zu. Beitrags-zahlung à Sänger 10 Pfg gilt pro 1902. Einschreibegeld wird nicht erhoben. Nächster Verbandstag in Duisburg. Willkommen im Verbande! Der Vorsitzende.

W. R. in Krefeld. Die Rhein. Volksliedertafel beschäftigt sich ausschliesslich mit der Pflege des echten, deutschen Volksliedes. Für 1902 noch keine Mitwirkung bei Verbandsvereinen zugesagt. Bitte Antrag stellen. Gruss! G.

Alle Verbandsbeiträge pro 1902, sowohl die der Vereine als die der persönlichen Mitglieder sind vor den Verhandlungen des nächstjährigen Verbandstages in Duisburg an den Verbandskassierer Herrn Fabrikanten Elmroth in Wermelskirchen zu machen; können also auch noch in Duisburg vor Beginn der Verhandlungen entrichtet werden. — Die namentlichen Mitgliederverzeichnisse sind, insofern selbige Aenderungen aufweisen, bis 1. Januar 1902 an die Verbandsleitung einzusenden.

Berichtigung.

Die in Nr. 12 angekündigten gem. Chöre von Ludw. Liebe, op. 183 1-4 sind in **Luckhardts Verlag, Stuttgart** (nicht in Linkhardts, Berlin) erschienen.

Verlag von F. E. C. Leuckart in Leipzig.

Zwei Kaiserlieder,

gedichtet von Paul Baehr,

für Männerchor im Volkston

komponiert von

Carl Steinhauer.

Op. 49.

Nr. 1. **Kaiserhymne** (Gebet für den Kaiser): *„Gott, Allmächt'ger und Allweiser."* Partitur und Stimmen (à 15 ₰) M 1,—.

Nr. 2. **Sängergruss an den Kaiser**: *„Kaiser von Deutschland, dich grüsst unser Lied."* Partitur u. Stimmen (à 15 ₰) M 1,—.

Ferner erschienen:

Steinhauer, Carl, op. 33. **Zwei Rheinlieder.**

Nr. 1. **Der Rhein**: „Wer je am Rhein gewesen" von *Gedeon von der Heide*, für Männerchor mit Blechinstrumenten und Pauken ad libitum. Vollständige Partitur netto M 1,50.
Instrumentalstimmen . . . . netto M 3,—.
Chor-Partitur und Stimmen (à 15 ₰) . . . . M 1,20.

Nr. 2 **Nachtgruss vom Rhein**: „Nun alle Wipfel schlafen" von *F. A. Muth*, für Männerchor (im Volkston).
Partitur und Stimmen (à 15 ₰) . . . . M 1,—.

Während der „Nachtgruss vom Rhein" durch Zartheit und Gemütstiefe die Herzen gewinnt, zeichnet sich der erste Chor „Der Rhein" durch Schwung und Frische aus. Selten wurde das beliebt gewordene Lied gesungen, ohne dass es da capo verlangt worden wäre. Bei Wettsingen wurden zahlreiche Auszeichnungen und erste Preise damit errungen. Auch bei dem 5. Deutschen Sängerbundesfeste in Stuttgart, wo es der Rheinische Sängerbund zu Gehör brachte, bewährte sich von Neuem seine oft erprobte Wirkung.

Steinhauer, Carl, op. 43. **Sängergruss**: „Wenn froh ein Herz", Gedicht von *Gustav vom Bach*, für Männerchor.
Partitur und Stimmen (à 15 ₰) . . . . M 1,20

Steinhauer, Carl, op. 54. **An die Sonne**: „Im Osten steigst du auf in ros'ger Gluth" v. *Paul Baehr*, f. Männerchor.
Partitur und Stimmen (à 30 ₰) . . . . M 2,80.

Sendungen zur Auswahl stehen zu Diensten.

Neu! Walpurgisnacht Neu!

von **A. Jäckel** op. 54.

Grosses Walzeridyll für Männerchor, gemischten Chor, Frauenchor u. Soli, mit Klavier- od. Streichorchesterbegl.

Klavierauszug M 3,—. Stimmen M 1,20.
Orchesterpartitur „ 3,—. Orchesterstimmen „ 3,—.

Die Walpurgisnacht ist ein lang vorbereitetes mit grösster Sorgfalt ausgearbeitetes Werk im Stile der „Koschat-Walzer". Von Autoritäten vor Herausgabe geprüft und allgemein äusserst günstig beurteilt. Texte stehen den verehrlichen Vereinen bei Aufführung in beliebiger Anzahl **in Kommission** zur Verfügung.

Grosser Beliebtheit erfreuen sich **Jäckels** volkstümliche Männer- und gemischte Chöre. Katalog gratis. Partituren z. Ansicht.

G. Adolf Jäckel,

Musikverlag, Leipzig, Poststr. 14.

Für Violinspieler

prächtiges Weihnachtsgeschenk!

J. G. Boessenecker, Verlag A. Mender, Regensburg.

Neu! **Violin-Album.** Neu!

22 Vortragsstücke

für Violine mit Klavierbegleitung komponiert von

Max Burger, Joh. Conze, Karl Geiger, Cyr. Kistler, Aug. Löhle, Karl Mayer, R. Musiol, C. A. Oberdörffer, Dr. Reb. Schmidt, Cornel. Schmitt, Dr. Stein, Ernst Strebon, Aug. Wiltberger u. dem Herausgeber Alban Lipp.

Heft I (bis 3. Lage) M 2.— n. Heft II (bis 5. Lage) M 2.— n.
Heft III (bis 5. Lage) M 2.— n.

Alle 3 Hefte zusammen in 1 Band brochiert M 4.— n.
Ausg. für Violine allein, die 22 Nummern in 1 Bd. brochiert M 2.— n.

Wie aus dem Namen-Verzeichnis der Komponisten ersichtlich, haben sich eine Anzahl tüchtiger Musikpädagogen zusammengethan und unter der Redaktion des verdienten Herausgebers **Alban Lipp** ein Sammelwerk für Violine geschaffen, welches angesichts seiner ausgezeichneten Anlage wohl konkurrenzlos dastehen dürfte.

Die gesamte Fachpresse brachte dieser Erscheinung die schmeichelhaftesten Belobigungen dar.

Soeben erschienen:

Verzeichnis empfehlenswerter Männerchöre

unseres Verlags

mit Anhang:

Beliebte gemischte Chöre, Frauenchöre, Geistliche Musik.

Auf Verlangen erfolgt Zusendung **gratis und franko.**

J. Schuberth & Co.

Leipzig.

Meister-

haft gearbeitete Musikinstrumente jeder Art direkt vom Herstellungsorte **Wilh. Herwig** in **Markneukirchen i. S.**

Illustrierte Preisliste umsonst und portofrei. Bitte anzugeben, welche Instrumente gekauft werden sollen.

Für Dirigenten und Sänger unentbehrlich!

Der Chor-Dirigent.

Bearbeitet von J. Wolff.

Preis 1 Mark.

Der Chordirigent führt die Anfangs-Accorde und Tonarten von 1000 der bel. Männerchöre an. Er ermöglicht ohne Partituren bei Ausflügen in geselligen Kreisen etc. ein genaues Einsetzen von Männerchören. In Musikzeitungen bestens empfohlen.

Verlag von **Otto Kreyer**, Krefeld.

Dankbar

werden Sie mir sein für die Uebersendung meiner neuesten illustrierten Preisliste frko. gegen 10-Pfg.-Marke. **G. Engel, Berlin 140** Potsdamerstr. 131.

Lieferung sämtlicher Musikalien besorgt promp und billigst

H. vom Ende's Musikalienversand.

Neue Festspiele

für Schulen und christliche Vereine

Die Geschichte Bethlehems. Die Salbung in Bethanien.

Dichtung von Dr. theol. P. Kaiser,
Pfarrer an St. Matthäi in Leipzig.

Für Deklamation, ein- und dreistimmigen Gesang (Chor oder Soli) und Klavier oder Harmonium

eingerichtet und komponiert von *Moritz Vogel*, Op. 71.

No. 1. Partitur M. 2.—, Singstimme M. —.30. Textbuch M. —.05. No. 2. Partitur M. 1.30, Singstimme M. —.15. Textbuch M. —.05.

— Von der Fachpresse günstigst besprochen! —

Zu beziehen, auch zur Einsicht durch jede Musikalienhandlung.

Verlag von **Otto Junne, Leipzig.**

Ueberall zur Wiederholung begehrt wird der neueste Chor

Adolf Kirchl's:

Es war einst eine schöne Zeit

Lieder-Album der Lyra Nr. 103.

Der Chor ist soeben in II. Auflage erschienen und können Bestellungen auf denselben wieder sofort ausgeführt werden.

„Lyra"-Verlag. WIEN XVIII/2.

Gratis und franko

sende ich den Herren Dirigenten und Gesanglehrern gerne einzelne Partituren von **Johannes Schondorf's Männer- und gemischten (auch Schul-) Chören** (Lose Blätter, Vaterländische Gesänge etc.) zur Ansicht. **Schondorf's Verlag in Güstrow.**

Konzertbericht.

Kritiken über Aufführungen und Künstler.

Gemischter Chor mit Begleitung.

Geistliche Aufführungen.

Altonaer Kirchenchor (Prof Fel. Woyrsch) Hymne v. J. Rheinberger, „Schon weicht der Sonne Flammenstrahl". Fr. Kiel, Motette „Siehe, wie fein". H. v. Herzogenberg „Lobe den Herrn meine Seele" Alb. Becker, „Unsere Hülfe steht im Namen". Joh. Brahms, Motette, op. 110, „Ich aber bin elend", „Ach, arme Welt", „Wenn wir in höchsten Nöten sein" Alb. Becker, Geistlicher Dialog a. d. 18 Jahrh., für Alt, Chor u. Orgel Maria 8 etal. **Stadtkirche Saanerberg** (H. Roth), Knabenchor Cantate für das Pfingstfest von Bernhard Roth. „Es prangen Haus und Garten" von v. Schleiterer Pfingstlied „Geist der Wahrheit" von Bernhard Müller. **Rees a. Rhein.** Evang. Kirchenchor. (Gustav Beckmann). „Selig aus Gnade", Kirchen-Oratorium für Chor, Soli Orchest u. Orgel von Albert Becker, (Sol.: Ernst Hunger, K. Meinecke. Frl. Strauss-Kurzwally und Fr. Kl Betz

Köln, Gustav-Adolf-Fest. (Ernst Wolff 100. Psalm von Mendelssohn, „Jauchzet dem Herrn". 147. Psalm von Alb Becker, „Lobet den Herrn" Duett für Tenor und Bariton aus der Cantate „Allein zu dir, Herr" (G. A. Walter, Tenor aus Berlin, E. Wolff. Köln Cantate „Halt im Gedächtniss" für Soli, Chor, Orchester und Orgel von J. S. Bach.

Oratorien und grössere Gesang-Werke.

Barmen. Volkschor Hopfe. Haydn, Schöpfung (Sol.: Em. Herzog A. Oberländer, K. Meyer. **Düsseldorf.** Gesangverein (Dr. F. Limbert), Haydn, Schöpfung (Sol.: Emma Hiller-Hackhell), Bruno Joachim, Fr. Harrer). **Elberfeld.** Concert-Ges. (Dr. H. Haym). Haydn Schöpfung. (Sol.: Dor. Schmidt A. von Fossard, A. van Eweyk. **Köln.** Concert-Ges. (Prof. Fr. Wüllner wird in dieser Saison bringen: Bach, Matthäus- u. Johannis Passion Bach Cantic. Canticorum. Brahms, Nänie. Händel, Herakles, (Sol.: Em. Herzog, M. Craemer-Schleger, Louise Höveelmann, Rich. Fischer, Hans Schult). Röhr, Ekkehard. Urspruch, Frühlingsfeier. Wüllner 98. Psalm für Männerchor. **Augsburg** Oratorien-Ver. (Weber) wird bringen: Händel-Chrys. Saul. (Sol.: Frau Seiff-Katzmeier, Adr. Kraus-Osborne. R. Fischer, Dr. Fel. Kraus, Brahms, Ein deutsches Requiem. Robert Schumann, Szenen aus Goethes Faust. (Sol.: Else Reissenegger, H. Grahl). A. van Eweyk. **Dessau.** Hoftheater. Aug Klughardt Judith (Sol.: von Milde, Frl Westendorf, Herr und Frau Fenge. **Frankfurt a. M.** Rühl'scher G.-V. (Dr. B. Scholz). Brahms Schicksalslied Gluck, Orpheus (Sol.: Frl. Muriel Foster, Frl Dina van der Vijver, Frl. Hel. Hohenleitner). **Gotha.** Liedertafel (Prof. Patzig) Rob Schumann, Requiem für Mignon. **Hamm.** Musik-Verein (P. Selpt). Mendelssohn, Loreley. Finale (Sol.: Fr. Wedekind. **Mannheim.** Musik-Verein (F. Langer). Bruch, Odysseus. (Sol.: Elv. Fenten-Malmedé Idona Walther-Choinanus. K. Scheidemantel. **Rudolstadt.** Oratorienchor (Rud. Herfurth, F. Woyrsch, Passions-Oratorium (Sol.: Marie Berg. Frau Agnes Herfurth Alb. Jungblut, Herm Gausche, Henr. Steeg. **Witten.** Musik-Verein (Ed. Kreusbage), Fr. Volbach. Vom Pagen und der Königstochter (Sol.: Antonia Kölchens, Franz Litzinger, Wilh. Metzmacher). **Berlin.** Philharm. Chor (S. Ochs. J. S. Bach. Hohe Messe (Sol.: A. Noordewier-Reddingius. L. Geller-Wolter, Dr. R. Walter, D. Ffrangcon-Davies). **Berlin** Singakademie (G. Schumann) César Franck Seligkeiten (Sol.: Frau Röhr-Brajnin, Frau Craemer-Schleger, Rothmühl, Scheidemantel. Or-Ho). **Bonn.** Städt Gesang-Verein (Hugo Grüters) Haydn, Jahreszeiten (A. van Eweyk, Neta Geyer, Emil Pinks). **Mainz.** Liedertafel (Volbach) Händel Chrysander Messias (Sol.: Noordewier-Reddingius. Adr. Kraus-Osborne, Oskar Noë, Dr. F Kraus. **München.** Musikal. Akademie (H. Zumpe) Liszt. Ungar. Krönungsmesse. (Sol.: Elise Breuer, E. Feinhals. Dr. R. Walter, S Kiöpler. **Posen.** Hennigscher Gesang-Verein (R. Hennig) Robert Schumann, Paradies und Peri. (Sol.: Frau Hel Günter, Emmy Collin, Marg. Schirmer, Heinrich Grahl, Gustav Friedrich).

❦

Therese Hattingen (Sopran).

Siegen, 7. Okt. (Einen hohen Genuß) bot der „Siegener Sängerkreis" mit seinem gestrigen Konzert einem trotz des schlechten Wetters zahlreich erschienenen Publikum. Das trotz vorgerückten Alters noch jugendliche Temperament seines Dirigenten, des Herrn Gesangmeisters Otto Wagner aus Köln, geht gleichsam auf die Sänger über und spornt sie an, seinen Intentionen genau zu folgen. So war der Preischor vom Coblenzer Gesangwettstreit „Am Kamin" eine Musterleistung; das gute Stimmenmaterial, über das die Sängerschar verfügt, kam darin zu bester Geltung, wie auch die feine Abtönung und ein duftiges Pianissimo besonders hervorzuheben sind.

In Fräulein Therese Hattingen aus Köln lernten wir eine Sängerin kennen, deren Laufbahn klar gezeichnet ist und sich bald mit Ruhm bedecken wird. Sie verfügt über ein schönes klangvolles Organ und eine weiche, ausgiebige Stimme, verbunden mit klarer, jedes Wort verständlich machender Aussprache. In die Lieder ernsten Charakters, wie „Nachtstück" von Schubert und „Die beiden Alten" von Bungert wußte die anmutige junge Dame großes Verständnis zu legen, während die neckischen Lieder übersprudeln von Lebenslust und Freude. Die Ergiebigkeit ihrer Stimme kam so recht zur Geltung im „Hochzeitslied im Maien" und übte eine derartige Wirkung auf das andächtig lauschende Publikum aus, daß der rauschende Beifall kaum ein Ende finden wollte und erst eingestellt wurde, als die Sängerin sich zu einer Zugabe verstand. Wir gratulieren dem Verein zu dem guten Griff, den er mit dem Engagement des Fräulein Hattingen gethan und gratulieren ihm und seinem Dirigenten von Herzen zu dem großen Erfolg, den er mit dem gestrigen Konzert errungen hat. (Siegener Lahnzeitung.)

Siegen, 7. Okt. Alljährlich pflegt uns der Monat Oktober den Beginn der winterlichen Konzertsaison zu bringen, und meist ist es der „Siegener Sängerkreis", der als erster Veranstalter auf dem Plane erscheint. So hat auch das gestrige Konzert des genannten Vereins den Reigen der musikalischen Veranstaltungen des diesjährigen Winters eröffnet, und wenn der Erfolg dieses Konzertes als eine Vorbedeutung für die noch folgenden Darbietungen instrumentaler oder vokaler Art angesprochen werden darf, so ist eine vielversprechende, anregende Konzertsaison sicher zu erwarten.

Als Solistin wirkte mit Fräulein Therese Hattingen aus Köln, eine Sopranistin, über welche die Kritik viel Gutes zu berichten wußte. Fräulein Hattingen nennt thatsächlich eine angenehme, klangvolle und in allen Lagen ausgeglichene Sopranstimme ihr eigen, die bester Schulung nicht entbehrt und offenbar auch stärkerer Kraftentfaltung fähig ist. Die für das gestrige Konzert gewählten Lieder, einfache, dafür aber um so ansprechendere Kompositionen, gelangen Fräulein Hattingen, die trotz des feuchtkalten Wetters gut bei Stimme war, vorzüglich, sodaß sie den Zuhörern einen großen Genuß gewährte und volle Befriedigung, die sich in anhaltendem Beifall äußerte, bei ihnen erweckte. Die Sängerin dankte mit einer Zugabe.

(Siegener Zeitung.)

Zweites Winterkonzert des „Deutschen Sängerkreises".

Elberfeld, 22. März. Non multa, sed multum — nicht eine Reihe kleiner, anspruchsloser Konzertchen mit Anfeuchtung und Tabaksqualm vor einem ebenso anspruchslosen Publikum, sondern einige wenige, in vornehmem Stile gehaltene Aufführungen mit wirklich ernst zu nehmenden, bedeutenden Leistungen: das ist offenbar der nicht hoch genug anzuerkennende Grundsatz, den der „Deutsche Sängerkreis" auf seine Fahne geschrieben hat.

Auch gestern wurde es dem Beurteiler wirklich nicht leicht gemacht, einer bestimmten Leistung den unbedingten Vorzug vor den anderen zu geben. Ueberall war ein so sicher und fein abgemessenes Maß von rhythmischem Leben und dynamischen Schattirungen zu konstatieren, die Treffsicherheit war eine so präzise, die Intonation durchweg von solcher Sauberkeit, daß die Faktoren allein schon einen bedeutenden Eindruck hinterlassen haben würden. Aber der treffliche Leiter des Chores, Musikdirektor Karl Hopfe, hat noch mehr gethan. Er hat seine Sänger gewöhnt, der Aussprache ein besonderes Augenmerk zuzuwenden und sie zu einer wirkungsvollen Verwertung der verschiedenen Stimmregister angeleitet. Dadurch haftete den Vorträgen etwas Künstlerisches an, das jedem Hörer einen hohen Genuß bereiten mußte. Die Wiedergabe der Föllner'schen Ballade „Belsazar", strotzend von Schwierigkeiten, aber auch von packender musikalischer Charakteristik, war eine Leistung, auf die der Verein stolz sein darf.

Neben den Chorleistungen hörten wir auch ausgezeichnete solistische Darbietungen. Professor Julius Klengel aus Leipzig, der treffliche Meister auf dem Violoncello, war für den Abend gewonnen worden und teilte aus dem Reichtume seines unfehlbar sicheren technischen Könnens und seines abgeklärten Kunstempfindens verschwenderisch die schönsten Gaben an die Erschienenen aus.

Neben einem solchen Rivalen hatte die Sängerin Fräulein Therese Hattingen aus Köln, keinen leichten Stand. Um so besser für sie, daß sie sich mit allen Ehren behauptete. In der Pagen-Arie aus den „Hugenotten" gelangen ihr die schwierigen Koloraturen ziemlich einwandfrei und in den Liedern von Brahms („Alte Liebe",) Bungert („Die beiden Alten"), Hildach („Strampelchen"), von Othegraven („Hochzeitslied im Mai") hatte sie viele glückliche Momente. Wenn Fräulein Hattingens hübsche Stimme noch etwas gewachsen sein wird, dürfte sie auch Räume von den Dimensionen unseres Stadthallensaales ganz zu füllen im stande sein, ein Umstand auf den wir die jetzt wenigstens nicht immer deutlich zu verstehende Textaussprache zurückführen möchte. Die junge Künstlerin hatte ebenfalls einen recht schönen anspornenden Erfolg. (Gen.-Anz.)

Henriette Schelle, Pianistin.

W Das erste Konzert des Richard Wagner-Vereins am Montag Abend im Hotel „Zur Traube" machte uns mit einer hier noch unbekannten Pianistin, die indessen auf ihren Konzertreisen im In- und Ausland schon reiche Lorbeeren geerntet, Fräulein Henriette Schelle, aus Köln, bekannt. Das Programm dieses „deutschen Klavierabends" bestand aus Kompositionen von Brahms, Schubert, Liszt und einigen Stücken neuer Komponisten, die ja auf einem Progamm des Richard Wagner-Vereines nicht zu fehlen pflegen. Fräulein Schelle erwies sich in ihren Vorträgen nicht nur als eine Pianistin, deren brillante Technik die größten Schwierigkeiten mit anscheinend spielender Leichtigkeit überwindet, sondern, was mehr besagen will, als eine echte, fein empfindende Künstlernatur, die in die Tiefen des musikalischen Gehaltes der vorgetragenen Stücke geistig eindringt und ihn in abgeklärter Form und verständnisvoller und gereifter Auffassung zur Wiedergabe gelangen läßt. Beherrscht Fräulein Schelle auch alle Vortragsnuancen mit gleicher technischer Vollendung und Kunst der Schattierung, so schien sich ihre künstlerische Individualität doch am eigentlichsten und ursprünglichsten in dem Ausdruck des Zarten und Gefühlvollen, wie z. B. im Schubertschen Impromptu in As-dur und dem Andante der Brahmsschen Sonate in F-moll (op. 5) zu offenbaren. Vielleicht trägt dazu auch der von Fräulein Schelle gewohnheitsgemäß gespielte Mand'sche Flügel bei, dessen Klangfarbe im Piano ihren schönsten Reiz entfaltet. Die geschätzte Künstlerin spielte außer der genannten Brahmsschen Sonate die As-dur Sonate, Impromptu (As-dur) und Rondo (D-dur) von Schubert, ferner eine hübsche Komposition ihres Lehrers Professor K. Heubner aus Koblenz, „Elegie", zwei kleinere gefällige Stücke von Max Reger „Scherzo" und „Menuett", „Barcarole" von Franz Wüllner und „Albumblatt" von Ernst Walter Choinanus, leichtere, ansprechende Kompositionen. In den beiden Lisztschen Bravourstücken „Waldesrauschen" und der „Rigoletto-Paraphrase", Stücken, die wir mit effektvollen Aktenschlüssen von Theaterstücken vergleichen möchten und die auf das Publikum eine gleiche Wirkung ausüben, hatte Fräulein Schelle dann nochmals Gelegenheit, ihre virtuose Technik nach allen Seiten hin glänzend zu entfalten.

Der künstlerische Erfolg des Klavierabends kann mithin als ein bedeutender bezeichnet werden. (Darmstädter Tagebl.)

Solingen, 11. Okt. Wie immer, wenn es gilt, menschenfreundliche Zwecke zu fördern, so war auch zu dem gestern vom Solinger Lehrer-Gesangverein im Kaisersaale veranstalteten Konzert ein außerordentlich zahlreiches Publikum von allen Seiten herbeigeströmt, um durch das Schöne an der Förderung des Guten helfend mitzuwirken. So zahlreich gestaltete sich der Zulauf, daß Saal und Gallerieen voll besetzt waren, noch ehe das Konzert begonnen hatte, und viele mit einem Stehplatz sich begnügen mußten. Die gehegten Erwartungen wurden nicht allein erfüllt, sondern weit übertroffen.

Der Dirigent, Herr Musikdirektor Hirsch, hatte sich außer der Leitung des Ganzen auch noch eine nicht gerade leichte gesangssolistische Aufgabe stellt, die um so heikler war, als er in der Instrumentalsolistin einer siegesgewissen Partnerin gegenüberstand. Herr Hirsch ist ja nicht Berufssänger, gleichwohl stellte er in uneigennütziger Weise sein Talent in den Dienst der guten Sache. Und mit Ehren zog er sich aus der Affaire. Im Rahmen der ihm von der Natur verliehenen Mittel bot er sehr annehmenswerte Gaben, um so mehr, als das Gesangstechnische durchaus ersetzte, was etwa das rein Stimmlich-Materielle nicht ganz erfüllte. So war die schwierige Reinecke'sche Konzertarie Almansor recht dramatisch belebt, und auch die Lieder moderner Meister boten manch Schönes. Nicht undankbar erwies sich denn auch die zahlreiche Zuhörerschaft, sondern spendete nach jedem Liede starken Applaus. Die Begleitung dieser gesanglichen Darbietungen hatte die Pianistin Fräulein Henriette Schelle aus Cöln übernommen und entledigte sich dieser Sache mit ebenso viel Verständnis, wie ihrer Hauptaufgabe. An ihren Vorträgen war hervorstechend neben hochentwickelter Technik, sauberem Anschlage und vorzüglicher Phrasierung das Bestreben, ganz den Komponisten reden zu lassen, zwar so, daß man die geistige Durcharbeit des Dargebotenen seitens der Spielerin nie vermißte. Besonders die beiden Stücke des Meisters aller Klavierkunst Franz Liszts sind als mustergültig zu nennen. Ihre Leistungen wurden so lebhaft applaudiert, daß die liebenswürdige Spielerin zu einer Zugabe sich gern herbeiließ. Nicht unerwähnt sei das schöne Instrument, dessen sich die Künstlerin bediente, ein prächtiger Mand'scher Flügel aus der Niederlage des Herrn Th. Klemm hierselbst. (Solinger Kreis-Int. Blatt.)

A Mit dem gestrigen „Deutschen Klavier-Abend" von Fräulein Henriette Schelle aus Cöln, den der Richard Wagner-Verein veranstaltete, hat sich die diesjährige Konzertsaison zu regen angefangen. Die Dame war für uns eine neue Bekanntschaft, von deren Existenz wir keine Ahnung hatten, aber sobald sie nur die ersten Takte der Brahms'schen F moll-Sonate op. 5 gespielt, gewann man die Ueberzeugung, eine Künstlerin vor sich zu haben, die in die erste Reihe der heutigen Klaviervirtuosinnen gestellt zu werden verdient. Zum Vortrag hatte sie sich, außer dem eben genannten Werk, die A dur-Sonate op. 120 von Franz Schubert, desselben Meisters Impromptu As-dur op. 142 und Rondo D-dur op. 53, diverse kleine Stücke lebender Komponisten und als Schlußnummer Franz Liszts Konzertetude „Waldesrauschen" und „Rigoletto Paraphrase" gewählt. Aufgaben, welche die geistigen und physischen Kräfte des Ausführenden gnadenlos konsumieren. Sie spielte sämtliche Nummern mit souveräner Beherrschung und feinster Ausarbeitung alles Technischen, dabei mit wundervollem, nuancenreichem Anschlag und einer Kraft und Bravourentfaltung, wie sie nur Wenigen eigen. Auch hinsichtlich des rein Musikalischen waren ihre Leistungen unanfechtbar gewesen, wenn nicht hin und wieder einige kleine Manieren und speziell bei Brahms nun einmal nicht angebrachte Sentiments im Vortrage mit unterlaufen wären. Trotzdem ließen Vortrag und Auffassung überall ein richtiges musikalisches Empfinden und gereiftes Verständnis gewahren.

Eine virtuosere Aufgabe hätte sich Fräulein Schelle kaum stellen können, als die „Rigoletto Paraphrase". Liszt's unübertroffene Kenntniß und geistreiche Verwendung aller Klaviereffekte feiern in diesem eine geradezu stupende Technik erheischenden Stück förmliche Triumphe. Aber nur Pianisten, die über unbegrenzte Fertigkeit, kraftvollen, saftigen Anschlag, titanische Kraft, Ausdauer und unfehlbare Treffsicherheit verfügen, dürfen sich damit befassen. Diese Eigenschaften vermochte die Künstlerin in die hellste Beleuchtung zu rücken, und daß sie denn auch Gegenstand rauschender Ovationen gewesen, brauchen wir wohl nicht extra zu betonen. (N.-Heff. Volksbl.

Ella Hermann, Sopran.

C. **Symphonie-Konzert.** Eine sowohl nach der technischen wie der Ausdrucksseite hin schwierige Aufgabe hatte sich gelegentlich ihres ersten hiesigen Auftretens gestern die Konzertsängerin Fräulein Ella Hermann aus Cöln in Beethovens großer Arie Ah, perfido gestellt. Die Komposition verlangt im recitativischen Teile viele Ausdrucksschärfe und im ariosen ebensoviel Innigkeit wie Gefühlswärme. Fräulein Hermann entsprach beiden Anforderungen recht geschickt und zeigte auch in deutlicher Deklamation und schöner Tonbildung gut entwickeltes gesangliches Können. Die später mit Klavierbegleitung (Herr Stolzwerk) vorgetragenen Lieder „Die Quelle" von Goldmark, „Schlummerlied" von Stark und „Du rote Ros'" von Leßmann konnten in der sinn- und geschmackvollen Ausführung den guten Eindruck nur vermehren und brachten der jungen Künstlerin soviel Beifall ein, daß sie sich zu einer Zugabe verstehen mußte. (Polit. Tagebl. Aachen.)

Berlin, im Okt. Fräulein Ella Hermann aus Köln gab am Freitag im Saal Bechstein einen Lieder-Abend. Trotz des großen und zum teil schweren Programms zeigte ihr sympathisches Organ bis zum Schluß noch keine Spur von Ermüdung. Allen Stimmungen wurde es gerecht: das Pathos der Schubert'schen „Allmacht", der gehaltene Schmerz der Brahms'schen „Mainacht" gelangen ihr ebenso wie die duftige „Mondnacht" und das geheimnisvolle Weben im Liede „Der Nußbaum" von Robert Schumann und selbst in der leichten französischen Art von Gounod's „Biondina" zeigte sich die Künstlerin zu Hause. Ihre Stimme ist von mittlerer Stärke, in der Tiefe zwar nur recht ansprechend, in der Mittel- und Oberlage dagegen von edelstem Wohllaut, besonders im Piano. Die Auffassung ist überall poetisch und rein musikalisch. So gelangen ihr die Lieder „Nacht und Träume" von Schubert, sowie „Traum durch die Dämmerung" von Richard Strauß, „Alte Liebe" von Brahms und „Verborgenheit" von Hugo Wolf ganz vorzüglich. Herr Rake begleitet alle Gesänge mit feinem Verständnis.

Hans Roleff, Bariton.

Straßburg. Den gesanglichen Teil des Konzertes bestritten Fräulein Thila Plaichinger, unsere hochbedeutende erste dramatische Sängerin sowie Herr Hans Roleff, unser zukünftiger erster Opernbariton. Herr Roleff trug zwei Lieder von Franz Schubert vor: Gesang des Harfners: „Wer nie sein Brot mit Tränen aß" und den „Erlkönig". Beide Werke hatte Herr Kapellmeister Lohse sehr geschickt und effektvoll instrumentiert. Herr Roleff, welcher einen dunkelgefärbten, vollen Bariton besitzt, der den vorgetragenen Liedern sehr zu statten kam, erntete nach seinen Darbietungen reichen Beifall und wiederholte Hervorrufe. (Straßburger Zeitung

Saarbrücken (Odysseus v. Bach). Nun aber zu dem Helden des Tages! Dieser war Herr Roleff vom Stadttheater in Straßburg. Im allgemeinen sind wir kein Freund der Beschäftigung von Bühnenkräften in Chorwerken, die von Dilettantenvereinen gesungen werden. Aber gestern war der Opernsänger für die Person des Odysseus wie geschaffen. Alles was von ihm in den vielen Wandelungen seiner Irrfahrt und Stimmung verlangt wird, hat er mit Kraft und Geschmack zu Gehör gebracht. Er verfügt über einen ansprechenden und volltönenden Bariton von nicht gewöhnlichem Umfange und erfreut durch die Frische und Wärme des Gesanges in gleichem Maße. Wenn er auch stets dezent in allen Duett- und Chorgesängen bei welchen er mitwirken mußte, zurücktrat, so schwebte doch seine Stimme deutlich hörbar über den stärksten und breitesten Tonwellen. Wir fanden an ihm schier nichts auszusetzen. (Neue Saarbrücker Zeitung 30. 4. 1900.)

Der Opernsänger Herr Roleff vom Stadttheater in Straßburg, welcher den Odysseus sang, besitzt einen kräftigen Bariton. Seine Stimme ist so ausgiebig, daß sie einer Forcirung, die leicht zum Detonieren führt, vollständig entbehren kann. Sein Vortrag ist von dramatischem Feuer belebt und daß er auch mit großer Empfindung und Gefühlswärme zu singen vermag, beweist die schöne Arie, in welcher Odysseus seine Heimat begrüßt: O mein Vaterland! Teuere Erde! Heiliger Boden! Ich küsse dich! (St. Johann-Saarbrücker Zeitung. 30. 4. 1900.)

Aachen. XII. Symphoniekonzert. In dem gestrigen 12. Symphoniekonzert hatten wir das Vergnügen, einer von ihrer früheren Mitwirkung her uns bereits bekannten Künstlerin, Fräulein Elly Hermann, Konzertsängerin aus Köln, wieder zu begegnen und wir freuen uns konstatieren zu können, daß die junge Dame seit damals entschiedene Fortschritte gemacht hat, wozu wir sie herzlich beglückwünschen. Die gewiß nicht leichte Scena ed Arie: „Ah perfido spergiuro" von Beethoven gelang ihr sehr gut. Nicht minder gefielen auch die anderen Lieder „Die Quelle" von Goldmark, „Schlummerlied" von Stark und „Die rothe Ros' auf grüner Haid" von Leßmann, denen ein viertes als Zugabe folgte. Fräulein Hermann erntete nach jeder Darbietung warmen Beifall. Beethovens unsterbliche Symphonie „Eroica" hatte das Konzert eingeleitet. Ferner hörten wir vom Orchester unter der Leitung des Herrn Konzertmeisters Diehl dann noch das Vorspiel zu „Hänsel und Gretel" von Humperdink und die Ouverture zu „König Lear" von Berlioz. Die Begleitung der Lieder am Klavier führte Herr Chr. Stollewerk geschmackvoll und dezent aus. (Echo der Gegenw.)

Berlin, den 8. Okt. 1901. Ueber die Sängerin Ella Hermann aus Köln, die hier am Freitag konzertierte, berichten wir nachträglich, daß sie eine gut geschulte Stimme besitzt, die im Piano einen sehr reichen und ansprechenden Klang hat. Anfänglich schien sie, vielleicht infolge von Befangenheit ihre Stimme nicht ganz in der Gewalt zu haben, doch sang sie sich im Verlauf des Abends ein und fand mit Liedern von Schubert, Brahms, Strauß und andern beim Publikum eine sehr dankbare beifällige Aufnahme. (Staats-Bürger Zeitung.)

Frl. Klara Wulff.

Lambrecht, 10. Nov. In herrlicher Weise, gekrönt von einer fortlaufenden Reihe stolzer Erfolge, ist das gestrige Herbstkonzert des Männergesangvereins „Sängerlust" verlaufen. Eiserne Disziplin, hingebende Liebe jedes einzelnen Mitgliedes zur Vereinssache, verbunden mit einer unermüdlichen Thatkraft des leitenden Vereinsstammes, hat die „Sängerlust" auf eine ansehnliche, einer Großstadt würdigen Höhe gebracht. „Das war am Samstag ein herrlicher Abend"; diese Worte hörte man gestern überall. Besonders gab der Gothen-Chor dem Verein Gelegenheit zu zeigen, daß er auch solch anspruchsvollen Aufgaben gewachsen ist. Das Brahms'sche Wiegenlied wurde im zartesten Pianissimo vorzüglich gesungen und das herrliche Koschat-Liedchen „I liab di so fest" mußte wiederholt werden.

Die Palme des Abends gebührt indes der Konzert-Sängerin Frl. Klara Wulff aus Köln; die herzinnige Weise ihres Vortrages, ihre von bestrickender Schönheit ausgezeichnete Stimme machte einen mächtigen Eindruck und ist von einem Wohllaut und einer Klangfarbe, wie man sie selten findet; diese Vorzüge paaren sich mit außerordentlich guter Schulung. Es nimmt daher nicht Wunder, daß Frl. Wulff wie überall, so auch hier, die Herzen unseres kunstsinnigen Publikums schnell gewonnen hatte; der Enthusiasmus steigerte sich nach jedem ihrer Vorträge und wollte nach dem herrlichen Liedchen „s Lerchle" von Taubert, in welchem die Künstlerin sich auch hohen Aufgaben an die Coloratur gewachsen zeigte, kein Ende nehmen, wofür sie dann mit einer Zugabe „In die Ferne sehnt sich mein Herz" von Kalliwoda dankte. Herr Lehrer Röhm aus Kaiserslautern, der frühere Dirigent des Vereins unterstützte die Sängerin durch seine peinlichst genaue und diskrete Begleitung. (Lambr. Thalpost.)

Verschiedenes.

Düsseldorf. (Künstler-Konzert.) Bei Anlaß des ersten westdeutschen Dirigententages, am 14. und 15. September, war auch ein „Künstler-Konzert" angekündigt worden, das in dem Saale der Sängergesellschaft stattfand. Es trug den Charakter einer musikalischen Abendunterhaltung und wickelte sich in zwangloser Weise vor einem sehr wenig zahlreichen Hörerkreise ab. Die „Rheinische Liedertafel" trug einige schöne Männerchöre vor. Der Sängerverein entfaltete in seinen Vorträgen einen Wohlklang, der dem Ruhme der rheinländischen Stimmen voll entsprach, zeigte eine vortreffliche Schulung, die den Sängern, wie ganz besonders ihrem Dirigenten, Herrn vom Ende-Köln, viel und verdienten Beifall eintrug. Es kamen zum Vortrag „Braun's Mägdelein", „Abschied von Innsbruck", beide Volkslieder im Arrangement K. Becker's, „Traumlied", „Von dir geschieden", Volkslieder in Bearbeitung C. Steinhauer's, und „Tanz, Liebchen, tanz", in Revision H. vom Ende's. Letzteres Lied wurde so stürmisch applaudiert, daß der Verein eine Zugabe „Herzig Mariandel" von H. vom Ende bieten mußte. Ein junger Klavierkünstler, Herr Stoye-Krefeld, trug u. A. Chopin's G-Dur-Notturne recht ansprechend, einen Konzert-Walzer mit großer Bravour vor. Fräulein Adele Stöcker-Köln zeigte im Vortrag der Romanze für Violine von Max Bruch recht tüchtiges technisches Können, sauberen temperamentvollen Vortrag. Fräulein Therese Hattingen-Köln erfreute mit einigen sehr gelungenen Liederspenden von Brahms, Jensen, Othegraven, und ihr klangvolles Organ entfaltete sich besonders auch in der Arie „Nun beut die Flur" aus Haydn's Schöpfung. Die angekündigten Cellovorträge fielen weg. Herr Musikdirektor C. Steinhauer-Oberhausen begleitete sehr geschmackvoll auf einem schönen Blüthner-Flügel. Die kleine Gemeinde folgte den Kunstleistungen, welche die gesellige Vereinigung würzten, mit vielem Interesse und zollte reichen Beifall. Einem weiteren „Konzerte" im Becker'schen Saale, das am Sonntag stattfand, konnten wir leider nicht beiwohnen.

(Düsseld. Gen.-Anz.)

Im Konzert des Oberbarmer Sängerbunds, der unter Herrn Hirsch bewundernswerte Proben von Chorschulung ablegte, errangen die Düsseldorfer Altistin Ida Junkers dank ihrer schönen Stimme und der warmen Innerlichkeit des Vortrages sowie der Krefelder Violoncellist Willeken, der über einen gesangreichen Ton, zündendes Temperament und eine tadellose Technik verfügt, bedeutende Erfolge.

Bochum. Unter Leitung des Musikdirektors Hammer fand am Palmsonntag eine Aufführung der Bachschen Matthäuspassion statt, die dank dem wohlgeschulten gemischten Chor der Christuskirche, dem vorzüglichen Dortmunder Philharmonischen Orchester und einem trefflichen Knabenchor unter Leitung des Rektors Kerper sowie den Solisten Fräulein Kettling, Frau Franz, den Herren Siewert (Evangelist), Karl Roß (Jesus) und Ad. Siebel einen trefflichen Verlauf nahm. Die ergreifende Wiedergabe der Jesuspartie durch Herrn Roß hinterließ einen tiefen Eindruck. — (Köln. Ztg.)

Konzert Jaroslav Kocian. Der bekannte Prager Kritiker schreibt u. A.: Kocian spielte das ungarische Konzert von Joachim, das seine technischen Schwierigkeiten nicht bei sich einschließt als fremder Bewunderung preisgiebt, und erregte doch allgemeine Bewunderung mit der Verve und Sicherheit seines Spieles. Für diesen jungen Virtuosen scheint im Geigenspiel nichts unmöglich. Sein Spiel ist von idealer Reinheit und von außerordentlich wohlthuender musikalischer Frische, in der Cantilene so wärmend, daß darüber selbst mißmutige Recensentenseelen ins Feuer geraten können.

Köln a. Rh. Das große Gürzenich-Konzert, welches der „Kölner Männergesangverein" am 17. November gab, gestaltete sich wiederum zu einem Triumph, nicht nur für den Verein und dessen künstlerischen Leiter Jos. Schwartz, sondern auch im Allgemeinen für das Prinzip des Männergesanges. Wenn es gilt, große Aufgaben zu bewältigen, so stehen die Produktionen dieses Vereins durch Größe der Auffassung, Glanz des Stimmenmaterials und Akkuratesse des Vortrags gradezu unübertrefflich. Und wer angesichts einer so tief innerlichen, erhabenen Tonschöpfung wie Wagners „Liebesmahl der Apostel" noch den Gedanken der künstlerischen Inferiorität des Männergesanges hegen und äußern kann, der verdient aus dem Tempel der Cäcilia ausgewiesen zu werden. Daß das größere Publikum diesem Werke noch kein hinreichendes Verständnis entgegenbringt, ist erklärlich, wenn aber ein „Welt"blatt, wie die Köln. Zeitung, es nicht der Mühe wert erachtet, von einer Aufführung dieses Werkes Notiz zu nehmen, so läßt das tief blicken. — Die kleineren Chöre: Hegar: „Rudolf von Werdenberg", Dregert: „Ueber Sternen", E. Kremser: „Der Frühling ist wach" und die Volksliedchen: „Innsbruck, ich muß dich lassen", (Jüngst) „Herzigs Mariandel" (vom Ende) ernteten sich lebhaftesten Beifalls.

Bockum, 4. Nov. Das gestern anläßlich seines Stiftungsfestes vom Gesangverein „Männer-Quartett, Bockum" veranstaltete große Vokal- und Instrumental-Konzert im geräumigen Saal des Herrn Selders war sehr zahlreich besucht. Mit dem festgebenden Vereine hatten sich noch der Dießemer- und der Inrather Männergesangverein und der Gesangverein „Polyhymnia"-Krefeld und einige Solisten vereinigt um ein äußerst geschickt zusammengestelltes Programm durchzuführen. Die Erwartungen wurden auch nicht enttäuscht, nein, sogar noch übertroffen. Gleich zu Anfang erklang schon wirkungsvoll der von den etwa 150 Sängern vorgetragene Gesamtchor „Frühling am Rhein" von S. Breu, ebenso prächtig war der lebensfrische Chor „Matrosenleben" arrangiert von Becker und das nach dem bekannten Schulvolksliede von Wüllner bearbeitete „Wanderlust". Aber auch mit je zwei Einzeldarbietungen erfreuten die mitwirkenden Vereine, an deren Spitze zunächst der festgebende Verein das „Zieh mit" von Angerer und das sehr ansprechende „Dort drunten im Schwabaland" von Blümel vortrug. Ihm folgte mit dem schweren stimmungsvollen Köllnerschen Chore „Waldmorgen" und dem Liebesliede „Heidensröslein" von Kißling der Dießemer Männer-Gesangverein. Vorzüglich gelang das dem Inrather Männer-Gesangverein, der ebenso gut das zufriedenmuntere „Glück in den Bergen" zu Gehör brachte. Aus dem Rahmen der vorzüglichen Leistungen einzelne hervorzugreifen wäre unrecht, hatten doch alle Vereine ihr allerbestes Können eingesetzt. Sie bewiesen durch ihre vorzüglichen Leistungen, daß ihr Dirigent Herr J. Zey jr., seine Sänger zu schulen versteht und Schönes zu erzielen weiß. Herr Zey jr. bot ebenfalls mit seiner schönen Tenorstimme unter Orchesterbegleitung verschiedene Sologesänge, so die Arie aus Elias „So ihr mich von ganzem Herzen suchen werdet", das Rezitativ und Arioso aus Undine (Einlage Neapels Abgesandter) und das Walzerlied „Zigeunerleben" von Scheiffarth. Unter begeistertem dankbaren Applaus wurde dem eifrigen Dirigenten und Sänger ein wohlverdienter Lorbeerkranz verehrt.

Ueber das 23jährige Stiftungsfest des Gesangvereins „Union“ in Honsdorf schreibt die dortige Volkszeitung:

Veni, vidi, vici! (ich kam, ich sah, ich siegte!) Diese Worte kann Herr Königl. Musikdirektor Steinhauer, der Gast unserer „Union“ bei ihrem diesjährigen Stiftungsfeste, mit voller Berechtigung auf sich anwenden. Schon gleich mit der feinsinnigen, energischen Leitung des von ihm komponierten Chores „Der Rhein“ hatte er sich die Herzen der überaus zahlreich erschienenen Zuhörer im Sturme erobert, was der geradezu frenetische Applaus treffend bewies. Der Beifall des Publikums steigerte sich aber bis zur Begeisterung, als die „Union“ ebenfalls unter Herrn Steinhauers Leitung den Preischor vom Kölner Gesangwettstreit „Heimatslied“ mustergültig zum Vortrage brachte. Beide Chöre mussten auf stürmisches Verlangen wiederholt werden. Ausserdem dirigierte Herr Steinhauer noch das auch seinem schöpferischen Geiste zu verdankende, äusserst gemütvolle innige Lied: „Abschied von der Heimat“, hiermit ebenfalls reichlichen Beifall erntend. —

Wegweiser durch die Chorgesanglitteratur

Amtliches Organ des westdeutschen Sängerverbandes.

Ratgeber für Gesangvereine und Dirigenten.

Redaktion und Verlag: H. vom Ende, Köln a. Rh., Ecke Bismarck- und Kamekestrasse.

nebst „KONZERTBERICHT“ und Beiblatt:

Der Sänger.

Erscheint monatlich einmal. Bezugspreis für 1 Expl. 20 Pfg. Jahresabonnement Mk. 1.50 und 40 Pfg. Porto. Inserate kosten pro 4 mal gespaltene Petitzeile 30 Pfg.

Expedition: H. vom Ende's Musikalien-Versandgeschäft.

Nr. 3. | Köln a. Rhein, den 26. Dezember 1901. | III. Jahrg.

Inhalt:

No. 4 und 5, Jahrg. II des „Wegweisers“ und „Sängers“ sind infolge der zahlreichen Nachbestellungen vergriffen. Da immer noch einzelne Exemplare gewünscht werden, so bitte ich meine freundlichen Leser um Rücksendung etwa überflüssiger Exemplare. (Die Schriftleit.)

Die Musikfreunde Düsseldorfs und Umgegend werden gebeten, die Aufforderung im „Sänger“ betr. Teilnahme an dem **Dirigentenkursus** in **Düsseldorf** nicht zu übersehen. Wenn der Kursus auch hauptsächlich für Gesangvereinsdirigenten bestimmt und zugeschnitten ist, so dürften doch die dort zur Erörterung gelangenden Themen für jeden strebsamen Jünger der Tonkunst von Interesse sein, der sich ein lebendiges Bild machen will von dem Wesen der Kunstwerke in formaler und geistiger Beziehung, von den theoretischen Kenntnissen und praktischen Fähigkeiten, welche der künstlerische Leiter eines Gesangvereins besitzen muss.

Herr Kgl. Musikdirektor Steinhauer hat bereits vor einigen Jahren einen derartigen von 80 Teilnehmern besuchten Kursus in Düsseldorf abgehalten, der in jeder Weise den gehegten Erwartungen entsprochen hat und bei den Teilnehmern in gutem Andenken steht. Eine Erweiterung der Stundenzahl sowohl, wie auch des Unterrichtsstoffes wird diesmal dazu beitragen, das Eindringen in diese Materie zu erleichtern und intensiver zu gestalten; ferner wird der Hinzutritt eines zweiten Lehrers in der Person des Redakteurs dieser Blätter eine rationellere Ausnutzung der Zeit ermöglichen.

Die Vorträge und Uebungen erstrecken sich auf folgende Disziplinen: Gesanglehre, Harmonielehre, Dirigieren, Litteraturkenntnis, Formenlehre. In erster Linie wird darauf hingearbeitet, dass in der verhältnismässig kurzen Zeit eine sichere Grundlage geboten wird, auf der dann ein Aufbauen und Weiterarbeiten mit Aussicht auf Erfolg möglich ist.

Das Honorar für den ganzen Kursus (Mk. 25,—), für die Mitglieder des Westdeutschen Sängerverbandes Mk. (18,—) ist so niedrig bemessen, dass die Teilnahme Jedem ermöglicht ist.

Anmeldungen sind zu richten an Herrn A. Gau, Hilden bei Düsseldorf.

Zum Entwurf einer Wettstreitordnung.

(Siehe No. 12, Jahrg. II.)

In weiteren Zuschriften werden folgende Aenderungsvorschläge gemacht:

Zu H. Die Bezeichnung „Allgemeiner Eindruck“ ist zu allgemein, dafür: „Allgemeiner künstlerischer Eindruck“. Die Intonation in der vom Komponisten vorgeschriebenen Tonart ist nicht erforderlich. Zerfällt die Komposition in mehrere Sätze, so darf vor den späteren nicht neu intoniert werden.

Zu II. 6. Drei Preisrichter sollen genügen.

Zu II. 7. Ein Vorsitzender des Preisrichterkollegiums wird für unnötig gehalten, man solle jeden Preisrichter selbstständig und ohne Beeinflussung eines Vorsitzenden werten lassen. (Anmerk. d. Red. Zunächst ist eine nachfolgende Sitzung der Preisrichter unbedingt nötig, da jeder Preisrichter ein Interesse daran hat, dass bei der Uebertragung und Addition der Wertungen kein Irrtum vorfällt. Für diese Sitzung ist aber ein Vorsitzender nötig. Dann aber ist eine Beeinflussung der Richter seitens des Vorsitzenden kraft seines Amtes selbstverständlich ausgeschlossen, nur würde bei Stimmengleichheit wie üblich seine Stimme den Ausschlag geben müssen. Auch eine Beratung innerhalb des Kollegiums über die Bewertung und Preisverteilung halte ich durchaus für angebracht, und zwar im Interesse der Preisrichter selbst. Es ist von Wichtigkeit, dass der Spruch des Preisgerichts hinterher auch von jedem Richter vertreten werden kann; nichts macht einen widerlicheren Eindruck, als wenn ein Richter gestehen muss, dass der Spruch des Gerichts nicht mit seiner Ansicht übereinstimme. Eine Verständigung kann aber nur in einer Beratung herbeigeführt werden, in der eine Beeinflussung allerdings nicht unmöglich ist, aber doch nur auf Grund stichhaltiger Gründe; auch kann diesen der Vorsitzende selbst unterliegen so gut, wie jeder Andere).

Zu H. Die Preisrichter sollen getrennt sitzen. (Siehe 8, eine Trennung durch Mitglieder des veranstaltenden Vereins genügt doch nach meiner Ansicht).

Zu J 5. Den wettsingenden Vereinen soll ein gedruckter Bericht über ihre Leistungen zugestellt werden, enthaltend: Kritik der Einzelvorträge und tabellarische Zusammenstellung der Punktierungen.

Weitere Einsendungen sind willkommen. Der Entwurf steht gratis zur Verfügung

Die Zeitungen bringen wieder einmal eine Notiz, laut welcher ein Verein 50,— Mark für jeden „gepumpten“ Sänger zahlte. Damit ist die Ehre, irgend einen unbrauchbaren Gegenstand einzuheimsen, denn doch zu teuer erkauft. Wann kommen diese Vereine endlich zu der Erkenntnis, dass ein derartiges Verfahren nicht reell genannt werden kann!

Die Form in der Instrumentalmusik.

Vortrag, gehalten im Musiklehrer-Verein zu Köln, von H. vom Ende.

Wenn wir unsern Schülern die Frage vorlegen: Welches ist der Zweck des Musikunterrichtes"? so werden wir in den meisten Fällen wohl die Antwort erhalten: „Ich will spielen lernen". In der That geht der gebräuchliche Musikunterricht noch viel zu sehr darauf aus, lediglich die Kenntnis der Tonschrift und die Beherrschung der Technik des betr. Instruments anzuerziehen, während man doch bedenken sollte, dass jede rein technische Uebung unfruchtbar bleiben muss, wenn nicht zugleich die Einsicht in das Innere Wesen der Kunst, die Entwickelung des musikalischen Auffassungsvermögens und die Ausbildung des musikalischen Geschmacks gefördert wird.

Wer Anspruch darauf erhebt, musikalisch gebildet zu sein, wer den Wunsch hegt, nach Massgabe seiner technischen Leistungsfähigkeit die vorhandenen Meisterwerke auch geistig vollendet vortragen und unsre vornehmen Konzertdarbietungen mit wahrhaftiger Befriedigung in sich aufnehmen zu können, von dem muss verlangt werden, dass er einigermassen die Formen der Tonsprache beherrscht; andernfalls wird er den edelsten Schöpfungen unserer Kunst rat- und gedankenlos gegenüberstehen. Wer aber über das Wesen der musikalischen Form sich Klarheit verschafft hat, bei dem sind auch die Grundbedingungen für das musikalische Verständnis erfüllt, der wird auch die Kunst lernen zu hören, nicht allein mit dem Ohre, sondern auch mit seelischem Mitgefühl und Verständnis.

Warum, wird man fragen, ist denn für den korrekten und sinngemässen Vortrag, für den Genuss eines Kunstwerks die Kenntnis der Form so nötig? Es heisst doch immer, der Vortrag müsse unserem Empfinden und unserm Gefühl unmittelbar (also ohne Mitwirkung des Verstandes entspringen, der Gemütseindruck müsse unbewusst erfolgen; und erleben wir doch alle Tage, dass ein Werk auch beim ersten Anhören Eindruck auf uns macht, ohne dass wir uns vorher mit der Form vertraut gemacht haben. Aber wir dürfen nicht vergessen, dass es ein gewaltiger Unterschied ist zwischen dem unmittelbaren Erfassen eines grösseren komplizierten Werkes seitens eines musikalischen und gemütreichen Dilettanten und dem durch intensives Studium, häufiges Anhören und Reproduzieren hervorgegangenen innigen Versenken in dasselbe Werk seitens eines Musikers.

Auch der bestgebildete Künstler ist nicht imstande, nach einmaligem Anhören über ein ernstes inhaltreiches Werk ein vollkommen zutreffendes Urteil abzugeben oder es erschöpfend zu geniessen; das beweist schon der Umstand, dass der Genuss einer edlen Schöpfung sich bei jeder Wiederholung vergrössert, und anderseits die Thatsache, dass unsre grössten Meister sich in einzelnen Fällen die allerbedenklichsten Urteilsmissgriffe zu Schulden haben kommen lassen. Ich erinnere nur an Beethovens anfängliche Abneigung gegen Weber, Mendelssohns gegen Schumann, Wagners gegen Mendelssohn und umgekehrt.

Es darf sich für den Musiker in keinem Falle um ein oberflächliches, nur auf unseren Geschmack oder unser Gefühl basiertes Urteil handeln: wir sind viel zu leicht bereit, auf Geschmack und Gefühl als oberste Instanz in Sachen der Kunstbeurteilung zurückzugreifen; der Geschmack des Musikers, auch des feingebildeten, ist nicht in allen Fällen massgebend, denn sonst wäre er keine Individualität mehr; eine Achillesferse hat jeder, und wer glaubt, er habe keine, der hat deren mehrere.

Wir müssen vielmehr dahin streben, überall eine Erklärung zu finden für unser Urteil, dasselbe begründen zu können aus der Natur und dem Wesen der Sache heraus, nicht auf Grund vager Gefühlsimpulse. Wir müssen dem Wesen der Erscheinungen auf den Grund zu kommen suchen, sie verstehen lernen, und ein Musikstück verstehen, heisst den Zusammenhang der Gefühlsbilder entdecken und verfolgen, das Warum dieses Zusammenhangs erschliessen. Wir können aber dem Gedankengange eines Werkes erst dann mit lebendiger Teilnahme folgen, wenn wir seine Entstehung, sein Werden und seine Vollendung begriffen haben, und erst dann ist der Genuss ein vollkommener, erst dann wirkt das Kunstwerk mit der ganzen, ihm innewohnenden Macht auf uns ein, wenn wir so vertraut mit ihm sind, dass jeder einzelne Zug und die Gesamtheit aller im Kunstwerk uns gereift, vorbereitet, in vollster Empfänglichkeit trifft. Dazu gehört aber vor allen Dingen genaueste Kenntnis der Form, der einzelnen Faktoren, welche diese ausmachen und ihrer Beziehungen zu einander.

Es ist gar nicht einmal so leicht, in einem grösseren Werke das Hauptsächliche vom Nebensächlichen unterscheiden zu können. Die jungen Mädchen, welche beim Anblick der Sixtinischen Madonna die Engelsköpfe, das Gewand, den Schleier bewundern, die sogenannten Sachkundigen, welche den Wuchs, die durchschimmernden Gliedmassen, den Faltenwurf etc. anschwärmen, sie haben den Geist der Schöpfung sicherlich nicht erkannt; aber anderseits ist die Form doch die Trägerin der Idee, nur durch jene kann diese wirken, und nur nach genauer Kenntnis der äusseren Form ist volle Wirkung denkbar.

Man betrachte die auch heute noch unübertroffene Darstellung des heiligen Abendmahls von L. da Vinci. Dieses Gemälde, einem Rondo vergleichbar, in dessen Mittelpunkt ein Hauptthema steht, als ein Symbol der in demselben waltenden Hauptidee, aus dem sich alles Andere, Seitensätze, Episoden etc. entwickelt, zu dem Alles wieder zurückführt Alles nur eine Verwertung der Grundidee, von ihr getragen und zu ihr ausblühend, — wer wäre nicht erschüttert angesichts der himmlischen Ergebenheit, der unendlichen Trauer, die dem Antlitz des Meisters entstrahlt, nachdem er die Worte gesprochen. „Es ist Einer unter Euch, der mich verräth!" Gewiss ist das der Hauptgedanke dieses Gemäldes, aber niemand darf behaupten, dasselbe vollkommen verstanden, die ganze, gewaltige, ihm innewohnende Wirkung erlebt zu haben, der nicht in formaler und geistiger Beziehung die harmonische Gruppierung zu beiden Seiten des Heilandes, die Beziehung der einzelnen Gruppen zu einander und zum Herrn wahrgenommen hat, die Art und Weise, wie der Ausspruch von Jedem aufgenommen wird, von der sanftesten Trauer bis zum leidenschaftlichsten Ausbruch des Entsetzens und Jähzorns.

Das Gotteshaus soll eine Stätte der Gottesverehrung und uns persönlich eine Stätte der Erbauung sein. Als ein Symbol der ehrfurchtgebietenden Hoheit des Allmächtigen, Verkünderin dessen, das kein Geist uns je erklären wird, das wir glauben müssen mit kindlichem Gemüt, der Ewigkeit und Unendlichkeit, hebt es unser Sehnen aus der Gegenwart in die Zukunft, in das Reich der Wünsche und Hoffnungen. Das sind die Wirkungen der himmelanstrebenden, ins Unendliche sich verlierenden Spitzbogengewölbe der gothischen Dome ebenso wie der mächtigen, weitspannenden Gewölbe romanischer Bauten. Jeder Empfängliche wird sie in geweihter Stunde an sich erfahren haben beim Eintritt in diese Stätten. Würde diese Stimmung wohl so innerlich gewesen sein, wenn statt des herrlichen, harmonischen äusseren Aufbaues mit seinen Türmen, Phialen, den mächtigen Portalen und Fenstern, kurz seiner ganzen äusseren Form und seinem Schmuck, der so recht dazu angethan ist, uns zu sammeln und vorzubereiten, wenn statt dieses Kunstgebildes ein viereckiger Kasten den Abschluss nach aussen darstellte?

Also auch hier wieder, wie in allen Künsten, die Erfahrung, dass die Genussfähigkeit bedingt ist durch die genaue Kenntnis des ganzen Komplexes der das Kunstwerk darstellenden formalen und geistigen Elemente.

Nun hat ein Werk der bildenden Künste dem musikalischen gegenüber grosse Vorteile: Seine korrekte Darstellung ist unabhängig von der Akustik der Säle, Qualität der Instrumente, Stimmung und Laune des Dirigenten und der ausübenden Künstler, es ist in seiner Vollendung mit einem Blick wenigstens in seinen Hauptzügen übersehbar. Und doch gehört das geschulte Auge eines Künstlers dazu, um schöne Einzelheiten zu entdecken, wo das Auge des Laien nur über die Hauptkonturen hinschweift; das Auge eines Architekten z. B., um den Zweck jedes Trägers und Strebepfeilers zu entdecken und damit seine Schönheit, der dem Laien unschön, weil zwecklos erscheint. So auch in der Musik. Wo der Dilettant nur ein formloses Meer von Tönen und Akkorden mit hier und da aufblitzenden Melodieteilchen an sich vorüberrauschen lässt, und dadurch bestenfalls in ein süsses, träumerisches Behagen, in eine Ahnung des Geistes, der in dem Werke waltet, versetzt wird, da empfindet der feinfühlige gebildete Musiker eine unendlich reich gegliederte Welt von Gestalten vor seinem innern Ohr sich entfalten. Es sieht in logisch und psychologisch begründeter Folge einen Gedanken in den andern übergehen, einen aus dem andern sich entwickeln, er sieht sie sich bekämpfen und friedlich sich wieder vereinigen, als ein höherer Ausdruck des Lebens unb seiner Erscheinungen, als ein

„Kommen, Gehen,
Treiben in Wind und Flut,
Sich finden — — nimmer sich wiedersehen."

Während der Laie durch die Musik erst in allen Fugen erschüttert werden muss, soll er ihre Wirkung verspüren, während ihn infolgedessen nur noch das bombastisch-pathetische, das scheinbar Grossartige, das brutal Erschütternde angreift, reagiert der Kunstverständige auch auf die feinsten Intentionen des Komponisten, er steht nicht mehr erschüttert unter dem Elementaren, sondern stellt sich über dasselbe, um es als geistvolle Schönheit zu schätzen. Warum — weil er sich die Bedeutung und das Wesen der Form zu eigen gemacht hat, die durch tausend Fäden mit dem Leben des Geistes zusammenhängt, welches der Zuhörer in sich zu vollbringen hat. Diese aus dem Reiche des Klanges, aus den Kräften des Themas, der Mittelsätze und Episoden in das Reich des Geistes, das Leben der Ideen reichenden Fäden sind die Vermittler mit dem Reiche des Unsichtbaren, dessen Schlüssel in der durch die Musikzeichen dargestellten Oberwelt des Tonwerkes, im musikalischen Buchstaben liegen. Wollen wir dieses Reich erschliessen, es gelingt uns nicht, wenn uns nicht die Formen dieser Tonsprache geläufig sind. Die Schönheit der Formen birgt auch die Schönheit des Geistes; wer aber formale Schönheit verstehen und geniessen will, der muss erst lernen, isoliert zu hören, er muss im stande sein, verschiedenartige Einzelheiten gleichzeitig in sich aufzunehmen, auf sich wirken zu lassen und mitzuerleben. Für unser Gefühl kann aber nur wirksam werden, was wir deutlich hören; erst dann wird in uns die reiche Welt der Stimmungen wach, die der Schöpfer in sein Werk hineingeheimnist hat, erst dann flössen wir dem Werke und das Werk uns Leben ein; dann begreifen wir, dass es wirklich jauchzende und griesgrämige Akkorde, liebliche und erhabene Weisen giebt.

Was aber hier von grossen Formen gesagt wurde, dass gilt auch für die kleinen. Im kleinsten Liede kann sich die grösste dichterische Kraft zeigen, es kann den vollen Ton der bewegten Menschenbrust wiedergeben und durch seine Ursprünglichkeit, seine Lebenswärme den ganzen Künstlergenius offenbaren.

Unsern modernen Stürmern klingt das Wort: „Form" etwas misstönend ins Ohr, sie verwechseln es mit dem Begriff „Schablone", und vergessen, dass das Prinzip des starren Abgeschlossenseins hier weniger statt hat, wie irgendwo. Das Gesetz der Continuität, des allmählichen Uebergangs und damit des lebendigen Wechsels tritt hier ebenso zu Tage, wie bei dem Klangmeer selbst, welches uns zur Verfügung steht. Wir können wohl einzelne Töne herausgreifen und diese bestimmen, aber in Wirklichkeit ist die Zahl der vorhandenen unbestimmbar. So auch die musikalischen Formen. Die Einteilung derselben in Gruppen dient nur dazu, um uns verständlich machen zu können, in Wirklichkeit sind die Formen so zahlreich, als es überhaupt Werke giebt. Sprechen wir aber nur von der Satzform, so lassen sich allerdings grössere Gruppen unter einen Hut bringen, aber die allmählichen Uebergänge in verwandte Formen sind hier genau so bedeutsam, wie dort.

Sehen wir jetzt einmal die kleinste musikalisch denkbare Form genauer an.*)

*) Die nachfolgenden Auseinandersetzungen sind im Anschluss an: „vom Ende's Schatzkästlein", die Meisterwerke der Liedform in 121 klassischen Beispielen; erläutert und nach der Form geordnet, kompl. geb. Mk 6,—, entstanden, die Ziffern beziehen sich auf dieses Werk

Was im Kopfe des Musikers zuerst entsteht, wenn er sein Geheimnis offenbaren will, kann nur der engbegrenzte Ausdruck eines Gedankens sein, ein aus mehreren Tönen bestehendes Motiv als Ausgangspunkt und Träger seiner Idee. Ein solches Motiv nimmt in der Regel den Raum eines Taktes ein, kann aber auch, je nach dem Metrum, einen Taktteil oder 2 Takte füllen. (Schatzk. Heft I bis S. 8). Um in theoretischen Erörterungen mit einer Einheit operieren zu können, nehmen wir das Taktmotiv als normal an und nennen die anderen Teilmotive oder zusammengesetzte Motive. Die Gestaltung grösserer Bildungen aus diesen Motiven geschieht

1. durch Wiederholung auf derselben oder auf anderer Stufe.
2. durch Verbindung mit einer mehr oder weniger grossen Umgestaltung des Motivs (Aenderung der Intervalle, Umkehrung, rhythmische Aenderungen, Verkleinerung, Vergrösserung, Accentverschiebung, Aenderung der Stellung im Takt etc.).
3. durch Verbindung mit einem neuen Motiv.

(Fortsetzung folgt.)

Felix Woyrsch — Deutscher Heerbann,

für Männerchor und Orchester.

Im Konzert des Heidelberger »Liederkranz« am Samstag, den 7. Dezember, ist auch in unseren Mauern ein Tondichter zum Worte gelangt, der neuerdings das lebhafteste Interesse der ganzen musikalischen Welt durch sein neuestes Werk: »Das Passions-Oratorium« erweckt hat. In Felix Woyrsch, dem Dirigenten der Hamburger Singakademie, tritt uns ohne Zweifel eine ebenso eigenartige, wie hochbedeutsame Erscheinung entgegen. Auf autodidaktischem Wege hat dieser Tondichter sich eine umfassende Kenntnis der Ausdrucksmittel unserer Meister, von Palastrina und Bach bis auf Wagner und Brahms, angeeignet und er weiss diese Ausdrucksmittel der Kontrapunktik, Harmonik und Instrumentation in so eigenartiger, harmonisch abgerundeter und wirkungsvoller Weise zu handhaben, dass man mit Recht von einem neuen, ihm eigenen Stil sprechen kann.

Ernstern Musikern ist seine bisherige Wirksamkeit nicht unbekannt geblieben; von seinen Männerchorwerken ist namentlich der »Deutsche Heerbann« in zahlreichen Städten mit Enthusiasmus aufgenommen worden. Das Werk ist so aus dem markigen, kraftstrotzenden, impulsiven Wesen des Männergesangs hervorgegangen, es nützt so intensiv die wuchtigen Wirkungen desselben aus, dass die Vorliebe unserer grossen Gesangvereine dafür erklärlich ist.

Dem Werke liegt eine Dichtung Em. Geibels zu Grunde, welche die Einfälle der Ungarn in Deutschland, den Ruf an den Kaiser um Hilfe und das Aufgebot des deutschen Heerbanns zur Abwehr behandelt. Lebenswarm wird gleich nach einem kurzen Tenorsolo im Eingangschor in schön gearbeitetem Chorsatze das Wüten der Erzverwüster, der Heiden geschildert, und wie wirkungsvoll schliesst diese unruhige Scene mit der Bitte: »O Kaiser, komm und rette vom Untergang das Reich«. Echt dramatisches Feuer durchglüht die nun folgende Schilderung des Herbeiströmens der deutschen Scharen.

»Horch, von den Dünen, horch, von dem Tann
Wogen die kühnen Sachsen heran:
Riesige Streiter, rötlichen Barts,
Friesische Reiter, Jäger vom Harz.

Blitzend im blanken Panzergeschmeid
Folgen die Franken freudig zum Streit.
Helmbüsche winken, Fahnen im Flug,
Pauken und Zinken führen den Zug.

Siehst du den Leuen dort im Panier?
Hörst du es dröhnen: Bayern allhier!
Horch, und im tausendstimmigen Chor
Jubelt es brausend: »Schwaben empor!«

Und in vollen Akkorden und breiten Rhythmen schliesst dieser dramatisch veranschaulichte Anfang mit den Worten:

»Adlige Degen, städtische Macht,
Singend entgegen zieh'n sie der Schlacht«!

Diesem glänzenden Bilde echt deutscher Vaterlandsliebe und Kampfesfreudigkeit stellt sich nun in wirksamem Gegensatze die Schilderung des Drachenknäuels:

»Dort drüben, wo das weite Feld
Des Halbmonds Sichel trüb erhellt« —

des Ungarheeres, entgegen. Unheimlich wühlen Bratschen und Celli in abgerissenen Rhythmen:

»Da wühlt und wimmelt Hauf an Hauf,
Vieltausend Feuer flackern auf.«

Trompetengeschmetter kündet die Ankunft der wilden Scharen und leitet den straff rhythmisierten, kraftstrotzenden Chor der Ungarn ein, wohl die interessanteste Partie des ganzen Werkes. Nach diesen stürmischen Scenen wirkt dann doppelt erhebend der Chor der deutschen Priester mit Tenor- und Baritonsolo in ihrem Gebet:

»Der Du einst mit Donnerkrachen
Dich zum Abgrund niederschwangst,
Und die Wut des Höllendrachen
Mit dem Flammenschwert bezwangst,

Komm, vor unserem Heer zu schreiten,
Deutscher Waffen Kampfgesell,
Fürst des Lichtes, hilf uns streiten,
Hilf uns siegen, Michael.«

Den Schluss bildet der brausende Schlachtgesang der Deutschen mit mächtig wirkender Apostrophe:

»Komm an denn, Feind, wenn deutsches Mark zu spüren dich gelüstet!
Hier steht ein Volk in Eintracht stark, in Gottes Hand gerüstet.
Schmett're Kriegsposaunenschall,
Brause, brause, Schlachtgesang:
Hie deutsches Reich für immer, —
Für immer!«

Für das Musikleben Heidelbergs bedeutet der Liederkranz eine bleibende Grossmacht. Rückt diese auch nur einmal jährlich ins Feld, immer hat sie einen Sieg zu vermelden. Man ist so gewohnt, hier nur Vortrefflichem zu begegnen, dass man über eine Enttäuschung sicherlich erstaunt wäre. Es ist nicht nur eine Menge ausgezeichneten Stimmmaterials vorhanden, die Qualität entspricht auch der Quantität. Der Dirigent, Musikdirektor Weidt, tritt niemals an das öffentliche Konzert heran, ohne dass das Vorzuführende so durchgearbeitet ist, dass der Chor musikalisch und in geistigem Erfassen in seiner Aufgabe aufgeht.

Das grösste Interesse dürfte am gestrigen Abend Felix Woyrsch für sein grosses Tonwerk »Deutscher Heerbann« in Anspruch nehmen. Man hatte sich mit sichtlicher Lust auf diese grosse Aufgabe geworfen, die von Herrn Direktor Weidt mit feinstem Verständnis erfasst war. Mit rühmlichem Aufgeben fand sich der Chor in die wechselnden Bilder des Werkes, in eine Kunst kontrastierender, charakteristischer Schattierungen. Es war eine imponierende Wiedergabe. Der Komponist, der hier noch gänzlich unbekannt, ist in den letzten Jahren in der Musikwelt mit Auszeichnung vielfach genannt worden. Nach der gestrigen ersten Probe seiner Schaffenskraft muss man bestätigen, dass man mit einem bedeutenden, sehr interessanten, wenn auch nicht gerade übermässig originellen Talent zu rechnen hat. Woyrsch besitzt sehr viel melodische Erfindung und ein ganz hervorragendes Schilderungsvermögen. Wie er die wechselnden Bilder vorführt, ist wahrhaft plastisch und in hohem Grade virtuos. Die Höhepunkte der Schilderung sind für mich das wahrhaft wundervoll gezeichnete Zusammenströmen der Völkerscharen, sodann das grosse Gebet, anfangs ein kanonisches Duett zwischen Tenor und Bass, in den Chor übergeleitet, mächtig und gewaltig ausgebaut.

(Heidelb. Tagblatt.)

Neuigkeiten.

Frauenchor.

Partitur u. St.

Adolph Jäckel, op. 44. „Es ist die Lieb, wie arm sie sei.“ *l.* . . 1,20
do. op. 81 b. Waldmorgen. Mit Sopransolo. *l.* 1,20
do. op. 89 b. Mutterliebe, treueste Lieb. *l.* 1,05
Theob Kretschmann, op. 61. Es muss was Wunderbares sein. *sl.* 1,—
(Verlag von A. Robitschek, Wien.)

Melodiös: aus dem Repertoire des holländ. Damen-Terzetts.

C. H. Döring, op. 160 I. Ein Bächlein spricht zum andern. *msch.* 1,10
(J. Schuberth & Co., Leipzig.)
do. op. 161 I. Frühlingssonne. *msch.* 1,20
do. op. II. Am Brünnele *sl.* 1,20
do. op. III. Liebe im Frühling. *sl.* 1,20
(Daniel Schweers, Bremen.)
C. H. Döring, op. 67 I. Vögleins Liebeslied. *msch.* 1,20
do. II. Leise, leise durch die Wipfel. *sl.* . . . . 1,—
do. III. Du süsser Herzenslieb. *msch.* 1,20
(L. Hoffarth, Dresden.)

Dörings Lieder haben natürlichen Fluss der Melodie und reizvolle Harmonik; sie sind geeignet populär zu werden.

Aug. Ludwig. op. 36 IV. Frühling. *msch.* . . . . 1,—
Gustav Lazarus, op. 34 I. In dem Himme, ruht die Erde. *msch.* 1,20
(J. André, Offenbach.)
do. op. 49 I. Mädchen, mit dem roten Mädchen. *msch.* 1,20
(Gebr. Hugo & Co., Leipzig.)
Max Stange, op. 43 I. Preis der Sonne. *msch.* 1,60
do. II. Morgenlied. *msch.* 1,60
do. III. Morgenwind. *msch.* 1,60
(Raabe & Plothow, Berlin.)
Heinrich Scherer, I. Thu dich auf. *msch.* 1,60
do. II. Frühling und Friede. *msch.* 1,60
(Gebr. Hug & Co., Leipzig.)
G. Rebling. op. 59 V. Abschied vom Walde. *msch.* Part. . —,15
do. VI. In Waldesmitten. *msch.* Part. . . . . —,15
do. VII. In freier Natur. *msch.* Part. . . . . ,15
(Heinrichshofens Verlag Magdeburg.)
A. Gretschaninow, op. 101. Die Nacht. *msch.* 2,70
do. II. Der Lenz ist da. *msch.* 2,20
(M. P. Belaieff, Leipzig.)

Empfehlenswerte Chöre gediegenen Inhalts.

Emil Sulzbach, op. 32 I. Herbst. II. Donauwellen. Dreist. Chöre mit Klav. 3,50
(B. Firnberg, Frankfurt a. M.)

G. Winter, op. 18. Jugendlust. für 2 stimmigen Kinder- oder Frauenchor, Soli und Klavier. Kl.-A. . . . . 4,—
(Rud. Dietrich, Leipzig.) Chorst. je —,4

Ein reizendes Loblied auf die Wunder der Natur, nur Weniges ist dem kindlichen Empfinden so angemessen, als dies Werkchen. Eine muntere Schar zieht hinaus in die freie Gotteswelt und begrüsst in kleinen, anmutigen Gesängen, mit Reigen und Deklamationen verbunden, ihre Wunder. Winter weiss in derartigen Werken vorzüglich den Ton zu treffen, der in den Herzen der Jugend wiederhallt; auch die Dichtung ist sehr hübsch.

Ferd. Kramm, op 45. Liedersaal für Frauenchor. 90 drei- und vierst. Lieder. (Verlag von Zweifel-Weber, St. Gallen, Preis 80 Pfg.) Kramm weiss volkstümlich-melodiös zu schreiben. Schwierigkeiten bieten sich nirgends, auch die Wahl der Dichtungen ist lobenswert, so ist das hübsch ausgestattete Werkchen namentlich für Schule und Haus bestens zu empfehlen.

Neue Werke für patriotische Festlichkeiten.

Max Bruch, op 76. Der letzte Abschied des Volkes (1888) für Männerchöre. Orchester und Orgel Kl.-A. 5,—. Chorstimmen 4,—. (Bote & Bock, Berlin.)

Ein ernstes, gehaltvolles Werk, nicht zu umfangreich und unschwer zu bewältigen. Wehmut und Stolz kämpfen in uns um den Vorrang in Erinnerung an die Tage, da die hehre Gestalt unseres Kaisers aufgebahrt lag im Dome, damit das Volk noch einmal seine Liebe und seinen Ruhm erschauen könne. Wie im Traume lassen wir die erhabenen Klänge an uns vorüberrauschen und vergessene Bilder tauchen in uns auf von Deutschlands grösster Zeit und grösstem Sohne.

Paul Gläser, Schlachtgesang und Schlachtgebet der Deutschen für Männerchor, Solo und gr. Orch. Kl.-A. 2,50. Chorstimmen 80 Pfg. (A. Spitaner, Leipzig.)
Jul. O. Grimm, op. 27. Zum Geburtsfeste des Kaisers für Männerchor u. Blasorch. . . . . . P. 1,50, St. 60 Pf.
Gottfried Hawerkamp. Hurrah Germania, f. M.-Ch. . P. u. St. 1,10
Rud. Klostermann. Dem deutschen Kaiser, f. M.-Ch. . P. u. St. 1,10
(Bisping, Münster.)
Bungard-Wasem, op. 23. Ein Hoch dem Kaiser. M.-Ch. P. u. St. 1,80
(vom Ende, Köln.)
Fritz Reuter. Kornblumen und Eichenlaub. Volksgesang für M.-Ch. und Orchester . . . . P. u. St. 1,80
Th. Quelling. Ein neues Kaiserlied f. 2st. Chor m. Klav. P. u. St. —,30
do. op. 4. Der Kürassier bei Sedan, f. M.-Ch. . . —,30
(J. Esser, Paderborn.)
Pfeifer, Wilh., op. 24. Ein Gebet für den Kaiser, für Solo, Männer-, gem.- und Schulchor . . 1,—
(C. Simon, Berlin.)
Edmund Müller. Kaiserlied, für Frauenchor a capp. und mit Klav. od. Harmon. besonders für Schulchor zu empfehlen . . . . —,30
(C. Simon, Berlin.)
Edwin Schultz, op. 235. Alt-Brandenburg, f. M.-Ch. . P. u. St. 1,60
(Bote & Bock, Berlin.)

Dieser Nummer liegen Beilagen der Firmen Otto Hefner, Oberneudorf-Buchen (Humoristica) und E. Bisping, Münster i. W., (Patriotica) bei, welche wir der Aufmerksamkeit unserer Leser empfehlen.

Der Sänger.

Amtliches Organ des westdeutschen Sängerverbandes.

Das Volkslied ist die Unsterblichkeit der Musik.
Marx.

Verbunden werden auch die Schwachen mächtig.
Schiller.

26. Dez. 1901. || Vorsitzender: Lehrer A. Gau, Hilden bei Düsseldorf. || Nr. 3.

Redaktion u. Verlag: H. vom Ende, Köln a. Rhein, Ecke Bismarckstrasse 25.

Westdeutscher Sängerverband.

Allen Verbandsvereinen wird es eine angenehme Pflicht sein, sich bei Bedarf der vom Düsseldorfer Fest her vorteilhaft bekannten Künstlerinnen und Künstler: Frl. Adele Stöcker-Köln (Violine), Frl. Hattingen-Köln (Sopran) und des Herrn Stoye, Lehrer am Konservatorium in Krefeld (Klavier), zu erinnern, welche ihre Kunst in so liebenswürdiger Weise in den Dienst unserer guten Sache gestellt hatten.

Das an alle Verbandsvereine versandte Schreiben bezügl. des im nächsten Jahre in Duisburg event. stattfindenden Wettstreites hat folgenden Wortlaut:

Hilden, Anfang Dezember 1901.

Werte Verbandsgenossen!

In Uebereinstimmung mit dem Männer-Gesangverein Germania-Duisburg richte ich an alle Verbandsvereine und an die, welche gesonnen sind, dem Verbande beizutreten, die dringende Bitte, bis **16. Januar 1902 einschl.** in ihrem Vereine darüber Beschluss zu fassen, ob Sie an einem Anfang August 1902 stattfindenden Preissingen nach Verbandsgrundsätzen in Duisburg teilzunehmen gedenken. Die Vereine, welche teilnehmen wollen, werden gleichzeitig um Einsendung eines neuen Mitglieder-Verzeichnisses bis zum 10. Januar ersucht.

Eine Uebersicht über die event. Beteiligung ist absolut notwendig, um den vorbereitenden Verein und den Verband vor unnützen und unzweckmässigen Auslagen zu bewahren. Ist die Beteiligung eine genügende, so sollen sofort die näheren Vorbereitungen getroffen werden.

Der Kaiserpreis und andere fürstliche Preise können in sichere Aussicht gestellt werden. Der Plan des Wettstreites wird alsdann in der Ende Januar erscheinenden Nummer des „Sänger" veröffentlicht. Meldungen sind an die „Verbandsleitung in Hilden" zu richten.

Der festveranstaltende Verein Germania-Duisburg hofft zu der Feier seines 50jährigen Jubiläums eine recht stattliche Zahl Verbandsvereine und persönlicher Mitglieder am Feste begrüssen zu können.

Der Vorsitzende des Männer-Gesangvereins „Germania"-Duisburg.

Der Verbandsvorsitzende.

—

Dirigentenkursus in Düsseldorf.

Demnächst beabsichtigt der Westdeutsche Sängerverband in Düsseldorf einen Dirigentenkursus abzuhalten, zu welchem alle auch ausserhalb des Verbandes stehenden Musiker und Dilettanten freundlichst eingeladen sind, welche sich die für den Gesangvereinsdirigenten unbedingt erforderlichen Kenntnisse anzueignen wünschen.

Als Lehrkräfte sind die Herren Königl. Musikdirektor C. Steinhauer-Oberhausen und Redakteur und Komponist H. vom Ende-Köln a. Rh. gewonnen. Die Vorlesungen finden an 6 Sonntagen hintereinander statt, und erstrecken sich über die hauptsächlichsten Disziplinen, deren Kenntnis von einem Gesangvereinsdirigenten verlangt werden muss, in der Weise, dass über jedes Fach eine allgemeine, übersichtliche, möglichst vollständige Darstellung geboten wird, welche den Teilnehmern ein selbständiges Weiterarbeiten mit Aussicht auf ein fruchtbringendes Ergebnis gestattet.

Das Honorar für den ganzen Kursus ist auf Mk. 25,— festgesetzt, für die Mitglieder des Westdeutschen Sängerverbandes auf Mk. 18,—. Anmeldungen werden umgehend erbeten an Verbandsvorsitzenden A. Gau, Hilden bei Düsseldorf.

Bearbeitung des deutschen Volksliedes.

H. vom Ende.

VI.

Der Tonsatz. (Schluss)

Manche Liedchen modulieren sogar recht energisch, wie z. B. „Soll sich der Mond": a-C-e-C-a, namentlich diejenigen in Moll haben immer einen Zug nach Dur. Schwermut charakterisiert unser Volk ja weniger, als Wehmut. Uebrigens besitzen wir sehr viele Mollmelodieen, besonders zahlreich waren sie am Niederrhein, im Bergischen, Siebengebirge und zwar anscheinend neueren Ursprungs, keine altdeutschen. Die Stellung, welche unsere Bearbeiter diesen letzteren gegenüber einnehmen, ist eine geteilte. Viele derselben haben sich noch in der alten Tonart erhalten, in denen sie ursprünglich gedacht sind, während andere diese Merkmale abgestreift und modernen Charakter angenommen haben. Wir können uns die Bearbeitungen im alten Stile für kirchliche Kultuszwecke wohl als zweckmässig vorstellen, spielt doch in unserem Gottesdienst der Reiz ehrwürdiger mittelalterlicher Gebräuche, Handlungen, Aeusserlichkeiten etc. eine grosse Rolle, aber für unsere Zwecke sind nur diejenigen Eigenschaften der alten Satzweise annehmbar, welche unserm modernen Empfinden motiviert erscheinen. Den Alten war z. B. die leere Quint als reine Konsonanz sehr sympathisch, sie fanden die Vervollständigung des Akkords durch die Terz durchaus nicht so nötig wie wir und begannen und schlossen häufig damit. Die Anwendung solcher leerer Quinten kann uns nur befriedigen, wenn wir den Sinn des Leeren, Öden, dumpfer trostloser Verzweiflung (ich erinnere nur an die eigenartige Bearbeitung der „Totenglocke" von G. Weber) damit verbinden können. Wie trefflich charakterisiert Wüllner den Zwiespalt in der Brust des Scheidenden: „Mein Herz trägt heimlich Leiden, wiewohl ich doch fröhlich bin". Durch den phrygischen Schluss und wer möchte denselben Schluss in dem Liede: „O Haupt voll Blut und Wunden" vermissen? Dagegen sind die Versuche, die Bearbeitungen für Männerchor den alten Sätzen von Senfl, Forster etc. möglichst anzupassen, missglückt. Bei den Bearbeitungen G. Schrecks ist die Aehnlichkeit nur eine äusserliche, seine Kontrapunktik gestaltet sich aus der Idee der poetischen Unterlage, der Klang ist durchaus modern trotz leerer Quinten und plötzlich auftretender Durschlüsse. Uebrigens verliert sich Schreck nirgends in leere Künstelei, seine Kontrapunktik kommt aus dem Herzen, jede Stimme ist empfunden. Einige Bearbeitungen von „Innsbruck, ich muss dich lassen", dagegen, welche sich an den Originalsatz von Isaac anlehnen, wirken durchaus nicht schön.

Im Uebrigen muss auf die Regeln eines gediegenen, harmonischen Tonsatzes verwiesen werden. Wohlklang und geschmeidige ausdrucksvolle Führung der Stimmen, namentlich des Basses ist stets anzustreben: es macht keinen guten Eindruck, wenn der Bass sechsmal denselben Ton anschlägt, als ob er gar nichts zu sagen hätte. Um dergleichen zu vermeiden, sind gar keine besonderen harmonischen Bocksprünge nötig: man lese nur meine Ausführungen über den Wert des Sextakkordes in den „Mitteilungen aus dem briefl. Unterricht“. Gerade hier gilt mehr wie irgendwo anders der Grundsatz, die kleineren Mittel nach Möglichkeit und erschöpfend auszunützen, damit der Chorsatz lebendig und flüssig werde und ausdrucksvoll ohne Zuhülfnahme drastisch wirkender Mittel. In dieser Beziehung können uns Brahms, Wüllner, Woyrsch, Schreck in ihren Volksliedbearbeitungen als leuchtende Beispiele dienen.

Wie weit man in der polyphonen Gestaltung des Satzes gehen darf, hängt ebenfalls von dem Charakter der Weise ab. Unsere Volkslieder sind im Inhalt und Charakter ausserordentlich verschieden, da in ihnen seelische Zustände in reicher Mannigfaltigkeit zum Ausdruck gelangen. Die grosse Kunst besteht darin, den Begleitstimmen den Charakter der Melodie zu geben. Sanftgeschwungene Linien der Melodie sind auch auf die Begleitstimmen zu übertragen, ebenso sprunghafte Melodiebildung. Jede Fortschreitung in entfernter verwandte Harmonien ist wichtig; sie setzt daher auch einen wichtigen Fortschritt im Inhalt voraus; je mehr Akkordwechsel, desto gewichtiger erscheint also auch das Lied und je bedeutungsvoller der Inhalt, desto reicher sei die Harmonik, sodass in solchen Fällen einzelne hervorragende Melodietöne sehr wohl mehrere Akkorde oder Durchgänge in einzelnen Stimmen vertragen können. Andererseits müssen die zusammengehörigen Töne der Melodie soviel wie möglich auch harmonisch zusammengehalten werden. Welche Töne derartig zusammengehören, darüber entscheidet zunächst wiederum der Inhalt und dann die metrisch-melodische Konstruktion des Liedes. Dazu gehören vorzugsweise die leichten, beweglichen Weisen. Kleinen beweglichen Tanzliedchen wird man z. B. nur die unbedingt notwendigen Akkorde beigesellen, während feierliche ernste Weisen reicher bedacht werden müssen. Man beachte in „Die Spinnerin“ (K. Schauss) den leicht dahinschwebenden Orgelpunkt, ebenso im „Tanz, Liebchen, Tanz“ (vom Ende), der mehr den Eindruck eines Instrumentalbasses machen soll. Andererseits kann allerdings der Orgelpunkt auch einen schwerlastenden Eindruck machen, das hängt ganz ab von seinem harmonischem Verhältnis zu den übrigen Stimmen.

Also nochmals: Je reicher der Akkordwechsel, je mehr die Akkorde durch Vorhalte, Durchgänge etc. ineinander verwoben sind, desto bedeutungsvoller, schwerer erscheint der Satz. Harmonische Figuration verleiht dem Satze den Charakter der Beweglichkeit, Leichtigkeit oder des Schwunges. Je mehr Stimmen an dieser Figuration teilnehmen, desto mehr nähert sich der Satz wieder der Fülle und Festigkeit massenhafter Bewegung.

Durch Einmischung von Durchgangs- und Nebennoten wird die harmonische Figuration zusammenhängender, gefüllter, bis sie sich schliesslich als selbständiger Gesang geltend macht und mehr oder weniger den Anteil von der Hauptmelodie ab und auf sich hinzieht. Das soll aber im allgemeinen vermieden werden, die Harmonie soll nichts anderes, als den Gesang unterstützen, die begleitenden Stimmen ordnen sich der Liedweise unter.

Als ein Mittel, nicht allein den Satz rein musikalisch zu beleben, sondern auch den Ausdruck zu vertiefen, verdient der Wechsel in der Stimmenzahl hervorgehoben zu werden. Einstimmige Anfänge sind in energischen, stürmischen, freudig erregten Liedern von packender Wirkung. (Es brausst ein Ruf; Was blasen die Trompeten; Preisend mit viel schönen Reden), aber auch in schwermütigen (Wenn ich den Wandrer frage) oder düsteren Weisen (Es ist ein Schnitter), wobei dann die folgende Phrase (in der letzteren: „Der heisst Tod“) um so ergreifender hervortritt. Schönen Wechsel in dieser Beziehung zeigen „Wie heisst König Ringangs Töchterlein“ (Speidel), „Ich habe den Frühling gesehen“ (Böhme), „Es geht bei gedämpfter Trommel Klang (Silcher), „Sag mir das Wort“ (Neubner).

Manche Lieder fordern einen mehr wie 4 stimmigen Satz gradezu heraus, so: „Mein Herz hat sich gesellet“, in welchem der aufjubelnde Nachsatz: „Ha, warum sollt' ich trauern: Nun rühret mich der Mai; Schlag auf, mein Herz, mit Freuden, mein Trauern ist vorbei!“ nicht inniger, als durch expansive Klangfülle wiedergegeben werden kann. Auch Soloquartett, Halbchor und Doppelchor sind verwendungsfähig. Letzteren hat Reger in überaus kunstvoller Weise kanonisch in „Morgen muss ich fort von hier“ angewandt.

Häufig ist es vorteilhafter, die Melodie vollständig einer Mittelstimme zu überlassen, oder einzelne Phrasen, namentlich Wiederholungen einer anderen Stimme zu übergeben. In „Es war ein König in Thule“ von Silcher hat der 2. Bass die Melodie.

Besondern Wert legen unsere guten Tonsetzer auch darauf, allzugrosse Pausen zwischen den Sätzen zu vermeiden: entweder der Schluss wird durch kleine Anhänge (Unter-Ober-Harmonie, Durchgangstöne etc. erweitert, oder eine Stimme, am besten der 2. Bass, antizipiert das Anfangsmotiv des folgenden Satzes, es genügt auch schon der Grundton. Als schönes Beispiel hierfür kann, auch wegen seines klangvollen Satzes: „Von dir geschieden“ (Trost in der Ferne) von C. Steinhauer empfohlen werden. Bezüglich der oben erwähnten Wiederholung einzelner Glieder sei noch erwähnt, dass in der Regel der Satz nicht geändert zu werden braucht; wohl aber empfiehlt sich eine Aenderung, wenn der Text pathetischer, ausdrucksvoller wird, überhaupt wenn er sich über den Vordersatz nachdrücklich erhebt. Es lässt sich dann schon vieles erreichen nur durch Lagenänderung, weite Lage der Akkorde, durch Verdoppelung einzelner Stimmen etc., Wechsel in der Harmonik tritt nur ein, wenn der poetische Inhalt in der Stimmung einen solchen involviert. Das gilt auch vom Satze des ganzen Liedes, wenn einzelne Strophen inhaltlich stark hervortreten; so harmonisiert Siegert sehr wirkungsvoll die letzte Strophe von: „Es waren zwei Königskinder“ ganz anders; Göhler und Reger gehen in dieser Beziehung allerdings zu weit, indem sie grundsätzlich jede Strophe anders behandeln. Auch in den Vortragsbezeichnungen sei man genau und nicht zu sparsam. Der Sinn jeder Strophe soll durch den Vortrag zum Ausdruck gelangen. Es muss wiederholt darauf hingewiesen werden, dass der Sinn unserer Volkslieder durchaus nicht so einfach oder einfältig ist, dass der Vortrag keine Nüancen vertrüge; dieselben wollen vielmehr sehr fein herausgearbeitet sein und können den kleinsten Liedern köstliche Effekte entlocken. Dass auch hier Wahrheit oberster Grundsatz bleiben muss, brauche ich wohl nicht zu erwähnen: Uebertreibung schadet ebensoviel als Mangel.

Mosel-Saar-Nahe-Sängerbund.

Am Sonntag, den 24. November, fand in Trier eine längere Sitzung des Musikausschusses und des Bundesvorstandes statt betr. Umänderung der alten Wettgesangordnung. Die einzelnen Paragraphen wurden eingehender Durchsicht unterzogen, das Resultat wird den Bundesvereinen zugeben.

Berncastel. Das nächstjährige Wettsingen des Mosel-Saar- und Nahe-Sängerbundes, verbunden mit 25 jährigem Stiftungsfeste des Männer-Quartetts zu Berncastel, findet bestimmt am 6. und 7. Juli nächsten Jahres statt. Das zweite Rundschreiben hierzu würde in den ersten Tagen zur Aussendung gelangen. Nach den bis jetzt schon über 40 eingelaufenen Anmeldungen, sowie der rührigen Thätigkit des festgebeenden Vereins und dem grossen Entgegenkommen der gesamten Bürger des Moselstädtchens Berncastel zu urteilen, verspricht das Fest ein glanzvolles zu werden. Für viele und schöne Preise ist bereits in der Weise Garantie vorhanden, dass die sich beteiligenden Vereine in jeder Weise befriedigt werden können. In den fast jede Woche stattfindenden Versammlungen des Fest-Komitees ist ein Bild des ganzen Festes bereits soweit entworfen, dass man kühn behaupten darf, das Fest wird sich zu einem wahren Volksfeste gestalten.

Ein geräumiges, überdachtes und schön ausgebildetes Zelt für ca. 4000 Sitzplätze mit abgeschlossenem Saale, Wirtschafts- und Speise- etc. Räumen soll der Glanzpunkt in erster Linie werden; dann ist bereits vom Wohnungs-Komitee für Versorgung der einzelnen Vereine vollauf Sorge getragen, wie denn auch alle übrigen Komitee« bereits eifrigen und tüchtigen Händen übertragen sind. Sehr zu wünschen ist es für den Verein, wenn bei der demnächstigen Delegierten-Versammlung zu Mettlach der Besuch ein reger ist, da auch dann noch immer so manches in Gemeinschaft zu besprechen und zu beraten ist.

Aufführungen.

Männerchor.

Aachen. Der Wehrverein Germania (W. Speiser) feierte am 11. Oktober sein 16. Stiftungsfest mit Festkonzert. Besonderen Erfolg hatten: »Drei Augenblicke« von K. Schauss, »Wilde Rose« und »Frühlingsahnung« von W. Speiser, »Mein Schätzelein« von Attenhofer musste wiederholt werden. Orpheus (Joh. Meissner) »Totenvolk« von Hegar, »Wilde Rose« von W. Speiser (D.C.), »Sandmännchen« von K. Schauss (D.C.). Harmonie (H. Mai). Das 52. Stiftungsfest nahm einen glänzenden Verlauf. »Sonnenaufgang« von J. Brambach, »Pater noster« u. »Das Meer« von C. Smulders. Männerquartett (W. Speiser), »Wilde Rose« von Speiser, »Ich hört ein Vöglein pfeifen« von K. Schauss, Friedrich Rotbart von Podbertsky. **Aach.** Deutsch-Böhmen. M.G.V. Jul. Schaller. IV. Szene aus »Frithjof« von M. Bruch, »Die drei Gesellen« mit Klavierbegl. von Podbertsky hatte grossen Erfolg, ebenso »Mein Lieben« von C. F. Adam. **Dresden.** M.G.V. 25jähriges Jubiläum des Vereins und zugleich seines Leiters, Prof. Hugo Jüngst. Den Jubilaren wurde von selten anderer Vereine wie auch der Behörden grosse Ehrungen zu teil, welche erkennen lassen, in wie hoher Gunst sie allenthalben stehen. Jubiläumskonzert: »An die Kunst« von Rich. Wagner und »Landerkennung« von Grieg mit Orchester, »Rosenfrühling« (D.C.), »Hoch über den Sternen« und »Heimfahrt« von H. Jüngst. Festklänge: »Festgruss« von Meyer-Olbersleben (s. gr. Erf.), »Auf dem Tanzplan« von C. Bieber (D.C.). Dresdener Liedertafel (Joh. Wöschinger), »Volkers Schwanenlied« von M. Meyer-Olbersleben. Der Dirigent schreibt: »Ich sowohl, wie die Sänger sind von dem grossartigen Chor begeistert«. »Wenn der Vogel naschen will«, E. Kremser. **Frankenthal.** Liederkranz (Jul. Schmitt), »Röslein im Wald«, v. J. Fischer, »Wächterlied« von Gernsheim. **Gotha.** Sängerkranz (Kuhnhold), »Als ich wandern ging« und »Es muss ein Wunderbares sein« von C. Kuhnhold. **Graz.** Deutsch-akad. G. V. (Viktor Zack), »Die Ablösung« von Hutter, »Nachtreise« von K. Loewe, gr. Erf.) »Der Zug des Todes« von Arn. Krug, »Es waren zwei Königskinder« v. Jos. Schwartz. **Heidelberg.** Liederkranz (C. Weidt), »Deutscher Heerbann« von Felix Woyrsch, mit Solo-Orch. (s. gr. Erf.), Solisten: Hofopernsänger Kraner und Büdiger. »Gelöbnis« von M. Meyer-Olbersleben. **Kaiserslautern.** Musikverein (W. Damian) »Belsazar« von H. Zöllner, »Liebeslauschen« von Fr. Schubert, mit Klav. »Nachtlied« von Hegar. **Karlsruhe.** M. G. V. (Reallehr. Reinfurth), »Hildebrandslied« Altdeutsches Volkslied von G. Weber, »Mailied« von Ludw. Keller. **Durlach.** M. G. V. Max Brechle, Karlsruhe), »Herr, den ich tief im Herzen trage« von Ludw. Keller (gr. Erf.), »In den Alpen« von Hegar. **Köln a. Rh.** Kölner M. G. V. (Jos. Schwartz), »Das Liebesmahl der Apostel«, Rich. Wagner, »Rudolph von Werdenberg« v. Hegar, »Innsbruck, ich muss dich lassen«, Hugo Jüngst, »Herzig's Mariandel« von H. vom Ende. M. G. V. Frohsinn (Peter Bader). 8. Stiftungsfest. »Die schwarzbraunen Augen« von H. Bungart, »Herzigs Mariandel« von H. vom Ende musste auf stürmischen Applaus hin wiederholt werden. Kölner Männerchor (Ew. Strässer), »Johannisnacht am Rhein« v. Meyer-Olbersleben, »O, weine nicht« von Ewald Strässer, »Unten im Thale« von Attenhofer (D.C.). **Kreuznach.** M.G.V. Liederkranz (Dr. F. Krone), »Jagdmorgen« von Rheinberger, »Mein Lieb ist schön« von Meyer-Olbersleben, »Römischer Triumphgesang« von M. Bruch, mit Orch. **Münster.** M. G. V. St. Lamberti (Fürste), »Es haben zwei Blümlein geblühet« von Schrader, »Mein Stern« von Wesseler (D. C.). Bonifacius Sammel-Verein (Jos. Wiegener), »Engel und Lilien« von H. Wesseler (D.C.), »Deutsches Bannerlied« von W. Rudnick, mit Orch. **Radolfzell.** G. V. Harmonie (K. Ruh), »Reiterlied« v. Fritz Neuert, »Abschied« u. »Weh« von Th. Mayer. **Mülheim a. Rh.** Cäcilienverein (C. Hoffzimmer). »Caesar am Rubikon« von C. J. Brambach, mit Orch. Quartettverein (C. Menken), »Deutscher Heerbann« von Felix Woyrsch, mit Orch. **Mannheim-Ludwigshafen.** Lehrer-G. V. (C. Weidt), »Im Lager der Bauern« von H. Hutter, mit Orch., »Deutscher Schwur« von P. Cornelius, »Liebe« von Rich. Strauss, »Ode des Horaz« von Carl Löwe, »Das Meer« von Nicodé, mit Orch. Solo: Dina von der Vyver. Ein hochinteressantes Programm. **Osnabrück.** Neue Liedertafel (Rud. Prenzler), »Heidenacht« v. W. Schrader, »Wenn alle Brünnlein fliessen« von M. Plüddemann, »Drei Wünsche« von A. von Othegraven. **Rüthen.** 25jähr. Jubiläum der Lehrerbildungsanstalt (Sem.-Lehrer Simon), »Festgesang an die Künstler« von Mendelssohn-Barth., »Siegesgesang der Deutschen« von Fr. Abt, »Westfalenlied«, »Mein Sauerland«, »Stehen zwei Röslein« von C. Steinhauer, »Abschied von der Heimat«, »Sturm«, »Heimkehr« von C. Steinhauer. Mit den Steinhauer'schen Chören hatte der Sem.-Chor, wie Herr Dirig. Simon schreibt, riesigen Erfolg. Ebenso mit »Johanna von Orleans« von H. Hofmann, mit Klav. **Solingen.** Liedertafel (Clem. Lenacher), »Rosenlieder« von Ph. Eulenburg, bearbeit. f. M.-Ch. von K. Zuschneid, »Gewitternacht« v. Hegar, »Altböhm. Volkslied« von Zander. **Thorn.** Liedertafel (Fritz Char), »Gretulla« von R. Schwalm, »Morgen im Walde« von Hegar, »Winzerchor aus Prometheus« von Liszt, mit Orch. »Auf offener See«, mit Orch. von Möhring. **Urleubach.** Rhein. Volksliedertafel (H. vom Ende). »Von dir geschieden« von C. Steinhauer, »Innsbruck, ich muss dich lassen« von K. Hecker, »Herzigs Mariandel« und »Tanz, Liebchen, tanz« von H. vom Ende. **Stettin.** Schütz'scher Musikverein (R. Seidel). »Beim Rheinwein« von Ernst Heuser, »Spinnerin« von K. Schauss. **Velbert.** Liedertafel (W. Poll), 38. Stiftungsfest. »Das deutsche Lied« von W. H. Steinkühler, »Germanensang« von Rheinberger.

Gemischter Chor.

Asch, Deutsch-Böhmen. G. V. Harmonie (Georg Reinl). »Im Walde« von Jul. Lorenz, mit 2 Hörnern. »Walpurgisnacht« von Ad. Jäckel, mit Orch. (D. C.), stürmischer Beifall. **Berlin.** Hellands-Kirchenchor (Reinhold Kurth). »Die Jahreszeiten« von Jos. Haydn, Solisten: N. Harzen-Müller, Johanna von Berg, Alex Curth. **Fürstenwalde.** Verein für gem. Chorgesang (Bandenberg). »Elias« von Mendelssohn-Barth., Solisten: Hedwig Schmisch, A. N. Harzen-Müller. **Lobberich.** Gem. Chor (Ernst Kamper). Das 60jähr. Jubelfest des Männergesangvereins verlief in glänzender Weise. An grösseren Werken wurden aufgeführt in Verbindung mit dem gem. Chor: »Das Lied von der Glocke« von Romberg, »Das Totenvolk« von Hegar, »Zigeunerleben« von R. Schumann. **Oberhausen.** Städt. Musikverein (C. Steinhauer). »Die Schöpfung« von Haydn, Soli: Karoline Kaiser, Nicola Doerter, W. Metzmacher. Der Verein trat zum erstenmale an die Oeffentlichkeit. Die Aufführung unter der anfeuernden Leitung des neuen Städt. Musikdir. C. Steinhauer wird von der Presse einmütig als ein Ereignis von weittragender Bedeutung für die musikalischen Verhältnisse der aufblühenden Stadt geschildert. Die Sopranistin Karoline Kaiser imponiert durch die vollendete Künstlerschaft, mit der sie ihre glanzvolle und grosstönige Stimme zu verwenden wusste. Die Perle des von der Künstlerin Gebotenen war unstreitig die Arie »Auf starkem Fittige«. – Wie jubelte da in reinen Tönen der Lerche Lied, wie lieblich und hinreissend war hier der girrende Sang, wie schmelzend der Nachtigallen Liebeslied. (Oberh. Volksztg.). **Siegburg.** Das bei Gelegenheit des Stiftungsfestes der Concordia (Cleuver) aufgeführte Singspiel »Im Forsthause« von Spiller soll auf allgemeinen Wunsch im Weihnachtskonzert wiederholt werden. Ebenso die beiden Volkslieder für M.-Chor, »Tanz, Liebchen, tanz« und »Herzigs Mariandel«, bearb. von H. vom Ende.

Verschiedenes.

Die badischen Männerchöre seien auf den bei Frid. Göckel, Messkirch, erschienenen „**Jubiläumsgruss**" von Theod. Mayer, op. 20, aufmerksam gemacht. Der Grossherzog Friedrich von Baden hat die Widmung des ansprechenden Chores huldreichst angenommen.

Die soeben erschienene Nr. 22 der „Deutschen Kunst- und Musik-Zeitung", Jahrgang XXVIII (1901), bringt in 16 Quartseiten eine Fülle höchst interessanter Artikel; aus dem reichen Inhalt heben wir besonders hervor: **Dr. L. Zelenski**, Biographie mit Bild und Komposition „**Mahnung**", Lied, als musikalische Beilage: „**Stimmen-Experimente**" und „**Streifeldämmerung**", zwei sehr lesens- und beachtenswerte Essays aus der Feder der ebenso scharfen als geistreichen Beobachterin Grafin Forgách; ferner die mit grossem Interesse aufgenommenen „**Musikalischen Silhouetten**" von Camille Bellaigue in der autorisierten Uebersetzung von Margarethe Toussaint „**Händel**" und „**Künstlerbahnen II**" von Emma Seydl, dann ausführliche Berichte über Konzerte, Theateraufführungen, Liedertafeln etc. der letzten Woche hier und auswärts; Bekanntgabe des Wiener Konzert-Repertoires vom 28. November bis 15. Dezember 1901, der neuen Erscheinungen auf dem Gebiete der Kunst, Litteratur und Musik, sowie Mitteilungen über den neugegründeten „Oesterreichischen Wohlfahrtsbund für Musiker" und die neue Ausgabe musikalischer Klassiker unter dem Titel „Prager Konservatoriums-Ausgabe". Ausser bei der Administration, I. Johannesgasse 17, kann die „Deutsche Kunst- und Musikzeitung" bei jeder Buchhandlung oder Postanstalt abonniert werden zum Preise von 6 Kronen pro Jahr; die einzelne Nummer kostet 30 Heller. Probenummern jederzeit gratis u. franko.

Briefkasten der Verbandsleitung.

An mehrere Fragesteller.

Auszug aus den Satzungen des westdeutschen Sängerverbandes.

Leitung: Hilden bei Düsseldorf.

1. Der westdeutsche Sängerverband ist eine Verbindung von Männergesangvereinen in Westdeutschland; auch können Dirigenten und Sänger nicht angeschlossener Vereine die persönliche Mitgliedschaft erwerben.

2. In der jährl. Delegiertenversammlung hat jeder Verein 2 Stimmen und jedes persönliche Mitglied 1 Stimme. Jährlicher Beitrag der Vereine à Sänger 10 Pfg., der persönlichen Mitglieder 1 Mk.

3. Zweck des Verbandes ist Pflege, Verbreitung und Reinhaltung des deutschen Männergesanges, insbesondere Bekämpfung des unlauteren Wettbewerbes auf den Gesangwettstreiten; Einschränkung derselben nach Zahl und Umfang; Einführung einer (absoluten!) Minimalleistung, einer einheitlichen Wertung; Abschaffung der Geldpreise.

Eine besondere Pflege soll dem „**Edelvolkslied**e" zuteil werden.

Ferner lässt sich der Verband die Förderung der Berufsinteressen der Chorleiter angelegen sein.

4. Jeder angeschlossene Verein ist zum Bezuge des Verbandsorgans „Der Sänger" (Verlag vom Ende, Köln, Bismarckstrasse 25) verpflichtet. Alle Bekanntmachungen erfolgen in demselben.

5. Jeder angeschlossene Verein muss seinem Titel (Sängerbund) das Attribut beifügen: „Mitglied des westdeutschen Sängerverbandes". (Briefbögen, Briefumschläge, Konzertanzeigen).

6. Die Verbandsvereine dürfen an Wettstreiten nicht organisierter Vereine nicht teilnehmen.

7. Alle Anfragen sind zu richten an den „Westdeutschen Sängerverband, Hilden bei Düsseldorf.

Sammlungen volkstümlicher Lieder für Männerchor.

Joh. Diehl, Familien-Fest-Klänge. Männerquartette. Heft I: Ständchen zum Geburtstage. Heft II: Ständchen zur Hochzeitsfeier. Heft III: Ständchen zum Jubiläum. Heft IV: Ständchen zur Abschiedsfeier. Heft V. Trauerklänge.
Preis für jedes Heft 20 Pfg. netto, (G. Danner, Mühlhausen.)

Sehr brauchbare Sammlungen. Auswahl, Bearbeitungen sind gut, die Noten präsentieren sich in sauberem, deutlichem Stich, der Preis ist sehr mässig.

Karl Schauss, Volkstümliche Männerchöre. 2 Hefte je 50 Pfg. Stimmen je 30 Pfg.

Unsere Männerchöre kennen Schauss als Komponist und Bearbeiter; er weiss wohlklingend zu setzen und dem Stimmungsgehalt gerecht zu werden. Die Heftchen seien bestens empfohlen.

J. Emil Naef, 9 Lieder für Lieder für Männerchor. Preis 40 Pfg. (Ad. Holzmann, Zürich.)

Jean Wolfensperger, 10 Neue Lieder für Männerchor (40 Pfg. pro Heft.) Leipzig bei C. F. Leede.

Volkstümliche Lieder für Männerchor. 4 Hefte.

Heft I und II bearbeitet von Fr. Zimmer, Heft III und IV, von M. Möbring, jedes Heft 30 Pfg., (R. Danehl, Osterburg. Sehr empfehlenswerte Sammlung unserer populärsten Volks- und volkstümlichen Lieder.

Neue Chor- und Wettgesänge bekannter Liedermeister.

Heft 1 und 2 volkstüml. Lieder, Heft 5 für leichten Volksgesang. Heft 6 für schwierigen Volksgesang, jedes Heft 80 Pfg. netto. (Zweifel-Weber, St. Gallen.) Eine Sammlung von Chören unserer besten zeitgenössischen Tondichter: Baldamus, Hugo Jüngst, W. Sturm, Stehle, Pembaur u. a.

Thomas Koschat, Männerchöre im Volkston. 2 Bändchen, jede Part. Mk. 1,50, jede Stimme 50 Pfg. netto. (Leipzig, F. E. C. Leuckart.)

Nimm mich mit in Wald und Flur! Ein Vademecum für alle Sangesfreunde. 25 der beliebtesten volkstümlichen Männer-Chöre 50 Pfg. (Al. Maier, Fulda.) In der That sind hier mit auserlesenem Geschmack unsere beliebtesten und schönsten Weisen zusammengestellt.

H. Fid. Müller, op. 4. 30 Lieder im Volkston. Zunächst zum Gebrauche für kath. Männerchöre, Gesellen-, Arbeiter- und Meister-Vereine komp. Preis 60 Pfg. (Al. Maier, Fulda.) Der musikalische Domkapitular singt aus der Seele unseres Volkes heraus, er weiss mit einfachen Mitteln zu rühren und bleibt in seinem Ausdruck bei aller Volkstümlichkeit stets vornehm.

Neue Sammlungen für gemischten Chor.

Neue Chor- u. Wettgesänge bekannter Liedermeister. Heft 3. 12 leichte, volkstümliche Chöre von Pache, P. Fassbender, G. Baldamus, W. Sturm, E. Stehle etc. Part. 70 Pfg. (St. Gallen, Zweifel & Weber.)

24 Oberösterreichische Volkslieder, gesetzt von Josef Reiter. Part. Mk. 1,50, Stimmen je 50 Pfg.

Kärtner Lieder von Thomas Koschat. Part. Mk. 1,50 Stimme je 50 Pfg. (Leipzig, F. E. C. Leuckardt). Es befinden sich darunter die bekannten: „Du mei flachshaarets Diandle“, „Mei Diandl hat zwa Aeugerln“, „Verlassen, verlassen“ etc.

Amphion. Liederbuch für gem. Chor für den ausschliesslichen Gebrauch in Gymnasien und Realschulen; unter genauer Berücksichtigung des Stimmenumfangs jugendlicher Sänger. Herausgegeben von J. Strubel op. 43. Part. geb. Mk. 2,50, 10 Expl. je Mk. 2.—. (Regensburg, J. G. Boessneckers Verlag.) Eine gediegene Sammlung, welche den verschiedenen Verhältnissen des Schullebens in weitestem Umfange Rechnung trägt. Neben älteren Madrigalen, guten Volksliedern und klassischen Kompositionen sind auch die neueren Tonsetzer von Ruf, wie Rob. Franz, Kleffhardt, Wüllner, C. Kistler etc. ausreichend berücksichtigt worden.

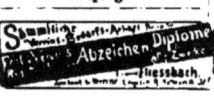

Konzertbericht.

Kritiken über Aufführungen und Künstler.

Düsseldorf. Zum erstenmale trat Frl. Kölchens in einer großen musikalischen Veranstaltung ihrer Vaterstadt auf, und damit hat sie einen großen, vollwichtigen Erfolg errungen. Sie stellte sich dem Publikum nicht als werdende, sondern als ausgezeichnet geschulte, durchgebildete Sängerin und Künstlerin vor, die mit vorzüglicher musikalischer Sicherheit einfache, vornehme Vortragsweise, tadellose Beherrschung der Gesangstechnik und ungetrübte Reinheit der Tongebung verband. In der Koloratur zeigte Frl. Kölchens ein weit über das Gewöhnliche gehendes Können, das durch den Mangel jeglicher Effekthascherei sehr wohltuend berührte. Ueberhaupt bezeugte ihre Vortragsweise die überall korrekt und, wenn das Wort angewandt werden darf, ungemein sauber war, daß sie durch echte künstlerische Schulung gegangen ist. Die Stimme, die auffallend hellen Sopranklang besitzt, dabei aber ungemein trägt, wird entschieden noch breiter werden. Frl. Kölchens wurde nach jeder ihrer Arien durch lebhaftesten Beifall ausgezeichnet. (Düsseldorfer Zeitung.)

Rheydt (Die Schöpfung von Haydn). Kommen wir nunmehr zu Frl. Kölchens aus Düsseldorf, die wir hier ebenfalls zum erstenmale hörten. Wir wissen nicht, was wir bei dieser Künstlerin mehr anerkennen und bewundern sollen, die umfangreiche Stimme, die Alt und Sopran gleich angenehm umfaßt, oder die kunstvollendete, ungemein flüssige Tongabe, den süßen, langgehaltenen Ton, oder die reizendste Koloratur, wie dieselbe besonders in der „Vogelarie" des zweiten Teiles „Die Taube girrt &c." zum Vorschein trat; die nicht grelle, aber sichere Kraft, oder das bis zum Hauch werdende Pianissimo: bis zur höchsten Höhe hinauf bleibt der Ton edel und nobel und zeigt niemals das Schrille vieler hohen Soprane. Alles in allem genommen hat die Künstlerin entzückend gesungen und sich die vollste Sympathie erworben. (Rheydter Zeitung.)

Dortmund. Frl. Kölchens-Düsseldorf besitzt einen Sopran von lieblicher Klangfülle und makelloser Tonschönheit, der in allen Stimmlagen eine ungetrübte Reinheit und Sicherheit bekundet. Offenbarte sie dadurch eine vortreffliche Schulung, die auch in der hohen Lage die Gesangschwierigkeiten mühelos beherrscht, so nötigte sie uns die gleiche Anerkennung ab durch das zielsichere, empfindungsvolle Ausgestalten des gesungenen Textes. Nicht nur die Kantilene, sondern auch ihre saubere Koloratur hatte den gleichen edlen, klaren Klang, und so erhob sie die beiden Arien „Kommt all', ihr Seraphim" aus dem „Samson" und „Erwach zu Liedern der Wonne" aus dem „Messias" zu verdienstvollen Leistungen feinsten Kunstgesanges.

(Dortmunder Zeitung, 19. November 1910.)

Brüssel. (Die Jahreszeiten von Haydn.) Zum erstenmale sang in Brüssel Frl. Kölchens. Sie besitzt ein sehr ansprechendes Organ, und ihr Vortrag zeugt von einer guten Ausbildung. Sie wußte die Rolle der Hanne neben einem erprobten Meister sehr gut zur Geltung zu bringen, ihre Auffassung war gut durchdacht und ihre weiche Stimme paßte vortrefflich zur Rolle.

Krefeld. (Schön Ellen von Bruch, Fingal von Krug.) In Frl. Kölchens lernten wir eine mit hohen Talenten ausgestattete Sängerin kennen, die über ein höchst metallreines, ansprechendes Organ verfügt und ihr Organ sogar bis in die höchsten Lagen hinein frisch und anmutig zu erhalten weiß, sie verbindet mit schöner Vortragsweise eine recht deutliche Textaussprache. Mit dem Ständchen von Strauß führte sich die Solistin vorteilhaft ein und errang stürmischen Beifall. Die Hildach'sche Komposition erklang noch inniger und schöner. Gleich der Einsatz „Lieb' Kindlein, wach auf" verriet die Begabung der Sängerin; einer zündenden Wiedergabe erfreute sich der Satz: „Die Augen lachten ihm sonnig hell". Gleichfalls erntete die geschätzte Sängerin stürmischen Beifall mit dem Bungert'schen Vortrage: „Ich hab ein kleines Lied erdacht". Mit dem Max Bruch'schen Chor „Schön Ellen" schloß die erste Abteilung. Auch in diesem Werke entfaltete Frl. Kölchens ihr ganzes Können und verhalf so in Gemeinschaft mit den Sängern dem Werke zu einer glanzvollen Aufführung.

(Krefelder General-Anzeiger, 11. März 1898.)

Antonie Kölchens (Sopran).

Krefeld. Die Agandeca des Fräulein Kölchens genügte ebenfalls allen künstlerischen Anforderungen. Ihre Stimme ist mächtig, jugendfrisch und ausgiebig, Tonbildung und Aussprache sind korrekt, die Gesangsweise ist anmutig und von tiefer Empfindung zeugend. Wunderlieblich sang sie das melodiöse „So nimm mich hin!" mit edler Wärme das Andante: „Wie könnt ich, o Sonne", mit hinreißendem Gefühl die „Sterbeszene."

„Schön Ellen". Die Hauptwirkung liegt in der glänzend durchgeführten Situations-Zeichnung, welche bei der Aufführung geistvoll erfaßt und wiedergespiegelt wurde. Frl. Kölchens gebührt dafür vollste Anerkennung.

Das reichhaltige Programm verzeichnete außerdem noch Solovorträge. Mit anmutiger Frische und feiner Auffassung gab Fräulein Kölchens das Ständchen von Strauß, mit gesunder Empfindung Eugen Hildach's „Der Frühling ist da", mit gar lieblicher Ausarbeitung A. Bungert's „Ich hab ein kleines Lied erdacht." Niederrh. Volkszeitung,

(13. März 1898.)

Ruhrort. (Die Schöpfung, Haydn). Frl. Kölchens führte die Partie der Eva recht glücklich durch. Der Sängerin ist eine gut geschulte, gewandte und dabei umfangreiche Sopranstimme zu eigen, die sogar das hohe C mühelos erreicht. Besonders die Arie „Nun beut die Flur" sowie die Duette „Von deiner Güt" und „Holde Gattin" welche Fräulein Kölchens in Gemeinschaft mit Herrn B. meisterhaft ausführten, entfesselten wohlverdienten Applaus. (Ruhrorter Zeitung, 9. Mai 1899.)

Therese Pott Klavier-Virtuosin.

Breslau. Eine Konzert-Tournee mit P. Bulß brachte der geschätzten Klavierspielerin reiche Erfolge. So schreibt die Breslauer Zeitung: Der Klavierspielerin, Frl. Therese Pott aus Köln, fiel die Aufgabe zu, Herrn Bulß zu begleiten und außerdem noch sechs, zum Teil recht anspruchsvolle Klavierstücke zu spielen. Wenn ein berühmter Sänger in einem Konzert eine Pianistin mitwirken läßt, so trifft er seine Wahl gewöhnlich so, daß ihm dadurch keine gefährliche Konkurrenz erwächst. Die Dame hat alsdann die Pausen, die der Sänger aus stimmlichen Gründen notwendig braucht, nach bestem Vermögen auszufüllen; eine hervorstechende Kunstleistung erwartet man gewöhnlich nicht. Fräulein Pott begnügte sich mit dieser subalternen Stellung nicht; gleich in ihrer ersten Nummer — Beethovens Sonate op. 81a, „Les Adieux" &c. — erwies sie sich als eine Künstlerin, die auf ihrem Gebiete einen Vergleich mit dem Konzertgeber nicht zu scheuen hat. Frl. Pott gehört nicht unter die klavierspielenden Mannweiber, und hat auch keinen Ueberschuß an Temperament aufzuweisen, aber sie besitzt echt musikalisches Empfinden und einen sicheren Instinkt für die Feinheit der Tonsätze, die sie spielt. Es klingt alles bei ihr von innen heraus, nicht wie angelernt oder mühsam erarbeitet. Zum völligen Durchbruch gelangt das, was in ihr steckt, vorläufig allerdings noch nicht, aber man fühlt, daß ein starker poetischer Fonds vorhanden ist, und daß es nur eines kräftigen Impulses bedarf, um diesen für die echte Kunst dienstbar zu machen. Am glücklichsten beherrscht sie zurzeit die langsam und weichgehaltenen Sätze; Mendelssohns „Lied ohne Worte", op. 62 Nr. 1, wird man selten so keusch und innig vortragen hören, und auch der Mittelsatz der Beethovenschen Sonate war als eine fein abgetönte und verständnisvolle Leistung zu bezeichnen. — Der lieben Technik wegen muß eine Klavierkünstlerin natürlich auch etwas von Liszt spielen. Den in ihrer Art vortrefflichen Uebertragungen berühmter Lieder geht man in neuester Zeit leider aus dem Wege; die Opernphantasien, so banal auch die meisten von ihnen sind, hält man für zweckentsprechender. Wie Liszt über diesen Zweig seiner kompositorischen Thätigkeit gedacht hat, weiß man. Bei einem solennen Sektfrühstück machte einer seiner Gäste einst die Bemerkung, die berühmten Opern-Paraphrasen seien doch wohl des großen Meisters nicht ganz würdig. Liszt nahm die Kritik nicht übel, und entgegnete scherzend, er würde nicht in der Lage sein, seine Freunde mit Champagner zu bewirten, wenn er nicht ab und zu auch solche Sachen schriebe. Die perlende und glitzernde Technik, die für derartige Bravourstückchen erforderlich ist, besitzt Frl. Pott in hinreichendem Maße; die ebenso nötige Kraft der Fäuste fehlt ihr. — Schade, daß die junge Dame ihre Fähigkeiten nicht Chopin zu gute kommen läßt; gerade für diesen Komponisten erscheint ihre Individualität wie geschaffen. E. Bohn.

Die Begleitung der Gesänge führte Frl. Therese Pott in sehr anerkennenswerter und gut musikalischer Weise aus. Allerdings hatte die junge, hier zum erstenmale auftretende Pianistin schon ein recht günstiges Vorurteil durch ihr erstes Solo erweckt. Die Beethoven'sche Klaviersonate op. 81 „les Adieux" hört man selten so fein und schön wie gestern. Gleich die Einleitung versprach Gutes, und diese Hoffnung wurde auch trotz einzelner kleiner Uebertreibungen nicht getäuscht. Im letzten Satze waren bei Fortestellen die Passagen der rechten Hand zu schwach gegen den Baß, eine Wahrnehmung, die sich in der Rigoletto-Paraphrase von Liszt in verstärktem Maße wiederholte. Oder sollte an dieser Ungleichheit das gewählte Instrument ein Konzertflügel von Ed. Seiler in Liegnitz — nicht ganz unbeteiligt sein? Bei der anerkannt schlechten Akustik des Börsensaales ist das schwer zu entscheiden. Sehr gut, d. h. rhythmisch gefestigt und in einem maßvollen, die Klarheit und Deutlichkeit nicht gefährdenden Zeitmaß, kam auch Schumann's E-dur-Novellette op. 21 Nr. 7 heraus, und der Liszt'schen Konzertetüde „Waldesrauschen" fehlte es nicht an Glanz und dem erforderlichen virtuosen Aplomp, kurz der Gesamteindruck war recht günstig und derart, daß Frl. Pott mit dem Erfolge ihres hiesigen Auftretens zufrieden sein kann.

(Schles. Zeitung, Ernst Flügel.)

Karl Rost Konzertsänger.

Köln-Nippes, 8. Dez. Vor einem ebenso zahlreichen als auserlesenen Zuhörerkreis veranstaltete der Konzertsänger Karl Rost im großen Tivoli-Saale am Donnerstag Abend einen Balladen- und Liederabend. Herr Rost über dessen Stimme und Leistungen wir an dieser Stelle schon häufig zu berichten Gelegenheit hatten, übertraf sich an diesem Abend selbst. Gleich mit der ersten Nummer Wolframs Gesang aus „Tannhäuser" wußte er durch den weihevollen tiefdurchdachten Vortrag und die sinngemäße Stimmgebung das Publikum zu fesseln und zu begeistern. In seinen im Laufe des Abends noch folgenden Balladen und Liedern von Löwe, Henschel, Radecke, Bungert, Schumann, Schubert und Rich. Wagner, die sich in ihrem Stimmungsgehalt in der Skala vom Lyrischen bis zum Hochdramatischen bewegte, zeigte der Sänger seine vielseitige Befähigung in der Charakterisierung seiner Gesänge, sowie ein Stimmmaterial von sieghafter Kraft und edelstem Timbre. Der reiche Beifall nach jeder Nummer legte sich nach Bungerts „Sandträger" und Schumanns „Grenadiere" erst nach je einer Zugabe. Eine angenehme Bereicherung des Programms bildete die Mitwirkung eines erstklassigen Künstler-Trios, bestehend aus der Hofopernsängerin Fräulein Hermance Teschow aus Detmold, Herrn Prof. Fr. Grützmacher aus Köln und des jugendlichen Musikdirektors Robert Laugs aus Krefeld. Frl. Teschow erwies sich in Liedern von Brahms, Eckert und Förster, sowie in dem mit Herrn Rost gesungenen Duett aus Wagners „Holländer", als eine mit großer, feingeschulter Stimme begabte Künstlerin. Prof. Grützmacher zeigte sich in Vorträgen von Mozart, Saint-Saëns, Gaëns, Schumann und Schubert als der bewährte Meister auf seinem Instrument dessen tadellose Darbietungen vollste Würdigung und jubelnde Dankesbezeugungen fanden. Den Löwenanteil an dem Programm hatte entschieden Herr Laugs, der außer seinen Solo-Nummern auch die Begleitung des ganzen Abends und mit feinsinnigem Geschmack ausgeführt hat. Er spielte auf einem ausgezeichneten Ibach, Kompositionen von Rachmaninoff, Rubinstein, Godard, Brahms, Chopin und Moszkowsky. Die technische Reife seines Spiels, der sangreiche Ton, besonders in den Pianostellen und die tiefe Durchgeistigung seines Vortrags erregten allgemeine Bewunderung. Es war also alles in allem ein in Programm und Ausführung vornehmes Konzert, mit dessen Erfolg der Veranstalter wohl zufrieden sein kann.

Benno Walter Violin-Virtuos, München.

Konzert der Orchestergesellschaft. In dem prächtigen Saal der „Harmonie", der mit seiner geschmackvollen Architektur und den klassischen Reliefs von Wagner selbst ein Kunstwerk ersten Ranges darstellt, lauschte am Mittwoch Abend eine sehr zahlreiche Zuhörerschaft, darunter die ersten Kreise der Stadt — auch der neue Herr Regierungspräsident Freiher von Kobell mit Gemahlin waren erschienen — den künstlerischen Darbietungen der wackeren Dilettantenschaar, die seit neuerer Zeit dort der Pflege guter Musik, speziell des Orchesterspiels, huldigt. Was der Dirigent der Orchestergesellschaft, Herr Rechtspraktikant Alf. Henner, mit den seiner Leitung unterstehenden Kräften zu leisten vermochte, ist ganz erstaunlich; welche aufopfernde Arbeit, welche Begeisterung für die Sache muß da aufgewandt worden sein, um solche thatsächlich ausgeglichene, schön und abgerundete Leistungen eines Dilettantenorchesters zu erzielen!

Eine ganz besondere Anziehungskraft erhielt das Konzert aber noch durch den als Gast mitwirkenden Violinisten Benno Walter aus München. Herr Benno Walter rechtfertigte gestern seinen Ruf als eines der besten deutschen Violinisten der Gegenwart. Wie klang die kostbare Geige, die schon sein Vater spielte, so vollsaftig und zugleich so wundersüß in dem klassischen Mozartkonzert Nr. 4, das er als erste Solonummer mit Orchesterbegleitung vortrug! Und welch blitzender Regen von Coloraturen, gleich einer Cascade, sprühte später von seinem Spiel der Carmenfantasie in der Sarasate'schen Bearbeitung, einem der schwierigsten Probleme der Virtuosität! Es hat uns ehrlich gefreut, den trefflichen, jungen Geiger, dem zweifellos noch eine bedeutende Zukunft winkt, hier begrüßen zu können; möge er recht bald wieder hierher kommen, seine gediegene Kunst wird hier immer Anerkennung und Bewunderung finden. (N. Würzburger Ztg.)

Straßburg. Lohse-Konzert. Zwei Solisten waren es, welche an dem Abende sich hören ließen. Zuerst der Violinvirtuose Benno Walter aus München. Es ist der Sohn des jüngst verstorbenen Walter, des anerkannt bedeutendsten Violinmeisters der bayrischen Kunstmetropole. Ein noch junger Mann, aber ein ganzer Künstler. Wer sich mit einem Mozart-Konzert — Herr Walter spielte das Konzert in D-dur mit Cadenzen von David — einführt, verdient von vornherein die größte Beachtung. Und wie spielte Herr Walter Mozart: Da war äußerste Reinheit des musikalischen Styles neben gefühlvollem Empfinden, größte Vollendung des Figurenwerkes neben Süßigkeit und Weichheit der Tongebung. Herrn Walters Violinspiel zeichnet sich nach der technischen Seite hin durch bewundernswerte Leichtigkeit und Klarheit bei völliger Ausgeglichenheit der Register und edlem, vollen Tone aus. Sein Vortrag ist stets natürlich und ungekünstelt und erweckt damit die größte Sympathie für den Künstler, dessen Wesens Grundzug Liebenswürdigkeit, Weichheit und Abgeklärtheit zu sein scheinen. Wundervoll spielte Herr Walter auch die Faust-Fantasie von Wieniawski, dieses effektvolle Stück, das noch immer wieder gefällt, besonders, wenn es so frei von Effekthascherei, so einfach und doch so charakteristisch gespielt wird. Hier konnte Herr Walter auch zeigen, daß er Leidenschaft, Feuer und eine Gestaltungskraft besitzt, die sich an die größten Aufgaben heranwagen darf. Das Publikum spendete dem trefflichen Virtuosen reichsten Beifall, ebenso wie der einheimischen Künstlerin, Frau Frieda Langen, welche — eine Novität — eine Komposition von Felix Weingartner „Die Wallfahrt nach Kevelaer", mit Orchesterbegleitung sang. Das Werk ist namentlich in dem orchestralen Teile sehr interessant und sinnig gestaltet; es wurde von Frau Langen mit schöner Stimme und edlem Ausdruck, wenn auch vielleicht nicht ganz so schlicht, als nötig wäre, vorgetragen. (Straßburger N. Nachrichten.)

Straßburger Männer-Gesangverein. „Grüß Gott, mit hellem Klang". — Es ist eine wahre Freude, nach den vielen und schweren instrumentalen Darbietungen der letzten Zeit einmal einem Konzerte beiwohnen zu dürfen, in welchem die menschliche Stimme vorherrscht, in welchem kräftig, klar und hell, deutsches Wort und deutscher Sang erklingt. Der Straßburger Männer-Gesangverein hatte am Samstag Abend das Wort, und zu seinem Winter-Konzerte im Unionsaale war ein sehr zahlreiches, sehr beifallsfreudiges Publikum erschienen. Das Konzert, welches im Allgemeinen als gut gelungen bezeichnet werden kann, bot gleichzeitig den Fernerstehenden Gelegenheit, den neuen Vereinsdirigenten kennen zu lernen. Herr Eduard Lerch, der die Battuta mit Energie und Kraft schwingt, ist ein noch junger Mann und wie man uns sagt, ein tüchtiger Musiker. Wir glauben das sehr gerne; denn, was wir am Samstag unter seiner Direktion zu hören bekamen, waren durchweg respektable Leistungen, die, wenn sie auch noch nicht völlig schlackenfrei waren, doch schöne Aussichten für die zukünftige Entwickelung des Männer-Gesangvereins eröffneten. Das Programm des Abends umfaßte zwei größere Chorwerke in Balladenform, „Ossian" von Beschnitt und „Harald" von Karl Munzinger, sowie drei Lieder im Volkston. Am besten gefielen uns die Letzteren, nämlich: „Es zieht mich nach dem Dörfchen hin" von R. Schumann, „Unter allen Wipfeln ist Ruh" von Kuhlau und „Wohin mit der Freud" von Silcher. Hier war der Vortrag ein schöner und ausgeglichener, der Gefühlsausdruck frisch und beseelt. Das Konzert erhielt erhöhte Bedeutung durch die Mitwirkung des Herrn Benno Walter aus München. Der jugendliche Violinvirtuose, dessen hervorragende künstlerische Qualitäten wir anläßlich seines Auftretens im ersten Lohse-Konzert eingehend gewürdigt haben, spielte mit stürmischen Beifall bedankt, erst Variationen von Corelli, „Folies d'Espagne" betitelt, ein Werk von großer musikalischer Schönheit, daß uns völlig neu war, und dann die „Carmen"-Fantasie von Sarasate, ein Paradestück des berühmten spanischen Virtuosen. Wiederum mußten wir die außerordentlich große Leichtigkeit bewundern, mit der Herr Walter sein Instrument meistert, die große Klarheit und Tragfähigkeit des Tones, die absolute Sicherheit auch in den bedeutendsten technischen Schwierigkeiten und endlich die Größe und Abkürzung der Vortragsart. Mit hinreißendem Schwung und Feuer wurde namentlich die „Carmen"-Fantasie gespielt, aber wertvoller noch dünkte uns der Vorzug des ersten Stückes, das hohe Anforderungen an die rein musikalische Gestaltungskraft des Künstlers stellt. Ebenfalls bedeutendes Interesse erweckten die Lieder, welche die zweite Solistin des Abends, Frau Adels-von Münchhausen, zum Besten gab.

Aufführungen.

Brünn. Musikverein (C. Frotzler) Loreley. Finale. Mendelssohn-Barth. (Sol.: Rosa Günther.) Olav Tryvason. R. Grieg. (Sol.: Helene Schemmel.) **Frankfurt a. M.** Rühl'scher G.-V. (B. Scholz) **Paradies und Peri** von R. Schumann. (Sol.: Meta Geyer, Jenny Hahn, Heinrich **Hormann, August** Leimer.) **Köln.** Gürzenich-Chor (Fr. Wüllner) **Die Maikönigin.** Arn. Krug für Frauenchor. Hackelberends **Begräbnis von Ch. Müller-Reuter. Krefeld.** Konzert-Ges. (Th. **Müller-Reuter**) **Frühlingsfeier** von A. Urspruch. (Sol.: Wm. Lamb.) Paulus von Mendelssohn-Barth. (Sol.: Marie Berg, A. Jungbluth, A. Sistermanns.) **Bielefeld.** Musik-Verein (Lamping). Jahreszeiten von Haydn. (Sol.: Anna Münch, Emil Pinks, Arthur van Eweyk.) **Chemnitz. Musik-Verein** (Fr. Mayerhoff). Paradies und Peri von Rob. Schumann. (Sol.: Emma Rückbeil-Hiller, Ludw. Heß, Frau Bratanitsch-Hellmich, Rud. Hellmich.) **Dortmund.** Musik-Verein (J. Janssen.) XIII. **Psalm von Liszt.** (Ten.: Raimund von Zurmühlen.) **Düsseldorf.** Städt. Musik-Verein (Jul. Buths). Esther Händel-Chrysander. (Sol.: Sophie Röhr-Brajnin, Adr. Kraus-Osborne, Richard Fischer, Dr. Fel. Kraus.) **Laibach.** Philh. Ges. (Jos. Zöhrer). Requiem **Cherubini. Barmen.** Konzert-Ges. (R. Stronck) **Gustav-Adolf.** Max Bruch. (Sol.: Otto Freytag-Besser, Heinr. Grahl, Luise Geller-Wolter.) **Freiburg.** Musik-Verein (Alex. Adam) Paradies und Peri von R. Schumann. (Sol.: Sophie Röhr-Brajnin.) **Hannover.** Musik-Akad. (Jos. Frischen). **Judas Maccabaeus** von Händel. (Sol.: Emma Rückbeil-Hiller, Marie Craemer-Schleger, Richard Fischer, Karl Mayer.) **Mülheim a. d. Ruhr. Gesang-Verein** (Diehl). Paulus von Mendelssohn-Barth. (Sol.: Georg Walter, Joh. Bischof und Carola Hubert.) **Düsseldorf. Städt. Musik-Verein** (J. Buths. Jos. Frischen, Athenischer Frühlingsreigen. (Sol.: Frau Lillian Blauvelt.) Der Chor entfaltete einen sehr schönen, vollen Klang in dem dankbar geschriebenen, wohlklingenden Werk. Die Einfachheit und Natürlichkeit fand ihm hoch anzurechnen, man hörte wohl heraus, es wurde gern gesungen und es fand auch warmen Beifall. (Düsseld. Nachr.) **Berlin.** Singakademie. (Georg Schumann.) Deutsches Requiem von Brahms. (Sol.: Meta Geyer, Karl Meyer.) **Coblenz.** Musik-Institut (R. Leubner) Requiem von Verdi (Sol.: Meta Geyer, Frau Craemer-Schleger, Alb. Jungblut, Jos. Standigl.) **Dessau.** Singakad. (Aug. Klughardt). Deutsches Requiem von Brahms (Sol.: Emil Feuge, Rud. von Milde.) **Elberfeld.** Konzert-Gesellschaft Dr. H. Haym). Paradies und Peri von R. Schumann (Sol.: Helene Günter, Carola Hubert, Raimund von Zurmühlen, Th. Heß.) **Essen.** Musikverein (G. H. Witte) **Idomeneus Mozart.** (Sol.: Sophie Röhr-Brajnin, Tilly Hinken, Carola Hubert, Ludw. Heß.) **Hannover. Theater.** Heilige Elisabeth von Fr. Liszt. (Sol.: Frau Röhr-Brajnin, Herr Strathmann.) **Würzburg.** Musikschule (Dr Kliebert.) Ekkehard von Röhr. (Sol.: Bertha Morena, Hedwig Geiger, Heinrich Binns.) **Barmen.** Volkschor (C. Hopfe) Saul von Händel-Chrysander. (Sol.: Marie Seyff-Katzmayr, Dr. Fel. Kraus und Adr. Kraus-Osborne, Heinr. Bruns.) **Leipzig.** Gewandhaus (Arthur Nikisch) Judas Maccabaeus von Händel-Reinecke. (Sol.: Emilie Buff-Hedinger, Anna Stephan, Emil Pinks, Joh. Messchaert.) **Magdeburg.** Reblings G.-V. (Fr. Kauffmann) **Missa solemnis Beethoven.** (Sol.: Marg. Altmann, Marie Wolteck, Willy Schmidt, Th. Dreven.) **Münster i. W.** Musik-Verein (Dr. W. Nießen) Judith von Klughardt (Sol.: Emma Rückbeil-Hiller, Frau Craemer-Schleger, R. Kaufmann, R. von Milde.)

❧

Vermischtes.

Ella Hermann, die heimische, aus dem Konservatorium und der Schule der Frau von Weber-Spohr hervorgegangene Konzertsängerin, hat in **Berlin** einen sehr erfolgreichen Liederabend im Saal Bechstein veranstaltet, worüber der deutsche Reichsanzeiger berichtet: Trotz des großen und zum Teil schweren Programms zeigte ihr sympathisches Organ bis zum Schluß noch keine Spur von Ermüdung. Allen Stimmungen wurde sie gerecht; das Pathos der Schubertschen „Allmacht", der gehaltene Schmerz der Brahmsschen „Mainacht" gelangen ihr ebenso wie die duftige „Mondnacht" und das geheimnisvolle Weben im Liede „Der Nußbaum" von Schumann, und selbst in der leichten französischen Art von Gounods „Biondina" zeigte sich die Künstlerin zu Hause. Ihre Stimme ist von mittlerer Stärke, in der Tiefe zwar nicht recht ansprechend, in der Mittel- und Oberlage dagegen von edelstem Wohllaut, besonders im Piano. Die Aussprache ist überall poetisch und rein musikalisch. (Kölner Tageblatt.)

Stettin. Der neue Leiter der Kabisch'schen „Akademie für Kunstgesang", Herr Philipp Gretscher aus Aachen, legte gestern Abend in Gemeinschaft mit seiner Gattin Frau Käthe Gretscher Sebaldt in einem ausgezeichnet gut besuchten Konzerte Probe seines künstlerischen Könnens ab. Herr Gretscher verfügt über eine gutgeschulte, ausgebildete Baritonstimme, deren Ausgiebigkeit und Tragfähigkeit sich als bedeutend genug erwiesen, um den Sänger auch im Piano im großen Konzerthaussaale überall deutlich verständlich werden zu lassen. Verriet schon das aufgestellte Programm, das unter Vermeidung sogenannter „Schlager" Gaben der Hauptrepräsentanten der modernen Liedkomposition aufzählte, vornehmen künstlerischen Geschmack, so zeigten die gesamten Vorträge den Sänger als eine Persönlichkeit, die echtes künstlerisches Streben mit einem achtunggebietenden Können in sich vereinigt. Herr Gretscher ist aber nicht nur Sänger; in der überaus geschmackvollen Ausführung der Klavierbegleitungen zu den Gesängen seiner Gattin und in einigen von dieser gesungenen Liedern seiner Komposition hat er sich auch als ein ausgezeichnet gut unterrichteter Musiker erwiesen. Diese letztere Eigenschaft schlagen wir bei der Thätigkeit, die Herr Gretscher in unseren Mauern auszuführen im Begriffe steht, ganz besonders hoch an.

Frau Gretschers Sopran zeigt im allgemeinen dieselben Eigenschaften wie der Bariton ihres Gatten, nur daß ihre Stimme nach der Höhe zu etwas beschränkt ist. Auch hinsichtlich des Vortrages erfreute durchweg das deutlich erkennbare Bemühen, den Empfindungsgehalt der gesungenen Lieder voll zum Ausdruck zu bringen. In einer stattlichen Zahl von Duetten ergänzten sich beide Stimmen auf das vorteilhafteste.

Das Künstlerpaar, schon bei seinem ersten Betreten des Podiums lebhaft begrüßt, wurde wiederholt durch starken Beifall ausgezeichnet, der ihm auch als Beweis dafür gelten darf, daß ihm in der Ausübung seines schönen Berufes die Sympathien des musikliebenden Publikums sicher sind. Die Begleitungen zu den Gesängen des Konzertgebers und den Duetten waren Herrn Hugo Rust anvertraut, der sich seiner Aufgabe auf einem schön klingenden Flügel aus dem Wolkenhauerschen Magazin mit bedeutendem künstlerischen Gelingen entledigte.

(Neue Stettiner Zeitung. C. P.)

Straßburg. Im Logensaal der Möllerstraße hatte sich Samstag Abend ein Kreis eingeladener Personen eingefunden, um den Darbietungen eines jungen Sängers zu lauschen, der, in der hiesigen Gesellschaft wegen seiner schönen Gesangsbegabung schon lange geschätzt, nunmehr seine Kunst auch einmal im größeren Raume erproben wollte. Herr Ed. von der Hellen hat seiner Stimme, einem geschmeidigen, namentlich auch in der höheren Lage warm ansprechenden Tenor, während seiner Studienzeit bei den Herren G. Borchers in Leipzig und Wolfgang Geist in Straßburg eine gediegene Ausbildung zu teil werden lassen und verrät in seinem Vortrage so viel Geist und Empfindung, daß es dem mit seiner Kunst außerordentlich ernst nehmenden Sänger die Aufmerksamkeit des Hörers leicht gewonnen ist. Den Sänger begleitete der dem Straßburger Musikleben zu unserer Freude wiedergewonnene Herr Heinr. Stennebruggen, der, wie neulich schon mitgeteilt wurde, als Klavierlehrer in die Gognelsche Musik- und Orchesterschule eingetreten ist. Wir haben Herrn Stennebruggen stets als einen technisch hochgebildeten, eleganten Klavierkünstler geschätzt, sein Spiel hat aber inzwischen noch ebenso an Konsistenz wie an männlicher Reife gewonnen. In den „Variations sérieuses" von Mendelssohn, Nocturno (Werk 37) und Ballade in As-dur von Chopin sowie den „Pester Karneval" von Liszt bot er wertvolle und dankbar aufgenommene Gaben seines reich entwickelten Könnens.

Der Kölner Lehrer- und Lehrerinnen-Gesangverein gab anläßlich seines 1. Stiftungsfestes am Samstag, den 19. Oktober, eine Liedertafel im großen Saale der Lesegesellschaft. Der in einer Stärke von 180 Sängerinnen und Sängern auftretende Chor nahm Gelegenheit, in 8 Chorwerken sein prachtvolles Stimmmaterial, sowie die gediegene Schulung durch seinen tüchtigen Dirigenten Karl Reuther glänzend darzuthun. Hatte schon beim ersten Auftreten das temperamentvolle „Jagdlied" von Mendelssohn neben duftigem Piano ein mächtiges, klanggesättigtes Forte gezeigt, so kamen in dem Frauenchor aus der „Macht des Liedes" von Hummel die schönen Damenstimmen so recht zur Geltung. Besonders gefielen noch das im Volkstone gehaltene „Taube Mütterlein" von C. Heinrich und „Frau Fortuna" von Nik. v. Wilm. Der diesem reizenden Liede gespendete allseitige Beifall nötigte den Chor, den „Traum" von Schumann als Zugabe zu spenden und dadurch an diesem melancholischen Sang sein gediegenes musikalisches Können so recht zu bekunden. Als Solistin wirkte die Geigerin Frl. Mimy Bussius, welche durch ihr temperamentvolles und glockenreines Spiel die dankbaren Zuhörer zu immer neuem Beifall hinriß. Besonders gut gelang ihr der 3. Satz des D-moll-Konzertes von Wieniawsky. Nach dem „Ungarischen Tanz" von Brahms kam sie ohne eine kleine Zugabe nicht weg. Vokalsolistin war die immer gern gehörte Sopranistin Frl. Clara Wulff. Während bei ihrem ersten Auftreten die Lieder „Es muß was Wunderbares sein" von Ries und „Berceuse de Jocelyn" von Godard mehr ihr künstlerisches Können darthaten, entzückte sie im Verlaufe des Festes noch besonders durch „Schlummerlied" von Roeder und „Das lustige Paar" von Hildach, die, das eine in seinem kindlich-süßen, das andere in seiner lieblich-neckischen Art, die einschmeichelnde Stimme und entzückende Singweise der Künstlerin ins rechte Licht setzen.

(Kölner Tageblatt.)

❧

Neuigkeiten für Männerchor

im Verlage von **F. E. C. Leuckart** in Leipzig.

A. Ohne Begleitung.

Becker, Reinhold, Op. 105. **Bannerlied:** „Hoch das Banner“, von Jul. Gersdorff, für Männerchor.
Partitur und Stimmen (à 20 ₰) . . . . ℳ 1,50

Billig, F., Op. 4. **Reiterlied:** „Ich hab' im Feld gelegen“, von Jul. Wolff, für Männerchor.
Partitur und Stimmen (à 15 ₰) . . . . ℳ 1,—

Koschat, Thomas, Op. 123. **Der Stöfelbauer.** Heiteres Quartett im Volkston für Männerstimmen.
Partitur und Stimmen (à 30 ₰) . . . . ℳ 2,—

Koschat, Thomas, Op. 124. **Mei Leibliadle** für Männerchor mit Tenor-Solo.
Partitur und Stimmen (à 15 ₰) . . . . ℳ 1,40

Weinwurm, Rudolf, Lied der Deutschen in Oestreich von Reinh. Fuchs, für Männerchor mit Pianoforte ad libitum.
Partitur und Stimmen (à 15 ₰) . . . . ℳ 1,40

Wendl, Karl, Op. 17. **Pfingstglocken:** „Heiliger Geist, des Lichtes Quelle“, von G. Conrad, für Männerchor.
Partitur und Stimmen (à 15 ₰) . . . . ℳ 1,20

B. Mit Begleitung.

Engelsberg, E. S., Poeten auf der Alm. Fünf Chöre für Männerstimmen mit Pianoforte oder Orchester. Neue Ausgabe.
Clavier-Partitur ℳ *2,40. Singstimmen (à 60 ₰)* ℳ *2,40. Orchesterstimmen* . . . . *netto* ℳ *10,—*

Keller, Ludwig, Op. 59. **Reiterlied** von Georg Herwegh, für Männerchor mit vier Ventilhörnern (zwei Trompeten und drei Posaunen ad libitum).
Partitur mit untergelegtem Clavierauszug netto ℳ *2,—. Singst. (à 30 ₰)* ℳ *1,20. Instrumentalstimmen (à netto 20 ₰)* ℳ *1,80*

Keller, Ludwig, Op. 61. **Gebet:** „Herr, den ich tief im Herzen trage“, von Em. Geibel, für Männerchor mit vier Posaunen.
Partitur mit untergelegtem Clavierauszug netto ℳ *2,—. Singst. (à 30 ₰)* ℳ *1,20. Instrumentalstimmen (à netto 20 ₰)* ℳ *—,80*

Schulz-Beuthen, Heinrich, Op. 46. **Harald,** Ballade von Müller von Königswinter für Männerchor, Baritonsolo, grosses Orchester und Clavier.
Clavier-Partitur in gr. 8 geheftet netto ℳ *4,50. Chorstimmen (à 60 ₰)* . . . . ℳ 2,40

Mittheilungen für Männergesangvereine aus dem Verlage von **F. E. C. Leuckart** in Leipzig, Nr. 3 Herbst 1901, enthaltend: Uebersicht der Neuigkeiten für Männerchor mit und ohne Begleitung nebst Portraits von *Reinhold Becker, Max Gulbins, Thomas Koschat, Richard Strauss etc.* **postfrei.**

Mehrfach preisgekrönte **Männerchöre!**

Math. Neumann

op. 44. **Germanenzug**	op. 46. **Siegesbotschaft**
„ 45. **Kaiser Friedrich**	„ 47. **Die Toten der Haide**

Diese, sowie auch andere gangbare, beliebte Chorwerke übersende geehrten Vereinen gern zur Auswahl.

Fr. Ullrich,

Musikalien-Versandgeschäft u. Chorgesangverlag.

Godesberg a. Rh.

Meister-

haft gearbeitete Musikinstrumente jeder Art direkt vom Herstellungsorte **Wilh. Herwig** in **Markneukirchen i. S.**

Illustrierte Preisliste umsonst und portofrei. Bitte anzugeben, welche Instrumente gekauft werden sollen.

Dankbar

werden Sie mir sein für die Uebersendung meiner neuesten illustrierten Preisliste frko. gegen 10 ₰-Marke. **G. Engel, Berlin 146** Potsdamerstr. 13.

Lieferung sämtlicher Musikalien besorgt prompt und billigst

H. vom Ende's Musikalienversand.

Zum 50 jährigen Regierungsjubiläum Sr. Königl. Hoheit, des Grossherzogs

Friedrich von Baden.

Jubiläumsgruß. Männerchor von **TH. MAYER, op. 30.**

Preis: Partitur Mk. 1.50, Stimmen Mk. —.80.

Fridolin Göckels Verlag, Messkirch.

Bitte zur Ansicht zu verlangen!

Humoristica.

Couplets, Szenen, Duette, Terzette, Männerchöre etc.

zur Ansicht zu beziehen durch

H. vom Ende's Musikalienhandlung,

Köln am Rhein.

In keiner Männergesangvereins-Bibliothek sollte fehlen das

Jahrbuch

für

Deutschlands Männergesangvereine

für 1901.

Hunderte von Anerkennungsschreiben seitens der Vereine gingen dem Herausgeber zu.

Die noch vorhandenen Exemplare werden zu dem ermässigten Preise von **1 Mark** pro Stück (früher **3 Mark**) abgegeben und dem Unterzeichneten gegen Einsendung des Betrages frei zugesandt.

Schweidnitz. Adolf Schreyer.

Karneval- u. Cotillon-Artikel:

Papier-Kopfbedeckungen in allen Formen, Orden, Scherzblumen, Luftbälle, Luftschlangen, Chinesische Fächer, Schirme. — Confetti etc.

Leberecht Fliesshach, Leipzig R. 9 C.

Verlangen Sie Preisbuch I.

/egweiser durch die Chorgesanglitteratur

Amtliches Organ des westdeutschen Sängerverbandes. — Ratgeber für Gesangvereine und Dirigenten. — Redaktion und Verlag: H. vom Ende, Köln a. Rh., Ecke Bismarck- und Kamekestrasse.

nebst

„KONZERTBERICHT“

und Beiblatt:

Der Sänger.

Erscheint monatlich einmal. Bezugspreis für 1 Expl. 20 Pfg. Jahresabonnement Mk. 1.50 und 40 Pfg. Porto. Inserate kosten pro 4 mal gespaltene Petitzeile 30 Pfg.

xpedition: H. vom Ende's Musikalien-Versandgeschäft.

r. 4. | Köln a. Rhein, den 26. Januar 1902. | III. Jahrg.

Inhalt:

Dirigentenkursus in Düsseldorf.

)ie hochbedeutsame Anregung in gesangpädagogischer ing, welche uns vor einigen Jahren die Schweiz brachte, auch bei uns auf fruchtbaren Boden gefallen zu sein. St. Gallen veranstaltete Gesangdirektorenkursus war) Teilnehmern besucht, während zahlreiche Meldungen ıen zweiten Kursus verwiesen werden mussten. Es e sich um einen achttägigen Kursus, abgehalten und von tüchtigen, mitten im musikalischen Leben stehenden n, in welchem die für die Gesangvereinsleitung in t kommenden Disziplinen theoretisch und praktisch nommen wurden. Die Hörer hatten also Gelegenheit, ı verschiedenen Gebieten nicht nur die Thatsachen, etze, sondern auch deren klare Begründung und An- g an mannigfachen Beispielen zu sehen und zu hören. ie Vorträge und Uebungen erstrekten sich auf: are Theorie, Melodik, Rhythmik, Dynamik, Akkord- Modulation; ferner Stimm- und Tonbildung nebst en, Aussprache, Vokalisationsübungen, Chorübungen, n, Dirigieren, Vortragsstudien etc. Wahrlich ein über- Gebiet, und man könnte fragen; wie ist es möglich, Anforderungen innerhalb acht Tagen gerecht zu werden?

Dagegen lässt sich folgendes sagen: Erstens hat man es in diesem Falle mit Elementen zu thun, denen die musikalische Theorie keine terra incognita mehr ist. In der Mehrzahl sind es Lehrer, welche den Vereinen, namentlich auf dem Lande, als Leiter zur Verfügung stehen; wenn nun auch deren musikalische Bildung keineswegs eine abgeschlossene genannt werden kann, so ist doch eine Grundlage vorhanden, auf der sich mit Erfolg weiterbauen und in relativ kurzer Zeit ein für den ins Auge gefassten Zweck günstiges Resultat erzielen lässt.

Zweitens kommt es zunächst gar nicht darauf an, nach jeder Richtung eine umfassende musiktheoretische Vorbildung zu geben, — das kann auch ein Konservatorium in 4 Jahren nicht — sondern es handelt sich darum, einen allgemeinen Ueberblick über die einzelnen Lehrgegenstände zu geben mit Hervorhebung dessen, was für den vorliegenden Zweck wichtig ist, vor allen Dingen aber eine Grundlage zu bieten, auf der Jeder zu Hause in seinem Kämmerlein selbständig weiter arbeiten kann.

Der Dirigent eines kleineren Gesangvereins braucht nicht komponieren und instrumentieren zu können oder die Instrumentalformen zu beherrschen; aber er muss Verständnis haben für das formell Korrekte, für das ästhetisch Wertvolle innerhalb der Liedform, er muss wissen, wie „taktiert“ und „dirigiert“ wird, er muss ferner die Stimmen behandeln können, damit er nichts Unmögliches verlangt und nichts verdirbt, sondern damit er die Freude am Singen vermehrt und den Gesang veredelt.

Wenn der Lehrende diese Forderungen im Auge behält, von allem Ueberflüssigen und Nebensächlichen abstrahiert und immer die allgemeinen Gesichtspunkte in den Vordergrund schiebt, dann lässt sich in einigen Stunden mehr erreichen, als durch jahrelanges Selbststudium, in einigen Stunden mehr Erfahrung sammeln, als durch jahrelanges Amtieren. Nehmen wir als Beispiel das Gesangstudium. Jeder Sänger wird spötteln, wenn er hört, dass in 6 Stunden das Pensum durchgearbeitet werden soll. Allerdings lässt sich in dieser Zeit kein Sänger ausbilden, auch der intelligenteste nicht: dazu gehört jahrelanges Studium und Uebung. Aber ich kann in dieser Zeit sehr wohl die theoretische Bekanntschaft vermitteln mit den Regeln und Gesetzen, auf denen eine vernünftige Ton- und Stimmbildung beruht, kann auf die Hauptfehler in der Tongebung aufmerksam machen, welche sich unsere Sänger zu Schulden kommen lassen und auch auf deren Beseitigung kurz hinweisen, so dass der Zuhörer im stande ist, die diesbezügliche Litteratur mit Erfolg zu benutzen und seine weitere Ausbildung nach dieser Richtung hin

Praxis im Verein zu überlassen. Die Hauptsache ist, dass er eine lebendige Anschauung bekommt von den Begriffen: Pressen, Forcieren, knödeln, quetschen, Gaumen-, Kehl-, Nasenton etc. Hat er diese, dann wird er durch Aufmerksamkeit und eifriges Zuhorchen auch zu dem Kernpunkt der ganzen Frage gelangen, zur Bildung eines fehlerfreien, gesunden und edlen Stimmklanges und Tones. Die übrigen gesangtechnischen Disziplinen: Atmung und Aussprache lassen sich dann in einigen Stunden wenigstens in ihren Hauptzügen soweit erledigen, dass eine Repetition zu Hause völlige Sicherheit und Beherrschung des Themas herbeiführt.

Von Mitte Februar bis Ostern soll in Düsseldorf ein derartiger Kursus für Gesangvereinsleiter abgehalten werden, die Teilnahme daran ist selbstverständlich jedem gestattet, der sich mit der Theorie der Musik eingehender beschäftigen will. Es handelt sich hauptsächlich um Vorträge und Uebungen in Gesanglehre, Harmonielehre, Dirigieren und Formenlehre; dieselben werden Sonnabends oder Sonntagnachmittags stattfinden und wird Näheres darüber noch bekannt gemacht. Das Honorar für den ganzen Kursus beträgt 25,— Mark, für Mitglieder des Westdeutschen Sängerverbandes 18,— Mk. (Mitgliederbeitrag Mk. 1,— pro Jahr). Der Unterricht wird erteilt vom Kgl. Musikdirektor C. Steinhauer, Redakteur H. vom Ende.

Anmeldungen sind zu richten an den Vorsitzenden des Westdeutschen Sängerverbandes, Lehrer A. Gau, Hilden bei Düsseldorf.

Wettstreitordnung

Wie wichtig die endgültige Feststellung einer allgemein anerkannten Wettstreitordnung für die künftige Ausgestaltung dieser Institution ist, wird Jeder erfahren haben, der in irgend einer Eigenschaft aktiv bei einem Wettstreit beteiligt war. Es ist die Pflicht eines Jeden, dem die Gesundung der auf diesem Gebiet obwaltenden Verhältnisse am Herzen liegt, nun auch positiv mitzuwirken bei der Klärung der Fragen, die sich um die Pflichten, Obliegenheiten und Rechte der einzelnen mitwirkenden Faktoren drehen. Es genügt nicht, zu schreien, wenn man Unrecht erlitten zu haben glaubt, sondern man soll nachforschen, wo der Fehler steckt und dann zu verbessern suchen, was dessen bedürftig ist. Der Entwurf steht jedem gratis zur Verfügung, der sich für diese Bestrebungen interessiert; die zahlreich einlaufenden Verbesserungsvorschläge werden sorgfältig geprüft und nach Gebühr berücksichtigt, damit endlich ein Sammelpunkt der Erfahrungen geschaffen werde, die bisher von den Beteiligten gemacht worden sind.

Schliesslich bitte ich diejenigen Herren, welche bisher als Preisrichter fungierten, um gefl. Mitteilung, ob sie sich an einer Zusammenkunft in Köln behufs persönlicher Aussprache beteiligen würden.

vom Ende.

Felix Woyrsch. — Sapphische Ode an Aphrodite

für Sopransolo, Frauenchor und Orchester.

Felix Woyrsch, der geniale Schöpfer des mildерhabenen »Passions-Oratoriums«, des kraftstrotzenden »Deutscher Heerbann« für Männerchor, hat nun auch unseren Frauenchören ein Werkchen geschenkt, welches durch seine anmutigen, weichen Formen und seinen süssen Klangreiz so recht geeignet ist, den Charakter der Frauenstimmen in's hellste Licht zu setzen. — — Ein Wunder, dass die herrliche Dichtung Sapphos noch nicht der Vertonung anheimgefallen war; die glühende Innigkeit der Empfindung, Anmut und Wohllaut der Sprache, die Weichheit der Rhythmen des Originals hat Geibel auch in seine Uebersetzung hineingezaubert, sie verlangt geradezu nach Vertiefung und Verinnerlichung durch die Musik. Der Inhalt des Gedichtes ist eine Bitte Sapphos an die schaumgeborene Tochter des Zeus um Beistand, eingekleidet in einen Hymnus. Sappho wendet sich an ihre Beschützerin, die so oft schon huldvoll sich ihr zuneigte, ihren Gram erforschend:

»Was beklemmt mit sehnlicher Pein
So stürmisch, Sappho, die Brust?
Wen soll ich in's Netz dir schmeicheln?
Welchem Liebling schmelzen den Sinn?
Wer wagt es, deiner zu spotten?
Flieht er: Wohl, so soll er dich bald verfolgen,
Wehrt er stolz der Gabe, so soll er geben!
Liebt er nicht, bald soll er für dich entbrennen,
Selbst ein Verschmähter!
Komm denn, komm auch heute den Gram zu lösen!«

Auch heute wiederum hört Sappho im Geiste die teilnahmsvollen Worte Aphrodites, sie ruft ihr zu:

»Was so heiss mein Busen ersehnt,
O lass es mich empfahn!
Holdselige, sei du selbst mir Bundesgenossin!

Woyrsch übergiebt die ganze Ode dem Sopransolo und betrachtet den Chor gewissermassen als die Gespielinnen der Sappho, dieser zu Hülfe eilend und deren Bitte mit der ihrigen vereinend. So entsteht ein anmutiger, in steter Steigerung sich erhebender Wechselgesang, bis er in glühender Leidenschaft (»Bald soll er für dich entbrennen«) sich verdichtet.

Der vornehme Charakter des Werkes sichert nicht nur dem Frauenchor, sondern namentlich auch der Solo-Sopranistin vollen Erfolg.

Aufführung in Schwerte.

»Erkläret mir, Graf Örindur,
Diesen Zwiespalt der Natur!«

Eine, wie überall betont wird, überaus gelungene Aufführung des Werkes durch den Städt. Gesangverein in Schwerte unter Chordirektor Haselhoff scheint grimmige Feindschaft gesetzt zu haben zwischen den Federgewaltigen besagten Ortes; man vernehme die »Feuilletons« derselben.

Die Schwerter Zeitung schreibt:

An diese Solovorträge schloss sich das kleinere der zur Aufführung gelangenden Tonwerke, die »Sapphische Ode« eine Komposition für Sopran-Solo und Frauenchor. Mit der Ode der altgriechischen, tallentreichen Dichterin sind unsere Leser bereits bekannt gemacht worden; die Dichtung ist wie alle Oden, reimlos, aber an einen festen Rhythmus gebunden, der nach der Dichterin, Sappho, den Namen »Sapphische Strophe« erhalten hat und von späteren Dichtern, auch deutschen, vielfach nachgeahmt ist. Die Komposition, ein neues Werk von Felix Woyrsch, ist, wie eben bemerkt, im klassischen Stil gehalten; wie man ein schönes Bauwerk gefrorene oder versteinerte Musik genannt hat, so könnte man dies Tonwerk eine in Tönen zerfliessende Marmorstatue nennen. Die Solopartie, im Recitativ, dass mit lyrischem Gehalt gesättigt an die Arie grenzt, ist ebenso edel und vornehm wie einfach und schlicht; die Partie des Chors, der mit den Worten: »Was beklemmt dir mit Pein, o Sappho, die Brust?« einsetzt, ist von grosser Wirkung, obwohl der folgende Satz nicht ganz klar herausgearbeitet war. Das Solo sang Frau Clara Ostermann, welche an Fülle und Wohlklang der Stimme Sängerinnen von Beruf nur wenig nachsteht und besonders mit dem wirkungsvollen Schlusssatz: »Holdselige, sei du selbst mir Bundesgenossin!« einen grossen durchschlagenden Erfolg erzielte. Dass der ausgezeichnete Damenchor die Solistin auf das wirksamste unterstützte und an dem Erfolg des Tonwerks seinen vollen Anteil hatte, bedarf kaum der Erwähnung. Wir sind Herrn Musikdirektor Haselhoff aufrichtig dankbar, dass er uns dieses neue Tonwerk vorgeführt hat.

Und nun das Urteil des Schwerter Anzeigers:

Auch in der nachfolgenden Komposition für Sopransolo und Frauenchor von Felix Woyrsch — einem Kölner*) Komponisten — »Sapphische Ode an Aphrodite« betitelt, hatte die Harfe mit dem Flügel die Begleitung und auch hier trat sie zu sehr zurück, was eigentlich zu verwundern war, wenn man ihre Klangfülle beim Einzelspiel inbetracht zog. Was die »Ode« selbst anbelangt, so haben wir ihr wenig Geschmack abgewinnen können und sagen mit Fritz Reuter: »Wer't mag, der mag't, wer't nich mag, der magt jo woll nich mögen«; den altgriechischen Text, von Emanuel Geibel in's Deutsche übertragen, hat Woyrsch in altgriechische Musik gesetzt und dieser bizarre Bearbeitung, so, uns scheint sie nichts weniger wie klassisch zu sein, vielmehr den neuen — Jugendstil in der Musik zu verkörpern, jedoch — über den Geschmack ist nicht zu streiten. »Holdselige, sei du selbst mir Bundesgenossin«, beschwört Sappho die schaumgeborene Aphrodite; und Bundesgenossin war die Tochter des Zeus auch dem Tonstück, denn es gefiel den Zuhörern im allgemeinen und zu der guten Beurteilung trug wohl am meisten die wirkungsvolle Wiedergabe der Partie der »Sappho« durch Frau Clara Ostermann bei, deren wohllautende ausdrucksvolle Stimme ungemein anspricht und die wir noch oft in grösseren Solopartien zu hören hoffen; dass der Dirigent, Herr Haselhoff, grosse Mühe auf die Einübung des Frauenchors verwendet hat, war in dem exakten klaren Einsetzen desselben — der Chor kommt nur in kurzen Sätzen zum Vorschein — nicht zu verkennen und wollen wir dankbar erwähnen.

*) Woyrsch ist bekanntlich Musikdirektor in Altona a. E.

Verschiedenes.

Wittlich. Im nächsten Sommer feiert der hiesige Männer-Gesang-Verein das seltene Fest seines 50jährigen Bestehens. Als Festtage sind nunmehr definitiv Sonntag und Montag, den 20. und 21. Juli cr., bestimmt worden. Mit diesem Jubelfeste wird zugleich ein grosser Gesangwettstreit verbunden, zu dem schon zahlreiche Anmeldungen vorliegen und noch manche zu erwarten sind, da das II. Rundschreiben vor einiger Zeit versandt worden ist. Der Festausschuss ist in voller Thätigkeit; die nötigen Schritte zur Erlangung des Kaiserpreises, des Hauptzugmittels beim Gesangwettstreite, sind bereits gethan, und da ausserdem noch viele wertvolle Preise und Ehrenpreise zugesichert sind, so kann der grösste Teil der konkurrierenden Vereine mit einem Preise belohnt werden. In der hiesigen Bürgerschaft erfreut sich das in Rede stehende Gesangfest ebenso allseitiger Sympathie, wie der Verein selbst, der seine Kunst schon oft in den Dienst öffentlicher Wohlthätigkeit gestellt hat. Die gesanglichen Leistungen desselben berechtigen zu den schönsten Hoffnungen. Am 5. Januar veranstaltete er ein Konzert zum Besten des Vaterländischen Frauen-Vereins, das verdienten Beifall fand. Am 19. Januar versammelte er seine Mitglieder und deren Familien zu einer musikalischen Abendunterhaltung. Nach den umfassenden Vorbereitungen zu schliessen, verspricht das Doppelfest am 6. und 7. Juli ein glänzendes zu werden, das Teilnehmer und Besucher hoffentlich in gleichem Masse befriedigen wird.

Köln. Auch hier hat sich jetzt ein neuer gemischter Chorverein, die „Singakademie", gebildet, mit der Tendenz, grössere Aufführungen klassischer Werke für geringes Eintrittsgeld zu bieten, damit auch die weniger begüterten Mitbürger dieses musikalischen Segens teilhaftig werden können. Es gilt, die grossen Massen der Kölner Bürgerschaft aus ihrer Indifferenz emporzurütteln, und das wird zweifellos einem Chor, der bereits 6 Wochen nach seiner Gründung aus 90 stimmkräftigen Mitgliedern besteht, und einen so energischen Leiter wie Dr. M. Burkhardt an seiner Spitze hat, gelingen. Eine Aufführung in kleinerem Rahmen vor geladenem Publikum verlief bereits sehr anregend. Es wurden gesungen „Ave verum" von Mozart und drei volkstümliche Liedchen von Abt, welche sich von den sonstigen Produkten dieses Vielschreibers durch ihre Frische und Natürlichkeit wohlthuend abheben: „Abend ist es", „Ein Sträusschen am Hute" und „Heimwärts" mit Sopransolo, welch letzteres wiederholt werden musste. Von den Solisten ist Herr P. Haubrich-Wiesbaden hervorzuheben, dessen noble Tongebung und fein pointierter Vortrag bedauern lässt, dass er sich nicht völlig dem Konzertfach widmet; für die Oper ist sein Material und seine Kunst zu schade.

Oberhausen. Wie bereits berichtet, ist nun auch in Oberhausen eine der edlen Tonkunst würdige Stätte bereitet worden. Die Köln. Ztg. berichtet darüber folgendes: „Ein städtischer Musikdirektor ist in der Person des Königl. Musikdirektors C. Steinhauer berufen worden, dessen erste That die Gründung eines städtischen Musikvereins war. Wir wohnten dem ersten Konzert bei und waren erstaunt über den hohen Grad der frischen und korrekten Ausführung, den Haydns Schöpfung durch den eben erst zusammengetretenen Verein fand. Bis auf den ersten Piano-Anfang, der ein wenig zu tief geriet, war die Intonation den ganzen Abend über völlig sauber, der Vortrag von wahrhaft jugendlicher Begeisterung erfüllt und dabei dem Stimmungscharakter der Sätze entsprechend reich schattiert. Die Soli waren durch Frau Caroline Kaiser, deren Gesangschönheit mit ihrer Technik wetteiferte, durch A. Doerter und W. Metzmacher mustergiltig besetzt. Durch dies Konzert hat sich Oberhausen mit einem Schlage einen angesehenen Platz unter den Pflegestätten guter Musik erobert."

Am 5. Januar wurde die Schöpfung als Volksmusikfest wiederholt. Der Andrang hierzu war so groß, daß Hunderte wieder umkehren mußten.

Neuigkeiten.

Männerchor a capp.

Aus dem Verlage von Joh. André, Offenbach.

		Partitur u. St.
mch.	**Roland Ayslinger**, op. 42. Graf Konrad von Zollern	2,30
mch.	**F. Bischof**, op. 8. Rheinsage	2,20
zl.	**Albert Gundrum**, op. 45. Mein Schatz hat mich verlass.	1,20
	Edm. Kühn, op. 15.	
mch.	I. „Und wär der Himmel noch so trüb"	1,60
mch.	II. Trinklied	2,30
mch.	III. „Des frommen Landsknechts Morgenlied"	2,30
zl.	**C. Kühnhold**. op. 29. Die Gretel vom See	1,20
mch.	**M. Meyer-Olbersleben**, op. 68 I. In der Heimat	2,20
mch.	„ II. Schmeichelkätzchen	2.—
zl.	„ III. Zum Abschied	3.—
mch.	„ IV. Im Herbst	2.—
zl.	**Louis Seibert**, op. 146. Begrüssungschor	1,20
zl.	**Carl Weidt**, op. 83. Warnung vor dem Frühling	1.00
mch.	„ op. 88. Träume der Rosenzeit	1.20
mch.	**Rich. Wiesner**, op. 39. Das deutsche Lied	2,20
mch.	„ op. 41. An die Sänger	2,30

Recht lebendig ist das übermütige Trinkliedchen von Edm. Kühn. Auch das Morgenlied des frommen Landsknechts darf wegen seines markigen Charakters Anspruch auf Beachtung machen. Allerliebst geraten ist das Schmeichelkätzchen von Meyer-Olbersleben. C. Weidt schreibt volkstümlich im guten Sinne mit sehr melodiöser Stimmführung.

Verlag von Ed. Bote & G. Bock, Berlin.

mch.	**Fedor Berger**, Wanderlied	2.—
mch.	**Wilh. Berger**, op. 79. I. An den Schlaf	2.70
mch.	„ II. Wie bin ich krank	1,60
zl.	**Wilh. Kienzl**, op. 60. I. Jetzt gang i an's Brunnele	1.40
mch.	II. Von allen Mädchen so blink	2.20
mch.	III. Es waren zwei Königskinder	1,80
zl.	IV. Heute scheid ich	1,40
zl.	V. Mädel, 's ist Winter	1.40
zl.	VI. O Engel, allerschönstes Kind	1,40
mch.	**G. Bressner**, op. 1. I. Zum Abschied	1.40
zl.	II. In dem Himmel ruht die Erde	1.40
mch.	III. Das Mädchen u. d. Schmetterl.	1.40
zl.	IV. Gute Nacht, du süsses Kind	1.—
mch.	V. Osterlied	1,60
mch.	VI. Trinklied	2.00
mch.	**Hermann Schalken**, op. 9. Burschenliebe	1,60
mch.	do. op. 10. Am Ufer	1,60
mch.	do. op. 11. Herbstzauber	1,—
zl.	do. op. 12. I. Schlummerlied	1.40
mch.	II. Feldeinwärts flog ein Vögelein	1.40
mch.	**Edwin Schultz**, op. 230. Vineta	2,70
zl.	do. op. 231. I. Frauenlob	1.—
mch.	II. Die Soldatenbraut	1,40
zl.	do. op. 236. I. Minneglück, mit Sopransolo	1,80
mch.	II. Erster Hauch der Frühlingsluft, „	1,80
mch.	do. op. 238. Das deutsche Lied	1,60
mch.	do. op. 239. I. Ausfahrt	2.—
mch.	II. Des Liedes Heimat	2.—
mch.	**Max Stange**, op. 60. I. Der Töne Wunderblume	1.60
zl.	II. Mondnacht	1.—
zl.	III. Goldne Sonne	1,—
zl.	IV. Kein Häusla mag's geben	1.—
zl.	V. Dreiklang	1,60
mch.	**H. Stöckert**, op. 20. I. Mein Herz ist voll Lieder	1.40
mch.	II. Lenzesnacht	1,60
mch.	III. Es ist ein Brünnlein geflossen	1,60
zl.	**J. H. Zerlett**, op. 32. I. Rosenzeit	1,—
zl.	II. Heimkehr	1,—
zl.	do. op. 192. I. Abendlied, „Das Thal ruht"	1,—
zl.	II. Halloh	1.—
zl.	do. op. 193. I. Nachtlied	1,—
zl.	II. Der Frühling kommt	1.—
zl.	do. op. 194. I. Der Abend senkt sich leise	1,—
mch.	II. Sängers Trinkspruch	1,60
zl.	do. op. 209. I. Still ich in die Ferne schaue	1.—
zl.	II. Lasset uns fröhlich sein	1,—
zl.	do. op. 210. I. Abends, wenn die Glocken klingen (mit Alt-Solo)	1,40
zl.	II. Waldeinsamkeit do.	1,40

Die Werke Stöckerts und Wilhelm Bergers sind höchst beachtenswert. „An den Schlaf" ist trotz seines reflektierenden Inhalts eine ausdrucksvolle, gefühlswarme Komposition, geeignet für den Kasseler Wettstreit. Auch auf das reizende Liedchen „Wie bin ich krank" sei besonders aufmerksam gemacht. Stöckert offenbart in dem „Madrigal" eine charakteristische Ader, wenngleich eine etwas volkstümlichere Auffassung des herzigen Volksliedchens (im schönsten Sinne des Wortes) von A. A. Naaf meinem Empfinden mehr zugesagt hätte. Zerlett bringt nichts Neues, weiss aber den populären Ton zu treffen. Auch Schalken versteht es, liebenswürdig und anmutig zu schreiben. Die Routine Edwin Schultz's in diesem Fach dürfte bekannt sein, es genügt daher die Bemerkung, dass seine neuen Lieder sich nicht von den früheren unterscheiden; nur die beiden Chöre mit Sopran-Solo seien, als einem Bedürfnis entsprechend, hervorgehoben. M. Stange ist, wie immer, vornehm und interessant.

Verlag von Gebr. Hug & Co., Leipzig.

Im vergangenen Sommer wurde auf der alten Veste Elgersburg im Thüringer Walde ein Wettstreit abgehalten zwischen Dichtern, Malern und Komponisten um je einen Preis von 1000 Mark., gestiftet von der Ritterschaft zu Elgersburg. Sieger im Wettstreite der Gesänge war **Paul Büttner** mit seinem Lied thüringer Kreuzfahrer, „Kampfmüd und sonnverbrannt", einer warm empfundenen, harmonisch ausdrucksvollen Vertonung des bekannten Gedichtes. Preis Part. und Stimme 2,40 Mk.

Verlag von F. E. C. Leuckart, Leipzig.

mch.	**Reinhold Becker**, op. 105. Bannerlied	1,50
zl.	**F. Billig**, op. 4. Reiterlied, „Ich hab im Feld gelegen"	1.—

Das Becker'sche Bannerlied „Hoch, das Banner, deutsches Lied" ist recht schwungvoll und hat begeisternde Wirkung bei stimmkräftiger Wiedergabe.

Humoristika.

Jos. Thoma, Höchster Triumph der astralen Inspiration, für 4 Männerstimmen, Deklamation und Klavier. Verlag von Jos. Seiling, München. Preis Part. und St. Mk. 10.—.

Eines der wenigen humoristischen Werke, in denen sich eine witzige Idee mit interessanter musikalischer Arbeit verbindet. Eine feine ausgefeilte Aufführung wird ohne Zweifel seine zündende Wirkung nicht verfehlen.

H. vom Ende's Verlag, Köln a. Rh.

Wilh. Rhode, op. 6. „Sängergruss" mit Begleitung von Blasinstr. ad lib. Partitur und Stimmen 1,20 Mk. Sehr wirkungsvoller, klangschöner Chor.

Mitteilungen

aus dem

Institut für brieflichen Unterricht in der Theorie der Musik.

Gründlicher Unterricht in allen theoretischen Disciplinen

Leitung: **H. vom Ende, Köln am Rh., Bismarckstrasse 25.**

Der **briefliche Unterricht** verfolgt den Zweck, allen Freunden der Tonkunst, welche Beruf und Neigung zur Komposition in sich spüren und in Geist und Wesen der musikalischen Kunstwerke einzudringen wünschen, sowie Tonkünstlern, denen die für den Lehr- und Dirigentenberuf notwendigen theoretischen Kenntnisse fehlen, Gelegenheit zur Aneignung derselben zu bieten. Der Unterricht kann zu jeder Zeit aufgenommen und abgebrochen werden, er ist überhaupt nicht an bestimmte Stunden oder Zeiten gebunden. Die Preise für Korrekturen und briefl. Erörterungen sind sehr billig bemessen. Bitte Prospekt gratis und franko zu verlangen.

Behandlung des Sextakkordes im Chorsatz.

Mit den einfachsten Mitteln möglichst grosse Wirkungen erzielen, d. i.: jedes Mittel in allen seinen Eigenschaften erschöpfend ausnutzen, gilt als einer der obersten Grundsätze alles künstlerischen Schaffens. Dazu ist erforderlich genaue Kenntnis des Wesens der Kunstmittel, auch der scheinbar einfachsten. Die wesentlichen Merkmale der Form, Verhältnis und Beziehungen zu anderen Formen, Ausdrucksgehalt, ästhetische Wirkung, alles das will genau studiert sein, bevor das Mittel in unsrer Hand gleichsam wie Wachs sich nach Belieben formen lässt. Das Haschen nach äusserlichen Effekten in neuzeitlichen Kunstprodukten, die Wahl immer komplizierter und schwulstiger werdender Ausdrucksmittel, das sinn- und ziellos umherirrende Modulieren sind Beweise dafür, dass manchem unsrer modernen Himmelsstürmer der Sinn noch nicht aufgegangen ist für die mannigfachen und tiefen Wirkungen, welche selbst in den einfachsten Tonformen verborgen liegen, infolgedessen sie auch nicht im stande sind, diese ihrem ganzen Umfange nach auszunutzen.

Den Kunstjüngern einen Weg zu zeigen, wie sie nach dieser Richtung zu studieren haben, sei der Zweck dieser Zeilen, und zwar an der Hand eines Themas, welches in den älteren Lehrbüchern nur sehr unvollkommene Darstellung gefunden hat. Die Beispiele sind entnommen den Chorälen Joh. Seb. Bachs, dem Bremischen Choralbuch C. Reinthalers und dem Lehrbuch des harmonischen Tonsatzes von F. W. Franke, welch letzteres noch am meisten dieser Materie die ihrer Wichtigkeit angemessene Berücksichtigung zuteil werden lässt.

Der Sextakkord, aus denselben Tönen wie der Grundakkord bestehend, ist von diesem nur durch die Lage des Grundtones oberhalb der Terz unterschieden. Es wird somit eigentlich nichts umgekehrt, sondern der Grundton wird seines wichtigen Amtes, die Grundlage des Akkordes zu bilden, enthoben und an eine weniger einflussreiche Stelle versetzt.

Unsere nächste Aufgabe ist nun, aus den theoretisch zahlreichen Möglichkeiten verschiedener Stimmenordnung die wohlklingendsten auszusuchen, wir gelangen dadurch zu folgendem Resultat:

Die grösste Klangschönheit tritt uns demnach in der **weiten Lage** entgegen und zwar hängt innerhalb dieser der Wohlklang noch von einem zweiten Faktor, der Art der Verdoppelung ab. Diese richtet sich nach dem aus der akustischen Bedeutung der Töne sich ergebenden Gesetzen, denn es tritt auch in diesen Verhältnissen die Bedeutung des Grundtones, und nächst ihm des ersten Obertones, der Quint, zu Tage. Die beiden letzten Lagen klingen am wenigsten gut, weil in ihnen G mit dem 4. Oberton Gis der Basis E kollidiert. Die Moll- und verm. Akkorde klingen infolgedessen in dieser Lage besser. Bezüglich der Stimmenlagerung ist zu beachten, dass der Bass sich von den anderen Stimmen ziemlich weit entfernen darf, der Sopran vom Alt um eine Oktave, während dieses Intervall zwischen Tenor und Alt schon weniger günstig wirkt. Die Anwendung dieser weiten Lage ist daher mit den obengenannten Einschränkungen stets vorzuziehen, wenn nicht Rücksichten auf die Stimmführung andere Lagen erheischen. Bei mehreren sich folgenden Sextakkorden ist Wechsel zwischen den verschiedenen Möglichkeiten der weiten Lage erforderlich:

Erfordert die natürliche und melodische Führung einer Stimme andere Lösung, so ist zunächst die **zusammengezogene Lage**, in welcher zwei Stimmen auf einen Ton fallen, ins Auge zu fassen. Der Akkord wird dadurch dreistimmig, also unvollständig, die Klangwirkung ist dementsprechend weniger voll und abgerundet. Am besten klingen folgende Lagen:

Was aber der Satz bei Anwendung dieser Lage an Wohlklang verliert, gewinnt er an Melodie, namentlich in den Mittelstimmen:

Es wird aufgefallen sein, dass wir einer Verdoppelung der Terz bisher aus dem Wege gingen. In der That beeinträchtigt dieselbe den Wohlklang in den meisten Fällen noch entschiedener, als die zusammengezogene Lage. Diese Terzverdoppelung tritt uns entgegen in der **engen Lage**, bei welcher kein zum Akkord gehöriger Ton mehr zwischen die 3 oberen Stimmen eingefügt werden kann.

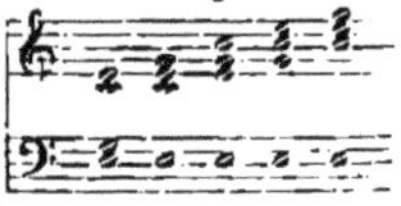

Fortsetzung folgt.

Der Sänger.

Amtliches Organ des westdeutschen Sängerverbandes.

Das Volkslied ist die Unsterblichkeit der Musik.
Marx.

Verbunden werden auch die Schwachen mächtig.
Schiller.

26. Jan. 1902. || Vorsitzender: Lehrer A. Gau, Hilden bei Düsseldorf. || Nr. 4.

Redaktion u. Verlag: H. vom Ende, Köln a. Rhein. Ecke Bismarckstrasse 25.

Amtliche Nachrichten.

Zum Dirigentenkursus in Düsseldorf

ist zu melden, dass fortgesetzt Anmeldungen eintreffen. Der Kursus beginnt am 16. Februar im Lokale: **Düsseldorfer Hof,** gegenüber dem Hauptbahnhof.

Anmeldungen zur Teilnahme werden umgehend an den Verbandsvorsitzenden A. Gau-Hilden erbeten. Derselbe ist auch zu jeder Auskunft bereit.

Mitgliederverzeichnis.

Fortsetzung.

Persönliche Mitglieder: 51. Lehrer Aug. Devesseren. 52. Dirigent Wilh. Brender-Giesenkirchen. 53. Chordir. Max Kopf-Wermelskirchen. 54. Chordir. Tillmanns-Heiligenhaus. 55. Heinr. Cremer jun.-Itdorf. 56. Waldemar Wülfing-Solingen. 57. Rektor Cüppers-Ratingen. 58. Alwin Horn, Chordir.

Als Verbandsvereine sind neu angeschlossen: Sängerbund-Schalke i. W. und Blütenkranz-M.-Gladbach.

Allen ein herzliches Willkommen!

Geldsendungen sind an den Kassierer P. Rimroth in Wermelskirchen zu richten.

Rheinische Volksliedertafel.

Alle Mitteilungen werden an Lehrer P. Mathieu, Itter Post Himmelgeist erbeten.

❦

Zum Verbandswettstreit in Duisburg.

Die Veranstaltung eines ersten Verbandswettstreites gelegentlich des 50jährigen Jubiläums des Gesangvereins Germania-Duisburg kann als gesichert gelten, nachdem zahlreiche vorläufige Anmeldungen zur Teilnahme eingelaufen sind. Um eine zeitige Uebersicht über den Umfang der Beteiligung zu gewinnen, wird nunmehr als endgültiger Termin der Anmeldung der 15. März cr. festgesetzt. Diejenigen Vereine, welche bereits ihre Anmeldung vollzogen haben, brauchen natürlich keine weitere mehr einzusenden.

Der festgebende Verein ist nach dem ersten günstigen Resultat seiner Umfrage sofort in die definitiven Vorbereitungen des Festes eingetreten und hofft nunmehr zuversichtlich, dass alle Verbandsvereine es sich zur Ehre anrechnen, diese erste öffentliche Probe auf unsere Verbandsgrundsätze nach Kräften zu fördern.

Plan des Wettstreites

von A. Gau.

I. Zweck und Aufgaben.

§ 1. Der Gesangwettstreit hat den Zweck, in edlem Wettbewerbe die Kräfte mit einander zu messen, den künstlerischen Standpunkt der Vereine festzustellen und daraus beherzigenswerte Winke für die künftige Thätigkeit im Gesange für Dirigenten und Sänger herzuleiten.

Der Wettstreit soll wohl das Ehrgefühl, aber nicht den Ehrgeiz anregen. Die Leistungen der rivalisierenden Vereine sollen die Resultate einer planmässigen, zielbewussten Uebung sein — keine künstlich gezüchteten Treibpflanzen.

§ 2. Aus diesen Gesichtspunkten heraus lehnt der Verband zur Vergleichung der Leistungen selbstgewählte Chöre ab und nimmt sogen. „aufgegebene Chöre".

Der diesjährige Wettbewerb wird uns einen Sechswochenchor bringen. Ob es auch angängig ist, am Tage des Wettstreites einen Zweistundenchor einstudieren zu lassen, wird unter Berücksichtigung der örtlichen Verhältnisse und der Zahl der teilnehmenden Vereine zu entscheiden sein.

II. Die Beurteilung.

§ 3. Die Beurteilung der Leistungen geschieht von einem Preisrichterkollegium, dessen Mitglieder, erfüllt und vertraut mit den Verbandsgrundsätzen, das vorgeschriebene Wertungssystem handhaben. Die Namen der Preisrichter werden am Tage des Wettstreites bekannt gemacht. Da jedem Vereine ein Preis zugesprochen wird, welcher die normierte Minimalleistung erzielt, so ist es lediglich Aufgabe des Preisgerichtes, die Wertung an Hand des nachfolgenden Systems vorzunehmen. Es wird in 6 Rubriken gewertet, nämlich 1. Toneinheit, 2. Rhythmik, 3. Dynamik, 4. Aussprache, 5. Klangschönheit, 6 Tempo, 7. Allgemeiner künstlerischer Eindruck. In jeder Rubrik ist 5 Höchstpunktzahl und entspricht die Wertung den Censuren: ungenügend = 0, ziemlich genügend = 1, genügend = 2, ziemlich gut = 3, gut = 4, recht gut = 5. Im günstigsten Falle kann eine Leistung 5 · 7 Punkte = 35 Punkte erzielen. Zum mindesten müssen 12 Punkte erreicht sein, wenn ein Preis zuerkannt werden soll. Bei drei Preisrichtern wird sich die Punktzahl auf das dreifache, bei vier Preisrichtern auf das vierfache steigern, woraus alsdann der Durchschnitt gefunden wird.

Beispiel:

1. Preisrichter 10 Punkte
2. " 11 "
3. " 9 "

Sa. 30 Punkte : 3 = 10 Punkte Durchschnitt.

Treten in einer Klasse 8 Vereine auf und sind die Resultate der Wertung folgende: Verein A = 8 Punkte
" B = 14 "
" C = 9 "
" D = 20 "
" E = 12 "
" F = 16 "
" G = 13 "
" H = 9 "

so werden die Vereine A, C und H bei der Preiszuerkennung ausfallen, da sie die erforderliche Minimalleistung von 12 Punkten nicht erreicht haben. Die übrigen Vereine werden wie folgt rangiert: Verein D = 1. Preis, Verein F = 2. Preis, Verein B = 3. Preis, Verein G = 4. Preis, Verein E = 5. Preis. Haben zwei Vereine gleiche Punktzahl, so wird ihnen auch derselbe Preisgrad zugesprochen. Wäre in vorliegendem Beispiele Verein F wie Verein D mit 20 Punkten bewertet worden, so würde beiden Vereinen der 1. Preis zugesprochen werden müssen nach dem Grundsatze: „Für gleiche Leistungen auch gleiche Preise." Um dem Preissingen eine erziehliche Bedeutung zu geben, wird jedem Vereine nach dem Feste eine Kritik seiner Leistungen zugestellt.

§ 4. Die Preise bestehen in Medaillen und Diplomen. Nach Möglichkeit können die Diplome schon am Wettstreitstage in Empfang genommen werden. Auf den Medaillen wird der Preis nachträglich eingraviert und den Vereinen in kürzester Frist zugesandt.

§ 5. Ueber die Zuerkennung des Kaiserpreises berät gegenwärtig eine Kommission, welche hoffentlich das Richtige treffen und die Resultate ihrer Beratungen in nächster Nummer dieses Blattes veröffentlichen wird.

III. Organisation des Wettstreites.

§ 6. Verantwortlich für den festgestellten Verlauf des Wettstreites ist das Ortskomitee des festgebenden Vereins in Verbindung mit der Verbandsleitung.

§ 7. Der Wettstreit muss in einem Tage beendigt sein. Morgens 11 Uhr ist Delegiertenversammlung der Verbandsvereine, in welcher die Reihenfolge und event. Verteilung auf die Lokale festgesetzt wird und Aufklärung über zweifelhafte Punkte erfolgt.

§ 8. Es wird in Klassen gesungen, nach der Stärke, d. i. Zahl der aktiven Sänger gebildet. Bis 20 Sänger IV. Klasse, bis 30 Sänger III. Klasse etc. Es ist keinem Vereine gestattet, aus einer höheren in eine niedere oder aus dieser in eine höhere zu gehen, als zu welcher er seiner aktiven Mitgliedzahl nach gehört. Ehrenklassen giebt es nicht, dieweil wir nur um die Ehre singen.

§ 9. Verbandsvereine von Duisburg und die zur Verbreitung der Verbandsideen besonders gebildete „Rhein. Volksliedertafel" konkurrieren nicht mit.

§ 10. Der Dirigent des festgebenden Vereins kann nicht Preisrichter sein und auch mit keinem seiner Vereine am Wettsingen teilnehmen.

§ 11. Dirigenten mitwirkender Vereine können nicht Preisrichter sein, auch dann nicht, wenn sie sich in einem ihrer Vereine, der an diesem Wettstreite teilnimmt, vertreten lassen würden.

§ 12. Ein Sänger darf nur in einem Vereine an diesem Wettstreite teilnehmen.

§ 13. Jeder konkurrierende Verein muss wenigstens zwei Jahre bestehen.

Zum Bezuge eines Festbuches ist jeder teilnehmende Verein für jeden seiner Sänger verpflichtet. Die Vereine erhalten selbige zu einem niedrig gehaltenen Vorzugspreise. Das Festbuch wird eine Anzahl hochinteressanter Aufsätze und Mitteilungen für alle Verbandsmitglieder enthalten.

Eine Kommentierung vorstehenden Wettstreitplanes wird für die nächste Nummer vorbehalten.

Duisburg. Der „Männer-Gesangverein Germania" hielt am Samstag, den 11. Januar, in seinem Vereinslokale „Zum Gambrinus" seine erste diesjährige General-Versammlung ab. Gegründet im Jahre 1852 von Angestellten und Arbeitern der Firma A. Böninger, trat der Verein mit diesem Tage in sein 50. Lebensjahr. Die Tagesordnung setzte sich aus folgenden Punkten zusammen:

1. Zahlung der monatl. Beiträge. 2. Verlesung des Protokolls der vorigen Versammlung. 3. Rechnungsablage des letzten Quartals 1901. 4. Wahl eines ersten Vorsitzenden. 5. Fastnachtsball. 6. Konzert. 7. Verschiedenes.

Der erste Vorsitzender, Herr Heinrich Boveland, eröffnete um 9½ Uhr die Versammlung mit einigen einleitenden Worten und verlas hierauf die Tagesordnung. Nach Erledigung der beiden ersten Punkte derselben, wobei Punkt 2 zu keinen Erinnerungen Anlass gab, folgte Punkt 3, die Rechnungsablage. Dieselbe ergab, dass die Kassenverhältnisse sich im letzten Quartal nicht so wie im vorigen auf der Höhe gehalten hatten. Dasselbige aber stimmten, wurde dem Kassierer, Herrn M. Kollenbach, Entlastung erteilt. Punkt 4 ergab die einstimmige Wiederwahl des bisherigen Vereinsleiters. Bei Punkt 5, Fastnachtsball, wurde beschlossen, denselben am Fastnachts-Dienstag auf dem „Burgacker" durch einen Bohnen-Ball zu begehen, wobei der glücklichen Besitzerin der Bohne eine Damenuhr geschenkt werden soll. Nur maskierte Damen haben an diesem Geschenke Anteil. Zu Punkt 6, betr. Konzert, wurde beschlossen, ein solches in Bälde mit der vom Düsseldorfer Künstlerabend her rühmlichst bekannten „Rhein. Volks-Liedertafel" zu begehen, welcher Verein seine Mitwirkung schon zugesagt hat. Ebenso wurde die Hinzuziehung von Künstlern, Sängern resp. Sängerinnen in Aussicht genommen. Punkt 7 rief eine lebhafte Debatte hervor und brachte mancherlei Anregendes. Unter anderem wurde beschlossen, die alte Vereinsfahne nach Anschaffung einer neuen Fahne zum 50jährigen Jubelfeste dem Duisburger Museum zum Andenken an Duisburgs „Aeltesten Gesang-Verein" zu schenken.

Nachdem nun noch der erste Vorsitzende auf die Bedeutung des 11. Januar für den Verein hingewiesen und den Sängern ein Bild von den ersten Lebensjahren des Vereins gegeben hatte, welches so recht die aufopfernde Liebe der Sänger zum deutschen Gesange zeigte, wurde die Versammlung mit einem Hoch auf das glückliche Gelingen des 50jährigen Jubelfestes geschlossen.

Sängeruntugenden.

H. vom Ende.

Ein unangenehmes Kapitel. Wo anfangen — und wo aufhören? Da könnte man wirklich mit Recht behaupten, es giebt soviel Sängeruntugenden, als überhaupt Sänger, denn letztere sind doch schliesslich auch nur Menschen (unsere Heldentenöre natürlich ausgenommen), mit ihren Vorzügen und — Schwächen, Individualitäten, mit charakteristischen Eigenschaften und — Achillesfersen.

Zu einer Aufzählung aller dieser Untugenden reicht keine Kuhhaut; jede einzelne hat ihre Unterabteilungen und diese wieder ihre Nüancen. Manche liegen so versteckt, sind so verschleiert durch gute Eigenschaften, dass selbst routinierte Gesangsprofessoren ihr Vorhandensein überhören, andere wiederum treten so klar zu Tage, dass alle Welt sie heraushört, nur . . . der Sänger nicht. Ja, manche dieser Untugenden werden von unserm Musikvölklein sogar noch gelobt und bejubelt, künstlich gezüchtet. Nehmen wir nur eine der gewöhnlichsten, das „Pressen", „Forcieren". Wir kommen später noch auf die Natur dieses Fehlers zurück, für jetzt nur soviel, dass er hauptsächlich entsteht, indem der Sänger mehr Ton geben will, als er besitzt und dieses durch unnötige Anspannung aller, also auch der unnötigen, Hals- und Kehlkopfmuskeln zu erreichen sucht. Welch wüsten unkünstlerischen Eindruck macht schon das äussere Bild eines solchen Stimmathleten oder Gernegross auf uns: die Backen- und Halsmuskeln blähen sich auf, die Augen treten aus ihren Höhlen, der ganze Mensch scheint in einem konvulsivischen Zustand befindlich, und das Publikum? — es lässt sich wirklich bethören, es ist entzückt von diesen Bombentönen, macht den Kotau vor dem Sänger, der so ruchlos seine edelste Gottesgabe misshandelt. Wie begeistert ist häufig der unkundige Zuhörer vom Vortrage eines Kravattentenors, dessen Ton in den Magen hinein, statt aus dem Munde herauszugehen scheint. — Und was soll man sagen zu all den Knödlern und Quetschern, zu den gaumigen, näselnden, kehligen, klossigen, flachen Tönen, zu den tratschigen, plärrenden Stimmen, zu all den „Sängern mit Stimmen wie Blech", die unser Dasein vergiften, zu den Karikaturen des Virtuosentums, welche tremolieren und meckern, bebbern statt zu trillern, detonieren, schaufeln (den Ton schleifen, statt ihn genau zu treffen). Dieses Ziehen jedes Tones von unten herauf artet bei manchen Sängerinnen zu einem Geheul aus, demjenigen des Hundes nicht unähnlich, dem man auf den Schwanz tritt. Dazu noch das Heer der Fehler bei der Aussprache, Atmung, Phrasierung, Nüancierung, Auffassung, Mimik. — Wer vermag ohne Grauen in diese Abgründe menschlicher Schlechtigkeit und Sündhaftigkeit zu blicken! kann man es mir verübeln, wenn ich das Sprüchwort „Wo man singt, da lass dich ruhig nieder" nur mit Vorsicht anwende?

Besonders der Nasenklang hat's unsern Sängern angethan. Wie herrlich verlaufen doch die Feste des Gesangvereins „Heisere Stimmritze", wenn nach dem offiziellen Teil die Mannen beim Töpfchen Bier sich konzentrieren und ihr Repertoire-Körbchen öffnen: „Elslein von Caub", „Nach der Heimat möcht ich wieder" vor allen Dingen aber „Die Liebe, sie war nur ein Traum". Wenn dann in vorgerückter Stunde bereits zum dritten Male gewinselt wurde: „Die Liebe sie war nur ein Traum", und das Gedicht absolut keine Strophe mehr hergeben will, dann erhebt sich der musikalischste der Mannen, macht einige geheimnisvolle Bewegungen, zum Zeichen, dass jetzt das Beste kommt, legt den ppp-Finger an den Mund und wonnig tönt es mit Brummstimme durch die verklärten Nüstern:

Natürlich kannten auch unsere Vorfahren trotz der „guten, alten, italienischen Methode" diese Fehler; wettert doch der Berliner Kantor Fuhrmann um 1700 in seiner

„Musica vocalis in nuce d. i. richtige und völlige Unterweisung zur Singkunst“ folgendermassen: „Vitium gutturis ist, wenn ein Sänger eine heisere, rauhe, bäurische Stimme hat und wie ein wilder Waldesel schreyet! Vitium tremuli ist, wenn er eine steife Kehle hat, und im Trilloschlagen meckert, wie eine Ziege! Vitium permutationis ist, wenn er in der Höhe stark brüllet, wie ein Dieb an der Folter, in der Tiefe aber gantz leyse fistulieret, als ein alt Mütterchen, der die Zähne ausgefallen, et vice versa, wie die Falsettisten! Vitium gestuum ist, wenn er sich übelanstehende Geberden im Singen angewehnet und z. B. mit Kopf-drehen, Augen-verkehren, Maul-aufreyssen, Hals-beugen, Leib-brüsten etc. hesslich phantasieret!“ u. s. w.

Hundert Jahre früher gab uns ein Poet folgende Verhaltungsmassregeln:

Wer singt, der sing', dass es wohl kling',
Und thu' die Stimm' recht führen,
Schrei' nit zu sehr, thu' sie vielmehr
Fein lieblich moderieren,
Auf dass gar frei die Melodei
Zum Text mög' konkordieren,
Denn sonst der G'sang sein Ton und Klang
Thut ganz und gar verlieren.

Wer dabei sitz', brauch kluge Witz'
Und thu' ja nit verstören
Einen guten G'sang, dass man den Klang
Fein eigentlich mag hören;
Denn man sonst lacht und ihn bald acht't
Für einen groben Knollen,
Der nit viel kann und thut verstahn
Und sich mit Schand' muss trollen.

Aber — wie gesagt — unser Publikum will's nicht anders; legt ihm ein hohes C hin, und mag's noch so fehlerhaft sein, es ist entzückt; es ist so sehr gewöhnt an die Mängel, dass sie gar nicht mehr auffallen, oder einfach bestritten werden. Will man aber diese Weisheit bekämpfen, so heisst es schliesslich: „De gustibus non est disputandum“. Ja freilich! — „Wat den Eenen sin Uhl, is den Annern sin Nachtigall“. Darüber lässt sich allerdings nicht streiten, denn dazu gehört immer eine Partei, die belehrt sein will; der Dilettant weiss das alles, aber in der Regel bekanntlich besser, als der Meister des Hand- bzw. Mundwerks. Ein alter Dichter, Gemmingen, drückt sich in einer Ode so aus:

Lieblicher tönt die hohle Maultrompete
Des Bauern Ohr, das die gelehrte Laute
Gröblich beleidigt!“ —

Und solche Bauern finden wir nicht allein auf den Kartoffelfeldern, sondern auch auf den Gefilden städtischer Tonkunst. Wie manchem Musiker selbst und Kritiker behagen protzige Knalltöne besser, als edler, seelenvoller Gesang, mag er auch noch so gesund klingen. Da heisst es dann: „Für unser Theater, für uns, die wir an die Stimme eines Götze, eines Bapt. Hoffmann gewöhnt sind, reicht diese Stimme leider nicht aus; mehr Material! Heraus mit der Stimme!“ Natürlich kann so etwas kein Sänger auf sich sitzen lassen, er wird „heraus“ geben, was drin sitzt, er brüllt und gröhlt, bis er fertig ist, bis seine Stimmbänder „kaput“ sind . . . . . Requiescat in pice.*)

*) Mein Setzer will das „i“ absolut in „a“ verwandeln, ich nehme aber ersteres ausdrücklich auf meine Kappe. Der Autor.

Mosel-Saar-Nahe-Sängerbund.

Berncastel. Nachdem das zweite Rundschreiben bereits einige Wochen abgesandt ist, laufen täglich Anmeldungen zum Bundes-Wettsingen ein und verspricht der Besuch ein äusserst zahlreicher zu werden. Das ist zunächst der grossen Einigkeit des Bundes zu verdanken, dann aber auch dessen Satzungen, laut welchen jeder demselben angeschlossene Verein verpflichtet ist, entweder an diesem Feste bezw. Wettsingen teilzunehmen oder aber im Laufe des Jahres 1902 sich von jedem anderen Preissingen zu enthalten. Vereine, welche dieser Verpflichtung nicht nachkommen, müssen gewärtig sein, von dem Bunde ausgeschlossen zu werden. Sehr zu wünschen wäre es für den festgebenden Verein, wenn alle Anmeldungen möglichst schon in allernächster Zeit einliefen. Für die Besorgung der vielen Preise, Herstellung der Festschrift, für das Wohnungskomitee, wie überhaupt für die ganzen Vorarbeiten ist es unbedingt erforderlich, die Anzahl der teilnehmenden Vereine nebst deren Mitgliederzahl vorher zu kennen.

Möchten diese Zeilen dazu beitragen, dass doch bald alle Vereine ihre Zusage einsenden werden

Aus Lehrer-Gesangvereinen.

In **Bremen** wirkte der Lehrer-Gesangverein bei einer Aufführung von „Faust's Verdammung“ mit.

Elberfeld. Lehrer-Gesangverein (Dr. Haym). Dregerts „Sängertreu“ wurde packend vorgetragen, der kraftvolle Schluss kam zu bester Wirkung. Von den kleineren Chören gefielen die von Othegraven in moderner Weise prächtig bearbeiteten Volkslieder: „Zu ihren Füssen“ und „Das Liebchen im Grabe“ am besten. Von grösster Bedeutung für den Erfolg war die Mitwirkung der Frau Luise Hövelmann aus Köln. Die Sängerin verfügt über eine selten schöne, gut geschulte Stimme. Sie wusste das Ernste, Pathetische, wie nicht minder das Heitere ihrer Vortragsstücke vorzüglich zum Ausdruck zu bringen. Der glückliche Verlauf des Konzertes war für den Verein um so erhebender, als es den Hauptteil seines 15. Stiftungsfestes bildete. Hoffen wir, dass der Verein, der gegenwärtig 138 aktive und 300 passive Mitglieder zählt, weiter blühe zu Nutz und Frommen der edlen Kunst des Männergesanges. (Aus Neue Westd. Lehrerztg.)

Köln. Der Kölner Lehrer- und Lehrerinnen-Gesangverein hat am Sonntag mit seinem ersten Konzert zum Besten der „Kölner Krippe“ im grossen Gürzenichsaal den Beweis vollständig erbracht, dass er durchaus würdig ist, an dieser vornehmsten Musikstätte Kölns zu wirken nach Massgabe seines prachtvollen Materials sowohl wie des Grades der künstlerischen Nutzbarmachung, der technischen Leistungsfähigkeit und der musikalischen Gesamthaltung. Der Chor war weit über 200 Sängerinnen und Sänger stark, und die Soprane liessen auch nicht das Mindeste von jenem Umfang, jener Unermüdlichkeit und sieghaften Frische vermissen, welche den vornehmsten rheinischen Musikinstituten so vorzugsweise nachgerühmt zu werden pflegen. In dem ganzen Chor aber herrschte edle Singbegeisterung und man kann alles in allem genommen wirklich nicht sagen, dass diese sich auf Kosten des Schliffs oder der nur immer wünschenswerten edlen Prägung des Gesamtklanges geltend gemacht hätte. Der Dirigent, Herr Gesanglehrer Karl Reuther, ist zweifellos ein vortrefflicher Chorerzieher, und dass er als Leiter heute die Zügel mitunter noch etwas peinlich straff hält und der inneren Vortragsbewegung, wie sie die Voraussetzung für eine individuelle Verlebendigung des Ausdrucks bildet, oft noch wenig Spielraum lässt, beweist eben den richtigen erzieherischen Standpunkt, dass zunächst mal felsenfeste Fundamente, wie sie für jede wahrhaft künstlerische Ensembleleistung unerlässlich sind, durch gewissenhafteste Schulung und Erringung äusserster Disziplin geschaffen werden müssen. Gesungen wurde u. A.: Hegar, „Liederfrühling“, Wüllner, „Frühlingsahnung“, Ferd. Hummel, „Die Macht der Liebe“, L. Keller, „Treue Liebe“, Tanzlied von Kieffel, welches mit einer solchen Virtuosität, was Beweglichkeit der Stimmen, Sauberkeit und Aussprache anbelangt, gesungen wurde, dass es da-capo verlangt wurde.

Breslau. Der Lehrer-Gesangverein (Max Franke) führte in seinem letzten Konzert mit bedeutendem Erfolge das schwierige Werk Ernst Heusers „Die Hünengräber“ auf.

Halle. Der Lehrer-Gesangverein unter Leitung des H. n. Prof. Reubke hatte sehr grossen Erfolg mit „Hymne an den Gesang“ von Hegar, zwei Trauerchöre von P. Cornelius, und vor allen Dingen „Seemanns Heimfahrt“ von Jos. Schwartz; auf letzteren Chor sei besonders aufmerksam gemacht als ein hochinteressantes, charakteristisches Tonwerk. Auch Liszt war auf dem Programm mit dem „Vereinslied“ vertreten, man kann daher die künstlerische Vornehmheit und im besten Sinne des Wortes fortschrittliche Gesinnung, welche in der Auswahl zu Tage tritt, nur rühmend hervorheben.

Usingen. Das goldene Jubelfest des Lehrer-Seminars zu Usingen wurde im September 1901 durch eine Reihe wohlgelungener Festlichkeiten gefeiert, in denen der Frau Musika selbstredend der breiteste Raum eingeräumt worden war. Unter Leitung des Seminar-Musiklehrers P. Teichfischer sang der Chor im Festaktus in der Kirche ein „Sanktus“ von Rungenhagen und den 100. Psalm für Männerchor, Baritonsolo u. Orgel v. P. Teichfischer, letzteres mit grossem Erfolg. Das Konzert brachte dann noch eine wohlgelungene Wiedergabe des „Festgesang“ für Männerchor und Orgel von Fr. Liszt, über welchen ein Artikel der Festzeitung sich folgendermassen auslässt: „Liszts »Festgesang« zeigt besondere Eigenart, vor allem in den zahlreichen Unisono-Führungen und überraschenden Modulationen. Hoffmann v. Fallersleben hat das Lied zur 10. allg. deutschen Lehrerversammlung in Weimar gedichtet. Mir gegenüber äusserte einst Jemand, den es mit angeht, geringschätzig, ihm sei das Lied nichts anderes, als ein Innungslied. Der betreffende schien allerdings wenig von Idealismus zu wissen, bezw. zu besitzen. Auch für den Fall der Richtigkeit jenes Todesurteils der Dichtung dürfte in dem Ausdrucke „Innungslied“ für manchen ein Ansporn liegen, dem nachzueifern, was seinerzeit die Zünfte zu Macht und Ansehen brachte. Und jedenfalls kann die Innung nicht die schlechteste sein, der zwei gottbegnadete Männer, wie Hoffmann und Liszt ihre tiefempfundenen Herzenstöne weihen."

Deutsche Volkslieder,

soweit sie in kleineren Sammlungen (8—12 Nr.) erschienen sind.

Für Männerchor.

Karl Becker, Volkslieder-Album, enthält 30 Volkslieder u. 60 volkstümliche Lieder (Heuser, Neuwied) . . . . . . 1,—
do. 9 Rheinische Volkslieder (Heuser, Neuwied) . . . . —,25
do. Rheinisches Liebesleben im Volksliede (6) P. u. St. . 2.20 (Oertel, Hannover)
Fr. M. Böhme, 6 alte Lieder aus Volksmund (Schott's, S. Mainz) 2.—
do. 6 Volkslieder. . . 2.—
do. 6 Deutsche Volkslieder . . 2.—
do. 6 Deutsche Volkslieder. (Th. Dietrich, Leipzig 2,60
E. Kremser, 6 Altniederland. Volkslieder (Leuckart, Leipz.) —,80
Joh. Lewalter, 10 Deutsche Volkslieder. (Baier Kassel) . . —,—
H. Müller, Sechs deutsche Volkslieder Part. . . . . 1,— (Praeger & Meier, Bremen)
Jul. Bletz, Deutsche Liederhalle. 6 Hefte. (Fürstner, Berlin) 1.50
G. Schmidt, op. 16. 6 Volkslieder (Breitkopf & H., Leipzig) 2,50
G. Schreck, Die ältesten Deutschen Volkslieder (12). . . . 3.— (Kistner, Leipzig).
H. Spangenberg, op. 15. 15 Deutsche Volkslieder. 3 Hefte —,— (Eulenburg, Leipzig).
do. op. 18. 12 Deutsche Volks- und volkstümliche Lieder. 2 Hefte . . je 1.60 je 2.—
W. Speidel, 7 Deutsche Volkslieder. 2 Hefte (Boswuth, Leipz.) je 1,50
do. 7. Deutsche Volkslieder. 2. Samml. 2 Hefte. . je 1.50
Oskar Wermann, op. 78. Zehn deutsche Volkslieder. . . . 2.50 (Wernthal, Berlin).
J. B Zerlett, 6 Altdeutsche Liebeslieder (Gebr. Reinecke, Leipz.) 2.20

Auf die neue Ausgabe von **Oskar Wermann,** op. 78 (bei O. Wernthal) möchte ich ganz besonders aufmerksam machen. Der Satz ist gleich ausgezeichnet in seiner Klangschönheit wie in seiner Anschmiegung an den poetischen Gehalt des Textes.

Für gemischten Chor.

Julius Spengel, op. 9. Acht fröhlische deutsche Volkslieder für gemischten Chor gesetzt. (F. E. C. Leuckart, Leipzig). Part. 1,50. Auch einzeln à Mk. 1,— für Part. und Stimme.

Eine köstliche Sammlung, durchweht von einem herzerquickenden Ton. Sie dürfte in keinem Archiv fehlen, wo noch Wert gelegt wird auf echte, deutsche, sinnige und gemütvolle Fröhlichkeit.

Sammlung **Göschen** No. 25. **Das deutsche Volkslied,** ausgewählt und erläutert von Prof. Dr. J. Sahr, geb. 80 Pfg.

Bei einer Auswahl aus dem Schatz deutscher Volkslieder für die Sammlung Göschen konnte es sich nur darum handeln, dass die wichtigsten Arten von Volksliedern durch charakteristische Beispiele vertreten sind und keine jener Gattungen ganz fehlt. Dabei ist das Volkslied bis in das neunzehnte Jahrhundert verfolgt und so sein ununterbrochenes Fortleben und -dichten bis in unsere Zeit auch hier belegt. Den Texten wurde eine kleine Auswahl einstimmiger Weisen aus alter und neuerer Zeit beigegeben. Die kleine Sammlung ist wegen der instruktiven Auswahl und sachkundigen Erläuterungen zu empfehlen.

Hans Eschelbach, Der Niedergang des Volksgesanges. (Heusers Verlag, Neuwied). 60 Pfg.

Seinem vor einiger Zeit an dieser Stelle besprochenen Mahnruf: „Rettet das Volkslied" lässt der rheinische Dichter heute einen zweiten folgen, der dasselbe Thema anschlägt. Die Broschüre enthält sehr beherzigenswerte Winke und Vorschläge; wenn aber Eschelbach den Gesangvereinen überhaupt die Möglichkeit absprechen will, in der Volksliedfrage die Zustände zu bessern, so hat er Unrecht. Auch nur mit gewissen Einschränkungen richtig ist folgende Bemerkung: „Wie die edle Sangeskunst heutzutage in den meisten Gesangvereinen gepflegt wird, ist sie durchaus nicht dazu berufen, den Volksgesang zu beleben; sie unterdrückt ihn vielmehr. Der Vereinssänger verliert die naive Freude am schlichten Volksgesange, ihm sind die Volkslieder nur „Lieder für Schulkinder", er zieht die neuen Lieder vor, die keiner mitsingen kann, der nicht Vereinssänger ist, die er selbst in den meisten Fällen nicht singen kann, wenn die Vertreter der 4 Stimmen nicht vereint zur guten Stunde sind. Und sind die Vereinsmeier nun glücklich vereint, so können sie trotzdem nicht singen, weil sie — — — — keine Noten bei sich haben".

Wenn der Verfasser des weiteren es als würdige Aufgabe kleinerer Gesangvereine betrachtet, sich statt der oft recht fruchtlosen Wettstreitsingerei wieder mehr der Pflege des 1 und 2 stimm. Volksgesanges zuzuwenden, so verkennt er das Wesen nicht nur des Wettstreits und der Männergesangvereine sondern auch des mehrstimmigen Gesanges. Sind unsere heutigen Wettstreite ausgeartet und fruchtlos, so liegt das an Faktoren und Anschauungen, welche mit der Volksgesangfrage nichts zu thun haben; in dieser Frage das Kind mit dem Bade auszuschütten zu wollen, ist jedenfalls verkehrt. Dass das Volk eine ihm zusagende Melodie noch aus dem 4 stimmigen Satze herauszuschälen weiss, beweist die Thatsache, dass meine Köchin u. A. das schöne Lied „Und Alles war doch nur ein Traum" mit grosser Inbrunst singt.

Beherzigenswert ist der Vorschlag, die Seminaristen mehr zur Sammelarbeit anzuspornen; K. Becker, Neuwied, der bekannte Volksliedforscher, soll auf diesem Wege gar Manches wiedergefunden haben.

Vermischtes.

Der verdiente frühere Domorganist und Musikdirektor in Vreden, Herr Professor S. Gustav Jansen, jetzt Hannover-Steuerndieb wohnhaft, feierte am 15. Dezember seinen 70. Geburtstag. Es ist uns eine angenehme Pflicht, den verehrten Mann, welcher jetzt nur noch litterarisch thätig ist, zu diesem Tage unsere aufrichtigen Glückwünsche auszusprechen. Möchte ein gütiges Geschick ihm die bewundernswerte geistige und körperliche Frische, deren er sich erfreut, bewahren und ihm noch einen recht langen und gesegneten Lebensabend bescheeren.

Für Vereine unentbehrlich!*)

Verehrlichen Gesang-Vereinen bezw. deren Vorständen empfehle meine neueste Erfindung, den

Vereinsphonographen

in eleganter, stilvoller Ausführung. Derselbe hält an Stelle des Vorstandes bei jeder passenden Gelegenheit, als Stiftungsfest, Ausschusswahl, Aufnahme neuer Mitglieder, Weihnachtsfeier, Kommers, Herrenkneipe u. s. w. je nach Wahl der Walze eine schwungvolle, dem betr. Fest angepasste Rede. Die stilvollsten Schlagworte sind in reicher Fülle in den Ansprachen verwendet, z. B.: Werte Liederbrüder — Liebwerte Sanges-Freunde — Deutsche Sangeslust — hohe Kunstideale — Fahne der Kunst hochhalten — vertrauensvoll in die Zukunft blicken — treue Brüderschaft halten — Einigkeit — darum bitte ich Sie, begeistert mit mir einzustimmen in den Ruf. — Hoch das deutsche Lied! — hoch! u. s. w. Ausstattung hochfein, in vier Stimmlagen vorrätig

1. Dröhnender Bariton, besonders kräftig. Für Vorstände in den dreissiger Jahren, die schöne Männer sind. Zwölf verschiedene Reden. Eine Gratiswalze: Weihnachtsprolog . . 100 Mk.

2. Für ältere Vorstände. Bass. Stimmung bieder, schlicht und väterlich. Reich an Rückblicken in die Vergangenheit. Sechs Walzen, drei mit, drei ohne rührenden Schluss. . . . . . . 40 Mk.

3. Jugendlich-heller Tenor; fulminante Begeisterung. Stich ins Lyrische. Für junge, unverheiratete Vorstände. Acht Walzen, davon drei mit Ansprachen in gebundener Rede. . . . . . . 55 Mk.

4. Universal-Vereinsphonograph. Spricht mit kräftiger, lauter Stimme einen auf jede Gelegenheit passenden Toast und schliesst mit einem weithin schallenden musikalischen Hoch . . 20 Mk. 50 P.

Bei dem steigenden Redebedürfnis der Gegenwart möge kein Klub versäumen, sich dieses hochwichtige gesellschaftliche Hilfsmittel anzuschaffen. Hochtungsvoll

Edi Sohn, Erfinder.

*) Gehört eigentlich in den Annoncenteil, ist leider durch ein Versehen des Setzer hierher geraten.

Briefkasten der Verbandsleitung.

An mehrere Fragesteller.

Auszug aus den Satzungen des westdeutschen Sängerverbandes.

Leitung: Hilden bei Düsseldorf.

1. Der westdeutsche Sängerverband ist eine Verbindung von Männergesangvereinen in Westdeutschland; auch können Dirigenten und Sänger nicht angeschlossener Vereine die persönliche Mitgliedschaft erwerben.

2. In der jährl. Delegiertenversammlung hat jeder Verein 2 Stimmen und jedes persönliche Mitglied 1 Stimme. Jährlicher Beitrag der Vereine à Sänger 10 Pfg., der persönlichen Mitglieder 1 Mk.

3. Zweck des Verbandes ist Pflege, Verbreitung und Reinhaltung des deutschen Männergesanges, insbesondere Bekämpfung des unlauteren Wettbewerbes auf den Gesangwettstreiten; Einschränkung derselben nach Zahl und Umfang; Einführung einer (absoluten?) Minimalleistung, einer einheitlichen Wertung; Abschaffung der Geldpreise.

Eine besondere Pflege soll dem „Edelvolksliede" stell werden.

Ferner lässt sich der Verband die Förderung der Berufsinteressen der Chorleiter angelegen sein.

4. Jeder angeschlossene Verein ist zum Bezuge des Verbandsorgans „Der Sänger" (Verlag vom Ende, Köln, Bismarckstrasse 25) verpflichtet. Alle Bekanntmachungen erfolgen in demselben.

5. Jeder angeschlossene Verein muss seinem Titel (Sängerbund) das Attribut beifügen: „Mitglied des westdeutschen Sängerverbandes". (Briefbögen, Briefumschläge, Konzertanzeigen.)

6. Die Verbandsvereine dürfen an Wettstreiten nicht organisierter Vereine nicht teilnehmen.

7. Alle Anfragen sind zu richten an den „Westdeutschen Sängerverband, Hilden bei Düsseldorf.

Konzertbericht.

Kritiken über Aufführungen und Künstler.

Aufführungen.

Männerchor.

Gotha Lt. (Rabich). G. Weber, »Scheiden«. Wohlgemuth, »Mägd-in, hab Acht«. H. Sitt, Böhm. Volkslied. Homerische Hymnen, »In iller Nacht«. Deutsches Volkslied. »Griselidis« altfranz. Melodie. »Im ;rünen Wiesengrunde«, bearb. von Rabich. **Ellwangen.** Sänger-und (Alt). M. Bruch, »Fritjof.« **Asch**, M.-G.-V. (Jul. Schaller) »Heer-bann«, H. Zöllner, grossartiger Erfolg. »Am alten Platz« von P. Wülfing. Prinz Eugen« von Ed. Kremser, beide gr. Erf. **Brooklyn.** Sängerbund . Kornmenich) »Jagdmorgen«, J. Rheinberger. »Totenvolk«, Hegar. Elfenlocken im Walde« von Bünte, (Da Capo). **Dresden.** Liedertafel. as Resultat des ersten W e r s c h i n g e r - K o n z e r t s war hocherfreulich ol für den Verein bedeutsam. Im Mittelpunkte des Interesses stand die berballade »Volkers Schwanenlied« von Meyer-Olbersleben (Würzburg), n echter Preischor, prächtig in der Erfindung und thematischen Aus-estaltung. An der Stelle »Bis morgen ruht und träumet« überraschten ie Bässe durch Wohllaut und Klangschönheit, dagegen bei der späteren emlung »Er singt von alten Fahrten«, deren Melodie wohl absichtlich i Douglas-Stimmung (Löwe) getaucht ist, beeinträchtigte der matte Klang er Tenöre die Wirkung. Im übrigen überwand der Verein die Schwierig-eiten mit Leichtigkeit und verhalf der Komposition zu mächtiger Wirkung. asselbe gilt von Köllners »Waldmorgen« und dem Arnoldschen »Sturm-ebe.« **Frankenthal.** Liederkranz (Jul. Schmitt) »Eins Teutschen Thaderichs Fahnenschwur.« Th. Podbertsky, »Morgen im Walde«, legar, »Haralds Brautfahrt« (H. Hofmann) gr. Erf. **Griesheim a. M.** ermania (J. Leuchter) »In den Alpen«, Hegar. »Entsagen« v. C. Schauss. Die Krone im Rhein«, Gageur (a. gr. Erf.) **Iserlohn.** M.-G.-V. »Glück den Bergen« von W. Labler, musste 2 mal Da Capo gesungen werden. **onneberg.** G. V. (B. Roth) 70 jähr. Stiftungsfest. »Die Nacht« von r. Schubert. »Völkerfreiheit« von C. Attenhofer. »In dem Himmel ht die Erde.« (Da Capo). »Maientanz« von R. Schwalm. »Czardas« n Fr. Lorenz. **Saarlouis.** M.-G.-V. (A. Berkach). Die beiden Särge« n Hegar. Sechs altniederl. Volkslieder von Kremser. **Uerdingen.** .G.-V. (Sonnen). »Mädchen, wenn ich von dir scheide« von C. Wilhelm. Der Spielmann« von Ullrich. »Kann ich naschen« von M. Neumann.

Gemischter Chor.

Basel Gesang-Ver. u. Lt. »Der Basler Bund« von Hans Huber. **ortmund.** M.-Ver. (Janssen), Händel Franz, »Messias«. **Düsseldorf.** tädt. M.-Ver. (Buths), Edward Elgar, »Der Traum des Gerontius« (Sol.: udw. Wüllner, Antonie Beel, W. Metzmacher. **M.-Gladbach.** Cäcilia. eibke. Schumann. »Rose Pilgerfahrt«, (Sol.: Rückbeil-Hiller, Therese lmingen. El. Diergardt, Karl Sommer, W. Fenten. Fr. Wüllner, Te deum«, Sol.: Rose Ettinger). **Köln.** Konz.-Ges. (Wüllner). Hugo Rohr, Alsbard«, (Sol.: Bertha Morena, Olive Fremstadt, Meta Hieber, H. Bruns, F. Fenten. **Mühlhausen i. Thür.** Allg. Mus.-Ver. (J. Moeller). Gluck Orpheus«, (Sol.: L. Gmeiner, Al. Obst, Ella Urtel). **Saarbrücken.** es. der Musikfreunde (Hallwachs). Mendelssohn, »Walpurgisnacht«. Sol.: Luise Hoevelmann, Joh. Bischoff, L. Vanoni). **Bonn.** Städt. G.-V. raten) Händel-Chrysander, »Messias«, (Sol.: Rückbeil-Hiller, M. Philippi, . A. Walter, J. Messchaert). **Düsseldorf.** Ges.-Ver. (Fr. Limbert). Goetz-Nenie. Brahms, »Schicksalslied«, Händel, »Halleluja«. **Frank-furt a. M.** Cäcilien-Ver. (Grüters). Mozart, »Gr. Messe in C-moll«. (Sol.: del. Günther, Luise Petersen, Oskar Noë, C. Lemleke). **Giessen.** Konz.-Ver. (Trautmann). Wolfrum, »Weihnachtsmysterium«. (Sol.: Julius Spelli, Osk. Noë, Aug. Leimer. **Gleiwitz.** Mus.-Ver. (Kienbaum). Verdi, Requiem«. (Sol.: Anna Franz-Müller, Selma Thomas, Fr. Schubert, U. Heinemann). **Hamburg.** Philharm.-Ges. (R. Barth). Beethoven, »Missa solemnis«, (Sol.: N. Noordewier-Reddingius, Luise Geller-Wolter, Ludw. Hess, A. van Eweyk. **Innsbruck.** Mus.-Ver. (J. Pembaur). Klughardt, Judith«. (Sol.: Jd. Walter-Choinanus, Ernst Hungar, Linda Hieber, Dr. Jos. Meyer. **Mannheim.** Mus.-Ver. (Fr. Langer). Mozart, »grosse Messe in C-moll«. (Sol.: Melia Flora, D. van d. Vyver, Fr. Erl. Carl Sauer). **Wien.** Sing-Verein. (F. Löwe). Haydn, »Schöpfung«. (Sol.: Em. Herzog, Franz Vaval, Victor Klöpfer, G. Valker.

Geistliche Werke.

Altona. Kirchenchor, (Woyrsch). Rheinberger, »De profundis«. Alb. Becker, »Kyrie«. P. Cornelius, »Jerusalem«; »Pilger auf Erden«. J. S. Bach, Mot. »Komm, Jesu«. (Woyrsch), Weihnachtslied, »O Kindelein zart«. C. Riedel, 3 altböhm. Weihnachtslieder. Herzogenberg, »Lobe den Herrn«. **Basel.** Ges.-Ver. (H. Huber). J. S. Bach, »Cantate am ersten Weihnachtstag« und Am Sonntage Quasimodogeniti. **Berlin.** Sing-Akad. (G. Schumann). J. S. Bach. »Weihnachtsoratorium«, (Sol.: Anna Munch, Geller-Wolter, Em. Pinks, van Eweyk). **Breslau.** Sing-Akad. (G. Dohrn). A. Bruckner, »Te Deum«. **Elberfeld.** Konz.-Ges. (Haym). Joh. Eccard. »Weihnachtsgesänge«; »Auf Mariä Heimsuchung«; »Auf Mariä Reinigung«. (M. Praetorius). »Es ist ein Ros entsprungen«. **Solingen.** Ev. K.-Ch. (Paul Hoffmann) Klughardt, »Fest-Mot., op. 86«. A. Becker, »Also hat Gott die Welt geliebet«. Weihnachtslied. A. Neithard. »Sei getreu«. **Lehlstein.** K.-Ch. (B. Roth). »Crucifixus« von A. Lotti. »Ich wollt, dass ich daheime wäre«, geistl. Volkslied von A. Becker. **Sonneberg.** K.-Ch. (B. Roth). »Sei stille deinem Gott«, Knabenchor von Chr. Mühlfeld. »Die Vesper«, nach dem Adagio op 81 b von Beethoven für Sopran, Tenor und 2 Bässe bearbeitet. »Kommt, lasst uns gehen in Bethlehems Stall« von B. Roth (Da Capo). »Altböhm. Weihnachtslied« von C. Riedel für Knabenchor. »Der Herr wird die Thränen abwischen« von Alb. Schröder.

Blanche Hubbard.

Magdeburger General-Anzeiger 5. 2. 1901. Den solistischen Teil des reichen Programms bestritten in Hans Wessel und der Violinspielerin B l a n c h e H u b b a r d aus London zwei hervorragende Kräfte. Miß Blanche Hubbard hatte als größere Nummer das G-dur-Violinkonzert von Goetz gewählt, das der Künstlerin reiche Gelegenheit zur Entfaltung ihrer hochentwickelten Technik und ihres sehr einschmeichelnden Tones bot. Man rief sie schon nach diesem ersten Vortrag wiederholt hervor.

Bernburger Wochenblatt. 9. 2. 1901. Nunmehr trat die mit Spannung erwartete Geigerin Miß B l a n c h e H u b b a r d auf, klein von Figur, mit interessantem Kopf und jeder Zoll eine Virtuosin, für welche nichts weiter zu existieren scheint als ihr Instrument und die Kunst. Es war unverkennbar ein reifes Talent, das sich da präsentierte, und eine in sich abgeschlossene Künstlerschaft, die ihre eigenen Wege zu gehen und weder rechts noch links zu schauen gewöhnt ist. Diesen Eindruck machte die junge Dame auf uns, nicht nur hinsichtlich der Persönlichkeit als auch der Spielart.

Rheinische Musik-Zeitung Köln. 12. 7. 1901. An jenem Abend spielte Frl. Blanche Hubbard, eine Schülerin Hans Beckers aus Leipzig: E i n e G e i g e r i n s o a u s g e z e i c h n e t e r u n d s y m p a t h i s c h e r A r t , w i e i c h s i e s e i t l a n g e r Z e i t n i c h t g e h ö r t h a b e ! Sie spielte das Konzert in einem Satz von Hermann Goetz und zeigte damit den Mut, ein sehr feines, nur von Dilettanten gewöhnlich als „unbedeutend" bezeichnetes Werk in die Oeffentlichkeit zu tragen. Frl. Hubbard hat eine sehr gut durchgebildete Technik und einen blühenden, an sich schon stimmungsvollen Ton. I n a l l e m hat sie das, was von hundert Geigern nur zwei haben: Stimmung! Mit dieser fängt die Wirkung im Konzertsaal überhaupt erst an. Unter ihrem Bann befand sich denn auch das ganze Publikum und bereitete der Dame einen Erfolg, wie ich ihn in Sommer-Konzerten noch kaum gesehen habe. Wir erleben an Künstlern, die aus Großstädten als „Sterne" verschrieen und verschrieben werden, im Winter so oft Enttäuschungen, daß es zu wünschen wäre, wenn einmal eine Geigerin von der Begabung des Frl. Hubbard auf dem Winterplan erscheinen würde, wobei dann das Fehlen jeglicher Aufdringlichkeit sowohl in persönlicher wie künstlerischer Beziehung einen doppelt großen Erfolg zeitigen würde.

Kölnische Zeitung. 2. 7. 1901. Um so erfreulicher war das Geigenspiel von Blanche Hubbard aus London, die in des frühverstorbenen Hermann Goetz Violinkonzert einen sehr schönen Ton, die volle erforderte Fertigkeit und einen sehr abgeklärten Vortrag an den Tag legte und hoffentlich bald wiederkommt. Sie fand begeisterten Beifall.

Kölner Tageblatt. 2. 7. 1901. Da war es um die Kunst des Frl. Blanche Hubbard aus London denn doch anders bestellt. Eine ganz famose junge Geigerin, die viel Technik und Vortragsbravour mit schönem Ton verbindet, der namentlich in der Kadenz, bei dem Tacet des oft gar zu dick instrumentierten Orchesters des sonst recht poesie- und gedankenvollen Goetz'schen Violinkonzerts, ganz wundervoll klang, eine Empfehlung freilich nicht nur für die Geigerin, sondern auch für die schöne Geige. Der Eindruck war ein so erfreulicher, daß wir der Geigerin bald wieder zu begegnen hoffen.

Benno Walter, Violin-Virtuose.

Straßburg. Lohse-Concert. Das Hauseggerische Werk „Barbarossa", dessen Aufführung eine Zeitdauer von fünfzig Minuten in Anspruch nimmt, bildete das symphonische Hauptstück des Konzerts. Eröffnet wurde dieses mit der reichbewegten Ouverture zur Oper „Le roi d'Ys" von Edouard Lalo, dem 1892 verstorbenen französischen Komponisten, dessen zwei Geigenkonzerte in den hiesigen Konzertsälen bekannt geworden sind, das erste, Sarasate gewidmete, das im vorigen Jahre Jacques Thibaud spielte, und das zweite, „Symphonie espagnole" betitelt, das hier vor Jahren Karl Halir vortrug. Die Oper, die als Lalos bestes Werk gilt, ist unseres Wissens bisher in Deutschland nicht aufgeführt worden. Lalo selber erlebte deren erste Aufführung in Frankreich auch erst vier Jahre vor seinem Tode, während allerdings die Ouverture schon zwölf Jahre vor diesem Zeitpunkt dort bekannt geworden war. Mit den Liszt'schen „Préludes", dem ansprechenden Werk der Programmmusik älteren Stils, das eben wegen dieser Eigenschaft stets eine gerngehörte Komposition ist, schloß das Konzert. Dazwischen spielte Benno Walter aus München, der Sohn des vor kurzem verstorbenen Münchener Konzertmeisters gleichen Vornamens und Führers des nach ihm benannten Münchener Streichquartetts, ein Geigenkonzert von Mozart, und zwar dasjenige in D-dur (Nr. 4 der Ausgabe von Breitkopf und Härtel). Herr Walter, eine im Aeußern stark an seinen verehrten Vater erinnernde, jugendlich einnehmende Erscheinung, die gleich beim Auftreten Sympathieen beim Zuhörer weckt, spielte das liebenswürdige Werk mit tadelloser Sauberkeit, besonders auch in den von Ferdinand David hinzukomponierten Kadenzen, und musikfreudiger Stimmung, die im allgemeinen Beifall der Zuhörer leicht das entsprechende Echo fand. Virtuose Eigenschaften des Spiels zu entwickeln, hatte er sodann noch Gelegenheit in der Faustphantasie von Wieniawski, für die man im übrigen keine Begeisterung mehr vorzubringen braucht. (Straßburger Post.)

Aufführungen.

Köln. Das 7. Gürzenich-Konzert gestaltete sich durch die Mitwirkung der fünf größten Männergesangvereine Kölns zu einem Musikfest. Der Kölner M.-G.-V., der Liederkranz, Sängerkreis, Lehrerverein und die Polyhymnia hatten sich vereinigt, um Wüllners machtvollen 98. Psalm „Singet dem Herrn ein neues Lied" für Männerchor, Solo, Orchester und Orgel unter Leitung des Komponisten zur Aufführung zu bringen. Der Jubel, mit welchem die Zuhörer den Meister feierten, bewies, wie mächtig die Wirkung des imposanten Werkes war; orkanartig wälzte sich ein jubelndes Klangmeer aus über 500 rheinischen Sängerkehlen in die weite Halle des Gürzenichs, der miserablen Akustik derselben Trotz bietend! Überaus wohlthuend für Seele und Ohr wurden die jauchzenden Lobhymnen unterbrochen von dem Gebet aus Psalm 96 „Betet an den Herrn im heil'gen Schmuck!" mit außerordentlichem Wohllaut und inniger Empfindung vorgetragen von den Herren Siewert, Danoni, P. Haase und Harting. Der deutsche Männergesang kann sich glücklich schätzen, an hervorragender Stelle einen so warmen Freund und Anhänger seiner Sache zu besitzen. Es ist dankbar anzuerkennen, daß Wüllner keine Gelegenheit vorübergehen läßt, in den vornehmsten Konzerten der Metropole Westdeutschlands auch den Männergesang zur Mitwirkung heranzuziehen und ihm die gebührende Stellung anzuweisen. Wir brauchen die Hoffnung auf eine Blütezeit dieser Kunstgattung im edelsten künstlerischen Sinne nicht aufzugeben, solange Männer wie Wüllner, derselben noch ein so warmes Herz entgegenbringen. L.

Volkskunstabende in Charlottenburg.

Von Heinrich Hart.

Im Lande Babylon, da, wo dereinst die Harfen an den Weiden hingen, lag vor Zeiten das Städtchen Pumpeditha. Daß ein Städtchen dieses Namens mit einer Hochschule, und zwar mit einer jüdischen, gesegnet war, erscheint beinahe selbstverständlich. Und nicht minder selbstverständlich, daß an besagter Hochschule tagtäglich disputiert wurde, lauter, am lautesten. So erhob sich denn eines Tages unter einigen der Rabbi ein heftiger Streit über die schicksalsschwere Frage, ob eine das Volk für die Schriftgelehrten oder die Schriftgelehrten für das Volk da seien. Nachdem man die Frage wochenlang nach allen Regeln der Kunst hin- und hergewendet, zerzupft, durchleuchtet, zerhechelt hatte, schlug endlich einer der Weisesten vor, sich zunächst einmal über den Begriff Volk zu verständigen. Leider ist, bevor man sich einigen konnte, Pumpeditha vom Erdboden weggewischt und das Land Babylon zur Einöde geworden.

Meinerseits fühle ich mich stets ein wenig pumpeditisch angehaucht, sobald ich an irgend ein Wort das Wörtlein Volk angehängt sehe. Sobald ich auf Wortverkettungen wie Volksbühne, Volksstimme, Volkskunstabende stoße. Immer wieder packt mich da der quälende Zweifel: bin ich selbst mit Volk, oder was bin ich sonst? Übervolk, Gegenvolk, Untervolk? Wo beginnt in Sachen Kunst die Grenze, die zwischen Volk und Nichtvolk gezogen ist? Entscheidet auch hier der Geldbeutel, der den einen zum Oeldruck verdammt, dem anderen Menzel und Liebermanns ermöglicht? Aber es soll Leute geben, die bei 150 M. Monatslohn eifriger um Kunstentzückungen bemüht sind, als Bankdirektoren und Staatsexzellenzen. Oder hängt die Wertung vom Kunstverständnis ab? In diesem Falle wären die meisten unter uns halb Volk, halb Nichtvolk. Überall laufen Kulturwesen umher, die etwa in Malerei Feinschmecker raffiniertester Art sind und in Musik nicht Bach von Händel unterscheiden können. Kurz und gut, mit dem Begriff Volk ist es wie mit dem Begriff Masse. Beide sind offenbar nur erfunden, um brave Menschen, die sich bei allem, was sie hören, auch etwas denken möchten, zur Verzweiflung zu bringen. Es wäre nicht sehr nett vom „Verein zur Förderung der Kunst", wollte er künftighin die Volkskunstabende in einfache Kunstabende verwandeln. Wenn dann fürderhin irgend welche Exzellenzen und Serenissimi irrtümlich die Abende mitmachten, so müßte das ertragen werden. Schaden könnte den E. und S. ein bischen „Kunstförderung" in keinem Fall.

Charlottenburg ist die Stätte, wo der genannte Verein die Keime auszustreuen gedenkt, aus denen die Renaissance der Geister erblühen soll. Zunächst die Charlottenburger, weiterhin die Storkow-Beeskower, die Teltower und Oberbarnimer Renaissance. Unter den Städten des Reichs ist Charlottenburg nicht die größeste. Aber mit keckem und weitem Zugriff hat es sich vor allen anderen, insbesondere vor seiner ungeschlachten Nachbarin Berlin den Ruhm gesichert, als neues Florenz und deutsches Athen in künftigen Chroniken zu prunken. Oberbürgermeister Schustehrus, Geheimrat Keller und Heinz Wolfradt, das Haupt des Kunstförderungsvereins, diese drei Männer sind es, denen die Stadt es zu danken haben wird, wenn ihre Bürger zu einem Geschlecht von Mäcenen und Mediceern erwachsen werden.

Wie natürlich, stand der erste der Kunstabende im Zeichen der Heimatskunst. Er war durchwebt von jenem patriotischen Geiste, dem eine gedeihliche Protektion allzeit gesichert ist. Heimatskunst im engsten und traulichsten Sinn des Wortes. Kunst des Osthavellandes, Kunst, wie sie zwischen Tegel und Ketzin erblüht, Kunst, die Havelluft und Havelseele atmet. Auf Staffeleien leuchteten Havel-Landschaftsbilder von Bracht, Feldmann, Leistikow und Lippisch. Gustav Manz trug Lieder und Geschichten des Havel-Dichters Fontane in sehr ansprechender Weise vor. Desgleichen thaten Johanna Meyer und Cäsar Beck. Alexander Heinemann sang eine Ballade ebendesselben Dichters, die freilich von keinem Havelländer, sondern von einem Schotten handelt. Aber ob Douglas oder Itzenplitz, das bedeutet im wesentlichen in dem, worauf es allen Havelsängern ankommt, in der Treue zu Fürst und Heimat, keinen Unterschied.

Das Programm des ersten Abend erfreute durch seine Einheitlichkeit, aber es verstimmte ein wenig durch seine Einförmigkeit. Und bei all der Poesie, die man zum besten gab — — es fehlte doch jenes je ne sais quoi, jener letzte Zauber, der freilich kaum je im Theater, an Kunstabenden, bei Vereinsfesten sich einstellt. Ich bin am Tage nach dem Abend durchs Havelland gewandert, zwischen Wald und Fluß dahin. Dies stille Wandern — die Herren von der Kunstförderung wollen mir den Frevel verzeihen — dies Wandern dünkte mich beinahe noch poetischer und kunstfördernder als Sang und Vortrag in der Aula des Charl. Reform-Gymnasiums. Zum Glück stehe ich mit diesem Empfinden allein. (Aus „Der Tag.")

Was dringt ins Herz und ins Gemüt!

Des Volkes Stolz: „Ein einfach Lied!“

Glänzend besprochen und empfohlen!!!

Beliebte Volksweisen

für Männerchor arrangiert von **Fritz Neuert.**

1. Zu Straßburg auf d. l. Bruck
2. Scheiden und Meiden.
3. Wer weiß, ob wir uns wiedersehen.
4. Ade, du Land am Rhein.
5. Abfahrt von der Heimat.
6. Sehnsucht nach der Heimat.
7. Glockengeläute.
8. 's Blüamerl am See.
9. Sonntags am Rhein.
10. Noch ist die blüh. gold. Zeit.
11. Drei Lilien.
12. Der Baum im Odenwald.
13. Das Lieben bringt gr. Freud
14. Jauchze, mein Herz.
15. In der Heimat.
16. Abendglöcklein.
17. Wenn ich ein Vöglein wär.
18. Wenn zu mein Schätzel kommst.
19. Wenn wir d. d. Straßen ziehen.
20. Alte Freundschaft, alter Wein.
21. Treue Liebe.
22. Am Narenier.
23. Verstohl. geht der Mond auf.
24. Der schwere Traum.
25. Süddeutsches Tanzlied.
26. Argwohn.
27. Spinnerin.
28. Der Lumpenmann.

Partitur je Mk. —.40, Stimmen je Mk. —.60.
Bei gleichzeitiger Entnahme von 5 Chören Partitur je Mk. —.30, Stimmen je Mk. —.40 netto.

Robert Neumann, Musik-Verlag, Pforzheim (Baden).

Neu! Walpurgisnacht Neu!

von **A. Jäckel** op. 94.

Grosses Walzeridyll für Männerchor, gemischten Chor, Frauenchor, u. Soli, mit Klavier- od. Streichorchesterbegl.

Klavierauszug ℳ 3.—. Stimmen ℳ 1.20.
Orchesterpartitur „ 3.—. Orchesterstimmen „ 3.—.

Die Walpurgisnacht ist ein lang vorbereitetes mit grösster Sorgfalt ausgearbeitetes Werk im Stile der „Koschat-Walzer“. Von Autoritäten vor Herausgabe geprüft und allgemein äusserst günstig beurteilt. Texte stehen den verehrlichen Vereinen bei Aufführung in beliebiger Anzahl **in Kommission** zur Verfügung.

Grosser Beliebtheit erfreuen sich Jäckels volkstümliche Männer- und gemischte Chöre. Katalog gratis. Partituren z. Ansicht.

G. Adolf Jäckel,
Musikverlag, Leipzig, Poststr. 14

Gratis und franko

sende ich den Herren Dirigenten und Gesanglehrern gerne einzelne Partituren von **Johannes Schondorf's Männer- und gemischten (auch Schul-) Chören** (Lose Blätter, Vaterländische Gesänge etc.) zur Ansicht.

Schondorf's Verlag in Güstrow.

Mehrfach preisgekrönte **Männerchöre!**

Math. Neumann

op. 44. **Germanenzug** | op. 46. **Siegesbotschaft**
„ 45. **Kaiser Friedrich** | „ 47. **Die Toten der Haide**

Diese, sowie auch andere gangbare, beliebte Chorwerke übersende geehrten Vereinen gern zur Auswahl.

Fr. Ullrich,
Musikalien-Versandgeschäft u. Chorgesangverlag.
Godesberg a. Rh.

Zum 50jährigen Regierungsjubiläum Sr. Königl. Hoh[eit] Grossherzogs

Friedrich von Baden.

Jubiläumsgruß. Männerchor von **TH. MAYER**, op.

Preis: Partitur Mk. 1.50, Stimmen Mk. —.80.

Fridolin Göckels Verlag, Messkir[ch]

Bitte zur Ansicht zu verlangen!

Humoristica.

Couplets, Szenen, Duette, Terzette, Männerchöre &c.

zur Ansicht zu beziehen durch

H. vom Ende's Musikalienhandlung,
Köln am Rhein.

In keiner Männergesangvereins-Bibliothek sollte das

Jahrbuch

für

Deutschlands Männergesangver[eine]

für 1901.

Hunderte von Anerkennungsschreiben seitens Vereine gingen dem Herausgeber zu.

Die noch vorhandenen Exemplare werden zu dem [...] Preise von **1 Mark** pro Stück (früher 3 Mark) ab[gegeben] und dem Unterzeichneten gegen Einsendung des [...] frei zugesandt.

Schweidnitz. Adolf Schre[...]

Antiquarisch

gesucht: Material zu **Elias** von **Mendel[ssohn]**

Offeriert: — **Händels sämmtliche W[erke]**

grosse Händelausgabe für Mk. 400.

H. vom Ende's Musikalienhandlung

Köln am Rhein.

Wegweiser durch die Chorgesanglitteratur

Amtliches Organ des westdeutschen Sängerverbandes.

Ratgeber für Gesangvereine und Dirigenten.

Redaktion und Verlag: H. vom Ende, Köln a. Rh., Ecke Bismarck- und Kamekestrasse.

nebst

„KONZERTBERICHT“

und Beiblatt:

Der Sänger.

Erscheint monatlich einmal. Bezugspreis für 1 Expl. 20 Pfg. Jahresabonnement Mk. 1.50 und 40 Pfg. Porto. Inserate kosten pro 4mal gespaltene Petitzeile 30 Pfg.

Expedition: H. vom Ende's Musikalien-Versandgeschäft.

Nr. 5. | Köln a. Rhein, den 26. Februar 1902. | III. Jahrg.

Inhalt:

Franz Wüllner.

Die Mauern Kölns hallten wieder von der Begeisterung, mit welcher des Meisters 70ter Geburtstag gefeiert wurde. So arbeits- und mühevoll sein Leben gewesen ist, so ehren- und ruhmvoll hat sich seine künstlerische Laufbahn gestaltet. Das Konservatorium ist unter seiner Leistung zu einem der ersten Musikinstitute der Welt geworden; die Gürzenich-Konzerte und niederrheinischen Musikfeste sind Zeugen seiner Triumphe als Dirigent, und auch als Komponist hat er sich namentlich durch seine Chorwerke einen klangvollen Namen erworben. Von seinen grösseren Chorwerken für Männerchor ist „Heinrich der Finkler“ mit Recht populär geworden, es gehört zum Besten auf diesem Gebiete. Ferner mache ich aufmerksam auf op. 33 „Preis der Wahrheit“ op. 37 „Lied und Leben“, Hymne mit Orch., Psalm 98 „Singet dem Herrn“ mit Orch. und Orgel, für Massenchor von pompöser Wirkung. Unter seinen a capp. Chören ist op. 35 Liedesgruss zu erwähnen und die Bearbeitungen alter Volkslieder. Wer seine Volksliedbearbeitungen für gem. Chor kennt, wird wissen, dass es die besten sind, die wir besitzen. Auch unter seinen eignen Kompositionen für gem. Chor a. capp. befinden sich wahre Perlen erquickender Melodik, u. a. „Sind wir geschieden“ „Und in die engen Gassen“ „Dein Herzlein mild“. Wer je diese Liedchen von der obersten Chorklasse hat vortragen hören, dem werden sie wegen ihres Wohlklangs und des stimmungsvollen Zaubers, der über sie hingegossen ist, tief in's Herz gegraben sein. Künstlerisch am bedeutendsten ist er in einigen grösseren kirchlichen Werken, besonders in seinem Te Deum für Soli, gem. Chor und Orch., es ist ein Werk, welches keinen Vergleich zu scheuen braucht, ferner im 8 stimmigen Stabat mater op. 45 und in 2 Messen op. 20 und 29. Auch sein Miserere op. 26, Psalm für Doppelchor und Soli, verdiente allgemeiner bekannt zu werden. Ueber eine Aufführung des Werkes in Köln schrieb Dr. Neitzel in der Köln-Ztg. folgendes:

. . . Die Behandlung des Textes schliesst sich den Gewohnheiten der katholischen Kirche, wie sie durch die altitalienischen Meister sich herausgebildet haben, an, widerspiegelt jedoch und erweitert vom gläubig-modernen Geiste. Abgerundete, reich und kunstvoll ausgeführte Sätze werden von der Stimme des Psalmisten abgelöst. Die Hülfsquellen des Doppelchors sind ihrem ganzen Umfange nach mit feinstem Sinn für Wohlklang, für vielstimmige Zusammenklänge und für regste Stimmbewegung ausgenutzt. Von besonderem Reiz ist das Zusammensingen einer diskreten Chor- und zweier Solostimmen. Die Grundstimmung des Textes bezeugt eine so grosse Hingabe und Vertiefung, dass der musikalische Ausdruck uns stets als selbständig empfunden, mit einer dem Text abgelauschten Eigenart entgegentritt. Die einzelnen Phrasen werden in massvoller Weise treffend und eingehend charakterisiert. Auch in rhythmischer Hinsicht stechen die einzelnen Sätze genügend von einander ab, um unter Beibehaltung der einheitlichen Grundstimmung ein wechselvolles Ganzes zu ergeben. Das Ganze ist von einer Höhe der Anschauung getragen und mit einer Geschicklichkeit gearbeitet, dass es zu den wertvollsten und bleibenden Schätzen der Chorlitteratur zu zählen und allen Vereinen jedes Glaubens als herrliches Erbauungsstück zu empfehlen ist. Besonders hervorragend in Modulation, Stimmenanordnung und Ausdruck ist die Stelle: Sacrificium Deo spiritus contribulatus.

„Flieg. Blätter des ev. K.-Musik-Ver.“ in Schlesien:

Hut ab, vor dem im Lapidarstil geschriebenen op. 26 Miserere Meister Wüllners, das dem Andenken seines kongenialen Tondichters Joh. Brahms gewidmet ist! Es besteht aus Chören und Doppelchören mit Solis und behandelt den Text des 50. Psalms in der Weise, dass immer abwechselnd ein Psalmvers von irgend einer Stimme im Choralton (Tonus I Finalis I) vorgetragen wird, worauf den folgenden Vers der ganze Chor meist in wunderbarer Weise, polyphon durchgearbeitet, vorträgt. Das mächtige und ergreifende Werk verlangt sehr sattelfeste Sänger und Sängerinnen, denn es ist durchaus vokal gedacht und stellt an die Kräfte und Ausdauer der Ausführer ganz ungeheure Anforderungen. Aber von unvergleichlicher Erhabenheit und Würde! Für Künstlerchöre, welche notabene die alten Meister zu singen verstehen, eine wahre Perle neuerer Kirchenmusik.

Allgemeine illustrierte

Encyklopädie der Musikgeschichte.

Band I von Prof. Hermann Ritter.

(Verlag von H. Schmitz, Leipzig.)

Ein neues Werk auf diesem Gebiete, in breitester Anlage entworfen, ausgestattet in jeder Beziehung mit ungewöhnlicher Sorgfalt, verlangt immerhin erhöhte Aufmerksamkeit seitens aller Tonkunstbeflissenen. Prof. H. Ritter, der bekannte Verbesserer der Alt-Geige und Dozent der Musikgeschichte an der Würzburger Musikschule hat mit diesem Werke wohl hauptsächlich den Bedürfnissen der Musikstudierenden entgegenkommen wollen; wenigstens deutet darauf die bekannte Darstellungsform der Frage und Antwort hin. Ueber die Zweckmässigkeit derselben lässt sich streiten, sie belästigt den Leser ungemein und erschwert die Uebersicht. Davon abgesehen muss die Anordnung des Stoffes sowie die ganze Darstellung rühmend hervorgehoben werden. Der I. Band berücksichtigt nach einer ausgezeichnet geschriebenen Einleitung über Wesen der Tonkunst und Zweck des Studiums der Musikgeschichte zunächst nur die Völker des Altertums. Den Schluss bildet eine Bibliographie zu diesem Band, welche recht ausführlich ist und demjenigen gute Dienste leisten wird, der etwas tiefer in den Schacht der Tonkunst vergangener Zeiten zu steigen wünscht.

Uebrigens können wir uns nicht mit allen in der Einleitung niedergelegten Anschauungen einverstanden erklären; so z. B. mit dem S. 16 über „Historische Konzerte“ Gesagten. Was aus der Tiefe menschlicher Seele gedrungen ist, das bleibt wertvoll für alle Zeiten. Allerdings verlangt es besonders vorgebildete Zuhörer, welche im stande sind, sich hineinzufühlen in den Geist alter Formen, welche den Kern herauszuschälen wissen und alles Unwesentliche zu ingnorieren vermögen. Aus diesem Grunde ist mir auch die Polemik gegen alle Versuche, über Werke der Tonkunst mit begrifflichen und verstandesmässigen Ausdrucksmitteln erläuternd zu schreiben, durchaus nicht einleuchtend. Bis zu einem gewissen Grade lässt sich der Inhalt eines Tonwerkes auch begrifflich darstellen, und wenn der Inhalt diese Grenzen verlässt und das Unaussprechliche verkündet, so kann der Genius eines Dichters auch hier noch wenigstens mit Andeutungen folgen und den Geist des Zuhörers auf die richtige Bahn lenken.

Auch die Absicht, die Grenzen der Tonkunst ein für allemal festlegen zu wollen, halte ich für verfehlt. Diese Grenzen sind und bleiben ausdehnungsfähig, sie werden erweitert mit jedem neuen, dem wahrhaft schöpferischen Genius entsprungenen Werke. Der Aesthetiker hat nur zu konstatieren, nach welcher Seite hin die Erweiterung stattgefunden hat, ein Consens wird nicht von ihm verlangt.

Thatsächlich greifen an vielen Punkten die Künste in einander über; ich erinnere nur an die Barokdeckengemälde, aus denen plötzlich statt des gemalten ein gemeisseltes Bein hervorragt oder an unsre modernen Maler, welche die Farbe sozusagen mit der Maurerkelle auftragen. Sind es denn nicht Ausdrucksmittel, die den rein musikalischen mindestens sehr nahe stehen, wenn Possart als Manfred, Klara Ziegler als Iphigenie genau bestimmbare, wohlklingende Töne produziert? Dort geht Malerei in Plastik, hier Rhetorik in Musik über. Der schöpferische Künstler ist darin souverain; er weiss allein, welche Mittel er anwenden kann und darf, um seine Ideen vollkommen zum Ausdruck zu bringen und wenn, wie es S. 28 heisst, der Tondichter wirklich häufig in die Lage kommen soll, auf die Frage: „Was wollten Sie mit dem Motiv oder mit dem Thema ausdrücken?“ zu antworten: „Das weiss ich selber nicht“, so beweist das nur, dass dem betr. Tondichter die dazu notwendige litterarische Bildung und Phantasie des Wortdichters fehlt.

Doch genug hiervon. Ein köstliches Spottgedicht, welches ich dem Werke entnehme, möchte ich meinen lieben Sangeskollegen nicht vorenthalten. Es beweist, dass die Sänger des alten Reiches der Pharaonen mit den meisten seiner Kollegen der Neuzeit gemeinsam eine gute Kehle sowohl zum Singen, als auch zum Trinken hatte.

Altägyptisches Spottgedicht aus dem zweiten Jahrtausend v. Chr. G., veröffentlicht in den Verhandlungen

Und Dein Magen ist
trocken ist.
Wie ein Masttier, so
Rachen.
Wie ein Kameel legst
aus den Krügen Merissa an
Schläuche voll süssen
Deines Gastfreundes
Er lud Dich ein, um
heit hören zu lassen,
Du aber hast, wie sch
Als widerliches Grunz
Unter dem Tisch, gem
der Harfe.
Gesungen hast Du n
Du Lump!

Gutachten d

In dem „Entwurf ein
gen wir vor, den einzelnen
streit eine kurze Kritik ih
da nur auf diesem Wege d
und richtigen Bewertung
und anderseits die Preisrich
vor Unannehmlichkeiten b
veranlasst sind durch Mi
Einsicht.

Der Westdeutsche Sä
ebenfalls in seinen Entwu
mir ein günstiger Zufall di
bischen Sängerbundes auf
ersehe, dass dort der Ge
In einer umfangreichen Bro
den Vereinen genaue Aus
und Fehler. Sogar auf Einz
an der es im „Schwobelän
erstreckt sich diese Beurteil
klungen haben: Deitschla
Blümlein schän im Wold“
spiel aus der 1. Abt. No. 5

Aurora Berkheim.
C. Steinhauer“. Der II.
ganz aus, weshalb auch
ging; auch der I. Bass
Zu rühmen ist die hübs
der sich nur vor zu h
Vortrag war meist lobens
durch gesunde Natürlichke
keine bedenklichen Inton
Quartsextakkord auf „tau
Die Aussprache wäre ein
statt Ro-se, tau-send, e
des auslautenden O. A
heraus die Zeile: „Da
lag Poesie drin.

Wenn man bedenkt,
wie 84 Vereine zensiert wur
„ohne Erfolg“ beteiligten),
von der Arbeit machen, w
eine Arbeit, die im vorlieg
für den Sängerbund, dem di

angedeutet werden, welche nicht oder zu wenig beachtet wurden; z. B. fehlendes Crescendo durch —<, zu grosse Stärke durch p oder pp, bei zu starkem Crescendo würde man das Crescendo-Zeichen durchstreichen. Bliebe noch Klangschönheit. Solange sich Ausstellungen gegen dieselbe auf die Klangfarbe des Chors im allgemeinen beziehen, wäre ein besonderes Zeichen unnötig, es würde die Punktzahl genügen; nur einzelne unnoble Klänge wären anzumerken etwa durch +. Diese Zeichen lassen sich leicht behalten und handhaben und sind klar und verständlich, sodass auch ein Laie einfach durch geordnete Zusammenstellung der Fehler den Bericht für die Vereine anfertigen könnte; eine kurze Vergleichung seitens eines Preisrichters würde genügen, die Richtigkeit zu konstatieren.

vom Ende.

❦

Joseph von Rheinberger.

Einer der bedeutendsten Komponisten der Neuzeit, als Kirchenkomponist wohl der bedeutendste, ist am Schlusse des vergangenen Jahres geschieden. Was er speziell in der Vokalmusik geleistet hat, ist seinen Zeitgenossen niemals klar geworden, da unsere Musikgewaltigen es nicht für angezeigt hielten, die Werke dieses vornehmen Geistes dem Publikum näher zu bringen. Man wehrt einfach alle Einreden mit dem Hinweis auf die ablehnende Haltung des Publikums ab. — Das gute Publikum — In der einen Stadt verlangt es nur Mozart, Haydn und die erste Hälfte Beethovens — da heisst es: „wenn ich meinem Publikum das Allermodernste bringen wollte, wie Liszt, Berlioz etc., ich verlöre Amt und Praxis!" Und in den Nachbarstädten ertönt es: „Hie Strauss, Mahler, Bruckner". Darnach könnte es scheinen, als ob die Verschiedenheit des Geschmacks in derjenigen der geographischen Lage seine Begründung fände, während in Wirklichkeit das Publikum lediglich dem Geschmack des Dirigenten folgt. — Man lehnte also mit hochachtungsvollem Achselzucken seine Werke ab; der Kirche waren seine Messen nicht genügend dem Kultus angepasst, dem Konzertsaal waren sie zu kirchlich und so wurde die Mitwelt einem der edelsten und tiefsten Geister unserer Kunst gegenüber ungerecht. Wenn das einem Genius gegenüber geschieht, der in kühnem Gedankenfluge die Gewölbe durchbricht, die Seele und Geist der Sterblichen in gemeinsamer Arbeit erschaffen, um in ätherischen Himmelshöhen das Land seiner Träume zu suchen, so ist das begreiflich; nur wenigen Mitlebenden ist es vergönnt, aus eigner Kraft diesem Genius zu folgen. Aber Rheinberger war von vornherein für weitere Kreise kommensurabel; man hätte ihn würdigen und schätzen lernen können, es gehörte dazu nur eine kleine Vorbereitungszeit; das Publikum will zur Würdigung solcher Gestalten erzogen werden und dazu fühlte sich Niemand gemüssigt. Er war ja kein Streber, verschmähte modernen Flitter, vermied Protektionswirtschaft, buhlte nicht um die Gunst der Grossen dieses Reichs oder der Menge, er ging seine eignen Wege und . . . vereinsamte mehr und mehr. Von seinen Männerchorwerken haben einige trotzdem den Weg zum Herzen des Volkes mehr oder weniger gefunden, so das „Thal des Espingo", „Ritter Toggenburg", „Wittekind", „Johannisnacht", „die Rosen von Hildesheim" und die frischen, wirkungsvollen kleineren Chöre a capp. „Jagdmorgen", „Jung Werner", „Alt Heidelberg". Geradezu sensationeller Beliebtheit erfreut sich sein liebliches Frauenchorwerk „Der Maitag"; von der Vielseitigkeit seines Genies geben die allerliebsten „30 neue Kinderlieder" Zeugnis, welche im Konzertsaal, für den sie bestimmt sind, noch viel zu wenig ausgebeutet wurden. An gemischten Chorwerken sind besonders zu erwähnen die Chorballade „Klärchen auf Eberstein", „Stern von Bethlehem", eine Weihnachtskantate „Monfort" u. a. Von seinen geistlichen Werken wurde die Legende vom „heiligen Christophorus" seinerzeit nach herrlichen Aufführungen in Leipzig, München, Köln, Paris als eines der hervorragendsten Oratorien der neueren Zeit gepriesen und selbst auf dem schlüpfrigen Gebiete der Opernbühne hat er namentlich mit seiner vieraktigen komischen Oper „Thürmers Töchterlein" schöne Erfolge errungen. Das Werk erlebte in München sechs Vorstellungen und wurde von Autoritäten verschiedenster Richtung, wie Bülow, Lachner, Ambros äusserst günstig beurteilt. Ambros widmete dem Libretto wärmste Anerkennung, er fand die Handlung heiter und gemütvoll und sich wirksam abhebend von dem dunkeln Hintergrunde des 30jährigen Krieges. Von seinen Männerchören seien noch unseren Dirigenten an's Herz gelegt: op. 86 Vier ep Gesänge (Der Schelm von Bergen). op. 100 Fahrende Schüler. op. 125 Aus deutschen Gauen. op. 130 Aus Westfalen. op. 141 Aus fränkischen Landen. op. 144 Drei Weltgesänge. op. 160 Auf der Wanderung. Wenn Rheinberger mit diesen Werken auch keine neuen Wege gebahnt hat, so macht sich doch seine gesunde, charaktervolle Individualität in ihrer reichen, formvollendeten Gestaltung überall geltend. *E.*

Neuigkeiten.

Geistliche Chorwerke für Ostern, Pfingsten

für Männerchor.

„Deutsche Eiche". Verlag von E. Eulenburg, Leipzig.

mschw. **Beethoven.** „Die Himmel rühmen" mit Tenor-Solo.
l. **Bortniansky.** „Ehre sei Gott". „Ich bete an, die Macht
sl. do. der Liebe". „Heilig, heilig ist der Herr".
msch. **M. Hauptmann.** Motette, „Ehre sei Gott in der Höhe".
msch. **B. Klein.** „Der Herr ist mein Hirt". „Danket dem Herrn".
sl. **M. Luther.** „Eine feste Burg".
sl. **Cäsar Malan.** „Harre meine Seele".
msch. **Mozart.** „Liebe, die für mich gestorben". (Ave verum).
msch. **H. G. Nägeli.** Motette, „Der Mensch lebt und bestehet".
l. **P. Neander.** „Lobe den Herrn".
msch. **Palestrina.** „Passionsgesang".
l. **P. Ritter.** „Grosser Gott, wir loben dich".
(Jede Partitur 40 ₰, jede Stimme 10 ₰.)

Verlag von F. E. C. Leuckart, Leipzig.

msch. **Karl Wendl**, op. 17. „Pfingstglocken". . . . P. u. St. 1,20

Bremen, Verlag von Meinhardt.

msch. **Ed. Nössler**, op. 15. „Salve regina". . . . P. u. St. —,70

Leipzig, Verlag von Friedr. Hofmeister.

s. sch. **Heinr. Zöllner.** Requiem, Benedictus und Sanctus, für doppelten Männerchor a capp. Eine ausführlichere Besprechung dieses grandiosen Werkes wolle man in Nr. 11, Jahrg. II des Wegweisers nachlesen.

Quedlinburg, Chr. Fr. Viewegs Verlag.

msch. **O. Model**, op. 5. Sechs geistliche Männerchöre, besonders geeignet für die Festfeiern der höheren Lehranstalten. (Preis 80 ₰.)

Geistliche Werke für gemischten Chor.

Verlag von Breitkopf & Härtel, Leipzig.

Unter dem Titel **„Musikalische Renaissance"** giebt **Otto Fiebach** ein Heft kleinerer a-capp. Chöre heraus, enthaltend: J. Stobäus, Advent, 2 geistliche Volkslieder; O. Fiebach, Zur Jahreswende, Gruss und Sonntagsmorgen. Part. 45 ₰.

Fiebach verlangt Rückkehr zur Natur. In seinem Geleitschreiben heisst es: „Die Grundlage jeder gesunden Musikentwickelung ist die Natur. Die Natur ist es, welche von Ewigkeit her die Gesetze der Musik bestimmt. Die Natur ist es, welche die Regeln des Wohlklanges in der Lehre vom strengen Kontrapunkt kristallisiert. Die Natur erschuf die Menschenstimme zum vornehmsten und edelsten Tonerzeuger. Gegen diese Forderungen versündigen sich viele Moderne und gefährden dadurch den naturgemässen Werdegang der Tonkunst. — Um die volle Anerkennung und Verwirklichung dieser Anschauungen durchzusetzen, tritt die „Musikalische Renaissance" auf den Plan. Die Mittel, um die erstrebten Ziele zu erreichen, sucht sie in folgenden Forderungen:

1. Einführung des Unterrichts im strengen Kontrapunkt in allen Lehranstalten, in denen Musiktheorie vorgetragen wird.
2. Herausgabe geeigneter Werke.
3. Gründung von Vereinen, in denen derartige Werke zur Aufführung gebracht werden und von denen für die „musikalische Renaissance" geworben werden soll".

Fiebach fordert also Rückkehr zur Natur und deutet an, dass diese vorzugsweise zu finden sei in den Kompositionen unserer älteren Meister des strengen Stils. Die Kontrapunktik scheint dabei nicht als eine conditio sine qua non gelten zu sollen, sonst würde Auswahl und Bearbeitung im vorliegenden 1. Heft anders ausgefallen sein; vielmehr scheint die Renaissance überhaupt altes, echt deutsches, volkstümliches Empfinden wieder zur Geltung bringen zu wollen. Und wenn sich zu dieser Bestrebung noch die Absicht gesellen sollte, unsern gemischten Chorvereinen einmal gründlich in's Gewissen zu reden und ihnen die Pflege des unbegleiteten Gesanges, als der schönsten Blüte und künstlerisch höchststehenden Form aller musikalischen Ausdrucksmittel, ans Herz zu legen, dann geben wir freudig unsere Zustimmung zu diesem Werke, wenn wir auch nicht anerkennen können, dass die a Cappella-Chorlitteratur des vergangenen Jahrhunderts auf dem absteigenden Aste befindlich oder in eine Sackgasse geraten sei. Im Gegenteil, die Chorlieder eines Mendelssohn, Brahms, von Herzogenberg, Wüllner, Woyrsch, Rheinberger, E. Rudorff u. a. sind einem natürlichen, ungekünstelten Empfinden entsprossen und bedeuten ganz entschieden keinen Rückgang auf diesem Gebiete der Tonkunst. In unsern grossen Chorvereinen aber, da wird's allerdings, was künstlerisches Empfinden und edlen Vortrag anbelangt, immer rückständiger; da müssen in jeder Saison so und soviel grosse Werke „herausgebracht“ werden, denen man natürlich eine künstlerisch gewissenhafte Behandlung ganz unmöglich zuteil werden lassen kann; man begnügt sich daher mit einer al fresco-Behandlung, die durch ihre unkünstlerische Liederlichkeit ein der wahren Kunst ergebenes Gemüt anwidern oder vergiften muss. In diesem Punkte stehen unsere Männergesangvereine haushoch über ihren gemischten Nebenbuhlern. Aber — — wenn in anderer Beziehung unsern Männerchören das neue Jahrhundert eine „musikalische Renaissance“ brächte — — dann wärs eine ungemischte Freude, die Fahne des Männergesanges zu schwingen. Rückkehr zur echten, unverfälschten Natur deutschen Volkstums bei der Auswahl der Kompositionen, das ist's, was uns not thut. Quod Deus bene vertat. F.

Verlag von Gebr. Hug & Co., Leipzig.

Theodor Goldschmidt. „Ostermorgen.“ Cantate für 3 Solostimmen, gemischten Chor und Gemeindegesang, mit Begleitung von Violine, Cello und Orgel. Part. ℳ 4,—, Chorst. je 80 ₰.

Ein Werk, welches, tiefreligiösem Empfinden entsprossen, nachhaltige und ergreifende Wirkung auf das gläubige Gemüt ausüben wird. Der aus wenigen Bibelworten zusammengestellte Text macht auf selbständigen Wert weniger Anspruch, sondern dient nur dazu, dem weitausgesponnenen musikalischen Stimmungsbilde eine Unterlage zu gewähren. Die eigentliche Erzählung bleibt dem Alt-Solo in Verbindung mit 2 Sopranstimmen vorbehalten. Die Frauen kommen in der Frühe zum Grabe, um den Leib des Herrn zu salben, finden ihn aber nicht mehr. Da treten zwei Männer in glänzender Rüstung ihnen entgegen mit der Frage: „Was suchet ihr den Lebendigen bei den Toten? Er ist nicht hier, er ist auferstanden“. Zwischendurch ergeht sich der Chor in Betrachtungen und vereinigt sich schliesslich in jubelnden Melismen mit den Solisten bei den Worten: „Halleluja, er ist auferstanden“. Den Schluss bildet der Choral: „Jesus, meine Zuversicht“ in schönem Satze. Das ganze Werk ist mit Wohllaut durchtränkt und musikalisch äusserst wirkungsvoll aufgebaut; dabei ohne besondere Schwierigkeiten, sodass es auch Schulchören warm empfohlen werden kann.

Von der rühmlichst bekannten Sammlung kirchlicher Chöre **„Musica sacra“** von **F. Commer** ist das 1. Heft bei O. Wernthal, Berlin, neu erschienen, herausgegeben von H. Reimann und F. Volbach. (Preis Part. 1,50 ℳ.) Die Sammlung enthält herrliche Werke aus der Zeit etwa von 1550—1650 und ist jedem Kirchenchor und Chorverein bestens zu empfehlen. An solchen Werken müssen wir unser Gefühl für das natürliche in der Kunst wieder kräftigen. Man lese die Ausführungen über „Musikalische Renaissance“.

sch. **Dulichius.** Christ, der du bist der helle Tag. Herausgegeben von R. Schwartz (Breitkopf & Härtel, Leipzig). Tonsatz aus dem Jahre 1630. Preis Part. 45 ₰, Stimme 15 ₰.

Verlag von A. Spitzner, Leipzig.

Aug. Wermann, op. 14. Vier geistliche Gesänge. P. u. St.
mch. 1. Psalm 51, Gott sei mir gnädig 1,40
mch. 2. Nun nimm mein Herz 1,20
mch. 3. Gottvertrauen. „Nimm Christus“ 1,40
mch. 4. Gebetslied. „In dieser Andacht Weihestunde“ . . . 1,60

Die Chöre zeichnen sich durch ihren stimmungsvollen, innig empfundenen Charakter sehr vorteilhaft aus; die polyphone Arbeit verleiht ihnen höheren Wert.

Albert Schmidt-Osnabrück. (Selbstverlag). Op. 19. Psalm 91.
sl. Wer unter dem Schirm des Höchsten sitzet. Bearbeitung für 3 stimm. Frauen- bezw. Kinder- oder gem. Chor.
sl. do. op. 21. Psalm 26. „Herr ich habe lieb die Stätte“, für gem. Chor. Die beiden Motetten sind leicht zu bewältigen und von schöner Wirkung. Allen Schulchören zu empfehlen.

Verlag von Chr. Fr. Vieweg, Quedlinburg.

Arnold Krug, op. 89. **Jesus Christus,** Hymne für gem. Chor und Orch. Klav.-Ausz. 4,— ℳ, Chorstimmen je —,50 ₰. Gedicht von Th. Souchay.

Textlich wie musikalisch ist das Werk mit hohem Massstabe zu messen. Die begeisternden Gedanken der Hymne haben eine Vertonung erfahren, welcher vornehmer Charakter und tiefes Empfinden, dabei auch ein ungewöhnlich hoher Grad von origineller Gestaltungskraft nachgerühmt werden muss. Nirgendwo ein Haschen nach Effekten, die an manchen Stellen vielleicht nahe gelegen hätten, und doch voller Wirkung. Wie vornehm und doch warm berührt gleich anfangs bei den Worten: „In strahlender Glorie stehst du erhaben über dem Streit der Menschen“, die in archaisierendem Stile gehaltene Folge reiner Dreiklänge. In schöner Steigerung erhebt sich der Satz bis zum jubelnden Halleluja, um schnell wieder in ein demutvolles pp. zu versinken. Nach einer Wiederholung folgt diesem E-dur-Satze ein Gegensatz, dessen weitausladende Harmonik die leidenschaftlichen Gefühlsaufwallungen verkünden, die durch das Wort nur angedeutet werden: „Friede kommt über mich, wenn ich Deiner gedenke, Deiner Worte und Thaten!“ Mir fiel bei dieser Stelle eine Sängerin lebhaft ein, welche beim Liedervortrage jedesmal, wenn Worte wie Glück, Friede, Freude und ähnliche erschienen, selig lächelte, auch wenn der Inhalt der Textstelle noch so ernst war. So würde auch hier bei Eintritt des Wortes „Friede“ mancher andere Tonsetzer in den sanftesten Ges-dur-Akkorden geschwelgt haben. Diese Art thaten- und gedankenlosen Friedens vermeidet Krug glücklich, seine Seele stärkt und erhebt sich, indem er des Höchsten und seiner Thaten gedenkt, in mächtigen Steigerungen bis zu den jubelnden Akkorden auf „Du Fels, den jubelnd ich preise“. Den Schluss bildet eine Wiederholung des ersten Satzes. Das schöne Werk verdient höchste Beachtung.

P. u. St.
mch. **Arthur Müller,** op. 20. Motette, „Preis dir, o Herr“. 1,—
mch. **Theod. Rückert,** op. 41. Fest-Motette „Lobsinget dem Herrn“ 1,40

Neue Männerchöre.

Verlag von Fr. Ullrich, Godesberg.

Auf Flügeln des Gesanges. Part. 40 ₰, Stimme je 20 ₰.
sl. Nr. 221. **Jos. Wolff.** Arme Seele.
sl. „ 222. **Alf. Fischer,** op. 4. Das zerbrochene Krüglein.
mch. „ 223. **Will. Dahm.** Uf'm Bergli bi i g'sässe.
sl. „ 224. **Fr. Ullrich,** op. 83 I. O bleibe bei mir.
mch. „ 234. **A. Thelen.** O Bergisches Land, mein Heimatland.
sl. „ 235. **Fr. Ullrich,** op. 84. Oft geht an schönen Frühlingstagen.
mch. „ 236. **W. H. Steinkühler,** op. 36. „Gott will es so haben“.

Ullrichs Verlag weiss in seinen neuesten Publikationen ausgezeichnet den Ton zu treffen, den unsere Männerchöre lieben; manche derselben sind auch von volkstümlichem Geiste im besseren Sinne des Wortes durchweht, dazu rechne ich besonders das bergische Heimatlied von Thelen, von welchem die Berge wohl bald wiederhallen werden. Auch die Chöre von Ullrich, op. 84, „Oft geht an schönen“ und Alf. Fischer, „Das zerbrochene Krüglein“ verdienen Beachtung.

Verlag von Rob. Forberg, Leipzig.

mch. **Fritz Char,** op. 31 I. Waldesstille. . . . . P. u. St. —,75
mch. do. II. Verlorenes Glück. . . „ 1,—
mch. do. op. 33. Ein Sang vom Rhein. . „ 1,20

Die Chöre sind melodisch sehr ansprechend und auch harmonisch interessant, besonders op. 33 dürfte wegen seiner Frische und charakteristischen Auffassung lebhaftes Interesse erwecken.

Dieser Nummer liegt ein Prospekt der Firma Otto Wernthal, Berlin bei, welche wir der besonderen Aufmerksamkeit unserer geschätzten Leser empfehlen.

Die Redaktion.

Der Sänger.

Amtliches Organ des westdeutschen Sängerverbandes.

Das Volkslied ist die Unsterblichkeit der Musik.
Marx.

Verbunden werden auch die Schwachen mächtig.
Schiller.

26. Febr. 1902. | Vorsitzender: Lehrer A. Gau, Hilden bei Düsseldorf. | Nr. 5.

Redaktion u. Verlag: H. vom Ende, Köln a. Rhein, Ecke Bismarckstrasse 25.

Westdeutscher Sängerverband.

Mitgliederverzeichnis.

Fortsetzung.

59. Dirig. Karl Busch-Hingenberg. 60. Chord. Wilh. Poll-Velbert. 61. Lehrer P. Stolz-Erkrath. 62. Musiklehrer Herm. Hopfe-Barmen. 63. Chord. R. Schäfer-Duisburg 64. H. Hornfeld-Düsseldorf. 65. Chord. Gehlen-Mintard. 66. Lehrer Tigges-Unterbach.

Die Anmeldungen

zur Beteiligung am Wettstreite in Duisburg sind bis 15. März zu machen. Später einlaufende finden keine Berücksichtigung. Auch müssen bis dahin alle fehlenden Mitgliederverzeichnisse der sich beteiligenden Vereine eingereicht sein. Es wird gleichzeitig von den betr. Vereinen ein genaues Verzeichnis der Sänger erbeten, welche ausserhalb des Ortes wohnen, wo der Verein tagt; ferner Mitteilung darüber, seit wann diese Sänger Mitglieder des Vereins sind.

Alle Verbandsvereine erhalten Abdrücke der eingesandten Mitgliederverzeichnisse zugeschickt.

Genauer Termin des Wettstreites wird in nächster Nummer bekannt gemacht.

Die Zusendung des Sechswochenchores erfolgt unter Postnachnahme resp. nach vorheriger Einsendung des Betrages.

Verbands-Bibliothek.

Für die Bibliothek des W. S. V. sind eingegangen:

Aus dem Verlage von Ernst Eulenburg in Leipzig: „Deutsche Liebe:"

1. Baumgartner: Noch sind die Tage der Rosen.
2. Volkslied: Sandmännchen bearbeitet von Sitt.
3. „ Hans und Liesel, „ „ Cursch-Bühren.
4. „ Phillis und die Mutter, bearbeitet von Cursch-Bühren.
5. „ Die Spinnerinn, bearbeitet von Baldamus.
6. „ Der Landsknecht, „ „ Dugge.
7. „ So herzig wie mein Liesel, bearbeitet von Kirchl.
8.–10. Fünfzehn deutsche Volkslieder, bearbeitet von Spangenberg, Heft I, II und III.
11.–12. 12 deutsche Volks- und volkstümliche Lieder, bearbeitet von Spangenberg, Heft I. und II.

[illegible]er b. Düsseldorf, Mathies, Bibliothekar.

AUFRUF

an die

Gesangvereinsdirigenten Westdeutschlands!

Am 15. September vergangenen Jahres tagte in Düsseldorf eine von 80 Gesangvereinsleitern Rheinlands und Westfalens besuchte Dirigentenversammlung, welche sich mit den künstlerischen und wirtschaftlichen Interessen unseres Standes befasste und u. a. auch die materielle Lage unsrer Standesglieder in den Kreis ihrer Beratungen zog.

In einem Referat über diese Frage führte Redact. vom Ende-Köln etwa folgendes aus:

Es ist die wichtigste soziale Errungenschaft der Neuzeit namentlich in unserm Vaterlande, durch gemeinsames Vorgehen innerhalb der durch Beruf und Erwerbsverhältnisse geschaffenen Genossenschaften, den Hülfsbedürftigen grössere Sicherheit und Ergiebigkeit des Beistandes in Fällen der Not zu gewährleisten. Es hiesse Wasser in den Rhein giessen, wollten wir hier die Notwendigkeit und Nützlichkeit dieses Vorgehens zu ergründen und beweisen versuchen. wir können uns mit der Thatsache begnügen, dass die diesbezüglichen Einrichtungen in unserm Vaterlande zu den grössten Thaten des vergangenen Jahrhunderts gezählt werden müssen.

Wohin wir blicken, jeder Stand, jeder Beruf, jede Erwerbsgenossenschaft, welche nicht bereits durch das Gesetz zwangsweise dazu veranlasst wurde, ist eifrig bemüht, dieses Segens teilhaftig zu werden, durch Anwendung und Anpassung der staatlichen Einrichtungen auf ihre Verhältnisse. Aerztevereine, Privatbeamtenvereine, Kaufmännische Genossenschaften, Techniker, Ingenieure, Journalisten, alle Berufsarten, welche abhängig sind von wechselnden Einnahmen und Erwerbsverhältnissen, haben sich zusammengethan zur Gründung von Kassen, denen die Verbesserung der materiellen Lage ihrer Angehörigen obliegt. Ueberall handelt es sich vornehmlich um Abwendung der wirtschaftlichen Folgen von Krankheiten und Erwerbslosigkeit, handelt es sich darum, der Not thunlichst vorzubeugen, in welche jeder Ernährer einer Familie geraten kann, der nicht ein festes gesichertes Einkommen sein eigen nennt. Welcher Stand aber hat ungleichmässigere und unsicherere Erwerbs- und Einkommenverhältnisse aufzuweisen, als derjenige der Chordirigenten, der sich doch in der Hauptsache aus Musiklehrern rekrutiert? Von seinen Einnahmen als Chordirigent kann kein einziger leben; jeder ist angewiesen auf Nebeneinkommen, er befindet sich alle Tage vor der Möglichkeit, der bittern Not gegenüberzustehen, davon werden viele dieser Herren ein Liedchen singen können.

Sollen unsre Vereine künstlerisch und wirtschaftlich gedeihen, dann haben wir Dirigenten nötig, welche ihre Aufgabe in vollem Umfange erfassen, die im stande und willens sind, sich selbst mit aller Energie künstlerisch und wirtschaftlich weiter zu bilden, aber auch keine Mühe scheuen, die Vereine auf eine höhere Stufe zu bringen, methodisch vorzugehen in den Uebungen und Studien, erziehlich einzuwirken auf die ihrer Obhut Anvertrauten.

Demgegenüber werden die Erwerbsverhältnisse der Dirigenten immer ungünstiger; unwürdige und unfähige Elemente drängen sich in unsern Stand und bewirken eine Konkurrenz, die zu ungesunden Verhältnissen führen muss; die wilde Jagd nach Gewinn zeitigt Zustände, die immer unhaltbarer werden.

Der Westd. Sängerverband hat es sich zur Aufgabe gemacht, eine Regelung dieser Fragen thatkräftig anzubahnen, und von diesem Bestreben geleitet, unterbreitet er Ihnen heute einen Vorschlag, welcher bezweckt, ausgiebige Fürsorge in Fällen der Not herbeizuführen. Es soll zu diesem Zwecke eine auf freier Uebereinkunft beruhende Hülfskasse für die Chordirigenten Westdeutschlands gegründet werden, welche in Krankheits- und Sterbefällen für eine gewisse Zeit lang ausreichende Hülfe leistet.

Wenn wir nur einen engeren Kreis von Berufsgenossen berücksichtigen wollen, so findet das in der Thatsache seine Begründung, dass möglichste Gleichartigkeit der Lebens- und Erwerbsverhältnisse die grösste Gewähr bietet für Rentabilität und sichere Fundierung des Unternehmens. Auch das Gesetz begünstigt die Bildung kleinerer Kassen eines Gewerbezweiges innerhalb gewisser lokaler Bezirke als das rationellste, nicht nur wegen der relativen Gleichheit der Krankheitsgefahr, sondern auch wegen der allgemein ethischen und fachwissenschaftlichen Vorteile, welche den nahen Beziehungen der Kassenmitglieder zu einander entspringen.

Aus diesem Grunde können auch andere bereits vorhandene Kassen für uns nicht in Frage kommen. Abgesehen von den grossen Kassen des Deutschen Privat-Beamten-Vereins und der Augusta, welche die verschiedenartigsten Elemente in sich bergen, durfen auch die Einrichtungen des Allg. Deutschen Musiker-Verbandes nicht in Betracht gezogen werden. Diesem Verbande gehören fast ausschliesslich Orchestermusiker an, deren Wirkungskreis und Erwerbsverhältnisse man mit denjenigen de Chordirigenten gar nicht vergleichen kann.

Die Kassenberichte erbringen alljährlich den unumstösslichen statistischen Nachweis, dass gerade die kleineren Betriebs- und Fabrikkrankenkassen den grossen zentralisierten Ortskrankenkassen gegenuber am rationellsten wirtschaften, am besten fundiert sind und die grössten Unterstützungen gewähren. Die Neugründung der kleineren Raiffeisenschen Genossenschaften hier in der Rheinprovinz ist ein Beweis dafur.

Es wurde sich vorläufig also hauptsächlich um Unterstutzung in Krankheits- und Sterbefällen handeln. Dass diese schon sehr bald zu ermöglichen ist, sehen wir an verschiedenen Beispielen. So gewährt die Krankenkasse des deutschen Weber-Verbandes, gegründet 1899, bei einem Monatsbeitrag von 60 Pfg. pro Mitglied:

1. Unterstützungen bei unverschuldeter Arbeitslosigkeit bis zu 21 Mark pro Woche.
2. In Krankheitsfällen bis zu 6 Mark pro Tag und zwar 13 Wochen lang.
3. Bei Sterbefällen für Mitglieder und deren Frauen ein Sterbegeld. Dasselbe richtet sich nach der jeweiligen Mitgliederzahl. (Die Kasse zählt 500 Mitglieder.)

Die Krankenunterstutzungs- und Sterbekasse der Droschkenbesitzer Kölns hatte 1900 eine Einnahme von 3068 Mark. Die Gesamtausgaben beliefen sich auf 1321 Mark. Ueberschuss 1747 Mark, welcher zinsbar angelegt wurde. Monatsbeitrag Mark 1,50. An Krankenunterstützung wird gewahrt pro Woche 14,— Mark. Sterbegeld 60,— Mark.

Ueber die Fundierung der Kasse kann ich mich kurz fassen. Die Verhältnisse für ein Prosperieren des Unternehmens erscheinen nirgendwo gunstiger, als bei uns. Ich nenne nur die Veranstaltung von Konzerten, deren Reinerträgnis in die Kasse fliesst; das werden sich die Vereine ihren Dirigenten gegenüber ganz gewiss nicht nehmen lassen. Es könnte ja auch von vornherein vertragsmässig zwischen Dirigenten und Vereinen abgemacht werden, dass ein bestimmter Prozentsatz aus den Konzerteinnahmen in diese Kasse fliesst. Unsere Vereine haben doch ein ganz erheblichen Interesse an der Gesundung der Verhältnisse ihrer Leiter, und mit ihnen alle die Freunde und Gönner, welche unser emporblühendes Gesangvereinswesen sich erworben hat.

Auch die reproduzierenden Kunstler würden gern ihre Kunst in den Dienst dieser guten Sache stellen, sie sind ja doch angewiesen auf die Thätigkeit in den Vereinskonzerten.

Aus alledem geht hervor, dass die Vorbedingungen für eine gunstige Durchführung des Unternehmens durchaus erfullt sind und es geradezu eine Unterlassungssünde bedeuten würde, wenn wir jetzt nicht die Gelegenheit wahrnähmen, eine so segensreiche Veranstaltung ins Leben zu rufen.

Die Bedingungen sind ja die denkbar günstigsten. Der Beitrag wird 1 Mark monatlich nicht zu übersteigen brauchen.

Die Gründung anderer Kassen wie Alters- und Invalidenkasse, Witwen- und Waisenkasse, wurde man ja auch in Erwägung ziehen können.

Die Versammlung bekundete ihre Zustimmung zu den Ausführungen durch Annahme folgender Resolution:

„Der erste westdeutsche Dirigententag beschliesst die Gründung einer Krankenunterstützungs- und Sterbekasse (eingeschr. Hilfskasse) fur Chordirigenten im Anschlusse an den westdeutschen Sängerverband und für dessen Mitglieder."

In die Kommission zur Vorberatung der Satzungen wurden die Herren vom Ende-Köln, Königl. Seminarmusikl. Kniese-Mörs und Chordirigent P. Wülfing-Solingen gewählt.

Auf Grund obiger Ausführungen erlaubt sich die erg. unterzeichnete Kommission behufs Verwirklichung bezeichneter Idee an alle Kollegen heranzutreten.

Wir glauben damit eine Einrichtung schaffen zu können, die zum Segen für alle Standesglieder, wohlhabende, wie minder begüterte, gereichen würde.

Zugleich glauben wir uns zu der Hoffnung berechtigt, dass diese Wohlfahrtseinrichtung wirklich das Wohlwollen weitester uns zugänglicher Kreise erlangen wird. Auch hoffen wir, den Stand mehr zusammenschliessen, heben und fördern und so nach den verschiedensten Seiten hin für ihn segensreich wirken zu können. Wir betonen ausdrücklich, dass es für uns eine Menge von Mitteln und Wegen giebt, die geeignet sind, in pekuniärer Beziehung ein Institut von grosser Bedeutung u. zw. in verhältnismässig kurzer Zeit zu schaffen und sind der Meinung, dass es sich vor allem zunächst um die Zustimmungserklärung und den Beitritt möglichst vieler Mitglieder handelt.

Darum bitten wir Sie ganz ergebenst, uns vor dem 1. Mai dieses Jahres die Erklärung einzusenden, ob Sie unserem Unternehmen beizutreten geneigt sind, wenn wir ein Eintrittsgeld von 10,— und 1,— Mk. monatlichen Beitrag festsetzen. Wir werden dann unverzüglich unter dem Beirat bewährter Versicherungstechniker zur Konstituierung der Angelegenheit schreiten.

Selbstverständlich sind uns Mitteilungen von Erfahrungen und entsprechende Vorschläge willkommen und würden wir dieselben dankbar benutzen.

Hochachtungsvoll

Die Kommission:

Joh. Kniese. P. Wülfing. H. vom Ende.

Meldungen an die Unterzeichneten Seminarlehrer Kniese-Mörs, Musiklehrer P. Wülfing-Solingen, Nordstrasse 38, Redakteur H. vom Ende-Köln, Bismarckstr. 25 und an den Verbandsvorsitzenden A. Gau-Hilden bei Düsseldorf.

Theorie des Gesanges.

Wir können heute zwei Schriftchen empfehlen, die für die Praxis und das Studium des Sängers von grossem Nutzen sind. Nr. 1 ist mehr fur Berufs-Gesangschüler geschrieben und stammt von unserm Altmeister **Jul. Stockhausen.**

Das Sänger-Alphabet oder die Sprachelemente als Stimmbildungsmittel. (Leipzig, B. Senff.)

Den Anfang macht eine Uebersicht über den Ansatz der Konsonanten und die Einsätze der Vokale. Man beachte den Unterschied zwischen Ansatz und Einsatz; unter ersterem verstehen wir im allgemeinen die Einspannung der Organe in die für die Phonation erforderliche Stellung, während Einsatz den Beginn der Phonation in sich schliesst. Im Vorwort wird auf die Wichtigkeit des Konsonantansatzes für die Deutlichkeit des Vokaltones hingewiesen; ein störender Druckfehler wäre hier zu beseitigen, es muss heissen: bei tönenden Konsonanten (nicht Vokalen) übt die Luft keinen Druck auf den Einsatz. Gegenüber den modernen Ein-Register-Propheten betont St. das Vorhandensein von 3 Registern. Er hält es für gefährlich, Sänger in einem Register, mit ein und derselben Glottisspannung und Muskelthätigkeit bis in alle Höhe hinauf üben zu lassen. Leider tritt uns auch hier wieder der Lehrsatz von der „mässig tiefen Einstellung" des Kehlkopfes bei der Phonation entgegen, ein Theorem welches schon manchen Quetschton auf dem Gewissen hat. St. geht von der richtigen Beobachtung aus, dass der Adamsapfel sich senkt beim Ansatz; das rührt aber nicht von einem Sinken des Kehlkopfes her, sondern von einer Vor- und Abwärtsbewegung des Schildknorpels. Die natürliche, ungezwungene Lage und Bewegung des Kehlkopfes ist und bleibt erstes Erfordernis für lockere, freie Tongebung.

Das zweite Heftchen:

Des Sängers Berater von **Fr. Eesert** (E. Birkner-Pforzheim, Preis 40 Pfg.) ist für unsere lieben Sangesbrüder bestimmt und sollte jedem Barden beim Eintritt in einen Gesangverein zum fleissigen Studium in die Hand gedrückt werden. Der erste Teil bringt das Notwendigste aus der allg. Musiklehre, der zweite Teil beschäftigt sich mit der Gesanglehre. In kurzen Zügen wird in allgemeinverständlicher Weise das Wesen der Tonbildung, Register, Atmung und Aussprache auseinandergesetzt. Jeder Sänger sollte mit den Vorgängen, soweit sie hier beschrieben sind, bekannt sein, dem Dirigenten würde jedenfalls dadurch manche Aufregung gespart. wir empfehlen daher das Schriftchen aufs wärmste.

vom Ende.

Oesterreichischer Wohlfahrtsbund für Musiker.

Der Wohlfahrtsbund bezweckt, wie der bereits gründlich durchberatene und demnächst zur Aussendung gelangende Statutenentwurf besagt:

A. Die Gründung folgender Kassen:

1. Allgemeine Kasse; 2. Krankenkasse; 3. Beerdigungskasse; 4. Pensionskasse; 5. Spar- und Darlehnskasse.

B. Die Schaffung folgender Fonds:
1. Fond für Witwen und Waisen; 2. Fond für Invalide und Unheilbare; 3. Fond zur Errichtung und Unterhaltung eines Rekonvalescentenheims, von Kurhäusern und ähnlichen Wohlfahrtseinrichtungen; 4. Unterstützungsfond.

C. Stellenvermittlung für Mitglieder.

D. Rechtsschutz.

E. Die Errichtung wirtschaftlicher Unternehmungen zu Gunsten der Mitglieder.

Den ordentlichen Mitgliedern, als welche beitreten können alle der Tonkunst angehörigen Personen männlichen und weiblichen Geschlechtes und deren Ehegatten, und zwar Tondichter, Tonkünstler, Kapellmeister, Chordirigenten, Chormeister von Gesangvereinen, Musiklehrer, Musikschriftsteller, Organisten, Mitglieder von städtischen und privaten Orchestern, Musikalienhändler, Musikinstrumentenerzeuger und -Händler und allen Angehörigen einschlägiger Berufe wird es zur Pflicht gemacht, wenigstens der allgemeinen Kasse (A 1) beizutreten und geniessen dieselben gegen Bezahlung von Kr. 1.— monatlich die Beneficien aller sub B bezeichneten Fonde, der sub C—E erwähnten Einrichtungen und den freien Bezug des Verbandsorganes.

Die Statutenentwürfe der Krankenkasse und Beerdigungskasse stehen auch bereits fest und kann daraus so viel gesagt werden, dass bei der ersten Kasse gegen Bezahlung eines monatlichen Beitrages von Kr. 5,— ein tägliches Krankengeld von Kr. 5,—, gegen Bezahlung eines monatlichen Beitrages von Kr 3,— ein tägliches Krankengeld von Kr. 3,— geleistet werden wird, und dass die Beiträge für die Beerdigungskasse nach dem Eintrittsalter des Mitgliedes bemessen, bis zu 24 Jahren Kr. —,60 betragen und von je fünf zu fünf Jahren steigen, bis sie beim Eintrittsalter von 60 Jahren Kr. 2.10 erreichen. Dafür erhalten die Hinterbliebenen des betreffenden Mitgliedes ein Begräbnisgeld von Kr. 200,—, oder übernimmt der Wohlfahrtsbund die Verpflichtung, das Leichenbegängnis zu besorgen. Die Ueberschüsse dieser Kasse fallen dem Witwen- und Waisenfond zu und es liegt im Interesse jeden Mitgliedes, auf diese gewiss leichte Art für seine Angehörigen zu sorgen.

Das Volkslied

dem deutschen Volksgesangverein in Wien und seinen trefflichen Führern gewidmet v. A. Gan.

So singt was Volkes Geist gebar,
was ihm entflammt von Gottes Hulden,
nicht was in schön erwog'ner Form
den „Volkston" soll bisweil'n bekunden!

Auf „jauchzet", was im Augenblick
dem Herz entquoll in goldner Stunde! -
stimmt an, so wie es denkt und spricht
das Volk! und bringt's von Mund zu Munde!

O singt sein eignes Lied voll Treu
dem Volk hinein in seine Seele,
das Lied, das es vielleicht vergaß
auf daß es nimmer bei ihm fehle!

Und unvergänglich wird der Ruhm
sich um so hohes Ringen schlingen,
die Ihr für deutschen Volkestum
die schönsten Lieder laßt erklingen!

G., 8. 2. 02.

Ein vergessenes Volkslied

mitgeteilt von P. Mathieu-Itter bei Düsseldorf.

Nachdruck verboten.

Zu den Bestrebungen des „Westdeutschen Sängverbandes" gehört den Satzungen gemäss auch die Pflege des Volksliedes. Ein Teil dieser Pflege besteht in dem Aufsuchen und Niederschreiben von Volksliedern, um sie der unverdienten Vergessenheit zu entreissen. Das Lied, welches hier mitgeteilt wird, war neben andern bekannten, oder doch durch Böhme-Erck bereits mitgeteilten, wie: „In des Gartens dunkler Laube sassen abends Hand in Hand, Ritter Ewald, schön und mutig, neben Ida festgebannt", ferner „Ich stand auf hohem Berge", „Stolz Hendrich, dü woll freie gon, soweit ins fremde Land", mit seiner köstlichen Mischung von Mundart und Hochdeutsch, „Einst war ich so glücklich, einst war ich so froh, Da wohnte mein Liebchen in einer Hütte von Stroh", in hiesiger Gegend sehr verbreitet, die jungen Leute des Dorfes sangen es bei ihrer Arbeit und bei ihrer Erholung. Am Feierabend sassen Burschen und Mädchen vor dem Hause unter der Linde und ergötzten sich an diesen Gesängen; an heitern Sonntagen wanderten die Burschen hinaus in Feld und Wald und liessen hell das Lied vom „stolzen Hendrich", vom „Ritter Ewald" erklingen. Damals herrschte noch Sangeslust im Volke, damals war das Volk noch reich an edlen Liedern. Heute singt leider das Volk nicht mehr; die Gesangvereine haben es abgelöst, und „da findet man das Volkslied nicht fein und nobel." Möchte doch die Zeit gekommen sein, dass das Volkslied in seinem innern Werte und seiner Kernhaftigkeit wieder als das deutsche Lied betrachtet wird. Bereits stellen hervorragende Männer: Dichter, Komponisten sich in den Dienst desselben; grosse Sammlungen, viele Bearbeitungen von Volksliedern werden den Freunden echt deutschen Gesanges geboten; besondere Gesangvereine bilden sich zur ausschliesslichen Pflege des Volksliedes. Möge das Volkslied, aus dem Volke hervorgegangen, heutigen Tages aber dem Volke entfremdet, wieder Eigentum des Volkes werden! Möge das deutsche Volk sich seines kostbaren Schatzes bewusst werden und daraus schöpfen zur Veredlung seines Geistes, zur Erhaltung deutschen Sinnes und deutscher Sitte.

Nachstehendes Lied stammt von einem sangesfrohen Manne in dem Dorfe Itter bei Düsseldorf, welcher es in seinen jungen Jahren mit seinen Kameraden gesungen hat, und es dreissig bis vierzig Jahre hindurch treu in seinem Gedächtnisse bewahrte.

Treue.

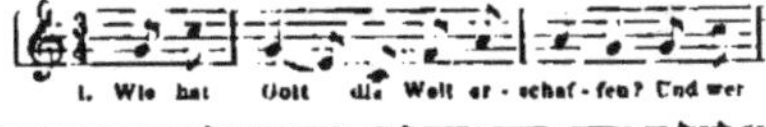
1. Wie hat Gott die Welt er-schaf-fen? Und wer

kann sie wohl an-ders machen? Ein jeder bleibt seinem Mädchen ge-

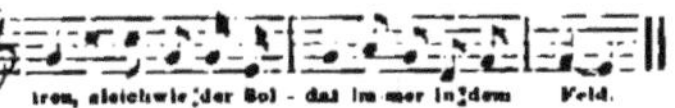
treu, gleichwie der Sol-dat im-mer in dem Feld.

2. Auf der See, da schwimmen zwei Schwanen,
Schwarzbraunes Mädchen, du kannst mir gefallen
Du bist so schön von Leibsgestalt,
Gleich wie die Rosen wachsen in dem Wald.

3. Rosen blühen, sie werden welken;
Mensch gedenk, du musst einmal sterben,
Dann kommt der Tod der dir die Lieb' zerbricht,
Nimmt hinweg dein schönes Angesicht.

4. Auf dem Grabstein, da kann man lesen:
Der hier liegt, der ist mein Schatz gewesen;
Er liegt schon in Verwesenheit,
Mein Herz kann es nicht vergessen sein!

Die Volkshymnen aller Staaten des deutschen Reiches von **Prof Dr. O. Boehm.** (Wismar, Hinstorffsche Hofbuchhandl. Preis Mk. 1,—.)

In einer anregend geschriebenen Broschüre wird hier ein Kapitel abgehandelt, auf welches wir Deutsche keine Ursache haben, sonderlich stolz zu sein. Nehmen wir den Begriff in der vom Verfasser definierten Bedeutung, so stossen wir entweder auf herzlich unbedeutende Reimereien oder auf die Derivate einer fremdländischen — der englischen — Königshymne.

„Wie in den Parteien anderer Art — sagt Boehm — giebt es auch in den grossen Volksverbänden ein gemeinsames Losungswort, dem alle ergeben sind. Dies ist die Volkshymne. Man sollte nun meinen, dass dieses Losungswort immer nur der Name des Landesfürsten in enger Verbindung mit dem Vaterlande sein könnte, und in letzter Beziehung ist er es auch, aber nicht in dem trocknen Klange des formalen Wortes, sondern gleichsam kranzumrahmt von den innersten Gefühlen des ganzen Volkes; ein Name, der zu einem ganzen, schwunghaften Liede, zu einer Hymne geworden ist; ein Ton, der sich zu einer ganzen Melodie entfaltet hat. Denn die herrschende Volkshymne bildet gleichsam das Losungswort, in dem die Gefühle des ganzen Volkes für Fürstenhaus und Vaterland erklingen." — Nationale Begeisterung erweckt die Volkshymne. Da aber der Landesherr in segensreicher Regierung den sichtbaren Mittelpunkt für eine allgemeine Volksbegeisterung bildet, so richten sich auch die meisten Volkshymnen an seine Person selbst, andere unter veränderten Verhältnissen an das Vaterland. Dies sind die echten und eigentlichen Volkshymnen. Handeln solche Gedichte aber über ein bestimmtes, nationales Ereignis, oder dienen sie zum Preise des Volkes selbst, so nennen wir sie „patriotische Volkslieder“ oder „Volksgesänge“. Hiernach ist z. B. „Heil dir im Siegerkranz“ eine Volkshymne, „Ich bin ein Preusse“ ein patriotisches Volkslied. Verfasser giebt uns eine genaue Uebersicht über die eigentlichen Volkshymnen der deutschen Staaten und kommt zu dem Resultate, dass die Mehrzahl derselben von der englischen, etwa 1743 entstandenen: „God save our Lord the King“ hervorgegangen ist; nämlich diejenigen von Preussen (um 1800), Bayern (Heil unserm König, Heil um 1830), Sachsen („Den König segne Gott“, um 1815), auch das sogenannte Sachsenlied, „Gott segne Sachsenland“, ist von A. Mahlmann nach der Melodie der englischen Hymne gedichtet; Württemberg („Heil unserm König, Heil“, vor 1840); Baden („Heil unserm Fürsten, Heil“, vor 1844); Hessen, Mecklenburg-Schwerin („Gott segne Friedrich Franz“ und „Heil dir Paul Friedrich“), Anhalt („Heil unserm Herzog, Heil“), Reuss j. L., Schaumburg-Lippe. Uebrigens ist auch die schweizerische Nationalhymne „Rufst du, mein Vaterland“ aus der englischen entstanden.

Von den übrigen deutschen Staaten zeichnen sich Altenburg („Vom Pleissengau zum Saalestrand“) und Bremen durch besonders hübsche Volkshymnen aus. Boehm bemerkt zu letzterer folgendes: „Es ist verfasst von Hermann Frese, hat ganz das Zeug eines prächtigen Volksliedes in sich und verdient auch, diese Stellung zu erhalten. Nur eins ist schade, die Wahl der Melodie („Seht ihr drei Rosse vor dem Wagen“). Wie kann man blos diese schläfrige Schlafmützenmelodie einem begeisterten Hansaliede zu Grunde legen, einem Liede zum Preise des rührigsten Bürgertums in der ganzen Welt! eine einschläfernde, träumerische Schlummerweise als musikalischer Ausdruck für den Preis der grössten Thatkraft. Das ist doch offenbar eine grosse Geschmacksverirrung.“ Die Bemerkung ist nicht unrichtig, ich habe daher versucht, zu den schönen Worten eine andere Weise zu setzen, möge sie Anklang finden:

Bremische Volkshymne.

Schwungvoll.
Seht ihr die Lö - wen an dem Schil - de, der
mächt'gen Schlüssel trägt? Mir wird bei die - sem Wap - pen-
bil - de der Stolz er - höht, das Herz be - wegt: Mir wird bei
die - sem Wap - pen - bil - de der Stolz er - höht, das Herz be - wegt.

vom Ende.

Aus Lehrer-Gesangvereinen.

Düsseldorf. Festfeier zum Kaisers Geburtstage in der Tonhalle, veranstaltet von der Lehrerschaft des Landkreises Düsseldorf. Die Feier wurde eröffnet durch einen Prolog des Herrn A. Gau, Hilden.

Die Männer- und gemischten Chöre wurden von dem Gesangchore der Lehrerschaft des Kreises ausgeführt unter Leitung des Herrn Hauptlehrer Bloemertz-Gerresheim. Der Chor ist noch sehr jung, bot aber trotzdem ganz frische, annehmbare Leistungen, die zu den schönsten Hoffnungen berechtigen. Das Stimmmaterial ist besonders in den Tenören ein vorzügliches. Es gelangten zur Aufführung einige gem. Chöre von F. Mendelssohn-Bartholdy., ferner die Männerchöre „Mein Vaterland“ von Dregert und „Deutschland“ von C. Pieper; letzterer gehört zum eisernen Bestande des Vereins und ist schon mehrfach — immer mit grösstem Erfolg — gesungen worden. Mit Begeisterung wurde ein schwungvolles Lied des Herrn A. Gau-Hilden nach der Melodie: „Deutschland, Deutschland über alles“ gesungen, von welchem 2 Strophen hier folgen:)

Wie des Ungewitters Grollen
Braust der Unglaub durch das Land,
Zu zertrümmern, zu vernichten,
Was zum Heil dem Vaterland

Deshalb Glaube, Hoffnung, Liebe
Strahl als goldner Himmelsschein
In die Herzen unsrer Jugend,
Soll die Ordnung wohlgedeihn —!

Für das Vaterland, das schöne,
Für den stolzen Vater Rhein,
Senkt die Schule ein die Liebe
In des Herzens Kämmerlein!
Darum allzeit wird gehalten
Treu die heilige Wacht am Rhein!
Liebe zu dem Vaterlande
Wird im Herzen wohlgedeihn!

Grossen Erfolg errang Herr Baum mit dem künstlerisch ausgefeilten Vortrage von „Erkennen“ und „Fridericus Rex“ von C. Löwe.

Solingen. Lehrer-Gesangverein unter Leitung des Musikdir. Carl Hirsch. Hegar „Schlafwandel“, Fr. Schubert „Die Nacht“, Engelsberg „Das allerliebste Mänschen“, C. Kirch „Meeresstimmen“ und 3 Volksliedchen: „Der Schweizer“, „Schwäbisches Tanzlied“ und „Sandmännchen“ von F. Schmid bearbeitet. Es traten solistisch auf: Alice Beermann-Lützeler und der Cellist J. van Lier.

Gelsenkirchen. Lehrer-Gesangverein unter Leitung des Kgl. Musikdir. C. Steinhauer. Es gelangten in einem Konzert am 22. Januar u. a. zur Aufführung: Isenmann „Silbernes Bächlein im Thal“, C. Steinhauer „Stehn zwei Röslein“ und die Volkslieder: „Trost in der Ferne“ (Steinhauer), „Herzige Mariandel“ (vom Ende), „Das Mühlrad“ (Spangenberg), „Der Schweizer Soldat“ (Silcher). Es wirkten solistisch mit: Frau O. Franz und der Pianist Ernst Heuser, Köln.

Osnabrück. In einem Konzert des Seminarchors fanden 2 Werke des Seminarlehrers A. Schmidt warme Aufnahme: Psalm 26 und Psalm 91 für gemischten Chor.

Essen. Der Essener Lehrer-Gesangverein hat am Samstag den 8. Februar seinen ersten musikalischen Unterhaltungsabend veranstaltet, welcher deutlich bewies, dass der Verein nicht nur geschickte Arrangeure, sondern auch leistungsfähige Mitglieder zählt. Eröffnet wurde der Abend durch einen Schubertschen Marsch, wonach Herr Heitzer-Altenessen einen selbst verfassten Prolog sprach, der in schwungvollen Worten die Bedeutung des Tages hervorkehrte. An eine Begrüssungsansprache des Vorsitzenden, Herrn Rektor Schwauer, in der er auf die Aufgaben des Vereins hinwies, reihten sich eine Anzahl a capella-Chöre. Der über 200 Sänger starke Chor löste unter Leitung des Kgl. Musikdirektors Herrn G. Witte seine teilweise sehr schwierigen Aufgaben ganz vortrefflich. Gleich die ersten beiden Mendelssohnschen Lieder belehrten uns darüber, dass wir einen Chor vor uns hatten, an dessen Leistungen getrost der höchste Maasstab angelegt werden kann. Die Glanznummer des Chores bestand in der Darbietung der „Hünengräber“ von F. Heuser, ein grossartiges, vortrefflich komponiertes und von den Sängern überzeugend wiedergegebenes Tonbild, das die grauen vorüberwehenden Nebelwolken, den Kampf der Helden, die hier einst auf Tod und Leben stritten, das märchenhafte Spielen der Frühlingssonne im Ried, das Auferstehen der in den Gräbern ruhenden Toten in der rauhen Herbstnacht, das Wiederverschwinden der Schatten und die öde Ruhe über den Hünengräbern mit täuschender Ueberredung vor das geistige Auge führt. Solistisch waren thätig die Herren Ebing, Hennes, Griesang und Wend. Besonders zu erwähnen ist Herr H., aus seinem Spiel klang Geist, Seele, musikalische Poesie. Den Schluss des mit Feingefühl ausgewählten Programms bildeten 2 Chöre des Altenessener Lehrer-Gesangvereins. Derselbe erwies sich unter der zielsicheren Leitung des Herrn Friedrichs mit seinen Leistungen als eine künstlerisch gut disziplinierte Sängerschar, die sich den Intentionen ihres Dirigenten in jeder Hinsicht willfährig zeigte. Der Verein musste sich auf stürmisches Verlangen zu einer Zugabe bequemen.

Plauen i. V. Lehrer-Gesangverein unter Leitung des Realgymnasial-Oberl. P. Rascher. H. Götz „Es liegt so abendstill der See“. F. Courti „Hoffe, Herz“; „Im Sturm“. E. Kremser „Balkanbilder“ mit Bariton-Solo (Wappler) und Orchester. Volkslieder, bearb. von H. Jungst, „Lieblich gesellet“; H. Sitt „Braut und Bräutigam“.

Verschiedenes.

Krefeld. Der rühmlichst bekannte Cellovirtuos W. Willeke ist vom Leipziger Philharmon. Orchester (Winderstein) als Konzertmeister und Solo-Violoncellist engagiert worden und wird als solcher thätig sein auf der demnächstigen Tournee durch Dänemark, Schweden, Norwegen.

Briefkasten.

H. in W. in Schl. Die Dirigentenkurse haben sich als eine unbedingte Notwendigkeit herausgestellt und sind überall freudig begrüsst worden. Uebrigens besteht der grösste Teil der Teilnehmer aus Lehrern. Ihr Vorschlag, die Vorlesungen in Buchform erscheinen zu lassen, ist der Erwägung wert.

Aufführungen.

Männerchor.

achen. Männerquartett (W. Speiser). K. Schauss, »Ich hort ein leifen«. Speiser, »Wilde Ros« und »Frühlingsahnung«. Walden ehlen.) Liederquartett (Lehrer Haude). H. Becker, »Choral von . »Hochamt im Walde«. H. Mohr, »O lieb, so lang du lieben :l. Orch.). Pache, »Waldeszauber« (kl. Orch.). Remscheid. (Karl Hirsch). Tauwitz, »Das deutsche Lied«. Hegar, »Morgen . Brambach, »Berg. Heimatlied«. H. Jüngst, »Spinn, spinn«. Iretelein«. Barm n. Oberb. Sängerhain (K. Hirsch), Engels allerliebste Männchen«. M. Bruch, »Vom Rhein«. Hegar, ndel«. K. Hirsch, »Mutter«. Baldamus, »Wenn alle Brünnlein Solingen. Sängerbund (K. Hirsch). Jos. Reiter, »Der Barde«. udolf von Werdenberg.« W. Speidel, »Heimweh«. E. Kremser, i. Volksliedchen«. Münster. Cäcilia (C. Bäumer). Wesseler, ern« (Da Capo). Zerlett »Am Rhein«. Abt, »Maiennacht«, ii, K.-Chor. (Rudnick). »Deutsches Bannerlied«. Wesseler, ht am Rhein«, »Die Mühle«, (Da Capo). »Engel und Lilien«. 3. Harmonia (Georg Reinl). C. H. Döring, »Und bötet ihr ein uir«. O. Neubner, »Der Schwur«, »Wenn der Vogel naschen Kremser. »Justament nit«. Köln. M.-G.-V. (Jos. Schwartz). ier. Fr. Wüllner, »Liedesgrum und 3 altdeutsche Volkslieder«, einstern ist aufgegangen«, »Birrebaum« (Da Capo), »Nun kommt he Nacht«. Thorn. Liedertafel (Fritz Char). Hegar, »In den R. Schwalm, »Gretula«. Fr. Char. »Ein Sang vom Rhein«. 6 Altniederl. Volkslieder«. Dresden. M.-G.-V. (Hugo Jüngst). , »Heimliche Liebe«, »Der Fuhrknecht und der Pfalzgraf«, ilinge«. Ed. Kremser, »Ruthenisches Volkslied«, »Heil ins cheint die Sonne«. Jos. Schwartz, »Ja schön ist mein Schatz tmanthal. M.-G.-V. (Walter Mundry). B. Klein, »Der Herr Hirt«. Kempter, »Meeresstimmen«. Kremser, »Zwiegesang« 'Kübele rinnt«. Fürth. Liederverein (M. Loschky). Hegar, n Wald«. Loschky, »Jugendtraum« (Da Capo). Panzer, »Mond- Himmel«. Kremser, »Juchheissa«. Loschky, »Waldesgruss«, . Neumann, »Matrosenblut«. Ullrich »Zuflucht« (Da Capo). Maienrosen« (Da Capo). P. Haas, »Zu Andernach am Thore«. ngerkreis (W. M. Loschky). Loschky, »Zwei Aeuglein braun«. andsknechtslied« mit Orch. Basel. G.-V. u. Lt. Allg. M.-Ges. Ikland). E. Munzinger, »Bundeskantate« mit Orch. Frank- t. Neebscher M.-Ch. und Kaim-Orch. (Fel. Weingartner). Franz nt-Symphonie« (Sol.: Ludw. Hess). J. Rheinberger, »Das Thal e«. Gotha. Liedertafel (Rabich). G. Grieg, »Landerkennung«.

Frauen- oder Kinder-Chor.

sem. M.-V. (Witte). J. Frischen, op. 11 »Athenischer Frühlings- Duisburg. Ges.-Ver. (Josephson). Fr. Vollbach, »Reigen«. üllner). Hamburg. Philharm.-Ges. (R. Barth). Brahms, »Es ller Harfenklang«, »Gesang auf Fingal«. Reichenberg i. V. ia (Th. Goldberg). 49. Stiftungsfest. Jos. Rheinberger, »Der arde mit grossem Beifall aufgenommen. Ellwangen. Sängerb. reewittchen« von Reinecke. Kol n. Frauenchor (F. Albrecht). e, »Aschenbrödel«, Märchen-Dichtung mit Deklamation (Soli: von Wilm, »Frühlingsnahen«. C. Grammann, »Nachtigallen- rzett. Arn. Krug, »Schneckenlied« und »Schreckl. Geschichte«. . Gem. Chor (K. Hirsch). J. Brahms, »Die Nonne«, Barcarole, igam«. Sonneberg. Bürgerschule (B. Roth), Knabenchöre: »Jagdlied«. C. Reinecke, »Die Teufelchen auf der Himmels- rchenoper. (Zum 2. Male). Witten Musikver. F. Vollbach, it Klav. u. Tenor (Sol.: E. Forchhammer). Dr. F. Kreuzhage. ed« mit Klav. Frankfurt a. M. Museums-Ges. (G. Kogel). armen-Quartett. J. Brahms, »Da unten im Thale«, »Minnelied«, , »Waldmädchen«. A. Krug, »Herzeleid«, »Beim Gewitter«. he Volkslieder: »Singe, trinke, küsse«, »Liebeskündigung«. Akademie der Tonkunst (Max Zenger), »Der Christbaum«, kleinem Orchester.

Gemischter Chor a capp.

ield. Mus.-Ver. (Lamping). A. Mendelssohn, »Der Schnee e«, Die Rose«, »Das Allerschönste«. Joh. Brahms, »O süsser r bucklichte Fiedler. Duisburg. Ges.-Ver. (Josephson). graven, Volkslieder: »Argwohn«, Die Vöglein«. Nördlingen. rein (Fr. W. Trautner). »Christus ist auferstanden« von H. M. H. Frankenberger, »Das ist ein köstliches Ding«. C. Löwe, ott in der Höhe«. K. Wolfrum, »Es leuchten an des Himmels . Bruch, »Frisch auf in Gottes Namen«. Fr. W. Trautner, ar, du Land der Bayern«. E. H. Seyffardt, »Trauerfeier für Entschlafenen« (mit Begl.). J. Rheinberger, »Die Wasserfee«, ng«. A. Billeter, »Winterlied« und »Zum Walde«. Wülfrath. Karl Hirsch). J. Brahms, »Wiegenlied«. J. Dürrner, »Morgen- . A. Kieffel, »Es fuhr ein Fischer«. Wien. Ges. der Musik- rd. Löwe). Joh. Brahms, »Vineta«. »Beherzigung«. J. S. Bach, te dich nicht«. Coblenz. Musik-Inst. (K. Heubner). Brahms, Nacht«, »Abschiedslied (altdtsch. Volkslieder). K. Heubner, ch Psalm 128«. Leipzig. Thomaner-Chor (G. Schreck). aldesnacht«. G. Schreck, »Gesang der Stürme«. J. Rhein- meine Gedanken«. J. Stephani, »Ballet«. Frankfurt a. M. tt (Rob Franz). »Die Verlassene«, »Die beste Zeit«.

Gemischter Chor mit Begleitung.

gmund. Singverein (Cantor Graff). Schumann, »Der Rose Pilger- ssohn-B., »Walpurgisnacht« (Sol.: N. Harsen-Müller, Meincke, , Marg. Schuppe). Menpe. Gem.-Chor (A. Becker). Romberg, Glocke. Sonneberg. Kirchenchor (B. Roth). W. Köhler, noch eine Mutter hast«. Basel. Allg. M.-Ges. (Volkland). . Meeresstille und Glückl. Fahrt«. R. Schumann, »Zigeuner- : F. Pinks, Frankfurt a. M.) Gera Musikal. Verein (Klee- g- riesen, »Grenzen der Menschheit«. Beethoven, »Phantasie« op. 80. (Sol.: Mar. Busjäger). Hamburg. Cäcilien-Ver. (Jul. Spengel). Verdi, »Requiem« (Sol.: Emma Rückbeil-Hiller, Lola Myss-Gmeiner, v. zur Mühlen, Victor Porth). Mainz. Lt. u. Damen-G.-V. (Fr. Volbach). Enr. Bossi, Das hohe Lied«. Hugo Conrath, »Zigeunerlieder« mit Klav. München. Musikalische Akademie (Hugo Röhr). Röhr, »Ekkehard«. (Sol.: B. Morena, Hedw. Geiger, Herm. Bosetti, Nic. Rothmühl, Viet. Klöpfer). Berlin. Philharm. Ch. (Siegfr. Ochs). Joh. Brahms, »Schicksalslied«. A. Urspruch, »Frühlingsfeier«. Mendelssohn-Barth., »Walpurgisnacht« (Sol.: Antonie Stern, Hans Siewert, Tenor A. Sistermans. Chemnitz. Musikver. (Fr. Mayerhoff). F. Mendelssohn-Barth., »Loreley«. Brahms, »Nänie«. Fr. Schubert-Flitner, »Deutsche Tänze«. Düsseldorf. Städt. Musikver. (J. Buths). C. Franck, »Der wilde Jäger«. Edgar Tinel »Die Mohnblumen«. Frankfurt a. M. Rühl'scher Ges.-Ver. Wolfrum, »Ein Weihnachtsmysterium. (Sol.: Al. Bergstaller, Frau Noordewier-Redding.) Wien. Ges. der Musikfreunde (Ferd. Löwe). Brahms, »Schicksalslied«. Elberfeld. Konzert-Ges. (H. Haym). Tinel, »Franciscus«. (Sol.: Julia Uzielli, P. Kalisch, Ed. Walter). Hannover. Musik-Akad. (J. Frischen). Haydn, Schöpfung«. Sol.: Rose Ettinger, Ludw. Hess, A. Sistermans). Münster. Musik-Verein (Dr. W. Niessen). Haydn, »Jahreszeiten«. Minden. Musik-Verein (W. Frank). E. Tinel »Franciscus. (Sol.: Carola Hubert, Heinrich Grab, Ad. Stammer). Aachen. Städt. Musik-Verein (E. Schwickerath). Cornelius »Barbier von Bagdad«. (Sol.: Osc. Noë, Cäcilie Rüsche, Frau Craemer-Schleger, Paul Kalisch, Joh. Messchaert. Basel. G.-V. (H. Huber). Haydn, »Jahreszeiten«. (Sol.: Emma Hiller-Rückbeil, Joh. J. Rogmanns, Joh. Messchaert). Berlin. Singakad. (G. Schumann). J. S. Bach, »Missa« A-dur. Händel, Acis und Galatea (Sol.: E. Herzog, Emmy Rintelen, v. zur Mühlen, Firangon-Davies). Hagen. Konzert-Ges. (E. Kayser). M. Bruch, »Achilleus«. (Sol.: Ida Eckman, Cornelie Flues, C. Dierich, Al. Heinemann, R. von Milde). Krefeld. Konzert-Gesellsch. (Müller-Reuter). Berlioz, »Faust's Verdammung«. (Sol.: Nina Faliero-Dalcroze, Dr. L. Wüllner, J. Messchaert, Willy Metzmacher). Leipzig. Riedel-Verein. (G. Göhler). Anton Bruckner, »E-moll-Messe«. Enrico Bossi, Hymnus, Cantate »Domino«. Marburg. Akad. Konzert-Verein. Frankfurter Vokalquartett. Brahms, »An die Heimat«, »Der Abend«, Wechsellied zum Tanz«, »Der Gang zum Liebchen«. Barm n. Volkschor (C. Hopfe). Max Bruch, »Lied von der Glocke«. (Sol.: Cäc. Rüsche. Luise Geller-Wolter, Fritz Birrenkoven, M. Büttner) Heidelberg. Bachverein (Wolfrum). Berlioz, »Faust«. (Sol.: M. Pregi, Max Pichler, Jos. Staudigl, Carl Weidt). Braunschweig. (Riedel). Max Bruch, »Gustav Adolf«. (Sol.: Setlekorn, Cronberger, Frau Geissler). Kirchen a. Sieg. Ges.-Ver. (Herm. Dörlemann). Becker, »Die Zigeuner«. Felix Mendelssohn, Hymne mit Altsolo. (Solostin: Frau Emma Dörlemann). Mitchenbach. Ges.-Ver. (Röder). Schumann, »Der Rose Pilgerfahrt«. (Sol.: Ella Herrmann, P. Kuhl).

Wittlich. Die in Nr. 4 gebrachte Mitteilung über das goldene Jubelfest des Männer-Gesangvereins bedarf insofern der Berichtigung, als das Fest definitiv am 20. und 21. Juli stattfindet. Die Anmeldefrist ist bis zum 1. April verlängert worden. Für kleinere Landvereine wird auch eine Klasse III b eingerichtet. Die Anmeldungen gehen zahlreich ein, sodass ein herrliches Fest erhofft werden darf.

Mitteilungen
aus dem
Institut für brieflichen Unterricht in der Theorie der Musik

Gründlicher Unterricht in allen theoretischen Disciplinen.

Leitung: H. vom Ende, Köln am Rh., Bismarckstrasse 25.

Der briefliche Unterricht verfolgt den Zweck, allen Freunden der Tonkunst, welche Beruf und Neigung zur Komposition in sich spüren und in Geist und Wesen der musikalischen Kunstwerke einzudringen wünschen, sowie Tonkünstlern, denen die für den Lehr- und Dirigentenberuf notwendigen theoretischen Kenntnisse fehlen, Gelegenheit zur Aneignung derselben zu bieten. Der Unterricht kann zu jeder Zeit aufgenommen und abgebrochen werden, er ist überhaupt nicht an bestimmte Stunden oder Zeiten gebunden. Die Preise für Korrekturen und briefl. Erörterungen sind sehr billig bemessen.

Bitte Prospekt gratis und franko zu verlangen.

Die enge Lage ist mit Vorsicht anzuwenden, da sie in vielen Fällen schlecht klingt. Gut klingt sie eigentlich nur in Durchgängen, da sie dann am wenigstens hervortritt und die natürlichste Stimmführung zeigt; es genügt, wenn die beiden die Terz enthaltenden Stimmen durchgehende sind (a). Auch kann ein Zwischenglied (*) ausfallen. Allerdings kann auch hier manchmal weite Lage angebrachter sein, besonders in Sequenzen (b).

Franko-Tonsatz

a

b

Andere Anwendungen der Terzverdoppelung ergeben sich aus dem Verfolgen einer Gegenbewegung bis zum Gipfelpunkt, oder dem Bedürfnis schöner, ausdrucksvoller Stimmführung:

Die Terzverdoppelung bei * ist nicht ganz einwandfrei; überhaupt ist diese Verdoppelung nur dann ratsam, wenn zwingender Grund oder einleuchtende Motivierung vorhanden ist, sie kommt bei guten Meistern, abgesehen von den Durchgangsverdoppelungen, verhältnismässig selten vor.

Die charakteristischen Eigenschaften des Sextakkords, seine weiche, unselbständige, anschmiegende Natur lassen seine Anwendung in den entsprechenden Stimmungen ratsam erscheinen. Namentlich J. S. Bach erreicht ergreifende Wirkungen mit ihm. Wie verzagt und schmerzlich klingen die Akkorde in seinem Choral „O Haupt voll Blut und Wunden". Der Bass hat alle Haltung und Entschiedenheit verloren, mit unsicheren Schritten tappt er einher:

Doch schimpf - lich und ge - - - - - schlagen. Wenn
sein, so reiss mich aus den Aen - - - gsten.

Die Quintsextakkorde können hier als verschärfte Sextakkorde angesehen werden.

Hier finden wir auch das Geheimnis der Sextenparallelen begründet, das schwärmerische Mitempfinden des sonst seine eigenen Wege gehenden Basses, der an diesen Stellen seine Eigenart hingiebt, um die Führung ganz der höheren Stimme zu überlassen.

Fr. Wüllner. Sind wir geschieden. — Rob. Franz. Du liebe Auge, willst dich tauchen.

Mein letz-ter Tropfen Blut sei dir — In mei-nes Auges ge-heime Tief

Dass jedoch der Sextakkord auch eine energischere Sprache reden kann, beweist der kräftige Aufschwung in der Einleitung des Liedes „Genesung" von Rob. Franz.

Und nun ein End' dem Trauern.

Was dringt ins Herz und ins Gemüt!

Des Volkes Stolz: „Ein einfach Lied!“

Glänzend besprochen und empfohlen!!!

Beliebte Volksweisen

für Männerchor arrangiert von **Fritz Neuert.**

1. Zu Straßburg auf d. l. Bruck.
2. Scheiden und Meiden.
3. Wer weiß, ob wir uns wiedersehen.
4. Ade, du Land am Rhein.
5. Abfahrt von der Heimat.
6. Sehnsucht nach der Heimat.
7. Glockengeläute.
8. 's Bluamerl am See.
9. Sonntags am Rhein.
10. Noch ist die blüh. gold. Zeit.
11. Drei Lilien.
12. Der Baum im Odenwald.
13. Das Lieben bringt gr. Freud.
14. Jauchze, mein Herz.
15. In der Heimat.
16. Abendglöcklein.
17. Wenn ich ein Vöglein wär.
18. Wenn zu meim Schätzel kommst.
19. Wenn wir d. d. Straßen ziehen.
20. Alte Freundschaft, alter Wein.
21. Treue Liebe.
22. Am Aarensee.
23. Verstohl. geht der Mond auf.
24. Der schwere Traum.
25. Süddeutsches Tanzlied.
26. Argwohn.
27. Spinnerin.
28. Der Lumpenmann.

Partitur je Mk. —.40, Stimmen je Mk. —.60.
Bei gleichzeitiger Entnahme von 5 Chören Partitur je Mk. —.30, Stimmen je Mk. —.40 netto.

Robert Neumann, Musik-Verlag, Pforzheim (Baden).

Neu! Walpurgisnacht Neu!

von **A. Jäckel** op. 94.

Grosses Walzeridyll für Männerchor, gemischten Chor, Frauenchor, u. Soli, mit Klavier- od. Streichorchesterbegl.

Klavierauszug *M* 3.—. Stimmen *M* 1.20.
Orchesterpartitur „ 3.—. Orchesterstimmen „ 3.—.

Die Walpurgisnacht ist ein lang vorbereitetes mit grösster Sorgfalt ausgearbeitetes Werk im Stile der „Koschat-Walzer“. Von Autoritäten vor Herausgabe geprüft und allgemein äusserst günstig beurteilt. Texte stehen den verehrlichen Vereinen bei Aufführung in beliebiger Anzahl **im Kommission** zur Verfügung.

Grosser Beliebtheit erfreuen sich J ä c k e l s volkstümliche Männer- und gemischte Chöre. Katalog gratis. Partituren z. Ansicht.

G. Adolf Jäckel,
Musikverlag, Leipzig, Poststr. 14

Gratis und franko

sende ich den Herren Dirigenten und Gesanglehrern gerne einzelne Partituren von **Johannes Schondorf's Männer- und gemischten (auch Schul-) Chören** (Lose Blätter, Vaterländische Gesänge etc.) zur Ansicht.

Schondorf's Verlag in Güstrow.

Wichtig für jeden Dirigenten! für jeden Gesangverein! für jeden Sänger!
Soeben erschien und ist zu beziehen durch jede Buchhandlung:

Des Sängers Berater.

Eine leicht fassliche Darstellung des Wichtigsten aus der allgemeinen Musik- und Gesangslehre für jeden Chorsänger und solche, die es werden wollen. Verfasst und herausgegeben von **Fritz Neuert**, **Pforzheim.** Mit vielen Notenbeispielen.
Preis: broch. 40 Pfg., geb. 1 Mk.
Bei Abnahme grösserer Partien bedeutende Preis-Ermässigung. Verschiedene Vereine führten das Werkchen obligatorisch ein. Gegen Einsendung von 45 Pfg. erfolgt portofreie Zusendung.

Ernst Birkner, Verlag, Pforzheim.
Buch- und Kunstdruckerei.

In **keiner** Männergesangvereins-Bibliothek sollte fehlen das

Jahrbuch

für

Deutschlands Männergesangvereine

für 1901.

Hunderte von Anerkennungsschreiben seitens der Vereine gingen dem Herausgeber zu.

Die noch vorhandenen Exemplare werden zu dem ermässigten Preise von **1 Mark** pro Stück (früher 3 Mark) abgegeben und dem Unterzeichneten gegen Einsendung des Betrages frei zugesandt.

Schweidnitz. **Adolf Schreyer.**

Antiquarisch

gesucht: Material zu **Elias** von **Mendelssohn.**

Offeriert: — **Händels sämmtliche Werke** —
grosse Händelausgabe für Mk. 400.

H. vom Ende's Musikalienhandlung, Köln am Rhein.

Neu erschienen

und durch jede Musikalienhandlung sowie direkt vom Verlag zur Ansicht zu beziehen:

Männerchöre:

Ullrich Fr., op. 84. Waldesrauschen.	Part. 40	St. 80
Thelen Aug., op. 21 u. 2. O bergisch Land, mein Heimatland.	„ 40	„ 80
Steinkühler W. H., op. 36. Gott will es so haben.	„ 40	„ 80
Köster Wilh., Sehnen und Scheiden.	„ 40	„ 80

Gemischte Chöre:

Ullrich Fr., op. 76. Schliess auf.	Part. 40	St. 80
do op. 79. Der Spielmann ist da	„ 40	„ 80
do. op. 84. Waldesrauschen	„ 40	„ 80
do. op. 85. Lass dein mich sein und bleiben.	„ 40	„ 80

Auswahlsendungen bereitwilligst.

Fr. Ullrich, Musikalien-Versandtgeschäft.
Godesberg a. Rhein.

Wegweiser durch die Chorgesanglitteratur

Amtliches Organ des westdeutschen Sängerverbandes.

Ratgeber für Gesangvereine und Dirigenten.

Redaktion und Verlag: H. vom Ende, Köln a. Rh., Ecke Bismarck- und Kamekestrasse.

nebst Beiblatt:

Offizielles Organ
des Westdeutschen Sängerverbandes
Mosel-, Saar-, Nahe-Sängerbundes.

Erscheint monatlich einmal.
Bezugspreis für 1 Expl. 20 Pfg.
Jahresabonnement Mk. 1.50 und 40 Pfg. Porto.
Inserate kosten pro 4 mal gespaltene Petitzeile 30 Pfg.

Expedition: H. vom Ende's Musikalien-Versandgeschäft.

Nr. 6. | Köln a. Rhein, den 26. März 1902. | III. Jahrg.

Inhalt:

Kunsterziehung.

Ergebnisse und Anregungen des Kunsterziehungstages in Dresden.

Unter obigem Titel sind nunmehr die Verhandlungen bei R. Voigtländer in Leipzig (1 Mk.) erschienen, sachlich und künstlerisch geordnet, unter Ausscheidung alles überflüssigen Beiwerks, sodass jedermann mit Behagen es zum Lesen in die Hand nehmen kann.

Ohne Zweifel ist durch diese Veranstaltung das Interesse an der künstlerischen Erziehung unserer Jugend in einem Masse geweckt und gestärkt worden, dass uns ein näheres Eingehen auf diese Frage auch im Interesse der musikalischen Ausbildung Jung-Deutschlands für unumgänglich nötig erscheint. Mit Recht sprach Schulinspektor Frick-Hamburg als Vertreter der dortigen Lehrervereinigung zur Pflege künstl. Bildung die Befürchtung aus, dass, wenn die Kunsterziehungstage sich ausschliesslich auf die bildende Kunst beschränken, eine chinesische Mauer zwischen den einzelnen Zweigen der künstlerischen Erziehung aufgerichtet wird. Auf der nächstfolgenden Tagung müsse auch die Dicht- und Tonkunst eine Stätte finden, da es sich schliesslich doch nur um ein Ganzes handelt, um die Erziehung des Volkes zum künstlerischen Genuss überhaupt, nicht allein der bildenden Künste.

Dass unsere Lehrerschaft von der Wichtigkeit dieser Frage tief durchdrungen ist, dafür spricht die Thatsache, dass der deutsche Lehrerverein allen seinen Zweigverbänden das Thema: „Die Bedeutung der Kunst für die Erziehung" als Beratungsgegenstand empfohlen hat und dass auch die nächste Deutsche Lehrerversammlung zu Pfingsten in Chemnitz über diesen Gegenstand verhandeln soll. Hoffen wir, dass hier wenigstens die Tonkunst nicht zu kurz kommt. Bedeutungsvoll war der Hinweis des Lehrers Pretzel-Berlin darauf, dass die Lehrer selbst vor allen Dingen noch der Anleitung bedürfen, der Anleitung durch diejenigen, die auf dem Gebiete der Kunst die geborenen Lehrer sind, die Künstler. Dass diese beiden Kreise, die zunächst interessiert sind, Erzieher und Künstler, nicht wider einander arbeiten, sondern gemeinsam miteinander im gegenseitigen Vertrauen und mit beiderseitigem gutem Willen, das wird die erste Vorbedingung einer gedeihlichen Entwickelung sein. In Anwendung auf die Tonkunst würde diese Frage hauptsächlich zu lösen sein durch eine andere Stellung dieser Disziplin innerhalb der Seminar-Lehrpläne. Unsere eingefleischten Pädagogen, namentlich die Alt-Philologen, werden natürlich wieder Zeter-Mordio schreien ob dieser neuen Eindringlinge in ihre altbewährten Kreise. Sie mögen sich beruhigen; es handelt sich bei diesen Bestrebungen ja nicht darum, die Grundlage, auf der die Bildung bisher gefördert worden ist, in den Schulen irgendwie zu ändern und etwa an Stelle der bisher wesentlich auf ethischer Grundlage aufgebauten Erziehung eine ganz neue, auf künstlerischer oder ästhetischer Grundlage ruhende zu schaffen. Wohl aber handelt es sich darum, die jetzige Bildung, die in einseitiger Weise die Ausbildung der Verstandeskräfte anstrebt, zu ergänzen nach Seite der Ausbildung auch der übrigen, sehr wesentlichen Fähigkeiten des Menschen, nämlich der Fähigkeiten zum künstlerischen Auffassen und Schaffen, die für eine viel grössere Zahl von Bethätigungen im Leben notwendig sind und entwickelt werden müssen, als wir im allgemeinen jetzt anzunehmen pflegen.

Die Kunst, wie wir sie heute auffassen, ist Darstellung der Natur oder Erzeugung eines Gefühls, einer Stimmung, einer Kraft- und Bewegungsvorstellung mit Formen, die der organischen Natur, dem menschlichen Gefühlsleben, der Bewegung des Menschen u. s. w. entsprechen. Ohne Kenntniss der Natur, zu der ja auch das menschliche Gefühlsleben, soweit es einen Gegenstand der Kunst bildet, gehört, ist keine Kunst, kein Kunstgenuss möglich. Jeder Weg zur Kunst geht über die Natur. Ohne genaue und zahlreiche Erinnerungsbilder der Formen und Farben der Natur, der Töne und Bewegungen der Lebewesen kann man weder Kunst schaffen, noch Kunst geniessen. Die Aufgabe des Kunstunterrichts ist also ganz einfach die, das Kind in die Natur und das Leben einzuführen, sein Bewusstsein mit solchen Erinnerungsbildern zu füllen. (Dr. Konrad Lange-Tübingen.) Wenn man das Gemälde eines Baumes geniessen will, so muss man wissen, wie ein Baum in der Natur aussieht, wenn man die Schönheit der Poesie empfinden will, so muss man das menschliche Leben, die menschliche Seele aus eigner Erfahrung kennen. Die organische Schönheit einer architektonischen oder kunsthandwerklichen Schöpfung kann nur der richtig würdigen, der aus der Anschauung der Natur ein lebendiges Gefühl für organisches Wachstum, für die Formen des organischen Lebens hat.

Zum Kunstgeniessen wie zum Kunstschaffen gehört Phantasie, aber nicht nur Phantasie. Ein Uebermass derselben ist auch in künstlerischer Hinsicht geradezu verderblich. Man könnte daher versucht sein, von der Erziehung zu fordern, sie solle die kindliche Phantasie zurückdämmen. Indessen, nicht auf das Unterdrücken, sondern darauf kommt es an, rechtzeitig Gegenkräfte zu wecken. Der Sinn für das

Wirkliche muss im Kinde gepflanzt werden. Alle Kunst spricht zu uns durch unsere Sinne. Daher rede, wie Fr. Th. Vischer sagt, niemand von wahrer Bildung, der ungebildete Sinne hat (Lehrer Ross, Hamburg).

Es ist eine alte Streitfrage, welchen Wert für die Kunst die Theorie habe, sicher aber ist es, dass derjenige, der andere systematisch zur künstlerischen Genussfähigkeit führen will, der Theorie nicht entbehren kann. Denn diese Arbeit kann nur gelingen, wenn sie auf planmässigen Ueberlegungen, auf kritischem Verständnis von Zweck, Weg und Mitteln beruht.

Die theoretische Unterweisung würde sich weiter zu erstrecken haben auf die Technik der Kunst. In einer Art Elementarkunstlehre müssten die Schüler den notwendigsten Aufschluss erhalten über Stoffe und Formen der künstlerischen Darstellung, sowie deren Reproduktion. Erwünscht ist ferner eine Art Elementarästhetik, die den künftigen Lehrer darüber aufklärt, worin, psychologisch betrachtet, das Wesen des Kunstgenusses besteht. Sie würde am besten dem Unterricht in der Psychologie zuzuweisen sein, der in den Abschnitten über die Phantasie und über das ästhetische Gefühl eine Erweiterung seines Stoffes vorzunehmen hätte. Selbstverständlich dürften diese Belehrungen nicht etwa im Sinne der alten formalistischen Aesthetik Gesetze für das, was schön und nicht schön ist, aufstellen wollen, sondern müssten sich, dem neueren Stande der ästhetischen Wissenschaft entsprechend, damit begnügen, eine psychologische Einsicht in die Wirkungen des Kunstgenusses im Gemüt zu erzeugen.

Unerlässlich erscheint endlich eine kunsthistorische Orientierung. Dass der bisherige Betrieb des Musikunterrichts an den Seminaren bereits reiche Früchte getragen, dass durch ihn die Volksschullehrer thatsächlich bisher ausgerüstet worden, eine künstlerische Mission in den breiten Volksschichten zu erfüllen, muss anerkannt werden. Als Illustration teilte Seminarlehrer K. Muthesius-Weimar die schönen Worte mit, die Hans Thoma kürzlich in einem Aufsatz über Volkskunst und Kunstvereine geschrieben hat. Er war aus Italien zurückgekehrt, und es war ihm ergangen, wie manchem kunstsinnigen Italienfahrer, er hatte eine grosse Missachtung deutschen Wesens und deutscher Art mitgebracht. Missmutig sass er einst im Garten eines Dorfwirtshauses, ganz abwesend im Lande seiner Sehnsucht. „Da mit einemmale erhoben städtisch gekleidete Männer ihre Stimme und sangen vierstimmig das alte Lied: „Es waren zwei Königskinder" — und diese Töne, dieser herrlich geordnete Gesang sagten mir auf einmal, was Deutschland ist — ja sogar, was deutsche Kunst ist, was sie sein kann. Die Sänger waren vier Lehrer, die ihren freien Nachmittag da zubrachten. Sie sangen noch mehrere herrliche Lieder, so ganz nur für sich, ich wagte auch gar nicht, ihnen zu danken, sie haben ja nicht meinetwegen gesungen. Dankbar still schlich ich von dannen, ein froh Zufriedener, dass er die Gemeinschaft mit der deutschen Volksseele wieder gefunden hatte".

Das sind im allgemeinen die leitenden Grundsätze, welche während der Verhandlungen zum Ausdruck kamen und ohne weiteres auch auf unsere musikalische Erziehung Anwendung finden können. Ein Kunsterziehungstag für die Tonkunst würde sich zu beschäftigen haben mit der musikalischen Erziehung im Hause, in der Schule und an musikalischen Lehranstalten, Pflege der Tonkunst an Seminarien und Hochschulen, mit der künstlerischen Erziehung des Volkes in den Gesangvereinen und endlich mit Unterrichtskursen, gewissermassen Fortbildungsschulen, für Chordirigenten, Veranstaltungen, die sich angesichts der riesigen Entwickelung des Gesangvereinswesens als unumgänglich notwendig herausgestellt haben. Sodann würden allgemeine Leitsätze für Auswahl und Beschaffenheit des Unterrichts- und Vortragsmaterials, Anschauungsmaterials, Nutzen und Umfang der theoretischen Disziplinen aufzustellen sein. Auch die Kehrseite könnte einmal beleuchtet werden, so die Sittenverwilderung infolge der Wettstreite mit Geld- und Wertpreisen, die Geschmacksverderbnis innerhalb des Offiziersstandes infolge der seichten Programme der Militärkapellen, welche ihr Publikum zumeist mit selbstangefertigten Arrangements mästen, die Gefahren, welche die Massenzüchtung auf unseren Konservatorien in sich birgt und so manches andere. Von grosser Wichtigkeit ist die Auswahl der einzuladenden Personen, welche folgenden Ständen zu entnehmen wären: 1. Lehrer von Volks- und höheren Schulen, Präparandenanstalten und Seminarien, Musikschulen und Konservatorien, Universitäts-Musikdirektoren. — 2. Dirigenten und Musikdirektoren — 3. Musikschriftsteller. Kritiker. — 4. Ausübende Künstler.

H. vom Ende.

Zur Hebung des Chorgesanges.

Der kürzlich gegründete „Verein zur Hebung des Chorgesanges" in Wien, zu dessen Förderern die ersten Autoritäten Wiens gehören, beabsichtigt, den niederländischen a capella-Chor, welcher während der Musik- und Theater-Ausstellung in Wien Aufsehen erregte, sich als Vorbild vor Augen zu halten und möglichst vollendete Aufführungen zu veranstalten. Dirigent des Vereins ist Eugen Thomas. Der Hinweis auf die Leistungen des Amsterdamer Chors lässt uns das Erfreulichste hoffen und verspricht Bestrebungen, ähnlich denjenigen der Berliner Konzertvereinigung „Madrigal", die unter C. Mengeweins Leitung zu hoher Blüte gelangt ist.

Ueber den erwähnten Amsterdamer Chor schrieb Prof. O. Fleischer in seiner lesenswerten Brochure „Die Bedeutung der internationalen Musik- und Theater-Ausstellung in Wien" (Universal-Bibliothek für Musiklitteratur, Heft 6—7, Preis ℳ 1.—) folgendes:

Das Erwähnenswerteste war die Vorführung von Gesangswerken des 16. und 17. Jahrhunderts durch die Gesellschaft des Herrn Daniel de Lange aus Amsterdam. Der erste Abend hatte nur eine kleine Zuhörerschaft, aber einen grossen Erfolg. Die wohlgeschulten Kehlen der 16 Sänger und Sängerinnen brachten die alten aus dem Bibliotheksstaub ausgegrabenen Liebeslieder so frisch und lebendig heraus, als ob sie gar nicht für eine 300 Jahre alte Liebe geschrieben wären. In der That war ja manches an den alten Stücken für den Vortrag modernisiert worden, was unbedingt zu verurteilen ist; aber diese Konzerte haben doch gezeigt, dass die alte Musik noch sehr lebenskräftig gewesen sein muss, und diese Ueberzeugung, die sich stetig wachsende Kreise bei solchen Gelegenheiten erwerben, ist eine wesentliche Hilfe und Stütze für die Musikwissenschaft.

Schon vorher hatte der Ambrosius-Verein von Wien in einigen Konzerten versucht, eine Entwickelungsreihe von Gesängen aus dem frühen Mittelalter durch die verschiedenen Jahrhunderte hindurch bis zur jüngeren Zeit zu geben. Noch gegen Ende der Ausstellungszeit führte dann Amalie Joachim die Entwickelung des deutschen Liedes in einem Cyclus vor, und zuletzt erhielten wir durch ein Konzert Einblick in das Musikleben früherer Zeiten am Wiener Hofe. Diese Versuche, die Musikgeschichte eindringlicher darzustellen, so bescheiden sie auch ausfielen, haben doch zweierlei deutlich gezeigt. Erstens, dass auch ein allgemeineres Publikum — und selbst ein Ausstellungs-Publikum, dem man nicht immer eine starke geistige Konzentration nachsagt — doch nicht so ganz unempfänglich ist für den ernsteren Genuss sogenannter historischer Musik, das will sagen einer Musik, die nicht aus den modernen musikalischen Anschauungen herausgewachsen ist. Es gehört ja bekanntlich zum feinen Ton, das Publikum, den „grossen Haufen", für oberflächlicher zu halten, als es wirklich ist.

Andererseits ersieht man daraus klar, dass die alten schon längst als überlebt betrachteten Kompositionen vergangener Jahrhunderte doch noch eine seltsame, ungeglaubte Lebenskraft in sich tragen. Es war ja unzweifelhaft viel Subjektivität in der Wiedergabe aller jener Neubelebungen, die Vorführungen von Meisterwerken der niederländischen Schule aus dem 16.—17. Jahrhundert de Lange's nicht ausgeschlossen. Dass ein Ueberarbeiten der alten Sachen nach modernen Anforderungen, um sie dem heutigen Geschmack annehmbar zu machen, tadelnswert ist, bedarf kaum der Erörterung. Indessen, wenn die alte Musik bei einer so bunt zusammengesetzten Zuhörerschaft einen so begeisterten Beifall fand, wie in der Ausstellung geschah, so ist das ein zuverlässlicher Beweis, dass in ihr der unzerstörte Keim begeisternder Wirkung noch heute fortlebt, der nicht verfehlen wird, seine Kraft auch auf die modernen Anschauungen und Schöpfungen zu äussern."

Neue musikalische Lehrmittel
für
Lehrer-Seminarien u. Musikschulen.

Gute Unterrichtsmittel sind eine Wohlthat für Lehrer und Schüler, sie erleichtern den ersteren sein schweres Amt und erwecken und vermehren des letzteren Lust und Liebe zur Kunst. Die echte Liebe zur Tonkunst, verständnisvolles Erfassen und wahrer erschöpfender Genuss ihrer Werke kann aber nur dem erblühen, der sich innig vertraut gemacht hat mit dem Wesen und der geschichtlichen Entwickelung der Formen, in denen die Kunstwerke in Erscheinung treten. Zu diesen Kenntnissen muss sich gesellen ein durch inniges Versenken in den geistigen Gehalt unserer nach Inhalt und Form vollendeten Meisterwerke der klassischen Epoche geläuterter und veredelter Geschmack und erstarktes und vertieftes Empfinden. Wer diese Grundsätze sein Eigen nennt, der gebe seinen Schülern das **„Schatzkästlein"** in die Hand; es enthält nach der Form und Schwierigkeit geordnet, das formvollendetste, melodiöseste und wohlklingendste, was Klaviermusik unsrer Meister biete. Den bisher erschienenen Heften Ia, Ib, II, III, welche eine Darstellung der einfachen, zusammengesetzten und erweiterten Liedform und der Tanzform in zahlreichen Beispielen enthalten, folgt jetzt Heft IV, enthaltend die einfachere Rondoform mit einem Seitensatz.

Einleitung zu **Heft IV** zu **„vom Ende's Schatzkästleins"**:

Die Rondoform.

An die im 1. Bande dieses Werkes dargestellte Liedform schliesst sich, die Elemente derselben als Material benützend, enge an die **Rondoform**.

Während indes jene in ihren grösseren Gebilden, besonders in der Tanzform, als eine Aneinanderreihung verschiedenartiger, wenn auch innerlich zusammenhängender oder in Beziehung zu einanderstehender, doch äusserlich scharf getrennter Gedanken erscheint, stellt das Rondo durch innigere Verbindung der Teile eine weniger scharf gegliederte Form dar. Indem es ferner eine grössere metrische Ungebundenheit der Satzform, eine Auflösung derselben wie bei der erweiterten Liedform berücksichtigt, bildet es dadurch den Uebergang zu der durch Evolution, d. h. durch thematische und motivische Entwickelung eines musikalischen Grundgedankens entstandenen **Sonatenform**.

Das Rondo (Rondeau, Rundgesang) ist also ein aus mehreren Sätzen bestehendes Tonstück, in welchem ein Hauptthema im Vordergrunde steht und gewissermassen die Runde macht, d. h. nach kleineren oder grösseren Abschweifungen immer wiederkehrt.

Die Verbindung dieser Hauptsätze wird auf mannigfache Weise bewirkt. Entweder durch gangartige Sätze, welche nur der äusseren Abwechselung dienen und den Wiedereintritt des Hauptsatzes interessanter gestalten sollen, [kleinere Ueberleitungen (ÜL), grössere Uebergänge (ÜG) oder Uebergangssätze (ÜGS)], oder durch selbständige Seitenthemen, die sogar als wirkliche Gegensätze (Alternativ- oder Seitensätze SS) auftreten können, besonders wenn deren mehrere vorhanden sind.

Der Hauptsatz weist in der Regel noch periodische Gliederung, häufig sogar einfache oder zusammengesetzte Liedform auf, manchmal findet sich diese Form auch noch in einem der Seitensätze, im Uebrigen aber herrschen Gänge, gangartige Sätze und Satzerweiterungen vor, wie wir sie bei der erweiterten Liedform kennen gelernt haben. Nicht selten sind auch nach der zweiten Wiederholung des Hauptgedankens thematische Durchführungen desselben in selbständigen Durchführungssätzen (DFS). Haupt- und Seitensätze stehen in organischem Zusammenhange und so stellt das Rondo ein harmonisches Ganze dar, dessen Teile wohlvermittelt und bei aller Selbständigkeit innig mit einander verschmolzen sind. Die Abstammung von der Liedform zeigt sich hier und da auch in unvermittelten Uebergängen. Zu diesen Elementen tritt dann noch Einleitung (Einl.) und Anhang (A) oder Coda.

Es lassen sich im Allgemeinen 2 Hauptformen unterscheiden u. zw. Rondos mit einem und solche mit zwei Seitensätzen. Mit der Uebergangsform zur Sonate stellen wir also folgende 3 Hauptgruppen auf:

1. Rondo mit 1 Seitensatz.
   - HS SS HS
   - HS SS HS SS
   - HS SS HS SS HS
2. Rondo mit 2 Seitensätzen.
   - HS SSI HS DFS HS
   - HS SSI HS SSII HS
   - HS SSI HS SSII HS DFS HS
3. Uebergang zur Sonatenform.
   - HS SSI HS SSII HS SSI
   - HS SSI HS DFS HS SSI
   - HS SSI Schl. S HS SSI Schl. S
   - HS SSI Schl. S HS SSII HS SSI

Selbstredend sind innerhalb dieser Grenzen noch andere Formen möglich, andere Gruppierungen und Bildungen, hier können nur die Haupttypen wiedergegeben werden; wobei zu beachten ist, dass eine Wiederholung einzelner Sätze oder Gruppen noch keine Erweiterung der Form bedeutet. Nur die Wiederholung der sich eng zusammenschliessenden Gruppe HS, SS und Schl. S in der 3. Rondoform bewirkt ein Heraustreten aus derselben und Annäherung an die Sonatenform. Statt des SSII findet sich hier auch häufig ein DFS. Auch die Modulationsordnung nähert sich in dieser letzten Gruppe mehr derjenigen der Sonate, indem der SSI in der Ober-Dom.-Tonart steht und schliesst. Im Allgemeinen ist über den Modulationsgang zu bemerken, dass der Hauptsatz und dessen Wiederholungen gewöhnlich im Hauptton, die Seitensätze in Nebentonarten, zumeist in denjenigen des ersten Verwandtschaftsgrades stehen, jeder in einer anderen. Die älteren Rondos, u. a. von Ph. E. Bach, machen hiervon eine Ausnahme, indem sie den Hauptgedanken durch die Wahl verschiedener Tonarten in immer neue Beleuchtung rücken.

Inhalt des II. Bandes von vom Ende's „Schatzkästlein".

Heft IV.

Rondo mit 1 Seitensatz.

1.	Kuhlau op. 40 II	F	HS ÜG SS RL HS Coda
2.	Steibelt	F	HS ÜG SS RL HS Coda
3.	Dussek op. La Matinée	D	HS SS RG HS Coda
4.	Kuhlau op. 31 II Figaro-Rondo	F	HS ÜGS SS RG HS ÜG SS
5.	Ph. E. Bach	Es	HS ÜGS HS-RG HS ÜG HS Erw.-HS Coda
6.	W. A. Mozart	D	HS ÜGS(SS) HS A.|ÜG HS ÜGS HS Coda
7.	J. Moscheles op 52 La Tenerezza	G	HS ÜGS SS RG HS ÜGS SS RG HS (Anklang) Coda
8.	J. Moscheles op. 66 La petite Babillarde	G	HS ÜG SS RL HS ÜGS SS HS Coda

Heft II und III befinden sich in Vorbereitung.

Neuigkeiten.

Sammlungen für Männerchor.

Alpengrüsse. Chöre und Quartette in Mundart. (Leipzig Ad. Robitschek. Part. 1,— Stimmen je —.60). Bd. I 15 Kärntner Lieder, bearbeitet von Seb. Fugger. Bd. II Versch. Volks- und Originallieder von Kremser, Koschat Schmölzer u. a. Empfehlenswert durch guten Satz und tadellosen Stich.

Liederbuch für Turner, von J. Glozer, Kgl. Seminarlehrer Ober-Glogau. Selbstverlag. ℳ 1,—. Schöne Auswahl von 45 patriotischen Turner-, Marsch-, und Wander-Liedern. In einem Anhang Motette von Mendelssohn-Bartholdi: „Wie selig sind die Toten".

Mosel-Saar-Nahe-Sängerverband.

Alle **dringenden** Anfragen möchte man an die Adresse des Unterzeichneten richten.

Bundesabzeichen, Wettgesang-Ordnung und Statuten sind ebenfalls dort zu bestellen.

B. Gross-Trier.
Vorsitzender.

Liederheft. 175 kirchliche und weltliche Gesänge für katholische Männer-Gesangvereine, herausgegeben von Heck u. Stürmer, (Köln P. J. Tonger. ℳ 1,80. gebunden 2,25) 12. Sterotyp. Ausg. enth. 29 kirchliche Gesänge von B. Klein, C. Kreutzer, Beethoven etc. 48 Volkslieder bearbeitet von G. Schmidt, Silcher etc. 100 sonstige Quartette von Schubert, Mozart Weber, Beethoven, Marschner, Mendelssohn und vielen anderen. Reiche Auswahl guter Bearbeitungen und Originalkompositionen. Die zahlreichen Ausgaben sprechen für die Brauchbarkeit der Sammlung.

Liederquell für Männerchor, herausgegeben von Rob. Schwalm. 2 Bände Part. je ℳ 1,20, Stimmen je 60 ₰. (Leipzig Steingräbers Verlag). Eine eigenartige, höheren künstlerischen Ansprüche genügende Sammlung von Volksliedern, vorzüglich bearbeiteten klassischen Gesängen von Mendelssohn, Schubert, Schumann etc. und vielen Originalkompositionen von Möhring, Reimiger etc. Soloquartette, kleinere, aber tüchtige Vereine, welche gern einmal etwas abseits von der grossen Heerstrasse wandeln wollen, seien auf diese Bändchen aufmerksam gemacht.

Neuer Deutscher Liederquell. Herausgegeben von R. Linnarz, enthaltend 120 Originalkompositionen von Drath, Forchhammer, O. Kurth, R. Meister, A. Reinbrecht, G. Zanger u. a. (Berlin, H. Weinholtz ℳ 2,—) vertreten sind geistliche Gesänge, Begräbnislieder, Morgen-, Abend- und Nachtlieder. Lieder für Jahreszeiten, Wander-, Liebes- patriotische Lieder und solche verschiedenen Inhalts.

Liederstrauss. Sammlung 2-, 3- und 4-st. Lieder für M.-Ch., für den Gesangunterricht in höheren Schulen und Seminaren, bearbeitet und herausgegeben von Rich. Müller (C. F. Kahnt Nachf., Leipzig).

Polyhymnia. Auswahl der schönsten und gefälligsten Männerchöre zum Gebrauche für Gesangvereine, bei Lehrer-Konferenzen und geselligen Zusammenkünften. Herausgegeben von Franz Bouffier (Wiesbaden, Chr. Limbarth. ℳ 1.—).

Polyhymnia Auswahl für Seminare und höhere Lehranstalten. Herausgegeben von den Kgl. Seminar-Musiklehrern W. Bölsche, R. Linnarz und A. Reinbrecht. 3 Bände. (Leipzig F. E. C. Leuckart ℳ —.60). Band II enthält Volks- und volkstümliche Lieder in schöner Auswahl und reiner Lesart.

Schwert und Leier! Sammlung der besten Vaterlandslieder, zum Gebrauch in Seminarien, höheren Schulen, Unteroffizier- und Kadettenanstalten und in den Sängerchören der Krieger-Vereine. Herausgegeben von Joh. Diebl. (Hannover, L. Oertel. Preis ℳ 1,—). Geordnet in 8 Abt.: Heimat, Abschied, Ausmarsch, vor und in der Schlacht, Rückkehr, Friedens-, Lob- und Danklieder, Volkshymnen und Grabgesänge

Zweites Männerchor-Album. 150 der beliebtesten Männerchöre, durchgesehen und teilweise neu bearbeitet von Prof. Josef Schwartz (Köln, P. J. Tonger, ℳ 1,—, geb. 1,50). Nachdem der 1. Band dieses Werkes in kurzer Zeit allgemeine Verbreitung gefunden hat, erscheint nunmehr eine zweite Folge, welche man nach Anlage und Auswahl wohl zum Besten zählen kann, was auf diesem Gebiete bisher erschienen ist. Dem 1. Bande gegenüber zeigt dieser zweite erhebliche Vorzüge, namentlich inbezug auf Einheitlichkeit in der Auswahl und Zusammenstellung der Gesänge. In der That haben wir in diesen Sammlungen ein gut redigiertes, billiges Kompendium der beliebtesten volkstümlich gewordenen Gesänge; auch das echte Volkslied ist dabei nicht zu kurz gekommen, befinden sich doch im 1. Bande 17 und im zweiten gar 43 echte Volkslieder in der Bearbeitung von Prof. Josef Schwartz, dem bekannten Dirigenten des Kölner Männergesangvereins. Beiläufig erwähne ich, dass aus dem 1. Bande 25 Volks- und volkstümliche Lieder in dieser Bearbeitung in Einzelausgaben erschienen sind, von denen ich als besonders wirksam hervorhebe: „Es waren zwei Königskinder", Im schönsten Wiesengrunde, Mir ist ein schön's braun Maidelein und Zwa Sterndlan am Himmel.

Der 2. Band berücksichtigt in ausreichender Weise alle Vorkommnisse und Möglichkeiten, welche im Sängerleben Grund zum Singen bieten können, sodass also auch für die Praxis bestens gesorgt ist. Wir empfehlen die Sammlung angelegentlichst.

Sängersprüche und -Grüsse, gesammelt von Lehrer Herm. Böhm in Conewalde i. S. (Selbstverlag. 2 Hefte à 30 ₰).

Eine eigenartige, aber interessante Sammlung. Beim Durchblättern drohen uns im Geiste all die zahlreichen markigen Sprüche entgegen, denen wir auf den verschiedenen Sängerfahrten und Bundesfesten begeistert lauschten.

Gemischte Chöre a capp.

mch. **Joh. Schondorf,** op. 20. Drei Scheinsonlieder.
1. Kommt ein Fuchs zum deutschen Rhein.
2. Das Kutschkelied.
3. Das Lied vom General Staff.

		Part. à ℳ
mch. **Joh. Schondorf,** op. 25	I. Wanderlied	—.70
	II Du hast mich je und je geliebt	.70
	III Im Walde	—.70
mch. do. op. 27	I Leichter Sinn	—.70
	II Das kranke Kind	—.70
	III Rosenzeit	—.70

Güstrow, Schondorfs-Verlag.

Auf diesen bisher noch viel zu wenig bekannt gewordenen Komponisten mache ich hiermit besonders aufmerksam. Es geht ein warmer Zug echt deutschen innigen Empfindens durch seine Gesänge. Wer namentlich seine patriotischen, für höhere Schulen besonders geeigneten, Lieder noch nicht kennt, der säume keinen Augenblick, sich mit ihnen vertraut zu machen; sie gehören zum Besten, was die diesbezügliche Litteratur aufzuweisen hat. Auch die oben angeführten Neuigkeiten zeichnen sich aus durch vornehmen Stil und halten sich fern von jeder Effekthascherei. Besonders auf die drei Lieder op. 27 sei angelegentlichst aufmerksam gemacht.

Verlag von Robert Forberg, Leipzig.

sch. **Heinrich Rietsch,** op. 12	I Kommt's Frühjahr nur wieder	1.20
	II Der Blick	1.

Allen grösseren Chorvereinen zu empfehlen. Aus den interessanten Arbeiten spricht ein vornehmer Geist und tüchtiger Musiker.

Verlag von J. Günther, Dresden.

mch. **Josef Nehes,** op 57	I Sonntagslied	1.4
st.	II Gans im Geheimen	1.—
mch.	III Liebesfrühling	1.60

Melodiös und wohlklingend. Nr. II wird sich seines neckischen Inhalts wegen Freunde erwerben.

H. vom Ende's Verlag, Köln.

C **Steinhauer,** op. 64 Im grünen Gras 1.4

Das allerliebste Liedchen im Volkston wurde im Mann. Verein-Konzert in Oberhausen mit grossem Jubel aufgenommen.

Musikalische **Lehrbücher** aus H. vom Ende's Verlag

Prof. Dr. O. Klauwell. Formen der Instrumentalmusik. 1.—
Geschichte der Sonate von ihren Anfängen bis zur Gegenwart 1.5

H. vom Ende Dynamik des Klavierspiels. Der künstlerische Vortrag Beethovenscher Sonaten . . . . . 1—

F. W. Franke. Harmonielehre und Theorie und Praxis des harmonischen Tonsatzes . . . . . 3.

Cherubini-Jensen. Theorie des Kontrapunktes und der Fuge in neuer Uebersetzung bearb. von Prof. Gustav Jensen 4.

Dr. A. Reissmann. Dichtkunst und Tonkunst in ihrem Verhältnis zu einander . . . . . 1.—

C. Witting. Geschichte des Violinspiels, mit zahlreichen Notenbeispielen 1.5

Bitte obige Werke zur Ansicht verlangen zu wollen.

Harmonie-Kalender 1902, Mk. 1.—.

Auch in diesem Jahre präsentiert sich der zu allgemeiner Beliebtheit gelangte Kalender mit seinen interessanten Essays und tadellosen Illustrationen als ein schmuckes Heft in Form einer Pianinos. Interessant sind die Antworten einer Anzahl Komponisten auf die Frage nach ihrem Opus 1. Auf die weitere Frage betreffs die Zukunft des Klaviers sind bisher Antworten eingelaufen von Konrad Ansorge, Alfred Reisenauer und Eugen d'Albert, von denen der letztere sich wahrscheinlich durch verletzte Komponisten-Eitelkeit zu einer einigermassen geschmacklosen Aeusserung über den Wert dieses Instruments hinreissen liess.

Der Sänger.

Amtliches Organ des westdeutschen Sängerverbandes.

Das Volkslied ist die Unsterblichkeit der Musik.
Marx.

Verbunden werden auch die Schwachen mächtig.
Schiller.

26. März 1902. || Vorsitzender: Lehrer A. Gau, Hilden bei Düsseldorf. || Nr. 6.

Redaktion u. Verlag: H. vom Ende, Köln a. Rhein, Ecke Bismarckstrasse 25.

Westdeutscher Sängerverband.

Ausserordentliche Delegiertenversammlung am Sonntag, den 27. April 1902, nachm. 2½ Uhr in Duisburg, Restaurant „Zum Fürsten Bismarck", Beekstrasse.

Tagesordnung.

1. Die noch rückständige Rechnungslage.
2. Ordnung des Wettsingens in Duisburg, Anfang August ds. J.
3. Bezirkseinteilung des Verbandes.
4. Ausgabe von Volksliedern, des Jahrbuches im Auftrage des Verbandes.

Jeder angeschlossene Verein hat 2, jedes persönliche Mitglied 1 Stimme auf der Delegiertenversammlung. An die Versammlung reiht sich für die Teilnehmer ein Konzert, veranstaltet vom M.-Gesang-Verein Germania unter Mitwirkung der Rhein. Volksliedertafel und hervorragender Kräfte.

Der Verbandswettstreit findet am 8. August statt. Alles andere wird am 27. April auf dem Delegiertentage in Duisburg bekannt gegeben.

Der Verbandsvorsitzende.

Aus dem Verbande.

Duisburg. Der Männer-Gesang-Verein „Germania" hielt am Sonntag, den 23. Februar cr., im Vereinslokale „Gambrinus" eine ausserordentliche Versammlung ab. Der Vorstand hatte zu derselben den Vorsitzenden des „Westdeutschen Sängerverbandes" zu einem Vortrage eingeladen, um über die Frage zu referieren: „Auf welcher Grundlage ist ein Gesangwettstreit innerhalb des Verbandes aufzubauen!" Der Verein hatte wegen seiner bevorstehenden 50jährigen Jubelfeier ein gewisses Interesse an dieser Sache, da er seit Gründung des Verbandes demselben angehört. Der Referent welcher die im Laufe der Zeit entstandenen Uebelstände der heutigen Wettstreite beleuchtete, stellte letztere als der Reform bedürftig dar. Er will es den Gesangvereinen zur Pflicht gemacht wissen, den Gesang um seiner selbstwillen zu lieben, und nicht durch allerlei unnützes Beiwerk herabzuwürdigen, namentlich aber das deutsche Volkslied zu pflegen. Nach einer reichen Illustration der Wettstreitordnung des Westdeutschen Sängerverbandes, endigte ein mit Beifall aufgenommener Vortrag mit dem Vorschlag, nach diesen Grundsätzen einen Gesangwettstreit aus Anlass des 50jährigen Jubelfestes zu veranstalten. Eine vorläufige Anfrage hatte schon eine Zusage von 20 Vereinen ergeben. Wenn auch der Verband die Wettstreite nach Zahl und Umfang bekämpfe, so wäre doch wohl eine 50jährige Jubelfeier dazu angethan, dieselbe mit einem Gesangwettstreite zu verbinden und so die erste Gelegenheit gegeben, obenbezeichnete Ideen in die Praxis umzusetzen. Daraufhin wurde vom Verein beschlossen, anfangs August den ersten Gesangwettstreit innerhalb des Verbandes zu veranstalten. Dem Herrn Referenten wurde Dank für seine klaren Ausführungen ausgesprochen. Nach einigen Erledigungen betreffs Anschaffung einer neuen Fahne wurde die Versammlung vom 1. Präsidenten H. Bovelant geschlossen

Das Volkslied und seine Pflege.

Von A. Gau.

Vortrag, gehalten gelegentlich des 3. Volksliederabends der Rheinischen Volksliedertafel am 9. März 1902 in Benrath.

Was man unter Volkslied versteht, will manchem eines tieferen Eingehens auf diese Frage nicht wert erscheinen. Und doch kann man dieselbe nicht leichtfertig abweisen, umsomehr, als ernste Männer, deren Namen Klang und Bedeutung haben, dem eingehenden Studium dieser Frage ihr Leben gewidmet haben. „Alles, was das Volk singt", ist noch lange nicht Volkslied, schon deshalb nicht, weil wir ein „Volk" in dem Sinne wie früher nicht mehr haben.

Unsere Vorfahren, die alten Deutschen, hatten eine eigentliche Volkspoesie in so umfassendem Sinne, wie alle anderen alten Völker nicht. Bei den Griechen durchzogen mehr oder minder geschulte Sänger das Land, und in ihrem Homer sind die alten Volkssagen bereits in eine fühlbare Kunstdichtung verschmolzen, ähnlich wie auch unsere vaterländischen Sagen später in unserem Nibelungenepos zusammengefasst und zu ihrer jetzigen Gestalt verarbeitet wurden, als die Heldenlieder, die es enthält, nicht mehr lebendig von Mund zu Munde gingen. Die Celten, welche lange Zeit irrtümlich den germanischen Stämmen zugerechnet wurden, hatten den sogen. Bardengesang, der von einer besonderen Künstlerzunft ausgeübt wurde. Unsere Vorfahren hatten weder Druiden noch Barden. Ihre Dichterschule war das Leben. Die Helden waren selbst Dichter. Was sie sangen, war der Ausdruck des Selbsterlebten, allen gleich verständlich, weil in allen wesentlichen Lebensansichten noch ein gemeinsamer Geist die ganze Nation verband. Nicht Herren und Sklaven wie bei andern Völkern, nicht Gebildete und Volk wie heute! Fürsten und Mannen nehmen gleich begeistert an der fröhlichen Sangeskunst teil. Held Horand betritt singend die Hallen der von ihm eroberten Burg; Regner Lodbrog haucht, Gesang auf den Lippen, sein Leben aus; König Alfred geht als Sänger verkleidet in das feindliche Dänenlager und der Spielmann Volker schwingt mit gleicher Bravour den Fidelbogen wie das Schwert! In den Volksversammlungen kreiste die Harfe von Hand zu Hand, während alle im Chore mit einstimmten. Freiherr v. Eichendorff sagt: „Es war der Hauch nationaler Heldenerinnerungen, der durch die Wipfel dieses uralten Dichterwaldes in wunderbaren Liedern ging, von deren mächtigem Einfluss auf das ganze Leben die Römer voll Erstaunen erzählten."

Ungezählte moderne Lebenserscheinungen haben dem „Volk" von damals und damit dem Volksliede in diesem Sinne ein Ende bereitet.

Ganz erloschen ist es nicht! Dort, wo noch im traulichen Bunde die Natur in ihrer Urwüchsigkeit zu dem auf seiner Scholle seit Jahrhunderten wohnenden Menschen spricht und das moderne Verkehrswesen nicht jeden Weg und Steg durchkreuzt, wo Berliner Tingeltangel- und Variétégesänge nicht hindringen, da hat auch das Volkslied seinen Boden nicht ganz verloren!

Zum „Volk" von heute in unserer Frage rechne ich den Durchschnittsmenschen, wie er sich im allgemeinen dem Charakter des „Volkes" anpasst und die Sprache des Umganges ohne gewählte Formen spricht. Von jeher hat der Dialekt im Volksliede eine grosse Rolle gespielt, was sehr beachtenswert ist.

Wie kommt nun in diesen Schichten der Nation ein Volkslied zustande? Ist es das Produkt eines Individuums oder einer Gesammtheit? Ich folge im Folgenden der Auslassung Richard Kraliks, welche in der vorzüglichen Zeitschrift „Das deutsche Volkslied“, Wien, zum Abdruck gelangte. Diese Darstellung verdient besonders wegen ihrer Anschaulichkeit zur Erläuterung herangezogen zu werden.

Es ist eine Art von Redaktionsthätigkeit, wodurch die Volkspoesie hervorgebracht wird.

Ich will zunächst wie bei einem Experiment das Volkslied in der Retorte entstehen lassen. Also: Ein Individuum singt als Ausdruck einer ganz persönlichen Gemüt-stimmung eine Liedstrophe. Wort und Weise entspringen natürlich zu gleicher Zeit, oder wenigstens unmittelbar durcheinander bedingt. Ein Gedanke formt sich entweder zuerst zu einem rhythmischen Satz, der dann immer mehr die bestimmte Farbe der Melodie gewinnt, oder umgekehrt wird eine Stimmung zuerst zur Melodie, die sich im wiederholten Weiterträllern zu Worten krystallisiert. Das alles ist noch ganz subjektiv. Die Lebensfähigkeit, die einem unter tausenden von solchen Liedern zukommt, erweist sich schon durch die Möglichkeit, dass man sie überhaupt einem anderen vorsingen kann, der sie halbwegs behält und wieder zu singen geneigt ist. Schon das ist eine beginnende Objektivierung. Durch die Teilnahme vieler schreitet aber dieser Prozess ganz zielstrebig vorwärts. Jedes neue Subjekt, das das Lied übernimmt, trägt durch seine Subjektivität dazu bei, es immer objektiver zu machen. Seine Subjektivität kritisiert und redigiert das, was an dem Liede noch allzu zufällig und subjektiv geblieben war. All das wird stufenweise abgeschliffen und abgeklärt. Eine Schranke der Subjektivität wird so nach der andern weggeräumt. Das ursprüngliche Lied wird dadurch immer mehr geeignet, Eigentum der Gesammtheit zu werden, bis man endlich wirklich mit einem gewissen Recht sagen kann, dass hier nicht ein Einzelner, sondern ein ganzes Volk gedichtet hat. Ein solcher Vorgang ist natürlich nur dann und dort möglich, wo nicht unsere pedantischen Anschauungen über geistiges Eigentum und Urheberrecht, sowie über philologische Quellenkritik bestehen. Nur aus diesem Grunde ist es so schwer, dass ein wirklich volkstümliches Kunstwerk in den Kreisen unserer gelehrten Kunstlitteratur entstehen kann. Hier herrscht eben das für die Entwicklung der Kultur geradezu tödliche Prinzip, dass man das Kunstprodukt eines Individuums, so wie es diesem eben einmal ausgerutscht ist, mit allen seinen zufälligen Schwächen und beschränkten Unzulänglichkeiten in alle Ewigkeit mumifizieren muss. Von diesem Fluch sind heutzutage fast nur mehr die namenlosen Schnaderhüpfeldichter in Berg und Flur verschont.

Aber nicht nur in der Abschleifung eines poetischen Gedankens oder einer Melodie äussert sich die segensreiche Mitarbeit der uneigennützigen Vielen, sondern auch in der Fortsetzung und Vergrösserung des ursprünglichen Ansatzes. Nach diesem zweiten Prinzip der Volkspoesie schliesst sich allmählich Strophe nach Strophe an den ursprünglichen Keim an, bis nach langer Auslese, die wieder die Sache von vielen Arbeitern ist, endlich ein in sich vollkommen abgerundetes Lied oder eine Ballade feststeht, die nun also in das Bewusstsein auch der Gebildeten und Gelehrten übergeht, ein ästhetisches Wunder, ein litterarisches Rätsel. Es sind aber ganz natürliche Menschen, wirkliche Dichter von durchschnittlicher Güte, die dies Wunder zustande gebracht haben, und zwar dadurch, dass sie auf eitle Originalität und auf das ausschliessliche Privilegium der Selbstausnützung verzichtet haben. Es war ihnen allen zusammen und jedem einzelnen nicht um den Ruhm oder gar um ein Geschäft zu thun, sondern einzig um die Sache selber und um den möglichst vollkommenen Genuss an derselben.

So also ist das Volkslied entstanden.

Zu den Aufgaben und Mitteln, welche die Rheinische Volksliedertafel aufwendet, um der Verbreitung des Volksliedes gerecht zu werden, ist Folgendes zu sagen. Wir beabsichtigen nicht, den Kunstgesang aus den Gesangvereinen zu verdrängen. Jedoch mehr Raum und Licht dem Volksliede, von welchem es in unserem Motto heisst, dass es die Unsterblichkeit in der Musik ist. Unser Verein ist gegründet worden, um anregend und befruchtend auf diesem Gebiete zu wirken. Deshalb die ausschliessliche Pflege des Edelvolksliedes! Die Volksliedertafel sei ein Verein für die Vereine. Ausser der Einstudierung und der Vorführung der Lieder, ist es Aufgabe, durch Wort und Schrift den Ideen des Volksliedes Verbreitung zu verschaffen. Dazu gehört die weitgehendste Unterstützung aller Kreise, die noch Herz und Sinn für das schlichte Lied aus dem Volke bewahrt haben. Für die nächste Zeit ist die Veröffentlichung verschiedener fast der Vergessenheit anheimgefallener Volkslieder, die Herausgabe von Flugschriften über „Volkslied und Forschung“ beabsichtigt. Um allenthalben Anregung in die Gesangvereine zu tragen, wirken wir demnächst in Duisburg, Düsseldorf und anderen Städten mit. Wir sind also nicht Konkurrenzverein für die andern Gesangvereine, da unsere Thätigkeit nicht Selbstzweck ist, sondern ihnen wieder zugute kommt. Die Volksliedertafel will als Organ des westdeutschen Sängerverbandes beurteilt sein, dessen Bestrebungen sie, soweit das Volkslied dabei in Frage kommt, in erster Linie fördert und sich dabei des Wohlwollens der ministeriellen, Provinzial- und Bezirksregierungen erfreut. Es sind demnach weitergehende Ziele, deren sich der veranstaltende Verein widmet, Ziele, welche über die lokal-begrenzten Bestrebungen anderer Gesangvereine hinausreichen und zum Felde der Operation Westdeutschland ausersehen haben.

Man hat beliebt, die Volkslieder als „Schulliedchen“ an den Schandpfahl zu heften und der Verachtung preiszugeben. Jeder unparteiische Zuhörer wird durch die Liedertexte eines bessern belehrt worden sein. Uebrigens fällt mir da das mahnende Dichterwort ein:

„Was kein Verstand der Verständigen sieht,
Das übet in Einfalt ein kindlich Gemüt!“

Das letztere setzen die Volkslieder in ihrer Innigkeit, Schlichtheit und Anspruchslosigkeit voraus: „Ein kindliches Gemüt!“

Dass das Volkslied im allgemeinen nicht in die Schule gehört, weil es der Gemütsbildung, dem Vorstellungskreise und der mangelnden Willensreife zu ferne liegt, bedarf bei genauerem Zusehen keiner Frage. Ausnahmen sind auch hier. Es giebt Volkslieder, welche die Schule ohne Bedenken an Stelle mancher geist- und gehaltlosen Weisen aufnehmen kann. Doch darüber zu docieren, ist hier nicht der Ort. Es ist Sache der pädagogischen Presse, dieses Thema erschöpfend zu ventilieren. Um so weniger haben aber jene dazu Beruf, welche dem Dichterworte entsprechend gekennzeichnet sind:

„Es liebt die Welt, das Strahlende zu schwärzen
und das Erhab'ne in den Staub zu zieh'n!“

Es ist eine grosse Bewegung, die ihren Wellenschlag in Benrath begonnen. Die nächste Zukunft muss es lehren, ob dieser oder ein anderer Ort sich als Centrum dieses Unternehmens fähig erweist. Die heutige freudige Teilnahme scheint mir dafür zu sprechen, dass hier der rechte Boden zu finden ist. Mit kleinlichen, kniffLichen Fragen ist der echt deutschen Sache des Volksliedes nicht gedient.

Nur der Adler, nicht der Kuckuck,
darf der Nachtigall gebieten,
dass ihr Hochgesang verstumme,
um zum Höchsten sich zu schwingen!“

Die Verhältnisse in den heutigen Männergesangvereinen sind so geartet, dass der Kunstgesang einen Gegensatz zum Volksliede bildet. Und doch braucht kein solcher zu existieren. Eine so stiefmütterliche Ascheubrödelstellung gebührt unserem Volksliede mit nichten. Es soll ein Heimweh, eine Sehnsucht nach ihm die Sängerherzen durchziehen, wie weiland Werner, als er am Tiber weilend, nach dem sagenumwobenen Rhein seufzend, anhub:

„Sieh' mal den Rhein, was das ein rüst'ger Junge,
zieht er von Cöln, so rührsam, tüchtig, munter,
winkt ihm der greise Dom ein: Gott gesegne!
Drum Tiber jag' mich nicht in's Grab hinunter,
dass meinem Rhein ich noch einmal begegne
und meinem Volke sing' mit Flammenzunge!“

Se. Majestät der Kaiser hat in Kassel gelegentlich des Wettstreites um den Wanderpreis an die versammelten Komponisten die dringende Mahnung um mehr Volkstümlichkeit in ihren Liedererzeugnissen gerichtet. Statt mit Ueberwindung von takt- und tonschwierigen Passagen und der Einübung der unglaublichsten Raffinessen in den meist aus Arbeiterkreisen sich rekrutierenden Gesangvereinen die Zeit auszufüllen, greift nach dem deutsches Gemüt und deutschen Charakter wiederspiegelnden Volksliede!

Es bedarf keiner neuen Kompositionen! Sie sind da. Dem rührigen Sammeleifer eines Böhme und anderer ist en, über 2000 Volkslieder der Vergessenheit zu ent- . Viele derselben sind prächtig im Satz für die vereine erschienen und zu einem Spottpreise zu be-

greift nur zu!
Seid nicht die letzten, die am Wege schmollen!
O singt, was Volkes Geist gebar.
und lasst am Rhein es brausend klingen,
der Väter Lied für immerdar! — —

Des Volkes Lied.

Von A. Gau.

(Vorgetragen von Frl. Cuny-Urdenbach.)

in verlassen, bin arm und irre allweg umher;
ltmodisch in Kleidung, hass' neuen Flitter ich sehr!
Mein Stammbaum ist alt, bin des Volkes Kind,
ein eignes, erzogen in Regen und Wind!

uf der Alm, bei der Senn'rin, in Feld und Hain,
och vor allem an euerm grünen Rhein,
wohnt ich und thront ich in seliger Zeit,
sang ich und sprang ich in Jubel und Freud!

om Belt bis zum Alpsaum ersang ich mir Treu!
einem Zauber erschloss sich jed's Herze frei!
it Vergissmeinnicht schmückt ich die ganze Welt!
er hat wohl all die Blauäuglein gezählt! —

hrhunderte durch blieb ich Frühlingskind,
e Väter noch waren mir gut gesinnt!
r Dünkel der Zeit fegte kurz mich hinweg, —
r bin und wieder blüh' ich am Weg.

ie preis' ich die Geister, die meiner gedacht,
eine Welt mich beinahe veracht't:
ch Herder, hoch Uhland und Böhme und Erk!
ch Silcher und andre an meinem Werk!

enn ihr nicht waret, so wär' es vorbei! —
hoff ich und rufe: Wer tritt in die Reih? —
lass't nicht verlassen am Wege mich steh'n! —
eurer Seel' Grund möcht ich mich flehn:

spross' es und glüh' es von Lenzeslust
dieser Stunde durch eure Brust!
's neue schwöret die Treue mir:
Volkes Lied ist mein Panier!

Liedertafel-Kunst.

em Berliner Blatte finden wir einen heftigen Ausfall e Feinde der „Liedertafelmusik". Da der Weg- ch zu diesen rechnet, so hat er wohl auch die einen Standpunkt zu verteidigen und obigen Ausfall beleuchten. Es heisst dort folgendermassen: „Die des Verschwindens der „Liedertafelmusik" möchte einmal darauf aufmerksam machen, dass sie wenig urchführbarkeit denken. Warnen möchte ich vor ichlichen Folgerungen. Denn mit der Liedertafelei uch die — — — Liedertafeln ausgerottet werden losen eine wichtige Stütze unseres Volkstums! So zugebe, dass einzelne Männerchöre grösserer Städte und daher auch berechtigt sind, ihre Gesangvor- Gewande eines Konzertes erscheinen zu lassen, ig lasse ich mir einreden, dass „Konzert"-Vor- Sinne der „Künstler" die erste und allgemeine Auf- Männergesangvereine sind oder auch nur sein Zu Konzertvorträgen gehören auch Konzertsänger! zählt deren ein Gesangverein? Und wenn unter gesangvereinen nur einer zu Konzertvorträgen ge- sollen die übrigen neunundneunzig deshalb ver- Zu Konzertvorträgen gehören ferner auch Kon- sitionen! wieviele sind deren für Männerchor ge- Ist nicht die enge Harmonie des vierstimmigen Satzes der Männerstimme allein schon vom technischen Standpunkt aus ein Hindernis für einen konzertmässigen Tonsatz! Von anderen Widersprüchen, die sich aus dem ausschliesslich konzertmässigen Auftreten unserer Männergesangvereine ergeben würden, will ich hier, schon des Raummangels wegen, nicht reden; ich glaube aber der Zustimmung aller Musikfreunde sicher zu sein, wenn ich sage, dass ein Männergesangverein, welcher gut liedertafelt, den Vorzug verdient vor einem solchen, der schlecht konzertiert! Mein Wunsch an alle Liedertafeln geht dahin, dass sie sich durch die Unkenrufe gewisser Hochbewusster nicht beirren lassen, sondern lieber das Kleine gross behandeln, als das Grosse klein!" —

Bis hierhin der Mahnruf des Berliner Liedertafelfreundes. Der Wegweiser stimmt mit dem Inhalte des Schlusssatzes überein, im übrigen aber findet er soviel Sätze, so viel Irrtümer. Vor allen Dingen leidet die ganze Exspektoration an einem gänzlichen Verkennen des Wesens der „Liedertafelmusik", oder vielmehr der „Liedertafeln" selbst. Es wird dort unterschieden zwischen Liedertafelmusik und Konzertmusik! — Gewiss, es giebt ja viele Gesangvereine, welche nichts weiter sein wollen, als eine „liedersingende Tafelrunde", wie sie so köstlich in einem alten Liede von A. Brüggemann geschildert wird:

1. Das Lied sprach bei der Tafel ein,
War von der Reise müde.
Die ladet es zum Schmause ein,
Gab Braten ihm, und Fisch und Wein,
War fröhlich mit dem Liede.

2. Die Tafel keine Zeit verlor,
Das Liedlein zu belauschen,
Das sang ihr süsse Weisen vor,
Ergötzte hoch der Tafel Ohr,
Ward lieber ihr als Kuchen.

3. Bald liebten beide zärtlich sich,
Die Trennung that sie grämen;
Da naht das Lied der Tafel sich
Und sprach zu ihr gar innigli̇ch:
Ich will zum Weib dich nehmen.

4. Nun stets man sie zusammen sieht,
Bei frohen, schönen Festen,
Manch Liedlein aus der Eh' erblüht,
Und Liedertafel, Tafellied,
Sind Freunde allen Gästen.

Ueber die historische Berechtigung dieser Herleitung des Wortes wollen wir nicht rechten, es mag, wie gesagt, zu allen Zeiten Vereine gegeben haben, deren künstlerische Thätigkeit sich darauf beschränkt, ihren Schlemmereien durch ergötzlichen Ohrenschmaus ein verschönendes und veredelndes Mäntelchen umzuhängen; dagegen ist auch gar nichts einzuwenden; moralisch sind sogar diese Vereinigungen höher einzuschätzen, als so manche kleine Gernegrosse, deren Streben nur darauf hinausläuft, auf den Wettstreiten durch akrobatische und equilibristische Produktionen sowie durch Anwendung von allerlei anrüchigen Mitteln Geld zu verdienen. — Aber solche Vereine als Typus unserer Liedertafeln hinstellen, das geht doch zu weit. Es versteht sich ganz von selbst, dass bei weitem der grössere Teil unserer Gesangvereine das Bestreben hat, konzertmässige und konzertreife Darbietungen im künstlerischen Sinne des Wortes zu bringen und dass auch verhältnismässig kleine Vereine bei einigermassen gutem Material dazu befähigt sind; es kommt nur darauf an, dass die leitende Persönlichkeit künstlerische Befähigung besitzt. Der Satz, dass zu Konzertvorträgen auch Konzertsänger gehören, ist in diesem Falle doch weiter nichts als Phrase. Welcher Opernchor besteht denn aus Konzertsängern! Welches Orchester besitzt neben einigen wirklichen Konzertmeistern Künstler, die sich in jedem Konzert hören lassen können! Man würde eher das Gegenteil für richtig halten: Konzertsänger sind in der Regel als Chorsänger nicht zu gebrauchen; das klingt schon viel wahrscheinlicher. Gerade durch die sorgsam herausgearbeitete Neutralisation der verschiedenen Klangfarben wird der Gesamtklang ganz ungemein gehoben, er klingt abgerundet und edel, „konzertreif", auch wenn jeder Sänger für sich ungeeignet ist für das Podium. — —

Aber des Pudels Kern scheint tiefer zu sitzen; der Liedertafelfreund sagt: „Zu Konzertvorträgen gehören Konzertkompositionen und deren giebt's zu wenig." Das Märchen von der Unmöglichkeit der weiten Lage sollte doch endlich verschwinden; wer innerhalb drei Oktaven keine weite Lage zustande bringen kann, soll seine Finger von der Komposition lassen. Aber auch der angebliche Mangel an vornehmen Kompositionen für Männerchor gehört in das Märchenreich. Ich bemerke nur nebenbei, dass Mendelssohn 26 Originalwerke, Fr. Schubert 47, R. Schumann 16 Gesänge für Männerchor geschrieben hat, dazu kommen noch zahlreiche Werke von Weber, Liszt, Cornelius, Rheinberger, Bruckner, Brahms (Rinaldo, Rhapsodie, 5 Lieder), Wagner usw. Wenn wir bedenken, dass der Männergesang doch nur einen ganz kleinen, und, wie zugegeben werden muss, nicht den wichtigeren Teil des Gebietes der Tonkunst umfasst, so kann man über eine Zurücksetzung sich kaum noch beklagen; viel beklagenswerter dagegen ist der Indifferentismus, welcher in unsern Gesangvereinskreisen gegenüber wirklich vornehmen Kompositionen herrscht. Aber ganz abgesehen von diesen Spitzen unserer Kunst giebt es Tausende von Männerchorkompositionen, die den Vergleich mit den Liedchen, welche uns irgend eine „europäische Berühmtheit“ von H. Wolfs sel. Gnaden für ein Honorar von 1000 ℳ vorsingt, ganz gewiss aushalten. Daran liegt's also nicht. Aber all diese Kompositionen können ja nach der Ansicht des Liedertafelfreundes den Liedertafeln gar nichts nützen, denn er sagt: „ohne Liedertafelmusik keine Liedertafeln, mit jener würden diese ausgerottet werden“, und aus diesem Trugschluss schaut uns der allerböseste Irrtum entgegen. Danach zu urteilen, setzt der betr. Herr die Liedertafelmusik als leicht zu bewältigende, volkstümliche, der technisch schwierigeren, eine gewisse Kunstfertigkeit erheischenden Konzertmusik gegenüber. Der Herr weiss nicht, dass ein ganz einfaches, aber seelenvolles Liedchen auch dem klassischesten Konzert zur Zierde gereicht und dass andererseits unsern Liedertafeln ein recht schwieriges Tonstückchen von Zeit zu Zeit absolut nichts schadet. Wir verstehen unter Liedertafelmusik nicht die einfachen, volkstümlichen Formen, das Lied im Volkston und das Volkslied, sondern jene seichten, nichtssagenden, trivialen, leider von vielen Vereinen bevorzugten Erzeugnisse, die mit abgestandenen, geborgten Flittern behangen sind, um die eigene Blösse zu bedecken, jene süsslichen, übersentimentalen, molluskenhaften Gewächse, die niemals deutschem Boden und Empfinden entsprossen sind, jene plebejischen Plärrereien — — wo nehme ich nur die Ausdrücke her, um dieses Otterngezüchte gebührend zu kennzeichnen! — — Diese Missgeburten will der Herr doch nicht etwa in Schutz nehmen! — — — Versuchen wir doch einmal, sie zu streichen aus den Programmen, aus den Köpfen unserer Vereinsbonzen, sollte dann wirklich nichts mehr übrig bleiben, was auch das vermodertste Liedertaflerherz erfreuen kann! Ich muss auch hier wieder mit meinem „Ceterum censeo“ kommen: Seht euch unsere deutschen Volkslieder an, oder auch nicht nur die deutschen, auch die schottischen, schwedischen, altfranzösischen usw., das Volk selbst giebt euch dann die Antwort auf die Frage, was ist Liedertafel-, was Kunstmusik.

E.

Sängeruntugenden.

II.

Ein altes Sprüchlein, wohl von einem bescheidenen Franzmann stammend, besagt:

Hispanus flet, dolet Italus,
Germanus boat, Flander ululat,
Solus Gallus cantat.

„Der Spanier flennt, der Italier jammert,
Der Germane blökt, der Holländer heult,
Nur der Franzose singt.“

Nicht, weil mir seine Richtigkeit einleuchtet, setzte ich das Sprüchlein an die Spitze, nur um zu zeigen, wie man von jeher, namentlich im Gebiete des Schalls, onomatopoetisch Bezeichnungen, d. h. solche, die das zu Bezeichnende lautlich nachahmen, liebte. Wir bedienen uns der Tonmalerei in weitestem Umfange zum Ausdruck dieser Schallempfindungen. So für Geräusche von kurzer Dauer: Schall, Fall, Knall, Schmatz, Kuss (wie bezeichnend ist dieser Ausdruck; ein hämischer Misogyn verglich dieses zarte Geräusch mit demjenigen, welches entsteht, wenn ein Pferd den Hinterfuss aus dem Morast zieht), Klatsch, Patsch, tappen, platzen. Dann kommt eine schnelle Folge von Einzelknallen: knattern, schnattern, plappern, klappern; noch schneller folgen sich dieselben, sodass sie nicht mehr zu unterscheiden sind, in knarren, schnarren, schnurren, girren, knurren (man beachte, wie sogar die Eigentöne der Schallerzeuger nachgeahmt werden), und damit sind wir im Gebiete der eigentlichen Geräusche, welches von den unangenehmsten, nervenzerreissenden Eindrücken bis zu den verhältnismässig angenehmen Tönen der Becken und Trommeln sich erstreckt. Auch hier finden wir überall Nachahmung der Naturlaute: Am gefürchtetsten sind die mit unserem tz verwandten: kritzeln, kratzen, zischen, zirpen; weniger unangenehm sind die leisen Geräusche, durch welche sich ein S hindurchzuziehen scheint: knistern, flüstern, knuspern, lispeln, säuseln, sowie die starken: sausen, prasseln, tosen, brausen, rasseln. Auch die dumpfen, von einem R durchzogenen, dunkel-nasal klingenden Geräusche, wie murmeln, brummen, murren, knurren, schnurren sind ganz annehmbar, wozu dann weiterhin auch dröhnen, donnern gehört. Die Annäherung an den Klang giebt sich hier durch klingende Konsonanten kund. In letzter Linie führt diese Gattung sogar in das Reich des Klanges, oder doch wenigstens der für die Tonkunst brauchbaren Geräusche (Trommeln und Pauken) hinein. Schliesslich kommen wir zu einer unangenehmen Sorte heller, durchdringender Gehörsempfindungen, welche ganz vortrefflich durch hässliche Vokale nachgeahmt werden: plärren, johlen, heulen, krähen, gellen, gröhlen, blöken, quäken, und hiermit haben wir das Gebiet des Gesanges betreten, aber, heiliger Sebastian! welches Gesanges! Der seelenvolle, lusterregende Klang der menschlichen Stimme ist hier zur Karikatur verzerrt.

Wie ersichtlich, sind es hauptsächlich die Umlaute ä ö, welche leicht missliebigen Eindruck machen. Wie getreulich wird in dem Wort „Flöte“ die Natur des Instrumentaltons offenbart, ebenso in der Erweiterung „Flötentöne“, welche in den Knabenschulen bei Gelegenheit einer gewissen Prozedur so ergreifend zum Vortrag gelangen.

Auch in Männergesangvereinen sind ähnliche Laute nicht unbekannt; mancher Chor erinnert bedenklich an die Episode in R. Strauss' „Don Quixote“, in der aus einer Hammelherde zahlreiche Mä—ä—äh und Mböh heraustönen. Sehr bezeichnend ist der Ausdruck „gaumig“ für den entsprechenden Fehler. Durch den Doppellaut au entsteht eine Erweiterung des Rachenraumes, der Tonstrom wird dadurch von der Zahnreihe fort durch die Nase geführt und bleibt leicht am weichen Gaumen hängen, wodurch dann der unangenehme Beiklang entsteht. Ausserordentlicher Beliebtheit erfreuen sich die Unarten, welche wir „Quetschen und Knödeln“ benennen; vielleicht hängt das damit zusammen, dass „Quetschen und Knödel mit Himbeersauce“ zu den Lieblingsgerichten jedes unentwegten Sangesbruders gehört. Das Quetschen besorgen hauptsächlich die Hals- und Zungenmuskeln, indem sie durch straffes Anziehen und Zurückziehen der Zunge die Resonanzbildung und richtige Führung und Ausbreitung des Tonstromes verhindern. Wahrscheinlich rührt der Ausdruck von dem Geräusch her, welches beim Zertreten oder Aufreissen einer unreifen Pflaume (Zwetsche) entsteht und den Quetschtönen ähnelt. Der Knödel ist bekanntlich ein kugelförmiger Körper; im embryonalen Zustande „Nockerl“ genannt, wird er immer umfangreicher, je mehr man sich München nähert; womit ich aber nicht gesagt haben will, dass von dort her die grössten „Knödelfritze“ kommen. Dass man nicht besonders schön singt, wenn ein solcher Knödel im Halse stecken bleibt, dürfte ohne weiteres einleuchten. Auch hier stecken Zungenwurzel und die hinteren Rachenwände im Spiel, indem sie durch Zusammenziehung den Tonstrom zu sehr behindern, ausserdem stellt sich der Kehlkopf zu hoch; überhaupt entstehen die meisten Fehler durch unrichtige Bewegung und Stellung der Organe des Ansatzrohrs, d. h. des Rachens und des Mundes. Der Kehlton erscheint, wenn der Kehlkopfdeckel zu tief herabgelassen, der Kehlkopf gewaltsam heruntergedrückt und der Schlundkopf zusammengezogen wird. Nasal klingt der Ton, wenn das Gaumensegel sich nicht genug hebt und infolgedessen die Nasenresonanz zu stark ausgenutzt wird. Die stehenden Schallwellen im Nasenrachenraum und in dem hinteren Teil der Choanen sind also hier die Attentäter; der durch die Nase entweichende Luftstrom ist unschuldig daran, richtig angewendet, kann er sogar zu einer durchaus wohlklingenden Verstärkung des Tones beitragen; den unangenehmen Nasenklang kann man aber sogar bei zugehaltener Nase erzeugen.

Am meisten verbreitet ist der sogenannte Pressklang, hervorgerufen durch vernunftwidrige, gewaltsame Atemführung bei fest zusammengezogenen, straff gehaltenen Kehlkopf- und Halsmuskeln. Dieses Pressen, Forcieren, Drücken ist der schlimmste Feind der Sängerwelt, die Hyäne der Singakademien, nicht nur wegen der dadurch hervorgerufenen Verschlechterung des Klanges, sondern vor allen Dingen, weil es erbarmungslos jede Stimme ruiniert, welche ihm verfallen ist. Stimmbänder und Muskeln verlieren ihre Elastizität, erschlaffen, reagieren nicht mehr auf die Nervenimpulse und die Stimme wird rauh, trocken, spricht nicht mehr an, schlägt über, kurz, ihr Glanz ist unwiederbringlich dahin.

All diese Unarten würden nicht so grassieren, wenn sie nicht in Deutschland ein so dankbares Publikum fänden. Es giebt wirklich Musikliebhaber, für die solche Quetsch-, Knödel-, Press- etc. Töne eine Accumulation höchster Genüsse ist.

„War Einer, der gab den Gänseschrei
So echt, als ob er natürlich sei.
Da staunten die Gänschen alle sehr,
Was das für ein göttlicher Künstler wär!“

vom Ende.

Verschiedenes.

Benrath. Die rheinische Volksliedertafel veranstaltete unter Leitung H. vom Ende's-Köln am 9. März einen Volksliederabend, der den unumstösslichen Beweis lieferte, dass unser echtes Volkslied im stande ist, nicht nur den Abend auszufüllen, sondern auch das Interesse wachzuhalten. In der That schlugen die Wogen der Begeisterung mit jedem Liede höher und wenn nach dem Vortrage von 11 Volksliedern noch ein so ernster Sang wie „Innsbruck, ich muss dich lassen" in der Bearbeitung von K. Becker zugegeben werden kann und mit solchem Jubel aufgenommen wird, dann kann man zuversichtlich auf ein Wiederaufleben des Volksliedes, auf eine kommende Blütezeit rechnen. Gar manches Vorurteil ist an diesem Abend überwunden, manche Seele unserm Idemnel gewonnen worden. Ueber den Verlauf schreibt „Der Rheinländer": „Diese ungekünstelten frischen Weisen, in harmonisch abgetönter und abgerundeter Art mit prachtvollem Stimmmaterial sicher und decent vorgetragen, fanden so viel Beifall, dass dem Drängen der andächtig lauschenden Gemeinde nachgegeben und Wiederholungen sowie Einlagen stattfinden mussten. Erfassen der Stimmung und lebensvolle Ausgestaltung des Textes, korrekte, saubere Intonation, zartestes Pianissimo, einwandfreies An- und Abschwellen, wuchtiges Forte und eine Leichtigkeit und Deutlichkeit der Sprache berechtigen zu dem Resumee: Der Chor sang tadellos. Ueberzeugung und Begeisterung für die grosse Sache seitens des Dirigenten und des Chores allein lassen in der kurzen Zeit des Bestehens der Vereinigung solche Resultate zeitigen. Besondern Beifalls erfreuten sich die Chöre: „Wie schienen die Sternlein", „Trost in der Ferne" und „Der Schneider Jahrestag", welch letzterer wiederholt werden musste. Und nun zu den beiden Solistinnen. Frl. A. Stöcker-Köln spielte das Dm-dll-Konzert für Violine von Vieuxtemps und das H-moll-Konzert von Saint-Saëns. Wir bewunderten die Leichtigkeit, mit welcher die Künstlerin ihr Instrument beherrschte. Sie verfügt über bedeutendes technisches Können und imponiert durch die klaren gesangreichen, süssen und doch kräftigen Töne, denen sie ihre volle Individualität aufzuprägen wusste. Sie dankte für den verdienten Beifall durch Zugabe des feurig gespielten Czardas. Frl. P. Dupuis-Köln war eine decente Begleiterin und spielte auf einem Bach-Flügel solistisch Nocturne Fis-dur und Ballade As-dur von Chopin mit schöner Empfindung. Sie wusste den Geist der Kompositionen zur besten Geltung zu bringen. Unnachahmliche Grazie und brillante Technik zeigte sie beim Vortrag von Saint-Saëns Valse caprice. Auch sie musste sich zu einer Zugabe, Walzer von Chopin, verstehen. Der Prolog wurde von Frl. Cuny schon gesprochen. Stilistisch vollendet und sehr überzeugend war der Vortrag des Herrn A. Gau über das Edelvolkslied. Wir hoffen, dem Vereine noch oft zu begegnen und wünschen ihm dankbarst ein kräftiges Gedeihen." Es gelangten folgende Volkslieder zum Vortrage: „Juheissa mein Dirndl" von Kremser, „In meines Vaters Garten", „Trost in der Ferne" von C. Steinhauer, „Schneider Jahrestag", „Wandertrost" und „Das Weib zum Biere ging" von Dr. J. Pommer, „Mir ist ein schön braun Maidelein", „Innsbruck, ich muss dich lassen" von K. Becker, „Wie schienen die Sterne", „Ach, wie ists möglich dann", „Herzigs Mariandel", „Tanz, Liebchen, tanz" von H. vom Ende bearbeitet.

Duisburg. Wie bekannt, feiert in diesem Jahre der „M.-G.-V. Germania" das Fest seines 50jährigen Bestehens. Was er in dieser langen Zeit zur Pflege des Gesanges gethan hat und wie er in erster Linie dem Volksliede ein eifriger Förderer gewesen ist, braucht kaum erwähnt zu werden; hatte doch gerade das Volkslied, um es vor dem allmählichen Aussterben zu retten, die eifrigsten Pfleger und Förderer nötig. Um ein Zeugnis dafür zu bieten, dass es ihm auch gelungen ist, auf diesem Gebiete wirklich etwas zu leisten, soll ein am 27. April unter Mitwirkung der Rhein. Volksliedertafel und einiger namhafter Künstlerinnen ein Konzert veranstaltet werden. Einen glücklichen Griff hat man jedenfalls in der Gewinnung des letztgenannten Vereins gethan. Ist doch die Rheinische Volksliedertafel weit über die Grenzen Rheinlands hinaus in Pflege und Vortrag von Volksliedern als hervorragend und mustergültig bekannt. Längst vergessen geglaubte Weisen wird man in genanntem Konzerte zu hören bekommen und ist ein Besuch in jeder Beziehung als lohnend zu bezeichnen.

Laut der Newyorker Staatsztg. sind für das diesjährige grosse Sängerfest der nordöstlich-amerikanischen Sängerverbände, das aus Wettgesängen und Massenchören besteht und in Baltimore gehalten wird, folgende obligate Preisgesänge für die Abteilungen Kunstgesang gewählt worden: Für Vereine von über 200 Sängern „Kaiser Karl in der Johannisnacht" (Gedicht von Fr. Rohrer), komponiert von Fritz Hegar und für Vereine bis zu 200 Sängern „Des Geigers Heimkehr" (Gedicht von Ludwig Pfau), komponiert von Gottfried Angerer.

Künstlerischer Wandschmuck für Schule und Haus (B. G. Teubner und R. Voigtländers Verlag in Leipzig). Es ist uns soeben das neueste Verzeichnis der von den beiden Firmen herausgegebenen Künstler-Steinzeichnungen zugegangen. Bis jetzt sind 21 Blatt erschienen, denen im Laufe des Jahres noch etwa ebensoviele folgen werden. Das Verzeichnis enthält eine Anzahl von Urteilen der Presse, die einmütig und freudig den künstlerischen Wert dieser Bilder und ihre Bedeutung für die Hebung des Kunstsinnes im deutschen Volke anerkannten. Ausserdem findet man in dem Hefte, das jeder kostenlos haben kann, Aufsätze über Künstler-Steinzeichnung, Verzeichnis der erschienenen und vorbereiteten Blätter, 21 Abbildungen erschienener Blätter, und die Bedingungen der Vereinigung für Künstler-Steinzeichnungen, deren Mitgliedschaft beträchtliche Vorteile gewährt.

Aufführungen.

Frauenchor.

Lennep. Ges.-V. (M. Kopff.) Cherubini »Blanche de Provence«. W. Bargiel »Vorüber«. **Dorten a. d.** Musik-Ver. (Jul. Janssen.) Leo Blech »Von den Engeln« mit Orchester. **Berlin.** Philharm. Chor. (K. Panzner.) »Klingsors Zaubergarten« und »Szene der Blumenmädchen« aus Parsifal von R. Wagner. **München.** Mus.-Akad. (H. Zumpe.) Fr. Liszt »Divina Commedia« für gr. Orch. u. Fr.-Ch. **Brunn.** Orgelvortrag. S. Jadassohn »Ein geistlich Abendlied«. J. Röntgen »Am Wasserfall«. **Glatwitz.** Mus.-Ver. (Rud. Kienbaum.) Tschaikowsky Chor der Mädchen aus »Eugen Onegin«. Schubert Ständchen mit Altsolo »Zögernd leise«.

Männerchor.

Essen a. d. Ruhr. Doppel-Quartett (G. Meyer.) Rekhelt »3 Schifflieder«. Silfle »Sicherheit«. Weinzierl »Ist's wahr?«. Wagenbecker »Der Schwur«. D.-C. Kreutzer »Ein Wörtlein«. Engelsberg »Das allerl. Männchen«. D.-C. Becker »Rheinfahrt«. Beethoven »Hymne a. d. Nacht«. D.-C. Attbois »Jägers Lust«. D.-C. **Saarlouis** Franciskus-Ges.-Ver. (Ludw. Zech.) Steinhauer »Abschied von der Heimat«. Radecke »Aus der Jugendzeit«. Kuus »Sonntagswanderung«. Gesang-Ver. (Ludw. Zech.) Hegar »Kaiser Karl in der Johannisnacht« (a. gr. Erf.). **Gelsenkirchen.** Liederkranz. (F. Lenzmann.) Wesseler »Mondnacht am Rhein«. M. Neumann »Mütterlein«. Sängerbund Gelsenkirchen und Einigkeit Schalke. (F. Sievers.) M. Neumann »An der Heimat halte fest«. Schrader »Es haben zwei Blümlein«. Curti »Den Toten vom Iltis«. E. Knülle »Wiegenlied«. **Dresden.** Ems. (Hugo Jüngst.) H. Jüngst »Das Mädchen aus der Mühle«. Munzinger »Das stille Thal«. H. Zöllner »Entweder — oder!«. Simon Breu »Trompeters Abschied« mit Pistonsolo. Karl Bieter »Tanzlockung«. Fr. Abt »Dort sind wir her!« für Sopran und M.-Ch. (Solo Frl. O. Maibak.) Fr. Jos. Löwenstamm Chinesisches Ständchen »Altes Liebeslied« mit Orch. **Speyer.** Liedertafel. Richard Schefter.) W. Kienzl »Landsknechtslied« mit Orch. Reinh. Becker »Hochamt im Walde«. Max Reger »Lebwohl«. Volkslied. A. v. Othegraven Volkslieder »Zu ihren Füssen«, »Warnung«. **Rem sch.** Rhein. Volksliedertafel. (H. vom Ende-Köln.) Volksliederabend: K. Becker »Mir ist ein schöns braune Mägdelein«. Dr. J. Pommer »Der Schneider Jahrstag«, »Wandertrost«, »Das Weib zum Biere ging«. C. Steinhauer »Trost in der Ferne«, »Trauerlied«, »In meines Vaters Garten«. vom Ende »Wie schienen die Sternlein«, »Ach wie ist's möglich dann«, »Tanz, Liebchen, tanz«, Herzigs Mariandel«. **Elberfeld.** Konz.-Ges. (Dr. H. Haym.) Fr. Liszt »Faustsymphonie«.

Geistliche Werke.

Sonneberg. K.-Ch. (B. Roth.) G. Schreck »Führe mich«. B. Roth »Kommt, lasst uns gehn in Bethleh. Stall«. D.C. **Altona.** K.-C. (F. Woyrsch.) G. Vierling Thurmchoral. Jos. Rheinberger Hymne: »Bei weicht die Sonne«. **Siegen.** Ev. K.-Ch. (H. Hofmann.) C. Braun »… Gott es will«. Schubert »Der Du von dem Himmel bist«. Barth »W… nachtslied »Freut euch«. **Altona.** K.-Ch. (Woyrsch.) Heinrich Sc… »Die Himmel erzählen die Ehre Gottes«. Fr. Kiel »Siehe, wie fein und lieblich«. Albert Becker »Unsre Hülfe steht, Christus der Herr«. **Lennep.** G.-Ver. (M. Kopff.) Mendelssohn 43. Psalm »Richte mich Gott«, Kremser Dankgebet. **Altona.** K.-Ch. (F. Woyrsch.) P. Cornelius »Jerusalem«. Fel. Woyrsch Motette »Sei getreu«. Jos. Rheinberger »De profundis«. Joh. Brahms 3 Mot. »Ich aber bin elend«, »Ach, arme Welt«, »Wenn wir in höchsten Nöten«. O. Wermann 25. Psalm »Mein Gott ich hoff auf Dich«. Alb. Becker geistl. Dialog a. d. 16. J… für Alt-Solo Chor u. Org. **Honsdorf.** Luth. K.-Ch. (F. Schweinshaus.) C. Stein Psalm 103. J. H. Lützel Psalm 121 »Ich h… meine Augen auf«. **Kreuznach.** Ev. K.-G.-V. (Oberl. Geisenheyner.) A. Romberg Lobgesang nach Psalm 150. G. Raphael Mot. »Ich h… meine Hände«. Ad. Köckert Lobgesang mit Orgel. **Leipzig.** Riedelv… (G. Göhler.) Fr. Liszt »Stabat mater«. Anton Bruckner Messe in E-m… mit Blasorch. 150. Psalm mit gr. Orch. **Chemnitz.** Jacobi-K.-Ch. (Fr. Mayerhoff.) Jul. Schäffer Mot. »Schaffe in mir Gott«. R. Suc… »Wirf dein Anliegen«. O. Kade »Sei getreu«. G. Vierling »Der He… hat seine Engel«.

Gemischte Chöre a capella.

Güstrow. Ges.-Ver. (Joh. Schondorf.) Brahms »Dein Herzlein mild«, »Fahrwohl«, »Der Falke«. Arnold Mendelssohn »Im Hol…

»Der Müller«, »Schnadahüpfl«. **Oberhausen.** Städt. Musik-Verein. (C. Steinhauer.) A. Lotti »Crucifixus«, C. Steinhauer »Im grünen Gras« und »Niederrheinisches Volkslied«. R. Schumann »John Anderson«, »Schön Rothtraut«. Die Berichterstatter äussern sich über die Steinhauerschen Kompositionen sehr anerkennend: „Sie bergen einen eigenartigen Reiz in sich und muten grade deshalb sehr an. Besonders wird das »Niederrhein. Volksliedchen« gerühmt. Grosse Begeisterung entfesselte das schlichte und doch so herrliche Liedchen »Im grün'n Gras«." **Brühl.** Mus.-Ver. (K. Frotzler.) Brahms »In stiller Nacht«. Schumann »Am Bodensee«, »Jägerlied«. **Hannover** Singakademie. (K. Weigel.) M. Hauptmann »An der Kirche wohnt der Priester«, »Waldeinsamkeit«. Herzogenberg »An Mutter Natur«, »Die Bekehrte«. Jos. Rheinberger »Herbstlied«, »Guter Rath«. R. Schumann »Die Nonne«, »Der Traum«, »Ungewitter«. **Köln.** Konservator. (Fr. Wüllner.) Max Bruch 5 Wallisische Volkslieder: »Tanzlied«, »Der sterbende Barde«, »Abendständchen«, »Die Nachtigall«, »Die Glocken von Aberdovey«. J. Brahms »O süsser Mai«, »Der bucklichte Fiedler«, »Das Mädchen«. Rob. Schumann »Ungewisses Licht«, »Zuversicht«.

Gemischte Chöre mit Begleitung.

Leeuwarden. Mus.-V. C. Ad. Lorenz »Jungfrau von Orleans« (durchschl. Erf.) **Güstrow.** Ges.-Ver. (Joh. Schondorf.) N. W. Gade »Die heilige Nacht« (Solo Frau Alken-Maier). **Lennep.** Ges.-Ver. (M. Kopff.) Schumann »Rose Pilgerfahrt« (Sol. L. Vanoni, Clarenbach). Musikdirektor Kopff erwies sich durch eine stimmungsvolle Violinkomposition »Nordische Romanze«, als gediegener Komponist. **Dortmund** Mus.-Ver. (J. Janssen.) Hackelberends »Begräbnis« von Müller-Reuter. **Duisburg.** Ges.-Ver. (W. Josephson.) P. Cornelius »Barbier von Bagdad« (Sol. R. Baum, G. A. Walter, Frau A. Stavenhagen, Frau Craemer-Schleyer, Messchaert. **Münster i. W.** Mus. Ver. (Dr. W. Niessen.) P. Klauwell »Abendfrieden«. **Speyer** Cäcil.-Ver. v. Lt. (Rich. Schefter.) Fr. Reinbrecht »Der weisse Hirsch« (Sol. Clara Wagner, Ad. Arbogast, W. Löb.) **Artern a. K.** Beamten-Ver. (Prof. Sprengel.) C. Ad. Lorenz »Crösus«. **Bonn.** Mus.-Ver. (K. Frotzler.) Richard Strauss »Wanderers Sturmlied. **Dessau.** Singak. (Dr. Klughardt.) Schumann »Paradies und Peri. (Sol. Frau Feuge, Frl. Westendorp, B. u. M. Reuchhaupt, H. H. von Milde und Feuge.) **Düsseldorf.** Ges.-Ver. (Dr. F. Limbert.) Humperdinck »Wallfahrt nach Kevelaer«. (Sol. Rose Ettinger, Herr Hormann.) **Aachen.** (E. Schwickerath.) Fr. E. Koch »Seemannslied«. **Bielefeld.** Mus.-Ver. (W. Lamping.) Rich. Strauss »Wanderers Sturmlied. **Dessau.** Ges.-Ver. (A. Klughardt.) Klughardt »Judith« (Sol. E u. O. Feuge, v. Milde, E. Westendorp.) **Düsseldorf.** Städt. Mus.-Ver. (Jul. Buths.) Fr. Vollbach »Vom Pagen u. d. Königstochter«. (Sol. Gerty Schmidt, C. Mayer, Chr. Hansen.) **Essen a. R.** Mus.-Ver. (G. H. Witte.) Bach »Johannes-Passion«. (Sol. P. u. Soph. Haase. Luise Hövelmann, Fr. Litzinger.) **Köln.** Konz.-Ges. (Franz Wüllner. A. Urspruch »Frühlingsfeier«. (Sol. Hans Siewert.) **Liegnitz.** Sing-Ak. (Konrad Schulz.) Schumann »Paradies und Peri«. (Sol. Maria Pape, Elfriede Martick, Klara Fiellitz, George Walter, Dr. Seifert.) **Solingen.** Singver. (Fr. Steinbach.) C. Franck »Die Seligkeiten«. (Sol. Marie Blanck-Peters, O. Noë, Aug. Leimer, C. Bronsgeest. **Wien.** Ges. d. Musikfreunde (Ferd. Löwe.) Mendelssohn »Paulus« (Sol. Leonore Bach, Hel. Schemmel, Rob. Kaufmann, Leop. Demuth.) **Zürich.** Gem. Chor. (Dr. Fr. Heyer. Joh. Brahms Schicksalslied.

Antiquarische Musikalien.

H. vom Ende' Musikalienhandlung, Köln a. Rh.

Streichinstrumente.

No.
247 **Bach, J. S.** 6 Sonaten. Nur Violinstimme . . . . —,50
248 **Biehl, Alb.**, op. 129. Leichte Sonatine (2.50) . . . . . . 1,—
249 **Caserti, Aug.**, op. 38. Fünf Stücke (à 1,40) 2,50
250 **Bohlmann, G. C.**, op. 15. Romanze. (1,75) . . . . . . —,60
251 **Caserti, Aug.**, op. 50. Technique de l'archet, französ. Ausg. (2,—) . 1,—
252 do. op. 50. Technics of the Bow, engl. Ausg. (2,—) . 1,—
253 do. op. 50. Técnica del arco, spanische Ausg. (2,—) . 1,—
254 do. op. 54. Moto perpetuo. Etude für 2 Violinen (1,50) .50
255 do. op. 58. Barcarole für 2 Violinen (—,80) . . . —,40
256 **Eberhardt, Goby**, op. 98. Fünf Vortragsstücke, 1/5 (je 1,—) 2 40
257 **Meerts, J. L.** Quatre Sonatines pour 2 Viol. Serie I (1 50) —.80
kompl. (3,—) . . . Serie II (2 —) — 80
258 **Oberdörffer, Ad.**, op. 12. Danses caract. (2,50) . . . . 1,—
259 **Pache, Joh.**, op. 88. Klavier Suite, Praelud. Menuett, Gav., Scherzo. (3.—) . . . . 1,—
260 **Sauret, Em.**, op. 42.
261 1. Canzone d'Autumno (1,50) . . . . —.80
262 2. Gavotte (1,80) . . . . —.80
263 3. Una Lagrima et Saltarello (2,50) . . . . . . 1,—
264 **Schoen, Mor.**, op. 60. Sechs leichte Tonstücke (1,20) . . —,60
265 do. op. 61. Sechs leichte Tonstücke 2. Pos. (1,50) . —.70
266 do. op. 63. Drei gröss. Uebungsstücke für 2 Viol. (2,—) .80
267 **Simon, Ant.**, op. 28 I. Berceuse, (1,—) . . . . . . —.50
268 Moderne Werke für Klav. u. Violine in 1 Bd. geb. . . 3,—

No. **Viola.**
269 **Caserti, Aug.**, op. 45. Divertissement. (1,50
270 do. op. 55. Peine de l'Âme. (1,80) . . .

Cello.

271 **Grützmacher, L.**, op. 10. Gavotte. (1,50) . .
272 do. op. 11 Tarantelle (1,80) . . . . .
273 **Sitt, Hans**, op. 38 Konzert No. II. D-moll
274 Moderne Werke für Cello und Klav. 10 Hefte

Kammermusik.

275 **Beethoven, L. v.** Bd. I. Quintett, op. 16. Klav. Horn, Fagott. Op 121. Ad. Var. u Rondo u Cello. Trio in 1 Satze f. Klav., Violine u. Cello
276. Bd. II. Trio, op. 1 No. 1 3. op. 11 für Kl., Vl.
277 Bd. III. Gr. Trio. op. 38 nach d. Sept. op. 20 o. Violine und Cello. Trio, op. 70, 1 2.
278 **Brahms, Joh.** Quartett für Klav., Violine nur Part. (13.50) . . . .
279. Werke von **Anton Eberl**, 12 Bände . . .
Bd 6. Son. m Vl. op. 35. Var. m Cello op. Klar. und Cello op. 44.
Bd. 7. Son. m. Vl. op. 20. 26, mit Flöte
Werke von Anton Eberl.
Bd. 8. Son. m. Vl. op. 14. 49, 50.
Bd. 9 3 Trios op. 8.
Bd. 10. 3 Trios op. 10, 36.
Bd. 11. Quart. op. 18. 25.
Bd 12. Quintett op. 41. Sextett op. 47.
280 **Haydn, Jos.** No. 2 fis. Part. (—.80). Vl. fehlt
281 do. No. 3 C Part. Cello fehlt . . . . . .
282 do. No. 3 E., kompl. (—,80) . . . . . .
283 do. No. 25 F. kompl. (—,80) . . . . . .
284 **Prinz Louis Ferdinand**, Trios op. 2. 3, 10 .
285 **Onslow, G.** Bd. 1. 3 Son. op. 11 m. Vl. 12
do Bd. 2. Duo. op. 15. Vl. Sonate op. (Alto.
do. Bd. 3. Son. op. 16²/₃ für Cello.
do. Bd 4. Duo in Vl. op. 29, 31.
do. Bd. 6. 3 Trios, op. 14.
do. Bd. 7. Trio, op. 20. Vl. und Horn.
A. E. Müller. Sonate op. 38 für Flöte od.
do. 9. Sextett. Fl., Klar., Horn, Fag., Kontr. Quint., op. 70. Vl., Vio a. Cello, Kont ab
286 **Mozart, W. A.** Quatuors für Kl., Vl., Viola, Cello Oboe, Klar., Horn, Fag. od. Vl., Viola, Cello
287 do. Trio C. (1,50) . . . .
288 **Schubert.** Quintett op. 163 (3,—) . . . . . .
289 **Möhling, F.** Quintett in Abschr. Dansi Quintett für Fl., Ob., Klar., Fag., od. Vl. Viola, Cello
290 C. **Thurner**, Son. m. Horn, op. 29 mit Oboe, Vl., op. 46 . . . .
291 do. Son. m. Horn oder Cello. Dansi op 2. Riès, Ferd., op. 34.
292 **Schneider, Fr.** Quartett, op. 34. Trio op. 10
293 **Romberg, A.** Quart. op. 19 Krommer. Quart. op.
294 **Romberg, B.** Quart. op. 22. Dansi Quart. op.
295 **Schneider**, Fr. Trio op. 38. Hummel, F., Quart. Wölfl, 3 Trios, op. 23. . . . .
296 **Schumann.** Quart. op. 47. Witt, Quint. op. 6 (fehlt Klav. u. Horn zu Kreutzer, Mozart
297 Bd. 1. **Bach, J. S.** Air für Vl., Kl. u. Org. Mendelssohn, Konzert f. Vl. . . . . . .
298 **Rubinstein, Anton.** 2 Trios, op. 15. Klav., Vl. No. 1 in F, nur Part. (9,— n.) . . . . .
299 **Mendelssohn-Barth.** Quartett op. 3. Klav. Vl. kompl (2,50) . . . .
300 **Schubert**, op. 99, 100. Trios . . . .
301 **Hummel**, op. 12. . . . .
302 **Schneider**, op. 24. 36, Quartette . . . . .
303 **Kreutzer**, Grosses Quartett . . . .
304 **Ries**, op. 2. Trio (Blos Pianof.) . . . . .
305 **Mozart.** 3 Quartette } Viola . . . . .
» 3 Sinfonien } u. Cellost. . . . .
» 3 » Flautost. . . . .

...stdeutsche Konzertdirektion Köln a. Rhein.

Westdeutsche Konzertdirektion, Köln, Bismarckstrasse 25. — Telegr.-Adr.: Konzertdirektion Köln.

...lung sämtlicher Konzert-Engagements.

Künstlertafel.

Arrangements eigener Konzerte und Tourneen.

Auskunft über Konzertangelegenheiten bereitwilligst.

Vokalsolisten.

...pran:
...Dietz.
...enberg.
...her-Sebaldt.
...fattingen.
...nann.
...Kaiser.
...ölchens.
...ller.
...ter-Quint.
...sche.
...Arndt.
...aneck.
...ff.

Alt:
...nann-Lützeler.
...uenburg.
...elmann.
...re.
...lengelbier.
...n.

...enor:
...eyer.
...alter.

Adolf Gröbke.
Albert Jungblut.
Hermann Endorf.
Hermann Lützeler.
Hans Siewert.

Bariton u. Bass:
Hans Bischoff.
Corn. J. Bronsgeest.
Phil. Gretscher.
Paul Haase.
Engelbert Haas.
Baptist Hofmann, Kgl. Hofopernsänger.
Chr. Jansen.
Wilh. Fricke, Hofopernsäng.
Alwin Horn.
Hans Roleff.
Karl Rost.

Duette für Sopran und Bass:
Käthe Gretscher-Sebaldt u. Phil. Gretscher.

Duette für 2 Frauenstimmen:
Lina Goldenberg u. Bertha Weiler, Köln.

Instrumentalsolisten.

Klavier:
Margarethe Behmer.
Georg Christiansen.
Henriette Schelle.
Dietrich Schäfer.
Henry Stennebruggen.
Therese Pott.
Selma Orthmann.
Paul Stoye.
Lina van Lier-Coën.
Hedwig Meyer, Köln.

Violine:
Professor Willy Hess.
Henry Petry, Hofkonzertmstr.
Professor Arnold Rosé.
Franz Sageblel.
Clara Schwartz.
Alfred Stauffer.
Adele Stöcker.
Benno Walter jr.
Blanche Hubbard.

Cello:
Jacques van Lier.
W. Willeke.
Prof. R. Hummer.

Klavierhumorist:
O. Lamborg.

Kammermusik:
Kölner Gürzen.-Quartett (Herren: W. Hess, C. Körner, J. Schwartz, Fr. Grützmacher.)
Streichquartett Rosé. (Herren: A. Rosé, A. Bachrich. v. Steiner, R. Hummer.
Kölner Bläservereinigung für Kammermusik. Herren: Websener, Erkert, Friedr. Sadony.

Orgel:
W. Kipps, Bochum.

Neu erschienen und durch jede Musikalienhandlung sowie direkt vom Verlag zur Ansicht zu beziehen:

Männerchöre:

Ullrich Fr., op. 84. Waldesrauschen. Part. 40 St. 80
Thelen Aug., op. 21 u. 2. O bergisch Land, mein Heimatland. „ 40 „ 80
Steinkühler W. H., op. 36. Gott will es so haben. „ 40 „ 80
Köster Wilh., Sehnen und Scheiden. „ 40 „ 80

Gemischt Chöre:

Ullrich Fr., op. 76. Schliess auf. Part. 40 St. 80
do op. 79. Der Spielmann ist da „ 40 „ 80
do. op. 84. Waldesrauschen „ 40 „ 80
do. op. 85. Lass dein mich sein und bleiben. „ 40 „ 80

Auswahlsendungen bereitwilligst.

Fr. Ullrich, Musikalien-Versandtgeschäft.
Godesberg a. Rhein.

Gesangwettstreit
Ehren-Preis-Anerkennungs-Diplome

in künstlerisch vornehmer Ausstattung.

Preis pro Exemplar Mark 2,–

liefert

H. vom Ende's Centralversand für Chorgesang-Litteratur.
Köln am Rhein. Bismarckstrasse 25.

Wichtig für jeden Dirigenten! für jeden Gesangverein! für jeden Sänger! Soeben erschien und ist zu beziehen durch jede Buchhandlung:

Des Sängers Berater.

Eine leicht fassliche Darstellung des Wichtigsten aus der allgemeinen Musik- und Gesangslehre für jeden Chorsänger und solche, die es werden wollen. Verfasst und herausgegeben von **Fritz Neuert** .·. **Pforzheim.** Mit vielen Notenbeispielen. . · . Preis: broch. 40 Pfg., geb. 1 Mk. · . · Bei Abnahme grösserer Partien bedeutende Preis-Ermässigung. Verschiedene Vereine führten das Werkchen obligatorisch ein. Gegen Einsendung von 45 Pfg. erfolgt portofreie Zusendung.

Ernst Birkner, Verlag, Pforzheim.
Buch- und Kunstdruckerei.

Neu! Walpurgisnacht Neu!

von **A. Jäckel** op. 94.

Grosses Walzeridyll für Männerchor, gemischten Chor, Frauenchor, u. Soli, mit Klavier- od Streichorchesterbegl.

Klavierauszug ℳ 3.–. Stimmen ℳ 1,20.
Orchesterpartitur „ 3.–. Orchesterstimmen „ 3.–.

Die Walpurgisnacht ist ein lang vorbereitetes mit grösster Sorgfalt ausgearbeitetes Werk im Stile der „Koschat-Walzer". Von Autoritäten vor Herausgabe geprüft und allgemein äusserst günstig beurteilt. Texte stehen den verehrlichen Vereinen bei Aufführung in beliebiger Anzahl **in Kommission** zur Verfügung.

Grosser Beliebtheit erfreuen sich Jäckels volkstümliche Männer- und gemischte Chöre. Katalog gratis. Partituren z. Ansicht.

G. Adolf Jäckel,
Musikverlag, Leipzig, Poststr 14.

Gratis und franko

sende ich den Herren Dirigenten und Gesanglehrern gerne einzelne Partituren von **Johannes Schondorf's Männer- und gemischten (auch Schul-) Chören** (Lose Blätter, Vaterländische Gesänge etc.) zur Ansicht. **Schondorf's Verlag in Güstrow.**

Gesammtchöre

für das diesjährige

VI. Deutsche Sängerbundesfest in Graz

im Verlage von **F. E. C. Leuckart** in Leipzig

Engelsberg, E. S.
Waldesweise: „Ein heimlich süsses Rauschen" für Männerchor.
Partitur und Stimmen (à *15 Pf.*) . . . . . ℳ 1,20

Kirchl, Adolf.
Abschied: „Mägdlein so schön und hold" von *G. Pfleger*, für Männerchor. Op. 34 Nr. 1.
Partitur und Stimmen (à *20 Pf.*) . . . . . ℳ 1,80

Zöllner, Heinrich.
König Sigurd Ring's Brautfahrt von *Alex Scholtz*, für Männerchor mit Orchester. Op. 58.
Klavier-Partitur ℳ 1,20. Singst. (à *20 Pf.*) *80 Pf.*
Vollständige Orchester-Partitur netto ℳ 5,–.
Orchesterstimmen netto ℳ 8.–.

Verzeichnisse aller übrigen im Verlage von F. E. C. Leuckart in Leipzig erschienenen Männerchöre von *E. S. Engelsberg* und *Adolf Kirchl*, stehen postfrei zu Diensten, sowie die neuesten „Mitteilungen für Männergesangvereine". — Auswahlsendungen auf Wunsch

Wegweiser durch die Chorgesanglitteratur

Amtliches Organ des westdeutschen Sänger-verbandes.
Ratgeber für Gesangvereine und Dirigenten.

Redaktion und Verlag: H. vom Ende, Köln a. Rh., Ecke Bismarck- und Kamekestrasse.

nebst Beiblatt:

Der Sänger.

Offizielles Organ des Westdeutschen Sängerverbandes Mosel-, Saar-, Nahe-Sängerbundes.

Erscheint monatlich einmal.
Bezugspreis für 1 Expl. 20 Pfg.
Jahresabonnement Mk. 1.50 und 40 Pfg. Porto.
Inserate kosten pro 4 mal gespaltene Petitzeile 30 Pfg.

Expedition: H. vom Ende's Musikalien-Versandgeschäft.

Nr. 7. | Köln a. Rhein, den 26. April 1902. | III. Jahrg.

Inhalt:

Der

Wegweiser durch die Chorgesanglitteratur

nebst Beiblatt: Der Sänger

ist hervorgegangen aus dem Bedürfnis nach einer wohlfeilen Zeitschrift für Vorstände und Dirigenten unserer Gesangvereine, welche die wirtschaftlichen, wissenschaftlichen und künstlerischen Interessen dieser Kreise in wirksamer Weise vertritt.

Der Wegweiser kämpft für die Verbesserung der wirtschaftlichen Lage der Dirigenten, Gesundung der pekuniären Verhältnisse und ausreichende Fürsorge für Krankheits- und Notfälle. Er erstrebt eine Regelung der verworrenen Verhältnisse auf dem Gebiete des Wettstreitwesens. Der Wegweiser sucht ferner die musiktheoretische Fortbildung seiner Leser zu fördern, indem er über die Fortschritte auf dem Gebiete der Musiktheorie, Kunsterziehung, Gesangstechnik etc. in umfassender Weise berichtet. Er sucht seine Freunde unter den ernsten Menschen, die nach Verinnerlichung streben, nach einer Bejahung des Lebens durch künstlerische Kultur, die im deutschen Liede das Mittel sehen, nicht nur zu unterhalten und zu ergötzen, sondern zu erheben und zu veredeln, das Mittel, unser Nationalgefühl zu stärken, deutsches Sinnen und Trachten zum vollen Siege zu führen. Deshalb kämpft der Wegweiser für das edle, von gesunder, natürlicher Empfindung getragene Lied im Volkston, für unsere im besten Sinne volkstümlichen Lieder und vor allem für unser deutsches Volkslied, dieses blanke Spiegelbild deutschen Charakters und Herzens.

Der Wegweiser hat die Freude, schon nach verhältnismässig kurzem Bestehen auf zahlreiche, treue Freunde unter den Dirigenten und namentlich in der deutschen Lehrerwelt rechnen zu können, die Bedürfnisse dieser Kreise bilden für ihn die Richtschnur, nach welcher er auch in Zukunft weiter bauen wird. Gleich fern von einseitigem Personenkultus sowie von Berücksichtigung der Sonderinteressen sucht er sein Heil in der Ergründung der Wahrheit nach bestem Wissen und Gewissen, und in diesem Sinne wendet er sich an alle Freunde des Chorgesangs mit der Bitte, thatkräftig für ihn einzustehen, für ihn in Freundeskreisen zu werben und dadurch ihr Scherflein beizutragen, dass unserer guten Sache der Sieg zu Teil werde, der Sieg über Unwahrheit und Gefühllosigkeit, über Hass und Neid, über Vaterlandslosigkeit und Gottlosigkeit. „Wer dem Volke sein Lied zurück giebt, der giebt ihm seine eigne Seele zurück."

Heil, deutsches Lied!

Ein Freund des rheinischen Volksliedes.

Rettet das Volkslied! so klang es noch vor kurzem aus dem Munde des rheinischen Dichters Eschelbach. Rettet das Volkslied! so erschallt es allerorten, wo noch Herz und Sinn einen Hauch des Geistes verspürt, der unserem Volke eingewachsen ist in tausendjährigem Ringen und Streben. Rettet das einzige Gut, das der Geist des Volkes gebar, um es ihm wiederzugeben als ein Heiler und Tröster in bösen, als fröhlicher Gesell in guten Tagen.

Wer ahnt den Genuss, der ihm blüht, wenn er in dieses reiche Wunderland deutscher Volksdichtung versetzt wird, aus dem ein Geist ihm entgegenweht, so frisch und rein in seiner unbewussten Kindlichkeit, so stark und bieder, so edel und fromm, so ganz das Gegenteil von dem, was wir armseligen Stadtkinder von Volksgemüt kennen lernen, dass er in freudiger Erregung das Bekenntnis ablegen muss: in diesem Geiste glaube ich selig zu werden. Darin liegt die unvergängliche Macht des Volksliedes: es stärkt die Liebe zu heimatlichem Boden und zu heimischer Art, es ruft Stimmen in uns wach, die darauf drängen, dass unsere Seele eintauche in diesen verjüngenden Brunnquell, dass unser Geist sich verschmelze jenem, der leuchtend daraus emportaucht. Gottlob haben sich Männer gefunden, denen dieses Kleinod wertvoll genug erschien, die Arbeit eines Lebens daran zu wenden, allen voran die Triaden Herder—Uhland—Hoffmann von Fallersleben und Silcher—Erk—Böhme. Sie haben uns den Weg gezeigt, auf dem wir weiter arbeiten müssen, um das Gut zu bergen und zu neuem Leben zu erwecken.

Suchet, so werdet ihr finden! suchet, weitab von den verseuchten Zonen modernen Erwerbslebens, suchet in Marsch und Heide, in Rebenflur und Waldesgrund, in Hochland und Schneegebirg, und ihr findet die unverfälschten Kinder der Natur, denen ihr Lied noch ans Herz gewachsen ist. Klopfet an, so wird euch aufgethan! klopfet an ihre Herzen, freien Auges und Sinnes, ohne Arg und Falsch, und sie werden willig ihre Schätze mit euch teilen, sich mit euch freuen über ihren Reichtum, mit euch trauern über verlorenes Gut.

Lesen wir, was ein alter Freund des Volksliedes, Ph. Lewalter, in einem Briefe mitteilt: „In der Volksliederforschung steht Erk, soweit das Musikalische inbetracht kommt, wohl obenan. Erks erste Liedersammlung aus Volksmund erschien 1838. Ausserdem war er durch seine zahlreichen Bearbeitungen unablässig bemüht, dem Volksliede eine gebührende Heimstätte zu bereiten. Sein ganzes thatenreiches Leben hat er dem geliebten Volksliede geweiht und deswegen darf man wohl unbestritten behaupten, dass ihm auf diesem Gebiete die Palme gebührt. Böhme hat auch Hervorragendes geleistet; aber ohne Erks eingehende Arbeiten wäre ihm die Herausgabe des „Liederhorts" einfach ein Ding der Unmöglichkeit gewesen. — Ja, dieser Liederhort! Ueber seine Entstehung konnte ich ein kleines Buch schreiben. Da waren alle die hochgelehrten und hochstehenden Freunde Erks; aber keiner hat sich des verwaisten Nachlasses, vornehmlich aber des reichen Schatzes handschriftlicher Sammlungen aus Volksmund angenommen; auch Böhme nicht. Das durfte ein Volksschulmeister*) thun, und auch dieser wäre vielleicht bei der anfangs fruchtlos erscheinenden Arbeit erlahmt, wenn er nicht ein Jahr vorher der Leidensgestalt des Meisters an der schönen Bergstrasse begegnet wäre. Sicherlich wäre der noch immer rege Geist der schwachen Leibeshülle schon vorher entflohen, wenn der nagende Gedanke: „Was wird nach deinem Tode aus all deinen Volksliedersammlungen, darin der grösste Teil von dem Fleisse deines ganzen Lebens verkörpert ist, noch einmal werden?" wenn dieser nagende Wurm bangen Zweifels um die ganze Lebensarbeit dem getreuen Eckart des deutschen Volksliedes nicht immer wieder von neuem den verglimmenden Lebensodem angefacht hätte. — Und es ist dem Schulmeister mit Hilfe der Köln. Zeitung und unter treuer Mitwirkung des Sohnes L. Erks gelungen, die reichen Schätze Erks dem deutschen Volke zugänglich zu machen. Als der Meister nach zweijährigem Siechtum endlich heimgegangen war, galt es vor allem, dessen geistiges Rüstzeug, die reiche Bücherei nebst den handschriftlichen Aufzeichnungen vor Zersplitterung und Verschleuderung zu bewahren. Da brachte die Kölner Zeitung das Mahnwort: „Ein unvollendetes Denkmal deutschen Gemütslebens". „Kaiser Wilhelm I., bei allen Ruhmesthaten doch ein Herrscher mit reichem Gefühlsleben, gewährte daraufhin die Mittel zum Ankauf der Erkschen Bücherei. Nun war der keineswegs mit Glücksgütern gesegneten Familie geholfen, und zugleich waren auch die reichen Volksliederschätze wenigstens in Sicherheit gebracht. Da liess nach Jahresfrist die Kölnische Zeitung den zweiten Mahnruf erschallen: „Altes Liedergold ins Staatsschrein". Und jetzt war es Kaiser Wilhelm II., der Stolz und die Herzensfreude eines jeden deutschen Mannes, der die reichen Mittel zur Herausgabe des Deutschen Liederhortes zur Verfügung stellte.

So entstand diese umfangreiche, mustergültige Ausgabe; für Gelehrte und Forscher unersetzlich, für das deutsche Volk unbrauchbar, weil zu teuer und unhandlich. Was uns zunächst notthut, das sind wohlfeile Heft-Ausgaben mit den Weisen, welche in bestimmt abgegrenzten Bezirken, Gauen wirklich gesungen werden oder doch lange Zeit hindurch gesungen worden sind. Das Volk muss die Lieder um einen geringen Preis in die Hand bekommen, sonst ist aller Liebe Müh vergebens.

Mit allem Nachdruck möchte ich da auf eine Sammlung hinweisen, die vorläufig noch im Pulte ihres Urhebers verschlossen liegen muss, weil die Mittel zur Herausgabe fehlen. Karl Becker, Seminar-Musiklehrer zu Neuwied, „Der rheinische Volksliederwart", wie Fr. M. Böhme ihn einst nannte, durchstreift nun schon seit 20 Jahren den heimatlichen Gau, um seine Lieder zu sammeln, und er kann sich rühmen, alles aufgezeichnet zu haben, was seit Menschengedenken dort gesungen und gesagt wurde. Eintausendfünfhundert verschiedene Volks- und volkstümliche Lieder, viele derselben in 10 bis 20 Varianten, gesammelt grösstenteils an der Lahn, auf dem Westerwald, auf dem Hunsrück, am Glan, an der Mosel, Nahe und in der Eifel. In den anderen rheinischen Gegenden ist der Volksgesang schon mehr oder weniger verstummt. Balladen, Romanzen, historische Lieder fanden sich meist in abgelegenen Dörfern des Hundsrücks, an der Mosel und Lahn. Am meisten verbreitet ist das Liebeslied. Wein- und Trinklieder sind auch am Rhein und an der Mosel selten. Viele der erzählenden Lieder haben ein hohes Alter, wenigstens die Bruchstücke derselben, die neuesten sind aus dem Feldzuge von 1870/71. Das Beckersche Manuskript übertrifft an Reichhaltigkeit alle vorhandenen Sammlungen aus örtlich abgegrenzten Bezirken. Sollen diese Schätze vermodern im Staube der Rumpelkammer! Die Regierung hat ein so merkwürdig wachsames Auge auf jeden Schutthaufen, der aus den Zeiten der Römerherrschaft stammt; sind denn diese wichtiger, als die Herzensäusserungen unserer Vorfahren, die Denkmäler, in denen die geist- und gemütreichsten Epochen heimatlicher Kultur sich krystallisieren! Es handelt sich um die Rettung von Kunstwerken, die der Blüte unseres Volkstums entsprossen sind, um Geist von unserem Geist. Erwecket in unseren Arbeitern die Liebe zu diesen Liedern, und ihr habt die Seelen gefeit gegen die Verführungskünste der vaterlandslosen Gesellen, die sich ihre Führer nennen. Wir haben Volksausgaben nötig, die auch für gewöhnliche Sterbliche erschwingbar sind; sollten sich dafür nicht die Behörden erwärmen können! —

H. vom Ende.

*) Lewalter.

Plattdütsch Leed.

Wat? Ji willt plattdütsch Burssen sin
Un könt nich plattdütsch singen!
Fritz Reuter, „Hanne Nüte".

Es giebt der Menschen mancherlei in deutschen Landen. Der eine erscheint nur in Cylinder und Glacé, Schnurrwitz hoch frisiert, alles elegant und „zeitgemäss", und doch klopft hinter der weissen Weste ein schwarzes Herz, eine schmutzige Gesinnung; der andere singt in künstlich gezüchteter Begeisterung von der göttlichen Macht edler Weiblichkeit und heiratet nicht einmal, oder wird seiner Erwählten alle Tage untreu. Wieder andere sprechen nur Hochdeutsch in den gewähltesten Ausdrücken, den verzwicktesten Perioden und sind im letzten Grunde doch ungebildet; — zu diesen gehören die Verächter der plattdeutschen Sprache, unserer eigentlichen Muttersprache. Sie wollen ihre Schönheit nicht erkennen, sie fühlen, dass sie nicht zu ihr gehören, denn die Mundart ist zu gerade, meint zu aufrichtig, was sie sagt.

Merkwürdiger Fall! Während in Süddeutschland die mundartliche Dichtkunst duftige Blüten trieb, als eigentlicher, unersetzlicher Ausdruck echt volkstümlichen Empfindens allzeit hochgehalten wurde, ging sie in Norddeutschland immer mehr zurück, wurde unterdrückt von kurzsichtigen Volkserziehern und Schriftstellern, verachtet als die Sprache des Pöbels, zu dem man rechnete, wer sie sprach. Auf den sonnigen Höhen Bayerns, Tirols, Oesterreichs, wer singt dort ein hochdeutsches Lied! Wer kann dort überhaupt ein reines Hochdeutsch sprechen! Die Mundart ist dort so sehr Herzenssache auch der Gebildeten, dass ein Verächter derselben sich lächerlich machen würde. Dagegen sitzt im Norden den Leuten, sobald sie sich heraufgerungen haben aus niederen Stufen und Kreisen in höhere, der Hochmutsteufel im Nacken. Das zeigt sich schon in frühester Jugend; mit welcher Verachtung schaut der in die zweite Klasse Gestiegene auf die sogen. „Köttelklasse" herab! der Sextaner auf die Volksschüler, der Gymnasial- auf den Realgymnasialabiturienten! usw. Welch ungeheure Stufenzahl der sozialen Leiter hat vermeintlich so ein grüner Bursche als Corpsstudent bereits im zweiten Semester erklommen und dann weiter, der Herr Re—gie—rungs—re—fe—rendar!! — — — es ist erreicht! — —

Also der Hochmutsteufel ist es, der uns die liebe, schöne Muttersprache verdrängen und verkümmern lässt. Ihn auszutreiben mit Schwert und Spiess sei uns Ehrenpflicht.

Dass die Schule hier zunächst und vor allen Dingen einzusetzen hat, ist offenbar. Es mehren sich auch in Philologenkreisen die Stimmen, welche solches Vorgehen befürworten. In längerer Auseinandersetzung schildert Herm. Boll-Bettl in Heft 9/10 der Zeitschrift für den deutschen Unterricht (Leipzig, B. G. Teubner), in welcher Weise er sich die Einführung der Mundart in die verschiedenen Lehrfächer denkt. Ein weiterer schätzenswerter Beitrag erschien ebenfalls in Teubners Verlag: „Heimatklänge aus deutschen Gauen", ausgewählt von O. Dähnhardt. In schöner Ausstattung, mit stimmungsvollen Bildern geschmückt, sind die 3 Bände das köstlichste Geschenk, das wir unserer Jugend machen können, sie wird Eindrücke gewinnen, die für das Leben vorhalten. Der wohlfeile Preis von 2,60 ℳ für den Band ist von jedem zu erschwingen. Wie köstlich tritt die Eigenart jedes Stammes uns hier entgegen. In diesen Dichtungen spiegelt sich mit untrüglicher Wahrheit die Seele des Volkes. Jeder Stamm und jeder Stand blickt bei dem andern ins Herz und indem so erst ein tieferes gegenseitiges Verständnis ermöglicht wird, knüpft sich jenes einigende Band, das Alldeutschland oft gar zu locker umschlingt, fester zusammen.

Als ihre eigentliche Domäne hat die Mundart des echten Humor, den unter Thränen lächelnden Scherz sich angeeignet. Und das ist es, woran der Unterricht auch denken soll, das Herz zu erfreuen, nicht nur den Kopf zu füllen. Zwei Sprüche des trefflichen Odenwälders Georg Volk sollte jeder deutsche Lehrer beachten:

„E Schul ohne Spass, ohne Scherz!
Die Kinnerchen dauern mich dief nein ins Herz."
Zum zweiten:
„Die Schule, die wo die Hausprooch verachrt,
Der Haametlieb an die Wurzel tracht."

Es ist gewiss nicht Graf Zeltwitzens eigne Schuld gewesen, wenn er singt:

„In d' Schöll bin i gangа,
Ho's Lesn aangfanga.
Awa glernt ho i nix,
Kreiz Sakradibix."

Wir müssen uns bestreben, einmal vorurteilsfrei die Mundarten zu beurteilen, zu erkennen, dass sie keineswegs minderwertig, sondern dem Hochdeutschen durchaus ebenbürtig sind, ja im Wohlklang dasselbe häufig übertreffen, immer aber in Weichheit und im Reichtum an Redewendungen und Wortbegriffen, die in der Buchsprache nur durch Umschreibung auszudrücken sind. Schmeller sagt: „Es stehen die Mundarten neben der Schriftsprache wie eine reiche Erzgrube neben einem Vorrat schon gewonnenen und gereinigten Metalls, wie der noch ungelichtete Teil eines tausendjährigen Waldes neben einem Teile desselben, der bereits zum Nutzholz durchforstet und zum Lusthain geregelt ist." Der Stil der Mundart ist einfach und zwanglos, ihre Sätze reihen sich leichthin aneinander, ihre Bilder haben den Vorzug frischer Sinnlichkeit, sind auch nicht abgegriffen und zur leeren Redensart geworden, wie die so vielfach in der Schriftsprache gebräuchlichen. Luther verstand zum Volke zu sprechen, er belehrt uns also: „Man muss nicht die Buchstaben in der lateinischen Sprache fragen, wie man deutsch reden soll, wie die Esel thun, sondern man muss die Mutter im Hause, die Kinder auf den Gassen, den gemeinen Mann auf dem Markte darum fragen und denselben auf das Maul sehen, wie sie reden und darnach dolmetschen, so verstehen sie es dann und merken, dass man deutsch zu ihnen redet." Kann die Dichtkunst Vollkommeneres für die Jugend erzeugen, als die Sprache in den Grimmschen Märchen? und doch haben die Gebrüder Grimm nur niedergeschrieben, was ihnen in der Mundart erzählt wurde, und dann die Sätze in schlichter Weise beinahe wortgetreu in die Schriftsprache übertragen. Einige dieser Erzählungen nahmen sie sogar in der Mundart auf, da sie fühlten, wieviel des eigentümlichen Zaubers durch eine Uebertragung verloren ginge.

Ergötzlich sind die gegenseitigen Spöttereien der einzelnen Stämme. Jeder Nichtschwabe glaubt die ganz folgerichtige Aussprache des st als scht im Silbenschluss lächerlich finden zu müssen, jeder Nichtwestfale das sk anstatt sch das st statt scht. Das sind alles Dinge, die an sich weder schön noch hässlich klingen, sie werden solches erst durch die Aussprache. Wie relativ wohllautend selbst das Englische lauten kann, habe ich erst jüngst an dem Sänger Ben Davies erfahren. Der üble Klang hat sich in uns nur deshalb festgesetzt, weil wir im Norden die Mundart in der Regel nur von den rohen Organen des Volkes zu hören bekommen. Im Niedersächsischen finden wir noch die ewigen volltönenden Schönheiten des Alt- und Mittelhochdeutschen, sie müssen nur wirklich zum Tönen gebracht werden.

„So säen, wir Noorddütschen
Verstunnen kin Gesang,
Am Rhien un an de Donau,
Bar harr de Sprak blot Klang.

Dat hett us lang verdraten,
Dat se us so veracht't,
As harren se 't Recht tom Singen,
För sik alleenig pacht't.

Hebt wi nie'n Hart in'n Liewe,
Dat föhlt so Freid as Leid!
Hebt wie nie'n Hart in'n Lieve,
Wat för de Freeheit sleit!

Un wenn där düster Dannen
De Winterstorm hensust,
Dat klingt, as wenn dat Orgel
Mit all Registers brust.

Dat Meer sleit an de Küsten,
As wenn de Klocken klingt,
So deep, so holl, so mächtig,
As wenn't den Grundbass singt.

Us' Sprach is as us' Heiden
Ursprünglik noch un free.
Us' Sprak is deep un mächtig,
Un prächtig as de See.

Min Modersprak, wo klingst du
So söt un doch so stark!
Wo leev ik die van Harten,
Du Land vull Kraft un Mark!

So singt der Oldenburger Fr. Poppe. Und der Holsteiner Asmus giebt ihm nichts nach:

So lang as Ungewitter
Bi uns tosamen treck,
So lang sick Holstenkinner
Vertrut de Hände reck,

So lang in unse Harten
Nach wahnt en frohen Mod,
So lang in unse Adern
Nach flöt en Dröppen Blot,

So lang as man kann schriewen,
So lang man Versen mak,
So lange schast du lewen,
Min leve Modersprak.

Du schast di stolter hewen,
Schast jümmer smucker blöhn,
Schast as en heill Füer
Dat Holstenvolk dörglöhn.

Und wie kernig lässt sich der Pommer Albert Schwarz vernehmen:

Fast steiht de Sassenstamm,
Faster as Diek und Damm,
In Storm un Not.
Kem sülfst en Weltenbrand,
Juch hürt uns' Hart und Hand
Bet in den Dod!

Und der Westfale Hermann Wette:

Min Fell is grof,
Min Härt is fin,
Ik mögg üm alls
Nich anners sin.

Ik sin en Bur
Vom platten Land,
Haf Hanskén nich
An mine Hand.

Doch Holsken drög
Ik an mine Föt,
Den Härgott drög
Ik in't Gemöt.

O wahr di, Här!
Vörn growen Bur.
Wo de die päck,
Do hält he stur.

Anders singt der obersächsische Vetter E. Bormann:

„Redt ihr nur andersch anderwärts,
Wir reden säcksch in Sachsen:
Uns is der Schnawel gleich wie's Herz,
Ae bischen weech gewachsen.

Und er hat recht. Redet, wie euch der Schnabel gewachsen ist und ärgert euch nicht, wenn andere über euer „Eiherchesses" oder „O Chottochott" lächeln, die machen's nicht besser. Die beiden Mundarten, welche als die gröbsten, hässlichsten verschrieen sind, die niedersächsische und die oberbayerische, haben die wundervollsten Dichtungen aufzuweisen; macht's nach!

Doch, was ich sagen wollte — — —, mit unsern Sängern habe ich ein Wörtchen zu reden. Plattdeutschland rüstet sich, es will auch sein eigenes Lied haben. Ihr Sänger, verachtet mir eure Muttersprache nicht! singt, was ihr zu künden habt und wenn's euch von Herzen kommt, in der Sprache, die euer Eigen war vom ersten Stammeln und bleiben soll bis zum letzten Hauch! Plattdeutsch sei euer Lied, wenn auch nicht immer, so doch in den heiligen Feierstunden, da der Geist eurer Heimat, eures Volkstums sich auf eure Herzen senkt und das Feuer entzündet, das lodern muss, soll Seele zu Seele sprechen! — — —

Kennt ihr noch eure eigenen Lieder? Kennt ihr die „Königskinner"? Ich brate jeden am Spiess, der das Lied nicht herrlich findet:

Et wassen twe Küenigeskinner,
De hadden enanner so leif;
De konnnen to nanner nich kuommen,
Dat Water was vil to deip.

„Leif Hartel kanst du der nich swemmen?
Leif Hart, so swemme to mi!
Ik will di twe Keskes upsticken
Und de söllt löchten to di!"

Dat höerde ne falske Nunne
Up ere Slapkammer, o wei!
Se dei de Keskens utdoupen,
Leif Herte, bleif in de See.

„O Fisker, leveste Fisker!
Ji könnt verdeinen grot Lohn,
Settet ji jue Nettkes to Water
Fisket mi den Küenigessohn."

Se nam in ere blanken Arme,
Den Küenigessohn, o weh!
Se sprank met em in de Wellen:
„O Vader, un Moder, ade!"

Noch ein anderes aus Ostfriesland vom ungetreuen Vormund:

„Ik hev se nich up de Scholen gebracht,
Ik hev nich einmal över se gelacht,
Se gaant nich spelen up der Straten,
Ik hov se up de wilde See gesant,
Eren levsten Vader to söken.

Dat Eine starf den bitteren Doot,
Dat Ander starf van Hunger so groot,
Dat Drüdde worde gehangen,
Dat Veerde blef up de wilde See doot,
Dat Vifte flot achter dem Lande.“

Wan he wol up den Kerkhof quam,
He reip God sinen hemmlischen Vader an
Und bedet al mit Vlite:
Dat em God wolde de Sünde vergeven
Un halen en sin Rike.

Dass unser nordischer Volksgesang auch den Humor nicht verachtet, versteht sich von selbst, mir fehlt leider der Raum, mehr als ein kleines Liedchen anzuführen.

Dat du myn Schätsken büst, dat du wol weest!
Kum by de Nacht, kum by de Nacht, segg, wo du beest.
Kum du üm Middernacht, um de Klok een,
Vader slöpt, Moder slöpt, ik slap alleen.
Klop an de Kamerdoer, faat an de Klink!
Vader meent, Moder meent, dat deit de Wind!

Aber auch unsere Tondichter fangen an, Geschmack zu finden an den Kindern der plattdeutschen Muse; ich erinnere nur an J. O. Grimms Vertonungen der Quickborns von Klaus Groth, an J. Schondorfs und M. Stanges „Lütt Matten de Has“, zwei köstliche Gesänge, „Not- und Liebeswerke“ von C. Ad. Lorenz, Jan Hinnerk op de Lammerstrat“ von H. Schrader, Danzlied op. 21 von Fr. Mohaupt usw. Ein Verzeichnis solcher Lieder gab kürzlich der „plattdütsche Gesangverein „Jungs, holt fast“ in Kiel heraus, der sich die Pflege des plattdeutschen Liedes zur Aufgabe gemacht hat. Die rheinische Volksliedertafel begrüsst in ihm einen wackeren Bundesgenossen, beide treten für heiliges Volksgut ein, der eine für das Volkslied, der andere für die Volkssprache. Möge ihr Wirken Segen bringen und von Erfolg gekrönt sein.

. . . . . Wir wollen halten und dauern,
Fest uns halten, und fest der schönen Güter Besitztum.

(Goethe in „Hermann und Dorothea.“)

Eines Vorkämpfers für diese Sache sei noch gedacht, der mit Wort und That, als Schriftsteller und Sänger für seine Muttersprache eintritt, des Konzertsängers N. Harzen-Müller-Charlottenburg. Möge er Mitstreiter finden!

„Wie Plattdütschen“ — so schliesst das Vorwort zu oben angeführtem Verzeichnis — sünd veel to anspruchslos un bescheiden! Wi lat uns dat ruhig gefallen, wenn man uns süddeutsche Dialektstücke, ja schnoddrige Berliner Lokalpossen mit dummerhaftige Couplets un dörch un dörch fule französische Stücke förspelen deit! Ja, wi stamert in uns Godmödigkeit de hübschen süddütschen Dialektleeder nah un jodelt ut Hartensgrund mit, wenn mal son Tyroler los is't oder en Variété-Komiker Berlinsch witzelt: „Schnuteken, det därfst nich“. Abers is dat denn nich billig un recht, dat unse Landslüt dor unner ok mit unse plattdütschen Leeder mal en Versök makt oder dat wi op de Bühn un in'n Konzertsaal ok unse ureegenen plattdütschen Gefühle un Stimmungen mit utdrückt hem'n wüllt? Müch dat hierin beter warrn! Müchen düsse Utführungen dorto bidregen, dat Dichters, Komponisten, Solisten, Gesangsvereene un plattdütsche Vereene, ja ok die Gesanglehrers in de School, mehr as bisher ehren Blick op dat plattdütsche Originalleed richten deit! En wides Veld liegt noch unbearbeit und unbebaut! Mennig kostbare Schatz is noch deep in'n Grund versteken; müchen sick recht, recht veele Schatzgrabers find'n!

Holt fast an plattdütsch Ort,
An Moders Wis un Wort!

H. vom Ende.

Mosel-Saar-Nahe Sängerverband.

Der diesjährige Delegiertentag des Mosel-, Saar- und Nahe-Sängerbundes fand, laut Beschluss der vorjährigen Delegierten-Versammlung in Berncastel, in Mettlach am 9. März statt und verlief in überaus schöner und würdevoller Weise. Trotz des ungünstigen Wetters, das leider den geplanten Ausflug nach Ruine Montclair und Steinbruch verhinderte, konnte der Tag doch in jeder Weise als gelungen und befriedigend angesehen werden. Bereits um ½9 Uhr trafen verschiedene Herren der Saar- und Moselgegend hier ein und wurden, ebenso wie die eine Stunde später von dem oberen Saarrevier hier eintreffenden Herren, von den Mitgliedern des Vereins „Liedertafel Mettlach“ am Bahnhofe in Empfang genommen und in das Vereinslokal „Gastwirtschaft zum Schwanen“ begleitet, wo alsbald ein gemütlicher Frühschoppen die angenehmste Wirkung auszuüben begann. Um 11 Uhr trat der Bundesvorstand zur Vorstandssitzung zusammen. Mit den um 1 Uhr hier eintreffenden Zügen kamen dann die Abordnungen der meisten Vereine hier an und wurden von den Mitgliedern der Mettlacher Liedertafel in das Musterzimmer und Museum der Firma Villeroy & Boch geführt, das alle mit dem besten Andenken an Mettlacher Kunst und Fleiss verliessen. Um 2 Uhr eröffnete Herr Bundesvorsitzender Gross die Versammlung mit kurzer Ansprache und Rückblick auf das zurückgelegte Jahr, worauf Herr Bundesschriftführer Lantz die Beschlüsse der vorjährigen Delegierten-Versammlung in Berncastel verlas. Sodann wurde zur Tagesordnung übergegangen.

Punkt 1. Zu Vorstandsmitgliedern wurden die anwesenden Herren Molter aus Oberstein und Kuntz aus Malstatt-Burbach per Acclamation gewählt.

Punkt 2. Als Bundesorgan wurde der

„Wegweiser durch die Chorgesanglitteratur“
Köln, H. vom Ende's Verlag

angenommen und sollen durch dasselbe alle Verbandsberichte veröffentlicht werden. Dadurch ist dem Verbande ein Organ gewonnen worden, welches geeignet ist, seinen Bestrebungen auch nach Aussen hin Verbreitung und Geltung zu verschaffen.

Punkt 3. Als nächstjähriger Ort der Delegierten-Versammlung wurden Birkenfeld, Völklingen und Malstatt-Burbach aufgestellt und in geheimer Wahl Birkenfeld mit 29 gegen 9 Stimmen gewählt.

Punkt 4. Der Gesangwettstreit Malstatt-Burbach für 1903 führte zunächst zu einer grösseren Debatte und wurde schliesslich in geheimer Abstimmung für 1904 festgesetzt.

Punkt 5. Herr Referent Lehrer Bohn suchte in einer längeren Rede die Beteiligung an dem Gesangwettstreite in Berncastel jedem Vereine des Bundes zur Pflicht zu machen, besonders da Berncastel im Bunde ist und alles aufbieten wird, die ganze Veranstaltung zu einem schönen Abschlusse zu bringen.

Punkt 6. § 4. Die Wett-Gesangordnung soll in ihrem ganzen Wortlaute bestehen bleiben. Es kommt nur der Beschluss der Delegiertenversammlung hinzu, wonach bei etwaigen Vorkommnissen dem Bundesvorstande hiervon Mitteilung zu machen ist.

Die übrigen Anträge von Punkt 6 führten wieder zu grösseren Debatten, wurden aber vorläufig vertagt und soll erst der Wettstreit in Berncastel zeigen, was an der Wettgesangordnung noch auszusetzen ist.

Zum Schlusse brachte Herr Rödermund in einer schwungvollen Rede das Kaiserhoch aus, worauf der Gesangverein Liedertafel-Mettlach ein sehr dankbar aufgenommenes Lied vortrug. Dann ging man auf den herrlich gelegenen Pavillon und blieb dort in gemütlicher und fröhlicher Stimmung beisammen, bis die einzelnen Züge kamen und die Herren Delegierten ihren heimatlichen Gefilden zutrugen mit dem Bewusstsein, einen schönen Tag verlebt zu haben.

J. B. Leises.

Mosel-Saar-Nahe Sängerverband.

Alle **dringenden** Anfragen möchte man an die Adresse des Unterzeichneten richten.

Bundesabzeichen, Wettgesang-Ordnung und Statuten sind ebenfalls dort zu bestellen.

B. Gross-Trier,
Vorsitzender.

Der Sänger.

Amtliches Organ des westdeutschen Sängerverbandes.

Das Volkslied ist die Unsterblichkeit der Musik.
Marx.

Verbunden werden auch die Schwachen mächtig.
Schiller.

26. April 1902. || Vorsitzender: Lehrer A. Gau, Hilden bei Düsseldorf. || Nr. 7.

Redaktion u. Verlag: H. vom Ende, Köln a. Rhein, Ecke Bismarckstrasse 25.

Aufruf

an die Chordirigenten Rheinlands u. Westfalens!

Das unterzeichnete Komitee ladet die musikalischen Leiter der Gesangvereine zum Besuche des

2. westdeutschen Dirigententages in Bochum

ebenso höflichst wie dringend ein.

Mit der zunehmenden Zahl und dem fortschreitenden Ausbau der Gesangvereine in Stadt und Land treten unverkennbar eine Reihe verschiedener, ja zumteil gegensätzlicher Interessen hervor, über die eine Verständigung herbeizuführen, für die Chorleiter von größter Wichtigkeit ist. Eine wilde Konkurrenz hat sich zum Schaden des Berufes und der Gesangeskunst herausgebildet. Dieselbe in ruhige, maßvolle Formen zu leiten, Ansehen und Autorität des Dirigentenstandes zu heben, seiner materiellen Lage eine gesunde Grundlage und Zukunft zu sichern und den erziehlichen Einfluß der Musikleiter auf die Sänger zu vermehren, erstrebt neben anderen reformerischen Aufgaben der „Westdeutsche Sängerverband", der zu diesen Fragen auf dem im vorigen Jahre in Düsseldorf unter zahlreicher Beteiligung stattgehabten 1. Dirigententage bereits Stellung genommen hat und wozu in einem am

3. Pfingsttage, Dienstag, den 20. Mai 1902

im Saale des Hotels „Zum Weidenhof" des Herrn Halverscheid (direkt am Bahnhof Süd), nachmittags 3 Uhr stattfindenden 2. Dirigententage erneut Gelegenheit genommen werden soll.

Tagesordnung:

1. Bericht der Kommission der Unterstützungs- und Sterbekasse. (Refer.: Herr vom Ende, Köln.)
2. Beratung der Grundzüge des Statuts.
3. Volks- und Kunstlied. (Refer.: Herr Verbandsvorsitzender Gau, Hilden.)
4. Die Wettstreite mit Diskussion.

Die Versammlung nimmt zu den Referaten Stellung und faßt Beschlüsse.

Der Verband wendet sich an die sämtlichen Chordirigenten Rheinlands und Westfalens mit dringendem Ersuchen, im Standesinteresse und aus Liebe zur schönen Sangeskunst, deren Pflege ihren Händen und Herzen anvertraut ist, doch an diesem Tage zahlreich zu erscheinen.

A. Bennewitz-Bochum, 2. Verbandsvorsitzender; K. Becker-Neuwied, Königl. Seminarmusiklehrer; H. vom Ende-Köln, Redakteur; A. Gau-Hilden, 1. Verbandsvorsitzender; Grosse-Weischede-Bochum, Rektor und Chorleiter; Kerper-Bochum, Rektor und Chorleiter; Knabe-Soest i. W., Königl. Musikdirektor und Seminarlehrer; Joh. Kniese-Mörs, Königl. Seminarmusiklehrer; W. Lemberg-Bochum, Chorleiter; Morschhäuser-Schalke i. W., Chorleiter; Röder-Hilgenbach i. W., Königl. Seminarmusiklehrer; Schoppe-Gütersloh, Königl. Seminarmusiklehrer; K. Steinhauer-Oberhausen, Königl. Musikdirektor; G. Wilms-Schalke i. W., Chorleiter; P. Wülling-Solingen, Musiklehrer.

Aus dem Verband.

Der Westdeutsche Sängerverband hat jüngst ein Flugblatt herausgegeben, welches uns mit seinen schönen Bestrebungen bekannt macht. Es enthält zunächst eine Uebersicht über die verschiedenen Einrichtungen, Kommissionen etc., dann eine Rede des Verbandsvorsitzenden A. Gau über die Pflege des echten deutschen Volksliedes, gehalten bei Gelegenheit des letzten Volksliederabends der Rhein. Volksliedertafel unter Leitung H. vom Endes in Benrath, und schliesslich eine Uebersicht der im Auftrage des Verbandes erschienenen, von Musikdirektor C. Steinhauer und H. vom Ende für Männerchor bearbeiteten Volkslieder. Das Flugblatt ist gratis und franko zu beziehen durch Herrn A. Gau, Hilden bei Düsseldorf.

Der M.-G.-V. Rheinklänge in Rees a. Rh. (Mitglied des Westd. Sängerverbandes) veranstaltete am 20. April unter Leitung des Chor-Dir. Chr. Gottlieb einen Volksliederabend, in welchem u. a. zum Vortrag gelangten: Traumlied, Trost in der Ferne, Wie schienen die Sternlein, Herzigs Mariandel, Tanz, Liebchen, tanz. Redakteur H. vom Ende aus Köln hielt einen Vortrag über das deutsche Volkslied. Die Darbietungen wurden vom zahlreich erschienenen Publikum sehr freundlich aufgenommen und legten in ihrer lebendigen Nüancierung Zeugnis ab von dem feinsinnigen Erfassen der Stimmung seitens des energischen Dirigenten.

Ton- und Stimmbildung.

In keinem Stande finden wir die Geheimniskrämerei, die Sucht, die Methode der Kollegen zu verurteilen und geringzuschätzen so verbreitet, als in demjenigen unserer Gesanglehrer. Jeder glaubt die Panacee gefunden zu haben und allein zu besitzen, welche im stande ist, den Stimm-Lazarus zum Stimm-Krösus zu machen, das tiefe Geheimnis des allein echten und wahren „*primären Tones*". — Das ist gar nicht so wunderbar. Wir finden dieselbe Erscheinung auf allen Gebieten menschlichen Strebens, welche noch nicht vollkommen durchleuchtet werden konnten von der Fackel der Wissenschaft. Der dunkeln Ecken giebt's noch gar viele in der Theorie der Gesangskunst, trotz aller Forschungen der letzten 50 Jahre; die Ergebnisse dieser Forschungen aber haben noch nicht den Weg gefunden zum Studienplan unserer Pädagogen, sie werden zurückgewiesen als unnötig und verwirrend, die nichtigsten Vorwände müssen herhalten, um das drohende Gespenst eines tieferen Eindringens in anatomische und physiologische Verhältnisse zu verscheuchen und so wird denn fortgewurstelt wie seit Hunderten von Jahren. Immer wieder das Ammenmärchen von der „guten alten italienischen Methode", die diese herrlichen Stimmen hervorgebracht! Die Methode war damals nicht besser und schlechter als heute, sie beruhte auf demselben unwissenschaftlichen Experimentieren ins Blaue hinein, oder dem „Nachahmen", wobei sämtliche Fehler des Lehrers getreulich mitgemacht werden. Uebrigens wird's auch in Italien so gegangen sein, wie bei uns, dass mindestens 20 Prozent das Studium vorzeitig beenden mussten wegen falscher Behandlung und daraus entstandener Kehlkopfleiden. Was Italien auch heute noch vor uns voraus hat, das ist besserer Geschmack und grössere Erwartungen seitens des Publikums inbezug auf Reinheit und Schönheit der Tongebung. Unzulängliche Leistungen nach dieser Richtung werden dort nicht geduldet und daher sind die Sänger gezwungen, mehr Wert auf ihre Vorbereitung zu legen.

Dieses Zurückweisen jeder wissenschaftlichen Begründung seiner Thätigkeit ist eines gebildeten Menschen, der in seinem Fach etwas anderes sieht, als ein Handwerk, unwürdig und ein Lehrer, der nicht alles über einen Kamm scheren, der jeden Schüler nach seiner Eigenart behandeln will und deshalb nach neuen Methoden suchen muss, wird nur aus dem Quell der Erkenntnis, der gründlichen Einsicht in alle mitthätigen Faktoren und Verhältnisse schöpfen können.

Schall, Geräusch, Ton.

Versuchen wir, uns Klarheit zu verschaffen über die Vorgänge bei der *Stimmgebung*, der „*Phonation*".

Der Ton ist eine Empfindung, die uns durch das Gehörorgan vermittelt wird, demnach hörbar ist. Alles, was wir hören, ist aber ein Ergebnis der schwingenden Bewegung der Körper. Diese Bewegung wird auf die Luft übertragen und durch deren Schwingungen unserm Ohre zugeführt. Nach einer Hypothese unserer Naturkundigen besteht die Materie aus sehr kleinen, durch kein uns bekanntes Mittel teilbaren, in sich gleichartigen Teilchen — Moleküle genannt —, welche zwar durch geringe Zwischenräume von einander getrennt sind, jedoch durch eine besondere, nur auf kleine Entfernungen wirkende Anziehungskraft — die Molekularkraft — so aneinandergefesselt werden, dass sie nur innerhalb der ihnen gegebenen Räume ihre Bewegungen auszuführen vermögen.

Verursacht nun eine von aussen herantretende Kraft bei einem Körper eine Lagenänderung seiner Teile, so hat der Körper das Bestreben, nach Aufhebung der Kraft seine ursprüngliche Gestalt wieder anzunehmen, und diese Eigenschaft der Körper, wozu auch die Luft gehört, nennen wir *Elasticität*. Dieselbe behält ihre Wirkung, solange nicht die einzelnen Moleküle aus dem Bereich der Molekularkraft herausgerissen werden und dadurch der Körper den Zusammenhang verliert und brüchig, rissig oder spröde etc. wird.

Vermöge dieser Kraft werden die aus ihrer Lage gerissenen Teile des Körpers nicht allein ihre alte Lage wieder einnehmen, sondern nach der entgegengesetzten Seite weiterschwingen, nach einem Naturgesetz der Beharrung, welches uns bei jeder Bewegung entgegentritt, bis sie durch eine äussere Ursache, die Molekularkraft, daran verhindert werden. Diese *pendelartigen Schwingungen* wiederholen sich so oft, bis sie durch mancherlei Hindernisse der Bewegung, Widerstand der Luft, Reibung etc. immer kleiner geworden, schliesslich aufhören. Ist nun die Richtung dieser Schwingungen senkrecht auf die Hauptausdehnung des schallenden Körpers, so schwingt der ganze Körper als solcher, die Schwingungen werden dann *transversale* genannt; *longitudinal* sind die Schwingungen der Moleküle für sich, welche in der Richtung der Hauptdimension des schallenden Körpers erfolgen (z. B. die Luft in den Blasinstrumenten).

Da die Luft ebenfalls zu den elastischen Körpern gehört, so teilen sich ihr die Schwingungen in der Weise mit, dass zunächst eine Luftschicht verdrängt wird. Es entsteht dadurch ein luftverdünnter Raum (*Wellenthal*) und ein luftverdichteter (*Wellenberg*), beides zusammen nennen wir eine *Schallwelle*. Die Bewegung setzt sich nach allen Richtungen hin „in Kugelschalen" weiter fort und erreicht so unser Ohr; der Gehörnerv übermittelt sie dem Gehirn und hier wird sie zunächst zur Empfindung und in einem weiteren Denkprozess zur Wahrnehmung. Alles, was auf diese Weise in uns zur Empfindung gelangt, nennen wir *Schall*. Ist der Körper weniger elastisch, so vollführen sich die Schwingungen unregelmässig, der Schall bekommt keine gleichmässige Beschaffenheit, die Tonhöhe lässt sich nicht genau bestimmen und wir nennen die dabei empfangenen Gehörseindrücke: *Geräusch*. Wird aber der Schall von einem sehr elastischen Körper hervorgerufen und erfolgen die Schwingungen in regelmässigen Phasen mit genügender Geschwindigkeit (mindestens 16 Schwingungen in der Sekunde), so ist das Gehörte von längerer Dauer, hat gleichmässiges Gepräge, messbare Höhe und sinnlich angenehmen Charakter; wir nennen den Schall dann einen „*Ton*".

Einen Uebergang von den Geräuschen zum Ton bildet die menschliche Sprache, welche neben einer grossen Menge ziemlich sicher bestimmbarer Töne doch noch viel Geräusch mit sich führt. Der Tonreichtum richtet sich in derselben nach der Menge und Dauer der Vokale. Gesellt sich aber zum Sprachlaut der Rhythmus, wie in der gebundenen Rede, so wird, je grösser die Begeisterung, um so volltönender die Stimme, wie dann z. B. Possart als Manfred und Klara Ziegler als Iphigenie nicht mehr weit vom gesungenen Ton entfernt sind.

Ein Mittelding zwischen Sprechen und Singen bietet uns das *Secco-Recitativ* dar, daher „*Sprachgesang*" genannt. Der *Gesang* aber vermeidet jede Art von Geräusch und hat als Inhalt einzig den im menschlichen Stimmorgan gebildeten *Ton*.

Die *Tonbildung* im menschlichen Organ geschieht in der Weise, dass ein Luftstrom aus den Lungen in die Luftröhre getrieben wird. Am oberen Ende derselben, im Kehlkopfe, findet er Widerstand an einem Verschluss, der durch zwei fest aneinander gepresste Hautlappen, die *Stimmbänder*, gebildet wird. Die Stimmbandränder werden aus ihrer Lage verdrängt und lassen dabei eine kleine Luftmenge durch; vermöge ihrer Elasticität schwingen sie zurück, um dann wieder verdrängt zu werden. Dadurch bilden sich zunächst in der Richtung des Luftstroms unmittelbar durch die einzelnen aufeinanderfolgenden Luftstösse longitudinal fortschreitende Schallwellen, ausserdem aber tonverstärkende Wellen, entstanden durch Uebertragung der Bänderschwingungen auf die oberhalb der Bänder, namentlich auch in den seitlichen taschenförmigen Ausbuchtungen des Kehlkopfs, befindliche Luftschicht.

Resonanz.

Damit hätten wir den ursprünglichen, den sogen. „primären“ Ton, ein kleines, dünnes, erbärmliches Geschöpfchen, das kaum das Gehege der Zähne überschreiten würde, hätten wir nicht Mittel, ihm Kraft und Fülle zu geben, ihn anwachsen zu lassen, dass es wie mit Donnergewalt den Lippen entströmt und uns staunen macht, wie gross die Natur im Kleinen sein kann. Diese Mittel bieten sich uns in der Resonanz und dem gleichzeitigen Auftreten der Obertöne, und damit beginnt die Sache verwickelt und unklar zu werden.

Vergegenwärtigen wir uns zunächst diese Vorgänge im allgemeinen. Die Schallwellen breiten sich nach allen Seiten hin „in Kugelschalen“ aus, werden mit der Zeit schwächer und verlieren sich schliesslich. Stossen sie unterwegs auf einen Widerstand, so werden sie diesen, falls er elastisch ist, zum Mitschwingen veranlassen. Die Schwingungen werden also auf grössere Flächen übertragen, die Impulse immer ausgebreiteteren Partien der Luft mitgeteilt und das Ergebnis ist kräftigere Schallwirkung, wie wir sie bei Saiteninstrumenten infolge der Resonanzvorrichtungen bemerken. Eine weitere Verstärkung des Tones findet statt durch das Mittönen des betreffenden elastischen Körpers beim Auftreten seines Eigentones.

Anders verhalten sich die Schallwellen, wenn sie härteren Widerstand finden. Hier tritt je nach Lage und Art des Widerstandes Brechung oder Beugung oder auch direkte Zurückwerfung auf. In grösseren Räumen entsteht dadurch Nachhall oder Widerhall (Echo), in kleineren ist die Wirkung verschiedenartig. Treffen die Wellenberge und Thäler genau zusammen, so bilden sich sogen. „stehende Schallwellen“, indem die Tonsäule in sich selbst schwingt und den Ton ganz erheblich verstärkt. Je mehr die einzelnen Phasen divergieren, um so geringer ist diese Verstärkung, bis schliesslich da, wo Berg an Berg stösst, jede Bewegung die andere in ihrer Richtung mit sich fortzureissen sucht und dadurch die Bewegung aufgehoben wird, es tritt dann an diesen „Knotenpunkten“ sogen. Interferenz des Schalls ein.

Diese stehenden Schallwellen sind es vor allen Dingen, welche in unsern Stimmorganen dem gesungenen Tone Kraft, Fülle und Glanz verleihen. Die Schallwellen entstehen im Kehlkopfe über den Stimmbändern, breiten sich sofort nach allen Seiten hin, soweit es die räumlichen Verhältnisse erlauben, aus als fortschreitende Wellen und finden zum Teil ihren Ausweg durch den Mund, nachdem sie an verschiedenen Stellen des Rachens und Gaumens gebrochen wurden. Ein anderer Teil dieser Wellen aber wird zur Resonanzwirkung benutzt.

Das ganze Knochengerüst des Menschen ist elastisch und gerät in Mitschwingungen, sobald die Schallwellen in geeigneter Weise auf sie gerichtet werden. Der geübte Sänger hat es in seiner Gewalt, einzelne Knochen oder Knochenkomplexe zum Mitschwingen zu bringen, sobald er das Bewusstsein derselben hat und seine Aufmerksamkeit ernstlich der betr. Stelle zuwendet. Es kommen dabei hauptsächlich in Betracht der Brustkasten und die Knochen des Kopfes. Nun genügt aber dieses Mitschwingen allein, wie wir wissen, nicht für unsere Zwecke, sondern diese Schwingungen müssen entweder auf ausgebreitetere Partien der Luft übertragen, oder zu stehenden Wellen in ganz oder zum Teil geschlossenen Hohlräumen benutzt werden und diese finden sich in der Brust nur in sehr geringem Masse vor. Die Luftröhre mit ihren Abzweigungen zu den Lungenflügeln, den Bronchien, ist von vornherein ausgeschlossen. Der Luftstrom, der aus der Lunge durch sie getrieben wird, würde jede Schallwelle zerstören; in der Lunge selbst haben wir allerdings Hohlräume, kleine mit Luft gefüllte Bläschen, die sogen. Alveolen, aber erstens sind dieselben sehr klein und stehen nicht miteinander in Berührung, sind vielmehr umgeben von einem dichten Geflecht von Blutgefässen, sodass eine durchgehende Wellenbildung nicht möglich ist, oder, wenn doch, manchen Störungen unterliegen würde durch den Druck, der vom Zwerchfell und den Rippen behufs Entleerung beim Ausatmen auf die Luftbläschen ausgeübt wird. Da sich sonstige Hohlräume in der Brust nicht vorfinden, so ist es mindestens fraglich, ob wir von einer eigentlichen Brustresonanz sprechen können, d. h. von einem erheblichen Mittönen. Wohl aber ist das Mitschwingen des Brustkastens wichtig, als ein Beweis richtigen Ansatzes und lockerer, gesunder Tongebung. Die Schwingungen können sich nämlich von den Stimmbändern auf die Knorpeln, Muskeln und weiter abliegenden Organe nur dann weiter fortpflanzen, wenn die Muskeln nicht straff gespannt, sondern locker gehalten werden. Ein straff gezerrter, festgehaltener Muskel nimmt überhaupt keinerlei Bewegung an und der Ton wird gleichsam im Entstehen erstickt, er kann die Mittel nicht ausnutzen, die ihm zur Kräftigung zu Gebote stehen.

Anders verhält es sich mit den oberhalb der Stimmbänder gelegenen Räumen. Hier stehen dem Ton zunächst der ganze Schlund- und Nasen-Rachenraum und die Mundhöhle zur Verfügung. Aber auch noch andere Höhlen des Kopfes: über dem harten Gaumen, im Keil-Stirnbein etc., können ausgenutzt werden zur Klangverstärkung und Hauptaufgabe des Gesang-Studiums ist es, durch stete Versuche dahin zu gelangen, dass die Resonanzwirkungen in diesen Hohlräumen kräftig und voll in Erscheinung treten.

Als weiteres Verstärkungsmittel wurde oben noch betont das Phänomen der Obertöne. Wie wir wissen, hat eine schwingende Tonsäule oder Saite die Eigenschaft, nicht nur als Ganzes, sondern auch gleichzeitig in seinen einzelnen Teilen zu schwingen. Diese Teilschwingungen rufen selbstredend jede für sich ebenfalls Töne hervor, Obertöne genannt, sodass bei der Angabe eines Tones nicht nur dieser, sondern gleichzeitig, wenn auch weniger hörbar, seine Obertöne erscheinen; wir hören also in der Regel Klänge und nicht Töne. Diese Obertöne tragen wesentlich bei zur Herausgestaltung des Timbres der Stimme, die Verschiedenheit der Vokale, ohne welche das Erscheinen unserer Stimme nicht denkbar ist, beruht auf ihnen. Ihre Zahl und Stärke hängt ab von der Stellung der Organe des Ansatzrohrs, also des Rachens und Mundes mit Zunge, Gaumensegel etc. Indem wir also diese Organe in zweckmässiger Weise zu handhaben und stellen vermögen, haben wir es in der Hand, den Charakter, Klang, das Timbre unserer Stimme nach Bedürfnis zu regeln und zu ändern, überhaupt unserer Stimme ein schönes Dasein zu verleihen.

vom Ende.

Newyork. Das Kaiserpreislied für den Wettbewerb beim nächsten Sängerfeste 1903 ist bereits ausgewählt worden. Den Preisrichtern, Prof. Raddatz vom City College-Baltimore und Pastor Hoffmann, lagen 108 Gedichte vor. Das auserwählte ist gedichtet von Pastor Hildebrandt in Constableville und lautet:

Das deutsche Volkslied.

Du hast mit deiner schlichten Weise
Mein Herz gebracht in deinen Bann:
Dass ich aus deinem Zauberkreise,
Der mich umschlingt, so lieb und leise,
Mich nimmermehr befreien kann.

Es sang mit deinem süssen Klange
Die Mutter mich zur Ruh.
War noch so thränennass die Wange,
Die Mutter sang, und beim Gesange
Schloss mir der Schlaf das Auge zu.

Beim frohen Reigen um die Linde
Erklangst du in der Sommernacht.
Der Liebste singt's dem schmucken Kinde,
Der Wanderbursch im Morgenwinde,
Und der Soldat auf stiller Wacht.

Da ich nun fand auf fremder Erde
Nach langem Wandern Ruh und Rast,
Bleibst du in Treue mein Gefährte
Und bist an meinem neuen Herde,
Du, deutsches Lied, mein liebster Gast.

Programmaustausch

für Männer-Gesangvereine.

Der unterzeichnete Verlag beabsichtigt, demnächst eine Einrichtung in's Leben zu rufen, welche auf dem Gebiete des sonstigen Konzertwesens bereits seit Jahren besteht und segensreiche Früchte getragen hat.

Der **gegenseitige Austausch** sämtlicher **Konzertprogramme**, tadellos geordnet und geheftet, bietet den Vereinsvorständen und Dirigenten ein Material, welches auch durch die bestredigierten Zeitschriften und Aufführungsübersichten nicht ersetzt werden kann.

Die Programme werden nach den Anfangsbuchstaben der Orte geordnet, dauerhaft geheftet und gelangen alle 14 Tage zum Versand.

Die Vereine sind dadurch in die Lage versetzt, sich ein vollkommenes Bild zu machen von der Entwicklung und den Fortschritten auf dem Gebiete des Konzertwesens. Ein Blick wird genügen, um sich Klarheit zu verschaffen über die Tonsetzer, welchen die geheimnisvolle und vielbeneidete Krone des Erfolges verliehen ist, über die Tonwerke, welche lebens- und triebkräftig, die Welt mit ihrem Ruhm erfüllen.

Aber auch so manches Andere kommt in die breitere Oeffentlichkeit, was sonst nur dem kleinen Kreis der Konzertbesucher anvertraut blieb. Hier finden die zahlreichen Fragen Beantwortung, welche für Dirigenten und Vorstände stete Gegenstände der Sorge sind. Welche Solisten werden von den M.-G.-V. protegiert? Welche neueren Tonsetzer, Chöre, geeignete Instrumentalisten? Immer mehr werden die Programme dazu benutzt, neben den Texten auch kleinere Hinweise auf die Komponisten, Zeit der Entstehung, über Form und Inhalt der Komposition zu bringen, die Texte selbst bringen Klarheit über Charakter und Wesen wenigstens dieses Teiles der Kunstwerke.

Die Entsendung der Programme an befreundete Vereine, Zeitschriften etc. würde unnötig und den Schriftführern eine große Arbeitslast abgenommen, auch würden die Hefte eine bleibende, wertvolle Bereicherung des Archivs bedeuten und ein Hülfsmittel für kultur- und kunstgeschichtliche Arbeiten und Forschungen, welches durch nichts Anderes ersetzt werden kann.

Die Unkosten mit Porto werden 8 bis höchstens 10 Mk. jährlich nicht übersteigen, mithin nicht viel mehr betragen, als bisher ein größerer Verein an Porto etc. für diesen Zweck verausgabte.

Wir bitten höflichst die Vereine, welche teilzunehmen wünschen, um eine Zustimmungserklärung mittelst Postkarte.

H. vom Ende's Verlag, Köln am Rhein.

Aus Lehrergesangvereinen.

Mannheim-Ludwigshafen. Lehrergesangverein. (Musik-Dir. Karl Weidt.) II. Konzert in Ludwigshafen, wiederholt in Mannheim. Fr. Schubert „Das Dörfchen", M. Plüddemann „Deutsches Reiterlied", P. Cornelius „Mitten wir im Leben sind", C. Hirsch „Schwesterlein, wann gehen wir". J. Roth „Du bist mein Traum", Goldmarck „Frühlingsnetz", (Sol. Opernsänger H. Weil, Frl. G. Huscheweyh Klav.).

Solingen Lehrergesangverein. (Karl Hirsch.) Hegar „Schlafwandel", Fr. Schubert „Die Nacht", Engelsberg „Das allerliebste Mäuschen", C. Hirsch „Meeresstimmen", E. Schmid „Sandmännchen". (Sol. Alice Beermann-Lutzeler, Jacques van Lier, Cellist.)

Halle a. S. Lehrer-G.-V. (Prof. Reubke.) Fr. Schubert „Gesang der Geister über den Wassern", „Nachtgesang im Walde", Hegar „Gewitternacht", Brahms „In stiller Nacht", J. Durrner „Die Blumen im Walde, E. Kremser „Komm, o komm", P. Umlauft „Auf der Wanderschaft", V. Weinzierl „Wüchsen mir Flügel", Rob. Franz „Ueberall bin ich zu Hause". (Sol. Marta Gulbrandsen-Sandal und Chormeister K. Klanert). Rühmend hervorgehoben werden das einfache und doch so wirkungsvolle Volksliedchen „In stiller Nacht" von Brahms, sodann das im zartesten Piano gesungene altniederländische Lied von Kremser, welches wiederholt werden musste und Rob. Franz's „Ueberall bin ich zu Hause". Auch Hegars „Gewitternacht" riss das Publikum zu stürmischem Beifall hin. Ueberall zeigte der Chor die gewohnte Frische, gute Tonbildung und leichte Aussprache. In Aussicht genommen sind für den nächsten Winter folgende Werke mit Orchester: **Felix Woyrsch** „Deutscher Heerbann", **A. Klughardt** „Kreuzfahrer" und **Goetz** „Es ruht so abendstill".

Elberfeld. Lehrer-G.-V. (Dr. H. Haym). J. Rheinberger „Jagdmorgen", Goldmarck „Frühlingsnetz", Brahms „Rhapsodie", mit Alt-Solo (Frau Geller-Wolter), Fr. Schubert „Gesang der Geister", Rob. Franz „In der Ferne", „Nachtlied", „Der weisse Hirsch". Der grosse Saal der Stadthalle war einschliesslich der Gallerie überfüllt. Der Chor war 120 Sänger stark. Durchschlagenden Erfolg erzielte „Das Frühlingsnetz" und „Der Gesang der Geister". Von Franz fand „Der weisse Hirsch" am meisten Anklang.

Fürth Für den Begrüssungsabend zu Ehren des Prinzen Ludwig am 10. Mai ist die Mitwirkung des Lehrergesangvereins in Aussicht genommen. Am 11. abends beabsichtigen 18 Gesangvereine mit ca. 900 Sängern dem hohen Gaste eine besondere Huldigung zu bringen, wozu die Chöre: „Das deutsche Herz" von Otto, „Das Dankgebet" von Kremser und ein neuer Chor von Chormeister Loschky ausgewählt wurden.

Verschiedenes.

An Stelle des Herrn Hofrat Prof. Möller-Hartung übernimmt demnächst Prof. **Max Meyer-Olbersleben**-Würzburg die Leitung der Grossherzogl. Musik- und Theaterschule zu Weimar. Herr Kantor **Roth**-Sonneberg erhielt vom Grossherzog von Sachsen-Meiningen den Titel eines Kirchen-Musik-Direktors verliehen. Herr Kapellm. H. Rückbeil-Cannstadt wurde zum Kgl. Musikdirektor ernannt.

Konservatorium der Musik, Dortmund. Das am 1. Oktober 1901 eröffnete Institut wurde im 1. Semester von insgesamt 187 Schülern besucht. Davon entfallen auf die Ausbildungsklassen 30, und zwar 10 Gesang, 9 Klavier, 4 Orgel, 2 Violine, 1 Cello, 5 Blasinstrumente (Flöte, Fagott, Posaune, Oboe). In den Unterklassen wurden 76 Schüler unterrichtet, davon in Klavier 51, in Violine 10, in Gesang 13, Flöte 1, Trompete 1; die Mittelklassen wurden von 79 Schülern besucht, wovon 70 Klavier-, 5 Violine-, 2 Gesang-, 1 Orgel- und 1 Cellounterricht nahmen. Die Oberklasse (Klavier) zählte 2 Schüler. Am Theorieunterricht und an der Chorschule beteiligten sich alle Schüler der Ober- und Ausbildungsklassen. Auch für die älteren Schüler der Mittelklassen war Chorschule verbunden mit theoretischem Unterricht obligatorisch. Das erste Prüfungskonzert fand am 24. März im Festsaale des alten Rathauses statt.

Ein praktisches Tintenfass. Wer ist nicht schon im Zorn gewesen über bekleckste Finger infolge zu tiefen Eintunkens der Schreibfeder, über den Schmutz, der sich stets am Federchen festsetzt, über zu schnelle Abnutzung durch das ewige Aufstossen auf den Boden des Gefässes und über so manche andere Kobolde, die uns Rittern von der Feder die Hölle oft heiss zu machen verstehen. Das wird mit einem Schlage anders, wenn man sich **Frenzels Regulier-Tintenzeug** aus Steinschönau kommen lässt. Die erforderliche Tinte befindet sich oben in einem kleinen Trichter, unter diesem der grössere Vorrat in einem regulierbaren Behälter. Die Tintenfässer bilden eine Zierde jedes Schreibtisches und sind schon zum Preise von ℳ 2,— zu haben.

Aufführungen.

Männerchöre ohne Begleitung.

Metz. Liederkranz. (Teschke.) 22. Stiftungsfest. C. W. Kahn »Frühlingszelt«. M. Zenger »Kaiser Karl in Untersberg« (I. Preis Diedenhofen). Jos. Haydn »Ständchen« (D.-C.). **Graz.** Disch. Akadem. G.-V. (V. Zack.) Fr. Hegar »Gewitternacht«, (gr. Erf.). »Blütenfee«. **Köln.** Kölner Männer-Ges.-Ver. (Jos. Schwartz.) Volksliederabend. H. Jüngst »Innsbruck ich muss dich lassen«. Fr. Wüllner »Schwesterlein«. H. Zöllner »Santa Lucia«. Kjerulf »Brautfahrt im Hardanger«. A. von Othegraven »Die Maidli im Schweizerlande«. F. van der Stuken »Dixie's Land«. Gust. Wohlgemuth »Mei Muster mag mi net« (s. gr. Erf.). Fr. M. Böhme »Das stille Thal«. A. Kleffel »Auf der Wacht«. Jos. Schwartz »Heimweh«. Engelsberg »Hut im Meere« (D.-C.). Ed. Kremser »Dagobert-Fanfare« mit Hornbegl. **Remscheid.** Euphonia. (C. Hirsch.) Rietz »Morgenlied«. M. Bruch »Vom Rhein«. **Solingen.** Sängerbund (C. Hirsch.) J. Reiter »Der Barde«. G. Angerer »Kleinhertel von Clärn«.

Oberbarmer Sängerhain. Engelsberg »Das allerliebste Mäuschen«. Schubert »Die Nacht«. Riga »Die Geister der Nacht«. Silcher »Der Schweitzer«. Weber »Lützows Jagd«. Fürth. Liederverein. (W. M. Loschky.) Wipperfürth »Vorbei«. König »Friede« (a. gr. Erf.) Ullrich »Nachbars Margarethe« (D.-C.). Loschky »Goldlockiges Kind« (D.-C.), »Ach, könnt ich noch einmal so lieben« (D.-C.). Westlicher Sängerkreis. A. Theien »Dort, wo mein Mütterlein«. Lindlar »Abschied«. Loschky »Maienrose« (D.-C.).

Der Fürther Central-Anzeiger schreibt:

Liederverein. Der im Jahre 1843 gegründete Liederverein gab gestern Nachmittag im Hotel National sein diesjähriges Frühjahrskonzert, das sich eines ebenso guten Besuchs wie animierten und gelungenen Verlaufs zu erfreuen hatte. Der aktive Körper steht seit vielen Jahren unter der Leitung des Lehrers Loschky, der sich durch seine energische und eminent sachverständige Schulung längst in unsern Fürther Gesangvereinen einen Namen gemacht hat, der daher auch sonst in Sängerkreisen nicht unbekannt ist, da er die Männerchorlitteratur durch eine grosse Zahl wertvoller Nummern bereichert hat. Nach beiden Richtungen war gestern dem Kritiker Gelegenheit zur Beurteilung gegeben; denn das reiche und gehaltvolle Programm enthielt mehrer Kinder Loschky'scher Muse. Der Liederverein Fürth sang seinen verehrten Dirigenten »Goldlockiges Kind!« und der zur Mitwirkung geladene Patenverein Liederverein Nürnberg das bereits populär gewordene »Ach, könnt ich noch einmal so lieben!« von demselben Komponisten. Es ist ja wahr, für die kleineren und weniger leistungsfähigen Vereine sind Loschky's Kompositionen mit wenigen Ausnahmen zu schwer. Dagegen bieten sie mittleren Korporationen eine reiche Fundgrube vorzüglichen und durchwegs orginellen Studienmaterials. Auch das lässt sich nicht leugnen, dass die Einstudierung dieser Chöre meist beiderseits mit grösster Gewissenhaftigkeit bethätigt werden muss, damit die vielen offenen und versteckten Schönheiten in der Stimmführung und Harmonisierung auch bleibendes Eigentum werden. Gesungen wurde gestern in einer Art und Weise, dass einem das Herz lachte; ich möchte den Liederverein gewiss über seinem bisherigen Können nicht zu nahe treten, wenn ich sage: Gestern hat er gesungen, wie nicht leicht zuvor.

Asch. Harmonia. (G. Reinl.) v. Weinzierl »Lenzfahrt«, P. Mittmann »Wandersehnsucht«. Sonneberg. G.-V. (B. Roth.) Karl Türk »Mein Lieben«. Silcher »In der Ferne« (D.-C.). Essen a. Ruhr. St. Engelbertus-Kirchenchor (A. Buchholz) Ernst Heuser »Fröhliches Rheinland«. (Das Publikum dankte mit wahren Aplausstürmen, der Komponist erhielt einen Lorbeerkranz.) Duisburg. 19. Stiftungsfest der Lyra. Kremser Altniederl. Volkslieder. Männerquartett-Hochfeld sang »Forschen nach Gott« und »Elslein von Caub«. Eine Glanzleistung des Abends war »Das Totenvolk« von Hegar des Philomela-Duissern. Germania-Duisburg (Dir. E. Küster) sang mit grosser Ueberraschung des Stoffes »Hegars Morgen im Walde« und schliesslich die Lyra noch Steinhauers allerliebsten Chor »Abschied von der Heimat«.

Männerchöre mit Begleitung.

Metz. Liederkranz. (Teschke.) Otto Kurt »Altdeutsche Volkslieder«. Gera. Deutsch-Akadem. G.-V. (Viktor Zack.) Hans Wagner »Zwischen zwei Sonnen« mit Orgel, (D.-C.). Siegmund von Hausegger »Schmied Schmerz« (a. gr. Erf.), »Neuweinlied«. L. v. Beethoven »Finale a. d. 1. Akte des Fidelio«. (Sol. H. Jessen, Herr und Frau Kraemer-Widl, Frl. E. Widl.) C. Hirsch »Michel, horch, der Seewind pfeift«. Solingen. Sängerbund. (C. Hirsch.) »Grieg Landerkennung«. Sonneberg. G.-V. (Musikdir. B. Roth.) H. Zöllner »Columbus« (Sol. Lehrer Greiner, Frl. Strauss-Kurzwelly, Fritz Stang.)

Gemischte Chöre mit Begleitung.

Sonneberg. G.-V. (Musikdir. B. Roth.) M. Bruch »Schön Ellen«. Rich. Wagner »Lohengrin 1. Akt, 3. Szene«. Braunschweig. Chor-G.-V. (M. Clarus.) Mendelssohn »Paulus«. (Sol. Marie Ross, Frieda Kleucker, Ernst Kraus, Settelkorn.) Die Aufführung wird allerseits sehr gerühmt. Der Verein besitzt ausgezeichnetes, abgerundetes Material und hatte fleissig studiert. Der Dirigent leitete ruhig, sicher und gewandt, ohne ein Tempo zu überhetzen. Prächtig klang der Frauenchor. Köln. Konzert-Ges. (Fr. Wüllner.) Mathäus- und Johannes-Passion« von J. Seb. Bach. (Sol. Johanna Dietz, Herr und Frau Dr. Kraus-Osborne, R. Kaufmann, Guido Schützendorf, Ludwig Hess. Berlin. Pfannschmidtscher Chor. (Heinrich Pfannschmidt.) Mendelssohn »Paulus«. (Sol. N. Harzen-Müller, Käthe Ravoth, Luise Klosseck-Müller, Georg Funk.) Asch. Harmonia (Georg Reinl) Lortzing »Szene aus der Undine, 3. Aufzug« (D.-C.). H. Dierich »Mein Zillerthal« mit Klavier, Violine, Sopr. und Altsolo (D.-C.). G. Ad. Jäckel »Frau Nachtigall«, Liebeszauber«, mit Klavier. Sonneberg. G.-V. (B. Roth.) Robert Schumann »Zigeunerleben«. Berlin. Sing-Akademie. (G. Schumann.) J. S. Bach »H-moll Messe«. (Sol. Meta Geyer, Tilly Koenen, Heinrich Grahl, Georg Rolle) Philharmonischer Chor (Siegfried Ochs). J. Seb. Bach Kirchen-Cantaten: »Wir danken Dir«, Christ lag in Todesbanden«, »Gott der Herr ist Sonne«, »Jesu, der Du meine Seele«, »Schlage doch, gewünschte Stunde, Nun ist das Heil«. (Sol. E. Herzog, Id. Walter-Choinanus, G. A. Walter, Emil Liepe.) Posen. Hennigscher G. V. (Prof. C. R. Hennig.) Fr. Kiel »Christus«. (Sol. A. van Eweyk, Clara Triesten-Schacht, Emmy Collin, Richard Fischer, E. Liepe.) Weimar. Bachstiftung. (Müllerhartung.) Beethoven »Missa solemnis«. (Sol. Frau Quensel, Frl. Schenkel, Dr. Scheidemantel. Barmen. Volkschor. (C. Hopfe.) Bach »Mathäus-Passion«. (Sol. Helene Günter, Tilly Koenen, Rich. Fischer, Karl Mayer, Ernst Zach.) Bonn. Städt. G.-V. (Hugo Grüters.) Enrico Bossi »Das Hohe Lied«. (Sol. Johanna Dietz, Hans Schütz, Adolf Bachems.) Koblenz. Musik-Institut. (K. Heubner.) Bach »Johannes-Passion«. (Sol. Marie Berg, Willy Schmidt, Willy Fenten, K. Haring.) Düsseldorf. G.-V. (Dr. F. L. Limbert.) Bach »Johannes-Passion«. (Sol. Frau Fenten-Malmedé, Agnes Leydhecker, Robert Hauptmann, Willy Fenten.) Elberfeld. Konzertges. (H. Haym.) Bach »Mathäus-Passion«. (Frau Noordewier-Reddingius, Martha Stapelfeldt, Ludwig Hess, Messchaert, B. Baum.) Eutin. Chor G.-V. (Andr. Hofmeyer.) Meyer-Olbersleben »Königin«. Frankfurt am Main. Rühlscher G.-V. (Dr. B. Scholz.) G. F. Haendel »Messias« n. d. Bearb. von Rob. Franz. (Sol. Emma Rückbeil-Hiller, Olive Fremstad, Ludwig Hess, Messchaert.) Hamburg. Cäcilien-Verein. (Jul. Spengel.) Händel »Deborah«. (Sol. Katharina Rösing, Adr. Kraus und Dr. Felix Kraus, Ludwig Hess.) Innsbruck. Mus.-Ver. (Josef Pembaur.) »Mathäus-Passion«. (v. Eweyk, Josefine Thaler, Math. Auffahrth.) Mainz. Liedertafel und Damen-G.-V. (Dr. Fr. Volbach.) Brahms »Ein deutsches Requiem«. Fr. Wüllner »Der 127 Psalm«. Beethoven »Grosse Fantasie für Klav. Sol. Chor und Orchester«. (Sol. Helene Sauer, Georg Weber.) Mannheim. Musik V. (F. Langer.) Haydn »Die Worte des Erlösers«. Enrico Bossi »Canticum Canticorum«. (Sol. Diva van der Vyver, Helene Neubert, Hans Rüdiger, Joachim Kromer.) Metz. Musik-V. (H. Schmid.) Haydn »Schöpfung«. (Sol. Wehmer, F. Litzinger, Dr. Felix Kraus, J. Staudigl.) Duisburg. G.-V. (W. Josephson.) »Mathäus-Passion«. (Helene Steigermann, Anna Stephan, Fr. Litzinger, Dr. Fel. Strauss, Ad. Bachem.) Düsseldorf. Städt. Musik-V. (J. Buths.) Bach »H-moll-Messe«. (Marie Rost, Fr. Litzinger, A. Sistermans.) Gotha. Liedertafel. (E. Rabich.) Haydn »Schöpfung«. (Dorothea Schmidt, Hans Wolff, Strathmann.) Krefeld. Konz.-Ges. (Müller-Reuter) »Mathäus-Passion«. Emma Rückbeil-Hiller, Luise Geller-Wolter, Herm. Zompe, W. Cronberger, Viktor Porth, Jan Hemsing.) München. Musikal. Akad. »Mathäus-Passion«. (Elise Breuer, O. Fremstad, Dr. R. Walter, Fr. Feinhals.) Münster i. W. Mus.-Ver. (Dr. Niessen.) Händel »Messias«, Instrumentierung von Mozart.

Gemischte Chöre ohne Begleitung.

Spandau. Cäcilia. (H. Walter.) A. Löhle Kyrie« A. Kunert »Jauchzet dem Herrn« G. Lehmann »Der Du vom Himmel bist«. Oelschläger »Oho, Du stolzes Mädchen«. Orl. di Lasso »Landsknechtständelein«. (Sol. Nik. Harzen-Müller, Karl Loewe Hochzeitslied.) Sonneberg. G.-V. (B. Roth.) W. Nolopp »Traumbild«. Fr. Abt »Märzgruss«. Köln. Konservatorium. (Fr. Wüllner.) J. Chr. Bach »Unseres Herzens Freude«. Orl. Lasso »Dixit Joseph«. Fr. Wüllner Drei geistliche Volkslieder: »Kommt her, ihr Kinder«, »Den geboren ist eine Magd«, »Neujahrswunsch«. F. Mendelssohn-Bartholdy »Ehre sei Gott«. Rob. Schumann »Ungewisses Licht«, »Zuversicht«. Joh. L. Hasler, »Jungfrau dein schön Gestalt«. J. Eccard »Hans und Grete«. J. B. Sully »Liebe droht auf allen Wegen«. Joh. Brahms »O süsser Mai«, der bucklichte Fiedler«, »Stand das Mädchen«. Max Bruch »5 Wallisische Volkslieder«. Potsdam. Philharm. Ges. (Gust. Kulenkampff.) Reichardt Volkslieder: »Vergissmeinnicht«, »Das gestörte Glück«, »Der ungetreue Schatz«, Treu Schatzerl«. Aachen (Schwickerath.) Mendelssohn »Paulus«. (Marie Rost, Ludwig Hess, Dr. Felix Kraus, Mily von Ostfelder.)

Geistliche Chorwerke.

Sonneberg. K.-Ch. (B. Roth.) Eduard Grell »Missa solemnis«, für 16 Stimmen. Die tadellose Aufführung wird sehr gelobt. Fr. Abt »Osterhymne«, für Knabenchor. Altona. K.-Ch. (Felix Woyrsch.) Alb. Becker »Geistlicher Dialog«, für Altsolo, Chor und Orgel. A. Lotti »Alle die tiefen Qualen«. 3st. M.-Ch. Leipzig. Bachverein. (Hans Sitt.) J. S. Bach »Weihnachts-Oratorium«. (Sol. Valentine Schmidt, Gerda Lange, Emil Pinks, August Schreck, P. Homeyer.) Hagen. Evang. G.-V. (Emil Kayser.) Herzogenberg »Gott, man lobt Dich zu Zion«, »Alle guten Gaben«, »Ich singe Dir mit Herz und Mund«, (Knaben- und gem. Chor). Albert Becker »Meine Seele ist stille«. St. Johann. G.-V. für Kirchenmusik. K. Krablé.) Silcher »Der Tod des Erlösers«. A. Todt »Das ist ein köstliches Ding«. J. Mich. Haydn »Der sterbende Erlöser«. Altona. K.-Ch. (Felix Woyrsch.) Albert Becker »Passionslied«. Fel. Woyrsch Motette »Sei getreu«. Augsburg. Oratorien-Ver. (Wilh. Weber.) Brahms »Deutsches Requiem«. Chemnitz. K.-Ch. (Fr. Mayrhoff.) Liszt »Christus«. (Karl Gross, Georg Marlow, Frl. O. Fritzsch, Frau A. Offenbach.)

Kammermusik.

N. F. Skop, op. 8. Zwei instruktive Trios für 2 Violinen und Viola, Nr. 1 in der 1. Lage, Nr. 2 die erste Stimme in der 1. und 3. Lage. (Quedlinburg Chr. Fr. Vieweg.) Die Werke sind für den Unterricht zur Förderung der Taktfestigkeit und Uebung im Zusammenspiel komponiert. Der Kammermusikstil ist trotz der leichten Ausführbarkeit überall gewahrt, jede Stimme kommt zu ihrem Rechte, und so durften sie ihren Zweck in ausgezeichneter Weise erfüllen.

Fritz Binder. Streich-Trio für Violine, Viola und Cello in Form einer Suite. Part. 4,— Stimmen ℳ 5,—. Ein allerliebstes Werkchen, leicht, melodiös und doch in der Stimmführung interessant genug, um auch höheren Ansprüchen zu genügen.

Georg Schumann, op. 25. Trio Nr. 1 in F. für Pianoforte, Violine und Violoncell. (Leipzig, F. E. C. Leuckart. Preis ℳ 10.—). Ein nach Form und Inhalt gleich ausgezeichnetes Werk, dessen prägnante Themen bedeutsam hervortreten. Unsern Kammermusikgenossenschaften sei das Werk zur Beachtung empfohlen.

Neue Kinderlieder.

J. Nater. Was der Jugend frommt. Sechs zweistimmige Lieder mit leichter Klavier- oder Harmon.-Begl. (Leipzig, Gebr. Hug & Co. Kl.-A. ℳ 1,—, Stimmen je 20 ₰). Kleine gemütvolle Liedchen, die am Harmonium recht hübsch klingen werden.

Friedr. Ullrich, op. 55. Sechs Lieder für zweistimmigen Kinder- oder Frauenchor, ged. von Paul Faust, mit Klavierbegl.

ad lib. (Godesberg, Fr. Ullrichs-Verlag. Part. ℳ 1,—, Stimmen je 20 ₰.)

Die melodiösen Weisen treffen ganz allerliebst den kindlichen Ton. Kinder, die ihren Eltern zum Geburtstag oder zu Weihnachten eine Freude machen wollen, werden selbst ihre Freude daran haben. Die Lieder können ein- oder zweistimmig. Solo oder vom Chor, mit oder ohne Begleitung gesungen werden und seien somit bestens empfohlen.

❦

Neuigkeiten

für Männerchor ohne Begleitung.

Gustav Schondorfs Verlag.

msch. **Johannes Schondorf,** op. 21. Vaterländische Gesänge. Part. je 30. Stimmen je 10 ₰ netto.
1. O trauret nicht. Wenn einst das Vaterland in Not. 2. Sedanlied. 3. Todtenklage. Heimweh. 4. O Deutschland hoch in Ehren. Herr, unser Gott, dich loben wir. 5. Der Frühling ist gekommen.

zsch. **Joh. Schondorf,** op. 28. Reiterlied, „Die bange Nacht ist nun herum“ ℳ 1 20.

Die patriotischen Werke dieses vortrefflichen mecklenburgischen Komponisten sind durchaus dazu angethan, allgemeines Volksgut zu werden; sie haben markigen, volkstümlichen Charakter und zündende Wirkung. Der Zyklus op. 21 eignet sich ganz ausgezeichnet für patriotische Feste jeder Art, die Teile desselben könnten sogar sämtlich nacheinander zum Vortrag gelangen, da in ihnen Stimmungen mannigfachster Art wiederhallen, von sanfter Trauer bis zum sonnigsten Frühlingsjubel.

C. F. W. Siegels Musikalienhandlung, Leipzig.

P. n. M.
sl. **Paul Elsner,** op. 22. I. Maienheiligkeit . . . . . . 1,—
msch. II. Frauenlob . . . . 1,—
msch. **Karl Zuschneid,** op. 51. I. Nimm dich in Acht! . . 1,20
msch. II. Wart es ab! 1,80
sch. **Et. Soubre.** Schlachtruf und Gebet, bearb. von A. von Othegraven . . . . 4,—

Zuschneid bescheert uns hier wieder einmal zwei fröhliche Kinder. So fest er dem Ernst ins Auge schaut, so sonnig und schelmisch wird sein Blick, wenn er uns von Frühlingszeit und Musikantentreue singt. In beiden Liedern werden die kleinen Mägdlein eindringlich gewarnt, im ersten vor den Jägerburschen, die zur Frühlingszeit auf Edelwild pirschen, im andern vor den Reitersleuten, den Handwerksburschen und gar noch vor den Musikanten! — Sind wir denn gar so schlechte Leute?“ — Dass die Weisen trefflich gelungen, braucht bei einem so „ernsten“ Tonsetzer nicht besonders betont zu werden.

Dem bekannten Kölner Tonsetzer A. von Othegraven, auf dessen köstliche Volksliedbearbeitungen wir noch zu sprechen kommen, sind wir grossen Dank schuldig für die Bearbeitung des ursprünglich in französischer Sprache erschienenen Werkes „Schlachtruf und Gebet von Et. Soubre. Der Wegweiser hat bereits in einem früheren Artikel darauf hingewiesen, dass die belgische Männerchorlitteratur (Soubre war Chormeister und Leiter des Lütticher Konservatoriums) durchaus nicht lediglich effekthaschende Virtuosenstückchen, sondern auch einzelne wirkliche Perlen enthält. Zu diesen Perlen möchte ich mit gewissen Einschränkungen auch den Schlachtruf rechnen. Eine kleine Portion Bombast, eine grössere Meyerbeerschen Opern-Pathos, einige stark verbrauchte Motive müssen wir ja allerdings in Kauf nehmen, aber im ganzen schaut doch ein vollkräftiges Empfinden, ein glühendes Hineinfühlen in die Sache und vor allem ein geniales Gestaltungsvermögen aus jedem Takte. Schumann behauptete einst: „An den Bässen erkenn ich den Komponisten“. Nun gut, seht euch einmal die Bässe des Schlachtenrufs an! Der Chorwerke mit so charakteristischer, ausdrucksvoller Stimmführung giebt's nur wenige. Das Werk muss als eine der dankbarsten Konzertnummern bezeichnet werden, die wir haben.

vom Ende.

Verlag von Chr. Fr. Vieweg, Quedlinburg.

zsch. **Norbert Hoft,** op. 35. Rheinsage (Ballade) 3,20
msch. do. op. 41. Vier Lieder im Volkston (aus den Hochlandsliedern von K. Stieler) Part. cpl. ℳ 1,50. St. je 10 ₰.
msch. do. op. 56. Drei humorist. Dialektlieder: 1. E' schläfrig-Dant. 2. Verhör. 3. D' Sterala. Part. cpl. ℳ 1,50 St. je 15 ₰, Nr. 3 10 ₰.
msch. **Julius Bertling,** op. 52. Das deutsche Lied 2 20
msch. **W. Quedenfeld,** op. 15. Mit Gott für König und Vaterland 2,70
msch. **V. v. Skop,** op. 2. I. Frühlingsmelodien mit Pistonbegl. II. Nachklang und Sehnsucht, mit Pistonbegl. Part. cpl. ℳ 1,50. St. je 15 Pfg.
msch. **J. Wyeisk.** Liebe, Treue, Hoffnung . . . . . 1,—

Die Werke von Hoft und Quedenfeld sind beachtenswerte Erscheinungen, namentlich die Rheinsage des Ersteren ist ein gross und wirkungsvoll angelegtes Werk mit schönen Steigerungen.

Verlag Bernh. Tormann, Münster i. W.

msch. **W. Arndt.** Maienzeit 1,60
msch. **H. Feldmeyer,** op. 14. Der Musikant 1,60
msch. **F. Kirchner.** Im lauschigen Wald . . . .
msch. **Hoes,** op. 7. Mutterherz . . . . 1,2[illegible]
l. **E. Kroemer.** Mondnacht . . . . —,8[illegible]
msch. **T. Niechziol,** op. 2 I. Glockenstimmen . . . . . 1,3[illegible]
msch. **A. Opladen,** op. 16. Gute Nacht . . . . 1,2[illegible]
W. H. Steinkühler, op. 35. Wieviel hübsche Mädchen giebt's? . . . . 1,2[illegible]

Es befinden sich unter diesen Werken einige sehr wirkungsvolle Nummern. Allen voran nenne ich op. 35 von Steinkühler „Wieviel hübsche Mädchen giebt's? Ein ganz allerliebster Text liegt der in interessantem Satze sich bietenden Vertonung zu Grunde. Ohne Zweifel wird das Liedchen seinen Weg machen. Warum bleibt nur am Schlusse der I. Tenor auf dem hohen A liegen? Ein Grund dafür ist nicht zu ersehen, dagegen wird dadurch die falsche Aussprache: „schön, habän, vergessän“ verursacht. Auch „Gute Nacht“ von A. Opladen ist als stimmungsvolles, wohlklingendes Liedchen hervorzuheben.

Verlag von Friedr. Ullrich, Godesberg.

zsch. **Bungard-Wasem,** op. 41. Die Auferstehung Christi 2,[illegible]
msch. **Rud. Hütten,** op. 7a. Zu Vallendar am Rheine . . 1,[illegible]
msch. **Wilhelm Köster.** Sehnen und Scheiden . . . . . . 1,[illegible]
msch. **W. M. Loschky,** op. 77 I. Rattenfänger . . . . . . 1,[illegible]
msch. do. op. 77 I. Heimatgruss . . . . . 1,[illegible]
msch. **Ottomar Neubner,** op. 91. Der Jäger Heimkehr . . 2,[illegible]
msch. **Aug. Thelen,** op. 26. Es schwand dahin die goldne Zeit 1,[illegible]
msch. **Fr. Ullrich,** op. 87. Mein Heimatthal . . . . 1,[illegible]

Bungard-Wasem hat seinem „Tod Christi“ eine „Auferstehung Christi“ folgen lassen. Beide Dichtungen zeichnen sich durch anschauliche Schilderungen und lebendiges Erfassen der Stimmung aus, wodurch sie zur Vertonung ganz besonders geeignet erscheinen. Der Komponist hat sich mit seltener Feinfühligkeit in den erhabenen Stoff hineingelebt und ihn mit durchaus kongenialer Gestaltungskraft musikalisch zu beleben und verklären verstanden. Grosse technische Schwierigkeiten bieten beide Werke nicht, aber wohl verlangen sie schöngebildetes, volllautendes Stimmenmaterial. Zahlreiche Chorrezitative verlangen von jeder einzelnen Stimme Wohlklang und ausdrucksvolle, beseelte Deklamation; auch lässt der interessante Wechsel zwischen zwei- und dreistimmigem Satz jede Stimme mehr als sonst üblich hervortreten. Ein fugiertes Halleluja bildet den wirksamen Schluss der Auferstehung. Wie uns mitgeteilt wird, hat der Kirchenchor in Sieglar (Dirig. Scholl) den Tod Christi mit grossem Erfolge zur Aufführung gebracht.

„Mein Heimatthal“ von Fr. Ullrich präsentiert sich als wohlklingend und melodiös, kleineren Vereinen bestens zu empfehlen.

Verlag von Wilhelm Schmid in Nürnberg-Leipzig.

Martin Plüddemann. Sechs Lieder von Eichendorff.
msch. 1. Herr, zeig dein Panier . . . . 1,—
msch. 2. Sankt Georg (Kriegslied) . . . . 2,—
msch. 3. Regenbogen . . . . 1,—
msch. 4. Waldeinsamkeit . . . . 1,—
msch. 5. Sterbeglocken . . . . 1,—
msch. 6. Marienlied . . . . 1,[illegible]

Vornehme Gesänge, die nur in die Hände feingebildeter und feinfühliger Dirigenten kommen sollten, diese aber werden sehr viel daraus und damit machen. Das Marienlied ist eines der stimmungsvollsten Gesänge, die wir besitzen.

H. vom Ende's Verlag, Köln a. Rh.

sch. **Wilh. Rohde,** op. 18. Der Allmacht Hauch. Ged. von H. Zeise. Part. ℳ 1,— St. je 20 ₰.

Auch von diesem Werke gilt das unter Plüddemann Gesagte. Das sind Werke, die nur von allerersten Gesangvereinen aufgeführt werden können, von diesen aber gesungen werden müssen. Der süsse Zauber einer geheimnisvoll-zarten Stimmung ist über das Werk gegossen und belebt und beseelt jede einzelne Stimme.

Verlag von Louis Oertel, Hannover.

sl. **Josef Frischen,** op. 41. Blaublümlein . . . . 1,[illegible]
msch. do. Venetianisches Lied . . . . . . —,[illegible]
sch. **Arnold Krug,** op. 100. Der Zug des Todes . . . . 2,[illegible]
msch. do. op. 108. Herr Adelhart . . . . 1,[illegible]
sl. **O. H. Lange,** op. 54. Heute ist heut . . . . 1,[illegible]
msch. **Alph. Maurice,** op. 41. Deutscher Weihegruss . . . 1,[illegible]
msch. **F. A. Reinbrecht,** op. 12. Wenn zu meinem Schätzerl kommst. Part. 30 ₰.

❦

e Männerchöre aus H. vom Ende's Verlag.

I: Deutsche Volkslieder.

b. von Kgl. Musikdir. K. Steinhauer und H. vom Ende.
Jede Part. 40 Pfg. Stimmen je 10 Pfg.

s ist's möglich dann. (Aeltere Volksweise.)
rd: „In seines Vaters Garten." (Reizend melodiös.)
: „Gut G'sell, und du musst wandern." (Charakteristisch.)
Liebchen, tanz." (Humoristisch.)
h der Mond nicht heller scheinen." (Rhein Volkslied.)
ebet: „O wunderbares, tiefes Schweigen."
bet: „Meinen Heiland im Herzen."
ir geschieden, und ich muss leben ohne dich."
Mariandel, wo gehst du denn hin?" (Humoristisch.)
geschieden, bin ich bei dir (Herrliche Weise tief empfunden.)
iessen die Sternlein."
ch, ich muss dich lassen."
as ein schönes Engelspiel."
hönster Schatz, mein Augentrost."

Chöre im Volkston, melodiös, wohlklingend.

L., op. 74. Die schwarzbraunen Augen.	P. —.60,	St. —.20.
Mein Glück, wo bist du hin?	P. —.60,	St. —.20.
M., op. 9 III. Mein herzallerliebes (Neckisch.)	P. —.60,	St. —.10.
M., op. 16 II. Ach, kleinlein, liebes Elslein. scheiden wir mit Sang und Klang" Munter.)	P. —.60,	St. —.20.
as Vaterhaus.	P. 1.—,	St. —.25.
Das deutsche Lied.	P. —.80,	St. —.20.
chön's Herzchen mein.	P. —.80,	St. —.17
Schätzle, was hab ich dir Leids gethan.	P. —.60,	St. —.20
Nun segne dich Gott	P. —.60,	St. —.20.
Der Sommer und der Sonnenschein.	P. —.60,	St. —.20.
s ist ein Brünnlein geflossen.	P. —.80,	St. —.20.
rem, III Madrigal.	P. —.80,	St. —.20.
Just., op. 11. Frauenart.	P. —.40,	St. —.15.
blichenblut und wilde Rose."	P. —.40,	St. —.15
ampelchen.	P. —.40,	St. —.15.
in geistlich Abendlied	P. —.40,	St. —.15.
oldatenliebe. Schätzlein, sag' mir für	P. —.40,	St. —.15.
op. 4. Sängers Frühlingslied. mit Baritonsolo.)	P. —.60,	St. —.20.
mst., op. 3. Heidenröslein.	P. —.60,	St. —.20.
„Als ich noch ein Knabe war." (Humor.)	P. —.80,	St. —.25
op. 21. Sechse, Sieben oder Acht.	P. —.80,	St. —.20.
C., op. 65. „Ich lass' von meiner ."	P. —.60,	St. —.20.
„Auf dein Wohl, du rheinische Maid" orsolo.)	P. —.60,	St. —.20.
n den Bergen. (Sehr gefällig.)	P. —.60,	St. —.20.
op. 42 I. Nun pfeif' ich noch ein zweites	P. —.40,	St. —.15
as erste Lied.	P. —.40,	St. —.10.
Warnung. Refr.: Wenn Buben dich ig ihnen nicht. (Neckisch.)	P. —.40,	St. —.15.

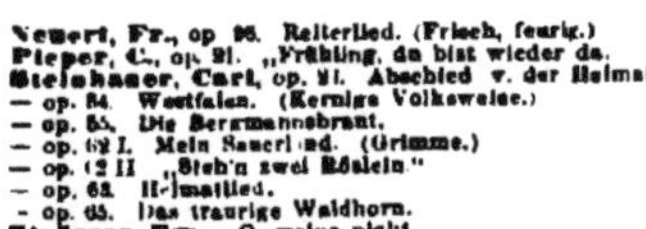

Neuert, Fr., op 96. Reiterlied. (Frisch, feurig.)	P. —.60,	St. —.20.
Pieper, C., op. 21. „Frühling, da bist wieder da.	P. —.60,	St. —.20.
Steinhauer, Carl, op. 51. Abschied v. der Heimat.	P. —.90,	St. —.15.
— op. 54. Westfalen. (Kernige Volksweise.)	P. —.80,	St. —.15.
— op. 55. Die Bergmannsbraut.	P. —.60,	St. —.15.
— op. 62 I. Mein Sauerland. (Grimme.)	P. —.60,	St. —.15
— op. 62 II „Steh'n zwei Röslein."	P. —.60,	St. —.15.
— op. 63. Heimatlied.	P. 2.50,	St. —.30.
— op. 65. Das traurige Waldhorn.	P. —.60,	St. —.20.
Strässer, Ew. O, weine nicht.	P. —.60,	St. —.10.
do. Komm zur Ruh.	P. —.80,	St. —.20
Mattlle, op. 20. Kriegers Abschied.	P. —.60,	St. —.15.

Bezugsquellenregister.

Vereinsfahnen.
Kölner Fahnenfabrik, Arnold Steiger, Köln.

Buchbinderei E. A. Enders, Leipzig.

Banner, Fahnen, Schärpen, Abzeichen.
Thüringer Fahnen-Fabrik, Coburg.

Abzeichen f. Gesangvereine.
Muster an Vereine postfrei.
Adolf Belada, Wien VII 2, Mariahilferstr. 54.

Meister-haft gearbeitete Musikinstrumente jeder Art direkt vom Herstellungsorte Wilh. Herwig in Markneukirchen i. S. Illustrierte Preisliste umsonst und portofrei. Bitte anzugeben, welche Instrumente gekauft werden sollen.

Musikinstrumente
für Haus und Familie, Kapellen u. Vereine.
Steinlger & Co.
Erlbach 140,
bei Markneukirchen.
Preislisten frei!

stdeutsche Konzertdirektion Köln a. Rhein.

Westdeutsche Konzertdirektion, Köln, Bismarckstrasse 25. — Telegr.-Adr.: Konzertdirektion Köln.

ung sämtlicher Konzert-Engagements. **Künstlertafel.** Arrangements eigener Konzerte und Tournees.

→ Auskunft über Konzertangelegenheiten bereitwilligst. ←

Vokalsolisten.

opran:
ietz.
nberg.
er-Sebaldt.
attingen.
nann.
aiser.
ichens.
ler.
er-Quint.
che.
Arndt.
aneck.
r.
Alt:
ann-Lützeler.
enburg.
lmann.
s.
engelbier.
r.
nor:
yer.
lter.

Adolf Gröbke.
Albert Jungblut.
Hermann Endorf.
Hermann Lützeler.
Hans Siewert.

Bariton u. Bass:
Hans Bischoff.
Corn. J. Bronsgeest.
Phil. Gretscher.
Paul Haase.
Engelbert Haas.
Baptist Hofmann, Kgl. Hofopernsänger.
Chr. Jansen.
Wilh. Fricke, Hofopernsäng.
Alwin Horn.
Hans Roleff.
Karl Rost.

Duette für Sopran und Bass:
Käthe Gretscher-Sebaldt u. Phil. Gretscher.

Duette für 2 Frauenstimmen:
Lina Goldenberg u. Bertha Weller, Köln.

Instrumentalsolisten.

Klavier:
Margarethe Behmer.
Georg Christiansen.
Henriette Schelle.
Dietrich Schäfer.
Henry Stennebruggen.
Therese Pott.
Selma Orthmann.
Paul Stoye.
Lina van Lier-Coën.
Hedwig Meyer, Köln.

Violine:
Professor Willy Hess.
Henry Petry, Hofkonzertmstr.
Professor Arnold Rosé.
Franz Sagebiel.
Clara Schwartz.
Alfred Stauffer.
Adele Stöcker.
Benno Walter jr.
Blanche Hubbard.

Cello:
Jacques van Lier.
W. Willeke.
Prof. R. Hummer.

Klavierhumorist:
O. Lamborg.

Kammermusik:
Kölner Gürzen.-Quartett (Herren: W. Hess, C. Körner, J. Schwartz, Fr. Grützmacher.)
Streichquartett Rosé. (Herren: A. Rosé, A. Bachrich, v. Steiner, R. Hummer.
KölnerBläservereinigung für Kammermusik. (Herren: Wehsener, Erkert, Friedr. Sadony.

Orgel:
W. Kipp, Bochum.

Wegweiser durch die Chorgesanglitteratur

Amtliches Organ des westdeutschen Sängerverbandes.
Ratgeber für Gesangvereine und Dirigenten.
Redaktion und Verlag: H. vom Ende, Köln a. Rh., Ecke Bismarck- und Kamekestrasse.

nebst Beiblatt:

Der Sänger.

Offizielles Organ des Westdeutschen Sängerverbandes Mosel-, Saar-, Nahe-Sängerbundes.

Erscheint monatlich einmal. Bezugspreis für 1 Expl. 20 Pfg. Jahresabonnement Mk. 1.50 und 40 Pfg. Porto. Inserate kosten pro 4mal gespaltene Petitzeile 30 Pfg.

Expedition: H. vom Ende's Musikalien-Versandgeschäft.

Nr. 8. | Köln a. Rhein, den 26. Mai 1902. | III. Jahrg.

Inhalt:

Programmaustausch

für Männer-Gesangvereine.

Der unterzeichnete Verlag beabsichtigt, demnächst eine Einrichtung in's Leben zu rufen, welche auf dem Gebiete des sonstigen Konzertwesens bereits seit Jahren besteht und segensreiche Früchte getragen hat.

Der gegenseitige Austausch sämtlicher Konzertprogramme, tadellos geordnet und geheftet, bietet den Vereinsvorständen und Dirigenten ein Material, welches auch durch die bestredigierten Zeitschriften und Aufführungsübersichten nicht ersetzt werden kann.

Die Programme werden nach den Anfangsbuchstaben der Orte geordnet, dauerhaft geheftet und gelangen alle 14 Tage zum Versand.

Die Vereine sind dadurch in die Lage versetzt, sich ein vollkommenes Bild zu machen von der Entwicklung und den Fortschritten auf dem Gebiete des Konzertwesens. Ein Blick wird genügen, um sich Klarheit zu verschaffen über die Tonsetzer, welchen die geheimnisvolle und vielbeneidete Krone des Erfolges verliehen ist, über die Tonwerke, welche lebens- und triebkräftig, die Welt mit ihrem Ruhm erfüllen.

Aber auch so manches Andere kommt in die weitere Oeffentlichkeit, was sonst nur dem kleinen Kreis der Konzertbesucher anvertraut blieb. Hier finden die zahlreichen Fragen Beantwortung, welche für Dirigenten und Vorstände stete Gegenstände der Sorge sind. Welche Solisten werden von den M.-G.-V. protegiert? Welche neueren Tonsetzer, Chöre, geeignete Instrumentalisten? Immer mehr werden die Programme dazu benutzt, neben den Texten auch kleinere Hinweise auf die Komponisten, Zeit der Entstehung, über Form und Inhalt der Komposition zu bringen, die Texte selbst bringen Klarheit über Charakter und Wesen wenigstens dieses Teiles der Kunstwerke.

Die Entsendung der Programme an befreundete Vereine, Zeitschriften etc. würde unnötig und den Schriftführern eine große Arbeitslast abgenommen, auch würden die Hefte eine bleibende, wertvolle Bereicherung des Archivs bedeuten und ein Hülfsmittel für kultur- und kunstgeschichtliche Arbeiten und Forschungen, welches durch nichts Anderes ersetzt werden kann.

Die Unkosten mit Porto werden 8 bis höchstens 10 Mk. jährlich nicht übersteigen, mithin nicht viel mehr betragen, als bisher ein größerer Verein an Porto etc. für diesen Zweck verausgabte.

Wir bitten höflichst die Vereine, welche teilzunehmen wünschen, um eine Zustimmungserklärung mittelst Postkarte.

H. vom Ende's Verlag, Köln am Rhein.

Der Wettstreit um den Kaiserpreis.

Der nächste Gesangwettstreit um den Wanderpreis des Kaisers findet im Frühjahr 1903 in Frankfurt a. M. statt. Manche Frage drängt sich damit in den Vordergrund, insbesondere bezüglich der Wettstreitordnung, die ohne Zweifel einer Umänderung bedarf. Der Wegweiser hat diese Frage in zahlreichen Artikeln beleuchtet, sein Entwurf hat allseitige Anerkennung gefunden und wird demnächst mit den Aenderungen, welche in dankenswerter Weise von zahlreichen massgebenden Persönlichkeiten und Vereinen angeregt wurden, nochmals veröffentlicht.

Von einem Ausschreiben der Preischöre verlautet immer noch nichts, wir werden uns daher an den Gedanken gewöhnen müssen, dass es bei dem bisherigen Modus bleiben wird, d. h., dass die Dirigenten nunmehr wieder von der Sorge um den selbstzuwählenden Preischor gepeinigt werden. Es heisst jetzt die Fehler vermeiden, welche der letzte Wettstreit in dieser Beziehung zeitigte. Ein Chor überschritt damals die auf 10 Minuten festgesetzte Zeitgrenze, ein schwieriger Chor wurde als mittelschwer bewertet und ein leichter Chor brachte den betr. Verein von vornherein um 18 Punkte zurück. Dass unter den Umständen jeder Verein einen möglichst schwierigen Chor wählen wird, ist wohl nicht zu bezweifeln, mit den volkstümlichen Chören wird's also wohl Essig sein. Es heisst jetzt also nach Neuem suchen, wenn man nicht beim Alten, Bewährten bleiben will. Das hat aber auch seine Bedenken, denn erstens sind die Preisrichter aus durchaus begreiflichen Gründen geneigt, ihre althergebrachte Auffassung als die allein richtige hinzustellen, und jede abweichende Auffassung als minderwertig zu betrachten; zweitens sind Vergleiche mit früher gehörten besseren Aufführungen zu fürchten und drittens bewirkt der Reiz der Neuheit bei unbekannten Werken immerhin ein nicht unerhebliches Plus nach der günstigen Seite hin, wenigstens wenn sie wirklich gut sind, und somit dürfte sich der Versuch, die Schätze unserer neueren Litteratur daraufhin einmal gründlich zu durchforschen, wohl lohnen.

Die Musikalienhandlung von H. vom Ende, Köln am Rhein, hat eine Anzahl für den Wettstreit geeigneter Werke zusammengestellt und versendet dieselben zur Ansicht bereitwilligst.

Johannes Kreislers,

des Kapellmeisters, musikalische Leiden.

Sie sind alle fortgegangen. — Ich hätt' es an dem Zischeln, Scharren, Räuspern, Brummen durch alle Tonarten bemerken können; es war ein wahres Bienennest, das vom Stocke abzieht, um zu schwärmen. Gottlieb hat mir neue Lichter aufgesteckt und eine Flasche Burgunder auf das Fortepiano hingestellt. Spielen kann ich nicht mehr, denn ich bin ganz ermattet; daran ist mein alter herrlicher Freund hier auf dem Notenpulte schuld, der mich schon wieder einmal, wie Mephistopheles den Faust auf seinem Mantel durch die Lüfte getragen hat, und so hoch, dass ich die Menschlein unter mir nicht sah und merkte, unerachtet sie tollen Lärm genug gemacht haben mögen. — Ein hundsföttischer, nichtswürdig vergeudeter Abend! Aber jetzt ist mir wohl und leicht. — Hab' ich doch gar während des Spielens meinen Bleistift hervorgezogen, und Seite 63 unter dem letzten System ein par gute Ausweichungen in Ziffern notiert mit der rechten Hand, während die linke im Strome der Töne fortarbeitete! Hinten auf der leeren Seite fahr' ich schreibend fort. Ich verlasse Ziffern und Töne, und mit wahrer Lust, wie der genesende Kranke, der nun nicht aufhören kann zu erzählen, was er gelitten, notiere ich hier umständlich die höllischen Qualen des heutigen Thees. Aber nicht für mich allein, sondern für alle, die sich hier zuweilen an meinem Exemplar der Johann Sebastian Bachschen Variationen für das Klavier, erschienen bei Nägeli in Zürich, ergötzen und erbauen, bei dem Schluss der dreissigsten Variation meine Ziffern finden, und, geleitet von dem grossen lateinischen Verte (ich schreib' es gleich hin wenn meine Klageschrift zu Ende ist), das Blatt umwenden und lesen. Diese erraten gleich den wahren Zusammenhang: sie wissen, dass der geheime Rat Röderlein hier ein ganz scharmantes Haus macht, und zwei Töchter hat, von denen die ganze elegante Welt mit Enthusiasmus behauptet, sie tanzten wie die Göttinnen, sprächen französisch wie die Engel, und spielten und sängen und zeichneten wie die Musen. Der geheime Rat Röderlein ist ein reicher Mann; er führt bei seinen vierteljährlichen Diners die schönsten Weine, die feinsten Speisen, alles ist auf den elegantesten Fuss eingerichtet, und wer sich bei seinen Thees nicht himmlisch amüsiert, hat keinen Ton, keinen Geist, und vornehmlich keinen Sinn für die Kunst. Auf diese ist es nämlich auch abgesehen; neben dem Thee, Punsch, Wein, Gefrornem etc. wird auch immer etwas Musik präsentiert, die von der schönen Welt ganz gemütlich so wie jenes eingenommen wird. Die Einrichtung ist so: nachdem jeder Gast Zeit genug gehabt hat, eine beliebige Zahl Tassen Thee zu trinken, und nachdem zweimal Punsch und Gefrorenes herumgegeben worden ist, rücken die Bedienten die Spieltische heran für den älteren, solideren Teil der Gesellschaft, der dem musikalischen das Spiel mit Karten vorzieht, welches auch in der That nicht solchen unnützen Lärm macht und wo nur einiges Geld erklingt. — Auf dies Zeichen schiesst der jüngere Teil der Gesellschaft auf die Fräuleins Röderlein zu; es entsteht ein Tumult, in dem man die Worte unterscheidet: Schönes Fräulein, versagen Sie uns nicht den Genuss Ihres himmlischen Talents — o singe etwas, meine Gute. — Nicht möglich — Katarrh — der letzte Ball — nichts eingeübt. — O bitte, bitte — wir flehen etc. Gottlieb hat unterdessen den Flügel geöffnet und das Pult mit dem wohlbekannten Notenbuche beschwert. Vom Spieltische herüber ruft die gnädige Mama: chantez donc, mes enfants! Das ist das Stichwort meiner Rolle, ich stelle mich an den Flügel und im Triumph werden die Röderleins an das Instrument geführt. Nun entsteht wieder eine Differenz: keine will zuerst singen. „Du weist, liebe Nanette, wie entsetzlich heiser ich bin." — „„Bin ich es denn weniger, liebe Marie?"" — „Ich singe so schlecht." — „„O Liebe, fange nur an etc."" Mein Einfall (ich habe ihn jedesmal!), beide möchten mit einem Duo anfangen, wird gewaltig beklascht, das Buch durchblättert, das sorgfältig eingeschlagene Blatt endlich gefunden, und nun geht's los: Dolce dell' anima etc. — Das Talent der Fräulein Röderlein ist wirklich nicht das geringste. Ich bin nun fünf Jahre hier und viertehalb Jahre im Röderleinschen Hause Lehrer; für diese kurze Zeit hat es Fräulein Nanette dahin gebracht, dass sie eine Melodie, die sie nur zehnmal im Theater gehört und am Klavier dann höchstens noch zehnmal durchprobiert hat, so wegsingt, dass man gleich weiss, was es sein soll. Fräulein Marie fasst es schon beim achten Male, und wenn sie öfters einen Viertelston tiefer steht, als das Piano, so ist das bei solch niedlichem Gesichtlein und den ganz leidlichen Rosenlippen am Ende wohl zu ertragen. — Nach dem Duett allgemeiner Beifallschorus! Nun wechseln Arietten und Duettinos, und ich hämmere das tausendmal geleierte Accompagnement frisch darauf los. Während des Gesanges hat die Finanzrätin Eberstein durch Räuspern und leises Mitsingen zu verstehen gegeben: ich singe auch. Fräulein Nanette spricht: Aber liebe Finanzrätin, nun musst du uns auch deine göttliche Stimme hören lassen. Es entsteht ein neuer Tumult. Sie hat den Katarrh — sie kann nichts auswendig! — Gottlieb bringt zwei Arme voll Musikalien herangeschleppt: da wird geblättert und geblättert. Erst will sie singen: der Hölle Rache etc., dann: Hebe, sieh etc., dann Ach ich liebte etc. In der Angst schlage ich vor: Ein Veilchen auf der Wiese etc. Aber sie ist fürs grosse Genre, sie will sich zeigen, es bleibt bei der Konstanze. — O schreie du, quieke, miaue, gurgle, stöhne, ächze, tremuliere, quinkeliere nur recht munter: ich habe den Fortissimozug getreten und orgele mich taub. — O Satan, Satan! welcher deiner höllischen Geister ist in diese Kehle gefahren, der alle Töne zwickt und zwängt und zerrt. Vier Saiten sind schon gesprungen, ein Hammer ist invalid. Meine Ohren gellen, mein Kopf dröhnt, meine Nerven zittern. Sind denn alle unreinen Töne kreischender Marktschreier-Trompeten in diesen kleinen Hals gebannt? — Das hat mich angegriffen — ich trinke ein Glas Burgunder! — Man applaudierte unbändig, und jemand bemerkte, die Finanzrätin und Mozart hätten mich sehr ins Feuer gesetzt. Ich lächelte mit niedergeschlagenen Augen recht dumm, wie ich wohl merkte. Nun erst regen sich alle Talente, bisher im Verborgenen blühend, und fahren wild durcheinander. Es werden musikalische Excesse beschlossen: Ensembles, Finale, Chöre sollen aufgeführt werden. Der Kanonikus Kratzer singt bekanntlich einen himmlischen Bass, wie der Tituskopf dort bemerkt, der selbst bescheiden anführt, er sei eigentlich nur ein zweiter Tenor, aber freilich Mitglied mehrerer Singe-Akademien. Schnell wird alles zum ersten Chor aus dem Titus organisiert. Das ging ganz herrlich! Der Kanonikus, dicht hinter mir stehend, donnerte über meinem Haupte den Bass, als säng' er mit obligaten Trompeten und Pauken in der Domkirche, er traf die Noten herrlich, nur das Tempo nahm er in der Eil' fast noch einmal so langsam. Aber treu blieb er sich wenigstens insofern, dass er durch's ganze Stück immer einen halben Takt nachschleppte. Die Uebrigen äusserten einen entschiedenen Hang zur antiken griechischen Musik, die bekanntlich die Harmonie nicht kennend, im Unisono ging; sie sangen alle die Oberstimme mit kleinen Varianten aus zufälligen Erhöhungen und Erniedrigungen, etwa um einen Viertelston. — Diese etwas geräuschvolle Produktion erregte eine allgemeine tragische Spannung, nämlich einiges Entsetzen, sogar an den Spieltischen, die für den Moment nicht so wie zuvor melodramatisch mitwirken konnten durch in die Musik eingeflochtene deklamatorische Sätze: z. B. Ach ich liebte — achtundvierzig — war so glücklich — ich passe — kannte nicht — Whist — der Liebe Schmerz — in der Farbe etc. — Es nahm sich recht artig aus. — (Ich schenke mir ein.) Das war die höchste Spitze der heutigen musikalischen Exposition: nun ist's aus! So dacht ich, schlug das Buch zu und stand auf. Da tritt der Baron, mein antiker Tenorist, auf mich zu und sagt: O bester Herr Kapellmeister, Sie sollen ganz himmlich phantasieren; o phantasieren Sie uns doch eins! nur ein wenig! ich bitte! Ich versetzte ganz trocken, die Phantasie sei mir heute rein ausgegangen; und indem wir so darüber sprechen, hat ein Teufel in der Gestalt eines Elegants mit zwei Westen im Nebenzimmer unter meinem Hut die Bachschen Variationen ausgewittert; der denkt, es sind so Variatiönchen: nel cor mi non più sento — Ah vous dirai-je, maman etc. und will, ich soll darauf losspielen. Ich weigere mich: da fallen alle über mich her. Nun so hört zu und berstet vor Langeweile, denk' ich und arbeitete drauflos. Bei Nr. 3 entfernten sich mehrere Damen, verfolgt von Tituskopfen. Die Röderleins, weil der Lehrer spielte, hielten nicht ohne Qual aus bis Nr. 12. Nr. 15 schlug den Zweiwestenmann in die Flucht. Aus ganz übertriebener Höflichkeit blieb der Baron bis Nr. 30 und trank blos viel Punsch aus, den Gottlieb für mich auf den Flügel stellte. Ich hätte glücklich geendet, aber diese Nr. 30, das Thema, riss mich unaufhaltsam fort. Die Quartblätter dehnten sich plötzlich aus zu einem Riesenfolio, wo tausend Imitationen und Ausführungen jenes Themas geschrieben standen, die ich abspielen musste. Die Noten wurden lebendig und flimmerten und hüpften um mich her — elektrisches Feuer fuhr durch die Fingerspitzen in die Tasten — der Geist, von dem es ausströmte, überflügelte die Gedanken — der ganze Saal hing voll dichten Dufts, in dem die Kerzen düstrer und düstrer brannten — zuweilen sah eine Nase heraus, zuweilen ein paar Augen! aber sie verschwanden gleich wieder. So kam es, dass ich allein sitzen blieb mit meinem Sebastian Bach, und von Gottlieb, wie von einem spiritu familiari bedient wurde! — Ich trinke! — Soll man denn ehrliche Musiker so quälen mit Musik, wie ich heute gequält worden bin und so oft gequält werde? Wahrhaftig, mit keiner Kunst wird so viel verdammter Missbrauch getrieben, als mit der herrlichen, heiligen Musika, die in ihrem zarten Wesen so leicht entweiht wird! Habt ihr wahres Talent, wahren Kunstsinn: gut, so lernt Musik, leistet was der Kunst würdiges, und gebt dem Geweihten euer Talent hin im rechten Mass. Wollt ihr ohne das Quinkelieren: nun so thut's für euch und unter euch, und quält nicht damit den Kapellmeister Kreisler und andere. — Nun könnte ich nach Hause gehen und meine neue Klaviersonate vollenden; aber es ist noch nicht elf Uhr und eine schöne Sommernacht. Ich wette, neben mir beim Oberjägermeister sitzen die Mädchen am offnen Fenster und schreien mit kreischender, gellender, durchbohrender Stimme zwanzigmal: Wenn mir dein Auge strahlet — aber immer nur die erste Strophe, in die Strasse hinein. Schrägüber martert einer die Flöte und hat dabei Lungen wie Rameaus Neffe, und in langen, langen Tönen macht der Nachbar Hornist akustische Versuche. Die zahlreichen Hunde der Gegend werden unruhig, und meines Hauswirts Kater, aufgeregt durch jenes süsse Duett, macht dicht neben meinem Fenster (es versteht sich, dass mein musikalisch-poetisches Laboratorium ein Dachstübchen ist), der Nachbars Katze, in die er seit März verliebt ist, die chromatische Scala hinaufjammernd, zärtliche Geständnisse. Nach elf Uhr wird es ruhiger; so lange bleib' ich sitzen, da ohnedies noch weisses Papier und Burgunder vorhanden, von dem ich gleich etwas geniesse. — Es giebt, wie ich gehört habe, ein altes Gesetz, welches lärmenden Handwerkern verbietet, neben Gelehrten zu wohnen: sollten denn arme, bedrängte Komponisten, die noch dazu aus ihrer Begeisterung Gold münzen müssen, um ihren Lebensfaden weiter zu spinnen, nicht jenes Gesetz auf sich anwenden und die Schreihälse und Dudler aus ihrer Nähe verbannen können? Was würde der Maler sagen, dem man, indem er ein Ideal malte, lauter heterogene Fratzengesichter vorhalten wollte? Schlösse er die Augen, so würde er wenigstens ungestört das Bild in der Phantasie fortsetzen. Baumwolle in den Ohren hilft nicht, man hört doch den Mordspektakel; und dann die Idee, schon die Idee; jetzt singen sie — jetzt kommt das Horn etc. der Teufel holt die sublimsten Gedanken! — Das Blatt ist richtig vollgeschrieben; auf dem vom Titel umgeschlagenen weissen Streifen will ich nur noch bemerken, warum ich hundertmal es mir vornahm, mich nicht mehr bei dem geheimen Rat quälen zu lassen, und warum ich hundertmal meinen Vorsatz brach. — Freilich ist es Röderleins herrliche Nichte, die mich mit Banden an dies Haus fesselt, welche die Kunst geknüpft hat. Wer einmal so glücklich war, die Schlussscene der Gluckschen Armida, oder die grosse Scene der Donna Anna im Don Giovanni von Fräulein Amalien zu hören, der wird begreifen, dass eine Stunde mit ihr am Piano Himmelsbalsam in die Wunde giesst, welche alle Misstöne des ganzen Tages mir gequälten musikalischen Schulmeister schlugen. Röderlein, welcher weder an die Unsterblichkeit der Seele, noch an den Takt glaubt, hält sie für gänzlich unbrauchbar für die höhere Existenz in der Theegesellschaft, da sie in dieser durchaus nicht singen will, und denn doch wieder vor ganz gemeinen Leuten, z. B. simplen Musikern, mit einer Anstrengung singt, die ihr gar nicht einmal taugt: denn ihre langen, gehaltenen, schwellenden Harmonikatöne, welche mich in den Himmel tragen, hat sie, wie Röderlein meint, offenbar der Nachtigall abgehorcht, die eine unvernünftige Kreatur ist, nur in Wäldern lebt, und von dem Menschen, dem vernünftigen Herrn der Schöpfung, nicht nachgeahmt werden darf. Sie treibt ihre Rücksichtslosigkeit so weit, dass sie sich zuweilen sogar von Gottlieb auf der Violine accompagnieren lässt, wenn sie Beethovensche oder Mozartsche Sonaten, aus denen kein Theeherr und Whistiker klug werden kann, auf dem Piano spielt. — Das war das letzte Glas Burgunder. — Gottlieb putzt mir die Lichter und scheint sich zu wundern über mein emsiges Schreiben. — Man hat ganz recht, wenn man diesen Gottlieb erst sechzehn Jahre alt schätzt. Das ist ein herrliches, tiefes Talent. Warum starb aber auch der Papa Thorschreiber so früh; und musste denn der Vormund den Jungen in die Liverei stecken? — Als Rode hier war, lauschte Gottlieb im Vorzimmer, das Ohr an die Saalthüre gedrückt, und spielte ganze Nächte; am Tage ging er sinnend, träumend umher, und der rote Fleck am linken Backen ist ein treuer Abdruck des Solitärs am Finger der Röderleinschen Hand, die, wie man durch sanftes Streicheln den somnambulen Zustand hervorbringt, durch starkes Schlagen ganz richtig entgegengesetzt wirken wollte. Nebst andern Sachen habe ich ihm die Sonaten vom Corelli gegeben; da hat er unter den Mäusen in dem alten Oesterleinschen Flügel auf dem Boden gewütet, bis keine mehr lebte, und mit Röderleins Erlaubnis auch das Instrument auf sein kleines Stübchen translokiert. — Wirf ihn ab, den verhassten Bedientenrock, ehrlicher Gottlieb! und lass mich nach Jahren dich als den wackeren Künstler an mein Herz drücken, der du werden kannst mit deinem herrlichen Talent, mit deinem tiefen Kunstsinn! — Gottlieb stand hinter mir und wischte sich die Thränen aus den Augen, als ich diese Worte laut aussprach. — Ich drückte ihm schweigend die Hand, wir gingen hinauf und spielten die Sonaten von Corelli.

Josef Rheinberger.

Josef Rheinberger war bis wenige Tage vor seinem Tode emsig an der Arbeit, eine **neue Messe** (in A-moll) für gemischten Chor mit Orgelbegleitung zu vollenden. Das Original des nahezu fertigen Werkes befindet sich jetzt im Besitze der Kgl. bayrischen Hof- und Staatsbibliothek in München. Mit Genehmigung derselben und unter Zugrundelegung hinterlassener Skizzen hat Louis Adolph Coerne aus Boston (Mass) es unternommen, das wertvolle Werk seines verstorbenen Freundes und einstigen Lehres in dessen Geiste zu ergänzen und druckfertig herzustellen.

Der Verleger einer grossen Anzahl Rheinberger'scher Kirchenkompositionen, F. E. C. Leuckart in Leipzig, wird die nachgelassene Messe von Rheinberger als dessen op. 197 demnächst erscheinen lassen.

Vielen Verehrern des Meisters wird das ernste, ergreifende

Werk umso willkommener sein als es einfach gehalten und sehr leicht ausführbar ist. Kaum ein zweites Werk, dass sich bequemer vom Blatt singen lassen dürfte. Im gleichen Verlage ist kürzlich eine andere Messe Rheinbergers, die ursprünglich für Frauenchor geschriebene Messe, op. 126 b, für gemischten Chor bearbeitet von Jos. Renner jun., erschienen. Das Werk zeichnet sich aus durch weiche, melodische Stimmführung und blühenden Wohlklang, empfiehlt sich auch durch seine leichte Ausführbarkeit. Die Original-Ausgabe erschien bei Chr. Werner, München.

Neue Litteratur.

Prof. Herm. Ritter. Allgem. illustr. Encyklopädie der Musikgeschichte. Bd. 2. Verlag von M. Schmitz, Leipzig. Der vorliegende Band bringt in derselben tadellosen Ausführung, wie der bereits besprochene 1. Band eine Uebersicht über die Musikentwickelung im Mittelalter, bis zur Ausbildung des Kontrapunktes und des mehrstimmigen Gesanges. Die Entwickelung der Notenschrift, der Minne- und Meistersang gelangen mit guten Abbildungen zu anschaulicher Darstellung.

„Ich liebe Dich". Gedichte von Alfr. Bichler, Heidelberg. J. Hörning. Das schmucke Bändchen dürfte vielleicht manchem jugendlichen Tonsetzer, der sich gedrängt fühlt, hinauszujauchzen, was seine liebende Brust zu zersprengen droht, das notwendige Substrat bieten.

Geschichte des Violinspiels von C. Witting. Preis ℳ 1.50.

Die „Universal-Bibliothek für Musiklitteratur", welche sich reicher Verbreitung zu erfreuen hat, bringt als Nr. 83—85 in dem obengenannten 150 Seiten füllenden Werke aufs Neue wieder eine recht verdienstliche, der musikstudierenden Jugend gewidmete Arbeit. Witting, dessen pädagogische Bestrebungen um das gediegene Violinspiel in Wort und That seit Jahren hochgeschätzt werden, teilt den umfassenden Stoff in fünf Abteilungen: I. Die Sonate von Corelli bis Beethoven. II. Etuden Capricen von Locatelli bis Paganini. III. Schulen von L. Mozart bis Spohr. IV. Konzerte von Viotti bis Spohr und V. Solo-Quartett, Duett Lolli bis Spohr. Die auf der Grundlage reicher Kenntnis und Erfahrung sich stützende Arbeit wird noch wesentlich belebt durch die in den Text gefügten kurzen Noten-Beispiele und sonstige didaktische Erläuterungen, wie z. B. die auf Seite 116 beginnende des Violinkonzerts von Beethoven. Aus der ganzen Anordnung des Stoffes geht hervor, dass das Geschichtliche über die Entwickelung der Kunst der Komposition und dem Weitergehen der Violintechnik als ein Hauptmoment der Darstellung dem Verfasser leitend gewesen. Es ist nicht zuviel gesagt, wenn man der Ueberzeugung Raum gibt, dass alles Wissenswerte hier dem aufstrebenden Violinisten in prägnanter und dabei übersichtlicher Fassung nahegelegt wird. Dem Lernenden gibt Witting ein Hilfsbuch, das mit bestem Erfolge neben praktischen Studien sich bewähren dürfte.

Prof. E. Krause.

Verschiedenes.

Krefeld. Der M.-G.-V. Polyhymnia (Dir. J. Zey jun.) feiert am 12.—14. Juli das Fest seines 40jährigen Bestehens durch grosses Sängerfest und Festzug.

Rheydt. Der Städtische Männergesangverein Leit.: Musikdir. G. Kramm-Düsseldorf) gedenkt im Sept. d. J. sein goldenes Jubiläum im Rahmen eines grösseren Gesangfestes zu begehen und dazu auch auswärtige Vereine einzuladen.

Köln. Karl Rost, der beliebte Oratorien- und Konzertsänger wurde durch das Ritterkreuz der rumänischen Krone ausgezeichnet.

Köln-Nippes. Der grosse Gesangwettstreit des M.-G.-V. Köln Nippes ging in allen Teilen würdig von statten. Höchst interessant gestaltete sich in der ersten Klasse der Kampf, aus welchem schliesslich als Sieger Quartettverein Köln-Ehrenfeld (Pütz) u. Humor, Aachen-Burtscheidt (Speiser) hervorgingen. Aufgegebener Chor war: Fedor Berger „Der Herr des Meeres". Die anderen Preise verteilten sich folgendermassen:

2. Klasse: Preischor: O. Neubner „Des Jägers Heimkehr". I. Preis: Sängerlust-Munster. II. Preis: Liederkranz-Rodenkirchen.

3. Klasse: Preischor: H. vom Ende „Das deutsche Lied". I. Preis: Liederkranz-Köln-Sülz (van Bruck). II. Preis: Sängerbund-Brand (Peltzer).

4. Klasse: I. Preis: Liederkranz-Dünnwald.

Ehrenpreissingen: Die I. Preise errangen: I. Klasse: Quartettverein-Köln-Ehrenfeld. II. Klasse: Liederkranz-Rodenkirchen. 3. Klasse: Liedertafel-Lüttringhausen. 4. Klasse. Liederkranz-Poll.

Höchste Ehrenklasse: I. Klasse: Preischor (8 Tage): Sechs Sieben oder Acht von Arn. Kroegel. I. Preis: Humor-Aachen-Burtscheid. 2. Klasse: Preischor: „Es ist ein Brünnlein geflossen" von H. vom Ende. Eintracht-Bonifacius-Kray (G. Meyer) 3. Klasse: „Des Sohnes Heimkehr" von Baugard-Wasem, Sängerbund-Brand.

In dem vorhergehenden Festkonzert des veranstaltenden Vereins machte namentlich der grössere Chor mit Orchester und Harmonium: „Deutsche Sänger am Missouri" von Ernst Heuser gewaltigen Eindruck. Das glänzende Material des Chores schwebte siegreich über den brausenden Akkorden der Begleitung und rang um die Krone mit den Klängen der Blasinstrumente, welche sich am Schlusse zu dem Liede: „Deutschland, Deutschland, über alles" vereinigen.

Das Harmonium der Zukunft.

In einer Brochüre (Dr. E. Eulings Verlag, Berlin macht W. Lückhoff, der Redakteur der Zeitschrift „Das Harmonium" Vorschläge für die Umgestaltung dieses schönen Hausinstruments. Er sucht die Vorurteile zu zerstreuen, welche der Anerkennung des Instruments als eines durchaus selbständigen künstlerischen Ausdrucksmittels für eine neuartige Musikgattung und einen neuen, eigenartigen Kompositionsstil leider im Wege stehen. Mit dem Harmonium ist das Problem gelöst, Polyphonie, Ausdrucksfähigkeit und getragenen, modulationsfähigen Ton in einem Instrument zu vereinigen. Der Industrie ist es gelungen, durch verschiedene Bearbeitung der Zungen neue Klangcharaktere zu schaffen und unsre Orchester-Instrumente mit verblüffender Aehnlichkeit nachzuahmen. Durch eine sinnvolle Verteilung der Stimmen (Disposition), durch die Einrichtung, getrennte Stimmgruppen gleichzeitig dynamisch verschieden zu behandeln, durch allerhand Mechanismen ermöglicht das Harmonium Wirkungen, die ihm ein durchaus orchestrales Gepräge geben; es hat sich zu einem Orchester des Zimmers entwickelt; es ist das Hausinstrument der Zukunft!

Leider hat die Zersplitterung auf dem Gebiete des Harmoniumbaues auch eine solche in der Litteratur gezeitigt. Wir haben zwei von einander gänzlich abweichende Systeme: Das Druckluft-Harmonium mit dem Umfang C—c⁴, der Halbteilung zwischen e¹ und f¹ und mit stets durchgehenden Registern — und das Saugluft-Harmonium mit dem Umfang von F—f³, Halbteilung zwischen h und c. Auch die Disposition ist hier anders. Wir finden hier sog. halbe Stimmen von nur 2½ Oktaven Umfang und verschiedenem Fusston, weniger die durchgehenden Stimmen von durchgehend einheitlicher Klangfarbe. Dazu kommt die Oktav-Koppel, welche stets auf alle eingeschalteten Register wirkt, und die Dämpfungsvorrichtungen.

Während es sich beim Druckluft-Harmonium um absolute mehrstimmige Musik handelt, die in keiner bestimmten Klangfarbe gedacht und auf äusserliche, klangliche Wirkungen hin nicht berechnet ist (wie bei August Reinhard), musste die Eigentümlichkeit der Saugluftinstrumente eine gänzlich neue Kompositionsrichtung entstehen lassen, bei welcher die Klangfarbe das Wesentliche bildet.

Lückhoff plädiert nun für eine Verschmelzung beider Systeme derart, dass das neue Instrument eine Nutzbarmachung der gesamten vorhandenen Litteratur ermöglicht. Die Disposition würde sein: Umfang F—c⁴, Halbteilung zwischen h und c im Saugsystem; 4 durchgehende Register (16, 16 und 4') und die nötigen Abschwächungen, die Aeolsharfe, der Sub-Bass, die Oktavkoppel und die Voxhumana. Eine Hauptbedingung für dieses „Normal-Harmonium" wäre eine Balgkonstruktion, die das ... Expressionstreten ermöglicht. Durch Abdämpfen (Oeffnen und Schliessen der Schallklappen) der Schallmassen wird der richtige Ausdruck nicht erzielt; das geschieht nur durch die Veränderung des auf die Zungen wirkenden Luftdruckes. Ein weiterer Vorzug wäre die „doppelte Expression", eine Teilung des Instrumentes in zwei nebeneinanderliegende selbständige Werke, das eine für Begleit-, das andere für Solostimmen. Andere Vorschläge beziehen sich auf die Registerbezeichnungen.

Dieser Nummer liegt ein Prospekt des Verlags von Robert Forberg (Werke von Jos. Rheinberger) sowie ein solcher des Verlags E. Eulenburg, Leipzig (Schiebold, Vertocht, Deutsche Eiche etc) bei; wir empfehlen diese Beilagen der Aufmerksamkeit unserer Leser.

Der Sänger.

Amtliches Organ des westdeutschen Sängerverbandes.

Das Volkslied ist die Unsterblichkeit der Musik.
Marx.

Verbunden werden auch die Schwachen mächtig.
Schiller.

26. Mai 1902. || Vorsitzender: Lehrer A. Gau, Hilden bei Düsseldorf. || Nr. 8.

Redaktion u. Verlag: H. vom Ende, Köln a. Rhein, Ecke Bismarckstrasse 25.

Verbandsnachrichten.

Fortsetzung der Mitgliederliste.

Als persönliche Mitglieder sind nachzutragen: 67. H. Hubert Schneppensiepen, Dirig., Schlebusch; 68. Chordirig. J. Brezer-Barmen; 69. Brennereibes. Rud. Bickern-Hamme i. W.; 70. Lehrer Schüssler-Hamme i. W.; 71. Chordir. J. Thilmany-Mettlach; 72. Musiklehrer Chr. Hieronymuss-Langendreer; 73. Musikl. Grossjohann-Detmold.

Ausserordentliche Delegierten-Versammlung in Duisburg, am 27. April 1902.

Die Delegiertenversammlung tagte im Restaurant „Zum Fürsten Bismarck". Nach der Begrüssung durch den Vorsitzenden Gau-Hilden wurde die noch rückständige Rechnungslage vorgenommen, welche ergab, dass die Unkosten bis dato, besonders auch vom Düsseldorfer Feste her, die Einnahmen bei Weitem übersteigen. Der Fehlbetrag wurde durch Geschenk ausgeglichen. Es steht bei der zunehmenden Zahl der persönlichen Mitglieder fest, dass die Auslagen in Zukunft von den Einnahmen gedeckt werden können. Dazu wird insbesondere die ebenfalls beschlossene Bezirkseinteilung des Verbandes beitragen. Weiteres darüber später. — Aus dem Verwaltungsberichte des Vorsitzenden ergab sich, dass seit der vorigjährigen Tagung folgende wichtige Aktionen stattgefunden hatten:

1. Die Einrichtung der Dirigentenkurse. 2. Anberaumung eines 1. Verbandswettstreites in Duisburg am 3. August. 3. Desgleichen des 2. westdeutschen Dirigententages in Bochum i. W. (Pfingstdienstag ds. Js.). 4. Annahme unserer Wettstreitordnung seitens des Sieg-Sängerbundes. 5. Wirksamkeit der Rhein. Volksliedertafel zugunsten des Verbandes. 6. Die weitere Herausgabe von Volksliedern im Auftrage des Verbandes. 7. Das Erscheinen des Volksliederkatalogs und der 1. Flugschrift. 8. Die persönl. Mitglieder sind auf 73 angewachsen. 9. Neu beigetretene Vereine sind: Sängerbund-Schalke i. W.; Liederkranz-Bismarck i. W. und Blütenkranz-M.-Gladbach.

Wegen der herrschenden Geschäftsflaue haben verschiedene Vereine ihren Entschluss, am Wettstreite teilzunehmen, zurückgezogen. Die Delegierten beschlossen, auch unter diesen Verhältnissen am Wettstreite festzuhalten. Es wird in drei Klassen gesungen. Aufgabe ist in jeder Klasse ein Sechswochenchor, welcher gegen Postnachnahme zur Versendung gelangt. Ferner wird um den zu stiftenden Wanderpreis, resp. den Kaiserpreis, wenn selbiger ein Wanderpreis sein sollte, ein Volkslied in neuem Satze gesungen und bei Feststellung des Urteils die Gesamtleistung, also die Resultate der beiden Chöre in Rechnung gezogen. Das Volkslied gelangt mit dem Sechswochenchor zur Versendung. Nur solche Vereine, welche auf den Sechswochenchor einen Preis erhalten, können um den Kaiser- resp. Wanderpreis mit konkurrieren. Die Preise bestehen in gleichwertigen Medaillen und Diplomen. Das finanzielle Risiko des Wettstreites trägt je zur Hälfte der Verband und der festveranstaltende Verein Germania-Duisburg.

Nach dem Wettstreite wird jedem teilnehmenden Vereine eine sachgemässe Kritik zugesandt. Das Festbuch, gleichzeitig Jahrbuch des Verbandes, erhalten alle Mitglieder des Verbandes zu Vorzugspreis; die wettstreitenden Vereine sind gehalten, für die Sänger das Buch zu beziehen.

Als dritter Punkt der Tagesordnung wurde die Bezirkseinteilung des Verbandes vorgeschlagen. Es wurden vorläufig folgende Bezirksvereine in Aussicht genommen:
1. Bezirk Düsseldorf Stadt und Landkreis); 2. M.-Gladbach; 3. Wupperthaler Bezirk (Elberfeld-Barmen-Vohwinkel); 4. Remscheid (Remscheid, Dahlhausen, Wermelskirchen); 5. Velbert; 6. Duisburg; 7. Krefeld; 8. Köln; 9. Rees; 10. Gelsenkirchen (Schalke, Bismark); 11. Bochum (Bochum-Wanne-Hagen); 12. Siegkreis; 13. Iserlohn.

Diese Bezirke bilden je einen Bezirksverein, zu welchem folgendes Normalstatut vorgeschlagen wird.

§ 1. Der Bezirksverein N. N. des westdeutschen Sängerverbandes macht als Glied dieses Verbandes die Satzungen desselben zu den seinigen. Er ist eine Vereinigung der dem Verbande im Bezirke N. N. angegliederten Vereine und der persönlichen Mitglieder.

§ 2. Der Vorstand des Bezirksvereins besteht aus Vorsitzendem, Schriftführer und Kassierer. (Kann von drei auf sechs Personen ausgedehnt werden).

§ 3. Jeder Bezirksverein hat durch seine von ihm selbst gewählten Vertreter Stimmen in der Delegiertenversammlung des Verbandes.

§ 4. Die Versammlungen innerhalb des Bezirksvereins beruhen auf besonderer Vereinbarung, die sich nach den Verhältnissen der einzelnen Bezirken verschieden gestalten wird.

§ 5. Die Abstimmungen in den Versammlungen geschehen nach der bisherigen Praxis im Verbande: Persönliche Mitglieder haben 1 Stimme und die Vereine je 2 Stimmen; einfache Mehrheit entscheidet.

§ 6. Jedes persönliche Mitglied zahlt pro Jahr (Kalenderjahr) 1 Mark, und jeder angeschlossene Verein für die aktiven Sänger pro Jahr 10 Pfennig an den Bezirksverein. Der Verbandsbeitrag kommt in Fortfall.

§ 7. Von den einkassierten Beiträgen gibt die Bezirksvereinskasse an die Verbandskasse die Hälfte ab, die Ueberweisung an die Verbandskasse hat postnummerando bis 31. Januar zu erfolgen.

§ 8. Ausser den schon durch Hauptstatut festgelegten Aufgaben, hat der Bezirksverein besonders auf die Pflege des Edelvolksliedes, die Vervollkommnung im Gesange, Ausmerzung der übermässigen Festgeberei, auf die Veranstaltung gediegener Konzerte unter Ausschliessung alles Nebensächlichen und die Erstrebung freundschaftlicher Beziehungen unter den Vereinen und persönl. Mitgliedern sein Augenmerk zu richten.

§ 9. Bezüglich der Gesangwettstreite ist folgendes massgebend:
a) Alle fünf Jahre kann ein Bezirkswettstreit nach Verbandsgrundsätzen abgehalten werden.
b) Die Bezirkswettstreite unterstehen der Beschlussfassung der Verbandsdelegiertenversammlung und müssen vorher beantragt werden.
c) Ein Bezirkswettstreit kann zu einem Verbandswettstreite erweitert werden.

An diese Bezirksvereinssatzungen sind die Hauptstatuten des Verbandes anzuschliessen. — Gleich nach Veröffentlichung dieser Ordnung mögen die dazu beauftragten Personen resp. Vereine in die Organisation der Bezirksvereine eintreten.

Der Verbandsvorsitzende.

Aus dem Verbande.

Duisburg. Das „Männerquartett Hochfeld“ beteiligte sich an einem „Lieder-Abend“, der ausschliesslich dem Männergesang gewidmet war. Genannter Verein brachte zum Vortrage: „Treue Liebe“ von Schwartz und „Am Bergstrom“ von Köllner. Ein wahrer Beifallssturm folgte dem letzten Vortrage, der von der Leistungsfähigkeit der 18 Mann starken Sängerschar sowohl, wie von der fleissigen Arbeit des Herrn Chordirigenten und seiner genialen Auffassung beredtes Zeugnis ablegte. Wie gross die Liebe zum Chorgesang ist, der in Duisburg mehr und mehr das Interesse aller Kreise auf sich zieht, beweist einigermassen nachstehende Angabe der Chöre, die auf dem erwähnten „Lieder-Abend“ unter peinlichster Aufmerksamkeit der über 500 Personen zählenden Zuhörerschaft zu Gehör gelangten: „Untreue“ von Silcher, „Abschied vom Walde“ von Klauer, „Lied der Landsknechte“ von Sinns, „Die drei Zigeuner“ von Zedtler, „Das Kreuz im Walde“ von Kreutzer, „Herr, unser Gott, wie gross bist Du“ von Schnabel, „Sonn' nicht ist schlafen gangen“, von Abt, „Es haben zwei Blümlein geblühet“ von Schrader, „Der Schweizer“ von Silcher, „Waldandacht“ von Abt, „Hoho, du stolzes Mädel“ von Dregert, „Mein Himmel auf der Erde“ von Pfeil, „Jägerchor“ von Perfall, „Hymne an die Nacht“ von Beethoven. Ausserdem wurden die reizendsten Zugaben vom Stapel gelassen, so z. B.: „Es geht bei gedämpfter Trommelklang“ und zwar nicht nach der vielfach vertretenen Meinung, nach welcher die eine Strophe wie die andere gesungen werden soll, sondern mit möglichster Ausprägung der diesem Liede innewohnenden lyrischen und dramatischen Momente. Die anwesenden Kunstkenner wie die grosse Anzahl erfahrener Sänger zeigten durch sehr lebhaften Beifall an, wie sehr sie mit dieser Darstellung eines „Volksliedes“ sympathisierten. Da hierorts gerade dieser Punkt, die Auffassung bezw. die Durcharbeitung eines Volksliedes nach Art eines Kunstliedes unter den Herrn Dirigenten zu lebhaften Debatten Veranlassung giebt, so wäre es sehr zu wünschen, wenn sich demnächst auch die Redaktion des „Sänger“ an derselben durch Klarlegung ihrer Meinung beteiligte. Der bereits angekündigte Vortrag des Herrn Verbandvorsitzenden Gau, der auf dem Dirigententage in Bochum das „Volkslied“ dem „Kunstlied“ gegenüber stellen wird, bringt hoffentlich den Streit zum Austrag. Sollte dieser Vortrag in Form eines Flugblattes demnächst auch nach Duisburg gelangen, so wären mehrere Liebhaber des „Volksliedes“ der Redaktion besonders dankbar. v. d. Beek, „persönl. Mitglied“.

Anm. der Red. Die nächste Nummer des „Sänger“ wird eine Klarstellung dieser Frage bringen. Siehe auch den heutigen Artikel: „Volkslieder als Duette“.

Der „Rheinländer“ schreibt: Unsere **„Rhein. Volksliedertafel“** hat wieder mit grossem Erfolge am 27. April in Duisburg gesungen, was gewiss mit Rücksicht auf den demnächst hier abzuhaltenden 2. Volksliederabend in einem grösseren Saale Beachtung verdient. Die „Duisburger Volkszeitung“ lobt in einem längeren Referate die recht wirkungsvollen Chöre und giebt der Freude über die zahlreichen zum Vortrag gebrachten Volkslieder Ausdruck. Die „Rhein.-Westf. Bürgerzeitung“ schreibt: . . . „Ganz besonders aber lenkte die „Rhein. Volksliedertafel“ durch ihre vortrefflich zu Gehör gebrachten Piecen die Aufmerksamkeit der Zuhörer auf sich und fand reichen Applaus“. Das „Duisburger Tageblatt“ bemerkt: „Was die „Rhein. Volksliedertafel“ betrifft, so kann man nur sagen, der Chor sang tadellos. Ganz besonderen Eindruck machte das Lied „Wie schienen die Sternlein so hell, so hell“, bearb. von H. vom Ende. Der Chor musste sich zu einer Zugabe verstehen. Die „Rhein. Ruhrzeitung“ hebt besonders den humorvollen, neckischen Inhalt der Volkslieder hervor, welcher durch wirkungsvolle Wiedergabe Stürme des Beifalls hervorrief.

Konzert der Germania-Duisburg. Duisburg, 28. April. Das gestrige Konzert des M.-G.-V. Germania hob sich über das Niveau der gewöhnlichen gesanglichen Veranstaltungen bedeutend hervor. Das Programm war recht geschickt und abwechselungsreich zusammengestellt. Mit dem Begrüssungschor „Sangesbrüder heut vereint, seid gegrüsst“, gesungen vom M.-G.-V. Germania, wurde das Konzert eröffnet. Anknüpfend an die Worte „Seid gegrüsst“, hielt Herr Roweland als Vorsitzender des Gesangvereins eine Ansprache. Redner begrüsste die Erschienenen und erwähnte, dass der M.-G.-V. Germania in diesem Jahre sein 50jähriges Jubiläum feiere. Am 12. Januar 1852 hätten sich einige Männer von der Firma A. Boninger, die von der Liebe zum deutschen Männergesang durchdrungen waren, zusammengeschart und diesen Verein gegründet und Herr Hauptlehrer Niewöhner, der von denselben Gefühlen beseelt gewesen, sei der erste Dirigent gewesen. Herr Niewöhner sei später zum Ehrenmitgliede des Vereins ernannt worden, in welcher Eigenschaft er dem Verein bis zu seinem Tode angehört hätte. Herr Roweland gab alsdann in grossen Zügen ein Bild von der weiteren Geschichte des Vereins bis auf den heutigen Tag. Redner betonte, dass der M.-G.-V. Germania sich an Gesangwettstreiten nie beteiligt habe; er teilte ferner mit, dass der Verein am 3. August cr. einen Gesangwettstreit abhalte, aber nach den Grundsätzen des Westdeutschen Sängerbundes. Da die Rheinische Volksliedertafel und zwei berühmte Künstlerinnen an dem Konzert mitwirken, meinte Redner, so hoffe er, dass jeder Besucher des Konzerts für sich etwas Interessantes aus dem Programm werde entnehmen können. Hierauf begab sich Fräulein Paula Dupuis-Köln an den Flügel, welcher aus der Niederlage des Herrn E. Kirsch, Charlottenstrasse, gestellt war, und spielte das Nocturno Fis-dur und eine Ballade As-dur von Fr. Chopin mit grosser Eleganz. Reicher Beifall belohnte die Künstlerin für ihre Vorträge. Nachdem dann die etwas schwermutigen Klänge eines Volksliedes aus dem 15. Jahrhundert „Abschied von Insbruck“, vom M.-G.-V. Germania gesungen, verklungen waren, erfreute Fräulein Adele Stöcker-Köln mit einem wunderschönen Violinsolo. Die junge Künstlerin spielte ein Konzert D-moll von Vieuxtemps mit so tiefem Empfinden, dass atemlose Stille im Saale herrschte. Reinheit der Töne vereinigte sich mit einer das Ohr angenehm berührenden Weichheit derselben. Uneingeschränktes Lob gebührt der Künstlerin. Was die Rheinische Volksliedertafel betrifft, so kann man nur sagen, der Chor sang tadellos. Ganz besonderen Eindruck machte das Lied „Wie schienen die Sternlein“, von der Rheinischen Volksliedertafel gesungen. Der Chor musste sich auch zu einer Zugabe verstehen. Es gelangten zum Vortrag die Volksliedchen: „Frisch, lustig und fröhlich, ihr Handwerksgesellen“, „Und als die Schneider Jahrstag hatten“ von Dr. J. Pommer, „Trost in der Ferne“ von C. Steinhauer, „Wie schienen die Sternlein“, „Tanz Liebchen, tanz“ und „Herzig Mariandl“ von H. vom Ende.

Volkslieder als Duette.

Die Bemühungen, alte Volkslieder neu zu beleben, haben sich noch immer belohnt gemacht. So manches Dichters und manches Tondichters Liederkunst hat sich an dem Brunnen der Volkspoesie wieder gesund getrunken und seine schönsten Erfolge von Volksliedes Gnaden errungen. Es braucht kaum daran erinnert zu werden, welche Anregungen in der letzten klassischen Periode die Bürger, Herder und Goethe aus dieser Poesie empfangen, oder welchen Gewinn die Dichtung des vorigen Jahrhunderts aus dem Studium der mittelalterlichen Volkslieder zog, seitdem die Romantiker und dann Uhland mit ihren Sammlungen dazu aufforderten. Neuerdings hat das Volkslied sich sogar den vornehmen Konzertsaal erobert. Das vierstimmige Volkslied fehlt kaum auf einem Programm unserer Männerchöre, und die unvergleichliche Amalie Joachim errang sich noch vor zehn Jahren ihre schönsten unverwelklichen Ruhmeskränze gerade mit Volksliederabenden, die sie in der Philharmonie veranstaltete. Es handelt sich bei dieser Einführung des Volksliedes in den Konzertgebrauch selbstverständlich um Bearbeitungen. Die alte schöne Melodie war harmonisiert worden oder mit einer passenden Begleitung versehen worden, wie sie dem Kunstlied eignet. Das moderne Ohr kann eben die ausfüllende Harmonie nicht gut entbehren und eine geschickte, aus den Liedermotiven entwickelte Begleitung ist oft imstande, die Schönheit der Volksmelodie noch zu heben und auch künstlerisch in das rechte Licht zu stellen. Man möchte in solchem Fall von goldnen Früchten reden, die auf silbernen Schalen dargeboten werden, von kostbaren Perlen die eine schöne Fassung erhalten.

Ein weiterer Schritt zur Wiederbelebung solcher Volksweisen in Haus und Konzertsaal ist neuerdings mit Duetten unternommen worden, die der hochbegabte Wilhelm Berger im Verlage von Alb. Stahl (Berlin W.) unter dem Titel „24 Volkslieder für Mezzo-Sopran und Bariton (oder Tenor) mit Klavierbegleitung“ herausgegeben hat. Die Gesänge können selbstverständlich auch von einer Mezzo-Stimme liedartig allein gesungen werden, und die von der Bariton-Stimme abweichenden Töne des Tenors sind in kleinerem Druck für die ersteren verwerkt. So kann die in 3 Heften erschienene Sammlung dreifach verwertet werden, was ihrer Verbreitung nicht minder dienlich sein wird, wie der mässige Stimmumfang des Satzes. Die Sopranstimme hat nie über das zweigestrichene f hinauszusingen, die zweite Stimme bewegt sich vorwiegend in der Mittellage und ist nicht nur als Füll- oder Unterstimme behandelt, sondern so frei und schön geführt, wie es nur möglich war, ohne Charakter und Melodik des Volksgesanges zu schädigen. Damit vertragen sich auch durchaus kleine kanonische Erweiterungen des Satzes, wie sie z. B. das köstliche: „Es steht ein Lind“ in der Zeile „sie will mir helfen trauern“ bringt, gleichsam um die schöne Wendung der Melodie noch eindringlicher hervorzuheben. Es ist eben hier nicht nur ein Bearbeiter über diese Volkslieder gekommen, sondern ein schaffender Künstler, den ihre Schönheit so ergriff, dass sofort die eigene Schöpferlust angeregt wurde, und er nun nachschaffend das Original noch einmal durchlebte und wie ein Selbstempfundenes neu aus sich herausgestaltete. Man fühlt das auch den Begleitungen Bergers an, die mit grosser Liebe dem Empfindungsgehalt des einzelnen Liedes nachgehen und kraft seiner Melodik markige Vollakkorde gesellen, ihre Lieblichkeit mit wahrem Klangzauber umschimmern. So ist ein ganz eigenartiges neues Gebilde entstanden, eine Vermählung volkstümlicher Melodik mit feinstem künstlerischem Formensinn. Der strenge Purist, der nur ein Volkslied gelten lassen will, wenn es wirklich gesungen wird, wie es vielleicht entstand, d. h. unisono und unbegleitet,

·h jeder Bearbeitung des Volksliedes abhold sein, aber der
d, der auch gleichzeitig ein Kenner des Volksliedes ist, wird
e Freude an einer Vermählung von Kunst und Natur haben,
dler Wahrung der unvergänglichen Schönheit des Volksliedes
erfeinerten Kunstsinn etwas bietet und nur die reiche Fassung
aren Juwels sein will.
vorliegende Sammlung wird mit ihren 24 Lied-Duetten jeg-
chmack gerecht. Wer sich erinnert, dass zahlreiche Choräle
ıen alten Volksweisen entstanden sind, wird sich nicht wundern
ich Religiöses darunter zu finden, wie das herrliche Osterver-
ft 1), das Lied vom Schnitter Tod (1), das Leiden des Herrn
ı Wallfahrtsgesang (Dich Mutter Gottes rufen wir an Heft 3).
sgesänge, wie das wundervolle „Du mein einziges Licht" (3),
h zu einer Weihe, die sie dem Choral annähert. Ihm stehen
n so ergreifende Lieder wie „All' mein Gedanken, die ich
der „Es steht ein Lind" (1). Eine ganze Reihe von Liebes-
t die Mittellinie zwischen wehmütige Getragenheit und
nigen Volksempfinden, so „Kein Feuer, keine Kohle" (1),
s möglich denn" (übrigens nicht die bekannte Weise, Heft (1),
utsche Mai-Tanzreigen (1), Die Aargäuer Lieben (1), „Du,
ır im Herzen" (2), Das Waldvögelein („Ich ging durch einen
Wald", 2), Hans und Liesel (2), Zwei Königskinder (3) „Die
ıt" 3) u. s. w. Als eine wahre Perle muss das süssinnige
hen" („Die Blümelein sie schlafen", 3) bezeichnet werden,
heit zugleich eine überaus feine Begleitung wie ein Schmuck-
:leidet. Auch an Proben kecken übermütigen Volkshumors
bstverständlich ebenso wenig wie an frohen Ländlern und
Es sind gleichsam die „Schlager" der Sammlung, die auch
ır Musik wenig empfänglichen Laien unwiderstehlich mit
Wer wollte sich z. B. der Wirkung des köstlichen „Jägers"
. oder der drastischen Melodik des Duetts „Schwewelhölzle"
n Heft 3 machen zwei effektvolle Humoresken („Bei uns in
las ulkige Schmützelputz-Häusel) den Beschluss.
· hat uns eine Duettsammlung nicht solche Freude bereitet.
l etwas anderes, wie die üblichen Operduette oder „Ich
Liebe ergözen". Wer daher den Schatz seiner Hausmusik
he wirksamer und wahrhaft erquicklicher Duettgesänge er-
.te, der sei hiermit auf die neuen prächtigen Volkslieder-
ı Wilh. Bergers hingewiesen. Alf. A.

Aus Lehrer-Gesangvereinen.

eim Ruhr. In einer kürzlich stattgehabten Versamm-
r Lehrer wurde die Gründung eines Lehrer-Gesang-
hlossen. Derselbe soll in jeder Weise unabhängig von
reits bestehenden Lehrerverein bleiben. Der Gedanke
ıaftesten Anklang in den beteiligten Kreisen gefunden.
ıund, 14. Mai. Der hiesige Lehrer-Gesangverein be-
einer Stärke von 160 Sängern unter Leitung des be-
einsdirigenten Rebhorf an dem Wettsingen um den
ın Frankfurt am Main teilzunehmen. Wie es heisst,
rankfurt aus der Vorschlag gemacht, das eigentliche
um den Wanderpreis derart zu gestalten, dass die
n kleines Liedchen auf der Bühne dem Verein ein-
:rden, der alsdann sofort das Lied zum Vortrag zu
Bestimmte Dispositionen sind nach dieser Richtung
och nicht getroffen.
. Der Berliner Lehrer-Gesangverein wird sich am
ım den Kaiserpreis beteiligen. n den letztjährigen
aben folgende Werke besonders günstige Erfolge
de Haan „Das Meer", A. von Othegraven „Der
C.), Ed. Kremser „Altniederl. Lied" (D. C.), Otto
Heilung" (D. C.), Max Stange „Jubiläumsgesang",
Kaiser Karl in der Johannisnacht", C. Reinecke
Fortuna" (D. C.), Lothar Kempter „Meeresstimmen",
An den Schlaf", W. Buck „Wilde Jagd" (D. C.), Aug.
umerad komm!". — In Vorbereitung befinden sich
ırm". Curti „Die Elfe".
Altendorf. G.-V. kath. Lehrer und Lehrerinnen.
Reiters Lieb", E. Heuser „Hünengräber", Steinhauer
der Heimat" für gem. Chor und Zuschneid „Deutsch-
ıen" fur gem. Chor mit Klavier.
.elten hat ein Konzert eine so zahlreiche Zuhörer-
llen Teilen der hiesigen Bürgerschaft aufzuweisen
das am Christi-Himmelfahrtstage im grossen Hüls-
aale vom Altendorfer gemischten Chor
or und Lehrerinnen veranstaltete. Unter Mit-
dännergesangvereins Sängerfreund, der auch
: seinen alten Ruf der Tüchtigkeit glänzend bethätigte,
hervorragender Instrumentalsolisten, die ebenfalls
ı den Dienst der Wohlthätigkeit gestellt hatten,
ızert einen glänzenden Verlauf. Der gemischte Chor
wahrten und verständnisvollen Leitung des Herrn
ing hatte besonders die Pflege des volkstümlichen
einer Hauptaufgabe gemacht. Wie immer, so konnten
ı Abtschen und Hillerschen Lieder mit der ganzen
enartigen Zaubers auf die Zuhörer wirken, zumal
langfarbe und Tonfülle des Chores verbunden mit
einem tiefempfundenen Vortrag zum Genre dieser Kompositionen wie geschaffen waren. Eine besondere Anziehungskraft hatte der Konzertabend dadurch erhalten, dass Herr Professor Heuser vom Kölner Konservatorium erschienen war, um dem Vortrag seines Preischores „Hünengräber" zuzuhören. Die stimmungsvolle, orchestral gehaltene Komposition erfuhr eine tadellose Wiedergabe. Nur eine solch gut geschulte disziplinierte Sängerschar vermag die zahlreichen Klippen mit spielender Leichtigkeit zu überwinden und das äusserst beifallsfreudige Publikum dankte sowohl dem Komponisten als auch dem Herrn Dirigenten Fröhling für diese Glanz- und Musterleistung.

Magdeburg. Konzert des Lehrer-Gesangvereins unter Prof. G. Schaper. Die Vorführungen kamen in längst anerkannter, vortrefflicher Reinheit und Abrundung des Chorklanges und den Vorzügen einer sorgfältigen Retouche aller Vortragsnuancen zur Geltung.

„Das Grab im Busento" von Gernsheim wirkt vornehm in seinen musikalischen Gedanken und den satten Orchesterfarben. Vielleicht wäre durch ein bewegteres Tempo und ein noch strafferes Zusammenhalten der Orchestergruppen dieser Eindruck nicht unwesentlich erhöht worden. Prof. Woyrsch mit seinem „Deutschen Heerbann" steht ebenfalls wie Gernsheim auf dem Nährboden deutscher Geschichte. Wie der Kaiser (jedenfalls ist Otto I. gemeint) auf die Nachricht vom Einfalle der Ungarn den Heerbann aufbietet, wie die Feuerzeichen von Berg und Turm auflohen, die Sachsen, Friesen, Franken, Bayern und Schwaben gegen den Feind ziehen, ist durch Chor und Sologesang in frischester Empfindung ausgedrückt. Von ganz herrlicher Wirkung, grossstilig und bedeutend ist der Notschrei des bedrängten Volkes: „Oh, Kaiser, komm' und rette vom Untergang das Reich!" Auch „Wittekind" das dritte Chorwerk von Emil Büchner, zeigt ein Stück deutscher Vergangenheit. In ihm liegt echte, dramatische Lebendigkeit in den Chor- und Sologesängen, man erlebt die Schicksale des Sachsenherzogs, seiner Tochter Teutelinde und die des grossen Karl.

Magdeburger Zeitung.

Der „Deutscher Heerbann" von Felix Woyrsch führt uns in die Pfalz Ottos des Grossen. Die Ungarn sind eingefallen und dringen verwüstend vor. Bittend eilt das Volk zum Kaiser, dieser bietet den Heerbann auf. ie Schlacht bricht los, und furchtbar erdröhnt der Kriegsgesang der Ungarn. Die Deutschen siegen. Ein Treuschwur des Heeres schliesst das mächtig packende Werk ab. Die in dem Oratorium etwas störende breite Tonmalerei ist hier in die Grenzen gezwungen, die ihr zustehen. Kurz und prägnant, aber ausdrucksvoll sind die Szenen geschildert, und das ist bei der anerkannt hohen Begabung Woyrschs ein grosser Vorzug des Werkes. Besonders musikalisch charakteristisch ist der Chor, der den Aufmarsch des deutschen Heerbannes schildert und dann der Chor der Ungarn. Dem Baritonsolo ist eine sehr dankbare Aufgabe zugewiesen. Central-Anzeiger.

Plauen i. Vogtl. Lehrer-Gesangverein (Leitung: Realgymnasial-Oberlehrer Paul Rasche). Reinh. Becker „Waldmorgen" mit Tenorsolo (Schuldir. Wünsche) Solo, Violine und Orchester. Fr. Curti „Im Sturm", Nessler „Studentenlied" aus „Trompeter von Säkkingen" für Bassolo (Bürgerschullehrer P. Hertel), Chor und Orchester.

Prüm. Königl. Lehrer-Seminar. W. Decker „Sängerlust", Zerlett „Mein Heimatthal". Ferner irische und schottische Volkslieder und National-Melodien. Unter anderem: 12. Klage der Flora Macdonald, des kühnen Hochlands-Mädchens, das unter Lebensgefahr den Prinzen Charlie vor seinen Verfolgern verborgen hat ihn nun auf einem franz. Schiffe gerettet scheiden sieht. 13. Episode aus dem Krimkrige. Durch Vortrag erläutert. 14. Episode aus dem indischen Aufstande von 1858. Durch Vortrag erläutert, unter Nachahmung der Regimentsmusik der schottischen Hochländer. 15. Schottischer Schlachtgesang. Der trotzige Charakter der Schotten kommt in Sprache, Melodie und Rhythmus deutlich zum Ausdruck. 16. Irisches Kriegslied. Bei aller Entschiedenheit der Musik bleibt das Lied doch immer melodiös und schön.

Mannheim-Ludwigshafen. Lehrer-Gesangverein. Das Konzert in Ludwigshafen nahm in all seinen Teilen einen glänzenden Verlauf. Der Chor eröffnete den Reigen mit Schubert's prächtiger Komposition „Das Dörfchen". Der Verein hat seit Weingartners Zeit stets die Chorwerke Schuberts gepflegt, er behält sie auch heute noch im Auge, und dass er auch einmal „Das Dörfchen" mit dem idyllischen Texte Bürgers in sein Programm aufnahm, ja es sogar an die Spitze seiner Vortragsordnung stellte, verdient Anerkennung. Schubert hat es verstanden, seine treffliche Musik dem Texte genau anzupassen, leicht und gefällig, wie die Verse des Dichters, der hier ein köstliches Bild ländlicher Kleinmalerei schuf, sind auch die Melodien aneinander gereiht. Der Chor atmet eine erquickende natürliche Frische und wurde in jeder Hinsicht musterhaft gesungen: in deutlicher und sinngemässer Deklamation und in feiner dynamischer Schattierung.

Einer der bedeutendsten Chöre von P. Cornelius, „Mitten wir im Leben sind“, den der Verein schon im verflossenen Jahre zum Vortrag brachte, wurde wiederholt. Man muss sich den Text genau angesehen haben, um die ergreifende Musik in ihrer ganzen Wucht und Grösse zu übersehen. Ein Schauern überkommt den Hörer bei der gewaltigen Steigerung am Schlusse jeder Strophe. Und wie wirkt dann das Kyrie eleison? Es ist kaum denkbar, dass sich jemand der Macht dieser gewaltigen Töne entziehen kann, und wenn er auch noch so unmusikalisch wäre, denn diese Harmonien sind zu erschütternd. Der Chor wurde grossartig gesungen, er war der Glanzpunkt des Abends. Das Lied im Volkston war durch eine Komposition von Carl Hirsch vertreten: „Schwesterlein, wann gehen wir nach Haus?“ Das im D-moll stehende Lied trifft die durch den volkstümlichen Text fixierte Stimmung sehr gut und wurde in seinem ganzen eigenartigen Charakter treu wiedergegeben. Von einem verdienten Mitgliede, Herrn Lehrer Roth aus Ludwigshafen, sang der Chor eine ihm gewidmete Komposition: „Du bist mein Traum“, die den Sängern wie dem Autoren lebhaften Applaus einbrachte. Alle Chöre waren äusserst gründlich ausgearbeitet, und Herr Musikdirektor C. Weidt leitete sie trefflich. Die Einheit, die nach jeder Richtung hin in dem vielköpfigen Chore zum Ausdruck kommt, muss imponieren, der gesamte Vortrag kommt wie aus einem Gusse.

Elberfeld. Lehrer G.-V. (Kgl. Musik.-Dir. Dr. H. Haym). Der Vereinsbericht aus Anlass des 15 jährigen Bestehens herausgegeben (1886—1901) interessiert namentlich durch eine übersichtliche Zusammenstellung sämtlicher seit 1886 vorgetragenen Chöre. Es gelangten darnach zur Aufführung insgesamt

5 mal: A. Becker, „Siegeshymnus“. Dregert, „Des deutschen Mannes Wort und Lied“, „Gruss an Deutschland“. Haym, „Mädchens Klage“. Hennig, „In die weite Welt“. Schumann, „Sonntags Morgen am Rhein“. Silcher, „Wohin mit der Freud“.
6 mal: Dauben, „Sonnige Welt“. Dürrner, „Auf der Wanderung“. Hegar, „Die beiden Särge“. Mendelssohn-B., „Trinklied“. v. Othegraven, „Rätsellied“. Thomas „Vale carissima“. C. Wilhelm, „Frühlingszeit“. v. Weber, „Schwertlied“.
7 mal: A. Dregert, „Zieh hinaus“, „Der letzte Gruss“. N. W. Gade, „Wanderlust“. Haym, „Königskinder“. Mendelssohn-B., „Türk. Schenkenlied“.
9 mal: v. Weber-Lützows wilde Jagd.

Der von H. Hoffmann erstattete Bericht schliesst mit den Worten: „Wir können uns nicht versagen“, diesen Worten hinzuzufügen (Bericht des Herrn Kirberg über die Jubelfeier des Hannov. M.-G.-V.), dass das Wachsen der Stärke (jetzige Mitgliederzahl 135 Sänger) und der Leistungsfähigkeit des Chores uns den Mut giebt, an die baldige Möglichkeit der Verwirklichung des alten Gedankens zu glauben, hin und wieder mit einem gleichstrebenden Chore zusammenzukommen, nicht um im Wettgesange die Kräfte zu messen, sondern um sich gegenseitig zu erbauen und zu ermuntern. Trügt dieser Glaube nicht, der ja ein Glaube an die Treue der Sänger, an ihre begeisterte Thätigkeit im Verein und für denselben ist, so erweist sich damit auch die Hoffnung als eine berechtigte, dass der Verein im Beginn einer neuen Blütezeit sich befinde. — — — Der Wegweiser kann nicht umhin, sich diesem Wunsche anzuschliessen, da auch er aus eigner Erfahrung die begeisternde und lebende Kraft freundschaftlichen Zusammenwirkens in grösseren Verbänden kennen gelernt hat. Sind diese Vereinigungen durchdrungen von dem Ernst ihrer Aufgabe und vergisst die Leitung nicht, nebenbei auch dem feuchtfröhlichen Humor und dem gegenseitigen Anschluss der Mitglieder in Freundestreue Geltung zu verschaffen, so sind sie berufen, eine Blüte unseres Männergesangvereinswesens anzubahnen, von der wir augenblicklich infolge der Zerrissenheit noch weit entfernt sind. In Rheinland und Westfalen bestehen folgende Lehrer-Gesang-Vereine: Barmen, Bielefeld, Burscheid, Dortmund, Elberfeld, Essen-Ruhr, Essen-Altendorf, Gelsenkirchen, Hagen, Herford, Düsseldorf, Köln, Krefeld, Osnabrück, Remscheid, Solingen; liesse sich da nicht eine Vereinigung schaffen? vom Ende.

❦

Aufführungen.

Männerchor

Asch. M.-G.-V. (S. Schaller) M. Bruch „Römischer Triumphgesang“. H. Rietsch „Schön tönend Reiterlied“. Ed. Kremser, „Herzklopfen“. **Brooklyn.** Heinebund (C. Koemmenich) Adam „Spielmannslied“. Gelbke „Ave Maria“. H. vom Ende „Ach, Elslein, liebes Elslein“ (i. gr. C.). Ed. Kremser u. „Altniederl. Volkslieder“. **Düsseldorf.** Städt. M.-G.-V. (G. Kramm) V. Lachner „Die Allmacht“. Mendelssohn-B. Chöre a. „Antigone“. M. Bruch „Frithjof“ (Sol. Frau Karoline Kaiser).

Der angesehene Verein der Stadt tritt sehr selten aus seiner vornehmen Reserve. Geschieht es dann im Dienste der Charitas, unterstützt von den beliebtesten Solisten und mit Werken wie den Antigone-Chören und dem Frithjof, dann darf er auch über das rein musikalische Interesse hinaus besondere Beachtung beanspruchen. Solchen Aufgaben gerecht zu werden, bereitete Herrn Musikdirektor Kramm ganz besondere Freude angesichts der hiefigen zu hochverehrenden Sängerschar, der sich begeistert die Sangesfreunde aus Rheydt angeschlossen hatten. Der imposante Chor mit dem prächtigen Stimmklang, der vortrefflichen rhythmischen Schulung kam zu bester Wirkung. Auch bei Bruch war der Jubel, die Frische in den Schnitterchöre ungemein zündend. Daneben ist auch den düsteren Chören, wie dem Marschchore alle Anerkennung zu zollen, den Glanzpunkt aber bildete wohl die Lyrik im Heimatchore. Plastisch nahe gebracht wurde die liebliche Ingeborg durch Frau Karoline Kaiser. Die G-moll-Arie machte den tiefsten Eindruck. Ebenso fein empfunden, wie musikalisch ausgeführt sind sämtliche Darbietungen der Künstlerin, welche die oft und doch wohl nicht erschöpfend gerühmte Klangreize ihrer weiche Stimme meisterhaft in der Gewalt hat.

Frankenthal. Liederkranz (Jul. Schmitt). W. Sturm „Nun ist der Lenz gekommen“. Faßbaender „Das deutsche Lied“. Jul. Schmitt „Wanderlied“. Baldamus „Hoho, du stolzes Mädel“. Zander „Tanz und Gesang“. **Düren.** Sängerkreis (Heinr. Bilstein). Kremser „Ein Wörtlein“. A. Thelen „Verlassen“ (D. C.). Baumbach „Es muß doch Frühling werden“. Engelsberg „Bal im Meer“ (D. C.). Kremser „Zwa Sterndlein“ Zugabe). **Duisburg.** Germania (Krosten). M. Bruch „Vom Rhein“. Kremser „Juchheißa, mein Dirndl“. Rheinische Volksliedertafel (H. vom Ende-Köln). Steinhauer „Gruß in der Ferne“, vom Ende „Wie schienen die Sternlein“, „Tanz Liebchen, tanz“, „Herzigs Mariandl“ (Zugabe). Dr. Pommer „Es als die Schneider Jahrstag“ (D. C.). **Essen a. d. Ruhr.** Concordia (Nebbert — Stellvertreter Pothmann jun.). Nebbert „Heil Kaiser und Reich“ (i. gr. Erf.). Curti „Toten vom Iltis“. Becker „Choral von Leuthen“. Heneßleber „Der Freier“. C. Steinhauer „Am Rhein“. Sturm „Schwedenritt“. Hegar „Schlafwandel“. Attenhofer „Frühlingswind“. Hünte „Minnelied“ (D. C.), Volksl. „In einem kühlen Grunde“ (D. C.). **Fürth.** Sängerschaft der Stadt (M. Lecht). Huldigungsfeier zu Ehren des Prinzen Ludwig von Bayern. W. M. Loschky „Die Wittelsbacher Eiche“. J. Otto „Das ist deutsche Herz“. Mächtig erklangen die Töne der Hymne „Die Wittelsbacher Eiche“ unter wirkungsvoller Orchesterbegleitung. Der Text ist A. Seyfferth ist packend, die Vertonung ergreifend. Der Prinz rief Dichter und Komponisten zu sich und dankte für die Ovation in herzlichen Worten. **Güstrow.** Liedertafel (Brenel), Schubert „Die Nacht“. Schondorf „Ausreise zum Turnier“, „Handwerksburschen-Wanderlied“. Mendelssohn-B. „Die Traube“. Zöllner „Wanderschaft“.

Die Liedertafel trug im Verlauf des Abends zunächst noch zwei Kompositionen unseres allverehrten Musikdirektors Herrn Schondorf vor und zwar „Ausreise zum Turnier“ (nach Scheffel) und „Handwerksburschen-Wanderlied“ (Aus Fritz Reuters Hanne Nüte). Beide zeichnen sich durch frische Empfindung in der Komposition aus. Inhalt und Form stehen im schönsten Einklang und das beiden Liedern eigene markig-schwungvolle Element erhöht in vorteilhaftester Weise die Gesangswirkung. Man sah es auch den Sängern gestern an, wie gern sie diese Lieder sangen, doppelt gern aber wohl, weil Herr Musikdirektor Schondorf bei diesen Vorträgen selbst den Dirigentenstab führte. Nach jedem Lied spendete das Publikum Herrn Schondorf und den Sängern den denkbar reichsten und für diese wirklich hervorragenden Darbietungen in jeder Hinsicht wohlverdienten Beifall.

Hamburg-Altona. Männerchor (C. A. Herm. Wolff). M. Meyer-Olbersleben „Gelöbnis“. Herm. Wolff „Büte dich“, Volksl. „Andreas Hofer“. Radecke „Aus der Jugendzeit“. **Heidelberg.** Liederkranz (C. Weidt). Neumann „Heute scheid ich“. H. Schaller „Schelmenlied“. Max Bruch „Frithjof“ (Sol. Frl. E. Weidt, S. Keller). **Köln.** M.-G.-V. (Prof. Jos. Schwartz). Fest-Konzert zur Feier des 60jährigen Jubiläums. Schubert „Gesang der Geister“. M. Bruch „Der letzte Abschied des Volkes“. Etienne Soubre-Othegraven „Schlachtruf und Gebet“. R. Schumann „Lotosblume“. Adam de la Hale „Minnelied“. Jos. Schwartz „Ave Maria“. Bruch „Vom Rhein“. Mendelssohn-B. „Festgesang an die Künstler“. Ein hochbedeutsames Programm! Das jüngste Kind der Bruch'schen Muse erwies sich als ein Werk von hervorragender Schönheit, der ergreifende Inhalt wirkte bei vollendeter Wiedergabe eine weihevolle, andächtige Stimmung. **Laugendiebach.** Sängerlust (J. Brodt), Abt „Ständchen“. Schaller „Im Thal“. Hegar „In den Alpen“. Waldmeister „Schanzerl“. **Münster i. W.** Sängerlust (Teske), Weßeler „Es ist ein Sternlein“ (D. C.). „Das Blumenkind“. Jos. Schwartz „Dem Vaterland mein Lied“. **Neeo** Rheinklänge (Chr. Gottlieb), Volksliedertafel. Steinhauer „Trost in der Ferne“. Curth-Bühren „Die Königskinder“. C. Isenbarth „Zu Straßburg“. E. Simon „Nur einmal noch in meinem Leben“. Steinhauer „Traumlied“. H. vom Ende „Tanz Liebchen, tanz“. „Herzigs Mariandl“. „Wie schienen die Sternlein“.

Köln. M.-G.-V. Nippes (Fed. Berger), Hegar „Totenvolk“. E. Heuser „Deutsche Sänger am Missouri“ mit Orch. und Harm.

5. vom Ende „Es ist ein
, Hymne - Aachen - Burtscheid
„Sehje, Sieben oder Acht".
Preis. 5 vom Ende „Das
s-G.-V. (E. Hech), Steinhauer
us der Jugendzeit".
hreibt über den Chor „Der
e für Männerchor a Capp.:
Heinrich Heise zu seinem
?. gewidmete Werk bringt in
ine Vertonung der herrlichen
n deutschen Dichters. Wer
ief er sich in Aller Herzen ge
ideale Sprache, die kaum noch
aß dies dennoch hier geschehen
e gelöst wurde, beweist wie
ter zu folgen wußte und sich
cheint es doch fast, als ob sich
Person vereinigt hätten. Das
längere G-dur gibt dem schönen
heinen die reichen, auf Seite 4
uch geboten. Nur erst bei ge-
dem eigenartigen Schluß der
ie Ausführung bietet außer-
dürfte nur ein geschulter Chor
es Werkes zu widmen. Die
der beiden Bässe zum zweiten
Modulationgewebe, fordern nicht
iefes musikalisches Verständnis.
omponisten hier oft leitete und
an doch zu seinem Lobe sagen,
bleibt. In dieser letzten Be-
den weniger verständnisvollen
Prof. E. Kr.

Begleitung.

(Prof. Reubke), Fr. Liszt
deutet ein neues Ruhmesblatt
wirkte wahrhaft packend, da
ichnetes leisteten, sondern auch
nonische Abrundung verliehen.
n Stil in bewundernswerter
ne Geheimnisse zu entschleiern.
bt ihn zum echten und rechten
B.-V. (Max Kopff), M. Bruch
er, W. Metzmacher). Köln.
rt-Konzert „Ave verum corpus",
Dr. Burghardt, P. Haubrich).
is im Wortlaut wieder. „Die
ufführungen klassischer Meister-
ch Veranstaltung volkstümlicher
erücksichtigung des gemischten
ke der großen Tonmeister aller
en, einem größeren Publikum
sich an den unvergänglichen

nde, aber nicht zu leugnende
inrich Schütz, eines Bach,
s Palestrina, Orlando
hen Meistern als Vorbilder ge-
chten des Volkes durchaus noch
sie verdienen.
suchen, dem in letzter Zeit viel
n Ständen Gelegenheit bieten,
m den Idealen emporzurichten"
g zu geben.
n der „Kölner Singakademie"
igkeit gestellt werden, eingedenk

des höchsten Glücks und der
nst!"
so jungen Verein überraschend
o überaus notwendige Unter-
t werden. Als vorzüglich sind
uheben. Neubrandenburg.
ahms „Ein deutsches Requiem"
anjow, Otto Werth). Haspe.
g des Lazarus" (Sol. Cher.
en wird allseitig sehr gelobt.
. Steinhauer), Mendelssohn-B.
Standes eitle Sorgen". Der
wirklich guten Leistungen des
Steinhauer den jungen Chor in
herangebildet und auf eine

Höhe gebracht hat, vor welcher viele ältere renommierte Chöre größerer Städte zurückstehen müssen . . . . . Der gesamte Chorklang machte durch eine gleichmäßig edle, niemals aufdringliche Tongebung und tadellose Aussprache, die ein Textbuch entbehrlich macht, einen harmonischen Eindruck. **Brake** in Oldenburg. Singverein (F. Drohla), M. Bruch „Odysseus". Die Titelrolle sang N. Barzen-Müller Berlin. **Dortmund.** Musik-Ver. (J. Janssen), P. Cornelius „Barbier von Bagdad" (Sol. Christie Rüsche, Jean Crämer-Schleger, P. Kalisch, Joh. Messchaert). **Wien.** Ges. der Musikfreunde (F. Löwe), Fr. Liszt „Christus". **Aachen** (Schwickerath). Es gelangten 1901/02 zur Aufführung P. Cornelius „Barbier von Bagdad". Fr. E. Koch „Sonnenlied". Mendelssohn B. „Paulus". v. Othegraven „Mühlbrunnen". G. Verdi „Requiem". R. Wagner Sz. aus „Parsifal". **Altona.** Kirchenchor F. Woyrsch, Motette „Sei getreu bis in den Tod". **Barmen.** Konz.-Ges. (R. Stronck), Bach „H-moll-Messe" (Sol. Meta Geyer, P. de Haan-Manifarges, Emil Pinks, W. Metzmacher). **Berlin.** Singakademie (G. Schumann). Für 1902/03 ist in Aussicht genommen: Mendelssohn-B. „Paulus". A. Becker „B-moll-Messe". Bach „Weihnachtsoratorium". Beethoven „Missa solemnis". Bach „Matthaeus-Passion". **Bremen.** Philharm.-Konz. (K. Panzner), Beethoven „Missa solemnis". IX. Symfonie (Sol. Helene Berard, Tilly Koenen, Fr. Carlén, W. Fenten). **Essen-Ruhr.** Musikver. (G. H. Witte), R. Schumann „Der Rose Pilgerfahrt" (Sol. Minna Obsner, Elis. Diergardt, Fr. Litzinger). **Gera.** Musikal. Ver. (Kleemann), Händel „Messias", nach Mozarts Bearb., (Sol. Anna Münch, Math. Haas, Emil Pinks, Arth. van Eweyk). **Augsburg.** Oratorien-Verein (W. Weber), R. Schumann „Goethes Faust".

Jos. Frischen „Athenischer Frühlingsreigen" für Frauenchor, Sopransolo und Orchester wurde aufgeführt mit glänzenden Erfolgen in Berlin, Breslau, Aachen, Köln, Leipzig, Brandenburg, Essen, Düsseldorf, Elberfeld, Plauen, Braunschweig, Hannover, Cleve, Reichenbach, Hamburg.

Jos. Rheinberger „Der Maitag" für Frauenchor und Klavier gelangte zur Aufführung in Freiburg, Koeslin, Hamburg, Augsburg, Wien, Bern, Rotterdam, Berlin, Brüssel, Amsterdam, Leipzig, Kopenhagen, Stuttgart, Basel, Regensburg, Bremen, Passau, Flensburg, u. s. w.

Neuigkeiten

für Männerchor mit Begleitung.

Max Clarus, op. 30. „Auf dem Felde der Ehre". Grosses Tongemälde für M.-Chor, Soli u. Orch., Kl.-A. 5, Chor-St. 4.–

Verlag v. Bote und Bock, Berlin.

Ein hochbedeutsames Werk des bekannten Braunschweiger Hof-Musikdirektors, welches uns gefangen nimmt von der ersten bis zur letzten Note durch prägnante Themen, interessante Verarbeitung derselben und warme blühende Harmonik. Die wechselnden Situationen erscheinen wie in magischer Beleuchtung durch eine Vertonung, welche den Inhalt der Dichtung erschöpfend zum Ausdruck bringt. Es handelt sich um einen jungen Krieger, der Mutter und Liebchen verlassen musste, um auf dem Felde der Ehre für das Vaterland zu sterben. Das Vorspiel versetzt uns in eine weiche Abendstimmung. Erinnerung an die Heimat und seine Lieben steigt in ihm auf, nach schöner Steigerung erscheinen dann die Motive des Lobgesanges sowie Klänge aus dem Lager, sodass uns bereits hier das ganze Gemälde in nuce sich entrollt. Ein frisches Marschlied in straffen Rhythmen führt uns dann in das Lager und interessirt uns durch wirkungsvolle Steigerung bis zu dem schmetternden Motiv, welches bereits im Vorspiel uns entgegen trat. Allmählich senkt sich der Abend nieder und die Sehnsucht und Todesahnung nimmt unsern Krieger gefangen; er sendet einen letzten Gruss an sein Mütterlein und sein Liebchen, seinem Grusse gesellt sich das Gebet der übrigen Krieger und dann ertönt aus der Höhe, begleitet von zarten Geigenfiguren, der Gruss eines Engels, die Verheissung seines Wunsches, die Einigung des deutschen Reiches verkündend; dann tiefe Nachtruhe, charakterisiert durch sanfte Bewegung in den Streichinstrumenten. Ein Morgengruss, ein Lebewohl und es ertönt der Ruf zur Schlacht. Jetzt tritt auch der Männerchor mit einem frisch und mutig dahinstürmenden Schlachtliede in Aktion. Ueber die Wirkung dieser Stelle lässt sich nur nach Kenntnis der Instrumentierung urteilen; Schwierigkeiten für den Chor birgt sie nicht. Das Orchester giebt tonmalerisch Kampf, Sturm und Sieg wieder. Den Schluss bildet der brausende Lobgesang, unterbrochen von einer rührenden, auch musikalisch sehr ausdrucksvollen Episode: Im stillen Kämmerlein weinen Mütterchen und Braut um den Gefallenen, und doch finden sie Trost in dem Gedanken, er starb den Tod der Helden für's deutsche Vaterland!

Das Werk wird bei vollkommener Wiedergabe unbedingt tiefen Eindruck hinterlassen und sei bestens empfohlen.

Verlag von Ph. Fries, Zürich.

Lothar Kempter, Mahomets Gesang für M.-Chor, gr. Orch. und Org. Kl.-A. 3,—, Chor-St. je 60 Pfg.

C. Staudacher. Hymne an die Musik, für M.-Chor mit Orgel oder Pforte. Kl.-A. 2,—, Chorst. je 20 Pfg.

Staudachers Hymne eignet sich ganz vorzüglich als Einleitungschor für grössere Festkonzerte oder für sonstige feierliche Gelegenheiten. Die Tonsprache ist durchaus edel und vornehm empfunden, sie vermag Begeisterung zu erwecken.

Verlag von B. Tormann, Münster.

Max Berger op. 38. „Auf dem Niederwalde" mit Klavier-Begl. ad libit. Part. 1,50, Stimmen . . . . à —,40

Verlag von J. Günther, Dresden.

Josef Schou. „Der Arbeitsvölker Maienbund", mit Orch. oder Klav., Kl.-A. 1,—, ... St. —,80

Die Musik giebt sich ganz frisch, könnte man nur dasselbe von dem bombastischen Texte sagen. Man staune!

„So weit sich wölbt des Himmels Dom, senkt der Entscheidung Schale

Das Welterlösungs-Idiom, das Internationale!

Verlag von Robitschek, Wien.

Fr. J. Löwenstamm, op. 25. „Chinesisches Ständchen", für M.-Chor. mit kleinem Orch. oder Klav.. . . . . Preis 1 20

Verlag von Friedr. Ullrich, Godesberg.

Wilh. Hölser, op. 10. „Im Arm der Liebe", humoristische Mazurka mit Klav.. . . . . Kl.-A. u. St. 2,40

Verlag von Ludw. Doblinger, Wien.

C. M. Ziehrer, op. 514. „Regentropfen". Walzer mit Orch. oder Klav., Klavier-Part. und Chor-St. 4 50

Zwei fidele, leicht zu bewältigende Piecen für humoristische Abendunterhaltungen.

Selbstverlag. P. Teichfischer. Usingen.

P. Teichfischer, op. 8, Psalm „Jauchzet dem Herrn", für M.-Chor, Bariton-Solo und Orgel. . . . . Kl.-Ausz. 1,— Mk.

Ein vornehmes, schön gearbeitetes Werk, für Dankfeste etc. sehr zu empfehlen.

Verlag von Chr. Fr. Vieweg's Buchh., Quedlinburg.

Bruno Stein, op. 20. „Die Kaiserburg" mit Klav. . . Kl.-A. 1,20, St. je 30 Pfg.

Luckhardts Verlag, Stuttgart.

Fritz Hartmann. „Haidenacht". Gedicht von Dr. H. Allmers, für M.-Ch., Bariton-Solo und kleines Orch. . . . . Kl.-A. 2,—, Chorst. je 20 Pfg

Die Stimmung ist ganz ausgezeichnet wiedergegeben; ein charakteristisch-nordisches Kolorit macht das Werkchen besonders interessant. Wer Sinn hat für solche zarte und vornehme, echt niederländische Stimmungsbilder, und nicht erst den grossen Haufen um Rat zu fragen braucht, der greife nach diesem Werke, es wird ihn befriedigen.

Gemischter Chor ohne Begleitung.

Verlag von Arno Spitzner, Leipzig.

		Part. u. St.
zch.	**G. Wohlgemuth,** op. 40a. Liebesglück.	1,40
mch.	**C. Kühnhold,** op. 118. Abendfriede	1,20
mch.	**C. Lorenz,** op. 3. Fiedel und Brummbass.	1,20
zl.	**Franz Wagner,** op. 42 I. Frühlingslied.	1,20
	do. op. 42 II. Sommerspiel.	1,20
zl.	do. op. 47. Die Tauben auf dem Lilienzweig. . .	1,20
zl.	do. op. 50. Ein geistlich Abendlied.	1,20
zl.	do. op. 52. Maiennacht.	1,20

„Liebesglück" von Wohlgemuth ist als keckes, neckisches, reizend gearbeitetes Liedchen zu empfehlen. Auch die übrigen Liedchen zeichnen sich durch wohlthuende Frische und leichte Singbarkeit aus.

Verlag von Friedr. Vieweg, Quedlinburg.

mch.	**W. Tschirner,** op. 3. I. „Seeglocken", II. „Herbstlied	2,—
	Arthur Müller, op. 24. Zwei volkstümliche Lieder mit besonderer Berücksichtigung des beschränkten Stimmenumfangs der Männerstimmen an höheren Lehranstalten.	
mch.	I. „Morgenlied", II. „Abschied vom Walde" . . .	1,20

Verlag von Friedr. Ullrich, Godesberg.

zl.	**Friedr. Ullrich,** op. 76. „Schliess auf"	1,20
zl.	do. op. 79. „Der Spielmann ist da"	1,20
zl.	do. op. 84. „Waldesrauschen"	1,20
zl.	do. op. 82. „Lass Dein mich sein" . .	1,20

Die Liedchen sind im Volkston gehalten und recht ansprechend gesetzt;

Verlag von Gebr. Hugo Co., Leipzig

Arnold Mendelssohn, 6 Lieder f. gem. Chor.

mch.	do. 1) Im Holz: „Wo das Echo schallt" . .	1,20
mch.	do. 2) In der Fremde: „Es giebt kein Land"	1,20
mch.	do. 3) „Ein getreues Herze wissen"	1,20
mch.	do. 4) Der Müller: „Müllerbursche flick" . .	1,20
mch.	do. 5) „Schnadehüpfel"	1,20
mch.	do. 6) „Hast gesagt, du willst mich nehmen"	1,20

Mittelschwer ist vielleicht etwas zu viel gesagt, aber so ganz leicht sind die Liedchen doch nicht. Es befinden sich köstliche Perlen darunter, namentlich Nr. 5 und 6 mit ihrem kernigen Humor wetteifern mit unsern besten Volksliedern.

Ein weiteres Liedchen desselben Komponisten:

„Bühle, wir wollen ausse gehn" mit Klavierbegleitung, stellt grössere Ansprüche an die Beweglichkeit der Sopranstimmen, ist ebenfalls von köstlicher Frische.

F. Mohaupts Verlag, B. Leipa in Böhmen.

Franz Mohaupt, 21 stes Werk. 1. „Danzlied" (Plattdeutsch). 2. „Die Musik kommt" . . . . 4,—

do. 19 tes Werk. 1. „Was ist es mit dem Leben". 2. „Der Lenz geht um" 2,25

do. 20 stes Werk. „Waldharfen" 2,70

Verlag von Breitkopf und Härtel, Leipzig

Berühmte Meister des 16.—17. Jahrh., herausgeg. von W. Barclay Squire.

Nr. 18. **Cl. Jannequin** (1552) „Reizende Nymphe".
Claude le Jeune (1598). „Ihre Augen" . . . . —,30

Nr. 19. **Giaches de Wert** (1562). „Mein Verstand" . . . . ,30
Jan P. Sweelinck (1562—1621). Chanson: Rosette für 4 st. gem. Chor bearb. von Max Seiffert . . . 3,20

Wir haben bereits wiederholt auf die ausserordentlich verdienstlichen Ausgaben der alten Meister seitens dieses Verlags aufmerksam gemacht; dass von den alten Schätzen noch so wenig bekannt geworden und herausgegeben ist, wurde auf allen anderen Gebieten menschlicher Geistesäusserungen für unverständlich gehalten werden.

Westdeutsche Konzertdirektion Köln a. Rhein.

Briefadr.: Westdeutsche Konzertdirektion, Köln, Bismarckstrasse 25. — Telegr.-Adr.: Konzertdirektion Köln.

Vermittelung sämtlicher Konzert-Engagements. **Künstlertafel.** Arrangements eigener Konzerte und Tournees.

Auskunft über Konzertangelegenheiten bereitwilligst.

Vokalsolisten.

Sopran:
Johanna Dietz.
Una Goldenberg.
K. Gretscher-Sebaldt.
Therese Hattingen.
Ella Herrmann.
Karoline Kaiser.
Antonie Kölchens.
Emilie Müller.
Mary Münter-Quint.
Cäcilie Rüsche.
E. Leffler-Arndt.
Marie Romaneck.
Clara Wulff.

Alt:
AliceBeermann-Lützeler.
Jeanne Bijjenburg.
Luise Hövelmann.
Ida Junkers.
Therese Mengelbier.
Else Widen.

Tenor:
Richard Geyer.
Georgo Walter.
Adolf Gröbke.
Albert Jungblut.
Hermann Endorf.
Hermann Lützeler.
Hans Siewert.

Bariton u. Bass:
Hans Bischoff.
Corn. J. Bronsgeest.
Phil. Gretscher.
Paul Haase.
Engelbert Haas.
Baptist Hofmann, Kgl. Hofopernsänger.
Chr. Jansen.
Wilh. Fricke, Hofopernsäng.
Alwin Horn.
Hans Roleff.
Karl Rost.

Duette für Sopran und Bass:
Käthe Gretscher-Sebaldt u. Phil. Gretscher.

Duette für 2 Frauenstimmen:
Lina Goldenberg u. Bertha Weller, Köln.

Instrumentalsolisten.

Klavier:
Margarethe Behmer.
Georg Christiansen.
Henriette Schelle.
Dietrich Schäfer.
Henry Stennebruggen.
Therese Pott.
Selma Orthmann.
Paul Stoye.
Lina van Lier-Coën.
Hedwig Meyer, Köln.

Violine:
Professor Willy Hess.
Henry Petry, Hofkonzertmstr.
Professor Arnold Rosé.
Franz Sagebiel.
Clara Schwartz.
Alfred Stauffer.
Adele Stöcker.
Benno Walter jr.
Blanche Hubbard.

Cello:
Jacques van Lier.
W. Willeke.
Prof. R. Hummer.

Klavierhumorist:
O. Lamborg.

Kammermusik:
Kölner Gürzen.-Quartett (Herren: W. Hess, C. Körner, J. Schwartz, Fr. Grützmacher.)
Streichquartett Rosé. (Herren: A. Rosé, A. Bachrich, v. Steiner, R. Hummer.
KölnerBläservereinigung für Kammermusik. Herren: Wehsener, Erkert, Friedr. Sadony.

Orgel:
W. Kipp, Bochum.

Neu erschienen und durch jede Musikalienhandlung sowie direkt vom Verlag zur Ansicht zu beziehen:

Männerchöre:

Neubner, Ottomar, op. 91. Der Jäger Heimkehr. P. 1,20, St. 1,20
Neumann, M., op. 46. Die Siegesbotschaft. „ 1,20, „ 1,20
— op. 47. Die Toten der Haide. „ 1,20, „ 1,20
Hütten, Rud., op. 7a. Zu Vallendar am Rheine. „ 0,40, „ 0,80
Leschky, op. 74 I. Rattenfänger. „ 0,40, „ 0,80
— op. 77 I. Heimatgruss „ 0,40, „ 0,80
Ullrich Fr., op. 87. Mein Heimatthal. „ 0,40, „ 0,80
Thelen Aug., op. 26. Es schwand dahin die goldne Zeit. „ 0,40 „ 0,80
Ged. von Raoul Konen

Auswahlsendungen bereitwilligst.

Fr. Ullrich, Musikalien-Versandtgeschäft.
Godesberg a. Rhein.

Hervorragende Neuheit[en]
in der
Gesangs-Litteratur.

Wilhelm Berger: 24 deutsche [Volks]lieder für Mezzo-Sopran und Bariton [oder] Mezzo-Sopran allein mit Begleitung [des] Klaviers gesetzt. 3 Hefte je Mk 3.—

Diese Duette, unter anderen Perlen: „Es steht ein Lind'", „Es waren zwei Königskinder", „Sandmännchen" etc. wurden mit großem Erfolg gesungen von den Künstlerpersonen: Eugen und **Anna Hildach**, **Jeanne N[...]** und **H. Arlberg.**

Auch zur Ansicht durch jede Musikalienhandlung zu beziehen.

Verlag: **Albert Stah[l]**
Berlin W. 35.

Antiquarische Musikalien.

G. F. Händels Werke.

No.
(grosse Händel-Ausgabe.) Neu 1100 — Mk.
1 fehlend Band 49, 68, 86, **für Mk. 400.**
2 **Brahms, Joh.**, Symphonie III, F-dur, op. 90. Part. 15.
3 do. Symphonie IV, E-moll, op. 98. Part. . 15,—
4 **F. Mendelssohn-Barth.**, op. 42. Psalm 42 „Wie der Hirsch schreit".
5 do. op. 46. Psalm 95. Chorstimmen je . —,15
6 do. op. 60. Walpurgisnacht. Chorstimmen je . . —,15
7 do. op. 74. Athalia Chorstimmen je . . . . ,15
8 **Beethoven**, op. 112. Meeresstille u. glückl. Fahrt. Chorstimmen je . . . . ,15
9 do. op. 113. Ruinen von Athen. Chorst. je . . ,15

• • Für Gesangvereine. • •

Heitere und ernste Chöre
aus der Blütezeit des a Cappella-Gesanges.

Heft 1 u. 2 herausgeg. von Dr. Hirschfeld, Heft 3 u. 4 herausgeg. von Musikdirektor Carl Hirsch. Part. je Mk 1.—, Stimmen je Mk —,30.

Musikalische Renaissance. Ausgewählte Werke [...] Heft 2 Hefte [...]

Leipzig. Breitkopf & Härtel.

Gesangwettstreit
Ehren-Preis-Anerkenn[ung]
Diplome

in künstlerisch vornehmer Aus[führung]
Preis pro Exemplar Mark 2,—
liefert
H. vom Ende's Centralvers[and für] Chorgesang-Litteratur,
Köln am Rhein, Bismarckstr[asse]

Wegweiser durch die Chorgesanglitteratur

Ratgeber für Gesangvereine und Dirigenten.

Redaktion und Verlag: H. vom Ende, Köln a. Rh., Ecke Bismarck- und Kamekestrasse.

nebst Beiblatt:

Der Sänger.

Offizielles Organ des Westdeutschen Sängerverbandes, Mosel-, Saar-, Nahe-Sängerbundes.

Erscheint monatlich einmal. Bezugspreis für 1 Expl. 20 Pfg. Jahresabonnement Mk. 1,50 und 40 Pfg. Porto. Inserate kosten pro 4 mal gespaltene Petitzeile 20 Pfg.

Expedition: H. vom Ende's Musikalien-Versandgeschäft.

Nr. 9. | Köln a. Rhein, den 26. Juni 1902. | III. Jahrg.

Inhalt:

Zum 2. Wettstreite deutscher Männergesangvereine um den von Sr. Majestät dem deutschen Kaiser gestifteten Wanderpreis *).

Der im Frühjahr 1903 in Frankfurt a. M. stattfindende 2. Gesang-Wettstreit deutscher Männergesangvereine um den Wanderpreis Sr. Maj. des Kaisers ruft schon jetzt, namentlich in Sängerkreisen, lebhafte Erörterungen hervor, welche auch wohl bis zum Zeitpunkt dieses Festes rege erhalten bleiben dürften.

Dass sich hierbei Diejenigen, welche bei diesem hervorragenden Wettkampf mit um das Kleinod des Kaisers ringen, in eingehendster Weise beteiligen und alle bei einer derartigen Veranstaltung in Betracht kommenden Momente Revue passieren lassen, liegt auf der Hand.

Es fehlt daher auch nicht an beachtenswerten, weniger empfehlenswerten und — gänzlich wertlosen — Vorschlägen, die bereits zu Tage gefördert sind und in vielleicht noch grösserer Zahl gemacht werden, Vorschläge, welche geeignet sein sollen, angebliche Missstände zu beseitigen, und solche, welche zu Verbesserungen führen oder Neuerungen dienen sollen.

Sehen wir uns z. B. einmal die in Nr. 127 der Frkftr. Zeitung erschienenen Ausführungen über den nächstjährigen „Sängerkrieg" etwas näher an, so finden wir u. A. einige Verbesserungs-Vorschläge, die das Kopfschütteln eines jeden Sängers hervorrufen müssen, und welche der Vermutung Raum geben, dass der Herr Einsender wohl nicht besonders gut unterrichtet ist.

Als krasser Beweis hierfür sei der Vorschlag angeführt, demjenigen Verein, der am Schluss seines Vortrages von der vorgeschriebenen Tonart ½ Ton (!) und mehr abgewichen ist, keinen Preis zuzuerkennen!

Nun hat aber die Erfahrung stets gelehrt, und auch selbst der Kasseler Wettstreit hat gezeigt, dass die Schwankung fast allgemein eine grössere war, und in einzelnen Fällen beinahe einen ganzen Ton betrug. Wenn auch eine reine Intonation stets von der grössten Wichtigkeit ist, so verkenne man aber doch nicht die namentlich den heutigen, grossen, komplizierten Preischören anhaftende enorme Schwierigkeit bezüglich Festhaltens der ursprünglichen Tonhöhe. Durch Aufnahme einer derartigen Bestimmung wäre es unter Umständen nicht ausgeschlossen, das ein Wettstreit einmal ausgehen könnte, wie das bekannte Hornberger Schiessen.

Die Erfüllung eines weiteren Wunsches des betr. Herrn Einsenders, den Vereinen, welche in die engere Wahl kommen, statt eines Stundenchors, nach Aufstellung auf dem Podium ein einfaches, 4stimmiges Volkslied zu übergeben und zum Durchlesen der Noten 10 Minuten Zeit zu lassen, dürfte sehr wahrscheinlich selbst beim Kaiser-Wettstreit, zu welchem nur erstklassige Vereine erscheinen, zur Folge haben, dass das Kleinod des Kaisers wegen ungenügender Leistungen nicht vergeben werden könnte, wenn überhaupt nach Aufnahme dieser Bestimmung noch eine einigermassen genügende Zahl von Anmeldungen zum Wettstreit erfolgen würde!

Wäre doch mancher Berufssänger froh, a vista singen zu können! Uebrigens hängt der eigentliche, ideale Wert des Männergesanges glücklicherweise nicht vom a vista Singen ab; vielmehr besteht derselbe darin, dass das Lied durch eine richtige Vortragsweise veredelnd auf die Volksseele wirkt, zur Begeisterung hinreisst, wenn Freud und Leid, tiefes menschliches Empfinden im Liede den richtigen Ausdruck finden.

Der Herr Artikelschreiber erblickt ferner eine Gefahr darin, dass die in Konkurrenz tretenden Sänger die Leistungen der mitstreitenden Vereine anhören, und möchte daher ein Verbot dahingehend erlassen wissen, dass kein Verein, bevor er gesungen hat, die Vorträge der anderen Vereine hören soll, also erst nach seinem Auftreten in den Zuhörerraum gelassen werden darf! Er betrachtet dies als eine sehr notwendige Bedingung, deren strenge Durchführung er dem Orts-Komitee anempfehlen zu müssen glaubt.

Abgesehen davon, dass eine solche Massregel eine kaum durchführbare Kontrolle erfordern würde, so ist die Anregung, wenn sie auch Manchem im ersten Augenblick beachtenswert erscheint, bei näherer Prüfung doch an und für sich ganz bedeutungslos, wenigstens bezüglich des 6 Wochen-Preischors. Denn nicht allein, dass sich weder zu einer Besprechung, noch weniger zur Vornahme etwaiger Abänderungen des Gelernten eine Gelegenheit bietet, so ist das einmal Eingepaukte durch das immerwährende, wochenlange Studium bei den

*) Nachdem wir unsere Ansicht mehrfach präzisiert haben, geben wir gern auch nachfolgender Einsendung aus unserem Leserkreise Raum. D. Red.

Sängern so in Fleisch und Blut übergegangen und so festsitzend, dass eine Beseitigung von Uebelständen und Vornahme von Verbesserungen absolut nicht mehr durchführbar wäre. Im Uebrigen ist auch kaum anzunehmen, dass ein Dirigent eine sich einmal angeeignete Auffassung der Komposition plötzlich aufgeben und ändern werde, einmal aus prinzipiellen Gründen, andernteils weil schliesslich einem Jeden seine Auffassung als die richtige dünkt.

Auch darf nicht ausser Acht gelassen werden, dass die Vereine nicht nur einen Wettstreit besuchen, um ihre Kunst zu messen, sondern auch um durch Anhören der Vorträge anderer Vereine neue Anregungen mit nach Hause zu nehmen. Dies würde aber durch die Aufnahme fraglichen Verbots vollständig verhindert werden, und eine weitere Folge eine teilweise Leere der Festhalle sein.

Dagegen wäre das Verbot nur bezüglich des vorherigen Zuhörens des Stundenchors schon eher in Erwägung zu ziehen. Hier liegt der Fall wesentlich anders, denn dass beispielsweise ein Verein, der durch das Los erst an zehnter Stelle kommt, und Gelegenheit hat, sich den Stundenchor 9 mal vorsingen zu lasen, sich im Vorteil befindet, ist nicht zu bestreiten!

Wenn ferner dem Dirigenten zur Pflicht gemacht werden soll, die Gesänge nur in der vorgeschriebenen Tonart zu beginnen, so ist dies eigentlich etwas ganz Selbstverständliches; es ist allerdings auch in Kassel vorgekommen, dass einige Vereine schon etwas zu hoch begonnen hatten und könnte daher diese Bestimmung immerhin aufgenommen werden, ebenso wie die, dass Aufstellungsproben oder Prüfung der Akustik in der Festhalle unzulässig sind.

Ein thatsächlich verbesserungsbedürftiger Modus betrifft den selbstgewählten Chor den jeder Verein nach Beendigung des eigentlichen Preischores vorzutragen hat, und welcher bei anderen Gesangwettstreiten in der Regel in allen Einzelheiten, genau wie der Preischor, gewertet wird. Wir finden den selbstgewählten Chor überhaupt bei allen Gesangwettstreiten, denn er hat wohl in der Hauptsache den unbestreitbar guten Zweck, den Zuhörern, deren Nerven schon durch den öfteren Vortrag ein und desselben Preischors mitunter stark in Mitleidenschaft gezogen werden, angenehme Abwechslung zu bieten, weshalb es auch als eine Lücke empfunden werden müsste, wenn derselbe ganz in Wegfall kommen sollte.

Dagegen verlohnt es sich wohl, die Wahl, sowie die Wertung dieser Chöre einer eingehenden Besprechung zu unterziehen.

Was zunächst die Wahl betrifft, so erscheint es allerdings ganz natürlich, dass die wettstreitenden, leistungsfähigen Vereine infolge der Wertung auch des Schwierigkeitsgrades der Komposition einen Chor zum Vortrag bringen, welcher möglichst schwer ist. Es beginnt also schon geraume Zeit vor dem Fest ein Drill, bei welchem namentlich der Dirigent nicht zu beneiden ist! Das zum Wettstreit erschienene Publikum aber muss alle diese, meist 10 Minuten währenden, von Schwierigkeiten und Klippen strotzenden, mit allen Finessen bearbeiteten Kompositionen, welche wiederzugeben der menschlichen Stimme oft schier unmöglich sind, über sich ergehen lassen! Hier wäre eine passende Gelegenheit, den Hebel anzusetzen zur Erfüllung des Wunsches unseres Kaisers, dem Volkslied mehr die ihm gebührende Geltung zu verschaffen! Man verlange von den in Konkurrenz tretenden Vereinen nach Vortrag des Preischors ein Volkslied, von welchen der deutsche Liederschatz bekanntlich wahre Perlen in sich birgt. Die Frage, ob dieses selbstgewählte Volkslied ebenfalls gewertet werden soll, möge die zur Festsetzung der Bestimmungen ernannte Komission entscheiden. Bejahenden Falles wären alle Einzelheiten der Ausführung, also Intonation, Wohlklang, Rhythmik, Aussprache und Auffassung, vielleicht mit einer einzigen Ausnahme, der Schwierigkeit, zu werten.

Dagegen müsste die Wertung dieses Chores en bloc, wie sie bei dem 1. Wettstreit in Kassel vermutlich vorgenommen worden ist, weil ungenau und oberflächlich, als ein Misstand bezeichnet werden.

Ein weiterer Vorschlag, der die *Leistungsfähigkeit* der einzelnen Vereine recht erkennen liesse, jedoch den Wettstreit nicht so unterhaltend gestalten würde, wäre folgender:

Die am Wettstreit teilnehmenden Vereine erhalten 8 Wochen vor dem Fest einen grösseren, speziell zu diesem Zweck komponierten Preischor, sowie einen solchen, jedoch einfachen, im Volkston gehaltenen Chor 14 Tage vor dem Wettstreite.

In diesem Falle müsste auch der letztere ebenso genau wie der grössere Preischor gewertet werden.

Da speziell die vorstehend besprochene Frage eine der wichtigsten und von weittragendster Bedeutung für den 2. Wettstreit sein dürfte, so sei dieselbe der musikalischen Kommission einer geneigten Würdigung empfohlen.

Gleichzeitig sei es gestattet, an dieser Stelle noch auf einige Punkte besonders aufmerksam zu machen, deren Beachtung seitens der musikalischen Komission im Interesse eines friedlichen, erspriesslichen Verlaufs des nächstjährigen Wettstreits sehr wünschenswert erscheint.

Laut § 5 der Bestimmungen für den 1. Wettstreit werden die gemeldeten Vereine in numerisch möglichst gleichen Abteilungen vereinigt, über deren Zusammensetzung das Los entscheidet und in § 6 heisst es:

Die aus dem ersten Wettkampf jeder einzelnen Abteilung hervorgehenden 2 besten Vereine streiten im engeren Wettbewerb um den Kaiserpreis. Eine solche Bestimmung kann beispielsweise zur Folge haben, dass ein sehr tüchtiger Verein, weil er das Pech hatte, in eine Gruppe von lauter guten Vereinen zu geraten, nicht zum engeren Wettstreit zugelassen werden kann, während ein weniger leistungsfähiger Verein einer anderen, zufällig aus weniger guten Vereinen bestehenden Abteilung dieser Ehre teilhaftig wird.

Man gebe also der Gerechtigkeit willen dem § 6 eine andere Fassung, dahin gehend, dass diejenigen so und so viele Vereine, welche die besten Leistungen erzielt haben, zum engeren Wettstreit zuzulassen sind.

Allgemein in den beteiligten Sängerkreisen bedauert wurde auch in Kassel, dass die Punktzahl nicht veröffentlicht wurde. Es erscheint jedoch sehr wünschenswert, das nicht allein das Resultat der preisgekrönten Vereine, sondern auch das der übrigen, bekannt gegeben wird.

Wenn auch schlechterdings nicht beansprucht werden kann, dass sich die Bekanntgabe des Resultats der nicht prämiierten Vereine der Preisverteilung direkt anschliesst, so müsste aber doch überhaupt einmal eine Veröffentlichung, event. durch eine Zuschrift an den betr. Verein, erfolgen! Wenn ein Verein seine Ehre darein setzt, den Männergesang auf die höchst mögliche Stufe der Vollendung zu bringen, welches Ziel doch gerade durch die Wettstreite Unterstützung findet, so hat er selbstverständlich auch ein hohes Interesse daran, zu erfahren, in wieweit er gefehlt, und welche Stelle er unter den deutschen Männergesangvereinen wohl einnimmt.

Zum Schlusse sei noch einer Anordnung Erwähnung gethan, die bei dem 1. Wettstreit in Kassel vermisst wurde, was jedoch, ebenso wie die anderen beregten Mängel mit Rücksicht auf die junge Existenz der Veranstaltung wohl entschuldbar erscheint. Es betrifft die Abzählung der Sänger direkt vor dem Aufgang zur Sängertribüne. Es ist dies eine unerlässliche Kontrolle, um zu verhindern, dass eine grössere Anzahl als die der angemeldeten Sänger auftritt. Namentlich kann dadurch einer Machination vorgebeugt werden, welche bezweckt, im Falle der Zulassung zum Stundenchor zum Studium und Vortrag desselben noch Sänger, vielleicht gar von Beruf, heranzuziehen. Dies mag etwas argwöhnisch klingen, allein — auch Sänger könnten einmal Finessen anwenden! —

Wenn diese im Interesse der hohen künstlerischen Bedeutung des Wettstreits erfolgten Ausführungen dazu beitragen sollten, an geeigneter Stelle berücksichtigt zu werden, so wäre ihr Zweck erfüllt. — *A. Kallenbach.*

Das Vereinsrecht

seit es für **Gesangvereine** in Betracht kommt.

ine einheitliche Regelung des öffentlichen und privat-
hen Vereinsrechts ist von Reichswegen noch nicht
die einzelnen Gesetze finden sich im Bürgerlichen
uch, in den Reichsgesetzen und in den Gesetzen der
n Bundesstaaten.

s sind zu berücksichtigen, die **öffentlichrechtlichen**
ungen, das Verhältnis der Vereine zum Staat
d. und die **privatrechtlichen Bestimmungen,**
die Beziehungen der Vereine zu den einzelnen
rgern regeln.

s B. G.-B. regelt nur die privatrechtliche
Vereinsrechts, betrachtet die rechtsfähigen Vereine
er selbständiger Rechte und Pflichten und unter-
sie von der Gesellschaft, die lediglich eine
ng mehrerer Personen ist und den von den
Mitgliedern vollständig losgelösten selbständigen
r nicht besitzt.

s gesamte öffentliche Vereinsrecht, insbe-
lie Auflösung der Vereine und die Aufsicht über sie
den des öffentlichen Rechts bleiben vom B. G.-B.
t. Dies ist nach Art. 4 Nr. 16 der Reichsver-
Gegenstand der Reichsgesetzgebung. Das Reich
h bis jetzt kein öffentliches Vereinsrecht; nur ein
setz ist nach dieser Richtung ergangen, und zwar
. 1899, welches bestimmt, dass inländische Vereine
mit einander in Verbindung treten dürfen.

B. G.-B. unterscheidet Vereine mit wirtschaft-
d idealen Tendenzen. Gesang- und Musikvereine
ine „mit idealen Tendenzen", sie gehören auch
n nichtwirtschaftlichen Vereinen, wenn sie als Mittel
ichung ihres idealen Hauptzwecks ein Neben-
e (Gastwirtschaft im eignen Hause, Weinhandel,
einzelner Räume oder Wohnungen etc.) be-

1) Rechtsfähige Vereine.

privatrechtlichen Bestimmungen des B. G.-B.
m Vereine den Weg, Subjekt von Rechten und
hkeiten zu werden, wie jede Einzelperson. Hinzu-
uss bei Vereinen mit idealen Tendenzen die Ein-
das beim Amtsgericht geführte Vereinsregister.
t der Verein die Rechtsfähigkeit erworben, und
og. „juristische Person", d. h. er hat dieselben
d Pflichten, wie jeder Staatsbürger. Weder der
noch die einzelnen Mitglieder sind haftbar für
ne Verpflichtungen, sondern lediglich der Verein
Vermögen.

2) Nichtrechtsfähige Vereine.

haben die rechtliche Stellung einer einfachen
reinigung, also einer Gesellschaft im Sinne des
lier giebt es kein selbständiges Vereinsvermögen,
t dies Eigentum der einzelnen Mitglieder. Auch
einen Vorstand, dieser ist aber nicht Vertreter
den Mitgliedern stehenden Korporation, sondern
en Mitglieder, und nur in deren Auftrage als
tigter thätig. Wo das Gesetz eine schriftliche
verlangt, muss sie demnach auch dem Vorstande
rteilt sein. Rechte und Pflichten des Vereins sind
Pflichten der Mitglieder. Grundstücke können
n Namen der Mitglieder ins Grundbuch einge-
len. Im Prozesse sind sämtliche Mitglieder Partei,
er nicht als Verein klagen. Eine Ausnahme
in soweit, als der nichtrechtsfähige Verein als
lagt werden kann. Auf Grund eines gegen den
ngenen Urteils kann die Zwangsvollstreckung
Vereinsvermögen erfolgen, ebenso ist ein Konkurs-
ber das Vereinsvermögen möglich. Wesentlich
Mitglieder nichtrechtsfähiger Vereine zu gleichen
mit ihrem eignen Vermögen für die Schulden
haften. Diese persönliche Haftbarkeit können sie nur dadurch ausschliessen, dass sie die Rechtsfähigkeit zu erlangen suchen (nicht durch einfache Bestimmung im Statut). Ausserdem sind diejenigen Mitglieder, welche im Namen und Auftrage des Vereins Dritten gegenüber Rechtshandlungen vorgenommen haben, diesen Dritten gegenüber persönlich haftbar.

Erlangung der Rechtsfähigkeit.

Die Rechtsfähigkeit wird erlangt durch Eintragung in das Vereinsregister, welches bei dem Amtsgericht geführt wird.

Der Sitz des Vereins ist im Statut zu bezeichnen; vorzuziehen ist hierfür der Ort, in dem, die Geschäfte des Vereins erledigt werden.

Die Eintragung kann nur erfolgen, wenn der Verein mindestens aus 7 Mitgliedern besteht; der Verein behält jedoch seine Rechtsfähigkeit, auch wenn die Mitgliederzahl später unter diese Ziffer sinkt.

Folgende Vorschriften gelten für den Inhalt der Vereinssatzungen:

1. Die Satzung muss den Zweck, den Namen und den Sitz des Vereins enthalten und angeben, dass der Verein eingetragen werden soll.

Der Name soll sich von den Namen der an demselben Orte oder in derselben Gemeinde bestehenden eingetragenen Vereinen deutlich unterscheiden.

Die Satzung soll Bestimmungen enthalten über

2. den Eintritt und Austritt der Mitglieder.

3. Darüber, ob und welche Beiträge von den Mitgliedern zu leisten sind.

4. Ueber die Bildung des Vorstandes.

5. Ueber die Voraussetzungen, unter denen die Mitgliederversammlung zu berufen ist, über die Form der Berufung und über die Beschlüsse.

Enthält die Satzung die unter 2 bis 5 angeführten Bestimmungen nicht, so treten an die Stelle der fehlenden statutarischen die gesetzlichen Vorschriften. Der Verein hat indes das Recht, jederzeit durch einen Beschluss, welchem $^{3}/_{4}$ der anwesenden Mitglieder zustimmen müssen, eine Ergänzung seiner Satzung herbeizuführen.

Behufs Eintragung des Vereins hat der Vorstand die Anmeldung schriftlich (mit beglaubigter Unterschrift) oder mündlich beim Gerichtsschreiber zu besorgen; der Anmeldung ist beizufügen: die Satzung in Urschrift, eine Abschrift derselben und eine Abschrift der Urkunde (Protokoll) der Bestellung des Vorstandes; die Urschrift der Satzungen ist von mindestens sieben Vereinsmitgliedern zu unterschreiben. Auch Tag der Errichtung muss angegeben werden.

Unzulässig ist die Eintragung, wenn der Zweck des Vereins gegen das Gesetz oder die guten Sitten verstösst.

Gegen ablehnenden Beschluss des Amtsgerichts kann binnen einer Frist von zwei Wochen nach Zustellung des Beschlusses Beschwerde beim zuständigen Landgericht eingelegt werden.

Die Eintragung erfolgt jedenfalls erst dann, wenn die Verwaltungsbehörde keinen Einspruch innerhalb 6 Wochen erhebt.

Einspruch kann erhoben werden, wenn der Verein nach dem öffentlichen Vereinsrecht nicht erlaubt ist oder verboten werden kann, oder wenn er einen politischen, sozialpolitischen oder religiösen Zweck verfolgt.

Einzutragen in das Vereinsregister ist: Name, Sitz des Vereins, Tag der Errichtung der Satzung und die Namen der Vorstandsmitglieder. Bestimmungen, die den Umfang der Befugnis des Vorstandes, den Verein Dritten gegenüber zu vertreten, beschränken, oder Bestimmungen, welche die Beschlussfassung des Vorstandes abweichend von den gesetzlichen Vorschriften regeln, sind gleichfalls einzutragen.

Mit der Eintragung erhält der Name des Vereins den Zusatz **„eingetragener Verein"**.

Die Eintragung wird auf der Urschrift bescheinigt, welche sodann als Legitimation dienen kann.

Jede Aenderung des Vorstandes ist zur Eintragung anzumelden. Der Anmeldung ist eine Abschrift der Urkunde über die etw. Aenderung bezw. Neubestellung beizufügen, widrigenfalls Ordnungsstrafe bezw. Verweigerung der Eintragung erfolgt.

Jeder Aenderungsbeschluss der Satzung ist ebenfalls behufs Eintragung in Urschrift und Abschrift einzureichen. Die Urschrift gelangt mit Eintragungsvermerk an den Verein zurück.

Rechtsverhältnisse während des Bestandes der Rechtsfähigkeit eines Vereins.

Gesetzliche Bestimmungen, welche beobachtet werden müssen, sind:

A. Der Vorstand.

Jeder Verein muss einen Vorstand haben. Im Sinne des Gesetzes ist nur derjenige Vorstand, welchem die vermögensrechtliche Vertretung des Vereins Dritten gegenüber zusteht. Diese Vertretungsbefugnis kann durch das Statut beschränkt werden. Jeder, der mit dem Vorstand Geschäfte abschliesst, wird sich erkundigen müssen, ob der Vorstand zum Abschluss dieses Geschäfts berechtigt ist.

Die Art der Vorstandsbestellung (durch Mitgliederversammlung, Ausschuss etc.) wird durch die Satzung geregelt. Die Bestellung ist jederzeit widerruflich, falls die Satzung nicht etwas anderes bestimmt; jedoch sind solche Bestimmungen ungiltig, wenn wichtige Gründe (Unfähigkeit, grobe Pflichtverletzung etc.) vorliegen. Der Widerruf erfolgt, falls die Satzung keine anderen Bestimmungen enthält, in derselben Weise, wie die Bestellung.

Der Vorstand kann bei Fehlen entsprechender Bestimmungen keine Vergütung für seine Thätigkeit beanspruchen, jedoch kann ihm eine solche gewährt werden.

Ob im Falle des Widerrufs eine vereinbarte Vergütung weiter zu zahlen ist, kann nur im einzelnen Falle nach Recht und Billigkeit entschieden werden.

Der Vorstand kann aus mehreren Personen bestehen. Art und Giltigkeit der Beschlussfassung bestimmt die Satzung. Fehlen entsprechende Vorschriften, so entscheidet die Mehrheit der Anwesenden.

Ein Beschluss des Vorstandes ist beim Fehlen von Bestimmungen in der Satzung stets dann giltig, wenn sämtliche Vorstandsmitglieder schriftlich ihre Einwilligung erklärt haben (Cirkularbestimmung). Von der Mitwirkung an der Beschlussfassung ist ein Vorstandsmitglied ausgeschlossen, wenn die Beschlussfassung die Vornahme eines Rechtsgeschäfts zwischen ihm und dem Vereine oder die Erledigung oder Einleitung eines Rechtsstreites zwischen dem fraglichen Vorstandsmitgliede und dem Vereine betrifft.

Besteht der Vorstand aus mehreren Personen, so sind in der Satzung Bestimmungen zu treffen, welche bei Rechtsgeschäften die rechtsverbindliche Giltigkeit der Erklärungen des Vorstandes insgesamt, oder eines einzelnen Mitgliedes regelt. Enthält die Satzung keine diesbezügliche Bestimmung, so muss die Mehrzahl der Vorstandsmitglieder ihre Erklärung übereinstimmend abgeben, falls sie nicht vorziehen, eine Person mit der Abgabe der Erklärung durch rechtsgiltigen Beschluss zu bevollmächtigen.

Bei einer Willenserklärung eines Dritten gegenüber dem Verein (Angebot, Kündigung, Mahnung etc.), genügt die Abgabe derselben einem Vorstandsmitgliede gegenüber, um den Verein zu binden.

Umfang der Vertretungsbefugnis des Vorstandes.

Der Vorstand vertritt den Verein kraft Gesetzes, gerichtlich und aussergerichtlich. Der Umfang seiner Vertretungsbefugnis ist nach dem Gesetze unbeschränkt.

Folgende Beschränkungen derselben können in der Satzung stattfinden:

1. innere Beschränkung; Etwaige Ueberschreitungen haben lediglich eine Verantwortlichkeit des Vorstandes gegenüber dem Vereine zur Folge, nicht aber die Unwirksamkeit der vom Vorstande unter Ueberschreitung seiner Befugnisse vorgenommenen Rechtsgeschäfte.

2. Aeussere Beschränkung: Hierbei sind die vom Vorstande unbefugt vorgenommenen Rechtsgeschäfte für den Verein nicht verbindlich.

Diese Beschränkungen können zweierlei Art sein.

1. Kann der Vorstand von der Vornahme gewisser Rechtsgeschäfte überhaupt ausgeschlossen sein.

2. Kann der Vorstand zur Vornahme gewisser Rechtsgeschäfte nur unter gewissen Voraussetzungen ermächtigt sein (z. B. Zustimmung der Hauptversammlung, des Ausschusses etc.).

Unbefugt vorgenommene Handlungen sind für den Verein unverbindlich.

Nachträgliche Genehmigung durch die zuständigen Vereinsorgane (Mitgliederversammlung, Ausschuss etc.) kann herbeigeführt werden bei zweiseitigen Rechtsgeschäften (Verträgen); bei einseitigen Rechtsgeschäften (Kündigungen seitens des Vorstandes) nur dann, wenn die dritte Person die von dem Vorstande bei der Vornahme des Rechtsgeschäftes behauptete Vertretungsmacht nicht beanstandet oder damit einverstanden gewesen ist, dass der Vorstand ohne Vertretungsmacht handle.

Geschäftsführung des Vorstandes.

a) Der Vorstand hat seine Dienste persönlich zu leisten, wenn die Satzung nicht das Gegenteil gestattet;

b) der Vorstand haftet bei Ausführung seines Amtes dem Vereine für Vorsatz (für zugefügte Schäden trotz Kenntnis der bösen Folgen) und für Fahrlässigkeit.

Gestattet die Satzung dem Vorstande die Uebertragung der Geschäfte auf einen anderen, so hat der Vorstand dem Vereine gegenüber nur ein ihm bei der Uebertragung der Geschäftsbesorgung zur Last fallendes Verschulden zu vertreten (Auch durch unvorsichtige Wahl des Vertreters).

Für das Verschulden eines Gehilfen, falls die Verwendung eines solchen nach den Satzungen gestattet ist, haftet der Vorstand ebenso wie für eigenes Verschulden;

c) der Vorstand hat sich an die ihm von zuständiger Seite gegebenen Weisungen und innerhalb der ihm gezogenen Grenzen zu halten, widrigenfalls er schadenersatzpflichtig wird.

Ausnahmsweise ist der Vorstand berechtigt, von diesen Anweisungen abzuweichen, wenn er den Umständen nach annehmen darf, dass der Verein bei Kenntnis der Sachlage die Abweichung billigen würde. Von der Abweichung hat er den Verein in Kenntnis zu setzen; also, wenn mit dem Aufschube Gefahr oder Verlust verbunden ist.

d) der Vorstand ist verpflichtet, dem zuständigen Vereinsorgane (Mitgliederversammlung, Ausschuss etc.) die erforderlichen Nachrichten über seine Thätigkeit, auf Verlangen jederzeit zu geben; die Satzungen haben diese Verpflichtung in geeigneter Weise zu regeln.

Zu gewissen, durch die Satzung zu bestimmenden Zeiten ist der Vorstand verpflichtet, Rechenschaft über seine Amtsführung abzulegen. Zu diesem Behufe hat er eine geordnete Zusammenstellung der Einnahmen und Ausgaben mitzuteilen und dieser Aufstellung die Belege beizufügen.

Auf Verlangen des Vereins hat der Vorstand folgenden „Offenbarungseid“ zu leisten:

„Ich schwöre bei Gott dem Allmächtigen und Allwissenden, dass ich nach bestem Wissen die Einnahmen so vollständig angegeben habe, als ich dazu im stande bin. So wahr mir Gott helfe!“

Bei geringfügigen Objekten besteht diese Verpflichtung zum Eide nicht.

(Fortsetzung Seite 9.)

Der Sänger.

Amtliches Organ des westdeutschen Sängerverbandes.

Das Volkslied ist die Unsterblichkeit der Musik.
Marx.

Verbunden werden auch die Schwachen mächtig.
Schiller.

26. Juni 1902. | Vorsitzender: Lehrer A. Gau, Hilden bei Düsseldorf. | Nr. 9.

Redaktion u. Verlag: H. vom Ende, Köln a. Rhein, Ecke Bismarckstrasse 25.

Verbandsnachrichten.

Fortsetzung der Mitgliederliste.

Als persönliches Mitglied ist nachzutragen:

74. Seminar-Musiklehrer P. Teichfischer, Usingen.

Einladung zum Delegiertentage in Duisburg!

Der diesjährige Delegiertentag findet nicht am 3., sondern am 10. August cr. gleichzeitig mit dem 1. Verbandswettstreite statt.

Die Verhandlungen beginnen morgens 11 Uhr im Hôtel „Kaiserhof" (nicht weit vom Bahnhofe Duisburg).

Tagesordnung:

1. Rechenschaftsbericht.
2. Annahme der Satzungen für die Bezirksvereine und der veränderten Satzungen für den Verband.
3. Abgrenzung der Bezirke.
4. Bevollmächtigung zur Gründung der eingeschriebenen Hilfskasse.
5. Neuwahl des Vorstandes.
6. Auslosung der Reihenfolge beim Wettstreite.
7. Wahl der Delegierten, die am Preisrichtertische zugegen sind.

Der M.-G.-V. „Germania", der das Fest veranstaltet, ladet alle Verbandsvereine und Einzelmitglieder zur Teilnahme am Jubiläum und am ersten Wettstreite im Verbande herzlich ein. Das Festbuch wird den wettstreitenden Vereinen und den übrigen Mitgliedern des Verbandes gegen Vorzugspreis auf Bestellung hin zugesandt. Nur wer im Besitze desselben ist, hat Zutritt zu den sämtlichen Veranstaltungen. Bestellungen werden bis 15. Juli gerichtet an Herrn Kaufmann Hugo Frettlöhr in Wermelskirchen, welcher bis zum Delegiertentage die Kassengeschäfte stellvertretend besorgt. Preis pro Exemplar des Festbuches 0,30 Mk.

Die beiden aufgegebenen Chöre wurden am 21. Juni von Köln aus an alle am Wettstreite teilnehmenden Vereine versandt. Der 1. Wettstreit soll eine praktische Probe unserer Grundsätze ergeben. Während nun aufgegebener Kunstchor und aufgegebenes Volkslied (beide zum Studium für 7 Wochen!) vorgesehen sind, fehlt der Ein- resp. Zweistundenchor zur praktischen Erprobung für unsere Verbandsverhältnisse. Es würde sehr dazu beitragen, die Ansichten zu klären und zu läutern, wenn wir in Duisburg auch dieser Aufgabe gerecht würden. Selbstverständlich darf an den bisherigen Aufgaben der wettstreitenden Vereine und den dazu in Aussicht genommenen Preisen keinerlei Aenderung eintreten.

Ich wende mich daher an alle die Vereine, welche bisher von der Beteiligung am Wettstreite abgesehen haben und fordere selbige auf, in einer besonderen Klasse nur um den Verbandspreis zu streiten. Aufgabe: **Ein leichter Zweistundenchor** (Volkslied), den man nicht nur in zwei Stunden mit „Ach und Weh" ton- und taktrichtig einüben kann, sondern auch mit Ausdruck vorzutragen vermag. Die Wertung ist ganz genau so, wie im übrigen Wettsingen. Meldungen hierzu bis 15. Juli einschliesslich an den Verbandsvorsitzenden in Hilden.

Durch die mit grosser Freude in Angriff genommene **Bezirkseinteilung** werden in Zukunft die Wettstreite auch eine regelmässige, wenn auch nicht eine allzu häufige Erscheinung. Dieselben werden als Bezirkswettstreite in intensiverer Weise auf die einzelnen Vereine einwirken, die bis heute bei den Wettstreiten beobachteten riesigen Unkosten auf ein Minimum beschränken und dem unlauteren Wettbewerb den Garaus machen!

Wo bis heute die Organisation der Bezirksvereine noch nicht in Fluss gekommen ist, da bitte ich doch die ansässigen Verbandsgenossen sofort in Thätigkeit zu treten, damit wir am Delegiertentage am 10. August mit fertiger Arbeit zu thun haben.

Westfalen ist in diesem Punkte mit gutem Beispiele den Bundesbrüdern Rheinlands vorangegangen. Dort hat sich Bochum-Gelsenkirchen als erster Bezirksverein gebildet. Ich lasse über diese Gründung die „Emscher Zeitung" zu Worte kommen. Sie schreibt:

Gelsenkirchen, 11. Juni. (Westdeutscher Sängerverband.) In der Sonntag Nachmittag im Saale des Herrn Bickern am Freudenberg bei Bochum stattgehabten, sehr zahlreich besuchten Versammlung der angeschlossenen Vereine und Mitglieder hiesiger Gegend, wurde nach einem interessanten, beifällig aufgenommenen Vortrage über Zwecke und Ziele des Verbandes, die Gründung des „Bochum-Gelsenkirchener Bezirksvereins" vorgenommen. Das Statut ist auf der Grundlage der Hauptverbandssatzung aufgebaut und schliesst sich dieser an. In den Vorstand wurden gewählt: 1. Herr Heinrich Bennewitz-Bochum-Hamme als Vorsitzender. 2. Herr Gust. Diemt-Gelsenkirchen als Schriftführer. 3. Herr H. Klein-Bismarck i. W. als Kassierer. Zu der Verbandsdelegiertenversammlung in Duisburg am 3. August d. J. wurden die Herren Bennewitz und Kraft aus Bismarck gewählt. Alle den Verband betreffenden Fragen, Korrespondenzen und Beiträge sind von nun an den vorgenannten Vorstand zu richten. Zur besseren Verbreitung der herrlichen Verbandsideen in den Kreisen der hiesigen Gesangvereine, richtet der Vorstand deshalb die Bitte an alle Gönner und Freunde, zur Schaffung eines Agitationsfonds freundlichst Beiträge unter dieser Bezeichnung an den Vorsitzenden des Bezirksvereins senden zu wollen. Quittung hierüber wird im Verbandsorgan erfolgen. Möge diese Gründung dazu beitragen, die Gesangvereine immer mehr von dem unlautern Wettbewerb auf den heutigen Gesangwettstreiten abzubringen und sie hineinführen in den von vielen hochgestellten Autoritäten und Behörden bis hinauf ins Ministerium sanktionierten „Westdeutschen Sängerverband".

Ueber die Gründung der übrigen Bezirksvereine werde ich hoffentlich in nächster Nummer berichten können. Zur Vorbereitung der diesjährigen Tagung hat sich in Duisburg folgendes Ehrenkomitee gebildet:

Lehr, Oberbürgermeister. Armstroff, Stadtschulrat. Averdunk, Professor. Bodden, Brauereibesitzer. Arn. Böninger, Geheimer Kommerzienrat. Dr. Ernst Böninger. Dr. Walther Böninger, Fabrikbesitzer. Charisius, Bankdirektor. R. Curtius, Fabrikbes. H. Elskes, Stadtverordneter. Eicker, Stadtschul-Inspektor. Florenzen, Rektor. A. Gau, Hilden, Vorsitzender des Verbandes. M. Heerhaber, Rechtsanwalt und Notar. Alwin Hilger, Bankier. Heinrich, Beigeordneter. Josephson, Städtischer Musikdirektor. Keetman, Kommerzienrat. Th. Kupper, Vorsitzender des Kreis-Krieger-Verbandes. Lehwald, Beigeordneter. Joh. Marix, Stadtverordneter. Müller, Landgerichts-Präsident. Ernst Pilester, Mittelschullehrer. Schlömer, Musikdirektor. Dr. Schneider, Gymnasial-Direktor. Dr. Schultz, Rechtsanwalt. Dr. Steinbart, Realgymnasial-Direktor. W. Storkebaum, Hüttenschullehrer. Terpe, Polizei-Inspektor. Dr. L. Weber, Landrichter. Jos. Wiegand, Rechtsanwalt und Notar. Wohlleben, Dirigent

Mit Gefühlen der Dankbarkeit und Hoffnung erwähne ich im Anschlusse hieran die aufopfernde und verdienstliche Thätigkeit des Herrn Beigeordneten Heinrich im Arbeitsausschusse des Männergesangvereins Germania-Duisburg, durch welche unsere gute Sache für den dortigen Bezirk hoffentlich eine nicht zu unterschätzende Förderung erfahren wird.

2. westdeutscher Dirigententag in Bochum.

Am 20. Mai fand in Bochum im Hôtel Weidenhof der 2. westdeutsche Dirigententag statt. Veranstaltet vom westdeutschen Sängerverbande, schlossen sich die Verhandlungen unter Leitung des Verbandsvorsitzenden Gau-Hilden der vorigjährigen würdig an. Bennewitz-Bochum begrüsste Namens des Ortskomitees die Versammlung. Gau-Hilden gab einleitend eine Uebersicht über die Bestrebungen des Verbandes und dessen künftiger Organisation.

Vom Ende-Köln referierte sodann über die vom vorigjähr. Dirigententage im Prinzip beschlossene eingeschriebene Hilfskasse. Die Kommission, bestehend aus den Herren vom Ende-Köln, Kniese-Mörs und Wülfing-Solingen hat einen Aufruf zur Beitrittserklärung an alle Dirigenten Rheinlands, Westfalens und der benachbarten Bezirke gewandt und zwar mit gutem Erfolge. Es sind so viele Anmeldungen eingelaufen, dass die nunmehrige definitive Ausarbeitung eines Statuts unter Zuziehung einer versicherungstechnischen Kraft in Vorschlag gebracht werden konnte, sodass schon in Bälde an die Konstituierung der Kasse zu Nutz und Frommen des ganzen Dirigentenstandes gedacht werden kann. Der Referent wies auf die günstige Gestaltung ähnlicher Kassen hin. Die Versammlung folgte mit grossem Interesse den Ausführungen und bekundete durch allgemeine Zustimmung, dass jeder der Gründung der Kasse mit lebhaftem Wunsche entgegensieht. Auf Vorschlag aus der Versammlung heraus, wurde sodann in eine nähere Besprechung der Verbandsgrundsätze getreten; insbesondere wünschten verschiedene Anwesende Aufklärung über die Verbandsgrundsätze, welche bei Veranstaltung von Wettstreiten gehandhabt werden sollten.

Bei Besprechung dieses Gegenstandes trat u. a. der Wunsch hervor, die aufgegebenen Chöre mehrere Monate vorher zum Studium einzuschicken, damit auch alle Vereine in der Lage seien, in den regelmässigen Uebungsstunden ohne Zuhilfenahme von Extraproben die Aufgaben zu bewältigen. Die aufgegebenen Chöre sollen nicht allerhand mühsam ausgetüpfelte Schwierigkeiten enthalten, so dass Dirigenten und Sängern die Einstudierung verleidet wird und von dem Chore nach dem Wettstreite kaum noch Gebrauch gemacht wird.

Bezüglich der Bewertung wurden Bedenken laut gegen das Punktiersystem, indem man anführte, dass dasselbe zur willkürlichen Beurteilung Handhabe biete. Die Widerlegung derselben war leicht, durch den Hinweis darauf, dass weder den Preisrichtern noch den Sängern damit gedient sei, wenn das Punktieren auf Grund sachlicher Kritik fallen sollte. Das Preisrichteramt würde noch mehr als bisher Misstrauen erfahren und für Dirigenten und Sänger würde ohne Kritik kein erzieblicher Gewinn aus dem Wettstreite erblühen. „Keine Geheimkrämerei!"

„Interessant" wurde die Debatte im Punkte „Geldpreise". Von diesem „Bollwerk" wollen einige Musiker noch nicht lassen, wiewohl gerade die Geldpreise zu den am meisten in Verruf gekommenen Momenten moderner Gesangwettstreite gehören. Dass der Verband in dieser Beziehung „nicht mit sich reden lässt", ist selbstverständlich. Auf die Bessergestaltung der pekuniären Lage der Gesanglehrer auf solider Grundlage ist der Verband bestrebt, sein Augenmerk und seine Thätigkeit zu richten, aber nicht durch den Gesang herabwürdigende Mittel, wie die Geldpreise auf Wettstreiten.

Als letzter Punkt der Tagesordnung folgte ein Vortrag des Verbandsvorsitzenden über das Thema: „Kunstchor und Volkslied" den wir unten folgen lassen. Er wurde mit grossem Beifall aufgenommen.

Zum Schlusse der sehr anregenden Versammlung wurde allseitig die Versicherung ausgesprochen, dass jeder Dirigent in seinen Vereinen für den Anschluss an die schöne Sache mit voller Kraft wirken und streben wolle. Der Verbandsvorsitzende.

Kunstchor und Volkslied.

Vortrag, gehalten auf dem 2. westdeutschen Dirigentage in Bochum am 20. Mai 1909, von A. Gau. (Aphoristisch).

Die „Moderne" verdirbt die Kunst in allen ihren Zweigen. Wir haben noch keinen ausgeprägten deutschen Stil. Wir zehren von der Vergangenheit Grösse. Das Nervöse des wirthschaftlichen Lebens, in welchem eine Idee die andere überstürzt, überträgt sich auch ungesucht auf unsere Männerchorkompositionen.

Die moderne „Freiheit" wirkt hemmend auf eine einheitliche Gestaltung des Kunststils. Es muss „biegen" oder „brechen", es muss herzzerreissend wirken. Wie wenig Zufriedenheit und Herzerquickung liegt in dem modischen Kunstgesang. Selbst das „Volkstümliche" ist in die Opern und Operetten gegangen und hat sich mit eitlem Flitter umhangen. Das Normale zieht auch nicht mehr, weil man den Geschmack des Volkes verdorben hat. Wo irgend ein Kolossalmensch zu schauen ist, wo die abnormsten Dinge als Schaustücke vorgeführt werden, da drängt und staut sich die Menge des Publikums, während die einfachen Gesänge unseres Volkes nicht mehr ziehen.

In solchen Kulturepochen wie die gegenwärtigen, in denen Kunst und Wissenschaft die Höhe erklommen, thut 1. ein Rückblick auf gleichbeeigenschaftete frühere Zeitperioden not, denen die Reaktion auf dem Fuss folgte; 2. die Betonung des Naiven. Wir müssen Brot haben für das Volk; am Zuckerbrot verdirbt es sich den Magen.

Der Dirigent, für dessen wirtschaftliche Besserstellung der Verband strebt, muss nach dem Grundsatze handeln, dass er der Sänger wegen da ist. Diese sollen durch die Sangeskunst erzogen werden, sonst kauf' ich mir keinen Pfifferling für den grossen Apparat, der in unsern Gesangvereinen zur Anwendung kommt meiniglich um schöne Stiftungsfeste mit vielem Festgebimmel, Wettstreite, Liedertafeln und Sängerfahrten in Szene zu setzen.

Wir können bei aller Betonung des „Künstlerischen" und „Wissenschaftlichen" unmöglich das ganze Volk zu dieser Höhe erziehen. Es werden im einzelnen immer Stümper bleiben und nur unter steter künstlerischer Leitung zur künstlerischen Mitarbeit herangezogen werden können. Das Volk als solches, d. h. die Klassen desselben, welche sich uns in den Gesangvereinen anvertrauen, werden die Selbstständigkeit in der Kunst nicht erlangen, weil alle Vorbedingungen des Bildungsganges der Berufsthätigkeit und wirtschaftlichen Lage dazu fehlen. Wohl kann die Menschheit im allgemeinen durch die Kunst zu grösserer Vollkommenheit erzogen werden; aber Künstler werden die meisten nicht. — Nun ist aber ein alter Erfahrungssatz der, dass Halbheit nichts ist; unreife Köpfe und Herzen nur Verwirrung und Thorheit anrichten.

Weshalb also das Schmachten und Sehnen nach dem Uebermenschlichen, nach dem Unerreichbaren, wo das Gute so nahe liegt. Schon Karl Bormann klagt:

„Einst war in deutschen Landen das Volk so reich an Sang,
Dass dir auf Weg und Stegen sein Herz entgegenklang
Im Liede hat's gebetet, im Liede hat's geweint,
Beim Mahle, wie bei Gräbern zum Sange sich vereint
Der Bauer hinter'm Pfluge, der Hirt im Wiesenthal,
Die Mägde bei dem Hocken, sie sangen allzumal
Und wo die Kinder spielten, da lenkt' ein Lied die Lust,
Und wo die Burschen zogen, da klang's aus voller Brust.
Wer sie erfand, die Weisen, ward keinem je bekannt,
Sie wuchsen wie die Blumen und gingen von Hand zu Hand
Bis jüngst in dunklen Nächten ein wüster Räuber kam
Und aus des Volkes Herzen den Schatz der Lieder nahm
Statt dessen hat er Tücke und Grimm hineingelegt,
Die haben tolles Murren und arg Geschwätz erregt
Es hat vom Gift getrunken, ihm ist die Seele wund,
Und ob dem Weh' verstummet der sangesreiche Mund —."

Wollen wir wirklich „das Volk" erziehen in den Gesangvereinen und durch dieselben, so müssen wir durch die Vereine die weiteren Schichten des Volkes zum Singen zu bringen suchen. Dazu eignet sich das Kunstlied nicht, wohl aber das Volkslied, des Volkes eig'nes Kind!

Die Volksschule muss mit dem Einproben von Volksliedern endlich Ernst machen. Was nützen alle Anstrengungen zugunsten desselben, wenn nicht in jener Periode des Lebens begonnen wird, in welcher der Mensch am meisten den erheblichen Einflüssen zugänglich ist.

Die meisten Volkslieder sind für die Schule nicht geeignet. Aus der Unmasse des bereits gesammelten Materials lässt sich ein schönes Pensum für die Schuljugend zusammenstellen.

Als ein günstiges Zeichen ist die Anregung des Herrn Ministers der geistlichen und etc. Angelegenheiten zu betrachten, dem Volksliede auch in den Lesebüchern einen Platz einzuräumen.

Der Verband wird Gelegenheit nehmen, in dieser Angelegenheit mit einer besonderen Eingabe an den Herrn Minister und die Königlichen Regierungen aufzuwarten.

Ferner wird ein passender Lesebuch- und Volksschulliederbuchstoff auf dem in Frage stehenden Gebiete in Gestalt einer Flugschrift erscheinen.

Als beachtenswert bei Auswahl des Volksliederpensums für die Schule halte ich folgende Punkte:

1. Die Volkslieder, welche nicht gesungen werden, denen also die Seele, d. i. die Melodie fehlt, haben keinen Wert für Schule und Volk;
2. Auszuscheiden sind jene Volkslieder, die einen allzu ausgesprochen örtlichen Charakter tragen;

nd Melodie so weit
ng derselben wenig
Volkslieder können
rhern enthalten sein.
s die früheren For-
ebiete daran litten,
ffmann von Fallers-
nden. Erk ist durch
bung bahnbrechend

en Grund zur Pflege
tsprechender Weise
n den sonstigen, für
fortgesetzt werden,
dem Sammelwerke:
d 19. Jahrhunderts"
i jeder Gesangverein
sen, nicht aber, wie
'eberkunst sich ver-
africhtung und Ver-
ler lebe, blühe und
n unüberbrückbaren
ied in den Gesang-
icht dem Volksliede!

olksliedes.

Grunde genommen
d müsse auch in
m werden, so wie
Schlusse führende
Das Volkslied ent-
sondern des Volkes
rm die allgemein
ht also nach Form
und darf deshalb
behandelt werden.
d gar nicht vom
inn jedenfalls nicht
and weiter gegeben
ch mir die Beweis-
wir, was daran

e zur eigentlichen
ler höheren Kunst
t lassen, als einen
ss unsere besseren,
n ist hier die Rede,
iden und gestaltet
oder den Bauern-
i Weise, es trägt sie
it ihr nicht mit der
ber, es verspürt nur
ler da hineingebannt
anstimmt, dann will
chmerzen wühlen",
entlich auch wohl
und er singt dann,
nimmt gar keinen
s von der Welt zu
leuten, dass ich so
aupt eine seelische
ese sich höchstens
nütlichen Stimmung
abei keineswegs die
. — ob an einem
nichts zur Sache —
, ist ganz selbst-
les Zuhörers nicht
n und die Vorträge
wartet sogar eine
tandes und nichts
derselbe schlichte
draussen auf grüner
st es also, genaue
lern, und nur solche
neres in Mitleiden-

schaft zu ziehen; der Satz muss so beschaffen sein, dass die geheimsten Wendungen des Textes in leuchtender Eindringlichkeit zu Tage treten, dass der Weise ein Gewand bereitet ist, wie es seiner Eigenart vollkommen entspricht, dem Geiste derselben sich unterordnend und doch der Selbständigkeit nicht entbehrend. Dementsprechend sei auch der Vortrag beseelt von dem Geiste der Dichtung, er zwinge die Herzen der Zuhörer in seinen Bann, damit sie innerlich miterleben, was der Mund des Sängers ihnen kündet, damit auch in ihnen die Stimmen erwachen, die dem Dichter einst schöpferische Kraft verliehen.

Wenn wir nun gar die herrlichen Bearbeitungen der Volkslieder von Brahms, Wüllner, Woyrsch, Othegraven, Steinbauer u. s. w. als wirkliche Kunstwerke gelten lassen, dann ist der „schlichte Vortrag" geradezu ein Frevel gegen den heiligen Geist der Melodie. Ein solcher Vortrag macht uns nämlich nur mit der nackten Tonfolge bekannt; jeder Musiker weiss aber, dass diese allein, losgelöst von den andern Faktoren, lediglich eine rein formale Bedeutung hat; einen Einfluss auf unser Gemütsleben gewinnt die Tonfolge erst durch den Hinzutritt des Tempos und der Klangstärke mit ihren Abstufungen und Nuancen. Kommen diese beim Vortrage nicht zur Anwendung, so fehlt eben der Geist, der allein zum Geiste sprechen kann. Jede Strophe, jede Verszeile, ja jedes Wort muss durch sinngemässen Vortrag in die richtige Beleuchtung gerückt werden, das verlangt schon die erste Regel des künstlerischen Vortrags: einleuchtende Verständlichkeit. Eine unglaubliche Verwirrung in den Köpfen der Zuhörer wird z. B. dadurch angerichtet, dass Vortragszeichen, welche der Bearbeiter nur der 1. Strophe zudachte, für sämtliche Strophen getreulich beibehalten werden, wodurch dann absolut bedeutungslose Stellen zu übertriebener Geltung kommen. Allein der Sinn und die Bedeutung der Worte hat hier zu entscheiden.

Es gibt gewiss viele Volkslieder, die nur ganz schlichten Satz und Vortrag vertragen; für den Konzertvortrag sind dieselben infolgedessen wenig geeignet.

Was den Vorwurf anbelangt, dass wir auf diesem Wege das Volk nicht zur Wiederaufnahme der Lieder bewegen können, so ist darauf zu erwidern, dass das für uns nur in zweiter Linie in Betracht kommt; die älteren Volkslieder lassen sich als wirklich gesungene Lieder überhaupt nicht mehr lebendig machen. Wir wollen vor allen Dingen diese köstlichen Güter vor dem Untergange bewahren, durch ihre Wiedergabe veredelnd auf den Geschmack wirken und die Schundlitteratur verdrängen. Möchte uns das gelingen! — —

vom Ende.

Deutsche Gesangvereine in England.

Die moderne Industrie bethätigt ihre heutige Grossmachtsstellung nach jeder Richtung hin; was früher nur gekrönten Häuptern und fürstlichen Häusern möglich war: Hauskapellen und Chorvereine zu unterhalten und dieselben gegenseitig und zum allgemeinen Wohl vorzuführen, das finden wir heute in industriellen Etablissements an der Tagesordnung. Musikkapellen und Gesangvereine, die sich nur aus den Arbeitern grosser Gewerkschaften rekrutieren, hören wir allerorts und was sie uns in künstlerischer Beziehung bieten, ist speziell auf dem Gebiete des Männergesanges das Hervorragendste, was überhaupt geboten werden kann. Die ersten von derartigen Veinen, welche ihre engere Heimat verliessen, und auch im Auslande hohe künstlerische Ehren errangen, waren belgische Gesangvereine. Auf den internationalen Konkursen, an denen sie sich beteiligten, erregten sie das grösste Aufsehen und viele erste Preise wurden z. B. von der „Société de chant des Crystalleries de Val St. Lambert," und im vergangenen Jahre in Köln von der „Société L'Orpheon de Trooz forêt" ersungen. Das Höchste aller Ehrungen, was jedoch bis heute einem derartigen Arbeiter-Gesangverein beschieden worden ist, hat die „Theobromina-Köln" auf ihrer Englandfahrt im vorigen Monat unter seinem Dirigenten M. Neumann erreicht. Der genannte Verein besteht allein aus Arbeitern der bekannten Chocoladenfabrik Gebr. Stollwerck, Köln und verdankt der Förderung, welche die Chefs genannter Firma ihm in jeder Weise angedeihen lassen, den grossartigen Aufschwung. Am 11. Mai wurde die Englandreise zusammen mit der Regimentsmusik des westfälischen Fuss-Artillerie-Regiments Nr. 7, unter Leitung des Musikdirektors W. Trenks angetreten. In England war die erste Station Port Sunlight bei Liverpool. Einer Einladung der englischen Seifenfabrik Lever Bros. folgend, wurden hier zwei Konzerte gegeben, die ausserordentlichen Beifall fanden. Die Sunlight Seifenfabrik wird wahrscheinlich demnächst mit einem Gesangverein aus ihrem Arbeiterpersonal den Besuch der Kölner erwiedern.

Von Port Sunlight ging es nach London; der Lord Major hatte den Verein in seine Residenz (Mansion House) geladen um ihm Gelegenheit zu geben, vor einem aus den ersten Kreisen bestehenden Publikum — u. a. war der deutsche Botschafter anwesend — eine Probe seiner Kunst zu geben. Im Anschluss an diese Matinée fand eine Bewirtung des Vereins statt, im Verlauf derer sich das hohe Wohlwollen für die Sänger und die Anerkennung für die gebotenen künstlerischen Genüsse zu erkennen gab. Am Abend fand dann in Queens Hall das grosse Konzert des Vereins statt, das den eigentlichen Zweck der Londoner Reise darstellte. Die Theobromina hatte einen ganz riesigen Erfolg, der sich nach jeder Nummer steigerte und nach dem grossen Chorwerke „Sardanapal" von M. Neumann seinen Höhepunkt erreichte. Es kommt hinzu, dass der Verein mit der Wahl seiner beiden Solisten sehr glücklich war; Frau Cäcilie Rüsche, der Liebling des Kölner Publikums auf der Bühne und im Konzertsaale, enthusiasmierte die tausendköpfige Menge durch ihre herrliche Stimme und Dr. Otto Neitzel, der feinfühlige, in England ganz besonders geschätzte Pianist, bot mit seinen Vorträgen dem musikalischen Publikum ganz besondere Gaben. Die Musiknummer der Militärkapelle, die den Engländern ganz neue Stücke bot, fand gleichfalls ausserordentlichen Anklang und zum Schlusse mussten Chor und Kapelle immer neue Nummern zum Besten geben. Den Schluss des Abends verlebten die Sänger in den verschiedenen Klubs, und am Sonntag Mittag ging es dann zum Buckingham-Palast, um dort vor dem König und der Königin und dem ganzen Hofstaate deutsche Volkslieder zu singen und prächtige Armeemärsche zu spielen. König Eduard zeigte sich sehr interessiert und schlug den Takt mit. Auch während des Hofkonzertes bildete der „Sardanapal" den Glanzpunkt, während ausserdem die Artilleriekapelle und der Chor gemeinsam mit dem niederländischen Dankgebet bei Hofe besonderen Beifall erzielten. Die Leiter wurden dem König vorgestellt. Die Unterhaltung geschah in deutscher Sprache; zum Abschied rief der König den Sängern und Musikern mit lauter Stimme ein freundliches „Adieu" und „gute Reise" zu.

Das VI. deutsche Sängerbundfest in Graz

wird in den Tagen vom 26.—30. Juli d. J. abgehalten und verspricht nach den bis jetzt vorliegenden Berichten und nach den umsichtigen Vorarbeiten des Grazer Ausschusses einen grossartigen Verlauf zu nehmen. Nach der Aufstellung der Geschäftsleitung sind bis heute 887 Vereine mit 10104 Sängern und 588 Fahnen und Bannern angemeldet, doch stehen hierbei noch eine Anzahl Vereine aus, deren Erscheinen sicher ist, die aber eine genaue Angabe noch nicht machen konnten; ebenfalls sind hierbei die Besucher aus ausserdeutschen Staaten nicht eingeschlossen. Die Festordnung ist wie folgt vorgesehen:

26. Juli. Empfangs- und Begrüssungsabend.
27. „ I. Festtag (Probe — Festzug — Kommers).
28. „ II. Festtag (Probe Vorm. — I. Hauptconcert Abends)
29. „ III Festtag (Probe Vorm. — II. Hauptconcert Abds.)
30. „ IV. Festtag Sängertag — Ausflüge und Besichtigungen — Kommers).

Das Programm für die Hauptaufführungen ist folgendes:

Am 28. Juli 1902:

1. Orchestervortrag.
*2. **Hugo Wolf:** „Dem Vaterlande."
3. **Friedrich Hegar:** „Morgen im Walde."
4. Einzelvortrag.
*5. **Heinrich Zöllner:** „König Sigurds Brautfahrt."
6. Einzelvortrag.
*7. **Dr. Wilhelm Kienzl:** „Landsknechtlied."
8. a) **Friedrich Silcher:** „Untreue" (Bundesliederb. III, 71).
b) **Gustav Wohlgemuth:** „Mägdlein, hab' Acht!"
*9. **Josef C. Brambach:** „An die Sonne."
10. Orchestervortrag.
*11. **Richard Wagner:** „Liebesmahl der Apostel."

*) Mit Orchesterbegleitung.

Am 29. Juli 1902:

1. Orchestervortrag.
2. **Richard Müller:** „Hügel fallen Berge weichen" (Bundesliederb. IX, 189.)
3. Einzelvortrag.
4. a) **E. S. Engelsberg:** „Waldeswehen";
b) **Friedrich Silcher:** „'s Herz" (Bundesliederb. IX, 191)
5. Einzelvortrag.
*6. **Eduard Kremser:** „Prinz Eugen."
7. Orchestervortrag.
8. a) **Adolf Kirchl:** „Abschied".
b) **Hugo Jüngst:** „Fahrende Leut'" (Bundesliederb. IX, 196).
9. Einzelvortrag.
10. a) **J. E. Schmölzer:** „Ave Maria" (Bundesliederb. VII, 155)
b) **Rudolf Wagner:** „Gretelein"
11. Einzelvortrag.
*12. **Theodor Podbertsky:** „Friedrich Rothbart."

Die aufgeführten Werke werden von dem Männerchor zu Gehör gebracht, während die Einzelvorträge von geschlossenen Verbänden und einzelnen Vereinen gesungen werden.

Die Leitung der Männerchöre liegt in den Händen der Herren:

Eduard Kremser, Wien (I. Tag 2, 11, II. Tag 4a, 6, 8a.
Vinzenz Ortner (I. Tag 5, 8a, 9, II. Tag 4b, 8b, 10b)
Gustav Wohlgemuth, Leipzig (I. Tag 3, 8b, II. Tag 2, 10a, 12

An den Einzelvorträgen unter ihren Verbands- bezw. Vereinsdirigenten sind beteiligt: „Deutscher Sängerbund in Böhmen", „Julius Otto-Bund" in Dresden, „Fränkischer Sängerbund", „Hannoverscher Männer-Gesang-Verein", „Kärntner Sängerbund", „Königsberger Sängerverein", „Niederösterreichischer Sängerbund", „Preussischer Provinzialsängerbund", „Schwäbischer Sängerbund", „Stuttgarter Liederkranz", „Südmärkischer Sängerbund", „Wiener Männer-Gesang-Verein" und „Wiener Schubertbund."

Entsprechend der grossartigen Beteiligung an dem Sängerfest und dem zu erwartenden Zufluss von weiteren Festteilnehmern ist auch die Anlage der Festhalle eine gewaltige; mit einigen Zahlen soll dieselbe hier scizziert werden. Das Gebäude zeigt sich als ein mächtiger Holzbau von 120 m Länge und 9. m Breite, dessen gewölbte Dachfläche in der Mitte der Langseite und an den beiden Schmalfronten von Portalbauten überragt werden, die bis zu einer Höhe von 28 m aufsteigen. Betritt man die Sängerhalle durch das Nordportal, so kann man mit einem Blick den gewaltigen Innenraum umfassen, der eine Spannweite von 50 m und eine Länge von 96 m bei einer Höhe von 21,5 m hat; die Halle bietet Raum für 7500 Sänger auf dem Podium, das — durch den Orchesterraum für 140 Musiker vom Parterre der Zuhörer getrennt — bis zu einer Höhe von 8 m ansteigt, und für 8000 Zuhörer; diese letzteren können im Parterre und auf der Gallerie bequem placiert werden. Feststehende Bänke ohne Lehnen bilden die Sitzgelegenheit und um bei den Kommersen die nötigen Tische bei der Hand zu haben ist die Einrichtung getroffen, dass von 3 Bänken immer die mittlere verstellbar und breiter ist; diese kann dann einfach hochgestellt und als Tisch benutzt werden. 30 Thüren im Parterre und 24 auf der Gallerie lassen eine schleunige Entleerung des Raumes zu. Die dekorative Ausstattung der Festhalle verspricht ebenfalls eine hervorragende zu werden, da bedeutende österreichische Künstler mit der Anfertigung von Gemälden und Allegorien beauftragt wurden.

Der rührige Ortsausschuss hat neben den erwähnten offiziellen Festlichkeiten ein reichhaltiges Programm für die Unterhaltung seiner Gäste aufgestellt und u. a. grössere und kleinere Ausflüge in dem herrlichen Steirerland geplant; so verspricht denn das VI. Bundesfest sich für alle Teilnehmer zu erhebenden Festtagen zu gestalten; wir werden z. Z. näheres darüber referieren.

Verschiedenes.

† Musikdirektor **Josef Brambach**, ist in der Nacht vom 19. bis 20. Juni im Alter von 69 Jahren in Bonn gestorben. Er war im Jahre 1833 in Niederdollendorf geboren und ursprünglich zum katholischen Geistlichen bestimmt. Seiner Neigung entsprechend, wandte er sich aber der Musik zu und besuchte von 1851 bis 1854 das Kölner Konservatorium. Im Jahre 1854 erhielt er das Mozart-Stipendium und studierte dann noch vier Jahre unter Leitung Hillers, bis ihm 1858 eine Lehrstelle am Kölner Konservatorium angetragen wurde. Vom 13. April 1861 bis Januar 1869 war Brambach städtischer Musikdirektor in Bonn. Nach seiner Amtsniederlegung dirigierte er noch längere Zeit den Bonner Gesangverein Konkordia. Als Komponist gehört der Verstorbene mit Ludwig Meinardus, Georg Vierling u. a. zu den Romantikern der Instrumentalmusik, die sich mehr oder weniger eng an Schumann und Mendelssohn anschlossen. Er schrieb Chorwerke mit Soli und Orchester, Chorlieder, Kammermusik und Klavierwerke. Von seinen Chorkompositionen sind die bekanntesten Velleda, Alcestis, Kolumbus, das Eleusische Fest und Cäsar am Rubikon.

e) der Vorstand ist gehalten, nach Beendigung seiner Amtsführung oder zu anderen, in der Satzung zu bestimmenden Zeiten alles, was er zum Zwecke der Besorgung der Vereinsgeschäfte oder infolge der Geschäftsbesorgung erlangt hat, dem Vereine herauszugeben;

f) Gelder, welche der Vorstand dem Vereine herauszugeben oder auftragsgemäss zu verwenden hat, darf der Vorstand nicht für sich verwenden, widrigenfalls er sich der Bestrafung wegen Veruntreuung aussetzt;

g) für die zur Geschäftsbesorgung notwendigen Aufwendungen kann der Vorstand die Auszahlung eines Vorschusses vom Verein verlangen.

Macht der Vorstand zum Zwecke der ihm obliegenden Geschäftsbesorgung Aufwendungen, die er nach den Umständen für erforderlich halten darf, so kann er von dem Vereine Ersatz verlangen.

Alle die im Vorstehenden unter a—g erörterten Gesetzesbestimmungen gelten nur dann, wenn die Satzung keine entgegenstehenden Vorschriften enthält.

Abwesenheit der Vorstandsmitglieder bei dringenden Anlässen.

Soweit die erforderlichen Mitglieder des Vorstandes fehlen, sind sie in dringenden Fällen für die Zeit bis zur Hebung des Mangels von dem Amtsgerichte, in dessen Bezirk der Verein seinen Sitz hat, auf Antrag eines der Beteiligten zu stellen.

Der Verein kann durch Satzungsbestimmung, neben dem Vorstand für gewisse Geschäfte besondere Vertreter bestellen. Dieselben haben nicht etwa die Stellung von Bevollmächtigten, sondern sind ebenso wie der Vorstand für den ihnen zugewiesenen Geschäftskreis gesetzliche Vertreter des Vereins.

Der Verein ist für den Schaden verantwortlich, den der Vorstand, ein Mitglied des Vorstandes oder ein anderer, verfassungsmässig berufener Vertreter durch eine in Ausführung der ihm zustehenden Verrichtungen begangene, zum Schadenersatze verpflichtende Handlung einem Dritten zufügt. Aenderung dieser Vorschrift durch Satzungsbestimmung ist unmöglich.

B. Die Mitgliederversammlung.

a) Zuständigkeit.

Die Mitgliederversammlung ist zur Ordnung aller Vereinsangelegenheiten zuständig, soweit dieselben nicht von dem Vorstande oder einem anderen Vereinsorgane zu besorgen sind.

Keineswegs ist jedoch die Mitgliederversammlung Vertreterin des Vereins gegenüber Dritten, vielmehr steht die Vertretung des Vereins, die Ausführung der Beschlüsse der Mitgliederversammlung Dritten gegenüber, lediglich dem Vorstande oder den neben dem Vorstande für gewisse Geschäfte bestellten besonderen Vertretern zu.

Ein Mitglied ist nicht stimmberechtigt, wenn die Beschlussfassung die Vornahme eines Rechtsgeschäftes mit ihm oder die Einleitung oder Erledigung eines Rechtsstreites zwischen ihm und dem Verein betrifft.

Im übrigen muss die Stimmberechtigung durch die Satzung geordnet werden.

b) Berufung.

Die Mitgliederversammlung ist in den durch die Satzung bestimmten Fällen, sowie dann zu berufen, wenn das Interesse des Vereins es erfordert.

Die Mitgliederversammlung ist zu berufen, wenn der durch die Satzung bestimmte Teil, oder in Ermangelung einer Bestimmung der zehnte Teil der Mitglieder schriftlich unter Angabe des Zwecks und der Gründe es verlangt.

Wird dem Verlangen nicht entsprochen, so kann das Amtsgericht, in dessen Bezirk der Verein seinen Sitz hat, die Mitglieder, welche das Verlangen gestellt haben, zur Berufung der Versammlung ermächtigen und über die Führung des Vorsitzes in der Versammlung Bestimmung treffen. Bei der Berufung zu dieser Versammlung ist Bezug zu nehmen auf die gerichtliche Ermächtigung, widrigenfalls alle Beschlüsse ungiltig sind.

Bei jeder Berufung einer Mitgliederversammlung ist der Gegenstand der Beschlussfassung zu bezeichnen.

Durch Satzung kann diese Bestimmung geändert werden.

c) Beschlussfassung.

Sofern die Satzungen keine anderen Bestimmungen enthalten, gelten die folgenden:

Es entscheidet die Mehrheit der erschienenen Mitglieder.

Eine besondere Mehrheit bezw. Einstimmigkeit ist für folgende Beschlüsse vorgeschrieben:

Zu einem Beschluss, der eine Aenderung der Satzung oder die Auflösung des Vereins enthält, ist eine Mehrheit von drei Vierteilen der erschienenen Mitglieder erforderlich.

Zur Aenderung des Zweckes des Vereins ist die Zustimmung aller Mitglieder erforderlich; die Zustimmung der nicht erschienenen Mitglieder muss schriftlich erfolgen.

Auch ohne Versammlung kann eine Beschlussfassung der Vereinsmitglieder in der Weise stets giltig erfolgen, dass alle Mitglieder ihre Zustimmung zu dem Beschlusse schriftlich erklären. Diese Gesetzesbestimmung kann durch die Satzung abgeändert werden.

C. Mitgliedschaft.

Sonderrechte eines Mitgliedes können ohne dessen Zustimmung durch die Mitgliederversammlung nicht beeinträchtigt werden.

Die Mitgliedschaft ist nicht übertragbar und nicht vererblich, auch kann die Ausübung der Mitgliedschaftsrechte einem anderen nicht übertragen werden, falls die Satzung nicht anders bestimmt.

Das Recht eines Mitgliedes, jederzeit aus dem Vereine auszutreten, kann lediglich in folgender Weise beschränkt werden: Die Satzung kann bestimmen, dass der Austritt nur am Schlusse eines Geschäftsjahres oder erst nach Ablauf einer Kündigungsfrist zulässig ist. Dieselbe kann höchstens 2 Jahre dauern.

Der Vorstand ist verpflichtet, dem Amtsgerichte jederzeit auf Verlangen ein Verzeichnis der Vereinsmitglieder einzureichen; er hat bei Nichterfüllung dieser Pflicht Ordnungsstrafe zu gewärtigen.

Verlust der Rechtsfähigkeit und Wirkungen derselben.

A. Verlust der Rechtsfähigkeit.

Ein Verein verliert die Rechtsfähigkeit a) durch Auflösung im Falle

1. eines Beschlusses der Mitgliederversammlung mit ¾ Mehrheit der erschienenen Mitglieder, falls die Satzung nichts anderes vorschreibt.

2. des Ablaufs der für die Dauer des Vereins bestimmten Zeit, der Erreichung des Zweckes und ähnlicher Gründe;

3. des Eingreifens der zuständigen Behörde auf Grund des Vereinsrechtes.

b) Durch Entziehung der Rechtsfähigkeit,

1. wenn der Verein durch einen gesetzwidrigen Beschluss der Mitgliederversammlung oder durch gesetzwidriges Verhalten des Vorstandes das Gemeinwohl gefährdet;

2. wenn der Verein, dessen Zweck auf einen wirtschaftlichen Geschäftsbetrieb nicht gerichtet ist, einen solchen als Hauptzweck verfolgt.

3. wenn der Verein, der nach der Satzung einen politischen, sozialpolitischen oder religiösen Zweck nicht hat einen solchen verfolgt;

4. wenn die Zahl der Mitglieder unter 4 herabsinkt.

Ferner verliert ein Verein die Rechtsfähigkeit durch Eröffnung des Konkurses.

Der Vorstand hat die Eröffnung des Konkurses zu beantragen nur im Falle der Ueberschuldung.

Verzögerung des Antrages durch eigenes Verschulden macht den Vorstand den Gläubigern gegenüber für etwa entstehenden Schaden verantwortlich.

Die **Auflösung** des Vereins ist vom Vorstande behufs Eintragung in das Vereinsregister anzumelden; wenn schriftlich: öffentliche Beglaubigung. Abschrift des Auflösungsbeschlusses ist beizufügen.

D. Wirkungen der Rechtsfähigkeit.

Wem fällt das Vereinsvermögen bei Auflösung oder Einziehung der Rechtsfähigkeit zu?

1. Sind die Anfallsberechtigten in der Satzung bestimmt, so erhalten diese das Vermögen nach Befriedigung der Gläubiger zu gleichen Teilen überwiesen, wenn nichts anderes bestimmt ist.

Auch kann durch die Satzung die Bestimmung über das Vermögen einem besonderen Beschlusse vorbehalten sein. Dieser Beschluss muss dann natürlich vor dem Auflösungsbeschlusse bezw. vor dem Verlust der Rechtsfähigkeit gefasst werden.

2. Ist eine derartige Satzungsbestimmung nicht vorhanden, so fällt das Vermögen, wenn der Verein nach der Satzung ausschliesslich dem Interesse seiner Mitglieder diente, an die zur Zeit der Auflösung oder der Entziehung der Rechtsfähigkeit vorhandenen Mitglieder zu gleichen Teilen, andernfalls an den Fiskus des Bundesstaates, in dessen Gebiet der Verein seinen Sitz hatte. Der Fiskus gilt dann als gesetzlicher Erbe, er hat die Gläubiger zu befriedigen und den Rest des Vermögens thunlichst in einer dem Zweck des Vereins entsprechender Weise zu verwenden.

Fällt das Vermögen nicht an den Fiskus, so findet **Liquidation** statt, welche den Zweck hat, die Vereinsgläubiger zu befriedigen und den Rest des Vereinsvermögens den Anfallberechtigten auszuantworten.

Entwurf einer Satzung für Gesangvereine.

A. Name, Sitz, Zweck, Mittel zur Erreichung desselben.

§ 1. Stiftungstag, Name, Sitz, Wahlspruch.

Zweck: Pflege des Gesanges und Förderung der Geselligkeit mit Fernhaltung aller fremdartigen Bestrebungen.

§ 2. Mittel zur Erreichung des Zweckes.

a) Studium in regelmässigen Proben;
b) öffentliche Aufführungen;
c) Beschaffung der nötigen Geldmittel. Siehe § 6a. b.

§ 3. Der Verein soll durch Eintragung die Rechtsfähigkeit erwerben.

B. Mitgliedschaft.

§ 4. Der Verein besteht aus ordentlichen, ausserordentlichen und Ehrenmitgliedern.

§ 5. Erwerbung der Mitgliedschaft.

a) Ordentl. Mitgl. Schriftliches Aufnahmegesuch an den Vorstand unter Bezugnahme auf ein Mitglied. Prüfung durch den Prüfungsausschuss, 14 tägiger Aushang an der Anmeldetafel. Kugelung. Erforderlich: Grossjährigkeit, $^2/_3$ Majorität der anwesenden Stimmen. Das Resultat wird dem Ansucher schriftlich mitgeteilt;

b) ausserordentliche Mitgliedschaft. Aufnahme, wenn während des 14tägigen Aushangs kein Widerspruch erfolgt, sonst Kugelung;

c) Ehrenmitgliedschaft. Ernennung durch die Hauptversammlung mit $^2/_3$ Mehrheit auf Antrag des Vorstandes. Personen, die sich um die Förderung der Tonkunst oder um den Verein besondere Dienste erworben haben. Vollziehung der Ehrenurkunde vom Gesamtvorstande.

Ausgeschlossene Mitglieder können sich erst nach 2 Jahren wieder zum Eintritt melden. Eintrittsgeld kann dann erlassen werden.

§ 6. Pflichten der Mitglieder.

a) Ordentl. Mitgl. Zahlung des Aufnahmegeldes, und der jährlichen Beiträge in $^1/_4$jährlichen Raten im Voraus. Erwerbung des Vereinszeichens. Pünktlicher und regelmässiger Besuch der Proben und Veranstaltungen; Mitteilung spätestens am folgenden Tage im Falle der Behinderung. Innehaltung der Statuten und sonstigen Bestimmungen. Ueber 60 Jahr alte Mitgl. sind nicht mehr zum regelmässigen Besuch der Proben verpflichtet. Die Beitragspflicht beginnt und endet an dem der An- und Abmeldung folgenden Termin. Bei Vernachlässigung dieser Pflichten: Warnung seitens des Vorstandes, nach zweimaliger vergeblicher Warnung ruht durch Beschluss des Vorstandes die Mitgliedschaft auf 1 Jahr. Wiederanmeldung vor Ablauf des Jahres, widrigenfalls Ausschliessung. Mangelhafter Probenbesuch hat Ausschliessung von der Aufführung und Entziehung der Freikarte nachsich. Zeitweilige Dispensation von den Proben nach schriftlicher Darlegung der Gründe gestattet;

b) die ausserordentl. Mitgl. sind verpflichtet zur Zahlung des Aufnahmegeldes und der jährlichen Beiträge, letztere in $^1/_4$jährl. Raten im voraus. Die Zahlungspflicht beginnt und endet stets am nächstfolgenden Termin;

c) die Ehrenmitglieder entrichten weder Aufnahmegelder noch Beiträge.

§ 7. Rechte der Mitglieder.

a) Die ordentl. Mitgl. haben Wahl- und Stimmrecht, freien Zutritt zu allen Aufführungen und Vereinsfestlichkeiten, und erhalten eine jedesmal vom Vorstande festzusetzende Anzahl von Freikarten für ihre Familienangehörigen.

b) **die ausserord. Mitgl.** sind weder stimmberechtigt noch wählbar, haben für ihre Person freien Zutritt, zu den eignen Veranstaltungen des Vereins, erhalten ebenfalls eine durch Vorstandsbeschluss jedesmal vorher festzusetzende Anzahl von Freikarten zu den Veranstaltungen. Sie haben das Recht, zur Familie gehörende Damen sowie im elterlichen Hause wohnende minderjährige Söhne in alle Vereinsfestlichkeiten einzuführen. Sie haben keinen Anspruch auf das Vereinsvermögen. In den Hauptversammlungen beratende Stimme.

c) Ehrenmitglieder haben die Rechte der ordentlichen, jedoch kein Wahlrecht und in den Hauptversammlungen nur beratende Stimme.

Wird einem ordentlichen Mitgliede die Ehrenmitgliedschaft zuerkannt, so erlöschen seine Rechte als wirkliches Mitglied nicht.

(Fortsetzung folgt.)

Bekanntmachung.

Hierdurch geben wir bekannt, dass wir von

Fr. Liszt, „Christus"

Orchester-Partitur

eine neue, revidierte Ausgabe herausgegeben haben und davon eine beschränkte Anzahl zum

— Privat-Studium —

abgeben. Der Preis hierfür ist M. 20. .

Hochachtungsvoll

Leipzig, d. 15./3. 02. C. F. Kahnt Nachf.

Bezugsquellenregister.

Vereinsfahnen. Kölner Fahnenfabrik, Arnold Steiger, Köln.

Buchbinderei E. A. Enders, Leipzig.

Banner, Fahnen, Schärpen, Abzeichen. Thüringer Fahnen-Fabrik, Coburg.

Abzeichen f. Gesangvereine. Muster an Vereine postfrei. Adolf Belada, Wien VII/2, Mariahilferstr. 54.

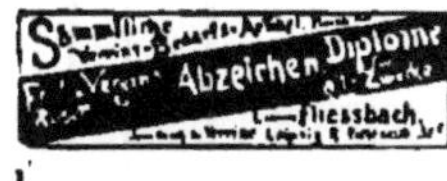

Meister-

haft gearbeitete Musikinstrumente jeder Art direkt vom Herstellungsorte Wilh. Herwig in Markneukirchen i. S. Illustrierte Preisliste umsonst und portofrei. Bitte anzugeben, welche Instrumente gekauft werden sollen.

Lieferung sämtlicher Musikalien durch H. vom Ende's Centralversand für Chorgesanglitteratur Köln a. Rh.

Westdeutsche Konzertdirektion Köln a. Rhein.

Briefadr.: Westdeutsche Konzertdirektion, Köln, Bismarckstrasse 25. — Telegr.-Adr.: Konzertdirektion Köln.

Die Westdeutsche Konzertdirektion vermittelt Engagements bei allen Konzert-Vereinen und Gesellschaften, welche Musik pflegen, arrangiert eigene Konzerte und Tournées und erteilt in allen Konzertangelegenheiten bereitwilligst Auskunft. Durch die geschäftliche Vertretung einer grossen Anzahl von erstklassiger Künstlern aller Fächer ist dieselbe in der Lage den Dirigenten und Vereinsvorständen stets Offerten unterbreiten zu können und bei plötzlichen Absagen aufs schnellste mit Ersatz zu dienen.

Arrangements eigener Konzerte in Köln.

Arrangements von Tournées in Westdeutschland, u. a.: der Meininger Hofkapelle (1901), des Kaimorchester, des Quartett Rosé, der Kölner Bläservereinigung für Kammermusik u. a.

Wegweiser durch die Chorgesanglitteratur

Ratgeber für Gesangvereine und Dirigenten.

Redaktion und Verlag: H. vom Ende, Köln a. Rh., Ecke Bismarck- und Kamekestrasse.

nebst Beiblatt:

Der Sänger.

Offizielles Organ des Westdeutschen Sängerverbandes, Mosel-, Saar-, Nahe-Sängerbundes.

Erscheint monatlich einmal. Bezugspreis für 1 Expl. 20 Pfg. Jahresabonnement Mk. 1.50 und 40 Pfg. Porto. Inserate kosten pro 4 mal gespaltene Petitzeile 20 Pfg.

Expedition: H. vom Ende's Musikalien-Versandgeschäft.

Nr. 10. | Köln a. Rhein, den 26. Juli 1902. | III. Jahrg.

Inhalt:

Der II. Wettstreit um den Wanderpreis des Kaisers in Frankfurt a. M.

Das jüngste Rundschreiben der Kommission zwingt uns, …chmals auf diesen Gegenstand zurückzukommen. Dasselbe …utet:

„Auf Grund der Allerhöchsten Ordre vom 27. Januar 1895 über …n von Seiner Majestät dem Kaiser und König gestifteten …anderpreis für deutsche Männergesangvereine findet der II. Wett…reit im Sommer 1903 statt, und zwar in Frankfurt am Main.

Die nähere Bestimmung über die Zeit des Wettstreites (wahr…scheinlich Ende Mai oder im Laufe des Juni) wird später bekannt ge…en werden.

Die unterzeichnete Kommission, welche auf Befehl Seiner Majestät …s Kaisers und Königs mit der Vorbereitung und Ausführung der Aller…chsten Bestimmungen betraut ist, beehrt sich diese in der Anlage zur …enntnis der deutschen Männergesangvereine zu bringen.

Die Kommission erlaubt sich hierbei darauf aufmerksam zu machen, …s durch Allerhöchsten Erlass vom 4. Juni d. J. die Nummern 5 und 6 …r für den ersten Wettstreit im Jahre 1899 erlassenen Bestimmungen …ändert worden sind.

Demzufolge werden die zugelassenen Vereine nicht mehr in Ab…lungen vereinigt, sondern singen hintereinander in der durch das Loos …bestimmenden Reihenfolge; zum engeren Wettbewerb werden die nach …m Urteil der Preisrichter besten Vereine zu einem Drittteil der sämt…lichen wettsingenden Vereine zugelassen.

Ferner sind die von sämtlichen Vereinen zum Vortrag zu bringen…n selbstgewählten Chöre der musikalischen Kommission ein halbes …r vor dem Wettsingen zur Genehmigung einzureichen.

Die Vorstände der Männergesangvereine werden …nmehr ersucht, ihre Beteiligung an dem Wettstreit …ter Beifügung einer den Namen und Wohnort jedes …tsingenden Mitgliedes enthaltenden Liste bald…möglichst, spätestens aber bis zum 1. Dezbr. 1902 bei …m unterzeichneten Vorsitzenden der Kommission …zumelden.

Die Partitur des selbstgewählten Chors ist eben…lls bis spätestens zum 1. Dezember 1902 einzusenden.

Die Kommission wird sich bei der ihr vorbehaltenen Prüfung der …sgewählten Chöre auf die Feststellung beschränken, dass die Vereine …von Seiner Majestät dem Kaiser und König aus Anlass des I. Wett…ites geäusserten Wunsches eingedenk gewesen sind, die Chöre nicht … Rücksicht auf besondere Schwierigkeit und übertriebene Künstlichkeit … Tonsatzes zu wählen.

Es wird dem Ermessen der Vereine anheimgestellt, ob sie einen …r oder zwei verschiedene Chöre zur Auswahl einreichen wollen.

Berlin, den 25. Juni 1902.

Die Kommission für den Wettbewerb um den von Seiner Majestät dem Kaiser und König gestifteten Wanderpreis für deutsche Männergesangvereine.

Bolko Graf von Hochberg
General-Intendant der Königlichen Schauspiele,
Vorsitzender Dorotheenstrasse 2.

Hugo Bock	**Ferd. Hummel**	**Erich Müller**
Königlicher Kommerzienrat Hof-Musikalienhändler.	Königlicher Musikdirektor.	Geh. Ober-Regierungsrat und vortrag. Rat im Kultus-Minist.
Hermann Prüfer	**Georg Schumann**	**Ernst Ed. Taubert**
Königlicher Musikdirektor, Direktor d. Kgl. Domchors.	Königlicher Professor, Direktor d. Singakademie.	Königlicher Professor.

Der Wortlaut dieser Bekanntmachung ist geeignet, die vorhandenen Unklarheiten und Schwierigkeiten nur noch zu vergrössern. Verboten ist darnach: die Chöre mit Rücksicht auf besondere Schwierigkeit und übertriebene Künstlichkeit des Tonsatzes zu wählen: Der Ausdruck „übertriebene Künstlichkeit“ ist ja wohl ziemlich verständlich. Einer gewissen „Künstlichkeit“ kann ja das Kunstwerk in seiner künstlerischen Gestaltung nicht entbehren, denn sonst wär's eben „keine Kunst“. Diese Künstlichkeit fängt an übertrieben zu werden, sobald sie sich nicht mehr mit dem geistigen Inhalt des Kunstwerks deckt, sobald die Form sich in aufdringlicher Weise bemerkbar macht und nicht vollkommen von der poetischen Idee durchdrungen ist. Werke wie Curtis „Elfe“, in der u. a. der neurasthenische Herr Magnus mit den seltsamsten Kapriolen vom Schlosse ins Thal reitet und seine Braut in hysterischen Zuckungen seiner harrt, — derartige Werke sind darnach unmöglich gemacht. Aber was die Kommission unter „besonderer Schwierigkeit“ versteht, das ist noch ziemlich schleierhaft. Wer sich speziell mit dem Männergesang viel beschäftigt hat, weiss, dass manche harmlos scheinende Stelle ihre Nucken hat, während bombastisch aufgetürmte Hindernisse häufig mit Leichtigkeit genommen werden. Zieht man den Spruch des Kasseler Preisrichterkollegiums mit in Betracht, dann wird die Sache noch unklarer. „Das Meer“ von de Haan ist damals als mittelschwer bewertet worden, scheint also nicht für besonders schwierig gehalten zu werden. Im Verhältnis hierzu müssten die meisten Werke von Brambach, Kreutzer etc. als ziemlich leicht bewertet werden und „volkstümliche“ Liedchen, wie „Wer hat dich du schöner Wald“ etc. wären so leicht, dass jeder Bauernverein sie glatt vom Blatte singen könnte. — — — „Das Meer“ bietet Schwierigkeiten ganz anderer Art, wie das „Totenvolk“, welche in gesangtechnischer Beziehung keineswegs geringer einzuschätzen sind; war es daher schon ein Fehler, den Unterschied in der Schwierigkeit zwischen beiden Chören als analog demjenigen zwischen mittelschwer und schwer hinzustellen, so wurde dieser Fehler noch vergrössert durch die übertriebene Geltung, welche man dieser Rubrik überhaupt bei der Bewertung beilegte. Ein Unterschied von 0 bzw. 18 Punkten fällt bei der in Kassel angewandten Art des Punktierungssystems viel zu schwer ins Gewicht, jedenfalls steht er in keinem Verhältnis zu dem Unterschiede, den die Kasseler Chöre bezüglich der Vortragsschwierigkeiten aufwiesen.

Die für die Beurteilung der Leistungen massgebenden Grundsätze werden auch diesmal wieder vom Preisrichterkollegium festgestellt; die Kommission hat sich vorläufig jeder Einmischung in diese Frage enthalten, kann auch vorläufig nichts zur Klärung derselben beitragen, da sie nach einer uns gewordenen Mitteilung nicht vor der 2. Hälfte des September zusammentritt. Wer also jetzt schon mit der Auswahl der einzusendenden Chöre beginnen will, der muss damit rechnen, dass die Schwierigkeit auch diesmal wieder mit 9, 18 und 27 Punkten bewertet wird, d. h. er wird vor die Alternative gestellt, entweder ein volkstümliches Liedchen zu wählen und mit 9 bzw. 18 Punkten ins Hintertreffen zu geraten, oder, dem Wunsche Sr. Majestät entgegen, der Kommission Chöre einzusenden, welche nicht gerade „besondere" Schwierigkeiten aufweisen, aber immerhin noch ein „schwer mit 9 Punkten" verdienen.

Wie kann man nur Vereine und Dirigenten, die ihre ganze Zeit und Arbeitskraft, ja ihren künstlerischen Ruf und ausserdem eine ganze Menge baren Geldes für diese Sache einsetzen, in solche Verlegenheit bringen! — — Und — wenn es wirklich wahr ist, was der Preisrichter Ernst Flügel schreibt (Siehe Jahresbericht des Berliner Lehrergesangv. 1899 1900), dass der selbstgewählte Chor nur nach seiner Schwierigkeit mit 9—18—27 Punkten, bezüglich des Vortrages aber **gar nicht** gewertet wurde, — wie kann man diejenigen Vereine, welche dem Wunsche Sr. Majestät gemäss leichtere (volkstümlichere) Chöre wählen, auch noch obendrein für dieses liebenswürdige Entgegenkommen mit 9 bzw. 18 Punkten minus bestrafen? — Wenn das aber nicht wahr ist, wenn die Preisrichter die beiden Chöre bezüglich des Vortrags zusammen gewertet haben, warum benachrichtigt man dann die Beteiligten nicht und teilt ihnen mit, was und wie gewertet werden soll?

So wie die Sachen heute liegen, würde ich den Vereinen raten, auf die Mitwirkung lieber ganz zu verzichten, als einen volkstümlichen Chor einzusenden. Aus diesem Dilemma kann uns nur ein Machtspruch der Kommission retten: entweder sie bestimmt, dass die Bewertung der Schwierigkeit ganz wegfällt (diese kann ja bei der Feststellung der Punkte immerhin noch genügend berücksichtigt werden), oder sie nennt eine Anzahl (etwa 20) Kompositionen, die als gleich schwierig gewertet werden, und aus denen dann die Vereine einen ihnen passenden wählen können.

Jedenfalls hat die Kommission die Pflicht, hier Klarheit zu schaffen und hierzu wird sie noch am ehesten durch eine **Massenpetition** der beteiligten Vereine veranlasst werden. Wir sind gern bereit, eine solche Petition nach der oben angedeuteten Richtung hin ins Werk zu setzen, wenn eine genügende Anzahl Vereine sich daran beteiligt und bitten um Zustimmungserklärungen. **H. vom Ende.**

Das deutsche Lied, die Ursache der Sittenlosigkeit.

In einem Artikel „Alkoholfrage und schöne Litteratur" sucht ein Herr Dr. Kraut-Hamburg in den „Kaufmännischen Abstinenzblättern" den Standpunkt der Abstinenzler unserer alkoholdurchseuchten schönen Litteratur gegenüber zu beleuchten. Unsere Dichter kommen natürlich herzlich schlecht dabei weg. Da ist z. B. Scheffel, der mit Vorliebe dem Trinken „in jeder Form und jedem Stadium" einen poetischen Reiz zu verleihen sucht. „Wie viele Menschen", ruft Herr Kraut mit entsetztem Händeringen, „mögen wohl in diesen Werken Entschuldigung und Rechtfertigung für ihr im Alkoholrausche zerfliessendes Leben zu finden glauben!" Dazu bemerkt Erich Schaikjer in der „Täglichen Rundschau" sehr richtig: „Ich glaube nun zwar, dass ein poetisches Lied von Scheffel manchen Menschen verleitet hat, eine halbe Flasche Mosel über den Durst zu trinken, und ich selbst bekenne mich in diesem Punkte gern schuldig, sogar im wiederholten Rückfall. Dass diese Lieder indessen mitschuldig sein sollten, wenn dieses oder jenes Menschenleben im Alkoholrausche zerfliesst, bestreite ich mit aller Entschiedenheit. Wirkliche Trinker werden nicht durch Lieder gezeugt und werden auch nicht durch Lieder in ihrer Verirrung erhalten. Es ist völlig gleichgültig, ob sie sich mit Scheffelschen Liedern entschuldigen oder nicht; sie würden genau so gut trinken, wenn besagte Lieder gar nicht beständen und so kann man dieses Genre der Poesie ruhig von der Anklage der Gemeingefährlichkeit freisprechen. Bei Scheffel kommt Herr Kraut auf die Trinkliederpoesie im allgemeinen zu sprechen. Es giebt da feine Unterschiede, die ein Alkoholgegner wohl beachten muss, wenn er seinen Weg unsträflich wandern will. Als Beispiele werden „Alt-Heidelberg, du feine" und „Wohlauf noch getrunken den funkelnden Wein!" angeführt. Derartige Lieder können „passieren,", weil sie zwar den Wein und das Trinken erwähnen, im Grundgedanken aber mit dem Alkohol nichts zu thun haben. Die Worte, mit denen Herr Dr. Kraut seinen Kaufleuten den Genuss gestattet, sind von einer so grotesken Würde und schulmeisterlichen Feierlichkeit, dass man sie im Wortlaut geniessen muss. Er sagt in Bezug auf die genannten Lieder:

> „Solche Lieder, glaube ich, können und dürfen auch einem Abstinenten einen dichterischen Genuss bereiten, und wer nicht mehr am Beginn seiner Enthaltsamkeitslaufbahn steht, und in keiner Weise gefährdet ist, der mag ein derartiges Lied getrost singen, unbeschadet seiner Grundsätze, wie selbst das sittsamste Mädchen ein schönes Liebeslied singen darf."

Das letzte Bild hätten sie sich schenken sollen, Herr Doktor. Ein frisches, junges Mädchen wird einem Liebeslied gegenüber schwerlich die angesäuerten Bedenken haben, mit denen Sie einem harmlosen Trinklied gegenüberstehen. Das gilt im allgemeinen nur von sehr gealterten „sittsamen Mädchen". Ein erwachsener Mann, der so vor einem poetisch schönen Trinklied zurückzimpert — nun, dem soll man einen Unterrock schenken, einen Strickstrumpf und einen fetten Mops, und dann soll man ihn zum Ehrenmitglied eines altjüngferlichen Kaffeekränzchens ernennen. Dabei ist diese altjüngferliche Zimperei nicht einmal allen Trinkliedern gegenüber gestattet. Es werden angeführt Goethes „Hier sind wir versammelt zu löblichem Tun", Claudius' „Bekränzt mit Laub den lieben vollen Becher", einzelne Rodensteinlieder von Scheffel und einige Lieder von Rudolpf Baumbach (z. B. „Die Lindenwirtin"). Denn heisst es:

> „Wir werden auch diese und ähnliche Lieder (vor allem freilich ihrer Melodien halber) bis zu einem gewissen Grade zu schätzen wissen, weil wir wohl erkennen, dass sie nicht einer glatt materialistischen Gesinnung entsprungen sind; aber für ihre Verbreitung wollen wir doch lieber andere sorgen lassen oder besser noch: durch kräftige Entfaltung unserer Ideen die Verbreitung nach Möglichkeit einschränken."

Also: Lieder, wie das herrliche Rheinweinlied, sollen durch die Abstinenten totgeschlagen werden! Wenn dieser Grundsatz auf alle Poesie ausgedehnt werden soll, die von den Freuden des Weins handelt, kann mir, offen gestanden, die ganze Bewegung gewogen bleiben. Könnte man sich nicht etwa zu folgendem Gedankengang aufschwingen: „Ich billige den Anreiz zum Trinken, der in diesen Liedern enthalten ist, nicht. Ihr poetischer Ausdruck aber ist so prächtig, dass ich trotzdem an ihnen meine helle Freude habe und sie als Perlen der Litteratur betrachte und behandle." Damit wäre dem Enthaltsamkeitsstandpunkt volle Genüge gethan und den Freunden der Litteratur auch. Es scheint wirklich, als ob wir in Deutschland über eine engherzige und kniffliche Kunstbetrachtung nicht hinauskommen könnten. Nächstens werden ja wohl auch die Turnvereine, die Schützenbrüder, die Kegelklubs angerückt kommen und die Litteratur unter dem Gesichtspunkte ihrer Satzungen nachprüfen. Was dem einen recht ist, ist schliesslich dem andern billig."

Wir sind dieser Anregung Schlaikjers nachgekommen und haben den Inhalt unserer Liederbücher in mancher Beziehung recht bedenklich gefunden. Mit Entsetzen vernimmt man, dass selbst die angeblich unschuldvollsten Getränke dem Alkohol in der Wirkung nicht nachstehen.

„Ich hört ein Bächlein rauschen" — — —
O, diese Natter! — —
„Du hast mit deinem Rauschen
Mir ganz berauscht den Sinn."

Hoffentlich ist wenigstens das Baden in diesem Bache verboten.

„Es waren einmal drei Käferknaben,
Die thäten mit Gebrumm, brumm, brumm
In Tau ihr Schnäblein tunken
Und wurden ganz betrunken,
Als wär's ein Fass mit Rum."

Also auch du, o Himmelsbalsam, gehörst zu den „Giften", deren Maximaldosis vorgeschrieben werden muss!

„Als Bublein klein, an der Mutter Brust,
Juchheisa in Regen und Wind,
Da war der Sekt schon meine Lust —,“

Welches Getränk bleibt einer durstigen Kehle dann schliesslich noch übrig?

Auch die mannigfachen Anreizungen zu Polizeikontraventionen geben zu Bedenken Anlass.

„Mein' Herberg ist die Welt,
Mein Dach das Himmelszelt;
Das Bett, darauf ich schlafe,
Das ist das breite Feld.“
„Und find' ich keine Herberg, so lieg ich zur Nacht
Wohl unter blauem Himmel, die Sterne halten Wacht.“

Dazu sind die Sterne doch wohl nicht da; und ausserdem ist das Nächtigen im Freien polizeilich verboten.

„Was sollt ich nicht mit ihnen singen
Aus voller Kehl und frischer Lust?“

Wie kann man nur so dumm fragen? weil ein derartiges Singen stets mit ruhestörendem Lärm verbunden ist. Das „Lasset die feurigen Bomben erschallen“ ist obendrein auch wegen der Gefährlichkeit verboten.

„Ich schnitt es gern in alle Rinden ein“ mag noch hingehen, denn die blosse Absicht ist noch nicht strafbar, aber:

„Ich schnitt in seine Rinde so manches süsse Wort“ kann als vollendeter Baumfrevel nicht streng genug geahndet werden.

Auch dem folgenden Burschen aus Siebenbürgen ist nicht zu trauen:

„Ich schiess den Hirsch im dunkeln Forst,
Im tiefen Thal das Reh,
Den Adler auf der Klippe Horst,
Die Ente auf dem See,
Kein Ort, der Schutz gewähren kann,
Wenn meine Buchse zielt.“

Der Mann kennt offenbar weder Schonzeit noch fremde Jagd, ich glaube nicht einmal, dass er sich im Besitze eines ordnungsmässig ausgestellten Jagdscheines befindet.

Sittenpolizeilich zu beanstanden ist der Passus:

„In Grün will ich mich kleiden,
Mein Schatz hat's Grün so gern.“

Vermutlich ist der Schatz eine kleine Papua-Negerin, nichts desto weniger sind deren Gepflogenheiten doch nicht so ohne Weiteres auf unsere klimatischen Verhältnisse zu übertragen. Auch aus sanitätspolizeilichen Gründen dürfte häufig Grund zum Einschreiten vorliegen, so ist nachfolgende Strophe doch offenbar eine Aufforderung, Hungers zu sterben:

„Froh wie die Libell im Teich,
Lebet von Licht und Luft,
Lebet von Blumenduft,
Frohsinn macht reich.“

Die Kurpfuscherei macht sich natürlich auch hier breit:

„Du junges Grün, du frisches Gras,
Wie manches Herz durch dich genas.“

Und weiter:

„Nur junges Grün an's Herz gelegt,
Macht, dass mein Herze stiller schlägt.“

Wo bleiben denn bei solchen Anschauungen unsere Apotheker?

Selbst zu Reklamezwecken wird unser Lied benutzt, z. B in dem Liede: „Ein Vöglein sang im Lindenbaum“ heisst es!

„Und „Blütenduft und Vogelsang“
Die haben sich vereint.“

Unangenehm berühren auch die vielen offenbaren Unwahrheiten, die sich unsere Sänger zu Schulden kommen lassen. So heisst es u. A.:

„Einsam bin ich, nicht alleine.“
„Von dir geschieden, bin ich bei dir.“
„Unerreichbar wie die Sterne
Bist du nah, doch ach, so ferne.“

An ein Majestätsverbrechen grenzt aber das Lied:

„Es liegt eine Krone im tiefen Rhein
Gezaubert von Gold und Edelgestein,
Und wer sie erhebet aus tiefem Grund,
Den krönt man zu Aachen in selbiger Stund.“

Jedes Wort eine Lüge. Der schnellste Zug Köln-Aachen gebraucht 1/2 Stunden, und dann diese revolutionäre Gesinnung! Nein, wir haben keine Ursache, stolz zu sein auf unsre Lieder, sie sind ein Abklatsch der Verirrungen moderner Kultur, gegen die leider kein „Kraut“ gewachsen ist. vom Ende.

Neuigkeiten

für Männerchor ohne Begleitung.

Arno Spitzner's Verlag, Leipzig.

Part. u. St.

st. **C. Kühnhold**, op. 98. Verbotene Frucht 1.20
msch. do. op. 118. Abendfriede 1.20
msch. **Edwin Schulz**, op. 249. Nr. 1 Lied aus der Jugendzeit 1.80
msch. Nr. 2 Trutzlied 1.20
msch. **Otto Urban**, op. 17. Frühling 1.80
msch. **Rudolf Wagner**, op. 166. Mein blonder Schatz hat mich so 1.20
st. do. op. 167. Den ich nit leiden mag, den seh ich alle Tag 1.20

Verlag von Phil. Fries, Zürich.

msch. **Gottfried Angerer**, op. 105. Ballade, Stolzenfels a. Rhein 2.—
msch. do. op. 92. Germanenzug 3.60
msch. **Josef Bartsch**, op. 27. Waldzauber 1,60
msch. **Lothar Kempter**, op. 28 Im Biwak: Wachtfeuer in der Mitte brannt 1,80
msch. do. op. 29. Sankt Gallus: Einst zog der kühne Gottesmann . . . . 2.

Verlag von Raabe & Plothow, Berlin.

msch. **Hermann Voigt**, op. 189. Der einsame Wandrer . . . . 1,—
msch. do. op. 190. Treue Liebe . . . . 1.—
msch. do. op. 191. Abend im Gebirge . . . . 1,—
msch. do. op. 192. Rheinsehnsucht 1.40
st. do. op. 193. Minnelied . . . . 1 —

Verlag von F. E. C. Leuckart, Leipzig.

msch. **Thomas Koschat**, op. 124. Mei Leibliadl 1.40
msch. do. op. 125. Vergeltung: Z'erst möcht der Jürg das Wäberl hån 1.20
msch. do. op. 128. Das erlaubte Busserl: Mutterl, warum seids denn harb 1.20
msch. **Julius Oertling**, op. 54. Wir Herren Studenten 1.80
msch. **Louis V. Saar**, op. 37. Worte der Liebe (Männerchor mit Sopran und Tenorsolo 2.80
msch. **Max Th. Schwab**, Das Busserl: A Busserl is a schnuckrig Ding 1.20

Verlag von J. Günther, Dresden.

Jos. Schwab, op. 58. Drei Männerchöre.
msch Nr. 1. Homo: Seid meine Wünsche, meine hurtigen Rosse 1.80
msch. Nr. 2. Vergissmeinnicht (mit Baritonsolo, Soloquart.) 1,60
msch. Nr. 3. Der gescheite Mann: Ich war gescheit . . 2,—

Fritz Wagner, op. 12. Sechs Lieder.
msch. Nr. 1. Unser Herr Frühling: Seine Boten schon hat er 1.80
st. Nr. 2. Mondaufgang: Durch die Wipfel sah ichs funkeln 1.—
msch. Nr. 3. Herzblatt und Vergissmeinnicht: Zwei Blumen pflückt ich 1,40
msch. Nr. 4. Liebchen ist krank 1.40
msch. Nr. 5. Weisse Fäden: Weisse Fäden mir ins Haar . 1.—
msch. Nr. 6. Rose im Thal: Engel haben dich gepflanzt . . 1.20

Heinrichshofens Verlag, Magdeburg.

msch. **Gottfried Grunewald**, op. 5. Am Ammersee . . . . . 2.—
Philipp Lehmler, Zwei Männerchöre.
msch. Nr. 1. Trennung: O du lieber Schatz 1,40
st. Nr. 2. Siehst du am Weg ein Blümlein stehn . . . . 1,—

Verlag von Fried. Kistner, Leipzig.

msch. **Hans Wagner**, op. 31. Zwischen zwei Sonnen (für achtstimmigen Männerchor) 1,80
Karl Friedrich Weinberger, op. 55. 2 Lieder.
st. Nr. 1. s' fürwitzi Veicherl 1,50
msch. Nr. 2. Frühling: Es ist kein Blümlein so verborgen . 1,50

Verlag von Johann André, Offenbach a. M.

st. **Ludwig Klemsch**. Gott segne den Kaiser (Kaiser-Akrost.) 1.20
st. **Phil. Orth**, op. 166. Morgenlied: O wunderbares tiefes Schweigen 1,20
st. **Jean Pesl**, op. 25. Grablied: Herr! erbarme dich . . 1,20
Carl Weidt, op. 81. 4 Lieder.
msch. Nr. 1. Glück auf, du duftige Blütenpracht 1.20
msch. „ 2. In dem Dornbusch 1.20
msch. „ 3. Der kleine Liebesschmied 1.20
msch. „ 4. Im grünen Wald bin ich zu Haus 1.20

Verlag von Richard Tourbié, Berlin.

st. **H. Busch**. Auf der Wanderschaft 1,
st. **W. Decker**, op. 71. Nr. 1. Frühlingslied 1
st. Nr. 2. Gruss ans Vaterland 1
st. **Camillo Neumerkel**, op. 10. Ständchen. 1
st. do. op. 11. Flagge heraus . . . . 1.—
st do. op. 12. Deutsches Kampflied 1

zl. **Camille Neumerke**, op. 14. Der Wald im Lenze . . . 1.—
z. do. op. 18. Lenzlied . . . . 1.—
zl. **Jean Paoll**, op. 2. Waldmondschein . . . . 1.—
zl. do. op. 4. Abschied von der Alm . . . . 1.—
zl. do. op. 5. Feinsliebchen . . . . 1.—
zl. do. op. 7. Röslein, wann blühst du auf . . . . . . 1.—
zl. do. op. 16. Im März . . . . 1.—
zl. **Heinrich Süsse**, op. 7. Mei Schätzele . . . . 1.—
zl. **Gust. Zellmann**, op. 5. Das alte Lied vom Rhein . 1.—

Verlag von B. Firnberg, Frankfurt a. M.

Emil Sulzbach, op. 93. Vier Männerchöre im Volkston.
msch. Nr. 1. Die alte Heimat 1,20
msch. „ 2. Erwartung 1,20
msch. „ 3. Bitte: Weil auf mir, du dunkles Auge . . . 1,20
msch. „ 4. Trost im Scheiden 1,20

Verlag von G. Schirmer, New-York.

J. B. Zerlett, op. 53. 55. 65. Vier Männerchöre.
msch. op. 53. Nr. 1. Maiennacht: Leise weben Frühlingslüfte 1.60
zl. Nr. 2. Am Waldrand: Am Waldrand, wo die Sonne brennt 1,60
msch. op. 55. Das letzte Kännchen. Gib mir trautes Aennchen 1.40
msch. op. 65. Wanderlied: Leichten Mut, frisches Blut . . . 1.60
M. Spicker, op. 34 Nr. 1. Madrigal: Horch! über's Wasser
msch. hallend 1,40
msch. Nr. 2. Mach auf! mach auf doch leise mein Kind . . 1.40
msch. Das alte Mütterchen: Liegt ein Dörflein mitten im Walde 1.40

Verlag Dreililien, Berlin.

Rudolf Buck, op. 14. Drei Stimmungsbilder für Männerchor.
sch. Nr. 1. Sturm: Sturmesnacht, Todesnacht 2.50
sch. „ 2. Wilde Jagd: wann die Sonne versank . . . . 3.—
sch. „ 3. Abendfrieden: Vom Fels herab die Glocke tönt 1.80

Luckhardt's Musik-Verlag, Stuttgart.

sch. **Gottfried Angerer**, op. 76. Still: Thue deine Liebe keinem kund . . . . 2.—
sch. do. op. 84. Königsfelden: Was flüstern und raunen die Erlen . . . . 3.—
msch. **Fr. Hartmann**. Abends: Nun wird es Abend . . . . . 1.—
zsch. do. Serenade: Rings Stille herrscht . . . . 2.—
msch. **Ferd. Langer**. Die Zugvögel: Die Sonne scheint glühend herab auf den Nil . . . . 2.—
sch. **Wilh. Sturm**, op. 109. Mittsommernacht . . . . 2.—
zsch. do. Herweg's Reiterlied für Männerchor bearb. . . 2.—

Eine Würdigung sämtlicher Erscheinungen auf diesem Gebiete ist wegen der übergrossen Reichhaltigkeit leider nicht möglich; es sollen hier nur einige Werke und Namen als besonders beachtenswert hervorgehoben werden. **Rud. Wagner** trifft in op. 167 „Den ich nicht leiden mag" den innigen Volkston ganz wundernett. **C. Kühnhold** reizt den Appetit mit einer „Verbotnen Frucht"; diesmal ist das Küssen damit gemeint. Interessantes und in hohem Grade Wertvolles bietet Rud. Buck in seinem op. 14. Unsere Kunstchorfeinde werden sich allerdings schon bei dem zweiten Takte des „Sturm" bekreuzigen und beim dritten Takte, wenn der 2. Bass von F zum f hinaufheult, schleunigst das Weite suchen. Auch Nr. 2 „Die wilde Jagd" wird ihnen noch Herzbeklemmungen verursachen; Buck hat offenbar von den Belgiern viel gelernt; „Wir jagen dahin" soll „atemlos" gesungen werden; dann folgt ein „Hu" „à la bouche fermée", „Weidmannsheil" pp. „Durch die Zähne"; Tralera, Tratata, tatata, holla, hussa, hallo! „Und gelobst zu der Rosse dampfkeuchendem Bug stürmt vorwärts die Schar, und sie fiebert und ächzt! — — — So klingt's im wilden Durcheinander. — — Dass nur keiner es wage, diesen Chor für volkstümlich zu halten und ihn der Kommission einzuschicken! Beachtenswert sind die 4 prächtigen Gaben von **Carl Weidt** op. 94. Der poetische Inhalt der Dichtungen ist in den klangvollen Vertonungen vorzüglich getroffen und vertieft. Klangschön und würdig ist auch das Grablied von **R. Pauli**. Gar köstlich ist „'s fürwitzi Veicherl" von **C. F. Weinberger**, eine Prachtnummer, wenn der süddeutsche Dialekt etwas geläufig ist. Recht ansprechend und volkstümlich gehalten ist **Ph. Lehmlers** „Siehst du am Weg ein Blümlein stehn". Besonders erwähnenswert sind dann noch „Wir Herren Studenten" von **Jul. Oertling**, „Worte der Liebe" von **L. V. Saar** (mit Sopran- und Tenor-Solo). „Der gescheite Mann" von **Jos. Schen**, nach sehr schönem Text von Jacobowsky, und „Mondaufgang" von **Fr. Wagner**, letzteres sehr melodiös.

Männerchöre ohne Begleitung.

Neue Volksliedbearbeitungen.

Offenbach a. M., J. André.

„Es geht bei gedämpfter Trommel Klang. (Silcher.) Mei Schätzle is fein. (J. André). Rosenstock, Holderblüth. (J. André), Zu Strassburg auf der Schanz . . . . à 80 Pfg.

Verlag v. N. Simrock, Berlin.

„Ich weiss nit, wie mir ist." Ein Volkslied in alter und neuer Fassung, herausgegeben von **S. Friedländer**. Die erste stammt aus einer alten Sammlung, betitelt:

„Dritte Tracht des Ohren-vergnügenden und Gemüt-ergötzenden Tafel-Confects; bestehend aus 15 Quodlibeticis oder Tafel-Stucken. Zur abermaligen Zeit-Passirung denen Herrn Liebhabern präsentiret und repräsentiret von einem noch lebenden und beständigen Musurgo. — Im Jahr wo man gut fröhlich und lustig war. (1737.) . . . . P. u. St. Mk. 1.50

Leipzig, C. F. Kahnt Nachf.

Friedr. Wiedermann, op. 13. Grüsse aus dem Liedergarten des deutschen Volkes. 15 Volkslieder, bearb. u. f. M.-Ch. gesetzt. Heft I. Es fuhr ein Fährknecht. Mein Schatz, ich habe erfahren. Es war einmal ein Reitersmann. Es wollt ein Maidlein waschen. Nun ade, du mein lieb. Verstohlen geht der Mond auf. Ich weiss wohl überm Rhein.

Heft II. Es wollte ein Mädchen. Lebewohl. Mir ist ein feins braun Maidelein. Einladung. Die Nachtigall als Bote. Maria Theresia. Vom bayrischen Erbfolgekrieg. Aus ist's mit mir.
Part. je Mk. 1.— St. 80 Pf.

C. F. W. Siegels Musikalienhandlung, Leipzig.

Deutsche Liedertafel, herausgegeben von **C. Kipke**. Das stille Thal. Ich weiss nicht, wie mir ist. Spinn, spinn meine liebe Tochter. (Baselt.) . . . . à 80 Pf.

A. von Othegraven, op. 16. **Acht deutsche Volkslieder.** Zu ihren Füssen (1.20.) Ich hab ein Schatzle (1.—.) Ich hab mir einen Garten gepflanzet (1.20.) Eifersüchtelei, für Doppelchor (1.40.) Bei Mondenschein (1.20.) Warnung (1.—.) Das Liebchen im Grabe (1.20.) Die Maidli im Schwyzerland (1.—.)

Endlich beginnen unsere „Bergleute vom Leder" auch die entlegenen Flöze anzubauen, welche durch die Schürfarbeit der „Bergleute von der Feder" gefunden wurden. Schier unerschöpflich ist ja die von Erk-Böhme in Betrieb gesetzte Grube, immer wieder schimmern neue Erzlager uns entgegen. Nur emsig gefördert und sorgsam aufbereitet, ihr Knappen! Das ächte edle Metall wird schon alles doppelt- und feuervergoldete verdrängen.

Die heutigen Erscheinungen auf diesem Gebiete gleichen in mancher Beziehung denen vor 400 Jahren; das Volk hat eine Periode schöpferischer Kraft hinter sich, die in allen seinen Lebensäusserungen zu Tage trat und Gebilde schuf, gefüllt mit seinem ganzen Lebensinhalt. Indem es gab, hat das Volk ein Geschenk erhalten, dessen Wert ihm selbst nicht aufgegangen ist; es achtete seiner nicht und vergass es. Da kamen die Gelehrten und Kunstverständigen, säuberten das Kleinod, fassten es geschmackvoll ein und, siehe da! der Kunst war ein neues Gebiet gewonnen: ein grosses Gebiet mit frischen Quellen und saftigen Wiesen, mit sonnigen Höhen und schattigen Thälern.

Während aber damals die musikalischen „Satzverständigen" diese Liedchen erbarmungslos in das Prokrustesbett ihrer eigenen Ideen zwängten, sucht man heute liebevoll den Geist des Liedes zu ergründen und durch den Satz in's rechte Licht zu rücken. Der Satz soll nicht nur ein schlichtes Kleidchen sein, ein Mittel, um auch den Bassisten die Mitwirkung zu ermöglichen, sondern er soll die Stimmung vertiefen, den Gehalt erschöpfen, jede Stimme soll Ausdruck sein desjenigen, was die Hauptmelodie uns zu sagen hat.

Zu den Meistern, welche in diesem Sinne unsere Volkslieder bearbeitet haben, gehört **A. von Othegraven**. Hier und da geht er etwas frei um mit der Melodei, aber ein Meister darf das, er verdirbt nichts daran. Welch ein entzückendes Scherzo ist z. B. aus der kleinen Melodie der „Eifersüchtelei" entstanden, wie melodiös ist die Stimmführung in den getragenen Liedern.

Auch auf die 5 **deutschen Volkslieder für gemischten Chor** op. 13 von **A. von Othegraven**, gesetzt und bei Robert Forberg, Leipzig erschienen, sei hiermit aufmerksam gemacht. Unrecht wäre es, einzelne hervorheben zu wollen, es sind durchweg Meisterwerke.

1. Liebeswunder. 2. Ständchen. 3. Verschneit. 4. Die Vöglein. 5. Argwohn. Preis für Part. u. Stimmen Mk. 1.—. Nr. 3/4 Mk. 1.20.

Köstlich sind **Acht fröhliche deutsche Volkslieder** für **gemischten Chor** gesetzt von **Jul. Spengel**, op. 9. (Leipzig bei F. E. C. Leuckart. Part. u. Stimmen je Mk. 1.—).

1. 's Häuserl am Roan. 2. Kimst oder kimst du nit? 3. Ganz auf die Alm. 4. Treue Liebe. 5. E bissele Lieb. 6. Ihren Liebsten zu erwarten. 7. Die Frau wollt wallfahrten gehn. 8. Mariandl ist so schön.

Der Sänger.

tliches Organ des westdeutschen Sängerverbandes.

Das Volkslied ist die
Unsterblichkeit der Musik.
Marx.

Verbunden werden auch
die Schwachen mächtig.
Schiller.

uli 1902. ‖ Vorsitzender: Lehrer A. Gau, Hilden bei Düsseldorf. ‖ Nr. 10.

tion u. Verlag: H. vom Ende, Köln a. Rhein, Ecke Bismarckstrasse 25.

rbandsfest des Westdeutschen Sängerverbandes und est der Germania in Duisburg.

noch wenige Tage trennen uns von dem am 10. August stattfindenden 50 jähr. Jubelfeste des M.-Ges.-Vereins · Durch die Veranstaltung eines Wettstreites inner-Westd. Sängerverbandes erhält dieses Fest noch einen weit über den Rahmen des Verbandes hinausgehenden ntbehrt eines gewissen Reizes für die Verbandssänger h ferner stehenden Vereine und Sänger nicht. Der unterstützt von der Behörde, Bürgerschaft und den Gesangvereinen, hat die umfassendsten Vorbereitungen m das Fest, der Bedeutung des Tages entsprechend, cht würdevollen zu gestalten. An dem Festzuge und werden sich mindestens 15 Duisburger Gesangvereine er 400 Sänger beteiligen. Den Verbandsvereinen liegt ht ob, durch rege Beteiligung am Festzuge das Ansehen les nach aussen hin zu heben.

nden mit dem Feste ist gleichzeitig die Weihe der nsfahne. Den Vereinen und Gönnern ist hier Gelegen- . durch Teilnahme an der Nagelung der Fahne und g von Fahnennägeln die Sympathien für den Jubel-kunden.

schon sind wir in der glücklichen Lage, die interes-ankte aus dem reichhaltigen Festprogramm bekannt

Fest-Programm:

n 9. August, abends 8 Uhr im grossen Saale des Herrn Hesse, (Getreidebörse)

Vorfeier des Jubelfestes

Vokal und Instrumentalkonzert und Fahnenweihe.
olen der neuen Vereinsfahne. 2. Vortrag des Begrüs-mit Instrumentalmusik von Meyer-Olbersleben. 3. Fahnenweiheliedes von L. Koemmenich durch den Verein. 4. Weihe der neuen Vereinsfahne durch Oberbürgermeister Lehr. 5. Ueberreichung eines nzes der Stadt Duisburg. 6. Ueberreichung der von des Vereins freundlichst gestifteten Ehrengaben. der Fahne und Stiftung von Fahnennägeln.
tlicher Duisburger Gesangvereine und Verbandssänger.

Sonntag, den 10. August 1902:

9 Uhr ab, Empfang der auswärtigen Vereine und Deputationen.

Vormittags 10½ Uhr:

tlicher Vereine auf dem Friedr.-Wilh.-Platz zum Festzuge.

Punkt 11 Uhr:

soh durch die Strassen Duisburgs zum Burgplatz. ortrag des Begrüssungschores mit Knabenchor ntalmusik von Richtstätter durch die Duisburger . Begrüssung der Sänger durch die Behörde der g. Ueberreichung der alten Vereinsfahne für das seum.
hmarsch zum Festlokale. Daselbst: Auflösung.
mittags 3 Uhr im Saale des Burgtheaters:
ttstreit der I., II., III. Klasse. Hierauf: den von Sr. Majestät (voraussichtlich) tifteten Kaiser- oder Wanderpreis.

Gesangwettstreit der I., II., III. Klasse. Hierauf: Singen um den von Sr. Majestät (voraussichtlich) gestifteten Kaiser- oder Wanderpreis. Nachdem: Grosser Festball.

Musik: Inf.-Reg. 144, Mörchingen.

Montag, den 11. August, nachmittags 3 Uhr im Saale des Herrn Englert (Bergschlösschen) Kaffeetrinken.

Delegiertenversammlung des westdeutschen Sängerverbandes.

Sonntag, den 10. August. Tagesordnung:

1. Rechenschaftsbericht.
2. Annahme der Satzungen für die Bezirksvereine und der veränderten Satzungen für den Verband.
3. Abgrenzung der Bezirke.
4. Bevollmächtigung zur Gründung der eingeschriebenen Hilfskasse.
5. Neuwahl des Vorstandes.
6. Auslosung der Reihenfolge beim Wettstreite.
7. Wahl der Delegierten, die am Preisrichtertische zugegen sind.

Aus Sängerverbänden.

Gesangwettstreit des Sieg-Sängerbundes in Siegen.

Hie Geldpreise — hie Ehrenpreise! Das ist die Lösung in den beiden feindlichen Lagern. Um die Ehre kämpfen sie selbstverständlich alle, denn wer möchte nicht gern geehrt werden; aber während die einen sich's was kosten lassen, indem sie dem Phantom eines grossen Geldpreises nachjagen, vereinfachen die anderen die ganze Sache, begnügen sich mit der Ehrung und den Erfolgen, die eine solche mit sich bringt und — — machen keine Schulden. Das ist der Witz dabei; 3000 Mk. gewinnen und 6000 Mk. Schulden machen, das kann jeder; man braucht sich blos 20 takt- und stimmfeste Sänger à 50 Mk. zu borgen, einen geriebenen Dirigenten zu mieten und diesem die Hälfte des Gewinnes zu versprechen und der erste Preis mit allen Chikanen ist gesichert. Ob die Vereine dabei zu Grunde gehen, ist Nebensache. Der Tertius gaudens ist gewöhnlich der veranstaltende Verein. Das sind und bleiben Auswüchse, die wir bekämpfen werden; die Wettstreite an sich sind eine so mächtige Treibfeder zur Vervollkommnung, dass ihre Unterdrückung einen ganz bedenklichen Schritt rückwärts, namentlich für die kleineren Vereine, bedeuten würde. Es regt sich überall im Westen, die kleineren Vereine sagen sich, dass sie nicht konkurrieren können mit Vereinen, denen das beste Material von allen Seiten zur Verfügung gestellt wird; sie haben daher ganz recht, wenn sie sich zu Verbänden zusammenschliessen in denen alles genau geregelt und beaufsichtigt werden kann. Dieses Bedürfnis war eine der Ursachen zur Gründung des Westdeutschen Sängerverbandes, des Mosel-Saar-Nahe-Sängerbundes, des Mittelrheinischen Bundes und des Sieg-Sängerbundes. Wettstreite innerhalb dieser Verbände sind von besonderem Interesse, weil in ihnen ein Wertungssystem zur Anwendung gelangt, welches auf der gerechten und einzig richtigen Basis aufgebaut ist. Für gleiche Leistungen gleiche Preise, nur wirklich genügende Leistungen werden belohnt. Auf Geld wird nicht reflektiert, ebenso wenig auf die silbervergoldeten Blech- und Ramschwaren, welche sonst noch feilgeboten werden; um so besseren Klang haben die Preise, welche man hier an die Fahne heftet, sie sind ehrlich verdient und frei von hässlichen Flecken.

Auch der Wettstreit des Sieg-Sängerbundes wurde nach diesen Grundsätzen geregelt und verlief infolgedessen in schönster Harmonie. Man hatte die kurzlich an dieser Stelle veröffentlichte Wettstreitordnung des Westdeutschen Sängerverbandes angenommen; als Preisrichter fungierten die Herren C. Steinhauer, L. Rebbert und H. vom Ende. Aufgegebener Chor: Das traurige Waldhorn von C. Steinhauer. Den I. Preis erhielten in Klasse 2 der Liederkranz-Siegen (Dir. Aug. Deyss); den 2. Pr. Liederkranz-Geisweid (Dir. H. Kreutzer); den 1. Pr. in Kl. 1 Concordia-Clafeld (Dir. Voss); den II. Pr. Eintracht-Ferndorf (Dir. Gucker).

Wettstreit des Mosel-Saar-Nahe-Bundes in Bernkastel.

Bereits am Samstagabend war eine stattliche Zahl von Vertretern der Bundesvereine erschienen, um dem festgebenden Vereine ihre Grüsse und Glückwünsche zu übermitteln. Der in der festlich geschmückten Sängerhalle am Moselgestade veranstaltete Fest-Kommers, verbunden mit Vokal- und Instrumental-Konzert, hatte einen schönen Verlauf. Schon an demselben Abend trafen Gesangvereine aus dem Nahethale zu Wagen in Bernkastel ein.

Am Sonntag in früher Morgenstunde entwickelte sich ein festliches Treiben in dem herrlichen Moselstädtchen. Von nah und fern zu Wagen und zu Pferd trafen Sänger und Festteilnehmer ein. Die grösste Sängerzahl brachten die aus der Richtung Trier eingetroffenen Eisenbahnzüge. Mit wehenden Fahnen und klingendem Spiele zogen die im Zuge geordneten Vereine in die festlich geschmückte Stadt. Zur stärkenden Rast blieb den fröhlichen Sängern nur kurze Zeit, denn um 11 Uhr vormittags begann, nachdem der festgebende Verein das Begrüssungslied in vorzüglicher Weise vorgetragen, das Wettsingen der Klassen 3b und 3a. Gegen 1½ Uhr war dieses beendet. Selbst kleine ländliche Vereine erfreuten die Zuhörer mit ansprechenden Volksliedern.

Gegen 3 Uhr Nachmittags wurden sämmtliche Sänger auf dem Festplatze vereinigt. Mächtig erklang unter Orchester-Begleitung das Bundeslied „Richte dich auf Germania“. Es folgten die mit allseitigem Beifall aufgenommene begeisterte Begrüssungsrede durch den Präsidenten des festgebenden Vereins. In markigen Zügen schilderte der Herr Bürgermeister die Bedeutung der Pflege des deutschen Männergesanges. Der ernsten Pflege desselben falle ein wesentlicher Anteil an unseren kriegerischen und wirtschaftlichen Erfolgen zu.

Hierauf folgte das Bundes-Wettsingen der 1. und 2. Klasse. Aus demselben gingen siegreich hervor:

1. Klasse: Trierischer Gesangverein 1. Preis; Eintracht Trier 2. Preis.

2. Klasse: M.-G.-V. Neunkirchen 1. Preis; M.-G.-V. Kirn 2. Preis; Liedertafel Mettlach 3 Preis.

Klasse 3b: M.-G.-V. Merzlich Karthaus 1. Preis; M.-G.-V. Veldenz 2. Preis; M.-G.-V. Heiterkeit Ensdorf 3. Preis.

Klasse 3a. M.-G.-V. Concordia Fraulautern 1. Preis; M.-G.-V. Pallien 2. Preis; M.-G.-V. Traben 3. Preis.

Vom herrlichsten Sommerwetter war auch der zweite Festtag begünstigt.

Wie im Spielplane vorgesehen, traten die Vereine um ½10 Uhr Vormittags neugestärkt zum Festzuge durch die Stadt an. Hierauf folgte von 11 Uhr ab das Ehrensingen der 1. und 2 Klasse.

Es war ein Genuss, diese lieblichen, abwechslungsreichen und mit grösster Sorgfalt durchstudierten Lieder, unter denen das Volkslied wiederum besonders vorteilhaft hervortrat, zu hören. Wie ergreifend und vollendet wurden doch von den grösseren Vereinen die sorgfältig ausgewählten Chöre vorgetragen! Wir rufen die Darbietungen des Trierischen Gesangvereins in „Kolumbus“ und „Grüsse an die Heimat“, ferner diejenigen der „Eintracht“ Trier in „Den Toten vom Iltis“ und „Wir sassen am sonnigen Morgen“, endlich des Männergesangvereins Neunkirchen in den Liedern „Waldmorgen“ und „Abschied von der Heimat“, nochmals in das Gedächtnis zurück.

Nachstehend lassen wir das Ergebnis des 1. Ehrensingens folgen;

1. Klasse: Trierischer Gesang-Verein 1. Preis; Eintracht Trier 2. Preis.

2. Klasse: Neunkirchen 1. Preis; Kirn 2. Preis, Mettlach 3. Preis.

3 Klasse a: Pallien bei Trier 1. Preis; Concordia-Fraulautern 2. Preis; Traben 3. Preis

3. Klasse b: Kürenz 1. Preis; Ensdorf 2. Preis; Merzlich-Karthaus 3. Preis.

Um 2 Uhr Nachmittags wurde den aus dem 1. Ehrensingen preisgekrönt hervorgegangenen Vereinen ein von Prof. Krause-Berlin zu diesem Zwecke eigenes komponiertes, neckisches und recht entsprechendes Volkslied übergeben, welches nach Ablauf einer Stunde so eingeübt sein sollte, dass es mit Erfolg öffentlich vorgetragen werden konnte. Hierdurch war in den Vereinen sowohl als wie bei den Zuhörern das Interesse bis zum letzten Augenblick angeregt und bis aufs höchste gestiegen. Von 17 preisgekrönten Vereinen hatten 14 den Mut und das Selbstvertrauen, den Kampf zu wagen. So anerkennenswert auch die Leistungen der einzelnen Vereine waren, so konnten aus diesen Ringen um die Siegespalme nur 5 Vereine gekrönt hervorgehen.

Es waren dies:

1. der Trierische Gesangverein } den 1. Preis
2. der Männergesangverein Kirn }

Bei der hierdurch notwendigen Auslosung zog der letztere Verein den 1. Preis — die von Ihrer Majestät der Kaiserin und Königin gestiftete Vase; der Trier Gesangverein den 2. Preis — den in Silber getriebenen Becher Sr. Königl. Hoheit des Grossherzogs von Baden; ferner erhielten

3. der Männergesangverein zu Neunkirchen den 3. Preis. 4. der Gesangverein Eintracht-Trier den 4. Preis. 5. die Liedertafel zu Mettlach den 5. Preis.

Das 50jährige Jubiläum des Posener Provinzial-Sängerverbandes

fand am 5. und 6. Juli d. J. in den Mauern der Landeshauptstadt statt und nahm unter Beteiligung von über 80 Vereinen mit über 1500 Sängern einen glänzenden Verlauf.

Das 1. Festkonzert wurde eröffnet mit dem Vorspiel zu den Meistersingern von Richard Wagner. Das Orchester setzte sich aus der Kapelle des 47. und einigen Mitgliedern des 6. Inf.-Reg. zusammen, das Werk wurde vortrefflich wiedergegeben. Der Bundesdirigent, Herr Paul Geisler, leitete das Werk zu genialer Herausarbeitung der Details; der nun folgende „Huldigungsmarsch u. Choral“ für Männerchor u. Orchester ist eine hervorragende Arbeit Geislers; ein mächtiger Aufbau in Orchester und Chor, gewaltig in der Steigerung bis zum Gipfelpunkt im Choral, machte die Komposition eine grosse Wirkung auf die Zuhörer. Die Orchesterbehandlung ist glänzend.

Von den nun folgenden 4 Chören a capella; „Singe, Vöglein, singe“ Tauwitz, „Die blauen Blumen Schottlands“ (Schottischer Bardenchor, Silcher), „Vaterlandslied“ (Marschner), gelang wohl am besten der fein abgetönte „schottische Bardenchor“.

Es folgte, sehr schwungvoll aufgeführt, Abt's „Siegesgesang der Deutschen nach der Hermannsschlacht“. Den Schluss des Konzertes bildete die dramatische Scene „Coriolan“ von Lux. Die Solis waren durch die Mitglieder des Posener Stadttheaters Frl. Frankenstein und Walter und Herrn Studemund vertreten. Dieselben waren nicht hervorragend, dagegen standen Chor und Orchester auf voller Höhe.

Herrn Kapellmeister Geisler wurde am Schlusse des Konzertes eine wohlverdiente Ovation gebracht. Das 2. Festkonzert fand am folgenden Tage im Zoologischen Garten statt und nahm ebenfalls einen schönen Verlauf. Nach einigen Stücken der 47er Kapelle wurde Mendelssohn's „Festgesang an die Künstler“ unter Leitung des Herrn Geisler aufgeführt. Die Komposition wurde vortrefflich wiedergegeben. Auf die schwungvolle Festrede des Chefredakteurs Herrn Walter folgten 5 a capella Chöre („Das treue deutsche Herz“ v. Otto, Abendfeier von Attenhofer, „Heute scheid' ich“ v. Isenmann, „Fahrende Leut“ von Jüngst und „'s Herz“ v. Silcher), die in Anbetracht der Strapazen, welche die Sänger hinter sich hatten, unter der umsichtigen Leitung des Bundesdirigenten ausgezeichnet klangen. Den Schluss bildete Richard Wagners Kaisermarsch in der Bearbeitung Schapers, in welchem jedoch der Männerchor durch das überlaute Orchester fast ganz verschlungen wurde.

Den 3. Theil bildeten Einzelvorträge verschiedener Vereine unter Leitung ihrer Dirigenten, von welchen blos der Vortrag des „Allgemeinen Männergesangvereins Posen“ (Ritters Abschied) unter Leitung Geislers eine künstlerische Leistung war. Die andern zugelassenen Vereine sangen abends vorher, während der Festtafel und boten zumeist Gutes.

Von den anderen Veranstaltungen verdient der glanzvolle Festzug Erwägung, der in seinem Gepräge recht deutschen Charakter trug, und eine eindrucksvolle Feier des deutschen Liedes darstellte. Ueber 2000 Personen, Herren und Damen, darunter etwa 500 in malerischen Trachten, die durchweg Beziehungen zum Sängerleben zeigten, wirkten mit.

Bemerkenswert ist die Mitteilung des Bundespräsidenten am Sängertage, dass Se. Exc. der Herr Oberpräsident dem Bunde sein grösstes Interesse zuwende, und dem Bundesdirigenten die Mittel zur Verfügung stellen will, damit derselbe die kleineren Vereine bereisen könne.

Remscheid, 21. Mai. Die angekündigte Verschmelzung der beiden hiesigen Männer-Gesangvereine Glocke und Euterpe zu einem Vereine ist nunmehr Thatsache geworden. Der neue Verein, der den Namen „Remscheider Männerchor“ führt, hat zum Uebungslokal das Lokal des Herrn Seb. Serr,

Birgderkamp, gewählt. Der Verein steht unter der tüchtigen Leitung des hier, trotz der Kürze seines Hierseins, schon gut bekannten Musikdirektors Herrn Franz Güldner (früher Leipzig), welcher beide genannte Vereine dirigierte und schon Zeugnis davon ablegte, dass er etwas Ausserordentliches zu leisten imstande ist. Der „Remscheider Männerchor“ stellt die stattliche Zahl von 65 Sängern und es dürfte sich die Zahl derselben wohl bald auf 100 und mehr belaufen, da an jedem Uebungsabend (Donnerstags) neue Mitglieder aufgenommen werden. In der Bürgerschaft Remscheids ist die Vereinigung mit Freuden begrüsst worden, da durch sie ein neuer leistungsfähiger grosser Chor gebildet wurde, der sich auch an grössere Aufgaben heranwagen darf und uns sicher manchen musikalischen Genuss verschaffen wird. Wir wollen an dieser Stelle dem „Remscheider Männerchor“ wünschen, dass ihm auch recht viele unterstützende Mitglieder, die ihm seine Aufgabe erleichtern helfen, zur Seite stehen. Es wäre zu wünschen, dass noch andere Vereine dem guten Beispiel folgten und sich der Vereinigung anschlössen!

Atmung.

Atemwerkzeuge.

Die Atmung (Respiration), deren der Mensch zur Blutbildung und Lebenserhaltung bedarf, wird zugleich für die Tonbildung nutzbar gemacht. Der Atmungsprozess, bestehend in Ein- und Ausatmung, geht vermittelst der im Rumpfe befindlichen Atmungsorgane vor sich. Diese Organe, die Lungen, welche als zwei von einander getrennte schwammartige Lappen rechts und links den Brustkasten ausfüllen, bestehen aus einem vielverzweigten Netz dünner Röhren, an deren Enden sich kleine, von einem dichten Gewebe von Blutgefässen umgebene Luftbläschen befinden. Aus jedem Lungenflügel führt eine breite Röhre (Bronchus) in die Luftröhre, welche zur Kehle emporsteigt und in ihrem oberen, erweiterten Teile den Kehlkopf bildet. Der ganze Raum wird begrenzt nach oben durch Schulter und Schlüsselbein, nach den Seiten durch den Rippenkorb und nach unten durch das Zwergfell, auf welchem die Lunge ruht.

Atmungsprozess

Bei der Einatmung erweitert sich die Brusthöhle, die Lungen, welche mit ihrer Oberfläche der inneren Fläche der Brustwandung luftdicht anliegen, dehnen sich aus und die Lungenbläschen saugen sich voll Luft. Durch Zusammenpressen der Lungen wird dann die verbrauchte Luft hinausgetrieben und beim Durchgange durch die Stimmritze im Kehlkopf zum Tönen gebracht.

Je nach dem Teile der Lungen, welcher hauptsächlich in Thätigkeit gesetzt wird, unterscheiden wir 3 Arten der Atmung.

1. Hoch-Ober-Schlüsselbein- oder Schulteratmen.
2. Breit-Mittel-Rippen- oder Brustatmen.
3. Tief-Unter-Zwergfell-Bauch- oder Flankenatmen.

Beim Hochatmen füllen sich die Lungenspitzen mit Luft, Schultern, Schlüsselbein und die oberen Rippen heben sich. Das Breitatmen ist hauptsächlich beim weiblichen Geschlecht gebräuchlich und geschieht durch Hebung des Rippenkorbes und Füllung des mittleren Lungenteiles. Beim Tiefatmen flacht sich das Zwergfell, welches in der Ruhelage nach oben gewölbt ist, ab, treibt die Eingeweide nach unten und bewirkt dadurch ein Heben der Bauchdecke. Zum Zwecke des Ausatmens wird dann durch die sog. Bauchpresse, d. h. durch die Muskulatur der Bauchdecke das Zwergfell wieder in die Höhe getrieben. Letztere Atmung ist die beim männlichen Geschlecht übliche.

Da die Auswechselung der Lungenluft durch die Atmung allemal nur unvollständig geschieht, so unterscheiden wir folgende Luftmengen.

1. Residualluft, das nach vollständiger Exspiration noch zurückbleibende Luftvolumen.
2. Reserveluft, das Luftvolumen, welches nach einer ruhigen und langsamen Exspiration noch nachträglich bei forcierter Ausatmung ausgetrieben werden kann.
3. Respirationsluft, Luftvolumen, welches bei ruhiger Atmung eingenommen und ausgegeben wird.
4. Complementärluft, das Luftvolumen, welches auf der Höhe einer ruhigen Inspiration durch eine unmittelbar sich anschliessende tiefere Einatmung aufgenommen werden kann.
5. Vitale Capacität ist dasjenige Luftvolumen, welches von der höchsten Inspirations- bis zur tiefsten Exspirationsstellung des Brustkorbes aus den Lungen entweicht.

Was hat der Sänger beim Atmen zu beobachten?

Die Körperhaltung sei aufrecht, Kopf hoch, Brust heraus, dabei aber doch locker und bequem, ohne jede unnötige Anstrengung einzelner Körperteile und Muskeln, die Schultern lasse man herabhängen. Ruhiges, unhörbares Einatmen durch die Nase bei geschlossenem Munde. Die Stimmritze ist weit geöffnet, Hals- und Kehlkopfsmuskeln bleiben locker und sind in keiner Weise anzuspannen. Hochatmung ist beim Gesange vollständig ausgeschlossen, die Schultern bleiben ruhig hängen, dagegen ist Breit- und Tiefatmung möglichst gemeinsam anzuwenden; der Brustkasten wölbe sich und behalte diese Stellung beim Singen möglichst bei, die weitere Regulierung des Atmens geschehe vermittelst der Zwergfellatmung. Selbstredend können diese Bestimmungen nicht stets und streng durchgeführt werden, in schnellen Passagen und bei zu kurzen Pausen ist z. B. Atmen durch den Mund und Brustatmen nicht zu vermeiden.

Von grösster Wichtigkeit für die Bildung eines weichen, klangvollen, tragfähigen Tones ist die Behandlung und Beherrschung des Exspirationsstromes. Der Atem muss möglichst langsam, ruhig und gleichmässig gegen die Stimmbänder geführt werden. Der Sänger muss diesen Ausatmungsstrom vollständig in seiner Gewalt haben, damit derselbe ohne jeden unnötigen Druck entweiche, beim Durchgange durch die Stimmritze (Glottis) vollständig zum Tönen gebracht und keinerlei unbenutzte, „wilde“ Luft hörbar werde. Das lässt sich aber nur erreichen, wenn man die Thätigkeit der brustverengenden Muskeln der Rippen und namentlich des Zwergfells genau zu regulieren versteht. Letzteres muss dem Druck der Bauchmuskulatur entgegenwirken, damit der Druck gegen die Lungenbasis langsam und gleichmässig erfolge. Nur so ist es möglich, den Atem so leise, leicht und weich zu fassen, dass der geringste Hauch einen Klang hervorbringt, der nach und nach zum stärksten Ton anschwillt; darin liegt das grösste Geheimnis vollendeter Gesangeskunst verborgen. Man achte darauf, dass die Sänger vor dem Einsatze in Atembereitschaft stehen, nicht aber erst kurz vor dem Einsatze nach Luft schnappen. Wichtig hierfür sind Uebungen, nach der Inspiration den Atem anzuhalten, (Atembereitschaft), zunächst mit, dann ohne Glottisschluss, mit darauffolgendem langsamem und allmähligem (nicht stossweise) Ausatmen. Die Respirationsluft genügt nicht für den Gesang; hierfür ist eine tiefere Einatmung notwendig, worauf dann der Einsatz mit der Complementärluft erfolgt. Die Reserveluft ist nur in Ausnahmefällen zu benutzen.

Man gelangt am besten zum Bewustsein des Zwergfells und der Stimmritze, indem man den Vorgang beim Husten beobachtet. Derselbe besteht aus einem tiefen Einatmen, Kontraktion der Bauchmuskeln und des Zwergfells bei festgeschlossener Stimmritze, wobei das Zwergfell der Bauchpresse entgegengesetzt wirkt, und darauffolgendem Ausatmungsstosse nach Aufhebung der Zwergfellkontraktion und des Glottisschlusses. vom Ende.

Aufführungen.

Männerchor.

Asch. M.-G.-V. Jul. Schaller). M. Bruch „Römischer Triumphgesang“ (f. gr. Erf.) H. Rietsch „Ein schön teutsch Reiterlied“. Engelsberg „Heini von Steier“. Jos. Reiter „Deutscher Volksruf“ (f. gr. Erf.) Gust. Wohlgemuth „Es war mein“. Rud. Wagner „In tiefer, stiller Nacht“ (mit Waldhorn). **Asch.** Harmonia (G. Reinl) C. H Döring „Die Welt ist so sonnig“. Joh. Pache „Stilles Gedenken“ (mit Streichquartett). G. Baldamus „Der junge Buchwald“. **Fürth.** Westlicher Sängerkreis (W. M. Loschky). Ullrich „Der Mutter Lied“ (D. C. Loschky „Der Rattenfänger“ (mit Tenorsolo) (f. gr. Erf.) Hegar „Morgen im Wald“. Liederverein (Loschky). Loschky „Zwei Äuglein braun“; „Heimatgruß“. Cäcilia. Kienzl „Landsknechtlied“ (mit Begl.) **Heidelberg.** Liederkranz (C. Weidt). A. Kirchl „Stillleben (D. C.) Weinzierl „Frühlingszauber“ (mit Orch.) **Harmine** bei Bochum. Sängerbund. Sturm „Dich grüßt der Mai“. K. Becker

„Sandmännchen". E. Henser „Hünengräber". M. Neumann „Toten der Heide". **Kalk.** M.-G.-V. Fr. Ullrich-Abend (P. Haas). Ullrich „Maienzauber". „Waldesrauschen". „In weiter Welt". „O bleib' bei mir". „Kann ich naschen". Zum 25 jährigen Dirigenten-Jubiläum Fr. Ullrichs. **Köln a. Rh.** Johannisfest des G.-V. Gutenberg (Fr. de la Motte). Beethoven „Ehre Gottes" (mit Orch.) Zerlett „Grab im Busento". H. Zöllner „Jubiläums-Hymne" (f. gr. Erf.) Rebbert „Des Kindes Klage". **Münster i. W.** Philodia (A. Krämers). [illegible]urkowski „Komm zu mir" (f. gr. Erf.) Schwartz „Deutscher Sang". „Westfäl. Volkslied". „Kapitän u. Leutenant". Dregert „Das Strumpfbanderl". M.-G.-V. Sängerlust (Lecke). Wessieler „Das Blumenkind" (D. C.) „Es stand ein Sternlein". Heuerteber „Ein Wörtlein". Schwartz „Dem Rhein mein Lied" Bonifatius-Sammelverein (Klings). Wessieler „Es stand ein Sternlein" (D. C.) „Mein Stern" (D. C.) Rudnick „Deutsches Bannerlied". **Saarlouis.** M.-G.-V. Hegar „Die beiden Särge". Radeke „Aus der Jugendzeit". **Usingen.** Lehrer-Seminar (P. Teichfischer). „Weihnachtslieder". C. Groos „Ach Gott, wie weh thut scheiden". E. Tammiter „Singe, du Vöglein" (f. gr. Erf.) E. Grieg „Landerkennung" (f. gr. Erf.) Fr. Schubert „Gott, meine Zuversicht" (mit Orgel).

Für den Verbandskatalog

herausgeg. und bearbeitet von C. Steinhauer, F. Güldner und H. vom Ende.

Sängergrüsse — Festgrüsse a cappella.

		P.	St.
m	Fr. Abt op. 263 I. Hoch der Gesang! deutscher Gesang	—,60	1,20
m	Gottfr. Angerer. Begrüssungslied: Seid willk.	1,—	1,—
l	Carl Attenhofer op. 97. „Wir sind von einem	—,80	—,80
l	Roland Ayssliager op. 5. Wir grüssen euch.	—,70	,60
l	„ „ op. 22. An einer Stätt!	—,80	—,60
l	H. Becker op. 18 Stimmt an das Lied	1,20	1,20
m	Reinh. Becker op. 105. „Hoch das Banner, deutsches Lied	—,70	—,7)
m	Jos. Brambach, op. 107 I. „Hoch"	—,40	—,40
m	Joh. N. Cavallo op. 82 I. O töne laut du Festges.	—,50	1,—
m	Arthur Claassen op. 28. „Freude, Freude"	—,60	—,60
l	E. Damroth. Sängerfest: Zu heiterm Fest	—.40	—,60
m	Heinr. Döring op. 169. Hoch das Banner!	—.40	—,80
l	Alfred Dregert. Gott grüsse dich!	—,30	—,50
m	Christ. Fink op. 41 II „Lasst den Sängergruss"	—,40	,60
l	C. H. Frey op. 12 I. „Das Banner hoch"	— 40	—,60
l	„ „ Schmucket die Hüte. S.-Gruss	—,—	—,—
l	M. Gackstatter. FahnenWeihelied: „Auf Brüder!"	—,40	—,60
l	Friedr. Garta op. 147. Willkommen uns!	—,40	,60
l	Joh. Gelbke op. 18 II. „Die Fahne weht"	—,60	—,60
m	Friedr. Gernsheim op. 49. Willkommen ihr S.	2,—	2,—
l	Wilh. Gössler op. 12 I. „Seid uns gegrüsst"	—,40	—,40
l	Rich. Günther op. 21. „Grüss euch Gott"	—,60	—,—
l	Alb. Gundrum op. 51. Rauschet deutsche Lieder	—,60	—,60
m	Ed. Hermes op. 21 I. Deutschland, dein Volk	—,40	—,60
m	„ 21 III. Schart euch zusammen!	—,40	—,60
l	Friedr. John. Begrüssungslied: Seid gegrüsst!	—,60	—,80
l	Karl A. Kern op. 179. Grüss dich Gott!	—,40	—,40
m	„ „ „ op. 225.	,60	—,—
l	„ „ „ op. 279. „Sangesbrüder"	1,30	1,—
m	E. Köllner op. 40. „Seht wie die Fahnen"	1,—	1,—
l	Felix Krakamp op. 19. „Froh soll unser Lied"	—,40	—,60
l	Ed. Kretschmer op. 30 IV. „Auf ihr Brüder"	,40	—,60
l	„ „ op. 4. Mit starkem vollem Donnerklang	1,40	1,60
m	V. Lachner op. 58. „Im festlichen Drange!"	1,—	1,—
m	Fr. Litterscheid op. 76 Seid gegrüsset!	—,60	1,—
l	Eelix Mendelssohn-Bartholdy. Morgengruss	—,40	—,40
l	A. Methfessel. Was klingen. Stimmt an à	—,—	—,—
m	Ferd. Möhring op. 101. Willkommen, willkommen	1,20	1,60
l	Franz Mücke. „Gott grüsse dich"	—,40	—,40
m	Alb. Neibig op. 41. Seid gegrüsset, tretet ein	—,40	—,60
l	A. Neithardt. Fahnenlied: Hoch die Fahnen!	—,25	—,50
l	Fr. Neuert op. 28. Frisch, Brüder lasst die Fahne	1,—	—,60
l	Werner Nolopp op. 57. Seid herzlich willkommen	—,40	—,60
m	Franz Oberreich op. 26 II. Grüss Gott, grüss Gott!	,40	,60
l	Philipp Orth op. 25 II. „Die Thore weit!"	—,60	—,40
l	„ „ op. 116. „Licht entsprossene"	—,60	—,60
l	„ „ op. 134. „Brüder lasset uns"	—,40	—,60
l	„ „ op. 148. Schöne Tag, voll Weihe	—,60	—,60
m	Joh. Pache. Nun schmettert Drommeten	—,40	—,60
m	J. Petersen Begrüssung: Ruht aus im Schatten	—,40	1,—
m	Th. Potbertzky op. 77 I. „Seid gegrusst"	,40	—,60
l	„ „ 77 II. „O töne laut"	—,40	—,60
l	„ „ 124. „Wir bringen euch"	—,30	—,60
m	G. Rebling op. 53. „Mit jauchzenden Klängen"	—,40	—,60
l	F. Reimann op. 20. Grüss Gott mit hellem Klang	—,60	—,80
m	Riesen op. 11. „Was klingt so süss"	—,30	—,60
l	Riva. Sängergruss: „Im Liede!"	—,60	—,80
m	W. Rohde op. 6. „Seid uns gegrüsst!"	—,60	—,80
m	Theod. Salzmann. Festges.: Dem deutsch. Gruss	—,80	—,80
l	W. Schleidt op. 15. Ewig jung wie Maiensang!	—,30	—,80
l	P. Fr. Schneider. Sängerlust: Wir sind	—,60	—,60
l	Heinr. Schöne op. 22. Froh. Gruss, in kräft. Tönen	—,40	—,60
l	Joh. Schondorf. „Willkommen"	—,10	—,—
l	C. Schulze op. 24. Lass lodern der Begeisterung	—,40	—,80
m	Volk. Schurig op. 26 I. „Stimmt an ein Lied"		
m	„ „ op. 26 II. „Das Leben lacht"	—,60	—,—
m	„ „ op. 26 III. „Senk dich stille Nacht"		
l	Otto Schwarzlose. „Sängerwillkommen"	—,50	—,60
l	Louis Seibert op. 146. „Ein fröhlich Fest"	— 60	—,60
m	Rich. Senff. Festgesang: „Seid uns gegrüsst"	1,20	1,80
m	Carl Steinhauer op. 43. „Wenn froh ein Herz"	—,60	—,60
m	Paul Stiller op. 8. „Ertönet Drommeten"	—,40	—,60
l	Joh. Strauss. Sängergruss: Lasst den Sängergr.	,40	—,80
l	J. H. Stuntz. „Auf ihr Brüder lasst uns wallen"	—,40	—,40
l	A. Thierbach. „Grüss Gott; grüss Gott!"	—,75	,75
l	A. Trube op. 22 I. „Mit starkem Donnerklang"	—,40	—,80
m	Wilh. Tschirch op. 61. „Jubelnde Klänge!"	1,—	1,—
l u. m	Herm. Voigt op. 176 I, II, III.	—,80	1,—
m	Herm. Voigt. Festgesang: „Heil! Heil! Heil!"	—,80	1,20
l	M. v. Weber. Festgesang: „Schmückt das Haus"	—,10	—,20
m	H. Weinhardt op. 8 II. „Wenn hoffnungsgr. u."	—,40	—,60
l	M. v. Weinzierl op. 155. „Was klingt so süss"	—,70	—,80
m	O. Wermann op. 83 A. „Das Banner hoch!"	—,—	—,—
m	Rich. Wiesner op. 28 I. „In d. traut. Sängerrunde	1,—	1,20
l	Rich. Wiesner op. 41. „Rührt die gold. Saitensp."	1,30	1,—
l	Moritz Wohlfahrt op. 4. „Sei gegrüsst!"	—,25	,50
el	Wilh. Wollweber op. 5. „Seid gegrüsset!"	—,60	—,60
m	Pet. Wülfing op. 14. „Seid willkommen uns"	—,40	—,40

Entwurf einer Satzung für Gesangvereine.

(Fortsetzung.)

§ 8. Beendigung der Mitgliedschaft.

Ein Mitglied scheidet aus:

a) Durch schriftliche, an den Vorstand zu richtende und von diesem zu bestätigende Erklärung;

b) durch Beschluss des Vorstandes, nachdem die regelmässigen Beiträge (§ 6a) ein Jahr lang nicht bezahlt worden sind; wenn das Mitgl. wegen eines ehrenrührigen Vergehens gerichtlich verurteilt wird;

c) durch Beschluss der Hauptversammlung (§ 17. 6) auf Antrag des Vorstandes oder wenigstens eines Fünftel der wirklichen Mitglieder (§ 17. 6);

d) wird gegen ein Mitglied das Konkursverfahren oder ein Strafverfahren wegen eines ehrenrührigen Vergehens eröffnet oder der unter c vorgesehene Antrag gestellt, so ruht die Mitgliedschaft während der Dauer des Verfahrens.

C. Verwaltung und Leitung.

Vorstand. Musik- und Prüfungsausschuss, Festausschuss.

1. Der Vorstand.

§ 9. Der Vorstand wird von der ordentlichen Hauptversammlung auf die Dauer von 2 Jahren gewählt. Ihm liegt die Leitung des Vereins und die Verwaltung des Vereinsvermögens ob. Er hat über die Ausführung der Satzung zu wachen und besorgt selbständig diejenigen Angelegenheiten, welche nicht der Beschlussfassung der Hauptversammlung (§ 17) vorbehalten sind. Ausgaben bis zu einer gewissen Höhe für ein und denselben Zweck sind ihm gestattet.

Der Vorstand vertritt den Verein nach aussen hin, insbesondere in solchen Geschäften, für welche die Gesetze eine besondere Vollmacht erfordern, gerichtlich und aussergerichtlich. Urkunden, welche den Verein vermögensrechtlich verpflichten sollen, sind unter dessen Firma vom Vorsitzenden und Schriftführer oder dessen Stellvertreter zu vollziehen. Zum Ausweise dieser Vorstandsmitglieder nach aussen dient eine Beglaubigung der Orts-Polizeibehörde, welcher zu diesem Zwecke die jedesmaligen Wahlverhandlungen vorzulegen sind.

In dringenden Fällen hat der Vorsitzende das Recht, vorläufige Anordnungen zu treffen; er muss dieselben jedoch der nächsten Hauptversammlung zur Beschlussfassung unterbreiten.

§ 10. Der Vorstand besteht aus: Schatzmeister, dem 1. und 2. Vorsitzenden, 1. und 2. Schriftführer, Hauswart, Notenwart, Tafelmeister, 2. Chormeister.

Der 1. Vorsitzende steht an der Spitze des Vereins und des Vorstandes. Er hat den Vorsitz in allen Versammlungen des Vereins und des Vorstandes; er vollzieht den gesamten Schriftwechsel. In Verhinderungsfällen vertritt ihn der 2. Vorsitzende.

Der Vorsitzende ist von allen Ausschusssitzungen mit Angabe der Tagesordnung in Kenntnis zu setzen.

§ 11. Die Sitzungen des Vorstandes finden regelmässig einmal im Monat statt. Schriftliche Einladung wenigstens 2 Tage vorher unter Mitteilung der Tagesordnung. Ausserordentliche Vorstandssitzungen wenn erforderlich.

Beschlussfähigkeit bei Anwesenheit von 4 Mitgliedern ausser dem Vorsitzenden, Beschlüsse mit Stimmenmehrheit; bei Stimmengleichheit entscheidet die Stimme des Vorsitzenden.

Die Schriftführer haben über alle Vorstands- und Vereinsbeschlüsse Buch zu führen, die schriftlichen Angelegenheiten zu erledigen und den Jahresbericht abzufassen; in den Versammlungen Protokoll zu führen.

Der Schatzmeister übernimmt Einnahme und Ausgabe, sowie die Buchführung darüber. Für die ihm anvertrauten Gelder ist er, unvorhergesehene Unglücksfälle ohne eigenes Verschulden abgerechnet, dem Vorstande verantwortlich.

Der Hauswart hat die Baulichkeiten zu überwachen und ihre Instandhaltung nach Massgabe der geschehenen Bewilligung (§ 17. 4) zu besorgen. Ueber die zu dem Hausrate gehörenden Gegenstände hat der Vorstand innerhalb 4 Wochen nach Schluss des Rechnungsjahres ein Verzeichnis vorzulegen, welches der Jahresrechnung beizufügen ist; desgleichen hat er Anträge über Neubeschaffung für das kommende Haushaltsjahr zu stellen.

Der Notenwart hat die Aufsicht über sämtliche Musikalien und die Bücherei. Leihweise Ueberlassung der Musikalien an Mitglieder gegen Empfangsscheine nur mit seiner Genehmigung.

Dem Tafelmeister obliegt es, bei allen Vereinsfestlichkeiten die äusseren, nicht auf musikalische Verhältnisse bezüglichen Anordnungen nach Massgabe der Vorstandsbeschlüsse zu treffen. Ihm zur Seite steht der Festausschuss.

Alle sonstigen Aemter und Arbeiten verteilt der Vorstand unter seine Mitglieder nach eigenem Ermessen.

Disziplinarmittel des Vorstandes und Rechte: Warnungen, Entziehung der Mitgliedschaft auf 1 Jahr, Ausschliessung von der Aufführung und Entziehung der Freikarte (§ 5a). Ausschliessung (§ 7b).

Unbeschränktes Recht der Dispensation von Proben, Aufführungen.

Von diesen 9 Mitgliedern scheiden jährlich 4 aus und sind durch Neuwahlen zu ersetzen.

Dem 1. Chormeister liegt die musikalische Leitung des Vereins ob. Er zahlt weder Eintrittsgeld noch jährliche Beiträge. Im Uebrigen regelt sich seine Stellung nach dem vom Vorstande auf Grund der Beschlüsse der Hauptversammlung mit ihm zu thätigenden Vertrage. Für alle musikalischen Fragen hat der 1. Chormeister Sitz und Stimme im Vorstande.

2. Ausschüsse.

Dieselben dienen zur Entlastung des Vorstandes und arbeiten unter dessen Aufsicht.

§ 12. Der Prüfungsausschuss besteht aus dem 1. Chormeister als Vorsitzenden, dem 2. Chormeister und 4 von der ordentl. Hauptversammlung auf 2 Jahre gewählten ordentl. Mitglieder, aus jeder Stimme einer.

Die Prüfungen haben sich auf die Feststellung zu erstrecken, ob die Aufzunehmenden in gesanglicher Hinsicht den Anforderungen des Vereins entsprechen. Erforderlich ist die Anwesenheit von mindestens 5 Mitgliedern. Stimmenmehrheit entscheidet.

§ 13. Musikausschuss. Zur geschäftlichen Leitung der Aufführungen, Bestimmung des Uebungsbetriebes und der Konzertprogramme, Anschaffung von Musikalien, Herbeiziehung fremder Kräfte. Er besteht aus dem 1. Chormeister als Vorsitzenden, den Mitgliedern des Prüfungsausschusses, dem 2. Chormeister und dem Notenwart. Die 4 Mitglieder der Prüfungskommission haben bei den Proben und Aufführungen für Verteilen und Einsammeln der Noten zu sorgen und die Präsenzlisten zu führen.

§ 14. Festausschuss besteht aus dem Tafelmeister als Vorsitzenden, 4 Vorstandsmitgliedern und 4 ordentlichen Mitgliedern. Jährl. Wahl. Vorbereitung und Leitung der Vereinsfestlichkeiten.

D. Hauptversammlung.

§ 15. Sämtliche Mitglieder des Vereins bilden die Hauptversammlung. Jährliche Einberufung und öffentliche Bekanntmachung am Stiftungstage, wenn nicht besondere Hindernisse entgegenstehen. Ausserordentliche Hauptversammlungen nach Bedarf oder auf den schriftl. begründeten Antrag eines Fünftels der Mitglieder innerhalb der nächsten 3 Wochen. Schriftliche Einladung der einzelnen Mitglieder unter Verteilung der Tagesordnung mindestens 3 Tage vorher.

Anträge seitens der Mitglieder sind mindestens 14 Tage vor der Hauptversammlung dem Vorstande schriftlich mitzuteilen, unterzeichnet von mindestens einem Fünftel der stimmberechtigten Mitglieder. Anträge betr. Satzungsänderung sind den Vereinsmitgliedern 8 Tage vor der Hauptversammlung bekannt zu geben.

§ 16. Geschäftsordnung der Hauptversammlung. Der 1. Vorsitzende oder dessen Stellvertreter leitet die Verhandlungen. Sind beide verhindert, so beauftragt der Vorstand ein anderes seiner Mitglieder. Er darf dem Redner das Wort entziehen, welcher trotz zweimaliger Verwarnung den Gegenstand der Verhandlung verlässt oder Ungeziemendes vorbringt. Beschlussfähigkeit bei Anwesenheit von wenigstens ein Viertel der stimmberechtigten Mitglieder. Beschlüsse mit einfacher Stimmenmehrheit; bei Stimmengleichheit giebt die Stimme des Vorsitzenden den Ausschlag.

Ueber die Form der Abstimmung, — abgesehen von der Wahl der Vorstandsmitglieder, mündlich, schriftlich, durch Zuruf, — sowie darüber, ob ausser den vorgesehenen noch andere Gegenstände auf die Tagesordnung gesetzt werden sollen, entscheidet die Versammlung. Anträge während der Versammlung müssen schriftlich gestellt, als dringlich bezeichnet und von mindestens ein Zehntel sämtlicher stimmberechtigten Mitglieder unterzeichnet sein.

Ueber die Dringlichkeit entscheidet die Generalversammlung.

Protokollführung, Vorlesung derselben am Schluss der Versammlung und Unterzeichnung durch den Vorsitzenden und Protokollführer.

Recht der Vertagung und Berufung einer neuen Hauptversammlung. Bei Beschlussunfähigkeit wird unter Berufung auf diese Beschlussunfähigkeit eine weitere Hauptversammlung einberufen, welche bezüglich derselben Tagesordnung ohne Rücksicht auf die Zahl der Erschienenen beschlussfähig ist.

Die Wahlen der Vorstandsmitglieder geschehen in besonderen Wahlgängen durch Stimmzettel; einfache Stimmenmehrheit entscheidet, bei Stimmengleichheit entscheidet das Loos.

§ 17. Zuständigkeit der Hauptversammlung.

Die ordentliche Hauptversammlung hat folgende feststehende Tagesordnung:

1. Bericht des Vorstandes über das abgelaufene Vereinsjahr, Kassenbericht.

2. Entlastungserteilung auf Grund eines Berichtes dreier Rechnungsprüfer, welche die Richtigkeit der Bilanz an der Hand der Beläge, sowie das Vorhandensein des Vereinsvermögens zu prüfen haben. Die Bilanz ist während 14 Tagen vor der Hauptversammlung offen zu legen.

Die Rechnungsprüfer, welche dem Vorstande nicht angehören dürfen, werden in einem Wahlgange auf 1 Jahr gewählt.

3. Vornahme der regelmässigen Wahlen.
4. Genehmigung des Haushaltsplanes.

Der **ausserordentlichen Hauptversammlung** ist vorbehalten:

1. Beschlussfassung über öffentliche Aufführungen und Festlichkeiten innerhalb des Vereins, Eintrittsgeld und Verwendung der Erträge.

2. Beschlussfassung über Erwerbung, Veräusserung und Belastung von Liegenschaften, Abschluss von Verträgen, Annahmen von Schenkungen und Vermächtnissen, Hingabe und Aufnahme von Darlehen.

3. Ausserordentliche Wahlen.
4. Wahl des Chormeisters und Festsetzung des Vertrages.
5. Ernennung von Ehrenmitgliedern (§ 5c).
6. Ausschluss eines Mitgliedes (§ 8c).
7. Abänderung der Satzung (§ 18).
8. Auflösung des Vereins (§ 18).
9. Beschlussfassung über Anträge der Mitglieder (§ 15).

E. Satzungsänderungen, Auflösung des Vereins.

§ 18. Aenderungen dieser Satzung können nur in einer unter Mitteilung der Abänderungsvorschläge berufenen Hauptversammlung mit 3/4 Mehrheit der anwesenden stimmberechtigten Mitgl. beschlossen werden.

Die Aenderungen bedürfen der Genehmigung der Orts-Polizeibehörde.

§ 19. Der Verein besteht, bis eine lediglich zum Zwecke der Auflösung 4 Wochen vorher berufene Hauptversammlung bei Anwesenheit von mindestens 3/4 der stimmberechtigten Mitglieder mit 4/5 Mehrheit die Auflösung beschliesst.

Für den Fall der Auflösung fällt das gesamte Vermögen des Vereins der Stadt anheim mit der Massgabe, dasselbe zur Förderung des Männergesanges zu verwenden.

Geschäftsordnung

enthält Generalversammlungsbeschlüsse, welche für den Einzelnen, wie für die Gesamtheit bindend sind, sich jedoch ihrer Natur nach oder ihres veränderlichen Wesens halber nicht zur Aufnahme in die Statuten eignen.

Verhaltungsmassregeln für die Mitglieder inbezug auf Proben- und Hauptversammlungsbesuch, festlicher Veranstaltungen, sowie die hierauf einschlägigen Direktiven für den Vorstand zur Aufrechterhaltung der Ordnung und Disziplin. Ferner Verfahren auf den Hauptversammlungen, Einbringung und Besprechung der Anträge, Führung der Debatte, Abstimmung, Vornahme der Wahlen etc.

Vervielfältigung, gewerbsmässige Verbreitung und öffentliche Aufführung von Werken der Tonkunst nach dem neuen Urheberrecht vom 9. Juni 1901.

§ 1. Es werden geschützt die Urheber (Komponisten) von Werken der Tonkunst.

§ 8. Das Recht des Urhebers geht auf die Erben über. Das Recht kann beschränkt oder unbeschränkt auf Andere übertragen werden; die Uebertragung kann auch mit der Begrenzung auf ein bestimmtes Gebiet bestehen.

§ 11. Der Urheber hat die ausschliessliche Befugnis, das Werk zu vervielfältigen und gewerbsmässig zu verbreiten; die ausschliessliche Befugnis erstreckt sich nicht auf das Verleihen. Das Urheberrecht an einem Bühnenwerk oder an einem Werk der Tonkunst enthält auch die ausschliessliche Befugnis, das Werk öffentlich aufzuführen.

Unter Verbreitung ist jede Ueberlassung eines Exemplars zu verstehen, dagegen nicht die blosse Mitteilung seines Inhalts (Vortrag eines Musikstückes). Hat der Urheber das Recht der Verbreitung einem Andern übertragen, so erlangen die Besitzer von rechtmässig erworbenen Exemplaren damit auch die Befugnis, diese Exemplare weiter zu verbreiten. Dabei sind jedoch etwaige Beschränkungen des Rechts, welche der Urheber sich ausbedungen hat, falls sie beim Erwerbe der Exemplare erkennbar sind, massgebend.

Nur solche Werke sind als Bühnenwerke anzusehen, die der Aufführung fähig sind.

Bei erschienenen Werken der Tonkunst ist ein ausdrücklicher Vorbehalt des Aufführungsrechtes nicht mehr erforderlich.

Unter „Erscheinen" ist nur die Herausgabe im Verlagshandel, also das öffentliche Angebot von Vervielfältigungen zu verstehen. Dagegen werden alle Handlungen, durch die das Werk an die Oeffentlichkeit gebracht wird, also namentlich auch die Aufführung und der Vortrag, unter dem Ausdruck „Veröffentlichung" zusammengefasst.

§ 12. Die ausschliesslichen Befugnisse, die dem Urheber nach § 11 in Ansehung des Werkes selbst zustehen, erstrecken sich auch auf die Bearbeitungen des Werkes, insbesondere auf die Herstellung von Auszügen aus Werken der Tonkunst sowie von Einrichtungen solcher Werke für einzelne oder mehrere Instrumente oder Stimmen.

Also Arrangements, Transskriptionen, Adoptationen und dergl.

(Fortsetzung folgt).

Wegweiser durch die Chorgesanglitteratur

Ratgeber für Gesangvereine und Dirigenten.

Redaktion und Verlag: H. vom Ende, Köln a. Rh., Ecke Bismarck- und Kamekestrasse.

nebst Beiblatt:

Der Sänger.

Offizielles Organ des Westdeutschen Sängerverbandes, Mosel-, Saar-, Nahe-Sängerbundes.

Erscheint monatlich einmal. Bezugspreis für 1 Expl. 20 Pfg. Jahresabonnement Mk. 1.50 und 40 Pfg. Porto. Inserate kosten pro 1 mal gespaltene Petitzelle 20 Pfg.

Expedition: H. vom Ende's Musikalien-Versandgeschäft.

Nr. 11. | Köln a. Rhein, den 26. August 1902. | III. Jahrg.

Inhalt:

Der

Wegweiser durch die Chorgesanglitteratur

nebst Beiblatt: **Der Sänger**

ist hervorgegangen aus dem Bedürfnis nach einer **wohlfeilen Zeitschrift für Vorstände und Dirigenten unserer Gesangvereine,** welche die **wirtschaftlichen, wissenschaftlichen** und **künstlerischen Interessen** dieser Kreise in wirksamer Weise vertritt.

Der Wegweiser kämpft für die Verbesserung der wirtschaftlichen Lage der Dirigenten, Gesundung der pekuniären Verhältnisse und ausreichende Fürsorge für Krankheits- und Notfälle. Er erstrebt eine Regelung der verworrenen Verhältnisse auf dem Gebiete des Wettstreitwesens. Der Wegweiser sucht ferner die musiktheoretische Fortbildung seiner Leser zu fördern, indem er über die Fortschritte auf dem Gebiete der Musiktheorie, Kunsterziehung, Gesangstechnik etc. in umfassender Weise be- und vor allem für unser deutsches Volkslied, dieses blanke Spiegelbild deutschen Charakters und Herzens.

Der Wegweiser hat die Freude, schon nach verhältnismässig kurzem Bestehen auf zahlreiche, treue Freunde unter den Dirigenten und namentlich in der deutschen Lehrerwelt rechnen zu können, die Bedürfnisse dieser Kreise bilden für ihn die Richtschnur, nach welcher er auch in Zukunft weiter bauen wird. Gleich fern von einseitigem Personenkultus sowie von Berücksichtigung der Sonderinteressen sucht er sein Heil in der Ergründung der Wahrheit nach bestem Wissen und Gewissen, und in diesem Sinne wendet er sich an alle Freunde des Chorgesangs mit der Bitte, thatkräftig für ihn einzustehen, für ihn in Freundeskreisen zu werben und dadurch ihr Scherflein beizutragen, dass unserer guten Sache der Sieg zuteil werde, der Sieg über Unwahrheit und Gefühllosigkeit, über Hass und Neid, über Vaterlands- und Gottlosigkeit. „Wer dem Volke sein Lied zurück giebt, der giebt ihm seine eigne Seele zurück".

Heil, deutsches Lied!

Dichter und Komponist.

Der „Sängerhalle" entnehmen wir folgende, mit R. L. unterzeichnete, beherzigenswerte Mahnung:

„Durch das Reichsgesetz betr. das Urheberrecht an Werken der Litteratur und Tonkunst und das Reichsgesetz betr. das Verlagsrecht, beide vom 19. Juni 1901 und in Kraft getreten am 1. Januar 1902, ist den Komponisten gestattet, „kleinere Teile einer Dichtung oder Gedichte von geringerem Umfange" nach ihrem Erscheinen als „Text" zu einem neuen Werke der Tonkunst in Verbindung mit diesem wiederzugeben. Auch darf der Text allein, d. h. ohne Musik wiedergegeben werden, wenn der Abdruck der Dichtung ausschliesslich zum Gebrauch der Hörer bei der Aufführung des musikalischen Werkes bestimmt ist, z. B. im Konzertprogramm. Dagegen ist verboten, an dem Werke selbst, an dessen Titel und an der Bezeichnung des Urhebers Zusätze, Kürzungen oder sonstige Aenderungen vorzunehmen. Den Herren Komponisten muss daher dringend geraten werden, sich bei Verwendung von Texten zu Liedern ganz genau an die Originale zu halten, auch genau zu prüfen, ob der ihnen vorliegende Textabdruck Anspruch auf Richtigkeit machen kann; vor allem sollen sie auch den Namen des Dichters sich sorgfältig notieren und bei Drucklegung ihrer Komposition mit angeben. Ist letzteres schon durch die schuldige Rücksicht auf den Urheber geboten, so hat es auch den praktischen Wert, dass sich Komponist oder Verleger im Zweifelfalle an der Quelle befragen können. Der Verfasser dieser Zeilen hat in seiner langjährigen Verlegertätigkeit sehr häufig die Erfahrung gemacht, dass Komponisten recht willkürlich mit den Texten umgesprungen sind, dass sie Worte und Wendungen, Strophen weggelassen oder einige hinzugefügt haben, dass sie den Titel, ja oft sogar den Verfasser der benutzten Dichtungen nicht kannten. Das sind unhaltbare, ungesunde Zustände; den Verlegern bleibt nichts anderes übrig, als sich dadurch vor Klagen der Dichter zu schützen, dass sie die Komponisten für die Richtigkeit der Texte verantwortlich machen. Bei wertvollen Kompositionen werden voraussichtlich einsichtsvolle Dichter auf Befragen und bei Darlegung der Gründe ihr Einverständnis mit etwa vorgeschlagenen Aenderungen erklären oder selbst geeignete Aenderungen vornehmen, sie können sich ja ihre Rechte für das Original durch Hinweis darauf beim Druck der abgeänderten Form sichern.

Mögen also die Komponisten in ihrem eigenen Interesse wohl beachten: P e i n l i c h s t e G e n a u i g k e i t b e i d e r W i e d e r g a b e u n d V e r w e n d u n g f r e m d e r T e x t e aus Achtung vor den Verfassern und mit Rücksicht auf die gesetzlichen Bestimmungen". —

Wir sind durchaus einverstanden mit dem Inhalt dieser Mahnung angesichts der Sorglosigkeit, womit häufig bei Zusammenstellung der Programme verfahren wird. Abgesehen von Druckfehlern, Verstümmelungen etc. sollten auch anscheinend Kleinigkeiten, wie Gedankenstriche, richtige Trennung der Verse genauer beachtet werden.

Andererseits können wir uns nicht verhehlen, dass die genaue Befolgung dieses Paragraphen für den Komponisten manche Verdriesslichkeiten und für den Dichter viel unnütze Arbeit und Schererei nach sich zieht.

Dass es Fälle giebt, in denen der Komponist unbedeutende Aenderungen des Textes nicht umgehen kann, ohne den musikalischen Wert des Tonsatzes in Frage zu stellen, muss zugegeben werden; jeder Vokalkomponist weiss davon zu erzählen. In solchen Fällen jedesmal den Dichter fragen müssen, könnte für diesen selbst zu den widerwärtigsten Belästigungen führen; man ahnt ja gar nicht, welche Meute über so ein armes sangbares Gedichtchen herfällt, sobald es das Tageslicht erblickt!

Handelt es sich um Aenderungen im I n t e r e s s e der musikalischen Form, so wird mancher Dichter die Notwendigkeit derselben gar nicht zugeben, wie es mir mit folgendem Text ging:

1. „Maria im Gezweige,
Du hehres Gnadenbild,
Sei huldreich mir und neige
Dich meinem Kummer mild.

2. Er hat die Stadt verlassen,
Der mir vom Herzen lieb,
Ich weiss es nicht zu fassen,
Wo heimlings er verblieb.

3. Maria in den Ranken,
Mach mir das Herz gesund,
Ich will dir ewig danken,
Fortan zu jeder Stund.

4. Maria in den Blüten,
Ich flehe dich nun an,
O wolle du behüten
Den mir vieltreuen Mann."

Das Gedicht würde als Strophenlied behandelt werden müssen, wenn nicht die 2. Strophe inhaltlich so sehr aus dem Rahmen heraustrate. Diese verlangt entschieden eine besondere Behandlung, auch schon aus dem Grunde, weil ein sechsstrophiges Liedchen mit einer sechsmal wiederkehrenden Melodie (2 Strophen, den beiden letzten dem Sinne nach ähnlich, hatte ich gestrichen) wohl vom Volke, aber nicht vom Konzertpublikum geschätzt wird.

Nun hatte ich mir eine Umstellung der Strophen erlaubt, indem ich nach der 1. Str. die dritte mit derselben Melodie folgen liess, die 2. Str. dann als dritte mit anderer Melodie setzte und der Schlussstrophe wieder die Anfangsmelodie gab. Musikalisch wäre die ursprüngliche Form mit der abweichenden Melodie an zweiter Stelle und den Wiederholungen am Schluss ein Unding gewesen; die 2. Str. bildet den Höhepunkt und muss als solcher weiter hinausgeschoben werden, dadurch gewinnt sowohl diese, als auch die Schlussstrophe an Bedeutung.

Damit kam ich aber beim Dichter schön an. Die Antwort auf meine Auseinandersetzung war folgendes „zahme Xenion":

„Die Form, du darfst sie frei gestalten,
Die Form, sie ist ja nicht Schablone;
Musst nur an ihren Geist dich halten,
Hier kürzen wohl, dort wieder spalten,
Mit Willen glätten, knittern, falten;
Nur ihren G e i s t, den sorglich schone."

Dem Dichter erschien also meine Umstellung der Strophen als ein Vergehen gegen den Geist des Gedichtes.

Dieses Verbot von Abänderungen gilt aber in gleicher Weise wie für die Vervielfältigung auch für die öffentliche Aufführung; wenn also der Komponist mit gewissenhafter Sorgfalt sämtliche Strophen (Volkslieder sind natürlich frei) seiner Weise untergelegt hat, so droht dennoch das Unheil dem Vortragenden, der eine Strophe auslässt.

Aber noch eine andere Falle scheint mir in dem § 21 zu liegen. Nach demselben ist die für gewisse Zwecke erlaubte Vervielfältigung nur dann zulässig, wenn keine Aenderung vorgenommen wird. Werden einzelne Gedichte in eine Sammlung zum Schulgebrauch aufgenommen, so sind die für diesen Gebrauch erforderlichen Aenderungen gestattet, jedoch bedarf es, solange der Urheber lebt, seiner persönlichen Einwilligung. Darnach scheint im ersten Falle ausserdem noch die Einwilligung des Verlegers notwendig zu sein.

Und was soll man gar bei Aufführungen grösserer Werke in kleineren Städten anfangen, wenn die vorgeschriebene Orchesterbesetzung nicht zu beschaffen ist? Hier fehlt eine Orgel, dort eine II. Flöte u. s. w. Für jede fehlende Flöte muss der arme Komponist und Verleger einen Brief schreiben, sonst kann der betr. Verein mit dem Gesetze in Konflikt kommen. Wie man sieht, der reine „grobe Unfugparagraph". Wohlthat wird Plage.

Eine andere Seite dieser Frage betrifft die Benutzung geschützter Texte seitens der Komponisten. Neuerdings hat eine Anzahl von Dichtern eine gemeinsame Erklärung veröffentlicht, nach welcher sie ihre Dichtungen vor unbefugtem Nachdruck schützen; zahlreiche Dichtungen sind nebst der Vertonung von den Verlegern angekauft und von diesen mit dem Schutzvermerk versehen; auf den Programmen und sonstigen Abdrücken dieser Gedichte fehlt aber stets dieser Vermerk, somit muss also so ein unglücklicher Tonsetzer, bevor er sich in die gewagte Situation der Empfängnis begiebt, zunächst einmal umfangreiche Nachfrage halten, ob vielleicht irgendwo und wie seitens des Urhebers oder Verlegers der Gegenstand seiner Zuneigung mit dem Schutzstempel der Unnahbarkeit versehen worden ist. Wie man sieht, kann der Schutz auch zu weit getrieben werden und das scheint hier der Fall gewesen zu sein; genau genommen sind ja nicht einmal Wiederholungen einzelner Textstellen zulässig.

Davon abgesehen können wir nur wiederholt betonen, dass grössere Sorgfalt beim Abdruck der Texte, sowie Hinzufügung des Dichters auf den Programmen verlangt werden muss.

vom Ende.

Erläuterungen zu unserem Wertungssystem.

Immer mehr ist es auf den Gesangwettstreiten zur Sitte geworden, nach gefälltem Spruch über die Preisrichter herzufallen und ihnen Voreingenommenheit, Unwissenheit, Parteinahme gegen Ueberzeugung und besseres Wissen und ähnliche Liebenswürdigkeiten vorzuwerfen. Dass in einzelnen Fällen dieses Vorgeben nicht unbegründet gewesen ist, kann leider nicht bestritten werden, aber ebenso gewiss ist, dass in den weitaus meisten Fällen der Aerger über fehlgeschlagene Hoffnungen zu ungerechtem und ungebührlichem Benehmen den Preisrichtern gegenüber Veranlassung giebt.

Es ist hier nicht der Ort, die Gründe und Ursachen zu untersuchen, welche diese Zustände gezeitigt haben, nur auf zweierlei möchte ich alle beteiligten Kreise hinweisen: Wählt zu Preisrichtern nur Leute, deren Charakter und Vergangenheit unantastbar dasteht und deren allgemeine musikalische und gesangliche Vorbildung Garantie bietet, dass sie ihrem Amte in jeder Hinsicht gewachsen sind. Hier gilt nicht der alte Spruch: „Wem Gott ein Amt giebt, dem giebt er auch Verstand". Hier thut's auch nicht der Verstand allein, sondern gründliches Wissen und Kenntnis der formalen und technischen Faktoren, die dabei in Betracht kommen, geläuterter Geschmack und künstlerische Auffassung und vor allen Dingen Uebung in sofortigem Erkennen der Fehler. — Andererseits müssen Vereine und Dirigenten sich Klarheit verschaffen über das Wesen der Faktoren, welche beim Gesangvortrage zusammenwirken und damit dem Urteil der Preisrichter unterstellt werden. Sehr viele Dirigenten sind sich thatsächlich ihrer Fehler gar nicht bewusst, da sie nicht wissen, worauf es ankommt, sie kennen gar nicht die Bedeutung der Worte Rhythmik, Dynamik etc., wissen also auch nicht, was denn eigentlich gewertet wird und worauf sie ihr Augenmerk zu richten haben. Hier sind zunächst die Hebel einzusetzen, will man eine Besserung der Verhältnisse erzielen.

In dem Erlass Sr. Majestät vom 27. Januar 1895 hiess es: „Eingedenk dessen, dass deutsches Lied und deutscher Sang allezeit auf die Veredelung der Volksseele einen segensreichen Einfluss geübt und die Nation in Treue gegen Gott, Thron, Vaterland und Familie gestärkt haben, wünsche ich am heutigen Tage Meiner warmen Teilnahme an diesen Bestrebungen besonderen Ausdruck zu geben". . . . Schöner und treffender kann wahrlich die Macht des Gesanges nicht gewürdigt werden, und wir deutschen Sänger preisen uns glücklich, zu einer Persönlichkeit hinaufblicken zu dürfen, deren Seele so ganz erfüllt ist von dem heiligen Feuer, das nur die göttlichste aller Künste entfachen kann. — Es sollen mit anderen Worten Bestrebungen gefördert werden, welche durch ihre Bethätigung abzielen auf Vertiefung und Verallgemeinerung deutschnationaler Gesinnung, Veredelung des Charakters und Gemüts unseres Volkes; das heisst, es soll das ganze Männergesangvereinswesen mit all seinen künstlerischen Zielen und Bestrebungen gehoben werden.

Was verstehen wir denn unter künstlerischer Hebung der Gesangvereine? Welche Eigenschaften muss ein Verein haben, um auf künstlerischer Höhe zu stehen? — — Er muss im stande sein, g e i s t i g b e d e u t e n d e K u n s t w e r k e n a c h v e r h ä l t n i s m ä s s i g k u r z e m S t u d i u m z u v o l l e n d e t e m V o r t r a g e z u b r i n g e n. Und das sind auch die Forderungen, welche bei jedem Gesangwettstreit in den Vordergrund treten. Oberflächliche und unbedeutende Liedchen, Schmachtfetzen und technische Hexenkunststücke ohne inneren Wert sind absolut unbrauchbar für diesen Zweck; es müssen Werke sein, die unsere ganze Seele erfassen und in Mitleidenschaft ziehen, nur an solchen lässt sich Auffassungsgabe und künstlerisches Empfinden der Ausführenden ermessen. Die Zeit des Studiums muss vorgeschrieben sein. Es kann doch unmöglich den Zwecken des Wettstreites entsprechen, die Vereine zu veranlassen, jahrelang auf einem unglücklichen Schlachtchor herumzureiten, ihn mit allen möglichen Effektmittelchen auszustatten, seine Wirkung in zahlreichen Konzerten auszuprobieren, die geriebensten Autoritäten als Wehmütter zu den Geburtswehen einzuladen und dann diesen Drill als Ergebnis künstlerischer Leistungsfähigkeit hinzustellen? Nicht Dressur, sondern echt künstlerische Leistungsfähigkeit sei die Parole und darum fort mit allen selbstgewählten Chören, nur ein unbekannter Zwölf- oder Acht-Wochenchor möge für die Beurteilung der Leistungen massgebend sein. Auch der Stunden- und Vomblatt-Chor bietet Gelegenheit, tief hineinzublicken in den Studienplan und in die Fähigkeiten eines Vereines.

Die dritte und Hauptforderung lautet: **vollendeter Vortrag.** Und hier gehen die Meinungen am weitesten auseinander. Jeder hat seine eignen Ideale und hält seine eigne Auffassung für die allein richtige, und wenn man, wie in einem Konzert des Kölner Männergesangvereins, die Erfahrung macht, dass M. Bruch seinen Chor „Vom Rhein" ganz bedeutend langsamer nimmt, als Prof. Schwartz, der gerade die Wirksamkeit dieses Chores in unzähligen Aufführungen erprobt hat, so muss auch der engherzigste Kritikus zu der Ueberzeugung gelangen, dass der Ausdrucksgehalt eines Kunstwerkes unserem Empfinden einen weiten Spielraum lässt.

Unter vollendetem Vortrag im allgemeinen verstehen wir die zweckentsprechende Anwendung aller Mittel, welche dem Kunstwerke Leben und dem Gesang Geist geben, und diese Mittel lassen sich in zwei Gruppen zerlegen, von denen die eine die elementaren, objektiv genau feststellbaren Bestandteile des Vortrags umfasst, während die andere mehr in das individuell geistige Gebiet übergreift, die Anwendung ihrer Mittel mehr dem subjektiven Ermessen des Dirigenten überlassend.

Im Gesange vereinigen sich Dicht- und Tonkunst zu einem eng verbundenen Ganzen, in welchem eins das andere tief durchdringt, es hebend und selbst gehoben werdend, für einander geschaffen und vereint um so eindrucksvoller wirkend. Der Vortrag eines solchen Kunstwerkes ist dann vollkommen zu nennen, wenn es mit der ganzen ihm innewohnenden Macht auf den kunstgebildeten und -empfänglichen Zuhörer einwirkt. Dazu gehört aber dreierlei: Deutlichkeit, Schönheit, Ausdruck; also einerseits genaue Beobachtung alles dessen, was die Verständlichkeit fördert, andererseits schöne und ausdrucksvolle Wiedergabe des idealen Gehaltes, der Gedanken und Stimmungen, die das Werk durchströmen, wie das Blut den Körper des Menschen.

Die Wortsprache verlangt demgemäss **korrekte Aussprache** d. h. richtige Bildung der Laute, saubere Artikulation, Silbenbetonung und Silbenmessung, ohne etwas auf die Spitze zu treiben, also keine unschöne Deutlichkeit; alles Anforderungen, für welche unverrückbare Gesetze vorhanden sind; der Dirigent kann nichts anderes thun, als auf diese verweisen und ihre Befolgung durchsetzen.

Auch in der **Tonsprache** ist manches gegeben, so die Lage der Töne, ihre Höhe und Tiefe, ihre relative Dauer u. s. w. Ihre absolute Dauer und manches Andere kann allerdings nur ganz unvollkommen angedeutet werden und muss daher dem Ermessen des Dirigenten überlassen bleiben.

Betrachten wir nun die Faktoren, welche hier zusammen wirken.

Der Klang. Das Darstellungsmaterial des musikalischen Kunstwerks besteht aus K l ä n g e n; einzelne Töne bekommen wir beim Gesange nicht zu hören, denn das, was wir Ton nennen, besteht bereits aus dem gleichzeitigen Erklingen eines Grundtones nebst einer gewissen Anzahl seiner Obertöne, verschieden in ihrer Zusammensetzung je nach den Vokalen, ohne welche unsere Stimme gar nicht in Erscheinung tritt. Diese Klänge lassen sich unterscheiden und vergleichen nach ihrer L a g e, D a u e r, S t ä r k e und K l a n g f a r b e.

1. **Die Lage der Klänge.** Die Form des Kunstwerkes, als Bild der äusseren Erscheinung betrachtet, bietet sich zunächst dar als eine Bewegung innerhalb wechselnder Tonhöhe. Sie erscheint als eine zeitliche Aufeinanderfolge von einzelnen oder mehreren gleichzeitig ertönenden Klängen, welche, um sinnvoll zu erscheinen, innerlich zusammenhängen und in Beziehung zu einander stehen müssen. Diese Verwandtschaft der Klänge muss in ihrer Höhe und Tiefe genau zum Ausdruck gelangen. Unsere moderne Musik kann sich nämlich wegen ihrer harmonischen Kompliziertheit nicht nach dem von der Natur gegebenen Tonsystem richten, sie müsste denn ganz unfruchtbare Schwierigkeiten und Tüfteleien bewältigen. Man hat daher das ganze Klangsystem vereinfacht zu dem sog. t e m p e r i e r t e n S y s t e m, wie es am exaktesten bei

Klavier und Orgel zur Anwendung gelangt, ebenso beim begleiteten Gesange. Anders der unbegleitete Chorgesang. Zwar richtet auch er sich nicht nach dem natürlichen System, aber er hat sich aus Utilitätsgründen wiederum ein anderes System erdacht, indem er bei Modulationen, Ausweichungen und beim Uebergreifen die Lage der Klänge so modifiziert, dass die naheliegende Gefahr des Sinkens oder Steigens gemieden wird. Wenn wir also in erster Linie Klangreinheit fordern, so ist damit nicht gesagt, dass jede Note genau in der ein für allemal festgestellten Lage erklingen müsse, sondern **wir verstehen unter Klangreinheit das nach Höhe und Tiefe genau und sinngemäss erfolgende Einsetzen und Anhalten der Klänge in Aufeinanderfolge und Zusammenklang.** Diese Klangreinheit bezieht sich selbstredend sowohl auf den Einsatz (Intonation), als auch auf das Aushalten der Klänge, es hat daher keinen Sinn, Reinheit der Intonation besonders zu bewerten. Ebenso überflüssig ist es, eine bestimmte Tonhöhe vorzuschreiben, denn abgesehen davon, dass doch nicht die Höhe der Tenöre oder die Tiefe der Bässe prämiiert werden soll, variieren die verschiedenen zulässigen Stimmungen um ein ganz bedeutendes, sodass eine Einheitlichkeit doch nicht zu erreichen ist.

2. **Die Dauer der Klänge**. Die zeitliche Aufeinanderfolge der Klänge bedingt einen gewissen genau feststellbaren Dauerwert jedes einzelnen. Hier haben wir zweierlei genau auseinander zu halten. Erstens dasjenige Zeitmass, welches die absolute Geltung der Notenwerte regelt, also die Schnelligkeit der Bewegung — **das Tempo** — und zweitens die Beziehungen der Klänge in betreff ihres Dauerwertes zu einander, die Mannigfaltigkeit in der Bewegung, — **Der Rhythmus**. — Das Tempo hat zunächst zu bestimmen, in wieviel Zeit eine gewisse als Einheitsmass geltende Note vollendet sein muss. Diese Bestimmung gilt aber niemals für ein ganzes Stück durchgehends, sie dient nur als Grundmass, von welchem die durch den Inhalt bedingten Modifikationen abweichen. Man bezeichnet die Lehre von diesen Schattierungen der Tondauer bei ausdrucksvollem Vortrage mit **„Agogik"**. Wenn wir nun unter **Rhythmik** die Lehre von den Kunstwirkungen verstehen, welche durch die verschiedene Dauer der Klänge hervorgerufen werden, so geht daraus hervor, dass man rhythmisch durchaus korrekt singen und doch das Tempo gänzlich verfehlen kann; ebenso umgekehrt. Das Tempo kümmert sich nicht um die minutiöse Richtigkeit jedes einzelnen Tones, es regelt mehr den zeitlichen Verlauf des Metrums durch Präzisierung der Takt-Zählzeiten, und nur bei agogischen Modifikationen greift es in den Rhythmus ein, bis zur Zerstörung desselben. Wir haben demnach zu bewerten: **Das Tempo** mit seinen agogischen Abweichungen und **den Rhythmus**, der nur dann Modifikationen zulässt, wenn sie agogischer Natur sind.

3. **Klangstärke oder Dynamik**. Die Schallkraft der Stimme vergrössert sich mit der Schwingungsweite der Stimmbänder (durch vermehrte Atemzufuhr) in Verbindung mit rationeller Ausnutzung der Resonanz in unserem Stimmorganismus. Es kommt hier weniger auf die absolute Klangstärke an, als vielmehr auf jene sorgfältige Verteilung von Licht und Schatten, das stete An- und Abschwellen, welches dem immerwährenden Auf- und Abwogen unserer Stimmungen und Gefühle entspricht, jene unzähligen Nüancierungen und Accentuierungen, welche der Komponist unmöglich alle vorschreiben kann, sondern die er der Einsicht und der Nachempfindung des Dirigenten überlassen muss. Gerade diese kleinen und kleinsten Modifikationen der Klangstärke und des Zeitmasses verleihen ja dem Werke sowohl wie dem Vortrage den individuellen Reiz, von dem die Wirkung überhaupt grösstenteils abhängig ist. Sodann ist zu achten auf die richtige Ausnutzung des vorhandenen Materials, Ausbildung der Tragfähigkeit des Tones, lockere Tongebung, Ausgleichung der Stimmen unter sich und sinngemässes Unterordnen der Stimmen im Ganzen.

4. **Die Klangfarbe**. Sie ist eine Eigenschaft des sinnlichen Mediums, in welchem das Kunstwerk lebt und wirkt. Jede Stimme hat ihre eigentümliche charakteristische Klangfarbe, welche sie von allen anderen scharf unterscheidet. Hervorgerufen ist diese Mannigfaltigkeit durch die verschiedenartige Beschaffenheit und Gestalt der Stimmorgane sowie durch die Art der Ausnutzung derselben. Namentlich die Form der Hohlräume und deren Wände oberhalb der Stimmbänder in Rachen, Mund und Nase bewirkt in ihrem steten Wechsel auch einen solchen der Zahl, Höhe und Stärke der Obertöne und damit die verschiedenen Färbungen. Diese Klangfarbe kann edel sein, sonor, weich oder unedel, hart, plärrend, spitz. Natürlich überträgt sich diese Klangqualität der einzelnen Stimmen mehr oder weniger auf den ganzen Chor, und es ist Sache des Dirigenten, den Chorklang zu veredeln, gleichmässig und einheitlich zu gestalten, sowie durch sachgemässe Behandlung der Register den Charakter des Chorklanges zu festigen und seinen Zwecken nutzbar zu machen. Als Resultat erlangen wir dann das, was den Gesang so unendlich wertvoll macht, **die Klangschönheit**.

Das sind also die Mittel, vermöge welcher das Chorwerk in Erscheinung tritt, deren Eigenschaften also der Bewertung zu Grunde zu legen sind: Aussprache, Klangreinheit, Tempo, Rhythmus, Dynamik, Klangschönheit.

Wie bereits bemerkt, befinden sich unter diesen Faktoren solche, die nach allgemein gültigen, unverrückbaren Gesetzen geregelt sind, während die Bestimmung anderer lediglich in der Hand des Dirigenten liegt; also Elemente, deren Wert ausserordentlich verschieden ist, stehen bei der Bewertung gleichberechtigt nebeneinander, und dadurch entstehen die Schwierigkeiten und Missverständnisse, welche das Amt eines Preisrichters, der es ernst meint mit seiner Kunst, nicht gerade zu einem beneidenswerten machen. Die grösste Klangschönheit kann unleidlich werden, wenn sie sich nicht mit seelenvollem Ausdruck verbindet; die Töne und Akkorde sind ja nur das rohe, unbehauene Material, aus welchem der Künstler sein Gebilde schafft; sein Geist, seine Individualität im allgemeinen und die spezielle Idee im besondern, die er in sein Werk hineingeheimnist, ruht in den unendlich feinen, intimen Beziehungen der einzelnen Glieder zu einander und je tiefer das Werk, desto verwickelter und mannigfaltiger diese Beziehungen. Und dieses rein geistige Element, in der Vokalmusik durch den Text schon in den Grundzügen angedeutet, wird herausgehoben und unserm Verständnis vermittelt eben durch den feinsinnig, dynamisch und agogisch abgestuften Vortrag. Wenn aber der Dirigent das nicht herausfühlt mit kongenialem Erfassen, so wird auch der göttliche Funken nicht hinüberblitzen in die Herzen und Kehlen der Sänger, dann bleibt eben trotz der herrlichsten Klänge der Geist stumm. Andererseits verzeihen wir viel lieber Künstlern, die uns durch ihren Vortrag hinzureissen und zu erheben vermögen, einen falschen Ton oder mangelnde Klangschönheit und Aussprache; manche berühmte und begehrte Künstler stehen bezüglich der letzteren sogar auf sehr niedriger Stufe.

So kommt es, dass auch den gewissenhaftesten Preisrichter das Resultat seiner eigenen Wertung häufig nicht befriedigt. Hier muss also ein Ausweg und Ausgleich geschaffen werden. Der **„allgemeine Eindruck"** muss zuvörderst massgebend sein und dann erst reguliert werden durch die Prädikate der anderen Rubriken. Die Punkte in dieser letzten Rubrik haben daher am besten doppelte Geltung. Demnach soll gewertet werden: **Aussprache, Klangreinheit, Tempo, Rhythmik, Dynamik, Klangschönheit und allgemeiner Eindruck.**

Ferner ist noch von Wichtigkeit, dass über die Art **der Wertung eine einheitliche Auffassung** erzielt werde. Das Resultat kann bei verschiedenen Preisrichtern ein ganz verschiedenes sein, je nachdem sie nach dem Grundsatz verfahren, dem besten der erschienenen Vereine eine I zu geben und die Wertung der anderen dem Verhältnis zu jenem gemäss vorzunehmen, oder indem sie einen ganz allgemeinen Massstab anlegen und sagen: sehr gut hat kein Verein gesungen, folglich bekommt keiner das Prädikat 1. Es kommt also ganz darauf an, welchen Massstab man anlegt; unter den Blinden ist bekanntlich der Einäugige König. Für unsere Zwecke empfiehlt sich erstere Methode. Derjenige Verein wird mit I bewertet, dessen Vortrag den besten allgemeinen Eindruck gemacht hat, die Wertung der anderen geschieht im Verhältnis hierzu.

H. vom Ende.

Der Sänger.

Amtliches Organ des westdeutschen Sängerverbandes.

Das Volkslied ist die Unsterblichkeit der Musik. Marx.

Verbunden werden auch die Schwachen mächtig. Schiller.

26. Aug. 1902. | Vorsitzender: Lehrer A. Gau, Hilden bei Düsseldorf. | Nr. 11.

Redaktion u. Verlag: H. vom Ende, Köln a. Rhein, Ecke Bismarckstrasse 25.

Bekanntmachung.

Da die geschäftliche Leitung des Verbandes mir für dieses Jahr übertragen ist, so richte ich an alle Verbandsvereine die dringende Bitte, doch alles prompt und pünktlich erledigen zu wollen. Die an die Vereine gesandten Fragebogen, erbitte ich sofort auszufüllen und an mich zu senden. Alle für dieses Jahr noch rückständigen Beiträge müssen unverzüglich an Herrn Verbandskassierer Hugo Frettlöhr in Wermelskirchen gesandt werden. Ebenso werden die Herren persönlichen Mitglieder um Zahlung des Beitrages per Postanweisung an den Kassierer gebeten. Für nächstes Jahr fällt der Verbandsbeitrag fort und ist derselbe in gleicher Höhe an den angeschlossenen Bezirksverein zu entrichten. Also mutig vorwärts ins neue Jahr, agitiert für unsere herrliche Sache, seid pünktlich und seid treu!

Mit Bundesgruss!

H. Benewitz, geschäftsleitender Vorsitzender
Bochum i. W., Heinrichstrasse 26.

Bezirk Bochum.

Die verehrlichen Mitglieder, Vereine und persönlichen Mitglieder von Bochum und Umgegend, welche noch nicht einem anderen Bezirksvereine angeschlossen sind, werden zu einer Versammlung auf

Sonntag, den 14. September, Nachmittags 5 Uhr, im Lokale des Herrn Th. Pöller in Hamme-Bochum

herzlich eingeladen.

Tagesordnung.

Konstituirung des Bochumer Bezirksvereins.
Wahl des Vorstandes und der Delegierten.
Verschiedenes.

Um pünktliches Erscheinen wird dringend gebeten.

H. Benewitz, II. Verbandsvorsitzender.

Fortsetzung der Mitgliederliste.

Neue persönliche Mitglieder: 75. Chordir. Hesse-Recklinghausen. 76. H. Jansen jr.-Bochum 77. Musikdir. Kipp-Bochum. 78. Chordir. Ph. Bischof-Bochum. 79. Lehrer F. Rummeld-Hörde.

Westdeutscher Sängerverband.

Das III. Verbandsfest

in Verbindung mit der 50jährigen Jubelfeier des M.-Gesangvereins „Germania" Duisburg ist in jeder Hinsicht schön und unserer Sache würdig verlaufen.

Die teilnehmenden Vereine, sowie die Vereine der Stadt Duisburg formierten sich gegen 11 Uhr zu einem ebenso imposanten wie gelungenen Festzug, welcher sich unter den Klängen zweier Militärmusikkapellen durch die festlich geschmückten Strassen der Stadt bewegte.

Währenddessen fand im Saale des Hotels „Kaiserhof" die 3. Generalversammlung statt. Der 1. Vorsitzende Gau-Hilden eröffnete dieselbe und teilte in kurzen Worten die verschiedenen Vorfälle und Veränderungen im Verbande mit, insbesondere die auf der letzten am 28. April ds. Js. stattgehabten ausserordentlichen Delegiertenversammlung vorgeschlagene Bezirkseinteilung, sowie die Neubestellung des Herrn Verbandskassiers Kaufmann Aug. Frettlöhr-Wermelskirchen. Mit Rücksicht auf seine vielseitige grosse Arbeitslast bittet Herr Gau, ihn für 1 Jahr von der Geschäftsleitung zu entbinden, und wird der 2. Vorsitzende Herr „H. Benewitz-Bochum, Heinrichstr. 26" die Leitung für dieses Jahr übernehmen. Alle Anfragen und Verbandsangelegenheiten sind also mit diesem Herrn zu benehmen. Sodann wurde die Normalsatzung für die Bezirksvereine genehmigt.

Die vorläufige Bezirkseinteilung wird wie folgt vorgeschlagen: „Emmerich—Rees" Düsseldorf—Duisburg", „Elberfeld—Barmen", „Remscheid—Wermelskirchen", „Gelsenkirchen", „Bochum".

Es wird ausdrücklich betont, dass die genaue Abgrenzung der Bezirke den einzelnen Vereinen überlassen werden muss. **Die Vereine, welche also örtlich oder doch ziemlich zusammen wohnen, werden dringend gebeten, doch nun endlich zur Bezirkseinteilung zu schreiten. Es möge doch irgend eine an der Spitze stehende Persönlichkeit die Sache in die Hand nehmen und die Vereine, sowie die persönlichen Mitglieder einladen, damit nun doch mit der Konstituierung endlich begonnen wird.** Auskunft erteilt der 2. Vorsitzende H. Benewitz.

Des Ferneren wurde die Kommission für die Dirigentenunterstützungskasse durch drei Verbandsherren vergrössert, sodass die Kommission jetzt aus folgenden Herren besteht: Redakteur vom Ende-Köln — Seminarmusiklehrer Kniese-Mörs — P. Wülfing-Solingen — Henkel, Remscheid — Fiesseler-Wermelskirchen — Benewitz-Bochum. Der Verbandsvorstand wurde per Zuruf einstimmig wiedergewählt.

Sodann fand die Auslosung der am Wettstreit teilnehmenden Vereine, sowie die Wahl von 4 Delegierten, welche am Preisrichtertisch zugegen sein sollten, statt.

Der nächstjährige Verbandstag wird in Gelsenkirchen statthaben, wenn innerhalb der Verbandsvereine kein Jubelverein sich melden sollte, was unverzüglich innerhalb 4 Wochen beim geschäftsleitenden Vorsitzenden geschehen muss.

Nachmittags um 3 Uhr fand dann im grossen herrlichen Burgtheatersaale vor einem zahlreichen Publikum das Preissingen statt. Herr Gau hielt an die Versammlung eine zündende Ansprache, hierauf folgte das Preissingen der II. Klasse.

Als Preisrichter fungierten die Herren Kgl.Musik-

Direktor C. Steinhauer-Oberhausen, Seminar-Musiklehrer Alers-Elten und Redakteur H. vom Ende-Köln.

Die Leistungen der 2. Klasse waren im allgemeinen durchaus genügend und standen nach übereinstimmender Ansicht der Preisrichter auf weit höherer Stufe, als diejenigen, welche man auf anderen Wettstreiten in der entsprechenden Klasse gewohnt ist. Die Komposition „Der Sommer und der Sonnenschein“ von H. vom Ende wurde von einzelnen Vereinen sehr hübsch vorgetragen, nur hätte im Erfassen der Stimmung mehr Frische herrschen können. — Das scharfe Erfassen der Stimmung und die erschöpfende Wiedergabe derselben im Vortrage, das ist der wundeste Punkt bei allen Produktionen neuer, unbekannter Werke, auch wenn sie technisch leicht ausführbar sind. Denn hier heisst es, aus eigenem innerlichen Erleben schöpfen, das Werk gewissermassen neu erstehen lassen, während man bei älteren bekannten Werken sich unwillkürlich die Auffassung Anderer ins Gedächtnis zurückruft und nun wählt. Jenes nennen die Schauspieler „eine Rolle kreiren“.

Die Hauptrolle hierbei spielt aber das Tempo. Rich. Wagner sagt hierüber: Will man alles zusammenfassen, worauf es für die richtige Aufführung eines Tonstückes von seiten des Dirigenten ankommt, so ist dies darin enthalten, dass er immer das richtige Tempo angebe, denn die Wahl und Bestimmung desselben lässt uns sofort erkennen, ob der Dirigent das Tonstück verstanden hat, oder nicht. Das richtige Tempo giebt guten Musikern bei genauerem Bekanntwerden mit dem Tonstück es fast von selbst auch an die Hand, den richtigen Vortrag dafür zu finden, denn jenes schliesst bereits die Erkenntnis dieses letzteren von seiten des Dirigenten in sich ein. Wie wenig leicht es aber ist, das richtige Tempo zu bestimmen, erhellt eben hieraus, dass nur aus der Erkenntnis des richtigen Vortrages in jeder Beziehung auch das richtige Zeitmass gefunden werden kann“.

Die Tempi waren also bei diesem kecken, muntern Liedchen „Der Sommer und der Sonnenschein“ durchgängig der Stimmung wenig entsprechend; allerdings mag das zum Teil an der vom Komponisten beliebten Vorzeichnung $^4/_4$ statt $^2/_4$ liegen, und wir kommen damit auf einen vielumstrittenen Punkt, dem wir demnächst einen besonderen Artikel widmen möchten. Soll der Vortragende sich stets genau an die gegebenen Vortragsbezeichnungen halten, oder kann er gelegentlich auch seinen eigenen Verstand und sein eigenes Empfinden mitsprechen lassen? — — Das ist ja im allgemeinen natürlich Sache der Persönlichkeit. Ein energisch empfindender Dirigent wird der letzteren Ansicht zuneigen, ein ängstliches Gemüt mehr der ersteren. Die Wettstreitpraxis verlangt aber eine bestimmte Regelung dieser Frage, da sonst Differenzen unausbleiblich sind.

Wir sehen hierbei davon ab, dass jede Vortragsbezeichnung einen gewissen Spielraum lassen muss. Das f hat bei Mozart eine andere Bedeutung als bei Wagner, ein „Allegro“ muss in einem Scherzo anders genommen werden, als in einem Nocturnó u. s. w. Auch einige pudelnärrische Bezeichnungen Schumanns, wie z. B. „schnell — so schnell als möglich — noch schneller — in einem und demselben Stück, sowie merkwürdige Metronomisierungen mancher Tonsetzer müssen wir hier bei Seite lassen, sie beruhen entweder auf Flüchtigkeiten, oder auf dem Unvermögen, sein eigenes Werk wirkungsvoll andern mitzuteilen; denn nicht jeder Komponist ist zugleich auch ein tüchtiger Dirigent.

Es handelt sich hier darum, ob wir berechtigt sind, eine von der Auffassung des Urhebers gänzlich verschiedene zur Geltung zu bringen, und wenn letztere nach der Ansicht der Preisrichter besser ist, als diejenige des Komponisten (was ja durchaus nicht ausgeschlossen zu sein braucht), ob dann eine höhere Bewertung der Leistung Platz greifen muss?

Ich habe stets als Preisrichter die Ansicht vertreten, dass eine künstlerisch gute Leistung, d. h. eine solche, welche die in der Komposition ruhenden Wirkungen restlos herausholt und sich keine unmotivierten Vortragsnüancen zu Schulden kommen lässt, auch dementsprechend bewertet werden muss.

Und nun zurück zur II. Klasse. Die Leistungen des M.-G.-V. Wermelskirchen (Dir. Hauptl. Fiessler) waren, abgesehen von dem namentlich in der 4. Str. hervortretenden oben besprochenen Uebelstande sehr gute zu nennen; fast auf gleicher Stufe stand Liederkranz-Ratingen (Dir. Schleuter), der sich im II. Singen sogar zu einer vorzüglichen Leistung erhob. An dritter Stelle kam Erholung-Huckingen (Dir. J. Braun) und dieser folgten Rheinklänge-Rees (Gottlieb) und Bruderliebe-Meiderich (Quast).

In der I. Klasse standen sich 2 ausgezeichnete Vereine gegenüber: Männerchor-Leimbach und Sängerbund-Schalke. Steinhauer hatte für diese Klasse einen herrlichen, in der Klangwirkung sowohl, wie auch im Erfassen der zarten, duftreichen Stimmung hervorragend glücklich getroffenen Chor: „Sommernacht“, op. 66, geschrieben. Für alle Zuhörer war es ein hoher Genuss, dieses herrliche Werk vom Leimbacher Männerchor (Dir. E. Jäger) ausserordentlich stimmungsvoll vorgetragen zu hören.

Im Singen um den Kaiserpreis, die silberne Krönungsmedaille, war sämtlichen wettstreitenden Vereinen ein altes Volksliedchen „Ich weiss ein Maidlein hübsch und fein“ aus dem 16. Jahrhundert, gesetzt von C. Steinhauer, als Aufgabe gestellt. Auch von diesem Liedchen gilt das oben vom ersten Gesagte: Das Treffen der Noten ist bei diesen kleinen Volksliedchen nicht so schwer, aber die Stimmung will herausgearbeitet sein; jede Strophe verlangt ein eigentümliches Gepräge, jede Wendung will beachtet, jedes Wort in seiner Bedeutung erfasst werden, und doch soll das Ganze einen einheitlichen, in sich abgerundeten und harmonischen Eindruck hinterlassen. Das sind die Aufgaben, welche jeder Verein zunächst zu erfüllen hat, bevor er sich an grössere heranwagen kann. Das reizende Volksliedchen, übrigens ein ganz anderes, als das bisher bekannte, mit seinem köstlich naiven, neckischen Inhalt, bietet der Nuancierungskunst doch so viele Ecken, dass seine vollendete Wiedergabe einen ganzen Dirigenten und Künstler verlangt. Der Vollendung am nächsten war in diesem Singen der Sängerbund Schalke (Dir. G. Willms), der über grossen Wohllaut und vorzügliche Disziplin verfügt. Dann folgten Liederkranz-Ratingen, dem auch hier wieder saubere Klangreinheit und feinsinnige Nuancierung eigen, und Männerchor-Leimbach. Hierauf M.-G.-V. Wermelskirchen und Rheinklänge-Rees.

Nach Beendigung des Wettsingens vereinigten sich sämtliche Sänger der I. Klasse, um unter der Leitung des Herrn Musikdirektor Steinhauer nochmals dessen Komposition einzuüben und in vollendeter Weise vorzutragen. Welchen Wert eine solche Probelektion für Sänger und Dirigenten hat, braucht hier nicht auseinandergesetzt zu werden, wir konstatieren nur, dass dem Komponisten eine stürmische Huldigung bereitet wurde.

Der Westdeutsche Sängerbund hat allen Grund stolz zu sein auf diese Leistungen. Sie sind ja vor allem Dingen ein Beweis, dass es nicht grosser Geldpreise bedarf, um Vereine und Dirigenten anzuspornen zu derjenigen Begeisterung und Aufopferungsfähigkeit, welche im Herzen jedes Kunstjüngers lebendig wirken müssen, soll der Männergesang sich jenem Ideale nähern, das in leuchtender Reinheit uns vorschwebt, fern und unerreichbar, aber darum nicht minder erstrebenswert.

v. E.

Duisburg. Die Fahnenweihe des Männergesangvereins „Germania“. Unter zahlreicher Beteiligung hiesiger und auswärtiger Vereine nahm gestern die goldene Jubelfeier des M.-G.-V. in den Sälen der Getreidebörse ihren Anfang. Es galt den Tag festlich zu begehen, an dem vor nunmehr 50 Jahren der Verein gegründet wurde. Die Feier wurde durch den Marsch von Sousa „Unterm Sternenbanner“ eingeleitet; es folgte der Festgruss von Meyer-Olbersleben, vorgetragen vom festgebenden Verein. Her-

auf begrüsste der erste Vorsitzende, Herr Boveland, die erschienenen Vereine und Gäste, besonders aber dem Vertreter der Stadt, Herrn Beigeordneten Lehwald, galt sein Gruss. Nunmehr nahmen die Vertreter der Vereine mit ihren Fahnen inmitten der beiden Fahnen des festgebenden Vereins Aufstellung. Die Weihe der Fahne lag in den bewährten Händen des Herrn Beigeordneten Lehwald. Dieser gedachte der Zeit, in welcher der Verein von einigen Arbeitern der Firma Arnold Böninger im Jahre 1852 gegründet wurde; schon nach 4 Jahren habe der Verein ein Banner sein eigen nennen können, in guten und in bösen Tagen habe der Verein den Wahlspruch seines ersten Dirigenten, Herrn Neuwöhner, getreu: „Im Liede stark, Deutsch bis ins Mark", sein schönstes Ziel darin gefunden, neben dem deutschen Sange auch deutsche Treue zu König und Vaterland zu pflegen. Möchten dem Vereine noch viele solcher Ehrentage wie heute beschieden sein. Nachdem die Hülle gefallen, überreichte Herr Lehwald im Namen der Stadt Duisburg dem Vereine einen goldenen Lorbeerkranz mit dem Bemerken, dieses sei eine Anerkennung des allezeit bewiesenen Patriotismus. Doch auch die Damen des Vereins liessen es sich nicht nehmen, dem Vereine ein prachtvolles Fahnenband zu weihen, welches von Fräulein Boveland unter Aufsagen einer sinnigen Widmung überreicht wurde. Von seiten der Vereine und Gönner wurden dem Jubelverein Fahnennägel mit sinnigen Denksprüchen überreicht. — Am Sonntag Morgen wurde die alte Fahne mit einer Feier auf dem Burgplatze der Stadt Duisburg für das Museum übergeben. Der Verein besitzt noch 4 Mitglieder, die ihm länger als 25 Jahre angehören; es sind dieses die Herren Maas, Steinhaus, Holl, Groesdonk. Auch ihrer hatte der Verein mit kleinen Ehrungen gedacht.

Herr vergieb ihnen — — — — — — Der Reporter der Duisburger „Rhein- und Ruhrzeitung" glaubt in seinem Bericht über den Duisburger Verbandswettstreit auch mit seinem eigenen „Erachten" nicht zurückhalten zu dürfen. U. A. behauptet er, der der 2. Klasse zugewiesene Chor habe „absolut keine Arbeit für die Dauer von 7 Wochen gebildet". Wenn der Chor zu leicht war, hätte man doch eine tadellose Wiedergabe erwarten müssen. Nun schwankt aber die Wertung zwischen 13 und 25 Punkten bei den verschiedenen Vereinen, demnach scheinen die Preisrichter doch anderer Ansicht gewesen zu sein, als der Herr Reporter.

Des weiteren leistet sich derselbe Herr folgende köstliche Bemerkung: „Die beiden Lieder vom Ende's werden bald nach dem Wettstreit kaum noch viel gesungen werden." Er meint damit das überaus reizvolle alte Volksliedchen „Ich weiss ein Mädlein hübsch und fein", für Männerchor gesetzt von Musikdirektor C. Steinbauer in bekannter feinsinniger Weise.

Dass derartige Lieder vorläufig noch wenig gesungen werden, ist allerdings auch meine Ansicht, dafür stehen jetzt noch sentimentale Schmachtlappen viel zu hoch im Werte. Dem Volke und einem grossen Teile seiner berichterstattenden Berater ist leider der naive Sinn, das echt deutsch-volkstümliche Denken und Fühlen abhanden gekommen, welches notwendig ist, um solche Liedchen verstehen und geniessen zu können. Unser ganzer Kampf gilt ja gerade jener Pseudo-Volkstümelei, welche in keiner Kunst so sehr grassiert, als in der Musik. Haben wir es erst soweit gebracht, dass diese alten köstlichen Weisen unserm Volk wieder zu Herzen gehen, dass es für die naive und doch so innige Schlichtheit im Ausdruck wieder empfänglich ist, dann ist unser Ziel erreicht und wir stecken unser Schwert in die Scheide. Bis dahin aber gilt es zu kämpfen gegen Geschmacklosigkeit und undeutsches Wesen. v. E.

Mosel-Saar-Nahe-Sängerbund.

Ueber den Gesangwettstreit in Bernkastel ist noch folgendes nachzutragen. Im 1. Wettsingen wurden ausser den bereits angeführten noch folgende Vereine preisgekrönt: Kl. 3 a. M.-Gesangverein-Mülheim 4. Pr., Kl. 3 b. Cäcilia-Zell 4 Pr., M. Gesangverein Veldens 5. Pr. In der 2. Klasse wurden prämiiert die Vereine: M.-G.-V. Neunkirchen, M.-G.-V. Kirn, Liedertafel-Mettlach, Liedertafel-Birkenfeld, Concordia-Beckingen, Cäcilia-Saarburg, Granach und Germania-Trier. In der Klasse 3 a: Concordia-Franlautern, M.-G.-V. Pallien, M.-G.-V. Traben, M.-G.-V. St. Medard, Mülheim und Concordia-Orscholz. In Klasse 3 b: Merzlich-Karthaus, Veldens, Heiterkeit-Ensdorf, Concordia-Kürenz, M.-G.-V. Bürgen und Cäcilia-Zell.

Trier. Zum Empfange der in Bernkastel preisgekrönten Vereine „Trierischer Gesangverein" und „Eintracht" hatte sich des Abends am Bahnhofsvorplatz eine tausendköpfige Menschenmenge angesammelt. Der Andrang war ein so starker, dass die zur Aufrechterhaltung der Ordnung kommandierte Feuerwehr ihre liebe Not hatte, den preisgekrönten Sängern einen Weg in die Stadt zu bahnen. Laute Jubelrufe ertönten, als die Sänger den Ausgang verliessen. Am Bahnhofe hatte Oberbürgermeister, Geh. Reg.-Rat de Nys mit einer städtischen Deputation Aufstellung genommen und begrüsste die Vorstände der beiden Vereine.

Der Mittelrheinische Sängerbund hielt am 17. ds. Monats im grossen Saale des Turn- und Fechtklubs zu Mainz für die zunächst gelegenen Bundesvereine eine Hauptprobe ab, deren Leitung i. V. des Bundesdirigenten, Herrn Direktor H. Spangenberg, in den Händen des Herrn Musikdirektors Keiser aus Wiesbaden lag. Da die beiden für dieses Jahr aufgegebenen gemeinschaftlichen Chöre: „Das Wandern ist des Müllers Lust" von Zöllner und „Die schöne Schäferin", arrangirt von H. Spangenberg, durch die beteiligten Vereine eine sehr gründliche Vorbereitung erfahren hatten, war der Verlauf der Probe ein ebenso glatter, wie in jeder Hinsicht zufriedenstellender. Nach Schluss der Hauptprobe blieben die Vereine noch längere Zeit gemütlich beisammen und erfreuten abwechselnd durch den Vortrag mehrerer, höchst beifällig aufgenommener Einzelchöre. Schliesslich hielt Herr J. Jacobi-Wiesbaden Namens der Musikkommission eine Ansprache an die Sänger, in welcher er angesichts der besonderen Aufgaben, die dem Bunde nach 10-jährigem Bestehen im nächsten Jahre bei dem 6. Bundesfeste zufallen werden, ermahnte, die an Erfolgen so reich gekrönte Bundessache in gleichem Eifer auch fernerhin hochzuhalten, damit der Mittelrheinische Sängerbund immer, wie seither, den befreundeten Bruderverbänden als nachahmenswertes Beispiel erscheinen könne. — Den weiteren Mitteilungen zufolge fand am Sonntag, den 24. August, Nachmittags 3 Uhr, im „Pariser Hof" zu Bingen eine zweite Hauptprobe statt, während die diesjährige Delegirtenversammlung am 28. September im Gasthaus „Zur Linde" in Oestrich a. Rh. abgehalten wird.

Neue Werke für gemischten Chor mit Begl.

Chr. Fr. Vieweg, Quedlinburg.

Karl Zuschneid, op. 53. „Unter den Sternen" für Chor, Sopransolo und Orchester. Klav.-Ausz. 5.50, Chorst. je 75 Pfg.

Ein neues Werk des bekannten Erfurter Musikdirektors, welches die Aufmerksamkeit der Musikvereine in hohem Grade verdient. Zuschneid gehört weniger zu den modernen Stürmern, aber was er bringt, ist stets gehaltvoll, ausgereift, vornehm in der Faktur und wirkungsvoll im Aufbau. Der Text von Aug. Sturm, vermöge seiner knappen, prägnanten Ausdrucksweise wie eigens für die Vertonung geschaffen, schildert in anschaulicher Weise die Empfindungen, welche des Morgens rosiger Strahl, die Mittagsschwüle, des Abends Freuden und die Sehnsucht der Nacht in uns hervorrufen und die Musik bleibt diesen farbensatten Stimmungsbildern nichts schuldig.

Gleich das erste Bild „Goldene Sonne, glanzumflossen steigst du herauf", baut sich in wirksamer Steigerung aus weichen, träumerischen Klängen bis zu einem kraftvollen Tutti auf. Ihm schliesst sich ein belebtes Sätzchen an, welches in geschäftigen Rhythmen das wiedererwachte Leben schildert, um dann in die sanfteren Klänge der Mittagsruhe überzugehen. In köstlichem Gegensatz hierzu steht dann eine Episode im Ländlercharakter von grossem melodischem Liebreiz, die abendlichen Freuden malend. Den breitesten Raum nimmt die nun folgende Schilderung der Nacht ein, textlich und musikalisch auch als der bedeutendere Teil des Werkes hervortretend. Die Musik schmiegt sich eng an die herrlichen Worte an und erhebt sich zu den eindringlichsten Wirkungen, indem sie uns in die Wunder der Sternennacht versetzt. Das mit einem weiter ausladenden Fugato schliessende Werk hinterlässt eine glänzende Wirkung und kann bestens empfohlen werden.

Franz Mohaupt, 9. Werk. „Lied vom Zwergenkönig Laurin" für gemischten Chor mit Violine, Harfe, Horn und Klavier. (Eigener Verlag B. Leipa in Böhmen.) Part. 3.40, St. je 25 Pfg.

do. 15. Werk. 1. Frühling. 2. Sommerspiel. Part. 1.70, St. je 25 Pfg.

Die Werke verraten Geschick im Erfassen der Stimmung und sind klangschön gesetzt.

ı Schulen.

'on überzeugt sind,
in unserem Volke
kmässigen Gesang-
, veröffentliche ich
über die neuere

erfügung stehende
rei Gruppen:

rrtagsübungen ver-

Gesängen. (Schul-

ıanglehre
von Jos. Dobler.
).)

ı Schriftchen will
esangunterrichts in
l. Geschichtliches.
brthätigkeiten und

ersten Singschulen,
der alten Theo-
bringt das Schrift-
ichte der Methodik
1. Damach nahm
als wesentliches
. H Francke stellte
ende Methode auf:
Hülfe der Noten;
lementarkursus für
feinem Naturell";
öglichst bald den
n ist ihm Zweck
horäle und Arien.
int 1810 das Werk
rundsätzen, metho-
Wesen dieser Me-
mik, Melodik und
tion von Tonreihen
Laut, Silbe, Wort
ngen. 4. 1813—20
eisung im Singen
r beginnt mit Vor-
schränkt den ele-
mik, Melodik und
Melodie mit dem
Ziffernsingen vor
. Lehrer die Wahl

J. J. Rousseau
r ausgebildet wurde
erts durch Galin-
Stahl ihr Wort-
in folgendem: Die
durch Nullen be-
ut, re, mi, fa, sol,
durch einen Punkt
Oktave nach oben
er oder unter der
steigende Bewegung
uch eine sichtbare
zu überspringenden
, werden sie durch
et. Taktvorzeichung
unkte und Nullen
ırch Taktstriche ge-
oder 3 Teile wird

durch einen wagerechten Strich angezeigt, jede weitere Teilung durch Vermehrung der Striche z. B.

5 4 | 3 3 3 4 5 6 | 5 4 2 0 5 4 | 3 3
Gu-ter Mond, du gehst so stil - le durch die A-bend-

2 1 2 3 | 1 . 0:
wol - ken hin.

Mit dem weiteren Fortschreiten häufen sich auch die Schwierigkeiten, so wird z. B. die Cis-dur-Tonleiter geschrieben und gelesen: tă ră mă fă schă lă să tă. Bei Ces-dur werden die Ziffern von oben nach unten schräg durchstrichen und tŏ, rŏ etc. gelesen.

Die durch Doppelkreuze erhöhten Noten heissen tiă, riă etc. Für das taktmässige Lesen wurde eine besondere Tondauer- und Taktsprache erfunden, z. B.

Ta . Ta

ta te Ta te ti

ta fa te fe ta fa te fe ti fi

Die Pause wird auf ru gelesen Bei Verlängerung einer Pause oder eines Tones wird ein entsprechender Vokal angehängt.

6) Pfarrer Thomascik überträgt 1843 das Ziffernsystem auf Noten; er schreibt den Grundton jeder Tonart als Eins auf die erste Linie, gebraucht die Noten, aber benennt sie mit Ziffern. Erhöhte und erniedrigte Töne haben keine besondere Bezeichnung.

7) In England herrscht zur Zeit die von Miss Sarah Ann Glover erfundene und von J. Curwen ausgebildete Tonic Solfa-Methode; ihrem Wesen nach übereinstimmend mit dem „wandernden Ziffersystem". Die Solmisationssilben Doh, Ray, Me, Fah, Sob, Lah, Te bedeuten nicht bestimmte Töne, sondern immer bestimmte Stufen der Tonleiter, bezw. der Tonart, sodass z. B. Doh immer die Tonart bezeichnet. Erhöhungen werden mit i, Erniedrigungen mit a umgelautet. Notation in gewöhnlicher Druckschrift, wobei die Anfangsbuchstaben (d, r, m, f, s, l, t) der genannten Silben die Tonhöhe bezeichnen. Die wirkliche Tonart wird vorher angegeben. Voraussetzung ist die akustisch reine (nicht die temperirte Stimmung, sowie Gesang a cappella.

8) Die sogen. rationelle Methode (1833) dringt auf eine tiefere Erkenntnis des gesamten Tonmaterials. Sie bevorzugt als Basis für bewusstes Treffen und Singen nach Noten besonders das harmonische Element, die Akkorde. Hauptvertreter J. und A. Gersbach, Ch. H. Hohmann, A. B. Marx, G. Flügel, F. W. Sering, B. Widmann u. a.

9) Die konzentrierende Methode beschränkt den Übungsstoff, verbindet die rhythmischen, melodischen und dynamischen Vorübungen und wendet dieselben immer möglichst bald im praktischen Singen (Liederkurs) an.

D. Elster behandelt in seiner „Volksgesangschule" 1846 die drei Tongebiete Melodik, Rhythmik und Dynamik zwar ebenfalls nacheinander, verbindet sie aber sehr bald wieder. Die dritte Abteilung enthält eine kurze Harmonielehre und 4stimmige Gesänge für gemischten Chor. Th. Scherr im „Unterricht in der Primarschule" 1846, wendet lange Zeit nur 3 Notenlinien an, den Sopranschlüssel, veranschaulicht den Unterschied der halben und ganzen Intervallschritte durch Zeichnungen und beschränkt den Gesangstoff auf die Dur-Tonarten mit höchstens 3♯ und 3♭. G. J. Hentschel stellt dem Elementarkurs einen Liederkurs als gleichberechtigt und gleichwichtig gegenüber, trennt aber die beiden Kurse.

10. Die analytisch-synthetische Methode 1853 „Anleitung zum Gesangunterricht in Schulen" von J. G. F. Pflüger, macht den Elementarkurs vollständig vom Liederkurs abhängig.

11) Die absolute Methode will das Singen durch das Auffassen der absoluten Tonhöhen und Intervalle vermitteln, sie bietet die Übungen in der instrumentalen Notierung, d. h. in der wirklichen Tonhöhe, in allen Tonarten mit Schlüssel, Vorzeichnung etc. Als Tonbenennung ist zumeist das a-b-c in Übung. (J. J. Schäublin, Ch. Schnyder.)

12. Die relative oder Transpositions-Methode ist im Grunde genommen nichts anderes, als eine Übertragung des Ziffernsystems auf das Notensystem. Die Kenntnis der verschiedenen Notenarten wird erspart: das Do kann auf jeder Linie und in jedem Zwischenraum stehen; auch Schlüssel und Vorzeichnung sind entbehrlich, wenn die Hauptnote Do gegeben ist. Die Abstände werden stets von Stufe zu Stufe abgezählt. Die Namen der leiterfremden Töne werden durch Umlautung geändert. (J. Rud. Weber. F. Schneeberger. J. G. S. Stehle.)

13. Eine glückliche Vereinigung der absoluten und relativen Methode bringt die „Gesanglehre für schweizerische Volksschulen" von B. Kühne. Der Lehrer kann beliebig nach dem einen oder anderen System verfahren oder beide Lesarten nebeneinander behandeln.

14. Der allgemeine Standpunkt der heutigen Methode ist kurz folgender: Das gesamte Gesangsmaterial scheidet sich in den Elementar- und Liederkursus, welche selbständig nebeneinander hergehen. Rhythmische, melodische und dynamische Übungen werden in der Regel verbunden durchgenommen. Die melodischen Übungen gründen sich auf das harmonische Element, die Akkorde. Auf der Unterstufe wird nach dem Gehör gesungen: auf der Mittelstufe werden die Übungen und die diesen entsprechenden Lieder nach Noten (oder auch nach Ziffern) behandelt, die andern Lieder (für das Leben) dagegen nach Gehör, aber mit Zuhilfenahme der Noten; auf der Oberstufe wird ein möglichst bewusstes und sicheres Singen aller Übungen und Lieder nach Noten erstrebt.

Forts. folgt.

Material für historische Konzerte

Männerchor-Litteratur bis J. S. Bach

in alter und neuer Bearbeitung.

Abkürzungen: Illustr. = Illustration zur Musikgeschichte von H. Riemann. Heim = Heims Volksgesänge. M.-Quart. = Männer-Quartette a. d. Donan. Zanger = Geistl. Chöre, herausgeg. von G. Zanger (bei Bratfisch.) Mus. sacr. = Musica sacra, Bote u. Bock. Dtsch. Eiche = Deutsche Eiche bei Eulenburg. L. Sa. = Lehrer-Sängerrunde. Br. u. H. = Breitkopf u. Härtel. Attenh. Lb. = Attenhofer Liederbuch (Hug u. Co.) Troub. = Troubadour (b. C. Rahle.) L. a. S. = Liederkr. aus Schwaben.

um 1225 **Neidhardt von Reuenthal.** (Bayern) Mailieder und Winterklagen. (H. Riemann.)

um 1226 **Engl. Rota.** 6 st. Canon. (Illustr.)

1240–1286 **Adam de la Hale.** Trouvère. (Arras) Madrigal. Komm, o komm, Geselle mein. (A. Zander. Heim II.) Troubadour-Melodie „Lai mortal de Tristan." (Heim II.)

1350–1450 **Minnesingerlieder.** (M.-Quart.)

1400 Der Wallt hat sich entlaubet, a. d. Lochheimer Lb. (Illustr.)

1400–1480 **Gilles Binchois.** (Niederl.) Vostre tres doulx regart. Dein holder Blick. Laut jauchzt mein Herz. O endlos Weh. (Illustr. H. Riemann.)

1414–1517 **Heinr. Isaak.** (Niederl.) Innspruck, ich muss dich lassen. (vom Ende, K. Becker. H. Jüngst.)

1450–1521 **Josquin de Près,** (Niederl.) Selig, wer gut und gross. (Heim II).

um 1500 **Altfranzös. Tanzlied.** „Weh, dass ich musste schauen." (Reger.)

1505–1572 **Claude Goudimel,** (Rom) Lobpreisst d. Herrn. (Heim II).

1514–1594 **G. P. da Palestrina,** (Rom.) Adoramus te. (F. Schulz. Zanger. Rennes. Mus. sacr. XII.) Aus der Tiefe rufe ich. (Zanger.) Crucifixus etiam. Christus factus est. Pueri Hebraeorum. Lamentatio I Incipit Cam. II. de Lam. Jeremiae. (Mus. sacr. XII.) Adoramus te. O salutaris hostia. (Troub.) Ecce quomodo. O bone Jesu. O Domine. Pueri Hebr. Surrexit pastor. (Zanger.) Quocum que pergis. (Mus. sacr. II.) Herr, erhöre mich. (L. Sa. Schauenburg.) Feria V. Incoena domini. Lament. des Gründonnerstags. Feria VI. In parascere. 2. Lament. des Charfreit. Sabbatho sancto. 3. Lament. des Charsamstags. (Br. u. H.)

1517–1595 **H. Waelrant,** (Belg.) Madrigal. „An einem Bächlein." (Cursch-Buhren, Zander. M.-Quart. Regensb. Lkr. L. a. S. Heim II. M.-A.)

1532–1594 **Orlandus Lassus,** (Niederl.) Adoramus te. Tibi laus. Miserere. (Mus. sacr. XII.) Adoramus te. Hodie apparuit. Libera me. Tibi soli peccavi. Dir sei Lob. Exaudi-domine. (Zanger.) Echolied: „Hollah ertönt das Echo" (Widmann.) Herr, befreie mich (Herzog.) Bringt mir ein gut Glas Wein. (M.-Quart. Renner.)

1550 **Vic. Ruffo,** (Mailand.) Adoramus te. Preis u. Anbetung (Zanger. Attenh. Lb.)

1540–1608 **T. L. da Vittoria,** (Rom.) Popule meus. (Zanger. Mus. sacr. II. Schlesinger. O Jesu süss. (Zanger.) Motette: Duo Seraphim. (Mus. sacr. XII.)

1545–1607 **G. M. Nanini,** (Rom.) Jesu, deiner Liebe gedenk. Schaut die Mutter. (Zanger.)

1550–1591 **J. Handl,** (Gallus) (Prag.) Ecce quomodo moritur. (Zanger.) In nomine Jesu. (Zanger. Mus. sacr. XII.)

1553–1611 **Joh. Eccard,** (Königsberg-Berlin.) Ich lag in tiefer Todesnacht. (Zanger.)

1556–1622 **G. Gastoldi.** (Mailand.) An hellen Tagen. (Reger.)

1557–1604 **Thomas Morley,** (England.) Frühling umstrahlt dein Antlitz. Tanzlied. Nun strahlt der Mai. (Reger.)

1559–1625 **Ad. Gumpeltzhaimer,** (Augsburg.) Jesu, dir sei ewig Preis (Zanger. Mus. sacr. II.) O Jesu Christ (Zanger. Mus. sacr. XII.)

–1603 **B. Donati,** (Venedig.) Vilanella. „Wenn wir hinausziehn. (Widmann, Reger.)

–1604 **L. Lechner.** (Stuttgart.) Madrigal. Gott behüt dich. D. Eiche. (Silt.)

1609 **G. M. Asola,** (Verona.) Kyrie eleison. (Mus. sacra XII.)

1564–1621 **H. L. Hasler,** (Nürnberg.) Feins Lieb, du hast mich g'fangen. (M.-Quart. Hirsch, Riegel, Reger.) Ach Fräulein zart, ach Fräulein zart. (L. a. S. Heim II. Hirsch.) Jungfrau, deine schöne Gestalt. (Reger, L. a. S.) Ach Schatz, ich sing und lache. Gagliarde. Lust und Freud. (Reger.) Cantate domino. (Zanger, Mus. sacr. XII.) Gratias agimus. (Zanger.) O Haupt voll Blut. Befiehl du deine Wege. Tonsatz von J. S. Bach. (Troub.) Ach Lieb, hier ist dein Herze. (Rabich.) Wenn ich einmal soll scheiden. (Krug. Kern.)

1571–1621 **Mich. Praetorius,** (Wolfenbüttel.) Christe, du Lamm. Herr, nun lässest du deinen Diener. (Zanger.) Es ist ein Ros entsprungen. (Zanger, Diehl, Nolopp. Troub. Attenh. Lb., Mus. sacr. XII, Stein, C. Kipke, F. Schulz, Sering, Sr. K., deutsche Eiche, Zumsteeg.) Sie ist mir lieb, die werte Magd. (Reger.) Alte Melodie, Satz von M. Pr. Wer steht, der schau. Sie ist mir lieb. Wenn ich in Angst. (Troub.)

1573–1639 **M. Franck,** (Koblenz.) O domine. Wenn ich in Todesnöten. Lament. Unsres Herzens Freude. (Mus. sacr. XII.)

1580–1646 **J. Stobaeus,** (Königsberg.) Ich hab ein herzlich Freud. (Zanger.)

–1652 **G. Allegri,** (Rom.) Miserere. (Troub.)

1625–1690 **G. Legrenzi,** (Venedig.) Nisi Dominus regnavit. (Mus. sacr. II.)

1628–1693 **J. K. Kerl,** (München,) Dominus regnavit. (Mus. sacr. II.)

1633–1687 **J. B. Lully,** (Frankreich.) Liebe droht auf allen Wegen. Tanzchor, Haltet uns, wonnige Banden. (Reger.)

1653–1706 **J. Pachelbl,** (Nürnberg.) Tröste uns Gott. (Zanger.)

1657–1743 **G. O. Pitoni,** (Rom.) Lobet den Herrn. Cantate domino. Requiem aeternam. (Zanger.) Tantum ergo (Troub.)

1667–1740 **Antonio Lotti,** (Venedig.) Alle die tiefen Qualen. (F. Schulz. L. Sa. Rütli. Br. u. H.) Freut euch, ihr Frommen. Vere languores. Wahrlich, all unsre Qualen. (Zanger.) Kyrie. Vere lang. Laudate pueri. (Mus. sacr. II.) Wahrlich, all unsre Qualen. (Attenh. Lb.)

1684–1755 **Fr. Durante,** (Neapel.) Salve regina u. Missa. Kyrie eleison. (Mus. sacr. II.)

1683–1764 **J. Ph. Rameau,** (Frankr.) Was ist's, das unser Herz. (Heim IV.)

1685–1759 **G. F. Händel,** (Halle.) Würdig ist das Lamm. (Zanger.) Wenn Christus, der Herr. (Zanger, Troub. Mus. sacr. XII.)

1686–1743 **Giacomelli Geminiano,** (Parma.) Not. Domine. (Mus. sacr.)

1700–1767 **R. Cordans,** (Udine.) Jesu, salvator. Domine Jesu Christe. Missa I. II. III. Alme deus. Parce Domine. Adoramus te. (Mus. sacr. II.)

1706–1784 **G. Martini,** (Padre.) (Bologna.) Adoramus te. (Zanger.)

um 1750 **E. Fabio,** (Ursillo.) (Rom.) Miserere. (Mus. sacr.)

)irigenten.

n Schriften, welche gehören, liess ich ediegene, allgemein, nicht zu umfangnen. Wenngleich nfangreich ist, so iplinen des Chor- und eingehenden in solchen Fällen Schriften anzuraten.

Kontrapunkt.

wig Bussler.

zeichnungen. Inter-

en Tonsatzes von rvatorium zu Köln.
—.
ge harmon. Satz. Ver- Dreiklänge. Septimen- den Dom. Sept. Akkord. n. Zufällige Bildungen. nd Beispiele.

e von L. Cherubini. of. Dr. O. Klauwell.
—.
unkt. Imitation, Canon, ue Musterbeispiele von

mann, übersichtlich Mk. —.25.

A. Eccarius-Sieber. rmonie- und Kom-
—.
rvalle. Ausbildung des als Gehörstudien. Wie . Schlussarten. Uebungs-

ammlung von zahlik, nach der Form vom Ende.
t IV Mk. 1.80.
iteilig. Ib einfache e-Schüler. Heft II. Heft III grössere, erweiterte Liedrm.

. Dr. O. Klauwell.
—.
.30)
II. II. Die Klaviersonate orm. III. Die Sonate in ile.

f. Dr. O. Klauwell.
50.
—40.)
dung. Form und Inhalt. ariationenform. Sonaten- sie. Capriccio. Toccata. nfonie, sinfonische Dich-

hältnis zu einander k. 1.—.
—12)
und Verabau und ihre poniaten. Dichtung und Künstler der Gegenwart.

ler Erziehung zum . Hövker.
afeln zum Nachlesen bei ischen Formen und zur Hörens. Tafel I und IV

(Vokalmusik) von

eitung der realitativische imitierende Vokalsatz.

Gesanglehre.

C. R. Henning. Deutsche Gesangschule. Ausgabe für hohe und tiefe Stimme je Mk. 3.—, geb. Mk. 4.—
I. Theoretischer Teil: Anatomische und physiologische Vorkenntnisse. Register, Klangfarbe, Tonbildung, Textaussprache. Anlage und Ausbildung. Vortrag. II. Praktischer Teil: Vorübungen im Atmen, Sprechen, Treffen, Taktieren etc. Uebungen zur Ausbildung der Stimme.

Gesangskunst von **Ferd. Sieber.** (Webers illustr. Katechismen 12) Mk. 2,50.
Allgemeine Vorkenntnisse. Tonbildung und Tonverbindung. Aussprache und Betonung. Kehlfertigkeit. Vortragslehre. Vokalformen.

H. vom Ende. Theorie der Stimmbildung. Mk. —.60.
Tonbildung. Resonanz. Atmung. Der Stimmapparat. Register. Stimmgattungen. Aussprache. Vortrag.

Jul. Stockhausen. Das Sänger-Alphabet, oder die Sprachelemente als Stimmbildungsmittel. Mk. 1.50.
Konsonant- und Vokaleinsätze. Konsonanten. Vokale.

F. W. Sering, op. 93. **Theoretisch-praktische Gesangschule für Männerstimmen** für Seminar- u. Männer-Gesangvereine Mk. 1.80, II Abt. allein Mk. —.80.
I. Abth.: Theorie des Gesanges. Stimmorgane, Erhaltung derselben. Ton- u. Stimmbildung, Treffübungen, Taktieren. Melismatische Manieren. Vokalisen und Solfeggien. Vortrag. Arten der Gesänge. II. Abth.: Technische Studien zur Ton- und Stimmbildung. Mittellage. Brustregister. Kopftöne. Verbindung der Register, Vokalisen und Solfeggien.

Allgemeine Chorgesangschule von **Gustav Zanger.** Mk. 3.—, geb. Mk. 4.—. Ausg. I für Männer-, II für Frauenstimmen.
Stimmapparat. Haltung. Atmung. Tonbildung. Registerausgleich. Schwellen. Vokalisation und Solmisation. Accentuation. Solfeggien. Verzierungen. Aussprache. Vortrag. Gesangsformen. Taktieren. Einüben. Behandlung der Stimme. Im Text zahlreiche Uebungen.

Chorübungen der Münchener Musikschule von **Fr. Wüllner.**
I. Stufe. Part. Mk. 1.80.
a) Musikalische Elementarlehre und damit verbundene Treff- und rhythmische Uebungen jeder Art. b) Kleinere Uebungsstücke mit Beachtung reiner Intonation und schönen Klanges.
II. Stufe. Part. Mk. 3,—.
a) Rekapitulation der allgem. Musiklehre, verbunden mit den ersten Anfängen der Harmonielehre. b) Mehrstimmige Chorsolfeggien mit Berücksichtigung einer kunstgerechten Schattierung. c) Studium mehrstimmiger Gesänge unter besonderer Durchbildung der Aussprache und Betonung.
III. Stufe. Part. Mk. 4,80.
a) Chorsolfeggien von grösserer Schwierigkeit. b) Studium grösserer Chorwerke.

Gymnastik der Stimme, gestützt auf physiologische Gesetze von **Oskar Guttmann.** Mk. 5.—. (Webers Katech.)
Von den Stimmorganen. Thätigkeit derselben. Aussprache. Atmung. Mit zahlreichen Abbildungen.

Der Kehlkopf in gesundem und erkranktem Zustande, v. **Dr. med. K. L. Merkel.** (Webers illustr. Katech. 208) Mk. 3.50.
Bau und Verrichtungen des Kehlkopfs. Lehre von der menschlichen Stimme. Diätetik und Krankheiten des Kehlkopfs.

Des Sängers Berater von **Fritz Neuert.** Mk. —.40.
I. Teil: Allgemeine Musiklehre. Notenschrift. Intervalle. Tonleiter. Vortragszeichen. II. Teil: Gesanglehre. Singapparat. Register. Haltung. Tonbildung. Atmen, Aussprache, Vortrag. Pflege der Stimme.

Der Chorsänger. Methodische Anleitung zur Ausbildung tüchtiger Chorsänger von **A. Neile.** Mk. —.75. 12 Wandtafeln hierzu Mk. 2.—.
I. Teil: Allgemeine technische Vorschriften für die Gesangsübungen. Haltung, Mundstellung, Atmen, Aussprache. Erhaltung und Ausbildung der Stimme. II. Teil: Gesangübungen. a) Vorübungen ohne Noten. b) Singen nach Noten. Schlusswort: Verfahren bei Einübung von bestimmten Chorgesängen, betr. Praktische Winke für Dirigenten.

Prima vista. Eine Methode, vom Blatt singen zu lernen von **Max Battke.** Mk. 1.50.
Die Stammtöne und ihre Verhältnisse. Das Umdeuten eines Tones. Zufällige Versetzungszeichen. Das Mollgeschlecht. Der zweistimmige Gesang. 212 einstimmige und 88 zweistimmige Uebungen zum Absingen.

Kurze praktische Gesangschule für Gesangvereine von **F. Seidl.** Ausg. mit Bass- u. Violinschlüssel je Mk. —.30.
Notwendige Vorkenntnisse. Intervalle, Versetzungszeichen, Tonarten, Treffübungen. Musikalische Bezeichnungen.

Handbüchlein zum Gebrauche beim Unterrichte in **Gesangvereinen** von **Reinh. Böhme.** Mk. —.25.
Zur Erlernung der Noten. Treffübungen. Fremdwörter.

Im Gesangverein. Vorträge über einige der für den Chorsänger nötwendigen theorethisch-praktischen Kenntnisse der Musik, der Stimmorgane und des Singens von **Ad. Köckert.** Mk. 1.20.

Praxis des Dirigenten.

Der praktische Gesangvereinsdirigent von **Fr. Zimmer.** Mk. 1.20.
Bedeutung und Pflege des Volksgesanges. Vorkenntnisse und Eigenschaften des Dirigenten. Taktieren und Dirigieren. Leitung der Proben. Aufführungen. Verzeichnis von Chorwerken.

Der praktische Musikdirektor, oder Wegweiser für Musikdirigenten von **F. L. Schubert**. Mk. —.90.
Bedeutung und Stellung der Dirigenten. Vorkenntnisse. Taktschlagen und Dirigieren. Proben. Leitung von Gesangvereinen. Orchesterdirektion. Stimmenbesetzung. Aufstellung. Entwerfen der Programme. Der Dirigent als Begleiter. Litteratur.

Die Kunst des Dirigierens von **Hector Berlioz**. Auf moderner Grundlage neu bearb. und erweitert von C. Frhr. von Schwerin.
Anleitung zur Direktion. Behandlung und Zusammenstellung von Orchestern und Chören.

Ueber das Dirigieren, von **Felix Weingartner**. Mk. 1.50.

Praktische Anleitung zum Dirigieren nebst beachtenswerten Ratschlägen für Orchester- und Gesangvereinsdirigenten von **Prof. H. Kling**. Mk. —.60.

Rechtsverhältnisse der Vereine. Das Recht der Vervielfältigung, Verbreitung und Aufführung von Werken der Tonkunst, bearb. v. **H. vom Ende**. Mk. —.60.

Wegweiser durch die Chorgesanglitteratur nebst Beiblatt „Der Sänger". Organ für Gesangvereine und Dirigenten. Red. **H. vom Ende. Köln a. Rhein**, erscheint monatlich, Jahresabonnement Mk. 1.50.

Instrumente.

Das Klavier und seine Meister, von **Dr. Oscar Bie**.

Die Geschichte des Violinspiels von **C. Witting**. Mk. 1.50.
(Universal-Bibliothek für Musiklitteratur Nr. 25–26.)
1. Die Sonate. Corelli bis Beethoven. 2. Etuden. Capricen. Locatelli bis Paganini. 3. Schulen. Leop. Mozart bis L. Spohr. 4. Konzerte. Viotti bis Spohr.

Violine und Violinspiel, von **Reinh. Jokisch**. (Webers illustr. Katech. 183.) Mk. 2.50
Ursprung. Bau. Teile der Violine. Violinspiel. Technik der Bogenführung.

Katechismus der Orgel (Orgellehre) von **Hugo Riemann**.
Beschreibung der einzelnen Teile. Klassifikation und Charakteristik der einzelnen Stimmen, Anleitung zur Registrierung. Instandhaltung. Dispositionen.

Das Harmonium. Sein Bau und seine Behandlung, von **W. Riehm** Mk. 2.—, geb. Mk. 2.50.
Charakter des Instruments. Zerlegung und Einzelbeschreibung. Korrektur etwaiger Mängel.

Katechismus der Musikinstrumente. (**Instrumentationslehre**) von **Dr. Hugo Riemann**. Mk. 1.50, geb. Mk. 1.80.
Akustik. Klassifikation. Streich-, Harfen-, Holzblas-, Blechblas-, Schlaginstrumente. Partitur, Instrumentation. Militärmusik.

Musikinstrumente, von **Rich. Hofmann**. (Webers illustr. Katech. 47.) Mk. 4.—.
189 Abbildungen. Streich-, Saiten-, Holzblas-, Blechinstrumente, Blasinstrumente mit Bälgen, Pfeifen und Zungen, Schlaginstrumente.

Orgel. Erklärung ihrer Struktur von **E. F. Richter**. (Webers illustr. Katech. 64.) Mk. 3.—.
Bestandteile. Stimmen. Register. Kombinationen. Dispositionen. Geschichte. Orgelbau. Registrierkunst. Pneumatisches Werk. Intonation. Störungen.

Geschichte.

Chormeister-Büchlein. Eine Sammlung 41 kurzgefasster Biographien von **Ad. Rudhardt**. Mk. 0.75.

Geschichte des deutschen Männergesanges von **Jul. Bautz**. Mk. 1.—.

Der volkstümliche deutsche Männergesang von **Dr. Otto Elben**. Geschichte und Stellung im Leben der Nation; der deutsche Sängerbund und seine Glieder. Mk. 9.—

Chorgesang, Sängerchöre u. Chorvereine v. **H Kretzschmar**. Mk. 1.—.

Katechismus der Musikgeschichte von **Hugo Riemann**.
I. Teil. Geschichte der Musikinstrumente und Geschichte der Tonsysteme und der Notenschrift. Mk. 1.50.
II. Teil. Geschichte der Tonformen. Mk. 1.50.

Geschichte der Musik von **Moritz Vogel**.
1. Abschnitt. Vokalmusik geistlichen Inhalts. 2. Abschnitt. Vokalmusik weltlichen Inhalts. 3. Abschnitt. Instrumentalmusik. 4. Abschnitt. Tonsystem u. Notenschrift.

Abriss der Musikgeschichte von **Bernh. Kothe**, enthält viel Biographisches. Mit zahlreichen Abbildungen. Mk. 2.—, geb. Mk. 2.80.

Die Sinfonie nach Beethoven von **F. Weingartner**. Mk. 1.50.

Die hundertfünfzigjährige Geschichte der Leipziger Gewandhauskonzerte von **Dr. E. Kneschke**. Mk. 1.50.
(Universal-Bibliothek für Musiklitteratur Nr. 1–3.)

Das Königl. Konservatorium der Musik zu Leipzig 1843—1893 von **Dr. E. Kneschke**. Mit Illustrationen. Mk. 1.—.
(Universal-Bibliothek für Musiklitteratur Nr. 4–5.)

Die Bedeutung der internationalen Musik- und Theaterausstellung in Wien für Kunst und Wissenschaft der Musik, von **Prof. D. O. Fleischer**, mit Illustrat. Mk. 1.—
(Universal-Bibliothek für Musiklitteratur Nr. 6–7.)

Johann Strauss. Ein Lebensbild von **Rud. Kleinecke**. Mk. —.50.
(Universal-Bibliothek für Musiklitteratur Nr. 8.)

Lexikalisches. Führer.

Musik-Lexikon von **Dr. Hugo Riemann**. Mk. 10.—.

Schuberts musikalisches Fremdwörterbuch. Mk. 1.—.

Führer durch den Konzertsaal von **H. Kretzschmar**.
I. Abteilung. Sinfonie und Suite. 2 Bände Mk. 8.
II. Abteilung. 1. Teil: Kirchliche Werke. Passionen, Messen, Hymnen, Psalmen, Motetten, Cantaten. Mk. 4.—.
2. Teil: Oratorien und weltliche Chorwerke. Mk. 7.—.

Wegweiser durch die Litteratur des Männergesanges v. **Ad. Ruthardt**. Mk. —.50.

Führer durch die Orgellitteratur, bearb. von **Kothe** und **Forchhammer**. Mk. 3.—.

Wegweiser durch die Klavier-Litteratur von **Eschmann-Ruthardt**.

Führer durch den Klavier-Unterricht von **Louis Köhler**. Mk. 2.50.

Führer durch den Violoncell-Unterricht von **Carl Schröder**. Mk. 1.—.

Methodischer Leitfaden für Violinlehrer von **K. Herzog**. Mk. —.50.

Führer durch die Violin-Litteratur von **E. Heim**. Mk. 1.25, geb. Mk. 1.50.

Der Musikführer. Gemeinverständliche Erläuterungen hervorragender Werke aus dem Gebiete der Vokal- und Instrumentalmusik.
Preis pro Nummer 20 Pfg. Bis jetzt erschienen 300 Nummern.

Vortrag. Aesthetik. Schöne Litteratur.

Der Vortrag in der Musik von **Dr. O. Klauwell**.
Begriff und Anforderungen. Modifikationen des Tempos und des Stärkegrades. Vortrag im Grossen und Ganzen.

Aesthetik. Belehrung über die Wissenschaft vom Schönen und der Kunst, von **Rob. Prölss**. (Webers illustr. Katech. 11.) Mk. 3.—.
Die Aesthetik im Allgemeinen. Die Künste.

Dynamik des Klavierspiels von **H. vom Ende**. Mk. 1.—, geb. Mk. 1.50.
Vortragsbezeichnungen: I. Nuancierung, allmählicher, plötzlicher Wechsel der Klangstärke. Dynamische Abstufungen in gleichzeitig erklingenden Stimmen. II. Accentuation. Rhythmischer, melodisch-harmonischer Accent.

Die Vortragskunst in der Musik, nebst spezieller Berücksichtigung des Violinvortrags von **Rich. Scholz**.

Katechismus der Musikästhetik. (Wie hören wir Musik?) von **Dr. Hugo Riemann**. Mk. 1.50. geb. Mk. 1.80.

Aesthetik des Klavierspiels von **Ad. Kullak**.

Die Musik als Ausdruck von **S. von Hausegger**. Mk. 3.—.

Deutsches Leben im Volkslied um 1530 von Liliencron. Mk. 2.50.

E. T. A. Hoffmanns musikalische Schriften. Mit Einschluss der nicht in die ges. Werke aufgenommenen Aufsätze über Beethoven, Kirchenmusik etc., herausgegeben von **H. vom Ende**. Mk. 1.50, geb. Mk. 2.—.
Biographie. Gedanken bei dem Erscheinen dieser Blätter. Phantasiestücke in Callots Manier. Kreisleriana. Besprechungen und Analysen Beethovenscher Werke. Die Fermate. Dichter und Komponist. Alte und neue Kirchenmusik. Oratorium, Dichtkunst und Tonkunst etc. (Universal-Bibliothek für Musiklitteratur Nr. 16–17.)

Rob. Schumann. Schriften über Musik und Musiker. 3 Bde. kompl. Mk. 1.75.

Rätsel und Erzählungen musikalischen Inhalts von **Julius Rothenberger**. Mk. 1.50, geb. Mk. 2.—.
Schönes Geschenk für die musikliebende Jugend.

Dichtungen für Musik gesetzt von **Dr. Aug. Reissmann**. Mk. 1.—.
(Universal-Bibliothek für Musiklitteratur Nr. 13–14.)
Singen und Sagen. Sprachmelodie und Gesangmelodie. Deutsche Volkslieder aus frühester Zeit. Deutsche Dichter bis zum 19. Jahrhundert.

Psychologie, von **Friedr. Kirchner**. (Webers illustr. Katech. 108.) Mk. 3 —.
Begriff, Geschichte, Methode. Wesen der Seele. Seelenvermögen.

Sämtliche Werke sind zur Ansicht zu beziehen durch H. vom Ende's Musikalienhandlung, Köln a. Rh.

Wegweiser durch die Chorgesanglitteratur

Ratgeber für Gesangvereine und Dirigenten.

Redaktion und Verlag: H. vom Ende, Köln a. Rh., Ecke Bismarck- und Kamekestrasse.

nebst Beiblatt:

Der Sänger.

Offizielles Organ des Westdeutschen Sängerverbandes, Mosel-, Saar-, Nahe-Sängerbundes.

Erscheint monatlich einmal. Bezugspreis für 1 Expl. 20 Pfg. Jahresabonnement Mk. 1.50 und 40 Pfg. Porto. Inserate kosten pro 4 mal gespaltene Petitzeile 20 Pfg.

Expedition: H. vom Ende's Musikalien-Versandgeschäft.

Nr. 12. | Köln a. Rhein, den 26. September 1902. | III. Jahrg.

Franz Wüllner gestorben.

Noch vor kurzem freuten wir uns, in diesen Spalten dem hervorragendsten Chormeister Deutschlands bei Gelegenheit seines siebzigsten Geburtstages unsere Huldigung darbringen zu dürfen, und nun ist er dahingegangen und mit ihm einer der ehrlichsten, besten und erfolgreichsten deutschen Musiker, ein Künstler vom Scheitel bis zur Sohle, ein temperamentvoller Kunstenthusiast, ein glorreicher Dirigent, ein unvergleichlicher Lehrer. Das Musikleben Münchens verdankt dem Verstorbenen grosse, unvergessliche Eindrücke. In einer Zeit, als es galt, für den Genius Richard Wagners zu streiten, hat sich Franz Wüllner als einer der tapfersten und fähigsten Mitkämpfer bewährt, und die Spanne von drei Decennien hat die Erinnerung an des Künstlers unermüdliches, erfolggekröntes Wirken nicht ausgelöscht. Einen Weltruhm hat aber Franz Wüllner erlangt durch seine unvergänglichen Verdienste um die Förderung des rheinischen Musiklebens. Hier war er der Pfadfinder und der unbestrittene Führer. In Köln leitete er das Konservatorium in geradezu mustergültiger Weise, und daneben fand der Schaffensfrohe zur Leitung der berühmten Gürzenich-Konzerte und namentlich zum Ausbau der niederrheinischen Musikfeste Zeit, die sich einen ganz einzigartigen Ruf erworben haben und zwar durch das Verdienst Wüllners. Er hat die Freude der Rheinländer an der Musik richtig „gefasst", und er hat mit grandioser Energie seine Lieblingsschöpfung zu ragender künstlerischer Höhe erhoben. Der glänzende Erfolg seines Schaffens schien ihm ewige Jugend verliehen zu haben. Noch als Siebzigjähriger stellte er sich die kühnsten Aufgaben, und er führte sie durch als ein echter Künstler, der ganz in dem Werk aufgeht, das er zur Wiedergabe bringt. Die trauernden Hinterbliebenen des Verstorbenen werden in ihrem tiefen Schmerze einen Trost finden bei dem Gedanken, dass das Wirken Franz Wüllners, des glorreichen Künstlers und vornehmen Menschen, auf den Ruhmesblättern der deutschen Musikgeschichte für alle Zeiten verzeichnet bleiben wird.

Veranlagung und Berufswahl im Gebiete der Kunst

Mit besonderer Berücksichtigung der Musik,

von

Conrad Ramrath.

Es ist eine nicht gerade seltene Erscheinung, dass jemand über eine schlecht getroffene Berufswahl klagt und erklärt, seinen jetzigen Beruf nicht wieder ergreifen zu wollen, wenn ihm die Wahl noch einmal freistände. Ist nun einem solchen mit seinem Lose Unzufriedenen Gelegenheit geboten, in einen neuen Stand überzutreten, der ihm seiner Meinung nach mehr zusagt, so sieht er sich doch in seinen an die neue Tätigkeit geknüpften Hoffnungen gar manchmal bitter getäuscht, während ein anderer, der einen gleichen Schritt gewagt, in verhältnismässig kurzer Zeit sich zu einer bedeutenden geistigen Höhe emporschwang und ein reiches Feld für sein Können fand. Diese Fälle zeigen sich auf die deutlichste Weise im Zusammengehen von Kunst und Leben, zweier an sich durchaus verschiedenen und doch eng verbundenen Elemente.

Wie oft ist z. B. beobachtet worden, dass ein Kaufmann sich durch seine grosse Liebe zur Musik verleiten liess, sein Geschäft nach und nach immer mehr zu vernachlässigen, um sich schliesslich ganz der geliebten Kunst zu widmen. Der durch die Nachlässigkeit und Unlust des Kaufmanns herbeigeführte schlechte Geschäftsgang bestärkte dabei die in ihm schon seit langer Zeit erwachte Idee, für die Musik eine besondere Begabung zu haben. Die Enttäuschung folgt dem Uebertritte nicht selten auf dem Fusse und bedingt entweder reuevolle Rückkehr zu der früheren Beschäftigung oder gar ein Verzweifeln an dem eigenen Können überhaupt. Anderseits passiert es häufig, dass ein junger Mann, der vor Jahren noch eifrig über den Büchern oder Akten sass, oder als Handwerker sein Brot verdiente, uns plötzlich als ein hervorragender Künstler entgegentritt. In ihm schlummerten Kräfte, welche nur eines äusseren Anstosses bedurften, um sich zu betätigen und in steter künstlerischer Entwickelung ihrem Besitzer alle etwa sich ihm in den Weg stellenden Hindernisse überwinden zu helfen. Da stehen wir nun staunend und bewundernd vor den reichen Gaben der Natur und fragen uns, warum wir dieselben nicht eher erkannt haben. Dabei fällt uns auf, dass ein erfolgreicher Uebertritt zur Kunst meist in jüngerem Alter geschieht, als ein erfolgloser. Dafür findet sich folgender Erklärungsgrund:

Jemand, der musikliebend ist, jedoch vor allem danach trachtet, sich eine gesicherte Lebensstellung zu verschaffen, braucht natürlich Jahre, bis er sich eine solche errungen, welche ihm erlaubt, der Kunst die zur Betätigung seiner Liebe zu ihr nötige Zeit zu opfern; er unternimmt einen verhängnisvollen Berufswechsel erst dann, wenn seine Musikliebe zur übertriebenen Liebhaberei geworden ist. Ein wirklich genial Veranlagter aber wird in seiner Jugend schon sich weder um materielle Sorgen noch um sonstige Hindernisse kümmern, sondern unentwegt sei:em einmal für richtig erkannten Ziele zustreben; und je höher seine Ideale sind, um so mehr Energie wird er anwenden müssen, diesem Ziele nahe zu kommen.

Hieraus ergiebt sich von selbst der Unterschied zwischen Neigung und wirklicher Begabung.

Ein mit natürlicher Begabung ausgestatteter Mensch braucht sich schon desshalb keine Sorgen um eine gute Berufswahl zu machen, weil die ihm innewohnenden Kräfte von selbst zur Entwicklung drängen. Er kann auf seiner Bahn niemals irren, wohl aber, durch übergrosse äussere Hemmnisse bedrängt, untergehen. Aus den Klagen eines in seinem Berufe sich getäuscht Fühlenden jedoch spricht entweder eine Verkennung desselben oder eine Ueberschätzung der eigenen, zur Erreichung des gesteckten Zieles notwendigen Kräfte.

Jede Veranlagung ist Naturanlage. Sie äussert sich zunächst in gleichsam instinktiver Weise als Neigung, welche zur Entwicklung, und zwar zur Entwicklung nach einer bestimmten Richtung drängt. Sie nimmt somit in ihrem weiteren Verlaufe immer mehr den Charakter einer speziellen Neigung an, indem sie sich auf ein bestimmt abgegrenztes Gebiet richtet. Gründet sich diese Neigung auf eine entschiedene Begabung, so bricht sie nicht selten wie ein Bergstrom mit einer alle Hindernisse überwindenden Gewalt hervor und lässt sich weder durch Zwang noch durch ungünstige Lebensverhältnisse aufhalten

Aber wie erklärt es sich, dass gerade auf dem Gebiete der Kunst sich diese Neigung in so intensiver Weise äussert?

Nun, da die Kunst für das ihr eigentümliche Schaffen einen hohen Grad produktiver Phantasie und energischer Gestaltungskraft erfordert, muss der Wille einer geistigen Individualität, auf einem so schwierigen Gebiete Hervorragendes zu leisten, ein entsprechend kräftiger sein: deshalb wird sich diese Neigung resp. dieser Wille auch nicht auf die Kunst im allgemeinen, sondern mit ganzer Kraft auf eine bestimmte Kunst werfen. In diesem Sinne wäre zu sagen, nicht dass der „Künstler" als solcher, sondern dass der Maler, der Bildhauer, der Musiker, der Dichter u. s. w. „geboren" werde. *)

Der Drang der Veranlagung, sich in der Form einer Neigung zu einer bestimmten Tätigkeit zu äussern, erzeugt bei seiner Beurteilung gar manchmal einen verhängnisvollen Irrtum: denn dieser Drang ist es, welcher leicht zu dem Glauben führt, dass eine solche Neigung überall da, wo sie sich zeigt, auch stets in einer besonderen Begabung ihren Ursprung haben müsse. Oftmals aber, ja in den meisten Fällen sogar, entflammt die Neigung teils nur einer irrtümlichen Vorstellung von dem eigentlichen Wesen der Sphäre, worauf sie sich richtet, teils beruht sie auf einer Selbsttäuschung über die eigene Befähigung — in beiden Fällen also auf einer trügerischen Illusion. Und auf keinem Gebiete als gerade auf dem des künstlerischen Schaffens ist eine Illusion leichter möglich. Wehe da dem jugendlichen Geiste, der ohne die erforderliche Lebens- und Selbstkenntnis mit vertrauensvoller Unbefangenheit zum Eintritt in die Welt des Schaffens sich anschickt. Die Enttäuschung ist unausbleiblich und hat wie nirgendwo anders so bedenkliche Folgen.

Das häufige Vorkommen solcher Selbsttäuschung ist auch psychologisch zu erklären. Der Trieb ist allgemein, er wohnt in jedes Menschen Brust. In seiner einfachsten Form zeigt er sich in der Musik z. B. bei den Malaien auf der Halbinsel Malakka, welche sich in ihren grossen Bambuswäldern eine eigentümliche, durch Phantasie erzeugte Waldmusik bereiten. Sie machen nämlich aus den Bambuszweigen durch hineingebohrte Löcher von verschiedener Grösse Orgelpfeifen, denen die vorbeistreifenden Windstösse Töne entlocken Nun horcht man und sucht aus dem wilden Durcheinander Melodien zu erhaschen. Daher sagt der Malaie, die Waldorgel bläst immer einem jeden sein Lieblingsstückchen. †)

Die Weiterentwicklung dieser allerdings noch ziemlich passiven Musikliebe zur aktiven Nachahmung von Naturlauten mittels der menschlichen Stimme oder eines durch Menschenhand zu regierenden Instrumentes ist ein Beweis für die Richtigkeit der Annahme, dass der Kunsttrieb — im Sinne des allgemein menschlichen Gestaltungstriebes überhaupt — im Beginne seiner Entwicklung sich als Nachahmungstrieb äussert. Der letztere ist um so intensiver, je höher die Kunst entwickelt ist und je mehr Anregung sie gibt. Und dazu ist unter den verschiedenen Künsten die Musik besonders geeignet, weil sie, mit völlig immateriellen Mitteln arbeitend, sozusagen wesenlos erscheint und auf die menschliche Seele den gewaltigsten Eindruck hinterlässt. Eine Menge bestehender Aeusserlichkeiten regen dann auch noch die Neigung an: der Zauber, den alle geniale Tätigkeit um sich verbreitet; der blendende Ruhm des Erfolges; auch die freie Ungebundenheit des Lebens und der romantische Nimbus, der die Künstlerexistenz für die jugendliche Einbildungskraft umstrahlt. Was Wunder, wenn solche Aussichten in den Köpfen heissblütiger, junger Geister ein heftiges Verlangen nach einer ähnlichen Existenz erwecken! Nur allzuleicht wird ein solches Verlangen als ein tief in der Seele wurzelndes Streben nach dem Idealen angesehen und darauf wieder das Vertrauen auf eine diesem Streben entsprechende Begabung gegründet. Dazu kommt, dass solcher illusorischen Neigung von seiten der Eltern, die oft ebenso unerfahren und überdies parteiisch sind, nachgegeben und Vorschub geleistet wird. Wohl dem, der da noch rechtzeitig aus seinem Traume erwacht und dadurch Zeit gewinnt, sich einem anderen, seinen wirklichen Fähigkeiten entsprechenden Ziele zuzuwenden. Der Ernst der Kunst wird jenen trügerischen Nimbus früher oder später doch verflüchtigen, und wehe dem, der bei einer strengen Prüfung seiner eigenen Befähigung zu spät einsehen muss, dass dieselbe zur Erreichung seiner Ziele nicht ausreichend ist. Enttäuschung und Verzweiflung über den verfehlten Lebensberuf sind sein unvermeidliches Schicksal.

Anderseits ist es ebenso verkehrt von den Eltern, dem Streben des Kindes sich entgegen zu stemmen oder gar dasselbe mit Gewalt auf eine andere, seiner Neigung widerstrebende Richtung zu drängen, wenn dieses Streben auf wirklicher Veranlagung und echter Neigung beruht. Die Verteidigung einer rein praktischen Lebensauffassung, vielleicht auch auf Grund von Erfahrungen der eben geschilderten Art, reicht gegen die Kraft eines echten, aus tiefster Seele kommenden Strebens nicht aus. Und dann muss dem Kinde das Recht der freien Berufswahl ebenso entschieden gewahrt bleiben, wie dem Jüngling das Recht, aus eigener Neigung eine Lebensgefährtin behufs Gründung einer Familie zu wählen. Die Schwierigkeit liegt nur in dem in einem gegebenen Falle kaum erkennbaren Unterschied zwischen einer illusorischen oder echten, d. h. auf wirklicher Veranlagung beruhenden Neigung.

Der oben erwähnte zweite Fall des elterlichen Verhaltens bei einer erwachenden Neigung des Kindes dürfte ungleich seltener vorkommen als der erste, weil, wenn die Veranlagung nur die nötige Tiefe und Kraft besitzt, sie trotz allen Widerstandes und aller äussern Hindernisse früher oder später sich doch noch Bahn brechen wird; wenigstens spricht hierfür vielfach die Erfahrung. Dass umgekehrt ein wirklich genial veranlagter Geist unter allzu ungünstigen Umständen zu Grunde gehen kann, bleibt freilich nicht ausgeschlossen. Die Erklärung hierfür liegt in der despotischen Macht, welche die realen Lebensverhältnisse dem Idealen gegenüber besitzen.

Um die Schwere einer etwa das Kind treffenden Enttäuschung zu vermindern, wäre den Eltern zu raten, dasselbe von vornherein zur Energie, sodann zur Selbstkritik zu erziehen und ihm in der passenden Zeit den Ernst eines jeden Berufes vor Augen zu führen. Ein energischer Geist wird selbst dann, wenn er nicht genial veranlagt ist, auf demselben Gebiete wenigstens in reproduktiver Weise immer noch Bedeutendes leisten können. Anderseits wird derjenige, welcher früh daran gewöhnt worden ist, Selbstkritik zu üben, eventuell auch früh genug zur Erkenntnis seiner Befähigung gelangen.

---

*) Schasler, Anthropogonie.

†) Fortlage, „Acht psychologische Vorträge."

Männerchorlitteratur für den Gesangwettstreit.

Die Frage, welche Chöre eignen sich für den Wettstreit, findet ihre Beantwortung am besten in der Praxis. Wir haben die Wettstreite in Nord und Süd genau verfolgt und dabei gefunden, dass die für diesen Zweck benutzte Litteratur nicht sehr umfangreich ist. Den Versuchen, neues Material einzuführen, stehen die Wettkämpfer mit grosser Abneigung gegenüber; ein gewisser Fond alter, in vielen Stürmen erprobter Werke muss immer wieder herhalten, die Leistungsfähigkeit unsrer Vereine ins rechte Licht zu setzen. Neu hinzu kommen in der Regel nur die aufgegebenen Chöre und diese verschwinden meistens so schnell, wie sie gekommen sind — — —; bestellte Arbeit!

Woher diese Erscheinung trotz der Massenhaftigkeit der vorhandenen Männerchorlitteratur? Angst vor dem Neuen und Unbekannten ist es nicht, mehr noch ein tatsächlicher Mangel an wirklich geeigneten Werken, hauptsächlich aber Unkenntnis des vorhandenen, gediegenen Materials. Minderwertiges macht sich über Gebühr breit, das Gute aber bleibt unbekannt. Warum? Barnum hat recht, wenn er sagt: „Wie kann die Welt wissen, dass du etwas Gutes hast, wenn du den Besitz desselben nicht anzeigst“? — —

Umfangreiche Kataloge haben für diesen Zweck keinen Wert, auch nicht die gelegentliche Anzeige einzelner Werke oder Komponisten. Wohl aber geeignete und gut gewählte Uebersichten zusammengestellt von erfahrenen Fachleuten, unter Berücksichtigung des tatsächlichen Bedürfnisses und der bisherigen Erfahrungen.

Die Bedürfnisse sind aber nicht überall die gleichen. Im Süden wird mehr Rücksicht auf den eigentlichen Volksgesang genommen; man hat dort 3 Klassen für den Volksgesang und nur 1 für den Kunstgesang; während im Norden auch die kleinsten Vereine mit Vorliebe den Kunstgesang kultivieren und infolgedessen von den kleineren Vereinen nur einzelne, von besonderen Umständen begünstigte, konkurrenzfähig sind. Diese Verhältnisse müssen berücksichtigt werden.

Auf eine genaue und übersichtliche Einteilung der vorhandenen und bevorzugten Litteratur ist vorzugsweise Bedacht zu nehmen, und dabei von der bisher beliebten Nomenklatur abzusehen. Das Wort „Volkslied“ z. B. wird in seiner Bedeutung total missverstanden; abgesehen davon, dass jedem beliebigen, einfachen und beliebten Liedchen dieser Ehrenname zuerkannt wird, vergisst man ganz, dass das einfachste Volksliedchen durch kunstvollen Satz in die Reihe der bedeutendsten Kunstchöre gerückt werden kann.

Als **„Lieder im Volkston“** sollte man nur solche Strophenlieder gelten lassen, deren Melodie einfach, leicht fasslich und nur **einer** Stimme zugeteilt ist, und deren Satz homophon gehalten ist und keine schwierigen Modulationen und Ausweichungen enthält. Kleinere Figuren, Ueberleitungen, frühere Eintritte einer Stimme etc., sowie leichtere Modulationen sind natürlich gestattet. Alles andere ist dem Kunstgesange zuzurechnen. So gehören z. B. echte Volkslieder mit polyphon gehaltenem oder modulationsreichem Satze nicht mehr den „Liedern im Volkstone“, sondern den „Kunstchören“ an.

Eine Einteilung, welche einigermassen Handhabe zur Beurteilung des Inhalts bietet, ist diejenige in Strophenlieder und durchkomponierte Lieder. Allerdings gibt es Strophenlieder, die schwieriger sind, als manche durchkomponierte, aber schliesslich wird jede Einteilung ihre Achillesverse besitzen, der eine nennt eben dies, der andere das schwer; jedenfalls sind die Ausdrücke: „erschwerter Volksgesang für städtische Vereine“ und „Kunstgesang“ irreführend.

Ich bitte also bei der nun folgenden Einteilung in 2 grosse dreiteilige Klassen zu beachten, dass zwischen den beiden Grenzklassen III (schwere Strophenlieder) und IV (leichtere durchkomponierte Lieder) der Unterschied nicht immer im Schwierigkeitsgrad liegt.

Chöre für den Gesangwettstreit.

A. Durchkomponierte Chöre.

1. Sehr schwer.

	Part.	St.
C. Jos. Brambach, op. 112. Benedictus	2,—	—,60
H. Bröckler, Nordmännerlied	—,40	—,40
Rud. Buck, op. 14 I. Sturm	1,50	—,25
do. op. 14 II. Wilde Jagd	1,80	—,30
Fr. Curti, op. 44 Die Elfe	—,90	—,40
Fr. Hegar, op. 28 Kaiser Karl in der Johannisnacht	2,40	—,40
do op. 31. Walpurga	2,40	—,40
Ferd. Hiller, op. 106. Der Morgen	2,25	—,50
M. Meyer-Olbersleben, op. 61 I. Nebelkampf	,80	—,30
A. von Othegraven, op. 17. Der Rhein und die Reben.	2,40	—,60
Fr. Riga, Die Geister der Nacht	1,25	—,25
Jos. Schwartz, Waldbilder	1,80	—,40
do. op. 14. Seemanns Heimfahrt	1,40	—,40
do op. 15. Sturm	1,—	—,25
Rich. Strauss, op. 42 II. Altdeutsches Schlachtlied	2,60	—,60
K. Zuschneid, op. 40. Psalm 29.	1,50	—,50

2 a. Schwer.

	Part.	St.
Gottfr. Angerer, König Sigurds Brautfahrt	1,60	—,30
Carl Attenhofer, op. 111. Am Römerstein	1,80	—,40
do. op. 100. Velleda	1,20	—,30
Wilh. Berger, op. 79 I. An den Schlaf	1,50	—,30
Fedor Berger. Belsazar	1,80	—,40
C. Jos. Brambach, op. 31. Es muss doch Frühling werden	3	—,60
do. op. 56. Gesang der Geister	3,—	—,60
H. Bröckler. Nordmännerlied	—,40	—,10
Rud. Buck, op. 14 III. Abendfrieden	1,—	—,20
Heinr. Cassimir. Abendstimmung	1,—	—,25
P. Cornelius, op. 12. Der alte Soldat	1,—	—,15
Fr. Curti, op. 36. Im Sturm	1,—	—,25
do. op. 50. Den Toten vom Iltis	1,50	—,40
Alb. Epp. Sturmesmythe	1,50	—,—
Max Filke, op. 71 I. Andacht im Walde	—,60	—,30
Alb. Förster, op. 163. Erwachen	1,20	—,30
P. Friedrich, op. 3. Die Rose von Mars la tour	1,20	—,30
Eug. Gagesr. Die Krone im Rhein	1,80	—,20
W. de Haan, op. 16. Das Meer	2,—	—,60
Fr. Hegar, op. 15. Rudolph von Werdenberg	1,80	—,30
do. op. 17 Todtenvolk	1,80	—,30
do. op. 20. Hymne an den Gesang	1,80	—,30
do. op. 22. Weihe des Liedes	1,80	—,30
do. op. 23. Gewitternacht	1,80	—,30
do. op. 27. Blutenfee	1,80	—,30
do. op. 32. Königin Bertha	2,80	—,50
Ernst Heuser, op. 30. Hunengräber	1,—	—,25
do. op. 39. Thalatta	1,—	—,30
F. v. Hiller. Columbus	1,50	—,50
Norbert Hoft. op. 35. Rheinsage	2,—	,25
Herm. Hutter, op. 28. Die Ablösung	2,—	,25
do. op. 25. Zwei Könige	2,—	—,25
do. op. 38. In der Christnacht	2,—	—,35
Lothar Kempter. Meeresstimmen	1,80	—,20
Vinc. Lachner, op. 64 b. Waldlied	1,20	—,35
Max Meyer-Olbersleben, op. 61 II Schelm von Bergen	1,—	—,40
K. Loewe. Nachtweise	—,40	—,10
Carl Reinecke. Sonnenhymnus	1,20	—,30
Jos. Reiter, op. 42 Seesturm	1,80	—,20
Jos. von Rheinberger, op. 144. Liebesgesang	—,90	—,40
Jul. Rietz. Maienzeit	—,60	—,30
F. Schindler. op. 102. Sonnenuntergang	1,—	—,40
Jos. Schwartz. Im Gebirge	1,80	—,40
do. Im Herbst	2,—	—,50
Carl Steinhauser, op. 42. Wieder ist der Lenz	1,80	—,30
Et. Seubre-Othegraven. Schlachtruf und Gebet	2,—	—,50
Rich. Strauss, op. 42 I. Liebe	1,50	—,40
J. B. Zerlett, op. 112. Das Grab im Busento	1,20	—,30
Carl Zöllner. Die drei Worte des Glaubens	1,	—,50

2 b. Ziemlich schwer.

	Part.	St.
Reinh. Becker, op. 97. Choral von Leuthen	1,50	—,30
W. Berger, op. 26. Sommernacht	1,—	,30
C. Jos. Brambach, op. 59. Sonnenaufgang	1,30	—,30
do. op. 72. Maiennacht.	—,40	—,15
Max Bruch. Vom Rhein	1,—	—,25
Fr. Curti. Hoch empor	1,—	—,15
W. Decker, op. 17. Der Mummelsee	1,20	—,30
H. vom Ende, op. 16 IV. Der traurige Jäger	—,80	—,25
F. Forgeois. Frühlingsahnung	1,20	—,30

P. Friedrich. Loblied der Schöpfung . . . 1,— —,20
Karl Goepfart, op. 85. Das alte Schloss . . . 2,— —,80
A. Grosse-Weischede, op. 20. Frühlingsbotschaft . . 1,— —,25
Fr. Hegar, op. 9. Die beiden Särge . . . 1,80 —,30
do. op. 13. Waldlied . . . 1,80 —,80
do. op. 11. In den Alpen . . . 1,80 —,80
do. op. 18 Schlafwandel . . . 1,80 —,80
Arnold Krug. op. 100. Der Zug des Todes . . . 1,— —,30
do. op. 106. Herr Adelhart . . . 1,50 —,40
V. Lachner, op. 17. Hymne an die Musik . . . 1,50 —,—
L. Liebe, op. 101, Das Heldengrab . . . —,80 —,30
Aug. Ludwig, op. 37 V. Deutscher Wald . . . —,50 —,10
H. Marschner, op. 195. Zigeunerleben . . . —,40 —,10
do. Sei unverzagt . . . —,40 —,10
M. Meyer-Olbersleben, op. 38 I. Nun grüss dich Gott 1,50 —,30
do. II. Morgenständchen . . . 1,50 —,30
do. III. Volkers Schwanenlied . . 1,50 —,30
Ott. Neubner, op. 92. Maienkönigin . . . 1,60 —,40
do. op. 93. Waldesruh . . . 1,20 —,30
M. Neumann, op. 44. Germanenzug . . . 1,— —,50
do. op. 45. Kaiser Friedrich III. . . . 2,— —,50
do. Sturmerwachen . . . 1,— —,30
H. F. Petschke, op. 13 VI. Frühlingslied . . . 1,— —,—
Aug. Renner, op. 5. Gotenzug . . . 1,20 —,30
Jos. Rheinberger, op. 116 IV. Jagdmorgen . . . 1,— —,25
do. op. 173 I. Germanenzug . . . 1,20 —,30
do. op. 144 I. Frühling . . . 1,— —,25
Jul. Rietz. Morgenlied . . . —,60 —,30
W. Rehde, op. 18. Der Allmacht Hauch . . . 1,— 30,—
K. Schauss. Ostergruss . . . 1,30 —,—
Fr. Schubert. Ruhe, schönstes Glück auf Erden . . —,40 —,10
do. Sehnsucht . . . —,40 —,10
Aug. Schulz, op. 99 I. Der Ausmarsch . . . 1,— 1,—
do. op. 99 II. Kindergottesdienst . . . 1,— 1,—
Jos. Schwartz, op. 19. Der junge Rhein . . . —,60 1,—
do. Frühling . . . 1,— 1,20
Wilh. Speidel, op. 48. Waldestrost . . . 1,— 1,20
do. op. 52 II. Volkers Nachtgesang . . . 1,10 1,20
Carl Steinhauer, op. 66. Sommernacht . . . 1,— 1,—
H. Hutter. Volkers Nachtgesang . . . 1,80 1,20
L. Thuille, op. 21 I. Lied der Pilger . . . 1,20 —,80
do. op. 21 II. Der traurige Jäger . . . 1,20 —,80
do. op. 21 III. Jagdlied . . . 1,20 —,80
Hans Wagner, op. 25. Werden . . . —,60 —,15
do. op. 31. Zwischen zwei Sonnen . . . 1,— —,80
Rich. Wickenhausser, op. 11 II. Das wacht das Dunkelgrün 1,— 1,—
do. op. 22 I. Mich zieht es nach dem Dörfchen . . 1,— 80,—
do. op. 22 II. Der arme Schwartenhals . . . 1,80 1,20
do. op. 23 III. Abschiedszeichen . . . —,80 1,—
do. Das grosse Kind . . . 1,— —,60

3. Mittelschwer.

Franz Abt. Vineta . . . 1,— —,10
do. Sonntags . . . —,60 —,20
do. op. 345. Abendglocken . . . —,60 —,15
Gottfr. Angerer, op. 77. Frühlingssturm . . . —,60 —,15
do. op. 79. Finkenschlag . . . —,60 —,30
do. Mein Lied . . . 1,— —,20
do. Zieh mit! . . . 1,— —,20
do. Des Sängers Wiederkehr . . . 1,60 —,30
Carl Attenhofer, o. 56 I. Dort liegt die Heimat mir . 1,— —,30
V. E. Becker, op. 142. Maitag . . . —,60 —,15
J. Beschnitt, op. 11 II. Ossian . . . —,60 —,15
C. Jos. Brambach, op. 78. Die Tage der Rosen . . . —,75 —,25
P. Cornelius, op. 12. Reiterlied . . . 1,— —,15
Fr. Curti. Hoch empor . . . 1,— —,15
F. Debois. Schön Aennchen . . . 1,— —,25
C. H. Döring, op. 165. Schloss Geroldseck . . . —,50 —,15
Fel. Draeseke. Dem deutschen Volke ward gegeben . —,80 —,25
Alfr. Dregert, op. 40. Wanderlust am Rhein . . . 1,— —,25
do. op. 81. Gruss an Deutschland . . . —,60 —,30
K. Goepfart, op. 60. Murmelsee . . . 1,20 —,30
H. Gottlieb-Noren, op. 18. Neuwein-Lied . . . —,— —,20
do. Des Ritters Heimkehr . . . 1,50 —,25
C. Greger. An die Freunde . . . —,60 —,30
C. Haeser, op. 16. Im Mai . . . —,70 —,20
G. A. Heinze, op. 82. Sonntag auf dem Meere . 1,— —,15
Fr. Hegar, op. 4. Morgen im Wald . . . 1,80 —,80
A. Horn, op. 54. Mein Kamerad . . . —,80 —,30
Herm. Hutter, op. 20. In memoriam . . . —,60 —,30
Ad. Kirchl. Es muss ein Wunderbares sein . . . 1,— —,20
G. Kittan. Bauernregel . . . —,50 —,25
E. Köllner, op. 94. Waldmorgen . . . —,60 —,30
do. Am Bergstrom . . . —,60 —,15

C. Kreutzer. Märznacht . . .
do. Frühlingsnaben . . .
Fr. Lachner, op. 136 II. An die Nacht . . .
Vinc. Lachner, op. 42. Waldpsalm . . .
L. Liebe, op. 162. Der Morgen . . .
Fr. C. Lindlar, op. 63. Am grünen Rhein .
Fr. Liszt. Es rufet Gott . . .
F. Möhring, op. 23. Wie hab ich sie geliebt
do. Trompeter an der Katzbach . . .
V. E. Nessler. Abschied hat der Tag genommen
Otto Neubner, op. 40. Frühlings Einkehr . . .
do. op. 69. Lenzentraum . . .
do. op. 90. Es zog der Maienwind . . .
M. Neumann, op. 27. Abschied . . .
Ph. Orth, op. 48. Waldeinsamkeit . . .
C. Pieper, op. 28. Deutschland . . .
Th. Podbertsky, op. 47. Tief ist die Mühle
Jos. Rheinberger, op. 44. Jung Werner . . .
do. op. 48 IV. Mailied . . .
C. Rheinthaler. Morgen wird's . . .
do. Haltet Frau Musika in Ehren .
K. Schauss. Drei Augenblicke . . .
Fr. Schubert. Der Entfernten . . .
Edw. Schultz, op. 186 II. Morgengebet . . .
Jos. Schwartz, op. 19. Der junge Rhein . .
do. Dem Rhein mein Lied . . .
Louis Seibert, op. 5. Maiennacht . . .
Karl Seitz, op. 47. Flieg aus, mein Lied . . .
do. op. 48 Schwur an das Vaterland .
Carl Steinhauer, op. 27. Abschied von der Heimat
do. op. 63. Wie fern bist du . .
do. op. 54. An die Sonne . . .
do. op. 33 I. Wer je am Rhein gew.
do. op. 66. Funkelnd und flimmernd
do. op. 53. Am Rhein . . .
do. op. 55 III. Sturm . . .
do. op. 50. Sonntagsmorgen .
W. Sturm. Dich grüsst der Mai . . .
do. op. 119. Klinge mein Lied . . .
do. op. 101 III. Es zog der Maienwind
do. Herweghs Reiterlied . . .
Hans Wagner, op. 31. Zwischen zwei Sonnen
Fel. Woyrsch. op. 37 I Walde-nacht . . .
do. op. 24 II. Mondlicht . . .
M. von Weinzierl, op. 87 II. Herbstnacht . . .
Rich. Wiesner, op. 15 VI. Barbarossa . . .
C. Zöllner. Halt . . .

4. Strophenlieder, mittelschwer

Fr. Abt. Die stille Wasserrose . . .
C. Attenhofer, op. 64. Der Schwur . .
W. Baumgartner, op. 16. Wer ist frei . . .
Dürrner. Der Lenz ist angekommen . . .
H. vom Ende, op. 9 I. Mein Herz ist am Rhein
do. op. 17 I. Das Vaterhaus . . .
do. II. Das deutsche Lied . .
M. Filke. Arme Blume im Thal . . .
do. op. 77 I. Am Rhein nur . . .
do. op. 16. Madrial . . .
C. L. Fischer, op. 17. Röslein im Wald . . .
C. Fittig, op. 12 I. Die lustigen Zillertaler .
Alban Förster, op. 142 II. Im Singen . . .
C. Isenmann, op. 6 V. Silbernes Bächlein . . .
J. W. Kalliwoda. Das deutsche Lied . . .
V. Kehldorfer, op. 14. Liebessehnsucht . . .
E. Köllner, op. 34. Frühlingslust . . .
Ed. Kremser. Wenn der Vogel naschen will .
Ludw. Liebe, op. 94 I. Des Kriegers Nachtwache
C. A. Mangold, op. 28 IV. Waldlied . . .
Mendelssohn-Bartholdy. Der frohe Wandersmann
Fr. Neuert, op. 26. Reiterlied . . .
W. Nolopp, oq. 31. Glockenläuten . . .
Fr. Oberreich, op. 26. Grüss Gott . . .
K. Pieper, op. 21. Frühling, du bist wieder da
Fr. Schubert Die Nacht . . .
J. Schulz-Weida. Der Vorwurf . . .
Rob. Schumann. Der träumende See . . .
Rob. Schwalm, op. 94 III. Gretula . . .
Jos. Schwartz. Ave Maria . . .
do. Ja schön ist mein Schatz nicht
K. Seitz. Das Lied vom Moselwein . . .
C. Steinbauer, op. 27. Abschied von der Heimat
do. op. 65. Das traurige Waldhorn
A. M. Storch. Nachtzauber . . .

Der Sänger.

Amtliches Organ des westdeutschen Sängerverbandes.

Das Volkslied ist die Unsterblichkeit der Musik.
Marx.

Verbunden werden auch die Schwachen mächtig.
Schiller.

26. Sept. 1902. || Vorsitzender: Lehrer A. Gau, Hilden bei Düsseldorf. || Nr. 12.

Redaktion u. Verlag: H. vom Ende, Köln a. Rhein. Ecke Bismarckstrasse 25.

Verbandsnachrichten.

Neue Bezirksvereine.

Bochum, den 14. September 1902. Im Vereinslokal des M.-G.-V. „Sängerbund" Hamme-Bochum fand heute die Konstituierung des „Bochumer Bezirksvereins" statt. Zum 1. Vorsitzenden wurde Herr Rektor Grosse-Weischede-Bochum, zum 2. Vorsitzenden Herr H. Benewitz-Bochum, zum Schriftführer Herr Wilhelm Naben-Bochum-Ehrenfeld und zum Kassierer Herr Joh. Henkel-Hamme gewählt. Die Frage bezüglich der Weiterverbreitung unserer Ideen wurde einer besonderen Vorstandssitzung überwiesen.

Rees, den 9. September 1902. Am Sonntag den 7. September tagte im Kaiserhof zu Emmerich eine Delegiertenversammlung der dem „Westdeutschen Sängerverbande" angeschlossenen Gesangvereine und persönlichen Mitglieder des Kreises Rees zwecks Gründung eines Bezirksvereins. Nach kurzen einleitenden Worten des Einberufers, Chordirigent Gottlieb, Rees, wurde die sofortige Konstituierung des Bezirksvereins einstimmig beschlossen und darauf ebenfalls einstimmig die Herren Chordirigent Gottlieb zum Vorsitzenden, Koentzen-Emmerich zum Schriftführer und Kniest-Emmerich zum Kassierer gewählt. Im Laufe der weiteren Debatten wurde lebhaft geklagt über Mangel an geeigneten Dirigenten. Befähigte Personen aus dem Lehrerstande sind für solche Aemter hier am tiefsten Niederrhein gar nicht zu bewegen, ja es ist vorgekommen, dass sich ein solcher Herr, der persönlich wohl Lust und Liebe dazu zeigte, damit entschuldigte, der Herr Schulinspektor sähe es nicht gern. Wir meinen nun, dass gerade in Lehrerkreisen die Auffassung des Lehrerberufes eine idealere sein könnte und sich nicht begnügen sollte damit, in dem vorgeschriebenen Pensum Lehrstunden die Jugend zu erziehen, sondern eine viel höhere Pflicht darin suchen sollte, bildend überall auch auf Erwachsene einzuwirken; und wo wäre dem Lehrer dazu besser Gelegenheit gegeben, als im Dirigentenamt. Vielleicht wäre es für den Vorstand des Westdeutschen Sängerverbandes eine dankbare Aufgabe, auch nach dieser Richtung hin, in diesem Falle nicht die Interessen der Dirigenten, sondern die seiner Sänger zu vertreten.

Frisch auf, zur fröhlichen Weiterarbeit und Nachahmung.

Bekanntmachung.

Von den im vorigen Monat versandten Fragebogen sind immer noch eine Anzahl zurück. Sollten die Herren Vorstandsmitglieder nicht einmal 2 Minuten Zeit haben, um die paar Fragen zu beantworten? Ich bitte doch um schleunigste Zurücksendung der Fragebogen, damit unsere Arbeit keinen Stillstand erfährt. Sollte irgend ein Verein durch irgend einen Zufall keinen Bogen erhalten haben, so bitte ich dieselben, folgende Angaben freundl. zu machen und mir umgehend zuzusenden: „Name und Ort des Vereins, Stadt- oder Landkreis, Name und Wohnort des Dirigenten, des Vorsitzenden, Vereinslokal, Tag und Stunde der Probe, Mitgliederzahl, Gründungsjahr und event. angeschlossen, an welchen Bezirksverein bezw. wie heisst der Vorsitzende desselben.

Der geschäftsleitende Präsident:
H. Benewitz-Bochum, Heinrichstr. 26.

Briefkasten.

Herrn M. Kn., Emmerich! Der fragliche Katalog über vom Bunde empfohlene Volkslieder hat bereits in Nr. 2 des „Sänger" vom 26. November vorigen Jahres gestanden. Ferner brachte Nr. 10 ein Verzeichnis der Sängergrüsse und Festgrüsse und Nr. 11 die alte Männerchorlitteratur bis J. S. Bach. Sie sehen also, wie wichtig es ist, wenn der Sänger gewissenhaft durchgelesen, und auch ein Exemplar in einer Mappe verwahrt wird. Im übrigen werden Sie die fragl. Nummer wohl von H. vom Ende beziehen können. Der Katalog umfasst ca. 178 alphabetisch geordnete Volkslieder.

Der II. Vorsitzende.

Normalsatzung für die Bezirksvereine.

1. Der Bezirksverein N. N. des „Westdeutschen Sänger- und Dirigentenbundes" macht als Glied dieses Verbandes die Satzungen desselben zu den seinigen. Er ist eine Vereinigung der dem Bunde im Bezirke N. N. angegliederten Vereine und der persönlichen Mitglieder.
2. Der Vorstand des Bezirksvereins besteht aus Vorsitzendem, Schriftführer und Kassierer. (Kann von 3 auf 6 Personen ausgedehnt werden.)
3. Jeder Bezirksverein hat durch seine von ihm selbst gewählten Vertreter Stimme in der Delegiertenversammlung des Verbandes (1. Hauptstatut § 15).
4. Die Versammlungen innerhalb des Bezirksvereins beruhen auf besonderer Vereinbarung, die sich nach den Verhältnissen der einzelnen Bezirke verschieden gestalten würde.
5. Die Abstimmungen in den Versammlungen geschehen nach der bisherigen Praxis im Verbande: Persönliche Mitglieder haben je 1, und die Vereine je 2 Stimmen; einfache Mehrheit entscheidet.
6. Jedes persönliche Mitglied zahlt pro Jahr (Kalenderjahr) 1 Mark, und jeder angeschlossene Verein für die aktiven Sänger pro Jahr 10 Pfg. an den Bezirksverein. Der Verbandsbeitrag kommt in Fortfall. (Siehe 1. Hauptstatut § 9.)
7. Von den einkassierten Beiträgen gibt die Bezirksvereinskasse die Hälfte ab; die Ueberweisung an die Verbandskasse hat postnumerando in dem 2. Jahresquartal zu erfolgen.
8. Ausser den schon durch Hauptstatut festgelegten Ausgaben, hat der Bezirksverein auf Vervollkommnung im Gesange, Ausmerzung der übermässigen Festgeberei, auf die Veranstaltung gediegener Konzerte unter Ausschliessung alles Nebensächlichen und die Erstrebung freundschaftlicher Beziehungen unter den Vereinen und persönlichen Mitgliedern sein Augenmerk zu richten.
9. Bezüglich der Gesangwettstreite wird auf E. 2 des Hauptstatuts verwiesen, wo es heisst: „Alle 5 Jahre oder wenn es durch ein Jubiläum eines Vereins begründet ist, auch früher — kann ein Bezirkswettstreit stattfinden. Ein Bezirkswettstreit kann zu einem Bundeswettstreit erweitert werden". Alles weitere hierüber ergibt sich aus dem Hauptstatut.

Der Bundesvorstand

A. Gau, 1. Vorsitzender; H. Benewitz, 2. Vorsitzender
Hilden. Bochum.

Vermischtes

Die Teilnahme am Wettsingen in Frankfurt a. M. haben beschlossen: M.-G.-V. Köln, M.-G.-V. Erfurt, Sängerchor des Turnvereins Wiesbaden, Sängerchor des Turnvereins Offenbach a. M., M.-G.-V. Concordia Kruppscher M.-G.-V., Gemeinwohl Essen a. R., Lehrer-G.-V. Berlin, Lehrer-G.-V. Magdeburg, Sängerchor Barmen.

Essener Männergesangverein. Herr Gewerke Albert von Waldthausen, welcher zufolge eines vorigjährigen Generalversammlungsbeschlusses zum Ehrenmitglied des Essener Männergesangvereins ernannt worden ist, hat, um sein Dankgefühl für diese Auszeichnung auch durch ein äusseres Zeichen zum Ausdruck zu bringen, dem Vereine behufs Verwendung in geeignet erscheinender Weise den Betrag von 1000 Mark überwiesen.

Wien. Die Wochenschrift „Neue musikalische Presse" in Wien ist in anderen Besitz übergegangen. Der nunmehrige Herausgeber, Herr Arthur E. Bosworth, Inhaber des Musikverlags-Hauses in Leipzig, hat nämlich die Wiener Musikverlags-Firma V. Kratochwill, in deren Verlag das genannte Fachblatt erscheint, käuflich erworben.

Der **M.-G.-V. Humanitas** in Darmstadt wählte zum Dirigenten Herrn Dr. Hermann Nowak aus Nordhausen. Nowak hat sich durch 6 allerliebste Lieder für hohe Stimme bereits einen Namen als Komponist gemacht.

Allg. Deutscher Musiker-Kalender für 1903 (Verlag von Raabe u. Plothow, Berlin) ist mit gewohnter Pünktlichkeit in schöner Ausstattung erschienen. Die Verlagshandlung war bestrebt, ein möglichst genaues Adressen- und Nachschlagebuch zu schaffen. Neu aufgenommen wurde ausser anderen Städten auch Brüssel und Luxemburg, sodass nunmehr 369 Städte in ihren musikalischen Verhältnissen behandelt sind. Der Kalender ist bestens zu empfehlen.

H. Edw. Jost. Ueber echtes Musikverständnis. (Modern-Pädagog. und Psycholog. Verlag, Charlottenburg.) Der Verfasser schreibt im Vorwort: „Analog der Lehre vom naiven Schauen, wie sie in meiner Schrift ‚Ueber die beste Art, geistig zu arbeiten' in ihren Grundzügen dargetan und in der Schrift ‚Ueber echtes Kunstverständnis' fortgeführt und erweitert wurde, wird in diesen folgenden Briefen die Lehre vom naiven Hören entwickelt und die Konsequenzen gezogen, die sich für das künstlerische Hören (d. i. Hören mit ganzer, konzentrierter, inniger Seele) aus dem naiven (d. i. verstandesmässigen) Hören, folgerichtig ergeben."

Im Wesentlichen eine geschickte Kompilation von Aussprüchen Schopenhauers und anderer Berühmtheiten über Musik. Der I. Teil enthält manchen unbestreitbar richtigen Gedanken, lässt aber gründliche, fachmännisches Eingehen in den Gegenstand vermissen.

Leo Heller, Volkslieder in modernem Gewande. (Verlag Harmonie, Berlin.) Eine Sammlung von Ueberbrettl-Chansons, die mit unsern deutschen Volksliedern absolut nichts gemein haben, in ihrer Art aber nicht zu verachten sind. Viele sind bereits von Wolzogens Ueberbrettl her bekannt andere harren noch des „Ueberkomponisten", um in leichtgeschürztem Gewande über die Welt des Ueberbrettls zu fliegen: Tanz- und Buhlerliedlein in Menge.

Humoristische Ecke.

Eine musikalische Matratze. König Friedrich Wilhelm III. hatte in seiner Anspruchslosigkeit Ehrungen seiner Person nicht gern, und suchte sie, wenn es sich thun liess, zu vermeiden. Er musste die Gesänge der Schulkinder, die Ansprachen der Bürgermeister, die Deklamationen der Ehrenjungfrauen, die Musik der Bürgerwehren mit anhören, und befand sich nicht eher in behaglicher Stimmung, als bis er abends Ruhe hatte. Einmal sollte er jedoch, wie der „Bär" erzählt, auch dann noch eine Ueberraschung erleben. Er war in dem ersten Gasthof eines kleinen Städtchens abgestiegen. Erschöpft von den Anstrengungen des Tages warf er sich am späten Abend auf sein Lager, da knarrte es unter ihm, und die musikalische Matratze begann zu intonieren: „Heil Dir im Siegerkranz!"

Einen gründlichen Durchfall erlebte einmal der Kölner Männergesangverein in einem Konzerte, glücklicherweise aber keinen musikalischen, sondern nur einen physischen. Etwelche zweite Bässe hatten an Leibesumfang in beängstigender Weise zugenommen und unter der Wucht derselben brach plötzlich das Podium und verschlang den Verein im selben Augenblick, wo Weber den Taktstock zur Intonierung der schönen Singeweise erhob: „Wie sie so sanft ruhen".

Fahnenweihrede des Reichstagsabgeordneten Franken zum 25jährigen Jubelfeste des Männergesangvereins „Glück auf" in Ueckendorf

Hochverehrte Festversammlung! Als vorgestern sich zwei Männer als Deputierte des Männergesangvereins „Glück auf" von Ueckendorf mir vorstellten und mich ersuchten, die Weiherede der neuen Fahne hier zu halten, da dachte ich, mit welchen Worten habe ich wohl die Festrede einzuleiten. Es fiel mir dann die Fahne ein, ausgeführt in Seide, farbig, schwarz-weiss-rot, welche über dem Haupteingange nach dem Sitzungssaal in der Wandelhalle des Reichstagsgebäudes angebracht ist. Sie flattert dort nicht durch Winde bewegt. Wohl gehen Männer unter der Fahne hin und her welche den verschiedensten politischen Richtungen angehören. Im Sitzungssaale kommt es zur Redeschlacht. Es geht oft stürmisch zu. Aber alle Stürme können der nationalen Fahne nichts anhaben. Die Fahne hängt wie aus Eisen gegossen in dem wind- und zugfreien Korridor ruhig und unbeweglich, als schaute sie mahnend auf die Reichstagsboten nieder, als wollte sie sagen: die Germania ist mein Träger und Ihr, zu deren Ehre ich hier hänge, Ihr sollt meine Beschützer sein. So soll es auch bestellt sein mit einer Sängerfahne. Männer der verschiedensten Berufskreise sammeln sich um dieselbe. Nichts darf sie trennen, um die göttliche Kunst, den Männergesang, zu pflegen. Es gab eine Zeit, wo Deutschland in hoher Blüte stand, wo insbesondere die Sangeskunst von dem Bürgertum gepflegt wurde. Die Gotteshäuser wurden freigegeben für die Meistersinger. Kränze wurden dem Meistersinger gewunden und als einem von Gott begnadeten Künstler wurden ihm Ehren zu teil. Doch so wie blutigen die Kriege den nationalen Wohlstand zerstörten in den letzten Jahrhunderten, die Kriegsrosse die Fluren zerstampften, fremde Kriegsvölker unsere Kunstschätze fortschleppten und die Not gebieterisch alles zu Geld machte, das Kunsthandwerk verstarb und verdarb, da verstummten auch allmählich die Laute des deutschen Sängers. Die Sänger sanken ins Grab und die Jugend sah nur Krieg, Armut, Blut und Thränen. An Stelle des frischen, fröhlichen Gesanges in vollendeter Kunst waren nur noch Klagelieder getreten. Doch in der Zeit, wo Napoleon I. seinen Tyrannenfuss auf den Nacken Europas setzte, als die Königin Luise an der russischen Grenze um verlorenes Glück und Vaterland trauerte, als man sich endlich besann, dass es für das hart geprüfte deutsche Volk noch einen gerechten Gott im Himmel gibt, der uns nicht verlässt, wenn wir ihn nicht verlassen, in der Zeit war es das Lied, welches wieder neue Hoffnung und neue Lebenslust weckte. Männer wie Körner, Ernst Moritz Arndt, Hoffmann von Fallersleben, Uhland, von Schenkendorf und viele andere, schenkten uns wieder das deutsche Lied.

Dir möcht ich meine Lieder weihen
Geliebtes deutsches Vaterland,
Dir, dem neu entstandenen, freien
Ist all mein Sinnen zugewandt.
Heldenblut ist dir geflossen.
Dir sang der Jugend schönste Zier
Dem Vaterland, dem einig grossen
Es gelten meine Lieder Dir.

Doch die Freiheit legte jedes kleine Land nach seiner Art aus. Und die Einheit blieb ein Traum.

Ein Gotteshauch trug das Lied und seine Melodie von Stadt zu Stadt, von Dorf zu Dorf und Deutschland hatte seine Volkslieder wieder, mit welchen es begeisterte für den Freiheitskrieg. Gewiss, verehrte Festversammlung! Die deutsche Armee zog 1870/71 über den Rhein mit Pulver und Blei. Aber auch das deutsche Lied ist mit hinausgezogen; es hat des Kriegers Mut gestählt und gar mancher Totengräber hat einen stummgewordenen Helden zur letzten Ruhe gebettet und das Liederbuch, welches ihm den letzten Trost spendete zu dem, der über den Sternen tront, noch in seiner erstarrten Hand vorgefunden.

Nun „Glück auf", du tapfere Sängerschar! „Glück auf" am heutigen Ehrentage! „Glück auf" sei unser Gruss und

ıs Banner aus der Jungfrauenhand. Sei zu aller Zeit:
„In Freud und Leid
Zum Lied bereit"
euer in Gold gestickter Wahlspruch. „Glück auf!", n schönen Bergmannsgruss trägt die andere Seite hne. Und ihr wackeren Bergknappen: Die Wetter- t euer Licht im tiefen Schacht. Und das deutsche euer Licht, Erholung und Sorgenbrecher nach der Bleibt dem Liede treu, bis ihr einst die letzte Seil- ıcht zwei Meter tief in die Erde, bei welcher die en und Sangesbrüder das letzte „Glück auf" singen. lück auf" auf ein Wiedersehen in lichten Höhen!

ıngunterricht in den Schulen.

Fortsetzung.

s Ziel des Gesangunterrichts in der Volks- Mittel zur Erreichung dieses Zieles. Von **E. Zimmer-** (Helmich. Bielefeld. Pr. 40 Pfg)

„Allgemeinen Bestimmungen" geben dieses Ziel nassen an: „Ziel ist, dass jeder Schüler nicht nur im dern auch einzeln richtig und sicher singen könne einem Abgange eine genügende Anzahl von Chorälen sliedern, letztere möglichst unter sicherer Einprägung n Texte, als festes Eigentum inne habe." Die Fas- : der Auffassung einen weiten Spielraum. Manche ıegnügen sich damit, den Schülern die Melodieen so- zugeigen, bis sie dieselben gedankenlos nachsingen Dass damit das Ziel der Schule: „Für das Leben ", nicht erreicht wird, bedarf keines Nachweises. liche Bedürfnis verlangt bei dem Reichtum geist- der Melodienotierung; es ist daher im Interesse eines neindegesanges notwendig, dass der Schüler befähigt : Choralmelodieen nach Tonzeichen selbständig zu Aber auch die Pflege des Volksliedes hat diese Be- tur Voraussetzung; es mehren sich die Sammlungen, s echte, deutsche Volkslied dem Volke wieder zu- nachen wollen; was nützen diese aber, wenn das Noten nicht kennt? In früheren Zeiten musste die Überlieferung für die Verbreitung der Lieder sorgen, ıfschluss hierüber giebt uns ein altes Buch, die r Chronik": „In derselbigen Zeit (um 1350) sung eu Lied im deutschen Lande, das war gemein zu d trommeten, und zu aller Freuden. Damals machte ser Mönch am Mainstrom die besten Lieder und in der Welt, von Gedicht und Melodeyn, dass ihm ım Rheinesstrom oder sonst wol gleichen mochte. ır sung, das sungen alle Leute gern, und alle Meister und andere Spielleute surten den Gesang und das

e stehen uns die Segnungen der Buchdruckerkunst Zwecke zur Verfügung, wir aber können sie nicht , da die grosse Masse unseres Volkes keine Noten enn wir uns damit begnügen, unsern Schülern eine n Volksliedern nach dem Gehör einzudrillen, so er- r das schöne Ziel nimmermehr. Gewiss sollen die ıe Reihe von Volksliedern singen können. Aber s wir unsere Schüler hierzu befähigen, haben wir Teil unserer Aufgabe erledigt. Es liegt in der Sache, dass unter der grossen Zahl von guten n sich nur verhältnismässig wenige finden, die für geeignet sind. Gerade jene schönsten Volkslieder, der Blütezeit des Menschenlebens dem liederbedürf- en und dem in dieser Zeit ganz besonders empfäng- müte die vorzüglichste Nahrung bieten würden, der Schule nicht eingeübt werden. Steht dem müte nun nicht die rechte Nahrung zur Verfügung, es sich mit dem Singsang jener sinnlosen, leicht- ımereien von der Art wie: „Denke Dir, mein Lieb- „Denn so wie Du" und „Anna zu Dir ist mein ng" u. s. w.

bleibt uns daher nichts anderes übrig, als den Kenntnis der Noten beizubringen. Aber nicht nur richtig, sondern auch wohllautend und in würdiger Weise sollen die Lieder gefühlvoll gesungen werden. Der Wohllaut hängt ab von „Aussprache" und „Tonbildung". Der würdige und gefühlvolle Gesang setzt vor allem das rechte Textverständnis voraus.

Zimmermann will durch Treffübungen, welche unter Anschauung eines richtigen Tonleiterbildes und mit Anwendung von Zifferzeichen und Solmisationssilbenbenennung dieser Ziffer- zeichen vorgenommen werden, dem Schüler eine richtige geistige Anschauung der Tonleiter und der in Betracht kom- menden Intervalle beibringen. Am Schlusse des Gesangs- kursus macht er den Schüler auch mit der Buchstaben- benennung der Töne vertraut.

Was kann der Lehrer zur Hebung des Volks- gesanges thun? H. Meyer. (Hildesheim. H. Helmke.) Meyer drängt in dem anregend geschriebenen Aufsatze seine Forderungen in folgende Thesen zusammen;

1) Der Lehrer treffe eine gute Auswahl von Volks- und volkstümlichen Liedern.

2) Er pflege das Volkslied durch einen vorzüglichen Gesangunterricht, damit die Volkslieder unverlierbares Eigen- tum der Kinder und dadurch wieder des Volkes werden.

3) Er gebe den Kindern keinen verstümmelten Volks- liedertext.

4) Er suche die Kinder zu der Erkenntnis zu führen, dass die echten Volkslieder von ganz hervorragender Schön- heit sind.

5) Er beschränke die sogen. Kunstlieder wie und wo er kann zu gunsten der Volkslieder,

6) Er pflege nur den ein- und zweistimmigen Gesang.

7) Er verwende die gelernten Lieder, um den gesamten übrigen Unterricht zu beleben und zu vertiefen. lasse aber niemals eine Gesangstunde zu gunsten eines anderen Faches ausfallen.

Meyer befürwortet dann noch die Schaffung eines ein- heitlichen Reichs-Liederbuches für Schulen.

Ein weiteres Schriftchen **H. Meyers: Welchen Fehlern** begegnet der Lehrer im Gesangunterricht und wie be- seitigt er dieselben. (Hildesheim, Helmke. Pr. 40 Pfg.) Führt uns in den eigentlichen Gesangunterricht in das „Wie?" desselben.

Meyer ordnet alle Fehler, die ihm in der Praxis auf- gefallen sind, folgendermassen: Fehler in der Tonbildung, Aussprache, Betonung, im Vortrage, Atmen, im Singen der Bindungen, im Takt, Entstellung der Melodie durch Ein- flicken von Vorschlägen u. dgl., das Sinken beim Singen. Weiterhin weist Verfasser auf mancherlei Einzelheiten in der Tonbildung, Aussprache etc. hin und giebt andeutungsweise Mittel zur Verbesserung her Fehler an, ohne etwas Voll- ständiges bieten zu wollen; im Rahmen eines kurzen Vor- trages wäre das ja auch undenkbar.

Eingehender beschäftigt sich mit der Technik des Ge- sanges ein Werkchen von **Prof. O. Wermann; Ueber Ton- bildung, Aussprache und Atmen beim Singen:** mit be- sonderer Rücksichtnahme auf den Gesangunterricht in der Schule. (Essen, G. D. Baedeker. Pr. 80 Pf.)

Wermann macht aufmerksam auf die hohe Bedeutung, welche ein naturgemässes Singen und ein rationeller Gesang- unterricht für die körperliche Entwickelung, die Gesundheit unserer Jugend hat und verlangt, dass man zuerst Gesang- lehrer schaffe, die naturgemäss singen und das Singen auch methodisch lehren können. Den breitesten Raum nimmt die Lehre von der Aussprache, der Vokal- und Konsonanten- bildung ein, eine Materie, die sich ja allerdings von allen ge- sangtechnischen Disziplinen noch am besten in rein theo- retischen Ausführungen darbieten und erfassen lässt. Die eigentliche Tonbildung wird zwar klar und präzise, aber ziem- lich kurz abgehandelt. Die Erklärung der Register hätte eben- falls ausführlicher sein können. Der Gang der Methode ist vorzüglich und wird gutgeschulte Stimmen von edlem Klange und tadellose Aussprache erzielen. Übungen im Treffen, in der Lautbildung, Aussprache, Rhythmik gehen stets neben- einander her.

Wir kommen jetzt zu einigen Werkchen, welche den Gesangunterricht nach allen Seiten beleuchten und den

Lehrern eine Anweisung zur methodischen Behandlung desselben bieten.

Der **Gesangunterricht in der Volksschule** von **G. Zanger.** (Breslau, M. Woywod. Preis Mk. 2.25.) Das gediegene Werk behandelt auf 155 Seiten alle einschlägigen Fragen und bringt in einem speziellen Teil auch praktische Singübungen. Die Unterrichtsstoffe bestehen aus Elementarübungen und Liedern. Durch die Elementarübungen sollen die Kinder mit den Grundelementen der Tonverhältnisse im Volksgesange bekannt gemacht werden. Sie sollen also, indem sie Gehör (Aufnahme), Tongedächtnis (Festhalten) und Stimmen (Wiedergabe) bilden, alle melodischen, rhythmischen und dynamischen Tonformen der in der Schule zu lernenden Lieder in anschaulicher Weise mit Hülfe von Tonzeichen zum Verständnis bringen, eine gute Aussprache und angemessenen Vortrag der Lieder vorbereiten und somit den Schüler mit allen musikalischen Kenntnissen ausstatten, die zur schnelleren, klaren und bewussten Auffassung aller Tonverhältnisse der Lieder nötig sind. Nach ihrem speziellen Zwecke giebt es deshalb melodische, rhythmische, dynamische, harmonische und sprachliche, sowie Stimm- und Treffübungen. Sie bilden den Elementarkursus. Selbstredend dürfen sie dem Liedgesange gegenüber als Mittel zum Zwecke nur dienende Stellung einnehmen und nicht zur Hauptsache werden. Fertigkeit im Notenlesen und Treffsicherheit ist in dem auf das Unentbehrlichste beschränkten Kreise der Volksschule möglichst zu erstreben. 10—15 Minuten jeder Gesangstunde sind auf die Elementarübungen zu verwenden.

Die einzuübenden Gesänge zerfallen in:

1) Religiöse Lieder: Das Kirchenlied (Choral), das geistliche Volkslied und die liturgischen Gesänge.

2) Weltliche Lieder: Schul-(Kinder-)lieder, Volkslieder, volkstümliche Lieder.

Die Texte seien poetisch wert- und gehaltvoll, gemütsbildend, der kindlichen Fassungsgabe entsprechend; auszuschliessen seien die Berufs- und Dialektlieder! Letztere weil sie angeblich nicht geeignet sind, die Sprachbildung zu fördern.

Die Melodie sei formal und material schön und gehaltvoll, entspreche in ihrem Charakter genau dem Text, leicht ausführbar, nicht entstellt durch willkürliche Veränderungen, der harmonische Satz für 2 und 3 Stimmen sei korrekt und leicht ausführbar.

Bei der **Ausführung der Gesänge** ist zu achten auf: 1) Richtige Ausführung derselben nach Text und Melodie, 2) reine Intonation, 3) edle (naturgemässe) Tonbildung, 4) gute Aussprache, 5) zweckmässiges Atmen, 6) ausdrucksvollen Vortrag und 7) gute Haltung der Sänger.

Hohe Anforderungen sind zu stellen an die Umsicht und Ausdauer des Lehrers, es muss daher von ihm verlangt werden: allgemeine musikalische Bildung und ausreichende, musikalische Befähigung für die Erteilung des Gesangunterrichts, insbesondere musikalisches Gehör, ästhetisch ausgebildetes Gefühl, sicheres rhythmisches Gefühl, technische Fertigkeit im Singen, Kenntnis des Stimmorgans, Fertigkeit im Violinspiel, Choräle und Volkslieder rein, sicher, mit gesundem, vollem, dynamisch nüanciertem Tone und mit gutem Geschmack vortragen zu können, Kenntnis der Methode und der einschlagenden Litteratur, unterrichtliches Geschick.

Das **Liederbuch** für die Unterstufe hat nur Wert für den Lehrer. Von den Schülern der Mittel- und Oberstufe ist es vorzugsweise zu benutzen bei der Erlernung und der Wiederholung der Lieder, zum Üben im Notenlesen.

Von einem guten Liederbuche verlangt man: Übersichtlichkeit des Inhalts, ausreichende Zahl geeigneter Lieder, guter 2—3stimmiger Satz, Bezeichnung des Tempo und der Vortragsweise, Atemzeichen. Zu viele Tonarten sind zu vermeiden, höchstens 3 ♭ oder 3 ♯. Umwenden im Liede ist zu vermeiden. Elementarübungen für Unter- und Mittelstufe als Anhang sind unnötig, das Anschreiben derselben an die Wandtafel ist ausreichend.

Die folgenden Kapitel sind der Gesangtechnik gewidmet und zeichnen sich aus durch Klarheit und Ausführlichkeit. Die Mutationserscheinungen werden berücksichtigt, Pflege der Stimmorgane, Atmung, Tonbildung, Register, Tonumfang, Dynamik, Aussprache ausreichend behandelt.

Eine weitere Reihe von Ausführungen beschäftigen sich speziell mit der Unterrichtsmethode. Disposition zur Behandlung eines Liedes auf der Unterstufe. A. Einleitung, wenn sich dieselbe ungesucht ergiebt und zum besseren Verständnis verhilft. B. Texteinübung der 1. Strophe.

1) Vortrag des ganzen Textes seitens des Lehrers.

2) Erklärung der schwierigeren Ausdrücke und kurze Einführung ins Verständnis.

3) Vortrag der ersten Textstrophe.

4) Einüben der im Abschnitte gebrachten ersten Textstrophe durch Vor- und Nachsprechen. Die neu geübten Abschnitte werden mit den vorhergegangenen zuletzt zusammengenommen.

C. Einübung der Melodie.

1) Vorsingen der 1. Strophe seitens des Lehrers oder Vorspielen auf der Violine.

2) Vorsingen des 1. Abschnitts.

3) Zuerst leises, dann stärkeres Mitsingen seitens der Kinder mit Unterstützung der Violine. a. chor-, b. abteilungsweise, c. einzeln, zunächst auf la.

4) Singen ohne Unterstützung in derselben Folge.

5) Einüben des folgenden Abschnitts.

6) Verbindung der Teile.

D. Einübung der übrigen Textstrophen und jedesmaliges Singen derselben. Zuletzt alle Strophen im Zusammenhange. Sodann wird das Singen nach Ziffern und nach Noten erklärt; ferner Bildung des Taktgefühls und der Vortrag.

Der spezielle Teil bringt eine Reihe methodisch geordneter Singübungen für die Unter- und Mittelstufe in Ziffernschrift, für Mittel- und Oberstufe in Notenschrift.

Den Schluss bilden Stoffverteilungspläne.

W. Sturm, op. 118 II. Wilde Rose	—,60	—,15
do. op. 110 II. Fröhliches Wandern	—,40	—,15
Rud. Tschirch. Frühlingsglocke	,40	—,15
C. M. von Weber. Hör uns, Allmächtiger	,40	—,10
do. Frühlingsahnung	—,40	—,10
C. Weidt, op. 84 II. In dem Dornbusch	—,60	—,15
do. op. 34. Die Nachtigall	—,—	—,—
Waelrent. An einem Bächlein	—,40	—,15
M. von Weinzierl, op. 43 II. Heute ist heut	—,70	—,20
do. op. 66 II. Wüchsen mir Flügel	—,60	—,30
K. Fr. Weinberger, op. 56 I. Die ganze Welt voll Sonne	—70	—,20
H. Weinhardt, op. 5 II. Sonntagsfrühe	—,40	—,15
Joh. Werschinger. Aus goldener Zeit	1,—	—15
C. Wilhelm. Frühlingszeit	—,75	—,25
F. Woyrsch, op. 30. Madrigal	—,—	—,—
Heinr. Zöllner. Deutschlands Trost	—,60	—,15

5. Ziemlich leicht.

C. Attenhofer, op. 21 VIII. Mein Schätzelein	—,60	—,15
do. op. 40. Vale!	—,60	—,12
do. op. 62 III. Die letzte Wacht	—,60	—,15
do. op. 46. Märzwind	—,60	—,15
A. Ahrensen, op. 15. Sonntag Abend	—,60	—,15
Rud. Aymillager, op. 1. Still	—,60	—,15
V. E. Becker. Das Kirchlein	—,60	—,5
C. J. Brambach. Im Frühling	—,60	—,15
Simon Breu, op. 28. Frühling am Rhein	—,80	—20
H. Bungart, op. 32. Am Brünnelein	—,40	—,15
H. Bussmeyer, op. 14. Schwanenlied	—,60	—,15
C. H. Döring, op. 131. Am Rhein	—,40	—,15
do. op. 182. Waldkönig	—,60	—,15
Fel. Draeseke, op. 28. Sang der Deutschen	—,70	—,20
Alfr. Dregert. Zieh hinaus	—,40	—,15
do. op. 125 II. Blau Blümelein	—,40	—,15
Joh. Dürrner. Sturmbeschwörung	—,40	—,10
do. Auf der Wanderung	—,40	—,10
Alb. Ellers. Mein Glück, wo bist du hin	—,60	—,20
H. vom Ende, op. 18 V. Es ist ein Brünnlein geflossen	—,60	—,20
do. Innsbruck, ich muss dich lassen	—,40	—,15
E. S. Engelsberg. So viel Stern am Himmel	—,50	—,20
M. Filke, op. 17 I. Elslein von Caub	—,40	—,15
Girschner. Hüte dich!	,40	—,10
K. Goepfart. Trinklied vor der Schlacht	,60	—,12
C. Haeser. Der Wald	—,50	—,25
Ed. Hermes. Das einsame Röslein	—,40	,15
C. Hirsch, op. 56. All mein Gedanken	—,60	—,15
do. Blauäugelein	—,60	—,15
H. Jüngst, op. 35 I. Rosenfrühling	—,40	—,15
do. op. 32 I. Winterfrühling	—,60	,20
G. Kenerleber. Ein Wörtlein	—,60	,20
A. Kirchl. Es war einst eine schöne Zeit	—,60	—,15
Ed. Kremser. Wenn der Vogel naschen will	—,60	—,20
C. Kreutzer. Ich suche dich, o Unverloschlicher	—,40	—,10
Arn. Krögel, op. 21. Maienlust	—,60	—,20
C. Kromer, op. 9. Grüsse an die Heimat	—,60	—,15
C. Kühnhold, op. 65. Ich lass es meiner Heimat nicht	—,60	—,20
F. Kuhlau. Unter allen Wipfeln	—,40	—,10
Ferd. Langer. Am Ammersee	,50	—,25
Fr. Mair. Lied der deutschen Waffenschmiede	—,40	—,10
do. Wie die wilde Ros	—,60	—,20
Mendelssohn-Barth. Lied für die Deutschen in Lyon	,40	—,10
H. v. Mitkiewicz. Des Kindes Sehnen	,40	—,15
Mozart-Schwartz. Wiegenlied	—,40	—,10
M. Neumann, op. 16 I. An der Heimat halte fest	—,80	—,20
do. op. 31 III. Mutterlein	—,40	—,20
W. Nolopp, op. 21. Gute Nacht	—,40	—,15
A. Opladen. Heimatrosen	,40	—,20
Joh. Pache. Waldeinsamkeit	—,80	—,20
L. Robbert, op. 4. Des Kindes Klage	—,40	—,15
K. Schauss. O süsse Heimat	—,50	,15
do. Ständchen	—,50	—,15
do. Heimweh	—,50	—,15
Fr. Schubert. Am Brunnen vor dem Tore	—,40	—,10
Edw. Schulz, op. 222. Reiter und sein Lieb	,60	—,20
H. Sitt. Sandmännchen	—,40	—,10
W. Speidel. Die Soldatenbraut	—,40	—,15
C. Steinhauer. Traumbild. In meines Vaters Garten	—,40	—,15
do. Trost in der Ferne	—,40	—,1.
do. op. 33 II. Nachtgruss vom Rhein	—,40	—,15
do. op. 40. Minnelied	,60	—,15
W. Sturm, op. 110 I. Wandrers Abschied	—,40	—,15
do. op. 78. Reiterlied	—,60	—,15
Friedr. Ullrich, op. 76. Schliess auf	—,40	—,20
do. op. 64. Wenn nicht die Liebe wär	—,40	—,20
W. K. Veit. Schön Rothraut	—,40	—,10
H. Voigt, op. 148. Mutterliebe	—,40	—,15
Rud. Wagner, op. 167. Den ich nicht leiden mag	—,60	—,15
von Weber. Lützows wilde Jagd	—,40	—,10
Jul. Witt, op. 4 V. Die Träne	—,40	—,15
G. Langer, op. 25 I. Heil dir, deutscher Männergesang	—,60	—,15
Fr. Zant, op. 40. Schatzerl klein	—,60	—,15
C. Zöllner. Im Krug zum grünen Kranze	—,40	—,10

C. Leicht.

Ludw. André, op. 141 III. Drunten im Tale	—,60	—,20
C. Attenhofer, op. 21 I. Margret am Tore	—,60	—,15
do. op. 14. Frühlingslied	—,60	—,15
Fr. M. Böhme. Im schönsten Wiesengrunde	2,—	—,—
Joh. Brahms-Zander. Wiegenlied	1,—	—,20
S. Breu. Sonntag ist's	—,80	—,15
Wilh. Bünte, op. 16. Minnelied	—,80	—,15
Chr. Burkhardt. Im Feld des Morgens	—,60	—,15
Carsch-Bühren. Das stille Tal	—,40	—,10
Alfr. Dregert, op. 119 III. Jägers falsch Lieb	—,40	—,15
H. vom Ende. Wie schienen die Sternlein (Volkslied)	—40	—,15
do. op. 181. Schönes Herzchen mein	—,60	—,20
do. II. Schätzle, was hab ich dir Leids getan	—,60	—,20
do. III. Nun segn dich Gott	—,60	—,10
do. IV. Der Sommer und der Sonnenschein	—,60	—,20
Otto Fischer, op. 90 I. In der Heimat ist es schön	—,60	—,15
Fr. Gluch. Untreue	—,40	—,10
Fr. Gräbke, op. 11 II. Tausendschön	—,80	—,20
Jul. Hagemann, op. 5 I. Strampelchen	—,60	—,15
do. op. 5 III. Soldatenliebe	,60	—,15
C. Haeser, op. 12. Scheiden	,40	—,15
C. Hirsch, op. 127. Es war mein	—,40	—,15
Carl Isenmann, op. 2. Heute scheid ich	—,80	—,20
Hugo Jüngst. Braun Maidelein	—,60	—,15
do. Spinn, spinn	—,60	—,15
Joh. Kinkel. Ritters Abschied	—,40	—,10
Th. Koschat. Verlassen bin i	—,40	—,15
Kuhlau. Unter allen Wipfeln	—,40	—,10
L. Liebe. Das stille Tal	,30	—,15
R. Muriel. Uebers Jahr	—,40	,15
J. Pauli, op. 25. Grablied	—,60	—,15
H. Pfeil, op. 18. Fahr wohl	—,60	—,15
R. Radecke. Aus der Jugendzeit	—,40	,15
A. Reiser. Mein Lieb ist er schied von mir	—,30	—,15
K. Schauss. Die Spinnerin	—,50	—,15
do. Verschiedenes Glück	—,40	—,15
do. Vergissmeinnicht	—,50	—,15
do. Ich hört ein Vöglein	—,50	—,15
Heinr. Schrader, op. 4 II. Es haben zwei Blümlein	—,60	—,15
Jos. Schwartz. Wenn ich den Wandrer	—,40	—,15
Fr. Silcher. Nun leb wohl	—,40	—,16
do. Wo a kleins Hüttle	—,40	—,10
do. Maidle, lass dir was	—,40	—,10
do. Muss i denn	—,40	—,10
do. Wohin mit der Freud	—,40	—,10
Jul. Witt, op. 4 IV. Wie ein Vöglein möcht ich	—,80	—,15
C. Zöllner. Wo möcht ich sein	—,40	—,10
do. Ich weiss zwei Blümlein	—,40	—,15

Wer je einen Konkurs belgischer Männergesangvereine erlebt hat, der wird verblüfft gewesen sein ob der Virtuosität, mit welcher dort die enormsten Schwierigkeiten überwunden werden. Heikle Instrumental-Passagen, verwickelte rhythmische Probleme, dynamische Finessen, von denen wir uns nichts träumen lassen, werden von diesen, zum Teil aus Arbeitern bestehenden Vereinen mit einer Leichtigkeit zum Vortrage gebracht, welche, wie gesagt, jeden mit Erstaunen erfüllen muss, der die Schwierigkeiten des Einstudierens zu ermessen weiss.

Die Sucht der Vereine, sich einander zu überbieten in der Bewältigung technischer Schwierigkeiten, bleibt natürlich nicht ohne Rückwirkung auf die Art des Tonsatzes der Komponisten und so finden wir auch in den Chorwerken belgischer Tonsetzer eine Menge von Schwierigkeiten, deren Ueberwindung nur sehr grossen und leistungsfähigen Vereinen gelingen dürfte.

Es lässt sich nicht leugnen, dass derartige von Schwierigkeiten strotzende Kompositionen mit ihren Instrumentaleffekten, ihren atemversetzenden Figuren und Passagen in gewissem Sinne eine künstlerische Mission zu erfüllen vermögen. Jede wahrhaft künstlerische Leistung hat zur Voraussetzung eine technische Gewandtheit und Kunstfertigkeit, welche auch vor den höchsten künstlerischen Anforderungen nicht zurückschrecken darf. Demgemäss kann beim Vortrage eines Kunstwerkes von einer grösstmöglichen Wirkung nur dann die Rede sein, wenn der Vortrag den Eindruck hervorruft, dass irgendwelche technische Schwierigkeiten für den Vortragenden überhaupt nicht mehr vorhanden sind. Schon diese Leichtigkeit in der Ueberwindung der Schwierigkeiten, die bereits als ein Element der Kunst zu betrachten ist, bewirkt beim Zuhörer das Gefühl des Sicherbebens über die Alltäglichkeit.

Wenn das als zutreffend anerkannt wird, dann müssen unsere Dirigenten auch zur richtigen Zeit nach einem Material suchen, welches die den Verhältnissen entsprechenden grösstmöglichsten Schwierigkeiten bietet, allein aus pädagogischen Gründen! Das Studium und der Fleiss, welcher auf das Einstudieren derartiger Werke verwendet wird, geht nicht verloren, sondern wirkt zurück auf das Studium und den Vortrag der einfachsten Lieder. Es ist daher grundsätzlich verkehrt, für die kleineren Vereine immer nur die leichtesten Liederchen auszusuchen und jede Modulation zu verdammen; ein derartiges Entgegenkommen rächt sich immer und namentlich da, wo der Verein zeigen kann und soll, was er gelernt und wie er studiert hat: beim Prima-vista-Singen auf den Wettstreiten. Wenn man seinen Verein sorgfältig behütet vor jedem Chor, in dem eine übermässige Sekunde ihr vielbestrittenes Dasein fristet, so wird man niemals das Ziel erreichen, beim Prima-vista-Singen auch nur den kleinsten goldenen Becher einzuheimsen. Möge doch jeder Verein nur 4 Wochen in jedem Jahr sich die Mühe geben, anstatt methodisch durchgeführter Treffübungen, die zwar vorzuziehen, aber zu unbeliebt sind, einen Chor einzuüben, der von übermässigen und verminderten Intervallen strotzt. Die wohltätigen Folgen werden nicht ausbleiben und der Hinweis auf die grosse goldene Medaille des nächsten Wettstreites wird auch die lautesten Schreier zur Ruhe bringen.

Formular I. **Für die Preisrichter.**

Vereine		Aussprache	Klangreinheit	Klangschönheit	Rhythmik	Tempo	Dynamik	Allgemeiner Eindruck	Endsumme	Bemerkungen
1. Männergesangverein Aachen	8 Wochen									
	4 Wochen									
	2 Stunden-Chor									
2. Liedertafel Bonn	8 Wochen									
	4 Wochen									
	2 Stunden-Chor									
Endsumme:										

Zensuren:
1 = sehr gut.
2 = gut.
3 = ziemlich gut.
4 = genügend.
5 = mangelhaft.
6 = ungenügend.

Für die Rubrik: Allgemeiner Eindruck:
2 = sehr gut.
4 = gut.
6 = ziemlich gut.
8 = genügend.
10 = mangelhaft.
12 = ungenügend.

	Vereine:											
Preisrichter:	1	2	3	4	5	6	7	8	9	10	Endsumme	Bemerkungen

Formular II. **Für den veranstalten**

Vereine	Preisr			
	Aussprache	Tonreinheit	Klangschönheit	Rhythmik
Männergesangverein Aachen				

Obige Formulare sind zu bez
H. vom Ende's Musikalienhandlung
Bismarckstrasse 25.

Verlangen Sie
gratis
den soeben erschienenen
Almanach der „Musik"
von
Schuster & Loeffler,
Verlag.
Berlin W. 11. • Luckenwalderstr. 1.

Inhaltsverzeichnis

des III. Jahrganges des „Wegweiser durch die Chorgesanglitteratur" nebst Beiblatt „Der Sänger".

Wegweiser durch die Chorgesanglitteratur

Ratgeber für Gesangvereine und Dirigenten.

Redaktion und Verlag: H. vom Ende, Köln a. Rh., Ecke Bismarck- und Kamekestrasse.

nebst Beiblatt:

Der Sänger.

Offizielles Organ des Westdeutschen Sängerverbandes, Mosel-, Saar-, Nahe-Sängerbundes, des Mittelrheinischen Sängerbundes.

Erscheint monatlich einmal
Bezugspreis für 1 Expl. 20 Pfg.
Jahresabonnement Mk. 1.50 und 40 Pfg. Porto.
Inserate kosten pro 4mal gespaltene Petitzeile 20 Pfg.

Expedition: H. vom Ende's Musikalien-Versandgeschäft.

Nr. 1. | Köln a. Rhein, den 26. Oktober 1902. | IV. Jahrg.

Sängerregeln.

1. Du sollst Zeit und Kräfte dem Gesangverein widmen und keinem anderen Verein angehören. Niemand kann zween Herren dienen.
2. Besuche fleissig die Proben, komme pünktlich, bleibe bis zum Schluss.
3. Suche sobald wie möglich die Notenschrift zu erlernen, ein tüchtiger Lehrer bringt dir die notwendigen Kenntnisse in wenigen Stunden bei.
4. Während der Probe ist Rauchen und Trinken verboten.
5. Du sollst nicht schreien, pressen, quetschen oder knödeln, sondern dein Gesang fliesse weich, natürlich und edel aus der Kehle.
6. Störe nicht die Probe durch Zwischenreden; glaubst du etwas besser zu wissen, so sprich nach der Probe mit dem Dirigenten.
7. Vergrabe nicht deinen Kopf in das Notenblatt, sondern blicke soviel wie möglich auf den Dirigenten.
8. Unterlasse das Takttreten und störe deine Nachbarn nicht. Wackle nicht mit dem Kopf und schneide keine Grimassen.
9. Sitzest du nach der Probe beim Schoppen im Freundeskreis, so vermeide politische und religiöse Gespräche. Lebe in Eintracht mit deinen Gesangesbrüdern, denn die Ausübung der Kunst verlangt ein heiteres und warmfühlendes Herz.
10. Glaubst du in den Versammlungen reden zu müssen, so mach's kurz und vermeide unnötige Phrasen und Wiederholungen. Vereinsbeschlüssen füge dich, auch wenn sie deinem Standpunkt nicht entsprechen.
11. Im Konzert bedenke, dass ein schneidiges, vornehmes Auftreten bereits ein Stückchen Erfolg bedeutet.
12. Achte genau auf den gegebenen Ton, aber summe ihn nicht nach. Hat der Herrgott dir eine grosse Stimme verliehen, so suche nicht dich solistisch hervorzutun, sondern ordne dich unter, du störst sonst die Einheitlichkeit der Klangwirkung.

H. vom Ende.

Mittelrheinischer Sängerbund.

Der Mittelrheinische Sängerbund hielt am Sonntag, den 28. September, im Gasthaus „Zur Linde" zu Oestrich im Rheingau seine diesjährige ordentliche Delegierten-Versammlung ab. Nachdem der dortige Bundesverein „Eintracht" den Begrüssungschor „Waldkönig" von H. Langen vorgetragen hatte, eröffnete der Vorsitzende, Herr E. V[illegible]sohn-Bockenheim, die Versammlung und gab einen kurzen Rückblick über das abgelaufene Bundesjahr. Nach dem Kassenbericht des Herrn Anderhub hat auch in diesem Jahre durch sparsame Verwaltung, mehrseitigen Verzicht auf Erstattung der Barauslagen für dieselbe und Stundung der Lieferung eines Bundesorgans die Bundeskasse wieder einen ansehnlichen Zuwachs erhalten. Auf Antrag der Herren Schröder-Mainz und Trost-Wiesbaden, welche die Rechnungslage nachgeprüft haben, wurde dem Kassierer Entlastung erteilt. Während der seitherige Jahresbeitrag in Höhe von 8 Mk., wogegen den Bundesvereinen ein Fachblatt gratis geliefert wird, beibehalten wurde, sollen bezüglich des letzteren neue Massnahmen getroffen werden. Um die Versicherung zu haben, dass die Besprechungen wichtiger, interner Angelegenheiten zu Händen aller Bundesvereine gelangen, abonniert der Bundesvorstand auf ein nach der Zahl der Bundesvereine aus der Bundeskasse zu zahlendes billigeres Fachblatt, das die Verpflichtung übernimmt, namentlich die Verlautbarungen des Vorstandes rechtzeitig durch regelmässiges Erscheinen den Bundesvereinen zu vermitteln. Herr J. Jacobi-Wiesbaden ist beauftragt, die diesbezüglichen Verhandlungen mit dem **Verlag des „Wegweiser durch die Chorgesanglitteratur" und Beiblatt „Der Sänger", Köln, H. vom Ende**, zum Abschluss zu bringen. Nach längerer Debatte wurde bestimmt, dass das **6. Bundesfest**, mit dem der **Feier des 10jährigen Bestehens des Bundes** zusammenfällt, **am 14. Juni 1903 in Wiesbaden**, und zwar mit Anwendung der „Singordnung" des Bundes, abgehalten werden soll. Die Einladung des Bundesvereins „Germania"-Oberingelheim zur Abhaltung der nächstjährigen ordentlichen Delegiertenversammlung dortselbst wurde angenommen. Die Wahl des Bundesvorstandes und der Musikkommission wurde dadurch erledigt, dass auf Antrag des Herrn Schmidt-Wiesbaden die seitherigen Mitglieder derselben per Akklamation wiedergewählt wurden. Dazu erhielt der Vorstand die Ermächtigung, mit Rücksicht auf den Gesundheitszustand des Herrn Bundesdirigenten denselben in die Musikkommission aufzunehmen und diese durch den Grossherzoglichen Musikdirektor, Herrn F. Keiser, der den Bundesdirigenten seither mehrfach vertreten hat, zu ergänzen. Ein Ehrenmitglied des Bundesvereins „Eintracht"-Oestrich feierte sodann in einer längeren, wohldurchdachten Ansprache, in welcher er an Bildern aus dem Winzerleben die Segnungen des Mittelrheinischen Sängerbundes veranschaulichte, die erfolgreiche Wirksamkeit des Bundes, auf dessen ferneres Blühen und Gedeihen er ein begeistert aufgenommenes Hoch ausbrachte. Um 5 Uhr schloss der Herr Vorsitzende die Versammlung mit Worten des Dankes für die zahlreiche Beteiligung und das zu Tage getretene lebhafte Interesse an den Verhandlungen. Neben dem Ortsverein waren die Bundesvereine „Friede" und „Sängerchor des Turnvereins"-Wiesbaden, sowie die „Sängerrunde"-Mainz in so stattlicher Anzahl erschienen, dass sie abwechselnd durch Vortrag mehrerer Chöre die Zuhörerschaft erfreuen konnten, bis der „Fahrplan" zur Trennung aufforderte.

Das Volkslied in Oesterreich.

Es ist bekannt, wie bedauernswert gering das Interesse ist, welches unsere Regierung dem nationalen Volksliederschatze, seiner Erhaltung und Pflege zu teil werden lässt. Ohne den Sammeleifer einiger Freunde des Liedes und ohne die persönliche Fürsorge unseres Kaisers wäre der grösste Teil dieses Nationalschatzes längst verschollen und unser Volk um eines der wertvollsten und beglückendsten Heilmittel gegen Un- und Ueberkultur ärmer.

Um so höher dieser Gleichgültigkeit gegenüber ist die Initiative einzuschätzen, welche der österreichische Unterrichtsminister von Hartel mit folgendem Erlass an sämtliche Landeschefs ergriffen hat: „Die Universal-Edition-Aktiengesellschaft in Wien beabsichtigt im Rahmen ihres mustergiltigen Unternehmens eine Reihe von Bänden zu veröffentlichen, deren Gesamtheit „das Volkslied in Oesterreich" eine musikalisch nationale Sammlung in einzelnen Bänden darstellen soll, wie sie bisher in so vollständiger Weise noch nicht existiert. Die Perlen des österreichischen Volksliedes sollen auf diese Weise nicht allein im Lande selbst, sondern der internationalen Vertriebstätigkeit der „Universal-Edition" entsprechend, der gesamten musikalischen Welt zugänglich gemacht werden. Die Gesellschaft beabsichtigt, die Lieder sowohl mit dem Original-Nationaltext, als auch in guter deutscher Uebersetzung erscheinen zu lassen. Da dieses auf die Erhaltung der Volkslieder und deren weiteste Verbreitung gerichtete Unternehmen nicht nur ein patriotisches Werk darstellt, sondern auch der heimatlichen Kunst und dem österreichischen Volkscharakter ein unvergängliches Denkmal zu setzen bestimmt erscheint, halte ich dasselbe in jeder Beziehung für förderungswürdig.

Die Beschaffung des umfangreichen Materials würde jedoch der Gesellschaft bedeutende Schwierigkeiten bereiten und könnte, wenn dies derselben allein überlassen bliebe, die Vollständigkeit der Sammlung leicht Schaden nehmen. Ich beabsichtige daher, die Gesellschaft hierin nach Kräften zu unterstützen. Am zweckmässigsten erscheint mir in dieser Beziehung, wenn die Mitwirkung der Schulbehörden, insbesondere auch des Lehrpersonals des Landes, weiter die einzelnen Musiklehranstalten (hierbei in erster Linie die staatlich subventionierten), endlich die einzelnen musikalischen Vereine und sonst als Sammler von Volksliedern bekannte Persönlichkeiten herangezogen würden.

Ich beehre mich daher, Eure Excellenz zu ersuchen, von Obigem die Schulbehörden zu verständigen und deren Mitwirkung an dem Gelingen des Werkes zu veranlassen, sowie die übrigen hierbei in Betracht kommenden Faktoren auf das Unternehmen entsprechend aufmerksam zu machen und denselben die möglichste Mitwirkung an's Herz zu legen.

Als Material für das Werk wären zunächst die bereits in Druck erschienenen Ausgaben der betr. nationalen Volkslieder, weiter Manuskripte solcher Volkslieder und Abschriften derselben aus Sammlungen und musikalischen Archiven zu betrachten. Die aus der Beschaffung dieses Materials sich ergebenden Kosten ist die genannte Gesellschaft bereit, aus Eigenem zu tragen, doch wird dort, wo es sich um die Bewilligung namhafterer Beträge handelt, vorher die hierortige Zustimmung einzuholen sein. Hinsichtlich der von Euer Excellenz diesbezüglich eingeleiteten Massnahmen, sowie über das Resultat derselben sehe ich einem Bericht seinerzeit entgegen." Der Minister für Kultur und Unterricht
Hartel m. p.

Ein derartiges Vorgehen ist freudigst zu begrüssen als das beste Mittel, auch unsere Landesbehörden an ihre Pflicht zu gemahnen und zu gleichen Schritten anzuspornen.

Allerdings dürfen wir uns nicht verhehlen, dass der Erlass in der vorliegenden Form doch zu allgemein gehalten ist, um die Gewissheit auf wirklich durchgreifende Massnahmen seitens der untergeordneten Behörden aufkommen zu lassen. Eine besondere Instruktion, in der die zu treffenden Massnahmen genau vorgeschrieben sind, ist namentlich bezüglich des Sammelns unumgänglich nötig. Von einer Mitwirkung der Musiklehranstalten und musikalischen Vereine verspreche ich mir gar nichts; mehr noch von den Seminaristen und Landlehrern, sowie von einzelnen Vereinen, welche sich in den Dienst der Volkskunde und Volkskunst gestellt haben, wie z. B. der Wiener Volksgesangverein, sowie der Verein für Egerländer Volkskunde. Vor allen Dingen aber müssten diejenigen Persönlichkeiten herangezogen und materiell unterstützt werden, welche durch ihre bisherigen Forschungen und Arbeiten bewiesen haben, dass sie Herz und Sinn haben für das Volk und seine geistigen Güter.

So merkwürdig es klingt, aber unter unseren musikalischen und litterarischen Grössen gibt es nur sehr wenige, die einem Liede ansehen können, ob es zum wirklichen, echten Volksgut gehört oder nicht, d. h. ob es denjenigen Volkston getroffen hat, der allein im stande ist, der Weise ein langes Leben im Volke zu sichern.

Untrügliche Merkmale der Echtheit gibt es nicht, hier kann nur das Gefühl eines geistig hochstehenden und doch volkstümlich gesinnten, in und mit dem Volke lebenden Mannes entscheiden. Ausserdem erfordert die Bestimmung der alten Volkslieder, welche in Oesterreich anscheinend unberücksichtigt bleiben sollen, — sehr bedauerlicher Weise — noch manche Kultur- und kunsthistorische Kenntnisse, welche nur auf Grund eingehender Beschäftigung mit dieser Materie zu erlangen sind. Oesterreich besitzt ja gottlob einige solcher Männer, eine offizielle Heranziehung derselben wäre wohl das geeignetste Mittel, ein wirklich erfolgreiches Vorgehen zu verbürgen; vor allen Dingen eine Menge überflüssiger Arbeit zu ersparen.

Ueber die Form der Ausgabe wird nichts gesagt. Beabsichtigt man, das Material in dickleibigen Kompendien mit historischen, ethnologischen, etymologischen und sonstigen Anmerkungen herauszugeben, so ist das ganz gewiss verdienstlich, die „weiteste Verbreitung" wird aber damit nicht erreicht werden. Das Volk hat zweierlei nötig, erstens eine ministerielle Verfügung, dass unserer Schuljugend Kenntnis der Notenschrift beigebracht werde und zweitens kleine, handliche Ausgaben der Texte mit Melodie, billig und leserlich. Empfehlenswerte Vorbilder sind in dieser Beziehung die beiden Hefte „Egerländer Volkslieder", herausgegeben vom Verein für Egerländer Volkskunde in Eger. Preis Mk. 1,— pro Heft. Ebenso die Ausgaben des Wiener Volksgesangvereins. Die Bildung derartiger Vereine wäre für den vorliegenden Zweck sehr wünschenswert. Der Zweck des erstgenannten Vereins ist

a) Die wissenschaftliche Erforschung aller Lebensäusserungen des Egerländer Volkstums.
b) Die Belebung und Weckung des Verständnisses dafür unter allen Landsleuten und im Volke selbst.
c) Die Sammlung und Erhaltung aller auf das Egerländer Volkstum bezüglichen Quellen und Gegenstände.

Bezüglich der Uebersetzungen fremdsprachlicher Lieder geben wir uns keinen allzugrossen Hoffnungen hin, auf Bestellung lässt sich nur selten etwas vollkommenes erzielen.

vom Ende.

Theorie des Gesanges.

H. vom Ende.

…em Stande finden wir die Geheimniskrämerei, die Methode der Kollegen zu verurteilen und gering- … so verbreitet, als in demjenigen unserer Gesang- …der glaubt die Panacee gefunden zu haben und …sitzen, welche im stande ist, den Stimm-Lazarus …-Krösus zu machen, das tiefe Geheimnis des allein … wahren „primären Tones". — Das ist gar wunderbar. Wir finden dieselbe Erscheinung auf …eten menschlichen Strebens, welche noch nicht …n durchleuchtet werden konnten von der Fackel …schaft. Der dunkeln Ecken giebt's noch gar viele …orie der Gesangskunst, trotz aller Forschungen … 50 Jahre; die Ergebnisse dieser Forschungen noch nicht den Weg gefunden zum Studienplan dagegen, sie werden zurückgewiesen als unnötig …rend, die nichtigsten Vorwände müssen herhalten, …ohende Gespenst eines tieferen Eindringens in …e und physiologische Verhältnisse zu verscheuchen …d denn fortgewurstelt wie seit Hunderten von …mer wieder das Ammenmärchen von der „guten …nischen Methode", die diese herrlichen Stimmen …cht! Die Methode war damals nicht besser und …als heute, sie beruhte auf demselben unwissen- … Experimentieren ins Blaue hinein, oder dem …, wobei sämtliche Fehler des Lehrers getreu…macht werden. Uebrigens wird's auch in …gegangen sein, wie bei uns, dass mindestens 20 Studium vorzeitig beenden mussten wegen fal…ildung und daraus entstandener Kehlkopfleiden. auch heute noch vor uns voraus hat, das ist …schmack und grössere Erwartungen seitens des …nbezug auf Reinheit und Schönheit der Ton…zulängliche Leistungen nach dieser Richtung nicht geduldet und daher sind die Sänger ge…hr Wert auf ihre Vorbereitung zu legen. …urückweisen jeder wissenschaftlichen Begrün- Thätigkeit ist eines gebildeten Menschen, der …ich etwas anderes sieht, als ein Handwerk, un…ein Lehrer, der nicht alles über einen Kamm jeden Schüler nach seiner Eigenart behandeln …halb nach neuen Methoden suchen muss, wird Quell der Erkenntnis, der gründlichen Einsicht …hätigen Faktoren und Verhältnisse schöpfen

…n- und Stimmbildung.

Schall, Geräusch, Ton.

… wir, uns Klarheit zu verschaffen über die Vor- … Stimmgebung, der „Phonation". … ist eine Empfindung, die uns durch das Gehör …elt wird, demnach hörbar ist. Alles, was wir …r ein Ergebnis der schwingenden Bewegung der …o Bewegung wird auf die Luft übertragen …en Schwingungen unserm Ohre zugeführt. Nach …se unserer Naturkundigen besteht die Materie …en, durch kein uns bekanntes Mittel teilbaren, …rtigen Teilchen — Moleküle genannt —, welch… …ringe Zwischenräume von einander getrennt durch eine besondere, nur auf kleine Ent…kende Anziehungskraft — die Molekularkraft …ergefesselt werden, dass sie nur innerhalb der …en Räume ihre Bewegungen auszuführen ver-

… nun eine von aussen herantretende Kraft bei …eine Lagenänderung seiner Teile, so hat der …streben, nach Aufhebung der Kraft seine ur…stalt wieder anzunehmen, und diese Eigen…per, wozu auch die Luft gehört, nennen wir …t. Dieselbe behält ihre Wirkung, solange nicht …Moleküle aus dem Bereich der Molekularkraft werden und dadurch der Körper den Zu…erliert und brüchig, rissig oder spröde etc.

…ieser Kraft werden die aus ihrer Lage ge…es Körpers nicht allein ihre alte Lage wieder einnehmen, sondern nach der entgegengesetzten Seite weiterschwingen, nach einem Naturgesetz der Beharrung, welches uns bei jeder Bewegung entgegentritt, bis sie durch eine äussere Ursache, die Molekularkraft, daran verhindert werden. Diese pendelartigen Schwingungen wiederholen sich so oft, bis sie durch mancherlei Hindernisse der Bewegung, Widerstand der Luft, Reibung etc. immer kleiner geworden, schliesslich aufhören. Ist nun die Richtung dieser Schwingungen senkrecht auf die Hauptausdehnung des schallenden Körpers, so schwingt der ganze Körper als solcher, die Schwingungen werden dann transversale genannt; longitudinal sind die Schwingungen der Moleküle für sich, welche in der Richtung der Hauptdimension des schallenden Körpers erfolgen (z. B. die Luft in den Blasinstrumenten).

Da die Luft ebenfalls zu den elastischen Körpern gehört, so teilen sich ihr die Schwingungen in der Weise mit, dass zunächst eine Luftschicht verdrängt wird. Es entsteht dadurch ein luftverdünnter Raum (Wellenthal) und ein luftverdichteter (Wellenberg), beides zusammen nennen wir eine Schallwelle. Die Bewegung setzt sich nach allen Richtungen hin „in Kugelschalen" weiter fort und erreicht so unser Ohr; der Gehörnerv übermittelt sie dem Gehirn und hier wird sie zunächst zur Empfindung und in einem weiteren Denkprozess zur Wahrnehmung. Alles, was auf diese Weise in uns zur Empfindung gelangt, nennen wir Schall. Ist der Körper weniger elastisch, so vollführen sich die Schwingungen unregelmässig, der Schall bekommt keine gleichmässige Beschaffenheit, die Tonhöhe lässt sich nicht genau bestimmen und wir nennen die dabei empfangenen Gehörseindrücke: Geräusch. Wird aber der Schall von einem sehr elastischen Körper hervorgerufen und erfolgen die Schwingungen in regelmässigen Phasen mit genügender Geschwindigkeit (mindestens 16 Schwingungen in der Sekunde), so ist das Gehörte von längerer Dauer, hat gleichmässiges Gepräge, messbare Höhe und sinnlich angenehmen Charakter; wir nennen den Schall dann einen „Ton".

Einen Uebergang von den Geräuschen zum Ton bildet die menschliche Sprache, welche neben einer grossen Menge ziemlich sicher bestimmbarer Töne doch noch viel Geräusch mit sich führt. Der Tonreichtum richtet sich in derselben nach der Menge und Dauer der Vokale. Gesellt sich aber zum Sprachlaut der Rhythmus, wie in der gebundenen Rede, so wird, je grösser die Begeisterung, um so volltönender die Stimme, wie denn z. B. Possart als Manfred und Klara Ziegler als Iphigenie nicht mehr weit vom gesungenen Ton entfernt sind.

Ein Mittelding zwischen Sprechen und Singen bietet uns das Secco-Recitativ dar, daher „Sprachgesang" genannt. Der Gesang aber vermeidet jede Art von Geräusch und hat als Inhalt einzig den im menschlichen Stimmorgan gebildeten Ton.

Die Tonbildung im menschlichen Organ geschieht in der Weise, dass ein Luftstrom aus den Lungen in die Luftröhre getrieben wird. Am oberen Ende derselben, im Kehlkopfe, findet er Widerstand an einem Verschluss, der durch zwei fest aneinander gepresste Hautlappen, die Stimmbänder, gebildet wird. Die Stimmbandränder werden aus ihrer Lage verdrängt und lassen dabei eine kleine Luftmenge durch; vermöge ihrer Elasticität schwingen sie zurück, um dann wieder verdrängt zu werden. Dadurch bilden sich zunächst in der Richtung des Luftstroms unmittelbar durch die einzelnen aufeinanderfolgenden Luftstösse longitudinal fortschreitende Schallwellen, ausserdem aber tonverstärkende Wellen, entstanden durch Uebertragung der Bänderschwingungen auf die oberhalb der Bänder, namentlich auch in den seitlichen taschenförmigen Ausbuchtungen des Kehlkopfs, befindliche Luftschicht.

Resonanz.

Damit hätten wir den ursprünglichen, den sogen. „primären" Ton, ein kleines, dünnes, erbärmliches Geschöpfchen, das kaum das Gehege der Zähne überschreiten würde, hätten wir nicht Mittel, ihm Kraft und Fülle zu geben, ihn anwachsen zu lassen, dass es wie mit Donnergewalt den Lippen entströmt und uns staunen macht, wie gross die Natur im Kleinen sein kann. Diese Mittel bieten sich uns in der Resonanz und dem gleichzeitigen Auftreten der Obertöne, und damit beginnt die Sache verwickelt und unklar zu werden.

Vergegenwärtigen wir uns zunächst diese Vorgänge im allgemeinen. Die Schallwellen breiten sich nach allen Seiten hin „in Kugelschalen" aus, werden mit der Zeit schwächer und verlieren sich schliesslich. Stossen sie unterwegs auf einen Widerstand, so werden sie diesen, falls er elastisch ist, zum Mitschwingen veranlassen. Die Schwingungen werden also auf grössere Flächen übertragen, die Impulse immer ausgebreiteteren Partien der Luft mitgeteilt und das Ergebnis ist kräftigere Schallwirkung, wie wir sie bei Saiteninstrumenten infolge der Resonanzvorrichtungen bemerken. Eine weitere Verstärkung des Tones findet statt durch das Mittönen des betreffenden elastischen Körpers beim Auftreten seines Eigentones.

Anders verhalten sich die Schallwellen, wenn sie härteren Widerstand finden. Hier tritt je nach Lage und Art des Widerstandes Brechung oder Beugung oder auch direkte Zurückwerfung auf. In grösseren Räumen entsteht dadurch Nachhall oder Widerhall (Echo), in kleineren ist die Wirkung verschiedenartig. Treffen die Wellenberge und Thäler genau zusammen, so bilden sich sogen. „stehende Schallwellen", indem die Tonsäule in sich selbst schwingt und den Ton ganz erheblich verstärkt. Je mehr die einzelnen Phasen divergieren, um so geringer ist diese Verstärkung, bis schliesslich da, wo Berg an Berg stösst, jede Bewegung die andere in ihrer Richtung mit sich fortzureissen sucht und dadurch die Bewegung aufgehoben wird, es tritt dann an diesen „Knotenpunkten" sogen. Interferenz des Schalls ein.

Diese stehenden Schallwellen sind es vor allen Dingen, welche in unsern Stimmorganen dem gesungenen Tone Kraft, Fülle und Glanz verleihen. Die Schallwellen entstehen im Kehlkopfe über den Stimmbändern, breiten sich sofort nach allen Seiten hin, soweit es die räumlichen Verhältnisse erlauben, aus als fortschreitende Wellen und finden zum Teil ihren Ausweg durch den Mund, nachdem sie an verschiedenen Stellen des Rachens und Gaumens gebrochen wurden. Ein anderer Teil dieser Wellen aber wird zur Resonanzwirkung benutzt.

Das ganze Knochengerüst des Menschen ist elastisch und gerät in Mitschwingungen, sobald die Schallwellen in geeigneter Weise auf sie gerichtet werden. Der geübte Sänger hat es in seiner Gewalt, einzelne Knochen oder Knochenkomplexe zum Mitschwingen zu bringen, sobald er das Bewusstsein derselben hat und seine Aufmerksamkeit ernstlich der betr. Stelle zuwendet. Es kommen dabei hauptsächlich in Betracht der Brustkasten und die Knochen des Kopfes. Nun genügt aber dieses Mitschwingen allein, wie wir wissen, nicht für unsere Zwecke, sondern diese Schwingungen müssen entweder auf ausgebreitetere Partien der Luft übertragen, oder zu stehenden Wellen in ganz oder zum Teil geschlossenen Hohlräumen benutzt werden und diese finden sich in der Brust nur in sehr geringem Masse vor. Die Luftröhre mit ihren Abzweigungen zu den Lungenflügeln, den Bronchien, ist von vornherein ausgeschlossen. Der Luftstrom, der aus der Lunge durch sie getrieben wird, würde jede Schallwelle zerstören; in der Lunge selbst haben wir allerdings Hohlräume, kleine mit Luft gefüllte Bläschen, die sogen. Alveolen, aber erstens sind dieselben sehr klein und stehen nicht miteinander in Berührung, sind vielmehr umgeben von einem dichten Geflecht von Blutgefässen, sodass eine durchgehende Wellenbildung nicht möglich ist, oder, wenn doch, manchen Störungen unterliegen würde durch den Druck, der vom Zwerchfell und den Rippen behufs Entleerung beim Ausatmen auf die Luftbläschen ausgeübt wird. Da sich sonstige Hohlräume in der Brust nicht vorfinden, so ist es mindestens fraglich, ob wir von einer eigentlichen Brustresonanz sprechen können, d. h. von einem erheblichen Mittönen. Wohl aber ist das Mitschwingen des Brustkastens wichtig, als ein Beweis richtigen Ansatzes und lockerer, gesunder Tongebung. Die Schwingungen können sich nämlich von den Stimmbändern auf die Knorpeln, Muskeln und weiter abliegenden Organe nur dann weiter fortpflanzen, wenn die Muskeln nicht straff gespannt, sondern locker gehalten werden. Ein straff gezerrter, festgehaltener Muskel nimmt überhaupt keinerlei Bewegung an und der Ton wird gleichsam im Entstehen erstickt, er kann die Mittel nicht ausnutzen, die ihm zur Kräftigung zu Gebote stehen.

Anders verhält es sich mit den oberhalb der Stimmbänder gelegenen Räumen. Hier stehen dem Ton zunächst der ganze Schlund- und Nasen-Rachenraum und die Mundhöhle zur Verfügung. Aber auch noch andere Höhlen des Kopfes: über dem harten Gaumen, im Keil-Stirnbein etc., können ausgenutzt werden zur Klangverstärkung und Hauptaufgabe des Gesang-Studiums ist es, durch stete Versuche dahin zu gelangen, dass die Resonanzwirkungen in diesen Hohlräumen kräftig und voll in Erscheinung treten.

Als weiteres Verstärkungsmittel wurde oben noch betont das Phänomen der Obertöne. Wie wir wissen, hat eine schwingende Tonsäule oder Saite die Eigenschaft, nicht nur als Ganzes, sondern auch gleichzeitig in seinen einzelnen Teilen zu schwingen. Diese Teilschwingungen rufen selbstredend jede für sich ebenfalls Töne hervor, Obertöne genannt, sodass bei der Angabe eines Tones nicht nur dieser, sondern gleichzeitig, wenn auch weniger hörbar, seine Obertöne erscheinen; wir hören also in der Regel Klänge und nicht Töne. Diese Obertöne tragen wesentlich bei zur Herausgestaltung des Timbres der Stimme, die Verschiedenheit der Vokale, ohne welche das Erscheinen unserer Stimme nicht denkbar ist, beruht auf ihnen. Ihre Zahl und Stärke hängt ab von der Stellung der Organe des Ansatzrohrs, also des Rachens und Mundes mit Zunge, Gaumensegel etc. Indem wir also diese Organe in zweckmässiger Weise zu handhaben und stellen vermögen, haben wir es in der Hand, den Charakter, Klang, das Timbre unserer Stimme nach Bedürfnis zu regeln und zu ändern, überhaupt unserer Stimme ein schönes Dasein zu verleihen.

Der menschliche Stimmapparat.

Die Töne der menschlichen Stimme entstehen im Kehlkopf durch Schallwellenbildung mittelst der aus den Lungen durch die Stimmritze getriebenen Luft. In ihrem Entstehen treten die Töne mit ihren Obertönen zu Klängen zusammen und nur diese, nicht die einzelnen Töne für sich, gelangen in uns zur Wahrnehmung.

Diese Klänge unterscheiden sich durch ihre **Stärke, Lage und Klangfarbe,** unser Stimmapparat muss daher durch seinen Bau und seine Funktionen befähigt sein, die Stimme, das Produkt seiner Thätigkeit, nach diesen drei Richtungen zu gestalten und nach unserm Belieben zu modifizieren. Die Möglichkeit dieser Gestaltung der Stimme ist uns gegeben durch die Veränderlichkeit der Stimmbänder und des Ansatzrohres nach Form und Lage.

Der eigentliche tonerzeugende Stimmapparat, der **Kehlkopf,** befindet sich am oberen Ende der Luftröhre, unterhalb des Zungenbeins, woran er durch Bänder und Muskeln befestigt ist. Sein äusseres Gehäuse setzt sich zusammen aus dem die Basis bildenden **Ringknorpel,** der nach hinten eine hohe Rückwand bildet und sich vorn in einem schmalen Bande zusammenschliesst, dem **Schild- oder Spannknorpel,** der, unter dem Namen „Adamsapfel" am männlichen Halse hervortretend, nach vorn und den Seiten den Schutz bildet, und den beiden beweglichen **Giesskannen-** oder **Stellknorpelchen,** welche auf der Hinterwand des Ringknorpels in einem Gelenk eingefügt sind.

Von den vorderen Spitzen dieser Stellknorpel aus spannen sich zwei sehnige, elastische Bänder, die sogen. **wahren Stimmbänder** nach vorn zum Schildknorpel.

Der obere Zugang zum Kehlkopf kann durch den unterhalb der Zunge befindlichen und mit dieser verbundenen Kehlkopfdeckel geschlossen werden. Derselbe hebt und senkt sich, wenn die Zunge ihn herabdrückt oder hebt.

Alle diese Teile stehen durch Bänder und Muskeln mit einander in Verbindung und können in ihrer Lage und ihrer Stellung zu einander beliebig geändert werden. Durch andere Muskeln kann der Kehlkopf als Ganzes auf- und abwärts gezogen werden.

Die Kehlkopfhöhle ist ausgekleidet mit einer elastischen Membran, welche selbst wieder von einer Schleimhaut bedeckt ist. Die Stimmbänder sind nur Faltungen dieser Membran und ebenfalls von der Schleimhaut überzogen, welche durch eine schleimige Absonderung die Hautoberfläche schlüpfrig erhält und daher wichtig für die Bildung der Stimme ist. Längs der Aussenseite jedes

Der Sänger.

Amtliches Organ des westdeutschen Sängerverbandes.

Das Volkslied ist die Unsterblichkeit der Musik.
Marx.

Verbunden werden auch die Schwachen mächtig.
Schiller.

26. Oktob. 1902. | Vorsitzender: Lehrer A. Gau, Hilden bei Düsseldorf. | Nr. 1.

Redaktion u. Verlag: H. vom Ende, Köln a. Rhein, Ecke Bismarckstrasse 25.

Westdeutscher Sängerverband.

Der Kaiserpreis.

Duisburg, 25. Sept. Aus Anlass der Ueberreichung des ihm zu seinem 50jährigen Jubelfeste von Sr. M. dem Kaiser verliehenen Preises an den Männer-Gesangverein „Sängerbund"-Schalke veranstaltete der hiesige **Männer-Gesang-Verein „Germania"** am vergangenen Sonntag in den Räumen des Herrn Karl Heuse ein Konzert. Den instrumentalen Teil des reichhaltigen Programms führte das neugegründete Duisburger Konzerthaus-Orchester unter seinem Dirigenten Herrn G. Franke, das sich durch vorzügliche Leistungen grosse Anerkennung erwarb, aus. Namentlich wurden die Ouvertüre zu „Dichter und Bauer" von Suppé und „Der Liebestraum", Fantasie für Piston-Solo (Herr Hellmund) von Hoch trefflich wiedergegeben. Der M.-G.-V. „Sängerbund"-Schalke sang von grösseren Chören „Vineta" von Fr. Abt, „Heil Kaiser und Reich" von Rebbert und „Kaiser Friedrich" von Neumann, von denen der letztere bedeutende Anforderungen an die Sänger stellt. Hier trat denn auch die gute Schulung des Vereins ins beste Licht. Aber auch der unter der bewährten Leitung des Herrn Musiklehrers Ernst Kirsten stehende M.-G.-M. „Germania" zeigte mit den von ihm wirkungsvoll zu Gehör gebrachten Chorliedern, wie „Festgruss" von Meyer-Olbersleben mit Orchesterbegleitung und „Vom Rhein" von M. Bruch eine schöne Tonsicherheit. Neben grösseren Chören war auch das deutsche Volkslied vertreten. Musiker und Sänger ernteten für ihre Darbietungen reichen Beifall. Gegen 8½ Uhr ergriff der Vorsitzende der „Germania", Herr Heinrich Boveland, das Wort zu einer Ansprache, in der er bemerkte, dass durch die Feier ein wichtiger Teil des voraufgegangenen 50-jährigen Jubelfestes erledigt werden solle. Es gereiche ihm zur besonderen Freude, dass das Bestreben des Vereins auch an allerhöchster Stelle Anerkennung gefunden habe. Es sei dies ein Ansporn für sie und den Westdeutschen Sängerverband, auf dem bisherigen Wege mit frischem Mut vorwärts zu schreiten. Se. M. der Kaiser habe die Gnade gehabt, anlässlich des Jubelfestes einen Preis zu stiften. Redner brachte sodann die Urkunde darüber zur Kenntnis, dass der Kaiser dem besten der am Wettsingen beteiligt gewesenen Vereine die silberne Königsmedaille verliehen habe. Aber nicht allein dem Westdeutschen Sängerverbande und dem Vereine sei eine Anerkennung in den bisherigen Bestrebungen zu teil geworden, sondern auch den Sängern von dem Sängerschlachtfelde. Allen anderen Gesangvereinen sei ein Ansporn gegeben zum treuen Zusammenhalten, zur Pflege des deutschen Liedes, insonderheit des Volksliedes und des im Volkston gehaltenen deutschen Heimatliedes. Die Hauptaufgabe sei die Pflege des deutschen Männergesanges. Mit dieser Pflege verbinde sich gleichzeitig die Pflege einer echt deutschen Gesinnung. Bekämpfen wollten sie die so viel beklagte vaterlandslose Gesinnung und arbeiten an dem Friedenswerke, dass das Vaterland nach innen erstarke. Redner gedachte zum Schluss seiner beifällig aufgenommenen Ansprache des obersten Landesherrn und brachte ihm ein brausendes Hoch aus. Hierauf erfolgte durch Herrn Boveland die Ueberreichung des Kaiserpreises an den Schalker Verein mit den Worten, derselbe möge ihm ein Ansporn sein, auf dem Gebiete des Gesanges immer Grösseres zu leisten. Der Vorsitzende des Schalker Vereins dankte hierauf dem Verbande und dem festgebenden Verein für ihre Bemühungen zur Erlangung des Kaiserpreises und schloss mit einem Hoch auf dieselben. Nachdem die auswärtigen Sänger Abschied genommen, unterhielt die Kapelle und der M.-G.-V. „Germania" die Anwesenden noch einige Stunden.

Die modernen Wettstreite und ihre Bedeutung.

Aus unserem Leserkreise geben uns folgende beachtenswerte Ausführungen zu.

„Halten wir Umschau auf dem Gebiete des Gesangvereinslebens, so fallen uns auf Schritt und Tritt die modernen Gesangwettstreite in die Augen, die Tageszeitungen sind voll von ihnen, und deshalb dürfte es sich wohl lohnen, einmal zu untersuchen, was diese Wettstreite den teilnehmenden und veranstaltenden Vereinen sind, weshalb sie in ihrer heutigen Gestalt von allen ehrlich gesinnten Sängern bekämpft werden und wie hier Remedur zu schaffen ist".

In unserer heutigen Zeit, wo der rastlos wühlende Menschengeist unaufhaltsam fortschreitend immer Neues schafft und neue Werte erstehen lässt, wo alles im Zeichen des Handels und Verkehrs steht, wo selbst Leuchten der Wissenschaft diese nur als melkende Kuh betrachten, als ein Mittel zur Vermehrung des eignen physischen Wohlseins, da kann es nicht Wunder nehmen, dass auch in die idealste aller Künste eine Denkungsart sich einschlich, welche den Wert aller künstlerischen Arbeit lediglich von dem materiellen Erfolg abhängig macht.

Das alte Dichterwort: „Das Lied, das aus der Kehle dringt, ist Lohn der reichlich lohnet", es hat heute in gewissen Kreisen seine Geltung verloren, selbst Ehre und Anerkennung genügt nicht mehr, man verlangt nach klingendem Lohne, man will seine Leistungen bezahlt haben. Das sind traurige, aber unvermeidliche Folgen eines materialistischen Zeitgeistes, die sich überall da zeigen, wo eine ihrer Kräfte und Fähigkeiten bewusste Gemeinschaft sich einer Führerschaft anvertraut, welche bei der Verfolgung ihres Zieles auch einen unlauteren Wettbewerb nicht verabscheut. Das Ringen nach Erfolg, nach Anerkennung der Leistungen und nach äusseren Zeichen dieser Anerkennung ist an sich durchaus nichts Unehrenhaftes, vielmehr eine Vorbedingung jeder künstlerischen Tat, und diese Anerkennung suchen und finden die Gesangvereine auf den Wettstreiten, die somit für die Kunstentwickelung unverkennbar von grosser Bedeutung sind. Die Vereine sind gezwungen, ihre Uebungen nach künstlerischen und kunsttechnischen Prinzipien zu regeln, die Dirigenten lernen dort und suchen ihre Erfahrungen später zu verwerten, kurz: die Gesangwettstreite sind für die teilnehmenden Vereine eine wirksame Schule und daher wohl wert, von allen Freunden des Gesanges unterstützt zu werden.

Doch nun zur zweiten Frage: Was bedeuten die Wettstreite für den Veranstalter? Die Antwort wird wohl verschieden ausfallen; für den einen ist der Wettstreit die Verschönerung seines Jubelfestes, für den Anderen eine passende Einnahmequelle, für den dritten das Mittel zu einem anderen Zweck und so kommt es, dass jeder Wettstreit nach anderen Gesichtspunkten geleitet wird, dass die einheitliche Organisation fehlt. Man hat eben am Beginne dieser ganzen Bewegung unterlassen, die Vereine zu organisieren, wie das in Süddeutschland und in der Schweiz geschehen ist; das wäre damals viel leichter gewesen, als heute, wo die Sucht nach Geldpreisen, koste es, was es wolle, den Vereinen in Fleisch und Blut übergegangen ist. Das Gewissen der Vereine ist bereits so lahm geworden, dass man es gar nicht mehr für verwerflich hält, den Mangel an eigenem Material zu ersetzen durch gekaufte Sänger! Der schwache Trost: „So machens alle!" muss herhalten, um das Schuldbewusstsein zu beschwichtigen. Es gibt Städte, in denen die Gesangvereine es sich zur „Ehre" rechnen, jedesmal dem zum Wettstreit ziehenden Vereine die besten Sänger zu überlassen; in gedruckten Zirkularen werden schon jetzt die Mitglieder anderer Vereine seitens eines den nächstjährigen Frankfurter Wettstreit besuchenden Vereins aufgefordert, sich anzuschliessen und Befreiung von Eintritts- und Mitgliedsgeldern, Entschädigung für Reisenunkosten etc. zugesichert. Minderwertige Leistungen werden mit ersten Preisen gekrönt, ohne dass gerade der Zufall eine Rolle dabei spielt. Gibt es doch sogar Preisrichter, welche gegen „Draht" durchaus nicht unzugänglich sind und aus ihren Ansichten von Pflicht und Gewissen gar kein Hehl machen.

Ob dabei manch schöner Verein zu Grunde gerichtet wird, manch braver, gesinnungstüchtiger Dirigent Platz machen muss dem gewiegten Geschäftsleiter eines jungen Strebers, manche Familie bei dieser schlechten Zeit leiden muss unter den Ansprüchen des Vereins, das scheinen jene gewissenlose Macher nicht zu fühlen. Viele bessere Vereine haben sich daher schon längst von den Wettstreiten zurückgezogen und sehen indifferent dem Lauf der Dinge zu. Wie viel könnte erreicht werden, wenn alle diese Vereine mit eintreten wollten in den Kampf gegen den unlautern Wettbewerb, damit wieder geordnete Zustände in unser Gesangvereinsleben hineingebracht werden. Möchten sie sich doch einmal ernstlich die Frage vorlegen: Wie schaffen wir Abhülfe von den vorerwähnten Uebelständen? Der Anfang ist gemacht. Wie in allen anderen Teilen unseres Vaterlandes die Vereine längst organisiert sind, so lässt auch im Westen der Westdeutsche Sängerverband den Ruf an alle edel denkenden Gesangvereine zum Anschluss an ihn ergehen. Je früher der Bund gefestigt und die Lage beherrschend dasteht, um so eher werden die Wettstreite wieder zu dem gemacht, was sie sein sollen und können: Ein Erziehungsinstitut zur Vervollkommnung des deutschen Männergesanges.

Der Bund, dessen Devise lautet: „Geeint sind auch die Schwachen mächtig", richtet wiederholt an alle Vereinsvorstände und Dirigenten die Bitte, ihren ganzen Einfluss geltend zu machen, damit die Vereine sich dieser segensreichen und zeitgemässen Organisation anschliessen. H. B.

Mülheim (Ruhr), 8. Oktober 1902. Der **Delegiertentag des Rheinischen Sängerbundes** wurde bekanntlich am Montag bei Gelegenheit des Jubelfestes unseres Männergesangvereins „Frohsinn" hier abgehalten. Auf demselben ist nun ein Beschluss gefasst worden, der in Sängerkreisen überall Interesse hervorrufen wird. Für den **Jubelverein „Frohsinn"** war die Verleihung der von Sr. M. dem Kaiser für verdienstvolle Leistungen auf dem Gebiete der Kunst und Wissenschaft gestifteten Medaille beantragt, doch konnte, wie der Vorsitzende des „Frohsinn" auf dem Festbankett schon bemerkte, dem Antrage keine Folge gegeben werden, weil nach allerhöchster Kabinettsordre die Verleihung der Medaille nur dann befürwortet werden kann, wenn mit dem Jubelfeste ein Gesangwettstreit verbunden ist. Der Delegiertentag hat nun beschlossen, in Verbindung mit grösseren Sängerverbänden darzulegen, dass die heutigen Gesangwettstreite viele Auswüchse haben und es nicht angebracht ist, diese zu fördern, ebenso, dass die tüchtigeren Vereine sich davon zurückziehen. Dieses Material soll die Bitte unterstützen, die Medaille auch den Vereinen zu gewähren, die keinen Gesangwettstreit mit der Jubelfeier verbinden, aber dazu durch langjährige Bestrebungen auf dem Gebiete der Sangeskunst berechtigt erscheinen. Gewiss wird man den Beschluss nur mit Freude begrüssen.

Briefkasten.

Mehreren Fragestellern zur Nachricht, dass die silbernen Preismedaillen den betr. Vereinen zugegangen sind.

Neue Sololieder.

Friedr. Ullrich, op. 64. „Wenn nicht die Liebe wär".
Ullrichs Verlag, Godesberg. Preis Mk. 1,50.

Ullrich hat sich nicht nur als rühriger Chorverleger, sondern auch als Schöpfer von Kompositionen im volkstümlichen Stil einen Namen gemacht. Als Zeichen der Beliebtheit, deren er sich in weiteren Sängerkreisen erfreut, können die Ehrungen gelten, welche ihm kürzlich anlässlich seines 25jährigen Dirigentenjubiläums dargebracht wurden. Namentlich hängt der M.-G.-V. in Kalk heute noch wie vor 25 Jahren mit warmer Liebe an seinem Ehrendirigenten und dokumentierte dieselbe durch ein grosses Festkonzert zu Ehren Ullrichs.

Das oben angeführte Liedchen ist als Männerchor bearbeitet bereits vorteilhaft bekannt geworden und wird auch als Sololied durch seinen halb schelmischen, halb wehmütigen Inhalt Interesse erwecken.

Hermann Kitzau, op. 23. „Zuleika". (Hannover, Ad. Nagel.)
Preis Mk. 1.20.

Paul Eisner, op. 11. „Probieren geht über's Studieren".
Rheinisches Trinklied für mittlere Stimme. (Dresden, Karl Gnevkow. Preis 80 Pfg.) Ein dankbares Trinkerliedlein.

Johannes Schondorf. „Bispill". (Gustav Schondorf's Verlag).
do. „Matten Has'". Preis 60 Pfg.

Zwei allerliebste Liedchen mit plattdeutschem Text von Cl. Groth. Sehr zu empfehlen.

Sigm. Kerling. Drei Lieder in plattdeutscher Mundart. „Grotmoders Awendgebed", „Wegenleed", „Mörgengebed". (Bremen, Praeger & Meier. Preis Mk. 1,—.

Léon Jessel. Drei plattdeutsche Gedichte von Joh. Meyer, für 1 Singstimme komponiert, „Wat du mi büss", „Hartleevste min", „In de Wisch". (Bremen, Praeger & Meyer. Preis Mk. 1.50)

Wir machen alle Freunde der niederdeutschen Mundart auf diese Ausgaben aufmerksam, leider wird das plattdeutsche Lied noch viel zu wenig gepflegt.

Albert Thierfelder, op. 30. Lied des Bergknappen „Frieder" aus der dramatischen Kantate „Frau Holde". (Fulda, Alois Maier.
Preis 80 Pfg.

Wir verweisen auf die diesem empfehlenswerten Werke bereits früher gewidmete Besprechung.

Lieder aus dem Verlage von Chr. Fr. Vieweg, Quedlinburg.
Julius Oertling, op. 58. Ballade aus dem Trauerspiel „Harold" von E. von Wildenbruch. „Jung Edward", für Tenor mit Hornquartet 2.50) oder Klavier (1.50).

Ein Interesse erweckendes Werk; geistreiche Harmonik und packende Rhythmik verleiht ihm warmes Leben; der Text ist charakteristisch aufgefasst.

W. Rudnick, op. 79. „Psalm XIII" für mittlere Stimme mit Orgel und Harfe oder Klavier. Preis Mk. 2,—.

A. Zimmermann. 2 Lieder für mittlere Stimme. „Abend", „Mein Dörlchen" Mk. 1,50. Zwei ansprechende, gemütvolle Liedchen, durch einfache, aber edle Melodik sich auszeichnend.

Neue Sammlungen für Männerchor.

Grubenklänge. Männerchöre für bergmännische Vereine von A. Grosse-Weischede, Bochum, bei Wilh. Stumpf.
Preis 1.80 Mk.

Die Sammlung macht sowohl was Aeussere und typographische Ausstattung, als auch was den Inhalt anbelangt, den denkbar günstigsten Eindruck. Sie enthält neben einer grossen Anzahl volkstümlich gehaltener Originalkompositionen von C. Hirsch, C. Steinhauer, O. Neubner u. a., welche sich auf die verschiedenen Vorkommnisse des bergmännischen Lebens beziehen, noch eine Reihe von Vaterlands- und Volksliedern in ansprechendem leicht ausführbarem Satze, sodass alle Ansprüche in weitesten Masse Berücksichtigung finden. Möge das Werkchen weiteste Verbreitung finden.

Deutsche Bankettlieder von Karl Zuschneid, op. 61.
Quedlinburg bei Chr. Fr. Vieweg.

Sechs feuchtfröhliche, kernhafte, echte „Liedertafellieder" im ursprünglichen Sinne dieses heute etwas anrüchig gewordenen Wortes. In ihnen finden wir den Stil wieder, in dem Zelter, Fr. Schneider, Mendelssohn ihre schwungvollen, heitern Weisen für die geselligen Zusammenkünfte der alten Liedertafeln komponierten, von dem heute grassierenden sog. „Liedertafelstil", der sich aus einer Vereinigung von abgedroschenen Motiven, nichtssagenden Rhythmen, fadem Gefühlsüberschwang und ähnlichen Seichtheiten aufbaut, himmelweit verschieden.

Volkslieder für Männerchor.

Verlag von G. Schirmer, New-York.

Aus aller Herren Ländern. Eine Sammlung von Volksliedern verschiedener Nationen. Für **Männerchor** bearb. von Max Spicker, op. 45. 1. Musette, (Französisch); 2. Ob fern in der Fremde, (Home, sweet home); 3. Kosackenlied, (Russisch); 4. Eine holde Kleine, (Neapolitanisch); 5. Mei Mutter mag mi net; 6. Die Nacht, (Wallisisch); 7. Drunten im Thal, (Ungarisch); 8. Röschen, (Vlämisch); 9. Vor Liebchens Fenster, (Böhmisch); 10. Der Spielmann, (Jütländisch); 11. Heimkehr von der Alpe (Norwegisch); . . . . Preis Part. 30 C., Stimme 20 C.

Die Auswahl ist eine hübsche und derartig, dass der Charakter der Stile vortrefflich gekennzeichnet wird. Der Satz ist einfach aber angemessen, sodass die Sammlung auch diesseits des grossen Meeres Anklang finden wird.

Deutsche Eiche. Verlag S. Eulenburg, Leipzig.
Part. u. St. je 60 Pfg.

389 Verstohlen geht der Mond auf . . . . . . Cursch-Bühren.
391 Mädel mit dem roten Mieder . . . . do.
392 Ach wie ist's möglich dann (Küken) . . . . do.
393 Maienzeit bannet Leid . . . . do.
406 O, das is guad, Wiener Verl. . . . . R. Hanke
411 Dort wo die klaren Bächlein . . . . Spangenberg.
419 Zu Strassburg auf der langen Brück . . . . (H. Silt.)

Verlag von Rob. Neumann, Pforzheim.
Part. u. St. je Mk. 1.20.

27 Schätzlein, wär ich bei dir . . . . Fritz Neuerl.
30 Abschied vom Liebchen . . . . do.
31 Ich habe den Frühling gesehen . . . . do.

Neue Bücher

Repetitorium der Harmonielehre in fortlaufender Reihe von Fragen für Musikexaminanden von Hermann Bäuerle. Mit Anhang: Litteratur zum Studium der Harmonielehre. Leipzig, Max Hesse. Preis 50 Pfg.

Zu dem angegebenen Zweck kann das Werkchen sehr wohl Verwendung finden. Manche wichtige Frage über Tonartenverwandtschaft, Modulation, übergreifendes System etc. vermissen wir allerdings.

Anleitung zum Partiturspiel von Hugo Riemann. Leipzig, M. Hesse. Preis Mk. 1,50, geb. Mk. 1,80.

Der Wert des Partiturspiels, d. i. der Improvisation eines Klavierauszuges nach der Orchesterpartitur, nicht allein für künftige Dirigenten, sondern für jeden Klavierspieler, der in den Bau, in die Stimmführung, überhaupt in die Form des Werkes eindringen will, wird durchaus noch nicht allgemein anerkannt. Riemann fasst als eigentliche Aufgabe der Uebungen im Partiturspiel von Anfang an die möglichst vollständige Wiedergabe des Inhalts der Partitur auf. Auch die Orchesterwirkungen sollen nach Möglichkeit auf dem Klavier reproduziert werden. Als unentbehrlichste Vorstufe für das Partiturspiel verlangt Riemann die Beherrschung der einfachen Formen des Generalbassspiels. Die Auseinandersetzungen selbst zeichnen sich durch Klarheit aus und sind reichlich durch Notenbeispiele illustriert.

Katechismus der Orchestrierung. (Anleitung zum Instrumentieren) von Hugo Riemann. Leipzig, M. Hesse. Mk. 1,50.

Während es sich im Katechismus der Musikinstrumente darum handelte, Umfang und Wirkungen der einzelnen Instrumente zu erklären, die Kombinationen derselben zu Gruppen und die Rollen, welche diese Gruppen im Ensemble spielen, handelt es sich hier von Anfang an um vorher konzipierte musikalische Ideen, welche den Instrumenten übertragen werden sollen. In mancher Beziehung stellt sich die Anweisung zum Instrumentieren als eine Umkehrung der fürs Partiturspiel erforderlichen Denkprozesse und Manipulationen heraus, sodass ausser dem Katechismus der Musikinstrumente auch derjenige des Partiturspiels mit dem vorliegenden in enge Beziehung tritt.

Musikalische Akustik von Dr. K. L. Schäfer. Sammlung Göschen. Preis 80 Pfg.

Es ist dem Verfasser gelungen, diese schwierig zu behandelnde Materie so darzustellen, dass auch der Musiker, der keine Zeit hat, sich durch umfangreiche, gelehrte Kompendien hindurchzuarbeiten, sich schnell und erfolgreich dieselbe aneignen kann. Die Abschnitte über Tonerzeugung, Stimmbildung etc. mit ihren vorzüglichen Abbildungen sind mustergültig und vor allem leicht verständlich abgefasst.

Max Hesse's Deutscher Musiker-Kalender 1903 erschien soeben in der gewohnten gediegenen Ausstattung und mit erweitertem Inhalt. Um die Auffindbarkeit der Namen zu erleichtern, ist ein alphabetisches Verzeichnis aller im Kalender genannten Musiker Deutschlands hinzugefügt worden. Im Adressbuch durfte Belgien nicht fehlen. Im übrigen steht der Kalender, was Reichhaltigkeit des Materials anbelangt, nach wie vor an erster Stelle.

Ueber das „Thema **Schaffen und Nachschaffen in der Musik**" sprach Professor Dr. Carl Krebs, Senator der Akademie der Künste, in der an Kaisers Geburtstag gehaltenen Festsitzung der Königlichen Akademie der Künste. Diese Festrede ist soeben auch im Buchhandel (Verlag der Königlichen Hofbuchhandlung von E. S. Mittler & Sohn in Berlin SW 12. — Preis 60 Pfg.) erschienen und wird in den kunst- und musikliebenden Kreisen Interesse erwecken. Der Verfasser führt aus, dass die Musik unter den Künsten eine Sonderstellung dadurch einnimmt, dass sie nicht wie die bildenden Künste, ein Naturvorbild hat, dass aber der Komponist auch nicht, wie der Dichter sein Werk wirkungsfertig der Welt übergeben kann: er bedarf des reproduzierenden Künstlers, um seine Schöpfung ins Leben zu rufen. Daraus ergeben sich eigentümliche Verhältnisse! Die Musik hat im Laufe ihrer Entwickelung stärkere Aenderungen erfahren, als die anderen Künste, und das musikalische Kunstwerk veraltet früher, auch deshalb, weil sich die Stellung des nachschaffenden, also des ausübenden Künstlers zum schaffenden stetig ändert. Dies gilt vom Orchesterdirigenten ebenso wie vom Kunstliebhaber, z. B. einem Klavierspieler. Sowohl die Zeitepochen wie die Altersjahre eines einzelnen ändern die Auffassung bei Wiedergabe des musikalischen Kunstwerkes. — Es ist daher von hohem Werte, sich der Aufgabe bewusst zu werden, unbefangen dem musikalischen Kunstwerke gegenüber zu stehen.

Vokalmusik, Kunstgesang von Prof. Emil Krause. (Hamburg C. Boysen). Eine erweiterte Auflage des Leitfadens „Entwickelung des einstimmigen Liedes am Klavier und dessen Abarten." Die Erweiterung erstreckt sich auf den Chorgesang ohne Begleitung und auf den Gesang in Kirche, Oper und Konzert. Auch die pädagogischen Hinweise zur Erzielung einer Kunstleistung verraten den erfahrenen Kenner dieser Verhältnisse. Das Werkchen sei den Sängerkreisen bestens empfohlen.

Aufführungen.

Köln. Westdeutsche Konzertdirektion, Köln. Konzert-Saison 1902/1903. Sechs Musikabende im grossen Saale der Philharmonie in Köln. 1. Abend: Donnerstag, den 16. Oktober 1902. Vorträge an zwei Klavieren von Frau Frieda Kwast-Hodapp und Professor James Kwast, Liedervorträge von Herrn Ludwig Strakosch. — 2. Abend: Donnerstag, den 30. Oktober 1902. Liedervorträge von Frau Cäcilie Rüsche-Endorf. Violinvorträge von Herrn Hofkapellmeister Professor Richard Sahla. — 3. Abend: Donnerstag, den 13. November 1902. Einziges Konzert der Herzoglichen Hofkapelle aus Meiningen unter Leitung von Herrn General-Musikdirektor Fritz Steinbach. Solistin: Frau Marie Soldat-Roeger (Violine). 4. Abend: Donnerstag, den 27. November 1902. Kammermusik-Abend des Streichquartetts Henri Marteau. 5. Abend: Donnerstag, den 11. December 1902. Liedervorträge von Fräulein Therese Behr. Orgelvorträge von Herrn Musikdirektor Karl Straube. — 6. Abend: Mittwoch, den 14. Januar 1903. Klavier-Abend von Herrn Eugen d'Albert.

Konzert des Rich. Wagner-Vereins und des Kölner M.-G.-V. zum besten des Kaiser Friedrich Denkmals. Vorspiel und Liebesszene a. d. Oper „Aus grosser Zeit" von E. Heuser. Konzert für Cello von Ewald Strässer. „Schlachtruf und Gebet" von Fr. Soubre-A. von Othegraven. „Der letzte Abschied des Volkes" von Max Bruch.

Aach. M.-G.-V. und gem. Chor. (Leitung Jul. Schaller), Engelsberg „Waldesweise". Jensen „Früh Morgens", gem. Chor. „Weihe des Liedes", Männerchor und Bariton-Solo, G. Baldamus. G. Wohlgemuth „Es war mein". Engelsberg „Meine Muttersprache", M. v. Weinzierl „Lied eines fahrenden Gesellen". Sehr grossen Beifall fand ausserdem „Der deutsche Barde". Dr. V. E. Kristel mit Volksliedern für Gesang und Laute, „Archibald Douglas" u. a.

Berlin, 24. Sept. Kürzlich fand im grossen Saale der Philharmonie das erste Jugendkonzert für die Kinder aus Berliner Gemeindeschulen statt, ein Versuch, der als durchaus gelungen bezeichnet werden muss. Unter Mitwirkung des Berliner Lehrervereins bildete sich hier vor kurzem ein Komite für Kunstpflege in der Schule. Es geht von der Ansicht aus, dass die Gemütsbildung des Kindes durch keinen Unterricht leichter erreicht werden kann, als durch die Musik, und dass auf diesem Gebiet das Vorbild fruchtbringender wirkt, als belehrende Worte und selbst die Leistungen der Schule. Es ist gelungen, eine Reihe der hervorragendsten Kräfte wie Hofopernsängerin Thesa Grull, Kammersänger Dierich, Professor Waldemar Meyer, A. v. Eweyk, Eugen und Anna Hildach, Betsy Schot u. a., zu unentgeltlicher Mitwirkung zu gewinnen. Das Eintrittsgeld konnte deshalb für alle Plätze auf 30 Pfennig festgesetzt werden, ärmere Kinder erhalten ganz freien Eintritt. Gestern fanden sich etwa 2500 Knaben und Mädchen, aus jeder Schule zehn, in dem prächtigen Saale ein, den wohl ein sehr grosser Teil zum erstenmal betrat. Die Vortragsfolge gab fast durchweg Volkslieder, Balladen, Arien, die den kleinen Zuhörern wohlbekannt, aber in so meisterhaft künstlerisch vollendeter Form noch nie zu Gehör gebracht worden waren. Der Eindruck war ausserordentlich tief, der laute Beifall kam sicher aus vollem Herzen.

Darmstadt. 62. Vereinsabend des Rich. Wagner-Vereins. 2. Karl Maria von Weber-Abend: (Frau M. Belser-Landmann), Dr. W. Nagels, Alfr. Richers, Klarin., Heinr. Reinhard, Konzert-Sänger). 63. Vereinsabend: Brahms-Liszt-Klavierabend, (Prof. James Kwast und Frau). 64. Vereinsabend: Willem de Haan-Abend. 65. Dritter Lieder-Abend von Therese Behr.

Essen (Ruhr). Teutonia (Gustav Meyer). S. Breu „Sonntag ist's". Sturm „Nordmännerlied" (stürmischer Erf.). Schwalm „Liretoln" (D.-C.). Meyer-Olbersleben „Wanda" mit Sopran-Solo und Orchester (s. gr. Erf.).

Hagen, 21. Sept. Steinkühler-Konzert. Mit den von ihm dirigierten Vereinen „Eintracht"-Hagen, „Liederkranz"-Haspe, „Concordia"-Gevelsberg, „Sängerbund"-Schwerte, „Eintracht"-Eveking und „Oberbarmer Männerchor"-Barmen veranstaltete Herr Chordirektor W. Steinkühler gestern im Weidenhofe hier ein Konzert, das einen grossen Erfolg zu verzeichnen hatte. Trotz der prächtigen Witterung fand das Konzert vor ausverkauftem Hause statt. Der glänzende Erfolg des Konzerts hat von neuem gezeigt, dass wir in Herrn Steinkühler einen Dirigenten besitzen, dem es ernst ist mit der Pflege der edlen Sangeskunst und der mit rastlosem Streben ein tüchtiges Können vereinigt, sodass er als tüchtiger Dirigent auch über Hagen hinaus bekannt ist. Die Einleitung des Konzerts bildete der Chor aller mitwirkenden Vereine „Dich grüsst der Mai" von Sturm, ein Opus eines unserer jüngeren

Kompositionen, die durch Auftürmung immer grösserer Schwierigkeiten unsere Gesangvereine zu rastlosem Streben anspornen. Der Chor kam durch die etwa 250 Mann zählende Sängerschar in seiner ganzen Wucht zu voller Geltung. Mit einer Komposition Hegars, auf den das eben gesagte gleichfalls anwendbar ist, trat der „Oberbarmer Männerchor" auf den Plan, der mit dem Vortrage „Die beiden Särge" bewies, was ein Verein, reines Stimmmaterial vorausgesetzt, auch bei einer beschänkteren Sängerzahl zu leisten vermag, wenn er sich seinem Dirigenten anvertraut und dessen Intentionen gerecht wird. Grossen Beifall fand „Gott will es so haben" von W. Steinkühler.

Merpen. Männer-Gesang-Verein (W. Davids). Die rührige Leitung des Vereins hatte es verstanden, durch Aufstellung eines interessanten Programms und Heranziehung vorzüglicher Solokräfte dem Konzerte einen gediegenen, grossstädtischen Charakter zu verleihen. Die Vorträge des Vereins zeichneten sich aus durch rhythmische Straffheit und feinsinnige Schattierung. Im Schlusschor, dem Werke E. Heusers „Deutsche Sänger am Missouri", kam die grossartige, in „Deutschland, Deutschland über Alles" auslaufende Schlusssteigerung zu prächtiger Geltung; namentlich aber trugen die herrlichen Stimmen der drei Solisten zum Gelingen dieses Werkes bei. Ein kleinerer Chor, dem aussergewöhnlich süsser Wohlklang nachzurühmen war, trug unter Leitung H. vom Ende's aus Köln „Ständchen" von Abt, „Rote Wolken", und „Tanz Liebchen, tanz" von H. vom Ende vor und erntete infolge seiner vollendeten Vortragskunst stürmischen Beifall, der nur durch eine Zugabe (Minnelied von de la Hale Zander) beruhigt werden konnte.

Auch die reizenden Liedchen „Glockentürmers Töchterlein" von Rheinthaler und „Sandmännchen" von C. Hirsch fanden mit ihrem recht ansprechend vorgetragenen Sopran-Solo reichen Applaus.

Plauen i. Vogtl. Lehrergesangverein (Paul Rascher.) R. Volkmann „Kyrie a. d. II. Messe." A. Dregert „Abendlied" mit Sopran-Solo (Annie Krull). Goldmarck „Frühlingsnetz". Fr. Hegar „Kaiser Karl in der Johannisnacht". Am 11. Februar gelangt zur Aufführung K. Zuschneid „Hermann der Befreier Deutschlands" für Männerchor, Soli und Orchester.

Siegen. Liederkranz (A. Beyer). Breu „Frühling am Rhein", Volkslieder: „Die Königskinder" „Vorfrühling". C. Steinhauer „Das traurige Waldhorn", „Die Bergmannsbraut (s. gr. Beifall). „Abschied von der Heimat" (D.-C.). Miethling „Gute Nacht, mein Lieb", (D.-C.).

Solingen. Gesang-Verein Eintracht (P. Teichfischer). Volkslieder: „Braun Maidelein", „Heute scheid ich" (Isenmann). „Herzigs Marianderl" (vom Ende). Reimann „Kriegslied". Pache „Ein Winterfest am Rheine" mit Klavier.

Trier. „Weihe des Lehrers" nennt sich die Kantate für Männerchor mit Orchester, welche vor kurzem bei Gelegenheit eines 50jährigen Priesterjubiläums in Trier im grossen Saale des Bürgervereins aufgeführt wurde. Der Komponist, Professor Th. Krause, Lehrer an dem Königl. akad. Institut für Kirchenmusik in Berlin, hat durch diese Tonschöpfung unsere Männerchorlitteratur mit einem Werke von besonderer Schönheit bereichert. Dem würdigen, Worte der hl. Schrift behandelnden Texte entspricht der Aufbau des eigenartigen Tonwerkes, welches mit einem Chorrecitativ edlerer Art beginnt; hier spricht die Muse, wohl der Form nach recitativisch, dem Wesen nach doch in einem einheitlichen Satze, in voller Kunstform. Der Zuhörer glaubt Worte des Propheten Jeremias zu hören, der zu dem Volke Gottes redet. Der nun folgende 4stimmige Satz zeigt den Meister der Stimmführung. Der Schluss klingt, wie dies auch in den Bach'schen Kantaten der Fall ist, in einen Choral aus. Einen besonderen Glanz verleiht der Komposition die Orchesterbegleitung, welche in ihrer selbständigen Behandlung eine bestens gelungene Ergänzung des Werkes genannt zu werden verdient. Dasselbe fand denn auch bei den mit grosser Aufmerksamkeit lauschenden Zuhörern, unter denen wir neben anderen Notablen die beiden Trierer Bischöfe bemerkten, begeisterte Aufnahme. Den Chorleitern, Gesanglehrern an Gymnasien, Seminarmusiklehrern ist die Kantate, bei der von Schwierigkeiten in der Ausführung kaum die Rede sein kann, nur zu empfehlen, zumal in Ermangelung eines Orchesters eine Klavier- oder Orgelbegleitung vorgesehen ist.

Eine weitere bemerkenswerte Darbietung war der 21. Psalm op. 101 von Brambach für gemischt. Chor. Diese bereits vielerorts mit dem grössten Erfolge aufgeführte wirkungsvolle Komposition des dahingegangenen Meisters bot uns eine Ueberraschung. Das Werk wurde nämlich zum erstenmale mit Orchester zum Vortrage gebracht. Es handelte sich hierbei um einen Versuch, ob die Tonschöpfung durch den Glanz der Instrumentalbegleitung nicht noch mehr gewänne. Man kann nur sagen, dass der Versuch voll geglückt ist. Die schöne, im Geiste der Komposition gehaltene, selbständige Begleitung gab dem Werke die rechte Weihe. Während im 1. Satze das ganze Orchester mitwirkt, tritt dasselbe im 2. Satze fast ganz zurück, nur hie und da einer Begleitung durch die Streicher Raum gebend. Im 3. Satze („deine Hand wird finden alle deine Feinde") treffen wir ausschliesslich Harmonieinstrumente (Holz und Blech). Erst in der Schlussfuge („Herr, erhebe dich in deiner Kraft") hören wir wieder das Gesamtorchester, wie es sich, dem Aufbau der Fuge entsprechend, allmählich entwickelt und in seiner vollen Entfaltung die imposante Tonschöpfung zum Abschlusse bringt.

Neue Werke für höhere Schulen.

Verlag von Chr. Fr. Viewegs Buchh., Quedlinburg.

Fr. Kriegeskotten, op. 33. **Bilder und Klänge vom Rhein.** Für den Schulchor an den höheren Lehranstalten im Anschluss an das Festspiel gleichen Namens. Ausgabe A für Sopran, Alt, Tenor, Bass. Ausgabe B für Sopran, Alt, Bariton. Kl.-Ausz. 3.—, St. je 70 Pfg.

do. op. 42. **Athenischer Festzug.** Szene aus dem klassischen Altertum, für Chor, Orch. oder Klavier. Kl.-Ausz. 2,50, St. je 25 Pfg.

do. op. 56 I. **Heinrich der Vogler.** Komp. von **Carl Löwe** für 3 st. oder 4 st. gem. Chor mit Klav. eingerichtet. Part. 1,80 St. je 20 Pfg.

do. op. 67 II. **Die Glocken zu Speier.** Komp. von **Carl Löwe**, für 3- oder 4 st. Chor mit Klav. eingerichtet. Part. 1,80 St. je 20 Pfg.

Kriegeskotten hat sich durch seine zahlreichen Festspiele und sonstigen Bearbeitungen für höhere Lehranstalten bleibendes Verdienst erworben. Von seinen Festspielen nenne ich: **„Wilhelm der Grosse"**, **„Die Zollern und das Evangelium"**, **„Vom grossen Markgrafen zum grossen Kaiser"**, **„Armin"**; von seinen Einrichtungen für Schülerchor sind noch zu erwähnen: **Rombergs „Lied von der Glocke"** und **Beethovens „Ruinen von Athen"**. Kriegskotten zeigt in allen diesbezüglichen Arbeiten eine grosse Routine, der Schule den Stoff mundgerecht zu machen; auf leichte Ausführbarkeit ist überall nach Möglichkeit Rücksicht genommen.

Neue Werke für Frauenchor

mit Begleitung.

Fel. Woyrsch, **Sapphische Ode an Aphrodite**, op. 49 für Sopran-Solo und Frauenchor mit Orch. Klav.-Ausz. 3,—. Chorst. je 30 Pfg.

Eine vornehme, leicht ausführbare Komposition, welche in keiner Bibliothek eines besseren Gesangvereines fehlen sollte. „Die von Em. Geibel schön ins Deutsche übertragene Sapphische Ode bot Fel. Woyrsch Gelegenheit zu einer anmutigen und melodiereichen Vokalkomposition mit Orchester- oder Klavierbegleitung, in der naturgemässer Weise dem Sopransolo der breiteste Raum zugewiesen ist, während der Frauenchor mehr in ein nur respondierendes, ergänzendes und verstärkendes Verhältnis zu diesem tritt. Das kleine Werk zeichnet sich durch fein gewählte Klangreize aus und ist von vornehmem und liebenswürdigem Charakter, bietet einer guten Sopranistin Gelegenheit sich hervorzuthun und stellt an den Chor nur bescheidene Anforderungen".

Ludw. Thuille, op. 25. **Traumsommernacht.** Mit Solo-Violine und Harfe (Klavier.) Klavier-Part. 2.40. St. je 30 Pfg. (Leuckarts Verlag.)

Stimmungsvoll und ausserordentlich wohlklingend gestaltet. Ziemlich leicht ausführbar.

George Schleiffarth. Zigeunerleben. Konzertwalzer für Fr.-Ch. mit Klavier. Kl.-Ausz. 2,—. St. je 30 Pfg. (Verlag von Herc. Hinz, Altona.)

Die pikante Komposition ist auch in zahlreichen anderen Bearbeitungen erschienen.

C. Haase, op. 31. **Der Damenwettstreit im Kirchengesang-Verein.** Musikal. Scherz für 3st. Fr.-Ch. mit Klavier. Kl.-A. 2.—, St. je 25 Pfg. (Leipzig, bei Rob. Forberg.)

Zur szenischen Darstellung ist nicht unbedingt eine Bühne erforderlich. Das Stückchen wird den Zuhörern ebenso wie den Darstellerinnen viele Freude bereiten.

Verschiedenes.

Aus **Halle a. S.** kommt die Meldung, dass die dortige Theaterdirektion beschlossen hat, die Moralität der von ihr zur Aufführung gebrachten Stücke durch verschiedenfarbige Theaterzettel zum Ausdruck zu bringen, wodurch sie, wie sie sagt, den Wünschen vieler Familien entspricht, die sich häufig mit der Anfrage an sie gewandt hatten, ob die zur Aufführung bestimmten Stücke auch für junge Mädchen geeignet seien. Es werden sonach in Zukunft die ganz unbedenklichen Stücke auf unschuldweissen Theaterzetteln erscheinen, diejenigen aber, die höheren Töchtern nicht empfohlen werden können, auf rotem Papier. Ueber diese Einrichtung wird in der Presse wie über alle Neuerungen vielfach gespöttelt. Gar so töricht ist sie aber im Grunde nicht, denn es ist in der Tat eine Verlegenheit, wenn ein würdiger Familienvater seine heranwachsenden Töchter nichtsahnend der Dame von Maxim zuführt. Die Besorgnis, dass die roten Zettel den Theaterbesuch wesentlich mindern und somit die Finanzen des Direktors schädigen könnten, dürfte hinfällig sein, denn bei der beklagenswerten Veranlagung der menschlichen Natur ist es recht wahrscheinlich, dass, wenn die roten Zettel auf höhere Töchter abschreckend und zurückweisend wirken, sie auf andere eine desto grössere Anziehungskraft ausüben werden.

Stimmbandes verläuft ein Muskel, der übrige Raum bis zum Schildknorpel ist von lockerem Bindegewebe ausgefüllt. Das Stimmband ist demnach nicht ein „Strick“, sondern der freie Rand einer membranösen Fläche.

Zwei andere Bänder, die sog. falschen Stimmbänder liegen über den wahren, haben aber für die Bildung des Tones keine Bedeutung, der Zwischenraum — Morgagnische Tasche genannt — bietet Resonanzstellen zur Vergrösserung des Tones.

Ring- und Spannknorpel sind in einem ziemlich weit hinten und unten liegenden Gelenk verbunden und können durch Muskeln gegen einander verschoben werden. Indem wir nun den Ringknorpel mit den auf ihm sitzenden Stellknorpelchen nach hinten und den Spannknorpel nach vorn und etwas herunterziehen, rufen wir die für Tonbildung erforderliche Dehnung der Stimmbänder hervor. Da bei dieser Exkursion der obere, vordere Spannknorpelrand naturgemäss am weitesten bewegt wird, so tritt eine geringe Senkung des Adamsapfels ein, ein Tieferstellen des Kehlkopfs findet bei der Phonation nicht statt.

Ausser dieser passiven Dehnung der Stimmbänder, welche mit einer Verschmälerung ihrer Breite einhergehen müsste, beobachten wir noch eine aktive Spannung, gekennzeichnet durch eine Verbreiterung, zugleich notwendig, um den Bändern die für die Tonbildung erforderliche Elastizität zu geben.

Ferner können die Stimmbänder in einzelnen Teilen oder in ihrer ganzen Ausdehnung auch dickere Form annehmen, sie können in einem kleineren oder grösseren Teil ihrer Flächenausdehnung in Schwingungen versetzt und sie können schliesslich durch die Bewegungen der Stellknorpelchen von einander entfernt und fest zusammengeschlossen werden.

Eigenschaften der Stimme.

Diese Vielseitigkeit der Stimmbänder in Formation und Funktion in Verbindung mit den Resonanzwirkungen im Ansatzrohr gewährt die Möglichkeit, unsere Stimme nach den drei Seiten: Stärke, Lage, Klangfarbe in unzähligen Modifikationen zu gestalten und zu verändern.

1. Die Tonstärke ist zunächst abhängig von der Kraft, mit der der Luftstrom durch die Stimmritze getrieben wird. Je breiter die Schwingungen, um so grösser die einzelnen Luftstösse und die Schallwellen, und um so stärker der Ton, wobei zu beachten ist, dass die Schwingungsweite auf die Tonhöhe keinen Einfluss hat. Weiterhin vergrössert sich die Schallkraft und Tragfähigkeit der Stimme durch rationelle Ausnutzung der Resonanz im Ansatzrohr.

2. Die Lage (Höhe oder Tiefe) eines Klanges hängt ab von der Zahl der Schwingungen in einer Zeiteinheit, oder, was gleichbedeutend ist, von der Schwingungsdauer. Je kürzer die Stimmbänder, je schärfer die Spannung, desto schneller die Schwingungen. Je grösser die Schwingungszahl, oder je kleiner die Schwingungsdauer, desto höher ist der Klang.

3. Die Klangfarbe. Jede Stimme hat einen ihr eigentümlichen Charakter, der sie von allen andern unterscheidet; wir nennen ihn Timbre, Klanggepräge, Grundfärbung, wir sprechen von einem sonoren, harten, weichen, strengen, süssen, metallischen etc. Timbre. Die Klangfarbe hängt in erster Linie ab von der Beschaffenheit der Stimmorgane, deren Elastizität, der Funktion der Schleimhäute etc., dann aber auch von der Zahl, Höhe und Stärke der dem Grundton beigemischten Obertöne, diese wiederum sind bedingt durch das schwingende Luftvolumen, die Form der Hohlräume und der Wände des Ansatzrohres, überhaupt durch die Konstellation der Organe des Ansatzrohres. Die Klangfarbe ist massgebend für die Klassifikation der Stimme, nicht die Höhe und Tiefe.

Register.

Die Art der Tonerzeugung ist bei jedem Menschen, ob Natur- oder Kunstsänger, je nach der Höhe oder Tiefe der erzeugten Töne, eine verschiedene. Schon bei oberflächlicher Aufmerksamkeit unterscheiden wir bei jeder Stimme zwei Arten der Tongebung; eine breitere, vollere, mit metallreichen Tönen und eine spitzere, leichtere, mit dünnen Tönen. Die erstere nennen wir **Brust-**, die andere **Kopfstimme**, das Gebiet jeder dieser Arten heisst **Register.**

Die Ursache dieser Verschiedenheit liegt darin, dass wir bis zu einer gewissen Höhe den Mechanismus der Tonerzeugung beibehalten und bei Ueberschreitung der Grenze ihn wechseln. Setzen wir z. B. mit unserm tiefsten Brustton ein, so werden die Stimmbänder in ihrer ganzen Ausdehnung schwingen, die Stimmritze ist ihrer ganzen Länge nach ziemlich weit geöffnet. Die nächst höheren Töne werden wir durch vermehrte Spannung der Stimmbänder erzeugen, bis wir an einen Punkt gelangen, der eine stärkere Anspannung nicht mehr zulässt. Wir sind hier an der Grenze eines Gebietes angelangt, dessen Töne durch denselben Mechanismus (mit gleichbleibendem Ansatz) erzeugt werden, und das wir „Register“ nennen. Steigen wir dann in der Skala noch höher hinauf, so schwingen nicht mehr die Bänder in ihrer ganzen Breite, sondern ein Teil derselben schliesst sich fest zusammen während der andere Teil, und dieser auch nur an seinem Rande, schwingungsfähig bleibt. Durch den geringeren Umfang der hierdurch erzeugten Luftstösse wird die ganze Schallwellenformation dementsprechend eine andere, wir kommen in ein anderes Register.

Die Thatsache, dass bei dem tieferen Register die Töne gewissermassen aus der Brust zu kommen scheinen und der ganze Brustkasten in Mitschwingungen gerät, während bei den Tönen des höheren Registers nur die Knochenpartien des Kopfes mitschwingen, ist der Grund ihrer Benennung als **Brust-** und **Kopfregister.**

Diese Resonanzerscheinungen lassen sich darauf zurückführen, dass im Brustregister die Kehlkopfmuskulatur locker gehalten und dadurch eine Uebertragung der Bänderschwingungen auf die Umgebung ermöglicht wird. Im Kopfregister schliesst sich ein Teil der Glottis (Stimmritze) fest zusammen, die Muskeln spannen sich zu diesem Zwecke bis zu einem gewissen Grade an und verhindern dadurch die weitere Verbreitung der Schwingungen. Die Bewegungen der Knochenpartien des Kopfes dagegen entstehen nicht durch direkte Uebertragung, sondern durch das Anprallen des Tonstromes an die Wandungen der Kopfhöhlen.

Wenn die Stimmbänder noch nicht genügend geübt oder überangestrengt sind, bilden sich häufig bei grosser Annäherung plötzlich Knotenpunkte durch Berührung einzelner Stellen, die Schwingungen werden dann in diesen Punkten unterbrochen und die Stimme „kixt“ oder „schnappt über“ in das Kopfregister.

Die geringe Qualität der Kopftöne macht sie für den Kunstgesang zu wenig brauchbar; der Sänger muss daher darauf bedacht sein, diese Töne weicher, voller, wohlklingender und tragfähiger zu machen, ihren Charakter möglichst demjenigen der Brusttöne zu nähern durch rationelle Ausnutzung der Resonanzwirkungen im Ansatzrohr und Vergrösserung der schwingenden Teile der Stimmbänder. Es ist ein grosser Irrtum, zu glauben, wir seien ohne Einfluss auf diese Organe. Ein solcher ist sehr wohl möglich, in soweit sie in gesundem Zustande sich befinden, wenn wir uns nur ihrer bewusst sind und unsere Aufmerksamkeit scharf darauf richten. Thatsächlich können und müssen wir es dahin bringen, dass die Register vollkommen ausgeglichen werden, dass sich in der Tongebung kein Unterschied mehr bemerkbar macht. Dieser Registerausgleich wird hauptsächlich zustande gebracht durch oben angedeutete Verstärkung der Kopfstimme, durch welche ihr Charakter so sehr verändert wird, dass ein ganz neues Register entstanden zu sein scheint, welchem man den Namen **„Falsett"** oder **„Mittelregister"** gegeben hat.

Das hauptsächlichste Augenmerk ist auf den Uebergang von einem Register ins andere zu richten; die Grenztöne sind in ihrem Charakter so übereinstimmend zu gestalten, dass der Uebergang sich gar nicht mehr bemerkbar macht.

Vor allem ist darauf zu achten, dass kein Register in zu hohe Stimmlagen hinaufgeschraubt wird, denn dadurch werden Muskeln und Bänder über ihre Leistungsfähigkeit hinaus angestrengt und verlieren auf die Dauer an Elastizität. Ungefährlich dagegen ist die Führung des höheren Registers in die Region, welche eigentlich dem tieferen zukommt. Durch Entwickelung der Kopfresonanz namentlich ist bei den Männerstimmen das Falsett wohlklingend, metallreich und tragfähig zu machen.

Bei den weiblichen Stimmen ist die Kopfresonanz von vornherein viel mehr ausgebildet, weshalb man hier eher von einem besonderen gegebenen Mittelregister sprechen kann, während das tiefere Brustregister der weiblichen Natur nicht mehr so recht zuzusagen scheint. Das obere Brustregister bei den tieferen Männerstimmen wird in der Regel **„gedeckt"**, von c' aufwärts bis f'; dieses Decken geschieht durch Annäherung an das Falsett (geringe Verkürzung der Stimmbänder und Vergrösserung der Kopfresonanz) und Erweiterung des Ansatzrohres in der Rachenpartie.

Ansatz und Einsatz.

Wenn ich einen Ton erklingen lassen will, so muss ich vorher den Stimmorganismus in Bereitschaft setzen. Die Kehlkopfmuskeln geben dem Kehlkopf eine bestimmte Stellung, die Knorpel gruppieren sich, die Stimmbänder werden gespannt, kurz, der Stimmapparat befindet sich im Zustande des **„Ansatzes"**.

Erst beim wirklichen Erscheinen der Stimme erfolgt der **„Einsatz"** oder die **„Intonation"**.

Für einen guten Ansatz ist erforderlich, dass nur jene Muskeln in Anspruch genommen werden, die zur intendierten Tonerzeugung nötig sind, auch darf die Anspannung das unbedingt notwendige Mass nicht übersteigen. Alle anderen Muskeln sind locker und schlaff zu lassen.

Der Einsatz kann auf verschiedene Weise erfolgen.

1. Der harte oder feste Einsatz erfordert festen Verschluss der Stimmritze (Ansatz mit Glottisschluss). Für den sich scharf markierenden Einsatz ist dann eine plötzliche Aenderung der Stimmbänderspannung nötig. Der Einsatz ist fest und bestimmt und lässt das gewaltsame Sprengen der Stimmritze heraushören.

2. Der weiche Einsatz. Die Stimmbänder sind nicht fest verschlossen, sondern nehmen bereits vorher die für die Phonation erforderliche Spannung ein. Der Einsatz erfolgt bei Beginn der Ausatmungsbewegung und ermöglicht daher grössere Bequemlichkeit und exaktere Intonation in schnellen Tonfolgen.

3. Der gehauchte Einsatz. Der Atemstrom des Hauchlautes h setzt die Stimmbänder nicht in regelmässige Schwingungen, er streift sie nur und erzeugt dadurch den hörbaren Laut. Man lässt also bei diesem Einsatz zunächst die Stimmritze soweit geöffnet, dass nur ein h erscheint, dann erst nähert man die Bänder bis zur Phonationsstellung und ermöglicht dadurch die tonerzeugenden Schwingungen.

Was verlangt man von einer guten Tongebung?

Der Ton muss im Moment erklingen, als Spiritus lenis (weicher Einsatz), in richtiger Tonhöhe, ohne überflüssigen Druck der Muskulatur, rein (ohne Schleifen und Unsicherheit im Einsatz). Der Ton muss fest anhalten (ohne Tremolo und Lagenänderung, er sei frei von Nebengeräuschen, Beiluft etc. Jeder Ton muss dasselbe Klangvolumen haben.

Stimmgattungen.

Die Verschiedenheit der Stimmbänder bedingt auch eine solche der Stimmen in Bezug auf Lage und Umfang. Je länger, dicker und schwerer die Bänder, um so tiefer ist die Stimmlage; je kürzer, dünner, leichter und elastischer das Organ, um so höher die Lage.

Hier eine Uebersicht über die Hauptstimmgattungen nehst Registerumfang.

Eine genaue Fixierung der Registergrenzen ist nicht möglich, da jede Stimme anders geartet ist und kleine Abweichungen nach unten und oben häufig vorkommen.

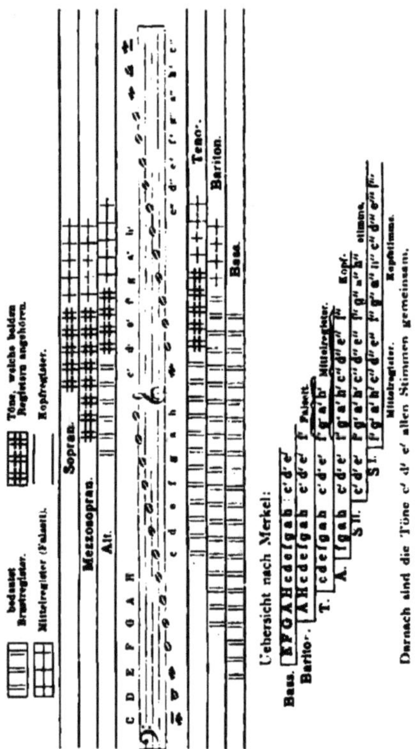

Man unterscheidet dann noch folgende Unterabteilungen in den Männerstimmen:

1.	Seriöser Bass D-e'	hoher Bass (Bassbuffo) F-e'.
2.	Bassbariton, G-f',	Tenorbariton B-g',
3.	Heldentenor c-a',	lyrischer Tenor d-c''.

Soeben erschienen: Sammlung **„Kirchlicher Lieder“** (227) für gem. Chor.
(Liederbuch für Kirche, Schule und Haus.) Preis broschiert Mk. 1,25; in Leinen geb. Mk. 1,55; elegant geb. Mk. 1.85.

Verlag der Liederbuchanstalt in Zürich.

Alleiniges Auslieferungslager für Deutschland u. Oesterreich-Ungarn

P. PABST, Hofmusikalienhandlung, **Leipzig.**

Theateraufführungen und Humoristische Musikalien für Gesangvereine.

Ansichtssendungen von uns ganz vorzüglichen, wirklich brauchbaren Couplets, Duetten, Terzetten, Sing- und Schwankspielen stehen gern zu Diensten.

Versandgeschäft für Theaterlitteratur, Leipzig-V. Marienstraße 78.

Eine neue Elementarschule für den allerersten Unterricht im **Klavierspiel.**

Theoretisch-praktische Klavierfibel von **Anton Scholze,** op. 24 K. K. Seminarlehrer. Pr. 3.50.

Zur Ansicht zu beziehen durch H. vom Ende's Musikalienhandlung, Köln am Rh.

Dieser Nummer des „Wegweiser durch die Chorgesanglitteratur“ **muss mein neuer, kompletter Männerchor-Katalog beiliegen.** Jeden Abonnenten, der denselben nicht empfängt, bitte ich, direkt an mich zu schreiben, worauf das reichlich mit Notenbeispielen versehene Verzeichnis sofort gratis und franko zugesandt wird.

Berlin O. (27) Grünerweg 17.

Richard Kaun,

Musikalienhandlung — Musik-Verlag,
speziell: Männerchöre und Unterrichts-Werke.

Billigste Preise. — Prompteste Bedienung.

Neu! 's Franzerl Neu!

aus der Schmiedeschenke.

Singspiel in einem Akt mit Chor und Soli und Klavier- oder Streichorchesterbegl. von **CONRAD ROLAND,** Musik von **ADOLF JÄCKEL,** op. 96.

Preis komplett (mit 5 Textbüchern) Mk. 8,—, Orchesterstimmen Mk. 2,— netto.

Ein echtes Volksstück, dem ein Stoff aus den Ereignissen des täglichen Lebens zu Grunde liegt. In der geschickt und ungekünstelt aufgebauten, fesselnden Handlung tritt uns jeder Charakter lebenswahr und mit natürlicher Frische entgegen. Meisterhaft hat auch Adolf Jäckel die Musik dem Stoffe angepasst. Anheimelnde, leicht fassliche Melodieen erfreuen uns in Soli und Duett und ein klangvoller, flotter Walzer beschliesst als Chor das Stück. Kein Verein versäume, sich das hochinteressante Werk, welches weit über dem Niveau des Alltäglichen steht, zur Ansicht kommen zu lassen.

Neue **Jäckel-Chöre** und **zugkräftige Humoristika** stehen ebenfalls zur Ansicht zu Diensten.

***G. Adolf Jäckel,* Leipzig.**

Das Institut für brieflichen Unterricht in der Theorie der Musik

von **H. vom Ende, Köln a. Rh.** Bismarckstr. 25, Ecke Kamekestr.

verfolgt den Zweck:

1. Musikern und Dilettanten, welche Neigung und Beruf zur Komposition in sich spüren und in Geist und Wesen der musikalischen Kunstwerke einzudringen wünschen, Gelegenheit zur Aneignung der notwendigen Vorkenntnisse zu bieten.
2. Dirigenten und Musiklehrern die für ihren Beruf nötigen theoretischen Kenntnisse (Harmonielehre, Formenlehre, Vortragskunst, Litteraturkenntnis, Methodik des Unterrichts etc.) beizubringen.
3. Lehrer zum Seminar-Musiklehrer-Examen, Kandidaten der Theologie (Baden) zur vorgeschriebenen Prüfung in Musiktheorie vorzubereiten.

Die Anstalt übernimmt Bearbeitungen jeder Art, Arrangements, Transkriptionen, **Instrumentationen,** Klavier-Auszüge, Ausführung musikalischer u. musikdramatischer Ideen, Korrektur einzelner Kompositionen etc.

Preise sehr billig bemessen.

Arbeiten an keine bestimmte Zeit gebunden.

Grosse Erfolge. Zahlreiche Anerkennungen.

Bitte Prospekt zu verlangen.

Wegweiser durch die Chorgesanglitteratur

Ratgeber für Gesangvereine und Dirigenten.

Redaktion und Verlag: H. vom Ende, Köln a. Rh., Ecke Bismarck- und Kamekestrasse.

nebst Beiblatt:

Der Sänger.

Offizielles Organ des Westdeutschen Sängerverbandes, Mosel-, Saar-, Nahe-Sängerbundes, des Mittelrheinischen Sängerbundes.

Erscheint monatlich einmal. Bezugspreis für 1 Expl. 20 Pfg. Jahresabonnement Mk. 1.50 und 40 Pfg. Porto. Inserate kosten pro 1 mal gespaltene Petitzeile 20 Pfg.

Expedition: H. vom Ende's Musikalien-Versandgeschäft.

Nr. 2. | Köln a. Rhein, den 26. November 1902. | IV. Jahrg.

Sünd und Fehl in der Tonkunst.

H. vom Ende.

Wie! höre ich erstaunt fragen, kann auch in Tönen gesündigt werden? können Töne lügen? ist die Unschuld auch aus diesem Musenreiche gewichen? — Wie singt doch J. Paul! „O ihr unbefleckten Töne, wie so heilig ist eure Freude und euer Schmerz!, denn ihr frohlockt und wehklagt nicht über eine Begebenheit, sondern über das Leben und Sein, und eurer Tränen ist nur die Ewigkeit würdig, deren Tantalus der Mensch ist. Wie könntet ihr denn, ihr Reinen, im Menschenbusen, der so lange die erdige Welt besetzte, euch eine heilige Stätte bereiten oder sie reinigen vom irdischen Leben, wäret ihr nicht früher in uns, als der treulose Schall des Lebens und würde uns euer Himmel nicht angeboren vor der Erde!" — — — —

Wahre Kunst allerdings gewährt unseren Herzen Trost und Lebenslust, stählt den Charakter, erhebt und veredelt das Gemüt, befreit unsere Seele vom Gemeinen. Aber von dieser Wirkungskraft kann nur edle Musik sein, die aus reinem Herzen geboren, reinen Lippen entströmt. Leider ist das bei weitem nicht immer der Fall. Täglich wird das Heiligtum der Töne durch Menschen geschändet, die vorgeben, seine Priester zu sein. Ihren Werken fehlt das ethische Moment, ihre Musik ist der Widerhall sittlich verwerflicher Gemütsregungen und infolgedessen eines ethischen Einflusses auch nicht fähig; nicht nur das, sie birgt auch grosse Gefahren für Gemüt und Charakter musikempfänglicher Menschen, in sich, umsomehr, da sie wie ein süsses Gift sich einschleicht in die arglosen Herzen ihrer Verehrer. In ihrer verlockendsten Gestalt schmiegt sich die Sünde hier an den Menschen und umgarnt seine Seele mit ihren Verführungskünsten. Gibt es kein Mittel sie zu verjagen?

Der Mensch hat sich die Welt der Töne dienstbar gemacht, um durch sie zu verkünden, was seine Seele bewegt. Das ganze Gemüt, mit all seinen reichhaltigen Erlebnissen, vom leisesten Hauch der Empfindung bis zum äussersten Gipfel leidenschaftlicher Erregung, vom zartesten Sehnen bis zur kraftvollsten Entfaltung der Willensenergie prägt sich aus in den Gebilden unserer Kunst. Indem Leben und Natur, Vergangenheit und Gegenwart die Phantasie des Künstlers befruchtete, wird das Kunstwerk zum höheren Ausdruck des Lebens in all seinen Erscheinungen, zum Inbegriff aller höheren Geistesgüter, welche die Menschheit errungen hat; gewährt es uns vermöge des weiterstrebenden Künstleringeniums eine Vorahnung dessen, was an erstrebenswerten Gütern noch in der blauen Ferne der Hoffnung liegt.

Der Tonkünstler bannt also in sein Werk hinein, was ihn bewegt, seine Gemütsstimmung, sein Empfinden, Fühlen und Denken. Dadurch prägt er dem Werk eine bestimmte Physiognomie auf, die in enger Beziehung steht zu den das Schaffen begleitenden Vorstellungen. Die Tonbewegung hat dann etwas der Stimmung oder der Vorstellung Adäquates und vermag durch unmittelbare Anschaulichkeit oder durch Ideen-Assoziationen ähnliche Vorstellungen und Stimmungen im Hörer wachzurufen.

War das auszudrückende Gefühl tief und echt, und war das Empfundene edel und grossinnig, so fühlen wir uns ähnlich angeregt, wir empfinden gleichsam mit der Seele des Künstlers. Wir erkennen im Tonbild die Individualität des Schöpfers und je inniger das Verhältnis zwischen Geist und Form, desto origineller, charakteristischer ist das Kunstwerk. Darin liegt das Geheimnis der Wirkung des genialen Kunstwerks; in ihm tritt uns das geistige Abbild einer Individualität entgegen, wie sie nur einmal existiert, die uns sympathisch anmutet.

Ein Tonbild ohne geistige Physiognomie lässt uns gleichgültig, mag die Form auch noch so tadellos sein. Wir erwarten eben etwas mehr vom Kunstwerk, als blosses sinnenreizendes Amüsement, wir halten die Tonkunst für eine sittliche und sittigende Macht, wir erblicken mit Beethoven in ihr etwas Heiliges, das wir hoch über alle Philosophie stellen; und wir hassen aus diesem Grunde alles Rohe, Frivole, Verweichlichende in unserer Kunst, wie auch alles Nichtssagende, Banale.

Halten wir an diesen Grundsätzen fest, dann wird die Tonkunst auch vermöge ihrer göttlichen Kraft uns trösten und erheben in allen Lagen des wechselvollen Lebens und uns immer höheren Zielen entgegenführen; sie wird wie Religion und Wissenschaft eine Lenkerin sein in unserem Streben nach Wahrheit und eine Führerin im Reiche der Schönheit; ein Heilmittel für alle. Denn die Innenwelt ist das Heilmittel des Geschäftsmannes, die Aussenwelt das Heilmittel des Philosophen; die Tonkunst aber ist eine Verschmelzung beider Welten.

Was der Künstler schafft, kann nur in einer bestimmten Form in die Erscheinung treten und als Material dafür hat die Natur ihm das Reich der Töne zugewiesen, für unser sinnliches Empfinden das Anregendste, Schönste, was der Natur zu Gebote steht, daher denn auch der Weg des Ohres der gangbarste ist zu unseren Herzen.

Der Geist kann also nur in der Form sich kundgeben, diesen Begriff nicht nur in seiner Bedeutung als sinnlich anschauliches Bild, als Gestalt gedacht, sondern in der Gesamtheit aller Verhältnisse und Beziehungen, in denen sich das Objekt darstellt.

Die Form verhält sich also zur Idee nicht wie ein Gewand, das dem Leib (Idee, Stoff) übergeworfen wird, sondern beide durchdringen sich, wie Leib und Seele, so wie der Mensch leibgewordener Geist oder geistgewordener Leib ist. Die Form ist also im Grunde nichts anderes, als der Geist in Tönen und dieser Geist dokumentiert sich durch die Anforderungen, welche wir an das Kunstwerk stellen.

Die Form eint unter einer bestimmten Idee das Mannigfaltige; sie ist damit Organ des Geistes, der seinem Begriffe nach die lebendige Einheit des Vielen ist. Wir verlangen von ihr Ordnung, Uebersichtlichkeit, einleuchtende Verständlichkeit, logischen Zusammenhang und Begründung der Mannigfaltigkeit.

Die Elemente, aus denen die Form sich aufbaut, sind der Klang, seine Eigenschaften und die Klangverbindungen, also Melodie, Rhythmus, Harmonie, Metrum, Tempo, Dynamik und Klangfarbe. Diese Elemente muss der Künstler vollkommen beherrschen, will er seiner Idee adäquaten Ausdruck verleihen, soll sich der Inhalt mit der Form decken.

Die Form ist wie Wachs in den Händen des Meisters, sie setzt ihm keinen Widerstand entgegen, wenn er sein inneres Bild darin niederlegen will; sie erscheint so frei und natürlich, so selbstverständlich, dass man gar nicht merkt, wie viel Mühe und Arbeit darin steckt. Wie ein Naturgebilde steht es da und doch ohne die Mängel des Naturschönen, — das ist das Kennzeichen der höchsten Werke aller Kunst.

Die Form gibt getreu alles wieder, was der Meister ihr anvertraut, sie unterschlägt nichts, fälscht nichts, aber gibt auch nicht mehr. Die Mängel des Schöpfers sind auch ihre Mängel und mit diesen wollte ich mich hier näher beschäftigen. Ihre Zahl ist genau so gross, wie diejenige der Mängel der menschlichen Seele überhaupt. Wollte ich alle aufzählen, so müsste mir die ganze Psychologie und Ethik zu Hülfe kommen und schliesslich wäre Vollständigkeit doch nicht erreichbar, da mit jeder Künstlerindividualität auch neue Fehler erscheinen. Aber andeuten können wir diejenigen Mängel, welche in den Werken der Tonkunst typisch vorkommen und sie brandmarken. Die Musik gibt in erster Linie Gefühlsanregungen; das menschliche Gemüt ist ihr Hauptbesitztum; sie kann hierdurch zweifellos unsere Gefühlsfähigkeit nach einer bestimmten Richtung verstärken. Zu einer Gefahr für unser Gefühlsvermögen wird sie aber, wenn sie jeder edlen Gefühlsregung bar ist und lediglich sinnliche Genussanregung bezweckt. Das Sinnenreizende soll niemals Selbstzweck, sondern immer nur Mittel sein für die Darstellung der Idee. Es ist das Zeichen eines unentwickelten oder verbildeten Geschmacks, wenn man die Kunst nur da sieht, wo der sinnliche Reiz herrscht, wo das Zierlich-Niedliche an die Stelle grosser Ideen, berechnete Korrektheit an die Stelle kühner Entwürfe getreten ist, d. h. mit einem Worte, wo die Kunst sinkt, oder schon gesunken ist. Die Gefahr für diejenigen, welche nur mit solcher Musik sich beschäftigen, ist um so grösser, als dadurch das Gefühlsvermögen allmählich erstickt wird und dafür sinnliche Genusssucht eintritt.

Fortsetzung folgt.

Speyergau-Sängerbund.

Preisausschreiben!

Der Speyergau-Sängerbund erlässt hiermit an die Herren Komponisten ein **Preisausschreiben** zur Erlangung von **volkstümlichen, vierstimmigen Männerchören** für das Sängerfest im Jahre 1904 unter folgenden

Bedingungen:

1. Die Chöre müssen melodiös, leicht ausführbar und im Volkston geschrieben sein.
2. Dieselben dürfen noch nicht im Druck erschienen sein.
3. Jeder Chor ist in 3 Exemplaren einzusenden.
4. Die Wahl der Texte ist frei, jedoch sind noch nicht komponierte Texte erwünscht. Dialektchöre und solche mit Soli oder Brummstimmen sind ausgeschlossen.
5. Jeder Chor muss mit einem Motto versehen sein und darf nicht den Namen des Komponisten tragen. Name und genaue Adresse des letzteren müssen in einem verschlossenen Couvert, welches das gleiche Motto trägt, beigelegt werden. In diesem Couvert sind auch die Bedingungen beizufügen, unter welchen der Einsender dem Bunde seine Komposition überlässt, falls dieselbe nicht preisgekrönt werden sollte.
6. Die preisgekrönten Chöre bleiben Eigentum des Bundes.
7. Endtermin der Einsendung ist der 1. **März 1903**.
8. Die Preise sind: 1. Preis 50 M., 2. Preis 40 M., 3. Preis 30 M.
9. Die Namen der Preisrichter werden bei Bekanntgabe der preisgekrönten Chöre veröffentlicht.
10. Alle Einsendungen sind zu richten an den Vorsitzenden des geschäftsführenden Ausschusses, Lehrer **J. Schultz** in **Speyer a. Rh.**

Speyer, 5. Okt. 1902.

Mit Sängergruss!

Der Schriftführer.	**Der Vorstand.**
G. Schenrich.	J. Schultz.

Der **Speyergau-Sängerbund** hält seine diesjährige ordentliche Generalversammlung (§ 7 d Satz.) am 30. Nov, nachmittags 3 Uhr, zu Speyer im Nebensaale der Hauserschen Brauerei mit folgender Tagesordnung ab:

1. Jahres- und Kassenbericht.
2. Bundesbibliothek und Preisausschreiben.
3. Wahl des Ortes für das Sängerfest 1904.
4. Ergänzungswahl des Ausschusses.
5. Ehrungen. Mitteilungen. Wünsche und Anträge.
6. Schlusschor.

Neue Humoristica.

Victor Keldorfer, op. 40. Die Klapperschlangen. Heitere Szene für 4 Herren. Klav.-Ausz. u. St. Mk. 6,—. (Verlag von Ad. Robitschek, Wien)

Rudolf Wagner. König Ramses. Polka für M.-Chor mit Klav.-Bgl. Part. Mk. 1.20, Stimmen je 30 Pfg. (Verlag von J. Schuberth & Co., Leipzig.

Eine Glanznummer des Edelquartetts. Das witzige Gedicht von T. Resa aus Meggendorfers Blättern hat eine reizende Vertonung im Polkatakt erfahren.

Carl Obermeyer. Im Stadtgarten. Das Stelldichein einer Kindermaid mit einem Unteroffizier. (H. vom Ende's Verlag Köln) 3. Mk

Die schönsten Melodien aus unseren Meisteropern sind geschickt benutzt worden. Der bekannte Kölner Komiker Hans Portz erweckte mit diesem Opus stürmische Lacherfolge.

Rheinhessischer Sängerbund.

In der alten Volkerstadt Alzey gründete sich am 16. November d. J. ein „Rheinhessischer Sängerbund". In einer Vorversammlung in Nieder-Saulheim, einberufen von dem Liederkranz Nieder-Saulheim, wurde die Gründung eines Bundes von den Delegierten zahlreicher Gesangvereine besprochen und eine Kommission mit dem Entwurf der provisorischen Statuten beauftragt. Es wehte schon ein guter Geist in der Versammlung und liess der schöne Verlauf der Verhandlungen erkennen, dass man die Gründung eines „Rheinhessischen Sängerbundes" als Bedürfnis erkannt hatte. Die von der Versammlung in N. Saulheim erwählte Kommission entledigte sich ihrer Aufgabe in einer gemeinschaftlichen Sitzung zu Armsheim und konnte der Statutenentwurf mit der neu ausgearbeiteten Wettsingordnung in Form eines öffentlichen Rundschreibens den einzelnen Vereinen zugesandt werden. Darnach führt der neuzugründende Bund den Namen „Rheinhessischer Sängerbund". Der Vorstand soll bestehen aus dem 1. und 2. Vorsitzenden, dem Schriftführer, Kassierer und fünf Beisitzern. Zweck des Bundes ist Pflege des Volks- und Kunstliedes und damit Hebung des Männerchorgesanges. Vor allem soll auch der Bund die einzelnen Bundesvereine einander näher bringen und den kameradschaftlichen Sinn, die Freundschaft unter den Brudervereinen heben und fördern. Eine Musikkommission von 4 Mitgliedern wählt (auf einem Konservatorium vorgebildete Herren) aus ihrer Mitte den Bundesdirizenten. Der Bund wird in einzelne Bundesbezirke eingeteilt, um Einzelproben für die auf den Bundesfesten zu singenden Massenchöre abzuhalten. Alle zwei Jahre findet ein Bundesfest statt. Zu den Delegiertenversammlungen entsendet jeder Bundesverein einen Delegierten. Den Delegiertenversammlungen soll in der Regel eine Vorstandssitzung vorausgehen und findet im Anschluss an die Delegiertenversammlung eine Dirigentenversammlung statt, in welcher die Musikkommission mit Rat und Tat den Dirigenten und damit den einzelnen Vereinen zur Hand gehen will, ohne damit eine Bevormundung auszuüben. Die Bundesvereine nehmen teil an den Veranstaltungen des Bundes, doch bleibt denselben unbenommen, sich auch an anderen Festen zu beteiligen oder solche zu veranstalten. Der Bund erstrebt die Abschaffung der Wertpreise und erteilt seine Anerkennungen in Form von Diplomen. Nach der neuen Wettsingordnung schliesst nicht der eine Verein den anderen in seinen Leistungen oder in der Erreichung einer Anerkennung aus, was sicher dazu beiträgt, dass nicht, wie seither, so oft aus einem sogenannten Gesangswettstreit ein heftiger Zeitungskrieg entbrannte und bittere Feindschaft unter den einzelnen Vereinen entstand. Damit war der schönen und guten Sache des deutschen Liedes nicht gedient. Im neuen „Rheinhessischen Sängerbunde" soll es anders sein! Das Gute ist erkannt und deshalb rastlos vorwärts! Schliessen wir uns den trefflichen Ausführungen des Herrn Musikdirektors Keil in Alzey an. Derselbe schreibt:

„Ich hoffe aufrichtig, dass der schöne Anfang des neugegründeten Bundes einen entsprechenden Fortgang nimmt und in seinen segensreichen Folgen bald in unserem gesegneten Rheinhessen erkennbar ist. Der Männergesang, der auf dem Lande eigentlich die einzig mögliche Form allgemeiner Musikpflege ist, bedarf, um wirklich einen veredelnden Einfluss zu gewinnen, durchaus der Befreiung von der seither üblichen Preissingerei. Erst wenn die Sänger einmal dahin gelangt sind, ihre Kräfte und all ihr Können rein um der musikalischen Vollendung willen einzusetzen, erst dann können die Männergesangvereine mit Fug und Recht als das gehalten werden, was zu sein ihr einziges Ziel sein sollte: als Träger und Verbreiter einer wirklich musikalischen und damit in gewissem Grade künstlerischen Kultur."

Nun, der Tag von Alzey und eine Versammlung in Essenheim haben schon die Bürgschaft gegeben, dass man diese hohe Aufgabe erkannt hatte und waltete bei allen Verhandlungen der Geist des Friedens, der Eintracht. Man wollte, es war augenscheinlich, etwas besseres an die Stelle des Alten setzen, unter dem die Dirigenten, die Vereine und besonders der Männergesang, das deutsche Lied, zu leiden hatten.

Die konstituierende Versammlung in der „Reichspost" zur Alzey eröffnete Kochhafen-Ober-Saulheim und konnte nach eifrigem, einmütigen Schaffen die Tagesordnung erledigt werden. Der Statutenentwurf mit der neuen Wettsingordnung wurde mit wenigen Abänderungen so angenommen, wie die provisorische Kommission den Entwurf geschaffen hatte. Darnach konnte zur Wahl des Bundesvorstandes geschritten werden und ergab dieselbe: a) Kochhafen-Ober-Saulheim 1. Vorsitzender des Bundes, b) Wolf-Essenheim 2. Vorsitzender, c) Bastian-Elsheim, Kassierer, d) Köhler-Nieder-Saulheim, Schriftführer. Zu Beisitzern wurden ernannt: 1. Dechont-Stedecken, 2. Nentz-Stein-Bockenheim, 3. Wechsler-Wörrstadt, 4. Eberle-Wolfsheim und 5. Horn-Nieder-Wiesen. Nach Erledigung der Tagesordnung und nachdem der Fahrplan zum Aufbruch mahnte, schloss der 1. Vorsitzende die Versammlung mit einem begeistert aufgenommenen Hoch auf den neugegründeten Sängerbund. 28 Vereine haben durch ihre Delegierten ihren sofortigen Beitritt erklärt und kommen weitere Vereine noch in stattlicher Anzahl. Mögen die noch Fernstehenden alle herzukommen und mit uns gemeinschaftlich ein segensreiches Werk schaffen helfen zur Förderung deutschen Sanges. Rheinhessen ist sangesfroh und stark genug, um auf eigenen Füssen stehen zu können. Darum herbei ihr lieben Sänger aus der frohen Pfalz, wir reichen euch allen die Bruderhand und heissen euch schon im voraus herzlichst willkommen. Lasst alle Vorurteile fallen, lasst uns kämpfen mit ehrlichen Waffen und offnem Visier, der Sang, das deutsche Lied sei uns alles, und wenn wir bei ehrlichem Wollen alle Kräfte einsetzen, so fliehen Neid und Missgunst von selbst und die gute Sache ist gefördert. — Samstag den 29. November d. J. findet erste Sitzung des Bundesvorstandes zu Armsheim statt, und sollen in dieser Sitzung auch die nötigen Vorbereitungen für die im Dezember d. J. stattfindende Delegiertenversammlung getroffen werden. Nochmals ergeht an alle Gesangvereine Rheinhessens die freundliche Aufforderung, dem Bunde alsbald beizutreten, damit dieselben auch schon zur ersten Delegiertenversammlung im Dezember ihre Delegierten entsenden können, um bei Erledigung der Tagesordnung der Delegiertenversammlung schon bestimmend einzuwirken. Wir wollen gemeinsam den Ausbau des grossen Werkes vollenden! Wenn euch, ihr lieben Sänger, der heutige Bericht in dem als Bundesorgan erwählten „Wegweiser für den Chorgesang" von H. vom Ende-Köln zu Händen kommt, so empfanget damit treubrüderlichen Handschlag und herzlichen Sängergruss

Ober-Saulheim, am 22. Novbr. 1902.

Kochhafen

1. Vorsitzender des „Rheinhessischen Sängerbundes."

Neue geistliche Chöre.

Ernst Flügel, op. 58 I. Kirchweihfest-Motette. für 2 Chöre (1. M.-Ch. ecclesia terrestris. 2. Fr.-Ch. ecclesia coelestis.) . . . 1,— —,30

do. op. II. 4 Liturgiesätze (Kyrie, Halleluja, Sanctus für gemischten Chor . . . 1,— 30

(Verlag von F. E. C. Leuckart, Leipzig.)

Gust. Ad. Frost. Das Kirchenjahr. Lieder für 4 st. gemischten Chor oder 2 stimmigen Kinder-Chor, für alle Feste des Kirchenjahres.

A. Weihnachtskreis. 1. Zum Advent. 2. Weihnachtslied. 3. Zum Neujahr. 4 Zum Erscheinungsfest.

B Osterkreis. 5. Passion. 6. Zum Gründonnerstage. 7. Zum Charfreitage 8. Osterlied. 9. Himmelfahrt.

C. Pfingstkreis. 10. Pfingsten 11. Missionsfest.

D. Trinitatiszeit. 12. Trinitatisfest. 13. Erntefest. 14. Reformationsfest. 15. Kirchweihfest. 16. Totenfest. Part. je —,40 St. je —10

Einfache, in würdigem Stil gehaltene Gesänge, die auch kleineren Landchören keinerlei Schwierigkeiten bereiten. Der Satz klangvoll, die Stimmführung melodisch. (Verlag von Gebr. Hug & Co., Leipzig.)

Woldemar Nestler, op. 8. Zwei Weihnachtslieder für 3 stimmigen Damen- oder Kinderchor.

1. Nun nahst du segnend . . . . —,60 —,20
2. Senkest wieder deine Schleier . . . . . —,60 —,60

(Verlag von Hans Licht, Leipzig.)

Fr. Kriegeskotten. Schulfestchöre für gemischten Chor mit Klav. zum praktischen Gebrauche an den höheren Lehranstalten. Heft I. Chöre von Mendelssohn, Händel und Kriegeskotten für die Weihnachtsfeier, Jubiläum, Einweihung, Kaisers Geburtstag und Gedächtnisfeier. Part. 5,— Mk. St. 20 Pfg. (Verlag von Chr. Fr. Vieweg, Quedlinburg.)

Georg Schumann, op. 31. Drei geistliche Gesänge für gemischten Chor. 1. Und ob ich schon wanderte. 2. Siehe, wie fein und lieblich. Herr, wie lange willst du meiner so gar vergessen. Part. und St. Mk. 3.60.

(Verlag von F. E. C. Leuckart, Leipzig.)

Die Chöre sind nicht leicht, werden aber besseren Vereinen eine dankbare Aufgabe bieten.

Karl Zuschneid, op. 38. Weihnachtshymne für Sopransolo und Chor mit Orgel oder Harmonium. Part. Mk. 1,50 Stimmen je 15 Pfg. (Verlag von Fr. Vieweg, Quedlinburg).

Für Weihnachtsfeierlichkeiten in Kirche und Schule sehr zu empfehlen.

Karl Zuschneid, op. 62. Neujahrs-Choral für M.-Ch. —.80 —.1

do. op. 63. Drei Festgesänge für M.-Ch. 1. Weihnachten. 2. Ostern. 3. Pfingsten . . . . —.80 —.15

Neue Chorwerke mit Begleitung.

Rich. Wagner. Gralsfeier aus dem 1. Akt des **Parsifal** für gemischten Chor mit Klavier und Harmonium, bearbeitet von **F. Volbach.** (Mainz, B. Schotts Söhne.) Klav.-Ausz. Mk. 3,—, Chorst. Mk. 1,20 netto.

Dasselbe für Männerchor mit Klavier und Harmonium, bearbeitet von **Rich. Schmidt.** Klav.-Ausz. Mk. 3,—, Chorstimme netto Mk. 1.20.

Ein herrlicheres Geschenk hätte die Verlagshandlung unseren Chorvereinen wahrlich nicht machen können. Viele Worte zum Lobe dieser ergreifenden Szene zu machen, würde banal erscheinen. Und wenn auch die weihevolle Handlung fehlt — die Chöre allein gehören zum erhabendsten, was die Tonkunst bieten kann. Die Bearbeitungen sind sehr geschickt und klangvoll gesetzt, sodass die Ausgaben allen Chorvereinen dringend ans Herz gelegt werden können.

Friedr. Baumfelder, op. 374. **Frühling und Winter.** Chorstück mit Klavierbegleitung. (Quedlinburg, Chr. Fr. Vieweg.) Klav.-Ausz. Mk. 3.50 Chorstimme je 60 Pfg.

Jos. Rheinberger, op. 197. Nachgelassenes Werk. Messe in A-moll für gemischten Chor und Orgel. Ergänzt und herausgegeben von L. A. Coerne (Leipzig, F. E. C. Leuckart. Part. Mk. 4,—. Stimmen Mk. 2.40.

Mit Rheinberger ist unstreitig der bedeutendste unter den auf moderner Grundlage schaffenden Kirchenkomponisten heimgegangen. Auch dieses Werk zeichnet sich durch Innigkeit des melodischen Ausdrucks, virtuose Beherrschung der kontrapunktischen Technik und formelle Abrundung aus. Die Messe ist nicht sehr umfangreich und leicht zu bewältigen. Auf ein anderes Werk derselben Gattung, dem Meister Rheinberger gewidmet, sei nachdrücklich aufmerksam gemacht; es ist die

Missa in D-moll, op. 53 von **L. A. Coerne,** dem Herausgeber des oben angeführten Werkes. (Leipzig, Leuckart.) Part. netto Mk. 4.50, St. je Mk. 1,—.

Otto Richter. Die streitende Kirche Christi. Dichtung von W. Hehbein, für gemischten Chor, Orgel, 3 Trompeten, Pauken, Oboen und Klar. (Magdeburg, Heinrichshofen.) Part. Mk. 1,—, Chorst. 60 Pfg.

Ein kräftiges, von Glaubensmut durchtränktes Lied; im Gottesdienst in Verbindung mit „Ein feste Burg" (dessen Strophenanfänge benutzt sind) sehr gut zu verwenden.

Friedrich Schuchardt, op. 4. **Petrus Forschegrund,** Oratorium. (Bayreuth, Carl Giessel jun.) Klav.-Ausz. Mk. 6.— netto.

Der Dichtung liegt die bekannte Sage von dem „Mönch zu Heisterbach" zu Grunde. Der Mönch Petrus Forschegrund, ein Grübler und Zweifler, kann den Begriff der Ewigkeit nicht fassen und das Bibelwort: „Ein Tag ist Gott wie tausend Jahre — und tausend Jahre wie ein Tag". Er macht sich grübelnd auf den Weg, verirrt sich im Walde und vernimmt plötzlich zu seinen Häupten den süssen Gesang eines Vogels, der ihm von den Wonnen des Paradieses, von der Erlösung der Menschen durch Christum singt. Petrus ist wie umgewandelt. „Im Glauben schwand mein Zweifeln hin" sagt er und macht sich neu gekräftigt auf den Heimweg. Er tritt in den Kreuzgang als uralter, gebeugter Greis, unbekannte Brüder umgeben ihn, forschen ihn aus und erfahren zu ihrem Erstaunen, dass 300 Jahre verstrichen sind, seit Petrus das Kloster verlassen hat. Jetzt versteht er den Sinn des Gotteswortes, er vermeint den Himmel offen zu sehen und entschläft sanft in den Armen des Abtes.

Es verdient als ein Streben nach den höchsten Zielen anerkannt zu werden, wenn ein Künstler schon zu Beginn seiner schöpferischen Tätigkeit zu solchen Stoffen greift. Wenn auch noch mancher Wunsch unerfüllt bleibt, so in der Begleitung statt der modernen al-fresco-Malerei liebevollere kontrapunktische Ausarbeitung an manchen Stellen, so haben wir doch zweifellos ein von hoher Begabung, tiefem Empfinden und liebevoller Hingabe an die echte Kunst zeugendes Werk vor uns. Ueberall tiefes Erfassen der Stimmung, ausdrucksvolle Deklamation und packende Charakteristik. Die Szene im Walde erhebt sich zu einer Höhe, die ergreifend wirkt. Wir empfehlen aufs wärmste das Werk den Chorleitern.

Musikalische Strafpredigten von **Dr. Max Steinitzer** München. Alfr. Schmid, Nachf.

Ein köstliches Büchlein, zum Lachen — oder zum Weinen, wie man will: jedenfalls aber „zum Schreien". Es sind die „Privatbriefe eines alten Grobian", der viel böse Erfahrungen auf seinem dornenvollen Musikantenpfade gemacht hat. Alles ist aus dem Leben gegriffen, besonders die Herren Dirigenten werden aufs Korn genommen, so z. B. der Herr Theophil Severin Allwein, dem folgende Predigt gewidmet ist:

— — — — — „Die uralten Elemente des Rhythmus, zunächst der geraden Taktart, welche besteht, solange in der Menschheit überhaupt irgend eine Tätigkeit wie Klopfen, Zerstampfen u. s. w. ausgeübt wird; vor dir bestehen sie nicht; du schlägst weder geraden noch ungeraden Takt, sondern hast deinen Männerchor daran gewöhnt, einfach auf jeder Note solange zu bleiben, als du mit dem Taktstocke auf ihr verweilst und das geschieht eben jedesmal so lange, bis dir der Gedanke kommt, es könnte jetzt vielleicht Zeit sein, davon wegzugehen. Damit untergräbst du gerade jenes rhythmische Gefühl unheilbar, dessen Klärung und Schulung deine Aufgabe wäre. Es steht natürlich tief, tief unter deiner Würde, dir für fünfzig Reichspfennige ein Taschenbüchlein der musikalischen Fremdwörter zu kaufen; in diesem würdest du zum Beispiel lesen, dass poco ritardando soviel heisst als „ein wenig zurückhaltend", aber nicht lange vorher, wenn man des Zeichens eben ansichtig wird, vier- bis fünfmal so langsam. Du frägst auch Niemanden danach, denn „wir Musiker", sagst du, „wissen das", manchmal freilich nicht besser als das kleine Karlchen, das sich beim Bauer den Stall besah und ausrief: „Jetzt weiss ich's, die Kühe geben die Milch und die Ochsen den Kaffee". Deshalb hältst du jedes diminuendo-Zeichen für ein sforzato, sodass ein plötzlicher Ruck durch die Stimmen deines Chors geht, wenn der Komponist vorgeschrieben hat, schwächer im Ton zu werden. Und so weiter mit Grazie.

„Nun, wie habe ich dirigiert?" sprachst du mich letzthin mit strahlenden Augen an, nach dem grossen Preissingen in Schreiensen. „Scheusslich!" entgegnete ich leise und du machtest ein so erstauntes Gesicht, wie eine Mauereule, die plötzlich mit dem elektrischen Scheinwerfer beleuchtet wird. „Aber Sie sassen doch oben als Preisrichter und haben mir heute schon zum zweitenmal den zweiten Preis zuerkannt", sprachst du mit Ironie und verschwandest. Mein Lieber, besinne dich doch, was wir Preisrichter bei den unzähligen derartigen Festen eigentlich zu sagen haben. Wir bestimmen die Reihenfolge, in welcher die vorhandenen z. B. sechs Preise an sieben Vereine zu verteilen sind und haben höchstens die eine Freiheit dabei, vorzuschlagen, dass auch der siebente noch mit einem dem letzten Preise gleichkommenden Diplome bedacht werde. Und selbst in der Bestimmung der Reihenfolge sind wir meist an die vorgedruckte Prämiierungstafel streng gebunden. Wir haben keine Befugnis, dem Festvorstande z. B. zu erklären: „in dieser Klasse waren sämtliche Leistungen durch die ungeheuerliche Geschmacklosigkeit der Dirigenten ohne Kunstwert und wir geben keinen Preis" oder „zwei Vereine haben vorzüglich gesungen; den übrigen irgend eine Anerkennung zuzuteilen, dazu sind wir nicht in der Lage". Wir helfen also gezwungen mit, durch die unfreiwillige Zuerkennung von Preisen für Leistungen, die weit eher geeignet wären, als abschreckende Beispiele hingestellt zu werden, das Urteil über Kunstwerke systematisch zu fälschen. Denn die anwesenden Vereinsleiter machen sich im Kopfe oder im Textbuche wohlweislich ihre Notizen. Der Kalkül ist etwa folgender: „Verein Fermatia Kleinbrüllheim in Schreiensen 2. Klasse 1. Ehrenpreis mit dem Chor: Hinaus zum frohen Wandern". Dauer jeder Strophe 2 Minuten, letzte 2¾ Minuten, macht für das Viertel des („Molto allegro") bezeichneten Chores 60, in der letzten Strophe etwa 40". Selbstredend wird derselbe frischfröhliche Chor in demselben Friedhofstempo und ebenso pp, ja womöglich in beiden Richtungen überboten, für das nächste Preissingen in Krähhausen einstudiert. So wirkt die böse Tat im Dunkeln schleichend fort und das Preissingen hat so recht alles getan, um ihr Propaganda zu machen". — — —

Dieser Nummer liegt das neue Männerchorverzeichnis des Verlages von E. Eulenburg, Leipzig (DEUTSCHE EICHE) bei, welches der Beachtung empfohlen sei.

Der Sänger.

Amtliches Organ des westdeutschen Sängerverbandes.

Das Volkslied ist die Unsterblichkeit der Musik.
Marx.

Verbunden werden auch die Schwachen mächtig.
Schiller.

26. Nov. 1902. || Vorsitzender: Lehrer A. Gau, Hilden bei Düsseldorf. || Nr. 2.

Redaktion u. Verlag: H. vom Ende, Köln a. Rhein, Ecke Bismarckstrasse 25.

Westdeutscher Sängerverband.

Bochum, den 16. Oktober 1902. In einer Vorstandssitzung des **Bezirksvereins Bochum** wurde u. a. die Frage erörtert: Wie gewinnen wir neue Vereine für unsere Sache? Auf Vorschlag des Herrn Vorsitzenden sollen die Namen und Dirigenten sämtlicher Vereine hiesiger Gegend gesammelt werden um dann evtl. eine Zusammenkunft der Dirigenten zu veranlassen. Auch wird der Herr Vorsitzende privatum in seinem Kollegenkreise wirken. Erst nachdem die Vorbereitungen soweit gediehen sind, sollen weitere Schritte in der Oeffentlichkeit getan werden. Hoffentlich ist alle Mühe und Arbeit nicht umsonst, damit doch endlich mehr Vereine unserer Sache beitreten zum Heil und Segen des deutschen Männergesanges.

Wien. Das deutsche Volkslied, Zeitschrift für seine Kenntnis und Pflege, unter der Leitung von Dr. J. Pommer und Hans Fraungruber in Wien erscheinend, schreibt in seiner letzten Nummer folgendes:

Die **„Rheinische Volksliedertafel"**, dessen Gründer A. Gau in Hilden und deren Chormeister H. vom Ende in Köln ist, beschäftigt sich ausschliesslich mit der Pflege des echten, deutschen Volksliedes, ist somit ein deutscher Volksgesangverein, wenn sie auch nicht diesen Namen führt. Wir empfehlen unsern Gesinnungsgenossen „draussen im Reich" den Anschluss an diesen wackeren Verein auf das wärmste.

Auch der **Westdeutsche Sängerverband**, dessen Mitglied die Rheinische Volksliedertafel und dessen Vorsitzender Herr Lehrer A. Gau ist, verdient alle Förderung. Diese Vereinigung von Gesangvereinen strebt mit Ernst und Eifer eine Reform des Männergesangvereinswesens an.

Mitglied kann nach § 7 der Satzungen jeder deutsche Männergesangverein werden, welcher durch seine sämtlichen Vorstandsmitglieder die Satzungen des Verbandes schriftlich anerkennt. — Der jährliche Beitrag beträgt für jeden Sänger eines solchen Verbandsvereins 10 Pfg. Auch ist eine persönliche Mitgliedschaft für jene Sänger, Dirigenten etc. zulässig, welche einem Verbandsvereine nicht angehören.

Druck- und Satzfehler in Partituren.

Ueber Vortrag.

Eingesandt.

In letzter Zeit ist des öfteren Klage darüber geführt worden, dass „Partituren" und „Stimmen" Ungenauigkeiten ja selbst Fehler enthalten. Da durch dieselben mancher Vereinsleiter, auch derjenige, der mit reichem Wissen auf dem Gebiete der Harmonielehre ausgerüstet ist, in grosse Verlegenheit geraten kann, so würde es sicherlich die Leser dieses Blattes interessieren, wenn die geehrte Redaktion eine diesbezügliche Auseinandersetzung zur allgemeinen Kenntnis brächte.

Zunächst stelle ich die Frage: Wie ist es zu erklären, dass in einer Partitur (selbstverständlich auch in den zugehörigen Stimmen) z. B. notwendige Auflösungszeichen fehlen oder statt „c" meinetwegen „d" gesetzt ist? Man sollte doch meinen, dass solche Schnitzer vor dem Drucke erkannt und beseitigt würden, da sogar jede, auch die unbedeutendste Tageszeitung den kleinsten Artikel vor der Herausgabe des Gedruckten einer genauen Korrektur unterzieht. Macht sich derjenige, der seine Komposition drucken lässt, ohne sich vorher über jeden Staccatopunkt oder jedes Atemholzeichen etc. vollständig im Klaren zu sein, nicht einer „groben Nachlässigkeit" schuldig, speziell, wenn es sich um a cappella-Chöre handelt?

Zweitens muss man sich darüber wundern, dass solche fehlerhafte oder mangelhaft gedruckte Chöre überhaupt in einen Verlag (ich rede nicht von einem „bestimmten" Verlage!) aufgenommen werden. Entweder muss man in einem solchen Falle dem Verleger eine grosse „Unkenntnis" zuschreiben, oder man muss annehmen, dass es demselben vor allem darum zu tun ist, ein „Geschäft" zu machen.

Drittens: Man bekommt Noten zugeschickt, in denen bereits mit Tinte die erforderlichen Verbesserungen vorgenommen sind. Darf man beim Gesangwettstreite solche Chöre den Preisrichtern vorlegen? Ferner: Wem ist die Schuld aufzubürden, wenn ein Preisrichter erklärt, der Chor sei mit diesen oder jenen Fehlern vorgetragen worden, wenn sich der Dirigent strenge nach dem ihm übersandten gedruckten Exemplar gerichtet und eben deshalb, weil er die „umgedrehten An- und Abschwellzeichen", das falsche „Fortezeichen", die „Oktaven" oder Quintenparallele" u. s. w. nicht beseitigen wollte, leer ausgehen muss? Meines Erachtens nach hat ein Preisrichter nicht über den Chor zu urteilen, sondern lediglich über den dargebotenen Gesang, denn es heisst doch „Gesangwettstreit" und nicht „Chor- oder Kompositionswettstreit." Ein reproduzierender Künstler kann nicht für falsche oder nachlässige Produktion verantwortlich gemacht werden!

Viertens wollte ich mir die Frage gestatten, warum sogar unsere Meister in der Männerchor-Komposition Partituren in die Welt schicken, die der Korrektur bedürfen. Ein von ihnen herrührendes, geschätztes, unantastbares Werk, bei dessen Einstudierung ein Dirigent die ganze Kraft seines Nachdenkens und die allergrösste Vorsicht anwendet, um nicht gegen das „Vorgeschriebene" zu verstossen, ein solches Werk ist doch kein Zeitungsartikel, der flüchtig gelesen und dann weggelegt wird.

Wer einen Gesangverein leitet, wird mir beipflichten müssen, dass die haarscharfe Ausführung und möglichst genaue Angabe der „Vortragszeichen" ein ganz bedeutendes Erleichterungsmittel bei der Einstudierung sind; man kann sich dadurch viele Worte und ewige Wiederholungen ersparen. Warum ist man nun nicht peinlicher bei Drucklegung eines Liedes? Der Einwurf, dass ein Komponist doch niemals alles aufs Papier setzen könne, was ihm vorgeschwebt habe, ist ja berechtigt; dann muss er sich bei der Angabe der notwendigsten Bezeichnungen aber der grössten Genauigkeit befleissigen. Es gibt doch genug Preisrichter, die sklavisch nach dem Buchstaben des Gesetzes urteilen!

Vielleicht nimmt die Redaktion des „Sänger" Veranlassung, diesen Fragen ihre persönliche Meinung beizufügen.

—B. in Duisburg.

Nachbemerkung: Wann erscheint das in Aussicht gestellte vom Endosche Werk, welches das für Dirigenten und Sänger Wissenswerte enthalten soll?

(Siehe Seite 8.)

Antwort der Redaktion:

ad. 1 und 2 ist zu bemerken, dass Ungenauigkeiten im Notensatz allerdings als Nachlässigkeiten, und falls sie unangenehme Folgen, z. B. auf dem Wettstreit, nach sich ziehen können, sogar als „grobe Nachlässigkeiten" zu rügen sind. Dafür aber ist nicht allein der Verleger, sondern in weit höherem Masse der Komponist oder der Herausgeber verantwortlich zu machen. Man kann dem Musikalienverleger unmöglich zumuten, dass er die Korrekturen selbst besorgt, eine Arbeit, von der sich Laien gar keinen Begriff machen können und die mit der Korrektur von Büchern oder Zeitungen absolut nicht zu vergleichen ist. Komplizierter Satz, z. B. Orchestermaterial, setzt der Korrektur so viele Schwierigkeiten entgegen, dass fehlerfreie erste Auflagen fast gar nicht vorkommen. Ein unfehlbarer Musikalien-Korrektor dürfte demnach vergebens gesucht werden.

In der Regel wimmelt der erste Abzug auch in den besten Stechereien noch von Fehlern, deren Korrektur in der Offizin selbst besorgt wird u. zw. auf Kosten des Verlegers, wenn die Fehler durch mangelhaftes oder unleserliches Manuskript entstanden sind. Ein gewissenhafter Verleger ordnet dann noch eine Revision in der Offizin an und übergibt schliesslich einen dritten Abzug dem Komponisten zur Korrektur. Gewöhnlich wird vom Komponisten oder Verleger aber noch ein vierter Abzug gewünscht und dann erst glauben die Beteiligten ihre Pflicht erfüllt zu haben.

Dass der Druckfehlerteufel aber trotz alledem so häufig seine Hand im Spiele behält, ist nicht zu leugnen und jedenfalls beklagenswert. Man könnte ja auch obige Prozedur fortsetzen, bis das Kunstwerk rein und unverfälscht dasteht, das würde aber in Anbetracht des Umstandes, dass „grobe Nachlässigkeiten" doch verhältnismässig selten sind, eine erhebliche Vergrösserung der Herstellungskosten bedeuten, die der Verleger gediegener Musik heutzutage nicht mehr auf sich nehmen kann. Offenbare Druckfehler muss übrigens jeder Dirigent auffinden können und ohne weiteres verbessern; in zweifelhaften Fällen wird er gut tun, sich an den Verleger zu wenden, der sich dann mit dem Komponisten ins Einvernehmen setzt und die notigen Aenderungen besorgt. Diese Aenderungen müssen jedenfalls befolgt werden, auch wenn sie nur mit Tinte eingetragen sind. Selbständige Aenderungen in den Werken lebender Komponisten vorzunehmen (abgesehen von Druckfehlern) und den Preisrichtern vorzulegen, hat etwas Missliches. Nicht jeder Preisrichter und Komponist ist mit solchen Aenderungen einverstanden, auch wenn sie in den Augen anderer eine Besserung bedeuten. Die Ansichten hierüber sind eben verschieden, wie sich aus den unten abgedruckten Zuschriften einer Anzahl von Preisrichtern ergibt. Es würde durch ein solches Verfahren schliesslich auch allen möglichen Veränderungen Tür und Tor geöffnet. Ich für meine Person aber stehe nicht an, zu erklären, dass ich als Preisrichter die zweifellose Verbesserung eines groben Satzfehlers oder eines falschen Vortragszeichens als ein Zeichen von Sachkenntnis und guter Auffassung jedenfalls nicht zum Anlass einer schlechteren Bewertung machen würde, der allgemeine Eindruck würde dadurch vielmehr gewinnen.

Auf dem Wettstreit soll die Leistungsfähigkeit des Vereins gewertet werden, d. h. dasjenige, was er augenblicklich leistet, nicht was er eventuell unter einem anderen Dirigenten leisten könnte. Daraus folgt, dass es schliesslich doch hauptsächlich auf die Fähigkeiten des Dirigenten ankommt. Zu diesen Fähigkeiten gehört in allererster Linie die Gabe, das Kunstwerk lebenswarm aufzufassen, sich mit aller Energie hineinzufühlen, es innerlich mit zu erleben und in der Wiedergabe zu möglichst vollendetem Ausdruck zu bringen. Das ist aber nicht der Fall, wenn der Dirigent sein eigenes Empfinden gar nicht zu Rate zieht, sondern lediglich den Komponisten zu Wort kommen lässt, und diesen auch nur insoweit er seine Auffassung mit den geringen Mitteln, die ihm zu Gebote stehen, kund zu geben vermag. In dieser. Falle kann von einem erschöpfenden Erfassen des geistigen Gehaltes des Kunstwerkes keine Rede sein, es ist ein Manko vorhanden. Noch geringer einzuschätzen ist aber eine falsche Auffassung, mag der Komponist vorgeschrieben haben, was er will. Es ist eine unbestreitbare Tatsache, dass manche gute Komponisten als reproduzierende Künstler oder als Dirigenten nicht viel wert sind, auch nicht imstande sind, ihre Werke mit den richtigen und genauen Vortragsbezeichnungen zu versehen. Mag das nun Sorglosigkeit, Nachlässigkeit oder Kenntnislosigkeit sein, oder auch daran liegen, dass die übliche Vortragsbezeichnung noch sehr im Argen liegt, genug, die Dirigenten müssen mit dieser Tatsache rechnen und sich stets vor Augen halten, was der Komponist hat sagen wollen, oder vielmehr, was der Dichter uns sagt, denn darauf kommt es doch in erster Linie an. Die Frage lautet nicht: Wie muss ich singen, was da steht? sondern „Wie habe ich das zu verstehen, was da steht?"

Es ist zuzugeben, dass der Dirigent eventuell in eine üble Lage geraten kann, da es wirklich Komponisten gibt, die selbst geringe Abweichungen von ihren Vorschriften mit Acht und Bann belegen, auch wenn ihr Werk nach der Meinung aller anderen anwesenden Preisrichter dadurch gewinnt (ich selbst habe einen solchen Fall erlebt); derartige vereinzelte Vorkommnisse dürfen aber keinen Dirigenten abhalten, das Kunstwerk so wiederzugeben, wie er es empfunden hat, sonst erreichen wir mit all unserm Bemühen grade das, was wir vermeiden wollen, nämlich geistloses Drillen anstatt künstlerischen Strebens.

An manchen vollständig sinnwidrigen Bezeichnungen scheint übrigens bisher noch niemand Anstoss genommen zu haben, sie würden sonst nicht in neuen Auflagen stehen geblieben sein. Vor mir liegt ein mit Recht sehr beliebtes Volksliedchen „das stille Tal" in dem vorzüglichen Satz von F. M. Böhme. Der Anfang lautet mit der geforderten Nuancierung:

p. < > >
„Im schönsten Wiesengrunde ist meiner Heimat Haus,
mf. < > p. < >
Da zog ich manche Stunde ins Tal hinaus".

Und mit dieser unlogischen Nuancierung hört man das Liedchen allgemein singen. Hat denn der Dichter so viel Wert darauf gelegt, dass das Haus in einem „Grunde" liegt? dass das Wandern immer nur „eine" Stunde dauert? und dass es speziell „seine" Heimat ist? Nebensächliches wird hier zur Hauptsache gestempelt durch Vortragszeichen, bei denen der Herausgeber (vermutlich ist Böhme unschuldig) zum mindesten nichts gedacht hat. Hier meine Auffassung:

p. < > < >
Im schönsten Wiesengrunde ist meiner Heimat Haus.
< > <
Da zog ich manche Stunde in's Tal hinaus".

Zu Punkt 4 bemerke ich, dass auch der grösste Meister nicht auf den ersten Wurf und allezeit seinen Gedanken die völlig adäquate Form zu geben vermag. Bekanntlich knaupelte und änderte kein Meister mehr an seinen Werken herum, als Beethoven und das alte Horaziesche Wort: „nonum prematur in annum" (Neun Jahre lang soll man das Werk liegen lassen) verdient auch heute noch grössere Beachtung, als man ihm leider zuwenden kann; die Wettstreitverhältnisse verlangen eben „Effektuierung der Bestellung in kürzester Frist"!!

ne möglichst genaue Vortragsbezeichnung ist ohne ein wertvolles Erleichterungsmittel für die Sänger. er in dieser Hinsicht sind die Chöre von Fr. Hegar chten, der allerdings nach meiner Ansicht in der nisierung zu weit geht. Bemerkungen wie „etwas r, schneller, anmutig bewegt, gehalten u. s. w. sagen pfindenden Musiker viel mehr, als diese trokenen Dass aber eine zuweit getriebene Bevormundung des uten hinsichtlich des Vortrages die Freiheit der g, ohne die eine Kunstleistung niemals anregend svoll sein kann, ertötet, ist für mich keine Frage. ch die dynamischen Zeichen bedürfen der Es ist z. B. genau zu unterscheiden zwischen > Λ z. sfz., für Tempo-Nuancierungen sind anschaulichere einzuführen, z. B. ∿∿∿ für Ritard. und ∿ für Accelerando.

e man sieht, ist auf diesem Gebiete noch manches und manches Dunkel zu lichten. Vor allen Dingen dafür zu sorgen, dass nur tüchtige, erfahrene und liche Musiker zu Preisrichtern gewählt werden, Künste in jeder Beziehung über ihrer Aufgabe stehen.

nächste Nr. des Sängers wird die Beantwortung 'ragen seitens einer Anzahl der bekannteren ter enthalten.

Aufführungen.

Feinhumoristische Männerchor Malenlust, „Sechse, der Acht" von Arno Krögel, dem Dirigenten des G.-V. Liederkreis, erfreut sich grosser Beliebtheit; er wurde en Monaten aufgeführt vom Quartettverein Köln-Ehrenfeld, Stolberg, Humoria-Aachen, Eintracht-Recklinghausen, Apollo-Lehrer G.-V.-Essen, Liederkreis-Köln, M.-G.-V.-Köln-Nippes, Ehrenfeld, Liedertafel-Mainz, Liedertafel-Gelsenkirchen, ferner sseldorf, Leipzig und vielen anderen Städten.

t. i. W. Das 7. Stiftungsfest des M.-G.-V. Cäcilia nahm chen Verlauf. Gleich im Anfang das markige, von Begetragene „Westfalenlied" fand reichen Beifall und all-Mit diesem Liede hat der beliebte Komponist Musikdir. uer einen glücklichen Griff getan, insofern er dem herron F. Heitemeyer die richtige, der Eigenart des Westfalen Vertonung gegeben hat. Das nicht sehr schwere Lied ist in allen westfälischen Vereinen Eingang findet. Vom selben zeigte das Programm noch ein weiteres Lied, betitelt, „Fahr es ebenfalls mit grosser Innigkeit und Gefühlswärme zum

erhaven. Harmonie, der etwa 60 Mann starke Chor unter temperamentvoller, kundiger Leitung setzte zunächst mit ntagslied" ein, welches eine weihevolle, andächtige Stime verbreitete. Schumann „Der träumende See" und Rietz waren Leistungen, auf die der Verein stolz sein kann. he Volkslied „Zu Ihren Füssen" in der Bearbeitung von it seiner schlichten, schönen Melodie schloss sich an.

m. Lehrergesangverein. (Prof. Fel. Schmidt). Zum ersten wurde: G. Schreck „Wach auf mein Hort", „All mein alte Volkslieder). Franz Curti „Die Elfe", H. Spangener Schatz, mein Augentrost", Rud. Buck „Abendfrieden" letzteres mit sehr grossem Erfolge. Auch Buck's „Die wilde von Othegravens „Der Pfeifer" wurde lebhaft beklatscht. urde „Kaiser Karl in der Johannisnacht" gesungen. In st Hegars „Walpurga".

emburg a. M. Steinbecksche Singakademie. (Dr. H. ozarts Requiem (Sol., Frau Dr. Wiegandt, Frl. Soergel, and A. N. Harzen-Müller, Berlin.

erhaven. Musikvereinig. u. M.-G.-V. Fritz Hartmann). tenszenen (Sol.: Büttner, Anna Munch, Herr Hinzelmann J. Harzen-Müller, Berlin).

Harmonia Georg Reinl. Hugo Jüngst „Sei gegrüsst". im hellen Mondenschein". C. H. Döring „Nimm ein „Begegnung" für Frauenchor. Weinzierl „Herbstnacht". afruf zur Jagd" f. M.-Ch. Weinzierl „Dorf-Idylle", „Unten ra. Ch. Demnächst gelangt zur Aufführung: „Freisang", rton Scholze.

a. Rh. Kölner M.-G.-V. (Prof. J. Schwartz), zum 1. Male: Sturmerwachen" s. gr. Erf. Brambach „Meeresstille" und ahrt" s. gr. Erf. Volkslieder, gesetzt von A. von Othebe mir ein Blümlein gepflanzet, „Bei Mondenschein, „Eiferseren D.-C.). Zöllner „König Sigurd Rings Brautfahrt", radsknechtslied" mit Orchester.

ra. Bergh. Int.-Bl. M.-G.-V. (W. Davids). . . . Doch nun horvorträgen, zunächst zu den Meisterstücken, welche die errn vom Ende's altoerprobter Leitung zu Gehör brachten: on Abt, „Rote Wolken", einer neuen Komposition des ier ihre Taufe erhielt sowie dem unvergleichlichen Volkst, Liebchen, tanz!" Ein Urteil möge man den bescheidenen e rlassen. Da wurde nur ein Gedanke wach: Das sind die Sieger von Cassel und das werden wieder sein – die Sieger von Frankfurt! Wenn schon ein Dutzend so sieghaft singen kann, dann ist den zwanzig Dutzend in Köln der Sieg unausbleiblich!

Mit dem Kerpener Verein zusammen machten die Kölner sich als Soloquartett verdient um den Vortrag des Schultzschen Chors: „Das Herz am Rhein", wie Herr Schumacher als Baritonist im „Sandmännchen" in dem Frau Dr. Schneider die führende Sopranpartie ebenso wacker vertrat, als in „Glockentürmers Töchterlein", die beide einen ganz besonderen Erfolg erzielten.

Die Krone des Abends aber und der denkbar würdigste Abschluss war das Chorwerk von Ernst Heuser: „Deutsche Sänger am Missouri". Wer das gehört, der braucht nicht lange zu fragen, was denn den Verein auf diese schöne Höhe des Könnens gebracht hat. Da schillerte und schimmerte ein wahrhaft eiserner Fleiss und zäher Wille aus allen Ecken und Enden. Und das schwere Werk gelang. Mit wuchtiger, treffsicherer Kraft kam die imposante und doch volkstümliche Komposition in ihrem vollen Glanze zu schönster Wirkung, und der Beifallssturm am Schlusse galt ebenso sehr den wackern Sängern als dem trefflichen Komponisten, der selbst herausgekommen war, sein Werk auf dem prächtigen Ibach-Flügel zu begleiten. Der höchste Zoll aber gebührt dem Führer dieser einzigen, opferfreudigen Sangesgemeinde, Herrn Wilhelm Davids, dem die unsäglichen Mühen eines langen Jahres aufs schönste vergolten wurden.

Köln a. Rh. M.-G.-V. Gutenberg (Fr. de la Motte). 16. Stiftungsfest. C. H. Döring „Am Rhein", s. gr. Erf. Debois „Der Korsar". Mühldorfer „Das Lied vom Schneiderlein". C. Heines „Blauäugelein am Rhein". Schubert „Die Nacht".

Lahr i. Baden. M.-G.-V. Concordia (J. C. Schmidt). Ludw. Keller „Dem Vaterlande" (s. gr. Erf.). Hegar „Weihe des Liedes". Mozart „Morgengesang aus der Zauberflöte". Podbertsky „Einsame Heimat", „Jagdmorgen", „Winternacht".

Münster i. W. Sängerlust. Schwartz „Dem Rhein mein Lied". Schlichting „Wenn du ein Herz gefunden" (s. gr. Erf.). Wesseler „Es stand ein Sternlein" (D.-C.). Neuhner „Des Jägers Heimkehr".

Solingen. Sängerbund (Musikdir. K. Hirsch). Rich. Wagner-Konzert. Tannhäuser „Pilgerchor". Flieg. Holländer „Matrosenchor". Lohengrin „Brautchor". Meistersinger „Apotheose des Hans Sachs".

Neue patriotische Werke.

sl.	**Gottfried Angerer,** Kaiserlied für M.-Ch. und Solo mit Orch.	1,60 je	—,20
	do. für 2 st. Schulchor	1,60 je	—,20
msch.	**Reinhold Becker,** op. 116. Dem Vaterland für M.-Ch.	1,—	—,40
msch.	**Fr. Bürke,** op. 4 Heil Dir, Germania! für M.-Ch und Klavier oder Blasorch.	—,80	—,80
msch.	**Max Franke,** op. 53. Die Krone am Rhein für M.-Ch.	—,80	—,20
msch.	**Roman Derreth,** op. 2. Ein neues deutsches Lied für M.-Ch.	1,20	—,25
sl.	**Engelb. Knülle,** op. 12. Heil Kaiser Dir! für M.-Chor	—,60	—,15
msch.	**Ed. Nössler,** op. 44. Mein Vaterland für M.-Ch.	—,80	—,20
l.	**Karl Schmidt.** An das Vaterland. M.-Ch.	—,40	—,10
sl.	**Aug. Schulz.** op. 89 IV. Deutschem Lande. M.-Ch.	1,—	—,20
msch.	**Karl Seiffert,** op. 14 Mein Deutschland M.-Ch.	—,40	—,15
msch.	**Busgard-Wasem,** op. 23. Ein Hoch dem Kaiser.	1,—	—,20
msch.	**Carl Pieper,** op. 20. Germanen-Mahnung. M.-Ch.	1,—	,25
msch.	**H. Wiltberger,** Vaterlandslied. M.-Ch.	—,60	—,20
msch.	do. op. 8. Gebet für den Kaiser (lat.) M.-Chor.	—,80	—,20
msch.	**Hugo Wolf.** Dem Vaterland. M.-Ch. mit Orch.	2,—	—,25

Für Frauen- oder gemischten Chor.

	C. Jos. Brambach, op. 101. Königspsalm für gemischten Chor u. Orgel od. Orch.	3.—	—,25
sl.	**Herm. Kipper,** op. 124. Dem Kaiser Heil! Festspiel für Schulerchor mit Klav.	3.—	—,50
	Daraus einzeln:		
sl.	1. Des Reiches Wiedergeburt, f. gem. Chor	1,30	—,15
l.	2. Kaiserhymne.		
sl.	**H. Wiltberger,** Vaterlandslied für 3 st. Schulchor	—,60	—,20
msch.	**K. Zuschneid,** op. 54. Vaterlandslieder für gem. 1. Gebet für das Vaterland. 2. Preis der Heimat.	1,—	—,10

Der Hymnus von Hugo Wolf „Dem Vaterland" (erschienen bei K. F. Heckel, Mannheim), verdient als ein Werk voll hohen Schwunges und kräftiger Eigenart die Beachtung aller ernststrebenden Männerchöre.

Fr. E. Koch, op. 27. **Halleluja!** Eine Festkantate nach Worten der Bibel für gemischten Chor, Einzelstimmen und Orchester. (Verlag von Chr. Fr. Vieweg, Quedlinburg). Klav.-Ausz. 4.50 Mk., Stimmen je —,45 Mk.

Neue Männerchöre a capp.

1. Leicht bis ziemlich leicht.

P. u. St.

A. Ahrensen, op 17. 4 plattdeutsche Lieder . . . . 1,— —,80
Nr. 1. Min Anna. Nr. 3. De Jäger.
Nr. 2. Abendfrieden. Nr. 4. Regenleed.
L. André. Es flog ein Waldvögelein . . . . —,40 —,40
Aug. Becker, op. 8. Auf dem Marsche . . . . —,60 —,60
Baagard-Wasem. Des Sohnes Heimkehr . . . . . . —,60 —,60
Heinr. Cassimir. Nr. 1. Ein Stündlein wohl vor Tag —,40 —,60
do. Nr. 2. Waldeinsamkeit . . . . . . —,40 —,60
H. Chevallier, op. 57. Treue . . . . —,40 —,60
Cursch-Bühren. Was die Schwalbe singt . . . netto —,10 —,20
H Edel. Sehnsucht . . . . —,60 —,60
C. Filersbach, op. 6. Röslein. wann blühst du . . —,60 —,60
A. Grosse-Weischede, op. 26 1. Die Lore . . netto —,15 —,—
G. Grunewald. Herr Ulrich . . . . —,40 —,60
do. Königskinder . . . . —,40 —,60
do Sandmännchen . . . . —,50 —,60
Norbert Heft, op. 41 1. Eidein . . . . —,40 —,40
do. op. 41 2. Liebeslied . . . . —,40 —,60
do. op. 41 3. Abschied . . . . —,40 —,40
do. op. 41 4. Gefangen . . . . —,40 —,40
Ferd. Hummel, op. 74 1. Wanderlied . . . . 1.— —,80
Karl Hunger, op. 65. Deutscher Frauenhymnus . . —,80 —,80
Herm. Hutter, op. 30 I. Soldatenblut . . . . 1.— —,80
C. Kaiser, op. 22. An die Heimat . . . . —,40 —,60
Ludwig Keller, op. 60 I. Sonntagsstille. Der Affentaler . . . . —,40 ,80
do. op. 62. In vino veritas. Wenn die Sonne . . . . —,40 —,50
Carl Kern, op. 50. Mein stilles Tal . . . . —,60 ,50
E. Knülle, op. 1 1 2. Der Traum, Vergissmeinnicht . 1.— —,80
G. Körner, op. 8 Frauenlob . . . . —,40 —,80
Fr. Krasinsky, op. 23. Lebe wohl . . . . ,40 —,60
do. op. 30. O gönne mir . . . . —,40 —,60
L. Kron, op. 175. Die Heimatrosen . . . . —,60 —,60
W. Kruse. 's Liab'n . . . . —,60 —,60
C. Kühnhold, op. 108. Schwing dich empor . . . . —,60 —,60
H. Kümmel, op. 20. Flagge heraus . . . . —,80 —,80
H. Landwehr, op. 20. Frühlingslust . . . . —,75 —,10
Heinr. Langen, Zwei treue Jungen . . . . ,80 —,80
do. O du wunderschöne Frühlingszeit . —,60 ,60
do. Waldkönig . . . . —,60 —,80
K. Linnarz. Drei plattdeutsche Lieder . . . . . à —,50 1,—
Nr. 1. Töf mal.
Nr. 2. De Jäger.
Nr. 3. Inne Fremd'n.
Anton Maier, op. 78 1 2 3. . . . . à —,80 —,40
Nr. 1. er saure Wein.
Nr. 2. Neckerei.
Nr. 3. Mägdlein.
Fr. Marireh. Abschied . . . . —,40 —,60
F. Mertens. Min Wersestrand . . . . —,60 ,60
F. Meyml. Des Mädchens Klage . . . . . . netto —,10 —,20
M. Neumann, op. 16 1. An der Heimat halte fest . . . ,50 —,80
O. Neubner, op. 63 1. In der Ferne . . . . —,40 —,60
do. op. 63 2. Goldwürfel . . . . —,40 —,60
do. op. 72 1. Im schiefen Doktorhaus . . . —,40 —,60
do. op. 72 2. Trinket, trinket . . . . . . —,40 —,60
do. op. 94 2. Scheiden . . . . —,40 —,80
O. Schäfer, op. 43. Spielmannsgesang . . . . netto —,10 —,20
do. op. 44. Der Geiger von St. Valten netto —,10 —,20
C. Schiebold. Verwehl . . . . —,50 —,60
L. Schildbach. 2 Volksl. Trost. Ein Vöglein . . —,75 —,80
W. Schlichting. Wenn du ein Herz gefunden . . . —,60 —,60
Karl Schmidt. An das Vaterland . . . . —,40 —,40
C. J. Schmidt, op. 32 1. Rosenzeit . . . . —,60 —,80
do. op. 32 2. Fasching . . . . —,60 —,80
do. op. 32 3. Freude . . . . —,60 ,80
do. op. 32 4. Wanderlust . . . . 60 —,80
do. 4 Lieder.
Nr. 1. Heimkehr . . . . —,60 —,80
Nr. 2. Liebesglück . . . . —,60 ,80
Nr. 3. Die Biene . . . . —,60 —,80
Nr. 4. In der Nacht . . . . . . —,60 —,80
A. Schulz, op. 99 2. Ausfahrt . . . . 1.— ,80
Jac. Sonnen, op. 54. Sancta Cäcilia . . . . . netto —,40 —,40
Fr. O. Sturm, op. 11 1. Wanderlied . . . . —,40 —,60
do. op. 11 2. Ström' leise . . . . —,40 —,60
Fr. Ullrich, op. 86 2. Auf Wiedersehen . . . netto ,40 ,40
R. Wagner, op. 170. Der schwarze Stein . . . . . ,40 —,40
do. op. 171. Dos steierische Woasa . . . . —,40 —,40
F. Weinsberger, op. 58 2. Ich sah den Garten . . . —,40 —,80

P. u. St.

H. Wessler. An Em! . . . . —,40 —,40
Th. Vehmeier, op. 50 1. Die Liab is a Vogerl . . . ,60 —,-
G. Zanger, op. 50. Ich habe den Frühling gesehen Wenn du ein Herz gefunden. Lieb Annelein 1.— 1.
do. op. 36. Fünf Lieder im Volkston . . . 1,— 1,50
Ständchen. Lieb ist ein Blümelein. Liebesgram. Beim Liebchen. Mein Schatz ist auf die Wanderschaft.
J. B. Zerlett, op. 68 1. Grämen . . . . —,40 —,60
do. op. 68 2. Im Walde . . . . —,40 —,60
do. Am Rhein . . . . 1.— —,60
do op. 94 1. Mädchen . . . . ,40 —,60
do. op. 94 2. Der Bote . . . . ,40 ,60
do. op. 94 3 Ringelein . . . . ,40 60
Karl Zuschneid, op. 56 1. Vom Barette schwankt die Feder . . . . —,60 —,80
do. op. 56 2. Die frommen Landknecht sind wir genannt . . . . —,80 1,20
do. op. 57. Der Jugend dies Glas . . —,80 —,60

2. Mittelschwer.

Otto Barblan, op. 9. II. Heft 5–8 . . . . netto —,80 1,—
Nr. 5. Ständchen.
Nr. 6. Kein Graben so breit.
Nr. 7 Gebet vor der Schlacht.
Nr. 8. Liebchen ist da.
Nr. 9. Heft I. Botschaft. Frühlingslust. Hymne. Heimliche Liebe. . je —,80 —,80
Carl Berg, op. 19. Lied eines fahrenden Gesellen . 1,50 1.—
Rob. Böttger. Frühlingsnacht . . . . 60 —,60
Wilh. Becker, op. 91. Abschied vom Rhein . . . . 60 —,60
K. Demmler, op. 7. Neuer Frühling . . . . —,60 —,60
do. op. 8. Wie einst im Mai . . . . —,60 —,60
Döring, op. 244. Schwedengrab . . . . —,80 —,60
Ed. Greve, op. 48. Drei Lieder . . . . ,60 1,20
Nr. 1. Vom Abendrot liegt goldumsäumt.
Nr. 2. Der Alpenhirt. Nr. 3. Abendlied.
Osk. Hiecke, op. 8 1 2 3. . . . . —,40 —,40
Nr. 1. Nachtgebet.
Nr. 2. Auf eine Rose fiel der Tau.
Nr. 3. Brautfahrt.
Wilh. Hill, op. 56. Sechs Gesänge . . . . 2,— je —,15
1 Die Grafen von Zollern. 2. Die Frauen vom Rhein. 3. Abendgesang 4. Maigruss. 5. Mosellied. 6. Als ich dich sah.
E. Heiser, op. 88 Rheinland . . . . 1,50 2.—
Ferd. Hummel, op. 79. 1. Lied der alten Herren . 1,— —,80
2. Die Rose im Tal . . . . —,60 —,60
3. Unterm Machandelbaum . . . . —,60 —,60
Hermann Hutter, op. 26 1. Serenade . . . . 1.— 1.—
do. op. 26 2. Auf der Wacht . . . 1,— 1,—
do. op. 30 1. Soldatenblut . . . . 1.— 1,80
do. op. 30 2. Fahr wohl . . . . . 1,— —,80
E. Knülle, op. 2. Wiegenlied . . . . —,60 —,60
W. Kruse. Westfalenart . . . . —,60 —,60
F Kühn, op. 20. Geheimnis . . . . 1,30 1.—
do. op. 21. Der Frohsinn hoch . . . . . 1,30 1.—
do. op. 22 1 O zaubervolle Jugendzeit . . . 1,30 1.—
do. op. 22 2. Ach gar wie bald . . . . . . 1.— —,80
Carl Lafite, op. 21. Uebermut . . . . 1,— ,80
H. Landwehr, op. 27. Frühlingszauber . . . . . . —,75 —,90
C Loewe. Meeresleuchten . . . . —,40 —,40
do. Reiterlied . . . . —,40 —,40
Aug. Ludwig, op. 87 1. Das Trinken . . . . —,40 —,40
C. Fr. Mack, op. 17. Das enge Fensterlein . . . . —,80 1,—
F. Mendelssohn. Wie selig sind die Toten . . . ,40 —,40
W. A. Mozart. Die Eintracht . . . . —,40 —,40
Fr. Mücke. Jedem das Seine . . . . —,40 —,40
O. Neubner, Wanderlied . . . . —,40 —,40
do. op 92. Maienkönigin . . . . 1,60 ,40
Fr. Otto, op. 94 1. Heimat . . . . —,40 —,40
do. Hoch und hehr erschallt . . . . . . —,90 —,40
F. Pfirstinger. Allerseelen . . . . —,80 —,80
J. Peters. Rheinlied . . . . —,40 —,40
H. Petschke, op. 13 2. Frühlingslied . . . . 1,— 1.—
C. G. Reissiger. Wandrers Nachtlied . . . . . . —,40 —,40
do. In die Ferne . . . . —,40 —,40
K. Schauss. Abschiedslied . . . . —,50 —,60
C. J. Schmidt, op. 32 1. Rosenzeit . . . . —,60 —,80
Schulz, op 99 2. Kindergottesdienst . . . . 1, 1.—
do. op. 99 1. Ausmarsch . . . . 1.— 1.—
C. J. Schmidt, op. 32 2. Fasching . . . . —,60 —,80
do. op. 32 3. Freude ist ins Land . . . . —,60 —,80
Fr. Schneider. Brockenfahrt . . . . —,40 —,40

	P.	u. St.
Alw. Schumann, op. 8. Maienuacht	—,40	—,80
A. Seiffart, op. 43 2. Wasserfahrt	—,80	—,80
H. Spangenberg. Pestalozzi-Lied . . . . . netto	—,10	,20
A. Seyffert, op. 43 2. Muttersprache	—,80	—,60
do. op. 43 1. Kindheit-Melodie	—,40	—,40
J. C. Spazier. Frisch trommelt	—,40	—,40
Wilh. Speidel. op. 51. Gott rüstet mich	1,20	2,—
do. op. 68 1. Alpennacht	—,60	—,60
do. op. 54 1. Schwarzwälder Heimatlied	—,60	—,60
do. op. 54 2. Waldmorgen	—,60	,60
do. op. 64 1. Der Frater Kellermeister	1,20	1,20
P. Teichfischer. Nachtlied	—,40	—,80
R. Volkmann. Vier Gesänge . . . . . à	1,—	—,80
Nr. 1. Abendständchen. Nr. 2. Der Räuber. Nr. 3. Von der Koppe. Nr. 4. Totenlied.		
Lud. Waldmann, op. 39. Vineta . . . . . netto	—,10	—,20
F. Weinberger, op. 56 1 2 3 . . . . . à	—,70	—,80
Nr. 1. Die ganze Welt voll Sonne. Nr. 2. Drei Rosen sind aufgegangen. Nr. 3. Röslein am Rain.		
do. op. 58 1 2 . . . . . à	—,70	—,80
Nr. 1. Ein Gedenken. Nr. 2. Blaue Augen — Liebesglaube.		
Julius Wengert, op. 15. Abendreigen	—,80	—,80
Rich. Wickenhausser, op. 23 2. Unterm Schlehdornhag	,80	,60
do. op. 23 1. Durchs Haferfeld	,80	—,60
do. op. 23 3. Liebliches Mägdelein	—,80	,60
do. op. 22 1. Mich zieht	1,—	—,80
do. op. 22 2. Der arme	1,30	1,20
K. Fr. Zelter. Probatum . . . . . à	—,40	—,40
Fr. Wildt. Vier Männerchöre	—,10	—,60
Nr. 1. Frühlingseinzug. Nr. 2. Die Lehre. Nr. 3. Heidenacht. Nr. 4. Sehnen Scheiden.		

3. Mittelschwer, ziemlich schwer.

	P.	u. St.
Carl Berg, op. 19 1. Abendstimmung	1,—	—,80
O. H. Döring, op. 72 1. Gebet auf den Wassern	—,80	—,80
do. op. 72 2. Heimat und Liebe	—,80	—,80
do. op. 73 1. Abendlied	—,80	—,80
do. op. 73 2. Schlummerlied	—,80	—,80
do. op. 113 1. Sass ein Fink auf einem Ast	—,40	—,60
H. Hutter, op. 33. In der Christnacht	2,—	1,—
Edmund Kühn, op. 20. Das Geheimnis der Glocke	1,80	1,—
C. Loewe. In der Marienkirche	—,40	—,40
do. Heinrich der Vogler	—,40	—,40
do. Das Erkennen	—,40	—,40
Aug. Ludwig, op. 37 2. Edler Wettstreit	—,10	—,40
Carl Navratil, op. 28. Noch sind sie mein	1,—	—,80
Ottomar Neubner, op. 28. Im Walde	—,80	1,20
Ed. Nössler, op. 25. O Welt, du bist	,40	—,60
do. op. 38. Wenn nur der Rhein	—,60	—,60
Fritz Nowak. Der Schatz	—,60	—,6
Th. Quelling. op. 6. Maifahrt	—,30	—,—
F. A. Reissiger. Olaf Trygvason	—,40	—,40
Karl Schauss. Im Walde	,60	—,80
Heinr. Schwartz. Altdeutsches Liebeslied	1,—	—,80
do. Abendsonnenstrahl	1,—	—,—
Ferd. Siegert. Morgenwanderung	1,—	—,80
Hans Sitt, op. 60 1. Es ist ein Traumlicht	1,20	,80
do. op. 60 2. Altdeutsches Liebeslied	—,80	,80
do. op. 60 3. Heute ist heut	1,20	—,80
Hans Wagner, op. 31. Zwischen zwei Sonnen	1,—	—,80
Rich. Wickenhausser, op. 11 1. Ständchen	—,80	—,80
do. op. 20 1. Scheiden	1,—	—,60
do. op. 20 2. Wenn die Knospen	1,—	,60
do. op. 23 1. Elsula	1,—	1,60
Reinh. Würz, op. 37 2. Liebeswerben	—,80	—,60
Karl Zuschneid, op. 48 1. Schwanenlied	1,60	—,40
do. op. 48 2. Frauenlob . . . . . blos kpl.		1,—
do. op. 58. Unnütze Sorge	1,—	,60

DEUTSCHE EICHE.

(Verlag von E. Eulenburg, Leipzig.)
Jede Nr. Part. und St. je —,40 Mk.

395 **J. C. Spazier**. Frisch, trommelt auf den Tisch.
396 **Fr. Schneider**. Drohnen ahrt.
397 **Fr. Otto**. Hoch und hehr erschallt.
398 **W. A. Mozart**. Die Eintracht.
401 **Fr. Schubert**. Geisterchor aus Rosamunde.
402 do. Naturgenuss.
403. do. Nachtgesang im Walde.
404 **K. Fr. Zelter**. Probatum.
405 **J. W. Kallwoda**. Die Beichte.
407 **F. Mendelssohn**. Wie selig sind die Toten.
408 **J. Peters**. Rheinlied.
409 **F. Mendelssohn**. Maiglöckchen und die Blümelein.
410 **J. W. Kallwoda**. Der deutsche Baum.

Von oben angeführten neueren Chorwerken möchte ich einige als besonders empfehlenswert hervorheben, weil sie mir für die Praxis der zahlreichen kleineren Vereine geeignet erscheinen. Leistungsfähigere Vereine werden auch unter den nicht hervorgehobenen Werken noch manches Interessante finden.

Lieder, welche den einfachsten Volkston glücklich getroffen haben, sind:

Chevallier, op. 37, »Treue«, H. Edel, »Sehnsucht«, Gross-Weischede, op. 28 1, »Die Lore vom Rhein«, Krasinsky, op. 23 »Lebe wohl«, H. Kummel, op. 20, »Flagge heraus«, C. Kühnhold op. 108, »Schwing dich empor«, E. Knölle, »Wiegenlied«, Edmund Kühn, op. 22, »Ach, gar wie bald«, Ottomar Neubner, op. 91 »Scheiden«, Math. Neumann, op. 16, »An der Heimat halte fest« C. Jul. Schmidt, op. 24 1, »Liebesglück«, Fr. Ullrich, op. 58 »Auf Wiedersehen«, H. Wessler, »An Emma«, C. Schiebold, »Verweht«, Th. Vehmeier, op. 50 1, »Die Liab is a Vögerl«, Har Zuschneid, »Abschied«, »Willkommen«, »Rotgoldner Abendschein« Z' Mullen an der Post«.

Ferner mache ich aufmerksam auf die neuesten Nummern der „Deutschen Eiche" (E. Eulenburg's Verlag), darunter Chöre von Zelter, C. Lowe (in der Bearbeitung von Jos. Schwartz) Kalliwoda, Reissiger, Fr. Schneider, H. Brückler etc.

Von den mittelschweren Chören sind höchst interessant die 4 Gesänge aus dem Nachlass R. Volkmanns; ebenso die Lieder op. 56 und 58 von K. Friedr. Weinberger. »Der arme Schwartenhals« von R. Wickenhausser ist köstlich charakterisiert; recht drollig macht sich auch der edle Wettstreit zwischen „Kuckuck und Esel", komponiert von A. Ludwig. Die Soldatenlieder von Herm. Hutter seien warm empfohlen, ebenso: »Westfalenart« von W. Kruse, »Frauenlob« von Georg Körner, »Die Heimat«, op. 91 von Ottomar Neubner, »Ausfahrt« von Aug. Schulz, »Sanc[illegible] Cäcilia« von Jak. Sennen, »Noch sind sie mein« von Carl Navra[illegible] und Ernst Heusers »Fröhliches Rheinland«. Das kecke Burschenlied »Uebermut« von Carl Lalite sei zum Schluss noch hervorgehoben.

C. J. Brambach. Der fliegende Holländer. Nachgelassenes Werk. (Verlag von O. Wernthal, Berlin.) Part. 2.—, St. —,5[illegible]

Ein leuchtendes Beispiel, dass die geistige Spannkraft dieses Meisters des deutschen Männergesanges auch im Alter keineswegs nachgelassen hatte. Inbezug auf packende Charakteristik nimmt Brambach es mit den Modernsten auf. Wie wir erfahren, beabsichtigen drei grosse Männergesangvereine Kölns, Liederkranz, Sängerkreis und Polyhymnia, zu Gunsten eines Brambachdenkmals in Bonn ein grosses Konzert im Gürzenich zu veranstalten. Hier wäre eine geeignete Gelegenheit geboten, das letzte grössere Werk des Meisters zu vollendeter Aufführung zu bringen.

geschenk!

?

n Kirchengesang
vier
Reinthaler
ark netto.
netto.

Köln a. Rh.

Zweck: sämtliche in
nfession vorkommende
der öffentlichen und
Anzahl der schönsten
n, um eine mögliche
hin offen zu halten,
gesanges zugänglicher

torischen Forschungen
n. Willkürliche Ab-
sprünglichen Tonfolge
Fällen, wo eine ab-
n (z. B. „Allein Gott
derselben ihr überall
worden.
ler älterer Melodien
liche Wiederbelebung
bar erscheint. Gegen-
Choral-Form, welche
gestrebt worden, den
edergegeben. Hierbei
eidung nur aus der
ehen. Denn auch die
n, namentlich da, wo
in die Kirche herüber-
n. — Doch sind diese
lkür, mit welcher Un-
hundert die Melodien
der Melodien wurde
des Chorales gehalten
r auf der Orgel und
timmigen Gesangchor

Dom-Organist.

dieses Blattes.

Publikum!

, insbesondere die
rstellung der Musi-
ung der Geschäfts-
vielfach gewährten
sikalien ferner zu

ls hat deshalb **der**
ndler beschlossen,
hränken sind und
Höchstrabatte für
ede Firma die ge-
zur Kenntnisnahme
it höherem Rabatt
ler Vereinsbestim-
itens der Verleger
g ihrer Geschäfte

nd **vom 1. Januar**
kalien- und Buch-
nd der Schweiz.

Für Kaisers Geburtstag!

Auserlesene patriotische Gesänge für Männerchor mit und ohne Begleitung.

Partituren werden zur Ansicht geliefert.

Arnemann, L., Op. 35. **Mein Deutschland.** „Deutschland, mächtiger Felsen." Part. Mk. 1.—, Stimmen je Mk. —.15.

Bauer, O., Op. 40. **Für Kaiser und Reich.** „Kommt Brüder, kommt herbei." Patriotischer Huldigungsmarsch m. Pfte.-Begl. Klavierpartitur Mk. 1.20, St. je Mk. —.10.

Bootz, O., Dem Kaiser! „Grüss Gott, grüss Gott viel tausendmal." Part. Mk. —.50, St. je Mk —.10.

Bünte, W., Op. 20. **Deutsche Kaiserhymne.** „Ich kenn' eine Burg." Part. Mk. 1.—, St. je Mk. —.30.

Burgstaller, E., Deutsches Kriegslied. „Die Fahnen flattern im Winde hoch." Part. Mk. 1.—, St. je. Mk —.20.

Busch, H., Rückkehr in die deutsche Heimat. „Mein deutsches Land, mein Vaterland." Part. Mk. —.50, St. je Mk. —.10.

Fritzsch, E., Op. 67. **Deutsches Weihelied.** „Hoch die Schwerter, hoch die Fahnen." Part. Mk. —.50, St. je Mk. —.25.

Gartz, F., Op. 84. **Kaiserlied.** „Ein deutscher Kaiser und ein deutsches Reich." Part. Mk. —.50, St. je Mk. —.15.

Kanzler, W., Op. 18. **Preussens Gebet.** „Herr, dein Name sei gepriesen." Part. Mk. —.50, St. je Mk. —.15.

Kurth, O., Preussische Kriegslieder aus der Zeit Friedrichs des Grossen. (Abmarsch ins Feld, Soldatenlied, Schlacht bei Prag, Kriegslied der Preussen, Abschied eines preussischen Grenadiers, Schlacht bei Zorndorf) mit Tenor- und Bariton-Solo und Orchester oder Pfte. Klav.-Auszug Mk. 3.—. Chor-St. je Mk. —.40. Orch.-Part. Mk. 10.—. Orch.-St. Mk. 10.—.

— **Altdeutsche Kriegslieder.** Unter teilweiser Benutzung einiger alter Weisen (Klagelied über Kriegsnot, Strassburgs Fall, Chor der Landsknechte, Reiterlied, Kriegsfreud' und Kriegsleid, Jubellied) mit Tenor- und Bariton-Solo und Orchester oder Pfte. Klav.-Ausz. Mk. 2.50, Chor-St. je Mk. —.30, Orch.-Part. Mk. 5.—, Orch.-St. Mk. 5.—.

Maurice, A, Op. 41. **Deutscher Weihegruss.** „Wein weihen wir das erste Glas." Ausg. mit Blasmusik Part. Mk. 2.50, Orch.-St. Mk. 7.50, Ausg. ohne Begleitung Part. Mk. —.40, St. je Mk. —.20.

National- u. Kaiserhymnen, 6 Deutsche (**Preis-Kompositionen.**)

- Nr. 1. **Deutsche National- (Friedens-)Hymne.** „Himmelentsprungnen, glorreichen Frieden" v. H. Hartmann.
- Nr. 2. **Deutsche Reichshymne.** „Heil dir, Wilhelm, unser Kaiser!" von Norb. Hoft.
- Nr. 3. **Deutsche Kaiserhymne.** „Heil, Kaiser Wilhelm, Dir!" von C. Arndt.
- Nr. 4. **Für Kaiser und Reich.** „O Deutsches Land, mein Vaterland" von E. Braun.
- Nr. 5. **Deutsche Vaterlandshymne.** „Deutschland, du mein Vaterland" von M. Jeschke.
- Nr. 6. **Deutsche Fürstenhymne.** „Ein Stern muss steh'n in dunkler Nacht" von H. Hartmann.

Ausgabe A. Für einstimmigen Massenchor (a cappella). Jede Part. Mk. —.50, St. Mk. —.10.

Ausgabe B. Für vierstimmigen Männer-Chor (a cappella). Jede Part. Mk. —.60, St. Mk. —.15.

Ausgabe A u. B. mit Pfte. Klavier-Ausz. Nr. 1—6 Mk. 1.50.
— mit Streichmusik, Orch.-St. Nr. 1—6 Mk. 2.—.
— mit Blasmusik, Orch.-St. Nr. 1—6 Mk. 2.50.

Steinhäuser, C., Die Schlacht von Sedan. Patr. Dichtung von Felix Dahn. Melodramatisch bearbeitet mit Blasmusik oder Pfte., Klav.-Ausz. Mk. 3.—, Chor-St. Mk. —.30, Mil.-Mus.-Begl. Mk. 4.—, Blech-Mus.-Begl. Mk. 3.—.

Verlag v. Louis Oertel,
Hannover.

Bezugsquellenregister.

Vereinsfahnen.
Kölner Fahnenfabrik, Arnold Steiger, Köln.

Buchbinderei E. A. Enders, Leipzig.

Abzeichen f. Gesangvereine. Muster an Vereine postfrei. Adolf Belada, Wien VII-2, Mariahilferstr. 54.

Banner, Fahnen, Schärpen, Abzeichen. Thüringer Fahnen-Fabrik, Coburg.

Abzeichen Diplome ... Fliessbach

Lieferung sämtlicher Musikalien

H. vom Ende, Köln a. Rh.

haft gearbeitete Musikinstrumente jeder Art direkt vom Herstellungsorte **Wilh. Herwig in Markneukirchen i. S.**

Illustrierte Preisliste umsonst und portofrei. Bitte anzugeben, welche Instrumente gekauft werden sollen.

Männer-Chöre

Partitur 4,40 Pfg. Jede einzelne Chorstimme 10 Pfennig.

Weihnachtslied: „Stille Nacht" bearbeitet von **Ottomar Neubner.**

Ullrich, Fr. op. 89 Nr. 1: „Grüss Gott." Gedicht von **Carl Gerock.**

Dirigenten und Vereine mögen nicht versäumen, sich die Partitur dieser stimmungsvollen Chöre zur Ansicht kommen zu lassen.

Fr. Ullrich, Godesberg a. Rh.
Musikalien-Versandt-Geschäft.

Westdeutsche Konzertdirektion Köln a. Rhein.

Briefadr.: Westdeutsche Konzertdirektion, Köln, Bismarckstrasse 25. — Telegr.-Adr.: Konzertdirektion Köln.

Die Westdeutsche Konzertdirektion vermittelt Engagements bei allen Konzert-Vereinen und Gesellschaften, welche Musik pflegen, arrangiert eigene Konzerte und Tournées und erteilt in allen Konzertangelegenheiten bereitwilligst Auskunft.

Neu! 'S FRANZERL aus der Schmiedeschenke. Neu!

Singspiel in 1 Akt mit Chor, Soli u. Klavier- od. Streichorch. v. **Conrad Roland, Musik v. Adolf Jäckel,** op. 96.

Preis komplett (mit 5 Textbüchern) Mk. 8,– , Orchesterstimmen Mk. 2,— netto.

Ein echtes Volksstück, dem ein Stoff aus den Ereignissen des täglichen Lebens zu Grunde liegt. In der geschickt und ungekünstelt aufgebauten, fesselnden Handlung tritt uns jeder Charakter lebenswahr und mit natürlicher Frische entgegen. Meisterhaft hat auch Adolf Jäckel die Musik dem Stoffe angepasst. Anheimelnde, leicht fassliche Melodieen erfreuen uns in Soli und Duett und ein klangvoller, flotter Walzer beschliesst als Chor das Stück. Kein Verein versäume, sich das hochinteressante Werk, welches weit über dem Niveau des Alltäglichen steht, zur Ansicht kommen zu lassen.

Neue **Jäckel-Chöre** und **zugkräftige Humoristika** stehen ebenfalls zur Ansicht zu Diensten.

G. Adolf Jäckel, Leipzig.

Wegweiser durch die Chorgesanglitteratur

Ratgeber für Gesangvereine und Dirigenten.

Redaktion und Verlag: H. vom Ende, Köln a. Rh., Ecke Bismarck- und Kamekestrasse.

nebst Beiblatt:

Der Sänger.

Offizielles Organ des Westdeutschen Sängerverbandes, Mosel-, Saar-, Nahe-Sängerbundes, des Mittelrheinischen, Rheinhessischen und Speyergau-Sängerbundes.

Erscheint monatlich einmal. Bezugspreis für 1 Expl. 20 Pfg. Jahresabonnement Mk. 1.50 und 40 Pfg. Porto. Inserate kosten pro 4 mal gespaltene Petitzeile 20 Pfg.

Expedition: H. vom Ende's Musikalien-Versandgeschäft.

Nr. 3. | Köln a. Rhein, den 26. Dezember 1902. | IV. Jahrg.

Inhalt:

Der Wettstreit in Frankfurt am Main.

Frankfurt a. M., 17. Dez. 1902. Zum zweiten grossen Wettstreit deutscher Männergesangvereine um den Wanderpreis des Kaisers haben hier die Vorbereitungen in ausgedehntem Masse schon begonnen. Dem Feste, welches anfangs Juni stattfindet, werden der Kaiser und die Kaiserin beiwohnen. Die Festhalle ist vom hiesigen Stadtbauamt entworfen und soll an Grösse und Pracht die Kasseler weit übertreffen. Sie kommt ganz in die Nähe des Hauptbahnhofes auf das Terrain der sogen. Rosenausstellung zu stehen. Gebaut wird sie von der hiesigen Hoch- und Tiefbaugesellschaft. Der Rohbau ist für 170 000 Mark vergeben, für die Ausschmückung sind 40 000 Mark in Aussicht genommen. Was die akustischen und Platzverhältnisse betrifft, so ist die Kasseler Halle als Vorbild genommen, was die Sänger mit Freuden begrüssen werden, aber die hiesige Halle wird etwa 4000 Sitzplätze mehr erhalten als die Kasseler. Das Podium wird für 1600 Sänger und 120 Musiker Raum bieten. Dasselbe wird am Vorabend des Festes von der gesamten hiesigen Sängerschaft voll ausgenutzt werden, denn in dem Begrüssungskonzert sollen im ganzen 17—1800 Personen mitwirken. Hoffentlich wird das Publikum auch Gelegenheit haben, den hiesigen, auf hoher künstlerischer Stufe stehenden Sängerchor des Lehrervereins in einem Einzelvortrag zu hören. Vor einigen Tagen brachte derselbe das prachtvolle neue Chorwerk „Der Wald" von B. Scholz zu glanzvoller Aufführung. Welches Interesse die hiesige Bürgerschaft dem Feste entgegenbringt, mag man daraus entnehmen, dass 28 hiesige Bürger die 28 der kaiserlichen Logen am nächsten gelegenen Logen für je 5000 Mark gekauft haben, wodurch also schon 140 000 Mark Einnahme gesichert sind; das ist schon 4000 Mark mehr, als in Kassel überhaupt eingekommen ist. Man hat hier auf eine Gesamteinnahme von 300 000 Mark gerechnet, die jedoch voraussichtlich überschritten wird, so dass der von der Stadt festgesetzte Garantiefonds von 200 000 Mark für ein etwaiges Defizit höchst wahrscheinlich gar nicht in Anspruch genommen zu werden braucht. Schon jetzt melden sich Deutsche aus Amerika für das Fest als Besucher an. Die offizielle Liste der streitenden Vereine liegt noch beim Grafen Hochberg in Berlin. Jedoch ist die Zahl bei weitem grösser als in Kassel, so dass nicht ausgeschlossen ist, dass sie, um eine zu lange Dauer des Festes zu verhüten, beschränkt werden muss. Das musikalische Komité wird namentlich sein Augenmerk darauf richten, dass die teilnehmenden Vereine nicht in unstatthafter Weise zusammengesetzt und ergänzt werden. (Frankf. Ztg.)

Der Gesangwettstreit in Frankfurt

schlägt immer weitere Kreise. Zur Teilnahme haben sich u. a. gemeldet: Köln, Männergesangverein (Jos. Schwartz, 230) Brambach »Meeresstille« und »Glückliche Fahrt«. Krefeld, Sängerbund (Laugs) Schwartz »Im Gebirge«. Bonn, Männergesangverein (Fel. Krakamp, 200) Hegar »Totenvolk«. München-Gladbach, Männergesangverein (Müller 230), Schwartz »Im Gebirge« oder M. Neumann »Sturmerwachen«. Barmer Sängerchor (H. Hopfe), Brambach »Meeresstille«. Oberbarmer Sängerhain (Karl Hirsch, 170), Neumann »Germanenzug«. Elberfeld, Deutscher Sängerkreis (Gust Pielken). Männergesangverein Colombey (Edm. Siefener) Würzburg, Liedertafel, M. Meyer-Olbersleben »Rolands Schwanenlied«. Dortmund, Lehrergesangverein (L. Rebbert, 170), Sturm »Schwedenritt«. Offenbach, Sängerchor des Turnvereins (A. Glück), Hegar »Hymne an den Gesang«. Wiesbaden, Sängerchor des Turnvereins (Karl Schauss), Concordia-Essen (Geyer) »Waldmorgen« von C. Steinhauer, Sanssouci-Essen (Sievers) »Sturmerwachen« von M. Neumann. Angenommen sind ferner: Brambach »Gesang der Geister«, Hegar »Weihe des Liedes«, Rheinberger »Germanenzug«, Rietz »Morgenlied«, Schwartz »Der Frühling«.

Wir sind gespannt, wie die Berliner Kommission sich aus dem Dilemma retten wird, in das sie durch ihre Bekanntmachung betr. Auswahl des selbstgewählten Preischors geraten ist. An die Einsendung eines „volkstümlichen" Chors hat selbstverständlich kein Verein gedacht, die Werke sind zum teil hanebüchen schwer. Sollte wieder die Schwierigkeit mit 9, 18 und 27 Punkten bewertet werden, so würden sich diejenigen Vereine, welche zwei Chöre eingeschickt haben, im Nachteil befinden, da ihnen zweifellos der leichtere zugewiesen wird. Wir denken noch auf diese Angelegenheit zurückzukommen, sobald das Resultat bekannt geworden ist. Hegars Totenvolk ist fünfmal zurückgewiesen worden, wahrscheinlich um allzuhäufige Wiederholungen zu vermeiden. Dagegen ist ausser den oben genannten Werken noch angenommen Math. Neumanns „Teja".

Unter den Preischor-Komponisten tritt auffallend häufig der Name Brambach hervor, ausserdem sind noch vertreten: Hegar, Max Meyer-Olbersleben, Jos. Schwartz, M. Neumann, Jos. Rheinberger und Jul. Rietz. Curti, Bruch, Cornelius und Zerlett. Bezüglich der Schwierigkeit gehen die gewählten Chöre weit auseinander, jedoch hat die Berliner Kommission beschlossen, von jeder Wertung der Schwierigkeit abzusehen und auch von den Preisrichtern zu verlangen, dass bei der Wertung der Leistungen die Schwierigkeit nicht in Betracht gezogen werden soll. — Ob das überhaupt möglich ist, dürfte zweifelhaft erscheinen; wenn z. B. ein Verein die dynamischen Schwierigkeiten der Walpurga oder der glücklichen Fahrt von Brambach tadellos überwindet, dann ist seine Leistung unbedingt höher zu bewerten, als wenn ein Verein das Morgenlied auch noch so tüchtig sing. Die Chöre hätten wenigstens einigermassen auf demselben Niveau stehen müssen.

Speyergau-Sängerbund.

An unsere Vereine. Werte Sangesfreunde!

Der Verein für bayerische Volkskunde — Sitz in Würzburg, Vorstand Herr Universitätsprofessor Dr. O. Brenner sammelt, wie Sie aus der Beilage zu Nr. 3 ersehen haben, zum Zweck künftiger Herausgabe im Druck alles, was sich auf das Leben des Volkes in Stadt und Land bezieht. Hier bietet sich für unsere Dirigenten und Sänger ein Feld ersprießlicher Tätigkeit. Besonders möchten wir zum Aufschreiben und Sammeln alter Volkslieder (Text und Melodie) aufmuntern und unsere Dirigenten bitten, ihre Sänger für die Sache zu interessieren und Anleitung zum Sammeln zu geben. Sendungen können gerichtet werden an die Vorstandschaft unseres Bundes oder direkt an Herrn Universitätsprofessor O. Brenner in Würzburg. Wir erhoffen recht zahlreiche Beteiligung. Mit frdl. Sängergruss!

Die Vorstandschaft

Rheinzabern, 14. Dez. Eine Deputation des „Speyergau-Sängerbund", bestehend aus den Herren Schultz-Speyer, Loy-Neupfotz, Maupai-Rülzheim und Gehm-Wörth überreichte heute in der Bahnhofrestauration dahier den durch Generalversammlungsbeschluss vom 30. November zu Ehrenmitgliedern ernannten Herren Dr. Alfred Brunner und Bierbrauereibesitzer Richard Schott die diesbezüglichen, künstlerisch ausgeführten Ehrenurkunden. Zu dieser Feier hatten sich das Festkomitee des Rheinzaberner Sängerfestes, sowie der „Männerchor"-Rheinzabern eingefunden. Der Bundesvorsitzende Lehrer J. Schultz-Speyer schilderte die grossen Verdienste der Geehrten um den Bund, worauf Herr Schott für die Ehrung seinen Dank aussprach. Lehrer Gehm-Wörth toastete auf die jüngsten Ehrenmitglieder des Bundes. Der durch seine Leistungen rühmlichst bekannte „Männerchor" Rheinzabern verschönte die Feier durch den hübschen Vortrag mehrerer Chöre, was den Bundesvorsitzenden veranlasste, dem Vereine und seinem bewährten Dirigenten Winstel ein Hoch zu weihen. Nicht unerwähnt bleibe, dass Herr Bahnhofrestaurateur Haber einige Hekto des gelegentlich des Sängerfestes verzapften edlen Stoffes „Sängerfreude" aus der Schottschen Brauerei für diese Feier reserviert hatte, so dass die kleine Festlichkeit nach jeder Richtung zur höchsten Befriedigung aller Teilnehmer verlief.

Rheinhessischer Sängerbund.

Sonntag, den 11. Januar fand im Gasthaus zum Ochsen in Wörrstadt der zweite Delegiertentag des Rheinhessischen Sängerbundes statt. Die Witterung war so ungünstig als irgend möglich und hatte strömender Regen die Wege beinahe unpassierbar gemacht. Trotzdem liessen sich unsere Sänger dadurch nicht abhalten, und folgten dem Rufe des Vorstands zum 2. Delegiertentag des Bundes in so grosser Anzahl, dass sich die grossen Räume im Gasthaus zum Ochsen bis auf den letzten Platz füllten. Nachdem eine Sitzung des Vorstandes vorausgegangen war, folgte die Erledigung der Tagesordnung des Delegiertentages. Nach einem Begrüssungschor des Bundesvereins „Sängerbund" Wörrstadt eröffnete der Bundespräsident Herr Kochhafen-Ober-Saulheim, die Versammlung mit Worten der Mahnung, bei allen Verhandlungen das Gute und Beste im Auge zu behalten zum Wohl der deutschen Sängersache, mit Worten des Dankes, dass auch trotz der Ungunst der Witterung so viele Vereine durch Entsendung ihrer Delegierten und so viele Sänger durch ihr persönliches Erscheinen ihr Interesse für die Sache des Bundes bekundeten. Sein Hoch galt dem deutschen Lied und wurde dasselbe mit Begeisterung ausgebracht. Nachdem das Protokoll des 1. Delegiertentages verlesen und genehmigt war, legitimierten sich 26 Delegierte als Vertreter der Bundesvereine. Seit dem letzten Delegiertentag haben zwei weitere Vereine und zahlreiche persönliche Mitglieder ihren Beitritt zum Bunde gemeldet. — Der 1. Vorsitzende macht darauf aufmerksam, dass es sehr erwünscht sei, wenn alle Schriftstücke der Bundesvereine an den Bund von mindestens zwei Vorstandsmitgliedern unterzeichnet seien. — Der wichtigste Punkt der Tagesordnung war Wahl des Ortes und der Zeit des 1. Bundesfestes im Jahre 1903. Es hatten sich zur Uebernahme des Bundesfestes gemeldet: 1. die zwei Gesangvereine Appenheims. 2. Gesangverein Ober-Saulheim. 3. Gesangverein Elsheim. 4. Gesangverein Sängerlust Essenheim und Gesangverein Sängerbund-„Wörrstadt". Bei der Wahl des Ortes entspann sich eine sehr lang Debatte. Die Bundesvereine Appenheims und Ober-Saulheim traten zu Gunsten der übrigen Vereine zurück. Elsheim hatte in anerkennenswerter Weise schon alle Vorkehrungen getroffen, die bestimmt voraussetzen liessen, dass dem Bund in Elsheim eine überaus gastliche, freundliche Aufnahme verbürgt sein konnte, ebenso hätte Essenheim alle Garantie gegeben, dass nichts versäumt werde, was zum Gelingen des 1. Bundesfestes beigetragen hätte. Leider machte die Lage der beiden Orte und die Entfernung von der Bahn denselben einen Strich durch ihren Lieblingswunsch. Bei der ersten Abstimmung erhielten: Essenheim 4 Stimmen, Elsheim 11 und Wörrstadt 11. Da die absolute Majorität erforderlich war, kamen Elsheim und Wörrstadt in die engere Wahl und erhielten Wörrstadt 16 und Elsheim 12 Stimmen. Das nächste Bundesfest findet demnach in Wörrstadt statt und ist die zweite Hälfte des Monats Juni dafür ausersehen. Den Tag bestimmt der festgebende Verein, Sängerbund Wörrstadt, in Gemeinschaft mit dem Bundesvorstand. Es sei rühmend anerkannt, dass, nachdem der Würfel gefallen war, die Vereine Essenheim und Elsheim sich gerne dem Beschlusse unterordneten. So brav sich Elsheim um Uebernahme des Bundesfestes bemüht hatte, ebenso brav sangen einige Mitglieder des Vereins darnach 2 Chöre, die mit einer sehr grossen Begeisterung und mit dem stürmischsten Beifall aufgenommen wurden. Als leuchtendes Beispiel eines braven Sängers stand uns dabei der verehrte Präsident des Gesangvereins Elsheim, Herr Dapper, vor Augen, ein rüstiger, alter Herr im Silberhaar. Er mag auch Herrn Wechsler-Wörrstadt die Veranlassung gegeben haben, mahnend der Versammlung ans Herz zu legen und den älteren Sängern zuzurufen: „Sänger, werdet der deutschen Sängersache nicht dadurch untreu, dass ältere Sänger doch noch allzufrüh auf ihren Lorbeeren ausruhen. — Der Bund sieht vorläufig davon ab, sich eigene Bundesabzeichen zu beschaffen. Dem Vorstand bleibt anheimgegeben, unumgängliche Ausgaben zu machen, doch möge weise Sparsamkeit immer walten.

Die statutarische Bestimmung, ein Bundesverein zahlt 5 Mk. Beitrag und 1,50 Mk. für das Bundesorgan, wird so formuliert: „Jeder Bundesverein zahlt 6,50 Mk. Jahresbeitrag einschliesslich des Beitrags für das Bundesorgan". — Ein Dringlichkeitsantrag wurde eingebracht und die Dringlichkeit ausgesprochen. Er lautet: „Bundesvereine, welche auf dem Delegiertentag nicht durch einen Delegierten vertreten sind, zahlen 3 Mk. in die Bundeskasse". Die Delegierten stimmten dem Antrag nicht zu. Man will keine Zwangsjacke. Umsomehr ist es aber Ehrenpflicht eines jeden Bundesvereins, stets einen Delegierten zu entsenden. Ebenso glaubte man nicht festlegen zu wollen: „Jeder Verein muss sich an dem Bundeswettsingen beteiligen!" Gewiss fordert der Bund, dass sich alle Sangeskraft stets besenge, doch könnten immerhin in einem Verein manchmal Verhältnisse eintreten, die demselben ein öffentliches Auftreten zur Unmöglichkeit machen könnten. Dass sich jedoch alle Bundesvereine am Bundesfest beteiligen, resp. da vertreten sind, das ist eine Selbstverständlichkeit, denn die Vereine sind der Bund, und wenn deshalb der Bund ein Fest feiert, so feiern es die Vereine. Es soll auf unserem 1. Bundesfeste in Wörrstadt eine jede Fahne unserer Bundesvereine wehen. So wurde Tagesordnung erledigt. Manche Stirnesfalte hatte sich wieder geglättet und „in allem Harmonie" war das Feldgeschrei. Freilich der Himmel machte auch noch am Abend dasselbe griesgramige Gesicht, doch konnten wir im Bund nicht über das Wetter bestimmen, sonst hätten wohl alle Herren Delegierten für den Tag des 1. Bundesfestes in Wörrstadt beschlossen: Wetter muss trocken, heiss und beständig sein. Aber wünschen wollen wir dies dem festgebenden Verein. Unseren Dank für seine Entschliessung und nun frisch an die Arbeit, denn vieles, sehr vieles ist zu tun, wenn das Werk, der Tag gelingen soll. Und ihr, ihr Bundesvereine seid eingedenk, dass der Tag von Wörrstadt im Juni dieses Jahres zeigen muss, dass man im Rheinhessischen Sängerbund die Pflege des wahren und schönen deutschen Gesanges als die Hauptaufgabe betrachtet. — Vereine, welche mit Einsendung der Stammrolle noch im Rückstand sind, werden ersucht, dies alsbald zu tun und gleichzeitig dabei zu beantworten: 1. Name des Vereins; 2. Wann wurde derselbe gegründet; 3. Welche Preise hat derselbe errungen; 4. Welche Feste hat der Verein selbst veranstaltet oder gefeiert; 5. Präsident; 6. Dirigent.

Mit Sängergruss!

Kochhafen, 1. Vorsitzender.

Bei gleicher Punktzahl sind die betr. Vereine in der Rangordnung gleichzustellen.

Der **steirische Sängerbund** beschloss 1885 auf dem Bundesfeste die Einführung eines Volkswettsingens. Es wurde in 2 Klassen gesungen, und der 1. Klasse Gesänge aufgegeben, welche mit einem Jodler abschliessen, der 2. Klasse Chöre, welche sich durch leicht fassliche und zu Gehör gehende Einfachheit dem Volksliede anschliessen. Alle weiteren Vorschriften lehnten sich an die Ordnung des schwäbischen Sängerbundes an.

Auch in **Frankreich** wurden anfangs der fünfziger Jahre die Wettkämpfe eingeführt. 1851 trugen in Troyes Gent und Lille die Preise davon. Lille vereinigte 1852 deutsche, französische und belgische Sänger. Entsprechend dem Bildungsgrade der dortigen Vereine (die Orféons bestehen fast nur aus Arbeitern) ist dort die Organisation der Konkurse eine sehr ins einzelne gehende. Ein ganzes Gesetzbuch war nötig, um die verwickelten Vorschriften und Einteilungen, alle die peinlichen Strafbestimmungen aufzunehmen. Eine grosse Zahl von sections und divisions wird aufgestellt: einmal ganz mechanisch nach der Seelenzahl der Orte; dann wieder innerhalb dieser Klassen Unterklassen für Orféons, welche noch nicht wettgesungen haben; der Sieg nötigt zum Vorrücken in eine höhere Klasse. Der Singstoff wird genau bestimmt, für die ländlichen Vereine sind auch 2stimmige Solfeggien darunter, ausserdem 2-Wochen- und Prima-vista-Chöre.

Für die division d'excellence besteht nur 1 Preis, über den 21 Preisrichter zu bestimmen haben; Aufgabe ist ein Prima-vista-Chor, Dichter und Tonsetzer sind unbekannt, Tempo und Vortragszeichen fehlen; zugelassen sind nur bereits auswärts preisgekrönte Orféons.

In Amerika sind seit 1850 mit den Gesangfesten der beiden nordamerikanischen Sängerbünde grosse Wettstreite verbunden. Die Bewerber wurden in 2—3 Klassen je nach der Sängerzahl geteilt. Preise waren häufig Flügel und Klaviere, welche 1809 in Baltimore auf einem Wagen im Festzuge mitgeführt und während des Zuges gespielt wurden. Neuerdings treten im Anschluss an die Wertung der Preisrichter derartig unliebsame Erscheinungen zu Tage, dass anständige Musiker sich schliesslich für die Ehre des Preisrichteramtes bedanken werden. Vorschläge zur Aenderung der Wettstreitordnung sind vielfach gemacht worden. Bei dem Preissingen in Philadelphia 1901 wurde die Reihenfolge der Vereine kurz vor dem Konzert ausgelost; ein leichter Gazevorhang hinderte das Erkennen des auftretenden Vereins. Jeder Preisrichter kritisiert nur von einem der 4 Gesichtspunkte (rhythmische Präzision, harmonische Reinheit, Nuancierung und Auffassung, korrekte Aussprache). Positive Vorzüge, wie geistreich aufgefasste Stellen, schön durchgeführte Steigerungen werden in einer Partitur bezeichnet und bei der Berechnung dem betreffenden Verein gutgeschrieben. Die Preisrichter markieren jeden Fehler gegen die ihnen zugewiesene Rubrik in ihren Partituren, schliesslich werden die Fehler zusammengestellt. Dass durch derartige Palliativmittelchen die ekelhaften Zänkereien nicht aus der Welt geschafft werden, ist vorauszusehen; hier hilft nur Reform von Grund aus.

Die Vorbilder sind uns gegeben in den Wettstreiten des eidgenössischen, badischen und schwäbischen Sängerbundes, deren Prinzipien allmählich auch im Nordwesten festen Fuss fassen. Der Westdeutsche Sängerverband, der Mittelrheinische Sängerbund, Mosel-Saar-Nahe-Sängerbund, der Sieg-Sängerbund, sie haben diese Prinzipien bereits neuerdings in die Praxis umgesetzt und damit einer heilsamen Reaktion die Wege geebnet.

Die Entwickelung der Wettstreite nach belgischem Muster hat sich in mancher Beziehung recht traurig gestaltet. Die heftigsten, leider nicht immer ungerechtfertigten Angriffe gegen die Preisrichter sind an der Tagesordnung. Ist doch den ausländischen Preisrichtern in Köln nachgewiesen worden, dass sie ihren Vereinen von vornherein die höchstmögliche Punktzahl gaben, während sie die Leistungen der anderen Vereine noch gar nicht kannten.

Die veredelnde Wirkung der Wettgesänge ist längst problematisch geworden. Mit Recht schreibt F. Schröter in seiner Festschrift zum Düsseldorfer Fest 1884: „Die neue Art des Preissingens, namentlich auch die den belgischen Preischören nachgeahmte Form neuerer Tonschöpfungen mit dramatischem Charakter und Entfaltung aller nur denkbaren harmonischen und rhythmischen Kunststücke, ist dem innersten Wesen unseres deutschen Männergesanges zuwider. Nimmermehr ist das Wettsingen im stande, die Seele des Sängers mit den Idealen zu füllen welche allein erheben und begeistern".

Werke, welche nur als Gesangetuden betrachtet werden können, sollten freilich nicht zugelassen werden, oder aber es sollte neben der Bewertung des Schwierigkeitsgrades auch eine solche des geistigen und künstlerischen Wertes eintreten.

Andere Misstände wurden in einer sehr lobenswerten Schrift: „Gesangwettstreite und Sängerbundfeste" von J. Jacobi in Wiesbaden (Preis 20 Pfg.) beleuchtet. So die Ungerechtigkeit der Preisverteilung: Hier erhalten völlig unfähige Vereine erste Preise, dort gehen sehr gute Leistungen leer aus.

Eine Reform dieser Zustände kann nur von Sängerbünden ausgehen; sie hat sich zu erstrecken auf strenge Kontrolle der Vereine bezügl. ihrer Mitglieder, Beseitigung des „Preisjäger"-Unwesens vermöge unlauterer Kampfmittel, der selbstgewählten Chöre, oder doch wenigstens derjenigen Chöre, mit denen bereits ein Preis errungen ist und vor allen Dingen auf das Wertungssystem.

Man sollte den Preisrichtern vollständig überlassen, was und wie gewertet wird, jedes Dreinreden von Laien ist hier vom Uebel; am meisten Anlass zu Beschwerden giebt die Handhabung des Punktierungssystems.

Dieses würdevolle Addieren und Dividieren „unter Ausschluss jeder Erörterung" sieht ja von weitem furchtbar gerecht aus, hat aber in Wirklichkeit einen ganz anderen Zweck und Wert, als ihm gewöhnlich beigelegt wird.

Man bedenkt nicht, dass diese Zahlen nur relativen Wert haben; was der eine gut nennt, ist für mich vielleicht nur genügend, es kann ja den Richtern nicht vorgeschrieben werden, welchen Massstab sie anlegen sollen. Bei der Addition erhält der eine 10, der andere 20 Punkte und beide haben Recht. In den Augen der Vereine versteht aber entschieden einer von den beiden sein Geschäft nicht. Ebenso geht's, wenn 2 verschiedene Klassen mit demselben Mass gemessen werden sollen. In der einen Klasse sind kleine Dorfvereine, in der anderen grössere, leistungsfähige Vereine. Beide werden getrennt beurteilt. Der beste Verein der 2. Klasse erhält 30, der beste der 1. Klasse 25 Punkte; damit ist natürlich nicht gesagt, dass ersterer leistungsfähiger ist als der andere; hat die 2. Klasse zahlreiche Vereine, so muss ich mehr Prädikate anwenden, um die Unterschiede zu kennzeichnen; ich habe daher mit der hohen Punktzahl nichts anderes sagen wollen, als dass der betr. Verein in seiner Klasse der beste ist, seine Leistungen können dann ev. höchstens genügend sein. Nun vereinigen sich in einem Ehrensingen die Sieger beider Klassen, der Sieger der ersten Klasse erhält 25 Punkte, derjenige der zweiten Klasse 22 Punkte, dann bekommt nach Addierung der Gesamtleistungen der weniger leistungsfähige Verein den Ehrenpreis! quod erat demonstrandum.

Ein fähiger Preisrichter lässt den Gesamteindruck auf sich wirken und darnach ordnet er die Vereine, indem er jedem die Gesamtpunktzahl zuweist; erst dann füllt er die einzelnen Rubriken mit den Punktzahlen und vergleicht die Summe dieser mit der ersten Zahl; etwaige Fehler wird er bald herausfinden. Die Punktzahlen in den einzelnen Rubriken dienen also erstens als Kontrolle für die Zuverlässigkeit des Gesamteindrucks und zweitens als Mittel, sich bei einer etwaigen Kritik später der Leistungen im einzelnen zu erinnern. Sie haben daher nur Wert für den Preisrichter selbst und sollten überhaupt nicht in die Oeffentlichkeit kommen.

Von welcher Bedeutung für die Entwickelung des Wettstreitwesens die hochsinnige Tat unseres Kaisers im Jahre 1899 sein wird, lässt sich vorläufig noch gar nicht absehen. Mit der Stiftung des kostbaren Wanderpreises ist jedenfalls vorläufig ein Streben und ein Eifer in unsere ersten Gesangvereine hineingetragen worden, der nicht mehr überboten werden kann. Ebenso erfreulich ist die Tatsache, dass die besseren Kräfte sich jetzt mehr diesen Vereinen zuwenden, deren künstlerische Leistungsfähigkeit dadurch gehoben wird.

Eine kurze Darstellung der bezüglichen Bestimmungen möge hier noch Platz finden.

Allerhöchster Erlass vom 27. Januar 1895.

Zu meiner Freude habe ich in letzter Zeit mehrfach Gelegenheit gehabt, wahrzunehmen, wie die deutschen Männergesangvereine bestrebt sind, den vaterländischen Gesang zu pflegen und zu fördern. Eingedenk dessen, dass deutsches Lied und deutscher Sang allezeit auf die Veredelung der Volksseele einen segensreichen Einfluss geübt und die Nation in der Treue gegen Gott, Tron, Vaterland und Familie gestärkt haben, wünsche ich am heutigen Tage meiner warmen Teilnahme an diesen Bestrebungen besonderen Ausdruck zu geben. Zu dem Ende will ich hierdurch einen Wanderpreis stiften, welcher bei einem etwa jährlich zu veranstaltenden Wettstreite deutscher Männergesangvereine dem jedesmaligen Sieger für die beste Leistung auf diesem Gebiete zuerkannt werden soll. Der Preis soll in Form eines Kleinodes aus edlem Metall hergestellt und bei feierlichen Gelegenheiten um den Hals getragen werden. Wegen der näheren Bestimmungen über die Veranstaltung des Wettbewerbes und die Verleihung des Ehrenpreises sehe ich Ihren Vorschlägen alsbald entgegen.

Wilhelm R.

An

den Minister der geistlichen etc. Angelegenheiten.

Bestimmungen

über die Ausführung des Wettstreites Deutscher Männergesangvereine um den von

Seiner Majestät dem Kaiser und König

durch Allerhöchste Ordre vom 27. Januar 1895 gestifteten

Wanderpreis.

1. Der Wettstreit findet alle vier Jahre im Sommer in einer Stadt Mitteldeutschlands statt.

2. Die Vorbereitung und die Leitung des Wettstreites erfolgt durch eine musikalische Kommission, welche ihren Sitz in Berlin hat, und eine Ortskommission am Orte des Wettstreits. Beide Kommissionen werden durch Seine Majestät ernannt.

Die musikalische Kommission besteht aus sieben Mitgliedern, von denen fünf hervorragende Musiker sein müssen. Sie bestimmt die Kompositionen für den Wettgesang, schlägt die von Seiner Majestät zu ernennenden Preisrichter vor, nimmt die Anmeldungen zum Wettstreit entgegen und entscheidet über die Zulassung der sich meldenden Vereine. Auch liegt es ihr ob, für die Beschaffung geeigneter Preischöre zu sorgen (No. 5 und 6). Die Ortskommission, welcher eine grössere Anzahl angesehener Beamten und Bürger der für den Wettstreit ausersehenen Stadt angehören kann, hat alle lokalen Vorbereitungen zu treffen und deren Ausführung zu leiten.

3. Zum Wettstreit werden, um die Bildung grösserer Vereine zu fördern und der Zersplitterung in kleinere Vereine entgegenzuwirken, nur solche Vereine zugelassen, welche sich mit mindestens 100 Sängern an dem Wettsingen beteiligen.

4. Die Meldung zur Teilnahme am Wettstreite erfolgt ein halbes Jahr vorher. Zugelassen werden nur solche Mitglieder, welche dem Verein bereits zur Zeit der Meldung aktiv angehören. Sänger von Beruf sind ausgeschlossen; desgleichen die am Orte des Wettstreites bestehenden Vereine und wohnenden Sänger, sowie solche Vereinsmitglieder, die weiter als 15 km vom Sitze des wettstreitenden Vereins wohnen, sofern sie nicht dem letzteren bereits zwei Jahre angehören.

5. Die zum Wettstreite zugelassenen Vereine werden in numerisch möglichst gleichen Abteilungen vereinigt, über deren Zusammensetzung das Los entscheidet. Die Mitteilung über das Ergebnis der von der musikalischen Kommission vorzunehmenden Verlosung an die beteiligten Vereine erfolgt ein viertel Jahr vor dem Wettsingen. Sechs Wochen vor letzterem wird den Vereinen ein zu diesem Zwecke komponierter Preischor aufgegeben, der keine Solis enthalten darf. Mit dem Vortrage dieses Preischores beginnt das Wettsingen.

6. Die aus dem ersten Wettkampfe jeder einzelnen Abteilung hervorgehenden zwei besten Vereine streiten im engeren Wettbewerbe um den Wanderpreis. Hierfür wird den Vereinen ein zweiter Preischor aufgegeben, der im Volkston gehalten und zu dessen Einübung eine Stunde Zeit bestimmt ist. Ausserdem hat jeder Verein noch einen Chor nach eigener Wahl zu singen. Den Vereinen ist es aber nicht gestattet, einen Chor zu wählen, mit dem sie bei früheren Wettstreiten einen Preis errungen haben.

Die endgültige Beurteilung erfolgt unter Berücksichtigung aller von den betreffenden Vereinen erzielten Leistungen.

7. Der in einem Kleinode aus edlem Metalle bestehende Ehrenpreis wird während der Zeit des Besitzes von dem Vorsitzenden des Vereins bei festlichen Gelegenheiten um den Hals getragen.

Ein dreimaliger Sieg, wenn auch nicht hintereinanderfolgend, bringt das Kleinod in den dauernden Besitz des Vereins, andernfalls wird bei der Abgabe der Name des Vereins mit der Jahreszahl seines Sieges auf dem Kleinod vermerkt.

Der Verein, welcher in den dauernden Besitz des Ehrenpreises gelangt ist, darf an ferneren Wettstreiten um den Wanderpreis nicht mehr teilnehmen.

8. Ausser dem Wanderpreis können noch andere von Vereinen, Städten oder besonderen Gönnern zu stiftende Preise verteilt werden.

9. Das Preisrichter-Kollegium besteht aus neun hervorragenden Komponisten, Dirigenten, oder anderen Fachleuten. Dirigenten von beteiligten Vereinen sind ausgeschlossen. Das Urteil über alle durch die einzelnen Vereine zum Vortrag gebrachten Chöre wird durch sämtliche Preisrichter abgegeben.

Die Beurteilung der Leistungen erfolgt nach vorher durch die Preisrichter festzustellenden einheitlichen Grundsätzen.

10. Die Preisverteilung erfolgt in einem feierlichen Akte, an den sich eine festliche Vereinigung aller beteiligten Vereine schliesst.

11. Für das Wettsingen und die damit verbundenen Festlichkeiten werden im ganzen zwei Tage in Aussicht genommen.

Für das **Frankfurter Wettsingen** sind die Nummern 5 und 6 der obigen Bestimmungen abgeändert worden. In einem Rundschreiben der Kommission heisst es folgendermassen:

„Die Kommission erlaubt sich hierbei darauf aufmerksam zu machen, dass durch allerhöchsten Erlass vom 4. Juni d. J. die Nummern 5 und 6 der für den ersten Wettstreit im Jahre 1899 erlassenen Bestimmungen abgeändert worden sind.

Demzufolge werden die zugelassenen Vereine nicht mehr in Abteilungen vereinigt, sondern singen hintereinander in der durch das Los zu bestimmenden Reihenfolge. Zum engeren Wettbewerb werden die nach dem Urteil der Preisrichter besten Vereine zu einem Drittteil der sämtlichen wettsingenden Vereine zugelassen.

Ferner sind die von sämtlichen Vereinen zum Vortrag zu bringenden selbstgewählten Chöre der musikalischen Kommission ein halbes Jahr vor dem Wettsingen zur Genehmigung einzureichen.

Die Vorstände der Männergesangvereine werden nunmehr ersucht, ihre Beteiligung an dem Wettstreit unter Beifügung einer den Namen und Wohnort jedes mitsingenden Mitgliedes enthaltenden Liste baldmöglichst, spätestens aber bis zum 1. Dezbr. 1902 bei dem unterzeichneten Vorsitzenden der Kommission anzumelden.

Die Partitur des selbstgewählten Chores ist ebenfalls bis spätestens zum 1. Dezbr. 1902 einzusenden.

Die Kommission wird sich bei der ihr vorbehaltenen Prüfung der selbstgewählten Chöre auf die Feststellung beschränken, dass die Vereine des von Seiner Majestät dem Kaiser und König aus Anlass des 1. Wettstreites geäusserten Wunsches eingedenk gewesen sind, die Chöre nicht mit Rücksicht auf besondere Schwierigkeit und übertriebene Künstlichkeit des Tonsatzes zu wählen.

Es wird dem Ermessen der Vereine anheimgestellt, ob sie einen Chor oder zwei verschiedene Chöre zur Auswahl einreichen wollen."

Berlin, den 25. Juni 1902.

Der Sänger.

Amtliches Organ des westdeutschen Sängerverbandes.

Das Volkslied ist die Unsterblichkeit der Musik.
Marx.

Verbunden werden auch die Schwachen mächtig.
Schiller.

26. Jan. 1902. || Vorsitzender: Lehrer A. Gan, Hilden bei Düsseldorf. || Nr. 4.

Redaktion u. Verlag: H. vom Ende, Köln a. Rhein, Ecke Bismarckstrasse 25.

Westdeutscher Sängerverband.

Bekanntmachung:

Im Monat März wird eine

ausserordentliche Generalversammlung

stattfinden. Termin und Ort werden in nächster Nummer des „Sänger" bekannt gegeben. Die verehrlichen Verbandsvereine werden ersucht, etwaige Anträge umgehend an den geschäftsführenden Vorsitzenden, H. Benewitz, Bochum, Heinrichstrasse 26, zu senden.

Wegen sonstiger Verpflichtungen wolle man sich gütigst mit dem Bundeskassierer Herrn Kaufmann Hugo Frettlöhr in Wermelskirchen benehmen.

Die Tagesordnung wird u. a. enthalten:

Annahme des umgeänderten Statuts.

(Abschriften können vom geschäftsf. Vorsitzenden gegen Einsendung des Portos bezogen werden.) Ferner: Bundesfest 1903, Vorstandswahl u. s. w.

Allen Vereinen im neuen Jahre sendet herzlichen Bundesgruss

Bochum, 15. Jan. 1903.

Der Vorstand
H. Benewitz.

Vermischtes.

Aufführungssteuer in Sicht.

Die Genossenschaft deutscher Komponisten (geleitet von den Herren Hans Sommer, Rich. Strauss, Rüfer, Rösch, Eilenberg, Lincke und Ludwig Waldmann) versendet soeben ein Zirkular des Inhalts, dass die Gründung einer „Deutschen Anstalt zur Verwertung musikalischer Aufführungsrechte" beschlossen sei.

Bekanntlich war bereits vor einigen Jahren von seiten des Allg. Tonkünstler-Vereins eine Tantième-Anstalt gegründet worden, die Durchführung scheiterte aber an dem Widerstande oben genannter Herren, denen ein gemeinsames Vorgehen mit den Verlegern und die Zubilligung gleicher Rechte für Komponisten und Verleger nicht ratsam erschien.

Nunmehr veröffentlicht der Vorstand der Genossenschaft die Grundbestimmungen der Anstalt (deren Annahme durch die Generalversammlung allerdings abzuwarten bleibt). Darnach ist der Zweck der Anstalt:

1. Musikalische Aufführungsrechte für die Berechtigten zu verwerten und unberechtigte Aufführungen zu verfolgen.
2. Den Veranstaltern musikalischer Aufführungen, die durch das Urheberrechtsgesetz vorgeschriebene Aufführungsgenehmigung zu vermitteln.

Die Vertretung, Führung der Geschäfte und Oberaufsicht soll ganz allein der Genossenschaft obliegen; den Verlegern, d. h. den eigentlichen Besitzern der zu schützenden Werke, wird jede Einwirkung auf den Geschäftsbetrieb versagt und ihnen gnädigst ein Viertel Anteil vom Ertrage zugebilligt.

Es klingt sehr treuherzig, wenn erzählt wird, dass die Verleger reich werden an den Werken der Tondichter, während diese verhungern müssen. Solche Ammenmärchen können nur in Kreisen Effekt machen, die von der Sachlage keine Ahnung haben. Es wäre also gleichmässige Berücksichtigung der beteiligten Faktoren nicht mehr wie recht und billig. Davon abgesehen scheint mir der ganze Plan für unsre Gesangvereinsverhältnisse kaum durchführbar, jedenfalls mit grossen Ungerechtigkeiten verbunden. Die Männergesangvereine, welche pekuniären Gewinn für ihre eigene Kasse aus ihren Aufführungen erzielen, sind dünn gesät; die meisten sind froh, wenn das Defizit nicht allzugross ist. Die Mitglieder müssen grosse Beiträge zahlen, ohne irgendwelchen praktischen Vorteil davon zu haben, dazu kommt noch die Pflicht, recht fleissig zu üben, damit dem Publikum und den Verlegern, vor allem aber dem Komponisten eine Freude gemacht wird — und als Dank dafür müssen sie noch eine Tantième aus ihrer Tasche bezahlen. Prost Mahlzeit!

Hannover, 14. Jan. (Alte Volkslieder.) Als der Kaiser kürzlich in Hannover weilte, brachte der Hannoversche Männergesangverein bekanntlich im königlichen Schlosse einige Gesangsvorträge dar. Auf persönlichen Wunsch des Kaisers wurden noch nachträglich gesungen: „Komm, o komm" und „Juchheissa, mein Dirnd'l". Bei letzterem bemerkte der Kaiser: „Das ist ja ein Probeexempel für die Disziplin." Der Monarch unterhielt sich längere Zeit mit dem Liedervater Senator Fink und erzählte, er habe kürzlich zwei uralte Kompositionen gehört von entzückend schöner Melodie, die vom Grafen Moltke durch Zufall in einem Archiv des Kultusministeriums entdeckt worden sind; die erstere sei eine Komposition aus dem Jahre 1402 und sei ein Spottlied der Stadt Hamburg auf Störtebecker, die zweite sei eine Stanze aus der Zeit der Hohenstaufen, betitelt „Der Graf von Rom". Der Kaiser sprach wiederholt seine Freude über diese vorzüglichen Kompositionen aus, sie würden augenblicklich eingeübt von der Kapelle des Kürassier-Regiments „Grosser Kurfürst" in Breslau. Aber die Lorbeern des Grafen Moltke und dessen Verdienst, die alten Volksmelodieen wieder ausgegraben zu haben, liessen, wie der „Hamelnsche Anz." erzählt, ein Mitglied des Vereins nicht schlafen. Dem „Liederbruder" Erk, dem Sohne des verdienstvollen Musikpädagogen und Komponisten Ludwig Erk, kam bei den Worten des Kaisers die Nennung des Spottliedes der Hamburger auf den Störtebecker nicht so ganz fremd vor, und er zog nach der Rückkehr vom Schlosse das umfangreiche Werk seines Vaters, die Sammlung der „Deutschen Volkslieder mit ihren Singweisen", zu Rate und fand im ersten Bande die Stanze „vom Grafen zu Rom" und im zweiten Bande das Spottlied der Hamburger aus dem Jahre 1402 mit Text ausführlich verzeichnet. Darob grosser Jubel im Hannoverschen Männergesangverein.

Seine Königliche Hoheit Prinz-Regent Luitpold von Bayern hat dem Komponisten Theodor Podbertsky in München den Titel eines kgl. Musikdirektors verliehen.

In Köln a. Rh. hat sich ein Tonkünstlerverein gebildet, dem sofort fast sämtliche bedeutenderen Künstler Kölns und der Umgegend beigetreten sind. In den Vorstand wurden gewählt: Prof. J. Seiss, Prof. F. W. Franke, W. Seibert, H. vom Ende, C. Müller u. F. Bölsche. Der Verein bezweckt die künstlerischen Interessen seiner Mitglieder zu fördern durch Aufführung gediegener Kammermusikwerke an den alle 14 Tage stattfindenden Vortragsabenden.

Der Leiter des New-Yorker Gesangvereins Arion, H. Julius Lorenz, ist wegen seiner Verdienste um den deutschen Männergesang zum kgl. preuss. Musik-Direktor ernannt worden.

H. vom Ende's Handbuch für Gesangvereine und Dirigenten.

Die Fertigstellung des bereits angekündigten und mit grosser Sorgfalt vorbereiteten Handbuchs ist zu meinem Bedauern infolge Arbeitsüberhäufung etwas verzögert worden. Jedoch kann ich das Erscheinen des Werkes im März ds. Js. in Aussicht stellen. Dies den zahlreichen Fragestellern und Bestellern zur Nachricht. H. vom Ende.

Der Musikunterricht.

Von befreundeter Seite erhalten wir folgende Bedingungen für die Unterrichtserteilung in der Musik als neu eingeführt zugesandt. Es wäre Sache der Musiklehrer- und Tonkünstlervereine für allgemeine Einführung solcher Normen Sorge zu tragen.

§ 1. Das Honorar ist ein einmonatliches, ohne Rücksicht auf die verschiedene Tageszahl der Monate. Da jeder zweite Monat eine Stunde mehr enthält — eine fünfte bei einer Stunde wöchentlich — so wird der Berechnung des Monatspreises $4\frac{1}{2}$ Stunde zu Grunde gelegt. Da der Gesang-Unterricht durch häufige Indisposition der Stimmen erschwert ist, wird der Monatspreis durch Berechnung von $3\frac{1}{2}$ Stunde festgesetzt.

§ 2. Auf Grund gesetzlicher Bestimmungen (§ 615 des Bürgerl. Gesetzbuches) werden vom Schüler abgesagte Stunden als gegeben betrachtet. Bei rechtzeitiger Abmeldung aber können diese nach Uebereinkunft verlegt oder nachgeholt werden, soweit es die Zeit des Lehrers oder der Lehrerin erlaubt.

§ 3. Der Unterricht fällt aus und wird nicht vom Monatshonorar abgezogen: an gesetzlichen Feiertagen.

§ 4. Der Unterricht fällt aus und wird nicht berechnet: bei längerer Krankheit und längeren Reisen, jedoch ist der Lehrer oder die Lehrerin umgehend davon in Kenntnis zu setzen.

§ 5. Bei dringend notwendiger Unterbrechung des Unterrichts wird der Monat halb oder ganz berechnet, je nachdem die Unterbrechung in der ersten oder zweiten Hälfte des Monats erfolgt.

§ 6. Monat August und September werden als ein Monat berechnet bei Ausfall der Stunden während der grossen Ferien, da letztere in diese beiden Monate eingreifen. Die andern Schulferien unterstehen § 2.

§ 7. Die durch Schuld des Lehrers oder der Lehrerin ausfallenden Stunden müssen nachgegeben oder vom Monatshonorar abgezogen werden.

§ 8. Gänzliche Aufgabe des Unterrichts ist nur bei halbjährigem Semesterschluss (Gesang-Unterricht bei jedem Jahresquartal) gestattet, und ist der Lehrer oder die Lehrerin ein Monat vorher davon in Kenntnis zu setzen.

Über Vortrag und Wertung beim Wettstreit.

In folgendem bringe ich noch einige Meinungsäusserungen bekannter Preisrichter.

Musikdirektor K. Kern, Frankfurt a. M. schreibt:

Aenderungen im Satz, in der Stimmführung, Vorzeichnung etc. von seiten des Dirigenten sollten unterlassen, die Vortragszeichen genau beachtet werden. In der Tempoannahme ist allerdings etwas Spielraum zu lassen, da die Vortragsart und der Ausdruck in den einzelnen Takten wechselt und ein Chorlied doch kein Militärmarsch ist.

Der Preischor soll Vortragszeichen enthalten, die jedoch nicht peinlichst genau vermerkt sein müssen. Etwas Spielraum muss dem Empfinden des Dirigenten gelassen werden, denn gerade darin zeigt sich die Intelligenz des Dirigenten.

Seminar-Musiklehrer P. Teichfischer-Usingen:

„Einfügung fehlender Vorzeichen dürfte statthaft sein; sonstige Aenderungen nur nach eingeholter Einwilligung des Autors. Ausführung der Vortragszeichen im Geiste des Komponisten und der Komposition („Der Buchstabe tötet"). Bezüglich der Tempoangaben muss ein gewisser Spielraum gestattet werden. Genaues Metronomisieren dürfte sich bei Vokalwerken noch schwerer rächen, als bei Instrumentalwerken.

Wenn der Charakter der Komposition durch die Eigenmächtigkeiten des Dirigenten geändert wird, so ist dieser in seinen Befugnissen zu weit gegangen. Im Interesse der Objektivität muss seine Leistung um ein Minimum ungünstiger eingeschätzt werden.

Im allgemeinen täten die Komponisten wohl daran, nicht zu viel Vortragszeichen anzuwenden, insoweit es sich um Kompositionen handelt, die in weitere Volksschichten eindringen sollen.

Im allgemeinen hat die Umfrage ergeben, dass die Meinungen in manchen Punkten geteilt sind.

Aenderungen im Tonsatze irgend welcher Art, abgesehen von offenbaren Druckfehlern und fehlenden Vorzeichnungen werden nicht gestattet, auch nicht, wenn sie als Verbesserungen anzuerkennen sind. Die Erlaubnis des Komponisten zu solchen Aenderungen wird für den Wettstreit nur dann Wert haben, wenn die betr. Aenderungen sämtlichen Vereinen mitgeteilt worden ist.

Aenderung und eigenmächtige Hinzufügung von Vortragszeichen scheint verschieden beurteilt zu werden und hier ist der Hebel einzusetzen, um eine Klärung der Ansichten und eine von einheitlichen Grundsätzen ausgehende Wertungsmethode herbeizuführen. Wir werden uns angelegen sein lassen, diesen Punkt zu beleuchten.

Aufführungen.

Aachen. Apollo (W. Speiser). Attenhofer „Dort liegt die Heimat". Kroegel „Maienluft", „Sechse, Sieben oder Acht" (f. gr. Erf.). Speiser „Frühlingsahnung" (D. C.). **Aschaffenburg.** Melomania (A. Metz). Rheinberger „Germanenzug". Hegar „Schlafwandel". Eschweiler M.-G.-V. (W. Speiser), Zöllner „Halt". Jos. Schwartz „Und der Hans schleicht umher" (D. C.). Speiser „Wilde Rose" (D. C.). Arion. Ballade. Attenhofer „Rotharig ist mein Schätzelein. In stattlicher Anzahl hatten sich die Aktiven zur Feier des 25 jährigen Stiftungsfestes um ihren neuen Dirigenten, H. W. Speiser aus Aachen, geschart. Mit Recht hob ein Mitglied des Vereins in einer Ansprache an den Dirigenten dessen zielbewußte, energische Leitung hervor. In der Tat beherrscht Herr Speiser die Massen so souverän, daß auch die kleinste von ihm gewollte Nüance zum Ausdruck gelangt. Die Ballade „Arion" vom Dirigenten dem Aachener M.-G.-V. „Orphea" gewidmet, läßt in Herrn Speiser einen Komponisten erkennen, der auf dem besten Wege ist, die Männerchorliteratur um manches wertvolle Opus zu bereichern. Wie sehr die Sänger mit ihrem neuen Dirigenten zufrieden sind, erhellt aus der schon erwähnten, warm empfundenen Ansprache und die daran geknüpfte Ueberreichung eines Lorbeerkranzes. — Fräulein Adele Apell aus Köln besitzt eine weiche, modulationsfähige Stimme, die auch in der höchsten Lage wohlklingt. Mit vielem Verständnis und warmer Empfindung sang sie eine Arie aus dem „Freischütz" und zwei Lieder: „Herzensfrühling" von Wickede und „Frühlingsahnen" von Speiser, dem sie noch ein drittes anfügen mußte. **Fürth.** Liederverein (W. M. Loschky), Stang „Heimat am Rhein". Hegar „Die beiden Särge". Thelen „Abendfeier in Venedig". Schauß „Mein Schatz, die Lore". **Godesberg.** Fidelio (Bungard-Wasem). Thelen „Abendfeier in Venedig" (f. gr. Erf.). Kant „Schatzerl klein", Baldamus „Wach auf". **Hangelar.** Eintracht, Körner „Frauenlob", Fr. Ullrich „O bleib bei mir", „Der Spielmann ist da". **Köln.** Polyhymnia (G. Pielken), Beethoven „Hymne an die Nacht". Attenhofer „Abendfeier". M. Fülle „Frühlingsfeier", M. Neumann „Germanenzug", E. Heuser „Mein fröhliches Rheinland". Der wohltätige Einfluß eines auch als Sänger und Gesanglehrer hervorragenden Dirigenten hat sich bei der Polyhymnia schon nach kurzer Zeit geltend gemacht. In den zarteren Liedchen hörte man ein duftiges Piano mit fein ausgearbeiteten Nüancierungen. Der Germanenzug von Neumann erzielte durch plastischen Vortrag tiefgehende Wirkung. Den Schluß bildete eine Novität von Ernst Heuser, dessen Männerchorwerke sich einen ganz hervorragenden Platz errungen haben und bald zu den Lieblingen unsrer Vereine gehören werden. „Mein fröhliches Rheinland" ist von echt volkstümlichem Geiste durchdrungen und entfachte helle Begeisterung. **Köln a. Rh.** Kirchenchor der Trinitatiskirche (Chr. Simons). F. Gust. Jansen „Psalm 23", R. Schwalm „Der Jüngling zu Nain". Der kleine aber vorzügliche besetzte Chor sang überaus sauber und klangschön. Namentlich das stimmungsvolle Werk Schwalms machte tiefen Eindruck. **Münster i. W.** Sängerlust (Fr. Teeke), H. vom Ende „Es ist ein Brünnlein geflossen" (D. C.). W. Speiser „Arion". O. Neubner „Der Jäger Heimkehr". Wespeler „Es stand ein Sternlein". Walk. Eintracht (Fr. Schlatmann), Steinhauer „Der Rhein", Meyer-Helmund „Liebchen, wach auf". Speiser „Wilde Ros'". **Oberhausen.** Viktoria (Ph. Schneider), Steinhauer-Konzert. „Sängergruß", „Trost in der Ferne", „Stehn zwei Röslein", „Der Rhein", „Westfalen", „Am Rhein", „Nachtgruß vom Rhein", sämtlich Kompositionen von C. Steinhauer. Das Konzert nahm höchst anregenden Verlauf und brachte den Ausführenden sowohl, wie dem Komponisten große Ehren ein. **Osnabrück.** N. Liedertafel, Volkslieder-Quartett und Knabenchor (Leit. Rud. Prenzler). „Das Volkslied",

Fr. Wagner Serb. Volkslieder, H. Jüngst Esthländ. Volksweise, Silcher „'s Herz", Prengler „Sandmännchen", Silcher „Es geht bei gedämpfter", Schubert „Lindenbaum", Kremser Altniederl. Volkslieder. **Nürnberg.** Noris (G. Körner), Ullrich „Der Spielmann ist da" (f. gr. Erf.), Körner „Frauenlob" (D. C.), Liederhort zur Klause (G. Körner), Sering „Trompeter an der Katzbach", Ullrich „Schließ auf", Podbertsky „Friedrich Rotbart", G. Körner „Das letzte Lied", R. Wagner „Gretelein". **Saarlouis.** M.-G.-V. Meyer-Olbersleben „Des deutschen Liedes Sendung", Angerer „Mein Lied". **Stralsund.** Wilkischer Singverein, Kirchenkonzert (Wilk), Phantasie über „Vom Himmel hoch" für Orgel von Prof. F. W. Franke. „Gottes Zeit" und „Welt ade" von J. S. Bach. **Stolp** i. Pomm. Gesangverein (G. Boenig), C. Ad. Lorenz „Jungfrau von Orleans". Das Werk fand vorzügliche Wiedergabe. Solisten: Frl. Gildebrandt-Stolp, C. Dierich-Berlin, Ernst Hunger-Leipzig. Der anwesende Komponist wurde stürmisch gefeiert. Leistungsfähigen gemischten Chören sei dieses hochinteressante Werk bestens empfohlen. **Ilfingen.** Seminarchor (P. Teichfischer), J. W. Frank „Adventslied", Teichfischer „Nachtlied" (f. gr. Erf.). G. Weber „Waldweben", F. Langer „Am Ammersee", Silcher „Schottischer Bardenchor", „Die Königskinder.

Aus Lehrergesangvereinen.

Barmen. (K. Hirsch), Vokalwerke von Rob. Schumann, gem. und Männerchor des Barmer Lehrervereins. „An die Sterne". „Ungewisses Licht" (gem. Chor). „Lotosblume", „Der träumende See", „Minnesänger" (f. M.-Ch.), „Zigeunerleben", „Der Rose Pilgerfahrt". **Chemnitz.** L.-G.-V. (Max Pohle), Fr. Lachner „Sturmesmythe", Schubert „Nur wer die Sehnsucht kennt", Podbertsky „Karols Schiff", Hegar „In den Alpen", Zander-de la Hale „Minnelied", Zander „Der Landsknecht", E. Kästner „Nachtlied", Hugo Wolf „Dem Vaterland". **Magdeburg.** L.-G.-V. (Professor Gust. Schaper, in Vertretung H. Blumenschein) von Kehler „Das Schwedengrab", E. Schultz „Mondnacht", „Das stille Tal", Curti „Die Elfe", H. Hofmann „Rößlein trab", Reimann „Die Diebin", Volkslieder Rob. Franz „Rheinweinlied, sämtlich für M.-Chor. Joh. Brahms „Sehnsucht", Nächtens „Zigeunerlied für gem. Chor. **Mannheim-Ludwigshafen.** L.-G.-V. (K. Weidt) S. d. Lange „Die Schollenfahrer", P. Cornelius „Nicht die Träne", Orlando di Lasso „Echolied", Ch. Morley „Tanzlied", H. Hofmann „Johanna von Orleans". **Solingen.** L.-G.-V. (K. Hirsch), Schubert „Die Nacht", K. Hirsch „Die Mutter", R. Schwalm „Gretulo", Schubert „Nachtgesang im Walde", Silcher 3 Volkslieder. **Barmen.** L.-G.-V. (K. Hirsch), Weihnachtsgesänge aus 4 Jahrhunderten. Andr. Hammerschmidt (1611—1621) „Machet die Tore weit", Mich. Praetorius (1572—1621) „Es ist ein Ros entsprungen" (M.-Ch.), Joh. Eccard (1553 1611) „O Freude über Freud", K. Hirsch „Laßt uns das Kindlein grüßen (vor 1600), Gruber „Stille Nacht", Alb. Becker „Josef, lieber Josef mein", Mendelssohn „Es wird ein Stern aufgehen", M. Bruch „Die Flucht der heiligen Familie", Ludw. Thuille „Weihnacht im Walde" (M.-Ch.), Adolf Adam „Weihnachtshymne". **Bremen.** L.-G.-V. (P. Hobbing), Rob. Schumann „Der Eidgenossen Nachtwache", Mendelssohn „Wasserfahrt", Gade „Die Rose", E. D'Albert „Herbstlied", R. Franz „Der weiße Hirsch", F. von Woyrsch „Der fahrende Musikant", Hegar „Walpurga", von Othegraven „Der Pfeifer", Orl. di Lasso „Dilanella", Silcher „Altes Minnelied", Br. Hilpert „Marischka", Zöllner „Wanderschaft. **Danzig.** L.-G.-V. (Arthur Weber), Fr. Schubert „Gesang der Geister", Joh Brahms „In stiller Nacht", „Die beiden Särge", Nicodé „Das Meer". **Lübeck.** L.-G.-V. (Carl Eberding), für gem. Chor: J. Haydn „Wider den Uebermut", „Der Greis", Mendelssohn „Morgengebet", „Der Lenz ist angekommen", (für M.-Ch.): Härtel „Abendständchen", Eichmann „Jagdlied", Hermes „Das einsame Röslein", Schumann „Der träumende See", „Waldlied", C. Goldmark „Frühlingsnetz". **München.** L.-G.-V. Victor Gluth), J. L. Nicodé „Das ist das Meer", Curti „Den Toten vom Iltis", Hegar „Rudolf von Werdenberg", (gem. Chor): J. Brahms „In stiller Nacht", M. Hauptmann „Zigeunerlied", Luca Marenzio „Madrigal", Thomas Weelkes „Madrigal", (f. M.-Chor): Alb Meyer „Graf Eberstein", H. Zöllner „Die Lor sitzt im Garten", K. Zöllner „Wanderlied".

Volkslieder für Frauenchor.

Auffallenderweise herrscht auf diesem Gebiete grosser Mangel; unsre Frauenchöre scheinen den Wert des Volksliedes noch nicht genügend zu würdigen, eine andere Erklärung für diese Erscheinung gibt es angesichts der augenblicklich herrschenden Bearbeitungs-Epidemie nicht. Da sind denn Kundgebungen wie die nachfolgende soeben an mich gelangende doppelt freudig zu begrüssen. Eine Dame aus Russland schreibt mir: Nachfolgende Angelegenheit lässt mich heute folgende Zeilen an Sie richten: Auf die Anregung hin, die wir — ich zunächst und allgemach eine grosse Schar mit mir — durch Ihre Aufsätze über das deutsche Volkslied im „Wegweiser" empfangen haben, hat sich hier ein Frauenchor organisiert, der es sich angelegen sein lässt, dem Volksgesange möglichste Verbreitung zu verschaffen. Die Leitung übernahm ich — und so konnten wir denn im vorigen Frühling mit einem Vortragsabend (an dem wir neben anderen Chören mit und ohne Klavierbegleitung vor allem die 6 Jadassohnschen Volkslieder sangen) eine wahre Begeisterung entfachten. Nun aber ist der Stoff erschöpft — — — u. s. w."

Es sieht freilich recht traurig auf diesem Gebiete aus; die Sammlungen von Palme, Urban-Berlin, Friedländer und Vogel (Peters) enthalten wohl einige Volksliedchen, aber einzeln sind meines Wissens überhaupt keine erschienen.

Ueber einige Neuerscheinungen hoffe ich demnächst berichten zu können; vor allem wird eine Sammlung von B. Schneider, die demnächst erscheint, eine grössere Anzahl Volkslieder enthalten, worüber noch an dieser Stelle berichtet wird. Heute machen wir auf die vorhandenen und bei Breitkopf & Härtel erschienenen Ausgaben aufmerksam:

S. Jadassohn. op. 130. Wo a kleins Hüttle steht. Und schau ich hin. Mei Dirndle is harb auf mi. Und der Hans schleicht umher. Muss i denn. Schwäbische, bayrische Dirndel.
Partitur 1.— Mk., Stimmen je —.30 Mk.

Jul. Röntgen. **Altniederländische Volkslieder** nach Adrianus Valerius (1626), für 3 Frauenstimmen oder Frauenchor bearb. Neue Textübertragung von Karl Budde.
1. Dankgebet. 2. Das Wilhelmuslied. 3. Das Gottesgericht. 4. Holland und Seeland 5. Ein Liedchen von der See. 6. Gebet für das Vaterland. 7. Verteidigung von Bergen. 8. Siegesfeier. 9. Loblied. 10. Anhang. O lieb Alwinchen (anderer Text zu 3).

Bei **F. E. C. Leuckart, Leipzig,** sind erschienen:
Sechs altniederländische Volkslieder, übersetzt von Jos. Weyl, bearb für 2- und 3-stimmigen Schulchor von F. Just. Jansen. In Heften à 30 Pfg.

Neue Männerchöre a capp.

Verlag von Gebr. Hug & Co., Leipzig.

m. ch.	**Rich. Heuberger,** op. 14. Es steht ein Lind im tiefen Tal	—.80	—.20
m. ch.	**Lothar Kempter.** op. 3. Sie liebten sich hinied.	1.80	—.30
m. ch.	**Felix Pürstinger.** Sangeskunst	1.20	—.20
m. ch.	do. Die Siegesbotschaft	1.—	—.20
zl.	**Hans Sitt,** op. 82 I. Es ist ein Brünnlein geflossen.	1.—	—.20
m. ch.	do. 82 II. Sonnenuntergang	1.20	—.20
m. ch.	III. Die Lore am Rhein	1.—	—.20
s. ch.	do. 81. Vergebliche Flucht	2.40	.60
m. ch.	**C. Vogler.** op. 71. Die Schweizerveste	1.20	—.20
zl.	do. II. Die Nonne	—.60	—.15
zl.	do. III. Zöllner, Sünder	.80	—.15
m. ch.	do. op. 81. Lied	1.20	—.20
m. ch.	II. Soldatenlied	1.—	—.20
s. ch.	III. Nächtlicher Ritt	1.—	—.20

Als besonders wertvoll ist das Kempter'sche „Märchen" hervorzuheben; die wehmütige, weiche Stimmung gelangt in schönem Satz zu vollendetem Ausdruck. Ganz köstlich ist das schelmische Liedchen von Sitt. Die Lore vom Rhein, leicht und zierlich, während desselben Tondichters „Vergebliche Flucht" sich in der entgegengesetzten Sphäre des Furchtbaren, Grauenerregenden bewegt. Der Chorsatz geht hier, was Ausdrucksfähigkeit und Nuancierungskunst anbelangt, bis an die Grenze des Möglichen.

Verlag von J. Günther, Dresden.

zl.	**Friedrich Brandes,** op. 11. Deutsches Lied	1.20	—.40
m. ch.	**Franz Curti,** op. 18 I. Die Nacht	—.60	—.15
m. ch.	do. II. Morgendämmerung	—.60	—.15
m. ch.	**Carl H. Döring,** op. 245. Im fernen Westen sinkt	—.60	—.20
zl.	do. op. 246. All mein Reichtum ist mein Lied	—.60	—.20
m. ch.	do. op. 247. Der Frühling lockt	—.80	—.25

Während Döring wie immer bei aller Noblesse doch dem Geschmack unsrer Männergesangvereinskreise in liebenswürdiger Weise entgegenkommt, tritt Brandes in seinem op. 11 einigermassen aus dem Rahmen des Gewohnheitsmässigen heraus; die Faktur seiner Lieder zeigt manch eigenartigen Zug, lebendige Rhythmik, geistreiche Modulation.

Verlag von Robert Neumann, Pforzheim.

l.	**Fritz Neuert,** op. 50. Sei gegrüsst, mein liebes Heimattal	—.80	—.20
zl.	do. op. 51. Lacrimae Christi	—.60	—.20
m. ch.	do. op. 52. Stolzenfels am Rhein	—.60	—.20
	do. Volksweisen:		
zl.	Nr. 32. Ade zur guten Nacht	—.40	—.15
zl.	Nr. 33. Liebessehnsucht	—.40	—.15
zl.	Nr. 34. Warnung	—.40	—.15
zl.	Nr. 35. Nachtigall ich hör dich singen	—.40	—.15
zl.	Nr. 36. Blaublümelein	—.40	—.15

Leichte, wohlklingende Bearbeitungen unsrer schönsten Volksweisen; für kleinere und mittlere Vereine gibt es keinen besseren Singestoff.

Arno Spitzners Verlag, Leipzig.

zl. C. **Kühnhold**, op. 93. Verbotene Frucht . . . . —,60 —,15
l. **Hans Schneider.** 2 Lieder im Volkston.
1. Lieb ist ein Blümelein . . . . —,60 —,15
2. Es blühet das Blümchen . . . . —,60 —,15
Das neckische Liedchen von Kühnhold sei empfohlen.

Verlag von Raabe & Plothow, Berlin.

zl. **Hermann Voigt**, op. 187. Der Schweizerbua. Volkslied —,40 —,15
zl. do. op. 188. Am Rhein. „Wie glüht er" . . —,60 —,15
zl. do. op. 189. Der einsame Wandrer . . . . —,40 —,15
zl. do. op. 190. Treue Liebe, mit Bariton-Solo . —,40 —,15
zl. do. op. 191. Abend im Gebirge . . . . . . —,40 —,15
msch. do. op. 192. Rheinsehnsucht . . . . . . —,60 —,20
zl. do. op. 193. Minnelied . . . . —,40 —,15
zl. do. op. 194. Jugendlust . . . . —,60 —,20
Auf den schwungvollen Chor „Rheinsehnsucht" sei besonders aufmerksam gemacht.

Verlag von Friedr. Ulrich, Godesberg.

msch. **Otto Hess.** Waldkönig . . . . —,40 —,20
do. Schmeichelkätzchen . . . . —,40 —,10
zl. **Friedrich Ullrich**, op. 89 I. Auf Wiedersehn! —,40 —,10
zl. do. op. 89 II. Herr, verstoss die Seele nicht . —,40 —,10
Im letztern Liede ist die schlichte, innige Auffassung zu loben, für Kirchenchöre empfehlenswert.

Lackhardts Verlag, Stuttgart.

zl. **Heinr. Sicklinger**, op. 15. Geweihte Liebe . . —,40 —,15
zl. do. op. 16. Der alte Lindenbaum . . . . . —,40 —,15
zl. do. op. 19. Nur am Rhein blüht mein Glück . —,40 —,15
l. do. op. 20. Als ich Abschied nahm . . . . . —,40 —,15
Melodiöse, im Volkston gehaltene Lieder.

Neue Männerchöre mit Begleitung.

M. Lerow, op. 107. Der gefoppte Teufel. Polka mit Klav. (Verlag von A. Spitzner, Leipzig.) Klav.-A. 2.—, St. je 20 Pfg. Ein kurzweiliger Sang vom trunkfesten Ritter Kunt.

H. Müller. Segenswunsch, mit Blechinstr. und Pauken. (Spitzner, Leipzig.) Klav.-A. 2.25, Stimmen je 30 Pfg.
Ein patriotisches Festlied, seiner leichten Ausführbarkeit wegen für kleinere Verhältnisse zu empfehlen.

Joseph Schen, op. 58 II. Vergissmeinnicht. (Verlag v. J. Günther, Dresden.) Klav.-A. —,80, Stimmen je 20 Pfg. Mit Bariton-Solo und Klavier.

Hermann Voigt, op. 105. Lottchen-Polka mit Klavier. Partitur 1.20, Stimme je 20 Pfg.
do. op. 196. Liebesgeflüster, Gavotte mit Klavier. Partitur 2.50. Stimmen je 20 Pfg.
(Verlag von Raabe & Plothow, Berlin.)
Für fidele Gesellschaften.

Neuigkeiten für gem. Chor.

zl. **Carl Loewe.** Vier preussische Vaterlandsgesänge für gem. Chor, bearbeitet von **Ludw. Riemann.** Partitur 45 Pfg. (Breitkopf & Härtel, Leipzig.)
Die frischen Gesänge (darunter das bekannte „Friedericus Rex, unser König und Herr") sind für höhere Lehranstalten vorzugsweise geeignet, die Bearbeitung ist schlicht und ansprechend.

msch. **Ernst Rudorff**, op. 36. Vier Lieder. Frühlingsnetz. An der Bergeshalde. An den Mond. Es pirscht ein Jäger. Part. 1.60, St. je 30 Pfg. (Breitkopf & Härtel, Leipzig.)
Rudorff wird von unsern gemischten Chören noch viel zu wenig berücksichtigt. Sein Satz ist nicht einfach, er will studiert sein, wirkt dann aber um so tiefer und nachhaltiger. Was ihn vor allem auszeichnet, ist der ausserordentlich melodische Fluss in allen Stimmen. Diese natürliche und doch so gar nicht an kontrapunktische Knaupelei gemahnende Beweglichkeit in der Stimmführung, z. B. in Nr. 1 „Frühlingsnetz", kann geradezu als mustergültig gepriesen werden. Auf das frisch und innig empfundene „Es pirscht ein Jäger" sei besonders aufmerksam gemacht. In neuer Auflage mit einigen Abänderungen sind kürzlich von E. Rudorff Zwölf Lieder, op. 6, 11 und 18 bei H. vom Ende, Köln, erschienen. Aus letzterem opus erwähne ich namentlich das 6 stimmige „Klang um Klang" und das doppelchörige „Der Schalk". Die herrlichen Werke verdienen weiteste Verbreitung.

Franciscus Nagler, op. 10.
zl. 1. Sonntag . . . . —,80 —,20
zl. 2. Ringelreihe . . . . —,80 —,20
zl. 3. Abendlied . . . . —,80 —,20
(Verlag von Gebr. Hug & Co., Leipzig.)
Schlichte, melodiöse Weisen.

Harald Creutzburg. Te Deum für gemischten Chor mit Orgel, oder mit Blasorchester (Leipzig, F. Bosse). . . 1,80 —,30
Im Satz zwar noch etwas ungelenk, aber doch würdig und feierlich empfunden, für kleinere Verhältnisse bestens zu empfehlen.

Breitkopf & Härtel versenden **gratis** ihren Katalog der Volksausgabe (Bibliothek der Klassiker und anderer Meister. 1950 Bände) nebst Supplementen. Ferner das Konzert-Handbuch I. Orchestermusik. Für Dirigenten sind diese Kataloge geradezu unentbehrlich. Auch auf den Katalog: Hausmusik für Vereine und Schulen, enthaltend Orchester- und Gesangwerke in vereinfachten Besetzungen, sei aufmerksam gemacht.

Musikwissenschaft.

Anton Maier, op. 34. Das musikalische A-B-C für den Männer-Chorgesang. Preis 30 Pfg. (C. Kochs Verlag, Nürnberg.)
Ein kurzer, leichtfasslicher Leitfaden zur Erwerbung derjenigen musikalischen Kenntnisse, die jedem brauchbaren Sänger eigen sein müssen.

Heinrich Graf Pückler. Gesang und Kunst. (Schweidnitz, Verlag von L. Heege.). Beherzigenswerte Worte für alle diejenigen, denen der Himmel eine schöne Stimme verliehen.

Dr. B. Rein. Anschauungstafel zur Lautlehre, mit erläuterndem Text. (Gotha. Fr. Andr. Perthes.) Preis —.— Mk.
Ein ausgezeichnetes Hülfsmittel für den Unterricht in der Lautlehre. Die Tafel stellt in anschaulicher Weise die Sprachwerkzeuge dar. Der Text ist knapp, verständlich und die Materie gut geordnet.

Neue Werke für den Klavierunterricht.

(Verlag von B. Firnberg, Frankfurt a. M.)

J. O. Armand, op. 2. Die Kunst des polyphonen Spiels . . 1.80
do. op. 3. Kleine Spiele der Geläufigkeit, 2 Hefte à . . . 2.—
do. op. 6. Kleine Suite im alten Style 1.60
do. op. 10. Vierzig kleine Klavierstücke für Anfänger . . 1.80
do. op. 12. Die Kunst des Unter- und Uebersetzens . . . 1.20
do. op. 14. Albumblätter 1.80
do. op. 16. Aus Nord und Süd 2.50

Iwan Knorr, op. 6. Fünf kleine Stücke für Pforte zu 4 Händ. 2.20

Aloys Schmitt (aus op. 16, Exercices préparatoires), herausgegeben von J. O. Armand . . . . netto 1.—
Die Werke bieten z. T. ausgezeichnetes Material für die Unterstufe. Ueberall tritt bei Armand das Bestreben zu Tage, durch gleichwertige Ausbildung beider Hände dem Studium der polyphon geschriebenen Meisterwerke vorzuarbeiten. Die Studienwerke sind bestens zu empfehlen. Die kleinen Vortragsstücke „Aus Nord und Süd" op. 16 imitieren in ansprechender Weise verschiedenartige Style aus dem Morgen- und Abendlande und sind z. T. sehr graziös geschrieben.

Acht Fugen aus **Joh. Seb. Bachs** wohltemperiertem Klavier, erklärt von **Bernardus Boekelmann.** (Preis 1,50. Verlag von J. H. Zimmermann, Leipzig.)
Die Fugen sind durch Farben analytisch dargestellt und weiterhin erklärt durch Hinzufügung des harmonischen Schemas. Wertvolles Material für intelligentere Schüler.

A. Bongert. Klavierspielen ohne Notenkenntnisse, nach bildlicher Darstellung der anzuschlagenden Tasten, erläutert am Weihnachtslied „Stille Nacht". (Verlag von A. Bongert, Dortmund. Preis 2.— Mark.)

Karl Heffner, op. 28. Vier Klavierstücke. 1. Barcarole. 2. Valse-Caprice. 3. Mazurka. 4. Nokturne. Preis je Mk. 1.20. (Verlag von Fritz Gleichauf, Regensburg.)
Liebenswürdige, wohlklingende Vortragsstückchen, die als anregende Unterbrechung ernsten Studiums ihren Zweck erfüllen dürften.

Hermann Vetter, op. 8, Heft III. Melodische Klavier-Etüden für die obere Stufe des Elementar-Unterrichts. Preis Mk. 1.—. (Verlag von Friedrich Hofmeister, Leipzig.) Die Studien verraten den erfahrenen Klavierpädagogen und sind gerichtet auf eine Kräftigung der Fingerelastizität.

Sammlungen.

Stimmen der Heimat, herausgegeben von Ludwig Stark. (Verlag von Bosworth & Co., Leipzig.) Preis Mk. 1.—.
122 ausgewählte Volkslieder und volkstümliche Gesänge in teils 2 stimmigem, teils neuem 4 stimmigen Satze, zum Gebrauch in häuslichen Kreisen, Chorschulen und gemischten Singvereinen. III. Auflage. Auch die schönsten Gesänge von Mendelssohn, sowie einige patriotische Lieder fehlen nicht in dieser empfehlenswerten Sammlung.

Thomas Koschat. Männerchöre im Kärntner Volkston. III. Bd. Preis Mk. 2—. (F. E. C. Leuckarts Verlag, Leipzig.) Stimmen je 50 Pfg. Die Sammlung enthält eine Anzahl der verbreitetsten Lieder des volkstümlichen Sängers, u. a.: Der sakrische Bass. Wann i mei Diandle halsen tu. Af der Fladnitzer Alma. Der verhexte Jager.

Männergesang-Wettstreit.

Die Männergesangvereins-Wettstreite haben in West und Süd nachgerade einen Umfang angenommen, der Ignorieren oder vornehmes Herabblicken auf diese Institution weder rätlich noch gerechtfertigt erscheinen lässt. Dass die Wettkämpfe, wie sie sich in 60jähriger Entwickelung herausgebildet haben, zu den hässlichsten Verirrungen Veranlassung geben, kann nicht geleugnet werden, aus diesem Grunde aber dieselben überhaupt verdammen oder unterdrücken wollen, hiesse der Sangeskunst selbst die schwersten Wunden schlagen.

Wer es ernst meint mit unserer Kunst, der wird sich vor Augen halten, dass stets reger Eifer und ernstes Studium bedeutender, technisch schwieriger Aufgaben nötig ist, wenn wir von unsern Vereinen konzertreife Darbietungen verlangen wollen.

Hier giebt's nur ein Entweder—Oder.

Zweifelt man an der Fähigkeit des Männergesanges, geistig höherstehende Aufgaben zu bewältigen, glaubt man lediglich das Gebiet volkstümlicher Ideen ihm zuweisen zu können, so gebe man den Vereinen die ursprüngliche Liedertafel-Bedeutung wieder und störe ihre Kreise nicht durch Anerkennungszeichen, welche den Glauben erwecken sollen, es handle sich dabei um die Pflege höherer Kunst. Hat man sich aber zu der Erkenntnis durchgerungen, dass die drei Oktaven, welche einem gut geschulten Männerchor zur Verfügung stehen, genügen, unseres Herzens tiefste Geheimnisse zu künden, so sorge man auch mit allen zu Gebote stehenden Mitteln für eine gediegene Schulung der Vereine im künstlerischen Sinne. In Kassel war fast die Hälfte der preisgekrönten Vereine aus dem Rheinlande; das ist nicht Zufall, auch das glänzende Material thuts nicht allein; diese Erfolge sind der intensiven Schulung der Vereine sowohl, wie auch der Dirigenten im Dienste der Wettstreite zu verdanken. Solche Erfolge müssen zu denken geben,

Allerdings, die Reformbedürftigkeit des Wettstreitwesens wird jeder Freund desselben zugeben müssen und der Reform sind die nachfolgenden Zeilen gewidmet. Ganz makellos wird man ja wohl niemals eine menschliche Einrichtung gestalten können, aber allgemein auftretende Missbräuche müssen unterdrückt werden: Unrecht wird nicht dadurch zum Recht, dass die Majorität der Teilnehmer damit stillschweigend sich einverstanden erklärt.

Die Wiege der Wettstreite stand im benachbarten Belgien. Bereits in den Jahren 1831—38 wurden in den ländlichen Vereinen Ostflanderns, in Berlaare, St. Gilles, St. Arnaud, Waasmünster, Zele, usw. kleinere Wettstreite nach dem für die Harmoniemusiken üblichen Muster abgehalten, denen dann auch solche in grösseren Städten, wie Dendermonde, Gent, Zemsche, Aelst, Hamme folgten. Wichtig für die Weiterentwickelung war der im Jahre 1841 von der Gesellschaft Gretry in Brüssel veranstaltete internationale Wettstreit, an welchem sich u. a. die Liedertafel und Concordia aus Aachen beteiligten. Ein Verein aus Brügge hatte sich besonders hervorgethan, wurde aber von der Liedertafel derartig überholt, dass dieser unter unbeschreiblichem Jubel der 1. Preis zuerkannt wurde.

Damit wurden auch in Deutschland diese Bestrebungen bekannt und gewannen grössere Anhängerschaft, während in Belgien ein gewaltiger Eifer entwickelt wurde in der Ausgestaltung dieser Gesangsfeste, von der Regierung lebhaft unterstützt durch Geldmittel, Bewilligung freier Fahrt auf den Staatseisenbahnen etc.

Von grösserer Bedeutung für uns war ein Gesangfest, ausgeschrieben von der Société des Melomanes, Gent, verbunden mit Gesangwettstreit im Jahre 1844. Zuerst kämpften Vereine aus Landgemeinden unter sich und erregten Bewunderung; dann folgten die Städte II. Ranges und zuletzt die grösseren Städte

Zum ersten Male war der erst 2 Jahre alte Kölner Männer-Gesangverein, 48 Mann stark, unter Fr. Webers Leitung erschienen und erlebte durch den Vortrag von Kreutzer „Frühlingsnahen" und Derkums „Post" einen Triumph, der in der ganzen gebildeten Welt widerhallte. Der Verein kehrte mit dem 1. Preise ausgezeichnet nach Hause zurück. Noch glänzender war der Sieg im darauffolgenden Jahre in der Hauptstadt Belgiens selber. Mit diesem Sieg war die Ueberlegenheit des K. M.-G.-V. über die belgischen Vereine vollständig entschieden.

Im Jahre 1846 erscheint zum 1. Male in der Schweiz auf dem II. **eidgenössischen Sängerfeste** in Schaffhausen der Wettstreit. In dem Preisgericht sassen Kalliwoda und Schnyder von Wartensee, der Urheber der damals zur Anwendung gelangenden Wettstreitordnung.

Die Hauptbestimmungen dieser Ordnung lauteten folgendermassen: Die gewählten Gesänge sind vor dem Fest einem Vorgericht einzusenden, welches prüft, ob der Text edel, nicht gemein, liebelnd etc. sei, und ob die Komposition Wert habe, insbesondere für den Männergesang zweckmässig sei. Zuwiderlaufendes wird zurückgewiesen.

Das Preisgericht entscheidet über die Leistungen der Wettsänger und zwar durch Anwendung von Verhältniszahlen hinsichtlich folgender Fragen:

1. Sind die Singstimmen unter sich in gutem Verhältnis?
2. Hat der Verein harmonisch rein gesungen?
3. Hat er im Takt, rhythmisch scharf gesungen?
4. Hat er dynamisch schön nuanciert?
5. Hat er die Worte deutlich ausgesprochen?
6. Hat er edel, nicht affektiert, mit höherer Weihe gesungen?

Hinsichtlich der Preisverteilung bestehen scharfe Unterschiede bei den schweizerischen Festen: blos die wirklich Preiswürdigen, ohne eine Beschränkung auf eine bestimmte Zahl, können „gekrönte" Preise erhalten. Die übrigen Wettsingenden werden vom Preisgericht in Klassen eingeteilt und erhalten je nach ihren Leistungen „Ehrengaben", Gaben „zur Anerkennung der Bestrebungen", „zur Aufmunterung", „zum Andenken".

Das Züricher Fest 1858 bedeutet einen Höhepunkt für den eidgenössischen Sängerverein. Die Leistungen jedoch waren nicht mit dem Glanz des Festes gewachsen. Der Schattenseiten zeigten sich so viele, dass eine Rückkehr zu grösserer Einfachheit und ernsterer Arbeit notwendig war.

Schon bei den früheren Festen waren die Wettsingenden eingeteilt in die zwei Klassen: Volks- und Kunstgesang. Es wurden zweierlei Preise, gekrönte und einfache, und daneben Ehrengaben verteilt. Alle teilnehmenden Vereine werden vor dem Feste in ihrem Wohnorte durch Inspektoren geprüft.

Später wurde manches geändert. Der Wettgesang spielt bei diesen Festen eine immer grösser werdende Rolle: 1873 in Luzern nahmen 78 Vereine daran teil, 1880 in Zürich 82, 1888 in St. Gallen 88 Vereine. Hier dauerte das Singen von morgens 6½ mit kurzer Unterbrechung bis abends 7 Uhr. Von dem Preisgericht wird eine genaue Beurteilung der Einzelleistungen veröffentlicht, welche damals über 200 Druckseiten stark war. Das Gericht selbst wird seitens der Teilnehmer aus einer Vorschlagsliste durch Wahl bestimmt.

Zum Volksgesang gehört vorzugsweise das einfache Strophenlied. Von dieser Abteilung sind also in der Regel auszuschliessen die durchkomponierten Lieder, sowie solche Kompositionen, welche durch chromatische Stimmführung Modulationen in entferntere Tonarten enthalten, oder sich überhaupt in komplizierten Kunstformen bewegen. Diese sind für die 2. Abteilung vorbehalten.

Kompositionen, welche der betr. Abteilung nicht entsprechen, sollen den Vereinen mit Angabe der Gründe sofort zurückgeschickt werden, damit sie anders wählen können.

Die Beurteilung seitens der 7 Preisrichter geschieht nach 7 Rubriken: Stimmenverhältnis, Reinheit, rhythmische Genauigkeit, dynamische Schönheit, Aussprache, geistige Auffassung, Gesamteindruck.

Früher notierte jeder Preisrichter in jede dieser Rubriken seine Punkte von 1—5, dann wurde addiert, sodass das Ergebnis zwischen 49 und 245 Punkten schwankte. Seit 1872 hat jeder Richter nur eine dieser Rubriken zu beurteilen, alle aber den Gesamteindruck: die harmonische Reinheit zählt doppelt. Brüche sind erlaubt. Bedeutung der Punkte: vorzüglich, gut, ziemlich gut, genügend, ungenügend.

1849 wurde nach dem Vorbilde des Schweizer Bundes der **„Schwäbische Sängerbund"** gegründet. Auch in seinem Festprogramm bildete das Preissingen den Hauptbestandteil. Anfangs war die Einrichtung der Liederfeste eine sehr einfache und blieb auf einen Tag beschränkt: Morgens früh Wettsingen, meist im Freien, dann Hauptaufführung in der Kirche, nachmittags bildet die Preisverteilung den Mittelpunkt. Die Preise wurden durch Festjungfern übergeben, die Preismedaillen alsbald an der Fahne befestigt. Allmählich erreichte die künstlerische Leistungsfähigkeit der Vereine eine höhere Stufe, die Teilnahme wuchs ausserordentlich und die Liederfeste wurden infolgedessen reicher ausgestaltet und auf zwei Tage ausgedehnt. Die Wettgesänge gelten nicht nur als Proben eigener Kraft, sondern auch als Vorbild für den Gesamtchor.

Von grosser Wichtigkeit ist die Einführung gedruckter Gutachten des Preisgerichts, in denen nicht nur Kritik über die Wettgesangsleistungen geübt, sondern auch ein sachverständiges Urteil über den Gesamtchor abgegeben wurde. Gesangesinspektoren prüften auch hier vor dem Feste die wettsingenden Vereine nicht nur auf das gewählte Preislied, sondern auch auf die Einübung der allgemeinen Chöre.

Wie schwierig es ist, die Bestimmungen für den Wettstreit richtig zu treffen, beweist die Entwickelung im Schwäb. Sängerbunde. Anfangs gab es 2 Abteilungen für ländliche und städtische Vereine, je 2 Preise bestehend in einer silbernen Medaille; für die nicht gekrönten Bewerber Ehrengaben. Bald teilte man die städtischen Vereine in grössere und kleinere, man gab für gleich gute Leistungen mehrere Preise, bis zu 14 an einem Feste: eine Menge von Einzelbestimmungen wurde aus Veranlassung einzelner Fälle gegeben und doch herrschte immer Unzufriedenheit.

1875 wurden dann 2 Klassen eingeführt: Volksgesang und Kunstgesang, mit freier Wahl der Klasse durch die Bewerber. Nun klagten aber die ländlichen Vereine über Zurückdrängung, da sich alles auf den Volksgesang warf. 1883 wurde dann eine neue Ordnung aufgestellt; 1890 erweitert. Darnach bestehen 4 Klassen der Einzelvorträge: ländlicher Volksgesang für Dorfgesangvereine; höherer Volksgesang, auch den städtischen Vereinen, namentlich den kleineren, zugänglich; Kunstgesang — diese 3 mit Preisen und Ehrengaben; endlich Einzelvorträge im Kunstgesang durch schon preisgekrönte Vereine. Für die Wahl der Klasse besteht innerhalb der gegebenen Grenzen möglichste Freiheit.

Zu den Abteilungen Volksgesang gehören diejenigen Vereine, welche hauptsächlich den einfachen Volksgesang pflegen, worunter das eigentliche Volkslied und solche Gesänge zu verstehen sind, die sich durch leichtfassliche und zu Gehör gehende Einfachheit dem Volksliede anschliessen.

Der Gesamtausschuss stellt alle 3 Jahre, bevor die Anmeldungen zum Wettsingen erfolgen, nach seiner Kenntnis der lokalen und persönlichen Verhältnisse die Liste derjenigen Vereine des Bundesfestes auf, auf welche in der Abt. 1, ländlicher Volksgesang, zugelassen werden. Alle anderen Vereine müssen sich für eine der folgenden Abteilungen entscheiden.

Die Abteilung Kunstgesang umfasst diejenigen Vereine, welche neben dem Volksgesang auch den Kunstgesang üben.

In der 4. Abteilung werden Einzelvorträge für Kunstgesang ohne Erteilung von Preisen aufgenommen. Zugelassen werden blos solche Bundesvereine, welche im Kunstgesang mit einem 1. Preise gekrönt sind, und höchstens drei.

Von den Abteilungen Volksgesang sind in der Regel auszuschliessen die durchkomponierten Lieder sowie Gesänge, welche sich in schwierigeren Kunstformen bewegen, ebenso Dialektlieder. Vorprüfung durch Gesanginspektoren, welche Bericht an den engeren Ausschuss erstatten. Dieser ist ermächtigt, die Teilnahme am Wettsingen abzuraten oder zu versagen.

Preisgericht von 5 Mitgliedern. Den Beratungen desselben wohnt ein Abgeordneter des engeren Ausschusses bei.

Das Preisgericht entscheidet sogleich nach Beendigung des Wettsingens. Es hat nach dem Gesamteindruck zu entscheiden und dabei namentlich Punkte wie die nachfolgenden ins Auge zu fassen:

1. richtiges Verhältnis in Besetzung der Stimmen unter sich;
2. Schönheit und Ausgiebigkeit der Stimmen, gute Tonbildung;
3. harmonisch reinen Gesang;
4. Takt, rhythmische Schärfe, richtiges Tempo; deutliche, gute Aussprache;
5. richtige Auffassung des Geistes der Komposition;
6. angemessenen Ausdruck und guten Geschmack im Vortrag;
7. Wert von Text und Komposition;
8. Gesamteindruck der Aufführung.

Das Preisgericht begutachtet die Leistungen der wettsingenden Vereine und ordnet dieselben nach Massgabe ihrer Leistungen innerhalb der einzelnen Abteilungen.

Auch im **Badischen Sängerbunde** bildet das Wettsingen einen Hauptbestandteil der Bundesfeste.

Nach den Beschlüssen von 1887 Pforzheim und 1894 Offenburg sowie 1901 Pforzheim hat die Wettgesangs-Ordnung im wesentlichen folgenden Inhalt:

Die Wettgesänge zerfallen in 4 gleichberechtigte Abteilungen:

1. Volksgesang für Landvereine;
2. Einfacher Volksgesang für Stadtvereine;
3. Erschwerter Volksgesang für Stadtvereine;
4. Kunstgesang.

Den in den Abteilungen (1—3) auftretenden Vereinen steht es frei, nur Volkslieder zu singen. Sonst wie im Schwäb. Sängerbunde.

Kein Verein darf beim Wettgesang ein Lied zum Vortrag bringen, mit dem er innerhalb der letzten 10 Jahre irgend einen Preis errungen hat.

Jeder teilnehmende Verein muss im Volksgesang mit mindestens 16, im Kunstgesang mit mindestens 30 Sängern auftreten.

Wenn ein Verein Abänderungen in den Vortragszeichen trifft, so ist dieses auf den Partituren neben den ursprünglichen Zeichen anzudeuten.

Jeder zum Wettgesang zugelassene Verein ist verpflichtet, ein Lied (oder einen Teil eines solchen) aus der Zahl der für das Fest als Gesamtchöre bestimmten Tonwerke welches ihm jedoch erst bei dem Feste selbst durch das Los bezeichnet wird, einzeln vorzutragen. Der Vortrag dieses Liedes findet nicht öffentlich statt. Dieses aufgegebene Lied wird nur mit einer Note (Gesamteindruck) beurteilt. Das Ergebnis wird der Beurteilung des selbstgewählten Chores zugezählt. Den Vereinen sub 1—3 dürfen nur Strophen- oder Volkslieder aufgegeben werden.

Das Preisgericht hat 3—5 Mitglieder.

Beratung der Preisrichter mit dem Hauptausschuss über die Ausführung der Bestimmungen und über die Schwierigkeitsbewertung der selbstgewählten Lieder.

Zu berücksichtigen ist:

1. richtiges Stimmenverhältnis, 2. harmonische Reinheit, 3. rhythmische Genauigkeit, 4. dynamische Schönheit, 5. deutliche und richtige Aussprache, 6. richtige Auffassung des Tonstücks, 7. Gesamteindruck. Hierzu tritt 8. das Ergebnis der Prüfung des Vereins in dem aufgegebenen Liede.

Geschlossene Sitzung des Preisgerichts zur Feststellung des Endurteils. Jede Erörterung ist ausgeschlossen.

Einen ersten Preis erhalten die Vereine, die in sämtlichen Spalten zusammen durchschnittlich mehr als 2,3 vorzüglich (1) und für das dritte Drittel durchschnittlich keine schlechtere, als die Note 2 (gut) aufzuweisen haben. Zweite Preise durchschnittlich mehr als ⅔ gut (2), das dritte Drittel nicht weniger als durchschnittlich 3 (ziemlich gut).

...gunterricht in den Schulen.

Fortsetzung.

...vortreffliche Ergänzung zu dem Kotheschen Werke „**Wegweiser für den Gesangunterricht**" in ...gen Volksschulen von **Moritz Förster** (Leipzig, ...derlich. Preis 4 Mk.)

...rend Zanger das Hauptgewicht legt auf eine Dar... gesangtechnischen und pädagogischen Vorbeding... ...che den Lehrer zum Unterricht befähigen, führt ...mittelbar in den Unterricht ein, indem er den ge... ...terrichtsstoff nach der musikalischen und textlichen ...hrlich behandelt und so namentlich dem jungen, ...n Lehrer ein willkommener Führer ist. Man ver... ...gtechnische Übungen, abgesehen von den Treff... Eine neue Methode will Förster nicht bringen, er ...ehr die von O. Fichtner u. a. empfohlene Schreib... ...des Notensingens nach der praktischen Seite aus... ...dem er einerseits Lied- und Übungskursus innig ...verbindet, und anderseits von Anfang an auf mög... ...ändige Aneignung aller Lieder seitens der Schüler

Förster betont, dass eine höhere Wertschätzung ...richtsfaches platzgreifen müsse, vor allen Dingen bisher übliche Lehrweise des Gehörsingens, die ...isch, unpädagogisch, ja unvernünftig zu nennen damit auch Deutschland endlich die Stufe er... ...der andere Länder längst stehen. Der Engländer vom englischen Ministerium zum Studium des ...richts auf dem Festlande ausgesandt war und ...eminare und Volksschulen in Deutschland, Öster... ...eiz, Belgien und Holland besuchte, fällt in seinem Urteil, dass **„in Deutschland die Resultate ...gunterrichts im allgemeinen die denkbar ...eien.**

...das Ziffernsingen will Verfasser mit Recht nach ...einschränken, weil ihm jede Bedeutung für das ...n abgeht. „Soll für die Möglichkeit späterer ...g, für die Gesangspflege überhaupt im kirchlichen ...en gesorgt werden, so muss man sich vernünftiger... Allerwelts-Tonschrift, der Notenschrift bequemen. Das erscheint so selbstverständlich und wird ...ig befolgt. Der Grund hierfür liegt darin, dass über Wesen und Wert des Notensingens noch ...ren sind. Das Absingen der Tonzeichen bereitet durchaus nicht mehr Mühe als das Zusammen... Buchstaben. Vor allen Dingen ist das Singen **anschaulich**. Es beschäftigt neben dem Ge... ...en Gesichtssinn und führt durch Veranschau... ...inzelnen Töne, der verschiedenen Tonstufen und ...sse zu einer Klarheit, die das Gehörsingen nie... ...ln kann. Die Kinder werden in der Aufmerk... ...rkt und zur Selbstthätigkeit angehalten. Das ...d gefesselt, die intellektuelle und allgemeine ...dert. Des Kindes Lust und Freude am Gesang ...zeitig aber auch Mut und Selbstvertrauen. Von ...eutung ist schliesslich das Notensingen für das ...

...verbindet Übungs- und Liederkursus so mit... ...die Übungen als Vorbereitungen der zu er... ...der, diese aber gewissermassen als Anwendungs... vorausgegangenen Übungen erscheinen.

...terrichtsgang gliedert sich in eine interessan... ...ielangabe, eine kurze Vorbereitung, Darbietung ...ang des Textes, eine zweckentsprechende Vor... sichere Einübung der Melodie und eventuell ...mme, sowie eine sich anschliessende Wieder...

...ss in seiner **„Praxis des Schulgesanges"** ...wiederum mehr mit den speziell musik- und ...en Fragen und steckt auf diesem Gebiete dem ...ht weitere Grenzen. Dieser hat danach zu ...imme zu bilden, ohne durch ein Übermass von ...as Organ zu schädigen. Es ist deshalb not... ...man den Gesangunterricht nur in die Hand ...t vorbereiteter oder erfahrener Lehrer legt. Ein methodisch geschulter Lehrer muss im Stande sein, die Fehler im Ansatz, in der Aussprache und Tonbildung zu erkennen und zu vermeiden; er muss unterrichtet sein über die Mittel, durch welche ohne Schädigung des Organs die Stimme entwickelt werden kann, also das Wichtigste aus der Physiologie des Kehlkopfes, der Lunge, kurz des ganzen Sprech- und Singapparats, wie die physikalischen Gesetze der Tonerzeugung und Tonverstärkung kennen. Dazu gehört vor allem Kenntnis der Stimmregister, worauf der Tonumfang zu begründen ist, der richtigen Atmung und des Toneinsatzes.

P. Hoffmann. Das Gehör- und Notensingen in den Elementarschulen. Eine methodische Handreichung für den Lehrer. (Halle a. S. R. Mühlmann Verlag. Pr. Mk. 1,20.) Hoffmann will die Schüler nicht zu früh an die Note gebannt wissen; vielmehr muss durch einen ausreichenden Unterricht im Gehörsingen Gelegenheit geboten werden, die Schüler überhaupt erst an tonliche Auffassung zu gewöhnen, die Tonbildung und Textaussprache zu pflegen und den Prozentsatz der scheinbar musikalischen Kinder nach Möglichkeit zu vermindern. Er hält es daher für zweckmässig, den ersten 4 Schuljahren das Gehörsingen, den 4 folgenden das Notensingen zuzuweisen.

Die erste Abteilung bringt einige skizzirte Lehrproben für das Notensingen, die zweite Abteilung Übungen für Gehör- und Notensingen in reichlicher Menge.

C. Mühlfeld. Kleine Gesangschule für Volks- und Bürgerschulen. (Hildburghausen. F. W. Gadow & Sohn. Heft I und II à 30 Pf.)

Die Methode gründet sich auf Wüllners grosse Chorschule, die an vielen Konservatorien im Gebrauch ist und unstreitig obenan steht. Die beiden ersten Schuljahre singen kleine Volkslieder nach dem Gehör. Aufgabe der 1. Stufe ist: Erlernen der Noten, vergleichen der Töne nach Höhe und Tiefe, ruhiges Aushalten der Töne, Einprägen der Tonleiter durch Vorspielen und Vorsingen und Nachsingen. Singen einiger leichter Choräle nach Ziffern. Singen kleiner Liedchen nach dem Gehör.

II. Stufe, 4. und 5. Schuljahr. Ziel:

Ruhiges Aushalten der Töne. Vollständige Notenkenntnis. Einführung in die Rhythmik, soweit diese im Liede vorkommt. Treffen der Sekundenfortschreitungen nach Noten. Singen einiger einstimmiger Lieder; einige mit Berücksichtigung der gesungenen Übungen nach Noten, andere nach dem Gehör. Singen einstimmiger Choräle nach Ziffern.

III. Stufe, 5. und 6. Jahrgang. Ziel:

Korrekte Aussprache und gute Tonbildung. Bilden und Singen verschiedener Tonleitern, des Dreiklangs. Treffen der leichteren Intervalle. Befestigung der Rhythmik. Singen 1- und 2stimmiger Lieder nach Noten. Singen 1stimmiger Choräle nach Ziffern.

IV. Stufe, 7. und 8. Jahrgang. Ziel:

Wiederholung und Befestigung des Dagewesenen. Regelung des Atmens. Singen der Schwelltöne. Singen 2- und 3stimmiger Lieder und Choräle nach Noten mit schönem Vortrage.

Meister-

haft gearbeitete Musikinstrumente jeder Art direkt vom Herstellungsorte **Wilh. Herwig in Markneukirchen i. S.**

Illustrierte Preisliste umsonst und portofrei. Bitte anzugeben, welche Instrumente gekauft werden sollen.

Lieferung sämtlicher Musikal
durch
H. vom Ende, Köln a.

Bezugsquellenregister.

Vereinsfahnen.
Kölner Fahnenfabrik, Arnold Steiger, Köln.

Buchbinderei E. A. Enders, Leipzig.

Abzeichen f. Gesangvereine. Muster an Vereine postfrei. Adolf Belada, Wien VII/2, Mariahilferstr. 54.

Banner, Fahnen, Schärpen, Abzeichen.
Thüringer Fahnen-Fabrik, Coburg.

Neu! Soeben erschienen! Neu!

„Waldkönig“

für Männerchor komponiert von **Otto Heß.**

Bitte die Partitur dieses großartig durchschlagenden Chores gratis und franko zu verlangen.

Friedrich Ullrich, Godesberg a. Rh.,
Musikalien-Versandgeschäft.

Für Gesangvereine!

Folgende

Ansichtsfendungen

zur Auswahl

stellt auf Wunsch die

Musikalienhandlung H. vom Ende,

Köln, Bismarckstrasse 25

zur Verfügung.

1) Deutsche und ausländische **Volkslieder** (o. 1. mech.
2) Lieder im **Volkston,** volkstümliche Lieder) usch.
3) Material für **Volksliederabende;**
4) Chöre für **Vereinsfestlichkeiten,** Stiftungsfest, Fahnenweihe, Bundesfest, **Begrüssungschöre,** Festchöre;
5) Chöre für **Gesangwettstreite:**
   a) wirkungsvolle Lieder im Volkston;
   b) **schwierige Kunstchöre;**
6) Material für **historische Konzerte;**
7) **Geistliche** Chorwerke:
8) **Humoristika.** Duette, Terzette, Ensemble-Szenen, Singspiele, Quartette etc.

Westdeutsche Konzertdirektion Köln a. Rhein.

Briefadr.: Westdeutsche Konzertdirektion, Köln, Bismarckstrasse 25. — Telegr.-Adr.: Konzertdirektion Köl

Die Westdeutsche Konzertdirektion vermittelt Engagements bei alle Konzert-Vereinen und Gesellschaften, welche Musik **pflegen, arrangie**r eigene Konzerte und Tournées und erteilt in allen Konzertangelegenheite bereitwilligst Auskunft.

Neu! 'S FRANZERL aus der Schmiedeschenke. Neu!

Singspiel in 1 Akt mit Chor, Soli u. Klavier- od. Streichorch. v. **Conrad Roland,** Musik v. **Adolf Jäckel,** op. !

Preis komplett (mit 5 Textbüchern) **Mk. 8,—, Orchesterstimmen Mk. 2,— netto.**

Ein echtes Volksstück, dem ein Stoff aus den Ereignissen des täglichen Lebens zu Grunde liegt. der geschickt und ungekünstelt aufgebauten, fesselnden Handlung tritt uns jeder Charakter lebenswahr u. mit natürlicher Frische entgegen. Meisterhaft hat auch Adolf Jäckel die Musik dem Stoffe angepasst. A heimelnde, leicht fassliche Melodieen erfreuen uns in Soli und Duett und ein klangvoller, flotter Wal: beschliesst als Chor das Stück. Kein Verein versäume, sich das hochinteressante Werk, welches weit üb dem Niveau des Alltäglichen steht, zur Ansicht kommen zu lassen.

Neue **Jäckel-Chöre** und **zugkräftige Humoristika** stehen ebenfalls z Ansicht zu Diensten.

G. Adolf Jäckel, Leipzig.

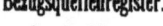

Wegweiser durch die Chorgesanglitteratur

Ratgeber für Gesangvereine und Dirigenten.

Redaktion und Verlag: H. vom Ende, Köln a. Rh., Ecke Bismarck- und Kamekestrasse.

nebst Beiblatt:

Der Sänger.

Offizielles Organ des Westdeutschen Sängerverbandes, Mosel-, Saar-, Nahe-Sängerbundes, des Mittelrheinischen, Rheinhessischen und Speyergau-Sängerbundes.

Expedition: H. vom Ende's Musikalien-Versandgeschäft.

Nr. 5. | Köln a. Rhein, den 26. Februar 1903. | IV. Jahrg.

Der Wettstreit um den Kaiserpreis in Frankfurt a. M.

Die Festhalle.

Die für den Gesangswettstreit um den bekannten Kaiserpreis 1903 in Frankfurt a. M. zu errichtende Festhalle wird auf dem Terrain der früheren Rosenausstellung errichtet. Das Gebäude hat eine Länge von 110 m, eine Tiefe von 78 m, eine Höhe von 22 m; der sich über dem Mittelbau erhebende Turm erhält eine Höhe von 35 m. Der ganze Bau wird in Holzfachwerk mit Verschalung errichtet.

An den beiden Eckbauten liegen die Eingangshallen mit Kassen-, Post- und Fernsprechamt, sowie Eisenbahn-Auskunftsbureaus; in dem Mittelbau befindet sich das Vestibül und Treppenhaus für die im Obergeschoss belegenen kaiserlichen Räume und ein Raum für den Festausschuss.

An den Schmalseiten der Halle befinden sich die Treppen, welche zu den Logen und Balkonplätzen führen, sowie Räume für die Presse, Polizei, Sanitätswache, Feuerwehr und Aborte.

An der hinteren Seite wird in der Mitte ein grosser Versammlungsraum für die Sänger geschaffen, darüber die Sängerbühne für 1600 Sänger und 120 Musiker, rechts und links anschliessend Räume für Sänger, Musiker und Solisten, ausserdem Treppenanlagen für den Verkehr der Sänger nach der Tribüne.

Der Zuhörerraum ist 73,50 m lang, 47 m breit und enthält 4280 Sitzplätze zu ebener Erde. Ringsum sind ausreichende Garderoben vorgesehen.

Im Mittelbau des Obergeschosses sind für die kaiserlichen Herrschaften, im Vorzimmer ein grosser Salon mit Loge und Nebenräumen vorgesehen, ausserdem Räume für das Gefolge. Rechts von den kaiserlichen Logen schliesst sich die Loge für das Gefolge, sowie für die Ehrengäste und den Ausschuss, links die Preisrichterloge an. Dann folgen Logen und hinter diesen 2816 Balkonplätze, ausserdem sind rechts und links je 1 Salon, Garderoben und Aborte vorhanden. An der hinteren Seite befinden sich noch Räume für Sänger und Musiker. Im ganzen sind einschliesslich Tribüne 9350 Sitzplätze vorhanden.

In der Festhalle selbst wird kein Restaurationsbetrieb stattfinden, sondern das frühere Restaurationsgebäude der Rosenausstellung soll zu diesem Zwecke neu in stand gesetzt werden. Halle und Festplatz werden elektrisch beleuchtet.

Die Gesamtanordnung der Halle ist nach Skizzen des Herrn Stadtbaurat Behnke von der III. Hochbauinspektion ausgearbeitet. Die architektonische Ausbildung wird nach Entwürfen des Stadtbauinspektors Wilde erfolgen. Die Halle wird — so schreibt man uns — mit ihrem in Rot, Weiss und Gold gehaltenen Farbenschmuck und dem weithin sichtbaren von der Kaiserkrone bekrönten Turmaufbau ein ungemein festliches Bild gewähren, welches einen neuen ganz besonderen Anziehungspunkt unserer alten Kaiserstadt bilden dürfte. (Kleine Presse.)

Zu der in Nummer 4 mitgeteilten Liste ist noch folgendes nachzutragen: Essen a. d. Ruhr. Concordia hat in Kassel nicht den 7., sondern den 4. Preis errungen. Der Essener Männergesangverein erhielt den 7. Preis. Die Concordia singt als Preischor Brambachs „Meeresstille" und „Glückliche Fahrt". Der Berliner Lehrer-G.-V. singt: Hegar „Kaiser Karl in der Johannisnacht". Solingen Lt. Rauchenecker „Lied von der bergischen Heimat".

Wiesbaden, Männergesangverein (Dirig. Prof. Franz Mannstaedt (Sängerzahl 151) singt Schubert „Ruhe, schönstes Glück der Erde". Dresden, Orpheus. Brambach: „Der fliegende Holländer".

Die Kommission macht folgende Mitteilungen:

Das Wettsingen wird am 4., 5. und 6. Juni in Frankfurt am Main stattfinden. Am Abend des 3. Juni wird voraussichtlich ein Begrüssungs-Konzert der gesamten Frankfurter Männergesangvereine veranstaltet werden, die sich bekanntlich an dem Wettsingen nicht beteiligen dürfen. An den ersten beiden Tagen des Wettsingens werden vormittags und nachmittags je sieben Vereine, am dritten Tage vormittags die letzten sechs Vereine den Wettgesang durch Vortrag des grösseren Preischores und eines selbstgewählten Chores ausführen. Am Nachmittag des dritten Tages findet dann der engere Wettbewerb um den Wanderpreis statt. Hierzu werden die elf, eventuell zwölf Vereine zugelassen, deren Leistungen die Preisrichter als die besten beurteilt haben; diese erhalten die Stimmen zu dem im Volkston gehaltenen zweiten Preischor, zu dessen Einübung ihnen eine Stunde Zeit gegeben wird. Nach diesem Wettgesang erfolgt die Verteilung des Wanderpreises und der übrigen Ehrenpreise. Die Reihenfolge, in der die 34 zugelassenen Vereine singen, wird von der vorbereitenden Kommission durch das Los bestimmt, sie teilt das Ergebnis der Verlosung den Vereinen ein Vierteljahr vorher, d. i. am 4. März d. J., mit. Die Uebersendung des für das Wettsingen komponierten grösseren Preischores an die Vereine erfolgt sechs Wochen vorher, also am 22. April d. J. Die Namen der Komponisten dieses und des für den engeren Wettbewerb komponierten Preischores im Volkston werden bis zur Uebergabe der Noten an die betreffenden Vereine geheimgehalten.

Sünd und Fehl in der Musik.

H. vom Ende.

Fortsetzung.

Aber auch von dem Ueberwiegen der positiven Gefühlsseite droht eine Gefahr, der Gefühlsüberschwang. Eine gewisse Beweglichkeit des Gemüts nach der weichen Seite hin, welche aus kindlich gutem Herzen stammend, sich als die Flamme einer sanften Begeisterung mit einem sehnsüchtigen Zuge nach oben gibt, eine solche Sentimentalität ist der Musik sicher zuträglich und besonders uns Deutschen steht sogar eine kleine Dosis darüber hinaus gut zu Gesicht; aber unerträglich ist jene Empfindsamkeit, welche lediglich darauf ausgeht, die Tränendrüsen schwacher Gemüter zu öffnen.

Dieses Aufgeben aller Gefühlsenergie zu Gunsten einer einseitigen, verweichlichenden Waschlappskymanier muss den Charakter in schädlicher Weise beeinflussen. Das ganze Gefühlsleben kann nur dann ein gesundes bleiben, wenn es vom Willen in Zucht genommen wird, der ebenso ein Aufgehen im Gefühl auf Kosten der Tatkraft (Gefühlsdusel) wie eine Vernachlässigung des Gefühles zu Gunsten des verstandesmässigen Strebens verhindert.

Die Gefühlsarmut kann immerhin, wenn Verstand und Formensinn vorhanden sind, mannigfaltige, sogar in gewissem Sinne interessante und geistvolle Formen schaffen — aber sie sind frostig, stimmungslos. Solche Musik, die nicht empfunden, nur gemacht ist, wird auch ausser uns bleiben, wir werden sie nicht als Manifestation unseres eignen Willens miterleben. Nur Pedanten und gefühlsarme Geister werden sich an ihr erlaben. Schaden wird sie nichts, solange sie sich fern hält von abgedroschenen Phrasen.

Die formelle Korrektheit eines Werkes bedeutet an sich noch wenig oder gar nichts; auf das äusserste korrekt sind nicht einmal unsere klassischen Meister, geschweige denn die modernen; sie opfern häufig eine Richtigkeit einem höheren ästhetischen oder poetischen Motive. Ein geist- und gemütvoller Künstler, der hier und da danebentappt, ist uns immer noch tausendmal lieber, als ein Virtuose, der ängstlich genau vorträgt, was da steht, aber die Hauptsache, warmes Empfinden, vermissen lässt. Das Wort „Virtuosität" als Bezeichnung für die leichte Bezwingung des Stoffes ist ja im anerkennenden Sinne gemeint; aber es hat auch noch eine zweite Bedeutung, wir verbinden damit das Wörtchen „nur"; wir rühmen die Fertigkeit und Beherrschung des Technischen, aber der tiefere Kunstgehalt fehlt, wir vermissen die höheren künstlerischen Elemente: Leidenschaft, Gemüt, Tiefe. Nur der Ungebildete erfreut sich lediglich der bunten Aussenseite der Dinge, während ihr Geist ihm unbekannt bleibt.

Allerdings ganz seelenlos ist schliesslich auch der trockenste Tonbaumeister nicht, ein Fünkchen Seele bekommen die Töne, sofern sie gut gefügt sind, stets mit auf die Welt und deshalb mag es immer noch vorzuziehen sein, einem korrekt gearbeiteten Krebskanon zuzuhören, als einer gefühlsschwangeren Stotterei. Solchen Werken fehlt aber schliesslich doch das beste und einzigste, was die Tonkunst vor allen anderen Künsten voraus hat. Alle kontrapunktische Knaupelei nutzt nichts, wenn nicht der Sonnenstrahl des Gemüts hineindringt und das Gebilde erwärmt. Wie singt doch M. Ebner-Eschenbach?

„Ein kleines Lied, wie gehts doch an,
Dass man so lieb es haben kann,
Was liegt darin? erzähle!
— Es liegt darin ein wenig Klang,
Ein wenig Wohllaut und Gesang,
Und eine ganze Seele".

Fehlt nun aber solchen blutleeren Wesen auch noch der Geist, die Mannigfaltigkeit, die Einheit in der Mannigfaltigkeit, die Folgerichtigkeit, rhythmisches und harmonisches Leben, interessanter Satz, überhaupt alles, was uns die Form an sich, losgelöst von ihrem ideellen Gehalte, bieten kann, dann starrt uns die Trivialität mit ihren alltäglichen, niedrig-gemeinen Augen an.

Abgedroschene, nichtssagende Phrasen werden bis zum Ueberdruss wiederholt; oder man hat sich einige an sich vielleicht nicht so üble Motivchen eingeprägt und diese müssen nun für jede Situation herhalten. Eine sogenannte „seelenvolle" Melodie im ersten Bass mit dem üblichen Sprung in die Sexte, deren Verlauf man ganz genau vorhersagen kann, einige Melodieflitterchen im 1. Tenor, die der Autor stolz mit „Kontrapunkt" bezeichnet, und das Surrogat ist fertig. Das sind so kontrapunktische Arbeiten wie der „berühmte" Kanon „O wie wohl ist mir am Abend": die Melodie im Umfange von 6 Tönen, dann der 1. Kontrapunkt in Terzenparallelen und schliesslich der 2. Kontrapunkt: bum, bum, bum. — — —

Das Vulgäre kann nicht Sache der Kunst sein, in ihr sollen nur wertvolle Ideen zur Geltung kommen und diese lassen sich nicht in vulgärer Sprache ausdrücken. Um wieviel mehr müsste das Triviale, d. h. dasjenige, was selbt in der vulgären Sprache verpönt ist, aus der Kunst verbannt sein. Wirkt es dennoch, so kann man daraus auf einen unentwickelten, rohen Geschmack der Zuhörer schliessen und das ist leider in Männergesangvereinskreisen viel zu sehr der Fall. Hierin ist der Grund zu suchen, warum unsere vornehmen Geister Schumann, Schubert (bis auf einige Schlager) Liszt, Cornelius, Wörrich, Rheinberger etc. so wenig zum Wort gelangen oder sich ganz vom Männergesang abwenden.

Zu verabscheuen ist ferner jede Einseitigkeit, die sich darin zeigt, dass man ein bestimmtes Prinzip auf die Spitze treibt, sich auflehnt gegen jede Neuerung, jeden Fortschritt. Jedes Weiterbauen, jedes wirkliche Erfinden in der Kunst birgt ein Gutes in sich, mag es uns sympathisch sein oder nicht, mögen wir es als Fortschritt oder Rückschritt deuten.

Geistige Beschränktheit verrät auch die schablonenmässige Faktur der Form. Es gibt Komponisten, deren Salonstücke stets 120 Takte enthalten und 5 Seiten lang sind. Für Zuhörer, die mit musikalischem Gedächtnis begabt sind, haben derartige Schablonen schliesslich etwas Ungeniessbares, mag jede einzelne für sich auch ganz annehmbar sein. Forts. folgt.

Die den Band einleitende Abhandlung: Gedanken beim Erscheinen dieser Blätter, 1820 als Eröffnungsprogramm für die in der Christianischen Buchhandlung erschienene »Allgemeine Zeitung für Musik und Musiklitteratur« geschrieben, vollständig aber erst 1825 erschienen, gehört nicht zu Hoffmanns besten Arbeiten. Es herrscht darin ein etwas gespreizter Ton vor, eine Art von innerlich nicht wahrer Lustigkeit, wie sie sich auch in den gleichzeitigen novellistischen Arbeiten mehrfach nachweisen lässt. Doch behandelt Hoffmann einsichtig die Aufgaben einer gesunden musikalischen Kritik, und ganz vortrefflich weiss er auseinanderzusetzen, wie wahrhaft fruchtbare Beurteilungen künstlerischer Werke beschaffen sein müssen. »Zudem stelle Dir, mein Komponist, dein Werk vor als einen schönen Baum, der, aus einem kleinen Kern entsprossen, nun die blüthenreichen Aeste hoch emporstreckt in den blauen Himmel.« Nun stehen wissbegierige Leute umher und können das Wunder nicht begreifen, wie der Baum so gedeihen konnte. Da kommt aber jener verwandte Geist gegangen und vermag mittelst eines geheimnisvollen Zaubers es zu bewirken, dass die Leute in die Tiefe der Erde wie durch Krystall schauen, den Kern entdecken und sich überzeugen können, dass eben aus diesem Kern der ganze schöne Baum entspross. Ja, sie werden einsehen, dass Baum, Blatt, Blüte und Frucht so und nicht anders gestaltet und gefärbt sein konnten.« Unter den neu aufgeschlossenen Stücken ziehen natürlich die beiden Besprechungen der Pastoralsymphonie und der Phantasie vor allen Dingen unsere Aufmerksamkeit auf sich. In jener ist als der Höhepunkt die Analyse des vierten Satzes zu bezeichnen, bei dem in der feinsten Weise die zu Grunde liegenden poetischen Absichten aufgedeckt werden. Verständnisvoll weiss sich Hoffmann auch in die Phantasie zu versenken, jenen eigenartigen Vorklang der 9. Symphonie. Wenn Beethoven, wie bekannt, am Schlusse der Phantasie des zunächst rein instrumentalen Werkes die menschlichen Stimmen eintreten und durch sie der dem Ganzen zu Grunde liegenden poetischen Idee die Zunge lösen lässt, so versteht Hoffmann dieses damals ganz ungewöhnliche Verfahren vortrefflich zu rechtfertigen: »Der Künstler, seinem Gefühl überlassen, beginnt in seiner Schöpfung sich selbst erst allmählig zu ahnen und zu erkennen. Er wählt und wühlt, dahergetrieben im Meere der Töne. Allmählich konzentriert er sich auf ein Hauptgefühl, das er dem grössern Zirkel verwandter Klänge mitzuteilen strebt. Dieses Streben erweitert sich und dringt in raschem Fluge vorwärts, immer deutlicher, immer bestimmter, und gelangt endlich zur vollen Wortsprache aus klarer Selbstbeschauung. Der Genius, der erst in artikulierten Worten zum Verstande kommt, beschäftigt das Gemüt mit einer Vielseitigkeit, der es nicht entgehen kann, in der es sich verlieren und in freudiger Teilnahme selbst in Tönen sich auflösen muss.« Auch die übrigen Besprechungen, die hier zum ersten Male vorgeführt werden, bringen durchweg geistreiche, eindringende und fein abgewogene Beobachtungen. Wertvoll ist zunächst die Einleitung zu der Recension von Beethovens »Christus am Oelberg«, in der Hoffmann über Begriff des Oratoriums Klarheit zu gewinnen sucht.

Das Oratorium will nach seiner Meinung nicht eine unbekannte Begebenheit darstellen, sondern eine bekannte als Mittel gebrauchen, gewisse Empfindungen zu erregen. Daher muss der Stoff des Oratoriums einfacher und keine eigentliche Begebenheit in weitem, ausführlichem Zusammenhange, sondern vielmehr ein wichtiger, belehrender, tiefe Gefühle anregender Moment, aus der Begebenheit aufgegriffen sein. Er soll konzentrisch bearbeitet werden; das Drama hingegen eine excentrische Entwickelung von Succesionen, aus genügendem Grunde und Anfangspunkte darbieten, die sich nun in eine anschauliche Peripherie verbreitet. Man wird geneigt sein, diese Begriffsbestimmung mehr auf die passionsartigen Kantaten (etwa das Weihnachtsoratorium) anzuwenden, deren grossartigste Erzeugnisse Hoffmann allerdings unbekannt waren; für das eigentliche Oratorium kann man sie nur mit starken Einschränkungen in Anspruch nehmen.

Die beiden Einleitungen zu den Besprechungen Rombergscher Werke bieten darum ein besonderes Interesse, weil in ihnen das Verhältnis der Musik zur Dichtkunst, bezw. zur Deutschen Sprache untersucht wird. Höchst wertvoll sind gleich die Bemerkungen, die an die Frage angeknüpft werden, ob eine Komposition der Schillerschen Glocke überhaupt zu empfehlen sei. Hier, wo der Dichter ganz allein so Alles in Allem ist, dass alles Hinzukommende ein Ueberfluss scheinen muss, und selbst die rhetorische Deklamation kaum ihren Punkt und Stand zu nehmen weiss; hier, wo Musik blos Begleiterin sein soll und sich selbst ihrer Reize berauben muss, um ja nicht ihrer ernstern, strengern Schwester zu nahe zu treten, und wo es leicht ebenso unmöglich scheinen kann, dem Dichter von der einen Seite überall Genüge zu thun, als von der anderen, ihn nicht zu verdunkeln — hier werden viele denken, wäre es wohl besser, nur den Deklamator, nicht aber den Komponisten aufzurufen, um einem versammelten Publikum die Schönheiten des erhabenen Produktes fühlbarer zu machen. Denn nach ganz anderen Wirkungen strebt der Tonkünstler, ganz verschieden ist das Ziel, das ihm vorschwebt, ganz anderer Mittel muss er sich bedienen, um seine Arbeit geltend zu machen — ganz anderer als der Dichter in solchem Werk. Zur selbstständigen Kunst ausgebildet, verschmäht es die Musik, als blos treue Magd die Poesie zu begleiten wie sie wohl einst gethan. Nicht blos dienend will sie sich dem Rhythmus, dem Worte des Dichters unterwerfen. Sie fühlt die eigene Kraft, die ihr beiwohnt, die Kraft mit der sie auf das Menschenherz zu wirken fähig ist, und fordert daher von der Dichtkunst solche Ergiessungen, die in wenigen prunklosen Worten dahin fliessend, ihr einen Stoff darbieten, den sie durch ihre Macht zur vollständigsten, lebendigsten, effektvollsten Darstellung ausbildet. Nicht minder verdienen die Ausführungen über die Fähigkeit des deutschen Sprachmaterials zur Tragung der Melodie der Vergessenheit entrissen zu werden, obgleich man nicht in allen Punkten das gefällte Urteil zu teilen braucht.

Ob es aber möglich sei, sagt Hoffmann, für deutsche Gedichte die sie verlangen, eine ebenso sanfte, schmelzende Cantilena zu finden, als die Italiener sie für die ihrigen gefunden, möchte jetzt nicht zur Unzeit gefragt sein. Denn dass die Sprache, dass das Wort sie bestimmt, sie beschränkt oder begünstigt, ist keinem Zweifel unterworfen. Eine Melodie, eine Cantilena kann nicht von Wirkung sein, wenn sie auch nur in geringstem Masse die Silben unnatürlich verändert, wenn sie nicht genau, grammatisch und rednerisch, den Satz darstellt — wenn man auch von dem inneren Geist, den sie allein ausdrücken kann, noch nicht sprechen will, da es sich, was diesen betrifft, ohnehin versteht . . . Der Italiener zählt seine Silben nur, der Deutsche misst sie und muss es thun. Welchen mächtigen Unterschied muss nicht schon dieser Umstand in der Cantilena beider Sprachen hervorbringen? Von einem Schwarm Artikel, Hilfswörter und Bindungen wie von einem Fischbeinrock umgeben, schreitet unsere Sprache mühsam einher, ohne noch die Menge harter Mitlauter in Erwähnung zu bringen, die dem Sänger so grosse Hindernisse schaffen. Zwar harmonische Dichter wissen diese Anstösse zu vermeiden, wenigstens zu mässigen; aber was haben musikalische Dichter je gethan, was thun sie noch, um jenes Geschlepp so viel wie möglich von sich zu werfen? Wie soll man es überhaupt anfangen, um diese Kürze, dieses Ebenmass zu erreichen, worin allein eine schön gefühlte, richtig ausgesprochene Cantilena in Anmut sich zeigen kann? Man sehe nur die nächste Arie aus »Metastasio«: welche Rundung, welche Bestimmtheit des Ausdrucks! Wie wenige Hilfs-, wie seltene Bindewörter, wie wenig Worte, wie viele Ideen! Bei alle dem unverkennbar Preiswürdigen, was für die höhere Ausbildung unserer Sprache gethan worden: was ist denn geschehen, sie mehr musikalisch zu machen?

Nur in aller Kürze möge noch einiges über Art der Herausgabe gesagt werden. Ihre Ausführung zeigt, dass der Herausgeber überall mit grösster Sorgfalt vorgegangen ist und erst nach langer Ueberlegung seine Entscheidung getroffen hat. Im Einzelnen kann man allerdings verschiedener Meinung sein. Wenn die Einleitung zu der Besprechung der C-moll-Symphonie nicht nach der Allg. Musikzeitung, sondern nach den »Phantasiestücken in Callots Manier« gegeben wird, so ist das nur zu billigen, denn in der zweiten Fassung sind die in der Recension niedergelegten Gedanken viel klarer, eindringlicher und schöner gefasst; sie haben durch die für ein nicht ausschliesslich musikverständiges Publikum bestimmte Umarbeitung entschieden gewonnen. Weniger kann ich mich damit einverstanden erklären, wenn die Besprechung der C-dur-Messe durch das Stück aus den Serapionsbrüdern eingeleitet wird, für das Hoffmann nachher die Recension mit starken Umänderungen benutzt hat; hier würde wegen der völligen Ungleichheit des Tones die spätere Einkleidung besser weggeblieben sein. An sich bin ich mit dem Herausgeber völlig darin einverstanden, dass es ein Interesse hat, zu zeigen, wie die kritische Thätigkeit wieder dichterische Verwendung findet; allein es wäre wohl zweckmässiger gewesen, die Worte aus den Serapionsbrüdern aus dem Texte in eine Anmerkung zu verweisen. Die abgedruckten Stücke aus den Gesammtausgaben dürfen ja freilich bei einer Ausgabe, die den Musikschriftsteller Hoffmann vorführen will, nicht fehlen; doch würde ich ein Stück wie die »Nachricht von einem gebildeten jungen Manne« nicht mit aufgenommen haben, da die Musik darin nicht eigentlich im Mittelpunkte steht.

Mosel-Saar-Nahe-Sängerbund.

Einladung zur Delegiertenversammlung in Birkenfeld am 22. März 1903 im Saale der Wittwe Supp, 11 Uhr vormittags.

Tagesordnung:

1. Bericht über das verflossene Vereinsjahr.
   (Delegiertenversammlung Mettlach),
   (Gesangwettstreit Bernkastel).
2. Kassenbericht.
3. Ergänzung resp. Neuwahl des Vorstandes.
4. Referat des Herrn Lehrers Molter, Oberstein.
   „Was bietet uns der Verband“.
5. Einführung einer Verbandssterbekasse.
6. Beschlussfassung über eingelaufene Anträge.

Um zahlreichen Besuch bittet: Der Vorstand.

Rheinhessischer Sängerbund.

Wörrstadt rüstet eifrig zum 1. Bundesfest des „Rheinh. Sängerbundes“ am 28. Juni d. J. — Ueber 800 Sänger haben Beteiligung beim Wettsingen und an den beiden Massenchören: „Brüder reicht die Hand zum Bunde“, von Mozart und „Wohin mit der Freud'“ von Silcher zugesagt und stehen noch verschiedene Vereine aus, deren Anmeldung alsbald zu erwarten ist. Diejenigen Bundesvereine, welche mit Einsendung der Stammrolle im Rückstand sind, werden nochmals darum ersucht und gebeten, die diesbezügliche Mitteilung in voriger Nummer unseres Bundesorgans zu beachten. — Zwecks Einteilung der Bundesvereine in Klassen beim Wettsingen in Wörrstadt wird wohl eine Delegiertenversammlung erforderlich sein und wird um hierauf bezügliche Rückäusserung der Vereine und um geeignete Vorschläge gebeten.

Mit Sängergruss Kochhafen, 1. Vorsitzender.

Ober-Saulheim, 20. Februar 1903.

Neue Werke für Frauenchor.

st. C. H. Döring, op. 238. 1. Nimm ein Schlüsselein —.40 —,15
st. 2. Begegnung . . . . —.40 —.15
st. 3. Wach auf, mein Herz . . . . —.40 —,15

(Verlag L. Hoffarth, Dresden.)

Robert Fuchs, op. 67. Zwei 3st. Gesänge mit Violine, Viola und Klav.
msch. 1. Gestillte Sehnsucht . . . . 3,50 —,60
msch. 1. Frühlingsdämmerung . . . . 3,50 —,50
do. op. 69. Acht Lieder für 4 st. Fr.-Ch. a capp. 1. Heimkehr. 2. Weit hinaus. 3. Der öde Garten. 4. Wenn du ein Vöglein fängst. 5. Es geht ein wunderbares Leben. 6. Herzeleide. 7. Verlust. 8. Und bild dir keine Narrheit ein . . . je —,80 —,80

(Verlag von Ad. Robitschek, Wien.)

msch. **Franz Liszt** „Saatengrün" . . . . —,60 —,15
Von dem frischen Liedchen existiert auch eine Ausgabe für M.-Ch. (Verlag von C. F. Kahnt Nachf., Leipzig.)
Wilh. Rischbieter. Zwei Canons für 3 Sopranstimmen und Pforte. 1. Saatengrün . . . . 1,50 —,20
2. Es ist kein hoher Berg . . . . 1,50 —,20

(Verlag von Joh. André, Offenbach.)

Es ist nicht ohne Interesse, das Liszt'sche „Saatengrün" mit der Komposition Rischbieters zu vergleichen. Meines Erachtens verdient letztere den Vorzug.

Neue Sologesänge.

In neuer Auflage im Dreililien-Verlag, Berlin sind erschienen. **Ausgewählte Lieder von Johann Rudolph Zumsteeg.** (1760-1802) eingeleitet und herausgegeben von Ludwig Landshoff

Die Herausgabe darf begrüsst werden, nicht allein vom historischen Standpunkte, denn unter den Liedern des vergessenen, einst gefeierten Komponisten befinden sich manche Perlen.

Verlag von Breitkopf & Härtel, Leipzig.

Fritz Barkart. 5 Lieder f. m. St. Leichter Sinn. Sehnsucht. Wächterruf. Märzenwind. Abend will es werden. kpl. Mk. 3.—
Hugo Kaun. op. 25 IV. Roter Mohn . . . . Mk. 1.—
Fritz Koegel. 12 Kinderlieder für eine Singst. mit Klav. Mk. 3.—
Karl Perfall. Zehn Lieder in dichterischem Zusammenhang. Heft I. II je . . . . Mk. 3,—

Eine eigenartige, von tiefer Glut durchhauchte Sprache redet Hugo Kaun. Die verhaltene Leidenschaft der Worte ist meisterhaft in Töne umgesetzt.

Ganz reizend sind die 12 Kinderlieder von Koegel. Eigentlich ist nur der Text für Kinder, die Musik ist sehr pikant und nichts weniger als kindlich gehalten. Sängerinnen, denen das Neckische zusagt, werden im Konzertsaal vielen Erfolg mit den Liedchen ernten. K. Perfall scheint noch ein jugendlicher Stürmer zu sein, die Melodik hat hier und da etwas Ueberschäumendes. Die Werke bieten sämtlich dem Sangeskundigen manches Hochinteressante und sind daher bestens zu empfehlen.

Genesung.

H. Schiffler.

Lass sanft die Hand
Mir übers Antlitz gleiten,
Morgenkühle!
Mir brennt vom Weh,
Vom heissen, Aug' und Stirn
Und hart die Pulse
In den Schläfen hämmern —,
Wie doch so lind
Dein Odem mich umweht!
Hab Dank! — — —
Zu neuem Fluge
Fühl' ich kühn sich breiten
Der Seele Schwingen
Und Mut und Hoffnung,
Trauter Schwestern zwei,
Im bangen Herzen
Frohe Einkehr halten.
— Frau Klage, scheltet nur
Und duckt euch scheu am Boden;
Ich mag euch länger nicht.
Zieht hin zum Walde; —
Vielleicht, dass dort
Ihr bess're Herberg findet.
— Sieh, wie der Nebel Geisterheer
Auf flücht'gem Fuss
Zur reinern Höh' enteilt
Und warm
Des Felsens kalte Brust
Der Sonne Frühstrahl küsst.
Der taubenetzten Halme reiche Schar
Reckt kühn
Zum Aetherblau
Das goldumfloss'ne Haupt.
Von tausend Kerzen strahlt
Des Berges Krone
Und hell und rein
Durch alle Fernen tönt
Das Siegeslied
Des jungen Tags.

Dieser Nummer liegt ein Prospekt der Firmen E. Eulenburgs Verlag-Leipzig (Deutsche Eiche) und J. Günther, Verlag-Dresden bei, welche wir der Aufmerksamkeit unserer Leser empfehlen.

Der Sänger.

Amtliches Organ des westdeutschen Sängerverbandes.

Das Volkslied ist die
Unsterblichkeit der Musik.
Marx.

Verbunden werden auch
die Schwachen mächtig.
Schiller.

26. Febr. 1903. | Vorsitzender: Lehrer A. Gau, Hilden bei Düsseldorf. | Nr. 5.

Redaktion u. Verlag: H. vom Ende, Köln a. Rhein, Ecke Bismarckstrasse 25.

Bekanntmachung.

Westdeutscher Sängerverband.

Ausserordentliche Generalversammlung Sonntag, den 8. März d. J., nachmitt. $3^{1}/_{2}$ Uhr im weissen Saale der Stadthalle zu Elberfeld, Bahnhofstrasse.

Tagesordnung

1. Bericht des Vorsitzenden.
2. Beratung und Annahme des neuen Verbandsstatuts.
3. Verbandsvorstandswahl.
4. Beschlussfassung über das diesjährige Verbandsfest.
5. Verschiedenes.

Nach der Generalversammlung ($^{1}/_{2}$6 Uhr) wird ein Konzert statthaben unter gütiger Mitwirkung der Rheinischen Volksliedertafel u. des Männergesangvereins „Helvetia“-Elberfeld. Herr Gau wird einen Vortrag halten über „Pflege des Volksliedes“ im Westdeutschen Sängerverbande.

Der Wichtigkeit der Tagesordnung wegen ist es unbedingt erforderlich, dass alle angeschlossenen Vereine und persönlichen Mitglieder an dieser Generalversammlung teilnehmen, zumal nachher auch noch genussreiche Stunden in Aussicht stehen.

Zur Legitimation wird den Mitgliedern eine Karte zugehen, welche zum Eintritt berechtigt.

Freunde und Gönner unserer Sache sind herzlich willkommen; es wird von Gästen ein geringes Entgeld erhoben zum besten der Verbandskasse. Zahlung der Beiträge kann daselbst erfolgen an den Bundeskassierer Herrn Kaufmann Hugo Frettlöhr, Elberfeld.

Bereits konstituierte Bezirksvereine können sich mitvertreten lassen und haben die Stimmen ihrer Vereine.

Die zeitigen Mitglieder des Verbandsvorstandes werden gebeten, um $2^{1}/_{2}$ Uhr anwesend zu sein, also eine Stunde früher.

Auf! Sangesbrüder und Verbandsgenossen, kommt alle nach Elberfeld, damit unsere herrliche, schöne Sache keinen Stillstand erleide, sondern dass sie immer mehr wachse, blühe und gedeihe.

Der Vorstand:
N. d.
A. Gau-Hilden, Vorsitzender.
H. Benewitz-Bochum,
geschäftsführender Vorsitzender.

Bochum, den 22. Februar 1903. Heute fand im Lokale des Herrn Brencken, Bochum, eine ausserordentliche Versammlung des Bochumer Bezirksvereins statt. Die angeschlossenen Vereine waren zahlreich erschienen; ausserdem die Vertreter des Männergesangvereins „Sängerbund“, Schalke, sowie Konkordia,-Bismarck, welche sich dem Bezirksverein anschlossen. Der Vorsitzende, Herr Rektor Grosse-Weischeide eröffnete und leitete die Versammlung. Herr Benewitz gab sodann einen kurzen Bericht über den augenblicklichen Stand der Sache und hiess die beiden Vereine herzlich willkommen. Als Vertreter für die am 8. März cr. in Elberfeld stattbabende Generalversammlung des Verbandes werden aus allen Vereinen Herren freiwillig hingehen. Nachdem die Beiträge für das laufende Jahr einkassiert, wurde zu der wiederholt in hiesigen Tagesblättern vom Männergesangverein „Iduna“-Bärendorf veröffentlichten Notiz, wonach derselbe seinen diesen Sommer gelegentlich des 10. Stiftungsfestes stattbabenden Gesangwettstreit nach den Prinzipien des Westdeutschen Sängerverbandes zu arrangieren gedenkt, Stellung genommen und folgende Resolution einstimmig angenommen:

„Der Westdeutsche Sängerverband steht mit dem Männergesangverein „Iduna“-Bärendorf, welcher mit seinem 10. Stiftungsfest einen Gesangwettstreit verbindet, in keiner Beziehung. Die von dem Westdeutschen Sängerverbande aufgestellten Grundsätze werden von dem genannten Vereine nicht befolgt, da die Satzungen bestimmen, dass ein Verein nur gelegentlich einer 25jährigen bezw. 50jährigen Jubelfeier einen Wettstreit veranstalten darf.

Der Westdeutsche Sängerverband bedauert ausserordentlich die immer grösser werdende Wettstreitsucht und richtet daher an alle gleichgesinnten Vereine die herzliche Bitte, zum Anschluss an den Westdeutschen Sängerverband, da durch dessen Organisation den Auswüchsen unseres Gesangvereinswesens energisch begegnet werden kann.“

Ferner wurde beschlossen, in diesem Sommer ein Bezirksfest zu feiern, welches „Preziosa“-Bochum — Ehrenfeld in Verbindung mit seinem Stiftungsfest veranstalten wird und an welchem alle Bezirksvereine teilzunehmen haben.

Der Gesangverein der Firma Koppel steht unseren Bestrebungen sympathisch gegenüber und versprach der anwesende Vorsitzende nach besten Kräften den Verein zum Beitritt zu bewegen.

Hierauf wurde die anregende Versammlung geschlossen.

Neuangeschlossen an den Verband:
Männergesangverein „Sängerbund“ Bocholt i. W.

Mit frdl. Gruss
H. Benewitz.

Verschiedenes.

Aufführungssteuer.

Die „Anstalt für musikalisches Aufführungsrecht“ ist von Fr. Rösch, Ph. Rüfer, Lincke, Eilenberg, Ludolf Waldmann und Gen. am 14. Januar gegründet worden. Zweck der Anstalt ist: Musikalische Aufführungsrechte für die Berechtigten zu verwerten und unberechtigte Aufführungen zu verfolgen. Vertretung und Oberleitung liegt in den Händen des Vorstandes der Genossenschaft deutscher Komponisten.

Ausser der Zentralgeschäftsstelle in Berlin wird die Anstalt noch einen Agentendienst einrichten, dessen Umfang durch die örtlichen Verhältnisse bestimmt wird. Die Tätigkeit der Agenten wird sich insbesondere erstrecken auf die Ermittelung von Gebührenpflichtigen und die Einleitung von Verträgen mit solchen, auf die Einsammlung und Prüfung der Programme, auf die Ueberwachung der Aufführungen u. s. w. Die Anstalt wird mit den Gebührenpflichtigen der Hauptsache nach nur pauschale Verträge abschliessen. Der Ertrag aus den Aufführungen eines einzelnen Werkes soll in der Weise verteilt werden, dass der Anteil der Komponisten $^{3}/_{4}$, derjenige der Verleger $^{1}/_{4}$ beträgt.

Die Gebührenpflichtigen werden der Anstalt gegenüber vertragsmässig verpflichtet:

1. Die Werke angemessen aufzuführen und gegebenenfalls den für die erste Aufführung eines Werkes vorgeschriebenen Anweisungen nachzukommen.
2. Bei den Aufführungen nur rechtmässig erworbenes Notenmaterial zu benutzen.

3. Der Anstalt die zur Aufführung gebrachten Werke genau anzuzeigen.

4. Die vereinbarte Aufführungsgebühr zu entrichten.

Die Angelegenheit beansprucht natürlich das lebhafte Interesse aller musikalischen Kreise, soweit sie öffentliche Aufführungen neuerer Werke veranstalten; die Ansichten über die Zweckmässigkeit dieses einseitigen Vorgehens der Genossenschaft deutscher Komponisten sind aber vorderhand noch sehr geteilt. Die Verleger sind z. T. überhaupt gegen jede Besteuerung der Aufführungen, z. T. für eine Regelung, welche auch auf ihre berechtigten Interessen Rücksicht nimmt. Nur eine Anzahl in Berlin ansässiger Verleger glaubt aus für Uneingeweihte nicht erklärlichen Gründen den Fusstritt geduldig hinnehmen zu müssen, den eine kleine Anzahl mehr oder weniger bekannter Komponisten ihren bisherigen Mitarbeitern versetzt.

Vom künstlerischen Standpunkt aus bekommt die Sache einen geradezu banausischen Anstrich, wenn man bedenkt, dass der Hauptraub den Unterbrettlmusik-Fabrikanten Lincke, Eilenberg, L. Waldmann u. Gen. anheimfällt, wozu sich noch einige beliebte Tondichter, wie Rich. Strauss, gesellen, deren Werke von den Verlegern geradezu unglaublich hoch honoriert werden müssen.

Der evangelische Kirchengesangverein für Deutschland hat seinen Ehrenpräsidenten und tatkräftigen Förderer, Geh. Staatsrat **Ludwig Hallwachs** durch den Tod verloren.

Georg Vierlings vornehmstes grosses Werk „**Raub der Sabinerinnen**“, Text von Arthur Fitger, wird demnächst in Prenzlau zum wiederholten Male aufgeführt.

Dr. Wilh. Niessen in Münster i. W. ist zum Lektor der Musik an der dortigen Universität ernannt worden.

Die **Jugendkonzerte** finden Anklang. In Berlin findet am 6. März ein Fest zur **Förderung der Jugendkonzerte** statt, Vorsitzende des zu diesem Zwecke gebildeten Komitees ist Frau Minister Dr. Studt. In Hannover haben bereits 9 Jugendkonzerte, arrangiert von Frl. Mary Wurm, stattgefunden.

In **Strassburg i. E.** hat der dortige Männergesangverein sein neues stattliches Vereinshaus am 1. u. 2. Februar eingeweiht. Der Bau entspricht allen künstlerischen und praktischen Anforderungen vollkommen, namentlich wird die vorzügliche Akustik des Konzertsaales hervorgehoben.

Der **Cäcilien-Verein Dudenhofen** (Musikmeister Hartard) feierte sein 49. Stiftungsfest. Zur Aufführung gelangten im Festkonzerte die Männerchöre. Edw. Schultz: das treue Mutterherz. Loy: Sag mir, warum. Kuhn: Das Scheiden. Angerer: Wir Drei. Mendelssohn: Der Jäger Abschied. Ayslinger: Wonneleben am Rhein.

Die von Musikdirektor C. Steinhauer in **Oberhausen** eingeführten Volksunterhaltungsabende erfreuen sich steigender Beliebtheit. Die Vorträge der am letzten Abend tätig gewesenen Instrumentalvereinigung haben so sehr gefallen, dass sich aus der Vereinigung nunmehr ein fester **Instrumentalverein** gebildet hat, welcher auch öffentliche Orchesterkonzerte zu veranstalten gedenkt.

Deutschlands Trost.

Ein knurriger Sangesbruder schickt mir folgendes „geharnischte“ Epigramm:

„Es sind viel Lieder erklungen
Im schönen Deutschen Land,
Doch werden sie nimmer gesungen,
Verliefen wie Wasser im Sand.
Doch, wo immer Notenfeger
Dichten auch noch so kraus,
Es kommen frische Verleger,
Die geben den Blödsinn heraus.“

Ganz so schlimm ist es nun doch nicht, denn so wertlos ist schliesslich doch keine einzige Männerchorkomposition, dass man nicht wenigstens eine schmackhafte Wurst oder guten alten Käse hineinwickeln könnte. Die Red.

Briefkasten.

H. A. in W. Der Verein Iduna in Bärendorf gehört nicht dem Verbande an, kann daher auch keinen „Verbandswettstreit“ zur Feier seines 10jährigen Bestehens inszenieren. Er will lediglich einen Wettstreit **ohne** Geldpreise veranstalten und veröffentlicht daraufhin: „Wettstreit nach den Grundsätzen des Westdeutschen Sängerverbandes“. Es kann ja natürlich dem Verbande nur lieb sein, wenn seine Grundsätze weitere Anerkennung und Verbreitung finden, aber dann heisst es doch scharf aufpassen, ob auch wirklich die vom Verbande festgesetzte Wettstreitordnung vollkommen durchgeführt wird. Ist das nicht der Fall so dürfte eine derartige Veröffentlichung eines fremden Vereins nur dazu dienen, **falsche** Ansichten über unsere Grundsätze zu verbreiten.

Neid und Missgunst, die steten Begleiter der Männergesangwettstreite, sind wieder fleissig an der Arbeit. Ein Leipziger Prof. M. K. scheut sich nicht, ungereimte Lügen zu veröffentlichen, um dem Kölner Männergesangverein eins anzuhängen. So soll dieser mit 250 Sängern in Kassel gestanden haben (es waren 192), er soll im Choral von Leuthen einen ganzen Ton gestiegen sein u. s. w. Die in Bochum erscheinende Westfälische Volkszeitung veröffentlicht die Expektoration eines Neidings, der sich darüber ärgert, dass dem Kölner Männergesangverein der eingereichte Chor von Brambach „Meeresstille und glückliche Fahrt“, sofort genehmigt, während anderen Vereinen derselbe Chor zurückgeschickt wurde. In der gehässigsten Weise wird dann der Vermutung Raum gegeben, die Kommission protegiere den Kölner Verein und suche ihm den Preis von vornherein zu sichern. Der Kölner Männergesangverein war schon einmal in der Lage, sich gegen solche Nadelstiche wehren zu müssen (es war um 1850, als er überall, wo er auftrat, mit dem ersten Preis gekrönt wurde), er tat es damals in vornehmer Weise, indem er erklärte, niemals mehr einen Wettstreit besuchen zu wollen. Wenn der Beschluss diesmal aus Rücksicht auf S. Majestät den Kaiser, den Protektor des Vereins, nicht innegehalten werden konnte, so ist das kein Grund, durch Verläumdungen und unwahre Berichte den Verein zu schädigen und wir werden nicht verfehlen, derartige Versuche, wo sie immer erscheinen mögen, gebührend an den Pranger zu stellen. Unsere Leser wissen, dass wir kein Mittel unversucht lassen, die Wettstreite von dem Unflat, der daran hängt, zu reinigen, dabei bleibt's.

Die Berliner Kommission veröffentlicht mit Bezug auf den Artikel der Westfälischen Volkszeitung folgende Erklärung:

„Der Kölner Männergesangverein hat den Chor „Meeresstille und glückliche Fahrt“ zuerst eingereicht, und da er den aufgestellten Grundsätzen entsprach, wurde seine Wahl genehmigt.

Derselbe Chor wurde später auch noch von dem Essener Männergesangverein Concordia und dem Aachener Männergesangverein Concordia eingesandt. Dem ersten Vereine wurde er auch zu singen gestattet, während dem Aachener Vereine der gleichzeitig eingesandte Chor „Sonnenaufgang“, ebenfalls von Brambach, genehmigt wurde. Ueberhaupt wurde ein sonst zugelassener Chor nur aus Rücksicht auf ein möglichst mannigfaltig zu gestaltendes Programm, und nur solchen Vereinen zurückgeschickt, die mit diesem noch andere Chöre zur Auswahl eingeschickt hatten.

Die Schwierigkeit der Chöre ist bei dem ersten Gesangwettstreit in Kassel nach der schriftlichen Erklärung*) eines der damaligen Herren Preisrichter **nicht** besonders bewertet worden. Für den Frankfurter Wettstreit **wird die Kommission dahin wirken, dass eine solche Bewertung jedenfalls ausgeschlossen bleibt.**“

*) Diese schriftliche Erklärung deckt sich keineswegs mit den gleich nach dem Kasseler Wettstreite veröffentlichten Mitteilungen eines anderen Preisrichters, der ziffernmässig nachwies, dass eine Bewertung, und noch dazu eine sehr anfechtbare, der Schwierigkeit der selbstgewählten Preischöre stattgefunden hat.
Die Red.

Aus dem Repertoire hervorragender Männergesangvereine.

Chorwerke mit Begleitung.

Köln. M.-G.-V. (Fr. Steinbach). Brahms Rhapsodie. (Ernestine Schumann Heink). **Elberfeld.** Konz.-Ges. (H. Haym). Hans Pfitzner »Her Oluf« für Baritonsolo, M.-Ch. und Orch. (Solo von Mildt). **Basel** Lt. (Herm. Suter). Fr. Schubert »Hymnus«. Gustav Weber »Das freie Schicksal«. Hans Huber »Caenis« für M.-Ch. und Altsolo. S. v. Hausegger »Schmied Schmerz«, »Neuwahllied«. **Frankenthal.** Lkr. (Jul. Schmitt). Heinr. Zöllner »Columbus«. (Sol.: H. Keller, Joh. Dietz, H. Rüdiger). **Gumbinnen.** Lt. (Meyer-Stolzenau), Becker »Weihegesang«. Tschirch »Sängerfahrt auf dem Rhein« (75. Jubiläum). **Stuttgart.** Lkr. (W. Förstler). M. Bruch »Normannenzug«. Plüddemann »Schwedengrab«. Attenhofer »Völkerfreiheit«. Fr. Schubert »Gondelfahrer«. **Magdeburg.** Lehrergesangverein (Prof. G. Schaper). F. Woyrsch, »Deutscher Heer-

inninger »Siegeslied
ra. Arion u. Lehrer-
or der Winzer«. W.
J. B. Zerlett), Gold-
Espingo«. W. Kienzel
nann), Liszt »Faust-
Reubke) F. Woyrsch
hrergesangverein (C.
ches Fest» mit Orch.
Plauen im Voigtl.
neid »Hermann der

achsen.

dem Leipziger Tage-
und zwar 2 in Leip-
Freiberg, Glauchau,
., Meissen, Mittweida,
, Radeberg und Um-
teste ist der Lehrer-
felder Lehrergesang-
1875 die Gründung
-vereins unter Bern-
achtziger Jahre ins
ger Jahre. Die Mit-
wischen 37 und 700;
267. Die stärksten
in den Grossstädten
und 415 Mitgliedern.
Mit Ausnahme des
reine Männerchöre.
ereinen Leipzig-Ost
senabteilungen. Die
eipzig und Chemnitz
Zittau und Zwickau
und in Dresden F.

capp.

us dem 14.—17. Jhr,
, Leipzig). Partitur

sellet. Die Linde im
ein Jägers Morgen-
el. Muskatellerlied.
ung eines Fahrenden.

s Lucke in unserer
eser Lieder schon
lieder besitzen wir
auch der Satz zeugt
ebers.

zig.

n Blümelein . 1.20
das Blümchen 1.20
. . . . . . 1.20
cht ist in 42. Auflage

ttgart.

bundes . . . 1.20
. . . . . 1.20

ttgart.

enkind . . . 1,—
Volkston)
m Volkston) . 1.—
. . . . 1,—
. . . . 1.—
in diesen Liedchen

desberg.

. . . . —.80
ar das dramatische

Leipzig.

l 1.50
wirkungsvolle Steige-

Verlag von Zweifel-Weber, St. Gallen.

msch. **Gottfried Angerer.** Vereint! „Ein Bursche sollte hinaus" 1.80
msch. Des Sängers Lenzlied 1,80
msch. Thymian duftet am Raine . . 1,60
msch. **C. Attenhofer.** Frühling am Rhein 1.60
F. Brüschweiler, op. 25. Acht neue Lieder.
msch. 2. Die Zeit geht schnell 2,60
msch. 7. Studentenfahrt 2,80
msch. 8. Seemanns Abschied 2.80
gsch. **Franz Curti.** Hoch empor! 2,80
msch. do. Hoffe Herz! 1,80
msch. **B. Wiesner,** op. 35 I. Gesellen-Wanderlied 1,50
gsch. do. op. 44 O. Zeiten holder Jugendlust! 3,30

Besonders aufmerksam möchte ich machen auf die Chöre von F. Brüschweiler op. 25; sie zeichnen sich aus durch reiche Mannigfaltigkeit in Harmonik und Rhythmik. Auch Wiesners op. 44 ist empfehlenswert, namentlich für Gesangwettstreite.

Gemischte Chöre mit Begleitung.

Hamm i. W. Musik-V. (P. Seyst), M. Bruch »Lied von der Glocke« (Sol.: Minnie Nast, Max Büttner, Elis. Schenk). **Dortmund.** M.-V. (Jul. Janssen), Rich. Strauss »Wanderers Sturmlied«. **München-Gladbach.** St. G.-V. (H. Gelbke), P. Cornelius »Barbier von Bagdad«. **Leipzig.** Riedelverein (Göhler). Händel Chrysander »Debora«. (Frl. Kath. Rösing, L. Geller-Wolter, Willy Rössel). **Minden.** M.-G. (W. Frank), Humperdinck »Glück von Edenhall«. **Oberhausen.** St. M.-G. (C. Steinhauer), Fr. Schubert »Mirjams Siegesgesang«. Jul. Tausch »Germanenzug«. **Frankfurt a. M.** Rühlscher G.-V. (B. Scholz) Beethoven »Missa solemnis« (Sol.: Meta Geyer, Muriel Forster, Ley Vernon, Dr. Fel. Kraus). **Mannheim.** M. V. (Ferd. Langer). Enrico Bossi »Canticum, Canticorum« (Dina v. d. Vyver, Joachim Kromer.) **Neumünster.** M.-V. (Delfs), A. Thierfelder »Frau Holde«. **Freiburg.** M.-G. (A. Adam), Alex. Adam »Jos. Fritz« für Soli, Chor und Orch. (Sol.: Joh. Dietz, G. Keller, C. Weidt). **Barmen.** Städt. G.-V. (R. Stronck), Mendelssohn »Loreley-Finale«. E. Bossi »Canticum Canticorum«. **Hannover.** Musikak. (Jos. Frischen). Jos. Frischen »Grenzen der Menschheit«. Schumann »Paradies und Peri«. **Krefeld.** Konz.-Ges. (Th. Müller-Reuter). Schumann »Manfred« (Dr. L. Wüllner). **Liegnitz.** Sing-Akademie (Konrad Schulz), Gluck »Orpheus«. (Sol.: Frau Geller-Wolter, Frl. Nel. Dietel, Gertr. Langbein) **Wien.** Ges. der Musikfr. (R. von Perger). Brahms »Nänie«. Anton Bruckner »Gr. Messe in F.-moll«. **Barmen.** St. G.-V. (Stronck), Weber »Euryanthe«. (Sol.: Cäcilie Rüsche, Ida Krzyzanowsky-Doxat, Kurt Sommer, R. Breitenfeld). **Bremen.** Philharm. Chor (K. Panzner). Anton Bruckner »Te Deum«. Rob. Schumann »Manfred« (Wüllner). **Wien** und **Zürich.** (Volkm. Andreae). Wolfrum »Ein Weihnachtsmysterium«. **Kirchen** Lkr. (H. Dörlemann), Ludwig **Meinardus** »Frau Hitt«. (Sol.: Ther. Hattingen, Alt: S. Mailing). Mendelssohn »Loreley-Finale«. **Uerdingen.** Singverein (Dir. Jak. Sonnen), Haydn »Schöpfung«. Dem Verein und den Solisten (Frl. M. Beines, Franz Schwengers, Franz Mees) wurde reicher Beifall gespendet; die Chöre wurden frisch und mit grosser Begeisterung gesungen. Das Hauptverdienst des Abends muss entschieden dem Dirigenten zugesprochen werden, der mit unermüdlichem Eifer die Chöre vorbereitet hatte und die Aufführung mit Verständnis, Geschick und Sicherheit leitete. **Aachen.** St. G.-V. (E. Schwickerath). Beethoven »Ruinen von Athen«. **Berlin.** Sing-Akad. (G. Schumann). Händel-Samson (K. Sommer, Eugen Hildach, Al. Heinemann, Ther. Behr, Marie Berg). **Düsseldorf.** Städt. M.-V. (J. Buths). Rich. Strauss »Wanderers Sturmlied«. **Düsseldorf.** G.-V. (Dr. F. L. Limbert), »Josua und Othniel« von Händel-Chrysander. **Wien.** Ges. der Musikfreunde (von Perger), Rich. Strauss »Wanderers Sturmlied«.

Neue Bücher.

„Ich liebe dich!" Gedichte von Alfred Bichler, (Heidelberg. Verlag von J. Horning). Geb. Mk. 1.—.

Ein Büchlein für Liebende und Geliebte, so ihre Gefühle gern tonaliter zum Ausdruck bringen möchten und nach geeigneten Textunterlagen suchen.

„Heimatkunst". Neue Lieder und Elegien von Eduard Paulus. (Stuttgart, Cottas Nachfolger). Preis Mk. 1.—.

Hier spricht ein Berufener zu uns; Komponisten werden manch fein empfundenes Seelengemälde finden. Z. B.:

Das stille Tal.

Du stilles Tal, wo ich die ersten Tränen
Dereinst geweint am grünen Waldeshang,
Wo mir der Jugend erstes süsses Sehnen
Wie Frühlingsleuchten in die Seele drang!

Ich finde dich nach vielen Jahren wieder,
Der Kampf des Lebens und der Liebe schied,
Noch bebt der Hochwald seine Riesenlieder,
Noch rauscht der Bach sein altes Schlummerlied.

Noch blüht am Rain die blaue Skabiose,
Die Doldenblume auf dem Wiesenplan,
Noch flimmert mich die zarte Herbstzeitlose
Mit ihren hellen Kinderaugen an.

Der Winter naht, und bald wird sich vollenden
Mein Pilgerlauf im stillsten stillen Tal. —
Urewger Gott, o gib aus deinen Händen
Mir deines Lichtes einen Sonnenstrahl!

Die Braut.

Aus deinem Auge quellen Die Tränen süss und rein, Das Herz mir zu erhellen, Wie lichter Edelwein.	Und Liebesworte dringen Aus deinem Rosenmund, Wie wenn die Glocken klingen Im tiefsten Meeresgrund.

Karl Steinhauer. „Meine Göttin" (Goethe) für Sopran-Solo, gemischten Chor und Orchester. Die Schweizer-Musikztg. schreibt über dieses Werk:

Das Konzertwerk „Meine Göttin" für Sopran-Solo, gemischten Chor und Orchester von Karl Steinhauer (op. 59) empfiehlt sich durch klaren Vokalsatz und schöne Klangwirkung. Ein erhebender und fortreissender Zug geht durch diese Komposition, die man getrost zu den wertvollsten Erscheinungen auf chorischem Gebiete rechnen darf. In ihrem Aufbau gross angelegt, weist sie eine sich von Teil zu Teil mehrende Steigerung auf. Der durchaus auf modernem Boden stehende Tonsetzer hat hinlängliche Erfindungskraft, um die herrliche Goethe'sche Dichtung mit echtem tiefem Gefühl musikalisch nachzudichten und ihren Inhalt zu erschöpfen. Wie Steinhauer den homophonen wie polyphonen Satz allseitig beherrscht, so lassen auch die zahlreichen Instrumentations-Angaben des vorliegenden Klavierauszuges zur Genüge erkennen, dass der Genannte Meister der orchestralen Einkleidung ist. Die Verwendung des grossen Orchesterapparates ist keine willkürliche oder unnötige, sondern hat ihre Ursache vielmehr in der tondichterischen Idee, deren Darstellung und Verkörperung so ausgebreitete Mittel verlangt. Ueberall wird Steinhauer's reiche kräftige Melodik und vornehme Tonsprache Zustimmung und Bewunderung finden. Die Aufgaben, welche der Autor dem Chor und der Solistin stellt, sind keineswegs geringe, aber dem von schöner Begeisterung erfüllten Werke wird sicher ein bedeutender nachhaltiger Erfolg zuteil, wenn alle äusseren Bedingungen einer guten Aufführung erfüllt werden. Eugen Segnitz.

Der erzieherische Wert der Musik, von Elisabeth Simon. (Breslau, Preuss & Jünger. (Preis 1 Mk.)

Eine klar und fasslich geschriebene Abhandlung, herausgegeben zum Besten des in Breslau zu erbauenden Musiklehrerinnen-Altersheim für Schlesien und Posen. Eine Anzahl der hervorragendsten Tonkünstler haben dem Werkchen anerkennende Worte mit auf den Weg gegeben, deren getreuer Abdruck eine hübsche Bereicherung des Inhalts bilden.

Gustav Krause. Anleitung zur freien Klavierbegleitung beim Gesange und Spiele. (Carl Rühles Verlag, Leipzig.)

Das Werkchen ist für Dilettanten geschrieben und will den Klavierspieler befähigen, zu einem leichten Liede oder Instrumentalvortrag eine angemessene Klavierbegleitung zu improvisieren. Natürlich kann diese sich nur auf einfache Akkorde oder Akkordbrechungen mit geringem Stufenwechsel beziehen, der wirklich mehrstimmige Satz bleibt unberücksichtigt. Erforderlich dazu ist einige Uebung im Klavierspiel, die Kenntnis der Grundharmonien der gebräuchlichen Tonarten, ihre Verbindung zu einem Tonschlusse und endlich ein wenigstens mittelmässig begabtes musikalisches Gehör. Das Werkchen schreitet planmässig und langsam vor, bringt zahlreiche gut gewählte Beispiele und Aufgaben und dürfte bei einigem Fleisse den Schüler zum Ziele bringen.

Männerchöre mit Begleitung.

Verlag von Otto Wernthal, Berlin.

Theodor Podbertsky, op. 136. Ekkehard. Ballade für M.-Ch., Bariton- und Bass-Solo und Orch. oder Pforte. Auch für gem. Chor. Klav.-A. ℳ 3.—, Stimmen je 20 ₰.

do. op. 139. Das Lied vom Schill für M.-Ch. und Orch. Klav.-Ausz. ℳ 2.—, Stimmen je 30 ₰.

Heinrich Zöllner, op. 84. Das Lob des Herrn. (Nach Minnesänger Spervogel, 1190). „Die Würze des Waldes". Part. ℳ 1,80, Stimmen je 15 ₰.

Zwei gute Namen, welche halten, was sie versprechen. „Das Lied vom Schill" von Podbertsky schildert den Tod des Nationalhelden einfach und schlicht, in volkstümlichen Rhythmen, aber ergreifend. Es scheint mir ein altes Marschthema verwendet zu sein. Zöllners „Lob des Herrn" zeichnet sich durch ganz eigenartige harmonische Färbung aus; die markige Vertonung vertieft die psalmartige Dichtung Spervogels in würdiger Weise.

Gemischte Chöre a capp.

Hamburg. Cäcilien-Verein (Jul. Spengel), Jul. Spengel. Volkslieder: »Kimst oder kimst du nit?« »Treue Liebe«. **Leipzig.** Gewandhaus. Thomanerchor (G. Schreck). Brahms »Fahr wohl«. Gust. Schreck »Gesang der Stürme«. **Gleiwitz.** M.-V. (Rud. Kernbaum). H. Leo Hassler »Tanzliedchen«, Rudorff »Herbstlied«, »Frühlingsmarsch«. **Prag.** Dtsch. Singverein (Friedr. Hessler). A. Wolfrum »Am See«, »Bei Sonnenuntergang«, »Mondnacht«. **Hamburg.** Cäcilien-Verein (Jul. Spengel), Madrigale von John Ward »O holdes Bild«, G. Gastoldi »Amor im Nachen«. Joh. Brahms »Letztes Glück«, »Fahr wohl«. E. Rudorff »Frühlingsreiz«. »An den Mond«, »Es pirscht ein Jäger durch den Hain«. Rob. Kahn »Hoch wohnen Götter«, »Nachtlied«, »Morgengruss«, Mendelssohn-Bartholdy »Jagdlied«. **Wiesbaden.** Verein der Künstler und Kunstfreunde (W. Mühlfeld), Palestrina »Ecce, quomodo«. M. Bruch Wallisische Volkslieder. **Köln.** Konservatorium (E. Wolff), J. S. Bach »Gib dich zufrieden«, »Komm, süsser Tod«. F. Wüllner »Stabat mater«. J. L. Hasler »Ach Lieb, hier ist das Herze«. A. von Othegraven, 5 deutsche Volkslieder: »Liebeswunden«, »Anwohn«, »Ständchen«, »Verschneit«, »Die Vöglein«. **Oberhausen.** Städt. M.-V. (C. Steinhauer). Mendelssohn-B. »Die Nachtigall«, »Jagdlied«. R. Volkmann »Die Luft, so still«. J. Rheinberger »Das Mühlrad geht«, »Erstes Wanderlied«.

Kirchenchor.

Altona. K.-Ch. (Fel. Woyrsch). P. Cornelius „Jerusalem", Alb. Becker „Christus der Herr". C. Riedel, 3 altböhm. Weihnachtslieder. Joh. Brahms „O Heiland, reiss die Himmel auf". Fr. Lux Der 18. Psalm für M.-Ch. **St. Goarshausen.** (Schmidt). Fr. Abt „Gebet". O. Dienel „Vater unser". F. Flemming „Danket dem Schöpfer". **Neuwied.** Lehrer-Sem. (K. Becker). Fr. Schubert Gott der Weltenschöpfer". J. Schnabel 8. Psalm für M.-Ch. Bresslaubach 150. Psalm für M.-Ch. **Boppard.** Evang. K.-Ch. J. S. Bach „Gib dich zufrieden". Mendelssohn 42. Psalm. **Dortmund.** Reinoldikirche (Konservator. Chor unter Dir. C. Holtschneider. Wolfrum „Weihnachts-Mysterium". **Eutin.** K.-Ch. (A. Hofmeier). C. Riedel „Altböhm. Weihnachtslied", Joh. Boettcher „Die Hirten von Bethlehem". **Kreuznach.** K.-Ch. Brambach. op. 101 „Festpsalm".

Bremen. Philharm. n. Konzert unter Prof. Panzners Leitung. Das Extra Konzert bot wie immer ein besonders gut gewähltes Programm dar. Der Frauenchor trug eine Neuheit vor: Jos. Frischens „Athenischer Frühlingsreigen" für Sopran-Solo, Frauenchor, Orchester, ein anmutiges, in Schönheit strahlendes Werk, das so gefiel, dass auch der Komponist stürmisch hervorgerufen wurde.

Altona. Die Allg. Altonaer Liedertafel (Dir. J. H. Möller) brachte mit sehr grossem Erfolge den „Deutschen Heerbann" für M.-Ch. Solo und Orchester von Felix Woyrsch zur Aufführung.

Frauenchor.

Graz. Damen-G.-V. (Jos. Frischen). „Athen. Frühlingsreigen". **Weimar.** Musikschule (Müllerhartung), Jan Gall „Terzette" „Wiegenlied", „Liebe mich". **Frankfurt a. M.** Museums-Ges.-V. (G. Kogel). Hugo Wolf „Elfenlied" (Solo; Emma Rückbeil-Hiller). **Dortmund.** Musik.-V. (J. Janssen). Hugo Wolf „Elfenlied". „Der Feuerreiter". **Gleiwitz.** M.-G.-V. (Kernbaum). Schubert „Ständchen mit Alt-Solo." **Prag.** Deutscher Singverein Fr. Hessler), F. Draeseke „Psalm 23". Fr. Schubert „Ständchen." **Hamburg.** Cäcilien-Verein. (Jul. Spengel), Rob. Fuchs „Frühlingsdämmerung. **M.-Gladbach.** Cäcilia (H. Gelbke). Arn. Krug „Maikönigin". **Essen.** M.-V. (Witte), Joh. Brahms „Es tönt ein voller Harfenklang", „Komme herbei Tod"! „Der Gärtner", „Gesang auf Fingal. **Wien.** Ges. d. Musikfreunde (R. v. Perger), J. Brahms 2 Frauen-Chöre mit Harfen u. Hörnern. Rob. Fuchs „Elfen und Zwerge." **Brünn.** Ver. dtsch. Haus (O. Burkert). L. Thuille Traumsommernacht. **Tübingen.** Frauen-Chor. Jos. Frischen „Athenischer Frühlingsreigen" für Sopran, Solo, Frauen-Chor und Orchester. **Mülheim a. Rh.** St. Qu. Mus.-V. (H. Diel), Jos. Frischen „Athenischer Frühlingsreigen". **Brandenburg.** Singakademie (Dr. Wiegandt), Jos. Frischen „Athenischer Frühlingsreigen". **Dresden.** B. Schneiders Damenchor. „Rischbieter Brautlied". Franz Curti „Lenz". Theod. Kirchner „Wanderers Nachtlied". **Leipzig.** Singakademie (G. Wohlgemuth), Jos. Frischens „Athenischer Frühlingsreigen."

Anfang Februar d. J. erscheint und ist durch jede Musikalien- oder Buchhandlung zu beziehen:

Aus der Sommerfrische.

Schwank mit Gesang in einem Akt

Text und Musik von

Thomas Koschat.

Op. 129. Klavier-Partitur mit Text netto ℳ 3,—. Chorstimmen (à 30 Pfg.) ℳ 1,20. Regiebuch netto ℳ 1,—. Vollständige Partitur und Orchesterstimmen.

Dieser höchst amüsante, harmlose Schwank ist zunächst für die scenische Aufführung in Gesangvereinen bestimmt. Die Ansprüche an die Darsteller dürften überall unschwer zu erfüllen sein. Die Musik nimmt keinen breiten Raum ein. Solo- und Chorgesänge (im Ganzen 8 Nummern) sind bequem zu singen und sehr wirksam, die Begleitung fein und geschmackvoll.

Leipzig, Januar 1908.

F. E. C. Leuckart.

Ausländische Volkslieder

für Männerchor.

Schwedisch.

		Part.	St.
Denkst Du, dass ich ganz verlassen	Jüngst.	–,40,	–,40
Die Jungfrau lief zur Quelle . . .	Cursch-Bühren.	–,40,	–,60
Ja, du denkst nun wohl	Schwalm.	–,50,	1,–
Mägdlein am Spinnrad sass	Luttemann.	–,40,	–,60
Mägdlein von früh und spät . . .	Schwartz.	–,40,	–,60
Tief im Meer auf diamantnem Grunde.	Cursch-Bühren, Lindblatt.	–,30,	–,60
Viele Meilen musst' ich gehen . (Dalekarl.)	Hilpert. cplt.	2,–,	1,20

Norwegisch.

Hin zum Thale zieht der Sonne. .	Spicker.	–,30,	–,30

Dänisch.

Der kleine Mann mit dem Sack .	Hirsch.	–,40,	–,60
Gut'n Abend, gut'n Abend. (Jütländ.)	M. Spicker.	–,30,	–,30
Morgengesang	Hilpert.		

Englisch. Schottisch. Irisch.

Annie Laurie. (Schott.)	Hilpert.	–,40,	–,60
Das Mädchen dort aus der Mühle .	Jüngst.		
Der Pfeifer kam zur Stadt	Othegraven.	,50,	–,75
Hält der Mond die stille Wache. (Walisisch.) Spicker.		–,30,	–,30
In dem Blütenhain	Schwalm.	–,50,	1,–
Jung Karl der ist mein Liebling .	Neubner.	–,40,	–,60
Ob fern in der Fremde	Spicker.	–,30,	–,30
O, wann kehrst du zurück. (Der treue Johnie).	R. Wickenhauser.		
O, wehe über dich	Neubner.	–,40,	–,40
Treu und herzinniglich	Zander, Wülfing.	–,40,	–,60
Weit herrlicher dünkt sich	Baselt.	–,60,	–,60
Zu dir zieht's mich hin	Böhme. cplt.		2,25

Französisch.

Ach, Schäferin es regnet	Vogt.	–,40,	–,60
Frühsonn strahlt über die Felder .	Reinecke. }		
Gut ist frein, doch besser Wein . .	Reinecke. } cpl. n.	1.–,	1,30
Lieblichen Mägdelein	Reinecke. }		
Marlbrouk zieht hin zum Kriege .	Neubner.	–,40,	–,60
Musette liebst du mich	Spicker.	–,30,	–,30
Nach Syriens Kampfgefilde	Hilpert.		
Nein, nein, der ist nicht der rechte Mann	Reinecke. }		
Sah Gregor das rote Meer .	Reinecke. } cplt. n.	1,–.	1,30
Spricht man dir von Liebe	Reinecke. }		
Villanelle	Schwalm.	–,50,	1,–

Spanisch.

Lauf, lauf mein prächtiges Pferdchen	Neubner	–,60,	–,60
Der Maultiertreiber	Hilpert. cpl.	2.–,	1,20

Italienisch.

Der Pifferari	Schwalm.	–,50,	1,–
Du schönes Mädchen mit den blonden Locken	Zöllner.	–,80,	–,80
Ach, wie so traurig erhellt	Reinecke. cpl. n	1,–,	1,30
Die entdeckte Falschheit	Schwalm.	–,50,	1 –
Lässt sich Amor bei euch schauen	Frischen. u.	–,50	–,40
Oft wenn erbleicht der Sterne Pracht	Reinecke. cplt. n.	1,–,	1,30
Eine holde Kleine	Spicker.		
Santa Lucia	(Harthan), (Schwartz,) (Hilpert.)	–,40,	–,60
Schlummerlos rauschen die Saiten	Reinecke. cplt. n.	1,–,	1,30
Schwalbe als Liebesbote. (Lomb.) .	Attenhofer.	–,60,	–,60
Mütterchen lass mich zum Kirchlein (Abbruz.)	Attenhofer.	–,60,	–,60

Griechisch. Illyrisch.

Euch vertrau ich meine Lieder . .	Harthan. cplt. u.	–,80,	1,20
Mond du mein Freund	Böhme. cplt. n.		2,25
Sang ein kleines Vöglein	Neubner.	–,60	–,60

Slovenisch.

Ein slovenisch Mägdlein	Harthan. n.	–,80,	1,10

Serbisch.

Dass ich dich so treu geliebt . . .	Wagner	–,60,	–,60

Rumänisch.

Ach, wer hat dich traurig Mädchen	Kremser.	–,60,	–,60
Du beklagst dich Lene	Kremser.	–,60,	–,60
Glaube nicht ich werd mich grämen	Kremser.	–,60,	–,60
Hast mein Herz erprobet	Kremser.	–,60,	–,60
Säum nicht zu singen	Kremser.	–,60,	–,60
Saget mir ihr lieben Sternelein . .	Kremser, Goepfart.	–,60,	–,60

Ungarisch.

Der Pusztasohn	Hilpert.		
Drunten in dem Thale	Spicker.	–,30,	–,30
In der Hortobagyer Schenke . . .	Handwerg.	,40,	–,60
Kalter Regen träuft hernieder . .	Handwerg.	–,40,	–,60
Marischka	Hilpert. cplt.	2,–,	1,20

Russisch.

Nachtigall, o Nachtigall . (Alabieff.)	Langer, Neubner cplt.	–,40, –,80,	–,40 ,80
Hört ihr im Thal	Spicker.	–,30,	–,30
Draussen geht der Wind	Neubner.	–,40,	–,60

Böhmisch.

Altböhmisches Weihnachtslied . . .	Schwalm.	–,50,	1,–
Ein Täubchen kirr und traut . . .	Harthan. cplt. n.	–,80,	1,20
Hütest Mädchen du auch Schafe .	Schwalm.	–,50,	1,
Vor Liebchens Fenster	Spicker.	,30,	–,30

Polnisch.

Mazurka	Schwalm.	–,50,	1,–

Indisch.

Alle Lust hat Leid	Böhme. cplt.		2.25

Amerikanisch.

Der Vöglein Sang erschallt so wunderb.	Cursch-Bühren.	–,40,	–,40
Fern wo des Swanee Wasser . . .	Cursch-Bühren.	–,40,	–,40

Vlämisch

Röschen, wollen wir tanzen	Spicker.	–,50,	1,

Wendisch.

Kleines Eichelkätzchen.	Schneider.	–,40,	–,60
Meine Herrin warum weinst du . .	Schneider.	"	"
Putz dich, putz dich, Kleine . . .	Schneider.	"	"
Seht dort den Burschen	Schneider.	"	"
Trugen mir die Mutter fort	Schneider.	"	"
Wer ich wohl bin	Schneider.	"	"

Lettisch.

Deine Zweige wachsen niedrig . . .	Schneider.	–,50,	1,–
Lebe wohl muss ich dir sagen . . .	Schneider.	–,50,	1,
Ritt bei Tage. Zwei sinds	Schneider.	,50,	1,–

Haltet Frau Musica in Ehren.

Eintracht! Freundschaft! Fröhlichkeit!

Ehr unser Zier,
Lied das Panier,
Tat unser Wort,
Gott unser Hort.

Treu unser Herz,
Wahr unser Wort,
Deutsch unser Lied,
Gott unser Hort.

Das deutsche Lied ist unser Hort,
Und unser Spruch: „Ein Mann, ein Wort!“

Edel und bieder
Sei'n Herz und Lieder!

Sehet wie lieblich,
Sehet wie gut
Brüder in Eintracht wohnen.

Ecce quam bonum,
Et quam jucundum,
Habitare fratres in unum.

Sangeslust
Schwellt Jugendbrust.

Freundschaftsbund
Ist fester Grund.

Herz und Hand
Dem Vaterland!

Im Takte fest, im Tone rein
Soll unser Tun und Singen sein.

Für deutsche Minne und Ehr,
Für deutsche Treu und Wehr
Tön volle Weise
Rein, hoch und hehr!

Das deutsche Lied, das ist des Deutschen Ruhm,
Das sei und bleib auch unser Eigentum.

Das deutsche Lied, das deutsche Schwert,
Wir lieben's treu, wir halten's wert.

Dem Vaterland und Gott getreu,
Ein Lied in Lieb und Lust dabei,
Erfreut das Herz, bringt niemals Reu.

Mein Vaterland „Germania“,
Mein Heimatland „Silesia“,
Euch, Gott und Liebe preisen
Des deutschen Sängers Weisen.

In Lust und Scherz,
In Freud und Leid,
Ein innig Lied
Halt stets bereit.

Dem Herrn zur Ehr,
Dem Vaterland zur Wehr;
Ertöne unser Sang
Mit freiem, frohem Klang!

Treu muß das Weib,
Alt muß der Wein;
Froh muß der Sänger,
Frei muß er sein.

Aus dem Fasse der Wein,
Aus dem Herzen das Lied,
Nach fränkischer Art,
Wer das wohl flieht?

Schneidige Wehr,
Blanke Ehr,
Lied zum Geleit,
Geb' Gott allzeit.

Das Herz dem Lied,
Dem Freunde Herz und Hand;
Doch Herz und Hand und Lied
Dem teuren Vaterland.

So frisch und hell
Wie Bergesquell,
Voll Glut und Mut
Wie Rebenblut
Ertöne durch Tirol entlang
Ein freier, deutscher Männersang.

Ein frisches Lied aus Herzensgrund,
Ein deutsches Lied, ein Herz gesund
Sei deine Zierde, Sängerbund!

Fest wie die Eichen bei Sturmeswehn,
Woll'n wir im Reiche der Lieder stehn.

Mit Wort und Weise, Herz und Hand,
Vereint für Volk und Vaterland.

Dem Wahren, Guten, Schönen
Soll unser Lied ertönen.

Vaterland, unser Hort,
Heil das Lied, frei das Wort
Kühn die Tat,
Gib Gott uns die Gnad'!

Reiner Sang, freies Wort,
Treues Herz ist Sängers Hort.

Rechter Ton und echtes Wort,
Sei des deutschen Sängers Hort.

Uns mahnt das Lied in Freud und Schmerz
Frei sei der Geist und treu das Herz!

In Tat und Wort
Deutschen Sanges Hort;
In Kunst und Leben
Vorwärts streben!

Lieder und Reben,
Freundschaft und Mut,
Das sei für's Leben
Stets unser Gut!

Im Liede stark,
Deutsch bis ins Mark!

Durch das Schöne stets das Gute!

Fehler in der Tonbildung.

Die Fehler der Tongebung entstehen zumeist durch Anwendung falscher Mittel zu dem Zweck, den Ton zu verstärken und zu verschönern. Das durchgreifendste Mittel zur Beseitigung aller Unarten der Tongebung ist die Entwickelung eines gesunden, edlen Tones aus dem natürlichen Sprechton in bequemer Lage. Meist hat ein gleichgültig hingeworfenes kurzes „ja" den natürlichen, lockeren, schlackenfreien Ansatz, auf welchen mit Erfolg weitergebaut werden kann.

1. **Der Presston**, der verbreitetste Fehler besteht in zu grosser und stossweise erfolgender Expiration (siehe Atmung) Ueberanstrengung der zur Phonation nötigen und Mitwirkung unnötiger Muskeln. Straffes Anspannen der Hals- und Gesichtsmuskulatur, gewaltsames Einstellen des Kehlkopfs, unrichtige Haltung der Zunge, verursachen stets eine gequetschte, gepresste, gewürgte Klangfarbe, das Mitschwingen der umgebenden Teile, die Resonanz wird verhindert, der Ton im Keime erstickt. Anzustreben ist lockere, natürliche Haltung aller zur Mitwirkung erforderlichen Organe, ruhige, gleichmässige Atemführung.

2. **Kehl- und Knödelton**, verursacht durch Hinaufziehen (bei tiefen Tönen durch gewaltsames Herabdrücken) des Kehlkopfs, Festhalten der Halsmuskeln und unnatürliche Haltung der Zunge. Die Zungenwurzel zieht sich zurück, drückt auf den Kehlkopfdeckel, und verhindert so den freien Austritt des Tonstroms aus dem Kehlkopf. Einziges Mittel zur Beseitigung dieses Fehlers: Bildung des Tones aus dem Sprechton.

3. **Der Naseton** entsteht durch Vorherrschen der Nasenresonanz oder wenn die durch die Nase entweichenden Schallwellen nicht genügend zur Resonanz verwandt, d. h. zu stehenden Wellen umgebildet werden. Wird häufig durch fehlerhafte Lage der Zunge verschuldet, indem der Zungenrücken sich an das herabhängende Gaumensegel legt und den Zugang zur Mundhöhle versperrt; die Schallwellen sind dann gezwungen, ihren Weg durch die Nase zu nehmen.

4. **Der Gaumenton**. Verdickung der Zungenwurzel und zu grosse Ausdehnung des hinteren Teiles der Mundhöhle verhindern das ungehinderte Entweichen des Tonstroms und das Anprallen desselben am weichen Gaumen statt am harten. Häufig gibt auch die falsche Haltung der vorderen Zungenpartie dem Tonstrom die falsche Richtung.

5. **Der Zahnton**. Der Tonstrahl schlägt an die Zahnreihen, statt an den harten Gaumen an. Entsteht durch unrichtige Stellung der Kiefern, Zurückziehen der Lippen.

Derartige fehlerhafte Eigenschaften lassen sich nur fernhalten oder beseitigen durch Beobachtung folgender Grundgesetze einer guten Tonbildung:

Das erste und wichtigste Gesetz heisst: Mit möglichst geringen Mitteln möglichst grosse Wirkungen erzielen.

Demgemäss ist der Atemverbrauch auf das Notwendigste einzuschränken, lockere Haltung der Halsmuskulatur anzustreben und dem Tonstrom im Ansatzrohr kein Hindernis in den Weg zu legen. Man erstrebe natürliche langgestreckte Lage der Zunge, deren Spitze an die untere Zahnreihe mit leichter Hebung sich anschmiegen muss und ungezwungene Erweiterung der Rachen- und hinteren Mundhöhlenpartie. Der Kehlkopf soll locker schweben, vor allen Dingen beim Ansatz nicht heruntergedrückt werden. Die Zahnreihen sollen nur soweit von einander entfernt werden, dass etwa ein Finger dazwischen Platz hat. Nur ein solcher Ansatz kann der Stimme die Eigenschaften verleihen, welche die Kunst verlangen muss: Schönheit, Fülle, Tragfähigkeit, Leichtigkeit, Modulationsfähigkeit und Dauerhaftigkeit.

Zuhoch- und Zutiefsingen.

Das Zuhochsingen ist meistens eine Folge übermässiger Anstrengung beim Singen; entweder zu starke Atemzufuhr oder zu grosser Inanspruchnahme der Halsmuskulatur.

Das Zutiefsingen rührt entweder her von einer allzu lockeren Haltung der zur Tonerzeugung erforderlichen Organe oder von zu schwerer, dicker Haltung der Halsmuskeln. Am häufigsten finden sich diese Fehler an den Registerübergängen, es ist daher diesen eine sorgfältige Behandlung zuzuwenden.

Klangunreinheiten im Chor haben ihre Ursache häufiger in harmonischen Schwierigkeiten und finden Abhülfe durch Temperieren gewisser, modulatorisch wichtiger Töne oder Akkorde und durch exakte Intonationsübungen. In Chören, welche mächtige Klangwirkungen erfordern, kann allerdings durch übermässiges Schreien und Forcieren auch ein Treiben nach der Höhe bewirkt werden. Die schlechte Intonation rührt also in dem Falle weniger von mangelndem Erfassen der harmonischen Struktur her, als von schlechter Tonbildung.

Vor allen Dingen ist zu sorgen für gute Atemführung, rechtzeitiges Atemholen und lockere Haltung aller beteiligten Muskeln.

Wegweiser durch die Chorgesanglitteratur

Ratgeber für Gesangvereine und Dirigenten.

Redaktion und Verlag: H. vom Ende, Köln a. Rh., Ecke Bismarck- und Kamekestrasse.

nebst Beiblatt:

Der Sänger.

Offizielles Organ des Westdeutschen Sängerverbandes, Mosel-, Saar-, Nahe-Sängerbundes, des Mittelrheinischen, Rheinhessischen und Speyergau-Sängerbundes.

Erscheint monatlich einmal. Bezugspreis für 1 Expl. 20 Pfg. Jahresabonnement Mk. 1.50 und 40 Pfg. Porto. Inserate kosten pro 4 mal gespaltene Petitzeile 20 Pfg.

Expedition: H. vom Ende's Musikalien-Versandgeschäft.

Nr. 6. | Köln a. Rhein, den 26. März 1903. | IV. Jahrg.

Sünd und Fehl in der Musik.

III

H. vom Ende.

Schablonenhaft arbeiten auch die Maniristen, welche den Stil eines Meisters oder einer Epoche geistlos nachahmen, oder sich von der einmal eingeschlagenen Richtung so wenig losmachen können, dass sie mechanisch immer wieder sich selbst kopieren.

Das Wort „Stil" bedeutet zunächst die Art und Weise, wie ein Kunstwerk in die Erscheinung tritt. Die Musik ist Ausdruck inneren Lebens; was in des Tondichters Seele vorgeht, sein Fühlen, Denken und Wollen, gibt er in Tönen kund. Somit ist die Ausdrucksweise bedingt sowohl durch die Persönlichkeit des Künstlers, sein Temperament, seine Auffassungsgabe und individuellen Eigentümlichkeiten, als auch durch den Inhalt und das Wesen des Auszudrückenden.

Diese Ausdrucksweise, die Auffassung, die Individualität des Künstlers kann sich wiederum nur in der Art der technischen Behandlung des Materials zeigen, in der Form, die dem Geiste des Schöpfers entstammt. So gewiss jeder Mensch ein individuelles Gepräge hat, so gewiss hat auch jeder seinen ihm eigentümlichen Stil, ebenso wie auf moralischem Gebiete jeder einen Charakter hat, und wäre es auch Charakterlosigkeit. Anders aber ist es, wenn wir im emphatischen Sinne von einem Künstler sagen: „Der hat Stil"! Damit loben wir ihn und sprechen seinem Werke gewisse Eigenschaften zu, welche es für uns wertvoll machen.

Zunächst darf die Eigenart, welche dem Werke innewohnt, nicht allzu kurz bemessen, sie muss in sich ausgeglichen sein. Der hat Stil, der seiner idealen Auffassung mit konsequenter, gleichmässiger Technik Ausdruck verleiht und nach den Gesetzen schafft, die sich aus dem Wesen des Materials ergeben; der den Werken in ernster Arbeit seinen Charakter einimpft. Ohne solche Arbeit geschaffene Werke können originell sein und dennoch ohne Charakter, denn Charakter ist erarbeitete Eigenart.

Das Ideal eines edlen Stils ergibt sich aus der Harmonie des Ausdrucks im Wesen des Subjekts und Objekts; der Persönlichkeit, des Gegenstandes und der Kunstgesetze. Nur bei völligem Aufgehen des Künstlers in die Sache kommt es zu dieser völligen Ausgeglichenheit innerhalb des Kunstwerks, zu dieser Geschlossenheit der Empfindung, der Form und der Situation.

Die Art der technischen Behandlung des Materials soll also der Eigenart des Künstlers entsprechen. Daraus muss notwendig eine Verschiedenheit der Formen resultieren, wenn anders die Künstler ehrlich arbeiten. Der eine ist vermöge der Grundstimmung seines Temperaments mehr geneigt, alles weich, in zerfliessenden Formen zu behandeln, der andere denkt und schafft in kraftvollen, männlichen Formen. Ein Künstler von umfassendem Geist wird auch eine grosse Menge technischer Hülfsmittel und Formen zur Hand haben, während das kleinere Talent mit seiner Auffassungsfähigkeit beschränkt ist auf enger umgrenzte Gebiete und dementsprechend mit seiner Technik einseitiger sein muss.

Wenn nun ein Künstler zu einem gewissen Stile hinneigt und ihm seine Technik anpasst, so wird er doppelt vorsichtig sein müssen, damit er sich selbst nicht zu häufig wiederholt, namentlich, wenn die Ideen weniger wertvoll sind. Wenn er aber seine engbegrenzte Auffassung und seine Technik, — seine „Manier" — auf Ideen überträgt, die seiner Individualität fremd sind, so tritt seine Eigenart zu Unrecht hervor, er wirkt manieriert.

Umgekehrt gilt auch derjenige als Manirist, der die Technik eines grossen Meisters auf seine kleinen Ideen anwenden will. Hier wird das Nebensächliche vorgezogen in Verkennung der wahren Schönheit, oder ein künstlerisches Element wird einseitig hervorgehoben.

Stil ist gewissermassen die Handschrift des Künstlers. Eine fremde Handschrift nachahmen, ist aber in der Kunst ebenso verdammlich, wie im Leben.

Das Wort Stil kann auch im unpersönlichen Sinne gebraucht werden; wir verstehen dann darunter die Kunstgesetze selbst, oder die aus den Bedingungen der Kunst vorgeschriebene Art ihrer Behandlung (z. B. lyrischer, dramatischer, Kirchen-, Opernstil etc.). Die Gesetze der Kunst ergeben sich zunächst aus dem Material, wer diesem etwas abtrotzen will, was nicht darin liegt, wird stillos.

Die gleiche Stillosigkeit zeigt sich in unmotiviertem Vermengen verschiedener Stile und dem Mangel an einem einheitlichen Charakter. Solche Werke sind unwahr, nachempfunden, nicht aus dem eignen Innern, aus Selbsterlebtem geboren, sondern gemacht; aus solchem Schaffen erwächst niemals die Form, die sich mit dem Inhalt deckt.

Unter Form verstehen wir nicht nur Aufbau, Darstellungsweise, Stil, sondern wir denken dabei auch an die

Aufführung: ein Tonstück wirkt nur durch das sinnliche Element und lebt nur in ihm. Hat diese Form Stil, so muss vom Ausführenden verlangt werden, dass die Stilreinheit bewahrt bleibe. Der Geist des Schöpfers und seiner Epoche soll hervorleuchten aus der Reproduktion: nur was in die Schöpfung hineingeheimnist wurde, soll daraus hervorgeholt werden, dieses allerdings bis auf den Rest. Geschieht das mit vollkommenster Technik, mit edelstem Material an Stimmen oder Instrumenten, im akustischen Raume und in kunstgeweihter Stunde, so mag es wohl vorkommen, dass der Tondichter vor seinem eigenen Kinde wie vor einem Fremdlinge dasteht und sich bass verwundert über die Wirkungen, die ein genialer Interpret aus dem Werke hervorholt. Schliesslich muss man bedenken, dass das innere Gehör, der Tonsinn, mag er auch noch so vollkommen sein, doch niemals die lebendige, sinnliche Tonsprache zu ersetzen vermag. Es ist dasselbe Erstaunen, als wenn Peter Cornelius (der Maler) seine Kartons plötzlich in blühender Farbenpracht gesehen hätte. Damit ist angedeutet, dass die Stilreinheit nicht im geringsten preisgegeben wird, wenn man sich der Vorteile moderner Technik bedient. Der Ausdruck „Cembalo" bei Aufführung Händelscher Werke hat gar keinen Sinn: man soll ruhig einen Ibach- oder Dechstein-Flügel vorschreiben, der selige Händel hätte ganz gewiss nichts dagegen. Die grässlichen hohen Trompeten bei Bach verderben jedem feinfühligen Menschen die Freude am Werke, man sollte sie ruhig durch Instrumente ersetzen, denen diese Töne bequemer liegen und die weniger scharf klingen. Forts. folgt.

---

2. Kaiser-Wettstreit deutscher Männergesangvereine in Frankfurt a. M.

am 4., 5. und 6. Juni 1903.

Für den Frankfurter Gesangwettstreit sind von Sr. Majestät dem Kaiser folgende Preisrichter ernannt worden: Dr. **Franz Beier**-Kassel. Hofmusikdir. **Max Clarus**-Braunschweig. Prof. **Förstler**-Stuttgart. Prof. **Siegfried Ochs**-Berlin. Gen.-Intendant Freiherr **von Perfall**-München. Prof. Dr. **Bernhard Scholz**-Frankfurt a. M. Gen.-Musikdir. **von Schuch**-Dresden. Prof. Dr. **Fr. Volbach**-Mainz. Univers.-Musikdir. **Heinrich Zöllner**-Leipzig.

Die im Verzeichnis fettgedruckten Vereine waren am Wettsingen in Kassel beteiligt.

Die beteiligten Männergesangvereine:		Vorsitzender:	Dirigent:	Selbstgewählte Vorträge
I. Gruppe: Donnerstag, 4. Juni, Vormittag.				
Hannoverscher M.-G.-V. (1899 5. Pr.)	215	Senator Fink	J. B. Zerlett	Hegar: Rudolf v. Werdenberg
Leipziger Männerchor	227	Paul Zschocher	Chormeister Wohlgemuth	Weber, G.: Waldweben
Magdeburger Männerchor	123	Rudolf Brünicke	Organist Ernst Groschoff	Lachner, V.: Hymne a. d. Meer
Mülheim a. d. Ruhr, Sängerbund	153	Georg Rübenkamp	Heinrich Clasen	Attenhofer: Am Römerstein
Dortmund, Sanssouci	175	Eugen Michel	Gisbert Middelmann	Brambach: Gesang der Geister
Essener Sanssouci	166	Wilhelm Schulte	Friedr. Sievers	Neumann, M.: Sturmerwachen
Offenbach a. M., Hilaria	153	Samuel Hartwig	Georg Söss	Hegar: Weihe des Liedes
II. Gruppe: Donnerstag, 4. Juni, Nachmittag.				
Potsdamer M.-G.-V.	142	Dr. med. Kröner	Kgl. Musikd. M. Gebhardt	Schubert: Sehnsucht
Wiesbaden, Sängerchor d. Turnvereins	145	Carl Leicher	Carl Schauss	Rietz, J.: Morgenlied
Elberfeld, Quartettverein Colombey	210	Siegfried Ludorf	Edm. Siefener	Neumann, M.: Tep
Dortmunder Lehrer-G.-V.	220	H. Hausmann	L. Rebbert, Bochum	Brambach: Es muss doch Frühling werden
Dresdner Orpheus	196	Wilhelm Zeidler	Albert Kluge	Brambach: Der flieg. Holländer
Crefelder Sängerbund	187	Gust. Lehmann	Rob. Laugs	Schwartz: Im Gebirge
Aachen, Concordia (1899 2. Pr.)	197	Prof. Dr. Andr. Maurer	Konzertm. Rud. Kube	Brambach: Sonnenaufgang
III. Gruppe: Freitag, 5. Juni, Vormittag.				
M.-Gladbach, Liedertafel	236	J. Stadeler	M. Müller	Brambach: Gesang der Geister
Kölner M.-G.-V. (1899 Kaiserpreis)	236	Louis von Othegraven	Prof. Jos. Schwartz	Brambach: Meeresstille und Glückliche Fahrt
Berliner Liedertafel	192	Reg.-R. R. Chrzescinski	Chormeist. Adolf Zander	Hegar: Rudolf v. Werdenberg
Erfurter M.-G.-V.	171	Aug. Gross	Kgl. Musikdir. Zuschneid	Kempter: L.: Meeresstimmen
Bonner M.-G.-V.	222	Justizrat Rud. Meyer	Felix Krakamp	Becker, R.: Friedr. Rotbart
Mülheim a. d. Ruhr, Frohsinn	181	E. Renckhoff	E. Wilms	Heuser, E.: Hünengräber
Bremer Lehrer-G.-V. (1899 1. Pr.)	141	Hans Lüdeking	Martin Hobbing	Cornelius: Der alte Soldat
IV. Gruppe: Freitag, 5. Juni, Nachmittag.				
Barmer Sängerchor	195	Gust. Schlieper	Kgl. Musikdir. Carl Hopfe	Rheinberger: Rolands Horn
Solinger Liedertafel	132	Ernst Küll	Cl. Lemacher	Rauchenecker: Gruss d. Heimat
Würzburger Liedertafel	127	Carl Fr. Weinberger	Prof. Meyer-Olbersleben	Meyer-Olbersleben: Volkers Schwanenlied
Kasseler Liederverein	142	Louis Meyer	Fritz Esser	Zerlett: Im Seesturm
Wiesbadener M.-G.-V.	151	Oberlehr. Carl Spamer	Prof. Franz Mannstaedt	Schubert: Ruhe, schönstes Glück der Erde
Oberbarmer Sängerhain, Barmen	233	Wilh. Müller	Musikdir. Carl Hirsch	Hegar: Kaiser Karl in der Johannisnacht
Berliner Lehrer-G.-V. (1899 3. Pr.)	226	Emil Heilmann	Prof. Felix Schmidt	Hegar: Kaiser Karl in der Johannisnacht
V. Gruppe: Sonnabend, 6. Juni, Vormittag, mit anschliessendem Wettgesang für den Stundenchor.				
Essener M.-G.-V. (1899 7. Pr.)	163	Julius Korn	Musikdir. Langenbach	Hegar: Walpurga
Offenbach a. M., Sängerchor de Turn.-Vereins	185	Carl Steuerwald	Kgl. Musikdir. Aug. Glück	Hegar: Hymne an den Gesang
Wiesbaden, Concordia	147	Fritz Saueressig	Kgl. Musikdir Jul. Oertling	Bruch: Vom Rhein
Essener Concordia (1899 4. Pr.)	192	Ferd. Multhaupt	Rob. Geyr	Brambach: Meeresstille und

Die Mahnung in der Frankfurter Zeitung.

Vae victis! der Ausspruch des siegreichen Gallierkönigs gehört zu den beliebtesten Zitaten. Die Umkehrung des Spiesses, ein Vae victoribus hätte aber ebenfalls Anrecht auf Popularität, seitdem die — Gesangwettstreite ins Leben gerufen sind, denn da kann man fast immer sagen: Wehe den Siegern. Nach Ansicht der Unterliegenden haben sie stets mit Unrecht gesiegt, die Preisrichter waren parteiisch oder Dummköpfe, oder es ist sonst nicht mit rechten Dingen zugegangen. Selbst der Kölner Männergesangverein konnte ja, als ihm in Kassel von den hervorragendsten Kennern des Chorgesangs der Kaiserpreis zuerkannt war, den gehässigsten Angriffen nicht entgehen. Und da es nun gilt, den Kaiserpreis zu verteidigen, und viele Vereine befürchten, die Kölner könnten abermals siegen und im Besitz der Kette bleiben, wünscht mancher Sangesbruder von ganzem sangesbruderlichen Herzen, dass der Sieg der Kölner schon im voraus verdächtigt werde. Man erinnert sich der neulichen Ausfälle der Westfälischen Volkszeitung. Da die Antwort von Berlin darauf nicht ausgeblieben ist, hätte man glauben können, das Bochumer Blatt würde für sich alleine die — Ehre in Anspruch nehmen dürfen, den Kölner Verein und das Komitee verdächtigt zu haben. Aber der Ruhm war ihr nicht beschieden, eine viel grössere Zeitung macht ihn ihr mit glänzendem Gelingen streitig und noch dazu das erste Blatt der Stadt, wo der Gesangwettstreit abgehalten werden wird, in deren Mauern die Sänger, der gastlichsten Aufnahme versichert, weilen werden, die Frankfurter Zeitung! Ihrer Verbreitung gemäss „wirkt" ein Wort in ihren Spalten natürlich mehr als eine ganze Spalte der Westfälischen Volkszeitung. Aber sie hat sich nicht mit dem besonderen Nachdruck begnügt, den ihre Bedeutung irgend einer Aeusserung verleiht, nein, sie stellt die Westfälische Volkszeitung in dieser Angelegenheit auch an Gesinnungstüchtigkeit in den schwärzesten Schatten. Und damit nicht genug, ist es auch noch ein „Kölner", von dem sie sich die Schmeicheleien für die mit dem Kaiserpreis ausgezeichneten rheinischen Sänger schreiben, oder, damit sie sich dem Gedächtnis besser einprägen, dichten lässt.

Die schöne Seele erinnert zunächst an den Artikel der Westfälischen Volkszeitung und sagt dann: „Dies veranlasste mich zur Abfassung der folgenden Mahnung." Wie unparteiisch der Poet denkt und wie rührend gut er es meint, geht schon aus dem Fragezeichen hinter der Ueberschrift „Rheinische Meistersinger?" hervor. Natürlich haben für ihn die Kölner nicht die Kette, weil sie die rheinischen Meistersinger sind, sondern sie sind die sogenannten rheinischen Meistersinger, weil sie die Kette haben. Da ist der New-Yorker Arion doch ganz was anderes, und wer den gehört, „nur fünfzig Orgelkehlen", der weiss, dass ein kleiner Chor, wenn er aus Erwählten besteht, das Vollendetste und Schönste leistet. Aus diesem Grunde erfolgt denn die Mahnung, die grossen Vereine sollten die „rostigen, alten" Stimmen „ausräumen" und mit nur auserwählten Sängern auftreten, dann sei es doch sehr die Frage, ob die Kölner die Kette behielten. Der Gedanke ist vortrefflich, nur sind fünfzig Sänger noch etwas viel. Man sollte — wenn schon, denn schon — lieber nur ein Dutzend auswählen; so viel gute Sänger finden sich ja in jedem Verein. Wie wohltätig würde dieses System auch auf die Vereinskasse wirken, die jetzt durch die Reise und den Aufenthalt Hunderter in Hotels so stark in Anspruch genommen wird. Dass für eine schwierige moderne, nicht nur an die Technik, sondern auch an die Ausdauer enorme Anforderungen stellende Chorschöpfung, die selbst zum Schlusse noch sieghafteste Kraft verlangt, bisher immer eine möglichst grosse Sängerzahl erforderlich schien, ebenso wie für die vollendete Wiedergabe eines virtuosen modernen Orchesterwerks ein ungewöhnlich grosses Orchester, raubt der Mahnung nichts von ihrem Beherzigungswert. Im Gegenteil, auch in den Orchestern unserer grossen Konzertinstitute sollte man von der Unmenge Saiteninstrumente, namentlich von den vielen Geigen, ruhig die meisten ausräumen und nur die ersten Pulte spielen lassen, an denen die wirklichen Virtuosen stehen. Ob da vielfach geteilte Geigen usw. vorgeschrieben sind, ist ebenso gleichgültig, wie wenn sich ein Chor in mehrere Gruppen teilen muss, um den Vorschriften des Komponisten gerecht zu werden. Doch hören wir weiter zu, was der Mann spricht, dem es die 50 Orgelkehlen des Arions so angetan haben, hören wir besonders, was er von den Kölnern Sängern sagt: „Sie haben viel minderwert Material, manch einzelner ist gar kein Sänger." Die alten rostigen Kehlen sind unter ihnen also besonders stark vertreten. Der Dichter muss es ja genau wissen. Ich glaubte immer zu wissen, dass der Kölner Männergesangverein in den letzten zehn Jahren einen völligen Verjüngungsprozess durchgemacht hat und dass er im Vomblattsingen deshalb alle schlägt, weil jeder einzelne ein Sänger ist. Ich irre mich aber zweifellos, denn der Kölner Dichter-Mitarbeiter der Frankfurter ist ja, wie aus allem hervorgeht, ein zu genauer Kenner der allgemeinen wie besonderen Verhältnisse, erzählt er doch, noch ehe er ins An- und Abdichten gerät, dass die Kölner Brambachs „Gesang der Geister über den Wassern" singen würden, während es für alle anderen eingeweihten Menschenkinder und für den Kölner Männergesangverein selbst feststeht, dass „Meeresstille und glückliche Fahrt" gesungen wird. Ja, es geht nichts über den F. S.-Korrespondenten der Frankfurter.

Aber er ist mit seinen Mahnungen noch nicht zu Ende, er befürchtet noch immer, dass der Kölner Verein trotz alledem die Kette wieder bekommen könnte, er befürchtet das natürlich nur aus Gründen der Abwechslung. Daher hat er auch seine Abänderungsvorschläge für das Preisrichteramt, die u. a. in den Worten zum Ausdruck kommen: „Doch — soll das Frankfurter Preisgericht ganz frei seines Amtes walten, so muss es die Nummer, den Namen nicht, des Einzelvereins erhalten." Das ist eine fulminante Idee, deren Verwirklichung ich von Herzen wünsche, im Interesse der — Preisrichter nämlich, damit diese geplagten Leute endlich mal vor Verleumdungen gewissenloser Ehrabschneider gesichert sind. Die Preisrichter sollen also nicht wissen, wer singt. Um das zu erreichen, müsste man dieselben natürlich auch *so* setzen, dass sie die Sänger nicht sehen. Eine Postierung der Preisrichter mit dem Rücken nach den Sängern zu würde nun selbstredend nicht genügen, denn es könnte immerhin einer einen Taschenspiegel bei sich haben und darin Professor Schwartz oder sonst jemanden erkennen. Daher schlage ich vor: man nimmt für das Preisrichteramt nur Musiker von beglaubigter hochgradiger Kurzsichtigkeit, am besten blinde.

Doch halt noch eins. Einer unserer bedeutendsten Tonkünstler erklärte, den „bezaubernden Vollklang des Kölner Männergesang-Vereins und seine goldreine Intonation" werde er nie vergessen, und, wie er die hervorragendsten Orchester an ihrem Klange und ihrer auf den Dirigenten zurückzuführenden Eigenart nach wenigen Takten ohne hinzuschauen erkennen könnte, so würde er auch den Kölner Verein, ebenso wie den Wiener Männergesangverein (nur — 300 Orgelkehlen!), wo es auch sei, sofort wiedererkennen. Das gibt zu denken.

Da dürfte von den damaligen Preisrichtern jedenfalls diesmal keiner in die Jury gewählt werden. Das Ohr würde zum Verräter. Vielleicht empfiehlt es sich daher, nicht nur kurzsichtige oder blinde, sondern auch zugleich schwerhörige Musiker zu Preisrichtern zu ernennen, nota bene solche, die von vornherein die Meinung haben, dass die Geschichte herumgehen, der Wanderpreis wandern und diesmal dem Kölner Verein unbedingt abgenommen werden muss. Ich bilde mir auf diesen Vorschlag übrigens nichts ein, der Mahnungsdichter F. S. hat zweifellos denselben Gedanken gehabt und ihn nur nicht ausgesprochen, weil er noch anderes zu tun hatte. Denn die Möglichkeit der Beeinflussung durch den Kaiser selbst, der zu diesem Zwecke ja die Preisrichter zu ernennen pflegt und — sich nicht auf sein eigenes Urteil verlässt, die Beeinflussung durch das Applaudieren der verschiedenen „Rudel" von inaktiven Mitgliedern (die Kölner nehmen zwar keine inaktiven Mitglieder auf Reisen) u. a. muste ja des würdigen Abschlusses wegen noch in den Schlussversen erwähnt werden. Wahrscheinlich wird das Komitee in Berlin nun das bereits fertige Programm für den Gesangwettstreit über den Haufen werfen und unter Beherzigung der „Mahnung" ein neues aufstellen. Geht das nicht mehr, so wird zweifellos ein dritter reformierter Gesangwettstreit dem zweiten sehr bald folgen, selbstredend in Frankfurt a. M., dessen grösste Zeitung schon ein Vierteljahr vor dem Erscheinen der Gäste den heute höchststehenden Männerchor Deutschlands mitsamt den Preisrichtern und dem hohen Veranstalter des Wettsingens selbst in so poetischer Weise begrüsst hat, wenn diese Weise auch nicht ganz den Wohlgeschmack der Frankfurter Würste erreicht. Hoffentlich hält die Frankfurter auch mit dem Namen ihres poeta laureatus nicht zurück, damit sämtliche Vereine sich beeilen können, ihm die Ehrenmitgliedschaft zu verleihen und er seine Ehre durch so und so viel Diplome zu beweisen in der Lage ist.

Karl Wolff.

Rheinhessischer Sängerbund.

In Beantwortung der Anfrage verschiedener Bundesvereine wird mitgeteilt, dass von den Einzelchören, welche die Bundesvereine zum Wettsingen anmelden, je drei Partituren an unseren Bundesdirigenten, Herrn Musikdirektor Keil in Alzey alsbald einzusenden sind. Die wenigen noch rückständigen Vereine, welche bis jetzt noch nicht zum Wettsingen und zur Beteiligung an den Massenchören sich angemeldet haben, mögen dies sofort tun. Eine besondere Aufforderung ergeht nicht mehr — Betreffend Einteilung der Bundesvereine beim Wettsingen in Klassen sind auf Grund der Aufforderung in voriger Nummer dieses Blattes schon Vorschläge eingegangen und werden dieselben in nächster Nummer unseres Bundesorgans zur Kenntnis der Bundesvereine gebracht. Mit dem 28. April d. J. beginnen die Bezirksproben. Bei Einteilung in Bezirke soll auf Entfernung der Orte, Lage derselben, Sängerzahl, Wegverbindungen etc. sehr Bedacht genommen werden. Auch hier könnten Vorschläge zu Gruppierungen aus den Bundesvereinen heraus recht zweckdienlich sein.

Mit Sängergruss
Kochhafen,
I. Bundespräsident.

Aufführungen.

Männerchor und anderes.

Aach. M.-G.-V. (Jul. Schaller). Heitere Liedertafel. Fr. Abt »Seid mir gegrüsst«. R. Sabathil »Kirwa is«. E. Hoffmann »Abendstimmung«. Jos. Piber »Junge Liebe« (D. C.). **Köln.** M.-G.-V. (Jos. Schwartz). Faesbaender »Das deutsche Lied«. Rob. Schumann »Der träumende See«. Kreutzer »Frühlingsnahen«. Hegar »Rudolf von Werdenberg«. Kremser »Zwiegesang«. Rietz »Morgenlied«. Sonbre »Schlachtruf und Gebet«. **Dresden.** Erato (Hugo Jüngst). Theod. Blumer »Die letzte Rose«. Dregert »Der tote Kamerad«. H. Schrader »Die Lore«. Ad. Kirchl »Hotherig ist mein Schätzelein«. Ludw. Thuille »Ein Schlachtlied« mit Orch. u. Bariton-Solo (s. gr. Erf.). **Dresden.** M.-G.-V. (Hugo Jüngst). Attenhofer »Das deutsche Lied«. Kremser »Liebesgrüsse«. Hegar »Trotz« (s. gr. Erf.). Liszt »Soldatenlied«. M. Plüddemann »Das Schwedengrab« (s. gr. Erf.). Weinziel »Maienwonne«. **Altena.** Landwehr-Gesangverein (Goebel). Zanger »Herz und Hand für's Vaterland«. Döring »O Frühling«. Jäckel »Sängers Frühlingslied«. Döring »Waldkönig«. **Münster.** Constantia. W. Sturm »Ach, du herrlicher Mai«. Rietz »Morgenlied«. Wesseler »Mein Herz ist am Rhein«. **Caan.** Borussia (A. Deyss). S. Breu »Das deutsche Lied«. W. Handwerg »Übers Jahr, mein Schatz«. A. Deyss »Darf ichs Dirndl lieben«. O. Neubner »Ich lass von meiner Heimat nicht«. R. Schwalm »Gretnla«. C. Schauss »Die Spinnerin«. Attenhofer »Mein Schätzelein« (D. C.). Steinhauer »Abschied von der Heimat«. **Altenessen.** Lehrer-Quartett (K. Friedrichs). Schauss »O süsse Heimat«. Attenhofer »Mein Schätzelein«. Neumann »Abschied«. Bungart »Wiegenlied«. Jacobs »Barbarossa« mit Orch. **Berlin.** Akademische Liedertafel (Ad. Schulz). Praetorius »Es ist ein Ros«. Orl. de Lasso »Landknechtsständchen«. Zelter »St. Paulus war ein Medicus«. H. vom Ende »Herzigs Mariandel«. C. Reinthaler »Morgen wird's«. Rheinberger »Jung Werner«. **Eschweiler.** Krieger-Verein (W. Speiser). Zöllner »Das Wandern«. Speiser »Wilde Rose«. Schwartz »Hans und Liesel«. Kremser »Juchheissa«.

Der **„Wiener Schubertbund“** bewies mit seiner fünften „Schubertiade“, dass ein Gesangverein der Neuzeit immer wieder anregend und fesselnd zu wirken und den von den sog. „absoluten Musikern“ gerne gebrauchten Vorwurf der Eintönigkeit zu entkräften vermag, wenn er es versteht, die zu sehr ausgefahrenen Gleise zu meiden und auf eigenen Wegen mit eigenen Kräften im besonderen sich zu betätigen. Chormeister Adolf Kirchl veranstaltete einen „Erlkönigs-Abend“, in welchem 8 Vertonungen dieser Ballade zum Vortrag kamen. In einem Vortrage behandelte Kirchl zunächst die Entstehungsgeschichte der Ballade. Als erste Vertonung wurde jene der berühmten Corona Schröter vorgeführt, sodann diejenigen von Zelter, J. F. Reichhardt, L. Spohr, B. Klein, Karl Loewe, van Beethoven und Fr. Schubert. Die Vorträge fanden lebhaftesten Beifall.

Berlin, 8. März. Das zweite Konzert des **Massenchors von 1800 Berliner Schulkindern** fand am Sonntag Mittag im Zirkus Busch statt. Ein besonders festliches Gepräge erhielt das Konzert durch die Anwesenheit des Kaisers und der Kaiserin, sowie des Prinzen und der Prinzessin Heinrich, des Prinzen Joachim, der Prinzessin Viktoria Louise und der Prinzessinnen-Nichten von Schleswig-Holstein-Sonderburg-Glücksburg. Auch Kultusminister Studt hatte in der Hofloge Platz genommen. Die ganze linksseitige Galerie war von den 1800 Kindern besetzt. Gleich nach Erscheinen des Hofes gab der Dirigent, Herr A. Zander, das Zeichen zum Beginn, und die junge Sängerschar stimmte die Hymne „Heil dir im Siegerkranz“ an, welche von den Anwesenden stehend angehört wurde. Der darauf folgende Chor „Lobe den Herren“ wurde in präziser und weihevoller Weise zu Gehör gebracht. Auch der Chor „Glorreich auf dem Erdenrund“ von E. Sabbath wurde fehlerlos gesungen. Die beiden vierstimmigen Chöre „An den Gesang“ und „Im Maien“ sangen die Mädchen allein. Die Knaben sangen sehr hübsch das altniederländische Volkslied „Wohl sehr glücklich ist, wer zu sterben weiss“ und nach dem Chor „Zu Strassburg auf der Schanz“ von A. Silcher gab es einen brausenden Applaus. Auf Wunsch des Kaisers musste dieser Chor wiederholt werden. Den Höhepunkt der gesanglichen Leistungen erreichten die Knaben mit dem Vortrag des vierstimmigen Volksliedes „Auf die Schlacht bei Torgau“. Die beiden Rezitative, die der vorletzten und letzten Strophe vorangehen, wirkten beinahe sensationell, — es wird selten eine Sängergemeinde geben, welche eine derartige Leistung bieten kann. Auch der Vortrag, der Tempowechsel und die gesangliche Leistung dieses Liedes waren brillant. Dieses Lied musste ebenfalls wiederholt werden. Der „Frühlingschor“ von Mendelssohn-Bartholdy wurde mit grosser Wärme zu Gehör gebracht. Das feinfühlige Volkslied „Sandmännchen“ sangen die Mädchen sehr gut, doch reichten ihre Leistungen in Bezug der Pianissimi nicht an die der Knaben heran. Im Zöllnerschen Chor „Das Wandern ist des Müllers Lust“ hatte man Gelegenheit, die herrlichen Sopranstimmen der Knaben zu bewundern. Der gemeinsame Chor „Hurra Germania“ von W. Greef bildete den Schluss des Programms. Eine besondere Ovation wurde durch ein dreimaliges Hoch dem Kaiserpaar gebracht. Der Kaiser erwiederte mit einem Hurra, in das alle Anwesenden ebenso begeistert einstimmten.

G. Vierlings bekanntestes Tonwerk: **„Der Raub der Sabinerinnen“** (Verlag von F. E. C. Leuckart in Leipzig), welches am 18. Februar cr. unter Leitung des Kgl. Musikdir. Martin Fischer in Prenzlau zum zweiten Male aufgeführt wurde, erzielte wiederum einen durchschlagenden Erfolg.

Der **„Berliner Lehrer-Gesangverein“** brachte in seinem Konzert, das am 27. Februar vor ausverkauftem Hause in der Philharmonie stattfand, wieder ein in Berlin noch nicht gehörtes Werk des Männerchor-Reformators Hegar: „Walpurga“ zur Aufführung. Mit welchen enormen Schwierigkeiten auch diese Chor-Ballade wieder geladen ist, überschreitet wohl das Mass des bisher als möglich gehaltenen Ausdrucks der menschlichen Stimme. Noch ein anderes Werk, das auch in Frankfurt gesungen wird (Erfurter M.-G.-V.) Kempters „Meeresstimmen“ hatte der Lehrer-Gesangverein auf dem Programm und erzielte damit, wie auch mit Curtis „Die Elfe“, Hegars „Schlafwandel“ einen durchschlagenden Erfolg. Wilhelm Bergers „An den Schlaf“ fand dagegen geteilte Aufnahme. Von den Novitäten machte Othegravens Chor „Zu ihren Füssen“ einen recht gefälligen Eindruck. Die prächtigen Bässe des Vereins schwelgten dabei im Erkennen ihres Wertes.

Der Sänger.

tliches Organ des westdeutschen Sängerverbandes.

Das Volkslied ist die Unsterblichkeit der Musik. *Marx.*		Verbunden werden auch die Schwachen mächtig. *Schiller.*

rz. 1903. || Vorsitzender: Lehrer A. Gau, Hilden bei Düsseldorf. || Nr. 6.

tion u. Verlag: H. vom Ende, Köln a. Rhein, Ecke Bismarckstrasse 25.

eutscher Sänger- und Dirigentenverband.

r am 8. März in der „Stadthalle" zu Elberfeld statt-
usserordentlichen Generalversammlung waren die
eter verhältnismässig zahlreich erschienen. Die Er-
Leitung derselben wurde durch den geschäftsführenden
, Herrn H. Benewitz-Bochum vollzogen. Den
tand der Tagesordnung nahm die Beratung der
Verbandssatzung in Anspruch. Die starke Betei-
ertreter an den Beratungen der einzelnen Paragraphen
Leben und Geist im Verbande und dem allgemeinen
e Satzung zu schaffen, welche auf Grund unserer
Prinzipien allen Anforderungen genügen soll. In der
u. a. die Bestimmungen über die Bezirksvereine
enso die über Pflichten und Rechte der Organe des
„Vorstand und Generalversammlung". Die Vereine
Generalversammlung je zwei Stimmen, die persön-
der je eine Stimme.
gründlichen Verbesserung sind besonders die Haupt-
ber Verbandswettstreite unterzogen worden. U. a.
3 des § 15. „Die Gesangwettstreite haben den Zweck,
bewerbe die Kräfte mit einander zu messen, den
Standpunkt der Vereine festzustellen und daraus
rte Winke für die künftige Tätigkeit im Gesange
herzuleiten. Der Wettstreit soll wohl das Ehr-
r nicht den Ehrgeiz anregen. Die Leistungen der
Vereine seien die Resultate einer planmässigen
Uebung. Die Beurteilung der Leistungen
ler Hand eines in der Satzung festgelegten Wertungs-
gleiche Leistungen auch gleiche Preise u. s. w.
zung wird gedruckt und ist dieselbe gegen
g von 30 Pfg. in Marken von dem geschäfts-
sitzenden H. Benewitz-Bochum zu beziehen.
sen sich recht viele Vereine durch die klaren und
timmungen der Satzung zum Eintritt in den Ver-

bandsvorstand besteht nach der neuen Satzung aus
owie den Vorsitzenden der Bezirksvereine als Beider stattgehabten Wahl besteht der Vorstand jetzt
Herren:
-Hilden, 1. Vorsitzender.
ennewitz-Bochum, 2. Vorsitzender (zur Zeit
führender Vorsitz.).
tav Dienst-Gelsenkirchen, 1. Schriftführer.
r -Gerresheim, 2. Schriftführer.
rettlöhr-Wermelskirchen, Kassierer.
hien-Iter, Bibliothekar.
o - Weischede, Bochum, Chordirigent Gottlieb-
ie die weiterfolgenden Vorsitzenden der Bezirks-
Beisitzende.
rbandsfest wird in Rees a. Rh. stattfinden
ich der Männergesangverein „Rheinklänge"-Rees
nen, die Verbandsgenossen dort festlich empfangen
Zeitpunkt sowie das Programm des Festes wird
mmer bekannt gegeben. — Die Vereine werden
hon jetzt für die Reise zum Verbandsfest nach
, damit eine allgemeine Beteiligung erwartet

keinem Bezirk zugeteilten Vereine werden nun-
rke eingeteilt: einen für das Rheintal und einen
tal, sowie das Berg. Land und erklärten sich
abermals die Herren freiwillig bereit, die Konstituierung nunmehr definitiv zu bewirken. Aus der Mitte der Versammlung wurde die berechtigte Bitte laut, doch bei der Aufnahme von persönlichen Mitgliedern vorsichtig zu sein, damit sich nicht solche als Mitglieder des Verbandes brüsten, welche mit den Verbandsgrundsätzen theoretisch wohl einverstanden, aber in der Praxis zur Betätigung derselben bitter wenig beitragen und gewöhnlich sich als strikteste Gegner entpuppen.

Nach Schluss der Versammlung erfreute der Männergesangverein „Helvetia"-Elberfeld die anwesenden Vertreter und Gäste durch den exakten wohlgeschulten Vortrag von herrlichen Chören u. Volksweisen, während Herr Gau einen wohlgelungenen Vortrag über „Pflege des Volksliedes" hielt. Unseren herzlichen Dank dafür.

So dürfte denn das Samenkorn wieder weitergetragen worden sein, möge es auf ein fruchtbares Land fallen, damit die Vertreter freundlich gesinnter Vereine recht bald ihre Anmeldung einsenden.

Die mit ihren Beiträgen noch rückständigen Vereine sowie persönlichen Mitglieder werden wiederholt freundlichst ersucht, dieselben umgehend an den Verbandskassierer Herrn Hugo Frettlöhr, Wermelskirchen einzusenden; widrigenfalls derselbe die Beiträge unter Aufschlag der Unkosten durch die Post einziehen wird.

Die Kommission für den Verbandskatalog (Obmann Kgl. Musikdirektor Steinhauer-Oberhausen) bitte ich, ihre Tätigkeit doch wieder zu beginnen, damit auf Grund eines ausgearbeiteten Katalogs ein Verbandsliederbuch hergestellt werden kann. Die Herren Verleger werden gerne bereit sein, geeignete Volkslieder, sowie auch schöne schwerere Chöre für alle Gelegenheiten dem Verbande zur Verfügung zu stellen.

H. Benewitz-Bochum i. W.

Gründung einer Verbandssterbekasse.

Aus der Mitte der Verbandsmitglieder ist der Wunsch geäussert, eine Verbandssterbekasse ins Leben zu rufen. Wenn man weiss, wie schwer es ist, in den Gesangvereinen heutzutage tüchtige Sänger zu halten, wie überaus eifrig unsere Gegner bestrebt sind, gerade den besten Sängern das Leben in unseren Verbandsvereinen sauer zu machen und sie zum Austritt zu bewegen, unter Vorspiegelung goldener Träume von Freiheit und Wettstreitjägerei, der wird es mit Freuden begrüssen, wenn eine Einrichtung geschaffen würde, wodurch unseren Mitgliedern materielle Vorteile gewährt würden. Denn bei allem Streben nach idealen Dingen muss in dem heutigen Zeitalter doch auch nach materieller Hinsicht etwas getan werden.

Bei einem vierteljährigen Beitrag von 50 Pfg. pro Mitglied, welcher sehr leicht durch einen kleinen Aufschlag auf den Vereinsbeitrag monatlich von den einzelnen Vereinen zu erheben wäre, sowie einem Eintrittsgeld von **1 Mark** (zur Schaffung eines Reservefonds) könnte beim Tode jedes Mitgliedes leicht 50 Mk. an die Hinterbliebenen gezahlt werden.

Ich ersuche deshalb die geehrten Vereinsvorstände durch Anfrage bei den Mitgliedern die Stimmung derselben festzustellen und das Ergebnis umgehend dem unterzeichneten Vorsitzenden mitzuteilen, damit ein entsprechender Antrag resp. Entwurf der nächsten Generalversammlung vorgelegt werden kann.

H. Benewitz, geschäftsführ. Vorsitz.

Sängeruntugenden. *)

III.

H. vom Ende.

„Der Dichter und der Musikus
Die sollen Dir bringen viel Genuss.
Ach leider ist's gar ofte
Ganz anders, als man hoffte.

Ach ja, freilich! — — — Wie namenlos glücklich könnten unsere Sangesbeflissenen ihre Mitmenschen machen, wenn sie sich mehr befleissigen wollten, das Ideal eines edlen Gesanges zu erreichen! — — — Was sage ich, Ideal? — — wenn sie nur die gröberen und gröbsten Fehler ablegen und vermeiden wollten. Wir haben sie in diesen Blättern kennen gelernt, die Knödler und Quetscher, die Tremolanten und Kravattentenöre, die Schar der Kehlbassisten und den ewig heisern Heldentenor Kauzius, dem das Verslein galt:

„Immer umhüllst du den heisern Hals beim Singen mit Wolle,
Stopfe die Wolle, du Tor, lieber dem Hörer ins Ohr!" —

Allerdings hat Schiller bereits die Bemerkung gemacht, dass es uns leichter ankommt, die beleidigten Augen zu schliessen, als die misshandelten Ohren mit Baumwolle zu verstopfen.

Und wie gut diese Leutchen daran sind! sie ruinieren das edelste Organ, das ihnen die Natur verliehen, und kein Staatsanwalt kann ihnen etwas anhaben, denn der versteht selbst nichts davon! Es bleibt uns nur übrig, einen Verein zur Bekämpfung der Menschenquälerei in Konzert und Theater zu gründen.

Alles Schimpfen und Wettern dagegen scheint ja freilich aussichtslos zu sein, aber wir können's trotzdem nicht lassen, vielleicht gelingt's doch noch.

„Die Welt wird alt und wieder jung
Und der Mensch hofft immer Verbesserung." — — —

Wir haben leider Künstler zweierlei Art: dem Einen ist die Kunst die hohe himmlische Göttin, dem Andern eine tüchtige Kuh, die ihn mit Butter versorgt. Diesen, es ist die Mehrzahl, ist es lediglich darum zu tun, möglichst schnell und viel Geld zu verdienen. Man holt sie vom Kutscherbock, aus der Schlosserwerkstätte, hinter den Pandekten her, ein „Meister der Sangeskunst" flickt und feilt schnell noch etwas daran herum und nach Jahresfrist bereits reissen sich die konzertierenden Vereine um die junge, brillante, und vor allen Dingen — billige Kraft, weihrauchduftende Opfer werden ihm dargebracht: er ist eigentlich mit dem Studium fertig. Ein weiteres Jahr wird mit dem Einpauken von 20 grösseren Partien zugebracht und nun wird der Sänger losgelassen. Mit fröhlichem, durch keinerlei Sachkenntnis getrübtem Blick schmettert er die kolossalsten Töne ins staunende Publikum, die 1000 Markscheine fliegen nur so, er fühlt sich unter die Halbgötter versetzt. — — —

Aber wehe, wehe, dreimal wehe!
Wenn ich an das Ende sehe.

Nicht lange währt's, und die überangestrengte und misshandelte Stimme zeigt allerhand Unarten. Es erscheinen kleine Stimmstörungen, Trockenheit im Halse, Hüsteln, Nichtansprechen gewisser Töne, vorzeitige Ermüdung: die Fähigkeit, mit halber Stimme zu singen, geht verloren, ein allgemeines Angstgefühl überkommt den Sänger, und die bestimmte Vorstellung, die gesteckte Aufgabe nicht erfüllen zu können, kurz, es machen

der bewährtesten, wirklich geheimenitalienischen Methode — eine Reparaturwerkstätte für fehlgeschlagene Hoffnungen, eine Schnellschuhsohlerei, worin alle Quetschbeutel versohlt, vernagelt und mit Stimmglanzwichse aufpoliert werden.

Man weiss leider immer noch nicht, dass jede Kunst Uebung verlangt, namentlich aber die Sangeskunst wegen der grossen Anforderungen, die an Konzert- und Bühnensänger gestellt werden. Selbst die Tierwelt geht uns hier, wie in vielen anderen Dingen, mit gutem Beispiel voran. Bei den Fröschen werden durch Schwingungen der aufgeblasenen Backen und Kehlhäute laute Töne hervorgebracht; diese Fähigkeit erwerben sie erst allmählich; der Wasserfrosch muss vier Jahre alt sein, bevor er seine Meisterschaft im Quaken gewinnt.

Wie bei totaler Unkenntnis über die Vorgänge beim Singen so ein Unterricht beschaffen sein muss, lässt sich denken; die sonderbarsten „Methoden" kommen da zum Vorschein. So will ein „Professor" seinen jugendlichen Schnattergänschen zunächst Beweglichkeit des Sprechapparates beibringen, indem er sie täglich einige 1000 mal fü-na fü-na „bis zur Erschlaffung" pappeln lässt. — Törichtes Beginnen! —

Für die Zunge empfiehlt er als tägliche Gymnastik:

1. Man strecke die Zunge 10 mal so weit als möglich heraus.
2. Man fasse beim Ueben die Zunge mit dem Taschentuche, und ziehe sie möglichst weit vor, um deren Lage sowie die Klangbildung zu korrigieren.

Sodann wird die Atmung reguliert. Uebung: Der Schüler lege sich flach hin, lege die eine Hand auf das Zwerchfell, die andere hingegen auf eine Lungenseite: er wird dann zum Bewusstsein der normalen Atmung kommen. (Die Anweisung ist ganz richtig, nur ist der arme Junge nicht im stande, sich unter Zwerchfell irgend etwas vorzustellen.) Darauf soll der Schüler mit seinem Bauche einen grossen eichnen Tisch im Zimmer herumschieben, „damit sich der Atem stärke". Wie in vernünftiger Weise geatmet werden soll, kann jeder nicht in der Zwangsjacke (vulgo Korsett) steckende Mensch an sich beobachten. Mackenzie, ein englischer Halsdoktor, der ein im übrigen klassisches Werk über Gesang geschrieben hat, hält aber diese Vernunft für Unsinn; er ist vom Bauchatmen abgekommen, weil er beobachtet hat, dass die Lastträger, Meisterringer etc. vor grossen Anstrengungen den Bauch einziehen. Also, mein lieber Sänger: willst du singen, so habe das Gefühl, als ob du einen kräftigen Kerl (Kritiker oder sonst wen) zu Boden schlagen müsstest! —

Da ist uns doch die neue unfehlbare schwedische Methode nach Arlberg (der Mann ist tot, kann also ruhig gelobt werden) lieber, nach welcher das Singen eigentlich eine ganz einfältige Sache ist, die am besten gelingt, wenn man sich überhaupt gar nichts dabei denkt, eine „automatische" Tätigkeit.

Manche Gesangschule gleicht einer mittelalterlichen Folterkammer. Dort muss der Schüler zuerst sein Gesicht verkürzen, „damit der Ton in den Kopf dringe". Das geschieht durch festes Zusammenziehen der Backenmuskeln. Resultat: grinsendes Gesicht und Schlitzaugen. Darauf wird dem Schlitzäugigen ein Sektpfropfen zwischen die Zähne gesteckt, „damit die Zunge sich frei bewegen lerne". Nun wird die ungelenk sich aufbäumende Zunge mit einem Löffelstiel niedergedrückt (zu welchem Zwecke eine ästhetisch gebildete Lehrerin ein für jede Schülerin besonders aus Celluloid

Dr. Eisenbart kuriert halt immer noch die Leut nach seiner Art.

Ein anderer (Müller-Brunow ist schon 12 Jahre tot, kann also ebenfalls ruhig gelobt werden) lässt den Mund spitzen, als wenn man „blü" singen wolle (damit der Ton in die Nase dringe); mit dieser Mundstellung soll dann zunächst „bö" gesungen werden und sodann auch die anderen Vokale. Warum nicht „b'ö"? darin läge doch wenigstens die Andeutung eines Sinnes.

Eine bekannte Gesanglehrerin lässt die Anfänger aufsteigende Skalen langsam mit Benutzung von einem Lehrapparat und zwei Türflügeln singen. Die Türflügel bewegen sich bei jedem Ton gegeneinander und die Schüler ahmen diese Bewegung mit den Fingern sehr bald richtig auf dem Lehrapparat und mit der richtigen Stimmbandspannung nach.

Auch der arme Kehlkopf hat viel zu leiden; der Eine verlangt Tiefstellung, der Andere Hochstellung, nach der anatomisch-physiologisch-phonetischen Methode soll er wackeln, nach der italienisch-psychologisch-ästhetischen Methode soll er stille stehen. Dabei weiss kein Mensch, was das für ein Ding ist, man hat nur die dunkle Vorstellung, dass es „oben im Halse steckt".

Der moderne Sangeskunstverständige Emil Sutro belehrt uns in einer kürzlich erschienenen Druckschrift in staunenerregender Weise. Er hat entdeckt, „dass der Kehlkopf, welcher bisher als einziges Werkzeug zur Erzeugung von Tönen angesehen wurde, sein Gegenstück in der „Replica", dem Kehlkopf der Speiseröhre, findet, welche unter der Zunge liegt, und durch das Fraenum linguae, sowie die dasselbe umgebenden Knorpelgewebe dargestellt ist; dass kein vokaler Ton der menschlichen Stimme anders erzeugt werden kann, als durch die Kooperation des Larynx mit der Replica". Herr Sutro will seine ans Wunderbare grenzenden Entdeckungen in einzelnen Werken noch eingehender besprechen, „denn, wie er sagt, ist dieses Arbeitsfeld so immens, dass ich mir vorkomme, als ob ich den Ozean verschluckt hätte und nunmehr von seinen Bestandteilen Rechenschaft ablegen müsste." Das ist freilich in anbetracht seines voraussichtlichen Zustandes ein unbilliges Verlangen.

In dem Absatz „die Stimme der Speiseröhre und ihre Stimmbänder" bringt der Autor das Grundwesen seiner Entdeckung, nämlich, dass die menschliche Stimme ein Doppelwesen ist, eine Doppelnatur besitzt. Er sagt, dass sich die Laute um die Zungenspitze schwingen, dass sie oder richtiger die tragenden Luftwellen sich entweder an der oberen Fläche der Zungenspitze sammeln, um sich dann nach hinten zurückzuziehen, und dann wieder unterhalb der Zunge hinauszuströmen, oder dass der umgekehrte Fall platzgreift. Er hat festgestellt, dass die erstere Art des Atmens und der Hervorbringung eines vokalen Lautes jene des Engländers, die zweite jene des Deutschen ist.

Einer der merkwürdigsten Abschnitte in dem merkwürdigen Buche ist jener der „menschlichen Stimme". Da die Stimme der Ausdruck der Seele ist, die Seele aber in jedem Körperteile wohnt, so deduziert Herr Sutro, dass die Stimme auch jedem Teile des menschlichen Körpers entspringt und besonders, ausser in den Lungen, „in den Organen der unteren Hemisphäre", wie der Autor sich euphimistisch ausdrückt; zählt dann diese Organe auf, wobei er fragt schliesslich, wem früher all dieses je eingefallen wäre? Wir antworten mit gutem Gewissen: niemandem!

Diese Entdeckungen machte Herr Sutro alle, indem er bestimmte Körperteile unbeweglich machte und die Folgen davon beobachtete; so machte er die Bemerkung, dass beim Starrmachen der Oberlippe es nicht möglich ist, englisch zu sprechen, dagegen beim Starrmachen der Unterlippe das Deutschsprechen unmöglich wird; dann, dass der Deutsche nicht sprechen kann, ohne den Kopf zu bewegen (?), ferner beim Ausstrecken der Beine (in sitzender Stellung) es schwierig ist, deutsch zu sprechen, während beim Hinaufziehen derselben das Englischsprechen erschwert wird. „Nun stelle man sich auf die Zehenspitzen, man wird sehen, dass es leicht fällt, englisch zu sprechen, aber nicht so leicht, das Deutsche ohne Schwierigkeit herauszubringen u. s. w.

Es ist ein wahres Glück, dass es noch Männer gibt, die sich mit wissenschaftlichem Ernste unserer Kunst widmen. Wie leicht wird es jetzt sein, wenn wir mehr den Speiseröhrenton bevorzugen, dem Tone durch eine gesunde Magenresonanz mehr Fülle, Kraft, Umfang und Weichheit zu verleihen! — — —

Jetzt ist mir auch endlich die Bedeutung des Wortes „Brustresonanz" klar geworden. Ich muss gestehen, immer über die Leute gelacht zu haben, die das Wort im Munde führen, ohne zu bedenken, dass ein „Mitschwingen" noch lange nicht identisch ist mit „Mittönen". Ich habe mir immer vergeblich die Frage vorgelegt, wie vernünftig denkende Physiologen, Physiker und Gesanglehrer es für möglich halten können, dass sich in der Luftröhre dem Winde entgegen stehende Wellen bilden können.

Mir wird jetzt auch manches andere klar. So verlangte kürzlich ein Pädagoge grössere Berücksichtigung der „Unterkieferresonanz". Man müsse nur zum Bewusstsein derselben kommen und seine Gedanken energisch auf den Unterkiefer richten. Der Mann hat recht, ich gehe noch weiter; viel wichtiger ist eine kräftige Steissbeinresonanz; allerdings ist Vorsicht anzuraten, denn bei allzu energischer Konzentration unserer Aufmerksamkeit auf dasselbe ist die Bildung unangenehmer Nebengeräusche unausbleiblich.

Einer meiner Sangesbrüder hält den ganzen sogenannten „Kunstgesang" für Unsinn. Er sagt; „Ich singe wie der Vogel singt, der in den Zweigen wohnet". Eine Beleidigungsklage des berühmten Münchener Kammersängers kann man sich ja nicht mehr zuziehen und deshalb ruhig von dessen grossem Knödel sprechen. Mancher lernt's ja bekanntlich nie, und dennoch unvollkommen.

Jos. Rheinberger erzählte ein niedliches Geschichtchen:

Ein pensionierter Gymnasiallehrer in Feldkirch, ein Beschützer Rheinbergers, hatte Mozart noch gekannt. Er wollte als Schulpräparand in Wien seine mächtige Bassstimme ausbilden lassen und begab sich zu diesem Zwecke zu Mozart. Dieser setzt sich ans Klavier; der Bass legt mächtig los in der Absicht, die volle Kraft seines Organs zu offenbaren. Mozart springt entsetzt auf, hält sich die Ohren zu und sagt gutmütig lächelnd: „Sie, verzeihn's, lieber Herr, aber an Ochsen kann ich's Singen net lehren". —

Andere Ansicht gab allerdings der berühmte Bassist Kindermann mit dem Bekenntnis kund: „I hob's Singen von d'Ochsen glernt".

Sapienti sat.

schrieb Kritiken für das „Wiener Salonblatt“ und begann seine produktive Tätigkeit. Seine Oper Corregidor ist in Prag mit grossem Beifall gegeben worden; seine ganze Bedeutung strahlte uns aber aus seinen ca. 200 Liedern entgegen. Wie er die Dichtungen Goethes, Mörikes, Eichendorffs zu erfassen und erschöpfend in Musik umzusetzen wusste, welche Bedeutung sein Schaffen auf diesem Gebiete hat, das ist seinen Zeitgenossen nicht so recht klar geworden. Erst als sein Geist sich umnachtete, begann es draussen zu dämmern. Auch auf seinen Grabstein könnte man die Worte setzen, die Bodenstedt einst für Lortzing verfasste: „Deutsch war sein Lied und deutsch sein Leid, sein Leben Kampf mit Not und Neid. Der Neid flieht diesen Friedensort. Der Kampf ist aus. Sein Lied tönt fort.“

Bekanntlich war auch Lortzings Leben eine Leidenszeit. Weniger bekannt aber dürfte es sein, dass es auch schon zu Lebzeiten Lortzings sehr warme Verfechter der Verdienste dieses Mannes gab, die immer wieder nach Anerkennung für ihn riefen und die, als nach dem Tode des Meisters mit einem Male eine allgemeine Begeisterung für Lortzing sich kundgab und für seine Hinterbliebenen allenthalben gesammelt wurde, vor den drastischsten Ausdrücken nicht zurückschreckten, um der mit ihrer Opferwilligkeit viel zu spät kommenden Menschheit mal die Wahrheit zu sagen. Besonders nachdrücklich geschah das (im Jahre 1851) in der Leipziger Volkshalle, in der sich ein zweiter Abraham a Santa Clara also vernehmen liess:

„. . . . Und damit ich nicht lange fackele und Euch sage, wovon ich mit Euch sprechen will und was Ihr verbrochen habt, so wisset nur, dass ich gekommen, um mit Euch zu reden von dem Manne, der vor wenigen Tagen eingegangen in die ewige Schöpfung, von dem Diener der lieblichen Musika,

Albert Lortzing.

Ihr Deutschen! Ihr Biertrinker und wandelnden „Töppchens“! Ihr Schlafmützen und Maulwürfe! Ihr Wurstbäuche und Krautköpfe! Ihr Klössefiguren und Bratenreiter! Ihr Weissbierflaschen und Pumpernickels! Ihr Schludersäufer und Festfresser — da habt Ihr wieder einen zu Grunde gehen lassen, den Ihr zu besitzen nicht wert waret, da habt Ihr wieder einen zu kurz gehalten, der Euere langen Ohren zu gut gehalten und Euch was Ordentliches hat hineintönen lassen; da habt Ihr wieder so lange an einem seltenen Vogel geguckt und geguckt und ihm jede Feder besehen, woher er stamme, wie er heisse, was er fresse und wohin er gehöre, ihm aber bei der ganzen langen Untersuchung nichts zu essen gegeben, bis er unter Euren gelehrten Händen gestorben ist. Ihr Schildaer! Ihr Krähwinkler! Trippstriller und Kuhschnappler! Ihr Stolpenfelder und Buxtehuder! Ihr Bockhausener und Schafstädter! Das nennt Ihr Ordnung? Das heisst Ihr national und rational? Kapitaldumm ist es: statt bewunders verständig — albern, unbändig, statt erträglich — schofel und kläglich, statt rechtlich — verächtlich, statt generos — schofulos. Eure Sünden sind gross; Euch hol der Teufel, und Ihr seid ihn los!

Ja, jetzt geht Ihr mit dem Klingelbeutel herum und bittet mit demütiger Sündermiene und zerknirschtem Schafsgesicht von Tür zu Tür, von Kirchen- und Bierbank zu Bet- und Webstuhl und wollt was für seine Hinterlassenen. Was? Haben Euch seine Hinterlassenen all die schönen Lieder und Sachen geschrieben? Haben seine kleinen Kinder die Noten vielleicht in die Windeln gemacht? Oder hat sein Weib Euch die Opern wie seine Strümpfe und wollenen Bauchbinden gestrickt und geflickt? Ihr Mondkälber! Ihr Waldbären und Doppelaffen! Kann ihm das jetzt was nützen? Singt Euch der Vogel, wenn er gestorben ist und Ihr ihm noch so viel Futter hinstreut? Läuft ein Pferd, dem Ihr die Beine abhackt?

Sagt mir nur, machet Ihr dem armen gehetzten und zerfetzten, von Gram zersetzten und verletzten Toten nur einen Augenblick Freude? Helft ihr damit dem gestorbenen und verdorbenen

Albert Lortzing?

Die Würmer fressen ihn, die Maden kriechen in seinem Herzen herum, und das hundertfüssige Getier nistet in seinem Hirn, das für Euch dachte und wachte. Ja, gehet zu seinem Leichnam — statt Gesang bekommt Ihr Gestank, statt Noten seht Ihr den Toten, statt Triller und Läufe hat er Kälte und Steife, statt lodernde Lieder modernde Glieder, statt zu harmonisieren löst er sich auf, und statt ferner was für Euch zu setzen in Szene, hat er sich selbst gelegt ins Grab . .

Jetzt schüttet Ihr ihm Wein auf das Grab und stellt ihm eine volle Schüssel auf den Leichenstein. . . . Die Geige hätt' er nehmen sollen und sie Euch an den Kopf schmeissen, den Stock hätte er schwingen sollen, aber auf Eurem Rücken, streichen hätte er Euch sollen, aber nicht mit dem Bogen, und pauken, aber nicht auf den Kessel, sondern auf Euch; blasen hätte er Euch was sollen, aber aus einem anderen Loche. Hättet Ihr ihm Speis' und Trank, Kleider und Wohnung gegeben als er lebte, so wäre es heute was anderes . . . Gehet in Euch und bessert Euch. Erziehet wenigstens seine Kinder und ehret sein Weib, sonst beleidigt man die Schuhsohle, mit der man Euch einen Tritt versetzt.

So gehet hin und bessert Euch, sonst holt Euch alle der Teufel!“

J. A. Hägg.

Ein herbes Schicksal, demjenigen Hugo Wolfs nicht unähnlich, war auch diesem hoffnungsvollen Tonsetzer beschieden. Aus Anlass der 1. Aufführung seiner „Nordischen Symphonie“ in Berlin ist bei Friedr. Hofmeister, Leipzig, ein Schriftchen erschienen, welches das Verhältnis Häggs zu N. W. Gade schildert, an den ihn innige Zuneigung fesselte. Hägg hat ausser der Symphonie hauptsächlich Klavierwerke geschrieben, die sich durch entzückend melodischen Fluss, vornehme Haltung und feine Durcharbeitung auszeichnen.

Hägg wurde frühzeitig gemütskrank, brachte zwanzig Jahre in einer Anstalt zu und hatte, als er herauskam, alles Geschehene vergessen. Erst jetzt fanden sich im „Nordiske Forlag“ und in Friedrich Hofmeister, Leipzig, Verleger, die sich seiner Werke annahmen. Ein tragisches Schicksal hat den talentvollen, eigentümlichen schwedischen Tondichter in der Blüte seiner Jahre dahingerafft.

Im „Berliner Liederkranz“ ist es zu argen Differenzen gekommen, die den um den Verein hochverdienten Begründer und Leiter Direktor Wilhelm Handwerg veranlassten, sein Amt als Dirigent niederzulegen. Gleichzeitig ist der vor etwa einem Jahr gewählte 1. Vorsitzende Rechtsanwalt O. Dosing zurückgetreten und der bisherige 2. Vorsitzende Louis Blochwitz zum 1. Vorsitzenden gewählt worden. Man schreibt uns zu dieser Angelegenheit: Herr Direktor Wilh. Handwerg, der vor 17 Jahren den B. Liederkranz begründete und während dieser langen Reihe von Jahren den Verein zu hohem Ansehen gebracht und manch' schönen Erfolg im Konzertsaal, besonders auch auf seinen Reisen (Braunschweig, Hamburg, Wiesbaden, Mainz etc.) mit seinen Sängern erzielte, hatte bisher Sitz und Stimme in allen Vereinsangelegenheiten. (Herr Handwerg war seit Gründung des Vereins ordentliches und zahlendes Mitglied.) In der letzten Zeit hatte sich eine Partei gebildet, die Herrn Handwerg nur als besoldeten Dirigenten behandeln und ihm alle durch die Statuten verbürgten Rechte streitig machen wollte. Dies führte zum Bruch. Wie ferner verlautet, hatte sich gegen den 1. Vorsitzenden, Herrn Rechtsanwalt O. Dosing, eine entschiedene Opposition erhoben. Herr Wilh. Handwerg, der sich einen guten Namen erworben hat durch seine vielen volkstümlichen Chorlieder („Am Ort, wo meine Wiege stand“, „Rillus, Rallus“, „Ueber's Jahr, mein Schatz“, „Das deutsche Haus“, „Heimweh“, „Mein Heimattal“ u. s. w.; 135 Chorlieder sind im Druck erschienen), wird sich über den ihm zu teil gewordenen Undank damit trösten müssen, dass er in 37 Männergesangvereinen und Sängerbünden Ehrenmitglied und überall bei allen Sangesbrüdern ein gern gesehener Gast ist. Herr Louis Blochwitz, der in der letzten Versammlung den Vorsitz führte, hatte für den scheidenden Chormeister, dem der Berliner Liederkranz alles verdankt, nicht ein Wort des Dankes. Herr Handwerg hat für seine umfassende Dirigententätigkeit früher 350 Mk., zuletzt jährlich 500 Mk. bezogen. Diesem „besoldeten Beamten“ sollten Sitz und Stimme entzogen werden.

]keiten f. Männerchor mit Begl.

{eschal. Aus der Sommerfrische. Schwank mit Gesang 1 Akt (Leipzig. F. E. C. Leuckart. Kl.-Ausz. 3,— Mk., mst. à 30 Pfg.)

e allerliebste Idee; eine Dame verfällt auf den Gedan- /ertreibung der tötlichen Langeweile in der Sommer- uren Inserat einen Mann zu suchen. Der Gärtner des ten Ortes meldet sich, und verliebt sich schleunigst in che Kammerzöfchen, welches vorher mit der Herrin r gewechselt hat; das Pärchen kriegt sich natürlich. tuationswitze sorgen für drastische Wirkungen. Die chats ist wie immer, ansprechend und wohlklingend. berger, op. 113. Der Burgbau. Singspiel für M.-Ch. Soli (Biel Selbstverlag. Klav.-Ausz. 4.50. Chorst. à ₰.)

129 Die Schweizerhütte. Can'ate für M.-Ch., Soli verbindende Deklamation. (Selbstverlag. Klav.-Ausz. 3.—, Chorst. komplett 75 ₰.)

„Burgbau“ wird die Schweizer Freiheit verherrlicht. nd Vertonung zeichnen sich durch vornehme Haltung auch letztere etwas konventionell geraten ist. Auch Werk ist ein Hymnus auf das Schweizerland, an- durch den gemütvollen Ton, der sich durch das Ganze Die Werke sind leicht ausführbar und namentlich Vereinen zu empfehlen.

keiten f. Frauenchor mit Begl.

Verlag von Breitkopf & Härtel, Leipzig.

lapleigh, op. 15. 1. Ave Maria. 2. O salutaris Hostia. tte für Frauenstimmen mit Harfe od. Pfort. je 2.20

Verlag von Fr. Kistner, Leipzig.

t Gounod. op. 32. 1. Die Wasserlilie. 2. Braut- l. Laternenlied . . . . je 2.30

ckauf. Unterm Apfelbaum. 3stimmig mit Kl. 1.80

enhausser, op. 25. 4stimmig mit Klav.

bstlied 2.30

Mitternacht 2.80

Kuss 2.30

Verlag von Gebr. Hug & Co., Leipzig.

el, op. 27. 3st. Sopran- und Alt-Solo mit Kl. Klav.-Ausz. 1.20, St. je —.30

Verlag von W. Köster, Ruhrort.

Köster, op. 3. Wo du hingehst. Für 2 Sing- n und Klav. 1.50

Frauenchor ohne Begleitung.

ch Sickinger, op. 17. Mein Mütterlein . . —.50

aasnitzer. Sonnenlust . . . . —.10

lo. Pfingstlied . . . . —.10

do. Waldlied . . . . —.10

tvolle Bereicherung der Literatur sind die Frauen- ickenhaussers zu betrachten; die reichentwickelte ung gibt ihnen ein warmes, lebensvolles Gepräge. uffassung gibt sich im „Ständchen“ von R. Lassel rbendes Kind glaubt im Fiebertraume Engelstimmen Frauenchor begleitet die Worte des Kindes in rmonien sehr stimmungsvoll, nur schade, dass der ideres zu singen weiss, als „Ave Maria“.

Sammlungen.

etzten Nummer des „Wegweisers“ wurde die neue r Volkslieder von K. Hirsch als die erste dieser Zur Richtigstellung dieser Notiz sei hiermit auf iher erschienene Sammlung Altdeutscher Volks- nnerchor von Gustav Weber (Leipzig. Hug & en. Der volle künstlerische Wert dieser Lieder ichen Volke erst wieder aufgehen; aber auch der en.

Riemann. Einstimmiges Chorbuch (Leipzig. Breit- Preis 1 ℳ). Eine hübsche Auswahl von Volks- n, nur die Melodien und Texte enthaltend.

rünitz, Wegweiser künstlerischer Ton- -lin, Ernst Janetzke.)

ige Lehrbücher behandeln das heikle Thema ng so eingehend und dabei so klar und über- as vorliegende. Was der Verfasser über Ton- onanz, Registerausgleich und Funktionen des Ansatzrohres schreibt, ist mustergültig. Nur kann ich mich mit der Fixierung des Kehlkopfs nicht einverstanden erklären; den Standpunkt hielt ich für überwunden. Allerdings scheint diese Feststellung durchaus nicht durchgehends zu gelten, denn S. 127 wird diese Normalstellung nur für das abgerundete (weder zu hell noch zu dunkel) a verlangt, während sie sich bei i heben, bei o senken soll. S. 139 wird behauptet, dass die Beweglichkeit des Kehlkopfs bei einer Reihe von Tönen nur bei heller Klangfarbe und breiter Mundstellung möglich sei, und auch nur dann, wenn man mit der Luft auf der Tonansetzmarkierung nach unten nicht liegen bleibt, sondern bei jedem neuen Ton ab- und anhebt — Warum soll denn auch bei dunkler Klangfarbe der Kehlkopf nicht frei und locker schweben können? Verfasser sagt selbst: „Im Gesang soll alles frei sein, kein Druck, keine Gewalt; alles natürlich und doch kunstgemäss“ „Natürlich“ ist einzig und allein die lockere freischwebende Haltung des Kehlkopfes und die daraus hervorgehende Beweglichkeit desselben; alles andere ist Künstelei und wirkt auf die Dauer schädlich auf den Organismus.

Die Beschreibung des Gesangsorgans ist etwas kurz geraten, hätte auch einige Illustrationen vertragen. Dagegen ist der Tonbildungsgang ausführlich und klar abgefasst, enthält manches Neue und verschmäht erfreulicherweise kritikasterhafte Angriffe auf Andersgläubige.

G. Gottfried Weiss, Sing- und Sprech-Gymnastik. Der Weg zur Meisterschaft in der gesanglichen und rednerischen Vollverwertung des Stimmorgans. (Berlin, H. Paetels Verlag.) Verfasser ist der Ansicht, dass eine Einwirkung auf unseren inneren Organismus, soweit es sich um Sing- und Sprechgymnastik handelt, nur möglich ist, wenn wir die Ergebnisse der wissenschaftlichen Forschung auf dem Gebiet der Anatomie und Physiologie uns zu Nutze machen. Den Begriff einer Meisterschaft im Gebrauche des Stimmorgans für Tonerzeugung fasst er „Als die Kunst, die Bewegungen für Einatmung und tönende Ausatmung mittelst der isolierten Zwerchfellatmung“ und die Anregung einer gesteigerten Selbsttätigkeit des Stimminstrumentes für den Schluss und die Gestaltung der Stimmritze mittelst des F a s s e n s , S t e l l e n s und H a l t e n s desselben so zu vollziehen, dass das Stimminstrument die volle Freiheit der eignen Schwingungen und die volle Kraft zur Erregung von Mitschwingungen der Hohlräume des Körpers in möglichst weitem Bereich gleichmässig auf allen Tonstufen erhält. So geht der Akt der Stimmerzeugung in der Weise vor sich, dass die Stimme für alle dynamischen Nüancen, sowie für alle seelischen Färbungen in ihrem ganzen Vollwert zu Tage gefördert wird.

Das Werk hat für Gesanglehrer Wert, für Schüler weniger. Es erstrebt eine gymnastische Entwickelung der Gesang- und Sprachorgane auf der Grundlage anatomisch-physiologischer Vorkenntnisse.

Johannes Scholtze. Wie soll ich **künstlerisch singen?** Kurze Anleitung zum Kunstgesang für Sänger und Sangesfreunde. (Berlin, S. Mode's Verlag. Preis Mk. 1.50.)

Für die Ziele der künstlerischen Ausbildung ist die Darstellung zu dürftig, dagegen werden Sangesfreunde und Dilettanten das Wissenswerteste auf diesem Gebiete finden. Namentlich den Singvereinsmitgliedern sei es empfohlen.

Louis Roothaan. Praktischer Wegweiser für **Männer-Gesangvereine.** (Verlag von A. Oeser, Bühl. Preis 20 Pfg.)

Das Heftchen beschränkt sich auf eine knappe Darstellung der Notenschrift. Wenn unsere Dirigenten doch endlich einsehen wollten, wie unrationell und unpädagogisch es ist, den Schülern eine Sprache beizubringen, deren Schriftzeichen diese gar nicht kennen. Drei Stunden genügen, um ihnen das Erforderliche beizubringen.

Die neue Rechtschreibung wurde am 1. Januar nicht nur amtlich bei allen Behörden und Schulen, sondern auch im öffentlichen, kaufmännischen und Privatverkehr eingeführt.

Als ein vorzügliches Hilfsmittel, sich über die neue deutsche Schreibweise eingehend zu informieren, zugleich als Ergänzung zu jedem nur orthographischen Wörterbuche, dient das von den meisten Unterrichts- und anderen Behörden Deutschlands, besonders Post- und Eisenbahn-Direktionen, empfohlene Werk: **Ausführliches grammatisch-ortho-**

graphisches Nachschlagebuch der deutschen Sprache mit Einschluss der gebräuchlicheren Fremdwörter und Angabe der schwierigeren Silbentrennungen sowie einem besonderen Verzeichnis geschichtlicher und geographischer Eigennamen (mit Aussprache). Nach der neuesten, für Deutschland, Oesterreich und die Schweiz geltenden Orthographie. Von Dr. A. **Vogel**. 33.—50. Tausend. 524 Seiten kl. Lex.-Format. Preis eleg. geb. Mk. 2.80. (Langenscheidtsche Verlagsbuchhandlung, Prof. G. Langenscheidt, Berlin SW. 11.) Das im Verhältnis zu dem billigen Preise fast glänzend ausgestattete Buch ist durch jede Buchhandlung zu beziehen.

Liederbücher für die Schule.

A. Für Volksschulen oder Unterklassen der höheren Schulen.

Liederkranz. Auswahl heiterer und ernster Gesänge für Schule, Haus und Leben, herausgegeben von **L. Erk** und **W. Greef.** Neu bearbeitet von Wiedermann und Krämer. (104. Aufl. Essen, G. D. Baedecker.)
Heft I A 107 ein- und zweist. Lieder und 41 Spiellieder für Kinder von 6–8 Jahren. Preis 50 ₰.
Heft I B 206 zweist. Lieder und 16 Kanons für Kinder von 8—11 Jahren. Preis 80 ₰.
Heft II 94 dreist. Gesänge. 69 drei- und zweist. Lieder, 2 vierstimm. Lieder und 8 Kanons für Kinder von 11—14 Jahren. Preis 1 ℳ.

Gesanglehre. Zum Gebrauche an Volksschulen und höheren Lehranstalten, bearbeitet von **E. Röder.** op. 17. Hannover, L. Oertel.)
a) Lehrer-Ausgabe. I. Gesanglehre. Allgem. Tonlehre.
II. Praktischer Teil: Stimm- und Gehörübungen. 24 Choräle u. 24 volkstüml. Lieder. Preis 1.50 ℳ.
b) Schüler-Ausgabe. Preis 80 ₰.

Deutsches Schulliederbuch von **Moritz Vogel.** 200 ein-, zwei- und dreist. Lieder und Gesänge, nach eingeflochtenem methodischem Teile geordnet. Für Mittel- und Volksschule (Leipzig, Gebr. Hug & Co. Preis 60 ₰.)

Volksschul-Liederbuch. Nach Quellen bearbeitet von **K. Becker, K. Roeder** und **E. Zeh.** 115 Lieder und Elementar-Uebungen. (Neuwied, Heusers Verlag.) Preis 50 ₰. Uebungen in Ziffern und Noten, ein- bis dreistimmig.

Liederheft für die Volksschulen der Provinz Westfalen. (Dortmund, W. Crüwell.)
Lehrer-Ausgabe. Preis 1 ℳ. Enth.: Anleitung zur Erteilung des Gesangunterrichts. 25 Spiellieder und 100 Volkslieder in Noten. Ein- und zweistimmig.

Neues Schulliederbuch. Sammlung deutscher Volkslieder und volkstüml. Gesänge v. **Fritz Neuert.** (Pforzheim, R. Neumann.)
I. Teil: 1- und 2-stimmig. Preis 50 ₰.
II. Teil: 3-stimmig. Preis 60 ₰.
III. Teil: A. 4-stimmig. Preis 75 ₰. (4 Knabenstimmen.)

Deutsches Liederbuch. Eine Sammlung der besten Volkslieder für deutsche Schulen. Mit Original-Komp. von Abt. Appel. Hering, Hiller, A. Kern, L. Köhler u. a., herausgegeben von **Chr. H. Lüdicke** (Leipzig, E. Zehl.)
I. Teil. 100 Lieder für die Unterstufe. Preis 25 ₰.
II. Teil. 215 Lieder und Gesänge für die Mittel- und Oberstufe. Preis 35 ₰.

Liederwald. Lieder für deutsche Schulen, herausgegeben von **Chr. H. Lüdicke.** (Leipzig, E. Zehl.)
III. Teil. 186 Lieder und Gesänge für die Oberstufe. Pr. 40 ₰.

Jugendgrüsse. 61 alte und neue Lieder als Zugabe zum „Liederbuch für katholische Schulen" von **Aug. Löhmann.** (Leipzig, X. Pflugmacher.) Preis 40 ₰.

Stimmen aus der Heimat. Eine Sammlung deutsch. Volkslieder für die Volksschule bearbeitet und herausgegeb. von **Heinrich Hönig.** (Bühl. Konkordia A.-G.) Preis 25 ₰.

Singschule. Nach den Bestimmungen der Schul- u. Lehrordnung für die Volksschulen in der Pfalz, bearbeitet von **Jakob Widmann.** (Zweibrücken, W. Ruppert.) Preis 1.80 ℳ.

Liederbücher für höhere Schulen.

Die Kunst des Gesanges. erläutert nebst einer Sammlung 2—8-stimmiger Gesänge geistl. u. weltl. Inhalts für Knaben-, Frauen- oder Männerstimmen. Ein Lehrbuch für den Gesangunterricht in höheren Bildungsanstalten und für Gesangvereine, verfasst von **Julius Urban.** (Berlin, Schultze und Velhagen.)
Prakt. Teil III 2-st. Gesänge. Preis 80 ₰.
" IV 3—4-st. Gesänge. Preis 1 ℳ.

Liederstrauss. Sammlung 2-, 3- und 4-st. Gesänge für Männerchor. Für den Gesangunterricht in höheren Schulen, herausgegeben von **Richard Müller.** (Leipzig, C. F. Kahnt Nachf.)

Sursum corda III. Eine Sammlung leicht ausführbarer geistl. Gesänge für 3-st. Kinder- oder Männerchor, für Kirchen- und Schulchöre, bearbeitet von **Carl Stein,** op. 34. (Wittenberg, R. Herrosé.) Preis 1 ℳ.

Laetitia. Sammlung von 4-stimm. Chören für deutsche Cäcilienvereine, höhere Lehranstalten etc., herausgegeben von **Waltmann von der Au.**
Band I. Religiöse, Vaterlands-, Frühlings- etc. Lieder. (Düsseldorf, L. Schwann.) Preis 1.20 ℳ.
Band II, III Gemischte Chöre. Preis je 1 ℳ.
Band IV Männerchöre (Strassburg i. E., Strassb. Druckerei u. Verlagsanstalt.) Preis 70 Pfg.

Liedersammlung für Realschulen und verw. Lehranstalten.
II. Teil. Enth. 3—4-stimmige Lieder, herausgegeben von **Friedenberg & Pähler.** (Leipzig, Dürr'sche Buchhdl.) Pr. 1.50 ℳ

Sängerhain, herausgegeben von **L. u. Fr. Erk** und **W. Greef.**
I. Band. A (Heft I. II, III) 476 1-, 2- und 3-stimmige Gesänge für die Vorschule, unteren und mittleren Klassen. Pr. 2.40 ℳ
I. B 2- und 3-st. Gesänge Preis 1.60 ℳ.
II. Band **Chorbuch des Sängerhain.** 4-st. Gesänge für gem. Chor
Ausgabe A Heitere, ernste und geistl. Gesänge. Preis 2.70 ℳ
Ausgabe B Heitere und ernste Gesänge. Preis 1.60 ℳ. (Essen, G. D. Badecker.)

Hilfsbuch für den Unterricht im Gesange auf den höheren Schulen. Nach neuen Gesichtspunkten bearbeitet von **Dr. Karl Schmidt** (Leipzig, Breitkopf & Härtel.) Preis 2.50 ℳ.
Auf dieses Werk kommen wir noch zurück.

Dreistimmige Chöre für den Gesangunterricht an Lehrerinnen-Seminarien und höheren Mädchenschulen, herausgegeben von **Th. Quellug.** (Paderborn, J. Esser.) Preis 1.50 ℳ.

Für Feste and Fahrten. Ein Taschenliederbuch für Deutschlands Jugend, von **Hans Hofmann.** (Leipzig, Dürrsche Buchh.) Preis 25 ₰. Eine hübsche Auswahl der beliebtesten Texte

Neue Männerchöre a capp.

Verlag von J. Günther, Dresden.

zl. 346. **G. Ad. Uthmann.** Volksweisen 1.60
msch. 347. do. In Duft und Reif 1.50
l. 348. do. Des Kindes Klage 1.–
zl. 349. do. Spielmanns Tod 1.–

Verlag von Fr. Kistner, Leipzig.

Ottomar Neubner. 3 Volkslieder.
l. 1. Der Schäfer trägt Sorgen (1786) 1.40
msch. 2. Nixentanz, Norwegisch 1.40
l. 3. Der böse Bach (18. Jahrh.) 1.40

Ottomar Neubner, op. 95. (O. Hausmann.)
msch. 1. Unter der Linde 1.80
msch. 2. So gehts (mit Tenor- und Bar.-Solo) 1.80
l. 3. Später 1.40
msch. **Rich. Wickenhausser,** op. 28. 1. Am Ammersee.
2. Rot der Rock . . . . je 2.70

Verlag von J. Schuberth & Co., Leipzig.

Heinrich Platzbecker, op. 43. Zwei heitere Lieder.
l. Ein Fliegen-Roman. Mädel, sei gescheit . . . 1.20
msch. op. 45. Spatz und Spätzin 1.40

Verlag von J. L. Rebbert, Bochum.

sch. **W. Sturm,** op. 120. Schwedenritt 4.–

Verlag von Gebr. Hug & Co., Leipzig.

msch. **Bernhard Scholz,** op. 86. Deutsches Flottenlied . . 2.–

Verlag von F. Bosse, Leipzig.

zl. **Karl Hering,** op. 140. Lenzfahrt 2.–
l. **C. Matthaeus,** op. 5. Sehnsucht 1.–

Verlag von J. G. Seeling, Dresden.

msch. **A. Berlit,** op. 3. Dem Kaiser Hoch! 1.–

Besonders aufmerksam mache ich auf Uthmanns „Volksweisen" als einen recht wirksamen durchkomponierten Chor. Ein köstlich neckisches Liedchen ist Neubners „So gehts", ein Schlager ersten Ranges; auch die heiteren Chöre Platzbechers dürften Freunde finden. W. Sturms „Schwedenritt" ist einer der Chöre, welche vor den Augen der Berliner Kommission für den Frankfurter Wettstreit wegen ihrer Schwierigkeit keine Gnade fanden; — mit Unrecht; denn die technischen Schwierigkeiten sind trotz der dramatisch bewegten Schilderungen nicht so gross. Das Heranbrausen der Reiter z. B. ist sehr packend und charakteristisch vertont, aber die Hauptrolle spielen dabei Tonleitern und Tonwiederholungen. In der Schwierigkeit dürfte der Chor kaum das Totenvolk erreichen. Der Schluss scheint mir in der Stimmung nicht getroffen, die letzten Gedanken der Sterbenden schauen wohl kaum so freundlich aus; diese süssen, freundlichen Schlüsse nach so viel Tod und Verderben wirken allgemein manieriert.

vom Ende's Verlag, Köln.

Ein neuer Wettstreitchor
von
: Meyer-Olbersleben
Totendank.
: zur Ansicht zu verlangen!

:hönstes Konzertstück mit Orchester.

s Schwedengrab."

Ballade von Ant. Aug. Naaff.
rtin Plüddemann (Chormusik)
sof Pembaur (Orchestermusik)

·Partitur und Orchesterstimmen liefern wir in Abschrift auch leihweise.
artitur fl. 3.— 6½ Mark. Chorstimmen einzeln 30 Pf. 1 Quartett fl. -.72 1 Mark 20 Pf.

„Lyra"-Verlag, WIEN XVIII/2.

:chsische Schulzeitung" Nr. 42. 1902, urteilt:
:hmiedeberg und Hammer im Erzgebirge wurde im schwedischer Heeresteil des Feldherrn Baier durch ruppen unter Piccolomini in einen Moorgrund gevernichtet. — Zu diesem Inhalte der Ballade von hat der Komponist mit geschickter Verwendung lelodien aus der Zeit des 30jährigen Krieges eine :teristische, wirkungsvolle Vertonung geschaffen. Die ıung der Dichtung ist gut getroffen. Es wirkt die isch. Die Schwierigkeit ist im allgemeinen keine :indruck wird mit Orchesterbegleitung (von Pembaur) sserer sein. Das Werk bildet eine sehr dankbare eschulte, grössere Männerchöre".
. Februar vom Dresdener M.-Gesangverein (unter itung) mit ausserordentlichem Beifall aufgeführt. Die leuer Presse ist voll des Lobes.

Neue Chormusik

aus dem Verlage von

FR. KISTNER

in Leipzig.

Männerchöre.

Neubner, O.
Op. 95. 3 Lieder. Gedichte von Otto Hausmann.
No. 1. Unter der Linde . . . . P. 1.—, St. —.80
No. 2. So geht's . . . . P. 1.—, St. —.80
No. 3. Später . . . . P. 1.—, St. —.80
— 3 Volkslieder für Männerchor gesetzt.
No. 1. Der Schäfer trägt Sorgen . . P. —.60, St. —.80
No. 2. Nixentanz . . . . P. —.60, St. —.80
No. 3. Der böse Bach . . . . P. —.00, St. —.80

Wickenhausser, R.
Op. 28. 2 Gesänge.
No. 1. Am Ammersee, von E. Ziel P. 1.50, St. 1.20
No. 2. Rot der Rock, v. O. J. Bierbaum P. 1.50, St. 1.20

Frauenchöre.

Gound, Rob.
Op. 32. 3 dreistimmige Frauenchöre mit Pianoforte.
No. 1. Die Wasserlilie, von J. Gersdorff P. 1.50, St. —.60
No. 2. Brautlied, von P. Heyse . . . P. 1.50, St. —.60
No. 3. Laternenlied, von H. Seidel . P. 1.50, St. —.60

Rückauf, A.
Unterm Apfelbaum, von Klaus Groth. Für dreistimmigen Frauenchor mit Pianoforte bearb. v. F. Jos. Loewenstamm. P. 1.—, St. —.60

Wickenhausser, R.
Op. 25. 3 Gesänge für vierstimm. Frauenchor mit Pianoforte.
No. 1. Herbstlied, von Alexis Aar P. 1.50, St. —.80
No. 2. Um Mitternacht, von E. Mörike P. 2.—, St. —.80
No. 3. Der Kuss. Aus dem Spanischen von Arentsschild . . . . P. 1.50, St. —.80

Köln am Rhein. **H. vom Ende's Verlag** Ecke Bismarck- und Kamekestrasse.

ntral-Versand für Chorgesangliteratur.

Grosses Lager der neuesten Erscheinungen für

Männer-, Frauen- und gemischten Chor.

Prompte und sorgfältige Lieferung

Musikalien jeder Art, sowie der gesamten musiktheoretischen Literatur zu den günstigsten Bedingungen.

Ansichtssendungen, auch der neuesten Erscheinungen, stehen bereitwilligst zur Verfügung.

uch werden Bearbeitungen jeder Art übernommen, Arrangements, Instrumentationen, Korrektur einzelner Kompositionen.

·itut für brieflichen Unterricht in der Musiktheorie.

Prospekte und Kataloge bitte gratis und franko zu verlangen.

Meister-

voll gearbeitete Musikinstrumente jeder Art direkt vom Herstellungsorte **Wilh. Herwig** in **Markneukirchen i. S.**

Illustrierte Preisliste umsonst und portofrei. Bitte anzugeben welche Instrumente gekauft werden sollen.

Bezugsquellenregister.

Vereinsfahnen.
Kölner **Fahnenfabrik,**
Arnold **Steiger, Köln.**

Buchbinderei E. A. Enders,
Leipzig.

Abzeichen f. Gesangvereine.
Muster an Vereine postfrei.
Adolf Deleda, Wien VII 2.
Mariahilferstr. 54.

Banner, Fahnen, **Schärpen,**
Abzeichen.
Thüringer Fahnen-**Fabrik.**
Coburg.

Lieferung
sämtlicher Musikalien
durch
H. vom Ende, Köln a. Rh.

Zwei auserlesene Kabinettstückchen!

Jos. Frischen,

Venetianisches Lied

für **Männerchor.**

Partitur Mk. —.50, **Stimmen je Mk.** —.10

Rud. Genée,

Serenade aus der Oper: „Der Geiger aus Tyrol"

für **Männerchor mit Bariton-Solo.**

Partitur Mk. —.80, **Stimmen je Mk.** —.15.

Partituren gerne zu Diensten.

Verlag von Louis Oertel, Hannover.

Auf Flügeln des Gesanges.

Neue Männerchöre:

Keller, Ludw., op. 60, No. 1. Sonntagsstille.
— op. 60. No. 2. Der Affenthaler.
— op. 62. No. 1. In vino veritas.
— op. 62. No. 2. Wenn die Sonne hinterm Berge sinkt.
Leschky, M., op. 80, No. 2. Die Nacht.
Müller, P., op. 35. O. Frühling, du selige Zeit.
Oertling, J., op. 55. Ich seh' dich oft im Traume.
Ullrich, Fr., op. 86. Bismarck-Hymne.
— op. 89. No. 1. Grüß Gott.
— op. 89. No. 2. Herr verstoß' die Seele nicht (Grablied).
Willberger, W., Da unten.

Ansichtssendungen bereitwilligst.

Friedr. Ullrich, Godesberg a. Rh.,
Musikalien-Versandgeschäft.

Westdeutsche Konzertdirektion Köln a. Rhein.

Briefadr.: Westdeutsche Konzertdirektion, Köln, Bismarckstrasse 25. — Telegr.-Adr.: Konzertdirektion Köln.

Die Westdeutsche Konzertdirektion vermittelt Engagements bei allen Konzert-Vereinen und Gesellschaften, welche Musik pflegen, arrangiert eigene Konzerte und Tournées und erteilt in allen Konzertangelegenheiten bereitwilligst Auskunft.

Neu! 'S FRANZERL aus der Schmiedeschenke. Neu!

Singspiel in 1 Akt mit Chor, Soli u. Klavier- od. Streichorch. v. **Conrad Roland,** Musik v. **Adolf Jäckel,** op. 96.

Preis komplett (mit 5 Textbüchern) **Mk. 8,—, Orchesterstimmen Mk. 2,— netto.**

Ein echtes Volksstück, dem ein Stoff aus den Ereignissen des täglichen Lebens zu Grunde liegt. In der geschickt und ungekünstelt aufgebauten, fesselnden Handlung tritt uns jeder Charakter lebenswahr und mit natürlicher Frische entgegen. Meisterhaft hat auch Adolf Jäckel die Musik dem Stoffe angepasst. Anheimelnde, leicht fassliche Melodieen erfreuen uns in Soli und Duett und ein klangvoller, flotter Walzer beschliesst als Chor das Stück. Kein Verein versäume, sich das hochinteressante Werk, welches weit über dem Niveau des Alltäglichen steht, zur Ansicht kommen zu lassen.

Neue **Jäckel-Chöre** und **zugkräftige Humoristika** stehen ebenfalls zur Ansicht zu Diensten.

G. Adolf Jäckel, Leipzig.

1

Wegweiser durch die Chorgesanglitteratur

Ratgeber für Gesangvereine und Dirigenten.

Redaktion und Verlag: H. vom Ende, Köln a. Rh., Ecke Bismarck- und Kamekestrasse.

nebst Beiblatt:

Der Sänger.

Offizielles Organ des Westdeutschen Sängerverbandes, Mosel-, Saar-, Nahe-Sängerbundes, des Mittelrheinischen, Rheinhessischen und Speyergau-Sängerbundes.

Erscheint monatlich einmal. Bezugspreis für 1 Expl. 20 Pfg. Jahresabonnement Mk. 1.50 und 40 Pfg. Porto. Inserate kosten pro 4 mal gespaltene Petitzeile 20 Pfg.

Expedition: H. vom Ende's Musikalien-Versandgeschäft.

Nr. 7.	Köln a. Rhein, den 26. April 1903.	IV. Jahrg.

Wir bitten die Freunde unseres Blattes, zwecks Weiterverbreitung Freiexemplare gratis und franko verlangen zu wollen.

Sünd und Fehl in der Musik.

IV

H. vom Ende.

Uebertriebene Prinzipienreiterei ist auch das Verwerten schöner, vornehmer Instrumentationen dieser älteren Werke, solange sie nicht den Charakter der Werke verändern. Die Verdienstlichkeit der Chrysanderschen Arbeiten soll nicht geschmälert werden, aber diese Frage hätte er ruhig gebildeten Musikern überlassen sollen.

Ob ich ein grosses Orchester oder ein kleines, einen grossen Chor oder einen kleinen für die Aufführung benutze, ändert an dem Charakter des Werkes absolut nichts. Weder Händel noch Bach hat vorgeschrieben, mit wie viel Pferdekräften gearbeitet werden soll. Es handelt sich dabei nur um dynamische Unterschiede; das Mass der anzuwendenden Kraft richtet sich natürlich nach dem Charakter der Komposition; dieses Mass kann mit dem grossen Orchester ebensogut innegehalten werden, wie mit dem kleineren; das erstere ist aber vorzuziehen wegen des grösseren Wohlklanges. Ein grosser Chor bringt z. B. pp. Liedchen viel schöner zur Geltung, wie ein kleiner, die Klangmasse, das Volumen wird weicher, gesättigter, ausgeglichener, die Schallkraft kann aber nach Belieben gemässigt werden.

Das eigentliche Wesen des Werks, seinen Charakter soll man aber unangetastet lassen. Ihm müssen die Klangfarben angepasst sein, nach ihm richten sich vor allen Dingen die Schattierungen der Klangstärke und des Zeitmasses. Diese Schattierungskunst ist der Gradmesser für Geschmack und künstlerische Bildung und Erziehung. An ihr scheitern die Taktdrescher und akademischen Musiker mit grossen Kenntnissen aber ohne Leidenschaft.

Nur aus heissem Herzen kann der güldene Bronnen emporsteigen, in dessen Wasserstäubchen das Leben des Künstlers sich widerspiegelt. Wessen Seele nicht fähig ist, die tiefen und erhabenen Gedanken des Schöpfers in sich aufzunehmen, der kann sie auch nicht wieder hervorlocken aus dem Instrument, dessen er sich bedient, aus dem Herzen seiner Sänger. — — — —

Was wir bisher besprochen, hat mit dem Charakter der Künstler, ihrer Denkungsart, nichts zu tun. Man muss unterscheiden zwischen Fehlern, die aus unzulänglicher Beanlagung entspringen und solchen, die auf Mangel an Charakterstärke beruhen, die auf den ästhetischen Geschmack, künstlerische Vorbildung des Schöpfers ein schlechtes Licht werfen. Unter den Umständen kann der Fehler zur Sünde werden. Wer ehrlich arbeitet und strebt und der Wahrheit auch in seinen Schaffen die Ehre gibt, dem ist nicht nur nichts vorzuwerfen sondern Anerkennung zu zollen, er kann immerhin ein nützlicher Diener der Kunst sein, mag ihm auch dies oder jenes bis zu einem gewissen Grade fehlen. Eines aber muss vorausgesetzt werden, die Selbsterkenntnis. Wo sie fehlt, da ist auch Eitelkeit, Selbstüberhebung und in ihrem Gefolge Unwahrheit und Lüge nicht fern.

Neben dem Darstellungsvermögen sind zwei Geistesgaben dem Tondichter unentbehrlich: Phantasie und Leidenschaft. Ohne sie bleiben seine Werke tönendes Erz: sein Pegasus wird vergebens dem Staub der Erde zu entrinnen suchen, der Himmel bleibt ihm verschlossen.

Darstellungsvermögen allein gebiert nur einen Techniker oder Virtuosen, Phantasie allein den Phantasten und Leidenschaft den Verbrecher oder Wahnsinnigen. Vereint und im Zaume gehalten durch Verstand und Willenskraft schaffen sie in der Kunst das Ideal. Sie schenken dem Künstler die Begeisterung, das Entrücktsein des Geistes in höhere Sphären, dort die Inspiration empfangend zu schöpferischen Taten von idealem Wert.

Die Begeisterung lässt uns nicht ruhen, dem Ideale zuzustreben; sie gibt uns die Ueberzeugung, die allein den grossen Mann werden lässt; was nutzen uns grosse Ideen, wenn jenes Streben und diese Ueberzeugung fehlt!

Etwaigen Mangel an diesen Geistesgaben in seinen Werken möglichst wenig fühlbar zu machen, ist Pflicht jedes Künstlers; Anlehnung an gute Meister in diesem Falle immer noch besser, als unzulängliche Originalität. Aber als unehrenhaft und unwahr muss der Künstler das Füllen solcher Lücken mit Surrogaten empfinden.

Sobald der Künstler mehr geben möchte, als er hat, mehr scheinen, als er ist, wird er zum Lügner. Er fälscht damit den Ausdruck seines inneren Lebens, er hascht nach Wirkungen ohne Ursache, d. h. nach Wirkungen, deren Ursachen nicht sachgemäss begründet, sondern nur aus äusserlichen Absichten zu begreifen sind. Solche verlogene Kunst aber wird zur Gemeingefahr, sie verdirbt das Gefühlsleben um so mehr, da sie immer in einschmeichelndem, sinnlich bestrickendem Gewande auftritt. Nimmermehr wird das Gemüt des unbefangenen Hörers rein und vollkommen aus dem Zauberkreise eines Künstlers hervorgehen, der mit unwahren, verlogenen Mitteln arbeitet. Mit ihren Effekthaschereien heucheln sie eine Grösse, die ihre Kunst gar nicht besitzt. Wem der Gürtel der Anmut nicht verliehen ist, gerät leicht in affektierte Ziererei. Vornehmheit wird zu prätentiöser Geschraubtheit, Würde zu Schwulst, das Kindliche kindisch. Aller unnötige äussere Aufwand verrät Mangel an innerer Vornehmheit. Grosse Effekte stehen z. B. der Musik zu Gebote durch künstlerische Anwendung der Schallkraft; aber nirgends ist die Gefahr, unwahr zu werden grösser, als auf ihrem Gebiete, indem die Versuchung nahe liegt, durch die elementare Gewalt der Schallkraft oder durch den Reiz dynamischer Abstufungen den Mangel an innerem Ausdruck, der doch zunächst im musikalischen Gedanken selbst enthalten sein muss, ersetzen zu wollen. Das Pathetische wird dann bombastisch, das Erhabene brutal erschütternd. Auf die Menge wirkt diese potentierte Monumentalität natürlich überwältigend, sie johlt dem betr. Fabrikanten Beifall zu und lässt nicht eher nach, als bis aus dem vielleicht noch in der Entwicklung begriffenen, in seinen künstlerischen Anschauungen noch nicht genügend gefestigten Künstler ein widerwärtiger, aufgeblasener Geck geworden ist, unfähig, in gebildeter Gesellschaft zu verkehren, ohne je nach den materiellen Erfolgen entweder durch Aufgeblasenheit oder durch das bekannte Gepräge des verkannten Genies aufzufallen.

Der echte Künstler schafft nur für sich, der Beifall der Menge wird ihn erfreuen und zu weiterem Schaffen anregen, aber bestimmend auf die Art seines Schaffens ist er nicht; er wählt aus den Schätzen seiner Erfahrungen und Erlebnisse nur das ihm persönlich angemessen Dünkende, verschmäht jedes Buhlen um die Gunst der Menge, jeden Aufputz mit Flittergold; gewissenhafte Selbstbetrachtung, schonungslose Kritik der eigenen Produktion ist ihm inneres Bedürfnis.

Wenn auch unsere Dirigenten das immer beherzigen möchten! Wer ein einfaches Liedchen durch reiche Vortragsnuancen zu einem gefühlsreichen, oder umgekehrt ein tiefempfundenes durch einfachen Vortrag zu einem simpeln stempeln will, der betrügt Schöpfer und Zuhörer. Jede künstlerische Tat soll den Stempel der Wahrhaftigkeit, Gewissenhaftigkeit und Ueberzeugungstreue an der Stirn tragen, der Künstler soll sich seiner Verantwortlichkeit im öffentlichen Musikleben bewusst bleiben, er sei der Sohn seiner Zeit, aber nicht ihr Zögling oder gar ihr Günstling, er blicke aufwärts nach seiner Würde, nicht niederwärts nach dem Glück und dem Bedürfnis.

Mosel-Saar-Nahe-Sängerbund.

Die diesjährige Delegiertenversammlung wurde am Sonntag den 22. März in Birkenfeld abgehalten. Vor der Eröffnung derselben fand eine Sitzung des Vorstandes statt, um eine vorberatende Stellung zu der Tagesordnung zu nehmen. Zu Beginn der Hauptversammlung erfreute die Birkenfelder „Liedertafel" (Dir.: Herr Lehrer Bauer) die zahlreich Erschienenen durch den sehr beifällig aufgenommenen Vortrag des Chores „Frühlingsherold" von Wiesner. Den Willkommengruss der Birkenfelder Mitgliedsvereine „Liederkranz" und „Liedertafel" entbot der Vorsitzende der „Liedertafel", Herr K. Baldes. Nun eröffnete der Bundespräsident, Herr Fabrikant B. Gross-Trier den Delegiertentag mit Worten des Dankes für den Begrüssungschor und den Willkommengruss; er begrüsste die Versammlung und widmete den im letzten Jahre verstorbenen Mitgliedern, besonders dem lieben Herrn Kiesner-Saarbrücken (2. Verbandsvorsitzender) einen warmen Nachruf, worauf sich die Anwesenden zum ehrenden Andenken der teuren Toten von den Sitzen erhoben. Die Feststellung der erschienenen Delegierten ergab, dass 31 Vereine mit 56 Stimmen vertreten waren und etliche 20 Vereine, meist aus den Mosel- und Saarbezirken, keine Vertreter abgeordnet hatten. Den umfangreichen Jahresbericht erstattete der 1. Schriftführer, Herr Regierungssekretär Lautz-Trier; durch reichen Beifall lohnte ihm die Versammlung. Hieran anschliessend bemerkte unter anderem der Vertreter des „Männerquartett Bernkastel", dass das Bundeswettsingen in Bernkastel mit einem Defizit von wenigen Pfennigen abgeschlossen habe. Nach dem nun folgenden Kassenbericht des Kassierers, Herrn Kaufmann Horchemer-Trier, hatte die Bundeskasse im letzten Jahre eine Einnahme von 467,37 Mk. und eine Ausgabe von 252,72 Mk., es verblieb somit ein Ueberschuss von 214,65 Mk. gegen 255,35 Mk. im Vorjahre. In der hierauf folgenden Ergänzungs- resp. Neuwahl des Vorstandes wurden die durchs Los ausgeschiedenen Herren Gross-Trier, Herrmann-Birkenfeld und Kuntze-Malstatt durch Zuruf wieder- und Herr Schauer-Ebernberg neugewählt. Nach der Mittagspause erfreute zunächst der „Liederkranz-Birkenfeld" (Dir.: Herr Lehrer Lichtenberg) die Versammlung durch einen schönen Vortrag, wofür Herr Gross herzlichen Dank aussprach. Dann referierte das Vorstandsmitglied, Herr Lehrer Molter-Oberstein, über das Thema „Was bietet uns der Verband?" Dem Redner wurde für die kurzen klaren Worte reicher Beifall. Zur Einführung einer Verbandssterbekasse berichtete Herr Gross-Trier in erschöpfender Ausführung und überzeugend, so dass ein nach der sich anschliessenden Debatte eingebrachter Antrag der Liedertafel-Birkenfeld: „Die versammelten Delegierten beschliessen, den Vorschlag auf Gründung einer Verbandssterbekasse in Anlehnung und auf der Grundlage der Statuten der „Kaufmännischen Sterbekasse" (Sitz in Hannover) befürwortend ihren Vereinen zur alsbaldigen Beschlussfassung vorzulegen und umgehend dem Bundesvorstande die Beschlüsse zur weiteren Veranlassung einzusenden" einstimmig angenommen wurde. Hierauf folgte die Beschlussfassung über die überaus reichlich eingebrachten Anträge der Einzelvereine; dieselbe ergab die Annahme der Anträge 1 b, 3, 8 (1904 Bundesfest ohne Wettsingen in Trier) und 10. Die Anträge 2, 6 c und [illegible] wurden zurückgezogen, Antrag 4 bis zum nächsten Wettsingen (1906) verschoben und zu 6 a und b wurde beschlossen, dass die jedesmalige Delegiertenversammlung darüber zu befinden habe. Schliesslich gelangte ein letzter Antrag der beiden Birkenfelder Vereine, das nächste Bundeswettsingen im Jahre 1906 in Birkenfeld abzuhalten, unter grossem Jubel der Birkenfelder zur Annahme. Nach einem begeistert aufgenommenen Hoch auf den erhabenen Protektor des deutschen Liedes Se. Majestät den Kaiser und auf S. K. H. den Grossherzog, ausgebracht vom 2. Verbandsschriftführer, Herrn Drouin-Saarlouis, schloss Herr Gross gegen 5½ Uhr die Verhandlungen.

Mittelrheinischer Sängerbund.

Sonntag, den 3. Mai 1903, nachmittags 3 Uhr findet in Wiesbaden, im Saale des Turnvereins, Hellmundstrasse 25, die ausserordentliche

Delegiertenversammlung

statt.

Tagesordnung:

1. Bericht des Festausschusses über die Vorbereitungen zu dem am 14. Juni 1903 in Wiesbaden abzuhaltenden 6. Bundesfeste, verbunden mit der Feier des zehnjährigen Bestehens des Bundes.

2. Bericht der Musikkommission über die Wahl und Beschaffung der aufgegebenen Chöre.

NB. In dem Chore von Attenhofer: »Gruss der Heimat«, ist in Zeile 1 und 2 auf der dritten Partiturseite die Besetzung des 1. Tenor (pp) den Herren Dirigenten freigestellt.

3. Auslosung der Reihenfolge, in welcher die Vereine bei dem Feste singen.

4. Abgabe der Partituren des selbstgewählten Volksliedes und Erhebung der Beträge für das Notenmaterial der aufgegebenen Chöre.

5. Festsetzung der Hauptproben für die gemeinschaftlichen Chöre:

a) „Wanderschaft" von C. Zöllner.

b) „Die Schäferin", Volkslied, gesetzt von B. Spangenberg.

(An den Hauptproben sollen alle Bundesvereine teilnehmen!)

6. Etwaige Anträge der Bundesvereine.

Die verehrlichen Bundesvereine werden gebeten, etwaige Veränderungen der Nachweise im Bundesverzeichnis und die Namen der aktiven Sänger behufs Aufnahme in das Festbuch einsenden zu wollen, wenn dies noch nicht sein sollte. Um 2 Uhr findet in dem genannten ne Vorstandssitzung statt.

verehrten Bundesvereine werden um rege Beteindlichst gebeten.

Das Programm

Bundesfestes, verbunden mit der es 10jährigen Bestehens des „Mittelhen Sängerbundes" ist seinen Hauptzügen ndes:

itag, den 13. Juni 1903, abends 8 Uhr: **Vorfeier** er Turnhalle, Hellmundstrasse 25 durch Kommers izert unter Mitwirkung der Militärkapelle des Nr. 87 und von Wiesbadener Vereinen.

tag, den 14. Juni, vormittags: Wettsingen der ereine in dem genannten Saale. Die zuerst Abteilung singt das aufgegebene Lied: „Gruss" von C. Attenhofer und je ein selbstgewähltes Die darauf folgende Abteilung singt den auf-Kunstchor: „Märchen" von Kempter und ebenfalls lgewähltes Volkslied.

Wettsingen schliesst sich die Generalprobe zu den n an. Nach dem Mittagessen werden die Verfiste im Festzuge nach dem prächtig gelegenen n Kuranlagen bequem zu erreichenden Festplatz, ", geführt. Dortselbst Instrumental- und Vokalangsvorträge der geladenen, dem Mittelrheinischen e nicht angehörige Vereine, bezw. Verbände, ng der Massenchöre durch die Bundesvereine. diejenigen Bundesvereine mitwirken, die sich am nicht beteiligt haben. Darauf folgt die Verkünbeim Wettsingen erzielten Resultate und Auser Diplome.

en, welche Sängerverbänden angehören und die rige Stiftungsfest des Mittelrheinischen Sängerchen wollen, werden nach einstimmig gefasstem dieselben Vergünstigungen gewährt, wie den en selbst, d. h., sie erhalten Festbuch und Festm Besuche aller Veranstaltungen berechtigt, zu-50 Pfg., sofern dieselben (Karten und Festbücher) Tage vor dem Feste bezogen werden. Auf diesen Vereinen ebenfalls billiger, gemeinsamer vermittelt und ihnen für den ganzen Tag ein erfügung gestellt.

Bezugnahme auf das vorstehende Programm der unterzeichnete Vorstand, alle Sänger sfreunde, welche sich für die Bestrebungen einischen Sängerbundes" interessieren, zu dem vorgebenst einzuladen.

scheren Erledigung des schriftlichen Verkehrs flichst als Empfänger der Briefe je nach dem ben zu wählen:

nnere Bundesangelegenheiten: den Bundesvornden, Herrn E. Viesohn, Frankfurt a. M., bertstrasse 3a.

ngelegenheiten des Festes im allgemeinen: den tzenden des Festausschusses, Herrn Franz l, Wiesbaden, Platterstrasse 9.

chen des Festbuches und aller Drucksachen: Vorsitzenden der Presskommission, Herrn cobi, Wiesbaden, Bertramstrasse 1.

Mit deutschem Sängergruss!

Der Vorstand.

---

r **Dr. Bernhard Scholz** in Frankfurt a. M. hat geschrieben, den die vereinigten Frankfurter grüssung des Kaisers bei dem Sängerwettstreit a. M. am 2. Juni vortragen. Die Komposition Verlage von Gebrüder Hug & Co., Leipzig.

zur Bewerbung um den **Kaiserpreis** eingepositionen für das National-Sängerfest in Baltiem Komponisten Louis v. Saar der Preis für deutsche Volkslied" (Gedicht von A. W. Hildeochen. Der Chor erscheint Anfang Juni im brüder Hug & Co., Leipzig.

Deutsch-amerikanisches Sängerfest. Ein grosses Sängerfest der deutsch-amerikanischen Gesangvereine findet in diesem Jahre auf dem Gelände der Weltausstellung in St Louis statt.

Der Vortrag des Volksliedes.

Welch verworrene Vorstellung von dem Wesen unseres Volksliedes in den Köpfen mancher „Kunstverständiger" spukt, zeigt einmal wieder nachfolgende Kritik einer Dresdener Zeitung:

Konzert des Männergesangvereins „Dresdner Orpheus".

Wir leben in einer Zeit der starken Kontraste, der unausgeglichenen Gegensätze auf allen Gebieten der Kunst. Auf der einen Seite ein Ueberspannen der Ziele, eine Komplikation der Kunstmittel, die sich immer weiter vom schlichten Verständnisse des Volkes entfernt, auf der anderen ein Zurückgreifen auf die Elemente, auf die einfachsten Ausdrucksformen, die es gibt. Angesichts des Programms, das der Männergesangverein „Orpheus" seinem Volksliederabend am Donnerstag zu Grunde gelegt hatte, trat diese Zeitstimmung besonders deutlich hervor. Früher kam das Volkslied nur vereinzelt etwa zu Worte; jetzt füllen Vereine den ganzen Abend mit Volksliedern oder doch im Volkstone geschriebenen Werken einfacher Art, und der Erfolg ist genau so lebhaft, als ob moderne Kunstschöpfungen erklungen wären; und dabei ist doch wohl klar, dass beide Geschmacksrichtungen einander fast völlig ausschliessen. Im vorliegenden Falle wird der Widerspruch freilich stark gemildert durch die Art des Vortrages, welche die Einseitigkeit in der Wahl der Kunstgattung fast gar nicht in die Empfindung treten liess: ja man darf vielleicht die Frage aufwerfen, ob man es hier überhaupt noch mit eigentlichen Volksliedern zu tun hat, oder nicht vielmehr mit Neuschöpfungen moderner Art, die nur noch die äusseren Tonfolgen mit den alten Liedern gemein haben — ich will damit sagen, dass der hochbegabte und äusserst gewandte Dirigent, Herr Albert Kluge, die ganze Skala wechselvoller Gefühle und grübelnder Nachdenklichkeit, die nur dem modernen Empfinden eigen ist, in die schlichten Volksweisen hineinträgt. Mit peinlicher Sorgfalt geht er jeder Wendung des Textes nach, ja jedem einzelnen Worte gibt er seinen vollen Stimmungsgehalt, nicht die leiseste musikalische Nüance lässt er sich entgehen — aber Volkslieder sind das nicht mehr! Dazu sind die Tempowechsel zu gross, die Pointierungen zu gewaltsam. Freilich, interessant und oft überraschend werden dadurch alle Lieder, und dass ein so feiner Musiker wie Herr Kluge selbst bei den ausgeklügeltsten Nüancen nie etwas Geschmackloses herausbringen wird, versteht sich von selbst. Meisterhaft gelingen ihm übrigens die Lieder im Volkston, die nicht Volks-, sondern Kunstlieder scherzhaft pointierten Inhalts sind, wie das allbekannte „Därf i 's Diandl lieben" von Zehngraf, hier sind jene Nüancen durchaus am Platze und sie wirken durchschlagend." —

Die hier niedergelegten Anschauungen sind geeignet, die Köpfe zu verwirren, es erscheint daher eine Beleuchtung derselben am Platze zu sein.

Dass unsere Zeit sich durch unausgeglichene Gegensätze auf dem Gebiete der Tonkunst charakterisiert, bestreite ich. Starke Gegensätze gehören zum Wesen der Tonkunst und hat es von jeher gegeben, in allen anderen Gattungen unserer Kunst sogar weit mehr, als im heutigen Männergesang, trotz Hegar, Curti und Strauss. Das gewaltige Gebiet des Seelenlebens verlangt zu seinem Ausdruck eben eine grosse Mannigfaltigkeit der Ausdrucksmittel und je tiefer wir hineinsteigen in den geheimnisvollen Schacht des menschlichen Inneren, desto komplizierter werden die Schöpfungen sich gestalten, welche uns die reichen Schätze veranschaulichen sollen, die der gewaltige Schöpfergeist daraus hervorholt. Ob die modernen Kunstmittel wirklich so sehr kompliziert geworden sind, oder ob sie uns vorläufig nur so scheinen, ist doch noch fraglich; die Kunststückchen moderner Polyphonie reichen auch nicht im entferntesten an den alten Johann Sebastian und vor der Komplikation der Kunstmittel in Beethovens letzten Werken steht auch heute noch mancher Kunstverständige ratlos da.

Dass das Gebiet künstlerischen Ausdrucksvermögens nach gewissen Richtungen sich erheblich erweitert hat und damit neue Ausdrucksformen entstanden sind, wird niemand leugnen wollen, unüberbrückbare Gegensätze sind dadurch aber nicht geschaffen, vielmehr hat man vorhandene Keime gepflegt und gross gezogen, sodass jetzt fruchttragende Bäume daraus geworden sind. Sind auch die Früchte noch nicht ausgereift, — nur Geduld, auch ihre Zeit wird kommen.

Es ist also nicht richtig, unausgeglichene Gegensätze zu konstruieren, wo keine sind; auch in gutgeleiteten Männergesangvereinen ist es von jeher das Bestreben gewesen, allen Richtungen gerecht zu werden, die ganze reiche Skala menschlicher Empfindungen und Gedanken zum Ausdruck zu bringen, keine Richtung einseitig zu bevorzugen; und wenn neuerdings an die Männerchöre das Ansinnen gestellt wurde, lediglich das Gebiet des Volkstümlichen, als das ihnen allein Zukommende zu pflegen, so haben die für Frankfurt angemeldeten Vereine die einzig richtige Antwort gegeben durch die Wahl ziemlich schwieriger Preischöre.

Wenn man also überhaupt nicht das Recht hat, von unausgeglichenen Gegensätzen auf unserm Gebiete zu sprechen, so ist es geradezu ein crimen laesae majestatis populi, das Volkslied in Gegensatz zum Kunstlied zu bringen, ihm gnädigst so eine Art Vorhof zum eigentlichen Kunsttempel zuzuweisen oder ihm die wesentlichen Merkmale künstlerischer Erzeugnisse abzusprechen.

Eine Melodie im vulgären Sinne des Wortes, d. h. eine nach harmonischen Gesetzen geordnete sangbare Tonfolge, hat an sich mit der höheren Kunst ebensowenig zu tun, wie etwa die kolorierte Darstellung eines Regenbogens oder der gereimte Bericht über eine trockene Stadtratssitzung. Der empfindende und denkende Mensch verlangt nach einer Ausdrucksweise, welche höhere Empfindungen und wertvolle Gedanken in ihm auslöst, nichts ist ihm unangenehmer, als ein ausdruckslos vorgetragenes seelenvolles Lied, mag die Stimme auch noch so klangvoll sein.

Die Intervalle allein sagen uns gar nichts, erst in Verbindung mit den Schattierungen des Tempos, der Klangstärke, Klangfarbe und des Rhythmus erhalten sie Leben und charakteristischen Ausdruck. Eine Tonfolge ohne diese wesentlichen Bestandteile ist wie ein tönendes Erz, oder eine klingende Schelle, an der nur kindische Gemüter Gefallen finden können.

Darf man wirklich dem singenden und dichtenden Volke eine so geringe Qualität seiner seelischen Fähigkeiten zusprechen? Natürlich kann hier nur von demjenigen Teil des Volkes die Rede sein, der seinen Anteil am echten Volksliede hat, der daran schafft, es liebt, erhält und weiterträgt.

Ist es nicht geradezu ein Unsinn, dem Schöpfer einer seelenvollen Volksweise, die Absicht oder den Trieb abzusprechen, tieferen Empfindungen, spannenden Zuständen seiner Seele Luft zu machen? Oder liegt etwa dem Liedchen:

„Von dir geschieden, bin ich bei dir,
Wo du auch weilest, bist du bei mir.
Von dir zu lassen, vermag ich nicht,
O du mein alles, mein Augenlicht!“

kein tieferes, wertvolles Gefühl zu Grunde? Wenn das der Fall, wie kann dann ein mitfühlender Mensch erwarten, dass der Vortrag desselben sich in den Bahnen bewege, die ein fleissiges Dienstmädchen notgedrungen beim Tellerspülen einschlagen muss?

Wieweit man in der Anwendung obiger Vortragsmittel gehen darf, ist eine Frage, die lediglich dem Geschmack des Vortragenden oder Dirigenten anheimgegeben werden muss. Solange der Charakter des Liedes gewahrt bleibt, der vom Schöpfer hineingelegte Inhalt getreu wiedergegeben wird, zeugt jeder Widerspruch von Verständnislosigkeit. Dufin.

Der Frankfurter Wettstreit.

Für das Frankfurter Wettsingen um den Kaiser-Wanderpreis gelangt nunmehr der grössere Preischor, der sogenannte Sechswochenchor zur Ausgabe an die wettsingenden Vereine. Infolge der Aufforderung der Kommission gingen ihr 18 Kompositionen hierfür zu. Die Einsendung erfolgte anonym unter Beifügung eines Mottos. Nach der Prüfung ergab sich als der am besten zensierte der Chor: „**Siegesgesang nach der Varusschlacht**“ (Text von Felix Dahn), komponiert von Georg Messner. Der Komponist ist aktiver Artillerie-Offizier in Breslau, vom Jahre 1898 bis 1902 war er zur Reserve übergetreten, um gründlich Musik zu studieren; sein Lehrer in der Komposition war H. van Eyken.

Ein aktiver Artillerie-Offizier hat mit seinem Chor den Sieg über die bedeutendsten Tondichter Deutschlands davongetragen. Das Werk ist durchgängig doppelchörig gesetzt und verlangt grossen Aufwand von Kraft und Umfang der Stimmen. Die Dichtung ist die auch von Abt benutzte von Felix Dahn: „Auf Siegesgesang, fleuch Wolken entlang“. Dem Schluss noch ein „Heil Armin“ angehängt. Schwierigkeiten bietet im übrigen der Chor absolut nicht, sodass er den Intentionen Sr. Majestät wohl entsprechen wird: ob auch denjenigen der Preisrichter und der mitwirkenden Vereine, ist eine andere Frage, auf die wir demnächst ausführlicher zurückkommen. Der Chor ist nur den wettsingenden Vereinen zugestellt worden und wird erst in 6 Wochen, also nach dem Wettstreit, der Oeffentlichkeit zugänglich gemacht werden. Weiteres über die Festordnung, Preise der Plätze etc. siehe hinten, letzte Seite.

Frankfurt a. M. Zum Sänger-Wettstreit. Die Festordnung ist nunmehr endgiltig festgestellt. Die Tage des Wettstreits sind der 4., 5. und 6. Juni; an diesen Tagen beginnt das Wettsingen der einzelnen Gruppen jeweils vormittags um 10 und nachmittags um 3 Uhr. Das grosse, vom Frankfurter Sängerbund und der Frankfurter Sängervereinigung gegebene Begrüssungskonzert, bei dem 1700 Sänger mitwirken, findet am Mittwoch, den 3. Juni, abends 8 Uhr statt. Am letzten Wettstreittage, 6. Juni, nachmittags 3 Uhr, ist das Preissingen der elf zum engeren Wettbewerb bestimmten Vereine und daran schliesst sich die Preisverteilung. Um 9 Uhr desselben Tages beginnt der Festkommers für die Sänger.

Das Preisausschreiben um einen Plakatentwurf für das grosse Frankfurter Sängerfest hat eine ganze Reihe guter Entwürfe gezeitigt. Zur Ausführung bestimmt wurde der Entwurf von Heinz Wetzel-Frankfurt. Dieser hatte zwei Entwürfe eingesandt. Mit dem ersten Preis bedacht wurde die Darstellung eines reitenden Sängers, der über die alte Brücke zieht, wo in naher Ferne die altertümliche giebelreiche Mainstadt, wie sie etwa im 15. Jahrhundert ausgesehen haben mochte, im Morgensonnenglanz liegt. Der zweite Entwurf zeigt einen in rotes, altertümliches Gewand gekleideten Sänger vor der mit dem erzenen Reichsadler geschmückten Kaiserloge. In duftiger Silhouette erscheint im Hintergrunde das malerische Frankfurter Stadtbild. Der Kaiser bestimmte diesen letzteren Entwurf zur Ausführung. Die Fernwirkung, bekanntlich ein Haupterfordernis für ein gutes Plakat, erscheint auf diesem Entwurf gut gewahrt.

Wald. (Gesangwettstreit.) An dem während der Pfingsttage hier stattfindenden Gesangwettstreite, der vom M.-G.-V. „Konkordia“ veranstaltet wird und für welchen auch der Kaiser und Prinz Heinrich je einen Preis gestiftet haben, werden sich insgesamt 31 Vereine beteiligen. Dieselben werden, wie in der Delegiertenversammlung durch das Los bestimmt wurde, in folgender Reihenfolge singen.
1. Klasse: „Cäcilia“-Hörde i. Westf., „Edelweiss“-Kupferdreh, „Meerscheider Männerchor“, „Eintracht“-Velbert, „Arion“-Velbert. 2. Klasse: „Konkordia“-Ohligs, „Quartettverein Köln-Longerich“, „Sängerhain“-Elberfeld, „Konkordia“-Berghausen bei Cronenberg, M.-G.-V. Barmen-Wichlinghausen, „Rheingold“-U.-Barmen, „Sängerhain“-Düsseldorf. 3. Klasse: „Konkordia“-Gevelsberg, „Euphonia“-Krefeld, „Liederkranz“-Dahr bei Cronenberg, „Einigkeit“-Remscheid-Bliedinghausen, „Lyra“-Kuchhausen bei Cronenberg, „Sängerhain“-Sudberg, „Eintracht“-Langenhaus bei Ronsdorf, Gesangabteilung des Pius-Vereins Neuss. 4. Klasse: „Sängerhain“-Gründerhammer bei Remscheid, „Eintracht“-Vohwinkel, „Frohsinn“-Hilgen, „Eintracht“-Neviges, Mittel-Barmer „Liedertafel“, „Sängerbund“-Vohwinkel bei Cronenberg, „Gemütliches Männerquartett“-Düsseldorf, „Liederkreis“-Vohwinkel, „Allgem. Gesellenverein“-Bonn, „Einigkeit“-Wipperaue, Arbeiter-Gesangverein-„Konkordia“ der Firma Wüsthoff-Solingen.

Der Sänger.

Amtliches Organ des westdeutschen Sängerverbandes.

Das Volkslied ist die Unsterblichkeit der Musik.
Marx.

Verbunden werden auch die Schwachen mächtig.
Schiller.

26. April 1903. | Vorsitzender: Lehrer A. Gau, Hilden bei Düsseldorf. | Nr. 7.

Redaktion u. Verlag: H. vom Ende, Köln a. Rhein, Ecke Bismarckstrasse 25.

Westdeutscher Sängerverband.

Einladung

zur diesjährigen Generalversammlung

in Rees a. Rhein.

Die diesjährige ordentliche Generalversammlung findet am Sonntag den 28. Juni in Rees a. Rhein gleichzeitig mit dem Verbandsfeste statt. Die Verhandlungen beginnen morgens 11 Uhr im

Rittersaale des Hotel Delmann.

Tagesordnung:

1. Rechenschaftsbericht.
2. Wahl des Vorstandes (es scheiden 2 Herren durchs Los aus).
3. Bezirksvereinsfrage, soweit dieselbe noch nicht erledigt.
4. Wahl des Ortes für das nächste Verbandsfest.
5. Erörterung bezw. Beschlussfassung über eine eventl. zu gründende Verbandssterbekasse.

Vereine haben 2, persönl. Mitglieder 1 Stimme. Anträge zur obigen Tagesordnung müssen bis spätestens 1. Juni d. J. z. H. des geschäftsleit. Vorsitzenden eingereicht sein. Der M.-Gesangverein Rheinklänge-Rees hat die Arrangierung des Verbandsfestes in liebenswürdigster Weise übernommen und richte ich im Einverständnisse mit demselben die herzlichste und dringendste Bitte an alle Vereine, persönliche und Ehrenmitglieder sowie sonstige Freunde, durch allseitige Teilnahme ein Bild zu geben von der Regsamkeit und dem Ernst, mit welchem die Verbandsideen aufgefasst werden.

Der Männer-Gesangverein Rheinklänge-Rees hat folgende Einladung an die Vereine erlassen: Werte Sangesbrüder! Nicht zum wenigsten sind wir durch unsere jährlich stattfindenden Verbandsfeste in der Lage, aufklärend und agitatorisch nach aussen zu wirken. Wollen wir etwas Grosses erzielen, so müssen wir auch etwas Grosses leisten. Das tun wir aber nicht, wenn der jährlich gezahlte Beitrag das einzige Bindeglied zum Verband ist, sondern das tun wir nur dann, wenn wir eifrig mitschaffen helfen an der Ausbreitung der herrlichen Ideen des Verbandes. Und wo könnten wir solches besser als auf dem Verbandsfest, an dem einzigsten Tage im Jahr, wo der Verband als geschlossenes Ganze vor das grössere, zum Teil noch indifferente Publikum tritt. Hier sind wir in der Lage, durch vielseitigste Leistungen dem Volkslied seinen ihm gebührenden Platz zu schaffen, hier sind wir auch in der Lage, zu zeigen, wie wir im edlen Wettbewerb ohne Eigennutz und ohne unlautere Mittel dem schönen Ziele: Vervollkommnung und Verallgemeinerung des Gesanges zustreben.

Werte Sangesbrüder, auch Sie hoffen wir am 28. Juni als unsere Gäste begrüssen und Schulter an Schulter mit Ihnen eintreten zu können für obige Ziele. Wir bitten Sie, uns umgehend, spätestens bis zum 25. April, Ihren Beschluss mitteilen zu wollen.

Das Programm ist in kurzen Zügen folgendes.

Morgens Empfang am Bahnhof Empel und Flora-Rees. Mittags 3 Uhr Konzert. Vortrag eines Chorliedes und Einzelvorträge der Vereine. 6 Uhr Umzug durch die Stadt. 8 Uhr Ball.

Kleine Abänderungen im Programm werden wir uns allerdings vorbehalten müssen. Das Chorlied, um dessen Einübung wir Sie bitten, wird Ihnen zugehen, sobald Ihre Zusage eingetroffen ist. Ebenso ersuchen wir Sie umgehend um Einsendung eines von Ihnen vorzutragenden Einzelchores. Bei der zu erwartenden grossen Teilnahme wird es wohl nicht möglich sein, jedem Verein mehr als ein Lied zuzugestehen.

Das ausführliche Programm folgt, sobald wir die Teilnahme am Fest übersehen können.

Mit Sangesgruss
Rheinklänge-Rees.
I. A.: Chr. Gottlieb.

Diejenigen Vereine, welche besonderer Umstände halber nicht erscheinen können, werden doch herzlich ersucht, wenigstens ihre Fahne nach Rees zu senden.

Der geschäftsleitende Vorsitzende
H. Benewitz.

Neu angeschlossen:

M.-Gesang-Verein der Firma Arthur Koppel, Bochum.

Gemütsverrohung in der Presse.

Seit dem Kasseler Wettstreit regnet es in der Presse seitens ständiger und gelegentlicher Referenten und sonstiger Neidhämmel von pöbelhaften Angriffen gegen den obsiegenden Verein und die Preisrichter.

Grosse, geachtete Tagesblätter und Musik-Zeitschriften geben ihre Spalten zu Verdächtigungen her, welche offenbar nur den Zweck haben, das Urteil der Preisrichter zu beeinflussen. Sogar ausländische Blätter werden mit derartigen Pamphleten belästigt. In einem Bericht der „Wochenschr. für Kunst u. Musik" gibt der Kölner Korrespond. „P. H." Ansichten zum besten, die in Stil und Denkungsart verzweifelte Aehnlichkeit haben mit dem in letzter Nummer des Wegweisers besprochenen puerilen Erzeugnis eines Herrn F. S. aus Köln. Wir verschmähen es, die ordinären Angriffe, denen auch hier wieder der Kölner M.-G.-V., sein Präsident und die Preisrichter ausgesetzt sind, zu reproduzieren, möchten nur darauf hinweisen, dass alle uns bisher bekannt gewordenen Angriffe von gnoranten herrühren, denen das Männergesangvereinswesen ein terra incognita ist. Unsere vornehmeren Musik-Zeitschriften sollten doch wenigstens ihre Blätter freihalten von dem Schmutz, den Neidhämmel in ihnen abzulegen immer wieder versuchen.

Wir konstatieren mit Vergnügen, dass diese Einsendungen fast ohne Ausnahme aus Kreisen stammen, welche mit dem

Männergesangsvereinswesen sonst absolut nichts zu tun haben. Im Hinblick auf diese Pressflegeleien möchten wir eine Auslassung des Herrn A. Smolian in der N. musikal. Presse etwas höher hängen, welche den Männergesangvereinen selbst alle Schuld aufhalsen möchte: sie lautet:

„(Leipzig.) Gegen das Ende der Konzertsaison hin kommen fast alljährlich die Chorvereine noch einmal stark in Blüte, und man möchte da, obgleich der Saisonschluss in die kühlen Wochen des Vorfrühlings fällt und manche dieser späten Chorkonzertblüten durch „Ungunst der Witterung“ verkümmert, oftmals von Johannistrieb oder mit aller schuldigen Ehrfurcht gar von Altweibersommer reden. In der gemischten Chorgesangskunst wenigstens ist man heutzutage fast durchweg auf die Freude an spärlicher Nachblüte angewiesen, und ohne die vielen lieben Alten, denen das Mitsingen in Passionen, Messen und Oratorien von früheren ehrlicher-kunstbegeisterten Zeiten her ein rechtes Herzensbedürfnis geblieben ist, wären regelmässige Choraufführungen von einiger Bedeutsamkeit heutzutage kaum mehr zu erzielen. Der rechte kunstfreudige und ausdauernde Ernst und das gründliche, treffsichere musikalische Können sind den jüngeren vom Klavier nun bereits zum Phonographen, Simplex, Pianola und anderen „Kunstentlastern“ degenerierenden Geschlechtern stark abhanden gekommen; die weibliche Jugend hält im allgemeinen mehr vom Modenmitmachen als vom Oratorienmitsingen, und die männliche Jugend strömt, falls sie singelustig ist, mehr den Männerchorvereinen zu, die grössere Ungebundenheit verbürgen und über denen zudem die Sonne allerhöchsten Interesses leuchtet. Da gibt es komprimierte Kunst, wie sie unserem ruhelosen Geschlechte recht ist, da gibt es vergnügte Exkneipen, patriotische Exaltationen, politische Debatten, feuchtfröhliche Vereinsausflüge und — — — die schönen Preissingen, bei denen die Mitglieder der preisgekrönten Vereine gewöhnlich ihr letztes Restchen Selbstkritik und Bescheidenheit —, die Dirigenten der nichtgekrönten Vereine aber gewöhnlich das Vertrauen ihrer Vereine, wenn nicht gar ihre Stellung einbüssen. Durch das Sichüberbieten im Absingen der modernen onomatopoetischen Chorballaden mit ihren realistischen Tonschilderungen zumeist schreckenerregender Vorgänge, mit ihren grellen Kontrastwirkungen, die, um mit Schumann zu reden, das Herz auf die Haut genagelt erscheinen lassen, ist eine gewisse Herzlosigkeit, eine gewisse Gemütsverrohung im Männerchorwesen zur Herrschaft gelangt, die immer mehr und mehr gegen die intimeren Reize des schlichten volkstümlichen Chorliedes und gegen die edle Stimmungstiefe der Oratorienkompositionen abstumpft. So erscheint denn von künstlerischem und von volkserziehlichem Standpunkte aus betrachtet, das Ueberhandnehmen des modernen Männerchorwesens als eine Gefahr, gegen die es anzukämpfen gilt, das vielfache Dahinsiechen der gemischten Chorvereine aber als ein schweres Unheil, um dessen Abwendung sich alle und selbst die allerhöchsten Kreise sehr ernstlich bemühen sollten.“

— — — — — — — — — — — — — —

Das wirkt wahrhaft erschütternd! Die Sangesbrüder müssen sich ja verkriechen vor Scham, wenn sie lesen, welche Gefahr sie durch ihr herzloses, gemütsrohes Wesen für das Vaterland heraufbeschworen haben. — — Ja, auch ich sehe sie sitzen mit vertierten Gesichtern in den verräucherten Höhlen des Lasters und mit heiserer Stimme brüllen: „Gesang verschönt das Leben“; ich sehe ihr gleissendes Aushängeschild, womit sie die unverdorbene Jugend heranlocken „Durch das Schöne stets das Gute“. O, ihr Barbaren, die ihr uns vorlügt, das Lied sei euer Trost und eure Zuflucht! im Singen habt ihr eure Seele bekannt: sie dürstet nach Mord und Entsetzen! Ihr wühlt mit gierigen Händen in den ewigen Sünden der Menschheit! Gehet in euch, holt eure Weiblein und singet im holden Vereine mit ihnen, auf dass erfüllet werde, was geschrieben stehet:

„Verehrer des Schönen, der Wahrheit Bekenner,
Seid gute Sänger und bessere Männer!“

vom Ende.

Gedichte von Marie Krause-Kinkel.

(Paderborn, Verlag der Jungfermannschen Buchhandlung.)

Die grossen und kleinen Freuden und Leiden eines Frauenherzens gelangen hier zu schlicht und innig empfundenem Ausdruck. Vornehme Gedanken vereinigen sich mit anmutiger Darstellung zu Gebilden, welche den Menschen stets entzücken, oft wahrhaft erheben. Einige Proben mögen zur Vertonung anregen, sie verdienen es.

Nun trag ich eine Krone.

1. Nun trag ich eine Krone,
Nun bin ich Königin,
Das Schloss, darin ich wohne,
Ist ganz nach meinem Sinn.

2. Wie lang dies Schloss mein eigen,
Das hab ich nicht gewusst,
Bis heut in sel'gem Schweigen,
Ich lag an deiner Brust!

3. Als du zum ersten Male
Mich nanntest deine Braut,
Hab ich in güldnem Strahle
Das Wunderschloss geschaut.

4. Das Schloss, es liegt versenket
In deines Herzens Grund,
Du hast es mir geschenket
In dieser sel'gen Stund!

5. Und als du mir zum Lohne
Den ersten Kuss geraubt,
Trug ich des Glückes Krone
Auf stolzerhobnem Haupt.

6. Dort will ich sie nun tragen
Als Deine Königin,
Will singen es und sagen,
Dass ich dein eigen bin.

Waldes Abendlied.

Es singt der Wald sein Abendlied,
Und singt sich in den Traum,
Ganz leis nur flüsterts noch im Ried,
Am Weg und Waldessaum.

Und durch den Baum und durch den Strauch,
Fällt sanft des Mondes Strahl,
Und überspinnt mit Silberhauch
Das weite Wiesental.

Das Vöglein längst im Nest entschlief,
Das Heimchen zirpt im Gras,
Die Blume senkt das Köpfchen tief
Vom Abendtaue nass.

Es streicht der Wind so leis und lind,
Wie weiche Mutterhand,
Mir ists, als wär ich noch ein Kind
Im fernen Heimatland.

Das wiegt so leis, das wiegt so sacht,
Mein stürmisch Herz zur Ruh,
O mondumflossne Waldesnacht,
Wie ernst, wie schön bist du!

Aufführungen.

Gelsenkirchen, 13. April 03. Der dem westdeutschen Sängerverbande angehörende M.-G.-V. „Sängerbund“ Gelsenkirchen-Schalke (Inh. des Kaiserpreises) beging am 2. Ostertage in den Räumen der Stadthalle zu Gelsenkirchen sein diesjähriges Frühjahrskonzert. Der Verein, welcher unter der genialen Leitung des Herrn G. Willms-Schalke steht, hat gezeigt, dass er seinen Platz unter den ersten tonangebenden Vereinen der neuen Grossstadt Gelsenkirchen wohl behaupten kann. Seine Konzerte werden von Jahr zu Jahr mehr besucht und seine Leistungen werden immer mehr gewürdigt. Aus dem reichhaltigen Programm seien folgende Chöre hervorgehoben: „Schwur ans Vaterland“ v. Seitz, „Märznacht“ v. Kreutzer, „Die Wasserrose“ v. Lemacher, „Hüte dich“ v. Steinhauer, „Totenvolk“ v. Hegar, „Zu dir“ v. Zerlett u. „Agathe“ v. Abt. Die Chöre wurden mit vollendeter Akkuratesse zu Gehör gebracht. Aussprache, Einsätze, Tonbildung und Harmonie — alles war tadellos. Das wohlgeschulte Stimmenmaterial, über welches der Verein verfügt, beherrscht die schwierigsten Passagen und brachte mit vollendeter Schönheit die leisesten Pianos zur Geltung.

Die Solisten waren nur Kräfte, deren Namen Klang hat: Fräulein Clara Hülsbeck-Koblenz (Sopran), Fräulein Adele Stöcker-Köln (Violine) und Herr Ernst Hülsbeck-Koblenz (Klavier). Es ist schwer zu sagen, wem von diesen dreien das grösste Lob gebührt. Die liebliche modulationsfähige Stimme des Frl. Clara Hülsbeck kam so recht in dem Recitativ der Arie aus „Jahreszeiten“ v. Haydn zur Geltung. Wie schmiegsam und wohllautend dieselbe ist, hörte man in den drei Liedern von Brahms: „Immer leiser wird mein Schlummer“, „Feldeinsamkeit“ und „Der Schmied“. Mit den drei

Liedern: „Für Musik" v. Franz, „Saloeps Lied" v. Grieg und „Die Quelle, vollendete sie den günstigen Eindruck, der das Publikum wiederholt zu rauschendem Beifall veranlasste, sodass sie eine Zugabe machen musste. — Nicht minder begeisterten Anklang fanden die vollendeten Violinkonzerte des Frl. Stöcker. Ihr Spiel ist so exakt, so glockenrein und bezaubernd, dass man wie im Traum befangen, Klänge aus einer andern Welt zu vernehmen meint. Mit der „Rhapsodie H-moll" v. Brahms und Walzer C-moll v. Chopin führte sich Herr Hülsbeck überaus vorteilhaft ein. Wie animiert die Stimmung des zahlreichen, auserlesenen Publikums war, geht deutlich daraus hervor, dass aus der Mitte der Versammlung, dem greisen Dirigenten mit dem jugendlichen Feuereifer ein Lorbeerkranz in dankbarer Anerkennung überreicht wurde.

Altenessen. Musik-Verein (K. Friedrichs). Rombergs „Lied von der Glocke". Der Chor zeigte sich seiner Aufgabe durchaus gewachsen. Überall war ein fein und sicher abgemessenes Mass von rhythmischem Leben und dynamischen Schattierungen zu konstatieren. Die mustergiltige Aufführung hinterliess beim Publikum nachhaltigen Eindruck.

Cöln. Singakademie (Dr. M. Burkhardt). Volkstümliches historisches Konzert. Eine hochinteressante Veranstaltung, welche geradezu als Muster hingestellt werden kann. Burkhardt, der den einzelnen Programmnummern Erläuterungen vorangehen liess, nahm seinen Ausgangspunkt im Altertum, wo man bekanntlich nur einen einstimmigen Gesang und noch nicht die Kunst der Harmonie und Polyphonie kannte, mit deren Einführung erst eine eigentliche musikalische Kunst beginnt. Auch die alten Chöre der christlichen Kirche sangen unisono oder in Oktaven, und erst zwischen dem zehnten und zwölften Jahrhundert begann man den Unterschied der hohen und tiefen menschlichen Singorgane dahin auszunutzen, dass zu der Melodie noch eine zweite tiefere Stimme oder mehrere Stimmen hinzugefügt wurden, was, anfangs regellos und in später als falsch erkannten Fortschreitungen geschehend, sicherlich nicht berühmt geklungen hat. Auch der Bedeutung der Notenschrift gedachte Redner, die an die Stelle der Neumen, der frühmittelalterlichen Notenschrift für den gregorianischen Gesang, trat und durch Guido von Arezzo zu besonderer Vervollkommnung gebracht wurde. Als dieselbe nach Erfindung der Buchdruckerkunst mit beweglichen Typen vervielfältigt werden konnte, entstand natürlich alsbald auch eine ungeheure Literatur auf dem Gebiete des Chorgesanges. Das Konzert verschonte uns selbstredend mit ersten Versuchen der Chorkomposition, sondern kennzeichnete dem Hörer gleich die Blüte der niederländischen und italienischen Kirchenmusik im 16. Jahrhundert, indem es zunächst den Chor „Et incarnatus est" von Orlando de Lasso 1520—94; seit 1557 Hofkapellmeister in München) vorführte, sondern das O bone Jesu des noch grösseren Meisters Palästrina (1515—94), Kapellmeisters an der Peterskirche in Rom und Reformators der damaligen katholischen Kirchenmusik, die wegen der durch die ungeschickte Vielstimmigkeit herbeigeführten Unverständlichkeit des Textes schon wieder durch einstimmige Gesänge ersetzt werden sollte. Burkhardt schilderte dann in Kürze die Geschichte des deutschen Kirchenlieds, wozu der Chor musikalische Illustrationen bot in Gestalt der Wiedergabe des alten von Prätorius (1604) bearbeiteten Kirchenlieds „O Welt, ich muss dich meiden" und des achtstimmigen Frauenchors, Wiegenlied von Sethus Calvisius (1556—1616). Der dritte Teil des Programms führte uns an die Anfänge der Instrumentalmusik; wir hörten Stücke für Violine mit Begleitung des Cembalos, jenes später zum Flügel vervollkommneten alten zirpend klingenden Instruments, dessen sich noch Meister wie Haydn, Mozart und selbst Beethoven bedient haben, wenn in deren Zeit auch noch ein ansehnliches Stück Entwicklung des Cembalos fällt. Das deutsche weltliche Lied, das in Ludwig Senfl seine Blüte erreichte, wurde durch das „Sankt Martinslied" veranschaulicht, sowie durch „Mehr Lust und Freud" von Leo Hassler, dem Vertreter der venezianischen Schule in Deutschland; diese beiden Stichproben waren um so interessanter, als sie so recht die trotz aller strengen Satzkunst leichtbeschwingte Grazie Hasslers erkennen liessen im Gegensatz zu der etwas trockenen, gelehrten Schreibweise Senfls. Nun wurde das einstimmige Kunstlied mit Instrumentalbegleitung behandelt, das in seinem Anfangsstadium durch Heinr. Schütz von Italien nach Deutschland verpflanzt wurde. Man bekam da eine Reihe der wirklich ersten Leistungen auf diesem Gebiete zu hören, kleine in der freien Bewegung und Deklamation dem Text bereits Rechnung tragende hübsche Liedchen, die von Dr. Burkhardt in seinem Werk „Studien zur Geschichte des Kunstliedes" zum ersten Male gedruckt sind. Auch die damals in allen Häusern übliche Laute fehlte zur Begleitung nicht. Dann kamen auch die Madrigalisten zu Ehren, in einer Anzahl jener im 16. und 17. Jahrhundert ungemein beliebten (und heute noch in England viel kultivierten) Chorgesänge. Es waren Kompositionen von Hasler, Morley und Gastoldi gewählt. Die weitere Entwicklung der Instrumentalmusik (18. Jahrhundert) wurde in einer Tartinischen Sonate für Geige und Klavier gezeigt, die Entwicklung des Kunstliedes an der Hand von Sologesängen von Jakobi, Bäkker, Adam und Johann Krieger, endlich wurde noch des Volksliedes gedacht, das durch alle Zeiten seine Kraft und Frische bewahrt hat und selbst in den Zeiten des Niederganges der Tonkunst, so des dreissigjährigen Kriegs, der verborgen fortsickernde Quell geblieben ist, aus dem die grössten Meister sich wieder Anregung für ihr Schaffen holten. „Verlorene Liebe" und „Elslein" in einer Bearbeitung Burkhardts und das altniederländische Volkslied „Komm, o komm, holdes Kindchen" in dem bekannten Kremserschen Arrangement bildete die Belege für die unverwelkliche Frische des Volkslieds. Die Leistungen der Kölner Singakademie, die an diesem Abend eine grosse Anzahl schwieriger und den verschiedensten Kunstepochen angehörender Kompositionen, meist ohne Begleitung, zu bewältigen hatte, waren ganz vorzügliche und legten Zeugnis ab von den eminenten Fortschritten, die diese junge Vereinigung in so kurzer Zeit unter ihrem Leiter gemacht hat, aber auch von dem ungewöhnlich schönen Material des Chors. Den erwähnten achtstimmigen Frauenchor behandelte der Dirigent als Solooktett, wobei die ungewöhnliche Schönheit des ersten Soprans auffiel. Die Lieder wurden mit grossem Verständnis und charakteristischer Vortragskunst von Frau Dr. Burkhardt gesungen. Am Cembalo und Klavier bewährte sich Dr. Burkhardt als ferner Pianist, der auch mit Frl. Adele Stöcker die Kompositionen von Gabrieli, Corelli und Tartini spielte. Die heimische Virtuosin übertraf sich dabei selbst in der Schönheit des Tones, in der Überlegenheit der Technik, in der überschauenden Ruhe und stilistischen Vollendung des Vortrags.

Oberhausen. Städt. Musikver. (C. Steinhauer). Es wurde Händels „Messias" in vorzüglicher Darbietung gebracht. Der vollsaftige, schön ausgeglichene Chorklang wird besonders gerühmt. Als Solisten wirkten mit: Carola Hubert, Helene Diergardt, Nicola Doerter, W. Metzmacher. Der Dirigent wurde ausserordentlich gefeiert, u. a. durch einen riesigen Lorbeerkranz, den ihm der kunstsinnige Bürgermeister der Stadt persönlich überreichte.

Verschiedenes.

Waldbröl. Am 26. April wurde der Gemeinde Waldbröl durch den bergischen Geschichtsverein der Denkstein zur Erinnerung an Wilhelm von Waldbrühl (Vincenz v. Zuccalmaglio) feierlich übergeben. Waldbrühl hat sich in der 1. Hälfte des vorigen Jahrhunderts im Verein mit Jul. Rietz und F. W. Arnold um die Sammlung und Herausgabe unserer Volkslieder sehr verdient gemacht, auch aus Eignem manche liebenswürdige Gabe beigesteuert, die dann im Volksmund überging.

Berlin. Der Berliner Tonkünstlerverein bereitet einen Aufruf vor zur Gründung eines Zentralverbandes Deutscher Musiker- und Tonkünstlervereine. Die ersten, vornehmsten Aufgaben dieses Verbandes sollen sein:

a) Gründung einer allgemeinen Pensions- und Invaliditätskasse;

b) Regelung der Honorarfrage im Lehrfache.

Wir kommen noch auf diese wichtigen Gegenstände zurück.

Berlin. Die Erziehung des Tonsinnes (Uebungen für Ohr, Auge und Gedächtnis) lautet das Thema eines

Wandervortrages, welchen **Max Battke**, Direktor des Seminars für Musik in Berlin auf Veranlassung des Vorsitzenden der Internationalen Musikgesellschaft im April in einer Reihe der grössten Städte Deutschlands halten wird. Der Vortragende will zeigen, wie man durch methodisch geordnete Gehörsübungen und durch eine systematische Erziehung des Tonsinnes jede musikalische Beanlagung, auch die geringste, auf die erreichbar höchste Stufe heben kann, so dass der Schüler imstande ist, den grösstmöglichsten Genuss vom Anhören der Musik und von der Betätigung in dieser Kunst zu haben. Ein Stückchen praktischer Anwendung der Theorie sind die Jugend-Konzerte. — Es sind folgende Städte, deren Fachvereine in ihrem Rahmen den Vortrag vorbereiten: Leipzig, Halle, Magdeburg, Dresden, Breslau, Posen, Königsberg, Danzig, Stettin, Lübeck, Hamburg, Bremen, Hannover, Düsseldorf, Köln, Frankfurt a. M., Karlsruhe, Stuttgart, München, Nürnberg. Der Eintritt wird überall unentgeltlich sein, da die Unkosten von massgebender Stelle in Berlin aus getragen werden.

Richard Wagner-Denkmal. Dem Festkomitee für die Weihe des Richard Wagner-Denkmals sind von dem preussischen Kultusminister Dr. Studt, von dem französischen Botschafter in Berlin Mr. Bihourd und vom Botschafter der Vereinigten Staaten Charlemagne Tower Erklärungen ihres Beitritts in das Internationale Ehren-Komitee zugegangen; desgleichen von dem Intendanten der kaiserlich-russischen Hofmusik, Baron Konstantin von Stackelberg zu Petersburg und vom Präsidenten der Royal Akademy of Music in London, dem englischen Komponisten Sir Alexander C. Mackenzie. Auch der Professor der Musik an der Oxforder Universität, Sir Hubert Parry, Studiengenosse und Freund des als begeisterter Wagner-Verehrer bekannten englischen Premierministers Balfour, hat namens der „British Musical Association“ die Erklärung abgegeben, dass diese Gesellschaft eine zahlreiche Delegation zur Teilnahme an den Festlichkeiten nach Berlin entsenden wird.

Das sechzigjährige Jubiläum des Mozartvereins zu Darmstadt.

Darmstadt, 30. März. Der älteste und angesehenste Männergesangverein unserer Stadt, der Mozartverein, feierte heute unter lebhaftester Anteilnahme seiner Mitglieder und Freunde das Jubiläum seines sechzigjährigen Bestehens durch ein Festkonzert im Saalbau, das einen glanzvollen Verlauf nahm. Das Programm des Abends führte uns zwei der bedeutendsten und schwierigsten Werke vor, welche die Männerchor-Literatur kennt. Den Anfang machte Johannes Brahms' „Rinaldo“, Cantate für Tenorsolo, Männerchor und Orchester, die von dem Verein zuletzt Ende der siebziger Jahre unter Herrn Hofkapellmeister de Haans Leitung zur Wiedergabe gebracht worden war. In vorzüglicher Ausführung, um die sich alle mitwirkenden Faktoren gleiche Verdienste erwarben, erzielte das prächtige Werk heute wieder den machtvollsten Eindruck.

Die zweite Chornummer des Konzertes war Richard Wagners Biblische Szene für Männerchor und Orchester „Das Liebesmahl der Apostel“, dessen Wahl eine um so passendere zu nennen war, als diese Tondichtung dem Gründungsjahre des Mozartvereins (1843) seine Entstehung verdankt. Die Partitur des Werkes war dem Mozartverein anlässlich seines 50jährigen Jubiläums von dem hiesigen Musikverein zum Geschenk gemacht worden und gelangte heute bereits zum drittenmale zur Aufführung, welche die beiden vorhergehenden an Qualität weit übertraf. Der jetzt auf 104 aktive Mitglieder angewachsene Vereinschor leistete unter Herrn Richard Senffs hingebender, intelligenter und zielbewusster Leitung, was Exaktheit der Einsätze, Reinheit der Intonation, Resonanz und Fülle des Klangs, Schwung und Kraft des Vortrags angeht, Hervorragendes. Die Besetzung der „Zwölf Apostel“ mit zuverlässigen Gesangskräften, die sichere Haltung der „Stimmen aus der Höhe“ und die treffliche Leistung unseres Hoforchesters kamen hinzu, um dem Werke zu einer nahezu idealen Wiedergabe zu verhelfen, so dass sich die begeisterte Stimmung der Mitwirkenden bald auch dem Auditorium mitteilte und am Schlusse in enthusiastischen Beifallspenden sich Luft machte. Jedenfalls hat dies Festkonzert den Mozartverein auf der vollen Höhe seines künstlerischen Könnens gezeigt und gibt eine sichere Gewähr für eine blühende Weiterentwickelung des Vereins.

An das Konzert schloss sich eine sehr zahlreich besuchte festliche gesellige Vereinigung im grossen Saale an, die unter dem Vorsitz des Vereinspräsidenten, Herrn Kaufmanns Wilhelm Pfeil, ebenfalls einen sehr animierten Verlauf nahm. Zur stimmungsvollen Einleitung derselben trug der Mozartverein Felix Mendelssohns „Stiftungsfeier“ vor, worauf die Reihe der Toaste von dem Vorsitzenden mit einer von Herzen kommenden Ansprache eröffnet wurde, in der er einen Rückblick auf die letzten zehn Jahre der Vereinsgeschichte warf und sie mit Recht als eine Zeit ernsten Ringens und hingebungsvoller Arbeit im Dienste der hehren Sangeskunst und ihrer hohen Ideale bezeichnen konnte. Die Fülle der Anerkennung und Ehren, die dem Mozartverein bei seinem 50jährigen Jubiläum zuteil geworden, habe sich für ihn von reichem Segen und als ein mächtiger Ansporn für eine weitere erfolgreiche Entwickelung erwiesen. Redner schloss mit dem Wunsche, dass der Mozartverein sich trotz seines nun schon hohen Alters seine Jugendfrische, seine Kunstbegeisterung und sein oft erprobtes Können auch für die Zukunft bewahren möge; das auf den Verein ausgebrachte Hoch fand freudigsten Wiederhall.

Felix Woyrschs „Passions-Oratorium“ in der Johanneskirche.

Darmstadt, 8 April. Der Evangelische Kirchengesangverein der Johannesgemeinde brachte heute Woyrschs „Passions-Oratorium“, das er uns im vorigen Jahre erstmalig vorgeführt hatte, wiederholt zur Aufführung. Man kann dem Vorstande des rührigen Vereins, dessen frohem Wagemut und opferfreudiger Energie das kirchenmusikalische Repertoire unserer Stadt schon so manche nambafte Bereicherung verdankt, nicht dankbar genug sein für die tatkräftige Initiative, mit der er sich auch dieses neuzeitlichen Werkes angenommen hat, das die Kräfte eines Kirchengesangvereins meist zu übersteigen pflegt. Und doppelten Anspruch auf gerechte Anerkennung hat sich der Johanneskirchenchor dadurch erworben, dass er die grossen finanziellen Opfer nicht gescheut und durch Normierung billigster Eintrittspreise heute eine Schöpfung weitesten Volkskreisen zugänglich gemacht hat, die nach dem Urteile vieler Berufenen nicht nur auf dem Gebiete der Kirchenmusik für lange Zeit einen ersten Rang einnehmen wird, sondern in der auch vieles „zu dem Schönsten gehört, was die Tonkunst nicht nur unserer Tage hervorgebracht hat“. Gar manche der wundervollen Feinheiten der Partitur wurden den Hörern bei dem heutigen wiederholten Kennenlernen natürlich erst recht zum Bewusstsein gebracht, zumal die Aufführung, durch die ein gewisser grosser Zug ging, auch weitgehenden Ansprüchen gerecht zu werden vermochte.

Eduard Kremser's neuer Liedercyklus für Männerchor (auch für gemischten Chor erschienen) Verlag von F. E. C. Leuckardt in Leipzig, wurde kürzlich unter ausserordentlichen Erfolgen in Insterburg und New-York zu Gehör gebracht, während eine weitere Aufführung in Troppau bevorsteht.

Neue Männerchöre.

Verlag Fr. Ullrich, Godesberg. Part. St.
/ilh. Köster Sehnen und Scheiden . . —.40 —.20
ttomar Neubner op. 94 III. Mein Liesel —.40 —.20
sef Schwartz op. 21. Friedrich Rotbart 1.60 —.40
ıgust Thelen op. 31 I. Am Spinnrad —.40 —.20
. Ullrich op. 80 I. Nachbars Margreth —.40 —.20
do. op. 80 III. Das goldene Ringelein —.40 —.10
do. op. 90. Das deutsche Volkslied —.80 —.20
do. op. 92. Der deutsche Hort . 1.20 —.30
sserordentlich effektvoll ist Jos. Schwartz's neuer ksam aufgebaut, mit mächtiger Schlusssteigerung und r mittelschwer, daher für Wettstreite sehr geeignet. ch selbst liegen diesmal ausser zwei kleinern wohln Strophenliedchen noch zwei durchkomponierte isseren Umfangs vor, die bemerkenswerte Satztechnik : beide sind frisch empfunden und dürften ihre nicht verfehlen.

Verlag von C. Pieper, Krefeld.
en op. 14 I. Madrigal . . . . . . .80 —.20
II. Es muss was Wunderbares sein —.80 —.20
ıl ist wertvoll für Vereine, die vornehme Kunst lieben u. üben.

: Ansicht zu beziehen durch H. vom Ende's, enhandlung Köln, Bismarckstrasse 25.

Briefkasten.

H. in S. Kein Konservatorium ist berechtigt, den :ertmeister, Musikdirektor, Kapellmeister, Professor r zu verleihen. Sie müssen unterscheiden zwischen Ehrentitel. Als Amtstitel sind aufzufassen der ister-, Kapellmeister- und Musikdirektor-Titel, welche eilegen darf, der ein dementsprechendes Amt bekleidet. Titel eines Kgl. Musikdirektors, Professors und zeichnen eine Würde und werden von der Re- rliehen. Die Erteilung der Doktorwürde ist den unserer Universitäten und technischen Hochschulen ı. Den Titel „Doktor der Musik" kann man nur in werben, unsere promovierten Musiker sind in der)hil.

/orbedingungen für diese Titel und Würden sind :hieden. Der Konzertmeister muss routinierter ieler und tüchtiger Solist, der Kapellmeister und or allgemein musikalisch gebildet sein. Prüfungen liese Aemter nicht, bei der Anstellung entscheidet xion und persönliches Auftreten.

'rofessortitel erhalten ausser den Universitätslehrern :nte ältere Lehrer an höheren Schulen und Kon- sowie Künstler, welche sich um ihre Kunst in dem Masse verdient gemacht haben. Der Titel causa wird von den Fakultäten in derselben erdiente Künstler und Dirigenten verliehen. Im I der Doktortitel rite durch eine schriftliche Arbeit ıdliches Examen (letzteres nicht an allen Univer- ›rben.

Aufführungen.

Gemischter Chor mit Begleitung.

ıest I. P. Singverein Fr. Graff). Heinr. Hofmann ol.: Elis. Gotzeke, Anni Bremer, N. Harzen-Müller, **Berlin.** Singakademie (Prof. G. Schumann). ıter 1903/4 sind folgende Aufführungen in Aus- men: Schumann „Paradies und Peri". Georg Totenklage". Verdi „Requiem". Bach „Weih- ım"". Brahms „Nänie". Beethoven „Missa solemnis". s Makkabäus". Bach „Matthäus-Passion". **Dort-** ıservatorium (C. Holtschneider). N. W. Gade ıhrer". (Frau Dr. Hoffmann, José Classen, T. **Elberfeld.** Konzertgesellschaft (Dr. H. Haym). enommen für 1903/4 sind: Haydn „Jahreszeiten". ıts Verdammung". Verdi „Requiem". (Sol.: v. ıı. Herzog, Hermann Gausche, Marc. Pregi, Dr. . M. Orelia, Frau Noordwier-Red, P. de Haan- erichs, W. Fenten.) **Frankfurt a. M.** Museums- ıustav Kogel). 1902/3: Brahms „Rhapsodie mit Alt-Solo". F. Liszt „Entfesselter Prometheus". F. Vollbach „Raffael No. 2". Madonna del Grandnia. **Bielefeld.** Musik-ver. (W. Lamping). Fr. Liszt „Faust-Symphonie". 13. Psalm. (Sol.: Hans Giessen.) **Magdeburg.** Städt. Orch. (Jos. Krug-Waldsee). Gust. Mahler „Symphonie No. III (D-moll) mit Alt-Solo". Frauen- und Knabenchor. **Münster i. W.** Musik-ver. (Dr. W. Niessen). Brahms „Schicksalslied". **Osnabrück.** Musikver. (R. Wiemann). Schubert „Hirtenchor aus Rosamunde". Beethoven „Meeresstille und glückliche Fahrt". **Elberfeld.** Konzertges. (Dr. H. Haym). A. Bruckner, „Grosse Messe No. 3, F-moll". Mozart „Requiem". (Sol.: Jeanette Grumbacher-de Jong, de Haan-Manifarges, Rich. Fischer, van Eweyk). **München-Gladbach.** Städtischer G.-V. (H. Gelbke). Verdi „Requiem". (Sol.: Carola Hubert, de Haan-Manifarges, R. Kaufmann, W. Metzmacher). **Krefeld.** Konzert-Gesellschaft (Th. Müller-Reuter). Fr. Neff „Schmied Schmerz", „Chor der Toten". **Bielefeld.** Musik-Ver. (W. Lamping). J. Brahms „Deutsches Requiem". Bossi „Canticum Canticorum". **Bremen.** Philharm. Konzert (K. Panzner). Anton Bruckner „Te deum". Schumann „Manfred". Mozart „Grosse Messe in C-moll". **Münster i. W.** Musik-Ver. (Dr. W. Niessen). G. Tinel „Franciscus". **Leipzig.** Gewandhaus (A. Nikisch). Saison 1902/3: Beethoven „Missa solemnis". Brahms „Gesang der Parzen". Liszt „Entfesselter Prometheus".

Männerchor mit Begleitung.

Düsseldorf. Städt. Musik-Ver. (Jul. Buths). Brahms „Rhapsodie" (Muriel Foster). **Breslau.** Lehrer-G.-V. (M. Franke). E. Grieg „Landerkennung". M. Bruch „Römischer Triumphgesang". **Chemnitz.** Lehrer-G.-V. (Max Pohle). A. Klughardt „Pilgergesang der Kreuzfahrer". Fr. Mayerhoff „Frau Minne". **Danzig.** Lehrer-G.-V. (Arthur Weber). Schubert „Nachtgesang" mit Hörnern. Brahms „Rhapsodie". **Freiberg.** Lehrer-G.-V. (Nickel). M. Bruch „Frithjof". **Fürth.** Sing-Ver. (J. Koffka.) Podbertsky „Friedr. Rotbart". **Heidelberg.** Liederkranz (C. Weidt). Felix Woyrsch „Der Vandalen Auszug". **Mannheim**-Ludwigshafen. Lehrer-G.-V. (C. Weidt). F. Debois „Liebesbotschaft". Hans Wagner „Gotentreue". Franz Schubert „Ständchen". **Koblenz.** M.-G.-V. St. Castor (Ernst Hülsbeck). Max Bruch „Frithjof-Sage". Dem Chor war ausser zwei Männerchören im 1. Teile, die unter Leitung des Chormeisters schneidig gesungen wurden, eine schwierige Aufgabe im 2. Teil zugemessen. Es galt die von Max Bruch in Musik gesetzten Szenen aus der norwegischen Heldensage von der Liebe Frithjofs zu der schönen Ingeborg nach der Dichtung von E. Tegnèr vorzuführen. Fürwahr keine leichte Aufgabe, aber man sah, dass der wackere Leiter, Herr Hülsbeck, die Sache mit Ernst, Fleiss und Energie betrieben hat, und so schufen Solisten (Klara Hülsbeck und Franz Mees), der Chor und Orchester eine im grossen ganzen abgerundete Aufführung, was um so mehr Anerkennung verdient, als der häufige Taktwechsel und die durchaus nicht einfachen Tempi grosse Aufmerksamkeit erfordern. Herrlich gesungen war Frithjofs Abschied und Rache (Herr Mees), von innigster Wirkung Ingeborg's Klage Frl. Hülsbeck), grausig packend der Chor „Tempelbrand" und durchschlagend der Schlusschor „Erhebet die Fahne". Wahrlich, Leiter und Sänger dürfen mit ihrem Erfolge — der materielle blieb auch nicht aus — zufrieden sein. **Offenbach a. M.** Sängerchor des Turnvereins (A. Glück). B. Scholz „Ständchen an eine Verlassene". C. Goldmark „Frühlingsnetz". F. Schubert „Nachtgesang im Walde". Herr Musikdirektor Glück und seine tüchtige Sängerschaar setzten ihr bestes Können ein: da war alles klanglich auf das sorgfältigste ausgearbeitet und gegliedert, selbst die schwierigsten Intervalle wurden mit erfreulicher Sauberheit gebracht und rhythmisch war alles von musterhafter Präzision, sodass man selbst in anerkannt erstklassigen Gesangvereinen selten so tadellos singen hören dürfte. Ausser einigen hübschen Volksliedern, von denen Othegravens übermütige „E fersüchtelei" auf stürmisches Verlangen wiederholt werden musste, sang der Chor J. Heins „Vineta", ferner Goldmarks „Frühlingsnetz", dem durch die Hörnerbegleitung ein bezwingender Stimmungszauber verliehen wird, sowie eine neue Komposition von Professor Bernhard Scholz „Ständchen an eine Verlassene" zu der bekannten, wundervollen Dichtung von Gottfried Keller, welcher der musikalische Entwurf durch alle Stimmungen in feinsinniger Weise folgt. Inniges Mitgefühl spricht aus den Eingangszeilen: „Wir haben deinen tiefen Gram vernommen und sind in deinen Garten still gekommen“, — männliche Entrüstung aus der Verurteilung des Ungetreuen, edler Stolz aus der Zusicherung „Noch glüht manch' Auge, das in Treuen blitzt, manch' Herz, das noch an rechter Stelle sitzt“; ganz besonders schön aber ist der zarte Passus „Wohl selig sind, die in der Liebe leiden“, bis ein kraftvoll ausklingender Schluss die prächtige Komposition krönt. Der Beifall für dieselbe gestaltete sich zu einer spontanen Ovation für den anwesenden Komponisten, an der auch die Sänger selbst lebhaft teilnahmen. **Leipzig**. Studenten-G.-V. Wettina (Paul Umlauft). F. Schubert „Psalm 23“. Felix Woyrsch „Deutscher Heerbann“. **Nürnberg**. M.-G.-V. (I. Müller). H. Hutter „Der Tänzer unserer lieben Frau“. W. Kienzl „Landsknechtslied“. **Stuttgart**. Lehrer-G.-V. (S. de Lange). Rheinberger „Wittekind“. H. Zöllner „Kolumbus“. Lkr. (W. Foerster). Schubert „Gesang der Geister“. Plüddemann-Pembaur „Das Schwedengrab“. **Thorn**. Lt. 59. Stiftungsfest C. Jos. Brambach „Velleda“. **Zürich**. Lehrer-G.-V. (Jul. Lange). Rich. Wagner „Matrosenlied a. d. Fliegenden Holländer“. Nicodé „Das Meer“. **Frankfurt a. M.** Lkr. (A. Glück). C. J. Brambach „An die Sonne“. Max Bruch „Auf die bei Thermopylae Gefallenen“, „Römischer Triumphgesang“. Arnold Krug „Auf weichen Abendlüften“, „Barcarole“. **Strassburg**. M.-G.-V. (K. Frodl). Rheinberger „Hymnus an die Tonkunst“. Fr. Schubert „Nachtgesang im Walde“. H. Zöllner „König Sigurd Ring“.

Männerchor ohne Begleitung.

Breslau. Lehrer-G.-V. (Max Franke). E. Heuser „Hünengräber“. A. von Othegraven „Liebchen im Grabe“, „Die Maidli im Schwyzerland“. **Dresden**. G.-V. der Staatseisenbahn-Beamten (M. Funger). C. Löwe „Der Fichtenbaum“. P. Cornelius „Nicht die Träne“. Hegar „Totenvolk“. C. Hirsch „Schwesterlein“. Curti „Die Nacht“. A. Bungardt „Erinnerung“. E. Kretschmer „Keine Sorg' um den Weg“. Thuille „Das Kätzchen“, „Landsknechtslied“. **Danzig**. Lehrer-G.-V. (A. Weber). Hegar „Trotz“. Attenhofer „Abendfeier“. Angerer „Mein Lied“. **Freiberg**. Lehrer-G.-V. (Holm Nickol). Curti „Hoch empor“. Hegar „Morgen im Wald“. Sitt „Innsbruck, ich muss dich lassen“. Widmann „Villanella“. M. Friedländer „Ich weiss nit“. **Gera-Reuss**. Arion (C. Hartenstein). Schauss „Spinnerin“. Engelsberg „So weit“. H. Jüngst „Innsbruck“, „Nur närrisch sein“. **Glogau**. Sängerverein (R. Müller) „Hügel fallen“. Schmölzer „Ave Maria“. Tschirch „Frühlingsglauben“. Filke „Das deutsche Lied“. **Graz**. Deutscher akadem. Gesangv. (Viktor Zack). Orlando di Lasso „Landsknechtsständchen“. H. Bröckler „Marsch der Bürgergarde“. **Hannover**. M.-G.-V. (Zerlett). Zerlett „Störtebecker“. Liszt „Saatengrün“. Hegar „Rudolf v. Werdenberg“. Zerlett „Der Graf zu Rom“. Reiters „Morgenlied“. Weber „Waldweben“. Altenhofer „Mein Schätzelein“. **Heidelberg**. Liederkranz (C. Weidt). J. Pembaur „Raus aus dem Haus“. **Koblenz**. M.-G.-V. St. Castor (E. Hülsbeck). R. Becker „Hochamt im Walde“. Voigt „Mutterliebe“. **Offenbach**. Sängerchor des Turnvereins (Aug. Glück). Heim „Vineta“. v. Othegraven „bei Mondenschein“, „Eifersüchtelei“. **Berlin**. Akad. Liedertafel (Adolf Schulze). H. vom Ende „Herzigs Mariandel“. C. Reinthaler „Morgen wirds“. Rheinberger „Jung Werner“. Zelter „St. Paulus war ein Medicus“. Orlando di Lasso „Landsknechtsständchen“. **Leipzig**. Männerchor (G. Wohlgemuth). Rietz „Morgenlied“. Ludwig Keller „Gebet“, mit 4 Posaunen. G. Weber „Waldweben“. Edw. Schultz „Trutzlied“. Rietsch „Ein schön deutsch Reiterlied“. **Magdeburg**. Lehrer-G.-V. (G. Schaper). A. Brandt „Im März“. Sering „Trompeter an der Katzbach“. Angerer „Gotentreue“. A. von Othegraven „Eifersüchtelei“. „Ich hab mir einen Garten“, „Warnung“. **München**. Lehrer-G.-V. (V. Gluth). Schubert „Gesang der Geister“. Hegar „Kaiser Karl“. Curti „Im Sturm“. Hugo Wolf „Dem Vaterland“ mit Orch. **Nürnberg**. M.-G.-V. (I. Müller). H. Hutter „Dorf-Idyllen“. Rheinberger „Jung Werner“. Gounod „Der Amboss“. **Wurzen**. Orpheus. „Deutsches Leben im Liede“. Radecke „Aus der Jugendzeit“. Silcher „Nun leb wohl“. Burgstaller „Vagantenliebe“. Zöllner „Einkehr“. Kromer „Grüsse an die Heimat“. Gelbke „Heimkehr“. **Leipzig**. Lehrer-G.-V. (Hans Sitt). L. Thuille „Weihnacht im Walde“. H. Sitt „Vergebliche Flucht“. Rich. Strauss „Altdeutsches Schlachtlied“. B. Schulz „Deutsches Flottenlied“. Kurt Bock „Ein Reiter durch das Bergtal zieht“. Wickenhausser „Abschiedszeichen“. Arnold Kroegel „Nachtgrüsse“. **Frankfurt a. M.** Lkr. (August Glück). A. von Othegraven „Ständchen“, „Bei Mondenschein“, „Drei Wünsche“.

Schriften über Musik und Sammlungen.

Sigmund Auspitzer. Winke für die Gesangskunst (Brünn B. Epstein & Co. Preis Mk. 1.50.)

Verfasser behandelt die Theorie der Gesangskunst von einem eigenartigen Gesichtspunkte. Er versucht zu erklären nicht wie sich der Ton unserm Ohr mitteilt, sondern wie er vom Sänger gefühlt werden muss. Die Abhandlung ist sehr klar verständlich und anregend geschrieben, eignet sich aber doch mehr für den Lehrer als für Gesangschüler. Gerade der Standpunkt des Verf. hätte eine grössere Vertiefung in die anatomischen und physiologischen Verhältnisse als notwendige Vorbedingung erwarten lassen. Wie kann ich von einem bestimmten Gefühl im Kehlkopf, von Glottisschluss u. a. Dingen sprechen, wenn ich weiter nichts weiss, als dass dieser „wie ein Trichter am Halse hängt“? Das genügt wohl für einen Bierstudenten, aber nicht für einen Sänger.

Ueber **Mass und Milde** in **kirchenmusikalischen** Dingen von Dr. J. N. Aüle. (Regensburg, Coppenraths Verlag. Preis Mk. 1,—.) Ein im Cäcilienverein gehaltener Vortrag der natürlich dessen Prinzipien vertritt und ihn gegen den Vorwurf verteidigt, es an Mass und Milde in kirchenmusikalischen Dingen fehlen zu lassen.

Moderne Kirchenmusik und **Choral.** Eine Abwehr von Jos. Renner jun. (Leipzig F. E. C. Leuckarts Verlag. Ebenfalls eine Streitschrift, welche für grössere Freiheit auf diesem Gebiete plädiert und modernen Geist in kirchlichen Kunstwerken zulässt, solange er die liturgischen Anforderungen erfüllt und den Text in ernster Weise zum Ausdruck bringt.

Chorgesang-Schule von **Josef Steger** op. 31. (Wiener Musik-Verlagshaus, vormals F. Roersch. Preis Mark 1.20.) Namentlich berechnet für den Gesangunterricht in höheren Schulen und Vereinen. Das Werkchen, dessen klarer, deutlicher Notensatz zu loben ist, enthält hauptsächlich Material für rhythmische und Treff-Uebungen.

Der deutsche Männergesang. Seine geschichtliche Entwicklung, den deutschen Sängern erzählt von **Georg Schade.** (Cassel A. Freyschmidt; Verlag. Preis Mk. 2.)

Das Werkchen ist frisch und unterhaltend geschrieben und enthält manche interessante Einzelheiten über Sängerfeste, Gesangwettstreite etc., die bisher weniger bekannt waren. Es sollte in keiner Vereinsbibliothek fehlen.

Heimatstimmen von **Bernhard Schneider.** (Verlag von Alwin Kuhle, Dresden. Preis Mk. 1.) Eine Sammlung geistlicher und weltlicher Volksweisen und Kunstgesänge in dreistimmiger Bearbeitung. Ausg. A, 258 Gesänge für die Chor- und Oberklassen der Volksschule. Der Preis ist für den enormen Umfang des Werkes ausserordentlich billig zu nennen. Bearbeitungen und Auswahl lassen den erfahrenen und geschmackvollen Musiker erkennen.

Einstimmiges Chorbuch mit Klavierbegleitung. Eine Auswahl Volks-, volkstümlichen und Kunstliedern für höhere Lehranstalten, Seminarien, Gesangvereine und gesellige Kreise herausgegeben von **Ludwig Riemann** (Leipzig, Breitkopf & Härtel. Klavierpart. Mk. 3.—, Stimme Mk. 1.—.)

Ueber die Singstimme haben wir bereits berichtet. Auch die Partitur präsentiert sich in dem vornehmen Gewande und klaren Stich, den wir bei diesem Verlage gewohnt sind. Die Auswahl ist eigenartig: neben guten bekannten finden wir gediegene Gesänge älterer und neuerer Komponisten, die unverdienterweise unbekannt geblieben sind. So bietet das Werk für Jeden des Interessanten mancherlei.

Verlagsberichte.

ie Mitteilungen von Breitkopf und Härte, Leipzig, rz 1903 enthalten Berichte über J. J. Frobergers Orgel-rierwerke, J. P. Sweelincks Werke, Hector Berlioz Gouvy, dessen Bildnis das Titelblatt ziert. Die gen werden kostenfrei versandt.

rzeichnis sämtlicher im Druck erschienenen Werke . Hummel (Verlag von C. Kulm, Wien Preis Mk. —.75). sige Tonsetzer ist jetzt bei op. 500 angelangt; er wirde it bringen können. Das Verzeichnis ist sehr über-angeordnet mit Angabe des Verlegers und Preises.

s Handbuch für Gesangvereine und Dirigenten om Ende wird endlich im Mai erscheinen. Preis des rs Mk. 3.

ht allein Arbeitsüberhäufung hat die Hinausschiebung ines der Herausgabe veranlasst, sondern vor allen uch die gewissenhafte Sorge um ein möglichst res. für Theorie und Praxis des Dirigenten unent-s Werk.

i zahlreichen Bestellern des Werkes diene hiermit richt, dass es ihnen sofort nach Erscheinen franko wird.

Endes Verlag und Musikalienhandlung, Köln.

JUL 20 1903

[W]egweiser durch die Chorgesanglitteratur

Ratgeber für Gesangvereine und Dirigenten.

Redaktion und Verlag: H. vom Ende, Köln a. Rh., Ecke Bismarck- und Kamekestrasse.

nebst Beiblatt:

Der Sänger.

Offizielles Organ des Westdeutschen Sängerverbandes, Mosel-, Saar-, Nahe-Sängerbundes, des Mittelrheinischen, Rheinhessischen und Speyergau-Sängerbundes.

Erscheint monatlich einmal. Bezugspreis für 1 Expl. 20 Pfg. Jahresabonnement Mk. 1.50 und 40 Pfg. Porto. Inserate kosten pro 4 mal gespaltene Petitzeile 20 Pfg.

[Exp]edition: H. vom Ende's Musikalien-Versandgeschäft.

[No.] 8. | Köln a. Rhein, den 26. Mai 1903. | IV. Jahrg.

[S]änger-Wettstreit in Frankfurt a. M.

(Siehe auch Seite 11.)

Die Festhalle und die Kaiserloge.

[..]. Immer näher rückt der auf Befehl und in Gegen[wart des K]aisers stattfindende zweite Gesangwettstreit deut[scher Män]nergesangvereine. Ein hervorragendes Interesse [verdien]t und verdient die nach den Entwürfen und Zeich[nungen des] Stadtbauinspektors Reg.-Baumeisters Karl Wilde [erbaute] Festhalle. Die Architektur derselben ist in [..] modernen Formen in Anlehnung an klassische [..]ehalten und bietet in ihrem satten Farbenschmuck [..]r von dem städtischen Gartendirektor Heicke ge[schaffenen] gärtnerischen Anlagen ein ungemein anheimelndes [B]ild. Trotz der stattlichen Frontentwicklung von [..] lässt aber das Aeussere nicht annähernd die über[wältigende] Wirkung des freien Innenraumes vermuten, dessen [..]n bei 22 Meter lichter Innenhöhe 74 Meter in der [..]47 Meter in der Breite betragen.

Im äusseren Aufbau wird die stattliche Raum[..] [der k]aiserlichen Gemächer durch den 35 Meter [..] charakterisiert. Ein grossräumiges Treppenhaus [..]n Zugang zu dem imposanten Empfangssaal der [..] dieser Saal übt mit seinem prachtvollen Portal[..]ern mit rotem Sammt und Brokat bespannten [..]lche kostbare Gemälde aus Frankfurter Patrizier[..]icken, den herrlichen Möbeln aus ebensolchem [..]tatuen, Perserteppichen, antiken Spiegeln in ge[..]d vergoldeter Fassung, den kostbaren Beleuch[tungskörpern] und Konsoltischen eine wahrhaft vornehme [..]. Zu beiden Seiten des Empfangssaales schliessen [..]cher Ausstattung, nur in anderem Kolorit, die [..]er der Majestäten und die Salons für die Ehren[..]eisrichter und das Gefolge an.

[..]ge des Kaiserpaares ist mit einem taubengrauen [..]ldborte gefassten Wandstoff bespannt; den Pla[fond schmü]ckt ein antikes Deckengemälde. In der Loge sind [..]sseln für die kaiserlichen Herrschaften wiederum [..]ke Konsoltische zur Aufnahme der Ehrenpreise [..]. Die Loge wird flankiert von zwei hoheitsvollen [..]algestalten, welche zart getönt sind und goldenen [..] Siegespalmen tragen. Ueberspannt ist die Loge [..]al zu von einem mit der Kaiserkrone, Straussen[..]und goldgestickten Lambrequins geschmückten [..]n Baldachin. Eine doppelseitig angelegte Treppe führt in den Saal hinab. Die Logenbrüstung schmückt ein riesiger Aar auf antikem mit Lorbeergehängen verzierten Schild. Die gesamte Gruppe der Kaiserloge und der angrenzenden Logen der Preisrichter und Ehrengäste ist in einem architektonischen, durch gärtnerische Ausschmückung belebten Rahmen zu einem überaus imposanten Gesamtbild vereinigt.

Die Giebelseiten der Halle schmücken zwei 20 Meter lange, 7 Meter hohe Fenster, welche in sehr glücklicher Imitation von Glasmalerei mit ihrer dezenten Symbolik dem Raum eine stimmungsvolle Weihe verleihen. Gegenüber der Kaiserloge befindet sich das für 1700 Sänger und 120 Musiker Platz bietende Podium; dahinter liegt die Schallmuschel, umrahmt von einem kolossalen Lorbeerstab mit vergoldeten Rosen; darüber eine 7 Meter hohe Gruppe in Flachrelief, Apollo, Gesang und Poesie verkörpernd, welche sich scheinbar auf lichtblauem Himmelsgrunde erhebt. Riesenhafte Ilexfestons mit weissen Rosen und gewaltige Kränze, in denen Bogenlampen Früchten gleich schweben, im Zusammenhang mit prachtvollen Teppichen, welche sowohl die Schallmuschel als auch die Logenbrüstungen schmücken, geben dem gigantischen Raum eine wahrhaft grossartige Wirkung, welche in ihrer Gesamtstimmung jedermann ergreifen muss.

Entwurf und Ausführung dieses festlichen Innenraums ist ein gemeinsames Werk der Architekten Stadtrat Wilhelm Hanau und Stadtbauinspektor Karl Wilde. Zu dem schönen Gelingen des Ganzen haben hauptsächlich die nachstehend benannten Künstler und Geschäftsleute beigetragen: Bildhauer Ernst Rittweger schuf die Idealgestalten und den Adler der Kaiserloge, Bildhauer Hch. Spody die Apollogruppe; Maler K. Rohde entwarf die Skizzen zu den von Maler Ludwig Bien ausgeführten Giebelfenstern. Die Glasmaler Lüthi und Linnemann lieferten echte Glasmalereien für die kaiserlichen Räume. Die sonstigen Malerarbeiten leitete Maler Braun der Firma Ludwig Grüder. Die Stoffdekorationen der kaiserlichen und der angrenzenden Räume sind von der Firma Jean Jost, die Spiegel- und Türumrahmungen von Wachendörffer u. Co. ausgeführt. Einen erheblichen Anteil zu der Ausschmückung dieser Räume mit kostbaren Konsoltischen, Schränken, Schmuckdekorationen u. a. hat die Firma Scheider u. Hanau beigetragen. Die Beleuchtungskörper lieferten Hinkel u. Sohn. Der gärtnerische Schmuck ist unter Leitung des Gartendirektors Heicke, die Beleuchtungsanlage unter Leitung des städtischen Elektro-Ingenieurs Kayser, beides nach Dispositionen der Architekten erfolgt. Die Ausführung der elektrischen Leitung haben Schuckert u. Co. gemeinsam mit Hinkel u. Sohn bewerkstelligt. — Am Sonntag, den 17. Mai, Vormittag wurde die Gesamtprobe der hiesigen Sänger zum Begrüssungs-Konzert zum erstenmale in der Festhalle abgehalten. Die akustischen Verhältnisse der Halle erwiesen sich als ausgezeichnet; das Echo, das man an einzelnen Stellen der Halle hörte, wird verschwinden, wenn Publikum die weiten Räume füllt und die Ausschmückung vollendet ist. Die Chöre kamen in der mächtigen Halle zu hinreissender Wirkung. — Die Verhandlungen mit dem Hippodrom haben sich zerschlagen, so dass dieses nicht in den Festplatz einbezogen und auch keine Ueberbrückung der Forsthausstrasse hergestellt wird. Die Veranstaltungen des Sängerfestes finden also ausschliesslich auf dem Festplatze selbst statt. — Die Nachmittags-Veranstaltungen beginnen nicht, wie ursprünglich in Aussicht genommen war, um 3, sondern schon um 2½ Uhr. Nur für die Hauptprobe zum Begrüssungs-Konzert am Dienstag den 2. Juni bleibt es bei nachmittags 3 Uhr. — Bezüglich der Toiletten beantwortet der Hauptausschuss mehrere Anfragen dahin, dass die Damen bei allen Veranstaltungen in Promenade-Toilette kommen und auch die Hüte aufbehalten können.

Der Preischor von G. Messner sagt uns nicht viel Neues; im allgemeinen auf dem Niveau des „Chorals von Leuthen" stehend, weiss er harmonisch dadurch zu wirken, dass er die hervorleuchtenden Punkte: Auf! Siegesgesang! und zum Schluss „Auf den Schild" und „Heil dem Helden Armin" in hellem C-dur mit sehr viel moll umgibt. Gleich der Eingangssatz weicht stark nach e aus, der Mittelsatz bringt D-e-h-D. Der darauf folgende Seitensatz „Jetzt kann uns die Zeit" steht vollständig in moll: g-d-a-e, die interessante Modulation „Auf der Götter Gebot" geht durch die Akkorde B-D-e-c-g-b-f und endet auf dem Orgelpunkt As mit Dominent-Sept.-Akk., der sehr effektvoll mit nacheinander eintretenden Stimmen (auf „Heil dem Helden") aufgebaut ist und sich in den ⁶⁄₄ Akkord von C-dur („Schild") auflöst. Der Schluss artet in allgemeines Hurrageschrei aus, noch dazu ganz unmotiviert mit dem Texte: Heil dem Helden Armin, während der grandiose Schlussgedanke des Gedichtes „Und die Welt sie gehört den Germanen" nahezu unterschlagen oder doch auf wenig Takte beschränkt wird. Aeusserlicher Effekt wird dadurch wohl erzielt, aber keine nachhaltige Wirkung.

Wir können es uns nicht versagen, darauf zurückzukommen, was wir über den Preischor bereits mehrfach erwähnt haben.

Will man diese Gelegenheit benutzen „zur Förderung vaterländischer Tondichtung", so ist es nötig, eine Konkurrenz auszuschreiben, an welcher alle Tondichter deutscher Zunge sich beteiligen können. Wenn irgendwo unsere Tondichter das Recht und die Pflicht haben, ihre besten Kräfte einzusetzen zur Erreichung des unserm Kaiser vorschwebenden Ideals, dann ist es hier der Fall. Der Gesang verschönt nicht nur das Leben, er veredelt auch die Gemüter, er ist im eminentesten Masse ein Erziehungsmittel für unser Volk. Eine Nation erziehen kann aber nur ein grosser Geist, der tief hineingeschaut hat in die Abgründe des menschlichen Lebens und der menschlichen Seele, ein Geist, der im stande ist, seine Mitmenschen aus der Lethargie des täglichen Lebens, der sie näher zu bringen vermag dem jenseits unseres Horizontes thronenden, allwaltenden Geiste der Unendlichkeit und Ewigkeit. Die höchsten Aufgaben, die menschlicher Geist ersinnen und schaffen kann, sind für diesen Zweck gerade gut genug. Den Männergesang aber auf eine bestimmte Richtung festnageln, ihm ein kleines, engumgrenztes Gebiet zuzuschreiben und ihm die weiten, unendlichen Räume menschlicher Leidenschaften vorenthalten, ihm die Fähigkeit zu deren Ausdruck absprechen zu wollen, ist eine Blasphemie, welche durch die Tat bereits hinlänglich Lügen gestraft wurde. Man wolle mich nicht missverstehen! Ich stehe gewiss nicht im Verdachte Wesen und Würde des volkstümlichen Liedes zu verkennen oder zu missachten; der Wert des deutschen Volksliedes beruht ja gerade auf seinem echt volkstümlichen Gepräge, aber hier ist die einzig richtige Devise: „Alles an seinem Ort". Wer uns erheben und rühren, wer in ein Leben voll Liebe und Seligkeit, voll süssen Schmerzes und wehmütigen Verlangens blicken will, wer uns den Zauberspiegel vorhalten will, aus dem unser eigenes Ich erstrahlt, umwoben vom idealen Schimmer deutschen Gemütes und Temperaments, der greife zu unsern Volks- und volkstümlichen Liedern. Wer aber als entzückter Geisterseher in die Tiefen des Geisterreichs dringen möchte, wem sich das Reich des Ungeheuren und Unermesslichen öffnen soll, in dessen Gefilden die unendliche Sehnsucht nach dem Höchsten und Erhabensten seine Brust zu zersprengen droht, der verlangt nach einer Nahrung, welche ihm nur einzelne auserwählte Geister seines Stammes und Glaubens bieten können und diese müssen vor allen anderen bei solchen Gelegenheiten zum Worte gelangen.

vom Ende.

Speyergau-Sängerbund.

Ergebnis des Preisausschreibens.

1. Preis: Prof. Wilhelm Kleinecke-Wien.
   Chor: „Volkslied".
   Motto: „Ohn' Glück und Gunst ist Kunst umsunst."
2. Preis: C. E. Gross, k. Oberamtsrichter in Landstuhl (Pfalz), Herausgeber der „Deutschen Chorhalle."
   Chor: „Steht ein Häuschen am Walde."
   Motto: „In Lied und Tat stets deutsch und frank."
3. Preis: Hermann Spielter-New-York.
   Chor: „Mein treu Herzlieb."
   Motto: „Ueb' immer Treu und Redlichkeit."

Das Preisgericht bestand aus den Herren: Hofkapellmeister Ferd. Langer-Mannheim, Prof. Simon Breu-Würzburg und Prof. Friedrich Gernsheim-Berlin.

Zahl der beteiligten Komponisten: 160.

Zahl der eingelaufenen Kompositionen: 303.

Mittelrheinischer Sängerbund.

Unter Hinweis auf unsere Mitteilungen in Nr. 7 d. Bl. sowie auf den nachstehenden Bericht, bringen wir den verehrlichen Bundesvereinen hiermit zur gefl. Kenntnis, dass das Wettsingen für beide Abteilungen gleichzeitig am Sonntag, den 14. Juni, vormittags 11½ Uhr beginnt und zwar für die I. Abteilung (Volksgesang), aufgegebener Chor: „Gruss der Heimat" von Attenhofer, im Festsaale des katholischen Vereinshauses, Dotzheimerstrasse 24, und für die II. Abteilung (Kunstlied) aufgegebener Chor: „Märchen" von Kempter, im Saale des Turnvereins, Hellmundstrasse 25.

Im letztgenannten Lokale findet um 10 Uhr vorm. eine Besprechung statt, zu welcher die Vorstände der Bundesvereine, auch derjenigen, welche sich am Wettsingen nicht beteiligen, hierdurch ergebenst eingeladen werden.

Mit deutschem Sängergruss!

Der Vorstand.

Der Mittelrheinische Sängerbund hielt am Sonntag, den 3. Mai, nachmittags 3 Uhr beginnend, im Saale des Turnvereins, Hellmundstrasse 25, eine ausserordentliche Delegiertenversammlung ab, welche sich mit den Vorbereitungen zu dem am 14. Juni 1903 in Wiesbaden stattfindenden 6. Bundesfeste, verbunden mit der Feier des 10jährigen Bestehens des Bundes, beschäftigte. Der Männergesang-Verein „Friede", welcher das Arrangement der Festlichkeiten übernommen hat, entbot den Delegierten und Gästen musikalischen Gruss durch den unter Leitung des Dirigenten Herrn R. Bäcker bestens gelungenen Vortrag des Chores „Vom Rhein" von M. Bruch. Herr F. Matt von hier erstattete eingehenden Bericht über die Einrichtungen des Festes im allgemeinen, sowie über die Tätigkeit der einzelnen Kommissionen. Für die Vereine, welche sich am Einzelsingen beteiligen, wurde durchs Los nachstehende Reihenfolge bestimmt: I. Abteilung Volksgesang), aufgegebener Chor: „Gruss der Heimat" von Attenhofer: 1. „Germania"-Oberingelheim, 2. „Sängerkreis"-Büdesheim, 3. „Männerquartett"-Hechtsheim, 4. „Arion"-Bingerbrück, 5. „Gesangverein"-Bingen, 6. „Concordia"-Hofheim. II. Abteilung (Kunstlied) aufgegebener Chor „Märchen" von Kempter: 1. „Friede"-Wiesbaden, 2. „Eingkeit"-Weisenau. 3. „Harmonie"-Kostheim, 4. „Liederkranz"-Frankfurt a. M.-Bockenheim, 5. „Sängerrunde"-Mainz. Die für die Massenchöre bereits abgehaltenen Hauptproben wurden für ausreichend erachtet und deshalb nur noch eine am Festtage an das Einzelsingen sich anschliessende Generalprobe in Aussicht genommen. Zum Schluss erfreute der Männergesangverein „Friede" die Anwesenden durch mehrere sehr beifällig aufgenommene Gesangsvorträge und übernahm dann die Führung der Gäste zu den Hauptsehenswürdigkeiten Wiesbadens.

Rheinhessischer Sängerbund.

Rundschreiben und Einladung zum 1. Bundesfest des Rheinhessischen Sängerbunds zu Wörrstadt, am 27., 28. und 29. Juni 1903.

Im Anschluss an unser erstes Rundschreiben und unsere erste Einladung zum Bundesfeste am 27., 28. und 29. Juni 1903 zu Wörrstadt empfangen hiermit alle Bundesvereine, alle persönlichen Mitglieder, alle Freunde, Gönner und Förderer des Rheinhessischen Sängerbunds nochmals herzlichste Einladung zum 1. Bundesfest in Wörrstadt.

Das Fest verspricht einen schönen Verlauf, scheuen doch der Bund, der festgebende Verein und die Einwohnerschaft Wörrstadts weder Zeit noch Mühe, noch Opfer, wenn es gilt, zum Gelingen des Festes etwas beizutragen.

Darum herbei Ihr frohen Sängerscharen, lasst im Herzen unserer schönen, sangesfrohen Provinz Rheinhessen Eure schönsten Lieder erschallen. Wenn dann die Töne sich verschlingen, knüpfen wir fest und immer fester das Bruderband. Herbei Ihr Freunde der edlen Sangessache und labet Herz und Ohr am schönen deutschen Sange!

Den einzelnen Bundesvereinen wird Nachstehendes zur pünktlichen und gewissenhaften Erledigung und zur Darnachachtung ans Herz gelegt und wird um sofortige Erfüllung ersucht, damit nicht weitere unnötige Arbeiten entstehen und die Vorbereitungen zum Feste, die Drucklegung des Festbuchs etc. aufgehalten werden.

1. Die Massenchöre sind gewissenhaft einzuüben, und haben die Bezirksproben begonnen. Der Bundesvorstand hat in gemeinschaftlicher Sitzung am 13. d. M. zu Wörrstadt mit den Herren Dirigenten der Bundesvereine den Bund in folgende Bezirke für die Bezirksproben eingeteilt:
   - I. Bezirk: Essenheim, Stadecker, Wackernheim (Lokal von Wolf).
   - II. „ Udenheim, Nieder-Saulheim, Schornsheim, Lörzweiler, Sörgenloch, Zornheim, Nieder-Olm, Ober-Saulheim (Lokal von Appenheimer).
   - III. „ Gross-Winternheim, Elsheim, Bubenheim, Einigkeit Appenheim (Turnhalle Gross-Winternheim).
   - IV. „ Jugenheim, Partenheim, Ober-Hilbersheim, Gesangverein Appenheim, Engelstadt (Lokal von Bieber).
   - V. „ Wallertheim, Wörrstadt, Gau-Bickelheim, Wolfsheim (Lokal von Scherer).
   - VI. „ Stein-Bockenheim, Bechenheim, Nieder-Wiesen. Wendelsheimer Mühleben).
   - VII. „ Die beiden Vereine von Alzey.

   (Bemerkung: Die zuerst genannten Orte der einzelnen Bezirke gelten als Vorort und finden die Proben in den in Klammer bezeichneten Lokalen statt.)
2. Zu den von unserem Bundesdirigenten Herrn Musikdirektor Keil in Alzey anberaumten Proben muss selbstverständlich pünktliches und vollzähliges Erscheinen erwartet werden, denn nur noch wenige Wochen mit wenigen Sonntagen trennen uns noch von dem Tag des 1. Bundesfestes.
3. Es sind von den zum Wettsingen gewählten Chören drei Partituren sofort an unseren Bundesdirigenten Herrn Keil in Alzey einzusenden, da doch die Chöre studiert und nach Schwierigkeit vor dem Wettsingen gewertet werden müssen und den Herren Preisrichtern zum Studium übergeben werden sollen. — Die Bundesvereine singen nach Schwierigkeit der eingesandten Chöre in 2 oder 3 Klassen, doch entscheidet über die Reihenfolge beim Wettsingen das Los, so dass nicht die einzelnen Vereine nach Klassen abgesondert beim Wettgesang auftreten. Diejenigen Vereine, welche ihre Partituren nicht alsbald einsenden, haben es sich selbst zuzuschreiben, wenn sie bei der Einteilung, Schwierigkeitsbewertung, Drucklegung des Festbuches etc. nicht berücksichtigt werden.
4. Die noch rückständigen Anmeldungen zur Stammrolle sind alsbald zu machen und sind Aenderungen in schon vorher eingesandten Stammrollen sofort ebenfalls dem Bundespräsidenten, Herrn Kochhafen, Ober-Saulheim mitzuteilen, denn die Stammrolle wird bei Abfassung des Festbuches als maassgebend erachtet. Bei Aufstellung der Stammrolle sind folgende Angaben zu machen: 1. Name des Vereins. 2. Gründung. 3. Welche Preise hat der Verein errungen und wo? 4. Welche Feste hat der Verein selbst veranstaltet? 5. Name des Präsidenten. 6. Name des Dirigenten. 7. Namen und Zahl der Sänger nach Stimmen getrennt. 8. Alter der einzelnen Sänger (nur Jahresangabe).
5. Die in der Stammrolle angegebenen Sänger erhalten zum Preise von 50 Pfg. Festkarten und Festbuch. Die Zahl der weiter gewünschten Festkarten ist anzugeben und sind die Namen der einzelnen Empfänger dem festgebenden Verein „Sängerbund Wörrstadt zu übermitteln. Die Beträge für Festkarten und Festbuch sind längstens bis zum 15. Juni d. Js. an den festgebenden Verein nach Wörrstadt einzusenden. (Vereine, die wider Erwarten nicht in voller Zahl erscheinen können oder am Wettsingen nicht teilnehmen sollten, müssen dies umgehend dem Bundespräsidenten melden, damit die Versendung des Festbuchs und der Festkarten sich nicht verzögert oder unmöglich ist.)
6. Es ist dem festgebenden Verein sofort anzugeben, ob der Verein per Wagen kommt und für wieviel Pferde diesesfalls Unterkunft gewünscht wird. Ebenso ist genau anzugeben, wieviel Mittagessen gewünscht werden, damit der Wirtschaftsausschuss die nötigen Vorkehrungen treffen und Bestellungen aufgeben kann. Die Wünsche der Vereine sollen berücksichtigt werden.

Aus dem vorläufig entworfenen Festprogramm für das 1. Bundesfest sei erwähnt: Samstag den 27. Juni, abends 5.39, 6.42, 7.40 und 8.12 am Bahnhof zu Wörrstadt Empfang der Herren Preisrichter, der Mitglieder der Musikkommission, des Bundesvorstandes, der Herren Delegierten der Bundesvereine. Um 8½ Uhr Delegiertenversammlung und Sitzung des Preisgerichts und der Musikkommission im „Mühlchen" zu Wörrstadt. Abends Festkommers auf dem Festplatz.

Das Wettsingen beginnt am Sonntag morgen um 8 Uhr.

In den nächsten Tagen gehen den betreffenden Bundesvereinen die Mitgliedskarten für die persönlichen Mitglieder zu und werden die Vereine höfl. gebeten, der Portoersparnis halber durch die betr. Vereinsdiener die Beträge von 3 Mk. Jahresbeitrag nebst den hoffentlich zu erwartenden Extragaben einzukassieren und an den Bundeskassierer Herrn Bastian in Elsheim bei der Delegiertenversammlung in Wörrstadt am 27. Juni d. Js. abzuliefern.

Se. Königl. Hoheit unser Grossherzog wird zum 1. Bundesfeste des Rheinhessischen Sängerbunds eingeladen und erhoffen wir ja alle den hohen Besuch unseres Landesvaters. Möge doch dieser unser Herzenswunsch in Erfüllung gehen!

NB. Das Bundesorgan wird künftig den Bundesvereinen vom Verlag direkt zugesandt. Zur Bewältigung des Massenverkehrs nach und von Wörrstadt soll um Einlage von Extrazügen nachgesucht werden.

Aufrichtigen Sängergruss! Frohes Wiedersehen in Wörrstadt!

Ober-Saulheim und Wörrstadt, im Mai 1903.

Für den Bundesvorstand:	Für den festgebenden Verein:
Kochhafen,	„Sängerbund Wörrstadt"
I. Bundespräsident.	Wechsler, Präsident.

C. Jos. Brambach.

Wie sonderbar gestaltet sich oft das Schicksal einer Kunstrichtung, die Lebensarbeit eines Tondichters! Brambach, dessen künstlerischer Werdegang im engsten Zusammenhange mit der Entwickelung der Gesangwettstreite steht, dessen Chöre, wie er selbst einmal sich äusserte, stets wie frischgebackene Semmel abgingen, um mit stetig wachsender Begeisterung auf zahllosen Wettstreiten gesungen und aufgenommen zu werden, ihm musste am Abend seines Lebens die peinliche, bis zu seinem Ende am Herzen nagende Unbill widerfahren, im Kasseler Wettstreit vollständig übergangen zu werden. — Es war mehr, es war, man mag im übrigen zu seinem künstlerischen Schaffen stehen wie man will, eine schreiende Ungerechtigkeit, namentlich im Hinblick auf die Qualität der aufgegebenen und vieler selbstgewählter Chöre in Kassel. . . .

Und kaum hat er die Augen geschlossen, siehe da, als ob das Gewissen plötzlich erwacht wäre, man erinnert sich seiner wieder, halbvergessene Chöre werden hervorgesucht, auf ihre Wirkung geprüft und für würdig befunden. Nicht weniger als 5 Werke werden von ihm in Frankfurt zu Gehör gebracht, womit er neben Hegar der am meisten bevorzugte Komponist geworden ist.

Es sind die Chöre: op. 31 „Es muss doch Frühling werden“, op. 56 „Gesang der Geister“, op. 49 „Meeresstille und glückliche Fahrt“, op. 59 „Sonnenaufgang“ und „Der fliegende Holländer“. Mit Ausnahme dieses letzten, aus sei- Nachlasse stammenden Werkes, gehören sie sämtlich der mittleren, bedeutungsvollsten und erfolgreichsten Schaffensperiode des Meisters an; sie erblühen aus einem begeisterungsfähigen, männlich-kräftigem Empfinden und halten sich fern von jener Mache und dem hohlen Pathos, das sich später vielfach bei Brambach etwas breiter wie nötig macht.

Brambach denkt nie daran, durch unerwartete, neue, frappante Wendungen Augenblickseffekte zu erzielen, er ist kein „Tondichter“ im modernen Sinne, der sich vor jeder Textwiederholung bekreuzigt, sondern ein gediegener, in den alten Formen grossgezogener Musiker, dem es vor allem darauf ankommt, den Inhalt der Dichtungen in musikalisch vollendeten Satzformen sich ausleben zu lassen und zu vertiefen. Dafür bringt er eine Eigenschaft mit, die heute selten geworden ist, einen langen Atem. Seine motivischen Durchführungen sind meisterhaft, seine Steigerungen macht ihm so leicht keiner nach. Nicht verschweigen dürfen wir allerdings, dass ihm charakteristische Eigenart in der motivischen Erfindung und Harmonik wenig gegeben ist, und darin dürfte auch der Grund zu suchen sein, warum man sich zu schnell von ihm abwandte.

Hinreissend wirkt Brambach stets, wenn er fern von Grübeleien, Weh und Leid seine Lust hinausjubeln kann in die lachende Welt. Drum wirkt sein op. 31 „Es muss doch Frühling werden“ ewig jugendfrisch, und nur Pedanten oder einseitige Nörgler können in derartigen Jubilationen Anstoss nehmen an der häufigen Wiederholung einzelner Worte oder Sätze; ohne solche Textwiederholungen ist polyphoner Satz und motivische Verarbeitung der Hauptgedanken gar nicht denkbar. Was der Lyriker mit wenigen Worten ausdrückt, soll die Musik nicht nur umrahmen, begleiten, sondern erweitern, vertiefen, unserm Herzen näher bringen und das kann sie nur in breiteren Ausführungen.

Das Werk gehört zu den erfreulichsten Erscheinungen unserer Männerchorlitteratur; ein Jubelhymnus auf den Frühling, voll rhythmischen Lebens, jugendlicher Begeisterung; sehr fein sind die Stimmungen, der einzelnen Strophen charakterisiert und in der Herausarbeitung derselben liegt wohl die Hauptschwierigkeit für den Dirigenten. Der trotzige Mut in der ersten Strophe gibt sich kund durch straffste Rhythmik genaue Beachtung der kurzen Schwellungen und Accente. Einen Gegensatz hierzu bildet das Herannahen des Frühlings „auf leisen Sohlen“, mit Steigerung bis zu „wacht die Erde grünend auf“. Weich und freundlich reiht sich hieran das Duett des kleinen Chors mit dem grossen „und lacht in den sonnigen Himmel, mit dem sehnsüchtig anschwellenden „und möchte vor Lust vergehen“.

Ganz verschieden hiervon ist der Charakter des nun folgenden grösseren Satzes „Sie flicht sich blühende Kränze in's Haar“, leicht und graziös dahinschwebend. Nach kurzer Ueberleitung folgt eine Wiederholung der Anfangsstrophen und der prächtige Schlussatz „Nur unverzagt auf Gott gebaut“. Das Werk erfordert frischen Stimmglanz und leichte Tenöre.

Die „Meeresstille und glückliche Fahrt“ ist wohl Brambachs bedeutendstes und schwierigstes a capella-Werk. Die „Meeresstille“ wenigstens dürfte kein Komponist, Beethoven und Schubert mit eingeschlossen, so charakteristisch und stimmungsvoll vertont haben, wie Brambach. Was ein Chor an den zartesten Schattierungskünsten leistet, kann er hier zeigen, etwa wie ein Orchester im Tristan-Vorspiel. Das Werk kann geradezu als Aufgabe gelten, die Gesetze der Dynamik zu studieren. Die zarten Farben vom leisesten pp. bis zum p. dolce und wieder zurück, vom p bis mf. dolce und in der „Glücklichen Fahrt“ dann die grandiose Steigerung von dem leicht hingeworfenen Rezitativ bis zum frenetischen Jubel des Schlusses, das sind Aufgaben, welche eigentlich bisher noch gar nicht erschöpfend behandelt und bearbeitet sind, dazu gehört eine Virtuosität im Schattieren, wie sie auch in unserer besten Chorlitteratur nur selten gefordert wird.

Die regungslose Fläche, der bekümmerte Fischer, die in ihm aufsteigende Todesangst infolge der fürchterlichen Stille, das alles schildert die Musik mit packender Charakteristik. Die „glückliche Fahrt“ ist satztechnisch grandios aufgebaut. Wenn irgend Textwiederholungen geboten sind, so hier, ohne solche würde nur eine musikalische Missgeburt herauskommen können.

Beethoven, den der Text so mächtig anregte, dass er die Komposition dem von ihm so hochverehrten Goethe widmete, erfasst den Vorgang als eine plötzlich auftretende Erscheinung; er lässt die ganze Dichtung ohne Wiederholung durchsingen und wirbelt dann die einzelnen Phrasen durcheinander, gleichsam die entzückten Zuschauer durcheinander sprechen lassend. „Es teilt sich die Welle, geschwinde, es naht sich die Ferne; Die Nebel zerreissen, der Himmel ist helle und Aeolus löset das ängstliche Band; Geschwinde, geschwinde, geschwinde, schon seh ich das Land!“ usw.; so rollt sich das Tongemälde in Aufregung und Hast vor dem Zuhörer auf.

Brambach dagegen verweilt bei jeder Phase und sucht sie zu veranschaulichen. In einem langausgesponnenen anmutig lebhaften G-dur-Satz schildert er das Windesgesäusel und das allmähliche Verwehen des Nebels. In dem folgenden, zunächst in B-dur weich beginnenden, trotz des animato getragen klingenden Satze erhebt sich dann allmählich der befreiende Aeolus; die Wogen gehen höher, das Land wird sichtbar und auf dem Sekundakkord der Dominante von G-dur schliesst diese schöne Steigerung, gefolgt von einem pompösen Schlussfugato, in welchem der Jubel zum lebendigen Ausdruck gelangt. Beim Vortrage ist nicht nur jeder dieser Teile für sich dynamisch und agogisch wirkungsvoll herauszuarbeiten, sondern auch das Verhältnis derselben zu einander sorgsam abzuwägen. Auch das Verhältnis der Stimmen zu einander verlangt feines Gefühl für dynamische Wirkungen und bezüglich dieser letzteren dürfte das Werk die schwierigsten Anforderungen an den Chor stellen, welche die Literatur überhaupt bietet.

Auch „Sonnenaufgang“ ist eine vornehme Schöpfung des Meisters und verdient ein besseres Los, als ihr bisher beschieden. Schwierigkeiten bietet das Werk wenige, aber es verlangt Stimmenglanz und Fülle; mit weicher, leichter Tongebung beginnend, wächst das Tonvolumen in einem grossen Crescendo und mündet in einen begeisternden Hymnus auf die Tageskönigin, der gegen den Schluss Töne anschlägt, wie sie Brambach erhebender nirgends gefunden hat.

Der Sänger.

Amtliches Organ des westdeutschen Sängerverbandes.

Das Volkslied ist die Unsterblichkeit der Musik.
Marx.

Verbunden werden auch die Schwachen mächtig.
Schiller.

26. Mai 1903. || Vorsitzender: Lehrer A. Gan, Hilden bei Düsseldorf. || Nr. 8.

Redaktion u. Verlag: H. vom Ende. Köln a. Rhein, Ecke Bismarckstrasse 25.

Westdeutscher Sängerverband.

Einladung

zur diesjährigen Generalversammlung in Rees a. Rhein.

Die diesjährige ordentliche Generalversammlung findet am Sonntag den 28. Juni in Rees a. Rhein gleichzeitig mit dem Verbandsfeste statt. Die Verhandlungen beginnen morgens 11 Uhr im

Rittersaale des Hotel Delmann.

Tagesordnung:

1. Rechenschaftsbericht.
2. Wahl des Vorstandes (es scheiden 2 Herren durchs Los aus).
3. Bezirksvereinsfrage, soweit dieselbe noch nicht erledigt.
4. Wahl des Ortes für das nächste Verbandsfest.
5. Erörterung bezw. Beschlussfassung über eine eventl. zu gründende Verbandssterbekasse.

Vereine haben 2, persönl. Mitglieder 1 Stimme. Anträge zur obigen Tagesordnung müssen bis spätestens 1. Juni d. J. z. H. des geschäftsleit. Vorsitzenden eingereicht sein. Der M.-Gesangverein Rheinklänge-Rees hat die Arrangierung des Verbandsfestes in liebenswürdigster Weise übernommen und richte ich im Einverständnisse mit demselben die herzlichste und dringendste Bitte an alle Vereine, persönliche und Ehrenmitglieder sowie sonstige Freunde, durch allseitige Teilnahme ein Bild zu geben von der Regsamkeit und dem Ernst, mit welchem die Verbandsideen aufgefasst werden.

Das Programm ist in kurzen Zügen folgendes.

Morgens Empfang am Bahnhof Empel und Flora-Rees. Mittags 3 Uhr Konzert. Vortrag eines Chorliedes und Einzelvorträge der Vereine. 6 Uhr Umzug durch die Stadt. 8 Uhr Ball.

Das diesjährige Verbandsfest

findet am Sonntag, den 28. Juni statt, und zwar in dem alten ehrwürdigen Rees am Niederrhein. Das kleine Städtchen Rees mag vielen unbekannt sein, zählt es doch nur zirka 4000 Einwohner und doch ist es eine Perle der Städte am Niederrhein. Nicht etwa imponiert es durch himmelanstrebende Bauten, durch breite asphaltierte Strassen oder sonstige Anforderungen moderner Städteschönheit, nein, sein Wert ist in entgegengesetzter Richtung zu suchen.

Als alte Stadt, die schon in den Kämpfen des frühesten Mittelalters eine Rolle spielte, hat Rees sich infolge seiner vom grossen Weltverkehr abgeschiedenen Lage das mittelalterliche Gepräge vollständig bewahrt. Es weht ein Hauch der mittelalterlichen Romantik noch durch seine Strassen, ja, auch um seine Mauern. Die alten Festungsmauern umsäumen noch zur Hälfte die Stadt, die trotz des Fallens ihrer Umwallung doch nicht über ihren alten Rahmen hinauswuchs und darum auch kein Bedürfnis schuf für ein schleunigeres Verschwinden dieser alten Zeugen einer grossen Vergangenheit. Besonders an der Rheinseite bieten die alten ehrwürdigen Festungsmauern ein interessantes Bild, und zwei alte düstere Tore, noch vollständig erhalten in ihrer ursprünglichen Form, machen der regsamen Phantasie das mittelalterliche Städtebild noch deutlicher. Wie mancher Kampf hat hier getobt, in dem sich eine ehrsame und friedliebende Bürgerschaft mit dem Schwert in der Hand auf seinen schützenden Mauern verteidigen musste gegen freche Eindringlinge, denen Plünderung und Raub Lebenszweck war. Wie oft hat Liebe und Treue zum heimischen Herd, Liebe und Treue zu Weib und Kind Wacht gehalten auf diesen Mauern und wie manche alte niederrheinische Volksweise mag hier bei der Verteidigung der höchsten Güter ihren unscheinbaren Ursprung gefunden haben!

In der Stadt findet man an Stelle der breiten asphaltierten Strassen der modernen Grossstädte und ihrer kleinen Nachahmer noch die engen Gassen und Gässchen unserer Vorfahren, auf die sie in dem beschränkten Raum ihrer Mauern angewiesen waren. Ein grosser schöner Marktplatz in Rechteckform sorgt allein für Licht und Luft. Das alte mittelalterliche Giebelhaus beherrscht noch die ganze Stadt und wenn auch hier und da schon etwas unverständige Modernisierung angeklebt ist, so ist doch im grossen und ganzen der ehrwürdige Ton nicht gestört. Lauter prächtige, stolze Giebel umsäumen den Marktplatz, den sie jahrhundertelang zierten, und was haben diese alten stummen Zeugen nicht alles erlebt und gesehen in frohen und bösen Tagen. Ganz besonders hervorzuheben in diesem ehrwürdigen Kranz ist das Rathaus, ein prächtiger gotischer Bau aus dem 14. Jahrh., der durch eine umfassende Renovierung im letzten Jahrh. nichts von seiner ursprünglichen charakteristischen Schönheit verlor.

Das ist der Schauplatz unseres diesjährigen Verbandsfestes. Ihr Sängerbrüder all von fern und nah, die Ihr die Ideen des Westdeutschen Sänger- und Dirigenten-Verbandes auf Eure Fahne geschrieben habt, folgt willig der Einladung zu diesem Feste. Ein Hauch jener Luft, in der einst unser deutsches Volkslied, diese echte Perle des Gesanges, wuchs und gedieh, wird Euch hier noch umwehen. — **Auf zum Verbandsfest nach Rees!**

Der Verbandsvorsitzende: Der Festausschuss:

Benrath, 5. Mai. (Konzert der „Rheinischen Volksliedertafel“ unter Leitung des Dirig. H. vom Ende-Köln.) Prächtiges Frühlingswetter ist der schlimmste Feind konzertlicher Veranstaltungen im Saale. Wenn nun trotzdem der vergrösserte Saal im Hotel Hesse am Sonntag abend bis fast auf den letzten Platz gefüllt war, so ist dies ein überzeugender Beweis dafür, dass die Konzerte der „Rheinischen Volksliedertafel“ eine grosse Zugkraft auf ein musikliebendes Publikum ausüben. Als Solisten hatte der genannte Verein zwei Künstlerinnen aus Köln gewonnen: Frl. Appell (Gesang) und Frl. Schuh (Klavier). Frl. Schuh war hierorts schon gut bekannt, denn sie hatte sich bereits in einem Konzert im verflossenen Winter recht vorteilhaft hier eingeführt. Sie verfügt über eine sehr gute Technik und weiss den von ihr vorgetragenen Kompositionen Leben und Seele zu verleihen. So bot sie auch am Sonntag wieder recht vollendete Leistungen. Wie neckisch brachte sie z. B. die reizende „Humoreske“ von Heuser zum Gehör. Und nach dem Vortrag des „Perpetuum mobile“ von Seiss war der Beifall so stark, dass sie sich zu einer Zugabe verstehen musste. Die andere Solistin des Abends, Frl. Appell, erfreute im ersten Teile durch den meisterhaften Vortrag der Arie: „Wie nahte mir der Schlummer“ von Weber. Von Frl. Schuh wurde sie dabei in feinsinniger und dezenter Weise am prächtigen Ibach-Flügel begleitet. Im zweiten Teile trug die Künstlerin mit vieler Innigkeit drei Lieder vor. Das letzte derselben: „Im Rosengärtlein“, eine Komposition des Dirigenten des festgebenden Vereins, brachte sowohl der Künstlerin, wie auch dem Komponisten reichen und verdienten Beifall. Auch in den beiden Volksliedern mit Sopran-Solo kam der herrliche, glockenhelle Sopran der Dame voll und ganz zur Geltung. Ihre Leistungen rechnen wir in jeder Hinsicht mit zu dem besten, was wir bisher gehört haben. Die Volkslieder, welche der Chor vortrug — bekanntlich pflegt der Verein nur das echte Volkslied — standen bezüglich des Vortrags auf der gewohnten Höhe. Die Perle darunter war das altniederländische Lied: „Komm, o komm.“ Das zarte, duftige piano und pianissimo gelang dem Verein sehr gut. Doch auch die anderen Lieder, z. B. „Abschied von Innsbruck“, das kräftige „Sapperment, wenn i mein Diandl sieh“ sowie das bekannte „Tanz, Liebchen tanz!“, „Trost in der Ferne“ von Steinhauer, „bei Mondenschein“, „die Maidli im Schwizerland“ von A. von Othegraven, „Ich weiss mir ein Maidlein“ (Steinhauer) gefielen sehr gut und ernteten reichen Beifall, so dass der Chor sich zu einer Zugabe bequemen musste. Alles in allem also ein sehr genussreicher Abend.

Die Familie van Beethoven

erhebt — zunächst in einem vom N. W. Tgbl. mitgeteilten, an Herrn Heinrich Heinemann in Braunschweig gerichteten offenen Briefe — Einwand gegen die Aufführung des (bei Grasse in Braunschweig erschienenen) Schauspiels „Beethoven und sein Neffe“ von dem genannten, im Bühnenleben bereits bewährten Dramatiker. Es ist das einer jener typischen Fälle, in denen Familienpietät sich gegen dichterische Freiheit, mit der geschichtliche Personen und ihre Umgebung dramatisch behandelt werden, zur Wehr setzt, dadurch doppelt interessant, dass die Grossneffen und -Nichten Beethovens bei dieser Gelegenheit einige Daten, die für das Leben des grossen Tondichters nicht gleichgültig sind, zur Sprache bringen. Die Protestierenden erklären, dass sie eben zur Zeit, da sie die sterblichen Ueberreste ihres Vaters (des Neffens Beethovens) von einem in der Auflösung befindlichen Friedhof zu einer neuen Ruhestätte bringen lassen, sich in ihrer pietätvollen Stimmung durch das neue Drama beunruhigt fühlen, und dass sie es niemals zugeben werden, dass ihr Vater „sozusagen öffentlich vorgeführt wird und zwar in einer unwürdigen Rolle, als lügenhafter Knabe, später leichtfertiger Jüngling“. Der weitere Text des von Wien (16. März) datierten Schreibens lautet folgendermassen: „Wenn auch, geehrter Herr, die Hauptmomente Ihres Dramas Biographien entnommen sein sollten, so können wir versichern, dass auch diese in Bezug auf unsern Vater grösstenteils Unrichtigkeiten enthalten, und wir schon oft gezwungen waren, Berichtigungen zu bringen; so sei nur beispielsweise erwähnt, dass es in einer derselben heisst: „Bei der letzten schweren Erkrankung Beethovens wurde Karl zu einem Arzte entsendet — und ging ins Kaffeehaus, vergass seines Auftrages, indem er dort spielte.“ — Nun war aber Karl, wie es die Schlussszene Ihres Stückes wahrheitsgetreu darstellt, zu jener Zeit gar nicht in Wien, sondern in seiner Garnison in Iglau, von wo er trotz rastloser Eile, dem an ihn ergangenen Rufe folgend, seinen Onkel und Wohltäter leider nicht mehr lebend antreffen sollte — was er noch in späteren Jahren beklagte. Auch Johanna van Beethoven ist in Ihrem Stücke als vulgäre Person, ja Verworfene geschildert, während ihr Leichtsinn wohl hauptsächlich in Geldangelegenheiten bestand, sonst würde ihr sicher ihr Gatte nicht in letzter Stunde sein Liebstes, sein einziges Kind anvertraut haben, woraus der Konflikt zwischen ihr und dem Komponisten entstand. — Nun möchten wir noch die Frage aufwerfen, zu welcher Zeit sich unser Vater so leichtsinnig geführt haben soll: denn wenn es sonst sozusagen Hand in Hand geht, dass so zügellose Jünglinge auch schlechten Fortgang in ihren Studien aufzuweisen haben, sind wir im Gegensatze im Besitze seiner sämtlichen Zeugnisse, die alle erstklassig, also „eminent“ sind. Von seinem ehemaligen Direktor und auch dem Musikprofessor Herrn Boklet wurden ihm am offenen Grabe Lobreden gehalten, indem ihn beide Herren als ihren musterhaftesten, besten Schüler bezeichneten. Ferner erfreute er sich während seiner militärischen Karriere der besten Konduite, ein ehrenhafter Abschied aus derselben, der ebenfalls in unseren Händen, mag als Beleg dienen. Er verkehrte damals durch seinen Kollegen und nachmaligen Schwager Rittmeister Josef Naske eingeführt, viel im Hause seines späteren Schwiegervaters Herrn Max Naske, Magistratsrats und Bezirksrichters in Iglau, bei welchem er der grössten Achtung und Wertschätzung begegnete, was sich noch aus vorgefundenen Familienbriefen entnehmen und beweisen lässt. Aber selbst angenommen, es hätte einen solchen Abschnitt im Leben unseres Vaters gegeben, wäre es nicht eher zu bewundern, statt zu tadeln, nicht aber ihm einen bis über das Grab reichenden Vorwurf daraus zu machen, dass er sich mit sittlicher Kraft demselben entzogen und trotzdem der charaktervolle, gefestigte und hochgeachtete Mann geworden ist, der er im strengsten Sinne des Wortes war, Weib und Kinder durch seine Liebe und Treue beglückend! — Noch leben einige Freunde unserer Familie, die gewiss gerne bereit sind, uns öffentlich zu bestätigen, dass sie unseren Vater gekannt und verehrt hatten, und dass er durch volle 30 Jahre in ungetrübter Ehe mit unserer Mutter lebte. In der Voraussetzung, dass Euer Wohlgeboren nicht die Absicht hatten, eine achtungswerte, aus Töchtern, Schwiegersöhnen und zahlreichen Enkeln bestehende Nachkommenschaft zu beleidigen, hoffen wir, dass uns ernstere Schritte erspart werden und zeichnen achtungsvoll Familie van Beethoven.

Neuigkeiten für Männerchor

ohne Begleitung.

		Part.	St.
mch.	**Dr. Carl Attenhofer.** Wanderlied	—.75	—.15
sl.	**Carl Hirsch,** op. 88. Uebers Jahr, mein Schatz!	—.40	—.15
mch.	**Ernst H. Mitlacher,** op. 91. Ins offene Meer hinaus	—.60	—.15
mch.	**Karl Nawratil.** Letztes Gebet	1.—	—.15

Eine der vornehmsten und innigsten Vertonungen des vielkomponierten Gedichtes: „Ich habe dir mich hingegeben".

		Part.	St.
sl.	do. II. Das Röslein (volkstümlich)	—.60	—.15
sl.	**Jean Paull,** op. 12. Begrüssungschor	—.70	—.20
sl.	do. op. 21. „Schlaf wohl, wie Gott es will"	—.80	—.20
sl.	do. op. 22. Morgenlied. „Verschwunden ist"	1.20	—.30
sl.	do. op. 23. Das erste Lied	1.—	—.25
sl.	do. op. 27. Frühlingsgruss	—.80	—.20
sl.	do. op. 28. Was das Vöglein sang	—.80	—.15
sl.	do. op. 36. Kriegers Abschied	—.80	—.15
sl.	do. op. 38. Treue Herzen	—.80	—.15
sl.	do. op. 39. O Vöglein schön	—.80	—.20
l.	do. op. 41. 42. Zwei Trauungschöre.	.80	—.20

Ansprechende melodiöse Kompositionen.

		Part.	St.
sl.	**Jos. Schwartz,** op. 16. Von der Spielmannsfahrt	—.60	—.20
sl.	**C. Steinbrück,** op. 70. Im Netz	—.40	—.15
sl.	do. op. 71. In fremdem Land	—.40	—.15
sl.	**Karl Stigler,** Das deutsche Volkslied	—.80	—.30
mch.	**van der Stucken,** op. 21 I. Mutter. „Der schönste Nam'"	1.	—.15
sl.	**Rich. Tourbié,** op. 82. Trinkspruch	—.40	—.15
	do. op. 83. Schatzerl klein	.40	—.15

Chorwerke mit Begl.

Wilhelm Berger, op. 86. Der Totentanz, für gem. Chor u. gr. Orch. (Leipzig, Breitkopf & Härtel). Kl.-A. Mk. 3.—. Ein Werk, wie soll mans nehmen und nennen? Drollig, grotesk, schauerlich, grausig —; unsere jungen Vereinsdamen werden sich jedenfalls schütteln davor und es höchst shoking finden. Dichtung von Goethe. Um Mitternacht erheben sich die Toten aus ihren Gräbern.

„Da regt sich ein Grab und ein anderes dran:
Sie kommen hervor, ein Weib da, ein Mann
In weissen schleppenden Hemden.
Das reckt nun, es will sich ergetzen, sogleich,
Die Knöchel zur Runde, zum Kranze,
So arm und so jung, und so alt und so reich;
Doch hindern die Schleppen am Tanze.
Und weil hier die Scham nun nicht weiter gebeut,
So schütteln sich alle, da liegen zerstreut,
Die Hemdelein über den Hügeln. — — —

Das giebt Veranlassung zu einem gemütlichen Klappertänzchen in der Begleitung:

„Nun hebt sich der Schenkel, nun wackelt das Bein,
Gebärden da gibt es vertrackte". — —

Dem zuschauenden Türmer kommt das lächerlich vor, er fühlt sich zu einem Schabernak gereizt und stiehlt schnell ein Hemdchen, der Tanz wird immer wilder, verliert sich allmählich, jedes Gebein schlüpft in sein Laken, nur einer trippelt und sucht ängstlich darnach umher, bis er es droben in den Lüften beim Türmer wittert. Emsig klettert er am Turm hinauf, schon will er sein Tuch dem angsterfüllten Türmer entreissen, da donnert die Glocke ein mächtiges Eins und unten zerschellt das Gerippe.

Die Musik entspricht dem Gehalte vollkommen, eine Aufführung des ebenso interessanten wie originellen Werkes hat bereits in Berlin stattgefunden.

— Wir können uns nicht versagen, eine Bemerkung über dieses Werk aus der Deutsch. Musiker-Zeitung hier abzudrucken, welche typisch ist für die Anschauungen mancher Konservatorien. Dr. P. Ertel schreibt: „Es war ein schöner Erfolg. Bei der zweifellosen Tüchtigkeit Bergers als Komponisten könnte es fraglich erscheinen, welchem der drei Werke man den Vorzug geben sollte. Ich, für mein Empfinden, halte den „Totentanz" für eine ausserordentlich geschickte und treffliche Arbeit, zumal die erforderliche Charakteristik scharf und deutlich sich abzeichnet und, über den Rahmen des üblichen hinausgehend, in der Instrumentierung fast an Richard Strauss'sche Art gemahnt. Das stimmt gewiss nicht zu den Prinzipien der königlichen Hochschule, deren Schüler doch Berger ist, und man wird ihm in bestimmten Kreisen dort zürnen dafür, dass er dermassen über die Stränge haut. Aber er musste schliesslich auf diesen Weg kommen. An die übrigens gute Vorführung reihte sich ein grösseres Festmahl, wobei Berger selbstverständlich der Gegenstand schöner Ovationen war." — — Die „Prinzipien" der Berliner Hochschule werden hoffentlich auch fernerhin dem Herrn Berger vollkommen „Wurscht" sein; wir freuen uns, wenn einem Tondichter etwas Selbständiges einfällt.

Eduard Kremser, Altfranzösisches Weihnachtslied für Alt-Solo (oder Bariton) M.-Ch. u. Orgel bearbeitet. (Wien Mozarthaus). Part. Mk. 1,50. Stimmen 60 Pfg.

Theodor Podbertsky op. 128 **Eines stummen Landsknechts Lieder** ein Cyclus für M.-Ch. a capp od. mit Orch. mit verbindender Dichtung von Carl Bieber (O. Forberg, Leipzig) Klav.-Ausz. und Stimmen Mk. 6,—

Theodor Podbertsky, op. 140. **Germanisch. Schlachtgesang** für M.-Ch. mit Blasmusik oder Klavier Part. u. St. Mk. 2.80 (O. Forberg, Leipzig).

Zwei sehr sympatisch anmutende Werke, geboren aus gesundem, kräftigem Empfinden. Namentlich die Landsknechtslieder Gersdorffs sind sehr charakteristisch und stimmungsvoll, dabei leicht ausführbar, daher den Vereinen bestens zu empfehlen.

Vermischtes.

Der deutsche Liederkranz, der älteste Gesangverein New-Yorks, hat an Stelle P. Klengels Herrn A r t h u r C l a s s e n zum Dirigenten gewählt.

Köln a. Rh. Zumsteeg-Abend. Einer Einladung der Vereinigung für Kunst und Kultur „Moderne Dichtungen" Folge gebend, hatten sich am 6. Mai eine stattliche Anzahl von Damen und Herren der hiesigen Gesellschaft im Musiksaale des Hotel Kaiser Friedrich (der Heimstätte des Tonkünstlervereins) zu einem Lieder-Abend eingefunden, dessen Programm ausschliesslich Kompositionen des schwäbischen Tondichters Joh. Rud. Zumsteeg (1760—1802) umfasste. Die interessante Veranstaltung wurde eingeleitet durch einen kurzen Vortrag über das Leben und Wirken des einst gefeierten, jetzt aber der Vergessenheit anheimgefallenen Meisters, des Vaters der durchkomponierten Gesangsballade. Des innigen Freundschaftsverhältnisses, welches Zumsteeg mit Schiller, dem Genossen auf der hohen Karlsschule, verbunden, wurde gedacht; es wurde dargetan, wie der Musiker durch das Schaffen des Dichters reichste und mannigfaltigste Anregung empfangen, wie an der Hand des Freundes Zumsteeg er den Bannkreis italienischer Musik verlassen, sein deutsches Herz und Gemüt entdeckt und aus diesem heraus dem deutschen Volke schlichte, tiefergreifende Lieder gespendet. Redner vertrat die Ansicht, dass eine Wiederaufnahme der grösseren Werke Zumsteegs, der Opern und Balladen — letztere sind nachweislich von vorbildlichem Einfluss auf Schubert und Löwe gewesen — einer Galvanisierung von Leichen gleichkommen würde; den kleinen Strophenliedern jedoch, die der Stuttgarter Hofkapellmeister einst seiner Gattin gesungen, wurde so viel innere Schönheit nachgerühmt, dass sie auch noch heute geeignet, einem künstlerisch empfindenden Publikum Interesse abzuringen. Den Nachweis hierfür zu erbringen, versuchten alsdann die Damen Appell, Dahlmann, sowie die Herren Baurmann und Polle, von Herrn Ernst Heuser auf einem klangvollen Ibach diskret und poesievoll begleitet, und zwar mit unbestrittenem Erfolge. Die einfachen, meist auf einen melancholischen Grundton abgestimmten Lieder fanden, dank einer guten Wiedergabe seitens des distinguierten Auditoriums beifällige Aufnahme und dürften — als eine Bereicherung unserer deutschen Hausmusik — in der von dem verdienstvollen Zumsteeg-Biographen Dr. Ludwig Landshoff veranstalteten Neu-Ausgabe unter Dilettanten und Berufssängern bald viele Freunde zählen.

Max Meyer-Olbersleben

steht in seinem Schaffen, seinem Stil auf modernem Boden; er liebt dramatische Entwickelungen und weiss für jede Situation adäquaten Ausdruck zu finden. Sein **„Volkers Schwanenlied"**, das vielkomponierte, zeichnet sich namentlich durch interessante Gestaltung, formvollendeten Satz, originelle Harmonik aus. Er weiss Mannigfaltigkeit im Ausdruck, plastische Darstellung jedes Momentes, mit vornehmer Zurückhaltung in der Wahl der Ausdruckmittel zu vereinigen.

Wie anschaulich treten uns die beiden Reckengestalten, die rachebrütende Kriemhilde entgegen; wie wunderbar süss und einschmeichelnd die Stelle „ruht und träumet", bis zu dem sehnsuchtsvollen „O Heimat fern". Im Mittelpunkte steht der ausdrucksvolle Gesang Volkers. Die Melodie geht abwechselnd von einer Stimme zur andern, während den anderen Stimmen begleitende Akkorde gegeben sind.

Der Chor wird auf Gesangwettstreiten sehr gern gesungen und ist infolge seiner abwechselungsreichen, interessanten Gestaltung so recht geeignet, die Vorzüge eines gut geschulten Chors und warm empfindenden Dirigenten in's rechte Licht zu stellen.

Ergänzungen zum Hausbuch deutscher Lyrik.

Aus der „JUGEND".

Ferdinand Avenarius, der neue praeceptor Germaniae aus Dresden, hat jüngst ein Hausbuch deutscher Lyrik herausgegeben, das nach echter deutscher Schulmeisterart in so viele Rubriken geteilt ist, als das Leben des deutschen Normalmenschen enthalten darf, ohne bei seinen Zeitgenossen Anstoss zu erregen.*) Leider ist aber der Herausgeber doch nicht mit der Sorgfalt an die Arbeit gegangen, die man von ihm seiner ganzen Vergangenheit nach erwarten durfte, und so sind von den besingbaren Augenblicken und Zuständen des deutschen Familienlebens gerade einige der wichtigsten und bedeutsamsten weggelassen worden. So z. B. fehlen

1. Lieder, während des **Mittagessens** zu singen, wie

> A Schlosser hat an G'sellen g'hat,
> Der hat gar langsam g'feilt.
> Nur wenn's zum Fressa gangen is,
> So hat er grausam g'eilt."

2. **Rauchlieder**, wie Pfeffels „Türkenpfeife":

> „Gott grüss Euch, Alter! Schmeckt das Pfeifchen?"

3. Lieder, während des **An- und Auskleidens** zu singen:

a) Im allgemeinen z. B. Goethes Mignonlied:

> „So lasst mich scheinen, bis ich werde!
> Zieht mir das weisse Kleid nicht aus!"

b) Bei den Strümpfen:

a) beim rechten:

> „Z' Lauterbach hab' ich mein' Strumpf verlor'n."

b) beim linken:

> Solche Leute müssen wir haben,
> Die versaufen, was sie haben,
> Strümpf und Schuh, Strümpf und Schuh
> Geh'n dem Teufel barfuss zu.

c) Beim Hutaufsetzen, z. B. aus altdeutschen Sprüchwörtern (Heimatkunst):

> „Mit dem Hut in der Hand,
> Kommt man durchs ganze Land,"

oder aus „des Knaben Wunderhorn" (symbolisch):

> „Hüte Dich, schönes Blümelein!"

Diese wenigen zarten Andeutungen mögen vorläufig genügen. Wir zweifeln nicht, dass der gewissenhafte Herausgeber sie beherzigen und bei einer neuen Auflage die vorhandenen Lücken seines Hausbuchs — auch die verschiedenen Zimmer und sonstigen Gelasse, in denen sich der Deutsche tagsüber, sei's auch nur vorübergehend, aufzuhalten pflegt, sind nicht vollzählig berücksichtigt! — zur Zufriedenheit seiner Leser ausfüllen wird.

Cri-Cri.

*) Die Sammlung zerfällt u. a. in folgende Cyklen: „Frühling", „Norddeutsch", „Meer", „Nacht", „Liebesspiel", „Ihr Los", „Sein Los" (?), „Scherz im Haus", „Tod", a) im allgemeinen, b) der Freunde, c) der Geliebten, d) der Eltern, e) der Gattin, f) des Kindes, „Sehnsucht nach der Kindheit", „Dem Ende zu".

Sängerfleiss und Wurstpreis. Ein eigenartiges Mittel, die Teilnahme an den Gesangsübungsstunden zu heben, hat Göllingen schon seit Jahren in Anwendung gebracht. Aus Jecha wird darüber berichtet: Das Band der Zusammengehörigkeit bildet dort nicht nur die Liebe zum Gesange, sondern auch ein — Schwein. Im Frühjahre wird vom Verein ein grösseres Ferkel angekauft und in Pflege der einzelnen Mitglieder, die meist Landwirte sind, gegeben. Alle acht Tage findet feierliche Uebergabe an den nächstfolgenden Gesangsbruder statt. Der Verein versammelt sich vollständig und stellt mittels der Wage peinlich die Gewichtszunahme fest, die Gelegenheit zum Singen ist da. Wenn dann zu Martini ein grosses Vereinsschlachtfest gefeiert wird, verbunden mit einer grossen Knochen- und Wurstverteilung, da fehlt auch niemand; dann treten die freieren Zeiten des Landwirts ein, und so wird erst recht keine Singstunde versäumt. Göllingen besitzt dadurch den glücklichsten Dirigenten, — er hat nie über Lässigkeit seiner Vereinsmitglieder zu klagen!

Der Kritikus im Himmel.

> Eines Tages im Himmel droben,
> Um den lieben Herrgott zu loben,
> Sangen die Engel, gross und klein —
> Mochten wohl ein paar Tausend sein —
> Einen Psalm bei Flöten- und Saitengetön',
> Wundersam und ergreifend schön.
> Horchend mit andern dem Kunstgenuss,
> Stille sitzt auch der Kritikus,
> Nicht froh wie die andern, im Gegenteile
> Mürrisch und kalt, eine ganze Weile. —
> Aber auf einmal wie Sonnenlicht
> Fliegt es über sein Angesicht,
> Die Hände reibt er sich hochergötzt
> Und leise, ganz leise murmelt er jetzt:
> „Der kleine Engel im Vordergrunde
> Dort drüben — das macht mir himmlischen Spass!
> Der sang mit weitgeöffnetem Munde
> Soeben ganz deutlich A statt As!"

Fl. Bl.

ligste

avier

stlein"

form für Klavier,
wierigkeit geordnet
Ende.

m . netto je 2,—
rm
. . . netto 2,—
dform „ 2,—
. . . „ 1,80

Ende's Schatzkäst-
chatzkästlein. Wo
ine Perle aus den
Tanzform entgegen
bendste Beachtung

Unter obiger und
sind so oft schon
nan aus der Menge
Geldschränke zu-
t das vorliegende,
Ende durchaus vor
geht von dem ein-
ortragende die von
geistig beherrsche,
ische, Harmonische
st diese Sammlung
enlehre geworden.
r motivischen Ent-
s zu den grösseren
r vollkommen bei-
es der einzig rechte
Sinn für Formen-
nd damit zugleich
Eine kurz, aber
spiele trefflich er-
nach Moritz Haupt-
rkchen, welches in
ar erkannt werden
Haufen der Musik-
, stets nach Melodie
chtig hören lernen.
igen Segnitz.
Wien: Unter dem
le eine praktische
An 120 Beispielen
Entstehen und die
Weise nach. Die
Zergliederung zeigt
n Theoretiker. Das
es Repertorium für
Fingersatzbezeich-
k von hervorragen-
E. Kremser.
wertvolle Sammlung
. . . ."
r *Musikschule.* „Ich
trefflich angelegt

rg. „Das Schatz-
es Klavierspiels ein
gutgeordneten und
wärmste empfohlen

gen, welche es mit
ngt ein Führer sein.
ngen."

„*Organ d. dtsch. St.-Gesangvereine.*" „Es ist mir seit langer Zeit nicht solch vortreffliches Studienwerk zu Gesicht gekommen . . . Mangel an Platz verbietet mir, die zahlreichen Vorzüge alle genügend zu würdigen . . ."

Hofrat Prof. Felix Draeseke, Dresden. „Ich finde die Idee, die Sie zur Veröffentlichung Ihres Schatzkästleins bewog, ganz vortrefflich und glaube, dass das Werk für den musikalischen Unterricht sicherlich sich als nutzbringend erweisen werde.

Aufführungen.

Männerchöre.

Asch. M.-G.-V. (Julius Schaller). Podbertsky „Die tausendjährige Linde" mit Solo und Orch. Kirchl „Weisst du noch?". A. Zangl „Frühlingslied". Al. Fiala „O Heimat, sei gegrüsst". C. Kistler „Ade, du lieber Tannenwald". **Benrath.** Rheinische Volksliedertafel (H. vom Ende, Köln). A. von Othegraven „Die Maidli im Schwyzerland". „Bei Mondenschein" Dr. J. Pommer „Sapprement, wann i mein Dirndel sieh". K. Becker „Innsbruck". „Ich fahr dahin". H. v. Ende. „Mein Herz hat sich gesellet". „Tanz, Liebchen, tanz". Böhme „Das stille Tal". L. André „Entsagung". Kremser „Komm, o komm". C. Steinbauer „Ich weiss mir ein Maidlein". „Trost in der Ferne". Schauseil „Die Vögelein, sie sangen" für Sopran, Solo und Männerchor. **Bremerhaven.** M. G.-V. (F. Hartmann. Volkslieder(?)-Konzert. Kromer „Grüsse an die Heimat". Schubert „Lindenbaum". Böhme „Im schönsten Wiesengrunde". Stiehl „O wullt mi ni mithebbe". A. Schulz „Grossmütterlein". Bünte „Minnelied". Zöllner „Das Wandern". Kremser „Juchheissa". (Warum gebraucht man dafür nicht die zutreffendere Bezeichnung: „Volkstümlicher Abend" oder „Lieder im Volkston"). **Gelsenkirchen.** M.-G.-V. (G. Meyer). vom Ende „Ach, wie ist's möglich dann". Rebbert „Der letzte Wunsch". Becker „Rheinfahrt". Bünte „Minnelied". Wiesner „Margreth". Schwalm „Gretula". **Köln.** Polyhymnia (G. Pielken). Attenhofer „Abendfeier". M. Neumann „Germanenzug". Pielken „Madrigal. „Am Brünnelein". von Othegraven „Ich hab ein Schätzle". A. Kroegel „Maienlust". „Sechse, Sieben oder Acht". **M.-Gladbach.** Apollo (W. Speiser. Baldamus „Mohnblümchen". Attenhofer „Mein Schätzelein". Jos. Schwartz „Hans und Liesel". Schauss „Reiters Lieb". Kruegel „Maienlust". Speiser „Wilde Rose". „Frühlingsahnung". **Langendiebach.** Sängerlust (J. Brodt). 21. Stiftungsfest. Breu „Frühling am Rhein". F. Schubert. „Das Dörfchen" mit Klavier. Becker „Kirchlein". J. Werth „Mutterliebe" J. Feyhl „s' Lindewirts Rösle". (D. C.). **Leipzig-Lindenau.** Gesangklub „Rückwärts" (K. Schiebold). Weinzierl „Segenswunsch". Attenhofer „Abendfeier", Zugabe: „An einem Bächlein" von Cursch-Bühren. R. Schwalm „Gretula". G. Baldamus „In der Schänk zum alten Drachen".(D.C.). **Plauen i. V.** Lehrer-G.-V. (P. Rascher). Curti „Frühlingsstürme". M. von Weinzierl „Frühlingsnacht" mit Sopran-Solo und Orch. Baldamus „Zu Roma auf der Gassen." Fr. Lachner „Canon".

Kirchenchor.

Leopoldshall - Stassfurt. St. Johannis-K. (Kantor Schmidtsdorf). R. Schwalm „Jüngling zu Naim". (Sol: M. u. E. Kotze a. Bernburg, A. N. Harzen-Müller a. Berlin). **Alt-Moabit.** St. Johannis-K. (Kgl. Musikdir. R. Kruckow). Karl Löwe „Die Festzeiten", geistl. Oratorium. (Sol.: Al. Curth, A. N. Harzen-Müller). **Altona.** K.-Ch. (F. Woyrsch). Albert Becker. Geistlicher Dialog aus dem 16. Jahrh. **Basel.** G.-V. (Herm. Suter). J. S. Bach „Trauerode", Einrichtung von Phil. Wolfrum. Kantate „Ich hatte viel Bekümmernis". Einrichtung von Robert Franz. Rheinberger Hymne „Schon weicht der Sonne". **Ballagen.** K.-Ch. Nägeli „Lobgesang". J. Abel „Der Herr ist mein Hirte". W. Sauer „Gebet". **Altona.** K.-Ch. (Woyrsch). Rheinberger „De profundis". **Chemnitz.** St. Jakobikirche (Fr. Mayerhoff). Jos. Rheinberger „Gebet der Hirten". Georg Schumann „Siehe wie lieblich". G. Vopelius „Passionsgesang". **Bremen.** St. Petri Domchor (E. Nössler). Hassler „Singet ein neues Lied". J. Mich. Bach „Nun hab ich über wunden". Albert Becker „Sehet, welch eine Liebe". G. Vopelius „Du grosser Schmerzensmann". E. Nössler „Kommet herzu". Brahms „O Heiland, reiss die Himmel auf". Felix Woyrsch „Ostergesang". Heinr. Schütz „Die Himmel erzählen die Ehre Gottes". **Eutin.** Kirchenchor (Andreas Hofmeier). Joh. Brahms „Ein deutsches Requiem". **Brandenburg a. H.** Steinbecksche Singakademie (Dr. H. Wiegandt). A. Becker „Geistlicher Dialog". Choralfigurationen „Christe, du Lamm Gottes". Felix Woyrsch „Zion, strecket die Hände aus" für Solo und Frauenchor. E. Strube „Herzliebster Jesu". P. Gretzschmer „Nun schläft in Josephs Garten" für Männer- und Altstimmen mit Orgel. **Chemnitz.** St. Jakobikirche (Fr. Mayerhoff). Berlioz „Requiem". **Danzig.** Johanniskirche (Brandstäter). Heinr. Schütz „Die sieben Worte Jesu Christi. Erlöserkirche (Gerstenberger). Graun „Der Tod Jesu". **Glauchau.** Hauptkirche. Reinhold Finsterbusch „Jesu Tod und Begräbnis", Oratorium. **Mühlhausen** i. E. Ref. Stephanskirche (M. Schlochow). Händel „Josua". (Sol.: E. Rückbeil-Hiller, Jacques Ebrhart, Anton Dressler.

Gemischter Chor mit Begleitung.

Brandenburg a. H. Steinbecksche Singakademie (Dr. H. Wiegandt). A. Klughardt „Judith". (Sol.: Hans Schütz, Elsa Westendorf. Emilie Feuge, Oskar Feuge). **Frankfurt a. M.** Chorver. (Edm. Parlow) Schubert-Flietner „Deutsche Tänze". **Limburg.** Lt. (Oberl. Bill). A. von Othegraven „Der Milchbrunnen". W. Rudnick „Dornröschen". **Moers.** G.-V. für gemischten Chor (L. Brünsing). A. Schulz „Prinzessin Ilse". **Quedlinburg.** Philharm. Chor (G. Baumfelder). J. Brambach „Morgensehnsucht". Nicolai von Wilm „König Erich". **Kreuznach.** Chorgesangverein (Brandt-Caspari). L. Cherubini „Requiem". **Asch** Harmonia (G. Heinl). Adolf Jensen „Adonisfeier" mit Sopransolo und Klavier. **Asch.** M.-G.-V. und gem. Chor (Jul. Schaller). E. Fr. Richter „Dithyrambe". **Bautzen.** Liederkranz (Benno Banda). Zapff „Zwei Diebe" (a cap.) und „Carmosinella" von Victor Holländer. Man schreibt uns darüber: — — — „kann Ihnen sagen, dass „Zwei Diebe" geradezu prächtig wirkten. Es kann als Kabinettstück im wahren Sinne des Wortes gelten. Ein Meisterstück! Auch die Musik zu Carmosinella entspricht in allen Teilen dem Charakter und der Handlung und wird diese empfehlenswerte Operette niemals ihre Wirkung verlieren, wenn sie bei munterm, flotten Spiel mit frischen Kehlen zur Aufführung kommt, wie es gestern der Fall war. Die Auftritte des Chors (in prachtvollen Kostümen, ca. 50 Mitwirkende), waren bildlich geradezu bezaubend und ein eingeflochtener Tanz (Czardas der Carmosinella) setzte der Sache, was Darstellung anlangt, die Krone auf. **Dortmund.** Musikver. (Jul. Janssen). Edgar Tinel „Franziskus". (Sol.: Jacques Urlus, Eva Lessmann, Karl Koch aus Dortmund). **Gera.** Musikalischer Verein (Kleemann). Beethoven „9. Symphonie". Rich. Wagner „Szenen aus dem 3. Aufzuge der Meistersinger". **Gotha.** Lt. (Prof. E. Rabich). H. Hofmann „Haralds Brautfahrt". **Minden i. W.** M.-V. (W. Frank). Max Bruch „Odysseus". **Quedlinburg.** Allg. G.-V. (O. Prössdorf). Gade „Kreuzfahrer". **Saargemünd.** G.-V. (Krause). Max Bruch „Schön Ellen".

Allg Konzertverein-Volkschor-Barmen.

Bericht über das 6. Konzertjahr 1902/3.

Der Allgemeine Konzertverein-Volkschor-Barmen — gegründet am 20 Juli 1897 — ist eine für das Gemeinwohl geschaffene öffentliche Konzertanstalt und bezweckt 1) Chor- und Instrumentalwerke alter und neuer Zeit mit ersten Solisten, grossem Chor und Orchester möglichst vollendet und glanzvoll aufzuführen und durch niedrige Eintrittspreise zum wirklichen Gemeingut zu machen; 2) Damen und Herren mit guter Stimme und Führung aus allen Gesellschaftskreisen ohne Beitragspflicht in den Chorverband (Volkschor) aufzunehmen und durch gemeinsame Pflege der Tonkunst den Ausgleich der Klassengegensätze zu fördern.

Der Allgemeine Konzertverein-Volkschor-Barmen hat soeben sein 6. Konzertjahr beendet. Dasselbe bildete sowohl hinsichtlich der Anzahl der veranstalteten Konzerte als in Bezug auf die Leistungen wiederum eine beachtenswerte Steigerung. Um für die ausfallenden Theatervorstellungen auch seinerseits einen Ersatz zu bieten, erhöhte der Konzertverein die Zahl seiner ständigen grossen Stadthallen-Abonnementskonzerte von 12 auf 16, ohne dafür einen höheren Abonnementspreis anzusetzen. Der gemischte Chor — Barmer-Volkschor — bekundete seinen ausserordentlichen Fleiss durch die Aufführungen von 4 grossen, abendfüllenden Chorwerken: „Jahreszeiten" von Haydn, „Lied von der Glocke" von Bruch, „Paulus" von Mendelssohn und „Messias" von Händel. Die beiden Oratorien „Paulus" und „Jahreszeiten" waren gänzlich neu eingeübt worden und erschienen damit zum ersten Male in unseren Programmen. Der glänzende und begeisterte Erfolg, den diese beiden Chorwerke errungen haben, bürgt dafür, dass dieselben sich dem eisernen Programmbestande des Volkschors anreihen werden. Auch den beiden anderen, schon früher erfolgreich aufgeführten Oratorien ist wiederum eine beifallsfreudige Aufnahme zu teil geworden.

Bewegten sich somit die grossen Choraufführungen in ihrem interessanten und künstlerisch hochbefriedigenden Verlauf durchaus auf derjenigen Höhe, die eine erfolgreiche Konkurrenz mit den choristischen Darbietungen der übrigen Konzertgesellschaften gewährleisten, so müssen sie doch als ein ganz besonderes, konkurrenzloses Verdienst bezeichnet werden, welches sich unser Dirigent um die Popularisierung der grossen Chormusik und durch die Heranbildung des Volkschores zu solch hoher musikalischer Leistungsfähigkeit erworben hat.

Gemischter Chor ohne Begleitung.

Dortmund. Musikverein (J. Janssen). F. Mendelssohn „3 Frühlingslieder". J. Brahms „Abschiedslied". „In stiller Nacht". „Die Wollust in den Mayen". **Frankfurt a. M.** Chorverein (Edm. Parlow). Th. Morley „Frühling umstrahlt, Feur, mein Herz brennt". J. Brahms „Schnitter Tod". **Fürth** Sing-Verein. (Jul. Koffka). R. Schumann „Zigeunerleben". A. Krögel „Nachtgruss". **Moers.** G.-V. für gem. Chor (L. Brünsing). N. W. Gade „Frühlingsbotschaft". **Asch.** Harmonia (G. Reinl) John Lund „Amerikanisches Wiegenlied". W. Köhler-Saalfeld „Wann die Knospen brechen". Joh. Ferbl „Deandl, wie du willst". „A Büchsel auf'm Rücken". **Asch** M.-G.-V. und gem. Chor (Jul. Schaller). „Schwesterlein", niederrheinische Volksweise, bearbeitet von J. Maier. „Bell ins Fenster" von Mor. Hauptmann. **Bautzen.** Liederkranz (Benno Banda). Zapff „Zwei Diebe". **Saargemünd.** G.-V. für gem. Chor (Krause). K. M. van Jan, „Trost". Wanderlied „Wie ist doch die Erde so schön".

Frauenchor.

Brünn. Musik-Ver. (Karl Frotzler). Fr. Liszt „Divina Commedia" Joh. Brahms op. 17 „Vier Gesänge für Fr.-Chor mit 2 Hörnern und Harfe. **Duisburg.** Gesangverein (W. Josephson), Hugo Wolf „Elfenlied". **Frankfurt a. M.** Chorverein (Edm. Parlow) R. Schumann „Die Kapelle". N. von Wilm „An die Harmonie". W. Bargiel „Die Libellen". **Moers** G.-V. (L. Brünsing). J. Frischen „Athenischer Frühlingsreigen". (Solo: Frl. Clara Wulff-Köln). H. Zöllner „Seenixen". **Nürnberg.** M.-G.-V. (U. Müller). E Heuser „Der Blumen Rache". Hugo Wolf „Elfenlied". **Quedlinburg.** Philharm. Chor (G. Baumfelder). H. Heuberger „Herbstlied" mit Klavier. G. Riemenschneider „Im Zauber der Nacht" A. Hallén „Das Aehrenfeld". **Tilsit.** Oratorien-Verein (Wolff). Arnold Krug „Maikönigin". **Osnabrück.** Frauenchor 1901 (R. Wiemann). Schubert „Gott ist mein Hirt" „Totengesang". W. Speidel „Am Abend". „Frühlingsreigen". R. Kahn „Im Wasser wogt die Lilie". Chr. Sinding „Wir lassen ja alle". „Unglücklich ist der". „Hier sind Flöten". **Aachen.** Städt. G.-V. (Schwickerath). Hugo Wolf „Elfenlied". **Luzern.** Städt. Konzertverein (Fassbaender) J. Frischen „Athenischer Frühlingsreigen" für Fr.-Chor, Sopransolo und Orchester. Fr. Hegar „Morgen". Fassbaender „Elfe". Schubert-Flitner „Deutsche Tänze". (Der Athenische Frühlingsreigen ist ein glücklich komponiertes Werk von strahlender Jugendfrische, warmem Temperament und farbenreicher Orchesterbegleitung. Mit Feuer und Begeisterung hat der gut besetzte Damenchor sich seiner Aufgabe entledigt und die vortrefflich gesungene Kantate fand reichen Beifall.) (Schweiz. M.-Z.).

Darmstadt, 27. April. Zum besten des in der Gerinusstrasse sich erhebenden Neubaus des Hessischen ehrerinnenheims hatte heute der Frauenchor on Fräulein Luise Müller unter Mitwirkung geschätzter unstkräfte ein gut besuchtes Konzert veranstaltet, dem uch die hohe Protektorin des Heims, Ihre Durchlaucht, die rau Gräfin zu Erbach-Schönberg, nebst Gräfin-Tochter Edda eiwohnten. Eröffnet wurde der Abend mit dem vom rauenchor vorgetragenen 23. Psalm von Schubert, dem päter die Vier Gesänge für Frauenchor mit Begleitung von örnern und Harfe (op. 17) von Johannes Brahms folgten. s sind dies ungewöhnlich interessante, aber wegen ihrer chwierigkeit nur selten aufgeführte Kompositionen, die nicht ur durch ihren zarten, poetischen Stimmungsgehalt, sondern uch durch ihre glänzende Harmonisation und die charakteistischen Klangmischungen der begleitenden Instrumente mit en Frauenstimmen einer grossen Wirkung stets sicher sein erden. Den Beschluss des Konzertes bildeten dann ein reizolles Wiegenlied mit Harfenbegleitung von Kienzl, sowie die nvergleichlich schönen Frauenchöre a capella: „Trost in ränen" und „Frühlingsverein" von Karl Loewe. Die sichere nd fein musikalische Ausführung, welche sämtlichen genannten ummern zu teil wurde, liess auf sorgfältigste Einstudierung nd Vorbereitung schliessen; und man hörte allgemein den unsch äussern, den tüchtigen Chor, der unter Fräulein L. üllers umsichtiger und intelligenter Leitung so hübsch rosperiert, recht bald wieder öffentlich hören zu können. e Instrumentalbegleitung der genannten Chöre lag bei den erren Hofmusikern Breitschuck (Harfe), Rohde und ernhard Hörner) in bewährten Händen.

Zum Frankfurter Wettstreit.

Das Festbuch.

Das offizielle Festbuch ist jetzt erschienen. Es sieht ut seinem in kräftiger Zeichnung und zarten Farben gehalenen Umschlag recht stattlich aus und enthält alles, was den ängern und dem gesamten Festpublikum zu wissen notendig und nützlich ist: die offiziellen Bekanntmachungen, as Verzeichnis der Ausschüsse und der Preisrichter, den ext aller Lieder, das Festprogramm, das Verzeichnis aller itwirkenden Sänger, einen umfangreichen Führer durch rankfurt, die Beschreibung des Festplatzes und der Festalle, einen Aufsatz: „Goethe und die erste deutsche Liederfel in Berlin", ein Verzeichnis mit einer kurzen Geschichte er Frankfurter Männergesangvereine usw. Eingeleitet wird s Buch durch einen Liedergruss von Georg Lang und ein orwort. Zahlreiche gute Illustrationen und Pläne sind beigeben: die Abbildung des Kaiserpreises, Ansichten von rankfurt und seiner merkwürdigsten Baulichkeiten, ein grosser tadtplan mit Angabe des Festplatzes, ein Plan der Festhalle it bestimmter Angabe jedes einzelnen Platzes u. s. w. Das estbuch ist verlegt von der Firma Haasenstein u. Vogler und urde gedruckt von der Firma Wüsten & Schönfeld, die amit eine schöne Probe ihrer künstlerischen und technischen eistungsfähigkeit abgelegt hat. Die Sänger erhalten das uch gratis; für das übrige Publikum kostet es 1 Mark. llen Festteilnehmern wird es ein unentbehrlicher Führer nd nach dem Feste ein dauerndes Andenken sein.

Der Pagenstecher-Preis.

Der von Herrn Albrecht Pagenstecher in Nework gestiftete Ehrenpreis, gefertigt von Tiffany u. Co. in ew-York, ist hier angekommen. Es ist eine prächtige Silberase, die auf der Vorderseite die Porträts des Kaisers wischen dem Prinzen Heinrich und Präsident Roosevelt eigt; darunter stehen die Worte: „Im Liede stark, deutsch is ins Mark." Die Rückseite enthält die Wappen des Deutchen Reichs und der Vereinigten Staaten von Amerika, arunter eine Darstellung der beiden Hemisphären, verbunden urch „Das deutsche Lied", darunter die Strophe (von ranz Treller):

> Das Heimatslied begleitet Deutschlands Söhne
> Weit übers Meer ins fernste Land
> Und knüpft ihr Herz für alle Zeit,
> Ein unzerreissbar heilig Band,
> An unser teures Vaterland.

Die Henkel der Vase sind mit den Sternen des Banners der Vereinigten Staaten geziert. Die ausgezeichnete Arbeit ist der berühmten Firma Tiffany würdig. Herr Pagenstecher, der selbst zum Sängerwettstreit herüberkommen wird, kann des wärmsten Dankes aller Sänger für das prächtvolle Geschenk sicher sein.

Bezugsquellenregister.

Vereinsfahnen.
Kölner Fahnenfabrik,
Arnold Steiger, Köln.

Buchbinderei E. A. Enders,
Leipzig.

Abzeichen f. Gesangvereine,
Muster an Vereine postfrei.
Adolf Belada, Wien VII 2.
Mariahilferstr. 54.

Banner, Fahnen, Schärpen,
Abzeichen.
Thüringer Fahnen-Fabrik,
Coburg.

Diplome, Urkunden, Fest- und Vereinsabzeichen, Lampions, Fackeln etc.
Leb. Fliessbach,
Leipzig-R. 98 K.

Brieflichen Unterricht in der Theorie der Musik.

Lieferung
sämtlicher Musikalien
durch
H. vom Ende, Köln a. Rh.

Auswahlsendungen der beliebtesten

Männerchöre

die meist in 5. 20. Auflage erschienen,
Volkslieder. Im Volkston. Konzert- und

Wettstreitsgesänge

der bedeutendsten Komponisten:
Neubner, Neumann, Schwartz etc.
stehen zu Diensten.

Neu erschienen:

Schwartz, Jos., op. 21. (Dirigent des Kölner Männer-Gesang-Verein).
Friedrich Rotbart Part. 1,60, Stimm. à 40 Pf. Ballade von Emanuel Geibel.
Neubner Ottomar, op. 94, 3. „Mein Liesel" Part. 0,40, Stimm. à 20 Pf.
Neumann M., „Zur Sonne". Part. 0,40, Stimm. à 20 Pf.
Ullrich Fr., op. 90, „Das deutsche Volkslied". Part. 0,80, Stimm. à 20 Pf.
„ „ op. 92, „Der deutsche Hort". Part. 1,20, Stimm. à 30 Pf.

Friedrich Ullrich, Godesberg a. Rh.
Spezialverlag und Versandgeschäft der Männerchor-Literatur.

Gesangwettstreit-
Ehren-Preis-Anerkennungs-
Diplome

in künstlerisch vornehmer Ausstattung
Preis pro Exemplar Mark 2,-- und höher
liefert
H. vom Ende's Verlag und Musikalienhandlung
Köln am Rhein, Bismarckstrasse 25.

Köln am Rhein.

H. vom Ende's Verlag

Ecke Bismarck- und Kamekestrasse.

Central-Versand für Chorgesangliteratur.

Grosses Lager der neuesten Erscheinungen für

Männer-, Frauen- und gemischten Chor

Prompte und sorgfältige Lieferung
von Musikalien jeder Art, sowie der gesamten musiktheoretischen Literatur
zu den günstigsten Bedingungen.
Ansichtssendungen, auch der neuesten Erscheinungen, stehen bereitwilligst zur Verfügung.
Auch werden Bearbeitungen jeder Art übernommen, Arrangements, Instrumentationen,
Korrektur einzelner Kompositionen.

Institut für brieflichen Unterricht in der Musiktheorie.

Prospekte und Kataloge bitte gratis und franko zu verlangen.

Wegweiser durch die Chorgesanglitteratur

Ratgeber für Gesangvereine und Dirigenten.

Redaktion und Verlag: H. vom Ende, Köln a. Rh., Ecke Bismarck- und Kamekestrasse.

nebst Beiblatt:

Der Sänger.

Offizielles Organ des Westdeutschen Sängerverbandes, Mosel-, Saar-, Nahe-Sängerbundes, des Mittelrheinischen, Rheinhessischen und Speyergau-Sängerbundes.

Erscheint monatlich einmal. Bezugspreis für 1 Expl. 20 Pfg. Jahresabonnement Mk. 1.50 und 40 Pfg. Porto. Inserate kosten pro 4mal gespaltene Petitzeile 20 Pfg.

Expedition: H. vom Ende's Musikalien-Versandgeschäft.

Nr. 9. | Köln a. Rhein, den 26. Juni 1903. | IV. Jahrg.

Die Wahl der Wettstreitchöre.

Der Kaiser hatte in seinem Erlass vom 27. Januar 1895 seiner Freude über die Wahrnehmung Ausdruck gegeben, dass die Männergesangvereine bestrebt sind, den vaterländischen Gesang zu pflegen und zu fördern. „Eingedenk dessen, dass deutsches Lied und deutscher Sang alle Zeit auf die Veredelung der Volksseele einen segensreichen Einfluss geübt und die Nation in der Treue gegen Gott, Thron, Vaterland und Familie gestärkt haben, wünsche ich meiner warmen Teilnahme an diesen Bestrebungen besondern Ausdruck zu geben. Zu dem Ende stifte ich einen Wanderpreis für die beste Leistung auf diesem Gebiete!

Diese Worte sind absolut nicht misszuverstehen; man will die b e s t e L e i s t u n g auf dem Gebiete des Männergesanges überhaupt, nicht nur des obenerwähnten „vaterländischen" Gesanges krönen. Vom Volksgesang war gar keine Rede, konnte es auch nicht sein, denn die Leistungsfähigkeit eines Vereins kann nur an hervorragenden, geistig bedeutenden Kunstwerken gemessen werden, nicht an leichten Aufgaben. Will ich den Wert eines Zuckerbäckers kennen lernen, dann lasse ich mir eine Schaumtorte bereiten, keine Zuckerklümpchen: den Wert Goethes erkenn ich an seinen Dramen, nicht an dem Volksliedchen: „Sah ein Knab'".

Jeder erfahrene Preisrichter wird mir beipflichten, dass in den Volksliedklassen häufig die merkwürdigsten Resultate erzielt werden, dass Vereine, die im übrigen gar nicht in Frage kommen, hier plötzlich den 1. Preis davontragen. Und wie sehr Zufälligkeiten hier mitspielen, hat man an der Ausführung des Stundenchors durch den Kölner Männergesangverein erfahren, der anerkanntermassen im Vomblatt-Singen das denkbar Höchste leistet. Wie bekannt diese Tatsache ist, beweist der Ausruf eines Mitgliedes des dem Kölner folgenden Vereins: „do kumme de Notefressere"! Und doch der durch einen einzigen Tenoristen hervorgerufene Misserfolg! Volkslieder eignen sich also nur dann zum Vortrage beim Wettsingen, wenn daneben geistig bedeutende Werke zur Geltung kommen.

Nun hielt der Kaiser am Samstag Vormittag in der Festhalle an die Dirigenten folgende Ansprache:

Meine Herren! Ich habe Sie zusammenberufen, um Ihnen zunächst meine Freude auszusprechen, dass so viele Vereine der Aufforderung des Rundschreibens gefolgt sind und sich an dem Wettgesang beteiligt haben. Es ist das ein Beweis für die A r b e i t s f r e u d i g k e i t u n d S a n g e s f r e u d i g k e i t u n t e r I h n e n und zu gleicher Zeit ein Beweis dafür, wie rege das Interesse an der Pflege des Gesanges unter den Vereinen blüht. Ich will hierbei doch Gelegenheit nehmen, die Herren auf einiges aufmerksam machen, dass auch für Sie vielleicht von Interesse sein kann, da es nicht nur der Ausfluss meiner eigenen Anschauung, sondern fast aller Zuhörer ist. Ich muss auf die Wahl Ihrer Stücke einen Augenblick eingehen. Die Absicht, die bei diesem Gesangwettstreit vorgelegen hat, war die, d a s s d u r c h i h n d e r V o l k s g e s a n g, d i e P f l e g e d e s V o l k s l i e d e s, g e h o b e n u n d g e s t ä r k t u n d i n w e i t e n K r e i s e n v e r b r e i t e t w e r d e n s o l l. Nun haben die Herren Kompositionen gewählt, die von unserm alten, deutschen, bekannten guten Volksliede und Volkston wesentlich entfernt lagen. Sie haben Ihren Chören kolossale Aufgaben gestellt; sie sind zum Teil geradezu bewundernswürdig gelöst worden, und ich muss sagen, es hat uns alle in Erstaunen gesetzt und ergriffen, dass viele Hunderte von Männern, die vielleicht am Tage acht bis zwölf Stunden in schwerer Arbeit, in ungünstiger Temperatur, umgeben von Staub und Rauch gearbeitet haben, in der Lage gewesen sind, durch eifriges Studium und selbstlose Hingabe an die Arbeit so schwere Aufgaben zu übernehmen, wie wir sie hier haben. Ich möchte aber glauben, dass in der Beziehung vielleicht die Dirigenten zum Teil selbst gefühlt haben, dass in der Wahl der Chöre das A e u s s e r s t e e r r e i c h t ist, was wir von Männergesangvereinen verlangen können. Ich möchte dringend davor warnen, dass Sie nicht etwa auf den Weg treten, es p h i l h a r m o n i s c h e n C h ö r e n g l e i c h z u t u n. M e i n e A n s i c h t i s t, d e r M ä n n e r g e s a n g v e r e i n i s t d a z u n i c h t d a. E r s o l l d a s V o l k l i e d p f l e g e n. Von den Kompositionen, die unserm Herzen nahe stehen, ist merkwürdig wenig gesungen worden, sechs- bis siebenmal Hegar, achtmal Brambach. Ich kann Ihnen offen gestehen, wenn man diese Meister öfters hintereinander hört, dann möchte man jeden Verein mit Dank und Jubel begrüssen, der nur einmal: „Wer hat dich, du schöner Wald" oder: „Ich hatt' einen Kameraden" oder: „Es zogen drei Burschen" gesungen hätte. Diese Kompositionen sind ausserordentlich wertvoll für die Ausbildung der Technik. Es ist, als ob ein besonders hohes Sprunggestell aufgestellt würde, aber es *mangelt Hegar und Brambach zu sehr an Melodie.* Zudem komponieren die Herren Texte, die etwas lang sind. Ich bin im allgemeinen sehr dankbar, dass so patriotische und schöne Texte gewählt wurden, die von alten Kaisersagen und grosser Vorzeit handeln. Ich glaube aber, dass *zum Teil die Komponisten den Texten nicht gerecht werden.* Es soll meines Erachtens ein Chor aus schönen Männerstimmen nicht durch Komponisten dahin gebracht werden, dass er *Tonmalerei treibt u. eine orchestermässige Instrumentation nachmacht.* Tonmalerei des Orchesters ist schon nicht immer angenehm, mit Männerstimmen noch bedenklicher. Die Länge ermüdet, weil die Tonlage eines Männerchores immerhin beschränkt ist und auf die Dauer zu gleichmässig wirkt. *Ich warne auch davor, zu lyrisch zu werden.* Ich glaube, dass auch im Preischor die Lyrik zu sehr vorwaltet. Die Herren werden gemerkt haben, dass die Chöre, die etwas mehr Energisches und Männliches zeigten, beim Publikum mehr Beifall gefunden haben. Die Sentimentalität, die in jeder deutschen Seele ruht, soll in poetischen Schöpfungen auch zum Ausdruck kommen, aber da, wo es sich um Balladen und Mannestaten handelt, muss der Männerchor energisch zur Geltung kommen, am besten in einfachen Kompositionen. Es wird vielleicht den Herren interessant sein, dass fast *zwei Drittel aller Vereine zu hoch eingesetzt* und zum Teil um einen halben, dreiviertel, einer sogar um einen fünfviertel Ton zu hoch *geschlossen* haben. Deshalb haben Ihnen die gewählten Aufgaben zum Teil selber geschadet. Es war eine Freude, wenn einmal ein Verein so tief einsetzte, dass man das Gefühl hatte, er hat noch Reserve übrig. Die Wahl der Chöre werde ich in Zukunft dadurch entsprechender zu gestalten versuchen, dass ich eine *Sammlung* veranstalten werde *sämtlicher Volkslieder,* die in Deutschland, Oesterreich und der Schweiz geschrieben, gesungen und bekannt sind, gleichgültig, ob der Komponist bekannt ist oder nicht. Sie wird katalogisiert werden, und ich werde dafür Sorge tragen, dass sie allen Vereinen billig und einfach zugänglich sein kann, dann werden wir in der Lage sein, aus diesem Kreise Lieder zu suchen, die wir brauchen. Wir sind hier am Rhein und nicht ein einziger Verein hat die „Drei Burschen" gesungen oder „Joachim Hans von Zieten" und „Fridericus Rex"; wir sind hier in Frankfurt und kein einziger hat Kalliwoda gewählt. Wir haben Mendelssohn, Beethoven, Abt, von ihnen ist nichts erklungen. Hiermit ist nun wohl der modernen Komposition genug getan. Sie haben sich Aufgaben gestellt, ich nehme auch das Preislied nicht aus, ich selbst halte es an einzelnen Stellen für viel zu schwer; ich glaube, dass wir sie in vieler Beziehung vereinfachen können. Ich habe Gelegenheit genommen, mit den Preisrichtern darüber zu sprechen. Die Herren haben ihren Gedankenaustausch in einem Pro memoria zu Papier gebracht, das den Vereinen zugänglich gemacht werden wird. Mein Kabinettsrat von Lucanus wird es den Herren vorlesen. Nach der Vorlesung des Pro memoria fuhr der Kaiser fort: Meine Herren! Ich erwarte von Ihnen, dass sie möglichst dieser Ansicht und diesen meinen Ratschlägen entsprechen werden. Ich bin fest davon überzeugt, dass dann auch die Sänger selber noch mehr Freude an der Uebung haben. Ich glaube, dass da, wo die Noten erst eingeübt werden mussten, eine geradezu physische Anstrengung nötig gewesen ist, um das zu erreichen, was Sie erreicht haben, zumal bei den Mitgliedern, die in Fabriken arbeiten. Ich habe die Listen durchgesehen: es ist erfreulich, wie viele vom Hammer und vom Amboss, von der Schmiede hergekommen sind, um hier zu singen, aber es muss schlaflose Nächte gekostet haben. Wenn wir auf einfachen Gesang kommen, dann sind Sie in der Lage, mit den rein künstlerischen Vereinen zu konkurrieren, deren Mitglieder tagsüber in einer Atmosphäre leben, die besser und staubfreier ist, was doch auf die Stimmorgane sehr einwirkt. Sonst kann ich nur sagen, dass wir zum Teil geradezu ganz hervorragendes Material gehört haben, auch abgesehen von den Vereinen, die auch unter Ihnen als hervorragend anerkannt sind. instrumental glockenartige Effekte! Unzweifelhaft ist, dass ein hoher Grad von musikalischer Begabung in der Bevölkerung steckt, der aber in einfachen klangreichen Harmonien sich zu zeigen Gelegenheit haben muss. Wenn sie diese einfachen schönen Chöre, wie sie das Volkslied und die Komponisten darbieten, die ich genannt habe, singen, so werden sie selber Freude haben und weniger Schwierigkeiten, und gleichzeitig werden sie das Publikum, das zum Teil aus Fremden besteht, besser mit unserem Volksliede bekannt machen; sie werden mit dem Volksliede den Patriotismus stärken und damit das allgemeine Band, das alle umschlingen soll. Ich danke Ihnen."

Das von dem geheimen Kabinettsrat v. Lucanus verlesene *Promemoria des Preisrichter-Kollegiums* lautet folgendermassen:

„Der Eindruck, den das Wettsingen des ersten Tages auf das Preisrichter-Kollegium ausübte, war derart, dass es für notwendig erachtet wurde, bestimmte Stellung zu der Art der Komposition zu nehmen, die heute auf dem Gebiete des Männergesanges als die herrschende gilt. Fast sämtliche von den Vereinen vorgetragenen frei gewählten Chöre, zeigten eine Art des teschnischen Baues, die den *a capella-Stil des Männergesanges vollständig verkennt, indem sie den Stimmen Intervalle, Lagen* und *harmonische Kombinationen rein instrumentaler Natur zumutet;* schlimmer noch ist das *vollständige Missverhältnis zwischen dem darzustellenden Vorwurf und den aufgewandten Mitteln.* Die enge Begrenzung der Stimme, die ungestraft ihre Grenze überschreiten darf, die beschränkte Farbenpalette machen den Männerchor von selbst zum Träger *edler, schlichter Stimmung lyrischer Art und selbst einfacher Balladen.* Die gesuchte und gekünstelte Art, wie sie in einer Reihe der gehörten Chöre sich zeigte, die Manie, jede noch so unbedeutende Gelegenheit zu Tonmalerei auszunutzen, das Haschen nach aussergewöhnlicher Harmonie erschien uns geradezu als eine krankhafte, effekthascherische Art der Komposition, die infolge dieser Anlage, an Stelle grosszügiger Einheit ein Mosaik von interessanten, fast nie aber schönen Details bildet. Ein solches die Hauptbedingungen des Kunstwerks verachtendes Gebaren aber bildet eine ernste Gefahr für die Zukunft dieses so bedeutsamen Kunstzweiges. Hülfe dagegen ist nur möglich durch Zurückkehren zu natürlicher Einfachheit, zu gesundem Empfinden und Erkennen der wahren Zwecke dieser Kunst, von einem Abweichen von aller Unnatur und Künstelei. Wir wollen durchaus nicht damit etwa sagen, dass nur das Volkslied dem Männerchor entspreche; *wir erkennen neben dem Volkslied ein sogenanntes Kunstlied auch im Männerchor an,* aber nur, wenn es den vorgenannten Bedingungen entspricht. Es wird notwendig sein, dass in Zukunft vor allem auch als Preischor nur ein solches Stück gewählt werde, welches infolge Beobachtung dieser einfachen ästhetischen Grundregeln als Kunstwerk anerkannt werden kann. Wir halten es für unsere Pflicht Seine Majestät zu bitten, diese Bestrebungen durch sein allergnädigstes Wohlwollen zu unterstützen und die Dirigenten beziehungsweise Vorsitzenden der Vereine zu ermahnen, durch Erkennensuchen und Streben nach künstlerischer Wahrheit vor allem unserer Kunst wirksam zu dienen. Wir tun das umsomehr, als wir uns in diesen Ansichten mit seiner Majestät in vollkommener Uebereinstimmung wissen."

Die hier kundgegebenen Ansichten über den Männerchorgesang sind zum Teil so merkwürdig, sie richten sich so sehr gegen den Lebensnerv strebsamer Vereine, gegen die ganze Weiterentwicklung dieses Kunstzweiges, dass es einfache Pflicht der Selbsterhaltung ist, dagegen Protest einzulegen.

Kompositionen, welche ein Missverhältnis zwischen dem darzustellenden Vorwurf und den aufgewandten Mitteln aufweisen, wird selbstredend niemand in Schutz nehmen wollen; Schwierigkeiten um ihrer selbst willen fordern, ist absolut unkünstlerisch; aber ebenso unkünstlerisch ist es, solche da zu perhorreszieren, wo Situation und Text sie verlangt; jedes echte Sängerherz freut sich darauf, solche Schwierigkeiten zu überwinden. — Ihr Herren, die ihr im Grunde eures

Herzens den Männergesang als Spielerei betrachtet oder gar als Liedertafelei verachtet, die ihr jahraus, jahrein nicht ein einziges Männergesangvereins-Konzert besucht und nicht wissen könnt, was da geleistet wird, — ihr werft euch zu Richtern auf über unsere besten Komponisten? — Unser guter, alter Brambach, der so sangbar, so wenig instrumental geschrieben, wie keiner von euch es vermag, Lachner, Weber in seinem vom technischen Standpunkt aus unschuldig zu nennenden Waldweben, Fr. Schubert, Bruch, wie kommen diese Herren zu dem Vorwurf, den Männergesangstil vollständig zu verkennen?

Was versteht ihr denn eigentlich unter instrumentaler Behandlungsart der Stimmen? Wird die Nachahmung von Kontrabässen oder Pickelflöten verlangt? Oder haltet ihr heutzutage noch den Sprung in übermässige Intervalle für unsangbar? Dann seid ihr um 50 Jahre zurückgeblieben. Schnelle Tonfolgen nennt ihr unsangbar, weil weniger leistungsfähige Vereine sie nicht bewältigen können; Tonmalereien gestattet ihr gütigst einem Haydn, Beethoven, weil's nun einmal nicht mehr zu ändern ist; für den Männerchor aber ziemen sie sich nicht! Grössere, bedeutende Werke sind nicht geeignet für den Männerchor; warum? Weil die Klangfarbe des Männerchors keine Modulation gestattet und der Umfang zu gering ist! Wo bleiben denn bei solchen Ansichten die Balladen Löwes, die doch nur für den Umfang und die Klangfarbe einer einzigen Stimme gedacht sind? Sind denn unsere besseren Männerchöre wirklich so nichtssagend, so ausdruckslos, so missgestalt, wie sie hier dargestellt werden? Armer Hegar, dann bist du auf Irrwegen und hast umsonst geschafft; ihr Vereine, dann sind eure Erfolge erschwindelt oder einer urteilslosen Menge entlockt — — —

Der Kaiser verwirft diese Art des Tonsatzes bedingungslos, die Preisrichter sind etwas vorsichtiger: sie erkennen neben dem Volkslied auch ein sogenanntes Kunstlied an, aber nur ein solches von edler, schlichter Stimmung lyrischer Art oder höchstens im einfachen Balladenton. Armer Schubert, Brahms, Wagner, Bruch, Woyrsch, wo bleibt ihr mit euren Geisteskindern! Was ist denn bei solchen Anschauungen noch an unsern Männergesangvereinen zu erziehen? Einfache Liedchen kann jeder anständige Verein singen, die besseren Vereine sind auf der Höhe technischer Leistungsfähigkeit für solche Aufgaben schon längst angelangt, die künstlerische Erziehung der Dirigenten geschieht am besten auf Seminarien und Musikschulen und die Pflege und Verbreitung des Volksliedes wäre vor allem dem deutschen Sängerbunde mit seinen Massenfesten ans Herz zu legen; Wettstreite sind für diesen Zweck jedenfalls nicht das richtige Mittel.

Ein Körnchen Wahrheit steckt ja gewiss in diesen Mahnungen, manch kleines Komponistchen will es seinem grossen Kollegen nachtun und bringt's doch nur zu einer wohlgelungenen Nachahmung von dessen Räuspern und Spucken. Da wird gerankt, sobald das Wort „Epheu" erscheint, bei jedem Lüftchen rasseln Sextakkorde auf und ab und trotz aller dieser Mittelchen bleibt der Satz dürftig und trocken. Ganz gewiss ist mir ein einfaches Volksliedchen lieber, wie zehn solcher Missgeburten. Ebenso ungern höre ich mehrere solcher aufregenden Balladen hintereinander, mögen sie noch so gut sein. Darum handelt es sich aber hier nicht, sondern diese ganze Gattung soll mit Stumpf und Stiel ausgerottet werden, dem Männerchor wird jede Berechtigung und Möglichkeit künstlerisch bedeutender Wirkungen abgesprochen. Für unsere grossen Konzerte bleibt dann noch ein dünnes Balladensüppchen und ein grosser Korb voller Volkslieder übrig. Der Tertius gaudens ist aber der „Philharmonische Verein", der dann jährlich ausser den üblichen vier grossen Oratorien noch zwei weitere mit Dampfkraft einübt und mit Hilfe eines wohlgeschulten, geräuschvollen Orchesters alle Leichtigkeiten mit der grössten Schwierigkeit überwindet. Männlein und Weiblein arbeiten dann wieder wie vor 60 Jahren einträchtlich zusammen und die „gemischten Chordirigenten" brauchen nicht mehr hinter jedem Tenor herzulaufen. Weiter hat's ja keinen Zweck.

vom Ende.

VI. Bundesfest des Mittelrheinischen Sängerbundes.

Wiesbaden, den 14. Juni 1902.

Das diesjährige sechste Bundesfest des Mittelrheinischen Sängerbundes, welcher auf eine nunmehr 10jährige höchst erspriessliche Tätigkeit zurückzublicken in der Lage ist, nahm einen in jeder Beziehung gelungenen, durch keinerlei Missklang gestörten Verlauf. Zur Vorfeier des Festes war am Samstag Abend in der Turnhalle (Hellmundstrasse) von dem Männergesangverein „Friede", welcher das Arrangement des Festes übernommen hatte, ein Kommers veranstaltet, bei dem sich eine grosse Anzahl Vereine aktiv beteiligten. Nach einer kurzen, in ein Hoch auf den Kaiser, als den Protektor des deutschen Volkslieds, ausklingenden Ansprache des Herrn Franz Matt, eröffnete der „Friede" mit einer sehr stimmungsvollen Fricke'schen Komposition „Unten im Tale" den Reigen der Chorvorträge, welchem sich dann, unterbrochen durch einzelne Musikstücke und allgemeine Kommerslieder, die Vorträge der übrigen zur Feier des Tages erschienenen Vereine anschlossen. Vertreten waren: „Sängerchor"-Wiesbaden, „Gemütlichkeit"-Sonnenberg, „Sängerchor des Turnvereins", „Scharr'scher Männerchor", „Union", „Lehrer-Gesangverein", „Hilda" und Gesangverein „Männer-Klub". Sie alle ernteten für ihre grösstenteils wirklich recht künstlerischen Leistungen reichen Beifall und wärmsten Dank seitens des dem Kommers beiwohnenden Bundesvorstandes. Kurz vor Schluss des offiziellen Programmes gedachte der Bundesvorsitzende, Herr Viesohn-Bockenheim in warmen Worten des in Cannstadt zur Kur weilenden, Ehrenpräsidenten, Herrn Julius Mülhens-Eltville, welcher in einem längeren Telegramme seine Glückwünsche ausgesprochen und überdies seiner Sympathie für den Bund durch Ueberweisung einer namhaften Geldspende Ausdruck gegeben hatte. Nach einem begeistert aufgenommenen Hoch auf Herrn Mülhens folgten noch einige nicht auf dem Programm vorgesehene Vorträge der „Turner", der „Sonnenberger" usw., dann trennte man sich in fröhlichster Stimmung und bester Hoffnung auf den folgenden Hauptfesttag.

Gross war die Enttäuschung der Festteilnehmer, als am anderen Morgen die Wolken schwer vom Himmel hernieder hingen und gegen 8 Uhr ein kräftiger Regen das ganze Fest zu stören drohte. Der Besuch in den beiden zum Wettsingen bestimmten Lokalen liess infolge der ungünstigen Witterung denn auch viel zu wünschen übrig; das Einzelsingen selbst aber verlief in bester Weise. (Nach der Singordnung des Mittelrheinischen Sängerbundes werden die Leistungen nach Intonation, Aussprache, Rhythmik, Dynamik, Stimmenausgleichung, Auffassung und Schwierigkeit gewertet und danach Anerkennungen 1., 2., 3. und 4. Grades ausgegeben. Eine Anerkennung 1. Grades erhält jeder Verein, der mindestens die Durchschnittnote 3 (gut) erhält, eines 2., der die Durchschnittsnote 2½ (fast gut), eines 3., der die Durchschnittnote 2 (ziemlich gut), eines 4., der die Durchschnittsnote 1½ (genügend bis ziemlich gut) erhält.) Danach waren denn die Preisrichter der 1. Abteilung, die Herren Musikdirektor Glück-Frankfurt, Lindlar-Koblenz und Wolfram-Dillenburg, bei denen von der ständigen Musikkommission Herr Prof. Nicolai von Wilm assistierte, in der angenehmen Lage, nicht weniger als 4 Anerkennungen ersten Grades an die Vereine „Sängerrunde"-Mainz, „Liederkranz"-Bockenheim, „Einigkeit"-Weisenau, „Friede"-Wiesbaden und eine solche zweiten Grades der „Harmonie"-Kostheim zu verleihen. In der zweiten Abteilung (Volksgesang) fungierten als Preisrichter die Herren Musikdirektor Senff-Darmstadt, Walter-Montabaur, Kapellmeister Stolz-Wiesbaden unter Assistenz des Herrn J. Jacobi aus der Musikkommission. Es erhielten Anerkennungen ersten Grades die Vereine „Männergesangverein"-Bingen", „Männerquartett"-Hechtsheim, Männergesangverein „Arion"-Bingerbrück, Gesangverein „Sängerkranz"-Budesheim und zweiten Grades: Gesangverein „Concordia"-Hofheim, Gesangverein „Germania"-Oberingelheim. — Nach Beendigung des Wettsingens fand eine kurze Probe der beiden Massenchöre „Wanderschaft" von Zöllner und „Die schöne Schäferin", Volkslied, arrangiert von Spangenberg statt, dann folgte eine kleine Mittagspause und nach derselben ordnete sich der grosse Festzug, bei welchem sich wiederum eine grosse Zahl hiesiger Vereine in dankenswerter Weise beteiligt hatten. Als derselbe auf dem Festplatz, dem Bierstadter Wartturm, angelangt war, entwickelte sich dorten, dank des inzwischen eingetretenen herrlichen Wetters, ein ungemein reges Leben; viele Hunderte von Besuchern, welche aus Stadt und Umgegend eingetroffen waren, machten es zuerst den wackeren Sängern schwer, ein ruhiges Plätzchen zu finden, schliesslich ging alles vortrefflich und ein jeder kam zu seinem Recht; auch die an dem Festzuge beteiligten Vereine, welchen zum Dank dafür Erinnerungsmedaillen verliehen wurden. Es gelangten nun die Massenchöre unter Leitung des Herrn Musikdirektors Fritz Keiser zur Aufführung, hierauf erfolgte die Ausgabe der inzwischen ausgefertigten Diplome über die Leistungen beim Einzelsingen. So endete das schöne Fest in fröhlichster und alle Beteiligten zufriedenstellender Weise. Das den Satzungen gemäss von der Musikkommission zu liefernde allgemeine Referat über die gesanglichen Leistungen wird in der nächsten Nummer dieses Blattes erscheinen, während das preisrichterliche Urteil nach den einzelnen Rubriken nebst den begründenden Bemerkungen den Herren Dirigenten demnächst direkt zugestellt wird. J.

Die Leistungen auf dem Frankfurter Wettstreit.

Der Wert der Gesangwettstreite für die Förderung und Hebung des Gesanges steht ausser Frage. Sie bilden namentlich für unsere Dirigenten eine Schule, wie sie durch keine andere Veranstaltung ersetzt werden kann. Daher auch die grosse Reihe ganz vorzüglicher Männerchordirigenten, welche das eigentliche Wettstreitgebiet aufzuweisen hat, doppelt anerkennenswert, wenn man bedenkt, dass ein grosser Teil derselben nicht einmal aus dem Musikerstande hervorgegangen ist. „Genie ist Fleiss, Aufmerksamkeit und Tatkraft!" Das bewährt sich auch auf diesem Gebiete.

Auch die Frage, ob seit Kassel ein Fortschritt bemerkbar wurde, ist unbedingt zu bejahen. Manchem Verein ist dort überhaupt erst ein Licht aufgegangen, was auf diesem Gebiete geleistet werden kann und wenn einige Vereine, wie Aachen, Bremen, diesmal zurückblieben, so liegt das nicht an minderwertigen Leistungen, sondern an der ganz kolossal gesteigerten Leistungsfähigkeit der anderen; ich erinnere nur an Offenbach, Berliner Lehrer, Potsdam, Mülheim, Köln.

Eines aber muss fortan ins Auge gefasst werden: Es handelt sich nicht um einen Wettstreit der Städte, oder der Dirigenten allein, sondern in erster Linie um eine Feststellung der Leistungsfähigkeit der Vereine. Wie ist das möglich, wenn nur ein kleiner Bruchteil der Sänger aus wirklichen Vereinsmitgliedern besteht, alle andern aber nur für diesen Wettstreit geborgt und gekauft sind? Wir haben in diesen Blättern die Frage schon bis zum Ueberdruss erörtert, ohne Gegenliebe zu finden; eine Aenderung ist nur möglich, wenn die Wettstreitordnung schärfere Bedingungen aufnimmt; namentlich die Bestimmung, dass jeder Sänger nur einem der wettstreitenden Vereine angehören darf. Wie es scheint, hat man den Bonner Verein allein infolge der Anschuldigung unlautern Wettbewerbs zurückgesetzt, seinen Leistungen gemäss gehörte er in die vorderste Reihe.

Der diesmalige Preischor „Siegesgesang nach der Varusschlacht" von G. Messner, vermochte noch weniger zu erwärmen, wie der Choral von Leuthen. Wir haben seit Jahren unserm Bedauern Ausdruck gegeben, dass nicht ein allgemeines Preisausschreiben stattfindet, an dem sich jeder deutsche Komponist beteiligen kann; für diesen Zweck darf doch nur das Beste und Bedeutendste gut genug sein. Tief beklagenswert ist es, dass man diese Gelegenheit nicht dazu benutzen will, die Literatur mit wertvollen Werken zu bereichern; die Schuld trifft allein die Berliner Kommission. Der Siegesgesang verlangt von den Tenören übermenschliche Anstrengungen, die namentlich von den rheinischen Vereinen glänzend überwunden wurden. Wie Diamanten blitzten die hohen C's bei den Kölnern, Bonnern, Krefeldern, Gladbachern, wunderbar weich klang der Tenor des Mülheimer Frohsinn; merkwürdig dunkel vokalisieren Essener Concordia und Solinger Liedertafel; Bremen, Erfurt und Hannover klangen diesmal etwas matter. Auch der Berliner Lehrer-Gesangverein hatte ausgezeichnetes Material, im übrigen aber versagten die meisten Vereine bei der Schlusssteigerung, die nur von Köln, Aachen, Krefeld, Concordia-Essen glänzend herausgebracht wurde.

Die Tempi wurden vom Berliner Lehrer-G.-V., Wiesbadener Turnverein und Hannover unbegreiflich schnell genommen, sodass der erhabene Grundton des Gedichtes vollkommen verwischt wurde. Messner hatte von einer Tempobestimmung vollständig abgesehen, in einem, an den Kölner M.-G.-V. gerichteten Schreiben aber erklärte er, dass dieser Verein der einzigste sei, der seinen Intentionen vollkommen entsprochen, nicht nur das, sondern dass er seine Hoffnungen noch weit übertroffen habe.

Harmonisch bot der Chor zwei Klippen, die nur von wenigen Vereinen glücklich umschifft wurden. „Unterm Hufschlag unserer Pferde" enthält eine Modulation von C nach As durch den Dominant Septimen-Akkord B g Des Es, in welchem Des häufig zu hoch genommen wurde. Am Schluss machte dann noch eine Ausweichung von G-moll nach E-moll Schwierigkeiten. Der berüchtigte Einsatz „Jetzt kam uns die Zeit", gelang auch nur wenigen Vereinen vollkommen; das Es im I. Bass durfte nur mit Falsett genommen werden, wurde auch häufig zu tief gefasst. Von „Unterm Hufschlag" an gerieten fast alle Vereine ins Steigen; die meisten schlossen um einen ganzen Ton zu hoch, einige, wie Köln, Aachen, Berliner Lehrer-G.-V. um einen halben, nur der Wiesbadener M.-G.-V., Krefeld, Bremen, Berliner Liedertafel, Potsdam, Strassburg, Essener Concordia und Offenbacher Turnverein hielten den Ton, Magdeburg und Mülheimer Sängerbund sanken erheblich.

Auch in der Notierung der dynamischen Schattierungen hatte der Komponist sich nur auf das Notwendigste beschränkt, sodass jedem Dirigenten Gelegenheit geboten war, seinen Geschmack zur Geltung zu bringen. Dass Meister Jos. Schwartz auch in dieser Beziehung das Beste bot, war vorauszusehen; besonders hervorzuheben sind ausser ihm Krakamp-Bonn, Langs-Krefeld, Müller-Gladbach, Frodl-Strassburg.

Rebbert-Dortmund und Karl Hirsch-Barmen taten ihren vorzüglichen Leistungen durch allzu reichliche Anwendung von Schwelltönen grossen Abbruch, ebenso Orpheus-Dresden, dessen abgehackte, jeden langen Vokal kürzende Deklamation ausserdem unschön wirkte.

Die grosse, durch 18 Takte sich hinziehende Steigerung auf „Heil dem Helden Armin, auf den Schild hebet ihn" etc. wurde nur von wenigen technisch befriedigend ausgeführt. Die unlogische Satzkonstruktion, welche bereits in der Mitte der Steigerung den Quartsextakkord von C-dur vorwegnahm und dadurch die Wirkung des Höhepunktes abschwächte, trug hieran wohl die Hauptschuld.

Durch tadellose Aussprache zeichneten sich die Bremer aus; was in aller Welt hat wohl einer unserer schönsten Konsonanten, das weiche, tönende S verbrochen, dass ausser den obengenannten, kein einziger Verein auf eine schöne, korrekte Aussprache desselben Wert legt? Wie schauderhaft klingt: „ßüße ßehnßucht"; man vergisst, dass dieses S zu den klingenden Konsonanten gehört.

Manches andere wäre noch erwähnenswert, würde uns jedoch zu weit führen. Nur auf einige hervorstechende Fehler möchte ich aufmerksam machen, da der Chor voraussichtlich, wenigstens von den beteiligten Vereinen, noch gesungen wird.

„Kein Bube" klang zu energielos; schon das Wörtchen „kein" muss bestimmt, etwas hart deklamiert werden. Hier sowohl, wie bei: „Solche Führer, wie der" ist straffe Wiedergabe des Rhythmus notwendig.

Die Worte: Und die Welt „sie gehört den Germanen" bilden den inhaltlichen Höhepunkt des Werkes und müssen ihrer Bedeutung gemäss hervortreten, breit genommen werden und mächtig anschwellen. Die Hervorhebung des „eure" in „Ihr kämpftet für eure Söhne" ist natürlich falsch, wenn auch die besseren Vereine so betonten. Die übrigen Leistungen gedenken wir in der nächsten Nummer zu besprechen.

vom Ende.

Der Sänger.

Amtliches Organ des westdeutschen Sängerverbandes.

Das Volkslied ist die Unsterblichkeit der Musik.
Marx.

Verbunden werden auch die Schwachen mächtig.
Schiller.

26. Juni 1903. | Vorsitzender: Lehrer A. Gau, Hilden bei Düsseldorf. | Nr. 9.

Redaktion u. Verlag: H. vom Ende, Köln a. Rhein, Ecke Bismarckstrasse 25.

Westdeutscher Sängerverband.

Mittelrheinischer Bezirksverein.

Am Sonntag, den 4. Juni tagte hier in Ratingen die Bezirksversammlung des Mittelrhein. Bezirksvereins. Vertreten waren 5 Vereine. Ein Verein fehlte mit, einer ohne Entschuldigung. Ein Verein hatte Aufnahme in den Verband beantragt und wurde dem Mittelrhein. Bezirksverein angeschlossen.

Als erster Punkt der Tages-Ordnung wurde die Vorstandswahl getätigt. Zum Vorsitzenden wurde Lehrer Schleuter, als Schriftführer Joh. Lepper, beide in Ratingen gewählt. Sodann hat jeder Verein einen Beisitzer im Vorstand. Die Wahl des Kassieres wurde bis zum 26. Juli vertagt. Auf diesen Tag wurde das erste Bezirksfest festgesetzt, welches hier in Ratingen stattfindet. Ein Antrag des Vorsitzenden: „Jeder Verein ist verpflichtet, auf dem jeweiligen Bezirksfeste wenigstens durch eine Deputation vertreten zu sein", wurde zum Beschluss erhoben und in das Protokoll aufgenommen.

Bei dieser Gelegenheit soll von allen anwesenden Vereinen zusammen **„Trost in der Ferne" von Steinhauer** gesungen werden, welches Herr vom Ende-Köln dirigieren wird.

Der M.-G.-V. Liederkranz-Ratingen übernimmt die weiteren Arbeiten sowohl wie die Kosten des Bezirksfestes.

Als Vertreter des Bezirksvereins zum Verbandstage in Rees am 28. Juni wurden die Herren Sem. Musiklehrer Kniese-Mörs und A. Gau-Hilden gewählt.

Joh. Lepper, Bezirksschriftführer.

Neues Buch der Lieder von Paul Baehr.

Baehr ist kein Unbekannter geblieben im deutschen Tondichterwalde; sein Dichten und Trachten war nicht vergebens, sondern hat hellen Widerhall gefunden in all den Herzen, die gleich dem seinigen den Trost der Liebe im Leiden gefunden. Am innigsten empfunden sind die an seine Frau gerichteten Liebeslieder, aber auch seine kräftig mannhaftem Empfinden entsprossenen patriotischen Gesänge haben zu mancher Vertonung angeregt. Von den bekannteren Kompositionen nenne ich nur: „An die Sonne" und „Kaiserhymne" von Carl Steinhauer, „Deutsche Hymne" von Rheinberger, Schondorf und Zuschneid, „Sängergruss an den Kaiser" von C. Steinhauer, O. Wermann, „Kaiser Wilhelm der Grosse" von K. Zuschneid, „Sommerabend" von W. Berger. Zwei weniger bekannte Gedichte mögen hier Platz finden:

Der Volksgesang.

Gleich wie in stiller Mondesnacht –
Ein Zauber liegt im Volksgesang!
Ertönt in seiner stillen Pracht
Wie auf der Flur der Glockenklang.
Er singt vom trauten Heimatland,
Vom Abendstern und Tannenbaum,
Vom Mondenschein und Heidesand,
Und von des Nordmeers Wogenschaum,
Der freien deutschen Brust entsprungen,
Ist er durch Berg und Tal gedrungen,
In Lust und Leid,
So weit, so weit.

Er singt von Sehnsucht, Lieb u. Reu,
Von Frühlingsnacht und Winternot,
Von Mutterlieb und Muttertreu,
Vom Scheiden und vom frühen Tod.
Es klingt so eigen, wehmutbang,
Von Herz zu Herz, v. Mund zu Mund.
Wer hat erdacht den Volksgesang?
Kein Meistername wird uns kund!
Der freien, deutschen Brust entsprungen,
Ist er durch Berg und Tal gedrungen,
In Lust und Leid,
So weit, so weit.

Chorgesang am Sonntagmorgen.

Wie ein Gebet gehts durch die Weltenferne,
Auf Berg und Tal ruht süsser Gottesfriede;
Herr, der du thronst hoch über jedem Sterne,
Nimm unsern frommen Gruss im deutschen Liede.

O, lasst in dieser feierlichen Stunde
Sich Herz und Seele auf zum Himmel schwingen,
Lasst uns vereinigt wie aus einem Munde,
Gott dem Allmächtigen unser Loblied singen.

Der du gepflanzt in uns're Brust die Lieder,
Der du uns gabst für Lust und Leid die Töne,
O blick voll Gnade auf die Sänger nieder,
Sie preisen laut dein Werk und alles Schöne!

Wie ein Gebet geht's durch die Weltenferne,
Auf Berg und Tal ruht süsser Gottesfriede;
Herr, der du thronst hoch über jedem Sterne,
Nimm unsern frommen Gruss im deutschen Liede.

Das Bändchen ist erschienen in der Bibl. der Gesamtliteratur. O. Hendels Verlag. Preis geb. 75 Pfg.

Allgemeiner deutscher Tonkünstler- und Musiker-Delegiertentag in Berlin.

Es geht seit längerer Zeit ein Drängen und Sehnen durch die Reihen der deutschen Musikerwelt, welches dahin zielt, eine Verbesserung unserer wirtschaftlichen Lage herbeizuführen. Die grossen Erfolge, welche andere Stände durch festgefügten Zusammenschluss erreicht haben, weisen auf die zwingende Notwendigkeit hin, uns ebenfalls in einen allgemeinen Verband zusammenzuschliessen, und so auch für uns und unsere wirtschaftlichen, geistigen und sozialen Interessen eine Institution zu finden, die machtvoll genug ist, um unseren berechtigten Forderungen und Wünschen bei den Staatsbehörden und Volksvertretungen Gehör und nach Möglichkeit Erfüllung zu schaffen. Ein solcher Verband würde uns aber auch in erster Linie in die Lage versetzen, eine allgemeine Pensionskasse für Musiker jeglicher Richtung, für schaffende und ausübende, für lehrende und schreibende, zu begründen und uns dadurch vor den Schrecken der Invalidität und des erwerbslosen Alters zu schützen.

Es ist viel darüber gesprochen und geschrieben worden, wie ein solcher Verband für die Allgemeinheit geschaffen werden soll; zu praktischen Vorschlägen, zu tatkräftiger Initiative ist es aber bis jetzt nicht gekommen. Es ist aber Zeit, hohe Zeit, dass endlich einmal der erste Schritt getan werde, um einen allgemeinen Verband zur Verbesserung unserer wirtschaftlichen Lage zu schaffen! Die unterzeichneten Vereine richten deshalb auch an Sie die freundliche

Einladung, den auf den 9., 10. und 11. Juli cr. nach Berlin anberaumten „allgemeinen deutschen Tonkünstler- und Musiker-Delegiertentag" zu besuchen, um in gemeinsamer Beratung, zu Nutz und Frommen unseres ganzen Standes, einen Zentral-Verband zu begründen. Aus diesem Verbande heraus und durch ihn sollen dann alle uns bewegenden Fragen (Pensionskasse, Lehrer-Honorarfrage, Musikerkammern, Autorenrecht usw.) in gemeinsamer Arbeit ihre Erledigung finden.

Die Verteilung der grundlegenden Arbeiten für diesen Delegiertentag ist vorläufig folgendermassen gedacht worden:

I. Tag, 9. Juli: Vorberatung zur Begründung eines Zentral-Verbandes deutscher Tonkünstler und Musikervereine."

II. Tag, 10. Juli: Begründung des Zentral-Verbandes; Vorstandswahlen, Statutenberatungen usw.

III. Tag, 11. Juli: Fortsetzung und Schluss der Beratungen des II. Tages.

Berliner Tonkünstler-Verein
(Adresse: Berlin W., Nürnbergerstr. 69a.)

Kölner Musik-Lehrer- und -Lehrerinnen-Verein
(Adresse: Beethovenstr. 20.)

Verein der Musiklehrer und Musiklehrerinnen zu Leipzig
(Adresse: Pfaffendorferstr. 5.)

Kölner Tonkünstler-Verein
(Adresse: Bismarckstr. 25.)

Münchener Musiklehrer- und -Lehrerinnen-Verein (E. V.)
(Adresse: Theresienstr. 7, II r.).

Zur Hebung des evangelischen Kirchengesanges.

Dem Vorsitzenden des evangelischen Kirchengesangvereins für Deutschland Geheimen Kirchenrat Professor D. H. A. Köstlin in Darmstadt, ist von folgender Verfügung offiziell Kenntnis gegeben worden.

Berlin W. 64, den 19. Februar 1903.

Der Minister der geistlichen, Unterrichts- und Medizinal-Angelegenheiten.

Der siebzehnte deutsch-evangelische Kirchengesangvereinstag zu Hamm hat im Juni 1902 auf Antrag des Superintendenten Nelle folgenden Beschluss gefasst:

„Der evangelische Kirchengesangverein für Deutschland legt den Provinzial- und Landesvereinen ans Herz, die kirchlichen Behörden oder die Synoden ihres Landes oder ihrer Provinz zu bitten, ihnen einen jährlichen Beitrag zu ihrer Arbeit für Hebung des Kirchengesanges zu bewilligen."

Indem ich die Aufmerksamkeit des königlichen Landeskonsistoriums auf diesen Beschluss lenke, spreche ich den Wunsch aus, dass etwaige Anträge in obiger Richtung von demselben mit Wohlwollen aufgenommen und eventuell der Beratung und Berücksichtigung der Landessynode empfohlen werden.

Die Verhandlungen des siebzehnten deutsch-evangelischen Kirchengesangvereinstages sind bei Breitkopf & Härtel in Leipzig im Druck erschienen. Besonders Beachtung verdienen darunter die in dem Referate des Königlichen Musikdirektors und Kantors Richter in Eisleben über „Volkskirchenkonzerte und liturgische Andachten in Stadt und Land" gegebenen Anregungen.

In Vertretung:
Wever.

An das Königliche Landeskonsistorium in Hannover.

Dieselbe Verfügung ist an die sämtlichen Konsistorien der neuen Provinzen der preussischen Monarchie ergangen. Sie bedeutet einen beherzigenswerten Vorgang für die auf die künstlerische Hebung des evangelischen Gottesdienstes gerichteten Bestrebungen der Kirchengesangvereine; es wäre gewiss mit Freuden zu begrüssen, wenn die Regierungen der anderen deutschen Staaten in Erkenntnis der grossen Bedeutung der Sache bald folgen würden.

Richard Wagner-Denkmal in Berlin.

Das Komitee für das Richard Wagner-Denkmal ergreift in einem umfangreichen Artikel das Wort „Zur Abwehr der verschiedenen Missverständnisse und Entstellungen, welche die Tätigkeit des Komitees in der Oeffentlichkeit erfahren hat". Es wird darin begründet, dass Kommerzienrat Leichner der berufene Leiter des Komitees sei; berufen als Künstler, denn 13 Jahre lang war er als Baritonist auf deutschen Bühnen tätig und hat unter anderem bei der ersten Aufführung der „Meistersinger" in Stettin den Hans Sachs mit solchem Erfolge gesungen, dass Richard Wagner ihn schriftlich mit den wärmsten Worten zu diesem Erfolg beglückwünschte — und berufen durch die grossen finanziellen Opfer, welche er schon für das Denkmal gebracht hat — der Bericht spricht von mehreren Spenden, die zusammen einen Betrag von nicht weniger als 100 000 Mark ausmachen. Es wird des weiteren von „geheimnisvollen Einflüssen" gesprochen, die der Tätigkeit des Denkmal-Komitees hindernd im Wege standen, sogar das Berliner Polizeipräsidium sei zu einem Versuche benutzt worden, „die uneigennützige und aufopfernde Tätigkeit Leichners in Frage zu stellen". Im Gegensatze zu der Bekanntmachung der Richard Wagner-Vereine wird behauptet, „dass dem Hause Wahnfried unbedingte Zusage aller Wünsche für das Programm" gegeben sei. Und aus diesem Grunde sei es „als Versuch einer Demütigung" des Komitees erschienen, dass Professor Thode, der Schwiegersohn der Frau Cosima Wagner, seinen bekannten Vortrag in Berlin hielt. In der Angelegenheit des Briefes von Hans Richter wird behauptet, dieser habe mit seinem Absagebrief, der niemals in die Hände des Komitees gelangt sei, „den Streit mit dem Komitee direkt vom Zaune gebrochen": denn an den Künstler, der bereits im Januar abgesagt hat, mit der Begründung, dass er im Oktober 1903 das Musikfest in Birmingham zu dirigieren habe, sei keine zweite Einladung ergangen. Deshalb sei eine erneute öffentliche Absage ohne jeden logischen Hintergrund. Zum Schlusse betont das Komitee, dass es sein Programm unbekümmert um die Angriffe nach besten Kräften im Sinne des Meisters durchführen würde.

Das Jubiläum.

Festredner: Wir feiern eigentlich ein doppeltes Jubiläum, verehrte Sangesbrüder. Zehn Jahre gehört unser Freund dem Verein an, und gerade fünf Jahre ist er heute seine Beiträge schuldig.

Der Chor der Wirte.

Die Berliner Hausbesitzer gründen einen Gesangverein. Seine Hauptaufgabe wird es vermutlich sein, die Harmonie zwischen Wirt und Mieter zu fördern. Die Mieter werden künftig durch einen Einzugsmarsch bewillkommnet werden. Selbst die Exmissionen sollen nach Noten betrieben werden: man hat bereits einen flotten Exmissionswalzer komponiert, dessen Refrain mit dem bekannten Scheffelschen Text: „'Raus da, 'raus aus dem Haus da!" von so zündender Wirkung ist, dass die Hörer sofort ganz aus dem Häuschen sein werden.

Für die musikalischen Kunstausdrücke der Hausbesitzer wird ein besonderes Wörterbuch ausgearbeitet, aus dem wir nachstehend Proben bringen:

Accelerando, die Exmission
arco, der Stempelbogen
con forza, der Exekutor
crescendo, gesteigert (s. a. Erhöhungszeichen)
crescendo sin al forte gesteigert bis zum Fortzuge
Dämpfer, s. sordino
diminuendo (abnehmend), die Baupolizei
forte, der Wirt
fortissimo, der Vizewirt
fuga, das Rücken
G-dur, die Kündigung
Instrumental-Musik, die Hypothek
Klavier-Auszug, das zerstossene Treppengeländer

Kreuz (#), die Reparatur
Missa solemnis, die Engländerin im I. Stock
Musizieren, s. Betteln
pausa, die leerstehende Wohnung
pausa generalis, die Subhastation (vgl. auch Hammerklavier)
piano, der Mieter
pianissimo, der schlechte Zahler
Programm-Musik, der Mietszettel
ritardando, zögernd — die rückständige Miete
ritenuto, die gepfändeten Möbel
sinfonia pastorale, die Gartenbenutzung
sordino, der Treppenläufer
senza sordino, das Teppichklopfen
Versetzungszeichen, s. Pfandleihe
violino primo, der Portier
Zukunftsmusik, die Bauparzelle.

Aus dem „Ulk".

Böse und gute Menschen.

Wo man singt, da lass dich ruhig nieder,
Böse Menschen haben keine Lieder;
Wo man hört manch schöne Melodie,
Dorten gibt es böse Menschen nie;
Wo man sucht mit reinen Sangestönen
Sich das Erdendasein zu verschönen,
Wo man singt bei Nacht, bei Tage, immer,
Ja, dort gibt es böse Menschen nimmer.
Wo man hörte nur melod'sche Laute,
Man noch niemals böse Menschen schaute,
Auch der reine göttliche Gesang
Noch niemals aus bösem Munde klang.

Wo es herrlich tönt aus klaren Kehlen,
Böse Menschen sicherlich da fehlen.
Singt ein Lied der herrliche Tenor,
Stimmet ein der wohlgestimmte Chor,
Tönt so markig, wehmutsvoll der Bass,
Sind vor Rührung bald die Augen nass,
Hört man dann den lauten Bariton,
Fort sind alle bösen Menschen schon.
Darum töne, himmlischer Gesang
Und erfreue uns mit deinem Klang,
Dass er soll das Böse überdauern,
Dann gibts Gute nur in unsern Mauern.

Berichtigung.

Die **„Jugendgrüsse"**, Liederbuch für katholische Schulen (Verlag von X. Pflugmacher, Leipzig) sind von **Hugo** Löhmann, nicht Aug., wie in Nr. 6 steht.

Ein **Musikpädagogischer Kongress**

findet in Berlin anlässlich der Einweihung des Richard Wagner-Denkmals am 30. September bis 5. Oktober statt, wozu alle Musiklehrer Deutschlands eingeladen sind.

„Es ist diese für einen derartigen Kongress anscheinend heterogene Gelegenheit gewählt, weil zu hoffen ist, dass unter den Festbesuchern eine grosse Zahl Pädagogen, Vorsteher von Konservatorien, Delegierte derselben usw. sich befinden werden und dadurch die denkbar günstigste Gelegenheit geboten ist, allgemein gültige, die Interessenphäre der Pädagogik berührende Fragen in gemeinsamer Beratung und in einer die Kunst fördernder Weise zu erörtern. Unsere Abteilung des geplanten Kongresses wendet sich „der Ausbildung zum musikalischen Lehrfach" und allgemeinen pädagogischen Fragen zu".

I. A.: Xaver Scharwenka.

Neue Männerchöre

aus dem Verlage von Ernst Eulenburg, Leipzig.

l. **Franz Blümel**, op. 104. Abschied . . . . . . —.60 —.15
l. **Ferd. Hummel**, op. 74 2. Wanderlied . . . . . 1.— —.20
sl. do. op. 79 1. Lied der alten Herren 1.— —.15
sl. do. op. 79 2. Die Rose im Tal . . —.60 —.15
sl. do. op. 79 3. Unterm Machandelbaum —.60 —.15
sl. **Heinr. Riva**, op. 111. Margreth . . . . . . —.60 —.15
sl. do op. 112. Am Brünnelein . . . . —.60 —.15
msch. **Carl Schiebold**. Waldandacht . . . . . . —.60 —.15
l. do Sei gegrüsst, Frühlingszeit . —.60 —.15
l. do. Verweht! . . . . —.60 —.15
sl. do. Allerseelen . . . . —.60 —.15
sl. do. Entschwundenes Glück . . . —.60 —.15
sl. **Ernst Stoechler**. Der Wanderer . . . . . . —.60 —.15
l. do. Schwanengesang . . . . . . —.60 —.15
msch. do. „Du hast mit deiner schlichten Weise" . . . . —.60 —.15
msch. **Richard Trunk**, op. 12 1. „Schlaf ein, mein Herz" —.60 —.15
sl. do. op. 12 2. Vergissmeinnicht . . —.60 —.15
l. do. op. 12 3. Am Brünnele . . —.60 —.15
l. **Th. Vehmeier**, op. 44. Grabspruch . . . . . —.60 —.15
l. do. op. 51. Ein geistlich Abendlied —.60 —.15
msch. **Richard Wickenhausser**, op. 23 1. Elsula . . 1.— —.40
msch. do. op. 23 2. Unterm Schlehdornhag . —.80 —.20
msch. do. op. 23 3. Abschiedszeichen (5 st.) —.80 —.20
sl. **Reinhold Würz**, op. 37 1. Durchs Haferfeld . —.60 —.15
msch. do. op. 37 2. Herzige Schatzerl . —.60 —.15
sl. do. op. 37 3. Liebliches Mägdelein —.60 —.15

Beachtenswert ist R. Trunks „Schlaf ein!". Schiebolds „Waldandacht" und die Liedchen op. 79 von Ferd. Hummel. Schade, dass in dem „Altherrenlied" die Modulationen des Mittelsatzes seiner allgemeinen Verbreitung etwas hinderlich sind. „Die Rose im Tal" ist allerliebst geraten. Am hervorragendsten sind die Gesänge Wickenhaussers „Elsula" und „Unterm Schlehdornhag", auf die wir bessere Vereine besonders aufmerksam machen.

Neue Ausgaben der **„Deutsche Eiche"**.

421 **Schubert, Fr. Am Meer.** Das Meer erglänzte weit hinaus (mit Pianofortebegl.). (*Hma.*)
422 **Volkslied: Andreas Hofer.** Zu Mantua in Banden. (*Schiebold.*)
423 **Peters, J. Grüss dich Gott, Westfalenland.** Ihr mögt den Rhein, den stolzen, preisen. (*Zerlett.*)
424 **Södermann, A. Eine Bauernhochzeit** (im Hochzeitshause). Junges Volk im Hochzeitshause sich schwingt.
425 **Esser, H. Morgenwanderung.** Wer recht in Freuden wandern will (mit Pianofortebegl.).
426 — **Abschied vom Walde.** Ade, du lieber Tannenwald. (*Schreiber.*)
427 **Volkslied: Wo findet die Seele die Heimat, die Ruh'?** (*Schreiber.*)
428 **Tschirch, R. Frühlingsglaube.** Die linden Lüfte sind erwacht.
429 **Esser, H. Röslein im Wald.** Irgend und irgend im Wald.
430 **Tschirch, R. Das Gespenst.** Nachts um die zwölfte Stunde.
431 **Fischer, L. Im tiefen Keller sitz' ich hier** (mit Bass-Solo). (*R. Tschirch.*)
432 **Mozart, W. A. In diesen heil'gen Hallen** (mit Bass-Solo). (*R. Tschirch.*)
433 **Schärtlich, J. C. Mein Wunsch.** Ich möchte mit dem Strome rauschen (mit Tenor-Solo).
434 — **Hoffnung.** O Hoffnung, teures Kleinod.
435 — **Die Heimat.** Von woher des Weges. (mit Tenor-Solo).
436 **Zöllner, C. Die drei Worte des Glaubens.** Drei Worte nenn' ich euch.
437 **Lasch, C. Ständchen.** Flöstre linde, flöstre leise.
438 **Schulz-Weida, J. Der Vorwurf.** Du hast mich vertröstet.
439 — **Trinklied.** Mädchen, vor einem Wort.
440 **Zwyssig, P. A. Der Tag des Herrn.** Sei gegrüsst, du bunte Flur.
441 **Zedtler, A. Die drei Zigeuner.** Drei Zigeuner fand ich einmal.
442 **Volkslied. O Diarndle, tief drunt im Tal.** (*Schreiber.*)
443 **Tschirch, R. Die Heimat.** Wenn ich den Wandrer frage.
444 **Zedtler, A. Sängermarsch.** Links, rechts, wieder lasst uns ziehen.
445 **Hale, A. de la. Minnelied.** Komm, o komm, Geselle mein. (*Schreiber.*)
446 **Volkslied. Drei Lilien, drei Lilien.** (*Schreiber.*)
447 — **Wenn zu mein' Schätzel kommst.** (*Schreiber.*)

448 **Mendelssohn, F. Lieblingsplätzchen.** Wisst ihr, wo ich gerne weil'. (*Schreiber.*)
449 **Rubetal.** Wenn im letzten Abendstrahl. (*Schreiber.*)
450 **Volkslied. Schönste Griselidis.** So schön wie sie ist keine. (*Schreiber.*)

Auf die Chöre mit Bass-Solo Nr. 451 und 452 machen wir die Solo-Bassisten besonders aufmerksam; es sind die Leib- und Magenstücke derselben. Zu begrüssen sind auch die Ausgaben von Zedtler: Die drei Zigeuner, Zöllner: Drei Worte des Glaubens und Schulz-Weida: Der Vorwurf.

Verlag von Gebrüder Hug & Co., Leipzig.

l.	**Carl Attenhofer.** Fröhliche Fahrt	.80	—.20
mech.	**Saar, L. V.** Das deutsche Lied	—.80	—.20
mech.	**Zöllner, Heinrich**, op. 86 s. Das deutsche Volkslied	1.20	—.30

Verlag von Chr. Friedr. Vieweg, Gr.-Lichterfelde.

l.	**Krause, K. Aug.**, op. 23 s. Immer sing ich's wieder	—.40	—.15
mech.	do. op. 24. „Das deutsche Volkslied	—.60	—.15

Merkwürdig, man singt mehr Lieder über das deutsche Volkslied, als diese Volkslieder selbst. Unser Volk ist leider noch nicht reif für seine eigenen Lieder, hoffentlich verderben ihm diese ewigen Lobpreisungen nicht ganz den Geschmack daran. Als Sieger aus dem Kampfe um „Das deutsche Volkslied“ in Amerika, ging bekanntlich L. V. Saar hervor.

❦

Die XXXIX. Tonkünstler-Versammlung tagte vom 12.—15. Juni in Basel. Unter den Festdirigenten Dr. Hans Huber und Hermann Suter gelangten u. a. zur Aufführung: 2 Männerchöre von Friedr. Hegar: „Märchen vom Mummelsee“ und „Walpurga“. „Caenis“ für M.-Ch. und Orch. von H. Huber, „Nachtlied Zarathustras“ für Bar., M.-Ch. und Orch. (Manuskr.) von Fr. Delius; Altdeutsche Minnelieder in Madrigalenform für M.-Ch. a capp. von Hans Koessler.

Wie man sieht, ist diesmal dem Männerchor eine ganz hervorragende Rolle zuerteilt worden und zwar mit Werken, deren Stimmführung weit ab liegt von volkstümlicher Melodik. Wir betrachten dieses Vorgehen als einen durchaus berechtigten Protest gegen die Angriffe, welche neuerdings der modernen Richtung in der Männerchorliteratur entgegen geschleudert werden. Angriffe die jeder bedeutende und unerwartete Fortschritt auf den verschiedenen Gebieten der Tonkunst stets erfahren hat.

Die Schlagworte gleichen wie ein Ei dem anderen den alten von anno 1874 u. folg.: „Keine Melodie, keine Form, unsangbar, der Stimmumfang wird überschritten, unmusikalische Tonmalereien“ u. dergl. mehr. Alles dagewesen!

An gem. Chören stehen auf dem Programm: Gesänge a capp. von Arn. Bruck (1534) „Lobgesang“. Hub. Waelrent (1597). „Musiciens, qui chantez“ und Fr. Liszt „Ave verum“, ausgeführt vom Basler Vokalquartett. Hymne für 16 stimm. Chor von Rich. Strauss. „Raffael“, 2 Stimmungsbilder für Solo, Chor, Orchester und Orgel von Fr. Volbach. „Missa solemnis“ von Fr. Liszt; Symphonie Nr. 2 in C-moll mit Sopran- und Altsolo und Schlusschor von Gust. Mahler.

Von sonstigen Neuigkeiten ist besonders erwähnenswert das Quartett E-moll von Ewald Strässer, welches in den Aufführungen des Rosé-Quartetts und des Kölner Gürzenich-Quartetts als ein hochbedeutsames Werk hervortrat.

Im Verlage der Gebr. Hug & Co., Zürich, erschien bei dieser Gelegenheit eine Festschrift in geschmackvoller Ausstattung, mit zahlreichen interessanten Abbildungen aus dem älteren und neueren Musikleben der Schweiz und einigen Monographien geschichtlichen Inhalts.

❦

Zum Frankfurter Meistersingen.

Die Köln. Ztg. erhält folgende Schilderung der störenden Umstände beim Einstudieren des Stundenchors durch den Kölner Männergesang-Verein in Frankfurt: „Sie hatten die Güte, in ihrer Morgenzeitung vom 9. Juni das „Hin- und Herpendeln“ der Kölner Sänger auf der Suche nach einem Probelokal für den Stundenchor in Frankfurt a. M. zu erwähnen. Es musste in der Tat empörend wirken, wenn man nach längerem Warten auf dem Festplatze endlich erfahren musste, dass das bestimmte Schullokal ungefähr dreiviertel Stunden von der Festhalle entfernt liege und nach Ankunft sich als eine kleine Turnhalle erwies, welche vielleicht 100—120 Menschen nebeneinanderstehend fasste (der Verein hatte 216 Sänger). Für Sitzplätze war nicht die geringste Sorge getroffen, ausser einigen Turngeräten befand sich nur noch ein altes verstimmtes Spinett in der Halle. Die inzwischen angelangten Kommissionsmitglieder wussten keinen Rat, so dass der Verein sich selbst helfen musste und sich den Speisesaal im Frankfurter Hof sicherte. Den vor uns singenden Vereinen (wir standen an neunter Stelle) waren näher gelegene Probelokale angewiesen worden. Im Frankfurter Hofe ging die Probe ohne jeglichen Mission korrekt vor sich, schon nach einer halben Stunde sass der Chor fest, und niemand konnte an der Wiedergabe Zweifel hegen. Mit Hindernissen und teils auf durch die Absperrung gebotenen Umwegen zog man dann zur Festhalle, wo wieder ein Warten anhob. Endlich hiess es „Neunter Verein“, und zwischen abziehenden Sängern hindurch wurden wir, gedrängt und gestossen, in eine höchst primitive Garderobe geführt. Kaum hatten wir unsere Sachen notdürftig untergebracht, als ein uniformierter Beamter erschien und in energischem Tone erklärte, es sei uns eine verkehrte Garderobe angewiesen, wir müssten heraus. Wo wir aber hingehörten, haben wohl die meisten von uns in dem allgemeinen Geschiebe auf den verschiedenen Treppen nie erfahren, und so konnte es sich ereignen, dass eine Anzahl Sänger mit Hut und Schirm, aufgeregt auf dem Podium erschien. Die Noten hatte bis dahin ein Kommissionsmitglied in einem Konvolut verschnürt in Verwahr gehalten, und es konnte durch kein Zureden veranlasst werden, sie zeitig genug zur Verteilung zu bringen. Dass auf diese Weise verkehrte Stimmen in die Hände der Sänger gelangten, war nicht zu verwundern. Durch alle diese Umstände war eine Aufregung in die Sänger gefahren, die, unter Zurechnung der von selbst gegebenen Erregung, unbedingt störend einwirken musste und zweifellos die Ursache der Unsicherheit wurde, welche einen Teil der ersten Tenors g statt ges singen liess. Dieser eine falsche Ton aber vernichtete den grossen Vorsprung, den wir bis dahin vor allen andern Vereinen hatten, und liess dem Berliner Lehrergesang-Verein die Kaiserkette mit nur wenigen Punkten Vorsprung zufallen.“ Wir können dieser Schilderung aus eigener Anschauung hinzufügen, dass die Anordnungen auf dem Festplatz sich in der Tat nicht immer durch Ordnung und Zweckmässigkeit auszeichneten, und das Vorgehen der Aufsichtsbeamten einschliesslich der Schutzleute oft an unnötiger Schroffheit litt.

Die „Woche“ konnte sich nicht besser blamieren, als mit der Phrase „Sieg des Geistes über die Materie“: in Kassel war bekanntlich der „Geist“ der Kölner demjenigen der Berliner um 21 Punkte über, demnach müssen diese erst in den letzten Jahren helle geworden sein, was doch gewiss kein Berliner zugeben wird.)

❦

Die Hugo Wolf-Gedächtnisfeier des Richard Wagner-Vereins Darmstadt.

Darmstadt, 26 April.

Eine Dankes- und Ehrenschuld gegen einen heimgegangenen grossen deutschen Tondichter trug der hiesige Richard Wagner-Verein ab, indem er heute Vormittag eine Gedächtnisfeier für Hugo Wolf (geb. 13. März 1860 zu Windischgräz, † 22. Februar 1903 zu Wien) veranstaltete, dessen persönliche Bekanntschaft er einst im Januar des Jahres 1894 dem Darmstädter Publikum vermittelt hatte. Eine zahlreiche, distinguierte Versammlung, in der wir den Rektor und Prorektor der Technischen Hochschule, Geh. Baurat Pfarr und Geh. Hofrat Dr. Schering, Oberkonsistorialpräsident D. Buchner, Geh. Kirchenrat D. Köstlin, Geh. Oberschulrat Nodnagel, Geh. Kabinettsrat Römheld, Oberkonsistorialrat D. Flöring u. a. bemerkten, hatte sich dazu in der schönen Aula der Technischen Hochschule eingefunden, durch deren hohe Glasscheiben das helle Tageslicht nur gedämpft hereinfiel. Vor dem Rednerpult hob sich aus grüner Palmenumrahmung das schwarzumflorte, lorbeergeschmückte Bild Hugo Wolfs ab, eine wohlgelungene Kreidezeichnung Hoftheatermaler **Kurt Kempins** nach der bekanntesten Photographie des Komponisten, die in sehr klarer Autotypie auch das stilvolle Programm der Feier zierte.

Den Mittelpunkt derselben bildete die von dem Vorstandsmitgliede Herrn Privatdozenten Dr. **Wilibald Nagel** gehaltene **Gedächtnisrede**, deren Gedankengang etwa folgender war: Jahrelang hat Hugo Wolf in geistiger Umnachtung gelegen, ehe der Erlöser Tod ihm nahte und ein Leben zum Abschluss brachte, das wie selten eines reich an Kämpfen, Entbehrungen und Enttäuschungen war. Trotz der wenigen Jahre seines künstlerischen Schaffens hat er uns einen gewaltigen künstlerischen Schatz hinterlassen, der, soll er Früchte zeitigen, der aufopferungsvollen Pflege Vieler bedarf. Das sagen heisst noch nicht den Meister überschätzen, wozu heutzutage ja die Neigung schon vielfach vorhanden ist. Möge vielmehr der unablässig und rücksichtslos für die Wahrheit kämpfende Streiter von inhaltslosen Phrasen oder Verherrlichung verschont bleiben und möge dafür das Verständnis seiner Kunst recht bald in immer weitere Kreise dringen! Eine volle Wertung der künstlerischen und menschlichen Eigenart Wolfs ist jetzt noch nicht zu geben. Sein höchstes, produktivstes Schaffen begann er erst mit 28 Jahren, nachdem er der schwersten materiellen Sorgen ledig geworden: die grossen Chorwerke, seine Liederbücher, seine Oper: „Der Corregidor", der gegenüber leider die meisten unserer deutschen Bühnen sich immer noch nicht auf ihre Ehrenpflicht besonnen haben, entstanden erst seit dem Jahre 1888. Es ist nicht leicht, das Verständnis für Wolfs Künstlerart zu vermitteln, da dessen erstes Erfordernis das Aufgeben konventionellen Musik Hörens ist. Etwas absolut neues war freilich auch **seine** Kunst nicht; auch ihm haben Vorgänger und Vorbilder gelebt, in erster Linie Franz Schubert und Richard Wagner. Zur Bühne trieb Hugo Wolf die einfache logische Konsequenz seiner vom ersten Anfang an auf dramatische Pointierung dringenden Ausdrucks, und mehr und mehr gestalteten sich auch seine Lieder zu „kleinen Dramen" (welchen Ausdruck er selbst gebraucht hat). Es klingt paradox: er wollte den von ihm zur Vertonung gewählten Dichtern, an denen er mit unbegrenzter Liebe hing (Goethe, Eichendorff, Mörike u. a.) durch seine Lieder **dienen**, ihr Verständnis durch seine Schöpfungen fördern, aus dem Erkennen ihres eigensten Wesens heraus nachschaffen. Und an der vollendeten Art, **wie** dies geschehen, lässt sich Wolfs Grösse ermessen: seine Motivbildung ist von wunderbarer Plastik und Vielseitigkeit, seine Harmonik, wohl herb und zunächst fast unzugänglich, von zwingender Energie und Konsequenz. Weiter ausholend, schilderte Redner nun die Entwickelungsgeschichte des deutschen Liedes seit Zelters Tagen und zeigte, wie Wolf sich an Schubert und Wagner anschloss. In seiner Analyse der Liederkomposition Wolfs betonte er, dass man nicht berechtigt ist, seine „Melodie" als etwas besonderes zu betrachten: sie ist nur ein Teil des Kunstwerkes, nicht dieses selbst, das durch sie, die Klavierstimme und das Dichterwort gegeben ist. Die Klavierstimme baut sich bei ihm ganz selbständig auf und hört auf, blos harmonische Stütze der Melodie zu sein. – Hugo Wolf hat es nie verstanden, sich unter das eherne Joch des Lebens zu beugen. Als er unter uns hätte heimisch werden können, nahm ihm der Tod das Saitenspiel aus der Hand. Das ist die erschütternde Tragik seines Erdendaseins. Liebe und Anerkennung, die dem von der Natur so überfein Organisierten allein das Leben ermöglicht haben würden, sind ihm erst ganz zuletzt und auch dann nur im bescheidenen Masse zu Teil geworden. Nun es zu spät ist, ehrt und preist man ihn allenthalben, einen König im Reiche der Töne.

Mit diesen Ausführungen schloss die interessante, Selbständigkeit des Urteils mit Vollendung der Form vereinende Gedächtnisrede. Umrahmt wurde sie von vier Hugo Wolfschen, für den ernsten Zweck der Feier sorgsam ausgewählten **Liedern**, die gleichzeitig mit zu dem besten gehören, was die deutsche Liedproduktion überhaupt hervorgebracht hat: „Anakreons „Denk' es, o Seele" und „Verborgenheit", (Mörike) Herr **Heinrich Reinhardt** von hier brachte sie, von Herrn **Richard Senff** am Flügel feinfühlig begleitet, dank seines weichen, klangschönen Organs, seiner trefflichen Vortragsintentionen und seiner warmen, natürlichen Empfindung zu tiefgehender Wirkung, so dass die ganze Gedächtnisfeier bei aller Einfachheit ihres äusseren Rahmens einen durchaus würdigen und den veranstaltenden Verein ehrenden Verlauf nahm.

H. **Sonne**
in der „Darmstädter Zeitung".

Wettstreite.

Im engern Wettbewerb hatten die Kölner ein nur psychologisch erklärbares Malheur, weshalb sie den Wanderpreis an den Berliner Lehrergesangverein verloren. Sie erhielten den ersten Ehrenpreis, ein Beweis dafür, dass sie bis dahin allen anderen weitaus überlegen waren, der in der Aufregung gemachte Fehler würde sie sonst weit zurückgebracht haben. Andere Ehrenpreise erhielten Offenbach, Berliner Liedertafel, Potsdamer Männergesangverein, Aachener Concordia, Bremer Lehrergesangverein, Krefelder Sängerbund, M. Gladbacher Liedertafel, ferner Sanssouci, Concordia und Männergesangverein aus Essen.

Der M.-G.-V. **Eintracht-Westig** bei Iserlohn veranstaltete am 24. und 25. Mai zur Feier seines 50jährigen Jubelfestes einen Wettstreit, auf welchem die Vereine Hilaria-Hohenlimburg (Dir. P. Wülfing), Männerchor Oestrich, Sangeslust Oege (Nierstenhöfer) und Sängerbund Hemer (Hanemann jr.) sich durch bemerkenswerte Leistungen hervortaten. Letzterer Verein erhielt mit dem 8 Tage-Chor „Das Kätzchen" von H. vom Ende den Kaiserpreis.

In **Malstatt-Burbach** feierte der **„Liederkranz"** sein 35jähriges Bestehen an den beiden Pfingsttagen durch einen wohlgelungenen Wettstreit, an welchem 74 Vereine teilnahmen. Die grösseren Vereine leisteten z. T. Vorzügliches, so u. a. Liederkranz-Idar (W. Blatt), Rheingold-St. Johann (Hempel), Grub'scher M.-G.-V. Oberstein (W. Pfau), M.-G.-V. Algenrodt (R. Molter), M.-G.-V. Fraulautern (L. Zeeh), Germania-Ponten-Besseringen (Cramer). Den Hauptehrenpreis erhielt Sängerbund St. Johann mit dem Stundenchor: „Mädel warum weinest Du" von H. vom Ende.

Bad Pyrmont, 12. Juni. Zu dem am 27. und 28. Juni hier stattfindenden 4. **Internationalen Musikfest** (Schubert-Liszt-Feier) sind das Böhmische Streichquartett-Prag, Edouard Risler (Klavier) Paris, Therese Behr und Eva Lessmann, Berlin u. a. gewonnen worden. Es finden an den beiden Tagen 4 Konzerte statt, deren Programme ein vollständiges Bild des Schaffens der beiden Meister geben. Se. Durchlaucht Fürst Friedrich zu Waldeck und Pyrmont nebst Ihrer Durchlaucht der Fürstin Bathildis zu Waldeck und Pyrmont, welche zum Sommeraufenthalt hier eingetroffen sind, werden dem Feste beiwohnen.

Ein Kaiserwort.

„. . . ich werde eine Sammlung sämtlicher Volkslieder veranstalten, die in Deutschland, Oesterreich und der Schweiz geschrieben, gesungen und bekannt sind, gleichgültig, ob der Komponist bekannt ist, oder nicht. Sie wird katalogisiert werden und ich werde dafür Sorge tragen, dass sie allen Vereinen billig und einfach zugänglich sein kann."

Meine Leser werden sich erinnern, dass ich in diesen Blättern gar oft dem Gedanken Ausdruck gegeben habe, den unser Kaiser jetzt in die Tat umsetzen will. Weiss Se. Majestät die rechten Männer für die Lösung dieser schweren Aufgabe zu finden, Männer, die echtes deutsches Gemüt mit philologischer Gewissenhaftigkeit und musikalischer Intelligenz in sich vereinigen, so steht dem deutschen Volke eine Gabe bevor, die alles verdunkelt, was bisher auf diesem Gebiete geleistet wurde.

Wir wollen heute nicht auf alle Wenn und Aber, pro et contra eingehen, wir wollen uns freuen, dass endlich eine starke Hand zugegriffen hat, um diesen kostbaren Schatz zu heben und ihn dem Volke zugänglich zu machen. Wir werden auf die Ausführbarkeit des Planes und die Art der

Eine Dissonanz im Frankfurter Wettstreit.

Einige Vereine hatten den Sechswochen-Preischor vor dem Wettstreit bereits öffentlich vorgetragen in der durchaus berechtigten Absicht, ihre Reisekassen, die ganz gewiss arg in Anspruch genommen wurden, etwas zu füllen. Andere Vereine planten dasselbe, wurden aber durch eine Depesche verhindert, welche jede Aufführung des Chores vor dem Feste verbot. Man erklärt dieselbe für eine Verletzung des Urheberrechts.

Gegen dieses Verbot, ausgehend von der Berliner Kommission und den Preisrichtern, veröffentlichte Prof. Zöllner eine geharnischte Erklärung, in welcher er betonte, dass er nicht befragt worden sei, dass mancherlei Gründe dafür sprächen, den Vereinen eine Aufführung vor dem Feste zu gestatten und dass er das Vorgehen der Kommission für unnötig und ungerecht halte. Eine Aussprache über diese und einige andere Punkte in Frankfurt veranlasste das Ausscheiden Zöllners aus dem Preisrichter-Kollegium. Wir sind allerdings der Ansicht, dass ein aufgegebener Chor niemals vor dem Wettstreite öffentlich vorgetragen werden darf, weder in Konzerten noch vor geladenem Publikum, da sonst der Wert des aufgegebenen Chores illusorisch werden kann. In diesem Falle aber hätte man eine Ausnahme machen können.

Bezugsquellenregister.

Vereinsfahnen.
Kölner Fahnenfabrik, Arnold Steiger, Köln.

Buchbinderei E. A. Enders, Leipzig.

Abzeichen f. Gesangvereine. Muster an Vereine postfrei. Adolf Belada, Wien VII 2. Mariahilferstr. 54.

Banner, Fahnen, Schärpen, Abzeichen. Thüringer Fahnen-Fabrik, Coburg.

Diplome, Urkunden, Fest- und Vereinsabzeichen, Lampions, Fackeln etc. Sch. Fliessbach, Leipzig R. 98 K.

haft gearbeitete Musikinstrumente jeder Art direkt vom Herstellungsorte Wilh. Herwig in Markneukirchen i. S. Illustrierte Preisliste umsonst und portofrei. Bitte anzugeben, welche Instrumente gekauft werden sollen.

Brieflichen Unterricht in der Theorie der Musik.

Lieferung sämtlicher Musikalien durch H. vom Ende, Köln a. Rh.

Musikinstitut
Clavier, Violine, ...

Tüchtiger, bekannter **Dirigent** übernimmt noch einen Verein **Nähe Aachens.** Auskunft bei H. vom Ende's Verlag Köln a. Rh.

Musikinstrumente für ... Vereine.
Steinigner & Co. Erlbach ... bei Markneukirchen. Preislisten ...

Breitkopf & Härtel
Lager für Konzertmaterial
Werke deutscher und ausländischer Verleger
Verzeichnisse kostenlos

Zu beziehen durch:
H. vom Ende's Musikalienhandlung, Köln am Rhein.

Bücher.

Dr. Elben. Geschichte des Männergesanges (8.) . . . 3.50
Schreyer. Jahrbuch für Männergesangvereine (3. . . . 1.
Rothenberger. Rätsel und Erzählungen musikalischen Inhalts (2.) . . . 1.
Dr. Aug. Reissmann Dichtkunst und Tonkunst (1.) . . . —.60
do. Dichtungen für Musik (1.) 50
Rud. Kleinecke, Joh. Strauss. Ein Lebensbild (.50) .30
Dr. E. Kneschke. Die 150jährige Geschichte der Leipziger Gewandhauskonzerte (1,50) 50
K. Lamprecht. Skizzen zur Rheinischen Geschichte, geb. (5.75) . . . 4
Erwin Thurn. Eine musikalische Famulie (3.—) . . . 1.
Dr. M. Bohlinger. Skalenmelodik als Vorschule der Harmonielehre für Klavierspieler (1.—) . . . 1.0
Theodor Goering. Der Messias von Bayreuth . . . 1.50
Musiker-Kalender von Hesse's und Raabe & Plothows Verlag ältere Jahrgänge je . . —.80
Heinr. Pfeil. Tonkünstler Merkbüchlein . . . 60
kl. Lexikon für Musiker und Musikfreunde 1875
St. von Lesser Musikalische Gymnastik mit 66 Holzschnitten 50
H. Wohlfahrt. Wegweiser zu Komponieren für Musik Dilettanten . . . —.60
do. Vorschule der Harmonielehre . . . —.50
do. Modulation-Schule . . . —.60
Jos. Kunkel. Vorschule zur Melodiebildungsschule . . 1.
Benedict Widmann. Handbüchlein der Harmonie-, Melodie- und Formen-Lehre . . . 1.
W. Irgang. Leitfaden der allg. Musiklehre .50

H. vom Ende's Handbuch für Gesangvereine und Dirigenten.
Unüberwindliche Schwierigkeiten hindern mich auch dieses Mal wieder zu meinem Bedauern an der rechtzeitigen Herausgabe dieses Werkes. Es wird aber im Laufe des Sommers bestimmt erscheinen und dann den zahlreichen Bestellern direkt zugesandt werden

Gesangwettstreit-Ehren-Preis-Anerkennungs-Diplome

in künstlerisch vornehmer Ausstattung
Preis pro Exemplar Mark 2,— und höher
liefert
H. vom Ende's Verlag und Musikalienhandlung
Köln am Rhein, Bismarckstrasse 25.

Wegweiser durch die Chorgesanglitteratur

Ratgeber für Gesangvereine und Dirigenten.

Redaktion und Verlag: H. vom Ende, Köln a. Rh., Ecke Bismarck- und Kamekestrasse.

nebst Beiblatt:

Der Sänger.

Offizielles Organ des Westdeutschen Sängerverbandes, Mosel-, Saar-, Nahe-Sängerbundes, des Mittelrheinischen, Rheinhessischen und Speyergau-Sängerbundes.

Erscheint monatlich einmal. Bezugspreis für 1 Expl. 20 Pfg. Jahresabonnement Mk. 1,50 und 40 Pfg. Porto. Inserate kosten pro 4 mal gespaltene Petitzeile 20 Pfg.

Expedition: H. vom Ende's Musikalien-Versandgeschäft.

Nr. 10.		Köln a. Rhein, den 26. Juli 1903.		IV. Jahrg.

Inhalt:

Der Kaiserwettstreit in Frankfurt.

Die Frankfurter Tage liegen jetzt so weit hinter uns, dass eine objektive, sachgemässe Beurteilung der Vorgänge und Verhältnisse auch bei denjenigen Gehör finden wird, die bis dahin sich in eine mehr oder weniger berechtigte Stimmung des Unmuts und Widerwillens gegen die ganze Veranstaltung oder einzelne Momente derselben hineingearbeitet hatten.

Lassen wir einmal die Ignoranten, welche auf den Männergesang als eine inferiore Abteilung der niederen Tonkunst naserümpfend herabsehen, beiseite. Noch weniger kann uns die hochnäsige soziale Einschätzung des deutschen Sängers von seiten gewisser Kreise reizen. In Frankfurt konnte man in dieser Beziehung was erleben, indem diese Geringschätzung sich auch auf das untere Personal übertrug. U. a. hörte man einen Aufseher die Sänger mit den Worten zurückweisen: „Die Plätz sin vor die Herrschafte; die Sänger sitze do hinne". Als eine betrübende Erscheinung dagegen muss die Hetzsucht, der Neid, die rüpelhaften Ausbrüche der Schadenfreude innerhalb der Sängerschaft selbst und der ihnen nahestehenden Kreise gebrandmarkt werden.

Kaum war der Kasseler Urteilsspruch gefallen, da begann die unterminierende Tätigkeit. Die Preisrichter waren bestochen, Se. Majestät hatte durch eigenen Machtspruch alles umgestossen, Klüngel an allen Enden. Auch Dirigenten und Vereine schonen sich gegenseitig nicht. Hier soll ein fremder Dirigent in vermummter Gestalt das Probelokal umschleichen, dort soll ein Verein 20 Berufssänger eingeschmuggelt haben; wieder ein anderer Verein schickt sogar hinterlistiger Weise seine Mitglieder ins Konservatorium und dergleichen Wichtigkeiten mehr.

Die Hatz gegen den Kölner Männergesangverein zeitigte so traurige Blüten der Schmäh- und Rachsucht, dass wir lieber nicht davon reden wollen; sie gipfelten in dem Gezisch nach den Vorträgen der Kölner. Das alles sind Erscheinungen, die gewiss kein gutes Licht auf die Sitten und Anschauungen manches Sangesbruders werfen, deren Beseitigung jedem Dirigenten und Vereinsvorstand dringend an's Herz zu legen ist. Aber menschlich begreiflich sind diese Auswüchse des Wettstreitwesens als hauptsächlich hervorgegangen aus der Angst und Sorge um das Wohl und Wehe des eigenen Vereins. Man darf nicht vergessen, dass es sich häufig genug um die künstlerische und wirtschaftliche Existenz des Dirigenten, um Emporblühen oder Rückgang des Vereins handelt. Wo gehobelt wird, da fliegen die Spähne, und wo Kräfte sich messen und in heissem Bemühen um den Kampfpreis ringen, da wirkt ein Rippenstoss auch nicht so aufregend, wie im Kaffeekränzchen. Lächerlich aber wirkt das Ete petete-Gebahren mancher Zeitungs-Skribenten, die so sittlich entrüstet tuen ob der bei den Wettstreiten zu Tage tretenden Sitten- und Charaktermängel, dabei aber in keiner Zeile ihr eigenes von Neid und Hass berstendes Gemüt verleugnen können.

Ich bin durchaus nicht blind gegen die Schattenseiten unseres Wettstreitwesens, habe mich auch nie gescheut, die Schäden bloss zu legen, aber deshalb das Kind mit dem Bade ausschütten und die ganze Institution verwerfen, das überlasse ich den Philistern, die den Männergesang nicht trennen können von Biertischen, Verbrüderungs- und patriotischen Festen.

Wer vom Männergesang als von einer „niederen Kunstgattung" spricht, „die auf ein kleines Sondergebiet beschränkt sei und nur in bescheidenen Grenzen gepflegt werden soll, deren übertriebener Modekultus aber zur Einseitigkeit führen muss und besseren Elementen des Kunstlebens den Platz wegnimmt", der ist den Vorzügen des Männergesanges gegenüber blind oder will diesen zu Gunsten einer anderen, ihm mehr am Herzen liegenden Kunstgattung unterdrücken. — Mit welchem Recht? Wo in aller Welt hat man schon einen besonderen Kunstzweig unterdrücken wollen, nur weil ein anderer anderes besser auszudrücken vermag? Der Männergesang ist auf einem gewissen Gebiete souverän; kein Frauen- und kein gemischter Chor kann ihm die Mission, die er zu erfüllen hat, abnehmen. Das Kraftvolle, Männlich-Ernste, das Religiös-Erhabene und Düster-Melancholische ist seine Domaine, aber auch dem Jugendlich-Frischen, Anmutig-Zarten, sogar dem Neckischen ist er zugänglich. Die Möglichkeit ausserordentlich feiner, wechselvoller Nuancierung macht den Männerchor mehr noch als den gemischten Chor fähig zur Tonmalerei.

Um nur Einiges aus dem grossen Gebiet herauszuholen zur Bekräftigung dieser Behauptungen, so sei erinnert an Werke wie Cherubinis „Requiem", Löwes Oratorium „Die eherne Schlange", Schuberts „Gesang der Geister", R. Wagners „Liebesmahl", Brahms „Rhapsodie", Davids „Wüste", Nicodés „Meer", Woyrschs „Deutscher Heerbann", Hegars „Totenvolk". Welch riesiges Gebiet menschlichen Denkens und Empfindens gelangt hier zu klassischem, nicht zu überbietendem Ausdruck! Und diese Meister kannten zum Teil nur technisch ungeschultes Material. Wer die faden Trink- und Scherzliedchen eines Zelter, Rungenhagen, Schneider, Mühling, Otto usw. kennt, der weiss, dass die Liedertafeln, die ihr Repertoire fast nur dieser Literatur entnahmen, von einer für höhere künstlerische Ziele genügenden Schulung bis in die 60er Jahre hinein noch keine Ahnung hatten. Man konnte daher den Komponisten eine gewisse Zurückhaltung auf diesem Gebiete nicht verübeln. Heute ist das anders geworden; die Technik steht in hoher Blüte — aber die Geschmacksentwickelung in den beteiligten Kreisen hat nicht gleichen Schritt gehalten, die gute Literatur wird noch zu sehr vernachlässigt, dem gröberen Geschmack des grossen Publikums zu viel konzediert. Daher schlummert noch manch' unbekannte Perle von Schubert, Schumann, Liszt, Cornelius, Rheinberger, Woyrsch etc. hinter Dornenhecken. — —

Wie man aber dem gegenüber einer Beschränkung des Männergesanges auf das Volkstümliche, auf den einfachen, leichten Kunstgesang das Wort reden kann, ist unverständlich. Nachdem meine bisherigen Aeusserungen zu dieser Frage vielerseits gründlich missverstanden sind, betone ich ausdrücklich das Wort „Beschränkung". Nach wie vor werden wir dahin streben, dass das deutsche Volkslied, das alte wie das neue, dass der aus echt-deutschem kernigem Empfinden geborene volkstümliche Gesang in seine Rechte eingesetzt und alles Minderwertige verdrängt werde. Aber unsere leistungsfähigen Vereine darauf festnageln zu wollen, ihnen die Fähigkeit absprechen, künstlerisch höher gesteckte Ziele erreichen zu können, ist so banal, dass man am liebsten gar kein Wort darüber verlieren möchte.

Die in Frankfurt lediglich durch Verschulden der Berliner Kommission zu Tage getretenen Mängel waren von allen einsichtigen Männern längst vorausgesagt worden. Die zu stellenden Aufgaben müssen künstlerisch wertvoll sein, dürfen aber nicht die stimmlichen Kräfte eines mittleren Vereins so sehr überschreiten, wie das bei dem Siegesgesang der Fall war. Die Tenore sind überall dünn gesät, abgesehen von den Rheinlanden; wenn nun noch der 1. Tenor geteilt werden soll und jedem Teile übermenschliche Aufgaben gestellt werden, dann geht jeder Massstab für richtige Schätzung verloren; deshalb waren auch die Leistungen in den beiden Wettchören bei manchen Vereinen sehr ungleichartig. Ich erinnere nur an die herrliche, nicht zu überbietende Leistung des Berliner Lehrergesangvereins im „Kaiser Karl" von Hegar. Auch der Leipziger Männerchor sang das „Waldweben" sehr fein abgetönt. Die „Sehnsucht" von dem Potsdamer Männergesangverein, „Ruhe, schönstes Glück der Erde" vom Wiesbadener Männergesangverein waren vorzügliche Leistungen, ebenso Volkers „Schwanenlied" von der Würzburger Lt., welches dem Kaiser durch seinen ruhigen melodischen Charakter und Wohllaut besonders zu gefallen schien. Sängerbund-Mülheim brachte die „Hünengräber" bestens zur Geltung, ebenso Sanssouci-Essen das „Sturmerwachen". Wie enorm die Leistungen im allgemeinen gestiegen sind, ging daraus hervor, dass künstlerisch bedeutende Leistungen, wie Drambachs „Es muss doch Frühling werden" vom Dortmunder Lehrergesangverein und Hegars „Kaiser Karl" vom Oberbarmer Sangerhain nicht in die engere Wahl kamen.

Das sind immerhin Resultate, die ein erfreuliches Licht werfen auf das Streben und die Leistungsfähigkeit unserer Vereine. Ein Mittel zur Pflege des Volksliedes und Hebung des Volksgesanges kann allerdings eine solche Veranstaltung niemals werden, dazu ist stilles konsequentes Arbeiten in kleineren Verbänden nötig. vom Ende.

Eine Volksliedersammlung für den Männergesang.

Der Kaiser hat bekanntlich in Frankfurt das Vorhaben angekündigt, eine Sammlung sämtlicher Volkslieder zu veranstalten, welche in Deutschland, Oesterreich und der Schweiz geschrieben, gesungen und bekannt sind, um dieselben den Männergesangvereinen billig und einfach zugänglich zu machen.

Auf den hohen Wert, den eine solche Ausgabe für die weitere Entwickelung des Männergesangs, ja der ganzen deutschen Tonkunst haben kann, wurde in diesen Blättern schon häufig hingewiesen. Unser Volk kennt diesen Schatz, in dem sich sein innerstes Wesen, seine schönsten Charakter- und Gemütseigenschaften in lauterster Klarheit kundgeben, nur zum geringsten Teil; in Fleisch und Blut übergegangen sind ihm nur wenige Volkslieder.

Soll unser Volk der Segnungen teilhaftig werden, welche dieser Schatz in sich birgt und nur demjenigen gewährt, der sich mit ganzer Seele ihm hingibt, so muss er in einer Form geboten werden, die sein Interesse erweckt und ihm auch fortdauernd interessant bleibt; in guter Auswahl, rein und unverfälscht, frei von allen unvolksmässigen Zutaten, in sanglicher, dem Wesen und der Bedeutung der einzelnen Lieder angemessener Bearbeitung.

Der gegebene Hüter dieses Schatzes ist das in den Männergesangvereinen sich zusammenschliessende, deutsche Volk; haben wir dieses gewonnen, so ist das Volkslied gerettet; es wird jedem im Herzen fortklingen, auch wenn Beruf und Polizei ihm lautes Singen nicht gestatten.

Vorläufig verhalten sich unsere Vereine im allgemeinen noch ablehnend, sie kennen und singen nur wenige dieser Lieder. Geradezu ergötzlich ist die Verlegenheit der Dirigenten, wenn es heisst, für die Volksliedklasse eines Wettstreits ein echtes Volksliedchen wählen zu müssen. Ich habe kürzlich als Preisrichter bei einer solchen Gelegenheit viermal den „Soldat" und fünfmal die „drei Röslein" über mich ergehen lassen müssen.

Leicht ist die Sache nicht, denn wir besitzen bereits einige Ausgaben, die manches hübsche bieten, aber doch keine grössere Verbreitung gefunden haben. Eine Sammlung aller vorhandenen Lieder für Männerchor, wie der Kaiser es beabsichtigt, ist natürlich unmöglich, es kann sich nur um eine kleinere Auswahl der schönsten und bekanntesten Lieder handeln und zwar in einer Ausgabe für Männerchor 4-stimmig gesetzt, einer Schulausgabe für gemischten Chor, ebenfalls vierstimmig und einer Volksausgabe, 1—2-stimmig, leichtere Liedchen auch wohl 3-stimmig. Ausserdem dürfte eine Ergänzung und Revision des Erk-Böhmeschen Liederhortes angezeigt sein, der bekanntlich nur die Melodien einstimmig bringt. Ueber Anlage, Auswahl und Satz dieser Ausgaben berichten wir demnächst. vom Ende.

Mittelrheinischer Sängerbund.

Den verehrlichen Bundesvereinen teilen wir hierdurch höflichst mit, dass das Referat der Musikkommission, sowie die Bemerkungen der Herren Preisrichter gelegentlich der nächsten Delegiertenversammlung vermittelt werden sollen.

Mit Sängergruss

Die Musikkommission.

Delegiertentag der

Tonkünstler- und Musiklehrervereine

in Berlin am 9., 10. und 11. Juli.

Im Bürgersaale des Rathauses wurde heute Vormittag der allgemeine deutsche Tonkünstler- und Musikerkongress durch Herrn Kapellmeister Göttmann-Berlin mit einer kurzen Ansprache eröffnet. Redner wies darauf hin, dass die Anregung zur Abhaltung des Kongresses vom Berliner Tonkünstlerverein und demjenigen in Köln sowie von Musiklehrer- und Lehrerinnenvereinen in München und Köln ausgegangen sei. Um mehr als bisher die Interessen der Musiker und Tonkünstler vertreten zu können, sei der Zusammenschluss aller bestehenden Standesvereinigungen zu einem Zentralverbande dringend geboten. Der Berliner Tonkünstlerverein habe nun zunächst Fühlung mit den oben genannten drei grossen Vereinen gesucht und dort begeistertes Entgegenkommen gefunden. Eine Reihe weiterer Vereine aus dem Reiche habe ebenfalls sich für den Zusammenschluss ausgesprochen, während andere sich vorläufig abwartend verhielten. — Redner dankt hierauf dem Kultusminister für die Entsendung eines offiziellen Vertreters (Professor Krebs), ferner der Stadt für die Ueberlassung des Festsaales und endlich den erschienenen Ehrenmitgliedern Prof. Joachim und Prof. Löschhorn. Redakteur Leop. Hausmann skizziert nun in grossen Umrissen die Zwecke und Ziele des „Zentralverbandes", wobei er besonders darauf hinwies, dass die angestrebte Zentralisation geeignet sein werde, bezüglich des Autorenrechts, der Honorare, der Errichtung von Musikerkammern usw. erfolgreich für die Standesinteressen einzutreten.

Als Sitz des Verbandes wurde auf Vorschlag des zeitigen Vorstandes durch Abstimmung Berlin gewählt. Die hierauf vorgenommene Wahl des Vorstandes für den Zentralverband erfolgte durch Stimmzettel. Hierbei wurde Kapellmeister Göttmann-Berlin (1. Vorsitzender des Berliner Tonkünstlervereins) zum ersten Vorsitzenden, Professor Schröder zum Schatzmeister und Musiklehrer Richard J. Eichberg zum Schriftführer gewählt. Auch die beiden letztgenannten Vorstandsmitglieder gehören dem Berliner Tonkünstlerverein an. Durch Zuruf wurde dann ein Delegiertenausschuss von zwölf Mitgliedern gewählt, dem folgende Herren angehören: Aus Köln: W. Seibert, Professor Franke, Professor Seiss, H vom Ende. Aus Leipzig: F. Schäfer, Th. Raillard. Aus München: J. Schweitzer, Professor Sachs. Aus Berlin: Dr. Max Seiffert, Schumann, Kapellmeister Reckentin und Professor Siegfried Ochs. — Der folgende Punkt der Tagesordnung betraf die Begründung einer Pensionsanstalt des Zentralverbandes. Hierzu lag ein vorläufiger Entwurf vor, der vier Pensionsklassen vorsieht, wonach die nach mindestens 25jähriger Mitgliedschaft erworbene volle Pension 450, 600, 1200 und 1000 Mark betragen soll. Die laufenden Monatsbeiträge sind hierbei von 1.25 Mark bis 6.00 Mark in Aussicht genommen. Dabei ist eine Karenzzeit von 10 Jahren vorgesehen. Nach längerer Debatte wurde eine Resolution angenommen, die den Vorstand ermächtigt, im Verein mit zuständigen Versicherungsbeamten ein Pensionsstatut für den Zentralverband auszuarbeiten, das in seinen Bestimmungen sich möglichst an das Pensionsstatut der „Bühnengenossenschaft" anlehnen soll. — Zur Lehrer- und Honorarfrage referierte Rich. J. Eichberg. Er befürwortet für Musiklehrer die Ablegung einer staatlichen Prüfung, wobei er aber auch die Schattenseiten, die einer solchen anhaften, nicht verkannte. Vielleicht würde sich nach seiner Meinung innerhalb des neugegründeten Zentralverbandes späterhin eine Prüfungsinstanz bilden lassen. Der Punkt soll im Auge behalten werden. Hervorgehoben wurde besonders, dass bei einer solchen Prüfung das pädagogische Moment genügend Berücksichtigung finden müsse. Zur Annahme gelangte hierzu ein Antrag von Fräulein Stephani, dahingehend, dass eine Kommission gewählt werde, die in eine Prüfung der Frage einzutreten habe, ob innerhalb des Verbandes eine solche Prüfungskommission erstehen solle. Von anderer Seite wurde noch erklärt, dass die Einführung einer obligatorischen Staatsprüfung wohl nicht zu erreichen sei; dagegen würde die Regierung sicher der Angelegenheit grosse Sympathie entgegenbringen, wenn der Verband mit einer fertigen Prüfungskommission auf den Plan trete. Der Vorstand wurde hierauf ermächtigt, die erforderlichen Schritte in dieser Angelegenheit einzuleiten.

Rheinhessischer Sängerbund.

Festbericht vom I. Bundesfest des Rheinhessischen Sängerbundes zu Wörrstadt am 27., 28. und 29. Juni 1903.

Durch Beschluss der Delegiertenversammlung vom 11. Januar d. J. war Wörrstadt als Festort für das I. Bundesfest des Rheinhessischen Sängerbundes bestimmt. Wörrstadt liegt im Herzen der Provinz Rheinhessen, an der Bahnstrecke Mainz—Alzey, umgeben von einem Kranz schöner, grösserer Orte. Der sehr grosse Marktplatz war wie geschaffen zu einem herrlichen Festplatz. Der festgebende Verein „Sängerbund-Wörrstadt" feierte gleichzeitig in Verbindung mit dem Bundesfest sein 25jähriges Stiftungsfest. —

Wochenlang rüstete ganz Wörrstadt sich zum Feste und war der ganze Festausschuss rührig an der Arbeit. War doch eine Riesenarbeit zu bewältigen, wenn dem Feste schönes Gelingen gesichert sein sollte. Als die Festtage heranrückten, war nur noch ganzes Hoffen auf rechtes „Festeswetter" gesetzt, und man durfte dann einen glänzenden Verlauf des Festes bestimmt voraussagen, hatten doch Se. Königliche Hoheit allergeneigtest einer Einladung des Bundesvorstandes folgend, Allerhöchsten Besuch des I. Bundesfestes des Rheinhessischen Sängerbundes zur höchsten Freude des ganzen Bundes und der Bevölkerung Rheinhessens allergnädigst zugesagt. — Es klopften freudig erregt alle Sängerherzen. Durch diese hochherzige Entschliessung S. K. H. war unserm I. Bundesfeste die rechte Weihe gegeben. Tausend fleissige Hände regten sich, um dem freundlichen Orte Wörrstadt das rechte Festgewand anzulegen, um den so sehr verehrten Landesvater und Tausende von Sängern und Sangesfreunden würdig zu empfangen. Die herrliche Bahnhofsstrasse zierten Flaggenmasten und Ehrenpforten, der Bahnhof, die Häuser, die Strassen waren festlich geschmückt. Sinnige Embleme waren allüberall angebracht. Die geräumige Festhalle war festlich geschmückt und war darin sowie in den geräumigen Wirtschaftshallen auf dem Festplatz für Tausende von Festgästen Unterkunft geschaffen. In dem herrlichen Fürstenzelt sollte unser Allerhöchster Ehrengast, unser Grossherzog mit seinem Gefolge gastliche Aufnahme finden. Elektrische Lichtanlagen, übernommen von Herrn Amende-Wörrstadt und ausgeführt von G. Brumm Nachfolger, Herrn Ingenieur Otto Brüggmann in Offenbach a. M. waren zur schönste Beleuchtung des Festplatzes und der Ortsstrassen geschaffen.

Samstag, den 27. Juni nachmittags fand Empfang des Bundesvorstandes, der Musikkommission (Musikdirektor Keil-Alzey, z. Z. Bundesdirigent, Reallehrer Müller-Mainz und Musikdirektor Knettel-Bingen) und der Herren Preisrichter (Jacobi-Wiesbaden, Musikdirektor Keiser-Wiesbaden und Kgl. Musikdirektor Glück-Frankfurt a. M.) sowie der Herren Delegierten statt. Darauf Delegiertenversammlung und Sitzung des Preisgerichts und der Musikkommission im „Mühlchen" zu Wörrstadt. Vorher waren in einer Sitzung der Musikkommission zu Mainz die selbstgewählten Chöre zum Wettsingen nach Schwierigkeit gewertet und wurde dieses Urteil dem Preisgericht vorgelegt und fand dessen Billigung. Die Partituren waren den Herren Preisrichtern vorher zum Studium eingeschickt. Am Abend des ersten Festtages fanden Fackelzug und Festkommers auf dem Festplatz statt. Der festgebende Verein und der Gesangverein Liederkranz wechselten in Vorträgen mit einander ab, die Kapelle des Infanterie-Regts. Nr. 117 aus Mainz unter persönlicher Leitung ihres Kapellmeisters Herrn Schleifer, legte Konzertstücke ein und wurde ein grossartiges Feuerwerk abgebrannt. In kernigen Worten begrüsste Herr Wechsler, der Präsident des festgebenden Vereins die zahlreichen Festgäste und übergab die weitere Leitung des Bundesfestes dem I. Bundespräsidenten des Rheinh. Sängerbundes, Herrn Kochhafen Ober-Saulheim. Derselbe hielt einen kurzen Rückblick auf die Geschichte des Rheinhessischen Sängerbundes, seine Entstehung, Entwickelung und Ziele und gab einen Hinweis auf die Bedeutung des I. Bundesfestes. Seine von Herzen kommende und zu Herzen gehende Ansprache gipfelte in einem überaus stürmisch aufgenommenen Hoch auf S. K. H., unsern Grossherzog Ernst Ludwig, den am kommenden Tage zu erwartenden allerhöchsten Ehrengast. Der Ehrenausschuss war mit Damen ziemlich vollzählig erschienen und hielt frohe Feststimmung auf dem Festplatze an, bis die Hähne den Morgen verkündeten.

Um 8½ Uhr war Hauptprobe der Massenchöre: „Brüder, reicht die Hand zum Bunde" von Mozart und „Wohin mit der Freud" von Silcher. Darnach Beginn des Wettsingens, das um 1½ Uhr nachmittags beendet war. Das Resultat war ein sehr günstiges und konnte sämtlichen 27 Vereinen, die sich am Wettsingen beteiligt hatten, Anerkennungen in Form von Diplomen zuteil werden. Doch sei an dieser Stelle darauf hingewiesen, dass die Bundesvereine künftig bei Auswahl ihrer Chöre nicht auf undankbare, ungeeignete oder zu schwere Kompositionen verfallen und immer zuerst den Rat und das Gutachten der Musikkommission einholen.

Resultat des Wettgesanges:

Klasse A (ein Chor mit Schwierigkeiten 3 oder 4). (Anerkennung 1. Grades erfordert mindestens 63 bis 84 Punkte, 2. Grades eine solche von 54 bis 62 Punkten, 3. Grades eine solche von 45 bis 53 Punkten, 4. Grades eine solche von 36 bis 44 Punkten) sangen folgende Vereine: Liederkranz-Nieder-Saulheim, Dirigent J. Köhler, Lehrer, vorgetragener Chor: „Der Trompeter an der Katzbach", Anerkennung 1. Grades mit 76 Punkten; Concordia-Lörzweiler, Dirigent Reallehrer Müller, vorgetragener Chor: „Rast am Rhein", Anerkennung 1. Grades mit 73 Punkten; Elsheim, Dirigent Bastian, Lehrer, vorgetragener Chor: „Wach auf, du goldnes Morgenrot", Anerkennung 1. Grades mit 72 Punkten; Germania-Nieder-Saulheim, Dirigent J. Köhler, vorgetragener Chor: „Sängers Morgenlied", Anerkennung 1. Grades mit 68 Punkten; Gesangverein Partenheim, Dirigent Eberle-Wolfsheim, vorgetragener Chor: „Maiennacht", Anerkennung 1. Grades mit 68 Punkten; Einigkeit-Partenheim, Dirigent Ludw. Saaler, vorgetragener Chor: „Vom Rhein", Anerkennung 1. Grades mit 68 Punkten; Einigkeit-Appenheim, Dirigent Becker-Essenheim, vorgetragener Chor: „Weinlese am Rhein", Anerkennung 1. Grades mit 65 Punkten; Stein-Bockenheim, Dirigent Neutz, Lehrer, vorgetragener Chor: „Die drei Zigeuner", Anerkennung 1. Grades mit 65 Punkten; Bubenheim, Dirigent Becker-Essenheim, vorgetragener Chor: „Die drei Zigeuner", Anerkennung 1. Grades mit 63 Punkten; Ober-Hilbersheim, Dirigent Dexheimer, vorgetragener Chor: „Frühlingsherold", Anerkennung 2. Grades mit 60 Punkten; Gross-Winternheim, Dirigent Becker-Essenheim, vorgetragener Chor: „Weinlese am Rhein", Anerkennung 2. Grades mit 57 Punkten; Bechenheim, Dirigent Maus, Lehrer, vorgetragener Chor: „Dem Rhein mein Lied", Anerkennung 2. Grades mit 57 Punkten; Stadecken, Dirigent Redling-Essenheim, vorgetragener Chor: „Waldmorgen", Anerkennung 2. Grades mit 56 Punkten; Germania-Essenheim, Dirigent Becker-Essenheim, vorgetragener Chor: „Nordsturm", Anerkennung 2. Grades mit 54 Punkten; Gau-Bickelheim, Dirigent Eckmann-Alzey, vorgetragener Chor: „Frühlingsherold", Anerkennung 3. Grades mit 48 Punkten; Jugenheim, Dirigent Diehl-Wörrstadt, vorgetragener Chor: „Die Toten der Haide", Anerkennung 3. Grades mit 47 Punkten; Gesangverein Appenheim, Dirigent Weicker, Lehrer, vorgetragener Chor: „Die Waldmühle", Anerkennung 4. Grades mit 44 Punkten.

Nach **Klasse B** (ein Chor mit Schwierigkeit 1 oder 2). (Anerkennung 1. Grades erfordert mindestens 57 bis 78 Punkte, 2. Grades eine solche von 48 bis 56 Punkte, 3. Grades eine solche von 38 bis 47 Punkte und 4. Grades eine solche von 30 bis 38 Punkte) sangen folgende Vereine: Nieder-Olm, Dirigent Sieben, vorgetragener Chor: „Notturno". Anerkennung 1. Grades mit 61 Punkten; Sörgenloch, Dirigent Becker-Essenheim, vorgetragener Chor: „Abendgruss", Anerkennung 1. Grades mit 59 Punkten; Ober-Saulheim, Dirigent Ludwig Saaler, vorgetragener Chor: „Abschied von der Heimat" von Steinhauer, Anerkennung 2. Grades mit 55 Punkten; Eintracht-Alzey, Dirigent Kuhn, Lehrer, vorgetragener Chor: „Ritters Abschied", Anerkennung 2. Grades mit 53 Punkten; Sängerlust-Essenheim, Dirigent Redling-Essenheim, vorgetragener Chor: „Maiennacht", Anerkennung 2. Grades mit 51 Punkten; Wolfsheim, Dirigent Eberle-Wolfsheim, vorgetragener Chor: „Frühling am Rhein", Anerkennung 2. Grades mit 51 Punkten; Sängerbund-Alzey, Dirigent Schall, Wilh., vorgetragener Chor: „Mein Lied", Anerkennung 2. Grades mit 48 Punkten; Sängerbund-Udenheim, Dirigent Saaler, Ludwig, vorgetragener Chor: „Der Organist", Anerkennung 2. Grades mit 48 Punkten; Nieder-Wiesen, Dirigent Horn Lehrer, vorgetragener Chor: „Jägers falsch Lieb", Anerkennung 3. Grades mit 47 Punkten; Schornsheim, Dirigent Korell, Lehrer, vorgetragener Chor: „Das Tal und die Höhe", Anerkennung 3. Grades mit 41 Punkten.

(Forts. folgt.)

Lesefrüchte.

Die „Borbecker Zeitung" (Nr. 65) meldet aus Frankfurt a. M. über das Wettsingen der Gesangvereine am ersten Tage: „Einzelne endeten 1—15 Ton höher." Das zeugt ja von einer bedauerlichen Unsicherheit, wirft aber zugleich ein günstiges Licht auf den Umgang der Stimmen.

Der „Regensburger Anzeiger vom 27. Mai bringt das Programm für die Alleemusik des Tages. Als erste Nummer ist verzeichnet »Wittelsbacher Jubiläumsarsch v. C. Kistler.« Ein recht wunderlicher Titel für ein Musikstück.

In der „Teterower Zeitung" (Nr. 112) wird angezeigt: „Teterower Liedertafel. Heute Abend Übung und Ballottement. Abstimmung über einen Ausflug und über das Wetter." Endlich scheint in das Wetter, das noch immer im Zickzack-Kurse hin- und herschwankt, Ordnung gebracht werden zu sollen. Hoch Teterow!

Der Musikkritiker der „Neuen Oberhausener Zeitung" schreibt in der Nummer vom 1. Mai mit reizender Naivität: „Vom Kirchenchor „Cäcilia" hörten wir das herrliche „Thu es Petrus".

Der „Berliner Lokal-Anzeiger" (Nr. 231) teilt über den Sängerwettstreit in Frankfurt a. M. mit: „Die Vereine singen bekanntlich durchweg zuerst den Sechswochenpreischor „Siegesgesang nach der Venusschlacht", von Messner-Dahn komponiert." Wenn nicht Dahn als der Verfasser des Textes genannt wäre, müsste der Titel recht bedenklich erscheinen.

Vermischtes

Velbert (Rhl.). Der M.-G.-V. „Liedertafel" (Leitung Lehrer Poll) feierte am 27.—29. Juni sein 40jähr. Stiftungsfest in grösserer Weise. Am Samstag vereinigten sich die aktiven und passiven Mitglieder, sowie der Deputationen der übrigen Velberter Vereine zu einem Festessen. Bei herrlichstem Wetter bewegte sich Sonntags morgens ein imposanter Festzug durch die festlich geschmückten Strassen. Ausserdem fand noch ein Frühkonzert statt. Das Vokal- und Instrumentalkonzert am Nachmittag verlief in der grossartigsten Weise. Die „Liedertafel" sang: „Geh an den Rhein" von Köllner als Begrüssungslied, dann das schwierige „Waldlied" v. Lachner und „Des Sohnes Heimkehr" v. Neumann. Der Beifall der auf 800 geschätzten Zuhörer war ein stürmischer. Die Musik stellte die Kapelle des Inf.-Reg. Nr. 13, Münster, unter persönl. Leitung des Kapellmeisters Königl. Musik-Direktor Grawert. Montags machte die Festgesellschaft einen Ausflug, verbunden mit einem Kaffeetrinken. Nachher fanden humoristische Aufführungen statt. Die Bürgerschaft, insbesondere die besser situierten Kreise der Einwohner Velberts, zum Teil einstige Gründer des Vereins nahmen regen Anteil an dem Fest. Resumé: Die „Liedertafel" hat es verstanden und wiederum einmal gezeigt, dass sie auch ohne Wettstreit ein wirklich gediegenes, dreitägiges Fest, und wenn es auch ein 40jähr. sein sollte, feiern lässt. Nicht unerwähnt soll bleiben, dass die „Thüringer Fahnenfabrik", Coburg eine von den Damen gestiftete, künstlerisch ausgeführte Fahnenschleife angefertigt hatte, die allgemeine Bewunderung und Beifall fand.

Siegburg, den 19. Juli 1903. Bei Gelegenheit des 10jährigen Stiftungsfestes des Männergesangvereins der Königl. Geschossfabrik wurde der von Herrn Ernst Heuser, Lehrer am Kölner Konservatorium komponierte Männerchor „das Heldengrab" von dem Männergesangverein „Germania"-Siegburg, Dirigent Herr Paul Leers-Köln, unter Anwesenheit des Komponisten gesungen und fand grossen Beifall.

gez. C. Kaiser.

Präsident der „Germania", Siegburg.

Der Sänger.

Amtliches Organ des westdeutschen Sängerverbandes.

Das Volkslied ist die Unsterblichkeit der Musik.
Marx.

Verbunden werden auch die Schwachen mächtig.
Schiller.

26. Juli 1903. — Nr. 10.

Redaktion u. Verlag: H. vom Ende, Köln a. Rhein, Ecke Bismarckstrasse 25.

Westdeutscher Sängerverband.

Die **IV. ordentliche Generalversammlung** des „Westdeutschen Sänger- und Dirigentenverbandes" fand am Sonntag, den 28. Juli im schönen Städtchen Rees am Rhein statt. Die Vertreter der einzelnen Vereine waren, den Verhältnissen entsprechend, zahlreich erschienen. Nach Eröffnung durch den I. Vorsitzenden Herrn Gau, erstattete der geschäftsleitende Vorsitzende, Herr Benewitz, den Jahresbericht. Hieran anschliessend entwickelte sich eine lebhafte Debatte über unser Verbandsorgan, an welcher sich auch mehrere persönliche Mitglieder beteiligten. Die diesbezüglichen Verhandlungen mit Herrn vom Ende zu führen und mit besonderen Machtbefugnissen ausgerüstet, wurde eine Kommission gewählt, welche aus den Herren Musikdirektor Kniese-Mörs, A. Gau-Hilden, Morschhäuser-Isselburg und Gottlieb-Rees besteht. In der Vorstandswahl schieden aus durch Los die Herren G. Dienst-Gelsenkirchen, I. Schriftführer und H. Frettlöhr, Kassierer, Wermelskirchen, Beide Herren wurden einstimmig wiedergewählt. Herr Benewitz referierte hierauf über eine zu gründende Verbandssterbekasse für Sänger und deren Frauen. Die Kasse ist als eine freiwillige Hülfskasse gedacht. Das Eintrittsgeld wird bei Inkrafttreten und Neuanschluss eines Vereins pro Person 1 Mark betragen. Bei 15 Pfg. monatlichen Beiträgen à Person wird ein Sterbegeld von 50 Mark gewährt werden können.

Die Versammlung fasste den Beschluss, durch Fragebogen, welche an die einzelnen Vereine gesandt werden, die eventuelle Mitgliederzahl festzustellen, um auf dieser Grundlage das Statut auszuarbeiten. Die Vereinsvorstände werden ersucht, die Fragebogen, welche demnächst erscheinen, durch Erörtern und Umfragen in ihren Vereinen, auszufüllen und an den geschäftsleitenden Vorsitzenden zu senden.

Hierauf vereinigte ein tadelloses Mittagessen die Teilnehmer, während dessen Herr Gau ein Hoch auf den Kaiser ausbrachte.

Des Nachmittags fand das Verbandsfest statt. Umweht von den kühlen Lüften des zu unseren Füssen dahinfliessenden Rheines, war es eine Wohltat, bei der kolossalen Hitze den herrlichen Weisen der erschienenen Verbandsvereine zu lauschen. Ein Mitglied des Magistrats überbrachte die Grüsse der Stadt Rees: sie freue sich, den Verband in ihren Mauern zu beherbergen, welcher jene edlen Ziele verfolge, die unser Kaiser in seiner Rede an die Dirigenten in Frankfurt a. M. so treffend dargelegt, nämlich **„Pflege des Volksliedes"**. Die Rede klang aus in ein begeistertes Hoch auf den Kaiser. An das Konzert schloss sich ein Umzug durch das mit Fahnen geschmückte Städtchen, worauf die auswärtigen Gäste den Weg zur Heimat wieder antreten mussten.

Das nächste Verbandsfest 1904 wird in Bochum-Hamme stattfinden in Verbindung mit der 30jährigen Jubelfeier des Männergesangvereins „Sängerbund".

Bezirksfeste.

Das Bezirksfest des Bezirksvereins Bochum des Westdeutschen Sängerverbandes wird am 13. September im Stadttheatersaale in Bochum gefeiert. Die angeschlossenen Vereine werden gebeten, das gemeinschaftliche Chorlied „Waldzauber" von Grosse-Weischede einzuproben und ferner 2 Lieder (1 Kunstlied und 1 Volkslied) an den festgebenden Verein „Preciosa" Bochum-Ehrenfeld bis zum 1. August einzusenden. Am 16. August d. J. wird dann im Lokale des Herrn Willms in Gelsenkirchen-Schalke die diesjährige ordentliche Bezirksversammlung stattfinden, wozu die Vereine herzlich eingeladen sind. Ausser Vorstandswahl, Bericht, Beschlussfassung über das Programm des Bezirksfestes u. a. soll gleichfalls eine gemeinschaftliche Chorprobe stattfinden. Die Dirigenten der Vereine sind herzlich eingeladen und werden gebeten, einige ihrer bekannten Lieder mitzubringen zur eventl. Wahl eines zweiten Chorliedes.

Die neuen Verbandsabzeichen sind vom Schriftführer des Verbandes, Herrn Kaufmann Gustav Dienst in Gelsenkirchen zu beziehen.

Die Bezirksvereinsvorsitzenden werden hierdurch ersucht, die Namen der Vorsitzenden, Schriftführer, Kassierer der Bezirksvereine, sowie die angeschlossenen Vereine nebst Mitgliederzahl an den geschäftsl. Vorsitzenden einzusenden, damit dieselben im Verbandsorgan bekannt gegeben werden können.

Der geschäftsl. Vorsitzende.

Das Bezirksfest in Ratingen am 26. Juli verlief überaus glänzend. Anwesend waren vollständig die Vereine Rhein. Volksliedertafel-Benrath, „Erholung"-Huckingen, „Constantia"-Urdenbach, „Einigkeit"-Gerresheim, „Liederkranz"-Rath. Immer mehr stellt sich heraus, dass in diesen Bezirks-Vereinigungen die Zukunft des ganzen Verbandes liegt, dass in ihnen die vornehmste Aufgabe desselben zum Durchbruch gelangt: „Enger Zusammenschluss der Verbandsglieder durch die Bande der Freundschaft." Bericht folgt in nächster Nummer.

Sammlungen.

Heimatstimmen von Bernhard Schneider. Ausg. B. 376 Lieder in 3stimmiger Bearbeitung für höhere Töchterschulen, Frauenchorvereinigungen etc. Verlag von Alwin Huhle-Dresden. Preis gebunden 2.50.

Eine ausgezeichnete Sammlung, umfangreich und alles enthaltend, was für diesen Zweck in Betracht kommen kann. Der Satz ist durchweg wohlklingend und sanghar, die Ausstattung tadellos.

Liederbuch für Gesellschafts- und Familienkreise. 183 Volkslieder und volkstümliche Lieder für mittlere Stimme mit leicht spielbarer Klavierbegleitung. Bearbeitet von R. Palme, op. 63. Max Hesse's Verlag, Leipzig. Preis geb. Mk. 4.—.

Die Lieder sind geordnet in solche für besondere Gelegenheiten (Trauung, Polterabend und Hochzeit, Geburtstag, Jubiläum etc.), Gesellschafts- u. Spiellieder, Trink-, Studenten-, Liebeslieder, Heimat und Wanderlieder etc., was den Wert der schönen Sammlung auch nach der praktischen Seite hin unzweifelhaft erhöht.

E. S. Engelsberg. Ausgewählte Männerchöre und Quartette. Wohlfeile Bandausgabe in Taschenformat. Bd. I. Part. Mk. 1.50, Stimmen je 50 Pfg. Leipzig, F. E. C. Leuckart.

Engelsberg gehört ohne Zweifel zu den beliebtesten M.-Chor-Komponisten, die billige Ausgabe ist daher mit Beifall zu begrüssen. Sie enthält u. a. „Meine Muttersprache". „Das allerliebste Mäuschen". „Sängermarsch". „Nacht liegt auf den fremden Wegen".

Am Grabe. 10 Trauergesänge für 4 stimm. gemischten Chor. Herausgegeben von Sylv. Bürgenmaier, op. 19. Verlag der A. G. Konkordia-Bühl. Preis 30 Pfg.

Sehr empfehlenswerte Sammlung. Die Gesänge sind durchweg schön empfunden, melodisch und tadellos gesetzt. Auch auf leichte Ausführbarkeit ist überall Rücksicht genommen.

Gehobener Schatz. Perlen volkstümlicher Männerchöre. 3 Hefte. Jede Part. 80 Pfg., jede Stimme 30 Pfg. Berlin, Schlesinger'sche Buch- und Musikhandlung.

Die Hefte enthalten leichte, melodiöse, bislang noch ziemlich unbekannt gebliebene Männerchöre von Kristinus, Kremser, Mai, Rank, Abt, Koschat.

Neuigkeiten für den Musikunterricht.

Karl Zuschneid. Klavierschule. Teil I. Lichterfelde, Chr. Fr. Vieweg. Preis Mk. 3.—.

Wenn man als eigentliches Ziel jedes Musikunterrichts die Forderung anerkennt, dass er zur Liebe und zum Verständnis dieser, Herz und Gemüt veredelnden Kunst führe und die Fähigkeiten und Fertigkeiten entwickele, durch eigene instrumentale Betätigung in den Geist wertvoller Tonschöpfungen einzudringen, der wird auch überzeugt sein von der Notwendigkeit, vom ersten Augenblick an auf den Schüler nur das Beste und Gediegendste einwirken zu lassen:

Einen Lehrer, in dem eine gute Methode mit Herz und Gemüt sich vereinigt;

ein Instrument von angenehmer Spielart und rundem, weichem Ton;

eine Schule, die in Anlage und Stoff die Aufgabe nie aus den Augen verliert, Geist, Gemüt und Finger vorzubereiten auf die Schätze, welche die vornehmsten Geister der Kunst uns hinterlassen haben. Diese Forderungen wurden bisher noch am besten durch die Lebert-Stark'sche Klavierschule erfüllt, deren Umfang und breite Anlage jedoch für die grosse Praxis eine allgemeine Einführung erschwerte. Das vorliegende Werk stützt sich im wesentlichen auf dieselben Unterrichtsprinzipien, beschränkt sich indessen auf die Erfordernisse der ersten Unterichtsjahre. Es ist dankbar zu begrüssen, dass ein vortrefflicher Tonkünstler und Tonsetzer sich dieser Aufgabe unterzogen hat. Wie nicht anders zu erwarten, hat er Bedacht genommen auf zweckmässige Anordnung, lückenlosen Fortgang und klaviermässige Gediegenheit des Stoffes. Das Werk wird sich ohne Zweifel viele Freunde unter den Lehrern und — was noch wichtiger — unter der Jugend erwerben.

Adolph Ruthardt. Passacaglia für Pianoforte. Aus op. 41. Oktaven-Studien. Leipzig, O. Forberg. Preis Mk. 1.50.

Das Werk legt Zeugnis ab für die eigenartige Gestaltungskraft seines Schöpfers. Dem gewichtig und ernst dahinschreitenden Ostinato steht eine blühende und charakteristische Ausgestaltung der übrigen Stimmen gegenüber. Das Werk stellt erhebliche Ansprüche an die Oktaventechnik und ist sowohl als Uebungs- wie auch als Vortragsstück gereiften Spielern zu empfehlen.

Nr. 74 der **Mitteilungen der Musikalienhandlung Breitkopf & Härtel** enthält eine Fülle bedeutsamer Neuigkeiten. Ein Ereignis ersten Ranges ist die nunmehr erfolgte Veröffentlichung des Klavierauszuges zu G. F. Händels Messias in der Bearbeitung von Friedrich Chrysander. In den Mitteilungen ist die noch von Fr. Chrysander selbst verfasste Vorbemerkung abgedruckt. Der Klavierauszug enthält von Max Seiffert wertvolle praktische Winke zur einzig künstlerisch gerechtfertigten Aufführung des Werkes. Max Seiffert, der gegenwärtig im Sinne Chrysanders fortfährt, Händel in seiner wahren Gestalt wieder in das Musikleben einzuführen, bearbeitet sämtliche Orchester und Kammermusikwerke Händels, wiederum unter Beifügung sachlicher Erläuterungen zur stilgerechten Ausführung. Begonnen wurde mit den Orgelkonzerten und Kammersonaten.

Die grosse Gesamtausgabe der musikalischen Werke von Hektor Berlioz, ist bis zum 13. Band gediehen. Bis zum bevorstehenden 100. Geburtstag des Komponisten (11. Dezember 1903) werden sämtliche 17 Bände in Partitur fertiggestellt werden, sodass dann nur noch die Opern ausstehen. — An kritischen Gesamtausgaben erschienen ferner die ersten beiden Bände der von Philipp Pedrell herausgegebenen Werke Thomas Ludwig Victorias und Band VII der Werke von Philipp Rameau, das heroische Ballet „Les Indes galantes". Die Werke des grossen Spaniers Victoria gehören zu den Unvergänglichsten der gesamten Palestrina-Schule. — Die „Denkmäler deutscher Tonkunst" bringen als Folge zu dem von Hermann Kretzschmar herausgegebenen Günther von Schwarzburg Holzbauers eine Opera seria von Carl Heinrich Graun, betitelt „Montezuma". Der Text ist von Friedrich dem Grossen in französischer Prosa entworfen und von dem Hofdichter Tagliazucchi in italienische Verse gebracht. Der Herausgeber, Dr. Mayer-Reinach legt der Oper nicht nur besonderen historischen Wert bei, sondern weist auch darauf hin, dass sie durch Ausfüllung des Basso continuo und durch Beifügung einer angepassten deutschen Uebersetzung auch den breiteren Schichten des Publikums zugänglich wird. Die von Professor F. Zelle in den „Denkmälern" herausgegebenen Passionsmusiken von Johann Theile und Johann Sebastiani bilden das wichtige Mittelglied zwischen den Passionen eines Heinrich Schütz und J. S. Bach.

Das Haus Breitkopf & Härtel übernahm für den Musikalienhandel den Mitvertrieb der Chorordnung von Rochus, Freiherrn von Liliencron. Diese hat durch die kürzliche Veröffentlichung des „musikalischen Teiles" von Heinrich van Eyken die erwünschte Ergänzung erfahren. Ausführlich gewürdigt werden die altdeutschen Chorwerke, die neuerdings von Gustav Schreck und von Georg Göbler zum Gebrauch ihrer Chöre (Thomaner und Riedel-Verein) herausgegeben werden. Die Psalmen von David Köler (gedruckt 1554) zeichnen sich durch völlig modern anmutende Realistik der Deklamation aus und gehören zu dem Hervorragendsten, was auf dem Gebiete der geistlichen Chormusik vorhanden ist.

Aus den Jahresberichten unserer Männer-Gesangvereine.

1. **Hamburger Lehrer-Gesangverein.** Berichterstatter Fr. Peters, I. Vors.: Seit einigen Jahren weht ein frischer Zug durch die deutschen Männer-Gesangvereine, man ist sichtlich bemüht, die Programme ihrem trübseligen Tiefstande zu entreissen und sie auf ein höheres Postament zu stellen. Bleibt's leider allzuoft auch nur bei schwachen Versuchen, einen „Schubert" oder „Silcher" zwischen die „Abt" und „Kücken", „Hünten" und „Heintze" zu schmuggeln, versagt manchem Dirigenten wohl auch die Kraft, aus dem Wust der Männerchor-Literatur die wenigen Goldkörner herauszuwaschen, wir freuen uns doch der Tatsache eines Aufschwunges, der dem sorgsamen Beobachter des Männergesangwesens nicht verborgen geblieben sein kann. Und bei dem allgemeinen Drange und Bestreben ganzer Berufskreise und vieler einzelner Männer und Frauen, das künstlerische Empfinden unseres Volkes zu wecken und zu pflegen, kann es nicht fehlen, dass auch dem Männergesang die Früchte solchen Bemühens zu gute kommen.

Und die Volkskraft wird uns auch die Künstler schenken, die reinigend und befreiend dem Männergesang neue Wege weisen. Ob **Curti**, ob **Strauss**, ob **Hegar**, ob **Hutter** schon diese Weiser sind?

Die grossen Vereine aber haben die Bestimmung, auf hoher Warte zu stehen, scharf zu spähen, sorgfältig zu prüfen und das Erprobte in Volkskonzerten und ähnlichen Veranstaltungen in die breitesten Schichten der Bevölkerung zu tragen.

So finden wir auch in den Programmen des Hamburger Lehrer-Gesangvereins die Namen Hegar, Hutter, Curti und Strauss, ohne damit vorerst etwas weiteres als Interesse für die Kunstform dieser Männer bekunden zu wollen. In erster Linie aber pflegen wir die erprobten Alten, **Schubert**, **Silcher** und **Schumann**.

Gelegentlich unserer Konzerte in Berlin und Leipzig, deren Programmen von allen Seiten die schmeichelhafteste Anerkennung gezollt wurde, bezeichnete man verschiedentlich als interessante Nummern die drei Chöre von **Brahms**: „Freiwillige her!“, „Geleit“ und „Marschieren“.

Mit Vorliebe labt sich der Verein aber an dem frischen Born des deutschen Volksliedes, und in den nunmehr satzungsmässig eingerichteten Volksliederabenden offenbart sich auch ein starkes Interesse unseres Stammpublikums für diese schlichten Tonweisen. An grossen Chorwerken mit Orchester sind „**Salamis**“ und „**Frithjof**“ von Bruch, „**Rinaldo**“ von **Brahms** und die altniederländischen Kriegslieder von Kremser zur Aufführung gelangt.

Unsere **Volkskonzerte** tragen aus oben bezeichneten Gründen nicht den Charakter der Volksliederabende, wenn auch für diese Veranstaltungen das Volkslied bevorzugt wird. — — —

Wenn konsequent und planmässig so von vielen Seiten auf die Entfaltung des künstlerischen Empfindens unseres Volkes hingewirkt wird, dann muss der Erfolg gesichert sein. Hocherfreulich erscheint uns die Tatsache, dass von den 15000 diesjährigen Besuchern der **Volksschülerkonzerte** in Hamburg mehr als 1500 ehemalige Schüler waren, die also lediglich durch das während der Schulzeit geweckte Lustgefühl veranlasst sind, sich den Schulkindern beim Konzertbesuche anzuschliessen.

Der Lehrer-Gesangverein unterstützte diese Konzerte durch wiederholte Mitwirkung schon aus dem Grunde, weil er überzeugt ist, dass man nicht früh genug die Jugend vor die nach pädagogischen Grundsätzen sorgfältig ausgewählten Werke unserer grossen Meister stellen kann: Diese jugendlichen, begeisterten Zuhörer werden einmal die Generation bilden, welche weniger stumpf und gleichgültig dem Kunstgenusse gegenüberstehn die vielmehr Erholung und Erquickung in den echten Musentempeln suchen wird.

Aufführungen.

Erfurt. Der Erfurter **Männergesangverein** veranstaltete gestern Abend im „Volksgarten“ ein Konzert, das ganz besonderes Interesse beanspruchte. Der vortreffliche Sängerchor brachte die in dem Frankfurter Sängerwettstreit gesungenen Lieder zum Vortrag. Der grosse Garten war denn auch geradezu unheimlich besetzt, es mögen etwa 2500 Personen anwesend gewesen sein. Der Chor sang mit prächtiger Begeisterung, die grossen Eindruck machte. Am meisten interessierte natürlich das Kaiserpreislied „Siegesgesang nach der Varusschlacht“ von Messner. Das gross angelegte Chorwerk macht mit seinen Doppelchören und der Wucht seiner Komposition einen starken Eindruck. Der Stundenchor von Frankfurt „Das Volkslied“ von Kienzl wurde vortrefflich gesungen. Was der Verein im Vortrag leistet, zeigte vor allem „Die Heimat“ von Fischer, „Frühlingstraum“ von Bünte und „Daheim“ von Kühnhold. Der Komponist des letztgenannten Liedes war anwesend und dirigierte unter sehr starkem Beifall eine Strophe. Als das vollendetste im Vortrag müssen wir den überaus wirkungsvollen Chor von Kempter, „Meeresstimmen“ ansehen. Diese Komposition gibt vortreffliche Gelegenheit zu feinster Tonmalerei und verlangt eine sehr empfindliche dynamische Behandlung. Der Chor sang überaus prächtig, mit grosser Wärme und kräftigem Schwung. Eine Komposition des Dirigenten, des Herrn königl. Musikdirektors Zuschneid, „Gruss aus Thüringen“ (der Wachsenburg-Gemeinde gewidmet) wurde von dem Publikum stürmisch aufgenommen. Die Komposition ist ungemein zart und innig und atmet starke Heimatliebe. Der Männergesangverein und sein Dirigent mögen mit dem gestrigen Konzert in künstlerischer wie pekuniärer Hinsicht mehr als zufrieden sein. Singt weiter, all ihr Männer!

Singt Lieder uns von deutscher Treue,
Von süsser Minne Allgewalt,
Vom lieben deutschen Vaterlande,
Vom deutschen Wein und deutschem Wald!

Köln. Germania-**Köln-Lindenthal** veranstaltete unter der tatkräftigen Leitung ihres Dirigenten A. Thelen ein Konzert, in welchem u. a. zur Aufführung gelangten: „Löwe von Aspern“ und „Der Feuerreiter“ von M. Neumann; das „Walderwachen“, ein neues Werk Steinhauers, rief solch brausenden Beifall hervor, dass der Chor wiederholt werden musste.

Charlottenburg. Konzert der „Freien Vereinigung Charlottenb. Männergesangvereine“ unter Leitung des Chordir. Herm. Franz Kalliwoda „Der deutsche Baum“. Beethoven „Fahr wohl, du goldne Sonne“. O. Schäfer „Der Geiger von St. Valten“. K. Köllner „Das Lied vom Rheinwein“.

Asch. Harmonia (Georg Reinl). Volksliederabend; f. M.-Ch. Jos. Schwartz „Sandmännchen“. Dasselbe von K. Hirsch mit Sopran-Solo. Hirsch „Zu Strassburg“. Jul. Röntgen „Siegesfeier“ und „Wilhelmuslied“ aus altniederländ. Volksliedern. Neue Egerländer Volkslieder-Quadrille für M.-Ch. mit Soli, gesetzt von Jos. Czerny. **Fürth.** G.-V. Aurentia. 25 jähriges Jubiläum (Zwanzger). Gelbke „Horch, die alten Eichen rauschen“. Loschky „Es ist Frühlingszeit“. J. Schwartz „Liebchen im Grabe“. Ullrich „Heimattal“. **Asch.** Sommer-Liedertafel des M.-G.-V. (Jul. Schaller). M. Neumann „An der Heimat halte fest“. K. Ecker „Veilchen vom Berge“. Rob. Schumann „Waldlied“ aus „Der Rose Pilgerfahrt“. Ad. Kirchl „Unbeständig“ (D. C.). Dürrner „Die Blumen vom Walde“. **Essen (Ruhr).** Teutonia (G. Meyer). Meyer-Olbersleben „Volkers Schwanenlied“. H. Bungart „Am Brünnelein“. S. Breu „Sonntag ist's“ Jos. Schwartz „Treue Liebe“ H. Jüngst „Scheiden und Meiden“. Rob. Schwalm „Gretula“. **Hilden.** Rhein. Volksliedertafel (H. vom Ende-Köln). „Sappremerit“, „Wandertrost“ und „Der Schneider Jahrestag“ von Dr. J. Pommer. „Entsagung“ André. „Komm, o komm“ von Kremser. „Ach, wie ist's möglich dann“, „Wie schienen die Sternlein“ und „Herzig's Mariandl“ von H. vom Ende. „Bei Mondenschein“ von Othegraven. „Trost in der Ferne“ von Steinhauer. **Lüneburg.** Bürgerlicher G.-V. 50. Stiftungsfest. Kreutzer „Liebe“. Orth „Sängermarsch“. Abt „Schiffers Traum“. Joh. Pache „Stilles Gedenken“. Pauli „Waldmondschein“. Herzog Ernst „Hymne“. **Brünn.** M.-G.-V (Dr. R. von Mojsisovics.) Wickenhausser „Am Waldrand“. Spangenberg „Ach Bäumchen“, „Schätzchen, sag“, „Du Diandl, du nett's“. M. Reger „Tanzchor“. Thuille „Landsknechtslied“. Engelsburg „Pagenlied“. K. Bendel „Wenn nicht die Liebe wär“. **Danzig.** Lehrer-G.-V. (A. Weber). Spohr „Das Lied“. Thuille „Ein Stündlein wohl“. Nagler „Tanzlied“. Klughardt „Auf der Wanderung“. **Königsberg i. Pr.** Melodia. Fr. Schuppert „Das deutsche Schwert“ mit Blasorch. C. H. Döring „Frisch auf, mein Herz“. Rossini „Schwur auf dem Rütli“ mit Orch. H. Zöllner „König Rings Brautfahrt“ mit Orch. A. Klughardt „Auf der Wanderung“. Arn. Krug „Erica vom Riede“. Engelsberg „Grüss' dich Gott“. M. Oesten „Sängers Frühlingsfahrt“ mit Orch. **Mannheim-Ludwigshafen.** Lehrer-G.-V. (C. Weidt). J. Wengert „Ich kehre wieder“. Hans Wagner „Gotentreue“. Orl. d. Lasso „Echolied“. Debois „Liebesbotschaft“. Plüddemann „Deutsches Reiterlied“. **Nürnberg.** M.-G.V. Rheinberger „Jung Werner“. Hutter „Im Winter“. Grieg „Landerkennung“. Engelsburg „Sehnsucht“. Schwartz „Ja schön ist mein Schatz nicht“. **Thorn.** M.-G.-V (Fr. Char.) Weinzierl „Heute ist heut“. Fr. Char „Sang vom Rhein“. Kirchl „Abschied“. Podbertsky „Thalatta. **Wien.** Schubertbund (Ad. Kirchl). H Esser „Morgenwanderung“. Schubert „Die Nacht“. Rich. Wagner „Lied der Matrosen. Fr. Mair „Es rauscht ein stolzer Strom“. Fr. Mohaupt „Lied der Pappenheim'schen Reiter“.

Akademische Gesangvereine.

Der S. V. Student. Handbuch für den Sondershäuser Verband, Kartell-Verband Deutscher Studenten-Gesangvereine. Herausgegeben von Dr. H. Ude. Zu beziehen durch E. Wendebourg-Hannover. Preis Mk. 2.50.

Ein hochintessantes Bändchen, welches uns das musikalische Leben und Treiben auf Deutschlands Hochschulen schildert.

Was unsere studentische Jugend vor allem ziert, das ist die Fähigkeit, sich zu begeistern für ihre Ideale; wie sollte da die Tonkunst nicht bei ihr in den Vordergrund treten, sie, die jüngste aller Künste, mit ihrem schwärmerischen, im Gemüt wurzelnden Wesen die eigentliche Kunst für die Jugend. — Glücklich, wer diesen idealen Sinn hinüberrettet ins profane Leben! wie singt doch Scheffel?

„Nicht rasten und nicht rosten,
Weisheit und Schönheit kosten,
Durst löschen, wenn er brennt;
Die Sorgen versingen mit Scherzen,
Wer's kann, der bleibt im Herzen
Zeitlebens ein Student." —

Und der wird auch im Philisterium nicht von der alten Liebe zum Gesang lassen, sondern in ihm sich Ruhe holen von des Lebens Hast, und Trost von des Lebens Trübsal und Sorge.

Die studentischen Korporationen, welche dem Chorgesange huldigen, trennen sich in zwei Gruppen, die farbentragenden und die nicht farbentragenden. Aus der ersteren hat sich 1901 eine Anzahl Vereine unter der Bezeichnung C. C. (Chargierten-Convent) nach verschiedenen vergeblichen Ansätzen zu einem neuen Verbande zusammengeschlossen, der Pflege des Gesanges, Farbentragen und unbedingte Satisfaktion unter Verwerfung der Bestimmungsmensur auf seine Fahne geschrieben hat. Dagegen besteht der Sonderhäuser Verband nicht farbentragender Vereine bereits seit 1867 und steht nach aussen geschlossen, nach innen gefestigt da.

Bereits auf dem 1. allgem. Deutschen Sängerfest zu Dresden 1865, waren persönlich freundschaftliche Beziehungen zwischen einzelnen Mitgliedern der Akad. Lt. Berlin und dem Akadem. Gesangverein München angeknüpft worden. Diese Beziehungen führten 1867 zum Abschluss eines Kartells zwischen den beiden Vereinen, dem im selben Jahre bereits die studentische Lt. Greifswald beitrat. 1873 schloss sich der akad. Gesangverein Würzburg und dann in schneller Folge der stud. Gesangverein Göttingen, der akad. Gesangverein Breslau und Königsberg an. Die Fahnenweihe des Würzburger Vereins im Jahre 1877 hatte eine grosse Anzahl Kartellbrüder herbeigelockt und im Jubel dieses Festes reifte der Gedanke, die bis dahin ziemlich losen Beziehungen zwischen den Kartellvereinen fester zu gestalten; ein neuer Statutentwurf wurde ausgearbeitet, eine straffere Organisation des Verbandes hergestellt und schliesslich einigten sich 1880 Berlin, Göttingen, Greifswald, Würzburg und Erlangen (stud. Gesangverein), München und Königsberg zu dem „Kartellverband deutscher Studenten-Gesangvereine", wie er heute noch besteht. Dem Verbande traten ferner bei: Makaria-Bonn (1881), Zaringia-Freiburg (1882), Arion-Strassburg (1883), Wettina-Leipzig (1885), Askania-Halle (1887), Albingia-Kiel (1889), Fridericiana-Marburg (1890), akad. G.-V.- ostock (1895), Fridericiana-Breslau (1896), Schwarzburgia-Heidelberg (1899).

Um den Zusammenhang mit den aktiven Vereinen nicht zu verlieren, haben sich die alten Herren der einzelnen Vereine zu wohlorganisierten Philisterverbänden zusammengeschlossen; ausserdem vereinigen sich dieselben in zahllosen Orts- und Gauverbänden wiederum zu besonderen Gruppen, in denen der Kartellverbandsgedanke schönsten Ausdruck findet.

Die Kartellfeste werden in Sondershausen gefeiert (daher der Name „Sondershäuser Verband": S. V.) und fanden statt zu Pfingsten 1894 und 1899. Dass diese Feste nicht nur studentischer Fröhlichkeit, sondern auch künstlerischem Ernst gewidmet sind, dafür zeugen die Werke, welche unter der begeisternden Leitung Prof. Schröders zur Aufführung gelangten. Es seien aus den Programmen hervorgehoben an grösseren Werken: Rheinberger „Tal des Espingo", Felix Woyrsch „Deutscher Heerbann", Lachner „Sturmesmythe", Podbertsky „Kaiser Rotbart", Taubert „Landsknecht", Bruch „Normannenzug". Ein Beweis für die gefestigte Stellung einzelner Vereine ist die Tatsache, dass München, Würzburg, Freiburg, Göttingen bereits eigne Vereinshäuser besitzen, während Greifswald, Marburg und Bonn im Bau begriffen sind.

Dass auch zahlreiche Tonkünstler von Ruf und Bedeutung aus diesem Verbande hervorgegangen sind, ist ein weiterer Beweis für den frischen, musikfreudigen Zug, der in ihm weht; ich nenne u. a. Hofpianist Ed. Bach-München, Ober-Regisseur Anton Fuchs-München, Lothar Kempter, Kapellm., Zürich, Friedr. Rösch-Berlin, Prof. Adolf Sandberger-München, Dom-Kapellm. Eug. Woehrle-München, Dr. Ludwig Wüllner, Kapellm. Ernst Frank, Prof. Jos. Giehrl, Prof. Dr. Fr. Volbach-Mainz, Dr. Krome-Saarbrücken, Kantor Joh. Techritz-Dresden u. v. a.

Der Wert dieser Vereinigungen für den deutschen Männergesang kann nicht hoch genug angeschlagen werden; aber auch jedes Mitglied wird einen Schatz köstlicher Erinnerungen hineinbringen in das Leben, wird Grundsätze und Ideen in sich aufnehmen, die nachhaltigen Einfluss für das ganze Leben auf ihn ausüben zu Gunsten einer idealeren Lebensauffassung. Unsere Füchslein, so die Hochschulen beziehen, mögen sich das ins Herz schreiben und aufmerken, wenn ihnen der Vereinsspruch entgegengejubelt wird:

„Dur und moll,
Ernst und toll,
Weihe-, wehe-, wonnevoll!"

vom Ende.

Fortschritt.

— — „Eines bedauert man indes immer: dass die Männerchorliteratur, so stark auch auf diesem Felde gearbeitet wird, so wenig Bedeutendes aufzuweisen hat. Man kommt hier selten aus dem ewig Gestrigen heraus, denn manche Wendungen erfreuen sich bei den Chorkomponisten solcher Beliebtheit, dass man sie mit wahrer Angst erwartet und in dieser hoffnungsvollen Aussicht leider nur in den seltensten Fällen enttäuscht wird. Wie man sich auch im vokalen Stil, namentlich in der Harmonik auf entlegenen Wegen bewegen darf, hat Hegar in letzter Zeit häufiger gezeigt, lange vor ihm machten die Franzosen gewagte Versuche: Bafin, Gounod und namentlich Ambroise Thomas in seinem „Chor der Geister" gingen bis an die Grenze. Im letztgenannten Chor, der reich an harmonischen Feinheiten und von sieghafter Klangwirkung ist, brachte Thoma, dessen treffliche Behandlung des vokalen Satzes aus dem letzten Akte (Chor hinter der Szene) von „Mignon" genügend einleuchtet, sogar instrumentale Effekte an, selbstverständlich mit tonmalerischen Tendenzen.

Mag man auch in ähnlichen Experimenten mit dem Vokalsatze ein Zeichen der dekadenten Periode erblicken, sie bleiben dennoch als Beweis eines erfolgreichen Strebens in neuen Richtungen und noch nicht ausgetretenen Wegen verdienstlich. In jeder Kunst gilt ein Schritt nach vorwärts mehr, als hunderte im alten Geleise. Prof. Jos. B. Foerster. — „Hamburger Nachrichten".

Eingesandt

Die Musik lenkt in neue Bahnen. Man lernt dieser zudringlichen Kunst von neuen Seiten beizukommen und vielleicht hören wir bei der Enthüllung des Wagner-Denkmals darüber Interessantes. Ein Vorsitzender irgend eines Tierschutzvereins oder Fussballklubs wird ja wohl in Ermangelung der Koryphäen vom Fach das Wort ergreifen. Vielleicht auch der Reformator selbst, Der Stabstrompeter des Jäger-Regiments zu Pferde, der kürzlich in seinem Zirkular an die Gastwirte in Hagen — ich weiss nicht, ob eigens zur Feier der Wahl Eugen Richters — die Preise für seine Kapelle mit einleuchtender Begründung, die auf die Menschen im allgemeinen und das weibliche Geschlecht im besonderen nachdenkliche Streiflichter warf, also normierte: „In langer, grüner Hose 250 Mk.", dagegen „in hohen, gelben Stiefeln — sehr kleidsam — 300 Mark." Recht so! Es musste endlich einmal ausgesprochen werden, was denn eigentlich an einem Konzert das Wesentliche ist —

Ich hab' mir oft gedacht im stillen,
Betrachtend die Frau Musika:
Nein, nein, um seiner selber willen
Ist dieser Lärm gewiss nicht da!
Wenn im Konzertsaal ich gelitten,
Hat mir mein Aug' Genuss beschert:
Die Säng'rin war hübsch ausgeschnitten
Und auch ihr Schmuck schien sehenswert

Und aus demselben Grunde höre
Ich hier und dort in Dorf und Stadt,
Dass mancher wohl für Männerchöre
Nicht die geringste Neigung hat:
Für siebzig Mann in schwarzen Fräcken,
Die alle weit die Mäuler sperr'n,
Und uns mit der Versich'rung wecken,
„C-dur": „Das ist der Tag des Herrn".

Als Lanze leg' ich meine Feder
Drum ein für neuer Künste Wert
Und kämpfe für den Stabstrompeter
Des Jägerregiments zu Pferd.
Der hat erforscht erst und begründet
(Noch Wagner war dazu zu dumm),
Wie die Musik im Volke findet
Ihr froh begeistert' Publikum.

Mag es Philister auch erbosen,
Da bleibe unser Feldgeschrei:
Die wahre Kunst sitzt in den Hosen
Und in den Stiefeln nebenbei.
Mag einer falsche Töne spüren,
Die schrill die Klarinette schrie,
Was tut's, wenn hübsch mit bunten Schnüren
Geziert die Brust der Musizi?

Dass man am Vogel liebt die Lieder,
Seh' ich als grosse Täuschung an,
Man liebt sein glänzendes Gefieder
Und freut sich, dass er fliegen kann.
Das Bunte nur gefällt der Menge,
Verbunden mit dem Lustgetön;
Und wenn ein altes Nilpferd sänge,
So fänd' das sicher keiner schön.

Schon macht sich seinen hohen Zwecken
Bayreuth die hohe Kunst zu Nutz.
Man geigt jetzt dort in grünen Fräcken
Mit Lammfellmütz' und Reiherstutz,
An engen Hosen, atlasweissen,
Faustgrosse Knöpfe von Metall —
Und das erweckt in weiten Kreisen
Int'resse für den „Parsival" . . .

Ich fürchte nur, dass die hohen gelben Lederstiefel leicht zu überbieten sind, obschon sie sonst — auch darauf weist der Preiskourant hin — in der Armee nicht getragen werden. Wenn zum Beispiel die Kapelle des sechsten serbischen Infanterie-Regiments sich von Belgrad aus zu einer Kunstreise aufmachte und annoncierte, dass an den Kommisstiefeln die interessanten Blutspritzen noch nicht weggeputzt sind . . . . es würde bestimmt an Zulauf alle mitteleuropäischen Konkurrenten in kalb- und rindsledernen Stiefeln schlagen. Sogar in langen Hosen, die sonst tatsächlich keine Sehenswürdigkeit sind. Wenn es aber gar den Draga-Marsch aufs Programm setzte, den es in jener Nacht den vergnügten Offizieren so oft vorspielen musste, ehe diese Braven ihren Abendspaziergang nach dem Konak machten . . . Und wenn Richard Wagner selber vom Himmel niederstieg, den Pilgerchor aus dem Tannhäuser persönlich zu dirigieren, und Herr Kommerzienrat Leichner eigenhändig die Noten umblätterte — gegen den Draga-Marsch und die schmutzigen Stiefel des sechsten Regiments kämen sie nicht auf! So will's die moderne Kunstströmung.

Ich h"re übrigens, dass auch berühmte Solisten sich bereits zusammengetan haben, um zu dem neuen Tarif Stellung zu nehmen. Die grossen Geiger: Josef Joachim, Hugo Heermann, Sarasate und Hubay haben jüngst im „Kaiserhof" nach fünfstündiger Debatte den nachfolgenden Tarif für ihre Mitwirkung bei Konzerten festgestellt:

Im Strassenanzug oder Räuberzivil zwei Soli	500 Mk.
In demselben Anzug mit Lackstiefeln dasselbe	550 Mk.
Im Frack mit Chrysantemen im Knopfloch	600 Mk.
Im Kostüm des Geigenmachers von Cremona	700 Mk.
In tiefer Trauer mit Flor am Oberarm und schwarzen Handschuhen Chopin; pro Stück	500 Mk.
Im Nachthemd (farbige Handstickerei) die Mondscheinsonate	750 Mk.

Es besteht unter Kunstverständigen kaum ein Zweifel, dass diese neue Kunstübung äusserst zukunftreich ist. (Dr. Treber im „Frankfurter General-Anz.")

Wettstreite.

In **Oberlahnstein** (40. Stiftungsfest des MGV.) erhielt den 1. Preis Germania, Köln-Lindenthal (Dir. Aug. Thelen), den 2. Preis Fidelio, Godesberg (Bungard-Waren). Der Preischor, „Walderwachen" von C. Steinhauer, erwies sich als überaus wirkungsvoll und fand begeisterten Beifall, als Musikdir. Steinhauer auf allgemeinen Wunsch nach Schluss des Wettstreites nach kurzer Probe mit sämtlichen teilnehmenden Vereinen den Chor nochmals zur Aufführung brachte. Wenn etwas den fördernden Wert der Wettstreite erhöhen kann, so ist es dieses Verfahren. Erst dadurch lernen die Vereine die gemachten Fehler kennen, sie erhalten einen Massstab, woran sie ihre Leistungen messen können.

Über den Wettstreit in **Westig** ist zu berichten, dass der Sängerbund Heimer (Fr. Hanemann jr.) den 1. Preis in der prima vista-Klasse mit dem Chor „Das Kätzchen" von H. vom Ende und Männerchor-Oestrich (Rob. Nierstenhöfer) den Kaiserpreis mit dem Liede „Die Heimat", bearb. von Jos. Schwartz erhielt.

In **Traben-Trarbach** a. Mosel fand am 28., 29. Juni zur Feier des 60jährigen Bestehens des MGV. ein Gesangwettstreit statt, an dem sich 29 Vereine beteiligten. MGV. Siegburg (P. Leers) errang den 1. Preis in der 1. Klasse, zu welchem u. a. 80 Flaschen Trabener Auslese gehörte. — Wohl bekomm's! —

Am Wettstreit in **Sterkrade** am 28., 29. Juni beteiligten sich nicht weniger, als 51 Vereine. Der GV. Teutonia, Essen (G. Meyer) errang mit W. Sturms Nordmännerlied in „Treue Liebe" von Jos. Schwartz den 2. Preis der 1. Klasse und den 1. Ehrenpreis mit Meyer-Olbersleben „Volkers Schwanenlied", den 1. Preis errang mit „Hünengräber" von E. Heuser GV. Liederfreund (F. Rummeld-Hoerde); derselbe Verein bekam im letzten Gang den Kaiserpreis.

Eintracht-**Dahlhausen** a. Ruhr feierte ebenfalls am 28. Juni sein 25jähriges Jubelfest mit einem Wettstreit. Preisgekrönt mit ersten Preisen wurden in den verschiedenen Klassen: Germania, Königssteele (F. Oberborbeck), Liederfreund-Dortmund (F. Tiedge), Harmonie-Solingen (Edmund Fassbender).

Der MGV. **„Eintracht" Evekiag-Werdohl** begeht im Juni nächsten Jahres die Feier seines 25jährigen Bestehens durch Veranstaltung eines nationalen Gesang-Wettstreites. Der Verein ist bekannt dadurch, dass er, unter Leitung des Chordir. Steinkühler-Hagen stehend, auf sämtlichen vier, in dieser Zeit besuchten Wettstreiten jedesmal mit den 3 höchsten Preisen ausgezeichnet wurde.

Am Gartenzaun.

Über'n Gartenzaun
Lugen Augen braun,
Das sind die von meinem lieben, süssen Schatz;
O die läst'ge Schranke,
Schnell wie ein Gedanke
Bin gleich drüber ich mit einem Satz!

Doch die Lose spricht:
„Dieses leid' ich nicht,
Wie ein Böcklein so zu springen übern Zaun;
Mag nicht Wilde leiden,
Drum, mein Herr, bescheiden
Sie sich artig übern Zaun zu schaun!"

Über'n Gartenzaun
Sprang behend ich, traun!
Fasst' die Schöne spöttisch beidseits an ihr Kleid:
„O mein süsses Herrchen,
Sind Sie doch ein Närrchen
Dort steht's Törchen auf sperrangelweit!"

Inhalt und Form.

Was Einer sagt, das habe Gehalt,
Und wie er's sagt, das habe Gestalt!
Was nutzt's, mag er Richtiges meinen,
Wenn des Denkens Norm
Und die künstliche Form
Nicht wie Seele und Leib sich einen!

Karl Laufs.

Neuigkeiten für gemischten Chor.

mch. **Ferd. Hummel,** op. 78. Halleluja . . . . —.80 —.60
mch. **Jngeborg von Bronsart,** op. 27. Osterlied . . —.80 —.60
mch. **G. Ad. Uthmann.** Zauber der Heimat . . . . .80 —.80
mch **Jean Paull,** op. 12. Begrüssungschor . . . . . —.70 —.80
mch. **Karl Nawratil,** op. 26. Zwei Psalmen (23 u. 117) 4.— 4.80
mch. **Ferd. Schulz,** op. 82. Sei getreu. Bleibe bei uns —.40 —.40
sl. do. op. 83 I. Lasset uns frohlocken (Oster-Mot.) . . . . . —.20 —.40
sl. do. op. 83 II. Schaff in mir Gott ein reines Herz. (Pfingst-Mot.) —.20 —.40
sl. do. op. 83 III. Lasset uns mit Jesu ziehen . . . . . —.20 —.40

Das Halleluja von Hummel wurde mit durchschlagendem Erfolge in den Aufführungen von Philippis Schauspiel „Das grosse Licht" gesungen und eignet sich für Jubiläen, Hauseinweihungen etc. Die beiden Psalmen von Nawratil, im strengern Stil für achtstimmigen Chor wohlklingend gearbeitet, dürften namentlich für kirchliche Zwecke sich geeignet erweisen. Die Motetten von Ferd. Schulz zeichnen sich durch einfachen, wohlklingenden Satz aus.

Frauenchöre.

Ferd. Hummel, op. 74 Nr. 3. Osterreigen für 2-st. Frauen- od. Kinderchor mit Kl.-Begl. 1.20 —.20
do. op. 74 Nr. 10. Hosianna für 4-stim. Frauenchor a capp. . . . . —.80 —.80
do. op. 84. Vogellieder (Pirol, Amsel, Nachtigall, Meise) für Sopran u. Alt, mit Klavierbegl. . . . . 2.40 —.80
Rich. Scheumann, op. 6 Nr. 1. Zu spät . . . . . —.80 —.80
do. 2. An dem Fächer . . . —.80 —.60

Für 3-stimmigen Frauenchor mit Klavierbegl. Zwei allerliebste Liedchen neckischen Genres, die den Frauenchören viel Freude machen werden.

Neuigkeiten für Männerchor ohne Begl.

sl. **P. Wülfing,** op. 30. Deutsche Hymne (Ullrich) —.80 —.80
mch. **C. Kern,** op. 56. Sei mir gegrüsst, du herrlich Land (Selbstverlag) . . . . 1.— 1.—
mch **J. Nöroth,** op. 85. Roland und Hildegund (Selbstverlag) 1.80 1.60
mch. do. op. 105. Gott schütze die Rosen (Selbstverl. —.80 1.—
mch do. op. 106. Mein Rheinland (Selbstverlag) . . —.60 —.60
mch. do. op. 108. Rheinlied (Selbstverlag) . . —.60 —.60
mch. **C. Steinhauer,** op. 70. Domine (vom Ende) . . —.60 —.60
l. **W. Speiser,** op. 65. O lass mich jubeln (vom Ende) . . . . —.60 —.60
sl. **K. Fürnschuss,** op. 27. Abtrumpft (Spitzner) . —.60 —.60
sl do. op. 28. s' Briaferl (Spitzner) . . . . —.60 —.60
mch. do. op. 29. Auf'n Tanzbod'n (Spitzner) . . . . —.60 —.60
sl. **J. B. Zerlett,** op. 204 Kling, klang (Spitzner) —.80 —.80
sl. do. A sakrische Wandlung . —.8 —.80
sl. do. op. 206 Nr. 1. Unser Kaiser, unser Hort . —.60 —.60
sl. do. Nr. 2. Die Rosen blüh'n (Spitzner) . . . . —.60 —.60
sl. do. op. 208 Nr. 1. Sehnsucht nach der Heimat —.60 —.60
sl. do. Nr. 2. Frühlingsgeflüster . . . . —.60 —.60
mch. do. op. 219. Wach auf, mein Lieb. P. —.80, 8 Singst. 1.20
sl. **P. Grosslaub.** Nr. 1. Morgenlied. Nr. 2. Hausfrieden (O. König) . . . . 1.20 —.60
sl. **C. Schiebold.** Sei gegrüsset, Frühlingszeit. (Eulenburg) . . . . —.60 —.60
sl. do. Müllerkind . . . . —.60 —.15
sl. do. Abendständchen . . . . —.60 —.15
sl. do. Mondnacht . . . . —.60 —.15
sl. do. Maderl mit dem goldnen Latz . —.60 —.15
l. do. Glückliche Lieb . . . . —.60 —.15
mch. **F. Hummel,** op. 79 Nr. 1. Lied der alten Herren . . . . 1.— —.60
sl. do. op. 86 Nr. 1. Ausfahrt . . . . 1.— —.60
sl. do. Nr. 2. Streitgesang . . . . 1.— —.80
mch. do. Nr. 3. Das Lied von Ingebourg . . 1. —.80
mch. **K. F. Weinberger,** op. 63. Das deutsche Volkslied (Leuckart) . . . . —.80 —.80
mch. **F. Mohaupt,** op. 22 Nr. 1. Nacht (Leuckart) . . —.80 [illegible]
mch. do. Nr. 2. Lindenwirtin (Leuckart) . . . . —.80 1.20
mch. do. Nr. 3. Unterm Machandelbaum (Leuckart) . —.80 1.20
mch. **E. Klüppel,** op. 68. See der Träume (Günther) —.40 —.60
mch. do. op. 62. Die Zither lockt . . . . —.80 —.80
sl. **G. Haug,** op. 28 Nr. 1. Ach wie kühle (Günther —.40 —.60
sl. do. Nr. 2. Schwur (Günther) . . . . —.40 —.60
sl. do. Nr. 3. Frühling wird wach (Günther) . . —.40 —.60
mch. **Fr. Ullrich,** op. 93. Sangeskunst (Ullrich) . . . 1.20 1.20
mch. **A. Thelen,** op. 31 Nr. 2. Es gibt ein Paradies am Rhein . . . . —.80 —.80
sl. **Conrad Ramrath.** Moselweinlied . . . . —.40 —.60
sl. **Fr. Ullrich,** op. 94 I. Was nützt mir dös Liebe —.40 —.60

Auf einige der angeführten Werke sei besonders aufmerksam gemacht. Recht schwungvoll ist **Kern's „Sei mir gegrüsst"** und **O. Schiebold's „Sei gegrüsset, Frühlingszeit".** Auch **Zerletts „Frühlingsgeflüster"** gehört zu dieser Kategorie dankbarer Vorträge. Durch ihren kecken, humoristischen Inhalt gefallen die Liedchen von Fürnschuss op. 27, 28 und 29, ebenso Schiebolds **„Maderl, mit dem goldnen Latz", Fr. Mohaupts „Unterm Machandelbaum"** und **Ed. Klüppels „Die Zither lockt".** Durch klangvollen Satz nimmt **Zerletts „Wach auf, mein Lieb"** für sich ein. Einen gemütvollen Ton schlägt **Speiser** in seinem volkstümlich melodiösen Liedchen **„O lass mich jubeln"** an; sangbar und kraftvoll ist die **„Deutsche Hymne"** von **P. Wülfing.** Von **Fr. Mohaupt** schätze ich die **„Nacht"** wegen seiner feinsinnigen Harmonik und warmen Stimmung. Die **„Herztöne vom Rhein"** von **J. Nöroth** seien als besonders sang- und dankbar empfohlen.

„Lippesches Landeslied".

Eine soeben erschienene Komposition für Männerchor von **Clemens Grossjohann „Du rote Ros im Silberfeld"** dürfte alle Aussicht haben, ein echtes und rechtes Landeslied für das Lippesche Land und Volk zu werden. Die Dichtung von F. Schuster ist durchweht von warmer Heimatliebe und die Vertonung so volkstümlich melodiös, dass die Gesangvereine, namentlich wenn ein guter Solo-Tenor vorhanden ist, ihre Freude daran haben werden.

Bezugsquellenregister.

Vereinsfahnen.
Kölner Fahnenfabrik,
Arnold Steiger, Köln.

Buchbinderei E. A. Enders,
Leipzig.

Abzeichen f. Gesangvereine,
Muster an Vereine postfrei.
Adolf Belada, Wien VII/2.
Mariahilferstr. 54.

Banner, Fahnen, Schärpen,
Abzeichen.
Thüringer Fahnen-Fabrik,
Coburg.

Zu beziehen durch:
H. vom Ende's Musikalienhandlung. Köln am Rhein.

H. vom Ende's Handbuch für Gesangvereine und Dirigenten.

Unüberwindliche Schwierigkeiten hindern mich auch dieses Mal wieder zu meinem Bedauern an der rechtzeitigen Herausgabe dieses Werkes. Es wird aber im Laufe des Sommers bestimmt erscheinen und dann den zahlreichen Bestellern direkt zugesandt werden.

Bücher.

Dr. Elben. Geschichte des Männergesanges (8.—)	3.50
Schreyer. Jahrbuch für Männergesangvereine (3.—)	1.—
Rothenberger. Rätsel und Erzählungen musikalischen Inhalts (2.)	1.
Dr. Aug. Reissmann. Dichtkunst und Tonkunst (1.—)	—.60
do. Dichtungen für Musik (1.—)	—.50
Rud. Kleinecke, Joh. Strauss. Ein Lebensbild (—.50)	—.30
Dr. E. Kneschke. Die 150jährige Geschichte der Leipziger Gewandhauskonzerte (1,50)	—.50
K. Lamprecht. Skizzen zur Rheinischen Geschichte, geb. (5.75)	4.—
Erwin Thurn. Eine musikalische Familie (3.—)	1.—
Dr. H. Bohlinger. Skalenmelodik als Vorschule der Harmonielehre für Klavierspieler (1.—)	.60
Theodor Goering. Der Messias von Bayreuth	1.50
Musiker-Kalender von Hesse's und Raabe & Plothows Verlag, ältere Jahrgänge je	—.30
St. von Lesser. Musikalische Gymnastik mit 66 Holzschnitten	—.50
H. Wohlfahrt. Wegweiser zum Komponieren für Musik-Dilettanten	—.60
do. Vorschule der Harmonielehre	—.50
do. Modulation-Schule	— 60
Jos. Kunkel. Vorschule zur Melodiebildungsschule	1.—
Benedict Widmann. Handbüchlein der Harmonie-, Melodie- und Formen-Lehre	1.—
W. Irgang. Leitfaden der allg. Musiklehre	—.50

Gesangwettstreit-Ehren-Preis-Anerkennungs-Diplome

in künstlerisch vornehmer Ausstattung

Preis pro Exemplar Mark 2,— und höher

liefert

H. vom Ende's Verlag und Musikalienhandlung
Köln am Rhein, Bismarckstrasse 25.

Wegweiser durch die Chorgesanglitteratur

Ratgeber für Gesangvereine und Dirigenten.

Redaktion und Verlag: H. vom Ende, Köln a. Rh., Ecke Bismarck- und Kamekestrasse.

nebst Beiblatt:

Offizielles Organ des Westdeutschen Sängerverbandes, Mosel-, Saar-, Nahe-Sängerbundes, des Mittelrheinischen, Rheinhessischen und Speyergau-Sängerbundes.

Erscheint monatlich einmal. Bezugspreis für 1 Expl. 20 Pfg. Jahresabonnement Mk. 1.50 und 40 Pfg. Porto. Inserate kosten pro 4 mal gespaltene Petitzeile 20 Pfg.

Expedition: H. vom Ende's Musikalien-Versandgeschäft.

Nr. 11. | Köln a. Rhein, den 26. August 1903. | IV. Jahrg.

Zentral-Verband deutscher Tonkünstler und Tonkünstler-Vereine.

Die Gründung des Verbandes der Tonkünstler-Vereine ist trotz der Agitationen einiger verwandter Verbände Tatsache geworden. Dass damit ein dringendes Bedürfnis befriedigt wird, kann keiner bestreiten, der die bestehenden Verhältnisse einigermassen kennt. Eine Vereinigung zur Wahrung der gemeinsamen Interessen der deutschen Tonkünstler und Musiklehrer gab es unbegreiflicher Weise bisher noch nicht. Keine einzige der vorhandenen Fachvereinigungen hat auch nur eine Hand gerührt zur Anbahnung besserer Zustände im Musik-Lehrfach, weder die Genossenschaft deutscher Tonsetzer, deren Gebahren vom krassesten Egoismus diktiert wird, noch der allg. deutsche Musiker-Verband, dessen Zusammensetzung ein gemeinsames, erfolgreiches Vorgehen in wirtschaftlichen, wissenschaftlichen und künstlerischen Fragen von vornherein ausschliesst. Die Berührungspunkte zwischen dem Gros der Orchestermusiker und dem Musiklehrer- und Tonkünstlerstande sind so gering, dass ein Zusammenschluss für beide Teile nur Nachteile im Gefolge haben könnte. Die Verschiedenheit des Wirkungskreises und der Erwerbsverhältnisse würde sowohl auf die Verhältnisse der geplanten Krankenkasse, als auch auf die sonstigen Bestrebungen ungünstig einwirken. Somit kann ein Zusammengehen mit diesen Verbänden in äusseren Angelegenheiten, auch in manchen inneren Fragen von Fall zu Fall ratsam sein, niemals aber vollständige Vereinigung.

Der Zweck des neugeschaffenen Zentral-Verbandes ist die Wahrnehmung und Förderung der geistigen, sozialen und wirtschaftlichen Interessen des gesamten schaffenden und ausübenden Tonkünstlerstandes.

Mittel zur Erreichung dieses Zweckes sind:

a. Gemeinsames Vorgehen zur Wahrnehmung der Standesrechte,

b. Regelung der Honorarfrage,

c. Unterstützung der Vereine in wichtigen Fragen,

d. eine Fachzeitschrift zur Wahrung der Standesinteressen,

e. wirtschaftliche und gemeinnützige Wohlfahrtseinrichtungen (Altersversorgungs-, Invaliditäts-, Krankenkassen, Rechtsschutz u. dergl.)

Mitglied kann Jeder Tonkünstler und Tonkünstlerverein werden. Empfehlenswert ist demnach Angliederung an einen der bestehenden Musiklehrer- oder Tonkünstlervereine, oder Schaffung eines solchen Vereins, wo noch keiner besteht. Nach § 15. der Satzungen können Wilde, d. h. keinem Verein des C.-V. angehörige Mitglieder den Delegiertenversammlungen beiwohnen, haben jedoch nur beratende Stimmen. In den Vorstand- und Delegierten-Ausschuss können solche einzelne (wilde) Mitglieder gewählt werden und haben dann während der Dauer ihrer Amtsführung volles Stimmrecht.

Solche einzelne Mitglieder eines oder mehrerer Orte können sich in der Zahl von mindestens 20 Personen zu einer C.-V.-Gruppe zusammentun und haben dann dieselben Rechte und Pflichten wie die zum C.-V. gehörigen Vereine.

Zur Vorberatung der wichtigsten Fragen, die den C.-V. demnächst beschäftigen werden, bildete man drei Kommissionen:

a. Kommission zur Bearbeitung der Lehrer- und Lehrerinnen-Honorarfrage: Rich. J. Eichberg, Prof. J. Seiss, J. Schweizer, Th. Raillard, H. Schumann.

b. Kommission zur Bearbeitung der Statuten für die Pensionsanstalt: Kapellm. Göttmann, Prof. Siegfr. Ochs, Prof. F. W. Franke, P. Schäfer, W. Seibert.

c. Kommission zur Bearbeitung der Musikerkammern- und Autorenrechtsfrage: Prof. H. Schröder, Prof. Sachs, Dr. M. Seiffert, Kapellm. F. Reckentin, Redakteur H. vom Ende.

Die Grundlagen für ein gemeinsames und gemeinnütziges Wirken im Musikerstande sind damit gegeben; möge nun jeder Fachgenosse seine Hand reichen, damit unsere Arbeit sich zu einer segensreichen gestalte für den ganzen Stand, für jeden Fachgenossen und für die Entwickelung unserer Kunst.

vom Ende.

Rheinhessischer Sängerbund.

Festbericht vom I. Bundesfest des Rheinhessischen Sängerbundes zu Wörrstadt am 27., 28. und 29. Juni 1903.

(Schluss).

Bei herrlichstem Festeswetter strömten in hellen Scharen Tausende von Menschen nach Wörrstadt. In recht zuvorkommender Weise hatte die Eisenbahndirektion Mainz Extrazüge eingelegt und hatte die Post Fürsorge getroffen, dass auf dem Festplatz selbst die Postsachen erledigt werden konnten. Von einem eigentlichen Festzug wurde abgesehen, denn schon um 3^{30} trafen S. K. H., der Grossherzog von Hessen zum I. Bundesfest ein. Offizieller Empfang war dankend verbeten und wurden S. K. H. an der Bahn von Herrn Kreisrat von Hahn mit Herrn Oberstleutnant von Norrmann empfangen.

Wörrstadt war überaus festlich geschmückt. Flaggenmasten bezeichneten den Weg, den S. K. H. bis zum Festplatz einschlugen, und bildeten die Schuljugend von Wörrstadt und Ober-Saulheim, der Radfahrerverein, der Kriegerverein, der Turnverein, der Gesangverein Liederkranz-Wörrstadt, der Verein Kriegerkameradschaft Hassia-Wörstadt und daran anschliessend die aus den Bezirken Alzey und Nieder-Olm herbeigekommenen Kiegervereine des Hassiaverbandes beiderseitig Spalier bis zum herrlich gelegenen Festplatz. Auf dem Festplatz bildeten Sänger des Bundes Spalier und wurde S. K. H. auf dem ganzen Wege und bei seiner Ankunft auf dem Festplatz mit der stürmischsten Begeisterung empfangen. Es jauchzte das Volk im hellsten Jubel seinem Landesfürsten zu. Stolz, Freude und Dank wollte jeder bekunden. Der Empfang war ein überaus warmer, sehr herzlicher. Bei Ankunft auf dem Festplatz wurden S. K. H. von Herrn Bürgermeister Christ und dem übrigen Gemeindevorstand von Wörrstadt empfangen. Vor dem Fürstenzelt hatten der 1. Vorsitzende des Bundes, Herr Lehrer Kochhafen-Ober-Saulheim und der Ehrenausschuss Aufstellung genommen. Herr Kochhafen begrüsste den Landesfürsten und begaben sich S. K. H. in dessen Begleitung Seine Excellenz Oberstallmeister Freiherr von Riedesel in das Fürstenzelt. Hier begrüsste den höchsten Ehrengast der Bundespräsident Herr Kochhafen mit den warmen herzlichen Worten:

Allerdurchlauchtigster Grossherzog! Allergnädigster Fürst und Herr! Nochmals heisse ich E. K. H. zu unserem I. Bundesfeste herzlich willkommen. Freude und Jubel erfüllten alle Sänger des Bundes, den festgebenden Verein, die Einwohnerschaft Wörrstadts, alle Bewohner der ganzen Provinz Rheinhessen, als E. K. H. Allerhöchsten Besuch des I. Bundesfestes des Rheinh. Sängerbundes allergeneigtest zugesagt hatten. Heisser Dank sei E. K. H. dargebracht. Der Rheinh. Sängerbund weiss, welche hohe Ehre und Auszeichnung durch E. K. H. Allerhöchsten Besuch ihm zuteil geworden ist. E. K. H. hochherzige Entschliessung, das Bundesfest zu besuchen, wird sicherlich dauernd einem jeden einzelnen Bundesverein wie dem ganzen Bund ein Ansporn sein, die Ziele, welche sich der Bund gesteckt hat, zu erreichen. Der Bund macht sich zur Aufgabe, das Volks- und Kunstlied zu pflegen und will Freundschaft und Bruderliebe in den einzelnen Vereinen fördern und erhalten. Wenn Fürsten so fördernd in die Speichen greifen, muss es mit der deutschen Sangessache gedeiblich vorwärts kommen. E. K. H. heutige Anwesenheit und die bedeutungsvollen Worte unseres Kaisers beim grossen Gesangwettstreit in Frankfurt müssen einen jeden deutschen Sänger mit Lust und Liebe zum Gesang entflammen. Dankerfüllt blicken so viele Sänger heute auf zu E. K. H. Nicht vorübergehende Begeisterung ist es, welche bald verrauscht, nein immer werden wir im Bunde eingedenk sein, dass wir durch volle Hingabe zur Sangessache und treue Pflichterfüllung als Sänger uns für E. K. H. Allerhöchsten Besuch dankbar erweisen. Heute versichert der Rheinh. Sängerbund E. K. H. echte wahre Hessentreue und dankt, indem wir rufen, S. K. H. Ernst Ludwig, Grossherzog von Hessen und bei Rhein leben hoch! hoch! hoch! — Seine Königl. Hoheit dankte dem Vorsitzenden in herzlichen Worten für den so warmen Empfang und waren erfreut, dass der Bund sich so herrliche Ziele gesteckt habe und ermahnte, besonders treue Freundschaft zu halten und Bruderliebe unter den einzelnen Gliedern zu pflegen. Hierauf überreichte Ottilie Kochhafen-Ober-Saulheim unserem Grossherzog im Fürstenzelt ein Bouquet mit den herzlichen Worten: „Allgeliebter Landesvater! Es nahen Kinder Dir und bringen Blumen als einen warmen Herzensgruss. Es klopfen laut und stürmisch unsre kleinen Herzen. Mit gar viel Dank und Freude sind sie heut erfüllt. Mit Dank für Dich, geliebter Landesfürst. Heut dürfen wir in Deine treuen Augen schauen, heut können wir Dir sagen, wie warm, wie herzlich wir Dich alle lieben. Gott schütze unsern Grossherzog!" Allerhuldvollst nahmen S. K. H. das Bouquet entgegen und sagten: „So ist's schön! So ist's recht!" Hierauf überreichte Carlotta Reinhardt ein zweites Bouquet mit den kindlich schönen Worten: „Wenn treue Hessenmädchen ihrem Landesfürsten nahen, gedenken sie auch ihres Prinzesschens Elisabeth und bitten ihren Grossherzog, demselben von seinen Altersgenossinnen in Wörrstadt herzliche Grüsse zu überbringen." S. K. H., sichtlich ergriffen von den so herzlichen Begrüssungen, dankte und erwiderte: „Das will ich tun, das werde ich gern besorgen." Auch das von dem festgebenden Verein, dem Sängerbund Wörrstadt, gestiftete aufs schönste ausgeführte Festbuch wurde S. K. H. von Herrn Bundespräsident Kochhafen überreicht. Dasselbe war in rotbraunem Saffian-Leder gebunden, mit dem Hessischen Wappen, in Silber gearbeitet, versehen. Etwa 2 Stunden geruhten S. K. H. Seinen Allerhöchsten Besuch zu gewähren und interessierten sich sehr für die Einzelvorträge verschiedener Vereine, und konnten dieselben sich die vollste Zustimmung S. K. H. sichern. Ganz besonders sprachen sich S. K. H. lobend und zustimmend über die eigenartige Auffassung des zweiten Chors „Wohin mit der Freud" aus. Herrn Musikdirektor Keil, unserem Bundesdirigenten, sei für diesen herrlichen Erfolg wärmster Dank gesagt, als kleiner Lohn für seine uneigennützige, erfolgreiche Tätigkeit. Nach Vortrag der Massenchöre gestatteten S. K. H. allergnädigst, dass während Seiner Anwesenheit die Resultate des am Morgen beendeten Wettsingens der Bundesvereine verkündigt werden. Vom Fürstenzelt aus verkündigte der Bundespräsident Herr Kochhafen das Resultat und sind sicherlich unseren Bundesvereinen die hierbei erhaltenen Diplome doppelt wert. S. K. H. liessen die Mitglieder des Ehrenausschusses und des Bundesvorstands in das Fürstenzelt treten und liessen sich die Herren vorstellen. Der Andrang des Publikums war ein ganz gewaltiger. Man drängte sich zu seinem Landesfürsten. Alle wollten Seine Königliche Hoheit einmal sehen. Sichtlich freudig bewegt war hierdurch unser Grossherzog und meinte: „Sie wollen doch mich alle sehen!" Nachdem S. K. H. Seine vollste Befriedigung mit allem Gebotenen unumwunden ausgesprochen, verliessen S. K. H. unter dem stürmischen Jubel der Begeisterung Seines Volkes den Festplatz und fuhren mittelst Sonderzuges 6,05 nach Darmstadt zurück, begleitet von Herrn Kreisrat v. Hahn, vor Seinem Abschied demselben nochmals Seine vollste Befriedigung versichernd. So war für den Rheinh. Sängerb. durch S. K. H. als 1. Bundesfest geweiht, aufs schönste verherrlicht. Der Bund blickt mit Stolz auf diesen Tag zurück, gedenkt der beherzigenswerten Mahnung seines Landesfürsten und gelobt unwandelbare Treue seinem Grossherzog.

Nochmals sind die herrlichen Augenblicke des so schön verlaufenen Festes im Festbericht an unserem geistigen Auge vorübergezogen. Um manche Erfahrung sind wir reicher, aber Gott sei Dank, nicht um eine einzige Hoffnung ärmer. Nein, das schöne Gelingen unseres I. Bundesfestes lässt für die Zukunft das Beste erhoffen. Tragen wir alle, jeder an seinem Teil, immer willig dazu bei, dass wir in voller Einmütigkeit handeln und damit rasch zur Verwirklichung unserer schönen Ziele gelangen, dem Bund zum Gedeihen, der deutschen Sangessache zum Ruhme, jedem Bundesverein zum Segen. Dank dem Festort Wörrstadt, dem festgebenden Verein „Sängerbund"-Wörrstadt. Dank allen, allen, die zum Gelingen des Festes beigetragen haben!

Grüss Gott mit hellem Klang!
Heil deutschem Wort und Sang!
Mit aufrichtigem Sängergruss!

Ober-Saulheim im Juli 1903. Kochhafen,
1. Bundespräsident.

NB. Bericht der Musikkommission wird bei der Dirigentenkonferenz, welche gleichzeitig mit der nächsten Delegiertenversammlung stattfindet, erstattet. Der Delegiertenversammlung geht eine Sitzung des Bundes-Vorstands voraus. Die Delegiertenversammlung findet wahrscheinlich Ende September oder Anfang Oktober d. J. zu Nieder-Olm statt. Anträge sind bis längstens den 15. Sept. d. J. an den Bundespräsidenten, Herrn Kochhafen-Ober-Saulheim einzureichen.

Der Sänger.

Amtliches Organ des westdeutschen Sängerverbandes.

Das Volkslied ist die Unsterblichkeit der Musik.
Marx.

Verbunden werden auch die Schwachen mächtig.
Schiller.

26. August 1903. || Nr. 11.

Redaktion u. Verlag: H. vom Ende. Köln a. Rhein, Ecke Bismarckstrasse 25.

Westdeutscher Sänger- und Dirigenten-Verband.

1. Generalversammlung des Bezirksvereins Bochum.

Die erste ordentliche Generalversammlung fand am 16. Aug. im Lokale des Herrn Willms, Gelsenkirchen-Schalke statt. Herr Benewitz begrüsste die zahlreich erschienenen Sänger und erstattete den Jahresbericht. Herr Henkel gab den Kassenbericht. §. 2 des Bezirkvereinsstatut wurde dahin umgeändert, dass in Zukunft der Vorstand aus 6 statt wie bisher aus 4 Mitgliedern besteht. Die hierauf folgende Ergänzung und Neuwahl wurde folgendermassen getätigt: Herr Rektor Grosse-Weischede 1. Herr Benewitz, Bochum 2. Vorsitzender. Herr Herm. Stollmann, Weitmar 1 Herr Kirchhoff, Gelsenkirchen-Schalke 2. Schriftführer. Herr Henkel, Hamme 1. und Herr Nahen, Bochum-Ehrenfeld als 2. Kassierer.

Herr Willmers, Bochum gab Bericht über das am 13. September im Stadttheater zu Bochum stattfindende Bezirksfest, woraus zu ersehen war, dass dasselbe in jeder Beziehung den Erwartungen entsprechen wird.

Nach der Generalversammlung fand eine Chorprobe statt über das gemeinsam auf dem Bezirksfest zu singende Lied „Waldzauber" von Grosse-Weischede.

Bekanntmachung.

Die neuen Verbandsabzeichen sind angekommen und sind zum Preise à 30 Pfg. in wunderschöner Ausführung von Herrn Verbandsschriftführer Kaufmann Gustav Dienst, Gelsenkirchen zu beziehen. Den werten Vereinen wird die baldige Anschaffung dringend empfohlen. Des ferneren bitte ich die Vereinsvorstände um recht baldige Erledigung der Fragebogen, auch desjenigen bez. des eventuellen Wettstreites 1904. Es handelt sich darum, von vornherein auf grund der Anzahl der teilnehmenden Vereine diesbezügl. Vorlage an den Verbandsvorstand zu machen.

A. **Geschäftsleitung**: H. Benewitz, Bochum, Heinrichstr. 26. Verbandskassierer: Hugo Frettlöhr, Kaufmann, Wermelskirchen. Verbandsschriftführer: Gustav Dienst, Gelsenkirchen.

B. **Bezirksvereine**:

1. **Bochum-Gelsenkirchener** B.-V. Vors.: Rektor Grosse-Weischede-Bochum und H. Benewitz, Bochum, Kassierer: Kaufmann Joh. Henkel, Hamme-Bochum.
2. **Rees-Emmericher** B.-V. Vors.: H. Gottlieb, Rees.
3. **Mittelrheinischer** B.-V. Vors.: Ludw. Schleuter, Chordirigent, Ratingen.

Mittelrheinisches Bezirksfest des

Westdeutschen Sängerverbandes.

Vorstandssitzung des Mittelrhein. Bezirksvereins des Westdeutschen Sänger-Verbandes vom 26. Juli 1903 in Ratingen.

Der Vorsitzende, Herr Lehrer Schleuter, eröffnete die Sitzung 4½ Uhr nachmittags. Vertreten waren die Männergesangvereine Rhein. Volksliedertafel-Benrath, Constantia-Urdenbach, Einigkeit-Gerresheim, Erholung-Huckingen. Nachdem das Protokoll der Vorstandssitzung vom 7. Juni verlesen war, gegen welches keine Einwendungen erhoben wurden, trat man in die Tagesordnung ein. Als erster Punkt stand auf derselben die Abhaltung des nächstjährigen Bezirksfestes. Der Vertreter Huckingens beantragte, das nächste Bezirksfest in Huckingen abzuhalten. Der Männergesangverein Erholung blicke im nächsten Jahre auf ein 38jähriges Bestehen zurück und gedenke in Verbindung mit diesem das II. Mittelrhein. Bezirksfest zu feiern. Die Versammlung war hiermit einverstanden mit dem Bemerken, die nötigen Vorbereitungen möglichst frühzeitig zu treffen. Huckingen sagte zu, die Einladungen an die betreffenden Vereine des Bezirks im Januar 1904 ergehen zu lassen, womit die Versammlung zufrieden war. Für das Bezirksfest selbst kommen die Monate Juni und Juli in Betracht, die bestimmte Festsetzung ist einer späteren Vorstandssitsung vorbehalten. Dann wurde die Wahl eines Bezirkskassierers vorgenommen. Dieselbe fiel auf Herrn Friedrich Schmitz I in Huckingen Nr. 104, welcher sich bereit erklärte, diesen Posten anzunehmen. Dann folgte ein Bericht des Verbandsvorsitzenden, Herrn A. Gau, über den Verbandstag in Rees a. Rh. vom 28. und 29. Juni, welcher von der Versammlung entgegengenommen wurde. Nach einem kurzen Vortrag des Bezirksvorsitzenden über „Verbands-Ideen" und das „Volkslied" wurde die Vorstandssitzung gegen 6 Uhr vom Vorsitzenden geschlossen.

Der Schriftführer des Mittelrhein. Bezirksvereins.
Joh. Lepper.

Die Vereine des Mittelrhein. Bezirks werden gebeten, die Verbandsbeiträge, soweit dieselben für das laufende Jahr noch nicht entrichtet sind, an den Bezirkskassierer Herrn Friedrich Schmitz I in Huckingen Nr. 104 gefl. einzusenden.

Die **„Ratinger Zeitung"** schreibt: Wer am verflossenen Sonntag Gelegenheit hatte, das rege Leben und Treiben auf den Strassen unserer Stadt zu beobachten, der musste daran zweifeln, dass dem M.-G.-V. Liederkranz zu seinem diesjährigen Stiftungsfeste ein starker Besuch zuteil werden würde. Und doch vermochte der geräumige Saal des Herrn Rick die Zahl derer nicht zu fassen, die herbeigeeilt waren, um sich an den Resultaten ernster Arbeit und begeisterter Hingabe auf dem Gebiete des deutschen Männergesanges zu erheben und zu erfreuen. Es ist dies ein ehrendes Zeugnis für die steigende Beliebtheit des genannten Vereins, der sich bezüglich seiner Vortragsweise zu einer bedeutenden Höhe emporgeschwungen hat. Der deutsche Männerchor in seinem enggeschlossenen harmonischen Gewande ist in erster Linie ein Bild wuchtiger Kraft. Dies bewies uns der schwungvolle Begrüssungschor, mit welchem der mehrfach preisgekrönte festgebende Verein unter feinsinniger Leitung des Herrn Lehrers Schleuter das Konzert eröffnete. Dass der Männergesang aber auch die zarten Seiten unsres Gemütes anzuschlagen vermag, zeigte in hervorragender Weise die

Rhein. Volksliedertafel, Benrath, unter Dirigentschaft des Herrn vom Ende-Cöln. Was verdiente an erster Stelle Bewunderung, das genaue Zusammensingen, die deutliche Textaussprache, die edle Tonbildung, die feine Schattierung hinsichtlich des Stärkegrades oder die Reinheit der Harmonieen? Dies alles allein nicht. Es war die künstlerische Auffassung, der seelenvolle Vortrag, welcher die gespannt lauschenden Zuhörer zu flammender Begeisterung hinriss. Bald war es stille Wehmut, - man denke an das Lied „Entsagung" und an den Gesamtchor „Trost in der Ferne," — bald heitere Zufriedenheit, bald überschäumender Frohsinn — „Der Schneider Jahrestag" und „Tanz, Liebchen, tanz" — was in den einzelnen Liedern meisterhaft zum Ausdruck gebracht, auf unsere Seele einwirkte. Hoffentlich erfreut uns der Verein häufiger mit diesen köstlichen Erzeugnissen musikalischer Kleinkunst! In dem weiteren Verlaufe des Liederabends trugen die übrigen Vereine: „Erholung"-Huckingen, „Constantia"-Urdenbach, „Einigkeit"-Gerresheim, „Liederkranz", Rath und der festgebende Verein je ein Kunstlied und ein Volkslied vor. Die Leistungen der einzelnen Vereine legten Zeugnis ab von angestrengtem Eifer und liebevoller Hingabe. Alle boten ihr Bestes, und jeder wird mit Befriedigung hinsichtlich des Erfolges an den schönen Abend zurückdenken. Es verdient Erwähnung, dass besonders der „Liederkranz",-Ratingen und „Einigkeit", - Gerresheim in ihren Vorträgen dem Ziele, welches jedem Vereine als Ideal vorschweben muss, am meisten sich genähert haben. Der Ratinger Liederkranz darf mit Stolz auf das schönste seiner Stiftungsfeste zurückblicken. Möge er uns noch manchen so schönen und genussreichen Abend verschaffen! Dem Konzerte schloss sich ein gemütliches Tanzkränzchen an.

Verdeutschungen musikalischer Fremdwörter.

Man beginnt endlich, auch in unserer Kunst den Fremdwörter-Verdeutschungs-Bestrebungen Verständnis entgegen zu bringen; das bezeugen folgende Verdeutschungs-Vorschläge: Sopran-Höchstsang, Tenor-Dünnsang, Bariton-Mittelsang, Bass-Grundsang. Solo-Einsang, Duett-Zweisang, Piano-Drahtkasten, Prolog-Vorgeplauder, Klub-Spielverein, Konzert-Klangmacherei, Direktion-Richtung, Dirigent-Richter, Ensemble-Zusammensang, Fagott-Tiefholz, Flöte-Hochholz, Klarinette-Hellholz, Phantasie-Einbildung, Programm-Spielplan, Publikum-Oeffentlichkeit, Violine-Hochgeige, Virtuose-Hexenmeister, Zither-Flachholz. — Mit Verwendung dieser Verdeutschungen lautet nun eine Konzert-Anzeige: *Grosse Klangmacherei* des Flachholzspielvereins zu N. unter Mitwirkung verschiedener Hexenmeister. Richtung: Herr Kunz. Spielplan: Vorgeplauder, gehalten vom Dünnsänger Herrn Schwalbe. 1. Zusammenspiel mit Begleitung von Tiefgeige und Hochholz 2. Zweisang für Höchstsang und Dünnsang. 3. Grosse Klangmachereieinbildung für 6 Flachhölzer, Hellholz, Grund- und Hochgeige. 4. Einspiel des Hochholzhexenmeisters Münster. 5. Zusammenspiel mit Grund- und Tiefgeigenbegleitung. Dünnsängeeinlage des berühmten Dünnsängers Kunz. 6. Mittelsangeinsang mit Drahtkastenbegleitung. 7. Klangmacherei-Walzer, Doppelvierspiel. 8. Einsang unter gefl. Mitwirkung des berühmten Drahtkastenhexenmeisters Klopfer. 9. Zusammenspiel der Flachhölzer unter Begleitung aller anderen Hölzer. — Die Oeffentlichkeit wird ersucht, während der Klangmacherei nicht zu rauchen. Um zahlreichen Besuch bittet die Richtung.

Verschiedenes.

Ein interessantes Vorkommnis wird der „General-Verkehrs-Zeitung" in Hamburg aus Monte Carlo mit der Bemerkung berichtet, dass es sich um Tatsachen handelt. Die „General-Verkehrs-Zeitung" schreibt: „In Monaco wurde dieser Tage der Geburtstag des Fürsten Albert gefeiert. Das Festprogramm enthielt unter anderem eine Vorstellung im Hoftheater, welcher das hohe Geburtstagskind beiwohnte. Im ersten Zwischenakt sollte dem Fürsten eine besondere Huldigung in Form eines Gesangvortrags der aus biederen Monacensern zusammengesetzten Liedertafel dargebracht werden, deren Leiter den Dirigentenstab vortrefflich zu führen weiss, im übrigen aber nicht zu den geistigen Uebermenschen zählt. Als erste Nummer sollte die Nationalhymne zum Vortrag gebracht werden, deren erster Vorsatz lautet: „Das ist unser treuer Fürst, unser Herrscher Albert!" Die Festvorstellung begann Landesvater nickte aus seiner Fürstenloge dem zahlreichen Publikum und den Liedertäflern mit ihrem Dirigenten, denen das Orchester den Platz eingeräumt hatte, wohlwollend zu. In dem zur Aufführung gelangenden Stück, einem italienischen preisgekrönten Schauspiel, hat der Vertreter des Tugendprinzips einen Monolog zu halten, welcher mit der tiefsinnigen Frage schliesst: „Das Edle muss unterliegen, denn die Welt gebiert nur noch Räuber und Mörder! Und wer ist der grösste aller Räuber?!" Der Schauspieler Guido Contanelli sprach den Monolog mit grosser Wärme und rief die letzten Worte mit besonderer Verve in den Zuschauerraum hinein: „Und wer ist der grösste aller Räuber?!" Dann blickte er schweigend nachdenklich und traurig zur Erde in diesem Schweigen hob der Dirigent der Liedertafel, der annahm, jetzt sei die Pause für den Gesangvortrag gekommen, den Taktstock, und wie Windesbrausen brach es aus den vierzig Kehlen der Gesangvereinler: „Das ist unser teurer Fürst, unser Herrscher Albert!"

Pius X. und der Gregorianische Gesang. Ueber die bereits wiederholt erwähnten Reformbestrebungen des neuen Papstes auf dem Gebiete des Kirchengesangs liegen jetzt nähere Einzelheiten vor. Patriarch Sarto war einer der eifrigsten Gönner des inzwischen zum Primizerius des päpstlichen Sängerchors (Sixtinische Kapelle) ernannten Abbate Perosi, den er auch als Nachfolger Tebaldinis als Kapellmeister an St. Markus in Venedig berufen hatte. Im Jahre 1895 schrieb Kardinal Sarto einen langen und wichtigen Hirtenbrief über den Kirchengesang. Es heisst darin, dass die Kirchenväter, die Konzile, die Bullen der Päpste und der Kongregation der Riten als religiöse Musik nur eine solche anerkännten, welche die Ehre Gottes und die Erbauung der Gläubigen anstrebe. Die kirchliche Musik müsse die Gläubigen „durch die Melodie" zur Andacht führen und daher drei Eigenschaften besitzen, nämlich Heiligkeit, Kunstwürde und Universalität. Demnach sei jede der Form, der Komposition oder der Ausführung nach leichtfertige, alltägliche (triviale), theatralische oder weltliche Musik aus dem Tempel zu verbannen, denn das Heilige solle heilig behandelt werden. „Sancta sancte!" Des weitern müsse die Kirchenmusik einheitlich gestaltet und dürfe nicht der persönlichen Phantasie überlassen werden. Wie der Glaube, so solle auch das Gebet und damit auch der religiöse Gesang, eine Form des Kirchengebets, einig sein. Diese unerlässlichen Eigenschaften fänden sich in der Liturgie, im Gregorianischen Gesang. Die klassische Polyphonie, die Palestrina zur höchsten Vollkommenheit gebracht, sei der Zulassung in der Kirche würdig: sie besitze in ihren Formen einen so heiligen Charakter und einen so hervorragenden Mystizismus, dass die Kirche sie stets neben dem Gregorianischen Gesang geduldet habe. Diesen Grundsätzen entsprechend kündigt Kardinal Sarto in dem Hirtenbriefe an, dass er eine Kommission einsetze, die darüber zu wachen habe, dass in der Liturgie weder in der Beschaffenheit noch in der Reihenfolge der Texte Aenderungen vorgenommen, die Vesper in Gregorianischer Weise, das Tantum ergo nicht wie eine Romanze, eine Kavatine oder ein Adagio, das Genitori nicht wie ein Allegro gesungen würden. Trommeln, Zimbeln, Posaunen, Schellchen und alle sonstigen lärmenden Instrumente, Klaviere, Vereins- und Militärkapellen seien nicht in der Kirche zuzulassen; ebensowenig Frauenstimmen, die nach altem kirchlichen Brauch durch Knabenstimmen im Chor ersetzt werden könnten. Vor allem sei zu vermeiden, die Liturgie als etwas Nebensächliches, die Musik als Hauptsache hinzustellen. Der Patriarch von Venedig verbietet dann jede musikalische Aufführung in den Kirchen seiner Diözese, die nicht vorher von der Kommission begutachtet worden sei. Der bisherige Zustand der Dinge dürfe nicht mehr geduldet werden. Voraussichtlich wird Pius X. die obigen Vorschriften nunmehr auf die ganze katholische Kirchenmusik ausdehnen.

Werner Nelepp, der bekannte und geschätzte Liederkomponist ist, wie uns aus Magdeburg gemeldet wird, der im Alter von 68 Jahren nach langer Krankheit gestorben. Nolopps Schöpfungen, deren Zahl sich auf mehr als 150 beläuft, zeichnen sich fast ausnahmslos durch einen gefälligen Chorsatz und einschmeichelnde Melodieen aus. Nolopp war von Beruf Lehrer, wirkte als solcher 18 Jahre in Aken und kam 1892 als emeritierter Lehrer nach Magdeburg. Hier betätigte er sich nebenbei vielfach als Gesangvereinsdirigent. Auch mehrere grössere Orchesterwerke mit Männerchor, darunter „Bretagne" als das bekannteste, verdanken Nolopp ihr Entstehen. Begründer seiner Popularität waren jedoch die beliebten Chorlieder „Gute Nacht, süsse Ruh'", „Fahr wohl, mein Lieb!" „Ueber die Heide" und „O, dass es muss im Frühling sein".

Unser Reichskanzler — total unmusikalisch!

Die **Kölner Polyhymnia** hatte auf ihrer Sängerfahrt die Ehre, bei ihrem Auftreten in Norderney unter anderen hohen Persönlichkeiten auch die Familie unseres Reichskanzlers, des Grafen von Bülow, begrüssen zu dürfen. Man war allgemein entzückt von den schönen Vorträgen des Vereins unter G. Pielkens Leitung und dieser Stimmung gab der Reichskanzler in folgender launigen Rede Ausdruck:

Meine Herren! Ich danke Ihrem Herrn Vorsitzenden für seine gütige Rede und die anerkennenden Worte. Ich danke Ihnen allen, dass Sie so schön gesungen haben. Von Kölner Sängern und ganz besonders von Ihrem Verein war man berechtigt, ganz vorzügliches zu erwarten. Sie haben diese Erwartung aber noch übertroffen, und wenn ich eine Zensur auszuteilen hätte, so würden Sie Ia bekommen. Das ist wenigstens die Ansicht meiner — Frau, auf die ich in musikalischen Dingen vielen Wert lege. Wie Sie vielleicht gehört haben, verstehe ich von Musik selbst nicht viel. Wo das musikalische Gebiet beginnt, hört bei mir das eigene Urteil auf. Ich will Ihnen aber sagen, wie es ein Minister macht, wenn er eine Sache nicht kennt.

Es soll nämlich auch vorkommen, dass ein Minister über eine Sache nicht Bescheid weiss, dann holt er sich einen geheimen Hofrat und der muss explizieren. Mein geheimer Hofrat ist in musikalischen Dingen nun meine Frau, und ich habe das grösste Zutrauen zu ihr. Sie war von Ihrem Gesange ganz entzückt.

Was ich aber, meine Herren, sehr wohl verstehe und wohl zu würdigen weiss, das ist die gütige Gesinnung, die Sie zu mir geführt hat, die freundliche Gesinnung, der Sie so liebenswürdigen Ausdruck verliehen haben.

Und womit ich ganz einverstanden bin, ist, dass Sie nach Norderney gekommen sind, denn ich bin schon ganz Norderneyer geworden, ich freue mich über jeden Gast, der auf der Insel landet. Aber über die Rheinländer und über die Kölner freuen wir uns ganz besonders.

Denn mit dem Rhein und mit der Stadt Köln ist es etwas ganz Besonderes. Der Rhein, dessen Reize Sie uns so schön besungen haben, der Rhein ist uns allen sehr ans Herz gewachsen. Und die Stadt Köln haben wir alle gern.

Sie haben den Kölner Dom, das herrlichste Gotteshaus im deutschen Lande und in der Welt und Ihren schönen Karneval. Den hat keine andere Stadt, und Sie haben die Flora, das Kölnische Wasser und die Kölnischen Jungen. Aber Sie haben auch ein mächtiges, emporstrebendes Gemeinwesen in Köln, der Metropole am Niederrhein. Die Kölner Bürgerschaft zeichnet sich vor allem aus durch echt deutsche Gesinnung.

Das war schon vor dreissig Jahren der Fall, als ich in Bonn weilte nahe bei Köln. Und dass das heute noch so ist, das haben die Worte bewiesen, die Sie an mich gerichtet haben.

Meine Herren! — Das deutsche Lied hat eine bedeutsame Rolle gespielt in der Geschichte der deutschen Einigung. Es ist ein einigendes Bindeglied, ein Bindemittel gewesen zwischen den deutschen Stämmen und als uns vor hundert Jahren die Fremden alles genommen hatten, das deutsche Lied mussten sie uns lassen und das hat dazu beigetragen, Hass, Missgunst und Neid niederzuringen. Halten sie fest am deutschen Lied, seine Aufgabe ist noch nicht erschöpft, noch nicht erfüllt. Und so hoffe ich, dass es Ihnen wohlgefallen möge hier in Norderney und dass Sie gerne wiederkehren an die Gestade der Nordsee. Sie folgen damit nur dem Beispiel des Vater Rhein, der auch immer nach Norden läuft und sich in die Nordsee ergiesst. Nochmals meine Herren, herzlichen Dank, auch im Namen meiner Frau.

Neuigkeiten.

Karl Zuschneid. Klavier-Schule. Teil II. Preis 5 Mk., Verlag von Chr. Fr. Vieweg, Gr.-Lichterfelde.

Dem von uns kürzlich besprochenen I. Teil der Klavierschule ist jetzt der II. Teil in gleich gediegener Ausstattung gefolgt. Dieser enthält in progressiv und methodisch geordneter Folge mechanische Uebungen und Etüden, denen eine kurze theoretische Abhandlung über Tonleitern und Versetzungszeichen, Intervalle und Akkorde vorausgeht. Verdeutschung von Fremdausdrücken und beherzigenswerte Regeln vervollständigen das ausgezeichnete Werk, welches wir seiner durchdachten und lückenlos durchgeführten Methode wegen wiederholt empfehlen.

Buttschardt, op 50. Praktisches Lehrbuch der Musikwissenschaft. 2 Bände à Mk. 2,50. Verlag von H. Litolff, Braunschweig.

Es giebt gottlob noch Musiklehrer, die das Bestreben haben, ihren Schülern nicht nur einige Fingerfertigkeit beizubringen, sondern ihnen vor allem die grosse Kunst mit auf den Weg zu geben, in den Geist des Kunstwerks mit Schönheitssinn und lebendigem Interesse einzudringen, mit Kopf und Herz, Verstand und Gemüt es in sich aufzunehmen, kurz, den Schüler zu selbständigem musikalischen Denken und Urteilen zu erziehen.

Nur ein einziges Mittel gibt es, dieses Ziel zu erreichen; es ist die theoretische Beherrschung der reichen Formenwelt, in der die Tonkunst sich uns darbietet; das Wort „Form" in seiner weitesten Bedeutung gefasst. Ueber die Notwendigkeit dieser Formenkenntnis sind sich alle einsichtigen Musikpädagogen einig, nicht aber über den besten Weg zur Erlangung derselben. Im allgemeinen sind unsere jungen Musikanten jeder theoretischen Erörterung möglichst feindlich gesinnt, sie treiben Musik, weil sie bei diesem angenehmen und manchmal sogar nützlichen Zeitvertreib nichts zu denken brauchen; ein Lehrer, der ihre Denktätigkeit in Anspruch nehmen will, ist ihnen ein „Formalist", ein trockener „Pedant", denn sie fassen ja „intuitiv" auf! Leider gibt's auch unter unsern Lehrern solche Hexenmeister.

Der anschaulichste Weg ist sicher der beste und kürzeste. Was viele Worte verdunkeln, das erleuchtet oft ein einziges, gutgewähltes Beispiel; die hieraus hervorgehende Methode hat Buttschardt bis in die letzten Konsequenzen sich zu eigen gemacht; die Erläuterungen sind auf das Notwendigste beschränkt, dagegen Beispiele in Hülle und Fülle von den elementarsten Intervall-Studien bis zur Sonatenform; dieselben Ziele verfolgend, die ich mit meinem „Schatzkästlein" und der „Dynamik des Klavierspiels" anstrebte, ist das Werk als Ergänzung zu diesen beiden Unterrichtsmitteln willkommen zu heissen und jedem zu empfehlen, der es ernst meint mit dem Musikunterricht und der künstlerischen Erziehung seiner Schüler. vom Ende.

Des Sängers Freunde. Sammlung von 220 Männerchortexten. II. Aufl. Ausgewählt von Paul Weinrich. Verlag von P. Janetzke Berlin. 30 Pfg. geb. 50. Mit Angabe der Taktart und des Anfangsakkordes. II. Aufl. des Werkchens ist bereits in 6000 Exempl. verbreitet.

Literarischer Wegweiser für den **deutschen Lehrer.** Eine Auswahl empfehlenswerter Bücher und Musikalien aus dem Verlage von F. G. L. Gressler in Langensalsa, Ausg. 1903.

Aufführungen.

Ratingen. I. Mittelrhein. Bezirksfest des Westd. Sängerverbandes. Volksliedertafel-Benrath (H vom Ende). Pommer „Sapperment". Böhme „Das stille Tal". André

„Entsagung“. Kremser „Komm. o komm“. Othegraven „Beim Mondenschein“. Pommer „Schneider Jahrstag“. Silcher „Lebe wohl“. vom Ende „Tanz Liebchen“. Massenchor: Steinhauer „Trost in der Ferne“. Liederkranz-Ratingen (L. Schleuter), Oberreich „Grüss Gott“. Heinze „Sonntag auf dem Meere“. Rebbert „Des Kindes Klage“. Erholung-Huckingen (J. Braun). Schwartz „Dem Rhein mein Lied“. Fesca „Heute scheid ich. Constantia-Urdenbach (Linden-Benrath). Bünte „Minnelied“. Schwartz „Die Königskinder“. Einigkeit-Gerresheim (Berger). Knappe „Gruss an Deutschland“. Schiebold „Verweht“. Liederkranz-Rath (Wüstenberg-Düsseldorf). Weinzierl „Wüchsen mir Flügel“. Silcher „In der Ferne“.

Detmold. Frohsinn (F. Grossjohann), Maurer „Lob des Gesanges“. Zöllner „In der Heimat“. Möhring „Trompeter“. Häser „Der Wald“. Heim „Vineta“. Mendelssohn „Jägers Abschied“. Grossjohann „Du rote Ros im Silberfeld“ (zweimal D.-C verlangt). Veit „Der Käfer und die Blume“. Zehngraf „Därf i's Dirndl lieben?“.

Die Lippe'sche Landeszeitung schreibt über das Konzert:

Detmold. Liederfest zum Besten des Taubstummenheims. Der Gesangverein „Frohsinn“ hat am gestrigen Nachmittage im Felkenkrug ein gutes, lobenswertes Werk getan. Er hat mit seinen herrlichen Darbietungen einer nach vielen Hunderten zählenden Schaar von Freunden des Männergesanges eine grosse Freude bereitet und einem sehr schönen Zwecke gedient — die Einnahme soll dem Fonds für das zu erbauende Taubstummenheim zugeführt werden. Das Programm war aus wahren Perlen von Männergesängen zusammengestellt, die von Herrn Musiklehrer Grossjohann einstudiert waren und auch von ihm geleitet wurden. Dem sicheren Dirigentenstabe folgten die Herren Sänger aufs genauste. Die Feinheiten der Lieder kamen zur besten Geltung; die charakteristische Wiedergabe zeugte von dem feinen Kunstverständnisse des Dirigenten und von der freudigen Ausübung des Vereins. Mit besonderer Spannung sah man dem Vortrage des Liedes „Du rote Ros' im Silberfeld“ entgegen. Dieses ist von Herrn Grossjohann für vierstimmigen Männergesang komponiert und gelangte zum erstenmale zur öffentlichen Aufführung. Lautlose Stille herrschte, so, als ob sich etwas ganz besonderes ereignen würde, — und so war es auch. Die Dichtung ist so recht volkstümlich gehalten und überaus anheimelnd; die Krone der Komposition liegt in dem Tenorsolo, das, von decenter Bassbegleitung umrahmt, förmlich plastisch wirkt. Nicht endenwollender Beifall veranlasste die Sänger zur Wiederholung des letzten Verses. Mögen in diesem Urteil von sangeskundigen Zuhörern Komponist sowie Sänger eine schöne Anerkennung für diese Darbietung finden. Das Solo wurde von unserm beliebten Tenoristen Herrn Aug. Schlüter mit wahrem Schmelz vorgetragen; er wollte den Schöpfer des Musikwerkes ganz besonders erfreuen. Auf vielfachen Wunsch bringen wir hier den von Herrn F. Schuster-Lage verfassten Text:

Lippesches Heimatlied.

Sei mir gegrüsst, mein Heimatland!
Wie tritt auf allen meinen Wegen
Mir echte deutsche Art entgegen
Im Blick des Aug's, im Druck der Hand!
Und die Natur im stillen Werden.
Hier stimmt sie ernster das Gemüt.
Wie ist es doch so schön auf Erden,
Wenn noch der Heimat Liebe blüht!
Du rote Ros' im Silberfeld,
Du schönste mir auf dieser Welt!

Hier findest Du der Ahnen Spur,
Denn in des Osnings dunklen Schluchten
Sie einst des Wildes Fährten suchten;
Hier stellte Hermann nach dem Ur!
Und in des dunklen Waldes Hallen
Um Mitternacht, beim Mondenschein,
Die abgeschied'nen Geister wallen
Hin nach Wuotans Opferhain!
Du rote Ros' im Silberfeld,
Du schönste mir auf dieser Welt!

In Einsamkeit, sich selbst genug,
Liegt da der Senne tote Haide!
Da stürmt's heran von ferner Weide,
Der wilden Rosse stolzer Zug,
Die Wittekind auf ihrem Rücken
Getragen auf der Friedensfahrt,
Im Streite wider fränk'sche Tücken.
Noch ist's desselben Stammes Art!
Du rote Ros' im Silberfeld,
Du schönste mir auf dieser Welt!

Manch' trauter Hof und Dorf und Stadt
Grüsst aus den friedlichen Geländen;
O mag das Schicksal so es wenden,
Dass ich hier ruh' auf meinem Pfad!
Seh' ich dann einst im Waldeshage
Zum letztenmal die Rosen blüh'n, —
Dann will ich stumm und ohne Klage
Hinüber zu den Vätern zieh'n!
Dann grüsst aus einer schön'ren Welt
Die rote Ros' im Silberfeld!

Wir sind der festen Ueberzeugung, dass dieses Lied, das Sr. Erlaucht dem Grafregenten gewidmet ist, Gemeingut nicht nur aller Vereine des Lipperlandes wird, sondern auch von ausserlippischen Vereinen vielfach angeschafft werden wird, denn es ist ein Volkslied in des Wortes wahrster Bedeutung. Nach Schluss der letzten Programmnummer wurde der Ruf: „Du rote Ros'!“ so laut, dass sich der Verein zum nochmaligen Vortrage des ganzen Liedes verstehen musste. Den lauten Bravos schloss sich ein brausendes Hoch an.

Rüthen. Konzert des Seminar-Chors (Sem.-Ml. Simon). Männerchöre: Fel Woyrsch „Deutscher Heerbann“, Männerchor mit Solo und Begl. (erzielte grossartigen Erfolg). Conr Kreutzer „Dir möcht ich diese Lieder“, „Frühlingsahnung“. K. Goepfart „Sei mir gegrüsst“. C. Steinhauer „Fahr wohl“. „Nun alle Wipfel schlafen“. „Westfalen, du mein liebstes Land“. „Stehn zwei Röslein“. (Stürmischer Beifall). Schmölzer „Am Waldrand steht“. G. Gast „Wenn das Rheingold“. Gem Chöre (mit den Zöglingen der Präparandenanstalt). Methfessel „Stimmt an mit hellem“. Groos „Wenn ich den Wandrer frage“. Glück „Dort unten in der Mühle“. Zöllner „Das Wandern“. Kreutzer „Schon die Abendglocken“. **Budweis.** Deutsche Lt. (K. Steinwendner). Debois „Wilde Rose“. Wickenhausser „Röslein, wann blühst du auf“. Kirchl „Unbeständig“. Steinwendner „Weckruf“. Hegar „Morgen im Walde“. Rud. Wagner „Am Bache“. Lafite „St. Michel“. **Dresden.** Staatseisenbahn-Beamten. (Max Funger) Nessler „Abschied hat der Tag“. P. Zerbke „Des Sängers Weihelied“. Curti „Die Nacht“. Kienzl „Volkslied“. Hans Wagner „Elsula“. Rud. Wagner „Schau mich an“. H. Jüngst „Frühlingseinzug“. **Freiburg i. B.** M.-G.-V. (Alexander Adam). Meyer-Olbersleben „Gelöbnis“. Hegar „Totenvolk“. M. Bruch „Frithjof“. **Graz.** Dtsch. akad. G.-V. (Viktor Zack). Hugo Wolf „Dem Vaterland“. K. Loewe „In der Marienkirche“. Anton Bruckner „Das hohe Lied“. J. L. Nicodé „Das Meer“. (Ein Muster-Programm, des höchsten Lobes wert! Die Red.). **Hannover.** M.-G.-V. (J. B. Zerlett). Kienzl „Volkslied“. Messner „Siegesgesang“. Böhme „Das stille Tal“. Zerlett „Morgenrot“. Jüngst „Fahrende Leut“. Hegar „Rudolf von Werdenberg“. Attenhofer „Mein Schätzelein“. **Heidelberg.** Liederkranz (C. Weidt) Engelsberg „Im Dunkeln“. Kienzl „Volkslied“. C. Weidt „Die schönste Frau vom Rhein“. **Linz a. D.** Lt. Frohsinn (Aug. Göllerich und Fr. Prammer). Kienzl „Volkslied“. Prammer „Horch auf“! Fr. Liszt „Ständchen“. Hans Wagner „Ein Röslein rot“, „Frühlingsreigen“. Ad. Jensen „Margreth am Tore“. Anton Bruckner „Mitternacht“. Lafite „Altherrlicher Lindenbaum“. Ad. Kirchl „Schwäbische Kunde“. **Stuttgart.** Lehrer-G.-V. (S. de Lange). de Lange „Die deutschen Eichen“. L. Kempter „Im Biwak“. Rob. Volkmann „2. Messe“. Hegar „Kaiser Karl“.

Gesangwettstreite und Sängerfeste.

In welcher Weise die Preisrichter beim **Sängerfest zu Baltimore** ihres Amtes walteten, bei dem der „Junge Männerchor"-Philadelphia den Preis des deutschen Kaisers sich ersang, lesen wir in der „Newyorker Staatszeitung": Die Richter sassen während des Preissingens in einem Verschlage, in dem sie wohl sehr gut hören, aber absolut nichts anderes als die nackten Innenwände ihres Leinenzeltes sehen konnten. Jedem der fünf Herren war das Urteil über eine bestimmte Qualifikation des Wettsingens und über den Gesamteindruck übertragen. Professor Heimendahl hatte über die Intonation zu urteilen, Aug. Kern über Nuancierung hinsichtlich Phrasierung, Richter über Präzision, Ehrborn über Aussprache und Reese ü'er Auffassung des Dirigenten. Ausserdem mussten die Preisrichter die Vereine mit Nummern bezeichnen, da ihnen nicht gesagt war, in welcher Reihenfolge dieselben sangen. (Gott sei Dank, dass wir von solchen amerikanischen Zuständen noch weit entfernt sind. Die Red.)

Ein grosser Sängerwettstreit wird anlässlich der Hundertjahrfeier für **Berlioz in Grenoble** veranstaltet werden. 160 französische, italienische, schweizerische, sowie Vereine aus Monaco beteiligen sich an dem Wettsingen. Präsident Loubet und der Fürst von Monaco haben kostbare Preise gestiftet.

Leizig, 4. Aug. Vom Musikdirektor Heinrich Zöllner geht uns mit der Bitte um Veröffentlichung folgendes Schreiben zu: „Obgleich ich mir fest vorgenommen hatte, auf keine Erklärungen und Erläuterungen bezüglich meines Rücktritts vom Preisrichteramt beim Frankfurter Gesangwettstreit im Juni 1903 mich einzulassen, so sehe ich mich, wenn auch sehr nachträglich, doch genötigt, gewissen Unwahrheiten entgegenzutreten von deren grosser Verbreitung ich erst sehr spät und zufällig Kenntnis erhielt. 1. Die Nachricht, dass ich vom Preisrichteramt zurückgetreten sei, weil ich mich beleidigt gefühlt hätte, dass ein von mir eingereichter Chor nicht als Preischor gewählt worden sei, erkläre ich hiermit für vollständigen Unsinn. 2. Die Behauptung, dass ich mein Rücktrittsgesuch hätte zurückziehen wollen, dass die Sinnesänderung aber zu spät erfolgt sei, weil das Gesuch bereits vorher vom Kaiser genehmigt worden wäre, erkläre ich hiermit für eine nichtswürdige Verleumdung. Heinrich Zöllner."

Bonn, 28. Juli. Gesangwettstreit. Der Bonner Liederkranz wird anlässlich seines 25jährigen Bestehens zu Pfingsten nächsten Jahres einen Gesangwettstreit veranstalten, bei dem in Auswahl der Preischöre das deutsche Volkslied besondere Berücksichtigung finden soll.

Iserlohn. Im nächsten Jahr veranstaltet der „Märkische Sängerbund-Iserlohn einen Gesangwettstreit, ebenso die Concordia-Deilinghofen.

Der Sängerbund-Menden erhielt auf dem Wettstreit in Hemar in der I. Klasse den I. Preis (Hegar, Gewitternacht; Silcher, Soldat), den I. Ehrenpreis (Hegar, In den Alpen) und den I. Hauptehrenpreis (Innsbruck ich muss dich lassen). Dirigent des Vereins ist Fr. Hanemann jr. Iserlohn.

Aus Erkelenz teilt man uns mit, dass beim Gesangwettstreit des M.-G.-V.-Erkelenz am 9. August der ausserordentlich ansprechende Stundenchor E. Heuser's „Waldkönig", viel Beifall gefunden habe. Mit diesem Chor errang den Preis der Stadt der Deutsche Sängerkreis-M.-Gladbach unter Karl Esser. Im Hauptsingen erhielt den I. Preis Apollo-M.-Gladbach unter W. Speiser mit Heusers „Hünengräber".

Eupen. Der vom Handwerkergesangverein Eupen veranstaltete internationale Gesangwettstreit verlief in harmonischer und künstlerisch ausserordentlich befriedigender Weise. Ganz überraschend waren die Leistungen einzelner Landvereine, so des Liederkranz-Kettenis und des M.-G-V. Büsbach unter seinem jugendlichen, zu den allerbesten Hoffnungen berechtigenden Dirigenten Kranzhoff. Mit diesem Verein rang um die Palme die „Société Lyrique d'Ougrée", die mit vorzüglichem Material Gevaerts „Les Emigrants Irlandais" meisterhaft vortrug, jedoch die grosszügige, temperamentvolle Auffassung des Büsbacher Vereins in Brambachs „Gesang der Geister" nicht überbieten konnte.

Das bereits angekündigte **„Handbuch für Gesangvereine und Dirigenten"** wird Ende September erscheinen. Es umfasst 160 Seiten in Wegweiser-Format. Der ursprünglich auf 3,— Mk. festgesetzten Preis musste der enormen Herstellungskosten wegen auf Mk. 4,— erhöht werden.

Neue Chorlitteratur aus dem Verlage von Fr. Kistner
in Leipzig.

Für gemischten Chor.

Schreck, G. Das ist eine sel'ge Stunde. Kirchenmusik mit Streichorchester nach Op. 33 Nr. 1.
Partitur . . . . netto M. 1.80
Orchesterstimmen . . . . . netto M. —.80
Chorstimmen (je 20 Pf.) . . . M. —.80

Für Männerchor

a. Mit Orchester.

Goldmark, C. Op. 15. Frühlingsnetz. Für Männerchor und Orchester.
Partitur . . . . netto M. 3.—
Orchesterstimmen . . . . . . netto M. 7.50
Chorstimmen (je 20 Pf.) . . . . M. —.80
Klavierauszug . . . . M. 1.—

Klenzl, W. Op. 23. Landsknechtlied als volkstümlicher Marschchor für Männerstimmen mit Orchester.
Mit Harmoniemusik. [R. Hofmann.
Partitur . . . . netto M. 7.50
Orchesterstimmen . . . . . . netto M. 12.
Chorstimmen (je 30 Pf.) . . . . M. 1.20
Klavierauszug . . . . M. 2.—

Mayerhoff, Fr. Op. 21. Frau Minne. Dichtung aus den Fliegenden Blättern von T. Resa. Für Sopran- und Baritonsolo, Männerchor und Orchester.
Partitur . . . . netto M. 30.—
Orchesterstimmen . . . . . . netto M. 30.—
Chorstimmen (je M. 1.—) . . . . M. 4.—
Klavierauszug . . . . netto M. 4.50
Textbuch . . . . netto M. —.10

b. Mit Pianoforte.

Kleinecke, W. Op. 35. In Boppard. Mit Tenorsolo.
Partitur 1.50
Stimmen (je 20 Pf.) . . . . . —.80

c. a cappella.

Schmidt, C. Jul. Op. 33. 4 Lieder für Männerchor.
No. 1. Vom roten, roten Röselein.
Partitur . . . . —.60
Stimmen (je 20 Pf.) . . . . . —.80
No. 2. Tanderadei.
Partitur . . . . —.60
Stimmen . . . . —.80
No. 3. Das deutsche Volkslied.
Partitur . . . . 1.—
Stimmen (je 30 Pf.) 1.20
No. 4. Mein Schatz.
Partitur . . . . 1.
Stimmen (je 20 Pf.) 80

Wickenhausser, R. Op. 20. 4 Gesänge für Männerchor.
No. 1. Frühling.
Partitur 1.50
Stimmen (je 30 Pf.) 1.20
Nr. 2. Geweihte Stätte.
Partitur 1.50
Stimmen (je 20 Pf.) 80
Nr. 3. Im Grabe.
Partitur 1.50
Stimmen (je 20 Pf.) 80
Nr. 4. Des Kanzlers Rat.
Partitur 1.50
Stimmen (je 30 Pf.) 1.20

Für Frauenchor.

Fischer, Th. Op. 17. 4 Volkslieder, bearbeitet für dreistimmigen Frauenchor.
No. 1. Die Spinnerin.
Partitur 60
Stimmen (je 20 Pf.) 60
No. 2. Phillis und die Mutter.
Partitur 60
Stimmen (je 20 Pf.) 60
Nr. 3. Schwesterlein.
Partitur . . . . —.60
Stimmen (je 20 Pf.) 60
No. 4. Wenn ich ein Vöglein wär'.
Partitur 60
Stimmen (je 20 Pf.) . . . . . —.60
— Op. 18. Mädchenlied. Für dreistimmigen Frauenchor.
Partitur . . . . —.60
Stimmen (je 20 Pf.) . . . . . —.60

Schumann, R. Wenn ich ein Vöglein wär'. Für dreistimmigen Frauenchor bearbeit von Th. Fischer.
Partitur . . . . —.60
Stimmen (je 20 Pf.) . . . . . —.60

Wegweiser durch die Chorgesanglitteratur

Ratgeber für Gesangvereine und Dirigenten.

Redaktion und Verlag: H. vom Ende, Köln a. Rh., Ecke Bismarck- und Kamekestrasse.

nebst Beiblatt:

Der Sänger.

Offizielles Organ des Westdeutschen Sängerverbandes, Mosel-, Saar-, Nahe-Sängerbundes, des Mittelrheinischen, Rheinhessischen und Speyergau-Sängerbundes.

Erscheint monatlich einmal. Bezugspreis für 1 Expl. 20 Pfg. Jahresabonnement Mk. 1.50 und 40 Pfg. Porto. Inserate kosten pro 4 mal gespaltene Petitzeile 20 Pfg.

Expedition: H. vom Ende's Musikalien-Versandgeschäft.

Nr. 12. | Köln a. Rhein, den 26. September 1903. | IV. Jahrg.

Der hundertste Geburtstag eines Volkssängers (Fl. von Zuccalmaglio).

Was nützt in dem wilden Walde
Kleiner Vögelein Gesang.
Und ihr Tönen mannigfalte;
Wer sagt ihrem Singen Dank?
Altdeutsches Lied.

Kunstlied und Volkslied. — Wir bemühen uns, diese beiden Begriffe zu trennen, wir glauben jenes von diesem auf den ersten Blick unterscheiden zu können, und doch gelingt's uns nicht immer. Die entzückenden Liedchen: „Es fiel ein Reif in der Frühlingsnacht", „Verstohlen geht der Mond auf", „Schwesterlein, wann gehn wir nach Haus", „Die Blümelein, sie schlafen". — Jahrzehnte lang hat das Volk sie gläubig als sein Eigentum angesehen, als wirkliche, echte Volksliedchen gesungen und im Herzen bewahrt — und nun kommen die bösen Gelehrten, machen ihm das Eigentum streitig und entfernen entrüstet die Liedchen aus dem Volksliederschatz, denn „sie sind ja unberechtigterweise von dem Verfasser W. von Zuccalmaglio eingeschmuggelt worden". — — Es ist eine eigene Sache damit. Wenn ich ein Kunstwerk fälsche, etwa ein modernes als ein antikes oder klassisches in den Handel bringe, so bleibt's ein Betrug, mag das Werk an sich noch so schön sein. Zuccalmaglio hat seine Liedchen leichtfertigerweise in seine Volksliedersammlungen geschmuggelt, es sind wirkliche, echte Volksliedchen geworden und wir segnen seine Schmuggelei.

Warum ich darauf zu sprechen komme? Weil Zuccalmaglio genau vor 100 Jahren geboren wurde. Es war kein Salondichter, gefeiert und bewundert von aller Welt, sondern nur ein ganz gewöhnlicher Feld-, Wald- und Wiesendichter, wie ein Waldvöglein, das niemand hört als eben der Wald, die dankbaren wilden Blumen im Grase und der einsame Wandrer, der entzückt stehen bleibt, um zu lauschen, um von der fernen Heimat zu träumen und von allem, was er je geliebt — —.

Florentin von Zuccalmaglio wurde am 12. April 1803 in Waldbröhl geboren, wo sein Vater Advokat war, der aber später nach Opladen verzog und sich dann ein reizendes Gut im waldigen Tale bei Schlebusch kaufte.

Die Eltern waren sehr musikalisch, der Vater hing als ausgezeichneter Cellospieler mit Leib und Seele an der Musik, die Mutter aber sang dem Knaben mit entzückender Stimme alte Volkslieder vor, von denen eines vor allen sein kleines Herz bewegte, das er immer wieder zu hören verlangte: jene traurige Geschichte von den zwei armen Königskindern,

„Die hatten einander so lieb,
Sie konnten zusammen nicht kommen
Das Wasser war viel zu tief."

Nicht minder liebte er die wehmütige Weise von jenen beiden, die da hin und her gewandert waren und — „hatten gehabt weder Glück noch Stern". Ist es nicht rührend, wenn uns von dem Sänger des Liedes „Die Blümelein, sie schlafen" erzählt wird, er habe als Kind nicht einschlafen können, ohne in seinem Abendgebet auch noch für seine „lieben Blümchen" gebetet zu haben?

Nachdem er in Köln das Gymnasium absolviert und dann einen kurzen Versuch in der Militärkarriere gemacht hatte, schüttelte er das Gamaschenjoch ab und bezog die Universität Heidelberg. Hier in diesem gesegneten Erdfleckchen entfaltete sich seine Dichterseele gar rasch und bald entstanden Poesien und Melodien wie Blumen im Frühlingssonnenstrahl. Als liebenswürdiger Student erhielt er bald Zutritt in den gastfreien Häusern der Stadt. Auf einer Abendgesellschaft bei dem bekannten Musikgelehrten Prof. Thibaut hörte er einst die Behauptung aufstellen, die Italiener und Spanier dürften sich viel schönerer Volkslieder rühmen, als die Deutschen. Da erhob sich der junge Florentin und bat in bescheidener Weise um die Erlaubnis, einige alte Volkslieder vortragen zu dürfen. Er setzte sich ans Klavier, präludierte und sang mit weicher, schöner Baritonstimme:

„Es waren zwei Königskinder,
Die hatten einander so lieb — —"

und weiter:

„Ich fuhr wohl über den See so weit —"

und

„Es fiel ein Reif in der Frühlingsnacht",

und

„Es zog ein Knab ins Niederland",

und

„Gar heimlich geht der Mond auf".

Tiefe Stille herrschte, da das letzte Lied verklungen war, — manches schöne Augenpaar schimmerte feucht. Die Damen umringten ihn und baten ihn, weiter fortzufahren, und er liess sich auch nicht allzulange bitten, und da zogen sie durch den Saal in weichen, süssen Klängen, jene wunderbaren

Lieder, die ihn daheim die Mutter gelehrt, vom „Baum im Osterland", von der schönsten Königin", vom „Kuckuck, der sich tot geschrien", vom „Wirtshaus in Frankfurt", und Keiner wurde müde, zuzuhören, und allen war zu Mute, als hätten sie diese Lieder vor Jahren schon im Traum gehört und als möchten sie die ganze Nacht stehen, um sie immer wieder zu hören. Thibaut aber legte seine Hand auf die Schulter des jungen Studenten und sagte: „Ich nehme mein Wort zurück. — aber erzählen Sie mir doch, wo Sie diese köstlichen Lieder fanden."

„Die Mutter sang sie uns."
„Und woher mag sie die Mutter haben?"
„Aus einem alten verlornen Buch, glaube ich."

„Wenn das Buch wirklich verloren ist, so müssen Sie ein neues schreiben. Sammeln Sie Volkslieder für das deutsche Volk. Es wird es Ihnen danken!"

An diesem Abend fasste Florentin von Zuccalmaglio den Entschluss, die Volkslieder der Deutschen zu sammeln.

Und für die Ausführung dieses Entschlusses, für die vollständige Zusammenstellung des deutschen Liederschatzes aus allen Gauen, haben wir ihm zunächst aus voller Seele zu danken. Er hat jenes verlorene Buch gleichsam neu geschrieben. Wie ein „Spielmann" ist er von Dorf zu Dorf gezogen, um Volksweisen aufzuschreiben, die Sangesarten zu vergleichen und in ihrer ursprünglichen Form herzustellen.

1838 erschien die Sammlung, die er im Verein mit A. Kretzschmer und nach dessen Tode allein herausgab. Wenn er auch manches abänderte und umdichtete, so müssen wir doch die feinfühlige Dichterhand und den echt volkstümlichen Geist bewundern, mit dem das geschah.

Mit welchem Erfolge Ludwig Erk und Fr. M. Böhme auf diesem Gebiete weitergearbeitet haben, davon legt die grossartige Sammlung „Deutscher Liederhort" glänzendes Zeugnis ab.

Nun gilt es, weiter zu bauen, damit nichts verloren gehe und das Gewonnene auch dem Volke zugute komme. Wie das geschehen soll, das bedarf noch der Erörterung; die Anregungen, welche jüngst von dem österreichischen Kultusminister und dem deutschen Kaiser ausgingen, sind frische Samenkörner, die hoffentlich auf fruchtbaren Boden fallen und von fleissigen Ackersleuten gehütet und gepflegt werden. Was liegt da näher, als die Frage: Wer hat sich durch seine bisherige Tätigkeit Anspruch erworben, in dieser Angelegenheit gehört und zur Mitarbeit herangezogen zu werden? Leider ist die Zahl derer, die mitreden können, nicht gross, namentlich in musikalischer Hinsicht wäre noch vieles zu bearbeiten; als fleissige und unermüdliche Sammler und Forscher aber möchte ich hier erwähnen die Herren Dr. J. Pommer in Wien, Karl Becker, Neuwied, Max Friedländer, Berlin, John Meier. Als musikalische Bearbeiter haben sich hervorgetan: Hugo Jüngst, Eduard Kremser, A. von Othegraven.

Ohne diese Männer ist Alles halbe Arbeit.

H. vom Ende.

Speyergau-Sängerbund.

Unsern Vereinen zur Nachricht, dass das 1. **Heft unserer Bundesliedersammlung** Ende Oktober zur Versendung gelangen dürfte. Die Vereine wollen ihren Bedarf an Partituren und Stimmen bei unserm Bibliothekar Herrn Josef Loy in Neupfotz durch Postkarte anmelden, damit die Zusendung rechtzeitig erfolgen kann. Es wird den Vereinen angeraten, einige Quartette Stimmen **mehr** zu bestellen, als sie momentan brauchen; denn es wird nur **eine** Auflage erscheinen. Das Heft enthält 50 neue, leichte Männerchöre (das Ergebnis des Preisausschreibens) und stellt sich der Preis für 1 Partitur auf 1,25 und eine Stimme 0,40 Mk. gebunden. Das Heft wird auch an Nichtmitglieder abgegeben, die Partitur zu 2 Mk., die Stimme zu 1 Mk.

Für das nächstjährige Sängerfest werden sämtliche Pflichtchöre der Bundesliedersammlung entnommen. Die Bekanntgabe der Pflichtchöre erfolgt gelegentlich der Generalversammlung im November. Das Nähere über die Generalversammlung erfahren die Vereine durch die Oktober-Nummer dieses Blattes.

Mit frdl. Sängergruss

J. A: Scheurich, Bundessekretär.

Berghausen, (Pfalz). Der hiesige Männergesangverein „Concordia" veranstaltet zu Pfingsten 1904 gelegentlich seiner Fahnenweihe einen grossen nationalen Gesangwettstreit. Als Wettgesangordnung ist die vom „Westdeutschen Sängerverband" bearbeitete und seinerzeit im Wegweiser veröffentlichte zugrunde gelegt. Als Preise sind Kunst- und Wertgegenstände sowie Medaillen vorgesehen.

Das staatlich konzessionierte **Konservatorium der Musik zu Dortmund**, welches unter Direktion der Herren **C. Holtschneider** und **G. Hüttner** steht, hat soeben seinen 2. Jahresbericht der Oeffentlichkeit übergeben. Wie derselbe bekundet, wurde das Institut im verflossenen Schuljahre von insgesamt 485 Schülern besucht. Der Unterricht erstreckt sich, nachdem mit Beginn des Sommersemesters dem Lehrplan regelmässige musikgeschichtliche Vorlesungen einverleibt worden sind, über alle Zweige der Musik und wird von 25 Lehrkräften erteilt. Mit Ostern des vergangenen Unterrichtsjahres ist, vielfachen Wünschen entsprechend, ein mit dem Konservatorium verbundenes Klavierlehrer- und Lehrerinnen-Seminar eröffnet worden. An öffentlichen musikalischen Produktionen fanden 13 Schüler-Vortragsabende und öffentliche Prüfungen, sowie 4 grössere Chor-Aufführungen statt. Mit dem Konservatorium steht das von Herrn Kapellmeister **Hüttner** begründete und geleitete „Philharmonische Orchester" in Verbindung, sodass den Studierenden der Anstalt reichlich Gelegenheit gegeben wird, in den Konzerten der genannten Korporation die klassischen und modernen Meisterwerke der Tonkunst in stilvoller Ausführung kennen zu lernen. Bezüglich der Gewährung von Freistellen an unbemittelte begabte Schüler beiderlei Geschlechts ist von den städtischen Vertretungen dem Konservatorium aus den Sparkassen-Ueberschüssen ein namhafter Betrag bewilligt worden. Das neue Schuljahr beginnt am 10. September. O. G.

Mixtura jocosa.

Fataler Schreibfehler.

Der Tenor des Stadttheaters brachte das schöne Lied „Erhöre meines Herzens Quaken (Qualen)" innig empfunden zum Vortrag.

Vom zweiten Sängerwettstreit in Frankfurt a. M.

A.: Wie, der Komponist des Preisliedes, Messner, ist Oberleutnant und steht in Breslau bei der Artillerie?

B.: Na, warum wundert Sie das so? Das ist nun mal der musikalische Lauff der Welt.

L. Ein umfangreiches Plakat verkündet: „Musikverein L. hält sich den geehrten Vereinen u. s. w. an vorkommenden Festlichkeiten, z. B. Stiftungsfeste, Konzerte, Bälle, Beerdigungen und sonstige Vergnügungen in steter Erinnerung. Mache besonders darauf aufmerksam, dass der Verein nur aus gute und pünktliche Musiker besteht" Gemüt und Grammatik scheint den Dirigenten nicht sehr zu bedrücken. Was aber versteht er unter „pünktliche" Musiker? Bilden sie den Gegensatz zu kontrapünktlichen?

Der Sänger.

Amtliches Organ des westdeutschen Sängerverbandes.

Das Volkslied ist die Unsterblichkeit der Musik.
Marx.

Verbunden werden auch die Schwachen mächtig.
Schiller.

26. Septbr. 1903. — Nr. 12.

Redaktion u. Verlag: H. vom Ende, Köln a. Rhein, Ecke Bismarckstrasse 25.

Westdeutscher Sänger- und Dirigenten-Verband.

Aufforderung.

Die werten Vereinsvorstände werden nochmals dringend ersucht, die Fragebogen und Karten bezgl. des Wettstreites baldmöglichst zu beantworten. Ferner wird darauf aufmerksam gemacht, dass die **Verbandsabzeichen** in schöner Ausführung zum Preise à 0,30 Mk. vom Verbandsschriftführer Herrn Gust. Dienst in Gelsenkirchen zu beziehen sind.

H. Benewitz, Bochum Hamme geschäftsl. Vorsitzender.

I. Bezirksfest des Bezirksvereins Bochum.

Am Sonntag, den 13. September cr. fand im Saale des Stadttheaters in Bochum das erste Bezirksfest des Bochumer Bezirksvereins statt. Das Konzert hatte sich in künstlerischer Hinsicht zu einem gediegenen gestaltet. Die exakten Vorträge des städtischen Orchesters des Herrn Merkert riefen ebenso wie die einzelnen Gesangsdarbietungen, wahre Beifallssalven seitens des zahlreichen Publikums hervor. Und wahrlich, die 4 Vereine, welche in der stattlichen Sängerzahl von ca. 130 Personen den herrlichen Chor „Waldzauber" v. Herrn Rektor Grosse-Weischede unter persönlicher Leitung des Komponisten sehr wirkungsvoll zu Gehör brachten, leisteten auch in den einzelnen Vorträgen ganz Vorzügliches, obschon der Männergesangverein Sängerbund Schalke unter der Leitung des Herrn Willms sen. von allen unzweifelhaft auf der höchsten Stufe künstlerischer Vollendung steht.

Herr Königlicher Bahnmeister Bertrams-Bochum nahm Veranlassung zu Beginn des I. Teils die Vereine und Ehrengäste (unter letzteren zahlreiche Musikautoritäten) mit kurzen aber wohlerdachten, vornehmen Worten zu begrüssen und schloss mit einem Hoch auf den Kaiser.

Die eigentliche Festrede hielt der geschäftsl. Vorsitzende des Gesamtverbandes, Herr Benewitz. Er erging sich in längeren Ausführungen über die „Zwecke und Ziele des Westd. Sängerverbandes", beleuchtete in anschaulicher Weise die Entstehung, Vollendung und Ausartung des Männergesangs und der modernen Wettstreite, geisselte mit scharfen Worten das verderbenbringende Gebahren mancher Sänger und Dirigenten und schloss nach ca. ½ stündiger, mit spannender Aufmerksamkeit verfolgter, von Beifallsrufen unterbrochener Rede, mit einem brausend aufgenommenen Hoch auf den Verband. Ein vornehmer Ball beschloss das in allen Teilen wohlgelungene Fest.

❦

Vereins-Drucksachen.

Unter dieser Ueberschrift finden wir im „Inland-Printer", einem angesehenen, graphischen Fachblatte, folgende köstliche Ironie:

„Also ick un Schulze un Schmidt, wir sind als Drucksachen-Komitee jewählt worn, un weil unser Verein sparsam wirtschaften muss, soll'n wir von verschiedene Druckereien Preise infordern."

„Preise wovor?"

„Na, du weest doch, for neie Statuten for unsen Verbandsunterverein. Wir sin zwar blos unse zweeunddreissig Mitjlieder; aber wir wollen doch jleich hundert Stück drucken lassen, weil et denn billijer is. Na, Mensch, ick sage dir, det is 'ne Uffgabe. De Statuten soll'n anständig aussehen, 'n feinen Deckel drum mit Ambleme und Klimbim, allens stilvoll, acht jedruckte Seiten, neiste Ottejrafie —"

„Ach Mensch, det interessiert mir jarnich, wie't mit de Ditaljs is. Wat habt ihr denn mit eier Komitee ausgericht?"

„Na lass mir doch ausreden. Schmidt meente, wir missten nach 'ne Parteidruckerei jehen, aberst Schulze un ick war'n dajegen, weil wir doch sparen wollen an unse Statuten ooch deskreht sind. Also wir jehen nach ne Druckerei in de Prinzenstrasse mit 'n jrosset Schild über de Hausdiere, un fragen, wat de Statuten kosten däten. Wat der Meester war, rechnete eene Weile un denn sagt er: „Achzehn Mark fix un fertig, in drei Dage könn' Se se haben." Ick wollte schon sagen: „Na, denn machen Se se man," aber Schulze sagte: „Achzehn Mark? Det finde ick deier. Da müssen wir uns erst nochmals beraten," un weg jingen wir. In de nächste Kneipe hielten wir n' Komiteesitzung ab, die ziemlich ne Stunde dauerte. Endlich beschlossen wir noch nach eene andre Druckerei zu jehen und fragen; wenn der mehr wie achzehn Meter verlangte, denn wollten wir doch widder nach den Drucker in de Prinzenstrasse jehen. Diesmal jingen wir in de Alexandrinenstrasse. „Siebzehn fufzig," hiess et. Ick wollte de Looferei en Ende machen un sage zu Schulzen: „Du, woll'n wir't nich machen?" „Wo denkste hin," sagt er, „et is doch nich unser Jeld, wat et kostet. Wir müssen uns noch andre Ufferten inholen," und wieder ging et weiter. Natürlich mussten wir uns erst wieder beraten, un weil et jrade so passte, kloppten wir 'n kleenen Skat um de Zeche. Det mochte wohl so ne anderthalb Stunden jedauert haben, da sagt Schmidt: „Meine Herren, unse Pflicht ruft" un steht uff. Na, wir also widder los. Ick jloobe, in de Ritterstrasse fragten wir widder nach 'n Preis. „Sechzehn fufzig" hiess et. Widder wollte ick sagen: „Na denn man zu," da sagt Schulze: „Wat fällt dir denn in? Wir missen uns doch dadriber erst schlüssig machen!" un widder jing et in eene Kneipe. „Jenossen," sagt Schulze un schmiss sich in Posentur, „ihr seht, wat for Jeld wir unsen Verein sparen, dat wir den Uftrag nich gleich 'n ersten besten jejeben haben. Nu wir mal als Komitee gewählt sind, müssen wir ooch unse Pflicht dun, schon wejen det Beispiel." Also wir jingen noch nach eenige Drucker; aber ick kann mir nich mehr besinnen, wat se forderten; ick jloobe, der eene verlangte blos fufzehn un 'n andrer eenige zwanzig Mark. Aber mittlerweile war't Abend geworden un von de ville Seidel un Schnäpse un det ville Reden war et uns schon 'n bisken fuslig vor de Oogen. Na, in 'ne Schlussitzung — ick jlobe, et war in de Dresdner- oder Oranjenstrasse — beschlossen wir, de Anjelegenheit zu verdagen un vorleifig blos Bericht zu erstatten."

„Na, wat habt ihr nu ausgericht?"

„Bis jetzt noch nischt. Wir haben erstemal unse Auslage lickediert: drei Mann 'n halben Dag Verdienstausfall, jeder zwee fufzig, macht sieben fufzig; Zehrgelder a zwee Mark macht sechse, zusammen dreizehn fufzig.

Na höre mal, um ne Drucksache, die blos sechzehn oder achtzehn Mark kosten soll, macht ihr so ville Spesen, un habt et noch nich mal erledigt? Wenn ihr noch eenmal soville ausjebt, kosten euch die Statuten ja an die fufzig Mark. Wenn ihr doch mal sparen wollt, so müsst ihr bei de Spesen anfangen."

„Ach, quatsche nich. Wat haben de Spesen mit de Druckkosten zu dun? Wenn wir noch 'n Tag losjehn, un finden vielleicht eenen, der de Statuten for zehn Mark macht, haben wir unsen Verein bare acht Mark jespart. Un diese Arbeit for det Gesamtwohl sollen wir umsonst machen? Nich in de Hand!

Das Bestreben vieler Vereine, die Drucksachen, ganz unbeschadet um geschmackloses Aussehen und fehlerwimmelnden Satz, nur ja recht billig zu beziehen, ist nicht scharf genug zu verdammen. Jede Drucksache bildet nach aussen hin den Vertreter des Vereins und sollte als solcher zur besseren Repräsentierung möglichst elegant in die Welt geschickt werden. Wir sind sicher die letzten, die sich eines harmlosen Druckfehlers wegen aufregen; was aber speziell beim Druck von Liedertexten geleistet wird, ist kaum glaublich. Da liegt vor uns ein Textheft, in dem beim „Deutschen Lied" die verschiedenartigen Refrainschlüsse einfach weggelassen sind. Im „Kärnthner Lieder-Marsch" schliesst die erste Strophe:

„Mein Himmel auf Erden,
wie bist du so schön!"
Dich schön! Tra la la!

In der zweiten Strophe:

Der Jägersmann die Gemse schreckt.
Tra la la, sie schreckt, sie schreckt, tra la la!

Aus der Jugendzeit hat Mohr (!) gedichtet und das „Minnelied" hat Siebel (!) komponiert. Wir könnten diese Blütenlese in noch reichhaltigerer Weise ausstatten, wollen aber für heute mit dem Wunsche schliessen, dass es uns in der vor der Tür stehenden Konzertsaison versagt bleiben möge, ähnlichem Blödsinn zu begegnen.

Vermischtes.

Dem gefeierten Dichter-Komponisten Thomas Koschat mit seinem von ihm gebildeten „Koschat-Quintett" ist die hohe Auszeichnung zu teil geworden, vor Sr. Majestät dem Deutschen Kaiser gelegentlich seines bevorstehenden Besuches in Wien einige Lieder zum Vortrag bringen zu dürfen.

Auf dem im nächsten Jahre stattfindenden „**Schwäbischen Sängerbundesfest**" wird das Chorwerk „Der deutsche Heerbann" von Felix Woyrsch von ca. 2000 Sängern aufgeführt.

Rheinischer Sängerbund. In der hier unter dem Vorsitze des Präsidenten des Kölner Liederkranzes, Herrn Küppers, abgehaltenen Versammlung der Vertreter des „Rheinischen Sängerbundes" kam auch die auf dem Delegiertentage in Mülheim a. d. Ruhr zur Sprache gebrachte Nichtverleihung der Medaille für Kunst und Wissenschaft an den dortigen Männergesang-Verein „Frohsinn" bei Gelegenheit des 50jährigen Jubelfestes zur Erörterung, wobei darauf hingewiesen wurde, dass andern Vereinen, u. a. dem Frankfurter Liederkranze und dem Danziger Sängerbund, bei denselben Anlässen die Königsmedaille verliehen worden war. Der Männergesang-Verein Frohsinn wurde beauftragt, unter Hinweis darauf, nachträglich nochmals die Verleihung der goldenen Königsmedaille zu beantragen. Auch der Quartett-Verein Düsseldorf wird im Hinblick auf sein demnächst stattfindendes Jubelfest dieselben Schritte einleiten. Der nächste Delegiertentag soll am 7. Oktober in Düsseldorf stattfinden. — Der Kölner Liederkranz wird im Jahre 1905 gleichfalls sein 50jähriges Stiftungsfest feiern. In welcher Art und in welchem Umfange, wird in einer im nächsten Monat abzuhaltenden a… lichen Generalversammlung beschlossen werde…

Der Männergesang-Verein Köln-Nipp… dem Gesangwettstreite in Amsterdam, den de… sangverein „De Vereenigde Zangers" aus Anla… Stiftungsfestes veranstaltete, in der internation… den dritten Preis errungen. Der erste Pre… Utrechtsche Manner-Zangvereeniging, der zweite … sangverein La Concorde, Verviers.

Köln. Die MGVereine »Arion« und »Nim… beabsichtigen einen »**Humoristischen Gesang**… zu arrangieren. Das Singen findet in 3 Klasse… zwar in einer grossartig arrangierten Karnevals-P… Jeder konkurrierende Verein erhält ein Diplom, … Senatorenmütze und einen vornehmen Fahne… preisgekrönten Vereine erhalten ausserdem eine… Kunstgegenstand. Zum Vortrag gelangen ein … Lied im Volkston nach Wahl und ein aufgegebe… chor für die I. Klasse (Vereine mit über 50 Sänger… chor für die II. Klasse (über 30), 6-Wochen… III. Klasse (unter 30 Sängern).

Die Idee dürfte Anklang finden im lach… und eine Bereicherung unserer notleidenden h… istischen Literatur kann keinesfalls schaden, … unsere Modernen immer mehr vergessen, dass d… eigentlich auch heiter sein soll.

Kaiser Wilhelm über das deutsche Lied … Vorstellung im Schönbrunner Schlosstheater, d… Elite Wiener Sänger und Schauspieler ausgeführ… Kaiser Wilhelm den Komponisten der Kärntner L… Koschat, in ein fast 10 Minuten währendes Ge… er interessante Bemerkungen über die Aufgab… gesangvereine und über die Pflege des deu… machte. Der Kaiser lobte zunächst Koschats K… „Diese einfachen Lieder", sagte er, „aus dem G… der Seele hervorgeholt, mit ihren schönen Melod… nie ihre Wirkung. Herz und Gemüt müssen a… erklingen, wenn das Volk es singen und wenn e… Notwendig ist es, die Kompositionen so zu ze… die menschliche Stimme durch ihre Wiedergabe … angestrengt wird. Manche Komponisten be… menschliche Stimme rein wie ein Instrument… Kunstgenuss ist, wenn man sieht, wie sich d… mühen, sich in Akkordfolgen und theoretischen … überbieten, überlasse ich dem Urteil jedes Kun… Das volkstümliche Lied kann auch zur Vere… Patriotismus dienen, aber nur, wenn es … ist." Auf den Frankfurter Sängerwettkampf k… der Kaiser noch, es habe ihm ein grosses Verg… Kienzls Volkslied zu hören, in dem die Kraft … keit des echten Volksliedes liege. Von Hegar sag… dieser sei gewiss ein ausgezeichneter Künstler. … Mehrheit der Gesangvereine schreibe er zu schw… habe es ihn, dass in Frankfurt gar nichts von Sc… wurde.

Zum Frankfurter Gesangwettstr…

(Eingesandt.)

Die freie Rede ist die Zier des deutsch… war es in alter Zeit und blieb bis heute … Wenn auch die Worte unseres obersten Herrn … wie Schwerthiebe um unsere Ohren sausen. … wenn der erste Eindruck derselben überwunden … dass dieselben viel Wahres enthalten und … manchem wie mir, dass aus dem Saulus … Wir müssen von unserem alten deutschen Vo… Gebrauch machen, um in freimütiger Rede un… und den Gedanken, die sich uns aufdräng… geben. — In Frankfurt wurden in den 3 Sänge… schreibe 64 grosse, langatmige Chöregesungen. … Kaiser verdenken, dass dieselben ihm fast zum U… Ein Volkslied mit seinem anmutigen Reiz ab… hätte auch uns, setzen wir uns an seine St…

ein frischer Windhauch nach langer mühseliger Wanderung. Blumen im einerlei des Grün, Blumen für den Geist im einerlei des Ernstes unseres Strebens, das ist einmal Gesetz für uns arme Staubgeborene. — Bei dem Kaiserwettstreite in Kassel verlangte der Kaiser, wie erinnerlich, nach Volksliedern. Wie kommt es nun, dass diesem sehr berechtigten Wunsche nicht entsprochen wurde? Den Schatz zu heben, der in dem meist so tiefen Sinn unserer herrlichen Volkslieder liegt, das ist die Sorge unseres Schirmherrn des deutschen Liedes Warum, frage ich nochmals, entsprach die Kommission nicht diesen Intentionen, indem sie den Aufruf an die beim Kaiserwettstreit beteiligten Vereine folgendermassen formulierte: Ein aufgegebener Achtwochenchor und ein Volkslied nach Wahl!? In diesem Falle wäre es keinem Vereine und keinem Dirigenten in den Sinn gekommen, ein anderes als ein Volkslied zu wählen. Im andern Falle wird niemals das Volkslied, sondern werden nur Kunstchöre gewählt. Mir scheint überhaupt, dass die Kommission nicht richtig orientiert war; wenn die Herren Männerchorkonzerte besuchten oder die Konzertprogramme derselben durchsähen, würden sie bemerken, mit welcher Vorliebe das Volkslied gepflegt wird. Das Chorlied „Wer hat dich, du schöner Wald" ist kein Volkslied zu nennen, da es nicht im Stil desselben geschrieben ist; auch wird dasselbe nicht leicht mehr populär werden, es leidet eben daran, dass es im Uebermass gesungen wurde. Sollte das Lied indess einmal aufgegeben werden, dann ist davor zu warnen, dass es nicht von allen Vereinen zu gleicher Zeit aufgegriffen und gesungen wird, denn schliesslich ist es doch eher erträglich 7 mal Hegar und 8 mal Brambach zu hören, als 32 mal „Wer hat dich, du schöner Wald". Fassen wir indessen die treue Sorge unseres hohen Schirmherrn nicht unrichtig auf, der Kommission muss der Frankfurter Kaiserwettstreit ein Fingerzeig sein: eine richtige Wahl zu treffen, die dem Geschmack des Kaisers und vieler anderer besser entspricht; den Dirigenten und Vereinen muss es Pflicht sein, den Schatz unserer Volkslieder zu beleben und zu heben, damit das deutsche Volk auch im deutschen Liede sein hohes Streben und Können zeigen kann.

B. W.

❦

Neuere Chorwerke mit Begl.

Der Messias, Orator. von **G. F. Händel**, übersetzt, bearbeitet und für die Aufführung eingerichtet von Friedr. Chrysander. Klavierauszug herausgeg von **Max Seiffert**, (Breitkopf & Härtel, Leipzig. Mk. 3,- .

Die Frucht Chrysander'scher Arbeit liegt nunmehr in einer trefflichen Ausgabe des Messias vor. Man kann in manchen Dingen, so über den Umfang der Striche, Instrumentation, anderer Ansicht sein, darf aber nicht die grossen Verdienste Chrysanders in Bezug auf Einrichtung, Uebersetzung etc. übersehen Die Klavierbegleitung ist sehr klaviermässig gesetzt, die Ausstattung gediegen. Der Auszug ist von 172 Seiten der Peters-Ausgabe auf 142 zusammengeschrumpft.

August Reiser. Wintersonnenwende. Ein Spinnstuben-Märchen in 3 Abt. Ged. von Marie M. Schenk. (Berlin-Gr.-Lichterfelde, Chr. Fr. Vieweg. Partitur Mk. 5,—, Chorstimmen Mk. 2,40.)

Ein gar rührsamer, sagenartiger Stoff, in fliessenden Versen geschrieben und melodramatisch behandelt. Göttin Perchta, die alljährlich in den 12 heiligen Nächten mit ihren Schutzbefohlenen, den Heimchen, d. h. den Seelchen der Kinder, die vor der Taufe starben, über Land wandelt, trifft unterwegs Wodan mit seinem wilden Heer und soll sich diesem anschliessen, da sie auf Erden doch nur Falschheit und Untreue finde. Perchta widerspricht und macht sich anheischig, ein Paar zu finden, welches die Treue hält trotz bitterster Erdennot, andernfalls sie sich dem wilden Heer anschliessen wolle. Binnen Jahresfrist ist ein solches Paar gefunden und Perchta kann künftig in Frieden mit den Heimchen zur Weihnachtszeit über die Erde ziehn.

Die Musik ist einfach und ansprechend, teils für gem., teils für Frauen- und Kinderchor geschrieben. Durch lebende Bilder lässt sich die Handlung zweckmässig beleben, sodass eine Aufführung um die Weihnachtszeit sich lohnt.

Gustav Hecht, op. 48. O du selige Weihnachtszeit, Lied für Sopran-Solo u. gem. oder Frauenchor mit Klavierl (Lichterfelde, Vieweg. Part. Mk. 1,—, Chorst. je —,15.)

Von mässigem Umfange, aber wirkungsvoll. In das melodiöse Solo klingt zunächst der Choral „Vom Himmel hoch" aus der Begleitung hinein; der Chor schliesst mit einem, Anklang an „O du fröhliche".

Bruno Stein, op. 24. Ein Bild aus fernen Tagen. Für 4 stimmigen Männerchor mit Klav. od. Orch. (Gr. Lichterfelde Chr. Fr. Vieweg. Klavierauszug Mk. 2,—, Chorst. je —,45.) Kaiser Sigismund belehnt Friedrich mit dem Banner Brandenburgs. Das Werk ist leicht ausführbar.

❦

Musikalische Schriften.

Regeln für den Vortrag des gregorianischen Chorals. Im Auftrage des Vorstandes des els. Cäcilien-Vereins zusammengestellt. (Strassburg, Le Roex & Co., Pr. —,20. 10 Exemplare Mk. 1,50.)

Es wird in knapper, sachgemässer Weise behandelt: Textaussprache, Choral-Melodie und Rhythmus, allg. Vortragsregeln.

Silcher oder Hegar, von **Ad. Prümers**. (Seemann Nachf., Leipzig. Pr. —,50). Verfasser beschäftigt sich mit der Hatz gegen die moderne Männerchorliteratur und kommt zu dem Schlusse, dass das Kunstlied und Volkslied gleichmässig zu pflegen sei. Ueber das Wesen der Effekthascherei in den Kunstchören gehen unsere Ansichten freilich bedeutend auseinander. Wenn z. B. Verfasser das mehr wie einfache Oktavenmotiv in Webers „Waldweben" als „höllenmässiges Rauschen und Krachen" verdammt, oder die etwas archaistisch anmutende Stelle „Brausende Stürme" im „Römerstein" von Attenhofer, oder gar den mehr wie zahmen „Fliegenden Holländer" von Brambach, in dem kaum Achtel-Figuren, geschweige denn „Passagen in Sechszehntel-Figuren" vorkommen, und wenn er schliesslich den Schubertschen „Erlkönig" als ein abschreckendes Beispiel für die übertrieben scharfe Herausarbeitung der gegensätzlichen Charaktere und Stimmungen brandmarkt, dann kann man wirklich beten: „Der Herr schütze den Männergesang vor seinen Freunden". —

Vom Schwinden der Gesangeskunst, von **Arthur Smollan**. (Leipzig, Seemanns Nachf., Pr. —,50.)

Ein Mahnwort an Lehrende und Lernende. Verf. deckt mit kundiger Hand die Schäden unsres heutigen Gesangstudiums auf und skizziert die einzig richtige Methode, die Sangeskunst zu heben. Einige der wenigen einschlägigen Schriften, in denen jedes Wort unterschieden werden kann, den Jüngern dieser Kunst zu empfehlen.

Musikalisches Handbuch für Seminaristen von **Oskar Zehrfeld**. II. Teil. Gesang. (Löbau, J. G. Walde. Mk. 1,80.)

Das Werk enthält Tonbildungs-, Treff- und Geläufigkeitsübungen nebst einer grossen Sammlung von Solo-Liedern als Unterrichtsstoff. Als Ergänzung hierzu dienen die **Tonbildungsübungen von O. Zehrfeld** (Löbau, Walde. —,75), welche mehr der zweckentsprechenden Behandlung der Sprachlaute gewidmet sind.

Goldene Reime für Männlein und Weiblein, so sich der edlen Gesangeskunst befleissigen wollen, von **Gernebald Heuler** (Dresden, Albanische Buchdruckerei, —,50).

Witzlose Reimerei in opulenter Ausstattung.

Verzeichnis der hervorragendsten Erscheinungen der Klavierliteratur. Separatabdruck der 3 ersten Seiten aus H. Nürnberg „Hundert Klavierstunden in 50 Lektionen". (Zürich, Gasmann. —40).

Max Hesse's Deutscher Musiker-Kalender 1904 (Leipzig, Max Hesse's Verlag. Pr. Mk. 1,50) ist soeben in bekannter gediegener Ausstattung erschienen. Teil I. enthält Kalendarium und Notizbuch, Teil II. Konzertbericht und Adressbuch. Das neuerdings hinzugefügte alphabetische Namensverzeichnis ist für den Suchenden von wesentlichem Nutzen.

Patriotische Männerchöre.

Verlag von Ernst Eulenburg, Leipzig.

Deutsche Eiche Nr.		Part.	St.
278	André, J. Bekränzt mit Laub	—,40	—,10
239	Baumgartner, W. Der ist allein ein freier Mann	—,40	—,10
189	Bortniansky, D. Ich bete an die Macht der Liebe	—,40	—,10
455	Cotta, J. Was ist des Deutschen Vaterland?	—,40	—,10
	Döring, C. H., op. 89. 1. Ringsum droht der Feinde Schar	—,80	—,20
	do. op. 89. 2. Herrlich auferstanden bist du, deutsches Reich	—,80	—,20
302	Dürrner, J. Das Lied vom Wein ist leicht und klein	—,40	—,10
360	Girschner, C. F. J. Ich grüsse dich, o Morgen	—,40	—,10
	Hartmann, op. 18. Mein deutsches Vaterland, dir tönt mein Lied	1,—	—,20
174	Haydn, J. Deutschland über Alles	—,40	—,10
91	Himmel, F. H. Vater, ich rufe dich	—,40	—,10
410	Kalliwoda, J. W. Es regt in Deutschlands Gauen	—,40	—,10
70	Kreutzer C. Dir möcht ich diese Lieder weihen	—,40	—,10
308	Kuntz K. M. Odin, du Schlachtengott	—,40	—,10
94	Lindpaintner P. v. Der Sänger hält im Feld	—,40	—,10
286	Loewe, C. Friedericus Rex, unser König und Herr	—,40	—,10
287	do. Das war die Schlacht von Waterloo	—,40	—,10
384	do. Herr Heinrich sitzt am Vogelherd	—,40	—,10
364	Lyra, J. W, Zwischen Frankreich und dem Böhmerwald	—,40	—,10
262	Mair, Fr. Wir schmieden und wir hämmern	—,40	—,10
41	Marschner, H. Wir wollen deutsch und einig sein	—,40	—,10
72	Marschner, A. E. Und hörst du das mächtige Klingen	—,40	—,10
134	Methfessel, G. A. Stimmt an mit hellem, hohem Klang	—,40	—,10
69	Mücke, Fr. Froh und frei ziehn wir dahin	—,40	—,10
169	Nägeli, H. G. Es klingt ein heller Klang	—,40	—,10
397	Otto, Fr. Hoch und hehr erschallt	—,40	—,10
408	Peters, J. Strömt herbei, ihr Völkerscharen	—,40	—,10
43	Reissiger, C. H. Die Heere blieben am Rheine stehn	—,40	—,10
309	Schuppert C., Die schönste Waffe, die es gibt	—,40	—,10
187	Silcher, Fr. Kein schön'rer Tod	—,40	—,10
	Sitt H. Nun brich von deiner höchsten Eiche	—,80	—,20
	Stechter, E. Du hast mit deiner schlichten Weise	—,60	—,15
303	Stuntz, J. H. Im Pokale klaren Wein	—,40	—,10
71	Torgauer Marsch, Hoch der Kaiser, hoch	—,40	—,10
178	Volkslied. Der gute Kamerad	—,40	—,10
179	„ Steh ich in finst'rer Mitternacht	—,40	—,10
180	„ Morgenrot, Morgenrot	—,40	—,10
184	„ O Strassburg, o Strassburg	—,40	—,10
371	„ Frei und unerschütterlich	—,40	—,10
375	„ Blutrot der Himmel leuchtet	—,40	—,10
135	Weber, C. M. von. Hör' uns, Allmächtiger	—,40	—,10
165	do. Das Volk steht auf	—,40	—,10
339	Zöllner, C. Auf, deutsche Brüder, haltet Wacht	—,40	—,10

Luckhardts Verlag (R. Lebrecht).

st.	Jos. Freyer, op. 72. Deutsches Lied	—,40	—,15
mch.	J. Klump. Kaiserglöcklein	—,80	—,20
mch.	Ludwig Liebe op. 118. Der deutsche Hort	—,80	—,30
mch.	Edwin Schultz, op. 160. Deutsche Hymne	1,20	—,15

Joh. André's Verlag.

mch.	Edmund Parlow, op. 65. Der deutsche Rhein	1,20	—,25

A. E. Fischer.

l.	H. Weinhardt, op. 9. Festlied: „Lasset den Tag"	—,40	—,15

Fr. Kistner.

mch.	Rich. Wickenhausser, op. 29. Des Kanzlers Rat	1,50	—,30

K. Goepfart.

l.	K. Goepfart. Flagge heraus	—,60	—,20

Für gem. Chor.

Verlag von Breitkopf & Härtel.

Ph. Scharwenka, op. 113. An den König. Ode von Klopstock. Für gem. Chor, Sopransolo, Orch. und Orgel. Klavierausz. Mk. 2.—. Chorstimmen je —,30. Partitur Mk. 6,—.

Ein grösseres, etwa 20 Minuten dauerndes Werk, dessen musikalisches Gewand durchaus den begeisternden Dichterworten entspricht. Zur Aufführung an Königs Geburtstag den Vereinen und höheren Schulen sehr zu empfehlen.

Inhalt des IV. Jahrganges 1902/1903.

Bezugsquellenregister.

Vereinsfahnen.
Kölner Fahnenfabrik,
Arnold Steiger, Köln.

Buchbinderei E. A. Enders, Leipzig.

Abzeichen f. Gesangvereine,
Muster an Vereine postfrei.
Adolf Belada, Wien VII/2.
Mariahilferstr. 54.

Diplome, Urkunden,
Fest- und Vereinsabzeichen, Lampions,
Fackeln etc.
Seb. Fliessbach,
Leipzig-R. 98 K.

Banner, Fahnen, Schärpen, Abzeichen.
Thüringer Fahnen-Fabrik, Coburg.

Meister-

haft gearbeitete Musikinstrumente jeder Art direkt vom Herstellungsorte Wilh. Herwig in Markneukirchen i. S.
Illustrierte Preisliste umsonst und portofrei. Bitte anzugeben, welche Instrumente gekauft werden sollen.

Neues für gemischten Chor
im Verlage von **F. E. C. Leuckardt** in Leipzig.

Chor der Toten

Gedicht von Conrad Ferdinand Meyer,
für
gemischten Chor mit Orchester
von

Fritz Neff.

Op. 5. Herrn Max Schillings gewidmet.
(Text deutsch und englisch).

Erstmals aufgeführt bei der 38. Tonkünstler-Versammlung des Allgemeinen Deutschen Musikvereins in Krefeld.

Vollständige Partitur mit untergelegtem Klavierauszug netto Mk. 10,
Klavier-Partitur netto Mk. 2,40, Singstimmen à 60 Pf.,
Orchesterstimmen netto Mk 10.

„Mit einem Schlage" — schrieb Otto Lessmann in Nr. 25 seiner Allgemeinen Musikzeitung nach der Krefelder Uraufführung — „hat der Chor der Toten die allgemeine Aufmerksamkeit auf einen jungen Komponisten, den Münchener Fritz Neff (Schüler von Ludwig Thuille), gelenkt, der sich in diesem Musikstück als ein hervorragendes Talent ausgewiesen hat." Das Werk hatte sich eines unbestrittenen, grossen und nachhaltigen Erfolges zu erfreuen, sowohl in Krefeld — wiederholt — als auch in verschiedenen anderen rheinischen Städten, namentlich in Köln in einem Gürzenich-Konzert unter Leitung von Richard Strauss. Für bevorstehende Saison ist das interessante Werk an verschiedenen Orten in Vorbereitung, u. a. in Hagen, Innsbruck (Dir. Jos. Pembaur) und München (in der Akademie der Tonkunst).

Demnächst erscheint:

Georg Schumann

Op. 33. Totenklage

aus Schillers Braut von Messina
für
gemischten Chor und Orchester.
(Zeitdauer 30 Minuten).

Klavier-Partitur netto Mk 3.—, Jede Singstimme 80 Pf.
Orchester-Partitur und Orchesterstimmen.

Verlag von **F. E. C. Leuckart** in Leipzig.

Männerchöre im Kärntner Volkston

componirt von

Thomas Koschat.

Billige Handausgabe in Taschenformat.
(Koschat Album für Männerchor.)

Erster Band. Inhalt: Karntner Liab; A Busserl vom Diandlan; „Mei Diandle is sauber"; Verlassen; Der Karntner Bua; Der Tost; Karntner G'müath; Stöfferbua und Almadlen; D' Palschthaler; Betrogen; 's Busserl am Grab; „Was fahlt dir liabs Schatzerle"; Biabarl mirk dir's fein; D' Senner-Mizzi; Was wohl d' Liab is; Der guate Rath; D' Hamkehr; Du Mondscheinigkeit; Wann der Bua fechtig is; 's Busserl vom Wörthersee; Mei Schatzerl; Die lustigen Jagerbuam; Der verliebte Bua.

Partitur mit Portrait ℳ 1,50 netto. Jedes der vier Stimmhefte 50 ₰ netto.

Zweiter Band. Inhalt: Abschied; Der verpasste Kahs; „Wo i geh', wo i steh'"; Beim Fensterln; Der vernagelte Bua; Kalt, Kalt!; Der Bauer geht umer; Wänn die Sun' und Mond steht; I hab' dir in d' Augian g'schaut; 's Tapprle; 's Schnaberin; 's Busserlbrocken; Was der Stöfel wer'n will; Der g'muathliche G'maawirth; Kraie Liab; 's Himmelberger G'sangl; 's Karntner Herz; Zaberweible von Gamsberg; Das Stan-Nagle; Za spät; 's Hensfensterl.

Partitur mit der facsimilirten Urschrift „Verlassen bin i" Preis ℳ 1,50 netto. Jedes der vier Stimmhefte 50 ₰ netto.

Dritter Band. Inhalt: Vorbei; Die Päfäge; Tanzboden-Sprüchlan; 's Fopp-Liadl; Buaschen-Klag; *Fünf Kärntner Volkslieder*: (Und in Feld singt die Lerchen; Wänn i mei Diandle halsen thua; Durt draussen in Wald; Af der Fladnitzer Alm; Mei Diandle is jung und schön); Der guate Mond; 's liegt in Binat; Hamatliab; Der sakrische Bua; Der verhexte Jager; Mei Freud'; Der Grene Paule; In der Fremd; Aus'n Karntnerländ; Jager und Sennerin; D' Liab in Himmel; 's Sternnadle; Der grantige Bua.

Partitur ℳ 2,— netto. Jedes der vier Stimmhefte 50 ₰ netto.

H. vom Endes Verlag, Köln a. Rh.

Gesänge

für eine Singstimme mit Klavierbegleitung
von

A. von Othegraven

Op. 18	I	Ständchen „Weiße Mondesnebel schwimmen" . . . . . Th. Storm
	II	Die Stunde schlug . Th. Storm
Op. 19	I	Sehnsucht „Ferner Geister-stimme lauschen" . . . . . Th. Suse
	II	Warum? „Märchenaugen" Th. Suse
	III	Heimkehr „Doch meine Heimat" . . . . Th. Suse
Op. 20	I	„Es war ein Tag" . Anna Ritter
	II	Aus Frühlingstagen „Träume der Nächte" . . . C. Busse.

Preis für jedes Heft Mk. 1,50.

A. von Othegraven hat sich als geistvoller Bearbeiter von Volksliedern sowie als Tonsetzer („Abend auf Golgatha", „Der Milchbrunnen" für gem. Chor, „Das macht der duftige Jasmin", „Hochzeitslied im Maien" etc. für Sologesang, „Der Rhein und die Reben für M.-Chor) bereits einen klangvollen Namen erworben. Unter den vorliegenden Liedern gehören namentlich die Suseschen, op. 19, zu seinen vornehmsten, ergreifendsten Schöpfungen. Das letzte derselben, „Heimkehr", den Ausdruck seligen Entrücktseins in lichten Harmonien wiedergebend, vereinigt die Hauptmotive der vorhergehenden und verbindet so den Zyklus zu einem geschlossenen Ganzen.

Das „Ständchen", im Kölner Tonkünstlerverein von Carola Hubert entzückend vorgetragen, gefiel in seiner burschikosen Keckheit so sehr, daß es wiederholt werden mußte. „Aus Frühlingstagen", ein begeisternder Frühlingshymnus, dürfte sich als geborenes „Dacapo-Lied" in Konzerten die meisten Freunde erwerben.

Schreiben Sie bitte um die neuesten Chöre

von

J. B. ZERLETT, MATHIEU NEUMANN, GUST. WOHLGEMUTH, CARL FÜRNSCHUSS, FRITZ REUTER,

ROBERT LAUGS,

Dirigent des in Frankfurt a. M. preisgekrönten „Krefelder Sängerbundes".

Op. 12. **Zwei Männerchöre.** Nr. 1. **Sehnsucht** (Carl Busse). — Nr. 2 **Abschied** (Fritz Ferber).

Op. 14. **Zwei Männerchöre.** Nr. 1. **Jorlede** (Ballade von O. v. Roquette). Nr. 2. **Wirtstöchterlein** (R. Baumbach).

Op. 18 **Drei gemischte Chöre im Volkston.** Nr. 1. **Landsknechts Abschied.** Nr. 2. **Junge Liebe.** Nr. 3. **Lass rauschen.**

Zum Weihnachtsfeste!

Weihnachten in der Waldherberge. Weihnachtsmärchenspiel von P. Gläser. (Ganz neu!)

Der Weihnachtsengel. Weihnachtsfestspiel von Franziskus Nagler. (Ganz neu!)

Weihnachten. Ein Zyklus von Weihnachtsliedern für Männer- oder gemischten oder 3stimmigen Chor mit Klavierbegleitung von Fr. Hesse. (Ueber 300 Aufführungen.)

Neueste Weihnachts- und Neujahrslieder für Männer- oder gemischten Chor.

Brillante, zugkräftige, humoristische Männerchöre mit und ohne Begleitung:

Weihnachtspolka für Männerchor oder gemischten Chor von Louis Kron.

Jahrmarktsrummel von A. Schwabe.

Der Kompagnieball für Männerchor mit Begleitung von W. Wagenblass.

Zum Totlachen!

Die letzte Kritik. Militär.-humoristische Szene für vier Männerstimmen und Chor von Louis Kron.

Verlangen Sie Auswahlsendungen von

Arno Spitzner's Verlag, Leipzig.

Bayerschestr. 65 oder Bauhofstr. 2.

Meer und Liebe,

komponiert von **J. Nöroth**

Op. 63. **Am Strand** (H. Leuthold).

Für Männer- oder gem. Chor. Part. 1 M.

Mit dem ersten Preise gekrönt (Konkurrenz Preissingen in Bernkastel, Juli 19..)

Op. 87. **Am Meeresstrand**

Männerchor. Part. 1 Mk. St. ...

Was der Dichter sagt: „Ihr liebenswürdiges ... wieder, was ich seiner Zeit empfand ... gabe aber das Wort allein nicht aussa...

Op. 88. **Meeresstille** (...)

Stimmungsvoll. Männerchor. Part. 1 M.

Das Gedicht bringt die Stille nach ... und Menschenbrust zu glücklichem Ausdruck.

Op. 69. **Kreuzfahrers Nacht**

(V. v. Scheffel). 2. V. Sehr ...

Part. 60 Pfg. St. 60 Pfg.

Beurteilungen erscheinen Mitte Oktober ... Ansichtspartituren erhalten Sie kost...

J. Nöroth, Selbstverlag **Trier**

Für Gesangvereine!

Folgende

Ansichtssendung

zur Auswahl

stellt auf Wunsch die

Musikalienhandlung H. vom

Köln, Bismarckstrasse

zur Verfügung.

1) Deutsche und ausländische **Volkslieder**
2) Lieder im **Volkston,** volkstümliche ...
3) Material für **Volksliederabende:**
4) Chöre für **Vereinsfestlichkeiten.** Fahnenweihe, Bundesfest, Begrüssung, Festchöre;
5) Chöre für **Gesangwettstreite:**
   a) wirkungsvolle Lieder im Volkston
   b) **schwierige Kunstchöre;**
6) Material für **historische Konzerte;**
7) **Geistliche** Chorwerke;
8. **Humoristika.** Duette, Terzette, Szenen, Singspiele, Quartette etc.

Wegweiser durch die Chorgesanglitteratur

Ratgeber für Gesangvereine und Dirigenten.

Redaktion und Verlag: H. vom Ende, Köln a. Rh., Ecke Bismarck- und Kamekestrasse.

nebst Beiblatt:

Der Sänger.

Offizielles Organ des Westdeutschen Sängerverbandes, Mosel-, Saar-, Nahe-Sängerbundes, des Mittelrheinischen, Rheinhessischen und Speyergau-Sängerbundes.

Erscheint monatlich einmal. Bezugspreis für 1 Expl. 20 Pfg. Jahresabonnement Mk. 1,50 und 40 Pfg. Porto. Inserate kosten pro 4 mal gespaltene Petitzeile 20 Pfg.

Expedition: H. vom Ende's Musikalien-Versandgeschäft.

Nr. 1. | Köln a. Rhein, den 26. Oktober 1903. | V. Jahrg.

Inhalt:

Die Abonnenten dieses Blattes werden freundlichst um Einzahlung von Mk. 1.90 für Abonnement und Porto gebeten. Die Red.

Musikerkammern.

Der Tonkünstlerstand ist gegenwärtig noch von einer wahrhaft beklagenswerten wirtschaftlichen Unreife. Während alle anderen Stände längst eingesehen haben, dass nur der Zusammenschluss aller Elemente eine Gesundung der Verhältnisse herbeiführen kann, trottet der Musiker und Musiklehrer seinen dornigen Lebenspfad dahin; zwar ungeduldig und mit Murren, aber ohne sich zu einem energischen Aufschwung emporraffen zu können, der ihn drängt, den Rädern in die Speichen zu fallen und den verfahrenen Karren aus dem Dreck zu heben.

In dem Zentral-Verband der Tonkünstler-Vereine haben wir endlich eine Institution erhalten, welche berufen ist, die schlummernden Kräfte zu wecken, den Musikerstand zu heben und zu kräftigen, die wirtschaftliche Lage seiner Angehörigen zu konsolidieren, überhaupt frisches Leben zu bringen in die Ruinen, damit endlich auch der Musiker merkt, dass sein Amt ihm eigentlich ein andres staatsbürgerliches Niveau zuweist, als das bisherige.

Der Zentral-Verband ist gegründet, was ist nun seines Amtes? Welches sind seine wichtigsten Aufgaben? — — Am nächsten liegt natürlich die Besserung der wirtschaftlichen Lage seiner Mitglieder. Zu Gebote stehen ihm hierfür mancherlei Mittel: Gründung von Wohlfahrtseinrichtungen als Kranken-, Sterbe-, Wittwen- und Waisen-Unterstützungskassen, Pflegeanstalten und gemeinsames Vorgehen in der Honorarfrage etc.

Abgesehen hiervon ist es aber auch seine Pflicht, nach weiteren, allgemeineren Gesichtspunkten zu handeln und sich die Frage vorzulegen: Welche Einrichtung ist imstande, die Interessen unsres Standes der Regierung gegenüber wirksam zu vertreten und in allen wirtschaftlichen Fragen als oberste Instanz zu gelten? Antwort: Einzig und allein die **Musikerkammern**, welche analog den Aerzte-, Anwalts- etc. Kammern zu organisieren wären.

Die Regierung lässt sich nicht ein auf Verhandlungen mit freien Vereinigungen, da sie aber bei Beratung gesetzlicher Bestimmungen oder bei Entscheidung über Massnahmen zur Förderung wirtschaftlicher Angelegenheiten der Auskunft und Mitwirkung sachverständiger Kreise nicht entraten kann, so holt sie sich diesen Rat, wo sie eben mag; mit welchem Erfolge, beweist unsre Lage.

Die Musikerkammern sollen also Organe sein, deren Mitglieder aus freier Wahl der beteiligten Kreise hervorgegangen sind, zur Wahrung der Rechte und zum Schutze der Interessen des Tonkünstlerstandes, des ausübenden, wie des unterrichtenden.

Sie haben als offizielle Berater der Regierung diese über die Bedürfnisse des Musikerstandes ununterbrochen zu informieren. Bei ihren Erwägungen sind ebensowohl die lokalen Verhältnisse der einzelnen Landesbezirke zu berücksichtigen, als auch von allgemeinerem Gesichtspunkte aus Kritik derjenigen Vorschläge und Darstellungen zu üben. die aus beteiligten Kreisen an sie oder die Regierung eingebracht werden.

Die Kammern sind von der Regierung über alle geplanten Neuordnungen, Regelung gesetzlicher Bestimmungen, die das Fach berühren, vorher zu befragen. In juristischen Fragen und Streitsachen haben die Kammern das Vorschlagsrecht bzgl. der zu ernennenden Sachverständigen.

Ihrer Beaufsichtigung ist unterworfen Musikunterricht, Kassenwesen und Wohlfahrtseinrichtungen.

Ein weites, fruchtbares Feld liegt vor unsren Augen brach da. Nun ackert, pflügt und sät, auf dass wir übers Jahr das Korn schneiden können. Sprecht euch wenigstens aus, ob ihr wollt oder nicht. vom Ende.

Erfahrungen eines Wettstreitbummlers.

„Mancher gibt sich viele Müh'
Mit dem lieben Federvieh."

Ja, ja! — Auf so einem Wettstreite pflegt es heiss herzugehen. Zuerst brennt die Flamme der Begeisterung lichterloh; jeder Verein lässt sein bestes „Auerlicht" leuchten; der Dirigent taktiert mit einem Feuer, als wollte er ganze Ortschaften einäschern. die Sänger geraten derart in Hitze, dass die Tenorstimmen bereits anfangen, sengerich zu werden; das Publikum ist Feuer und Flamme und die „bewährten" Herren Preisrichter bewerten in diesem Licht- und Feuermeer schweisstriefend die glänzenden Leistungen, bis schliesslich, nachdem der siebenundzwanzigste Verein sämtliche 8 Strophen des „berühmten Wiegenliedchens" von Anton Notenquetscher hinabgesäuselt hat, gegen 12 Uhr nachts ihr letztes Lebensfünkchen zu verlöschen droht. — — — —

Und hinterher kommt dann das liebe F . . . achliteratentum und hat an diesen glänzenden Veranstaltungen so viel auszusetzen, dass es sich schliesslich noch die Finger verbrennt — — —. So ging's auch mir. In einem unbedachten Moment habe ich, ohne vorher Rücksprache mit den verehrlichen beteiligten Kreisen genommen zu haben, geschworen, die anrüchigen Gewächse, so unsere Wettstreite verpesten, mit Stumpf und Stiel auszurotten. Und nun bin ich bei dieser Sisyphus-Arbeit, greife mit mutiger Hand in die Brennnesseln (was tut man nicht für seine Ueberzeugung) und — werde auf das Heftigste angegriffen! —

Mir war bei Beleuchtung der Wettstreitvorkommnisse das Wort „unlauterer Wettbewerb" in die Feder geflossen, womit ich allerdings einer unwahren Beschuldigung Eingang in die Presse verschaffte, denn das Wort „unlauter" ist nicht mehr wie früher die gelindeste Bezeichnung für Alles, was nicht streng auf dem geraden Wege von Recht und Billigkeit bleibt, sondern es schliesst heute eine strafbare Handlungsweise in sich, eine Schädigung der Konkurrenz durch Lug und Heuchelei. Es ist nichts Seltenes, dass ein Verein plötzlich auf das Dreifache anschwillt, und nach dem Wettstreit wieder auf die normale Mitgliederzahl zurückgeht. Den Wettstreitbestimmungen ist, wie zugegeben werden muss, durchaus Genüge geschehen, vorausgesetzt, dass im Statut die Aufnahme von Mitgliedern ohne Eintrittsgeld und Beitragsleistung vorgesehen ist. Somit kann von einer strafbaren Handlungsweise keine Rede sein. Auch unlauter im gebräuchlichen milderen Sinne des Wortes kann man sie nicht einmal nennen, wird doch im Allerhöchsten Erlass die Bildung grösserer Vereine gradezu befürwortet.

Und doch muss diese Handlungsweise bekämpft werden von jedem, der lediglich das Interesse der Kunst im Auge hat und die Entwicklung des Wettstreitwesens nach künstlerischen Gesichtspunkten regeln möchte.

Zu den Mängeln und Missbräuchen, die auf allen Wettstreiten im Westen zu Tage treten, zähle ich nicht nur offenbar betrügerische Handlungen, wie z. B. das Ersetzen eingetragener Vereinsmitglieder durch fremde Sänger beim Stundenchor, sondern auch Handlungen, welche sich zwar innerhalb der gegebenen Bestimmungen bewegen und juristisch nicht zu beanstanden sind, dennoch aber, als dem Wesen der Wettstreite fremd, ihren Charakter beeinträchtigend und ihren Wert herabsetzend, unterdrückt werden müssen.

Dazu gehört aber das Auftreten von Vereinen, welche sich neugebildet haben nur zu dem Zwecke, auf einem Wettstreit einen Preis zu erringen, um sich dann wieder aufzulösen.

Derartige Vereinigungen lehnen sich in der Regel an bestehende Vereine an, sie bilden ein Konglomerat aus verschiedenen Vereinen oder einzelnen Mitgliedern verschiedener Vereine, ihre Leistungen haben mit der Leistungsfähigkeit desjenigen Vereins, unter dessen Flagge sie segeln, nichts gemein, und ihr Auftreten auf dem Wettstreit ist geeignet, nicht nur die Leistungsfähigkeit des betr. Vereins in einem falschen Lichte erscheinen zu lassen, sondern auch solchen Vereinen, welche sich derartige Anwerbungen nicht leisten können oder wollen, die Teilnahme an den Wettstreiten unmöglich zu machen. Jedenfalls wird der Zweck der Wettstreite, Wertung der Gesangvereine gemäss ihren Leistungen und Hebung ihrer Leistungsfähigkeit, vereitelt.

Es kann keinem Vereine verwehrt werden, vorher in normaler Weise tüchtige Mitglieder anzuwerben, das müssen aber wirkliche, nur diesem Vereine angehörende Mitglieder, und nicht gekaufte Sänger sein. Es ist überhaupt eine Unsitte, dass Sänger mehreren Gesangvereinen angehören, der Vereinsstolz dürfte so etwas gar nicht dulden.

Eine treffliche Illustration bietet folgender Bericht, der mir soeben zugeht:

S. in W. 1. Sept. Am 27. August beging der Gesangverein „Frohsinn" von hier das Fest seines 30jähr. Bestehens durch einen Gesangwettstreit. Die Zahl der konkurrierenden Vereine betrug genau 30. Es wurde in zwei Lokalen gesungen. Preisrichter waren die Herren Steinhauer-Oberhausen, Rebbert-Bochum, Neumann-Cöln, Haselhoff-Schwerte, Rummeld-Hörde und Middelmann-Dortmund. Erste Preise erzielten die Vereine „Loreley"-Dortmund, „Liedertafel"-Hörde, „Glocke"-Langendreer, „Eintracht"-Werne, „Sangeslust"-Wiemelhausen und „Constantia"-Dortmund. In der höchsten Ehrenklasse fielen die Preise auf die Volkslieder „Andreas Hofer" von Rebbert, „Das stille Tal" von Silcher und „Abendglöcklein" von Leiendecker. Stürmische Opposition und grosse Störung verursachte jedesmal das Auftreten eines gewissen Vereins, den man nicht eher singen liess, bis ein bestimmter Tenorist von der Bühne verschwunden war, da man denselben für eine bezahlte Kraft hielt. Hätte man das bei den anderen Vereinen auch so scharf nehmen wollen, so wären jedenfalls nur verschwindend wenige zu Worte gekommen. Hier musste wohl der Umstand massgebend sein, dass von dem betreffenden Dirigenten allseitig behauptet wurde, er sänge mit jedem seiner zahlreichen Vereine bei den Wettstreiten seit Jahren dieselben Lieder und brächte stets dieselben führenden Kräfte auf die Bühne. Ob das hier wirklich zutrifft, wissen wir nicht; dass es aber Dirigenten gibt, die so unnobel handeln, ist leider nicht zu leugnen".

Speyergau-Sängerbund.

Generalversammlung.

Unsere diesjährige Generalversammlung (§ 7 der Satzungen) wird Sonntag, den 29. November, mittags 4 Uhr, zu Westheim im Gasthaus zur „Eisenbahn", abgehalten.

Tagesordnung:

1. Jahres- und Kassenbericht.
2. Beschlussfassung über das Sängerfest zu Iggelheim 1904 (Tag, Festbeitrag, Bekanntgabe der Pflichtchöre, Sonstiges.)
3. Vortrag: Ueber das Einüben von Männerchören, insbesondere der Pflichtchöre zum Sängerfest.
4. Bericht über das Kaiserwettsingen zu Frankfurt a. M. und das Sängerfest des badischen Sängerbundes zu Mannheim.
5. Wünsche und Anträge.
6. Verteilung der Bundesgaben. 7 Schlusschor.

NB. Eine Stunde vor Beginn der Generalversammlung findet sich der musikalische Ausschuss zu einer Sitzung zusammen behufs Auswahl der Pflichtchöre und Beschlussfassung über das Preisrichter-Kollegium.

Der Ausschuss.

Rheinhessischer Sängerbund.

Einladung zur Delegiertenversammlung und Dirigentenkonferenz am Sonntag, den 22 Nov. 1903, nachm. 1 Uhr **zu Nieder-Olm,** in der Brauerei zur „Krone" (Müller).

Tagesordnung für die Delegierten:

1. Bericht des Vorstandes über das Wörrstadter Bundesfest.
2. Rechnungsablage für 1902/3, Erhebung der Beiträge für 1903/4.
3. Erhebung der Beträge für das Notenmaterial der Massenchöre.
4. Allgemeine Kritik des Bundesdirigenten.
5. Anträge des Vorstandes:
   a) Bundesfest 1904 in kleinem Massstabe. b) Erhöhung des Beitrages. c) Bessere Beförderung der Bundeszeitung. d) Drucklegung der Statuten (Kommission).
6. Anträge der Delegierten. Ein solcher Antrag muss bis zum 10. November eingesandt sein.
7. Bundesangelegenheiten.

NB. Die Herren Delegierten haben ihre Vollmachten mitzubringen. Auswärtige Vereine werden hiermit aufgefordert, etwaige Vorträge am Delegiertentage bis zum November schriftlich anzumelden. Gemeldet haben Nieder-Olm und Essenheim.

Tagesordnung für die Herren Delegierten.

1. Genauere Besprechung der gesangl. Leistungen beim Wettsingen auf dem 1. Bundesfest in Wörrstadt, der Mängel und Missgriffe.
2. Kurzer Vortrag eines Herrn der Musikkommission über Aussprache oder ähnl. (Eventl. kann dieser Vortrag des hohen Interesses halber auch für die Hauptversammlung gehalten werden).
3. Etwaige Anfragen der Dirigenten, Diskussion.

Wir ersuchen alle Dirigenten dringend, anwesend zu sein.

Kochhafen, 1. Bundespräsident. J. Köhler, Schriftführer.

Der Sänger.

Amtliches Organ des westdeutschen Sängerverbandes.

Das Volkslied ist die Unsterblichkeit der Musik.
Marx.

Verbunden werden auch die Schwachen mächtig.
Schiller.

26. Oktober 1903. Nr. 1.

Redaktion u. Verlag: H. vom Ende, Köln a. Rhein, Ecke Bismarckstrasse 25.

Westdeutscher Sänger- und Dirigenten-Verband.

Dem „Jahresbericht des deutschen Volksgesangvereins in Wien" entnehmen wir folgendes:

Die „Rheinische Volksliedertafel", deren Gründer A. Gau in Hilden bei Düsseldorf, und deren Chormeister H. vom Ende in Köln am Rhein ist, beschäftigt sich ausschliesslich mit der Pflege des echten deutschen Volksliedes, ist somit ein deutscher Volksgesangverein, wenn sie auch nicht diesen Namen führt. Wir empfehlen unseren Gesinnungsgenossen „draussen im Reich" den Anschluss an diesen wackeren Verein aufs wärmste.

Auch der „Westdeutsche Sängerverband", dessen Mitglied die Rheinische Volksliedertafel ist, verdient alle Förderung. Diese Vereinigung von Gesangvereinen strebt mit Ernst und Eifer eine Reform des Männergesang-Vereinswesens an.

Mitglied kann nach § 7 der Satzungen jeder deutsche Männergesangverein werden, welcher durch seine sämtlichen Vorstandsmitglieder die Satzungen des Verbandes schriftlich anerkennt. — Der jährliche Beitrag beträgt für jeden Sänger eines solchen Verbandsvereines 10 Pfg. Auch ist eine persönliche Mitgliedschaft für jene Sänger, Dirigenten u. dergl. zulässig, welche einem Verbandsvereine nicht angehören. Dieselben müssen die Verbandssatzungen ebenfalls schriftlich anerkennen.

Zwei Gesanglehrer

von

Ernst Pasqué.

Die bedeutendste Lehranstalt Frankreichs für musikalische Kunst, Gesang und Deklamation, war und ist noch heute das Konservatorium der Musik; die grössten Talente und berühmtesten Namen gehören ihm als Lehrer an, rechnen es sich sogar zur höchsten Ehre, den Titel „Professeur de Conservatoire" führen zu dürfen, der denn auch in der Tat das beste ist, was ihnen die Stelle einträgt; gibt derselbe ihrer Lehrtätigkeit doch gleichsam die eigentliche Weihe, wie er sie auch nebenbei berechtigt, die höchsten Preise für ihre Privatstunden zu verlangen.

Es existierte nun allerdings zu meiner Zeit — heute wird es wohl eben so sein — noch eine kleine Anzahl von Lehrern mit hochberühmten Namen, wie Garcia, der Lehrer von Jenny Lind; Düprez, der grosse Tenor, die nicht dem Conservatoire angehörten, und selbständig lehrend tätig waren. Mochten indessen ihre Lehrmethoden auch von denen des Conservatoire abweichen, sie die ihrigen insgeheim auch für viel besser halten, so urdneten sie sich doch stillschweigend jener Anstalt unter, sie jederzeit als die würdige alma mater musikalischer Kunst und besonders des Gesanges betrachtend und für sie einstehend.

Nur eine lehrende Persönlichkeit gab es damals, welche hiervon eine vollständige Ausnahme machte.

Es war Delsart, der wohlbekannte Gesanglehrer.

Er war öffentlich und laut als Gegner des Conservatoire und seiner Lehrer aufgetreten und hatte es zugleich — was weit schwerer gewesen — durch seine Leistungen dahin gebracht, einen ziemlich grossen Kreis von gläubigen Schülern und Zuhörern, den verschiedendsten Ständen angehörend, um sich zu versammeln. Da waren Schüler gewöhnlichster Art, denen er, aus wohlberechneten Gründen, unentgeltlichen Unterricht gab und die dafür ihn und seine Lehrmethode meistens nicht verstanden; wieder waren es Namen vom allerbesten Klange, die mit ihm studierten, natürlich gegen die bedeutendsten Honorare. Düprez, der erste Tenor der grossen Oper, eine Weltberühmtheit, hatte es seiner Zeit nicht verschmäht, sich bei Delsart Rat zu holen und Roger studierte mit ihm eine ziemliche Anzal Rollen seines neuen Repertoire, als er die Szene der komischen Oper mit der der rue Lepelletier vertauschte.

Worin bestand nun der Unterschied zwischen dem Conservatoire und Herrn Delsart, und womit erzielten beide, auf verschiedene Weise, so schöne und grosse Resultate?

Diese Fragen sind mit wenigen Worten zu beantworten.

Während das Conservatoire und seine Gesangsprofessoren den hauptsächlichsten Accent auf die vollendete äussere Form, auf die Schönheit des Klanges und die virtuose Ausführung legten — ohne dabei den Ausdruck, den „esprit" des Musikstückes ausser Acht zu lassen, kurz, die Stimme als ein zu bildendes Instrument betrachteten und demgemäss behandelten, gab es bei Delsart nur ein Gesetz, ein Streben: der Ausdruck, der richtige, aufs höchste gesteigerte dramatische Ausdruck nach den Intentionen des Dichters und des Komponisten. Der schöne Klang war vollständig Nebensache und die äussere Form galt auch als solche nicht viel, obgleich sie immerhin berücksichtigt werden sollte. Der Mann und seine Grundsätze als Gesanglehrer lassen sich durch einen seiner Ausdrücke vollständig charakterisieren. Er sagte: Wer einen Ton zu singen versteht, wie ihn der Komponist gedacht und gewollt, der vermag alle Opern der Welt zu singen, gleichviel ob er eine schöne Stimme hat oder nicht. Diesen etwas sonderbar und wohl allzu kühn klingenden Satz belegte er indessen sofort mit seinen eigenen Leistungen. Delsarts Stimme konnte man nach dem allgemein herrschenden Begriff keine Singstimme nennen. Es war ein rauhes, heiseres, ja unschönes Getön, und doch brachte er mit diesem äusserst mangelhaften Instrument die grossartigsten, seltensten Wirkungen hervor. Es war ihm ein Leichtes, seinem Auditorium Tränen der Rührung zu entlocken, wie ihre Herzen mit Schauern und Entsetzen zu füllen, und dies nur allein dadurch, dass er sein Prinzip zur Anwendung brachte, oder vielmehr in vollendetster Weise zur Anwendung zu bringen vermochte.

Doch nun zu meiner kleinen Geschichte!

In Adolph Adam hatte ich einen werktätigen Beschützer

gefunden, und wurde von ihm bei Gelegenheit einer öffentlichen Prüfung Cherubini, dem damaligen Direktor des Conservatoire, vorgeführt, in der Hoffnung, mit meiner Stimme Gnade zu finden vor den Augen des berühmten Mannes und als Schüler in die Anstalt aufgenommen zu werden. Doch sollte mir dieses trotz meiner hohen Protektion nicht sofort gelingen; denn Cherubini, nachdem er vernommen, dass ich Ausländer sei, schlug mir mein Begehr mit der Bemerkung ab, ich soll in ein Conservatoire meines Vaterlandes gehen, die Pariser Anstalt sei nicht für Ausländer! Ein merkwürdiger Ausspruch für einen Mann, der einstens selber als Ausländer nach Paris gekommen! Ich musste mich indessen fügen und mit gepresstem Herzen, Tränen in den Augen, das Gebäude verlassen, welches mir als Vorhof eines irdischen Paradieses erschienen.

Glücklicherweise sollte es bald anders und besser für mich werden. Der allzuharte Cherubini starb und der lebensheitere und freundliche Auber wurde sein Nachfolger in der Direktion. Abermals meldete ich mich, von meinem Protektor unterstützt, und wurde, nachdem ich eine Arie von Adam wohl zur Zufriedenheit der versammelten Professoren gesungen, auch als „élève de Conservatoire“ definitiv aufgenommen — der erste Deutsche, dem nach langer Zeit solche Ehre zu Teil geworden! und der Gesangsklasse Ponchards zugeteilt.

Ponchard, der berühmte ehemalige Sänger der komischen Oper, deren wahre Zierde er, wenn ich nicht irre, fünfundzwanzig Jahre, von 1812—1837 gewesen, der den George Brown in Boieldieus herrlicher „Weisse Dame“ 1825 zum erstenmale gesungen, und in solcher Vollendung gesungen und dargestellt, dass seine „Création“ der Rolle mustergiltig geworden und ihm ein ehrendes Andenken sichert, welches zum wenigsten in Frankreich ebensolange dauern wird, als die Oper selbst. — Ponchard, der grand professeur, der so viele, bereits zu Bedeutung und Berühmtheit gelangte Talente ausgebildet, war nun mein Lehrer! Mein Glück schien mir vollkommen und mit grösstem Eifer begann ich mein neues Studium.

Ponchard war zu jener Zeit etwa 53 Jahre alt. Es war eine gedrungene Gestalt von Mittelgrösse, mit breiter Brust, kurzem Halse und nichts weniger als einnehmenden Gesichtszügen. Aeusserst kurzsichtig, hatte sein Auge wenig Ausdruck. Dies und hochaufstrebende Brauen, ein kahler Scheitel mit nach vorne gekämmtem, spärlichem Haar, gaben seiner ganzen Erscheinung ein gewisses prosaisches Gepräge, welches durchaus nicht auf den ehemaligen graziösen Sänger und Darsteller schliessen liess. Doch sobald er sprach, sich bewegte und vor allen Dingen sang, wurde die Gestalt eine ganz andere. Seine Bewegungen waren leicht und rund, sein Gesicht erhielt einen freundlichen oder schelmischen Ausdruck, und seine Stimme zeigte damals noch, mit 53 Jahren, eine Frische und Lieblichkeit, die wahrhaft entzückte, wie seine höchst graziöse und korrekte Vortragsweise zur Bewunderung hinreissen musste.

Der Hauptgrundsatz seiner Lehre war, schön, im vollsten Sinne des Wortes „schön“ zu singen. Der Lernende musste vor allen Dingen darnach streben, einen schönen Ton zu bilden, so offen als möglich musste er zum Vorschein kommen, gleichsam „au bout des lèvres“, auf den Lippen liegen und seine Hervorbringung nun und nimmer die mindeste Anstrengung verraten. Sodann musste alles was mit solcher Stimme gemacht, wiedergegeben wurde, die grösste äussere Vollendung zeigen. Jede Verzierung, vom einfachen Vorschlag bis zu dem schwersten Lauf musste mit gleicher Reinheit, Korrektheit und Vollendung, mit einem unantastbaren „Fini“ zu Gehör gebracht werden. Also lehrte er und also tat er auch selbst. Seine Arien aus Mehul's „Joseph“, Monpou's „Piquillo“, Haydn's „Schöpfung“, sowie vor allen Dingen sein „viens, gentille Dame“ aus Boieldieu's „Weisse Dame“, waren in der Form wahrhaft vollendete Leistungen, Kabinetstücke, an denen nicht der kleinste Makel haftete. Dabei war der Ausdruck stets der Situation angemessen, bald ernst und gefühlvoll, bald keck und schelmisch, und immer graziös und „plein d'esprit“.

Mein Streben als folgsamer, bewundernder Schüler dieses Meisters ging nun natürlich dahin, seinen Lehren gerecht zu werden. Ich besass eine frische Stimme von hübscher Klangfarbe und versuchte nun, sie so süss als möglich, du bout des lèvres, zutage zu fördern, sowie die gehörten Verzierungen mit dem nötigen „Fini“ wiederzugeben. Mein eifriges Wollen hatte Erfolg und oft nickte der heitere Lehrer in der Klasse dem „Allemand“ Beifall zu. Wir waren etwa sechs junge Leute, und ein recht offenes, herzliches Verhältnis herrschte zwischen Ponchard und uns. Oft wurden die Gesangsübungen und Vorträge durch Erzählungen Ponchard's aus seinem reichen Künstlerleben angenehm unterbrochen, oder er legte uns seine Ansichten über die Gesangkunst, sein künstlerisches Glaubensbekenntnis dar. Dann konnte er gewaltig eifern gegen diejenigen Lehrer, welche anders dachten und lehrten, die da die Schüler zwangen mit dunklem, gedecktem Ton, mit der „voix sombre“ zu singen, wodurch nur ein peinlicher, unnatürlicher Eindruck hervorgebracht, die Stimme frühzeitig ruiniert werde. Bei solchen Anlässen wurde von ihm stets der Name „Delsart“ und mit edlem Zorn genannt. Auch erfuhr ich dabei und durch die Gespräche der älteren, mit den damaligen künstlerischen Verhältnissen wohlbekannten Schülern, dass Düprez, der grosse bewunderte Tenor, mit eben diesem Delsart studiert, und mit welcher Geringschätzung sich Letzterer bei jeder Gelegenheit und öffentlich über das Conservatoire ausspreche, wodurch Ponchard mit wahrer Entrüstung erfüllt wurde. Doch des wackern Lehrers Zorn hielt nicht lange an; er konnte eben nicht recht zürnen und war ordentlich froh, wenn er sich ausgesprochen hatte, worauf er dann gleich wieder in seinen heiteren, scherzenden Ton verfiel, der ihm so gut stand und ihn uns, seinen Schülern, so lieb und wert machte.

Was ich bei solchen Gelegenheiten von Delsart hörte, war wohl im Stande, mich neugierig auf den Mann zu machen, der auf alle Fälle eine aussergewöhnliche Erscheinung sein musste' da er es überhaupt nur wagen durfte, öffentlich Opposition gegen ein so allseitig anerkanntes Institut, wie das Conservatoire eines war, zu machen. Der Zufall wollte, dass diese meine Neugierde bald befriedigt werden sollte.

In einer Soirée lernte ich einen Herrn kennen, welcher ein Freund Delsart's zu sein vorgab. Nachdem er meine Stimme gehört, meinte er, in ziemlich enthusiastischer Weise, dass ich Delsart's Schüler werden müsse, denn nur er verstände tüchtige Sänger heranzubilden. Er erzählte mir dann noch eine Menge Wunderdinge von jenem Lehrer, die mein Staunen, meine Neugierde nur steigern konnten, und meinte schliesslich, wenn ich wolle, sei er augenblicklich bereit, dafür zu sorgen, dass Delsart mich als élève in seinem Cours de chant aufnehme und zwar unentgeltlich.

(Forts. folgt.)

Vermischtes.

Bonn, 19. Oktober. Nachklänge vom Kaiserpreissingen. In der Generalversammlung des Bonner Männergesangvereins wurde bekannt gegeben, dass die Berliner Kommission beim Frankfurter Kaiserwettstreit nunmehr nach zwei Monaten auf eine Nachfrage des Vereins, warum dieser nicht zum engeren Wettbewerb zugelassen wurde, geantwortet habe, indem sie erklärte, sie sei nicht in der Lage, Auskunft geben zu können, da die Tätigkeit der musikalischen Kommission mit Beginn des Wettstreites beendet gewesen sei. Auf eine weitere Anfrage an den Vorsitzenden des Preisrichterkollegiums, Freiherrn von Perfall-München, warum der Bonner Männergesangverein nicht prämiiert worden sei, habe man den Bescheid erhalten, dass das Preisrichterkollegium, durch Amtsgeheimnis nach jeder Richtung gebunden, keinerlei Auskunft geben könne. Gleichzeitig gelangte ein Schreiben des Protektors des Vereins, Prinzen Heinrich, zur Verlesung, worin Se. Königliche Hoheit den Verein bittet, durch die Frankfurter Erfolge ermutigt, sich zu neuem Kämpfen zu rüsten.

Neue Werke für gemischten Chor.

Geistliche Chöre.

Verlag von Joh. André, Offenbach.

Roland Ayselinger, op. 46.
1. Eingangsgebet. 2. Zum Adventsfest.
3. Zum Christfest. 4. Zum Charfreitag.
5. Zum Osterfest. 6. Zum Himmelfahrtsfest.
7. Zum Pfingstfest. 8. Zum Erntedankfest.
Jede Partitur —,60, jede Stimme —,15; leicht ausführbare und gefällige Liedchen.

Rudolf Herold, op. 1. Du meine Seele singe —,60 —,15
Georg Scheel, op. 22. Osterhymne (Tenor-Solo) —,80 —,20
do. op. 25. Vier kurze Motetten.
1. Busstag. 2. Erntefest . . . . jede Part. —,60
3. Missionsfest. 4. Totenfest . . . . . jede St. —,15
Wohlklingend und leicht ausführbar.

Otto Wachsmann. Der Hirten Lied am Kripplein 1,30 —,25
Hübsch gearbeitet und sehr melodiös.

Verlag von Gebr. Hug & Co., Leipzig.

Richard Bartmuss, op. 37. Fünf liturgische Feiern für die Feste der evang. Kirche.
1. Advent. 2. Weihnacht.
3. Ostern. 4. Pfingsten.
5. Reformation.
Für gem. Chor, 2 Trompeten, Posaunen und Orgel. Stimmungsvolle Schöpfungen, jede in sich zusammenhängend und auf dem Wechselgesang zwischen Chor und Gemeinde beruhend.

Hermann Zumpe. Der 91. Psalm: „Der Herr ist deine Zuversicht" . . . . . . 1,20 —,20
do. Der 23. Psalm. „Der Herr ist mein Hirte" . . . . 1,20 —,20
Wenn der vielgeplagte Hofkapellmeister, den jetzt der kühle Rasen deckt, noch Zeit fand, Psalmen zu komponieren, so geschah's sicherlich aus „innerem Drange". Solche Gaben müssen wir pietätvoll entgegennehmen.

Weltliche gemischte Chöre.

Gottfried Angerer, op. 117. Der Weg zum Glück —,80 —,20
C. Kühnhold, op. 110. Mein Stern . . . . . —,60 —,15
Robert Langs, op. 18.
1. Landsknechts Abschied . . . . —,60 —,15
2. Junge Liebe . . . . —,80 —,15
3. Lass rauschen . . . . —,60 —,15
Letzteres Liedchen allerliebst, mit melodiösem Refrain.

Adolf Zahn, op. 7. Leid und Freud . . . —,80 —,30

Madrigale berühmter Meister des 16.—17. Jahrhunderts, herausgegeben von W. Barcley Squire. (Breitkopf & Härtel.)
Aus den englischen Archiven werden immer neue Schätze aus der Zeit um 1600 ausgegraben, unter denen sich köstliche Perlen befinden. So mache ich besonders aufmerksam auf Nr. 2. „Endlich hab ich dich gefunden" mit seiner, dem modernen Empfinden genäherten Innbrunst, die selbst dramatische Effekte, wie Generalpausen vor dem Gipfelpunkt, nicht scheut.
Wir können auf den reichen Inhalt des Bandes nicht näher eingehen und empfehlen den Leitern vornehmer Chorvereine angelegentlich dessen Studium. Zu begrüssen ist der Ersatz der alten Schlüssel durch moderne.

Joh. Diebold, op. 90. **Das Meer.** Für Baritonsolo, gem. Chor und Klavier. (Stuttgart, Luckhardts Verlag.) Klavier-Auszug 3,—, Chorst. —,60.
Ein eigenartiges Werk, von packender Charakteristik und einer Leidenschaft des Ausdrucks, wie wir sie nur bei unsern besten Meistern finden. In vier Phasen tritt uns das Meer entgegen: Ebbe, Flut, Auf hoher See und Sturm auf hoher See; jede in ihrer Art prägnant aufgefasst und geschildert. Dem düster geheimnisvoll beginnenden, freudig auslaufenden Baritonsolo, welches die Ebbe malt, steht ein rhythmisch drängender, mächtiger Chor gegenüber, die brausende Flut uns vorführend. Ein weiches, wiegendes Baritonsolo bringt uns auf die hohe See; feierlich erhabene Empfindungen machen sich geltend, werden aber in Furcht und Grauss umgewandelt durch den nun folgenden Sturm, der durch rollende Passagen in der Begleitung trefflich gemalt wird. Ein ruhiger majestätischer Schluss krönt das empfehlenswerte Werk, welches starken, nachhaltigen Eindruck hervorrufen dürfte.

Neue Männerchöre a capp.

Fr. Hegar, op. 33. **Das Märchen vom Mummelsee.** (Leipzig, Gebr. Herz & Co. Part. Mk. 2,40, St. je 40 Pfg.)
Hegar hat diesmal keinen aufregenden Stoff erwählt, sondern erfreut uns mehr durch anmutige Bilder. Die Lilien des Mummelsees entsteigen als Jungfern nachts dem feuchten Element und führen liebliche Tänze am Gestade auf, bis beim Morgengrauen der Vater sie mit Donnerstimme wieder ins Wasser zurückjagt. Die Situationen sind köstlich gemalt, so am Anfang die träumerische Ruhe am See, nur vom leisen Hauche des Windes gestört; dann in weichen, melodischen Linien der Tanz der Lilienmädchen, bis sich der Arm aus der Flut erhebt, mit der bekannten »Riesenfaust«, die hier aber, trotz der massiven Aufwärtsbewegung aller Stimmen gar nicht so entsetzenerregend wirkt. Der Schluss, das Stocken des Tanzes, das plötzliche Verschwinden der Lilien und schliesslich die Ruhe, als sei nichts geschehen, das alles ist in markanten Strichen lebensvoll gezeichnet, verlangt allerdings präzise, fein abgetönte Wiedergabe. Abgesehen davon kommen keine besonderen Schwierigkeiten vor, sodass auch kleinere Vereine das Werk bewältigen können. Als Kuriositäten seien einzelne Quintenparallelen angeführt, die Hegar neuerdings, namentlich an leicht beweglichen Stellen zu lieben scheint; ich meine S. 4: „Wind zum Spiele" und S. 9 „Halde".

Karl Schmidt, op. 18. **Nach Sturm und Drang.** (Breitkopf & Härtel, Leipzig. Part. Mk. 1,50. St. je 60.)
Ein prächtiger, schön gearbeiteter Chor, einem übervollen Herzen entquollen und verwandte Herzen mit sich fortreissend. Das alte Lied vom Frühling, der den Winter bezwingt; und doch werden ihm immer wieder neue Seiten abgerungen. Im ersten Teil wildes Sturmgetose, dann ein lieblicher Adur-Mittelsatz, ein kurzer Übergang, und schliesslich der pompöse Schluss in breiten Akkorden austönend:

Nach Sturm und Drang glänzt weit und breit
Das lautre Gold der Sonnenzeit.
Empor, empor! Hilf allzumeist
In Kopf und Herz, o Gottesgeist!

Illustrierte Geschichte der Musik von **Otto Keller.** (Ed. Koch, München. 12 Lieferungen à 1 Mk.)
Die 1. Lieferung dieses soeben in 2. Auflage erscheinenden Werkes liegt in opulenter Ausstattung vor. Ausführlichere Besprechung behalten wir uns bis nach Erscheinen sämtlicher Lieferungen vor, jedoch lässt sich schon jetzt sagen, dass das Werk nach Ausstattung und Anlage zu den hervorragendsten Erscheinungen der Geschenkliteratur gezählt werden kann.

Aufführungen.

Humoristika.

Leipzig. Quartett Udel. C. Weinberger „Ein jour fixe." Fr. Blümel „Schatzerl klein." „Drunten im Schwabaland." Franz v. Gernerth „Eine deutsche Jungfrau." Adolf Kirchl „Der alte Goethe." „Der Fischer." Ch. Vernay „Telephonstörungen." Kremser „Das Herzklopfen." C. Udel „O, das is guat." Koch v. Langentreu „Herr Knödel und Frau Schwammerling in Schadel!" Vernay „Liebeshindernis." P. Cornelius „Der Tod des Verräters." v. Keldorfer „Musikalische Speisekarte." Heinr. Zöllner „Der Kottbuser Postkutscher." Mor. Kässmeyer „Der Freischütz." **Linz a. d. Donau.** Lt. Frohsinn (Aug. Göllerich). Fr. v. Suppé „Zehn Mädchen und kein Mann." R. Thiele „Rinaldo Rinaldini", Singspiel. **Stuttgart.** Allg. Lkr. (W. Foerstler). C. Braun „'s Kühele rinnt." A. Kirchl „Der Fischer." Ch. Vernay „Balladerl vom Ritter." **Danzig.** Lehrergesangverein. „Striese in Kamenin", Operette v. V. Holländer. **Glogau.** Sängerverein. R. Heinze „Student und Teufel",

Duett. F. Renker „Geburtstagsfeier" Ensembleszene für 6 Damen. E. Simon „Beim Frühschoppen" humor. Szene. **Königsberg.** Melodia. „Die Schulreiterin", Lustspiel v. Emil Pohl. R. Thiele „Rinaldini", Burleske. **Memel.** Lt. Th. Cursch-Bühren „Die Wilddiebe." L. Kreymann „Eine tolle Geschichte", kom. Singspiel. **Nürnberg.** M.-G.-V. Koch v. Langentreu „Gnu und Känguruh." Männerquartett. V. Keldorfer „Dichterpech." Männerquartett. W. Friedrich. „Guten Morgen, Herr Fischer". Operette. **Nürnberg.** Singverein. Heintze „Der zerstreute Herr Professor", Soloszene. Legov „Die Frauenfrage", Duett für Damen. Heinze „Die geprellte Dorfpolizei", Duett. Lorenz „In der Kochschule", für Damen. Legov „Der lustige Arrestant", Terzett. Heinze „Ein Dienstmädchen des 20. Jahrhunderts", Duett. Klump „Der Schwur der Sabiner", Terz. Lorenz „Es muss eine Frau ins Haus", Singspiel. Garthe „Die Weinprobe", Quartett. **Köln.** Concordia. C. Obermeyer. „Im Stadtgarten", Duett. **Asch.** M.-G.-V. (Jul. Schaller). Humoristische Quartette, Ad. Kirchl „Unbeständig." Koch von Langentreu „Gnu und Känguruh", mit Klav. (D. C.) **Nürnberg.** M.-G.-V.-Quartett. Keldorfer „Dichterpech." W. Erlensteg „Der Ridikül". Chöre. Weinberger „'s fürwitzi Veicherl." Kirchl „Stilleben." **Thorn.** Lt. (Fr. Char). Weinzierl „Heute ist heut." **Wien.** Schubertbund. Keldorfer „Dichterpech." Joh. Strauss „Wein, Weib und Gesang" mit Orch. **Bautzen.** Liederkr. Operettenabend. Zapf „Zwei Diebe", für gem. Chor. V. Holländer „Carmosinella", Operette.

Heitere Männerchöre a capp.

msch. **Gottfr. Angerer**, op. 74. Pythia . . . . . —,60 —,15
msch. do. op. 82. Pechvogel . . . —,60 —,15
Ein allerliebstes Soloquartett
msch. do. op. 83. Spielmannsknab ,60 —,15
G. Baldamus. In der Schänk zum alten Drachen —,60 —,15
msch. **V. E. Becker**, op. 143 III. Wanderlied (Marsch) —,40 —,10
msch. **Alb. E. Eimenreich**. Kunterbund (Quodlib.) 1,50 —,50
msch. **Peter Heinz**. Kreuz und Quer. Humorist. Allerlei . . . . 1,20 —,30
msch. **Eduard Hermes**, op. 16. Festmarsch . . —,60 —,30
msch. **Karl Hirsch**, op. 52. Der grobe Wirt . . —,40 —,15
zl. **Rich Ketter**, op. 16a. Schnarrenzer Mette —,60 —,15
msch. **E. Köllner**, op. 89. Sängerfahrt . . . . . —,50 —,15
msch. **Karl Krüger**, op. 42 Es war einmal ein König. Es war eine Ratt —,80 —,20
msch. do. op. 37. Die Loreley. Humoreske 1,—, —,30
msch. **Ludw. Liebe**, op. 102. Die Glockenblume —,60 —,30
l. **Wilh. Meyer**, op. 79. Das gute Kind . . . —,40 —,15
msch. **Traugott Munkelt**. Auf zum Tanz . . 1,— —,25
do. Hinaus in die Welt (Sängerm.) —,60 —,20
msch. **Ottomar Neubner**, op. 78. Spielmannssold —,80 —,20
l. **Dr. J. Pommer**. Zwei alte Studentenlieder aus dem 17. Jahrh.
1. Vinum, Wein! . . . . —,50 —,15
2. Abschied von der Universität . . —,60 —,15
Das erste ein frisches Liedchen, letzteres ernst gehalten.
zl. **Math. Neumann**, op. 39. Nr. 3. Bienelein —,60 —,15
zl. Nr. 4. Kleine Diebin —,60 —,15
zl. **Joh. Aug. Prior**. Frühling, holdseliger Frühling (Walzerlied) . . . . —,40 —,15
msch. **Ferd. Sabathil**. Hol über! . . . . . . —,80 —,30
msch. **Ernst Schlosser**, op. 17. Heute . . . —,60 —,15
zl. **C. J. Schmidt**, op. 33. Mein Schatz . . —,60 —,20
zl. **Heinr. Schrader**, op. 64. Nimm dich in Acht —,60 —,15
zl. do. Mädel im Rosenhag —,60 —,15
zl. do. op. 63. Wart es ab! . . —,60 —,15
msch. do. Spinn, spinn, m. l. Tochter —,40 —,20
zl. **Ad. Schreiner**. Die Weiber und der Wein —,80 —,30
zl. **Rob. Schwalm**, op. 87. Märzwind . . . —,40 —,15
zl. **Heinr. Sickinger**, op. 14. Der Wildrer . . —,60 —,15
msch. **Wilh. Sturm**, op. 77. Der Rodenstein im Hirschen . . . . —,60 —,30
l. **Rich. Tourbié**, op. 82. Trinkspruch . . . —,40 ,15

msch **C. Unglaub**. op. 211. Der Spielmann . . —,60 —,15
zl. do. II. Anmutiger Vortrag —,60 —,20
msch. do. III. Der König v. Cordova —,60 —,20
Melodiöses Liedchen.
msch. **Max von Weinzierl**, op. 69. Trinkmette —,60 —,15

und Posaunen und Orgel. Nr. 1. Advent. Nr. 2. Weihnacht. Nr. 3. Ostern. Nr. 4. Pfingsten. Nr. 5. Reformation. Partitur à Mk. 2.— netto, Chorstim. à . . . . —,30

Pirstinger, Felix, Drei gemischte Chöre:
Nr. 1. **Abendlied.** „Schallendes Hämmern tief unten im Tal" . . . . 2.—
Nr. 2. **Mailied.** „Es kommt ein wundersamer Knab'" 1.20
Nr. 3. **Joriede.** „Sie lachte so hell." 2,40

Zumpe, Herm., Der 91. Psalm. „Der Herr ist deine Zuversicht" . . . . 2,—
— **Der 23. Psalm.** „Der Herr ist mein Hirte" . . . 2,—

Frauenchor.

Angerer, Gottfr., op. 117. **Der Weg zum Glück.** 1.40
Bauer, M., op. 3. **Der 28. Psalm** „Wenn ich rufe zu Dir" für 3stimmigen Frauenchor u. Sopran-Solo mit Begleitung der Orgel oder des Pianof. 2,90

Unsere neuen Kataloge über Gelegenheitsgesänge und leichte, im Volkston gehaltene Männerchöre versenden wir überallhin kostenlos.
Die Werke stehen zur Auswahl gern zu Diensten.

Im Verlage von **F. E. C. Leuckart** in Leipzig ist soeben erschienen und durch jede Buch- und Musikalienhandlung zu beziehen:

An das Vaterland

(Gedicht von Ernst Moritz Arndt)
für Männerchor mit Orchester oder Pianoforte
componirt von

Max Gulbins.

Op. 21.

Clavier-Partitur M 2,40. Jede der vier Singstimmen 30 ₰. Vollständige Partitur und Orchesterstimmen in Vorbereitung.

Der herrlichen Dichtung entsprechend durchweht ein warmer Herzenston diese neue, echte Musik athmende Composition, die ohne Schwierigkeiten ausführbar überall durchschlagenden Erfolg finden dürfte. Für das nächstjährige Ost- und Westpreussische Provinzial-Sängerfest in Königsberg i. Pr. ist der Chor von der Festleitung definitiv angenommen und verschiedene andere deutsche und deutsch österreichische Vereine sowie höhere Lehreranstalten sind bereits mit der Vorbereitung zu Aufführungen desselben beschäftigt.

Herztöne vom Rhein!

Op. 85. Roland und Hildegund (Campbell.) Rheinsage. — Männerchor. Part. Mk. 1.80, St. Mk. 1,60.

Op. 105. Gott schütze die Rosen und Reben am Rhein.
Repertoirestück für alle M.-Ch. Part. Mk. —,80, St. Mk. 1.—. Bei der ersten öffentlichen Aufführung im Gesangwettstreit zu Trarbach, 28. Juni 1903 mit dem **ersten Preise gekrönt.**

Op. 106. Mein Rheinland (F. Storck).
Für mittl. Stimme oder M.-Ch. mit oder ohne Klavierbegleitung. — Part. Mk. —.60, Stimmen Mk. —.60.

Op. 108. Rheinlied (H. Rustige).
Für mittl. Stimme oder M.-Ch. mit oder ohne Klavierbegleitung. — Part. Mk. —.60, Stimmen Mk. —.60.

Broschüren über die Nöroth'schen Vokalwerke gratis und franko vom 10. November an.
Preisgekrönte Chöre siehe „Wegweiser" vom 26. Juli.
Meer und Liebe siehe „Wegweiser" vom 26. Sept.

J. Nöroth, Selbstverlag,

Trier (Rheinprovinz).

NB. Patriotische Gesänge, Flottenlieder etc. zu Kaisers Geburtstag siehe „Sängerhalle" Nr. 51-52 — 1902.

Schreiben Sie bitte um die

Partitur von **ELSULA,**

Männerchor mit Soloquartett von **Hans Wagner.** Op. 36,

überall riesenhafter Erfolg

und

enthusiastische Aufnahme.

Bis jetzt in wenigen Monaten über 300 Aufführungen.

ROBERT LAUGS,

Dirigent des in Frankfurt a. M. preisgekrönten „Krefelder Sängerbundes".

Op. 12 **Zwei Männerchöre.** Nr. 1. **Sehnsucht** (Carl Busse). Nr. 2 **Abschied** (Fritz Ferber).

Op. 14. **Zwei Männerchöre.** Nr. 1. **Joriede** (Ballade von O. v. Roquette). Nr. 2. **Wirtstöchterlein** (R. Baumbach).

Zum Weihnachtsfeste!

Weihnachten in der Waldherberge. Weihnachtsmärchenspiel von P. Gläser. **(Ganz neu!)**

Der Weihnachtsengel. Weihnachtsfestspiel von Franziskus Nagler. **(Ganz neu!)**

Weihnachten. Ein Zyklus von Weihnachtsliedern für Männer- oder gemischten oder 3stimmigen Chor mit Klavierbegleitung von Fr. Hesse.

Weihnachtspolka für Männerchor oder gemischten Chor von Louis Kron.

Brillante, zugkräftige, humoristische Männerchöre. — Ganz neue Sachen!!

Jahrmarktsrummel von A. Schwabe.

Eine fidele Sängerspritze. **Potpourri** für Männerchor mit Begleitung von W. A. Schwabe, op. 31.

Im Kaffeekränzchen. **Walzer** für Männerchor mit Begleitung von Wilh. Wagenblass, op. 99.

Der verstopfte Ofen. Humoristischer **Rheinländer** mit Begleitung von L. Kron.

August auf dem Maskenballe. Humoristischer **Rheinländer** von Wilh. Wagenblass.

Zum Totlachen!

Die letzte Kritik. Militär.-humoristische Szene für vier Männerstimmen und Chor von Louis Kron.

Verlangen Sie Auswahlsendungen von

Arno Spitzner's Verlag, Leipzig,

Bayerschestr. 65 oder Bauhofstr.

Die unterzeichnete Verlagshandlung freut sich, den verehrlichen P. T. Gesangvereinen bekannt geben zu können, dass es ihr gelungen ist, die **V. Serie der**

„Alpenstimmen"

von

Rud. Weinwurm

zu erwerben.

Diese neueste (V.) Serie darf wohl als die beste von Weinwurm's Alpenstimmen genannt werden, da wirklich die schönsten Perlen alpenländischer Volksweisen darin enthalten sind, gemütsergreifend und lustig.

Part. Mk. 1,20, Stimmen (à Mk. -,60) Mk. 2,40.

Soeben erschienen:

Weinwurm's „Stimmen der Heimat."

27 ausgewählte Männerchöre v. Engelsburg etc.

Perlen für jeden Männerchor.

Preise nur gültig bis 31. 12. 03.	Partitur brosch. Mk. 1.—, geb. Mk. 1,25. Stimmen brosch. Mk. —,50, geb. Mk. —,75.

Bosworth & Co., Musik-Verlag,
Leipzig, Wien I., London, Paris.

Bezugsquellenregister.

Vereinsfahnen.
Kölner Fahnenfabrik, Arnold Steiger, Köln.

Banner, Fahnen, Schärpen, Abzeichen.
Thüringer Fahnen - Fabrik, Coburg.

Buchbinderei E. A. Enders, Leipzig.

Abzeichen f. Gesangvereine, Muster an Vereine postfrei. Adolf Belada, Wien VII 2. Mariahilferstr. 54.

Diplome, Urkunden, Fest- und Vereinsabzeichen, Lampions, Fackeln etc. Seb. Fliessbach, Leipzig-R. 98 K.

Meister-

hall gearbeitete Musikinstrumente jeder Art direkt vom Herstellungsorte **Wilh. Herwig** in **Markneukirchen i. S.**
Illustrierte Preisliste umsonst und portofrei. Bitte anzugeben, welche Instrumente gekauft werden sollen.

Lieferung sämtlicher Musikalien besorgt prompt und billigst **H. vom Ende's Musikalienversand, Köln,**
Bismarckstrasse 25.
Ansichtssendungen stehen gerne zu Diensten.

Effektvolle Neuigkeiten für Männerchor

im Verlage von **F. E. C. Leuckart** in Leipzig.

Koschat, Thomas.
Neue Männerchöre im Kärntner Volkston. Part. und Stimmen.
Op. 125. **Vergeltung.** Tanzlied . . . . ℳ 1,20
Op. 127. **Zur silbernen Hochzeit.** Tanzlied . . . . ℳ 1,20
Op. 128. **Das erlaubte Bussel** (Quintett) . . . . ℳ 1,20

Oertling, Julius.
Op. 54. **Wir Herren Studenten!** von *Carl Siebel* für Männerchor. *Partitur und Stimmen (à 30 Pf.)* . . . . ℳ 1,80

Saar, Louis V.
Op. 37. **Worte der Liebe** von *J. Redlich,* für Männerchor, Sopran und Tenor-Solo. *Partitur und Stimmen (Chorstimmen à 30 Pf.)* . . . ℳ 2,40

Schwab, Max T.
Das Busserl für Männerchor. *Partitur und Stimmen (à 20 Pf.)* ℳ 1,20

Thuille, Ludwig.
Op. 21. **Drei Lieder für vierstimmigen Männerchor.** Partitur und Stimmen.
Nr. 1. **Lacrimae Christi** von *Rud. Baumbach* . . . . ℳ 1,8
Nr. 2. **Vom Scheiden** von *Arno Holz* . . . . ℳ 1,8
Nr. 3. **Das Kätzchen** von *K. Busse* . . . . ℳ 1,8
Jede Partitur ℳ 1,—. Singstimmen zu jedem Liede (à 20 Pf.) 80 Pf

Unglaub, C.
Op. 24. **Zwei heitere Weisen** für Männerchor (nach Dichtungen v. *Victor Blüthgen*). Partitur und Stimmen.
Nr. 1. **Frühlingsklänge** . . . . ℳ 1,4
Nr. 2. **Oktoberlied** . . . . ℳ 1,4
Jede Partitur 60 Pf. Singstimmen zu jedem Liede (à 20 Pf.) 80 Pf

Weinwurm, Rudolf.
Darf i's Diandarl lieb'n? von *P. C. Rosegger* (aus den: Alpenstimmen). *Partitur und Stimmen (à 15 Pf.)* . . . . ℳ 1,2

Lied der Pappenheim'schen Reiter

(Dichtung von Julius Wolff)

für Männerchor mit Orchester oder Pianoforte von

Franz Mohaupt

Op. 12. Vollständige Partitur mit untergelegtem Clavierauszug netto ℳ 10.— Clavier-Partitur ℳ 3.—. Jede der vier Singstimmen 30 Pf. Orchesterstimmen in Abschrift.

In Prag und in mehreren Städten Deutsch-Böhmens wiederholt mit durchschlagendem Erfolge aufgeführt, vom Wiener Schubert-Bund für das nächste Concert (mit Orchester) angenommen.

Auswahlsendungen stehen überallhin zu Diensten.

Wegweiser durch die Chorgesanglitteratur

Ratgeber für Gesangvereine und Dirigenten.

Redaktion und Verlag: H. vom Ende, Köln a. Rh., Ecke Bismarck- und Lamekestrasse.

nebst Beiblatt:

Der Sänger.

Offizielles Organ des Westdeutschen Sängerverbandes, Mosel-, Saar-, Nahe-Sängerbundes, des Mittelrheinischen, Rheinhessischen und Speyergau-Sängerbundes.

Erscheint monatlich einmal. Bezugspreis für 1 Expl. 20 Pfg. Jahresabonnement Mk. 1.50 und 40 Pfg. Porto. Inserate kosten pro 4 mal gespaltene Petitzeile 20 Pfg.

Expedition: H. vom Ende's Musikalien-Versandgeschäft.

Nr. 2. | Köln a. Rhein, den 26. November 1903. | V. Jahrg.

Zwei energische Kundgebungen gegen die Tantièmen-Anstalt.

Wohl niemals ist ein neues Unternehmen mit geringeren Sympathien in den beteiligten Kreisen aufgenommen worden, als die Tantièmen-Anstalt der neugegründeten Genossenschaft deutscher Tonsetzer. Schon die Polemik seitens des Vorstandes von Anfang an, die Art, wie ein hochangesehener Gegner, dessen gemeinnütziges Wirken in der ganzen Welt Anerkennung gefunden hat, in den Schmutz gezogen wurde, der aus jeder Kundgebung hervortretende krasse Egoismus, musste von vornherein jedem ruhigdenkenden Beobachter die Sache in zweifelhaftem Lichte erscheinen lassen. Der „Kunstwart" bringt einen Artikel des bekannten Schriftstellers und Musikdirektors Dr. G. Göhler, dem wir folgendes entnehmen: — — — „Und nun behaupte ich: „Das Vorgehen der Anstalt bedeutet eine, unter dem Schutze des Gesetzes ausgeführte Schädigung der deutschen Kunstpflege, gegen die alle, die es angeht, auf das Energischste protestieren sollten. Es ist notwendig, dass alle Konzertgeber die Zumutung, die an sie gestellt wird, glatt abweisen. Denn diese Besteuerung entbehrt jeder logischen Grundlage.

Man verlangt von den deutschen Konzertgebern eine Steuer, eine Abgabe. Die Abgabe wäre unzweifelhaft berechtigt, wenn sich die Konzertgeber durch die Aufführung steuerpflichtiger Novitäten bereicherten. Ist das der Fall? Bringt im Gegenteil nicht jeder, der Novitäten aufführt, meist Opfer, grosse Opfer? Die grossen Geschäfte — womit machen unsere grossen Konzertunternehmer denn die? Etwa mit ernster Kunstpflege und immer wiederholter Propaganda für Novitäten? Das Ausschlaggebende für die Kasse sind die Dirigenten und Solisten. Und was einkommt, haben diese eingebracht. Es ist ein ganz lächerlicher Idealismus, diese ganz offen zutage liegenden Tatsachen um der edlen, heiligen Kunst willen leugnen zu wollen.

Also hat der Komponist gar kein Recht, eine Abgabe vom „Geschäftsertrag" zu verlangen; denn ihm sind etwaige Ueberschüsse sicher nicht zu verdanken. Jeder, der das Konzertleben kennt, weiss, dass berühmte Dirigenten, Virtuosen und Sängerinnen aufführen können, was sie wollen, ja, dass sie mit den alten, bekannten Stücken viel bessere Geschäfte machen, als mit „Neuerungen". Wenn grosse Dirigenten und Solisten, grosse Konzertgesellschaften und Vereine an die Komponisten eine Abgabe machen wollen, soll sie selbstverständlich ja niemand daran hindern. Aber das sei eine freiwillige Gabe, die die Betreffenden geben, trotzdem ihnen bereits die Aufführung der Novität an sich viel Geld gekostet hat. Einen Zwang zum Geben einführen, ein Recht zur Besteuerung sich aneignen wollen: das sollten die Komponisten bleiben lassen. Denn wer soll denn das Geld aufbringen? Die paar grossen, mit reichem Kapital arbeitenden Konzertgesellschaften werden die Abgabe nicht spüren; aber wie viele sind ihrer denn? Ist es den Herren Gründern überhaupt bekannt, mit welchen materiellen Schwierigkeiten die ernsten Musikvereine in kleinen und grossen Städten kämpfen? Wissen sie denn, welche Opfer diese schon jetzt für Anschaffung und Aufführung von Novitäten bringen? Es wäre geradezu eine Ungerechtigkeit, ihnen ausserdem noch eine Aufführungssteuer aufzuerlegen.

Man denke weiter an die kleinen Orchester, die Zivilkapellen. Hier würde der Zwang selbst zu einer kleinen Abgabe angesichts des geringen Verdienstes der Musiker eine Härte gegen diese bedeuten. — — —

— — — Es ist aber nicht nur die Schädigung so und so vieler schon jetzt mit grossen Opfern für die Kunst arbeitender Männer und Vereine, was mich so entschieden gegen den Plan auftreten lässt. Es gibt noch andere Gründe dafür.

Erstens, die Tantièmenpartei arbeitet am meisten für die Leute, die so wie so schon genug mit ihrer Kunst verdienen. Denn natürlich werden Komponisten, die schon „Mode" sind, deren Werke am meisten aufgeführt, am meisten gekauft und darum von den Verlegern am teuersten bezahlt werden, die grössten Tantièmen beziehen. Das pflegen aber fast ausschliesslich Leute zu sein, die den Geschmack der Mode „treffen", d. h. die ihm entgegenkommen, die also mittelmässige Musik oder gar Schund schreiben. Brauchen wir sie noch mehr zu füttern? Alle die kleinen Unterhaltungsmusiker werden gleicherweise „begütert" werden; die Couplet- und Tingeltangelkomponisten darf man nicht ausschliessen, und sie tragen die Löwenbeute davon. Gerade den besten Komponisten, also denen, die man angeblich vor dem berüchtigten Elend bewahren will, flösse der geringste Ertrag zu, die Masse der „Musikschaffenden" aber würde sich immer mehr auf die einträgliche, gangbare Marktware werfen. Auch unter der blühendsten „Konzertbesteuerungsanstalt" würden die wahrhaft Grossen nach wie vor den Kampf mit der verständnislosen Menge und dem harten Schicksal führen müssen.

Wir haben aber zweitens auch noch ein äusserliches Bedenken. Die Anstalt zitiert selbst ein Wort, das von einem der „gesetzgebenden Faktoren" gebraucht worden ist: „Man wolle dem Komponisten und dessen Hinterbliebenen eine fortdauernde Einnahme aus dessen Werken sichern." Daraus geht hervor, dass die eingehenden Gelder zur Verteilung kommen müssen. Ich halte eine auch nur äusserlich richtige Verteilung — vom inneren Werte zu schweigen — für ganz unmöglich und behaupte, dass der Verwaltungsapparat der Anstalt so kostspielig werden muss, dass ein guter Teil des Geldes dafür draufgehen und zur Bezahlung der „verdienstvollen Männer" dienen wird, die diese Verwaltung in Händen haben." — —

Ferner erlässt eine grosse Anzahl namhafter Verleger eine öffentliche Erklärung, welche folgendermassen beginnt:

„Die Mehrzahl der deutschen Musikalienverleger ist mit der einseitigen Konstituierung der Anstalt der „Genossenschaft deutscher Tonsetzer" ganz und gar nicht einverstanden. Durch allgemein gehaltene Verträge mit der Anstalt können Aufführende nur die der Anstalt zustehenden Aufführungsrechte erwerben. Das Aufführungsrecht des weitaus grössten Teiles der bisher geschaffenen Werke derjenigen Tonsetzer, die jetzt der Anstalt beigetreten sind, steht nicht zur Verfügung der Anstalt, sondern gehört vertragsmässig Verlegern an."

Das nächste deutsche Sängerbundesfest gegen den Kaiserwettstreit.

Soeben kommt die Kunde, der Gesamtausschuss des deutschen Sängerbundes habe in einer am 2. Oktober in Cassel abgehaltenen Sitzung beschlossen, das nächste Bundesfest in Breslau, welches auf 1906 festgesetzt war, auf das Jahr 1907 zu verschieben, mit der Motivierung, dass für eine würdige Vorbereitung des Festes mehr Zeit erforderlich sei.

Wie bekannt, fällt der nächste Kaiserwettstreit in dasselbe Jahr, es muss sich daher die Vermutung aufdrängen, dass der Sängerbund, der bekanntlich absoluter Gegner des Wettstreitwesens ist, die Absicht verfolgt, dem Kaiserwettstreit Abbruch zu tun und ihm Konkurrenz zu machen.

Man kann schon jetzt voraussagen, dass dem Kaiserwettstreit dadurch kein Abbruch geschieht, eher vielleicht dem Bundesfeste, schon wegen des bösen Eindrucks, der der Massnahme eingeprägt ist.

Mittelrheinischer Sängerbund.

Sonntag, den 6. Dezember, nachmittags 3 Uhr in Oberingelheim im „Hôtel Alsenz" (Aug. Alsenz), am Markt:

Delegiertenversammlung u. Dirigentenkonferenz.

Tagesordnung:

1. Bericht über das abgelaufene Bundesjahr.
2. Vorschlag der Musikkommission über die Auswahl unserer gemeinschaftlichen Chöre.
3. Kassenbericht und Vorlage eines Voranschlages für das nächste Bundesjahr.
4. Festsetzung des Jahresbeitrages.
5. Bestimmung des Ortes für die nächste ordentliche Delegiertenversammlung.
6. Bericht der Musikkommission über das Bundesfest in Wiesbaden.
7. Etwaige Anträge der Bundesvereine.
8. Wahl des Vorstandes.

Um 2 Uhr findet in dem genannten Lokale eine Vorstandssitzung statt.

Die geehrten Bundesvereine werden um rege Beteiligung freundlichst gebeten.

Mit deutschem Sängergruss!

Der Vorstand!

Dieser Nummer liegt ein Prospekt der Fir[ma] Bosworth & Co., Wien, Leipzig bei, welche wir [der] Aufmerksamkeit unserer Leser bestens empfehlen

Der Sänger.

Amtliches Organ des westdeutschen Sängerverbandes.

Das Volkslied ist die Unsterblichkeit der Musik. Marx.

Verbunden werden auch die Schwachen mächtig. Schiller.

26. Nov. 1903. Nr. 2.

Redaktion u. Verlag: H. vom Ende, Köln a. Rhein, Ecke Bismarckstrasse 25.

Westdeutscher Sänger- und Dirigenten-Verband.

Bochum, den 8. November 1903. Am gestrigen Abend feierte der Verbandsverein „**M.-G.-V. der Firma Arthur Koppel**" in den Räumen des Stadttheaters sein 5. Stiftungsfest. Die weiten Hallen vermochten die zahlreichen Gäste, darunter den Chef der Weltfirma, Herrn Arthur Koppel aus Berlin, sowie das Direktorium und die Beamten der hiesigen Fabrik, kaum zu fassen. Die Darbietungen des Vereins waren mustergültig, ebenso wie die der mitwirkenden Vereine „Preciosa" und „Einheit-Gutenberg" und fanden ungeteilten Beifall. Besonders erwähnt sei: „Wie hab' ich sie geliebt" von Möhring; „Röslein im Wald" von L. Fischer; „Die Königskinder" von J. Schwartz; „Jock von Hazeldean" von W. Sturm und „Frühling am Rhein" von S. Breu. Einen ganz überwältigenden Eindruck machte der unter voller Orchesterbegleitung mit einer über 100 Mann starken Sängerschar vorgetragene Chor: „Das deutsche Lied" von Schneider. Der zweite Vorsitzende, Herr Wittmers brachte in zündenden Worten das Kaiserhoch aus. Herr Jonas schilderte die Verdienste des Herrn Chefs Arthur Koppel bezüglich der Hebung der Industrie sowohl als auch hinsichtlich der Humanität gegenüber Untergebenen und brachte ein begeistertes Hoch auf den Gefeierten aus. Der Dirigent des festgebenden Vereins, Herr Lehrer Winkelmann, nahm nunmehr Veranlassung, in einer längeren, feindurchdachten Rede Herrn Arthur Koppel namens des Vereins zum Ehrenmitgliede zu ernennen. Von vier weissgekleideten Mädchen wurde diesem darauf ein künstlerisch ausgeführtes Diplom überreicht. Herr Arthur Koppel dankte in bewegten Worten für die ihm übertragene Ehrenmitgliedschaft, lobte das schöne Zusammenwirken zwischen Arbeitgeber und Arbeitnehmer, pries die ächte westfälische Treue, die in der Erfüllung der Berufspflichten des einzelnen, das Wohlergehen der Gesamtheit erstrebt, und brachte ein Hoch auf den Verein aus.

Die Musik war in bekannt vorzüglicher Weise vom hiesigen städtischen Orchester des Herrn Merkert gestellt und fand ungeteilten Beifall.

Der vorzügliche Verlauf des Festes wird allen Beteiligten in steter Erinnerung bleiben. B.

Mehrfache Anfragen über die Vorstudien des höheren Musiklehrers veranlassen mich zum Abdruck der Statuten des Berliner Instituts:

Das königl. akademische Institut für Kirchenmusik.

§ 1. Das königliche akademische Institut für Kirchenmusik hat die Aufgabe, Organisten, Kantoren, Chordirigenten sowie Musiklehrer für höhere Lehranstalten, insbesondere Schullehrer-Seminare auszubilden.

§ 2. Lehrgegenstände sind: Klavier-, Orgel- und Violinspiel, gregorianischer Gesang, Liturgik, Chorgesang, Harmonielehre, Kontrapunkt, Formenlehre, Orgelstruktur, Partiturspiel und Direktionsübung. Der Unterricht in diesen Lehrgegenständen teilt sich in Abschnitte von halbjährlicher Dauer, welche zu Ostern und zu Michaeli beginnen.

§ 3. Der Unterricht im Institut wird unentgeltlich erteilt.

§ 4. Die Aufnahme in das Institut ist bei dem Ministerium der geistlichen, Unterrichts- und Medizinal-Angelegenheiten nachzusuchen. Die in einem Lehramte stehenden Bewerber haben ihr Gesuch durch Vermittelung ihrer vorgesetzten Dienstbehörde einzureichen, und zwar für das Sommersemester bis zum 15. November des vorhergehenden, für das Wintersemester bis zum 15. Mai des laufenden Jahres.

Der Bewerber muss bei seinem Eintritt in das Institut das 18. Lebensjahr vollendet und darf das 30. noch nicht überschritten haben.

Dem Gesuche sind beizufügen:

1. ein selbstgefertigter Lebenslauf;
2. das Zeugnis über die bestandene erste Volksschullehrerprüfung oder über den Besuch der Sekunda einer höheren Lehranstalt;
3. das Zeugnis über musikalische Befähigung und Vorbildung. Hat ein Bewerber seine musikalische Vorbildung durch Privatunterricht erhalten, so muss über die Art und den Grad derselben von einem glaubwürdigen Sachverständigen ein Zeugnis beigebracht werden;
4. der Nachweis, dass der Bewerber seinen hiesigen Unterhalt aus eigenen Mitteln zu bestreiten vermag.

Diejenigen Bewerber, welche kein öffentliches Amt bekleiden, haben ein amtliches Führungsattest beizufügen.

§ 5. Jeder Bewerber hat sich in einer Prüfung vor dem Lehrer-Kollegium des Instituts über seine musikalische Vorbildung auszuweisen. Hierbei wird verlangt:

1. im Klavierspiel: eine durch Finger-Uebungen, Tonleitern und Etüden-Spielen bis zum korrekten Vortrage einer Sonate von Mozart oder Clementi ausgebildete Hand;
2. im Orgelspiel: Fertigkeit im Choralspielen mit obligatem Pedal, der Vortrag leichter Tonstücke sowie Erfindung von einfachen Vor- und Zwischenspielen;
3. im Violinspiel: der Vortrag von leichteren Etüden und Kenntnis der ersten drei Lagen;
4. in der Harmonielehre: Kenntnis der Akkorde und ihrer Behandlung, korrekte vierstimmige Harmonisierung einer Choralmelodie mit und ohne gegebenen Bass;
5. im Gesange: reine und korrekte Ausführung von Tonleitern, Chorälen und Liedern, mit und ohne Begleitung.

§ 6. Die Aufnahme in das Institut wird gewöhnlich nur auf ein Jahr bewilligt; doch kann, wenn besonderer Fleiss und hervorragendes Talent ausgezeichnete Leistungen erwarten lassen, oder wenn das Studium durch Krankheit hat unterbrochen werden müssen, die Studienzeit nach Umständen verlängert werden.

§ 7. Nach regelmässig vollendetem Kursus erhält jeder ausscheidende Schüler ein von dem Lehrer-Kollegium ausgefertigtes Zeugnis, welches nach Massgabe der Leistungen in den einzelnen Lehrfächern ein Urteil über die amtliche Verwendbarkeit desselben feststellt.

§ 8. Der Termin der Aufnahme-Prüfung wird öffentlich bekannt gemacht.

Zwei Gesanglehrer

von

Ernst Pasqué. (Forts.)

Das Anerbieten hatte allerdings viel Verlockendes für mich, und gedrängt von meinem Enthusiasten war ich zu schwach es ganz zurückzuweisen. Doch durfte ich als Schüler des Conservatoire es annehmen? Durfte ich gleichzeitig in jener Anstalt und bei dem erklärten Gegner derselben Unterricht nehmen? Tat ich es, so beging ich unbedingt ein Unrecht gegen das Conservatoire. Doch konnte ich es auch wieder damit entschuldigen, dass es mir freistehen müsse, alles zu prüfen und dann das Beste zu behalten, schliesslich zwischen beiden Lehrkörpern und Methoden zu wählen und mich nach meiner Überzeugung definitiv für die eine oder die andere zu entscheiden. Das durfte ich, und niemand konnte es mir im Grunde wehren.

Auch fiel mir die Anekdote eines deutschen Landsmannes ein, der vor etwa 150 Jahren sich in ähnlicher Lage befunden. Es war der bekannte Gambist Hesse, der von den beiden grössten Meistern seines Instruments, Forcroix und Marais, die natürlich wie feindliche Brüder einander gegenüber standen, Unterricht erhalten wollte, und sich deshalb bei dem einen als Monsieur Hess, bei dem andern als Monsieur Sachs einführte und diese Doppelrolle auch glücklich fortspielte, bis eines schönen Tages die beiden Meister, stolz auf die Leistungen ihrer Schüler, sich solche gegenseitig vorzuführen beschlossen und dabei nicht wenig erstaunt waren, die beiden Herren Hess und Sachs in einer und derselben Person vereinigt zu finden.

Ich beschwichtigte somit meine Bedenklichkeiten und beschloss, das Anerbieten anzunehmen. Ich hätte mich nun zwar auch bei Delsart unter einem andern Namen einführen können, doch dachte ich zu bescheiden um wegen meiner unbedeutenden Persönlichkeit so aussergewöhnliche Vorsichtsmassregeln zu ergreifen. Auch hätte es mir nicht viel genützt, denn es war mir eben beschieden mit der Zeit in eine ähnliche eigentümliche Lage zu geraten, wie die, worin der alte deutsche Gambist sich befunden.

Mit einem Empfehlungsschreiben an Delsart, meine Wünsche, sein Schüler zu werden, enthaltend, machte ich mich eines Tages auf den Weg nach der rue St. Lazare, wo der Meister wohnte. In den wohlgepflasterten Hofraum eines stattlichen Hauses trat ich ein und wurde in einen Seitenflügel gewiesen, sodann und nachdem ich meinen Brief abgegeben, in ein grosses Parterrezimmer, versehen mit einem Piano und einer ziemlichen Anzahl Stühlen. Es war die Klasse, das Lehrzimmer Delsart's, und bald befand ich mich denn auch diesem gegenüber.

Delsart, der damals im kräftigsten Mannesalter stand, war eine imponierende Erscheinung. Seine Gestalt war hoch und stattlich, sein Kopf wahrhaft schön zu nennen, wie seine Züge zugleich ausdrucksvoll und charakteristisch. Er trug das schwarze Haar kurz verschnitten, à la malcontent, wodurch seine hohe gewölbte Stirne noch mehr hervortrat, und einen starken schwarzen Schnurr- und Knebelbart. Seine dunklen blitzenden Augen schauten mich durchdringend an, als er mich fragte, bei wem ich bisher Unterricht genommen. Dass ich mich nicht als Schüler des Conservatoire bekannte, verstand sich von selbst, und nannte ich den Namen eines Musikers, eines Freundes, mit dem ich bisweilen gesungen, eine vollständig unbekannte Grösse. Hierauf forderte er mich auf, ihm etwas vorzusingen. Ich legte eine Arie von Labarre auf das Notenpult und Delsart setzte sich hin und spielte. Seine Begleitung erschien mir etwas ungeschickt — er war ja nur Sänger und kein Pianist! Auch liess er mich nicht viel singen. Kaum hatte er ein paar Takte gehört, als er mit der sonderbaren Bemerkung abbrach: „Gute Stimme! doch muss noch viel verdorben werden um es besser zu machen.“ Noch unterhielt er sich mit mir über meine Verhältnisse wahrscheinlich um von mir selbst zu hören, was ihm der Brief gesagt, dass ich nämlich ohne pekuniäre Mittel sei. Hierauf meinte er, ich könne in seinen Kours eintreten, wenn ich von nun an nur ihn allein hören, seine Lehren allein befolgen wolle, was ich mit stummer Verbeugung bejahte, nannte mir die Stunde wo er den Gesamtunterricht erteile, und entliess mich dann mit wohlwollendem Blick und gnädigstem Nicken seines Hauptes.

Ich war also nunmehr auch Schüler des berühmten Delsart und höchst begierig zu erfahren, welches neue Licht mir für meine Studien durch diesen Meister aufgehen würde. Die Unterrichtstunden fanden zweimal in der Woche statt, glücklicherweise zu anderer Zeit, als die des Konservatoriums. Jeden Montagabend war eine öffentliche Stunde, zu der die sich für Delsart's Lehre interessierenden oder auch nur neugierigen Zuhörer zugelassen wurden. Aus diesem Umstande konnte mir Gefahr erwachsen, doch dachte ich vor der Hand nicht weiter daran, sondern war froh, auch dies neue Ziel glücklich erreicht zu haben.

Am bestimmten Tage fand ich mich denn in Delsart's Klasse ein. Etwa acht junge Leute waren anwesend, mit denen ich bald Bekanntschaft gemacht hatte. Delsart erschien und der Unterricht begann. Ich erkannte bald, dass die meisten dieser Schüler so gut wie gar keine Stimme besassen und trotzdem hofften, durch Delsart's Hilfe und Methode auf die Bühne zu gelangen und womöglich gleich Düprez — hunderttausend Francs Gage zu erlangen.

Doch, wie weit entfernt waren sie davon! denn ohne stimmliche Mittel schienen sie nicht einmal die Lehren Delsart's zu begreifen, während ich sehr bald begriff, dass es wir alle, im Grunde nur dazu da waren, um dem Meister Gelegenheit zu geben, vor seinem neugierigen und oft sehr gewählten Publikum, durch seine Lehren, seinen Vortrag zu glänzen, Staunen und Bewunderung zu erregen und einzuernten.

In den eigentlichen Unterrichtsstunden wurde kaum gesungen. Wir mussten vor allen Dingen darauf bedacht sein, die voix sombre zu kultivieren, also, anstatt auf „a“, auf „o“, oder vielmehr auf „ao“ singen. Nur einzelne Töne durften die Schüler hören lassen, in die sie den von Delsart verlangten Ausdruck zu legen sich bemühen mussten. Da kam Drolliges zum Vorschein!

„Denkt Euch“, so docierte Delsart, „eine Halle, angefüllt mit Pestkranken. Aufgegeben, verlassen von den Menschen, sind die Armen unrettbar der furchtbaren Würgers verfallen. Schreie der Verzweiflung übertönen die des Schmerzes, das Röcheln der Sterbenden. Da öffnet sich die Decke des Saales und aus dem tiefblauen unendlichen Himmelsraum steigt ein Engel nieder, vom Allmächtigen in Gnaden gesandt, die Todespein der Leidenden zu lindern. Seiner hohen, heiligen Sendung sich bewusst, das Herz voll unendlicher Liebe, schwebt er herab, und Worte himmlischen Trostes entströmen seinen Lippen. — Wie würde der Ton dieses Engels klingen? Welchen Ausdruck würdet Ihr Eurer Stimme geben, wenn Ihr berufen wäret, eine ähnliche Aufgabe in einem musikalischen Kunstwerk zu lösen?“

Und „o-à-h!“ — „h-à-o!“ — „h-à-o!“ — sangen die in einer Reihe stehenden Schüler, sich nach und nach abmühend in ihre meistens unschönen Organe, die sie so dumpf als möglich zu machen trachteten, einen Anflug des verlangten Ausdrucks zu legen. Doch vergebens! Was zum Vorschein kam war — ich übertreibe nicht — wahrhaft lächerlich, erbärmlich; es indignierte mich förmlich, wie es mich auch mächtig anspornte zu versuchen, ob mir nicht gelinge, was Jene nicht zu leisten imstande waren. Doch auch ich war so unfähig dazu wie die anderen, wenn auch meine Versuche sich durch bessere Klangfarben auszeichneten.

„Die beste Gesangsschule“, sagte Delsart später einmal, „sind die — Oraisons funèbres de Bossuet!“ — Ich begriff diesen Ausspruch erst dann, nachdem ich Kenntnis von einem geheimen, mystisch-düsteren Oratorium erhalten, welches sich in Delsart's weitläufiger Wohnung befand. Volles

Licht aber wurde mir erst, nachdem ein wirklich begabter Schüler, der zugleich Pensionär Delsart's — doch nicht Mitglied unserer Klasse war, anstatt zu debütieren, wie bereits festgesetzt, in ein Jesuiten-Seminar eintrat, um sich dem geistlichen Stande zu widmen. —

Von einer Arie liess Delsart höchstens nur die ersten Takte, meistens nur den ersten Ton singen. „Ist der Ausdruck des ersten Tones und Wortes richtig, so könnt Ihr die ganze Arie singen", sagte er, seiner Methode getreu. So kam es denn, dass ich Monate lang von dem Anfang der Labarre'schen Arie aus „Die beiden Familien", „mais, quand je songe au nom de sa famille etc.", nur die erste Note singen durfte und mich auch mit möglichstem Eifer bestrebte, in dieses „mais", alles das zu legen, was Delsart verlangte und nach ihm, die Situation, die Rolle bedingte.

Meine Bemühungen waren von einem gewissen Erfolg gekrönt und Delsart meinte endlich, dass ich zu einer grösseren Aufgabe, dem „sogenannten" Gebet Tells übergehen könne.

Nun studierte ich die Rossini'sche Komposition im Sinne Delsarts und immer mit gedeckter Stimme, der voix sombre, die, wie schon angedeutet, Delsart allein, und den Lehren des Conservatoire schnurstracks entgegen, anerkannte und angewendet wissen wollte.

Es ist nun nicht zu leugnen, dass durch diese Art der Bildung und Behandlung des Tons eine bedeutende Wirkung erzielt wurde, denn einen Ausdruck vermochte der also Singende seiner Stimme zu geben, der sich bis zum Hochdramatischen steigern, ergreifen, rühren konnte — wenn er es überhaupt vermochte. Delsart vollbrachte dies. Unvergesslich sind mir u. A. seine Szene des Simeon (Joseph und seine Brüder), und obiges Gebet aus Tell, das er mir vorsang und in dem er eine wahrhaft erschütternde Wirkung erzielte, bei dem mehrmals wiederkehrenden Ausruf auf dem hohen Fa: „Gemmy! Gemmy, songe à ta mère!" — eine Wirkung, die im Deutschen durch eine ganz verschiedene Textunterlage vollständig verloren geht und unbekannt geblieben ist.*)

Enthusiastisch erfasste ich das Gehörte und versuchte es nachzubilden. Es gelang mir insofern, als Delsart mich nun bald nicht allein das ganze Musikstück singen, sondern sogar auch spielen liess. Einen Stuhl stellte er mir in die Mitte des Salons und dieser Vierfüssler musste meinen Sohn Gemmy vorstellen, ich ihm mit blutendem Vaterherzen meine Bitten zusingen, regungslos zu bleiben, der Mutter zu gedenken!

Monate lang sang ich mit einem wahren Feuereifer diesen hölzernen Stuhl an und brachte es wirklich dahin, im Sinne und in der Methode Delsarts die Pièce mit einer nicht zu läugnenden dramatischen Wirkung nicht allein zu singen, sondern auch mit entsprechenden Geberden zu begleiten, zu spielen. (Gerne will ich anerkennen, dass, wenn ich später, beim Betreten der Bühne, mich sofort auf derselben heimisch fühlte, meine Rollen s p i e l e n konnte, ich dies einzig und allein obigen Übungen bei Delsart verdankte.) Ich machte sogar mit meinem nicht üblen Organ einen solchen Effekt, dass Delsart förmlich stolz auf mich wurde und beschloss, mich und meine Leistung an seinen öffentlichen Abenden, an denen er bis jetzt meistens allein geglänzt, vorzuführen.

Dies geschah und ich sang und spielte also vor einem Publikum, das, wenn auch klein, doch dafür aus Notabilitäten der Presse, der Literatur und der Bühne bestand. Hierdurch angespornt, gab ich mir die allererdenklichste Mühe und brachte es wirklich dahin, trotz meines vierfüssigen Partners, meine Zuhörer zu rühren und auch in etwas zu erschüttern. Die hölzerne Sitzgelegenheit war mir bereits zu einem wirklichen Gemmy geworden, wie ich selbst zu einem richtigen Schüler Delsarts.

Doch das Conservatoire und Ponchard?!

Ich besuchte natürlich immerfort meine Klasse und übte dort den schönen graziösen Gesang, wie bei Delsart den dramatischen, sang hier so schön und süss als möglich auf „a" und du bout des lèvres, dort auf „oa" und mit dunklem ausdrucksvollem Ton. Ich war eben dabei, mir von beiden Lehrmethoden das, was mir als das Beste dünkte, anzueignen und sah hierin nicht allein eine Entschuldigung, sondern eine vollkommene Rechtfertigung meines Tuns.

Bereits mehrere Male hatte ich meine Tell-Szene an den öffentlichen Abenden in Delsarts Salon gesungen und gespielt und noch immer fand es mein Lehrer für gut, mich und meinen Stuhl seinen Zuhörern zu produzieren. Eines Abends nun — es war der fünfte oder sechste — sollte ich abermals Zeugnis ablegen von der allervortrefflichsten Methode des Meisters, und nach einem gelehrten Vortrag desselben meine „Arbeit" beginnen. Ich hatte durch die Übung Mut bekommen und freute mich förmlich auf mein „Auftreten".

Der Salon ist gefüllt mit Fremden, die gespannt dem blendenden Vortrag lauschen — von dem seine „Schüler" indessen so gut wie nichts verstehen. Da öffnet sich die Türe abermals und mehrere Herren treten ein, die, keine Sitzplätze mehr findend, sich bei dem Eingange aufstellten. Delsart begrüsste die Eintretenden durch ein vertrauliches Lächeln und Neigen des Hauptes. Doch plötzlich flammte sein Auge auf; er musste unter den Angekommenen ein fremdes Gesicht gesehen, einen Feind gewittert oder erkannt haben. Auch ich blickte hin — bald hätte mich der Schlag gerührt — da stand Ponchard in leibhaftiger Gestalt, den Zwicker auf der Nase und mit einem Lächeln in die Versammlung schauend, das nur zu deutlich sagte, was er über den Lehrer, seine Methode und den ganzen Kram denke.

Es war Ponchard, mein Konservatoriumslehrer, und in wenigen Augenblicken musste ich als Schüler Delsarts auftreten und singen! Was hätte ich darum gegeben, wenn die Erde sich geöffnet und mich verschlungen! Nicht einmal entwischen konnte ich, denn die gedrungene breitschulterige Gestalt Ponchards hatte sich gleichsam als Wache bei der Türe aufgepflanzt. Es war eine Lage zum Verzweifeln, und dennoch musste ich mich fassen, um so gut als möglich zu bestehen, denn singen musste ich nun einmal, und fiel ich durch, so war es um mich, das heisst, um mein Pariser Dasein getan. Das fühlte ich. (Forts. folgt.)

Vermischtes.

Iserlohn. Ein heiteres Missverständnis. Die Kammersängerin Sigrid Arnoldson wohnte am Morgen nach ihrem hiesigen Konzertabend im Hotel Sander, in welchem Hotel auch die Ausschussmitglieder des westfälischen Feuerwehrverbandes logierten. Diesen wurde nun am Morgen von der Feuerwehrkapelle ein Ständchen gebracht, das die Sängerin auf sich bezog. Sie fühlte sich durch diese Aufmerksamkeit angenehm überrascht und spendete der Kapelle ihren Dank in klingender Münze, der gern in Empfang genommen und passend angelegt wurde.

Folgende drastische Reklame leistet sich die Potsdamer Husaren-Kapelle: „Wie wir mit grösster Freude berichten können, steht allen Musikliebhabern ein Genuss bevor, wie er in unsern Mauern wohl seit langer Zeit nicht mehr zu Gebote stand; denn es spielt hier eines der vornehmsten Musikkorps der deutschen Kavallerie, nämlich das seiner vorzüglichen Leistungen wegen rühmlichst bekannte usw. usw., mit seinem s c h w a r z e n P a u k e r - U n t e r o f f i z i e r A r a r a aus dem Togo, der mit eigener Erlaubnis Sr. Majestät des Kaisers dem Trompeterkorps zugeteilt wurde. Einzig und allein steht Arara als schwarzer Pauker in der deutschen Armee da, und repräsentiert er zu Pferde, einem S c h i m m e l, mit seiner r o t e n U n i f o r m und s c h w a r z e r H a u t f a r b e die deutschen Nationalfarben, schwarz, weiss, rot. Ein prächtiger Anblick für die, welche Arara schon zu Pferde gesehen haben. Was die Leistungen der Kapelle anbetrifft, so gestalten sich die Konzertreisen derselben stets zu einem Triumphzuge." — Dass jedoch auch die Z i v i l m u s i k k a p e l l e n unter Umständen besondere Vorzüge für sich im Wettbewerb mit den Militärkapellen geltend machen können, dafür spricht eine Anzeige im „Golln. Boten". Sie lautet: „Empfehle meine 22 Mann starke Musikkapelle den werten Vereinen und Wirten von

*) Hierdurch geht auch eine der schönsten Wirkungen des grossen Terzetts in derselben Oper verloren. Während der französische Arnold mit Tränen in der Stimme singt: „J'expire?" schnaubt der Deutsche: „Ha, Rache?" welches Racheschnauben der Komponist an dieser Stelle durchaus nicht beabsichtigte und das demnach die eigentliche Wirkung des Moments vollständig zerstört.

Gollnow und Umgegend zu allen Festlichkeiten. Liefere die Musik von der kleinsten bis zur grössten Besetzung zu jedem annehmbaren Preis. Zu Hochzeiten, zu denen ich die Musik stelle, liefere ich eine ehrliche, gute Kochfrau gratis."

Aufführungen.

Braunschweig. Der Gesangverein „Orpheus" feierte am 31. Oktober die silberne Jubelfeier durch grosses Festkonzert, Kommers, Festmahl und Ball. Das Fest nahm in allen Teilen herrlichen Verlauf und die vielfachen Ehrungen, die dem Orpheus zu Teil wurden, waren ein Beweis für den ehrenvollen Standpunkt, den der Verein einnimmt. Das Festkonzert brachte einige Volkslieder: „Gelöbnis" von Meyer-Olbersleben und als hervorragendstes Werk eine Neuigkeit von Max Clarus: „Auf dem Felde der Ehre", dessen Vorzüge wir in diesen Blättern bereits gebührend hervorgehoben haben. Was wir bei unserer damaligen Besprechung ausser Acht lassen mussten, betraf die Instrumentation, die uns nicht vorlag. In einem ausführlichen Berichte wird jetzt namentlich hingewiesen auf die gewandte, charakteristische Behandlung des Orchesters, die stets den erfahrenen Instrumentalisten verrät, der, ohne nach Aeusserlichkeiten zu streben, die verschiedenen Gruppen zu einer Klangpracht von seltener Schönheit zu vereinigen versteht.

Venlo. Zangvereeniging (Dir. W. Geyr). 1. Abonn.-Konzert. Hugo Jüngst „Innsbruck, ich muss dich lassen", von Othegraven „Warnung", Ernst Heuser „Hünengräber", Jos Schwartz „Von der Spielmannsfahrt".

Lübeck. Am 17. Sept. im Colosseum hoch- und plattdeutscher Lieder- und Balladenabend, gegeben von Frau Cassie Helmich-Hofmeister (Mezzosopran) aus Hameln, Herrn A. V. Harzen-Müller (Bassbariton) aus Berlin, Herrn Kapellmeister und Komponisten Leo Jassel aus Lübeck.

Bernburg. Am 24. September in der Marienkirche Aufführung der Haydn'schen „Schöpfung" seitens des Bernburger Gesangvereins, Dirigent Musikdirektor Illner, und der Kurkapelle mit den Solisten Frl. Clara Schettler aus Bernburg (Eva und Gabriel), Herrn Hofopernsänger Oskar Feupe aus Dessau (Uriel) und Herrn Oratorien- und Konzertsänger A. V. Harzen-Müller aus Berlin (Raphael und Adam).

Berlin. Am 17. Oktober in der Heilandskirche Aufführung der Haydnschen „Schöpfung" seitens des R. Kurth-schen Kirchenchores und des Orchesters des IV. Garde-Regiments. Solisten: Frl. Käthe Ravoth, Herr Alex. Curth und Herr A. N. Harzen-Müller, alle drei aus Berlin.

Plauen. Festkonzert des Lehrergesangvereins Kurti „Im Sturm", Conradi „Sonnenuntergang", G. Wohlgemuth „Es war am Rhein". Den zweiten Teil füllte das grosse Werk: „Hermann der Befreier".

Oberstein. M.-G.-V. Edelweiss (Wolter). B. Sturm „Weinlese am Rhein", Kienzl „Volkslied", Schiebold „In der Frühlingsnacht", Fr. L. Ullrich „O bleib' bei mir" (D. C.), H. vom Ende „Wie schienen die Sternlein".

Danzig. Lehrergesangverein (Arthur Weber). Mendelssohn „Festgesang", Wagner „Eleula", Nicodé „Das Meer".

Freiberg. Lehrer-Gesangverein (Holm. Hickel). Franz Wüllner „Heinrich der Finkler", Max Bruch „Fritjof", Curti „Hoch empor", Kienzl „Volkslied".

Karlsruhe. Liederhalle (Aug. Hoffmeister). R. Becker „Hochamt im Walde", A. Kirchl „Elfenlocken im Walde", F. Dubois „Liebesbotschaft".

Magdeburg. Lehrergesangverein (J. Krug-Waldsee). Fr. Schubert „Die Nacht", F. Mendelssohn „Das Ruhethal", E. Kremser „Braune Gesellen", G. Baldamus „Zu Roma auf der Gassen", Ernst Heuser „Hünengräber", Volkslied „Herz'ges Mariandl".

Hamburg. Lehrergesangverein (Prof. R. Barth). Silcher „Lindenbaum", „Die drei Röselein", „Soldat", „Müllers Abschied", „Loreley", „Im Mai", „Zu End", „Die Trauernde", „Schottischer Bardenchor", „Oberschwäb. Tanzliedchen", „Die Auserwählte", „Der Schweizer", „In der Ferne", „Mei Madle", „Nun leb' wohl, du stille Gasse", Kremser „Altniederl. Volkslieder", Sitt-Isaak „Innsbruck, ich muss Dich lassen."

Symphonie B-dur von G. Jensen.

Cannstatt. Das III. Symphonie-Konzert im Kursaal brachte eine bemerkenswerte Aufführung der B-dur-Symphonie von Gustav Jensen.

Die „Cannstatter Zeitung" schreibt darüber:

Der Abend begann mit einer sehr interessanten und bei uns wohl noch nicht aufgeführten Symphonie B-dur von Gustav Jensen, dem bekannten, unlängst verstorbenen Geiger und Lehrer am Cölner Conservatorium, zu dessen Schülern u. a. auch Herr Musikdirektor Rückbeil gehört. Gustav Jensen entstammt einer echten Künstlerfamilie; sein Bruder ist der berühmte Liederkomponist Adolf Jensen, und echter Künstlergeist ist es auch, der aus dieser Symphonie zu uns spricht. Der Komponist, der früher mehr durch die sauber gearbeitete, mitunter auch gefällige Arbeit seiner Kompositionen wirkte, hat mit diesem Werk durch die Ernsthaftigkeit an Ausdruck und Stimmung sowohl, als durch die Bedeutung der musikalischen Erfindung und durch die aus dem Werke sprechende Gedankentiefe wohl Viele überrascht, die ihn nur aus seinen früheren Werken kannten. Die Symphonie ist vor allem die Arbeit eines echten Symphonikers, der da schafft, wie die Klassiker schufen: „Musik" ohne Beimischung und Hintergedanken, und zwar nur gute Musik. Es ist jedoch durchaus nicht nur die Arbeit eines Akademikers, der nur durch seine Beherrschung der musikalischen Formen zu wirken weiss; so sehr wir auch den architektonischen Aufbau, die formale Gestaltung bewundern, so liegt das Wertvolle und Bleibende dieses Werkes doch in der wahrhaft klassischen Schönheit der musikalischen Motive, so in dem zu Herzen sprechenden Adagio des I. Satzes und in dem so prächtig bewegten III. Satze. Nicht zu vergessen den edlen Klangreiz der Instrumentation, der das ganze Werk durchzieht, und ihm, wie in so vielen anderen Städten so auch hier unter Rückbeils ebenso pietätvoller als feuriger Leitung einen glänzenden Erfolg gebracht hat.

Stuttgart, „Neues Tageblatt":

Cannstatt, 20. Juli. Im Kursaal fand heute abend unter Mitwirkung der Herren Karl Sattler (Tenor) und Max Lang (Klavier) das III. Symphonie-Konzert statt, das einen hohen Kunstgenuss gewährte. Das Kurorchester spielte die B-dur-Symphonie von Gustav Jensen, ein Werk von tiefem musikalischen Gehalt, durch dessen ersten und zweiten Teil ein elegischer, schwermütiger Zug geht, während der dritte und vierte Teil eitel Lust und Wonne atmen, sowie die Ouverture zu Anakreon von Cherubini, ein Werk voll Feuer und Kraft. Beide Werke kamen unter der sicheren, energischen Leitung des Herrn Musikdirektor Rückbeil zu vollendetem Vortrag.

Neuigkeiten

Angerer Gottfr., op. 117. „Vesper"	1.—	—.[illegible]
do. „Der Weg zum Glück . . .	—.—	—.[illegible]
Attenhofer Carl, op. 118 No. 1. Zum Wandern	—,60	—.[illegible]
do. No. 2. Geheimnis	—,60	—.[illegible]
do. No. 3. Der Spielmann ist da	—,60	—.[illegible]
do. No. 4. Ständchen	—,60	—.[illegible]
Baldamus Gustav, op. 57. Soldatenleben . . .	2,—	1.[illegible]
do. op. 74. Das deutsche Volkslied . . .	1,	—,[illegible]
do. op. 75 No. 1. Mein Schatz	—,40	—.[illegible]
do. No. 2. In der Fremde . .	—,40	—.40
Brüschweiler F., op. 13 No. 1. Mein Herzleid .	—,80	—.[illegible]
do. No. 2. Ich hört ein Sichlein rauschen . .	—,80	—.[illegible]
do. No. 3. Frivole Gesinnung	—,60	—.[illegible]
do. No. 4. Vergeblich. Wunsch	—,80	—.8
do. op. 27 No. 1. Mondschein . . .	—,80	—.8
do. No. 2. Finkenlust	—,80	—.8
do. No. 4. Waldveilchen . . .	—,80	—.8
do. No. 5. Fröhliche Botschaft	—,80	—.8
do. No. 6. Husaren	—,80	—.8
do. No. 7. Lorcher Wein . . .	—,80	.5
do. op. 28 No. 1. Das deutsche Volkslied	—,80	—.8
do. No. 2. An mein Vaterland	—,80	—.8
Cleuver Jos., op. 15. Lieb Godesberg am Rhein	—,40	—.8

Eckardt William, op. 18. Sang und Liebe . . —,60 —,60
Eicheler Martin. Spatzenglück . . . . —,40 —,80
Gast Peter, Waldweben 1,20 1,20
Hegar Friedr., op 33. Märchen vom Mummelsee 2,40 1,60
Herold Rud., op. 2. Elslein von Caub . . . —,60 —,80
Hesser Ernst, Waldkönig . . . . —,60 —,80
Hirsch Carl, op. 88. Uebers Jahr, mein Schatz —,40 —,60
Keller Rich., op. 47 b. Das Liebchen im Grabe 1,— 1,—
Klengel Paul, Der alte Tom . . . . 1,— —,80
do. O Jugend, o schöne Rosenzeit . . . 1,— —,80
Körner Georg, op. 11. Das letzte Lied . . . . —,40 —,80
Kühle Gustav, op. 112. Gruss an die Heimat . . —,50 —,60
do. op. 118 Herzeleid . . . . —,50 —,60
Kühn Ed., op. 25. Und um die Holzbank duftete der Flieder . . . . 1,30 1,—
do. op. 26. Der deutsche Reiter . . . . 1,20 1,—
Kühnhold C., op. 110 Mein Stern . . . . . . —,60 —,60
Langen Heinrich, Festgruss 1,20 1,20
do. O du wunderschöne Frühlingszeit . . . 1,20 1,20
do. Schneeglöckchen . . . . —,60 —,60
do. Waldkönig . . . . —,60 —,60
do. Zwei treue Augen (Mk. 1,60 mit Stimmen).
Laugs Rob., op. 12 No. 1. Sehnsucht . . . . . 1,— —,80
do. No. 2. Abschied . . . . —,80 —,60
do. op. 14 No. 2. Wirtstöchterlein . . . . . 1,— —,80
Meyer W., op. 42. O sende und spende (Mk. 1,— mit Stimmen)
do. op. 44. Gloria, Gott in der Höhe „ „
do. op. 45. Wir flehn zu dir „ „
do. op. 53. Verzagen (S' blühn Rosen) „ „
do. op. 66. Klage nicht „ „
do. op. 70 Ich hab' dich so geliebt „ „
do. op. 77. Ständchen „ „
do. op. 78. Nachtigallensang „ „
do. op. 80. Du Heiland in Bethlehems Toren „
do. op. 81. Das Jahr geht still zu Ende „ „
do. op. 82. Christus ist auferstanden „ „
do. op. 83. Danket dem Schöpfer „ „
do. op. 84. Aller Augen warten auf dich „ „
do. op. 85. Still, wein' nicht so heiss „ „
do. op. 86. Das Mägdlein schläft „ „
do. op. 87. So ziehet hin „ „
do. op. 88. Gott ist mein Lied „ „
Mitlacher Ernst B., op 9 No. 1. In's offene Meer hinaus . . . . —,60 —,60
do. No. 2. Das Röslein . . . . . —,60 —,60
Moldenhauer W., op. 1. Hochzeitslied (1 T. u. 2 B. je —,15, 2 T. u. 1 B. je —,30) —,80 —,—
Menkelt Traugott, Die Rose im Tal . . . . —,80 —,60
do. Wüsst' ich nicht. — Schlaf, müdes Herz 1,— 1,—
do. Das goldene Kreuz. — Der Blume Gruss 1,— 1,—
Neumann, op. 39 No. 1. Im Klostergarten . . . —,60 —,60
do. No. 2. Kriegers Abschied . . —,60 —,60
Orth Ph., op. 176. Ja, müsste die Lieb' nicht scheiden . . . . —,40 —,40
do. op. 178. Mich drückt keine Sorge . . . . —,40 —,40
Pauli Jean, op. 17. Jubelchor . . . . —,80 —,80
do. op. 18. Dort bin ich her . . . . —,80 —,80
do. op. 21. Schlaf wohl, wie Gott es will . . —,80 —,80
do. op. 34. Morgenständchen . . . . 1,— —,80
do. op. 35 An die Heimat . . . . 1,— —,80
Pelster Paul, op. 15. O wunderbares, tiefes Schweigen . . . . —,40 —,40
do. op. 16. Der gold'ne Amor: . . . . —,40 —,40
op. op. 17. Ich weile gern im Wald allein —,40 —,40
Reiser Herm., op. 11. Abendlied . . . . —,60 —,60
do. Das Lied 1,20 1,20
Rüfer Aug., op. 35. Choral aus der Oper „Merlin" —,45 —,60
Schilfarth Phil., op. 17 No. 2. Mondnacht am Rhein —,60 —,60
do. op. 18. In stiller Nacht . . . . —,80 —,60
Schlosser, E., op. 2. Das Blümelein: Ich weiss ein Blümlein bold und licht —,10 —,20
do. op. 10. Wenn sich zwei Herzen finden . . . . —,60 —,60
do. op. 17 Nr. 1. Festgruss . . . . —,60 —,60
do. op. 18 Nr. 1. Des Liedes Heimat —,40 —,60

Wegweiser durch die Chorgesanglitteratur

Ratgeber für Gesangvereine und Dirigenten.

Redaktion und Verlag: H. vom Ende, Köln a. Rh., Ecke Bismarck- und Kamekestrasse.

nebst Beiblatt:

Der Sänger.

Offizielles Organ des Westdeutschen Sängerverbandes, Mosel-, Saar-, Nahe-Sängerbundes, des Mittelrheinischen, Rheinhessischen und Speyergau-Sängerbundes.

Erscheint monatlich einmal. Bezugspreis für 1 Expl. 20 Pfg. Jahresabonnement Mk. 1.50 und 40 Pfg. Porto. Inserate kosten pro 4 mal gespaltene Petitzeile 20 Pfg.

Expedition: H. vom Ende's Musikalien-Versandgeschäft.

Nr. 3. | Köln a. Rhein, den 26. Dezember 1903. | V. Jahrg.

Fritz Steinbach.

Von Dr. Max Burkhardt.

Nach dem Tode Wüllners ist bekanntlich nach einer kurzen „kaiserlosen, schrecklichen Zeit" Generalmusikdirektor Fritz Steinbach von der Spitze der Meininger Hofkapelle als princeps musicae, will sagen als städtischer Kapellmeister und Direktor des Konservatoriums nach Köln berufen worden und was er in der kurzen Zeit seines Hierseins geschafft und gewirkt hat, wie er sich in den verschiedensten Eigenschaften eines vielseitig gebildeten und begabten Musikers gezeigt hat, das soll hier in kurzen Zügen skizziert werden.

Steinbach ist, seit er 1886 als Nachfolger Bülows (das kurze Interregnum Richard Strauss' nicht mitgerechnet) die Leitung der Meininger Hofkapelle übernahm, aller Welt als hervorragender Orchesterdirigent bekannt, sodass die Uneingeweihten in Köln sich mit zweifelndem Kopfschütteln die bange Frage vorlegten: Wie aber wird's mit unserem Chor werden, auf den Wüllner so grossen Wert legte, dass er ihn in jedem Gürzenichkonzert zu Worte kommen liess? !

Die Eingeweihten aber schauten getrost in die Zukunft. Wussten sie ja doch, dass Steinbach der Schöpfer der Meiningenschen Musikfeste und dadurch der Gründer eines Chores geworden ist, der, aus verschiedenen kleinen Vereinigungen wie dem Meininger Singverein, dem Salzunger Kirchenchor, den Vereinen von Saalfeld, Hildburghausen und Sonneberg zusammengesetzt, vermöge der Energie und rastlosen Tätigkeit seines Leiters eine fast ideale Höhe künstlerischer Leistungsfähigkeit erreichte. Und von dieser Eigenschaft Steinbachs als Chorerzieher sollten wir gleich im ersten Gürzenichkonzert ein glänzendes Zeugnis erhalten: Die Chorleistung im Brahms'schen Requiem war mustergiltig; das waren pianissimos von einer hauchartigen Zartheit, crescendos von überraschender Kraft und Wucht und Fortes von blendendem dem hatte St. durch peinlichste Beachtung aller, auch der kleinsten Vorschriften des Komponisten jeder Stimme individuelles Leben eingehaucht, sodass er eine Chorleistung erzielte, die nicht nur im Gesamtklang von bestrickender Wirkung war, sondern die eben durch die feine Ausarbeitung jeder einzelnen Stimme einen ungemein plastischen oder durchsichtigen Charakter erhielt. So waren nun auch die Zweifler beruhigt.

Ferner hat Steinbach sich als Klavierspieler in den Kammermusikabenden gezeigt; nicht als ob ihm die Virtuosentätigkeit etwa neu wäre: hat er doch bei Anton Door in Wien studiert und ist in Karlsruhe unter Dessoff oft genug als Pianist aufgetreten; aber er will, so scheint es, zeigen, dass die Dirigententätigkeit nicht seine pianistischen Fähigkeiten zu unterdrücken vermochte. Zwar ist er kein blendender Virtuose, aber auch kein äusserlicher Techniker, sein Spiel zeigt vielmehr den Charakter einer kraftvollen, männlichen Persönlichkeit, wobei die Beherrschung aller technischen Mittel selbstverständlich ist. Auch als Theoretiker war Steinbach schon tätig und zwar praktisch durch Kompositionen von Kammermusikwerken und Liedern (hat er doch als Schüler des Leipziger Konservatoriums sich bereits als 20jähriger den Kompositionspreis der Mozartstiftung in Frankfurt geholt) und pädagogisch als Lehrer der Theorie am Raff-Konservatorium in Frankfurt, wohin er durch Vermittelung Bülows gerufen wurde.

Schliesslich noch ein paar Worte über Steinbachs Dirigenteneigenschaften, die am besten mit seinen eigenen Worten charakterisiert werden: „Ich suche jeden Musiker zum Selbstschaffen, zum freien Selbstempfinden heranzubilden." Durch diese seine Hauptmaxime versteht er das Orchester zu einem lebenden Organismus zu gestalten, in dem jedes einzelne Glied mit Bewusstsein seiner künstlerischen Funktion obliegt, und auf diese Weise bringt er diese grandiosen Orchesterleistungen zu stande, mit denen er als junger Dirigent in der schweren Stellung von Bülows Erbe zu imponieren wusste. Sein ureigenstes Gebiet aber ist hier wiederum

und Unterstützung angedeihen liess; Brahms, der oft genug in Meiningen weilte, um dort seine Schöpfungen zum erstenmal „klingen“ zu hören. So mag Steinbach an der Quelle die Brahms'sche Musik kennen, verstehen und lieben, vor allen Dingen aber auch interpretieren gelernt haben; denn es ist wahrhaft bewundernswürdig, wie er es versteht, den schweren Wein der Brahms'schen Muse in Pokalen zu kredenzen, die er in einer Weise abschleift, dass die Schönheiten des Inhalts wie in Krystallen tausendfältig gebrochen in den herrlichsten Farben schimmern und leuchten. Das letzte Gürzenichkonzert war ganz im Rahmen eines Brahmsabends gehalten; das war ein gewagter Versuch Steinbachs, aber er ist glänzend gelungen. Wie er die C-moll-Symphonie auslegte, wie er durch kleine Willkürlichkeiten, ritardandos, crescendos, stringendos, durch Herausarbeiten irgend eines kleinen, fast nebensächlich erscheinenden Motivs plötzlich Leben in die Partitur bringt, und wie er dieses Leben durch sein eigenes überschäumendes Temperament zu einer hell lodernden Flamme entfacht — das muss man miterlebt haben, um es begreiflich zu finden, dass man hofft, Steinbach werde der erste sein, der in Köln eine Brahmsgemeinde erziehen kann. Durch solche Taten dürfte es ihm gelingen.

Rheinhessischer Sängerbund.

„Grüss Gott mit hellem Klang, Heil deutschem Wort und Sang!“

Der Rheinhessische Sängertag, der am Sonntag, den 22. November 1903 in **Nieder-Olm** stattfand, begann um 1 Uhr statutengemäss. Nach einem einleitenden Chor des hiesigen Männerchors und einer ebenso gut gespielten Nummer der Musikkapelle wurde von dem Vorsitzenden, Herrn Kochhafen, zur Eröffnung geschritten. Nach herzlicher Begrüssung gedachte man auch in pietätvoller Weise des schweren Verlustes unseres Landesfürsten in den letzten Tagen. Ein kurzes Beileidstelegramm ging an das Hofmarschallamt ab. Trotz der sehr ungünstigen, das Reisen sehr erschwerenden Witterung hatten nahezu 30 Vereine ihre Delegierten gesandt. Zunächst wurde dem Präsidenten, Herrn Wechsler aus Wörrstadt, in dessen Händen zum grossen Teil das Arrangement des letzten Bundesfestes gelegen, ein Diplom überreicht. Auf der Tagesordnung stand die Abrechnung. Herr Bastian, Lehrer in Elsheim, erledigte diesen Punkt in umsichtiger Weise. Es wurde dann der Beschluss gefasst, in Zukunft stets das Rechnungsjahr von Oktober zu Oktober zu führen. Nun folgte zunächst eine allgemeine Kritik der Leistungen beim letzten Wettsingen. Obwohl sehr anerkennend, was geleistet worden, bei manchen Schwächeren mehr als man erwartet, hatte Herr Musikdirektor Keil-Alzey, z. Z. Bundesdirigent, doch einige Ausstellungen. Er wünschte im eigenen Interesse der Vereine absolut leichtere Chöre und riet ein allmähliches Fortschreiten vom einfachen und langsamen zum schwierigeren Chor. Nachdem man in der letzten Zeit allseitig einsah, dass die Beförderung der Fachzeitung, die monatlich erscheint, mangelhaft geschehe, wurde dem Vorstand die Ermächtigung erteilt, die Zeitung jedem Bundesverein durch die Post zugehen zu lassen. Da dies einige Mehrausgaben erfordert, eine gute Erledigung aber gesichert ist, setzte man den Beitrag eines Vereins a) für die Zeitung pro Jahr und Verein auf 2 Mk., b) für Beitrag überhaupt wie seither 5 Mk. fest. Die Beträge für Massenchöre werden nächstens in Ober-Saulheim am 20. Dezember erhoben. Der Punkt der Tagesordnung: Ob Bundesfest 1904 oder nicht? wurde mit nahezu allen Stimmen bejaht. Die Meldefrist zur Uebernahme dieses Festes läuft am 15. Dezember ab. Auf einer Delegiertenversammlung dürfte es sich entscheiden, wessen Gäste wir kommendes Jahr sind. Nun hielt Herr Bundesdirigent Keil-Alzey einen lehrreichen Vortrag über „Rhythmus und Aussprache“. Dieser Punkt war wohl der prächtigste aber auch der zweckmässigste des ganzen Sängertages. Möge, so oft die Gelegenheit sich bietet, solcherlei Belehrung angebracht werden, es kann nur von hohem Nutzen sein. Eine Stunde Belehrung ist manchmal mehr wert, als zwei der Uebung! Der Nieder-Olmer Bundesverein dürfte Herrn Oehler in Nieder-Saulheim zuletzt noch Dank schuldig sein für seine Ehrung unserer Sängerveteranen Schwarz und Sieben. Die ehrwürdige, wertvolle Sängermedaille des Alten (vom Mainzer Bundesfest im Jahre 1840), wird nun wohl noch in höheren Ehren stehen. Solche Sänger können den Jungen ein Beispiel, ein Sporn sein. „Ewig bleiben treu die Alten, bis das letzte Lied verhallt!“ singt Mendelssohn. So sei's auch ferner. Auf Wiedersehn am 20. Dezember in Ober-Saulheim.

Delegiertenversammlung

am 20. Dez. zu Ober-Saulheim. (Bericht hierüber in nächster Nr.)

Tagesordnung:

1. Statutenbesprechung. 2. Ort und Zeit des II. Bundesfestes. 3. Erhebung der Beiträge für das II. Jahr. 4. Bezahlen der Massenchornoten.

P. S. Sämtliche Herren Musikalienverleger werden gebeten, wenn Sie ein Interesse an der Benutzung ihrer Männerchorliteratur haben, zwecks Anlegung einer Bundesbibliothek, von jedem empfehlenswerten Männerchor gratis drei Exemplare an den zeitweiligen Bundesdirigenten Herrn Musikdirektor Carl Keil in Alzey (Rheinhessen) einzusenden. Mit dieser Bibliothek soll derselbe den Bundesvereinen jederzeit empfehlend und ratend Vorschläge machen.

Mit treudeutschem Sängergruss:

Ober-Saulheim, den 10. Dezember 1903.

Kochhafen, I. Präsident. Köhler, Schriftführer.

Mosel-Saar-Nahe-Sängerbund.

Neu hinzugetretene Vereine:

Gesangverein „Germania“, Rohlingen a. d Saar. „Constantia“, „Frohsinn“ u. „Kathol. Männergesangverein“ Malstatt b. Saarbr.

An meine Freunde!

Durch schwere Krankheit, Influenza und Lungenentzündung, nun schon seit Anfang Oktober ans Bett gefesselt, wirken tägliche Fieber so entkräftend auf mich, dass eine weitere Tätigkeit vorläufig ausgeschlossen ist. Ich bitte daher von der Zusendung von harmonischen und kontrapunktischen Arbeiten, sowie von Kompositionen vorläufig absehen zu wollen. Eine Reise nach dem Süden, sobald die Kräfte es gestatten, wird mir neuen Mut bringen, damit ich nachher mit verdoppelter Arbeitsfreude die Arbeiten meiner Schüler und Auftraggeber fördern kann.

Auch meine verehrte Kundschaft bitte ich inständig, während dieser schweren Zeit mein Musikaliengeschäft nicht zu vergessen und dasselbe reger Benutzung zu unterziehen. Die Leitung desselben ruht in den besten Händen und wird prompte und umgehende Besorgung aller Aufträge und Bestellungen zugesichert. Zum bevorstehenden Jahreswechsel die herzlichsten Glückwünsche!

Hochachtungsvoll

H. vom Ende.

Der Sänger.

Amtliches Organ des westdeutschen Sängerverbandes.

Das Volkslied ist die Unsterblichkeit der Musik.
Marx.

Verbunden werden auch die Schwachen mächtig.
Schiller.

26. Dez. 1903. Nr. 3.

Redaktion u. Verlag: H. vom Ende, Köln a. Rhein, Ecke Bismarckstrasse 25.

Westdeutscher Sänger- und Dirigenten-Verband.

Bekanntmachung des Verbandsvorstandes.

Die werten Verbandsvereine werden unter Hinweis auf § 7 der Verbandssatzung hierdurch aufgefordert, die alphabetisch, nach Stimmen geordneten Namensverzeichnisse an den geschäftsleitenden Vorsitzenden des Verbandes, nicht an den Bezirksvereinsvorsitzenden zu senden, da derselbe nach Berichtigung des Hauptbuches die Verzeichnisse zum gleichen Zweck an die Bezirksvorsteber zurücksenden wird. Es ergeht die dringende Bitte an die Herren Vereinsschriftführer, doch mit ihren Angaben nicht zu säumen und unverzüglich die Verzeichnisse anzufertigen, welche ausser den Namen der Sänger noch die Bezeichnung des Bezirksvereins, welchem der Verein angehört, enthalten muss.

Ausserdem wird an die rechtzeitige Zahlung der Beiträge an die Bezirksvereinskassierer im Januar erinnert. Die Presskommission wird freundlichst ersucht, das Ergebnis ihrer Beratungen dem Vorsitzenden mitzuteilen, eventl. dieselbsn in kürzester Frist zu beenden.

Des ferneren wird darauf aufmerksam gemacht, dass im Februar 1904 eine Vorstandssitzung stattfinden muss. Etwaige Anträge wolle man gütigst umgehend einsenden.

Der geschäftsl. Vorsitzende
H. Benewitz.
Bochum, Heinrichstrasse 26.

An der Jahreswende!

Zum Jahreswechsel entbiete allen Freunden und Gönnern unserer Sache, sowie allen lieben Verbandsvereinen und persönlichen Mitgliedern ein herzliches Gut Sang. Dreierlei ist es, welches wir beherzigen wollen, einen Blick rückwärts, einen Blick in uns und einen Blick vorwärts. Wenn wir das Facit des vergangenen Jahres betrachten, so müssen wir leider bekennen, dass es trotz freudenvollen und herzerhebenden Erzeugnissen, doch nur Mühe und Arbeit gewesen ist. Soviel Lauheit, soviel Gleichgültigkeit einerseits, als Sucht nach Geldpreisen und modernen Wettstreiten anderseits ist wohl nirgend mehr zu finden als in unserer westdeutschen Sängerschaft. Die Ursachen hierzu zu ergründen, dürfte wohl ziemlich schwer werden. Dem vorurteilsfreien Beobachter will es manchmal nicht als günstig erscheinen, wenn unsere Behörden den Organisationen gegenüber den grössten Indifferentismus bewahren und würden wir es mit Freuden begrüssen, wenn man grade von dieser Seite her eine, zum grossen Segen des Vaterlandes und seines Volkes gereichende Organisation nicht nur unterstützen, sondern ihr auch die Wege bahnen würde. Die öfteren Appelle an die Dirigenten kann man als gescheitert betrachten, da die grosse Mehrzahl derselben die Einsicht der Zweckmässigkeit der Organisation noch nicht zu haben scheint. O möchten doch auch sie bald kommen und arbeiten an ihrem Teile an der Vergrösserung des Verbandes mit.

Ein Blick ins eigene Lager lässt hier die zweite Mahnung: „Blicke in dich" gerechtfertigt erscheinen. Wie viel zur gegenseitigen Belehrung könnte geschehen, wenn die Herren Vereinsvorstände regelmässige Berichte an den „Sänger" über ihre Feste, Konzerte und ausserordentl. Versammlungen senden würden. Wie viel Aerger und Missmut könnte dem Vorsitzenden erspart bleiben, wenn strickteste Befolgung aller statutarischen und kollegialischen Verpflichtungen Norm eines jeden Vorstandes wäre. Deshalb liegt es gewiss in unser aller Interesse, wenn wir den Vereinen und Freunden zurufen: „Blicke in dich", dann wird uns vor dem „Blicke vorwärts" nicht bangen. Ja, ein Blick „vorwärts" zeigt uns die tausende von Gesangvereinen, welche in ihrem alten Schlendrian dahinleben und für die Not unseres Volkes, die Verderbtheit der Vereine nicht das geringste Verständnis haben. Gewiss wissen wir, das auch hier eine geordnete Agitation nicht vergebens sein würde; doch scheitert diese Frage von selbst an dem metallenen Klange des Geldes. Wo immer unsere Freunde zusammen sind, um eine Festlichkeit zu begehen, oder um zu beraten, vergesset nicht, dass ihr ein Scherflein für die Agitation an den Vorstand sendet. Und ihr, die ihr von Glücksgütern reichlich gesegnet, an deren Wiege Fortuna mit ausgebreiteten Armen gestanden und mit tönenden Klängen die Leier gespielt, öffnet eure Herzen und Hände zu einer Neujahrsspende, dann haben wir Geld, dann können wir unsere Boten hineinsenden in die Schar der Vereine, können unsere Schriften fliegen lassen von Ort zu Ort.

Darum „vorwärts", das soll die letzte Mahnung sein, heraus aus dem Haus ihr berufenen Vertreter der Musik, lasst euren Sang erschallen, gar gewaltig und ermahnend; auf die Wacht, ihr Behörden, bahnt uns die Wege; ihr Seminare, belehret eure Schüler, die einstigen Dirigenten, kommt zu uns, in deren Brust noch deutsches Fühlen und Denken lebt, ermannt euch, ihr Schwachen und Lauen, herein in den Verband, denn geeint sind auch die Schwachen mächtig; lasset das Feuer der Liebe und Begeisterung hochlodern, ihr lieben Verbandsvereine und Freunde, dann, ja dann wird unsere Arbeit nicht vergebens sein und darf unser Blick „vorwärts" fest und unentwegt sein.

Der geschäftsl. Vorsitzende
Heinr. Benewitz.

Umformungen des Textes der Volkslieder.

Einige interessante Beobachtungen über Entstehung und Weiterverbreitung der Volkslieder hat Wilhelm Teichmann in einem Vortrage über Elsässische Volkslieder gehalten im historisch-literarischen Zweigverein des Vogesenklubs in Strassburg) mitgeteilt. Nach einem Berichte der Strassburger Post führte er u. a. aus: Das eigentliche Volkslied findet sich bei den Soldaten, und die Soldaten kommen zumeist vom Lande; dorther stammt auch das Volkslied und dort wird es gepflegt. Dort auf dem Lande sind es auch nur bestimmte Kreise und besondere Gelegenheiten, bei denen es gepflegt wird. Die Frauen auf dem Lande werden früh alt und vergessen bald das Singen; höchstens kommt ihnen eine alte Weise ein, wenn einmal das Kind nicht schlafen will. Die Männer singen wenig, weil „es sich nicht schickt". Fischart sagt noch, es gebe 26 Gelegenheiten zum Singen; jetzt gibt es weniger: Messti, Hochzeit, Taufe und die zweiten Feiertage von Weihnachten, Ostern und Pfingsten. Vielleicht bieten auch noch sonstige Versammlungen, wie die Musterungen, die Gelegenheit. Einer reizt dann den anderen zum Singen; namentlich haben da die jungen Männer eine Art Vorrecht. Daneben pflegen die Mädchen das Volkslied an den Winterabenden in den Kunkelstuben, die fortbestehen, wenn auch nicht mehr gesponnen wird; oder im Sommer auf der Dorfstrasse oder dem „Obermärrik". Der Rhythmus des Liedes ist daher auch schrittmässig, fast „kultisch"; manche schliessen auch, wie unter dem Eindruck des Feierlichen, die Augen beim Singen. Verbreitet wird das Volkslied durch Familienfeste, bei denen Verwandte von auswärts neue Lieder mitbringen und die auf dem Fest gehörten mit hinausnehmen. Es gibt sogar „Liederbücher", in welche die neugehörten Lieder eingetragen werden, oft nach Diktat; wie sich denn auch in manchen Wortfassungen nachweisen lässt, dass der Schreiber „gehört" hat, was er schreibt. Es kommen nach dem Verständnis des Schreibenden Umwechselungen vor; aus der göttlichen „Bellonen" wird „Kanonen", aus dem „Kostbeutel" der österreichischen Soldaten wird „Rossbeutel" und dergleichen mehr. Der vom Vortragenden an die Wandtafel geschriebene Reim:

Es tragt am End gar ziemlich Leid,
Das Tuch am Rock ist auch nicht fein . .

wurde am Schluss einem Preisraten der Versammlung unterzogen, aber nicht enträtselt, bis ihn der Vortragende so erklärte:

Das Traktament war ziemlich klein,
Das Tuch am Rock is auch nicht fein . .

In einem anderen Liede heisst es, dass Napoleon einigen 1000 Franken seinen Sieg zu verdanken hat; da der Ausdruck „Franken" für „Franzosen" vergessen worden ist, hat das Volkslied aus diesen „Franken" das Geldstück „Franken" gemacht. Zu beachten sind eigene Dichtungen des Volkes, denn es wird noch sehr viel im Volke, namentlich Spottlieder, „gedichtet". In Thüringen werden bei der Kirmse (Kirchweih) „Kirmsezeitungen" mit Spottliedern auf Vorkommnisse des Jahres angefertigt. Aehnliches geschieht auch im Elsass. (Man wolle sich auch an die Trutzlieder u. s. w. in den deutschen Alpen erinnern.) (Aus: Deutsche Musikdir.-Ztg.)

Zwei Gesanglehrer

von

Ernst Pasqué. (Schluss)

Der entscheidende Augenblick nahte heran; Delsart schloss seinen Vortrag und gab mir einen Wink, vorzutreten, um durch meinen Gesang, meine Darstellung, gleichsam den Beleg zu den soeben entwickelten Theorien zu liefern. Gewaltsam nahm ich mich zusammen, dann erhob ich mich und ging auf meinen mitten im Salon stehenden Stuhl zu. Ich wähnte anfänglich, es ginge zum Richtplatz, doch bald überkam mich ein Mut der Verzweiflung, der mich kühn vorwärts trieb, und fast ingrimmig gelobte ich mir, mich, wenn möglich, selber zu übertreffen.

Ein Glück war es, dass Delsart, ungewöhnlich angeregt, sich nach einer Weile in Erörterungen über die Komposition erging, die da von einem seiner Schüler gesungen werden sollte. Während dieser Zeit vermochte ich mich noch mehr zu sammeln. Kein Auge aber wandte ich nach Ponchard hin, der mich längst gesehen, erkannt haben musste — und mich wohl auch schon aufgegeben, verurteilt und verdammt hatte.

Die Einleitung begann und wenige Augenblicke später sang ich, mich um nichts mehr kümmernd, sondern mit aller Glut, die mein Inneres durchströmte, allem Ausdruck dessen ich nur fähig war. Gut disponiert, strömte meine Stimme in der dunklen und heissen Tonfarbe voll dahin, flehend und bangend hier, verzweiflungsvoll aufschreiend dort — wie die Komposition und Delsart es wollten. Meine Gebärden unterstützten passend und wirksam meinen Gesang, und ich fühlte in der Tat etwas von dem Vater in mir, der um sein Kind in entsetzlicher Lage bangt. Meine Leistung musste einen nicht gewöhnlichen Eindruck auf die Zuhörer gemacht haben, denn als ich zu Ende war, wurde mir ein Applaus, wie man ihn an dieser Stelle nur Delsart selbst gespendet, und mein Lehrer kam auf mich zu und sprach mir mit wenigen billigenden Worten seine Zufriedenheit aus. Stolz blickte ich auf und dann auch verstohlen nach der Türe, wo der Gefürchtete gestanden. Doch die Stelle war leer, Ponchard verschwunden

Der Abend verging sogar recht angenehm, doch ihm folgte ein anderer Tag und an diesem hatte ich meine Stunden im Conservatoire und bei Ponchard.

War es mir am vergangenen Abend wie einem Missetäter zu Mute gewesen, so wusste ich jetzt ganz bestimmt, dass ich einer Exekution, einer Hinrichtung entgegen ging, und ich durfte der Klasse nicht fern bleiben — ich hätte sonst das ganze Konservatorium aufgeben müssen, was ich nicht wollte. Vielleicht hat mich der kurzsichtige Ponchard, trotz seines Zwickers nicht erkannt, so dachte ich, denn ich hatte ihm ja meistens den Rücken, oder nur eine Seite zugekehrt, und dann klang meine Stimme ja ganz anders als in seiner Klasse. An diesen Strohhalm klammerte ich mich und gelangte denn auch endlich in das grosse düstere Gebäude und die nicht viel freundlichere Klasse.

Die meisten der Schüler waren versammelt und bald langte denn auch Ponchard an, freundlich grüssend, heiter lächelnd wie immer. Mich, den innerlich Zitternden, beachtete er nicht mehr und nicht weniger als sonst. Der Unterricht begann, die Schüler sangen ihre Piècen, welche sie nach Ponchard's Weisung zu singen und worauf sie sich vorbereitet hatten. Endlich war die Reihe an mir. In Ponchard's Zügen hatte ich bis jetzt, so ängstlich ich sie auch studiert, noch immer nichts Auffallendes oder mir Feindliches bemerken können, und wahrhaft getröstet wollte ich meinen Gesang beginnen, als ich durch die hingeworfene Rede: „A propos, gestern Abend war ich bei Delsart!" vollständig daran gehindert wurde.

„Ah!" hallte es erstaunt und neugierig von allen Seiten, und Ponchard musste erzählen.

Und er erzählte — während ich am Piano wie an einem Pranger stand und zuhören musste.

Doch nicht zermalmend, sondern recht lustig klang sein Bericht über die Delsart'sche Soirée. Den Lehrer und seine Methode, welche beide nur eines, doch dies eine ganz sicher zuwege bringen könnten: einen frühzeitigen Ruin der Stimme, geisselte er mit scharfem, wohl allzuscharfem Spott; über die Schüler, eine Heerde Strohmänner, machte er sich in einer Weise lustig, dass die ganze Klasse hellauf lachte, was mich um so mehr traf, als ich mir sagen musste, dass der Erzähler hierin nicht so ganz Unrecht hatte. Dann sprach er von einem armen Teufel, der eine Arie zu einem vierfüssigen Individuum habe singen müssen und dies Kunststück auch wirklich zu Wege gebracht, aber leider mit einer abscheulichen dumpfen und hohlen Stimme, die geklungen wie die eines alten Mannes, welches Gestöhne, Geschrei und Geächze ihm die Ohren zerrissen, doch auch ein wahres Mitleid eingeflösst mit dem armen, auf seinen eigenen und baldigen Untergang hinarbeitenden Menschen.

— „Es war das Gebet aus Tell, welches verarbeitet wurde", sagte er schliesslich und sich dann plötzlich zu mir wendend, „Sie kennen es wohl auch, haben es als angehender Bariton gewiss studiert; singen Sie uns das Musikstück doch einmal vor."

Ich sass in der Falle. Jetzt wusste ich, was Ponchard wollte, welche Strafe er mir zugedacht, und ich glaubte jetzt schon den Hohn und Spott zu hören und zu spüren, der mich nach meinem Singen von allen Seiten umfluten, umtoben und verschlingen würde. Doch plötzlich fuhr mir in meiner Not ein Gedanke wie ein Blitz durch den Kopf. Ponchard war in seiner Darlegung der Delsart'schen Manier zu weit gegangen, auch seine, Ponchards Methode, hatte ihre Schwächen, und auch er — eine kleine Strafe verdient.

schnell hatte ich den Gedanken erfasst, verarbeitet hatte der Accompagnateur das Musikstück in der cht aufgeschlagen, als ich bereit war zu singen. hard hatte sich mir gegenübergestellt und so nahe h, seine Mienen drückten eine triumphierende aus, die stark an Bosheit grenzte, wenn der sonst Lehrer letzteres Gefühl auch nur gewaltsam festermochte.

ang: „Sois immobile etc.“

was war das?! —

ards Gesicht nahm plötzlich einen ganz anderen n; es zuckte förmlich zusammen und starrte den wahrhaft verblüfft an, denn etwas ganz anderes u hören als gestern Abend.

ng das hochdramatische Gebet im Genre Ponchards, s lèvres“, so „schön“ und so süss als möglich, m Entferntesten die Delsart'sche Klangfarbe anch war sogar boshaft genug, die Ponchard'sche übertreiben, das heisst bis an die Grenze des n zu treiben. Es war eben eine „schön“ geatine, wie ein Salon-Vater in Glacéhandschuhen inde singen würde, und nicht der dramatisch eres rauhen Sohnes der Berge, des Delsart'schen en Tell.

r zu Ende.

Mitschüler, welche von dem, was da eigentlich its verstanden, schauten bald sich, bald den d an, doch dieser antwortete ihnen nicht. Seine n hatten sich im Laufe meines Singens wieder keinen zürnenden Ausdruck angenommen — im er lächelte.

Sache war gewonnen und alle Furcht bereits hen. Mit einem bittenden Blick, dem sich inSchelmerei beimischte, sah ich Ponchard an n folgenden Worten entgegen: ich spürte sogar orzukommen und zu fragen, ob ich das Gebet nd — etwa in Delsart'scher Manier singen solle? kte ich wohlweislich diesen wohl allzukecken für aber hob Ponchard, der mich immerfort haut, drohend den Finger gegen mich, während u der Klasse sagte:

sich — pour un Allemand — nicht ungeschickt gezogen!“ und zu mir gewendet, fügte er, wohl möglich war, hinzu: „Möge das Naschen nen Frucht nie — nie im Leben schlimmere haben!“

erwiederte ich im Geiste und mit einem Geen Dankbarkeit und Verehrung für den Mann, Ursache hatte, mir zu zürnen, mich sofort zu bannen.

wurde in der Folge von Delsart und seiner Klasse Ponchards gesprochen, während ich und unbehindert das Conservatoire und Delbesuchte.

lessen nicht besser getan, mich nur an den der das wirkliche Singen in den Vorderd nicht von der verbotenen Delsart'schen n, wage ich heute, nach mehr denn fünfn, wo meine Carrière als Sänger hinter mir tscheiden. Soll ich aber aufrichtig sein, so ge mir — und zu meinem eigenen Schaden — n.

tnis mag eine nachträgliche Sühne sein für bes ich mir gegen den guten wackern Ponn kommen liess.

Vermischtes.

kfehlerteufel in musicis. Der so schreibt die „Rh.-W. Ztg.“, ist ein genicht nur bei den Setzern und Korrektoren, änden auch bei manchem Leser. Besonders er sich in kritischen Ergüssen bemerkbar, jedes einzelne Wort genau ankommt. Die können auf diese Weise passieren. Wie ielsweise für alle Beteiligten, wenn in einem Konzertbericht zu lesen steht: „Herrn X Spiel ist unmusikalisch nach jeder Richtung hin.“ „Urmusikalisch“ hatte der ahnungslose Kritikus in seinem Bericht geschrieben. Folgende ergötzliche Druckfehler sind ausnahmslos namhaften Berliner Blättern entnommen. Sie gewinnen eben dadurch an Interesse, dass sie wirklich schwarz auf weiss zu lesen standen. Die „Tante Voss“ leistete sich vor etwa Jahresfrist folgenden Satz: „Fräulein B. verfügt über einen weichen, ausdrucksvollen Akt.“ Alt sollte es natürlich heissen. Im „Berliner Fremdenblatt“ las man eines Morgens über eine Sängerin: „Die edlen Töne des Cellos vermischten sich ganz wunderbar mit dem Schmalz ihrer Stimme.“ Die „Germania“ berichtete einst über eine andere Sängerin: „Ihr Sporn sei etwas sehr scharf.“ Sopran stand natürlich im Manuskript. Dasselbe Blatt setzt allem die Krone auf, wenn es über die Regie bei einer Meistersinger-Aufführung schrieb: „Es war alles bis aufs I-Töpfelchen vorhanden.“ Im „Berliner Lokal-Anzeiger“ fing ein Konzertbericht einmal folgendermassen an: „Im Saal Bechstein verunstaltete gestern abend Herr Z. einen Liederabend.“ Der betreffende Pechvogel wird sich diese schlimme Kritik hoffentlich nicht weiter zu Herzen genommen haben. Das „Tarnkappenmotiv“ ausRheingold, wie es in der Berliner musikalischen Rundschau einmal hiess, dürfte den lebhaften Widerspruch aller Wagnerianer herausfordern. Leider verbietet es der gute Ton, einige Druckfehler hier anzuführen, die sicherlich die originellsten und humorvollsten der ganzen Sammlung sein dürften. Schade drum!

Aufführungen.

Saarbrücken. Rheingold (W. Hempel). Klepzig „Frühlingslied“, vom Ende „Schönes Herzchen mein“. Heintze „Sonntag auf dem Meere“. Kienzl „Das Volkslied“. Hegar „Morgen im Walde“. Kremser „Altniederländisches Lied“.

Algenrodt. Männergesangverein (Molter-Oberstein). vom Ende „Herzig's Mariandel“ (Da Capo). Hegar „In den Alpen“ (gr. Erfolg). vom Ende „Wie schienen die Sternlein“. Kremser „Juchheissa mei Diandl“ (Da Capo).

Oberstein. Edelweiss (Moltor). Sturm „Weinlese am Rhein“ (gr. Erfolg). Kienzl. „Das Volkslied“ (gr. Erfolg). Schiebold „In der Frühlingsnacht“. Schrader „Es haben zwei Blümlein geblühet“ (gr. Erfolg). Brambach „Sonnenaufgang“ (gr. Erfolg). Ullrich „O bleib bei mir“ (Da Capo). vom Ende „Wie schienen die Sternlein“ (Da Capo). Kremser „Juchheissa mein Diandl“.

Solingen. Liedertafel (Musikdir. Clemens Lemacher). Erk „Altdeutsches Minnelied“. Neumann „An der Heimat halte fest“. Hegar „Morgen im Walde“. Jüngst „Nachtandacht“.

Hagen. Eintracht (Dir. H. Steinkühler). Hegar „Rudolf von Werdenberg“. Zerlett „Das Heldengrab“. Rietz „Morgenlied“. Rebbert „Andreas Hofer“. Schwartz „Die Heimat“. Sturm „Dich grüsst der Mai“.

Neue Bücher

Max Hesse's Verlag bringt uns als Neuigkeit die **geschichtliche Entwicklung der evangelischen Kirchenmusik von Wilhelm Stahl,** illustrierter Katechismus No. 33. Preis 1 Mk. Das Werkchen bringt in kurzen Abrissen die Entstehung der evangelischen Liturgie, leider zu kurz, des evangelischen Chorals. Kurz wird denn auch das deutsche Volkslied herangezogen und die ihm entlehnten Choräle angeführt. Der Einfluss des Orgelspiels wird berührt, die Wandlung der Liturgie und des Chorals im Laufe der Zeit bis auf die Form des Choralgesanges seit dem dritten Jahrzehnt des 19. Jahrhunderts.

Von Hugo Riemanns Arbeiten erscheinen in zweiter Auflage, Band X **Anleitung zum Generalbass-Spielen.** Das Gefühl für die Notwendigkeit der Generalbass-Uebungen war längere Zeit unserer Lehrerschaft abhanden gekommen. Man hielt den Generalbass für trockenes, geistloses Rechenspiel, das hat sich gewaltig geändert. Wir kommen immer mehr zu der Ueberzeugung, dass das Generalbassspiel die Geistesgegenwart konzentriere, das Stimmengefühl ausbilden: zugegeben werden muss, dass die Uebungen in der Praxis auf mancherlei Widerstand stossen und der Stoff vom Spieler nicht leicht zu bewältigen ist! —

Neuigkeiten.

Schmidt Carl Jul., op. 33 No. 1. Von roten, roten Röselein . . . . –,60 –,80
do. No. 2. Tandaradei . . . . –,60 –,80
do. No. 3. Das deutsche Volkslied 1,— 1,20
Schwarzlose Adolf, op. 15 No. 1. Sing' nur noch einmal mir das Lied . –,60 –,60
do. No. 2. Mein Herz, ich will dich fragen –,60 –,60
Sickinger Heinr., op. 27. Rauschender grüner Rhein, grüss mir mein Mägdelein –,40 –,60
do. op. 28 Die Thräne . . . . –,40 –,60
Sonquet Fr., op. 7. Wenn die Liebe kommt . . –,40 –,80
Speiser Wilh., op. 23. a) Diebstahl. b) Vorbei –,75 –,80
do. op. 25. Auf dem Wasser . . . . 2,— 2,—
do. op. 32. Der Lenz ist da . . . . –,30 –,60
do. op. 49. Ade, mein Lieb', ade . . . . . –,60 –,60
do. op. 52. Das deutsche Volkslied . . . . 1,20 1,—
do. Frühlingsahnung . . . . –,40 –,80
do. Wenn sich zwei Herzen 1,20 1,20
do. Wilde Ros . . . . –,60 –,60
Tourbié Rich., op. 83. Schatzerl klein . . . . –,40 –,60
Ullrich Fr., op. 94 No. 2. Erschlossen . . . . –,40 –,80
do. No. 3. Des Wiegenliedes Zauber –,40 –,80
Weinwurm R., Ausgeflogen . . . . –,50 –,60
do. Frühlingszeit . . . . –,60 –,60
do. 1. Fragen: Wenn die Stern' am Himmel blinken . . . . –,60 –,60
do. 2. Blätter und Lieder, Frühling ist's in allen Räumen . . . . . . –,80 –,80
do. Im Hochland der Germanen . . . –,80 –,80
Wickenhauser, op. 29 No. 1. Frühling: Und wenn die Primel schneeweiss blickt 1,50 1,20
do. op. 29 No. 2. Geweihte Stätte 1,50 –,80
do. op. 29 No. 3. Im Grabe . . . . . 1,50 –,80
Wiltberger Wendel, Sandmännchen: „Die Blümelein, sie schlafen" . . . . . . ,40 –,80
Wohlgemuth, op. 41 No. 1. Im Mai: „Musst nicht allein im Freien" –,60 –,60
Wohlgemuth, op. 41 No. 2. Das alte Lied: „Meine Mutter hat gesungen" –,60 –
Zuschneid, op. 63 No. 3. Pfingsten: „Du Geist in dem wir ruhten" –,80 –

Männerchöre a capp. mit Solo.

l. **Gustav Baldamus**, op. 18. Elslein von Brab. (Tenor) . . . . ,40 –
mschw. **F. Debois.** Gondelfahrt (Tenor) . . . . . . –,80 –
l. do. Tief im Herzen (Tenor) . . . . . . –,60 –
l. do. Wach auf! (Tenor) . . . . –,75 –
mschw. do. Liebesfragen (Tenor) . . . . –,60
mschw. **Th. Pfeiffer**, op. 29. Frühlingslied (Bariton) . –,80 –
mschw. **Edw. Schulz**, op. 151. Mondnacht (Ten., Bar.) . –,80 –
mschw. **Max Spicker**, op. 28. Im Grase taut's (Ten.) . –,70 –
mschw. **Max v. Weinzierl**, op. 69. Mondnacht (Bariton) –,60 –
mschw. **Heinr. Wiltberger**, op. 75. Vöglein, was singst du? (Sopran) . . . . –,60

Ein allerliebstes zierliches Liedchen, in welchem auch der Männerchor-Part, noch genügend selbständig gehalten ist.

Neuere Wettstreitchöre. (*Z. schw. bis schwer.*)

Gottfr. Angerer, op. 76. Still . . . . –,80 –
do. op. 77. Frühlingssturm . . . . . –,60 –
do. op. 85. Königsfelden . . . . . 1,40 –
Karl Hirsch, op. 37. Sommernacht . . . . . 1,20 –
E. Köllner, op. 82. Seesturm . . . . –,80 –
do. 94. Waldmorgen . . . . –,60 –
Ludw. Liebe, op. 101. Das Heldengrab . . . . –,60 –
Ferd. Langer. Die Zugvögel . . . . –,80 –
Albert Meyer. Graf Eberstein . . . . –,80
Edwin Schultz, op. 166. Frühlingsfest . . . . –,90
Wilh. Speiser. Arion . . . . 1,80 –
Wilh. Sturm, op. 101. Nordsturm . . . . . –,60 –
do. op. 109. Mitsommernacht . . . –,80 –
Alfred Wernicke, op. 26. Belsazar 1,20
Karl Schmidt. Nach Sturm und Drang 1,50
Rob. Laugs, op. 14 Nr. 1. Joriede (Ballade) . 1,20 –
Fr. Hegar, op. 33. Das Märchen vom Mummelsee 2,40 –
Max Meyer-Olbersleben, op. Totendank (Ballade) 1,50 –

Neueste Männerchöre

a capella.

Part. u. Stim.

Bing, Leopold. Op. 6. An der Quelle . Mk. 1,40

Fassbaender, P. Op. 31. An die Sonne . „ 4.—

Hartung, Hugo. Op. 2. Frühlingsnahen . „ 2,20

Klengel, Paul. Op. 26. Drei Chöre.
No. 1. Gute Nacht. No. 2. Sternendienst. No. 3 Schelmentag. . . . je „ 1,40
— Op. 27. Vier böhmische Volksweisen.
No. 1. Arme Mädchen. No. 2. Der verlorene Schatz. No. 3. Wach auf, mein Kind. No. 4. Weiser Rat . je „ 1,40

Krug, Arnold. Op. 111. Drei Männerchöre.
No. 1. Zu Roma auf der Gassen . . . „ 1.60
No. 2. Liebesjauchzen . . . . . . „ 1,60
No. 3. Sonntagsmorgen . . . . . . „ 1,40

Kühnhold, C. Op. 137. Zwei Chöre.
No. 1. Das goldene Ringelein. No. 2. Du klarer Stern . . . . je „ 1.—

Neubner, Ottomar. Op. 96. Vier Chöre.
No. 1. Trost. No. 2. Zwei Herzen voll Treue . . . . je „ 1,80
No. 3 Das Röslein . . . . „ 2.20
No. 4. Mailiedchen . . . . „ 1,80

Podbertsky, Theodor. Op. 137. Zwei Chöre.
No. 1. Am Heimweg. No. 2. Rosenzweige je „ 1.20

Prümers, Adolf. Op. 20. Seele, vergiss nicht die Toten . . . . „ 1,80

Schmidt Fritz. Op. 1. Vier Männerchöre.
Heft I Auch ich hab' die Rosen so gern. Die Vesper . . . . . „ 1.20
Heft II. Der Einsiedler. s'schönst' Rösle . . . . „ 1,20
— Op. 2. Vier Männerchöre.
Heft I. Beim Scheiden. Abendgebet . „ 1.20
Heft II. Späte Wanderung. Margret . „ 1.20

Sendel, M. Op. 40. No. 1. Die drei Kameraden „ 1.20
No. 2. „Lasst mich ruh'n" „ 1.—

Senn, Carl Die drei Schicksalsschwestern (O. Kernstock), fünfstimmig . . . . . „ 3.—

Stephani, Hermann. Fünf Lieder.
Heft I. Abendlied. Das Moselland. Freie Kunst . . . . „ 2,20
Heft II. „Trinkt des Weines dunkle Kraft". Flagge heraus . . . . „ 1,60

Unglaub, C. Op. 16. Zwei Lieder.
No. 1. O ewig schöne Maienzeit . . „ 1,30
No. 2. Gold um Gold . . . . . . „ 1.60
— Op. 17. Zwei Trinklieder.
No. 1. Was tun? . . . . „ 1.30
No. 2 Windrose . . . . „ 1,60

Auswahlsendungen stehen zu Diensten.
Ausführl. Verzeichnisse unentgeltlich u. portofrei.

Verlag von

C. F. W. Siegel's Musikhdlg. (R. Linnemann).

Leipzig.

Sehr stark verlangt

werden folgende Männerchöre:

ELSULA, mit Soloquartett von Hans Wagner, op. 36.

Lange, Robert, op. 12 No. 1 u. 2. **Sehnsucht, Abschied.**
— op. 14 No. 1. **Jorlede.** Part M. 1.— . St. (à 25. Pf.) M. 1.—.

Nagler, Franziscus, op. 11 No. 2. **Tanzliedchen.** Part. M. —.60. St. M. —,60.

Wird in über 400 Vereinen mit stürmischem Applaus gesungen.

— op. 18. **Sonnengesang.** Part. M. 1.—, St. M —,80. (Gesungen vom Leipziger Lehrer-G.-V., Dresdner Orpheus, M.-G.-V. Orphea in Aachen, M.-G.-V. Konkordia in Essen, Kölner Liederkreis, ferner von den M.-G.-V. in Breslau, Beuthen, Bodenbach, Eger, Oppeln, Thorn usw.)

Neumann, Matthieu, op. 39 No 3 und 4. **Bienelein und kleine Diebin.** Partitur M. —,60 à St. M. —,15.

Feine humoristische Chörchen!

Wohlgemuth, Gustav, op. 88a. **Mägdlein hab' Acht!** Part. M. —,60. St. M. —,60.
— op. 41 a b. **Im Mai. Das alte Lied.** Part. à M. —,60. à St. M. —,15.

Zerlett, J. B., op. 206 No. 1. **Unser Kaiser, unser Hort.** Part. M. —,60. St. M. —,60.
— op. 208 No. 1. **Sehnsucht nach der Heimat.** Part. M. —,60. St. M. —,60.
— op. 219 **Wach' auf mein Lieb!** (8stimmig). Part. M. —,80. St. à M. —,15. (Gesungen vom Berliner Sängerchor, M.-G.-V. Konkordia, in Essen, Sängerchor des Turnvereins in Wiesbaden, M.-G.-V. Asch, M.-G.-V. Bavaria in Ludwigshafen usw.

Zöllner, Heinrich, op. 81 No. 3. **Abendlied.** Part. M. 1,—. St. M. —,80.

Bis jetzt 120 Aufführungen!

Neueste humoristische

Männerchöre mit und ohne Klavierbegleitung!

Weihnachtspolka für Männerchor oder gemischten Chor von Louis Kron Kl.-A. à M. 2.—. St. à 80 Pf.
Jahrmarktsrummel von A. Schwabe. Part. M. 1,—. St. M. —,80 **Eine fidele Sängerspritze.** Potpourri für Männerchor mit Begl. von W. A. Schwabe, op. 81. Kl.-A. M 2,50 St. M. 1,60. **Im Kaffeekränzchen.** Walzer für Männerchor mit Begleitung von Wilh. Wagenblass, op 99. Kl.-A. M. 2,—. St. M. 1.20. **Der verstopfte Ofen.** Humoristischer Rheinländer mit Begleitung von L. Kron. Kl.-A. M. 1,80. St. M. —,80 **August auf dem Maskenballe.** Humoristischer Rheinländer v. Wilh. Wagenblass. Part. M. 1.— St. M —,80

Für Fastnacht!

„Fatal", brill. Operette von Franziscus Nagler. In vielen Aufführungen bewährt. Günstige Kritiken.

„Ein Glückstag in Tirol", Singspiel von Heinr. Schöne.

Auswahlsendungen gern!

Arno Spitzner's Verlag, Leipzig,

(Inh. **Arno Spitzner**)

Bauhofstr. 4 und Bayerschestr. 65.

Neue hervorragende Werke

für Männerchor mit Begleitung.

Gustav Baldamus.

Op. 67. **Alpensegen.** Mit Baritonsolo und Orchester- oder Klavierbegleitung.
Klavierauszug . . . . . M. 2,50
Baritonsolo . . . . „ —,40
Chorstimmen (je 40 Pf.) . „ 1,60

Karl Frodl.

Op. 4. **Sonnenwende.** Mit kleinem Orchester oder Klavierbegleitung.
Klavierauszug . . . . . M. 1,50
Chorstimmen (je 20 Pf.) . „ —,80

Rudolf Lassel.

Op. 24. **Romanze.** „Wie blinkt so hell des Stromes Flut“. Mit Klavierbegleitung
Klavierauszug . . . . . M. 4,—
Chorstimmen (je 50 Pf.) . „ 2,—

Heinrich Müller.

Beduinenflucht. Mit Orchester- oder Klavierbegl.
Klavierauszug . . . . . M. 3,50
Chorstimmen (je 40 Pf.) . „ 1,60

Mathieu Neumann.

Op. 51. **Sardanapal.** (Ballade von Otto Hausmann.) Mit Baritonsolo und Orchester.
Part. m. unterlgel. Klavierausz. n. . M. 8,—
Chorstimmen (je n. 60 Pf.) n. . . . „ 2,40

Theodor Podbertsky.

Op. 130. **Im Bann des Meeres.** Mit Orch. od. Klav.
Klavierauszug . . . . M. 3,—
Chorstimmen (je 30 Pf.) . „ 1,20

Op. 131. **Karls des Grossen Welschlandfahrt.** Mit Orchester oder Klavier.
Klavierauszug . . . . . M. 3,—
Chorstimmen (je 30 Pf.) . „ 1,20

Ansichtssendungen stehen zu Diensten.

Verlag von

C. F. W. Siegel's Musikhdlg. (R. Linnemann),

Leipzig.

Der Jude und der Offizier.

Zum Halbtotlachen!

[illegible] Komisches Duett für zwei Herren mit Klavier [illegible] Preis [illegible] 2 Mark. Äusserst humoristisch [illegible] Text, so dass die Zuhörer [illegible] herauskommen. Flotte, brillante Musik. (Auch Auswahl.)

OTTO BEFNER, Verlag in Buchen O. 77 (Baden)

Bezugsquellenregister.

Vereinsfahnen.
Kölner Fahnenfabrik,
Arnold Steiger, Köln.

Buchbinderei E. A. Enders, Leipzig.

Diplome, Urkunden, Fest- und Vereinsabzeichen, Lampions, Fackeln etc.
Seb. Fiessbach, Leipzig-R. 98 k.

Abzeichen f. Gesangvereine, Muster an Vereine postfrei.
Adolf Belada, Wien VII 2. Mariahilferstr. 54.

Banner, Fahnen, Schärpen, Abzeichen.
Thüringer Fahnen-Fabrik, Coburg.

Meister-

haft gearbeitete Musikinstrumente jeder Art direkt vom Herstellungsorte **Wilh. Herwig** in **Markneukirchen i. S.**

Illustrierte Preisliste umsonst und portofrei. Bitte anzugeben, welche Instrumente gekauft werden sollen.

Kirchenmusik

Ausgewählte Chöre in praktischer Ausgabe

Besetzung: 1) mit Orchester (Originalbesetzung). Part. [illegible] 2 ℳ. Orchesterstimmen [illegible] 30 ₰. Chorstimmen je 15 [illegible] Klavierauszug je 50 [illegible] 2) Mit Orgelbegleitung (an Stelle d. Orchesters) Orgelstimme je 1 ℳ. Chorst. je 15 ₰. Klavierauszug je 50 [illegible]

Bisher erschienen:
Mendelssohn. Wie lieblich [illegible] die Boten, a. Paulus.
Mendelssohn. Wohl dem, der den Herrn fürchtet, a. [illegible]

Verlag von
Breitkopf & Härtel
in Leipzig.

Neue grössere Chorwerke

im Verlage von **F. E. C. Leuckart** in Leipzig

A. Für Männerchor.

Soeben erschien:

Bonifacius.

Nach der Dichtung „Winfried“ von Wilhelm Osterwald
für **Männerchor, Sopran- und Bariton-Solo** und **grosses Orchester** von

Heinrich Zöllner.

Op. 90. Klavier-Partitur bearbeitet v. Johannes Techritz, Mk. 7,50. Jede der vier Chorstimmen Mk. 1,—. Textbuch 15 Pfg. netto. Vollständige Partitur und Orchesterstimmen.

Vorher erschienen:

Büchner, Emil. Op. 40 **Wittekind,** Gedicht von Adolf Böttger für Soli, Männerchor und Orchester. Neue Ausgabe.
Klavierauszug netto Mk. 4,50. Chorstimmen (Tenor I II Bass I II) (à 60 Pfg.) Mk. 2,40. Textbuch netto 10 Pfg. Vollständige Partitur und Orchesterstimmen.

Kremser, Eduard Op. 144 Nr. 13. **Hochzeitsreigen** für Männerchor mit Orchester oder Pianoforte. Mit teilweiser Benutzung bulgarischer Volksweisen.
Orchester-Partitur netto Mk. 10,— Orchesterstimmen netto Mk. 12,—. Klavier-Partitur netto Mk. 2,40. Jede der vier Chorstimmen 75 Pfg. Klavierbegleitung zu vier Händen netto Mk. 3,60.

Schulz-Beuthen, Heinrich. Op. 46. **Harald.** Ballade von W. Müller von Königswinter, für Männerchor, Bariton-Solo, grosses Orchester und Klavier.
Klavier-Partitur netto Mk. 4,50. Jede der vier Chorstimmen 60 Pfg. Solostimme netto Mk. 1,50. Vollständige Partitur und Orchesterstimmen.

B. Für gemischten Chor.

Othegraven, A. v. Op. 21. **Meine Göttin.** Dichtung v. Göthe für Bariton-Solo, gemischten Chor und Orchester. Text deutsch und englisch.
Klavier-Partitur netto Mk. 3,—. Jede der vier Chorstimmen 80 Pfg. Erläuterungsschrift von Paul Hielscher netto 10 Pfg. Orchestermaterial in Vorbereitung.

Schumann, Georg. Op. 33. **Totenklage,** aus Schillers Braut von Messina für Chor und Orchester. Text deutsch und englisch.
Klavier-Partitur netto Mk. 3,—, Jede der vier Chorstimmen netto 80 Pfg. Erläuterungsschrift von Paul Hielscher netto 10 Pfg. Orchester-Partitur netto Mk. 20,—. Orchesterstimmen Mk. 20,—.

egweiser durch die Chorgesangliteratur

Ratgeber für Gesang-
ereine und Dirigenten.

Redaktion und Verlag:
. vom Ende, Köln a. Rh.,
Ecke Bismarck- und
Kamekestrasse.

nebst Beiblatt:

Der Sänger.

Offizielles Organ des Westdeutschen Sängerverbandes, Mosel-, Saar-, Nahe-Sängerbundes, des Mittelrheinischen, Rheinhessischen, Speyergau u. Oberwesterwäld.-Sängerbundes.

Erscheint monatlich einmal
Bezugspreis für 1 Expl. 20 Pfg.
Jahresabonnement Mk. 1.50 und 40 Pfg. Porto.
Inserate kosten pro 4 mal gespaltene Petitzeile 20 Pfg.

edition: H. vom Ende's Musikalien-Versandgeschäft.

1. | Köln a. Rhein, den 26. Januar 1904. | V. Jahrg.

Hierdurch allen Lesern unseres Blattes, sowie allen Freunden und Bekannten traurige Nachricht, dass am Mittwoch, den 20. ds. Mts., abends $7^1/_2$ Uhr,

Herr Heinrich vom Ende

em langen. schweren Leiden erlegen ist.

Eugen d'Albert.

t in der letzten Zeit häufig die Frage aufgeworfen, l'Albert als Komponist grösser wäre, wie als , oder ob nicht umgekehrt seine hervorragenden. sischen pianistischen Fähigkeiten es wünschens- en liessen, wenn der Künstler dieselben nicht kompositorischen Tätigkeit zurücktreten liesse. Tat! d'Albert ist zwar ein grosses, selten viel- : schon in seiner Jugend las, spielte und trans- e schwierigsten Partituren mit Leichtigkeit; schon n spielte er ein Klavierkonzert eigener Kom- Cristallpalast in London so hervorragend, dass hn mit nach Wien nahm; und endlich von seiner und Dirigentenfähigkeit sind wir überzeugt seine Tätigkeit an der Weimarer Hofbühne sowie iner Anzahl Musikfeste, wo er eigene Werke r immer wieder, selbst in Anerkennung dieser lseitigkeit drängt sich der Wunsch auf: d'Albert ben dieser Vielseitigkeit seine beste Seite: die icht vernachlässigen; und dieser Wunsch ist Gedankens: d'Alberts Begabung als Komponist Fähigkeiten als Klavierspieler nicht heran.

Es sei freilich nicht bestritten, dass d'Albert sehr schöne Sachen geschrieben hat; seine erste Suite. seine Sinfonien, Ouverturen (zu Hyperion und Esther), seine Opern „Der Rubin", „Gernot" und „Die Abreise" beweisen das zur Genüge, wenn sie auch den Konzertsaal und die Bühne sich nur im Vorübergehen erobert haben. Eine Menge Lieder, davon viele durch seine jetzige Gattin Henriette Fink aus der Taufe gehoben, finden sich heute auf dem Repertoire unserer Sänger, z. B. das reizende „Mädchen und der Schmetterling" oder das niedliche „Zur Drossel sprach der Fink" usw.

Neuerdings hat d'Albert sich auch auf dem Gebiet der Männerchorliteratur versucht, wahrscheinlich angeregt durch den Casseler und Frankfurter Wettstreit. Es liegen als op. 23 aus dem Verlag von Bote & Bock vor: Acht Lieder für vierstimmigen Männerchor. Die Dichtungen sind mit zwei Ausnahmen von Ludwig Tieck, und die oben geäusserte Vermutung scheint noch mehr Inhalt zu gewinnen, wenn man die Volkstümlichkeit dieser Gedichte einerseits, die Mahnung des Kaisers an die Komponisten, volkstümlich zu schreiben anderseits in Betracht zieht. Blättert man aber diese Lieder durch, so merkt man, dass sie nichts weniger als volkstümlich sind, ja dass sie Schwierigkeiten bieten, wie sie sich kaum bei Hegar, Curti und anderen Modernen finden. Nicht das st uns, dass d'Albert sich mit einer gewissen künstlerischen Grandezza über alle Harmonieregeln und erprobte ästhetische Gesetze hinwegsetzt, dass er beispielsweise die verbotenen Querstände mit wahrem Vergnügen anwendet, und man fortwährend auf diese unschön klingende Stimmführung stösst; oder dass

er ein Lied wie Nr. 1 „Liebe“ mit einem Quintsextakkord anfängt, ein anderes wie Nr. 3 „Trauer“ mit dem verminderten Septimenakkord h, d, f, as schliesst. Das sind künstlerische Freiheiten, über deren Berechtigung sich zum mindesten streiten lässt. Aber wenn er direkt ungesanglich schreibt, wenn er in Nr. 3, Seite 5, Takt 1 in dem abscheulich klingenden Akkord as, g, h, f förmlich schwelgt; wenn er in Nr. 2, Seite 9 Takt 4 auf „Flut begräbt“ die Akkorde e, g, cis, a und g, d, f, h grell aufeinanderplatzen lässt; oder in demselben Lied Seite 10 auf die Worte „hüpfend um den Sänger ziehn“ den ersten Tenor von fes nach b, es nach a, d nach as als in lauter verminderte Quinten herunterhüpfen lässt: so sind das Aufgaben, die nur ein Chor von durch und durch musikalischen Leuten lösen wird, wobei die Wirksamkeit immer noch in Frage steht. Freilich soll auch nicht verschwiegen werden, dass Nr. 6 „Herbstlied“ sehr hübsch und wohlklingend ist, dass der Schluss des sonst kaum geniessbaren „Arion“ Nr. 2 durch Innigkeit überrascht und dass Nr. 7 „Zuversicht“ in sehr melodischen Linien entworfen ist. Das Resultat all dieser Mängel und Vorzüge ist und bleibt aber ein fragliches. Kleine Chöre werden die Schwierigkeiten nicht bewältigen können, für grosse Chöre sind die Lieder nicht wirkungsvoll genug. Alles in allem: Der Pianist d'Albert bleibt uns der Liebste!

❦

Speyergau-Sängerbund.

Westheim, 29. November 1903.

Im Saale des Gasthauses zur „Eisenbahn“ hierselbst fand heute Mittag einhalb vier Uhr die diesjährige ordentliche Generalversammlung des Speyergau-Sängerbundes statt, die sehr zahlreich besucht war und von der wachsenden Beliebtheit des Bundes beredtes Zeugnis gab.

Der 1. Vorsitzende, Herr Lehrer Schultz-Speyer, begrüsste die Erschienenen aufs herzlichste. — Aus dem erstatteten Jahresberichte heben wir folgendes hervor: Der Speyergau-Sängerbund zählt z. Z. 40 Vereine, also 12 Vereine mehr als im Vorjahre. — An dem vom Bunde erlassenen Preisausschreiben haben sich 160 Komponisten mit 303 Kompositionen beteiligt. Prof. Wilh. Kleinecke-Wien, der dem Bunde auch den wirkungsvollen Chor „Deutsche Treue“ dedizierte, erhielt mit „Mein Schatz ist fortgezogen“ den I., Oberamtsrichter Gross-Landstuhl (Pfalz) mit „Steht ein Häuschen im Walde“ den II. und Herrn Spielter-New-York für „Mein treu Herzlieb“ den III. Preis zuerkannt. Das Preisgericht selbst bestand aus den Herren Hofkapellmeister Langer-Mannheim, Prof. Simon Breu-Würzburg und Prof. Gernsheim-Berlin. Die preisgekrönten und ausgewählten preiswürdig befundenen Chöre werden zu einem Bundesliederbuch vereinigt, das den Titel „Sammlung volkstümlicher Lieder, herausgegeben vom Speyergau-Sängerbund“ trägt und 50 Lieder umfassen soll. Dieser Sammlung wird auch der vom Herrn Oberamtsrichter Gross-Landstuhl dem Bunde gewidmete Sängerwahlspruch einverleibt. In den nächsten Tagen erhalten die Vereine die Partituren, die in Taschenformat gebundenen Stimmen nach Neujahr. Den Vertrieb der Liedersammlung hat der Bundesbibliothekar Lehrer Jos. Loy-Neupfotz übernommen. An dem Preisausschreiben haben sich auch 9 pfälzische Komponisten beteiligt. Es sind dies die Herren: Oberamtsrichter Gross Landstuhl, Musikmeister Hartardt-Harthausen, Lehrer Klein-Edenkoben, Gymnasialmusiklehrer Krauss-Speyer, Lehrer Loy-Neupfotz, Lehrer Maupay-Rülzheim, Lehrer Roth-Ludwigshafen und Lehrer Scheller-Einselthum. Genannten spricht der Bundesvorsitzende seine herzlichsten Glückwünsche aus. — Die Bundesbibliothek ist von 500 auf 1025 Partituren angewachsen und wird nach den Darlegungen des Bibliothekars fleissig benützt. — Im abgelaufenen Vereinsjahre haben verschiedene Bundesvereine grössere Festlichkeiten abgehalten, die in schönster Weise verliefen. — Der Bund soll gerichtlich eingetragen werden.

Der vom Bundeskassierer Herrn Scheurich-Speyer erstattete Kassenbericht verzeichnet eine Einnahme von 494,66 M., eine Ausgabe von 432,88 M., sonach ein Ueberschuss von 61,78 M. — Die Generalversammlung beschliesst, das nächstjährige Gausängerfest am 19. Juni in Iggelheim abzuhalten. Der Festbeitrag beträgt pro Sänger 40 Pfg., wofür derselbe das reich ausgestattete Festbuch erhält. Zu diesem Feste hat jeder Verein zwei Pflichtchöre und einen selbstgewählten Chor, den vom Oberamtsrichter Gross-Landstuhl dem Bunde gewidmeten „Sängerwahlspruch“ und das „Dankgebet“ aus den altniederländischen Volksliedern einzuüben. Die Pflichtchöre für die einzelnen Klassen sind: 1. Klasse (Landvereine über 40 Sänger): „Kein Häusle mags geben“ von Sim. Breu-Würzburg und „Die Pfalz am Rhein“ von Frz. Hartardt-Harthausen; 2. Klasse (Landvereine von 28 bis 40 Sänger): „Steht ein Häuschen im Walde“ von Oberamtsrichter Gross-Landstuhl und „Treues Blut“ von Jos. Loy-Neupfotz; 3. Klasse (Landvereine unter 28 Sänger): „Des Jägers höchste Lust“ von J. Feyhl-Göppingen und „Die Heimat“ von K. Maupai-Rülzheim; Stadtvereinsklasse: „Mein Schatz soll nie erfahren“ von Wilh. Kleinecke-Wien und „Am Brünnlein“ von Ed. Parlow-Frankfurt a. M. Nach Bekanntgabe dieser Chöre gab der Bundesvorsitzende die wichtigsten Punkte der Wettgesangordnung bekannt. Die Preise bestehen in goldenen und silbernen Medaillen nebst Diplomen. Herr Redakteur Zehfuss-Iggelheim bittet in launigen Worten um recht zahlreiche Beteiligung am Feste. — Herr Vorstand Schultz hielt sodann einen ebenso lehrreichen wie von tiefer Kenntnis der Materie zeugenden Vortrag über „Das Einüben von Pflichtchören“, der so beherzigenswerte Winke für Dirigenten und Sänger enthielt, dass er auf Wunsch der Versammlung dem Festbuche des Sängerfestes zu Iggelheim beigedruckt wird. — Der 2. Vorstand des „Liederkranz-Iggelheim“ brachte zum Schluss dem pflichteifrigen und unermüdlichen Vorstande des Bundes als Anerkennung seiner grossen, selbstlosen Mühewaltung ein stürmisch aufgenommenes Hoch aus. Nach dem Absingen des Gesamtchores „Ritters Abschied“ schloss der Vorsitzende Herr Lehrer Schultz um 3/4 6 Uhr die in jeder Hinsicht würdig verlaufene 3. Generalversammlung des Speyergau-Sängerbundes.

Der Ausschuss:

G. Scheurich, Sekretär. Jac. Schultz, 1. Vorstand.

❦

Der Sänger.

Amtliches Organ des westdeutschen Sängerverbandes.

Das Volkslied ist die Unsterblichkeit der Musik.
Marx.

Verbunden werden auch die Schwachen mächtig.
Schiller.

|| 26. Dez. 1904. || Nr. 4. ||

Redaktion u. Verlag: H. vom Ende, Köln a. Rhein. Ecke Bismarckstrasse 25.

Westdeutscher Sänger- und Dirigenten-Verband.

Bekanntmachung des Verbandsvorstandes.

Der Verbandskassierer Herr Frettlöhr, Wermelskirchen, hat sein Amt aus Gesundheitsrücksichten und Arbeitsüberbürdung niedergelegt. Es wird gebeten, sämtliche Geldsendungen bis auf weiteres an den geschäftsleitenden Vorsitzenden des Verbandes zu richten.

Bis zur nächsten Nr. werden wohl alle Verhandlungen bezgl. des Verbandsfestes und dem mit demselben eventuell abzuhaltenden Gesangwettstreit gediehen sein, sodass dann ein vollständiger Bericht erfolgt.

Aller Wahrscheinlichkeit nach dürfte wohl von der Abhaltung des Wettstreits abgesehen werden, da voraussichtlich die Teilnahme eine geringe sein wird, welche einen günstigen Abschluss des Wettstreits nicht voraussetzt.

Aber es wird auch ohne Wettstreit geben und dürfte das Fest dennoch ein ganz hervorragendes werden, da der M.-G.-Verein „Sängerbund"-Bochum-Hamme gewiss keine Kosten und Mühen scheut, um es zu einem würdigen zu gestalten.

Der geschäftsl. Vorsitzende.

Rheinhessischer Sängerbund.

„Grüss Gott mit hellem Klang,
Heil deutschem Wort und Sang!"

Obersaulheim, 20. Dezember 1903.

Heute fand dahier bei äusserst gutem Besuche der diesjährige II. Delegiertentag des II. Bundesjahres statt. Auf der Tagesordnung standen: 1. Statutenberatung, 2. Ort und Zeit des II. Bundesfestes 3. Festsetzung des nächsten etwa erforderlichen Delegiertentages, 4. Bundesangelegenheiten: Bundesdirigent, Bibliothekar, Auskunftsstelle.

Sämtliche Punkte fanden Erledigung.

1. Die Statuten sollen nun dem Druck übergeben werden in womöglich etwas gekürzter Weise. Zu diesem Zwecke sollen Preisofferten eingeholt werden von leistungsfähigen Druckereien und Ersparnis im Auge behalten werden.

2. Zum Ort des nächstjährigen Bundesfestes 1904 wurde Nieder-Wiesen einstimmig gewählt. Zum Termin ist der 25., 26. u. 27. Juni bestimmt.

3. Ein etwa erforderlicher Delegiertentag im Frühjahr 1904 findet zu Elsheim statt.

4. Zu Punkt 4, Bundesangelegenheiten, wurde folgendes bekannt gegeben:

a) Die Stelle des Bundesdirigenten übernimmt wieder nach nach Vereinbarung innerhalb der Herren der Musikkommission Herr Musikdirektor Carl Keil-Alzey, Leiter des dort. Männer- und Damen-Gesangvereins;

b) als Bibliothekar fungiert Herr Musikdirektor Joseph Knettel in Bingen am Rhein. Sämtliche Herren Musikalien-Verleger, denen eine Verbreitung der in ihrem Verlage erschienenen Männerchor-Kompositionen erwünscht ist, werden gebeten, Probeexemplare (womöglich zu je einer Komposition 3 Stück) an genannten Herrn einzusenden, welcher diese in den Katalog der Bibliothek einzutragen bereit ist und jederzeit den verehrl. Bundesvereinen Auskunft und Rat erteilt. Es sind hier nur praktische und gute, brauchbare Kunst- und Volkslieder von 4 verschiedenen Schwierigkeitsgraden einzusenden. Hoffentlich bleibt unsere Bitte an die Herren Verleger nicht ungehört!

c) zum auskunftgebenden Mitgliede (Musikreferenten ist Herr Musikdirektor und Reallehrer Jakob Müller-Mainz (Rhabanusstrasse) zur steten Verfügung. Genannter Herr gibt den Herren Dirigenten und Vereinen jederzeit bereitwilligst schriftlich und mündlich wie auch auf ganz besonderes Verlangen, wenn möglich persönlich, erwünschte Auskunft. Seiner Kritik mögen sich alle Vereine angelegentlichst bedienen. (Bitte Rückporto beilegen.

NB. Wir sprechen an dieser Stelle den drei hochverehrten Herren Mitgliedern der Musikkommission für ihre letztjährige Wirksamkeit im Bunde, die im Interesse der edlen und guten Sache unentgeltlich geschah, unsern wärmsten und besten Dank aus. Möge sich unser „Rheinhessischer Sängerbund" hoffentlich noch recht lange dieser drei Stützen des Gesanges erfreuen! —

Die Verhandlungen waren öfters unterbrochen worden durch die Vorträge des Ober-Saulheimer Männerchors (Dir Saaler) und der beiden Nieder-Saulheimer Vereine Germania und Liederkranz (Dir. Lehrer Köhler). Es wurden vorgetragen die schöne Steinhauer'sche Komposition: „Abschied von der Heimat", ein Begrüssungschor, Seiberts unvergängliches „Sängers Morgenlied". Als Novität trug der Liederkranz-Nieder-Saulheim eine Komposition ihres Dirigenten vor, betitelt: „Die Zigeuner", und dem „Rheinhessischen Sängerbund" gewidmet. Diese Neuheit fand ehrlichen, begeisterten Beifall, teils schon wegen des vollendeten Vortrags, teils wegen des interessanten Textes, auf den die Komposition sehr eingeht. Sie wird zweifellos weitere Verbreitung finden! Schliesslich sei auf das neuerschienene Handbuch für Dirigenten und Gesangvereine aufmerksam gemacht (Preis 4 Mark, Verlag vom Ende, Köln und durch jede Musikalienhdlg. zu beziehen). Dies wichtige Werk sei der Anschaffung durch die Vereine dringend empfohlen. Wir können den Inhalt nicht besprechen, doch einige Kapitel seien kurz erwähnt: Vereinsrecht, Gesangwettstreit, Musik- u. Gesangsgeschichte, Form der Musik, Dirigentenpraxis, der Vortrag, das Volkslied, Wahlsprüche, Biographie, Handbibliothek des Dirigenten, Literatur, Verleger etc. 170 Seiten. — Ein notwendiges Buch! —

An den Schluss des „Sängertages" reihte sich eine Gesangsserenade" vor der Wohnung des Vorsitzenden, wofür derselbe den begeisterten Sangesbrüdern herzlich dankt! Auf Wiedersehen in Elsheim!

Ober-Saulheim, 20. Dez. 1903.
(Rheinhessen)

Der 1. Vorsitzende
Kochhafen.

Nachschr. Nachträglich bringen wir zur gefäll. Kenntnis, dass infolge Versehens beim letzten Bundeswettsingen (Additionsfehler) dem Männerchor „Sängerlust"-Gau-Bickelheim 10 Punkte zu wenig geschrieben wurden, der bedauerliche Fehler wurde jüngst entdeckt und rückt dadurch der strebsame Verein einen Rang höher auf zur Klasse A. Anerkennung 2. Grades, wozu wir unseren Glückwunsch entbieten. D. O.

Mittelrheinischer Sängerbund.

Oberingelheim, 6. Dezbr. 1903.

Der Mittelrheinische Sängerbund hielt seine diesjährige Delegiertenversammlung und Dirigentenkonferenz am 6 Dezember im „Hotel Alsenz" zu Oberingelheim ab. Nachdem der Gesang-Verein „Germania" einen Begrüssungschor vorgetragen hatte, eröffnete in Abwesenheit des geschäftsführenden Vorsitzenden der Aelteste der Musikkommission, Herr Professor Nikolai v. Wilm-Wiesbaden, durch Begrüssung der zahlreich erschienenen Vertreter und Gäste um 3 Uhr die Versammlung und erteilte Herrn Matt-Wiesbaden das Wort zur Verlesung des Protokolls, das genehmigt wurde. Herr J. Jacobi-Wiesbaden verteilte sodann ein Broschürchen: „Geschichte des Mittelrheinischen Sängerbundes", das gelegentlich des 6. Bundesfestes, verbunden mit der Feier des zehnjährigen Bestehens, von dem Pressausschuss herausgegeben worden ist, und erstattete im Anschluss daran einen kurzen Bericht über das abgelaufene Bundesjahr, dem er namens der Musikkommission in Erledigung des zweiten Punktes der Tagesordnung: „Eventuelle Aenderung in der Beschaffung der gemeinschaftlichen Chöre" eine eingehende Begründung folgen liess, aus der wir hervorheben: Nur in dem Masse des Verständnisses und der begeisternden Liebe, mit der die Pioniere, die musikalischen Leiter der einzelnen Vereine und diejenigen der Verbände mit den Trägern des Liedes, den Sängern selbst von Ohr zu Ohr die edlen Perlen aus dem Volksliederschatz zu pflegen wissen, kann das Volkslied in seiner hervorragenden Bedeutung ausgenutzt werden. Aus solchen Gedanken und aus den Erfahrungen, welche die zehnmalige Beschaffung der gemeinschaftlichen Chöre für den Bund gelehrt hat, entwickelte Herr Jacobi die Begründung des Vorschlages: „Die Versammlung wolle beschliessen, dass die statutengemäss alljährlich zu wählenden gemeinschaftlichen Volkslieder für den Bund jetzt auf mehrere Jahre voraus bestimmt und in praktischer Weise zusammengestellt werden sollen, wozu dann auch einige, dem Vereinsleben dienende Lieder gegeben werden könnten." Auf historischem Boden, unweit einer Heimstätte Karls des Grossen, welcher die erste Sammlung deutscher Volkslieder veranlasste, stimmte die Versammlung einhellig dem genannten Vorschlage zu, und bei der nächsten ordentlichen Delegiertenversammlung, die in erweiterter Form Ende August 1904 in St. Goarshausen stattzufinden hat, soll angesichts der Loreley, deren Sinnbild das kostbare Banner des „Mittelrheinischen Sängerbundes" ziert, und in ihrem Geiste die Weihe der kleinen Auslese erfolgen. Bis zum 1. Februar 1904 sollen alle Bundesvereine nach eingehender Besprechung mit ihren Herren Dirigenten ihre Ansichten und Wünsche bezüglich derselben dem Vorstande einsenden. Die endgültige Entscheidung und Bearbeitung besorgt die Musikkommission, welche aus den Herren Professor Nikolai v. Wilm, Direktor H. Spangenberg, Lehrer J. Jacobi, Grossherzoglicher Musikdirektor F. Keiser-Wiesbaden und Professor Dr. Volbach-Mainz zusammengesetzt ist. Nach dem Kassenbericht des Herrn Anderhub-Hechtsheim bleibt ein Ueberschuss von 541 M. ausser einem Geschenk von dem Ehrenpräsidenten des Bundes, Herrn Julius Mülhens-Eltville, im Betrage von 300 M. Dem Herrn Ehrenpräsidenten wurde ein Begrüssungs-Telegramm übersandt. Die Herren P. Becker 14er-Gonsenheim und A. Dreste-Mainz prüften die Rechnungslage und fanden sie in bester Ordnung. Der Jahresbeitrag wurde, wie seither, auf 8 M. pro Verein festgesetzt, wogegen jedem Bundesverein das Bundesorgan gratis geliefert wird. Im Auftrage der Musikkommission erstattete sodann Herr Professor N. v. Wilm den Bericht über das 6. Bundesfest in Wiesbaden. Bei Punkt 7 der Tagesordnung meldete sich der Verein „Arion"-Bingerbrück zur Uebernahme des nächsten Bundesfestes (1905), worauf u. a. der lebhafte Wunsch um Einrichtung des Bundesfestes nach den eigentlichen Intentionen des Bundes (ohne Anwendung der Singordnung) einerseits und um möglichst vollzählige Beteiligung andererseits zum Ausdruck kam. Bei der Wahl des Vorstandes wurde Herr J. Willig-Frankfurt a. M.-Bockenheim, welcher den 1. Schriftführer zu ernennen hat, neu- und der übrige Vorstand per Akklamation wiedergewählt. Herr Schröder-Mainz dankte namens der Vereine dem Vorstande für die umsichtige Leitung.

Gegen 6 Uhr schloss der Vorsitzende die Versammlung, worauf der Ortsverein „Germania" abwechselnd mit der „Sängerrunde"-Mainz, die fast vollzählig erschienen war, und Sängern aus den Bundesvereinen aus Wiesbaden noch durch manche brave Gesangsvorträge das gemütliche Zusammensein verschönten.

Ein Nachspiel zum Eupener Internationalen Gesangwettstreit.

Der Wettstreit verlief ohne jede Trübung, durchaus zufriedenstellend. Und doch sollte sich hinterher aus kleinlicher Veranlassung eine Zeitungspolemik entwickeln, die übrigens für weitere Kreise von allgemeinerem Interesse ist und deshalb hier vollständig Aufnahme finden möge.

Die Rebbert'sche Komposition „Des Kindes Klage" sowie ihre Beurteilung durch den Musikdirektor Herrn Steinhauer und andere anerkannte Kapazitäten.

In seinem Berichte vom 19. August über den grossartig verlaufenen internationalen Wettstreit des „Handwerkergesangvereins" berichtete der Korrespondent des „Grenz-Echo", in seinem Artikel über das Kaiserpreissingen, in Bezug auf die Randbemerkung des Vorsitzenden des Preisgerichts, Herrn Steinhauer:

„Dass Redner den Vortrag sentimentaler Volkslieder bemängelte und auf das herrliche, durch den „Liederkranz" Kettenis vorgetragene Rebbert'sche Lied „Des Kindes Klage" hindeutete, fanden wir überflüssig. Letzterer Komponist und mit ihm viele andere, sind eben anderer Natur und steht eine öffentliche Kritik der Jury nicht an, es sei denn, dass sie allgemein ist.

Wie sich die Ansicht unseres Korrespondenten bewahrheitet hat, soll unser heutiger Artikel darlegen. Vorab sei jedoch ausdrücklich bemerkt, dass es durchaus ferne liegt, die Rechtlichkeit des Preisgerichts, noch die Leistungen des Rotthausener Vereines „Sangeslust" zu bemängeln oder zu kritisieren.

Es kann indess keinem Zweifel unterliegen, (!) dass das Mitglied eines Preisgerichts, hauptsächlich wenn es den Vorsitz führt, eine eigene, zum Vortrag gelangende Komposition nicht hintan setzt und dass es seinen ganzen Einfluss auszuüben versucht, (!) andere Musik in den Hintergrund zu drängen, (!) das liegt in der Natur der Sache und heisst: „A Geschäft" (!)

Dass es dem Ketteniser Gesangvereine, seinem unermüdlich bewährten Dirigenten und den treuen Anhängern des „Liederkranzes" ins Herz schneiden musste, nach ausser-gewöhnlicher Leistung, den musikalischen Geschmack und die Wahl öffentlich vor den gegnerischen Vereinen und unzähligen Publikum in kleinlicher Weise bemängeln zu sehen, ist sonnenklar. Nach Erringung des ersten Ehrenpreises deutete Herr Dirigent Mommer seiner Sängerschar an, dass ein jeder zum Kaiserpreissingen nachmittags pünktlich und mutvoll le sein müsste. Sei auch in Anbetracht der starken, ltischen Konkurrenz die Siegeshoffnung klein, so doch das Auftreten in dieser Kategorie allen zur Ehre. —

ıs nun die Beurteilung des Rebbert'schen Liedes an- so geht uns von fachmännischer Seite aus Düsseldorf richt zu, dass dem dortigen Sängerbunde auf dem ttstreite in Hilden vor drei Wochen auf das Lied ındes Klage" der Kaiserpreis zuerkannt t.

itere Kommentare überflüssig.

wie grossartiger, rechtlicher und unparteiischer Weise and des Eupener Handwerkergesangvereins seine anisation getroffen hatte, darüber herrscht nur eine les Lobes. Dass man aber für die Zukunft auch onisten eines Liedes, insofern dessen Vortrag preis- t, nicht mehr dem Preiskollegium zuteilen soll, das r Handlungsweise des Herrn Steinhauer der wohl- Wunsch der zum Kampfe ziehenden Gesangvereine. vier Jahren bezeichnete Herr Musikdirektor Stein- Voigt'sche Lied „Mutterliebe" auf einem streite in M.-Gladbach als trivial und kam das- ıfalls nicht zu Ehren.

\ntwort des Kgl. Musikdirektors Steinhauer:

liesem, durch das „Grenz-Echo" am 24. Oktober Artikel, geht uns von seiten des Kgl. Musikdirektors ıhauer folgendes Schreiben zu, welches wir nach rt unserm Berichterstatter zur Einsicht sandten:

Steinhauer schreibt:

)berhausen Rhld., den 15. November 1903.

ie geschätzte Redaktion des „Grenz-Echo"
in Welkenraedt.

ummer 85 von Samstag, den 24. Oktober Ihres Blattes, welche mir am 4. November von Eupen dt wurde, enthält einen Artikel „Die Rebbert'sche und ihre Beurteilung durch den Musikdirektor ıuer und andere anerkannte Kapazitäten", dessen nötigt, Sie unter Berufung auf die pressgesetz- ımungen und Ihre löbliche Devise: „Der Wahr- e" um Aufnahme nachfolgender Ausführungen ersuchen.

gestatteten es mir meine beruflichen Verhältnisse ıonymen Artikelschreiber sofort in der notwen- :lichen Weise zu dienen. — Dem „Ketteniser aus dessen, oder ihm nahestehenden Kreisen der fragliche sowie ein ähnlicher mir ebenfalls im „Korrespondenzblatt" des Kreises Eupen ober herrührt, hatte nun wahrlich keinerlei über das Resultat des Kaiserpreissingens auf- ist auch nicht das geringste Unrecht geschehen! eine Beeinflussung zu Gunsten oder Ungunsten oder Vereines hat absolut nicht stattgefunden, ıter ist durchaus selbständig in vorgeschriebener immung für den Verein eingetreten, dessen ır die beste befand, wenigstens kann der :s von sich das mit bestem Gewissen betonen. sikalische Wert der Lieder, sondern deren ar für die Beurteilung massgebend und fielen len Worte bezüglich der Liederwahl bei der ıng, also nach der Abstimmung, waren also ıltat vollkommen unschuldig. Es würde in unverzeihliche Kränkung besagen, auch nur ass die tüchtigen Mitglieder des Preisrichter- ıppen der Beeinflussung überhaupt zugänglich

ich aber bei dieser Gelegenheit schon hervor- rklich tüchtiger Preisrichter wird es für seine ›flicht erachten, falls er nicht durch beson- gen der Wettstreitordnung gebunden ist, bei ͅen Leistungen stets dem Vereine die hen, der die musikalisch wertvollste ungen, er ist das seiner Kunst, er ist enten, den Vereinen und dem Publikum schuldig, auf deren Geschmack fördernd einzuwirken ja ein eifriges Bestreben sein muss, falls er sein Amt von einem höheren und nicht etwa blos vom geschäftlichen Standpunkte aus betrachtet. In Eupen hat aber beim Kaiserpreissingen die „Sangeslust"-Rotthausen auch das Beste geleistet, so lobenswert auch der Vortrag des Ketteniser Vereins gewesen ist, daran ist nicht zu rütteln. —

Der Unterzeichnete hat schon häufiger die Gelegenheit wahrgenommen, so auch zur Zeit in M.-Gladbach, nach beendeten Gesangwettstreiten bezüglich des Vortrags und der Wahl von Chören, offene Worte an die Sänger und Dirigenten zu richten, welche von denen, die es ehrlich mit sich und ihrem Streben meinen, regelmässig mit vollem Dank und Beifall aufgenommen worden sind und ebenso regelmässig die Anerkennung der anderen Preisrichter gefunden haben. Da aber bei weitem nicht alle Dirigenten und Vereine so geartet sind, solche aus künstlerischer Ueberzeugung rein der Sache dienenden Ausstellungen, Mahnungen und Ratschläge ernstlich zu erwägen und zu beherzigen, so hat es mich durchaus nicht überrascht, dass meine in Eupen nach beendetem Wettstreite erlassenen Worte (die, hätte ich sie nicht vermittelt, der Kgl. Seminarmusiklehrer A. Wiltberger in wahrscheinlich noch schärferer Weise gesprochen haben würde), aus denen jeder Unbefangene deutlich entnehmen musste, dass sie einer gewissen ungesunden Gattung von Liedern, und nicht nur dem dieser Gattung allerdings zu zählenden bestimmten Liede galten, einigen Staub aufgewirbelt haben, obwohl denselben, kaum gesprochen, bereits die lebhafteste Zustimmung aus den Kreisen des Festkomitees, des Preisrichterkollegiums und zahlreicher anwesender Dirigenten zu teil geworden war. Diese Herren haben sofort erkannt, dass meine kurzen Ausführungen ausschliesslich geschahen, um in Bezug auf die Wahl besonders von Liedern im Volkston einen bessern Geschmack anzubahnen, der bei nur zu vielen Vereinen, beziehentlich ihren verantwortlichen Dirigenten denn doch einen sehr bedenklichen Tiefstand aufweist.

Es mag ja die Ansicht betreffs des Sentimentalen Trivialen, Süsslichen, Weichlichen (nicht zu verwechseln mit Weichen) und Schwächlichen, also Minderwertigen und Wertlosen in der Musik bei manchen auseinandergehen, wenigstens sich nicht in scharfen Grenzen zusammenfinden.

Es wäre sehr schlimm um unsere Tonkunst bestellt, wenn es nicht doch bestimmte Kennzeichen gäbe, die sich bei Gesangwerken in der Art der Textbehandlung, der Form- und Melodiebildung (Intervallenschritte), Stimmführung und Harmonisierung äussern, an welchen der durchgebildete Musiker und ernste Fachkritiker, welche ihren Geschmack an unseren anerkannten Meistern gebildet und geläutert, die erwähnten üblen und verwerflichen Eigenschaften eines Werkes genau zu erkennen vermögen. Ein ganz annehmbarer Gedanke des Artikelschreibers des „Korrespondenzblattes des Kreises Eupen" ist es, dass bei zukünftigen Gesangwettstreiten anerkannte Autoritäten heranzuziehen wären, welche besonders bei der Wahl von Volks- und volkstümlichen Liedern, auf welch letzterem Gebiete von auch komponierenden Leuten — oft nur Dilettanten — oft ganz kolossal gesündigt wird, mitbestimmend einzuwirken hätten, damit auf diese Weise der Geschmack von Ausübenden und Hörern allgemein gereinigt und veredelt würde.

Denn auf Grund einer 14jährigen Tätigkeit als Preisrichter und einer engeren Fühlung mit vielen rheinisch-westfälischen Gesangvereinen kann ich es hier ruhig aussprechen, dass ein nur recht geringer Teil von Dirigenten der zahllosen Vereine und Vereinchen, die zu einer sachlich-massgebenden Beurteilung eines Chorwerks, sei es einfacher, sei es komplizierterer Art, unerlässlichen Eigenschaften besitzen.

Deshalb auch noch die Unmasse von Liedertafelmusik, musikalischen Schmachtlappen und dergl., welche man gerade auf Wettstreiten zu hören bekommt und welche trotzdem (mag sich auch die Erkenntnis des „Wahren" und „Echten" noch so sehr dagegen sträuben) mit ersten und sogar Kaiserpreisen (bei dem Kampfe um den Preis Sr. Majestät müsste doch das wertvollste dargeboten werden, was die Literatur an Volks- und volkstümlichen Liedern bietet!) ausgezeichnet werden müssen, falls sie am besten gesungen werden. Es liegt deshalb in der Tatsache, dass mit dem Gesangwettstreite in Hilden mit dem Rebbert'schen Liede „Des Kindes Klage" der Kaiserpreis errungen wurde, auch nicht der geringste Beweis des musikalischen Wertes desselben (Rebbert hat später Chöre geschrieben, die, wie ich hier ausdrücklich betone, ich durchaus wertschätze), sondern nur der Beweis, dass es von den Preisrichtern als am besten ausgeführt befunden wurde. Auch ich würde, wenn ich in Hilden als Preisrichter getätigt hätte, unter solchen Verhältnissen dem betreffenden Vereine natürlich meine Stimme gegeben haben, wobei mein Urteil über das Lied selbst, und die zahlreichen ähnlichen Produkte, das sich mit dem Urteil aller wahrhaften Autoritäten vollständig deckt, auch nicht die mindeste Aenderung erlitten haben würde. Noch bemerke ich, dass es mir selbstverständlich Freude bereitet, wenn meine Kompositionen, die ich stets mit künstlerischem Ernste aus dem Herzen schaffe, auf Wettstreiten gesungen werden. Es war aber immer mein Grundsatz und wird es unentwegt sein, auch den Vereinen, welche meine Chöre und Lieder zum Vortrag bringen, nur gerecht zu sein, wie es meinem Gewissen und meiner Pflicht entspricht! Verdächtigungen nach dieser Richtung hin, die nur auf ihre Urheber zurückfallen, können mich also absolut nicht berühren. Der Passus des Artikelschreibers, die Komponisten zu prämierender Chöre künftighin als Preisrichter auszuschliessen, ist ein ganz absurder. Neumann, Heuser, Neubner, Rebbert, Schwartz, der Unterzeichnete und andere würden auf solche Weise in Zukunft als Preisrichter ganz unmöglich da ihre auf Gesangwettstreiten so viel gepflegten Chöre stets die Aussicht haben, prämiert zu werden. Und welch abscheulichen Argwohn gegen die Komponisten birgt genannter Vorschlag in sich. Das ganze Vorkommnis beweist erneut die Notwendigkeit der Reform des Männergesangvereinswesens und der Gesangwettstreite. Sollte der fragl. Artikel, welcher Veranlassung zu diesen Ausführungen gegeben hat, auch in andere Blätter übergegangen sein, so möchte ich deren Redaktionen hiermit auch um Nachdruck des Vorstehenden höflichst ersuchen.

Hochachtungsvoll!

C. Steinhauer
Königl. und städt. Musikdirektor.

Hierauf ist folgendes zu erwidern:

Bereits in der ersten Bemerkung des Herrn Steinhauer, der Ketteniser „Liederkranz" habe wahrlich keinerlei Ursachen, sich über das Resultat des Kaiserpreissingens aufzuregen, ihm sei auch nicht das geringste Unrecht geschehen, sucht genannter Herr, nach vollständig überflüssigen Worten. Der Ketteniser „Liederkranz" ist nach keiner Seite hin unzufrieden gewesen. Was ihm, und auch wohl der Grosszahl der Anwesenden nicht passte, war die öffentliche abfällige Aussonderung des Rebbert'schen Liedes unter Gestikulationen. Von einer Beeinflussung ist durchaus nicht die Rede, da Herr Steinhauer ja nach Verkündigung des Resultates seine bezüglichen Bemerkungen machte. Die Auslegung, in welcher Weise ein Preisgericht prozediert, ist hinlänglich bekannt, und wenn der Herr aus dem Rahmen des ihm erteilten Auftrages der Beurteilung der gesanglichen Leistungen, der Verteilung der Preise heraustrat, dann musste er nicht nur mit verächtlicher Miene auf das durch den Ketteniser „Liederkranz" gewählte Rebbert'sche Lied hinweisen, in welchem ein Kind um den in den Krieg gezogenen Vater jammert, sondern er musste gleichfalls auch den Inhalt der übrigen Vorträge einer Kritik unterziehen.

Ist es dem Herrn Steinhauer aber wirklich darum zu tun, durch seine Ratschläge, welches ein scharfes Urteil an Kompositionen sonstiger Autoren darstellen, Vereine und Dirigenten einen nutzbringenden Wink in Bezug auf das Volkslied zu geben, so wären hierfür passendere Wege einzuschlagen, und nicht der erste Moment des Freudenrausches und der Enttäuschung bei öffentlichen Gesangwettstreiten hierzu zu benutzen. Man könnte Musikzeitungen in Anspruch nehmen, den Dirigenten, welcher nach Herrn Steinhauers Ansicht eine schlechte Liederwahl traf, zu sich bitten oder demselben späterhin den gutgemeinten Rat brieflich erteilen.

Bisheran war es uns unbekannt, dass nach einem Gesangwettstreite Kritik am vorgetragenen Liede selbst ausgeübt wurde, wie dieses Herr Direktor Steinhauer nach seiner Erklärung und nach den gemachten Erfahrungen in M.-Gladbach, Eupen und sonstwie ausübt.

(Befremden muss es jedenfalls, dass die durch Herrn Steinhauer in eine ungesunde Gattung klassierte Rebbert'sche Komposition in Hilden mit dem Kaiserpreis bedacht wurde, und dass es ihm Freude bereitet, wenn seine nach eigener Aussage mit künstlerischem Ernste aus dem Herzen geschaffenen eigenen Kompositionen gesungen werden.

Für die fachmännischen Ausführungen, welche sonst im vorstehenden Schreiben enthalten sind, kann man dem Herrn Musikdirektor Steinhauer nur dankbar sein.

Stellte Herr Steinhauer viele Komponisten nicht als Dilettanten hin, und wäre es nicht gerade seine Komposition gewesen, welcher das Rebbert'sche Lied weichen musste, dann würden Vorschläge in Bezug auf Zulassung von Komponisten zum Preisgericht wohl nicht zu Tage getreten sein. Wenn das ganze Vorkommnis nach Herrn Steinhauers Schlusssatz die Notwendigkeit der Reform des Männergesangvereinswesen und Gesangwettstreite verlangt, dann ist jedenfalls dahin zu reformieren, dass nach friedlichen Wettkämpfen Herr Steinhauer oder jeder andere nicht willkürlich über andere Kompositionen abfällig urteilt, wenn Kompositionen des Kritikübenden am Wettbewerb beteiligt sind, sonst könnte doch mancher Laie des Sprichwortes gedenken: „Selbst ist nur Eins" — „zuerst komme ich" oder „ein Jeder für sich".

Uebrigens ist die grosse Masse der Gesangvereine zu der Ansicht gekommen, und Herr Steinhauer kann, um mit dem Inhalte seines Briefes konsequent zu bleiben, dieser Ansicht nur beipflichten, dass vor der Teilnahme an einem Gesangwettstreite, die Fühlhörner auszustrecken sind, das heisst die konkurrierenden Vereine haben vor allem die Sympathien und Antipathien der einzelnen Preisrichter bezüglich dieser oder jener musikalischen Schöpfung eingehend zu studieren.

Hiermit erachten wir die Sache für unsere Leser genügend aufgeklärt und müssen wir weitere Erörterungen der Fachpresse überlassen.

Die Redaktion.

Vermischtes.

Kaiser Wilhelm und das deutsche Volkslied.

Bekanntlich stellte der Kaiser gelegentlich des Frankfurter Gesangwettstreits eine Sammlung deutscher Volkslieder in Aussicht. Wie die Nordd. allgem. Ztg. berichtet, ist zur Durchführung dieser Aufgabe an allerhöchster Stelle eine geeignete Organisation geschaffen worden, bestehend aus einer Arbeitskommission und einer grösseren beratenden Kommission. Neben den deutschen und niederländischen Volksliedern sollen steyerische, tiroler und sonstige österreichische, sowie deutsch-schweizerische Volkslieder in einer Sammlung Aufnahme finden. Beide Kommissionen stehen unter dem Vorsitz des Wirklichen Geheimrats Freiherrn v. Liliencron zu Schleswig. Der Arbeitskommission gehören ausser v. Liliencron Musikdirektor Hummel-Berlin, Professor der Musikgeschichte Friedländer-Berlin, Oberlehrer Professor Bolte-Berlin und der Direktor der Berliner Singakademie Professor Schumann an. Der beratenden Kommission gehören zufolge allerhöchster Ernennung ausser dem Vorsitzenden an: Kapellmeister Beer-Kassel, Hofmusikdirektor Professor Foerstler-Stuttgart, Komponist Hegar in Fluntern-Zürich, der Chormeister des Männergesangvereins „Schubertbund", Kirche-Wien, Komp. Koschat-Wien, Musikdirektor Krakamp-Bonn, der Chormeister des Wiener Männergesangvereins Kremser, Universitätsprofessor Kretschmar-Leipzig, Professor Krug-Hamburg, Generalmajor Graf Moltke, Professor Ochs-Berlin, der Generalintendant der Königlichen Hofmusik in München, Frhr. v. Perfall, Geheimer Oberregierungsrat Friedrich Schmidt-Berlin, Professor Felix Schmidt-Berlin, Professor Scholz-Frankfurt a. M., Generalmusikdirektor Schuch-Dresden, Professor Schwartz-Köln a. Rh.

Prof. Sitt-Leipzig, Gymnasialdirektor Thouret-Friedenau und Professor Volbach-Mainz. Der Zusammentritt beider Kommissionen steht bevor.

Der Badische Sängerbund (E. V.) hat in seiner Mitgliederversammlung vom 6. September v. J. beschlossen, zwecks Erweiterung seiner Liedersammlung ein **Preisausschreiben für Männerchöre** ohne Begleitung zu erlassen und für die Preise einen Betrag bis zu 1500 Mk. zur Verfügung zu stellen. Die Tondichtungen sind bis zum 1. April 1904 an dessen Präsidenten Herrn Richard Sauerbeck, Charlottenstrasse Nr. 15 in Mannheim, einzureichen. Das Preisgericht besteht aus folgenden Herren: Hofkapellmeister Ferdinand Langer in Mannheim, Professor Julius Scheidt in Karlsruhe, Musikdirektor Hermann Bieling in Mannheim, Musikdirektor Karl Beines in Baden-Baden, Musikdirektor Alex Adam in Freiburg i. B.

Aufführungen.

Eschweiler b. Aachen. Unter Leitung von W. Speiser aus Aachen veranstaltete der M.-G.-V. „Amphion" einen Volksliederabend. U. a. wurden Heuser's „Waldkönig", Speisers „Vorbei" mit grossem Beifall aufgenommen und Da capo verlangt. Schade, dass der Besuch nicht gerade ein glänzender war. galt es doch einer guten Sache.

Offenbach a. M. Der Sängerchor des „Turnvereins" gab am 9. Dezbr. 1903 in der Turnhalle ein Konzert, welches der Königl. Musikdirektor Herr Aug. Glück dirigierte. Zum Vortrag gelangten ausser den Solis, Chöre von Thuille, Podbertsky, Stehle, Kremser, Arn. Krug und Parlow. Mit besonders grossem Beifall wurde das dem Vereine, von dem Komponisten Herrn J. G. E. Stehle gewidmete Werk „Der Untergang des Iltis" aufgenommen.

Saargemünd. den 29. Novbr. 1903. Sein erstes Winterkonzert gab der im April 1903 gegründete, heute bereits 70 Sänger zählende M.-G.-V. Der 1200 Personen fassende Saalbau war bis auf den letzten Platz gefüllt. Die vorzüglichen Leistungen des jungen Chores unter Leitung des Musikdirektors Krause aus Saarbrücken machten den Wunsch auf weitere Veranstaltungen geltend.

Wegweiser durch die Chorgesangliteratur

Ratgeber für Gesangvereine und Dirigenten.

Redaktion: Hans Kessler. H. vom Ende's Verlag, Köln a. Rh., Ecke Bismarck- und Kamekestrasse.

nebst Beiblatt:

Der Sänger.

Offizielles Organ des Westdeutschen Sängerverbandes, Mosel-, Saar-, Nahe-Sängerbundes, des Mittelrheinischen, Rheinhessischen, Speyergau u. Oberwesterwäld.-Sängerbundes.

Erscheint monatlich einmal. Bezugspreis für 1 Expl. 20 Pfg. Jahresabonnement Mk. 1.50 und 40 Pfg. Porto. Inserate kosten pro 4 mal gespaltene Petitzeile 20 Pfg.

Expedition: H. vom Ende's Musikalien-Versandgeschäft.

Nr. 5. | Köln a. Rhein, den 26. Februar 1904. | V. Jahrg.

Heinrich vom Ende.

Mit Heinrich vom Ende, dessen Ableben wir in ir letzten Nummer ds. Blattes bekannt gaben, ist ein hervor-agend begabter und individuell beanlagter Musiker in ver-ältnismässig jungen Jahren, einer viel-eitigen und fruchtbringenden Tätig-eit entrissen worden. Am 12. August 858 zu Essen a. Ruhr geboren, ab-olvierte er das dortige Gymnasium nd studierte dann in München, wo r auch als Mitglied dem bekannten kademischen Gesangverein angehörte. n diese Zeit seiner Studien fallen die rsten Aufführungen im Bayreuther estspielhaus, die er besuchte und die n zu einem begeisterten Wagner-erehrer machten. Seine früh geübte eder und das — zumeist autodidak-sch angeeignete musikalische Wissen - veranlasste ihn damals schon Proben iner musikschriftstellerischen Bega-ng zu liefern, indem er gegen eine ıfällige Kritik über die Bayreuther uffführungen, die in einem Blatt seiner aterstadt erschienen war, einen ge-rnischten, und von echtem künstle-chen Empfinden getragenen Artikel röffentlichte. Die Liebe zur Musik. ı ihn von Jugend an beseelte, drängte n, nachdem er schon lange einen rgerlichen Beruf ergriffen, in ver-ltnismässig späten Jahren das Stu-m der Musik ausschliesslich zu treiben; er trat als Schüler beim lner Konservatorium ein und hier waren besonders Franz üllner der bedeutende Theoretiker und der feinsinnige ıstav Jensen seine Lehrer, nachdem ein Nervenleiden ner Ausbildung im Klavierspiel ein Ziel gesetzt hatte. eorie und Komposition waren denn auch die haupt-chlichsten Gebiete, auf welchen er später sein reiches

Wissen und Können praktisch zu verwerten suchte. Zeugnis davon geben, das von ihm ins Leben gerufene Institut für briefl. Unterricht in der Theorie, welches sich in ganz Deutschland und sogar weit über dessen Grenzen einer sehr regen Inanspruchnahme und Beliebtheit zu erfreuen hatte und eine ganze Anzahl lebensfrischer Werke für Klavier-, Solo- und Chorgesang. Diese letzteren veröffentlichte er in seinem eigenen Verlage, welchen er durch Ankauf der Verläge von Martin Oberdörffer, Leipzig, A. Cranz und E. Haacke, Bremen und der Universalbibliothek für Musikliteratur der internationalen Kunst- und Verlagsanstalt in Zürich, begründete. Von seinen Klavierwerken nimmt „v. Ende's Schatzkästlein" eine hervorragende Stelle in der ganzen Musikliteratur ein. Auf langjährigen Studien beruhend, sucht das Werk jedem Spieler das Verständnis der einzelnen Formen in der Musik beizubringen; diese Arbeit vom Ende's ist von ersten Autoritäten als ein Meisterstück bezeichnet worden. Besonders aber richtete vom Ende sein Augenmerk auf den deutschen Männerchor und das Volkslied. Nicht nur dass er hierfür reizende Kompositionen, so sein „Mädchen, warum weinest du", „Schönes Herzchen mein", „Das Kätzchen", seine Volksliederbearbeitungen wie „Herzig's Mariandl", „Tanz, Liebchen, tanz", usw. geschaffen, nein, auch sonst bezeugte er, was ihm der deutsche Männerchor war. So gründete er vor einigen Jahren die „Rheinische Volksliedertafel", welche speziell nur zur Pflege des Volksliedes entstand, deren musikalischer Leiter er auch bis zuletzt war. Grade durch diese wurde ihm Gelegenheit geboten, zur Förderung und Verbreitung des Volksliedes beizutragen. In seiner schriftstellerischen Tätigkeit lernen wir vom Ende als Pfleger und Vorkämpfer des echten Volksliedes, im Gegensatze zu dem der landläufigen Liedertafelei kennen; beredtes Zeugnis davon geben die von ihm geschriebenen hochgeschätzten Artikel in dem „Wegweiser durch die Chorgesangliteratur“, welcher durch ihn ins Leben gerufen wurde. Ganz bedeutende Werke für Musikliteratur verdanken ihr Dasein seiner rastlosen Arbeit. Seinem andauernden und eifrigen Forschen in musikwissenschaftlichen Werken und Zeitschriften, verdanken wir die Herausgabe der interessanten Schriften von E. T. A. Hoffmann in einer gesammelten Ausgabe; das Werk — erschienen in der Universalbibliothek für Musikliteratur — hat Ende's Namen in musikalischen Forscherkreisen berühmt gemacht. Das noch kurz vor seinem Tode herausgekommene „Handbuch für Musik- und Gesang-Vereine und Dirigenten“ ist ein wissenschaftlich, wie als praktisches Nachschlagebuch einzig dastehendes Werk, eine Zusammenstellung, die über alle Fragen, welche Vereinsvorstände und Dirigenten interessieren prägnant und erschöpfend Auskunft gibt. Zu einer noch ins Auge gefassten grossen Arbeit, der Herausgabe sämtlicher noch nicht veröffentlichter Volkslieder, sollte leider seine Kraft nicht mehr reichen. Den schon seit einiger Zeit in seinem künstlerischen Schaffen Gehemmten, raffte der Tod nach monatelanger Krankheit dahin. Alle, die ihn zu schätzen verstanden, wissen wohl, was er für die Musik und besonders den Männerchor zu bedeuten hatte. Anerkennung ist ihm ja auch in reichem Maasse zuteil geworden, teils durch Auszeichnungen, teils durch Ernennung zum Preisrichter und Ehrenmitgliede einer Anzahl Vereine.

So starb in Heinrich vom Ende ein wahrhafter Künstler, der von den höchsten und reinsten Idealen beseelt und der Kunst — frei von Eigennutz — diente, dessen ernstes Streben auf der Höhe der Leistungskraft jäh und zu schnell abgebrochen wurde.

Ein bleibendes Andenken wird ihm für alle Zeiten in unseren Reihen gesichert sein. H. K.

Zur Protestbewegung gegen die Anstalt für musikalisches Aufführungsrecht.

Nachdem die „Anstalt für musikalisches Aufführungsrecht“ der „Genossenschaft deutscher Tonsetzer“ in Berlin in verschiedenen Städten Deutschlands mit der Besteuerung der öffentlichen Aufführungen der von ihr vertretenen Werke begonnen hat, erscheint es im Hinblick auf die Beunruhigung, von welcher das gesamte deutsche Musikleben neuerdings ergriffen wurde, sowie angesichts der allgemein herrschenden Unkenntnis des einschlägigen Gesetzes, angezeigt, klarzustellen, unter welchen Umständen tantièmepflichtige Werke ohne Genehmigung des Berechtigten aufgeführt werden dürfen, bezw. welche Werke überhaupt aufführungsfrei sind. Den Veranstaltern musikalischer Aufführungen (Konzertinstituten, Kapellen, Vereinen, Künstlern etc.) dürfte deshalb nachstehende „Allgemeine Aufstellung aufführungsfreier musikalischer Werke“ willkommen sein.

I. Die Einwilligung des Berechtigten für musikalische Aufführungen ist nicht erforderlich:

1. wenn die Aufführungen nicht öffentlich sind, z. B. in der Familie, in geschlossener Gesellschaft etc. (§ 11 Abs. 2 des Ges. v. 19. Juni 1901);
2. wenn sie öffentlich sind, aber keinen gewerblichen Zwecken dienen und die Hörer ohne Entgelt zugelassen werden, vor allem die üblichen Veranstaltungen in Kirche, Schule, Armee und Marine (§ 27 Satz 1);
3. wenn solche nicht gewerblichen Zwecken dienenden Aufführungen
   a) bei Volksfesten (mit Ausnahme der Musikfeste) stattfinden,
   b) zu wohltätigen Zwecken stattfinden, sofern der Ertrag ausschliesslich für den wohltätigen Zweck bestimmt ist und die Mitwirkenden keine Vergütung für ihre Tätigkeit erhalten.
   c) von Vereinen vera
   und die zu ihre
   als Hörer zugelas

Das unter 2 und 3 Ge
mässige Aufführungen eine
ein Text gehört. (
gehören nicht Pantomin
Vgl. Kommissionsbericht S

II. Aufführungsfrei f
führungen wie in Ko
Sängerfesten, Tan
1. sämtliche bis 31. De
lischen Werke, die
vorbehalten“ nicht
2. sämtliche bis 31. De
lischen Werke, trot
führungsvorbehaltes,
Noten benutzt
versehen sind (§ 61
3) sämtliche mit dem
musikalischen Werke
allein berechtigt sin
verfügen, aber, unte
beabsichtigen, Tanti
nötigte neue Notenm
4. sämtliche musikalisc
freiheit des Werkes
aufführungsfrei, tanti
handel und Musikpfl

Ein nun von obiger A
enthält ungefähr 1600 Nam
Tonsetzer, auf Grund dess
Musikinstitute zur Zahlung
Wir wollen daher nicht
machen, dass dieses Verzei
nichts zu wünschen übri
hiermit jedem, in irgend
Anstalt zu treten. Ein ge
Unzulänglichkeit des Verze
des bedeutenden Chorkom

„Die Genossenschaft
musikalisches Aufführungs
zeichnis auch meinen Nam
jedoch nur auf die im V
schienenen wenigen Chöre
Anschauungen seitens hoch
sangvereine vorzubeugen.
ich nicht Mitglied besa
meine im Verlage von C
Otto Forberg, Conr. Glase
Leipzig, Joh. André in O
verlag in Stuttgart, Otto V
und Max Hieber in Münc
bühren- und tantiè
material auch das Aufführ

München, Januar 190

So liegen uns noch v
sehener Künstler Protestkun
Vorgehen dieser „Berliner
für alle gedeihliche Entwic
wir daher den Beispielen
und Musikinstitute und füh

—

Ein umfangreiches Ve
führungsfreien Werke für C
genügende Unterstützung d
lagshandlungen zugesagt w
den täglich bei uns ein
solchen Rechnung zu trag

Der Sänger.

Amtliches Organ des westdeutschen Sängerverbandes.

Das Volkslied ist die Unsterblichkeit der Musik.
Marx.

Verbunden werden auch die Schwachen mächtig.
Schiller.

26. Febr. 1904. Nr. 5.
Redaktion: H. Kessler, H. vom Ende's Verlag, Köln a. Rhein, Ecke Bismarckstrasse 25.

Westdeutscher Sänger- und Dirigenten-Verband.

Bekanntmachung des Verbandsvorstandes.

Die geschätzten Vereine werden dringend ersucht, die Namensverzeichnisse, alphabetisch geordnet und nach Stimmen eingeteilt, unverzüglich mit folgenden Angaben: Name und Wohnort des Dirigenten, des Vorsitzenden; Name und Strasse des Vereinslokals, sowie Name des Bezirksvereins, welchem derselbe angeschlossen, an den geschäftsl. Vorsitzenden zu senden.

Die Verbandsbeiträge sind ebenfalls an die betreffenden Bezirksvereinskassierer einzusenden. Pünktlichkeit ist die erste Zierde eines deutschen Männergesangvereins.

Mit Verbandsgruss!
Heinrich Benewitz, Bochum
Hammer Heinrichstr. 26.

Bezirksverein Bochum—Gelsenkirchen.

In der am Sonntag, den 15. Februar stattgehabten Vorstandssitzung, an welcher auch die Dirigenten teilnahmen, wurde beschlossen, als Gesamtchöre den Vereinen des Bezirks zur schleunigsten Anschaffung zu empfehlen:

1. Zu Strassburg auf der langen Brück, von *Karl Hirsch*.
2. Wem Gott will rechte Gunst erweisen, von *Mendelssohn*.

Zu beziehen durch:
H. vom Ende's Verlag u. Versand, Köln a. Rh.

Vorstandssitzung!

Ratingen, den 21. Februar. Heute fand in Ratingen im Gasthof „Zum Hirsch" eine Vorstandssitzung des „Westdeutschen Sängerverbandes" statt. Es wurde dahingehend beschlossen, dem Antrage des M.-G.-V. „Sängerbund", Bochum-Hamme stattzugeben, gelegentlich seines 30jährigen Bestehens ein Wettsingen nach Verbandsgrundsätzen, verbunden mit dem V. Verbandsfest, zu veranstalten.

Das Wettsingen wird unter genauer Beobachtung der in der neuen Verbandssatzung enthaltenen Vorschriften seinen Verlauf nehmen und wird in 2 Klassen gesungen; zur ersten Klasse gehören solche Vereine von und über 30 Mitglieder, zur zweiten Klasse bis inkl. 29.

Die Preischöre, welche ausgeschrieben und durch die Musikkommission ausgewählt werden, sollen sehr leicht fasslich und volkstümlich geschrieben sein und werden 12 Wochen vor dem Wettsingen den teilnehmenden Vereinen zugehen.

Das Wettsingen soll am Sonntag, den 31. Juli cr. stattbaben. Des morgens 11½ Uhr findet ein kurzer Festzug statt, worauf sich die Vereine in passenden Lokalen restaurieren können. Das Wettsingen beginnt 3½ Uhr. Nach Beendigung desselben, werden die Vereine gebeten, zur Verschönerung des Konzertes aus dem reichen Schatz ihres Könnens ein Volkslied vorzutragen. Während desselben findet die Fertigstellung der schönen Preismedaillen und Diplome statt, sodass dann sofort die Preisverteilung statthaben kann.

Als Festbeitrag werden 50 Pfg. pro Sänger als angemessen betrachtet.

Vereine, welche noch ausserhalb des Verbandes stehen, können, wenn ihre Anmeldung und Aufnahme in den Verband bis 1. April ds. Js. vollzogen, noch am Wettsingen teilnehmen.

Die Mitgliederverzeichnisse sind bis spätestens zum 11. April an den geschäftsl. Vorsitzenden einzusenden; dieselben sind für den Wettstreit massgebend.

An Stelle des bisherigen Verbandskassierers wurde vorläufig bis zur nächsten Generalversammlung Herr Kaufmann Johann Henkel in Bochum—Hamme, Schulstrasse ernannt und sind die Verbandsbeiträge von den Bezirksvereinskassierern, wo solche nicht bestehen, direkt von den Vereinen und von den Herren persönl. Mitgliedern unverzüglich, an denselben abzusenden.

Die persönl. Mitgliedsbeiträge fliessen ungeteilt in die Verbandskasse, damit dieselbe lebenskräftig bleibt.

Mit den benachbarten Verbänden sollen Verhandlungen gepflogen werden, bezüglich engeren Zusammenschlusses zur besseren Verwertung gemeinsamer Interessen.

Der geschäftsl. Vorsitzende
H. Benewitz.

Aufforderung!

Die Herren Komponisten und Dirigenten unseres Verbandes etc. werden hiermit freundlichst aufgefordert und ersucht, für das mit einem Verbandswettsingen zu begehende V. Verbandsfest 1904 passende, volkstümliche, vierstimmige Chöre einzusenden.

Bedingungen:

1. Die Chöre müssen melodiös, leicht ausführbar und im Volkston geschrieben sein und in 3 Exemplaren eingesandt werden.
2. Dieselben dürfen noch nicht im Druck erschienen sein.
3. Die Wahl der Texte ist frei, jedoch sind noch nicht komponierte Texte erwünscht. Dialektchöre und solche mit Soli- und Brummstimmen sind ausgeschlossen.
4. Jeder Chor muss mit einem Motto versehen sein und darf den Namen des Komponisten nicht tragen; jedoch die eventl. Preisangabe über Partitur und Stimmen.
5. Nur Namen und genaue Adresse des Komponisten müssen in einem geschlossenen Kouvert, das das gleiche Motto trägt, beigefügt werden.

6. Das Lied bleibt Eigentum des Komponisten.
7. Die gewählten Chöre werden nach der Aufführung einmal im „Sänger“ veröffentlicht.
8. Endtermin zur Einsendung ist der 1. April 1904.
9. Alle Einsendungen sind an den geschäftsleitenden Vorsitzenden Heinrich Benewitz, Bochum i. Westf. Hammer Heinrichstr. 26 zu richten.

Benrath b. Düsseldorf. Rheinische Volksliedertafel. Die am 11. ds. Mts. stattgehabte Generalversammlung beschloss zur Dirigentenfrage:

„Wir vertagen die Beschlussfassung über die musikalische Leitung des Vereins bis zur nächstfolgenden Versammlung. Vorstand und musikalischer Beirat haben weitere Offerten einzuholen.“

Über unser am 7. Februar veranstaltetes Konzert schreibt das Düsseldorfer Volksblatt:

Benrath, 8. Februar. Die „Rheinische Volksliedertafel“ gab hier gestern Abend im Schlossrestaurant vor einem dicht gefüllten Saale unter Leitung des Kgl. Musikdirektors Herrn Steinbauer und unter Mitwirkung der Sängerin Frl. Dowerk ihr drittes (?) Konzert. Wer noch ein Gegner oder Verächter des Volksliedes ist, der besuche einen Liederabend der Rhein. Volksliedertafel, und er wird sich wundern, wie sehr diese einfachen, schlichten Weisen durch meisterhaften Vortrag wirken; er wird es dann auch begreiflich finden, warum sich heute auf Anregung Sr. Majestät unseres Kaisers viele hervorragende Männer mit dem Volksliede beschäftigen. Dass das Volkslied auch für Solisten geeignet ist, hat Frl. Dowerk durch exakten, wirkungsvollen Vortrag einiger Lieder bewiesen. Vielleicht findet sich später auch einmal ein begeisterter Sänger zum Solo-Vortrage eines Volksliedes bereit. Die auf dem reichhaltigen Programm verzeichneten Lieder fanden einmütigen, reichen Beifall; Sänger und Sängerin mussten sich zu verschiedenen Zugaben verstehen. . . . . Die sich gestellte Aufgabe „Pflege des Edelvolksliedes“ hat die Rhein. Volksliedertafel, wie sich durch dieses Konzert gezeigt, bis jetzt in tadelloser Weise durchgeführt. Es dürfte demnach der Wunsch vieler sein, dass uns der Verein noch öfter so genussreiche Abende bieten möge.

Mittelrheinischer Sängerbund.

Auf dem ersten Bezirksfeste des Mittelrheinischen Bezirkes in Ratingen wurde dem M.-G.-V. Erholung, Huckingen das Bezirksfest für dieses Jahr übertragen. In der am vergangenen Sonntage abgehaltenen Generalversammlung genannten Vereins wurde nun dieses Fest eingehend besprochen und folgendes beschlossen: Der Verein feiert sein diesjähriges Stiftungsfest, verbunden mit dem Bezirksfest am 19. Juni im Lokale Carl Verkoyen zu Huckingen, unter Mitwirkung der Bezirks- und befreundeten Gesangvereine. Ein Festzug soll die Feier am Nachmittage einleiten, darauf folgt das Konzert und am Abend Ball. Zu dem Konzert soll von den Bezirksvereinen ein gemeinschaftliches Chorlied vorgetragen werden, nachher würde es dann gerne gesehen, wenn jeder Verein noch ein Volkslied und einen Chor singen würde. Nähere Einzelheiten werden den Vereinen später besonders bekannt gegeben werden. Da der M.-G.-V. Erholung alles aufbieten wird, um das Fest zu einem recht würdigen zu gestalten, und da auch der Ort Huckingen mit der Eisenbahn von der Station Grossenbaum aus und mit der elektrischen Kleinbahn Düsseldorf—Duisburg sehr leicht zu erreichen ist, geben wir uns der angenehmen Erwartung hin, dass die Bezirksvereine alle sich recht zahlreich an der Feier beteiligen werden, um so durch unseren Eifer auch andere Vereine für die schöne Sache zu interessieren, damit das begonnene Werk zu dem aufgebaut wird, für das es ins Leben gerufen wurde.

Hochachtungsvoll!

Der Vorstand: I. A.: Fr. Schmitz.

Deutscher Sängerbund

Auf den in unserer Nummer 2 veröffentlichten Artikel betr. des nächsten deutschen Sängerbundesfestes geht uns vom geschäftsführenden Ausschusse des deutschen Sängerbundes folgendes Schreiben zu:

Es ist unwahr, dass die Verlegung des 7. deutschen Sängerbundesfestes mit der ausgesprochenen Absicht erfolgte, die Gesangvereine von der Beteiligung an dem voraussichtlich zu gleicher Zeit stattfindenden 3. Kaiser-Gesangwettstreit abzuhalten. Eine solche Absicht hat dem „Deutschen Sängerbunde“ ganz fern gelegen und konnte deshalb auch nicht ausgesprochen werden.

In der 30. Sitzung des Gesamtausschusses des „Deutschen Sängerbundes“ in Kassel am 3. Oktober 1903 war nach Ausweis des Protokolls beantragt worden, dass das 7. deutsche Sängerbundesfest auf 1907 verschoben werde, damit die deutsche Sängerschaft, die gesanglich und finanziell von verschiedenen Seiten (Vereinen und Bünden) und regelmässig in Anspruch genommen werde, eine grössere Ruhepause und längere Zeit habe, sich den Anforderungen eines so grossen und bedeutungsvollen Festes entsprechend gehörig vorzubereiten, ferner unter Hinweis darauf, dass 1912 der „Deutsche Sängerbund“ sein 50jähriges Jubiläum feiere, und dass es daher besser sein würde, 5 Jahre nach dem Grazer Feste verstreichen zu lassen, damit der Zwischenraum bis zum Jubiläumsfeste nicht zu gross werde. Darauf ist folgender Beschluss gefasst worden:

„Es ist wünschenswert, das Fest erst 1907 abzuhalten, wenn die Verhandlungen mit der Feststadt, zu welchen der geschäftsführende Ausschuss ermächtigt wird, eine Verschiebung zulassen.“

Es ist unwahr, dass irgend eine offizielle Mitteilung des „Deutschen Sängerbundes“ den in dem betreffenden Artikel der „Allgemeinen Musikalischen Rundschau“ angegebenen Wortlaut hat. Insbesondere ist unwahr, dass in irgend einer Mitteilung des „Deutschen Sängerbundes“ bemerkt worden ist, dass man zur Zeit in den Kreisen der deutschen Sängerschaft noch unter den Nachwirkungen des Frankfurter Männergesangwettstreits stehe.

Die Feststadt Breslau hat rückhaltlos ihre Zustimmung dazu erklärt, dass das 7. deutsche Sängerbundesfest in Breslau 1907 stattfinden soll.

Noch ein Nachtrag zum Eupener Internationalen Gesangwettstreit.

In der Nr. 4 des „Sänger“ vom 26. Januar 1904 findet sich in dem Artikel „Ein Nachspiel zum Eupener Internationalen Gesangwettstreit“ unter meinen eingehenden Ausführungen eine mit „Die Redaktion“ unterzeichnete Erwiderung, welche von manchen Lesern als von der Redaktion des „Sänger“ ausgehend angesehen wurde. Die aus der besagten Erwiderung hervorleuchtenden vollständig laienhaften und irrigen Anschauungen, welche nur als ein gänzlich missglückter Versuch, die takt- und masslosen Ausfälle gegen meine Person in der Nummer vom 19. August des „Grenz-Echo“ (die bezüglichen Auslassungen im Korrespondenzblatt des Kreises Eupen waren ungleich zahmer) zum Teil in etwa zu beschönigen, zu bewerten sind, hätten allerdings männiglich die Ueberzeugung beibringen dürfen, dass dieselben nicht der redaktionellen Feder des „Sänger“ entstammen. In der Tat handelt es sich auch hier um einen kommentarlosen Abdruck aus dem „Grenz-Echo“, von deren Redaktion also der Erwiderungsversuch herrührt. Ich habe nicht die Zeit auf denselben hier näher einzugehen, halte das auch nicht für nötig, bin aber für die nächste Nummer ds. Bl. trotzdem gerne dazu bereit, falls aus den Leserkreisen bezügliche Wünsche zeitig an mich ergehen sollten. Nur eines möchte ich hier feststellen, nämlich, dass der geschätzte Vorsitzende des festgebenden Eupener Vereins selbst mir später den schriftlichen Beweis erbracht hat, dass der im übrigen leistungsfähige „Ketteniser Liederkranz“ sogar sehr unzufrieden mit dem Erfolg des Wettstreites für seinen Teil gewesen ist und nur dieser vollständig ungerechtfertigten Be-

st, die betreffenden Artikel ihre Entstehung ver-
Die Redaktion des „Sänger" gegen den Verdacht
erschaft des erwähnten Erwiderungsversuches zu
st der eigentliche Zweck dieser Zeilen.

hausen (Rhld.), 22. Febr. 1904.

C. Steinhauer.

t Pius X. und die Kirchenmusik.

wir schon kürzlich berichteten, strebt Papst Pius X.
uierung der Kirchenmusik an. Er hat nun einen
ffentlicht, welcher eine Vereinigung resp. Hebung
schen Kirchenmusik bezweckt. Gleich seinen Vor-
pst Benedikt XIV., Pius IX. und Leo XIII. ist
Gegner aller profanen Musik in der Kirche und
'atriarch von Venedig hat er dieser Stellungnahme
gegeben. Anlass dazu dürfte wohl ein Erlebnis
ben, von dem uns die „Wiener Allg. Zeitung"

alien besteht seit langem die Uebung, dass der
nn er aus der Sakristei zum Altar schreitet, mit
dium begrüsst wird. So geschah es auch an
dass Pius X., als Patriarch von Venedig, mit
n Begrüssung empfangen wurde. Kirchenorchester
spielten nämlich die Overture zu „I Pagliacci",
alloschen Oper zum Empfange des Kirchenfürsten.
elangte diese Ouvertüre nur das einemal in der
Aufführung; denn sie war die Veranlassung zur
sschliessung der profanen Musik aus der Kirche,
iessung, die der Patriarch von Venedig in seiner
se energisch durchführte. Im übrigen Italien hat
itte, Theatermusik in die Kirche zu verpflanzen,
utigen Tag erhalten. Die Ouverture zu „Traviata",
" usw. sind in den italienischen Kirchen die be-
lludien, mit denen der Priester auf seinem Wege
npfangen wird. Die Kirchenbesucher schenken
ietungen natürlich gerne Gehör und singen die
der „Traviata", die gewiss keine Beziehungen
loci haben, gelegentlich auch mit leiser Stimme
ar während der Messe werden plötzlich Pausen
Solist tritt an die Brüstung des Kirchenchores
it theatralischem Pathos eine Opernarie vor,
ein anderer Text unterlegt wurde; auch In-
uosen produzieren sich mit bravourösen Piecen
Pausen, die dem Gottesdienst aufgezwungen
en diese Auswüchse richtet sich der Erlass des
nan begreift daher, dass es sich eigentlich nur
Italien herrschenden Verhältnisse richtet, indem
uch banaler Ausdrucksweise in der Musik und
eben Zeremonien verbietet".

s giebt genaue Anweisungen, wie es zukünftig
onen und deren Aufführungen zu halten ist.
ossen sollen von der Kirche die sogenannten
n sein. Es soll nicht erlaubt sein, das „Tantum
Veise zu komponieren, dass die erste Strophe
manze, einer Cavatine, einem Andante, das
er aus einem Allegro besteht. Die Musik
ns in den Hauptpartien den Charakter des
alten. Damit solle nicht gesagt sein, dass
usgeschlossen sind, aber sie dürfen bei keiner
ktion vorherrschen, vielmehr nur das Andeuten
ernehmen. Die Sänger versehen in der Kirche
liturgisches Amt, und deshalb müssen die
einem solchen Amt nicht zugelassen werden
em Chor und den Musikkapellen der Kirche
bleiben. Wollen die Komponisten dennoch
imen der Soprane und Kontraalti verwenden,
se von Knaben gesungen werden, wie dies ja
Gegenden schon der Fall ist. Obgleich die
henmusik die rein vokale ist, so ist doch die
h die Orgel zugelassen. In Ausnahmefällen
dere Instrumente verwendet werden. Es muss
aber stets der Gesang vorherrschen und der Orgel sowie den anderen Instrumenten muss eine untergeordnete Rolle zugewiesen werden.

Hoffen wir, dass solche Zustände, wie sie in den Kirchen Italiens herrschen, allmählich schwinden, und die erstrebte Reformierung der Kirchenmusik bald als ein volles Werk betrachtet werden kann.

Vermischtes.

Der **Dresdner Mozartverein** brachte, wie die Allgemeine Musikzeitung mitteilt, in seiner zweiten Musikaufführung am 15. Dezember neben Werken von Rheinberger, Mozart, Gluck, Bach, Beethoven und Schubert auch den „Gesang auf den Tod Haydns" für 3 Stimmen mit grossem Orchester von Cherubini zur Aufführung. Das Werk wurde im Jahre 1805 komponiert, als eine falsche Nachricht den Tod Haydns meldete — Haydn starb erst am 31. Mai 1809 —, in Paris, Leipzig, Wien und Berlin, zuletzt 1826 in Strassburg aufgeführt, seitdem nicht wieder. Bülow nannte es das „Requiem aus Missverständnis". Es ist für einen Solosopran und zwei Solo-Tenöre geschrieben, die nach einem stimmungsvollen Orchestervorspiel teils a capella, teils in kanonischer Führung einen Hymnus an das Genie anstimmen. Gesungen wurde es von Frl. Hedwig Kaufmann und den Herren Heinrich Bruhns und Hans Nieter. Dirigent des Vereins ist gegenwärtig Herr Max von Haken. Der schwülstige Text des schönen und interessanten Werkes, das durch den Mozartverein der unverdienten Vergessenheit entrissen worden ist, lautet in deutscher Uebersetzung (nach dem Programm):

(Tenor I.) „Verehrer hoher Kunst! Nehmt teil an meinem Gram! Stimmt ein in meinen Schmerz mit frömmstem Klageton. Der Donau heil'ger Schwan, Appollons Lieblingssohn, in ewig neuem Ruhm durchschallt die Welt sein Name, — er starb! Sein letzter Hauch ist melodisch entflohn!"

(Tenor II.) „Unerweicht durch sein Lied? Wie? So feindselig trennte die Parze ihr Gespinst, hielt kein Schutzgott sie ab? O, Bestimmung der Menschheit! Genie, Verdienste, Talente, alles deckt und zerstört das umnachtende Grab!"

(Sopran.) „Nein, des Genius Glut, die ein Gott ihm gegeben, erlosch nicht in der Gruft, blieb höherem Zweck geweiht, ewig wird sie, sein Ruhm, sein Geist unsterblich leben!"

(Terzett.) Sänger der Schöpfung! Dein Geist voll Kraft und Feuer schwand hin, verhaucht im reinsten Sphärenton. Dies heil'ge Lied, noch später Nachwelt teuer, tönt nun im Chor an der Gottheit Thron. Dem Orpheus gleich, dem Liebling der Camönen, der Huld und Beifall vom Orkus erzwang, hörst du den Gruss reiner Geister ertönen, doch schweigend lauscht auf dein Lied ihr Gesang."

Aufführungen.

Asch in Böhmen. Gesangverein „Harmonia": Lorenz, „Franzel, der Taugenichts", Singspiel; Pache, „Stilles Gedenken": Köllner, „Schneeglöckchen"; Ernst Schmid, „Ich hab' ein fein' Schätzelein"; Häser, „Auf der Alm"; Nesmüller, „Die Zillertaler", Singspiel; Legov, „Der Afrikareisende", Singspiel für 8 Personen.

Benrath, Bz. Düsseldorf. „Rheinische Volksliedertafel": Pieper, „Der Jäger"; Schwartz, „Lebe wohl"; Othegraven, „Liebchen im Grabe"; Spangenberg, „Das Mühlrad"; Silcher, „Die Auserwählte"; Silcher, „Die 3 Röselein", vom Ende, „Alleweil"; Steinhauer, „Traumlied"; Sitt, „Aennchen lieb"; Silcher, „Oberschwäbisches Tanzliedchen"; Langer, „Verlorene Lieb"; Schwartz, „Die Königskinder"; Steinhauer, „Schabab"; Pommer, „Schneiders Höllenfahrt"; (Dem Andenken vom Ende's): „Ach, wie ist's möglich dann", „Sind wir geschieden", „Innsbruck, ich muss dich lassen".

Borbeck bei Essen. M.-G.-V. „Gregorius“: Mitkiewicz, „Kindes Sehnen“; Heuser, „Waldkönig“ (da capo); Schwartz, „Frühling“ Schwartz, „Seemanns Heimkehr“: May J., „Treuer Tod“; Zerlett, „Marientanz“ (da capo).

Offenbach am Main. „Sängerchor des Turnvereins“. 9. Dez. 1903: Vittoria Lud. (geb. 1540, gest. 1608), „Populo meus“; Thuille L., „Ein Stündlein wohl vor Tag“; Podbertsky, „Tief ist die Mühle verschneit“ (da capo); Stehle, „Der Untergang des Iltis“; Kremser, „Im Winter“; Krug A., „Beim Gewitter“; Parlow, „Landsknechtslied“.

Frankfurt am Main. 3. Volksunterhaltungsabend „Sängerchor des Turnvereins Offenbach“: Heim J., „Vineta“; Krug A., „Beim Gewitter“: Kremser, „Im Winter“; Podbertsky, „Tief ist die Mühle verschneit“; Stehle „Untergang des Iltis“; Thuille, „Ein Stündlein wohl vor Tag“: Jüngst, „Frühlings Einzug“.

Bezugsquellenregister.

Wir bemerken ergebenst, dass das bisherige **Musikverlags- und Sortiments-Geschäft** von **H. vom Ende** im Sinne des Verstorbenen in unveränderter Weise ausgebaut und weitergeführt wird.

Die Redaktion.

Drei Männerchöre,

komponiert von **Ferdinand Hummel.**

Als die Akkorde des Frankfurter Preissingens verklungen waren, hatte der Kaiser bekanntlich den Dirigenten ans Herz gelegt, volkstümlich zu schreiben, das instrumentale Gebahren bei der Komposition von Männerchören zu lassen und nach Tönen und Weisen zu suchen, die frisch und natürlich, ungezwungen und frei von Künstelei sein sollten und sich dem Ohre der Sänger und dem Herzen der Hörer schnell und leicht einprägen konnten. Als Muster solcher Kompositionen hatte der Kaiser bei Ferdinand Hummel 3 Chöre in Auftrag gegeben: „Kaiser Karl in der Johannisnacht“, gedichtet von Fr. Rohrer und in der poesiedurchglühten Vertonung Hegars allgemein bekannt und beliebt; „Teja“, gedichtet von Gehly, auch bereits in der stimmungsvollen Komposition Mathieu Neumanns bekannt und endlich „Rolands Horn“, gedichtet von F. A. Muth. Diese drei „im Allerhöchsten Auftrage Seiner Majestät Kaiser Wilhelms II. gearbeiteten“ Chöre sind nunmehr als op. 88, 89, 90 bei Ernst Eulenburg-Leipzig erschienen und eine eingehende Besprechung derselben dürfte für unsere Leser von grossem Interesse sein, um so mehr, als wir nunmehr „Muster“ oder „Schemata“ vorliegen haben, die deutlich den für Komponisten jetzt zu wandelnden Weg vorzeichnen. Es wird sich darum handeln, festzustellen, ob die Hummel'schen Chöre wirklich volkstümlich sind, ob sie in grösserem Masse als die Hegar'schen und Neumann'schen die instrumentale Struktur beiseite lassen und dafür den Charakter leichter Sangbarkeit wahren und endlich, ob sie den poetischen Gehalt der Dichtungen auch wirklich voll und ganz erschöpfen.

Bei der Betrachtung der Titel fällt uns sofort auf die Bezeichnung „mit Tenorsolo ad lib.“, „mit Baritonsolo und Horn ad lib.“, „mit Baritonsolo ad lib.“. Dieses „ad libitum“ hat einen so unangenehmen Klang; so etwas von „Arrangement für Zither mit Harmonika ad libitum“, so etwas Dilettantisches. Endweder **mit** Solo oder **nicht**, das wäre der richtige Standpunkt des Komponisten. Wir würden für das „nicht“ sein; denn diese Einflechtung von Solostimmen hat immer etwas Liedertafelmässiges im schlechten Sinne, der reine Satz leidet darunter; und dann: lag im Kaiser Karl für das schmachtende Tenorsolo wirklich eine zwingende Notwendigkeit vor? Wie ganz anders fasst Hegar diese Stelle an! Der markigen Melodie des ersten Basses schliesst sich der zweite, dann die Tenöre mit „Zieh hinaus“ an; das packt, das ist ein „jubelnder Klang“, wie ihn der Dichter gemeint hat: aber „sehr innig“, wie Hummel dieser Stelle vorgeschrieben hat, ist doch der „ewige Sang von Treu und Ehre“ keinesfalls; diese Auffassung ist ungermanisch und gewiss nicht im Sinne des deutschen Kaisers, dem solche sentimentale Schmachterei verhasst ist!

Und dann gar die Einführung eines Horns; das ist doch den Forderungen des Kaisers, volkstümlich und nicht instrumental zu schreiben, direkt ins Gesicht geschlagen! Den reinen, vierstimmigen Satz unterbricht plötzlich ein Hornsolo, und der Chor singt: „Horch, der Tuba helle Töne“! Die Tuba der Römer war eine grade Trompete mit hellem aber tieferem Klang, als unsere heutige, die aber mit dem verschleierten Klang eines Horns nicht die mindeste Verwandtschaft hat. Also: wenn schon: dann musste der Komponist mindestens eine Trompetenfanfare nehmen! Jedenfalls gehören in einen volkstümlichen Männerchor keine Orchesterinstrumente, selbst wenn sie nur ad libitum angewendet werden sollen. Aber derartige instrumentale Effekte finden sich bei Hummel in grosser Anzahl. Teja schliesst mit der leeren Quinte c-g in den zweiten Bässen „wie Geisterchor verklingend“. Dieser Abschluss ist direkt orchestral gedacht: Celli, Bässe und Fagotte würden die beabsichtigte Stimmung ganz gut wiedergeben, wenngleich der Schluss matt bleibt. Aber die geteilten zweiten Bässe nicht; mit der menschlichen Stimme lassen sich solche Orchestereffekte nicht erzielen — und so häufig sind die tiefen c's in unseren Männergesangvereinen nicht. Die Chöre aber müssen allen mittelgrossen Vereinen auch in gesangstechnischer Hinsicht zugänglich sein, sonst haben sie ihren volkstümlichen Beruf verfehlt und sind nur Virtuosenstücke für erste Vereine. Im Teja auf Seite 6 findet sich folgende Stelle: Einer Reihe von chromatisch aufsteigenden verminderten Septimenakkorden, in der die zweiten Bässe fortwährend sprungweise alterierte Intervalle wie f-ces-f, oder fis-c-fis, g-des-g, ergreifen müssen, folgt das „Weh“ auf dem Akkord fis-a-c-es (genau wie in Neumanns Komposition, nur dass Neumann den Tenören nicht das hohe c gibt, wie Hummel, sondern a) und nun in sämtlichen Stimmen auf „ein“ die Triole eis, fis, gis. Das ist direkt eine Geigenpassage, aber wer soll das **rein** singen? Die folgende Stelle „Teja stürzt“ cis-eis-fis lautet genau wie bei Neumann, aber bei diesem geschickt auf die vier nacheinander einsetzenden Stimmen verteilt und von einem nochmaligen „Weh“ beschlossen. Die grössere Wirkung, die bessere Anschaulichkeit und die leichtere Sangbarkeit ist entschieden auf Seiten Neumanns.

Genau dasselbe müssen wir von „Kaiser Karl“ sagen. Hegar hat es mehr ausgesponnen; wie schildert er z. B. den Elfenspuk entzückend. Aber trotz der grösseren Anlage ist bei Hegar der einheitliche Charakter vielmehr gewahrt: der Sechsachteltakt weicht dem 3/4, der sich zum majestätischen 4/4 auswuchtet, der Schluss ist wieder in dem ruhigen 6/8-Rhythmus des Anfangs gehalten. Nicht so bei Hummel. Nach den ersten 4 Takten bereits weicht der 4/4-Takt dem 6/8; diesem folgen nach 12 Takten wieder 2 Takte 3/4, dann wieder 2 Takte 6/8, dann 10 Takte 4/4, 4 Takte 6/8, 4 Takte 3/4, 4 Takte 12/8, 16 Takte 4/4, 8 Takte 6/8 und endlich die 12 Schlusstakte 4/4. Wir haben also bei Hummel in 78 Takten einen 10maligen Taktwechsel, einen unruhigen, ewigen, zuckenden und sich ändernden Rhythmus; bei Hegar haben wir in 218 Takten nur 6maligen Wechsel des Rhythmus. Also während bei Hegar die rhythmische Periode durchschnittlich 36 Takte hat, zählt dieselbe bei Hummel nur 7—8! Wo bleibt da das rhythmische Rückgrat? Eine gleiche Unruhe findet sich in der Harmonisierung. Hegar beginnt in F und schliesst in F und unterbricht dieses F-dur durch ausdrückliche Vorzeichnung an drei Stellen, wo er nach Des, nach B und nach H geht; ausserdem bleibt er auch der Haupttonart trotz der kühnsten Ausweichungen, trotz der durchgehenden Akkorde usw. treu. Die ersten 80 Takte sind tatsächlich F-dur, ebenso die Episoden mit anderen Vorzeichnungen, abgesehen von den Modulationsgruppen, die oft breiter ausgesponnen sind.

Hummel aber ändert 7 mal in 78 Takten die Vorzeichnung und zwar so, dass wir uns trotz der Vorzeichnung oft in ganz fremden Tonarten befinden. Er beginnt in As-dur, aber bereits im 9. Takt befinden wir uns in C-dur, im 13. trotz der 4 b in E-dur und dieses E-dur bleibt selbst als die 4 b aufgelöst sind, und C-dur-Vorzeichnung vorliegt. Dann folgen As, C, Des (bei Hegar dieselbe Stelle „Wie schimmert die Krone“) 2 Takte F, dann 2 Takte A, dann As bis zum Schluss (wenigstens der Vorzeichnung nach). Wollte man hier nach Volkstümlichkeit suchen, so würde man eher bei Hegar davon reden können, denn dieses ewige Modulieren bei Hummel erschwert die Aufgabe der Sänger bis ins Ungeheure. Auch ungesangliche Stellen wie die fortwährenden Sprünge des zweiten Basses (Seite 4, Zeile 3 im Teja) in die None und Septime sind vom Übel. Solche Stellen kann kein Mensch akkurat singen, höchstens Leute wie Messchaerdt. Fassen wir zum Schluss die Summe unserer Betrachtungen zusammen, so müssen wir sagen, dass die Absicht des Kaisers, die Männerchorkomposition auf einfachere, volkstümlichere Pfade zu leiten, als Hegar, Neumann, Curti usw. sie einschlugen, in den vorliegenden 3 Chören nicht erreicht worden ist. Sie sind nicht melodisch, harmonisch und rhythmisch zu verzwickt, um volkstümlich zu sein und endlich zu ungesanglich. Hummel sollte einmal ein paar Jahre Männergesangvereine dirigieren — sein Stil würde dann ein ganz andrer werden. Haben doch seine Kammermusikwerke, seine Märchendichtungen usw. bisher noch immer den Geschmack verwöhnter Kenner getroffen. Hummel hat der Musikliteratur entzückende Instrumentalsachen geschenkt — dass er sich auf das ihm fremde Gebiet des Männergesangs verstieg, war ein grosser Fehler. Eigentum des deutschen Männergesanges werden seine 3 Chöre nie werden!

Prof. W. Fuchs.

Der heutigen Auflage liegt ein Prospekt der Firma Max Hesse, Leipzig bei, welchen wir der Beachtung unserer gesch. Leser bestens empfohlen.

Wegweiser durch die Chorgesangliteratur

Ratgeber für Gesangvereine und Dirigenten.

Redaktion: Hans Kessler. H. vom Ende's Verlag, Köln a. Rh., Ecke Bismarck- und Kamekestrasse.

nebst Beiblatt:

Der Sänger.

Offizielles Organ des Westdeutschen Sängerverbandes, Mosel-, Saar-, Nahe-Sängerbundes, des Mittelrheinischen, Rheinhessischen, Speyergau u. Oberwesterwäld.-Sängerbundes.

Erscheint monatlich einmal. Bezugspreis für 1 Expl. 20 Pfg. Jahresabonnement Mk. 1.50 und 40 Pfg. Porto. Inserate kosten pro 4 mal gespaltene Petitzeile 20 Pfg.

Expedition: H. vom Ende's Musikalien-Versandgeschäft.

Nr. 6. | Köln a. Rhein, den 26. März 1904. | V. Jahrg.

Inhalt:

Da noch sehr viele unserer geschätzten Abonnenten mit dem Abonnementsbetrage pro 1904 rückständig sind, so gestatten wir uns nochmals ergebenst um Einsendung desselben zu bitten. Eventuell werden die Beträge der Einfachheit halber am 1. Mai per Nachnahme erhoben. Musikalische Beiträge und Vereinsberichte sind stets willkommen und erbitten wir solche bis spätestens zum 19. jeden Monats. Die Redaktion.

Zur Tantièmefrage.

Wir kommen heute nochmals auf diese wichtige Frage, welche in allen musik. Vereinen Anlass zu ernsten Bedenken gibt, zurück und wollen es nicht unterlassen die rechtlichen Verhältnisse von „Aufführungsfrei“ und „Tantièmepflichtig“ möglichst kurz und übersichtlich zu erörtern. Jeder Vereins-Vorstand und Veranstalter musikalischer Aufführungen wird an Hand der folgenden Darlegungen in der Lage sein, zu beurteilen, ob er den Forderungen der „Anstalt für musikalisches Aufführungsrecht“ nachgeben muss oder ob er ohne die Genossenschaft und ohne die Zahlung von Tantièmen auskommen kann.

Die Forderung einer Tantième gründet sich auf das Urheberrecht, das seit 1870 bestehend, durch das Gesetz vom 19. Juni 1901 neu geregelt wurde; mit dem 1. Januar 1902 trat das neue Gesetz in Kraft. Unter „Urheberrecht“ versteht das Gesetz das Recht des Verfassers eines Werkes der Literatur oder Tonkunst, das Werk zu vervielfältigen, gewerbsmässig zu verbreiten, öffentlich aufzuführen, öffentlich inhaltlich mitzuteilen, öffentlich vorzutragen (§. 11 d. G.); hieraus ergibt sich, dass das Recht der öffentlichen Aufführung kurz: das Aufführungsrecht ein Teil des Urheberrechtes ist. §. 8 d. G. sagt: Das Urheberrecht gehört zu den vererblichen und veräusserlichen Rechten, es kann beschränkt oder unbeschränkt, ganz oder teilweise auf andere übertragen werden. Demnach kann der Komponist sein Urheberrecht an einer Komposition verkaufen und in diesem Falle alle seine Rechte an den Käufer übertragen; er kann auch einzelne Teile des Urheberrechtes — z. B. das Aufführungsrecht — von dem Kauf ausschliessen und die Verfügung darüber für sich behalten oder dieselbe an eine dritte Person abtreten; letzteres geschieht häufiger bei Opern; im sonstigen Musikhandel und Verlagsgeschäft ist es — mit verschwindenden Ausnahmen — üblich, dass der Komponist alle seine Rechte an den Verleger gegen ein Fixum verkauft. Mit dem Verkauf seines Urheberrechtes steht der Komponist seinem Werk vollständig fremd gegenüber, derart, dass er selbst, wenn er seine Komposition öffentlich aufführen will, hierzu der Genehmigung seines Rechtsnachfolgers bedarf. Das Aufführungsrecht steht dem Komponisten oder seinem Rechtsnachfolger ausschliesslich zu, d. h.: zur Aufführung einer Komposition bedarf es der Genehmigung des Komponisten oder seines Rechtsnachfolgers. Hiervon gibt es nach dem Gesetz vom 11. Juni 1901 mehrere Ausnahmen.

I. Die Einwilligung des Berechtigten für musikalische Aufführungen ist nicht erforderlich:

1. wenn die Aufführungen nicht öffentlich sind, z. B. in der Familie, in geschlossener Gesellschaft usw. (§. 11 Abs. 2);
2. wenn sie öffentlich sind, aber keinen gewerblichen Zwecken dienen und die Hörer ohne Entgelt zugelassen werden, vor allem die üblichen Veranstaltungen in Kirche, Schule, Armee und Marine (§. 27 Satz 1);
3. wenn solche nicht gewerblichen Zwecken dienenden Aufführungen
   a) bei Volksfesten (mit Ausnahme der Musikfeste) stattfinden;
   b) zu wohltätigen Zwecken stattfinden, sofern der Ertrag ausschliesslich für den wohltätigen Zweck bestimmt ist und die Mitwirkenden keine Vergütung für ihre Tätigkeit erhalten;
   c) von Vereinen veranstaltet werden, und nur Mitglieder und die zu ihrem Hausstand gehörigen Personen als Hörer zugelassen werden (§. 27).

Das unter 2 und 3 Gesagte gilt aber nicht für bühnenmässige Aufführungen eines musikalischen Werkes, zu dem ein Text gehört. (Zu bühnenmässigen Aufführungen gehören nicht Pantomimen mit musikalischer Begleitung. Vgl. Kommissionsbericht S. 60.) (§. 27 letzter Abs.)

II. Aufführungsfrei für öffentliche Musikaufführungen wie in Konzerten, auf Musikfesten, Sängerfesten, Tanzvergnügungen usw. sind:

1. Sämtliche bis 31. Dezember 1901 erschienenen musikalischen Werke, die den Vermerk; „Aufführungsrecht vorbehalten“ nicht tragen;

2. sämtliche bis 31. Dezember 1901 erschienenen musikalischen Werke, trotz nachträglich angebrachten Aufführungsvorbehaltes, sofern nicht bei der Aufführung *Noten benutzt werden*, die mit dem Vorbehalt versehen sind (§. 61 Abs. 1); *) siehe Anmerk. hierunter;
3. sämtliche mit dem Aufführungsvorbehalt versehenen musikalischen Werke, deren Verleger erklären, dass sie allein berechtigt sind, über das Aufführungsrecht zu verfügen, aber, unter Vorbehalt des Widerrufes, nicht beabsichtigen, Tantièmen zu erheben, sofern das benötigte euen Notenmaterial käuflich erworben wird;
4. sämtliche musikalischen Werke, die einen die Steuerfreiheit des Werkes bezeichnenden Vermerk tragen, wie aufführungsfrei, tantièmefrei, steuerfrei usw.;
5. sämtliche seit dem 1. Januar 1902 erschienenen musikalischen Werke, die zwar nach dem neuen Urheberrechtsgesetz den Aufführungsvorbehalt nicht zu tragen brauchen, aber trotzdem vor unbefugter Aufführung geschützt sind, wenn ihre Verleger erklären, dass sie das Aufführungsrecht besitzen, jedoch von einer Besteuerung absehen und nur zur Bedingung machen, dass das benötigte neue Notenmaterial käuflich erworben wird;
6. sämtliche sogen. freigewordenen musikalischen Werke d. h. Werke, deren Urheber bereits 30 Jahre tot sind (z. B. Bach, Händel, Gluck, Haydn, Mozart, Beethoven, Schubert, Weber, Chopin, Mendelssohn, Schumann; Adam, Auber, Bellini, Berlioz, Boieldieu, Donizetti, Herold, Kreutzer, Lortzing, Marschner, Mehul, Meyerbeer, Nicolai, Rossini, Spohr, Löwe, Baumgartner, Dürrner, Esser, Fesca, Hauptmann, Kalliwoda, Kinkel, Silcher, Tschirch, Carl Zöllner, Lanner, Joh. Strauss Vater, Josef Strauss usw.) und solche *nachgelassenen* Werke, seit deren Veröffentlichung 10 Jahre abgelaufen sind (§. 29);
7. sämtliche musikalischen Werke, die in Deutschland keinen Urheberrechtsschutz geniessen, weil sie erstmalig in einem Lande erschienen sind, das der Berner Uebereinkunft nicht angehört oder weil ein Literarvertrag mit dem betr. Land nicht besteht bezw. zur Zeit des Erscheinens nicht bestand, z. B. einzelne Werke von Rubinstein (Melodie, Trot de Cavalerie) zahlreiche Werke von Tschaikowsky, Ivanovici, Rosas, Sousa usw.

Aus vorstehendem ist ersichtlich, in welcher Weise das Gesetz heute das Aufführungsrecht für den Komponisten und seinen Rechtsnachfolger wahrt, und unter welchen Bedingungen es eine tantièmefreie Aufführung gestattet.

Vor dem 1. Januar 1902 waren die Urheberrechte (durch Gesetz vom Jahre 1870) ungefähr in gleicher Weise geschützt; (der unter II 2. Anmerkung angegebene Passus ist die wesentlichste Aenderung in den neuen Bestimmungen); das Aufführungsrecht wurde bis zur genannten Zeit von den Verlegern — die (ausser bei Opern) in 99 von 100 Fällen die Berechtigten für die Aufführungen sind — derart gehandhabt, dass mit der Erwerbung des nötigen Notenmaterials der öffentliche Vortrag gestattet war.

Dank der Genossenschaft deutscher Tonsetzer und der von ihr ins Leben gerufenen „Anstalt für musikalisches Aufführungsrecht" soll sich dieser, für Komponisten und Verleger befriedigende und für die Vereine vorteilhafte Brauch, ändern. Eine Anzahl von Werken unserer beliebtesten Komponisten die der Genossenschaft angehören oder deren Rechtsnachfolger der „Anstalt für musikalisches Aufführungsrecht" beigetreten sind, dürfen heute steuerfrei nicht mehr zum Vortrag gebracht werden; auf jede Weise sollen die Musik- und Gesangvereine gezwungen werden, der Genossenschaft einen Tribut zu zahlen, der, mag er hoch oder niedrig sein, dadurch empfindlich wirkt, dass er mit allen Mitteln aufgezwungen wird. Die Gen. d. T. hat es fertig gebracht, mit ihren Tantième-Ansprüchen alle Beteiligten, selbst diejenigen, die einen bedeutenden Nutzen aus der Einführung der Aufführungssteuer haben könnten, die Verleger, derart vor den Kopf zu stossen, dass sie nirgendwo mehr Sympathien für ihre Bestrebungen findet, sondern einen Kampf nach allen Seiten kämpfen muss.

An und für sich lässt sich ja gegen eine Besteuerung nichts einwenden, denn sie ist gesetzlich zulässig und die aus den Tantièmen erzielten Summen sollen den Fonds für Witwen-, Waisen- und Unterstützungskassen zufliessen; aber wenn man derartige einschneidende Neuerungen treffen will, hat man Rücksichten zu nehmen und mit den massgeben Faktoren zu rechnen, und der Faktoren sind in diesem Falle viele und gewichtige.

Die Entwickelung der ganzen Angelegenheit ist kurz folgende: Nachdem die Gen. d. T. sich die deutschen Komponisten — nicht insgesamt, aber zum grössten Teil — bezgl. des Aufführungsrechtes durch Unterschrift unter einen Vertrag, der, — was seine Strafbestimmungen und Strafhöhen anbetrifft, in drakonischer Strenge nichts zu wünschen übrig lässt, — verpflichtet hatte, trat sie an die deutschen Musikalien-Verleger heran, um diese für ihre Interessen zu gewinnen. Wenn man in Betracht zieht, dass die Verleger Inhaber der Aufführungsrechte fast aller Werke sind, dass sie als solche also allein die Berechtigung haben, Tantièmen zu fordern, dass die Genossenschaft dagegen als juristische Person für ihre Mitglieder gar keine Rechte besitzt, so dürfte man doch annehmen, dass bei einem Zusammengehen dieser beiden Faktoren die Ansprüche der Verleger in erster Linie berücksichtigt werden mussten; dem war aber nicht so. Der Vorstand der Genossenschaft hatte für seine Anstalt für musikalische Aufführungsrecht eine Grundordnung klipp und klar ausgearbeitet; auf diese Grundordnung waren die Komponisten verpflichtet worden und auf diese Grundordnung sollten sich die Verleger festlegen; wie bereits bemerkt, wimmelte es in diesen „fundamentalen Einrichtungen der Anstalt" von Strafen und die Verleger, die mit den Rechten kamen, aus welchen die Genossenschaft Geld schlagen wollte, weigerten sich natürlich darauf einzugehen. Es würde zu weit führen und es ist auch nicht der Zweck dieser Zeilen, alle Einzelheiten zu bringen; nur soviel sei gesagt, dass die Verleger sich bereit erklärten, auf ihren Gesamtanteil **nur 25 Prozent** der eingehenden Tantièmen zu beanspruchen und **75 Prozent** der Genossenschaft zukommen zu lassen, wenn folgende 4 Punkte des Vertrages geändert würden:

1. Abschaffung sämtlicher Vertragsstrafen;
2. Rückgabe aller Rechte bei Austritt des Verlegers;
3. Wegfall der §. 40 Abschn. 6 der Grundordnung: Die Bezugsberechtigten sind verpflichtet, für alle Rechtsstreitigkeiten aufgrund ihres Verhältnisses mit der Anstalt den Gerichtsstand des Amtsgerichts I oder des Landgerichts I Berlin anzuerkennen;
4. Aufnahme des vertragsschliessenden Verlegers als stimmberechtigtes Mitglied in die Anstalt und Forderung einer jährlichen Generalversammlung.

Diese Aenderungen wurden von der Gen. d. T. durch Schreiben vom 15. Februar 1909 rundweg abgeschlagen und damit alle Verhandlungen abgebrochen.

Einige Verlagsfirmen, die sich bereits vorher der Genossenschaft angeschlossen hatten, waren durch Vertrag verpflichtet, derselben ihre Verlagswerke zur Verfügung zu stellen; die erdrückende Mehrheit jedoch — 88 Firmen — unterzeichneten eine Erklärung, „wodurch sie sich mit der Konstituierung der „Anstalt für musikalisches Aufführungsrecht" ganz und gar nicht einverstanden erklärten, derselben alle Rechte über ihre Verlagsrechte verweigerten und die tantièmefreie Aufführung ihrer Verlagswerke dem Vereine bewilligten, die mit der Anstalt keine Verträge abschliessen."

*) Anmerkung zu II 2 ist zu bemerken: Das neue Gesetz vom 19. Juni 1901 gestattet es dem Berechtigten, ein Werk der Tonkunst, das *vor* dem 1. Januar 1902 *ohne* den Aufdruck des Vorbehaltes des Aufführungsrechtes erschienen ist, mit diesem Aufdruck *nachträglich* noch zu versehen und sich dadurch das Aufführungsrecht für die Zukunft noch zu sichern. Man hat diese Berechtigung *häufig irrtümlich als eine rückwirkende Kraft des Gesetzes* bezeichnet; *dem ist aber nicht so*; dieses Recht erstreckt sich nur auf Noten, die noch nicht in Vereins- oder Privatbesitz übergegangen sind, also: wenn ein Verein in seiner Bibliothek Noten hat, die den Vermerk „Aufführungsrecht vorbehalten" nicht tragen, so kann er tantièmefrei daraus singen oder musizieren, wenn auch das betreffende Werk nachträglich noch geschützt sein sollte

Inzwischen hatte die Genossenschaft — am 1. Okt. 1903 — ein Tonsetzerverzeichnis an die Vereine zum Versand gebracht, dem am 1. Januar 1904 eine zweite Broschüre desselben Inhalts folgte; diese beiden Verzeichnisse enthalten ca. 2000 Namen von Komponisten und tragen auf der Titelseite den Vermerk: Der Anstalt für musikalisches Aufführungsrecht ist vertragsmässig (durch die Urheber oder durch ihre Erben oder durch Musikverleger als ihre Rechtsnachfolger) das Aufführungsrecht an Werken der hier verzeichneten Tonsetzer übertragen oder angemeldet worden.

Diese beiden Verzeichnisse sind das Kühnste, was wohl jemals im geschäftlichen Betrieb auf den Markt gekommen ist, um einer kleinen Sache einen grossen Anstrich zu geben; eine unwahre Behauptung enthalten die Verzeichnisse und der Vermerk nicht, denn die Genossenschaft besitzt das Aufführungsrecht von einem oder einigen der Werke der aufgeführten Tonsetzer und in dem Vermerk heisst es wohlweislich: an Werken und nicht an „den" Werken; warum sagt die Genossenschaft nun nicht korrekt: „an einigen wenigen Werken", wie es tatsächlich der Fall ist, denn die Verfügung über das Aufführungsrecht der meisten Kompositionen besitzen die Verleger, welche der Gen. d. T. nicht beigetreten sind.*)

Wenn das Tonsetzerverzeichnis, das mit der Fülle seines Materials an Namen wirklich imponieren kann — schon verblüffte, so konnten die Rundschreiben und Fragebogen, durch welche die Vereinsvorstände und Dirigenten über die Interna ihrer Vereine ausgeforscht wurden, einen gelinden Schrecken einjagen; die preussischste Steuerbehörde kann nicht schneidiger vorgehen. Natürlich fiel es keinem Menschen ein, die indiskreten Fragen der Genossenschaft zu beachten, die Fragebogen flogen als Makulatur in den Papierkorb, und die Vereine konzertierten weiter. Aber die Geschäftsführer der deutschen Tonsetzer sind wachsam; wehe, wenn einem Verein das Unglück passiert, dass er einen Chor singt, an dem die Genossenschaft ein Recht hat oder dass in einer öffentlichen Aufführung von Solisten Gesang- der Instrumental-Soli zum Vortrag gebracht werden, über welche die Genossenschaft die schützende Hand hält! Da kommt ein „liebenswürdiger Brief" mit ungefähr folgendem Inhalt: „Besagter Chor, besagtes Lied etc. ist steuerpflichtig; wenn du (Verein) dich jetzt nicht bereit erklärst, der „Anstalt für musikalisches Aufführungsrecht" beizutreten, dann machen wir dir den Prozess; ihr Vereine entgeht uns nicht, wir lassen euch überwachen und kontrollieren eure Programme". Man könnte dies alles für Scherz halten, aber es ist bitterer Ernst; die Genossenschaft scheut sich nicht in Rundschreiben zu sagen, „Wir lassen ihren Verein überwachen", wir zwingen euch, auf die eine oder die andere Weise uns tributpflichtig zu werden.**)

Das ist das Vorgehen einer Anstalt, die Vertrauen heischen will und die für soziale und ideale Zwecke einen Fonds zu gründen gedenkt; anstatt klar und bündig mit einem Katalog herauszutreten, der die steuerpflichtigen Werke enthält, bringt man ein nichtssagendes irreführendes Namensverzeichnis; anstatt bei einer Unternehmung von so einschneidender Bedeutung, wie es die Besteuerung des Konzertwesens ist, die Vereine zur Mitarbeit aufzufordern und Vorschläge entgegenzunehmen, oktroiert man denselben die Bedingungen, versucht sie über Sachen auszufragen, welche keinen Dritten etwas angehen und setzt ihnen — wenn alles nicht hilft — Spitzel auf die Fersen. Die vollste Würdigung der Bestrebungen, welche mit Gründung der Genossenschaft bezweckt wurden, kann es nicht verschmerzen lassen, wie ungeschickt und geradezu beleidigend die ganze Agitation inszeniert worden ist.

Bei einem derartigen rigorosen Vorgehen ist es nicht zu verwundern, dass Proteste von allen Seiten gegen die musikalische Steuerbehörde erhoben wurden; zuerst waren es, wie wir bereits erwähnten, die Verleger, die Einspruch erhoben, obschon sie doch eigentlich mit ihrer Tasche bei der Sache interessiert sind und eine Mehreinnahme gerne mitnehmen würden. Dann gaben die bedeutendsten Konzertinstitute Deutschlands folgende Erklärung zu Papier:

Wir erklären hiermit, dass wir über Erlangung des Aufführungsrechtes eines musikalischen Werkes im Sinne des Gesetzes vom 19. Juli 1901 wie bisher mit dem Tonsetzer selbst, seinen rechtmässigen Erben oder seinem Verleger, nicht aber mit der Genossenschaft deutscher Tonsetzer verhandeln werden, solange diese nur auf der Basis der uns unterbreiteten Vertragsbedingungen das Aufführungsrecht der von ihr vertretenen Komponisten und Verleger überlässt. Sollte das Aufführungsrecht hiernach vom Tonsetzer nicht zu erwirken sein, so werden wir genötigt werden, vorläufig auf die Aufführung solcher Werke zu verzichten.

Das Komitee der Königlichen Orchester-Witwenkasse in Berlin.
Die General-Direktion der Königlichen Sächsischen musikalischen Kapelle in Dresden.
Die musikalische Akademie (Königl. Hofkapelle) in München.
Konzertdirektion Hermann Wolff in Berlin.
Konzertgesellschaft (Gürzenich-Konzerte) in Cöln.
Die Gewandhaus-Konzertdirektion in Leipzig.
Die Direktion der Kaim-Konzerte (Hofrat Dr. F. Kaim) in München

und 150 weitere erstklassige Konzertinstitute Deutschlands; es fehlen hierbei nur die Konzertdirektionen, an deren Spitze ein musikalischer Leiter steht, der persönlich (als Tonsetzer) mit der Anstalt f. m. A. liiert ist.

Der Deutsche Sängerbund, der Fränkische Sängerbund, der Badische Sängerbund, der Steyrische Sängerbund u. v. a. erklären: Wir wollen mit der Genossenschaft nichts zu tun haben und singen nur tantièmefreie Chöre; jedenfalls sind die Verhältnisse bei derGenossenschaft so unklar, dass von einem Vertrag mit derselben nur dringend abgeraten werden kann.

Das „Präsidium des Allgemeinen deutschen Musikerverbandes gibt seinen Mitgliedern unterm 2. Januar 1904 folgende Direktiven:

1. Irgend welche Verpflichtung zur Zahlung einer Tantième nicht einzugehen;
2. Nichts zu kaufen und Nichts zu spielen, was nicht den Vermerk „Aufführungsfrei" trägt; ähnlich erklärten sich: der „Deutsche Musikdirektoren-Verband" und der „Zentralverband der Zivil-Musiker."

Aus den Reihen der Tonsetzer selbst wird protestiert sowohl gegen die Besteuerung an sich, als auch gegen die Abfassung der Tonsetzerverzeichnisse; wir erwähnen die Proteste von Prof. Hans Sitt, Prof. S. de Lange, Prof. Dr. Carl Reinicke, Theodor Podbertsky, Fr. T. Cursch-Bühren, Franz Mayerhoff u. a. m.

Die Frage, wie die einzelnen Vereine sich zu der Genossenschaft stellen, wird nicht von der mehr oder weniger grossen Sympathie abhängig sein, die man den Bestrebungen der Genossenschaft entgegenbringt; folgende praktische Fragen müssen massgebend sein: liegen für uns zwingende Gründe vor, das pekuniäre Opfer der Besteuerung unserer Kasse aufzuladen? Welche Rechte erwerben wir uns durch die Zahlung einer jährliche Pauschalsumme? und wie stellen wir uns, wenn wir mit der Genossenschaft nicht paktieren. Die Antworten auf diese Fragen sind kurz folgende: Durch einen Abschluss mit der Genossenschaft erwirbt sich der Verein das Aufführungsrecht an Werken der in dem Tonsetzerverzeichnis angegebenen Komponisten. An welchen Werken ist an keiner massgebenden Stelle zu erfahren; ungefähr 25 % der Verleger haben sich der Genossenschaft angeschlossen und mithin kann man sagen: 25 % von Werken der Tonsetzer,

*) (Damit unsere Leser sich einen Begriff davon machen können, wie geringer Wert diesen Tonsetzerverzeichnissen beizumessen ist, werden wir in dem in Kürze erscheinenden Verzeichnis tantièmefreier Chorwerke die Komponisten Namen mit * versehen, die zugleich auch als „steuerpflichtig" in der Genossenschaft aufgeführt werden.)

**) Anmerkung. Nach dem Gesetze ist derjenige verpflichtet, die Aufführungssteuer zu zahlen, unter dessen Namen die musikalische Veranstaltung stattfindet. Wenn daher in einem Vereinskonzert ein Solist oder eine Kapelle tantièmepflichtige Werke spielt, so macht die Gen. d. T. nur den Verein dafür haftbar. Bei Aufführungen mögen sich daher die Vereine vorsehen und den solistisch Mitwirkenden vorschreiben: entweder ihr singt oder spielt nur aufführungsfreie Werke oder ihr erklärt uns ausdrücklich; wir haben durch Zahlung einer Pauschalsumme an die Gen. d. T. das Recht erworben, alle dieser Anstalt gehörigen Lieder und Pièces vorzutragen.

die in dem Verzeichnis angeführt sind, darf ich als Kontrahent der Genossenschaft aufführen, aber leider weiss ich nicht, welche Werke das sind. Für den Rest von 75 % stehen allein den Verlegern, die der Genossenschaft nicht angehören alle Rechte zu; diese Verleger erklären nun: „Wir stellen unsere ganzen Werke aufführungsfrei den Vereinen zur Verfügung, die mit der Anstalt keine Verträge abschliessen." Also nur den Vereinen, welche keine Verträge mit der Genossenschaft abschliessen; bei den Anhängern der Besteuerung behalten sich die Verleger das Recht vor, auch Tantième zu fordern; ob sie diesen Vorbehalt durchführen, wird jedenfalls von der weiteren Entwicklung der ganzen Tantièmefrage abhängen.

Als Anhänger der Genossenschaft hat der Verein also die Aussicht, event. nach zwei Seiten hin Tantièmen zahlen zu müssen, während ihm sonst 70—80 % der ganzen Musikliteratur tantièmefrei zur Verfügung steht. Unter diesen Umständen wird wohl die Entscheidung der Frage nicht schwer fallen. Die Kenntnisnahme des „Verzeichnisses tantièmefreier Chorwerke" wird jeden Interessenten davon überzeugen, dass der Konzertsaal auf die von der Genossenschaft geschützten Werke nicht angewiesen ist, sondern dass man ruhig die tantièmepflichtigen Stücke eine Zeit lang von den Programmen fortlassen kann, bis die Verhältnisse sich geklärt haben und bis die Genossenschaft d. T. durch die allseitige Opposition gezwungen, sich herbeilässt, von den „fundamentalen Einrichtungen" etwas abzugeben. Dies wird sie tun müssen, wenn sie ihre humanitären Zwecke erreichen und wenn sie ihre Mitglieder vor grossem Schaden bewahren will; die Leistungen einer Abgabe für Aufführungen, zumal wenn die Eingänge der Allgemeinheit der Tonsetzer zugute kommen sollen, ist keine ungerechtfertigte Forderung und kein Verein wird seinen Obolus verweigern, wenn er in der richtigen Form eingeholt wird; dazu müssen aber, wie oben gesagt, alle Faktoren mitwirken und die Rechte eines jeden Beteiligten gewahrt werden; nicht das starre Gesetz darf dafür Richtschnur sein, sondern das Gefühl: wir opfern das Scherflein der Kunst und zum besten derjenigen, die uns mit ihren Schöpfungen erfreuten.

Erklärungen für das „Verzeichnis tantièmefreier Chorwerke".

Das Verzeichnis enthält die Chorverlags-Werke derjenigen Firmen, welche der „Anstalt für musikalisches Aufführungsrecht der „Genossenschaft deutscher Tonsetzer" nicht beigetreten sind; die Berechtigten für die Aufführung der darin benannten Chöre sind nur die Verleger.

Es ist selbstverständlich, dass die Beteiligten nur wertvolle und gangbare Werke aufnehmen lassen; Inventurstücke der sogenannten „Totenkammern" finden keinen Platz im Katalog.

Freie Werke, d. h. solche, bei denen die dreissigjährige Schutzfrist abgelaufen ist, die daher unter allen Umständen aufführungsfrei sind, werden nicht aufgeführt; zur genauen Orientierung jedoch haben wir die Namen der Komponisten, die hierbei in Betracht kommen, in der alphabetischen Reihenfolge des Kataloges genannt, und mit dem Vermerk versehen: Schutzfrist abgelaufen; alle Kompositionen sind frei.

Volkslieder sind gleichfalls nicht genannt. (Moderne Volkslieder-Bearbeitungen finden sich unter dem Namen der betreffenden Bearbeiter.)

Zur besseren Übersicht nehmen wir folgende systematische Einteilung vor:

a) Männerchöre ohne Begleitung (ein- und mehrstimmig) mit Vokal- od. Instrumentalsolo ad libitum;
b) Männerchöre mit Instrumental-Begleitung und Solo;
c) gemischte Chöre ohne Begleitung (ein- und mehrstimmig), Vokal- oder Instrumentalsolo ad libitum;
d) gemischte Chöre mit Instrumental-Begleitung und Solo.
e) Frauenchöre ohne Begleitung (ein- und mehrstimmig) mit Vokal- oder Instrumentalsolo ad libitum;
f) Frauenchöre mit Instrumental-Begleitung und Solo.

In jeder dieser Abteilungen sind die Namen der Komponisten alphabetisch geordnet und die Kompositionen nach der Opuszahl geordnet, soweit die Partituren diesen Vermerk tragen: von den Kolonnen führt die erste den Preis der Partituren, die zweite den Preis pro Satz Stimmen, die dritte — zur Orientierung für alle Interessenten — den Namen des Verlegers in der buchhändlerischen Abkürzung an.

* an den Namen der Komponisten bedeutet: Dieser Komponist ist in dem Tonsetzer-Verzeichnis der Gen. d. T. aufgeführt, trotzdem die Genossenschaft an den hier genannten Chorwerken kein Anrecht hat.

Die genannten Verleger haben ihre Chorwerke zur Aufnahme in das Verzeichnis mit der Erklärung abgegeben: dass sie die alleinigen Berechtigten für die Aufführung sind und tantièmefreie Aufführung der Chorwerke den Vereinen gestatten, die das Notenmaterial käuflich erworben haben und mit der Anstalt für musikalisches Aufführungsrecht keine Verträge abschliessen.

Der Sänger.

Amtliches Organ des westdeutschen Sängerverbandes.

Das Volkslied ist die Unsterblichkeit der Musik.
Marx.

Verbunden werden auch die Schwachen mächtig.
Schiller.

26. März 1904. | Nr. 6.

Redaktion: H. Kessler, H. vom Ende's Verlag, Köln a. Rhein, Ecke Bismarckstrasse 25.

Westdeutscher Sänger- und Dirigenten-Verband.

Sitz: Am Ort des geschäftsführenden Vorsitzenden.

Bekanntmachung des Verbandsvorstandes.

Die Einladungen zu dem am 31. Juli cr. in Bochum-Hamme stattfindenden Verbands-Wettsingen sind versandt und wird erwünscht, dass sich alle Vereine unverzüglich unter Einreichung des Mitgliederverzeichnisses bei dem geschäftsf. Vorsitzenden melden wollen. Die Vorbereitungen zu dem Wettsingen sind im besten Gange.

Beiträge sandten folgende persönl. Mitglieder.

(Bis 15. März berücksichtigt.)

C. Holtschneider, Dortmund	Mark	2.—
Chr. Gottlieb. Rees	„	1.05
L. Kreutzer, Siegen	„	5.00
M. Kipp, Bochum	„	1.—
W. Kistermann, Stuttgart	„	5.—
Musikd. Güldner, Elberfeld	„	2.—
W. Grossjohann, Detmold	„	1.—
W. Pallast, Düsseldorf	„	1.—
Rauh, Wermelskirchen	„	1.—

Den fröhlichen Gebern sei herzlicher Dank.
O, zögerten die andern doch auch nicht so lang,
Zu senden uns ihren Opulus ein,
Sei's Silber, Gold oder Kassenschein.
Denn führt man heute den Kampf um das Recht,
Dann kostet Moneten jedes Gefecht.
Die Kunst des Gesanges, so sinnig und fein
Sie will mit „Asche" geläutert sein.

Die Beiträge der persönl. Mitglieder sind laut Vorstandsbeschluss direkt und unverkürzt an den Verbandskassierer Herrn Kaufmann Johann Henkel in Bochum-Hamme, Schulstr. zu senden, ebenso die Beiträge derjenigen Vereine, welche keinem Bezirksvereine angehören.

Die Herren Bezirksvereinskassierer werden ersucht, die Beiträge von den ihnen unterstellten Vereinen einzuziehen, und dann sofort die Hälfte an den Verbandskassierer abzuführen.

Der geschäftsl. Vorsitzende.

Reform.

Durch die Verbandsvereine geht eine Bewegung, welche ihren Endzweck darin sucht, die grosse Masse der aussenstehenden Vereine heranzuziehen. Man spricht den Gedanken aus, den Vereinen auch als Mitglied des Verbandes freie Hand zu lassen, damit sich dieselben an fremden Wettstreiten ausserhalb des Verbandes beteiligen könnten. Man glaubt, dass die Vereine dann selber die Schattenseiten der modernen Wettstreite erkennen würden und sich mehr und mehr davon zurückziehen, und nur an den Verbandswettsingen teilnehmen würden, welche immer mehr interessanter gestaltet werden könnten. Bei sachlicher Erwägung dieses Gedankens kann man nicht umhin, seine nutzbringenden Vorteile in Frage zu stellen. Jedenfalls müssten die Verbandsvereine, wenn ein solcher Beschluss auf Antrag in der diesjährigen Generalversammlung durchgeführt würde, verpflichtet werden, höchstens nur einmal im Jahr das Recht zu benutzen, an fremden Wettstreiten teilzunehmen und sich dabei aber als Verbandsvereine zu betragen, d. h. nicht mit fremden bezahlten Sängern aufzutreten und jeder Art unlauteren Wettbewerbes auf Gesangwettstreiten zu entsagen. Ferner muss aber doch die Pflicht bestehen, an den Veranstaltungen des Verbandes teilzunehmen.

Wie man hört, soll der diesjährigen Generalversammlung ein diesbezügl. Antrag zugehen und dürfte, durch die heutigen Verhältnisse gezwungen, vollen Anklang finden.

Hoffentlich lassen sich durch diese Notiz manche Vereine zum Beitritt bewegen. Mehrere Freunde.

Rheinhessischer Sängerbund.

„Grüss Gott mit hellem Klang,
Heil deutschem Wort und Sang!"

Delegiertenversammlung in Elsheim Sonntag, den 17. April, nachm. 1 Uhr.

Tagesordnung:

1. Ausgabe einer Liedersammlung zu Bundeszwecken.
2. Bundesfest in Niederwiesen.
3. Dringliche Bundesangelegenheiten.
4. Verteilung der Statuten.

Wir erwarten bestimmt sämtliche Delegierten unserer Bundesvereine.

Zu Punkt 1 unserer Tagesordnung schreibt unser Bundesdirigent, Herr Musikdirektor Keil in Alzey:

„Nach meinem Dafürhalten kann ich einer Herausgabe von Chören zu Bundeszwecken nur dann beistimmen, wenn es sich um eine Auswahl des wirklich Guten handelt. Dies ist aber allerdings recht beschwerlich und erfordert neben einem tüchtigen Fachmusiker einen Mann, der mit den Bedürfnissen und Verhältnissen unserer Männerchöre, speziell der ländlichen, wohl vertraut ist. Ferner ist dabei wohl in Betracht zu ziehen, dass auch eine solche Sammlung geschmackbildend wirken soll, dass sie den Sinn für gesunde musikalische Kost wecken soll und das Gefühl für das echt Empfundene im Gegensatz zu der leider noch immer so beliebten sentimentalen Redseligkeit und Phrasenmacherei, hinter der sich in Wirklichkeit Gefühlsarmut verbirgt.

Die Anregung zur Herausgabe einer Liedersammlung ging von dem „Mittelrheinischen Sängerbund" aus und wird diese Idee in unseren Bundesvereinen freundlichst aufgenommen. Durch Zirkular sind ja auch sämtliche Bundesvereine verständigt.

Die Vorbereitungen zum II. Bundesfest in Nieder-Wiesen schreiten rüstig vorwärts. — Einzelne Vereine stehen noch mit Anmeldung zum Wettsingen aus. Wir erhoffen dieselben ganz bestimmt. Stammrolle ist zu ergänzen und zu berichtigen. Partituren sind an Herrn Bundesdirigenten Keil-Alzey einzusenden. Der Text der Lieder ist beim I. Bundespräsidenten Herrn Kochhafen-Ober-Saulheim einzureichen. Es ist die bestimmte Hoffnung, dass alle Bundesvereine die beiden Messenchöre: „Hymne" von Ferd. Hummel und „Draus ist alles so prächtig" von Silcher einüben.

Mit Sängergruss!
Für den Vorstand:
Kochhafen, I. Bundespräsident.

Rheinischer Sängerbund.

Köln, 16. März 1904. Delegiertenversammlung des Rheinischen Sängerbundes. Im Fränkischen Hofe fand gestern eine aus den verschiedensten Städten Rheinlands, wie Düsseldorf, Krefeld, M.-Gladbach, Essen, Duisburg, Kalk, Köln u. a. stark besuchte Delegiertenversammlung des »Rheinischen Sängerbundes« statt, in der zu dem bekannten Aufruf des Vorstandes des »Deutschen Sängerbundes« betreffend das Kaiserwettsingen Stellung genommen wurde. Nach längerer Erörterung einigte man sich einstimmig auf eine von Herrn Peltzer-Krefeld eingebrachte Resolution folgenden Wortlautes: „Der »Rheinische Sängerbund« lehnt einmütig eine Stellungnahme gegen die Veranstaltung von Gesang-Wettstreiten um den Wanderpreis ab und erkennt die von Sr. Majestät ergriffene Initiative zur Förderung des deutschen Liedes dankbarst an. Der »Rheinische Sängerbund« ist der Ansicht, dass es jedem Bundesverein freistehen muss, ob er sich an einem Wettsingen beteiligen will." Des weiteren befasste sich der Delegiertentag mit dem Vorgehen der Genossenschaft deutscher Tonsetzer und kam zu dem gleichfalls einmütig gefassten Beschlusse, dass seitens der Bundesmitglieder fortan keine Werke mehr aufgeführt werden sollen, welche nicht in jeder Beziehung tantièmefrei sind. Für den Fall, dass die Wichtigkeit der Tagesordnung des im Frühjahr in Berlin zusammentretenden »Deutschen Sängerbundestages« das persönliche Erscheinen eines Delegierten fordert, soll der Vorsitzende des Verbandes Herr Küpper-Köln mit dieser Mission betraut werden. Gleichzeitig wurde bekannt gegeben, dass der vorsitzende Verein des »Rheinischen Sängerbundes«, der »Kölner Liederkranz«, in besonders grossartiger Weise im Jahre 1905 sein goldenes Jubiläum feiern wird. Der Bund beschloss, in corpore an dieser Feier teilzunehmen und in einer Gesamtstärke von etwa 700 Sängern am zweiten Festtage die Frithjof-Sage von Max Bruch zur Aufführung zu bringen.

Mosel-Saar-Nahe-Sängerbund.

Neu aufgenommen: Gesangverein »Flora«, Fischbach-Camphausen. (Nic. Kolz.)

Vermischtes.

Zum **Berliner Sängerwettstreit 1904** hat der vorbereitende Ausschuss zwecks Erlangung zweier Preischöre, von denen einer von den am Wettstreit teilnehmenden Vereinen als Preischor frei gewählt werden kann, folgendes Preisausschreiben erlassen: Ausgeschrieben werden zwei Männerchöre, von denen der eine im Stile eines einfachen volkstümlichen Liedes, der andere im Stile eines Kunstgesangs gehalten ist. Beide Chöre müssen vierstimmig sein und dürfen keine Soli enthalten. Ihre Vortragsdauer darf zehn Minuten nicht überschreiten. Für jeden der beiden Chöre wird ein erster Preis von je 200 Mk. und ein zweiter Preis von je 100 Mk. festgesetzt. Das Urheberrecht an den preisgekrönten Kompositionen geht auf den Ausschuss zur Vorbereitung des Sängerwettstreits 1904 über. Der Wettstreit findet voraussichtlich im Juni nur unter den Vereinen Berlins und Umgegend statt.

Eine für Zivilmusiker beachtenswerte Verfügung hat soeben das Königliche Finanzministerium erlassen. Die Zoll- und Steuerdirektion hat bereits in verschiedenen Fällen ausgesprochen, es könne nicht geduldet werden, dass Beamte in ihrer dienstfreien Zeit gegen Entgelt Musik machen; eine solche Nebenbeschäftigung sei unerträglich mit der Stellung eines Beamten und führe zu Beschwerden der Fachmusiker, die dadurch in ihren Erwerbsverhältnissen beeinträchtigt würden. Den Beamten der Zoll- und Steuerverwaltung ist daher das Musikmachen gegen Entgelt, das sie nach § 2 der Novelle zum Staatsdienergesetz vom 3. Juni 1876 nur mit Genehmigung der Anstellungsbehörde würden betreiben dürfen, ein für allemal untersagt.

Der Volkslieder-Wettbewerb, welchen die „Woche" Pfingsten v. J. veranstaltet hatte, ist nunmehr zum Abschluss gelangt. Bekanntlich hatte die „Woche" als Sonderheft eine 2. Sammlung „Im Volkston" herausgegeben und darin die 30 Preislieder vereinigt, die aus den zum Wettbewerb eingereichten 9000 Kompositionen durch 5 Sachverständige als die besten unter den volkstümlichen ausgewählt waren. Durch ein Preisausschreiben war das deutsche Volk selbst zum Richter über die Lieder aufgerufen worden: es hatte darüber zu entscheiden, welchen drei Kompositionen als den „volkstümlichsten und sangbarsten" die ausgesetzten Preise zuerteilt werden sollten. Die Entscheidung ist nunmehr gefallen, es sind über 53000 Stimmen abgegeben worden, und es erhielten: Simon Breu, Kgl. Musiklehrer in Würzburg, mit 8934 Stimmen den 1. Preis von 3000 Mark; Prof. Dr. C. Adam Lorenz, Musikdir. in Stettin, mit 4385 Stimmen den 2. Preis von 2000 Mark; Alwine Feist, Studierende der Musik in Köln a. Rh., mit 4334 Stimmen den 3. Preis von 1000 Mark.

Die Uraufführung der neuesten Komposition von **Willem de Haan** „Das Lied von Werden und Vergehen" für gem. Chor und Orchester fand am 15. März d. J. in Köln unter Steinbach, die zweite Aufführung findet Anfang April in Amsterdam unter Tierie statt.

In Berlin hat sich ein **„Verein zur Pflege hebräischer Musik"** gebildet, in dem die Bestrebungen zur Erforschung der grösstenteils noch verborgenen Schätze der hebräischen Musik ihren Zentralpunkt finden sollen. Der Verein hat sich als „gemischter Chor" die Aufgabe gestellt, Kompositionen aus dem Bereiche der hebräischen Musikliteratur zur Aufführung zu bringen, wird aber seine Tätigkeit auch auf Organisation und Förderung musikhistorischer Forschungen auf demselben Gebiete erstrecken. Der musikalische Leiter des Vereins ist Kapellmeister Albert Kellermann.

Der „kleine Cohn" als Kirchenmusik. Aus Kopenhagen schreibt man der „Frkf. Ztg.": Die bekannte Szene in „Mamselle Nitouche", in welcher der Klosterorganist Celestin, während er eine ernste Kirchenmusik vorträgt, unwillkürlich in die von ihm komponierte lustige Operettenmelodie hinübergleitet, wiederholte sich dieser Tage bei einem Kirchenkonzerte in der Stadt Svendborg (Fühnen). Während der Organist ein von ihm komponiertes Stück spielte, horchten die Zuhörer verwundert auf, denn es kam ihnen vor, als vernähmen sie die Klänge des Gassenhauers „Haben Sie nicht den kleinen Cohn gesehen?". Die Entrüstung war gross und der Organist versichert nun in den Lokalblättern, er habe sein Stück vor mehr als 15 Jahren komponiert und es sei in Leipzig veröffentlicht worden. Der dänische Organist, der die Aehnlichkeit seiner Komposition mit der des „kleinen Cohn" gar nicht bestreitet, müsste also als der ursprüngliche Finder der populär gewordenen Melodie bezeichnet werden.

Aufführungen.

Plauen i. V., 17. Februar 1904. „Lehrer Gesangverein", (P. Rascher, Dirig.), Curti-Feier: Fr. Curti op. 5 „Zweifacher Frühling"; „Die Wasserlilie"; op. 2, „Mein Schatz"; op. 45, „Die Schlacht" für Soli, Chor u. Orchester.

Bremerhaven, 21. Febr. 1904. M.-G.-V. „Harmonie" (K. Fischer, Dirg.), Vokal- und Instrumentalkonzert. Weber.

Ouverture"; Otto Jul., „Rheinsage"; Kremser, Gesanges"; Kremser, 6 altniederl. Volksl. mit verb. nen, a capp. Chöre von Hegar, Stamm und Silcher.

...lebus, 12. Febr. 1904. „Chorverein 1902", Dirg. ...) Perfall, Karl, „Dornröschen" für Soli, Chor u. (Solisten: Marie Erdmann, Elisabeth Bleisch, Karl r Harzen-Müller, Berlin).

...lburg, 28. Febr. 1904. „Gemischter Chor" (Prof. ...ch), Händel, „Judas Maccabäus". Solisten: Marg. ...kfurt a. M., Helene Kellermann, Hanau, Heinrich Frankfurt (Herr Harzen-Müller, Berlin).

...row, 2. März 1904. „Gesang-Verein", Dirig. Joh. Mendelssohn-Barth., Fel., „Paulus", Solisten: Georg - Harzen-Müller, Käthe Ravoth aus Berlin.

...n, 12. März 1904. „Musik-Verein". Brahms, ...equiem" Solisten: Martha Beines, Düsseldorf, Herr ...er, Berlin.

...eberg b. Berlin, 25. März 1904. „Leo Scheel'- ...gverein". Thierfelder Max, „Kaiser Max u. seine ...zert-Drama (zum erstenmale). Solisten: Hedwig Herr Rothenbücher, Herr Harzen-Müller.

, 11. Februar 1904. „Gesang-Verein". Hegar, Erwachen" für Chor, Soli und Orchester (zum

„Tonkünstler-Verein". Palestrina, „Missa Papae ...ans Hermann, 126 Psalm; C Cohen, „Tedeum" ...hester.

„Musik-Verein". Max Bruch, „Die versunkene ...solo: Frl. Agnes Leydhecker, Berlin).

... „Liedertafel". (F. Woyrsch, Dirig.). Krug-...ebilder" (zum erstenmale). Solist: Emil Severin,

...in Böhmen. Am 10. März gab der „Männer-... unter Mitwirkung von den Ges.-V. gem. Chor aus Imst, Männer-Quartett „Echo" aus Pianz, „Enzian" aus Landeck und das Sänger-Quartett ...us Halle a. d. Saale eine Liedertafel, welcher ...d in den Alpen" zugrunde gelegt war. Vortrags-...gelsberg E. S., „Poeten auf der Alm"; Kingler ...ein Tirol", Tanzlied im Volkston (gem. Chor); ...nebelsberger, „Der Abend auf der Alm", Duett; ... „Alpenstimmen", Sammlung v. Volksweisen Westermair-Sendel, „Wo die Alpenrosen blühn"; ...ecker V. E., „Vorderbacher Almlied (gem. ...agner Rud., „Das Geheimnis"; Koschat Th., ...der Alm" (gem. Chor); Zithersolo; Kirchl Ad., Wagner R., „Lusti wohlauf is da steirische ...gewähltes Programm für ein derartiges Kon-...doch auch bei uns in Deutschland Anklang

Neuigkeiten.

Männerchöre a capp.

	Part.	Stimm.
... 14, 2 Lieder		
...innerung ... / ...r erste Kuss ...	—,75	—,20
..., 3 alte Liebesliedlein		
...bliche Liebesmühe ... / ...Schätzl ... / ...uss in Ehren ...	1,—	—,20
op. 18, 4 Lieder im Volkston		
...Herzleid ...	—,80	—,20
...rt ein Sichlein rauschen ...	—,80	—,20
...Gesinnung ...	—,60	—,15
...licher Wunsch ...	—,60	—,15
No. 3. Juchheideldumdei ...	—,80	—,20
No. 4. Waldveilchen ...	—,80	—,20
op. 27 No. 7. Lorcher Wein	—,80	—,20
op. 29 3 Lieder		
1. Der Einsiedler	1,20	—,30
2. Das Vierblatt	1,—	—,20
3. Auf der Wacht	1,80	—,30
Haeser Georg, op. 10. Abend am Meer	1,—	—,20
Hoenes Ed., op. 27. Sängers Abschied	—,60	—,15
Humperdinck E., Rosmarin	—,80	—,20
Kraemer Emil, op. 16. 2 Chöre i. Volkston		
1. Geweihte Liebe	—,40	—,15
2. Mei Mutter ma mi net	—,40	—,15
op. 17. Die Träne	—,40	—,20
Mäder Rudolf, op. 11. Waldmorgen	1,80	—,30
Mons, op. 7. Mutterherz (Volkston	—,60	—,15
Rudnik Wilh., Deutsches Bannerlied mit Klav.-Begl. (ad. lib.)	1,—	—,15
Schmutzer Ant., Sängerspruch (Ein Lied aus freier Brust)	—,60	—,15
do. Scheidesang (Steigt hoch empor)	—,60	—,15
do. Wenn nicht die Liebe wär	—,60	—,15
Schwarz A., op. 22. Abendlied	—,75	—,15
Speiser Wilh., Die wilde Ros	—,60	—,15
Stange Max, op. 99. Jauchzet Gott alle Lande P. u. St.		2,—
Voigt Herm., op. 198. In Feld und Wald, Marsch	„	1,80
do. op. 199. Versagen	„	1,—
do. op. 201. Für Deutschlands Flotte	„	1,20
do. op. 200. Deutsches Herz und deutscher Stolz	„	1,20
	Part.	Stimm.
Wesseler Herm., a) Es stand ein Sternlein / b) Engel und Lilien	—,80	,20
Zerlett J. B., Am Rhein	1,—	—,15

Besprechungen.

In Luckhardt's Verlag (Rob. Lebrecht) Stuttgart erschien in handl. Taschenformat eine Sammlung neuer Sängersprüche, Sängergrüsse und Toaste, herausgegeben von Georg Luckhardt, enthaltend Originalkompositionen von:

Abt, Bauer, Beer, Claasen, Dregert, Elsner, Fromm Gebhardi, Graner, Hirsch, Kiesewetter, Leefson, Liebe, Lund, Mohr, Pabst, Schmelz, Schultz, Edw. Spicker, Sturm, Weldt, Weiss und **Johannes Werschinger.**

Eine sehr hübsche Zusammenstellung die jedem Vereine willkommen sein dürfte, die manchem Suchen nach passenden Chören. Abhilfe bringen wird.

Preis der Partitur 1 10 M., die 4 St. 2.— netto.

Prof. Dr. **Hugo Riemanns** Musik-Lexikon beginnt soeben in sechster Auflage zu erscheinen. Wie bereits die früheren Auflagen eine umfassende Durcharbeitung des ganzen Materials zeigen, so haben wir schon bei der ersten Lieferung der sechsten Auflage, welche uns bereits vorliegt, die Überzeugung, dass der nimmermüde, vortreffliche Musikhistoriker und Pädagoge unaufhörlich daran arbeitet, dieses für jeden Musiktreibenden unentbehrliche Werk, immer noch vollständiger zu gestalten. Auch bei der jetzigen Auflage finden wir bereits eine ganz Anzahl neuer Nachträge. Das Werk erscheint in ca. 20 bis 24 Lieferungen zu je 50 Pfg. in Max Hesse's Verlag, Leipzig.

Wegweiser durch die Chorgesangliteratur

Ratgeber für Gesangvereine und Dirigenten.

Redaktion: Hans Kessler. H. vom Ende's Verlag, Köln a. Rh., Ecke Bismarck- und Kamekestrasse.

nebst Beiblatt:

Der Sänger.

Offizielles Organ des Westdeutschen Sängerverbandes, Mosel-, Saar-, Nahe-Sängerbundes, des Mittelrheinischen, Rheinhessischen, Speyergau u. Oberwesterwäld.-Sängerbundes.

Erscheint monatlich einmal. Bezugspreis für 1 Expl. 20 Pfg. Jahresabonnement Mk. 1.50 und 40 Pfg. Porto. Inserate kosten pro 4mal gespaltene Petitzeile 20 Pfg.

Expedition: H. vom Ende's Musikalien-Versandgeschäft.

Nr. 7. | Köln a. Rhein, den 26. April 1904. | V. Jahrg.

Zur Aufführungsrechts-Frage.

Ratschläge und Winke eines Eingeweihten.

Der Kampf um das Aufführungsrecht wird auf beiden Seiten weitergeführt, aber ohne wesentliche Erfolge, man müsste denn als Erfolg betrachten wollen, dass die Anstalt für musikalisches Aufführungsrecht, die den ständigen Unternehmern Genehmigung zur Aufführung einzelner Werke grundsätzlich nicht erteilte (s. das erste Zirkular der Anstalt), neuerdings diesen Grundsatz aufgegeben hat.

Wenn man aber fragt, um was wird denn eigentlich gestritten, so stellt sich sofort heraus, dass man sich hier im Unklaren befindet. Die Anstalt für musikalisches Aufführungsrecht, sagen wir kurz „die Komponisten", streiten um ihren Gewinnanteil für das Aufführungsrecht, die andere Partei, kurz „die Verleger", streiten darum nicht, denn die im Jahre 1898 von dem Vereine der deutschen Musikalienhändler und dem Allgemeinen deutschen Musikverein gegründete, von den Komponisten damals zu Falle gebrachte Anstalt für musikalisches Aufführungsrecht wollte im Grunde genau dasselbe, was die Komponisten jetzt wollen.

Der Kampf der Verleger ist nur gegen die Art des Vorgehens der Komponisten, nicht gegen die Sache selbst gerichtet.

Ich will offen bekennen, dass ich kein Freund der Besteuerung des Aufführungsrechts bin, es kommt mir so vor, als wenn man damit den Konzertinstituten, Musikvereinen und Kapellen, die zumeist um ihre Existenz zu kämpfen haben, das Leder wegnehmen wollte, um den Komponisten Schuhe daraus zu machen. Aber es soll nun einmal sein und ich bescheide mich.

Was nun die Art und Weise des Vorgehens der Anstalt betrifft, so lässt sich dagegen manches sagen, ich will hier nur eins herausgreifen.

Wenn ich mir Musikalien zum Spielen kaufen will und deshalb zum Musikalienhändler gehe, was würde ich dazu sagen, wenn dieser mir erklärte: „Zahlen Sie mir 10 Mark, ich gebe Ihnen dann Noten, aber welche Noten, das sage ich Ihnen nicht!"

Genau so macht es die Anstalt für musikalisches Aufführungsrecht in Berlin, denn sie erklärt: „Zahle uns ein Pauschale, das wir bestimmen, wir geben dir dann die Erlaubnis, „Werke" von solchen Komponisten aufzuführen, die in unseren Verzeichnissen genannt sind, natürlich nicht „alle Werke", aber welche Werke, das sagen wir nicht!"

Oft genug hat man die Anstalt gebeten, anzugeben, was man von ihr für die Pauschalsumme erhält, die man ihr zahlen soll, also die Werke jener Komponisten zu bezeichnen, die man für das Pauschale aufführen darf. Und was antwortet die Anstalt in ihrer Denkschrift S. 17 darauf? Sie nennt diesen „Rat" harmlos und wohlgemeint und einen unverantwortlichen Versuch, die Kreise der ausübenden Musikpflege irre zu führen, und versichert, anscheinend alles Ernstes, dass die Unterzeichneten der Erklärung diesen Rat nicht ernst gemeint haben könnten, denn das Verzeichnis der der Anstalt angehörigen und zur Vertretung anvertrauten Werke würde einige dicke Bände füllen, die in einer Auflage von über 10000 Exemplaren gedruckt werden müssten!

Darauf sei kurz folgendes erwidert: Wir wissen doch alle, dass jeder Komponist seine Werke fortlaufend zu numerieren pflegt, ja wir sind gewohnt, die Kompositionen nach ihrer Opus-Zahl zu zitieren. Daher würde es genügen, wenn die Berliner Anstalt in ihren Tonsetzerverzeichnissen bei dem Namen des Komponisten die Opus-Zahl derjenigen Werke angibt, über die sie zu verfügen befugt ist. Es würde also im Verzeichnis bei jedem der genannten Tonsetzer eine Zeile, nur ausnahmsweise ein paar Zeilen, beizufügen sein, die die Opus-Zahl der betreffenden Werke nennt. Bei den Komponisten, deren sämtliche Werke die Anstalt besitzt, würde es hinreichen, ein „s. W." (sämtliche Werke) beizufügen, sollten Komponisten noch ohne Werke der Anstalt beigetreten sein, so könnte uns ein „angem." darüber belehren, dass diese Komponisten sich nur bezüglich ihrer künftigen Werke „angemeldet" haben.

Ich glaube, dass dadurch das Verzeichnis der Tonsetzer nicht um „einige dicke Bände", sondern nur um wenige Bogen verstärkt werden müsste.

Hätte die Anstalt dieses, meines Erachtens doch sehr nahe liegende Verfahren beobachtet, so wäre ihr manches erspart geblieben, besonders der fatale Vorwurf unlautern Wettbewerbs. Sollte die Anstalt gleichwohl auf ihrem Standpunkte beharren, so könnte ich den Aufführenden nur den „harmlosen und wohlgemeinten Rat" geben:

„Kauft nicht die Katze im Sacke!"

Das „Musikalische Wochenblatt“ bringt unter der treffenden Spitzmarke — „Etwas zum Tieferhängen“ — folgenden interessanten Aufsatz zur Veröffentlichung, der eines Kommentars nicht bedarf.

Etwas zum „Tieferhängen“.

„Und bist du nicht willig, so brauch ich Gewalt.“

Während die „Genossenschaft deutscher Tonsetzer“ da, wo sie noch nicht Fuss gefasst hat, wo es erst Beziehungen anzuknüpfen gilt, nur Samtpfötchen zeigt und mit demonstrativer Geflissentlichkeit versichert, dass sie bei Stellung ihrer Bedingungen mit äusserster Schonung gegebener Verhältnisse verfahren werde, streckt sie — wo sie Widerspenstige einschüchtern zu können wähnt — gelegentlich bereits ganz artige Krallen heraus: In einer süddeutschen Residenz leistet sich der Generalagent der „Genossenschaft“ bereits folgendes gedrucktes (also für häufigere Verwendung berechnetes) Anschreiben an einen Musikdirektor, der nicht zu Kreuze kriechen will:

Da sie auf unsere wiederholten Zuschriften nicht geantwortet haben, sehen wir uns veranlasst, Sie noch einmal eindringlich darauf aufmerksam zu machen, dass gemäss §§ 11, 37, 38 und 40 des Gesetzes vom 19. Juni 1901 jede ohne Genehmigung des Berechtigten erfolgende Aufführung eines geschützten Tonwerkes zum Schadenersatz verpflichtet und gegebenenfalls eine Geldstrafe (?) bis 3000 Mark (!) oder die Verurteilung zu einer Busse (?) bis zum Betrage von 6000 Mark (!) nach sich zieht. Wie wir schon in unserm ersten Rundschreiben erwähnten, wird die Pauschgebühr für die Genehmigung zur Aufführung aller unserm Bestande angehörigen Werke von uns so niedrig bemessen, dass sie im Verhältnis zu dem übrigen Aufwande für musikalische Aufführungen überhaupt nicht ins Gewicht fällt.

Solche Veranstalter musikalischer Aufführungen, welche es ablehnen, selbst ein so geringes Opfer im berechtigten Interesse der Tonsetzer zu bringen, werden sich nicht darüber beklagen dürfen, wenn unsere Anstalt sich der gesetzlichen Rechtsmittel zur Verfolgung rechtswidriger Aufführungen bedient.

Sollten wir auch auf dieses Schreiben keine Antwort von Ihnen erhalten, so wären wir gezwungen, Ihre Aufführungen überwachen zu lassen. Diese Massregel würde notwendigerweise eine entsprechende Erhöhung der Aufführungsgebühr (!!) zur Folge haben.

Johann Strauss.

100 Jahre sind am 14. März verflossen gewesen, seit Johann Strauss, der Kunst- und Zeitgenosse Lanners das Licht der Welt erblickte. Als Sohn ganz armer Wirtsleute in Wien geboren, wurde unserem »Hänschen« schon in früher Jugend Gelegenheit geboten, sich an den Tanzweisen, welche in der Wirtschaft seiner Eltern aufgespielt wurden, zu »ergötzen«. Was man von Haydn erzählt, dass er als kleines Bübchen schon mit 2 Stöcken das Geigenspiel nachahmte, das wissen Strauss' Zeitgenossen auch von diesem zu berichten. Obschon die ausserordentlich musikalische Begabung des Knaben früh erkannt wurde, war den Eltern keine Gelegenheit gegeben, ihm eine höhere Ausbildung in der Musik zu teil werden zu lassen. Der nun für ihn erwählte Buchbinderberuf passte ihm aber nicht und so entfloh er eines Tages mit seiner Geige, um auf eigenen Füssen, die sich gesteckten Ziele zu verfolgen. Dieser Flucht verdankte Strauss seinen künstlerischen Beruf. Ein Gönner, der sich seiner annahm, sorgte für seine weitere Ausbildung, und erhielt er in Meister Polyschansky einen tüchtigen Lehrer. Seine eifrigen Studien brachten ihm dann auch bald Gelegenheit, sein Können der Öffentlichkeit zu zeigen. 1819 kam er zu Lanners Terzett als Violaspieler. In dieser Zeit veröffentlichte er auch seine ersten Kompositionen. 1825 drehte er Lanner den Rücken und gründete ein eigenes Orchester, dem er als Dirigent vorstand. Von jetzt ab beginnt die Glanzperiode von Strauss und wurde er bald eine vielumworbene Persönlichkeit Wiens. Aus seiner Ehe gingen mehrere Söhne hervor, welche sich ebenfalls der Musik widmeten, der eigentlich noch berühmtere Johann Strauss, Sohn, Eduard und Josef Strauss. Strauss — so sehr sich auch die klassischen Musiker darüber ärgern — war einer der merkwürdigsten Menschen Wiens und seiner Zeit. Wenn man die kleinen verachteten Mittel betrachtet und die gewaltigen Wirkungen, die er damit hervorbringt, so klingt der Name Strauss wie der des fabelhaften Phönix, der alle Jahrhunderte auftauchte, um die Welt zu überraschen. Mit diesen Worten beginnt eine in der Theater-Zeitung vom 16. Januar [illegible] veröffentlichte Abhandlung Franz Schuselka's über Johann Strauss. Unsere grössten, ernstesten Meister, Männer wie Rich. Wagner und Johannes Brahms haben sich an dem Jungbrunnen Strauss'scher Tanzweisen erquickt und erheitert. Sein Talent, von den strengen Kritikern und Theoretikern erst mit scheelen Augen betrachtet, ist seit den reiferen Hervorbringungen seiner Glanzperiode (Ätherträume, Adepten, Amphionsklänge usw.) längst anerkannt, seine Verdienste um Veredlung der Tanzmusik und dadurch Veredlung des Geschmackes seines Publikums unbestritten und doch — trotz alledem — begegnet man auch heute noch oft einem geringschätzigen Lächeln, wenn man es wagt, unter sogenannten „Kunstkennern“ der Bedeutung der Strauss'schen Muse das Wort zu reden. Darum erachte ich es notwendig, darauf hinzuweisen, welch entscheidenden und bedeutungsvollen Einfluss auf die Entwicklung der Musik überhaupt zu nehmen seinerzeit dem bescheidenen Zweige der Tanzmusik vorbehalten war. Es hatte das rhythmische Element in der Entwicklung des Kunstgesanges, wie er in Kirchen und Klöstern gepflegt wurde, wenig Förderung und Beachtung gefunden. Denn, wenn es auch bei dem alten einstimmigen Hymnus gestaltend mitwirkte, so trat es doch in den Hintergrund, als bei der Ausbildung des mehrstimmigen Gesanges hauptsächlich auf schöne und effektvolle harmonische Entfaltung Gewicht gelegt wurde. Das Tanzlied aber und die Tanzmusik überhaupt hegten, wie es ja in der Natur der Sache lag, jenes rhythmische Element vor allem, durch sie nahm es Einfluss auf das Volkslied und ging über auf die in unserer Zeit zu so hoher Blüte gediehene Instrumentalmusik. Darum muss selbst der ernste Musiker — und gerade dieser — die Berechtigung der Tanzmusik auch vom künstlerischen Standpunkte aus anerkennen, gleichwie man dem einfachen Volksliede stets neben den hervorragendsten Schöpfungen des Kunstgesanges sein dauerndes Recht bewahrt hielt.

Unzertrennlich von der Entwicklungsgeschichte der Tanzmusik ist daher der Name des grössten deutschen Tanzkomponisten Johann Strauss.

Ein ehrendes Andenken hat ihm Rudolf Kleinecke in der Herausgabe eines ausführlichen Lebensbildes gegeben, welches in der Universalbibliothek für Musikliteratur (H. v. Ende's Verlag, Köln) erschienen ist.

Jubiläum der Wacht am Rhein.

Wer kennt nicht dies bekannte Lied? Jedem Deutschen ist's in Fleisch und Blut übergegangen. Aber durch wen und durch welche Gelegenheit sind wir dazu gekommen? 50 Jahre sind heute verflossen, seit uns Karl Wilhelm mit diesem herrlichen Werke beglückte. Die Veranlassung der Komposition „Die Wacht am Rhein“ gab die silberne Hochzeit des nachmaligen Heldenkaisers Wilhelm I. Der Autor wirkte zur damaligen Zeit (1840-1865) als Leiter der Liedertafel zu Krefeld. Von 100 Sängern liess er hier am 11. Juni 18[illegible] seine „Wacht am Rhein“ singen, jedoch sollte sie bald vergessen werden. Seit den denkwürdigen Julitagen 1870 aber feierte sie wieder ihre Auferstehung und wurde von da an das Nationallied des gesamten deutschen Volkes. Karl Wilhelm war am 5. Dezember 1815 in Schmalkalden geboren, wo sein Vater Georg Friedrich Wilhelm Stadtmusikus war. Er liess den Sohn von den damals berühmten Tonkünstlern Aloys Schmidt und André in Frankfurt a. M. und dem Virtuosen Spohr in Kassel unterrichten. 1860 wurde er zum königlich preussischen Musikdirektor ernannt. Im Jahre 1865 legte er wegen andauernder Kränklichkeit die Leitung der Krefelder Liedertafel nieder und wurde, in stiller Zurückgezogenheit in seiner Geburtsstadt Schmalkalden lebend, nach Beendigung des erfolgreichen Kriegs auf Grund seines Liedes mit einer Ehrenpension von 3000 Mk. vom Reichskanzleramt bedacht. Er starb am 26. August 1873 in seiner Vaterstadt. Seinem Andenken wurden daselbst und in Krefeld Denkmäler errichtet, doch das schönste Denkmal hat er sich im Herzen des deutschen Volkes selbst gesetzt durch seine unvergessliche „Wacht am Rhein“.

Der Sänger.

Amtliches Organ des westdeutschen Sängerverbandes.

Das Volkslied ist die Unsterblichkeit der Musik.
Marx.

Verbunden werden auch die Schwachen mächtig.
Schiller.

26. April 1904. — Nr. 7.

Redaktion: H. Kessler, H. vom Ende's Verlag, Köln a. Rhein, Ecke Bismarckstrasse 25.

·Vestdeutscher Sänger- und Dirigenten-Verband.

·itz: Am Ort des geschäftsführenden Vorsitzenden.

Bekanntmachung des Verbandsvorstandes.

Es wird wiederholt darauf aufmerksam gemacht, das ·uch diejenigen Vereine, welche am Wettsingen nicht teil ·ehmen, ebenfalls ein Mitgliederverzeichnis einzusenden haben ·amit das Verbandsbuch vollständig ist. Auch die Erledigung ·er Beitragszahlungen dürfte wohl bald auch von den letzten ·äumigen erfolgen.

Folgende persönl. Mitglieder sandten weiterhin Beiträge:

W. Poll, Dirigent, Velbert,
G. Willms, Dirigent, Gelsenkirchen-Schalke.
H. Schneppensiefen, Dirigent, Schlebusch

Weitere Beiträge nimmt der Kassierer, Herr Kaufmann ·ohann Henkel, Hamme-Bochum, Dorstsnerstrasse, entgegen.

Die **Musikkommission** für das Verbandswettsingen ·gte am Sonnabend den 9. d. M. in Bochum. Von den ·ahlreich eingegangenen Kompositionen wurden gewählt:
·ür die I. Klasse „Der letzte Gruss" v. Paul v. d. Beck, Duisburg.
„ „ II. „ „Das Röslein von der Au" v. W. M. Loschky.

Beide Chöre sind sehr leicht, melodisch und dürften ·eshalb beifällig aufgenommen werden. Der Versand erfolgt ·egen Nachnahme des Betrages am 6. Mai d. J. an die auf·gegebenen Adressen. Der geschäftsl. Vorsitzende.

Konzertbericht.

Bochum i. W. Der MGV. der Firma Arthur Koppel, ·itglied des Westd. Sängerverbandes, veranstaltete am Samstag ·en 19. März 1904 im Saale des Stadttheaters unter ge·schätzter Mitwirkung der gesamten städtischen Kapelle, unter ·ersönlicher Leitung des Herrn Merkert ein **Wohltätig·keitskonzert** für die Kolonisten in Deutsch-Südwestafrika, ·urch welches ein Reinertrag von über 500 Mark erzielt wurde.

Die einzelnen Vorträge wurden mit Exaktheit ausgeführt, ·esonders gefiel der Chor: „Zuruf ans Vaterland" von ·r. Volkmar, ferner „Sturmbeschwörung" von Dürrner, „Ein·kehr" von Zöllner, „Vom Ammersee" von Löffler, „Sand·männchen" von Schwartz sowie „Das deutsche Lied" (mit ·Orchesterbegleitung) von Schneider. Die vollendeten Aus·führungen der städtischen Kapelle ernteten ebenso wie die ·Gesangvorträge reichen Beifall.

Bochum-Hamme. Der hiesige MGV. „Sängerbund" ·feierte am 2. Ostertag ein Frühlingsfest. Obwohl draussen ·der Natur Regen und Sturm das siegreiche Vordringen des ·jungen Frühlings mit Gewalt verhindern wollte, ging durch ·die, von der ca. 50 Mann starken Sängerschar überaus ·wirkungsvoll vorgetragenen Chöre und Volkslieder ein leises Früh·lingsahnen. Aus dem reichhaltigen Programm seien besonders ·erwähnt: „Gruss an den Wald" von Roquette", „Frühling wird ·s doch einmal" von P. Wülfing, „Schlummerlied" von Rebbert, „Dem Rhein mein Lied" von Schwartz, „Trost in der Ferne" von Steinhauer, sowie das reizende „Zu Strassburg auf der langen Brück" von Hirsch. Der musikalische Teil wurde von der Merkertschen Kapelle ebenso exakt ausgeführt, wie die Gesangspiecen und erntete reichen Beifall.

Mosel-Saar-Nahe-Sängerbund.

Neu aufgenommen: Gesangverein »**Concordia**« in Mettnich.

Gustav Mahler

und seine dritte Symphonie.

Am Palmsonntag erlebte Mahlers dritte Symphonie unter ihres Schöpfers Leitung im Gürzenich ihre erste Aufführung in Köln, nachdem sie bereits vor zwei Jahren in Krefeld und Elberfeld zu Gehör gebracht und Mahler als Dirigent wie als Komponist enthusiastisch gefeiert worden war.

Merkwürdig ist es, dass Mahler bei der Kölner Aufführung dem Programm nicht die geringste aufklärende Anmerkung beigegeben hat, wie es doch in Krefeld sehr zu Nutz und Frommen nicht nur des Verständnisses, sondern auch des Erfolges der Fall war; die verhältnismässig kühle Aufnahme ist wohl auf die Kosten dieser Unterlassungssünde zu setzen. Diese Symphonie ist nämlich Programmmusik, und zwar der erste Satz in extremster Weise; Mahler hat dieser Symphonie (wie auch seiner ersten und zweiten) nicht nur einen leitenden Gedanken zu Grunde gelegt, sondern auch die einzelnen Sätze mit programmmatischen Inhaltstiteln belegt. Den leitenden Grundgedanken nämlich spricht der Haupttitel aus: „Ein Sommermorgentraum"; nähere Angaben machen die Überschriften der einzelnen Sätze: 1. „Pan erwacht". Der Sommer marschiert ein. 2. „Was mir die Blumen auf der Wiese erzählen". 3. „Was mir die Tiere im Walde erzählen". 4. „Was mir der Mensch erzählt". 5. „Was mir die Engel erzählen". 6. „Was mir die Liebe erzählt".

Nun ist das Eigentümliche, das psychologisch Rätselhafte an Mahler, dass er fortwährend dagegen eifert und protestiert, Programmmusiker zu sein. Nichts ist verkehrter als das, Mahler **ist** Programmmusiker und zwar vom reinsten Wasser, mindestens ebenso wie Richard Strauss. Wäre er **es nicht**, so hätte er uns nicht diesen ersten Satz vorsetzen können, der dreiviertel Stunden dauert und ohne Erklärung absolut nicht zu verstehen und auch weder als **schön** noch als charakteristisch, noch als sonst was zu empfinden ist. Aber anderseits hat es Mahler garnicht nötig, nach Programmen zu arbeiten; das weiss und fühlt er ganz genau, denn er verwahrt sich ja mit Wort und Schrift fortwährend dagegen. Dass er es nicht nötig hat, Programmmusiker zu sein, beweisen uns z. B. der zweite Satz, ein Menuett von solcher Zierlichkeit im Aufbau, solcher reizvoller Pikanterie im Rhythmus, solcher klangschwelgerischer Farbengebung im Orchester, dass dieser Satz ohne jede Erklärung gefällt. Er hat eben Eigenschaften, die jedes Programm überflüssig machen; und, wäre es einem grösseren Prozentsatz unsererer schaffenden Künstler gegeben, diese Eigenschaften nach Belieben zum Leben zu erwecken, so wäre die ganze Programmmusik überflüssig. So aber ist sie ein notwendiges Übel, ein Gewand mit tiefsinnigen kabbalistischen Zeichen, das dazu dienen soll, eine grosse Leere, ein riesiges Nichts zu verdecken. Doch zurück zu Mahler. Der dritte, vierte und fünfte Satz braucht das eben geschilderte notwendige Übel wieder, nicht weil etwa Mahler nötig hätte, Gedankenarmut zu verhüllen — Gedanken treten in den Nietzsche'schen Versen der Textunterlagen genug zu Tage — sondern weil Mahler vor der Moderne eine tiefe Verbeugung macht, und die Moderne nur „in Nietzsche macht." Und wiederum können wir sagen, dass Mahler diese Konzessionen der Moderne garnicht zu machen braucht; das beweist uns aufs Schlagendste der letzte Satz mit seiner fast klassischen Einfachheit, mit seiner herzbezwingenden Melodik, mit seiner geistvollen, durchsichtigen thematischen Arbeit, seinen grossartigen Steigerungen — kurz mit all seinen überreichen Schönheiten. Warum bleibt Mahler nicht der, der er ist, sondern will scheinen als einer, der er nicht ist! Wenn Arthur Seidl in seinem Buch „Moderner Geist in der deutschen Tonkunst" etwas altertümelnd fragt: „Was dünket euch um Mahler?" — so können wir ebenso antworten. „Siehe, er dünket uns auf falscher Fährte!"

Dr. Max Burkhardt.

Aufführungen.

Altenessen, 17. April 1904. „Musikver." (K. Friedrichs). „Mignon-Ouverture"; Sopranlieder; Schumann Rob., „Zigeunerleben", Ballade für Chor und Orchester; Godard, Berceuse Jocal J., „Zigeunertanz", für Soli u. Orch.; Gade Niels W., „Comala", für Solost., Chor u. Orch.

Dresden, 9. März 1904. „Dresdner Chor-Verein und Barth'sche Madrigal-Vereinigung" (Dirigent Max von Haken). Hassler Hans Leo, „Luce negl' occhi"; Mozart W. O. „God is our Refuge"; Isaac Heinrich, „Innsbruck ich muss dich lassen"; Le Maistre, „Der Fuchs", altd. Volkslied; Gastoldi G. C., „Al marmorar" aus „Il Triomfo di Dori"; Donati Balthasar, „Villanella alla Napoletana"; Sartorius Thom., „Wolauff ir lieben geste; Mozart W. A., Musik zum Gebl·r'schen Drama „Thamos, König in Egypten".

Düsseldorf, 4. April 1904. M.-G.-V. „Philomele" (W. Speiser). Sturm, „Nordmännerlied"; Steinhauer, „Nachtgruss vom Rhein"; Wesseler, „Es stand ein Sternlein am Himmel"; Hülser, „Der alte Mühlbursch"; Zöllner, „Wanderschaft"; Speiser, „Der Lenz ist da"; Kern, „Unterm Fenster"; Schwartz, „Hans und Liesel"; Speiser, „Vorbei".

s. Gravenhage, 23. März 1904. „Königl. Gesangs-Vereinigung Cäcilia" (Henri Völlmar). Schumann R., „Verzweifle nicht", Doppelchor mit Orgel; Müller-Hartung C., „84. Psalm", Baritonsolo mit Chor und Orgel; Meyer-Olbersleben, Volkers „Schwanenlied"; Brandts-Buys L. F., op. 37 „In 't Woud"; Grieg Edw. „Das Nordlandvolk", „Königslied".

Hagen, 6. März 1904. „M.-G.-V. Teutonia" (W. Steinkühler). Mücke, „Gott grüsse dich"; Storch, „Nachtzauber"; Zöllner, „Der Todesritt bei Mars la Tour"; Greger, „An die Freude"; Koschat, „a'Herzlad"; Jäckel Ad., „Sängers Frühlingslied"; Löffler O., „Am Ammersee"; Rebbert, „Andreas Hofer"; Leiendecker, „Abendglöckchen"; Beethoven L. v., „Hymne an die Nacht"; Geyer, „Die Mühle"; Kirchl, „Ein blankes Wort"; Zant, „Schatzerl klein"; Schrader, „Es haben zwei Blümlein"; Schwartz, „Die Heimat"; Silcher, „Die 3 Röselein".

Innsbruck, 16. März 1904. „Musikverein" (Josef Pembaur). Wagner R., „Verwandlungsmusik und Schlussscene des 1. Aktes aus Parsival"; Stehle J. G., „Frithjofs Klage", mit Orch.; Neff Fritz, „Chor der Toten", mit Orch.; Pembaur Jos., „Thermopylae für Solo, Chor und Orch."; Wolf Hugo, „Der Feuerreiter", mit Orch.; Bruckner Ant., „Der 150. Psalm" mit Orch. und Orgel.

Köln, 20. März 1904. „M.-G.-V." (Prof. Jos. Schwartz). Schmeiser Jos., „Rheinisches Leben, rheinische Lust"; Simon Rud., „Die Verlassene"; Schulte Dr. M., „Nachts"; Krögel Arn, „Mädchen sind wie der Wind"; Kasper ... Schneider Jos., „a Busserl"; Neubner ... liedchen"; Schwartz Josef, „Zecherlust"; ... „Sardanapal", mit Baritonsolo und Orch.

M.-Gladbach, 20. März 1904. M.-G.... (W. Speiser). Sporr von, „Margret am Tor ... mein Lieb"; Franz R., „Marie am Fenster"; ... „Die Verlassene"; Gelbke H., „Einsamkeit" ... rauschen"; Wagner Hans, „Gotentreue"; ... Augenblicke"; Heuser, „Hünengräber"; Wesse... ein Sternlein"; Heuser, „Waldkönig"

Saargemünd, 18. März 1904. „M.-G.-V." ... Hegar, „Morgen im Walde"; Storch, „Nachtzau... „Stille Tal"; Weinzierl, „Heute ist heut"; ... Schenke".

19. März 1904. Mücke, „Gott grüsse d... „Schäfers Sonntagslied"; Jüngst, „Jägers ... Kremser, „Juchheissa"; Mendelssohn, „Frohe W... Wülfing, „Gott grüsse dich, mein Heimatta... „Heute ist heut"; Udel, „O, dat ist guat" ... Aysslinger, „Wonneleben am Rhein"; Isenma... ich"; Gumbert, „Liebestrank", Singspiel.

Siegen, 13. März 1904 „Musikverei... direktor Hofmann). Beethoven, „Coriolan-Ouv... „Litanei"; Brahms, „Geistl. Wiegenlied"; ... Brahms, „Ernste Gesänge III/IV"; Brahms... Requiem für Solo, Chor, Orch. und Orgel" ... Beines, Herr Harzen-Müller).

ild C., op. 11, Geistliches Lied . . .	—,60	—,80
». op. 19, Beim Begräbnis . . .	—,60	—,60
». op. 117, Du warst einst meine Seligkeit	—,60	—,60
». op. 118, O bleib bei mir . . .	—,60	—,60
C. Ad., op. 69,		
Mein Vaterland	1,20	1,20
Kriegsgesang	1,2	1,20
Echo	1,80	1,60
F., Guter Rat	—,60	—,60
e Carl, op. 5, Grüss' Gott	—,60	—,60
ski S., op. 42, Dort bin ich her . . .	—,60	—,60
. op. 43, Die Träne	—,60	—,80
. op. 44, Glöcklein im Tale . .	—,60	—,60
. op. 45, Sursum corda	.60	—,80
. op. 46, Rheinisches Leben . .	—,80	—,80
uessaw Arthur, op. 45, Sängerfahrt	—,80	—,80
A., Gesponnen (Volkston)	—,60	—,60
Gesellenlied „	—,60	—,60
der Waldfink „	—,60	—,60
Alfred, op. 18, O gönne mir den		
hlingstraum	—,40	—,80
er Wilh., Das Heidelberger Schloss	1,—	—,60
F. W., op. 7, Chor der Bergknappen	—,60	—,60
leinrich, op. 27,	Part.	Stimm.
n alten Tagen	—,80	—,80
ehüt' dich Gott	—,80	—,80
ass o Welt, o lass mich sein . . .	1,20	—,80
., op. 85, Die Krone im Rhein . .	2,—	2,—
rl. Das stille Tal (Volkston)	—,60	—,80
anz. Auf dem See	1,20	1,20
rg. op. 14, Turnerleben, Marschlied	—,60	—,80
R., op. 11, Herr, unsre Zuversicht	—,80	—,80
l, 2 Lieder,		
eimgruss	—,60	—,60
eimkehr		
Ferd., Ritter Raimund	2,40	1,60
B., op. 118,		
h so bald	—,40	—,80
let		
s Huhn und der Karpfen		

Männerchöre mit Begl.

	Part.	Stimm.
ilh., Im Arm der Liebe, humor. ka, mit Pfte. Kl.-A.	1,20	1,20
Wilh., op. 27, Gesellen-Wanderlied, fte. Kl.-A.	1,50	1,—
rm., op. 70, Für Freiheit, m. Orch.-Kl.-A.	2,—	1,20
op. 29, Abendfeier in Venedig, mit Orch., Harfe und Soli. Kl.-A. . .	2.	1,20
op. 32, Der Tau von Dunbar, mit Orch., Harfe und Soli. Kl.-A. . .	3,—	1,60
to, Wir bleiben Junggesellen, Polka te. Kl.-A.	2,—	1,50

Gemischte Chöre a capp.

	Part.	Stimm.
ttfr., op. 117, Der Weg zum Glück	—,80	—,80
lb., op. 51, Zur Fahnenweihe . .	—,60	—,60
op. 110, Mein Stern	—,60	—,60
op. 18,		
dsknechts Abschied	—,60	—,60
e Liebe		
rauschen		
F. E., Schweizerlied „Treibt die s", mit Sopransolo und Jodler . .	—,50	1,—

Schöne Heinrich, op. 29 I, Seligster Traum	—,80	—,80
do op. 29 II, Totenfeier . . .	—,60	—,60
do. op. 30, O Liebesglück, o Liebeslust	1,20	1,20
Speiser Wilh., Wilde Ros'	—,60	—,60
Vollhardt R., op. 10,		
1. Der Herr ist Meister	—,80	—,80
2. Gebet „Lieber Vater lehre mich . . .		
Wahl Carl, 4 Lieder,		
Ein Schifflein zieht zu Tale, Abschied, Maitag, Mein Herz ist am Rheine . .	—,80	—,80
Zahn Adolf, op. 7, Leid und Freud	—,80	1,20

Frauenchöre.

	Part.	Stimm.
Angerer, op. 117 (3-st.), a capp.	—,80	—,60
Bauer M., 28. Psalm, Wenn ich rufe zu Dir, do. f. 3-st. Ch., Sopransolo m. Org. o. Pfte.	2,—	—,50
Spielter Hermann, op. 69,		
1. Sommernacht (3-st. m. Pfte.)	1,20	—,45
2. Pfingstsonntag	1,20	—,60

Einstimmige Lieder.

	Preis
Spielter Hermann, op. 68, 3 Mädchenlieder f. Sopran,	
1. Mein Liebster ist ein Spielmann gut	1,50
2. Der neidische Mond	1,—
3. Vergebliche Frage	1,20

(Sämtliche in diesem Blatt angezeigten Werke sind stets durch H. vom Ende's Versandgeschäft zu beziehen.)

Deutsche Sänger am Missouri, Text von Konrad Nies, komp. für Männerchor, Soli und Orchester und Orgel ad libitum von Ernst Heuser op. 83. Verlag H. vom Ende, Köln, Klavierauszug M. 6, Chorstimmen à 50 Pfg. Ein sehr gefälliges, dankbares Chorstück hat uns der Kölner Komponist hier geliefert. Deutsche finden sich am Missouri zusammen beim goldenen Wein vom Rhein, es erklang das Lied von der Loreley, dann gedenkt einer (Tenor-Solo) vom Isar-Strande seines fernen Liebs in einfachen, aber ausdrucksvollen Klängen, ein braver Sohn vom Rhein (Bariton-Solo) feiert das liebende Mutterherz, ein Schwarzwälder (Bass) trinkt auf Deutschlands Glück und Segen. Da erklangen hell die Gläser, und tausendfältig stimmten sie ein „Auf Deutschlands Glück und Segen." Während der Chor ausklingt, ertönt im Orchester „Deutschland, Deutschland über Alles". Die musikalische Erfindung zeichnet sich durch edle Einfachheit aus, entbehrt aber nicht kernigen Schwunges. Wir empfehlen das schöne Werk, das sich auch für patriotische Gelegenheiten eignet, sehr. Zur Not kann es auch mit Klavierbegleitung aufgeführt werden.

Meine Göttin, für Sopransolo, gemischten Chor und Orchester von Karl Steinhauer op. 59. H. vom Ende, Köln. Steinhauer, städtischer Musikdirektor in Oberhausen, hat sich durch seine zahlreichen Männerchöre längst einen hochgeachteten Namen im musikalischen Leben errungen. Hier bietet er uns ein ganz aus modernem Empfinden entstandenes Werk für gemischten Chor. Als besondere Vorzüge sehen wir die durchaus sinngemässe Deklamation, die fliessende, durchwegsmelodiöse gehaltene Führung der einzelnen Stimmen, sowie die packenden Steigerungen an. Auch das Orchester, dem eine sehr selbständige Rolle zufällt, ist nach den Andeutungen im Klavierauszuge zu schliessen, sehr effektvoll behandelt. Zur glanzvollen Aufführung bedarf es eines guten, grossen Chors, sowie einer Sopranistin mit sieghafter, glanzvoller Höhe. Da es bereits mehrfach mit grossem Erfolg aufgeführt ist, sei es allen leistungsfähigen Chorvereinen zur Beachtung empfohlen. P.

= Aufführung steuerfrei! =

Als Antwort auf viele Anfragen teile ich den Herren Dirigenten und Vereins-Vorständen, sowie überhaupt meiner verehrten Kundschaft mit, dass meine Verlagswerke, ob **Chor-**, Violine-, Orchester- oder Gesangs-Kompositionen -- **steuerfrei** sind.

Ich empfehle Ihnen untenstehende **Neuerscheinungen** meines Chorverlages, und mit der Bitte, mir auch fernerhin Ihr geschätztes Wohlwollen zu bewahren, zeichne, Ihnen stets beste und billigste Bedienung zusichernd, mit Sangesgruss in Hochachtung

RICHARD KAUN, Berlin O., Grüner Weg 17.

In meinem Verlage sind 13 wirkungsvolle Basslieder erschienen, worauf ich die Herren Bassisten besonders aufmerksam mache.

	Part.	Stimm.
Borchert, W., Ecce quam bonum, „Wohlauf, ihr frohen Sänger"	0,75	0,90
Dellmeyer, Albert, Op. 14¹, Von der Spielmannsfahrt, „Es war der Mai gekommen"	0,40	0,60
dto. Op. 14², Ein Herz, das sich mit Sorgen, „Ein Herz, das sich mit Sorgen quält"	0,40	0,60
Drobegg, W., Melusine, „Es wohnt das Mädchen wunderhold"	0,60	0,80
Grossjohann, Cl., Das Vöglein, „Es kam aus Südens Auen"	0,60	0,80
Körner, Georg, Op. 15, O, Frühling, du selige Zeit, „Es duftet der Flieder"	0,60	0,80
Kurz, Paul, Op. 6, Ein deutsches Lied dem Vaterland, „Auf! entfalte deine Schwingen"	1.—	1.20
dto. Op. 9, Traum der Liebe, „O süsser Traum der stillen Nacht"	0,60	0,80
dto. Op. 11, Trutz-Trinklied, „Und lasst sie die Milch"	0,60	0,80
dto. Op. 65, Festgesang, II. Ausgabe, „Krönt den Tag, hell schalle Jubel"	0,60	0,80
Loesch, Max, Op. 80, Maientanz, „Ein fröhliches Liedel"	0,60	0,80
Malmene, Carl, Op. 8, Ein Himmelreich hat die Natur gegeben	0,60	0,80
Mendelssohn, Ludw., Op. 162, Meine Alpenwelt, „Was tun wir in den Alpen"	0,80	1,20
Scheyder, Ludw., Op. 61, Der Liebesschmied, „In Mädchenherzen hämmert es"	0,40	0,60
dto. Op. 6¹, Ueber Nacht, „Ueber Nacht, ihr Maienglöckchen"	0,40	0,60
Schulken, Herm., Op. 46, Der deutsche Männersang, „Erhebst du deine Schwingen"	0,60	0,80
Stix, Carl, Op. 184, Gute Mähr, „Ich weiss mir einen Rosenstrauch"	0,60	0,80
dto. Op. 185, Mädchenlachen, „Es sind in einer Laube"	0,60	0,80
Uschmann, Carl, Op. 126, Wanderlied, „Wie ist's so schön zu wandern"	0,40	0,60
dto. Op. 129, Gute Nacht, „Mutter Nacht, im Mantel grau"	0,40	0,60
dto. Op. 130, Ich trank den Tau, „Ich trank den Tau der Rose"	0,40	0,60
dto. Op. 137, Vögleins Abschied, „Ade ein Vöglein sang"	0,40	0,60

Vereine, welche meinen kompl. Chor-Katalog noch nicht besitzen, bitte ich denselben **gratis** zu verlangen. — **Ansichtssendungen bereitwilligst.** —

In der Sammlung „**Sangeslust**" jede Part. **10 Pf.**, jede Stimme **5 Pf.** wurden **neu** aufgenommen:

Girschner, Hüte dich, „Ich weiss ein Mädchen hübsch und fein."

Härtel, A., Abendständchen, „Ich grüsse dich."

Himmel, F. (arr. W. Handwerg), Gebet vor der Schlacht, „Vater, ich rufe dich." Dasselbe kann auch mit Doppel-Blas-Quartett ausgeführt werden.

Kinkel, Joh., Ritters Abschied, „Weh, dass wir scheiden müssen."

Klauer, F. G., Abschied vom Walde, „Lebewohl jetzt muss ich scheiden."

Kreutzer, C., Die Kapelle, „Droben stehet die Kapelle".

„ Die Kapelle, „Was schimmert dort."

Marschner, A. E., Ständchen, „Warum bist du so ferne."

„ Liedesfreiheit, „Frei, wie des Adlers."

Mendelssohn F., Jägers Abschied, „Wer hat dich."

dto. „Wenn sich zwei Herzen scheiden".

Mozart, W. A., Bundeslied, „Brüder reicht die Hand."

Schubert, A., Die Nacht, „Wie schön bist du, freundliche Stille.".

Silcher, Fr., „Ach du klarblauer Himmel."

dto. s' Herz, „Maidle, lass dir was verzähle."

dto. Lebewohl, „Morgen muss ich fort von hier."

dto. Liebesscherz, „Wo a klan's Hüttle steht."

dto. Mein Eigen soll sie sein, „Das Lieben bringt gross' Freud."

dto. Die drei Röselein, „Jetzt gang i an's Brunnele."

Silcher, Fr., „Was hab' ich denn meinem Feinsliebchen getan."

Volkslied, Heimweh, „Wenn der Schnee von den Alpen."

dto. Spinnerin, „Spinn, spinn meine liebe Tochter" (W. Bölke).

dto. Tal, dasstille, „Im schönsten Wiesengrunde" (Ad. Zander).

dto. Uebermut, „Mädchen, geb' Du" (W. Bolke).

dto. „Zu Strassburg auf der langen Brück" (Ad. Zander).

Zöllner, Carl, Das Lied vom Rheinwein, „Heda, Wein her."

dto. „Wo möcht ich sein."

Diese Sammlung wird ständig fortgesetzt.

Mein neuer Instrumental-Katalog (Orchester, Violine etc.) erscheint in ca. 14 Tagen und bitte ich „gratis" zu verlangen

Aufführungs- und steuerfreie Werke

aus H. vom Ende's Verlag, Köln a. Rhein.

Männerchöre mit Begleitung.

Brambach C. Jos., op. 100. **Caesar am Rubikon** mit Tenorsolo und Orchester. Klavier-Auszug netto Mk. 4.50. Chorstimmen à Mk. 1.—. Textbuch netto Mk. 0,10.

Die Sängerhalle schreibt über dies Werk:
Man kann das vorliegende opus als einen der glücklichsten Würfe aus Brambachs neuerer Schaffensperiode bezeichnen. Das Werk ist auch mittleren Vereinen schon zugänglich.

Woyrsch Felix von, op. 32. **Deutscher Heerbann.** Kantate für Chor, Solo u. Orchester. Klav.-Ausz. Mk. 4.50, Chorstimm. à Mk. 0,75, Orch.-Part. Mk. 18.— netto, Stimmen Mk. 0,30 netto.

(Befindet sich bereits in dem Repertoire vieler Vereine.)

Heuser Ernst, op. 33. **Deutsche Sänger am Missouri.** Klavier-Auszug Mk. 3.—. Chorstimmen Mk. 2.—. (Orchester, Part. und Stimmen in Abschrift.)

Männerchöre a capella.

vom Ende H., op. 14. **Heimgang aus dem Walde.** Part. Mk. 0,60, St. à Mk. 0,20. — op. 18. **Schönes Herzchen mein.** Partitur Mk. 0,60. Stimmen Mk. 0,80.

Heuser Ernst, **Waldkönig.** Partitur Mk. 0,60. Stimmen Mk. 0,80.

Krögel Arn., **Maienlust. Sechse, sieben oder acht,** Partitur Mk. 0,60. Stimmen Mk. 0,80.

Neubner O., op. 98. **Frühlingsfeier.** Partitur Mk. 2.—. Stimmen Mk. 1.60.

Labler W. **Auf dein Wohl, o du rhein. Maid.** Partitur Mk. 0,60, Stimmen Mk. 0,80.

Speiser Wilh., op. 65. **O lass mich jubeln.** Partitur Mk. 0.60. Stimm. Mk. 0,60.

Steinhauer C., op. 27. **Abschied von der Heimat.** Partit. Mk. 0.60. Stimm. Mk. 0,60.

Wülfing P. **Abschied im Rosenmond.** Partitur Mk. 1.—, Stimmen Mk. 1,—.

Durch jede Musikalienhandlung, sowie direkt vom Verlag zu beziehen.

Universal-Bibliothek für Musikliteratur.

			Mk.
Nr.	1-3.	**Dr. Emil Kneschke,** die 150jährige Geschichte der Leipziger Gewandhauskonzerte	1.20
Nr.	4-5.	„ „ „ Das Kgl. Konservatorium der Musik zu Leipzig. 1843 bis 1893 mit Illustrationen	1.—
Nr.	6-7.	**Dr. Oskar Fleischer,** Die Bedeutung der intern. Musik- und Theater-Ausstellung in Wien f. Kunst u. Wissenschaft d. Musik	1,—
Nr.	8.	**Rudolf Kleinecke,** Johann Strauss, ein Lebensbild	—.50
Nr.	9-10.	**Dr. O. Klauwell,** Formen der Instrumentalmusik	1,—
Nr.	11-12.	**Dr. Aug. Reissmann,** Dichtkunst und Tonkunst	1,—
Nr.	13-14.	do. Dichtungen für Musik	1,—
Nr.	15-17.	**H. vom Ende,** E. T. A. Hoffmanns musikal. Schriften	1,50
Nr.	18-20.	**Dr. O. Klauwell,** Geschichte der Sonate	1,50
Nr.	21-22.	**H. vom Ende,** Dynamik des Klavierspiels mit 325 Beispielen	1,—
Nr.	23-25.	**C. Witting,** Geschichte des Violinspiels	1,50
Nr.	26-27.	**H. König,** Der deutsche Männerchor	1,—

(Soeben in dieser Ausgabe erschienen.)

Wegweiser durch die Chorgesangliteratur

Ratgeber für Gesangvereine und Dirigenten.

Redaktion: Chr. Gehly, Köln, Cäcilienstr. 40.

Verlag: H. vom Ende, Trier, Deutschstr. 18.

nebst Beiblatt:

Der Sänger.

Offizielles Organ des Westdeutschen Sängerverbandes, Mosel-, Saar-, Nahe-Sängerbundes, des Mittelrheinischen, Rheinhessischen, Speyergau u. Oberwesterwäld.-Sängerbundes.

Erscheint am Endtage eines jeden Monats. Jahresabonnement: Mk. 1.50 u. 40 Pfg. Porto. Einzelnummer: 20 Pfg. Inserate kosten pro 4 mal gespaltene Petitzeile 20 Pfg.

Expedition: H. vom Ende's Musikalien-Versand, Trier, Deutschstrasse 18.

Nr. 8.	Köln und Trier, den 31. Mai 1904.	V. Jahrg.

TRIER, 31. Mai 1904.

P. P.

Hierdurch beehre ich mich, Ihnen die ergebene Mitteilung zu machen, dass das Geschäft des verstorbenen Herrn vom Ende, Firma:

H. vom Ende's Verlag und Musikalienversand in Köln,

*unterm 21. Mai mit dem Recht der Firmaführung in meinen Besitz übergegangen ist. Die Aktiva habe ich in ihrer vollen Summe übernommen, und bitte ich etwa noch ausstehende Beträge nunmehr an mich (H. vom Ende's Verlag und Musikalienversand, Trier, Deutschstr. 18) gelangen zu lassen. Von den Passiven sind nur diejenigen auf mich übergegangen, welche seit 1. Januar d. J. im Geschäftsbetriebe entstanden sind. Da das vom Ende'sche Geschäft hauptsächlich auf dem Verlag und dem Musikalienversand beruht, also nicht an den Ort gebunden ist, so verlege ich dasselbe nach Trier, dem Sitze meiner alten, seit nahezu 50 Jahren bestehenden Firma **P. Ed. Hoenes**, ohne die beiden Geschäfte mit einander zu vereinigen. Ich bitte den verehrten Kundenkreis der Firma vom Ende, auch dem neuen Inhaber des Geschäftes sein Vertrauen entgegenbringen zu wollen. Den unter vom Ende's künstlerischer Leitung angelegten **Verlag** werde ich in gleicher Weise auszubauen und zu erweitern bemüht sein, und bitte ich die Herren Komponisten und Autoren, dem Verlage ihr Interesse zu bewahren. Nicht minder werde ich das **Musikalien-Versandgeschäft** pflegen und durch Unterhaltung eines grossen Lagers sowie durch koulante Bedienung den grossen Kundenkreis noch zu erweitern suchen.*

*Die Monatsschrift „**Wegweiser durch die Chorgesangliteratur**" nebst Beiblatt „**Der Sänger**" (Schriftleiter: **Chr. Gehly in Köln**) wird weitergeführt und im Sinne des heimgegangenen Begründers ausgestaltet werden. Im Erscheinungstermin ist insofern eine Änderung eingetreten, als das Blatt in der Folge nicht am 26., sondern jeweils **am Endtage des betr. Monats** zur Ausgabe gelangen wird. An die zahlreichen Freunde des „Wegweiser" ergeht die herzliche Bitte, das Bemühen der Redaktion, im Verein mit einer Anzahl angesehener Fachschriftsteller eine gediegene und erschöpfende Rundschau über alle den künstlerischen Interessenbereich des Leserkreises berührenden Vorkommnisse zu schaffen, durch gelegentliche Zusendung von Nachrichten, Konzertprogrammen (zur Aufnahme unter der Rubrik „Aufführungen") usw. nach Möglichkeit zu unterstützen. Alle die **Schriftleitung** betreffenden Zuschriften und Sendungen sind nach **Köln, Cäcilienstrasse 40**, zu leiten; die Expeditions-Angelegenheiten werden von **Trier, Deutschstrasse 18**, aus ihre Erledigung finden.*

Dem Chorgesange werde ich schon aus persönlicher Neigung meine besondere Aufmerksamkeit widmen.

Hochachtungsvoll!

***P. Ed. Hoenes**, Hofmusikalienhändler,*

Inhaber der Firma

H. vom Ende's Verlag und Musikalien-Versand, Trier, Deutschstr. 18.

81. Niederrheinisches Musikfest zu Köln.

Mit Glanz und Festesgepränge ist auch diesmal das niederrheinische Musikfest begangen worden; allerdings wehte wie ein wehmütiger Hauch das Gedenken an den verstorbenen Altmeister Wüllner durch die Festesfreude des ersten Tages: war doch am Morgen in Melaten durch General-Musikdirektor Steinbach das Denkmal Wüllners enthüllt worden, das freilich für ihn wenig zu passen scheint, da es weder der Eigenart Wüllners entspricht, noch Porträtähnlichkeit zeigt.

Da uns hier vorzüglich die Chöre interessieren, so sei zuerst über diese berichtet. Das Hauptwerk des ersten Abends bildete das Oratorium „Die Apostel“ von Edward Elgar, einem englischen Komponisten, auf den jetzt sein gesamtes Vaterland als auf den Schöpfer eines neuen religiösen Stils mit Stolz blickt. Freilich entdeckt der Kenner sofort, daß der Stil eine weiche, sinnliche Tristanchromatik ist und daß die religiösen Momente vom Parsifal abstammen; auch daß der einfache Bibeltext mit seiner keuschen Naivität zu dieser schwülstigen, schwülen, farbenschimmernden Musik nicht recht passen will. Aber das Können Elgars muß auch dem Kenner unbedingt Hochachtung abzwingen. Er beherrscht die gesamte Technik seiner Kunstmittel außerordentlich, und wenn über dem Spielen mit dem äußern, technischen Apparat die Innerlichkeit bisweilen leidet, so ist das ein Fehler, der nicht zu den schlechtesten gehört. So versäumt Elgar manchmal über dem kunstvollen Aufbau der Ensemblesätze von Chor und Solo die durchsichtige Klarheit des Stimmgewebes, oder er verfällt in eine pietistische Redseligkeit, die sich in Längen uns bemerkbar macht. Aber wie gesagt: Hut ab vor dem Können des Komponisten, der übrigens persönlich über den Beifall des Publikums quittieren konnte. „Der zufriedengestellte Aeolus“ von Joh. Seb. Bach ist eine Kantate, die uns den großen Meister mit Witz und Humor begabt erscheinen läßt; es ist eine Gelegenheitskomposition, die in den Rahmen des Musikfestes nicht so recht passen wollte, ganz abgesehen davon, daß Herr Bertram dem Koloraturton der Lacharie nicht gewachsen war. Das Brahmssche „Triumphlied“, op. 55, und das „Sanctus“ aus op. 35 von Bruch gleichen sich darin, daß sie im Chorsatz sowohl in Stimmführung wie im Aufbau meisterhaft gearbeitet sind und zur Entfaltung möglichster Tonfülle alle zur Verfügung stehenden Register ziehen. Der „Brahms“ ist übrigens kein alter schwerer Wein, sondern ein recht harmloser junger, den eifriges Studium von Bach und Händel ausgegohren haben mag. Richard Strauß' „Taillefer“ soll ein volkstümliches Werk sein. Sieht man freilich die Riesenpartitur mit 32 Liniensystemen, liest man von 16 Bratschen, Holzbläsern in je 6-facher Besetzung, 8 Hörnern, 4-fach geteilten Geigen und hört gar den Tumult der Schlacht, so beginnt sich ein leiser Zweifel zu regen, ob hier noch von Volkstümlichkeit die Rede sein kann. Allerdings haftet den beiden Hauptthemen, dem des Taillefer und dem Rolandslied ein volkstümlicher Zug an, der fast zum Mitsingen reizt. Auch ist der Chorsatz nicht allzu schwer geschrieben, weil er viel unisono-Stellen enthält; aber im großen Ganzen dünkt uns dieser Strauß das Tollste an Polyphonie, Harmonik usw., was der Führer der Modernen je geschrieben. Allerdings äußert sich seine Meisterschaft im Umformen, im kontrapunktischen Verweben der Themen; auch in dieser Beziehung ist im Taillefer Außerordentliches geleistet.

Den Schluß des Festes bildete eine glänzende Gesamtleistung: die Festwiese aus den „Meistersingern“. Hier schien der Chor sich zum ersten Male zu besinnen auf seine vielgerühmte rheinische Sangesfreudigkeit, die an den ersten Tagen wohl unter den anstrengenden Proben usw. ein wenig gelitten hatte.

Die Orchesterdarbietungen erreichten mit der F-moll-Symphonie von Brahms ihren Höhepunkt; von Steinbach mit einer Menge künstlerischer Freiheiten und Feinheiten ausgestattet, die manches Herbe linderten, manche Schatten heller belichteten, wirkte diese Symphonie geradezu hinreißend. Auch Beethovens siebente und Haydns Es-dur-Symphonie waren prächtige Leistungen des Orchesters; letztere zwischen Richard Strauß und Max Schillings stehend, bewies wieder einmal schlagend die unverwelkliche Frische unserer klassischen Kunst.

Von den Solisten ragte Frau Rüsche-Endorf hervor, deren Stimme jugendlicher klang denn je und an allen 3 Tagen durch die Vorzüge eines geschmackvollen Vortrags sowie einer gemütvollen Innigkeit getragen wurde. Frau Metzger entfaltete mit ihrem pastosen Alt Klangschönheiten ersten Ranges; die dramatische Lebendigkeit und Wärme ihres Vortrags kennen wir ja von der Bühne her. Frl. Becker bot in ihrem kleinen Solo eine ganz nette Leistung. Herr J. M. Orelio enttäuschte uns ein wenig; seine Aussprache verrät doch den Ausländer zu sehr, und der Stimme mangelt es an Glanz und Tragfähigkeit. Auch Herr Dr. Felix von Kraus, von dem man sonst nur das Beste hört, schien nicht gut disponiert zu sein; freilich überragte er im geschmackvollen Singen Herrn Bertram um ein Bedeutendes. Letzterer enfaltete zwar mächtige Tonfülle und war herrlich bei Stimme; aber wie er z. B. die Grenadiere von Schumann verunstaltete, war höchst unkünstlerisch und gehört nicht auf ein Musikfest. Herr Heinrich Knote kam erst am dritten Tage so recht zur Geltung, als er in der Gralserzählung und in Walters Preislied sich im Fahrwasser des Bühnengesanges bewegte und hier prachtvolle Töne prägte; allerdings nur im Forte, während das mezza voce wirklich seine „schwache“ Seite ist. Erwähnen wir noch die Klaviervorträge Paderewskis, die sich zwischen blendenden technischen Paradestücken, Stillosigkeiten und feinsten Anschlagsnuancen bewegten, sowie den hochbedeutenden Vortrag des Hexenliedes durch Dr. Wüllner, so haben wir aller gedacht und schließen nochmals mit Worten wärmster Anerkennung und Bewunderung für den Leiter des Ganzen, Fritz Steinbach.

Dr. Max Burkhardt.

Nationaler Gesangwettstreit in Bonn a. Rh.

Der „**Bonner Liederkranz**" veranstaltete in den verflossenen Pfingsttagen anläßlich seines silbernen Jubiläums einen größern Sängerwettstreit, und viele Vereine von nah und fern waren dem Rufe der festgebenden Körperschaft gefolgt, um im edlen Kampfe um die Palme des Sieges zu ringen.

Nach einer Bestimmung des „Liederkranz" zerfielen die konkurrierenden Vereine in zwei Abteilungen: eine Klasse für Vereine aus Städten und eine Klasse für Landvereine. Die Städteklasse wies zwei Unterabteilungen auf, von denen die erste alle städtischen Vereine mit mehr als 70 Sängern, die zweite Klasse alle städtischen Vereine mit 45 bis 70 Sängern umfaßte. Die Landvereine gliederten sich in drei Klassen mit mehr als 45 Sängern, 30 bis 45 Sängern und bis zu 30 Sängern. Das Preissingen begann am ersten Pfingstfeiertag nachmittags 3 Uhr mit dem Wettsingen der Landvereine und um 5 bezw. 6 Uhr mit dem Wettsingen der beiden Städteklassen. Als Preisrichter fungierten die Herren: Musikdirektor Baselt aus Frankfurt a. M., Grüters, stadt. Musikdirektor, Bonn, Peter Haas aus Köln, Ernst Heuser aus Köln, Musikdirektor Hopfe aus Barmen, Kgl. Musikdirektor Arno Krögel aus Köln, Mai aus Aachen, Ottomar Neubner aus Köln, Musikdirektor Schauß aus Wiesbaden, Musikdirektor Seuff aus Darmstadt, Seminar-Musikdirektor Voutz aus Siegburg und Prof. Dr. Leonh. Wolff aus Bonn.

Zum Wettstreit in der **ersten Stadtklasse** hatten sich 4 Vereine eingefunden und zwar: Männer-Quartett Aachen (110 Sänger), Liedertafel Heidelberg (136 Sänger), Quartett-Verein Köln-Nippes (100 Sänger) und Sängerbund Hemer-Iserlohn (58 Sänger). Jeder Verein hatte den Preischor: Gesang der Goten an Alarichs Grab von Zerlett und einen selbstgewählten Chor zu singen. Während das Aachener Männer-Quartett unter Leitung seines auf Sängerwettstreiten erprobten Dirigenten Robert Geyr sich in Schuberts feingegliederter „Sehnsucht" eine klassische Aufgabe gestellt, deren vollendete, echt künstlerische Durchführung dem Vereine höchstes Lob einbrachte, lieferte der Quartett-Verein Köln-Nippes (Dirigent: Aug. Thelen) in der Wiedergabe des dramatisch angelegten und in seiner Steigerung ungemein wirksamen Chores „Der Feuerreiter" von Mathieu Neumann eine Leistung allerersten Ranges. Die Heidelberger Liedertafel, die sich Curtis Komposition „Hoch empor" zum Vortrag gewählt, sowie der numerisch schwache Sängerbund Hemer-Iserlohn (Wahlchor: „Gotentreue" von Angerer) vermochten den beiden vorgedachten Vereinen kein Paroli zu bieten.

Die Jury entschied wie folgt:

1. Preis: Quartett-Verein Köln-Nippes.
2. Preis: Aachener Männer-Quartett, Aachen.
3. Preis: M.-G.-V. Liedertafel, Heidelberg.
4. Preis: Sängerbund Hemer-Iserlohn.

In der **zweiten Stadtklasse** kämpften 5 Vereine um den Preis. Das Wettsingen hatte folgendes Ergebnis:

1. Preis: M.-G.-V. der Firma Bergische Stahl-Industrie Remscheid. Gewählter Chor: Schwedenritt von W. Sturm.
2. Preis: Bochumer Männergesangverein. Gewählter Chor: Morgenlied von Rietz.
3. Preis: M.-G.-V. Germania, Siegburg. Gewählter Chor: Die drei Worte des Glaubens von Zöllner.
4. Preis: M.-G.-V. Fidelio, Godesberg. Gewählter Chor: Totenvolk von Hegar.

Beim Wettstreit der **Landvereine** gingen in der ersten Klasse unter 5 Vereinen als Sieger hervor:

1. Preis: M.-G.-V. Eintracht, Endenich. Gewählter Chor: Den Toten vom Iltis von Fr. Curti.
2. Preis: Sängerbund Sieglar. Gewählter Chor: Seesturm von Brambach.
3. Preis: Cäcilia Kessenich. Gewählter Chor: Kaiser Friedrich von Math. Neumann.
4. Preis: Quartettverein Longerich. Gewählter Chor: Der Jäger Heimkehr von Ottomar Neubner.

In der zweiten Klasse (8 wettstreitende Vereine):

1. Preis: Eintracht Weißenthurm. Gewählte Chöre: Wie hab' ich sie geliebt von Möhring und Mein Heimatland von Ullrich.
2. Preis: Liedertafel Ippendorf. Gewählte Chöre: Dem Rhein mein Lied von Schwartz und Mein Heimatland von Ullrich.
3. Preis: Pfarr-Cäcilien-Gesangverein Spich. Chöre: Rheinwein v. Lenbach und Des Sohnes Heimkehr von Frhr. v. Leutrum-Ertingen.
4. Preis: Eintracht Hangelar. Chöre: Sei unverzagt von Marschner und O bleib bei mir von Fr. Ullrich.
5. Preis: Cäcilia Gran-Rheindorf. Chöre: Siegesbotschaft von M. Neumann und Es haben zwei Blümlein geblühet von Schrader.

In der dritten Klasse (7 wettstreitende Vereine):

1. Preis: Altenessener Männergesangverein. Chöre: Des Kindes Sehnen von Mitkiewicz, Ossian von Dunker.
2. Preis: Eintracht Lengsdorf. Chöre: In den Alpen von Hegar, So viel Stern am Himmel stehen von Engelsberg.
3. Preis: M.-G.-V. Kessenich. Chöre: Sei unverzagt von Marschner, Einkehr von Zöllner.
4. Preis: Cäcilia Oberkassel. Chöre: Barbarossa von Wiesner, Lützows wilde Jagd von C. M. v. Weber.
5. Preis: M.-G.-V. Mondorf. Chöre: Im Maien von Jos. Werth, Des Wiegenliedes Zauber von Fr. Ullrich.

Der Morgen des Pfingstmontag war dem **Ehrenpreissingen** vorbehalten, das nachfolgendes Resultat ergab:

Landvereine. Klasse 1b.

1. Ehrenpreis: Quartettverein Longerich.
2. „ M.-G.-V. Eintracht, Endenich.

Klasse 2b

1. Ehrenpreis: Pfarr-Cäcilien-Gesangverein Spich.
2. „ M.-G.-V. Liedertafel, Ippendorf.

Klasse 3b.

1. Ehrenpreis: M.-G.-V. Kessenich.
2. „ M.-G.-V. Cäcilia, Oberkassel (Siegkreis).

Da die Leistungen der beiden vorgenannten Vereine als gleichwertig anerkannt wurden, erfolgte die Entscheidung durch das Los.

1. Stadtklasse.

1. Ehrenpreis: Aachener Männer-Quartett-Aachen.
2. „ Quartett-Verein Köln-Nippes.

Der Sängerbund Hemer-Iserlohn erhielt eine lobende Anerkennung.

2. Stadtklasse.

1. Ehrenpreis: Bochumer Männergesangverein.
2. „ M.-G.-V. der Firma Berg. Stahl-Industrie.

Der Nachmittag vereinigte sämtliche preisgekrönten Vereine zu einem **Primavista-Singen** um die beiden höchsten Ehrenpreise. Als Stundenchor war den konkurrierenden Landvereinen ein Altdeutsches Minnelied von Fr. Eschweiler, dem Dirigenten des festgebenden Vereins, zugedacht. Sieger im Kampfe blieb der Altenessener M.-G.-V., der als Preis einen vom Herzog von Sachsen-Koburg-Gotha gestifteten Ehrenschild davontrug.

Das Hauptinteresse der Musikfreunde konzentrierte sich jedoch auf das Primavista-Singen der städtischen Vereine, die mit dem Stundenchor „Liebestraum" von Fr. Ullrich in die Schranken traten. Als Ehrenpreis hatten Prinz und Prinzessin Adolf von Schaumburg-Lippe eine silberne Vase gestiftet. Quartett-Verein Köln-Nippes und Aachener Männer-Quartett erwiesen sich auch hier wieder als ebenbürtige Gegner: sie erstritten sich die gleiche Punktzahl (217). Infolgedessen mußte dem Lose die Entscheidung anheimgegeben werden. Dieses entschied zu gunsten des Quartett-Vereins Köln-Nippes und sicherte so dem Träger des 1000 Markpreises die Ehrengabe der hohen Stifter. Nach Beendigung des Wettstreits fand sich eine Anzahl Vereine in der Beethovenhalle ein, wo als Abschluß des Festes die feierliche Preisverteilung stattfand.

„Im Anfang war der Rhythmus".

Von fachmännischer Seite gehen der „Frankf. Ztg." einige kritische Bemerkungen zu dem in den Pfingsttagen zu Hechtsheim bei Mainz abgehaltenen Gesangwettstreit zu, die nicht allein auf den vorgedachten Wettstreit, sondern auf eine ganze Reihe derartiger Veranstaltungen zutreffen und deshalb allgemeinerem Interesse begegnen dürften. Schreiber betont, daß die dargebotenen Leistungen zu mancherlei anerkennenden und lobenden Äußerungen, namentlich im Hinblick auf ernstes und gewissenhaftes Streben seitens der wettsingenden Vereine Veranlassung böten, daneben aber auch zu einigen Ausstellungen. „In dieser Hinsicht ist zunächst die zu große

beiden ersten Klassen zu bemängeln; der Werthsche Chor („Normannenzug“), musikalisch interessant und bedeutend, ragte weit über das Maß von Schwierigkeit hinaus, das hier angebracht war; nicht ein Verein der ersten Klasse, der er aufgegeben war, sang ihn durchaus zufriedenstellend. In diesem Punkt sollte endlich in unserem — so florierenden — Wettgesangwesen eine entschiedene Wandlung platzgreifen. Man wähle leichtere und namentlich auch dem Volksempfinden faßlichere Chöre; man sei mit Moll besonders behutsam, und man wird der guten Sache mehr nützen, als mit schweren Chören, die das Studium für die Sänger und die Dirigenten zu einem qualvollen machen und in ästhetischer Hinsicht infolge ihrer mangelhaften Ausführung nur Unheil anrichten können. Schließlich sei noch hingewiesen auf die oft so mangelhafte Rhythmik, auch in ganz einfachen, natürlichen Gesängen; sie ist zweifellos zumeist die Frucht des Bestrebens, dem Text und der Musik einer Stelle einen ganz besonders gewählten Ausdruck zu geben. Möchten die Dirigenten auch der kleinsten ländlichen Vereine stets des Wortes Hans v. Bülows eingedenk sein: „Im Anfang war der Rhythmus!“

Im Anschuß an vorstehende kritische Bemerkungen möchten wir noch nachdrücklich auf eine Erscheinung hinweisen, die namentlich in letzter Zeit mehr denn je auf Gesangwettstreiten zu beobachten ist: wir meinen die stellenweise recht ungeschickte Wahl der zum Konkurs angemeldeten Chöre. Daß kleinere und kleinste Vereine sich mutig an die Bewältigung großer und schwieriger Aufgaben heranwagen, ist ja an und für sich lobenswert und stellt dem Streben der betr. Körperschaften wie der Dirigenten ein rühmliches Zeugnis aus. Mit ca. 30 wenig geschulten Sängern aber z. B. Hegars „Totenvolk“ oder andere komplizierte und auf Massenwirkung berechnete Chorwerke „erschöpfen“ zu wollen, ist ein Unterfangen, das notwendiger Weise ein Fiasko im Gefolge haben muß, abgesehen davon, daß es ein künstlerisches Attentat gegen den betr. Komponisten bedeutet. Auf dem Gesangwettstreit in Bonn kam, wie uns von authentischer Seite mitgeteilt wird, in einer Konferenz der Preisrichter vorstehend berührte Angelegenheit zu eingehender Besprechung. Es wurde betont, daß namentlich bei den kleinen ländlichen Vereinen die Anforderungen der Wahlchöre vielfach über das technische Vermögen der vortragenden Sänger hinausgegangen; es sei deshalb oftmals die Wiedergabe der betr. Werke für Jury und Zuhörer wenig erquicklich gewesen. Dagegen hätten die betr. Vereine beim Vortrag leichterer Chöre, und namentlich beim Singen von Volksliedern, so überraschend Gutes geboten, daß man kaum hätte glauben wollen, daß es dieselben gewesen, die am Vortage so ungünstig abgeschnitten. Wir richten deshalb an die einsichtsvollen Leiter kleinerer Vereine den dringenden Appell, eingedenk des Spruches „Nemo ultra posse obligatur“ ihren Vereinen nur solche Werke als Wettstreit-Chöre zu empfehlen, denen die Sänger technisch gewachsen und deren restlose Erfüllung durch die numerische Stärke gewährleistet ist. Sie werden bei Befolgung unserer Aufforderung zunächst sich selbst, dann aber auch dem heiligen Geist der Musik dienlich sein.

Musikplagiate.

Ein Mitarbeiter der „Münch. Ztg.“ gibt einige drastische Beispiele zum besten, wie das siebente Gebot auch von berühmten Komponisten übertreten worden ist. Nur aus Kuriosität zählen wir einige Plagiate auf. Karl Maria v. Webers Jägerchor im „Freischütz“: „Was gleicht wohl auf Erden“ ist Note für Note das berühmte Lied: „Marlborough s'en va-t-en guerre“, nur mit dem Unterschied, daß dieses Lied im [illegible] Takt geht und Weber [illegible] genommen hat. Während in Mozarts „Zauberflöte“ der fromme Tamino seine Pamina durch Feuer und Wasser führt, singen die schwarzen Männer unter dem düsteren Accompagnement die uralte Kirchenmelodie ab: „Ach, Gott vom Himmel, sieh darein und laß dich doch erbarmen!“ Ludwig Spohr hat sein berühmtes Duett in „Jessonda“ „An Alexis send ich dich“ von Himmel zugeschnitten. Scribe machte aus Spindlers Roman: „Die Nonne von Gnadenzell“ das Libretto der Oper „Robert der Teufel“, und der Komponist Giacomo Meyerbeer bildete das Ballet der Nonnen dem Tanze der gespenstischen Mehlsäcke in dem alten Wiener Singspiel „Die Teufelsmühle am Wienerberge“ nach. Die berühmte Arie Roberts: „L'or est une chimère“ ist, wie August Lewald feststellte, nichts als der alte, originelle Münchener Schäfflertanz, der freilich jetzt nicht mehr bei dieser Volksbelustigung aufgespielt wird. Aus der aus der Gruft erschallenden „Sabat infernal“ ist sehr deutlich die Beschwörung des Zauberers in dem alten Singspiel „Der lustige Schuster“ von Hiller und Standfuß herauszuhören, in der Szene, wo die Dämonen das Weib des Schusters und die Gräfin über die Bühne tragen. Die Hugenottenlieder in Meyerbeers „Hugenotten“ bis nahe an dem „Couvre-feu“ des Nachtwächters im dritten Akt, ebenso der begeisterte Triumphgesang mit Harfenbegleitung der dem Tode entgegenschreitenden drei Hauptpersonen sind, wie festgestellt, Note für Note alten Liedern abgeschrieben, und Einzelheiten im Parte des „Marcel“ sind Note für Note im alten Calvinischen Liederbuch zu finden. Alle Welt kennt das reizende Motiv „Di tanti palpiti“ aus Rossinis „Tankred“. Rossini hat es nicht ersonnen. Der Komponist des Motives ist Burroni. Als Chor wurde das Musikstück unter dem Namen „Litania della santa casa“ in allen Kirchen Italiens gesungen. Rossini hörte den Chor und war von dem Zauber und der Einfachheit der Melodie so ergriffen, daß er sie einfach Note für Note verwendete. Die musikalische Welt weiß, welches Glück er damit machte. Nur eines Plagiates sei aus Kuriosität noch gedacht. Im Jahre 1782 stand in der „Leipziger Zeitung“ folgende Erklärung: „Ein gewisser Mensch, Namens Mozart in Wien, hat sich erdreistet, mein Drama „Belmonte und Constanze“ zu einem Operntext zu mißbrauchen. Ich protestiere hiermit feierlich gegen den Eingriff in mein Recht und behalte mir Weiteres gegen diesen Plagiator vor. Christ. Friedr. Brettner, Verfasser des „Räuschchens“. Wer kennt noch den Verfasser des „Räuschchens?“ (Das Stückchen selbst ist in der Reklamschen „Universalbibliothek“ zu finden.)

Das Volkslied in Österreich. Wie bekannt, hat sich im Jahre 1903 in Deutschland eine Kommission gebildet, die sich das Studium des Volksliedes und die Herausgabe einer Publikation über dasselbe zur Aufgabe gestellt hat. Es dürfte daher für die Öffentlichkeit von Interesse sein, daran zu erinnern, daß, bevor noch in Deutschland die Aufmerksamkeit sich dem Studium und der Bearbeitung des Volksliedes zugewendet hat, diese Idee in Österreich zur Geltung kam, indem von seiten der Unterrichtsverwaltung in einem an alle Landesstellen gerichteten Erlasse vom Juni 1902 auf die besondere Bedeutung des Volksliedes, speziell des österreichischen, hingewiesen und mit der Sammlung des einschlägigen Materials begonnen wurde. Desgleichen hat sich auch in der österreichischen Universal-Edition-Aktiengesellschaft in Wien ein Verleger gefunden, der sich im Prinzip zur Herausgabe einer derartigen, sowohl allen Anforderungen der Wissenschaft entsprechenden als auch populär gehaltenen universellen Sammlung der österreichischen Volkslieder bereit erklärte. Auch hat der auf dem Gebiete des Volksliedes als Autorität allseits bekannte Reichsratsabgeordnete Prof. Dr. Pommer diesem Unternehmen seine volle Kraft zur Verfügung gestellt. Für dieses mit großen pekuniären Opfern verbundene Unternehmen ist die erste finanzielle Grundlage dadurch geschaffen worden, daß von seiten der Unterrichtsverwaltung bereits in den Staatsvoranschlag des laufenden Jahres ein, wenn auch zunächst bescheidener Betrag als erste Rate für diesen Zweck eingestellt wurde, so daß die Fortsetzung der Aktion als gesichert angesehen werden kann.

Zur gefl. Beachtung! Die beiden letzten Fortsetzungen des Werkes **Der deutsche Männerchor** von A. König werden der Juni- resp. Juli-Nummer des „Wegweiser“ beigelegt werden.

Die nachteiligen Folgen der Tantiemenwirtschaft für die Kunst.

Und weiter wogt der Kampf um das Aufführungsrecht. „Tantiemepflicht!“ schallt's von der einen, „Aufführungsfreiheit!“ von der andern Seite. In letzter Zeit hat Dr. Georg Göhler wieder zu der viel ventilierten Frage das Wort genommen und in einer ziemlich umfangreichen Broschüre, die sich „Keine Konzert-Tantiemen! Ein Aufruf an alle Freunde der deutschen Kunst“ betitelt, die Gründe niedergelegt, die ihn zu einer bedingungslosen Ablehnung der Tantiemen und zur energischen Bekämpfung aller Besteuerungsversuche veranlassen. Das Schriftchen beschäftigt sich in seinem 1. Kapitel mit dem „Aufführungsrecht nach dem Urheberrechtsgesetz vom 19. 6. 1901“; Herr Dr. Göhler sucht hier darzutun, daß die Bestimmungen der betr. lex nicht dazu angetan seien, dem Schutze der allgemeinen Kunstpflege zu dienen. Man habe ein Gesetz geschaffen, das die Wirklichkeit, die vorhandenen Zustände außer acht lasse, und ein Recht eingeführt, das die schwersten Schäden bringe und dessen Durchführung unmöglich sei. Kapitel 2 richtet sich gegen „das bisherige Verfahren der Tantieme-Anstalt“, die plötzlich mitten in der Saison, wo eine Abänderung der langer Hand vorbereiteten Programme nur schwer möglich gewesen, mit ihrer Forderung von Pauschalsummen hervorgetreten sei und dadurch gezeigt habe, daß es nicht in ihrer Absicht liege, Rücksichten zu brauchen. Weiter kritisiert Herr Göhler das Tonsetzerverzeichnis — das auch von dieser Stelle mehrfach beleuchtet worden — und weist dann an einer Reihe von Einzelfällen nach, wie die Anstalt ihren „Betrieb“ aufzufassen gewillt ist. Das Verhältnis der Anstalt zu den Verlegern einerseits und den Komponisten anderseits wird in den Unterabteilungen b und c näher besprochen. Kapitel 3 des Werkchens beschäftigt sich eingehend mit der „Gegnerschaft gegen die Anstalt“, während in Abschnitt 4 die materiellen Ergebnisse der Tantieme-Anstalt geprüft und die schwerwiegende Frage aufgeworfen (und in verneinendem Sinn beantwortet) wird, ob das finanzielle Resultat der Anstalt den Erwartungen des Gesetzgebers entsprechen und einen Segen für die deutsche Kunstpflege bedeuten werde. Kapitel 6 bringt „positive Vorschläge“ und Abschnitt 7 die Erörterung der Frage„: Wie soll man sich jetzt zur Tantieme-Anstalt stellen?“ Im Anhang finden wir neben dem Verzeichnis der Mitglieder der Genossenschaft deutscher Tonsetzer und einer Erklärung einer Reihe von Verlegerfirmen gegen die Anstalt einige Winke zum Kapitel „Aufführungsrecht-Frage“.

„Die künstlerischen Folgen der Tantiemenwirtschaft“ oder richtiger die nachteiligen Folgen der Tantiemenwirtschaft für die Kunst bespricht Kapitel 5 des Werkchens; die diesbezüglichen Ausführungen erscheinen uns so treffend und so allgemein interessierend, daß wir es uns nicht versagen wollen, dieselben nachstehend im Wortlaut folgen zu lassen. Der Verfasser erwähnt zunächst, daß sehr viele um der Kunst willen arbeitende Institute die Summen, die sie für Tantiemen ausgeben müssen, natürlich durch verminderten Ankauf von Novitäten zu ersparen suchen würden, daß viele, um überhaupt der Steuer aus dem Wege zu gehen, die wenigen Novitäten, die etwa steuerpflichtig wären, umgehen und ihre Programme anderweitig bestreiten würden, da ihnen ja von einer Reihe von Verlegern gute neue Musik ohne Tantieme geboten werde. Es sei dies immerhin zu bedauern, wenn man bedenke, daß z. B. die Propaganda für Bruckner und Wolf dadurch erschwert werde. Dr. Göhler fährt dann fort:

„Die Kunstpflege wird also direkten Schaden haben. Sie hat aber auch ideellen Schaden dadurch, daß noch mehr Geschäftsgeist in das Konzertwesen hineingetragen und daß der Idealismus der Konzertgeber, Verleger und Komponisten, der doch bei vielen Angehörigen der drei Stände vorhanden ist, immer mehr untergraben wird.

Jetzt müssen sie alle notgedrungen immer mehr Geldnaturen werden; der Komponist hat keine Verfügung mehr über seine Aufführungsrechte, die Verleger auch nicht, der Aufführende muß alles gegen bar von der Anstalt beziehen. Da geht schließlich auch dem opferfreudigsten Dirigenten der Opfersinn drauf, und er läßt die „gegen Aufführung geschützten Komponisten“ gern im Besitz ihres schönen Selbstaufführungsrechtes.

Und wie dankbar waren früher viele dieser jetzigen Steuerkomponisten, wenn ein Konzertinstitut sich dem Defizit aussetzte und überhaupt eines ihrer Werke aufführte! Wie gern stellten sie ihm sogar Noten zur Verfügung und schrieben Dankbriefe. Von wie vielen kamen Bittbriefe; wie oft wendeten die Dirigenten, ohne sich einen Pfennig „Durchsichtstantieme“ zahlen zu lassen, eine Menge Zeit an die Prüfung von Novitäten und setzten ihre ganze Persönlichkeit für neue Kunst ein, die die Kritik ebenso oft ablehnte!

Das ist, Gott sei Dank, nun nicht mehr üblich. Jetzt heißt's: Erst bezahle, mein lieber Konzertgeber, dann darfst du das hübsche Experiment machen!

Oh, die Komponisten werden noch viel geschäftsklüger werden durch die Tantiemenlockungen.

Seht doch, welchen Segen die Theatertantiemen geschaffen, wie sie die Produktion angeregt haben. Als die Bauernehre so viel einbrachte, schossen die musikalischen Einakter wie Pilze aus der Erde; seit wir Tantiemen haben, gibt es die schönen blöden tantiemereichen „Lustspiele“, mit denen der Kunstgeschmack unserer Theatergänger gehoben wird, die alle nicht dem Bedürfnis, etwas Künstlerisches zu schaffen, sondern der Aussicht, gute Tantiemen zu verdienen, ihr Dasein verdanken. So ist eine reiche Theaterliteratur die Frucht der Tantiemen gewesen; so wird auch die „Fruchtbarkeit der Komponisten“ erheblich „gesteigert“ werden durch die Aussicht auf blanken Gewinn!

Im Ernst gesprochen: Es ist selbstverständlich, daß zwar nicht die Idealisten, die es immer geben wird, aber eine Menge kluger Köpfe ihre Produktion so einrichten werden, daß die Tantiemeneinnahmen möglichst ihnen zugute kommen können. Das Schreiben für's Geschäft, für den Durchschnittsgeschmack, das Komponieren gangbarer Modeware (z. B. wirkungsvoller Männerchöre und Sololieder, die als Schlager und Reißer die Runde machen) wird noch mehr blühen, weil's noch mehr „abwirft“.

Den armen Idealisten, die Streichquartette und sonstige Kammer- oder gar Hausmusik schreiben, Leuten wie Theodor Kirchner, nutzt ja die Tantieme nichts. Die Hausmusik, die sowieso schon unter der immer größern Ausdehnung des geschäftsmäßigen Konzertwesens leidet, wird vollends unrentabel.

Es ist leicht, gegen solche Gedanken die Redensart vorbringen: Wer so handelt, ist überhaupt kein Künstler; diese werden immer nur schaffen, wie und wozu sie der Geist treibt. Man füge nur dazu auch den Nachsatz: Diese Künstler werden trotz aller Tantiemen genau wie Bruckner, Wolf, Liszt, Draeseke sehr spät oder nach ihrem Tode erst allgemein gewürdigt, haben also nichts oder viel, viel weniger von den Tantiemen als die „Nichtkünstler“, die „auf Tantiemen“ zu arbeiten verstehen.

Und damit solche Zustände sich ergeben, sollen die einzelnen Konzertgeber nicht nur Hunderte von Mark jährlich bezahlen, sondern auch noch weiterhin ihren Idealismus betätigen, sich der Ausfragerei und Besteuerung durch die Anstalt, der Denunziation durch Kollegen und der gerichtlichen Bestrafung ihrer Förderung der Kunstpflege aussetzen?

Ich halte auch die ganze Unterstellung der Komponisten und Konzertgeber unter kaufmännisch sehr geschickt ausgeklügelte Verträge, die mit hohen Konventionalstrafen und gerichtlicher Verfolgung drohen und der Anstalt eine ungeheure Macht in die Hand geben, für außerordentlich schädlich für eine gesunde Entwicklung der Kunstpflege. Das bringt in die Atmosphäre der Kunstpflege an Stelle großer, freier Kulturgedanken und geistiger Triebkräfte den Gifthauch des allgemeinen Geschäftssinus der Zeit, kleinlicher Geldinteressen und widerlicher Prozeßmacherei aus Gewinnsucht!

Mit so großen, die innere Größe und Gesundheit der Kunst betreffenden Gründen darf man freilich einer Wirtschaftsanstalt nicht kommen, deren Prinzip möglichst praktische Ausnutzung musikalischer Werte ist — künstlerischer kann man bei dem Überwiegen der Marktware nicht gut sagen.

Aber alle Freunde deutscher Kunst, die diese Ausführungen zur Einigkeit im Kampfe gegen das Tantiemewesen zusammenrufen sollen, müßten doch schon darum mit allen Mitteln die Gefahr abzuwenden suchen, die der deutschen Kunstpflege droht.“ —

Soweit die Ausführungen Dr. Göhlers. Wir haben unsern Standpunkt der Tantieme-Anstalt gegenüber mehrfach so klar präzisiert, daß wir auf eine nochmalige Darlegung unserer Ansichten füglich verzichten können. Jedenfalls liegt eine baldige Beilegung des Streites sowohl im Interesse der deutschen Kunstpflege als im Vorteil von Komponisten, Verlegern und Publikum. Wir würden uns deshalb aufrichtig freuen, wenn eine Kunde Bestätigung fände, welche aus Frankfurt a. M., wo z. Zt. die deutschen Tonkünstler zum Tonkünstlerfest sich zusammengefunden, zu uns herübergedrungen ist und welche uns hoffen läßt, daß die führenden Kreise der „Genossenschaft“ in Bälde ihr starres Festhalten an den bisher vertretenen Prinzipien aufgeben und sich mit der Erwägung einer friedlichen Einigung tragen werden.

Kleine Mitteilungen.

Regelung des privaten Musikunterrichts nach Art des Schulunterrichts Es ist kein Geheimnis, schreibt die „Köln. Ztg.", daß die Musiklehrer und -Lehrerinnen, besonders diejenigen, welche auf Privatunterricht angewiesen sind, nicht auf Rosen gebettet sind. Gegen den Wettbewerb ist ja nun freilich nichts auszurichten, und er muß auch hier wie auf allen Gebieten des praktischen Lebens ertragen und ausgefochten werden. Zum großen Teile aber hat das Publikum es in der Hand, auch diesem Stande zu einer wirtschaftlich bessern und vor allem gesicherten Lage zu verhelfen, indem es sich daran gewöhnt, das mit dem Musiklehrer getroffene Abkommen als bindend zu betrachten und die zu leistenden Zahlungen nicht durch Absagen zu schmalern. Es ist beklagenswert wie leicht gerade die besser gestellten Kreise mit solchen Absagen bei der Hand sind und wie die geringfügigsten gesellschaftlichen Anlasse für wichtig genug gehalten werden, um in dem Unterricht eine Lücke oder gar eine längere Pause eintreten zu lassen. In Wirklichkeit liegt diesem Übelstand weniger übler Wille der Lernenden als ein gewisser Mangel an Rücksichtnahme gegen die Lehrer zu Grunde. Namentlich trifft auch die Schuld weit weniger die Eltern als die Kinder. Die Eltern, welche ihren Kindern Unterricht geben lassen wollen, setzen dafür eine bestimmte Summe aus, mit deren Verausgabung sie rechnen. Sie sind sogar glücklich, diese Summe in dem moralischen Wert der musikalischen Fortschritte ihrer Kinder wieder zurückgezahlt zu erhalten. Anders die Kinder, die ja nicht immer Muster an Fleiß sind, und denen der geringfügigste Anlaß zum Versäumen der Stunde wichtig genug dünkt. Der Lehrer kann zusehen, was er mit seiner unfreiwilligen Muße beginnt. Also, nicht gleich die Stunde absagen, wenn Kamilla ein wenig Zahnweh hat, oder Klara die Nacht vorher zuviel getanzt hat, und auch die Stunde noch nehmen, wenn Ingwelde einmal wieder gar nicht zum Üben gekommen ist, weil der Vetter Konrad zum Besuch da war, das ist alles was die Lehrer verlangen. Übrigens hat sich auf unvorhergesehene Absagen längst schon kein Lehrer von Ruf und Beliebtheit eingelassen. Anders die übrigen, die Mittelklasse unter den Lehrern. Um nun hierin Wandel zu schaffen und der nötigen Reform auch einen heilsamen milden Zwang zu verleihen, hat sich über ganz Deutschland eine Bewegung verbreitet, die den Privatunterricht nach Art des Schulunterrichts regeln will. Auch der Kölner Musiklehrer- und Lehrerinnenverein hat sich dieser Bewegung angeschlossen. Die Bedingungen, unter denen seine Mitglieder fortan Unterricht erteilen, laufen in der Hauptsache darauf hinaus, daß die vom Schüler versäumten Stunden dem Lehrer angerechnet werden müssen, aber nachgegeben werden können. Wir sind überzeugt, daß das Publikum gern diese kleine Verpflichtung übernehmen wird, trägt es doch dadurch zur wirtschaftlichen Sicherung eines ehrenwerten Standes und in letzter Linie doch zu seinem eigenen pädagogischen Vorteil bei.

Eröffnungsfeier der Langenbach-Stiftung in Bonn am 3. Juli d. Js. In herrlichster Lage, im Angesichte des Siebengebirges, steht das große, einfach-vornehme Künstlerheim, das nun bald eine Anzahl Damen aus dem Musiklehrerinnenstande beherbergen soll. -- Der Zweck der Stiftung ist in der Einleitung der Stiftungsurkunde von der Stifterin dargelegt, wie folgt: „Nach dem Tode meines lieben Ehegatten habe ich, getreu seinen Intentionen, es mir zur schönsten, und wie ich hoffen darf, dankbaren Lebensaufgabe gestellt, eine Anstalt ins Leben zu rufen, welche den Zweck haben soll, alten unbemittelten deutschen Musiklehrerinnen von gutem Ruf eine kostenfreie Heimstätte für ihren Lebensabend zu gewähren. In meinen Bestrebungen zur Erreichung dieses Zieles ist mir in richtiger Würdigung des schönen Zweckes von den verschiedensten Seite volle Anerkennung und reichliche Unterstützung mit Zuwendung von Geldmitteln zu teil geworden. Auf diese Weise ist es mir möglich geworden, zu dem angegebenen Zwecke einen recht ansehnlichen Kapital- und Grundstücksfonds anzusammeln. Um nun diese von mir ins Leben gerufene Anstalt für alle Zeiten zu erhalten und ihr über die Zeit meines Lebens hinaus eine dauernde Existenz und Rechtsstellung zu sichern, will ich hiermit eine selbständige rechtsfähige Stiftung errichten und derselben das von mir und zahlreichen Freunden zu dem angegebenen Zweck angesammelte Vermögen übertragen." Die Stiftung wird [illegible]

beneidenswerte. Die geistigen Anstrengungen im Berufsleben fordern viel Selbstlosigkeit und Aufopferung. Nur wenigen gelingt es, sorgenfrei ihren Lebensabend zu gestalten. Da gilt dieses Fest in Bonn am 3. Juli als eine der schönsten humansten Errungenschaften im deutschen Musiklehrerinnenleben, als ein Erinnern für alle diejenigen, die Musik lieben und ausüben. Ist doch die Musik jedes Menschen Freund, und die lebendige, treue Hingabe, die heute Frauen fast aller Gesellschaftsschichten ihren leidenden, kämpfenden Mitschwestern entgegenbringen, sollte bei diesen Berufsfrauen — den Musiklehrerinnen — nicht hintenan gesetzt oder gänzlich vergessen werden! — Die Kunst, speziell die Musik, ist kein Luxusgegenstand, wie leider oftmals behauptet wird, ihr liegt es ob, das heranwachsende Geschlecht, ja das Volk zu höherer Gesittung zu erziehen. Möchte dieses seltene, von edler Menschenliebe getragene Fest Herzen und Hände weit öffnen, damit auch die kunstausübende Lehrerin fühlt, daß man ihrer in den großen Kulturaufgaben des 20. Jahrhunderts nicht vergißt! In Köln sind mit Dank bereit, Geldgaben für das Eröffnungsfest anzunehmen: Frl. Josefa Wüllner, Hansaring 7, und Frl. Bertha Paga, Flandrische Straße 22.

Chorpreissingen in St. Louis 1904. Das Musikbureau der Weltausstellung von St. Louis hat soeben die Bestimmungen für das Chorpreissingen, welches in den Tagen vom 11 bis 16. Juli in der großen Festhalle auf dem Ausstellungsplatze stattfinden wird, festgestellt. Diesen Bestimmungen entsprechend sind die Chöre, die an dem Wettbewerb teilnehmen wollen, in zwei Klassen eingeteilt; die erste Klasse umfaßt Chöre von 90 Sängern und darüber und ist mit drei Geldpreisen in der Höhe von 25000 resp. 17500 und 12500 Mk ausgestattet. Zu der zweiten Klasse gehören die 40 bis 70 Mitglieder umfassenden Chöre; die Preise sind mit 12500 resp. 7500 und 5000 Mk. bestimmt. Das Musikbureau wird drei Gesangsvorträge für den Wettbewerb vorschreiben, während die Auswahl eines vierten Liedes, vorbehaltlich der Zustimmung des Musikbureaus, dem betreffenden Chor überlassen bleibt. Der Wettbewerb der Männerchöre findet in den Tagen vom 18. bis 21. Juli statt. Auch hier sind die Bewerber in zwei Klassen eingeteilt, für welche je zwei Geldpreise, und zwar in der ersten Klasse 10000 und 5000 Mk und in der zweiten Klasse 5000 Mk und 2500 Mk. bestimmt wurden.

Die Vereinigung der Saarbrücker Männerchöre (über 500 Sänger) brachte gelegentlich der Einweihung des Kaiser Wilhelm-Denkmals in der Saarstadt eine Komposition ihres Dirigenten, Musikdirektor Scholz, den Chor „Nec soli cedit!" vor dem Kaiserpaare zum Vortrag. Der Text dieses Chores, von Dr. J. Steinbeck gedichtet, lautet:

Nec soli cedit! Um die Zinnen
Der Zollernburg im Schwabenland
Des Frührots erste Strahlen spinnen
Ein dunkel glühend Farbenband.
Wild war die Nacht — ein Raub der Sturm,
Der heulend fuhr zur Felsenkluft.
Jetzt rauscht es — schau! vom grauen Turm
Hebt sich ein Adler in die Luft.
Fliege ins Weite,
Dem Licht' fliege zu.
Schwingen ausbreite
Im Frührote du!
Schau in den Morgen, so sonnig und klar —
Du trägst die Zukunft, du Zollernaar!

Nec soli cedit! Seine Kreise
Zieht er im Äther ruhig groß,
Doch unter ihm nach Schlangenweise
Hebt Feindschaft sich aus Neides Schoß.
Und wie sie zischten, wie sie dräuten,
Rauscht durch die Lüfte mächt'ger Klang:
Sie spürten wohl bei Roßbach, Leuthen
Des Königsadlers Stoß und Fang.
Fliege ins Weite,
Dem Licht' flieg zu,
Schwingen ausbreite
Am Sonnenglanz du!
Leuchtet dem Haupte die Krone auch klar,
Du trägst die Zukunft, du preußischer Aar!

Auf Wunsch des Kaisers sang dann die Vereinigung noch das Volkslied „Ein Sträußchen am Hute".

Die „Hohenzollernlieder aus dem 19. Jahrhundert", welche vor kurzem in Berlin und Königsberg mit Beifall aufgenommen, werden demnächst in einer Reihe anderer deutscher Städte gehört werden. Die „Hohenzollernlieder" sind ein Cyklus melodramatischer Skizzen, welche von der Zeit der Flucht und des Todes der Königin Luise bis zur Schlußsteinlegung des Nord-Ostseekanals durch Kaiser Wilhelm II. die hervorragendsten Ereignisse im Kaiserhause besingen. Auch in Stettin, Magdeburg, Breslau, Köln, Düsseldorf, Posen usw. sollen die „Hohenzollernlieder" aufgeführt werden.

Das erste westpreussische Musikfest nach rheinischem Vorbild fand zu Pfingsten in Graudenz unter Leitung von Fritz Char aus Thorn, einem geborenen Rheinländer, statt. Als Solisten hatte man die Damen Grumbacher-de Jong und Therese Behr, sowie die Herren Ludwig Heß und van Ewey gewonnen. Zur Aufführung gelangten Haydns Jahreszeiten, Rob. Schumanns Spanisches Liederspiel und Beethovens unsterbliche neunte Sinfonie. Den gemischten Chor von 400 Köpfen, der sich an beiden Festtagen sehr wacker hielt, bildeten die Chorgesangvereine von Dirschau, Elbing, Graudenz, Marienwerder, Schwetz, Thorn. Es herrschte eine fast rheinische Begeisterung bei Zuhörern und Mitwirkenden. Das nächste Fest soll in etwa drei Jahren und voraussichtlich in Elbing stattfinden.

Das Schweizerische Tonkünstlerfest wird am 25. und 26. Juni in Bern abgehalten werden. Nach der „Musique en Suisse" werden die Hauptnummern des Programmes bilden: Zweite Symphonie von Hans Huber, Teile aus einer Messe von F. Klose, Ahasvers Erwachen, Symphonie mit gemischtem Chor von Hegar, Symphonische Fantasie von Volkmar Andreae (das Werk wurde am 28. Mai beim deutschen Tonkünstlerfest in Frankfurt a. M. ebenfalls aufgeführt), eine Ode von Ed. Munzinger, Natur und Mensch von Karl Munzinger, Fantasie pastorale von Pahnke, Allegro scherzando für Violoncello und Orchester von E. Reymond und ein Klavierkonzert von Albert Meyer. Ferner werden genannt: Nachtwache für Chor und Orchester von R. Kradolfer, Salve Regina! für gemischten Chor a cappella von C. Meister, eine Szene für Bariton und Orchester „Die Muse" von Courvoisier, eine Szene für Tenor und Orchester „Werbung" von E. Isler und endlich eine Humoreske „Unruhige Nacht" für Klavier und Orchester von H. von Glenk. — In einer Kammermusikaufführung werden zum Vortrag kommen zwei Streichquartette von Henri Marteau und Peter Fassbänder, eine Violinsonate von G. Haeser, Klavierwerke von E. Blanchet, Lieder von Niggli und Staub und ein Orgelwerk von Joß. Auch einige Klavierwerke von Gustav Weber sind in Aussicht genommen.

Wien. Der Gesangverein österreichischer Eisenbahnbeamten unternimmt im Juni eine Reise nach London mit Aufenthalten in Köln, Straßburg, Heidelberg und Lindau. Bisher haben sich 170 Teilnehmer, darunter 100 Sänger gemeldet.

Literarischer Vandalismus. Kürzlich lief eine Notiz durch die Presse, worin darauf hingewiesen wurde, daß gewisse Zeloten in heiligem Übereifer etwas darin zu suchen scheinen, unsere schönen Volkslieder zu „verballhornisieren". Der blinde Eifer des Westerwälder Schulrats, der in dem bekannten Liede „Unsere Wiesen grünen wieder" aus einem „kühnen Schäfer" und einer „sanften Schäferin" einen „kühlen Käfer" und eine „kalte Käferin" (!) gemacht, hat nun anscheinend den Präses eines kleinen Männergesangvereins im westfälischen Sauerlande zu noch größeren Taten begeistert. In dem Neiderschen Chorlied „Frühlings Erwachen" kommt eine Stelle vor:

„Der Förster und die Hirtenmaid
Die halten sich umschlungen."

So etwas paßt sich für ernste Männer nicht; flugs wird drum die Sache umgedrechselt in die geistreichen Sätze:

„Wir singen fromme Lieder heut',
Freu'n uns, wenn's gut gelungen!"

Eines Kommentars bedarf dieser „literarische Vandalismus" nicht, nur muß so etwas niedriger gehangen werden.

Personalien.

— Der Bremer Lehrer-Gesang-Verein wählte an Stelle des wegen vorgerückten Alters von der Leitung der Vereinigung zurückgetretenen Dirigenten Martin Hobbing den bisherigen Leiter der philharmonischen Konzerte in Bremen, Prof. Carl Panzner, zu seinem Chormeister.

Bezugsquellenregister.

Druck der Ph. Gehly'schen Buchdruckerei in Köln a. Rh. Cäcilienstrasse 40

Der Sänger.

Amtliches Organ des westdeutschen Sängerverbandes.

Das Volkslied ist die Unsterblichkeit der Musik.
Marx.

Verbunden werden auch die Schwachen mächtig.
Schiller.

31. Mai 1904. | Redaktion: Chr. Gehly, Köln, Cäcilienstrasse 40. | Nummer 8.

Expedition und Verlag: H. vom Ende's Musikalien-Versand, Trier, Deutschstrasse 18.

Westdeutscher Sänger- und Dirigenten-Verband.

Generalversammlung.

Die diesjährige ordentliche Generalversammlung für den Gesamt-Verband wird hiermit einberufen auf

Sonntag, den 31. Juli d. J.,

nach Bochum-Hamme, Restauration Richard Bickern (Haus Freudenberg) in Hamme, Dorstenerstraße, vom Bahnhof Bochum-Präsident in 10 Minuten, sowie von den Bahnhöfen Bochum-Süd und Wanne in schnellster Weise elektrisch zu erreichen.

TAGESORDNUNG:

1. Geschäftsbericht durch den geschäftsleitenden Vorsitzenden;
2. Zahlung aller bis dahin noch rückständigen Beiträge, sodann Kassenbericht;
3. Vorstandsergänzungswahl, sowie Neuwahl;
4. Anträge:

1) des Verbandsvorstandes: Den § 15, Abs. 15 der Verbandssatzung dahin zu ergänzen, daß es heißt:

„Es erhalten Preise, Vereine, welche folgende Durchschnittspunktzahl erreicht haben:

von 15 bis inkl. 19 Punkte den 5. Preis
„ 20 „ „ 23 „ „ 4. „
„ 24 „ „ 27 „ „ 3. „
„ 28 „ „ 31 „ „ 2. „
„ 32 „ „ 35 „ „ 1. „

2) der Vereine:

Antrag des M.-G.-V. „Sängerbund“ Gelsenkirchen-Schalke. Abänderung des Absatz 10 des § 15 der Verbandssatzung:

„Es wird jedem Verein bis auf weiteres überlassen, „jährlich einmal einen Wettstreit außerhalb des Verbandes „zu besuchen; jedoch darf der Verein die Bestimmungen „über den „unlautern Wettbewerb“ der Verbandssatzung „nicht außer acht lassen (mit fremden Sängern auftreten „usw.) und muß seinen Verpflichtungen dem Verbande „gegenüber pünktlich nachkommen.“

Weitere Anträge wolle man gefl. bis 16. Juni an den geschäftsleitenden Vorsitzenden senden.

Zu dieser Generalversammlung wird hiermit allseitig freundlich eingeladen, mit der Maßgabe, daß Vereine 2 Stimmen, persönliche Mitglieder 1 Stimme haben.

Der geschäftsleitende Vorsitzende
H. Benewitz.

V. Verbandsfest

am Sonntag, den 31. Juli cr., in Bochum-Hamme.

Morgens 11 Uhr: **Kurzer Festzug, nebst Begrüssungsansprache.**

(Hieran haben alle, am Wettsingen sich beteiligenden Vereine vollzählig teilzunehmen, die übrigen Verbandsvereine werden gebeten, Fahnen-Deputationen zu senden.)

[illegible]

ein Volkslied nach Wahl aus dem Verbandskatalog), hierauf Preisverteilung und Festball.

Alles Nähere enthält das Festbuch, welches den teilnehmenden Vereinen 8 Tage vorher zugesandt wird.

Bitte genau zu lesen!

II. Verbandswettsingen am 31. Juli 1904.

An dem Verbandswettsingen, dessen Arrangierung in den Händen des M.-G.-V. Bochum-Hamme liegt, nehmen ca. 10 angeschlossene Vereine in 2 Klassen teil. Die erste Klasse singt den Chor: „Der letzte Gruß“ von P. von der Beek in Duisburg, während die zweite Klasse mit dem lieblichen Volkslied: „Des Wanderburschen Scheidelied“ von Fr. Char in Thorn konkurriert. (Die Notiz in letzter No. des ‚Sänger‘ bezüglich des Loschky'schen Liedes: „Das Röslein von der Au“ beruht auf Irrtum. Dieses Lied ist vom genannten Herrn lediglich dem Verbande gewidmet und durch den vom Ende'schen Verlag zu beziehen.) Da der geschäftsleitende Vorsitzende persönlich mit dem festgebenden Verein verhandeln kann, ist an einer korrekten Durchführung der Verbandsprinzipien nicht zu zweifeln. Die Medaillen liefert eine bekannte Firma, welche nur in dieser Branche arbeitet, und hat der Verbandsvorsitzende eigens für den Verband bestimmte Medaillen bestellt. Ebenso dürften die Diplome kunstgerecht ausfallen.

Der Verein hat mit der eifrigsten Unterstützung seiner vorgesetzten Behörde die Verleihung des Kaiserpreises beantragt und dürfte wohl sichere Aussicht haben.

Die teilnehmenden Vereine wollen sich daher jetzt schon vorbereiten und eines der im Verbandskataloge*) enthaltenen Volkslieder einüben. Die siegenden Vereine — und ich hoffe, daß dies alle sind — singen ein selbstgewähltes Volkslied, welches eigens für sich gewertet wird, nur mit dem Unterschiede, daß die höchste Durchschnittspunktzahl zur Berechtigung des Empfanges des Kaiserpreises gilt. Sind mehrere Vereine vorhanden, welche eine gleiche Höchstpunktzahl erreicht haben, so haben diese noch ein zweites Volkslied zu singen, sind auch dann noch mehrere mit gleicher Durchschnittspunktzahl vorhanden, so entscheiden die Preisrichter endgültig. Die anderen Vereine, welche in diese 3. Wahl gelangt sind, erhalten nachträglich ein entsprechendes Diplom. Gelost wird nicht.

Hoffentlich wird diese Nachricht die werten Verbandsvereine begeistern, auch die, welche nicht am Wettsingen teilnehmen, daß Sie eine Fahnendeputation senden, was wohl garnicht schwierig sein dürfte, da ja jeder Verein doch Delegierte zur Generalversammlung senden muß.

Bezüglich des Mittagessens wolle man sich jetzt schon mit dem Verein „Sängerbund“ benehmen, da das Festbuch fertig gestellt werden muß und die Vereine in demselben alle Angaben finden sollen. Es dürfte deshalb dem Verein „Sängerbund“ Bochum-Hamme sofort Nachricht dieserhalb zugehen — auf ein paar Mann kommt es ja nicht an. Vor allen Dingen darf in keiner Beziehung eine Verzögerung eintreten, und muß jeder Vorstand es sich zur größten Ehre anrechnen,

Bochumer Bezirksverein.

Die Sänger und persönlichen Mitglieder des Bochumer Bezirksvereins wollen sich zur **Generalversammlung, Sonntag, den 26. Juni d. J.,** nachmittags 4 Uhr, im Saale des Herrn Schulte im „Deutschen Reich" in Hamme, Schulstraße, in unmittelbarer Nähe der evangelischen Kirche, pünktlich einfinden.

TAGESORDNUNG:

1. Bericht des Vorsitzenden;
2. Bericht des Kassierers;
3. Neu- und Umwahl des Vorstandes.
4. Eventl. Beratung verschiedener Anträge, sodann große Massenchorprobe für das Verbandsfest.

Neu aufgenommen in den Verband: „Männergesangverein" Bochum-Hamme.

Der Vorsitzende
Benewitz.

Es sandten Beiträge: das persönliche Mitglied Ullrich, Musikverleger, Godesberg.

Der Verbandskassierer
Joh. Henkel, Hamme-Bochum,
Dorstenerstraße.

Mittelrheinischer Bezirk.

des Westdeutschen Sänger- u. Dirigenten-Verbandes.

Bei Gelegenheit des diesjährigen Bezirksfestes, welches am 19. Juni in Huckingen begangen wird, findet im Lokale Verkoyen die Bezirkssitzung statt, zu der die Vorstandsmitglieder sowie die Vertreter der angeschlossenen Vereine hierdurch freundlichst eingeladen sind. Es gelangen folgende Gegenstände zur Besprechung:

1. Vorstandswahl;
2. Kassenbericht;
3. Ort des nächstjährigen Bezirksfestes;
4. Stellungnahme zum Artikel im „Sänger" über „Wettstreite".

Etwaige Wünsche zur Tagesordnung erbitte ich mir bis zum 12. Juni. Es sei nochmals daran erinnert, daß die zugehörigen Vereine gemäß Beschluß der vorigjährigen Bezirksversammlung verpflichtet sind, an dem Bezirksfeste mindestens mit einer Deputation teilzunehmen. Als Gesamtchor wird dort das Volkslied: „Ach, wie ist's möglich dann" von H. vom Ende vorgetragen.

Der Vorsitzende
Ratingen, im Mai 1904. L. Schleuter.

Mittelrheinischer Sängerbund.

Bei der am 6. Dezember 1903 in Oberingelheim abgehaltenen Bundes-Delegiertensitzung wurde, auf Antrag des M.-G.-V. St. Goarshausen, beschlossen, die diesjährige Delegierten-Versammlung nach dort einzuberufen. Als Einberufungstermin wurden die letzten Tage des August oder Anfang September vorgesehen. Wir haben nunmehr den Delegiertentag auf den **28. August 1904** festgesetzt, indem wir von der Ansicht ausgingen, daß der Sommermonat es manchem Bundesvereine ermögliche, den Tag zu einer gemeinschaftlichen Rheinfahrt zu benutzen. St. Goarshausen wird Vorbereitungen treffen, um den Besuchern der Versammlung wie des Ortes überhaupt den Tag zu einem recht genußreichen zu gestalten. Der Bundesverein „Frohsinn"-Frankfurt-Bockenheim hat die Rheinfahrt bereits beschlossen. (Familien-Angehörige werden an der Fahrt teilnehmen.) Einen gleichen Beschluß wird ohne Zweifel auch „Sängerrunde"-Mainz fassen. Die übrigen Bundesvereine seien auf das Nachachtung verdienende Beispiel der vorgenannten Verbände hingewiesen.

Bekanntlich ist St. Goarshausen eine der malerischst gelegenen Rhein-Ortschaften, am Fuße der viel besungenen Loreley, deren Sinnbild auch als Wahrzeichen unsere Fahne ziert.

Mit Sängergruß!
J. Willig, Frankfurt-Bockenheim.
I. Vorsitzender des Mittelrheinischen Sängerbundes.

Rheinhessischer Sängerbund.

II. Bundesfest in Nieder-Wiesen.

Grüß Gott mit hellem Klang!
Heil deutschem Wort und Sang!

Der Rheinhessische Sängerbund feiert am 25., 26. und 27. Juni d. J. sein II. Bundesfest zu Nieder-Wiesen bei Alzey. Der Festort ist herrlich in der „Waldecke" der sog. „rheinhessischen Schweiz" gelegen, und bieten der festgebende Verein „Gesangverein Nieder-Wiesen" wie die ganze Gemeinde alles auf, um die nötigen Vorbedingungen zum herrlichen Verlauf des Festes zu geben. Der prächtige Festplatz, circa 3 Morgen Wiesenland mit natürlicher Einfriedigung, ist in der Mitte des Dorfes gelegen. Die Straßen sind breit und die Gasthäuser geräumig. Für gute Fahrverbindung von der Station Wendelsheim bis Nieder-Wiesen sorgen die zahlreichen Besitzer von Fuhrwerken des Festortes. Auf den betreffenden Bahnstrecken werden Extrazüge eingelegt; denn es ist zahlreicher Zuzug an den Festtagen aus der Provinz Rheinhessen und besonders auch aus der Rheinpfalz zu erwarten. Eine stattliche Zahl der Bundesvereine hat sich zum Wettsingen gemeldet. Die beiden Massenchöre: „Hymne" von Ferd. Hummel und „Draus ist alles so prächtig" von Silcher werden von allen Sängern des Bundes vorgetragen, und müssen alle Bundesvereine durch eine Fahnendeputation vertreten sein. — Aus dem vom Festausschuß aufgestellten und vom Bundesvorstand genehmigten Festprogramm sei erwähnt:

Samstag, den 25. Juni, abends 7^{00} Uhr: Ankunft der Herren Preisrichter, der Mitglieder der Musikkommission, des Bundesvorstandes und der Herren Delegierten der sämtlichen Bundesvereine. (Gute Freiquartiere sind für die Herren Delegierten vorgesehen.) — 9 Uhr: Fackelzug, Festkommers auf dem Festplatz, Feuerwerk.

Sonntag, den 26. Juni, 6 Uhr: Weckruf. 8-9 Uhr: Abholen der Bundesvereine. **9-9½ Uhr: Probe der Massenchöre.** Die Sänger müssen pünktlich antreten! 10 Uhr Beginn des Wettsingens in der Festhalle. Nachmittags 2½ Uhr: Aufstellung des Festzuges und Umzug durch die Ortsstraßen nach dem Festplatz. Begrüßungschor: „Willkommengruß" von H. Schöne durch den festgebenden Verein. Festreden. — Absingen der Massenchöre. Uebergabe der Fahnenschleife anläßlich des 25-jährigen Stiftungsfestes des Gesangvereins Nieder-Wiesen. Konzert auf dem Festplatz. 6 Uhr: Preisverteilung. Abends 8 Uhr: Ball in 2 Lokalitäten. Auf dem Festplatz Konzert und Feuerwerk.

Montag, den 27. Juni: Vormittags musikalischer Frühschoppen auf dem Festplatz. Nachmittags 3 Uhr: Konzert, Volksfest, Gesangsvorträge, Jugendspiele auf dem Festplatz. Abends 9 Uhr: Konzert auf dem Festplatz.

Bundesnachrichten.

1. Notenmaterial für die beiden Massenchöre ist bei unserem Bundesdirigenten Herrn Musikdirektor Kell-Alzey erhältlich; sämtliche Bundesvereine müssen dieselben üben. Die Bezirksproben beginnen in diesen Tagen, und werden die betreffenden Vereine noch direkt benachrichtigt. Alle Bundesvereine haben mindestens eine Fahnendeputation zu entsenden. An den Bundespräsidenten Herrn Kochhafen-Ober-Saulheim sind einzusenden:

1. Die Stammrolle (Ergänzung und Berichtigung) pro 1904;
2. der Text der zum Wettsingen ausgewählten Chöre.

Es wird um **sofortige** Erledigung ersucht, damit sich die Fertigstellung des Festbuches nicht verzögert.

In den Bund aufgenommen wurde Gesangverein Offenheim b. Alzey.

Herzlichen Sängergruß und frohes Wiedersehen in Nieder-Wiesen!

Kochhafen,
I. Bundespräsident.

Speyergau-Sängerbund.

II. Bundessängerfest zu Iggelheim am 19. Juni 1904.

Festprogramm: Samstag, den 18. Juni: Festbankett im „Löwen". Sonntag, den 19. Juni, vormittags 9 Uhr: Festgottesdienst; ¾10 Uhr: Wettgesangkonzert, für Landvereinsklasse III und Stadtvereinsklasse im „Adler", für Landvereinsklasse II und I im „Löwen".

Kurz vor Beginn des Wettsingens: Auslosen der Pflichtchöre durch die Dirigenten.

Nach Beendigung des Wettsingens: Hauptprobe der Gesamtchöre. Hierauf: Festessen im „Löwen". Näheres durch den festgebenden Verein „Liederkranz" in Iggelheim. Nachmittags 2 Uhr: Festzug, darnach Konzert auf dem Festplatze. 6 Uhr: Preisverteilung. 9 Uhr: Ball im „Löwen" und „Adler".

Das Preisgericht besteht aus folgenden Herren: Professor Sim. Breu, Würzburg; Komponist C. E. Groß, Landstuhl; Gymnasialmusiklehrer K. A. Krauß, Speyer; Hofkapellmeister Ferd. Langer, Mannheim; Domkapellmeister Jos. Niedhammer, Speyer; Seminarmusiklehrer H. Trautner, Kaiserslautern.

Festbeitrag: Aktive wie passive Mitglieder der Bundesvereine zahlen 40 Pfg. Festbeitrag (zu senden an Herrn Friedr. Deobald, Kassierer des „Liederkranz"-Iggelheim) und erhalten dafür Festbuch, Festabzeichen und Freikarte zu allen Festlichkeiten.

Arno Kleffel.

Von Dr. **Max Burkhardt.**

Mit dem Schluß der Theatersaison scheidet von Köln ein Künstler, mit dessen Namen ein Stück kölnische Musikgeschichte während zwei Dezennien aufs innigste verknüpft ist, ein Künstler, der nicht nur auf allen Sondergebieten seiner Kunst aufs beste beschlagen ist, sondern auch eine gründliche wissenschaftliche Bildung besitzt: Arno Kleffel, der erste Kapellmeister unseres Stadttheaters, um dessen musikalisches Leben er sich unverwelkbare Lorbeern errungen hat.

Kleffel stammt aus Thüringen, das bekanntlich schon viele bedeutende Musiker geboren hat, und besuchte, als er dem ursprünglich geplanten Studium der Theologie keinen rechten Geschmack abgewinnen konnte, das Leipziger Konservatorium, wo in der befruchtenden Nähe eines David, Hauptmann, Moscheles, Rietz das Pflänzlein seiner musikalischen Begabung gar üppig gedieh. Mit 23 Jahren bereits entfaltete Kleffel als Dirigent, Lehrer und Komponist in Riga eine segensreiche Tätigkeit, die er nach vier Jahren aus Gesundheitsrücksichten abbrach, um sich der Theaterlaufbahn zuzuwenden. Merkwürdigerweise zwang ihn, der von jeher mit dem heiligsten Ernst für seinen Beruf erfüllt war, das Schicksal, hier gerade der leichtgeschürzten Muse zu huldigen; wenigstens in Amsterdam, Detmold, Bremen, Görlitz, Breslau, Stettin, Augsburg usw., wohin ihn seine Wanderjahre führten, stand er der Operette näher als der Oper. Da entdeckte ihn 1881 Julius Hofmann, der ja schon oft ein großes Talent im Auffinden künstlerischer Goldadern bewiesen hatte, und engagierte ihn nach Köln, das er von nun ab (eine einjährige Tätigkeit am Sternschen Konservatorium in Berlin abgerechnet) nicht wieder verließ.

Die Kölner Oper verliert viel, sehr viel an dem Mann, von dessen seltener Vielseitigkeit zunächst ein gewisses lyrisches, feinsinniges Moment ins Auge fällt; und das ist gewiß eigenartig genug für einen Theaterkapellmeister, da man kaum vermuten sollte, daß das zarte Pflänzlein Lyrik in der Rampenbeleuchtung gedeihen kann. Aber Kleffel wußte vermöge eben dieser poetischen Veranlagung und eines äußerst sensiblen Farbensinns gerade die feinsten und gediegensten Schönheiten einer Opernpartitur herauszufinden, und wenn er in irgend einer Wagneroper — er liebte besonders den „Tristan" — in die Glutwogen dieser Musik untertauchte und die im Gegensatz zu der oberflächlichen Taktschlägerei gewisser Routiniers bei ihm tatsächlich vorhandene Begeisterung ihm aus den Augen leuchtete, dann ging wohl etwas von diesem künstlerischen Feuer auf seine Musiker über, und sie pflegten dann zu sagen: „Unser Professor schwelgt heut' wieder!" Ein anderer Ausspruch, den wir von Opernsängern usw. häufiger hörten: „Was Kleffel einstudiert, vergißt man nie wieder" bezeichnet den echt deutschen Zug seiner gediegenen Gründlichkeit, den er mit zwei anderen großen Vorgängern und Landsleuten teilt: mit Bach und Wagner.

Kleffels Begabung für lyrische Zartheit bekunden vor allen Dingen seine formvollendeten, von echter Tonpoesie duftenden Lieder, die neben diesen höchsten künstlerischen Vorzügen noch einen wichtigen praktischen haben: sie sind durch und durch gesanglich geschrieben. Wer kennt nicht das tiefempfundene „Auf der Wacht," „All meine Herzgedanken", „Primula veris," „Duftet die Lindenblüt"; wer liebt sein reizendes „Tanzliedchen" für Chor; seine größeren Chorwerke sind leider noch nicht bekannt genug, werden es aber wohl werden, wenn einmal das hohle Pathos mancher modernen Schöpfungen vergangen ist; denn das Echte bleibt in der Kunst fast immer bestehen.

Neben diesen praktisch-musikalischen Eigenschaften besitzt Kleffel ein großes musiktheoretisches Wissen, das er als Lehrer der Komposition am Kölner Konservatorim zum besten zahlreicher Schüler jahrelang aufs trefflichste verwertet hat. Auch in der Eigenschaft zu schriftstellern unterscheidet sich Kleffel von seinen modernen Kollegen vom Taktstock, einem Weingartner, Mahler usw. nicht; er führt eine geistvolle, gewandte Feder! Kleffel steht in der Mitte der Sechzig; wer ihn aber in den letzten Tagen mit jugendlicher Elastizität noch „Walküre", „Götterdämmerung" und „Siegfried" dirigieren sah, der glaubt entweder nicht an dieses Alter, oder er sieht die Wahrheit des Spruches ein, daß der Kuß der Musen auch ewige Jugend verleiht!

Aufführungen.

Aach, 24. April. Gesangverein „Harmonia" (Dirigent: Georg Reinl). Hugo Jüngst: „Was die Schwalbe singt"; R. Wagner: Brautlied aus der Oper „Lohengrin" (gem. Chor und Orchester); J. B. Westermair: „Wo die Alpenrosen blüh'n" (für gem. Chor, Sopransolo und Jodlerduett gesetzt von A. Egger-Rieser); K. Steinbrück: „Waldmarsch" (Männerchor mit Orchester); Adolf Jäckel: „Osterwasser", Walzer-Idylle für gem. Chor und Orchesterbegleitung; F. Grünwald: „An mein Gläschen"; J. Neutwich: „Heinzelmännchen", gem. Chor in Polkaform mit Orchesterbegleitung.

Münster i. Els., 30. April. „M.-G.-V. Eintracht". Johann Pache: „Des Liedes Heimat" (Männerchor mit Klavierbegleitung); C. Attenhofer: „Das Schwedengrab", „Geheimnis"; O. v. Walden: „Das letzte Edelweiß"; O. Waldmeister: „Senners Abendständchen" (mit Tenorsolo); A. E. Schaefer: „Schiffer-Ausfahrt". Solist: Willy Treicher, Cellist, aus Basel.

Bonn, 5. Mai. „Bonner Männer-Gesang-Verein" (Dirigent: F. Krakamp). Ferd. Hummel: „Hohenzollern", „Rolands Horn", „Teja"; R. Schumann: „Ritornell", „Die Minnesänger"; Brahms-Zander: „Wiegenlied"; Koschat: „'s Herzlad"; Breu: „Frühling am Rhein".

Köln, 8. Mai. „Kölner Sängerkreis" (Dirigent: Franz Schmidting). Ferd. Debois: „Der Korsar"; Franz Leu: „Serenade"; Max Filke: „Frühlingsnacht", Chor mit Tenorsolo und Klavierbegleitung; E. de Hartog: „Trompeterlied"; E. S. Engelsberg: „So viel Stern' am Himmel stehen". Solist: Hubert Leuer (Tenor).

Steele, 15. Mai. „Steeler Männer-Gesang-Verein" (Dirigent: B. Pothmann). W. Sturm: „Der Rhein und seine Reben" (Chor mit Orchester); G. Pielken: „Am Brünnelein"; Zerlett: „Maientanz"; Ernst Heuser: „Waldkönig"; W. Sturm: „Columbus' letzte Nacht", Ballade für Chor und Baritonsolo mit Klavierbegleitung. Solist: Hofopernsänger W. Langefeld (Bariton).

Bonn, 21. Mai. „Bonner Liederkranz" (Dirigent: F. Eschweiler). Konzert zur Feier des 25-jährigen Stiftungsfestes. F. Mendelssohn: „Festgesang an die Künstler" (Chor und Orchester); Fr. Ullrich: „Waldesrauschen"; „Die Schlacht von Prag", altes Volkslied, mit Begleitung von Trompeten und Pauken; Thiede: „Herbstnachtsturm"; Rheinthaler: „Glockentürmers Töchterlein" (mit Sopransolo); W. Sturm: „Columbus' letzte Nacht", Ballade für Chor und Baritonsolo mit Klavierbegleitung. Solisten: Anna Koch (Sopran), Adolf Bachem (Bariton), W. Lautenschläger (Klavier).

„Rolands Horn" und „Teja", zwei der viel besprochenen, im Auftrage Sr. Majestät Kaiser Wilhelms II. von Ferd. Hummel komponierten Chöre, gelangten am 5. Mai a. c. gelegentlich eines vom Bonner Männer-Gesang-Vereine zu Gunsten der Deutschen in Südwestafrika veranstalteten Konzertes (s. „Aufführungen"), erstmalig in den Rheinlanden zur Wiedergabe. Wir nahmen in der Februar-Nummer unseres Blattes Veranlassung, uns mit den Hummelschen Tonschöpfungen („Kaiser Karl in der Johannisnacht" und „Teja") eingehend zu befassen, und haben die kritischen Ausführungen von Prof. Fuchs in Musikerkreisen starken Widerhall gefunden. Auch ist der betr. Aufsatz in eine Reihe von Fachschriften übergegangen. Es dürfte vielleicht unsere Leser interessieren zu erfahren, wie sich die Bonner Presse über die Chöre des Berliner Musikdirektors ausspricht, und lassen wir deshalb die Ausführungen der ‚Bonner Zeitung' und der ‚Deutsche Reichs-Zeitung' folgen:

Die ‚Bonner Zeitung' schreibt:

Im Mittelpunkt des Abends standen auf vokalem Gebiete zwei große Chorwerke des bekannten Chor-Komponisten Hummel, der reichgestaltete und dramatisch belebte Chor „Rolands Horn" und die düstere Ballade „Teja". Die Werke sind dem Verein von dessen Protektor, dem Prinzen Heinrich von Preußen, zum Studium übersandt worden, und es war selbstverständlich eine Ehrenpflicht der Sänger, diese Aufgabe möglichst glänzend zu lösen. Ganz leicht war das Ziel nicht, wenn die Chöre auch keineswegs so kompliziert sind, wie etwas Hegars geradezu berüchtigten (!) Tonmalereien. In „Rolands Horn" hat der Verfasser sich im allgemeinen an den Erzähler-Stil gehalten. In heiterer, fast übermütiger Weise schildert er das fröhliche und sorgenlose Treiben der Landbevölkerung unter der Linde zur Pfingstzeit und die stille Schwermut Kaiser Karls, den das Horn des jungen Roland dringend und dringender an Ronceval mahnt. Der Komponist hat diesen geisterhaften Mahnruf mit starker dramatischer Kraft und prächtiger Toncharakteristik gestaltet. Auch die Kämpfe im Tale zu Ronceval und Rolands Tod sind in ihren knappen, fast erhitzten Rhythmen und dadurch, daß die Bässe mit voller Wucht vor die übrigen Stimmen treten, klar und wirkungsvoll charakterisiert. Zum Schluß setzt dann, wie bei vielen Werken ähnlicher Art, eine elegische, breit ausladende Stimmung ein. Kaiser Karl hat seinen jungen Helden gefunden und ihm als letzten Liebesdienst die Augen zugedrückt. Dieser Vorgang wird zart und wehmütig dargestellt; die Schluß-Wiederholung der Worte Dein Kaiser, Dein Kaiser ist sogar ein feiner künstlerischer Zug, der seine Wirkung auf den Hörer nicht verfehlt. In „Teja" ist die Tondichtung, dem Text entsprechend, nicht ganz so vielgestaltig. Nur an einer Stelle, wo Hummel zur Verstärkung des Effekts den Vokalkörper durch Einführung eines Horns stützt, pulsiert starkes dramatisches Leben. Dagegen vermißten wir gerade an dem Höhepunkt der Dichtung: „Weh, ein Wurfspeer fällt den König! Teja stürzt! Dahin der Held!" jeden stärkeren Aufschwung, sodaß der erschütternde Vorgang musikalisch den Hörer ziemlich kalt ließ. Die Naturschilderung ist in Teja recht stimmungsvoll und auch wirksam, zumal wenn sie in so vollendeter Weise vorgetragen wird, wie am Donnerstag abend von unserem Männergesangverein. Dem dritten Hummelschen Chore, einem Preislied auf die Hohenzollern nach berühmten Mustern, konnten wir keinen Geschmack abgewinnen. Text und Komposition sind alltäglich und nicht frei von Phrasen.

Die ‚Deutsche Reichs-Zeitung' urteilt:

Die Chöre enthalten ein gehäuftes Maß von Schwierigkeiten, daneben aber auch eine Fülle melodischer Schönheiten, die den Text vortrefflich illustrieren, und von den Sängern in volles Licht gerückt wurden. Sehr zu statten kam dabei das ausgezeichnete Baritonmaterial, über das der Verein verfügt. In den wuchtigen Solopartien von Rolands Horn trat es wie aus einem einzigen Gusse dem Ohre entgegen. Wenn wir an den beiden Chören etwas vermißten, so war es höchstens die geschlossene Gestaltung und vor allem in „Teja" ein gewisser dramatischer Höhepunkt, der einem solchen Stoff gegenüber unentbehrlich erscheint. Doch das kommt auf Rechnung des Komponisten und nicht der Sänger.

(Die Redaktion behält sich vor, auf einzelne der vorstehenden Novitäten des Näheren zurückzukommen.)

Keine Konzert-Tantiemen! Ein Aufruf an alle Freunde der deutschen Musikpflege von Georg Göhler. Altenburg. Im Selbstverlage des Verfassers. Auslieferung für den Buchhandel bei Max Hesse's Verlag, Leipzig. Preis 75 Pfennige. — Nachdem die Herren d'Albert, Blech, von Hausegger, Humperdinck, Mahler, Nicodé, Pfitzner und Thuille an die gesamte deutsche Presse eine Erklärung versandt haben, in der sie behaupten, daß die „Anschuldigungen" des Verfassers gegen die Tantiemenanstalt durch deren Denkschrift ihre „Erledigung gefunden" hätten, dürfte diese Broschüre (56 Seiten) geeignet sein, Klarheit über die wirkliche Sachlage zu schaffen. Der Verfasser spricht über die großen Schwächen des neuen Urhebergesetzes, über das bisherige Arbeiten der Tantiemenanstalt, über die materiellen und künstlerischen Mißergebnisse des Steuersystems und gibt außer positiven Vorschlägen Verhaltungsmaßregeln, um die Tantiemebestrebungen wirksam zu bekämpfen. Angesichts der Wichtigkeit der Frage sei allen Musikfreunden und Fachmännern das Studium der Schrift empfohlen.

Wegweiser durch die Chorgesangliteratur

Ratgeber für Gesangvereine und Dirigenten.

Redaktion: Chr. Gehly, Köln, Cäcilienstr. 40.

Verlag: H. vom Ende, Trier, Deutschstr. 18.

nebst Beiblatt:

Offizielles Organ des Westdeutschen Sängerverbandes, Mosel-, Saar-, Nahe-Sängerbundes, des Mittelrheinischen, Rheinhessischen, Speyergau u. Oberwesterwäld.-Sängerbundes.

Erscheint am Endtage eines jeden Monats. Jahresabonnement: Mk. 1.50 u. 40 Pfg. Porto. Einzelnummer: 20 Pfg. Inserate kosten pro 4 mal gespaltene Petitzeile 20 Pfg.

Expedition: H. vom Ende's Musikalien-Versand, Trier, Deutschstrasse 18.

Nr. 9. | Köln und Trier, den 30. Juni 1904. | V. Jahrg.

Inhalt:

Der Gesangverein österreichischer Eisenbahnbeamten in Köln.

Als im April des Jahres 1902 der „Kölner Männer-Gesang-Verein" der Kaiserstadt an der blauen Donau einen Besuch abstattete und die Wiener Sangesbrüder, an ihrer Spitze der Wiener Männer-Gesang-Verein und sein trefflicher Vorsitzender, Herr Schneiderhan, den rheinischen Gästen einen großen Kommers in der Katharinenhalle gaben, da war es u. a. namentlich der Gesangverein österreichischer Eisenbahnbeamten, der durch hervorragende Anteilnahme an den der Kölner Vereinigung zugedachten Ehrungen seine freundschaftlichen Gesinnungen dem Gastverein bekundete. Eine willkommene Gelegenheit, die sangesbrüderlichen Beziehungen zu erneuern, bot sich am 13. Juni ds. Jahres: Der österreichische Beamtenverein passierte auf einer Konzertreise nach Amsterdam und London die Rheinmetropole. Von Wien aus war die wackere Sängerschar zunächst nach Alt-Heidelberg, der feinen, der Stadt an Ehren reich, gedampft. Und als die wanderfreudigen Wiener Herren, im Reiche des Zwerges Perkeo angelangt, die riesigen Dimensionen des Heidelberger Fasses anstaunen konnten, da mag ihnen wohl eine unbegrenzte Hochachtung vor rheinischem Durst gekommen sein! Auch ein Blick in die geheiligten Räume des Universitäts-Karzers wurde ihnen vergönnt. Ein junger, feucht-fröhlicher Musensohn hatte hier gerade unfreiwillig Quartier bezogen und dankte der Vereinigung nicht wenig für die angenehme Unterbrechung seiner trostlosen Einsamkeit. Beim Abschied stimmten die Wiener Herren ein frisches, fröhliches Liedlein an, das dem Bewohner der Zelle als hübsche Erinnerung an den „Besuch im Karzer" wohl noch lange im Ohre nachklingen wird. In Mainz bestieg man den mit Flaggen und Wimpeln in österreichischen und deutschen Farben reich geschmückten „Lohengrin", um sich in rascher Fahrt rheinabwärts treiben zu lassen. Als bei Bingen das Germania-Denkmal in Sicht kam, drehte der Dampfer langsam bei; man verließ das Schiff und stieg den Niederwald empor, legte zu Füßen des Symbols deutscher Einheit einen mächtigen Lorbeer nieder und erneute nach einer begeisterten Ansprache des 2. Vorsitzenden Fischmeister das Gelöbnis, für deutsches Wesen und deutsche Sprache allzeit mutig und treu einzustehen und Wacht zu halten an der blauen Donau wie die Stammesbrüder am grünen Rhein. Noch ein Abschiedsgruß in Wort und Lied, und dann ging's ohne weiteren Aufenthalt gen Köln, vorbei an sagenumwobenen Burgen, reichen Rebenhängen und lachenden Fluren. Es grüßte die Loreley von stolzem Hochsitz die Söhne der Kaiserstadt, und der Geist der sieben Berge sprach seinen Segensspruch über sie. In der Nähe der Geburtsstätte Beethovens sammelte Chormeister Heim seine Scharen, und ernst und feierlich scholl's zum Bonner Ufer hinüber: „Die Himmel rühmen des Ewigen Ehre". Zu gleicher Zeit wurde ein Lorbeerkranz in den Rhein versenkt, den Manen des großen Tonheroen gewidmet. Und weiter zieht das Schiff den stolzen Strom hinab. Da horch, Böllerschüsse und die Klänge der österreichischen Nationalhymne — das ist der Gruß der alten hilligen Stadt! Tausendstimmige Heilrufe tönen den sangeskundigen Jüngern des Flügelrades entgegen, dann plötzliche Stille: der „Kölner Männer-Gesang-Verein" intoniert Mendelssohns „frohen Wandersmann". Fürwahr, wem Gott will rechte Gunst erweisen, den schickt er in die weite Welt! Auf der Landebrücke ein kurzes, aber herzliches Willkommen, ein musikalisches Hoch, das die Wiener Herren durch Absingen ihres Wahlspruchs erwidern, dann geleitet man, unter Vorantritt der Kapelle, die Sangesbrüder, die noch ganz erfüllt sind von den wechselreichen Schönheiten ihrer herrlichen Rheinfahrt, in die Absteigequartiere. Im Laufe des folgenden Tages besichtigten die Herren unter freundschaftlicher Führung die Sehenswürdigkeiten der Stadt und folgten abends einer Einladung des Kölner Männer-Gesang-Vereins zu einem Festtrunk in die Wolkenburg. Der Präsident der Kölner Vereinigung, Herr L. v. Othegraven, eröffnete den Kommers mit einem begeistert aufgenommenen Hoch auf den ritterlichen Vertreter der österreichischen Nation, den hochbetagten Kaiser Franz Joseph, dessen Bildnis aus einer Palmen- und Lorbeergruppe freundlich zu den Söhnen seines Landes herübergrüßte. Nach einer herzlichen Ansprache an den Gastverein seitens des Vorsitzenden der Kölner Sänger nahm Herr Fischmeister, der gesellschaftliche Leiter der Wiener Korporation, das Wort und gedachte in zündender Rede des Schirmherrn des deutschen Volksliedes, Kaisers Wilhelm II. Weiter sprach er der Kölner Vereinigung, dem Oberbürgermeister der Rheinmetropole und dem österreichischen Generalkonsul den Dank seiner Vereinsbrüder aus für die gastliche Aufnahme, die sie in den Mauern der Ubierstadt gefunden. Und nun wickelte sich ein Programm ab, das in glücklicher Mischung Ernst und Scherz, künstlerische Darbietungen und humoristische Spenden brachte. Zunächst erfreute das Gürzenich-Quartett (die Herren: Konzertmeister Bram Eldering, Konzertmeister Körner, Prof. Jos. Schwartz und Konzertmeister Grützmacher) das zahlreiche Auditorium durch den vollendeten Vortrag der Haydnschen

Variationen über die Kaiserhymne und das Presto aus einem Streichquartett des Wiener Altmeisters, dann ließ sich Herr Max van de Sandt, der s. Zt. den Kölner Männer Gesang-Verein auf seiner Konzerttournee begleitet und in der Kaiserstadt an der blauen Donau Ehre und Anerkennung geerntet, am Mandflügel nieder und betätigte aufs neue durch die glänzende Wiedergabe einiger Klaviernummern seine hohe Künstlerschaft. Sololieder und gemeinschaftliche Gesänge wechselten nun in reicher Folge, der Kölner Verein sang Zöllners „Wanderschaft", ein Doppelquartett das reizende Doppelständchen von Zöllner. Noch sah man auf der Bühne die bekannte Szene zwischen Flut und Falstaff (Die lustigen Weiber von Windsor), dann leitete ein humoristisch satyrisches Stegreifprotokoll zur Fidelitas über, die unverbürgten Nachrichten zufolge sich bis in den grauenden Morgen hingezogen haben soll. Nach einer herzlichen Verabschiedung von den Kölner Sangesbrüdern reiste der österreichische Verein am Vormittage des 15. Juni nach Amsterdam weiter. —

Wenn ihr zurückkehrt wieder
Zur blauen Donau Strand,
Grüßt all' die Sangesbrüder,
Drückt ihnen warm die Hand.
Und machtvoll aufwärts schwinge
Es sich im Jubelsturm,
Vom Kölner Dom es klinge
Hin bis zum Stefansturm:
Der Freundschaft Heil, so reich erblüht,
Frei sei die Bahn und frei das Lied!

E. F.

Volkslied und volkstümliche Chöre.

In einem Rückblick auf die Veranstaltungen der Berliner Sängervereinigungen im Laufe des verflossenen Jahres widmet „Die Tonkunst" dem Kapitel „Volkslied und volkstümliche Chöre" beherzigenswerte Worte. Obgleich die Ausführungen nur reichsstädtische Verhältnisse beleuchten wollen, treffen sie doch auch auf die rheinischen in vollem Maße zu und dürften deshalb des Interesses unseres Leserkreises gewiß sein.

Der Verfasser der „Jahresrevue" schreibt in dem Schlußteil seines Aufsatzes:

„Einen weit größern Raum (als Kunstgesänge und Kirchenchöre) nahmen in den Programmen die Volkslieder und volkstümlichen Chöre ein. Hier hat anscheinend die Frankfurter Kaiserrede tatsächlich Wunder gewirkt, wenn auch nicht in der vielleicht gewollten Weise. Mir will scheinen, als ob die Vereine aber gleich in das äußerste Extrem gefallen sind. Ausschließliche Volksliederkonzerte oder volkstümliche Konzerte, wie sie im Laufe des Winters mehrfach von unseren beiden größten Vereine gegeben sind, dem „Berliner Lehrergesangverein" und der „Liedertafel", legen doch schließlich die kostbarsten Kräfte brach für die Pflege hoher Kunst. Andere Vereine folgten insofern, als sie in ihren Programmen ganze Abteilungen ausdrücklich mit der Überschrift „Volkslieder" versahen und damit in vielleicht übertrieben peinlicher Exaktheit beweisen wollten, als ob gerade ein Frankfurt zur Wiederbelebung des deutschen Volksliedes nötig gewesen sei. Sieht man aber den Inhalt dieser Programme oder Programmsabschnitte näher an, so findet man, daß das echte Volkslied aber doch wieder eigentlich fehlt; statt Originale werden Imitationen, statt der Volkslieder sogenannte volkstümliche Chöre geboten, die häufig aber nur platte Nachahmungen sind. Es mag ja richtig sein, daß viele der alten Chöre in der ursprünglichen Satzart für unser Ohr nicht mehr recht annehmbar sind, manche Bearbeitungen sind inzwischen so gut wie ganz beiseite geworfen, z. B. die Erk'schen Sätze, die Nägeli'schen Chöre usw. Selbst von Silcher werden doch nur immer dieselben zehn, zwölf Chöre gesungen, diese bilden das Gemeingut der Vereine, alles andere ist vergessen. Wenn dann aber wenigstens die Vereine zu vollwertigem Ersatz greifen wollten. Abt ist z. B. wieder mehr in den Vordergrund getreten, man könnte bequem 12—15 Chöre anführen, die von neuem den Weg in die Oeffentlichkeit gefunden haben, trotzdem manche von ihnen mehr wie altersschwach sind. Wäre in Frankfurt zufällig an Pfeil erinnert worden, so hätte vielleicht auch dieser einer ebenfalls schon längst verflossenen Periode angehörende Komponist zu neuen Ehren kommen können. Einzelne, vorzugsweise die großen Konzertvereinigungen haben mit Erfolg die modernen Arrangements von v. Othegraven, Spangenberg, Jüngst eingeführt, von denen auch eine ganze Anzahl Arbeiten auf den Programmen erschienen ist. Die kleinen Vereine gehen an diesen Sachen dagegen stillschweigend vorüber. Zu den alten Berliner Liedermeistern Erk und Zander, deren Bearbeitungen alter Melodien vorzugsweise in ihren Vereinen, dem „Erk'schen Chor" und der „Liedertafel", bis auf den heutigen Tag noch eifrig gepflegt werden, ist neuerdings noch Oslender getreten, von dem einige Liedbearbeitungen von dem „Rheinischen Männergesangverein" eingeführt worden sind. Vorwürfe aus dem Gebiete der hohen Kunst hat sich Stange genommen, dessen Bearbeitungen mehrfacher Brahms'scher Melodien ebenfalls vom Erk'schen Verein und von der „Akad. Liedertafel" gesungen wurden. Brahms' „Barcarole" in der Bearbeitung von Hirsch wurde außerdem noch von der „Liedertafel" aufgeführt, von der Kießlich'schen „Konzertvereinigung" auch das „Landsknechtständchen" von Orlando di Lasso (Hirsch).

Ausländische Volkslieder, Russen, Finnländer, Schweden, Italiener, Niederländer usw. gabs gleichfalls in reicher Fülle."

Das Grabdenkmal für C. Jos. Brambach,

den Schöpfer so vieler wertvoller Männerchöre, wurde am 19. Juni auf dem Friedhofe zu Poppelsdorf nach einer schlichten, aber würdigen Gedenkfeier der Familie des Heimgegangenen übergeben. Als sich im Jahre 1902 der liederreiche Mund des Komponisten für immer schloß, richtete die Bonner „Concordia", deren musikalische Leitung 15 Jahre lang in den Händen Brambachs gelegen, ein in warmem Tone gehaltenes Rundschreiben an die deutschen Männergesangvereine und forderte sie auf, zur Ehrung des verblichenen Meisters die Schaffung eines einfachen Grabdenkmals vorzubereiten. Der Aufruf hatte leider nur geringen Erfolg; von den 2100 Vereinen, an welche sich die Concordia mit der Bitte um Beisteuerung gewandt, gingen insgesamt nur 1850 Mk. ein. Amerika, das stolze, reiche, das im Jahre 1886 des Meisters „Columbus" in Milwaukee so überschwenglich gefeiert, versagte gänzlich. Nur der Opferfreudigkeit des Architekten C. Senff, den man mit der Ausführung des Denkmals betraut, ist es zu danken, daß heute trotz der bescheidenen Geldmittel doch ein schönes Monument die Ruhestätte des Toten ziert. Das Denkmal ist wuchtig, dem Charakter des Verewigten entsprechend ernst und durchaus einfach gehalten. Belgischer Granit in rauher Bearbeitung ist in ziemlicher Masse verwendet. Der Kopf zeigt auf Notensystem in goldenen Lettern den Namen Brambach. Unter diesem erscheint eine Relief-Darstellung in Bronze: ein kraftvoller Jüngling greift mit starkem Arm den der Leyer entwachsenden Lorbeer, ihn um des Meisters Stirn zu winden. Als Widmung trägt das Monument die Aufschrift: „Deutsche Sänger dem großen Meister". — Unter Leitung des städtischen Musikdirektors Herrn Grüters sangen die vereinigten Männergesangvereine Bonns Silchers: „Stumm schläft der Sänger"; dann ergriff der derzeitige Vorsitzende der Concordia das Wort zu einer ergreifenden Ansprache, in welcher er der Verdienste Brambachs als Mensch und Tondichter gedachte. Die kurze Feier schloß mit dem Vortrage des Beethovenschen Chores: „Die Himmel rühmen". Viele auswärtigen Vereine hatten Abordnungen zur Feier entsandt und ließen am Grabe Kränze niederlegen. —

C. Joseph Brambach, geboren zu Oberdollendorf bei Bonn am 14. Juli 1833, genoß den ersten Musikunterricht bei seinem Vater, der als Musiklehrer in Bonn tätig war. Mit 14 Jahren erhielt er den ersten theoretischen Unterricht durch A. zur Nieden. In den Jahren 1851—1854 vollendete er seine musikalische Bildung unter F. von Hiller und Carl Reinecke am Kölner Konservatorium, während der tüchtige Gesanglehrer E. Koch ihn im Gesang unterwies. Im Jahre 1856 erhielt Brambach das Stipendium der Mozartstiftung in Frankfurt am Main für Fleiß und künstlerische Leistungen. Von 1859—1861 war er als Professor des Klavierspiels und der Theorie am Konservatorium zu Köln tätig, während er sich gleichzeitig durch öffentliches Auftreten als Pianist, wie als Dirigent und nicht zum geringsten durch seine Kompositionen in weiteren Kreisen bekannt machte und sich einen geachteten Ruf, weit über die Grenzen seines Wirkungskreises hinaus, erwarb. Die Jahre 1861—1870 sahen ihn als städtischen Musikdirektor in Bonn. Von da ab lebte er bis zu seinem am 19. Juni 1902 erfolgten Tode vollständig zurückgezogen in Bonn als Musiklehrer, seine freie Zeit der Komposition widmend.

Der Sänger.

Amtliches Organ des westdeutschen Sängerverbandes.

Das Volkslied ist die Unsterblichkeit der Musik.
Marx.

Verbunden werden auch die Schwachen mächtig.
Schiller.

30. Juni 1904. | Redaktion: Chr. Gebly, Köln, Cäcilienstrasse 40. | Nummer 9.

Expedition und Verlag: H. vom Ende's Musikalien-Versand, Trier, Deutschstrasse 18.

Westdeutscher Sänger- und Dirigenten-Verband.

Generalversammlung.

Die diesjährige ordentliche Generalversammlung für den Gesamt-Verband wird hiermit einberufen auf

Sonntag, den 31. Juli, morgens 10 Uhr,

nach Bochum-Hamme, Restauration Richard Bickern (Haus Freudenberg) in Hamme, Dorstenerstr., vom Bahnhof Bochum-Präsident in 10 Minuten, sowie von den Bahnhöfen Bochum-Süd und Wanne in schnellster Weise elektrisch zu erreichen.

TAGESORDNUNG:

1. Geschäftsbericht durch den geschäftsleitenden Vorsitzenden;
2. Zahlung aller bis dahin noch rückständigen Beiträge, sodann Kassenbericht;
3. Vorstandsergänzungswahl sowie Neuwahl;
4. Anträge:

a) des Verbandsvorstandes:

1. Den § 15, Abs. 15 der Verbandssatzung dahin zu ergänzen, daß es heißt:

„Es erhalten Preise Vereine, welche folgende Durchschnittspunktzahl erreicht haben:

von 15 bis inkl. 19 Punkte den 5. Preis
„ 20 „ „ 23 „ „ 4. „
„ 24 „ „ 27 „ „ 3. „
„ 28 „ „ 31 „ „ 2. „
„ 32 „ „ 35 „ „ 1. „

2. Erhöhung der Mitgliederbeiträge;
3. Einziehung der Beiträge der persönlichen Mitglieder durch Postnachnahmekarten, welche gleichzeitig als Mitgliedkarten gelten;
4. Beschaffung eines Verbands-Wanderpreises.

b) der Vereine:

Antrag des M.-G.-V. „Sängerbund", Gelsenkirchen-Schalke. Abänderung des Absatz 10 des § 15 der Verbandsatzung:

„Es wird jedem Verein bis auf weiteres überlassen, „jährlich einmal einen Wettstreit außerhalb des Ver„bandes zu besuchen; jedoch darf der Verein die Be„stimmungen über den „unlautern Wettbewerb" der „Verbandssatzung nicht außer acht lassen (mit fremden „Sängern auftreten usw.) und muß seinen Verpflichtun„gen dem Verbande gegenüber pünktlich nachkommen."

Zu dieser Generalversammlung wird hiermit allseitig freundlich eingeladen, mit der Maßgabe, daß Vereine 2 Stimmen, persönliche Mitglieder 1 Stimme haben.

Der geschäftsleitende Vorsitzende
H. Benewitz.

V. Verbandsfest

am Sonntag, den 31. Juli, in Bochum-Hamme, im Kaisersaale des Herrn Pöller.

Morgens 11 Uhr: **Kurzer Festzug nebst Begrüssungsansprache.** (Hieran haben alle am Wettsingen sich beteiligenden Vereine vollzählig teilzunehmen, die übrigen Verbandsvereine werden gebeten, Fahnen-Deputationen zu senden.)

Nachmittags 3½ Uhr im Kaisersaale des Herrn Pöller: **Verbandswettsingen**, beginnend mit der II. Klasse, sodann Massenchöre der Bochumer Bezirksvereinigung sowie freie Volksliedervorträge ev. **Kaiserpreissingen** (Bedingung: ein Volkslied nach Wahl aus dem Verbandskatalog), hierauf Preisverteilung und Festball.

Alles Nähere enthält das Festbuch, welches den teilnehmenden Vereinen 8 Tage vorher zugesandt wird.

Herzliche Einladung!

Die werten Verbandsvereine, auch solche, welche nicht am Wettsingen teilnehmen, laden wir hierdurch noch einmal herzlich ein. Kommt und verherrlicht unser und Euer Fest durch eine starke Teilnahme. Wir werden Ihnen, sowie allen persönlichen Mitgliedern des Verbandes den Aufenthalt in unserm nunmehr der Großstadt Bochum einverleibten Ort, welcher schöne, idyllische Gartenanlagen besitzt, so angenehm wie möglich zu gestalten suchen. Deputationen, sowie den Herren persönlichen Mitgliedern gewähren wir gegen Zahlung von 50 Pfg. ein Festbuch, sowie Einlaßkarte zum Saal. Herren, welche schon an dem am Samstag, den 30. Juli, abends 8 Uhr, stattfindenden Künstlerkonzert, in welchem u. a. auch Fräulein Käthe Wolff und Herr Schumacher aus Köln mitwirken werden, teilzunehmen wünschen, kann in den hiesigen Gasthäusern billiges Logis empfohlen werden; es würde uns eine Freude sein, wenn recht viele schon Samstags sich einfinden wollten. Die wegen event. Anmeldung zum Mittagessen noch ausstehenden Vereine bitten wir um gefl. umgehende Nachricht. Und so hoffen wir, daß das Fest einen günstigen Verlauf nehmen möge zum Segen des ganzen Verbandes.

Bochum-Hamme, im Juni 1904.

Der Festausschuß.

Bekanntmachung des Verbandsvorstandes.

Neu aufgenommen: W. M. Loschky, Fürth in Bayern, Komponist.

Es sandten Beiträge: Joh. Braun, Dirigent, Huckingen.

Es wird ferner höflichst ersucht, 8 Partituren von den vorzutragenden Volksliedern für die Herren Preisrichter mitzubringen.

Von allen Seiten bringt man unserm Feste ein lebhaftes Interesse entgegen. Es steht deshalb zu erwarten, daß sich die Herren Delegierten mit den ersten Zügen einfinden werden, ebenso die Herren persönlichen Mitglieder und Ehrenmitglieder, damit pünktlich morgens 10 Uhr die Verhandlungen der Generalversammlung eröffnet werden können.

Verbandsabzeichen sind noch beim Schriftführer, Herrn Gustav Dienst in Gelsenkirchen, zum Preise von 30 Pfg. zu haben. Ferner empfehlen wir den geschätzten Vereinen das von unserem werten persönlichen Mitgliede Herrn Loschky in Fürth komponierte, dem Verbande gewidmete allerliebste Liedchen „Röslein von der Au". (Zu beziehen durch H. v. Ende's Verlag, Trier, Deutschstraße 18.)

Bezüglich des Kaiserpreissingens wird auf die in Nr. 8 des „Sänger" enthaltenen Ausführungen verwiesen.

Mit Verbandsgruß

H. Benewitz.

Deutsche Volkslieder in Einzelausgaben.

Ausgewählt und empfohlen von der Liederkommission des
Westdeutschen Sängerverbandes.
(Maßgebend für Kaiserpreissingen. — Bitte aufzubewahren.)

A Büchsel aufm Rückn	Simon,
A Busserl	André,
Ach, Blümlein blau, verdorre	Schauß,
Ach, du klarblauer Himmel	Silcher,
Ach, Elslein, liebes Elslein mein	Cursch-Bühren,
Ach Gott, es drückt das Herz	Böhme,
Ach Gott, wem soll ich's klagen	Jüngst,
Ach Gott, wie weh' tut	Wermann,
Ach, könnt' ich diesen Abend	Neubner,
Ach, schönster Schatz, mein Augentrost	André,
Ach, wie ist's möglich dann	vom Ende,
Ade, zur guten Nacht	Isenmann,
Annchen lieb, Annchen traut	André, Jüngst, Langer, Sitt,
All meine Gedanken, die ich	Hirsch,
Am Aarensee, da rauschet	Hermann,
Am Sunda geschwind	Isenmann,
Auf der Alm, da gibt's koa Sünd	E. Simon.
Bin Nachts spät außi ganga	Pommer,
Buama, wollts a Gausl	Kremser,
Bua, wanns d' willst	Hahnpfalz,
Bua, willst auf d' Alm fahren	Kremser.
Da droben auf jenen Bergen	Cursch-Bühren,
Die Blümelein sie schlafen	Schwartz, H. Sitt, Isenmatt, Schmid,
Da steh i hier oben	Isenmann,
Da unten im Tale laufts Wasser	André,
Diandl, wo hast denn die Liegestatt	Pommer,
Des Sonntags, des Montags	André,
Des Abends kann ich nicht schlafen gehen	Neubner,
Diandel, bist launisch	Pommer,
Dort beim See da drunt	Jürgens,
Drei Lilien, die pflanz ich	Neubert,
Du mein einzig Licht	Dugge.
Ein Maidlein an dem Laden lag	Wüllner,
Es blies ein Jäger wohl in sein Horn	G. Weber,
Es ist ein Schnee gefallen	Fr. M. Böhme,
Es ist ein Schnitter, der heißt Tod	Wermann,
Es scheinen die Sternlein	vom Ende, Böhme,
Es steh'n zwei Freunde	Neubert,
Es steht ein Baum im Odenwald	"
Es steht eine Lind in jenem Tal	Neubner, Jüngst, Langer,
Es taget vor dem Walde	Jüngst,
Es waren zwei Königskinder	Cursch Bühren, Siegert,
Es welken alle Blätter	Neubner.
Frisch, lustig und fröhlich	Pommer,
Fort zog die Liebste	Isenmann.
Gestern, auf die Nacht	Pommer,
Greane Fensterl, blaue Gatter	"
Grün ist die Hollerstaude	Kremser,
Gut G'sell und du mußt wandern	E. Steinhauer,
(Der) Gutzgauch auf dem Baume saß	Böhme.
Hab oft die ganze Nacht	Isenmann,
Hab i kein Häuserl nitt	Pommer,
Herzallerliebste, lebe wohl	Weber,
Herziges Mariandel, wo gehst du denn hin	vom Ende,
Herziges Schatzerl	Freyer,
Heut ist die Samstag Nacht	Pommer,
Heut hab ich die Wacht	Jüngst.
I bin der Alt-Außeer Postillon	Pommer,
Ich fahr dahin, wenn es muß sein	Silcher, André,
Ich hab die Nacht geträumet	Neubner,
Ich hab den Frühling gesehen	Spangenberg, Böhme,
Ich hab schon drei Sommer	Neubner,
Ich hört' ein Sichlein rauschen	Isenmann,
Ich weiß mir ein Maidlein	André,
Ich wollt' gern singen	Wüllner,
Ich will mich umschauen	André,
I hab schon drei Sommer	Neubner,
Ihren Schäfer zu erwarten	Schwalm,
Im Dorfe ist Hochzeit	Neubner,
Im Krug zum grünen Kranze	Baldamus,
Im schönsten Wiesengrunde	Munzinger,
Im Frühling, wo die Veilchen	Isenmann.

(Schluß folgt in nächster Nummer.)

Zur Ansicht zu beziehen durch:

H. vom Ende's Verlag, Trier, Deutschstrasse 18.

Bundessängerfest und Fahnenweihe des Trierischen Gesangvereins zu Trier am 22. und 23. Mai. Der Mosel-Saar- und Nahe-Sängerbund veranstaltete an den Pfingsttagen in Trier sein 2. Bundeswettsingen, mit welchem das Fest der Fahnenweihe des Trierischen Gesangvereines, von welchem auch die Anregung zur Gründung des Bundes ausging, verbunden wurde. Der Bund zählt gegenwärtig rund 80 Ortsvereine. Ein Ehrenausschuß von 30 Herren hatte sich zur Vorbereitung des Doppelfestes dem Trierischen Gesangverein an die Seite gestellt. Zur Beteiligung am Wettsingen waren 18 Vereine angemeldet, welche aber nur zur Hälfte dem Bunde angehörten. Die Feierlichkeiten nahmen bereits Samstag Abend im Festsaale des katholischen Bürgervereins ihren Anfang. Hier wurden in reicher Abwechslung Orchestervorträge, Chor- und Sololieder geboten, auch an gehaltvollen Reden fehlte es nicht. Am Nachmittage des Pfingstsonntag konnte bei herrlichstem Wetter der Weiheakt der neuen Fahne des Trierischen Gesangvereins am Kaiser Wilhelm-Denkmal vollzogen werden. Die Fahne trägt auf der Vorderseite auf mattgelbem Grunde in rotem Felde St. Peter, das Wappen der Stadt Trier, umgeben von Ornamentverzierungen. Auf der Rückseite befindet sich auf rotem Grunde die allegorische Figur der Musika, eine Frauenfigur mit dem Schwan zu Füßen, in der rechten Hand eine Lyra, in der linken einen Lorbeerzweig tragend, umrahmt von Eichen- und Lorbeerzweigen. Nach einem kurzen Umzug der Vereine durch die Stadt begann um 5 Uhr das Wettsingen. Neun Bundesvereine stritten im großen Saale des katholischen Bürgervereines, neun Nicht-Bundesvereine im Kasinosaale. Als Preisrichter fungierten im Bürgervereine die Herren A. Kettenhofen, Hamm, Kirschbaum, Wessel, Niederehe; im Kasino die Herren Kneiz, Schultz, Bohn, A. Müller und Herz aus Niederbrombach. Als Begrüßungschor sang die „Trierische Liedertafel" im Bürgervereine den Chor „Der Morgen" von Liebe. Es folgten dann: M.-G.-V. „Germania"-Rehlingen a. d. Saar: „Komm zu Wald" von Kern; „Concordia"-Kürenz. „Der alte Lindenbaum" von Sickingen und „Der Wanderer" von K. Rotten; „Lyra"-Trier: „Moselblümchen, Moselmädchen, Moselmänner" von Nöroth und „Die Königskinder" von Jos. Schwartz; M.-G.-V. St. Medard: „Die drei Röslein" von Silcher und „Mutterherz" von Kettenhofen; „Germania"-Ponten: „Grüße an die Heimat" von Kroner und „Waldesrauschen" von Ullrich; „Flora"-Völklingen: „Im schönsten Wiesengrunde" und „Unsere Wiesen grünen wieder"; M.-G.-V. Pallien: „Untreue" von Silcher und „Heute scheid' ich" von Isenmann; M.-G.-V. Merzlich-Karthaus: „Ach, du klarblauer Himmel" von Silcher und „Hüttchen so traut" von A. Kettenhofen; „Liederkranz"-Trier: „Vöglein im grünen Wald" von Dürrner und „Lindenbaum" von Schubert. Die Vereine hatten durchweg ihre Chöre mit Fleiß einstudiert und behaupteten sich mit Ehren beim Wettsingen. Auch das Preissingen im Kasino zeitigte erfreuliche Resultate. Es sangen dort neun Vereine, die sich, wie folgt, in die Preise teilten:

1. Preis (89 Punkte): M.-G.-V. St. Mathias: „In einem kühlen Grunde" von Glück, „Noch ist die blühende, goldene Zeit" und „Frühlingsfreude" von Leu.

2. Preis (84 Punkte): M.-G.-V. Ehrang: „Wiedersehen" von Neubner, „Sonntagsruhe" von Ullrich.

3. Preis (81 Punkte): M.-G.-V. „Germania"-Trier: „Wenn ich die Liebe wär" von Schöne, „In alten Tagen" von Attenhofer.

4. Preis (72 Punkte): M.-G.-V. Pfalzel: „Heinrich, der Vogelsteller" von Nöroth.

5. Preis (65 Punkte): M.-G.-V. Barbara: „Sandmännchen" von Renner, „Die Heimat" von Jos. Schwartz.

6. Preis (62 Punkte): M.-G.-V. Heiligkreuz: „Das Blümlein auf der Heide" von Neubner, „Sonntagsweihe" von Ullrich.

7. Preis (61 Punkte): „Cäcilia"-Trier: „Der Schweizer" von Silcher „Der Soldat" von Silcher.

8. Preis (55 Punkte): M.-G.-V. Ruwer: „Herzeleid" von Hanemann, „Das stille Tal" von Neubner.

9. Preis (55 Punkte): „Constantia"-Konz: „Die schöne Schäferin" von Neubner, „Das stille Tal" von Neubner.

Pfingstmontag Nachmittag: Volksfest mit Konzert, Preisverteilung und Übergabe der Diplome. Den Bundesvereinen wurden zuerkannt: M.-G.-V. Merzlich-Karthaus 1. Preis (77½ Punkte), M.-G.-V. Pallien 2. Preis (70½ Punkte), Flora-Völklingen 3. Preis (61 Punkte), M.-G.-V. St. Medard 4. Preis (59 Punkte), Lyra-Trier 5. Preis (58 Punkte), Germania-Ponten 6. Preis (51½ Punkte), M.-G.-V. Kürenz 7. Preis (49 Punkte), Germania-Rehlingen 8. Preis (42 Punkte), Liederkranz Trier 9. Preis (29 Punkte). Als Begrüßungschor bei dieser Abteilung sang die Eintracht-Trier „Drei Worte des Glaubens" von Zöllner.

(Auszug aus dem Festbericht der Trierischen Landeszeitung.)

Das II. Sängerfest des Speyergau-Sängerbundes

in Iggelheim am 19. Juni.

Seit seinem 1000jährigen Bestehen hatte Iggelheim noch niemals so viele Gäste zu beherbergen, als am Sängerfeste. Mit den frühesten Morgenzügen kamen die Vereine des Bundes, die Freunde des Gesanges, die Fremden, tausende waren bis zur Aufstellung des Festzuges anwesend. Das Wetter war nach Wunsch. Schon am Samstag Abend ward das Fest mit dem Empfang und der Begrüßung der Herren des Preisgerichts und einem Umzug mit Militärmusik durch die Ortsstraßen eingeleitet, woran sich das Festbankett im „Adler" reihte. Ein äußerst abwechslungsreiches Programm, das in jeder Hinsicht bestens absolviert wurde, hielt die zahlreich Erschienenen bis zu Ende beisammen. Der Bundesvorstand, Herr Lehrer J. Schultz-Speyer, begrüßte die Gäste, besonders die 6 anwesenden Preisrichter, die Herren S. Bren, C. E. Groß, K. A. Krauß, Ferd. Langer, J. Keßler, Heinr. Trantner, und gab namens des Bundes- und des festgebenden Vereins „Liederkranz"-Iggelheim mit Stolz seiner Freude Ausdruck, daß solch hervorragende Männer ihre Kräfte dem Feste widmeten. Am Sonntag Morgen begannen die Wettgesangkonzerte im „Adler" und „Löwen" um ³/₄10 Uhr. Die Leistungen waren durchaus gute, und es ist entschieden ein Fortschritt seit dem 1. Sängerfeste zu konstatieren, was auch vom Preisgericht anerkannt wurde. Besonders gut wurde in der Stadtvereinsklasse und in der 2. Landvereinsklasse gesungen. Eine Menge Zuhörer hatten sich zu diesen Konzerten eingefunden. Bei der Hauptprobe zu den Gesamtchören konnte man so recht die fleißige, zielbewußte Arbeit der Vereine bewundern. Einen animierten Verlauf nahm das Festessen im „Löwen", das durch ernste und heitere Toaste gewürzt wurde. Besonders verdienen hervorgehoben zu werden die Ausführungen des Herrn Bezirksamtmannes Mathéus von Ludwigshafen über die hohe Bedeutung des Wettsingens als eminentes Mittel zur Vervollkommnung der gesanglichen Leistungen. Um 3 Uhr bewegte sich der stattliche Festzug zum Festplatze im Walde im kühlen Schatten deutscher Eichen. Brausenden Beifall fanden die wirkungsvoll zum Vortrag gebrachten Gesamtchöre, welche teils von dem Festdirigenten, C. E. Groß, teils von den anwesenden Komponisten, den Herren Jos. Loy, K. Maupai und F. Hartard geleitet wurden. Als Gesamtchöre waren vorgesehen: „Sängerwahlspruch" von C. E. Groß, „Gebet" (mit Musikbegleitung) von F. Hartard, „Kein Häusle mag's geben" von S. Bren, „Die Pfalz am Rhein" von F. Hartard, „Die Heimat" von K. Maupai, „Des Jägers höchste Lust" von J. Feyld, „Mei Schatz soll nie erfahren" von W. Kleinecke, „Am Brünnlein" von Parlow, „Steht ein Häuschen am Walde" von C. E. Groß, „Treues Blut" von F. J. Loy. Um 6 Uhr fand die Preisverteilung statt. Das Ergebnis des Wettsingens war folgendes:

Abteilung A:	Punktzahl	Preis
Mutterstadt „Germania"	68	I
Landau „Eintracht"	75½	Ia
Reupfotz „Frohsinn"	76	II
Abteilung B, Klasse I:		
Jockgrim „Männerchor"	61	I
Wörth „Männerchor"	68	Ia
Dudenhofen „Cäcilienverein"	75	II
Klasse II:		
Mutterstadt „Frohsinn"	61½	I
Pfortz „Männerchor"	69	Ia
Rülzheim „Männerchor"	69	Ib
Appenhofen „Männerchor"	69½	Ic
Leimersheim „Männerchor"	75	Id
Dudenhofen „Liedertafel"	77	Ie
Rheinzabern „Männerchor"	77½	II
Heiligenstein „Liederkranz"	78	IIa
Herxheim „Edelweiß"	78½	IIb
Hördt „Liederkranz"	83	IIc
Fußgönnheim „Gesangverein"	81½	IId
Schwegenheim „Männergesangverein"	87	IIe
Oberotterbach „Männergesangverein"	90	III
Herxheim „Concordia"	91	IIIa
Klasse III:		
Berghausen „Liedertafel"	73½	I
Rödersheim „Frohsinn"	71	Ia
Maudach „Frohsinn"	82	Ib
Mechtersheim „Frohsinn"	84	Ic
Waldsee „Eintracht"	88½	Id
Speyerdorf „Eintracht"	89	Ie

	Punktzahl	Preis
Heiligenstein „Männerchor des Militärverein"	92	II
Hayna „Eintracht"	96½	IIa
Neuhofen „Liedertafel"	98	IIb
Burrweiler „Liederkranz"	99	IIc
Bornheim „Concordia"	100½	IId
Kleinfischlingen „Luitpold-Gesangverein"	100½	IIe
Westheim „Concordia"	101½	III
Fußgönnheim „Germania"	105½	IIIa
Iggelheim „Liederkranz"	108	IV
Hatzenbühl „Liederkranz"	111½	IVa

Das 50jährige Jubiläum des Solinger Sängerbundes

wurde in den Tagen vom 4.—6. Juni unter herzlicher Anteilnahme der Behörden, der Bürgerschaft sowie zahlreicher befreundeter Vereine festlich begangen. Den Reigen der Veranstaltungen eröffnete am Samstag ein Konzert in der städtischen Festhalle, das in seinem ersten Teile Vorträge des Elberfelder Orchesters, Männerchöre (siehe „Aufführungen") und Liedspenden des Opernsängers Plücker, eines Sohnes der Stadt, brachte, während die zweite Abteilung durch eine abgerundete Wiedergabe der Sinfonie-Ode „Das Meer" von Jean Louis Nicodé ausgefüllt wurde. Zu einer wahrhaft imposanten Feier gestaltete sich der Festakt am Sonntag Vormittag in der Schützenburg. Während am Samstag Karl Maria von Weber mit seiner „Jubel-Ouverture" das erste Wort gesprochen, war am Sonntag seinem Freunde und Bewunderer Richard Wagner die Eröffnung des Programms eingeräumt worden. Die wuchtigen Klänge des Kaisermarsches waren kaum verhallt, als der „Jubilar" das Podium betrat und unter Leitung seines trefflichen Chormeisters, des Herrn Musikdirektor Karl Hirsch, Mozarts „Weihe des Gesanges" in prächtiger Ausführung darbot. Noch stand die zahlreiche Festversammlung unter dem Banne von Mozarts Harmonien, als Herr Oberbürgermeister Dicke das Wort ergriff und unter dem Jubel der Anwesenden dem Verein die Mitteilung machte, daß Se. Majestät dem Sängerbund in Anerkennung seiner Verdienste um die Pflege und Förderung des deutschen Liedes die goldene Medaille für Kunst und Wissenschaft verliehen habe. „Es ist dies eine seltene Auszeichnung", betonte Redner, „die meines Wissens nur sehr wenigen Vereinen verliehen worden ist. Ich hoffe, daß der Verein sich auch in Zukunft dieses Kleinods würdig erweisen wird, damit es ihm, wenn wieder 50 Jahre herum sind, vergönnt ist, einer gleichen Anerkennung sich zu erfreuen. Vergessen Sie nie, daß die Liebe zum Vaterlande, die Sie im Liede pflegen, unzertrennlich verbunden ist mit der Liebe und Treue zu Reich und König. Sie haben in der Pflege der Kunst außerordentlich viel getan, Sie haben auch unser Gemeinwesen kräftig unterstützt. Das hat die Bürgerschaft anerkannt und darum beschlossen, Ihnen einen Pokal zu verehren, den Ihnen zu überreichen ich hiermit die Ehre habe. Möge Ihr Streben in der Pflege der Gesangeskunst und Ihre Liebe und Anhänglichkeit zum Vaterland und zur Vaterstadt immer so wahr und echt sein, wie das Metall, aus dem dieser Pokal gegossen ist. Er möge, wenn er in fröhlicher Tafelrunde unter Ihnen kreist, Sie daran erinnern, daß die Bürgerschaft gern bereit ist, Ihr Streben anzuerkennen. Diese Gewißheit möge Sie anfeuern, nach immer höheren Zielen zu streben zum Segen des Vereins und zum Segen der Stadt." Nach Überreichung von Fahnenschleifen durch die Damen des Vereins trug der gemischte Chor unter Mitwirkung des Orchesters die Apotheose des Hans Sachs aus den Meistersingern vor; dann erfolgte die Beglückwünschung des „Jubilars" durch Solinger und auswärtige Deputationen. Ein Festzug leitete zum Fest-Bankett über, und diesem schloß sich ein großes Konzert in der Schützenburg an, welchem außer der festgebenden Körperschaft noch die Vereine Cäcilia-Neuß, Lätitia-Elberfeld, Oberbarmer Sängerhain, Remscheider Liedertafel und Solinger Lehrergesangverein in Einzelleistungen und Massenchören ihre Mitwirkung liehen. Den Beschluß des Abends bildete ein Festball. Am Montag folgte ein Frühkonzert im Hotel Monopol und ein Ausflug nach der Müngstener Talsperre. Abends fanden sich die Festteilnehmer in der städtischen Schützenburg zum Abschiedskonzert zusammen. Nicht weniger denn 12 Vereine spendeten hier eine Reihe der interessantesten Werke der Chorliteratur. (Als ein Beweis für die Vorliebe der Männer-Gesang-Vereine für Hegar mag noch vermerkt werden, daß das Programm der Festkonzerte vom 5. und 6. Juni 5 größere Chöre des Schweizer Komponisten aufwies: Hymne an den Gesang, Kaiser Karl in der Johannisnacht, Die beiden Särge, Rudolf von Werdenberg und Das Totenvolk.) Der einzige noch lebende Mitgründer des Vereins, Herr Fritz Plücker, der die 50 Jahre hindurch ohne Unterbrechung tätiges Mitglied des Sängerbundes gewesen und kaum eine Übung versäumt, wurde anläßlich des Jubiläums zum Ehrenmitgliede des Sängerbundes ernannt, eine gleiche Ehrung wurde dem Oberbürgermeister Dicke als Anerkennung für die eifrige Förderung der Kunstpflege in Solingen zuteil.

Aufführungen.

Köln, 29. Mai. „Kölner Liederkranz“ (Dirigent: Peter Haas.) W. Sturm: „Es zog der Maienwind zu Tal“; F. Debois: „Rosenzeit“; O. Neubuer: „Frühlingslied“, „Später“; R. Radecke: „Aus der Jugendzeit“; P. Haas: „Zu Andernach am Tore“ (mit Tenor-Solo); A. Dregert: „Röslein, wann blühst du auf?“; W. Kienzl: „Das Volkslied“; J. Pache: „Hüttchen so traut“.

— 2. Juni. „Kölner Männerchor“ (Dirigent: Franz Schlatmann). P. Faßbaender: „Das deutsche Lied“; F. Ullrich: „Waldesrauschen“; W. Sturm: „Einkehr“; de Lange: „Exultavit cor meum“ (Preischor); Voigt: „Mutterliebe“; Podbersky: „Wenig begehr' ich im Leben“.

— 4. Juni. „Kölner Liedertafel“ (Dirigent: Gustav Meinberg). Mücke: „Gott grüße Dich!“; Silcher: „Wohin mit der Freud?“; P. Faßbaender: „Das deutsche Lied“; Ferd. Hummel: „Unterm Machandelbaum“; Dürrner: „Sturmbeschwörung“; Jos. Schwartz (Volksliedbearbeitungen) „Es waren zwei Königskinder“, „Jetzt gang i ans Brünnele“; Mich. Kasper: „Wir drei“. Solisten: Ella Herrmann (Sopran), Frau Leonore Meinberg-Krausse (Sopran), Mimy Bussius (Geige) aus Köln; Hans Günther (Tenor) aus Elberfeld.

— 8. Juni. M.-G.-V. „Polyhymnia“ (Dirigent: Gustav Pleiken). C. Wilhelm: „Wenn der Frühling auf die Berge steigt“; Böhme: „Ein Sträußchen am Hute“; Jüngst: „Ach, daß es mußt im Frühling sein!“; Richard Wagner: „Das Liebesmahl der Apostel“, eine biblische Szene; Steinhauer: „Der Rhein“; Oslender: „Ich weiß ein kleines Häuselein“; Zöllner: „Das Wandern ist des Müllers Lust“; Lindlar: „An dem Brünnele“; Sturm: „Wir saßen am sonnigen Morgen“; Fischer: „Studentennachtgesang“.

— 16. Juni. „Kölner Männer-Gesang-Verein“ (Dirigent: Prof. Jos. Schwartz.) [Sommerfest.] Gottfr. Angerer: „Mein Lied“; Joh. Pache: „Waldeinsamkeit“; Fr. M. Böhme: „Das stille Tal“; Franz Curti: „Mein ist die Welt“; Fr. Hegar: „Die beiden Särge“; H. Schäffer: „Die Post“ (mit Piston-Solo); Ed. Kremser: „Wenn zwei sich gut sind“, „Im Winter“.

Solingen, 4. Juni. „Solinger Sängerbund“ (Dirigent: Carl Hirsch). [1. Festkonzert zur goldenen Jubelfeier des Vereins.] Baldamus: „Weihe des Liedes“ (mit Orchester); Weber: „Waldweben“; Franz Knappe: „Am Lindenbaum“; C. Hirsch: „Musikantenzauber“; Nicodé: „Das Meer“, Symphonie-Ode (mit Orchester). Solist: Konzertsänger Herm. Plücker aus Köln.

— 5. Juni. (2. Festkonzert.) „Solinger Sängerbund“ (Dirigent: Carl Hirsch). Herzog Ernst zu Sachsen: „Hymne“; „Remscheider Liedertafel“ (Dirigent: W. Zürn). Reissiger: „Olaf Trygvason“; „Cäcilia“-Neuß (Dirigent: M. Müller). H. Wagner: „Elsula“; „Lätitia“-Elberfeld (Dirigent: C. Hirsch). Hegar: „Hymne an den Gesang“; „Solinger Lehrergesangverein“ (Dirigent: C. Hirsch). Kreutzer: „Frühlingsnahen“; Silcher: „Jetzt gang i ans Brünnele“; „Oberbarmer Sängerhain“ (Dirigent: C. Hirsch). Hegar: „Kaiser Karl in der Johannisnacht“. Massenchöre: Brambach: „Bergisches Heimatlied“, Rietz: „Morgenlied“, Engelsberg: „Soviel Stern am Himmel stehen“, Kremser: „Komm, o komm, holdes Kindchen“, C. M. v. Weber: „Lützows Jagd“.

— 6. Juni. (3. Festkonzert.) „Solinger Sängerbund“ (Dirigent: C. Hirsch). S. Breu: „Sonntag ist's“; W. Sturm: „Es zog der Maienwind zu Tal“; „Quartett-Verein Solingen“ (Dirigent: E. Stöcker). F. Ullrich: „Rheinische Brautfahrt“; „Euphonia“-Solingen (Dirigent: C. Niemann) Jürgens: „Im Mai“; Haeser: „Der Wald“; „Concordia“-Hecker: (Dirigent: H. Assmann). C. Hirsch: „Am Externstein“; „Solinger Männerchor“ (Dirigent: W. Zürn). Th. Koschat: „Ein Sonntag auf der Alm“, Walzer-Idylle mit Klavierbegleitung; „Männerchor“-Wald (Dirigent: P. Haas). Schwartz: „Die Heimat“; Silcher: „Stirb, Lieb und Freud“; „Merscheider Männerchor“ (Dirigent: P. Haas). F. Hegar: „Die beiden Särge“; „Phönix“-Solingen (Dirigent: O. König). W. Sturm: „Jock von Hazeldean“; „Eintracht“-Solingen (Dirigent: C. Stemm). M. Neumann: „Kaiser Friedrich III.“; „Gräfrather Männerchor“ (Dirigent: O. König). F. Hegar: „Rudolf von Werdenberg“; „Solinger Liedertafel“ (Dirigent: Cl. Lemacher). F. Hegar: „Das Totenvolk“; „Ossian“-Solingen (Dirigent: W. Zürn). G. Angerer: „Der Königsbote.“

Düsseldorf, 6. Juni. „Männerchor 1904“ (Dirigent: M. Neumann) F. Mendelssohn: „Des Jägers Abschied“; C. Zöllner: „Wanderschaft“; H. Kunz: „Ach Elslein“ (16. Jahrh.), H. Waelrent: „An einem Bächlein“ (engl. Madrigal (1550); F. Silcher: „Mein eigen soll sie sein“; A. de la Hale: „Minnelied“ (1240) Solistin: Aenne Kluth (Sopran).

Saarlouis, im Juni. „Saarlouiser Männer-Gesang-Verein“. (Sommerfest.) Schmidt: „Des Liedes Krystall“; Schrader: „Es haben zwei Blümlein geblühet“ (Volkslied); Richter: „Die erste Rose“; Dregert: „Gruß an Deutschland aus der Ferne“; Engelsberg: „Ein heimlich süßes Rauschen“ (Volksweise). Zöllner: „Deutschlands Trost“ (mit Orchester).

Neueste Erscheinungen.

Männerchöre a cappella.

(Zu beziehen durch H. von Ende's Verlag, Trier.)

	Part.	Stimmen
Beines, Carl, Wie bist du schön	1.—	1.—
Blumenthal, Paul, op. 101. Nr. 1. Du alter, du frischer	—.40	—.40
„ „ „ Nr. 2. O weißt du noch	—.60	—.60
„ „ „ Nr. 3. O hör', du junge Dora	—.40	—.40
„ „ „ Nr. 4. Im Kahn da sitz' ich	—.60	—.60
„ „ „ Nr. 5. Am Tage bei der Arbeit mein . .	—.60	—.60
„ „ „ Nr. 6. Wermlandsweise	—.60	—.60
Ohar, Fr. Scheidelied eines Wanderburschen .	—.80	—.80
Gabriel, P. op. 30a. Waldkönig	—.60	—.60
Hamann, V. „ 29. Mein Ringlein	—.40	—.40
„ „ 30. Zechers Absage . . .	—.60	—.60
„ „ 31. Hüttelein im grünen Wald	—.40	—.40
Kraus, Paul, op. 111. m Pfte. Hochdeutsches Lied	1.20	—.80
„ „ 111½ Fahr' wohl, du goldne Sonne	—.60	—.80
„ „ 111½ O Liebestraum, o Sonnenschein	—.60	—.80
„ „ 123 Treue Liebe	—.40	—.60
„ „ 124 Wanderlied	—.60	—.60
„ „ 126 Mein Lied	—.60	—.60
Langer, Ferdinand. Kirmes im Dorf . . .	1.20	1.20
Lewin, Gustav. Nun pfeif' ich noch	—.60	—.60
„ „ Wo ich ein süßes Liebchen hab'	—.80	—.60
Loschky, Wm., op. 72, Nr. 2. Röslein von der Aue	—.60	—.60
Müller-Büssow, Arth., op. 27, Nr. 1. Abend .	—.40	—.40
„ „ „ 27, Nr. 2. Liebeslied	—.40	—.40
Otto, Th. op. 10 Laut hat der junge Lenz gelacht	—.60	—.60
„ „ 11. Es sang im Busch ein Vögelein	—.60	—.60
Peters, Max, op. 12. Also lehrt uns Goethe .	—.80	—.80
„ „ „ 52, Nr. 1. Motto: Froher Sang, ernstes Wort . . .	—.60	—.60
„ „ „ 52, Nr. 2. Sonntagsmorgen .	—.60	—.60
„ „ „ 52, Nr. 3. Waldstudenten . .	—.60	—.60
„ „ „ 52, Nr. 4. Die Freude wollt' ich suchen	—.80	—.80
Riedel, Fritz. op. 7. Ins Weinhaus . . .	—.60	—.60
Schiebold, Carl, Nr. 11, Landsknechts Abschied	—.60	—.15
„ „ „ 12, Ein Vöglein sang im Lindenbaum	—.60	—.15
„ „ „ 13, Rund ist die Welt! .	—.60	—.15
Stoebler, Ernst, Nr. 4, Die alten Helden . .	—.60	—.15
„ „ „ 5, 's blühn Rosen am Hage	—.60	—.15
Walden, Otto von, op. 86a. Auf den Bergen in Tirol	—.60	—.60

(Die Redaktion behält sich vor, auf einzelne der vorstehenden Novitäten des Näheren zurückzukommen.)

II. Berliner Sängerwettstreit.

Die lobenswerte Absicht, namentlich den mittleren und kleinen Vereinen der Reichshauptstadt Gelegenheit zu geben, ihr Können zu betätigen und in friedlichem Kampfe ihre Kräfte zu messen, hatte den „Rheinischen Männer-Gesang-Verein" bestimmt, im verflossenen Jahre, kurz nach der Frankfurter Konkurrenz, die Berliner Vereinigungen zu einem „lokalen" Wettstreit aufzurufen. Aber nur gering war der Erfolg des Aufrufes: die Teilnahme an dem im September 1903 abgehaltenen Preissingen beschränkte sich auf 17 Vereine. — Diesem ersten Wettstreite folgte am 5. Juni dieses Jahres der zweite; heuer stellten sich bloß 11 Vereine der Jury. —

Zur Erlangung geeigneter Preischöre, eines Kunstgesanges und eines Volksliedes, hatte das aus Mitgliedern verschiedener Berliner Männer-Gesang-Vereine zusammengestellte vorbereitende Komitee ein Preisausschreiben erlassen. Aus der Menge der eingelaufenen Bewerbungen — über 400 — wurden mit den beiden ersten Preisen (je Mk. 200.—) bedacht: das Kunstlied „St. Michel, salva nos!" vom königl. Musikdirektor M. Koch aus Stuttgart und das Volkslied „Steht ein Häuschen am Walde" von Edmund Parlow-Frankfurt am Main. Die beiden zweiten Preise (je Mk. 100.—) wurden dem Komponisten des Kunstliedes „Das Mädchen von Inistore", Paul Umlauft aus Leipzig, sowie dem Schöpfer des Volksliedes „Einen Brief soll ich schreiben", dem königl. Musikdirektor Prof. Schwalm in Königsberg, zugesprochen. —

Es war den am Wettsingen teilnehmenden Vereinen freigestellt, — außer einem selbstgewählten Chore — das mit dem ersten Preise gekrönte Kunst- oder Volkslied zum Vortrag zu bringen. Dem Zug der Zeit folgend, entschieden sich 7 Vereine für das Volkslied. —

Das aus den Herren Prof. A. Cebrian, Prof. M. Gebhardt, Prof. Felix Schmidt, Prof. Rich. Schmidt und Prof. Herm. Schröder bestehende Preisrichterkollegium verteilte die zur Verfügung stehenden 5 Ehrenpreise wie folgt:

1. Preis: „Berliner Lieder-Quartett";
2. „ „Liedertafel des Vereins ehem. Schüler der 30. Gemeindeschule";
3. „ „Berliner Männer-Quartett 1875";
4. „ „Rheinischer Männer-Gesang-Verein";
5. „ „Seeger'scher Männer-Chor".

Ob die „lokalen" Wettstreite der Haupt- und Residenzstadt wohl von langer Lebensdauer sein werden?!

Zur Aufführungsfrage.

Die Zahlung der Autorensteuer, zu der er sich vertraglich verpflichtet, hatte der Besitzer der Deutschen Konzerthallen an der Spandauerbrücke (in Berlin), Preilipper, verweigert. Vor dem Amtsgericht machte er geltend, daß er die Weiterzahlung der eingegangenen Pauschalbeträge für die Autorensteuer verweigere, weil er durch Vorspiegelung falscher Tatsachen zum Abschluß des Vertrages veranlaßt worden sei. Das Amtsgericht wies den Einwand zurück und betrachtete die Erhebung der Autorensteuer als zulässig. Gegen diese Entscheidung legte der Beklagte bei dem Landgericht I Berufung ein. In der Berufungsschrift wurde darauf hingewiesen, daß die Konzerthallen-Besitzer respektive Kapellmeister keine Liste derjenigen Tonstücke erhalten, welche der Autorensteuer unterliegen und doch die Kontrahenten nur verpflichtet seien, regelmäßig eine Liste der Tonstücke, welche bei ihnen aufgeführt wurden, bei dem Autoren-Verbande einzureichen. Nach den Ergebnissen der Listen sollte die Verteilung der Steuereingänge an die dem Verbande angehörenden Komponisten erfolgen. Tatsächlich würden jedoch die Listen von den Konzerthallen-Besitzer nicht eingereicht, und es sei aus diesen Gründen eine ordnungsmäßige Verteilung der Steuererträge nicht gut denkbar. Das Landgericht hat sich dieser Auffassung des Beklagten angeschlossen. Es stellte fest, daß der Vertrag ungültig sei, weil derselbe für den Kontrahenten nur Pflichten und keine spezialisierten Rechte enthalte, und wies die Kläger unter Aufhebung der Vorentscheidung des Amtsgerichts ab.

Personalien.

— Dem Dirigenten des „Solinger Sängerbundes", Herrn Karl Hirsch aus Elberfeld, wurde gelegentlich des goldenen Jubelfestes des Vereins der Titel „Königlicher Musikdirektor" verliehen.

— Oberpostmeister a. D. Robert Steidle, Mitglied des Gesamt-Ausschusses des „Deutschen Sängerbundes", ist am 1. Juni ds. Js. kurz vor der Vollendung seines 71. Lebensjahres verschieden. Steidle gehörte seit 1886 dem engeren Ausschuß des „Schwäbischen Sängerbundes" an und war Ehrenvorstand des „Stuttgarter Liederkranz".

Kleine Mitteilungen.

Eine Gedenktafel für Magister C. G. Hering und Karl Eduard Hering mit Bronze-Doppel-Medaillonbild ist am 15. Mai in Oschatz i. S. unter Vortrag zweier Männerchöre „Weihegesang" (Melodie von Magister Hering, Neudichtung von Alma Hering, Neu-Bearbeitung von Dr. R. Hering) und „Freie Kunst" von K. E. Hering eingeweiht worden. — Magister C. G. Hering, am 25. Oktober 1766 zu Schandau an der Elbe geboren, ist als Komponist der volkstümlichen Kinderlieder „Morgen, Kinder, wird's was geben" (Weihnachtsfreude), „Horch, wie schallt's dorten so lieblich hervor" (Wachtelschlag), „Hopp, hopp, hopp, Pferdchen, lauf Galopp" (Steckenpferd), „Als der Großvater die Großmutter nahm" (Großvaterlied) u. a. m., sowie als Begründer der Musik-Didaktik bekannt geworden. Vom Jahre 1795—1811 wirkte Hering an der Stadtschule zu Oschatz als Lehrer und Konrektor. Er starb hochbetagt am 4. Januar 1853 zu Zittau i. S. Die hervorragende Musikbegabung Magister Herings ging nur auf einen seiner Söhne über, auf Karl Eduard Hering — in weiteren Kreisen bekannt durch seine Männerchöre sowie durch das melodramatische Chorwerk „Weihnachtsruhe" — geb. den 13. Mai 1809 zu Oschatz, in Leipzig Schüler des Thomaskantors Th. Weinlig (des Lehrers Richard Wagners), gest. den 26. November 1879 als Domorganist zu St. Petri und Musiklehrer am Lehrerseminar zu Bautzen.

Zur Hundertjahrfeier der Gründung deutscher Musikfeste fand in Frankenhausen am Kyffhäuser, dem Schauplatze des ersten deutschen Musikfestes,*) am 28. und 29. Mai a. cr. ein Jubiläumsmusikfest statt mit drei großen Festaufführungen, einem Gartenkonzert und Festreunion. Festdirigent war Herr Hofkapellmeister Herfurth-Rudolstadt. Solisten: Fräulein M. Geyer-Berlin, Herr E. Pinks-Leipzig, Herr A. van Eweyk-Berlin. Außerdem wirkten mit: Röthigsches Soloquartett-Leipzig, Herr Hofkonzertmeister Corbach-Sondershausen, Kirchenmusikdirektor Köhler-Saalfeld, Organist Räuber. Der Chor bestand aus 250 Personen, das Orchester aus 70 Musikern, darunter die gesamte fürstliche Hofkapelle Sondershausen.

Die Jubelfeier der „Wacht am Rhein" wurde am 11. Juni in Krefeld festlich begangen. Abends gegen 9 Uhr bewegte sich ein Festzug, an dem 24 Gesangvereine und 34 Kriegervereine teilnahmen, zum Karl Wilhelm-Denkmal. Nach einer kurzen markigen Ansprache des Oberlehrers Dr. Mustacke sang der aus mehr als 600 Sängern bestehende vereinigte Sängerchor „Die Wacht am Rhein", in deren Schlußreime die umstehende Menge tausendstimmig einfiel. Dann marschierte der Festzug zur Friedrichstraße, in deren Hause Nr. 22 Karl Wilhelm im Frühjahr 1854 gewohnt und die „Wacht am Rhein" komponiert hat. Vom Fenster seiner Wohnung aus hielt der Vorsitzende der Liedertafel, Justizrat Printzen, eine Ansprache zur Enthüllung einer von der Liedertafel ihrem frühern Dirigenten gestifteten Gedenktafel. Sie ist aus schwarzem schwedischen Granit und trägt die Aufschrift: „In diesem Hause komponierte im März 1854 Karl Wilhelm (1841—1865 Dirigent der Krefelder Liedertafel) die „Wacht am Rhein". Der Redner vergaß über den Sänger nicht den Dichter der „Wacht am Rhein", Max v. Schneckenburger, dessen goldene Worte Karl Wilhelm zu dem Liede begeistert.

Der 80. Geburtstag Carl Reineckes wurde am 23. Juni in Leipzig durch ein Festkonzert, dessen Programm lediglich aus Werken des Meisters zusammengesetzt war, sowie durch ein Festmahl gefeiert.

Die Amerikafahrt des Berliner Lehrergesangvereins soll, neueren Nachrichten zufolge, nun doch zu stande kommen. Es verlautet, daß jetzt die Leitung der Weltausstellung in St. Louis die Einladung des Vereins übernommen habe und auch die Kosten der Reise tragen wolle. Die Reise dürfte alsdann zu Beginn der Herbstferien (Mitte August) angetreten werden.

*) Veranstalter war der kunstbegeisterte Kantor Joh. Georg Friedr. Bischoff (1780—1850), der im Juni 1804 Haydn's „Schöpfung" zur Aufführung brachte.

• Bezugsquellenregister. •

Druck der Ph. Gehly'schen Buchdruckerei in Köln a. Rh., Cäcilienstrasse 40.

egweiser durch die Chorgesangliteratur

Ratgeber für Gesangvereine und Dirigenten.

Redaktion: Chr. Gebly, Köln, Cäcilienstr. 40.

H. vom Ende's Verlag, Trier.

nebst Beiblatt:

Der Sänger.

Offizielles Organ des Westdeutschen Sängerverbandes, Mosel-, Saar-, Nahe-Sängerbundes, des Mittelrheinischen, Rheinhessischen, Speyergau u. Oberwesterwäld.-Sängerbundes.

Erscheint am Endtage eines jeden Monats. Jahresabonnement: Mk. 1.50 u. 40 Pfg. Porto. Einzelnummer: 20 Pfg. Inserate kosten 20 Pfg. die 4 mal gespaltene Petitzeile.

Expedition: H. vom Ende's Verlag, Trier.

0. | Trier, den 31. Juli 1904. | V. Jahrg.

Mathieu Neumann.

Von Dr. Max Burkhardt.

len zeitgenössischen Tonsetzern, die das seltene n, ihren Namen immer und immer wieder auf den n glänzen zu sehen, ragt auf dem Gebiete des nges Mathieu Neumann hervor, dessen Bild nseren Lesern bieten. Neu- obwohl er noch jung ist — 67 in Köln geboren — schon nliche Menge Männerchöre so daß seine kompositorische t fast an die Franz Schuberts ß von vorn herein sein Talent rliche sich der Komposition wies er bereits am Konser- o unter Wüllners pädago- chen seine Begabung heran- führte ihn in die Geheim- ntrapunkts und der Fuge nd Pauer waren seine pia- itsterne, und Arnold Men- erwies ihn im Orgelspiel. -jährigem Studium zeigten hte seiner Begabung und er erhielt das Stipendium hnschen Staatsstiftung in mposition.

erwähnt, ist es gerade der , der Neumann am meisten eizt und den er als Preis- lieren oft genug Gelegen- Köln, Koblenz, Trier, Krefeld usw. schrieb er das Glück hatten, wenn man so sagen darf, achen, das heißt: nicht sofort nach dem Preis- von den Programmen zu verschwinden. In

diesen meist groß angelegten Chören zeigt sich Neumann im Banne dessen, der die Chorliteratur plötzlich auf das moderne Gebiet herübergerückt und, da ja mit den Anforderungen auch das Können wächst, die Leistungsfähigkeit der Vereine zu

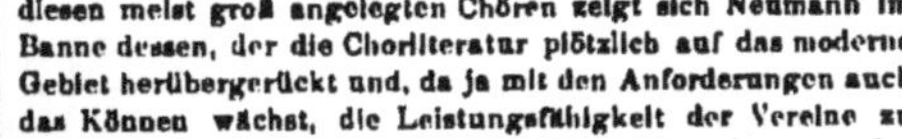

gewaltiger Höhe geschraubt hat: der Sänger des „Totenvolk", Fr. Hegar. Dieses moderne Gewand, das sich vor allem in der Steigerung und Anhäufung technischer Schwierigkeiten (Ausdehnung des Stimmumfangs, Reichtum der Nüancen, rhythmische Mannigfaltigkeit), sowie in der Kühnheit der Harmonik, vor allem aber in dem Streben nach möglichster Realistik in der Schilderung des Textinhalts äußert, hängt auch fast allen Neumannschen Kompositionen um. Ich erwähne hier zunächst die beiden letzten seiner großen Chöre, die durch das Frankfurter Preissingen einem größeren Kreis bekannt geworden sind: „Teja", op. 50, und „Sturmerwachen", op. 49. Daß in letzterem Gedicht Anna Ritters den Komponisten die Fülle musikalischer Bilder, die Menge der scharfen Kontraste reizen mußte, ist erklärlich; so schildert er denn das Nahen des Sturmes, sein wildes Aufspringen und die unbändige Lust des wilden Gesellen in reicher Polyphonie, um sofort den Gegensatz in breiten wuchtigen Akkordschritten zu bringen, wie der Dichter singt: „Ein König naht!". Auch diesem Gedanken folgt der Kontrast auf dem Fuß: In unruhiger Achtelbewegung schildert er, wie die Menschen flüchten und sich ins Haus drängen.

Sehr realistisch, aber sehr wirkungsvoll zeichnet ein verdeckter Quintengang in den Bässen die ehernen Klänge der Glocken, und eine grandiose Schlußsteigerung kommt zu stande durch die Teilung in 2 Chöre, die in jauchzender Überschwänglichkeit sich ihr Hallelujah zuwerfen. „Teja“, der ja bekanntlich auf des Kaisers Befehl auch von Hummel vertont worden ist, dessen Bearbeitung aber der Neumannschen nicht das Wasser reichen kann, bietet natürlich dem Komponisten auch reiche Gelegenheit zu Tonmalereien. Und wie geschickt — im Gegensatz zu dem Horn Hummels — schildert Neumann den Klang der Tuba; die Charakteristik dieses Klanges beherrscht die ganze folgende Episode: über das Schlachtfeld hin sendet sie ihre glänzenden Töne. Am Schluß entfaltet Neumann eine melodische Polyphonie, die in seinen bisherigen Werken ihres Gleichen sucht; in der Stelle „Heil dir, Fürst, und deinem Volke, euer Ruhm entschwindet nie!“ ist jede Stimme ein fein empfundenes melodisches Gebilde und fügt sich doch scheinbar als dienendes Glied dem Ganzen an. Hier erhebt sich Neumann zu einem selbständigen persönlichen Stil, der frühere größere Tonschöpfungen von ihm beträchtlich überragt. Während er z. B. im „Nero“, „Feuerreiter“, „Löwe von Aspern“ usw. sehr häufig über dem Charakteristischen das Schöne vernachlässigt und der reinen Tonmalerei zuliebe sich seine quellende melodische Ader unterbindet, findet er hier eine Vereinigung von Melodie und Charakteristik, die selbst Hegar nur in seltenen Fällen trifft. Neumann weiß aber auch in kleinen Formen den rechten Ton des Volksliedes fast immer anzuschlagen. Das innige, herzige „An der Heimat halte fest“ ist ein schlagender Beweis hierfür.

Es war eine gerechte Würdigung der kompositorischen Tätigkeit Neumanns, daß sich endlich auch der Kölner Männer-Gesang-Verein auf den heimischen Tonsetzer besann und neben dem eben genannten Volkslied auch „Sturmerwachen“ und „Sardanapal“ in sein Repertoire aufnahm; denn der alte Spruch vom Propheten und seinem Vaterlande begann bereits sich in Wirklichkeit umzusetzen. „Sardanapal“ übrigens, ein groß angelegtes Werk mit Baritonsolo und Orchester, konnte Neumann gelegentlich einer Konzertreise mit dem von ihm geleiteten M.-G.-V. „Theobromina“ in England mit Erfolg zur Aufführung bringen.*)

Neben diesen Chorwerken begegnen wir unter den Kompositionen Neumanns manch hübscher lyrischer Blüte im Einzelgesang. Die „Zigeunerlieder“ Busse-Palmas, „Aus seliger Zeit“**) von Anna Ritter reizten ihn zur Komposition; mit den „naiven Liedern“ von Joh. Trojan war er weniger glücklich in der Wahl der Texte, deren Naivität und Kindlichkeit etwas Gesuchtes und Gekünsteltes hat, das sich als zu spröde für die Vertonung erweist.

Neumann ist Dirigent der „Theobromina“ und eines Männerchors in Düsseldorf; die praktischen Erfahrungen, die er da sammelt, mögen ihm bei seiner kompositorischen Tätigkeit doch wohl sehr zu gute kommen. Seine Hauptbegabung und größte künstlerische Bedeutung liegt aber in der Chorkomposition. Wenn er auf den Wegen des „Teja“ und des „Sturmerwachen“ fortschreitet, dürfte sein Name enger und enger mit der Entwicklung der Männerchorliteratur verwachsen.

*) Im Mansion-House und in der Queens-Hall, sowie vor König Eduard im Buckingham-Palast zu London.

**) Unter der Presse.

Vom Gesangwettstreitswesen.

In neuerer Zeit haben die Gesangwettstreite veranstaltenden Vereine, wenigstens in Rheinland-Westfalen, in ihre Bedingungen mehrfach den Paragraphen aufgenommen, daß die Bewertungszettel der Preisrichter an die einzelnen Vereine abzugeben sind, um diesen die genaue Kenntnis der von jedem Preisrichter ihnen in den verschiedenen Rubriken zuerteilten Punkte zu ermitteln. Die Erfahrung hat gelehrt, daß dies Verfahren zu mancherlei Mißverständnissen und Mißhelligkeiten führt. Es kommt nämlich oft vor, daß die Punktierungen der Preisrichter mehr oder weniger wesentlich auseinandergehen, und da sind dann die lieben Sangesbrüder und auch wohl die Dirigenten leicht und schnell bei der Hand, Preisrichter, die in der Höhe der Punktzahl von anderen nicht unwesentlich übertroffen werden, der Ungerechtigkeit, Parteilichkeit oder gar Unwissenheit zu zeihen. Das ist ein großes, auf Unkenntnis der Verhältnisse beruhendes Unrecht. Die Verschiedenheit der Punktierung liegt eben einfach darin — ich setze natürlich nur gewissenhafte, fachmännisch-tüchtige Preisrichter voraus — daß jeder Preisrichter die Leistungen von seinem individuellen, je nachdem also strengeren oder milderen Standpunkt aus beurteilt, aber selbstverständlich alle Vereine der betr. Klasse nach dem gleichen. Das Endresultat, worauf es ja allein ankommt, bleibt also ganz dasselbe! Sind die Vereine z. B. vom Preisrichter X nach strengem Maßstabe (mit minder hohen Punktzahlen) gemessen worden, so bleiben ihnen also die nämlichen Preise, oder sie gehen ebenso gut leer aus, als wenn sie der eine Herr milder beurteilt und mit hohen Punktzahlen bedacht hätte. Wegen der geschilderten Mißstände, welche für die Vereine selbst oft von unangenehmen Folgen, sind die maßgebenden bekannten Preisrichter keine Freunde der geschilderten neueren Einrichtung. Viel ratsamer wäre es schon, den Vereinen die Gesamtzahl der Punkte der Preisrichter in den einzelnen Rubriken zu überreichen. Bei 5 Preisrichtern z. B. wäre den Vereinen dann also zu übermitteln, was diese ihnen zusammen in Intonation, Klangschönheit usw. gegeben haben — der Schwierigkeitsgrad der Komposition, wo solcher vorgesehen, wird von den Preisrichtern stets gemeinsam und gleichmäßig festgestellt. Daß die Schwierigkeit so wie nach allenthalben berücksichtigt werde, erscheint dringend erwünscht. Noch soll nicht unerwähnt bleiben, daß unsere tüchtigsten, vielbegehrten, langjährigen Preisrichter der Ansicht sind, daß das frühere System der geheimen Abstimmung durch Stimmzettel dem jetzigen Punktierungssystem vorzuziehen sei.

Vorstehende Gedanken wurden von den auf dem Wettstreit in Kray am 17. Juli tätig gewesenen Preisrichtern ausgetauscht und dem Schreiber dieses zur Vermittelung an den „Wegweiser“ nahegelegt.

Oberhausen (Rhld.), den 25. Juli 1904.

C. Steinbauer

Internationaler Gesangwettstreit in Rotterdam.

Zur Feier ihres fünfzigjährigen Bestehens veranstaltete die Koninklijke Zangvereeniging „Rotte's Mannenkoor“ (Dirigent: Anton B. H. Verhey) am 10. Juli im Gebäude für Kunst und Wissenschaften einen internationalen Gesangwettstreit. Derselbe wurde in zwei Abteilungen ausgefochten. Das Wettsingen der ersten Abteilung begann nachmittags 2 Uhr. Von den 6 konkurrierenden Vereinen wurden die Liedertafel „Apollo“-Amsterdam mit dem 1., der Utrechter Mannenkoor „Euterpe“ mit dem 2., die Société „L'Orphéon“ Prayon-Trooz mit dem 3. und die Mannenzangvereeniging „Crescendo“-'s Gravenhage mit dem 4. Preise bedacht; die Zangvereeniging „Kunst na Arbeid“-Amsterdam und die Emulation Chorale-Lille gingen leer aus. Pflichtchor: Dies irae von B. H. Verhey, dem Dirigenten der festgebenden Vereinigung. Als Wahlchöre wurden zum Vortrag gebracht: „Balders dood“ von Ferd. J. Roeske, „Deus est nostra lux“ von L. F. Brandts Buys, „Vieille chanson“ von J. Th. Radoux, „Les Proscrits“ von F. Aug. Gevaert, „Pervigilium Veneris“ von P. Lebrun, „Après la moisson“ von Th. Dubois. Das Preisrichter-Kollegium setzte sich zusammen aus den Herren: Leon C. Bouman-Nijmegen, L. F. Brandts Buys-Rotterdam, M. Chapuis-Lyon, Gustave Dorée-Paris, Dan. de Lange-Amsterdam, Emile Mathieu-Gent,

Radoux-Luik, Georg Rijken-Rotterdam, A. B. H. Verhey-
lam. Das Wettsingen in der höchsten Ehren-Abteilung
abends 8 Uhr. Zu diesem hatten sich 5 Vereine ein-
en, die in nachstehender Reihenfolge prämiiert wurden:
: Société Royale „La Musicale“-Dison;
Konink. Liedertafel „Zang en Vriendschap“-Haarlem;
Männer-Gesang-Verein „Concordia“-Essen a. d. Ruhr
(Dirigent: Rob. Geyr);
Konink. Zangvereeniging „Cecilia“-'s Gravenhage.
utschen Koorvereeniging wurde eine lobende Aner-
g zuteil.

-htchor: „Super flumina Babylonis“ von L. F. Brandts
ls Wahlchöre kamen zum Vortrag: „Espérance“ (Kompo-
it genannt), „Vilanelle“ von Massenet; „Requiem, Bene-
Sanctus“, Doppelchor von Heinrich Zöllner, „Altnieder-
es Lied“ (Komm, o komm, holdes Kindchen) von E.
; „Deus est nostra lux“ von L. F. Brandts Buys;
:ck, ich muß dich lassen“ in der Bearbeitung von
üngst; „Les esprits de la nuit“ von François Riga,
nnchen“ in der Bearbeitung von Hans Sitt; „Germinal“
nçois Riga, „O Pepita“ von A. Müller. Die Jury sah
n Herren Bouman, Brandts Buys, Doré, de Lange,
Radoux, Rijken und Verhey noch die Herren Ch.
aus Brüssel und die Professoren Jos. Schwartz aus
l E. Schwickerath aus Aachen in ihren Reihen. S.

—

Berichte über die Gesangwettstreite in Kray (17. Juli)
enlimburg (24. Juli) mußten wegen Raummangel
ugust-Nummer zurückgestellt werden. D. R.

Das Rätsel des Singens.

nn- und Montags-Courier (Wien) schreibt August
iber dieses interessante Thema: Was heißt denn
„singen“? Wer häufig Gelegenheit hat, deutsche,
se und italienische Opernvorstellungen zu besuchen,
Liederkonzerten beiwohnt, und wer zuweilen gar
e kommt, auch solche Leute „singen“ zu hören,
ngen nur zu ihrem eigenen Vergnügen und „für
ebrauch“ betreiben, der wird am ehesten wahr-
nnen, daß doch recht viele und verschiedenartige
als „singen“ bezeichnet werden. Es ist ja richtig,
ne, das menschliche Ohr so verschiedenartig affi-
Klangwellen, deren Erzeugung der Sprachgebrauch
en zusammenfaßt, auch demselben Betätigungs-
nschlicher Organe ihre Entstehung verdanken.
trifft das zu, soweit der elementare Prozeß in
ommt, denn all dieses grundverschiedene Singen
nselben Agens, dem menschlichen Atem, abhängig,
Atem wird auf seiner Passage durch die Mund-
ang umgesetzt. Trotz dieser Gleichartigkeit des
wird es einem oft schwer genug gemacht, zu
ß alle jene vervielfältigten Töne und Geräusche,
erselben Flagge segeln, auch derselben Quelle
Oder wird man etwa nicht bei manchen soge-
sangsproduktionen dazu verleitet, viel weniger
nne, als zum Beispiel an ein Nebelhorn oder an
feife, an blökende Lämmer oder an winselnde
denken? Solche Abirrungen der menschlichen
nd gewiß zu bedauern, aber gewisse Gesangs-
aben nun einmal beim Zuhörer unwillkürliche
ungen zur Folge.

len extremen und besonders schmerzlichen Fällen
anische Vorgang im allgemeinen derselbe wie
sten Kunstgesange: man stößt den Atem aus
Stimmbänder so ein, wie es einem der Instinkt
wußtsein zur Hervorbringung eines bestimmten
sendsten erscheinen läßt. Das mag sehr un-
das mag mehr auf Mißbrauch als rationellem
beiden Organe beruhen, aber die elementare
ktion ist doch dieselbe, ob deren Resultat nun
der Nachtigall oder dem Grunzen des ange-
bers ähnlicher ist. Verhängnisvoller als die
it des Resultates ist die Tatsache, daß sich der
gprozeß vor dem Auge verbirgt, daß sich der
l der Mißbrauch der Stimmwerkzeuge nicht
monstrieren läßt. Selbst der Kehlkopfspiegel
Geheimnis nicht, denn das A, das man dem
n Doktor entgegenhaucht, wird sicherlich nicht
estellt, wie ein A, das man ohne Spiegelapparat
orbringt. Der Kehlkopfspiegel und die Anatomie
mögen zu manchen richtigeren Hypothesen über die Tonproduktion führen, aber wenn der Schüler einmal wirklich sehen könnte, wie's gemacht wird, hätte er viel eher eine Möglichkeit, das Richtige zu treffen, als alle Hypothesen und wissenschaftlichen Regeln ihm verschaffen können. Diese Behauptung wird indirekt schon durch den bedeutenden Einfluß bewiesen, den die Mundstellung auf die Qualität des Tones hat. Diese Mundstellung kann man durch das Auge kontrollieren, das heißt, dem Schüler kann das Fehlerhafte ad oculos demonstriert werden, weshalb denn auch alle Verstöße, die gegen eine rationelle Mundstellung gemacht werden, ohne weiteres auf das Konto des Lehrers oder, wo der schon lange nicht mehr befragt worden ist, auf dasjenige der Nachlässigkeit und bösen Angewohnheit des Sängers gesetzt werden müssen.

Aber nicht alles, was durch den menschlichen Atem auf seiner Passage durch die Mundhöhle bis auf die Lippen zum Klingen gebracht wird, ist Gesang. Auf demselben, schon seit Jahrtausenden nicht mehr ungewöhnlichen Wege wird gesprochen und geschrieen, ja manche Individuen können es nicht lassen, ihren kostbaren Atem sogar zum Flöten zu mißbrauchen. Während nun aber die Übergänge vom Sprechen zum Singen und vom Singen zum Schreien nicht mathematisch genau festgestellt werden können, lassen sich die drei Funktionen doch ohne wissenschaftliche Begründung leicht auseinanderhalten. Zum wenigsten im Prinzip und im allgemeinen.

Mit dem Elementarbegriff ist also nicht viel anzufangen, und zur Qualifizierung des Singens gelangt man erst durch die Heranziehung musikalischer Kunstbegriffe. Gleichwohl werden Gesang und Musik stets zwei getrennte Begriffe bleiben müssen, die sogar gegensätzlich zu einander stehen; Musik ist wortloser Ton, während Gesang selbst da nur ein Surrogat für das musikalische Instrument bleibt, wo seine Verbindung mit dem Worte eine formale ist und der sprachlichen Bedeutung entbehrt. Das letztere ist zum Beispiel bei Figurationen und Koloraturen, vor allem in unzähligen alten kirchlichen Gesangskompositionen der Fall. Es ist nur natürlich, das Endziel des Gesanges in der Verschmelzung von Wort und Ton zu einer musikalischen Einheit zu sehen, aber der Menschen unvollkommenes Trachten und Vollbringen hat es zuwege gebracht, daß in verschiedenen Zeitperioden das eine vor dem andern den Vorrang beanspruchte.

Wie alt ist nun wohl die Klage über den Verfall des Gesanges? Vermutlich nicht viel jünger als das Singen selbst, und der erste Gesanglehrer mag wohl derjenige gewesen sein, der jene Klage zum ersten Male erhob. Aber der Ursprung des Gesanges ist in undurchdringlichen Nebel gehüllt, der durch keine noch so weisen Vermutungen zerstreut werden kann. Ist der Mensch durch seinen eingeborenen Nachahmungstrieb zum Singen gekommen? Wollte er, nachdem er sich seiner natürlichen Werkzeuge zum Tonerzeugen bewußt geworden war, Geräusche der Natur mit der eigenen Stimme nachäffen? Oder war der singende Gebrauch der Stimme seine erste Sprache, hervorgelockt durch den Mitteilungsdrang? Wer vermöchte das zu entscheiden, wer vermöchte selbst nur Umstandsbeweise für die eine oder die andere Theorie beizubringen? Selbst unsere modernen Gesanglehrer, die doch dem Gesange auf förmlich grausam wissenschaftliche Art zu Leibe gehen, machen keine derartigen Versuche. Und dennoch würde die Kenntnis seines Ursprunges mit einem Schlage mehr Licht über das Wesen des Gesanges verbreiten, als es bislang alle wissenschaftlichen Broschüren getan haben. Wüßten wir zum Beispiel, daß das Singen nach dem Sprechen, und getrennt von ihm, als endliche Wirkung eines unwiderstehlichen Nachahmungstriebes entstanden sei, dann könnten wir das Wort als eine willkürliche und keineswegs notwendige Zutat betrachten und die Oberherrschaft rein musikalischer Schönheitsbegriffe beim Singen als unumstößliches Gesetz proklamieren. Ist dem aber nicht so, ist vielmehr der singende Gebrauch der Stimme des Menschen erste Gefühlssprache gewesen, haben sich erst allmählich artikulierte Laute hinzugesellt, die dann durch das Bedürfnis intimerer Mitteilung sich zur Wortsprache gestalteten, dann muß die Verbindung von Ton und Wort im Gesang als das natürliche Prinzip angesehen und der wortlose Gesang als eine Abart betrachtet werden. Heute wird man geneigt sein, derjenigen Theorie die größere Wahrscheinlichkeit beizumessen, die sich am besten für die Bestätigung des eigenen persönlichen Geschmacks verwerten läßt, das heißt, wer für den sogenannten reinen Gesang schwärmt, wird eher annehmen, daß der Gesang dem musikalischen Nachahmungstriebe des Naturmenschen seine Entstehung verdankt, während der Anhänger modernen Sprachgesanges mit Genugtuung die Möglichkeit zitieren wird, daß die Sprache nur ein späterer Abkömmling des Ursprunges sei. Beide aber werden zugeben, daß es aller Wahrscheinlichkeit nach eine Zeit gegeben, wo Singen und Sprechen nicht als etwas wesentlich Verschiedenes empfunden wurde, wo keine Grenze zwischen diesen beiden Produkten des menschlichen Stimmapparates zu ziehen war. Und wenn es nun wahr ist, daß sich die Geschichte der Menschheit in Spiralen bewegt, dann sind wir vielleicht jetzt gerade an einer Parallelstelle zu jener Periode angelangt, wo sich Sprache und Gesang zu trennen, wo sie sich selbständig zu entwickeln begannen.

Jedenfalls stehen wir am Anfang einer Periode, wo das Wort in seiner Verbindung mit dem Ton nach Oberherrschaft ringt, wo der so lange gepflegte sogenannte reine Gesang von dem Sprachgesang beiseite geschoben wird. Natürlich läßt sich diese Periode am richtigsten vom Jahre 1876, vom Bayreuther Nibelungenjahre, datieren. Nicht nur in Deutschland, sondern auch in den übrigen europäischen musikproduzierenden Ländern hat der gesangliche Umbildungsprozeß während der letzten Jahrzehnte ganz unerhört schnelle Fortschritte gemacht. Selbst im klassischen Lande der Kantilene, in der Heimat des bel canto, stellt der öffentliche und allgemeine Geschmack dramatische Energie des Ausdrucks und deklamatorische Akzente über die Schönheit des Tones. Überall findet man, daß Grundregeln des Gesanges, die seit Jahrhunderten Geltung gehabt, beiseite geschoben und für Effekte geopfert werden, die vor gar nicht so langer Zeit als illegitim galten. Nur in den Vereinigten Staaten scheint man sich von der Tradition nicht trennen zu wollen. Manche europäischen Sänger, die in den letzten Jahren dorthin gekommen sind, haben denn auch, wenn sie nicht sogleich Beifall fanden, über vernachlässigten musikalischen Geschmack die Nase gerümpft. Aber wenn sie länger blieben, ist ihnen doch in manchen Fällen ein Zweifel aufgedämmert; ja, sie haben sich sogar bemüht, es anders zu machen. Und solche, bei denen es nicht zu spät war, klommen auf der Gunstleiter des Publikums wacker empor.

Hier kann die Frage nicht übergangen werden, ob der deklamatorische Gesangsstil die Stimmen ruiniere. Mit einem einfachen Ja oder Nein läßt sich diese Frage freilich nicht beantworten; wohl aber ist es wahr, daß unzählige Stimmen sich an Wagner ruinieren. In den Köpfen der Gesanglehrer mußten Wagners Anforderungen an die menschliche Stimme naturgemäß Verwirrungen anrichten, denn bis dahin hatten sie doch mehr oder weniger alle das Singen vom vokalistisch-technischen Standpunkt aus aufgefaßt. Wie wenige deutsche Gesanglehrer der Vor-Wagnerschen Zeit kümmerten sich bei den technischen Tonbildungsstudien um deutsche Vokale oder gar um deutsche Konsonanten! Gerade, als wenn das Singen eine internationale Gepflogenheit und die italienische Sprache der Gesangsschlüssel für alle anderen Sprachen wäre. Die Stimme des Menschen zu einem musikalischen Instrument zu machen, war das Endziel des Gesangsunterrichtes, und wo das Ziel erreicht wurde, konnte auch den damaligen dramatischen Anforderungen an den Gesang vollauf genügt werden. Vor der Nibelungensprache Wagners aber standen auch die bestgeschulten Sänger zuerst wie vor einer neuen, fremden Welt. Man muß sich von jenen Meistersängern der ersten Bayreuther Aufführungen, etwa von Albert Niemann oder von Amalie Materna erzählen lassen, wie hilflos sie sich bei den ersten Proben gestellt haben und wie nach und nach erst durch Wagners eifriges Erklären und Vormachen ihnen die Schuppen von den Augen gerissen worden sind. In einzelnen Fällen übte denn auch wohl die Musik selbst auf besonders begabte Sänger eine solche inspirierende Wirkung aus, daß sie das Rechte trafen, aber daß irgend ein Gesanglehrer ein untrügliches Rezept für den Wagner-Stil gefunden hätte, kann nicht behauptet werden, trotzdem viele es behaupten möchten. Um das Unglück noch zu vergrößern, gab sich denn auch die Neigung kund, Wagners volle, üppige Instrumentation als eine laute anzusehen und demgemäß zu dirigieren. In den unverdeckten Orchestern ließ man das Blech schmettern, als wenn an jedem Wagner-Abend die Mauern Jerichos umgeblasen werden sollten, und da die Sänger über den gräßlichen Lärm nicht hinwegsingen konnten, schrieen sie darüber hinaus. Die deutschen Bühnen sind voll von diesen Schreihälsen, und Amerika hat wahrlich recht, dagegen zu protestieren, daß das die rechte Art der Wagner-Interpretation sei.

Es ist grundfalsch, den deutschen Sängern im allgemeinen mehr Verstöße gegen die Kunst des Gesanges vorzuwerfen als den französischen und italienischen. Am brutalen Forcieren der Stimme sind ihnen sogar die Franzosen und Italiener voraus, desgleichen in Bezug auf das Unreinsingen. Dann ist da ferner das Tremolieren, der „weiße“ Ton, lauter Unleidlichkeiten, die man beim deutschen Sänger nur sehr selten antrifft.

Das Sündenregister wird natürlich ein sehr großes, wenn man einräumt, daß das Musikdrama zu einer Entartung der Gesangkunst geführt hat, am bösesten aber ist, daß auch die volle Beherrschung der älteren Gesangstechnik nicht einen vollen und lange dauernden Erfolg im Wagnergesang verbürgt. Selbst die besten Wagnersänger werden verhältnismäßig schnell abgebraucht, und außerdem geben uns die Belcantoisten doch nie den ganzen, den echten Wagner. Sie entzücken wohl durch das hinreißende Melos, aber die dramatische Wucht bleibt aus. Nur ganz vereinzelt findet jemand instinktiv den rechten Weg, der zu vollständigem und andauerndem Erfolge führt. Trotz alledem haben wir nach dem Wege zu suchen und wohl vor Augen zu halten, daß Wagner nicht nur nicht umgangen werden kann, sondern daß er nur erst das erste und keineswegs schon das letzte Wort im Sprachgesang gesprochen hat. Im musikalischen Drama werden in absehbarer Zeit auch die letzten Spuren von „reiner“ Gesangkunst verschwinden, und wer sich nun bekreuzigt, der darf nicht böse sein, wenn man ihn auslacht.

Und doch soll man dann nicht von dem drohenden Untergange der Gesangkunst, von einer Gesanggötterdämmerung reden dürfen? Nein! In diesem Kosmos geht nichts verloren, es ist nur alles in beständiger Metamorphose begriffen. Wenn wir wirklich in unserer Spiralbewegung an jener Parallelstelle angelangt sind, wo sich in der Urzeit Singen und Sprechen von einander trennten, einer Periode, die natürlich länger wie von heute bis morgen dauerte, dann wäre es ja denkbar, daß sich nunmehr der dramatische, der Sprechgesang, von dem rein musikalischen, sozusagen instrumentalen Gesange schärfer trennen werde. Wer Symptome zu deuten versteht, wird das sogar für wahrscheinlich halten. — Der Ursprung des Gesanges ist in dichten Nebel gehüllt, aber seine Zukunft ist noch weniger zu entschleiern.

Büchertisch.

„Erinnerungen an Anton Rubinstein“ ist der Titel eines von Sandra Droucker verfaßten, bei B. Senff in Leipzig erschienenen Büchleins, das durchaus authentische Aufzeichnungen der zahlreichen Schüler des Meisters in Gestalt einer reichhaltigen Auslese aus seinen mündlichen Erläuterungen zum besten gibt. Den Hauptinhalt des Buches bildet die Interpretation romantischer Meisterwerke, aber nicht weniger interessant ist die Wiedergabe der mündlichen Erläuterungen Rubinsteins beim Unterricht. Besonders hat uns die knappe und treffende Charakteristik verschiedener Komponisten gefallen, wie sie Rubinstein gelegentlich einer Prüfung im Konservatorium zum besten gibt: „Couperin, Rameau, Scarlatti, John Bull gehören zum scherzhaften Stil geschrieben zum Zeitvertreib, zur Aufheiterung der Zuhörer, ohne von ihnen Anregung und Leidenschaft zu verlangen. — Bach und Händel stellen sich ihre Kompositionen orgelmäßig vor, mit Registern, mit Kraft und Schattierungen des Tones. — Haydn, Mozart, Ph. Em. Bach schrieben im graziösen Stil, herzlich, etwas manieriert, — Perücke und Puder; Beethoven: dramatisch, humoristisch und tragisch; Schubert herzlich und lyrisch; Weber: glänzend, brillant; Mendelssohn: lyrisch und scholastisch; Schumann: romantisch und phantastisch; Chopin: träumerisch; Liszt: phantastisch, dämonisch und virtuos“.

Konzerte.

Köln. Unsere treffliche heimische Pianistin, Frl. Therese Pott, erntete vor kurzem in einem Sinfonie-Konzerte in der Nachbarstadt Aachen reiche Erfolge. Das ‚Echo der Gegenwart‘ schreibt über ihre Leistungen wie folgt: „Die Dame dokumentierte zunächst ihre künstlerische Eigenart in Ernst Heusers „Italienischer Phantasie für Klavier und Orchester“ durch die Art ihrer Auffassung, die Klarheit und markige Durchführung. Für Orchester und Dirigenten war es allerdings keine leichte Aufgabe, dem häufig wechselnden Rhythmus und der Mannigfaltigkeit der Tempi gerecht zu werden; indessen entstand kaum eine merkliche Schwankung im Ensemble. Mit Interesse folgten wir dem Chopin-Spiel des Frl. Pott, das so recht die Reife der jungen Pianistin erkennen ließ. Chopins Polonaise Nr. 2, op. 40, erfuhr eine mit mancherlei neuartigen Nuancen durchwirkte Wiedergabe, und nicht minder formvollendet und temperamentvoll erklang desselben Meisters herrliches Scherzo H-moll.“

Der Sänger.

ıtliches Organ des westdeutschen Sängerverbandes.

Das Volkslied ist die Unsterblichkeit der Musik.
Marx.

Verbunden werden auch die Schwachen mächtig.
Schiller.

Juli 1904. | Redaktion: Chr. Gehly, Köln, Cäcilienstrasse 40. | Nummer 10.

dition und Verlag: H. vom Ende's Musikalien-Versand, Trier, Deutschstrasse 18.

Mittelrheinischer Bezirksverein
stdeutschen Sänger- u. Dirigenten-Verbandes.

Bericht die Vorstands- und Delegiertenversammlung vom 19. Juni 1904 in Huckingen.

TAGESORDNUNG:

orstandswahl;
assenbericht;
ezirksfest 1905;
'ie stellen wir uns zu dem Antrage des M.-G.-V. Sängerbund"-Gelsenkirchen-Schalke, betreffend die ilden Wettstreite, auf der Generalversammlung in ochum-Hamme?
erschiedenes.

bisherige Vorstand, bestehend aus den Herren: Lehrer ', Vorsitzender, Joh. Lepper, Schriftführer, beide Ra- und Friedr. Schmitz II-Huckingen wurde von der lung einstimmig wiedergewählt.
n den vom Kassierer Friedr. Schmitz erstatteten richt — derselbe schließt mit einem Überschuß von 'k ab — wurden von keiner Seite Einwendungen er-

M.-G.-V. „Einigkeit"-Gerresheim wurde beantragt, das Bezirksfest (1905) in Gerresheim abzuhalten. Da sich kein Widerspruch erhob, entsprach die Versamm- Antrage; genannter Verein erklärt sich bereit, die chen Vorarbeiten rechtzeitig in die Hand zu nehmen. unkt 4 wurde von der Versammlung beschlossen, ıg des M.-G.-V. „Sängerbund"-Gelsenkirchen-Schalke neralversammlung in Bochum im Prinzip abzulehnen. ch der gedachte Antrag zur Annahme gelangen ält sich der Mittelrheinische Bezirksverein vor, zu en weiteren Antrag zu stellen.
Verschiedenes wurde vom M.-G.-V. „Constantia"- der Antrag gestellt und angenommen, eine Pro- mmlung sämtlicher Festlichkeiten bezw Konzerte die im ganzen Mittelrheinischen Bezirksverein ab- erden. Danach ist jeder Verein verpflichtet, ein der innerhalb des Jahres abgehaltenen Festlich- en Vorsitzenden, Herrn Lehrer Schleuter, Ratingen, n lassen. Da weitere Anträge nicht erfolgten, Vorsitzende die Versammlung.

Joh. Lepper,
Schriftführer des Mittelrheinischen Bezirksvereins.

Mittelrheinischer Sängerbund.

Bezugnahme auf die Bekanntmachung vom 31. Mai en verehrlichen Vereinen hierdurch mit, daß die **entliche Delegierten-Versammlung am Sonn- 28. August, nachmittags 2½ Uhr, im Hotel rn zu St. Goarshausen** stattfindet.

TAGESORDNUNG:

ung des Ortes für das im Jahre 1905 abzuhaltende 'est. (Hierzu hat sich bereits Bingerbrück gemeldet.)
ung des Tages der Ordentlichen Delegierten-Ver- ıg am Ort des Bundesfestes 1905.

Es sei darauf hingewiesen, daß nach Schluß der Delegiertensitzung (3 Uhr) von dem Bundesverein in St. Goarshausen ein Konzert mit Gesangsvorträgen arrangiert werden wird. Die anwesenden Bundesvereine sind höflichst gebeten, sich an der Veranstaltung wenn möglich durch Wiedergabe einiger Chöre zu beteiligen. Erwünscht sind Lieder aus der neuen Liedersammlung „Loreley", Eigentum des Mittelrheinischen Sängerbundes.

Das vollzählige Erscheinen einiger Bundesvereine, die den 28. August zu ihrem Sommerausfluge benutzen, ist gewährleistet; den Besuchern steht mithin ein genußreicher Tag in Aussicht.

Schließlich machen wir noch ausdrücklich bekannt, daß keine weiteren Einladungen an die Bundesvereine ergehen werden. Die Vorstände werden deshalb gebeten, diese Bekanntmachung den Mitgliedern ihrer Vereine kundzugeben.

Mit Sängergruß!
Der Vorstand.
I. d. N. Joseph Willig,
Vorsitzender des Mittelrh. Sängerbundes.

Mosel-, Saar- und Nahe-Sängerbund.

Zum diesjährigen Delegiertentag fanden sich die Vertreter der Bundesvereine in dem Saarorte Völklingen ein. Die Vorstandsmitglieder waren bereits am Vorabende erschienen, um die reichhaltige Tagesordnung durchzuberaten. In dieser Sitzung wurde auch ein Referat des Generalversicherungsinspektors Herrn P. Benn aus Mainz angehört, Herr Molter-Oberstein an Stelle des verstorbenen Herrn Kieser Saarbrücken zum 2. Bundesvorsitzenden und Herr Engel-Mettlach zum Bibliothekar gewählt, sowie die Wahl des Herrn Ströher-Veldenz in den Bundesvorstand in Vorschlag gebracht.

Zu Beginn des Delegiertentages erfreute der Bundesverein „Flora"-Völklingen die Anwesenden durch ein beifällig aufgenommenes Begrüßungslied, worauf der Herr Bürgermeister in beredten Worten die erschienenen Gäste Völklingens willkommen hieß, der Versammlung guten Erfolg und der hehren Sangessache eine weitere gedeihliche Entwicklung wünschte. Hierauf dankte der Bundesvorsitzende, Herr Fabrikant Groß-Trier, für die Sangesspende und den Willkommgruß und eröffnete die Sitzung. Der sorgfältig verfaßte Jahresbericht des Verbandsschriftführers, Herrn Regierungs-Sekretärs Lentz-Trier, und der gewissenhaft geführte Kassenbericht des Kassierers, Herrn Kaufmann Horchemer-Trier, fanden freudige Zustimmung. Die weiteren Verhandlungen erzielten folgendes Resultat:

1. Der Antrag des G.-V. Merzlich-Karthaus, in Zukunft das das schöne Pfingstfest zur Abhaltung von Bundessingen und anderen aufregenden und ermüdenden Festlichkeiten auszuschließen, wird mit 44 gegen 5 Stimmen abgelehnt.
2. M.-G.-V. Pallien beantragt, beim Gesangwettstreite sollen im Primavistasingen für jede Klasse 1 oder 2 Preise gestiftet werden, da sonst kleinere Vereine mit denen der 1. und 2. Klasse nicht konkurrieren können. Hierzu wird beschlossen, daß neben den gestifteten Preisen fürs höchste Ehrensingen so viele Preise nachgestiftet werden müssen, als Vereine eines Ehrenpreises würdig befunden werden.

3. und 6. „Liederkranz"-Elversberg und G.-V. „Germania"-Ponten bitten um den Delegiertentag für 1905; ersterer bezieht sich auf den in Birkenfeld bereits gestellten Antrag. Da „Germania"-Ponten zu Gunsten Elverbergs zurücktritt, hoffend auf die nächstfolgende Abgeordnetenversammlung, so wird der nächste Delegiertentag den Elversbergern zugesprochen.
4. G.-V. „Flora"-Völklingen begeht 1908 das 25jährige Stiftungsfest und bittet, zur Verschönerung desselben in dem genannten Jahre einen Gesangwettstreit in Völklingen abzuhalten. Die Vertreter des M.-G.-V. Kirn halten diese Sache für verfrüht; sie wünschen zur Verherrlichung ihres Jubelfestes den Wettstreit für Kirn. Auf ihren Antrag hin wird die Angelegenheit mit 36 gegen 14 Stimmen auf die spätere Delegiertenversammlung verschoben.
5. Der Antrag der „Liedertafel"-Birkenfeld: „Den im Wettstreit auftretenden Dirigenten ist ausdrücklich zu verbieten, vor und während des Wettsingens mit Preisrichtern in irgend welche schriftliche oder persönliche Beziehung zu treten, soweit solche auf den Wettstreit Bezug hat. Auch ist den Preisrichtern zur Pflicht zu machen, sich während des Wettsingens streng vereinzelt zu halten" wird bedingungsweise gutgeheißen.

Der wichtigste Punkt der Tagesordnung war wohl die Gründung der Sterbekasse. An der sehr weitgehenden Debatte beteiligten sich hauptsächlich die Herren Groß-Trier und Benn-Mainz, letzterer mit einem größern Referate über Sterbekassen überhaupt und mit der Empfehlung, sich an eine größere Versicherung anzulehnen. Schließlich gelangte ein Antrag Groß-Trier: „Die Vertreter der Bundesvereine wollen entscheiden, ob sie die Selbstverwaltung oder den Anschluß an eine größere Versicherungsgesellschaft wünschen", zur Abstimmung, derart, daß 61 Stimmen für Selbstverwaltung und 0 dagegen lauteten; 1 Verein hatte einen leeren Zettel abgegeben.

Nachdem noch der Bundesvorstand die Erklärung abgegeben hatte, er werde schon in den nächsten Tagen die geltenden Satzungen nochmals ausarbeiten und den einzelnen Vereinen zuschicken, und auf einen Brief des Herrn Engel vom „Liederkranz"-Landsweiler hin die gegenseitige Unterstützung der Bundesvereine unter sich warm empfohlen worden war, schloß der 2. Vorsitzende den Delegiertentag, dem Herrn Groß warme Worte des Dankes widmend. Die Rede klang aus in ein jubelnd aufgenommenes Hoch auf den Allerhöchsten Freund des deutschen Männergesanges, unsern Kaiser, sowie auf den Großherzog von Oldenburg.

Neu aufgenommen: Gesangverein „Constantia" in Mühlfeld.

Deutsche Volkslieder in Einzelausgaben.

Ausgewählt und empfohlen von der Liederkommission des
Westdeutschen Sängerverbandes.
(Maßgebend für Kaiserpreissingen. — Bitte aufzubewahren.)
(Schluß.)

Im Sommer geht mein Trauern an	Neubner,
In meines Vaters Garten	Steinbauer,
Innsbruck, ich muß dich lassen	Jüngst, Weber.
Ja, grüane Strümpf	Pommer,
Jetzt gang i ans Brünnele	Silcher,
Jetzt kommt das schöne Frühjahr an	Pommer,
Juchheisa, mein Dirndl	Kremser.
Kein Feuer, keine Kohle	Schwartz, Wermann,
Komm, Feinsliebchen, komm ans Fenster	Neubner,
Kleine Kugeln gießen	Pommer,
Köln am Rhein	Neubner.
Liebchen, laß dich küssen	Cursch-Bühren,
(Das) Lieben bringt groß Freud	Wermann, Langer,
(Den) liebsten Buhlen, den ich hab	André,
Lustig ist's Gesellenleben	Pommer.
Mädchen mit den blauen Augen	Reger,
(Das) Maidlein wollt ten Liebsten han	Wüllner,
Maidle, laß dir was verzähle	Silcher,
(Der) Mai tritt ein mit Freuden	Jüngst, Wermann,
Mei Mutter mag mi net	Wohlgemuth,
Mein Dirndl tief drunt im Tal	Reger.
Mein Dirndel hat gesagt	Pommer,
Mein Herz hat sich gesellet	Jüngst,
Mein Herz ist im Hochland	Cursch-Bühren,
Mein Herzlein tut mir gar so weh'	Neubner,
Mein Schatz ist auf die Wanderschaft	Wüllner,
Meinen Heiland im Herzen	vom Ende,
Mir ist ein schönes Braunmaidelein	Jüngst,
Mir san die zwa Pfeiferbuam	Pommer,
Mit Lust tu ich ausreiten	Wermann,
(Der) Morgenstern ist aufgegangen	Wüllner,
Morgen muß ich fort von hier	Reger,
Muß i denn	Silcher.
Nachtigall, ich hör dich singen	Isenmann,
Nun ade, jetzt reis' ich fort	„
Nun kommt die fröhliche Nacht	Wüllner.
O Straßburg, du wunderschöne Stadt	Hirsch,
O wie herbe ist das Scheiden	Isenmann,
O wunderbares tiefes Schweigen	vom Ende.
(Die) Reise nach Jütland	Schauß,
Rosenstock, Holderblüt	André.
Sag mir das Wort	Schwartz,
S' Diandl wachst auf	Pommer,
Schatz, mein Schatz, warum	Isenmann,
Sapperment, wenn i mein Diandl sieh	Pommer,
Schön ist die Jugend	Cursch-Bühren,
Sind wir geschieden	vom Ende,
Schwesterlein, wann gehen wir	Baselt, Wüllner,
Soll sich der Mond nicht heller scheinen	vom Ende,
Schönster Schatz, mein Augentrost	André,
So viel der Mai auch Blümlein beut	Bodecke, Becker, André,
Spinn, spinn, meine liebe Tochter	Baldamus, Schauß,
Spinn, Mägdlein, spinn	Jüngst.
Tief im Böhmerwald, da ist mein	Bicherl,
Tanz, Liebchen, tanz	vom Ende.
Über Berg und Tal	Eyle,
Überm Bacherl steht a Hütten	Pache.
Und als die Schneider Jahrtag hatten	Pommer,
Und der Hans schleicht umher	Schwartz,
Und schau ich hin, so schaust du her	Silcher,
Unsre Freundschaft zu erneuern	
Verstohlen geht der Mond auf	Neubner,
Von der Kappler Alm	E. Simon,
Von dir geschieden, bin ich bei dir	Steinhauer,
Vorerst so wollen wir loben	Weber.
Waldeslust, o wie einsam	Neubner,
Wann der Auerhahn balzt	Pommer,
Wann d' Außner sagen	Kremser,
Wär ich ein Brünnlein	Kühnhold,
Wann i aufdenk auf mein junges	Pommer,
Wann ich geah auf die Birsch	„
Warum bist du denn so traurig	Neubner,
Was willst du in der Fremde tun	Neuert, Schauß,
(Das) Weib zum Biere ging	Pommer,
Wenn der Schnee von den Alpen	E. Simon,
Wenn zu mein Schätzel kommst	Neuert,
Wenn ich den Wandrer frage	Schwartz,
Wenn ich ein Vöglein wär	Isenmann, Wermann
Wenns Mailüfterl weht	Neubner,
Wenn wir durch die Straßen ziehen	Neuert,
Wer singet im Walde so heimlich	André,
Wer steht da droben	Pommer,
Wie die Blümlein draußen zittern	Dugge,
Wo a kleins Hüttle steht	Silcher,
Wo gehst du hin, du Stolze	André.
Zu Augsburg steht ein hohes Haus	Silcher,
Zu dir ziehts mich hin	Pache, Kremser,
Zu Straßburg auf der langen Brück	Neuert,
Zu Straßburg auf der Schanz	Jos Schwartz,
Zwei Sternlein am Himmel	Dugge, Kremser, Schwartz.

Zur Ansicht zu beziehen durch:

H. vom Ende's Verlag, Trier, Deutschestrasse 18.

Der Gesangverein „Liedertafel" zu Mettlach beging am 3. Juli sein 25jähriges Stiftungsfest. Zur Vorfeier wurde in dem Vereinslokal „Gasthaus zum Schwanen" ein Vokal- und Instrumental-Konzert abgehalten, das durch die Gesänge des Quartetts des M.-G.-V. „Edelweiß"-Oberstein verschönt wurde. Herr Lehrer Molter, stellvertretender Vorsitzender des Mosel-, Saar- und Nahe-Sängerbundes, beglückwünschte im Namen des Vorsitzenden des Bundes Herrn Groß-Trier den Verein, überreichte 4 weitere Bundesabzeichen für 15- und 25-jährige Sängertreue und übernahm auch die Überreichung der Diplome der zu Ehrenmitgliedern ernannten Herren des Vereins. Er schloß mit einem Hoch auf die Ehrenmitglieder und

Jubilare. Den Dank im Namen dieser stattete Herr Karl Lembert ab durch ein Hoch auf den Präsidenten und den Dirigenten. — Am Festtage selbst hielten die Vereine unter Vorantritt der Mettlacher Fabrik-Kapelle einen Umzug durch den Ort nach dem Pavillon, woselbst ein Vokal- und Instrumental-Konzert mit abwechselnden Liedervorträgen seitens der Vereine stattfand. Der Vorsitzende der festgebenden Vereinigung, Herr R. Engel, sagte sodann in warmen, zu Herzen gehenden Worten den Sangesbrüdern und Ehrengästen Dank für die Anteilnahme an der Jubelfeier und schloß mit einem Hoch auf den Kaiser, in welches die Versammelten begeistert einstimmten. Ein Silberkranz wurde von Festjungfrauen an der Fahne befestigt, desgleichen von der „Concordia" Orscholz ein Fahnenband.

Gesangwettstreit des Adolf-Verbande im Grossherzogtum Luxemburg. Am 12. Juni veranstaltete der Adolf-Verband des Luxemburger Bundes in der Stadt Wiltz für die Vereine genannten Bundes einen Gesangwettstreit, bei welchem in zwei Klassen (2. und 3.) 11 Vereine um die Palme stritten, und zwar 6 in der zweiten, 5 in der dritten Klasse. Für die zweite Klasse war ein Sechswochenchor „Unter der Linde" von Wilh. Sturm, für die dritte gleichfalls ein Sechswochenchor „In der Heimat" von M. Meyer-Olbersleben aufgegeben. Außerdem hatte jeder Verein zwei Chöre eigener Wahl einzustudieren, von denen einer von den Preisrichtern beim Auftreten des Vereins zum Vortrag bestimmt wurde. Um einen Preis zu erlangen, mußte ein Verein neun Zehntel der abgegebenen Punkte, von der Höchstzahl 180 also mindestens 162 Punkte auf sich vereinigen — gewiß keine leichte Aufgabe. In der zweiten Klasse errang M.-G.-V. Hesperingen, welcher außer dem aufgegebenen Chore Hegars „In den Alpen" mit großer Präzision zur Wiedergabe brachte, einen ersten Preis (178 Punkte) mit Auszeichnung; Wiltz erstritt einen ersten Preis mit 162 Punkten. In der dritten Klasse erhielt Mondorf (165 Punkte) einen ersten Preis. Die Erlangung eines ersten Preises berechtigt nach der Bundessatzung den also ausgezeichneten Verein, eine höhere Stufe in seiner Abteilung einzunehmen. Nach dem Preissingen wurde jedem der konkurrierenden Vereine eine Komposition zum prima vista-Singen beim Auftreten überreicht. Den Vereinen wird eine Frist von 10 Minuten zur Durchsicht der Noten gewährt, nach Ablauf derselben hat der Vortrag ohne weiteres zu beginnen. Es wurden diesmal noch Solfeggien gesungen, auf Vorschlag des Preisrichter-Kollegiums wird jedoch in der Folge ein leichtes Textlied den Vereinen zur Aufgabe gestellt. Bei den Gesangwettstreiten des Adolf-Verbandes ist die Öffentlichkeit ausgeschlossen. Es ist dies eine Maßnahme, welche der Bund seit seiner Gründung befolgt hat und welche anderen Vereinigungen zur Nachachtung warm empfohlen werden kann. Die Vereine, welche in der zweiten Klasse konkurrierten, waren: Niederwiltz, Eselborn, Alsingen, Wormeldingen, Hesperingen und Mensdorf (Eintracht). Die dritte Klasse führte folgende Vereine ins Treffen: Noertringen, Bonneweg, Rümelingen, Düdelingen (Lorley) und Bad Mondorf. Als Preisrichter fungierten in Klasse II die Herren: Musikdirektor F. Hamma-Metz, A. Kettenhofen und F. Schmitz-Trier; in Klasse III die Herren: Th. Biester-Metz, Niederehe-Trier und Kapellmeister P. Nitsche Diedenhofen. Neben dem Preissingen hatte die Stadt Wiltz einen großen Festival arrangiert. Nicht weniger denn 62 Vereine und viele Musikchöre beteiligten sich an dem Festzuge. Von nah und fern waren tausende von Festteilnehmern nach Wiltz geeilt, sodaß das Dampfroß am Abend trotz mehrerer eingelegter Züge nur mit Mühe die zahlreichen Fahrgäste heimwärts befördern konnte. Den Veranstaltern des in allen Teilen wohl gelungenen und schön verlaufenen Festes aber gebührt herzlicher Dank für ihre Mühewaltung. K.

Neueste Erscheinungen.

Männerchöre a cappella.

(Zu beziehen durch H. von Ende's Verlag, Trier.)

Otto, Fr. Der Schäfer.
Zedtler, A. Gott schirme dich, mein Vaterland (mit Pfte.)
Zöllner, C. Hochzeitsständchen.
„ „ Abschiedsständchen.
„ „ Das Vater unser.
Mendelssohn, F. Trinklied.
Marschner, H. Was kannst Du dafür?
Friederici, D. Gesellschaftslied: Wir lieben sehr im Herzen.
Hasler, H. L. Ach Lieb, hier ist das Herze.
Volkslied: Die Nonne.
Volkslied: Keine Rosen ohne Dornen.
Soubre, E. Gebet vor der Schlacht.
Beethoven, L. v. Fahr' wohl, du gold'ne Sonne.
„ „ „ Chor der Derwische aus „Die Ruinen von Athen" (mit Pfte.).
Schuppert, O. Bergmanns Auffahrt.
Wilhelm, C. Die Wacht am Rhein.
„ „ Das ganze Herz dem Vaterland.
„ „ Ihr blauen Augen, gute Nacht.
Beethoven, L. v. Chor der Gefangenen aus „Fidelio" (m. Pfte.)
Veit, H. W. Sonntags am Rhein.
Winter, P. v. Jägerchor aus „Calypso".
Wilhelm, C. Frühlingszeit.
„ „ Gebrochenes Herz.
Volkslied: Wahre Freundschaft.
„ Hör' ich ein Sichlein rauschen.
Mendelssohn, F. Gruß: Leise zieht durch mein Gemüt.
„ „ O Jugend, o schöne Rosenzeit.
„ „ Entsagung.
„ „ Frühlingslied.
„ „ Wenn sich zwei Herzen scheiden.
Volkslied: Tanz', Liebchen, tanz'!
„ Der Frauen Schönheit.
„ Der Edelmann im Habersack.
„ Übermut.
„ Sind wir geschieden.
Mücke, Fr. Sanges Weihe.
Volkslied: Zum Ausmarsch.
„ Müllers Abschied.
„ Süß' Liebe liebt den Mai.
Silcher, Fr. O, wie herbe ist das Scheiden.
Händel, G. F. Tochter Zion, freue dich! a. „Judas Maccabäus".
Klein, B. Singet dem Herrn ein neues Lied.
Bortniansky, D. St. Komm', heil'ger Geist.
Klein, B. Himmel und Erde vergeben.
Silcher, Fr. Lobgesang.
„ „ Jauchzet dem Herrn!
Schnabel, J. Psalm: Herr, unser Gott, wie groß bist du! (Pfte.)
Schumann, R. Der deutsche Rhein: Sie sollen ihn nicht haben.
Perfall, K. Noch sind die Tage der Rosen.
Esser, H. Der Frühling ist ein starker Held.
Crüger, J. Jesus, meine Zuversicht.
„ „ Nun danket alle Gott.
Carey, H. Heil dir im Siegerkranz.
Volkslied: Abschied von der Heimat: Nun ade.
„ Geistliches: Ich weiß ein Blümlein.
Mendelssohn, F. Hebe deine Augen auf, aus „Elias".
Künast, E. Motette: Herr, unser Herrscher.
„ „ Zum Bußtage.
Schubert, Fr. Hymne: Herr, unser Gott (mit Pfte.).
Lotti, A. Auf Himmelfahrt.
Meister, R. Sängergrüße und Sprüche. (Heft I.)
„ „ „ (Heft II.)
Volkslied: Es steht ein' Lind' in jenem Tal.
Loewe, C. Der Hirten Lied am Krippelein.
Silcher, Fr. Abendglocke: Wand'rer zieht auf fernen Wegen.
Gersbach, J. Lied der Treue.
Volkslied: Ännchen lieb, Ännchen traut.
Schubert, Fr. Frühlingsglaube.
Schreiber, Cl. Freundschaftslied.

Partitur: 40 Pfg., 1 Satz Chorstimmen: 40 Pfg., einzelne Chorstimme: 10 Pfg.

	Part.	Stimmen
Schauss, Karl Dahelm	—.60	—.60
„ „ Der Lenz ist gekommen	—.60	—.80
„ „ Ein Traum (Volkslied)	—.60	—.60
„ „ Zwei Volkslieder: a) Auf dem Posten, b) Der ausziehende Krieger	—.60	—.80
Ullrich, Fr. Rheinische Brautfahrt	1.60	1.60
Bungard-Wasem. Sanctus	2.—	1.60
Eriemann, Gust. op. 8. Durch den Wald	1.80	1.20
Goepfart, K., op. 60 Mummelsee	2.40	1.20
„ „ op. 88 Nachtzauber	—.60	—.60
„ „ Trinklied vor der Schlacht	—.60	—.48
Hegar, Fr. Das Märchen vom Mummelsee	2.40	1.60

„Kaiser Max und seine Jäger." Konzertdrama von Albert Thierfelder. Textlich und musikalisch erläutert zum Gebrauch der Hörer bei den Aufführungen von Walther Lindemann.

Chöre von Mathieu Neumann.

Zu beziehen durch H. vom Ende's Verlag und Musikalienversand Trier.

			Part.	Stimmen
op. 18,	Nr. 1.	Die beiden Schmiede	—.80	—.80
„ 18,	Nr. 2.	Der Wippauf, Tanzlied	—.60	—.60
„ 19,	Nr. 2	Glocken der Heimat	—.40	—.80
„ 19,	Nr. 3.	Des Sohnes Heimkehr	—.40	—.80
„ 24,	Nr. 1.	Verlorenes Glück	—.60	—.60
„ 24,	Nr. 2.	Mädchenlaunen	—.60	—.60
„ 26,	Nr. 1.	Begegnung	—.60	—.60
„ 26,	Nr. 2.	Unter'm Fenster	—.60	—.60
„ 26,	Nr. 3.	Leichter Sinn	—.60	—.60
„ 31,	Nr. 3.	Mütterlein	—.40	—.80
„ 37,	Nr. 4.	Maienlust	—.40	—.80
„ 38,		Löwe von Aspern	1.—	1.20
„ 39,	Nr. 1.	Im Klostergarten	—.60	—.60
„	Nr. 2.	Kriegers Abschied	—.60	—.60
„	Nr. 3	Bienelein	—.60	—.30
„	Nr. 4.	Kleine Diebin	—.60	—.60
„ 40,		Die Katzen und der Hausherr	1.20	1.20
„ 41,		Nero	2.—	2.—
„ 43,		Sonnenuntergang am Meer	2.—	2.—
„ 44,		Germanenzug	1.—	2.—
„ 45,		Kaiser Friedrich III.	2.—	2.—
„ 46,		Die Siegesbotschaft	1.20	1.20
„ 47,		Die Toten der Haide	1.20	1.20
„ 48,	Nr. 2.	Weine nicht	—.10	—.20

siehe auch Inserate.

Neue Männerchöre.

Besprochen von **Dr. Max Burkhardt.**

I.

Im Verlage von Ernst Eulenburg in Leipzig ist wieder eine Anzahl neuer Männerchöre erschienen, unter denen mancher Dirigent hier und da Brauchbares für seinen Verein herausfinden dürfte. Da begegnen wir (wie überhaupt häufiger in der letzten Zeit) dem rührigen Leiter des Mendelssohn-Quartettes in Leipzig: Carl Schiebold, der in seinem „Landsknechts Abschied" ein nettes volkstümliches Liedchen geschaffen hat. Die Stimmführung im dritten Takt (Worte: Lenz durch . . .) ist nicht gut; durch Gegenbewegung hätte die verdeckte Quinte zwischen I. Tenor und II. Baß, sowie die häßliche Quarte zwischen II. Tenor und I. Baß vermieden werden können. Musikalisch höher zu bewerten ist „Ein Vöglein saß im Lindenbaum", das zwar auch volkstümliche Töne anschlägt, aber durch manch originellen harmonischen Einfall überrascht, z. B. durch die doppelten Vorhalte, die für das ganze Lied charakteristisch sind. Ein heiteres Stück voll fröhlicher Laune, bei dem offenbar Weinzierls „Heute ist heut'" Pate gestanden, ist „Rund um die Welt"; im 6. Takt würde der Baß statt cis h h richtiger, konsequenter und musikalischer singen: cis ais h. — Der Dirigent des Leipziger Lehrergesangvereins, Hans Sitt, ist in op. 86 mit 3 Liedern vertreten; Nr. 1 („Du mit Strahlen mich begleitend") ein sehr nobles Stück voll inniger Empfindung und schöner melodischer Stimmführung; Nr. 2 (Heimkehr) von einem wehmütigen Hauch durchweht und echte, wahre Volkstümlichkeit atmend; Nr. 3 (Frommes Wunder) eine Probe köstlichen, erfrischenden Humors. — Drei Männerchöre von Peter Heinz (op. 116, 131, 138) sind gute, tüchtige Arbeiten, die keinen tieferen Eindruck hinterlassen. — Von den 2 Chören von Ernst Stoehter gebe ich „Verzagen" unbedingt den Vorzug, „Die alten Helden" sind in sehr unfechtbarem Satz geschrieben und höchst undankbar. — Hugo Lutz (Drei Männerchöre op 11) schreibt sehr schwülstig und trifft damit den einfachen Ton der Dichtungen durchaus nicht. Viel lernen könnte er von Gustav Wohlgemuth, dem hochbegabten Leiter des Leipziger Männerchors, der in der „Deutschen Eiche" eine Anzahl älterer Kompositionen (Lied der Treue von Gersbach, Frühlingsglaube von Schubert, Aennchen lieb) trefflich bearbeitet hat. Aus derselben Sammlung liegen noch vor Silchers stimmungsvolle „Abendglocke", Schreibers Bearbeitung von „Es steht ein Lind" und das Löwe'sche „Hirtenlied", das in feiner Ausführung ein Virtuosenstückchen von Männergesangvereinen werden dürfte. Schreibers „Freundschaftslied" trägt fröhlicher Stimmung Rechnung.

„Durch den Wald" von Gustav Erlemann, op. 8 (Bertram, Neuwied) ist sehr geschickt gearbeitet, schmiegt sich je der Stimmung des Textes an und bringt sehr wirkungsvolle Steigerungen. Allerdings sind harmonische Schwierigkeiten vorhanden, die selten ganz werden überwunden werden; Seite 6, Takt 1, der Übergang von E-dur nach As-, richtiger Gis-dur mag noch hingehen; Seite 8, Takt 9, folgt auf As-dur aber A dur mit cis a, und das wird niemals rein gesungen werden, im Gegenteil wird der Chor 2 Takte später statt Fis-moll wieder F-moll singen, da er den As-durklang noch zu sehr im Ohre hat.

Aufführungen.

Asch, 28. April. „Männergesangverein Asch" (Dirigent: Jul. Schaller). A. Billeter: „Hymne an die Musik" (Männerchor mit Klavierbegleitung); Franz Mair: „Suomis Sang"; Karl Ecker: „Veilchen vom Berge".

Philadelphia, 8. Mai. „Junger Männerchor" (Dirigent: Louis Koemmenich) Spengel: „Zwiegesang in der Sommernacht" (gem. Chor und Orchester); Goldmark: „Frühlingsnetz" (Männerchor und Orchester); Fr. Hegar: „Totenvolk"; L. Koemmenich „Nun ade"; Thuille: „Das Kätzchen"; Meyer: „Das blinde Elflein" (Damenchor und Orchester). Solisten: Frl. Elsie North (Sopran), Frl. Elizabeth Pattee (Alt).

Wien, 22. Juni: „Schubertbund" (Dirigent: Ad. Kirchl). Franz Mair: „Sangesweihe" (mit Orchester); F. Schubert: „Lied eines Schiffers an die Dioskuren" (für Männerchor bearbeitet von Ad. Kirchl); Ernst Schmid: „Nimma hoam"; Gust. Schmidt: „Carmosenelli"; Silcher: „Nun leb' wohl, du kleine Gasse"; Richard Wagner: Apotheose des Hans Sachs (für Chor und Orchester bearbeitet von Cyrill Kistler); R. Schumann: „Wanderlied" (für Chor und Orchester bearbeitet von Weinzierl); Hans Wagner: „Spanisches Ständchen (mit Tenorsolo und Orchester); Herist: „D' Dirndl tief drunt im Tal"; J. Pommer: „Af Mutabooch bin i z'fahrn"; Ad. Kirchl: „Frau Wirtin schenkt ein"; R. Weinwurm: „Heerbannlied" (für Chor und Orchester).

Berlin, 2. Juli. „Berliner Lehrer-Gesang-Verein" (Dirigent: Prof. Felix Schmidt). Rietz: „Morgenlied"; Silcher: „Abschied", „Die Auserwählte", Tanzlied; R. Becker: „Der Choral von Leuthen"; F. Mendelssohn: „Jägers Abschied"; F. Hummel: „Teja"; Silcher: „Morgen muß ich fort von hier"; Curti: „Mein ist die Welt"; G. Meßner: „Siegesgesang nach der Varusschlacht"; Kremser: „Vier altniederländische Volkslieder".

Köln, 7. Juli. „Kölner Männer-Gesang-Verein" (Dirigent Prof. Jos. Schwartz). Heinr. Zöllner: „Deutschlands Trost"; F. Silcher: „In der Ferne"; Th. Koschat: „D' Hamkehr"; Max von Weinzierl: „Heute ist heut'"; Karl Zöllner: „Doppelständchen"; F. Mendelssohn: „Wasserfahrt", „Liebe und Wein"; Isaak: „Innsbruck, ich muß dich lassen"; E. Kremser: „Zwiegesang"; Attenhofer: „Märzwind"; W. Sturm: „Der Lindenbaum".

— 30. Juli. „Kölner Männer-Gesang-Verein" (Dirigent Prof. Jos. Schwartz). [2. Sommerfest.] H. Möskes: „Abendgruß"; Fr. Silcher: „Der gute Kamerad", „Die drei Röselein"; Th. Koschat: „Kärtnergmüat"; Engelsberg: „Der Hut im Meer"; J. Rietz: „Maienzeit"; de le Hale: „Altdeutsches Minnelied"; M. Neumann: „Sardanapal" (mit Baritonsolo und Orchester).

Saalfeld (Saale), 10. Juli. „Cäcilien-Verein" (Dirigent Kirchenmusikdirektor Wilh. Köhler). L. v. Beethoven: „Missa solemnis". Solisten: Frl. A. Kölchens (Sopran), Frau A. Beermann Lützeler (Alt), Kammersänger Franz Litzinger (Tenor), B. Baum (Baß), sämtlich aus Düsseldorf.

Berichtigung.

Herr Ernst Stoehter-Düsseldorf macht uns darauf aufmerksam, daß in Nr. 9 des ‚Wegweiser' sein Name mehrfach unrichtig wiedergegeben. Zunächst ist in der Rubrik „Aufführungen" (Solingen, 5. Juni) als Leiter des Solinger Männer-Quartetts ein Herr E. Stöcker genannt — die fehlerhafte Angabe geht übrigens auf Konto der Redaktion der „Festschrift zur 50-jährigen Jubelfeier des Solinger Sängerbundes" —, des weitern nennt die Rubrik „Neueste Erscheinungen" als Komponisten der Chöre „Die alten Helden" und „'s blühen Rosen am Hage" Herrn Ernst Stoehler. In beiden Fällen ist Ernst Stoehter zu lesen.

Eingesandt.

— Der M.-G.-V. „Liederkranz" — Kückelhausen (Dirigent Julius Kistermann) beabsichtigt, Mitte Juni 1905 einen nationalen Gesangwettstreit zu veranstalten.

Kleine Mitteilungen.

Der Gesangverein niederösterreichischer Eisenbahnbeamten in Amsterdam und London. Im Anschluß an unsern Bericht über die Rheinfahrt des österreichischen Beamtenvereins und den Besuch der Korporation in Köln (siehe Nr. 9) bringen wir nachstehend eine kurze Mitteilung über die Konzerte der Vereinigung in Amsterdam und London. Am Bahnhofe in Amsterdam erwartete der österreichisch-ungarische Konsul v. Yppen die Wiener Gäste. Zur Begrüßung hatten sich der Amsterdamer Liederkranz „Apollo“, eine Abordnung holländischer Eisenbahnbeamter und eine Abordnung des Oesterr. Hilfsvereines eingefunden. Die Plätze für das Konzert waren bei Ankunft der Sänger bereits ausverkauft. Ein Fabrikant hatte allein 700 von den 4000 verfügbaren Plätzen erworben. In diesem Konzerte kam auch A. A. Naaffs „Meerfahrt“ mit der feinen Musik M. J. Beers zur Aufführung. — Die Meerfahrt nach England ging gut vonstatten. Am 19. Juni trat der Wiener Verein zum ersten Male in London mit einem Chorkonzerte auf. Unter Edm. Reims bewährter Führung leiteten die feierliche Huldigungsmusik und F. Schuberts Chor zum 23 Psalm das Konzert in der St. James Halle würdig und erfolgreich ein. Die Teilnahme wuchs stetig, und nach M. Bruchs Chor „Vom Rhein“, einer Glanzleistung des Vereins, wurden auch die kühlen Söhne Albions lebendig. Der Beifall stieg nach Weinzierls „Heute ist heut“ und erhob sich bezeichnender Weise nach dem altdeutschen Edelvolksliede: „In einem kühlen Grunde“ (Silcher) zu solcher Höhe, daß Chormeister Reim oftmals hervorgerufen wurde. Zum Schlusse entfesselte der Chor „An der schönen blauen Donau“ mit der Strauß'schen Musik neue Beifallsstürme.

Ein Männergesangverein im Greisen- und Siechenhause. Vom Baseler Gesangverein wird folgende herzerfreuende Tat berichtet: Schon seit Jahren ist es löbliche Sitte, daß die angesehensten Gesangvereine Basels ihre Konzerte, auch klassische Oratorien, die mit Orchester abgehalten werden, den Minderbegüterten, z. B. den reiferen Angehörigen des Waisenhauses durch Freikarten zugänglich machen. Am 1 Sonntag des Rosenmonds vormittags, bei schönstem Frühlingswetter, begab sich die Liedertafel in den großen Garten des Bürgerspitals und erfreute durch Liedervorträge die vielen Hunderte von Kranken und Altersschwachen, die plötzlich an allen Fenstern und auf den Altanen sichtbar wurden. Da sich noch zahlreiche gesunde Hörer einfanden, um sich an der Freude der Leidenden zu ergötzen, so bildete sich das Ganze zu einem in seiner Art eigentümlichen Volksfeste aus. Die Sänger aber haben sich die Zuneigung der ganzen Stadt erworben.

Eine eigenartige Enthüllungsfeier. Nicht weit von der Stätte, wo im Herbst vorigen Jahres mit Pomp und Fest gepränge das Denkmal Richard Wagners enthüllt worden, am Goldfischteich im Berliner Tiergarten, hat Prof. Siemering den Tonheroen Haydn-Mozart-Beethoven ein Denkmal errichtet. Was dem Meister von Bayreuth recht, sollte dem leuchtenden Dreigestirn am Himmel der deutschen Kunst billig sein — dachte man in den Kreisen der Berliner Musikfreunde und sah deshalb mit begreiflicher Spannung einer würdigen Feier entgegen. Aber das wohllöbliche Denkmal-Komitee hatte anders beschlossen; von dem ursprünglich gefaßten Plane, durch eine Ansprache des Sekretärs der königlichen Akademie der Künste die Enthüllungsfeierlichkeiten einzuleiten und am Abend in der Königlichen Hochschule für Musik Werke der Altmeister zum Vortrag bringen zu lassen, war es aus nicht näher kundgegebenen Gründen abgekommen und überraschte die musikalische Welt durch die etwas sonderbare Mitteilung, es werde die Nacht des 1. Juli zur sang- und klanglosen Wegnahme der Umhüllung des Monuments benutzen. Als die „Berliner Liedertafel“ von diesem Entschluß des Komitees in letzter Stunde erfuhr, brach sie die ordentliche Probe vorzeitig ab und pilgerte um die elfte Stunde in einer Stärke von 150 Sängern zum Tiergarten hinaus. Hier angelangt, postierten sich die Herren um das noch verhüllte Denkmal und improvisierten eine Huldigung, die an Herzlichkeit nichts zu wünschen ließ. „Die Himmel rühmen des Ewigen Ehre“, erklang es durch die Nachtstille, dann einige Worte der Bewunderung für die großen Männer, denen das Denkmal gewidmet, und zum Schluß als Gelöbnis treuen Ausharrens im Dienste hoher Kunst der Vereinswahlspruch „Fest und klar, treu und wahr!“ Nun heißt es zwar im Liede: „Singe, wem Gesang gegeben!“, doch hat der Dichter vergessen, in Parenthese einzuschalten, (wenn's die Polizei erlaubt!) Ein Liedervortrag zu nachtschlafender Zeit bedeutet nächtliche Ruhestörung, und so hat denn auch das polizeiliche Strafmandat nicht auf sich warten lassen. — In einer die vorgedachte „eigenartige Enthüllungsfeier“ behandelnden Zuschrift an die „Deutsche Musiker-Zeitung“ schreibt der Verfasser zum Schluß seiner Ausführungen: Dieser sehr beklagenswerten Tatsache (der Maßnahme des Denkmal-Komitees) braucht weiter nichts hinzugesetzt zu werden. Am allerwenigsten aber braucht hier an dieser Stelle über die Bedeutung der Meister in der deutschen Musik gesprochen zu werden, deren Werke dem deutschen Volk in Fleisch und Blut übergegangen sind. Wagner beugte das Knie vor dem Genie Beethovens, als er in den siebziger Jahren sein Konzert in Berlin gab, indem er dem Meister seine Huldigung in der C-moll-Sinfonie darbrachte, die er in der vorhergehenden Probe ein herrliches altes Gemälde nannte und am Abend mit Feuer und großer Begeisterung dirigierte. Aber auch wir Musiker stehen in unentwegter Treue zu unseren alten Meistern, die unseren durch unendliche Anstrengung in der immer moderner werdenden Instrumentalmusik ermüdeten Geist wieder aufrichten; denn Haydn bringt uns Beruhigung, Mozart Freude und Beethoven Begeisterung.

Der „Berliner Sängerbund“ beschloß in der letzten Sitzung der Bundesvertretung folgende Resolution: „In dem Wettbewerb um den von Sr. Majestät dem Kaiser und Könige gestifteten Wanderpreis für deutsche Männergesangvereine sieht der „Berl. Sbd.“ ein Mittel von hervorragender Bedeutung zur Förderung des deutschen Männergesanges und der gedeihlichen Entwickelung des deutschen Liedes sowie zur Verbreitung der Erkenntnis seines Wertes für unsere kulturelle Entwickelung und ist überzeugt, daß die gesamte deutsche Sängerschaft Sr. Majestät angesichts des tatkräftigen Interesses für den Männergesang und das deutsche Lied zu tiefem Danke verpflichtet ist. Aus Rücksicht auf den Wettbewerb 1907, an dem wiederum die größten Vereine unseres Bundes sich beteiligen werden, ist der „Berliner Sängerbund“ als solcher nicht in der Lage, an dem 7. Deutschen Sängerbundesfest in Breslau teilzunehmen und ersucht den Vorstand des Deutschen Sängerbundes, dahin zu wirken, daß jegliche Kollision zwischen beiden Veranstaltungen vermieden und das Bundesfest im Jahre 1906 — wie in Graz beschlossen — abgehalten wird.“

Die „Légia“, einer der bedeutendsten Männerchöre Belgiens, wird auf Einladung des Belgischen Vereins Köln am 14 August im Volksgarten der Rheinmetropole ein Wohltätigkeits-Konzert veranstalten.

Internationaler Gesangwettstreit in Verviers (Belgien). Die Gesangvereine „L'Emulation“ und „L'Orphéon“ zu Verviers werden anläßlich ihres 50- resp. 25jährigen Bestehens im Jahre 1905 einen internationalen Gesangwettstreit veranstalten, der sich den ähnlichen Veranstaltungen zu Verviers aus den Jahren 1872 und 1885 sicherlich würdig anreihen wird. Der geplante Wettstreit soll am zweiten Sonntag des Juli und am zweiten Sonntag des August 1905 stattfinden; die Preisverteilung wird zugleich mit den Jubiläumsfestlichkeiten der beiden Vereine am 15. August erfolgen. Man darf wohl um so mehr auf eine recht rege Beteiligung der benachbarten Chorvereine Belgiens, des nordwestlichen Rheinlands usw. rechnen, als um die Zeit des erwähnten Gesangwettstreits, dessen chorgesangliche Resultate jedenfalls hervorragend und von weitgehendem Interesse sein werden, in Lüttich eine internationale Ausstellung stattfinden wird.

Münchener Festspiele 1904. Die diesjährigen Richard Wagner-Festspiele im Prinzregenten-Theater nehmen am 12. August ihren Anfang und dauern bis 11. September; ihnen vorangehen werden die Mozart-Festspiele in den beiden königlichen Theatern (1.—11. August).

Das Bachfest in Leipzig. Das zweite von der Neuen Bach-Gesellschaft veranstaltete Bachfest findet vom 1. bis 3. Oktober d. J. in Leipzig statt. Die künstlerische Leitung hat Hermann Kretzschmar übernommen. Es finden statt ein Kammermusikabend, ein Orchesterkonzert und ein Kirchenkonzert, ferner die Sonnabend-Motette, ein Sonntags-Abendgottesdienst wie zu Bachs Zeiten in der Thomaskirche und eine Vortragssitzung mit Diskussion. Zur Aufführung gelangen nicht allein Werke von Bach, sondern auch eine ganze Reihe solcher von Vorläufern und Zeitgenossen des Meisters.

Stipendium für Musiker. Die Mozart-Stiftung zu Frankfurt a. M., die die Unterstützung musikalischer Talente zum Zwecke der Ausbildung in der Kompositionslehre bezielt, beabsichtigt, per 1. September 1905 ein Stipendium zu vergeben, dessen Dauer der Ausschuß von Jahr zu Jahr bestimmt, jedoch darf dieselbe vier Jahre nicht übersteigen. Der Stipendiat erhält für den Zeitraum des Stipendiums eine Freistelle an Dr. Hochs Konservatorium zu Frankfurt a. M., jedoch steht es demselben frei, nach zwei Jahren Studium an diesem Konservatorium seine Ausbildung anderwärts zu vollenden. Außerdem gewährt die Stiftung dem Stipendiaten noch einen jährlichen Zuschuß von 1500 Mark. Bezüglich des Stipendiums sind folgende Bestimmungen maßgebend: 1. Jünglinge aus allen Ländern, in welchen die deutsche Sprache die Sprache des Volkes ist, können diese Untersützung in Anspruch nehmen, vorausgesetzt, daß sie unbescholtenen Rufes sind und besondere musikalische Befähigung zur Komposition nachweisen. 2. Erscheinen die deshalb vorgelegten Zeugnisse genügend, so wird dem Bewerber die Komposition eines vom Ausschusse der Stiftung bestimmten Liedes, sowie eines Instrumental-Quartettsatzes aufgegeben. 3. Über die eingelieferten Arbeiten haben drei Musiker von anerkannter Autorität als Preisrichter zu erkennen. Meldungen sind bis zum 30. September 1904 an den Verwaltungs-Ausschuß der Mozart-Stiftung, Franz Alt, Präsident in Frankfurt a. M., zu richten.

Eine grosse französische Musikkonkurrenz wird in Paris im Monat Oktober stattfinden. Es sollen 100000 Francs verteilt werden als Preise für eine Oper, eine komische Oper, ein sinfonisches Werk, ein Ballet und eine Operette. Der Wettbewerb ist organisiert unter dem Vorsitz des Fürsten Albert von Monaco von Henry Deutsch und der „Société des grandes Auditions musicales“, deren Vorsitzende die Gräfin Greffulhe ist.

Die nächste Konkurrenz um den Anton Rubinsteinpreis für Komponisten und Pianisten (5000 Frcs.) wird 1905 in Paris zum Austrag kommen.

Der hundertste Geburtstag von M. I. Glinka, dem populärsten Komponisten Rußlands, wurde am 20. Mai (2. Juni) von der musikalischen Welt des Reußenreiches festlich begangen. Glinka verdankt seine Popularität der Oper „Das Leben für den Zar“. Eine zweite Oper „Russlan und Ludmilla“ konnte trotz ihrer künstlerischen Schönheiten nicht den Erfolg des Erstlingswerkes erreichen. Glinka starb am 3. Februar 1857 in Berlin, wo er seinen bewährten Meister, den Theoretiker Dehn aufgesucht, um dessen Rat über die Orchestrierung und Harmonisierung altrussischer Kirchenlieder einzuholen.

Eine „Sagenhalle“, deren Wandgemälde die Rheinsagen und das „Deutsche Volkslied“ verherrlichen werden, soll auf dem Plateau der Loreley in künstlerischer Ausführung errichtet werden.

Eine Erinnerung an Franz Diener. Am 15. Mai waren es 25 Jahre, daß der ausgezeichnete Wagnersänger Franz Diener starb. Diener wirkte nacheinander an den Bühnen zu Dessau, Mainz, Köln, Nürnberg, Hamburg und Dresden, vorübergehend auch in Berlin. Große Erfolge hatte er in Holland und England. Wie hoch ihn Wagner selbst schätzte, geht aus folgendem hervor. Diener sang am 21 April 1873 im Gürzenich-Saale zu Köln unter Wagners Direktion Siegmunds „Liebeslied“ aus der „Walküre“. Als er geendet und der tosende Beifall des Publikums losbrach, stieg der Meister vom Pult, umarmte und küßte den Sänger, der auch ihn mit seinem Gesange hingerissen, und überreichte ihm einen der ihm selbst dedizierten Lorbeerkränze. Ein künstlerisches Standbild wurde dem verdienten Sänger in Dessau gesetzt.

Ein englisches Urteil über deutsche Musik. In London fand zu Ehren des Professors Joachim, der im Frühjahr 1844, also vor 60 Jahren, zum ersten Male in London aufgetreten war, in der Queenshall eine Festlichkeit statt. Bei dieser hielt der Premierminister Lord Balfour als Vorsitzender des Komitees, das im Namen von Verehrern des Professors Joachim diesem eine Adresse und das von Sargent gemalte Porträt Joachims überreichte, eine Ansprache. Er erklärte darin: „Wenn die Musik aller anderen Nationen vernichtet würde, würden wir um manches Meisterwerk ärmer sein, aber wir könnten fortschreiten; würde aber die Musik Deutschlands vernichtet, so würden wir nicht fortschreiten können.“

„Strömt herbei, ihr Völkerscharen.“ Man schreibt der „Frankfurter Zeitung“: So viele Menschen sich auch an den begeisternden Worten und der kräftigen Melodie von „Peters Rheinlied“ erfreuen, so wenige wissen etwas von dem Verfasser der Verse. Nur in der historisch-kritischen Bearbeitung des deutschen Kommersbuches von Dr Karl Reisert finde ich ihn genannt: C. O. Inkermann (C. O. Sternau). In der soeben erschienenen 2. Auflage seines Führers „Acht Tage am Rhein“ macht G. Hölscher über den Dichter einige nähere Angaben. Danach war Inkermann gar kein Rheinländer, sondern stammte aus Dresden, wenn er auch in Köln seine zweite Heimat gefunden hatte. Unter dem Pseudonym Sternau hat er sich literarisch betätigt. Um die Mitte der 1840er Jahre war er, etwa 25jährig, als Geschäftsführer der Schnitzschen Buchhandlung nach Köln gekommen, und mit der Begeisterung der Jugend hatte er sich hier in das rheinische Leben gestürzt. Der Rhein war ihm so ans Herz gewachsen, daß er auf ihm zwei und ein halbes Jahr als Inspektor der Kölnischen Dampfschifffahrts-Gesellschaft herauf und herunter fuhr. Sehr begeistert war er stets, wenn die Liedertafel oder der städtische Gesangverein auf einem besondern Dampfschiff eine Rheinfahrt veranstalteten. Da ging ihm das Herz auf. Auf solch einer Fahrt soll er auch das Gedicht „Strömt herbei, ihr Völkerscharen“, den Römer in der Hand, gleichsam improvisiert haben. Bald nach der Revolution von 1848, an der er tätigen Anteil genommen hatte, zog Inkermann Sternau nach Aachen, wo er am 1. Juni 1862 starb. Der Komponist des Liedes, das 1868 bei Michael Schloß in Köln erschien, Johann Peters, war der Sohn eines Tuchhändlers in Breyell bei Kaldenkirchen. Er diente in den 1840er Jahren als Musiker im 25. Infanterie-Regiment und wurde dann Mitglied des Theater- und Konzertorchesters und der Domkapelle, Kapellmeister der Oper bei L'Arronge und noch fernerer Unternehmungen. An einem Oktoberabend des Jahres 1867 saß Peters mit seinem Freunde Dr. Rademacher im Gürzenich am Kneiptisch. Als Rademacher sich beklagte, daß er immer dieselben Sachen singen müsse, brachte der Restaurateur Keller ein abgerissenes Zeitungsblatt mit dem Rheinlied und meinte, das eigne sich zur Komposition. Sofort setzte sich Peters ans Klavier und improvisierte die Melodie, die seitdem so populär geworden ist. Das „neue Rheinlied“ war übrigens schon 1848 in einem „Rheinischen Dichteralbum“ erschienen, das C. O. Sternau zum Besten der schlesischen Weber unter dem Titel „Den Armen“ herausgegeben hatte.

Katechismus für Klavierlehrer. In der Münchener „Jugend“ entwirft ein Mitarbeiter dieses Blattes die Grundzüge zu einem Katechismus für Klavierlehrer. Er schreibt: „Der Hauptfehler der meisten Musiklehrer besteht darin, daß sie glauben, ihre Schüler und Schülerinnen nähmen Unterricht, um ein Instrument spielen zu lernen. Sie langweilen daher ihre Vorgesetzten — denn das sind die Schüler — mit Tonleitern, Fingerübungen und Sonatinen, sie verekeln ihnen die „Kunst“. So dankenswert dies an sich auch ist, für den Klavierlehrer ist es folgenschwer; denn niemand wird 70 Reichspfennige für die Stunde zahlen, um sich langweilen zu lassen. Ich habe deshalb einen kleinen Katechismus für Klavierlehrer zusammengestellt, dessen Anschaffung ich jedem Kollegen nicht dringend genug ans Herz legen kann. Frage: „Weshalb nimmt der Schüler Unterricht?“ Antwort: „Zu seinem Pläsier.“ Frage: „Wer versteht mehr vom Unterrichten als Du?“ Antwort: „Die Eltern des Schülers.“ Frage: „Was macht der Schüler beständig?“ Antwort: „Fortschritte.“ Frage: „Was hat er zweifellos?“ Antwort: „Angeborenes Talent und keine Zeit zum Üben.“ Frage: „Wie weit muß er in der dritten Stunde sein?“ Antwort: „Er muß die Holzauktion, den kleinen Cohn und Mädchen, warum weinest Du? spielen und einen Violinschlüssel von einem Hausschlüssel unterscheiden können.“ Frage: „Was darfst Du Dir nie anschaffen?“ Antwort: „Ein Telephon.“ Frage: „Warum nicht?“ Antwort „Weil der Schüler sonst jede zweite Stunde absagt.“ Frage: „Wer bezahlt Dir alsdann die für die Stunde reservierte Zeit?“ Antwort: „Niemand.“ Frage: „Wer ist daran schuld, wenn der Schüler nichts lernt?“ Antwort: „Du.“ Frage: „Was darfst Du nie finden und was darfst Du nie verlieren?“ Antwort: „Grund zur Unzufriedenheit und die Geduld.“ Frage. „Wie lange dauert eine Klavierstunde mitteleuropäischer Zeitrechnung?“ Antwort: „45 Minuten.“ Diese Proben mögen für diesmal genügen.

Der Schlussbogen des Werkes von A. König: „Der deutsche Männerchor“ wird der August-Nummer des ‚Wegweiser‘ beigelegt werden.

Johann André, Musik-Verlag,
Offenbach a. M.

Männerchor-Kompositionen
von
Mathieu Neumann.

op. 29. **„Vier Gesänge":**
No. 1. Die verlassene Kapelle, „Im Wald steht eine Kapelle". Part. 60 Pf., St. 80 Pf.
No. 2. Der Lenz geht um, „Ich sag euch". Part. Mk. 1.20, St. Mk. 1.—.
No. 3. Schwarze Augen, „Mädchen mit dem Rosenmündchen". Part. 80 Pf., St. 80 Pf.
No. 4. Liesen's Zweifel, „Wenn ich nur wüßte". Part. Mk. 1.—, St. 80 Pf.

op. 33. **Vater unser!** (Preis-Chor.)
Worte nach der „Heiligen Schrift".
Chor mit Solo-Quartett.
Part. netto Mk. 1.50, St. netto Mk. 2.40.

op. 34. **Zwei Männerchöre:**
No. 1. Rheingruß: „Im gold'nen Morgenschimmer". Part. Mk. 1.20, St. Mk. 1.—.
No. 2. Vaterlandslied: „So lang' die deutsche Sprache". Part. 80 Pf., St. 80 Pf.

op. 35. **„Der Feuerreiter".** (Preis-Chor.)
„Sehet ihr am Fensterlein."
Part. Mk. 2.—, St. Mk. 1.20.

Obige Chöre stehen jederzeit zur Einsichtnahme zur Verfügung.

Bitte meinen Sonderkatalog über Männerchöre zu verlangen.

Chöre und Balladen
von
Mathieu Neumann

a) für 4-stimmigen Männerchor:

Neumann, M., op. 12. „Des Sängers letzter Wunsch." P. u. St. ℳ 1.—
" " " 13 I. „Ferne Glocken hör' ich klingen." P. u. St. ℳ 1.—
" " 13 II. „Abends, wenn die Kinder mein." P. u. St. ℳ 1.—
" " 14 I. „Mein Schätzelein am Rhein." " " " " " 1.—
" " 14 II. „Das Lied aus alter Zeit." " " " " " 1.—
" " 17 I. „Grüßt mir das blonde Kind am Rhein." P. u. St. ℳ 1.—
" " 17 II. „Die passen zusammen." " " " " " 1.—
" " 20. „Die Heinzelmännchen." " " " " " 3.—
" " 21 I. „Meines Kindes Abendgebet." " " " " " 1.—
" " 21 II. „Ligurisches Volkslied." " " " " " 1.—
" " 22 I. „Weihnachten." " " " " " 1.—
" " 22 II. „Mariechen süß." " " " " " 1.—
" " 22 III. „Küssen." " " " " " 1.—
" " 23. „Die Wallfahrt nach Kevelaer." " " " " " 2.—
" " 25. „Belsazar." " " " " " 2.—
" " 27. „Abschied." " " " " " 1.60
" " 30 I. „Freud und Leid." " " " " " 1.—
" " 30 II. „Die Lieselott." " " " " " 1.—
" " 49. „Sturmerwachen." " " " " " 2.-

b) für gemischten Chor:

Neumann, M., op. 57. „Der wilde Jäger." P. u. St. ℳ 2.—, St. ℳ 1.—

Ansichtssendung gerne zu Diensten.

Verlag von P. J. Tonger, Köln a. Rh.
Hofmusikalienhändler Sr. Maj. des Kaisers und Königs Wilhelm II.

Hervorragende Neuheiten für Männerchor.

Arnold Krug, op. 131, a) **Der Weber** (Im Volkston);
b) **Im Rosengärtlein** (Im Volkston);
c) **Sonnenuntergang;**
d) **Waldkönig.**

M. Neumann, op. 16, a) **An der Heimat halte fest.**
Mit grossem Erfolg gesungen vom „Kölner M. G. V."
b) **Ein Vöglein sang.**
c) **Das Ringlein sprang entzwei.**
d) **Das Huhn und der Karpfen.**
Part. 80 Pf., St. 80 Pf.
op. 50, **„Teja"**, Ballade v. Chr. Gehly. Part. 2 Mk., St. 2 Mk.

C. Ramrath: 6 Volkslieder, für Männerchor gesetzt. Part. 60 Pf., St. 60 Pf.
a) **Ich hört' ein Vöglein pfeifen**; b) **Die Verlassene;**
c) **Mädchen meiner Seele;** d) **Ännchen;**
e) **Lass rauschen;** f) **Mein Mädel hat einen Rosenmund.**

Josef Reiter, op. 60, 6 Altdeutsche Volkslieder:
a) **Weihnachten;** b) **Der Ritter zum Besuch;**
c) **Gar lieblich hat sich gesellet;**
d) **Wach' auf, meines Herzens Schöne;**
e) **Der Maibaum;** f) **Ritters Abschied.**

J. B. Zerlett: 3 Männerchöre:
a) **Schön Elschen;** b) **Ach, wie kühle;**
c) **Annelein** (Im Volkston). Part. 80 Pf., St. 50 Pf.

Die Werke stehen gern zur Ansicht zu Diensten.

Eigentum und Verlag von Willy Wörges, Köln a. Rh.
Leipzig, Leuckart's Sortiment.

„Durch den Wald"
(Robert Reinick)
für vierstimmigen Männerchor
komponiert von
Gustav Erlemann.
op. 8.

Preis: Partitur Mk. 1.80, Stimmen Mk. 1.20.

Partitur zur Ansicht durch: **H. vom Ende's Verlag, Trier.**

Die Monatsschrift des Akad. Vereins Berlin „Organum" schreibt über diesen Chor:
„Das ist ein prächtiges Lied, von einschmeichelnder Melodie getragen, rhythmisch belebt und in effektvoller Verwendung rhythmisch-dynamischer Steigerungen von zwingender Wirkung! Satztechnisch ist es das Werk eines Könners. „Durch den Wald" können wir dringend allen Männerchören empfehlen."

Soeben erschien in Buchform:

Der Deutsche Männerchor
von
A. König.

Preis Mk. 1.—.

Heinrich vom Ende's Verlag, Trier.
Zu beziehen durch jede Buch- u. Musikalienhandlung.

 ▪ Bezugsquellenregister. ▪ 

Druck der Ph. Gehly'schen Buchdruckerei in Köln a. Rh., Cäcilienstrasse 40.

Wegweiser durch die Chorgesangliteratur

Ratgeber für Gesangvereine und Dirigenten.
Redaktion: Chr. Gebly, Köln, Cäcilienstr. 40.
H. vom Ende's Verlag, Trier.

nebst Beiblatt:

Der Sänger.

Offizielles Organ des Westdeutschen Sängerverbandes, Mosel-, Saar-, Nahe-Sängerbundes, des Mittelrheinischen, Rheinhessischen, Speyergau u. Oberwesterwäld.-Sängerbundes.

Erscheint am Endtage eines jeden Monats.
Jahresabonnement: Mk. 1.50 u. 40 Pfg. Porto.
Einzelnummer: 20 Pfg.
Inserate kosten 20 Pfg. die 4 mal gespaltene Petitzeile.

Expedition: H. vom Ende's Verlag, Trier.

Nr. 11. | Trier, den 31. August 1904. | V. Jahrg.

„Société Royale la Légia" aus Lüttich in Köln.

Von Dr. **Max Burkhardt.**

Es gibt kaum einen größern Gegensatz als belgische und deutsche Gesangvereine; hier weiche, milde Gesamtstimmung, eine Chorvirtuosität, die in der Lösung möglichst schwieriger technischer Probleme ihr Ziel erstrebt; dort die leuchtende Farbenpracht des Materials, die gesunde Pracht kraftvoll männlicher Tongebung, die schlichte Einfachheit des Volksliedes, das jetzt, nach all den großen Preischören um Einlaß bittend, seine großen treuen Kinderaugen wieder erhebt.

Dieser Gegensatz wurde dem zahlreichen Publikum, das sich am 14. August im Volksgarten versammelt hatte, recht deutlich ad oculos, richtiger: ad aures demonstriert, als der berühmte Lütticher Verein „la Légia" in einer Stärke von ca. 140 Mann (die Plakate und sonstigen Ankündigungen hatten in etwas marktschreierischer Weise 250 Sänger verheißen) das Podium betrat und Hillers schwierigen, heute freilich recht veraltet anmutenden Preischor „Super flumina Babylonis" intonierte. War doch dieser Chor oft genug schon aus rheinischen Kehlen erklungen und hatte da freilich eine ganz andere Wirkung hervorgebracht, als in diesen lyrischen Dämmerwolken, die auch nicht ein einziges Mal vom siegenden Sonnenglanz eines wirklichen „Männergesangs-Fortissimo" durchbrochen wurden. Die Stärke der Belgier liegt eben — so paradox es klingt — im schwach Singen. In den weichen Nüancen, in den milden Übergangsfarben, auf die die Preischöre der belgischen Komponisten fast alle gestimmt sind. Darum ist es wohl erklärlich, daß diejenigen eine kleine Enttäuschung erlebten, die sich von dem „super flumina" eine gesangliche Meistertat versprachen. Übrigens mögen auch die Reisestrapazen an dem glühend heißen Tage sowie die verschiedenen Begrüßungsfeiern das Nötige dazu beigetragen haben, den Tenören ihre Frische, den Bässen ihre volle, saftige Rundung, dem Zusammenklang seine Ausgeglichenheit zu nehmen. Immerhin waren in diesem ersten Chor Stellen von großer Klangschönheit; Stellen wie: quia interrogaverunt nos etc., in denen man auf Spuren eines eingehenden künstlerischen Studiums stoßen konnte; Stellen, in denen jeder Stimme individuelles Leben eingehaucht, eigene Physiognomie aufgeprägt war. Noch mehr traten solche Vorzüge ans Licht bei der auf belgische Sangeskunst zugeschnittenen Komposition von Radoux: Nuit de Mai, in der Programmusik, Sologesänge mit Begleitung, der beliebten belgischen Art der Begleitung durch Brummstimmen und das Schweigen in zartesten Vortragsnüancen sich ein Rendezvous gaben; eine Komposition, auf die man als Gesamtcharakter das Wort anwenden könnte, das die erste Zeile der Dichtung beschließt: parfumée!

Dieser Chor lag den Lütticher Sängern ausgezeichnet und bot zugleich Herrn Vissers „Tenorsolo" der Légia (wie das in miserablem Deutsch abgefaßte Programm sagte) Gelegenheit, eine hübsche weiche Tenorstimme in allen Reizen leuchten zu lassen.

Hatte das Programm, um dessen stilistische Fassung sich eigentlich ein gut deutsch Sprechender hätte kümmern müssen, betreffs der Sängerzahl nicht alles Versprochene gehalten, so hielt es auch bei der Ausführung der Chöre nicht gleichen Schritt mit der Ankündigung: Tilman's (nicht Tillman's) Eburonen fielen aus. — Die deutsche Übertragung von Gevaerts „Irische Auswand'rer" konnte fast als Muster gelten, wie man's n i c h t machen soll.

Auf die Solisten einzugehen, ist unsere Aufgabe nicht; es würde auch ebenso unmöglich sein, wie es das Anhören des Geigers Delvenne und des Cellisten Dambois war; beide Herren spielten im Freien bei Waldesrauschen und sonstigen äußeren Geräuschen, so daß von ihren Vorträgen wohl nur die direkt am Podium Stehenden etwas gehört haben dürften.

Eins aber könnten unsere rheinischen Sänger doch von den Belgiern lernen: ein schönes Pianissimo und ein edles Gedeckt Singen. Im übrigen wollen wir uns damit beruhigen, daß auch die Belgier sehr, sehr viel von u n s lernen können und sei es auch nur das, was Kalliwoda und Weißmann zusammen fassen, wenn sie in der letzten Strophe ihres ewig frischen „deutschen Liedes" singen:

Das deutsche Lied aus deutschen Herzen
Quillt s t a r k und f r e i!

Betrachtungen über das Gesangwettstreitwesen.

Sehr beherzigenswerte Betrachtungen knüpft der Musikkritiker des Neuen Tageblatts in Stuttgart an seinen Bericht über den Verlauf des Ravensburger Liederfestes. Er schreibt: Es stritten 70 Vereine um die Siegespreise, und allenthalben war es ein heißes Ringen. Das Preisgericht, dem zwei Berufsmusiker und drei in vielen Treffen als hervorragende Dirigenten bewährte Gesangsleiter von Vereinen angehörten, hatte einen schweren Stand, um so schwerer, als bei dem heurigen Liederfest die Qualität der preissingenden Vereine im Durchschnitt erheblich unter der Höhe des Ludwigsburger oder gar des Haller Liederfestes blieb. Abgesehen vom Chor des Stuttgarter Liederkranzes, der aber außerhalb der Konkurrenz vorgetragen wurde, war heuer kaum eine durchweg vollendete Leistung zu hören. Manche Vereine, auch unter den erstklassigen des Schwabenlandes, scheinen im Wettgesang ein Haar gefunden zu haben. Ist das ein Wunder? Der immer schärfer werdende Konkurrenzkampf der letzten Liederfeste barg die Gefahr in sich, daß der durch das Wettsingen angefachte Ehrgeiz den Männergesang zur Sportsache macht. Die Leitung des schwäbischen Sängerbunds sucht dem mit aller Kraft entgegenzuarbeiten, und doch trat gerade heuer in Ravensburg ein auffallend großer Prozentsatz von wettsingenden Vereinen auf die Bretter, Vereine, die sich besser nicht am Preisgesang beteiligt hätten; Vereine ohne klingende Tenöre und ohne runde, tiefe Bässe; Vereine, die offensichtlich in übereiltem und unmethodischem Heranschulen ihrer Sänger bis an die Grenzen des Möglichen gegangen waren und die naturgemäß eben auch nur klanglose Tongebungen zuwege brachten. Nicht der Ehrgeiz, einen Preis zu holen, sondern die Lust und Freude am deutschen Lied sollte die treibende Kraft in unseren Gesangvereinen sein. Wo stimm- und gehörbegabte Sänger in der genügenden Anzahl nicht vorhanden sind, da werden Vorbereitung und Ausführung des Preissingens für alle Beteiligten zur Qual und enden dann meist mit Unlust zum Weitersingen. Solche Vereine üben für den Festtag des Gesangwettstreits vielfach ein halbes, nein, ein ganzes Jahr und noch länger — an einem Chor. Eine Unsumme von Drillkultur wird getan. Dieses nachdrückliche Üben steigert sich noch in den letzten Wochen vor dem Gesangwettstreit bis zum Überdruß aller. Man merkt's auch an der Stimmung in den Vereinen. Die schönen Namen: Eintracht, Frohsinn, Concordia, Gemütlichkeit sind völlig illusorisch geworden. Endlich kommt nach mühseliger Arbeit der ersehnte Tag herbei, an dem man erlöst wird von allem Harme. Was in langen Monden vorbereitet ward, wird nun in fünf Minuten verpufft. Über das Liederschlachtfeld schreiten die Truppen, aber keine weiß, nachdem sie im Treffen gestanden, ob sie Sieger, ob sie Besiegte ist. Freilich begleitet ja das liebe Publikum die Gesänge herkömmlicherweise mit „donnerndem" Beifall, und wo die Hände der Zuhörer nicht ausreichen, da trampeln noch die Füße wacker mit. Aber drüben thronen die Preisrichter, den verhängnisvollen Stift in der Hand und die Ohren überfein gespitzt bis hin zu denen, die da unten im Singkampf schmettern und wettern. Keine ihrer Mienen verrät Beifall oder Mißfallen. Sie schreiben, sie schreiben. Indes klatscht's im Zuhörerraum, daß einem die Ohren gellen, und natürlich — wenn später der Richterspruch des Preiskollegiums verkündet wird, hat das Publikum fast regelmäßig daneben gehauen gehabt — wie sich's gehührt. Aber daran sind dann selbstredend die Preisrichter schuld; deren Urteil ist einfach unbegreiflich. Das muß die Menge, die tausend Ohren hat, doch besser wissen als die fünf Preisrichter mit ihren zehn. Lassen wir's gut sein; einstweilen bin ich geneigt, das Gegenteil zu glauben und Stimmen, die auch in Ravensburg wieder am Spruch der Preisrichter herumnörgelten, ins Unrecht zu setzen.

Manche Vereine suchten das, was ihnen an innerer Qualität abging, durch Haschen nach Effekt zu erzielen, also durch Hervorkehrung der Äußeren, der formellen Seite des Gesangs. Dieses Bestreben führte indes manche zur Unnatur, zum Gedeckten, Affektieren. Doch sind hierfür in erster Linie die Dirigenten verantwortlich. Manche derselben verstanden es augenscheinlich nicht, den vollen geistig-musikalischen Gehalt ihres Wahlliedes zu heben. So einfach ist dies freilich auch nicht. Durch effektvolle Vortragsweise einen falschen Prunk erzielen, ist musikalische Unwahrhaftigkeit, diese aber ist der Feind aller echten Kunst. Allerlei Spielereien, grobe Tonmalerei, Effekthascherei zum Gänsehautkriegen; dann wieder dynamische Schattierungen und rhythmische Gangart in den schroffsten Gegensätzen; allerlei Kunststückchen beim einfachsten Volkslied — solcherlei Trümpfe werden ausgespielt, und natürlich waren diejenigen, die das Wesen wahrer Kunst nicht fühlen, hingerissen, entzückt oder gar verzückt über eine solche Leistung. Insbesondere beim Volkslied wirkte das Haschen nach dem Effekt abstoßend. Die Poesie des Volksliedes ist heimlicher Art, und demgemäß muß es vorgetragen werden. Ein einfaches Volkslied wirklich schön zu singen, ist eine keineswegs leichte Aufgabe, und derjenige Verein, der dieser Aufgabe gerecht zu werden vermag, darf sich und seinen Dirigenten mit Fug und Recht zu den „besseren" zählen. Ein tüchtiger Gesangsdirigent ist überhaupt ein großes Glück für einen Gesangverein. Schade, daß sie so dünn gesät sind. Derjenige Verein aber, der sich eines solchen erfreut, sollte ihn mit allen Mitteln zu halten suchen.

Dann noch die Mahnung an die Gesangsleiter auf dem Land: Mehr Silcher! Er ist der Klassiker des Volksliedes; aber nur zweimal begegneten wir ihm im ländlichen Volksgesang. Neue Namen, zum Teil von recht unbekanntem Klang und mit Kompositionen von nur mäßigem Wert, haben sich heuer auf dem Programm für ländlichen Volksgesang breit gemacht. Silcher stand diesmal, wie gesagt, ganz im Hintergrund. Hoffentlich eben nur für diesmal! Indes fiel es uns auch sonst auf, daß z. B. im höheren Volksgesang in der Hauptsache eben nur Kompositionen neuerer Meister zum Vortrag kamen. Die Modernen sind obenauf; die Klassiker des Männerchores, ein Kreutzer, Mendelssohn, Schubert mit ihren herrlichen Liederperlen sind dem jetztlebenden Geschlecht da und dort etwas fremd geworden. So sollte es nicht sein, und hierin sollten die Dirigenten Wandel schaffen. Ein großer Teil unserer heutigen Chorliteratur liegt eben doch weit ab von dem, was der Männergesang ursprünglich sein wollte und was er bleiben muß, um volkstümlich zu sein. Manche Chöre der Neueren mögen vom musikalisch-künstlerischen Standpunkt aus gewiß die höhere Stufe bedeuten, aber sie leiden an einem großen Fehler: sie widersprechen dem Wesen des Männerchors. Man darf Männerstimmen nicht Aufgaben zuteilen, die eigentlich dem Orchester zukommen. Natürliche Aufgabe der Menschenstimme ist vielmehr, den Text wirkungsvoll zu deklamieren und seinen Gefühlsgehalt melodisch zu erschöpfen. Es sei daher im Namen aller Freunde des Männergesanges den Dirigenten die Mahnung zugerufen: Bei der Auswahl der Chöre zurück zur alt bewährten Einfachheit! Insbesondere aber gelte dies den ländlichen Vereinen, die in Ravensburg meistenteils solche Kompositionen zum Vortrag gebracht haben, die in der Mitte stehen zwischen Volkslied und Kunstlied und sozusagen weder Fleisch noch Fisch sind! Zurück zur Einfachheit; sie ist die höchste Zierde der Kunst!

Zur Centenarfeier der deutschen Männergesangvereine.

Die „Bayr. Sängerzeitung" macht darauf aufmerksam, daß vor ca. 100 Jahren von Zelter (1758 – 1832) aus den mitwirkenden Kräften der Berliner Singakademie der erste deutsche Männer-Gesangverein gegründet worden sei,*) dem sehr bald ein zweiter in Zürich, von Nägeli gegründet, folgte. Mit diesen Vereinen begann die Entwickelung einer Kunstgattung, die bald großen Aufschwung genommen, neues, frisches Leben und Streben, neuen Mut in trüben Zeiten und neue Hoffnung auf Erfüllung des alten, schönen Traumes von nationaler Freiheit, Macht und Größe dem deutschen Volke vermittelt hat.

Der deutsche Männergesang ist eines jener geheimnisvollen Mittel geworden, das in unserm zerrissenen Vaterland das Gefühl der Zusammengehörigkeit wachgerufen und den Einheitsgedanken genährt hat. Er ist eine herrliche Schöpfung deutschen Geistes und Gemütes, wie wir sie bei keinem andern Volke wiederfinden, eine Erscheinung, auf die wir Deutsche stolz sein dürfen! Die deutschen Männergesangvereine sind die Pflegestätte des deutschen Volks- und Vaterlandsliedes und in der Zeit der tiefsten nationalen Schmach, als deutsches Volksbewußtsein mit Gewalt unterdrückt werden sollte, sogar die Zufluchtsstätte des deutschen Einheitsgedankens geworden, und sie haben die nationale Begeisterung auf Flügeln des Gesanges von Geschlecht zu Geschlecht fortgepflanzt.

Die ersten deutschen Bundes-Gesangsfeste hatten eine gewaltige nationale Bedeutung. Das deutsche Volkslied war hier das schöne Band, das gleich alle Herzen umschlang, das schon längst politisch Getrenntes geeint hatte, bevor der schöne Traum von einem einigen mächtigen Vaterlande sich erfüllte. Und so ist mit dem Männergesange dem deutschen Volke in sehr trüber Zeit gerade das geboten worden, dessen es bedurfte.

*) Die Gründung der „Berliner Liedertafel" durch Zelter fällt erst in das Jahr 1809. D. R.

Der Sänger.

Amtliches Organ des westdeutschen Sängerverbandes.

Das Volkslied ist die Unsterblichkeit der Musik.
Marx.

Verbunden werden auch die Schwachen mächtig.
Schiller.

31. Aug. 1904. | Redaktion: Chr. Gehly, Köln, Cäcilienstrasse 40. | Nummer 11.

Expedition und Verlag: H. vom Ende's Musikalien-Versand, Trier, Deutschstrasse 18.

Westdeutscher Sänger- und Dirigenten-Verband.

Begünstigt vom herrlichsten Wetter, fand am 31. Juli d. J. das 5. Verbandsfest des Verbandes in Bochum-Hamme statt. Die Stadt hatte reichen Flaggenschmuck angelegt, um die Sänger freundlichst willkommen zu heißen. Während die Vereine sich zu einem imposanten Festzuge zum Denkmalsplatz formierten, fand im Oberlichtsaale des Herrn Bickern die

ordentliche Generalversammlung statt.

Fast sämtliche Vereine hatten ihre Vertreter entsandt (Sängerbund, Bochum-Hamme, M.-G.-V. der Firma A. Koppel, Bochum, Sängerbund, Gelsenk.-Schalke, M.-G.-V Köln-Merheim, Constantia-Urdenbach, Rhein. Volksliedertafel-Benrath, Erholung-Huckingen, Liederkranz-Ratingen, Rheinklänge-Rees, Sängerbund-Bocholt, Eintracht-Westig, Einigkeit-Gerresheim, Germania Duisburg). Außerdem war eine große Zahl persönlicher Mitglieder und Ehrenmitglieder anwesend. Der geschäftsleitende Vorsitzende, Herr Benewitz, eröffnete gegen 11 Uhr die Versammlung mit einem Hoch auf den Kaiser und erstattete sodann den Jahresbericht. Herr Henkel gab den Kassenbericht, welchem zu entnehmen ist, daß der Kassenbestand z. Zeit 23.25 Mk. beträgt.

Der Antrag des Verbandsvorstands, nur solche Werke aufzuführen, welche in jeder Beziehung tantiemenfrei sind, wird nach kurzer Besprechung zurückgestellt.

Der 2. Antrag: Die Wertung einzuteilen, sodaß auf

15—18 Punkte der 5. Preis
19—22 „ „ 4. „
23—26 „ „ 3. „
27—31 „ „ 2. „
31—35 „ „ 1. „

entfällt, wird als praktisch unvorteilhaft abgelehnt, ebenso der Antrag des H. Schleuter, die Mindestpunktzahl von 15 auf 14 herabzusetzen; es wird also die Wertung nach dem Statut erfolgen.

Der 3. Antrag des Herrn Benewitz, daß die persönlichen Mitgliedsbeiträge per Postnachnahmekarten, welche als Mitgliedskarte gelten, durch den Verbandskassierer eingezogen werden, wird einstimmig angenommen.

Antrag 4 auf Beschaffung eines Verbandswanderpreises wird zurückgestellt, mit der Begründung, daß der Verband noch zu klein sei, um ein solches Unternehmen erfolgreich durchzuführen.

Antrag 5 des M.-G.-V. Sängerbund-Schalke: Den Verbandsvereinen auch die Teilnahme an anderen, als Verbandswettstreiten zu gewähren, wird abgelehnt, da man allseitig der Ansicht ist, daß eine solche Gestattung den Prinzipien des Verbandes widerspricht, ebenso wird der hierzu gestellte Antrag des mittelrheinischen Bezirkes: Fremde Vereine zu den Verbandswettsingen zuzulassen, nach Widerlegung zurückgezogen.

Die nächste Generalversammlung wird 1905 in Gerresheim stattfinden, dagegen das nächste Verbandswettsingen im Jahre 1906 bei Gelegenheit der 25jähr. Jubelfeier des M.-G.-V. Constantia in Urdenbach.

Nunmehr wurde die Vorstandsergänzungswahl getätigt. Herr Henkel wurde anstelle des ausgeschiedenen Herrn Frettlöhr als Kassierer bestätigt. Es schieden aus als 2. Paar die Herren Mathieu Itter und H. Berger, Gerresheim. Beide wurden wiedergewählt.

Von den Vertretern wurden noch verschiedene Anregungen gegeben, u. a. bei dem nächsten Wettsingen mit dem aufgegebenen Chor ein zweites Volkslied gestatten zu lassen. Die Rh. Volksliedertafel gibt durch ihren Vorsitzenden, Herrn Clemens, die Erklärung ab, daß sie sich in Zukunft von den Verbandswettsingen fern halten wolle.

Nachdem noch ein Huldigungstelegramm an Se. Majestät gesandt, wurde die erhebende Versammlung geschlossen.

An der Debatte beteiligten sich u. a. in hervorragender Weise: Herr Gau, Herr Gymnasialoberlehrer Dr. Preising aus Münster, sowie die Herren Holtschneider-Dortmund, Rektor Kerper-Bochum, Heuser, Köln-Merheim u. m.

Am Nachmittage fand im Saale des Herrn Pöller das Preissingen statt. Dasselbe begann mit der 2. Klasse, welche als aufgegebenen 12 Wochen-Chor: Des Wanderburschen Scheidelied von Fr. Char in Thorn zu singen hatte. Es errangen im Kampfe: M.-G.-V. der Firma A. Koppel-Bochum mit 17 Durchschnittspunkten den 3. Preis Liederkranz-Ratingen mit 21 Durchschnittspunkten den 2. Preis, Rheinische Volksliedertafel mit 29 Durchschnittspunkten den 1. Preis.

In der ersten Klasse war von der Beck's „Der letzte Gruß" der aufgegebene 12 Wochen-Chor. Hier erhielten: M.-G.-V. Sängerbund Bochum-Hamme mit 17 Durchschnittspunkten den 3. Preis, Sängerbund-Gelsenk. Schalke mit 20 Durchschnittspunkten den 2. Preis, Männer-Gesangverein Köln-Merheim mit 23 Durchschnittspunkten den 1. Preis.

Im 2. Singen, wo ein selbstgewähltes Volkslied maßgebend war, errangen: die Rheinische Volksliedertafel-Benrath auf das Lied „Verlorene Lieb" von Langer mit 33 Durchschnittspunkten den eventuellen Kaiserpreis, der Männer-Gesangverein Köln-Merheim mit dem Liede: „Insbruck, ich muß dich lassen" mit 30 Durchschnittspunkten den Verbandspreis. Ich wünsche den Vereinen, welche Sieger waren, stete Weiterarbeit, damit die höchste Stufe der Leistungen erreicht wird, jenen aber, welche das Unglück hatten, keinen Preis zu bekommen, selbstloses Voranschreiten auf der betretenen Bahn, damit auch sie in zwei Jahren als Sieger hervorgehen. Den Vereinen, welche am Wettkampfe teilgenommen, ist eine Abschrift der Wertungszettel zugegangen. Als Preisrichter fungierten die Herren: Rektor Große, Weischede-Bochum, Mittelschullehrer von der Beck, Duisburg, und C. Holtschneider, Direktor des Konservatoriums in Dortmund.

Mit herzl. Verbandsgruß!
H. Benewitz,
geschäftsführender Vorsitzender.

Bekanntmachung des Verbandsvorstands.

Vom 1. Oktober d. J. ab ist die Adresse des geschäftsleitenden Vorsitzenden: Bochum, Grenzstraße 20.

H. Benewitz.

An Beiträgen gingen ein von persönlichen Mitgliedern: Herrn Mathieu Itter, Herrn Dr. Preising, Oberrealschullehrer, Münster, Herrn Musikdirektor Steube, Westig, Herrn W. Mundey, Musikdirektor, Clausthal.

Weitere Beiträge nimmt entgegen, Joh. Henkel, Bochum-Hamme, Dorstenerstr., Verbandskassierer.

Rheinhessischer Sängerbund.

II. Bundesfest am 27., 28. und 29. Juni zu Nieder-Wiesen bei Alzey.

Hart an der Grenze der Provinz Rheinhessen hat in diesem Jahr der Rheinhessische Sängerbund in dem idyllisch in der rheinhessischen Schweiz gelegenen Orte Nieder-Wiesen sein II. Bundesfest gefeiert. Der Bund war zu seinem „Benjamin“ gekommen und hätte sicherlich keine bessere Wahl treffen können. Hier waren alle Faktoren vereinigt, die ein Gelingen eines solchen Festes sichern mußten. Die Schönheiten der Natur, die in der ganzen Gemeinde Nieder-Wiesen nachhaltig vorherrschende Begeisterung für die edle Sangessache und allgemeiner freudiger Opfersinn haben zu dem herrlichen Verlauf des Festes zu gleichen Teilen redlich beigetragen. Keine Mühe und keine Opfer wurden gescheut, und deshalb sei vorweg der ganzen Gemeinde und dem festgebenden Verein, Gesangverein Nieder-Wiesen, warmer Dank gesagt. Nieder-Wiesen wird dem Bunde, allen Bundesvereinen und den so zahlreich herbeigeeilten Festgästen stets in schönster Erinnerung bleiben

Am Abend des 27. Juni trafen auf Station Wendelsheim der Bundesvorstand, die Herren der Musikkommission und die Herren Preisrichter ein. In Wagen ging die Fahrt durch ein reizendes Tal, an der berühmten „Teufelsrutsch“ vorbei nach dem lieblichen Festort. Um 8½ Uhr fand in getrennten Lokalen Delegiertenversammlung und Sitzung des Preisgerichts und der Musikkommission statt. Zu Ehren der anwesenden Gäste wurde ein Fackelzug arrangiert und auf dem Festplatz, woselbst später ein stark besuchter Kommers stattfand, ein prächtiges Feuerwerk abgebrannt. Nachdem der Präsident des festgebenden Vereins die Festgäste begrüßt, dankte er für das allseitige Interesse, das man den festlichen Veranstaltungen in Nieder-Wiesen entgegengebracht habe und legte nach einem begeistert aufgenommenen Hoch auf den Rheinhessischen Sängerbund die weitere Leitung des Festes in die Hände des I. Bundespräsidenten, Herrn Kochhafen-Ober-Saulheim. Dieser übermittelte den Dank des Bundes und schloß seine Ansprache mit einem Hoch auf die Gemeinde Nieder-Wiesen und das deutsche Lied. Nach Abwicklung des offiziellen Teils trat die Fidelitas in ihre Rechte, und nun entwickelte sich bald das fröhlichste Treiben. Die Vorträge der 25. Pionier-Kapelle trugen sehr zur Hebung der Stimmung bei; die von dem festgebenden Verein veranstaltete Sammlung der Kommerslieder wurde bei dieser Gelegenheit fleißig benutzt. Es war — frühe, als man sich trennte, und schon ertönten die ersten und letzten Hammerschläge zur letzten Ausgestaltung der so überaus zweckmäßig angelegten Sängerhalle

Nach Ankunft der Bundesvereine, welche sich, da die Eisenbahndirektion Mainz merkwürdigerweise einen eingelegten Extrazug vergessen, etwas verzögert hatte, fand Probe der Massenchöre statt. Um 10½ Uhr begann das Wettsingen. Das Preisgericht bestand aus den Herren. Fritz Keiser, Großh. Hess. Musikdirektor aus Wiesbaden; Richard Senff, Musikdirektor aus Darmstadt; Gustav Trautmann, Universitäts-Musikdirektor aus Gießen. Nach einer kurzen Mittagspause fand um 3 Uhr ein imposanter Fest-Zug statt, an dem sich die zum Wettsingen erschienenen Bundesvereine und die erschienenen Fahnendeputationen mit ihren Bannern beteiligten. Bei Ankunft auf dem Festplatz, der trotz seiner großen Ausdehnung von Festteilnehmern überfüllt war, begrüßte der 2. Präsident des festgebenden Vereins, Herr Schuhmacher, die Erschienenen mit markigen Worten, worauf Fräulein Marie Philipps mit einer passenden schönen Ansprache eine prachtvolle Fahnenschleife überreichte, die von dem Fahnenträger, Herrn Becker, mit warmem Dank entgegengenommen wurde.

Sodann betrat der 1. Bundespräsident, Herr Kochhafen-Ober-Saulheim, die Tribüne. In seiner von edlen Gedanken getragenen Festrede, die eine gewaltige Begeisterung unter den Tausenden von Festteilnehmern hervorrief, dankte er dem festgebenden Verein für den so warmen Empfang und wies darauf hin, wie der Rheinhessische Sängerbund eine Notwendigkeit sei, wie der Bund immer mehr an Ausdehnung zunehme und wie demselben sich so rückhaltlos die volle Sympathie der höchsten und allerhöchsten Kreise zuwende. S. K. H. der Großherzog von Hessen, Ernst Ludwig, Allerhöchster Ehrengast des I. Bundesfestes zu Wörrstadt, habe mit wärmstem Dank das Festbuch des II. Bundesfestes zu Nieder-Wiesen entgegengenommen und dabei das allergrößte Interesse für den Rheinhessischen Sängerbund bewiesen. Ein Huldigungstelegramm mit nachfolgendem Wortlaut wurde hierauf an S. K. H. nach Jagdschloß Wolfsgarten abgesandt:

„Der Rheinhessische Sängerbund, versammelt in Nieder-Wiesen zur Feier seines II. Bundesfestes, legt Ew. Königl. Hoheit das Gelöbnis unverbrüchlicher Hessentreue in herzlichster Liebe und Verehrung huldigend zu Füßen. Er ist stolz darauf, sich in seinen Zielen und Idealen der Zustimmung Ew. Königl. Hoheit sicher zu wissen und wird seinen Ruhm darin suchen, diese Ziele und Ideale auch fernerhin unverändert hoch zu halten.

Gott schütze unsern Großherzog!“

Darauf lief folgendes Telegramm an den 1. Bundespräsidenten ein:

„Sehr erfreut durch Ihre so herzlichen Worte danke ich dem Bund und allen Festteilnehmern auf das Beste und wünsche dem Feste guten Verlauf.

Jagdschloß Wolfsgarten Ernst Ludwig.“

Der Redner, Herr Kochhafen, begrüßte sodann Herrn Kreisrat Stüffert-Alzey und meinte, es sei recht, daß von oben nach unten ein guter Geist in die Massen des Volkes getragen werde, so könne dann der Bund den „guten Geist“ sich dauernd erhalten. Das Wettsingen am Morgen habe bewiesen, welche Fortschritte im Bunde in gesanglicher Beziehung schon gemacht worden sei und deshalb laute seine Aufforderung: „Brüder, reicht die Hand zum Bunde“ Ein stürmisch aufgenommenes Hoch auf S. K. H., unseren allgeliebten Großherzog, durchrauschte darauf das stille Waldtal.

Fortsetzung folgt.

Die 30jährige Jubelfeier des M.-G.-V. Sängerbund Bochum-Hamme wurde eingeleitet durch ein in allen seinen Teilen gelungenes Konzert am Sonnabend den 31. Juli. Als Solisten waren gewonnen: die Altsängerin Frl. Käte Wolff, Köln, sowie Herr Willy Schumacher, daselbst. Frl. Wolff hat eine schmiegsame, schöne Altstimme, welche auch in den höchsten Lagen angenehm klingt. Die Anmut ihrer äußeren Erscheinung paart sich mit Liebenswürdigkeit ihres Wesens, sodaß sie die zahlreichen Zuhörer zur höchsten Begeisterung anfeuerte. Herr Schumacher hat einen wohlklingenden Bariton. Mit Bravour sang er die Arie aus der Oper „Hans Heiling“, sowie die „Drei Wanderer“ von Carl Busse. Als feinsinnigen Begleiter lernten wir Herrn Pianisten Engel aus Köln kennen. Der festgebende Verein hatte mit seinen Volksliedern großen Erfolg, ebenso die städtische Kapelle des Herrn Merkert, welche unter persönlicher Leitung ihres Dirigenten die schönsten Weisen spielte. Recht lange dürfte den Teilnehmern dieser Abend in Erinnerung bleiben.

Kleine Mitteilungen.

Der Männergesangverein Liederkranz in Elberfeld hatte zur Feier seines 25-jährigen Bestehens am 31. Juli einen Gesangwettstreit veranstaltet, an dem sich 36 Vereine beteiligten. Beim Hauptehrensingen in der Stadthalle errang unter 13 Vereinen das Quartett Rheingold-Crefeld (Dirigent: Musikdirektor Pielken) mit dem Steinhauer'schen Volksliede „Stehn zwei Röslein“ den ersten Preis. Die geheime Abstimmung der Preisrichter: Becker-Neuwied, Brüning-Crefeld, Heinsch-Elberfeld, Hirsch-Elberfeld, Ungetnach-Elberfeld, Lange-Hagen, Neubner-Cöln, Ozé-Elberfeld, Schwartz-Cöln, Zimmermann-Elberfeld, Steinhauer-Oberhausen ergab Einstimmigkeit hinsichtlich des zuerkannten Preises.

Ein Konservatorium für Musik wird am 1. Oktober in M.-Gladbach eingerichtet. In die Leitung desselben werden sich der städtische Musikdirektor Hans Gelbke und Musikdirektor Heinrich Houfer teilen.

Ein Wagner-Denkmal von Max Klinger. Aus Leipzig kommt die erfreuliche Kunde, daß in seiner Geburtsstadt dem Meister von Bayreuth ein Denkmal errichtet werden wird, dessen Ausführung dem Schöpfer des vielbewunderten, aber auch viel angefeindeten „Beethoven“ übertragen würde.

„Waldkönig“, Männerchor von Ernst Heuser. (H. vom Ende's Verlag, Trier.) In einem Konzert des Steeler Männer-Gesang-Vereins gelangte kürzlich u. a. auch das vorgedachte Werk des bekannten Kölner Komponisten zum Vortrag. Die „Steeler Zeitung“ sowohl als der „Essener General-Anzeiger“ heben übereinstimmend den echt melodischen Charakter sowie den frischen Rhythmus der Heuserschen Schöpfung hervor und bekunden, daß Dirigent und Sänger sich des Werkes mit besonderer Hingabe angenommen.

Gesangwettstreit in Kray.

Aus Anlaß der 25jährigen Jubelfeier des M.-G.-V. „Eintracht-Bonifacius“ fand am 17. Juli in Kray (Rhld.) ein Gesangwettstreit statt, der bei starker Beteiligung seitens der konkurrierenden Chöre einen anregenden Verlauf nahm. Dem aus den Herren Kgl. Musikdirektor C. Hirsch-Elberfeld, Prof. M. Meyer-Olbersleben-Würzburg, G. Meyer, Dirigent des festgebenden Vereins, O. Neubner-Köln, M. Neumann-Köln, L. Keblert-Bochum, Prof. Jos. Schwartz-Köln und Musikdirektor C. Steinhauer-Oberhausen gebildete Preisrichter-Kollegium stellten sich in der 1. Klasse 6 Vereine, die wie folgt plaziert wurden:

I. Klasse.

1. Preis: M.-G.-V. Dellwig-Frintrop (Wahlchor: „Thalatta“ von Ernst Heuser);
2. „ „Liederfreund“-Hörde (Wahlchor: „Hünengräber“ von Ernst Heuser);
3. „ „Cäcilia“-Sterkrade (Wahlchor: „Weihe des Liedes“ von Fr. Hegar);
4. „ „Germania“-Königssteele (Wahlchor: „Gesang der Geister über den Wassern“ von Jos. Brambach);
5. „ Quartett-Verein „Germania“-Elberfeld (Wahlchor: „Der Choral von Leuthen“ von R. Becker).

Ohne Auszeichnung blieb „Sängerbund“-Grimme-Iserlohn.

Als 8 Tage-Lied war dem Verein eine Komposition von Prof. Jos. Schwartz „Der lustige Peter“ zum Studium übersandt worden.

Am Wettstreit in der 2. Klasse beteiligten sich 7 Vereine, von denen fünf mit Preisen bedacht wurden.

II. Klasse.

1. Preis: „Harmonie“-Ruhrort (Wahlchor: „Rheingruß“ von M. Neumann);
2. „ „Sanssouci“-Steele (Wahlchor: „Das Heldengrab“ von L. Liebe);
3. „ „Harmonie“-Rotthausen (Wahlchor: „Maiennacht“ von Frz. C. Lindlar);
4. „ „Niegedacht“-Crengeldanz (Wahlchor: „Am grünen Rhein“ von Frz. C. Lindlar);
5. „ „Liedertafel“-Kettwig (Wahlchor: „Am Bergstrom“ von E. Köllner).

Als Pflichtchor (8 Tage-Lied) sangen die konkurrierenden Vereine „Im Lindengarten“ von O. Neubner.

Die 3. Klasse stellte nicht weniger denn 13 Vereine ins Feld, von denen sieggekrönt die Wahlstatt verließen

III. Klasse.

1. Preis: „Sänger-Vereinigung“-Bochum (Wahlchor: „Das Kirchlein“ von V. E. Becker);
2. „ „Männer-Quartett“-Hochfeld (Wahlchor: „Vineta“ von Franz Abt);
2a. „ „Männer-Quartett“-Kupferdreh (Wahlchor: „Arnold von Winkelried“ von Chr. Schnyder);
3. „ „Männer-Quartett“-Wald (Wahlchor: „Kaiser Friedrich“ von M. Neumann);
3a „ „Sänger-Vereinigung“-M. Gladbach (Wahlchor: „Morgengebet im Walde“ von Ed. Schultz);
4. „ Männer-Quartett „Sanssouci“ Krefeld (Wahlchor: „Abschied“ von M. Neumann);
4a. „ „Liedertafel“-Oberhausen (Wahlchor: „Dem Rhein mein Lied“ von Jos. Schwartz);
5. „ „Concordia“-Gevelsberg (Wahlchor: „Morgenlied“ von J. Rietz);
5a. „ „Sängerhain“-Mülheim a. d. R. (Wahlchor: Waldeinsamkeit“ von Ph. Orth);

Pflichtchor (8 Tage-Lied): „Das Ringlein sprang entzwei“ von M. Neumann.

In der 4. Klasse kämpften 7 Vereine um die Palme des Sieges. Preisgekrönt gingen nachfolgende 5 Vereine aus der Konkurrenz hervor:

IV. Klasse.

1. Preis: „Deutsche Sänger“-Gelsenkirchen (Wahlchor: „Am Rhein“ von C. Steinhauer);
2. „ „Einigkeit“-Gelsenkirchen-Bulmke (Wahlchor: „Die stille Wasserrose“ von Fr. Abt);
3. „ „Liedertafel“-Bergerhausen (Wahlchor: „Lebe wohl, mein Lieb“ von Gust. Kenerleber);
4. „ „Gesangabteilung des evang. Arbeitervereins Gelsenkirchen-Ückendorf (Wahlchor: „Nachtzauber“ von A. M. Storch);
5. „ „Philohymnia“-Blankenstein (Wahlchor: „Wir drei“ von M. Kasper).

Als Pflichtchor (8 Tage-Lied) brachten die Vereine ein „Wiegenliedchen“ von G. Meyer, dem Dirigenten des festgebenden Vereins, zum Vortrage.

Das Resultat des Ehrenpreissingens war nachfolgendes:

I. Ehrenklasse.

1. Preis: „Cäcilia“-Sterkrade;
2. „ „Liederfreund“-Hörde;
3. „ „Germania“-Königssteele.

II. Ehrenklasse.

1a. Preis: „Sanssouci“-Steele;
1b. „ „Harmonie“-Rotthausen;
2. „ „Harmonie“-Ruhrort;
3. „ „Niegedacht“-Crengeldanz

III. Ehrenklasse.

1. Preis: „Männer-Quartett“-Hochfeld;
2. „ „Sänger-Vereinigung“-Bochum;
3. „ „Concordia“-Gevelsberg;
4. „ „Männer-Quartett“-Wald;
5. „ „ „ Kupferdreh.

IV. Ehrenklasse.

1. Preis: „Gesangsabteilung des evang. Arbeitervereins“-Gelsenkirchen Ückendorf;
2. „ „Einigkeit“-Gelsenkirchen-Bulmke;
3. „ „Deutsche Sänger“-Gelsenkirchen.

Die höchste Ehrenklasse sah als Träger des Kaiserpreises (silberne Königsmedaille) die „Sänger-Vereinigung“-Bochum; die von Ihrer Majestät der Kaiserin gestiftete Vase in Empirestil errang sich die „Cäcilia“-Sterkrade; den silbernen Pokal des Erbgroßherzogs von Baden trug „Liederfreund“-Hörde davon, während der Vereinigung „Sanssouci“-Steele die Ehrengabe des Oberpräsidenten der Rheinprovinz, ein silberner Pokal, zufiel. N.

Neue Männerchöre.

Besprochen von **Dr. Max Burkhardt.**

II.

Vom Ende's Verlag sammelt moderne, für den Wettstreit geeignete Chöre, von denen uns ein „Sanctus“ von Bungard-Wasem, op. 47, vorliegt, eine sehr wertvolle Komposition, die allerdings neben einem leistungsfähigen Verein einen tüchtigen Dirigenten verlangt. Der weihevolle Stil des Anfangs, das schwelgerische Dominus, das die Stimmen sich in Terzen zurufen, wirken sehr stimmungsvoll. Seite 5, erste Zeile: die letzten drei Takte sind offenbar fehlerhaft gedruckt, ebenso wie die letzten 4 Systeme derselben Seite falsche Vorzeichnung, nämlich 5 b statt 5 s zeigen. Im Thema der Fuge „Pleni sunt coeli“ ist Gelegenheit geboten, Atemtechnik zu zeigen. Einen jauchzenden Aufschwung zeigt der Schluß. Der Chor ist in durchaus normaler Stimmlage geschrieben, und das ist ein Vorzug, der allen modernen Komponisten zur Nachahmung bestens empfohlen sei. — Hegars „Märchen vom Mummelsee“ (Gebr. Hug) ist bereits bekannter. Dieser prächtige poetische Chor bedarf daher nur erinnernder Erwähnung. — Auch K. Goepfart hat einen „Mummelsee“ komponiert (Krumm, Remscheid), der sich in demselben vornehmen Stil bewegt, wie der allbekannte „Nachtzauber“ (Witzel, Remscheid) und das „Trinklied“ (Krumm, Remscheid), das bereits die 45 Auflage erlebt hat, ein Beweis für die große Beliebtheit des kernigen, kraftvollen Werkes. — Karl Schauß in Wiesbaden versendet aus eigenem Verlag volkstümliche Männerchöre; „Der Lenz ist gekommen“ zeigt eine schöne Schlußsteigerung, während am Anfang der Satz nicht immer einwandfrei ist; der frei einsetzende Quartsextakkord auf Seite 3, letzter Takt („Zweigen“) ist sehr vom Übel! Ebenso ist im nächsten Takt die Stimmführung des ersten und zweiten Basses sehr anfechtbar. „Auf dem Posten“ und „Der ausziehende Krieger“ sind kleine anspruchslose Chöre, ebenso „Ein Traum“ und „Daheim“. Die Stimmführung ist auch hier nicht immer rein. — „Rheinische Brautfahrt“ von Fr. Ullrich, op. 97, erhebt ebenfalls keine großen Ansprüche; es ist echter und rechter Liedertafelstil, der ja immer dieselben typischen Wendungen zeigt. Das poetische Erzeugnis von Fritz Karl Ferber, das den Text liefert, ist allerdings höchst minderwertig. Komponisten sollten überhaupt mehr Wert auf gute Texte legen; wir haben heute einen solchen Reichtum an guter Lyrik, daß die Auswahl nicht schwer fallen kann. Aber solche Poeme wie das genannte, sind ungeeignet zum Komponieren. Ich führe nur die prosodischen Härten an „Scharf durchfurcht“, „Schiff flußab“, wer soll diese schrecklichen Konsonantenhäufungen aussprechen?! Auch falsche

Betonungen finden sich („Von Dir laß ich nie“, statt: „Von Dir laß ich nie“). — Endlich erwähne ich noch, als willkommene Abwechselung, 2 gemischte Quartette von Hans von Vignau op. 7 (Verlag von H. vom Ende), die ein ganz bedeutendes Kompositionstalent erkennen lassen; „Wintermorgen“ interessiert durch seine originelle Harmonisierung, „Johannistag“ durch den frischen Fluß und die melodische Zeichnung.

„Meine Göttin“, Dichtung von Goethe, für Baritonsolo, gemischten Chor und Orchester komponiert von A. von Othegraven, opus 21. (Verlag von F. E. C. Leuckart, Leipzig.) Die wunderbare Dichtung Goethes hat einen neuen Komponisten gefunden in A. von Othegraven, und zwar, wie wir gleich hervorheben wollen, nicht zu ihrem Nachteile. „Welcher Unsterblichen soll der höchste Preis sein?“ — Diese Frage, in der Komposition ein machtvolles Unisono des ganzen Chores, leitet das Werk, das im Klavier-Auszug uns vorliegt, ein. Ein längeres Baritonsolo gibt uns die Antwort. Mit großer Wärme empfunden und von reicher Melodik getragen, hebt sich dieses Stück vorteilhaft ab von vielen unserer modernen schwülstigen und erfindungsarmen Kompositionen.

„Mit niemand streit' ich,
Aber ich geb' ihn
Der ewig beweglichen,
Immer neuen,
Seltsamen Tochter Jovis,
Seinem Schoßkinde,
Der Phantasie“

singt der Solist. In einem mächtigen C-dur setzt hier das Orchester mit dem Hauptmotiv ein, das (mit rhythmischen Abänderungen) sich durch die ganze Komposition zieht. Mit diesem Motiv, in 4/4 Takt gebracht, setzt später auch der Chor ein. Anfangs mehr homophon gehalten, mit häufigen Unisonosätzen, macht sich auch hier eine wohltuende Melodik und gute Deklamation geltend. Von einem 22taktigen Andante maestoso, das wieder das anfangs erwähnte Motiv bringt, unterbrochen, setzt der Chor von neuem ein mit Alt und Baß und steigert sich in reicher Polyphonie bis zur Fünfstimmigkeit. Interessant ist es zu sehen, wie dem Komponisten in dem folgenden Baritonsolo die Stelle geglückt ist mit der Mahnung:

„Und daß die alte
Schwiegermutter Weisheit
Das zarte Seelchen
Ja nicht beleid'ge!“

Nach diesem Solo läßt der Komponist nochmals den Chor zu Worte kommen und wählt dazu den bereits früher vom Chor interpretierten Preisgesang an den Vater, worauf Solist und Chor die Komposition beschließen.

Das ganze Werk ist mit großer Wärme empfunden und von reicher Melodik getragen, was der Komposition, deren Uraufführung bekanntlich in Köln in einem der ersten Gürzenichkonzerte unter Steinbach stattfinden soll, zweifellos einen großen Erfolg eintragen wird.

Aufführungen.

Fürth, 21. April. „Lieder-Verein Fürth“ (Dirigent W. M. Loschky). Speidel: „Im tiefsten Walde“ (Liederverein Fürth); Brückelmeier: „Wanderlust im Frühling“ (Liederverein Nürnberg); Kamm: „Heimatgedanken“ (Solo-Quartett des Liedervereins Fürth); Loschky: „Sonne, wach' auf!“ („Eintracht“-Fürth); Hirsch: „Der fahrende Schüler“ (Mozartverein Nürnberg); Loschky: „Im Sonnenschein“ (Chor mit Bariton-Solo, Liederverein Fürth); Ullrich: „O du liebes Tal“ (Westl. Sängerkreis Fürth); Schmölzer: „Gondellied“ (Chor mit Doppel-Quartett, Liederverein Nürnberg); Hegar: „Die beiden Särge“ (Liederverein Fürth); Claßen: „Die Heimat“ (Mozartverein Nürnberg); Häusermann: „Heimkehr“ (Chor mit Quartett, Westl. Sängerkreis Fürth); Opladen: „Heimatrosen“ (Doppel-Quartett, Liederverein Fürth); Weinberger: „Das deutsche Volkslied“ („Eintracht“-Fürth); Loschky: „Zwei Äuglein braun“ (Chor mit Bariton-Solo, Liederverein Nürnberg); S. Breu: „Lied in der Fremde“ (Liederverein Fürth).

—, 26. Juni. „Lieder-Verein Fürth“ (Dirigent: W. M. Loschky). Loschky: „Sonne, wach' auf!“ (Liederverein Fürth); Schuppert: „Bergmanns Auffahrt“ („Eintracht“-Fürth); Handwerg: „Das deutsche Haus“ (Liederverein Nürnberg); Schauß: „Mein Frühlingslied“ („Cäcilia“-Fürth); Thelen: „Es schwand dahin die gold'ne Zeit“ (Chor mit Tenor-Solo, Liederverein Fürth); Orth: „Röslein, wann blühst du auf?“ (Mozartverein Nürnberg); Loschky: „Es ist Frühlingszeit“ (Westl. Sängerkreis Fürth); Mendelssohn: „Festgesang an die Künstler“ (Liederverein Fürth).

—, 11. Juli. „Sängergenossenschaft Fürth“ (Aurora, Cäcilia, Eintracht, Liedertafel, Liederverein). Dirigent: W. M. Loschky. Hegar: „Morgen im Wald“ (Liederverein); Löffler: „Die letzte Wacht“ (Cäcilia); Tschirch: „Thüringen“ (Eintracht); Speidel: „Im tiefsten Walde“ (Gesamtchor); Silcher: „Wohin mit der Freud'?“ (Gesamtchor); Liebe: „Der Morgen“ (Aurora); Lachner: „Hymne an die Musik“ (Liedertafel); Loschky: „Gruß an den Rhein“ (Gesamtchor); Angerer: „König Sigurds Brautfahrt“ (Liedertafel); Letterer: „Nach der Heimat zieht's das Herz“ (Chor mit Tenor-Solo, Aurora); Schuppert: „Bergmanns Auffahrt“ (Eintracht); Jäckel: „Gute Nacht“ (Chor mit Tenor- und Bariton-Solo, Cäcilia); Thelen: „Es schwand dahin die gold'ne Zeit“ (Liederverein); S. Breu: „Lied in der Fremde“ (Gesamtchor).

Asch, im Juli. „Männergesangverein Asch“ (Dirigent Jul. Schaller). (Sommer-Liedertafel.) Hugo Jüngst: „Höre uns, Germania!“ (Männerchor mit Begleitung von Blasinstrumenten); Franz Wagner: „Frühlingslied“ (gem. Chor); Otto Urban: „Frühlingszeit“ (gem. Chor); Joh. Pache: „Hüttchen, so traut“; F. Blümel: „Da lustige Jagabua“; Paul Kaestner: „Ich saß am grünen Lindenbaum“; C. F. Adam: „Abendlied“; F. Kücken: „Im Walde“; Th. Koschat: „A Busserl vom Diandlan“, „Wo ich geh', wo ich steh'“ (gem. Chöre); F. Abt: „Ständchen“.

Erlangen, 20. Juli: „Studenten Gesangverein Erlangen“ (Dirigent: Georg Mannschedel). Heinr. Hofmann: „Haralds Brautfahrt“ (Männerchor mit Baritonsolo und Orchester); van der Stucken: „Mein Alt-Kentucky-Heim“; Ph. Allfeld: „Wo gold'ner Wein im Becher blinkt“; Jos. Schmid: „Is öt la Blonde“; F. Liszt: „Gottes ist der Orient“; Simon Breu: „Mein Engel hüte dein“; Max Zenger: „Hymne an das Feuer“; Goldmark: „Frühlingsnetz“ (mit Orchester). Solisten: Frau Prof. Eheberg (Klavier), Hofopernsänger Rübsam (Bariton).

Neueste Erscheinungen.

(Zu beziehen durch H. vom Ende's Verlag, Trier.)

Männerchöre a cappella.

	Part.	Stimmen
Becker, V. E. Nr. 1. Der Turner Fahnenlied	—.60	—.60
„ „ Nr. 2. Turnlied	—.60	—.60
„ „ Nr. 3. Turnerlied: Deutsch ist die Turnerei	—.60	—.60
Clarus, M. op. 32. Morgenfeier	—.60	1.20
„ „ „ 33a. Der Matrose	—.40	—.60
„ „ „ 33b. Herzenskönigin	—.40	—.60
Clasen, Hch. op. 26. Schön Röschen, schenk ein	—.80	—.80
„ „ „ 27. Erinnern	—.80	—.80
Döring, C. H. op. 258. Wandern in der Maiennacht	—.60	—.60
„ „ „ 259. Sehnsucht nach dem Süden	—.60	—.60
Eichenfeld, Georg von, op. 68. Wunsch . cplt.	1.20	
Hutter, Hermann, op. 36. Die Trompete von Vionville	2.—	1.20
Podbertsky, Th. op. 150, Nr. 1. Heraus all ihr Blüten	—.60	—.69
„ „ „ „ Nr. 2. Wenn alle Brünnlein fließen	—.60	—.60
„ „ „ „ Nr. 3. Der Troubadour	—.60	—.60
„ „ „ „ Nr. 4. Minnefahrt	—.60	—.60
Schneeberger, F. op. 155. 's Weihnachtsglöggli nur Part.	—.20	
Wickenhausser, Rich. op. 31, Nr. 1. Mondnacht	1.50	1.20
„ „ „ „ Nr. 2. Schnitter Tod	1.50	1.20

Männerchöre mit Orchester.

Hutter, Herm. op. 35. Coriolan. Dramatisches Gedicht für Soli, Männerchor und Orchester. Partitur: Mk. 45.—, Orchesterstimmen: Mk. 45.—, Chorstimmen: Mk. 6.—, Klavierauszug: Mk. 7.50, Textbuch: Mk. —.10.

Personalien.

— Der Musik-Schriftsteller und -Kritiker Hofrat Eduard Hanslick ist in Baden im 79. Lebensjahre gestorben. Er war in Prag geboren, studierte Musik, mußte sich dann als Ministerialkonzipist durchschlagen, bis er sich 1856 als Dozent für Ästhetik und Musik an der Wiener Universität habilitieren konnte. 1861 wurde er Professor. Seine Haupttätigkeit aber war die des Kritikers an Wiener Zeitungen. In den weitesten Kreisen ist Hanslick als erbitterter Gegner der „Zukunftsmusik“ Richard Wagners bekannt geworden.

Druck der Ph. Gehly'schen Buchdruckerei in Köln a. Rh., Cäcilienstrasse 40.

Wegweiser durch die [illegible]rgesangliteratur

Ratgeber für Gesangvereine und Dirigenten.

Redaktion: Chr. Gebly, Köln, Cäcilienstr. 40.

H. vom Ende's Verlag, Trier.

nebst Beiblatt:

Der Sänger.

Offizielles Organ des Westdeutschen Sängerverbandes, Mosel-, Saar-, Nahe-Sängerbundes, des Mittelrheinischen, Rheinhessischen, Speyergau u. Oberwesterwäld.-Sängerbundes.

Erscheint am Endtage eines jeden Monats. Jahresabonnement: Mk. 1.50 u. 40 Pfg. Porto. Einzelnummer: 20 Pfg. Inserate kosten 20 Pfg. die 4 mal gespaltene Petitzeile.

Expedition: H. vom Ende's Verlag, Trier.

Nr. 12. | Trier, den 30. September 1904. | V. Jahrg.

An unsere Leser!

Mit der heutigen Nummer schließt der V. Jahrgang des „WEGWEISER". — Wir können die unseren Lesern sicher willkommene Mitteilung machen, daß wir — zahlreichen Anregungen folgend — im kommenden Jahrgange jede Nummer unserer Zeitung mit einer **Musikbeilage** versehen werden, die aus ein oder mehreren Partituren, sei es für Männerchor, sei es für gemischten oder Frauenchor, bestehen soll. Allerdings müssen wir dafür eine, wenn auch nur kleine Erhöhung des Abonnementsbetrages eintreten lassen. Näheres hierüber behalten wir uns für die nächste Nummer vor, die wir an alle bisherigen Abonnenten als Probenummer versenden.

Heinrich vom Ende's Verlag.

Musikpflege und Musikverständnis.

Wenn der Musiker das in neuerer Zeit so überreich entwickelte musikalische Leben und Treiben in den größeren Städten Deutschlands beobachtet, so möchte wohl ein Gefühl des Stolzes ihn beschleichen ob der hohen Gunst, in der seine Kunst bei Hoch und Niedrig steht. In Schule und Kirche, Konzertsaal und Theater, auf der Straße wie im Hause ist die Musik zu einer Macht geworden, mit der keine andere der Künste sich messen kann. Mehrtägige Musikfeste, selbst in kleineren Städten, Festspiele und Festaufführungen allerorten unter Mitwirkung der hervorragendsten Virtuosen und Reise-Dirigenten, musikalische und unmusikalische Kränzchen, Quartett- und andere Soiréen sorgen für Stillung des musikalischen Heißhungers der oberen Zehntausend. In gewaltigen, 3–4stündigen Volkskonzerten werden die breiteren Schichten der Stadtbevölkerung gegen ein Eintrittsgeld von 10–25 Reichspfennigen mit den edelsten Schöpfungen eines Bach, Händel, Haydn, Mozart und Beethoven gespeist. Und da behaupte noch jemand, es fehle dem Publikum das Verständnis für musikalische Meisterwerke!

Und doch drängt sich dem aufmerksamen Beobachter die Wahrheit dieser Behauptung auf Schritt und Tritt auf, so paradox letztere auch klingen mag.

Die gewaltige Steigerung unseres Musiklebens hat nämlich durchaus nicht eine gleichzeitige Vertiefung des Verständnisses im Gefolge gehabt, sie ist zum größten Teile ein Produkt des Luxus und der Mode. Prunkhaft ausgestattete Säle (mit schlechter Akustik), glänzende Toiletten, Aussicht auf angenehme Unterhaltung in den Pausen und während der Orchestertuttis, die Möglichkeit, neue, interessante Bekanntschaften anzuknüpfen, das ist es vielfach, was die große Menge hinzieht. Musik wird als unentbehrliche Zugabe so nebenbei mitgenommen. Und nicht einmal das: Ohne irgendwelche spezielle Vorbildung — denn das bischen Klaviergeklimper hat für das Verständnis größerer Tonwerke ebensowenig Wert, als etwa die Deklamation kleiner Gedichte für das Verständnis der klassischen Dramen — ist das Publikum gezwungen, drei und mehr Stunden lang Produkte einer Kunst über sich ergehen zu lassen, die mehr als irgend eine andere einer ganz besondern und eingehenden Vorbildung bedarf. So mag es denn kommen, daß Konzerte in vielen Fällen Langeweile, in manchen sogar geradezu Unbehagen hervorrufen, dann nämlich, wenn das Publikum Werke genießen soll, deren Verständnis und demnach auch Genuß das eindringliche Studium fachmännisch und allgemein gebildeter, kunstempfänglicher Musiker erfordert.

Ist es da zu verwundern, wenn der größte Teil des Publikums unserer guten Konzerte auch das gebildetere den besseren Darbietungen wenn nicht abgeneigt, so doch mindestens gleichgültig gegenübersteht?! Allerdings mag zu dieser oberflächlichen Anschauungsweise nicht wenig die verflachende materielle Weltanschauung, die öde Genußsucht unserer Zeit beitragen, zum größten Teile aber ist sie die Frucht gänzlich unzureichender Vorbereitung.

Unsere Ausführungen beziehen sich vorzugsweise auf die reine Instrumentalmusik; denn bei der Oper verbinden sich eine Reihe von Elementen (szenischer Apparat usw.) mit der Musik und verhelfen so manchem Werke zu einem Erfolge, der vom musikalischen Standpunkte aus nicht zu rechtfertigen wäre. Und in der Vokalmusik (der Programmusik κατ' ἐξοχήν) wird das Verständnis der Musik durch den Text so sehr vermittelt, daß ein Mißverständnis oder eine Verständnislosigkeit bei musikalisch Fühlenden ausgeschlossen.

Die Instrumentalmusik hat im Verlaufe weniger Jahrhunderte eine so rapide Entwicklung — von den minimalsten Anfängen bis zu den erhabenen, tiefsinnigen, gedankenreichen Kunstwerken eines Beethoven — durchgemacht, wie sie ganz beispiellos dasteht in der Geschichte sämtlicher Kunst und Wissenschaften. Das Wesen dieser Kunst, Form und Inhalt der Werke haben sich so außerordentlich erweitert und vertieft, daß der Genuß derselben gewisse Anforderungen stellt an Verstand und Gemüt, gewisse Vorstudien zur Bedingung hat. „Niemand, auch nicht der geübteste und gebildetste Musiker darf sich mit bloßem Hören ein durch und durch zutreffendes Urteil zutrauen", sagt R. Schumann.

Es soll nun damit nicht behauptet werden, daß der Genuß eines Kunstwerkes nur mit intensiver Tätigkeit des Denkapparates möglich sei, im Gegenteil, der Genuß soll ein müheloser sein, sonst ist es keiner, das Denken muß eben vorher besorgt werden: man muß nachgedacht haben über das Wesen der Kunst, über Ziele und Aufgaben, Mittel und Wege.

Ganz gewiß wird manche besorgte Ma[...]
wozu denn der teure Musikunterricht, wozu [...]
bücher, wenn am Ende nicht einmal so[...]
schlägt, daß die Kinder zum Verständnis [...]
was sie spielen?"

„Mit Verlaub, gnädige Frau, das liegt [...]
Unterrichts- und Erziehungsmethode; solange [...]
Grund auf geändert wird, werden auch die [...]
anderen werden.

Der Klavierunterricht, wie er heute du[...]
wird, ist eben weiter nichts, als eine auf te[...]
keit gerichtete Kunstübung. Das Instrument [...]
Zweck, die Künste des sich Produzierenden an[...]
höchstens noch den, den Schüler soweit zu b[...]
sich hier und da eine müßige Stunde in ang[...]
mit der Wiedergabe gedankenloser, sentimenta[...]
zu vertreiben vermag. Wir dürfen dabei d[...]
außer acht lassen, die eine solche gedankenlo[...]
im Gefolge hat. Sie wird schließlich zu eine[...]
Parasiten, welcher der Seele eine Fülle von [...]
Die heutige musikalische Erziehung ist gerade[...]
ung zur Geist- und Gedankenlosigkeit. Auch [...]
nicht gleichgültig für Kunst und Künstler, wer[...]
volle Musik verdrängt wird durch derlei Tri[...]
Musik, die nur sinnlichen Genuß bietet, ist [...]
Einflusses nicht fähig, sie macht im Gegenteil [...]
sinnlich-genußsüchtig.

Aus vorgedachten Gründen soll die musik[...]
ung neben der Ausbildung technischer Fertigk[...]
stes Ziel die Fähigkeit hinstellen, edle Musik [...]
nehmen, zu hören nicht allein mit den Ohr[...]
ganzer Seele, mit einem Wort: zu „genieße[...]
Geist soll mehr üben, als die Finger", sagt [...]
Meister des Klavierspiels.

Das deutsche Volkslied in Lothr[...]

Eine für das Deutschtum in Lothringen be[...]
und der Beachtung und Weiterforschung würdi[...]
ist es, daß sich dort das deutsche Volkslied [...]
echte Volkslied — nicht die volkstümlichen Lieder, [...]
wie sie sich in Altdeutschland seit etwa eine[...]
eingebürgert haben — in seiner vollen Reinhe[...]
Diese Tatsache festgestellt und zur Geltung gebr[...]
ist das Verdienst eines frühern Volksschulle[...]
Lande, jetzigen Redakteurs in Metz, N. Houpe[...]
und Saartal die Spuren des alten deutschen Vo[...]
land und verfolgte, bis es ihm gelungen [...]
Anzahl solcher althergebrachter, im Volksm[...]
und überlieferter Lieder zu ermitteln, die sich [...]
durch die Worte oder, wo der Text von ge[...]
durch die einfache, bald frohe, bald schwermüt[...]
echte Volkslieder kennzeichnen. Die bisher[...]
enthielt zwölf solcher Lieder, und zwar neb[...]
Schlachtenliedern solche von der Treue und [...]
Scheiden und Meiden, vom Wiedersehen (L[...]
endlich Wander-, Jäger- und Trinklieder. Kap[...]
ram, früher in Straßburg, jetzt in Frankfurt [...]
sich der dankbaren Aufgabe, die mühsam fest[...]
weisen stimmungsvoll zu harmonisieren. In [...]
hat Houpert neue große Ernte gehalten in sein[...]
nicht weniger als 20 weitere Volkslieder sind [...]
Weise so ziemlich festgestellt und harren de[...]
Hand, um Gemeingut des deutschen Volkes zu [...]
man, wie sich das deutsche Volkslied in Loth[...]
zweier Jahrhunderte politischer Zusammen[...]
Frankreich so urwüchsig und treu erhalten k[...]
die Ursachen wohl in erster Linie in einem [...]
angebornen Sinn für Poesie und Musik, meh[...]
noch in seinem Festhalten am Althergebrach[...]
aber als begünstigend noch der Umstand, da[...]
ringen französische Provinz war, doch bis [...]
ziger Jahre des vorigen Jahrhunderts das [...]
Schulen fast ausschließlich Unterrichtssprache [...]
also die deutsche Sprache einerseits ungestör[...]
war das Volk auch anderseits gewissermaßen [...]
seine alten Lieder, da ihm ein Ersatz dafür [...]
wurde. In den Schulen wurde Gesangunterr[...]
und französische Lieder fanden beim Volk ke[...]
So kam es, daß in diesem Winkel der Westm[...]
stets und bis zu den Tagen der Rückkehr [...]

Volkes Herzschlag nicht aussetzte, sondern kräftig pochend vernehmbar blieb. — Ueber die von ihm liebevoll bearbeiteten Volksweisen sagt Kapellmeister C. Woltran in einem Vorwort zu der dem Statthalter zugeeigneten Ausgabe für vierstimmigen Männerchor: „Sie sind in schroffem Gegensatz zu den romanischen Liedern, die in den Dörfern um Metz ertönen, deutsch in jeder Note, bald innig, schwermütig und wehmutsvoll, wie nur ein deutsches Gemüt sie erfinden konnte, bald auch frisch und keck, dem heitern Temperament der Bevölkerung des Saartals entsprechend."

Gustav Webers erste Fassung des „Waldweben"

bespricht Franz Dubitzky in der ‚Allg. Musikzeitung' und widmet bei dieser Gelegenheit dem zu früh verblichenen Komponisten folgende schöne Worte: Gustav Weber gehört zu der sehr seltenen Spezies der Wenigschreiber, die etwas können, die es nicht nötig haben, zu schweigen, wie man es von manchem wünschen dürfte, der sein „Opus hundert"-Jubiläum feiert. Gleich über G. Webers erste im Druck erschienene Komposition, eine Klaviersonate, äußerte sich Liszt, nachdem ihm Robert Freund dieselbe vorgespielt hatte, „daß es die schönste sei, die er seit den Sonaten von Brahms und derjenigen von Draeske gehört habe". Weber hatte trotz dieser und vieler anderen Anerkennungen nicht das rechte Vertrauen zu sich selbst, zu seinem Können — und eben daher schreibt sich die nur wenig Hefte umfassende Ausbeute seiner kompositorischen Fähigkeiten. Er selbst sagt hierüber in einem Briefe an einen Freund also: „Es fehlt mir, ich fühle es wohl, am rechten Schwung der Fantasie, um mich in der Komposition mit Erfolg mehr betätigen zu können. Es genügt für meine beschränkten Fähigkeiten, wenn ich von Zeit zu Zeit etwas von mir hören lasse, wie etwa an einem mit großen Geistern besetzten Tisch es auch einem kleinern, der eben zufällig mit eingeladen wurde und mitißt, gestattet werden muß, in anständigen Zwischenräumen ein Wort in das allgemeine Gespräch hineinzuwerfen. Meine Freunde sind zwar so liebenswürdig, mir auch eine längere Rede gütigst nachzusehen. Ich kenne aber dessen ungeachtet den bescheidenen Platz, auf den allein ich Anspruch machen kann." Wer jedoch eine lebensvolle, innige, packende (im Malen des Sturms, des Knisterns, des Zwitscherns, des Träumens, des Weltverlorenseins gleich treffliche) Komposition wie das „Waldweben" zu ersinnen weiß, der braucht nicht „bescheiden" zu sein, der sollte es nicht; denn das Gute hat doch nur dann Wert, wenn es an die Sonne kommt, nicht bescheiden im Hintergrund ungesehen, unempfunden weilt. Für den Menschen sind „Briefe, die ihn nicht erreichten" wertlos, und ebensogut wär's, sie wären nimmer geschrieben; drum, so du etwas kannst, wart' nicht drauf, daß die Menge zu dir kommt, sei nicht allzu bescheiden, sondern rede kecklich und laut, die Menge will regiert werden. Es existieren zwei Ausgaben des „Waldweben", op. 13 und op. 13a. Letztere zeigt die erste Niederschrift, d. h. die erste Gestaltung des bewegten Mittelsatzes, die Ecksätze stimmen in beiden Ausgaben überein. Ob nun op. 13 oder op. 13a zu wählen ist, darüber entscheidet am besten der Geschmack der jeweiligen Chorleiter; beiden Fassungen sind Vorzüge eigen. So würde ich z. B. die Überleitung zum Tempo I (langsam) in op. 13 in der zweiten Schreibweise vorziehen, andere Stellen finde ich hingegen in 13a wirksamer. Auch auf andere wertvolle, von ernst strebenden Sängerverbänden wohl zu beachtende Werke desselben Komponisten noch hinzuweisen, will ich nicht unterlassen. So nenne ich in erster Linie op. 10 „Das beste Schicksal" (Sophokles-Platen), Chorlied für Männerchor und Orchester, ein dramatisches Bild von klassischer Schönheit; ferner op. 11 „Skolion" (Kallistratos)

Sprechsaal.

Unter dieser Rubrik veröffentlichen wir Einsendungen aus unserm Leserkreise, geben auch Erwiderungen oder Gegenschriften, sofern Raum und Fassung dies ermöglichen, gerne wieder. Die volle Verantwortung für die einzelnen Artikel müssen wir jedoch den betr. Verfassern überlassen.

Zum Gesangwettstreitwesen.

Das Kopierverfahren bei der Bewertung.

Die vorletzte Nummer des ‚Wegweiser' (Nr. 10) brachte einen Artikel „Zum Gesangwettstreitwesen" aus der Feder des Herrn Carl Steinhauer-Oberhausen. Herr Steinhauer bekennt sich in diesem Artikel als Gegner des offenen Wertungsverfahrens. Ich nehme an, daß die Ausführungen des Verfassers das nachfolgend beschriebene Wertungssystem treffen sollen: Alle Aufzeichnungen der Preisrichter werden mittelst Indigopapiers (Pauspapier) auf einer weißen Unterlage wiedergegeben und die so gewonnenen Formulare demjenigen Vereine ausgehändigt, dessen Bewertung sie enthalten. Dieses Verfahren wurde von mir bei dem von meinem Männergesangvereine in Langenschwalbach anläßlich seines 10 jährigen Jubiläums im Jahre 1901 veranstalteten Gesangwettstreite eingeführt und fand bei dieser Gelegenheit so beifällige Aufnahme, daß es seither bei fast allen Wettstreiten, die in Nassau und Hessen ausgefochten werden, — zu meiner Freude sehe ich, daß es auch anderweit acceptiert worden — in Anwendung gebracht wird. Eine große Zahl von Preisrichtern hat sich mit meinem Punktiersystem schnell befreundet; Gegner mag es wohl auch haben. Als erster offener Gegner tritt nun Herr Steinhauer auf. Ich muß gestehen, daß ich diese Gegnerschaft von meinem geschätzten Kollegen am wenigsten erwartet hätte. Den als Komponisten von mir längst hoch geachteten Herrn lernte ich als einen durchaus energischen Dirigenten kennen im vorigen Jahre gelegentlich des Gesangwettstreits in Oberlahnstein. Herr Steinhauer leitete damals eine Probe seines Preischores, der durch alle Vereine der betr. Wettstreit-Klasse zum Vortrag gebracht werden sollte. Mit größter Offenheit legte Herr Steinhauer hier den Vereinen dar, wo sie gefehlt, und suchte ihnen mit geradezu bewundernswerter Ausdauer klar zu machen, wie die in die Erscheinung getretenen Fehler abzulegen seien; kurzum, er wirkte belehrend mit einer Gründlichkeit und Ehrlichkeit, welche bei manchen Teilnehmern vielleicht Ungeduld, bei mir und den meisten Männern vom Fach aber lebhaftes Interesse erregten. An der Begeisterung, mit der schließlich der Chor gesungen wurde, hatte Herr Steinhauer doch die höchste Anerkennung und den schönsten Lohn für seine Belehrung. Und Lehrer sollen die Preisrichter sein; das ist, nach meiner Ansicht, ihre höchste und schönste Aufgabe. Wie aber können sie dieser gerecht werden, wenn sie sich in das Dunkel der Namens-Verschweigung hüllen oder gar hinter eine verschlossene geheime Abstimmung verschanzen?! So lange Gesangwettstreite bestehen — ich betone nachdrücklichst die beiden Endsilben — hat es Vereine gegeben, welche die Schuld an einem ev. Mißerfolge allen möglichen und unmöglichen Ursachen, nur nicht sich selbst zuschreiben wollten. Statt die dargebotenen Leistungen unter die kritische Lupe zu nehmen und dann die Sonde zu legen an die eigenen Produktionen, wird in kleinlichster Weise alles herausgesucht, um ev. das Preisrichterkollegium der Parteilichkeit zeihen zu können. Da hat der Sieger im Streite eine Komposition eines der Preisrichter als Wahlchor gesungen — natürlich war dieser Umstand ausschlaggebend für das Urteil des Kollegiums. Oder aber: einer der Preisrichter leitet einen Verein an dem gleichen Orte, wo der konkurrierende seinen Sitz hat; unterliegt letzterer nun, so tragen unzweifelhaft Neid und Mißgunst des Dirigenten-Kollegen die Schuld an

mitbringen und bei passender Gelegenheit auskramen, und schließlich findet man leider ab und zu unter den Preisrichtern auch solche Herren, welche absolut garnichts mitzubringen haben, was sie zur Übernahme eines so verantwortungsvollen Amtes berechtigte. — Jedes verantwortungsvolle Amt erheischt etwas, was der Verantwortung unterliegt, und einen verantwortlichen Träger — bei einem Wettstreit die Bewertung und die Preisrichter. Ist dies aber bei dem seitherigen Modus möglich, da die ehrlichen und gerechten Preisrichter in vielen Fällen selbst nicht einmal wissen, wie die gewonnenen Resultate und Urteile zustande gekommen, Urteile, die zuweilen allem Wissen und Können geradezu ins Gesicht schlagen?! Wie oft wurde der weniger bekannte Kollege, dessen Bewertung vielleicht die einzig zutreffende, als Sündenbock angesehen oder gar von berühmten Parteilingen trotz der ausbedungenen Geheimhaltung geradezu als solcher hingestellt! Jeder Sänger, der häufiger Gelegenheit hatte, an Gesangwettstreiten teilzunehmen, mag manches von dem oben Gesagten miterlebt, vielleicht gar mitverschuldet haben. Mancher Dirigent und mancher Preisrichter weiß ein Liedchen zu singen von bitteren Erfahrungen, die er gemacht, von vergeblichen Bemühungen, im Kampf unterlegene Sänger zu beruhigen oder gar von ihren Fehlern zu überzeugen. Es fehlten nämlich bisher die Grundlagen zu einem Beweise, die Bewertungen, oder sie waren nur in der Gesamtziffer gegeben. Eine Einsichtnahme in die Wertungstabellen wurde den Vereinen verweigert, mit der — an sich nicht unberechtigten — Begründung, daß das Verlangen nach einer solchen ein Mißtrauensvotum für die Preisrichter ausdrücke. In vielen Fällen wußte das Kollegium selbst nicht, wer die einzelnen Wertungen niedergeschrieben, weil die Tabellen nicht unterzeichnet oder die Abstimmung geheim war. Und die Folge von diesem System?: Mißtrauen, Unsicherheit, Ärgernis bei allen Beteiligten; das Zetern, der eigentliche Streit des „Wettsingens“ — wie es besser hieße — hebt an. Diesen Übelständen ist nur abzuhelfen durch absolute Offenheit: den Sängern muß ein Einblick in die Wertungen der Preisrichter gestattet sein, die konkurrierenden Vereine müssen wissen, daß die Mitglieder der Jury für ihr Urteil einzustehen, es unter Umständen sogar zu erklären und zu erläutern haben. Offenheit gewährleistet Gerechtigkeit und Vertrauen von vorn herein. Es kann aber auch für einen Preisrichter, der von dem Ernst seiner Aufgabe durchdrungen ist, nur angenehm und von Nutzen sein, zu wissen, daß seine Kollegen gleich ihm für ihre Wertungen eintreten müssen. Daß diese Wertungen vielfach etwas auseinander gehen, ist ganz natürlich und durch die Wahrung des individuellen Standpunktes auch leicht zu erklären. Was aber soll man dazu sagen, wenn, wie es kürzlich bei einem Wettstreit in der Nähe Wiesbadens sich ereignete, ein Preisrichter einem Vereine in der Rubrik „Tonreinheit“ das Prädikat 5 (sehr gut), ein zweiter 3 (fast gut) und ein dritter 1 (mangelhaft) gibt! In den übrigen Rubriken kamen sich die Punktierungen ungefähr gleich. Die im gedachten Falle auserkorenen Preisrichter waren bewährte und gesuchte Herren; da aber die Wertungstabellen nicht unterzeichnet waren, war nicht zu ermitteln, wer die Tonreinheit „sehr gut“, wer sie „mangelhaft“ befunden. Auf eine diesbezügliche offene Anfrage trat niemand aus dem mysteriösen Dunkel heraus; keiner der Herren bekannte sich als den Urheber des einen oder andern Prädikats und erklärte freimütig: „Ich habe den Verein also bewertet und bin jederzeit bereit, mein Urteil zu erläutern.“ Wäre es im untergebenen Falle nicht von großem Interesse für die Preisrichter und die konkurrierenden Vereine gewesen, zu erfahren, wer da „sehr gute“, wer „mangelhafte“ Ohren hatte! Sind Vorfälle wie der oben angeführte nicht dazu angetan, in Sängerkreisen Verwirrung, Verstimmung und berechtigte Zweifel an der Unparteilichkeit oder Fähigkeit der Jury hervorzurufen?!

Das Wertungs-Verfahren muß also richtig gehandhabt werden. Wie schon eingangs bemerkt, besteht mein System darin, daß für die Wertung eines jeden Vereins ein besonderes Formular benutzt wird, welches aus zwei Blättern mit den üblichen Rubriken besteht. Am Kopf des Formulars befindet sich der Name des konkurrierenden Vereins. Zwischen die beiden Blätter wird jedesmal ein Blatt Pauspapier gelegt, sodaß alle Aufzeichnungen der Preisrichter sich auf der Unterlage wiedergegeben finden. Nach Ausstellung des Formulars wird dasselbe der Lokalkommission überwiesen, welche während des Auftretens des nächsten Vereins das Gesamtresultat der Wertungen der einzelnen Preisrichter feststellt und in eine Liste einträgt. Die oberen Blätter werden sodann abgetrennt und in einen Briefumschlag eingeschlossen. Also vor Preisverkündigung eingehändigt oder nach dem Wettstreit zugesandt. Im erstern Falle können die Formulare eventl. mit einem vorher verabredeten Buchstaben versehen werden, dessen Inhaber die Kommission aber kennen muß und erst nach dem Wettstreit nennen kann, andernfalls müssen die Formulare mit dem Namen der Preisrichter unterzeichnet sein. Die Kopien bleiben im Besitz der Kommission. Jedem Preisrichter muß eine Liste von allen in der betr. Klasse wettstreitenden Vereine zur Verfügung stehen. Diese Liste dient den Preisrichtern zu dem Zwecke, vor der Ausfüllung des Formulars neben den Wertungen noch Bemerkungen eintragen zu können und diese während des Singens zu Vergleichen zu benutzen. Es ist möglich, daß die Auszählung des Gesamtresultats eine längere Pause zwischen den einzelnen Vorträgen eintreten läßt; diesem Übelstande steht jedoch der nicht zu unterschätzende Vorteil gegenüber, daß die Verkündigung des Endresultats sofort nach Schluß des Wettsingens erfolgen und jeder beteiligte Verein sein Urteil schwarz auf weiß nach Hause tragen kann. Die konkurrierenden Vereine können aus den Notizen ohne weiteres ersehen, in welcher Beziehung sie gefehlt, die Kommission ist in den Stand gesetzt, alle Anfragen an die Preisrichter zu leiten, und letzteren wiederum ist die Möglichkeit geboten, aus den Aufzeichnungen in ihrer Liste die gewünschte Aufklärung zu erteilen. Der ehrliche, gewissenhafte, durch Bildung, Können und Erfahrung befähigte Preisrichter wird in seiner Antwort leicht belehrend wirken können. (Vielleicht empfiehlt es sich, Bemerkungen über auffallende Fehler des einen oder andern der konkurrierenden Vereine direkt in die Wertungs-Formulare einzutragen; auf diese Weise könnte eventl. Anfragen vorgebeugt werden.) Jeder einsichtige Dirigent, jeder ehrlich strebende Verein wird ohne Zweifel eine wohlwollende Belehrung gern und dankbar entgegennehmen und Nutzen aus derselben zu ziehen wissen. Die Offenheit des von mir vorgeschlagenen Wertungsverfahrens macht alle die erniedrigenden, von Mißtrauen diktierten Vorschläge, als: Postieren der Preisrichter hinter eine Wand, damit sie nur hören, die singenden Vereine aber nicht sehen können, Isolierung der Preisrichter während des Festes etc. gegenstandslos. Ist es nicht eine merkwürdige Tatsache, daß Vereine, welche die besten Erfolge aufzuweisen hatten, oft das meiste Mißtrauen bei einem nächsten Wettstreite offenbaren und daß Komponisten als Preisrichter, die am wenigsten für Offenheit sind, sich immer wieder dem Mißtrauen aussetzen?! Als ein eklatantes Beispiel für die bösen Folgen der geheimen Abstimmung nenne ich den Frankfurter Wettstreit. Wurde doch über das dort amtierende maßgebendste Preisgericht so offen geschimpft und gewettert. Die Herren des gedachten Kollegiums wären zur Belehrung wie selten Preisrichter befähigt gewesen; sie deckten sich jedoch mit der geheimen Abstimmung und machten durch dies Verfahren die Vereine wohl nicht gescheidter. Ob aber vielleicht klüger?! — — — Also nochmals: „Offenheit auf der ganzen Linie!“

Wenn meine heutigen Zeilen vielleicht ein Weniges zur Klärung der wichtigen Wertungs-Frage beitragen sollten, so wäre der Zweck derselben vollauf erfüllt.

Wiesbaden, im September 1904.

Ernst Schlosser.

(Ausgefülltes) Formular in etwa ½ Größe, welches Heinr. vom Ende's Verlag, Trier, erschienen ist

	1 genügend 3 fast gut 5 gut 7 sehr gut	No. 5. Männer-Gesang-Verein N. aus X			
		Preis Chor.		Gewählter Chor	
Schwgkt.	Schwierigkt.	—	Anmerk.:	4	Anmerk.
Tonrht.	Tonreinheit	5		5	
Ausspr.	Aussprache	5		4	
Ausgl.	Ausgleichg.	4		3	I. Tenor zu scharf
Dyn.	Dynamik	5		2	zu gesucht
Rhythm.	Rhythmik	2	sehr ungenau	4	
Auff.	Auffassung	4		4	
		25		26	
			+	25	
			Gesamtsumme	51	

Der Sänger.

Amtliches Organ des westdeutschen Sängerverbandes.

Das Volkslied ist die Unsterblichkeit der Musik.
Marx.

Verbunden werden auch die Schwachen mächtig.
Schiller.

30. Sept. 1904. | **Redaktion: Chr. Gehly, Köln, Cäcilienstrasse 40.** | **Nummer 12.**

Expedition und Verlag: H. vom Ende's Musikalien-Versand, Trier, Deutschstrasse 18.

Mittelrheinischer Sängerbund.

Am 28. August, nachmittags 2½ Uhr, fand im Hotel „Hohenzollern" zu St. Goarshausen die angekündigte außerordentliche Versammlung der Bundes-Delegierten statt. Nach einer herzlichen Begrüßung der Erschienenen durch den Vorsitzenden nahm Herr Oberlehrer Schmidt das Wort, um sich in längerer Rede über die Entwicklung des deutschen Männergesangs zu verbreiten. Redner betonte, dem mittelrheinischen Sängerbund gebühre in erster Linie das Verdienst, zur Hebung des deutschen Volksliedes nach besten Kräften beigetragen zu haben; er empfiehlt die neue, mit 44 Nummern ausgestattete Volksliedersammlung „Loreley", zusammengestellt von der Musikkommission des Bundes, zur allseitigen fleißigen Benutzung. Auch die Loreley-Denkmalfrage berührte Oberlehrer Schmidt und führte aus, daß, wenn die Verwirklichung des Gedankens einmal in sichere Aussicht genommen wäre, die deutschen Männergesangvereine in erster Linie hierzu beitragen müßten. Redner schloß seine interessanten Darlegungen mit einem Hoch auf den deutschen Männergesang, das von der Versammlung mit heller Begeisterung aufgenommen wurde.

Für das nächste Bundesfest (1906) wurde Oberingelheim als Festort gewählt. Die nächste ordentliche Delegierten-Versammlung findet am 20. November in Bockenheim statt.

Die Vereine „Frohsinn"-Bockenheim, „Einigkeit"-Weisenau, „Sängerrunde"-Mainz und „Friede"-Wiesbaden hatten aus Anlaß der Tagung einen gemeinsamen Sängerausflug veranstaltet. Vom herrlichsten Wetter begünstigt, verlebten die Teilnehmer der Fahrt einen fröhlichen Tag; manch schönes, herzerfreuende Lied erklang von den Bergen und Burgen hinab zum Vater Rhein.

Rheinhessischer Sängerbund.

Bekanntmachungen:

1. Die nächste Delegiertenversammlung findet im Monat November zu Gau-Bickelheim statt.
2. Anmeldungen zur Übernahme des Bundesfestes im Jahre 1905 sind bis 1. November 1904 bei dem Unterzeichneten einzureichen.
3. Die Liedersammlung „Loreley" ist fertiggestellt; einige Vereine sind schon im Besitz derselben, die übrigen erhalten das Werk in den nächsten Tagen. — Die Beträge sind alsbald an den Unterzeichneten einzusenden.
4. Vorschläge für Massenchöre werden entgegengenommen durch unseren Bundesdirigenten, Herrn Musikdirektor Keil (Auswahl nach der Liedersammlung treffen!).
5. Anträge für die nächste Delegiertenversammlung sind bis zum 1. November d. J. bei dem Unterzeichneten einzureichen!

Ober-Saulheim, im September 1904.

Mit frohem Sängergruß!
Kochhafen,
1. Bundespräsident.

II. Bundesfest des Rheinhessischen Sängerbundes am 27., 28. und 29. Juni zu Nieder-Wiesen bei Alzey.

(Schluß statt Fortsetzung.)

Die Wahl der Massenchöre war eine sehr glückliche. Die beiden Kompositionen „Hymnus" von Ferdinand Hummel und „Drauß' ist alles so prächtig" von Silcher kamen in der zweckmäßig angelegten Sängerhalle zur vollen Geltung und waren von bester Wirkung. Herzlicher Dank unserm Bundesdirigenten, Musikdirektor Keil in Alzey, auch an dieser Stelle für das schöne Resultat, das der Bund einzig und allein dem unermüdlichen Wirken des genannten Herrn zuschreibt.

Beim Wettsingen wurde durchweg gut gesungen; ein Fortschritt in den Leistungen der einzelnen Bundesvereine seit dem I. Bundesfest in Wörrstadt war unverkennbar.

Es konnten durch das Preisgericht folgende Anerkennungen in Form von Diplomen zuerkannt werden:

Abteilung A.

„Sängerbund"-Wörrstadt . . .	73	Punkte,	Anerkenn.	1. Grades
Männergesangverein Elsheim .	68	„	„	1. „
Gesangverein Partenheim . .	67½	„	„	1. „
Kriegergesangv. Bechenheim .	61	„	„	2. „
„Germania"-Steinbockenheim .	58½	„	„	2. „
„Sängerbund"-Alzey	55	„	„	2. „
Männgesangverein Jugenheim	54	„	„	2. „
„Sängerlust"-Gau-Bickelheim .	51	„	„	3. „

Abteilung B.

Gesangverein Schornsheim . .	62	Punkte,	Anerkenn.	1. Grades
Gesangv. Ober-Hilbersheim .	68½	„	„	1. „
„Sängerkreis"-Stadecken . . .	58	„	„	1. „
Turngesangv. Wallertheim . .	55	„	„	2. „
„Eintracht"-Alzey	54½	„	„	2. „
„Liederkranz"-Wolfsheim . . .	53½	„	„	2. „
„Liederkranz"-Kostheim	50	„	„	2. „
Gesangverein Ober-Saulheim .	49	„	„	2. „
„Sängerbund"-Udenheim . . .	43	„	„	3. „
Gesangverein Offenheim . . .	42½	„	„	3. „

Das Preisgericht bestand aus den Herren: Fritz Keiser, Großh. Hess. Musikdirektor aus Wiesbaden; Richard Senff, Musikdirektor aus Darmstadt; Gustav Trautmann, Universitätsmusikdirektor aus Gießen.

Wenn wir zum Schluß einen kurzen Rückblick werfen auf das so großartig verlaufene II. Bundesfest des Rheinhessischen Sängerbundes zu Nieder-Wiesen, so drängt es uns, nochmals dem festgebenden Verein und dem so lieblich gelegenen Orte Nieder-Wiesen herzlichsten, wärmsten Dank für die aufgewandten Mühen und Opfer zu sagen. Wir bewahren ihnen im Bunde das freundlichste Erinnern. Die Bewirtung war allenthalben recht gut; der Wirt des Festplatzes, Herr Daniel Frieß aus Weinheim bei Alzey, ist seiner schweren Aufgabe voll und ganz gerecht geworden.

Ein bleibendes Andenken an die schönen Tage in Nieder-Wiesen haben der Bund und seine Sänger an dem so vortrefflich von den Herren Gebrüder Moschell in Alzey ausgeführten Festbuch. Es ist dies eine wirklich mustergültige Arbeit.

Endlich noch Dank allen denen, die dazu beigetragen, das II. Bundesfest des Rheinhessischen Sängerbundes so glanzvoll zu gestalten. Bleiben alle Kräfte wach, wenn es gilt, vielleicht am III. Bundesfest die Weihe eines Bundesbanners vorzunehmen!

Kochhafen.

Speyergau-Sängerbund.

Der Musikausschuß des **Speyergau-Sängerbundes** hat sich in seiner letzten Sitzung besonders mit der Frage der Einführung von Dirigentenkursen beschäftigt. Nachdem die Abhaltung eines mehrtägigen Kursus aus verschiedenen Gründen als z. Zt. undurchführbar bezeichnet wurde, einigte man sich auf die Veranstaltung von Dirigententagen. Dieselben sollen der Fortbildung der Dirigenten dienen, und wird jeweilig ein hervorragender Fachmann mit der Leitung betraut werden. Der erste dieser Dirigententage ist Mittwoch, den 28 September, in Speyer (Rittersaal zur „Sonne") abgehalten worden. Von dem Grundsatz ausgehend, daß der Gesangunterricht nur dann von Erfolg begleitet sein kann, wenn eine geeignete Schulung der Stimme vorausgegangen ist, hatte der Musikausschuß das Thema „Stimmbildung" für den ersten Dirigententag auf die Tagesordnung gesetzt, und war Herr Musikdirektor Franz Zureich aus Karlsruhe, eine Autorität auf diesem Gebiete, zu einem Vortrag über dieses Thema gewonnen. Dem Vortrag schlossen sich praktische Übungen nach der Methode des Herrn Vortragenden an.

Gesangwettstreit in Mülheim a. Rh.

Der M. G.-V. „Orpheus" beging in den Tagen vom 10.—12. September das Jubelfest seines 50jährigen Bestehens durch die Weihe eines neuen Banners und die Veranstaltung eines nationalen Gesangwettstreits. Dem Feste wohnte u. a. auch der Präsident des Kölner Männer-Gesang-Vereins, Herr L. v. Othegraven, bei Beigeordneter Dr. Hartmann nahm die Fahnenweihe vor. Fräulein Hubertine Endlein aus Köln und Herr Franz Birrenkoven aus Frankfurt a. M. verschönten die Jubelfeier durch Gesangsvorträge von hohem künstlerischen Werte. Am Sonntag beherbergte Mülheim nicht weniger als 90 Gesang- und sonstige Vereine, die zur Teilnahme am Wettstreit oder als Gäste erschienen waren. Beigeordneter Dr. Löhe begrüßte die Sänger und brachte das Kaiserhoch aus. Nachmittags 3½ Uhr begann der Gesangwettstreit, der am 12. fortgesetzt wurde. Als Preisrichter fungierten die Herren: Oberlehrer Wilh. Diener-Mülheim, Musiklehrer P. Hoffzimmer-Mülheim, Musikdirektor Karl Kern-Frankfurt a. M., Chordirigent Kläuver-Siegburg, Musikdirektor C. F. Lindlar-Koblenz, Direktor Otto Lohse-Köln, Kapellmeister der Vereinigten Stadttheater, Musikdirektor Willy Lorent-Köln und Theater-Kapellmeister Wilh. Mühldorfer-Köln.

Das Resultat des Wettsingens war nachfolgendes:

I. Klasse.

1. Preis: „Sängerfreund"-Essen-West (Wahlchor: „Hünengräber" von Ernst Heuser).
2. „ „Einigkeit"-Gelsenkirchen-Schalke (Wahlchor: „Es muß doch Frühling werden" von C. J. Brambach);
3. „ „Polyhymnia"-Dortmund (Wahlchor: „Hymne an den Gesang" von Fr. Hegar).

II. Klasse.

1. Preis: „Concordia"-Eil (Wahlchor: „Dem Rhein mein Lied" von J. Schwartz);
2. „ Männerchor „Liederbund"-Köln (Wahlchor: „Vom Rhein" von M. Bruch);
3. „ „Orpheus"-Barmen (Wahlchor: „Schlafwandel" von Fr. Hegar)

Klassen I und II brachten als Sechswochenchor „Der Wanderbursch", Lied im Volkston von W. Lorent, dem Dirigenten des festgebenden Vereins, zu Gehör.

III. Klasse.

1. Preis: „Rotter Männer-Chor"-Barmen (Wahlchöre: „Hymne an die Musik" von V. Lachner und „Im Feld des Morgens früh" von Ch. Burchardt);
2. „ „Liederkranz" Gelsenkirchen (Wahlchöre: „Das Kirchlein" von Becker und „Nachtgruß vom Rhein" von C. Steinhauer);
3. „ „Concordia I"-Volberg-Lüghausen (Wahlchöre: „Kaiser Friedrich III." von M. Neumann und „So viel Stern' am Himmel stehn" von Engelsberg);
4. „ „Liederkranz"-Refrath (Wahlchöre: „Der Rhein" von C. Steinhauer und „Ritters Abschied" v. J. Kinkel);
5. „ Sänger-Vereinigung „Loreley"-Köln-Bayenthal (Wahlchöre: „Den Toten vom Iltis" von F. Curti und „Geweihte Liebe" von Beines).

IV. Klasse.

1. Preis: „Cäcilia"-Köln-Nippes (Wahlchöre: „Unterm Lindenbaum" von Sturm" und „Es haben zwei Blümlein geblühet" von Schrader);
2. „ Quartett-Verein „Sängertreue"-Elberfeld (Wahlchöre „Zieh hinaus" von Dregert und „Die Heimat" von J. Schwartz);
3. „ „Lyra"-Remscheid (Wahlchöre: „Waldlied" von C. A. Mangold und „Heimweh" von Heim);
4. „ „Liedertafel" der Firma Schlieper & Engländer-Schlebusch (Wahlchöre: „Betrogene Liebe" von H. Necke und „Heute scheid' ich" von Isenmann);
5. „ „Orpheus"-Elberfeld (Wahlchöre: „Untreue" von Silcher und „Vorüber" von H. Sonnet);
6. „ „Gemütlichkeit"-Wiesdorf (Wahlchöre: „Die Heimat" von Schwartz und „Ritters Abschied" von Kinkel.

Quartett-Klasse.

1. Preis: „Doppel-Quartett"-Brühl (Wahlchor: „Mein Lieserl" von O. Neubner);
2. „ „Custodis'sches Doppel-Quartett"-Köln (Wahlchor: „Innsbruck, ich muß dich lassen" von Jüngst);
3. „ Quartett des M.-G.-V. „Novesia"-Neuß (Wahlchor: „Waldesrauschen" von Ullrich);
4. „ „Quartett-Verein"-Gelsenkirchen-Schalke (Wahlchor: „Ein Wörtlein" von Keuerleber);
5. „ Quartett des M.-G.-V. „Männerchor"-Rheydt (Wahlchor: „Ständchen" von Jüngst);
6. „ Doppel-Quartett des M.-G.-V. „Eintracht"-Neuß (Wahlchor: „Abendfeier" von Kreutzer).

Im Ehrenpreissingen errangen:

1 Preis in Klasse I: „Sängerfreund"-Essen (Dirig. Fröhling);
1. „ „ „ II: „Concordia"-Eil (Dirigent: B. Kramm);
1. „ „ „ III: „Concordia I"-Volberg (M. J. Schnitzler);
1. „ „ „ IV: „Sängertreue"-Elberfeld (P. Gestier);
1. „ in Quartett-Klasse: „Doppel-Quartett"-Brühl (P. Röttgen).

Bedingung war Vortrag eines Volksliedes oder Liedes im Volkston nach Wahl.

Das Ergebnis des höchsten Ehrenpreissingens war folgendes: „Polyhymnia"-Dortmund ersang sich den Kaiserpreis, eine von Ihrer Majestät gestiftete Vase aus der königl. Porzellanmanufaktur; der 2. Preis, eine vom Herzog Carl Eduard von Sachsen-Coburg-Gotha gestiftete Fahnenschleife fiel dem M.-G.-V. „Orpheus"-Barmen zu, während die Ehrengabe des Kölner Männergesangvereins, ein Bronze-Hochrelief des Kaisers, dem „Liederkranz"-Gelsenkirchen als 3. Preis zuerkannt wurde. Den Preis der Quartett-Klasse, ein vom Grafen Egon von Fürstenberg-Stammheim gestiftetes Trinkhorn, erstritt sich das Doppel-Quartett des M.-G.-V. „Novesia"-Neuß.

Pflichtchor: ein Lied im Volkston („Frühling" von Willy Lorent), welches den konkurrierenden Vereinigungen 2 Stunden vor dem Beginn des Wettsingens zur Einstudierung überreicht worden. S.

„Gepumpte" Sänger.

Eine donnernde Philippika gegen die „Geld- und Geschäftssänger" bei Gesangwettstreiten veröffentlicht die Dortmunder ‚Morgenzeitung für Westfalen'. Wir entnehmen derselben nachfolgende, zutreffenden Ausführungen: „Es ist zur betrübenden Tatsache geworden: die Gesangwettstreite nehmen in der letzten Zeit überhand! Wer die Zeitungen aufmerksam verfolgt hat, der konnte bemerken, daß in Dortmunds unmittelbarer Nähe in den Monaten April, Mai und Juni eine ganze Reihe Gesangwettstreite stattgefunden hat. Auf den ersten Blick mag ja jedem eine derartige Veranstaltung lobens- und nachahmenswert erscheinen, doch wenn je das Wort Berechtigung hat: „Der Schein trügt" oder „Es ist nicht alles Gold, was glänzt!" dann hier. Infolge der Gesangwettstreite, ich meine die kleinen „Auch-Gesangwettstreite", die doch ohne jede Bedeutung sind, ohne jeden Einfluß auf die Sangeskunst als solche, infolge dieser Veranstaltungen leidet der Männergesang, wird herabgedrückt zum Geschäft!

Kann man nicht bei jeder derartigen Veranstaltung nachweisen, daß Sänger, die in einem großen Vereine Mitglied sind, plötzlich auch in den Reihen eines bedeutungslosen Vereins auftreten und dem Minderwertigen zu Unrecht zu einem Preise verhelfen? Schaden diese Elemente, die ihrem großen Vereine auf kurze Zeit untreu sind, der guten Sache nicht in bedenklicher Weise? Helfen sie nicht, auf der einen Seite eine Existenzfähigkeit zu beweisen, die nie da war und nie da ist, während sie andererseits ihre eigenen Vereine direkt und indirekt durch Vernachlässigung schädigen? Und dann: Liegt in dieser Vernachlässigung nicht auch eine Beleidigung der anderen Vereinsmitglieder, die ihr ganzes Können und ihre ganze Kraft in den Dienst der edlen Sache stellen, die treu zum Verein halten und nicht auf „Preisholerei" ausgehen? Ich stehe nicht an, das Erringen von Preisen mit Hilfe fremder Sänger als unlautern Wettbewerb auf gesanglichem Gebiete zu bezeichnen.

Das Erbärmlichste aber an der Mitsingerei fremder Elemente ist, daß diese „Aushülfssänger", diese „Preisholer" für ihre Mitwirkung bezahlt werden. Ich frage nun: Wo in aller Welt ist hier noch die Idealität gewahrt? Ja, man hat selbst beim letzten Kaisersingen in Frankfurt a. M. von mancher Seite gemogelt und ist mit bezahlten Sängern auf dem Podium erschienen. Wahrhaftig, da müssen ja alle Ideale zum Teufel gehen! . . ."

Benutzung von Dichtungen zu Kompositionszwecken.

Die Benutzung und Vervielfältigung von Dichtungen jeder Art (größeren wie kleineren Gedichten), die ihrer Gattung nach die Bestimmung zur Komposition dartun, ist, sei es als Text für ein neues Tonwerk, sei es allein als Textbuch, verboten und kraft Gesetzes unzulässig. Dahin gehören nicht nur Opernlibretti, Texte für größere Gesangsaufführungen, Chorwerke, sondern auch kleinere Dichtungen, z. B. Gedichte, die sich ihrer Gattung nach als Liedertexte erweisen; auf die Bestimmung, die ihnen der Dichter gab, kommt es nicht in erster Linie an, sondern darauf, ob sie ihrer Art und Gattung nach zu solchen Dichtungen zählen, die für die Komposition bestimmt erscheinen. Andere kleine Gedichte oder kleinere Teile einer Dichtung sind (§ 20 U.-G.) nach ihrem Erscheinen (nicht als Manuskript) nur

a) als Texte für die musikalische Komposition und
b) zur Wiedergabe in öffentlichem Vortrage oder zur Vervielfältigung nur in Verbindung mit einem neuen Tonkunstwerk

freigegeben, sonst nicht. Ausnahmsweise darf der Gedichttext auch allein wiedergegeben und ohne Noten vervielfältigt werden, wenn er lediglich zur Verteilung an die „Hörer" bei einer Aufführung der Komposition bestimmt ist.

Unter den Voraussetzungen a) und b) dürfen aber nicht nur „einzelne Gedichte", sondern auch eine Reihe von Gedichten desselben Verfassers zu einem Cyklus für eine neue musikalische Komposition verbunden werden, wenn nur die Gedichte ihrer Art und Gattung nach nicht selbst schon Kompositionsgegenstände sind oder sich bestimmungsgemäß als solche darstellen (Lieder, Liedercyklus); ein ausdrücklicher Vorbehalt des Dichters betreffs Kompositionsrechts ist in letzterem Falle nicht erforderlich, noch da von Wirkung, wo das Gedicht nicht der Art und Gattung nach als für die Komposition geeignet sich darstellt.

Da die Vervielfältigung von Dichtungen (ob mit oder ohne Musik) gesetzlich verboten ist (§ 20 Abs. 2 U.-G.), die ihrer Gattung nach z. B. als Lied zur Komposition bestimmt, so ist es auch unzulässig, einen Lied-Text, der mit Erlaubnis des Dichters komponiert wurde, oder den der Dichter selbst in Musik setzte, ohne Erlaubnis des Dichters für eine neue Komposition zu benutzen und mit dieser oder allein zu vervielfältigen.

Überhaupt dürfen kleinere Gedichte oder kleinere Teile einer Dichtung, die nach Art und Gattung nicht schon zur Komposition bestimmt sind, ohne besondere Erlaubnis des Verfassers nur dann zu neuen Kompositionen benutzt und vervielfältigt werden, wenn sie textlich ohne jede Änderung benutzt, wiedergegeben und vervielfältigt werden. Jede, auch die kleinste Änderung involviert einen Nachdruck oder eine unzulässige Wiedergabe (durch Vortrag, öffentliche Aufführung) und ist bei vorsätzlicher Handlungsweise auch strafbar. Nicht nur die Gedichtsammlung, das Buch, die Zeitschrift, in dem die Dichtung öffentlich erschienen ist, sondern auch der Name des Dichters oder das Pseudonym desselben muß auch bei der öffentlichen Aufführung, der Wiedergabe (Vortrag) oder in der Vervielfältigung angegeben werden, sonst können Verfasser oder Verlag und Herausgeber Strafantrag aus § 44 und 45 des Urheberrechtsgesetzes stellen.

Bühne und populäres Lied.

Eine große Zahl von Liedern, die im Volke gern und viel gesungen werden, verdanken ihren Ursprung der Bühne. So hat sich, was vielleicht nur wenigen Musikfreunden bekannt ist, „'s kommt a Vogerl geflogen" von der Bühne aus verbreitet. Und merkwürdigerweise rührt es von einem Manne her, der durchaus kein Berufskomponist, vielmehr Schauspieler und Dichter war, von Karl v. Holtei. Es wurde in seinem Liederspiel, dessen musikalischen Teil er auch komponiert hat, „Die Wiener in Berlin" (1824), gesungen und lebt noch heute fort. Das seinerzeit populär gewesene Lied „Ford're niemand, mein Schicksal zu hören", stammt ebenfalls von Holtei, und zwar aus dem Liederspiel „Der alte Feldherr" (1835), wie das jetzt neubelebte Lied „Gott grüß' dich, Bruder Straubinger" aus Holteis Posse „Dreiunddreißig Minuten in Grüneberg" (1832) herstammt. Louis Schneider hätte es sich nie träumen lassen, daß das Lied: „O Tanneboom, o Tanneboom" aus seinem „Kurmärker und Picarde" noch heute von jung und alt im Volke gesungen werden würde. Adolf Bäuerle hat in seiner dreiaktigen Zauberoper „Aline, oder Die Wiener in einem anderen Weltteile" ein von Wenzel Müller komponiertes Couplet gebracht, dessen Refrain weltberühmt geworden ist: „'s gibt nur a Kaiserstadt, 's gibt nur a Wien". Aus Albert Lortzings Bühnenkompositionen sind auch so manche populär geworden. Ich nenne nur das allgemein bekannte Trinklied „Im tiefen Keller sitz' ich hier" aus dem Liederspiel „Der Pole und sein Kind" und „Sonst spielt' ich mit Szepter, mit Krone und Stern" aus der Oper „Zar und Zimmermann". Webers „Freischütz" hat uns ebenfalls das populär gewordene Liedchen „Wir winden dir den Jungfernkranz" gebracht und Wolffs „Preciosa" das von ihm komponierte und seinerzeit überall gesungene Jagdlied „Im Wald, im frischen grünen Wald". Von Opernliedern, die vom Volke aufgenommen wurden, will ich noch erwähnen: die „Letzte Rose" aus Flotows „Martha" und Scheffels Lied „Es ist im Leben häßlich eingerichtet" aus Neßlers „Trompeter von Säkkingen". Sehr bekannte und weitverbreitete Lieder haben wir zwei Stücken von Raimund zu verdanken: das Lied der Jugend im „Bauer als Millionär": „Brüderlein fein, einmal muß geschieden sein" und das Abschiedslied der Köhlerfamilie in „Alpenkönig und Menschenfeind": „So leb' denn wohl, du stilles Haus".

Gedanken über „deutsche Kunstförderung".

Ein deutscher Dichter (besuchte mit einer Freikarte das Konzert des tschechischen Geigers Jan Kubelik (in Innsbruck) und geht in einsamem Sinnen und vor sich hinsprechend heimwärts; er wohnt im Armenhaus): Wie sagte doch mein Lehrer Adolf Pichler so schön: „Das allgemeine Menschliche, die Menschheit! Ihr gegenüber bin ich viel zu klein, ich brauch' ein Volk, um mich in ihr zu fühlen . . ." Ja, Pichler lehrte uns national denken auch in der Kunst! . . . Sein Haupt ragte in lichte Höhen, da nur die Besten aller Völker sich grüßen und finden, und doch, wie festgewurzelt stand er im Heimatboden seines Volkes! . . . Konnte er vielleicht nur deshalb so groß werden, weil er alle Nahrung seines Wesens aus seinem Volkstum schöpfte? . . . Ist denn Kunst überhaupt nicht einzig und allein nur der höchste Ausdruck eines bestimmten und bewußten Volkstums? . . . Ist denn Kunst etwas anderes als die Fähigkeit, die Art des eigenen Volkes in ihrer höchsten Vollkommenheit zur Gestaltung und damit zur Anschauung zu bringen? . . . Verkörpert sich denn in Goethe und Wagner, in Semper und Böcklin nicht das Deutschtum in seiner höchsten Form? . . . Wenn der Gedanke aber richtig ist — und ich muß glauben an ihn, da ich nur in ihm leben und schaffen konnte — warum lohnst du, deutsches Volk, so übel deinen Künstlern? . . . Kämpfer sind wir ja für deine Größe, für deinen Ruhm! . . . Und wie viele müssen fallen! . . . Wie viele verbluten am Wege! . . Wie viele deutsche Künstler können nicht weiter, da Hunger und Gram der Enttäuschung ihre Kraft verzehrten! . . . Freilich, wenn's einer überdauert und 70 Jahre alt wird, dann überreicht ihr ihm Adressen und ernennt ihn zum Ehrenbürger. Er wird eurem Stumpfsinn ja nicht mehr gefährlich . . und ist er dann glücklich tot, dann wird er auch berühmt . . Zwar seine Werke kauft ihr dann auch noch nicht, aber ein Denkmal muß er haben . . . vielleicht fällt euch bei der Enthüllungsfeier ein Orden ins Knopfloch . . . O, ich weiß wohl, sie würden entrüstet sein, die vornehmen, reichen Leute, die heute im Innsbrucker Stadtsaal saßen, um „Kunst zu pflegen", wenn ihnen einer sagte: Ihr seid die Henker jeder wahren vollblütigen deutschen Kunst! Die ihr heute dem landfremden Geiger für seine Virtuosenmätzchen deutsches Volksgeld geopfert, wißt ihr, daß einige Stunden von Innsbruck entfernt ein deutscher Künstler und Schöpfer in einem armseligen Gartenhaus, das dem Obdachlosen ein Mitleidiger als Asyl eingeräumt, sein größtes Werk mit seinem Herzblut schrieb? Ein Innsbrucker Verein der Kunstfreunde wird wohl einmal an der Bretterhütte eine marmorne Gedenktafel anbringen. Ha! Ha! Freilich, den „Corregidor" hat jetzt ein Verleger um bare 30000 Mark angekauft, aber erst mußte Hugo Wolf im Wahnsinn enden. Nicht wahr, ihr Kunstfreunde von Innsbruck, jetzt gilt er euch als einer der größten deutschen „Tondichter", aber damals, als er um Beachtung rang, als er nur gehört werden wollte — euer Geld hätte er verschmäht — was wußtet ihr damals von ihm? Was war euch Bruckner, was ist euch Reiter? Da sie rangen und darbten, mußtet ihr ja polnische Wunderknaben bestaunen, frühreife Gewächse einer Glashauskultur, aber eure matten Nerven kitzeln sie auf, und die leere Schalheit eurer Abende helfen sie verkürzen! Was ist euch die Kunst?! Eine Dienstmagd, die ihr bezahlt . . . O, ihr Heuchler, Gesinnungspöbel! Schande über euch! (Er ist inzwischen vor dem Armenhause angelangt und läutet)

Dich ruf ich, deutscher Gott, da droben,
Hilf meinem Volk aus tiefer Schmach,
Lehr's wieder hassen, lehr' es lieben
Und rüttle es zum Leben wach!
Zu einem Leben, stark und freudig,
Im Denken groß, im Schaffen still,
Das, gläubig fromm in dir aufgehend,
Sich selber nur vollenden will.
Heil deutscher Kunst! . . . „Der Dreher".

Neueste Erscheinungen.

(Zu beziehen durch H. vom Ende's Verlag, Trier.)

Männerchöre a cappella.

		Part.	Stimmen
Meyer, Gust.	op. 10. „Wiegenliedchen" . .	1.—	—.80
„ „	„ 11. „Im Walde"	—.80	—.80
Schwartz, Jos.	„ 25. „Pfingstglocken" . . .	—.40	—.60
Wickenhausser Rich.	op. 20 Nr. 1. „Scheiden"	1.—	—.60
„	„ „ „ Nr. 2. „Wenn die Rosen brechen"	1.—	—.60
„	„ op. 28 Nr. 1. „Elsula" .	1.—	1.60
„	„ „ „ Nr. 2. „Unterm Schlehdornhag" .	—.80	—.80
„	„ „ „ Nr. 3. „Abschiedszeichen"	—.80	1.—

Engelsberg E. S. „Meine Muttersprache".
„ „ „Waldesweise".
„ „ „Das allerliebste Mäuschen".

Partitur: 40 Pfg., 1 Satz Chorstimmen: 40 Pfg., einzelne Chorstimme: 10 Pfg.

Männerchor mit Orchester.

Kleinecke, Wilh. op. 37. Der Frühling kommt.
Partitur: Mk. 6.—, Orchesterstimmen: Mk. 7.50, Chorstimmen: Mk. 1.—, Klavierauszug: Mk. 2.50.

Frauenchöre (4stimmig).

Sucheland, Leop.	op. 18. Nr. 1. Jugendliebe	1.50	—.80
„ „	„ „ Nr. 2. Mädchenliebe	1.50	—.80
„ „	„ „ Nr. 3. Nachts . . .	1.50	—.80

Gemischte Chöre.

Müller-Büssow, Arthur.	op. 43. Frühling . .	—.60	—.60
Otto Theodor.	op. 9 Es blühet das Blümchen	—.60	—.60
Peters, Max.	op. 38. Sei mir gnädig (mit Orgel oder Streichinstr.) . . .	1.—	—.80
„ „	op. 49, Nr. 1. Die Nachtigall . .	—.60	—.60
„ „	„ „ Nr. 2 Der rote Sarafran	—.80	—.60
„ „	„ „ Nr. 3 Die Waise . .	—.60	—.60
„ „	„ „ Nr. 4. Das Wolgalied .	—.80	—.60
Reuss, Aug.	Weihnachtslied	1.50	—.80

Wagner, Franz	op. 40. Psalm 13 Herr, wie lange	—.60	—.60
„ „	„ 78. Herr, mein Gott, erbarm' dich	—.40	—.40
„ „	„ 79. Gottvertrauen	—.60	—.60
„ „	„ 80. Jesuslied	—.60	—.60
„ „	„ 81. Komm, du süße Himmelsruh'	—.60	—.60

Humoristika.

Kehldorfer, Victor, op. 47. „Musikalische Speisekarte".

Heiterer Männerchor mit Solostimmen oder Soloquartett und Klavier- oder Orchester-Begleitung. Klavier-Auszug: Mk. 3.—, Stimmen: Mk. 2.—.

Friedrich Silcher. Volkslieder für Männerchor. Partitur 1.60 Mk. netto, jede Stimme 0.50 Mk. netto. (Verlag von F. E. C. Leuckart, Leipzig.) Das Werkchen enthält sowohl Originalkompositionen von Silcher als auch Chöre in der von Silcher arrangierten Setzweise. Der Herausgeber, Gustav Wohlgemuth, hat es sich, wie er in dem Vorworte bemerkt, zur Aufgabe gemacht, einesteils die richtige Auswahl zu treffen, anderenteils den Dirigenten und Sängern durch entsprechende Vortrags- und Atmungszeichen betreffs eines guten Vortrags behilflich zu sein. Am Schlusse enthält die Sammlung zwei Grabgesänge, Originalkompositionen von Silcher, welche bei dem Mangel an derartigen guten Kompositionen bei unseren Vereinen gewiß Anklang finden werden.

— Der Ernst Eulenburg'sche Verlag in Leipzig hat soeben eine weitere Folge der kleinen Orchester-Partitur-Ausgabe erscheinen lassen: J. S. Bachs „Matthäus-Passion". Das zum Gebrauch in Konzertsälen usw. bestimmte und deshalb in bequemem Taschenformat vorliegende Werkchen (422 Seiten) trägt die Nr. 3, da ihm zwei große Chorwerke — Beethovens „Missa solemnis" und Brahms' „Deutsches Requiem" — bereits vorangegangen. Gleich ihren Vorgängerinnen weist die neueste Edition einen klaren Stich, sowie saubern Noten- und Textdruck auf und empfiehlt sich durch besondere Preiswürdigkeit.

Personalien.

— In Hamburg starb am 4. August im Alter von 56 Jahren der in weiten Kreisen bekannte und beliebte Komponist Prof. Arnold Krug. Er hinterläßt eine größere Anzahl Orchester- und Chorkompositionen sowie zahlreiche Werke kleinern Stiles. Von seinen Chorwerken seien „Sigurd", „Fingal", „Maienkönigin" genannt.

— Prof. Engelbert Humperdinck, der weltbekannte Komponist von „Hänsel und Gretel", feierte in voller Frische am 1. September seinen 50. Geburtstag.

— Der M.-G.-V. „Apollo"-M.-Gladbach wählte den Chormeister Rob. Geyr-Aachen zu seinem Dirigenten.

— Die Generalversammlung der Trierischen Liedertafel beschloß, ihrem bisherigen langjährigen Dirigenten Andreas Kettenhofen, der aus Gesundheitsrücksichten mit dem 1. Oktober von der musikalischen Leitung des Vereins zurücktritt, einen Ehrensold zu gewähren und ihn gleichzeitig zum Ehrendirigenten zu ernennen. 41 Jahre war Kettenhofen der musikalische Leiter der Liedertafel; er hat sie bei den großen Wettsingen in Elberfeld, Köln, Gent und Metz siegreich geführt. Auch als Komponist ist Kettenhofen erfolgreich hervorgetreten. Er hat eine Reihe guter Männerchöre geschaffen, von denen der auf zahlreichen Gesangwettstreiten preisgekrönte Chor „Mutterherz" besonders zu erwähnen ist. — Zum nunmehrigen Dirigenten der „Liedertafel" wurde Lehrer Hamm, der seit zwei Jahren die Stelle eines zweiten Dirigenten bekleidete, gewählt.

— Karl Attenhofer, der durch seine Männerchöre in weiteren Kreisen zur Anerkennung gelangte Schweizer Komponist, seit beinahe 40 Jahren Dirigent des Männerchors Zürich, ist jetzt, 67 Jahre alt, in den Ruhestand getreten. Er ist jedoch zum „Ehrendirektor" ernannt und gleichzeitig ist ihm eine Ehrengabe von 15000 Frs. überreicht worden.

Kleine Mitteilungen.

Den Verehrern Beethovens wird die Originalradierung von M. van Eyken eine willkommene Gabe sein (s. heutige Beilage). Das stimmungsvolle Blatt stellt den großen Meister in vorgerücktem Alter dar, wie er, auf einem seiner langen Spaziergänge in der Umgebung Wiens begriffen, auf einsamer Bergeshöhe, den Blick in die untergehende Sonne gerichtet, einen kurzen Halt macht. Bei aller Schärfe der Charakteristik, die es zu einem der besten Beethoven-Bildnisse erhebt, gibt uns das Blatt eine aus künstlerischer Intuition geborene Versinnbildlichung des Wesens des großen Künstlers, des einsamen Menschen, dessen einzige Freuden seine Kunst und der Umgang mit der Natur geblieben waren. Er mag von einer Seelenstimmung befangen gewesen sein, ähnlich der, in welcher er die Worte niedergeschrieben hatte: „Keinen Freund hab' ich, ich muß mit mir allein leben; ich weiß aber wohl, daß Gott mir näher ist, wie den andern in meiner geliebten Kunst . . ."

Die Männerchöre von C. Steinhauer haben nach wie vor auf den Gesangwettstreiten großen Erfolg und zwar sowohl die volkstümlichen als auch die größeren Chöre des Komponisten. Soweit wir bis jetzt erfahren haben wurden auf den Wettstreiten des vergangenen Sommers mit nachstehenden Steinhauerschen Chören Preise erzielt: „Am Rhein" (1. Preis, IV. Klasse in Kray), „Der Rhein" und „Nachtgruß am Rhein" (beide mehrfach), „Abschied von der Heimat" (mehrfach), „Stehn zwei Röslein gar so schön" (1. Haupt-Ehrenpreis, erzielt vom Quartettverein „Rheingold"-Krefeld), „Alt Heidelberg" (1. Preis der I. Klasse in Oberhausen, Rhld.), „Trost in der Ferne" (mehrfach). — Da wir demnächst eine eingehende Würdigung Steinhauers als Musiker und Komponist zu bringen gedenken, so wären wir den Vereinen, welche in diesem Jahre mit Steinhauerschen Chören Preise erzielt haben, für bezügliche Mitteilungen dankbar. — Wir machen noch darauf aufmerksam, daß die Aufführung der Chöre Steinhauers, mit Ausnahme der bei Leuckart-Leipzig erschienenen, frei ist.

Der Bonner Männergesangverein wird im November unter seinem Dirigenten Felix Krakamp zum ersten Male in der Musenstadt die Sinfonie-Ode „Das Meer" von Jean Nicodé zur Aufführung bringen.

„Die heilige Katharina" ist der Titel einer dramatischen Legende, mit deren Vertonung sich gegenwärtig Edgar Tinel, der Komponist des rühmlichst bekannten Oratoriums „Franziskus", beschäftigt.

Max Regers erstes grösseres Chorwerk für fünfstimmigen gemischten Chor und großes Orchester „Gesang der Verklärten" wird demnächst im Druck erscheinen.

„Ahasvers Erwachen", das bislang in Basel und Bern aufgeführte große Chorwerk Hegars (gemischter Chor, Soli und Orchester), soll im November auch in Philadelphia zur Aufführung kommen.

„Die Geschichte einer Mutter" ist der Titel eines Chorwerkes, dessen Fertigstellung den bekannten dänischen Komponisten August Enna gegenwärtig beschäftigt. Der Text ist dem gleichnamigen Andersenschen Märchen entnommen. Den gleichen Stoff unter demselben Titel hat übrigens auch noch Otto Naumann, der Komponist des „Junker Uebermut", für Solo, Chor und Orchester komponiert. Beide Werke dürften im Winter ihre Uraufführung erleben.

Schwedische Sänger in Amerika. Der Sängerchor der südschwedischen Universität Lund konzertiert z. Zt. in Nord-Amerika. Sein erstes Konzert wurde in New-York zum Besten der Witwen- und Waisenkasse des Norddeutschen Lloyd veranstaltet, auf dessen Dampfer „Kaiser Wilhelm der Große" man über die Atlantis gefahren war. Die Sängerchöre der schwedischen Universitäten gleichen einigermaßen den bekannten spanischen Estudiantinas oder Studentengesellschaften, welch letztere aber mit dem Gesang auch den Tanz verbinden. Fast noch beliebter als die Schweden ist im Norden der

Deutsche Sänger in St. Louis. Der Brooklyner Sängerbund „Arion" konzertierte in den ersten Septembertagen im Deutschen Hause; nach dem „Sang an Aegir" dankte der Reichskommissar Lewald den Sängern in einer Ansprache, in welcher er auf das rege Interesse hinwies, das der Kaiser am deutschen Liede nehme. Der Präsident des Sängerbundes, Engelhardt, brachte ein Hoch auf den Kaiser aus.

Das Pariser Lamoureux-Orchester unternimmt im Oktober eine Kunstreise durch Deutschland; Konzerte sind vorgesehen in nachfolgenden Städten: in Köln, Düsseldorf, Elberfeld, Bremen, Hamburg, Berlin, Dresden, Leipzig, Frankfurt a. M., Mannheim, Stuttgart und Straßburg.

Das vierte litauische Musikfest wird in den Pfingsttagen des nächsten Jahres zu Memel stattfinden. Es werden sich daran beteiligen die größeren Orchester und Chorvereinigungen aus Memel, Gumbinnen, Tilsit und Insterburg. Das Programm soll u. a. Händels „Israel in Aegypten" und Bruckners „Tedeum" enthalten.

Der Zentralverband deutscher Tonkünstler und Tonkünstlervereine, dem der Berliner Tonkünstlerverein, der Verein der Musiklehrer und Musiklehrerinnen zu Leipzig, der Münchener Musiklehrer- und -Lehrerinnenverein, der Kölner Musiklehrer- und -Lehrerinnenverein sowie der Kölner Tonkünstlerverein angehören, hielt am 24. und 25. September in der Wolkenburg, dem Vereinshause des Kölner Männer-Gesang-Vereins, seinen zweiten Delegiertentag ab. Am Samstag Vormittag wurden die Berliner Delegierten seitens des Vorstandes des Kölner Musiklehrer- und -Lehrerinnenvereins und des Tonkünstlervereins in der Wolkenburg begrüßt, worauf der Delegiertenausschuß zu einer Sitzung zusammentrat. Die Verhandlungen begannen Sonntag Vormittag. Der Vorsitzende des Zentralverbandes, Herr Kapellmeister Adolf Göttmann, begrüßte die Versammlung und gab der Freude Ausdruck, daß es trotz der großen Schwierigkeiten endlich gelungen sei, eine Organisation zu schaffen, welche den Musikerstand in sozialer Hinsicht zu heben und zu kräftigen berufen sei. Herr Generalmusikdirektor Fritz Steinbach hieß die Delegierten herzlich willkommen, dankte denselben für ihr bisheriges tatkräftiges Arbeiten und versicherte, er werde nach Kräften an dem idealen Werk mitarbeiten. In das vom Vorsitzenden ausgebrachte Kaiserhoch stimmte die Versammlung begeistert ein. Hr. Dr. Neitzel verbreitete sich über die Wichtigkeit der angestrebten Pensionsanstalt. Der Statutenentwurf für die Pensionsanstalt sei in den Hauptpunkten annehmbar. Sodann wurde in die Beratung des Statutenentwurfes eingetreten. Über einzelne Paragraphen entspann sich eine lebhafte Debatte, an der sich die Herren Prof. Franke, Hausmann, Sternberg, Schäfer und Fräulein Ax (Siegen) beteiligten. Der Entwurf wurde schließlich mit geringen Abänderungen angenommen. Weitere Fragen pädagogischer Art (Unterricht, Honorar, Musiklehrerprüfung, unlauterer Wettbewerb, Referent Rich. J. Eichberg) beschäftigten die Versammlung am Nachmittag. Die Bildung des Bureaus ergab Wiederwahl der bisherigen Herren: Kapellmeister Göttmann (Vorsitzender), Komponist Rich. J. Eichberg (Schriftführer) und Prof. Schröder (Schatzmeister), sämtlich in Berlin.

Der zweite „Musikpädagogische Kongress" findet in den Tagen vom 6.—8. Oktober in Berlin statt; der Vorstand des „Musikpädagogischen Verbandes" lädt alle Musikpädagogen Deutschlands und des Auslandes zu reger Beteiligung ein. Die Aufgaben des Kongresses gliedern sich in drei Gruppen: 1. Allgemeine musikpädagogische Fragen wissenschaftlichen und theoretischen Inhalts in Bezug auf die Um- und Ausgestaltung der Seminare zur Ausbildung für das Lehrfach; 2. Der Kunstgesang und die Ausbildung der Gesangslehrkräfte; 3. Reformen auf dem Gebiete des Schulgesangs.

Richard Wagner Stipendien-Stiftung. An die Bayreuth-Besucher hat die Verwaltung der vorgenannten Stiftung mittels Aufrufs die Bitte um Beiträge für den Fonds der Stiftung gerichtet. Es heißt in dem Aufruf u. a.: „Die nach dem Wunsche Richard Wagners im Jahre 1882 begründete, von der Festspielverwaltung gänzlich unabhängige und vom Staate anerkannte Richard Wagner-Stipendien-Stiftung ist das letzte

Herz gelegt hat. Er hat es von jeher betont, daß solche Kunstfeste nur dann der Ausdruck einer wahrhaft nationalen Kultur sein können, wenn von der Teilnahme nicht solche ausgeschlossen sind, „denen mit der Dürftigkeit das Los der meisten und oft tüchtigsten unter Germaniens Söhnen zugefallen ist.“ Die Stiftung hat bis jetzt einen Grundstock von circa 105000 Mark angesammelt. Es wäre das würdigste und einzig in des Meisters Sinne gelegene Denkmal, wenn bis zu seinem 100. Geburtstage im Jahre 1913 durch Jubiläumsspenden der Grundstock der Richard Wagner Stipendien-Stiftung auf mindestens eine Million Mark gebracht würde.

Felix Mottl über moderne Musik. Auf dem Salzburger Musikfest, das in den Tagen vom 11.–14. August stattfand, hat Mottl eine bemerkenswerte Rede gehalten, in der er u. a. sagte: „Mozart ist für uns Musiker das Heiligste, was wir uns denken können. Ich habe nie recht verstehen können, wenn man bei Mozart immer nur von Heiterkeit und von der gewissen Schönheit spricht. Es schien mir, als glaube man, daß Mozart nur die Oberfläche der Erscheinungen berührt hat. Mozart war aber der tiefste und innigste Mensch, der je gelebt hat. Heutzutage gibt es in der Musik so viel Modernes, Unwahres, Häßliches, Scheußliches, was sich fälschlich Fortschritt nennt, daß man glücklich sein muß, wenn man zu den heimischen Penaten zurückkehrt. Mozart war der kühnste Neuerer, den es je gegeben hat; er war der fortschrittlichste Musiker, der je gelebt; denn er hat wirklich etwas ganz Neues, Unerhörtes in die musikalische Kunst gebracht: er hat die einzelnen Instrumente sprechen gelehrt, er hat ihnen Seele gegeben — mit einem Wort, durch Mozart ist die Musik in einem gewissen Sinne erst entdeckt worden.“

Papst Pius X. über die Kirchenmusik. Charles Bordes, der Leiter der „Schola cantorum“ in Paris, teilt im „Figaro“ aus einer Audienz, die der Papst ihm gewährte, interessante Äußerungen Pius X. über die Refor[...]
musik mit, die ihm vorschwebt. „Ich kenne d[...]
keiten, die dieser Reform entgegenstehen“, äuße[...]
„ich weiß, auf welchen Widerstand sie stoße[...]
nicht das Werk eines Tages, die Tanz- und O[...]
der Kirche zu verjagen, die christlichen Musik[...]
der gregorianischen und polyphonen Kunst de[...]
derts zurückzuführen und dem liturgischen Ge[...]
sprüngliche Reinheit wiederzugeben. Man muß [...]
ditionen, die eingewurzelt sind, bekämpfen u[...]
Geschmack des allgemeinen Publikums zu Fel[...]
Papst fragte dann weiter, so erzählt der Franz[...]
Messe in St. Peter beigewohnt und welchen Ein[...]
gorianischen Gesänge auf mich gemacht hätte[...]
von der Bewunderung, die dieser grandiose [...]
geflößt hatte, als er unter dem Gewölbe der Pe[...]
alte römische Kantilene anstimmte. „Ich habe [...]
meinte der Papst, „daß nicht alle Welt Ihrer M[...]
Pius X. wollte auch meine Meinung über die ga[...]
hören. Da erinnerte ich mich der jämmerlic[...]
die die silbernen Trompeten beim Eintritt des [...]
stimmt, und wagte zu bemerken: „Es hat [...]
hl. Vater, als ob es eine einzige Unvollkomme[...]
Ehe ich noch weiter sprechen konnte, rief de[...]
Tromben, ja, ja, die Tromben, ich bin es an de[...]
gewahr geworden; sie werden von nun an [...]
spielen.“ Der Papst kam noch auf die weng[...]
Gebräuche zurück, die in den italienischen S[...]
anderswo herrschen. „Ich liebe alle Arten Mu[...]
Bach, die großen Symphoniker und selbst d[...]
der Oper, aber ich will, daß die Oper im Thea[...]
Musik ist wundervoll, aber ihr Platz ist nicht [...]
sie hat ihn allmählich an sich gerissen, — wir [...]
raus zu verbannen wissen . . .“

P. Ed. Hoenes

HOFLIEFERANT **Trier**

empfiehlt:

Schulgeigen,

sauber ausgearbeitet und leicht ansprechend.

No.	Die Preise verstehen sich ohne Bogen.	Mk.
2	Modell **Straduarius**, Ebenholzgarnitur, gut im Ton	9.—
3	„ „ in feinerer Ausführung	12.—
4	„ **Stainer**, goldbraun, hochgewölbt	15.—
5	„ **Amati**, gelbbraun, oder **Straduarius**, dunkelbr.	16.—
	Dieselbe als Damengeige in 7/8 Größe	16.—
6	„ **Guarnerius**, dunkelbraun, matt	18.—
7	„ „ goldbraun, rote Wirbel	20.—
8	„ **Maggini**, gelbbr., Elfenbeinsattel, Doppelschnecke	24.—
9	„ **Straduarius**, rotbraun oder lichtbraun, fein ausgearbeitet	25
	Dieselbe als Damengeige in 7/8 Größe	25.

No. 1, 2, 3, 5 und 9 sind in 3/4 Grösse zu gleichen Preisen vorrätig

Orchester- und Sologeigen.

Die Instrumente sind nach echten alten Original-Meisterwerken getreu imitiert; für unbedingte Preiswürdigkeit hinsichtlich Ausarbeitung und Tonfülle übernehme ich jede Garantie.

No.		Mk.
10	Alt-Imitation **Amati**, rotbraun, ganzer Boden	25.—
11	„ **Straduarius**, lichtbraun	30.—
12	„ **Stainer**, goldgelb, hochfein gearbeitet	36.
13	„ **Guarnerius**, tief dunkelbraun, hochfein gearbeitet	40
14	„ **Gaspar da Salo**, braun, hochf. gearbeitet	60.—
15	„ **Maggini**, gelbbraun, vorzüglich gearbeitet	75.—

Gute alte gespielte Violinen zum Preise von Mk. 50.— an sind stets am Lager.

Reparaturen werden unter billigster Berechnung auf das Sorgfältigste ausgeführt

Violinbogen.

No.		Mk.
1	Einfach, Ebenholzfrosch	0.75
2	**Brasilholz**, Ebenholzfrosch, sehr solid gearbeitet	1.20
3	„ mit Schieber	1.50
4	„ mit Schieber und Bahn	2.—
5	„ mit voller Garnitur, beste Arbeit	3.
6	Echt **Schlangenholz**, volle Garnitur	4.
7	„ **Fernambuk**, einfach	6.
8	„ „ mit voller Garnitur	8.
9	„ „ mit Elfenbeinfrosch	12
10	„ „ mit echter Silbergarnitur	15.

No. 1 bis 3 auch in 3/4 Grösse

Violin-Holzetuis.

No.		Mk.
2	Schwarz, ohne Schloß	2.50
3	Schwarz, mit Schloß	3.—
4	Schwarz, mit Schloß und Kugelgriff, stärker gearbeitet	4.
5	Dasselbe, mit Springer	5.
6	Dasselbe, ganz gefüttert	7.—
7	Dasselbe, in feinerer Ausführung	9.—
8	**Mahagoni**, fourniert, ganz gefüttert, mit Springer	12.
9	**Nussbaum**, fourniert, ganz gefüttert, mit Springer, Nickelgarnitur	15.
10	Dasselbe, mit Samt gefüttert	18.

Violinfutterale.

Der Form der Violine angepaßt, sehr leicht, praktisch und dauerhaft.

No.		Mk.
11	Cotton-Ueberzug, ganz gefüttert, mit Schloß und Anleger	7.
12	Dasselbe, mit Mittelbug und Springer	9
13	**Kautschuk** Ueberzug, mit Mittelbug und Springer	12
14	Dasselbe, mit Samt gefüttert	15
15	**Leder** Ueberzug, mit Samt gefüttert	18.—

Vereins-Abzeichen

GESANG VEREIN GIESENKIRCHEN

Allen Vereinsbedarf

Bühnen-Malerei

liefert bestens

Wilhelm Hammann

Rheinische Fahnenfabrik,

Düsseldorf.

Kataloge versende ich gratis und portofrei.

Soeben erschien in Buchform:

Der Deutsche Männerchor

von

A. König.

Preis Mk. 1.—.

Heinrich vom Ende's Verlag, Trier.

Zu beziehen durch jede Buch- u. Musikalienhandlung.

Soeben erschien:

Allgemeiner Deutscher

MUSIKER-KALENDER 1905.

XXVII. Jahrgang, 2 Bände.

Bd. I geb. Bd. II brosch. Pr. Mk. 2. —.

Raabe & Plothow, Musik-Verlag

Berlin W. 62, Courbièrestr. 5

Arno Spitzner's Verlag

(Arno Spitzner),
Leipzig, Bauhofstr. 4.

Weit über 1000 Vereine
zählen zu ihrem festen Stamme:

„Elsula", Männerchor mit Soloquartett von Hans Wagner, op. 36. Part. Mk. 2.— no., Stimmen (à 30 Pfg. no.) Mk. 1.20 no.

Von durchschlagendem Erfolge!

„Tanzliedchen", **„Mädel flink auf den Kranz"**, von Franziskus Nagler. Part. Mk. 0.60, Stimmen (à 15 Pfg.) Mk. 0.60. Massenchor d. Pr. Provinzial-Sängerb. (102 Ver.), des Erzgebirg. Sängerb. (87 Ver.), des Niedersächs. Sängerb. (153 Ver.) usw.

Hervorragende Männerchöre:

Delfs, Chr., Deutsches Aufgebot. Mit Tenor-Solo und Klav.- oder Orch.-Begl. Klav.-Ausz. Mk. 2.— no., Stimmen (à 40 Pfg. no.) Mk. 1.60 no.

Laugs, Robert, op. 12. No. 1. **Sehnsucht.** Durch Innsbruck bliesen die Jäger. Part. Mk. 1.—, Stimmen Mk. 0.80.
— op. 12. No. 2. **Abschied.** So reich' mir noch einmal die Hand., Part. Mk. 0.80, Stimmen Mk. 0.60.
— op. 14. No. 1. **Jeriede.** Ballade. Sie lachte so hell, und der Troß war weit. Part. Mk. 1.20, Stimmen Mk. 1.—.
— op. 14. No. 2. **Wirtstöchterlein.** Es war einmal ein schlauer Wirt. Part. Mk. 1.—, Stimmen Mk. 0.80.

Nagler, Franziskus, op. 10. No. 1. **Siehst du das Meer?** Part. Mk. 1.—, Stimmen Mk. 0.80.
op. 18. **Sonnengesang.** Goldne Sonne sei gegrüßt. Part. Mk. 1.—, Stimmen Mk. 0.80.

Herr **Professor Litterscheid** in **Koblenz**: Dann imponiert mir gewaltig **der grossartig schöne, herrlich klingende und hochfein gearbeitete Prachtchor: „Sonnengesang"** von Franzikus Nagler, eine **wirklich strahlende, effektvolle Komposition.** Es hat mir aufrichtig Freude gemacht, dieses Meisterwerk kennen zu lernen, und es wird **für mich persönlich ein Genuss werden,** dasselbe demnächst einzuüben und kunstgerecht und vollendet dem Publikum hier vorzuführen.

Robert Schwalm:
Abschied. O du herzliebes Schätzelein.
Soldatenlied. Mein Schatz hat mich betrogen
Ganz im Geheimen. Steh'n vor den Leuten wir.

Anton Maier: Op. 85. No. 1. **'s Sternerl.** Es glänzen und blitzen die Sternerl.
— No. 2. **Unterm Lindenbaum.** Komm, Mädel, gib mir deine Hand.

No 3. **Roselchen.** Roselchen, Roselchen schlaf ein geschwind. **Ein herzinniges Liedchen, das stets da capo verlangt wird.**

Zum Weihnachtsfeste:

Weihnachten in der Waldherberge. Festspiel für 9 Personen und kl. Chor von Paul Gläser. Klavier-Ausz. und Regiebuch Mk. 3.10 no.

Der Weihnachtsengel. Festspiel für Kinderchor, Soli und Klavier. Klav.-Ausz. und Regieb. Mk. 3.60 no.

„Weihnacht", für Männer- oder gemischten oder 3 stimmigen Chor, Sopran-Solo, Violin-Solo und Klavier von Fr. Hesse. Klavier-Ausz. Mk. 5.— no.

Sehr wirkungsvoll und dankbar:

Nagler, Fr., „Fatm", Operette in einem Aufzuge.
Die Operette wird überall mit **grösstem Beifall** aufgenommen, da die Musik **durchweg** vorzüglich ist.

Schöne, H., „Ein Glückstag in Tirol", Singspiel in einem Aufzuge.

Nur meine Firma betreibt Verlagsgeschäfte und gehören nur die unter der Firma:
Arno Spitzner's VERLAG
angekündigten Werke meinem Verlage unbedingt an.
Arno Spitzner,
Hof-Musikalienhändler, Leipzig, Bauhofstr. 4.

Bezugsquellenregister.

Vereinsfahnen.
Kölner Fahnenfabrik,
Arnold Steiger, Köln.

Buchbinderei
E. A. Enders, Leipzig.

Abzeichen für Gesangvereine.
Muster an Vereine postfrei.
Adolf Belada, Wien VII 2.
Mariahilferstr. 54.

Banner, Fahnen, Schärpen, Abzeichen.
Thüringer Fahnen-Fabrik Coburg.

hoft gearbeitete ...
mente jeder ...
stellungsorte ...
Markneukirch ...
Illustrierte ...
umsonst und ...
angegeben, ...
gekauft werden ...

Diplome, Urkunden
Fest- und Vereins-
abzeichen, Lampions
Fackeln etc.
Leberecht Fliesner
Leipzig-R. ...

Verlag von **F. E. C. Leuckart** in Leipzig

Soeben erschien:

Meine Göttin

Dichtung von Goethe
für
Bariton-Solo, gemischten Chor und Orchester
von
A. von Othegraven
Op. 21. *Text deutsch und englisch.*

Klavier-Partitur netto M 3,—. Jede der vier Chorstimmen ... Partitur und Orchesterstimmen. Erläuterungsschrift ...

Die Uraufführung findet in einem der ersten der bevorstehenden Saison im Gürzenich zu Köln ... des Generalmusikdirektor **Fritz Steinbach** ...

„Sehr klangschöne edle Musik . . . Der Komponist ... in der Anwendung der Chromatik, er erreicht dadurch ... Wirkungen, die darum doch nicht weniger tiefgehend ... unmittelbar empfundene Wärme und reiche Melodik ... dürften ihm bei einer Aufführung zu einem starken Erfolg ...

Berner Bund Nr 152 ...

Soeben erschien in **neuer Auflage,** nachdem die erste Auflage von **1000** Stimmen **in 6 Wochen vergriffen:**

C. Steinhauer,
op. 75
„Ein Stündlein wohl vor Tag" (Ed. Mörike, **geb. 1804**) für **Männerchor in Volksliedweise** komponiert.
Part. 60 Pf., 4 Stimmen 80 Pf.

Dieses technisch leicht ausführbare Lied hinterließ auf dem großen Gesangwettstreite in Oberhausen am 7. August als aufgegebener Chor einen außerordentlichen und tiefgehenden Eindruck.

Partitur gerne zur Ansicht
Oberhausen (Rhld);
Selbstverlag des Komponisten.
In Kommission bei
H. vom Ende, Trier.

Farbenprä...
Diplom...
für Gesang...
geeignet al...
Preisurkund...
ohne Eindr...

Königl. ...
H. St...
in **Würz...**

Man verlange ...
Illustrierte ...
zu ...

Der Deutsche Männerchor

von **A. König.**

Einleitung.

aber nach fünfhundert Jahren kam ich des-
Veges gefahren*, sprach Cidher, der Ewigjunge
o ehedem sein Auge die Stätten der Menschen
war jetzt eine blühende Trift, da flutete später
störende Meer, da erstand wieder nach fünf-
hren eine stolze Stadt. Hätte die Wanderlaune
ungen Gott durch die Gebiete des Männer-
geführt, er hätte kein halbes Jahrtausend ge-
m an wechselvollen Bildern Blühen und Ver-
beobachten, denn schon in dem Säkulum seines
zeigt der deutsche Männergesang ein Bild,
mählich dem eben geschilderten: Zuerst die
bäude aus der Zeit der Begeisterung, dann
berflutende See, bis schließlich wieder festes
ucht, das in der Hoffnung auf eine schöne
h neu belebt.
ibe. Wer einer Studie zur Geschichte des
nges Interesse entgegenbringt, kennt Dr. El-
ichte des volkstümlichen deutschen Männer-
leren umfangreiche 2. Auflage vermuten läßt,
eue Arbeit auf diesem Gebiete ihre Berechti-
mehr zu erweisen vermag. Indessen ist es
um Entstehung und Wachstum der Sänger-
en, um das Volkstümliche im Gesang, also
ebung des nationalen Gesichtspunktes zu tun.
den Chronisten der Titel seines Werkes ent-
wenn er die Bilder der Tonsetzer nur mit
ichen zeichnete, ihre Werke meist nur dem
h aufführte und insbesondere die großen,
Schöpfungen nur nebenbei berührte. Ich
en Anteil der Sängervereinigungen an der
des Männergesangs nur in Kürze darlegen
e vielmehr zu untersuchen, wie sich der
als Kunstgattung entwickelt hat, welche Ge-
ie einzelnen Meister erobert haben, welche
weiten Bereiche der Musik er einzunehmen
was wir für die Zukunft zu erhoffen haben.
so mehr die Tätigkeit der Sänger, hier die
sten ins Auge gefaßt.

ckelung des Männergesanges.

als Feststimmung im Kreise der Männer
wollte, da mögen Lieder erklungen sein;
nige Männerchor als selbständige Kunst-
sich aber noch nicht lange das Feld er-
rmag es ernsthafter Kritik gegenüber nur
ng aller Kräfte zu behaupten.
gen Dämmerlicht der Klosterkirchen, sollte
sei der Männergesang erblüht, und in der
Tat findet der eifrige Sucher nicht wenig alte Kompositionen für Männerstimmen — ad äquales*) nannte man sie —, keineswegs doch so viel, als der reiche Schatz klassischer Kirchenmusik vermuten läßt. Commers Musica sacra bietet eine Auswahl solcher Sätze. Neben diesen kirchlichen Kompositionen finden sich — wie ja im Mittelalter tiefster Ernst und ausgelassenster Übermut nebeneinander stehen, — komische Männerchöre auf die Worte Venerabilis barba capucinorum.

Die Meistersinger, welche den mehrstimmigen, kunstmäßigen Männergesang nicht kannten, treten späterhin mehrmals in direkte Beziehung zu den Liedertafeln, indem die wenigen bis ins 19. Jahrhundert fortbestehenden Reste Hans Sachsscher Herrlichkeit verschiedene Liedertafeln zu ihren Erben einsetzten. Ein schlimmes Omen! Ist's doch, als sei manches von dem kleinlichen, spießbürgerlichen Geiste jener Handwerkerdichter auf die Liedertafeln übergegangen, deren seichte Literatur jeden Vergleich mit den wässerigen Erzeugnissen der Meistersängerei aushält und deren Bestrebungen, wie bei den Meistersingern, vielfach nicht auf Kunstübung, sondern auf gesellschaftliche Belustigung hinauslaufen.

Die klassische Periode schaute vornehm auf den in seinen Mitteln so beschränkten Männerchor herab. Sie wollte aus vollen Strömen, nicht aus seichten Bächen, schöpfen und benutzte den Klang der Männerstimmen nur als Gegensatz zum gemischten Chor. Hie und da finden wir in Händelschen Oratorien einen Satz. Beethoven hat in kontrapunktisch musterhafter Weise den Männerchor für die düstere Stimmung des Gefängnisses in Fidelio benutzt. Die etwas lebenslustige und leichtfertige Oper, wie sie aus Frankreich zu uns gekommen, hat von jeher in Männerchören ihre schlagendsten Wirkungen erzielt. Im ganzen verrauscht das Flittergold des Theaters rasch und selbst Glucks Musik, die wiederholt den Männerchor verwertet, ist nur mehr für den musikalischen Feinschmecker. Rechnen wir zu Mozarts Chören aus der Zauberflöte und zu seinem allbekannten Bundeslied noch etliche Nummern in Cherubinis Opern, sowie Beethovens berühmten Derwischchor, so haben wir fast alles, was unsere klassische Periode auf dem Gebiete des Männerchors Nennenswertes erzeugt hat. Ein Herzensbündnis ist's nicht gewesen, dem diese musikalischen Kinder entsprossen sind, und das ist leicht begreiflich für den, der den Schwerpunkt der Klassizität in der Symphonie erkannt hat. Die i. J. 1788 entstandenen Arbeiten M. Haydns, wohl die ersten ohne Begleitung geschriebenen, zählen hier nicht, weil sie ausgesprochenermaßen für Quartett berechnet waren.

*) Für gleiche Stimmen, d. h. Männerstimmen.

Als Zelter, äußerlich veranlaßt durch Zusammenkünfte mit Freunden in der Singakademie, 1809 die erste Liedertafel gründete, im begeisterten Hinblick auf König Arthurs Tafelrunde, im künstlerischen Streben beeinflußt durch Goethes hohe Gestalt, da lag wohl alles näher, als der Gedanke an das Volkstümliche, den gerade die Liedertafeln später so gehegt haben, wiewohl der vaterländische Gedanke der Zelterschen Liedertafel keineswegs fehlte. Nur die Befreiung aus den beengenden Fesseln dieser Liedertafel gab neugegründeten Vereinen die Kraft, das Feuer ihrer Begeisterung in das Volk zu tragen. Der hohe Flug der Gemüter nach den Befreiungskriegen bewährte sich als mächtiger Bundesgenosse, und bald fand sich in Weber der Künstler, welcher Körners jugendfrischen Texten seine kernigen Weisen vermählte. So hängt der nationale Gehalt des Männergesanges, wie er sich bis in die letzte Zeit herein mit immer deutlicher werdender Verflachung erhalten hat, direkt mit den Befreiungskriegen zusammen.

Der schweizerische Gesang mit seiner Volkstümlichkeit bildete bald einen Gegensatz zur Abgeschlossenheit der vornehmen Zelterschen Liedertafel. Der bedeutendste Förderer erwuchs dem schweizer Gesang in H. G. Nägeli, der sein ganzes Leben seinem Volke und besonders dessen musikalischer Ausbildung widmete. Nägeli, der die höhere Kunst nicht bloß von „Repräsentationen" ausüben lassen, sondern sie zum Gemeingut des Volkes machen wollte, wurde durch seine Bestrebungen geradezu der Begründer des Männerchores als einer selbständigen Kunstgattung, und die Chorgesangschule Nägelis spricht sich bereits in vollkommen klarer Weise über das eigentümliche Wesen der Männerchorkomposition aus.

So ergibt sich zunächst für die Liedertafeln nach Zelterschem Muster und den schweizer Gesang wenig Gemeinsames: dort der aristokratische, hier der demokratische Zug, beides als getreues Abbild der Volksart — dort ein der gesellschaftlichen vielseitigen Bildung entsprechender Text, hier meist Vaterlandslieder — dort zunächst der Quartettsatz, hier von Anfang an der Chor. Beiderseitige Annäherung erfolgte übrigens bald, indem gerade das vaterländische Lied den norddeutschen Vereinen Leben und Begeisterung einhauchte und indem die anfänglich sehr einfache schweizer Weise durch Nägelis Bemühungen dem Kunstgesang angenähert wurde. Die beiden Quellen des kunst- und des volksmäßigen Gesanges vereinigen sich auf diese Weise bald zum breiten Strome. Die äußere Form der anfänglichen Gegensätze ist die norddeutsche Liedertafel und der süddeutsche Liederkranz.

Fruchtbaren Boden fand der Männergesang in Schwaben und Thüringen; fernerhin ist mit seiner Geschichte der Name Schleswig-Holsteins unlöslich verknüpft. Das nicht gerade im Rufe besonderer Sangeslust stehende Holstein rief den deutschen Gesang zu Hilfe gegen die Herrschaft der Dänen, und das damals allerorten gesungene „Schleswig-Holstein, meerumschlungen" beweist, welch begeisterten Nachhall die Bestrebungen des kleinen Landes in ganz Deutschland fanden. Die sangesfreudigen Rheinlande traten natürlich bald der Sache des Männerchores näher — mit welch künstlerischem Ernst, zeigt der Umstand, daß 1837 auf dem Sängerfest in Mainz Löwes ziemlich schwieriges Oratorium „Die eherne Schlange" aufgeführt wurde. Auf rheinischem Boden erstand dem deutschen Sängerwesen seine berühmteste Vereinigung, der Kölner Männergesangverein. Die in [illegible] beliebten Volksfeste mit Harmoniemusik waren

dort der Entwicklung des Männerch[illegible]
ließen die später auch nach Deutsch[illegible]
Gesangwettstreite entstehen. Übrigens [illegible]
Ausland, wo Deutsche sich zusammen[illegible]
chor in heimischer Zunge. So bewährt [illegible]
neuen Welt der Gesang seine einigende [illegible]
die Deutschen vor amerikanischen Au[illegible]
schafft unseren Stammesangehörigen [illegible]
Mitbürgern. Selbstverständlich findet [illegible]
im Männergesang stets ein Mittel, [illegible]
zu erinnern, und auch Elsaß-Lothringen [illegible]
Frankreichs Herrschaft deutsche Männer[illegible]

Der Männergesang dürfte eine [illegible]
Eigenart sein, denn selbst dem Musiker, [illegible]
ländischer Literatur fleißig umgesehen [illegible]
kaum etwas namhaftes aus der Fremd[illegible]

Den Höhepunkt deutschen Sänger[illegible]
die Zeit um 1845 mit ihren großen Sä[illegible]
ersten derselben, mehr dem Gedanken [illegible]
selligkeit Raum gebend, brachten [illegible]
ohne vorherige Probe. Bald aber [illegible]
nach künstlerischen Leistungen, [illegible]
wurden aufs Programm gesetzt. [illegible]
unbefangene, gemütliche Leben und [illegible]
feste durch den wachsenden künstler[illegible]
Einbuße erleiden. Um auch dem [illegible]
den kleinen Vereinen Rechnung [illegible]
man das Augenmerk wieder mehr auf [illegible]

Die leider durch die großen Ver[illegible]
gelockten Festbummler haben natürlich [illegible]
des Männergesanges nicht genutzt. [illegible]
Festen eine künstlerische Bedeutung [illegible]
es der schon von einem Berichterstatter [illegible]
Dresdener Sängerfestes erwähnte Um[illegible]
über dem alles überwuchernden Virtuo[illegible]
gemeinen Musikfeste das rein per[illegible]
den Hintergrund gedrängt wird.

Wenn man der fördernden äußer[illegible]
denkt, die das fast zu rasche Aufblühen [illegible]
Männergesanges und der damit [illegible]
denen Gesangvereine begünstigten, [illegible]
Behörden zu erwähnen, welche der [illegible]
vaterländischen Begeisterung natürlich [illegible]
kamen. Andrerseits nahmen Regierende [illegible]
tischen Bestrebungen der Sangesbrüder [illegible]
kein Bedenken, die Vereine in gewalt[illegible]
Weise zu unterdrücken. Neuerdings [illegible]
deutsche Kaiser sein Interesse dem [illegible]
gewandt und zwar ausgesprochenerma[illegible]
des patriotischen Gedankens halber. [illegible]
Männergesang von Anfang an ein [illegible]
Gepräge gegeben hat. Auf die [illegible]
haben die Preiswettsingen zunächst [illegible]
eingewirkt; leider brachten sie sehr [illegible]
idealen Sinn Zerstörende im Gefolge [illegible]
sind unverhohlen die Vorwürfe erh[illegible]
konkurrierenden Vereine bis zu [illegible]
der Preisrichter und groben Unehr[illegible]
erlaubte Verstärkung der aktiven [illegible]
stiegen haben. Diese Erfahrungen [illegible]
der seltsamen Erscheinung, daß in [illegible]
staunlichsten Leistungen im Preis[illegible]
Konzertleben der Männerchöre ganz [illegible]
unsere ernsteren Elemente unter den [illegible]
verdienten Verurteilung dieser [illegible]
künstlerischen Einrichtung geführt.

Welche Bedeutung hatte der Männergesang bisher?

„Was uns eint als deutsche Brüder, — — das sind unsrer Heimat Lieder". Der Gesang half im Mutterlande den nationalen Gedanken fördern, im Auslande die deutschen Stammesbrüder einigen; er half nationale und politische Gegensätze verwischen und eine Annäherung der Stände herbeiführen; er wurde vielfach ein Bindeglied zwischen dem sangeslustigen Volk und den anfangs dem Männergesangwesen nicht sonderlich holden Fachmusikern. Es ist keine Frage, daß durch die Vereine ein Stück musikalischer Bildung ins Volk getragen wurde, leider freilich oft Scheinbildung. Selbst die Pflege froher Geselligkeit, wie sie sich zumal bei den großen Sängerfesten zeigt, wollen wir nicht gering anschlagen.

Und nun: Warum hat sich bei all diesen schönen Errungenschaften und bei aller Beteiligung ernsthafter Musiker an den bisherigen Bestrebungen des Männergesanges die bessere Kritik bis jetzt so ablehnend gegen denselben verhalten können? Es ist ein schlimmer Vorwurf, wenn man eine Musik der Liedertäfelei bezichtigt.

Was ist Liedertäfelei?

Um zunächst das Schlimmste, gar nicht im Wesen der Musik Begründete zu sagen: Ehrgeizigen Männern ist die deutsche Vereinsduselei die Leiter zum Erklimmen gesellschaftlicher Stellungen. Festreden, gesellige Veranstaltungen, humoristische und theatralische Aufführungen bringen freilich mehr Ehren ein, als jene stille, segenbringende Vorstandsarbeit, die dem Dirigenten die Wege ebnet. Und die Sänger? Wenn Bier und Tabak die Zeichen sind, unter denen die geselligen Zusammenkünfte stehen, was Wunder, wenn da geistige Trägheit und spießbürgerliches Wesen sich breit machen? Bequemlichkeit aber gebiert den Hang zur Sentimentalität, die der Deutsche ohnedies seine Buhle nennt. Dazu kommen noch die geringe musikalische Durchschnittsbildung der Liedertäfler und die in der Natur begründeten engen Grenzen des Männergesangs, um die meisten Liedertafelleistungen auf ein so erschreckend tiefes Niveau herabzudrücken, wie wir es bei kaum einer anderen Kunstgattung wiederfinden. In der Männerchorliteratur zeigen sich die erwähnten Übelstände zunächst in der Melodie, die auch in den besseren Werken vielfach nur eine gefällige, nicht tiefgehende ist. Der den Liedern vielfach anhaftende sentimentale Charakter zeigt sich oft in Durchgangsnötchen, auch in Vorhalten von unten.

Die Äug-lein, die blau-en.

chromatisch durchgehend:

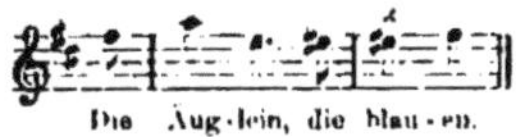
O Rös-lein jung.

Die platte Behaglichkeit der meisten Melodien mag, weil sie eben weder Verstand noch Arbeit beim Auffassen voraussetzt, die Menge so sehr anziehen. Der Sinn für eine gesunde, kernige Melodie ist wesentlich getrübt worden durch die so gern gesungenen Lieder à la Koschat. Nicht, als ob Koschat keine guten, auf gesunder Volkstümlichkeit beruhenden Werke aufzuweisen hätte, aber das schrecklich sentimentale „Verlassen bin i" hat unendlich viel verdorben.

Diese langsam gezogenen Töne — wir finden sie auch in Witts „Träne" — schleichen sich wie ein Gift ins Herz hinein. Die auf Dominant-Septakkord und Dreiklang beruhenden, auf Jodler hinweisenden, gebrochenen Akkordfolgen der Steirer usw. Lieder mit ihrer oft sinnlosen Textunterlage untergraben das Gefühl für mächtig hinschreitende diatonische Tonfolgen, wie sie die natürliche und gesunde Grundlage jedes Gesanges bilden, und wie wir sie z. B. bei dem gewaltigen, so sangbar schreibenden Händel finden. Der Jodler ist unseren Sängern in die Kehlköpfe gefahren und will, wie ein frecher Spatz, den erbeingesessenen Singvögeln den Platz streitig machen. Aus der vielfachen Verwendung des Dominant-Septakkords entsteht auch der im Gesang sonst gefürchtete übermäßige Quartenschritt, welcher in der hier charakteristischen Art seiner Anwendung der Melodie etwas außerordentlich Weichliches verleiht. Die Kärntner-, Steirer-, Äpler- usw. Lieder haben auch das sentimentale Solo im 1. Baß — „Bariton" nennt er sich seit Neßlers seligem Trompeter mit Selbstgefühl — groß gezogen. — Die Motivbildung der Melodien zeigt als Charakteristikum vielfach, daß sie auf allerkleinsten Teilen beruht.

Kreutzer.
In - nig und wahr, lau - schend und klar.

Ach, der Früh - ling ist ge - kom - men.

Sehr oft findet sich der Vorhalt des Quart-Sextakkordes, der wiederum in Melodie und Harmonie Weichlichkeit verursacht.

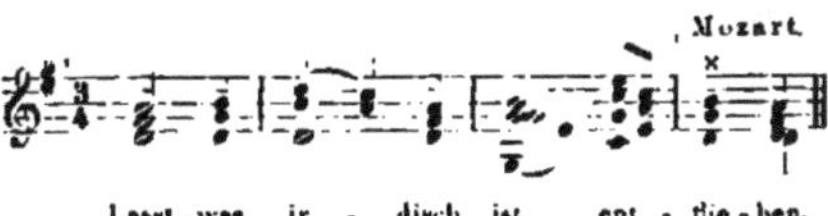
Mozart.
Lasst, was ir - disch ist, ent - flie - hen.

Motive mit wirklich charakteristischem Gepräge, wie nachstehendes von Baldamus, sind in Liedertafelgesängen selten.

Hörst in den Lüf - ten du das fer - ne Klin - gen?

Man kann ganze Stöße Liedertafelmusik durchsehen, ohne etwas anderes als die einfältigsten Phrasen zu finden.

Allzuoft erwächst das Motiv aus Akkorden heraus, ohne doch die Prägnanz zu erreichen, welche z. B. Wagners akkordische Bildungen (Schwertmotiv usw.) zeigen.

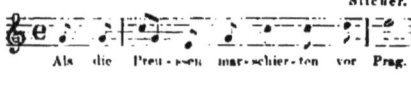

Silcher.

Als die Preu-ssen mar-schier-ten vor Prag.

Nägeli.

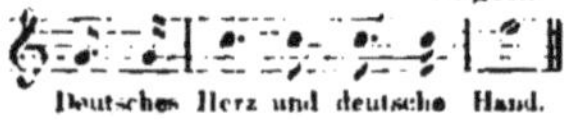

Deutsches Herz und deutsche Hand.

(Ferner: Hinaus in die Ferne usw.)

Leider ist die Liedertafelmusik vielfach von dem Gift des leichtfertigen französischen Couplets, wie es die fast ausschließliche musikalische Kost unserer Tingeltangel bildet, durchdrungen worden.

Als ein sehr abschreckendes Beispiel dieser Art nenne ich einen Sängermarsch in der Sammlung Germania, dessen abscheulich triviale Melodien ich lieber gar nicht hierhersetze.

Kräftige Rhythmen sind dem Männergesang nicht gerade unbekannt, wirklich originelle jedoch nicht häufig, wie denn auf dem Felde der deutschen Musik das etwas fremdländische Kraut eigenartiger Rhythmen nicht sonderlich zu gedeihen scheint. Der Männergesang hat inbezug auf eintönigen Rhythmus vielfach schon das Möglichste geleistet; in manchen Märschen wird der Baß zu einer ganz gewöhnlichen instrumentalen Begleitstimme erniedrigt. Immerhin wird man entschuldigend zugestehen müssen, daß eigengeartete und leichtbewegliche Rhythmen mehr Sache der Instrumentalmusik als des Chorgesanges sind, dessen Schwergewicht mehr in kraftvoller Melodik und gesunder Stimmführung liegt.

Harmonie. Der Sinn für Melodie ist jedem Sänger eigen; in das Wesen der Harmonie einzudringen, ist nicht allzuvielen gegönnt. Der enge Raum, in den der Umfang der Männerstimmen die Harmonie zusammendrängt, der dumpfe, tiefe Klang der Mittelstimmen erschweren ohnedies die Auffassung durch das Ohr. Auch dürfte im allgemeinen die musikalisch-technische Ausbildung der gemischten Chöre eine höhere sein als die der Männerchöre. Diese Gründe erklären hinlänglich die oft trostlose Dürftigkeit der Liedertafelgesänge in harmonischer Beziehung, das ewige Steckenbleiben in Tonika und Dominante. Freilich gibt es auch wieder auf keinem anderen Gebiete unter den Tonsetzern so viele Pfuscher, die nicht nur jedes theoretischen Einblicks in das Wesen der Harmonie, sondern auch jedes feinen Gefühls für wohlklingende Tonverbindungen bar sind. — Erst allmählich beginnt der Männergesang die Errungenschaften der neueren Harmonik sich anzueignen. Daß man übrigens auch im engen Rahmen des Männerchors harmonisch interessant schreiben kann, bewies schon Schubert mit dem gerngehörten „Ruhe, schönstes Glück der Erde". Schließlich sei als harmonisches Charakteristikum der Liedertafelmusik außer der eben gerügten Dürftigkeit und den bereits oben erwähnten sentimentalen übermäßigen Quarten noch der vielfache Gebrauch des verminderten Septakkordes erwähnt, der mit seiner Verschwommenheit und Weichlichkeit so recht dem sentimentalen Wesen der Liedertafelmusik entspricht. — Am drückendsten machte die musikalische Unbildung der Sängermassen ihren Einfluß hinsichtlich der Stimmführung geltend, und Stümper im musikalischen Satz, wie es die meisten Liederfabrikanten sind, taten ihr Möglichstes, um die Kunst in die Öde nacktester Homophonie zu bannen. Bei einzelnen ernster Denkender finden sich ja wohl verschämte Anläufe zu imitatorischer Arbeit, doch geht das Thematische meist bald in der Enge des Stimmengewirrs verloren.

Allmählich wurde es Komponisten und Sängern innerhalb dieser engen Grenzen unbehaglich, und wo es an großen Geistern fehlte, die dem Männergesang weitschauenden Blickes neue Wege zeigten, gerieten kleine Geister in Sackgassen und Sümpfe. Einige Zeit tat's ihnen das Jodeln an, aus dem dann das Echo erwuchs. Die früher so beliebten Summ- und Brummlieder fangen nun doch allmählich den Sängern fad zu werden an; die Erfindung dieser wunderbaren Kunstart ließ die Vereinssterne im hellsten Glanze ihrer Stimmen erstrahlen, den sentimentalen Baritonisten und den butterweichen Tenoristen. Die Dürftigkeit des Chorklanges mußte rauschende Blechmusik mit dem Mantel christlicher Nächstenliebe zudecken, und die nachgerade doch langweilig werdenden Gesänge von Lied, Liebe und Wein wurden durch das Humoristische „bereichert", das mit seinem Froschgequak usw. nur zu bald in läppisch-fades Wesen ausartete. Die Wahl der bei den Sängern und infolgedessen auch bei den Komponisten pflichtschuldigst beliebten Texte dürfte auch dem in musikalischen Dingen weniger Urteilsfähigen die Augen öffnen über die tiefe Geschmacksverirrung so vieler Liedertafeln. Von Rossini erzählt man, daß er gute Verse erst in schlechte habe umarbeiten lassen, weil ihm die guten alle Musik vorwegnähmen; nun — er und Mozart haben auch zu den albernsten Texten schöne Melodien fertig gebracht. Unsere Männerchor-Komponisten brauchen sich um schlechte Texte besorgt zu sein; Dichtung und Musik sind in ihren Erzeugnissen meist gleichwertig, nämlich gleich miserabel. Die „Dichter" arbeiten mechanisch an ihrem Webstuhl; ein gut Stück Sentimentalität ist der Zettel; „Gott, Liebe und Vaterland" sind der Einschlag, und so entstehen jahraus jahrein nach derselben Schablone die gleichen „Muster": Liebeslieder, bei denen man im rauchigen Zimmer vom Wald und Sonnenschein und Mondlicht schwärmt; Kriegslieder mitten im Frieden, Lieder vom „lieben Herrgott" in einer religionslosen Zeit, nur die Trinklieder sind am Platz.

Die Summe unserer Betrachtungen: In der breiten Volksmasse haben die Liedertafeln ein Stück musikalischen Verständnisses angebahnt, leider aber auch den Geschmack vielfach verdorben.

Und doch sind die Kritiker kritiklos, die Männerchor und Liedertäfelei schlechthin zusammenwerfen. Wird auch niemand die Erzeugnisse der Männerchor-Komponisten neben eine Beethovensche Symphonie stellen wollen, so haben doch jene kleinen Talente eine Reihe echter Perlen in den Strahlenkranz der Musik geflochten. Wie die Meister dieser musikalischen Kleinkunst schrittweise ein Gebiet ums andere zu erobern suchen — was der Männergesang immer noch für das musikalische Leben zu bedeuten vermag —, dies darzustellen ist meine Aufgabe. Es kommt mir darauf an, in großen Zügen die Grund- und Ecksteine des weit verzweigten Baues zu betrachten. Ecksteine sind bekanntlich Steine des Anstoßes, man geht ihnen gern aus dem Weg, und daher mag es kommen, daß viel von dem hier Angeführten in der Praxis fast unbekannt ist. Darum frisch auf zur fröhlichen Fahrt!

(Fortsetzung folgt.)

Der Deutsche Männerchor

von **A. König.**

(Fortsetzung.)

Der künstlerische Ernst.

In statu nascendi, versichern uns die Naturforscher, habe die jugendliche Mutter Natur eine wunderbare Zeugungskraft, die der alternden allmählich verloren gehe. Da ist's wohl nicht zu verwundern, wenn auch der Männergesang gleich am Anfang eine Reihe seiner schönsten Blüten getrieben hat. Es war zunächst

das Lied,

las in großen und kleinen, einfachen und kunstvollen Formen seine Ausbildung fand. **Nägeli**, dem Begründer les Männergesanges, gebührt hier eine erste Stelle: nicht, veil sich seine Kompositionen als unvergängliche Sterne m musikalischen Himmel erwiesen hätten, sondern weil r mit sicherem Blick und fester Hand dem Männergesang zunächst die Bahnen vorgezeichnet hat. Das in ielen Kompositionen sich breit machende Weibliche und Veichliche haßt der urwüchsige Schweizer, und von liesem Standpunkt aus verwirft er die damals so beiebten M. Haydnschen und Callschen Quartettsätze. Die lelodie Nägelis ist eine einfache, schlichte, sozusagen hne Konzession ans Instrumentale, ohne Neigung zur 'onmalerei, so wie er sie eben für seine Sänger brauchte. n der Form ist noch das einfachste Liedschema erkennar, und in der Regel ist Note gegen Note gesetzt. 'rotzdem einzelne seiner Chöre heute noch zum eisernen estand der Liedertafeln gehören, ihrer frischen, männchen Melodien halber, würde man dem **Komponisten** ägeli kaum eine eingehendere Würdigung zuteil werden ssen, wäre nicht der Mann der Schöpfer des volksimlichen schweizer Männergesanges.

Den oben erwähnten Liedern **Calls** schreibt Riehl ı der Allgemeinen Deutschen Biographie „eine süße, äufig in opernhaften Koloraturen prangende Kantilene iit Begleitstimmen von nahezu instrumentaler Figurierung nd Rhythmik" zu. Von **Rungenhagen** wird behauptet, aß er die Brummstimmen in den Männerchor eingeführt abe. Beide zeigen also das Streben, das Gebiet des ännergesanges nach der koloristischen Seite zu beichern, was nicht mit der eigentlichen Tonmalerei verechselt werden darf. Jene Verwendung eigenartiger egleitungen, insbesondere der Brummstimmen, streift art an das, was R. Wagner Wirkung ohne Ursache ennt, sie ist rein äußerliches Effektmittel. Dadurch ernedrigt sie die Kunst, und wie die Erfahrung lehrt, hat ungenhagen mit seiner Erfindung dem Männergesang nen schlechten Dienst erwiesen. Verdi soll freilich in inem Othello mit derartigen, das Sturmgeheul nachahmenn Brummstimmen eine ganz außerordentliche Wirkung erelen: hier handelt es sich aber um ein der Natur der Sache nach schließlich nicht zu verdammendes Ausdrucksmittel. Verwunderlich ist es, daß ein solchen Mätzchen offenbar nicht gerade geneigter Kunstfreund im Chorgesang 1892 S. 405 von dem guten Eindruck berichtet, welchen der finnische Studentenchor aus Helsingfors durch Kompositionen mit solcher Begleitung hervorgerufen habe ... „es waren hauptsächlich die Musikstücke für Soli und Brummstimmen, deren Wirkung geradezu eine verblüffende war". Freilich — „verblüffend" ist just das rechte Wort. Hier wie überall zeigt sich's also, daß jeglichem menschlichen Ding fast schon von der Wiege an der Irrtum das Geleite gibt.

Für die Ausgestaltung des Liedes wurde zunächst C. M. v. **Weber** von Bedeutung, der begeisterte Sänger der Freiheitskriege, der in kurzen, kernigen Weisen seinen flammenden Gefühlen Ausdruck gab. Gedrängte, packende Melodien, lebendiger Rhythmus, interessante Harmonisierung im engen Rahmen sind den Chören Webers eigen, von denen heute noch „Lützows wilde Jagd" und das „Schwertlied" stets ihrer Wirkung sicher sind. Das Strophenlied hätte ruhig auf Webers Bahnen weiter wandern dürfen. Was den Weberschen Chören eine so bedeutsame Stelle in der Entwicklung des Männergesangs anweist, ist also keineswegs eine Erweiterung der Form, die vielmehr die denkbar einfachste ist — sondern die Erfüllung dieser Form mit einem starken, individuellen Inhalt, das Vermögen, in hervorragender Weise mit der Musik tonmalend dem Texte zu folgen, wie wir es so ganz außerordentlich im Freischütz finden, ohne daß indes die Kantilene instrumentalen Charakter annimmt, wie bei späteren Komponisten. In edler Erfassung der Aufgaben Weber verwandt, doch nicht von so zündender Wirkung, sind Spohrs Männerchöre, die aus seinen Opern stammen. Überhaupt haben es die Opernkomponisten romantischer Richtung nicht leicht ohne einen Männerchor getan, und mit den derben Effekten der Theatermusik haben sie das Repertoire der Vereine um ein paar Schlager bereichert, ohne indessen damit der künstlerischen Entfaltung des Männerchores einen besonderen Gefallen erwiesen zu haben. **Wagners** Jugendsünde Rienzi steuert die stark an Meyerbeer anklingende Schlachthymne der Römer bei, deren Gegensatz der rhythmisch und melodisch so originelle Matrosenchor aus dem Fliegenden Holländer bietet, später kommt der dankbare Pilgerchor aus Tannhäuser dazu. Den Männerchören **Marschners** kamen die Eigenschaften des bedeutenden Dramatikers sehr zu gute; seine Kompositionen sind frisch und packend und werden durch ihren musikalischen Wert und ihre volkstümliche Melodik noch lange einen ehrenvollen Platz behaupten. — Nach Weber hatte den meisten Einfluß auf die Ausgestaltung des deutschen Männergesanges und besonders des strophischen Liedes Mendelssohn, einer der besten Namen auf diesem Gebiete. Ist auch nichts Großes unter Mendelssohns Chören, so muß man ihnen, abgesehen von der blühenden Melodik, die Sorgfalt nachrühmen, mit welcher der feinfühlige Komponist seine Texte wählte. Wären Mendelssohns Chöre nicht, wie man sagt, „abgedroschen“, sie würden wohl noch viel mehr auf den Programmen auch der großen Vereine stehen, ihre gesunde Melodik würde das verdienen. Das bekannteste dieser Lieder ist „Der Jäger Abschied“. Wiewohl sich nun Mendelssohns Kompositionen aus der großen Menge bedeutsam herausheben, so wirken sie doch nur durch ihren poetischen Gehalt und bedeuten in formeller Beziehung keinen wesentlichen Fortschritt über Weber und Marschner. Es war nur Mendelssohns populäre Melodie, die zur Nachahmung reizte; und von den wenig kraftvollen Nachfolgern wurde der Mendelssohn eigene Zug ins Weiche zum Sentimentalen verkehrt.

So erlitt Mendelssohns Richtung in Otto und Abt eine Verflachung, wenn auch beide (und eine Reihe Nachahmer) noch manchen beliebten Chor geschrieben haben. Durch Weber und Mendelssohn war zunächst das Strophenlied als eine für den Männerchor geeignete Kunstgattung, zu vollendeter Ausbildung gelangt. Kreutzer, eine der Hauptsäulen des deutschen Männergesangs, hat dem

durchkomponierten Lied

Eingang verschafft und ist dadurch der wichtigste Komponist einer zweiten Periode des deutschen Männergesangs geworden. Kreutzer — und liegar, ich möchte sie immer zusammenstellen. Man hat viel Aufhebens von dem Schweizer gemacht, und wenn ich genau zusehe, finde ich seine Hauptvorzüge in anders gearteter Individualität schon bei Kreutzer: charakteristische Tonmalerei und Bestimmung der musikalischen Form durch den Text. Bei diesem Prinzip mußte für beide Komponisten die Auswahl glücklicher Texte von größter Bedeutung sein. Für Kreutzer war die Landsmannschaft Uhlands von Einfluß, dessen herrliche Dichtungen er in kongenialer Weise vertonte. Das stellt Kreutzers Lieder auf eine so hohe Stufe. Bewundernswert ist die außerordentliche Mannigfaltigkeit der über 100 Nummern zählenden Kompositionen, die leider mangels einer billigen Gesamtausgabe großenteils in Vergessenheit gerieten. Als unerschütterliche Ecksteine im Bau des Männergesangs sind geblieben: „Dir möcht ich diese Lieder weihen“ und „Das ist der Tag des Herrn“, während einzelne der weniger bekannten, feinen Lieder noch heute in großen Konzerten nach meiner Erfahrung außerordentlichen Erfolg zu erzielen vermögen. Kreutzers Chöre sind nicht leicht. Bei einzelnen denkt man noch unwillkürlich an das frühere Männerquartett, denn Stellen wie die folgende, sind von großen Massen kaum gut auszuführen.

Überhaupt erfordern Kreutzers Chöre im Vortrag tüchtig geschulte Sänger, wie nebenstehende Beispiele beweisen mögen.

Nach - - - - - - te
(Schwer zu singen!)
Nähe.
Nur Schmet - - ter - lin - - ge
flat - tern durch die - se Ein-sam-keit.

Das Streben nach steter Fühlung mit dem Text führt den Komponisten manchmal auf instrumentale Wirkungen.

Die lin - den

Daß unter einer so großen Zahl von Männerchören vieles Minderwertige unterläuft, bedarf kaum der Erwähnung. Zu den auch heute noch ihrer Wirkung sicheren Chören rechne ich „Märznacht“, „An das Vaterland“, „Die beiden Kapellen“, „Lauf der Welt“, „Frühlingslied eines Rezensenten“ (wenn mit trockener Komik vorgetragen), „Sonst und Jetzt“, „Frühlingsandacht“, „Waffentanz“, „Schäfers Sonntagslied“.

Zu einigen dieser Chöre ist eine etwas dürftige Klavierbegleitung vorhanden. In den unbedeutenderen Chören ist zuweilen die Harmonie unbegreiflich dürftig, wo es ganz leicht gewesen wäre, sie interessanter zu gestalten, und vielfach wird die Melodie durch die tieferen Stimmen überschnitten.

Die Fortsetzung unserer Wanderung im Gebiete des Männergesanges zeigt uns die Entwicklung immer sicherer Liedformen. Gegenüber dem streng geschlossenen, knappen Satz Webers und Mendelssohns finden wir bei Kreutzer durchkomponierte Lieder, wenn auch mäßigen Umfangs.

Schubert, der Unerschöpfliche, hat in großen und kleinen Formen den Quell seiner Melodien sprudeln lassen. Dem Brauch seiner Zeit gemäß waren Schuberts Chöre wohl vielfach noch für Quartett gedacht und wurden auch so vorgetragen; selbst heute noch sind diese Gesänge nur für bessere Sänger geeignet. Soviel Schönes und Wertvolles Schubert auch in Männerchören geschaffen, so kann ich mich doch nicht von seiner bahnbrechenden Bedeutung auf diesem Gebiete überzeugen. Nur einmal hat Schubert seinen Blick höher gerichtet und in seinem „Gesang der Geister über den Wassern“ neue Wege gezeigt. Schon die Wahl des odenmäßigen, gedankenschweren und bilderreichen Goetheschen Textes ist von Bedeutung. Inhaltlich bietet die Komposition nichts Neues, es ist dieselbe süsse Melodik, wie wir sie bei Schubert immer finden; auch die klare Form ist ein Erbteil Schuberts. Interessant ist vielmehr die dem Wesen des Männerchores wie der feierlichen Stimmung der Dichtung angemessene Begleitung von Violen, Cellis und Kontrabässen. Im Grunde genommen gehört aber der Gesang der Geister wegen der obligaten Begleitung nicht mehr zum Gebiet des freien Männergesanges, und wegen seiner durch den Text bedingten wechselvollen Form nicht mehr in das Gebiet des Liedes. Wenn auch Schuberts Kompositionen wenig zur Entwicklung des Männerchores beigetragen haben, so würde doch manches unter ihnen eine liebevollere Pflege verdienen.

Eine Reihe kleinerer, nach Schuberts Zeit entstandener, wertvollerer und im ganzen konzertfähiger Chöre sind im Verzeichnis genannt. Von vornherein muß ich mich aber nach zweifacher Richtung verwahren: 1. daß dieses Verzeichnis ein erschöpfendes sei — wer könnte die riesige Literatur des Männerchores übersehen und alles wirklich Gute aufführen?; 2. daß man mir aus der Bezeichnung „konzertfähig“ keinen Vorwurf mache; nicht nur hängt die Konzertfähigkeit teilweise von der Geschmacksrichtung des Dirigenten ab — und selbst bei guten und musikalisch gebildeten Dirigenten werden sich Differenzen ergeben —, auch die Gattung der aufzuführenden Werke ist von Einfluß, und selbst in guten Männerchoraufführungen wird nach Umfang und selbst Inhalt manches noch konzertfähig sein, was im Symphoniekonzert nicht ungerügt hingehen könnte. Übrigens — wie vieles in bewunderten Oratorien und gar in Opern steht durchaus nicht höher als unsere besseren Männerchöre! Diesen eigentlich konzertgemäßen Gesängen schließt sich eine Reihe kleiner Chöre im besseren Liedertafelstil an. Auch hier muß ich gleich einem Mißverständnis begegnen: als ob man nämlich zwischen diesen und den vorhin genannten immer eine scharfe Grenze ziehen könnte. Mancher Dirigent wird die in zweite Linie gestellten Chöre noch ganz wohl für konzertfähig erachten. Auch will ich ausdrücklich bemerken, daß ich gegen diese Chöre, wenn sie auch keine hervorragenden Kunstwerke sind, die Vorwürfe der Liedertäfelei nicht erhebe.

Die kleineren Chöre im guten Liedertafelstil sind zahlreich. Eine Auswahl nach festen Prinzipien ist kaum möglich. Zu erwähnen ist mancherlei von Dregert (Zieh hinaus, Über Sternen wohnt der Friede, Heimliches Ständchen usw.). — Mohaupt, op. 22 III: Unterm Machandelbaum (leichtes, gefälliges Liebeslied). — Steinbauer, op. 32: Waldeinsamkeit (4 Hörner oder Klavier; leicht, einfach); op. 40: Minnelied (sehr zart); op. 27: Abschied von der Heimat (einfach, leicht, stimmungsvoll). — Hirsch, op. 59 III: Heidenröslein (zierlich); op. 28 II: Das Röslein (schlicht); op. 32 IV: Es fliegt manch Vöglein (heiter); op. 60 IV: Erinnerung (gut, ernst): op. 31 I: Liebespost (zart); op. 27 I: Nachtigall (volkstümlich, zart). — Herbert, op. 20 I: Die versunkene Stadt (zart, auf vokale Wirkung berechnet). — Sturm, op. 53 II: Der Wanderbursch (leicht, melodiös). — Reinhold, op. 11 II: Abschied der Zugvögel (gut). — Grammann, op. 41: Reiner durchs Feuer (Altsolo, Orchester). — Rheinberger, op. 48 II: Heerbannlied (ein kräftiger Chor). — H. v. Ende, op. 14: Heimgang aus dem Walde; op. 16 II: Ach Elslein; op. 16 III: Aus der Rosenzeit; op. 17 II: Das deutsche Lied; op. 18 IV: Der Sommer und der Sonnenschein; op. 21 V: Das Kätzchen; op. 18 III: Nun segn' dich Gott; op. 21 I: Mädchen, warum weinest du. (Alles melodiöse, gefällige Lieder im Volkston). — Gageur, Die Krone im Rhein. — Heuschmann, Paulinzelle (recht einfach, gefällig, mit Glocke!). — Harthan, op. 47: Im Lindengrund (weich). —

H. Hofmann. op. 87 II: Wie lange noch? (sehr frisch, mittelschwer). — Köllner, op. 126: Verlorene Liebe (volkstümlich). — Lassen, Zwiegesang (eigenartig, fein). — Ludolfs, op. 17: Einkehr; op. 19: Am Meer. — Pache, op. 92 IV: Möcht' wohl ein Vöglein sein (schlicht); op. 98 III: Im heimatlichen Tale. — Pauli, op. 7: Röslein, wann blühst du auf (schlicht). Plüddemann, Waldeinsamkeit (im pianissimo gehalten). — Schauss, Süße Heimat (frisch). — Reiser, Mein Liebster schied von mir (ansprechend, vom badischen Sängerbund preisgekrönt). — Ritter, op. 19 IV: Zur guten Nacht (einfach). — Woermann, op. 128 II: Geheimnis der Nacht (ernst). — Göpfart, Ave Maria. — Wilm, Op. 63: Ave Maria. — Kremser, op. 134: Hymne an die Madonna (mit Orgel und Harfe. Tenorsolo). — Reinthaler, op. 44 V: Volksliedchen: Wär' ich ein Brünnlein (anmutig); op. 44 II: Laßt uns die Täler suchen (mit Bariton, ruhig, anmutig). — Speidel, op. 52 I: Alpennacht (einfach. fast volksliedmäßig): op. 60 I: Im tiefsten Wald (getragen). — Wickenhausser, op. 11 II: Das macht das dunkelgrüne Laub (mittelschwer, fünfstimmig, leicht sentimental angehaucht). — Thuille, op. 21: Jagdlied (lebendig); op. 28 I: Im Frühling (schwungvoll); op. 23 I: Lacrimae Christi (Ballade mit humoristischer Pointe); op. 28 III: Ländler des Verliebten (Tanzlied); op. 23 III: Das Kätzchen (humoristisch); sämtliche Lieder sind nicht ganz leicht. — Scholz, op. 62 I: Am Alpensee (sehr ruhig; Stimmen selbständig). — Brambach, op. 72 I: Maiennacht (ruhig, mittelschwer). — Marschner, Sei unverzagt. — Fr. Mair, Wie die wilde Ros' im Wald (sehr hübsch). — Jansen, Das Blümlein (volkstümlich). — Böhme, op. 31 I: Abendlied (ernst). — Bungert, op. 28 I: Die Vertraute (gediegenes Liebeslied). — Köllner, op. 116 I: Morgenwanderung (hübsch, ruhig, mittelschwer). — Pache, Waldfrieden (einfach). — Wickenhausser, op. 20 I: Scheiden: Fahr wohl, mein Lieb (nicht schwer); op. 20 II: Wenn die Knospen brechen (heiteres Frühlingsliebeslied); op. 23 I: Elsula (mittelschwer, Liebeslied). — Plüddemann, Das Volkslied (frische, schlichte Melodie). — Woyrsch, op. 30 III: Thors Hammerwurf (kräftig, kurz, vaterländisch). — Abt, Blaue Luft (frisches Wanderlied). — Neubner, op. 42 II: Das erste Lied (leicht, lebendig). — Meyer-Olbersleben, op. 38 II: Morgenständchen (mittelschwer, munter, melodiös, nicht ganz kurz). — Filke, Elslein von Caub (sehr hübsch).

Wo soll ich aufhören? Hier nur die Versicherung, daß ich nicht nach persönlichen Gesichtspunkten einzelne Komponisten herausgesucht, andere hinweggelassen habe, sondern was mir der Zufall und der Beruf im Laufe der Jahre in die Hand spielten, habe ich geprüft.

Die Entwicklung des Männerchores drängt von da ab immer mehr auf Pflege der erweiterten Liedform, die denn auch mit den Mitteln moderner Harmonik arbeitet und vielfach ihre Unterstützung in instrumentaler Begleitung sucht. Es entstehen Reihen zusammengehöriger Lieder, die wir besser unter die zyklischen Formen einreihen; es entstehen größere Chöre, aber immer noch liedmäßigen Charakters; endlich entwickelt sich die

Chorballade.

Rheinberger, der letzte Bedeutende der nachklassischen Richtung, verdankt einen Teil seiner Beliebtheit den mancherlei Männerchören, die er geschaffen. Wenn unter diesen kleineren Werken nichts Bahnbrechendes ist, so hat der Komponist mit seinem „Tal des Espingo" ein mustergültiges Vorbild für die begleitete Chorballade hingestellt. Es ist durch dies Werk der Beweis geliefert, daß der ernste Balladenstil dem Männerchor wohl noch näher liegt als dem gemischten Chor; die düsteren Klangfarben, welche dem Wesen der Ballade so sehr entsprechen, sind gerade den Männerstimmen eigen. Auch mit anderen Balladen für Männerchor ist Rheinberger vor die Öffentlichkeit getreten, die vielleicht bekannter wären, wenn eben nicht das ganz vortreffliche „Tal des Espingo" ihnen sozusagen den Weg versperrte. Hierher gehört: „Die Rosen von Hildesheim" — Wittekind.

Eine hervorragende Arbeit in dieser Richtung, wenn auch nicht gerade als Ballade zu bezeichnen, ist Bruchs Salamis, ein bekannter, äußerst wirkungsvoller Chor, der aber vorzügliches Stimm-Material voraussetzt.

Auf dem Gebiete der Chorballade sind mancherlei Versuche gemacht worden (Gernsheim, „Grab im Busento" — Kretzschmer, „Geisterschlacht", — Gernsheim, „Odins Meerritt") ohne daß diese Werke an die Bedeutung von Rheinbergers „Tal des Espingo" heranreichten. Ein glücklicher Nachfolger hat sich in Grieg gefunden, dessen allbeliebte „Landerkennung" jugendfrische Töne in das sonst etwas düstere Gebiet der Ballade hereinträgt.

Schumanns Ballade „Des Sängers Fluch" ist gerade in ihrem chorischen Teil nicht bedeutend; das Wertvollere auf diesem Gebiet hat Schumann für gemischte Stimmen geschrieben.

Es ist von hier ab nicht mehr möglich, die besseren Kompositionen nach ihrem Inhalt als Lied, Ballade usw. ganz streng auseinanderzuhalten. Charakteristisch ist das Streben nach Erweiterung der Form und der Mittel, sodaß wir unter den besseren Werken kaum mehr dem einfachen Strophenliede begegnen. Der auf dem Gebiet des Sologesanges besonders durch Löwe so mannigfach ausgebildete Bau der Ballade hat ohne Zweifel zunächst auf die Gestaltung der vom Chor ausgeführten Ballade eingewirkt, und die einmal gewonnene reichere Form wollte dann der Tonsetzer auch in den mehr liedmäßigen Gesängen nicht gern missen.

Als Zeichen, daß auch neuere Komponisten dem ernsteren, bei dem großen Publikum deswegen freilich nicht immer beliebten Gebiet der Ballade sich zuwenden, seien noch folgende Werke erwähnt, die mir nur teilweise vorgelegen haben, wie aus den Bemerkungen ersichtlich ist: Necke, Schön Ellen (mit Sopran und Baritonsolo). — Woyrsch, Der Vandalen Auszug. — Pfitzner, op. 20: Schloß Hohentwiel (sehr ernst). — Speidel, op. 9?: Der König in Norge. — Sturm, op. 55 I: Sanheribs Untergang. — R. Becker, op. 93: Friedrich Rotbart. — Büchtger, op. 40: Wittekind. — Gernsheim, op. 10: Salamis. — Wallnöfer, op. 25: Gersprenz (mit Baß- oder Baritonsolo und Orchester). Renner, op. 48: Hans Dollinger. — Podbertsky, op. 121: Kaiser Rudolf. — Zöllner, op. ??: Heerschau. — Podbertsky, op. 108: Kaiser Karl in der Johannisnacht. — Saar, op. 36: Die Vätergruft. — Köllner, op. 117: Pharao (ein ernster Chor). — Möhring, Der Trompeter an der Katzbach. — Sturm, op. 39: Rolands Horn (Bariton, Orchester). — F. Mair, op. 32: Germanenzug. — Rheinberger, Germanenzug. — Bruckner, Germanenzug. — F. Mayr, An die Nacht (Männerchor mit Streichinstrumenten). — d'Albert, Arion. — Thuille, Lacrimae Christi (mit humoristischer Pointe). — Jos. Schwartz, Seemanns Heimfahrt (ein außerordentlich düsteres Bild). — Brambach, Loreley. — Wickenhausser, Am Ammersee (mehr liedmäßig). — Hutter, Zwei Könige; ferner: Die Ablösung (ein bedeutender Chor). — Meyer-Olbersleben, Totenvolk (ein ernster Chor, teilweise mit hübscher Kantilene). — Thuille, Der traurige Jäger. — Sturm, Der letzte Skalde. — H. v. Ende, op. 16 IV: Der traurige Jäger.

(Fortsetzung folgt.)

Der Deutsche Männerchor

von **A. König.**

(Fortsetzung.)

weiteren größeren Männerchorwerken, die mir
nicht zur Ansicht vorgelegen haben, und die
sch empfehlenden Besprechungen zitieren kann,
konzertmäßig zu sein scheinen, erwähne ich
e, um die Art der in ihnen betretenen Gebiete

Germanenzug (mit Mezzosopran und Bariton-
isch, op. 45: Die Krone am Rhein. — Geisler,
in mehrsätziges, wie es scheint, in seiner Idee
artiges Werk mit Sopran, Alt- und Tenor-
schreck, Begrüßung des Meeres. — Stehle,
Altsolo). — Hallén, op. 34: Nordlandskampf
n. — Türk, op. 18: Waldestraum. – Kömmenich,
· zauberische Spielmann (mit Sopransolo und
— Wiesner, op. 23: Bergfahrt (mit Tenor-
unzinger, Die Freihartsbuben. Ein Lieder-
Juber, op. 91: Meerfahrt. Ode. — Kaun,
nannsabschied (mit Bariton). — Rietz, op. 20:

ößeren Chören im besseren Liedertafel-
r vorgelegen, nenne ich: Baldamus, op. 49:
(mit Sopran- oder Tenorsolo; ein frisches
). — R. Becker, op. 16: Waldmorgen. —
40: Frühlingseinkehr (mittelschwer, frisch). —
, op. 68: Des Frühlings Wiege (mittelschwer,
s. Schwartz, Dem Rhein mein Lied (mittel-
ling (melodiös). — Schneider, Das deutsche
oquartett. Komposition älteren Datums). —
lmorgen (gut).
rößeren Chören reihe ich am besten etliche
d bekannt gewordene belgische, irrtümlich
ı bezeichnete Kompositionen an.
Stimmungsgehalt klingen diese Chöre an
sche Periode — etwa Mendelssohn — an;
bau huldigen sie mit ihrem vielfachen
aneinandergereihter kleinerer Sätze mehr
ler Mannigfaltigkeit, als dem einheitlicher
igentümlich erscheint uns, daß die Ver-
r Neigung zu Tonmalereien (z. B. Nach-
ecken) noch auf die bei uns längst abgetanen
verfallen. Soweit Riemanns Lexikon Aus-
l freilich diese Herren ihrem Geburtsjahr
nicht zu den Modernen zu rechnen; dies
des Umstandes, daß diese erst jetzt in
ekannt werdenden Chöre uns trotz des
Schöpfer nicht allzu bedeutend und in
altet vorkommen. Einzelnes davon würde
ıches wert sein, vorübergehend in unsere
genommen zu werden, schon um des
len, daß man allem redlich Gemeinten
en versuchen müsse. Von den mir vorliegenden, mit nur einer Ausnahme mit deutschem Text versehenen, bei O. Junne als ausgewählte französische Gesänge für Männerchor erschienenen Werken ist Soir d'été (nur mit französischem Text) ein recht einheitlich gestaltetes Werk, dessen Melodie zuweilen mit deutlicher Hinneigung zur Geigenkantilene gebildet ist; auch dieses kurze, stimmungsvolle Stück kann nicht ganz der Brummstimmen entraten. Die Geister der Nacht von Riga hat hübsche Partien und möchte unserem Geschmack am ersten zusagen, weniger dagegen Der Bergmann von demselben. Das spanische Lied von Jouret streift in seinem Tenorsolo etwas ans Triviale. L'Angelus und Nuit fantastique von Delsemme bieten sauber gearbeitete Musik ernster Richtung, nur etwas zu blaß, um auf die Dauer wirken zu können. Hier sind die Brummstimmen benutzt, um das Glockengeläute zu malen. Von zwei Tilmanuschen Chören ist der eine, Jeunesse (Hymnus an die Jugend), nicht bedeutend; der andere, Eburonen, zeigt dasselbe Suchen nach reicher Gliederung wie die eben erwähnten Chöre und verwendet Brummstimmen im ausgedehntesten Umfang. Riga hat sich mit einem Magnificat ins kirchliche Gebiet gewagt und damit einen glücklichen Wurf getan. Die Komposition ist auf altritualen Motiven aufgebaut, und hat ein hübsches kanonisches Duett zwischen Tenor und Baß, fordert aber im ganzen tüchtige Tenöre. Schließlich sei hier der wirkungsvolle, von Othegraven bearbeitete Chor: Schlachtruf und Gebet von Soubre erwähnt.

Da diese Chöre trotz mancherlei fremder Charaktereigenschaften doch auf Deutschland, die Heimat des Männergesanges, hinweisen, durften sie wohl auch in einer geschichtlichen Darstellung des deutschen Männerchors einen Platz finden.

Hierher gehört noch ein neueres balladenähnliches größeres Werk. Twardowsky von F. Pfohl (Dichtung von O. Kayser) ist ein ganz bedeutendes Männerchorwerk. Die auf modernen Pfaden wandelnde Komposition ist freilich wieder ein Beweis dafür, wie der neuere Tondichter, um den Ausdruck der Melodie zu vertiefen, oft ins Gebiet des Instrumentalen hinübergreift, ja vielfach instrumental erfindet und die Melodie, zuweilen etwas gewaltsam, dem aus der Situation erwachsenen Motiv anpaßt. Der Zauberer Twardowsky ruft vor den Augen des Königs das Schattenbild von dessen jüngst verstorbener Gemahlin herauf. Dies der ganze tatsächliche Inhalt, den der Komponist mit großer melodischer Kraft schildert. Selbstverständlich fällt ein Hauptteil der Aufgabe dem Orchester zu; wo ein tüchtiges vorhanden, mag das Werk entschieden Beifall finden und als Beweis gelten, daß der Männerchor auch im Gebiete des Kunstgesanges Aufgaben zu lösen hat.

Einen neuen Chor, „Meine Göttin“ von Berger, führe ich gleich hier auf, obwohl sein Text nicht als Ballade bezeichnet werden kann. Obwohl der Neuzeit angehörend, ist die Komposition nichts weniger als modern, ein mehr elegischer Gesang, dazu leicht ausführbar, sozusagen ein Ausruhen nach all der stürmischen oder schmerzdurchtränkten Musik unserer Tage.

Unter den Neueren, die wirklich mit Bewußtsein dem Männergesang neue Wege gesucht haben, möchte Cornelius an erster Stelle zu nennen sein.

Cornelius ist überall der schwärmerische, feine und originelle, in seiner Kleinkunst immer wieder neue Wege findende, und leider immer noch nicht genug gekannte Musiker. Trotz etlicher guter Arbeiten beruht seine Bedeutung für den Männergesang auf dem einzigen Lied „Der alte Soldat“. Ein neunstimmiger Männerchor — man hätte es für unmöglich gehalten! Es ist aber nicht sowohl ein neunstimmiger Satz, als eine dreichörige Komposition, in deren Anordnung sich wieder der originelle Cornelius offenbart. Drei Bässe beginnen in ruhig hinziehendem Gesang: es schwebt das Dunkel der Dämmerung, die Erdenmüdigkeit des alten Kriegers über diesen Klängen.

Dann stimmen die Tenöre eine Quinte höher einen 2. Chor an. Endlich treten Baß- und Tenorchor in Oktaven zusammen, und in diese gezogene Melodie schiebt sich ein leise in fast instrumentalem Charakter begleitender Mittelchor ein. — Ein anderer Chor von Cornelius, „Reiterlied“, macht ebenfalls den Versuch, Chöre gegeneinander zu stellen: zweimal vier Stimmen. So interessant diese Komposition sein mag, so glaube ich nicht recht an ihre Einbürgerung im Konzertsaal. Das durch den Text bedingte rasche Tempo gestattet der nicht langen Komposition eine eindringlichere Wirkung nicht; bis der Hörer recht zur Besinnung kommt, ist alles verrauscht. Die übrigen Männerchöre Cornelius sind klein, auch für die Entwicklung unseres Gebietes nicht von der Bedeutung wie „Der alte Soldat“, suchen aber durch mancherlei Experimente dem Männerchor neue Seiten abzugewinnen, so, indem sie zu ganz vorzüglichen Texten von Cornelius Melodien von Schubert und Beethoven verwenden. Sogar einen ganzen Marche heroique (in *g*-moll, ebenfalls „Reiterlied“ betitelt) hat Cornelius für Männerchor umgesetzt und mit einem sinnigen Text versehen — ein gewagtes, aber wie ich mich selbst überzeugt habe, durchaus nicht unmögliches Experiment.

Unter den Neueren ist Hegar jedenfalls der Bekannteste; durch die ihm innewohnende Kraft der Erfindung tonmalender Motive und durch seine frische Melodik hat er sich im Sturm die Herzen erobert und damit wohl auch mehr, als man im Augenblick übersehen kann, die Richtung der modernen Männerchorkomposition beeinflußt. Seine künstlerische Eigenart fußt zunächst auf einer konsequenten, sozusagen starren Anwendung des im Wagnerschen Musikdrama zutage tretenden Prinzips, daß der Text die Musik bestimme, auf die kleineren, lyrisch-epischen Formen des Chorgesanges. Eine Nachahmung des Wagnerschen Stiles findet indessen nicht statt, dazu besitzt Hegar eine zu starke Individualität. Der Komponist läßt den Aufbau seines Werkes durchaus von der untergelegten Dichtung bestimmen, und zwar in einem Grad, daß in einzelnen Liedern durch Tempowechsel die Einheitlichkeit des Satzes bedenklich gefährdet wird, wie z. B. durch das Elfengeflüster in der Johannisnacht. Ein Beispiel, wie die Musik in melodischer Erfindung und im Tempo durchaus den Worten der Dichtung folgt, bietet u. a. der bedeutende Chor „Rudolph von Werdenberg“: fortwährend neue Motive, die uns in musikalischer Verklärung das trotzige Grafenschloß, den blauen Alpensee, die gespenstige Stille, die aufsteigenden Nebel, das Erwachen der Ritter, den stolzen Grafen Rudolph, den Schlachtruf, das Geflüster der wilden Rose spiegeln. Welche Menge von Bildern! Ein fortwährendes Nachgeben im Tempo erhöht den Eindruck. Dabei schätze ich diese Komposition wegen der trotz der mannigfaltigsten Motive und der immerwährenden Nuancen im Tempo festgehaltenen Stileinheit. Wechselvollen Aufbau, bedingt durch den Text, findet man fast überall bei Hegar, und von der Einheitlichkeit der Form wie Nebeltag sind wenige seiner Kompositionen. Aus dem Grundsatz, daß der Text die Musik vollkommen zu bestimmen habe, ergibt sich nicht nur im großen die musikalische Form, sondern im einzelnen und in bezug auf die motivische Erfindung das Bestreben ausgedehntester Tonmalerei. Die große Menge musikalisch Verständiger und Unverständiger hat sogar diese Seite des Komponisten eher erfaßt als sein Formprinzip. Die Art, wie Hegar den Text illustriert, ist eine durchaus eigene, kraftvolle und hat ihm wohl hauptsächlich in so außerordentlich kurzer Zeit zu einem großen Rufe verholfen. Zudem weiß dieser Musiker sehr verschiedene Seiten anzuschlagen; der Ausdruck trotziger Manneskraft steht ihm ebenso zu Gebote, wie die Töne innig sehnsuchtsvoller Träumerei. Wir fühlen das Hinschleichen des Nebels („Nebeltag“), sehen die nach den ermatteten Soldaten tappende Riesenfaust („Totenvolk“), erkennen das Geranke des Efeus und das flüsternde Gekos der wilden Rose („Rudolf v. Werdenberg“). Frische Alpenluft weht uns entgegen, anders, als in den alten, sentimentalen Alpenliedern. Hegar hat oftmals kernige Töne gefunden und besonders eine Reihe sehr frischer Liedanfänge ist ihm geglückt. Auch die Quelle des Humors sprudelt bei Hegar; siehe das reizende Liedchen „Der Kleine“. In Hegar tritt uns eine geschlossene Individualität mit ausgesprochen schweizerisch-volkstümlichem Zug entgegen. Er ist, da er auf den Plan trat, nicht ein absolutes Neues gewesen, vielmehr hat ihm wohl eine glückliche Mischung von Altem und Neuem zu seiner großen Popularität verholfen. Die Melodien, wiewohl kräftig und stark individuell, zeigen doch Verwandtschaft mit der älteren Schule und neigen in allerdings unbedeutenden Einzelheiten sogar ein wenig zum Liedertafelstil. Auch in bezug auf Harmonie hat Hegar, obwohl er die bisherigen Errungenschaften glücklich ausnützt, kaum die äußersten Grenzen der modernen Richtung betreten. Sehr glücklich zeigt sich der Komponist in der Wahl seiner Texte, die vielfach aus Naturbildern bestehen, wobei von vornherein die Möglichkeit der Tonmalerei in erhöhtem Maße gegeben war. Auch das Gebiet der Ballade, das Hegar mehrmals mit Glück betreten hat, gibt durch den reichen Wechsel an Bildern Gelegenheit zu tonmalerischen Motiven.

Einer der originellsten unter den Neueren dürfte Curti (geb. 1854) sein, dessen Chöre erst in letzter Zeit anfangen, bekannter zu werden. Ein offenbar noch nicht ausgereiftes Kraftgenie, ist der jugendliche Komponist nach nur kurzem, verheißungsvollem Dasein aus dem Leben geschieden. Man hätte hoffen dürfen, daß er die

Literatur des Männergesanges um manches interessante Stück bereichert hätte. Eine hervorstechende Eigentümlichkeit seiner Werke scheint mir der Zug ins Instrumentale zu sein, was sich sowohl in der Erfindung der Melodien als in der möglichsten Ausnutzung eines Motivs kundgibt. Die technischen Schwierigkeiten Curtischer Chöre sind außerordentlich; daher wohl die geringe Verbreitung dieser Kompositionen. Ein Umfang in der Höhe bis zum zweigestrichenen c ist etwas, was bisher den Männerstimmen kaum im Ernst zugemutet wurde. Höchstens hat man diesen Ton als Knalleffekt an den Schluß gestellt, niemals in die Mitte, wie in dem Lied „Ein Sohn fürs Vaterland". Es ist eben der schäumende Jugendübermut, der noch im Ausschöpfen auch der gewagtesten Mittel eine lohnende künstlerische Aufgabe sieht. Curti ist eine, wie es scheint, dem Kraftvollen zuneigende Natur. Etliche Notenbeispiele mögen die Kühnheit seines Satzes beweisen.

Die Neuesten. Wenn ich unter diesem Namen eine Reihe von Komponisten zusammenfasse, so möchte

Der „Ring" von Winterberger ist ein eigenartiger Chor mit reicher Harmonie. Auffällig sind die kurzen Motive, die allerdings dem Ganzen einen martialischen Anhauch verleihen.

Othegraven hat aus dem Drama „Widukind" von H. Wette drei Gesänge komponiert, die nicht eben hervorragend, aber doch durchweg ernst gehalten sind. Die 2. Nummer enthält einen schönen Mittelsatz.

Etwas enttäuscht haben mich Pluddemanns Männerchöre, nachdem ich seine Balladen kennen gelernt und auch durch eine früher gehörte vorzügliche Wiedergabe von „Feuerrote Bohnenblüte" auf etwas Außergewöhnliches, Originelles gefaßt war. Nun sind aber Plüddemanns Chöre in der Melodie meist sehr einfach, in der Harmonie womöglich noch einfacher und kommen öfters den Bedürfnissen der Liedertafel entgegen.

Von den bei Siegel erschienenen Chören sind vielleicht folgende herauszuheben:

I. Der Sonne zu.

No. 1. Es ist ein Brünnlein geflossen — eine hübsche, volksmäßige Melodie.
No. 2. Feuerrote Bohnenblüte — bei aller Schlichtheit originell.
No. 3. Klinge, Sichlein — volksliedmäßig.
No. 6. Mein Rößlein, der Friedel — ein munteres Lied.

II. Von stiller Insel.

No. 1. Es wollt die allerschönste Braut.

III. Aus dem Dornbusch.

No. 6. Zwei weiße Tauben.

Für dankbar halte ich viele der Plüddemannschen Chöre und wohl wert, aufgeführt zu werden, wo man kleinere, liedermäßige, volkstümliche Nummern im Programm haben will.

Bruckner, der Symphonie-Gewaltige, hat auch ab und zu Männerchöre geschrieben, von denen in der Musikwelt wenigstens sein „Germanenzug" dem Namen nach bekannt ist. Eine frühere Komposition, „Das hohe Lied", hat Bruckner später derart bearbeitet, daß an Stelle eines Soloterzetts ein Tenorsolo, sowie ein aus Tenor und I. Baß bestehender Chor tritt, während für die früher gedachten Brummstimmen Bratschen, Celli und Kontrabässe eintreten; die Begleitung fällt 4 Hörnern, 3 Posaunen und einer Baßtuba zu. Der Chor „Abendzauber" ist mit Solo, 3 Jodlerstimmen und 4 Hörnern gedacht. Bruckners Männerchöre sind so wenig bekannt geworden, daß von einer Einwirkung dieser koloristischen Bestrebungen des großen Instrumentationskünstlers auf den deutschen Männerchor keine Rede sein kann.

R. Volkmann, auch einer der mit Unrecht wenig Gekannten, hat einen sehr bedeutenden Männerchor geschrieben: „Altdeutscher Hymnus" für Doppelchor. Die

Mikoreys „Nordische Sommernacht“, eine der jüngsten Kompositionen, ist eine ernst zu nehmende Arbeit, die freilich dem Männerchor keine neue Bahnen weist, vielmehr mit ihrem glanzvollen Orchesterkolorit doch ein Zugeständnis der Unzulänglichkeit des Männerchores bedeutet.

Thuille, ein rasch bekannt gewordener Komponist, der bei aller Neigung zum Modernen dem musikalischen Wohllaut nicht aus dem Wege geht, hat neben Chören, die in herkömmlicher Weise die Kraft des Männergesanges zur Geltung kommen lassen, dem Männerchor das Gebiet weicherer Stimmungen zugänglich zu machen gesucht. Zu ersterer Gattung gehört das kecke Landsknechtslied. Von letzterer Art sind: Der traurige Jäger, Jugend, Lied der Pilger. Die aufgewandten harmonischen Mittel sind im ganzen einfache, dagegen zeichnen sich die Chöre durch schönen Fluß der Stimmen aus. Das Pianissimo ist zur Erzielung eines elegischen Grundtones reichlich ausgenutzt, was diese an sich nicht sehr schweren Lieder doch nur sorgfältig arbeitenden Chören zugänglich macht, die sich sozusagen mit Andacht in diese weiche Stimmung zu versenken wissen.

An die eben erwähnte Art Thuilles erinnern mich einige hübsche Chöre von Reiter. Auch hier zeigt sich das Streben, piano und pianissimo zur Erzielung zarter Töne und weicher Stimmungen auszunutzen. Ferner weiß der Komponist durch Anwendung tiefster Baßlagen auch im einfachen vierstimmigen Satz eine weite Lage und damit Vollklang der Akkorde zu erzielen, was allerdings gute Bässe voraussetzt. Die erwähnten Eigenschaften zeigen sich z. B. in den Chören: Winterwanderung, Ruhe im Walde, Die Nachtblume, Im Herbste. Derartige Nummern mögen manchen Vereinen, die nur nach „Schlagern“ suchen, unbequem sein, da sie nur bei sorgfältigstem Studium zu guter Wirkung gebracht werden können und das Publikum im großen und ganzen doch wohl erst für eine neue, gute Richtung auf dem Gebiete des Männergesanges erzogen werden muß.

Woyrsch hat etliche gute Männerchöre geschrieben, die allerdings mehr der älteren Richtung zuneigen, so das frische Lied: Es jagt ein Jäger früh am Tag; den leichtbewegten, allerdings nicht für große, ernste Programme passenden Chor „Herbst“. Sehr zart und auch für gute Programme geeignet ist das kurze altgriechische Nachtlied. Das bei Thuille und Reiter erwähnte Streben nach Erzeugung elegischer Stimmung zeigt sich auch in den Chören Waldesnacht und Winternacht von Woyrsch, wobei allerdings meines Erachtens ersteren Komponisten mehr Ursprünglichkeit eigen ist. Ein recht origineller und wohl auch im gewöhnlichen Sinn wirksamer Chor ist Schnitter Tod mit dem jähen Wechsel der Tempi und dynamischen Schattierungen.

Ebenso durch Tempowechsel wirkend, recht hübsch, aber lange nicht so originell wie Schnitter Tod ist Wickenhaussers altdeutsches Ständchen, ein ganz kurzes Lied. In einem anderen recht hübschen Chor mit volkstümlicher Melodie — „Abschiedszeichen“ — hat Wickenhausser einen vollstimmigen, wohlklingenden Satz gegeben; bei der praktischen Ausführung im Chor pflegt solche Vollstimmigkeit freilich ebensosehr den Charakter des Unklaren wie des Kräftigen hervorzurufen. Ebenso hat der Chor Im Grabe einen interessanten, vielstimmigen Satz, der etwas an Cornelius erinnert.

Richard Strauß ist eine zur Zeit schwer zu beurteilende Erscheinung. Daß er einen Einfluß auf die Gestaltung des modernen Männergesangs zu nehmen gesucht hat, ist bei der ganz geringen Zahl seiner Werke auf diesem Gebiet kaum anzunehmen. Diese Chöre gehen, wie bei Strauß selbstverständlich, nicht in ausgetretenen Pfaden und machen an einzelnen Stellen nach bisherigen Begriffen den Eindruck des Unausführbaren. Trotz der Zugehörigkeit ihres Schöpfers zur modernsten Richtung erinnern sie mich vielfach an die charaktervolle Herbheit Bachscher Musik. Von durchschlagender Wirkung, aber jedenfalls nur starken Chören zugänglich, ist das altdeutsche Schlachtlied. In dem Chor „Liebe“ kommt es mir vor, als ob mit Rücksicht auf den Text ein bewußt altertümelnder Ton leise die ganze Melodie beeinflußt und dadurch dem unmittelbaren Verständnis etwas entrückt. In einem anderen Opus hat Strauß drei Chöre vereinigt, deren Text ebenfalls aus Herders Stimmen der Völker genommen ist und über deren Charakter das von den beiden vorigen Kompositionen Gesagte gilt.

Zwei jüngst erschienene Chöre von Hausegger, Schmied Schmerz und Neuweinlied, sind kräftige Nummern mit moderner Harmonisierung, übrigens nicht besonders schwer, denen die charakteristische Orchesterbegleitung eine gute Unterstützung leiht. Die Chöre sind dankbar und zeigen ein individuelles Gepräge, bedeuten aber keineswegs neue Bahnen auf diesem Gebiet.

Von d'Albert sind neuerdings als op. 23 acht Chöre a capella erschienen, Gesänge, von welchen einzelne in ihrer persönlichen Eigenart zum Feinsten der Männerchorliteratur gehören. Sie neigen alle nach Seite des Zarten, was wohl schon mit der Wahl der Texte zusammenhängt, die fast sämtlich von Tieck stammen. Modern sind sie insbesondere nach der harmonischen Seite; d'Albert schreckt, wenn nötig, vor keiner noch so herben Dissonanzenfolge zurück, wie z. B. in Trauer, in welchem Lied auch Quintenparallelen als Ausdrucksmittel dienen müssen. Daß der Komponist mit einer Versetzung des Dominantseptakkordes beginnt, damit dürften sich auch Musiker älterer Richtung abfinden, nicht so sehr damit, daß er mit dem verminderten Septakkord in Terzlage schließt. Unter den acht Chören möchten besonders hervorgehoben sein das innige: Feldeinwärts flog ein Vögelein, das düstere Lied: Nacht, Der Brauttanz, Trauer, ein mit allen Mitteln der Harmonik nach dem Ausdruck des Schmerzes ringender Chor, als schönste Nummer: Arion.

Der Schneider in der Hölle von A. Mendelssohn bildet insofern ein Gegenstück zu Brahms' später erwähnter Rhapsodie, als es sich auch dort nicht um einen Männerchor mit Solo, sondern vielmehr um ein Tenorsolo handelt, dem immer der Männerchor in echt volksliedmäßiger Weise antwortet; es handelt sich nämlich um die bekannte humoristische Ballade aus „Des Knaben Wunderhorn“. Die kapriziöse Begleitung schlägt naturgemäß einen etwas fidelen Ton an. Warum sollte man nicht auch einmal ein Stück guten Humors in unseren Konzerten walten lassen?

Alle bedeutenden Erscheinungen in der Literatur des Männergesanges zu besprechen, ist unmöglich. Zu berücksichtigen waren nur Kompositionen, die einen offenkundigen Einfluß auf die Entwicklung der Literatur genommen haben, oder sehr bekannte Chöre.

(Fortsetzung folgt.)

Der Deutsche Männerchor

von **A. König.**

(Fortsetzung.)

Das Volkslied.

ır Wiege des deutschen Männergesanges stand 'ce, das Volkslied, und wirklich hat sich der vielfach von ihr die Wege zeigen lassen. später anders. Dem Gesangvereinler auf dem nd ist mit dem vierstimmigen „Kunstgesang“ musikalischen Hochmuts in die Nase gefahren. ziehts zum „Kirchlein“ von Becker und zum orgen“ von Kreutzer, er verläßt den festen er Heimat und kehrt dem Volksliede stolz ı. Will der Dirigent nicht in Ungnade fallen, nur ruhig seine Volksliedersammlungen im ık begraben und ihnen eine fröhliche Urständ Anders steht's in der Stadt. Leistungsfähige kettieren ein wenig mit dem Volkslied; sie ı; geistreiche Komponisten und Dirigenten *sich* zur Ehre, etwas daraus zu „machen“. hon ein Edelweiß in den Garten gesetzt? e Pflänzchen entartet und wird auf dem leu frech. So geht es dem Volkslied unter geistreicher Interpreten. Da werden Tempi chleunigungen und Verzögerungen angebracht, esetzt, von denen der Volksgesang nichts den kontrapunktische Künsteleien produziert, sen des schlichten Liedes durchaus zuwider ntschuldige sich nicht mit den kontrapunk-ten der Niederländer über Volkslieder; sie rakter des Volksliedes ebenso fremd. Jede muß sich fortwährend am Jungbrunnen des *ionalen* Lebens erfrischen, und darum muß l unseren Sängern erhalten bleiben. Das *sich* auch den Regeln eines kunstgerechten verkünstelten — Satzes ganz wohl fügen. er kann man naturgemäß nicht schaffen, ammeln und verarbeiten. Von den Volks-ı, die wirklichen Einfluß auf die Gestaltung sanges gewonnen haben, ist immer noch Silcher zu nennen. Von den im Geiste rarbeitenden Männern gebührt Erk ein eide beschränken sich darauf, durch ein-sierung der 1. Strophe die vierstimmige es Volksliedes zu ermöglichen. Ähnlich bei Böhmes Bearbeitungen, deren Satz gehen in den Charakter älterer Musik von aller Ziererei ist. Neuerdings hat jeder Strophe eine andere Harmonisierung t einverstanden bin ich damit nicht. Wer Zeit dem Volkslied nachgegangen ist, nfache Weise keiner Modifikation bedarf; Nuancen läßt sie sich den verschieden-anpassen. Auch Brahms, überhaupt ein Freund des Volksliedes, hat Bearbeitungen für Männerchor in seinen Liedern op. 41, die in ihrer Harmonisierung liebevoll auf das Wesen des alten Volksliedes eingehen.

Nach Erk-Böhmes Liederhort hat Othegraven acht Volkslieder für Männerchor gesetzt, in denen vielleicht nur zu viel Selbständigkeit der Stimmen sich geltend macht, was beim Volkslied nicht so recht passen will, was aber bei desselben Autors Bearbeitungen für gemischte Stimmen noch eher angeht. Von dieser Manier frei und deshalb durch seine Schlichtheit wirkungsvoll ist No. 3 „Ich hab mir einen Garten gepflanzet“. Dankbar dürfte auch das doppelchörige No. 4 „Eifersüchtelei“ sein. Einfach, zierlich, fast Tanzmelodie ist No. 5 „Bei Mondenschein“, kräftig und frisch No. 6 „Warnung“.

Im ganzen gehören die Othegravenschen Volksliederbearbeitungen zu den besten. Von anderen deutschen Sammlungen seien noch erwähnt: Hirsch, op. 62: Vier altdeutsche Lieder. — Hirsch, op. 59: Vier Volkslieder. Pembaur, Fünf Volkslieder. — Wolfram, Zwölf lothringische Volkslieder. — Weber, Altdeutsche Volkslieder. — Riemann, op. 13: Drei altdeutsche Minnelieder. — Neubner, Vier Volkslieder. — Saar, Sechs Volkslieder. — Harthan, Fünf deutsche Volkslieder. — Schauß, Männerchöre. — Jüngst, op. 29: Altdeutsche Liedlein. — Schwalm, Volksliedersammlung. — Langer, op. 11: Volkslieder. — Pommer, Steirer Lieder. — Baldamus, Drei altdeutsche Volkslieder. Eine eigenartige Sammlung bilden die von Schreck dem Locheimer Liederbuch entnommenen und sehr hübsch gesetzten zwölf Volkslieder. Auch Hirsch, op. 138 (Die wehrhaft Nachtigall), bringt altdeutsche Weisen, für Männerchor, Soli und Orchester bearbeitet.

Im Auftrage des westdeutschen Sängerbundes geben H. v. Ende und Steinhauer Bearbeitungen deutscher Volkslieder heraus. Die mir vorliegenden zeichnen sich durch wohlklingenden, einfachen Satz aus, wie er dem Wesen des Volkliedes entspricht.

Mehr und mehr richtet sich das Augenmerk der Vereine auf ausländische Volkslieder. Nun — es ist ja erklärlich genug, daß man sich selbst an den schönsten eigenen Schätzen müde sieht, und lernen kann man in der Fremde sicherlich. Manchmal auch schätzt man nur allzuleicht fremden Flitter höher als heimisches Gold. Niemals aber sollte man die Rückkehr zum heimischen Boden versäumen, aus dem allein doch schließlich unser geistiges Leben Saft und Kraft gewinnt. Haben seinerzeit Kissners schottische, Hürdlers schwedische, Harthans' fremdländische Volksweisen Anklang gefunden, so dürfte sich neuerdings das Augenmerk auf Dvořáks slovakische Volkslieder mit ihrer so originellen Klavierbegleitung richten. Diese von Dvořák komponierten Volkslieder bekunden ganz die auf dem Volkstümlichen stehende Eigenart des Komponisten. Kremsers bekannte Bearbeitung niederländischer Volkslieder ist bei den zyklischen Werken zu besprechen. Weinwurms „Ständchen“ bringt eine hübsche, von Raff in seinen Capriccios mitgeteilte südslavische Weise mit Orchester oder Klavier. Der von Weyl stammende Text ist wohl untergelegt.

Fremde Volkslieder empfehlen noch: Böhme, Heimische und fremde Weisen. — Neumann, op. 21 II: Ligurisches Volkslied. — Schwalm, Volksliedersammlung. — Sitt, Böhmische Volkslieder. — Gall, Italienische Volkslieder. Auch Griegs op. 30, ein Album für Männergesang, ist nach norwegischen Volksweisen gearbeitet. Ausgaben einzelner Lieder sind mannigfach vorhanden. Überall betätigt sich viel Eifer, das Schönste an heimischen und fremden Melodien dem Männerchor zugänglich zu machen.

Bevor wir, das Gebiet des Liedes verlassend, uns den größeren zyklischen Formen zuwenden, möchte nochmals darauf hingewiesen werden, wie das Lied zunächst die engen Schranken der Strophenform durchbrach und seine Ausdrucksfähigkeit immer mehr zu erweitern suchte. Da waren nun freilich die dem Männerchor auferlegten Beschränkungen schier unübersteigliche Hindernisse, und man griff zu allerlei Hilfsmitteln, wie sie übrigens teilweise auch der gemischte Chor zu benutzen pflegt. Das vornehmste dieser Mittel ist das Orchester. Indessen ist hier der Männerchor dem gemischten Chor gegenüber von vornherein im Nachteil. Der Umfang des gemischten Chores fällt mit der natürlichen Mittellage des Orchesters zusammen, während die melodieführenden Instrumente mit dem Sopran, teilweise in Oktaven mit demselben gehen. Dem Umfang des Männerchores würden eigentlich die Hörner entsprechen, deren fortwährende Verwendung aber wieder einen dicken, unklaren Satz bedingen würde.

Am konsequentesten in Erkenntnis des erwähnten Übelstandes ist Schubert in seinem „Gesang der Geister über den Wassern“ vorgegangen, indem er den Männerchor in der entsprechenden Tonhöhe von Streichinstrumenten begleiten läßt. Dabei muß er allerdings auf die Violinen verzichten und die Melodie den dunkler gefärbten Bratschen übertragen, was in jenem Chore ganz gut paßt. Wo frischerer Klang erwünscht ist, hat man vielfach zu Waldhörnern gegriffen, oder hat in ernsten Chören Posaunenklänge den Männerstimmen vereint.

Besondere Vorsicht ist natürlich bei Verwendung des vollen Orchesters immer nötig, damit die Chormelodie und die Begleitung nicht unvermittelt zwei Oktaven auseinanderstehen. Deshalb verdient vielfach die Klavierbegleitung den Vorzug. Mit ihren kurzen Tönen die Kantilene harfenmäßig umspielend, mischt sie sich angenehm den Klängen der Singstimme, ohne soweit mit denselben zu verschmelzen, daß eine Deckung des Gesanges zu befürchten wäre. Vorteilhaft ist die vierhändige Klavierbegleitung, die den Melodien Stützpunkte bietet und nebenbei genügenden Raum für klaviermäßige Arabesken läßt. Auch die Verbindung einzelner Instrumente mit dem Klavier, wie sie Schumann in einem gemischten Chor mit Flöte und Waldhorn versucht hat, müßte reizende Kombinationen zutage fördern. Ein Versuch dieser Art ist Goldmarks „Frühlingsnetz“ für Klavier und 4 Hörner, in dem nun freilich der dicke Hornsatz den zarten Gesang leicht unterdrückt. Die Holzbläsergruppe mit dem Männerchor in Verbindung zu bringen, ist meines Wissens noch nicht versucht worden. Vielleicht fürchtet man, daß die Fagotte zu sehr mit den Männerstimmen verschmelzen, die Oboen etwas zu schrill über dem Chor stehen und die Flöten verschwinden würden. Für Massenwirkungen hat man oft zu Blechmusik oder sog. Harmoniemusik gegriffen — schweigen wir davon!

Eine wirkungsvolle Abwechslung, die auch der gemischte Chor nicht verschmäht, bietet das Solo. Der reine Männerchor sollte auch nur Männerstimmen solistisch verwenden, wie es z. B. Brahms im „Rinaldo“ tut. So ist denn in den Liedertafeln das vielbeliebte Tenor- und Baritonsolo aufgekommen, die den Vereinssternen Gelegenheit geben, ihr Licht leuchten zu lassen. In größeren Werken haben die Komponisten der Abwechslung halber zu dem freilich nicht ganz stilgemäßen Mittel gegriffen, weibliche Soli einzufügen. Beispielshalber sei „Frithjof“ und „Loreley“ von Brambach genannt, die überhaupt auf diesen stimmlichen Gegensatz gegründet sind. Zu den solistischen Wirkungen wäre auch das vielfach verwendete Männerquartett zu rechnen. Will man schon von dem Gegensatz der Stimmen Gebrauch machen, so dürfte die Einfügung eines Frauenterzettes (bezw. Chores) sehr wirkungsvoll wirken. — Ein weiteres in der Natur des Chores, also auch des Männerchores, begründetes Mittel ist die Teilung der Massen, wie wir sie durchgängig in Mendelssohns „Ödipus“ und „Antigone“, ferner im „Fliegenden Holländer“ finden. Das herrlichste Beispiel dieser Art bietet das oben besprochene Lied „Der alte Soldat“ von Cornelius. Die Gegenüberstellung der Chöre bringt Abwechslung und Steigerung, die Aufeinanderstellung führt, soweit innerhalb des engen Raumes das möglich, kolossale Massenentfaltung zu. Leider sind die meisten Vereinigungen zu klein, um derartige Werke würdig und wirkungsvoll auszuführen.

Ein auf klangliche Wirkung gegründetes, im Männerchor mehrfach angewendetes Mittel ist das Abdämpfen der Stimmen; so läßt z. B. Nicodé im Meer einen Halbchor aus einem geschlossenen Raum singen.

Von den nicht gesanglichen Hilfsmitteln möchte ich zunächst die Deklamation, „der verbindende Text“, zu erwähnen sein, der dem angestrengten Ohr eine willkommene Ruhepause bietet, im ganzen freilich ebenso unkünstlerisch wirkt, wie die Unterbrechung der Opernmusik durch den gesprochenen Dialog. Davids Wüste bietet ein Beispiel dieser Art.

Das der Musik am fernsten liegende Hilfsmittel ist die szenische Aufführung. An sich nicht zu verwerfen — man müßte ja sonst auch die Oper verwerfen — ist sie doch in der Regel nur ein schlechtes (oder gutes) Mittel, um textliche Schwächen zu verdecken. „Patriotische“ Werke u. dgl. rechnen vielfach darauf, daß die blendende Ausstattung über die Mängel des Textes hinweghilft. Gerade das Vereinswesen der Liedertafeln hat dergleichen Dinge gezeitigt.

Darf ich, um der ernsten Sache den Humor zu Hilfe springen zu lassen, noch an die alten Liedertafel-Brummstimmen seligen Angedenkens erinnern, welche die menschliche Stimme zum Begleitinstrument erniedrigten? Ich glaubte sie längst entschlafen, da hörte ich in dem russischen Chore der Nadina Slaviansky folgende Instrumentalbegleitung von Singstimmen ausgeführt. Es gibt nichts Neues unter der Sonne, oder besser gesagt: jeder alte Unsinn lebt in neuen Formen wieder auf.

So lernte man im Laufe der Zeit eine Reihe von Hilfsmitteln verwenden, bei denen die Komponisten größerer Werke um so eher Anleihen machen mußten, als der

-hor allein nicht reich genug war, um die Be- › des musikalischen Ohres auf längere Zeit zu ;en. Man strebte aus dem engen Rahmen des Lied- erass und gewann dem Repertoire des Männer-

Zyklische Formen.

m man einigermaßen der chronologischen Reihen- ehgeht, so steht am Anfang ein glänzendes ıe

Requiem von Cherubini (1836).

ese Komposition weht ein strenger, fast alt- r Geist, der verklärt ist von der Melodik des schen Klassizität zugewandten Italieners. Für re Stimmung des Requiems, insbesondere des mag dem Komponisten wohl die dumpfere e des Männerchors willkommen gewesen sein. : weise Beschränkung auf den dreistimmigen ich der Meister die Möglichkeit freierer Kontra- ewahrt, die besonders im Introitus und Kyrie t.

-qui-em ae - ter - - - nam.
-ri - e e - le - - i - son.

m leidenschaftlich hindrängenden Dies irae r der homophone Satz, teilweise auch das ichem Material entwickelte Motiv. Von mäch- ıng ist der nur kurze Satz Confutatis male- o inniger das Voca me. Die ganze Sequenz svoll in folgender Weise gegliedert:

-*d-moll*, ein stürmisches Motiv; die Stimmen ›nisch einander nach, die Motive entwickeln · *auf-* und absteigenden Tonleiter.

Sal-vet sae-clum in fa-vil-la

Motiv ist der gebrochene A-Dreiklang.

rum.)

mi - rum spar-gens so - num.

einen kurzen Maestoso-Satz in *A* (Rex :ht es zu einem

satz Andantino $^{3}/_{4}$ in *g* (Recordare Jesu),

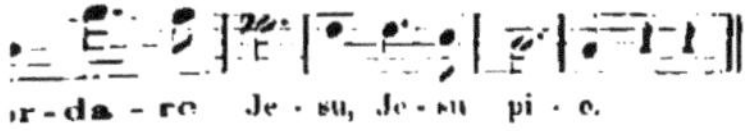
-r-da - re Je - su, Je - su pi - e.

ruhig gezogenem Kontrapunkt *p* dahin-

rzes, stürmisches Presto in *a*: Confutatis

-ker Gegensatz in *E*: lento, sehr ruhige ne).

6. Ein kurzer Satz: Oro supplex, stark modulierend Andantino *C*

mündet in 7, *d*-moll Grave, ma non troppo lento (Lacrimosa).

8. Das Pie Jesu in *D*-dur *p* ist sehr ruhig gehalten.

Pi - e Je - su, Do - - mi - ne.

Das in althergebrachter Weise homophon gehaltene Sanctus wirkt sehr machtvoll, fast zu freudig für eine Totenmesse.

Sanctus.

Bezüglich der Modulation steht Cherubini auf klassischem Boden; die Komposition durchläuft einen engen Kreis nahe verwandter Tonarten (*d, a, d, F, B, g, d*). Die Motive sind klar und eindringlich. Darf sich das Requiem für Männerstimmen nicht ganz an Bedeutung mit den anderen Werken Cherubinis messen, so gehört doch diese Komposition zum besten auf dem Gebiete des Männergesanges. Zwar ist auch sie nicht ohne Vorgänger (Asola!) und Nachfolger; immerhin blieb sie bis jetzt fast das einzige bedeutende Männerchorwerk auf dem Gebiet kirchlichen Gesanges. An älteren, heute kaum mehr gekannten kirchlichen Werken für Männerstimmen sind zu nennen: Requiems von Asola, in Venedig 1586 gedruckt, neuerdings von Proske herausgegeben; von Vogler, G. Weber, Elsner, Seyfried, Häser (nach Kretzschmar), ein Stabat mater von Baini (a capella, 3stimmig). Asolas Requiem ist für 4 tiefe Stimmen geschrieben (Alt, 2 Tenore und Baß), kann von Männerstimmen ausgeführt werden, ist aber vielleicht so gedacht, daß die obere Stimme von Knaben gesungen werden soll. Die Komposition entspricht natürlich ganz dem Stile ihrer Zeit, dem ruhigen, ernsten, allem Effekt fremden Gesang der Kirche.

Es ist wahrhaft betrübend, wie wenig Bedeutsames auf dem Gebiete geistlicher Musik für den Männerchor nach diesem glänzenden, von Cherubini gemachten Anfang geschaffen worden ist. Der böse Stern der Liedertäfelei hat, wie es scheint, den Männergesang ganz den Pfaden kirchlicher Musik entfremdet. Cherubinis Requiem deutete von Anfang an auf die großen kirchlichen Formen hin. Die gleichzeitigen Kompositionen auf diesem Gebiete haben sich nie zur Anerkennung durchringen können. Löwes Oratorien und Wagners Liebesmahl der Apostel können nicht zu den kirchlichen Werken gerechnet werden. So bleiben hier nur wenige Versuche zu registrieren. Tschirschs Messe op. 52 mit Blasinstrumenten oder Orgel „zum Gebrauch in der Kirche, in Konzerten und bei Gesangfesten“ will ich nicht ihres Gehaltes, sondern der in dem Titel ausgedrückten vielseitigen Verwendbarkeit halber erwähnen. Ernster zu nehmen ist Rheinbergers Messe mit Orgel oder 2 Flöten, 2 Oboen, 2 Clarinetten, 2 Fagotte, 2 Hörner, 2 Trompeten, Pauken und Kontrabaß op. 172; dem Cherubinischen Requiem steht das Werk an Bedeutung nicht gleich. Die Missa quator vocum ad aequales concinente orvon Liszt gehört zu den gediegensten Werken auf dem Gebiet der Männerchorliteratur, und ist unter den mir bekannten Messen die beste. Teilweise sind alte Kirchenthemen verwendet, so in dem schwungvollen Gloria. Das Domine Deus erinnert lebhaft an die Eli-Rufe in alten Passionen. Das Credo ist im Gegensatz zu den übrigen Sätzen homophon gehalten. Eigenartig ist der Anfang des Agnus Dei.

Die weiteren Versuche Liszts, dem Männerchor kirchliches Gebiet zu erobern, bestehen in der Komposition mehrerer Psalmen. Im 18. Psalm (mit obligater Orgel) ist wahrscheinlich die vorherrschende Einstimmigkeit darauf berechnet, kirchlichen Charakter zu erzeugen. Ferner schrieb Liszt ein Requiem für Männerstimmen und Orgel mit teilweiser Begleitung von Trompeten, Posaunen und Pauken.

Bemerkenswert ist der gleichfalls ans Kirchliche streifende Schlußchor der Faust-Symphonie (1845), in dem Liszt offenbar dem Mysteriösen zulieb die dunkleren

Von R. Volkmann gibt es zwei Messen für Männerstimmen, op. 28 mit Solis, op. 29 nur für Chor. Letztere ist eine gediegene, wohlklingende Arbeit, welche die Mitte hält zwischen der Strenge des altkirchlichen Satzes und dem modernen Männerchorsatz. An sich nicht schwer, mag doch der Umstand, daß die Messe ohne jede Begleitung ist und daher trotz ihrer Schönheiten auf die Dauer etwas ermüden dürfte, ein weiteres Bekanntwerden des Werkes verhindert haben. Das Kyrie ist im polyphonen fünfstimmigen Satze gehalten und etwas lang gesponnen. Am wirksamsten dürfte das meist zweistimmige gehaltene Credo sein. Das hübsche Benediktus nähert sich am meisten dem gewöhnlichen Männerchorsatz.

In Katalogen finde ich noch Messen verzeichnet von Tottmann (op. 38, für dreistimmigen Chor, Soli und Orgel, welche in Scherers Pädagogischem Jahresbericht als ein hervorragendes Werk bezeichnet wird; dann eine offenbar kleinere Messe von Kewitzsch (op. 15); ferner ist mir eine Messe von Schwarz (op. 12) bekannt, die zwar nicht hervorragend ist, sich aber bestrebt, einem strengeren kirchlichen Stil nahezukommen. Gewissermaßen ein Vorläufer von Brahms' Deutschem Requiem ist die Deutsche Messe Schuberts, ein im Kirchenstil der Mozart-Haydnschen Periode gehaltenes Werk, das kaum die Anerkennung der cäcilianischen Richtung in der katholischen Kirchenmusik verdienen dürfte. Von Dethier erschien ein Requiem mit Orgelbegleitung bei Breitkopf. Noch finde ich erwähnt Messen von Sechter, Jos. Köhler, Kocher, Barn

Neuerdings liegt eine Messe von C. Wermann — op. 116 — für Männerchor und Solostimmen vor, zur Aufführung in Kirchen wahrscheinlich geeignet, im ganzen aber nicht bedeutend, auch keineswegs den Anforderungen eines guten kirchlichen Stils entsprechend. Am besten ist wohl das Agnus Dei.

Neben der streng kirchlichen Form der Messe suchte der Männerchor auch das Gebiet des Oratoriums sich zu eigen zu machen.

„Die eherne Schlange" von Löwe (op. 40).

Mit der Komposition dieses Miniaturoratoriums hat Löwe einen ebenso gewagten als interessanten Versuch unternommen. Die Begleitung fehlt (abgesehen von ein paar Posaunen ad libitum am Schluß) gänzlich; das kleine Werk enthält sehr viele Solostimmen. Ausgezeichnet ist die Komposition durch die süße, und doch nicht weichliche Melodie Löwes, wie sie sich schon in der Eingangsmelodie zeigt. Die Chöre sind von kraftvoller Wirkung, teilweise mit starken dramatischen Akzenten, halten aber im Umfang bescheidene Grenzen ein. Immer wieder sind liebliche, idyllische Partien eingestreut. Der Satz fließt lückenlos dahin. Die 1. Szene — Himmelsrose — führt uns die heilige Ruhe des Sabbats vor.

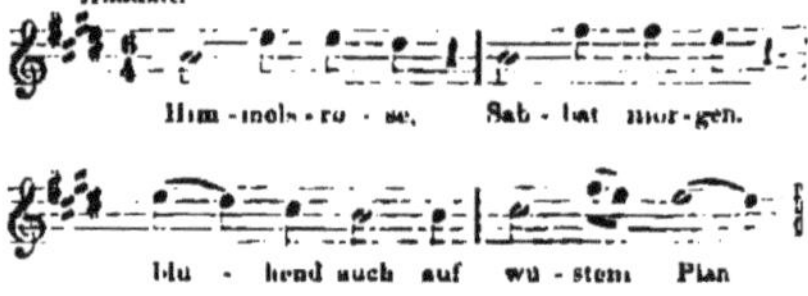

(Fortsetzung folgt.)

Der Deutsche Männerchor

von **A. König.**

(Fortsetzung.)

Im Gegensatz hiezu bringt die 2. Szene zunächst ein müdhinschleichendes Thema; das Volk ist des Mannas überdrüssig geworden; in rascher Steigerung kommt es zum Aufruhr, der in der Fuge „Nehmt die Schwerter" geschildert ist.

Dieser kurze fugierte Satz mündet in einen Choral der Leviten.

3. Szene. Schlangen erscheinen im Lager, angedeutet durch das sich heraufwindende Motiv. Auch dieser Satz ist kontrapunktisch behandelt.

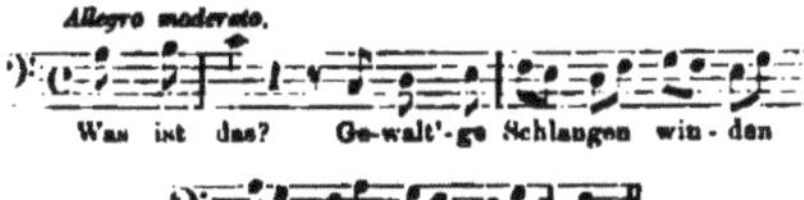

4. Das Volk fleht Mose um seine Fürbitte an. Dem homophon gehaltenen Satz

schließt sich eine hübsche Episode in *A* an.

Allmählich führt uns der Komponist zu einem dem Eingangschor ähnlichen Satz; ein Choral in immer steigender Besetzung beschließt das Werk:

„Die eherne Schlange" ist geschlossener und wirkungsvoller als das Seitenstück „Die Apostel in Philippi". Es ist Löwe nicht geglückt, in seinen großen Oratorien — trotz ihrer Schönheit im einzelnen — etwas Bleibendes zu schaffen; merkwürdigerweise fehlt dem Meister der Ballade der große dramatische Zug. „Die eherne Schlange" jedoch stellt sich würdig neben seine großen Balladen. Warum wird sie nicht aufgeführt? Ich erblicke den Grund zunächst in der dem Religiösen abgewendeten Richtung unserer Tage; aber auch die durch das Fehlen der Begleitung noch vermehrte Schwierigkeit dürfte mit daran schuld sein. Selbstverständlich läßt letzterer Umstand auch die Dürftigkeit des Männerchores doppelt erkennen, so daß nur ganz glänzende Chöre mit dem Werke Erfolge erringen können.

Löwe: „Die Apostel von Philippi" (op. 48).

Das Werk zeigt im ganzen etwas mehr kontrapunktische Arbeit als das vorige, dagegen geringere Ursprünglichkeit der Melodie und dürfte im ganzen weniger dankbar sein als jenes. Die leichte Erfindung des Balladenkomponisten verrät der Chor

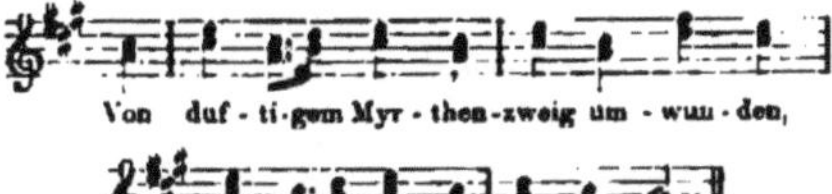

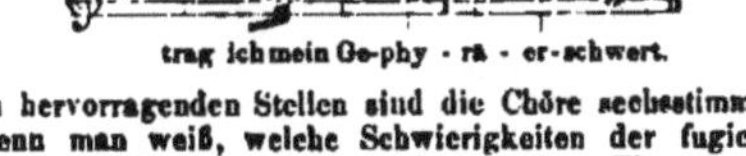

An hervorragenden Stellen sind die Chöre sechsstimmig. Wenn man weiß, welche Schwierigkeiten der fugierte Satz schon der Durchführung eines einzigen Themas entgegensetzt, wird man sich umsomehr für den Versuch des Schlußchores interessieren, eine Fuge über zwei Themen zu bilden.

Immerhin darf man natürlich nicht an die kunstvollen Gebilde gemischter Chöre denken.

Neben Löwes Oratorien entstanden einzelne andere, z. B. „David“ von K. E. Hering und „Hiob“ von J. Otto. Werke, die Kretzschmars Führer durch den Konzertsaal dem Namen nach angibt, die aber jetzt vollständig verschollen sind.

Wagner: „Das Liebesmahl der Apostel“ (1843).

Das bekannteste moderne Werk religiösen Inhalts dürfte Wagners „Liebesmahl der Apostel“ sein. Heikle Harmonien, die noch durch den a capella Satz der ersten Hälfte erschwert werden, und die Notwendigkeit feinster dynamischer Schattierungen machen dies Werk zu einem der gefürchtetsten auf dem Gebiet der Männerchorliteratur. Dies schließt natürlich in sich, daß die besseren Vereine heiß nach dem Lorbeer einer vollendeten Aufführung ringen. Eine besondere Schwierigkeit liegt noch in dem Chor der Stimmen aus der Höhe, den manche Dirigenten von Frauenstimmen singen lassen. Es macht dies einen sehr hübschen Eindruck, indessen hat man doch das Gefühl, daß die Partie nicht für Frauenstimmen komponiert sei. Wo das Orchester einsetzt, erwacht in Wagner das alte Theaterblut, der ernste, fast altkirchliche Stil weicht modernen Weisen.

Von kleineren Arbeiten sind zu verzeichnen ein „Te Deum“ von Rietz, „Motetten“ von Mendelssohn, „Psalmen“ von Schneider, Otto, Lachner F., Hiller, Faißt Löwe. Diese Werke machen noch mehr oder weniger den Versuch, dem kirchlichen Stil Rechnung zu tragen. Liedertafelmusik zu geistlichen Texten gibt es in Menge; es ist nicht unsere Sache, sie hier anzuführen.

Hierher gehört auch das oben erwähnte Magnifikat von Riga.

Neben dem Oratorium suchte sich der Männergesang das Gebiet des Dramas zu erobern. Vorab mußte man an das alte Drama denken, von dem man ja wußte, daß es zwei einander gegenüberstehende Chöre verwendete. Die Oper verdankt dem Streben nach Wiedererweckung des antiken Dramas ihr Leben. Am preußischen Hofe versuchte man griechische Dramen zu geben, und die Chöre sollten, wie sie das wohl früher auch getan hatten, ihre Partien singen. So schrieb Mendelssohn im Auftrag des preußischen Königs seine Musik zu Ödipus und Antigone.

Mendelssohn: „Ödipus“ (1845), „Antigone“ (1841).

Mendelssohns Versuche, die Musik des altgriechischen Dramas zu rekonstruieren, sind wohl von der historischen Forschung als verfehlte zurückgewiesen worden. Die Bühne wird kaum mehr auf die Mendelssohnsche Musik zurückgreifen; dafür sind die beiden Werke in das Repertoire des Konzertsaales übergegangen. Freilich ist auch hier ihre Aufführung aus verschiedenen Gründen nicht mehr so häufig wie früher. Den Hauptgrund erblicke ich im Gegensatz zu Kretzschmars Führer in der immer größer werdenden Gleichgültigkeit unserer Zeit und insbesondere ihrer musikalischen Führer gegen Mendelssohns Werke. Andererseits ist ja freilich auch das textliche Verständnis für den in die griechische Sage und Geschichte nicht gründlich Eingeweihten außerordentlich erschwert. Endlich braucht man auch zu einer wirkungsvollen Aufführung einen sehr tüchtigen Rezitator.

Was die musikalische Behandlung betrifft, so zeigt Antigone und Ödipus, als ersteres Werk mehr melodisch, letzteres mehr rezitativisch behandelt ist; dementsprechend hat auch Antigone eine längere Einleitung. In den melodramatischen Stellen wendet der Komponist charakterisierende Motive an. Im Bau des griechischen Dramas war von vornherein die Verwendung des Doppelchores begründet, wodurch dem Komponisten vielfach Anlaß zu Gegensätzen, Verschlingungen und Steigerungen gegeben ist. Die Chöre sind anfangs vielfach einstimmig und erheben sich zeitweilig in ihrer Übereinanderstellung der 8 Stimmen zu gewaltiger Wirkung. Die melodischen, harmonischen und rhythmischen Mittel sind im ganzen einfache. Die Chöre bewegen sich in den nächstverwandten Tonarten. Die Charakteristik der Melodie dürfte wohl schon deshalb nicht allzusehr ins Einzelne gehen, weil die Melodie für die verschiedenen Strophen passen sollte. Es ist also im ganzen die symmetrische Form des strophischen Liedes angewandt. Damit hängt eine Eigentümlichkeit der Mendelssohnschen Musik zusammen; die Deklamation folgt nämlich im Rhythmus meist streng dem Strophenbau und zerschneidet dadurch oft den Satz z. B. Vielnamiger Wonn' und Stolz der Kadmosjungfrau, statt: Vielnamiger — Wonn und Stolz der Kadmosjungfrau. Mag man diese Art der Deklamation als Mendelssohnsche Eigenart erklären und nach modernen Grundsätzen verwerfen, so läßt sie sich doch vielleicht gerade dem antiken Chor gegenüber entschuldigen, der sich vielleicht gar nicht gut anders denken läßt, als in einem etwas sklavischen Rhythmus gesprochen. Von den beiden Werken ist aus dem eben erwähnten Grunde Antigone das für den Konzertsaal geeignetere. Die Krone des Ganzen ist der berühmte Bacchuschor: Vielnamiger usw., der nach einem Allegro maestoso in bacchantischen Jubel austönt, einigermaßen an die Baalschöre im „Elias“ erinnernd. Nach diesem Höhepunkt geht die Musik rasch zu Ende. Im Ödipus dagegen steht der packendste Chor (Zur roßprangenden Flur) ziemlich weit vorn. Beide Chöre werden wohl auch als Einzelnummern im Konzert gesungen.

Die Hauptthemen der Mendelssohnschen Werke.

Antigone.

Introduktion.

Andante maestoso.

Unter den Chören im Ödipus hebt sich deutlich nur ler schöne Doppelchor heraus

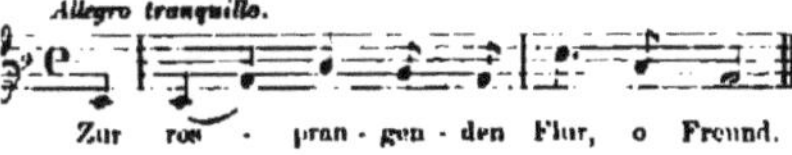

Den König Ödipus des Sophokles hat auch Beller-ıann komponiert und 1882 im Druck erscheinen lassen. b die im Vorwort versprochene Musik zu Ajax, sowie u Ödipus auf Kolonos nachträglich erschien, ist mir nbekannt. König Ödipus, eine gediegene akademische rbeit, unterscheidet sich von Mendelssohns Chorwerk adurch, daß der griechische Originaltext komponiert nd der deutsche Text im Anschluß an die bekannte onnersche Übersetzung nachträglich untergelegt ist. Da-it ist Bellermanns Werk von vornherein mehr den ymnasien und akademischen Gesangvereinen zuge-iesen, wobei eine szenische oder deklamatorische Auf-ihrung der gesamten Tragödie möglich ist. Die ästhe-sche Berechtigung derartiger Versuche ist nicht unsere sche; Mendelssohns bekannte Werke sprechen im ganzen er gegen als für eine solche szenische Darstellung. ellermanns Komposition ist bisher wenig bekannt ge-orden: einmal aus dem erwähnten Grunde, daß sie zu-ächst für Gymnasialkonzerte gedacht erscheint; dann, eil Mendelssohns Chöre die Vergünstigung genossen, nest dem Publikum bekannt zu sein, trotzdem aber hen allmählich zu verblassen beginnen; endlich, weil otz aller Einheitlichkeit und Gediegenheit des Beller-annschen Werkes die größere Melodiekraft doch auf endelssohns Seite ist. Da aber Bellermanns Bearbeitung icht zu singen und melodiös ist, und sich in der moti-schen Bildung an die unserem Ohr so vertraute Sprache r nachklassischen Periode hält, auch an die Stärke des ores nicht die großen Anforderungen stellt, wie etwa endelssohns gewaltiger Bacchuschor, so möchte sie für Gymnasialaufführungen im ganzen der Mendelssohnschen fast vorzuziehen sein.

Neben den größeren Formen des Oratoriums und der Musiken zu alten Dramen hat sich der Liederzyklus entwickelt.

Schumanns Bedeutung für die Geschichte des Männergesanges beruht weder in seinen schönen kleineren Chören, noch in der Ballade „Das Glück von Edenhall“, sondern einzig in seinen Ritornellen — Grund genug, sie nicht zu kennen, würde Nietzsche sagen. Nur eines, das süße, zarte „Die Rose stand im Tau“, fand Gnade bei den besseren Chören. In den meist kurzen Kompositionen versucht Schumann die Kanonform dem Männerchor zu gewinnen. Wer die dem künstlerischen Ausdruck gegenüber recht widerhaarige Form kennt und mit den durch den engen Stimmumfang noch vermehrten Schwierigkeiten rechnet, der wird umsomehr die melodische Kraft bewundern, mit der Schumann die spröde Form zu beleben wußte. Es sind die verschiedensten Mittel angewandt, um den Kanon liebenswürdig zu gestalten; da finden wir zwei Stimmen, die sich in der Quinte nachahmen, während drei andere die harmonische Füllung übernehmen — drei Bässe allein, mit Einsätzen in der Prime — drei Solotenöre mit kleinen begleitenden Zwischensätzen des Chores — endlich den Kanon in vier Stimmen. Die Melodien büßen durch die Weiterführung nichts an Kraft ein. Besonders bewundernswert ist die Arbeit des Schlußsatzes, eines endlosen Doppelkanons, dessen mühselige Faktur wohl nur der in die kontrapunktische Schreibweise tiefer Eingedrungene ganz zu würdigen weiß. Beachtenswert ist der phrygische Schluß, der eben die Wiederholung des Kanons ermöglichen würde. Das ganze Werk ist ein Zyklus, der zunächst nur durch die ausschließliche Verwendung des Kanons und des Ritornells, also rein äußerlich, zusammengehalten ist; ein logischer textlicher und musikalischer Zusammenhang läßt sich zunächst nicht erkennen. Allenfalls mag man als den sich durchziehenden roten Faden jene Rückertsche Weisheit betrachten, die aus dem Gedanken an die Vergänglichkeit alles Irdischen die rechte Lebensfreude schöpft. Der erste und letzte Kanon mit ihren zarten Tönen würden Prolog und Epilog bedeuten, während die Zwischenchöre Ausdruck jenes Gegensatzes von Wehmut und Lebenslust sind. In musikalischer Beziehung findet der Kenner leicht eine Steigerung der Form: zunächst den zweistimmigen Kanon, dann den dreistimmigen, den vierstimmigen, endlich den Doppelkanon. Auch in harmonischer Beziehung ergibt sich ein Zusammenhang: der zarte erste und letzte Satz stehen in den nahe-verwandten Tonarten *a*-moll und *E*-dur, der mystische phrygische Schluß des letzten Satzes weist wieder auf den Anfang hin; die zwischenstehenden Sätze, mit dem heiteren *C*-dur (der Mitte zwischen *a* und *E*) beginnend und schließend, wechseln zwischen frischen und getragenen Nummern.

In der Reclam-Ausgabe von Rückerts Werken finde ich im 4. Band Ritornelle, deren erstes: „Laßt Lautenspiel usw.“ die Einleitung zu einer längeren Reihe von Ritornellen auf die Schönheit der Geliebten bildet. „Gebt mir zu trinken“ ist der Anfang einer weiteren Serie, deren Zusammengehörigkeit nicht so deutlich ersichtbar ist. Unter den Ritornellen von Ariccia befinden sich drei mit dem gleichen Anfang: „In Meeres Mitten“, deren erstes die Überschrift „Der Kramladen im Meere“ trägt und deren letztes „Die Andacht im Meere“ betitelt ist. Beide hat Schumann, obwohl sie nur durch den Gleichklang des Anfanges, nicht durch den Sinn verbunden sind, in der letzten Nummer vereinigt. Oder hat der träumerische Komponist einen Zusammenhang entdeckt? Einzelne Gedichte finden sich in den Vierzeilen.

Rheinberger hat ein zyklisches Werk geschaffen, das sich „Fahrende Schüler“ betitelt, und das für den oberflächlich Betrachtenden zunächst nur eine Aneinanderreihung mehrerer Männerchöre bedeutet. Indessen zeigt das Ganze doch planmäßige Anordnung und innigen Zusammenhang, sodaß der künstlerische Standpunkt eine Wiedergabe sämtlicher Nummern erfordert. Da die Chöre zudem ohne Begleitung, teilweise auch sehr schwer sind, da ferner die feine Natur Rheinbergers niemals groben Effekten nachgeht, ist das seltene Erscheinen des Werkes auf den Programmen leicht erklärlich. Die Dichtung schildert das Leben mittelalterlicher Studenten, die jugendfrohgemut nach Padua, zur Stätte der Weisheit ziehen. Von besonderer Innigkeit ist die letzte Nummer, ein Grabgesang, den die drei Überlebenden dem frühzeitig dahingeschiedenen Freunde bringen. Ein wahres Meisterwerk der Kontrapunktik ist der Chor „Disputation“, mit dem Rheinberger den Beweis geliefert hat, daß auch der so spröde Männergesang sich dem Kontrapunkt willenlos gefangen geben muß, wenn ein Stärkerer über ihn kommt. Außer dem vom Komponisten gewagten, bisher selten mit Glück wiederholten Versuch, eine größere Reihe reiner Männerchöre aneinanderzureihen, beruht die vorbildliche Bedeutung dieses Liederzyklus hauptsächlich in der bezüglich ihrer kontrapunktischen Meisterschaft im Männersatz bisher wohl unerreichten „Disputation“. Der innere Wert der meisten Nummern hebt sie allerdings nicht über die besseren Männerchorgesänge empor.

Ein weiteres Werk auf dem Gebiete des Chorzyklus stammt von dem in Männerchorkreisen vielbekannten Hirsch. „Ein Wanderbursch mit dem Stab in der Hand“, eine heitere Natur, die sorglos und froh im Tale wandert, die Höhen nur von ferne betrachtet, und sich an der frischen, ungezwungenen Art des Volksliedes erfreut, so erscheint der Komponist. Der volkstümliche Hauch, welcher seine Kompositionen durchweht, erschwert wohl auch den umfangreicheren unter ihnen den Eintritt in die Pforten des großen Konzertsaales. Hirsch fühlt sich am wohlsten im Lärm mittelalterlichen Soldatenlebens; eigentlich eingeführt hat er sich durch seine Landsknechtslieder, sauber gearbeitete Chöre, die in der Anlage mit dem oben erwähnten Rheinbergerschen Werk manches gemein haben. Später wandelt Hirschs Muße etwas leichteren Schrittes dahin; der Komponist geht etwas absichtlich aufs Volkstümliche zu; es entstehen seine Werke für Männerchor, Soli und Begleitung, z. B. „Reiterleben“. Volkslieder, Gedichte von Geibel usw., die den Kern des Ganzen bilden, werden durch einen verbindenden Text zusammengehalten. „Reiterleben“ ist ein besseres Liedertafelwerk, mehr will es wohl nicht sein; man hat fast den Eindruck, daß der Dichter nichts dagegen haben würde, wenn sich der Musik auch noch die so beliebte szenische Darstellung zugesellen würde. Das Tenorsolo spielt in dem Werk eine Hauptrolle. Schön ist der zarte Chor: „Weit, weit aus ferner Zeit“ und kräftig der Schlußchor: „O du Vaterland“.

Die oben erwähnte Dichtung von Stieler hat auch Umlauft in seinen Landsknechtsliedern benutzt. Mögen letztere durch das verwendete Baritonsolo und die Begleitung abwechslungsreicher sein, so kommt der größere musikalische Gehalt der Komposition von Hirsch zu.

Den glücklichsten Wurf unter den Modernen hat entschieden Kremser mit seinem Zyklus niederländischer Volkslieder getan. Wenn auch vielleicht, wie man neuerdings betonte, die Texte nicht ganz mustergiltig übersetzt sind, so kann doch der Hörer mit Leichtigkeit in einer Reihe bewegter Nummern das Bild einer stürmischen, von Vaterlandsliebe und Gottvertrauen getragenen Zeit überblicken. Zudem ist der Bearbeiter mit viel Geschick ans Werk gegangen. Der Schlußchor „Wir treten mit Beten“ ist in Deutschland außerordentlich populär geworden. Die Beliebtheit des Werkes ist ein neuer Beweis dafür, wie gesundes musikalisches Empfinden immer wieder in der schlichten Volksweise wurzelt.

Kremsers zweites zyklisches Werk „Balkanbilder“ ist fast unbekannt geblieben, obwohl es mindestens an Originalität der Melodien, die zum Teil dem bulgarischen Volksliederschatz entnommen sind, den niederländischen Volksliedern nichts nachgibt. Die schwermütige slavische Liedmelodie liegt eben unserem deutschen Empfinden doch ferner. Das Werk dürfte ebenfalls als ein Liederspiel zu bezeichnen sein. Der Befreiungskampf der Bulgaren und eine Liebesepisode bilden den Inhalt des Werkes, dem der Männerchor, Bariton- und Sopransolo Ausdruck verleihen.

Den Stoff für etliche große Männerchorkompositionen bilden umfangreichere Bilder aus der Natur, für deren musikalische Darstellung eine dem Oratorium bezw. der Kantate ähnliche Form am geeignetsten erschien. Das erste epochemachende Werk dieser Art ist

„Die Wüste“ von Felicien David (1844),

ein früher sehr bekanntes und mit großem Beifall gekröntes Werk, vom Komponisten als Symphonie-Ode bezeichnet. Dieser Begriff gehört wohl zum Unklarsten auf musikalischem Gebiet, und man sucht in den Handbüchern der Musik vergeblich nach einer zureichenden Erklärung. Die erste Hälfte des Wortes deutet auf ein instrumentales, die zweite auf ein vokales Werk an, und nebenbei pflegen beide Ausdrücke die Vorstellung einer ernsten Stilgattung hervorzurufen. Es gibt nicht viele Werke, die sich ausdrücklich als Symphonie-Oden oder Symphonie-Kantaten bezeichnen. Das Vorbild ist wohl Beethovens Neunte, die „Symphonie mit Chören“.

Mendelssohn, der seinen „Lobgesang“ als Symphonie-Kantate bezeichnet, stellt an den Anfang drei symphonische Sätze, denen Chor- und Solosätze folgen. Die musikalische Beziehung ist damit hergestellt, daß die Einleitung das Hauptmotiv des „Lobgesangs“ verarbeitet. Auch Mendelssohns „Walpurgisnacht“, obwohl nicht als Symphonie-Kantate bezeichnet, ist doch vom Komponisten ausdrücklich als solche betrachtet und demgemäß mit einer großen symphonischen Einleitung versehen worden. Auch dürfte hier Berlioz' „Romeo und Julie“ zu erwähnen sein. In Davids „Wüste“ erinnert nun merkwürdigerweise fast gar nichts an eine Symphonie. Die Einleitung besteht nur aus wenigen langgezogenen Tönen; die Gesänge, obwohl ernst und würdig, gehören auch nicht dem strengen symphonischen Stil an; die wenigen Instrumentalnummern sind Nachahmungen arabischer Tänze. Dagegen ist neben dem Gesang die Rezitation verwendet, ein Mittel, das mir bisher noch in keinem größeren, ernsthaften Werke begegnet ist. Man braucht gerade kein Gegner des konsequent durchgeführten Melodrams zu sein, um die künstlerische Wirkung einer solchen Vermischung heterogener Dinge zu bezweifeln.

(Fortsetzung folgt.)

Der Deutsche Männerchor

von **A. König.**

(Fortsetzung.)

Die erhabene Eintönigkeit der Wüste drückt dem Werk seinen Stempel auf, und die Eigenart der Komposition wird noch erhöht durch den elegischen Zug einiger arabischer Melodien. Drei Teile sind es, in denen der Dichter die Erhabenheit der Wüste, die Schönheit des orientalischen Sternenhimmels und den glückverheißenden Sonnenaufgang schildert. In feierlich träumenden Akkorden zieht's leise heran, ein Bild der schweigenden Wüste, die vom Unendlichen Kunde gibt; demgemäß setzt der erste Chor mit einem Dank an Allah ein:

pp
Al - lah, Al - lah, dir Dank, dir Dank, dir hehr und mild.

Das musikalisch Eigenartige und Wirksame dieser Stellen besteht darin, daß die Stimmen anfangs in Oktaven gehen und sich dann immer wieder zum vierstimmigen Satz erweitern.

Der nun folgende Marsch der Karawanen ist im wesentlichen aus einem Motiv, dem des folgenden Chores entwickelt, welche Art musikalischen Satzbaues wohl nur bei großer dynamischer Steigerung wirksam ist.

Nur Mut, nur Mut, und es geht schon gut, frisch auf! vor-

an geht un - sre Bahn.

Ein kurzes Zwischenspiel schildert den Sturm; in das Orchester hinein ertönen die Klagerufe des Chores. Der Sturm legt sich und die Karawane setzt mit ihrem Marschlied die Reise fort. Der zweite Teil, „die Nacht", beginnt wie die übrigen Partien mit einer Rezitation. Das Vorspiel führt zu einem schönen, weich gestimmten Hymnus an die Nacht, der dem Solotenor zugedacht ist.

O Nacht, o schö - ne Nacht!

Daran schließt sich eine arabische Fantasie

und der Almeen-Tanz:

Wie David durch eine Wüstenreise zur Behandlung des so eigenartigen Stoffes angeregt wurde, so mag er auch die von ihm verwendeten Originalmelodien selbst gehört und aufgezeichnet haben; übrigens finden sich diese Weisen auch in den Werken von Orientforschern. Eine der schönsten Melodien ist das weitere Solo:

Du schö - ne Nacht, o wei - le län - ger.

Der dritte Teil schildert zunächst in hohen Tremolotönen und einem darunter liegenden ruhigen Motiv, das immer mehr anwächst, den Sonnenaufgang.

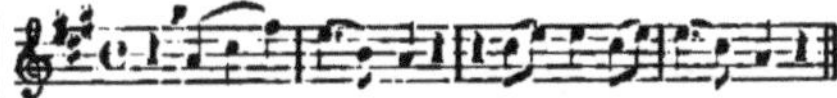

Der nun folgende Gesang des Muezzin ist nun wieder eine Originalmelodie, der man freilich ansieht, daß unsere Notenschrift zur Aufzeichnung unzulänglich ist. Ob man unseren Sängern den Rat geben darf, die Melodie „stilgemäß" auszuführen? Der Kenner sieht dem sonderlichen Ding ordentlich die näselnde Vortragsweise orientalischer Sänger an, die denn doch nicht wohl in unsere Konzertsäle paßt. Im übrigen mag sich der Sänger nach Belieben in rhythmischen Freiheiten ergehen, und mag bei der ganz eigenartigen Melodie, wenn er nur eine hohe und volle Stimme aufzuweisen hat, des Erfolges sicher sein.

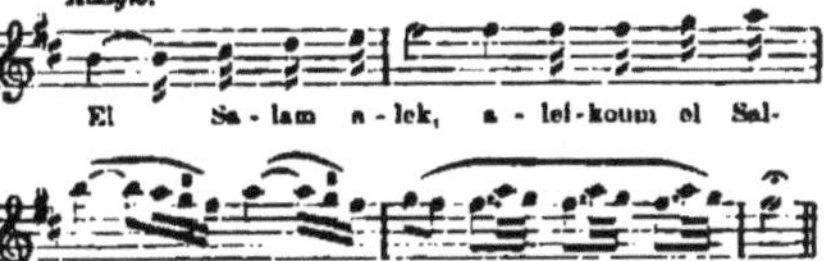
Adagio.
El Sa - lam a - lek, a - lei-koum el Sal-
am

Nochmals ertönt der Marsch der Karawane und nach einem kurzen Zwischenspiel beschließt die Wiederholung des Anfangschors das Ganze.

Alles ist dem Wechsel und der Mode unterworfen; Davids „Wüste" war einst Mode, nun ist sie es nicht mehr. Kann das Publikum den düsteren melancholischen

Charakter auf die Dauer nicht vertragen? Oder sind die Sänger, denen die Chöre fast keine technischen Schwierigkeiten bereiten, zu stolz für so etwas „Leichtes" geworden? Eine Neubelebung des Werkes dürfte, zumal mit Rücksicht auf die Tenorpartie, nicht undankbar sein. Modernes freilich erwarte man in Davids „Wüste" nicht, auch nichts außergewöhnlich Großes.

„Das Meer" von Nicodé

bildet ein bewußtes Seiten- und Gegenstück zu Davids „Wüste", indem die Komposition hier wie dort eines der erhabensten Naturbilder behandelt. Der Begriff der Symphonie-Ode, als welche auch Nicodé sein Werk bezeichnet, ist hier viel klarer gefaßt als bei David, indem um zwei reine Instrumentalsätze symphonischen Charakters sich 5 Chöre gruppieren. Auch bezüglich des Textes greift der deutsche Komponist tiefer als der Franzose. Denn wenn auch die „Wüste" ebenso wie das „Meer" die Größe der Natur in Beziehung zum menschlichen Leben setzt, so zeigt sich doch dort in der Darstellung einer Natur, der gegenüber der Mensch machtlos dasteht, eine viel äußerlichere Erfassung als hier, wo das Meer zum Symbol der menschlichen Brust wird, in der Leid und Freud auf- und abwogen. „Sieh, die Segel schwellen, hell aus blauen Wellen steigt empor das Ziel". Bezüglich der musikalischen Anlage sind die Gegensätze noch schroffer: Bei David ein fast allzuängstliches Festhalten an der musikalischen Einheit, das zeitweise fast zur Eintönigkeit führt, bei Nicodé reiche Abwechslung im Charakter der einzelnen Sätze, ohne daß dadurch die Einheit des Stils gefährdet würde — dort größte Einfachheit in den Mitteln, hier Häufung aller technischen, insbesondere orchestralen Schwierigkeiten, wegen deren Nicodés Komposition geradezu gefürchtet ist. Wohl mit Rücksicht auf diese Schwierigkeiten hat der Autor nach einer Bemerkung im Klavierauszug eine Aufführung des Werkes ohne die beiden Instrumentalnummern vorgesehen. Rückhaltlos und bewundernd muß man die Fähigkeit Nicodés anerkennen, neue, ungeahnte Orchesterfarben zu mischen. Dieser Reichtum orchestraler Klänge hat wohl das Werk in den Ruf melodischer Armut gebracht, mit Unrecht: Melodien, freilich nicht im Sinne der Klassiker, finden sich überall, wenn auch freilich der melodische Kern des Werkes nicht ganz den riesigen technischen Anforderungen entspricht. Und doch ist Nicodés Werk — schon als Vorbild — bedeutsam. Sollte es auch nicht, wie Kretzschmar vermutet, die dramatische Periode beenden und einen Wendepunkt in der Geschichte der Musik, speziell im Männergesang, bedeuten, so hat es doch wieder nachdrücklich auf die Natur als stoffliche Grundlage hingewiesen und außerdem im Aufbau ein Muster gebracht, in dem neben Mendelssohns Lobgesang wohl am deutlichsten der Begriff einer „Symphonie-Ode" zum Ausdruck kommt. Ein paar Takte Tenorsolo und die Nummer „Fata Morgana" abgerechnet, beruht das Werk auf der Wechselwirkung von Chor und Orchester. Die Einleitung, „Das Meer" betitelt, nimmt ihr erstes Thema aus den Worten des Schlußsatzes: „An der Stürme Stätte bange Spiegelglätte". Dieses ruhige Motiv

Sehr ruhig.

ist zunächst mit einem energischeren

zu einem fugierten Satz verarbeitet, nach dessen Abschluß in *E*-dur leichtbewegte Figuren im Baß sich zugesellen. In den Lüften rauscht Möwenflug.

Mövenflug.

Allmählich findet sich das 2. Fugenthema wieder ein, bis der Satz mit dem 1. Thema im *ff*, begleitet von rollenden Figuren in der Tiefe, abschließt. Der erste, a capella gedachte Chor (Das ist das Meer) wird für sich allein oftmals gesungen, ist verhältnismäßig leicht, melodiös, und in seiner ruhigen Erhabenheit dankbar.

Das ist das Meer, wie groß, wie weit,
wie hoch der Him-mels-bo-gen!

Die übrigen Chöre bieten große Schwierigkeiten. Der moderne Grundsatz verständiger Deklamation hat überall den Komponisten geleitet. No. 3. „Die Wellenjagd" wird schon durch das Tempo außerordentlich schwierig.

♩ = 92.

Die wal-lenden Wellen ja-gen wild hinterein-an-der her

No. 4. „Das Meerleuchten", der prickelndste Satz der Komposition, würde ungefähr dem Scherzo der Symphonie entsprechen. Dieser Instrumentalsatz, der an das Orchester ganz gewaltige Anforderungen stellt, hat gewissermaßen als Untergrund, als die in der Tiefe ruhende See, die Melodie des ersten Chores (Das ist das Meer), die, von Posaunen getragen, geheimnisvoll aus einem geschlossenen Raume erklingt. Darunter und darüber wogt es und zuckt wie die Feuerfunken auf nächtlicher See.

Die dankbarste, weil melodischste Nummer ist die nun folgende Hymne „Fata Morgana", für Tenor oder Sopran gedacht, deren Text der geheimnisvollen Wüstenerscheinung die Geheimnisse menschlicher Liebe gegenüberstellt.

Blau leuchten die Flut und der Him-mel dro-ben.
Fa-ta Mor-ga-na

Der nächste kurze Satz ist „Ebbe und Flut“ betitelt und beginnt mit den einzelnen Rufen eines unsichtbaren Chores, denen einzelne Chorstimmen und der ganze Chor antworten.

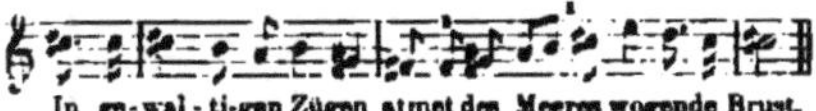
In ge-wal-ti-gen Zügen atmet des Meeres wogende Brust.

Die Schlußnummer, die sich „Sturm und Stille“ zum Vorwurf nimmt, beginnt sehr aufgeregt, um allmählich in das ruhige Thema der Einleitung überzugehen.

An der Stur - - - - me Stat - te
lan - - ge Spie - gel - glat - te.

Jubelnd schließt der Chor:

Herz, du darfst dich freu - en

Einen ähnlichen Stoff behandeln die

Seebilder von Krug-Waldsee.

Das Gedicht von Spengler schildert zunächst die Ausfahrt; in der neuen, goldenen Welt wollen die Menschen Freiheit und Glück finden. Das zweite Bild führt die Nacht auf dem Meere mit ihren gespenstischen Erscheinungen vor. Dann entrollt sich vor unserem Auge das Leben des lustigen Seemanns, der auf dem Meere doch sein fernes Lieb nicht vergißt. Die nächste Abteilung, Windstille, zeigt die Seefahrer in drückender Sonnenhitze. Der Schlußsatz schildert Sturm und Landung. Dem Werke ist Frische und Ursprünglichkeit der Melodie eigen. Insbesondere ist der Orchesterpart lebensvoll gestaltet, und der Komponist arbeitet mit bedeutsamen instrumentalen Motiven. Der erste Satz ist ein kräftiges Allegro

Allegro.
Auf zur See! Die An - ker ge - lich - tet.

Der zweite Satz beginnt mit einem Andante.

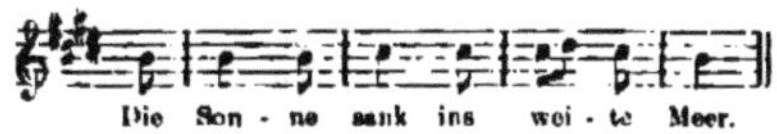
Die Son - ne sank ins wei - te Meer.

Daran reiht sich die Schilderung der gespenstischen Erscheinungen im Baritonsolo. Das Orchester zeigt hier ein charakteristisches Motiv der Oboe.

3. Darauf geht der Satz in die Anfangsmelodie des

Ein frisches Stück ist das nun folgende „Seemannsleben“.

O — welch ein lu - stig Le - ben!

Das anschließende Solo, in welchem der Seefahrer der fernen Geliebten denkt, dürfte seiner volkstümlichen Melodie halber überall des Erfolges sicher sein.

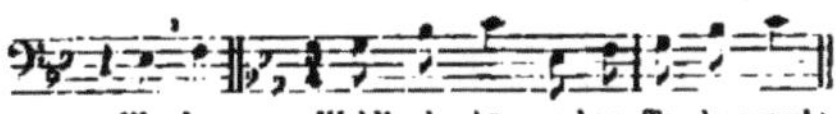
Wo der Waldbach schäumend zu Ta - le rauscht.

Die vierte Abteilung „Windstille“ ist zunächst durch Motive der Bläser charakterisiert, die den ganzen Satz beherrschen.

Andante.

Der Chor ist, dem Text entsprechend, monoton gehalten. Die Klage um eine gestorbene Mutter ist der Hauptinhalt dieses Teiles.

Im Schlußsatz „Sturm und Landung“ geht es zunächst wild her; alle Gewalten sind entfesselt; Untergang droht; endlich der erlösende Ruf: Land! Vier Trompeten haben mit dem Motiv des ersten Satzes die Erreichung des erstrebten Zieles angekündigt. Nachdem ein Dankgebet erklungen, schließt mit diesem Anfangsmotiv das ganze Werk ab, das mit seinem romantischen Grundzug zu den erfreulichsten modernen Erscheinungen gehört.

Zu den Bildern aus dem Naturleben gehört

Frühlings Erwachen von Gouvy,

als Kantate betitelt. Ein Sopran schwebt über dem ersten und letzten Männerchor und hat zudem die Aufgabe, in einem kürzeren Solosatze die einzelnen Chornummern zu trennen. Das Ganze ist ein zartes Werk, mehr der älteren, nachklassischen Richtung zuneigend. Wohltuend berührt es, daß der Komponist nicht nach allbeliebter Schablone immer mit aneinandergereihten Akkorden arbeitet, sondern nach wirklichen klaren Melodien strebt, zu deren größerer Verdeutlichung er sich wiederholt des zweistimmigen Satzes (statt des vierstimmigen) bedient. Chor und Solostimmen stehen in schönem Gegensatz zueinander. Die sorgfältig gearbeitete Begleitung erhöht den künstlerischen Eindruck des feinen Werkes, das dort, wo man nicht immer nach „Kraft“-Nummern strebt, eine willkommene Abwechslung im Programm bieten dürfte. Im Gegensatz zu Davids Wüste und Nicodés Meer zeigt Frühlings Erwachen die Natur von der schöneren Seite.

Die neueren zyklischen Werke, welche am raschesten die Gunst der Sänger und Hörer sich errungen haben, zeigen trotz aller Verschiedenheit der Form und der

wicklung des deutschen Männergesanges zurück. Die vaterländische Begeisterung ist der Nährboden für das Lied gewesen, und nationale Stoffe liegen den bekanntesten großen Werken zugrunde. Das erste von Erfolg gekrönte war:

„Frithjof", Szenen aus der „Frithjof-Sage". Von Bruch.

„Frithjof" ist bis heute das populärste aller größeren Männerchorwerke geblieben. Schon die Wahl des Textes, in dem Männlich-Kräftiges, Idylle und Klage wechseln, war eine sehr glückliche. Aller erschwerende Ballast ist abgeworfen; das Ganze gliedert sich in einzelne Szenen, deren Zusammenhang gleichwohl leicht erkennbar ist. Die „Frithjof-Sage" ist aus Tegners lieblicher Dichtung so bekannt, daß eine Wiedergabe unterbleiben kann. Die musikalische Eigenart des „Frithjof" weist auf die Romantik hin; sie steht zwischen der klassizistischen Richtung Brahms und der hochmodernen Nicodés. Soll man Bruchs Eigenart als Tonsetzer in Kürze schildern, so darf man ihm Vorliebe für das Massige, Wuchtige zuschreiben, wobei dazwischen auch die süße Kantilene zu ihrem Recht kommt. So sind es denn auch die breit angelegten wuchtigen Chöre, auf welchen die Hauptwirkung des Tonwerkes beruht, wie der dramatische Höhepunkt des Ganzen („Der Tempelbrand") und der kraftvolle Schlußchor zeigen. Diese Nummern haben wohl die Komposition zu einem Liebling der Gesangvereine gemacht. Das Orchester, das sich den Chören durchaus unterordnet, ist in der Einleitung und in dem Marsch zu Ingeborgs Brautzug selbständig verwendet. Bewundernswert ist die Klarheit und Charakteristik der Motive. Was einem dem Klassischen noch nicht ganz verschlossenen Gemüte ferner zusagt, das ist die großzügige Form, der klare Aufbau, die mächtigen Steigerungen, die feinfühlig abgewogenen Gegensätze. Wie schwillt es gleich in dem Orchestervorspiel mächtig an, wie stolz ziehen die siegreichen Recken daher!

Dann kommen zartere Töne bei den Gedanken an die Heimat und die Linde, welche des Vaters Grab beschattet.

Schon grüß ich dich, o Bal - durs Hain.

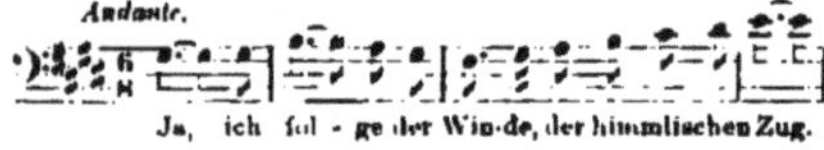
Andante.
Ja, ich fol - ge der Win-de, der himmlischen Zug.

Düstere Stimmung charakterisiert den Marsch, welcher den Brautzug Ingeborgs begleitet.

Die nächste Szene schildert das düstere, unheilverkündende Schweigen im fahlen Schein der Mitternachtsonne.

Grave.
Mitt-nachtsonn' auf den Ber - gen lag.

Dann ein mächtiges Aufsteigen, bis im „Tempelbrand" das Meer der Töne alles zu umlohen und zu begraben scheint.

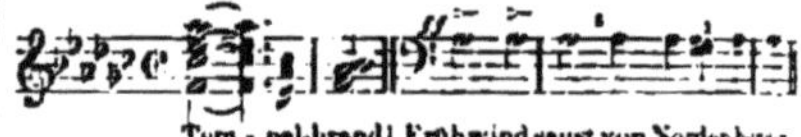
Tem - pel-brand! Frühwind saust von Nordenber

Daran schließt sich als musikalisch außerordentlich glücklicher Gegensatz der zarte Quartettsatz, der den Frieden der Natur atmet. In schönem Gesang, begleitet von den ruhig dahinziehenden Tonwellen, in den idyllischen Farben der Holzbläser ersteht vor uns die Schönheit der nordischen Heimat.

Son - ne so schön, strahlt a - ber Höhe

An diese Szene voll bestrickenden Wohllautes und an den ernstschönen Abschiedsgesang Frithjofs

Stir - ne der Er - de, hoch - heh - rer Nord.

reiht sich Ingeborgs zarte Klage

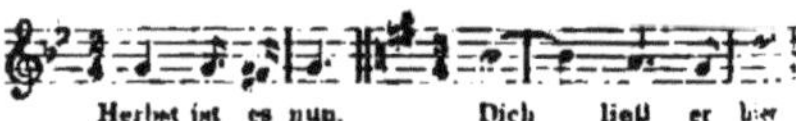
Herbst ist es nun. Dich ließ er hier

Der Schlußchor bringt ein mächtiges Ausklingen, das manchmal einen versöhnenden Schimmer über das Ganze breitet, indem es dem seines Liebesglücks beraubten Frithjof in der Ferne die Palme des Ruhmes winken läßt.

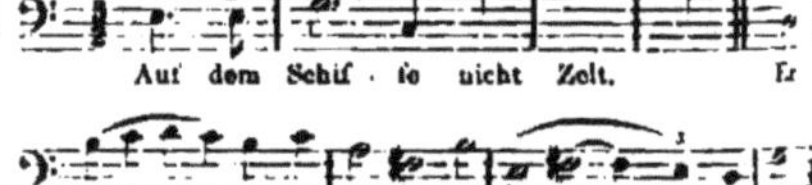
Auf dem Schif - fe nicht Zelt. Er
he - - bot die Lan-ze, die Lan - ze des

Wie Bruchs Frithjof der zyklischen Männerchorkomposition neue Wege wies, so blieb er trotz mancher bedeutenden späteren Schöpfung bisher wohl das ursprünglichste, frischeste, immer wieder gern gehörte Werk auf diesem Gebiet.

(Fortsetzung folgt.)

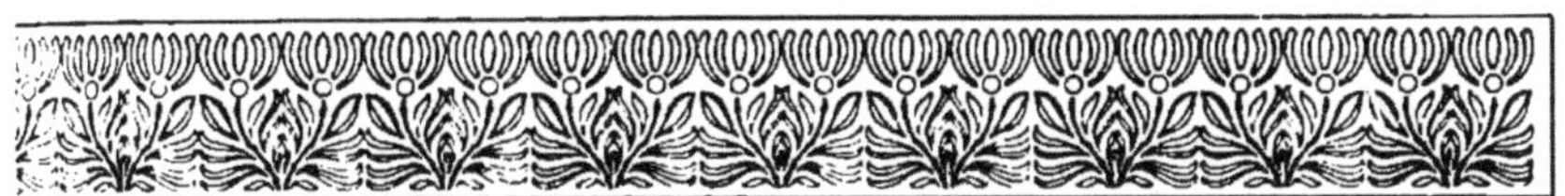

Der Deutsche Männerchor

von **A. König.**

(Fortsetzung.)

.Hakon Jarl" von Reinecke.

sches Heldenleben ist hier, wie in Bruchs der textliche Hintergrund. Hakon Jarl, der die Königskrone entreißen will, opfert Weib seiner Leidenschaft. Aber umsonst: die von geschmiedete Krone paßt nicht auf Hakons so wird er einem alten Spruche gemäß die nicht erringen. Olaf, der das Zeichen des ıfgepflanzt hat, findet im dunklen Hain den n Hakon, wie er eben seinen Sohn dem heidtte opfert, und fordert den Nebenbuhler zum ıuf dem Schlachtfeld findet Thora den gekon und wird durch Olaf zum Christentum

lisch ergibt sich folgender Aufbau:
lie Werkstatt des Schmiedes Bergthor führt ıhig hämmernder $^6/_4$-Takt Allegro *c*-moll. iegensatz hiezu klagt die weiche, zarte Melodie len untreuen Gatten.
sind am Strande auf der Insel Moster. Noruern beschließen, die Qualen der betrogenen ihen; aber gegen Hakons Macht sind sie zu a ergänzen in der Ferne Segel; lateinische digen Olaf an, der das Zeichen des Kreuzes

:ene mit der großen Steigerung ist wohl der es Ganzen. Im Allegro *f*-moll beginnend, ihlich in die ruhig ernsten Töne der Kirchenin die sieghaft zuversichtlichen Lieder der Die zweite Abteilung bringt mit der ler einen starken Gegensatz zur vorigen; in den düsteren Hain Odins. Ein Adagio gt zuerst die verzweiflungsvollen Gesänge gesellt sich hinzu. Die 5. Szene — auf eld — wird durch Chöre in *h*-moll ₵ ein-Tenöre als Mannen Olafs stehen mit dem Gesang „Heiliger Herre Jesu Christ" den annen Hakons mit ihrem Preisliede auf :r. Der Schlußgesang führt nach *H*-dur. artien sind auf einen Tenor (Olaf), Bariton Iezzosopran (Thora) verteilt. — Ist auch nicht von der epochemachenden Bedeutung ıglichen Kraft des „Frithjof", so hat doch k viel Beifall gefunden.

Iner, Die Hunnenschlacht.

rde durch seine Hunnenschlacht allgemein ınnt. Das Werk behandelt die bekannte atsache vom Siege der Goten und dem ıbs. Da dessen Gattin mit in die (von Zöllner selbst stammende) Dichtung verwebt ist, ergibt sich auch hier das beliebte Kontrastmittel des Sopransolos. Die große Wirkung, deren die Hunnenschlacht heute noch fähig ist, beruht auf dem Wechsel massiger, kräftiger Chöre und dem Gebete, weniger auf dem tiefen Gehalt.

Zöllner ist überhaupt eine etwas gewaltsame Natur; es geht bei ihm viel mit Trompeten und Pauken her. Der reiche Harmonienwechsel, die üppige Instrumentation verdecken zuweilen den Mangel tieferer Melodik. Indessen sind seine Werke, auch die kleineren, offenbar wirkungsvoll. „Die Meerfahrer", ein Zyklus von Gesängen nach Gedichten von Kellmann, bedient sich der ebenfalls Abwechslung halber eines Sopransolos und endigt in einem hübschen Chor über das allbekannte Ave, maris stella.

Eine spätere große Komposition Zöllners: Kolumbus, wurde zwar auch mehrfach aufgeführt, konnte es jedoch nicht zu der Popularität seiner Hunnenschlacht bringen.

A. Krug: „Fingal".

Trotz einzelner hübscher Partien ist diese Komposition keine vollwertige Arbeit. Die Behandlung des Männerchors ist teilweise eine nachlässige, die melodische Erfindung eine dürftige. Man sehnt sich nach einem hellen Sonnenstrahl, der die nebelgraue Instrumentation des Werkes durchleuchte, und bis die wirklich besseren Partien anheben, hat der erste Teil der Komposition leider schon zu viel von der Stimmung verdorben. Die besten Partien sind wohl der Chor der 4. Szene und der Klagegesang Fingals an der Bahre seiner Braut.

Eine Arbeit kleineren Umfangs ist Herr Olaf von A. Krug, eine Ballade von G. Kastropp, die besonders in ihrem weich gehaltenen Mittelsatz von hübscher Wirkung ist.

„Hermann der Befreier" von Zuschneid

besteht aus fünf Bildern: Vigimers Tod, Thusnelda, Hermann, Hermann und Thusnelda, Siegesfeier der Germanen nach der Hermannsschlacht. Die Komposition ist nicht hervorragend, aber dankbar; stimmungsvoll ist die Einleitung zum 4. Abschnitt.

H. Hofmann: „Haralds Brautfahrt".

Der Text, obwohl kein poetisches Meisterwerk, ist doch dankbar für eine Männerkomposition und bietet mancherlei Veranlassung zu musikalischer Situationsmalerei. Die Gelegenheit hiezu ist ausgenutzt, doch reicht die schöpferische Kraft des Komponisten nicht zu Bedeutendem; das Ganze nähert sich allzusehr der Liedertafelmusik. Handlung: Harald zieht hinaus, „die Tochter des Meerevon Dämonen bewacht“, als Braut zu gewinnen. Ein alter Seefahrer sieht das Unheil kommen. Der Gott der Stürme ruft die Dämonen der Flut gegen die Helden, und im Sturm geht das Schiff unter. Zum Schluß singen die Geister der See den Helden einen Grabgesang. Das Werk ist für die Solostimme — Bariton — „dankbar“.

Etliche Themen dieses Werkes:

Für ein größeres Publikum dürften Hofmanns, dem Liedertafelmäßigen zuneigende Kompositionen nicht undankbar sein. „Nordische Meerfahrt“ ist ein größerer Chor mit Baritonsolo. „Die Jungfrau von Orleans“ besteht aus Chören, Bariton- und Sopransolo; der Text lehnt sich an Schillers Drama an. Dankbar ist die Erzählung des Traumes.

„König Fjalar“ von Schreck

behandelt das alte Motiv, daß auch der edelste Mensch nichts gegen die Macht der Götter vermöge; wem sie Untergang und Fluch bestimmt, der entrinnt nicht seinem Lohn. Fjalar, der vordem Mächtige im Streite, will seinem Lande die Segnungen des Friedens verschaffen. Aber der stets Unheil kündende Seher Dargar meldet, daß die Götter seinem Geschlecht Untergang in Blutschande bestimmt haben, als Strafe dem Helden, „der Götterruhms sich kühn vermaß, der lenken will Geschick und Welt“. Dem zu entgehen, läßt Fjalar seine Tochter Gerda ins Meer werfen. Nachdem sein Sohn Hjalmar in Kampfspielen groß geworden, läßt ihn die Tatenlust vom Vater ein „fahrtfrohes Schiff“ fordern. Hinausziehend mit seinen Genossen, freit er Morwens schönste Maid, Ohonna, und als er glückselig die junge Gemahlin dem Vater vorführt, erkennt dieser die eigene Tochter: die Götter haben das Opfer nicht angenommen und den Fluch der Blutschande an dem greisen Helden erfüllt, der sterbend bekennen muß: „Groß allein ist Göttermacht!“

Die Komposition wandelt in den Wegen des Bruchschen „Frithjof“, ist aber weniger bedeutend als dieser und neigt etwas dem Liedertafelstil zu, ohne gerade unedel zu werden. Gute Wirkung dürfte ihr sicher sein. Origineller als die Chöre sind die durchwegs dankbaren Solopartien (Bariton, Baß, Tenor, Sopran). Eine Hauptwirkung des Werkes beruht auf der frischen, geschickt ausgenutzten Melodie von No. 2:

Gib mir, o mein Va-ter, ein fahrt-fro-hes Schiff, mich lü-stet nach Ruhm und nach Sie-gen.

Schreck hat noch ein Chorwerk: Der Falken-Rainer geschrieben, das gleichfalls von frischen Melodien durchzogen ist.

Nornagest von Hirsch,

eine kleinere Komposition, ist als Konzertstück bezeichnet. Der Inhalt der Weitbrechtschen Dichtung ist folgender: Dem neugeborenen Nornagest verleiht die erste Norne Kraft, die zweite Gesang, die dritte eine Kerze, mit deren Licht Nornagests Leben erlöschen soll. Die schnell entschlossene Mutter löscht die Kerze: nun wird das Kinderleben dauern, bis die Götter vergehen. Die zweite Szene bringt den gealterten Nornagest, der im Kummer über die vom Christentum verdrängte nordische Götterwelt die Kerze entzündet und seinem Tod entgegensieht. Dem Stoff entsprechend ist der Grundton der Musik etwas düsterer als sonst bei Hirsch, doch erwerben die ungekünstelten Melodien wohl auch diesem kleineren Werke Freunde. Die Stimmen der drei Nornen lassen sich wohl von einem Mezzosopran wiedergeben.

Woyrsch, Deutscher Heerbann.

Woyrsch hat in seiner Kantate Deutscher Heerbann (Dichtung von Geibel) für Chor, Solostimmen und Orchester eine kraftvolle Nummer geboten, die allerdings nur einen kleinen Teil des Programms ausfüllt. Bariton und Tenor sind als Solostimmen verwendet. Das alte am Anfang der Entwicklung des Männerchores so vielfach besungene Thema vom Vaterland ertönt hier in moderneren, durchschlagenden Weisen, demgemäß ist das junge Werk der großen Gruppe der Heldengesänge zuzuweisen. Dem Werke ist eine große Steigerung eigen. Zunächst mit einem ruhig erzählenden Tenorsolo beginnend bringt es anschließend einen kräftigen Chor mit selbständiger Stimmführung, der wiederum von einem ruhig melodiösen Baritonsolo abgelöst wird. Charakteristisch ist das wilde Hunnenheer geschildert. Mit kluger Berechnung reiht sich dem wilden Stück ein durch ein Tenorsolo eingeleitetes Gebet der Priester an, mit welchem der kräftiggehaltene Schwur des Heeres das Ganze abschließt.

Eine weitere Schilderung aus dem Heldenleben bietet Heinrich der Finkler, Kantate von Fr. Wüllner, eine gediegene Musik, die stellenweise trocken ist, daneben aber viel Erfreuliches enthält und den Vorteil besitzt, mit einem zügigen Chor zu schließen. Das Werk behandelt die Erhebung Heinrichs auf den deutschen Kaiserthron. Die Komposition verrät den Musiker älterer Richtung, der auch in Bezug auf Stimmführung von den alten Gesangsklassikern gelernt hat. Eine neue Richtung in irgend welcher Beziehung bedeutet das Werk nicht, immerhin dürfte sich seine Aufführung lohnen.

W. de Haan, Der Königssohn.

Ähnlich wie bei Bellermanns Ödipus läßt sich der Grund, warum Haans Königssohn so wenig bekannt geworden, in der Komposition des gleichen Uhlandschen Gedichtes von Schumann finden. Das Haansche Werk folgt in Melodiebildung, Art der Begleitung, Aufbau der einzelnen Teile einer älteren Richtung, bietet aber genügend hübsche Melodien und reichliche Tätigkeit für Chor und Solisten (Bariton und Tenor), um eine Aufführung dort zu lohnen, wo man nicht gerade extrem modernes Wesen zur Grundbedingung des Erfolges macht. Der Komponist greift, um die Eintönigkeit des Männergesanges zu unterbrechen, zu dem merkwürdigerweise nicht oft angewandten Mittel eines Intermezzos für Orchester.

Jung Sigurd von Schwalm

ist eine zügige Komposition, in der nur mit Rücksicht auf die Kürze des Werkes ein etwas großer Apparat an Solostimmen aufgewendet ist. Das Werk ist wohl für Vereinsaufführungen gedacht, erhebt sich aber über den gewöhnlichen Liedertafelstil und ist wegen seiner gefälligen Melodien und reichen Abwechslung sicher dankbar.

Die Mette von Marienburg von Wermann

ist als Ballade bezeichnet. Falk von Stauf, ein deutscher Ordensritter, ist in Liebe der Polin Ladoiska ergeben. In der Christnacht folgt er heimlich ihrer Einladung auf Schloß Podol, um hier zu erfahren, daß die schöne Feindin sein Leben retten wollte, denn heute nacht würden sämtliche Ordensritter von Marienburg ums Leben kommen. Da läßt ihn die Ehre alle Hindernisse überwinden; durch pfadlose Gefilde, durch eisige Fluten, durch die Reihen der Feinde jagt er dahin; mit letzter Kraft pocht er an die Pforten, rettet den Brüdern das Leben und sich die Ehre. — Wermanns Komposition wurde wiederholt aufgeführt. Auch sie benutzt als Gegensatz zum Männerchor ein Sopransolo. Das Werk, über das ich nach nur einmaligem Hören kein endgültiges Urteil fällen will, hat sich Beifall errungen; es folgt insofern den Spuren Wagners, als nach Art des Musikdramas der Text fortlaufend komponiert ist und das Orchester einen großen Anteil an der Schilderung der Stimmungen und Vorgänge nimmt.

Ebenfalls auf dem Boden nationaler Sage erwachsen ist

Harald von Schulz-Beuthen,

eine größere Ballade von ernster Grundstimmung und kräftiger Wirkung.

Dem deutschen Männergesang ist das Gebiet germanischen Heldenlebens am zusagendsten. Daneben haben aber auch große Gestalten aus der Zeit des klassischen Altertums einzelne Tonsetzer zu Schöpfungen angeregt. Abgesehen von Mendelssohns Musik zu „Ödipus und Antigone" — die musikalische Illustration ganzer Dramen — haben kleinere Episoden des einzelnen Heldenlebens Anlaß zu Dichtungen gegeben, wie wir sie etwa in der Goetheschen Kantate „Rinaldo" finden, welche Brahms Veranlassung zu der bedeutendsten Komposition in dieser Richtung gab.

Brahms „Rinaldo".

In vieler Beziehung dem Bruchschen „Frithjof" gerade entgegengesetzt, bildet mit diesem zusammen Brahms „Rinaldo" immer noch den Grundstock im Repertoire unserer großen Sängervereinigungen. Schon die ganze Kompositionsweise zeigt uns sozusagen zwei verschiedene musikalische Zeitalter. Bruch, wiewohl nicht gerade den Modernsten angehörend, wurzelt im Boden der Romantik; er Komponist greift nach dem nordischen Heldengedicht mit seinen gewaltigen und gewaltsamen Heldentaten, einer düsteren Szenerie, seinem alles verklärenden Hauch einer Liebe. Brahms dagegen steht auch in der Wahl eines Stoffes auf klassischem Boden. Goethes Darstellung einer durch Zauber wirkenden sinnlichen Liebe, deren Bann sich der Held nur wieder durch Zauber entzieht, führt uns die phantastische Farbenpracht des Orients vor Augen. Auch im Musikalischen sind Brahms und Bruch starke Gegensätze. Die Wirkung des „Frithjof" beruht zunächst auf den wuchtigen Chören; der zarter das Tenorsolo gestellt, zu dem die Chöre eigentlich nur die wohltuende Staffage bilden. Bruch hat die Hauptpartie dem männlich kräftigen Bariton anvertraut und durch Einfügung einer Sopranpartie und eines Soloquartettes wohltuende Gegensätze geschaffen. Brahms verleiht, allerdings im Sinne der Dichtung, den lyrischen Gesängen seines Helden eine ausschließliche Bedeutung, indem er auf anderweitige Soli ganz verzichtet. Das musikalische Antlitz der beiden Werke ist ein durchaus verschiedenes; in „Rinaldo" tritt überall der Kammermusiker, in „Frithjof" der Chorkomponist zutage. Das erste Solo im „Rinaldo" (Stelle her usw.) weist direkt auf den Beethoven hin, der selbst noch in den Fußstapfen Mozarts wandelte.

Die leichte Zugänglichkeit des Goetheschen Gedichtes macht eine Inhaltsangabe überflüssig. Der 1. Satz zeigt uns die Gefährten Rinaldos zur Abreise bereit. Trotz des Allabreves ist der Satz ziemlich ruhig und beruht im Gesang auf sehr einfachen Motiven:

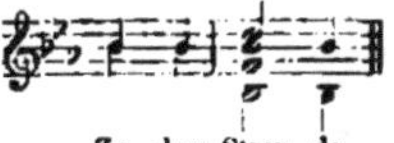
Zu dem Stran - de

Das anschließende Poco Adagio ($^3/_4$ in *As*) ist eine sanfte Klage, eingeleitet von einem Bläserchor, wie ihn Brahms gerne so wirkungsvoll verwendet, wohl der am meisten nach der klassischen Schule zeigende Satz,

Stel-le her der goldnen Ta-ge Pa-ra-diese noch einmal,

der in eine leichtflüssige Melodie hinüberführt:

Un poco Allegretto.
Bun - te, reich-geschmückte Bee - te —

In traumhaft weicher Stimmung fließt der nächste Chor dahin,

Moderato.
Sach - te kommt, und kommt ver - bun - den

während das Solo (Allegro ₵ in *C*) wieder zu belebteren Klängen hinüberführt:

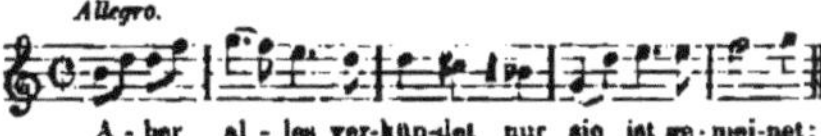
Allegro.
A - ber al - les ver-kün-det nur sie ist ge-mei-net;

Darein mischen sich heitere Tanzweisen:

Da schlingen zu Tän-zen sich Li - lien und Ro - sen.

Der Warnungsruf der Genossen unterbricht die Liebes-

Allegro non troppo.
Nein, nicht län - ger ist zu säu - men.

welche den Entschluß Rinaldos zur Rückkehr herbeiführen. Marschmäßige Klänge, nach großer Steigerung wieder verhallend, deuten die Rüstung zum Aufbruch an.

Ein zweiter Versuch der Zauberin scheint Rinaldos Vorsätze zu erschüttern; aber die Zauberpaläste stürzen zusammen — die Gebete der Frommen sind erhört:

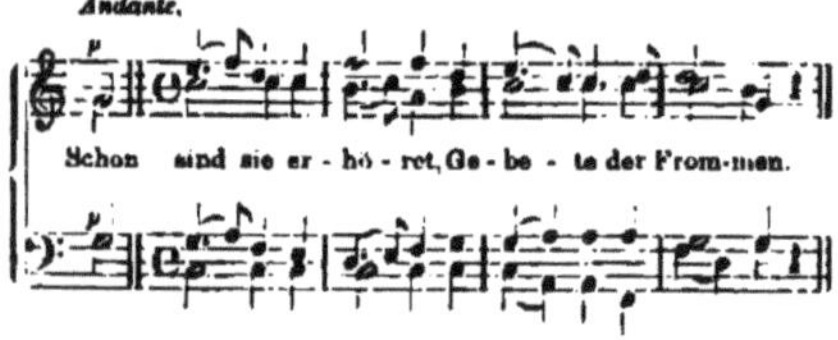
Andante.
Schon sind sie er - hö - ret, Ge - be - te der From-men.

Ein kraftvoller, weit gesponnener Chor — „Auf dem Meere" — beschließt das Werk:

Allegro.
Se - gel schwel - len, grü - ne Wel - len —

Dazwischen hinein erklingen heitere Töne:

Ein kurzer Vivace-Satz im $^{7}/_{4}$-Takt begrüßt Godofred und Solyma und führt uns damit zum Heer der Kreuzfahrer hinüber — der Held ist dem Zauber Armidas entronnen.

Trat schon im „Rinaldo" das Solo außerordentlich in den Vordergrund, so daß man beinahe von einem Tenorsolo mit Chören reden könnte, so ist es vollends ein Irrtum, Brahms' vielgenannte Rhapsodie als einen Männerchor mit Altsolo zu bezeichnen. Es handelt sich hier durchaus um eine Komposition für Altstimme, in deren Schlußteil der volle, tiefe Klang der Männerstimmen beruhigend nach den vorausgegangenen Qualen wirken soll. Dieser letzte Teil (Ist auf deinem Psalter) gehört wohl zum Ergreifendsten, was geschrieben wurde.

Kolumbus von Dräseke,

als eine Kantate bezeichnet, behandelt den bekannten Vorgang bei der Entdeckung Amerikas. Auch Dräseke verwendet zur Belebung ein Sopransolo. Daß sich der ernsthafte und gediegene Komponist nicht zu allgemeinerer Geltung durchzuringen vermochte, liegt wohl an der Sprödigkeit seiner Schreibweise. Das Werk gehört in die Gruppe der durch Frithjof angeregten Heldengesänge.

Brambach, Alcestis

ist wohl das größte Werk dieses Komponisten und entschieden eine der besten Repertoirenummern. Brambach zeigt in der Wahl seiner Stoffe eine Neigung zum Klassischen; Alcestis ist nach einer Herderschen Dichtung gearbeitet. Der im Sterben liegende König Admet kann nach Apollos Ausspruch nur gerettet werden, wenn einer seiner Angehörigen sein Leben für den Kranken opfert. Alcestis entschließt sich dazu, und die Götter, gerührt von Apollos Bericht, geben ihr das Leben wieder. Lang sam sich hinziehende Trauerklänge eröffnen die Szene. No. 2 bringt Alceste, die nach einem etwas spröden Einleitungssätzchen ein vom Chor unterbrochenes Arioso anstimmt:

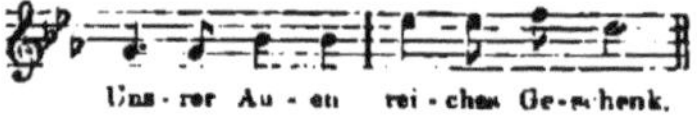
Uns - rer Au - en rei - ches Ge - schenk.

Die anschließende Nummer 3, ein imitatorisch gearbeitetes Allegro, enthält eine Anrufung der Götter. No. 4 enthält Alcestis' Entschluß. Der mit No. 6 beginnende zweite Teil bringt in der Erzählung des Traumes Admets eine kurze hübsche Partie. In einem Allegro agitato (No. 7) fleht Admet die Götter an, Alcestis' Opfer nicht anzunehmen. Mit No. 8 beginnen die schönsten Partien des Werkes. Ein Chor überirdischer Stimmen ruft Alcestis zu:

Auch im E - ly - si - um blühn a - ma-rant-ne Blu-men.

Die weiche Stimmung setzt No. 9 (Chor) fort:

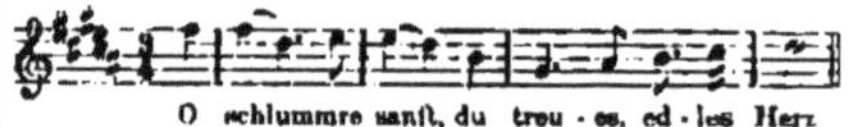
O schlummre sanft, du treu - es, ed - les Herz

Auch am Aufang des dritten Teiles (No. 9) entfaltet sich die Kantilene zunächst in der Partie einer überirdischen Stimme

So kehr - re nun, sü - ßer Strom des Le - bens

Auch hier greifen Chor und Solo ineinander. Alcestis' Rückkehr zum Leben gibt Gelegenheit zu einem Duett (No. 11). Ein bewegter Schlußsatz spricht den Dank des Volkes gegen die Götter aus.

(Fortsetzung folgt.)

Der Deutsche Männerchor

von **A. König.**

(Fortsetzung.)

Nachdruck verboten.

Cäsar am Rubikon von Brambach,

eine neuere Komposition, ist ein wirklich gutes Werk und reiht sich der bis jetzt mehr bekannten Alcestis würdig an. Die Komposition, deren Dichtung von Biesendahl stammt, nennt sich ein Konzertepos. Ich finde die Bezeichnung hier zum erstenmal und halte sie mit Rücksicht auf die Kürze und den teilweise dramatischen Charakter der Dichtung für nicht ganz glücklich gewählt. Die Partie des Cäsar ist einem Tenor zugedacht. Mit glücklichem Griff versetzt gleich der kraftvolle Eingangschor in das Kriegslager.

Allegro non troppo.
Wü-tend saust des Stur-mes Fit-tich durch I-
ta - li - ens Ge - fild.

In einem Zwischensatz werden die Flußgeister eingeführt, die den Cäsar von seinem Vorhaben abhalten wollen; er aber vertraut auf Jovis Gunst.

Wißt ihr, wem den Blitz er schleu-dert
freund-lich sei - ner Huld ein Pfand?

Die Legionen versichern Cäsar ihrer Treue, und er ibt ihnen sein Vorhaben kund:

Neu noch ein - mal Rom zu grün - den,
schmet-tre, schmet-tre Tu - ba - ton!

Ein kräftiger Chor schließt das Ganze, das vermöge ines Stoffes und des musikalischen Grundcharakters n richtiges Männerchorwerk ist.

Nicht ganz so lang, auch anders geartet, süßer in :r Empfindung, ist Brambachs Lorelei nach einer Dichng von Waldbrühl. Schon die Verwendung des Mezzosoprans verleiht dem Ganzen einen zarteren Charakter, und der Stoff ist an sich mehr lyrisch. Auch dieses Werk ist eine dankbare Programmnummer.

Leonidas von Bruch.

Daß es dem jüngeren Werke neben Frithjof, der überhaupt am meisten bekannten Männerchorkomposition großen Stiles, schwer werden mußte, sich zu allgemeiner Geltung durchzuringen, darf nicht verwundern. Hatte doch dort der jugendliche Tonsetzer an heimatlichen Stoffen sich begeistert und die erste, frischeste Blüte seines Könnens geboten, und ist doch Tegners freundliche Dichtung ein in Deutschland gern gelesenes Buch. Trotzdem behauptet sich die jüngere Komposition mit Ehren neben der älteren, wenn ihr auch nicht mehr die Jugendfrische des Frithjof eigen ist. In Leonidas tritt, wie in Brahms' Rinaldo, die Solopartie stark in den Vordergrund und dank der gefälligen, wirksamen Kantilene Bruchs ist das Werk ein gutes Konzertstück für Baritonisten.

Einige größere Werke, die ich bislang nicht kennen lernte, sind Lux, op. 70, Coriolan, Szene für Männerchor, Soli und Orchester. — Hesse, op. 21, Herzog Ernst von Schwaben, Dramatische Kantate für Männerchor, Soli und Orchester. Hegar, op. 16, Manasse, Dramatische Kantate in 3 Szenen. Mohr, op. 62, Die Ansiedler.

Text und Musik.

Bevor wir zusammenfassend nochmals einen Rückblick werfen auf die textlichen und musikalischen Errungenschaften, ziemt es sich, in Kürze das allgemeine Verhältnis zwischen Text und Musik im Männergesang zu beleuchten. Im Vaudeville hat die edelste der Künste, die Musik, einen Bund mit einem verkommenen Gesellen, dem zotigen, schlüpfrigen Kouplettext, geschlossen und ihre reine weiße Stirne mit Kot beschmutzt; im Männergesang ist sie mindestens eine Reihe wertloser Freundschaften eingegangen. Keine Gattung ernsthafter Musik hatte unter der Wahl nichtswürdiger Texte so sehr zu leiden als der Männergesang. Auch wo die Komponisten nicht nach Gemeinem gelangt, haben sie doch oft genug das Seichte hergenommen. Nun hat aber nicht leicht ein schlechter Text die nötige Begeisterung für ein gutes Kunstwerk hervorgerufen, und so ist denn die gewöhnliche Liedertafelmusik ganz der entsprechende Ausdruck der ihr zugrunde liegenden Machwerke. Die besten Komponisten haben stets nach hervorragenden Texten gelangt, wie Webers Lieder, Kreutzers Kompositionen Uhlandscher Dichtungen, Rheinbergers Tal des Espingo, Hegars Balladen u. m. a. beweisen. Hie und da sind auch ernster strebende Komponisten der Bedeutung ihrer Texte nicht ganz gerecht geworden. Schillers Texte z. B. sind trotz ihres Pathos eigentlich unmusikalisch, unkomponierbar, und weder Mendelssohns Gesang an die Künster noch Brambachs Macht des Gesanges widersprechen meiner Behauptung. Außer den vorhin erwähnten kleineren Kompositionen läßt sich erfreulicherweise auch von etlichen großen Werken berichten, daß die Musik dem Texte kongenial sei. In Bruchs „Frithjof" entsprechen sich Dichtung und Komposition in ihrem gegenseitigen Werte; sind beide nicht glänzende Sonnen am Firmament, so sind sie doch hellstrahlende Sterne. Die Tiefen des Goetheschen Geistes musikalisch auszuschöpfen, ist wenigen geglückt; Brahms gehört zu den Tonsetzern, die dem Dichterfürsten brüderlich die Rechte reichen dürfen; insofern ist „Rinaldo" vielleicht das bewunderswerteste Werk der Männerchorliteratur. Nicodés Symphonieode „Das Meer" dürfte in ihrer musikalischen Gesamtheit dem Werte der Dichtung überlegen sein.

Die Gebiete, welche der Männergesang in textlicher Beziehung sich erobert hat.

Von Anfang an beherrschte der vaterländische Gedanke den Gesang; Vaterlands- und Volkslied bildeten den Grundstock. Die aus dem Vereinsleben erwachsenen Trinklieder, die Brummlieder mit Solis (zur Verherrlichung der Vereinsgötzen), die Fahnenweihlieder, ferner die schablonenmäßig fabrizierten Liebeslieder, religiösen Lieder, Ständchen, Frühlingsgesänge, Jagdlieder usw. wollen wir füglich nicht als Eroberungen bezeichnen. Zunächst ist es wohl die Ballade, die gegenüber dem einfachen Lied eine textliche Bereicherung bedeutet. Die kraftvoll fortschreitende Handlung mit ihrem vielfach düsteren Hintergrund ist für den Männergesang ganz besonders geeignet. Schon Nägeli hat es klar ausgesprochen, daß für den Männergesang nur das Kraftvolle und Männliche passe. Darum haben auch die Schöpfer großer Werke mit klarem Blick nach den Hohenliedern des Heldentums gegriffen. Froher Jugend Tatenlust, Raub und Mord, das düstere Grauen der Nordlandssonne, das ist die so überaus glücklich gewählte Szenerie des Bruchschen „Frithjof". Zöllners großes Gemälde der Hunnenschlacht zeigt die rohe Kraft asiatischer Krieger, und den Mut germanischer Stämme. Die meisten modernen größeren Werke schildern das Heldenleben. — Das Feierliche, Erhabene und Ernste mag sich wohl in den wuchtigen Massen des Männerchores austönen, im Gegensatz zum Frauenchor, dem nur leichte und heitere, höchstens elegische Töne eignen. Insbesondere mag der düstere Ernst der Totenmesse der dunkleren Färbung des Männerchores entsprechen, wie Cherubinis Requiem beweist; auch die Majestät der Psalmen und Meßgesänge ist dem Männerchor nicht unerreichbar. Mit mehr Glück als auf religiösem Gebiet hat der Männerchor das Erhabene des Naturlebens geschildert. Außer Davids „Wüste" und Nicodés „Meer" sind hier die Texte Kreutzers und Hegars besonders zu erwähnen.

Daß es eine Verirrung ist, Mädchen- und Wiegenlieder für Männerchor zu komponieren, sollte man nicht beweisen müssen. Ob alle Texte zarter Natur dem Männergesang verschlossen sind, mag besser im musikalischen Teil besprochen werden.

Was kann der Männerchor musikalisch leisten?

Zur Klärung dieser Frage wird die Einsicht der Grenzen des Männerchores und die Kenntnis seines Gegensatzes beitragen. Oberflächliche Betrachtung stellt Männerchor und gemischten Chor gegeneinander, während doch die beiden Kehrseiten Männerchor und Frauenchor sind; in der Beschränkung auf enge Gebiete ist allerdings letzerer noch übler daran. Die spezifischen Aufgaben des Männergesanges, wie sie schon Nägeli klar erfaßte, sind: Neigung des Stiles zur Homophonie, Ausschluß schneller Passagen, Vermeidung schwerfälliger Harmonien. Den darin begründeten Nachteilen stehen doch auch wieder etliche Vorteile gegenüber. Die Deklamation ist im Männerchor eine schärfere als im gemischten oder gar im Frauenchor. Günstig ist ferner der Umstand, daß schöne, helle Tenöre starke Obertöne haben und dadurch leicht die Täuschung hervorrufen, als klängen sie eine Oktave höher. An Kraftentfaltung, andrerseits an feiner, wechselvoller Nuanzierung vermag es der gemischte Chor dem Männerchor nicht gleich zu tun.

Die Ausdrucksgebiete der Männerstimme wurden bereits besprochen. Wenn aber das Kraftvolle, Männlich Ernste, Jugendlich-Frische, Religiös-Erhabene und Düster als besonderes Ausdrucksgebiet des Männerchores angesprochen wurde, so will damit nicht gesagt sein, daß der Männergesang dem Zarten oder dem Komischen unzugänglich wäre, schon seine Fähigkeit großer Nuanzierung erschließt ihm dieses Gebiet und ermöglicht dadurch die Komposition großer ernster Werke, die dem im Ausdruck noch viel beschränkteren Frauenchor kaum jemals zugänglich sein werden. Wo freilich der Männerchor als Bestandteil des gemischten Chores auftritt, wird er sich auf seine ganz spezifischen Gebiete beschränken müssen. Die Möglichkeit außerordentlicher Nuanzierung macht den Männerchor fast mehr als den gemischten Chor fähig zu musikalischer Malerei.

Die Frage, wie weit das Gebiet des Komischen dem Männergesang eigen sei, rechtfertigt einen kurzen Streifzug in das Gebiet des Musikalisch-Komischen. Die innerlichste aller Künste, die den tiefsten Regungen des menschlichen Herzens nachgeht, ist dem Komischen gegenüber eine fast unnahbare Spröde geblieben. Keine Ausrede. Was wir gewöhnlich für komisch halten, bezieht sich ausschließlich auf den Text. Musikalische Komik, die nur mit eigenen Mitteln arbeitet, gibt es sehr wenig. Einige Stellen in Haydnschen Quartetten reizen durch das ihnen anhaftende Überraschende zum Lachen; einige Instrumentalklänge sind von derselben Wirkung, z. B. Fagott an manchen Stellen. Anlage zur Komik zeigt sich in Österreich, wo z. B. Genée auf diesem Gebiet arbeitete. Der Text der Gesänge ist teilweise leichtfertiger Natur. Ein besserer Komponist humoristischer Texte war der nunmehr fast vergessene Schäffer. Auch Otto und Abt versuchten sich in größeren als komisch ... tenden Werken. Zelter neigte sehr nach der Seite des Launigen (St. Paulus war ein Medikus — Ein Musikant wollt fröhlich sein — So wälz ich ohne Unterlaß —). Späterhin hat man läppische Scherze den Hörern als Humor und Komik ausgeboten. —

Neuerdings hat Hegar (op. 29 IV „Der Kleine") einen Versuch auf dem Gebiet des Komischen gemacht

Sehr schnell.

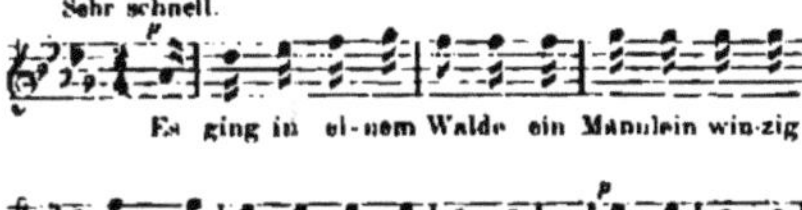
Es ging in ei-nem Walde ein Männlein win-zig
klein, da sah es al-so-bal-de, ja, ja, bal-de.

Der Haupteffekt nach komischer Seite liegt in dem raschen Geplapper, dann dem unerwarteten Abbrechen und der gewichtig tuenden leisen Wiederholung des „ja ja“.

Trotz vielfacher Versuche ist im ganzen bis jetzt fast nichts inbezug auf gesunde musikalische Komik geleistet worden; der Männerchor ist eben auf diesem Gebiete nicht weiter gekommen als die übrigen Kunstgattungen, und sein eigenstes Gebiet ist die Komik gewiß nicht, soviel auch die Liedertafeln komische Chöre aufgeführt haben.

Sehen wir zu, ob der Männergesang fähig ist, nach den bekannten drei musikalischen Richtungen: Melodie und Stimmführung, Rhythmus, Harmonie Schritt mit der Entwicklung moderner Kunst zu halten.

Einer bewegteren Melodiebildung würde ein künstlerisch geschulter Männerchor nicht so große Hindernisse entgegensetzen, als Nägeli zu glauben scheint. Die Verzierungen, wie wir sie bei Kreutzer z. B. finden, würde auch ein gemischter Chor nicht leicht ausführen können, da die betr. Kompositionen wahrscheinlich für die quartettmäßige Ausführung gedacht sind. In der Freiheit des Satzes muß dagegen der Männerchor seines geringen Umfangs halber dem gemischten Chor nachstehen. Die alten Meister haben mit feinem Gefühl sich vielfach auf den dreistimmigen Satz beschränkt, der hier viel klarer wirkt und eine viel natürlichere Kontrapunktik ermöglicht als der vierstimmige. Daß übrigens auch dieser kein absolutes Hindernis für vollkommen freie Entfaltung der Kontrapunktik bietet, beweist Rheinbergers meisterhafte „Disputation“. Immerhin ist dem Männerchor des geringen Umfangs wegen in vielen Fällen eine richtige, mindestens eine wirkungsvolle Beantwortung des Fugenthemas verwehrt; vielleicht wäre hier die Umkehrung vielfach am Platz. Daß übrigens selbst auf dem engbegrenzten Feld des Männergesanges der vielstimmige Satz wenigstens vorübergehend gedeihen kann, beweisen Mendelssohns Doppelchöre, Cornelius „Alter Soldat“ usw. zur Genüge. Doch sind die Versuche, den Männergesang über den vierstimmigen Satz hinauszuführen, bis bis jetzt sehr vereinzelte gewesen.

Bezüglich der dem Gesang zu Gebot stehenden Formen wäre zunächst zu erwähnen die bloße Aneinanderreihung von a capella-Chören: Rheinbergers Fahrende Schüler und Hirschs Landsknechtslieder. Das zur Begleitung und zum Solo seine Zuflucht nehmende Liederspiel finden wir in Kremsers Niederländischen Volksliedern. Verwandt dieser Form ist die Kantate, zu welcher Brambachs Macht des Gesanges ein Beispiel gibt. Im Oratorium, noch dazu im a capella-Satz, hat sich Löwe mit Glück versucht. Die neueren großen Werke, in denen der Schwerpunkt der modernen Männerchorkomposition liegt, führen verschiedene Namen. Bruch bezeichnet seinen „Frithjof“ als Szenen, Brahms den „Rinaldo“ als Kantate. Nach Schumanns Vorgang dürfte man die größeren Werke wohl als weltliche Oratorien bezeichnen, wenn man unter diesem Wort mehr die Form als die Stilgattung im Auge hat. Da fiel mir eben ein, daß es eine Oper nur mit Männerchören noch nicht gibt. Doch im Ernst — oder vielmehr im Spaß — auch hier hat sich der Männerchor schon versucht, nur hat ihm freilich die tragische Muse nicht die Hand gereicht. Die alten komischen Opern Ottos sind verschollen; von einer ernsten Männerchoroper ist bislang nichts bekannt geworden. Nun — unmöglich wäre sie kaum; ob sie aber für den Männergesang einen Gewinn bedeuten würde?

Berechtigung des Männergesangs.

Abgesehen von den künstlerischen Leistungen hat der Männerchor auch heute noch eine in mancherlei gesellschaftlichen Verhältnissen begründete Berechtigung. Für gewisse Vereinigungen von Männern ist die Pflege des Gesanges etwas Naheliegendes. Lassen wir Landgesangvereine und Soldaten aus dem Spiel, so bleiben vorerst etliche Mittelschulen, die ziemlich leistungsfähige Chöre (soweit es sich um das Technische handelt) auf die Beine stellen könnten, wenn es nur leider, der Mutationsperiode halber, nicht der Fülle und Schönheit des Stimm-Materials ermangelte. „Männer“-Chöre sind es nun eben meist nicht. Abgesehen davon wird an Lehrerseminarien (mit meist obligatem Musikunterricht) auch im Männerchor Tüchtiges geleistet, hie und da, soweit es die Kräfte erlauben, wohl auch ein größeres Werk aufgeführt. In Gymnasien haben selbstverständlich die Mendelssohnschen Vertonungen griechischer Dramen das Ehrenbürgerrecht erworben. Über ausgereifte Stimmen verfügend, vermögen größere Lehrervereine, sowie akademische Gesangvereine, auch den höchsten künstlerischen Anforderungen in bezug auf Männerchor gerecht zu werden, und die beiden letzteren Vereinigungen sind wohl auch berufen, im öffentlichen Konzertleben die

Es wäre schade, wollte die Liedertafel in dem Schlendrian beharren, in den sie jahrzehntelang geraten ist. Wollte sie sich an das Einfache und Wertvolle halten, möchte sie das Volkstümliche pflegen und veredeln, so könnte es ihre schöne Aufgabe sein, künftig noch mehr als bisher Kunstverständnis im Volk zu wecken und zu pflegen. Unser Männergesang sollte das wieder werden, was er nach Elben war, leider aber nicht mehr ganz ist, „ein volkstümlicher Ausfluß der Kunst, wie er sich bei keinem anderen Volke und in keinem anderen Gebiete künstlerisch-gesellschaftlichen Lebens findet". Im Augenblick ist er leider vielfach eine Kunstfratze, was die zahlreichen Feste mit ihren Festhummlern, der seichte Geschmack in den Kompositionen, die Tendenz der Programme zu bloßer Unterhaltung, die Bierproduktionen usw. genügend beweisen.

Die Liedertafeln trugen früher ihr gut Teil zur Hebung des nationalen Gedankens bei. Das ist heute nicht mehr nötig, denn wir besitzen ein einiges Deutschland; das allumschlingende Band ist erkämpft und, wenn man will, errungen. Was unserem Vaterlande noch fehlt, das werden die Sängervereine schwerlich mehr heraufbeschwören. Andere Zeiten, andere Ziele! Heute tät unserem Volke not, daß es, wie ehedem aus drückendem französischem Joch, jetzt auf musikalischem Gebiet aus den Fesseln des schmutzigen französischen Kouplets wieder erlöst würde. Den vaterländischen Geist vermögen gerade die besseren Chöre nach wie vor zu pflegen, freilich nicht mehr mit den alten Rheinliedern, sondern indem sie unserem Volke in musikalischer Verklärung die Schätze deutscher Sage vorführen. Das ist ja der ganze Sinn und das heiße Bestreben der romantischen Richtung von den Brüdern Grimm bis Weber und Wagner gewesen, endlich einmal die strahlenden Schätze deutschen Volksgeistes dem Dunkel zu entreißen.

Öffnet die Tore, ladet die Menge ein, zu euch zu kommen! Singt ihr im stets gern gehörten Männerchor, im kräftig ernsten, im heiter jubelnden, Weisen der Kunst, so einfach oder so schwer als das Volk sie versteht! Singt, singt — büßt die Sünden, die ihr im Gesang durch Jahrzehnte begangen; rettet wieder, die ihr so oft geschändet: die Würde der Kunst!

Anhang.

Verzeichnis guter Kompositionen für Männerchor.

Von dem Heer der Männerchorkompositionen haben sich folgende Lieder sozusagen als eiserner Bestand der Liedertafeln gehalten:

Abt, Frühmorgens, wenn die Hähne krähn.
V. Becker, Das Kirchlein.
Beschnitt, Ossian.
Chwatal, Nacht, o Nacht.
Dürrner, Der Lenz ist angekommen. — Sturmbeschwörung.
Esser, Ade, du lieber Tannenwald.
Fesca, Heute scheid' ich.
Gade, Warnung vor dem Rhein.
Häser, O Wald mit deinen duft'gen Zweigen.
Hauptmann, Aus der Jugendzeit.
Himmel, Vater, ich rufe dich.
Hermes, Es liegt ein Weiler fern im Grund.
Kalliwoda, Wenn sich der Geist.
Kücken, Blauer Montag. — Wir jungen Musikanten.
Kuhlau, Über allen Wipfeln.
Kreutzer, Horch, wie brauset der Sturm. — Das ist der Tag des Herrn. — Was schimmert dort. — Droben stehet die Kapelle. — Dir möcht' ich diese Lieder weihen. — Schon die Abendglocken (Aus Nachtlager). — Blitzende Sperre. — Was ist das Göttlichste.
Maier, Suomis Sang.
Malan, Harre des Herrn.
Marschner, Frei wie des Adlers mächtiges Gefieder.
Maurer, Erhebt in jubelnden Akkorden.
Mendelssohn, Es ist bestimmt. — Nun zu guterletzt. — Wem Gott will rechte Gunst erweisen. — Wer hat dich, du schöner Wald. — So rückt denn in die Runde. — Was uns eint als deutsche Brüder.
Methfessel, Stimmt an mit hellem, hohem Klang.
Mozart, Brüder, reicht die Hand zum Bunde.
Nägeli, Es klingt ein heller Klang.
Otto, Ich kenn' ein' hellen Edelstein.
Reißiger, Die Heere blieben am Rheine stehn.
Rietz, Komm, Trost der Nacht.
Schneider, Mag auch die Liebe weinen.
Schubert, Wie schön bist du.
Silcher, Stumm schläft der Sänger.
Strunz, Das Käuzlein lass' ich trauern. — Auf, ihr Brüder, laßt uns wallen.
Weber, Die Tale dampfen (Preziosa). — Im Wald (Preziosa). — Was glänzt dort im Walde. — Schöne Ahnung.
Witt, Wohl war es eine Seligkeit.

Diese in fast alle Sammlungen übergegangenen, in ganz Deutschland gekannten Lieder ermöglichen es, in einem kurzen Überblick rasch und sicher das Niveau des besseren Liedertafelgesanges zu bestimmen. Ein Teil dieser Gesänge ist entschieden konzertfähig, wird aber, weil zu „abgedroschen", meist nicht mehr bei Zusammenstellung der Programme beachtet.

Der Deutsche Männerchor

von A. König.

(Fortsetzung.)

Nachstehendes Verzeichnis wichtiger Erscheinungen auf dem Gebiete des Männerchores ist nicht nach buchhändlerischen, sondern nach künstlerischen Gesichtspunkten zusammengestellt. Hinsichtlich der großen, bedeutenden Werke wohl ziemlich vollständig, kann es doch unmöglich alle guten kleineren Erscheinungen aufzählen. Wer wollte sich rühmen, die ungeheure Menge kleiner Chorwerke zu kennen, von denen vielleicht unter hundert nur eines gut ist? Das Aufgeführte ist dem Verfasser mit ganz wenigen Ausnahmen bekannt und entspricht wohl zu allermeist künstlerischen Anforderungen, wenn man auch naturgemäß einen kleinen Chor mit einem anderen Maßstab messen muß, als ein symphonisches Werk. So mag immerhin einzelnes aufgenommen sein, das dem besseren Liedertafelton sich nähert. Dagegen mag man manches Gute und Eigenartige finden, womit bei einem gewöhnlichen Liedertafelpublikum wahrscheinlich kein durchschlagender Erfolg zu erzielen ist; ich hatte aber in erster Linie nicht den Applaus für Dirigenten und Sänger im Auge, sondern die Förderung der Kunst. Da das Verzeichnis eine handliche Auswahl für Dirigenten bieten soll, sind die Dichternamen weggelassen, die Opus-Zahlen und Preise, soweit ich sie ermitteln konnte, angeführt (ohne daß ich für letztere eine Garantie übernehmen möchte), die Begleitinstrumente, sowie die Art der Solostimmen angegeben, bei größeren Werken ungefähr die Zeitdauer (z. B. ein halbes Programm füllend) berechnet, auch sonst Bemerkungen über den Charakter der nicht im Text besprochenen Werke und Hinweise auf den Text gegeben. Gesänge ohne weitere Bemerkung sind a capella. Die besten auch von den kleinen Liedern sind erwähnt; dagegen sind im allgemeinen Bearbeitungen von Sololiedern und gemischten Chören für Männerchor ausgeschlossen. Die kirchliche Literatur ist im allgemeinen nur so weit berücksichtigt, als sie im Konzert verwertbar ist; die übrige taugt meist nicht viel; auch ist das Bedürfnis nach Männerchorkompositionen für die Kirche begreiflicherweise kein großes.

Etliche öfter gesungene Komponisten habe ich aufgeführt, obwohl sie meinem persönlichen Geschmack ferner liegen; ich ordne hier meinen Verstand in künstlerischen Dingen ausnahmsweise der vox populi unter. Der Kenner der Männerchorliteratur wolle aus der Nichtaufnahme eines guten Werkes nicht auf meine Geringschätzung der Komposition schließen und wolle sich mit der menschlichen Unvollkommenheit trösten, die es auch dem fleißigsten Arbeiter unmöglich macht, das weite Gebiet völlig zu überblicken.

Dem Versuch einer Bezeichnung der Schwierigkeitsgrade lege ich keinen allzugroßen Wert bei. Ernst gesinnte Vereine sind wohl in der Regel gut genug geschult und groß genug, um die meisten Schwierigkeiten überwinden zu können. Mancher wird wohl das als mittelschwer Bezeichnete schon für ziemlich schwierig erklären. Schließlich kann man ja auch bloß die technische Schwierigkeit für den Sänger bezeichnen. Manches leicht zu treffende Stück ist doch im Vortrag sehr schwer (beispielsweise Schumanns allbekanntes Ritornell: Die Rose stand im Tau); diesem geistigen Gehalt gerecht zu werden, ist Sache des Dirigenten.

(L. = leicht, M. = mittelschwer, Schw. = schwer, S. schw. = sehr schwer.

Abt			Siehe Seite 711
d'Albert Op. 23: 8 Lieder:			S. S. 12 I.
1. Liebe	P. 1,50 M. St. à 20 Pf.	Sämtlich mittelschwer. No. 3 harmonisch schwer.	
2. Arion	P. 2 M. St. à 60 Pf.		
3. Trauer	P. 1,50 M. St. à 20 Pf.		
4. Der Brauttanz	P. 1,50 M. St. à 20 Pf.		
5. Nacht	P. 1,50 M. St. à 20 Pf.		
6. Herbstlied	P. 1,50 M. St. à 30 Pf.		
7. Zuversicht	P. 1,50 M. St. à 20 Pf.		
8. Ermunterung	P. 1,50 M. St. à 30 Pf.		
Asola, Requiem			S. S. 15 II.
Baini, Stabat mater			S. S. 15 II.
Baldamus, Wach auf		Instrum.-Begleitg.	Frischer Chor im guten Liedertafelstil.
Becker, A., Op. 43: Vigilien	P. 6 Mk., K.-A. 2,50 M. St. à 40 Pf.	M.	Sehr guter Chor, ernst.
Op. 42: Schnitter Tod	P. 2,50 M. K.-A. 1,50 M. St. à 25 Pf.		
Becker, K., 4 italienische Volkslieder	20 Pf.		Einfach in der Bearbeitung.
Becker, R., Op. 18: Waldmorgen	P. 3,60 M. K.-A. 3 M. St. 1,60 M.	M.	Nicht gerade höchsten Anforderungen entspr., für gute Liedertafelaufführungen.
Der Choral von Leuthen			

Beethoven,			
Derwischchor aus den Ruinen von Athen		M.	S. S. 1 II.
Gefangenenchor aus Fidelio			Es wird nur mehr der dankbare Derwischchor in Konzerten gesungen, der Chor aus Fidelio ist sehr duster.
Chöre aus Christus am Ölberg und König Stephan			
Bellermann, König Ödipus	K.-A. 5 M. St. 80 Pf.	Orchester	S. S. 19 I. Fast ein ganzes Programm füll., besond. mit verbindendem Text.
Berger, Op. 72: Meine Göttin	P. 9 M. K.-A. 2 M. St. à 60 Pf.	Orchester	S. S. 10 I. ½ Programm.
Berner, Studentengruß	Dtsch. Eiche P. 40 Pf. St. 40 Pf. außerdem i. Sammlungen.	M.	Frischer Chor, fast humorist.
Beschnitt, Op. 111: Ossian	In Abts Sängerhalle P. u. St. 1 M.		Guter Chor, abwechslungsreich.
Böhme,			S. S. 13 I.
8 Volkslieder	2 M.	L.	
Heimische und fremde Weisen	2,25 M.	L.	S. S. 14 I.
Lieder a. d. Volksmund	2 M.	L.	
Minnelied des Grafen Oswald v. Wolkenstein	75 Pf.	L.	
Bonvin, Op. 28: Wittekind	K.-A. 3 M. St. à 30 Pf.	M. Sopran, Bariton	Größere Nummer. Kraft, anfangs spröde, später interessanter.
Brahms,			
Op. 41: 5 Lieder	P. 1,50 M. St. à 50 Pf.	M.	Die Lieder von Brahms sind bei aller Gediegenheit spröde und dürften wenige Liebhaber für den Konzertsaal find.
Op. 44: 2 Lieder	P. à 50 Pf. St. à 60 Pf.		
Rhapsodie für Altsolo mit Männerchor	P. 3 M. St. à 30 Pf.	L. Orchester	S. S. 28 I. Nur m. einer sehr tüchtigen Altistin möglich.
Rinaldo. Kantate	P. 4,50 M.	M.	S. S. 27 I. ½ Programm.
Brambach,			
Op. 6: Die Macht des Gesanges	K.-A. 3,25 M. St. 3,25 M.	Orchester M.	½ Programm.
Op. 12: Nacht am Meere	P. 2 M. K.-A. 1,50 M. St. 1 M.	Orchester	
Op. 70: Lorelei	P. 15 M. K.-A. 4,50 M. St. à 75 Pf.	Orchester M.	S. S. 29 I. Mezzosopran. ½ Programm.
Op. 100: Cäsar am Rubikon	P. 30 M. K.-A. 4,50 M. St. à 1 M.	Tenorsolo M.	S. S. 29 I. ½ Programm.
Prometheus			
Op. 14: Alcestis	P. 15 M. K.-A. 10 M. St. à 1 M.	Soli Orchester	S. S. 28 II. ½ Programm.
Op. 60: Columbus	P. 30 M. K.-A. 6 M. St. à 60 Pf.	Soli Orchester	
Op. 31: Es muß doch Frühling werden	P. 3 M. St. à 30 Pf.	M.	Größerer Chor, gute Liedertafel.
Op. 19: Meeresstille u. glückliche Fahrt	P. 3,25 M.	M.	Ohne tieferen Gehalt bietet das Stück viel Gelegenheit, guten Vortrag z. zeigen. Im ganzen neigt Brambach dem Liedertafelstil zu, bietet aber in seinen großen Werken Gutes, Konzertfähiges
Brosig, Minnelied			Kurzes Lied, weich.
Bruch,			
Op. 19 I: Römischer Triumphgesang	P. 4 M. K.-A. 2 M.	Blechorchester	Mässig, etwas trocken. Längerer Chor.

Op. 19 II: a) Wessobrunner Gebet	P. 2,50 M. K.-A. 1,50 M. St. à 30 Pf.	M.	a) Sehr ernst.
b) Lied der Städte		M.	b) Stürmisch.
c) Schottlands Tränen		L.	c) Weich; hübsche Volksmelodie.
Op. 21: Gesang der h. drei Könige	P. 3 M. St. 50 Pf.	M.	3stimmig; nach Belieben auch in Chor zu singen
Op. 23: Frithjof	P. 22,50 M. K.-A. 3 M. St. à 80 Pf.	Schw. Bariton, Sopran, Männerquartett.	S. S. 24 I. ½ Programm.
Op. 25: Salamis	P. 7,50 M. K.-A. 5 M. St. 1 M.	Orchester Schw.	S. S. 8 II.
Op. 66: Leonidas	K.-A. 6 M. St. à 1 M.	Orchester Bariton	S. S. 29 I. ½ Programm
Op. 32: Normannenzug	2,50 M.	Orchester	Ein ernster Chor v. kräftiger Wirkung
Bruckner,			
Germanenzug	P. m. K.-A. 4 M. St. 1,20 M.	Blasinstr.	S. S. 11 II. Die Werke sind hier für Verehrer des großen Komponisten aufgeführt, sind aber außerordentlich selten zu hören.
Helgoland		Orchester	
Träumen und Wachen		Tenorsolo	
Das deutsche Lied		Blechinst.	
O könnt' ich dich beglücken			
Der Abendhimmel			
Um Mitternacht, in ernster Stunde			
Das hohe Lied		Tenorsolo Streicher 4 Hörner 3 Posaun. Tuba	
Call			S. S. 5 I.
Cherubini,			
Requiem f. Männerstimmen	Billige Ausgaben	Orchester Schw.	S. S. 15 I. Fast ein Programm füllend
Commer, Musica sacra. 2. Bd. Gesangwerke f. Männerst. a. d. 16. u. 17. Jahrh. Carnazzi, Messe. Cordans, Jesu salvator; Domine Jesu Christe; Messe; Alme Deus; Messe; Parce Domine; Adoramus te; Messe; Durante, Salve Regina; Messe; Miserere. Gallo, Domine ad adjuvandum. Giacomelli, Domine noster. Gumpelzhaimer, Jesu, dir sei ewig Preis. Kerl, Dominus regnavit. Legrenzi, Nisi Dominus. Lotti, Messe; Vere languores nostros; Laudate pueri. Mastioletti, Terribilis est locus. Menegali, Ave Regina. Palestrina, Quecunque. Vittoria, Populemeus.			S. S. 1 II.
Cornelius,			
Op. 9: Trauerchöre		5stimmig	S. S. 10 I.
I. Ach wie flüchtig	P. 1 M. St. à 25 Pf.	L.	Kurze Chöre; Nr. I dürfte als erste Konzertnummer verwendbar sein
II. Nicht die Träne kann es sagen	P. 1 M. St. à 35 Pf.	L.	
II. Mitten wir im Leben sind		L.	
II. Grablied		L.	Melodie aus Schubert, Tod und Mädchen.
III. Von dem Dome schwer und bang	P. 1 M. St. à 25 Pf.	L.	
Op. 12: 3 Männerchöre			
1. Der alte Soldat	P. 1 M. St. à 15 Pf.	9stimmig Schw.	S. S. 10 I. Schwer, nur von großen Chören zu singen. Prüfstein für gute Chöre.
2. Reiterlied	P. 2 M. St. à 15 Pf.	2 Chöre zu je 4 St. Schw.	S. S. 10 I.
3. Der deutsche Schwur	P. 1 M.	4stimmig	Kräftiger Chor

Op. 17: Reiterlied	P. 1,50 M. St. à 40 Pf.	Schw	S. S. 10 I.
Curtl,			S. S. 10 II.
Op. 38: Wolken hast du	P.u St.1,80 M		
Op. 40: Wanderers Liebe	do.		
Op 16: Des Sängers Fluch	P. u. St. 4 M.		
Op. 50: Den Toten v. Iltis	P. 1,50 M. St. 1,60 M.	S. schw.	
Op. 52 I: Ein Sohn fürs Vaterland	P. 2 M. St. à 50 Pf.	Schw.	
Op. 8: Zweifacher Frühling	P. 1,50 M. St. à 25 Pf.		
Frühlingsstürme Hoch empor			Zart beginnend, mit schöner Steigerung.
Op. 44: Die Elfe			
David, Die Wüste	K.-A. 4 M.	Tenor M.	S. S. 20 II. Mit verbindendem Text ½ Progr. füllend.
Delsemme,			S. S. 9 II.
Nuit fantastique L'Angelus	3 Franks 2 Franks	M. M.	Beide mit deutschem Text.
Dräseke,			S. S. 28 I.
Op. 52: Columbus	P. 30 M. K.-A. 7,50 M. St. à 1,50 M.		½ Programm.
Dupuis, Les Cloches		M.	Mit deutsch. Text
Dürrner	Album bei Peters	M.	Teilweise konzertfähig.
Dvořák,			
Op. 43: 3 slovakische Volkslieder		M.	
1. Gram	P. 2,20 M. St. à 20 Pf.		S. S. 13 II.
2. Wunderhorn	P. 2,20 M. St. à 20 Pf.		
3. Mägdlein im Walde	P. 2,20 M. St. à 20 Pf.		
Elsner, Requiem			S. S. 15 II.
Eade, H. v.,			
Op. 21 III: Ach Lieb, ich muß nun scheiden	P. 60 Pf. St. à 20 Pf.	L.	Kurzes Strophenlied, volkstüml.
Franz, R.,			
Op. 32: 6 Männerchöre	P. 2 M. St. 3 M.	L.	Die Lieder von Franz sind, wie nicht anders zu erwarten, fein in der Empfindung und rein im Satze, nicht der Ausdruck starker, aber inniger Gefühle.
aißt, Psalmen:			S. S. 18 I.
Dem Herrn	P. m. K.-A. u. St. 5 M.	Blechbl. ad lib.	Beides gediegene Musik, wenn auch nicht allzu tief.
Op. 25: Die Macht des Gesanges	K.-A. 5 M. St. 3 M.	Blasinstr. Pauken	
ade,			
Op. 38 I: Die Quelle in der Wüste		M.	Klein u. fein.
Op. 16: Reiterleben	P. 1 M. St. à 50 Pf.		Mit Deklamation. Melodiös, aber nicht hervorrag.
Warnung vor dem Rhein		M.	In Sammlungen. Allgemein bekannt und beliebt.
all, 6 italienische Volkslieder	No. 3 P. u. St. 2 M., die übr. 1 M.		
enée			S. S. 30 II.
ernsheim,			
Op. 7: Wächterlied	K.-A. u. St. 2,50 M.	Orchester L.	Religiöser Charakter; kraftvoll.
Römische Leichenfeier		M.	Sehr ernst, feierlich.
Op. 24: Germania	P. 4,12 fl. K.-A. u. St. 2 fl.	Orchester M.	Ein kräftiger Chor, aber musikalisch weniger bedeutend.
Op. 52: Das Grab im Busento	K.-A. 3 M. P. 8 M. St. à 45 Pf.	M.	

Gluth, Die Brücke	P. 1,80 M. St. à 30 Pf.	M.	Der Reiz liegt mehr in der sehr feinen Arbeit als in der Melodie.
Goldmark,			
Op. 15: Frühlingsnetz	75 Pf.	Klavier u. 4 Hörner L.	Kleiner Chor von weicher Stimmung.
Gounod, Margarete (Soldatenchor)			Opernmäßig.
Gouvy, Op. 73: Frühlings Erwachen	P. 6,50 M. K.-A. 3 M. St. à 50 Pf.	M.	S. S. 23 II. ½ Programm.
Grell, 20 Motetten für 3 Männerstimmen	P. 2,70 M. St. à 60 Pf.		
Grieg,			
Op. 31: Landerkennung	P. 3 M. K.-A. 1,50 M.	Orchester Bariton M.	Das frische, zügige Werk ist einer der bekanntesten Chöre.
Op. 22: 2 Gesänge aus Sigurd Jorsalfar	P. 6 M. K.-A. 1 M. St. à 30 Pf.	Solo Orchester	Op. 22 wird gesungen, obgleich weniger als das vorige, dagegen dürfte Op. 30 wenig bekannt sein.
Op. 30: Album für Männergesang. 12 Lieder nach nordisch. Volksweisen	P. 3 M. St. à 75 Pf.		
Haan, W. de,			
Op. 8: Der Königssohn	P. 20 M. K.-A. 5 M. St. à 75 Pf.	Orchester Bariton Tenor	S. S. 26 II. ½ Programm.
Händel,			S. S. 1 II.
Häser, Requiem			S. S. 15 II.
Harthan, 5 fremdländisch. Volksweisen 1. Abendständchen 2. Hinaus 3. Rotes Röslein 4. Robin Adair 5. Lang, lang ist's her	P. u. St. à 1 M. St. à 60 Pf.		
Hasegger, 2 Männerchöre 1. Schmied Schmerz 2. Neuweinlied	P. 10 M. K.-A. 2,40 M. St. 2,40 M.	Orchester	S. S. 12 II.
Haydn, M., Ausgewählte Männerchöre, herausgegeben von Schmid-Dresden			S. S. 1 II.
Hegar,			
Op. 5: Das Abendmahl			Ein über den späteren großen Chören vergessenes geistliches Werk.
Op. 8: 3 Gedichte		Fast alle schwer	S. S. 10 I.
1. Nebeltag	P. 80 Pf. St. 1 M.		Sehr ernst und einheitlich.
2. Rentti im Winkel	P. 1 M. St. 1,80 M.		Frisch, heiter.
3. Bundeslied	P. 1 M. St. 1,50 M.		Kräftig.
Op. 9: Die beiden Särge	P. 1,80 M. St. à 30 Pf.		Ernst, ruhig.
Op. 13: Waldlied	P. 1,80 M. St. à 30 Pf.		
Op. 4: Morgen im Wald	P. 1,80 M. St. à 30 Pf.		
Op. 15: Rudolf v. Werdenberg	P. 1,80 M. St. à 30 Pf.		Für tüchtige Sänger außerordentlich dankbar.
Op. 17: Totenvolk	P. 1,80 M. St. à 30 Pf.		Düster; sehr schwer i. Vortrag.
Op. 18: Schlafwandel	P. 1,80 M. St. à 30 Pf.		Ebenso.
Op. 20: Hymne a. den Gesang	P. 1,80 M. St. à 30 Pf.		
Op. 21: 2 Gesänge	P. 1,80 M. St. à 30 Pf.		
Op. 11: In den Alpen	P. 1,80 M. St. à 30 Pf.		Sehr frisch.
Op. 22: Weihe des Liedes	P. 1,80 M.		

Op. 23: Gewitternacht	P. 1,80 M. St. à 30 Pf.		Dankbarer Chor
Op. 24: Die Trompete von Gravelotte	P. 1,80 M. St. à 30 Pf.		Für vaterländische Feiern.
Op. 27: Die Blütenfee	P. 1,80 M. St. à 30 Pf.		
Op. 28: Kaiser Karl in der Johannisnacht	P. 1,80 M. St. à 30 Pf.		Ein schöner Chor mit gewaltigem Schluß.
Op. 30: Walpurga			Etwas barock.
Op. 29: 4 Gesänge			
1. Der fahrende Scholar	P. 1,80 M. St. à 30 Pf.		Dankbar, nicht zu schwer.
2. Ein geistl. Abendlied	P. 1,80 M. St. à 30 Pf.		Einfach, leicht.
3. Nachtlied	P. 1,60 M. St. à 30 Pf.		Ernst, getragen, nicht schwer.
4. Der Kleine	P. 1,80 M. St. à 30 Pf.		Fein komisch, sehr lohnend.
Op. 32: Königin Bertha	P. 2,80 M. St. à 50 Pf.		Lang und schwer.
Herlag, David			S. S. 18 I.
Heuberger,			
Op. 8 II: Es fliegt manch Vöglein in das Nest		L.	Lied mit einem Zug ins Humoristische.
Op. 20: Schlachtgesang (Kein selger Tod)	P. 3 M. K.-A. 1,50 M. St. à 25 Pf.		Eine dem Text entsprech. herbe Komposition.
Heuser,			
Op. 30: Thalatta	P. 1 M. St. à 30 Pf.	M.	Größerer Chor mit einschmeichelnden Melodien.
Hiller,			
Op. 107: Aus der Edda 1. Osterfeuer 2. Ostern	P. 6 M. K.-A. 3 M. St. 1,50 M.	Klavier M.	2 gute Chöre des sonst etwas sterilen Komponisten.
Psalmen			S. S. 18 I.
Hirsch,			
Op. 171 II: Landknechtslieder	P. à 1 M. St. à 25 Pf.	M.	S. S. 20 I.
Op. 106: Reiterleben	K.-A. 6 M.	Tenor Baß Sopran	S. S. 20 I. ½ Programm.
Op. 78: Nornagest	P. 9 M. K.-A. 3 M. St. à 40 Pf.	3 Nornen Bariton	S. S. 26 II. ⅓ Programm.
Op. 60 III: Bergstimmen			Kleiner, sehr ernster Chor.
Hofmann, H.,			
Op. 90: Haralds Brautfahrt	P. 12 M. K.-A. 6 M. St. à 1 M.	M. Orchester Bariton	S. S. 25 I. ½ Programm.
Op. 105: Johanna von Orleans	P. 15 M. K.-A. 10 M. St. à 1,20 M.	Sopran Bariton	S. S. 26 I. ½ Programm.
Huber, H.,			
Op. 101: Caenis	K.-A. 5 M. St. à 40 Pf.	M. Orchester Altsolo	S. S. 11 II.
Härdler, Op. 5: 5 schwedische Volkslieder 1. Der Neck 2. Untreue 3. Nordlandsmädchen 4. Die Trauernde 5. Der Freier	P. 1,20 M.	L.	S. S. 13 II. No. 1 gern gesungen, etwas sentimental.
Hutter,			
Op. 8: Im Lager der Bauern	K.-A. 3 M. St. à 30 Pf.	M. Orchester Schw.	S. S. 11 II.
Eine Winternacht			
Auferstehung			
Op. 17: Der Tänzer unserer lieben Frau	K.-A. 5 M. St. à 60 Pf.	Orchester Soli	Ein größeres Werk, ca. ½ Programm.
Op. 28: Die Ablösung	P. 2 M. St. à 25 Pf.		Ganz eigenartiger Chor.
Jensen, Op. 34: Volkers Schlachtlied			
[illegible]ret, Der Abend	P. 1,25 M. St. à 25 Pf.	M.	S. S. 9 I. Deutsch. Text
[illegible]ches Lied	P. 1,25 M. St. à 25 Pf.	M.	do.

Jüngst, Op. 19 II: Abschied	P. 40 Pf. St. 50 Pf.	L
Fremdländische Volksweisen		
Kempter, Meeresstimmen		
Kjerulf, Brautfahrt in Hardanger	1,20 M.	[illegible]
Kirchner, Op. 69: 4 Gedichte von Goethe	P. 2 M. St. 2 M.	L
Kinner,		
Schottische Volkslieder: Kalt weht der Wind Mein Herz ist im Hochland Ach sagt mir, wo mag Die Lilie, die Ros', Sollt alte Freundschaft Schotten, die einst Wallaces Hand	P. u. St. 4 M.	L.
Köllner, Waldmorgen		
Kremser, 6 altniederländische Volkslieder von A. Valerius: (Klage. Wilhelmus. Kriegslied. Abschied. Berg op Zoom. Dankgebet.)	P. 10 M. K.-A. 2,40 M. St. à 45 Pf.	L. [illegible]
Im Winter	P. 1 M. St. 60 Pf.	M
Op. 146 II: Braune Gesellen	P. 70 Pf. St. 80 Pf.	M
Op. 149: 5 rumänische Volkslieder	P. u. St. 1,20 M.	
Op. 144: Balkanbilder. Mit Benutzung bulgarischer Volksweisen	K.-A. 5 M. St. à 1,20 M.	[illegible] M
Kretschmer,		
Op. 4: Die Geisterschlacht	K.-A. 2,50 M. St. 2 M.	[illegible] M
Kreutzer		M
Krug, A.,		
Op. 43: Fingal	P. 45 M. K.-A. 7,50 M. St. à 1 M.	M
Op. 57: Herr Olaf	P. 7,50 M. K.-A. 3 M. St. à 50 Pf.	
Krug-Waldsee,		
Op. 29: Seebilder (Breitkopf.)	K.-A. 8 M. St. à 60 Pf.	[illegible]
Lachner, Fr.,		
Op. 112: Sturmesmythe	K.-A. 2,25 M. P. 3,25 M. St. 1,50 M.	[illegible] M
Op. 89: Kriegers Gebet	P. 3,25 M. K.-A. u. St. 2 M.	M
Psalmen Lenzfragen Der Sturm		
Lachner, V.,		
Op. 17: Hymne an die Musik	1,50 M.	
Op. 42 III: Waldpsalm der Mönche von Banth	1,50 M.	
Op. 51: Die Allmacht	P. 75 Pf. St. 50 Pf.	
Lassen, König Ödipus		

(Schluß folgt.)

Der Deutsche Männerchor

von **A. König.**

(Schluß.)

Liszt,			
Messe in C	P. 3 M. St. à 30 Pf.	M. Orgel	S. S. 16 I. Fast ein Programm füllend.
Der 18. Psalm	P. 12 M. K.-A. 3 M. St. 3 M.	M. Meist einstimmig. Mit Orgel.	
Das Lied der Begeisterung	P. 2 M. St. 1 M.	M.	Lied, für Konzerte wohl geeignet.
Pater noster	P. 1,50 M. St. à 15 Pf.	Orgel	
Winzerchor aus Prometheus			Ein feuriger Chor.
Löwe, Aus Op. 84:			
Die Riesen u. d. Zwerge		L.	Humoristisch, letzteres mit Baritonsolo. Kurze Lieder.
Kloster Grabow		L.	
Op. 40: Die eherne Schlange	P.u.St.5,50 M.	Schw. Anstreng.	S. S. 18 II. 1/2 Programm.
Op. 48: Die Apostel v. Philippi	P.u.St.4,50 M.	Schw. Anstreng.	S. S. 17 II. 1/2 Programm.
23. Psalm	3,50 M.	a capella	S. S. 18 I.
33. Psalm	3,75 M.	M.	In Ermangelung besserer kirchl. Musik immer noch empfehlenswert.
121. Psalm	3,10 M.		
Mair, Suomis Sang	P. 60 Pf. St. 60 Pf.	L.	Gern gesungenes nordisches Volkslied.
Marschner,			
Op. 105: 6 Lieder	P. 4,50 M. St. à 50 Pf.	L.	S. S. 5 II.
Mendelssohn-Bartholdy,			
Lieder für Männerstimmen	Gesamtausg. Ed. Peters.		S. S. 6 I. In allen Sammlungen.
Op. 55: Musik zu Antigone (Einz.: Bachuschor)	Billige Ausgaben.	M.	S. S. 18 I. Mit Deklamation ein Programm füllend, außerdem ca. 1/4 Programm.
Op. 93: Musik zu Ödipus (Einzeln: Zur roßprangenden Flur)		M.	Ebenso. S. S. 19 I.
Motetten			S. S. 18 I.
Mendelssohn, A.,			
Der Schneider in der Hölle	P. 3,60 M. K.-A. 2,25 M. St. à 15 Pf.	Tenor	S. S. 12 II.
4 Männerchöre m. Orch.			Weniger bedeut.
Meyer-Olbersleben,			
Op. 47: Festgruß	P. 4 M. K.-A. 2 M. St. à 30 Pf.		Als Begrüßungschor bei Festen verwendbar.
Op. 61 I: Nebelkampf	P.u.St.2,20 M.	Schw.	Ein sehr sauber gearbeiteter, anfangs ernster, später kräftiger Chor.
Op. 61 II: Der Schelm von Bergen	P.u.St.2,20 M.	Schw.	Der Balladenton dämpft etwas die Fröhlichkeit der Tanzweise.
Op. 25 III: Johannisnacht am Rhein	P.u.St.1,50 M.		Stimmungsvoller, kleiner Chor
Op. 38 III: Volkers Schwanenlied	P. 1,50 M. St. 30 Pf.	Schw.	
Op. 75: Totendank	P. 1,50 M. St. à 40 Pf.	Schw.	Ballade, teils düster, teils von weichesten Melodien durchzogen
Mielck,			
Op. 7: Altgermanisches Julfest	P. 10 M. K.-A. 3 M. St. à 30 Pf.	Orchester Bariton	Melodiös, aber nicht tief; eine größere Programm-Nummer
Mikorey,			
Nordische Sommernacht	P. 10 M. K.-A. 6 M. St. à 60 Pf.		S. S. 12 II.
Möhring, Der Trompeter an der Katzbach			Gute Ballade; nicht zu lang.
Kriegslied: Lebe wohl			Lied.
Mohaupt,			
Op. 22 I: Nacht	P.u.St.1,60 M.	L.	Einfaches Lied
Mozart,			S. S. 1 II.
Chöre aus Zauberflöte Freimaurerkantate			
Nägeli			S. S. 9 I.
Neubner,			
Op. 66: 5 ausl. Volksl.			
1. Marlbrouk	P. u. St. 1 M.	M.	Besonders No 2 beachtenswert.
2. Der Geächtete	P.u.St.1,20 M.		
3. Einsam	P. u. St. 1 M.		
4. Jung Karl	P. u. St. 1 M.		
5. Spanische Weise	P.u.St.1,20 M.		
Op. 98: Frühlingsfeier	P. 2 M. St. à 40 Pf.	M.-schw.	
Op. 40: Frühlingseinkehr		M.-schw.	Größerer, frischer Chor im guten Liedertafelstil.
Nicodé,			
Op. 31: Das Meer (einzeln daraus: Das ist das Meer — a capella)		Sehr schwer, besonders im Orch. gefürcht.	S. S. 22 II. 1/2 Programm gut füllend.
Othegraven,			
Op. 16: 8 deutsche Volkslieder			
1. Zu ihren Füßen	P.u.St.1,20 M.	M.	Kleine Nummern, feine Bearbeitgn.
2. Ich hab' ein Schatzle	P. u. St. 1 M.		
3. Ich hab' mir einen Garten gepflanzet	P.u.St.1,20 M.		Getragen, sehr wirkungsvoll.
4. Eifersüchtelei (Tanz mir nicht)	P.u.St.1,40 M.	2 dreist. Chöre	Dankbarer Chor, der sich im Tempo immer mehr steigert.
5. Bei Mondenschein	P.u.St.1,20 M.		Sehr hübsch, fast Tanzmelodie.
6. Warnung (Mädchen, hast du Lust zu trotzen)	P. u. St. 1 M.		Neckisch, kräftig.
7. Das Liebchen im Grabe	P.u.St.1,20 M.	5 stimmig	
8. Die Maidli im Schwizerland	P. u. St. 1 M.		
3 Schott. Volkslieder			Auch diese Bearbeitungen sind gut.
Jessie, die Blume der Au	P. u. St. 1 M.		

Mein Lieb in Deutschland	P. u. St. 1 M.		
Der Pfeifer	P. u. St. 1,25 M.	5 stimmig	
Op. 10: 3 Gesänge	P. 6 M. K.-A. 3 M. St. 40–50 Pf.	M.	S. S. 11 II.
Op. 17: Der Rhein und die Reben	P. 9,40 M. St. à 60 Pf.	Doppelchörig. Schw.	Nur großen Chören zugänglich.
Otto,			
Frühlingslandschaft	In alten	M.	S. S. 6 I.
Oper (Mordgrundbruck)	Sammlungen.		Feinkomisch.
Hiob			S. S. 31 II.
Psalmen			S. S. 19 I.
			S. S. 19 I.
Pallemaerts, Soir d'été	P. 1,50 fr. St. à 25 c.		Nur französisch.
Pembaur,			
Op. 22: Die Wettertanne	P. 6 M. K.-A. 2,50 M. St. à 25 Pf.	M.	Bekannter Chor.
Pfitzner,			
Op. 20 III: Ich hatt' einmal mein Geld im Sack	P. 10 M. St. à 60 Pf.	Orchester	Kleinerer Chor m. humorist. Text.
Pfohl,			
Op. 10: Twardowsky	P. 10 M. St. à 1 M.	Orchester Mezzosopran	S. S. 9 II. Größerer Chor.
Plüddemann, 24 Nummern			
1. Sammlg.: Der Sonne zu			S. S. 11 II.
1. Es ist ein Brünnlein geflossen	1,20 M.	L.	Frisch.
2. Feuerrote Bohnenblüte	1 M.	M.	Sehr ernst.
2. S.: Von stiller Insel			
1. Es wollt' die allerschönste Braut	1,50 M.	L.	Frisch, mit tragischem Ausgang.
3. S.: Aus dem Dornbusch			
6. Zwei weiße Tauben	1,20 M.	L.	Sehr zart.
Podbertsky,			
Winternacht		M.	Podbertskys Chöre gehen ins Liedertafelmäß., sind aber in ihrer Art wirksam.
Friedrich Rotbart	K.-A. 2 M.	M.	
Zollern und Staufen	K.-A. 3 M.	M.	
Op. 108: Kaiser Karl in der Johannisnacht	K.-A. 3 M. St. à 40 Pf.	Orchester M.	Man vergleiche damit Hegars Komposition.
Pottgiesser, Trinklied		Orchester M.	Eine kraftige Vertonung des Uhlandschen Textes.
Raff,			
Op. 100: Deutschlands Auferstehung	P. 8 M.	Orchester Bariton	Etwas lang gesponnen. Außerdem wäre die Komposit. ihres melodischen Gehaltes halber wohl brauchbar.
Reger, Volkslieder:			S. S. 18 I.
12 Madrigale			Bearbeitungen alter Originale. Von diesen gilt nicht das über die Volkslieder Gesagte; sie sind wohl brauchbar.
Op. 38: 7 Männerchöre		Schw.	
Reinecke,			
Op. 56: Schlachtlied		Doppelter Männerchor	
Op. 142: Hakon Jarl		Alt, Baß, Tenor M.	½ Programm.
Reinthaler,			
Op. 13 V: Morgen wird's	P. 1 M. St. 25 Pf.	Schw.	
Reiter,			
Op. 42: Seesturm	P. 1,80 M. St. à 20 Pf.	8 stimmig M.	S. S. 12 I.
Op. 51: Im Herbste	P. 50 Pf. St. 50 Pf.		
Op. 44 II: Die Nachtblume	P. u. St. 1 M.		Sehr zart, ernst.
Op. 53c: Ruhe im Walde	P. 1,20 M. St. à 18 Pf.		Entzückendes Liedchen.

Op. 47 II: Winterwanderung	P. 40 Pf. St. à 15 Pf.		Trübe Stimmung
Op. 29: Todestrost	P. (mit K.-A.) 3 M. St. à 80 Pf.	4 Hörner	Kräftig, schwer, aber auf einen Verhaltnismäßig ... gesammelt
Rheinberger,			S. S. 8 I.
Op. 441: Jung Werner	P. 1,75 M. St. à 25 Pf.	L.	Wohl der bekannteste Chor Rh's, wenn auch nicht der beste.
Op. 50: Das Tal des Espingo	P. 4,50 M. St. à 50 Pf. K.-A. 2,50 M.	Orchester M.	S. S. 8 I.
Op. 86 III: Salentin von Isenburg	P. u. St. 1,80 M.	M.	Tanzlied.
Op. 102: Wittekind	P. 10 M. K.-A. 6 M. St. 3 M.	M. Orchester	Ballade. Größerer Chor.
Op. 100 I. II: Fahrende Schüler	P. u. St. 2 mal 4,50 M.	Schw.	S. S. 20 I. Sämtliche Nummern füllen mehr als ½ Programm füllen
Op. 130 II: Du sonnige, wonnige Welt	P. u. St. 1 M.	L.	Unter d. kleineren Kompositionen wohl der bestängste Chor
Op. 143: Die Rosen von Hildesheim	P. 4,50 M.	2 Tromp. 3 Hörner 2 Posaun. Tuba Pauken.	Ballade. Kräftiger Chor.
Op. 172: Messe	P. 10 M. St. 2,40 M.	Orgel u. Orchester M.	S. S. 15 II.
Op. 173: Daraus: Germanenzug	P. 1,20 M. St. à 30 Pf.	M.	Derselbe Text wie bei Bruckner
Heerbannlied			Kräftiger Chor vaterländischen Inhalts.
Dornröschen			Ein kleiner feiner Chor.
Riga,			
Der Bergmann	P. 2 M. St. à 40 Pf.	M.	S. S. 9 II. Deutsch. Text.
Die Geister der Nacht	P. 2 M. St. à 40 Pf.	M.	Deutscher Text. Ziemlich lang.
Magnificat			Kirchlich.
Rietz,			
Op. 13: Schlachtgesang	P. 4 M. K.-A. 1,50 M. St. 25 Pf.	M. Einstim. m. Orch.	Ein kraftvoll erregter Chor
Te Deum			S. S. 19 I.
Rungenhagen			S. S. 7 I.
Schäffer			S. S. [illegible]
Schauß,			
Die Spinnerin	P. 50 Pf. St. à 15 Pf.	L.	2 [illegible] Lieder.
Ich hört' ein Vöglein pfeifen	P. 50 Pf. St. à 15 Pf.	L.	
Schletterer,			
Germanisches Osterfest		Tenor M.	Grö[illegible] alte[illegible]
Op. 2: Ostermorgen	K.-A. 2 M. St. 2,40 M.	Militärharmoniemusik	
Schneider, Psalmen			S.
Schreck,			
Op. 6: König Fjalar	P. 45 M. K.-A. 8 M. St. à 1,50 M.	M. Sopran Tenor Bariton Baß	S. ½
Op. 8: Der Falken-Rainer	P. 12 M. K.-A. 3 M. St. à 50 Pf.		S.
Die ältesten deutschen Volkslieder. 12 Nummern.	P. 1,80 M. St. à 30 Pf.	M.	S.
Schubert	Gesamtausg. Peters, Breitkopf, à Num. u. St. 10 Pf.		S.

Schultz,			
Op. 135: Gewitter		M.	Gute Chöre, die aber noch an den Liedertafelstil streifen.
Op. 174: Waldmorgen		M.	
Schulz-Beuthen,			
Op. 46: Harald	K.-A. 4,50 M. St. à 60 Pf.	M. Orch. Bariton	S. S. 27 I. 1/3 Programm.
Schumann,			
Männerchöre inkl. Ritornelle	Gesamtausg. Peters	Ritorn. teilweise schwer.	S. S. 19 II. Die Ritornelle füllen ca. 1/4 Programm
Op. 143: Das Glück von Edenhall	P. 5 M. K.-A. 3,50 M. St. à 80 Pf.	M.	S. S. 8 II. GrößererChor, 1/4 Programm.
Männerchor aus „Der Rose Pilgerfahrt"			Frisch, etwas liedertafelmäßig.
Schwalm,			
Op. 64: Jung Sigurd	K.-A. 3,50 M. St. à 40 Pf. P. 10 M.	Mezzosop. Tenor Bariton.	S. S. 27 I.
Op. 38: Mila		Sopran Tenor Bariton Baß.	
Op. 81: Abendstille am Meer	P. 6 M. K.-A. 3 M. St. à 40 Pf.		Ein zarter, recht einheitlich gestimmter Chor, wohl in jedem guten Konzert verwendbar.
Schwartz,			
Op. 15: Sturm	P. u. St. 2 M.		Großer, sehr schwerer Chor von düsterer Stimmung
Senff,			
Op. 11: Nachtreise	P. 2,50 M. St. à 30 Pf.	Doppelchörig	Schön, etwas heikel.
Seyfried, Requiem			S. S. 15 II.
Silcher	Album bei Peters.		
Södermann, Bröllopsmarsch	2 M.		Bekannte, nordische Komposit.
Soubre, Et., Schlachtruf und Gebet, bearb. von Othegraven		M.	S. S. 9 II Frankreich.
Steinhauer, C.,			
Op. 67: Walderwachen	P. 1 M. St. 1,20 M.	M.	Dankbares, melodiöses Naturbild, abwechs. zarte u. kräftige Sätze.
Op. 66: Sommernacht	P. 1 M. St. 1 M.	M.	Getragen.
Op. 68: Frühlings-	P. 1 M. St. 1,20 M.	M.	
Liebe	P. 1,50 M. St. à 40 Pf.	Schw.	S. S. 12 II.
Altdeutsches Lied	P. 2,50 M. St. à 60 Pf.	Schw.	
lachtgesang	P. 1,50 M. St. à 60 Pf.	Schw.	
Lied der haft	P. 2 M. St. à 60 Pf.	Schw.	
Der Braut-	P. 2 M. St. à 60 Pf.	Schw.	
Frau Minne	K.-A. 1,80 M. St. à 30 Pf.	L. Klavier.	Einfach.
ikinger Aus-	K.-A. 2,50 M. St. à 25 Pf. P. 6 M.	Tenor Orchester	WirksameLiedertafelmusik.
			S. S. 5 II.
. v. d.,			
Volkslieder			
lten Heim	P.u.St 1,20 M.	Bariton	1 u. 2 hübsch.
lt Kentucky-	1,50 M.		
Land	1,20 M.		
letzte Skalde	P. 2,30 M. St. à 1 M.		Ballade.

Thuille,			
Op. 21: Jagdlied	P. 1,20 M. St. à 20 Pf.		Lebendig.
Op. 28 I: Im Frühling	2,40 M.		Schwungvoll.
Op. 17 II: Jugend	P. 1 M. St. à 20 Pf.	M.	
Op. 21 II: Der traurige Jäger	P. 1,20 M. St. à 20 Pf.	M	Sehr ernst.
Op. 17 III: Landsknechtslied	P. 1 M. St. à 20 Pf.	M.	Sehr frisch.
Op. 21 I: Lied der Pilger	P. 1,20 M. St. à 20 Pf.	M.	Feierlich.
Op. 8 I: Frühlingsnahen	P. 1,20 M. St. à 25 Pf.		
Op. 9 I: Hinaus	P. 80 Pf. St. à 20 Pf.	M.	
Op. 11 I: Die Spielleute	P. 1,60 M. St. à 30 Pf.	M.	
Op. 23 II: Vom Scheiden	P. 1 M. St. à 20 Pf.	M.	
Tschirch,			
Op. 52: Messe		M. Orgel od. Blasinstr.	S. S. 15 II.
Umlauft,			
Op. 42: Landsknechtlieder	K.-A. 3 M. St. à 30 Pf.	Klavier Bariton	S. S. 20 I.
Vogler, Requiem			S. S. 15 II.
Volkmann, R.,			
4 Gesänge No. 1 Abendständchen		L.	Kurz, einfach, sehr hübsch.
Op. 28: 1. Messe für Männerstim. und Soli	P. 7 M.		
Op. 29: 2. Messe a capella	P. 3,50 M.	M. Ohne Soli	S. S. 16 II.
Jagdlied			
An eine Tänzerin			
Im Gewittersturm			
Op. 61: Altdeutscher Hymnus	P. 2 M.	Doppelchor Schw.	S. S. 11 II. Bedeutend, aber sehr herb.
Wagner, R.,			
Das Liebesmahl der Apostel (Einzeln: Das Gebet um den heiligen Geist)	K.-A. 4 M.	Sehr schwer	S. S. 18 I. 1/3 Programm.
Chöre aus Tannhäuser, Rienzi, Fl. Holländer			
Walter-Choinanus,			
Op. 16: Rolands Tod	P. 20 M. K.-A. 5 M. St. à 60 Pf.	M. Tenor Bariton Baß	1/4 Programm.
Weber,			
Op. 13: Waldweben	P. 1,20 M. St. à 30 Pf.		Langsam. Nicht besonders hervorragend, aber wirksam.
Weber, C. M. v.,			S. S. 5 II.
Freischütz			
Lieder			
Weber, G., Requiem			S. S. 15 II.
Weinwurm,			
Op. 23: Toskanische Lieder	K.-A. 3,60 M. St. 2 M.	M. Tenor u. Bariton	Ca. 1/3 Progr.
Altdeutsche Volkslieder aus dem 16. Jahrh.			
Wermann,			
Op. 78 V: Tanzliedchen	P. u. St. 1 M.		
Op. 75: Die Mette von Marienburg	P. 20 M. K.-A. 6 M. St. 3 M.	Schw. Sopran Tenor Bariton	S. S. 27 I. 1/2 Programm.
Op. 116: Messe			S. S. 16 II.
Wickenhaußer,			
Op. 11 I: Altdeutsches Ständchen	P. 60 Pf. St. à 20 Pf.	M.	S. S. 12 II.
Op. 29 III: Im Grabe	P. 1,60 M. St. à 20 Pf.	M.	

Op. 23 III: Abschiedszeichen	P. 60 Pf. St. à 20 Pf.	M.	5 stim., einfach, volkstümlich.
Wilsing, Der jungste Tag	In Zahn, Männerchöre		Sehr schöner, ernster Chor.
Winterberger,			
Op. 117: Der Ring		Nicht leicht	Eigenartig; reiche Harmonie, kurze Motive.
Weyrach,			
Op. 24 I: Es jagt ein Jäger früh am Tag	P.u.St.1,05 M.	L.	S. S. 12 II. Kleines, frisches Lied.
Op. 24 III: Herbst	P.u.St.1,20 M	M.	Leichten Kalibers, heiter.
Op. 28 I: Der fahrende Musikant	P. 45 Pf. St. 60 Pf.	M.	Frisch.
Op. 4: Schnitter Tod	P. 1,20 M. St. 1,20 M.	Schw.	Viel Tempowechsel, originell und wirksam.
Op. 37 I: Waldesnacht	1,20 M.	M.	Beide sehr ernst und diffizil.
II: Winternacht	1,20 M.	M.	
Op. 36 III: Altgriechisches Nachtlied	P. 80 Pf. St. à 15 Pf.	L.	Sehr zart.
Op. 32: Deutscher Heerbann	P. 18 M. K.-A. 4,50 M. St. à 75 Pf.	Schw. Tenor Bariton	½ Programm.
Wüllner,			
Op. 15: Heinrich der Finkler	K.-A. 4,50 M. St. à 60 Pf.	M.	S. S. 28 II. Fast ein Programm füllend.
Zelter,			S. S. 21.
Zenger,			
Op. 51: Ein Minnesänger	P. 60 Pf. St. à 15 Pf.	L.	
Zöllner,			
Op. 14 I: Das Fest der Rebenblüte	K.-A. 3 M. St. 1,60 M.	M. Orchester	Langerer Chor, dem Liederstil sich nahernd.
Op. 12: Die Hunnenschlacht	P. 18 M. K.-A. 7,50 M. St. à 60 Pf.	M. Sopran Bariton	S. S. 25 I. ½ Programm
Op. 89 I: Lied fahrender Schüler	P. 8 M. K.-A. 1,50 M. St. 1 M.	Schw. Orchester	Sturmischer, [illegible]
Meerfahrer			S. S. 25 II
Op. 30: Kolumbus	P. 30 M. K.-A. 7,50 M. St. à 1 M.	Sopran Tenor Bariton	
Op. 55: Indianischer Liebesgesang	P. 5 M. K.-A. 2 M. St. à 20 Pf.	M.	Ein [illegible] mäßig. [illegible]
Op. 79: Die Toteninsel	P. 1,80 M. St. à 30 Pf.	M.	[illegible]
Zuschneid,			
Op. 20: Hermann der Befreier	K.-A. 9 M.	M.	S. S. 25 II ½ Programm
Op. 22: Leuzfahrt	P. 6 M.	Blechinst. u. Pauken	Ohne [illegible] für große Veranstaltungen Festen zu empfeh.

Nachträge.

Auf dem Gebiete des strophischen und durchkomponierten Liedes. Franz Lachner hat mehrere Chöre: „Sturm", „Hornesklänge" (P.m.K.-A.3 M., St. 1,20 M.), „Kriegsgesang" (P.m. K.-A. 4,50 M., St. 2 M.), welche sich samtlich durch große Frische auszeichnen. „Frühling u. Vaterland" von V. Lachner (P. 1 fl. 30 kr.), ein a capella Doppelchor, weist noch auf die altklassische Melodie Mozartscher Richtung hin, ist leichter, verständlicher und dankbarer als desselben Komponisten „Hymne an die Musik". Hauptmanns Chöre mit ihrer meisterhaften Stimmführung fesseln mehr durch musikalische Qualitäten als durch äußerliche Effekte. Den von Cornelius betretenen Weg, fremde Motive zu Gesangstücken zu verarbeiten, ist Zöllner weitergeschritten in „Jung Siegfried", in dem zu einem Texte von Heine Motive aus Wagners „Siegfried" benutzt sind. Die kräftige Komposition ist gewiß wirkungsvoll, besonders wenn der Chor von dem Glanze eines stark besetzten Orchesters bestrahlt wird. Der Begeisterung fürs Vaterland verdanken ihre Entstehung: „Wachet auf" von Raff (P. 8,50 M., K.-A. 4,25 M.), wohl die beste von den mancherlei Bearbeitungen des bekannten Geibelschen Textes, mit einem einfachen Zwischensatz und kräftiger Schlußfuge. Bruch, „Dem Kaiser" und „Das Lied vom deutschen Kaiser" (P. 6 M., St. à 25 Pf., K.-A. 2,50 M.). Besitzen all diese Sachen genug musikalischen Wert, um eine Aufführung zu lohnen, so ist doch im allgemeinen mit der Begeisterung aus der Zeit des großen Krieges das Verständnis für derartige Werke geschwunden.

Eine Liedersammlung von selbständigem kompositorischen Wert ist das „Album für Männergesang nach norwegischen Volksweisen" von Grieg (bei Peters). Schade, daß es so wenig gekannt ist! Viele von den Liedern sind für Baritonsolo mit Männerchor a capella. Ernst und Humor kommen zu ihrem Recht.

Zu den gern gesungenen Balladen gehört Rheinbergers Wittekind (P. 10 M., K.-A. 5 M., St. 3 M.), wiewohl das Werk nicht die kunstlerische Höhe des „Tal des Espingo" erreicht. Nicht eben hervorragend, aber wohl brauchbar ist ein ernster einstimmiger Chor „Gotenzug" mit Blechbegleitung von Schwalm. Von kräftigem, frischem Charakter ist „Nomadenzug" von A. Krug (P. 9 M., K.-A. 4 M., St. 2 M.), während Podbertskys „Wasserfee" (P. 5 M., K.-A. 2 M., St. 1 M.), eines der besten Werke dieses Komponisten, in weicher Stimmung ihr feuchtes Element durchschwimmt.

Neuerdings hat sich Tinel auf kirchlichem Gebiete mit einer Komposition des 29. Psalmes versucht. Das Werk steht auf der Grenze zwischen ausgesprochen kirchlichen und ernsten weltlichen Gesängen, ist melodisch und, wie die oben besprochenen belgischen Chöre, vielfach gegliedert. Obwohl technisch nirgends den höchsten Schwierigkeitsgrad berührend, ist das Ganze als ziemlich langer a capella-Chor nicht leicht, jedenfalls aber keine undankbare Aufgabe für geschulte Sänger. Eine Missa de profunctis von Casciolini ist für drei Stimmen mit völlig gleichlautender Orgelbegleitung gesetzt. Die Bässe eröffnen unisono mit den zugehörigen ritualen Motiven die einzelnen Sätze; der Chor ist homophon gehalten, das Ganze infolge seiner einfachen, würdigen Satzweise sehr wohl zu liturgischen Zwecken geeignet, dagegen in Konzerten, in welchen man mit dem Reichtum an aufgewandten Mitteln sich zu unterhalten wünscht, nicht leicht zu gebrauchen; es ist eine echte, schlichte Kirchenmusik.

Größere Werke. Zu Goethes Pandora hat Lassen eine Musik geschrieben, die u. a. zwei sehr einfache Männerchöre enthält. Auch Liszts „Chöre zu Herders Prometheus" bringen drei — konzertfähige — Chöre für Männerstimmen.

Kolumbus von H. Zöllner.

Unter den mir bekannten Werken Zöllners halte ich Kolumbus für das beste. Schon das Anfangsmotiv, das in der ganzen Komposition eine bedeutende Rolle spielt, erhebt den ersten Chor über das Niveau gewöhnlicher Männergesänge.

Es schweigt, in stil - lem Traum ver - loren

Der langsame Satz wird von einem Bolero abgelöst, dem dann wieder in breitem Tempo das Anfangsmotiv folgt. Diesem einleitenden Chor reiht sich eine Szene zwischen Kolumbus und seinem Weib Felippa an. Die 3. Nummer — Abfahrt — ist ein frischer Chor, dem sich (4.) ein schlichtes, inniges Lied Rodrigos (Fruhling währt nicht immer) mit stimmungsvollem Refrain des Chores anschließt. No. 5 — der Fahnenschwur — gibt Gelegenheit, den Männerchor von der ihm so wohlstehenden, ernsten Seite zu zeigen. Der nun folgende, an No. 3 anklingende Satz endigt mit einer bekannten amerikanischen Volksweise. Der 2. Teil, mit einem düsteren Zwiegespräch zwischen Kolumbus und Rodrigo beginnend, bringt ein Gebet des Kolumbus und ein sehr eigenartiges Solo des Rodrigo auf einem Orgelpunkt der Pauke. Dieser sehnsuchtigen Weise reiht sich die wilde Aufstandsszene an. No. 8 — die Entdeckung — beendet das Werk mit den Klängen des Anfangsmotivs, aus dessen Umbildung — nach einem Gebet — ein doppelchöriger Schlußsatz entsteht. — Und nun, deutscher Männerchor, auch du ziehe mit kühnem Mut und klarem Blick der Sonne nach, einer neuen Welt entgegen!

Berichtigung:

Seite 8, Spalte II lies: Schumanns Ballade „Das Glück von Edenhall" statt Schumanns Ballade „Des Sängers Fluch".

Lieder für Männerchor im Volkston

und Volksliedbearbeitungen
komponirt v. H. vom Ende.

dar - ten, da

grü-nen Stan-dar-ten, da flat-tern die grü-nen Stan - dar - ten Gott grüsse dich Lenz, Gott grüss! Gott grüss!

dar - ten, da flat-tern die Stan - dar - ten

Weich.

se-li-ger Ruh, in se-li-ger Ruh, da

In meines Va-ters Garten, da säum ich in se-li-ger, sel-ger Ruh, in sel-ger Ruh, da flüst'r ich dem

Ruh, in sel-ger Ruh, da flüst'r ich dem ar-men,

poco cresc. dimin.

ar-men, ar-men ge-narr-ten Her-zen ein Tröst-lein, ein Tröst-lein zu. Ein Tröst-lein lieb und

armen ge-narr-ten Her-zen ein Tröst-lein zu.

ritenuto pp tempo ritard. frisch

all Trau-ern ge-

lin-de wie lok-ken-der Dros-sel-sang süss, so süss: Lass fah-ren, lass fah-ren all

lin-de wie lok-ken-der Dros-sel-sang süss: Lass fah-ren all

schwin-de, lass fah-ren

Trauern ge-schwinde, lass fahren all Trauern ge-schwinde, Gott grü-sse dich, Zu-kunft, Gott grüss dich, Gott grüss, Gott grüss!

Trau-ern, all Trau-ern ge-

Mädchen, warum weinest Du.

Innig. Volkslied. Op. 21 II.

p 1. Mäd-chen, wa-rum wei-nest du, wei-nest du wei-nest du so sehr? Wei-nest, dass ich von dir ge-he,

wei-nest du so sehr? Wei-nest, dass ich von dir ge-he,

rit. pp

dass ich dich nicht wie-der-se-he, Mäd-chen, wa-rum wei-nest du? wei-ne nicht so sehr.

dass ich dich nicht wie-der-se-he, Mäd-chen wei-ne nicht so sehr.

Ach Lieb, ich muss nun scheiden.

Innig. Fel. Dahn. Op. 21 III.

mp 1. Ach Lieb, ich muss nun schei-den, gehn ü-ber Berg und Tal, sf die

die Er-len

poco cresc.

Er-len und die Wei-den, p die wei-nen all-zu-mal, pp die wei-nen all-zu-mal.

und die Wei-den,

Rote Wolken.

Nach einem Volksliede.
Frisch.
Das Kätzchen.
Leicht, anmutig. frei im Vortrag.
K. Busse.

Schätzle, was hab ich dir Leids gethan.
Volkslied. Melodie nicht vorhanden.
Leicht und anmutig.
Nun segn' dich Gott.
Volkslied. Um 1574 vom Niederrhein. Mel. nicht vorhanden.
Zart und innig.
Der Sommer und der Sonnenschein.
Alter Mai-Reigen; vor 1600. Mel. nicht vorhanden.
Frisch.
Es ist ein Brünnlein geflossen.
A.A. Naaff.
Anmutig.
Lenzestrost.
Karl Henkell.
Anmutig.

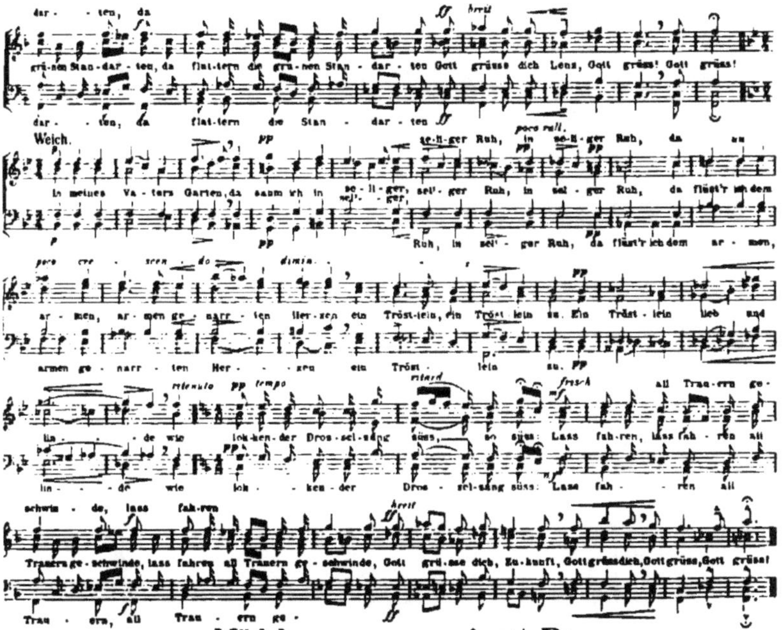

dar - ten, da
grü-nen Stan-dar-ten, da flat-tern die grü-nen Stan-dar-ten Gott grüsse dich Lenz, Gott grüss! Gott grüss!
dar - ten, da flat-tern die Stan - dar - ten
breit
poco rall.
Weich.
in meines Vaters Garten, da saum ich in se-li-ger, sel-ger Ruh, in sel-ger Ruh, da flüst'r ich dem
Ruh, in sel - ger Ruh, da flüst'r ich dem ar - men,
poco cre - scen - do dimin.
ar - men, ar - men ge - narr - ten Her-zen ein Tröst-lein, ein Tröst-lein zu. Ein Tröst - lein lieb und
armen ge - narr - ten Her - zen ein Tröst - lein zu.
ritenuto pp tempo ritard. frisch
lin - de wie lok-ken-der Dros-sel-sang süss, so süss: Lass fah-ren, lass fah - ren all Trau-ern ge-
lin - de wie lok - ken-der Dros - sel-sang süss: Lass fah - ren all
schwin - de, lass fah-ren
Trauern ge-schwinde, lass fahren all Trauern ge-schwinde, Gott grüsse dich, Zu-kunft, Gott grüss dich, Gott grüss, Gott grüss!
Trau - ern, all Trau - ern ge -

Mädchen, warum weinest Du.

Innig. Volkslied. Op. 21 II.

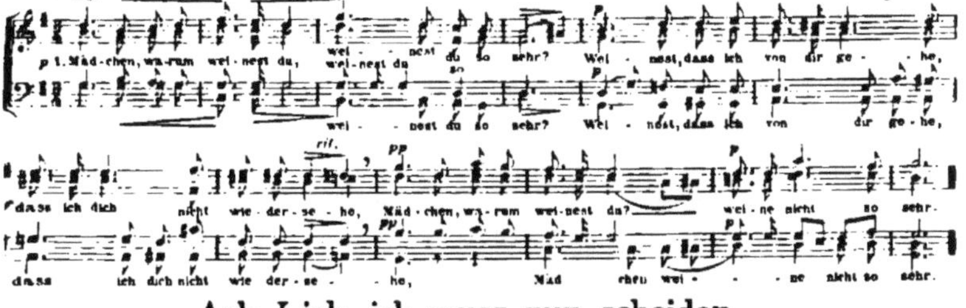

p 1. Mäd-chen, wa-rum wei-nest du, wei - nest du so sehr? Wei - nest, dass ich von dir ge - he,
wei - nest du so sehr? Wei - nest, dass ich von dir ge - he,
rit.
dass ich dich nicht wie-der-se - he, Mäd-chen, wa-rum wei-nest du? wei-ne nicht so sehr.
dass ich dich nicht wie-der-se - he, Mäd - chen wei - ne nicht so sehr.

Ach Lieb, ich muss nun scheiden.

Innig. Fel. Dahn. Op. 21 III.

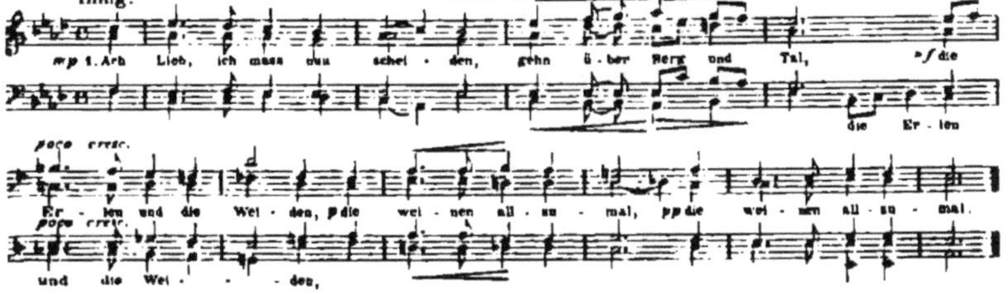

mp 1. Ach Lieb, ich muss nun schei - den, gehn ü - ber Berg und Tal, die
die Er - len
poco cresc.
Er - len und die Wei - den, die wei - nen all - zu - mal, pp die wei - nen all - zu - mal.
und die Wei - - den,

Rote Wolken.

Nach einem Volksliede.